व्यावहारिक विज्ञानों में अनुसंधान विधियाँ

[Research Methodology in Behavioural Sciences]

एस.के. मंगल

प्राचार्य एवं प्रोफेसर (सेवानिवृत्त)
सी.आर. कॉलिज ऑफ एजुकेशन
रोहतक

शुभ्रा मंगल

प्राचार्य एवं प्रोफेसर
सी.आर.एस. कॉलिज ऑफ एजुकेशन
नोएडा

PHI Learning Private Limited

Delhi-110092
2026

*In fond memory of **Shri Asoke K. Ghosh** (October 1942 – February 2024), Founder Chairman and Managing Director of PHI Learning, whose vision endlessly inspires.*

The Legacy Continues....

Published by Pushpita Ghosh, PHI Learning Private Limited, Rimjhim House, 111, Patparganj Industrial Estate, Delhi-110092 and Printed by Syndicate Binders, A-20, Hosiery Complex, Noida, Phase-II Extension, Noida-201305 (N.C.R. Delhi).

₹1295.00

व्यावहारिक विज्ञानों में अनुसंधान विधियाँ [Research Methodology in Behavioural Sciences]
एस. के. मंगल एवं शुभ्रा मंगल

ISBN-978-81-203-4974-2 (Print Book)
ISBN-978-93-5443-826-4 (e-Book)

विषय सूची

चित्र सूची *v*
तालिका सूची *vii*
आमुख *ix*

1 अनुसंधान—प्रकृति एवं आधारभूत अवधारणायें
[Research—Nature and Fundamental Concepts] 1–39
2 व्यावहारिक विज्ञानों में अनुसंधान—प्रकृति एवं प्रकार
[Research in Behavioural Sciences—Meaning and Types] 40–57
3 ऐतिहासिक अनुसंधान [Historical Research] 58–74
4 वर्णनात्मक या नोर्मेटिव सर्वेक्षण अनुसंधान
[Descriptive or Normative Survey Research] 75–88
5 विकासात्मक अनुसंधान [Developmental Research] 89–98
6 प्रायोगिक अनुसंधान एवं अभिकल्प [Experimental Research and Designs] 99–133
7 अर्ध–प्रायोगिक अनुसंधान [Quasi-Experimental Research] 134–147
8 घटनोत्तर अनुसंधान [Ex-Post Facto Research] 148–158
9 गुणात्मक अनुसंधान [Qualitative Research] 159–175
10 जातिवृत्यात्मक अनुसंधान [Ethnographic Research] 176–191
11 व्यक्तिगत अध्ययन और एकल प्रयोज्य अध्ययन अनुसंधान
[Case Study and Single Subject Study Research] 192–217
12 प्रलेखीय विश्लेषण अनुसंधान [Documentary Analysis Research] 218–229
13 अनुसंधान समस्या—पहचान एवं अनुसंधान प्रस्ताव लेखन
[Research Problem—Identification and Writing a
Research Proposal (Synopsis)] 230–243
14 सम्बन्धित साहित्य की खोज एवं पुनर्वीक्षण
[Searching and Reviewing the Related Literature] 244–264
15 अनुसंधान परिकल्पनाएँ [Research Hypotheses] 265–281

16 प्रतिदर्श प्रतिचयन [Sampling] 282–310
17 प्रदत्त संकलन—उपकरण एवं तकनीकें [Data Collection—Tools and Techniques] 311–321
18 प्रदत्त संकलन उपकरण—प्रेक्षण [Data Collection Tools—Observation] 322–341
19 प्रदत्त संकलन उपकरण—प्रश्नावली [Data Collection Tools—Questionnaire] 342–359
20 प्रदत्त संकलन उपकरण—साक्षात्कार [Data Collection Tools—Interview] 360–376
21 प्रदत्त संकलन उपकरण—निर्धारण मापनी [Data Collection Tools—Rating Scales] 377–393
22 प्रदत्त संकलन उपकरण—अभिवृत्ति मापनी [Data Collection Tools—Attitude Scales] 394–421
23 प्रदत्त संकलन उपकरण—उपलब्धि परीक्षण [Data Collection Tools—Achievement Tests] 422–448
24 प्रदत्त संकलन उपकरण—समाजमिति या समाजमितीय तकनीकें [Data Collection Tools—Sociometry or Sociometric Techniques] 449–469
25 प्रदत्त संकलन उपकरण—व्यक्तित्व एवं समायोजन परिसूचियाँ [Data Collection Tools—Personality and Adjustment Inventories] 470–488
26 प्रदत्त संकलन उपकरण—प्रक्षेपी तकनीकें [Data Collection Tools—Projective Techniques] 489–523
27 अनुसंधान उपकरणों का निर्माण एवं मानकीकरण [Construction and Standardization of Research Tools] 524–541
28 परीक्षण प्राप्तांकों की व्याख्या—प्राप्तांकों का रूपान्तरण एवं परीक्षण मानकों का विकास [The Interpretation of Test Scores—Scores Transformation and Development of Test Norms] 542–561
29 अनुसंधान उपकरणों की विश्वसनीयता [Reliability of Research Tools] 562–575
30 अनुसंधान उपकरणों की वैधता [Validity of Research Tools] 576–587
31 परिमाणात्मक प्रदत्त विश्लेषण [Quantitative Data Analysis] 588–633
32 गुणात्मक प्रदत्त विश्लेषण [Qualitative Data Analysis] 634–653
33 अनुसंधान प्रतिवेदन का लेखन [Writing Research Report] 654–673
34 अनुसंधान में कंप्यूटर तकनीकी का उपयोग [Using Computer Technology in Research] 674–704

परिशिष्ट [Appendix] *705–713*
सन्दर्भ ग्रंथ [Bibliography] *715–728*
अनुक्रमणिका [Index] *729–740*

चित्र सूची

1.1 वैज्ञानिक विधि में प्रयुक्त विभिन्न सोपान
1.2 गिलफर्ड का बुद्धि प्रतिमान
1.3 रूपावली (Paradigm)
2.1 उपयोग की दृष्टि से व्यावहारिक विज्ञान अनुसंधानों के प्रकार
2.2 गुणात्मक या परिमाणात्मक प्रकृति के आधार पर व्यावहारिक विज्ञान अनुसंधानों के प्रकार
2.3 प्रायोगिक तथा अप्रायोगिक प्रकृति की दृष्टि से व्यावहारिक विज्ञान अनुसंधानों के प्रकार
3.1 ऐतिहासिक अनुसंधान की अवस्थाएँ एवं सोपान
5.1 विकासात्मक अनुसंधानों के प्रकार एवं प्रारूप
5.2 एक प्रतिखंडात्मक अनुसंधान अभिकल्प की संरचना
5.3 लम्बवत् अनुसंधान अभिकल्प की संरचना
9.1 गुणात्मक अनुसंधान के प्रकार एवं प्रारूप
11.1 व्यक्तिगत अध्ययन अनुसंधान में शामिल सोपान
12.1 प्रलेखीय अनुसंधान के एक प्रलेख का विश्लेषण करने के लिए विषयवस्तु विश्लेषण का उपयोग
13.1 एक शोध समस्या की पहचान या चयन के तरीके
14.1 एक अनुसंधान साहित्य की खोज की प्रक्रिया
15.1 परिकल्पनाओं के प्रकार एवं स्वरूप
15.2 एक पक्षीय परिकल्पना का चित्रात्मक प्रस्तुतीकरण
15.3 द्विपक्षीय परिकल्पना का रेखाचित्रीय प्रस्तुतीकरण
16.1 अनुसंधान अध्ययन की समष्टि और प्रतिदर्श के बीच सम्बन्ध
16.2 व्यावहारिक विज्ञान अनुसंधानों में प्रयुक्त प्रतिचयन तकनीकों के प्रकार
16.3 क्रमबद्ध या व्यवस्थित संयोगिक प्रतिचयन तकनीक
16.4 प्रतिदर्श अनुसंधान की त्रुटियाँ
16.5 समष्टि मध्यमान के आसपास प्रतिदर्श मध्यमानों का वितरण
17.1 प्रदत्त मापन या संकलन करने में प्रयुक्त मापनियाँ या स्तर
18.1 व्यावहारिक विज्ञानों के अनुसंधान में प्रेक्षण के प्रकार
18.2 कक्षाकक्ष अन्तःक्रिया विश्लेषण आँकड़ों का सारांश
19.1 प्रश्नावली के प्रश्नों की संरचना या प्रारूप

20.1 व्यावहारिक विज्ञानों के अनुसंधान में प्रयुक्त साक्षात्कार के प्रकार
21.1 चेहरे की मुद्राओं को प्रदर्शित करता हुआ एक रेखाचित्र
21.2 निर्धारण मापनियों का वर्गीकरण और प्रकार
22.1 अभिवृत्ति मापनी के प्रकार
22.2 कथन/पद संख्या 1 के लिए संचित आवृत्ति वक्र
22.3 कथन/पद संख्या 2 के लिए संचित आवृत्ति वक्र
22.4 कथन/पद संख्या तीन के लिए संचित आवृत्ति वक्र
22.5 पार्श्वचित्र विश्लेषण
23.1 मानकीकृत और अमानकीकृत या अध्यापक निर्मित परीक्षण
24.1 एक सोशियोग्राम
24.2 जीवविज्ञान कक्षा में आठ विद्यार्थियों के समूह की सामाजिक संरचना तथा अन्तःसम्बन्धों को प्रदर्शित करने वाला एक सोशियोग्राम
26.1 प्रक्षेपी तकनीकों का वर्गीकरण एवं प्रकार
26.2 एक रोर्शा स्याही धब्बा
26.3 प्रासंगिक अन्तर्बोध परीक्षण के एक चित्र का नमूना
26.4 सी ए टी–A में प्रयुक्त एक चित्र
26.5 सी ए टी–H में प्रयुक्त किया जा सकने वाला एक चित्र
26.6 ड्रा–ए–मैन परीक्षण
27.1 प्राप्तांकों के वितरण वक्र को 5 समान श्रेणियों में विभक्त करना
28.1 मध्यमान को शून्य दिखाते हुए z प्राप्तांकों की σ इकाइयों में अभिव्यक्ति
28.2 T मापनी (T बिन्दुओं तथा प्रामाणिक विचलन के साथ)
28.3 स्टेनाइनों के σ प्राप्तांकों तथा क्षेत्र प्रतिशत में विद्यमान सम्बन्ध
28.4 तोरण (ओगाइव) से शतांश अनुस्थितियों या नोर्म्स की गणना
29.1 एक अनुसंधान उपकरण की विश्वसनीयता स्थापित करने के प्रकार एवं विधियाँ
30.1 अनुसंधान उपकरणों की वैधता का वर्गीकरण एवं प्रकार
31.1 उदाहरण 31.2 में दिए गए नामित प्रदत्तों (Nominal Data) का दंड ग्राफ
31.2 तालिका 31.3 में दिए गए आवृत्ति वितरण की स्तम्भाकृति
31.3 तालिका 31.4 में दिए गए वितरण का संचयी आवृत्ति प्रतिशत वक्र या तोरण
31.4 परिकल्पना परीक्षण हेतु एक सांख्यिकी परीक्षण विशेष का चयन
32.1 गुणात्मक प्रदत्तों के प्रकार एवं स्वरूप
32.2 गुणात्मक प्रदत्त विश्लेषण के तीन अन्तःक्रियात्मक अवयव
32.3 विद्यार्थियों के भगोड़े व्यवहार (Truant Behaviour) में निहित कारणों का चित्रात्मक प्रस्तुतीकरण
34.1 डेटा एनेलिसिस पैक में टूल्स (Tools in Data Analysis Pak)
34.2 दंड रेखाचित्र (Bar Graph)
34.3 फैक्ट्री की विभिन्न कार्य इकाइयों में कार्यरत कर्मचारियों की संख्या दिखाता हुआ एक पाई ग्राफ
34.4 हिस्टोग्राम (Histogram)
34.5 विवरणात्मक सांख्यिकी के विकल्प (Options)
34.6 दोनों चिकित्सालयों में माताओं की संतुष्टि अनुक्रियाओं की तुलना का दंड ग्राफ (Biograph)

तालिका सूची

5.1 विकासात्मक अनुसंधान की अवस्थाएँ और सोपान
6.1 प्रायोगिक अनुसंधान के सोपान और अवस्थाएँ
6.2 अन्तःसमूह प्रयोग – तीनों उपचारों के एक ही समूह
6.3 अध्ययन के लिए प्रयुक्त 2×3 कारकीय अभिकल्प की संरचना
6.4 एक द्विकारक अध्ययन के उपचार या अभिक्रिया मध्यमानों का प्रदर्शन करते हुए कल्पित प्रदत्त
6.5 मिश्रित कारकीय अभिकल्प
6.6 एक मिश्रित द्वि–कारकीय अध्ययन (जिसमें एक प्रायोगिक कारक तथा एक अर्ध–प्रायोगिक कारक का संयोजन है) के परिणाम
7.1 द्वि–कारक अनुसंधान अभिकल्प के रूप में संगठित एक पूर्व–परीक्षण – पश्चात्–परीक्षण समतुल्यता विहीन समूह अध्ययन की संरचना
8.1 घटनोत्तर अनुसंधान में प्रयुक्त सोपान तथा अवस्थाएँ
9.1 गुणात्मक प्रदत्त विश्लेषण के संकेतीकरण के लिए प्रयुक्त सोपान
10.1 सामाजिक अन्तःक्रिया में निहित सम्बन्धों के संकेतन
11.1 एकल प्रयोज्य अनुसंधान में शामिल सोपान
13.1 अनुसंधान प्रस्ताव और अनुसंधान प्रतिवेदन लिखने में अन्तर
16.1 सम्भाव्य या संयोगिक प्रतिचयन व असम्भाव्य या असंयोगिक प्रतिचयन में अन्तर
16.2 संयोगिक संख्याओं की एक संक्षिप्त तालिका (प्रतिदर्श का चयन प्रदर्शित करते हुए)
17.1 चार मापन मापनियों की विशेषताएँ तथा उदाहरण
17.2 प्रदत्त संकलन तकनीकें एवं उपकरण
18.1 कक्षाकक्ष अन्तःक्रिया के प्रेक्षण हेतु उपयोग में लाए जाने वाली एक संरचित प्रेक्षण अनुसूची
18.2 कक्षाकक्ष अन्तःक्रिया का संरचित प्रेक्षण
18.3 अन्तःक्रिया का सारांश
18.4 अन्तःक्रिया प्रकार के अनुसार अन्तःक्रिया का प्रतिशत
19.1 एक प्रश्नावली के निर्माण के सोपान
19.2 प्रश्नावली में प्रयुक्त विभिन्न प्रकार के प्रश्नों द्वारा उपलब्ध प्रदत्तों की प्रकृति

19.3 प्रश्नावली की भाषा और बनावट
19.4 एक अच्छी प्रश्नावली की विशेषताएँ
22.1 एक लिकर्ट मापनी निर्माण की प्रक्रिया
22.2 गर्भपात को 'कानूनी मान्यता' विषय के प्रति अभिवृत्ति मापने वाली अभिवृत्ति मापनी के लिए अंकन योजना
22.3 गर्भपात को कानूनी मान्यता प्रदान करने से सम्बन्धित अभिवृत्ति मापनी पर प्रयोज्यों के प्राप्तांक
22.4 पद नं० 1 और पूरी अभिवृत्ति मापनी पर अर्जित कुल प्राप्तांकों के मध्य सहसम्बन्ध की गणना
22.5 *गर्भपात को कानूनी मान्यता* के प्रति अभिवृत्ति मापन के लिए लिकर्ट मापनी का नमूना
22.6 लिकर्ट और थर्सटन मापनियों की प्रकृति और विशेषताओं की तुलना
22.7 मापनी के प्रत्येक कथन के लिए f, Cf तथा Cp की स्थिति
22.8 *गर्भपात को कानूनी मान्यता* के प्रति 6 उत्तरदाताओं के उत्तरों की स्केलोग्राम द्वारा रेखाचित्रीय प्रस्तुति
22.9 अभिवृत्यात्मक मापनियों एवं मापक मापनियों में सम्बन्ध
22.10 शब्दार्थ विभेदक मापनी में प्रयुक्त मूल्यांकनात्मक क्षमता तथा क्रिया आयाम
23.1 मानकीकृत एवं अध्यापक निर्मित उपलब्धि परीक्षणों में अन्तर
23.2 मानदंड संदर्भित और न्यादर्श संदर्भित उपलब्धि परीक्षण की तुलना
24.1 *अनुमान लगाओ कौन* तकनीक के घोषणात्मक कथनों के उदाहरण
24.2 जीवविज्ञान की कक्षा में आठ विद्यार्थियों के द्वारा किए गए चयन के प्रदत्तों का सारिणीकरण
25.1 मिनीसोटा मल्टीफेसस् पर्सनेलिटी इन्वेन्टरी (MMPI) में प्रयुक्त स्केल और पद
27.1 एक अनुसंधान उपकरण के निर्माण एवं मानकीकरण में प्रयुक्त अवस्थाएँ तथा उप–अवस्थाएँ
28.1 स्टेनाइन मापनी प्रणाली
28.2 एक परीक्षण विशेष में प्रयोज्यों के द्वारा अर्जित प्राप्तांकों का आवृत्ति वितरण
31.1 मनोमिति परीक्षण में एक अन्तराल सूचक मापनी (Interval Scale) पर 50 प्रयोज्यों के द्वारा अर्जित प्राप्तांक
31.2 एक अभिवृत्ति मापनी पर 90 अविवाहित तथा 100 विवाहित व्यक्तियों की राय
31.3 एक मनोमिति परीक्षण में अर्जित मूल प्राप्तांकों की आवृत्ति वितरण तालिका
31.4 संचयी आवृत्ति प्रतिशत की गणना
31.5 विभिन्न प्रकार के प्रदत्तों की केन्द्रीय प्रवृत्तियों तथा विचलन के प्रमाप
31.6 चरों की प्रकृति के हिसाब से उनके बीच सहसम्बन्ध स्थापित करने सम्बन्धी आवश्यकता
31.7 अप्राचलिक परीक्षण और उनका अनुसंधान परिस्थितियों में उपयोग
31.8 शून्य परिकल्पना के परीक्षण में संभावित I तथा II प्रकार की त्रुटियाँ तथा लिए जाने वाले निर्णय
32.1 भगोड़पन से सम्बन्धित कारणों को प्रदर्शित करने वाले सारांशित प्रदत्तों का सारणीय प्रस्तुतीकरण
33.1 लघु शोध प्रबन्ध या शोध प्रबन्ध के प्रतिवेदन का सामान्य प्रारूप और इसकी विषय सूची
34.1 एक्सेल के आउटपुट में उपलब्ध विविध विवरणात्मक सांख्यिकी मान
34.2 विवरणात्मक सांख्यिकी तालिका
34.3 प्रसरण विश्लेषण तालिका
34.4 कुछ महत्त्वपूर्ण उपलब्ध गुणात्मक प्रदत्त विश्लेषण सॉफ्टवेयर

आमुख

इस वास्तविकता से दूर नहीं जाया जा सकता कि आज अपनी संस्कृति और समाज में हम जो विकास और प्रगति देख रहे हैं उसके पीछे नवीन आविष्कारों, नवाचारों तथा अनुसंधानों का अनुपम योगदान रहा है। यहाँ इस बात से भी इन्कार नहीं किया जा सकता कि यह सब कुछ उन वैज्ञानिकों तथा अनुसंधानकर्त्ताओं की वजह से ही संभव हो पाया है जिन्होंने अपनी जिज्ञासा की संतुष्टि तथा अनुसंधान प्रश्नों के उत्तर प्राप्त करने हेतु समय समय पर गंभीर प्रयास तथा अथक प्रयत्न किये। अपने चाहे जिस रूप में हों ज्ञान की सृष्टि और विद्यमान ज्ञान की कार्यात्मकता के परीक्षण हेतु जिन साधन और मार्गों का आज तक हम अनुसरण करते आये हैं वे और कोई नहीं बल्कि हमारे वे प्रयास ही हैं जिन्हें हम अन्वेषणों या अनुसंधानों की संज्ञा देते हैं।

यहाँ पर यह भी अच्छी तरह कहा जा सकता है कि चिन्तकों तथा अनुसंधानकर्त्ताओं द्वारा किये जाने वाले ये अन्वेषण या अनुसंधान कार्य सदैव ही अपने आप में एक काफी गंभीर तथा प्रयोजनपूर्ण प्रयास के रूप में रहे हैं और इनके क्रियान्वयन हेतु किसी न किसी उचित अनुसंधान विधि का प्रयोग उनके द्वारा किया जाता रहा है। इस अनुसंधान विधि की प्रकृति भी जिस क्षेत्र या विषय विशेष में अनुसंधान किया जा रहा है, उसके अनुसार अलग–अलग ही रहती है। इसीलिये व्यावहारिक विज्ञानों के अनुसंधानों में प्रयुक्त अनुसंधान विधि की प्रकृति में प्राकृतिक एवं ठोस विज्ञानों में प्रयुक्त अनुसंधान विधि से अन्तर रहना नितान्त स्वाभाविक ही है। इस दृष्टि से व्यावहारिक विज्ञानों के अनुसंधानकर्त्ताओं द्वारा जिस प्रकार की विधि/विधियों का प्रयोग किया जाना चाहिये उनसे भलीभाँति परिचित होना उनके लिये काफी आवश्यक हो जाता है।

कोई भी समाज या राष्ट्र जो आज की प्रगतिशील दुनियाँ के साथ कदम से कदम मिलाकर चलना चाहता है उसे अन्वेषण तथा अनुसंधान सम्बन्धी अपनी आवश्यकताओं की पूर्ति हेतु अपनी उस नई पीढ़ी का अवश्य ही उचित रूप में ध्यान रखना होगा जो अपने उच्चतर अध्ययन – सामाजिक एवं व्यावहारिक विज्ञानों से सम्बन्धित स्नातकोत्तर कक्षाओं के पाठ्यक्रमों में शामिल "अनुसंधान विधियाँ" नामक विषय का अध्ययन कर रही है। प्रस्तुत पाठ्यपुस्तक इसी विषय की अध्ययन सम्बन्धी आवश्यकताओं को ध्यान में रखकर लिखी गई है।

अपने उद्देश्य की पूर्ति के परिप्रेक्ष्य में इस पुस्तक को 34 अध्यायों में बाँटकर प्रस्तुत किया गया है। पहले दोनों अध्याय परिचयात्मक हैं। प्रथम अध्याय के पहले चरण में अनुसंधान पद का अर्थ, प्रकृति एवं महत्त्व बताते हुए वैज्ञानिक विधि की प्रकृति पर प्रकाश डाला गया है और दूसरे चरण में अनुसंधान में प्रयुक्त आवश्यक शब्दावली, जैसे संप्रत्यय, मानस रचनाकृति (Constructs), चर, मान्यतायें, स्वयंसिद्ध, अभिगृहीत, प्रमेय, प्रकथन, परिकल्पनायें, प्रतिमान (Models), रूपावली (Paradigm), नियम तथा सिद्धान्त आदि की अवधारणा को स्पष्ट करने का प्रयत्न किया गया है। दूसरे अध्याय में व्यावहारिक विज्ञानों तथा व्यावहारिक विज्ञान अनुसंधान पदों का

अर्थ समझाते हुए उन सभी अध्ययनों के वर्गीकरण और प्रकारों से परिचित कराया गया है जिनका व्यावहारिक विज्ञानों के अनुसंधानकर्त्ताओं द्वारा सामान्य या विशेष रूप में संपादन किया जाता है।

अध्याय 3 से 5 तक परिमाणात्मक अप्रायोगिक अनुसंधानों जैसे ऐतिहासिक, नोर्मेटिव सर्वेक्षण या वर्णनात्मक और विकासात्मक अनुसंधान अध्ययन की प्रकृति और कार्यकारी सोपानों पर आवश्यक चर्चा की गई है। 6 से 8 तक के अध्यायों में प्रायोगिक, अर्ध–प्रायोगिक तथा घटनोत्तर जैसे प्रायोगिक अध्ययनों पर विस्तार से प्रकाश डाला गया है। यहाँ इन अनुसंधान अध्ययनों की प्रकृति और महत्त्व को उन्हें क्रियान्वित करने सम्बन्धी आवश्यक कार्यप्रणाली तथा सम्बन्धित अनुसंधान अभिकल्पों के परिप्रेक्ष्य में अच्छी तरह स्पष्ट किया गया है। अध्याय 9 में व्यावहारिक विज्ञानों में किये जाने वाले गुणात्मक अनुसंधानों की चर्चा करते हुए स्पष्ट किया गया है कि अपने प्रकृति, महत्त्व तथा कार्यप्रणाली को लेकर ये अनुसंधान परिमाणात्मक अनुसंधानों से किस प्रकार अलग है। अध्याय 10 से लेकर 12 में कुछ महत्त्वपूर्ण प्रकृति के गुणात्मक अनुसंधानों जैसे जाति वृत्यात्मक अनुसंधान, व्यक्तिगत अध्ययन अनुसंधान तथा प्रलेखीय विश्लेषण के ऊपर आवश्यक प्रकाश डाला गया है। व्यक्तिगत अध्ययन अनुसंधान की चर्चा करते हुये अध्याय 11 में एकल प्रयोज्य अध्ययनों की भी उन्हें व्यक्तिगत अध्ययन तथा अन्य अनुसंधान विकल्पों से अलग ठहराते हुये आवश्यक चर्चा की गयी है।

अध्याय 13 के प्रथम चरण में अनुसंधान के केन्द्रबिन्दु के रूप में काम करने वाली अनुसंधान समस्या की उचित पहचान करते हुए उसके कथनीकरण, परिभाषीकरण, क्षेत्र तथा सीमांकन आदि पर समुचित प्रकाश डाला गया है तथा द्वितीय चरण में अनुसंधान प्रस्ताव (Research proposal) लेखन के सम्बन्ध में आवश्यक चर्चा की गई है। आगे अध्याय 14 में अनुसंधान समस्या से सम्बन्धित साहित्य की खोज और पुनर्वीक्षण करने के लिए आवश्यक सभी समाहित स्रोतों की उन्हें प्रयोग में लाने सम्बन्धी आवश्यक बातों का उल्लेख करते हुये विस्तार से चर्चा की गई है।

अध्याय 15 में पाठकों को विभिन्न प्रकार के अनुसंधानात्मक अध्ययनों में प्रयुक्त शून्य एवं अनुसंधान परिकल्पनाओं के अर्थ, प्रकृति, महत्त्व, प्रकार और उन्हें स्थापित करने सम्बन्धी बातों का विस्तार से उल्लेख किया है तथा अध्याय 16 में उन सभी संयोगिक तथा असंयोगिक विधियों की उदाहरण सहित चर्चा की गई है जो व्यावहारिक अनुसंधान अध्ययनों की समष्टि विशेष से प्रतिनिधि प्रतिदर्शों के चयन हेतु काम में लाई जा सकती हैं।

अनुसंधान समस्या के चयन, परिकल्पनाओं के निर्माण तथा प्रयोज्यों के चयन के बाद अनुसंधान प्रक्रिया में आगे जो महत्त्वपूर्ण कार्य किया जाता है, उसका सम्बन्ध अनुसंधान प्रश्नों के उचित उत्तर प्राप्त करने हेतु वांछित प्रदत्तों के संकलन से होता है। इसी उद्देश्य से पहले अध्याय 17 में उन सभी संभावित तकनीकों तथा उपकरणों का उल्लेख किया है जो व्यावहारिक अनुसंधान अध्ययनों में प्रदत्तों के संकलन हेतु काम में लाये जा सकते हैं। साथ ही यहाँ उन सभी मापन मापनियों (नामित, क्रमसूचक, अंतराल तथा आनुपातिक) की भी चर्चा की गई है जो विभिन्न प्रकार के प्रदत्तों के संकलन तथा मापन में प्रयुक्त की जाती है। इसके आगे के 18 से लेकर 26 तक के अध्यायों में फिर विभिन्न प्रदत्त संकलन उपकरण तथा तकनीकों जैसे प्रेक्षण, प्रश्नावली, साक्षात्कार, निर्धारण मापनी, अभिवृत्ति मापनियों, उपलब्धि परीक्षणों, समाजमिति तथा समाजमितीय तकनीकें, व्यक्तित्व एवं समायोजन परिसूचियाँ तथा प्रक्षेपी तकनीकों के विकास तथा उपयोग की विस्तार में चर्चा की गई है।

किसी भी प्रदत्त संकलन उपकरण के निर्माण या विकास का कार्य तक पूरा नहीं होता जब तक कि इसका उचित रूप में मानकीकरण न कर लिया जाये। इस मानकीकरण के बारे में वांछित जानकारी और प्रक्रिया पर समुचित रूप से अध्याय 27 में प्रकाश डाला गया है। इससे आगे के 28 से लेकर 30 तक के अध्यायों में इसी मानकीकरण से सम्बन्धित अन्य आवश्यक बातों, जैसे अनुसंधान उपकरण की विश्वसनीयता एवं वैधता स्थापित करना तथा परीक्षण प्राप्तांकों की मानक प्राप्तांकों एवं नोर्म्स के संदर्भ में व्याख्या करने का कार्य किया गया है।

किसी भी अनुसंधान अध्ययन – परिमाणात्मक और गुणात्मक में संकलित प्रदत्तों से अनुसंधान प्रश्नों के उत्तर प्राप्त करने हेतु प्रदत्त विश्लेषण की प्रक्रिया से गुजरना काफी आवश्यक होता है। इस प्रकार के प्रदत्त विश्लेषण से सम्बन्धित आवश्यक जानकारी तथा कार्य प्रणाली से भलीभाँति परिचित कराने का कार्य अध्याय 31 तथा 32 में किया गया है।

अनुसंधानकर्त्ता ने अपने अनुसंधान के क्रियान्वयन में अनुसंधान समस्या के उभरने से लेकर उसके उचित नियोजन, क्रियान्वयन तथा वांछित निष्कर्ष निकालने तक आवश्यक सोपानों का अनुसरण करते हुए जो कुछ किया है उसका उचित प्रतिवेदन (Report) भी प्रस्तुत किया जाना चाहिये ताकि दूसरों को यह जानकारी मिल सके कि अनुसंधान कैसे किया गया है और उसके क्या परिणाम रहे। इसलिये अनुसंधान प्रतिवेदन किस प्रकार प्रस्तुत किया जाना चाहिये इससे अवगत कराने का कार्य अध्याय 33 में किया गया है। यहाँ इस अध्याय में शोधकर्त्ताओं और विद्यार्थियों की एक और आवश्यकता – अनुसंधान जर्नलों में प्रकाशन के लिये अपने अनुसंधान लेख लिखने – की पूर्ति हेतु भी आवश्यक जानकारी प्रदान करने का प्रयत्न किया गया है।

अंतिम अध्याय 34 में आज के समय की एक काफी बड़ी और महत्त्वपूर्ण आवश्यकता, जिसका सम्बन्ध व्यावहारिक विज्ञानों के अध्ययनों में कंप्यूटर तकनीकी के उपयोग से है, को पूरा करने का प्रयत्न किया गया है। अनुसंधान समस्या के चयन से लेकर सम्बन्धित साहित्य का सर्वेक्षण, प्रतिदर्शों का चयन, प्रदत्त संकलन तथा विश्लेषण, परिकल्पना परीक्षण और अनुसंधान प्रतिवेदन के लेखन सम्बन्धी कार्यों में इस तकनीकी के उपयोग की उदाहरण सहित चर्चा की गई है।

इस प्रकार से जहाँ तक व्यावहारिक विज्ञानों के परिमाणात्मक तथा गुणात्मक अध्ययनों में प्रयुक्त अनुसंधान विधियों को काम में लाने का प्रश्न है, उसमें सम्बन्धित विषयवस्तु का इस पाठ्यपुस्तक में समुचित रूप से स्थान दिया गया है। अपने इस विस्तृत कलेवर में प्रस्तुत पाठ्यपुस्तक भारतीय विश्वविद्यालयों की व्यावहारिक एवं सामाजिक विज्ञानों से सम्बन्धित स्नातकोत्तर कक्षाओं के "अनुसंधान विधियाँ" नामक विषय के शिक्षण अधिगम सम्बन्धी आवश्यकताओं को पूरा करने में पूरी तरह सक्षम है। साथ ही व्यावहारिक विज्ञानों में अध्ययनरत शोधार्थियों तथा विद्यार्थियों के लिए अनुसंधान क्रियान्वयन के बारे में आवश्यक जानकारी तथा अनुसंधान कौशल प्रदान करने में भी इससे समुचित सहयोग मिल सकता है।

पाठ्यपुस्तक में विषय प्रस्तुतीकरण तथा उसकी बोधगम्यता को लेकर आवश्यक रूप से तालिकायें, चित्र एवं कार्यकारी उदाहरणों की समुचित समाविष्टि की गई है। पाठ्यवस्तु के महत्त्वपूर्ण एवं सारगर्भित तथ्यों को पाठ्यवस्तु के बीच में ही अलग से बॉक्स देकर यत्र तत्र प्रदर्शित किया गया है ताकि पाठकों को सम्बन्धित संप्रत्ययों तथा आधारभूत बातों की स्पष्ट अनुभूति होती रहे। पुस्तक की भाषा सरल तथा बोधगम्य है और शैली एवं प्रस्तुतीकरण सजीव एवं रोचक है ताकि पाठकों को अनुसंधान विधि जैसे विषय की विषयवस्तु तथा कार्य प्रणाली को अच्छी तरह अंगीकृत करने में मदद मिले। अध्यायों की संगठन योजना में विषयवस्तु को लेकर आवश्यक क्रमबद्धता है ताकि विभिन्न अध्यायों और उनमें वर्णित पाठ्यसामग्री को एक माला में पिरोये मोतियों के रूप में प्रस्तुत किया जा सके।

व्यावहारिक विज्ञानों की अनुसंधान विधियों के उन लेखकों, शोधकर्त्ताओं तथा विषय विशेषज्ञों के प्रति कृतज्ञता ज्ञापन हम अपना परम कर्त्तव्य समझते हैं जिनके विचारों, कृतियों तथा दृष्टिकोण का हमने इस पुस्तक की रचना हेतु उपयोग किया है। उन सबकी विस्तृत सूची हमने इस पुस्तक के 'संदर्भ ग्रन्थ' शीर्षक में प्रस्तुत की है ताकि पाठकगण प्रत्यक्ष प्रथम स्रोत की सेवाओं का आवश्यकतानुसार लाभ उठा सकें। पाठकगण यह पायेंगे कि इस पुस्तक में जो कुछ कहा गया है उसका अधिकांश भाग लेखकों के स्वयं के अपने अनुभवों तथा साथियों एवं शोध विद्यार्थियों के साथ होने वाली अन्तःक्रिया का प्रतिफल है। लेखकगण अतः उन सभी अपने साथियों

तथा विद्यार्थियों के प्रति भी अपना आभार प्रकट करते हैं जिनका प्रत्यक्ष और अप्रत्यक्ष योगदान इस रचना में उपलब्ध हुआ है। हम अपने प्रकाशक पी.एच.आई. लर्निंग के प्रबन्धक तथा सम्पादकीय स्टाफ के प्रति भी आभारी हैं, जिन्होंने इस पुस्तक को अपने इस विशिष्ट रूप में पाठकों के सामने लाने में प्रशंसनीय योगदान दिया है।

इन शब्दों के साथ हम यह कामना करते हैं कि पुस्तक की विषयवस्तु और प्रस्तुति का पाठकों द्वारा हृदय से स्वागत किया जायेगा और यह उनके लिये उपयोगी सिद्ध होगी। हमारी ओर से विनम्र अनुरोध अवश्य रहेगा कि इस पुस्तक में आवश्यक संशोधन और संवर्द्धन हेतु वे अपने अमूल्य सुझाव अवश्य दें ताकि आगामी संस्करण को उनकी अपेक्षानुकूल बनाया जा सके।

शुभ कामनाओं सहित।

एस.के. मंगल
शुभ्रा मंगल

1

अनुसंधान—प्रकृति एवं आधारभूत अवधारणायें

[Research—Nature and Fundamental Concepts]

विषय प्रवेश (Introduction)

खोज एवं अनुसंधान मानव जाति के लिये ऐसे दो शक्तिशाली साधन सिद्ध हुये हैं जिन्होंने प्रकृति के रहस्यों की थाह लेने और भौतिक एवं सामाजिक वातावरण से तालमेल बिठाते हुए सुख और सुविधाजनक जीवन–यापन में उसकी बहुमूल्य सहायता की है। इनके द्वारा जो परिवर्तन लाये गये हैं उनके दर्शन हमें जीवन के हर क्षेत्र में नजर आ सकते हैं। इन्होंने हमारे सोचने विचारने तथा जीने के सभी ढंगों में अभूतपूर्व परिवर्तन किगा है। फलस्वरूप आज हम कुछ दिन पहले असाध्य समझे जाने वाले रोग जैसे टायफाइड, तपैदिक, एच.आई.वी, ट्यूमर, कैन्सर, डाइबिटीज तथा हृदय रोग आदि पर काफी कुछ नियंत्रण पाने की स्थिति में पहुंच गये हैं। गलत धारणाओं तथा अंधविश्वास की परतों को हटाने में भी इनसे हमें काफी सहायता मिली है। आज हम अपनी असफलताओं का ठीकरा सितारों और ग्रहों की विपरीत स्थिति पर नहीं फोड़ते और न मंगल, चंद्रमा तथा शुक्र को विभिन्न देवताओं के रूप में देखने की कोशिश करते हैं। बल्कि आज हम उस दिन का इन्तजार करते दिखाई देते हैं जब इन ग्रहों पर मानव बस्तियाँ बसेंगी। यह सब कुछ प्राकृतिक तथा प्रायोगिक विज्ञानों में किये जाने वाले अनुसंधानों तथा होने वाली खोजों के जरिये ही संभव हो पाया है। इसी प्रकार सामाजिक और व्यवहारजन्य विज्ञानों में किये जाने वाले अनुसंधानों ने भी हमारे व्यवहार करने और सामाजिक जीवन जीने की दिशा और दशा में क्रान्तिकारी परिवर्तन किये हैं और फलस्वरूप शिक्षा, मनोविज्ञान, समाजशास्त्र और प्रबन्धन की दुनियाँ में आवश्यक व्यवस्था और अनुशासन बनाये रखकर फलदायी परिणाम प्राप्त करना संभव हो पाया है। परन्तु यह सब कुछ तभी संभव हो सका है और आगे तभी संभव हो पायेगा जबकि इन खोजों और अनुसंधानों में प्रयुक्त विधियों और तकनीकों के प्रयोग का कार्य पूरी तरह तर्क–सम्मत, वैज्ञानिक और वैधानिक हो। इस संदर्भ में सामाजिक और व्यवहारपरक विज्ञानों में शोधरत छात्रों एवं अनुसंधानकर्त्ताओं को अनुसंधान विधियों और तकनीकों का ज्ञान कराया जाना और प्रशिक्षण देना बहुत अधिक जरूरी हो जाता है और यही कारण है कि सामाजिक और व्यवहारपरक विज्ञानों से जुड़ी हुई स्नातकोत्तर कक्षाओं तथा अनुसंधानों में रत शिक्षार्थियों के लिये अनुसंधान विधि (Research Methodology) नामक विषय और पाठ्यक्रम से गुजरना आवश्यक माना जाता है। प्रस्तुत पुस्तक की विषय सामग्री का भी यही प्रयोजन है कि विद्यार्थी और शोधकर्त्ता व्यवहारपरक स्थिति के विषय में शोध या अनुसंधान की कार्यप्रणाली विधियों और तकनीकों से भलीभाँति परिचित हो सकें। फिलहाल यहाँ इस अध्याय में हम इस शोध और अनुसंधान की प्रकृति और उससे जुड़ी हुई विशिष्ट शब्दावली तथा आधारभूत धारणाओं के सम्बन्ध में जानने का प्रयास करेंगे।

अनुसंधान क्या है ? (What is Research ?)

अनुसंधान अंग्रेजी भाषा के शब्द research का हिन्दी रूपान्तर है। अंग्रेजी भाषा का research शब्द दो अलग–अलग शब्दों 're' तथा 'search' से मिलकर बना है जिसका अर्थ होता है पुनः खोज या कुछ नया जानने और मालूम करने सम्बन्धी खोज। अपने इस अर्थ में research अथवा अनुसंधान से तात्पर्य उस चेष्टा अथवा प्रक्रिया से है जिसके माध्यम से नवीन ज्ञान की खोज होती है और कुछ नया जानने सम्बन्धी जिज्ञासा तथा ज्ञान पिपासा की तृप्ति होती है।

इस सम्बन्ध में देखा जाये तो आये दिन हम सभी अपनी जिज्ञासा तथा ज्ञान पिपासा की तृप्ति के लिये अथवा अपने सामने आने वाली समस्याओं का समाधान ढूँढ़ने के लिए कुछ न कुछ नया तलाश करने और अपने पहले के ज्ञान में बढ़ोतरी करने के प्रयास में रत दिखाई दे सकते हैं। उदाहरण के लिये:

(i) एक गृहिणी यह जानने का प्रयास कर सकती है कि किस प्रकार के और किस विशेष अनुपात के मसाले तथा पाक क्रिया से उसके बनाये व्यंजन अधिक पौष्टिक व स्वादपूर्ण बन सकते हैं?

(ii) एक हॉकी प्रशिक्षक यह जानने का प्रयास कर सकता है कि वह अपनी टीम को प्रशिक्षित करने के लिए क्या अच्छी से अच्छी तकनीक अपनाये ?

(iii) एक यात्री के नाते आप यह जानने का प्रयास कर सकते हैं कि गंतव्य तक पहुँचने हेतु सबसे कम दूरी या कम खर्चीला रास्ता कौनसा है ?

(iv) एक शिक्षक के नाते आप यह जानने की चेष्टा कर सकते हैं कि पढ़ाने का अच्छे से अच्छा तरीका क्या हो सकता है ?

(v) कारखाने में कार्यरत एक कारीगर यह जानने की कोशिश कर सकता है कि वह मशीन द्वारा अच्छे से अच्छा कार्य और उत्पादन किस रूप में ले ?

इस तरह अपनी जीवनचर्या में हम सभी अपनी कोई न कोई समस्या का समाधान ढूँढ़ने हेतु कुछ ऐसी चेष्टाओं में कार्यरत पाये जा सकते हैं जिनका उद्देश्य प्रस्तुत समस्या का हल ढूँढ़ना हो अथवा ऐसी कोई नई जानकारी हासिल करना हो जिससे हमें अपने समायोजन में उचित सहायता मिल सके। ऊपर से देखने पर हमारी इस प्रकार की सभी व्यवहार चेष्टायें अनुसंधान के ही विभिन्न रूपों का प्रतिनिधित्व करती दिखाई देती हैं परन्तु वास्तव में इस प्रकार के कार्य व्यापार को सही तौर पर अनुसंधान का नाम नहीं दिया जा सकता। ऊपर के उदाहरणों से हमने जिन व्यक्तियों की अपनी–अपनी समस्याओं के लिये प्रयासरत होने की बात कही है उनके लिये यह जरूरी नहीं है कि वे 'अनुसंधान के लिये आवश्यक वैज्ञानिक विधि तथा अनुसंधान सेवाओं को अपनाते हुए कुछ नवीन जानकारी का सृजन करें। वे ऐसा न कर किसी अनुभवी व्यक्ति से अपनी समस्या हल करा सकते हैं, उपलब्ध पुस्तकों एवं मुद्रित सामग्री की सहायता से अपना उद्देश्य पूरा कर सकते हैं अथवा महज तुक्केबाजी से अपना काम चला सकते हैं। इस तरह जब अनुसंधान की बात आती है तो इससे अभिप्राय किसी न किसी प्रकार से अपनी समस्या का हल तलाश करने पर कैसे भी कोई नई जानकारी प्राप्त कर लेने मात्र से नहीं होगा।

अनुसंधान अपने आप में एक काफी गंभीर तर्कसंगत और वैज्ञानिक विधि से पूरा किया जाने वाला कार्य है और इस दृष्टि से इसके व्यापक अर्थ एवं प्रकृति को समझने हेतु हमें इसके विभिन्न शब्दकोषीय अर्थों तथा विभिन्न विद्वानों द्वारा इसे परिभाषित किये जाने सम्बन्धी प्रयत्नों पर ध्यान देना होगा।

अनुसंधान के शब्दकोषीय अर्थ (Dictionary Meaning of the Term Research)

1. एडवान्सड् लर्नरस् डिक्सनरी (Advanced Learner's Dictionary 1952 : 1089)

अनुसंधान से अभिप्राय है "ज्ञान के किसी भी क्षेत्र या शाखा में नवीन तथ्यों की खोज हेतु सावधानीपूर्वक की जाने वाली कोई खोजबीन या अन्वेषण।"

2. वेबस्टर सेविन्थ न्यू कॉलेजियट डिक्सनरी

(Webster's Seventh New Collegiate Dictionary 1966 : 730)

अनुसंधान से अभिप्राय "एक विशिष्ट प्रकार की जाँच पड़ताल अथवा परीक्षण से है जिसकी सहायता से तथ्यों की खोज और व्याख्या की जा सके, स्वीकृत सिद्धान्तों अथवा नियमों को नवीन तथ्यों के परिप्रेक्ष्य में संशोधित किया जा सके और इन संशोधित सिद्धान्तों अथवा नियमों को व्यावहारिक रूप में प्रयोग में लाया जा सके।"

3. अमेरिकन कॉलेज डिक्सनरी (American College Dictionary, 1967)

अनुसंधान से अभिप्राय "तथ्यों एवं प्रनियमों की खोज हेतु किसी विषय विशेष में की जाने वाली परिश्रमपूर्ण एवं सुव्यवस्थित पूछताछ या जाँच पड़ताल से है।"

अनुसंधान पद की कुछ प्रमुख परिभाषायें

(A Few Well Known Definitions of the Term Research)

1. **पी.वी. यंग :** अनुसंधान एक ऐसी व्यवस्थित विधि है जिसके द्वारा नवीन तथ्यों को खोजने अथवा पुराने तथ्यों की विषयवस्तु, उनकी क्रमबद्धता, अन्तःसम्बन्ध, कार्य–कारण व्याख्या और उनके निहित नैसर्गिक नियमों के पुष्टिकरण का कार्य किया जाता है।

   (Research may be defined "as the systematic method of discovering new facts or verifying the old facts, their sequences, interrelationships, casual explanations and the natural laws which govern them." —Young, P.V., 1966:15)

2. **ई.जे. मेसन एवं डब्ल्यू जे. ब्रेम्बल :** अनुसंधान से तात्पर्य ज्ञान हेतु वैज्ञानिक जाँच पड़ताल में प्रयुक्त एक ऐसी व्यवस्थित एवं संगठित खोज से है जो दिन प्रतिदिन की समस्याओं का समाधान ढूँढ़ने के हमारे अव्यवस्थित प्रयत्नों से काफी अलग होती है।

   (By the term research we mean a systematic organised search for knowledge used in scieitific investigation—rather than the more haphazard many of us use for everyday problems. —Mason, E.J. and Bramble, W.J., 1997:3)

3. **ब्रूस डब्ल्यू. टकमैन :** अनुसंधान से तात्पर्य प्रश्नों का उत्तर प्रदान करने हेतु किये जाने वाले हमारे सुव्यवस्थित प्रयत्नों से है। इसके द्वारा अमूर्त एवं सामान्य उत्तर भी प्राप्त हो सकते हैं जैसा कि आधारभूत अनुसंधान में होता है अथवा इसके द्वारा बहुत ही ठोस और विशिष्ट उत्तर प्राप्त हो सकते हैं जैसा कि प्रायः प्रदर्शनात्मक या अनुप्रयुक्त अनुसंधान में होता है। दोनों ही प्रकार के अनुसंधानों में शोधकर्त्ता तथ्यों की खोज करता है और इन तथ्यों की व्याख्या करके किसी सामान्यीकरण की सृष्टि करता है।

   (Research is a systematic attempt to provide answers to questions. It may yield abstract and general answers, as basic research often does, or it may give extremely concrete and specific answers, as demonstration or applied research often does. In both kinds of research, the investigation uncovers facts and then formulates a generalization based on an interpretetion of these facts. —Tuckman, Bruce W., 1999 : 4)

4. **सी.आर. कोठारी :** अनुसंधान पद से तात्पर्य एक ऐसी व्यवस्थित विधि से है जिसमें सोपानों के रूप में समस्या की पहचान, परिकल्पना का निर्माण, तथ्य और प्रदत्तों का संकलन, संकलित तथ्यों का विश्लेषण तथा कुछ ऐसे निष्कर्षों पर पहुँचना निहित रहता है जिनकी अभिव्यक्ति समस्या विशेष के हल अथवा सैद्धान्तिक आधार के रूप में सामान्यीकृत धारणाओं के रूप में दिखाई दे।

   (The term research refers to the systematic method consisting of enunciating the problem, formulating a hypothesis, collecting the facts of data, analysing the facts and reaching certain conclusions either in the form of solutions, towards the concerned problem or in certain generalizations for some theoretical formulations. —Kothari, C.R., 1990 : 20).

5. **पोल डी. लीडी एवं जेनी इलीज ऑर्मरोड :** अनुसंधान वह प्रक्रिया है जिसके माध्यम से हमें व्यवस्थित रूप से आगे बढ़ने और प्रदत्तों के सहारे किसी प्रश्न विशेष का उत्तर प्राप्त करने, समस्या विशेष का समाधान ढूँढ़ने अथवा घटना या प्रक्रिया विशेष को भलीभाँति समझने में उचित सहायता मिलती है।

   (Research is a process through which we attempt to achieve systematically and with the support of data the answer to a question, the resolution of a problem, or a greater understanding of a phenomenon. —Leedy, Paul D and Ormrod, Jeanne Ellis, 2008 : 24)

अनुसंधान निश्चित सोपानों से युक्त एक ऐसी अच्छी तरह सोची समझी वैज्ञानिक प्रक्रिया है जिसके माध्यम से समस्या विशेष के समाधान हेतु कुछ नवीन ज्ञान की प्राप्ति अथवा पुराने ज्ञान के आवश्यक संशोधन का रास्ता तय किया जाता है।

अनुसंधान की प्रकृति एवं विशेषतायें
(Nature and Characteristics of Research)

अनुसंधान पद के शब्दकोषीय अर्थों एवं विभिन्न विद्वानों द्वारा दी गई उपरोक्त परिभाषाओं का अगर उचित विश्लेषण किया जाये तो हमें अनुसंधान की प्रकृति एवं विशेषताओं के बारे में निम्न निष्कर्ष निकालने में मदद मिल सकती है।

1. अनुसंधान सदैव प्रयोजनपूर्ण और लक्ष्य निर्देशित होता है
(Research in always Purposeful and Goal Directed)

अनुसंधान कार्य किसी निश्चित उद्देश्य या लक्ष्य की प्राप्ति हेतु ही हाथ में लिया जाता है। सामान्यतया इसमें निम्न प्रकार के प्रयोजन अथवा उद्देश्यों की पूर्ति निहित रहती है।

(i) पूछे गये प्रश्नों या समस्या विशेषों के उत्तर या समाधान प्राप्त करना।

(ii) विश्वसनीय सूचना या नवीन ज्ञान की प्राप्ति अथवा उपलब्ध वर्तमान ज्ञान में बढ़ोतरी करना अथवा उसकी पुष्टि करना।

(iii) विषय विशेष के सैद्धान्तिक ज्ञान में वृद्धि करना।

(iv) इस अनुसंधान से उपलब्ध नवीन ज्ञान का शोधकर्त्ता अथवा अन्य व्यक्तियों के द्वारा उचित उपयोग करना।

2. अनुसंधान का प्रारूप एवं प्रक्रिया पूरी तरह नियोजित एवं विधिवत होती है

अनुसंधान बिना सोचे समझे, अनियोजित एवं असंचरित रूप में सम्पन्न नहीं होता। जैसे तैसे कुछ भी करके अनुसंधान नहीं किया जाता। इसके संपादन की प्रक्रिया पूरी तरह तर्कसम्मत, वैज्ञानिक, पूर्व नियोजित, नियन्त्रित एवं व्यवस्थित रहती है और इसे निश्चित चरणबद्ध सोपानों के तहत ही संपन्न किया जाता है।

3. अनुसंधान अपने आप में एक प्रक्रिया है, प्रक्रिया का परिणाम नहीं

अनुसंधानकर्त्ता द्वारा अनुसंधान को एक ऐसे उपकरण, साधन और प्रविधि के रूप में इस्तेमाल किया जाता है जिससे उपयुक्त सूचना या प्रदत्तों के संकलन और विश्लेषण द्वारा विश्वसनीय एवं वैध निष्कर्ष निकालकर अनुसंधान के अभीष्ट उद्देश्यों एवं प्रयोजन की पूर्ति हो सके।

4. अनुसंधान प्रशिक्षित एवं लगनशील अनुसंधानकर्त्ताओं का कार्य है

अनुसंधान सभी के वश की बात नहीं। यह एक ऐसा कार्य है जो अपने आप में शोधकर्त्ता से बहुत अधिक नियोजन, नियन्त्रण, प्रबन्धन एवं लगनशीलता की माँग करता है। अतः अनुसंधान उन्हीं के द्वारा किये जाने चाहियें जो इस संदर्भ में आवश्यक रूप से गंभीर, कुशल एवं प्रशिक्षित हों और जो इसे पूर्ण निष्ठा और ईमानदारी से निभा सकें।

अपने में निहित अर्थ, और उसकी प्रकृतिजन्य उपरोक्त विशेषताओं के संदर्भ में अगर अच्छी तरह मनन किया जाये तो अनुसंधान पद की एक उपयुक्त कार्यकारी परिभाषा निम्न शब्दों में दी जा सकती है।

अनुसंधान विचारयुक्त वैज्ञानिक जाँच पड़ताल प्रक्रिया से युक्त एक ऐसा उपकरण या साधन है जिसे एक निष्ठावान एवं कुशल व्यक्ति (जिसे अनुसंधान या शोधकर्त्ता के रूप में जाना जाता है) द्वारा कुछ निश्चित सोपानों का अनुसरण करते हुये अपने अनुसंधान उद्देश्यों की प्राप्ति हेतु प्रयोग में लाया जाता है।

अनुसंधान पद से इस तरह परिचित होने के उपरांत एक शोधकर्त्ता के लिये अब यह आवश्यक हो जाता है कि वह अनुसंधान प्रक्रिया में आगे बढ़ने में सहयोगी कुछ जरूरी अवधारणाओं से भी परिचित हो जाये। मुख्य रूप से वह यह जान जाये कि कुछ ज्ञान प्राप्ति हेतु किस प्रकार के उपागम (approaches) और विधियों का उपयोग किया जा सकता है ? अनुसंधान में प्रयुक्त वैज्ञानिक विधि क्या होती है और अनुसंधान प्रक्रिया से जुड़े हुये कुछ प्रमुख संप्रत्यय या अवधारणाओं का क्या स्वरूप होता है ? आगे के पृष्ठों में हम इन्हीं बातों को अपनी चर्चा का केन्द्रबिन्दु बनाना चाहेंगे।

ज्ञान प्राप्ति की विभिन्न विधियाँ या उपागम (Methods and Approaches of Acquiring Knowledge)

किसी भी अनुसंधान कार्य का मुख्य उद्देश्य किसी व्यक्ति, वस्तु या घटना की सत्यता को जानने और परखने हेतु आवश्यक ज्ञान की उपलब्धि करना होता है। इस अर्थ में अनुसंधान के लिये प्रयुक्त उपागम और विधियों तथा ज्ञानार्जन हेतु काम में लाई जाने वाली विधियों एवं उपागमों में स्पष्ट रूप से काफी नजदीकी रिश्ता पाया जाता है। इस दृष्टि से अनुसंधानकर्त्ता को अपने अनुसंधान कार्य में अच्छी तरह आगे बढ़ने हेतु ज्ञानार्जन की विभिन्न विधियों और उपागमों का स्पष्ट ज्ञान होना अति आवश्यक है। इसी उद्देश्य की पूर्ति के सन्दर्भ में ही हम यहाँ आगे ज्ञान प्राप्ति के विभिन्न उपागम और विधियों को कुछ निश्चित प्रकारों में बाँट कर चर्चा करना चाहेंगे।

1. परम्परा अनुगमन विधि (The Method of Relying on Tradition)

ज्ञान प्राप्त करने की यह विधि परम्पराओं पर आश्रित रहती है। हम ज्ञान के रूप में वही प्राप्त करते हैं जिसे परम्पराओं के रूप में हमारे समाज और संस्कृति ने संजोकर रखा है। जब भी हम अपनी किसी समस्या का समाधान तलाशते हैं तो यह देखते हैं कि परम्परागत रूप से इस प्रकार की समस्याओं के समाधान हेतु क्या कुछ किया जाता रहा है। इसीलिये जुकाम होने पर हम काढ़ा पीने का प्रयत्न करते हैं और चोट लगने पर हल्दी का लेप लगाते हैं। कृषक लोग अपनी खेतीबाड़ी की समस्याओं के समाधान और कार्यों के संपादन में आवश्यक ज्ञानार्जन हेतु अपने समाज और संस्कृति में चली आ रही परम्पराओं का ही सहारा लेते हैं। यही बात अन्य व्यवसायों में रत व्यक्तियों के लिये भी सही ठहरती है। परन्तु ज्ञानार्जन हेतु परम्पराओं पर इस तरह की निर्भरता सदैव ही अनुकूल और उचित प्रभाव डालेंगी, ऐसा होना संभव नहीं है। बहुत सी परिस्थितियों में यह

काफी अनुचित और अहितकारी सिद्ध हो सकती है। विशेषकर उन परिस्थितियों में जहाँ रूढ़ियाँ और अंधविश्वास सही और उचित ज्ञानार्जन का रास्ता रोक कर खड़े हो जाते हैं। परम्परागत जकड़न ने ही काफी समय तक पृथ्वी के घूमने सम्बन्धी नवीन ज्ञानार्जन पर पूरी तरह रोक लगा रखी थी। आज भी चेचक की बीमारी से निजात पाने के लिये शीतला माता की पूजा करने की बात सोची जाती है, इसके टीके अथवा अन्य डाक्टरी इलाज की नहीं। इस तरह परम्परागत विचारधारा नये और उचित ज्ञान की प्राप्ति में एक बड़ी बाधा बनकर सामने आ सकती है और इस दृष्टि से ज्ञानार्जन हेतु परम्पराओं पर निर्भर रहने की विधि एक अच्छा विकल्प प्रस्तुत करने में असफल ही सिद्ध होती है।

2. किसी विशेषज्ञ या जानकार पर निर्भर रहने सम्बन्धी विधि
(The Method of Relying on Authority or Expert)

ज्ञानार्जन की इस विधि और उपागम में ज्ञान प्राप्ति हेतु हम विषय विशेष के अच्छी तरह जानकार, अनुभवी और विशेषज्ञों की मदद लेने का प्रयत्न करते हैं। बाल्यकाल से ही जब हम अपने प्राकृतिक और सामाजिक परिवेश के बारे में कुछ भी जानना चाहते हैं और जीवन में आगे बढ़ने के लिये कुछ भी सीखना चाहते हैं तो हमारे ज्ञानार्जन के स्रोत हमारे बड़े, माता–पिता, गुरुजन तथा हमारे वे समवयस्क साथी या मित्र ही होते हैं, जिन्हें ये बातें अच्छी तरह मालूम हैं। ज्ञानार्जन का यह सिलसिला जीवनपर्यन्त चलता रहता है और हम अपने जीवन की निजी और व्यावसायिक समस्याओं के समाधान में अक्सर हमसे अनुभवी, कुशल और विशेषज्ञ व्यक्तियों की राय, जागृति और परामर्श का सहारा लेते रहते हैं।

गाँव में रहने वाले व्यक्तियों को वांछित जानकारी और ज्ञान प्राप्ति हेतु पटवारी, सरपंच बुजुर्ग व्यक्तियों, मंदिर के पुजारी, गाँव के स्कूल के अध्यापक और प्रधानाध्यापक, पोस्टमास्टर और इस प्रकार के अन्य गणमान्य और अनुभवी व्यक्ति, जिनसे उन्हें अपनी समस्याओं के समाधान में उचित सहायता मिल सकती हो, सहायता लेते हुये देखा जाना एक स्वाभाविक सी बात है। कारखानों में जब भी किसी मशीनरी विशेष में कोई खराबी आ जाती है तो अनुभवी कारीगरों और विशेषज्ञ इंजीनियरों की सेवायें लेना जरूरी हो जाता है। यही बात जीवन के सभी क्षेत्रों में लागू होती है जहाँ हम अपनी समस्या विशेष के हल और शंका समाधान हेतु अनुभवी और विशेषज्ञ व्यक्तियों की सहायता लेते ही रहते हैं। इस कड़ी में साहित्य, सद्ग्रन्थ और अन्य उपलब्ध मुद्रित सामग्री और दस्तावेजों का अध्ययन भी शामिल है। हम ज्ञानार्जन हेतु वेद, पुराण, गीता, कुरान, बाइबल आदि धार्मिक ग्रन्थों की ओर देखते हैं तथा पाठ्यक्रमों में निर्धारित पाठ्यपुस्तकों, ग्रन्थालयों में उपलब्ध पुस्तक और साहित्य तथा इन्टरनेट पर उपलब्ध विविध प्रकार की पठन सामग्री का अध्ययन करते हैं। इस प्रकार के सभी स्रोतों से उपलब्ध जानकारी और ज्ञान हमें अपने ज्ञान भंडार में वांछित वृद्धि करने में पर्याप्त सहयोग दे सकता है। परन्तु ज्ञानार्जन का यह उपागम और विधि भी त्रुटिहीन नहीं है। जिन स्रोतों एवं व्यक्ति विशेष को हम यह समझते हैं कि वे हमारे द्वारा इच्छित जानकारी और ज्ञानवर्द्धन के लिए सर्वदा उपयुक्त हैं, वे सदैव ही इस कसौटी पर खरी उतरें यह संभव नहीं है। इसलिये ज्ञान प्राप्ति के साधन के रूप में इन्हें आँख मींच कर स्वीकार करना सदैव ही उपयुक्त नहीं ठहराया जा सकता। इनकी विश्वसनीयता, वैधता तथा वस्तुनिष्ठता की अच्छी तरह परख करके ही इन्हें ज्ञानार्जन के स्रोत और साधनों के रूप में अंगीकृत किया जाना चाहिये।

3. ज्ञानेन्द्रियों तथा व्यक्तिगत अनुभव से लाभ उठाने सम्बन्धी विधि
(The Method of Utilising Senses and Personal Experience)

अनुभव को अपने आप में एक बहुत बड़ा शिक्षक और ज्ञान–स्रोत कहा जाता है। बात भी ठीक है, प्रायः हम सभी किसी भी नवीन बात की जानकारी और ज्ञान को ग्रहण करने हेतु अपनी ज्ञानेन्द्रियों से प्राप्त निजी अनुभवों की सहायता लेने का प्रयास करते रहते हैं। इसलिये ज्ञानेन्द्रियों (आँख, नाक, कान, जीभ तथा त्वचा) को ज्ञान के

पाँच दरवाजों की संज्ञा दी जाती है। अपने स्वयं के प्रयत्नों और अनुभवों से प्राप्त इस प्रकार का ज्ञान यद्यपि कई दृष्टियों से काफी महत्त्वपूर्ण, विश्वसनीय और वैध माना जाता है परन्तु फिर भी व्यक्तिनिष्ठा (Subjectivity) से ओतप्रोत होने और ज्ञानेन्द्रियों की भी अपनी एक सीमा होने के कारण इसे सर्वथा त्रुटिहीन और उपयुक्त नहीं माना जा सकता। ज्ञानेन्द्रियों के माध्यम से किये जाने वाले प्रत्यक्षीकरण (Perception) में विभ्रम जैसे कई तरह के दोष उत्पन्न हो सकते हैं। ठीक वैसे ही जैसे राजस्थान की तपती रेत में मृगमरीचिका की प्रक्रिया घटित होती है, चलती ट्रेन में वृक्ष भागते हुये दिखाई देते हैं और दूर आसमान में उड़ता हुआ विशालकाय हवाई जहाज काफी छोटे आकार का नजर आता है। इस तरह इन्द्रियों के सहारे स्व–अनुभव के द्वारा ज्ञान प्राप्ति की प्रक्रिया किसी एक या अन्य कारणों से दूषित हो सकती है। ऐसी गलती किसी से भी हो सकती है जैसा कि संकेत प्रसिद्ध यूनानी दार्शनिक अरस्तू के सम्बन्ध में चर्चित निम्न कहानी से प्राप्त हो सकता है।

कहानी के अनुसार एक बार अरस्तू ने एक मक्खी पकड़ी और अच्छी तरह से उसकी टाँगों की गिनती की और पुनः गिनती करने के पश्चात् यह कहा कि उसकी 5 टाँग हैं। अरस्तू के द्वारा मक्खी की टाँगों की संख्या के बारे में किया जाने वाला सामान्यीकरण और दी जाने वाली जानकारी को काफी लम्बे समय तक कोई चुनौती नहीं मिली, हालांकि वास्तविक स्थिति में मक्खी की 6 टाँगें ही होती हैं। क्या आप यह अनुमान लगा सकते हैं कि अपने स्वयं के प्रेक्षण सम्बन्धी अनुभव के बावजूद भी अरस्तू के द्वारा सही निष्कर्ष निकालने में चूक कैसे हो गई? आगे कहानी में यह बात स्पष्ट की गई है कि वास्तव में हुआ ऐसा कि अरस्तू द्वारा जिस मक्खी को पकड़ा गया उसकी संयोगवश मात्र 5 टाँगें ही थी और उसी एक मक्खी के प्रेक्षण द्वारा किये गये सामान्यीकरण ने ही मक्खियों की टाँगों के बारे में ऐसी भ्रान्ति को जन्म दिया।

इरा कहानी की सत्यता पर कितनी भी अंगुलियाँ उठाई जायें परन्तु एक बात यहाँ नितान्त सत्य है कि इन्द्रियजनित अनुभवों से प्राप्त किया हुआ स्व–ज्ञान सर्वथा त्रुटिहीन औ२ यथार्थ नहीं गाना जा सकता। प्रसिद्ध विद्वान वेन डेलन (Van Dalen, 1973:5) ने इस सम्बन्ध में अपने विचार व्यक्त करते हुए लिखा है–

व्यक्ति विशेष द्वारा प्रेक्षण एवं प्रेक्षण से प्राप्त सूचनाओं को सामने लाने में त्रुटियाँ की जा सकती हैं। जैसे (i) वह उन राक्ष्यों की चर्चा को टाल सकता है जो उसकी मान्यता से मेल नहीं खाते। (ii) वह उन मापन उपकरणों को काम में ला सकता है जिनसे व्यक्तिनिष्ठ (Subjective) परिणाम प्राप्त होते हैं। (iii) वह अपर्याप्त साक्ष्यों के आधार पर किसी सामान्यीकरण या विचार की स्थापना कर सकता है अथवा (iv) व्यक्तिगत द्वेष भावना के कारण अनुचित निष्कर्ष एवं परिणामों को प्रकाश में ला सकता है।

इन सभी उपरोक्त बातों पर गौर करते हुए यह समझा जा सकता है कि इन्द्रियों तथा स्व–अनुभव के द्वारा ज्ञान प्राप्त करने के प्रयासों में भी काफी कुछ सतर्कता एवं सावधानी बरतने की आवश्यकता है क्योंकि इनके द्वारा सम्पन्न ज्ञान प्राप्ति प्रक्रिया भी दोषपूर्ण और अनुचित हो सकती है।

4. तर्क को प्रयोग में लाने सम्बन्धी विधि

(The Method of Using Instrument of Reasoning)

ज्ञानार्जन की इस विधि में ज्ञान प्राप्ति के इच्छुक व्यक्तियों द्वारा अपनी तार्किक शक्ति का उपयोग किया जाता है। वे इसे ज्ञान प्राप्ति का साधन बनाने में आगमन तथा निगमन (Inductive and deductive) दोनों ही प्रकार की विचार प्रक्रियाओं का उपयोग कर सकते हैं।

ज्ञानार्जन हेतु आगमन तर्क प्रणाली का प्रयोग करने में व्यक्ति विशेष को विशिष्ट उदाहरणों से नियम की ओर चलने सम्बन्धी प्रक्रिया का अनुसरण करना होता है। एक ऐसी प्रकृति के विशेष उदाहरणों, अनुभवों तथा परीक्षण परिणामों में समानता और असमानता को चिन्हित करते हुए यहाँ वह कुछ ऐसे निष्कर्ष और सामान्यीकरण

पर पहुँचने का प्रयत्न करता है जो उसे वांछित ज्ञान की उपलब्धि में समुचित सहायता कर सकें। ज्ञानार्जन की इस आगमन तर्क प्रणाली को कुछ निम्न उदाहरणों द्वारा भलीभाँति स्पष्ट किया जा सकता है।

(i) व्यक्ति विशेष के द्वारा अनुसंधान विधियाँ विषय पर लिखी 3-4 पाठ्यपुस्तकों का अवलोकन और समीक्षा की जाती है। ऐसा करने पर वह पाता है कि उनमें से प्रत्येक में 'क्रियात्मक अनुसंधान' नाम से एक अलग अध्याय है। इस जानकारी के आधार पर वह इस निष्कर्ष पर पहुँचता है कि 'अनुसंधान विधियाँ' नामक शीर्षक से लिखी गई सभी पाठ्यपुस्तकों में 'क्रियात्मक अनुसंधान' नाम का एक विशिष्ट अध्याय अवश्य होता है।

(ii) व्यक्ति विशेष किसी एक गाँच के 4–5 घरों में जाकर देखता है कि इन घरों में पाई जाने वाले सभी गायें दुधारू हैं (यानी दूध देती हैं)। अपने इस अवलोकन द्वारा वह यह निष्कर्ष निकालने की कोशिश कर सकता है कि "सभी गायें दूध देने वाली होती हैं।"

उपरोक्त दोनों उदाहरण जहाँ आगमन तर्क प्रणाली का उपयोग करते हुए वांछित ज्ञान उपलब्धि की बात करते हैं जहाँ वे इस प्रणाली की कमियों और दोषों की तरफ इशारा करने से भी नहीं चूकते। यह सही है कि 'अनुसंधान विधियाँ' नामक शीर्षक से लिखी बहुत सी पाठ्यपुस्तकों में एक अलग अध्याय के रूप में 'क्रियात्मक अनुसंधान' को स्थान दिया जाता है परन्तु यह बात इस प्रकार की सभी पाठ्यपुस्तकों के लिये खरी उतरे यह जरूरी नहीं। अनुसंधान विधियों की चर्चा करने वाली इस पाठ्यपुस्तक में, जिसका इस समय आप अध्ययन कर रहे हैं, 'क्रियात्मक अनुसंधान' नाम से कोई भी एक विशेष अध्याय शामिल नहीं है। इसी तरह दूसरे उदाहरण में यह भलीभाँति अनुमान लगाया जा सकता है कि सभी गायें दूध देती हैं इस तरह का निष्कर्ष निकालना कितना गलत और तथ्य से परे है। हमें ऐसी बहुत सी गायें देखने को मिल सकती हैं जो किसी एक या अन्य कारण की वजह से दूध नहीं देती।

आगमन तर्क प्रणाली तर्क का उपयोग कर ज्ञान प्राप्त करने की एक ऐसी प्रणाली होती है जिसमें व्यक्ति विशेष विविध विशिष्ट उदाहरणों अथवा अनुभवों के सामान्यीकरण द्वारा वांछित ज्ञानार्जन करने का प्रयत्न करता है।

ज्ञानार्जन हेतु निगमन तर्क प्रणाली का प्रयोग करने में व्यक्ति विशेष 'सामान्य से विशेष' तथा 'नियम से उदाहरण पथ का अनुसरण' करता है। यहाँ उसके सामने पहले से ही निर्धारित कोई मान्य नियम, सिद्धान्त अथवा सामान्यीकृत निष्कर्ष होता है, वह इसकी सत्यता की परख विशिष्ट उदाहरणों के जरिये करने की कोशिश करते हुए वांछित ज्ञान की उपलब्धि में संलग्न रहता है। इस प्रणाली का उपयोग ज्ञानार्जन हेतु कैसे किया जाता है हम कुछ उदाहरणों द्वारा स्पष्ट करना चाहेंगे।

(i) व्यक्ति विशेष किसी एक सामान्यीकृत धारणा या निष्कर्ष को (चाहे वह वास्तविकता के नजदीक हो अथवा परे) सही मानकर चलता है। जैसे वह यह मानकर चले कि 'अनुसंधान विधियाँ' शीर्षक के तहत लिखी पाठ्यपुस्तकों में अनिवार्य रूप से 'क्रियात्मक अनुसंधान' नामक अध्याय शामिल रहता है। इस प्रकार की धारणा से युक्त व्यक्ति अब यह तर्क कर सकता है क्योंकि सभी 'अनुसंधान विधियाँ' नामक पाठ्यपुस्तकों में प्रायः क्रियात्मक अनुसंधान का अध्ययन रहता है तो जो अनुसंधान विधि पाठ्यपुस्तक रूप में मैं पढ़ रहा हूँ उसमें अवश्य ही विशेष रूप से क्रियात्मक अनुसंधान नामक अध्याय शामिल होगा।

(ii) "सभी गायें दूध देती हैं"। इस प्रकार के एक सामान्यीकृत विचार को लेकर व्यक्ति विशेष आगे बढ़ सकता है। अपनी इस धारणा की पुष्टि अब वह इस बात को देखकर करना चाहेगा कि कोई एक विशिष्ट गाय जो उसके सामने है अवश्य ही दूध दे रही होगी। इस तरह गायें दूध देती हैं या नहीं

इस बात की जानकारी और ज्ञान हेतु वह निगमन तर्क प्रणाली को इस रूप में प्रयोग करता हुआ देखा जा सकता है।

> **निगमन तर्क प्रणाली** ज्ञानार्जन हेतु प्रयुक्त एक ऐसी तर्क प्रणाली है जिसमें व्यक्ति विशेष को सामान्य से विशेष की ओर चलना होता है। वह किसी सामान्यीकृत तथ्य या सिद्धान्त को अपनाता है और फिर इसकी सत्यता की परख विशेष उदाहरणों के संदर्भ में करने का प्रयत्न करता है।

आगमन और निगमन तर्क प्रणालियाँ अपनी–अपनी तरह से ज्ञानार्जन प्रक्रिया में किस तरह मददगार सिद्ध होती हैं, उनमें निहित इस प्रकार के अंतर को निम्न प्रस्तुतीकरण द्वारा अच्छी तरह समझा जा सकता है।

आगमन तर्क प्रणाली	निगमन तर्क प्रणाली
• यह गाय दूध देती है।	• सभी गायें दूध देती हैं।
• यह दूसरी गाय भी दूध दे रही है।	• यहाँ मेरे सामने एक गाय है।
• यहाँ कुछ और भी गायें हैं जो दूध देती हैं।	• इसे दूध देने वाली होना चाहिये।
• सभी गायें दूध देती हैं।	

प्रश्न उठता है कि आगमन या निगमन इन दोनों प्रकार की तर्क प्रक्रिया का प्रयोग करते हुए क्या एक विश्वसनीय, वैध और वस्तुनिष्ठ ज्ञान की प्राप्ति हो सकती है या नहीं ? इसका उत्तर प्रायः 'ना' में ही ज्यादा मिलता है। जिन दो उदाहरणों को लेकर हम ऊपर की पंक्तियों में चले हैं उन पर विचार किया जाये तो न तो आगमन और न निगमन तर्क प्रक्रिया हमें उनके अकेले रूप में सम्बन्धित वास्तविक ज्ञान कराने में समर्थ सिद्ध हो सकती हैं। कुछ विशेष उदाहरणों जैसे कुछ गायें दूध देती हैं, कुछ अनुसंधान विधियों की पाठ्यपुस्तकों में अलग से एक अध्याय 'क्रियात्मक अनुसंधान' नाम से होता है इनके आधार पर हम यह सर्वमान्य रूप से नहीं कह सकते कि सभी गायें दूध देती हैं और सभी अनुसंधान विधियों की पाठ्यपुस्तकों में अवश्य ही क्रियात्मक अनुसंधान, अध्याय होता है। इसी प्रकार निगमन तर्क प्रणाली में जब हम यह मानकर चलते हैं कि सभी गायें दूध देती हैं, सभी दुकानदार या उद्योगपति बेईमान हैं अथवा राजनेता या अफसर भ्रष्ट हैं तो हमारी बुनियाद और शुरुआती चरण ही दोषपूर्ण हो जाता है। फिर इस दोषपूर्ण बुनियाद और त्रुटियुक्त शुरुआत से अच्छे अंत की कल्पना भी कैसे की जा सकती है। इस तरह देखा जाये तो आगमन और निगमन दोनों प्रकार की तर्क प्रणालियाँ अपनी अपनी तरह से कई प्रकार के दोषों और कमियों का शिकार पाई जाती हैं और इसलिये इनमें से किसी को ज्ञान प्राप्ति का त्रुटिरहित और विश्वसनीय उपागम नहीं माना जा सकता।

5. आगमन और निगमन तर्क प्रणाली के सम्मिलित उपयोग सम्बन्धी विधि

(The Method of Using a Combination of Inductive and Deductive Reasoning)

ज्ञान प्राप्त करने की इस विधि में व्यक्ति विशेष द्वारा आगमन और निगमन की प्रणालियों का उनके समन्वित रूप में प्रयोग किया जाता है। इस विधि की प्रकृति और कार्यप्रणाली पर प्रकाश डालते हुए बेस्ट एवं काहन (Best and Kahin, 2006:7) ने लिखा है :

शोधकर्त्ता द्वारा आगमन की प्रणाली का सहारा लेते हुए यहाँ शुरुआत उन विविध प्रकार के प्रेक्षण (Observation) से हो सकती है जिनसे किसी एक परिकल्पना की स्थापना हो सके। इसके पश्चात् शोधकर्ता निगमन तर्क प्रणाली के सहारे यह जानने की कोशिश कर सकता है कि अगर परिकल्पना सत्य है तो किस प्रकार के परिणामों की अपेक्षा की जा सकती है। इसके पश्चात् वह फिर पूर्व स्थापित परिकल्पना के सत्यापन,

उसमें कुछ सुधार करने या उसको अस्वीकार करने के संदर्भ में आगमन तर्क प्रणाली का सहारा लेकर वांछित प्रदत्तों का संकलन कर सकता है। अपने इस अध्ययन से प्राप्त जानकारी और परिणामों के आधार पर शोधकर्त्ता अब कुछ और नयी परिकल्पनाओं की स्थापना का प्रयत्न कर सकता है ताकि शोध से सम्बन्धित अन्य प्रश्नों के उत्तर दिये जा सकें। इस प्रकार के आगमन–निगमन विधियों का संयुक्त रूप से प्रयोग करने के परिप्रेक्ष्य में एक शोधकर्त्ता बारी–बारी से कभी आगमन (प्रेक्षण और प्रदत्त संकलन हेतु) और कभी निगमन (घटनाओं के संभावित परिणामों की परिकल्ना करने हेतु) तर्क प्रणालियों का प्रयोग करता हुआ नजर आता है।

आगमन और निगमन तर्क प्रणालियों का उनके सम्मिलित और समन्वित रूप में प्रयोग करने से एक बड़ा लाभ शोधकर्त्ता को यह रहता है कि उसे दोनों को अलग–अलग काम में लाने से जो कमियाँ रह जाती हैं, उनसे अनायास ही मुक्ति मिल जाती है। बहुत विद्वान एवं शोधकर्त्ता इस दृष्टि से आगमन और निगमन विधियों के एकीकृत और समन्वित उपयोग से उनको अलग अलग काम में लाने से ज्यादा अच्छा मानते हैं। इस विधि में अपनी विलक्षणता और उपयोग के सम्बन्ध में अपने विचार व्यक्त करते हुये प्रसिद्ध विद्वान गै एवं आयरेसिअन (Gay and Airasian, 2004 : 4) ने लिखा है :

इसमें आगमन और निगमन दोनों ही तर्क प्रणालियों की विशेषतायें एक साथ होने के अतिरिक्त कुछ ऐसी विशेषतायें भी मिलती हैं जो इसे एक ऐसी अनुपम विधि या उपागम का स्वरूप प्रदान करती हैं जो थोड़ी बहुत दोषयुक्त होने के बावजूद ज्ञान प्राप्ति की अन्य विधियों जो परम्परा, विशेषज्ञ, वैयक्तिक अनुभव या आगमन अथवा निगमन तर्क प्रणालियों पर आधारित विधियों से अधिक अच्छी और व्यावहारिक सिद्ध होती है।

इस प्रकार जहाँ तक ज्ञानार्जन हेतु किन्हीं विशेष उपागम या विधियों के उपयोग का प्रश्न है, आगमन और निगमन तर्क प्रणालियों की सम्मिलित और समन्वित प्रयोग अन्य प्रचलित विधियों से अधिक श्रेष्ठ और उपयोगी माना जा सकता है। आगमन–निगमन तर्क प्रणालियों के इस समन्वित स्वरूप के उपयोग ने ही आगे जाकर अन्वेषकों और शोधकर्त्ताओं को कुछ अधिक व्यवस्थित और वैज्ञानिक ढंग से युक्त विधि जिसे 'ज्ञान प्राप्ति की वैज्ञानिक विधि' कहा जाता है को अपनाने का मार्ग प्रशस्त किया है। आगे के पृष्ठों में हम इसके बारे में विस्तार से चर्चा करना चाहेंगे।

6. वैज्ञानिक पूछताछ और अन्वेषण को प्रयोग में लाने सम्बन्धी विधि (The Method of Using Scientific Enquiry and Investigation)

इस विधि में ज्ञान प्राप्त करने हेतु व्यक्ति विशेष ज्ञान प्राप्ति के लिये वही पूछताछ, जाँच पड़ताल और अन्वेषण का रास्ता अपनाता है जैसा कि वैज्ञानिकों द्वारा अपनी खोज और अनुसंधान कार्य हेतु अपनाया जाता है। वस्तुतः यही वह विधि है जिसे किसी भी प्रकार के अनुसंधान में चाहे वह प्राकृतिक एवं प्रयोगात्मक विज्ञानों से सम्बन्धित हो या सामाजिक तथा व्यवहारात्मक विज्ञानों में, अपनाया और प्रयोग में लाया जाता है। यह विधि अपने चलन में वैज्ञानिक विधि (Scientific Method) के नाम से प्रसिद्ध है। आगे हम ज्ञान प्राप्ति हेतु इसी की चर्चा करेंगे, परन्तु आओ इससे पहले यह जाना जाये कि विज्ञान किसे कहते हैं और कोई विधि 'वैज्ञानिक विधि' कब कहलाती है ?

विज्ञान क्या है? (What is Science ?)

मनुष्य ने जबसे होश संभाला है तभी से उसके मन में स्वयं को तथा उसके चारों ओर प्राकृतिक एवं सामाजिक वातावरण में जो कुछ भी घटित होता है उसको जानने और समझने की प्रबल इच्छा, जिज्ञासा तथा महत्त्वाकांक्षा रहती आई है। वह इसके लिये अपने ढंग से कुछ जाँच पड़ताल, खोज और अन्वेषण सम्बन्धी चेष्टायें करता रहा है और उसके इन्हीं प्रयासों ने सुव्यवस्थित एवं संगठित ज्ञान के रूप में एक ऐसा भंडार उसके सामने रखा है जिसमें उसे अपने आप से तथा वातावरण से अच्छी तरह समायोजित होकर प्रगतिशील मानव के रूप में जीने की राह मिली है। जीवन के विभिन्न क्षेत्रों एवं आयामों में हमें ज्ञान का जो एक काफी बड़ा सुव्यवस्थित एवं

संगठित भंडार मिलता है उसे ही विज्ञान की विषयवस्तु (Content material) का नाम दिया जाता है और यह विषयवस्तु जिन प्रयासों तथा चेष्टाओं के माध्यम से एकत्रित हुई है उस सुव्यवस्थित एवं संगठित प्रयासों को भी अपने आप में विज्ञान का अभिन्न अंग माना जाता है। इस अर्थ में विज्ञान प्रक्रिया भी है और प्रक्रिया का परिणाम भी। प्रक्रिया के रूप में जहाँ यह हमें वांछित उपयोगी जानकारी और ज्ञान की प्राप्ति में मदद करता है वहीं परिणाम के रूप में यह हमारे सामने एक ऐसे सुव्यवस्थित एवं संगठित ज्ञान का भंडार प्रस्तुत करता है जिसके अध्ययन और उपयोग से व्यक्ति विशेष को अपने जीवन को अच्छी तरह जीने में पूरी मदद मिलती है। विज्ञान के इन दोनों रूपों के सत्य को उजागर करते हुए डेलो (Dellow, 1970:16) ने लिखा है :

विज्ञान अपने आप में एक लाभप्रद तरीके से संगठित ज्ञान का भंडार है और इस ज्ञान की उपलब्धि विज्ञान के अपने प्रक्रिया रूप यानी वैज्ञानिक विधि से ही होती है।

परन्तु यह बात भी नितान्त सत्य है कि ज्ञान प्राप्त करने के ढंग की जानकारी, ज्ञान भंडार से परिचित होने की अपेक्षा काफी महत्त्वपूर्ण और उपयोगी होती है। इस तरह व्यावहारिक दृष्टि से अगर विचार किया जाये तो एक अनुसंधानकर्त्ता के रूप में अपेक्षित ज्ञान प्राप्ति हेतु हमें विज्ञान का यह दूसरा प्रक्रिया रूप यानी वैज्ञानिक विधि को प्रयुक्त किया जाना अधिक कारगर सिद्ध हो सकता है। परिणामस्वरूप हमें अब यह आवश्यक हो जाता है कि हम यह जानें कि ज्ञान प्राप्ति की यह वैज्ञानिक विधि क्या है ?

वैज्ञानिक विधि क्या है ? (What is a Scientific Method ?)

सरल शब्दों में विज्ञानों द्वारा ज्ञान की प्राप्ति, सत्य की खोज और समस्याओं के समाधान हेतु जिस विशेष विधि का प्रयोग किया जाता है उसे ही वैज्ञानिक विधि की संज्ञा दी जाती है। मेरियम, वेबस्टर, सैविन्थ न्यू कॉलेजियट डिक्सनरी में वैज्ञानिक विधि को परिभाषित करते हुए लिखा है—"समस्या विशेष की पहचान और स्थापना, प्रेक्षण और प्रयोग की सहायता से प्रदत्तों का संकलन एवं परिकल्पनाओं के निर्माण एवं परख से युक्त ऐसे प्रनियम एवं प्रक्रियायें जिन्हें ज्ञान की व्यवस्थित खोज हेतु काम में लाया जाये।"

(Principles and procedures for the systematic pursuit of knowledge involving the recognition and formulation of a problem, the collection of data through observation and experiment, and the formulation and testing of hypotheses. — Marriam Webster's Seventh New Collegiate Dictionary, 1970:771)

वैज्ञानिक विधि के अर्थ, प्रकृति एवं प्रयोग के बारे में और अच्छी तरह जानने में हमें विभिन्न विद्वानों द्वारा समय समय पर दी गई परिभाषायें काफी मदद कर सकती हैं। यहाँ हम इनमें से कुछ अधिक प्रसिद्ध परिभाषाओं को उद्धृत करना चाहेंगे।

1. **जे.सी. टाउन्सेन्ड :** वैज्ञानिक विधियों से अभिप्राय उन अधिक से अधिक सार्थक, प्रत्यक्ष एवं कारगर साधनों से है जिनके अन्तर्गत चिन्तन एवं क्रियाओं के माध्यम से तथ्यों का संग्रह और संगठन किया जाता है।

   (The most exacting, direct and efficient means by which facts have been collected and organized with the use of tools of thinking and acting, have come to be known as scientific methods. — J.C. Townsend, 1953:1)

2. **कार्ल पीयरसन :** वैज्ञानिक विधि का विज्ञानों की सभी शाखाओं में समान रूप से एक ही रूप रहता है और यही वह विधि है जिसका प्रयोग एक तार्किक और प्रशिक्षित मस्तिष्क द्वारा किया जाता है। विज्ञानों में जो ऐक्य नजर आता है वह उनकी विषय सामग्री की वजह से नहीं बल्कि उनके द्वारा प्रयोग में लाई जाने वाली वैज्ञानिक विधि से है। कोई भी वह व्यक्ति जो किसी भी प्रकार के तथ्यों का किसी

भी रूप में वर्गीकरण करता है, उनमें निहित सम्बन्धों को देखता है और उनके क्रम का वर्णन करता है, वैज्ञानिक विधि का ही अनुसरण कर रहा होता है और निस्संदेह अपने इस रूप में उसे वैज्ञानिक ही कहा जायेगा।

(The scientific method is one and the same in the branches of science and that method is the method of all logical trained mind...the unity of all sciences consists alone in its methods, not in material; the man who classifies facts of any kind whatever, who sees their mutual relation and describes their sequence, is applying the scientific method and is a man of science. —Pearson Karl, 1957:10–12)

3. **विलियम वेयरस्मा :** वैज्ञानिक विधि को प्रायः ऐसे शृंखलाबद्ध सोपानों के रूप में परिभाषित किया जाता है जिनकी शुरुआत किसी समस्या विशेष की पहचान से होती है और अंत निष्कर्ष निकालने के रूप में होता है।

   (The scientific method is usually described as a series of steps, beginning with the identification of some problem and proceeding to the final step of drawing conclusion. —Wiersma, William, 1986:8)

4. **डेलो :** वैज्ञानिक विधि और कुछ नहीं बल्कि एक नियमबद्ध चिन्तन ही है। वास्तव में यह एक संगठित सामान्य अनुभूति है।

   (Scientific method is nothing more than thinking according to a set of rules; infact, it is "organized common sense". — Dellow, 1970:16)

5. **ग्रेवटर एवं फोरजेनो :** वैज्ञानिक विधि ज्ञान प्राप्ति का एक ऐसा उपागम है जो परिकल्पना के विकास हेतु प्रेक्षणों का प्रयोग करता है और फिर इस परिकल्पना के परीक्षण हेतु कुछ अतिरिक्त व्यवस्थित प्रेक्षणों के प्रयोग का प्रयत्न करता है। मोटे तौर पर नई प्रेक्षण गतिविधियाँ नई परिकल्पनाओं को जन्म देती हैं और यह क्रम चलता रहता है।

   (The scientific method is an approach to acquiring knowledge that uses observations to develop a hypothesis and then empirically tests the hypothesis by making additional systematic observation, typically, the new observations lead to new hypothesis, and the cycle continues. —Gravetter & Forzano, 2003:18)

6. **मकमिलन :** वैज्ञानिक उपागम अथवा विधि पूछताछ की एक तार्किक विधि है, ज्ञान का भंडार नहीं। इसका उपयोग अध्ययन के किन्हीं विशेष क्षेत्रों, प्रयोगशाला परिस्थितियों अथवा जटिल सिद्धान्तों का प्रतिपादन करने वाले विद्वान नर–नारियों तक ही सीमित नहीं हैं।

   (The scientific approach or method is a logical method of inquiry, not a body of knowlege. It is not tied to particular fields of study, to laboratory situations, or to men and women in white coat developing complex theories. — Mc Millan, 2004:5)

7. **वेन्डी ए. स्वीगर्ट :** वैज्ञानिक विधि विज्ञानों में सूचना प्राप्त करने हेतु काम में लाये जाने वाले कुछ विशेष सामान्य प्रक्रमों के रूप में परिभाषित की जा सकती है। यह वस्तुनिष्ठ तरीके से व्यवस्थित प्रेक्षण करने की प्रक्रिया है। इस उपागम का प्रयोग इसलिये किया जाता है कि अनुसंधान के परिणाम प्रयोजनपूर्ण, स्पष्ट और प्रतिभागियों या अनुसंधानकर्त्ता द्वारा प्रदर्शित पक्षपात से परे रहें।

   (Scientific method is a general set of procedures used to gain information in the sciences. It is the process of making systematic observations in an objective manner. This approach is adopted so that the results of the research will be meaningful, unambiguous and is uncontaminated by the biases of either the participants or the researcher. — Scheweigert, Wendy A., 2006:2)

वैज्ञानिक विधि से अभिप्राय तथ्यों की खोज तथा समस्याओं के समाधान हेतु अपनाई जाने वाली उस विधि या उपागम से है जिसमें कुछ आवश्यक एवं निश्चित तार्किक, वस्तुनिष्ठ एवं व्यवस्थित सोपानों का समावेश रहता है।

शब्दकोषों में प्राप्त अर्थ तथा विद्वानों द्वारा प्रदत्त उपरोक्त परिभाषाओं के माध्यम से हमें वैज्ञानिक विधि के अर्थ, प्रकृति तथा प्रयोजन के सम्बन्ध में कुछ निम्न निष्कर्ष निकालने में मदद मिल सकती है।

(i) वैज्ञानिक विधि सत्य की खोज में वांछित ज्ञानार्जन के लिये उपयुक्त साधन एवं चिन्तन शक्ति को प्रयोग में लाने का बहुत ही प्रभावशाली अवसर प्रस्तुत करने की क्षमता रखती है।

(ii) विज्ञानों में उसके विशाल ज्ञान भंडार के रूप में आज जो कुछ भी दिखाई दे रहा है उसके पीछे जिस महान विधि का हाथ रहता आया है वह और कोई नहीं बल्कि वैज्ञानिक विधि ही है।

(iii) वैज्ञानिक विधि विज्ञानों में अध्ययन हेतु प्रयोग में लाई जाने वाली एक सार्वभौमिक विधि है। इसका प्रयोग विज्ञान की सभी शाखाओं तथा क्षेत्रों में (चाहे वे प्राकृतिक विज्ञानों से सम्बन्धित हो या व्यावहारिक विज्ञानों से) भलीभाँति किया जा सकता है।

(iv) वैज्ञानिक विधि में सदैव इस बात पर जोर दिया जाता है कि जो कुछ भी उसके माध्यम से अध्ययन किया जाये वह पूरी तरह व्यवस्थित, संगठित एवं वस्तुगत बना रहे।

(v) इस विधि का प्रयोग करते हुए अनुसंधानकर्त्ता को यह ध्यान रखना होता है कि वह सत्य की खोज तथा समस्या समाधान हेतु जिस प्रकार की सूचना सामग्री तथा प्रदत्तों की आवश्यकता हो, उसे पर्याप्त रूप से सही प्रेक्षण, परीक्षण तथा प्रायोगिक कार्यों के द्वारा ही संकलित किया जाये।

(vi) संकलित सूचना सामग्री या प्रदत्तों से निष्कर्ष निकालने की प्रक्रिया भी इस विधि में पूरी तरह तर्कसम्मत, और औचित्यपूर्ण होती है। प्रदत्तों का यहाँ विधिवत् विश्लेषण किया जाता है और उनसे प्राप्त परिणामों को आवश्यकतानुसार पुनः सत्यता की कसौटी पर परखा जाता है। जब तक पूरी तरह विश्वसनीय, वैध तथा वस्तुनिष्ठ परिणाम सामने न आ जायें तब तक उन्हें सामान्यीकरण (प्रनियम या सिद्धान्त) रूप में ग्रहण नहीं किया जाता।

(vii) सत्य की खोज हेतु प्रदत्तों के संग्रह करने से लेकर प्रनियग या सिद्धान्तों के रूप में सामान्यीकरण करने तक जो भी कार्य वैज्ञानिक विधि के अन्तर्गत किया जाता है, उसके लिये अनुसंधानकर्त्ता को कुछ निश्चित व्यवस्थित एवं संगठित सोपानों से गुजरना पड़ता है जिन्हें हम "वैज्ञानिक विधि में प्रयुक्त सोपानों" की संज्ञा देते हैं। आगे इसी अध्याय में हम इन सोपानों के बारे में अच्छी तरह चर्चा करेंगे।

ऊपर अब तक जो कुछ भी वैज्ञानिक विधि के अर्थ, प्रकृति और प्रयोजन के बारे में कहा गया है उसे आधार बनाते हुये हम इस पुस्तक में आगामी विवरण हेतु वैज्ञानिक विधि पद की एक कार्यकारी परिभाषा निम्न प्रकार से दे सकते हैं :

वैज्ञानिक विधि से तात्पर्य सुनियोजित तथा क्रमबद्ध सोपानों के तहत किये जाने वाले उन व्यवस्थित एवं संगठित प्रयत्नों से होता है जिनके माध्यम से किन्हीं उठाये गये सवालों तथा अनुभव की जाने वाली समस्याओं के उत्तर अथवा समाधान बहुत ही विश्वसनीय, वैध तथा वस्तुनिष्ठ रूप में प्राप्त हो सके। यही नहीं बल्कि इन उत्तरों और समाधानों की आगे के प्रयत्नों द्वारा अच्छी तरह पुष्टि की जा सके, सामान्यीकरण करके नियम एवं सिद्धान्तों की स्थापना की जा सके और इस प्राप्त ज्ञान और समझ से विज्ञान के ज्ञान भंडार में वांछित बढ़ोतरी करने में भी सहायता मिल सके।

वैज्ञानिक विधि की विशेषता और विलक्षणतायें
(Characterisistics and Unique Features of the Scientific Method)

वैज्ञानिक विधि ज्ञान प्राप्ति की अन्य विधियों की तुलना में काफी अधिक विशिष्ट और विलक्षणताओं से युक्त पाई जाती है। संक्षेप में उसकी इन अनूठी विशेषताओं की निम्न प्रकार चर्चा की जा सकती है :

1. वस्तुनिष्ठता (Objectivity)

वैज्ञानिक विधि में अपनी प्रकृति, प्रक्रिया और परिणामों की दृष्टि से काफी वस्तुनिष्ठता पाई जाती है। यह आत्मनिष्ठा, पक्षपात और द्वेषपूर्ण रवैये से काफी अधिक दूर होती है।

2. निश्चयात्मकता (Definiteness)

वैज्ञानिक विधि की प्रक्रिया और परिणाम दोनों में ही अपूर्व निश्चयात्मकता देखने को मिलती है। यहाँ सूचनाओं अथवा प्रदत्तों के संकलन, व्यवस्थीकरण एवं संगठन, प्रदत्तों के विश्लेषण, सत्यापन तथा परीक्षण और सामान्यीकरण या निष्कर्ष निकालने सम्बन्धी कार्य पूरी तरह नियोजित, व्यवस्थित एवं नियन्त्रित रहते हैं और इसी वजह से अनुसंधान कार्य में प्रारम्भ से लेकर अंत तक निश्चितता का ही माहौल रहता है।

वैज्ञानिक विधि की विलक्षणतायें

- वस्तुनिष्ठता
- निश्चयात्मकता
- सत्यापनशीलता
- सामान्यीकरण क्षमता
- पूर्वानुमान क्षमता
- संशोधनशीलता तथा गत्यात्मकता
- कार्य–कारण सम्बन्ध की महत्ता

3. सत्यापनशीलता (Verifiability)

वैज्ञानिक विधि में उठाये गये प्रश्नों या समस्याओं के उत्तर पाने के लिये जो भी आवश्यक सूचनायें या प्रदत्त संकलित किये जाते हैं उनकी सत्यता को परखने पर पूरा ध्यान दिया जाता है। यहाँ न तो प्रदत्तों के रूप में कुछ भी स्वीकारा जाता है और न इन प्रदत्तों से निष्कर्ष रूप में क्रियान्वित किया जाता है जब तक कि उसे स्व–प्रेक्षण, परीक्षण, तथा प्रयोगों की कसौटी पर अच्छी तरह परख न लिया जाये।

4. सामान्यीकरण क्षमता (Generality)

वैज्ञानिक विधि के प्रयोग से जो निष्कर्ष या परिणाम निकाले जाते हैं उनमें अपूर्व सामान्यीकरण क्षमता पाई जाती है। यानी कि छोटे से प्रतिदर्श (Sample) से प्राप्त परिणामों को समूची जनसंख्या (Populaion), जिसमें से यह प्रतिदर्श चुना जाता है, पर भलीभाँति लागू किया जा सकता है। यहाँ एक बात जो एक परिस्थिति विशेष के लिये उपयुक्त ठहराई गई है वह उस जैसी समान परिस्थितियों के लिये भी उपयुक्त मानी जाती है।

5. पूर्वानुमान क्षमता (Predictability)

वैज्ञानिक विधि के प्रयोग द्वारा जो परिणाम प्राप्त होते हैं। उनमें व्यक्तियों, वस्तुओं और घटनाओं से सम्बन्धित बातों का अग्रिम अनुमान और उनके बारे में भविष्यवाणी करने की अपूर्व क्षमता पाई जाती है। उदाहरण के लिये अगर किसी व्यक्ति विशेष के व्यक्तित्व का अगर वैज्ञानिक विधि का प्रयोग करते हुये भलीभाँति अध्ययन कर लिया जाये तो यह अनुमान लगाया जा सकता है कि किसी परिस्थिति विशेष में उसके द्वारा किस प्रकार का व्यवहार अपेक्षित है।

6. संशोधनशीलता तथा गत्यात्मकता (Modifiability and Dynamicity)

वैज्ञानिक विधि के प्रयोग से जो निष्कर्ष एवं परिणाम निकाले जाते हैं वह कभी अपने आप में अंतिम, पूर्ण सत्य और अपरिवर्तनशील नहीं होते। पुष्टिकरण, प्रेक्षण तथा प्रयोगीकरण के लिये आगे सभी रास्ते यहाँ खुले रहते

हैं। परिणामस्वरूप आज सामान्यीकरण और निष्कर्षों के रूप में जो भी तथ्य या सिद्धान्त सामने आये हैं उन्हें कल नयी जानकारी तथा खोजों के द्वारा गलत सिद्ध किया जा सकता है। इसलिये वैज्ञानिक विधि में न तो तथ्यों की खोज हेतु प्रयुक्त प्रक्रिया में कोई भी परिवर्तन या संशोधन न करने की बात कही जाती है और न यह सोचा जाता है कि एक बार स्थापित प्रनियमों, नियमों या सिद्धान्तों में कोई संशोधन या परिवर्तन नहीं हो सकता। ज्ञानार्जन का कार्य वैज्ञानिक विधि में इस तरह पूरी तरह बारहमासी नदी की तरह गत्यात्मक बना रहता है, जड़ और स्थिर नहीं।

7. कार्य-कारण-सम्बन्ध की महत्ता (Emphasis on Cause-effect Relationship)

विज्ञान यह मानकर चलता है कि जो कुछ वर्तमान में दिखाई दे रहा है उसके अस्तित्व के पीछे कोई न कोई कारण है और इसी प्रकार भविष्य में जो भी घटने जा रहा है उसके पीछे भी कुछ ठोस कारण कार्य कर रहे हैं। वैज्ञानिक विधि में इसी प्रकार के कार्य–कारण सम्बन्ध का पता लगाने पर विशेष जोर दिया जाता है। इसलिये व्यक्तियों की व्यवहार सम्बन्धी बातों में या घटनाओं के घटने के पीछे जो मूल कारण छुपे रहते हैं उसकी खोज करने का कार्य खोज के वैज्ञानिक ढंग को अपनाने से ही संभव हो सकता है। अतः वैज्ञानिक तथ्यों में निहित कार्य–कारण सम्बन्धों की तलाश करने में वैज्ञानिक विधि का प्रयोग काफी उपयोगी सिद्ध होता है।

वैज्ञानिक विधि में प्रयुक्त सोपान (Steps Followed in Scientific Method)

तथ्यों की खोज और समस्याओं के समाधान में प्रयुक्त एक वैज्ञानिक विधि में जिस प्रकार के निश्चित और क्रमबद्ध सोपानों का अनुसरण किया जाता है उनका क्रमबद्ध विवरण नीचे दिया जा रहा है।

1. समस्या से सामना (Encountering the Problem)

वैज्ञानिक विधि के प्रयोग का यह पहला शुरुआती चरण है। वैज्ञानिक विधि का प्रयोग तथ्यों की खोज और समस्या विशेष के समाधान हेतु हाथ में लिया जाता है। अब क्या खोजना है और किसका समाधान करना है, यह बात पहले उठनी ही चाहिए तभी उसे खोजने और समाधान करने की बात प्रकाश में आयेगी। जब व्यक्ति विशेष को किसी बात से जानने की जिज्ञासा होती है अथवा उसका किसी समस्या विशेष से सामना हो जाता है तभी वांछित ज्ञान और जानकारी की खोज हेतु वैज्ञानिक विधि को काम में लाने की बात उठती है। ज्ञान की यही भूख और समस्या समाधान की यही चाह उसे वैज्ञानिक विधि में निहित आवश्यक प्रयत्नों को करने हेतु आवश्यक रूप से अभिप्रेरित और उत्साहित बनाये रखती है। इस स्तर पर उसे किसी भी प्रकार की सूचना सामग्री या प्रदत्तों का संकलन नहीं करना होता। बल्कि केवल मात्र यह अनुभव करना होता है कि उसे अपने किन प्रश्नों तथा समस्या विशेष के उत्तर प्राप्त करने हैं और इनको प्राप्त करना उसके लिये क्यों जरूरी है।

2. समस्या को समझना (Understanding the Problem)

इस सोपान के अन्तर्गत समस्या विशेष के अध्ययन और विश्लेषण के वे सब प्रयत्न किये जाते हैं जिनके माध्यम से समस्या की प्रकृति उसमें निहित अर्थों, प्रयोजनों तथा उसके समाधान से प्राप्त फायदों की जानकारी मिलने में मदद मिले। यहाँ शोधकर्त्ता अपनी शोध समस्या को आवश्यक स्पष्ट, संक्षिप्त और सटीक शब्दावली में व्यक्त कर सकता है, उसमें निहित शब्दों तथा पदावली को कार्यकारी भाषा में परिभाषित कर सकता है तथा समस्या समाधान से होने वाले फायदों अथवा महत्त्व की ओर इशारा कर सकता है।

3. परिकल्पनाओं का निर्माण (Formulation of Hypotheses)

इस सोपान के अन्तर्गत जिस समस्या विशेष के समाधान की बात की जा रही है उसके समाधान के लिये अनुभव, तर्क तथा कल्पना का सहारा लेते हुए कुछ अनुमानित समाधानों को सूचीबद्ध किया जाता है। ये समाधान सही होने ही चाहियें इस बात पर यहाँ जोर नहीं दिया जाता, बल्कि यह देखा जाता है कि समस्या के समाधान हेतु,

जहाँ तक हो सके इनके द्वारा कुछ अच्छे विकल्प सामने रखे जा सकें। कल्पना का सहारा और वास्तविकता को तलाशने की चाह ने ही शायद इस प्रकार के विकल्पों को परिकल्पनाओं का नाम देने का काम किया है। इस प्रकार की परिकल्पनाओं के निर्माण द्वारा शोधकर्त्ता को अब कुछ ऐसा उचित आधार प्राप्त हो जाता है जिसके सहारे वह अपनी समस्या का सही और उचित समाधान तलाश कर सके। परिकल्पनाओं के रूप में उसके सामने कई विकल्प होते हैं जिनकी सत्यता की परख के लिये वह आवश्यक सूचनाओं या प्रदत्तों के संकलन तथा विश्लेषण का कार्य कर सकता है। जो परिकल्पनायें परख की इस कसौटी पर खरी नहीं उतरतीं उन्हें वह छोड़ता चला जाता है और जो कोई एक इस पर खरी उतर जाती है उसे समाधान के रूप में स्वीकार कर लिया जाता है। सही समाधान तलाश करने की शुरुआत इस दृष्टि से इस सोपान द्वारा ही परिकल्पनाओं के निर्माण के रूप में शुरु होती है तथा इन परिकल्पनाओं के परीक्षण और परीक्षण परिणामों से निष्कर्ष निकालने का कार्य जैसा कि हम देखेंगे आगे के सोपानों में किया जाता है।

4. परिकल्पना परीक्षण–प्रदत्तों का संकलन, संगठन एवं विश्लेषण (Testing of Hypothesis—Collection, Organization and Analysis of Data)

इस सोपान के अन्तर्गत तीसरे सोपान के अन्तर्गत निर्मित परिकल्पनाओं के परीक्षण का कार्य किया जाता है। इसके लिये एक एक करके बारी बारी से परिकल्पनाओं का परीक्षण किया जाता है। जो परिकल्पना सबसे अधिक उपयुक्त लगती हो उसी को परीक्षण हेतु काम में लाया जाता है और फिर यही कुछ अन्य के साथ दोहराया जाता है। परीक्षण हेतु निम्न तीन प्रकार की प्रक्रियाओं से गुजरना होता है :

(i) चयनित परिकल्पना के परीक्षण हेतु वांछित सूचनाओं, प्रदत्तों या प्रायोगिक साक्षियों का संकलन।

(ii) संकलित सूचना सामग्री या प्रदत्तों को व्यवस्थित रूप में संगठित करना।

(iii) संकलित एवं संगठित प्रदत्तों का ऐसा उचित विश्लेषण जिससे समस्या समाधान में सहायक उचित परिणाम या निष्कर्ष निकालने में आवश्यक सहायता मिले।

प्रदत्तों के संकलन, संगठन, विश्लेषण एवं निष्कर्षीकरण सम्बन्धी उपरोक्त सभी कार्य इस सोपान के अन्तर्गत इस तरह कुशलतापूर्वक वैज्ञानिक ढंग से सम्पन्न किये जाते हैं कि उनसे परिकल्पनाओं के परीक्षण में आवश्यक विश्वसनीयता, वैधता एवं वस्तुनिष्ठता बनी रहे।

5. उचित निष्कर्ष अथवा परिणामों की प्राप्ति (Deriving Appropriate Inferences or Conclusions)

इस सोपान के अन्तर्गत पिछले चौथे सोपान में परिकल्पना परीक्षण हेतु जो प्रयत्न किये जाते हैं उन प्रयत्नों से समुचित लाभ उठाने का कार्य किया जाता है। प्रदत्तों के विश्लेषण से उचित निष्कर्ष निकालकर परिणाम रूप में जो भी बातें सामने आती हैं अब उन्हीं को परिकल्पना विशेष को स्वीकार करने या उसका परित्याग करने का आधार बनाया जाता है। अगर निष्कर्षित परिणाम समस्या विशेष के उचित समाधान में सहायक हों तो इन्हें समस्या विशेष के समाधान के रूप में स्वीकार कर लिया जाता है और अगर नहीं तो फिर दुबारा नये सिरे से किसी अन्य परिकल्पना को लक्ष्य बनाते हुये आगे बढ़ा जाता है और यह काम तब तक चलता रहता है जब तक किसी एक उचित परिकल्पना के सहारे समस्या विशेष के समाधान हेतु अच्छे और उचित निष्कर्षों अथवा परिणामों की प्राप्ति न हो जाये।

6. मान्य परिकल्पना या निष्कर्ष का सामान्यीकरण (Generalization of the Accepted Hypothesis or Conclusion)

इस सोपान के अन्तर्गत पाँचवें सोपान में प्राप्त निष्कर्षों को अब आगे अन्य ऐसी सत्यापन कसोटियों से गुजरना पड़ता है जिससे यह सिद्ध हो जाये कि जो समाधान समस्या विशेष के लिये ऊपर सुझाया गया है वह समाधान लगभग उसी प्रकार की परिस्थितियों में घटने वाली समान प्रकृति की समस्याओं के समाधान हेतु भी उपयुक्त

रहेगा। परिकल्पना या समाधान विशेष का इस तरह सामान्यीकरण या सार्वभौमीकरण करना ही इस सोपान का लक्ष्य होता है। उदाहरण के लिए अगर यह पता लगाना हो कि बालकों के भगोड़ापन (Truant behaviour) के पीछे क्या कारण है और इसके लिये हमारे पास परिकल्पनाओं के रूप में कुछ कारण सामने आ जायें तो हमें सामान्यीकरण हेतु इन परिकल्पनाओं की सत्यता की जाँच नये सिरे से करनी होगी। हम कुछ अन्य ऐसे ही विद्यालयों में जाकर वहाँ के भगोड़े विद्यार्थियों के संदर्भ में यह जानना चाहेंगे कि कारणों के रूप में जो परिकल्पनायें हमारे पास हैं वह कहाँ तक उपयुक्त हैं। अगर समान परिस्थितियों में कार्यरत विद्यालयों तथा भगोड़े विद्यार्थियों के लिये यह परिकल्पनायें सत्य ठहरती हैं तो फिर उनका सामान्यीकरण और सार्वभौमीकरण करके यह घोषित कर देंगे कि आमतौर पर सैकेन्डरी या हायर सैकेन्डरी विद्यालयों में भगोड़ेपन के पीछे इस प्रकार के विशेष कारण काम करते हैं।

इस प्रकार से वैज्ञानिक विधि का प्रयोग मान्य परिकल्पनाओं तथा निष्कर्षों के रूप में हमें ऐसे सामान्यीकृत तथ्यों, नियमों एवं सिद्धान्तों को जन्म देने में पूरी तरह समर्थ हो सकता है जिनके सहारे सार्वभौमिक रूप से उचित वैज्ञानिक जानकारी और विषयवस्तु का समुचित भंडार मानव समाज को उपलब्ध हो सके।

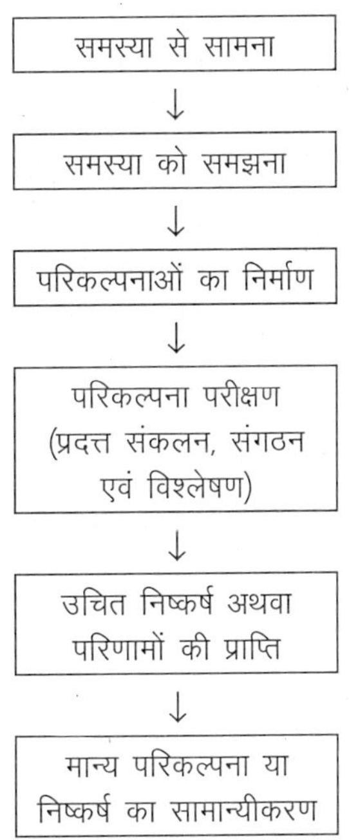

चित्र 1.1 वैज्ञानिक विधि में प्रयुक्त विभिन्न सोपान।

वैज्ञानिक अनुसंधान में प्रयुक्त कुछ उल्लेखनीय संप्रत्यय (A Few Mentionable Concepts Popular in Scientific Research)

वैज्ञानिक तथ्य (Scientific Facts)

तथ्य पद का वैज्ञानिक तथ्य के रूप में नामकरण करना मात्र ही इस बात के स्पष्ट संकेत देने में पूरी तरह समर्थ है कि वैज्ञानिक तथ्यों का अस्तित्व हमारे द्वारा जाने पहचाने सामान्य अर्थों में प्रयुक्त तथ्य शब्द से काफी कुछ भिन्न है, है भी कुछ ऐसा ही। हमारे ज्ञानवर्द्धन तथा समस्या समाधान के लिये खोजी गयी जानकारी से

सम्बन्धित तथ्य, वैज्ञानिक तथ्य तभी कहे जा सकते हैं जब इनका उद्‌गम स्रोत पूरी तरह प्रामाणिक, विश्वसनीय और वैध हो तथा इन्हें पूरी तरह तर्कसम्मत वैज्ञानिक विधि के माध्यम से उपलब्ध किया गया हो। एक शोधकर्त्ता के लिये इसलिये यह आवश्यक हो जाता है कि वह अपनी शोध समस्या के समाधान के हेतु जिस प्रकार के तथ्यों का संकलन करे वे मनचाहे ऊल जलूल तरीके से उपलब्ध चाहे जैसे तथ्य न हों बल्कि संगठित एवं व्यवस्थित तार्किक ढंग से (जिसे वैज्ञानिक विधि कहा जाता है) प्राप्त ऐसे तथ्य हों जिनकी वस्तुनिष्ठा, विश्वसनीयता, वैधता तथा प्रयोगात्मकता संदेह से परे हो और जिनमें अनुसंधान प्रश्नों या समस्याओं का सर्वमान्य हल प्रस्तुत करने की वास्तविक क्षमता हो। शोधकर्त्ता को कभी भी अपनी अनुसंधान समस्या से सम्बन्धित प्रश्नों के उत्तर प्राप्त करने के लिये ऐसे तथ्यों के संकलन का प्रयत्न नहीं करना चाहिये जिनकी उपलब्धि का स्रोत किसी भी तरह संदेहपूर्ण हो और जिनकी उपलब्धि हेतु अवैज्ञानिक तरीकों या साधनों का प्रयोग किया गया हो।

वैज्ञानिक तथ्य : ऐसे तथ्य जिन्हें प्रामाणिक और विश्वसनीय स्रोतों से तर्कसम्मत वैज्ञानिक ढंग से प्राप्त किया जाता है।

वैज्ञानिक तथ्यों के इस प्रामाणिक, विश्वसनीय और वैध स्वरूप के चित्रण से यह नहीं समझा जाना चाहिये कि ये एक प्रकार से वेद वाक्य हैं जिनकी सत्ता या सत्यता को चुनौती नहीं दी जा सकती। ऐसी शाश्वतता, जड़ता या अपरिवर्तनशीलता इनमें नहीं पाई जाती। इनकी प्रकृति अपेक्षाकृत काफी संशोधनशील, परिवर्तनीय और गत्यात्मक होती है। जो आज सत्य है वह होने वाले अनुसंधानों के फलस्वरूप कल अधूरे सत्य अथवा असत्य में बदल सकता है और इस दृष्टि से वैज्ञानिक तथ्य सदैव ही ऐसी स्थिति में रहते हैं जिन्हें आने वाले अनुसंधान, खोज और अन्वेषण द्वारा नये तथ्यों द्वारा विस्थापित किया जा सके। उदाहरण के लिये पहले यह एक वैज्ञानिक तथ्य था कि पृथ्वी गेंद की तरह गोल है परन्तु बाद के वैज्ञानिक अनुसंधानों ने आज इस वैज्ञानिक तथ्य को हमारे सामने ला दिया है कि ध्रुवों पर चपटी होने के कारण इसकी तुलना गेंद से नहीं बल्कि नारंगी से की जा सकती है। इसी तरह व्यावहारिक विज्ञानों के क्षेत्र में यह ताथ्यिक धारणा कि बालकों की बुरी आदतों को छुड़ाने हेतु सजा या दंड का प्रावधान ठीक रहता है, काफी कुछ बदल चुकी है और इसके स्थान पर इस मनोवैज्ञानिक तथ्य को मान्यता मिलने लगी है कि किसी के अनुचित आदत और व्यवहार की उपेक्षा करना यानी उस पर कोई ध्यान नहीं देना ज्यादा बेहतर रहता है क्योंकि सजा देने से बालक के अनुचित व्यवहार को पुनर्बलन प्राप्त होता है और वह अधिक जिद्दी और उद्दंड बन जाता है जबकि उपेक्षा करने से बुरी आदतों को पुनर्बलन नहीं प्राप्त होता और वे धीरे–धीरे छूट जाती हैं। इस तरह नई जानकारी और खोजों के फलस्वरूप पुराने वैज्ञानिक तथ्यों या मान्यताओं का स्थान नये वैज्ञानिक तथ्यों पर आधारित मान्यतायें लेने लगती हैं।

संप्रत्यय या अवधारणायें (Concepts)

उद्‌गम एवं व्युत्पत्ति की दृष्टि से प्रत्ययों की जन्मस्थली हमारे वे प्रयत्न हैं जिनमें हम अपने वातावरण में उपस्थित विभिन्न वस्तुओं, व्यक्तियों, घटनाओं तथा विचारों को उनमें निहित समानताओं और असमानताओं (जैसी कि हमें अपने प्रेक्षण और अनुभवों से नजर आती है) के आधार पर विभिन्न वर्गों या श्रेणियों में विभक्त करने की चेष्टा करते हैं। परिणामस्वरूप कुछ वनस्पति उत्पादकों को हम फूल कहते हैं और कुछ को फल। फलों में से किसी को रंग, रूप, स्वाद आदि विशेषताओं की दृष्टि से दशहरी कहते हैं तो किन्हीं को सफेदा, तोतापरी, लँगड़ा आदि। आम की किस्मों को दशहरी, सफेदा, तोतापरी, लँगड़ा आदि दिये जाने वाले नाम और कुछ नहीं बल्कि हमारी उन खास किस्म के आमों के प्रति बनाई गई अवधारणाओं या संप्रत्ययों को ही प्रकट करते हैं। इस तरह हमने अपने अनुभव–प्रत्यक्ष तथा अप्रत्यक्ष के माध्यम से हमारे चारों ओर विद्यमान वस्तुओं, व्यक्तियों, घटनाओं, विचार (मूर्त्त तथा अमूर्त्त) के बारे में विभिन्न प्रकार के संप्रत्यय या अवधारणाओं का निर्माण किया हुआ है जिनसे हमें सामूहिक रूप से उन्हें जानने, पहचानने, सम्बोधन करने तथा प्रयोग में लाने में सुविधा होती है। हमारे इस

संत्यय निर्माण का क्षेत्र बहुत अधिक व्यापक है और इसमें अनुभव और अधिगम के सहारे वृद्धि होती रहती है। मोटे तौर पर हमारे इस संप्रत्यय भंडार को दो मुख्य भागों में बाँटा जा सकता है। एक तो वास्तविक और प्रेक्षित वस्तुओं, स्थानों तथा घटना प्रक्रियाओं के संप्रत्यय (जैसे विभिन्न प्रकार के पशु—पक्षी, पेड़—पौधे, फल—फूल, बादल, वर्षा, भूकम्प, खुशी और कष्ट, पढ़ने और पढ़ाने की विधियाँ, विभिन्न प्रकार के विद्यालय तथा शिक्षा पद्धतियाँ आदि) तथा दूसरी श्रेणी में उन संप्रत्ययों को रखा जा सकता है जो अपने आप में अदृश्य, सूक्ष्म होने के कारण स्व—अनुभूति का विषय नहीं बन सकते और जिनके बारे में पूरी रह सार्वभौमिक अवधारणा बनाना कठिन होता है। इस प्रकार के संप्रत्ययों के उदाहरण रूप में हम जिनके नाम ले सकते हैं वे हैं ईमानदारी, सच्चाई, अच्छा और बुरा, लालन—पालन, अच्छा या बुरा नेतृत्व एवं प्रबन्धन, नैतिकता और अनैतिकता, प्रभावी एवं कुशल अध्यापन आदि।

इस प्रकार से देखा जाये तो संप्रत्यय या अवधारणा पद से तात्पर्य प्रेक्षण, अनुभव तथा परावर्ती चिन्तन के फलस्वरूप व्यक्ति, वस्तु, घटनाओं तथा विचारों के प्रति बनाये गये हमारे अपने सामान्यीकृत विचारों या सर्वमान्य धारणाओं (नाम तथा गुणों के रूप में चिन्हित) से ही होता है।

संप्रत्यय : प्रेक्षण और अनुभव के द्वारा व्यक्ति, वस्तु, घटना और विचारों के प्रति बनायी गई सामान्यीकृत धारणा या विचार।

कहना न होगा कि विभिन्न प्रकार के संप्रत्ययों का ज्ञान हमें अपने अनुसंधान से सम्बन्धित समस्याओं के समाधान हेतु अपेक्षित तथ्यों और प्रदत्तों का संकलन, संगठन और विश्लेषण करने के लिये आवश्यक चिन्तन और संप्रेषण करने में भरपूर सहयोग देता है। इसके अतिरिक्त हमारे पास ज्ञात तथ्यों का जो उपलब्ध भंडार किसी भी विषय विशेष या ज्ञान के क्षेत्र में मौजूद है उसे तभी काम में लाया जा सकता है जबकि उसमें निहित संप्रत्ययों का हमें ठीक तरह से ज्ञान हो। इस दृष्टि से एक शोधकर्त्ता के लिये यह आवश्यक हो जाता है कि वह अपने अनुसंधान समस्या से सम्बन्धित विविध प्रकार की शब्दावली और संप्रत्ययों से भलीभाँति अवगत रहे। उदाहरण के लिये अगर वह किसी विषय विशेष को पढ़ाने के लिये प्रयुक्त विभिन्न प्रकार की विधियों जैसे व्याख्यान विधि, प्रदर्शन विधि, तथा अधिन्यास विधि के सापेक्षित महत्त्व के बारे में प्रयोगात्मक अध्ययन करना चाहता है तो उसे इन विधियों की अवधारणा या संप्रत्यय के बारे में स्पष्ट जानकारी होनी चाहिये।

मानस रचनाकृति (Construct)

किसी भी व्यवस्थित एवं वैज्ञानिक अनुसंधान में प्रनियम, नियम तथा सिद्धान्तों की स्थापना करने हेतु अनुसंधानकर्त्ताओं को कुछ विशिष्ट और उपयोगी संप्रत्ययों को जिन्हें अनुसंधान जगत की भाषा में मानस रचनाकृति (Construct) कहा जाता है, प्रयोग में लाना होता है। वेबस्टर सैविन्थ न्यू कॉलिजियेट डिक्सनरी (1970:179) ने इसी संदर्भ में Construct पद की परिभाषा देते हुए लिखा है – "मानसिक संश्लेषण द्वारा विशेष रूप से रचित और निर्मित कोई चीज।" (Something constructed especially by mental synthesis).

संप्रत्ययों के निर्माण में जहाँ व्यक्ति के निजी अनुभव (अप्रत्यक्ष एवं प्रत्यक्ष) सार्थक भूमिका निभाते हैं और इन्द्रियों से प्राप्त ज्ञान का पूरा पूरा हाथ रहता है वहाँ काल्पनिक और सैद्धान्तिक रचनाकृति के रूप में उभरता हुआ कोई आकार अपने नाम के अनुरूप ही कल्पना और मानसिक शक्तियों के सहयोग से रचा गया कोई ऐसा आकार अथवा प्रतिमूर्ति होता है जिसका भौतिक रूप में कोई अस्तित्व नहीं होता। उसे तार्किक दृष्टिकोण से केवल मानसिक धरातल पर ही जाना, समझा और प्रयोग में लाया जा सकता है। इस बात की पुष्टि करते हुये स्वेन ने लिखा है कि मानस रचनाकृति (Constructs) एक ऐसी सैद्धान्तिक रचनाकृति होती है जो प्रेक्षण पर आधारित

होते हुये भी प्रत्यक्ष अथवा अप्रत्यक्ष रूप से देखी नहीं जा सकती। (Constructs are theoretical creation that are based on observations but which cannot be seen either directly or indirectly. — Swain, 2007:14)

इस तरह मानस रचनाकृतियों का अस्तित्व भौतिक न होकर मानसिक होता है और इनकी पहचान एक सैद्धान्तिक यानी वैचारिक रूप में जानी और समझी जाने वाली रचनाकृति या निर्माण प्रारूप के संदर्भ में ही होती है। विज्ञान की दुनियाँ में जिसमें व्यावहारिक विज्ञान की शाखायें (शिक्षा, मनोविज्ञाान, समाजशास्त्र तथा प्रबन्धन विज्ञान आदि) भी शामिल हैं, जो भी ज्ञान–विज्ञान के रूप में समझा और प्रयोग में लाया जाता है उनमें सैद्धान्तिक दृष्टि से निर्मित इन मानस रचनाकृतियों (Constructs) का पूरा पूरा योगदान रहता है। व्यावहारिक विज्ञानों में प्रयुक्त इन मानस रचनाकृतियों के उदाहरण के रूप में हम बुद्धि, अभिवृत्ति, अभिप्रेरणा, आत्मसम्मान, अभिरुचि, शिक्षण प्रभावशीलता, व्यावसायिक कुशलता या प्रवीणता, भाषायी कौशल, प्रबन्धन कला आदि व्यवहार में लाये जाने वाले संप्रत्ययों का नाम ले सकते हैं।

आंग्ल भाषा में Constructs नाम से प्रसिद्ध ये मानस रचनाकृतियाँ पूरी तरह सैद्धान्तिक और मानस कल्पनायें ही होती हैं। इन्हें इन्द्रियों की सहायता से न तो अनुभव किया जा सकता है और न उनके इस रूप में इन्हें प्रयोग में लाया जा सकता है। बुद्धि को ही लीजिये यह ऐसी मानस रचनाकृति है जिसका प्रेक्षण और मापन उसके इस रूप में संभव नहीं है। हम उस व्यवहार का प्रेक्षण और मापन करते हैं जो बुद्धि के प्रयोग से हमारे सामने आता है। यही बात अभिप्रेरणा तथा आत्म–सम्मान जैसी मानस रचनाकृतियों (Constructs) के साथ लागू होती है। हम किसी अभिप्रेरणा मापन यंत्र से व्यक्ति विशेष की अभिप्रेरणा को नहीं माप सकते और इसी तरह आत्मसम्मान के मापन हेतु भी कोई बेरोमीटर नहीं बना है। इस प्रकार की मानस कृतियों को उनसे जुड़ी व्यवहार क्रियाओं की प्रकृति से ही मापा तथा अनुभव किया जा सकता है। मानस रचनाओं (Constructs) की इस प्रकार की प्रकृति तथा स्वरूप से अपनी सहमति दिखाते हुये बेस्ट एवं काहन ने लिखा है :

"बुद्धि, अधिगम, आक्रामकता, चिन्ता या अभिप्रेरणा जैसे विशेषक जिनका प्रत्यक्ष रूप से प्रेक्षण संभव नहीं है, सामान्य रूप से मानस रचनाकृतियाँ (Constructs) कहलाते हैं। इसका मतलब यह है कि ये वैज्ञानिक विशेष की कल्पना के सहारे निर्मित रचनायें होती हैं। इन्हें देखा या अनुभव नहीं किया जा सकता। इन्हें कुछ विशेष कार्य व्यवहार जैसे परीक्षण, प्राप्तांक, विद्रोही या आक्रामक व्यवहार का निरीक्षण, त्वचा अनुक्रियायें, नब्ज रफ्तार या किसी कार्य विशेष में तल्लीनता आदि के माध्यम से समझा और जाना जा सकता है।"

(Traits as intelligence, learning, hostility, anxiety or motivation are not directly observable and are generally referred to as "Constructs", implying that they are constructions of the scientist's imagination. Constructs cannot be seen or heard, or felt. They can only be inferred by phenomenon such as test scores or by observed hostile or aggression acts, skin responses, pulse rate, or persistence at a task. — Best and Kahn, 2006:8)

मानस रचनाकृति (Construct) : मानसिक संश्लेषण तथा कल्पना आदि के सहारे स्थापित एक कल्पित विचार, प्रतिबिम्ब या सैद्धान्तिक रचनाकृति।

अब यहाँ आवश्यक स्पष्टता हेतु संप्रत्यय (Concept) तथा मानस रचनाकृति (Construct) के बीच अंतर समझना भी आवश्यक हो जाता है। जैसा कि पहले कहा जा चुका है एक मानस रचनाकृति से अभिप्राय उस विचार, प्रतिबिम्ब तथा कल्पित रचनाकृति से होता है जिसका भौतिक रूप में कोई अस्तित्व नही होता और जिसे शोधकर्त्ता तथा ज्ञानेच्छु द्वारा अपने शोध या ज्ञानार्जन में सहायता प्राप्त करने, संकलित ज्ञान को अपनी तरह समझने, नियम तथा सिद्धान्तों को स्थापित करने तथा उन्हें दूसरों के सामने रखने हेतु काम में लाया जाता है। सैद्धान्तिक ज्ञान के एक तरह ये अच्छे वाहक होते हैं और इसलिये इनका निर्माण तथा इनका उपयोग ज्ञानार्जन

तथा ज्ञान के उपयोग दोनों में ही समान रूप से बेहद उपयोगी सिद्ध होता है। अपनी इस बहुमुखी उपयोगिता के सन्दर्भ में एक मानस रचनाकृति (Construct), संप्रत्यय की अवधारणा से कुछ अधिक जटिल और व्यापक मानी जाती है। एक विशेष मानस रचनाकृति में अनेक विशिष्ट प्रत्ययों का समावेश रह सकता है। उदाहरण के लिये बुद्धि को ही लीजिये। प्रसिद्ध मनोवैज्ञानिक थर्सटन ने बुद्धि के अपने समूह सिद्धान्त (Group theory of intelligence) में इसे विभिन्न विशिष्ट संप्रत्ययों जैसे शाब्दिक योग्यता, संख्यात्मक योग्यता, प्रत्यक्षीकरण योग्यता, स्मृति योग्यता, तार्किक योग्यता (आगमनात्मक या निगमनात्मक) स्थान और दूरी सम्बन्धी योग्यता, शब्द प्रवाह योग्यता तथा समस्या समाधान योग्यता आदि का संगठन बताया है। इस तरह किसी एक संप्रत्यय से जहाँ हमारा आशय किसी वस्तु, व्यक्ति, घटना या विचार के बारे में बनायी जाने वाली हमारी सामान्य धारणा से होता है वहीं एक मानस रचनाकृति अपने आप में ऐसे कई विविध संप्रत्ययों को समेटे रहती है जिनके द्वारा उस काल्पनिक रचनाकृति को अपना स्वयं का आकार, अर्थ तथा कार्यक्षेत्र प्राप्त होता है।

चर (Variables)

चर शब्द का सीधे और सरल शब्दों में अर्थ होता है कोई ऐसी चीज जिसमें किसी एक या अन्य कारण से बदलाव आता रहता है। परिभाषा की दृष्टि से इसके अर्थ एवं प्रकृति के बारे में विभिन्न विद्वानों ने जो विचार व्यक्त किये हैं उनमें से कुछ की चर्चा हम नीचे कर रहे हैं।

1. **चार्ल्स स्टेगनर :** चर से तात्पर्य उस गुण या विशेषक से है जिसकी उपस्थिति विभिन्न व्यक्तियों में विभिन्न प्रकार की हो सकती है और इसमें समय और स्थिति के हिसाब से भी बदलाव आ सकता है।
   (A variable is any attribute that can assume different values among different people or across different times or places. — Stagnor, Charles, 2004:16)
2. **एम. एस. पैटन :** चर से अभिप्राय किन्हीं दो या दो से अधिक श्रेणियों से युक्त किसी विशेषक या विशेषता से है। प्रतिभागी, श्रेणी विशेष (जिससे वे सम्बन्धित हैं) के हिसाब से भिन्न दिखाई देते हैं।
   (A variable in a trait or characteristic with two or more categories. Participants vary in terms of the categories to which they belong. — Patten, M.L. 2007:11)
3. **डोनिजो रोबिन्स :** एक चर वह संप्रत्यय या मात्रा है जिसमें बदलाव आते रहते हैं, जिसे परिभाषित किया जा सकता है और जिसकी अपनी कुछ विशेषतायें या गुण होते हैं। इन विशेषताओं या गुणों से तात्पर्य उन तत्त्वों से होता है जिनसे चर की रचना होती है और जिन्हें प्रदत्त संकलन से पहले ही परिभाषित कर लिया जाता है। प्रत्येक चर में कम से कम दो गुण अवश्य होते हैं। उदाहरण के लिये नर और नारी, ये दोनों लिंग नामक चर की श्रेणियों या विशेषताओं के द्योतक हैं और विवाहित तथा अविवाहित, वैवाहिक स्थिति नामक चर की श्रेणियाँ या गुण हैं। शैक्षिक स्तर, आय, दूरी, जाति, जनजाति, ऊँचाई, व्यवसाय तथा भार आदि भी चरों के उदाहरण हैं परन्तु प्रोफेसर, विद्यार्थी, 40 वर्षीय, पाँच हजार रुपये, रिपब्लिकन, शहरी निवासी आदि अपने आप में केवल मात्र गुण या विशेषतायें हैं, चर नहीं। क्योंकि ये परिवर्तित नहीं होते।
   (A variable is a concept or quality that varies and have definition and attributes. Attributes are the elements that make up the variable and are defined prior to collecting data. Every veriable has at least two attributes. For example, male and female are the attributes for the variable gender; married and not married are the attributes for marital status. Educational level, income, distance, race, ethnicity, height, occupation and weight are also variables; however, professor, student, 40 years old, ₹5000, republican, urban dweller are attributes, not variables, because they do not vary. —Robbin, Donijo, 2009:12)

4. **गैरेट :** चरों से तात्पर्य उन गुणों या विशेषताओं से है जिनमें मात्रात्मक विभिन्नतायें झलकती हैं तथा जिनके एक या अन्य आयामों में बदलाव आता रहता है।

(The term 'variables' refer to attributes or qualities which exhibit differences in magnitude and which vary along some dimensions. —Garrett, H.E. 1973:2)

उपरोक्त परिभाषाओं के मंथन के बाद हम यह अच्छी तरह कह सकते हैं कि व्यावहारिक विज्ञानों में किये जाने वाले अनुसंधानों में प्रयुक्त चरों से तात्पर्य व्यक्ति, वस्तु, घटना या विचार विशेष के संप्रत्यय या मानस रचनाकृतियाँ (Concepts or constructs) की उन विशेषताओं या गुणों से होता है जिनमें अनुसंधान के प्रयोजन और परिस्थितियों के अनुसार परिवर्तन होते रहते हैं।

चर : एक संप्रत्यय या मानस रचनाकृति जिसके गुण या विशेषताओं के मात्रात्मक तथा गुणात्मक मान परिस्थिति अनुसार बदलते रहते हैं।

चरों के इस अर्थ और प्रकृति को हम एक अनुसंधान समस्या में प्रयुक्त चरों के उदाहरण से स्पष्ट करना चाहेंगे।

उदाहरण : रजिस्टर्ड मतदाताओं के एक प्रतिदर्श (Sample) को लेकर सर्वेक्षण किया गया। प्रत्येक मतदाता को एक एक कार्ड दिया गया जिसमें उन्हें पहले तो अपना लिंग (पुरुष या स्त्री) अंकित करना था और फिर यह बताना था कि वे किस राजनैतिक पार्टी (कांग्रेस, भारतीय जनता पार्टी या समाजवादी पार्टी) को अपना मत देना चाहते हैं। इस सर्वेक्षण का उद्देश्य यह देखना था कि क्या पुरुष या स्त्री होना पार्टियों के प्रति विशेष रुझान का सूचक है।

इस उदाहरण में यह अच्छी तरह समझा जा सकता है कि यहाँ अनुसंधानकर्त्ता के सामने उसकी शोध समस्या में दो प्रकार के चर हैं। एक तो लिंग चर जिसे दो श्रेणियों (पुरुष और स्त्री) में विभक्त किया गया है और दूसरा चर पार्टी विशेष जिसे तीन श्रेणियों (कांग्रेस, भारतीय जनता पार्टी और समाजवादी पार्टी) में विभक्त किया गया है। यहाँ हमें विशेष रूप से यह ध्यान रखना होगा कि चर और उसकी श्रेणियों में उचित अंतर बनाये रखा जा सके। उदाहरण के लिये 'पुरुष', लिंग नामक चर के लिये प्रयुक्त दो श्रेणियों में से एक है। यह श्रेणी है, चर नहीं। चित्रात्मक रूप में चर और श्रेणियों में पाये जाने वाले इस अंतर को निम्न प्रकार दर्शाया जा सकता है :

एक चर – लिंग ;   दो श्रेणियाँ – पुरुष/स्त्री

चरों के प्रकार (Types of Variable)

व्यावहारिक अनुसंधानों में प्रयुक्त चरों का मुख्य रूप से निम्न रूपों में वर्गीकरण किया जा सकता है :

A (i) सतत या अविछिन्न चर (ii) असतत या विछिन्न चर

B (i) नामित चर तथा (ii) मात्रात्मक या परिमाणात्मक चर

C (i) स्वतन्त्र चर (ii) आश्रित चर (iii) मध्यस्थ या अवरोधक चर

D (i) संप्रत्ययात्मक चर (ii) मापित चर

आइये अब इन विभिन्न श्रेणियों में विभक्त चरों के बारे में जाना जाये।

A. सतत (अविछिन्न) तथा असतत (विछिन्न) चर

सतत या अविछिन्न चर (Continuous variable) : सतत चर वे चर हैं जिनमें एक सतत और अविछिन्न शृंखला (Continuous series) का निर्माण कर अपनी सततता तथा अखंडता बनाये रखने की क्षमता होती है।

किसी भी श्रृंखला (Series) को एक सतत और अविछिन्न श्रृंखला का नाम तब दिया जाता है जब उसमें किसी भी सीमा तक विभाजित होने का सामर्थ्य हो और जो क्रियात्मक रूप से किसी भी प्रकार की विछिन्नता या खंडता का प्रदर्शन नहीं करे। इस प्रकार एक चर को सतत एवं अविछिन्न तब कहा जाता है जब वह अपने एक मान से दूसरे अगले मान (Value) की यात्रा करने में अनगिनत छोटे टुकड़ों में विभक्त हो सकता हो ताकि इन दो मानों के बीच कोई रिक्तता या विछिन्नता नजर न आये। ऊँचाई, भार, लम्बाई, तापक्रम आदि संप्रत्यय इस प्रकार के चरों के उदाहरण हैं। कौन सा चर सतत चर है इसकी पहचान इस प्रश्न के उत्तर में निहित है कि क्या उसे मापन के न्यूनतम अंश तक मापा जा सकता है ? उदाहरण के लिये ऊँचाई के बारे में प्रदत्त संकलन हेतु हम इसे मीटरों में मापने का प्रयत्न करते हैं और मीटरों में प्राप्त इस मापन को मापने की छोटी से छोटी इकाइयों जैसे सेन्टीमीटर, मिलीमीटर और फिर उनसे भी छोटी सूक्ष्म इकाइयों में विभक्त किया जा सकता है। इस तरह से हम देख सकते हैं कि ऊँचाई के बारे में प्राप्त मापन प्रदत्तों में कोई विछिन्नता या खंडता के दर्शन नहीं होते। यही बात वस्तुओं के भार, लम्बाई, तापक्रम जैसे भौतिक गुण और विशेषताओं के लिये ही नहीं बल्कि व्यक्तियों के मानसिक और भावात्मक गुणों के लिये भी लागू होती है। बुद्धि, संवेगात्मक बुद्धि, समायोजन, उपलब्धि, अभिप्रेरणा परीक्षणों से प्राप्त प्राप्तांकों को भी इसी श्रेणी में रखा जा सकता है और परिणामस्वरूप इन मनोवैज्ञानिक और शैक्षिक संप्रत्ययों/मानस रचनाकृतियों—बुद्धि, समायोजन, अभिप्रेरणा आदि को सतत या अविछिन्न चरों की संज्ञा दी जा सकती है।

> **सतत या अविछिन्न चर :** ऐसा चर जिसमें बिना कोई वास्तविक रिक्तता या विछिन्नता का प्रदर्शन किये एक सतत श्रृंखला निर्माण की क्षमता हो और जिसे मापन के न्यूनतम अंश तक मापा जा सकता हो।

असतत या विछिन्न चर (Discrete or Discontinuous Variable) : इस प्रकार के चरों में सततता तथा अविछिन्नता बनाये रखने की क्षमता नहीं होती और इसलिये इनसे एक असतत या विछिन्न श्रृंखला को जन्म मिलता है। किसी भी श्रृंखला को एक असतत और विछिन्न श्रृंखला जब कहा जाता है कि जब वह वास्तविक तौर पर रिक्तता या खंडता का प्रदर्शन करे। इस रूप में एक चर को असतत तथा विछिन्न तब कहा जाता है जब वह अपने एक मान से दूसरे अगला मान (Value) की यात्रा करने में वास्तविक रिक्तता, विखंडन या विछिन्नता का प्रदर्शन करे। यानी उसकी दो निकटस्थ मानों या मूल्यों में स्पष्ट रूप से रिक्तता (gaps) नजर आये। इन चरों से सम्बन्धित प्रदत्तों को केवल पूर्ण संज्ञात्मक इकाइयों से ही अभिव्यक्त किया जा सकता है जैसे एक मुर्गी द्वारा दिये गये अमुक अंडे, एक परिवार में पल रहे बालकों की संख्या, एक पुस्तकालय में उपलब्ध पुस्तकों की संख्या, शुद्ध उच्चारित शब्दों की संख्या, एक चौराहे से एक घंटे में गुजरने वाली कारों की संख्या आदि। इसके अतिरिक्त ऐसे प्रदत्त जिन्हें विभक्त श्रेणियों (दो या दो से अधिक) के अन्तर्गत संकलित किया जाता है जैसे पुरुष/महिला तथा उच्च/औसत से ऊपर/औसत/औसत से कम/निम्न आय समूह आदि भी असतत या विछिन्न चरों में शामिल किये जाते हैं।

> **असतत या विछिन्न चर :** ऐसे चर जो एक सतत श्रृंखला का निर्माण करने में असमर्थ हों तथा जिन्हें पूर्ण संख्यात्मक इकाइयों में ही अभिव्यक्त किया जा सकता हो।

B. नामित तथा मात्रात्मक चर (Nominal and Quantitative Variables)

नामित चर (Nominal variable) : एक नामित चर वह चर है जो किसी विशेषता या गुण विशेष को कोई नाम देने या पहचान बनाने में काम आये। स्टेन्गर, चार्ल्स (Stangor, Charles, 2004:70) ने नामित चर के उदाहरण देते हुए लिखा है कि लिंग या यौन (Gender or Sex) एक नामित चर हैं जिससे यह मालूम पड़ता है कि व्यक्ति

विशेष पुरुष है या महिला। इसी तरह धर्म (Religion) भी एक नामित चर है जिससे यह पहचान करने में मदद मिलती है कि व्यक्ति विशेष कैथोलिक, बौद्ध, यहूदी या किसी अन्य धर्म का अनुयायी है।

मात्रात्मक या परिमाणात्मक चर (Quantitative variable) : मात्रात्मक या परिमाणात्मक चर वह चर है जिससे यह पता चले कि व्यक्ति विशेष में किसी गुण या विशेषता की कितनी मात्रा या तादात है। इस मात्रा और तादात को प्रायः संख्याओं (Numbers) में व्यक्त किया जाता है और इस दृष्टि से मात्रात्मक चर व्यक्ति, वस्तु या घटना विशेष की प्रेक्षित विशेषताओं को मात्रा या तादात में व्यक्त करने के लिये काम में लाये जाते हैं।

उदाहरण के लिये एक दिये हुये प्रोजेक्ट को पूरा करने में विद्यार्थियों द्वारा कितना कितना समय लगा, किसी अमुक विद्यार्थी के कितने भाई–बहिन हैं ? इत्यादि बातों से सम्बन्धित प्रदत्त अपने आप में मात्रात्मक तथा परिमाणात्मक चर ही कहलाते हैं क्योंकि इनमें मात्रा, तादात तथा संख्याओं का उपयोग होता है। इसी तरह जब हम एक सात बिन्दु रेटिंग स्केल की सहायता से यह जानने का प्रयत्न करते हैं कि किस अध्यापक को विद्यार्थी अधिक पसंद करते हैं तो 1 से लेकर 7 तक संख्याओं के रूप में प्राप्त यह रेटिंग हमारे सामने मात्रात्मक चरों का ही उदाहरण प्रस्तुत करती है।

C. स्वतन्त्र, आश्रित तथा मध्यस्थ चर
(Independent, Dependent and Intervening Variables)

किसी शोध प्रक्रिया में जब एक शोधकर्त्ता किन्हीं दो चरों के बीच उपस्थित कार्य–कारण अथवा सामान्य सम्बन्धों की थाह पाना चाहता है तो उसे यह आवश्यक हो जाता है कि वह अपने इस शोध में निहित स्वतन्त्र, आश्रित तथा मध्यस्थ चरों की अवधारणा और भूमिका से भलीभाँति परिचित होने का प्रयत्न करे।

एक प्रायोगिक शोध (Experimental Study) में शोधकर्त्ता जब यह पाता है कि कोई एक अमुक चर x एक दूसरे चर y में परिवर्तन लाने के लिये उत्तरदायी है तो जो चर (यानी x) परिवर्तन लाता है उसे स्वतन्त्र चर तथा जिस चर में (यानी y) परिवर्तन लाये जाते हैं वह आश्रित चर कहलाता है। (क्योंकि वह अपने अन्दर आने वाले परिवर्तनों के लिये किसी अन्य यानी स्वतन्त्र चर/चरों पर आश्रित रहता है।)

एक स्वतन्त्र चर को अपने दो अर्थों में स्वतन्त्र कहलाने का गौरव प्राप्त होता है। पहला तो यह कि शोध में प्रयुक्त अन्य चरों पर यह अपना प्रभाव छोड़ने में स्वतन्त्र रहता है और दूसरे चरों पर आश्रितता जैसी कोई बात इसके साथ नहीं रहती। दूसरा यह कि शोधकर्त्ता इस चर पर पूरा नियन्त्रण रखने के लिये स्वतन्त्र रहता है। वह इसमें अपने शोध प्रयोजन के हिसाब से परिस्थिति अनुसार परिवर्तन लाते हुये यह देखता है कि स्वतन्त्र चर किस सीमा तक किस रूप में आश्रित चर में परिवर्तन लाने के लिये उत्तरदायी है।

उदाहरण के लिये अगर किसी अध्ययन में यह जानने का प्रयत्न किया जाये कि सह–पाठ्य क्रियाओं (Cocurricular activities) में भाग लेने से शैक्षिक उपलब्धि (Academic achievement) पर क्या प्रभाव पड़ता है। तो इस अध्ययन में सहपाठ्य क्रियाओं में भागिता (Participation in cocurricular activities) को स्वतन्त्र चर कहा जायेगा और शैक्षिक उपलब्धि को आश्रित चर। सहपाठ्य क्रियाओं में भागिता कितनी कम या अधिक है और उसकी इस स्थिति का विद्यार्थियों की शैक्षिक उपलब्धि पर किस रूप में प्रभाव पड़ता है यही जानना ही अध्ययन का उद्देश्य है। शैक्षिक उपलब्धि यहाँ सहपाठ्य क्रियाओं में भागिता पर आश्रित होने के कारण एक आश्रित चर है और सहपाठ्य क्रियाओं में भागिता शैक्षिक उपलब्धि को प्रभावित या परिवर्तित करने के कारण अपने आप में एक स्वतन्त्र चर है जिसका नियन्त्रण और नियमन शोधकर्त्ता के हाथ में है। वह इसका भलीभाँति नियमन करके यह जानने की चेष्टा कर सकता है कि सहपाठ्य क्रियाओं में भागिता का स्तर जितना कम या अधिक होता जाता है क्या उस अनुपात में ही शैक्षिक उपलब्धि में वृद्धि या कमी आती जाती है अथवा नहीं ?

अब यहाँ यह प्रश्न उठ सकता है कि स्वतन्त्र चर और आश्रित चर दोनों में किस तरह के सम्बन्ध हैं ? क्या यह अध्ययन इन दोनों प्रकार के चरों की जानकारी और उपयोग से पूरी तरह संभव है, क्या इनमें सीधा ही कार्य कारण सम्बन्ध स्थापित किया जा सकता है और क्या किन्हीं अन्य प्रकार के चरों की उनके बीच कोई गुंजाइश नहीं है ? इन बातों पर अगर ठीक तरह गौर किया जाये तो हम पायेंगे कि विद्यार्थियों की शैक्षिक उपलब्धि (जैसे सत्र और वार्षिक परीक्षा के प्राप्तांक) सहपाठ्य क्रियाओं में भागीदारी के स्तर से तो प्रभावित होती ही है परन्तु साथ में अन्य और भी ऐसी परिस्थितियाँ तथा कारक हो सकते हैं जिनसे इसका प्रभावित होना भी लगभग तय हो। उदाहरण रूप में यहाँ हम विद्यार्थियों की बुद्धि, उनका सामाजिक–आर्थिक स्तर, माता–पिता की शिक्षा और पारिवारिक माहौल, पूर्व शिक्षा और ज्ञान आदि बातों का उल्लेख कर सकते हैं। ये सभी बातें विद्यार्थियों के साथ उपस्थित रहेंगी और जब शोधकर्त्ता सहपाठ्य क्रियाओं में भागिता तथा शैक्षिक उपलब्धि के बीच पाये जाने वाले सम्बन्ध का अध्ययन करना चाहेगा तब ये बीच में दीवार का कार्य करेंगी। इस प्रकार से स्वतन्त्र और आश्रित चरों के बीच मध्य में खड़े हो जाने वाले चरों के रूप में अब इन सबकी गिनती होगी। इस तरह मध्यस्थ चरों (Intervening Variables) से अभिप्राय परिस्थितियों और कारक विशेष के रूप में उपस्थित उन चरों से है जो स्वतन्त्र चर और आश्रित चर के बीच में सीधा सम्बन्ध खोजने में बाधा पहुँचाते हैं। जब तक या तो इन्हें मार्ग से हटा नहीं दिया जाता अथवा इनके प्रभाव को (जो यह आश्रित चर पर छोड़ते हैं) निर्मूल नहीं कर दिया जाता, तब तक एक शोधकर्त्ता द्वारा यह निष्कर्ष नहीं निकाला जा सकता कि (i) आश्रित चर में जो परिवर्तन आये हैं वे स्वतन्त्र चर की वजह से हैं अथवा किसी अन्य कारण या प्रभाव से तथा (ii) स्वतन्त्र चर और आश्रित चर दोनों में किस तरह के पारस्परिक सम्बन्ध हैं।

D. संप्रत्ययात्मक और मापित चर (Conceptual and Measured Variables)

संप्रत्ययात्मक चर (Conceptual Variables) वे चर होते हैं जिनकी उत्पत्ति किसी निश्चित संप्रत्यय विशेष से होती है। संप्रत्यय जैसा कि हम जानते हैं किसी वस्तु व्यक्ति, व्यक्ति, संख्या या विचार के प्रति बनाई गई सामान्यीकृत धारणा या निष्कर्षों के परिचायक होते हैं। इनका यह रूप इसलिये सूक्ष्म (abstract) ही होता है स्थूल (Concrete) नहीं। इसलिये जैसा कि स्टेगनर चार्ल्स (Stagnor Charles, 2004:67) ने भी अनुमोदित किया है किसी अनुसंधान परिकल्पना के आधारभूत विचारों का जब हम सूक्ष्म रूप (abstract term) में प्रस्तुतीकरण करते हैं तो उन्हें संप्रत्ययात्मक चरों का नाम दिया जाता है। इन चरों के उदाहरण रूप में हम ईमानदारी, अवसाद, आक्रामकता, आर्थिक मंदी आदि का नाम ले सकते हैं। मापित चरों (Measured Variables) से तात्पर्य उन चरों से है जिनका मापन किया जा सकता हो और जिनकी व्याख्या मात्रा (Quantity) के रूप में ही होती हो। अपने अनुसंधान में अनुसंधानकर्त्ताओं द्वारा समुचित संख्यात्मक मूल्य प्रदान करते हुए अपने अध्ययन सम्बन्धी संप्रत्ययान्तर चरों को मापित चरों में परिवर्तित करने की पहल की जाती रहती है। इसलिये मापित चरों को प्रायः संप्रत्ययात्मक चरों के मापन मूल्यों के रूप में देखा और समझा जाता है। संप्रत्ययात्मक चर "भार" को इस तरह "भार किलोग्राम या पाउन्ड" नामक मापित चर में बदला जा सकता है। इसी तरह हम ईमानदारी नामक एक अन्य संप्रत्ययात्मक चर को एक उपयुक्त मापित चर में बदलने की बात सोच सकते हैं। इसे ईमानदारी से ओतप्रोत परीक्षण परिस्थितियाँ प्रदान करके मापा जा सकता है या फिर शारीरिक संकेतों के माध्यम से मापित किया जा सकता है।

चरों को व्यावहारिक रूप में परिभाषित करना (Operational Definitions of Variables)

अनुसंधान कार्य में शोधकर्त्ताओं से यह अपेक्षा की जाती है कि वे सम्बन्धित चरों को व्यावहारिक रूप में (जिस रूप में उन्हें अनुसंधान प्रक्रिया में प्रयोग में लाया जा रहा है) परिभाषित करने का प्रयत्न करें। शब्दकोषों में

जो परिभाषायें इनके लिये दी जाती हैं उनसे अनुसंधान प्रक्रिया में इन्हें लेकर आगे बढ़ने में कठिनाई होती है। शब्दकोषों की परिभाषायें पूरी तरह शब्दार्थिक या संप्रत्ययात्मक (Conceptual) होती हैं और जब तक उन्हें मापनीय (Measurable) नहीं बना लिया जाता ये व्यावहारिक रूप में प्रयुक्त नहीं हो पातीं। इस तरह स्टेगनर चार्ल्स (Stagnor Charles, 2004:67) के अनुसार चरों को व्यावहारिक रूप में परिभाषित करने से तात्पर्य उनके बारे में इस तरह के कथन प्रस्तुत करने से है जिनसे पता चले कि एक संप्रत्ययात्मक चर को मापित चर (Measured valuable) में कैसे बदला गया है। इस बात को अच्छी तरह स्पष्ट करने हेतु हम यहाँ कुछ व्यावहारिक अनुसंधानों में प्रयुक्त उदाहरण प्रस्तुत करना चाहेंगे।

1. माना एक अनुसंधानकर्त्ता अपने प्रयोग द्वारा यह निर्णय लेना चाहता है कि दो स्मृति साधनों (Memory aids) में से कौन सा एक उच्चारित करने सम्बन्धी योग्यता (Ability to recite) के लिये अधिक प्रभावशाली है। इस अनुसंधान कार्य के लिये उसे "उच्चारित करने सम्बन्धी योग्यता" नामक संप्रत्ययात्मक चर को परिभाषित करना जरूरी है। शब्दकोष में दी गई परिभाषा और अर्थ यहाँ उसका काम नहीं चला सकते। इस योग्यता से यहाँ यह मतलब होता है कि विद्यार्थी पहले किसी दिये गये पद्य या गद्य को कंठस्थ करता है और फिर कंठस्थ की गई विषयवस्तु को शाब्दिक रूप में सबके सामने उच्चारित करता है। इस प्रकार की परिभाषा और अर्थ को अनुसंधान कार्य में प्रयुक्त करना कठिन होता है क्योंकि इसका मापन इस अर्थ और रूप में संभव नहीं है। यहाँ इसे व्यावहारिक शब्दावली में व्यक्त करना आवश्यक है। सामान्यतया यह शब्दावली और परिभाषा निम्न रूप ले सकती हैं। "इस अध्ययन में उच्चारित करने सम्बन्धी योग्यता (ability to recite) से हमारा तात्पर्य है कि पुष्प की अभिलाषा नामक कविता को कंठस्थ करके कक्षा में सबके सामने उच्चारित करने में की जाने वाली गलतियाँ (गलत उच्चारित, भूल जाने वाले या इधर उधर किये जाने वाले शब्दों की संख्या)"।

एक संप्रत्ययात्मक चर की कार्यकारी या व्यावहारिक परिभाषा : कार्यकारी या व्यावहारिक परिभाषा से तात्पर्य संप्रत्ययात्मक चर को ऐसे मापीय चर में बदलने से है जिससे शोधकर्त्ता उसे अपने अनुसंधान कार्य में भलीभाँति काम में ला सके।

2. दूसरे उदाहरण में एक शोधकर्त्ता "भूलभुलैया परीक्षण से सम्बन्धित अधिगम में भूख के प्रभाव" (Effects of Hunger on Maze learning) का अध्ययन करना चाहता है। यहाँ अब इसे भूख (Hunger) नामक संप्रत्ययात्मक चर को व्यावहारिक रूप से परिभाषित करना होगा यानी यह समझाना होगा कि 'भूख' से यहाँ उसका क्या तात्पर्य है और चूहों की भूख की यहाँ कैसे पहचान होगी और उसके प्रायोगिक रूप में इसे कैसे मापा जायेगा। भूख में शब्दकोषीय या प्रचलित सामान्य अर्थ से यहाँ उसका काम नहीं चल सकता। शब्दकोष में तो भूख की परिभाषा देते हुये यही लिखा होगा कि "शरीर की ऐसी बेचैनी जिसमें जीव विशेष को भूख नामक आवश्यकता को पूरा करने की उत्कट इच्छा होती है।" शोधकर्त्ता यह कैसे बताये कि उसके चूहे को भूख लगी है या इस भूख की कितनी मात्रा या तादात है। इस स्थिति में वह "भूख" संप्रत्यय की एक कार्यकारी अथवा व्यावहारिक परिभाषा निम्न शब्दों में दे सकता है।

   "प्रस्तुत प्रयोग में चूहे के भूखा रहने से तात्पर्य है कि उसे 24 घंटे तक कोई भोजन नहीं दिये जाना" (Not feeding the rat for 24 hours).

3. तीसरे उदाहरण में एक अनुसंधानकर्त्ता अपने अनुसंधान में अध्यापकों के बारे में यह पता लगाना चाहता है कि अध्यापकों के समायोजन (Teacher Adjustment) तथा शिक्षक प्रभावशीलता (Teacher Effectiveness) में क्या सम्बन्ध होता है यानी जो अध्यापक अच्छी तरह समायोजित होते हैं क्या

वे शिक्षक के रूप में अधिक प्रभावी सिद्ध हो सकते हैं अथवा नहीं। इस प्रकार के अनुसंधान में अनुसंधानकर्त्ता को यह आवश्यक है कि वह अनुसंधान में प्रयुक्त दोनों संप्रत्ययात्मक चरों—शिक्षक समायोजन तथा शिक्षक प्रभावशीलता को मापन योग्य व्यावहारिक चरों में परिवर्तित करने हेतु इन दोनों को व्यावहारिक शब्दावली में व्यक्त करें। यहाँ वह इन्हें निम्न प्रकार परिभाषित कर सकता है।

प्रस्तुत अध्ययन में शिक्षक समायोजन से तात्पर्य एक मानकीकृत शिक्षक समायोजन परिसूची (Standardized Teacher Adjustment Inventory) में उपलब्ध समायोजन प्राप्तांकों से है। जबकि शिक्षक प्रभावशीलता से तात्पर्य एक मानकीकृत शिक्षक प्रभावशीलता निर्धारणी से उपलब्ध शिक्षक प्रभावशीलता प्राप्तांकों से है।

मान्यतायें (Assumptions)

वेबस्टर सैविन्थ न्यू कॉलेजियट डिक्सनरी (Webstor's Seventh New Collegiate Dictionary, 1970:54) के अनुसार किसी मान्यता विशेष (Assumption) से तात्पर्य है (i) यह मानना या स्वीकार करना कि अमुक चीज सही है अथवा (ii) एक ऐसा तथ्य या कथन जिसे सही मानकर चला जाता है। अपनी दिन प्रतिदिन की जिन्दगी में प्रयुक्त मान्यताओं से भी हमारा अभिप्राय हमारी उन धारणाओं तथा विचारों से होता है जिन्हें हम किसी प्रकार की जद्दोजहद किये बिना ही स्वीकार करते हुए चलते हैं। उदाहरण के लिये सड़क पर अपना वाहन चलाते हुये हमारी यह मान्यता (Assumption) रहती है कि अन्य वाहन चालकों द्वारा यातायात संकेतों (Traffic Signals) की अनुपालना की जा रही है और जब हम एक हरे रंग की बत्ती को देखते हुये चौराहे पर पहुँच कर आगे बढ़ रहे होंगे तो वे वाहन रुके होंगे जिनके सामने लाल बत्ती दिखाई दे रही है। हमारी यह मान्यता सभी समय सत्य सिद्ध हो ऐसी बात नहीं है कभी ऐसा भी हो सकता है कि यातायात संकेतों की जाने—अन्जाने अवहेलना करने वाले किसी वाहन चालक द्वारा लाल बत्ती की अनदेखी करके दुर्घटना को न्योता देने की भूल हो जाये। परन्तु सामान्यतया ऐसा नहीं होता, अधिकांश वाहन चालक यातायात संकेतों की अनुपालना करते हैं और हमारी यह मान्यता हमें हरे संकेत पर अपने वाहन को चौराहा पार करने में मदद करती है।

मान्यतायें (Asumptions) : अनुसंधानात्मक अध्ययन में प्रयुक्त मान्यतायें अनुसंधानकर्त्ता की वे धारणायें हैं जो उन्होंने अनुसंधानात्मक समस्या से सम्बन्धित व्यक्तियों, वस्तुओं, स्थानों तथा घटनाओं के बारे में बना रखी हैं।

जिस तरह हमारी कुछ मान्यतायें हमें अपने दिन—प्रतिदिन के जीवन सम्बन्धी कार्यों और क्रियाओं के संपादन में उचित मदद करती हैं उसी तरह अनुसंधान कार्य में अनुसंधानकर्त्ता की अपनी मान्यतायें उसे विभिन्न प्रकार की अनुसंधानात्मक गतिविधियों को ठीक तरह सम्पन्न करने में काफी सहायक सिद्ध हो सकती हैं।

मकग्रथ (McGrath, 1970:21-22) के अनुसार अनुसंधानों में प्रयुक्त मान्यताओं को दो स्पष्ट श्रेणियों (i) पूर्ववर्ती मान्यताओं (A prior assumptions) तथा (ii) उत्तरावर्ती मान्यताओं (A posterior assumptions) में विभक्त किया जा सकता है।

पहली श्रेणी में उन मान्यताओं को रखा जा सकता है जिन्हें प्रायः ऐसे मान्य तथ्यों के रूप में जाना जाता है जिन्हें अपने सर्वप्रचलित और सर्वमान्य होने के कारण किसी प्रामाणिक आधार की जरूरत नहीं होती। इसके अतिरिक्त इन्हें अपनी परीक्षा हेतु किसी प्रेक्षण और प्रयोग से गुजरने की भी जरूरत नहीं पड़ती। इन मान्यताओं के उदाहरण रूप में हम निम्न प्रकार की सर्वमान्य धारणाओं को ले सकते हैं :

(i) ईश्वर सर्वत्र विद्यमान है। (ii) विद्यालय विद्यार्थियों को शिक्षा देने के लिये होते हैं। (iii) जैसे जैसे आयु बढ़ती है, एक बालक का विकास, किशोर तथा युवक के रूप में होता जाता है।

मकग्रथ के अनुसार दूसरी श्रेणी में उन मान्यताओं को रखा जा सकता है जिन्हें यद्यपि फिलहाल तो सर्वोत्तम उपलब्ध ज्ञान के रूप में स्वीकृति मिली होती है परन्तु इनमें परिवर्तन या संशोधन लाने पर कोई रोक नहीं होती। इनके लिये यह कहा जाता है कि ये अनुभव के द्वारा प्रकाश में आती हैं और परिकल्पना परीक्षण द्वारा इनका विकास होता है। पहली श्रेणी की मान्यताओं (जिन्हें किसी परीक्षण कसौटी से नहीं गुजरना होता) के विपरीत इस श्रेणी की मान्यताओं को प्रमाण एवं परीक्षण से गुजरना होता है। इनके उदाहरण हेतु हम कुछ निम्न धारणाओं का उल्लेख कर सकते हैं।

(i) बिल्ली का रास्ता काटना अपशकुन होता है। (ii) ढील देने से बच्चे बिगड़ जाते हैं। (iii) किसी सम्बन्धित क्लर्क को घूंस देने से काम आसानी से बन जाता है।

अभिग्रहीत (Postulates)

वेबस्टर सैविन्थ न्यू कॉलेजियट डिक्सनरी के अनुसार एक अभिग्रहीत से तात्पर्य है "एक आवश्यक पूर्व–मान्यता के रूप में एक अग्रिम परिकल्पना या तर्क की गाड़ी को आगे बढ़ाने के लिये आवश्यक आधार भूमि।" (A hypothesis advanced as an essential pre-supposition or premise of a train of reasoning. — Webster's Seventh New Collegiate Dictionary, 1970:664)

इस संदर्भ में अगर परम्परागत तर्कशास्त्र की चर्चा की जाये तो इसके अनुसार एक अभिग्रहीत से तात्पर्य उस धारणा या मान्यता से है जिसे प्रमाणित या प्रदर्शित नहीं किया जाता बल्कि स्वयं सिद्ध (Self evident) या आवश्यक निर्णय के रूप में स्वीकार किया जाता है। इसे सत्य मान कर आगे बढ़ा जाता है और फिर इसकी सहायता से अन्य सैद्धान्तिक तथ्यों को निष्कर्षित करने का प्रयत्न किया जाता है। दूसरे शब्दों में एक अभिग्रहीत तर्क के लिये प्रयुक्त वह आधार है जिसे बिना किसी प्रमाण के एक स्वयं सिद्ध सत्य की तरह अनुसंधानकर्त्ता द्वारा अपने अनुसंधान में काम में लाया जाता है।

इस सम्बन्ध में आगे अगर गणितीय तर्कशास्त्र का सहारा लिया जाये तो अभिग्रहीतों से तात्पर्य उन प्रकथनों (Propositions) से है जिनकी सत्यता सिद्ध करने के लिये कोई प्रमाण देने की आवश्यकता नहीं होती हो और जिन्हें दूसरे प्रकथनों की सत्यता के लिये प्रमाण की तरह काम में लाया जाता हो। उदाहरण के लिये गणित में हम जब किसी प्रमेय (Theorem) को सिद्ध करते हैं तो वह पहले सिद्ध किये गये प्रमेयों के परिणामस्वरूप सिद्ध की जाती है। यदि हम इस प्रकार का एक नक्शा बनायें, जिसमें उन प्रमेयों को दिखायें जिन पर कोई प्रमेय आधारित है और इस प्रकार पीछे की ओर चलते जायें तो अंत में हम प्रथम प्रमेय पर जा पहुँचेंगे। इस प्रथम प्रमेय को सिद्ध करने के लिये हमारे पास कोई अन्य प्रमाणित प्रमेय नहीं है। इसलिये यहाँ जब तक हम कुछ कथनों को बिना किसी प्रमाण के स्वीकार न कर लें तब तक हम प्रथम प्रमेय को सिद्ध नहीं कर सकेंगे। इस तरह के स्वयं सिद्ध कथनों या प्रकथनों (Statement or Proposition) को ही अभिग्रहीतों का नाम दिया जाता है। इस तरह किसी तर्क प्रणाली के वे प्रारम्भिक कथन या प्रकथन जिनकी सत्यता हम बिना किसी प्रमाण के स्वीकार कर लेते हैं और जो हमारे तर्क प्रक्रम को आगे बढ़ाने में प्रारम्भिक बिन्दु का कार्य करते हैं उन्हें ही अभिग्रहीतों का नाम दिया जाता है।

उदाहरण के रूप में यहाँ हम प्रसिद्ध गणितज्ञ यूक्लिड द्वारा उद्धृत उन अभिग्रहीतों का नाम ले सकते हैं जिन्हें उसने ज्यामिति प्रकथनों तथा प्रमेयों को सिद्ध करने के लिये उपयोग किया था। इनमें से तीन प्रमुख अभिग्रहीत निम्न हैं।

(i) दो बिन्दुओं के बीच केवल एक रेखा ही खींची जा सकती है।

(ii) किसी रेखा के बाहर दिये गये बिन्दु से उस रेखा के समानान्तर केवल एक रेखा ही खींची जा सकती है।

(iii) सभी समकोण एक दूसरे के समान होते हैं।

सर्वमान्य धारणायें या स्वयंसिद्ध (Axioms)

वेबस्टर सैविन्थ न्यू कॉलेजियट डिक्सनरी के अनुसार एक सर्वमान्य धारणा या स्वयंसिद्ध से अभिप्राय उस प्रकथन से है जिसे स्वयंसिद्ध सत्य के रूप में अंगीकृत किया जाता है।

("A proposition is regarded as a self-evident truth"—Webster's Seventh New Collegiate Dictionary, 1970:62)

ऐतिहासिक दृष्टि से एक्जिम्स (Axioms) पदावली का प्रयोग सर्वप्रथम महान ग्रीक दार्शनिक अरस्तू द्वारा किया गया था। उन्होंने कहा कि किसी भी प्रमाणित या प्रदर्शनीय विज्ञान (Demonstrative Science) की शुरुआत किन्हीं अप्रमाणित या अप्रदर्शनीय प्रनियमों, जिन्हें प्रथम प्रनियम (First principle) कहा जा सकता है, के रूप में होनी चाहिये। इस प्रकार प्रनियमों में से कुछ का तो किसी एक विशेष विज्ञान से ही विशिष्ट सम्बन्ध रहता है, परन्तु कुछ ऐसे भी होते हैं जो सभी विज्ञानों का आधार होते हैं। इन दूसरे प्रकार के प्रथम प्रनियमों को ही जो सभी विज्ञानों के लिये मान्य होते हैं, सर्वमान्य धारणाओं या स्वयंसिद्धों (Axioms) का नाम दिया जाता है। दूसरे शब्दों में एक्जिम्स (Axioms) से तात्पर्य उन सर्वमान्य विचारों तथा धारणाओं से है जिनसे सभी प्रकार के प्रमाणों तथा साक्षियों का उद्‌गम होता है और सही अर्थों में ये ही वे आवश्यक आधार हैं जिनकी जानकारी उन सभी को होनी चाहिये जो इस दुनियाँ में किसी भी बात को सीखने की इच्छा रखते हैं।

यूक्लिड द्वारा लिखी पुस्तक ऐलीमेंट्स (Elements) में इन प्रथम प्रनियमों (First principles) को अभिग्रहीतों (Postulates) तथा सर्वमान्य धारणाओं (Common notions) के रूप में वर्गीकृत किया गया है। इनमें से पहले यानी अभिग्रहीत रेखागणित नामक विशिष्ट विज्ञान से ही विशिष्ट रूप से सम्बन्धित हैं जबकि दूसरे जिन्हें यूक्लिड ने सर्वमान्य धारणायें (Common notions) कहा है उन्हें उसी रूप में देखा तथा समझा जा सकता है जिस रूप में अरस्तू ने एक्जिम्स (Axioms) को दिखाने की चेष्टा की है। प्रोक्ल्युस (Proclus) द्वारा जिसने यूक्लिड की पहली पुस्तक (First Book of Euclid) पर अपनी समीक्षा प्रस्तुत की है, स्पष्ट रूप से यह कहा है कि यूक्लिड द्वारा प्रयुक्त पद सर्वमान्य धारणायें (Common notions) तथा अरस्तू द्वारा प्रतिपादित पद एक्जिम्स (Axioms) पूरी तरह समानार्थी हैं।

इस तरह ऐतिहासिक परिप्रेक्ष्य में देखा जाये तो एक्जिम्स (Axioms) तथा अभिग्रहीत (Postulates) दोनों पदों में स्पष्ट अन्तर देखा जा सकता है। शंका तब होती है जब हम बहुत बार इन दोनों शब्दों को एक से अर्थों में प्रयुक्त होते देखते हैं। इससे बचने की आवश्यकता है और फायदा भी इसी में है कि हम इन दोनों पदों के अर्थ एवं प्रयोग में समुचित अन्तर बनाये रखें। एक्जिम्स (Axioms) पद को तर्कशास्त्र के मूलाधार (Axioms of Logic) या सर्वमान्य धारणाओं (Common notions) के लिये सुरक्षित रख कर उसे स्वयंसिद्ध या सर्वमान्य धारणाओं का नाम दे दें तथा अभिग्रहीतों (Postulates) को उन मान्यताओं या प्रथम प्रनियमों के रूप में स्वीकार करें जिनके माध्यम से विशिष्ट वैज्ञानिक तथा अनुसंधानात्मक विषय सम्बन्धी संप्रत्ययों को अच्छी तरह परिभाषित करने में सहायता मिले।

> **सर्वमान्य धारणायें या स्वयंसिद्ध (Axioms) :** व्यक्तियों, वस्तुओं, घटनाओं या प्रक्रियाओं के बारे में अधिक जानकारी एकत्रित करने हेतु उनके प्रति बने हुये सर्वमान्य विचार या धारणायें जिन्हें सामान्य समझ की संज्ञा दी जाती है।

सर्वमान्य धारणाओं या स्वयंसिद्धों (Axioms) के उदाहरणों के रूप में हम यहाँ यूक्लिड द्वारा ईलीमेन्ट्स (Elements) में दिये गये दो उदाहरण प्रस्तुत कर रहे हैं।

(i) संपूर्ण, अंशों से बड़ा होता है।

(ii) किसी एक वस्तु के समान होने वाली वस्तुयें आपस में समान होती हैं।

प्रकथन (Proposition)

वेबस्टर सैविन्थ न्यू कॉलेजियट डिक्सनरी के अनुसार एक प्रकथन से तात्पर्य है समझने या स्वीकार करने के लिए प्रस्तुत की गई कोई बात (Something proposed or offered for consideration or acceptance. — Webster's Seventh New Collegiate Dictionary, 1970:684)

प्रकथन किसी भी अनुसंधान, अध्ययन या वैज्ञानिक खोज के महत्त्वपूर्ण अंग होते हैं। अनुसंधानकर्त्ता और वैज्ञानिकों द्वारा अपने अध्ययन के प्रारम्भिक चरण में ही इन्हें घोषित कथनों के रूप में प्रस्तुत किया जाता है। अपने इन कथनों के द्वारा शोधकर्त्ता अपने शोध विषय को सबके सामने लाने का प्रयत्न करता है। अनुसंधान कार्यों में इस प्रकार के प्रकथनों (Prepositions) के उदाहरण रूप में निम्न का उल्लेख किया जा सकता है।

- नौकरीपेशा महिलायें, बिना नौकरी करने वाली माताओं से अच्छी मातायें सिद्ध होती हैं।
- भग्नाशा या हताशा (Frustration) आक्रामकता (Aggression) को जन्म देती है।
- सामाजिक अध्ययन विषय को पढ़ाने के लिये व्याख्यान विधि की अपेक्षा चर्चा विधि (Discussion method) एक बेहतर विधि है।
- शिक्षित व्यक्ति अशिक्षित व्यक्तियों की तुलना में बेहतर राजनैतिक नेता सिद्ध होते हैं।
- त्रिभुज के तीन कोणों का योग 2 समकोण के बराबर होता है।
- प्रकाश सीधी रेखा में गमन करता है।

उपरोक्त सभी कथन ऐसे घोषित कथनों का प्रतिनिधित्व करते हैं जिनकी सत्यता की परख के लिये ही अनुसंधान कार्य हाथ में लिया जाता है। ये या तो बिल्कुल सत्य होते हैं अथवा पूरी तरह असत्य। इसी बात की जाँच प्रेक्षण, प्रयोग तथा अन्य साक्षियों के माध्यम से अनुसंधानकर्त्ता द्वारा की जाती है और इसलिये जाँच और अनुसंधान प्रक्रिया की शुरुआत करने का श्रेय भी प्रकथनों को ही जाता है।

परिकल्पनायें (Hypotheses)

अपनी शोध समस्या के समाधान या उठाये गये प्रश्नों का उत्तर प्राप्त करने हेतु शोधकर्त्ता अपनी सोच और कल्पना से कुछ संभावित समाधान या उत्तरों को सामने रखता है और फिर एक एक करके उनकी सत्यता की परख करके अपने उद्देश्य की प्राप्ति करने का प्रयत्न करता है। उसके द्वारा अपनी सोच और कल्पना से अपने सामने रखे गये ये संभावित समाधान और उत्तर ही अनुसंधान की भाषा में अनुसंधान परिकल्पनायें (Research Hypotheses) कहलाते हैं।

वेबस्टर सैविन्थ न्यू कॉलेजियट डिक्सनरी ने परिकल्पनाओं के ऐसे ही अर्थ पर मुहर लगाते हुये लिखा है "संभावित समाधान के रूप में बनाई गई अस्थाई धारणा जिसे उसकी तार्किक या आनुभाविक सत्यता को परखने हेतु ही सामने लाया जाता है। (A tentative assumption in order to draw out and test its logical or empirical consequences. —Webster's Seventh New Collegiate Dictionary, 1970:410)

अपने इस अर्थ में शोध परिकल्पनाओं से तात्पर्य शोधकर्त्ता द्वारा अपने शोध प्रश्नों का उत्तर प्राप्त करने के लिये अपनी ओर से सोचे गये कुछ ऐसे संभावित उत्तरों/समाधानों से है जिन्हें गलत या सही ठहराने हेतु वह एक आवश्यक अनुसंधान प्रक्रिया से गुजरता हुआ अपनी शोध समस्या का उपयुक्त उत्तर या समाधान तलाश करता है।

> **परिकल्पनायें :** समस्या समाधान के लिये सोचे गये ऐसे संभावित हल तथा सूझबूझ युक्त विकल्प जिन्हें सही या गलत ठहराते हुये समस्या विशेष का समाधान प्राप्त किया जा सकता हो।

प्रश्न उठता है कि परिकल्पनाओं के रूप में समस्या विशेष के समाधान के लिये सोचे गये ये संभावित समाधान महज कल्पना या अटकलों पर ही आधारित होते हैं अथवा इनके निर्माण में कुछ अन्य ठोस आधार तथा उचित सूझबूझ का भी हाथ रहता है। यह कहने की आवश्यकता नहीं कि उचित परिकल्पनाओं का निर्माण और उपयोग एक अनुसंधानकर्त्ता को अपने अनुसंधान कार्य को सही दिशा और दशा प्रदान करने में कितनी महत्त्वपूर्ण भूमिका निभा सकता है और इस परिप्रेक्ष्य में मात्र अटकलबाजी और महज काल्पनिक उड़ान से परिकल्पनाओं का निर्माण उसे कितना महंगा पड़ सकता है। ऊल–जलूल परिकल्पनाओं के परीक्षण में उसकी बहुत सारी शक्ति, समय और धन की व्यर्थ में ही बरबादी होगी। इस दृष्टि से परिकल्पनाओं का निर्माण काफी सूझबूझ वाला कार्य है जिसमें बहुत ही सावधानी से आगे बढ़कर अधिक से अधिक उचित, संभाव्य और परीक्षण योग्य परिकल्पनाओं का निर्माण करना होता है। जिस प्रकार की परिकल्पनाओं का निर्माण किया जाना ठीक रहता है। इस सम्बन्ध में एक उचित कसौटी प्रदान करने हेतु बोर्ग एवं गेल (Borg and Gall, 1983:91–93) ने एक अच्छी परिकल्पना सम्बन्धी निम्न चार बातों की चर्चा की है।

(i) परिकल्पना द्वारा दो या दो से अधिक चरों के बीच स्थित संभावित सम्बन्धों को बताना चाहिए।

(ii) सिद्धान्त या साक्ष्यों पर आधारित ऐसे निश्चित कारण शोधकर्त्ता के पास होने चाहियें जिनसे परिकल्पना को परीक्षण योग्य माना जा सके।

(iii) परिकल्पना परीक्षण में अधिक परेशानी नहीं आनी चाहिए।

(iv) परिकल्पना ऐसी होनी चाहिए जिसे संक्षिप्त और स्पष्ट शब्दों में प्रस्तुत किया जा सके।

परिकल्पनाओं के प्रकार एवं रूप (Types and Forms of Hypotheses)

परिकल्पनाओं को अपने कथन और परीक्षण के हिसाब से कुछ निश्चित प्रकारों और रूपों में बाँटकर समझा और प्रयोग में लाया जाता है। जैसे सारगर्भित या अनुसंधान परिकल्पनायें (Substantive or Research Hypotheses), सांख्यिक परिकल्पनायें (Statistical Hypotheses), दिशित और अदिशित परिकल्पनायें (Directional and Non-directional hypotheses) तथा निराकरणीय या शून्य परिकल्पनायें (Null hypotheses) आदि। हम इन सभी प्रकार की परिकल्पनाओं की विस्तार से अध्याय 15 में चर्चा करेंगे।

परिकल्पनायें एवं सिद्धान्त (Hypotheses and Theory)

परिकल्पनायें तथा सिद्धान्त एक–दूसरे के पूरक हैं। सिद्धान्त परिकल्पनाओं को जन्म देते हैं और परिकल्पनायें सिद्धान्त निर्माण में सहायक होती हैं। परिकल्पनाओं और सिद्धान्त के इस पारस्परिक सम्बन्ध पर प्रकाश डालते हुये आर. ई. स्नो (Snow, R.E., 1973) ने लिखा है, "शुरुआती चरण में सिद्धान्त प्रतिपादक के सामने सिद्धान्त, पूर्व अनुभवों, प्रेक्षणों तथा दूसरों से प्राप्त सूचनाओं के आधार पर निर्मित संभाव्य हल या समाधान होते हैं। एक परिकल्पना इस तरह निर्मित की जाती है कि संभाव्य हल या समाधान का परीक्षण किया जा सके। किये जाने वाले अनुसंधान के परिणामों के सहारे परिकल्पना को स्वीकार करने या अस्वीकार करने का कार्य किया जाता है और इसी कड़ी में आगे और परिकल्पनाओं के निर्माण और परीक्षण का कार्य किया जाता है ताकि एक संगठित सिद्धान्त की निर्माण प्रक्रिया चलती रहे।"

इस प्रकार से अपने निर्माण और प्रयोग दोनों ही कार्यों में परिकल्पना की कहानी की शुरुआत और अंत किसी सिद्धान्त में ही होता है। परिकल्पना के निर्माण में स्वतन्त्र और समय विशेष में प्रचलित सिद्धान्तों से ही आवश्यक पोषण सामग्री उपलब्ध होती है और इस तरह परिकल्पनाओं को जन्म देने में उपलब्ध सैद्धान्तिक ज्ञान और समझ काफी महत्त्वपूर्ण भूमिका निभाती है। परिकल्पनाओं के सत्यापन हेतु फिर आवश्यक अनुसंधान कार्य किया जाता है। आवश्यक प्रदत्तों का संकलन होता है और उनके विश्लेषण द्वारा परिकल्पना विशेष को स्वीकारने या अस्वीकारने सम्बन्धी निष्कर्ष पर पहुँच जाता है। इन्हीं अनुसंधानात्मक निष्कर्षों से फिर समस्या

विशेष के उचित समाधान या हल के रूप में किसी नये सिद्धान्त को जन्म मिलता है। इस तरह पुराने सिद्धान्तों और पूर्व मान्यताओं के स्थान पर अनुसंधान में प्रयुक्त परिकल्पनाओं की स्वीकृति या अस्वीकृति के आधार पर नवीन सिद्धान्तों और मान्यताओं का प्रादुर्भाव होता रहता है।

प्रतिमान (Models)

वेबस्टर सैविन्थ न्यू कॉलेजियट डिक्सनरी में प्रतिमान (Model) शब्द को परिभाषित करते हुए लिखा है, "कोई ऐसी चीज (जैसे परमाणु) जिसे प्रत्यक्ष रूप में नहीं देखा जा सकता हो, उससे अवगत होने हेतु प्रयोग में लाया जाने वाला विवरण अथवा सादृश्य।"

(A description or analogy used to help visualize something (as an atom) that could not be directly observed. —Webster's Seventh New Collegiate Dictionary, 1970:544)

अपने इस अर्थ में इस तरह प्रतिमान पद का प्रयोग किसी वस्तु, घटना या प्रक्रिया विशेष से सम्बन्धित वास्तविकता का प्रतिनिधित्व करने के लिये किया जाता है। इस प्रकार के प्रतिनिधित्व के मुख्यतया निम्न रूप देखने को मिलते हैं।

1. प्रतिरूप या प्रतिकृति के रूप में (As a replica of the reality) : जब किसी वस्तु या घटना विशेष का प्रत्यक्ष प्रेक्षण या अनुभव से साक्षात्कार संबंध नहीं होता तो उसके प्रत्यक्षीकरण एवं सामीप्य के लिये किसी एक विशेष प्रतिमान का प्रयोग प्रतिरूप या प्रतिकृति के रूप में किया जाता है। अध्यापकों द्वारा कक्षा कक्ष में प्रयुक्त किये गये ऐसे प्रतिमानों के उदाहरण के रूप में हम ताजमहल, भाखड़ा डैम, पृथ्वी, चलती हुई गाड़ी या ज्वालामुखी के फूटने आदि का उल्लेख कर सकते हैं।

2. प्रतीक के रूप में (As a Symbolic representation of reality) : हम किसी वस्तु, घटना या प्रक्रिया की वास्तविकता को प्रकाश में लाने हेतु उसके प्रतीकात्मक प्रतिनिधित्व का भी सहारा ले सकते हैं। रुकने के लिये लाल बत्ती तथा जाने के लिये हरी बत्ती का संकेत, परिवार नियोजन सम्बन्धी जागरूकता पैदा करने के लिये तिकोनी लाल आकृति, परमाणु की संरचना तथा सामाजिक परिवेश के विभिन्न स्तरों पर होने वाली अन्तःक्रिया के परिणामस्वरूप बालक में समाजीकरण का स्वरूप प्रदर्शित करने वाली प्रतीकात्मक चित्राकृतियाँ आदि प्रतीक के रूप में प्रयुक्त प्रतिमानों के उदाहरण कहला सकते हैं। प्रतिकृति तथा प्रतीक के रूप में प्रयोग में लाये जाने वाले प्रतिमानों के इस कार्यकारी स्वरूप से प्रेरणा लेकर ही मकग्रथ ने प्रतिमान पद के बारे में निम्न निष्कर्ष निकालने का प्रयत्न किया है।

"निष्कर्ष रूप में प्रतिमान एक मान्य प्रतीक या प्रतिरूप होता है। इसके बारे में यह कहा जाता है कि इससे चिन्तन को एक जाना माना ढंग मिल जाता है और चिन्तन में मितव्ययिता भी आती है। इस अर्थ में इसे दूसरों के साथ संप्रेषण करने का एक छोटा मार्ग कहा जा सकता है।"

(In essence, a model is an agreed upon symbol, a replica; it has been described as providing a habitual form for thinking and an economy in thinking. In this sense it serves as a shortcut in communication with others. —McGrath, 1970:28)

प्रतिमान : प्रतिरूप या प्रतीक के रूप में वस्तुओं, घटनाओं या प्रक्रियाओं की ऐसी वास्तविकता का दर्शनीय प्रतिनिधित्व जिसे प्रत्यक्ष रूप से देखना और अनुभव करना आसानी से संभव न हो।

प्रतिमानों के कार्य अथवा उपयोग (Functions or Applications of Models)

प्रतिमान अपने प्रतिरूपों या प्रतीकों के रूप में हमें कई तरह से हमारे कार्यों में सहयोग प्रदान करते हैं। उनके इन कार्यों तथा उपयोगों का हम संक्षिप्त रूप में निम्न प्रकार वर्णन कर सकते हैं।

1. नियम एवं सिद्धान्तों के विकास में सहायक (Helpful in the development of laws and theories) : प्रतिमानों की सहायता से हमें वस्तुओं, घटनाओं तथा प्रक्रियाओं को भलीभाँति समझने में मदद मिलती है। हमारे परावर्ती चिन्तन (Reflection thinking) तथा सृजनात्मकता के लिये प्रतिमानों का प्रयोग एक अच्छी खुराक और साधन का कार्य करता है। हमें इनके द्वारा अपनी चिन्तन प्रक्रिया को वैज्ञानिक तथ्यों की खोज, प्रनियमों एवं नियमों के सामान्यीयकरण और कार्यकारी सिद्धान्तों की स्थापना करने हेतु प्रयोग में लाने का अवसर मिलता है। नियम एवं सिद्धान्तों के विकास में सहायक प्रतिमानों की इस विशेषता पर प्रकाश डालते हुये मैथीसन एवं अन्य ने लिखा है :

जब एक प्रतिमान के प्रतीकों को विशिष्ट आनुभाविक घटनाओं के साथ जोड़कर देखा जाता है तो प्रतिमान प्रतीक और आनुभाविक घटनाओं का यह गठजोड़ एक सिद्धान्त विशेष को जन्म देता है।

(When the symbols of a model are identified with specific empirical events, the model and set of identification constitute a theory. —Matheson and Others, 1970:8)

2. प्रशिक्षण हेतु अनुरूपित अनुभव प्रदान करना (Providing simulated experiences for training) : प्रतिमानों के द्वारा अनुसंधानात्मक प्रयासों से उपलब्ध जानकारी, नियम एवं सिद्धान्तों के उपयोगार्थ उचित अनुरूपित अनुभव प्रदान करने का कार्य भलीभाँति किया जा सकता है। प्रतिमानों (Models) पर उपलब्ध अनुरूपित अनुभवों (Simulated experiences) के माध्यम से कोई हवाई जहाज उड़ाना सीख सकता है, कंप्यूटर आपरेशन के अनुरूपित प्रनियम की सहायता से चिन्तन का सर्वोत्तम ढंग सीख सकता है और किसी संगठन विशेष की कार्यप्रणाली और प्रबन्धन गुर भी हासिल कर सकता है।

3. नियमों एवं सिद्धान्तों का उचित रूप से वर्णन करने एवं समझने में सहायक (Helpful in the proper explaining and understanding of the laws and theories) : अनुसंधान और वैज्ञानिक खोजों के फलस्वरूप उपलब्ध तथ्य, प्रनियम, नियम एवं सिद्धान्तों को सम्बन्धित प्रतिमानों की सहायता से इस प्रकार भलीभाँति

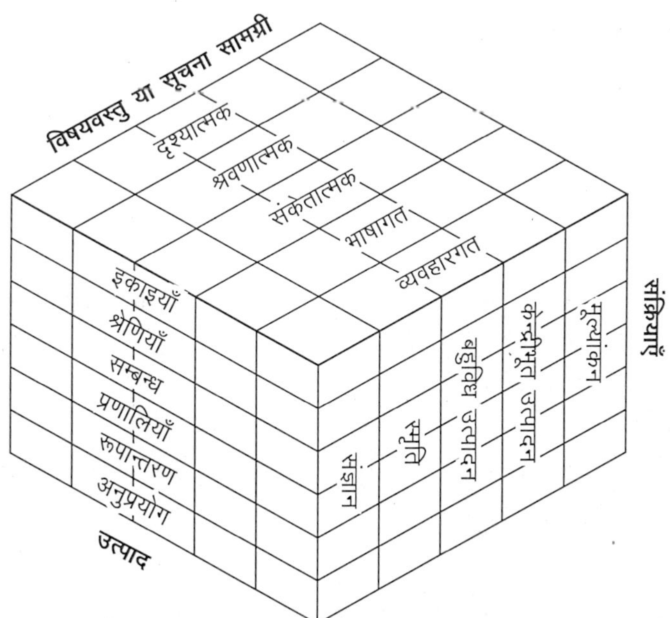

चित्र 1.2 गिलफर्ड का बुद्धि प्रतिमान।
(Guilford's Model of Intellect)

प्रस्तुत किया जा सकता है कि जिससे उन्हें उपयोगकर्त्ताओं द्वारा भलीभाँति समझकर अच्छी तरह अपने काम में लाया जा सके। उदाहरण के लिये गिलफर्ड का बुद्धि प्रतिमान (जिसे चित्र 1.2 में दिखाया गया है), गिलफर्ड द्वारा प्रतिपादित बुद्धि सिद्धान्त (Guilford's Theory of Intelligence) के सन्दर्भ में मानव बुद्धि की संरचना और कार्य–प्रक्रिया को अच्छी तरह प्रकाश में लाने की सार्थक भूमिका निभाते हुआ देखा जा सकता है।

रूपावली (Paradigm)

प्रतिमान (Model) की तरह रूपावली भी एक वैज्ञानिक अनुसंधान में नये तथ्यों को खोजने तथा सम्बन्धित प्रनियमों और सिद्धान्तों की स्थापना करने में सहायक परावर्ती चिन्तन (Reflective thinking) के लिये आवश्यक सैद्धान्तिक जानकारी और संरचना प्रदान करने में महत्त्वपूर्ण भूमिका निभाती है। इनके उद्देश्यों में समानता होने के कारण कभी कभी इन्हें समानार्थी समझने की भूल हो जाती है। रूपावली पद को प्रतिमान पद से अलग करने के प्रयास में करलिंगर (Kerlinger, 1973) ने लिखा है :

एक रूपावली प्रतिमान मानी जाती है और यहाँ तक कि प्रतिमान शब्द को रूपावली का पर्यायवाची समझा जाता है परन्तु रूपावली में प्रतिमानों की तरह वस्तुओं, घटनाओं या प्रक्रिया की वास्तविकता का प्रतिरूप या प्रतीक बनने का कार्य नहीं किया जाता बल्कि इसमें आरेखों, रेखाचित्रों या शाब्दिक कथनों का सहारा लेकर इस प्रकार की रूपरेखा प्रस्तुत करने का प्रयत्न किया जाता है कि जिससे किसी सिद्धान्त, प्रक्रिया तथा शोध प्रक्रिया को समझने और व्यवहार में लाने में मदद मिले।

इस तरह प्रतिमान और रूपावली में चाहे जितना कम या अधिक अंतर दिखाने का प्रयत्न विद्वानों द्वारा किया जाय परन्तु इस बात को लेकर सभी अनुसंधानकर्त्ता तथा विद्वान सहमत हैं कि किसी वस्तु, प्रक्रिया यां घटना का उसके प्रचलित सार्वभौमिक रूप में वर्णन, व्याख्या, प्रदर्शन और उपयोग करने में प्रतिमान (Models) का दर्जा रूपावलियों (Paradigms) से नीचे है और सिद्धान्तों (Theories) का दर्जा रूपावलियों (Paradigms) से ऊपर है।

रूपावली पद के ऐतिहासिक उद्‌गम की ओर ध्यान दिया जावे तो पता चलता है कि 1960 तक इस पद का प्रयोग भाषाओं और विशेषकर उनके व्याकरण तक सीमित था और इस क्षेत्र में इसका प्रयोग उन शब्दों के लिये होता था जो समानार्थी कहलाते हैं। 1960 के बाद इस पद का प्रयोग वैज्ञानिक या दार्शनिक क्षेत्र में प्रयुक्त किसी चिन्तन प्रारूप या रूपरेखा (Thought pattern) के लिये किया जाने लगा है। वेबस्टर सैविन्थ न्यू कॉलेजियट डिक्सनरी (1970:610) में रूपावली पद की संक्षिप्त परिभाषा देते हुए कहा गया है "किसी प्रक्रिया या नियोजन को अच्छी तरह स्पष्ट करने के लिये दिया गया कोई उदाहरण या रूपरेखा"। इस संदर्भ में हम यह देख सकते हैं कि आजकल रूपावली पद का प्रयोग सामान्यतया आरेखों, रेखाचित्रों तथा शाब्दिक कथनों के माध्यम से प्रस्तुत एक ऐसे प्रारूप या रूपरेखा के लिये होता है जिससे किसी प्रक्रिया, घटना या कार्ययोजना विशेष का अच्छी तरह से वर्णन और व्याख्या की जा सके। रूपावली की इन्हीं विशेषताओं और प्रयोजनों पर प्रकाश डालते हुए मकग्रथ ने लिखा है :

"रूपावलियों की दो विशिष्ट विशेषतायें होती हैं। रूपावलियाँ चिन्तन की वे प्रणालियाँ तथा अनुसंधान के वे प्रारूप या रूपरेखायें हैं जिनसे सिद्धान्तों का विकास होता है। दूसरी विशेषता रूपावलियों की यह है कि इन्हें प्रायः रेखाचित्रों या रूपरेखाओं के रूप में प्रस्तुत किया जाता है (मुख्यतया इनसे रूपावली में दर्शित घटना या प्रक्रिया विशेष में निहित विविध प्रकार के सांसारिक, स्थान सम्बन्धी, कार्यकारण और तार्किक सम्बन्धों को प्रदर्शित करने का काम लिया जाता है।)"

(Paradigms have two distinguishing characteristics. Paradigms are ways of thinking or patterns for research that can lead to the development of theory. The second characteristic of paradigms is that they are frequently presented in graphic or outline form (mainly for portraying the various temporal, spatial, causal and logical relationships present in the events or phenomena to be depicted through a paradigm. — McGrath, 1970:29)

रूपावली के संप्रत्यय को स्पष्ट करने हेतु हम यहाँ अब एक उदाहरण विशेष की सहायता लेना चाहेंगे।

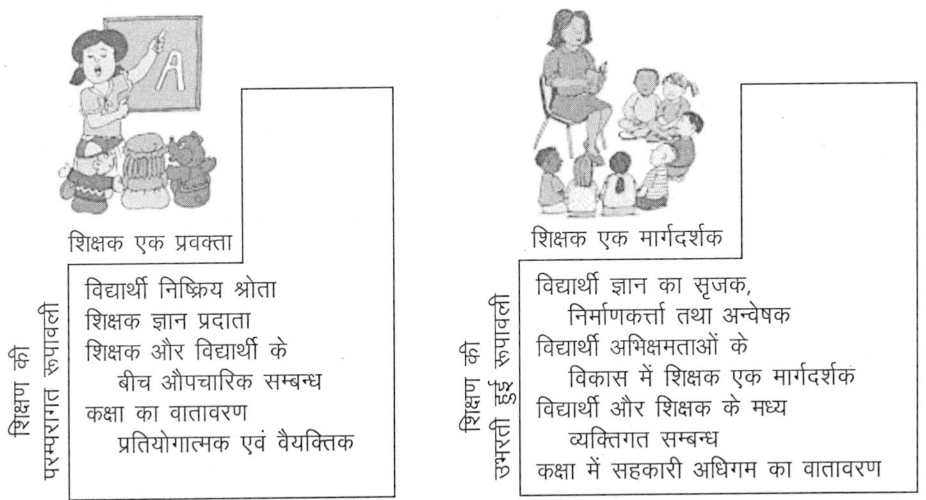

चित्र 1.3 रूपावली (Paradigm)।

नियम (Laws)

कोलम्बिया एनसाईक्लोपीडिया (Columbia Encyclopaedia) के अनुसार "एक सत्यापित या प्रमाणीकृत सामान्यीकरण को वैज्ञानिक नियम की संज्ञा दी जा सकती है।" दूसरे शब्दों में एक अनुसंधानकर्त्ता या वैज्ञानिक अपने अनुसंधान कार्य में जब तथ्यों की खोज करता हुआ उनके सामान्यीकरण पर पहुँच जाता है तो इन्हें नियमों की संज्ञा देने से पहले उसको तथ्यों के सामान्यीकरण को भलीभाँति सत्यापित (Verify) करने की आवश्यकता पड़ती है।

इस तरह से किसी भी वैज्ञानिक खोज या अनुसंधान कार्य में नियम निर्माण या विकास की प्रक्रिया में निम्न तीन अवस्थाओं या चरणों से गुजरना होता है।

(i) **वैज्ञानिक तथ्यों की खोज :** किसी समस्या विशेष या जिज्ञासा के समाधान के लिये एक वैज्ञानिक या अनुसंधानकर्त्ता अपने प्रयासों से ऐसे वैज्ञानिक तथ्यों की खोज करता है जिनसे समस्या के समाधान और उठाये गये प्रश्नों के उत्तर प्राप्त हो सकें। जहाँ तक हो सके इन तथ्यों की प्रामाणिकता पर भी उसके द्वारा पूरा ध्यान दिया जाता है। परिणामस्वरूप इस तरह वस्तुनिष्ठ विश्वसनीय, वैध और प्रामाणिक, वैज्ञानिक तथ्यों की उपलब्धि ही इस चरण पर आयोजित क्रियाओं का लक्ष्य होता है।

(ii) **सामान्यीकरण :** सम्बन्धित समस्या के हल के संदर्भ में जिन वैज्ञानिक तथ्यों की उपलब्धि प्रथम चरण में की जाती है उन्हें इसी तरह की समस्याओं के हल के लिये काम में लाकर तथ्य और समाधान विशेष का सामान्यीकरण करने का प्रयत्न यहाँ इस दूसरे चरण में किया जाता है।

(iii) **सामान्यीकरण का सत्यापन :** जो सामान्यीकृत निष्कर्ष द्वितीय चरण में स्थापित किये जाते हैं उनकी सत्यता तथा प्रामाणिकता को परखने का कार्य इस तीसरे चरण में किया जाता है। इस चरण में फिर एक बार प्राप्त सामान्यीकरण या निष्कर्षित तथ्यों को अन्य समान परिस्थितियों में समान प्रकार की

समस्याओं के हल के लिये प्रयुक्त करके देखा जाता है और अगर कोई सामान्य हल या सामान्यीकृत तथ्यों का उपयोग इस कार्य हेतु सही बैठता है तो फिर उसे एक सर्वमान्य नियम के रूप में स्वीकार करने की बात कही जाती है।

इस तरह सार रूप में *एक नियम (Law) से अभिप्राय उस स्पष्ट और संक्षिप्त शब्दावली से है जिसे एक अनुसंधानकर्त्ता द्वारा अपने अनुसंधानों प्रयासों से वैज्ञानिक तथ्यों की खोज, उनके सामान्यीकरण तथा सामान्यीकरण के सत्यापन द्वारा प्राप्त किया जाता है और जो किसी समय तथा परिस्थिति विशेष में किसी घटना या प्रक्रिया विशेष की प्रकृति और कार्य व्यापार को उजागर करने में पूरी तरह खरी उतरती है।*

नियम पद के इस अर्थ और प्रकृति से सहमति जताते हुये वेबस्टर सैविन्थ न्यू कॉलेजियट डिक्सनरी (1970:478) में भी यही कहा गया है कि नियम से तात्पर्य "समय और परिस्थिति विशेष में किसी प्रक्रिया या घटना विशेष की व्यवस्था या सम्बन्धों को उजागर करने वाले एक ऐसे कथन से है जिसके बारे में निश्चित रूप से यह कहा जा सके कि इसी प्रकार की परिस्थितियों में उसका उपयोग अपरिवर्तनीय रहेगा।" दूसरे शब्दों में 'नियम' पद से तात्पर्य सामान्यीकृत तथ्यों या प्रनियमों से युक्त ऐसे कथन से है जिसकी उपयोगिता अन्य समान परिस्थितियों में उसे प्रयोग में लाने को लेकर पूरी तरह असंदिग्ध हो। विज्ञानों (व्यावहारिक विज्ञानों सहित) में अध्ययन और अनुसंधानों द्वारा विकसित इस प्रकार के वैज्ञानिक नियमों के उदाहरण के रूप में हम निम्न का उल्लेख कर सकते हैं।

न्यूटन के गति के नियम, गुरुत्वाकर्षण का नियम, संहिता (Mass) और शक्ति के संरक्षण का नियम, वंशक्रम या धरोहर के सम्बंधी नियम, थोर्नडाइक के सीखने के नियम आदि।

नियम : सामान्यीकृत तथ्यों या प्रनियमों का ऐसा प्रमाणीकृत कथन जो किसी समय विशेष और समान परिस्थितियों में अपने प्रयोग को लेकर खरा उतरने की असंदिग्ध स्थिति में हो।

परन्तु एक बात यहाँ नियमों को लेकर अवश्य सोच लेनी चाहिये कि कोई नियम एक समय, स्थिति और काल विशेष में ही सत्य सिद्ध रहता है। परिस्थिति और समय के साथ इसमें परिवर्तन आ सकते हैं और यही कारण है कि वैज्ञानिक खोजों और अनुसंधानों से प्राप्त नियमों में बदलाव आता रहता है। आगे होने वाली खोजों और अनुसंधानों से पुराने प्रचलित नियमों का स्थान नये नियम ले लेते हैं। दूसरी बात नियमों के सम्बन्ध में यह भी है कि अगर एक नियम विशेष किसी वस्तु, घटना या प्रक्रिया की रचना और कार्य व्यापार के बारे में समुचित जानकारी प्रदान करने के लिये बना भी हो तब भी उसके बारे में यह दावा नहीं किया जा सकता कि वह सब कुछ बताने में सक्षम है। उदाहरण के लिये न्यूटन का गुरुत्वाकर्षण नियम किसी गिरती हुई वस्तु के व्यवहार की तो भविष्यवाणी कर सकता है परन्तु वह यह नहीं बता सकता कि ऐसा क्यों और कैसे होता है ? इसी प्रकार से थोर्नडाइक का तत्परता का नियम (Law or readiness) हमें यह तो बता सकता है कि जब कोई विद्यार्थी सीखने के लिये तत्पर हो तो वह सीख सकता है परन्तु यह नियम यह बताने में असमर्थ रहता है कि ऐसा क्यों होता है। स्थापित नियमों की कमजोरी को दूर करने के लिये ही अनुसंधानकर्त्ताओं को सिद्धान्तों की स्थापना के लिये अपने प्रयास करने होते हैं।

सिद्धान्त (Theories)

वैज्ञानिक खोज और अनुसंधान कार्य में अपनी अनुसंधान सम्बन्धी समस्या या प्रश्नों का उत्तर पाने में अनुसंधानकर्त्ता को जहाँ शुरुआत प्रामाणिक तथ्यों की खोज से करनी होती है, वहीं उसका अंत सामान्यीकृत नियमों के निर्माण तथा फिर इन नियमों की पूरी समझ और उपयोग के लिये सिद्धान्तों की स्थापना से करना होता है। इस तरह

सिद्धान्तों की स्थापना को अनुसंधान प्रक्रिया का अंतिम चरण या आखिरी परिणाम कहा जा सकता है। सिद्धान्त पद के इस अर्थ और प्रक्रिया पर मुहर लगाते हुये मकग्रथ (1970:32) ने लिखा है :

विज्ञान और अन्वेषण की वैज्ञानिक विधियों की एकमात्र परिणति सिद्धान्त विकास में होती है। नियम निर्माण की अपेक्षा एक सिद्धान्त विशेष को इस तरह किसी अनुसंधान या वैज्ञानिक खोज प्रक्रिया का अंतिम चरण या सोपान कहा जा सकता है। इस तरह से एक सिद्धान्त विशेष को वैज्ञानिक तथा अनुसंधान प्रयासों से सम्बन्धित जटिल प्रक्रिया तथा परिणामों से प्राप्त उस अंतिम प्रतिफल (Final result) के रूप में समझा और परिभाषित किया जा सकता है जिसकी उपलब्धि के लिये अनुसंधानकर्त्ता को कई महत्त्वपूर्ण सोपानों जैसे तथ्यों की खोज, सामान्यीकरण और नियम निर्माण आदि से गुजरना होता है।

सिद्धान्त विशेष की अवधारणा से और अच्छी तरह परिचित होने के लिये यहाँ हम विभिन्न विद्वानों द्वारा प्रदत्त परिभाषाओं की मदद लेना चाहेंगे।

1. **गुडे एवं हाट :** एक सिद्धान्त तथ्यों के पारस्परिक सम्बन्धों पर प्रकाश डालने और उन्हें सार्थक ढंग से क्रमबद्ध करने का कार्य करता है।

   (Theory refers to the relationship between facts and ordering of them in some meaningful way. — Goode and Hatt, 1952:8)

2. **एफ. एन. करलिंगर :** किसी सिद्धान्त विशेष में कुछ ऐसे अन्तःसम्बन्धित, संप्रत्ययों, मानस रचनाकृतियों (Constructs), परिभाषाओं तथा प्रकथनों का समावेश रहता है जिससे किसी घटना या प्रक्रिया विशेष के वर्तमान और भविष्य की जानकारी हेतु चरों के पारस्परिक सम्बन्धों का विशिष्टीकरण करते हुए उस घटना या प्रक्रिया विशेष का व्यवस्थित चित्रण किया जा सके।

   (A theory is a set of interrelated constructs/concepts, definitions and prepositions that presents a systematic view of phenomena by specifying relations among variables, with the purpose of explaining and predicting the phenomena. — Kerlinger, F.N., 1986:9)

3. **मैथीसन एवं अन्य :** किसी सिद्धान्त विशेष द्वारा घटनाओं के घटने का वर्णन करने तथा आगामी घटनाओं की भविष्यवाणी करने हेतु घटनाओं के पारस्परिक सम्बन्धों को सामने लाने का कार्य किया जाता है।

   (A Theory specifies the relationship between events for the purpose of explaining the occurence of the events and predicting future events. —Matheson, et. al, 1970:8)

4. **जे.एच. मकग्रथ :** किसी सिद्धान्त विशेष को एक ऐसा साधन कहा जा सकता है जिसके द्वारा अधिक से अधिक स्पष्टीकरण हेतु आनुभाविक नियमों और सम्बन्धों का भलीभाँति संश्लेषण, एकीकरण तथा व्याख्या की जा सके।

   (A Theory is a means for synthesizing, intergrating and explaining empirical laws and relationships for maximum clarification. — McGrath, J.H., 1970:32)

5. **डब्ल्यू ए. श्वीगर्ट :** सिद्धान्त विशेष में ऐसे सम्बन्धित कथनों का समावेश रहता है जो किसी घटना या प्रक्रिया की अच्छी तरह व्याख्या और भविष्यवाणी कर सके। सिद्धान्त में प्रयुक्त कथन नियम, प्रनियम या धारणाओं आदि के रूप में हो सकते हैं।

   (A Theory is a set of related statements that explain and predict phenomena. The statements used in a theory can be laws, principles or beliefs. — Schweigert, W.A., 2006:12)

अब तक ऊपर जो कुछ भी कहा गया है उसके माध्यम से सिद्धान्त पद के अर्थ, प्रकृति और प्रयोजन के बारे में निम्न निष्कर्ष निकाले जा सकते हैं।

- एक सिद्धान्त के निर्माण या विकास में खोजे हुये सम्बन्धित तथ्यों, संप्रत्ययों, सामान्यीकरण तथा नियमों का उपयोग होता है। वास्तव में वैज्ञानिक खोज और अनुसंधान कार्य की अन्तिम परिणति सिद्धान्त विशेष के रूप में ही होती है।
- वैज्ञानिक खोज और अनुसंधानात्मक चिन्तन से उपलब्ध नवीन तथ्य, संप्रत्यय, सामान्यीकरण तथा नियम किसी नये सिद्धान्त को जन्म देने में ही सहायक नहीं होते बल्कि इनकी सहायता से पूर्व प्रचलित सिद्धान्तों में भी आवश्यक परिवर्तन और संशोधन लाने का कार्य किया जा सकता है।
- सिद्धान्त किसी प्रक्रिया या घटना विशेष की व्याख्या करने में सहायक सिद्ध होते हैं। कोई चीज क्यों और कैसे घटती है और किसी प्रक्रिया विशेष में शामिल चर किस प्रकार का व्यवहार कर सकते हैं यह बात सम्बन्धित सिद्धान्तों के द्वारा भलीभाँति स्पष्ट हो सकती है।
- सिद्धान्त भविष्यवाणी करने में सहायक सिद्ध होते हैं। किसी विशेष घटना या प्रक्रिया के परिणामों की सम्बन्धित सिद्धान्तों के परिप्रेक्ष्य में समुचित भविष्यवाणी की जा सकती है।
- अन्वेषण के एक विशेष क्षेत्र या अनुक्षेत्र (Area or domains of inquiry) में सभी प्रकार के सम्बन्धों या अन्तःक्रियाओं की व्याख्या करने में कोई भी एक सिद्धान्त पूरी तरह सहायता नहीं कर सकता। उदाहरण के लिये मानव व्यवहार पर प्रकाश डालने वाला कोई एक सिद्धान्त किसी एक परिस्थिति में व्यक्ति विशेष के व्यवहारों के बारे में भविष्यवाणी (पूर्व कथन) करने के लिये उपयुक्त सिद्ध हो सकता है परन्तु अन्य परिस्थितियों में कुछ अन्य व्यक्तियों के व्यवहार के पूर्व कथन के लिये यह अनुपयुक्त सिद्ध हो सकता है।

सिद्धान्त : नियमों, प्रनियमों तथा धारणाओं को अपने में समेटे ऐसे तर्कपूर्ण और प्रामाणिक कथनों का संग्रह जो किसी घटना या प्रक्रिया विषय की व्याख्या तथा भविष्यवाणी करने में सहायक सिद्ध हो।

- वर्तमान अनुसंधान कार्य द्वारा किसी पूर्व प्रचलित सिद्धान्त का स्थान नये सिद्धान्त द्वारा लिया जा सकता है। इस तरह से नवनिर्मित सिद्धान्त तब तक किसी घटना या प्रक्रिया विशेष की व्याख्या में अपना अपूर्व योगदान देने का कार्य कर सकता है जब तक कि इसका स्थान कोई अन्य नवनिर्मित सिद्धान्त न ले ले। इस प्रकार पुराने सिद्धान्तों के स्थान पर नये सिद्धान्तों के निरूपण का कार्य किसी भी ज्ञान क्षेत्र में बराबर चलता रहता है।

विज्ञानों के सभी आयामों (व्यावहारिक विज्ञानों सहित) में हमारे सामने आज बहुत ही अच्छे और उपयोगी सिद्धान्तों का भंडार है। उदाहरण के लिये यहाँ गुरुत्वाकर्षण का सिद्धान्त, आपेक्षिकता का सिद्धान्त, परमाणु विखंडन सिद्धान्त, थोर्नडाइक का त्रुटि एवं प्रयास का सिद्धान्त, गार्डनर का बहु–बुद्धि सिद्धान्त आदि का नाम ले सकते हैं। अगर हम इनमें से किसी भी एक सिद्धान्त की समीक्षा करें तो पता चल सकता है कि सिद्धान्त के रूप में वह ज्ञान तथ्यों, संप्रत्ययों, सामान्यीकरण तथा स्थापित नियमों से युक्त एक ऐसे सुव्यवस्थित संगठित तन्त्र को हमारे सामने प्रस्तुत करता है जिससे हमें उस सिद्धान्त से जुड़ी हुई प्रक्रियाओं, घटनाओं तथा उपयोगों को अच्छी तरह समझने और क्रियान्वयन में उचित सहायता उपलब्ध हो सके।

इस अध्याय में हमने व्यावहारिक विज्ञानों में किये जाने वाले अनुसंधान कार्य के लिये कुछ आवश्यक सैद्धान्तिक आधार प्रदान करने का प्रयत्न किया है। इसके लिये हमने यहाँ नवीन ज्ञान की प्राप्ति हेतु किये जाने वाले अनुसंधान कार्य की उसके अर्थ एवं प्रकृति के संदर्भ में व्याख्या करने का प्रयत्न किया है और फिर

आवश्यक वैज्ञानिक ढंग से ओतप्रोत उन विधियों तथा उपागमों की चर्चा की है जो ज्ञान प्राप्ति में सहायक होते हैं। वैज्ञानिक विधि तथा उपागम के उचित उपयोग में सहायता प्रदान करने के लिये हमने यहाँ सम्बन्धित उन संप्रत्ययों पर भी प्रकाश डालने की कोशिश की है जिनकी एक अनुसंधानकर्त्ता को अपने अनुसंधान कार्य में पग–पग पर आवश्यकता पड़ती है। ऐसे जिन संप्रत्ययों के ऊपर यहाँ प्रकाश डाला गया है वे हैं वैज्ञानिक तथ्य, संप्रत्यय या अवधारणायें, मानस रचनाकृति (Constructs), चर, मान्यतायें, सर्वमान्य धारणायें या स्वयंसिद्ध, अभिग्रहीत, प्रकथन, उपकल्पनायें, प्रतिमान, रूपावली, नियम तथा सिद्धान्त। अगले अध्याय में अब हम व्यावहारिक विज्ञानों में सम्पादित अनुसंधानों की प्रकृति और प्रकारों पर प्रकाश डालने का प्रयत्न करेंगे।

2

व्यावहारिक विज्ञानों में अनुसंधान—प्रकृति एवं प्रकार

[Research in Behavioural Sciences—Meaning and Types]

व्यावहारिक विज्ञानों से क्या अभिप्राय है ?
(Meaning of the Term Behavioural Sciences)

व्यावहारिक विज्ञान का अपने इस रूप में सम्बोधित किया जाना ही इस तथ्य को पूरी तरह सुनिश्चित करने के लिये काफी है कि व्यावहारिक विज्ञानों से तात्पर्य उन विज्ञानों से है जिनका सम्बन्ध व्यवहार के अध्ययन और वर्णन से है। अब पशु—पक्षी तथा मनुष्य जैसे सजीव प्राणी ही व्यवहार प्रदर्शित करने की क्षमता रखते हैं इसलिये यह कहना अधिक उपयुक्त रहेगा कि व्यावहारिक विज्ञान वे विज्ञान हैं जिनमें सजीव प्राणियों जैसे पशु—पक्षी तथा मनुष्य आदि के व्यवहार का अध्ययन किया जाता है। विभिन्न विद्वानों द्वारा अपनी रचनाओं तथा शब्दकोषों में अपने अपने ढंग से व्यावहारिक विज्ञान पद को परिभाषित करने के प्रयत्न किये हैं। इनमें से दो महत्त्वपूर्ण परिभाषायें यहाँ नीचे दी जा रही हैं।

1. **दी अमेरिकन हेरीटेज डिक्सनरी आफ दी इंगलिश लेन्गुएज :** व्यावहारिक विज्ञान पद से तात्पर्य है "कोई भी एक वैज्ञानिक विषय जैसे समाजशास्त्र, मानवशास्त्र या मनोविज्ञान जिसमें मानव और पशुओं की क्रियाओं तथा प्रतिक्रियाओं का प्रेक्षण तथा प्रायोगिक विधियों से अध्ययन किया जाता है।"

   (The term "behavioural science" stands for "any of various scientific disciplines such as sociology, anthropology, or psychology, in which the actions and reactions of humans and animals are studied through observational and experimental methods. —The American Heritage Dictionary of the English Language, 2005)

2. **क्लेम्के, होलिन्जिर एवं क्लाइन :** व्यावहारिक विज्ञान पद में वे सभी विषय शामिल रहते हैं जिनमें प्राकृतिक दुनियाँ से सम्बन्धित सभी प्राणियों की गतिविधियों तथा उनके बीच होने वाली अन्तःक्रियाओं का अध्ययन किया गया है। इसमें निश्चित तथा स्वाभाविक परिस्थितियों में किये प्रायोगिक प्रेक्षण तथा सशक्त संरचनाओं के माध्यम से मानव और पशु व्यवहार के व्यवस्थित विश्लेषण तथा खोज का प्रावधान रहता है।

   (Behavioural Science is a term that encompasses all the disciplines that explore the activities of and interactions among organism in the natural world. It involves the systematic analysis and investigation of human and animal behaviour through controlled and naturalistic experimental observations and vigorous formations. — Klemke, Hollinger and Kline, 1980)

ऊपर जो व्यावहारिक विज्ञानों के अर्थ एवं प्रकृति के बारे में कहा गया है उससे व्यावहारिक विज्ञानों के बारे में यह अच्छी तरह समझा जा सकता है कि व्यावहारिक विज्ञान पद का प्रयोग उन सभी अध्ययन क्षेत्रों तथा विषयों के लिये हो सकता है जिनमें वैज्ञानिक विधि का उपयोग करते हुये सजीव प्राणियों के व्यवहार और अन्तःक्रियाओं का सुव्यवस्थित एवं प्रयोजनपूर्ण अध्ययन किया जाता है। परिणामस्वरूप अध्ययन विषय जैसे मनोविज्ञान, समाजशास्त्र, शिक्षा प्रबन्धन, मानवशास्त्र, इतिहास इत्यादि का व्यावहारिक विज्ञानों के उदाहरण के रूप में हमारे द्वारा उल्लेख किया जा सकता है।

व्यावहारिक विज्ञान तथा सामाजिक विज्ञान (Behavioural Sciences and Social Sciences)

व्यावहारिक विज्ञान तथा सामाजिक विज्ञान इन दोनों पदों का अलग अलग रूप से प्रचलन है और इनकी अध्ययन क्षेत्रों के रूप में अपनी अलग सत्ता है। इनमें जो एक महत्त्वपूर्ण अंतर नजर आता है वह इस बात को लेकर है कि जहाँ सामाजिक विज्ञान का अध्ययन क्षेत्र सामाजिक परिस्थितियों में घटित मानव व्यवहार के अध्ययन तक ही सीमित है वहाँ व्यावहारिक विज्ञानों का अध्ययन क्षेत्र इसकी तुलना में काफी विस्तृत है क्योंकि यहाँ न केवल मानव का बल्कि सभी सजीव प्राणियों (पशु—पक्षी तथा मानव) के व्यवहार का अध्ययन न केवल सामाजिक परिस्थितियों में बल्कि सम्पूर्ण पर्यावरण परिस्थितियों (सामाजिक एवं प्राकृतिक) के संदर्भ में किया जाता है। व्यावहारिक तथा सामाजिक विज्ञानों में एक दूसरा बड़ा अन्तर इस बात को लेकर है कि जहाँ व्यवहारगत जानकारी हेतु व्यावहारिक विज्ञानों में यह देखने का प्रयत्न किया जाता है कि प्राणी विशेष के अन्तःकरण में क्या प्रतिक्रियायें चल रही हैं और दूसरों के साथ अन्तःक्रिया करने में किस प्रकार के व्यवहार का प्रदर्शन हो रहा है वहीं सामाजिक विज्ञानों में मानव व्यवहार का अध्ययन उन्हें एक सामाजिक प्राणी मानते हुए उन्हीं की सामाजिक और सांस्कृतिक परिस्थितियों के परिप्रेक्ष्य में किया जाता है और मानव के सामाजिक और सांस्कृतिक व्यवहार का अध्ययन करने के अतिरिक्त सामाजिक विद्वानों का उद्देश्य सामाजिक संस्थानों तथा संस्कृति विशेष का अध्ययन करना भी होता है।

व्यावहारिक और सामाजिक विज्ञानों में निहित उपरोक्त अंतरों के परिप्रेक्ष्य में जहाँ हमें मनोविज्ञान (Psychology) विषय को व्यावहारिक विज्ञानों का एक अच्छा उदाहरण मान सकते हैं, वहीं समाजशास्त्र (Sociology) को सामाजिक विज्ञानों का एक अच्छा उदाहरण कहा जा सकता है।

उपरोक्त वर्णित अपनी अपनी अनूठी विशेषताओं के अलावा अगर व्यावहारिक तथा सामाजिक विज्ञानों के आपसी सम्बन्धों के बारे में सोचा जाये तो यही पाया जाता है कि इन दोनों में काफी नजदीकियाँ और अन्तरंगता पाई जाती है। इसके पीछे मूल कारण यही है कि दोनों का ही मुख्य उद्देश्य सामाजिक वातारवण एवं परिस्थितियाँ तथा इन परिस्थिति विशेष में घटित मानव व्यवहार का वैज्ञानिक अध्ययन करना है। यही कारण है कि मनोविज्ञान, समाजशास्त्र, शिक्षा, प्रबन्धन, मानव विज्ञान, इतिहास तथा राजनैतिक शास्त्र आदि विषयों (चाहे उन्हें व्यावहारिक विज्ञानों में शामिल किया जाये या सामाजिक विज्ञानों में) में किये जाने वाले अनुसंधान या शोध कार्यों में उद्देश्य तथा कार्यपद्धति को लेकर बहुत समानता पाई जाती है। इसलिये यहाँ इस बात के लिये एक ठोस आधार बन जाता है कि व्यावहारिक तथा सामाजिक विज्ञानों के शोध एवं अनुसंधान में प्रयुक्त तकनीकों, विधियों तथा कार्यपद्धति की जानकारी हेतु एक अकेली पाठ्यपुस्तक (जैसी कि आपके हाथों में है) से काम चल सकता है। इसके अतिरिक्त जैसा कि आप देख रहे हैं, हमने जानबूझ कर अपनी पाठ्यपुस्तक को "व्यावहारिक विज्ञानों में अनुसंधान विधियाँ" नाम दिया है जो इस बात का स्पष्ट सूचक है कि व्यावहारिक विज्ञान पद अपने आप में इतना विस्तृत और व्यापक है कि उसमें सामाजिक विज्ञानों के अनुसंधान से सम्बन्धित आवश्यक बातों का स्वतः ही समावेश हो जाता है।

व्यावहारिक विज्ञानों में अनुसंधान–अर्थ एवं प्रकृति
(Research in Behavioural Sciences—Meaning and Nature)

व्यावहारिक विज्ञानों में जैसा कि पहले कहा जा चुका है, प्राणियों (पशु–पक्षी और मानव) के परिवेश और व्यवहार का उनके परिवेश (विशेषतया सामाजिक एवं सांस्कृतिक) विशेष के संदर्भ में अध्ययन किया जाता है। अब जहाँ तक व्यावहारिक विज्ञानों की अनुसंधान गतिविधियों का प्रश्न है तो वे प्रायः इन विज्ञानों की प्रकृति और प्रयोजनों को लेकर ही नियोजित की जाती हैं। इस अर्थ में 'व्यावहारिक विज्ञानों में अनुसंधान' पद से आशय उन अनुसंधान कार्यों और गतिविधियों से है जिन्हें व्यावहारिक विज्ञानों की प्रकृति का अध्ययन करने और उनके प्रयोजनों को पूरा करने हेतु हाथ में लिया जाता है। यह 'व्यावहारिक विज्ञानों के अनुसंधान' पद का बहुत ही सरल और व्यावहारिक अर्थ है। इसके अर्थ एवं प्रकृति से और अच्छी तरह परिचित होने के लिये हम यहाँ विद्वानों द्वारा उद्धृत कुछ महत्त्वपूर्ण परिभाषाओं की सहायता लेना चाहेंगे।

1. **अमेरिकन हेरिटेज डिक्सनरी :** व्यावहारिक विज्ञानों में अनुसंधान पद से अभिप्राय है "बाह्य या आंतरिक उद्दीपकों के प्रति व्यक्तियों या पशुओं की क्रियाओं या प्रतिक्रियाओं के अध्ययन हेतु व्यावहारिक एवं सामाजिक विज्ञानों का उपयोग।"

   (The term research in behavioural sciences is referred to "the application of the behavioural and social sciences to the study of the actions and reactions of persons or animals in response to external or internal stimuli. — American Heritage Dictionary, 2005)

2. **एडेम्स एवं श्वेनेवेल्ट :** सामाजिक विज्ञान/व्यावहारिक विज्ञान में किये गये अनुसंधान में मानवीय सम्बन्धों तथा सामाजिक हालातों के अध्ययन के लिये वैज्ञानिक विधि का प्रयोग किया जाता है। हम वैज्ञानिक विधि को इस प्रकार की विविध समस्याओं जैसे भीड़ का व्यवहार, एक विश्वविद्यालय में धोखाधड़ी, वैवाहिक संघर्ष एवं प्रसन्नता, कोयला खदान हड़ताल, तथा जातीय दंगा–फसाद के लिये प्रयोग में ला सकते हैं।

   (Social Science) Behavioural science research involves the application of the scientific method to the study of human relations and social conditions. We can use scientific method to study such diverse problems as crowd behaviour, cheating at a University, marital conflicts and happiness, coal mining strikes and race riots. — Adams and Schvaneveldt, 1991:22)

व्यावहारिक विज्ञान अनुसंधान की ऊपर दी हुई परिभाषाओं के आधार पर हम इनकी प्रकृति और प्रयोजन के बारे में कुछ निम्न बातें कह सकते हैं :

- व्यावहारिक एवं सामाजिक विज्ञानों में किये जाने वाले अनुसंधानों में बहुत ही क्रमबद्ध, सुव्यवस्थित एवं वैज्ञानिक ढंग का अनुसरण किया जाता है। अतएव इनमें किये जाने वाले अनुसंधान कार्य को काफी गंभीर एवं निष्ठायुक्त कार्य के रूप में ग्रहण किया जाना चाहिये। मात्र समय व्यतीत करने और किसी भी व्यक्ति द्वारा कैसे भी किये जाने वाले कार्य के रूप में नहीं। रेमन्ड रॉसडिक ने इस संदर्भ में अपनी टिप्पणी देते हुये लिखा है :

  यह एक आम धारणा है कि हम सभी सामाजिक वैज्ञानिक हैं, अर्थशास्त्री हैं और अपनी इस व्यक्तिवादी जनतांत्रिक व्यवस्था में किसी भी व्यक्ति के समाजशास्त्र की किसी भी समस्या पर व्यक्त किये विचार उतने ही ठीक हैं जितने कि किसी अन्य व्यक्ति के। वरन् हमें यहाँ यह जानने की आवश्यकता है कि जो बात भौतिकशास्त्र और जीवविज्ञान के लिये ठीक है वह इस क्षेत्र (सामाजिक विज्ञान) में किये जाने वाले अनुसंधानों के लिये भी लागू होती है। इसलिये यहाँ भी उसी स्तर के विशिष्ट ज्ञान की आवश्यकता होती है। सामाजिक समस्याओं को स्पष्ट रूप से परिभाषित करने और समझने हेतु (भौतिक–शास्त्र और जीवविज्ञान की तरह) कठिन और कष्टसाध्य प्रयत्नों से गुजरना होता है।(Quoted in Chase, 1948:8)।

- व्यावहारिक एवं सामाजिक विज्ञानों में किये जाने वाले अनुसंधानों का उद्देश्य वैज्ञानिक विधियों के प्रयोग से व्यक्ति औरं समूह विशेषों के व्यवहार को समझना और उसमें (उनके निजी और सामूहिक कल्याण के संदर्भ में) अपेक्षित परिवर्तन लाना है। दार्शनिकों, धार्मिक पुरुषों, राजनेताओं आदि के द्वारा भी यही बात अपने अपने तरीकों से की जाती है परन्तु व्यावहारिक एवं सामाजिक वैज्ञानिकों का कार्य और भूमिका इन लोगों से काफी पृथक और भिन्न होती है। जो कुछ भी अधिकतर दार्शनिकों, राजनीतिज्ञों तथा धार्मिक पुरुषों द्वारा कहा जाता है वह उनके अपने व्यक्तिगत विचारों, धारणाओं, विश्वासों और अन्तःअनुभूतियों पर आधारित होता है जबकि सामाजिक/व्यावहारिक वैज्ञानिकों द्वारा जो कथन प्रस्तुत किये जाते हैं वे वस्तुनिष्ठ, विश्वसनीय तथा आनुभाविक (Empirical) होते हैं क्योंकि उन्हें वैज्ञानिक विधि का अनुसरण करते हुये क्रमबद्ध प्रामाणिक तथ्यों के विधिवत् विश्लेषण द्वारा प्राप्त किया जाता है।
- सामाजिक एवं व्यावहारिक विज्ञानों में किये गये अनुसंधानों का क्षेत्र एवं दायरा काफी विस्तृत एवं व्यापक होता है। इन विज्ञानों में मानव मात्र के सम्पूर्ण व्यवहार का एक अकेले व्यक्ति के रूप में या उसके समूह, संस्था और संस्कृति विशेष का सदस्य होने के नाते अध्ययन किया जाता है। साथ ही यह देखने का प्रयत्न किया जाता है कि सामाजिक संस्थानों और समाज विशेष की संस्कृति का लोगों के व्यवहार पर क्या प्रभाव पड़ता है? इसलिये यह कोई आश्चर्य की बात नहीं कि सामाजिक एवं व्यावहारिक विज्ञानों में खोज और अनुसंधानों के लिये समस्या, विषय तथा क्षेत्र विशेष के चुनाव में बहुत अधिक विविधता एवं व्यापकता के दर्शन हों और फलस्वरूप उनके द्वारा 'संप्रेषण, अपराध विज्ञान, मानव विकास, शिक्षा, मानव उद्भव का इतिहास, सामाजिक संस्थायें एवं संगठन, व्यवहारजन्य उपचार, मनोविज्ञान, समाजशास्त्र, जातिवृत्तात्मक अध्ययन, नेतृत्व व्यवहार, निर्णय क्षमता तथा प्रबन्धन आदि क्षेत्रों तथा विषय विशेष के चयन करने की पहल की जा सकती है।
- सामाजिक और व्यावहारिक अनुसंधानों में निर्धारित उद्देश्य एवं लक्ष्य व्यक्ति विशेष के उचित विकास तथा उसके व्यक्तिगत और समाज एवं संस्कृति के सदस्य के रूप में प्रभावी ढंग से कार्यरत रहने में काफी महत्त्वपूर्ण भूमिका निभाते हैं। व्यावहारिक विज्ञान अनुसंधानों की इस उपयोगिता पर अपने विचार व्यक्त करते हुए चार्ल्स स्टेगनर (Stagnor, Charles, 2004:4) ने लिखा है :

  व्यावहारिक अनुसंधान का उद्देश्य अन्य बातों के अलावा यह पता लगाना भी है कि लोग अपनी दुनियाँ को किस रूप में देखते हैं, वे किस रूप में सोचते और अनुभव करते हैं, उनमें समय के साथ कैसे बदलाव आता है, वे कैसे सीखते हैं और निर्णय लेते हैं और किस तरह दूसरों के साथ अन्तःक्रिया करते हैं। व्यवहारवादी वैज्ञानिक व्यवहार का अध्ययन इसलिये भी करते हैं कि वे उसे समझना चाहते हैं और इसलिये भी कि वे उन दिन—प्रतिदिन की समस्याओं के समाधान में अपना योगदान देना चाहते हैं जो लोगों के सामने आती रहती हैं।

व्यावहारिक विज्ञान अनुसंधानों में आने वाली समस्यायें तथा कठिनाइयाँ (The Problems and Difficulties in Behaviural Sciences Research)

व्यावहारिक विज्ञानों में अनुसंधानकर्त्ताओं को जिस प्रकार की समस्याओं तथा कठिनाइयों का सामना करना पड़ सकता है उनकी सक्षिप्त जानकारी हम आगे दे रहे हैं।

1. खोजी जाने वाली चीजों की प्रकृति को लेकर कठिनाइयाँ (Difficulties on Account of the Nature of Things under Investigation)

व्यावहारिक विज्ञानों में अधिकांश कठिनाइयाँ उस चीज या प्रक्रिया की प्रकृति को लेकर पैदा होती है जिनके बारे में खोज या अनुसंधान कार्य किया जा रहा है। जिसके बारे में खोज और जानकारी करनी होती है वह और

कुछ नहीं बल्कि सामाजिक परिस्थितियों में घटित मानव व्यवहार ही होता है। मानव व्यवहार समझने और प्रयोग में लाने की दृष्टि से अपने आप में काफी गत्यात्मक, अस्थिर, अनिश्चित और जटिल होता है। इसका उस रूप में प्रेक्षण तथा प्रयोगीकरण संभव नहीं है जिस रूप में सम्बन्धित वस्तुओं, सामग्री तथा प्रक्रियाओं का अध्ययन प्राकृतिक विज्ञान अनुसंधानों में किया जाता है। मानव व्यवहार से सम्बन्धित मानस रचनाकृतियों (Constructs) तथा अवधारणाओं जैसे व्यक्तित्व, बुद्धि, चिन्तन एवं संवेग आदि का उस रूप में स्थिर और भौतिक अस्तित्व नहीं होता जैसा कि ताँबे, चाँदी आदि धातुओं का होता है। हम उनकी संरचना, विशेषताओं तथा कार्य व्यापार की उस रूप में जानकारी प्राप्त नहीं कर सकते जितनी कि भौतिक और रसायन शास्त्रियों को अपने वस्तुओं और प्रक्रियाओं के बारे में होती है। मनोवैज्ञानिक और सामाजिक दोनों ही परिस्थितियों में मानव व्यवहार एक जैसा नहीं रहता। इसमें समय और परिस्थितियों के अनुसार बदलाव आते रहते हैं और इस तरह की गत्यात्मक और परिवर्तनशील वस्तु के बारे में निश्चित रूप से यह कहना कि वह कैसी है, मुश्किल हो जाता है। गर्म करने से कोई वस्तु (ठोस, द्रव या गैस) कितनी फैलेगी यह निश्चित रूप से कहा जा सकता है परन्तु उत्तेजित या क्रोधित किये जाने पर व्यक्ति विशेष किस प्रकार की प्रतिक्रिया करेगा यह परिस्थिति और समय विशेष पर ही निर्भर करता है। इसकी उस रूप में भविष्यवाणी नहीं की जा सकती जैसी कि वस्तुओं को गर्म किये जाने के परिणामों के बारे में की जाती है। इस तरह व्यावहारिक विज्ञानों में किये जाने वाले अनुसंधानों में व्यवहार के बारे में उस तरह की निश्चित, विश्वसनीय, वस्तुनिष्ठ और वैध जानकारी प्राप्त नहीं हो सकती जैसी कि प्राकृतिक विज्ञानों के अनुसंधानों में वस्तु या प्रक्रिया विशेष के बारे में प्राप्त हो सकती है।

2. प्रयुक्त साधन एवं तकनीकों को लेकर अनुभव की जाने वाली कठिनाइयाँ (Difficulties on Account of the Tools and Techniques Employed)

सामाजिक और व्यावहारिक विज्ञानों के अनुसंधानों में आवश्यक सूचनायें तथा प्रदत्तों के संकलन के संदर्भ में उचित साधन एवं तकनीकों के चयन में अनुसंधानकर्त्ताओं को काफी परेशानी का सामना करना पड़ता है। ज्यादातर इस कार्य के लिये यहाँ अनुसंधानकर्त्ताओं द्वारा प्रेक्षण (स्वाभाविक या नियन्त्रित परिस्थितियों में), प्रश्नावली एवं साक्षात्कार का प्रयोग किया जाता है। अनुसंधानकर्त्ता के लिये पहले तो इन साधनों (चाहे वे संरचित हों या असंरचित), का निर्माण और विकास ही काफी टेढ़ी खीर होता है आगे अगर इन्हें निर्मित भी कर लिया जाये तो फिर उसके लिये इनका उपयोग करके विश्वसनीय तथा वैध प्रदत्तों का संकलन काफी मुश्किल सिद्ध होता है। इन साधनों/तकनीकों का उपयोग करके सर्वेक्षण करने में व्यक्ति या समूह विशेष के व्यवहार का सही चित्र प्राप्त करने में काफी कठिनाई होती है। ऐतिहासिक अनुसंधानों में ऐतिहासिक घटनाओं का सही विवरण प्राप्त करने के लिये विश्वसनीय, वैध तथा वस्तुनिष्ठ सामग्री/साक्ष्यों की उपलब्धि काफी मुश्किल सिद्ध हो सकती है। इसी प्रकार प्रयोगात्मक अनुसंधानों में स्थितियों को पूरी रह नियन्त्रण में लेकर वस्तुनिष्ठ प्रेक्षण करना अनुसंधानकर्त्ता के लिये कई तरह की समस्यायें खड़ी कर सकता है। इस तरह अगर ध्यान से देखा जाये तो सामाजिक और व्यवहारात्मक अनुसंधानों में अनुसंधान उपकरणों, साधनों तथा तकनीकों की उपलब्धि को लेकर तो कठिनाई आती ही है परन्तु आगे जाकर वास्तविक कठिनाई इनके उपयोग द्वारा वस्तुनिष्ठ, विश्वसनीय तथा वैध सूचनाओं/प्रदत्तों के संकलन और उनसे आवश्यक निष्कर्ष निकालने को लेकर आती है। प्राकृतिक विज्ञानों के अनुसंधानों पर नजर डाली जाये तो हम यह पाते हैं कि यहाँ प्रयुक्त उपकरणों/साधनों से जो सूचना या जानकारी प्राप्त की जाती है वह सदा एक जैसी ही रहती है चाहे वह किसी भी स्थान या व्यक्ति द्वारा प्राप्त की जाये। एक मेज की लम्बाई–चौड़ाई में कोई अन्तर आने वाला नहीं है चाहे उसका मापन किसी भी स्थान पर किसी व्यक्ति के द्वारा लिया जाये। परन्तु यह बात व्यावहारिक विज्ञान अनुसंधानों में व्यवहार मापन के लिये प्रयुक्त साधन/तकनीकों के बारे में लागू नहीं होती। उनसे पूर्ण वस्तुनिष्ठा, विश्वसनीयता तथा वैधता

की आशा नहीं की जा सकती और उनकी यही कमी ही व्यावहारिक विज्ञान अनुसंधानकर्त्ताओं के सामने कई तरह की समस्यायें खड़ी कर देती है।

3. प्रयोज्यों का सहयोग प्राप्त करने में कठिनाई (Difficulty in Seeking Cooperation of the Participants)

अपने अनुसंधान कार्य में जिन प्रयोज्यों (Subjects) पर प्रयोग करने हैं तथा अन्य प्रकार की सूचनायें एकत्रित करनी हैं। उनसे किस तरह का सहयोग मिलता है इस बात पर अनुसंधान की प्रक्रिया और परिणाम बहुत सीमा तक निर्भर करते हैं। अनुसंधान के प्रतिदर्श (Sample) में जितने भी व्यक्ति शामिल किये गये हैं उनका विश्वास जीतना तथा उनके साथ उचित सौहार्द स्थापित करना एक अनुसंधानकर्त्ता के लिये काफी चुनौतीपूर्ण कार्य होता है। अधिकतर यही समस्या शोधकर्त्ताओं के सामने रहती है कि किस तरह प्रयोज्यों को अनुसंधान कार्य में उचित भागीदारी हेतु राजी किया जाये। अनुसंधानकर्त्ता अनुसंधान कर रहा है यह उसका काम है इससे उसी को फायदा होगा, हम अपना समय क्यों इसके लिये बर्बाद करें, इस प्रकार का दृष्टिकोण ही प्रायः प्रतिदर्श में शामिल प्रयोज्यों का होता है। इसके अतिरिक्त उन्हें यह भी भय और आशंका रहती है कि उसके उत्तरों से कोई नाजायज लाभ न उठाया जाये अथवा उनकी गोपनीयता को कोई बेकार का खतरा न हो। इसलिये जानबूझ कर या तो वे भागीदारी ही नहीं करना चाहते और करते भी हैं तो सही सही जानकारी देने में कतराते हैं या लापरवाही से चाहे जैसे उत्तर देकर असली बातें छुपाने की कोशिश करते हैं। ऐसी हालत में सही प्रदत्तों का संकलन कैसे हो सकता है और फिर ऐसे अनुसंधान कार्य से क्या हासिल हो सकेगा यह हम सभी जानते हैं। इस प्रकार से व्यावहारिक विज्ञानों से सम्बन्धित किसी भी अनुसंधान कार्य में जहाँ अनुसंधानकर्त्ता को अपने अनुसंधान प्रश्नों के उत्तर हेतु प्रयोज्यों (Subjects) पर निर्भर रहना पड़ता है वहाँ प्रयोज्यों से उचित रूप से सहयोग प्राप्त करना काफी चुनौतीपूर्ण कार्य सिद्ध होता है और इसे संपादित करने में उसे शुरु से लेकर अंत तक अनेक समस्याओं का सामना करना पड़ सकता है।

4. अनुसंधानकर्त्ताओं को स्वयं को वस्तुनिष्ठ बनाये रखने सम्बन्धी कठिनाई (Difficulty in Maintaining Objectivity on the Part of Researchers)

अनुसंधान कार्य की सफलता बहुत कुछ इस बात पर निर्भर करती है कि इस कार्य के कार्यवाहक अनुसंधानकर्त्ता द्वारा वांछनीय वस्तुनिष्ठा, धैर्य तथा लगनशीलता का परिचय दिया जाये। यहाँ सबसे अधिक कठिनाई वस्तुनिष्ठा बनाये रखने को लेकर आती है क्योंकि व्यावहारिक विज्ञान अनुसंधानों में शुरु से लेकर अंत तक व्यक्तिनिष्ठा की ही तूती बोलती है। प्रतिदर्श (Sample) में शामिल व्यक्तियों से जो जानकारी तथा सूचनायें प्रदत्तों के रूप में एकत्रित की जाती हैं उनमें व्यक्तिनिष्ठा की पूरी छाप रहती है, आगे जब अनुसंधानकर्त्ता द्वारा इसका विश्लेषण कर व्याख्या की जाती है तो वह सब कुछ भी व्यक्तिनिष्ठा से ओत प्रोत रहता है। यहाँ तक कि प्रदत्तों के संकलन और विश्लेषण में क्या कुछ साधन, प्रविधियाँ या तकनीकों का इस्तेमाल किया जाना है इस सब पर भी अनुसंधानकर्त्ता की व्यक्तिनिष्ठा हावी रहती है। यह हम सभी जानते हैं कि अनुसंधान प्रक्रिया में अगर सही, विश्वसनीय और वैध परिणााम चाहियें तो इसके लिये अनुसंधानकर्त्ताओं को अपनी ओर से वस्तुनिष्ठ बने रहने की कितनी अधिक आवश्यकता है। परन्तु इस प्रकार की वस्तुनिष्ठा व्यावहारिक विज्ञान अनुसंधानों में बनाये रखना अनुसंधानकर्त्ताओं के लिये बहुत अधिक चुनौतीपूर्ण कार्य है क्योंकि यहाँ वे अपने शोध व्यवहार से दूसरों के व्यवहार में छुपी हुई बातों को बाहर निकालने का कार्य करते हैं और इस अवस्था में अपनी आत्मनिष्ठा को काबू में कर उचित शोध व्यवहार करना अनुसंधानकर्त्ताओं के लिये काफी समस्यात्मक सिद्ध होता है और इसमें पर्याप्त सफलता न मिलने के कारण ही व्यावहारिक विज्ञानों में किये गये शोध कार्यों में प्रायः अनुसंधानकर्त्ताओं द्वारा प्रदर्शित व्यक्तिनिष्ठा की ही छाप दिखाई देती है।

5. प्रयोज्यों के चयन सम्बन्धी कठिनाई (Difficulty in Selecting the Subjects of the Study)

व्यावहारिक एवं सामाजिक विज्ञानों में अनुसंधानकर्त्ताओं को अपने अनुसंधान कार्य में भागीदारी हेतु उचित प्रयोज्यों के चयन और इस चयन के आधार पर अनुसंधान निष्कर्ष निकालने में काफी कठिनाई आती है। अधिकतर वे अपने अनुसंधानात्मक अध्ययन में समष्टि (Population) की बजाय उसके एक छोटे से प्रतिनिधि समूह प्रतिदर्श (Sample) को यह सोचकर स्थान देने का प्रयत्न करते हैं कि इस प्रतिनिधि समूह में शामिल प्रक्षेपों के व्यवहार का अध्ययन कर यह कहने में समर्थ होंगे कि पूरी समष्टि (Whole population) में शामिल सभी व्यक्तियों का व्यवहार किस प्रकार का है। प्रतिदर्श (Sample) के रूप में प्रयोज्यों का चयन करने वाली यह बात प्राकृतिक विज्ञानों से ली गई है। हम एक अनाज या खनिज विशेष के ढेर में से नमूने के रूप में थोड़ी तादात लेकर पूरे ढेर के गुण एवं विशेषताओं के बारे में निर्णय लेने का प्रयत्न करते हैं, रक्त या पेशाब का सीमित मात्रा में लिया नमूना मानव शरीर की स्वस्थता एवं अस्वस्थता के बारे में बहुत कुछ कह देता है। परन्तु विडम्बना यह है कि व्यावहारिक विज्ञानों के नैदानिक और अनुसंधान कार्य में प्रतिदर्श (Sample) द्वारा वह आदर्श भूमिका नहीं निभाई जाती जो प्राकृतिक विज्ञानों में नमूनों (Specimen) के द्वारा निभाई जाती है। किसी एक या अन्य प्रतिदर्श में शामिल कुछ व्यक्तियों के व्यवहार के अध्ययन से यह कहना कठिन है कि व्यवहार सम्बन्धी ये गुण और विशेषतायें समष्टि से सम्बन्धित सभी व्यक्तियों में एक जैसे रूप में पाई जाती हैं। सभी व्यक्ति अपनी व्यवहारजन्य विशेषताओं को लेकर अनुपम तथा विलक्षण होते हैं और इस दृष्टि से उनकी व्यवहारजन्य विशेषताओं का इस रूप में सामान्यीकरण नहीं हो सकता जैसा कि भौतिक, रासायनिक और जैविक पदार्थों के मामलों में होता है। इसलिये वैयक्तिक अध्ययन और प्रतिदर्श आधारित समूह अध्ययन के परिणामों को हम जब प्राकृतिक विज्ञानों की नकल करके सामान्यीकृत रूप में अपनाना चाहते हैं तो मुश्किल में पड़ जाते हैं। दूसरी ओर जब हम कुछ व्यक्तियों को अपने अनुसंधान प्रतिदर्श (Research Sample) में शामिल करते हैं तो भूल से यह समझने की गलती कर बैठते हैं कि हमारे द्वारा प्रतिदर्श में शामिल किये गये ये सभी व्यक्ति अनुसंधान कार्य में अपने मन से पूरी तरह भागीदार बनेंगे। परन्तु बात कुछ और ही होती है। इन चयनित व्यक्तियों को सही तौर पर प्रयोज्यों (Sabjects) की भूमिका निभाने के लिये तैयार करना और उनका यथायोग्य सहयोग लेना अनुसंधानकर्त्ताओं के लिये काफी बड़ी चुनौती सिद्ध होता है। इस बारे में उन्हें काफी कठिनाइयों तथा असुविधाओं का सामना करना पड़ सकता है जबकि प्राकृतिक वैज्ञानिकों के सामने प्रयोज्यों या प्रयोग सामग्री सम्बन्धी चयन की कोई ऐसी समस्या नहीं खड़ी होती।

6. सामान्यीकरण करने सम्बन्धी कठिनाई (Difficulty in Arriving at the Generalizations)

सामाजिक एवं व्यावहारिक विज्ञानों में अनुसंधानकर्त्ताओं द्वारा किसी एक परिस्थिति में किये जाने वाले अपने अनुसंधान सम्बन्धी परिणामों को दूसरी परिस्थितियों में उपयोग हेतु सामान्यीकृत करने में काफी कठिनाई होती है। उदाहरण के लिये किसी विशेष असामान्य व्यवहार की प्रकृति, कारण और उपचारात्मक उपायों के सन्दर्भ में प्राप्त जानकारी और खोज उसी प्रकार के असामान्य व्यवहार से युक्त सभी बालकों के अध्ययन और उपचार के लिये प्रयुक्त नहीं की जा सकती। उसी प्रकार से किसी संस्था तथा सांस्कृतिक या सामाजिक समूह के वैयक्तिक अध्ययन (Case Study) सम्बन्धी निष्कर्ष और परिणामों को उसी तरह की किसी अन्य संस्था या सामाजिक समूह पर लागू करना काफी त्रुटिपूर्ण सिद्ध हो सकता है। किसी एक अध्ययन के उपभोक्ताओं के व्यवहार या भीड़ में व्यक्तियों के व्यवहार सम्बन्धी अनुसंधानात्मक निष्कर्ष दूसरी परिस्थितियों में किये जाने वाले ऐसे ही अध्ययनों के निष्कर्षों से मेल खा जायें यह जरूरी नहीं। इसके अतिरिक्त व्यावहारिक विज्ञान अनुसंधानों में इस बात की भी संभावना कम ही होती है कि हमें एक अनुसंधान के परिणामों को परखने के लिये बिल्कुल उसी तरह की अनुसंधानात्मक परिस्थितियाँ प्राप्त हो जायें। इसलिये व्यावहारिक विज्ञानों से जुड़े हुये अनुसंधानकर्त्ताओं के लिये

यह आवश्यक हो जाता है कि वे अपने अनुसंधानात्मक परिणामों में सामान्यीकरण से सम्बन्धित सीमाओं को भलीभाँति समझें। इस प्रकार की समझ को व्यावहारिक रूप देने में व्यावहारिक विज्ञान अनुसंधानकर्त्ताओं को काफी आंतरिक उथल–पुथल तथा व्यावहारिक कठिनाइयों से गुजरना पड़ सकता है ताकि वे अपने निष्कर्षों का जरूरत से ज्यादा सामान्यीकरण करने की गलती से बच सकें।

इस प्रकार से व्यावहारिक एवं सामाजिक विज्ञानों में अनुसंधानकर्त्ताओं द्वारा अपने अनुसंधान कार्यों में विविध प्रकार की मजबूरियों तथा कठिनाइयों का सामना करना पड़ सकता है। इस प्रकार की मजबूरियों और कठिनाइयों का आना व्यावहारिक और सामाजिक विज्ञान अनुसंधानों में नितांत स्वाभाविक है क्योंकि इनमें जिसका अध्ययन किया जाता है, जिन साधनों का उपयोग अनुसंधान हेतु किया जाता है और जो अनुसंधान प्रक्रिया में शोधकर्त्ता तथा प्रयोज्यों के रूप में शामिल होते हैं तथा जिस प्रकार के निष्कर्ष और सामान्यीकरण इन अनुसंधानों में प्राप्त होते हैं उन सबमें विशेष प्रकार की कमजोरियाँ या दोष पाये जाते हैं। अतः व्यावहारिक विज्ञानों में अनुसंधान हेतु अपनाई जाने वाली प्रक्रिया तथा परिणाम कभी भी उतने वस्तुनिष्ठ, विश्वसनीय, वैध तथा सामान्यीकृत नहीं हो सकते जितने कि प्राकृतिक विज्ञानों के अनुसंधानों में होते हैं। इस नग्न सत्य को व्यावहारिक विज्ञानों के विभिन्न क्षेत्रों तथा विषयों में कार्यरत सभी अनुसंधानकर्त्ताओं द्वारा पूरी तरह स्वीकार कर लेना चाहिये परन्तु इसका यह अर्थ नहीं है कि व्यावहारिक तथा सामाजिक विज्ञानों में किये गये अनुसंधान अपने महत्त्व तथा उपयोग की दृष्टि से प्राकृतिक विज्ञानों में किये जाने वाले अनुसंधानों से किसी बात में कम है। सामाजिक और सांस्कृतिक रुचि के संस्थान, समूह और संगठनों की प्रकृति, उद्भव, विकास को अच्छी तरह जानने समझने तथा व्यक्ति विशेष या समूह विशेष के व्यवहार और अन्तःसम्बन्धों के अध्ययन के लिये प्रयुक्त व्यवहारात्मक/सामाजिक अनुसंधान, व्यक्ति और समाज दोनों के ही वर्तमान और भविष्य के लिये सबसे अधिक आवश्यक और महत्त्वपूर्ण माने जाते हैं और इस दृष्टि से इनमें होने वाले अनुसंधान कार्यों को आवश्यक महत्त्व और प्राथमिकता दी जानी चाहिये। जहाँ तक इन अनुसंधानों में आने वाली कठिनाइयों तथा समस्याओं का प्रश्न है अनुसंधानकर्त्ताओं को उनकी सत्ता को स्वीकारते हुये ऐसे प्रयत्न करने चाहियें जिनसे इनकी विश्वसनीयता, वस्तुनिष्ठा, वैधता तथा सामान्यीकरण क्षमता को जितना हो सके बढ़ावा मिल सके। इस उद्देश्य की प्राप्ति हेतु व्यावहारिक तथा सामाजिक विज्ञानों में कार्यरत तथा इच्छुक अनुसंधानकर्त्ताओं को उचित रूप से प्रशिक्षित किया जाना चाहिये ताकि उनमें अनुसंधान हेतु उचित विधि अपनाने, प्रदत्तों के संकलन तथा विश्लेषण हेतु उचित साधन/उपकरण चुनने, अध्ययन के लिये उपयुक्त प्रयोज्यों का चयन कर उनसे आवश्यक सहयोग लेने, तथा प्राप्त प्रदत्तों से वस्तुनिष्ठ, विश्वसनीय, वैध तथा सामान्यीकृत निष्कर्ष निकालने की आवश्यक योग्यता और क्षमता का विकास हो सके। अगर व्यावहारिक विज्ञानों में कार्यरत अनुसंधानकर्त्ताओं को अच्छी तरह प्रशिक्षित किया जाये और उनमें अनुसंधान कार्य के लिये आवश्यक रुचि तथा उत्साह जाग्रत हो पाये तो कोई ऐसी कठिनाई, अड़चन या समस्या नहीं जो उनके मार्ग में अवरोधक सिद्ध हो सके। आगे आने वाले अध्यायों में हम एक एक करके उन सभी बातों की चर्चा करना चाहेंगे जिनसे व्यावहारिक विज्ञानों में गुणात्मक तथा परिमाणात्मक अनुसंधान करने हेतु आवश्यक अंतःदृष्टि, कौशल तथा प्रवीणता अंगीकृत करने में उन्हें यथासम्भव मदद मिल सके।

व्यावहारिक विज्ञान अनुसंधानों के प्रकार

(The Types of Behavioural Sciences Research)

व्यावहारिक विज्ञान अनुसंधानों को उनकी प्रकृति, उपयोग और कार्यशैली को लेकर कई तरह से वर्गीकृत किया जा सकता है। यहाँ हम तीन विभिन्न ढंगों से उन्हें कैसे वर्गीकृत किया जाता है, इसी की चर्चा करना चाहेंगे।

A. व्यावहारिक विज्ञान अनुसंधानों को उनके उपयोग के संदर्भ में जिन तीन प्रकारों में विभाजित किया जाता है उनका परिचय एक एक करके हम नीचे दे रहे हैं।

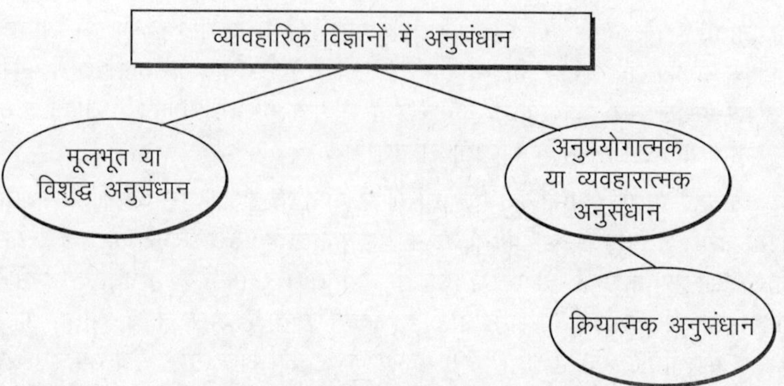

चित्र 2.1 उपयोग की दृष्टि से व्यावहारिक विज्ञान अनुसंधानों के प्रकार।

मूलभूत या विशुद्ध अनुसंधान (Basic or Pure Research)

व्यावहारिक विज्ञानों में किये जाने वाले इस प्रकार के अनुसंधानों को सैद्धान्तिक तथा ज्ञानात्मक अनुसंधान भी कहा जाता है वह इसलिये कि इस प्रकार के अनुसंधानों का मुख्य प्रयोजन वर्तमान ज्ञान के कलेवर में वृद्धि करना तथा नये नियमों, प्रनियमों एवं सिद्धान्तों की स्थापना करना होता है। इस प्रकार के अनुसंधानों से हमें सैद्धान्तिक रूप में किसी क्रिया, घटना या व्यवहार विशेष सम्बन्धी बातों को समझने में मदद मिलती है। यह बात और है कि हम जानी हुई बातों का विविध रूपों में व्यावहारिक अनुप्रयोग न कर सकें परन्तु उनकी सैद्धान्तिक जानकारी से हम यहाँ अच्छी तरह परिचित हो सकते हैं। उदाहरण के लिये व्यवहार सम्बन्धी जानकारी जैसे विभिन्न प्रकार की तकनीकों का चित्र और शब्दों सम्बन्धी स्मृति को बढ़ाने में क्या योगदान रहता है, ग्राहकों (Receptors) से त्वचा या मस्तिष्क में आवेगों के प्रवाह में नाड़ियों (nerves) का किस प्रकार योगदान होता है, आदि बातों को भलीभाँति ग्रहण करने में मूलभूत अनुसंधानों की काफी उपयोगी भूमिका रहती है। इस सीखे हुये ज्ञान का किस तरह और किस रूप में उचित उपयोग किया जाये इससे मूलभूत अनुसंधानों का कोई सरोकार नहीं होता यह तो विषय विशेष में निहित ज्ञान भंडार में वृद्धि करने और नवीन सिद्धान्तों की स्थापना का ही कार्य करते नजर आते हैं।

अनुप्रयोगात्मक या व्यवहारात्मक अनुसंधान (Applied Research)

इस प्रकार के अनुसंधानों को अनुप्रयोगात्मक या व्यवहारात्मक इसलिये कहा जाता है क्योंकि इनके परिणामों से प्रयोगात्मक या व्यवहारात्मक रूप में काम में लाया जा सकता है। यहाँ मूलभूत या सैद्धान्तिक अनुसंधानों की तरह केवल तथ्यों की खोज और नियम तथा सिद्धान्तों की स्थापना का कार्य नहीं किया जाता बल्कि जो कुछ भी खोजा और स्थापित किया जाता है उसे व्यावहारिक तथा प्रयोगात्मक रूप से काम में लाने की बात भी की जाती है। इस प्रकार के अनुसंधानों का सीधा सम्बन्ध वास्तविक जीवन की समस्याओं के समाधान से होता है। इस प्रकार के अनुसंधानों के उदाहरण रूप में हम निम्न प्रकार की अनुसंधान समस्याओं को ले सकते हैं।

- अवसाद (depression) की अवस्था से उभरने में किस तरह की मनोचिकित्सा कारगर सिद्ध हो सकती है ?
- मादक द्रव्यों तथा मद्यपान की लतों को छुड़ाने हेतु किस प्रकार के विज्ञापन अधिक प्रभावशाली सिद्ध हो सकते हैं ?
- यह कैसे जाना जाये कि मैनेजर का कार्यभार संभालने में कौन अधिक सक्षम सिद्ध हो सकेगा ?
- एक सफल अध्यापक/व्यवसायी बनने में कौन कौन सी बातें अधिक महत्त्व रखती हैं ?

क्रियात्मक अनुसंधान (Action Research)

क्रियात्मक अनुसंधान, व्यावहारिक अनुसंधानों के ही एक ऐसे रूप हैं जिनमें इस प्रकार के व्यावहारिक तथा प्रयोगात्मक अनुसंधान किये जाते हैं जो अनुसंधानकर्त्ताओं को अपने स्वयं के कार्यों और कर्त्तव्यों को निभाने में पूरी पूरी मदद करें। इन अनुसंधानों के क्रियान्वयन में पूर्व वर्णित दोनों प्रकार के अनुसंधानों (मूलभूत तथा व्यवहारात्मक) जैसी औपचारिकताओं, तकनीकी बारीकियों तथा ऊँचे दर्जे के अनुसंधान साधनों एवं कौशलों की जरूरत नहीं होती। इन्हें व्यवसाय या कार्यरत व्यक्तियों जैसे विद्यालय शिक्षक, कर्मचारियों, प्रिंसीपल तथा मैनेजर आदि के द्वारा, सीमित साधनों और सामान्य अनुसंधानात्मक जानकारी की मदद से क्रियान्वित किया जा सकता है।

इनके परिणाम सीमित स्थान, समय आदि के संदर्भ में स्थानीय महत्त्व रखते हैं इनका मूलभूत तथा व्यवहारात्मक अनुसंधानों की तरह सामान्यीकरण नहीं होता पर हाँ जिनके द्वारा यह अनुसंधान कार्य किया जाता जाता है उनकी कार्यक्षमता या कार्य परिणामों को उचित दिशा और दशा प्रदान करने में ये काफी महत्त्वपूर्ण भूमिका निभाते हैं।

इस तरह जहाँ तक उपयोग या प्रयोग आधारित वर्गीकरण की बात है हम व्यावहारिक विज्ञान अनुसंधानों को मुख्य रूप से दो प्रकारों—मूलभूत या विशुद्ध अनुसंधान तथा व्यावहारिक या अनुप्रयोगात्मक अनुसंधान में बाँट सकते हैं। परन्तु इस प्रकार का विभक्तीकरण होने से यह नहीं समझ लेना चाहिये कि मूलभूत और व्यावहारिक अनुसंधान पूरी तरह से दो अलग–अलग प्रकार के अनुसंधान हैं। इस प्रकार का अलगाव या पृथकीकरण देखना काफी बड़ी भूल है। व्यवहार में ऐसा नहीं होता। प्रत्येक अनुसंधान कार्य के मूलरूप से दो पक्ष होते हैं। एक विशुद्ध ज्ञान से सम्बन्धित रहता है और दूसरा इस ज्ञान को बेहतर ढंग से उपयोग में लाने से। ज्ञान और उसका उपयोग इस तरह एक–दूसरे से भलीभाँति जुड़े हुये हैं। यही कारण है कि ज्ञान के उत्पादन में सहायक मूलभूत अनुसंधान कार्य, ज्ञान के उपयोग सम्बन्धी अनुसंधान (व्यवहारात्मक अनुसंधान) को जन्म देने का कारण बनता है और व्यवहारात्मक अनुसंधान यह बताता है कि किस प्रकार के ज्ञान और सिद्धान्त की आगे हमें आवश्यकता है और कैसा मूलभूत अनुसंधान कार्य किया जाना चाहिये।

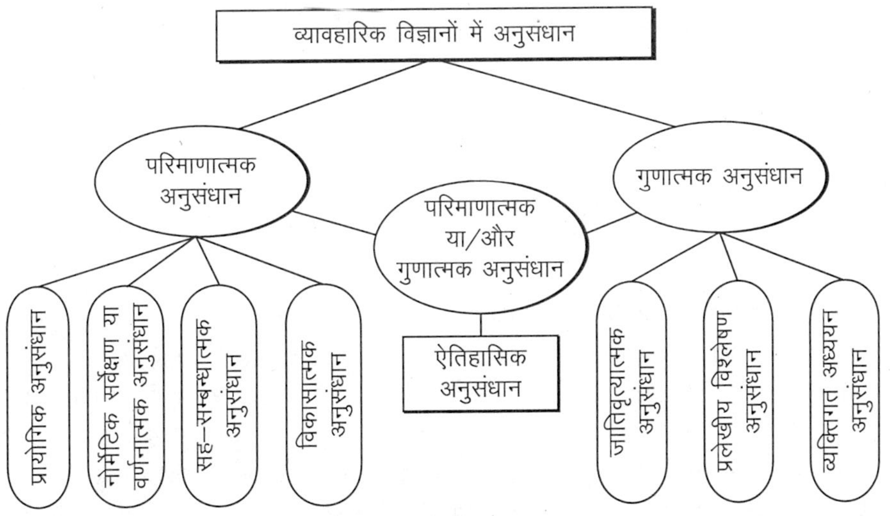

चित्र 2.2 गुणात्मक या परिमाणात्मक प्रकृति के आधार पर व्यावहारिक विज्ञान अनुसंधानों के प्रकार।

B. व्यावहारिक विज्ञानों के अन्तर्गत किये गये अनुसंधानों को हम एक दूसरे ढंग से भी वर्गीकृत कर सकते हैं और वह ढंग है उनके गुणात्मक और परिमाणात्मक (संख्यात्मक या मात्रात्मक) होने सम्बन्धी प्रकृति का। इस दृष्टिकोण से हमें इन अनुसंधानों के जिन दो रूपों या प्रकारों में दर्शन होते हैं वे हैं, गुणात्मक अनुसंधान (Qualitative Researches) और परिमाणात्मक या संख्यात्मक अनुसंधान (Quantitative Researches)। आइये अब इन दोनों प्रकार के अनुसंधानों के बारे में जानकारी ली जाये।

गुणात्मक अनुसंधान (Qualitative Researches)

इस प्रकार के अनुसंधानों में संकलित प्रदत्तों की प्रकृति गुणात्मक होती है यानी इन अनुसंधानों से व्यक्ति, वस्तु, घटना या प्रक्रिया की विशेषताओं को उनके गुणात्मक रूप में (गुण और विशेषताओं के शाब्दिक वर्णन) जाना जाता है, परिमाणात्मक रूप में (गुण और विशेषताओं की परिमाणात्मक या संख्यात्मक अभिव्यक्ति करना) नहीं। अगर शिक्षक प्रभावशीलता (Teacher effectiveness) के बारे में अध्ययन करना है तो यहाँ जिन प्रदत्तों का संकलन इस कार्य हेतु होगा वे संख्यात्मक विवरण (Numerical description) प्रस्तुत न करके गुणात्मक विवरण (Qualitative description) प्रस्तुत करेंगे। इसलिये शिक्षक प्रभावशीलता मापनी का प्रयोग कर यहाँ संख्यात्मक प्रदत्त संकलन नहीं किये जायेंगे बल्कि यहाँ अध्ययन/अनुसंधान कार्य स्वाभाविक परिस्थितियों (Natural Settings) में प्रेक्षण के माध्यम से किया जायेगा। किसी भी प्रकार का फेर–बदल करने या परिस्थितियों को नियन्त्रित कर नियन्त्रित प्रेक्षण करने की जरूरत यहाँ नहीं होगी। बल्कि शिक्षक प्रभावशीलता सम्बन्धी जो बातें दिखाई दे रही हैं; उससे सम्बन्धित जो भी तथ्य सामने आ रहे हैं उन्हीं का प्रेक्षण और रिकोर्डिंग कर वर्णनात्मक कथनों के रूप में शिक्षक विशेष के शिक्षक प्रभावशीलता की गुणात्मक उपस्थिति के बारे में टिप्पणी की जायेगी। इस तरह गुणात्मक अनुसंधान में किसी भी वस्तु, व्यक्ति या घटना विशेष का अध्ययन उसे उसके स्वाभाविक परिस्थितियों में घटते हुये या व्यवहार करते हुये, निरीक्षण करने से होता है। व्यक्ति विशेष का वैयक्तिक अध्ययन (Case Study), समूह या संगठन विशेष का जाति वृत्यात्मक अनुसंधान (Ethnographic research) या किसी दस्तावेज की विषयवस्तु का विश्लेषण आदि से सम्बन्धित अनुसंधानों को गुणात्मक अनुसंधानों के कुछ विशेष उदाहरणों के रूप में देखा जा सकता है। इस प्रकार के अनुसंधानों के परिणाम जैसा कि गुडविन (Goodwin, 2998:84) ने भी स्पष्ट किया है सांख्यिकीय सारांशों (Statistical Summaries) के रूप में प्रस्तुत नहीं किये जाते बल्कि विश्लेषणात्मक विवरणों द्वारा सामने लाये जाते हैं। इस तरह वस्तु, व्यक्ति, समूह, संस्था, घटना या प्रक्रिया की सर्वांगीण व्यवहारगत विशेषताओं का उनके सम्पूर्ण स्वाभाविक रूप में भलीभाँति प्रेक्षण तथा सर्वांगीण मूल्यांकन करने से प्राप्त जानकारी को वर्णनात्मक शैली में शाब्दिक रूप में प्रस्तुत करना ही गुणात्मक अनुसंधान कहलाता है। ऐसे गुणात्मक अनुसंधान कार्य के लिये निःसंदेह संख्यात्मक या परिमाणात्मक अनुसंधान से हट कर अलग अनुसंधान विधियों की आवश्यकता होती है और प्रदत्त संकलन, विश्लेषण तथा परिणामों के निष्कर्षीकरण और रिपोर्टिंग जैसे कार्य भी यहाँ अलग तरह से संपादित किये जाते हैं। इन सभी बातों का विस्तृत ब्योरा इस पुस्तक के विभिन्न अध्यायों में आवश्यकतानुसार दिया जाता रहेगा।

परिमाणात्मक या संख्यात्मक अनुसंधान (Quantitative Researches)

इस प्रकार के अनुसंधानों का उद्देश्य खोजे हुये तथ्यों तथा व्यवहारगत विशेषताओं का परिमाणात्मक या संख्यात्मक विवरण प्रस्तुत करना होता है। यहाँ प्रदत्तों का संकलन संख्यात्मक तथ्यों के रूप में किया जाता है, गुणात्मक विवरण के रूप में नहीं। उदाहरण के लिये अगर यहाँ शिक्षक प्रभावशीलता का अध्ययन करना है तो इसमें शिक्षक प्रभावशीलता से सम्बन्धित प्रदत्तों का संकलन संख्यात्मक तथ्यों के रूप में होगा। शिक्षक प्रभावशीलता मापनी (Teacher Effectiveness Scale) की सहायता से प्राप्तांकों (संख्यात्मक तथ्यों) के रूप में प्रदत्तों का संकलन होगा और फिर संख्यात्मक तथ्यों का विश्लेषण कर शिक्षक प्रभावशीलता के बारे में निष्कर्ष निकाले जायेंगे।

परिमाणात्मक या संख्यात्मक अनुसंधानों में इस तरह अनुसंधान विधियों, साधनों तथा तकनीकों का चयन इस प्रकार किया जाता है कि अनुसंधान प्रश्नों के उत्तर प्राप्त करने हेतु संख्यात्मक प्रदत्तों का संकलन किया जा सके और फिर संख्यात्मक विश्लेषण की सांख्यिकी विधियों के प्रयोग से अनुसंधान प्रश्नों के उत्तर प्राप्त करने की दिशा में वांछित पहल की जा सके।

परिमाणात्मक अनुसंधानों में अनुसंधान प्रक्रिया शुरु से लेकर अंत तक संरचित और पूर्व नियोजित रहती है। यहाँ अनुसंधान प्रश्नों के लिये परिकल्पनाओं के रूप में उत्तर पहले ही अनुमानित कर लिये जाते हैं और इन अनुमानों की सत्यता को परखने का कार्य ही प्रदत्त संकलन और विश्लेषण द्वारा किया जाता है। इस प्रकार के अनुसंधानों की प्रकृति पर टिप्पणी करते हुए गुडविन ने लिखा है :

"व्यावहारिक विज्ञानों में किये जाने वाले बहुत से अनुसंधान अधिकतर परिमाणात्मक या संख्यात्मक अनुसंधान ही होते हैं। इस प्रकार के अनुसंधान में प्रदत्तों का संकलन और प्रस्तुतीकरण, संख्याओं के रूप में ही होता है।"

(Most research in behavioural sciences is quantitative in nature. In this type of research, the data are collected and presented in the form of numbers. — Goodwin, 2008:84)

इसके अतिरिक्त एक और बात जो परिमाणात्मक अनुसंधानों के लिये कही जाती है वह यह है कि इनमें प्रयुक्त अनुसंधानात्मक प्रश्नों का चरों (Variables) के रूप में कथन किया जाता है। यहाँ अनुसंधान की शुरुआत ही इस प्रकार के अनुसंधानात्मक प्रश्नों के निर्माण या परिकल्पनाओं के कथन से होती है जबकि गुणात्मक अनुसंधानों में ऐसी परिकल्पनाओं या अनुसंधानात्मक प्रश्नों का निर्माण शुरुआती चरण में नहीं होता, यहाँ पहले उस व्यक्ति, समूह या संगठन का चयन होता है जिसका अध्ययन करना होता है और अध्ययन के दौरान ही फिर अनुसंधानात्मक प्रश्नों को जन्म मिलता है। परिमाणात्मक अनुसंधान की प्रकृति और अनुसंधान प्रक्रिया की जानकारी हमें विस्तार में आगे के अध्यायों से प्राप्त होगी।

C. वर्गीकरण के इस तीसरे ढंग में हम व्यावहारिक विज्ञान अनुसंधानों को उनकी प्रायोगिक और अप्रायोगिक प्रकृति की दृष्टि से जिन दो अलग–अलग वर्गों या प्रकारों में विभक्त कर सकते हैं, वे हैं (i) प्रायोगिक अनुसंधान (Experimental Researches) तथा अप्रायोगिक अनुसंधान (Non-experimental Researches)।

इस पुस्तक में हम विभिन्न प्रकार के व्यावहारिक विज्ञान अनुसंधानों की चर्चा करने हेतु इस तीसरे प्रकार के वर्गीकरण को लेकर आगे बढ़े हैं। हम यह जानते हैं कि कार्य कारण सम्बन्ध की स्थापना केवल मात्र प्रयोगीकरण द्वारा ही संभव है और इस कार्य में केवल प्रायोगिक या प्रयोगात्मक अनुसंधान ही सहायक सिद्ध हो सकता है, अप्रयोगात्मक अनुसंधान नहीं। इस प्रकार अनुसंधानों की प्रयोगात्मक और अप्रयोगात्मक प्रकृति उनके वर्गीकरण का एक बड़ा ठोस आधार बन सकती है। इस आधार को अपनाते हुये हमने इस पुस्तक में वर्णित अनुसंधानों को प्रायोगिक तथा अप्रायोगिक इन दो मुख्य वर्गों में विभाजित किया है। पहले वर्ग प्रायोगिक अनुसंधानों में हमने जिन अनुसंधानों को चर्चा का विषय बनाया है, वे हैं प्रायोगिक अनुसंधान (Experimental Research), अर्ध–प्रायोगिक (Quasi Experimental Research) तथा घटनोत्तर अनुसंधान (Ex-Post Facto Research). दूसरे वर्ग अप्रायोगिक अनुसंधानों में हमारे द्वारा ऐसे अनुसंधानों को लिया गया है जिनमें प्रदत्तों के संकलन हेतु प्रयोगों के स्थान पर अन्य अप्रायोगिक प्रविधियों का सहारा लिया जाता है। इस वर्ग में हमने ऐतिहासिक अनुसंधान (Historical Research), सर्वेक्षण अनुसंधान (या विवरणात्मक अनुसंधान), सह–सम्बन्धी अनुसंधान (Correletional Research), विकासात्मक अनुसंधान (Developmental Research), जाति वृत्यात्मक अनुसंधान (Ethnographic Research), वैयक्तिक अध्ययन अनुसंधान (Case Study Research) तथा प्रलेखीय विश्लेषण अनुसंधान (Documentary Analysis Research) को शामिल किया है। हम इन सभी प्रकार की प्रायोगिक तथा अप्रायोगिक अनुसंधानों की विस्तार से आगे के अध्यायों में चर्चा करेंगे। परन्तु फिर भी इनकी प्रकृति, कार्यप्रणाली और प्रयोजन के बारे में मोटा सा अनुमान लगाने के लिये यहाँ कुछ हल्की सी चर्चा की जा रही है।

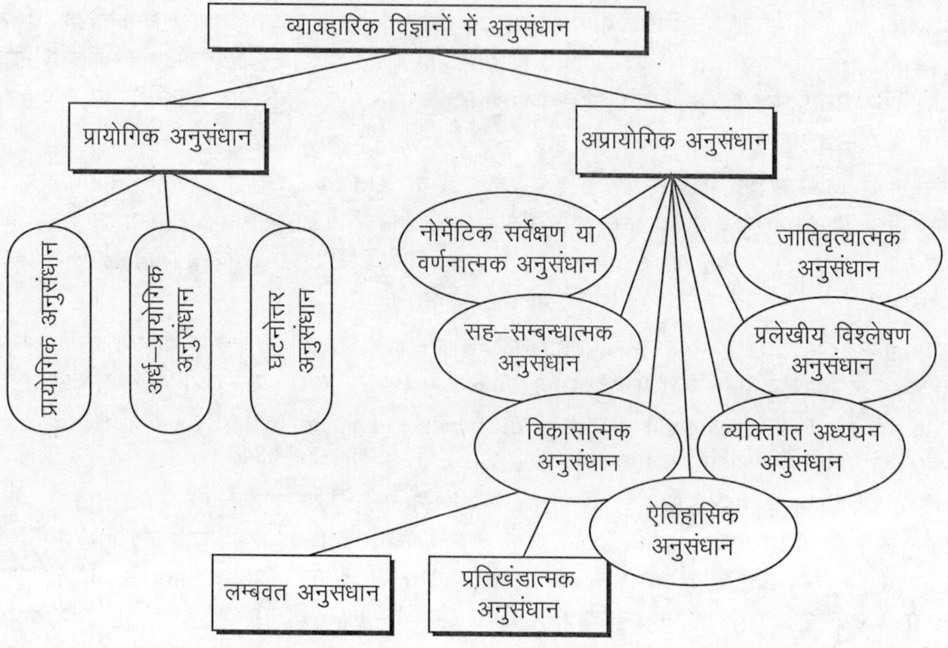

चित्र 2.3 प्रायोगिक तथा अप्रायोगिक प्रकृति की दृष्टि से व्यावहारिक विज्ञान अनुसंधानों के प्रकार।

1. प्रायोगिक अनुसंधान (Experimental research) : यह अनुसंधान प्रयोग आधारित होता है। जानकारी लेने या प्रदत्तों के संकलन का सम्पूर्ण कार्य यहाँ प्रयोगों (नियंत्रित परिस्थिति में प्रेक्षण करना) के माध्यम से होता है। इन प्रयोगों के द्वारा यहाँ यह दिखाया जाता है कि किस प्रकार एक चर में होने वाले परिवर्तन किसी दूसरे चर में एक विशेष तरीके के परिवर्तन लाने के लिये उत्तरदायी होते हैं। इस प्रकार प्रायोगिक अनुसंधान प्रविधि का मुख्य प्रयोजन दो चरों के बीच कार्यकारण सम्बन्ध की पहचान और पुष्टिकरण से है। कार्यकारण सम्बन्ध पुष्टिकरण हेतु यहाँ अब अनुसंधानकर्त्ता को यह जरूरत पड़ती है कि वह उनमें सम्बन्ध देखने सम्बन्धी प्रेक्षण का कार्य पूरी तरह आयोजित प्रायोगिक परिस्थितियों में करे जैसा कि प्राकृतिक विज्ञानों की प्रयोगशालाओं में परीक्षण और प्रयोग हेतु किया जाता है। इस प्रकार का प्रायोगिक अध्ययन करने हेतु व्यवहारात्मक विज्ञान अनुसंधानकर्त्ताओं को प्रायोगीकरण से जुड़ी हुई मुख्य आवश्यकताओं जैसे (i) प्रयोग से जुड़ी परिस्थितियों और चरों पर आवश्यक नियन्त्रण करना (ii) स्वतन्त्र चर में प्रहस्तन या फेरबदल करते हुये आश्रित चर में पड़ने वाले प्रभावों का समुचित मापन (iii) आश्रित चर के प्रयोग से पहले और बाद की स्थिति की तुलना करना आदि बातों पर पूरा ध्यान देना चाहिये ताकि आश्रित और स्वतन्त्र चरों में एक सीधा कार्यकारण सम्बन्ध स्थापित करने में वांछित सफलता मिल सके। आश्रित और स्वतन्त्र चरों में इस प्रकार का प्रत्यक्ष कार्यकारण सम्बन्ध स्थापित करने में मुख्य बाधा मध्यस्थता या बाधा डालने वाले उन सभी चरों को लेकर आ सकती है जो प्रत्यक्ष या अप्रत्यक्ष रूप से प्रयोग के परिणामों (यानी आश्रित तथा स्वतन्त्र चरों के बीच कार्यकारण सम्बन्ध स्थापित करने सम्बन्धी प्रयत्नों) को प्रभावित करने की कुचेष्टा करते हैं। अतः प्रयोगात्मक अनुसंधानकर्त्ता को मध्यस्थता करने या बाधा डालने वाले चरों (Intervening Variables) पर उचित अंकुश लगाने के प्रभावकारी प्रयत्न अवश्य करने चाहिये ताकि आश्रित और स्वतन्त्र चरों के बीच उचित कार्यकारण सम्बन्ध स्थापित करने में मदद मिले।

2. अर्ध-प्रायोगिक अनुसंधान (Quasi-Experimental research) : अपने अनुसंधानों में अनुसंधानकर्त्ताओं के द्वारा ऐसी स्थिति का सामना करना पड़ सकता है जब वे अपने अध्ययन में दो चरों के बीच कार्यकारण सम्बन्ध

स्थापित करना चाहते हों परन्तु वास्तविक और सही प्रयोग करने हेतु प्रयोग करने से सम्बन्धित सभी आवश्यक शर्तों का पालन करना उनके लिये संभव न हो। ऐसी परिस्थिति में वास्तविक प्रायोगिक अनुसंधान प्रारूप का उपयोग करने की अपेक्षा वह ऐसे अनुसंधान प्रारूप या अभिकल्प (Research Design) का प्रयोग कर सकता है जो प्रायोगिक अनुसंधान प्रारूप या अभिकल्प जैसा हो। इन अर्ध–प्रायोगिक अनुसंधानों को ही जिनमें दो चरों के बीच कार्यकारण स्थापित करने के लिये किये जा रहे प्रयोगों में अधूरापन रहता है (वास्तविक प्रयोग यानी नियन्त्रित परिस्थितियों में प्रेक्षण करने हेतु सभी शर्तें पूरी नहीं होतीं) आंग्ल भाषा में Quasi-Experimental Researches का नाम दिया जाता है। अर्ध–प्रायोगिक अनुसंधान (Quasi-Experimental Researches) में यद्यपि वास्तविक प्रायोगिक अनुसंधानों की तरह ही दो समूहों या परिस्थितियों की तुलना करने का प्रयास किया जाता है परन्तु ऐसा करने में इन अनुसंधानों में वास्तविक प्रयोग (True Experiment) सम्बन्धी किसी एक शर्त जैसे स्वतन्त्र चर में प्रहस्तन या फेरबदल करना (Manipulation of Independent Variable) या चरों तथा प्रयोग परिस्थितियों पर नियंत्रण रखना (Control Over Variables and Experimental Situation) की अनुपालना नहीं हो पाती। इसलिये सामान्य तौर पर इस प्रकार के अध्ययनों में नियंत्रित या प्रहस्तन होने वाले चर के स्थान पर ऐसे चर का प्रयोग किया जाता है जिसमें प्रहस्तन करने (Manipulation) या उसे नियंत्रित करने की बात ही नहीं उठे। उदाहरण के लिये एक प्रायोगिक अनुसंधान में प्रयोगकर्त्ता कमरे के तापक्रम को घटाने–बढ़ाने में समर्थता दिखाते हुये अपने प्रयोज्यों को विभिन्न तापक्रमों वाली परिस्थितियों में रखकर यह जानने का प्रयत्न कर सकता है कि किसी समस्या समाधान कार्य में प्राप्त प्राप्तांकों पर तापक्रम में परिवर्तन का क्या प्रभाव पड़ता है ? इस प्रकार के अनुसंधान में प्रयोगकर्त्ता द्वारा वास्तविक प्रयोग करने से सम्बन्धित सभी आवश्यक शर्तों की अनुपालना संभव है और फलस्वरूप वह विभिन्न परिस्थितियों में घटने वाले व्यवहारों की उचित रूप से तुलना कर आवश्यक अनुसंधानात्मक निष्कर्ष निकाल सकता है। अब "अर्ध–प्रायोगिक अनुसंधान" (Quasi-Experimental Research) में किये जाने वाले एक अध्ययन पर ध्यान दीजिये। इस अध्ययन में अनुसंधानकर्त्ता 8 वर्षीय तथा 10 वर्षीय आयु के बच्चों के दो समूहों में यह देखना चाहता है कि उनमें से कौनसा समूह आत्मसम्मान में वृद्धि करने वाले एक कार्यक्रम से अधिक लाभान्वित हुआ है। यहाँ अनुसंधानकर्त्ता के हाथ में यह बात नहीं है कि वह अपनी मर्जी से यह फैसला ले कि किस समूह विशेष में किस बालक को रखा जाये (यह बात उनकी आयु के हिसाब से स्वतः ही निर्धारित हो चुकी है)। यहाँ तो आयु के हिसाब से बनने वाले दो समूह उसके पास पहले ही मौजूद हैं उसका काम तो एक आत्मसम्मान मापनी का प्रयोग से पहले और बाद में उपयोग करके यह देखना है कि उनके इन प्राप्तांकों में आत्मसम्मान वृद्धि कार्यक्रम से क्या अंतर आया है। किस समूह विशेष के औसत प्राप्तांक दूसरे समूह के औसत प्राप्तांकों से बेहतर हैं ? इस प्रकार के तुलनात्मक अध्ययन द्वारा वह अपने अनुसंधान उद्देश्य की प्राप्ति में सफल हो सकता है। परन्तु इस अनुसंधान द्वारा वह यह निष्कर्ष नहीं निकाल सकता कि आत्मसम्मान वृद्धि के लिये आयोजित कार्यक्रम निश्चित रूप से आत्मसम्मान वृद्धि में सहायक होता है। यहाँ समूहों का उनकी उपलब्धि के संदर्भ में तुलनात्मक अध्ययन ही किया जा सकता है किसी भी प्रकार के कार्यकारण सम्बन्ध की स्थापना यहाँ हो सकती। इन अनुसंधानों की इस प्रकार की असफलता के पीछे जो सबसे बड़ा कारण कार्य करता है वह यही है कि इनके द्वारा उस रूप में चरों तथा स्थितियों पर नियन्त्रण स्थापित नहीं किया जा सकता जैसा कि वास्तविक प्रायोगिक अनुसंधानों में संभव होता है।

3. घटनोत्तर अनुसंधान (Ex-Post-Facto research) : कई बार अनुसंधानकर्त्ताओं के सामने इस प्रकार के अनुसंधानात्मक प्रश्न उठ खड़े होते हैं जिनका उत्तर वर्तमान में उपलब्ध वस्तुओं/घटनाओं के अध्ययन के माध्यम से संभव नहीं हो पाता। उदाहरण के लिये माना एक शोधकर्त्ता के सामने शोध प्रश्न के रूप में यह प्रश्न उभरकर सामने आता है कि देहली राजधानी क्षेत्र में स्त्रियों से बलात्कार होने की घटनाओं में अत्यधिक वृद्धि होने के पीछे क्या बात हो सकती है ? यहाँ एक व्यावहारिक/सामाजिक विज्ञान अनुसंधानकर्त्ता के सामने

एक बड़ी अड़चन इस बात को लेकर खड़ी हो सकती है कि वह इन बलात्कार घटनाओं के घटने के समय प्रत्यक्ष रूप से उपस्थित होकर यह नहीं जान सकता है कि इनके घटने के पीछे क्या कारण कार्य कर रहे हैं। घटनायें घटित हो चुकी हैं। अब यह समझना कि इनके ऐसा होने के पीछे क्या कारण है इसमें अनुसंधानकर्त्ता को विशेष कठिनाई का अनुभव करना पड़ सकता है क्योंकि घटनाओं की उसी रूप में पुनरावृत्ति और प्रेक्षण न तो संभव हैं और न ऐसा करना किसी भी दृष्टि से हितकर और शोभनीय है। अब तो बस एक ही उपाय बचता है कि जासूसों की तरह इस बात का पता लगाया जाये कि घटनाओं के घटने और उनमें वृद्धि होने के पीछे क्या कारण कार्य कर सकते हैं। इसके लिये बीती हुई घटनाओं के घटने सम्बन्धी पूर्वकाल या परिस्थितियों में जाना होता है और फिर इनका उचित विश्लेषण करते हुए इस परिणाम पर पहुँचना होता है कि बलात्कार की घटनाओं में अचानक इतनी वृद्धि के पीछे क्या कारण कार्य कर रहे हैं। घटनाओं के घटने सम्बन्धी अतीत में जाकर यह अनुमान लगाना कि अब जो घट रहा है उसके पीछे बहुत समय से क्या कारण कार्य कर रहे थे और उन कारणों में किस प्रकार का परिवर्तन या वृद्धि हुई है, इस प्रकार के खोज और अनुसंधान कार्य की गिनती घटनोत्तर अनुसंधान में की जाती है। इसके बारे में विस्तृत विवरण आगे अध्याय 8 में दिया जायेगा।

4. वर्णनात्मक या नोर्मेटिव सर्वेक्षण अनुसंधान (Descriptive or normative survey research) : जो कुछ वर्तमान में है या हो रहा है उसके बारे में पूछे गये प्रश्नों के उत्तर प्राप्त करने हेतु किये गये अनुसंधान को वर्णनात्मक अनुसंधान की संज्ञा दी जाती है। इस तरह वर्णनात्मक अनुसंधान कार्यक्रम का प्रयोजन अनुसंधान से जुड़े हुये चरों का उस रूप में जिसमें वर्तमान में मौजूद है, वर्णन करना है। परिणामस्वरूप एक वर्णनात्मक अध्ययन में अध्ययन से सम्बन्धित उन सभी चरों के मापन का प्रयत्न किया जाता है जो उस समय विशेष में विद्यमान रहते हैं। वर्णनात्मक अनुसंधानों में जिस तरह के अनुसंधानात्मक प्रश्नों के उत्तर प्राप्त करने के लिये प्रयत्न किया जाता है, उनमें से कुछ को यहाँ नीचे हम उदाहरणस्वरूप प्रस्तुत कर रहे हैं।

- विद्यालय जाने की आयु से कम आयु के बालक प्रतिदिन कितने घंटे टेलीविजन के कार्यक्रम देखने में व्यतीत करते हैं ?
- कितने प्रतिशत वरिष्ठ नागरिक रोजाना इंटरनेट काम में लाते हैं ?

इन प्रश्नों का उत्तर प्राप्त करने में अनुसंधानकर्त्ताओं को वास्तविक जीवन में सामान्य रूप से जो कुछ घटित हो रहा है उसका सर्वेक्षण करना होता है। इसलिये इस प्रकार के अनुसंधान को प्राकृतिक या नोर्मेटिव सर्वेक्षण अनुसंधान भी कहा जाता है।

5. सह-सम्बन्धात्मक अनुसंधान (Correlational research) : इस प्रकार के अनुसंधान का उद्देश्य यह पता लगाना होता है कि दिये हुये दो या दो से अधिक चर किस सीमा तक किस रूप में एक दूसरे से सम्बन्धित है। इस कार्य के लिये यहाँ पहले इन चरों के मापन का प्रयत्न किया जाता है। चर अपने वर्तमान रूप में जैसे भी विद्यमान होते हैं, उन स्वाभाविक परिस्थितियों में उनका मापन किया जाता है। प्रायोगिक अनुसंधानों की तरह यहाँ चरों में कोई फेरबदल का नियन्त्रण का कार्य नहीं किया जाता। चरों के मापन के बाद सांख्यिकी विधि से इनके मध्य में निहित सह–सम्बन्ध की गणना की जाती है और फिर इसका विश्लेषण कर यह जानने का प्रयत्न किया जाता है कि चर किस सीमा तक और किस रूप में एक दूसरे से सम्बन्धित हैं।

इन अनुसंधानों के उदाहरणस्वरूप हम ऊँचाई और भार, बुद्धि परीक्षण और शैक्षिक उपलब्धि प्राप्तांक, व्यवसाय संतुष्टि तथा अधिक उत्पादन के बीच निहित सह–सम्बन्धों की प्रकृति के बारे में जानकारी लेने का उल्लेख कर सकते हैं। यहाँ एक बात और स्पष्ट हो जानी चाहिये कि सह–सम्बन्धात्मक अनुसंधानों से किन्हीं दो या दो से अधिक चरों के बीच मौजूद सम्बन्धों की ही जानकारी ली जाती है यह सम्बन्ध क्यों है इस बात पर कोई टीका टिप्पणी नहीं की जाती।

6. ऐतिहासिक अनुसंधान (Historical research) : इतिहास बीती हुई घटनाओं का क्रमबद्ध एवं विश्वसनीय विवरण है और ऐतिहासिक अनुसंधानकर्त्ता इन्हीं बीती हुई घटनाओं को ही उपलब्ध साक्ष्यों एवं दस्तावेजों के विश्लेषण के माध्यम से हमारे सामने पुनः जीवित करने का प्रयत्न करता है। अपने अध्ययन के माध्यम से वह हमें न केवल घटनाओं के घटने सम्बन्धी क्रम से परिचित कराता है बल्कि घटित घटना की अपनी तरह से व्याख्या भी करने का प्रयत्न करता है जैसे, ऐसा क्यों हुआ, किस रूप में हुआ, इससे उस समय क्या प्रभाव पड़ा और आज के संदर्भ में हमें इससे क्या सीख मिलती है आदि आदि। व्यावहारिक विज्ञानों में किये गये ऐतिहासिक अनुसंधानों के उदाहरणस्वरूप में हम निम्न का उल्लेख कर सकते हैं।

- स्वामी विवेकानन्द का शैक्षिक दर्शन
- प्राचीन वैदिक काल में स्त्री शिक्षा की स्थिति
- ईस्ट इण्डिया कम्पनी के शासन के समय हिन्दुस्तान का हाल

7. विकासात्मक अनुसंधान (Developmental research) : व्यावहारिक विज्ञानों में किये जाने वाले विकासात्मक अनुसंधान अपने नाम के अनुरूप ही ऐसे अनुसंधानों की ओर संकेत करते हैं जिनमें ऐसे व्यवहारजन्य परिवर्तनों का अध्ययन किया जाता है जो आयु में वृद्धि होने के साथ साथ बालकों में स्वतः ही होते रहते हैं। ऐसे अनुसंधानों के एक उदाहरण के रूप में हम निम्न अनुसंधान समस्या का उल्लेख कर सकते हैं।

भाषायी योग्यता में उम्र के साथ साथ कैसे परिवर्तन आते हैं ?

इस प्रकार के अनुसंधानात्मक प्रश्नों का उत्तर देने हेतु विकासात्मक अनुसंधानकर्त्ताओं द्वारा प्रायः दो निम्न प्रकारों के अनुसंधान अभिकल्पों का उपयोग करके आगे बढ़ा जाता है।

(a) **प्रतिखंडात्मक या अनुप्रस्थ-छेदीय अभिकल्प (Cross-sectional design) :** विकासात्मक अध्ययन में प्रतिखंडात्मक अभिकल्प का उपयोग करने हेतु अनुसंधानकर्त्ता द्वारा एक साथ ही विभिन्न आयु वर्ग के कई समूह अध्ययन हेतु लिये जाते हैं। हर समूह में एक निश्चित आयु सीमा का प्रतिनिधित्व करने वाले बालक होते हैं जैसे 3 वर्ष, 4 वर्ष तथा 5 वर्ष के बालकों के समूह। इन समूहों में शामिल बालकों की भाषायी योग्यता को प्रभावित करने वाले कारकों जैसे बुद्धि लब्धि, सामाजिक–आर्थिक स्थिति, शैक्षिक उपलब्धि, माता–पिता की शिक्षा तथा विद्यालय की गुणवत्ता आदि के संदर्भ में एक जैसा होने (Matching) की कोशिश भी कर ली जाती है। इसके पश्चात् अनुसधानकर्त्ता द्वारा प्रत्येक समूह के बालकों की भाषायी योग्यता का परीक्षण किसी मानकीकृत उपलब्धि परीक्षण से करके औसत उपलब्धि अंकों की गणना कर ली जाती है। अलग अलग समूहों के इन औसत अंकों की तुलना कर अब यह जाना जा सकता है कि जैसे जैसे बालकों की उम्र बढ़ती है भाषायी योग्यता में भी वृद्धि होती जाती है।

(b) **लम्बवत् अभिकल्प (Longitudinal design) :** विकासात्मक अध्ययन के इस अभिकल्प में अनुसंधानकर्त्ता द्वारा बालकों के केवल मात्र एक समूह को (छोटे आयु वर्ग जैसे 2, 3, 4 वर्ष का) ही अध्ययन का केन्द्र बनाया जाता है। माना एक अध्ययन में 3 वर्ष की आयु का प्रतिनिधित्व करने वाले बालकों के एक समूह को लिया गया है तो अध्ययनकर्त्ता पहले तो यह कोशिश करेगा कि बुद्धिलब्धि, सामाजिक–आर्थिक स्तर, शैक्षिक उपलब्धि, माता–पिता की शिक्षा और विद्यालय की गुणवत्ता की दृष्टि से इस समूह में शामिल सभी बालक एक जैसे (Matched) हों और फिर इन सबकी भाषायी योग्यता का परीक्षण कर समूह के औसत उपलब्धि अंक ज्ञात कर लिये जायेंगे। इसके बाद एक निश्चित अंतराल (6 माह या 1 वर्ष) के बाद फिर इस समूह के बालकों की भाषायी योग्यता का परीक्षण कर औसत उपलब्धि अंक ज्ञात कर लिये जायेंगे और अंत में औसत उपलब्धि अंकों की तुलना करके यह जानने का प्रयत्न किया जायेगा कि आयु वृद्धि का बालकों की भाषायी योग्यता पर क्या प्रभाव पड़ता है।

8. जातिवृत्यात्मक अनुसंधान (Ethnographic research) : यह अनुसंधान अपने नाम के अनुरूप ही किसी भी जाति या प्रजाति विशेष द्वारा जीने वाले उसके सामाजिक जीवन एवं सांस्कृतिक आचार–विचार के अध्ययन के लिये प्रयुक्त किया जाता है। परन्तु आज के संदर्भ में इस प्रकार के अनुसंधान का क्षेत्र कुछ अधिक विस्तृत हो चला है और परिणामस्वरूप आज शिक्षा, सार्वजनिक स्वास्थ्य, व्यापार एवं वाणिज्य, शहरी और ग्रामीण विकास आदि किसी भी क्षेत्र में जुड़े हुए समुदाय, संगठन या संस्था के कार्य व्यापार तथा संगठन शैली अध्ययन को जातिवृत्यात्मक अनुसंधान में शामिल किया जा सकता है। जातिवृत्यात्मक अनुसंधान का विषय एवं क्षेत्र कोई भी हो परन्तु एक बात तो निश्चित है कि इन अनुसंधानों को स्वाभाविक परिस्थितियों में ही निष्पादित किया जाता है यानी अनुसंधानकर्त्ता यहाँ वही देखता और रिकार्ड करता है जो अध्ययन किये जाने वाले सामाजिक एवं सांस्कृतिक परिवेश में मौजूद रहता है। यहाँ अन्य सर्वेक्षणात्मक अध्ययनों की तरह चरों का अपने ढंग से प्रहस्तन (Manipulation) या नियन्त्रण करते हुये प्रेक्षण करके संगठन या समुदाय विशेष की सामाजिक एवं सांस्कृतिक जिन्दगी में नहीं झांका जाता। इस तरह के अनुसंधान को प्रायः गुणात्मक अनुसंधानों की श्रेणी में रखा गया है और फलस्वरूप प्रदत्तों के संकलन हेतु यहाँ गुणात्मक अनुसंधानों में प्रयुक्त तकनीक एवं साधनों जैसे प्रेक्षण, साक्षात्कार तथा दस्तावेज विश्लेषण आदि का ही प्रमुख रूप से प्रयोग किया जाता है। परन्तु यहाँ ऐसा भी नहीं कि इस प्रकार के अध्ययनों में परिमाणात्मक या संख्यात्मक प्रदत्तों के संकलन पर पाबन्दी हो। अनुसंधानकर्त्ता को यहाँ पूरी छूट होती है कि वह उस पूरी जानकारी (गुणात्मक तथा परिमाणात्मक) को एकत्रित करने की कोशिश करे जिससे जाति, प्रजाति, समुदाय या संगठन विशेष के सामाजिक जीवन और सांस्कृतिक आचार–विचार के बारे में समुचित जानकारी प्राप्त हो सके।

9. व्यक्तिगत अध्ययन अनुसंधान (Case study research) : व्यक्तिगत अध्ययन अनुसंधान व्यावहारिक विज्ञानों के अध्ययन में प्रयुक्त वे अनुसंधान हैं जिनकी सहायता से किसी एक अकेले व्यक्ति या अकेली संस्था (या कोई एक छोटे समूह/समुदाय) के बारे में गहन अध्ययन तथा विस्तृत विवरण प्रदान करना संभव होता है। व्यक्तिगत अध्ययन में अनुसंधानकर्त्ता द्वारा किया जाने वाला हस्तक्षेप (Intervention) तथा दिया जाने वाला उपचार (Treatment) भी शामिल रहता है। जब किसी व्यक्तिगत अध्ययन अनुसंधान में अनुसंधानकर्त्ता द्वारा व्यक्ति/संस्था विशेष को सही रास्ते पर लाने हेतु किसी हस्तक्षेप या उपचार का प्रावधान नहीं रखा जाता तो इस प्रकार के अनुसंधान कार्य को व्यक्तिगत इतिहास (Case History) की संज्ञा दी जाती है, व्यक्तिगत अध्ययन (Case Study) की नहीं। व्यक्तिगत अध्ययन में जिस तरह की सूचनायें या जानकारी व्यक्ति या संस्था विशेष के बारे में एकत्रित की जाती हैं, उन्हें विभिन्न तरीकों से विभिन्न स्रोतों से उपलब्ध किया जाता है जैसे प्रश्नावली के प्रश्नों का उत्तर प्राप्त करना, प्रयोज्य या उसके सहयोगी और रिश्तेदारों के साथ साक्षात्कार करना, विभिन्न परिस्थितियों में प्रयोज्य के व्यवहार का अवलोकन करना, सर्वेक्षण और दस्तावेजों की मदद लेना आदि।

व्यक्तिगत अध्ययन अनुसंधानों के उदाहरण के रूप में हम कुछ निम्न प्रकार के अध्ययनों का उल्लेख कर सकते हैं।

(i) अपराधी व्यवहार के पीछे कार्यरत कारणों को जानने की दृष्टि से तिहाड़ जेल के कैदियों का व्यक्तिगत अध्ययन।

(ii) तेजी से होने वाली प्रगति के बारे में जानकारी लेने हेतु एक औद्योगिक घराने का व्यक्तिगत अध्ययन।

10. प्रलेखीय विश्लेषण अनुसंधान (Documentary analysis research) : इस प्रकार के अनुसंधान में अनुसंधानकर्त्ता अपने अनुसंधान कार्य की पहल उन सभी उपलब्ध प्रलेखों या दस्तावेजों (प्राचीन तथा वर्तमान काल से सम्बन्धित) की खोज से करता है जिनसे उसे अपने अनुसंधानात्मक प्रश्नों के उत्तर प्राप्त हो सकें। इसके बाद वह इन सभी उपलब्ध प्रलेखों का विधिवत समीक्षात्मक अध्ययन एवं विश्लेषण करता है ताकि वस्तु,

व्यक्तियों, घटनाओं तथा प्रक्रियाओं के संदर्भ में उसे वांछित जानकारी प्राप्त हो सके। अब यहाँ यह प्रश्न उठ सकता है कि सामाजिक और व्यावहारात्मक विज्ञान अनुसंधानों में किस प्रकार के प्रलेखों का उपयोग होता है ? इस सम्बन्ध में स्पष्ट रूप से यह कहना ठीक रहेगा कि ऐसा कोई भी मौखिक या लिखित अभिलेख (Record) जिससे मानव व्यवहार, सामाजिक हालात तथा सामाजिक प्रक्रियाओं से सम्बन्धित सूचनायें/जानकारी उपलब्ध हो सकें प्रलेख कहा जा सकता है। इस तरह की अपनी व्यापक अवधारणा के फलस्वरूप ही सामाजिक एवं व्यावहारिक विज्ञान अनुसंधानकर्त्ताओं को प्रलेखों या दस्तावेजों के रूप में बहुत सारे विकल्प मिल सकते हैं जैसे सार्वजनिक और सरकारी अभिलेख, विद्यालय अभिलेख, व्यक्तिगत दस्तावेज (पत्र, डायरी, भौतिक अवशेष, जीवनियाँ तथा आत्मकथायें) पुस्तक, जरनल, मैगजीन आदि के रूप में उपलब्ध साहित्य, ऐतिहासिक दस्तावेज, मुद्रित एवं दृश्य मीडिया, भाषण, प्रवचन, अदालती अभिलेख, कानून एवं आचार संहिता और समाज के विभिन्न वर्गों, समूहों या समुदायों के द्वारा मौखिक तथा लिखित रूप में संभालकर रखी विभिन्न प्रकार की सामग्री। इन सभी प्रकार के प्रलेखों के उचित संकलन तथा विश्लेषण के द्वारा एक अनुसंधानकर्त्ता पूरी निष्ठा से यह कोशिश कर सकता है कि उसे इन प्रलेखों के अध्ययन, समीक्षा और विश्लेषण के माध्यम से अपने अनुसंधानात्मक प्रश्नों के उत्तर समुचित रूप से प्राप्त हो सकें।

3

ऐतिहासिक अनुसंधान
[Historical Research]

ऐतिहासिक अनुसंधान क्या है ? (What is Historical Research ?)

अपने वास्तविक रूप में इतिहास बीती हुई घटनाओं का एक विश्वसनीय, क्रमबद्ध एवं समन्वित विवरण प्रस्तुत करता है। इसके अध्ययन का मुख्य प्रयोजन अतीत के बारे में जानना और उससे ऐसी सीख लेना है जो न केवल वर्तमान को सुधारे बल्कि भविष्य में भी सचेत और सजग रहने के लिये प्रेरणा दे। इस तरह ऐतिहासिक अनुसंधान से अभिप्राय एक ऐसे अनुसंधान से है जिसकी सहायता से किसी वस्तु, विचार, घटना, किसी व्यक्ति, समुदाय या समूह विशेष के विगत जीवन तथा किसी संस्था के विकास से सम्बन्धित अतीत को सामने लाकर उससे इस प्रकार की सीख लेने का प्रयत्न किया जाता है जिससे वर्तमान को संभालने और भविष्य के बारे में उचित नियोजन करने में मदद मिले। ऐतिहासिक अनुसंधान पद को और अच्छी तरह जानने एवं समझने में हमें शब्दकोषों तथा विभिन्न विद्वानों द्वारा दी गई परिभाषाओं से काफी लाभ हो सकता है। आइये ऐसी कुछ जानी पहचानी परिभाषाओं पर ध्यान दिया जाये।

1. **कोलिन्स इंगलिश डिक्सनरी :** ऐतिहासिक अनुसंधान से अभिप्राय "एक ऐसे साधन से है जिससे हमें किसी को उसके उद्‌गम तथा विकास के संदर्भ में जानने मे मदद मिलती है।"

   (Historical research stands for "a means of learning about something by considering its origins and development". — Colllins English Dictionary, 2009)

2. **लैन्डमैन :** ऐतिहासिक अनुसंधान से तात्पर्य अतीत का वर्णन करने सम्बन्धी अनुसंधान से है। इस प्रकार के अनुसंधान में ऐसे अन्वेषण कार्यों जैसे अतीत की घटनाओं का अभिलेखन, विश्लेषण तथा व्याख्या करना आदि को स्थान देकर ऐसे उचित सामान्यीकरण तथा निष्कर्षों पर पहुँचने का प्रयत्न किया जाता है जिनसे अतीत और वर्तमान को समझने तथा कुछ सीमा तक भविष्य का अनुमान लगाने में मदद मिल सके।

   (Historical research, as the term implies, is research based on describing the past. This type of research includes for instance investigations like the recording, analysis and interpretation of events in the past with the purpose of discovering generalizations and deductions that can be useful for understanding the past, the present and to a limited extent, can anticipate the future. — Landman, 1988:65)

3. **एफ.एन. करलिंगर :** ऐतिहासिक अनुसंधान अतीत की घटनाओं, विकास तथा अनुभवों का तर्कसंगत अन्वेषण है, अतीत के बारे में जानकारी देने वाले स्त्रोतों की वैधता सम्बन्धी साक्ष्य की सावधानीपूर्वक की गई जाँच है तथा जाँचे हुये साक्ष्य की व्याख्या है।

(Historical research is the critical investigation of events, developments, and experiences of the past, the careful weighing of the evidence for the validity of sources of the information of the past and the interpretation of the weighed evidence. —Kerlinger, F.N., 1964:698)

4. **बोर्ग :** ऐतिहासिक अनुसंधान को किसी साक्ष्य विशेष की एक ऐसी व्यवस्थित एवं वस्तुनिष्ठ खोज, मूल्यांकन एवं संश्लेषण के रूप में परिभाषित किया जा सकता है जिससे अतीत में घटी घटनाओं के बारे में तथ्यों की स्थापना तथा निष्कर्ष निकालने का कार्य किया जा सके।

   (Historical research has been defined as the systematic and objective location, evaluation and synthesis of evidence in order to establish facts and draw conclusion about past events. — Borg, 1963)

5. **बेस्ट एवं काह्न :** ऐतिहासिक अनुसंधान वैज्ञानिक विधि का ऐसा अनुप्रयोग है जिससे अतीत की घटनाओं का वर्णन और विश्लेषण किया जाता है।

   (Historical research is the application of scientific method to the description and analysis of past events. — Best and Kahn, 2006:99)

> **ऐतिहासिक अनुसंधान :** एक ऐसा वैज्ञानिक प्रयास जिसमें अतीत की घटनाओं का वर्णन, विश्लेषण तथा व्याख्या इस उद्देश्य से की जाती है कि इससे अतीत को समझने, वर्तमान को संभालने तथा भविष्य को नियोजित करने में उचित मदद मिलेगी।

जो कुछ ऊपर दी हुई परिभाषाओं में व्यक्त किया गया है उसके अन्दर अच्छी तरह ध्यान देने से हमें ऐतिहासिक अनुसंधान पद के अर्थ एवं प्रवृत्ति के बारे में निम्न जानकारी मिलती है।

1. ऐतिहासिक अनुसंधान का सम्बन्ध भूतकालीन वस्तुओं और घटनाओं के अध्ययन से होता है।
2. किसी भी चीज के उद्गम और विकास में झांककर उसे जानने और समझने में इस प्रकार का अनुसंधान काफी सहयोगी सिद्ध होता है।
3. अनुसंधानकर्त्ता इस प्रकार के अनुसंधान में अतीत का पुनः सृजन कर जो बीत गया है उसे फिर अपनी तरह से सबके सामने लाने का प्रयत्न करता है।
4. जो घटनायें घट चुकी हैं उनका प्रत्यक्ष दर्शन नहीं हो सकता और न उनकी उसी रूप में पुनरावृत्ति हो सकती है। ऐसी अवस्था में अनुसंधानकर्त्ता के पास उनके बारे में जानने का एक ही जरिया बचता है और वह है उन स्रोतों तक पहुँचना जो प्रत्यक्ष या अप्रत्यक्ष रूप से घटित हुई घटना का साक्ष्य प्रदान कर सकते हों।
5. शोधकर्त्ता द्वारा उपलब्ध साक्ष्य/प्रलेख आदि का गहराई से अध्ययन और विश्लेषण करके ऐसे तर्कसंगत निष्कर्ष निकाले जाते हैं जिनसे जो अतीत में घट चुका है उसका सही सही ब्योरा दिया जा सके।
6. अतीत की घटनाओं की व्याख्या एवं वर्णन करने में अनुसंधानकर्त्ता को कालक्रम (घटनाओं के घटने का क्रम) का ध्यान रखना होता है। पर ऐसा करते हुये उसे यह समझना होता है कि घटनाओं को उनके घटने के क्रमानुसार व्यवस्थित करने से ही अनुसंधान कार्य पूरा नहीं हो जाता। असली बात तो इन घटी हुई घटनाओं के वांछित अर्थापन और व्याख्या से है ताकि हाथ में ली हुई अनुसंधान समस्या या उठाये गये प्रश्नों के उत्तर प्राप्ति में सहायता मिले।
7. अपने ऐतिहासिक अनुसंधान के परिणामों को अनुसंधानकर्त्ता द्वारा ऐसे सामान्यीकरण तथा निष्कर्षित तथ्यों के रूप में लिखा जाता है जिनमें न केवल वर्तमान में घटने वाली बातों को समझने में सहायता मिले बल्कि उनसे भविष्य में घटने वाली बातों का भी अनुमान लगाया जा सके।

8. ऐतिहासिक अनुसंधान में घटनाओं के घटने के कालक्रम पर ध्यान देने के अतिरिक्त किसी विचार या दर्शन विशेष (जैसे साम्यवाद, जनतन्त्र, पूँजीवाद आदि) के उद्‌गम, विकास और प्रभाव से संदर्भित बातों की ऐतिहासिक खोज और विवेचना करने पर भी समुचित ध्यान दिया जाता है।

ऊपर जिस प्रकार की बातें ऐतिहासिक अनुसंधान के अर्थ एवं प्रकृति के बारे में कही गई हैं, उनके आधार पर अब हम ऐतिहासिक अनुसंधान पद की निम्न शब्दों में एक उपयुक्त कार्यकारी परिभाषा दे सकते हैं।

ऐतिहासिक अनुसंधान एक ऐसा वैज्ञानिक अनुसंधान है जिसमें अतीत की घटनाओं को प्रकाश में लाने वाले उपलब्ध साक्ष्यों की इस प्रकार खोज, विश्लेषण तथा व्याख्या की जाती है ताकि अतीत को पूरी तरह समझने, उसमें आज के लिये सीख लेने तथा भविष्य का मार्गदर्शन करने में समुचित सहायता मिल सके।

ऐतिहासिक अनुसंधान गुणात्मक अनुसंधान है या परिमाणात्मक अनुसंधान ?
(Is Historical Research a Qualitative Research or Quantitative Research ?)

ऐतिहासिक अनुसंधान को गुणात्मक अनुसंधानों में शामिल किया जाये या परिमाणात्मक अनुसंधानों में, इस बात को लेकर काफी मतभेद है। कुछ विद्वानों का विचार है अन्य गुणात्मक अनुसंधानों की तरह ऐतिहासिक अनुसंधानों में भी घटना विशेष की प्रकृति और विशेषताओं को प्रकाश में लाने के लिये अनुसंधान किया जाता है और यहाँ भी वैसी ही विधि और उपागमों का प्रयोग किया जाता है जैसा कि गुणात्मक अनुसंधानों में। इसी राय को आगे बढ़ाते हुये एडसन (Edson, 1986) ने ऐतिहासिक अनुसंधान तथा गुणात्मक अनुसंधानों के अन्य उपागमों में निम्न प्रकार की चार समानताओं का उल्लेख किया है।

(i) जिस संदर्भ विशेष में कुछ घटित हुआ है उसके अध्ययन पर जोर देना।
(ii) सैद्धान्तिक या प्रयोगात्मक परिस्थितियों की अपेक्षा स्वाभाविक परिस्थितियों में व्यवहार के अध्ययन की बात कहना।
(iii) अनुभव की संपूर्णता की अनुशंसा या उस पर जोर दिया जाना।
(iv) अनुसंधान प्रक्रिया में व्याख्या को महत्त्वपूर्ण भूमिका प्रदान करना।

ऐतिहासिक अनुसंधान का अनुसंधान समस्या की प्रकृति और प्रयुक्त प्रदत्तों की दृष्टि से गुणात्मक, परिमाणात्मक या गुणात्मक–परिमाणात्मक कोई भी रूप हो सकता है।

दूसरी ओर यह भी देखने में आता है कि ऐतिहासिक तथा गुणात्मक अनुसंधानों में इतनी साम्यता होते हुये भी दोनों को एक–दूसरे का समानार्थी नहीं माना जा सकता। सभी गुणात्मक अनुसंधानकर्त्ता इतिहासकार (Historians) नहीं होते। यद्यपि ऐतिहासिक अनुसंधानों में अधिकतर गुणात्मक अनुसंधान विधियों का प्रयोग होता है परन्तु यहाँ परिमाणात्मक अनुसंधान विधियों का न केवल स्वागत ही किया जाता है बल्कि कई बार इनका प्रयोग श्रेयस्कर भी रहता है। इस दृष्टि से ऐतिहासिक और गुणात्मक अनुसंधानों को एक दूसरे का पर्याय समझना ठीक नहीं है। वास्तव में जैसा कि बेस्ट एवं काहन का कहना है, "ऐतिहासिक अनुसंधान परिमाणात्मक हो सकते हैं या गुणात्मक (अथवा दोनों का समिश्रण)। इस बात का निर्धारण अनुसंधान द्वारा हल होने वाली समस्या और उपलब्ध प्रदत्तों की प्रकृति के आधार पर ही हो सकता है।" उदाहरण के लिये अगर एक ऐतिहासिक अनुसंधान में अनुसंधानकर्त्ता को किसी व्यापारिक प्रतिष्ठान के मंदी के वर्तमान वर्ष के वित्तीय प्रदर्शन की गत पिछले साल के वित्तीय प्रदर्शन से तुलना करनी है तो निःसंदेह ही उसे यहाँ दोनों वर्षों के वित्तीय प्रदर्शन सम्बन्धी आँकड़ों का परिमाणात्मक विश्लेषण करना होगा। दूसरी ओर रवीन्द्रनाथ टैगोर और विवेकानन्द की जीवनी और योगदान को प्रकाश में लाने सम्बन्धी ऐतिहासिक अनुसंधानों का स्वरूप निश्चित ही गुणात्मक होगा, परिमाणात्मक या संख्यात्मक नहीं।

ऐतिहासिक अनुसंधानों को वैज्ञानिक माना जाये या कलात्मक ?
(How Scientific or Artistic is the Historical Research ?)

यह सही है कि एक इतिहासकार न तो इस स्थिति में होता है कि वह अतीत में घटी हुई घटनाओं का प्रत्यक्ष दर्शन कर सके और न इस स्थिति में कि उसे प्रायोगिक वैज्ञानिक अध्ययनों की तरह प्रेक्षण परिस्थितियों और सम्बन्धित चरों को इच्छानुसार नियन्त्रित करने के कोई अवसर मिल सकें। इसके अतिरिक्त ऐतिहासिक अनुसंधानों में उस रूप में सामान्यीकरण या भविष्यवाणी करना भी संभव नहीं होता जैसा कि विशुद्ध वैज्ञानिक अनुसंधानों में होता है। ऐतिहासिक अनुसंधानकर्त्ता या इतिहासकार अपनी ओर से पूरी कोशिश करते हैं कि वह अपने अनुसंधान से सम्बन्धित प्रदत्तों के संकलन, विश्लेषण और व्याख्या तथा अनुसंधान परिणामों के प्रतिवेदन हेतु आवश्यक रूप से एक ऐसे ही वैज्ञानिक विधि और क्रमबद्ध सोपानों युक्त अनुसंधान मार्ग को अपनाये जैसा कि प्राकृतिक और व्यावहारिक विज्ञानों के अनुसंधानकर्त्ताओं द्वारा अपनाया जाता है। अपनी भरसक कोशिश के बाद भी ऐतिहासिक अनुसंधानकर्त्ता इस कार्य में पूरी तरह सफल नहीं हो पाता। वह विज्ञान के प्रायोगिक अनुसंधानकर्त्ता की तरह अपने स्वतन्त्र प्रेक्षण या प्रयोगात्मक कार्य से प्रदत्तों का संकलन नहीं कर सकता। उसे अपने प्रदत्त संकलन के लिये दूसरों (अतीत की घटनाओं के प्रत्यक्ष और अप्रत्यक्ष साक्षी) पर निर्भर रहना पड़ता है। अपने अनुसंधान कार्य में एक ऐतिहासिक अनुसंधानकर्त्ता को एक ओर तो उपलब्ध मानवीय साक्ष्यों, प्रलेखों (Documents) तथा अवशेषों (Remains) से प्राप्त जानकारी का मंथन कर उपयुक्त सार निकालने के लिये काफी व्यवस्थित एवं वैज्ञानिक होना पड़ता है तो दूसरी ओर यहाँ उसे उपलब्ध साक्ष्यों से अपनी तरह के अर्थ निकालने की भी पूरी छूट रहती है। यही छूट इतिहासकारों को इतिहास को अपने ढंग से गढ़ने और रचने का कारण बनती है। नायक को खलनायक बना देना तथा किसी समुदाय और समाज के उद्‌भव और विकास को कैसा भी रंग दे देना ऐतिहासिक अनुसंधानों में काफी सीमा तक संभव है और इस प्रकार की अतिरंजिता कलाओं में ही संभव है विज्ञानों में नहीं। ऐतिहासिक अनुसधानों की इस प्रकार की मिली–जुली वैज्ञानिक एवं कलात्मक प्रकृति पर टिप्पणी करते हुए विरस्मा एवं जर्स (Weirsma & Jurs, 2005:223) ने लिखा है :

ऐतिहासिक अनुसंधान में विज्ञान की भूमिका इन अनुसंधानों में अपनाई गयी व्यवस्थित कार्यप्रणाली तथा प्रक्रियाओं से स्पष्ट झलकती है। परन्तु जब साक्ष्यों से अर्थ निकालने की बात आती है तो यहाँ इसके लिये आगमन तर्क प्रणाली का नहीं बल्कि सृजनात्मकता (स्वयं मतलब निकालना) का सहारा लिया जाता है जिसमें आवश्यक रूप से अनुसंधानकर्त्ता के अपनी रुचियों तथा मान्यताओं की छाप आ जाती है। इस तरह ऐतिहासिक अनुसंधान का उत्पादन काफी कुछ सीमा तक व्यक्तिनिष्ठ (Subjective) होता है और ऐतिहासिक अनुसंधान काफी गुणात्मक बन कर इतिहासकारों की रचना को कलाओं की श्रेणी में खड़ा कर देते हैं।

ऐतिहासिक अनुसंधान का महत्त्व एवं उपयोगिता
(The Value and Significance of Historical Research)

ऐतिहासिक अनुसंधान के महत्त्व एवं उपयोगिता की निम्न शब्दों में चर्चा की जा सकती है।

1. अतीत के बारे में जानना (To know about the Past)

अतीत हमारे लिये पूरी तरह से अपरिचित होता है, इससे परिचय कराने का कार्य ऐतिहासिक अनुसंधानकर्त्ताओं या इतिहासकारों द्वारा ही किया जाता है। ऐतिहासिक अनुसंधानकर्त्ता अतीत में झाँकने हेतु उन सभी वर्तमान में उपलब्ध स्रोतों का सहारा लेते हैं जिनसे उन्हें अतीत में घटी हुई घटनाओं के बारे में वांछित जानकारी मिले। इस कार्य के लिये उन्हें उन व्यक्तियों, वस्तुओं, ऐतिहासिक दस्तावेजों (या प्रलेखों), अवशेषों, लोगों के द्वारा लिखे गये पत्र, डायरियों, पुस्तकों आदि तक पहुँचना होता है जो किसी रूप में घटी हुई घटनाओं के प्रत्यक्ष या

अप्रत्यक्ष रूप में गवाह रहे हों। उनसे प्राप्त सूचनाओं के विधिवत विश्लेषण तथा अर्थापन से ही वे ऐसे व्याख्यात्मक निष्कर्षों पर पहुँचते हैं जिनसे उस विश्वसनीय, वैध तथा प्रामाणिक तथ्यों या पठन सामग्री का उत्पादन हो सके जिसे हम इतिहास कहते हैं। इस प्रकार का किसी व्यक्ति, वस्तु, घटना, समुदाय, समाज, संस्था, विचार, दर्शन तथा प्रथाओं की उत्पत्ति तथा क्रमिक विकास को सही सही रूप में सामने लाने वाले इतिहास का उत्पादन करना ही ऐतिहासिक अनुसंधानकर्त्ताओं का कार्य होता है और इस प्रकार के उत्पादन से हमें अपने और अपने समाज, राष्ट्र और विश्व के अतीत से जुड़ी हुई घटनाओं और सम्बन्धों को जानने में पूरी पूरी मदद मिलती है।

2. अतीत के सहारे वर्तमान को समझना (To understand the Present on the basis of its Past)

ऐतिहासिक अनुसंधानों के परिणाम हमें स्पष्ट रूप से यह संकेत देते हैं कि जो कुछ आज वर्तमान में हो रहा है उसकी जड़ उसके अतीत में है। अतीत में जो कुछ हुआ वह कैसा था, उसके कैसे परिणाम व्यक्ति विशेष या समाज को भुगतने पड़े, उन सबकी जानकारी का फायदा हमें अपने वर्तमान को समझने में मिल सकता है और आज हम उन गलतियों से बचने की सीख ले सकते हैं। यही बात अच्छी प्रथाओं तथा तरीकों के चलन को लेकर भी है जो बातें अतीत में प्रयुक्त हो रही थीं और उनके अच्छे परिणाम निकल रहे थे उनको अपनाने की बात भी आज के समय में की जा सकती है। अतः अतीत में जो कुछ हमारे साथ हुआ उसकी इतिहास के रूप में सही जानकारी हमें अपने वर्तमान को समझने और सुधारने में पर्याप्त सहयोग प्रदान कर सकती है। उदाहरण के लिये शिक्षा दर्शन तथा किसी शिक्षा शास्त्री के विचारों और कार्यों के बारे में किये गये ऐतिहासिक अनुसंधान कार्य हमें अपने वर्तमान शैक्षिक नियोजन और शिक्षा व्यवस्था को एक नया रूप देने में सहयोग कर सकते हैं। इसी तरह हम अपने अतीत की अच्छी बातों और भूलों से सबक लेकर अपने वर्तमान की समस्याओं और चुनौतियों का सामना करने की पहल कर सकते हैं। जो समस्यायें या चुनौतियां आज शिक्षा, समाजशास्त्र, मनोविज्ञान, प्रबन्धन, खेलकूद तथा चिकित्सा विज्ञान में आ रही हैं, उन्हें अच्छी तरह समझने में हमें अतीत का अध्ययन काफी मदद कर सकता है। हम समस्याओं की जड़ में जाकर उनका समाधान ढूँढ़ सकते हैं। इनके इस उद्‌गम और क्रमिक विकास का ज्ञान हमें उनके अतीत के बारे में व्यवस्थित एवं वैज्ञानिक अनुसंधान द्वारा ही संभव है। इस दृष्टि से ऐतिहासिक अनुसंधान हमें अतीत से सबक लेकर वर्तमान को समझने और सुधारने में काफी मददगार साबित हो सकता है।

3. अतीत का भविष्य से सम्बन्धित भविष्यवाणी और नियोजन करने में उपयोग (To Employ the Past in Predicting and Planning the Future)

अतीत से शुरुआत कर हम आज अपने वर्तमान में पहुँचे हैं। किसी भी व्यवस्था या संगठन में पहले क्या था और अब यह किस स्थिति में आ गया है। इस प्रकार के परिवर्तनों के विश्लेषण से हमें यह अनुमान हो सकता है कि भविष्य में इसमें किस प्रकार की वृद्धि और विकास की आशा की जा सकती है। इस बात से हमें भविष्य के बारे में योजना बनाने तथा व्यवस्था में अपेक्षित सुधार लाने हेतु काफी ठोस आधार प्राप्त हो सकता है।

कोई व्यावहारिक विज्ञानों में ऐतिहासिक अनुसंधान क्यों करना चाहता है ? (Why Does a Person Want to Conduct Historical Research in Behavioural Science?)

व्यावहारिक विज्ञानों में अनुसंधानरत किसी अनुसंधानकर्त्ता के द्वारा ऐतिहासिक अनुसंधान में रुचि दिखाने के पीछे निम्न प्रयोजन कार्य कर सकते हैं :

- अज्ञात की खोज और अतीत में झांकना।

- ऐतिहासिक अतीत, उद्‌गम एवं विकास की दृष्टि से किसी वस्तु, विचार, दर्शन, संगठन तथा व्यक्ति के वर्तमान हालात और कार्यप्रणाली के बारे में किसी एक या अन्य प्रश्नों के उत्तर देना।
- अतीत का वर्तमान से क्या सम्बन्ध है इसका पता लगाना।
- व्यक्ति, समूह, संस्कृति या संस्थान विशेष की उपलब्धियों का पता लगाना, उनका अभिलेखन (Recording) करना तथा मूल्यांकन करना।
- किसी समूह, समाज, समुदाय या जाति विशेष की संस्कृति तथा सामाजिक संरचना को समझना।
- वर्तमान को उपयोगी और भविष्य को आशाप्रद बनाने हेतु अतीत से सबक लेना।
- अतीत के विचारों और व्यक्तियों के आदर्शों से प्रेरणा लेना।

व्यावहारिक विज्ञानों में ऐतिहासिक अनुसंधान के लिये प्रयुक्त अनुसंधान समस्यायें या विषय (The Research Problems/Topics Related to Historical Researches in Behavioural Sciences)

उपरोक्त प्रयोजनों को पूरा करने के संदर्भ में व्यावहारिक विज्ञानों में ऐतिहासिक अनुसंधान हेतु निम्न प्रकार की समस्याओं/विषयों का चयन किया जा सकता है :

A. शिक्षा (Education)

- भारत में स्त्री शिक्षा का इतिहास।
- प्राचीन वैदिक काल में शिक्षा की स्थिति।
- स्वामी विवेकानंद/अरविंद घोष/रवीन्द्रनाथ टैगोर का जीवन।
- भारत में शिक्षा के विकास में डी.ए.वी. संस्थाओं का योगदान।

B. मनोविज्ञान (Psychology)

- विभिन्न कालों में मनोविज्ञान का उद्‌भव एवं विकास।
- व्यवहारवाद/संज्ञानात्मकतावाद/मनोविश्लेषणवाद और उसका विकास।
- मानवतावाद–विकास एवं मनोविज्ञान में योगदान।
- फ्रायड (Freud) का मनोविज्ञान के विकास में योगदान।

C. समाजशास्त्र (Sociology)

- हरियाणा में खाप पंचायत व्यवस्था के विकास और कार्यप्रणाली का ऐतिहासिक परिप्रेक्ष्य।
- प्राचीन राजपूताना रियासतों में अबोध बच्चियों को मार डालने की प्रथा।
- नागा, भील आदि किसी भी जनजाति का सामाजिक जीवन एवं सांस्कृतिक प्रथायें।
- स्त्रियों/वरिष्ठ नागरिकों के प्रति बढ़ते हुये अपराधों का अध्ययन।

D. प्रबन्धन (Management)

- एक व्यापारिक संस्थान/औद्योगिक घराने (जैसे मोदीनगर, उत्तरप्रदेश का मोदी घराना) के पतन सम्बन्धी कारणों का अध्ययन।
- अपराधी हर्षद मेहता के हाथों शेयर बाजार के डूब जाने सम्बन्धी कारणों का अध्ययन।
- विश्व मुक्त बाजार और मुक्त व्यापार आंदोलन का सूत्रपात।
- चीन के आर्थिक चमत्कार का ऐतिहासिक विवेचन।

ऐतिहासिक अनुसंधान में प्रयुक्त सोपान या अवस्थायें
(Stages and Steps involved in Historical Research)

ऐतिहासिक अनुसंधान में अन्य अनुसंधानों की तरह अनुसंधानकर्त्ताओं द्वारा कुछ निश्चित सोपानों का अनुसरण करते हुये अपने अनुसंधान सम्बन्धी कार्यों का सम्पादन किया जाता है। प्रायः इसके लिये छः निम्न सोपानों का अनुसरण किया जाता है।

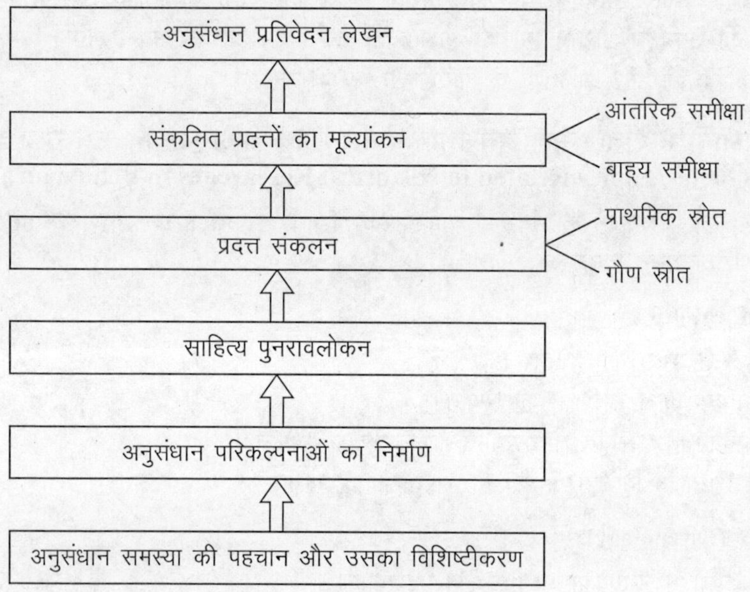

चित्र 3.1 ऐतिहासिक अनुसंधान की अवस्थायें एवं सोपान।

1. अनुसंधान समस्या की पहचान और उसका विशिष्टीकरण
(Identification and Specification of the Research Problem)

अन्य अनुसंधानों की तरह ऐतिहासिक अनुसंधान में भी एक ऐसी अनुसंधान समस्या का चयन और पहचान करने की आवश्यकता होती है जो ऐतिहासिक अनुसंधान करने की दृष्टि से उचित एवं महत्त्वपूर्ण हो। परन्तु ऐतिहासिक अनुसंधान के लिये किसी क्षेत्र या विषय विशेष का चुनाव कोई आसान बात नहीं होती। इस बिन्दु पर प्रकाश डालते हुए बोर्ग (Borg, 1963) ने लिखा है :

ऐतिहासिक अनुसंधान में आवश्यक रूप से यह महत्त्वपूर्ण होता है कि अनुसंधानकर्त्ता अपने आपको अनुसंधान के लिये समर्पित करने से पहले अपनी अनुसंधान समस्या को ठीक तरह परिभाषित करने और उसकी उपयुक्तता से परिचित हो जाये। बहुत सारी समस्याओं की ऐतिहासिक अनुसंधान विधियों से पटरी नहीं बैठती और इस उपागम के उपयोग से उनका ठीक तरह से समाधान नहीं ढूँढ़ा जा सकता है। अन्य समस्यायें ऐसी हो सकती हैं जिनमें वांछित प्रदत्तों की अनुपलब्धि या समस्या की अपनी क्लिष्टता ऐसी वजह बन जाये जिसके फलस्वरूप अनुसंधान से अच्छे परिणाम आने की कोई विशेष गुंजाइश न रहे।

इसलिये अपने अनुसंधान कार्य के लिये अनुसंधान समस्या का चयन करने में ऐतिहासिक अनुसंधानकर्त्ताओं द्वारा विशेष ध्यान देने की आवश्यकता है। अधिकतर अनुसंधानकर्त्ता इस दिशा में अपनी अनुसंधान समस्या या विषय के चयन हेतु निम्न दो बातों पर विशेष रूप से ध्यान देते हुए दिखाई देते हैं।

(i) ऐतिहासिक अनुसंधान की तरह का अनुसंधान करने हेतु समस्या विशेष का उचित तथा उपयुक्त होना।

(ii) इस प्रकार के अनुसंधान को करने के लिये अनुसंधानकर्त्ता की अपनी सहमति, रुचि और सामर्थ्य।

आइये इन दोनों बातों पर आगे कुछ अधिक विचार किया जाये।

(i) उचित एवं उपयुक्त होने की दृष्टि से अनुसंधान समस्या या विषय का चुनाव : अनुसंधान और उसमें भी विशेष रूप से ऐतिहासिक अनुसंधान करने हेतु कोई समस्या या विषय विशेष कितना उचित एवं उपयुक्त रहेगा, इस बात को आधार बनाना, अनुसंधानकर्त्ता को अपनी समस्या या विषय का चयन करने में काफी मदद कर सकता है। इस संदर्भ में उचित और उपयुक्त की पहचान हेतु गोट्सचाक (Gottschalk, 1951) ने अनुसंधानकर्त्ताओं को निम्न चार मूल प्रश्नों के उत्तर प्राप्त करने की बात की है।

(i) घटनायें कहाँ घटती हैं ? (ii) इनमें कौन व्यक्ति शामिल है ? (iii) घटनायें कब घटती हैं ? तथा (iv) किस प्रकार की मानवीय क्रियाओं का उनमें समावेश है ?

इन चारों प्रश्नों के उत्तर एक ऐतिहासिक अनुसंधान समस्या के क्षेत्र का सीमांकन करने में काफी मदद कर सकते हैं। इनमें से किसी को अधिक या कम महत्त्व देने से समस्या की प्रकृति बदल सकती है और फलस्वरूप अनुसंधानकर्त्ता द्वारा ऐसी समस्या के चयन में मदद मिल सकती है जिसमें भौगोलिक क्षेत्र, व्यक्तियों, समय अन्तराल तथा मानवीय क्रियाकलाप पर कम या अधिक जोर दिये जाने की बात शामिल हो।

(ii) अनुसंधानकर्त्ता की अपनी सहमति, रुचि और सामर्थ्य के हिसाब से समस्या का चयन : समस्या ऐसी होनी चाहिये जो अनुसंधानकर्त्ता की अपनी पसंद और सहमति की हो और जिसके संपादन हेतु उसमें आवश्यक योग्यता एवं कुशलता पाई जाये। इस सम्बन्ध में अपने विचार व्यक्त करते हुये हिल एवं कर्बर (Hill and Kerber, 1967) ने लिखा है :

ऐतिहासिक अनुसंधान मे समस्या के चयन में अनुसंधानकर्त्ता के व्यक्तित्व सम्बन्धी बातों का जितना अधिक हाथ रहता है उतना किसी अन्य व्यावहारिक विज्ञान अनुसंधानों में नहीं। अनुसंधानकर्त्ता के व्यक्तित्व से जुड़े हुये अनेक कारक जैसे उसकी रुचि, अभिप्रेरणा, ऐतिहासिक जिज्ञासा और ऐतिहासिक तथ्यों की व्याख्या हेतु उसकी शैक्षिक पृष्ठभूमि बहुत कुछ सीमा तक समस्या के चयन में काफी प्रभावकारी भूमिका निभाते हैं।

एक बार जब समस्या या विषय विशेष का चयन हो जाता है और उसकी ऐतिहासिक अनुसंधान में प्रयुक्त करने सम्बन्धी सामर्थ्य और उपादेयता का निर्धारण हो जाता है उसके बाद अनुसंधानकर्त्ता को चयनित समस्या को अच्छी तरह जानने और समझने के आवश्यक प्रयत्न करने चाहिये। इन प्रयत्नों में जो कार्य यहाँ किये जा सकते हैं, वे हैं (i) समस्या को उचित रूप में परिभाषित करना तथा (ii) इसके संपादन को परिस्थिति अनुसार व्यावहारिक बनाने हेतु इसका उचित रूप में सीमांकन (Delimitation) करना।

2. अनुसंधानात्मक परिकल्पनाओं का निर्माण (Formulation of Research Hypotheses)

अनुसंधानात्मक समस्या के आवश्यक विशिष्टीकरण (Specification) के पश्चात् अनुसंधानकर्त्ता को एक या कुछ विशिष्ट परीक्षण योग्य परिकल्पना/परिकल्पनाओं के निर्माण की आवश्यकता पड़ती है। ऐतिहासिक अनुसंधान के इस प्रकार की परिकल्पनाओं के निर्माण सम्बन्धी आवश्यकता पर प्रकाश डालते हुये बोर्ग (Borg, 1963) ने लिखा है :

बिना परिकल्पनाओं के ऐतिहासिक अनुसंधान में तथ्यों के उद्देश्यहीन संकलन के सिवाय और कुछ नहीं होता। ऐतिहासिक अनुसंधान सम्बन्धी प्रदत्तों के लिये स्रोत सामग्री की खोज हेतु विद्यार्थी का ध्यान जब तक विशिष्ट प्रश्नों या परिकल्पनाओं के लिये सम्बन्धित सूचना या जानकारी प्राप्त करने पर केन्द्रित नहीं होता तब तक यह आशा नहीं की जा सकती कि वह उपलब्ध प्रलेखों (Documents) से इस प्रकार के प्रदत्तों का संग्रह कर सकेगा जिनसे नवीन ज्ञान की प्राप्ति या अध्ययन किये जा रहे विषय को नई तरह से समझने में मदद मिले।

ऐतिहासिक अनुसंधानों के परिकल्पना निर्माण के संदर्भ में विद्वानों की अलग अलग राय देखने को मिल सकती है। उदाहरण के लिये वीरस्मा एवं जर्स (Weirsma & Jurs, 2005:229) ने यहाँ यह बताने का प्रयास किया है कि

ऐतिहासिक अनुसंधानकर्त्ताओं द्वारा अपने अनुसंधान में विशिष्ट अनुसंधानात्मक परिकल्पनाओं या प्रश्नों को स्थान दिया भी जा सकता है और नहीं भी। जब परिकल्पनाओं का कथन किया जाता है तो उन्हें प्रायः सांख्यिकी अर्थों में प्रस्तुत नहीं किया जाता, यद्यपि अतीत से ली गई किसी सांख्यिकी सूचना को परिकल्पना को स्वीकार करने या निरस्त करने के लिये प्रयोग में लाने में यहाँ कोई मनाही नहीं होती। वस्तुतः ऐतिहासिक अनुसंधानों में परिकल्पनायें अध्ययन किये जाने वाली घटनाओं, परिस्थितियों तथा मामलों की विशेषताओं, कारणों या प्रभावों के अनुमानित निष्कर्षों के रूप में सामने आती हैं।

परिणामस्वरूप यह कहा जा सकता है कि ऐतिहासिक अनुसंधानकर्त्ताओं को ऐतिहासिक घटनाओं में निहित सम्बन्धों की व्याख्या और स्पष्टीकरण हेतु विशिष्ट और परीक्षण योग्य परिकल्पना/परिकल्पनाओं के निर्माण की पहल करनी चाहिये परन्तु इसके लिये ऐसा नहीं कि वे अनावश्यक रूप से उन परिकल्पनाओं के निर्माण के लिये संघर्ष करते रहें जिनसे वस्तुतः हाथ में लिये गये अध्ययन के उद्देश्यों की पूर्ति में किसी भी प्रकार कोई सार्थक प्रयोजन सिद्ध होने की संभावना न हो।

3. साहित्य पुनरावलोकन (Literature Review)

अनुसंधानों में साहित्य पुनरावलोकन को प्रायः प्रारम्भिक स्तर पर किये जाने वाले ऐसे कार्य के रूप में समझा जाता है जिसकी सहायता से अनुसंधानकर्त्ता अपने अनुसंधान सम्बन्धी प्रदत्तों/सूचनाओं को एकत्रित करने तथा जो कुछ पहले अनुसंधान विषय पर ज्ञात किया जा चुका है, उसके बारे में जानकारी लेने में मदद मिलती है। परन्तु ऐतिहासिक अनुसंधानों में साहित्य पुनरावलोकन का यह उद्देश्य कुछ हटकर होता है। अन्य अनुसंधानों की तुलना में यहाँ इसमें कुछ अधिक व्यापकता एवं विविधता देखने को मिलती है। परिणामस्वरूप ऐतिहासिक अनुसंधानों में सम्बन्धित साहित्य के सर्वेक्षण और पुनरावलोकन से मुख्यतया निम्न उद्देश्यों की प्राप्ति का लक्ष्य बनाया जाता है।

- अनुसंधानकर्त्ता को अनुसंधान विषय पर किये जाने वाले विगत अनुसंधानों से परिचित कराना।
- पहले किये जा चुके अनुसंधान कार्यों से आवश्यक सीख लेने में शोधकर्त्ता की सहायता कराना।
- प्रस्तुत अनुसंधान विषय के लिये आवश्यक प्रदत्तों/सूचना के संकलन में मूल्यवान स्रोत के रूप में कार्य करना।
- अनुसंधानकर्त्ता को साहित्य पुनरावलोकन द्वारा उपलब्ध प्रदत्तों के विश्लेषण एवं व्याख्या से अनुसंधान परिणामों (परिकल्पनाओं को स्वीकार या अस्वीकार करना) पर पहुँचने में आवश्यक सहायता प्रदान करना।

4. प्रदत्त संकलन (Data Collection)

ऐतिहासिक अनुसंधान में भी अन्य अनुसंधानों की तरह अनुसंधान प्रश्नों के उत्तर देने हेतु प्रदत्तों का संकलन करना आवश्यक होता है। परन्तु प्रदत्तों का संकलन का कार्य यहाँ दूसरे अनुसंधानों के प्रदत्त संकलन कार्य से कुछ अलग हटकर होता है। ऐतिहासिक अनुसंधान तथा अन्य अनुसंधानों में पहला मुख्य अन्तर तो यही है कि ऐतिहासिक अनुसंधानकर्त्ता विगत घटनाओं के प्रत्यक्ष अवलोकन या परीक्षण के लिये अतीत (Past) में नहीं जा सकता। उसके पास तो यही विकल्प बचता है कि वह इस कार्य के लिये या तो दूसरों की कही, सुनी और लिखी बातों पर निर्भर रहे या उन साक्ष्यों तथा प्रलेखों की तलाश करे जो अतीत की कहानी कहने के लिये उपलब्ध हैं। इस बात पर आवश्यक रूप से प्रकाश डालते हुये होकेट (Hockett : 1955) ने लिखा है :

इतिहास, रसायनशास्त्र और भौतिकशास्त्र की तरह प्रत्यक्ष प्रेक्षण का विज्ञान नहीं है। इतिहासकार भूगर्भशास्त्री की तरह अतीत की घटनाओं की उनके द्वारा छोड़े गये अवशेषों के माध्यम से ही व्याख्या करता है, मनुष्यों द्वारा अतीत में किये गये कार्यों तथा उनके विचारों के साक्ष्यों के साथ उसका सम्बन्ध रहता है। लेकिन इतिहासकार को एक वैज्ञानिक की तरह ही पूर्णरूप से केवल उन्हीं साक्ष्यों को काम में लेना चाहिये जो विश्वसनीय प्रेक्षण पर आधारित हों। कार्यप्रणाली में अंतर इस बात को लेकर है कि इतिहासकार स्वयं प्रेक्षण नहीं करता और जिनके प्रेक्षण कार्य पर उसे निर्भर रहना पड़ता है वे कोई प्रशिक्षित प्रेक्षणकर्त्ता नहीं होते। ऐतिहासिक विधि इस तरह सही रूप में प्रेक्षण विधि न होकर प्रेक्षण के एक विकल्प और परिपूरक विधि के रूप में हमारे सामने आती है, इसमें इतिहासकार दूसरों के प्रेक्षण द्वारा प्राप्त प्रतिवेदनों (Reports) की सत्यता परखने का प्रयत्न करता है।

ऐतिहासिक अनुसंधानों में प्रदत्तों/सूचनाओं के संकलन हेतु जो स्रोत काम में लाये जाते हैं उन्हें मुख्य रूप से दो भागों – प्राथमिक स्रोत तथा गौण स्रोतों में बाँट कर समझा जा सकता है।

प्राथमिक स्रोत (Primary Sources)

अतीत की चीजों और घटनाओं का प्रत्यक्ष और सबसे पहला वर्णन या साक्ष्य जिन स्रोतों के माध्यम से उपलब्ध होता है उन्हें प्राथमिक स्रोत कहा जाता है। किसी अनुसंधानात्मक समस्या से सम्बन्धित सार्थक और उपयोगी सूचना/प्रदत्तों के संकलन में जितनी महत्त्वपूर्ण और सार्थक भूमिका इनके द्वारा निभाई जाती है वह किसी अन्य प्रकार के स्रोत से नहीं। कोहेन एवं अन्य (Cohen et al., 2000:61) ने प्राथमिक स्रोतों को हाथ में ली जाने वाली अनुसंधान समस्या के प्रदत्त संकलन हेतु एक बहुत ही मौलिक और ठोस आधार के रूप में चित्रित करते हुये प्रत्यक्ष और अप्रत्यक्ष दो वर्गों में बाँटा है। इनका आवश्यक वर्णन नीचे प्रस्तुत किया जा रहा है।

(i) प्रत्यक्ष स्रोत (Direct sources) : इस वर्ग में उन स्रोतों को शामिल कर सकते हैं जिनका अतीत की घटनाओं से कोई प्रत्यक्ष सम्पर्क या सम्बन्ध होता है और परिणामस्वरूप उनके द्वारा उन घटनाओं का जीवन्त वर्णन/चित्रण भलीभाँति प्राप्त हो सकता है। इन स्रोतों के संकलित प्रदत्तों के रूप में सामान्यतया हमें निम्न की उपलब्धि होती है :

अतीत की घटनाओं के वास्तविक गवाह या प्रतिभागियों के द्वारा लिखित या मौखिक रूप में दी जाने वाली जानकारी, आत्मकथायें, पत्र एवं व्यक्तिगत डायरियाँ, स्मृतियाँ, पांडुलिपियाँ, संविधान, राजलेख, राज्यादेश, मीटिंगों की कार्यवाही, फाइलें, लॉग बुक, चार्टर, कानून, वसीयतें, ठेके, लाइसैन्स, घोषणायें, डिग्री एवं सर्टीफिकेट्स, उपस्थिति अभिलेख, जनगणना रिपोर्ट्स, बजट, बिल, रसीदें, मैगजीन और समाचार पत्र विवरण, विज्ञापन, मानचित्र, चित्र, आरेख एवं अन्य ग्राफिक प्रस्तुतियाँ, पुस्तकें, प्रचार सामग्री, फोटोग्राफ, कार्टून, पेन्टिंग, फिल्म, रिकोर्डिंग तथा अनुसंधान लेख एवं प्रतिवेदन आदि।

(ii) अप्रत्यक्ष स्रोत (Indirect sources) : इस वर्ग में उन स्रोतों को शामिल किया जा सकता है जो न तो अतीत की घटनाओं के प्रत्यक्षदर्शी गवाह या प्रतिभागी होते हैं और न इन घटनाओं के वर्णन अथवा चित्रण से उनका जानबूझ कर कोई लेना देना होता है, परन्तु उनमें अप्रत्यक्ष रूप से जाने अनजाने यह कहने और बताने का सामर्थ्य होता है कि अतीत में क्या कुछ हुआ होगा। ऐसे स्रोतों में प्रायः एक समय विशेष में विद्यमान व्यक्ति, प्राणी तथा समूह विशेष के रहन–सहन सम्बन्धी अवशेषों तथा निशानियों का समावेश रहता है और फलस्वरूप इस प्रकार के अप्रत्यक्ष स्रोतों से उपलब्ध सूचनाओं/प्रदत्तों का प्रायः निम्न स्वरूप देखने को मिलता है।

जीवाश्म (Fossils), अस्थिपिंजर, अस्त्र–शस्त्र, औजार, खान–पान, आभूषण, पोशाकें, बर्तन, भवन सज्जा, चित्र, चित्रकारी, सिक्के तथा कलात्मक कृतियाँ, फर्नीचर, भाषा, साहित्य, शिलालेख, मूर्तियाँ और पूजा स्थल, कब्रिस्तान और इसी तरह की अन्य वस्तुएँ एवं कृतियाँ जिनका मूल प्रयोजन अपने समय की घटनाओं और स्थिति को सूचित करना नहीं था परन्तु वे अपने इस रूप में अब काफी कुछ बता रही हैं।

गौण स्रोत (Secondary Sources)

गौण स्रोतों से अभिप्राय अतीत से सम्बन्धित सूचनाओं को प्रदान करने वाले उन स्रोतों से होता है जिनका ऐतिहासिक अनुसंधान में की जाने वाली अध्ययन सम्बन्धी घटनाओं से कोई भी ऐसा प्रत्यक्ष सम्पर्क या सम्बन्ध नहीं होता जिसके आधार पर उन्हें प्रत्यक्षदर्शी गवाह या प्रतिभागी कहने जैसी कोई बात सामने आये। परिणामस्वरूप इस प्रकार के किसी स्रोत के रूप में न तो अनुसंधानकर्त्ता को यहाँ ऐसे किसी व्यक्ति का साक्षात्कार करने का मौका मिलता है जिसके सामने घटना घटी हो या वह स्वयं उस घटना का एक अंश रहा हो तथा न घटना सम्बन्धी कोई ऐसे अवशेष तथा निशानियाँ ही उसे प्राप्त हो पाती हैं जिनका प्रत्यक्ष संपर्क घटना से सम्बन्धित व्यक्तियों, समूहों, प्राणियों आदि से रहा हो। इस प्रकार के मौलिक और प्राथमिक स्रोतों की अनुपस्थिति अनायास ही एक अनुसंधानकर्त्ता को गौण स्रोतों की ओर खींच लाती है और वह घटनाओं का वर्णन करने वाले उन प्रलेखों (Documents) तथा अभिलेखों (Records) की सहायता लेने की कोशिश करता है जिनकी रचना उन व्यक्तियों द्वारा की जाती है जो घटना विशेष के न तो प्रत्यक्षदर्शी गवाह हैं और न प्रतिभागी।

दूसरे शब्दों में इस प्रकार गौण स्रोतों से अभिप्राय उन स्रोतों से है जिनमें सूचना प्रदान करने वाला व्यक्ति वह होता है जो न तो घटना विशेष का प्रत्यक्षदर्शी गवाह हो और न उसमें भाग लेने वाला कोई प्रतिभागी।

ऐतिहासिक अनुसंधानों में प्रदत्तों के संकलन हेतु प्रयुक्त गौण स्रोतों के उदाहरण के रूप में प्रमुख रूप से उन सभी अभिलेखों (Records) तथा प्रलेखों (Documents) का नाम लिया जा सकता है जिसे घटना विशेष का वर्णन करने हेतु किसी व्यक्ति विशेष (जो घटना का प्रत्यक्ष दर्शी गवाह या प्रतिभागी नहीं है) द्वारा किसी दूसरे व्यक्ति या स्रोत से उपलब्ध जानकारी के आधार पर तैयार किया जाता है। ऐतिहासिक अनुसंधानों में गौण स्रोतों के कुछ अन्य उदाहरणों के रूप में हम और जिन स्रोतों की चर्चा कर सकते हैं वे हैं : संदर्भित सामग्री, पाठ्यपुस्तकें, विश्वकोश, समाचार पत्र–पत्रिकायें, जरनल्स एवं पीरियोडीकल्स (Journals and Periodicals), पेन्टिंग की प्रतिलिपियाँ या कलात्मक वस्तुओं की नकल, अनुसंधान तथा अन्य संदर्भों का पुनर्वेक्षण आदि।

प्राथमिक तथा गौण स्रोतों की उपरोक्त जानकारी के बाद ऐतिहासिक अनुसंधानकर्त्ता के सामने यह प्रश्न खड़ा हो सकता है कि प्रदत्तों के संकलन हेतु उसे इनमें से किस प्रकार के स्रोतों को प्राथमिकता देनी चाहिये ? इस सम्बन्ध में बेस्ट (Best, 2006:93) ने अपने विचार व्यक्त करते हुये लिखा है :

प्रदत्तों के गौण स्रोत प्रायः सीमित मूल्य वाले होते हैं क्योंकि इनमें एक व्यक्ति से दूसरे व्यक्ति तक सूचना प्रेषित होने में सूचना की मौलिकता गड़बड़ा जाती है।

यहाँ बेस्ट के इस कथन से असहमति नहीं प्रकट की जा सकती क्योंकि यह कौन नहीं जानता कि प्राथमिक स्रोत किसी भी ऐतिहासिक अनुसंधान की जान होते हैं। परन्तु इसका यह अर्थ नहीं कि गौण स्रोतों से एकत्रित किये गये प्रदत्तों का कोई मूल्य नहीं होता और एक अनुसंधानकर्त्ता को उन्हें केवल उसी मजबूरी में प्रयोग में लाना चाहिये जबकि प्रदत्त संकलन हेतु प्राथमिक स्रोत उपलब्ध ही न हों। बात यह नहीं है, गौण स्रोतों से उपलब्ध प्रदत्त अपने आप में अपनी तरह से काफी महत्त्व की चीज है। इनके ऐसे महत्त्व पर टिप्पणी करते हुये कोहन एवं अन्य (Kohen, et al., 2007:194) ने लिखा है :

गौण स्रोतों की भी कीमत कम नहीं आंकी जानी चाहिये। ऐसे बहुत से अवसर आ सकते हैं जबकि किसी गौण स्रोत के उपयोग से, ऐसा न करने की तुलना में एक वैध और विश्वसनीय ऐतिहासिक अनुसंधान का रास्ता अच्छी तरह खुलता हुआ दिखाई दे।

वास्तव में अगर प्राथमिक तथा गौण स्रोतों में कौन ज्यादा ठीक है और कौन कम इस विवाद में न पड़ कर दोनों का ही यथास्थान उचित उपयोग कर लिया जाये तो इसमें सर्वदा लाभ ही रहता है। जितनी बातें प्राथमिक स्रोतों से पता चलें और जहाँ जो कमियाँ रह जायें, उन सबको उचित सहारा देने में गौण स्रोतों की पूरी मदद

लेने में सभी तरह के लाभ ही हैं। एक स्रोत से प्राप्त सूचनाओं को अधिक विश्वसनीय, वैध तथा वस्तुनिष्ठ बनाने में दूसरे स्रोतों से उपलब्ध सूचनायें और नवीन जानकारी से हमेशा फायदा ही रहता है यह बात ऐतिहासिक अनुसंधानकर्त्ताओं को सदैव याद रखनी चाहिये।

5. संकलित प्रदत्तों का मूल्यांकन (Evaluation of the Data Collected)

ऐतिहासिक अनुसंधानों में कार्यरत अनुसंधानकर्त्ता जो कुछ अतीत में बीत चुका है न तो उसका निरीक्षण कर सकते हैं और न उसके साथ कोई प्रयोग। उन्हें उपलब्ध सूचनाओं या जानकारी (जो प्रत्यक्ष या अप्रत्यक्ष कैसे भी स्रोतों से मिल सकती है) पर ही आश्रित रहना पड़ता है। इसलिये यह नितान्त स्वाभाविक है कि इस प्रकार की संकलित सूचनाओं या जानकारी का भलीभाँति मूल्यांकन किया जाये। इस मूल्यांकन को ऐतिहासिक अनुसंधान के संदर्भ में ऐतिहासिक समीक्षा नाम दिया जाता है जिसके सहारे संकलित जानकारी में जो कुछ भी निरर्थक, गलत या भ्रम में डालने वाला होता है उसे निकाल दिया जाता है तथा जो विश्वसनीय और वैध होता है उसे स्वीकार कर लिया जाता है। मूल्यांकन या ऐतिहासिक समीक्षा का कार्य जासूस या गुप्तचर के हाथों किये जाने वाले कार्य की तरह होता है और इसे दो अवस्थाओं—आंतरिक समीक्षा तथा बाह्य समीक्षा के अन्तर्गत सम्पन्न किया जाता है। आइये इन दोनों का परिचय प्राप्त किया जाये।

बाह्य समीक्षा (External Criticism)

इसका सम्बन्ध किसी सूचना स्रोत (प्रलेख, साक्ष्य या अवशेष आदि) की वैधता, विश्वसनीयता, औचित्यता तथा प्रामाणिकता स्थापित करने से होता है। इस समीक्षा का केन्द्र बिन्दु सूचना स्रोत अपने आप में स्वयं होता है, उस स्रोत से मिलने वाली सूचना या जानकारी नहीं। इसलिये इस प्रकार की समीक्षा करने में शोधकर्त्ता को सारा ध्यान इस बात पर लगाना होता है कि सूचना स्रोत के रूप में प्रयुक्त प्रलेख (दस्तावेज) प्रामाणिक हैं या नहीं, इनमें कोई हेराफेरी, अदल बदल, धोखाधड़ी और अनावश्यक रूप से छेड़छाड़ तो नहीं की गई है, आदि आदि। इस प्रकार की बाह्य समीक्षा को उचित रूप देने हेतु इसे दो भागों – सूक्ष्म समीक्षा तथा स्थूल समीक्षा में बाँटकर क्रियान्वित किया जा सकता है।

सूक्ष्म समीक्षा (Higher Criticism)

इस प्रकार की समीक्षा में सूचना स्रोत में निहित तिथि और सूचना प्रदान करने वाले व्यक्ति की असलियत और प्रामाणिकता को परखने पर जोर दिया जाता है। यह करने के लिये यहाँ निम्न क्रियाओं का सहारा लिया जा सकता है।

विषयवस्तु विश्लेषण (Content analysis) : यहाँ विषयवस्तु के रूप में प्रदत्त सामग्री में कोई विसंगति और विरोधाभास है या नहीं इस बात का परीक्षण किया जाता है। व्यक्तियों की जीवनी और घटनाओं के घटित होने में कालक्रम सम्बन्धी विसंगतियाँ तो नहीं हैं, रीति–रिवाजों और परम्पराओं का जो वर्णन मिलता है, उसकी उस समय विशेष से पटरी बैठती है या नहीं, जिस भाषा का प्रयोग किया गया है वह समय और स्थान विशेष के उपयुक्त ठहरती है या नहीं। इस प्रकार की बातों की समीक्षा के आधार पर शोधकर्त्ता यह निर्णय लेता है कि प्रस्तुत सूचना स्रोत/प्रलेख असली है या नहीं।

दूसरे साक्ष्यों की विषयवस्तु से तुलना (Comparison with the contents of other evidences) : यहाँ शोधकर्त्ता द्वारा किसी सूचना स्रोत या प्रलेख की प्रामाणिकता सिद्ध करने हेतु यह देखना होता है कि दूसरे अन्य सूचना स्रोतों या प्रलेखों से प्राप्त सूचनायें इससे कितना मेल खाती हैं। अगर मेल नहीं खाती हैं तो इनमें से किस स्रोत पर विश्वास किया जाना चाहिये इस बात का निर्धारण करना यहाँ काफी आवश्यक हो जाता है। शोधकर्त्ता को यहाँ प्राचीन हस्तलिपियों, पांडुलिपियों, शिलालेखों आदि की

लिखावट और उसकी वास्तविकता पर ध्यान केन्द्रित करना होता है। किस तरह के हस्ताक्षर हैं, कैसी लिखावट है, कैसी भाषा का किस प्रकार प्रयोग हुआ है, वस्तुओं, व्यक्तियों और घटनाओं का किस रूप में वर्णन किया गया है। इस प्रकार की बहुत सी बातों के संदर्भ में उपलब्ध सभी सूचना स्रोतों की गुणवत्ता को खंगाला जाता है और फिर अन्य प्रसिद्ध और प्रामाणिक रचनाकारों की कृतियों से तुलना करके यह जाँच की जाती है कि प्रस्तुत सूचना स्रोत को कितना वास्तविक/प्रामाणिक माना जाना चाहिये।

भौतिक गुणों का निरीक्षण एवं विश्लेषण (Observation and Analysis of the Physical Properties) : किसी सूचना स्रोत या प्रलेख की वास्तविकता तथा प्रामाणिकता का अनुमान उसके रंग रूप, स्थिति तथा अन्य भौतिक गुणों के निरीक्षण तथा विश्लेषण से लगाया जा सकता है। कागज और स्याही की वर्तमान अवस्था प्रलेख की आयु के सम्बन्ध में काफी कुछ बता सकती है। इसी तरह इस्तेमाल की गई लकड़ी, लगाये गये पत्थर, सिले हुए वस्त्र तथा प्रयुक्त की गई धातुयें आदि बातें सूचना स्रोत की आयु तथा अन्य सम्बन्धित बातों की प्रामाणिकता को हमारे सामने लाने में पूरा सहयोग कर सकती हैं।

स्थूल समीक्षा (Lower Criticism)

इस प्रकार की समीक्षा में मोटे तौर पर केवल यह देखने का प्रयत्न किया जाता है कि उपलब्ध सूचना स्रोत या प्रलेख (दस्तावेज) मौलिक है या उसका कोई प्रतिरूप। उसे आज तक कितने इतिहासकारों ने अपनी रचना में उद्धृत किया है या ऐतिहासिक शोधकर्त्ताओं ने अपने शोधों में काम में लाया है, जिस रचनाकार के नाम पर वह उपलब्ध है क्या उस रचनाकार की अन्य रचनाओं/कृतियों से कालक्रम और विषयवस्तु की गहराई के संदर्भ में वह मेल खाता है या नहीं, इत्यादि।

आंतरिक समीक्षा—ऐतिहासिक विश्वसनीयता (Internal Cricitism—Historical Reliability)

सूचना स्रोत की वास्तविकता तथा प्रामाणिकता की पुष्टि के पश्चात् अब यह सोचा जाता है कि उस स्रोत द्वारा प्रदत्त सूचनायें/जानकारी कितनी विश्वसनीय, वैध और प्रामाणिक है। इस सम्बन्ध में ऐसा करने के लिये एक शोधकर्त्ता को निम्न प्रश्नों के उत्तर प्राप्त करना उपयुक्त रहता है।

(i) क्या उपलब्ध सूचना या जानकारी शोध से जुड़े हुये व्यक्तियों, घटनाओं या समय विशेष का सही चित्र प्रस्तुत करती है ?

(ii) क्या प्रलेख या सूचना स्रोत का लेखक/रचनाकार इस प्रकार की सूचना या जानकारी को प्रदान करने के संदर्भ में आवश्यक रूप से सक्षम, ईमानदार और वस्तुनिष्ठ कहलाया जा सकता है।

इन दोनों प्रश्नों पर अगर ध्यान दिया जाये तो मूल बात तो सूचना स्रोत के लेखक/रचनाकार की विश्वसनीयता और दक्षता को लेकर ही है, इसलिये समीक्षा का केन्द्र भी मुख्य रूप से उन्हें ही होना चाहिये। ट्रेवर्स (Travers, 1969) ने इस सम्बन्ध में शोधकर्त्ताओं को कुछ निम्न प्रश्नों के उत्तर प्राप्त करने का परामर्श दिया है।

- घटनाओं का निरीक्षण करने हेतु वे किस सीमा तक प्रशिक्षित या अप्रशिक्षित थे ? दूसरे शब्दों में वे इस कार्य हेतु कितने सक्षम थे ?
- उनके घटनाओं के साथ किस प्रकार के सम्बन्ध थे ?
- डर से या प्रलोभन से वे किस सीमा तक इतने दबाव में थे कि उनके द्वारा तथ्यों की अनदेखी या उनमें हेराफेरी की जाये ?
- प्रलेखों के लेखकों के स्वार्थ/प्रयोजन क्या थे ?
- इन विशिष्ट घटनाओं के अभिलेखन (Recording) हेतु वे किस सीमा तक आवश्यक रूप से योग्य थे ?
- क्या इन लेखकों की आदतें ऐसी थीं जिससे अभिलेखन की शुद्धता पर आँच आये ?

- क्या सही चित्रण करने के संदर्भ में उनका दृष्टिकोण बहुत अधिक आपत्ति जताने वाला या सहानुभूतिपूर्ण था ?
- घटना के कितनी देर बाद उन्होंने साक्षियों का अभिलेखन किया ?
- क्या वे सही सही याद रखने में समर्थ थे ?
- अंत में, क्या उनमें और अन्य स्वतन्त्र साक्षियों (गवाहियों) में सहमति थी ?

उपरोक्त सभी प्रश्नों के संतोषजनक उत्तर पाना एक शोधकर्त्ता के लिये काफी कठिन कार्य है परन्तु फिर भी उसे अपनी तरफ से ऐसा करने की पूरी कोशिश करनी चाहिये कि जिससे उपलब्ध सूचना/जानकारी की सहायता और प्रामाणिकता स्थापित करने में कोई कसर नहीं रहे।

आंतरिक समीक्षा के वास्तविक दौर में गुजरते हुये एक ऐतिहासिक अनुसंधानकर्त्ता को प्रायः निम्न दो प्रकार की तकनीकों का प्रयोग करते हुये देखा जा सकता है।

सकारात्मक आंतरिक समीक्षा तकनीक (The Technique of Positive Internal Criticism)

इस समीक्षा तकनीक में एक ऐतिहासिक अनुसंधानकर्त्ता सूचना स्रोत से उपलब्ध सूचना या जानकारी की सत्यता और प्रामाणिक परखने के लिये सारा जोर इस बात पर देता है कि सूचना विशेष में उसके सही या यथार्थ रूप में क्या अर्थ छुपा हुआ है ? ऐसा करने के लिये अनुसंधानकर्त्ता अपनी तरफ से पूरी कोशिश करता है कि उपलब्ध सूचना/लिखित सामग्री की गहराई में उतरकर उसके सही और वास्तविक अर्थ को प्रकाश में लाया जाये क्योंकि सूचना/जानकारी के शाब्दिक और भावपूर्ण वास्तविक अर्थों में काफी कुछ अन्तर रहता है।

नकारात्मक आंतरिक समीक्षा तकनीक (The Technique of Negative Internal Criticism)

इस समीक्षा तकनीक में ऐतिहासिक अनुसंधानकर्त्ता स्रोत विशेष से उपलब्ध किसी भी सूचना या जानकारी की वास्तविकता और प्रामाणिकता स्थापित करने के लिये सकारात्मक के स्थान पर नकारात्मक दृष्टिकोण अपनाता है। वह यह मानकर चलता है कि सूचना किसी एक या अन्य वजह से सत्य या प्रामाणिक नहीं है और फिर इन वजहों (Reasons) को निर्मूल करते हुये, इस परिणाम पर पहुँचने का प्रयत्न करता है कि सूचना/जानकारी सही और प्रामाणिक है।

इस प्रकार से ऐतिहासिक अनुसंधानकर्त्ता द्वारा विभिन्न प्रकार के सूचना स्रोतों और उनसे एकत्रित सूचना या जानकारी को आंतरिक और बाह्य समीक्षाओं से अवश्य गुजारना चाहिये ताकि प्राप्त जानकारी आधिकारिक रूप से विश्वसनीय, वैध और प्रामाणिक बन सके। अगर स्रोत ही प्रामाणिक नहीं हैं तो उसे अनुसंधान में प्रयुक्त करना ही बेकार है। प्रामाणिक होने पर भी यह देखना जरूरी है कि उपलब्ध सूचना या जानकारी हमारी अनुसंधान समस्या के संदर्भ में कितनी सार्थक है ? अगर सार्थक नहीं है तो फिर ऐसी सूचनाओं के संकलन का भी कोई औचित्य नहीं रह जाता। इस तरह संकलित सूचनाओं/प्रदत्तों के उचित मूल्यांकन की ओर अनुसंधानकर्त्ताओं को आवश्यक रूप से उचित कदम उठाने से ही ऐतिहासिक अनुसंधान का उद्देश्य सही अर्थों में हासिल हो सकता है।

6. अनुसंधान प्रतिवेदन लेखन (Writing the Research Report)

प्रदत्तों के संकलन तथा विश्लेषण के बाद अनुसंधानकर्त्ता के सामने अनुसंधान प्रतिवेदन को लिपिबद्ध करने का कार्य होता है। निःसंदेह यह एक काफी चुनौतीपूर्ण कार्य होता है जिसके संपादन हेतु अनुसंधानकर्त्ता में काफी सृजनात्मकता, प्रभावपूर्ण अभिव्यक्ति, ऊँचे दर्जे की वस्तुनिष्ठा, व्यवस्थित विश्लेषण और निष्कर्ष निकालने सम्बन्धी क्षमता की आवश्यकता पड़ती है। इस कार्य के संपादन में अनुसंधानकर्त्ता को निम्न प्रकार के उत्तरदायित्व निभाने होते हैं।

- अधिक सार्थक सूचना सामग्री का चयन एवं संगठन

- संगठित सूचना सामग्री का विश्लेषण एवं व्याख्या
- निष्कर्ष निकालना
- निष्कर्षों को सारयुक्त विवरण के रूप में प्रस्तुत करना।

इन चारों प्रकार की क्रियाओं का नीचे हम एक संक्षिप्त सा परिचय दे रहे हैं।

1. अधिक सार्थक सूचना सामग्री का चयन एवं संगठन (The selection and organization of the most pertinent information) : प्राथमिक एवं गौण स्रोतों से संकलित एवं विश्लेषित सूचना सामग्री में से जो उपयुक्त रूप से सार्थक प्रतीत होती है यानी जिससे अनुसंधान समस्याओं के उत्तर प्राप्त करने में फायदा पहुँचता हो उसका चयन करने और ऐसी चयनित सूचना सामग्री को ठीक ढंग से व्यवस्थित एवं संगठित करने का कार्य यहाँ पहले चरण में किया जाता है। यह बहुत जरूरी है कि ऐतिहासिक अनुसंधानों में एकत्रित सूचना सामग्री का बड़ा लम्बा चौड़ा ढेर होता है, उसमें से केवल मात्र उसका चयन यहाँ सार्थक होता है जो प्रस्तुत अनुसंधान प्रश्नों के हित संपादन में सहायक हो। यह कार्य बहुत ही सावधानी से किया जाना चाहिये और उन्हीं घटनाओं, घटनाचक्रों तथा कथनों को महत्त्व दिया जाना चाहिये जो प्रतिवेदन प्रस्तुतीकरण में काम आते हों। चयन प्रक्रिया के बाद चयनित सामग्री के उचित संगठन एवं व्यवस्थीकरण हेतु दो प्रकार से आगे बढ़ा जा सकता है (i) कालक्रमानुसार सूचनाओं और घटनाओं का संगठन (ii) प्रकरण, विषय और उपयोगिता के संदर्भ में सूचनाओं एवं घटनाओं का संगठन।

पहले प्रकार के संगठन हेतु अनुसंधानकर्त्ता मात्र यह ध्यान रखता है कि कौन सी घटना या सूचना सामग्री कालक्रमानुसार पहले आनी चाहिये और कौन सी बाद में। यहाँ उसे उसकी महत्ता या उपयोगिता से कोई फर्क नहीं पड़ता। दूसरे प्रकार के संगठन में वह कालक्रम के चक्कर में न पड़कर वह सूचना सामग्री को किसी विषय या प्रकरण विशेष के इर्द–गिर्द संगठित करना चाहता है ताकि अनुसंधान प्रश्नों के उत्तर देने में इनका सार्थक उपयोग किया जा सके। दोनों तकनीकों में अपनी अपनी अच्छाईयाँ हैं इसलिये बेहतर यही रहता कि सूचना सामग्री के संगठन में दोनों के समन्वित रूप का इस्तेमाल किया जाये। परिणामस्वरूप अनुसंधानकर्त्ता को पहले तो उससे प्रतिवेदन प्रस्तुतीकरण के लिये काम में लाई जाने वाली सूचना सामग्री को विशेष प्रकरणों/विषयों के रूप में संगठित करने का प्रयास करना चाहिये और फिर इस विषयानुसार संगठित सामग्री को कालक्रमानुसार व्यवस्थित करने की पहल करनी चाहिये।

2. संगठित सूचना सामग्री का विश्लेषण एवं व्याख्या (Analysis and interpretation of the organized information) : इस अवस्था में पहले किये जाने वाला कार्य – संगठित सूचना सामग्री का भलीभाँति विश्लेषण करना होता है और दूसरा कार्य इस विश्लेषण के आधार पर विश्लेषित सामग्री की उचित व्याख्या करना। व्याख्या करने में अनुसंधानकर्त्ता को ऐसी व्याख्या पर केन्द्रित रहना चाहिये जो इस परिस्थिति विशेष में सामान्यतया उभर कर सामने आती हो परन्तु अगर कोई विशेष प्रकार की व्याख्या की भी यहाँ संभावना हो तो उसकी भी यहाँ किसी न किसी रूप में चर्चा अवश्य होनी चाहिये। परन्तु विश्लेषण एवं व्याख्या दोनों प्रकार की क्रियाओं में अनुसंधानकर्त्ता को यह सदैव ध्यान रखना चाहिये कि उसकी कार्यप्रणाली पूरी तरह निष्पक्ष, तर्कसंगत एवं वस्तुनिष्ठ बनी रहे। बहुत बार यहीं काफी त्रुटियाँ और असावधानियाँ हो जाती हैं, अनुसंधानकर्त्ता को इनसे बचने का प्रयत्न करना चाहिये। उसे इस संदर्भ में सामान्य रूप से क्या करना चाहिये, इसकी तरफ इशारा करते हुये सुखिया (Sukhia, S.P. et. al, 1966:174) ने निम्न त्रुटियों/असावधानियों की चर्चा की है।

- **अति सरलीकरण (Over simplification) :** यानी यह समझने में गलती करना कि घटनाक्रमों के घटने के पीछे प्रायः कोई एक सरल कारण नहीं होता बल्कि अनेक पेचीदा कारण हो सकते हैं।
- **अति सामान्यीकरण (Over generalization) :** जो अपर्याप्त साक्षियों, मात्र दिखने वाली सादृश्यताओं तथा त्रुटिपूर्ण तर्क प्रक्रिया के फलस्वरूप उत्पन्न हो सकता है।

- **पूर्व प्रचलित प्रलचन** के आधार पर शब्दों और अभिव्यक्तियों की व्याख्या न कर पाना।
- **परिस्थिति विशेष में विद्यमान महत्त्वपूर्ण और महत्त्वहीन तथ्यों में अंतर स्थापित करने में असफलता।**

3. निष्कर्ष स्थापित करना (Formulating conclusions) : संगठित सूचना सामग्री/प्रदत्तों के विश्लेषण और व्याख्या के आधार पर अनुसंधानकर्त्ता अपने अनुसंधान प्रश्नों के उत्तर प्राप्त करने हेतु अब यहाँ कुछ वैध निष्कर्षों को स्थापित करने का प्रयत्न करता है। इस प्रकार से अनुसंधान प्रतिवेदन तैयार करने सम्बन्धी इस अवस्था में अनुसंधान समस्या के सम्बन्ध में उचित निर्णय लेने का कार्य किया जाता है। जो परिकल्पनायें अनुसंधान प्रश्नों के उत्तरों के सम्बन्ध में पूर्व में स्थापित की जाती है उनको स्वीकृत करने या न करने की बात यहाँ अब स्थापित निष्कर्षों के माध्यम से ही बनती है। इसके अतिरिक्त अनुसंधानकर्त्ता के द्वारा स्थापित निष्कर्षों/परिणामों का उपयोग प्रतिवेदन प्रस्तुतीकरण की अगली अवस्था 'सार्थक विवरण प्रस्तुत करना' में भी किया जाता है।

4. निष्कर्षों को सार्थक विवरण के रूप में प्रस्तुत करना (Writing of conclusions in a meaningful narrative) : यहाँ अनुसंधानकर्त्ता द्वारा अब यह प्रयत्न किया जाता है कि वह पिछली अवस्था में स्थापित किये गये निष्कर्षों या निकाले गये परिणामों को उचित रूप से एक सार्थक विवरण के रूप में प्रस्तुत करे। ऐसा करने में जहाँ एक ओर उसे अपने अनुसंधान परिणामों/निष्कर्षों को काफी संगठित और व्यवस्थित रूप में प्रस्तुत करना होता है, तो दूसरी ओर उसे अपनी विवरण शैली में भी आवश्यक गुणवत्ता लानी होती है। जहाँ तक हो सके ऐसी कोशिश की जानी चाहिये कि अपनाई गई विवरण शैली में अनुसंधानकर्त्ता द्वारा जो कुछ प्रस्तुत किया जा रहा है उस पर पूर्ण स्वामित्व की झलक दिखाई दे और प्रतिवेदन के लेखन में भाषा की सरलता, प्रभावशीलता, प्रवाहशीलता, वस्तुनिष्ठा तथा अभिव्यक्ति की समर्थता आदि आवश्यक गुणों का परिचय मिल जाये।

ऐतिहासिक अनुसंधान की सीमायें तथा अनुभव की जाने वाली कठिनाइयाँ (Limitations and Difficulties Encountered in Historical Research)

एक अनुसंधानकर्त्ता को ऐतिहासिक अनुसंधान के संपादन के निम्न प्रकार की संपादन सीमाओं और कठिनाइयों का सामना करना पड़ सकता है।

- अनुसंधानकर्त्ता अतीत में जो कुछ घट चुका है उसका प्रत्यक्ष रूप से अवलोकन एवं परीक्षण नहीं कर सकता। उसे उन अन्य व्यक्तियों या स्रोतों के द्वारा प्रदत्त साक्ष्यों पर निर्भर रहना पड़ता है जो किसी न किसी रूप में घटनाओं के घटने के साक्ष्य होते हैं। वह स्वयं उनका निरीक्षण और परीक्षण करके सम्बन्धित सूचना/प्रदत्तों का संग्रह नहीं कर सकता।
- जिस तरह प्रायः अनेक सहसम्बन्ध और प्रयोगात्मक अनुसंधानों में होता है, ऐतिहासिक अनुसंधानों में विगत घटनाओं का कार्य कारण सम्बन्ध युक्त उचित वैज्ञानिक आधार अपनाते हुये अध्ययन नहीं किया जा सकता।
- ऐतिहासिक अनुसंधानों के लिये एकत्रित सूचनाओं में विश्वसनीयता लाने हेतु एक अनुसंधानकर्त्ता को यह आवश्यकता होती है कि वह उन सूचनाओं से जुड़े हुये प्राथमिक स्रोतों अर्थात् प्रत्यक्ष अनुभवों तक अपनी पहुँच बना सके। सबसे बड़ी कठिनाई यहाँ अनुसंधानकर्त्ता को ऐसी पहुँच बनाने को लेकर होती है। अतीत का स्वयं साक्षात्कार न कर सकने की मजबूरी यह सब कुछ नहीं करने देती। सूचनाओं को प्राप्त करने के लिये जब वह दूसरों की कही या लिखी बातों को आधार बनाना चाहता है तो उसे इन स्रोतों से उपलब्ध जानकारी की विश्वसनीयता, वैधता तथा प्रामाणिकता स्थापित करने में अनेक कठिनाइयों का सामना करना पड़ता है।

- अपने स्वयं के निरीक्षण और परीक्षण की अनुपस्थिति में अनुसंधानकर्त्ता को दूसरों की कही या लिखी बातों या अन्य गौण स्रोतों से प्राप्त साक्षियों का सहारा लेना होता है। बाह्य स्रोतों से उपलब्ध इन सूचनाओं की विश्वसनीयता, वैधता, वस्तुनिष्ठा और प्रामाणिकता को स्थापित करना अपने आप में काफी कठिन कार्य होता है और प्रायः इनके बारे में अनिश्चितता और संदेह का वातावरण बना ही रहता है। जो कुछ भी दूसरों के द्वारा कहा या लिखा जाता है उसमें घटनाओं के विवरण को लेकर उनका अपना व्यक्तिगत मत, स्वार्थ और परिस्थिति विशेष को लेकर अपनी मजबूरी हो सकती है और फलस्वरूप उनके द्वारा लिखी और कही बातें यथार्थ और प्रामाणिक नहीं रह पातीं और इसी के दुष्परिणाम वर्तमान अनुसंधानकर्त्ता को भुगतने पड़ते हैं।

4

वर्णनात्मक या नोर्मेटिव सर्वेक्षण अनुसंधान
[Descriptive or Normative Survey Research]

विषय प्रवेश (Introduction)

पिछले अध्याय में आपने ऐतिहासिक अनुसंधान के बारे में पढ़ा है। इस प्रकार का अनुसंधान अतीत में घटी घटनाओं का विवरण प्रस्तुत करने में मदद करता है। यहाँ एक अनुसंधानकर्त्ता जो कुछ अतीत में घट चुका है उसकी खोज, वर्णन और व्याख्या करने का कार्य करता है। अतीत की इस प्रकार की खोज और विवरण में कार्यरत होने के अतिरिक्त व्यावहारिक विज्ञान अनुसंधानकर्त्ताओं के सामने ऐसी परिस्थितियाँ भी आ सकती हैं जब उन्हें वर्तमान में अपने सामने स्थित बातों को जानने, समझने और उनका वर्णन/विवरण प्रस्तुत करने के लिये कहा जाये। ऐसे अनुसंधानों के संपादन में अनुसंधानकर्त्ताओं से यह अपेक्षा की जाती है कि वे उन पूर्व निर्मित परिकल्पनाओं की जाँच करे जो वर्तमान में उपस्थित परिस्थितियों और कारकों को प्रकाश में लाने का कार्य करती हैं। इस प्रकार के अनुसंधानों को सामान्यतया "वर्णनात्मक या नार्मेटिव सर्वेक्षण अनुसंधान" कह कर पुकारा जाता है। प्रस्तुत अध्याय में हम इस अनुसंधान के अर्थ, प्रयोजन और क्रियान्वयन पद्धति की विस्तार में चर्चा करना चाहेंगे।

वर्णनात्मक या नार्मेटिव सर्वेक्षण अनुसंधान क्या है ?
(What is Descriptive or Normative Survey Research ?)

अपने शाब्दिक अर्थ में वर्णनात्मक अनुसंधान से तात्पर्य एक ऐसे अनुसंधान से है जिसका उद्देश्य उन वस्तुओं, घटनाओं तथा प्रक्रियाओं का वर्णन करना होता है जिनके बारे में अनुसंधान किया जा रहा है। ऐतिहासिक अनुसंधान से वर्णनात्मक अनुसंधान इस बात में बिल्कुल अलग दिखाई देता है कि यहाँ वर्तमान परिस्थितियों से सम्बन्धित बातों को जानकर उनका वर्णन करने का उद्देश्य सामने रखा जाता है ऐतिहासिक अनुसंधानों की तरह अतीत की खोज और उसका विवरण यहाँ प्रस्तुत नहीं किया जाता। वर्णनात्मक अनुसंधान की इस प्रकार की अवधारणा पर मुहर लगाते हुये लैन्डमेन (Landman, 1988:59) ने लिखा है :

वर्णनात्मक अनुसंधान इस प्रकार से एक ऐसा अनुसंधान है जिसका सम्बन्ध मुख्यतया वर्तमान परिस्थिति की प्रकृति या हालातों का पूरे विस्तार से वर्णन करना होता है।

इस प्रकार के अनुसंधानों के अर्थ एवं प्रकृति पर और अधिक प्रकाश डालते हुए बेस्ट एवं काहन (Best and Kahn, 2000:18) ने लिखा है :

एक वर्णनात्मक अध्ययन "जो है" उसका वर्णन और व्याख्या करता है। इसका सम्बन्ध उन हालातों या सम्बन्धों से है जो इस समय मौजूद हैं, उन मत या रायों से है जिसे वर्तमान में लोगों ने बना रखा है, उन प्रक्रियाओं से है जो चल रही हैं, उन प्रभावों से है जो स्पष्ट रूप से सबके सामने हैं या उन प्रवृत्तियों से है जो

पनप रही हैं। इसका सम्बन्ध इस तरह मुख्यतया वर्तमान से ही होता है, हाँ यह बात अलग है कि इसमें कभी कभी उन विगत घटनाओं पर भी विचार कर लिया जाये जिनका सम्बन्ध आज के हालातों से हो।

(A descriptive study describes and interprets what is. It is concerned with the conditions or relationships that exist, opinions that are held, processes that going on, effects that are evident, or trends that are developing. It is primarily concerned with the present, although it often considers past events as they relate to current conditions).

किसी एक परिस्थिति में किसी एक समष्टि (Population) विशेष में क्या कुछ चल रहा है इसकी जानकारी लेने हेतु वर्णनात्मक अनुसंधानों में जिस विशेष तकनीक या पद्धति का अनुसरण किया जाता है उसे सर्वेक्षण तकनीक (Survey Technique) का नाम दिया जाता है। इसी कारणवश वर्णनात्मक अनुसंधान अभिकल्पों को सर्वेक्षण अनुसंधान अभिकल्पों का नाम भी दे दिया जाता है। इस बात पर अपनी मुहर लगाते हुये ग्रेवटर एवं फोरजनो (Gravettor & Forzano, 2003:168) ने लिखा है :

एक अनुसंधानात्मक अध्ययन जिसमें किसी एक समूह के व्यक्तियों का वर्णन प्राप्त करने हेतु सर्वेक्षण का उपयोग किया जाता है, सर्वेक्षण अनुसंधान अभिकल्प (Survey Research Design) कहलाता है। यहाँ यह बात अच्छी तरह जान लेनी चाहिये कि हम विविध प्रकार के अनुसंधान अभिकल्पों में सर्वेक्षण का एक मापन तकनीक के रूप में उपयोग करते ही रहते हैं। केवल इस बात से कि उसमें सर्वेक्षण को काम में लाया गया है, कोई अध्ययन, सर्वेक्षण अनुसंधान अभिकल्प का रूप नहीं ले सकता। एक अनुसंधान, सर्वेक्षण अनुसंधान अभिकल्प का रूप तभी ले सकता है जबकि उसमें सर्वेक्षण का उपयोग केवल मात्र अध्ययन किये जाने वाले चरों के वर्णन के लिये किया जाये। यही कारण है कि हम सर्वेक्षण अनुसंधान को वर्णनात्मक अनुसंधान कहकर भी पुकारते हैं।

आगे और भी विचार किया जाये तो जैसा कि सुखिया एवं अन्य (Sukhia et al., 1966:179) का कहना है कि वर्णनात्मक अनुसंधानों में सर्वेक्षण तकनीक का उपयोग एक विशेष उद्देश्य से किया जाता है और वह है यह देखना कि वर्तमान समय में सामान्य रूप में या अपने किसी विशिष्ट रूप में किस प्रकार के हालात और तौर–तरीकों का प्रचलन है। यही कारण है कि वर्णनात्मक अनुसंधान अध्ययनों को नोर्मेटिव सर्वेक्षण अनुसंधान का भी नाम दिया जाता है। यहाँ "नार्मेटिव" पद का प्रयोग इस बात का सूचक है कि इस प्रकार के अनुसंधान में यह जानने का प्रयत्न किया जाता है कि जिस समष्टि (Population) या प्रक्रिया विशेष के बारे में अनुसंधान कार्य किया जा रहा है उसमें आज के दौर में किस प्रकार की सामान्य या विशिष्ट (Normal or typical) बातें (अनुसंधान प्रश्नों के संदर्भ में) चल रही हैं। दूसरे पद "सर्वेक्षण" का प्रयोग इस बात का सूचक होता है कि सर्वेक्षण तकनीक या पद्धति का उपयोग करके वर्तमान में स्थित हालातों तथा तौर–तरीकों के बारे में जानकारी प्राप्त की जाती है।

वर्णनात्मक या नोर्मेटिव सर्वेक्षण अनुसंधान : एक ऐसा अनुसंधान जिसमें सर्वेक्षण तकनीक का उपयोग कर पहले यह पता लगाया जाता है कि किसी स्थिति विशेष में आजकल सामान्य रूप से क्या कुछ घटित हो रहा है और फिर इन खोजी गई बातों का अनुसंधान प्रतिवेदन के माध्यम से उचित रूप में वर्णन करना होता है।

इस प्रकार से चाहे जिस रूप में हम उसे संबोधित करें, वर्णनात्मक अनुसंधान का मुख्य उद्देश्य अपने प्रथम दौर में प्रस्तुत समष्टि (Population) या प्रक्रिया विशेष के बारे में ऐसे प्रश्नों जैसे कौन, क्या, कहाँ, कब और कैसे का उत्तर प्राप्त करना होता है और दूसरे दौर में इस प्रकार के प्रश्नों के उत्तरों को विवरणात्मक रूप में अपने अनुसंधान प्रतिवेदन में प्रस्तुत करना होता है।

वर्णनात्मक या नोर्मेटिव सर्वेक्षण अनुसंधान की प्रकृति एवं विशेषतायें (The Nature and Characteristics of the Descriptive or Normative Survey Research)

वर्णनात्मक या नोर्मेटिव सर्वेक्षण अनुसंधान अन्य व्यावहारिक विज्ञान अनुसंधानों से बहुत बातों में काफी अलग तरह की विशेषताओं से युक्त पाया जाता है। इसकी प्रकृति और विशेषताओं को मुख्य रूप से निम्न प्रकार लिपिबद्ध किया जा सकता है।

1. "क्या था" और "क्या हो गया" इन बातों के अनुसंधान के स्थान पर "क्या है" और "क्या विद्यमान है" इसका पता लगाना ही वर्णनात्मक या नोर्मेटिव सर्वेक्षण अनुसंधान का ध्येय होता है।
2. किसी परिस्थिति विशेष में एक निश्चित समय सीमा के भीतर क्या कुछ चल रहा होता है इस बात का पता लगाने हेतु यहाँ सर्वेक्षण विधि/तकनीक का उपयोग किया जाता है।
3. यहाँ अनुसंधानकर्त्ता का कार्य किसी विशेष व्यक्तिगत मामले (व्यक्ति विशेष, संस्था या प्रक्रिया) का अध्ययन करना नहीं होता बल्कि पूरी समष्टि (Whole population) में व्याप्त आम हालातों तथा तौर तरीकों को जानकर उनका वर्णन करना होता है। अब चूँकि पूरी समष्टि के सभी अवयवों पर पहुँचना काफी कठिन, अव्यावहारिक और खर्चीला रहता है इसीतिये प्रतिदर्श (Sample) का चयन करके अनुसंधान करने की बात कहना इस प्रकार के अनुसंधान की प्रमुख विशेषता मानी जाती है।
4. इस प्रकार का अनुसंधान जैसा कि कोहन एवं अन्य (Cohen et al., 2000:169) का विचार है, बहुमुखी उपयोगिता वाला सिद्ध होता है किसी एक परिस्थिति और समय विशेष में सर्वेक्षण करके जो सूचनायें एकत्रित की जाती हैं उनसे वर्तमान हालातों पर तो प्रकाश पड़ता ही है, साथ ही अनुसंधानकर्त्ता उन मानकों (Standards) की थाह भी पा सकता है जिनके साथ वर्तमान हालातों की तुलना की जाये अथवा वह उन सम्बन्धों की तलाश कर सकता है जो विशिष्ट घटनाओं के बीच विद्यमान रहते हैं।
5. वर्णनात्मक अनुसंधानों में यद्यपि खोजी गई सूचनाओं का वर्णन तथ्यात्मक, सही और व्यवस्थित होता है परन्तु अनुसंधानकर्त्ता यहाँ यह बताने में असमर्थ रहता है कि ऐसा क्यों हुआ। "क्या है" इसका वर्णन करते ही यहाँ उसे चुप हो जाना पड़ता है। इस तरह वर्णनात्मक अनुसंधान में चरों का प्रयोगात्मक अध्ययन करके कार्य–कारण सम्बन्ध स्थापित करने की बात नहीं की जाती और परिणामस्वरूप वर्णनात्मक या नोर्मेटिव सर्वेक्षण अनुसंधानों को अप्रायोगिक अनुसंधानों (Non experimental research) की श्रेणी में रखा जाता है। परन्तु फिर भी इन अनुसंधानों का प्रयोग वर्तमान में जो कुछ हो रहा है उसके पीछे छुपे कारणों का स्पष्टीकरण देने के लिये अवश्य किया जा सकता है जैसे बालकों के स्कूल से भागने, महिलाओं के प्रति बढ़ती हुई अप्रिय घटनाओं तथा दुर्घटनाओं में वृद्धि होने के पीछे क्या कारण काम कर रहे हैं आदि आदि।
6. वर्णनात्मक या नोर्मेटिव सर्वेक्षण अनुसंधानों में किये जाने वाले वर्णन का स्वरूप केवलमात्र गुणात्मक ही नहीं होता बल्कि यह काफी कुछ सीमा तक संख्यात्मक और परिमाणात्मक भी होता है। इसलिये इस अनुसंधान से प्राप्त प्रदत्तों को आवृत्ति प्रतिशत, मध्यमान, विचलन और अन्य आँकड़े जन्य तथ्यों की प्राप्ति हेतु सुगमतापूर्वक काम में लाया जा सकता है। अपने इस गुण के कारण ही इन अनुसंधानों को बहुधा सांख्यिकी अनुसंधान (Statistical Researches) भी कह दिया जाता है।
7. इस प्रकार के अनुसंधान अपने क्षेत्र और गूढ़ता की दृष्टि से काफी व्यापक और विशद होते हैं। उदाहरण के लिये कभी तो इनका केन्द्रबिन्दु एक विशिष्ट व्यवहार जैसे नींद में खर्राटे लेने वाला व्यवहार या किसी पार्टी विशेष के प्रति बनाई अभिवृत्ति का अध्ययन करना होता है तो कई बार वह इतना जटिल हो

जाता है कि उसमें एक साथ विविध प्रकार के व्यवहारों तथा अभिवृत्तियों का पूरा व्यापक चित्र उपस्थित करने की बात कही जाती है। इसी प्रकार एक समय तो वर्णनात्मक या नोर्मेटिव सर्वेक्षण अनुसंधान घटनाओं की आवृत्ति की गणना तक ही सीमित रह सकता है तो दूसरी बार इसमें घटनाओं के बीच सम्बन्ध स्थापित करने जैसा बड़ा लक्ष्य सामने रखा जा सकता है।

8. वर्णनात्मक या नोर्मेटिव सर्वेक्षण अनुसंधान परिमाणात्मक और गुणात्मक दोनों ही प्रकार का हो सकता है। उदाहरण के लिये अनुसंधानकर्त्ता एक सफल अध्यापक/प्रबंधक/विक्रेता की विशेषताओं का वर्णन गुणात्मक तथा संख्यात्मक दोनों रूपों में ही भलीभाँति कर सकता है।
9. यद्यपि वर्णनात्मक या नोर्मेटिव सर्वेक्षण अनुसंधान का मुख्य उद्देश्य यह अध्ययन और वर्णन करता है कि किसी परिस्थिति और समय विशेष में क्या कुछ घट रहा है, परन्तु इस प्रकार के अध्ययन का आकर्षण कई बार कुछ अन्य बातों को लेकर भी हो सकता है जैसे दी हुई परिस्थिति और सीमाओं में अध्ययन निष्कर्षों का समुचित सामान्यीकरण, इसकी कथनीकरण सम्बन्धी ऐसी क्षमता जिसे सर्वेक्षण द्वारा संकलित एक बड़े प्रदत्त भंडार द्वारा समर्थन दिया जाता हो और परिणामों में एक अद्भुत विश्वास जताने सम्बन्धी क्षमता आदि।

वर्णनात्मक या नोर्मेटिव सर्वेक्षण अनुसंधान का महत्त्व एवं उपयोगिता
(The Significance or Importance of the Descriptive or Normative Survey Research)

वर्णनात्मक या नोर्मेटिव सर्वेक्षण अनुसंधान किसी भी तरह से उच्च स्तरीय नियन्त्रित प्रयोगात्मक अनुसंधानों से कम नहीं आँके जा सकते। इनके महत्त्व एवं उपयोगिता को व्यावहारिक विज्ञानों के क्षेत्र में निम्न प्रकार से प्रदर्शित किया जा सकता है।

1. किसी लागू किये गये कार्यक्रम या कार्यपद्धति की प्रगति का आज की वास्तविक परिस्थितियों में निरीक्षण और अध्ययन करके उचित मूल्यांकन करने का उद्देश्य वर्णनात्मक या नोर्मेटिव सर्वेक्षण अनुसंधानों से भलीभाँति पूरा हो सकता है।
2. मानव व्यवहार को उसके वास्तविक रूप में जैसा कि वह स्वाभाविक रूप से घर, कक्षाकक्षों, खेल के मैदानों, मनोरंजन केन्द्रों तथा कार्यस्थलों पर घटित होता है, अच्छी तरह से प्रेक्षण करने, व्यवस्थित रूप से विश्लेषण करने तथा उससे उचित निष्कर्ष निकालने में वर्णनात्मक या नोर्मेटिव सर्वेक्षण अनुसंधान उचित रूप से सहयोगी सिद्ध होते हैं।
3. इन अनुसंधानों से किसी चालू कार्यक्रम या कार्यपद्धति की प्रगति तथा किसी प्रबन्धन की शैली तथा संगठनात्मक परिवेश आदि का आगे क्या भविष्य रहेगा इस बारे में भी उचित अनुमान लगाया जा सकता है। यह यहाँ इसलिये संभव है कि इन अनुसंधानों में अलग अलग समय पर सर्वेक्षण करते हुये जो प्रदत्त संकलन का कार्य किया जाता है उसकी मदद से किसी कार्यक्रम, शैली या संगठन की प्रगति का पहले अतीत मालूम पड़ता है और फिर उसका वर्तमान। अतीत से वर्तमान के दौर में क्या और कैसी प्रगति हुई है इसका विश्लेषण अब यह निश्चित करने में सहायता कर सकता है कि उसका भविष्य क्या होने वाला है। उदाहरण के लिये अगर किसी क्षेत्र विशेष में जहाँ परिवार नियोजन कार्यक्रम लागू है, वहाँ जनसंख्या में गिरावट आ गई है इसकी जानकारी सर्वेक्षण से मिलती है तो यह सर्वेक्षणात्मक अनुसंधान यह कहने में समर्थ हो सकता है कि परिवार नियोजन कार्यक्रम के लागू करने का फायदा अन्य क्षेत्रों को भी मिल सकता है तथा इसे अगर इसी तरह सुचारू रूप से चलाया जाता रहे तो इससे जनसंख्या में और अपेक्षित गिरावट आ सकती है।

4. वर्णनात्मक या नोर्मेटिव सर्वेक्षण अनुसंधान में पूरी समष्टि की एक या अन्य विशेषताओं को जानने और वर्णन करने का बड़ा कार्य, समष्टि (Population) के एक छोटे से प्रतिदर्श (Sample) का अध्ययन करने मात्र से ही संभव करने की एक अनूठी विशेषता पाई जाती है।
5. इन अनुसंधानों से विभिन्न समूहों तथा समष्टियों के बीच तुलना करने हेतु बहुत आसानी और शीघ्रता से काफी बड़ी तादात में सांख्यिकी प्रदत्त मिल जाते हैं और फलस्वरूप ऐसे अनुसंधानात्मक अध्ययन समष्टि के दो या दो से अधिक बृहद समूहों के बीच तुलनात्मक अध्ययन करने हेतु काफी उपयोगी सिद्ध होते हैं।
6. वर्णनात्मक या नोर्मेटिव सर्वेक्षण अनुसंधानों के संपादन से अनुसंधानकर्त्ताओं को व्यवहारात्मक विज्ञानों में किये जाने वाले अनुसंधानात्मक अध्ययनों में प्रयुक्त विभिन्न प्रकार के साधनों, तकनीकों तथा उपकरणों को विकसित करने का अवसर मिलता है। मानकीकृत उपलब्धि परीक्षण, बुद्धि परीक्षण, रुचि प्रश्नावली, व्यक्तिगत एवं समायोजन परिसूची, निर्धारण मापनी, चैकलिस्ट तथा साक्षात्कार अनुसूची आदि का विकास इन अनुसंधानों के ही परिणाम कहे जाते हैं।
7. सहसम्बन्ध अध्ययनों के रूप में वर्णनात्मक या नोर्मेटिव सर्वेक्षण अनुसंधान व्यवहारात्मक विज्ञान अनुसंधानों में किये जाने वाले अध्ययनों में प्रयुक्त दो या दो से अधिक चरों के बीच स्थित सम्बन्धों तथा सहसम्बन्धों की खोज और व्याख्या करने में बहुत उपयोगी सिद्ध होता है।
8. अपने अनुसंधान प्रयासों को वर्तमान परिस्थितियों में ही सीमित रखकर अनुसंधानकर्त्ता यहाँ व्यावहारिक विज्ञानों के विभिन्न विषयों से सम्बन्धित ज्ञान और अनुप्रयोगों के लिये ऐसी विषय सामग्री एकत्रित करने में सफल होते हैं जिसे उन्होंने पूर्व निर्धारित परिकल्पनाओं के उचित परीक्षण तथा सामान्यीकरण के फलस्वरूप निष्कर्षित किया होता है।
9. इस प्रकार के अनुसंधानों में अनुसंधानकर्त्ता को प्रायोगिक अनुसंधानों में किये जाने वाले कठिन और पेचीदा कार्यों जैसे चरों पर नियन्त्रण, नियंत्रित अवस्थाओं में प्रेक्षण तथा प्रयोग तथा एक चर का दूसरे चर पर पड़ने वाले प्रभाव के बारे में निष्कर्ष निकालना आदि से मुक्ति मिल जाती है। यहाँ तो चरों के इस प्रभाव को बिना किसी औपचारिकता तथा नियंत्रण के स्वाभाविक वातावरण में, जैसे वे हैं, उसी रूप में आसानी से अध्ययन किया जा सकता है।
10. जीवन जीने सम्बन्धी परिस्थितियों और उपलब्ध वातावरण में अध्ययन हेतु हमें प्रायः स्वाभाविक और वास्तविक परिवेश ही मिलता है, नियन्त्रित और प्रायोगिक नहीं। इस प्रकार का सहज रूप में उपलब्ध स्वाभाविक परिवेश/वातावरण, वर्णनात्मक या नोर्मेटिव सर्वेक्षण जैसे अप्रायोगिक अनुसंधान अध्ययन के लिये ही ठीक बैठ सकता है प्रायोगिक अनुसंधानों के लिये नहीं।

इस बात पर आवश्यक प्रकाश डालते हुये वेस्ट एवं काहन (Best & Kahn, 2000:119) ने लिखा है :

वर्णनात्मक अनुसंधान विधि व्यावहारिक विज्ञानों के लिये विशेष रूप से उपयुक्त है क्योंकि अनुसंधानकर्त्ता जिन व्यवहारों का अध्ययन करना चाहता है उनमें से अधिकांश को वास्तविक परिस्थितियों में मनमर्जी से नियोजित नहीं किया जा सकता। कुछ चरों को मानव प्रयोज्यों के साथ प्रयोग में लाना हानिप्रद एवं खतरनाक सिद्ध हो सकता है जैसे कि किसी अनुसंधानकर्त्ता के लिये जो धूम्रपान के प्रभाव का केन्सर, हृदय रोग तथा धूम्रपान जन्य अन्य रोगों के सम्बन्ध में अध्ययन करना चाहता है, यह सोचना भी कितना गलत है कि वह प्रयोज्यों के चुनाव में मनचाहे ढंग से या संयोग चयन (Random Selection) विधि से यह निर्णय ले कि किसको धूम्रपान करना है और किसको नहीं।

व्यावहारिक विज्ञानों में प्रयुक्त वर्णनात्मक या नोर्मेटिव सर्वेक्षण अनुसंधानों के प्रकार (Types of Descriptive or Normative Survey Research in Behavioural Sciences)

वर्णनात्मक या नोर्मेटिव सर्वेक्षण अनुसंधान को जिन चार विभिन्न रूपों या ढंगों से कुछ निश्चित प्रकारों में वर्गीकृत किया जा सकता है उन्हें हम नीचे प्रस्तुत कर रहे हैं :

A. अध्ययन क्षेत्र की दृष्टि से किया गया वर्गीकरण (Classification based on the basis of the Field of the Study)

वर्णनात्मक या नोर्मेटिव सर्वेक्षण अनुसंधानों को उनके अपने अध्ययन क्षेत्रों के आधार पर वर्गीकृत किया जा सकता है जैसे समुदाय सर्वेक्षण, सामाजिक सर्वेक्षण, बाजार सर्वेक्षण, शैक्षिक सर्वेक्षण, वाणिज्य सर्वेक्षण, राजनैतिक सर्वेक्षण तथा भौगोलिक सर्वेक्षण आदि।

B. प्रयोजन की दृष्टि से किया गया वर्गीकरण (Classification based on the basis of Purposes Served)

यहाँ वर्गीकरण का आधार अनुसंधान विशेष से सिद्ध किये जाने वाला प्रयोजन होता है। अलग अलग प्रकार के प्रयोजनों को सिद्ध करने में पाई जाने वाली अपनी अपनी विशेषताओं के कारण ही वर्णनात्मक या नोर्मेटिव सर्वेक्षण अनुसंधानों को हम उनके विभिन्न प्रकारों जैसे सहसम्बन्ध अनुसंधान, कारणजन्य तुलनात्मक अनुसंधान (Causative Comparative Research), वस्तुस्थिति अन्वेषण अनुसंधान (Status Investigation Research), प्रवृत्ति या प्रवाह विश्लेषण अनुसंधान (Trend Analysis Research) आदि।

C. सर्वेक्षण अभिकल्प की दृष्टि से किया गया वर्गीकरण (Classification on the basis of the Survey Design Used)

इस प्रकार के वर्गीकरण में वर्णनात्मक या नोर्मेटिव सर्वेक्षण अनुसंधानों को विभिन्न प्रकारों में बाँटने का आधार उनके द्वारा सर्वेक्षण या अध्ययनों के लिये प्रयुक्त अलग अलग अभिकल्पों (Designs) का चुनाव करना है। इस आधार का उपयोग करते हुये उन्हें विभिन्न प्रकारों जैसे प्रतिखंडात्मक (Cross Sectional) अनुसंधान, लम्बवत (Longitudinal) अनुसंधान, पैनल (Pannel) अनुसंधान, प्रवृत्ति या प्रवाह सूचक अनुसंधान (Trend Showing Research) आदि में बाँटा जा सकता है।

D. सर्वेक्षण के लिये प्रयुक्त तकनीक के आधार पर किया गया वर्गीकरण (Classification based on the Techniques Employed in Surveying)

वर्णनात्मक या नोर्मेटिव सर्वेक्षण अनुसंधानों को विभिन्न प्रकारों में यहाँ इस आधार पर बाँटा जाता है कि उनमें सर्वेक्षण या प्रदत्त संकलन कार्य में किस प्रकार की विशेष तकनीक या साधन का प्रयोग किया गया। इसके उदाहरण रूप में हम आमने सामने बैठकर किया गया सर्वेक्षण, मेल सर्वेक्षण, टेलीफोन सर्वेक्षण, इन्टरनेट और वैब आधारित अध्ययनों का नाम ले सकते हैं।

उपरोक्त चारों प्रकारों के वर्गीकरण में हमने वर्णनात्मक या नोर्मेटिव सर्वेक्षण अनुसंधानों के जितने प्रकारों का उल्लेख किया है उनमें से कुछ प्रमुख प्रकारों पर हम पाठकों की सुविधा हेतु यहाँ आवश्यक चर्चा करना चाहेंगे।

सहसम्बन्ध अनुसंधान (Correlation Researches)

सहसम्बन्ध अनुसंधान वे वर्णनात्मक या नोर्मेटिव सर्वेक्षण अनुसंधान होते हैं जिन्हें किसी अनुसंधानात्मक अध्ययन से सम्बन्धित दो चरों या दो प्रदत्त समूहों के बीच सम्बन्ध तलाशने के लिये काम में लाया जाता है। इस प्रकार के अनुसंधान व्यावहारिक विज्ञानों में काफी लाभप्रद सिद्ध होते हैं क्योंकि ये अनुसंधानकर्त्ता को उनके

अनुसंधानात्मक अध्ययन में परिकल्पित दो चरों (जैसे उपलब्धि अभिप्रेरणा और शैक्षिक उपलब्धि) के बीच पाये जाने वाले सहसम्बन्ध की उपस्थिति और मात्रा को जानने में पूरी मदद करते हैं। इस सम्बन्ध में जैसा कि कोहन एवं अन्य (Cohen et al., 2000:193) का मत है :

सहसम्बन्ध तकनीक सामान्यतया दो चरों या दो प्रदत्त समूहों के बारे में तीन प्रश्नों के उत्तर प्राप्त करने हेतु प्रयोग में लाई जाती है। पहला, क्या दो चरों (अथवा प्रदत्त समूहों) के बीच कोई सम्बन्ध है ? अगर हाँ तो फिर दो अन्य प्रश्न सामने आते हैं – इस सम्बन्ध की दिशा क्या है ? और इसकी दशा या तादात क्या है ?

सहसम्बन्ध अनुसंधान : ऐसा अनुसंधान जिसे दो चरों के बीच स्थित सम्बन्ध की जानकारी लेने (उसकी दिशा और दशा सहित) हेतु संपादित किया जाता है।

इस प्रकार के प्रश्नों का उत्तर देता हुआ एक सहसम्बन्ध अनुसंधान दो प्रकार के प्रयोजनों – निदान तथा भविष्यकथन की पूर्ति करता हुआ दिखाई देता है। इस बात को और अच्छी तरह स्पष्ट करने हेतु हम उपलब्धि अभिप्रेरणा और शैक्षिक उपलब्धि नामक दो चरों से युक्त एक सहसम्बन्ध अनुसंधान अध्ययन का उदाहरण देना चाहेंगे। इस अध्ययन का पहला उद्देश्य यह पता लगाना है कि उपलब्धि अभिप्रेरणा और शैक्षिक उपलब्धि में कोई सम्बन्ध है भी या नही? सम्बन्ध है इस बात का निदान करने के पश्चात् अनुसंधानकर्त्ता इस सम्बन्ध की दिशा (Direction) और दशा या तादात (Magnitude) का पता लगाने की कोशिश कर सकता है। अगर दिशा धनात्मक है और दशा या तादात पूर्ण सहसम्बन्ध जैसी है तब वह यह अच्छी तरह कह सकता है कि उपलब्धि अभिप्रेरणा जितनी ज्यादा होगी उसी मात्रा में विद्यार्थियों की शैक्षिक उपलब्धि की मात्रा भी बढ़ती जायेगी।

परन्तु दो चरों का इस प्रकार का स्पष्ट सम्बन्ध स्थापित कर उचित भविष्यवाणी करने का कार्य उतना सहज नहीं जितना दिखाई देता है। उपलब्धि अभिप्रेरणा एक स्वतन्त्र चर है और शैक्षिक उपलब्धि आश्रित चर। परन्तु शैक्षिक उपलब्धि केवल मात्र उपलब्धि अभिप्रेरणा पर ही निर्भर नहीं है, वह अन्य चरों (जिन्हें मध्यस्थ या अवरोधी चर भी कहा जाता है) जैसे बुद्धि लब्धि, सामाजिक–आर्थिक स्तर आदि से भी अच्छी मात्रा में प्रभावित होता हुआ देखा जा सकता है। इन मध्यस्थ या अवरोधी चरों को नियन्त्रित करना (यानी इनके प्रभाव को निर्मूल करना) भी जरूरी है अगर हम उपलब्धि अभिप्रेरणा द्वारा शैक्षिक उपलब्धि पर पड़ने वाले प्रभाव का (इनके बीच स्थित सम्बन्ध) का सीधा अध्ययन करना चाहते हैं। जब हम किसी प्रायोगिक अनुसंधान में दो चरों के बीच सम्बन्ध की जाँच करना चाहते हैं तो प्रयोगकर्त्ता के पास यह सुविधा होती है कि वह मध्यस्थ या अवरोधक चरों पर समुचित नियन्त्रण स्थापित करता हुआ स्वतन्त्र चर में घटत–बढ़त करते हुये आश्रित चर में होने वाले परिवर्तनों को सावधानीपूर्वक नोट करता जाये। सहसम्बन्ध अध्ययनों में मध्यस्थ या अवरोधक चरों पर इस प्रकार का नियन्त्रण स्थापित करके उनके प्रभाव को निर्मूल करते हुए स्वतन्त्र और आश्रित चरों के बीच स्थित किसी भी प्रत्यक्ष सम्बन्ध के प्रेक्षण और मापन की बात नहीं की जा सकती। इनके प्रभाव को निर्मूल तो यहाँ किया जाता है परन्तु यह कार्य अध्ययन से पहले नहीं बाद में होता है। इसके लिये अनुसंधानकर्त्ता को आंशिक सहसम्बन्ध (Partial Correlation) नामक सांख्यिकी तकनीक अपनानी पड़ती है। इसकी विस्तार में चर्चा हम आगे के अध्याय 31 में करेंगे। इस प्रकार से सहसम्बन्ध अनुसंधानों में हमारे पास एक विशेष सुविधा इस बात को लेकर होती है कि हम अनुसंधान अध्ययन को प्रभावित करने वाले सभी प्रकार के महत्त्वपूर्ण मध्यस्थ या अवरोधी चरों के प्रभाव को अध्ययन के उपरान्त सांख्यिकी तकनीक से निर्मूल कर सकते हैं। दूसरे प्रायोगिक अध्ययनों में इतने नियन्त्रण और कृत्रिम वातावरण की सृष्टि करते हुये भी हम स्वतन्त्र और आश्रित चरों के बीच एक सरल कार्य–कारण सम्बन्ध की ही पुष्टि कर पाते हैं। इसकी तुलना में सहसम्बन्ध अनुसंधानों में किसी एक या अनेक चरों के प्रभाव का अध्ययन करना सम्भव ही नहीं बल्कि सरल भी होता है क्योंकि शोधकर्त्ता को यहाँ विविध प्रकार के नियन्त्रण और कृत्रिमता सृजित करने के झंझट में नहीं पड़ना पड़ता। वह वास्तविक और स्वाभाविक परिस्थितियों में ही

उचित प्रेक्षण और प्रयोग करता हुआ अपने अनुसंधानात्मक प्रदत्तों का संकलन कर दोनों प्रदत्त समूहों के बीच आवश्यक सहसम्बन्ध ज्ञात कर लेता है। इसलिये शैक्षिक और व्यवहारात्मक अनुसंधानों में (जहाँ किसी एक परिणाम या निष्कर्ष के पीछे काफी कारक चर कार्य कर रहे होते हैं) प्रायोगिक अनुसंधानों के स्थान पर सहसम्बन्ध अनुसंधान अध्ययन करना ज्यादा लाभदायक और सुविधाजन्य सिद्ध होता है।

कारणजन्य-तुलनात्मक अनुसंधान (Causative Comparative Researches)

कारणजन्य या कारण खोजी तुलनात्मक अनुसंधानों से तात्पर्य ऐसे वर्णनात्मक या नोर्मेटिव सर्वेक्षण अनुसंधानों से है जिनमें एक अनुसंधानकर्त्ता हालातों/प्रक्रियाओं/घटनाओं के बीच स्थित समानताओं और असमानताओं की तुलना करते हुये यह पता लगाने की कोशिश करता है कि इन प्रक्रियाओं, हालातों या घटनाओं के घटित होने के पीछे कौन से कारक या कारण कार्य कर रहे हैं।

> **कारणजन्य तुलनात्मक अध्ययन** : एक ऐसा वर्णनात्मक अनुसंधान जो प्रयोगात्मक अनुसंधान के एक विकल्प के रूप में दो चरों – स्वतन्त्र तथा आश्रित में कार्य कारण सम्बन्ध स्थापित करने में सहायता करता है।

वास्तव में इस प्रकार के वर्णनात्मक अनुसंधान को प्रायोगिक अनुसंधान के एक विकल्प के रूप में स्वतन्त्र और आश्रित चरों के बीच कार्य–कारण सम्बन्ध स्थापित करने हेतु उपयोग में लाया जाता है। प्रायः ऐसा काम करना कुछ निम्न परिस्थितियों में शोधकर्त्ता के लिये जरूरी हो जाता है।

(i) जब अनुसंधानकर्त्ता स्वतन्त्र चर में प्रहस्तन (Manipulation) करने और प्रायोगिक अध्ययन के लिये आवश्यक नियन्त्रण स्थापित करने में असमर्थ हो।

(ii) समय, धन और शक्ति के उपयोग की दृष्टि से प्रायोगिक विधि का उपयोग करना खर्चीला सिद्ध होता है।

(iii) ऐसी कुछ नैतिक और आचार संहिता युक्त बातें आड़े आ सकती हैं जिनकी वजह से प्रयोगीकरण को एक शोध विधि बनाना उचित न हो।

इस प्रकार के कारणजन्य तुलनात्मक अनुसंधानों के उदाहरण के रूप में हम बाह्य दुर्घटनाओं के लिये ड्राइवरों द्वारा शराब पीकर वाहन चलाने को एक बड़ा कारण सिद्ध करने या आये दिन किसानों द्वारा आत्महत्या करने या महिलाओं के प्रति बढ़ती हुई बलात्कार की घटनाओं के पीछे छिपे कारणों का पता लगाने आदि का उल्लेख कर सकते हैं। इन अनुसंधानों को घटनोत्तर अनुसंधानों की भी संज्ञा दी जाती है। हम इनके बारे में विस्तार से अध्याय आठ में चर्चा करेंगे।

विकासात्मक अनुसंधान (Developmental Researches)

विकासात्मक अनुसंधानों से अभिप्राय उन वर्णनात्मक या नोर्मेटिव सर्वेक्षण अनुसंधानों से है जिनमें अनुसंधानकर्त्ताओं द्वारा समष्टि विशेष या उसके प्रतिनिधि प्रतिदर्श का प्रतिखंडात्मक (Cross sectional) सर्वेक्षण या लम्बवत (Logitudinal) अध्ययन इस उद्देश्य से किया जाता है कि विभिन्न आयु वर्ग या जीवन कालों में समष्टि विशेष की विकासात्मक विशेषताओं के बारे में उचित सामान्यीकरण किया जा सके।

> **विकासात्मक अनुसंधान** : एक नोर्मेटिव सर्वेक्षण अनुसंधान जिसमें किसी समष्टि (Population) विशेष के विकासात्मक स्वरूप का विभिन्न आयु वर्ग या जीवन कालों के संदर्भ में अध्ययन किया जाता है।

आयु के साथ बालकों में होने वाले शारीरिक, बौद्धिक, सामाजिक, नैतिक तथा संवेगात्मक विकास सम्बन्धी अध्ययनों को शिक्षा तथा व्यावहारिक विज्ञानों में किये जाने वाले विकासात्मक अनुसंधानों के लिये विशिष्ट

उदाहरणों के रूप में देखा जा सकता है। इस प्रकार के विकासात्मक अनुसंधानों की प्रकृति और कार्य प्रणाली का हम इस पुस्तक के अगले (पाँचवें) अध्याय में विस्तार से अध्ययन करेंगे।

व्यक्तिगत अध्ययन (Case Studies)

व्यक्तिगत अध्ययनों से अभिप्राय उन वर्णनात्मक या नोर्मेटिव सर्वेक्षण अनुसंधानों से है जिन्हें अनुसंधानकर्त्ताओं द्वारा वर्तमान में स्थित किसी एक वैयक्तिक इकाई (जैसे एक व्यक्ति, समूह, संगठन या व्यवस्था) जिसे एक मसला या केस (Case) कहा जाता है, के गहरे एवं गहन अध्ययन के लिये प्रयुक्त किया जाता है।

व्यक्तिगत अध्ययन : एक नोर्मेटिव सर्वेक्षण प्रकार का गहरा एवं गहन अध्ययन जिसे एक विशेष वैयक्तिक इकाई (जिसे केस कहते हैं) के अतीत और वर्तमान में झाँककर उसका वर्णन करने के लिये प्रयुक्त किया जाता है।

इस कार्य के लिये एक अनुसंधानकर्त्ता से यह अपेक्षा की जाती है कि वह अध्ययन से सम्बन्धित मसले या केस (Case) को वर्तमान स्थिति के लिये उत्तरदायी परिवेशजन्य कारकों (चाहे उनका सम्बन्ध उसके अतीत से हो या वर्तमान) से सम्बन्धित सभी प्रकार के प्रदत्तों का संकलन करे। हम इस प्रकार के अनुसंधान की विस्तार में चर्चा इस पुस्तक के अध्याय 11 में करेंगे।

सर्वेक्षण अध्ययन या अनुसंधान (Survey Studies or Researches)

सर्वेक्षण अध्ययन या अनुसंधानों से अभिप्राय उस वर्णनात्मक या नोर्मेटिक सर्वेक्षण अनुसंधानों से होता है जिनमें अनुसंधानकर्त्ताओं द्वारा व्यक्तियों के किसी विशेष समूह, संस्थाओं या प्रणालियों के चरों या विशेषताओं को जानने और वर्णन करने में सर्वेक्षण तकनीक का प्रयोग किया जाता है।

सर्वेक्षण अनुसंधान : एक वर्णनात्मक अनुसंधान जिसे विशिष्ट सर्वेक्षण तकनीकों जैसे मेल सर्वेक्षण, टेलीफोन सर्वेक्षण, व्यक्तिगत साक्षात्कार तथा इन्टरनेट और वेब आधारित सर्वेक्षण का उपयोग करते हुये अध्ययन समष्टि की विशेषताओं को जानने और वर्णन करने हेतु काम में लाया जाता है।

सभी तरह से यह सोचा जाना चाहिये कि सर्वेक्षण अनुसंधान का उद्देश्य समूह विशेष का उसकी विशेषताओं या अध्ययन चरों के संदर्भ में स्पष्ट चित्र प्राप्त करने से है। सर्वेक्षण अनुसंधानों में अध्ययन सम्बन्धी उद्देश्यों तथा विस्तार की दृष्टि से अन्तर रहता है। ये इतने विस्तृत तथा बड़े हो सकते हैं कि जिनके सहारे समूह विशेष की विभिन्न प्रकार की विशेषताओं या अध्ययन चरों के संदर्भ में लम्बे चौड़े प्रदत्तों का संकलन किया जाये अथवा इतने विशिष्ट और सीमित हो सकते हैं कि इनका ध्यान अध्ययन समूह या समष्टि विशेष की केवल मात्र कुछ विशिष्ट विशेषताओं या चरों (जैसे खान–पान व्यवहार, अध्ययन आदत या बालकों को पालने सम्बन्धी तौर–तरीकों आदि) के अध्ययन तक ही सीमित रहे। इसी तरह इनका ध्यान केवल किसी एक परिस्थिति विशेष में क्या कुछ हो रहा है इसे जानने में अथवा दिशा का प्रवाह क्या है और क्या हो सकता है इसकी भविष्यवाणी करने की सामर्थ्य प्रदर्शित करने में भी हो सकता है। चाहे कैसा भी इस तरह का कोई प्रयोजन सर्वेक्षण अनुसंधान से हल किया जाये, अनुसंधानकर्त्ता को अक्सर पहल निम्न प्रश्नों के उत्तर ढूँढ़ने से ही करनी पड़ती है।

(i) वह क्या है जिसके लिये सर्वेक्षण करना है ? (जैसे अन्तर्जातीय या अन्तःधर्मीय विवाह, यौन शिक्षा, जनसंख्या या मूल्य शिक्षा के प्रति लोगों की राय)।

(ii) सर्वेक्षण किस समष्टि (Population) विशेष का किया जाना है ? (समष्टि और उसके प्रतिनिधि प्रतिदर्श का ठीक तरह पता होना चाहिए।)

(iii) सर्वेक्षण में किस प्रकार के साधन तथा तकनीक प्रयोग में लाई जायेगी ? (क्या ये उपलब्ध हैं अथवा इन्हें अपने अनुसंधानात्मक अध्ययन के दौरान शोधकर्त्ता को स्वयं निर्मित करना होगा ?)

(iv) सर्वेक्षण कार्य अपने वास्तविक रूप में किस तरह संपादित किया जायेगा ? (जैसे व्यक्तिगत सम्पर्क, साक्षात्कार, डाकसेवा, टेलीफोन या इन्टरनेट)।

नियोजन स्तर पर उपरोक्त प्रश्नों का समाधान ढूँढ़ते हुये जब अनुसंधानकर्त्ता क्रियान्वयन स्तर पर पहुँचता है तो यहाँ उसे मुख्य रूप से निम्न प्रकार के कार्यों में संलग्न होना होता है।

(i) प्रतिनिधि प्रतिदर्श का चयन

(ii) चयनित प्रतिदर्श से सर्वेक्षण तकनीकों का प्रयोग करते हुये वांछित सूचनायें/प्रदत्त इकट्ठे करना।

(iii) संकलित प्रदत्तों का ऐसा विश्लेषण जिससे सर्वेक्षण से सम्बन्धित समष्टि (Population) में चल रहे तौर तरीकों के बारे में उचित निष्कर्ष निकाले जा सकें।

प्रतिचयन (Sampling) तथा सर्वेक्षण उपकरण (Survey tools) का प्रयोग करना इस तरह दो ऐसे मुख्य कार्य हैं जिनके संपादन के फलस्वरूप अनुसंधानकर्त्ताओं को अपनी अनेक अनुसंधान समस्याओं के निवारण में पूरी पूरी मदद मिलती है। इसलिए एक सर्वेक्षण अनुसंधानकर्त्ता को सर्वेक्षण समष्टि (Survey population) में से एक उचित प्रतिनिधि प्रतिदर्श के चयन में काफी सतर्कता बरतनी चाहिये। यह कार्य कैसे किया जाना चाहिये इसके बारे में विस्तार से चर्चा इसी पुस्तक के 16वें अध्याय में की जायेगी।

अब दूसरी बात इस चयनित प्रतिदर्श से वांछित जानकारी लेने हेतु सर्वेक्षण उपकरण/तकनीकों के चयन तथा प्रयोग को लेकर है। निस्संदेह यह कार्य बहुत ही सावधानी और कुशलता की माँग करता है। प्रश्नावली और साक्षात्कार अनुसूची मूलरूप से ऐसे दो उपकरण हैं जिन्हें सर्वेक्षण अनुसंधानों में काफी प्रमुखता दी जाती है। एक सर्वेक्षण अनुसंधानकर्त्ता को इनके निर्माण तथा प्रयोग में सिद्धहस्तता हासिल करने का प्रयत्न करना चाहिये। हम इनके निर्माण तथा विकास के बारे में विस्तार से चर्चा आगे के अध्यायों में करेंगे। परन्तु फिलहाल यहाँ हम यह चर्चा करना चाहेंगे कि इनका प्रशासन (Administration) किस तरह होता है ? यानी सर्वेक्षण के किन प्रारूपों का उपयोग करते हुए प्रश्न पूछने या साक्षात्कार करने की कार्यवाही की जा सकती है ? आइये इन सर्वेक्षण प्रारूपों के बारे में जाना जाये।

डाक सर्वेक्षण (Mail Surveys)

डाक सर्वेक्षण में अनुसंधानकर्त्ता द्वारा स्वःप्रशासित प्रश्नावली का प्रयोग किया जाता है। साधारणतया यहाँ अनुसंधानकर्त्ता एक उचित प्रश्नावली (जिसे या तो उसके द्वारा स्वयं निर्मित एवं विकसित किया जाता है अथवा यह प्रमाणीकृत रूप में बाजार में उपलब्ध रहती है) को डाक द्वारा उन व्यक्तियों को भेजता है जो प्रतिदर्श के रूप में उसके अध्ययन में शामिल होते हैं। इस प्रश्नावली के साथ वह एक ऐसा पत्र भी संलग्न करता है जिसमें प्रस्तुत अध्ययन के महत्त्व एवं आवश्यकता से परिचित कराते हुए यह प्रार्थना की जाती है कि प्राप्तकर्त्ता प्रश्नावली के प्रश्नों का उचित रूप से उत्तर देते हुये उसे डाक टिकट लगे लिफाफे (जो संलग्न है) में रखकर अति शीघ्र (समय सीमा का जिक्र भी किया जा सकता है) भेज दें।

इस प्रकार के डाक सर्वेक्षण तकनीक को प्रायः अन्य तकनीकों जैसे व्यक्तिगत साक्षात्कार, टेलीफोन सर्वेक्षण आदि से बेहतर माना जाता है। ऐसा मानने के पीछे निम्न कारण कार्य कर सकते हैं।

- एक अनुसंधानकर्त्ता आसानी से अनेक प्रयोज्यों से सीमित समय में उचित सम्पर्क बना सकता है, उसे व्यक्तिगत रूप से उनके रहने के स्थान पर जाकर प्रश्नावली प्रशासित कराने की जरूरत नहीं होती।
- उत्तरदाताओं (प्रयोज्यों) को उत्तर देने के लिये अपनी दिनचर्या के मुताबिक उचित समय मिल जाता है और इस तरह प्रश्नावली के सभी प्रश्नों का उत्तर प्राप्त करने की संभावना में भी वृद्धि हो जाती है।

- टेलीफोन सर्वेक्षण तथा व्यक्तिगत साक्षात्कार तकनीकों के उपयोग की तुलना में डाक सर्वेक्षण से अधिक विश्वसनीय और वैध जानकारी प्राप्त होने की संभावना रहती है। विशेष रूप से यह बात गोपनीय और संवेदनशील सूचनाओं की प्राप्ति के संदर्भ में काफी खरी उतरती है। क्योंकि व्यक्ति विशेष इन बातों को व्यक्तिगत रूप में (साक्षात्कार या टेलीफोन के माध्यम से) कहने से कतराते हैं परन्तु अगर उन्हें गोपनीय रूप से डाक द्वारा इस प्रकार की जानकारी देने को कहा जाये तो फिर उनका संकोच या झिझक कम हो जाती है।

परन्तु दूसरी ओर डाक सर्वेक्षण तकनीक को अन्य तकनीकों की तुलना में असुविधाजनक तथा दोषपूर्ण भी माना जाता है। मुख्यरूप से ऐसा माना जाने के पीछे जो कारण कार्य करते हैं, वे हैं, प्रश्नावली लौट कर वापिस नहीं आती, अधूरी या त्रुटिपूर्ण होती हैं, डाक द्वारा प्रयोज्यों तक पहुँचने में कठिनाइयाँ आती हैं क्योंकि उनके सही पते मिलना तथा डाक कर्मचारियों की सही भूमिका दोनों ही सदैव प्रश्नात्मक बनी रहती हैं।

टेलीफोन सर्वेक्षण (Telephone Surveys)

इस प्रकार के सर्वेक्षण में अनुसंधानकर्त्ता प्रयोज्यों से अनुसंधान प्रदत्तों के संकलन हेतु टेलीफोन या मोबाइल पर सम्पर्क साधता है। टेलीफोन सर्वेक्षण को डाक सर्वेक्षण से इसलिये उत्तम माना जाता है क्योंकि इससे उत्तर प्राप्त करने में काफी सहजता और शीघ्रता हो जाती है, अनुक्रिया दर में बढ़ोतरी होती है और जो उत्तर अपूर्ण एवं अस्पष्ट नजर आयें उनके लिये उत्तरदाताओं से समुचित स्पष्टीकरण प्राप्त करने में सुविधा रहती है। इसी तरह से व्यक्तिगत साक्षात्कारों की तुलना में टेलीफोन सर्वेक्षणों को समय, शक्ति और धन के संदर्भ में काफी मितव्ययी माना जाता है। सीमित समय में अधिक लोगों से कम मेहनत करके और कम पैसा खर्च करके अधिक उपयोगी जानकारी लेने में टेलीफोन सर्वेक्षण व्यक्तिगत साक्षात्कारों से बहुत अधिक आगे निकले हुये पाये जा सकते हैं। परन्तु टेलीफोन सर्वेक्षणों में सबसे बड़ी कठिनाई इस बात को लेकर पैदा होती है कि प्रतिदर्श में शामिल प्रयोज्यों के टेलीफोन या मोबाइल नम्बर सही ढंग से उपलब्ध नहीं हो पाते और अगर होते भी हैं तो प्रयोज्यों के द्वारा वांछित रुचि–प्रदर्शन किया जाये यह जरूरी नहीं है। बहुधा वे संप्रेषण से कतराते हैं और सर्वेक्षण में सहयोग नहीं करना चाहते। इसके अतिरिक्त टेलीफोन सर्वेक्षण में अनुसंधानकर्त्ता को व्यक्तिनिष्ठा (Subjectivity) के भी हावी होने की पूरी आशंका रहती है। परिणामस्वरूप वह प्रयोज्यों द्वारा टेलीफोन पर दी गई सूचनाओं/उत्तरों की अपने ही ढंग से व्याख्या और रिपोर्टिंग कर सकता है अथवा जो कुछ वार्तालाप टेलीफोन पर हुआ उसकी रिकोर्डिंग में असावधानी या गड़बड़ी कर सकता है।

व्यक्तिगत या आमने-सामने किये गये साक्षात्कार (Personal or Face to Face Interviews)

इस प्रकार के सर्वेक्षण में अनुसंधानकर्त्ता प्रयोज्यों से (अकेले या समूह में) आमने–सामने बैठकर साक्षात्कार करता हुआ अनुसंधान सम्बन्धी प्रदत्तों का संग्रह करता है। सर्वेक्षण की यह तकनीक अन्य तकनीकों से इसलिये बेहतर मानी जाती है क्योंकि इसमें अनुसंधानकर्त्ता को यह छूट मिलती है कि वह साक्षात्कार के दौरान जैसी भी परिस्थिति आये उसी के मुताबिक नये प्रश्न पूछ सकता है और जहाँ भी उसे प्रयोज्यों के उत्तरों में अधूरापन या अस्पष्टता लगे वह उनसे इनका उचित स्पष्टीकरण प्राप्त कर सकता है ताकि प्रदत्त संकलन के कार्य में अधिक स्पष्टता, विश्वसनीयता और वैधता आ सके। इसके अतिरिक्त इस प्रकार के सर्वेक्षणों में अनुक्रिया दर भी अन्य तकनीकों की तुलना में काफी अधिक पाई जाती है। परन्तु इन विशेषताओं के साथ साक्षात्कार तकनीक को काफी कुछ दोषों और समस्याओं से भी युक्त पाया जाता है। पहली बात तो इस सम्बन्ध में यही है कि इस तकनीक में व्यक्तिगत रूप से साक्षात्कार आयोजित करना समय, धन और शक्ति तीनों ही दृष्टि से खर्चीला सिद्ध होता है। इस खर्चे के फलस्वरूप जो परिणाम प्राप्त होते हैं, वे भी कुछ अधिक उत्साहजन्य नहीं होते। अधिकतर साक्षात्कारों के दौरान जो उत्तर प्रयोज्य देते हैं वे वही होते हैं जिन्हें वे सामाजिक दृष्टि से अच्छा

मानते हैं, अपनी दिल की बात यहाँ उनके उत्तरों में नहीं आती। गोपनीय और संवेदनशील प्रश्नों के उत्तरों में उनकी झिझक, संकोच, भय तथा अन्य बातें आड़े आ जाती हैं। इसके अतिरिक्त जब उन्हें साक्षात्कार के दौरान ही जानकारी देने पर जोर दिया जाता है तो वे सही सही जानकारी नहीं दे पाते क्योंकि उन्हें रिकार्ड देखने, दूसरों से पूछने या जानकारी इकट्ठा करके उत्तर देने का यहाँ न तो समय ही होता है और न इसका कोई प्रावधान साक्षात्कार तकनीक में सम्भव है।

इन्टरनेट तथा वेब आधारित सर्वेक्षण (Internet and Web Based Surveys)

इस प्रकार के सर्वेक्षण में अनुसंधानकर्त्ताओं द्वारा आधुनिक कम्प्यूटर तकनीकी द्वारा प्रदत्त इन्टरनेट तथा वेब सेवाओं का उपयोग किया जाता है। सिमसेक तथा वीएगा (Simsek & Veiga, 2001) के अनुसार आजकल सर्वेक्षण कार्य हेतु अक्सर तीन प्रकार के इन्टरनेट तथा वेब आधारित सर्वेक्षण प्रारूपों का चलन है।

1. पहले प्रारूप में उत्तरदाताओं/प्रयोज्यों के पास ई–मेल संदेश भेजा जाता है। इस ई–मेल पाठ्य (e-mail text) में ही सर्वेक्षण फार्म होता है, उत्तरदाता इसे भरकर वापिस ई–मेल कर सकते हैं।
2. दूसरे प्रारूप में ई–मेल संदेश के साथ अलग से एक फाइल संलग्न करके प्रयोज्यों के पास ई–मेल की जाती है। यह फाइल एक तरह से वह प्रश्नावली होती है जिसके उत्तर प्रयोज्यों को देने होते हैं। प्रयोज्य इस फाइल की औपचारिकता पूरी कर वापिस ई–मेल द्वारा अनुसंधानकर्त्ता को भेज सकते हैं।
3. तीसरे प्रारूप में अनुसंधानकर्त्ता ई–मेल के पाठ्य में URL चिन्हित संदेश भेज सकते हैं। अब यहाँ जैसे ही प्रयोज्य हाइपरटैक्स्ट लिंक (Hypertext Link) पर क्लिक करते हैं उनके सामने वेब ब्राउजर (Web Browser), वेब आधारित सर्वेक्षण को खोलकर सामने रख देता है। उत्तरदाता सीधे ही इस पर अपनी अनुक्रिया व्यक्त कर अपने उत्तरों से अनुसंधानकर्त्ता को परिचित करा सकते हैं।

अपने सभी प्रारूपों में इन्टरनेट तथा वेब आधारित सर्वेक्षण इस तरह अनुसंधानकर्त्ताओं को अपने सर्वेक्षण अनुसंधान सम्बन्धी प्रदत्तों के संकलन में बहुत अधिक उपयोगी सिद्ध हो सकता है। यहाँ असीमित संख्या वाले प्रयोज्यों से कम समय में बहुत कम खर्च पर अधिक से अधिक सूचनायें और जानकारी एकत्रित की जा सकती है। दूसरा बड़ा फायदा इस बात को लेकर है कि इस तकनीक के द्वारा संकलित सूचनायें/प्रदत्त काफी अधिक व्यवस्थित एवं संगठित रहते हैं और इन कंप्यूटरजन्य व्यवस्थित प्रदत्तों को आसानी से प्रदत्त विश्लेषण (Data Analysis) के कार्य में सीधे ही प्रयुक्त कर सार्थक निष्कर्षों की प्राप्ति की जा सकती है। अपनी इस सुविधाजनक बहु–आयामी सेवाओं के कारण ही आज इन्टरनेट तथा वेब आधारित सर्वेक्षण दिन प्रतिदिन लोकप्रिय होता जा रहा है।

वर्णनात्मक या नोर्मेटिव सर्वेक्षण अनुसंधान में प्रयुक्त सोपान या अवस्थायें (Steps or Stages involved in a Descriptive or Normative Survey Research)

वर्णनात्मक या नोर्मेटिव सर्वेक्षण अनुसंधानों के प्रतिपादन में जिन सोपानों या अवस्थाओं की समाविष्टि रहती है, वे निम्न हैं :

1. अनुसंधान समस्या का चयन (Selection of the Research Problem)

इस प्रथम सोपान पर अनुसंधानकर्त्ता का ध्यान अपने अनुसंधान अध्ययन हेतु एक विशिष्ट समस्या या समस्या प्रश्नों के चयन पर रहता है। वर्णनात्मक या नोर्मेटिव सर्वेक्षण अनुसंधान का प्रयोजन मुख्यरूप से उन वस्तुओं, घटनाओं, प्रक्रियाओं, मान्यताओं, अभिवृत्तियों तथा तौर–तरीकों के बारे में जानकारी लेना तथा वर्णन करना होता है जो वर्तमान समय में किसी समुदाय या समाज–विशेष में उपस्थित रहती है। इस दृष्टि से एक अनुसंधानकर्त्ता को अपने क्षेत्र या विषय–विशेष (जैसे शिक्षा मनोविज्ञान, समाजशास्त्र, प्रबन्धन आदि) से सम्बन्धित ऐसी समस्या

का चयन यहाँ करना चाहिये जो वर्तमान में उनके समाज या समुदाय विशेष में चल रही बातों से सम्बन्धित हो और समाज या समुदाय–विशेष के स्वरूप और हालात–विशेष की जानकारी और विवरण प्रदान करने में सहायता करे।

2. समस्या की पहचान (Identification of the Problem)

किसी अनुसंधान समस्या विशेष का चयन करने के उपरान्त समस्या की उचित पहचान करने की बारी आती है। इसके लिये अनुसंधानकर्त्ता द्वारा जो कार्य किये जा सकते हैं, वे हैं (i) समस्या का कथन और उसको स्पष्ट रूप से परिभाषित करना (ii) इसके क्षेत्र एवं परिसीमाओं के बारे में बताना (iii) इसके उद्देश्यों को लिपिबद्ध करना तथा (iv) अनुसंधान समस्या के हल या अनुसंधान समस्या के उद्देश्यों की पूर्ति हेतु उचित परिकल्पनाओं का निर्माण करना।

3. सार्थक साहित्य की खोज (Search for the Relevant Literature)

इस सोपान के अन्तर्गत अनुसंधान समस्या से सम्बन्धित उचित एवं सार्थक साहित्य की खोज हेतु आवश्यक प्रयत्न किये जाते हैं। इस प्रकार के साहित्य के अध्ययन का उपयोग अनुसंधानकर्त्ता द्वारा वर्तमान परिस्थितियों में किये जाने वाली अपनी वर्णनात्मक या नोर्मेटिव सर्वेक्षण अनुसंधान हेतु उचित व्यूह रचनायें तथा अनुसंधान अभिकल्प निर्माण में सहायता प्राप्त करने के लिये किया जाता है।

4. प्रतिनिधि प्रतिदर्श का चयन (Selection of a Representative Sample)

वर्णनात्मक या नोर्मेटिव सर्वेक्षण अनुसंधान के संपादन हेतु प्रतिदर्श के चयन की प्रक्रिया से गुजरना जरूरी होता है। इस सोपान के अन्तर्गत अनुसंधानकर्त्ता यहाँ बड़ी सावधानी से सम्बन्धित समष्टि (Population) में से ऐसे प्रतिनिधि प्रतिदर्श (Samplc) का चयन करता है जिसके अध्ययन द्वारा निष्कर्षित तथ्य पूरी समष्टि की विशेषताओं और तौर–तरीकों को प्रकाश में लाने में सहायता कर सकें।

5. उचित सर्वेक्षण उपकरणों/साधनों का चयन और विकास (Selection and Development of the Appropriate Survey Tools)

इस सोपान में अनुसंधान समस्या से सम्बन्धित सभी वांछित प्रदत्तों के संकलन हेतु उपयोग में लाये जाने वाले साधनों तथा तकनीकों के बारे में उपयुक्त नियोजन कार्य किया जाता है। अगर इस प्रकार के साधन/तकनीकें उनके अपने प्रामाणिक या मानकीकृत प्रारूप में उपलब्ध नहीं हैं तो अनुसंधानकर्त्ता को यहाँ इस स्तर पर उनके निर्माण और विकास पर पूरा ध्यान देना होता है। इन साधनों और तकनीकों के रूप में अनुसंधानकर्त्ता को सामान्यतया प्रश्नावली, साक्षात्कार अनुसूची, व्यक्तित्व तथा समायोजन परिसूचियों या रेटिंग स्केल इत्यादि का चयन और निर्माण करना होता है।

6. वांछित प्रदत्तों का संकलन (Collection of the Relevant Data)

इस सोपान में अनुसंधानकर्त्ता द्वारा यह कोशिश की जाती है कि वह अपने अनुसंधान के उद्देश्यों की पूर्ति में सहायक सभी प्रकार के आवश्यक एवं वांछनीय प्रदत्तों का संकलन, उपलब्ध या निर्मित सर्वेक्षण साधन और तकनीकों द्वारा भलीभाँति कर सके।

7. प्रदत्तों का प्रक्रियाकरण एवं विश्लेषण (Data Processing and Analysis)

इस सोपान के अन्तर्गत संकलित प्रदत्तों के भलीभाँति संगठन, प्रक्रियाकरण तथा विश्लेषण हेतु सभी आवश्यक प्रयत्न किये जाते हैं ताकि पूर्व स्थापित अनुसंधान परिकल्पनाओं को स्वीकार या अस्वीकार करके अनुसंधानात्मक प्रश्नों के उचित उत्तर प्राप्त किये जा सकें।

8. अनुसंधान प्रतिवेदन प्रस्तुत करना (Writing of the Rersearch Report)

इस अंतिम सोपान में अनुसंधानकर्त्ता द्वारा जो कुछ अनुसंधान के अन्तर्गत किया जाता है उसकी लिखित रूप में चर्चा की जाती है। अनुसंधान संपादन से निकले निष्कर्षों, स्थापित किये सामान्यीकरण, दिये जाने वाले सुझावों तथा अनुभव की गई परेशानियों तथा अनुसंधान से सम्बन्धित सीमाओं का यहाँ भी उचित रूप से उल्लेख कर प्रतिवेदन को इस प्रकार प्रस्तुत किया जाता है कि यह अनुसंधान योजना और क्रियान्वयन का स्पष्ट चित्र प्रस्तुत करने के साथ–साथ ऐसी सामग्री और सुझाव भी प्रस्तुत करे जिनसे आगामी अनुसंधान की राह प्रशस्त हो सके।

5

विकासात्मक अनुसंधान
[Developmental Research]

विषय प्रवेश (Introduction)

विकासात्मक अनुसंधान जैसा कि पहले अध्याय में कहा जा चुका है उन वर्णनात्मक या नोर्मेटिव सर्वेक्षण अनुसंधानों से अपना सम्बन्ध रखता है जिनमें व्यक्ति विशेष के उन व्यवहार एवं व्यक्तित्व में आने वाले परिवर्तनों को जानने, वर्णन और विश्लेषण करने का कार्य किया जाता है जो आयु में वृद्धि होने, समय गुजरने या परिवर्तन लाने के लिये किये गये प्रयासों के फलस्वरूप अस्तित्व में आते हैं। विकासात्मक अनुसंधानों के द्वारा किये जाने वाले अध्ययन इस तरह व्यक्ति विशेष के व्यक्तित्व के विभिन्न आयामों में होने वाले परिवर्तनों (जो आयु, समाज, शिक्षा और प्रशिक्षण के परिणामस्वरूप होते रहते हैं) के दिशा प्रवाह (Trend) को समझने में बहुत सहायता कर सकते हैं। प्रस्तुत अध्याय में हम इसी प्रकार के अनुसंधान के अर्थ, प्रकृति, तथा उसे संपादित करने के तौर–तरीकों पर अपना ध्यान केन्द्रित करना चाहेंगे।

विकासात्मक अनुसंधान क्या है ? (What is Developmental Research ?)

शब्दार्थ के रूप में विकासात्मक अध्ययन से अभिप्राय उस अनुसंधान से है जिसका सम्बन्ध व्यक्तियों में समय और आयु में वृद्धि होने के परिणामस्वरूप होने वाले वृद्धि एवं विकास से होता है। ग्रेवटर एवं फोरजेनो (Gravetterd Forzano, 2003:23) ने विकासात्मक अनुसंधान को एक ऐसे विशेष प्रकार के अप्रयोगात्मक अनुसंधान का दर्जा दिया है जिसे व्यक्तियों के व्यवहार में होने वाले उन परिवर्तनों के अध्ययन के लिये प्रयुक्त किया जाता है जो आयु, समय या विशेष प्रयासों के फलस्वरूप अस्तित्व में आते हैं। इस प्रकार से विकासात्मक अनुसंधान का प्रयोजन वर्णनात्मक अनुसंधान की तरह किसी विकासशील व्यक्ति की विशेषताओं (व्यक्तित्व एवं व्यवहार में आने वाले परिवर्तनों) का उसकी बढ़ती हुई आयु, गुजरते हुये समय तथा किये जाने वाले प्रयासों के संदर्भ में जानना तथा वर्णन करना है। परिणामस्वरूप विकासात्मक अनुसंधानों में निम्न प्रकार की विकासजन्य समस्याओं को स्थान प्राप्त करते देखा जा सकता है।

> **विकासात्मक अनुसंधान :** विकासात्मक अनुसंधान से अभिप्राय एक ऐसे अप्रयोगात्मक अनुसंधान से है जो किसी विकासशील व्यक्ति की विशेषताओं का आयु, समय तथा प्रशिक्षण से आने वाले परिवर्तनों के संदर्भ में अध्ययन और वर्णन करने हेतु प्रयुक्त होता है।

- आयु के साथ साथ भाषा योग्यता में किस प्रकार के परिवर्तन आते हैं ?
- बुद्धि लब्धि का बढ़ती उम्र से क्या सम्बन्ध है ?

- आयु के साथ साथ गामक क्षमता कैसे बढ़ती है ?
- व्यक्तियों के प्रबन्ध और संगठन क्षमताओं पर बढ़ती उम्र का प्रभाव।
- उत्तर प्रौढ़ावस्था तथा वृद्धावस्था में स्मरणशक्ति का ह्रास।
- व्यक्तियों की जीवन–शैली में परिवर्तन के प्रभाव।
- कम आमदनी तथा अधिक आमदनी वाले पड़ोसों में पलने वाले बालकों के शैक्षिक या सामाजिक विकास में पाये जाने वाले अंतरों का अध्ययन।

विकासात्मक अनुसंधान के प्रकार एवं प्रारूप (The Types and Forms of Developmental Research)

व्यवहारात्मक विज्ञानों में विकासात्मक अनुसंधान अध्ययनों हेतु सामान्यतया निम्न तीन प्रकारों एवं प्रारूपों का चलन है।

(i) वृद्धि अध्ययन (Growth studies) (ii) अनुवर्ती अध्ययन (Follow-up studies) और (iii) प्रवृत्ति या दिशा प्रवाह अध्ययन (Trend studies)। विकासात्मक अनुसंधानों के वर्गीकरण को उपरोक्त तीन प्रकारों/श्रेणियों के परिप्रेक्ष्य में चित्र 5.1 के प्रस्तुतीकरण से भलीभाँति समझा जा सकता है।

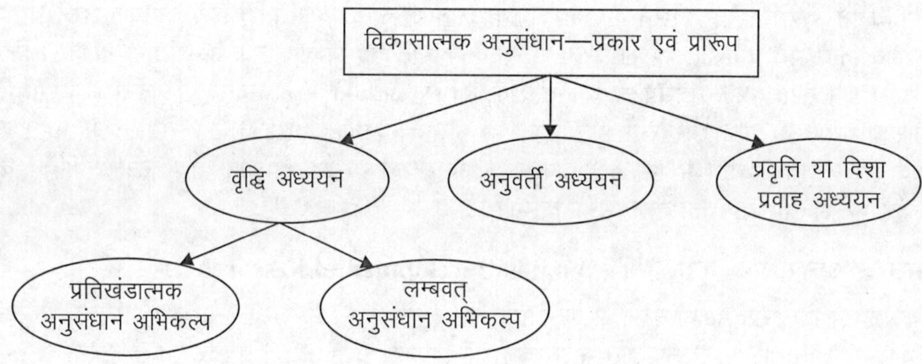

चित्र 5.1 विकासात्मक अनुसंधानों के प्रकार एवं प्रारूप।

आइये अब विकासात्मक अध्ययन के इन विभिन्न प्रकारों एवं प्रारूपों के बारे में आवश्यक जानकारी ली जाये।

A. वृद्धि अध्ययन (Growth Studies)

इन अध्ययनों का उद्देश्य बालकों के व्यवहार और व्यक्तित्व में आने वाले उन परिवर्तनों का अध्ययन करना है जो आयु में वृद्धि होने तथा समय के गुजरने के परिणामस्वरूप अस्तित्व में आते हैं। वृद्धि अध्ययनों के संपादन हेतु दो मुख्य अनुसंधान अभिकल्पों – प्रतिखंडात्मक (Gross sectional) तथा लम्बवत (Longitudinal) का प्रयोग किया जाता है।

आइये इन अभिकल्पों के बारे में जाना जाये।

प्रतिखंडात्मक अनुसंधान अभिकल्प (Cross Sectional Research Design)

इस अभिकल्प का उपयोग करने हेतु एक अनुसंधानकर्त्ता अपने अनुसंधान अध्ययन में एक साथ व्यक्तियों के कई अलग अलग आयु वर्ग के समूहों को लेकर चलता है जैसे 5 वर्ष, 10 वर्ष, 15 वर्ष तथा 20 वर्ष के बालकों

के चार अलग अलग समूह। इन समूहों की जिस विशेषता विशेष का अध्ययन करता है उससे सम्बन्धित चर का मापन एक ही समय में करके अलग अलग मापन प्राप्तांक प्राप्त कर लिये जाते हैं और फिर उनके तुलनात्मक अध्ययन से वांछित निष्कर्षों पर पहुँचने का प्रयत्न किया जाता है। आइये इस बात को एक विशिष्ट अनुसंधानात्मक समस्या को लेकर अच्छी तरह जाना जाये।

एक अनुसंधानकर्त्ता यह जानना चाहता है कि वृद्धावस्था में बढ़ती हुई उम्र का स्मृति पर क्या प्रभाव पड़ता है ? उसने इस कार्य के लिये अपने अध्ययन प्रतिदर्श में वृद्ध व्यक्तियों के 4 अलग अलग आयु समूहों, 50 वर्षीय, 60 वर्षीय, 70 वर्षीय तथा 80 वर्षीय को लिया। हर समूह में 100–100 वृद्ध व्यक्ति थे। उसने एक सामूहिक स्मृति परीक्षण की सहायता से स्मृति परीक्षण प्राप्तांक इकट्ठे किये। चारों समूहों के मध्यमान स्मृति परीक्षण प्राप्तांकों का सांख्यिकी की सहायता से विश्लेषण करके उसने बढ़ती उम्र, स्मृति पर कैसा प्रभाव डालती है इसके बारे में निष्कर्ष निकालने का प्रयत्न किया।

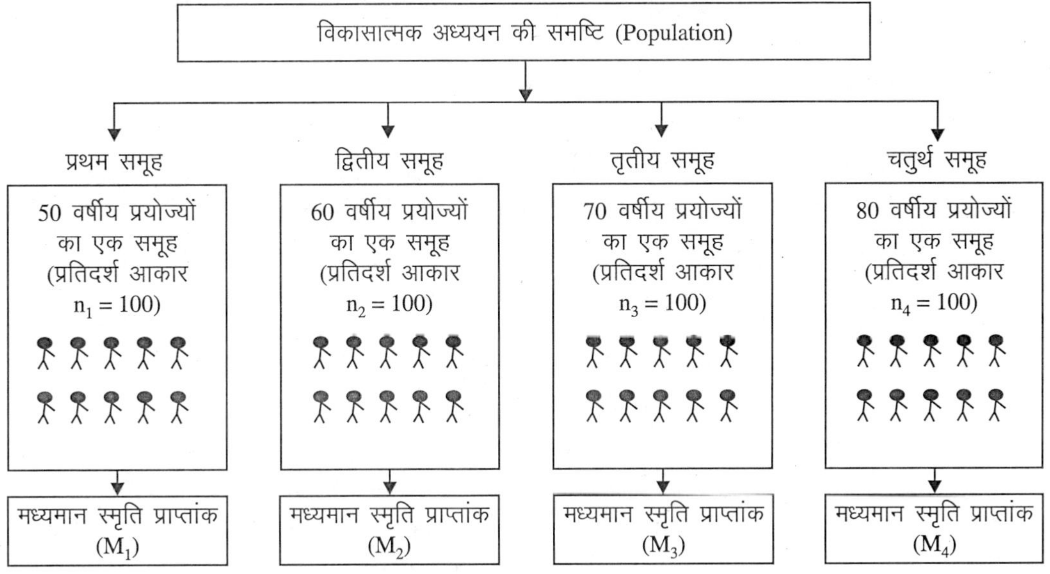

चित्र 5.2 एक प्रतिखंडात्मक (Cross Sectional) अनुसंधान अभिकल्प की संरचना।

इस प्रकार से उपरोक्त प्रतिखंडात्मक अनुसंधान अभिकल्प एक ऐसे असमान समूह अभिकल्प (Non-equivalent group design) का प्रतिनिधित्व करता है जिसमें अध्ययन के लिये प्रयुक्त अलग अलग समूहों को किसी भी तरह समरूप या समान बनाने का कोई प्रयत्न नहीं किया जाता। समूह में शामिल व्यक्तियों में पूर्व विद्यमान प्रयोज्य चर (जैसे आयु) को लेकर ही समानता होती है और किसी भी प्रकार की समानता स्थापित करने का प्रयत्न यहाँ नहीं होता। इन समूहों के प्रतिदर्श प्रायः अध्ययन समष्टि से संयोगिक प्रतिचयन (Random Sampling) विधि का इस्तेमाल करके प्राप्त किये जाते हैं। समूह में शामिल व्यक्तियों में व्यक्तिगत भेदों की वजह से स्मृति परीक्षण प्राप्तांकों में विभिन्नतायें मिलती हैं इसलिये उनके स्मृति परीक्षण प्राप्तांकों का मध्यमान मूल्य ज्ञात किया जाता है। यह मध्यमान मूल्य समूह विशेष के स्मृति परीक्षण प्राप्तांकों का प्रतिनिधित्व करता है। समूहों के इन मध्यमान स्मृति परीक्षण प्राप्तांकों के अन्तर को अगर महत्त्वपूर्ण माना जाता है तो फिर यह निष्कर्ष निकालने का प्रयत्न किया जाता है कि उम्र के बढ़ने से स्मृति में गिरावट आती जाती है।

प्रतिखंडात्मक अनुसंधानों की अच्छाइयाँ (Strengths of cross-sectional research) : प्रतिखंडात्मक अनुसंधान अपनी निम्न अच्छाइयों के कारण उपयुक्त ठहराये जाते हैं :

1. प्रतिखंडात्मक अध्ययन प्रदत्तों के संकलन तथा विश्वसनीयता और वैधता के लिये किये जाने वाले अनुवर्ती कार्य दोनों ही दृष्टि से समय, धन और शक्ति को काफी बचाने वाले सिद्ध होते हैं। इनको पूरा करने में लम्बवत अनुसंधानों की तुलना में बहुत कम समय लगता है।
2. प्रतिखंडात्मक अध्ययनों में लम्बवत अध्ययनों द्वारा पूरे किये जाने वाले लम्बे कार्य को एक समय में ही तुरन्त करने की व्यवस्था रहती है। 50, 60, 70 तथा 80 आयु वर्गों के वृद्धों का एक साथ ही स्मृति परीक्षण देकर यह निष्कर्ष निकाला जाता है कि उम्र में वृद्धि के साथ उनकी स्मृति पर कैसा प्रभाव पड़ा है। यहाँ 50 वर्ष के बाद 80 वर्ष तक हो जाने का इन्तजार (जैसा कि लम्बवत अध्ययन में होता है) नहीं करना पड़ता।
3. इन अनुसंधानों में अनुसंधानकर्त्ताओं को उन परेशानियों या कठिनाइयों से मुक्ति मिल जाती है जो कि अनुसंधान में शामिल किये गये व्यक्तियों की एक लम्बे समय तक उपलब्धि बनाये रखने को लेकर होती रहती है। लम्बवत अध्ययनों में ऐसी परेशानी आती रहती है क्योंकि प्रतिदर्श में शामिल व्यक्तियों का लम्बवत, लम्बे समय तक अध्ययन करना पड़ता है और इसके लिये उनका इतने लम्बे समय तक अध्ययन के लिये मिल पाना निम्न कारणों से संभव नहीं हो पाता।
   - प्रयोज्य किसी एक या अन्य कारणवश अध्ययन के लिये अपना सहयोग देना बन्द कर सकते हैं।
   - उनकी मृत्यु हो सकती है और उनका स्वास्थ्य इतना गिर सकता है कि वे आवश्यक सहयोग देने में असमर्थ हो जायें।
   - वे अध्ययन के स्थान को छोड़कर कहीं दूर जाकर बस सकते हैं।
   - अनुसंधानकर्त्ता को प्रतिदर्श में शामिल सभी व्यक्तियों को काफी लम्बे समय तक प्रयोज्य बनाये रखकर अध्ययन करने में स्वयं अपने स्वास्थ्य, यात्रा करने में परेशानी तथा अन्य समय और धन सम्बन्धी कारणों की वजह से कठिनाइयों का सामना करना पड़ सकता है। स्पष्ट है ऐसी सभी परेशानियों से प्रतिखंडात्मक अध्ययनों में पूरी तरह बचा जा सकता है।

प्रतिखंडात्मक अनुसंधान की कमियाँ (Weaknesses of the Cross-Sectional Research) प्रतिखंडात्मक अनुसंधानों में सामान्य तौर पर निम्न दोष या कमियाँ नजर आ सकती हैं :

1. इस प्रकार के अध्ययन में प्रयोज्यों से अध्ययन के समय एक बार ही संपर्क होता है, फिर उनके साथ कोई अध्ययन सम्बन्धी सम्बन्ध नहीं रहता। इसलिये इस प्रकार के अनुसंधान यह बताने में पूरी तरह असमर्थ रहतें हैं कि कोई एक व्यक्ति (जिसे प्रयोज्य बनाया गया था) समय के साथ साथ कैसे विकास को प्राप्त होता है। उदाहरण के लिये ज्यादा उम्र बढ़ने से स्मृति में गिरावट आती जाती है। इसके लिये प्रतिखंडात्मक अनुसंधान द्वारा प्राप्त निष्कर्षों से यह नहीं बताया जा सकता है कि प्रतिदर्श में शामिल किसी व्यक्ति विशेष की स्मृति में किस रूप में कितनी गिरावट आई है।
2. इस प्रकार के अध्ययन में एक बड़ी कमी इस बात को लेकर आ जाती है कि समूहों के निर्माण में समतुल्यता का अभाव रहता है। समूहों में आयु के अलावा और बहुत सी बातें भी तो उनके व्यक्तिगत भेदों को लेकर हो सकती है। जैसे अलग–अलग वातावरण में पालन–पोषण, शिक्षा–दीक्षा, स्वास्थ्य स्तर आदि। प्रतिखंडात्मक अनुसंधान में समूहों का निर्माण करते समय हम उन्हें इन कारकों पर ध्यान देते हुए समतुल्य समूह बनाने की कोशिश नहीं करते सिर्फ आयु को ध्यान में रखकर ही जैसे 50 वर्षीय,

60 वर्षीय, 70 वर्षीय व्यक्तियों के समूह बना देते हैं। इस प्रकार समूहों में शामिल व्यक्तियों का जब स्मृति परीक्षण किया जाता है तो उसमें आयु के अलावा और भी व्यक्तिगत भेदों से सम्बन्धित कारकों का प्रभाव पड़ना स्वाभाविक ही होता है और इस तरह अध्ययन काफी सीमा तक दोषयुक्त हो जाता है।

लम्बवत् अनुसंधान अभिकल्प (Longitudinal Research Design) : इस प्रकार के अनुसंधान अभिकल्प में एक ही व्यक्ति या एक ही समूह विशेष में शामिल व्यक्तियों का एक समय विशेष पर अध्ययन न कर लम्बवत रूप में उनका लम्बे समय तक अनुगमन कर अध्ययन करना होता है। इस प्रकार के अध्ययन के एक ज्वलंत उदाहरण के रूप में हम प्रसिद्ध बाल मनोवैज्ञानिक जीन पियाजे तथा श्रीमती पियाजे द्वारा सम्पादित उस लम्बवत अध्ययन को ले सकते हैं जिसमें उन दोनों ने मिलकर अपने स्वयं के बालकों को बौद्धिक विकास (Intellectual Development) के अध्ययन के लिये प्रयोज्य बनाया। जैसे जैसे ये बालक बड़े होते गये उनके क्रमिक विकास का अध्ययन करके उन्हें प्रसिद्ध "बौद्धिक विकास सिद्धान्त" को प्रतिपादित करने का मौका मिला।

अगर इस अभिकल्प का प्रयोग, बढ़ती उम्र के स्मृति पर पड़ने वाले प्रभाव के अध्ययन हेतु किया जाये तो अनुसंधानकर्त्ता अपने अध्ययन की शुरुआत 50 वर्ष की आयु के व्यक्तियों के एक प्रतिदर्श को अपने अध्ययन हेतु चुनकर कर सकता है। वह स्मृति परीक्षण से उनके स्मृति प्राप्तांक प्राप्त कर सकता है। यह 50 वर्ष की आयु में उपलब्ध उनके स्मृति प्राप्तांक हैं अब इस तरह यह समूह जब 60, 70, 80 वर्ष का होता जाये तो इनका 60, 70, तथा 80 वर्ष की समय सीमा में स्मृति परीक्षण लिये जा सकते हैं और उनमें जिस प्रकार के महत्त्वपूर्ण अन्तर नजर आये उसके आधार पर यह निष्कर्ष निकाला जा सकता है कि बढ़ती उम्र के साथ स्मृति किस प्रकार प्रभावित होती है। लम्बवत अध्ययन के लिये प्रयुक्त एक अनुसंधान अभिकल्प की संरचना को हम (अगले पृष्ठ पर) चित्र 5.3 में प्रस्तुत कर रहे हैं।

लम्बवत् अनुसंधान की अच्छाइयाँ (Strengths of Longitudinal Researches) : लम्बवत अनुसंधान प्रारूप की उसकी निम्न अच्छाइयों को लेकर सराहना की जाती है :

1. यह अनुसंधानकर्त्ता को व्यक्ति विशेष के व्यवहार एवं व्यक्तित्व गुणों में आयु की वृद्धि के साथ होने वाले परिवर्तनों का अध्ययन करने में बहुत अधिक सहायता कर सकता है।
2. यहाँ अनुसंधानकर्त्ता को अपना अध्ययन किसी एक व्यक्ति या समूह विशेष को प्रयोज्य के रूप में प्रयोग में लाकर करना होता है। आयु में वृद्धि के साथ उसके व्यवहार या व्यक्तित्व गुण में क्या परिवर्तन आये जैसे स्मृति किस प्रकार प्रभावित हुई, इसके बारे में निष्कर्ष उसी व्यक्ति या समूह विशेष का अध्ययन करके ही निकाले जाते हैं। अध्ययन के लिये समूह/व्यक्ति विशेष वहीं रहते हैं प्रतिखंडात्मक अभिकल्पों की तरह विभिन्न समूहों/व्यक्तियों की तुलना करके यहाँ अध्ययन निष्कर्ष नहीं निकाले जाते। इसलिये लम्बवत अनुसंधान के निष्कर्षों को आयु के अतिरिक्त अन्य वैयक्तिक भेदों जैसे अलग अलग वातावरण में पलना, शिक्षा, रोजगार और सामाजिक प्रगति में अलग अलग अवसर मिलना आदि से प्रभावित होकर दूषित हो जाने का खतरा नहीं होता।

लम्बवत् अध्ययन की कमियाँ (Weaknesses of the longitudinal research) : लम्बवत् अध्ययन की उसकी निम्न कमियों तथा दोषों की वजह से आलोचना की जाती है :

1. लम्बवत् अध्ययन की सबसे बड़ी कमजोरी उसकी इस बात को लेकर है कि यह अनुसंधानकर्त्ता तथा प्रयोज्यों दोनों को ही बहुत अधिक समय लगाने वाला और लम्बा (कभी कभी 20–30 वर्ष) सिद्ध होता है।
2. इस प्रकार के अध्ययन अनुसंधानकर्त्ता के लिए धन और परिश्रम की दृष्टि से भी काफी खर्चीले सिद्ध हो सकते हैं।

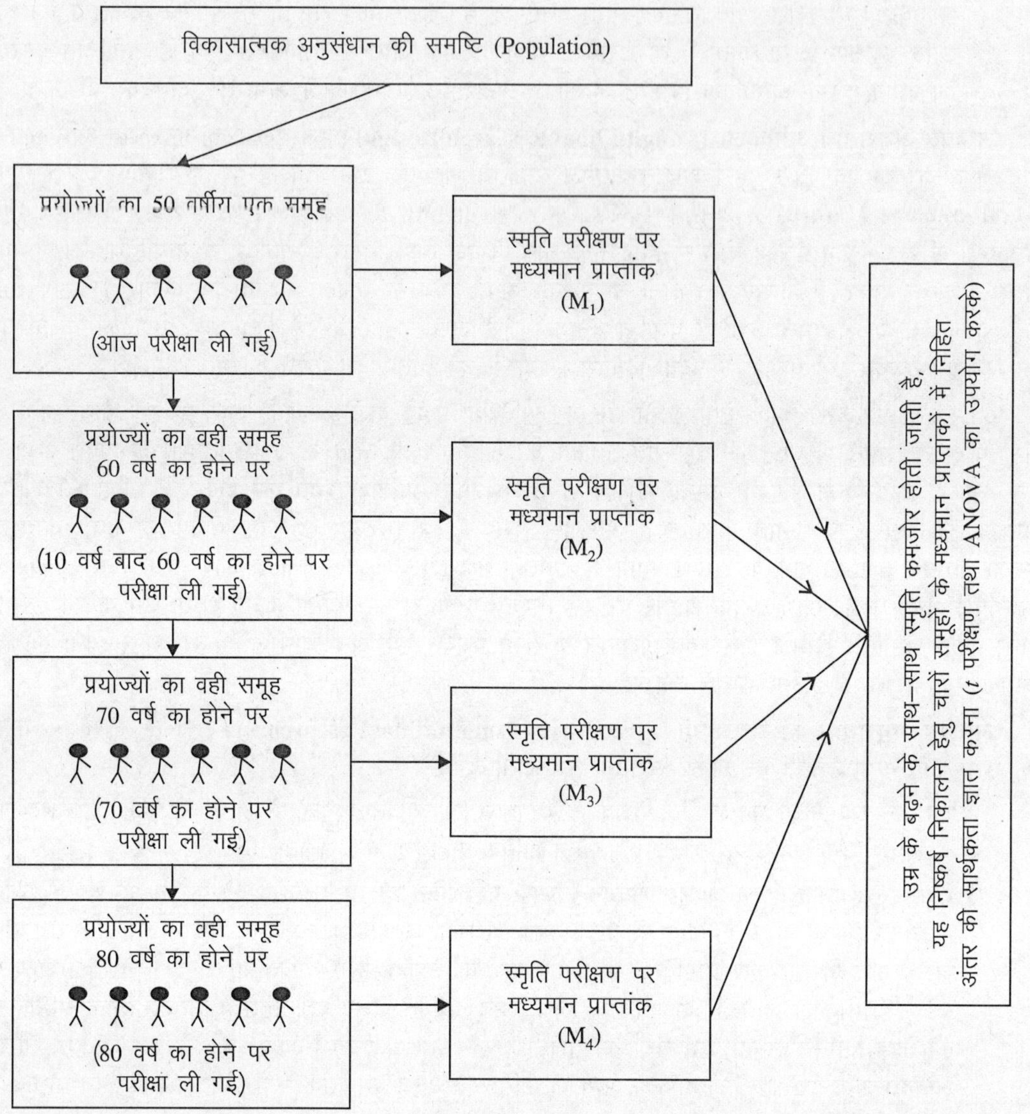

चित्र 5.3 लम्बवत (Longitudinal) अनुसंधान अभिकल्प की संरचना।

3. नियोजन तथा प्रतिदर्श प्रतिचयन से लेकर क्रियान्वयन तथा अनुवर्ती कार्य करने तक अनुसंधानकर्त्ता को इन अध्ययनों के संपादन में बहुत सारी कठिनाइयों तथा परेशानियों का सामना करना पड़ सकता है जैसे :
   - पहले तो प्रतिदर्श में शामिल करने के लिये ऐसे रुचि लेने वाले व्यक्तियों की तलाश ही मुश्किल है जो यह समझ कर स्वेंच्छा से आगे आयें कि उन्हें लम्बी अवधि के लिये प्रयोज्य बनाया जा रहा है। शुरु शुरु में तो उन्हें यह गर्व की बात महसूस हो सकती है पर जब उन्हें यह पता चलता है कि लगातार उनसे उनकी जिन्दगी, कार्यकलापों तथा अभिवृत्ति से सम्बन्धित बातें पूछी जायेंगी तो वे पीछे हटना शुरु कर देते हैं।

- दूसरे अगर प्रतिदर्श में शामिल होने वाले प्रयोज्य किसी तरह उपलब्ध भी हो जायें तो इन्हें अनुसंधान तथा उसका अनुगमन कार्य पूरा होने तक टिकाये रखना मुश्किल होता है। या तो इनकी रुचि समाप्त हो जाती है या वे कहीं अन्यत्र चले जाते हैं, बीमारी की वजह से असहाय हो जाते हैं अथवा मृत्यु हो जाती है।
- तीसरे इतने लम्बे समय तक अनुसंधानकर्त्ता की रुचि और उत्साह का अनुसंधान में बने रहना भी एक बड़ी चुनौती लेकर उपस्थित हो सकता है। क्योंकि लम्बी अवधि अनुसंधानकर्त्ता के लिये उबाऊ हो सकती है, उसको स्वयं स्वास्थ्य सम्बन्धी परेशानी आ सकती है या बीच में ही उसके साथ कोई दुर्घटना घटित हो सकती है, या वह मृत्यु का शिकार हो सकता है, आदि आदि। अगर अनुसंधानकर्त्ता के रूप में उनका कोई पैनल यानी कई अनुसंधानकर्त्ता मिलकर यह अनुसंधान कर रहे होते हैं तो और भी विकट स्थितियाँ इनके लम्बे अध्ययन के बीच पैदा हो सकती हैं। अनुसंधान टीम का उत्साहपूर्वक मिलकर कार्य करना यहाँ जरूरी होता है। किसी एक की भी अनिच्छा या असहयोग यहाँ भारी पड़ता है और किसी कारणवश कार्य के बीच किसी का साथ छूट जाये तो नये सदस्य के साथ फिर अनुसंधान की गति को बनाये रखना मुश्किल पड़ जाता है।

4. अंतिम कमजोरी इस प्रकार के लम्बवत अध्ययनों की यह होती है कि यहाँ उन्हीं प्रयोज्यों का बार बार मापन तथा परीक्षण किया जाता है। यहाँ दुबारा परीक्षण में उपलब्ध प्राप्तांकों को किसी न किसी रूप में प्रयोज्यों के परीक्षण सम्बन्धी पहले के परिचय तथा अभ्यास से प्रभावित होने की संभावना से इंकार नहीं किया जा सकता। ऐसी स्थिति में अध्ययन का मूलरूप ही दूषित हो जाता है और अध्ययन निष्कर्षों में उचित विश्वसनीयता तथा वैधता नहीं आ पाती।

इस तरह अगर ध्यान से विचार किया जाये तो प्रतिखंडात्मक और लम्बवत दोनों प्रकार के अनुसंधान अभिकल्पों में अपनी अपनी अच्छाइयाँ तथा बुराइयाँ हैं। किसी एक परिस्थिति में तथा एक अनुसंधान प्रयोजन को पूरा करने में जहाँ इनमें से एक उपयुक्त सिद्ध होता है तो दूसरी परिस्थिति तथा दूसरे प्रयोजनों को सिद्ध करने हेतु दूसरे की जरूरत पड़ सकती है। अतः यह अनुसंधानकर्त्ता पर निर्भर करता है कि वह परिस्थिति विशेष, स्वयं अपनी अभिक्षमता और सामर्थ्य तथा अनुसंधान विशेष के प्रयोजन तथा उपयोग को लेकर यह सुनिश्चित करे कि उसे किसी विशेष वृद्धि अध्ययन (Growth study) के लिये किस प्रकार के अनुसंधान अभिकल्प के प्रयोग करने की आवश्यकता है।

B. अनुवर्ती अध्ययन (Follow-up Studies)

अनुवर्ती अध्ययन से अभिप्राय उस विकासात्मक अध्ययन से है जिसका उपयोग अनुसंधानकर्त्ताओं द्वारा किसी व्यक्ति या समूह विशेष का, किसी परिस्थिति विशेष या उपचार से गुजरने के बाद यह अध्ययन करने के लिए किया जाता है कि उसे जो उपचार दिया गया है या उसे जिस परिस्थिति विशेष से गुजारा गया है उसके परिणामस्वरूप उसमें किस प्रकार का परिवर्तन या विकास हुआ है। शिक्षा के क्षेत्र में इस प्रकार के अनुवर्ती अध्ययन द्वारा हम उन विद्यार्थियों के विकास तथा प्रगति से परिचित होना चाहते हैं जो किसी संस्था विशेष से कोई विशेष प्रशिक्षण लेकर या पढ़ाई करके चले गये हैं। चिकित्सा के क्षेत्र में इस प्रकार का अध्ययन इन व्यक्तियों के बारे में जानने के लिये किया जाता है जो किसी विशेष इलाज या उपचार से गुजर रहे हों।

इन अध्ययनों में प्रयुक्त होने वाला प्रारूप लगभग लम्बवत् अभिकल्पों से मिलता है परन्तु लम्बवत् अध्ययनों से अनुवर्ती अध्ययन इस बात में अलग नजर आते हैं कि उनकी प्रयोज्यों से सम्पर्क बनाने की प्रकृति किस प्रकार की है। बेस्ट एवं काह्न (Best and Kahn, 2006:139) के अनुसार :

जिन अध्ययनों में, पूर्ण अध्ययन के दौरान प्रयोज्यों से लगातार सम्पर्क बना रहता है, लम्बवत् अध्ययन कहलाते हैं। परन्तु जिसमें प्रयोज्यों के बारे में लगातार जानकारी इकट्ठी नहीं की जाती बल्कि अध्ययन में शामिल प्रयोज्यों को लेकर अनुसंधान के बाद में एक अतिरिक्त अध्ययन किया जाता है, उन्हें अनुवर्ती अध्ययन का नाम दिया जाता है।

इस आधार पर टर्मन और उसके साथियों ने प्रतिभाशाली बच्चों पर जो अध्ययन किये थे, उन्हें भलीभाँति अनुवर्ती अध्ययनों के उदाहरण कहा जा सकता है। उन्होंने 1921–22 में प्रतिभाशाली बालकों के एक प्रतिदर्श का अध्ययन किया और उनकी विशिष्ट व्यक्तित्व विशेषताओं के बारे में कुछ निष्कर्ष निकाले। कुछ वर्षों पश्चात् उन्होंने इन्हीं प्रयोज्यों पर अनुवर्ती अध्ययन के माध्यम से यह पता लगाने की कोशिश की कि ये बालक किस सीमा तक परिपक्व और सफल प्रौढ़ों के रूप में अपनी आगामी जिन्दगी में अच्छा प्रदर्शन करते रहे हैं।

प्रवृत्ति या दिशाप्रवाह अध्ययन (Trend studies) : प्रवृत्ति या दिशाप्रवाह अध्ययनों से तात्पर्य उन विकासात्मक अध्ययनों से है जिन्हें अनुसंधानकर्त्ताओं द्वारा किसी प्रक्रिया या परिस्थिति विशेष के वृद्धि और विकास में दिखायी देने वाली किसी विशेष प्रकार की प्रवृत्ति या दिशा प्रवाह को पहचानने के लिये किया जाता है। इस पहचान के लिये उनके द्वारा अपने अनुसंधान कार्यों (जिनकी प्रकृति मुख्यतया लम्बवत् होती है) के अन्तर्गत ऐसे प्रदत्तों का संकलन किया जाता है जो स्पष्ट रूप से यह अभिव्यक्त कर सकें कि अतीत में क्या होता रहा है, वर्तमान स्थिति से क्या स्पष्ट हो रहा है और इस सबके परिणामस्वरूप भविष्य में क्या होने वाला है। इस प्रकार से प्रवृत्ति या दिशा प्रवाह अध्ययन अपने आप में और कुछ नहीं बल्कि अनुसंधानकर्त्ता द्वारा किए गए वे प्रयास हैं जिनमें वह अतीत में क्या हुआ, और वर्तमान में क्या हो रहा है, इसके आधार पर भविष्य कथन करता है। परिणामस्वरूप हम निम्न प्रकार के अनुसंधान कार्यों को प्रवृत्ति या दिशा प्रवाह अध्ययन (Trend studies) की श्रेणी में रख सकते हैं।

- एक अनुसंधानकर्त्ता ने उपलब्ध अभिलेखों के माध्यम से किसी एक विशेष क्षेत्र की जनसंख्या के बारे में पिछले कुछ वर्षों की जानकारी एकत्रित की है और उसने वर्तमान जनसंख्या सम्बन्धी प्रदत्तों का भी संकलन किया है। भूत और वर्तमान के बारे में एकत्रित इस जानकारी के आधार पर अपने अध्ययन में अब वह यह भविष्य कथन करने जा रहा है कि जन्म दर कैसी रहेगी, युवाओं और वृद्धों की प्रतिशत में किस तरह वृद्धि या गिरावट रहेगी और सम्पूर्ण रूप से जनसंख्या वृद्धि का रुझान कैसा रहेगा ?
- एक अपराध जगत की गतिविधियों की सूचना देने वाले रिपोर्टर या अन्वेषणकर्त्ता ने पिछले कुछ वर्षों तथा वर्तमान में हो रहे अपराधों की जानकारी एकत्रित की है और उनके आधार पर वह अपने अनुसंधान विश्लेषणों से यह बताना चाहता है कि भविष्य में अपराध का ग्राफ किस तरह रहेगा।
- एक व्यवसाय विश्लेषक या बाजार के उतार–चढ़ाव सम्बन्धी जानकारी रखने वाला विशेषज्ञ किसी विशेष वस्तु या शेयर की कीमतों में उछाल अथवा गिरावट के बारे में भविष्यवाणी करने जा रहा है। उसकी भविष्यवाणी का आधार उसके पास संकलित वे प्रदत्त हैं जिसे उसने पिछले कुछ वर्षों तथा वर्तमान में चल रहे बाजार भावों के उतार–चढ़ाव के रूप में इकट्ठा किया है।
- एक शिक्षा अनुसंधानकर्त्ता पिछले कुछ वर्षों तथा वर्तमान में उपलब्ध अभिलेखों से प्राप्त जानकारी के आधार पर किसी संस्था के वृद्धि एवं विकास, विद्यालयों में बालकों के दाखिले में वृद्धि या कमी तथा किसी शिक्षा नीति या कार्यक्रम की सफलता या असफलता आदि के बारे में भविष्यवाणी कर रहा है।
- एक व्यवहारवादी मनोवैज्ञानिक या अनुसंधानकर्त्ता स्वास्थ्य एवं औषधि–क्षेत्र में किसी औषधि/सुधारात्मक कार्यक्रम/उपचार के बारे में अपनी संस्तुति या उसमें परिवर्तन लाने आदि की बात कह रहा है और इसके लिये आधारभूमि के रूप में उसके पास वे सभी रिकार्ड हैं जो पहले से और अब वर्तमान में जिस प्रकार का उपचार चल रहा है, उसका पूरा ब्यौरा प्रस्तुत करते हैं।

विकासात्मक अनुसंधान की महत्ता एवं योगदान
(The Importance and Contribution of Developmental Research)

व्यावहारिक विज्ञानों में विकासात्मक अनुसंधानों के महत्त्व को उनके द्वारा दिए गए निम्न योगदान के रूप में देखा जा सकता है।

1. विकासात्मक मनोविज्ञान के क्षेत्रों तथा व्यावहारिक विज्ञानों में ये अनुसंधान काफी मूल्यवान सिद्ध होते हैं। इसके साथ साथ निम्न प्रकार के मामलों को समझने और उनका वर्णन करने के लिये शिक्षा के क्षेत्र में भी इस अनुसंधान से काफी सहायता मिलती है।
   - अपने व्यक्तित्व के विभिन्न आयामों और व्यवहार के विभिन्न पक्षों की वृद्धि और विकास के सम्बन्ध में, गर्भधारण से लेकर मृत्यु तक एक मनुष्य की वृद्धि और विकास कैसे होते हैं?
   - अधिगम या प्रशिक्षण की प्रक्रिया एवं प्रतिफल के साथ परिपक्वता किस प्रकार सम्बन्धित है?
   - वंशक्रम एवं वातावरण की देन या इन दोनों की अन्तःक्रिया एक व्यक्ति की जीवन–शैली या वृद्धि और विकास को किस प्रकार प्रभावित करती है ?
   - एक व्यक्ति के शारीरिक, मानसिक, सामाजिक और संवेगात्मक विकास से सम्बन्धित योग्यताओं और क्षमताओं पर आयु में वृद्धि होने का क्या प्रभाव पड़ता है ?
   - समय के साथ साथ व्यक्तियों में आदतें, रुचियाँ, अभिवृत्तियाँ तथा अभिरुचियाँ कैसे विकसित होती हैं ?
2. अनुवर्ती प्रकृति के विकासात्मक अध्ययन निम्न प्रकार के मामलों में विश्वसनीयता एवं वैधता स्थापित करने में सहायता करते हैं :
   - प्रभावित व्यक्तियों के व्यवहार और परिस्थितियों में अपेक्षित सुधार लाने हेतु प्रयुक्त किये जाने वाले उपायों और उपचारों की प्रभावशीलता।
   - बढ़ते हुए बच्चों या बढ़ती उम्र के वृद्धों की वृद्धि और विकास के प्रतिमान को प्रदर्शित करने वाले वृद्धि अध्ययनों से निष्कर्षित तथ्य।
   - किसी संस्था, संगठन या प्रतिष्ठान (सामाजिक, राजनीतिक, व्यावसायिक या शैक्षिक) की स्थिति और हालातों में किसी प्रथा, कार्यक्रम, नवाचार या कार्यपद्धति को अपनाने की वजह से होने वाली उन्नति या अवनति की गाथा।
3. भविष्य में क्या कुछ होने वाला है इस प्रकार की प्रवृत्ति या दिशा प्रवाह को जताने वाले विकासात्मक अध्ययन, व्यावहारिक विज्ञानों में विविध प्रकार की भविष्यवाणी करने में काफी उपयोगी सिद्ध होते हैं, जैसे :
   - किसी क्षेत्र विशेष की जनसंख्या से सम्बन्धित मृत्युदर, जन्मदर, लिंगानुपात तथा इसी प्रकार के आंकड़ों से सम्बन्धित भविष्यवाणी।
   - कीमतों में उछाल और गिरावट, अर्थव्यवस्था, राजनीतिक और सामाजिक स्थिरता या अस्थिरता, किसी संस्था, संगठन या प्रतिष्ठान के स्तर में उतार या चढ़ाव सम्बन्धी भविष्यवाणियाँ।
   - अपराध दर, आत्महत्या की कोशिशों, कानून और व्यवस्था सम्बन्धी स्थिति में उछाल या गिरावट सम्बन्धी भविष्यवाणी।
   - नवाचारों, तौर–तरीकों, उपचार या औषधियों का उपयोग शुरु करने से अनुकूल परिणाम मिलने सम्बन्धी आशाओं की भविष्यवाणी।

विकासात्मक अनुसंधानों की अवस्थाएँ तथा सोपान
(The Stages and Steps of Developmental Research)

एक अनुसंधानकर्त्ता को एक विकासात्मक अनुसंधान योजना अध्ययन करने हेतु उसी प्रकार की कुछ निश्चित अवस्थाओं या सोपानों में से गुजरना होता है जिनमें से वर्णनात्मक या नोर्मेटिव सर्वेक्षण अनुसंधान करने वाले अनुसंधानकर्त्ताओं को गुजरना पड़ता है। इसलिये यहाँ हम नीचे तालिका 5.1 में इन अवस्थाओं या सोपानों का केवल मात्र नाम ही दे रहे हैं। इनसे सम्बन्धित विवरण को पाठक स्वयं पहले अध्याय में वर्णित अवस्थाओं को पढ़कर समझ सकते हैं।

तालिका 5.1 विकासात्मक अनुसंधान की अवस्थायें और सोपान

अवस्था 1	विकासात्मक शोध के लिये उचित समस्या का चयन
अवस्था 2	चयन की गई समस्या की पहचान
	• समस्या की प्रकृति (वृद्धि, अनुगमन या प्रवृत्ति अध्ययन)
	• समस्या का कथन एवं परिभाषित करना
	• समस्या के उद्देश्य एवं लक्ष्य
	• उद्देश्यों को प्राप्त करने के लिए सार्थक परिकल्पना का निर्माण
अवस्था 3	सम्बन्धित साहित्य की खोज
अवस्था 4	प्रतिखण्डात्मक या लम्बवत् अनुसंधान अभिकल्पों के लिए एक वांछनीय प्रतिनिधि प्रतिदर्श का चयन
अवस्था 5	प्रदत्त संकलन हेतु उचित उपकरण या साधनों का चयन अथवा विकास
अवस्था 6	प्रलेखीय विश्लेषण साधनों या उपकरणों के प्रशासन से आवश्यक और उपयोगी प्रदत्तों का संकलन
अवस्था 7	प्रदत्त प्रक्रियाकरण और विश्लेषण
अवस्था 8	विश्लेषण के माध्यम से प्राप्त निष्कर्षों की विश्वसनीयता एवं वैधता स्थापित करना
अवस्था 9	अनुसंधान प्रतिवेदन प्रस्तुत करना

6

प्रायोगिक अनुसंधान एवं अभिकल्प
[Experimental Research and Designs]

विषय प्रवेश (Introduction)

वर्णनात्मक या नोर्मेटिव सर्वेक्षण अनुसंधान, जिसकी चर्चा हम इस पुस्तक के अध्याय चार में कर चुके हैं, का मुख्य प्रयोजन वर्तमान में चल रही बातों या प्रक्रिया विशेष का अध्ययन और वर्णन करना है। अपनी तरह से ऐसे अनुसंधान एक अनुसंधानकर्त्ता को अध्ययन विशेष में निहित विभिन्न चरों के मध्य विराजमान सहसम्बन्ध की खोज और उनके वर्णन में भी मदद करते हैं। वर्तमान स्थितियों में जैसे कि वस्तुयें और प्रक्रियायें अपने स्वाभाविक रूप में विद्यमान होती हैं उनका उसी रूप में अध्ययन और व्याख्या करने में यद्यपि इस प्रकार के अनुसंधान क्रियान्वयन में काफी आसान तथा उपयोग में काफी महत्त्वपूर्ण सिद्ध होते हैं परन्तु उन्हें बहुत प्रकार के दोष और व्यावहारिक अड़चनों से भी युक्त होते हुए पाया जाता है। यहाँ अच्छी तरह नियन्त्रित अवस्थाओं में प्रदत्तों के प्रेक्षण तथा आलेखन की सुविधा (जैसी कि प्रयोगशालाओं में प्रयोगकर्त्ताओं को प्रयोग करने के लिये मिलती है) का अभाव रहता है और इसीलिये अध्ययन से सम्बन्धित चरों में स्पष्ट कार्य–कारण सम्बन्धों की स्थापना यहाँ ठीक तरह से नहीं हो पाती। इस प्रकार की अड़चनों को प्रायोगिक अनुसंधान विधि एवं अभिकल्पों को प्रयोग में लाने से दूर किया जा सकता है। प्रायोगिक अनुसंधान अपने क्रियान्वयन उपागम तथा प्रयुक्त अभिकल्पों के माध्यम से वस्तुओं और प्रक्रियाओं से जुड़ी हुई परिस्थितियों का नियन्त्रण एवं प्रहस्तन (Manipulation) कर वांछित कार्य–कारण सम्बन्ध स्थापित करने के ऐसे उचित अवसर देते हैं जो अन्य किसी भी प्रकार की अनुसंधान विधियों में संभव नहीं है।

ऐतिहासिक अनुसंधानकर्त्ता तो जो कुछ बीत चुका है (उसे देखने या उसमें हेर–फेर करने की कोई बात ही नहीं उठती) उसी का अध्ययन करने के लिए विवश होते हैं। विकासात्मक अनुसंधानकर्त्ता को जो विकास हो रहा है उसी का ज्यों का त्यों अध्ययन करने की विवशता होती है, वह विकास की क्रिया और परिणामों में कोई छेड़छाड़ नहीं कर सकता। वर्णनात्मक या नोर्मेटिव सर्वेक्षण अनुसंधानकर्त्ता को वस्तुओं और प्रक्रियाओं का वे जिस रूप में है, उसी में प्रेक्षण तथा विश्लेषण करना होता है। इस तरह प्रायोगिक अनुसंधान की विधियाँ तथा अभिकल्प ही एक मात्र ऐसे विकल्प बचते हैं जहाँ अनुसंधानकर्त्ता प्रयोगशाला में नियंत्रित अवस्थाओं में प्रयोग करके एक अच्छे वैज्ञानिक मार्ग का अनुसरण करते हुए कार्य–कारण सम्बन्धों की खोज में तत्पर रह सकते हैं।

इस तरह से अपनाये हुए ये प्रायोगिक अनुसंधान क्या होते हैं और उन्हें कैसे संपादित किया जाता है, प्रस्तुत अध्याय में हम यही जानने का प्रयत्न करेंगे।

व्यावहारिक विज्ञानों में प्रयुक्त प्रायोगिक अनुसंधान क्या होता है ?
(What is Experimental Research in Behavioural Sciences ?)

अपने शाब्दिक अर्थों में प्रायोगिक अनुसंधान से तात्पर्य एक ऐसे अनुसंधान से है जो मुख्य रूप से प्रयोगीकरण पर आधारित हो यानी जिसमें व्यावहारिक विज्ञानों के अनुसंधानकर्त्ताओं को विश्वसनीय तथा वैध निष्कर्ष निकालने

हेतु उसी प्रकार के प्रयोग एवं परीक्षणों में रत रहता हुआ देखा जा सकता हो जैसा कि प्राकृतिक एवं भौतिक शास्त्रियों को उनकी प्रयोगशालाओं में देखा जाता है। प्रयोग पद जैसा कि चैपिन (Chapin, 1974:206) ने इसे परिभाषित किया है "नियन्त्रित परिस्थितियों में किये जाने वाले प्रेक्षण" के लिये प्रयुक्त होता है। इस प्रकार से व्यावहारिक विज्ञानों में प्रयोगात्मक अनुसंधान पद से तात्पर्य उस अनुसंधान से है जिसमें अनुसंधानकर्त्ताओं से यह अपेक्षा की जाती है कि वे नियन्त्रित परिस्थितियों में सुनियोजित एवं व्यवस्थित प्रेक्षणों के आधार पर कुछ विश्वसनीय एवं वैध निष्कर्षों पर पहुँचने का प्रयत्न करें।

यह सही है कि नियन्त्रित परिस्थितियों में सुनियोजित एवं व्यवस्थित प्रेक्षण तथा प्रयोगीकरण हेतु विशेष रूप से निर्मित प्रयोगशाला वातावरण एवं परिस्थितियों की जरूरत होती है। परन्तु यह बात भी हम सब जानते हैं कि व्यावहारिक विज्ञानों में मानव व्यवहार के प्रेक्षण को प्रायोगिक प्रयोगशाला की चारदीवारी में कैद नहीं किया जा सकता। इसे तो प्रयोगशाला से बाहर की दुनियाँ जैसे कक्षाकक्ष, सामुदायिक वातावरण तथा व्यापार एवं औद्योगिक प्रतिष्ठानों में विद्यमान परिस्थितियों और वातावरण की जरूरत पड़ती है और इसी वातावरण में अनुसंधानकर्त्ता उन कारकों तथा चरों पर उचित नियन्त्रण स्थापित करने का यथासंभव प्रयत्न करता है जिनके प्रेक्षण की उसे अपने अनुसंधान अध्ययन में जरूरत पड़ती है।

प्रायोगिक अनुसंधान : वह अनुसंधान जिसका प्रयोजन अध्ययन में प्रयुक्त चरों के बीच कार्य–कारण सम्बन्ध स्थापित करना होता है और जिसे नियन्त्रित परिस्थितियों में आवश्यक व्यवस्थित तथा सुनियोजित प्रेक्षणों के माध्यम से क्रियान्वित किया जाता है।

एक ओर बड़ी विशेषता प्राकृतिक विज्ञानों में किये जाने वाले प्रायोगीकरण की यह होती है कि इसका उद्देश्य अध्ययन से सम्बन्धित चरों के बीच कार्य–कारण सम्बन्ध स्थापित करना होता है जैसे (i) गर्म करने पर ठोस, द्रव और गैसों के आकार में वृद्धि होती है। (ii) टेलीविजन पर कार्यक्रम देखते हुये रिमोट कन्ट्रोल के संचालन द्वारा किये गये ध्वनि में हेर–फेर से ध्वनि की मात्रा में कमी या अधिकता लाई जा सकती है। प्रायोगीकरण में निहित इन दोनों विशिष्ट विशेषताओं (नियन्त्रण तथा कार्य–कारण सम्बन्ध) के कारण ही लैन्डमैन (Landman, 1988:82) ने प्रायोगिक अनुसंधान को "एक ऐसे अनुसंधान की संज्ञा दी है जिसके द्वारा नियंत्रित परिस्थितियों में प्रेक्षण प्रक्रिया को अपनाते हुये कार्य–कारण सम्बन्ध स्थापित करने का प्रयत्न किया जाता है।"

इसी प्रकार के विचार व्यक्त करते हुए बेस्ट एवं काहन (Best & Kahn, 2006:164) ने लिखा है कि प्रायोगिक अनुसंधान एक ऐसे व्यवस्थित एवं तार्किक विधि के पर्याय के रूप में उभरता है जिसे "विचारपूर्ण" नियन्त्रित परिस्थितियों में "अगर यह किया जाता है तो क्या होगा" जैसे प्रश्नों का उत्तर प्राप्त करने के लिये प्रयुक्त किया जाता है।

अगर उपरोक्त सभी बातों पर ध्यान से विचार किया जाये तो हमें यह निष्कर्ष निकालने में कठिनाई नहीं होगी कि *व्यावहारिक विज्ञानों में प्रयुक्त प्रायोगिक अनुसंधानों से तात्पर्य ऐसे अनुसंधानों से है जिनमें नियन्त्रित परिस्थितियों में सम्पन्न आवश्यक व्यवस्थित एवं सुनियोजित प्रेक्षणों के माध्यम से अध्ययन में शामिल चरों के बीच कार्य–कारण सम्बन्ध स्थापित करने का कार्य किया जाता है।*

प्रायोगिक अनुसंधानों के क्रियान्वयन में निहित मूलभूत बातें
(The Basic Ingredients in Processing through an Experimental Research)

प्रायोगिक अनुसंधान के क्रियान्वयन में मुख्यरूप से जिन मूलभूत बातों का समावेश रहता है, उनकी संक्षेप में निम्न प्रकार चर्चा की जा सकती है।

- प्रायोगिक अनुसंधान का मुख्य उद्देश्य दो चरों के मध्य कार्य–कारण सम्बन्ध स्थापित करना है यानी यह प्रदर्शित करना है कि एक चर में आने वाले परिवर्तन दूसरे चर में परिवर्तन लाने के लिए उत्तरदायी होते हैं। (जटिल प्रयोगों में कई चर कार्य कर सकते हैं)। सैद्धान्तिक भाषा में इससे तात्पर्य यह मानना है कि एक ऐसी क्रिया X का अस्तित्व है जिसे Y प्रभाव उत्पन्न करने के लिये उत्तरदायी ठहराया जा सकता है। जैसे ध्वनि नियंत्रक, ध्वनि के ज्यादा–कम होने के लिये उत्तरदायी हैं।
- इस प्रकार के कार्य–कारण सम्बन्ध की खोज के अतिरिक्त प्रायोगिक अनुसंधान यह जानने का प्रयत्न भी करता है कि कितना शक्तिवान कारण कितनी शक्ति के प्रभाव को उत्पन्न करेगा (जैसे ध्वनि नियन्त्रक मीनू के कितने ऊपर–नीचे जाने से टेलीविजन कार्यक्रम की ध्वनि कितनी तेज या कम होगी)।
- संक्षेप में इस प्रकार प्रायोगिक अनुसंधान में एक अनुसंधानकर्त्ता से यह अपेक्षा की जाती है कि वह किसी चर विशेष का प्रहस्तन (Manipulation) करता हुआ उसमें वांछित परिवर्तन लाये। जैसे रिमोट कन्ट्रोल के ध्वनि नियंत्रण मीनू को आगे पीछे करे और अगर दूसरे चर में परिवर्तन (टेलीविजन कार्यक्रमों में ध्वनि का अधिक या कम होना) आये तो उन्हें नोट करे।
- X और Y चरों में इस तरह का कारण एवं प्रभाव सम्बन्ध स्थापित करने के लिये अनुसंधानकर्त्ता को यह निश्चित करना जरूरी है कि प्रभाव Y के अस्तित्व में आने का कारण केवल मात्र X है और X के अलावा प्रयोग के दौरान किसी अन्य परिस्थिति तथा कारक ने अध्ययन के परिणामों (Y में परिवर्तन लाना) को प्रभावित करने की चेष्टा नहीं की है।
- चर X के अलावा चर Y पर प्रभाव डालने वाले सभी संभावित कारकों के प्रभाव को निर्मूल करने के अपने प्रयासों के अतिरिक्त अनुसंधानकर्त्ता को प्रयोग के समय विद्यमान हालातों तथा परिस्थितियों को भी भलीभाँति नियंत्रित करने के प्रयत्न करने चाहियें ताकि नियंत्रित परिस्थितियों में X द्वारा Y पर पड़ने वाले प्रभावों का सही अध्ययन किया जा सके। इसके लिये उससे निम्न क्रियाओं के संपादन की अपेक्षा की जा सकती है।
  (i) प्रयोज्यों के दो ऐसे समूह – प्रायोगिक समूह तथा नियंत्रित समूह बनाना जो कारण X चर के अलावा अन्य सभी कारकों (जो Y चर को प्रभावित करने की क्षमता रखते हों) के संदर्भ में समतुल्य या समान हों।
  (ii) प्रायोगिक समूह पर प्रयोग करना यानी X के द्वारा Y पर पड़ने वाले प्रभाव को अभिलेखित करना।
  (iii) नियंत्रित समूह के प्रयोज्यों को X कारक के प्रभाव से दूर रखना।
  (iv) प्रायोगिक तथा नियंत्रित समूह की निष्पत्ति/यथास्थिति की तुलना करते हुये यह निष्कर्षित करना कि प्रायोगिक समूह में जो परिवर्तन आये हैं वे केवल मात्र X कारक के प्रभाव स्वरूप उत्पन्न हुये हैं।

इस तरह, सार रूप में यहाँ यह कहा जा सकता है कि एक प्रायोगिक अनुसंधान में एक अनुसंधानकर्त्ता को Y चर में होने वाले उन परिवर्तनों का बड़े ही व्यवस्थित, विश्वसनीय और वैध ढंग से प्रेक्षण कर अभिलेखन करना होता है जो X कारक की वजह से ही हो रहे हैं। इसको सुनिश्चित करने के लिये उसे उन सभी कारकों तथा परिस्थितियों के प्रभाव को भी निर्मूल करना होता है जो Y चर को किसी भी ढंग से प्रभावित करने की क्षमता रखते हों।

प्रायोगिक अनुसंधान में प्रयुक्त मूल अवधारणायें (The Basic Concepts Used in Experimental Research)

प्रायोगिक अध्ययनों में, उनके क्रियान्वयन में वांछित सहायता पहुँचाने हेतु कुछ विशेष प्रकार की तकनीकी पदावली और मूल अवधारणाओं का प्रयोग किया जाता है। इससे भलीभाँति परिचित होने हेतु हम इन्हें पाँच वर्गों में बाँटकर चर्चा करना चाहेंगे।

A. स्वतन्त्र, आश्रित तथा अतिरिक्त या अवरोधक चर

B. चरों के ऊपर नियन्त्रण

C. नियन्त्रित एवं प्रायोगिक समूह

D. प्रेक्षण एवं पुनः प्रयोग

E. प्रायोगिक वैधता – आंतरिक एवं बाह्य

A. स्वतन्त्र, आश्रित तथा मध्यस्थ या अवरोधक चर (Independent, Dependent and Extraneous or Intervening Variables)

किसी अनुसंधान अध्ययन में स्वतन्त्र, आश्रित तथा मध्यस्थ या अवरोधक चर क्या हाते हैं, इस बात की आवश्यक चर्चा हमें पहले ही अध्याय 1 में कर चुके हैं। यहाँ हम इन चरों का परिचय प्रायोगिक अनुसंधान में प्रयुक्त अवधारणाओं के रूप में निम्न प्रकार देना चाहेंगे।

स्वतन्त्र चर (Independent variable) : प्रायोगिक अनुसंधानों में प्रयुक्त स्वतन्त्र चर पद से अभिप्राय उन चरों (प्रयोज्यों तथा उनके वातावरण विशेष की विशेषताओं तथा परिस्थितियों) से होता है जिनके ऊपर अनुसंधानकर्त्ता का पूरा नियन्त्रण रहता है और जिनमें वह उनके द्वारा आश्रित चर/चरों के ऊपर पड़ने वाले प्रभाव का अध्ययन करने हेतु प्रयोग परिस्थिति अनुसार आवश्यक प्रहस्तन (Manipulation) कर सकता है।

आश्रित चर (Dependent variable) : प्रायोगिक अनुसंधानों में प्रयुक्त आश्रित पद से अभिप्राय उन चरों (प्रयोज्यों तथा उनके वातावरण विशेष की विशेषताओं तथा हालातों) से होता है जिनसे यह अपेक्षा की जाती है कि वे स्वतन्त्र चरों में किये जाने वाले प्रहस्तन (Manipulation) और उनमें आने वाले परिवर्तनों के परिप्रेक्ष्य में प्रभावित और परिवर्तित होते रहें।

बाह्य या अवरोधक चर (Extraneous or Intervening Variables)

प्रायोगिक अनुसंधानों में प्रयुक्त बाह्य या अवरोधक चर पद से अभिप्राय उन चरों (प्रयोज्यों तथा उनके वातावरण विशेष की विशेषताओं तथा हालातों) से होता है जो अनुसंधान की दृष्टि से अनुसंधानकर्त्ता के लिये फालतू होते हैं परन्तु उनमें अपने आप में अनुसंधानों के परिणामों को प्रभावित करने की पूरी क्षमता होती है। इन चरों को आवश्यक रूप से नियंत्रित या निरस्त करने की आवश्यकता होती है ताकि स्वतंत्र और आश्रित चर/चरों के बीच कार्य–कारण सम्बन्ध स्थापित करने का कार्य भलीभाँति किया जा सके।

आइये इन तीनों प्रकार के चरों की प्रकृति और प्रयोजन को एक प्रयोगात्मक अनुसंधान के उदाहरण द्वारा समझने की चेष्टा की जाये।

विद्याथियों की अधिगम निष्पत्ति (Learning performance) पर विभिन्न शिक्षण विधियों के प्रयोग से पड़ने वाले प्रभाव का अध्ययन करने में शिक्षण विधि स्वतन्त्र चर के रूप में कार्य करती नजर आ सकती है। अलग अलग शिक्षण विधियों का प्रयोग इस स्वतन्त्र चर में परिवर्तन तथा प्रहस्तन (Manipulation) की भूमिका निभा सकता है और इसी प्रहस्तन (Manipulation) का अधिगम निष्पत्ति नामक आश्रित चर पर क्या प्रभाव पड़ता है इसका प्रेक्षण और अभिलेखन इस प्रायोगिक अध्ययन की मुख्य क्रियान्वयन अवस्था बन सकती है। परन्तु यहाँ एक बात और उठती है और वह यह है कि शिक्षण विधि के अलावा निस्संदेह और भी अन्य चरों (जैसे विद्यार्थी, अध्यापक, शिक्षण–अधिगम वातावरण, अधिगम सामग्री और अवधि इत्यादि) की उपस्थिति है जो अपने में अकेले या मिलजुल कर अपनी तरह से विद्यार्थियों की अधिगम निष्पत्ति को प्रभावित करने की यथेष्ट क्षमता रखते हैं। इस प्रकार के सभी चरों को अतिरिक्त या अवरोधक चरों की संज्ञा दी जाती है क्योंकि स्वतन्त्र और आश्रित चरों के बीच निहित कारण–प्रभाव सम्बन्ध का अच्छी तरह अध्ययन करने में ये अवरोध या बाधा पहुँचाने वाले

सिद्ध होते हैं तथा अनुसंधानकर्त्ता के लिये इनकी उपस्थिति फालतू या बाह्य चरों के रूप में ही होती है। अगर सचमुच यह प्रमाणित करना है कि आश्रित चर (अधिगम निष्पत्ति) में जो परिवर्तन आये हैं उनका कारण केवल मात्र स्वतन्त्र चर (शिक्षण विधि) है तो अनुसंधानकर्त्ता को अवश्य ही इन अतिरिक्त या बाह्य चरों के आश्रित चर यानी अधिगम निष्पत्ति पर पड़ने वाले प्रभाव को निर्मूल या निरस्त करना होगा।

B. चरों पर नियन्त्रण (Control Over the Variables)

नियन्त्रण एक प्रायोगिक अनुसंधान की मुख्य विशेषता एवं आवश्यकता है। परिणामस्वरूप एक अनुसंधानकर्त्ता को अपने अध्ययन के सभी चरों–स्वतन्त्र, आश्रित एवं अवरोधक पर वांछित नियन्त्रण स्थापित करने के लिये आवश्यक कदम उठाने की जरूरत रहती है। नियन्त्रण का यह कार्य अपने सम्पूर्ण रूप में निम्न सोपानों के अनुसरण की माँग करता है।

1. सम्बन्धित चरों की पहचान एवं नामकरण–पहचान कार्य (Identifying and naming the involved variables—Identification task) : किसी भी प्रायोगिक अनुसंधान का मुख्य उद्देश्य दो प्रकार के चरों – स्वतन्त्र चर (कारण) तथा आश्रित चर (प्रभाव) के बीच कारण–प्रभाव सम्बन्ध स्थापित करना होता है। इसीलिये एक अनुसंधानकर्त्ता को सबसे पहले यह निश्चित और पहचान करने की आवश्यकता होती है कि अध्ययन में शामिल कौन सा एक चर कारण के रूप में तथा कौन सा दूसरा प्रभाव के रूप में कार्य करके क्रमशः स्वतन्त्र तथा आश्रित चर कहलाने का अधिकारी है। स्वतन्त्र चर की पहचान 'कारण' के रूप में होने के अतिरिक्त ऐसे चर के रूप में भी होती है जिसके द्वारा प्रायोगीकरण के दौरान प्रहस्तन (Manipulation) करने या परिवर्तन लाने का कार्य किया जाता है और उसे किसी उपचार या क्रियाशीलता के लिये भी प्रयुक्त किया जाता है। आश्रित चर की पहचान ऐसे चर के रूप में भी होती है जिसमें स्वतन्त्र चर की वजह से आने वाले अन्तर या पड़ने वाले प्रभाव को मापा जाता है और इसलिये इसे मापित चर (Measured variable) भी कहा जाता है। इन दो विशिष्ट चरों के अतिरिक्त इस अध्ययन के दौरान अनुसंधानकर्त्ता का सामना उन हजारों चरों से हो सकता है जो प्रयोज्यों की विशेषताओं (जैसे उनके लिंग, आयु, बुद्धि लब्धि, शैक्षणिक पृष्ठभूमि, सामाजिक–आर्थिक स्तर आदि में) तथा उनके वातावरण (जलवायु, स्थान, समय आदि से सम्बन्धित अन्तर) से अपना सम्बन्ध रखते हों। ये सभी चर अतिरिक्त चर या बाह्य चर (Extraneous variables) के रूप में सामने आते हैं। इन बाह्य चरों में अनुसंधानकर्त्ता की कोई दिलचस्पी नहीं होती। से सभी मार्ग से हटने चाहिये। इन बाह्य चरों में सभी को मार्ग से हटाने की उतनी ज्यादा जरूरत नहीं होती जितनी कि इनमें से उन बाह्य चरों की होती है जिन्हें विशेष तौर पर अध्ययन में एक बहुत बड़ी बाधा या विघ्नकारी माना जाता है। इन्हें प्रायोगिक अनुसंधान की दुनियाँ में विघ्नकारी चर (Confounding variables) कहा जाता है। बाह्य चरों (Extraneous variables) में से विघ्नकारी चरों की पहचान करने हेतु ग्रेवटर एवं फोरजेनो (Gravetter & Forzano, 2003:197) ने इन्हें दो अग्रांकित विशेषताओं से युक्त होता हुआ पाया है।

- पहले तो एक बाह्य चर तभी विघ्नकारी चर का स्वरूप लेता है जबकि वह निश्चित रूप से आश्रित चर को प्रभावित करता हुआ दिखाई देता है। जो चीज आश्रित चर से कोई सम्बन्ध नहीं रखती वह कोई खतरा खड़ा नहीं कर सकती (जैसे जूता चाहे जैसा हो, अधिगम निष्पत्ति को प्रभावित नहीं कर सकता।)
- दूसरे एक विघ्नकारी चर को स्वतन्त्र चर के साथ ही क्रमबद्ध रूप से परिवर्तित होते हुए देखा जाना चाहिये ताकि उसके द्वारा आश्रित चर में अपने प्रहस्तन (Manipulation) द्वारा प्रभावकारी परिवर्तन लाये जा सकें। कोई चीज जो स्वतन्त्र चर से बिना कोई सम्बन्ध रखे परिवर्तित होती है, खतरा नहीं बनती।

2. स्वतन्त्र चर को नियन्त्रित करना–प्रहस्तन कार्य (Controlling the independent variable — The manipulation task) : प्रयोगात्मक अनुसंधान में एक अनुसंधानकर्त्ता से यह अपेक्षा की जाती है कि वह स्वतन्त्र

चर को इस प्रकार अपने नियन्त्रण में ले कि प्रभावित आश्रित चर/चरों की स्थिति और हालातों में अन्तर या बदलाव लाने के लिये उसमें भलीभाँति प्रहस्तन (Manipulation) या बदलाव लाने का कार्य किया जा सके।

3. आश्रित चर को नियन्त्रित करना–मापन कार्य (Controlling the Dependent Variable—the measurement task) : प्रयोगात्मक अनुसंधान में एक अनुसंधानकर्त्ता से यह अपेक्षा की जाती है कि वह आश्रित चर को इस प्रकार अपने नियन्त्रण में ले कि स्वतन्त्र चर में प्रहस्तन (Manipulation) के कारण इस पर पड़ने वाले प्रभाव तथा आने वाले अन्तरों का भलीभाँति प्रेक्षण तथा मापन किया जा सके।

4. बाह्य या विघ्नकारी चरों को नियंत्रित करना–हानि नियन्त्रण कार्य (Controlling the extraneous or confounding variables—Damage controlling task) : निश्चित रूप से यह कहने के लिये कि आश्रित चर में दिखाई देने वाले बदलाव या अंतर स्वतन्त्र चर के फलस्वरूप ही अस्तित्व में आये हैं, अनुसंधानकर्त्ता से यह अपेक्षा की जाती है कि वह ऐसे हानि नियन्त्रण कार्य में जुट जायें जिससे खतरे का संकेत देने वाले बाह्य तथा विघ्नकारी चरों पर उचित रूप से अंकुश लगाया जा सके। सामान्य रूप से निम्न विधियों एवं तकनीकों का प्रयोग इस कार्य हेतु किया जा सकता है।

(i) चरों को निर्मूल या निरस्त करना
(ii) सादृश्यीकरण या समेलन
(iii) संयोगीकरण
(iv) अतिरिक्त स्वतन्त्र चर का उपयोग
(v) सांख्यिकी नियंत्रण।

आइये इन तकनीकों के बारे में वांछित जानकारी प्राप्त की जाये।

चरों को निर्मूल या निरस्त करना (Eliminating or holding the variable constrant)

इस विधि में बाह्य या विघ्नकारी चरों के प्रभाव को निर्मूल या निरस्त करने के प्रयत्न किये जाते हैं। यह कार्य अग्रलिखित तीन प्रकार की तकनीकों से सम्पन्न किया जा सकता है :

1. प्रयोज्य चर को निरस्त करना (Holding the participant varibale constrant) : इस तकनीक के प्रयोग में अनुसंधानकर्त्ता चयनित प्रतिदर्श में शामिल प्रयोज्यों से सम्बन्धित बाह्य चरों, उनकी आयु, लिंग, बुद्धि लब्धि, सामाजिक आर्थिक स्तर इत्यादि को स्थिर या निरस्त (Constrant) करने का प्रयत्न करता है। उदाहरण के लिये अगर उसे यह लगता हो कि प्रतिदर्श प्रयोज्यों में पाये जाने वाले लिंग भेद, विघ्नकारी चर के रूप में कार्य कर सकते हैं तो वह अपने अध्ययन प्रतिदर्श में केवल एक लिंग विशेष (स्त्री या पुरुष) को ही प्रयोज्य रूप में शामिल करने की पहल कर सकता है।

2. वातावरणीय चर को स्थिर या निरस्त करना (Holding the environmental variable constant) : इस तकनीक का प्रयोग करने में अनुसंधानकर्त्ता को उन वातावरणीय चरों जैसे कक्षा तापक्रम, मौसमी हालातों, दिन के समय, कक्षाकक्ष परिस्थितियों, शिक्षण विधि, सहायक सामग्री के प्रयोग के प्रभाव को निर्मूल या निरस्त करना होता है जो किसी न किसी रूप में प्रायोगिक परिणामों को अच्छी तरह प्रभावित करने का प्रयत्न करते हैं। इस तकनीक के अपने वास्तविक प्रयोग में उदाहरण के लिये एक अनुसंधानकर्त्ता ऐसा प्रयास कर सकता है कि अपने अनुसंधान प्रतिदर्श में शामिल सभी प्रयोज्यों का वांछित प्रेक्षण एक ही कक्षाकक्ष में, दिन के एक ही समय और एक से तापक्रम में तथा एक ही विधि का प्रयोग करते हुये सम्पन्न किया जाये और इस तरह वह यह सुनिश्चित करने का प्रयास करे कि इससे उसके प्रायोगिक परिणाम भौतिक या वातावरणीय चरों से प्रभावित नहीं होंगे।

3. प्रसरण विस्तार पर पाबन्दी लगाना (Restricting range of variability) : इस तकनीक का प्रयोग करने में एक अनुसंधानकर्त्ता एक बाह्य या विघ्नकारी समझे जाने वाले चर को पूरी तरह निरस्त या स्थिर करने के

लिये उसके प्रसरण विस्तार पर समुचित पाबन्दी लगा सकता है। उदाहरण के लिये अगर वह अपने अध्ययन में शामिल प्रयोज्यों से बुद्धि लब्धि सम्बन्धी अंतरों (जिन्हें अध्ययन को अपनी तरह से प्रभावित करने वाला समझा जा रहा है) पर समुचित नियंत्रण रखना चाहता है तो वह अपने अध्ययन प्रतिदर्श में समान बुद्धिलब्धि विस्तार वाले (जैसे 130–140 बुद्धि लब्धि) प्रयोज्यों को शामिल कर सकता है।

सादृश्यीकरण या समेलन (Matching)

इस तकनीक के प्रयोग से अनुसंधानकर्त्ता को अपनी प्रयोग परिस्थितियों या प्रयोग के लिये बनाये गये दो समूहों – प्रयोजन तथा नियंत्रित में प्रयोज्यों को किसी एक या अन्य संभावित विघ्नकारी चरों को लेकर समेलित (Matching) करके समतुल्यता या समानता स्थापित करने में पूरी मदद मिलती है। इस तकनीक का प्रयोग करने हेतु एक अनुसंधानकर्त्ता को सबसे पहले उन विशिष्ट प्रयोज्य तथा वातावरणजन्य चरों की पहचान करनी चाहिये जो प्रयोज्यों के प्राप्तांकों को प्रभावित करने का प्रयत्न करते हैं। जैसे आयु, लिंग, बुद्धि लब्धि, सामाजिक–आर्थिक स्तर, कमरे का तापक्रम, दिन का समय, सहायक सामग्री का प्रयोग आदि। इसके बाद उसे इन पहचाने गये चरों को अपने अध्ययन प्रतिदर्श में शामिल प्रत्येक प्रयोज्य या प्रयोज्य समूह के संदर्भ में संतुलित या समेलित (Balanced or matched) करने के प्रयास करने चाहियें।

परिणामस्वरूप एक प्रायोगिक अनुसंधान अध्ययन में जिसका उद्देश्य शिक्षण विधियों तथा अधिगम निष्पत्ति में निहित सम्बन्ध का पता लगाना है, अनुसंधानकर्त्ता संभावित विघ्नकारी चरों के नियन्त्रण हेतु सादृश्यीकरण तकनीक का निम्न प्रकार उपयोग करता हुआ देखा जा सकता है।

(i) बुद्धि चर के नियंत्रण हेतु वह प्रयोज्यों का चयन उन्हें बुद्धि के संदर्भ में संतुलित या समेलित करके कर सकता है यानी वह एक जैसी बुद्धि लब्धि या बुद्धि लब्धि विस्तार (I.Q. range) वाले प्रयोज्यों को प्रतिदर्श में शामिल कर सकता है।

(ii) लिंग चर के नियंत्रण हेतु वह अपने प्रतिदर्श में केवल पुरुष या केवल स्त्रियों या समान संख्या के स्त्री–पुरुषों को स्थान दे सकता है।

(iii) आयु चर के नियंत्रण हेतु वह अपने प्रतिदर्श में समान आयु या आयु वर्ग के प्रयोज्यों को स्थान दे सकता है।

(iv) वातावरणजन्य चरों के नियंत्रण हेतु वह प्रतिदर्श में शामिल आधे प्रयोज्यों को किसी एक वातावरण परिस्थिति तथा बचे अन्य आधों का दूसरी वातावरण परिस्थिति में प्रेक्षण कर सकता है।

संयोगीकरण (Randomization)

संयोगीकरण, एक अध्ययन के परिणामों को प्रभावित करने वाले अनेक बाह्य या विघ्नकारी चरों (ज्ञात तथा अज्ञात) को नियंत्रित करने में बहुत ही सुविधाजनक परन्तु प्रभावपूर्ण साधन सिद्ध हो सकता है। इस साधन का प्रयोग करने के लिये अनुसंधानकर्त्ता को अपने अनुसंधानात्मक अध्ययन हेतु प्रयोज्यों का चयन करने के लिये संयोगिक प्रतिचयन (Random sampling) तकनीक (लाटरी पद्धति, सिक्का उछालना या रेन्डम नम्बर टेबल आदि) का उपयोग करना होता है। हम इस तकनीक की विस्तार से आगे अध्याय 16 में चर्चा करेंगे।

यद्यपि संयोगीकरण विधि बहुत सारे बाह्य चरों को एक साथ बिना उन पर एक एक करके व्यक्तिगत ध्यान दिये हुये नियन्त्रित करने की एक अच्छी तकनीक सिद्ध हो सकती है, परन्तु यह बाह्य चरों के ऊपर वास्तविक नियन्त्रण स्थापित करने की कोई आवश्यक गारन्टी नहीं दे सकती। उदाहरण के लिये एक प्रयोगात्मक अनुसंधान में किसी एक विशेष नवाचार का परीक्षण करने हेतु प्रयोगात्मक तथा नियन्त्रित दो समूह बनाने के लिये संयोगीकरण तकनीक का उपयोग किसी एक समूह में उच्च बुद्धि लब्धि के प्रयोज्यों का चयन करा सकता है तो दूसरे समूह में निम्न बुद्धि लब्धि के प्रयोज्यों को शामिल करने का संयोग बन सकता है। यह बात अलग

है इस प्रकार की अनोखी संभावना विशेषकर उस स्थिति में जब अनुसंधान अध्ययन प्रतिदर्श बड़ा हो, मुश्किल से ही नजर आती है। परन्तु दूसरी ओर इस बात से भी इन्कार नहीं किया जा सकता कि छोटे प्रतिदर्श में संयोगीकरण प्रतिचयन का बाह्य चरों पर नियन्त्रण करने की एक तकनीक के रूप में इस्तेमाल करना सदैव ही संदेह के घेरे में रहता है। इसलिये आवश्यक विश्वसनीयता तथा निश्चितता बनाये रखने हेतु यह जरूरी है कि जब भी हम लघु प्रतिदर्श सम्बन्धी अनुसंधान अध्ययनों में बाह्य चरों पर नियन्त्रण स्थापित करने की बात करें तो हमारा ध्यान सादृश्यीकरण या समेलन (Matching) तथा चरों को निरस्त या स्थिर (Holding variables Constrant) करने की बात पर ही ज्यादा होना चाहिये।

अतिरिक्त स्वतन्त्र चर का उपयोग (Making Use of the Additional Independent Variable)

"एक विघ्नकारी चर (Confounding variable) अध्ययन में प्रयुक्त उन दो चरों से अतिरिक्त वह तीसरा चर होता है जो स्वतन्त्र चर के साथ क्रमबद्ध रूप से परिवर्तित होता है और जिसमें आश्रित चर को प्रभावित करने की क्षमता होती है।" (Gravetter & Forezano, 2003:195)। इसलिये अगर हम किसी संभावित विघ्नकारी चर के द्वारा किये जाने वाले नुकसान से बचना चाहते हैं तो हमें इसके साथ हाथ मिलाकर इसे एक अतिरिक्त स्वतन्त्र चर की भूमिका निभाने के लिये आमन्त्रित करना पड़ेगा। क्योंकि इसमें अध्ययन के स्वतन्त्र चर के साथ क्रमबद्ध रूप से परिवर्तित होने की स्वाभाविक क्षमता होती है इसलिये यह अध्ययन के प्रयोजन को पूरा करने में एक उपयोगी साथी और मित्र की तरह ही काम करेगा शत्रु की तरह नहीं। अतिरिक्त चर का उपयोग करने सम्बन्धी तकनीक अब हमें यहाँ दो तरह के फायदे दिला सकती है। (i) एक तो संभावित विघ्नकारी चर को नियंत्रित करना तथा दूसरे (ii) स्वतन्त्र चर के साथ इस विघ्नकारी चर की अंतःक्रिया की प्रकृति का अध्ययन करने के साथ साथ इस अतिरिक्त चर के आश्रित चर पर पड़ने वाले प्रभाव का अध्ययन करना। आइये इस बात को हम एक उदाहरण द्वारा स्पष्ट रूप से समझने का प्रयत्न करें।

माना एक प्रायोगिक अनुसंधान में अनुसंधानकर्त्ता विद्यार्थियों की अधिगम निष्पत्ति (जिसका मापन प्रयोज्यों के उपलब्धि प्राप्तांकों से किया जाना है) पर व्याख्यान तथा प्रदर्शन विधियों के सापेक्षिक प्रभाव का अध्ययन करना चाहता है। यहाँ एक महत्त्वपूर्ण विघ्नकारी चर बुद्धि के प्रभाव का उन्मूलन या उसे स्थिर बनाने के प्रयत्नों के स्थान पर अनुसंधानकर्त्ता इसे अपने अनुसंधान अभिकल्प में एक दूसरे अतिरिक्त स्वतन्त्र चर के रूप में उपयोग करने का प्रयास करता है। इस उद्देश्य की पूर्ति हेतु वह अपने अध्ययन में शामिल प्रयोज्यों को उनके बुद्धि लब्धि प्राप्तांकों के आधार पर दो समूहों में विभक्त करने का प्रयत्न करता है जैसे एक उच्च बुद्धि लब्धि वाला समूह और दूसरा निम्न बुद्धि लब्धि वाला समूह। अनुसंधानकर्त्ता के द्वारा प्रायोगिक अनुसंधान के लिये प्रयुक्त यह अनुसंधान अभिकल्प अब 2×2 कारकीय अभिकल्प (Factorial design) कहलायेगा क्योंकि इसमें दो स्वतन्त्र चर, एक बुद्धि (उच्च एवं निम्न बुद्धि लब्धि के रूप में जिसमें दो स्तर हैं) तथा दूसरे शिक्षण विधि (व्याख्यान एवं प्रदर्शन विधियाँ) एक साथ कार्य करते हुये अधिगम निष्पत्ति नामक आश्रित चर को अपने अपने ढंग से प्रभावित कर रहे हैं।

इस प्रकार के कारकीय अध्ययनों (Factorial studies) की प्रकृति, कार्यप्रणाली तथा परिणामों के बारे में विस्तार से चर्चा आगे इसी अध्याय में की जायेगी। इस प्रकार के प्रायोगिक अध्ययन से प्राप्त प्रदत्तों का विश्लेषण अनुसंधानकर्त्ता को निम्न रूपों में फलदायी सिद्ध हो सकता है।

- विद्यार्थियों के उपलब्धि प्राप्तांकों पर बुद्धि के प्रभाव को निरस्त करते हुये दोनों विधियों की सापेक्षिक प्रभावशीलता का अध्ययन करना।
- विद्यार्थियों की शैक्षिक निष्पत्ति (उपलब्धि प्राप्तांकों) पर बुद्धि के प्रभाव का अध्ययन करना।
- बुद्धि और शिक्षण विधियों के बीच होने वाली अन्तःक्रिया का अध्ययन करना।

सांख्यिकी नियंत्रण (Statistical Control)

सह–प्रसरण विश्लेषण (Analysis of covariance) तथा आंशिक सहसम्बन्ध (Partial correlation) इत्यादि सांख्यिकी विधियों के प्रयोग से एक अनुसंधानकर्त्ता को अपने अध्ययन के स्वतन्त्र चर के साथ सह–चरों के रूप में विद्यमान बाह्य या विघ्नकारी चरों को नियन्त्रित करने में काफी सहायता मिल सकती है। इस तकनीक के उपयोग के बारे में अपनी राय व्यक्त करते हुये ब्रूटा (Broota 2002:7) ने लिखा है :

इस उपागम में द्वितीयक चरों (Secondary variables) के प्रभाव पर अंकुश लगाने का कोई प्रयत्न नहीं किया जाता। इस तकनीक में एक या एक से अधिक सह–यात्री द्वितीयक चरों का मापन किया जाता है और विचलन के अनियन्त्रित स्रोतों के प्रभाव को निर्मूल करने हेतु आश्रित चर का सांख्यिकी समायोजन (Statistical adjustment) किया जाता है। सह–प्रसरण विश्लेषण (Analysis of convariance) एक ऐसी ही तकनीक है। सहचरी द्वितीयक चर (Concommitant secondary variable) में विचलन या बदलाव से आश्रित चर में होने वाले संभावित विचलन के बदलाव को सांख्यिकी तरीके से निर्मूल करने का काम इस तकनीक द्वारा किया जाता है।

एक अनुसंधानकर्त्ता सह–प्रसरण विश्लेषण तकनीक का उपयोग करने के अतिरिक्त आंशिक सहसम्बन्ध नामक सांख्यिक तकनीक का उपयोग एक या एक से अधिक सहचरी विघ्नकारी चरों को अलग थलग या निर्मूल करने हेतु उन अनुसंधानों में अच्छी तरह कर सकता है, जहाँ उसे अध्ययन के स्वतन्त्र और आश्रित चरों में निहित सहसम्बन्ध का मापन करना होता है।

C. नियन्त्रित तथा प्रायोगिक समूह (Control and Experimental Groups)

व्यावहारिक विज्ञानों में किसी प्रायोगिक अनुसंधान का उद्देश्य व्यक्तियों तथा उनके वातावरण में निहित चरों के बीच कार्य–कारण सम्बन्ध स्थापित करना होता है। एक प्रकार के चरों को (जो कारण के रूप में कार्य करते हैं) यहाँ स्वतन्त्र चर कहा जाता है और दूसरे प्रकार के चरों को (जो प्रभाव के रूप में कार्य करते हैं) आश्रित चर कहा जाता है। अपने प्रयोगीकरण में एक अनुसंधानकर्त्ता यही देखना चाहता है कि स्वतन्त्र चर में किये जाने वाले प्रहस्तन (Manipulation) का आश्रित चर पर कैसा प्रभाव पड़ता है। इसी प्रभाव का मापन करके ही वह आवश्यक कार्य–कारण सम्बन्ध स्थापित करने में सफल हो सकता है। परन्तु यहाँ मुश्किल यह आती है कि आश्रित चर को प्रभावित करने का कार्य केवल मात्र स्वतन्त्र चर के द्वारा ही नहीं किया जाता। प्रयोज्य तथा वातावरण में निहित अन्य कारक भी बाह्य या विघ्नकारी चरों के रूप में प्रयोग परिणामों को अपनी अपनी तरह से प्रभावित करने का प्रयत्न करते हैं। अनुसंधानकर्त्ता को इसलिये हर हालत में इन बाह्य तथा विघ्नकारी चरों के प्रभाव को निर्मूल या निरस्त करना होता है ताकि स्वतन्त्र चर द्वारा आश्रित चर पर पड़ने वाले प्रभाव का निर्विघ्न अध्ययन किया जा सके। इन चरों को निर्मूल तथा निरस्त करने के तरीकों के बारे में हम पहले ही इस अध्याय में चर्चा कर चुके हैं। परन्तु इन बाह्य तथा विघ्नकारी चरों को अगर पूरी तरह नियंत्रित करके स्वतन्त्र चर तथा आश्रित चरों को लेकर प्रायोगिक कार्य आगे भी बढ़ाया जाये तो भी एक बात यहाँ उभर कर सामने आ सकती है कि यह निश्चित तौर पर कैसे कहा जाये कि आश्रित चरों में आने वाले परिवर्तनों या पड़ने वाले प्रभाव के लिये स्वतन्त्र चर ही एक मात्र कारण है ? क्या ऐसा नहीं हो सकता कि आश्रित चर में ये परिवर्तन संयोगवश ही आ गये हों ? इस स्थिति से निपटने के लिये प्रायोगिक अनुसंधानों के प्रयोगीकरण में प्रयोज्यों को दो समतुल्य समूहों (नियन्त्रित तथा प्रायोगिक समूह) में बाँटने की आवश्यकता पड़ती है ताकि अनुसंधानकर्त्ता द्वारा उन्हें तुलनात्मक अध्ययन हेतु प्रयोग में लाया जा सके। उदाहरण के लिये अगर कोई अनुसंधानकर्त्ता किसी उपाय या उपचार जैसे किसी विशेष औषधि, कोई शिक्षण विधि या नवाचार आदि की प्रभावशीलता का अध्ययन करना चाहता है तो उसे दो समतुल्य समूहों (जिन्हें कई दृष्टि से समेलित किया गया हो) का निर्माण कर उनकी प्रायोगिक तथा नियन्त्रित समूहों के रूप में पहचान करनी होगी। इसके पश्चात् वह निम्न प्रकार आगे बढ़ सकता है :

(i) प्रयोगात्मक समूह को प्रायोगिक परिस्थिति में डाला जायेगा (जैसे इस समूह के विद्यार्थियों को किसी नई शिक्षण विधि से पढ़ाया जायेगा)।

(ii) नियन्त्रित समूह को प्रायोगिक परिस्थिति से दूर रखा जायेगा (इस समूह को परम्परागत विधि से ही पढ़ाया जाता रहेगा)।

(iii) दोनों समूहों के अधिगम परिणामों का मापन कर उनकी परस्पर तुलना की जायेगी।

(iv) तुलना के आधार पर नई शिक्षण विधि की प्रभावशीलता के बारे में निष्कर्ष निकाला जायेगा।

प्रायोगिक तथा नियन्त्रित समूह दोनों एक तरह से काफी बातों में समानता रखते हैं जैसे कि दोनों एक ही समष्टि के अंग हैं, दोनों का समष्टि के एक भाग से बहुत सी बातों से सम्बन्धित समेलता का ध्यान रखकर चयन किया गया है, अध्ययन प्रयोजन को पूरा करने हेतु प्रायोगिक कार्य में दोनों का साथ साथ प्रयोग किया जाता है और इनका मापन भी एक ही आश्रित चर के संदर्भ में किया जाता है। अन्तर केवल इस बात को लेकर है कि दोनों के साथ एक जैसा व्यवहार नहीं किया जाता। अनुसंधानकर्त्ता द्वारा इनके उपयोग को लेकर अंतर रहता है। जबकि प्रायोगिक समूह को उपचार (Treatment) प्रदान किया जाता है नियंत्रित समूह को यह नहीं दिया जाता उसे तो मात्र तुलनात्मक अध्ययन के लिये ही यहाँ प्रस्तुत किया जाता है ताकि यह मालूम हो जाये कि प्रयोगात्मक समूह पर उपचार का क्या प्रभाव पड़ा है।

D. प्रेक्षण तथा पुनः प्रयोग (Observation and Replication)

एक प्रायोगिक अनुसंधान परिस्थिति में प्रयोगकर्त्ता एक तरफ तो स्वतन्त्र चर में आवश्यक प्रहस्तन (Manipulation) करने के कार्य में व्यस्त रहता है तो दूसरी ओर वह इस बात के लिये पूरा तैयार रहता है कि स्वतन्त्र चर में इस प्रकार की प्रहस्तन से आश्रित चर में उसी हिसाब से साथ साथ होते रहने वाले परिवर्तनों का भी अच्छी तरह प्रेक्षण और अभिलेखन (Recording) होता रहे। इस तरह से आश्रित चर में होने वाले नियमित परिवर्तनों का प्रेक्षण और अभिलेखन एक प्रायोगिक अनुसंधान अध्ययन का काफी महत्त्वपूर्ण हिस्सा होता है। यहाँ यह भी ध्यान देने योग्य बात है कि प्रयोगात्मक अनुसंधानों में इस तरह के प्रेक्षण और अभिलेखन द्वारा परिमाणात्मक या संख्यात्मक प्रदत्तों का संकलन किया जाता है। इसलिये पहले से ही आश्रित चर के मापन की प्रकृति और प्रक्रिया के बारे में अच्छी तरह सोच लेना चाहिये। उदाहरण के लिये उस अध्ययन में जिसमें अधिगम निष्पत्ति आश्रित चर है यह पहले ही सोच लेना चाहिये कि अधिगम निष्पत्ति का प्रेक्षण और अभिलेखन कैसे होगा और परिमाणात्मक मापन हेतु कौन सी मापनी या माप का प्रयोग किया जायेगा।

प्रायोगिक अनुसंधान अध्ययन के परिणामों में अपेक्षित विश्वसनीयता स्थापित करने तथा उनका सामान्यीकरण करने हेतु किये गये प्रयोग को दोहराने की भी काफी जरूरत रहती है। ऐसा करने के लिये अनुसंधानकर्त्ता एक ही प्रायोगिक अभिकल्प को अपनाता हुआ उसी तरह के कई उप–परीक्षण या उपप्रयोग कर सकता है अथवा दूसरी प्रायोगिक परिस्थितियों में अलग अलग स्थानों पर अपने किये गये अनुसंधान की विश्वसनीयता स्थापित कर सामान्यीकरण की दिशा में आगे कदम बढ़ा सकता है।

E. प्रायोगिक वैधता–आंतरिक एवं बाह्य (Experimental Validity — Internal and External)

व्यावहारिक विज्ञानों में प्रायोगिक अनुसंधानों के लिये एक और मुख्य आवश्यकता प्रयोगीकरण प्रक्रिया की वैधता स्थापित करने की है। प्रयोगीकरण प्रक्रिया की वैधता से यहाँ हमारा अभिप्राय प्रयोगीकरण की प्रक्रिया और परिणामों की यथार्थता और उनके प्रति बनाये गये विश्वास से है। सामान्यतया वैधता की स्थापना हेतु हमें दो प्रकार की वैधता – आंतरिक तथा बाह्य पर ध्यान देना होता है।

आंतरिक वैधता (Internal validity) : बेस्ट एवं काहन (Best and Kahn, 2006:171) के अनुसार :

एक प्रयोग उस सीमा तक आंतरिक रूप से वैध कहा जा सकता है कि जिस सीमा तक वे स्वतन्त्र चर जिनमें प्रयोग के दौरान प्रहस्तन (Manipulation) किया गया है आश्रित चरों पर यथार्थ रूप में वास्तविक प्रभाव छोड़ते हैं।

दूसरे शब्दों में आंतरिक वैधता की स्थापना करते हुये एक अनुसंधानकर्त्ता द्वारा यह निश्चित किया जाना चाहिये कि (i) स्वतन्त्र चर में किया गया प्रहस्तन (Manipulation) वास्तविक और सही है तथा (ii) आश्रित चर में जो प्रभाव/अन्तर दिखाई दे रहा है वह सही और वास्तविक है तथा इसे केवल मात्र स्वतन्त्र चर का ही प्रतिपादन माना जा सकता है किसी अन्य बाह्य चर का नहीं।

इस प्रकार से जैसा कि लैन्डमैन का भी मानना है कि "एक प्रायोगिक अनुसन्धान की आंतरिक वैधता स्थापित करने में इस बात का विशेष ध्यान रखा जाना चाहिये कि स्वतन्त्र और आश्रित चरों की अन्तःक्रिया में अनियन्त्रित चरों का कोई हस्तक्षेप न रहे।" (Landman, 1988:97)

बाह्य वैधता (External validity) : एक प्रायोगिक अध्ययन को उस सीमा तक बाह्य रूप से वैध कहा जा सकता है जिस सीमा तक अध्ययन के परिणामों को प्रायोगिक अभिकल्प के बाहर उस जैसी स्थितियों में प्रयुक्त किया जा सकता हो। दूसरे शब्दों में किसी प्रायोगिक अध्ययन की बाह्य वैधता स्थापित करने के लिये जैसा कि बेस्ट एवं काहन (Best and Kahn, 2006:171) का विचार है "यह प्रदर्शित करने की चेष्टा की जानी चाहिये कि अध्ययन से प्राप्त निष्कर्षों का दूसरी अध्ययन परिस्थितियों, दूसरे उपचार चरों, अन्य मापन चरों तथा अन्य समष्टियों के संदर्भ में सामान्यीकरण किया जा सकता है।"

प्रायोगिक अनुसंधान में प्रयुक्त सोपान एवं अवस्थायें (Steps and Stages of an Experimental Research)

वैज्ञानिक प्रेक्षण विधि के रूप में अच्छी तरह से नियन्त्रित प्रयोगशाला जैसी परिस्थितियों में सम्पन्न एक प्रायोगिक अनुसंधान को अपने उचित क्रियान्वयन हेतु तालिका 6.1 में प्रदर्शित सोपानों तथा अवस्थाओं का अनुसरण करना होता है।

तालिका 6.1 प्रायोगिक अनुसंधान के सोपान और अवस्थायें

अवस्था 1	एक अनुसंधान समस्या का चयन एवं पहचान – प्रकरण या समस्या का चयन – समस्या या अनुसंधान प्रश्नों का कथनीकरण – अनुसंधान परिकल्पनाओं का निर्माण
अवस्था 2	सार्थक साहित्य का पुनर्वीक्षण (Reviewing)
अवस्था 3	प्रायोगिक अनुसंधान अध्ययन का नियोजन (Planning) एवं अभिकल्पीकरण (Designing) – उचित प्रायोगिक अभिकल्प का निर्माण – प्रयोज्यों का चयन एवं उनके समूह बनाना – मापन साधनों का चयन – प्रायोगिक उपचार (Treatment) को परिभाषित करना
अवस्था 4	प्रायोगिक अनुसंधान अध्ययन का क्रियान्वयन – प्रायोगिक उपचार (Treatment) का प्रदान किया जाना – आश्रित चर/चरों का मापन करना – संकलित प्रदत्तों का अभिलेखन (Recording)

(क्रमशः)

तालिका 6.1 प्रायोगिक अनुसंधान के सोपान और अवस्थायें *(क्रमशः)*

अवस्था 5	संकलित प्रदत्तों का विश्लेषण – संकलित प्रदत्तों का व्यवस्थीकरण/संगठन – विश्लेषण विधि के बारे में निर्णय – संगठित प्रदत्तों का विश्लेषण करना
अवस्था 6	निष्कर्ष निकालना – परिकल्पनाओं को स्वीकार या अस्वीकार करने के बारे में निर्णय लेना – अध्ययन के परिणाम या निष्कर्षों को स्थापित करना
अवस्था 7	अध्ययन परिणामों से दूसरों को अवगत कराना तथा अनुसंधान प्रतिवेदन (Research report) प्रस्तुत करना।

प्रायोगिक अभिकल्प (Experimental Designs)

प्रायोगिक अभिकल्प क्या होते हैं ? (What are Experimental Designs?)

शाब्दिक अर्थ में प्रायोगिक अभिकल्प पद से तात्पर्य एक ऐसे अभिकल्प (Design) से है जिससे एक अनुसंधानकर्त्ता को अपने प्रयोग सही ढंग से करने में उचित मदद मिलती है। एक अभिकल्प को अपने इस अर्थ में एक भवन निर्माण इंजीनियर के द्वारा बनाया गया एक ऐसा ब्ल्यू प्रिन्ट या नक्शा माना जा सकता है जिसे किसी ठेकेदार या भवन मालिक को किसी घर या भवन के निर्माण में सहायता करने हेतु काम में लाया जाता है। यहाँ यह बात भी ध्यान रखनी चाहिये कि जब कोई व्यक्ति किसी भवन निर्माण इंजीनियर से अपना घर या कोई इमारत के निर्माण के सम्बन्ध में सलाह लेने पहुँचता है तो वह उससे यह पूछता है कि उसके पास इस कार्य हेतु क्या संसाधन हैं (जैसे जमीन, बजट तथा समय आदि) इसके निर्माण का प्रयोजन क्या है, तथा उसे इस भवन में किस तरह की सुविधायें चाहियें, आदि आदि। अपने प्रश्नों के उत्तर पाने के बाद ही भवन निर्माण इंजीनियर उसके सामने एक ब्ल्यू प्रिंट रखता है अथवा उसके पास जो भवन निर्माण योजना उपलब्ध है उनमें से किसी एक का चयन करने के लिये कहता है। भवन निर्माण के लिये इच्छुक व्यक्ति फिर या तो उपलब्ध भवन योजनाओं में से किसी एक का चयन कर लेता है अथवा इंजीनियर द्वारा उसी के भवन निर्माण हेतु बनाये गये ब्ल्यू प्रिंट को अपने घर या इमारत को बनाने में प्रयुक्त करता हुआ देखा जा सकता है।

ठीक इसी प्रकार अनुभवी अनुसंधानकर्त्ताओं, व्यवहारवादी वैज्ञानिकों तथा लेखकों ने ऐसे बहुत सारे प्रायोगिक अभिकल्पों को हमारे सामने प्रस्तुत किया है, जिन्हें हम व्यावहारिक विज्ञानों में किये जाने वाली अनुसंधान अध्ययनों में भलीभाँति प्रयुक्त कर सकते हैं। इन्हीं में से हम किसी एक का अपनी आवश्यकता, बजट, समय और अध्ययन परिस्थितियों के अनुसार अपने अनुसंधानात्मक अध्ययन में उपयोग करने का प्रयत्न करते हैं।

प्रायोगिक अभिकल्प से क्या प्रयोजन सिद्ध हो सकते हैं ?
(What Purposes can be Served through an Experimental Design ?)

एक प्रायोगिक अभिकल्प किसी एक प्रायोगिक अनुसंधान अध्ययन के सम्पादन में एक विश्वस्त मार्गदर्शक की भूमिका निभाते हुए अनुसंधानकर्त्ता को निम्न प्रकार के निर्णय लेने में काफी सहयोगी सिद्ध हो सकता है।

- प्रायोगिक तथा नियंत्रित समूहों का निर्माण तथा प्रयोज्यों का इन दो समूहों में विभाजन।
- अध्ययन में प्रयुक्त स्वतन्त्र तथा आश्रित चरों की संख्या और उनकी प्रकृति।
- संभावित मुख्य विघ्नकारी चरों (Confounding variables) की पहचान तथा उन्हें नियन्त्रित करने की विधियाँ।
- वह तरीका जिससे स्वतन्त्र चर में प्रहस्तन (Manipulation) किया जाना है।

- वह तरीका जिससे आश्रित चर/चरों में होने वाले परिवर्तन तथा मापन का प्रेक्षण तथा अभिलेखन किया जाना है।
- वह तरीका जिससे संकलित प्रदत्तों का विश्लेषण कर परिणामों की व्याख्या की जायेगी।
- वह तरीका जिससे प्रायोगीकरण की आंतरिक और बाह्य वैधता स्थापित की जायेगी।

व्यावहारिक विज्ञानों के अनुसंधानों में प्रयुक्त प्रायोगिक अभिकल्पों के प्रकार (The Types of Experimental Designs Used in Behavioural Sciences Research)

व्यावहारिक विज्ञानों के अनुसंधानों में प्रयुक्त प्रायोगिक अभिकल्पों को सामान्यतया अग्रांकित प्रकारों में बाँट कर समझा जा सकता है।

1. पूर्व प्रायोगिक या अन्तःसमूह अभिकल्प (Pre-experimental or Within-group Designs)
2. वास्तविक प्रायोगिक अभिकल्प या अन्तरा समूह अभिकल्प (True Experimental Designs or between Groups Designs)
3. अर्ध–प्रायोगिक अभिकल्प (Quasi Experimental Designs)
4. घटनोत्तर अभिकल्प (Ex-post Facto Designs)

इन चारों प्रकारों के अभिकल्पों में से यहाँ इस अध्याय में हम पहले दो की चर्चा करना चाहेंगे। तीसरे और चौथे अभिकल्पों की चर्चा करने का कार्य क्रमशः इस पुस्तक के सातवें तथा आठवें अध्यायों में किया जायेगा।

पूर्व प्रायोगिक अभिकल्प या अन्तःसमूह अभिकल्प (Pre-experimental Designs or Within-group Designs)

बेस्ट एवं काहन (Best & Kahn, 2006:177) के अनुसार "इस प्रकार के प्रायोगिक अभिकल्प अपनी दो विशेषताओं (i) नियन्त्रित समूह की अनुपस्थिति तथा (ii) एक नियन्त्रित समूह का समतुल्य प्रदान नहीं कर सकने के कारण अच्छी तरह पहचान में आ सकते हैं।" एक अनुसंधानकर्त्ता यहाँ प्रयोज्यों के एक प्रतिदर्श समूह से ही दो प्रकार के प्राप्तांक समूहों की प्राप्ति करने का प्रयत्न करता है। (वह इसके लिये प्रयोगों को दो समूहों – प्रायोगिक तथा नियंत्रित में नहीं बाँटता) और इन दो प्रकार के प्राप्तांकों को ही आवश्यक तुलनात्मक कार्य के लिये प्रयुक्त कर चरों के बीच निहित कार्य–कारण सम्बन्ध के बारे में निष्कर्ष निकालने की कोशिश करता है।

उदाहरण के लिये केवल एक समूह को ही अध्ययन में प्रयुक्त करने वाले इस प्रकार के अनुसंधान में एक अनुसंधानकर्त्ता इस समूह में शामिल सभी प्रयोज्यों पर 10 सार्थक शब्दों से युक्त एक स्मृति परीक्षण प्रशासित कर सकता है और फिर उन्हीं पर 10 निरर्थक शब्दों से युक्त दूसरे स्मृति परीक्षण को प्रशासित करके उसी एक समूह के प्रयोज्यों के दो प्रकार के उपलब्धि प्राप्तांकों का संकलन कर सकता है। इसी प्रकार एक दूसरे अनुसंधान अध्ययन में जिसमें अनुसंधानकर्त्ता प्रयोज्यों की मनोस्थिति (Mood) पर रंगों (Colours) के प्रभाव का अध्ययन करना चाहता है, अनुसंधानकर्त्ता नीले रंग के कमरे में 20 मिनट तक बैठाये गये प्रयोज्यों के एक समूह पर "मनोस्थिति निर्धारण मापनी" (Mood rating scale) को प्रशासित कर सकता है और फिर उन्हें ही 20 मिनट लाल कमरे में बिठाकर उन पर फिर उसी मापनी को प्रशासित करके वांछित तुलनात्मक अध्ययन हेतु दो प्रकार के प्राप्तांकों की प्राप्ति कर सकता है।

इस प्रकार के अभिकल्पों में जिसकी तुलना या सापेक्षता आंकी जाती है वह और कुछ नहीं बल्कि विभिन्न उपचार स्तरों (Treatment levels) के द्वारा प्रयोज्यों के एक समूह विशेष में आने वाले अन्तःवैयक्तिक भेद ही होते हैं। एक प्रयोज्य समूह में जिसका यहाँ मापन होता है वह वे परिवर्तन होते हैं जो किसी एक या अन्य उपचार परिस्थितियों में सभी प्रयोज्यों पर लागू करने से अस्तित्व में आते हैं। हम इस प्रकार से यहाँ प्रयोज्य समूहों के बीच विद्यमान अन्तरों के स्थान पर प्रयोज्यों के बीच निहित अन्तरों (Differences within the subjects)

का मापन करते हैं और इसीलिये इन प्रायोगिक अभिकल्पों को अन्तःप्रयोज्य अभिकल्पों की भी संज्ञा दी जाती है। इस प्रकार के प्रायोगिक अभिकल्पों का प्रयोग करके दिये जाने वाले प्रायोगिक अनुसंधानों में मुख्यतया निम्न प्रकार की विशेषतायें देखने को मिलती हैं।

- प्रयोज्यों को दो अलग अलग समूहों – नियन्त्रित तथा प्रायोगिक में न बाँटकर उनका एक अकेले समूह के रूप में अध्ययन करना।
- प्रत्येक प्रयोज्य को कम से कम एक बार स्वतन्त्र चर (उपचार) से प्रभावित होने या उसके साथ अन्तःक्रिया करने का अवसर देना।

पूर्व प्रायोगिक या अन्तःसमूह अभिकल्पों के प्रकार (Types of Pre-experimental or Within-group Designs)

व्यावहारिक विज्ञानों में अनुसंधान कार्य करने हेतु प्रायः हमें निम्न प्रकार के पूर्व–प्रायोगिक या अन्तःसमूह अभिकल्पों के दर्शन होते हैं :

- एकल प्रयास वैयक्तिक अभिकल्प (The One-shot Case Study)
- पूर्व परीक्षण–पश्चात् परीक्षण अभिकल्प (The Pre-test - Post test Design)
- मापन पुनरावृत्ति अभिकल्प (Repeated Measures Design)
- स्थिर समूह तुलना अभिकल्प (The Static Group Comparison Design)

आइये अब इन अभिकल्पों का परिचय प्राप्त किया जाये। परन्तु इसके लिये पहले हम उन विशिष्ट प्रतीकों (Specific symbols) से परिचित होना चाहेंगे जिन्हें इस पुस्तक में विभिन्न प्रायोगिक अभिकल्पों का वर्णन करने में प्रयुक्त किया गया है।

(i) X = किसी प्रायोगिक समूह का उस प्रायोगिक चर या उपचार विशेष से गुजरना जिसके प्रभाव का आश्रित चर में मापन किया जा रहा है।

(ii) C = यह सूचित करना कि नियंत्रित समूह को किसी प्रायोगिक परिस्थिति में से नहीं गुजारा गया है।

(iii) X_1 और X_2 = यह बताने के लिये कि प्रायोगिक समूह को एक प्रायोगिक परिस्थिति (जैसे नयी शिक्षण विधि से पढ़ाना) X_1 से गुजारा जायेगा तथा नियंत्रित समूह परम्परागत विधि X_2 का अनुसरण करता रहेगा।

(iv) O = प्रेक्षण या मापन की प्रक्रिया

(v) O_1 = परीक्षण परिस्थिति से प्रायोगिक समूह को गुजारने के बाद उपलब्ध प्राप्तांक

(vi) O_2 = परम्परागत परिस्थिति से नियंत्रित समूह को गुजारने के बाद उपलब्ध प्राप्तांक

(vii) R = यह सूचित करना कि प्रयोज्यों का चयन संयोगीकरण प्रतिचयन विधि (Randomized selection method) से किया गया है।

A. एकल प्रयास वैयक्तिक अध्ययन (The One-shot Case Study)

बेस्ट एवं काहन (Best and Kahn, 1996:178) के अनुसार "इस प्रकार के अध्ययन किसी एक समय विशेष में एकल प्रयास द्वारा पूरे किये जाते हैं। इनका उद्देश्य केवल अपने अध्ययन परिणाम को उस सामान्य प्रत्याशा (General expectation) से तुलना करना होता है कि अगर उपचार न दिया जाता तो क्या होता।" इस अध्ययन का प्रतिपादन प्रयोज्यों की सामान्य स्थिति/क्षमता की प्रायोगिक परिस्थिति या प्रतिदर्श पर प्रशासित परीक्षण के संदर्भ में कुछ जानकारी लेने के लिये किया जाता है। उदाहरण के लिये एक समायोजन परिसूची/अभिवृत्ति मापनी/बुद्धि परीक्षण को प्रशासित करने तथा पश्चात–परीक्षण (Post-test) प्राप्तांकों का सावधानीपूर्वक

विश्लेषण करने से हम समूह विशेष की स्थिति तथा क्षमता की समायोजन या बुद्धि के संदर्भ में जानकारी ले सकते हैं।

इस अनुसंधान अभिकल्प को प्रतीकात्मक रूप में निम्न प्रकार प्रदर्शित किया जा सकता है :

प्रायोगिक समूह	— X O_1

इस अभिकल्प में :

- यहाँ अध्ययन हेतु केवल एक ही समूह को काम में लाया गया है। इसी पर उपचार के प्रभाव की जानकारी लेनी है।
- प्रयोज्यों के चयन में संयोगीकरण (Randomization) को नहीं अपनाया गया है।
- प्रयोज्यों की प्रारम्भिक क्षमता या विशेषता विशेष की जानकारी लेने हेतु किसी पूर्व–परीक्षण का आयोजन नहीं किया गया है।
- उपचार के परिणामों के मूल्यांकन हेतु केवल पश्चात्–परीक्षण (Post-test) का आयोजन किया गया है।

इस अभिकल्प का प्रयोग सामान्यतया उस परिस्थिति तथा परिणामों का मूल्यांकन करने हेतु किया जाता है जिनका पूर्व–परीक्षण नहीं किया गया हो। परन्तु इस अभिकल्प में बहुत सारी कमियाँ तथा दोष भी पाये जाते हैं। सामान्यीकरण के लिये यह सबसे कमजोर आधार सिद्ध होता है। एक उपचार की प्रभावशीलता का अध्ययन करने के लिये अनुसंधानकर्त्ता यहाँ किसी भी तरह से इस निष्कर्ष पर पहुँचने में कामयाब नहीं होता कि प्रयोज्यों की उपलब्धि उपचार का परिणाम है या इस प्रकार की उपलब्धि उपचार से पहले ही उसमें विद्यमान थी। पूर्व प्रायोगिक अभिकल्पों के परिवार में इसे सबसे कमजोर अभिकल्प माना जाता है और इसलिये इसे तभी काम में लाना चाहिये जब कोई और विकल्प उपलब्ध न हो।

B. पूर्व–परीक्षण—पश्चात्–परीक्षण पूर्व प्रायोगिक या अन्तःप्रयोज्य अभिकल्प (The Pre-test—Post-test Pre-experimental or Within-subjects Design)

यह अभिकल्प एकल प्रयास वैयक्तिक अध्ययन अभिकल्प की तुलना में एक बेहतर अभिकल्प का प्रतिनिधित्व करता है क्योंकि इसमें प्रायोगिक समूह को उपचार से गुजारने से पहले उसका पूर्व–परीक्षण किया जाता है। पूर्व प्रायोगिक अभिकल्प परिवार में यह बहुत अधिक प्रयोग में लाने वाला ऐसा अभिकल्प है जिसमें प्रयोज्यों के एक समूह के उपचार से गुजारने सम्बन्धी प्रभावों/परिणामों का अच्छी तरह अध्ययन किया जा सकता है। इस अभिकल्प को प्रतीकात्मक रूप में निम्न प्रकार प्रदर्शित किया जा सकता है।

प्रायोगिक समूह	O_1 X O_2

उपरोक्त प्रतीकात्मक प्रस्तुतीकरण निम्न बातों की ओर इंगित करता है :

- अनुसंधानकर्त्ता ने अपने प्रायोगिक अध्ययन हेतु यहाँ केवल प्रयोज्यों के एक समूह (प्रायोगिक समूह) का उपयोग किया है।
- अध्ययन हेतु प्रयोज्यों के चयन में यहाँ संयोगीकरण का उपयोग नहीं किया है।
- आश्रित चर में पहले से ही विद्यमान प्रभाव (जैसे कंप्यूटर तकनीकी के प्रति अभिवृत्ति) का पता लगाने के लिये उसने इस समूह का पूर्व–परीक्षण किया है और उसके मापन को O_1 के रूप में अभिलेखित किया है।
- इसके पश्चात् उसने एक उपचार (Treatment) X इस समूह को प्रदान किया है (जैसे कंप्यूटर तकनीकी की चेतना और दक्षता वृद्धि हेतु 4 सप्ताह की संगोष्ठी युक्त कार्यशाला का आयोजन किया है।)

- उपचार से गुजारने के बाद अनुसंधानकर्त्ता ने पुनः समूह के प्रयोगों की कंप्यूटर तकनीकी के प्रति अभिव्यक्ति का मापन किया है और उसका O_2 के रूप में अभिलेखन किया है।
- अंत में उसने पूर्व–परीक्षण तथा पश्चात्–परीक्षण के प्राप्तांकों में अन्तर मालूम कर उसे $O_1—O_2$ का नाम दिया है तथा इसे X का प्रभाव स्वीकार किया है।

C. मापन पुनरावृत्ति अभिकल्प (Repeated Measures Design)

पूर्व परीक्षण–पश्चात् परीक्षण अनुसंधान अभिकल्प (जिसमें एक अनुसंधानकर्त्ता अपने अध्ययन सम्बन्धी निष्कर्ष निकालने हेतु प्रति प्रयोज्य केवल दो परीक्षण प्राप्तांकों की उपलब्धि करता है) की तुलना में एक मापन पुनरावृत्ति अभिकल्प में प्रति प्रयोज्य अनेक प्रमापों (Multiple measures) का उपयोग किया जाता है। इस अभिकल्प को प्रतीकात्मक रूप से निम्न प्रकार प्रदर्शित किया जा सकता है।

प्रायोगिक समूह	O_1 X O_2 X O_3 X O_4 X O_5 X O_6

उपरोक्त प्रतीकात्मक प्रदर्शन से यह जानकारी मिल सकती है कि एक अनुसंधानकर्त्ता न केवल एक समूह को अपने अध्ययन हेतु उपयोग में लाया है, उसके प्रारंभिक स्तर की पूर्व परीक्षण द्वारा जानकारी ली है और उसे O_1 के रूप में अभिलेखित किया है। इसके बाद उपचार X प्रदान करके फिर पश्चात्–परीक्षण प्राप्तांकों को O_2 के रूप में अभिलेखित किया है। उसके द्वारा उपचार X प्रदान करने तथा पश्चात परीक्षण करने की क्रिया और उससे उपलब्ध परिणामों की अनेक बार O_3 O_4 O_5 O_6 के रूप में पुनरावृत्ति की गई है। इस प्रकार उसके पास प्रभावशीलता की जाँच हेतु विभिन्न प्रमाप (Various measures) हैं। यहाँ O_1 पहली प्रमाप है तथा O_6 आखिरी। इन दोनों का अन्तर ($O_1—O_6$) यह बताने में समर्थ हो सकता है कि उपचार कितना प्रभावशाली रहा।

इस प्रकार का प्रायोगिक अभिकल्प किसी विशेष उपचार या औषधि के प्रभाव से सम्बन्धित लम्बवत् अध्ययन करने में विशेष रूप से सहायक हो सकता है। समय के साथ उपचार का औषधि के क्या परिणाम आ रहे हैं इस बात का अच्छी तरह पता ऐसे मापन पुनरावृत्ति अभिकल्पों (Repeated measures designs) से हो सकता है।

इस अभिकल्प में आगे कुछ बदलाव करते हुये एक अनुसंधानकर्त्ता किसी उपचार के विभिन्न स्तरों (औषधि की अलग अलग खुराकें) या बिल्कुल भिन्न कई प्रकार के उपचारों X_1, X_2, X_3 आदि के प्रभाव का भी किसी समूह विशेष के प्रयोज्यों पर मापन प्रक्रिया को दोहराते हुये अच्छी तरह अध्ययन कर सकता है। उदाहरण के लिये एक अनुसंधानकर्त्ता तीन अलग अलग प्रकार की प्रशिक्षण तकनीकों की प्रभावशीलता का अध्ययन करने हेतु सीमित प्रयोज्यों के एक समूह को प्रतिदर्श के रूप में प्रयुक्त कर सकता है और फिर इन प्रयोज्यों के प्रशिक्षण के पहले तथा बाद में परीक्षण करके तथा उन प्राप्तांकों में अंतर ज्ञात करके अलग अलग तीन प्रकार के प्राप्तांकों की उपलब्धि कर सकता है। (देखिये तालिका 6.2)

तालिका 6.2 अन्तः समूह प्रयोग–तीनों उपचारों में एक ही समूह
(Within-group experiment—One group in all three treatments)

सबसे पूर्व–परीक्षण तथा सबसे पश्चात्–परीक्षण प्राप्तांकों का अंतर					
प्रशिक्षण तकनीक–1		**प्रशिक्षण तकनीक–2**		**प्रशिक्षण तकनीक–3**	
Ramesh	20	Ramesh	24	Ramesh	28
Mahesh	30	Mahesh	35	Mahesh	39
Babita	40	Babita	43	Babita	47
Radha	50	Radha	54	Radha	58
Mean (M_1) = 35		Mean (M_2) = 39		Mean (M_3) = 43	

इस प्रकार की (M_1, M_2, M_3 आदि सूचना के आधार पर अनुसंधानकर्त्ता प्रदत्त विश्लेषण हेतु सांख्यिकी तकनीक; प्रसरण विश्लेषण (Analysis of variance) का प्रयोग करके यह जानने में समर्थ हो सकता है कि कौन सी प्रशिक्षण तकनीक अधिक प्रभावशील है।

D. स्थिर समूह तुलना अभिकल्प (The Static Group Comparison Design)

इस अभिकल्प में अनुसंधानकर्त्ता द्वारा वास्तविक प्रायोगिक (True experimental) या अन्तरा समूह अभिकल्पों (Between-groups designs) की तरह अपेक्षित तुलना हेतु दो अलग अलग समूहों – प्रायोगिक तथा नियंत्रित का उपयोग किया जाता है। परन्तु यहाँ कमी यह रह जाती है कि इन दोनों समूहों की तुल्यता (Equivalence) स्थापित कर इन्हें समतुल्य बनाने पर यहाँ कोई ध्यान नहीं दिया जाता। दूसरा अंतर इस बात को लेकर है कि नियंत्रित समूह स्थिर रहता है। इस पर कोई प्रयोग इसे चलायमान करने का कोई प्रयास नहीं होता इसे तो केवल मात्र तुलना हेतु ही काम में लाया जाता है। इस प्रकार से एक ओर जहाँ यह अभिकल्प व्यावहारिक विज्ञानों में पूर्व प्रायोगिक अध्ययन करने हेतु प्रयुक्त अभिकल्पों में सबसे ऊँचे स्थान पर खड़ा दिखाई देता है वहाँ प्रायोगिक तथा नियंत्रित समूहों की तुल्यता तथा समानता पर ध्यान न दिये जाने से इसे वास्तविक प्रायोगिक अभिकल्प (True experimental design) कहलाने के अधिकार से वंचित रहना पड़ता है।

इस अभिकल्प को प्रतीकात्मक रूप में निम्न प्रकार प्रदर्शित किया जा सकता है :

	पूर्व–परीक्षण प्राप्तांक	उपचार	पश्चात्–परीक्षण प्राप्तांक
प्रायोगिक समूह	—	X	O_1
नियंत्रित समूह	—	—	O_2

यहाँ यह निष्कर्ष निकालने के लिये कि प्रदत्त उपचार (औषधि, नपाचार, नपीन शिक्षण विधि, प्रशिक्षण तकनीक या परामर्श आदि) कितना प्रभावशील है, अनुसंधानकर्त्ता को प्रायोगिक तथा नियन्त्रित समूहों के पश्चात्–परीक्षण प्राप्तांकों के अंतर ($O_1 — O_2$) का सांख्यिकी विश्लेषण करना होता है।

अन्तःसमूह अभिकल्पों के लाभ (Advantages of Within-group Designs)

अन्तःसमूह अभिकल्पों में सामान्यतया अध्ययन हेतु एक ही समूह का उपयोग होता है और अगर कहीं दो समूह काम में भी लाये जाते हैं तो दूसरा समय मात्र तुलनात्मक अध्ययन के लिये होता है उसे प्रयोगीकरण में शामिल नहीं किया जाता। जबकि अन्तरा समूह अभिकल्पों (Between-groups designs) में आवश्यक रूप से दो समतुल्य (Equivalents) समूहों का प्रयोग किया जाता है। किन्हीं विशेष कारणों से अनुसंधानकर्त्ताओं द्वारा अपने अध्ययनों में अन्तरा समूह अभिकल्पों के स्थान पर अन्तरा समूह अभिकल्पों को प्राथमिकता दी जाती है। आइये देखें वे विशेष कारण क्या हैं ?

1. अन्तःसमूह अभिकल्पों में प्रायः एक ही समूह की जरूरत पड़ी है इसलिये अनुसंधानकर्त्ता को अपने अध्ययन हेतु काफी कम प्रयोज्यों की तलाश करनी होती है। इस प्रकार की सुविधा उन अनुसंधान परिस्थितियों में काफी उपयोगी सिद्ध होती है जहाँ प्रयोज्यों की उपलब्धि काफी कठिन हो या उनकी जनसंख्या ही नगण्य हो। (जैसे अन्तरिक्ष यात्रीगण, ओलम्पिक खिलाड़ी, विश्वस्तरीय शतरंज या टैनिस खिलाड़ी, मस्तिष्क चोट से आक्रान्त व्यक्ति, विविध व्यक्तित्व विकार से पीड़ित व्यक्ति, 7 फुट ऊँचाई की महिलायें आदि का अध्ययन)।
2. अन्तःसमूह अभिकल्प कई परिस्थितियों में वांछित अनुसंधान हेतु एकमात्र सही विकल्प सिद्ध होते हैं। दैहिक मनोविज्ञान, संवेदना एवं प्रत्यक्षीकरण आदि से सम्बन्धित प्रयोगीकरण में ढेर सारी पूर्व तैयारी करने के पश्चात् भी परिस्थिति विशेष का तुलनात्मक अध्ययन करने हेतु मात्र कुछ क्षण का ही समय

मिल पाता है। इस प्रकार के प्रायोगिक अध्ययनों हेतु अन्तःसमूह अभिकल्प ही सही रहते हैं। इसके अलावा जैसा कि गुडविन (Goodwin, 2008:203) ने नोट किया है, अनुसंधान अध्ययनों में ऐसे अवसर भी आते हैं जब किसी प्रायोगिक परिस्थिति में अधिक संख्या युक्त प्रयासों की जरूरत होती है और अन्तःवैयक्तिक तुलनात्मक अध्ययन की माँग रहती है। ऐसी अवस्थाओं में अन्तःसमूह अभिकल्पों का प्रयोग ही उचित रहता है।

3. प्रायः एक ही समूह को अध्ययन में प्रयुक्त करने की अपनी अपूर्व विशेषता के कारण अन्तःसमूह अभिकल्पों में यह विलक्षणता पाई जाती है कि वे वैयक्तिक भिन्नता चरों के दोष से मुक्त पाये जाते हैं। यह इसलिये होता है कि वैयक्तिक भिन्नता यहाँ आड़े नहीं आती क्योंकि प्रयोज्यों का एक ही समूह रहता है और व्यक्तिगत रूप से प्रत्येक प्रयोज्य को उपचार के रूप में स्वतन्त्र चर के हर स्तर से गुजरना होता है, तुलना दूसरों से नहीं बल्कि प्रयोज्यों की अपनी पूर्व अवस्था तथा उपचार के बाद की अवस्था से होती है। परिणामस्वरूप अन्तःप्रयोज्य अभिकल्प का उपयोग वैयक्तिक भेदों पर आधारित सभी समस्याओं के (दो समतुल्य समूहों के निर्माण से सम्बन्धित जो अन्तरा प्रयोज्य अभिकल्प के लिये विशेष रूप से सिर दर्द साबित होते हैं), स्वाभाविक रूप से निराकरण करने में अच्छा विकल्प सिद्ध हो सकता है।
4. अन्तःसमूह अभिकल्पों की एक अन्य महत्त्वपूर्ण विशेषता उनके त्रुटि प्रसरण के निम्न स्तर (Low level of error variance) को लेकर है। स्वतन्त्र चर के प्रभाव के परीक्षण में यह अभिकल्प काफी शक्तिशाली सिद्ध हो सकता है। अन्तःसमूह अभिकल्प को प्रयोग में लाने वाले अनुसंधानकर्त्ता से द्वितीय प्रकार की त्रुटि (Type-II) (उस महत्त्वपूर्ण अन्तर को जानने में असफलता मिलती है जबकि वास्तव में वह विद्यमान रहता है) करने की संभावना नहीं रहती। शीवर्ट (Scheweigert, 2006:99) के अनुसार "एक अन्तःसमूह अभिकल्प, अन्तःसमूह अभिकल्प से अधिक शक्तिशाली होता है क्योंकि सभी प्रायोगिक परिस्थितियों में वे ही प्रयोज्य काम में लाये जाते हैं। दूसरे शब्दों में प्रयोज्य स्वयं ही अपने आप में नियन्त्रित समूह के रूप में कार्य करते हैं। इससे परिस्थितियों के बीच त्रुटि प्रसरण (Error variance) कम हो जाता है।"

अन्तःसमूह तथा मापन पुनरावृत्ति अभिकल्पों को कब प्राथमिकता दी जाये ?
(When to Prefer the use of "Within-group Repeated Measure Designs ?)

उनकी अपनी उपयोगिता के आधार पर अन्तःसमूह तथा मापन पुनरावृत्ति अभिकल्पों को निम्न अनुसंधान परिस्थितियों में अन्तरा समूह अभिकल्पों के उपयोग के ऊपर प्राथमिकता दी जाती है। (Shacighnessy, et el., 2009:245)

(i) जब प्रयोज्य कम संख्या में उपलब्ध हो।
(ii) जब प्रयोगों को अधिक कुशलता से संपादन करना हो।
(iii) जब प्रयोगों की संवेदनशीलता में वृद्धि करनी हो।
(iv) जब प्रयोज्यों के व्यवहार में आने वाले परिवर्तनों का कुछ लम्बे समय तक अध्ययन करना होता है।

अन्तःसमूह अभिकल्पों की सीमायें तथा हानियाँ
(Disadvantages and Limitations of Within-group Designs)

व्यावहारिक विज्ञानों में अनुसंधान अध्ययन के लिये अन्तःसमूह अभिकल्पों का उपयोग करने से उपलब्ध उपरोक्त वर्णित लाभों को अर्जित करते हुये भी इन अध्ययनों से प्राप्त परिणामों/निष्कर्षों को सदैव ही कुछ निम्न कारणों की वजह से संदेह के घेरे में देखा जाता है।

1. विघ्नकारी चरों पर नियंत्रण रखने सम्बन्धी कमी (Lack of control over the confounding variables) : इन अभिकल्पों में अन्तरा समूह अभिकल्पों (Between-groups designs) की तरह दो समतुल्य (Equivalants) समूह बनाकर संभावित विघ्नकारी चरों पर नियंत्रण रखने का कोई प्रावधान नहीं होता। इस परिस्थिति में ऐसे प्रायोगिक अनुसंधानों में जो प्रश्न तेजी से उभरकर सामने आता है वह है, "यह कहना कितना उचित रहेगा कि आश्रित चर में आने वाले परिवर्तन (जिन्हें पूर्व–परीक्षण तथा पश्चात्–परीक्षण प्राप्तांकों के अंतर से मापा गया है) यानी ($O_1 — O_2$) केवल मात्र प्रायोगिक परिस्थिति या उपचार X के ही प्रतिफल हैं ?"

2. प्रयोज्यों की अस्थिरता (Instability of the participants) : इन अभिकल्पों के उपयोग में आवश्यक रूप से उन्हीं प्रयोज्यों को लेकर अध्ययन को दोहराने की जरूरत होती है। परन्तु अध्ययन को पूरा करने के लिये आवश्यक मापन पुनरावृत्ति (Repeated measures) हेतु प्रयोज्यों की उपलब्धि की कोई गारन्टी नहीं होती, शुरुआती और अन्तिम दौर के मापन के बीच उनमें से कुछ बीच में ही खो जाते हैं, इससे अनुसंधानकर्त्ता को काफी परेशानी उठानी पड़ती है और अध्ययन की विश्वसनीयता तथा वैधता को काफी ठेस लगती है।

3. इतिहास या समय संदर्भित समस्या (History or time related problem) : ऐतिहासिक प्रभाव को किसी ऐसी घटना (जैसे एक अप्रत्याशित समस्या या दुर्घटना) के प्रतिफल के रूप में परिभाषित किया जा सकता है जो प्रयोग के बाहर की दुनियाँ में उसी समय घटती है जिस समय स्वतन्त्र चर का प्रहस्तन (Manipulation) किया जा रहा हो। इसी प्रकार अध्ययन में जो समय लगा उसके भीतर ही प्रयोज्यों तथा उनके वातावरण में कई महत्त्वपूर्ण परिवर्तन हो सकते हैं। दोनों प्रकार की ये बातें प्रयोज्यों के प्राप्तांकों पर प्रभाव डालकर अध्ययन की आंतरिक वैधता के लिये खतरा बन सकती हैं।

4. आगे ले जाने या क्रम प्रभाव सम्बन्धी समस्या (Carry over or order effect problem) : अध्ययन की विश्वसनीयता तथा वैधता को खतरा पैदा होने का एक कारण अध्ययन के परिणामों को आगे ले जाने या क्रम प्रभाव की समस्या से प्रभावित होता है। इसका मतलब यह है कि अगर कोई प्रयोज्य अध्ययन के एक अंश को पूरा कर लेता है तो इससे प्राप्त अनुभव और परिवर्तित परिस्थितियाँ शेष अध्ययन की निष्पत्ति को प्रभावित कर सकती है। यह अभ्यास के प्रभाव का ही प्रतिफल है। प्रयोज्य की निष्पत्ति पर उसके द्वारा उसी तरह के पहले किये गये कार्य का अनुकूल और प्रतिकूल प्रभाव पड़ता है और यह अनुभव अर्जन करने, थकान या उबाऊपन आने, बदली परिस्थितियों से बदलाव आने आदि का प्रतिफल हो सकता है।

इस तरह अन्तःसमूह अभिकल्पों के उपयोग में उपरोक्त वर्णित समस्यायें आती हैं। इन समस्याओं–विशेषकर अभ्यास सम्बन्धित समस्या के निराकरण हेतु निम्न प्रकार के उपाय किये जा सकते हैं।

आगे ले जाने या अभ्यास के प्रभाव से निपटने के लिये प्रयुक्त उपाय (Measures Regarding the Problem of Carry Over or Practice Affects)

जो कुछ अर्जित किया है उसे आगे ले जाने या अभ्यास के प्रभाव से जो दुष्परिणाम सामने आते हैं उनसे निपटने हेतु कोई अनुसंधानकर्त्ता एक उपयोगी तकनीक – प्रति संतुलनीकरण (Counter balancing) को अपना सकता है। इस तकनीक को काम में लाने के लिये वह अपने अध्ययन में एक से अधिक क्रम या व्यवस्था को अपनाता है। प्रति संतुलनीकरण दो विभिन्न प्रारूपों में क्रियान्वित किया जा सकता है। एक प्रारूप को तब प्रयोग में लाया जाता है जब प्रयोज्यों का एक ही प्रयोग परिस्थिति में एक से अधिक बार परीक्षण किया जाता है (इसे पूर्ण अन्तः समूह अभिकल्प की संज्ञा दी जाती है) तथा दूसरे प्रारूप को तब प्रयोग में लाया जाता है जब प्रयोज्यों का एक ही बार प्रयोग परिस्थिति में परीक्षण किया जाता है (इसे अपूर्ण अन्तःसमूह अभिकल्प का नाम दिया जाता है।)

पूर्ण अन्तःसमूह अभिकल्प में प्रति संतुलनीकरण (Counter Balancing in a Complete Within-group Design)

जब प्रयोज्यों का एक ही प्रयोग परिस्थिति में बार बार परीक्षण (Repeated measure) लिया जाता है तब अभ्यास प्रभावों का संतुलनीकरण करने के लिये प्रत्येक प्रयोज्य को कई बार प्रयोग परिस्थिति से गुजारना होता है और ऐसा करने में हर समय अलग नये क्रम या व्यवस्था का अनुसरण तब तक किया जाता रहता है जब तक कि सभी प्रयोज्यों के लिये निश्चित सभी क्रमों का अनुसरण न हो जाये। क्योंकि सभी प्रयोज्यों द्वारा सभी क्रम वाली प्रयोग परिस्थितियों (treatments) से गुजरना होता है इसलिये किसी भी ऐसे प्रभाव को जिसे प्रयोग परिस्थितियों को एक विशिष्ट क्रम में प्रस्तुत करने का प्रतिफल समझा जा सकता है (जैसे अभ्यास प्रभाव) प्रयोज्य विशेष को प्रयोग परिस्थितियों से विपरीत क्रम में गुजारकर प्रति संतुलित (Counter balance) किया जा सकता है। ABBA प्रति संतुलनीकरण इस प्रकार के प्रति संतुलनीकरण का एक अच्छा व्यावहारिक उदाहरण कहा जा सकता है। इसमें प्रत्येक प्रयोज्य पहले परिस्थिति A से गुजरता है फिर B से दूसरे चक्र में वह पहले B से गुजरता है और फिर पुनः A से। अधिक अच्छे परिणाम प्राप्त करने हेतु ABBA क्रम की उतने ही बार पुनरावृत्ति की जा सकती है जितनी कि आवश्यकता हो।

अपूर्ण अन्तःसमूह अभिकल्प में प्रतिसंतुलनीकरण (Counter Balancing in an Incomplete Within-group Design)

अपूर्ण अन्तःसमूह अभिकल्प में प्रयोज्यों का प्रत्येक प्रायोगिक परिस्थिति में केवल एक बार परीक्षण किया जाता है। ($O_1 \rightarrow X \rightarrow O_2$)। यहाँ उपचार के बाद प्रयोज्य का एक बार ही परीक्षण लिया गया है, पूर्ण अन्तः प्रयोज्य अभिकल्प की भाँति यहाँ प्रयोज्यों का एक से अधिक बार (उपचार की प्रभावशीलता के संदर्भ में) परीक्षण नहीं किया जाता।

इस अभिकल्प में अभ्यास प्रभाव को संतुलित करने के लिये प्रत्येक प्रयोग परिस्थिति को प्रत्येक प्रयोज्य पर केवल एक बार प्रशासित करना होता है। इस तकनीक के एक अच्छे उदाहरण के रूप में हम उस प्रक्रिया का उल्लेख कर सकते हैं जिसमें "संयोगीक्रम को एक चक्र" के रूप में काम में लाया जाता है। उदाहरण के लिये अगर किसी प्रयोग में चार परिस्थितियाँ (जैसे चार प्रकार की शिक्षण विधियाँ) ABCD नाम से हैं। पहले प्रयोज्य को माना संयोगीकरण के अनुसार BACD परिस्थितियों में से गुजरना पड़ा। दूसरे प्रयोज्य को माना CDAB परिस्थितियाँ संयोगीक्रम में प्राप्त होती हैं तीसरे को ADBC तथा चौथे को DBCA । दूसरे चक्र में दुबारा शुरुआत मूल संयोगीक्रम BCAD से की जायेगी। इस प्रकार के चार परिस्थितियों (उपचार या प्रशिक्षण तकनीकें) वाले अध्ययन में एक शोधकर्ता को प्रयोज्यों को 4 के गुणांक जैसे 4, 8, 12, 16, 20 ... के रूप में चुनना पड़ेगा।

लेटिन वर्ग (Latin Square) तकनीक भी अपूर्ण अन्तःसमूह अभिकल्पों में अभ्यास प्रभाव का प्रति–संतुलन करने हेतु काम में लाई जाती है। इस तकनीक का प्रयोग करने में अनुसंधानकर्त्ता प्रत्येक परिस्थिति को दूसरी अन्य परिस्थिति से पहले और बाद में प्रस्तुत करता है। यहाँ क्रमित करने की संख्या परिस्थितियों की संख्या के बराबर होनी चाहिये। इस तरह अगर प्रत्येक क्रम को एक अलग लाइन में लिखा जाये तो यह एक वर्ग का रूप लेगा। इस तरह चार परिस्थितियों से युक्त एक लेटिन वर्ग तक निम्न प्रकार का रूप ले सकता है।

A	B	C	D
B	D	A	C
C	A	D	B
D	C	B	A

इसी तरह से जब किसी अध्ययन में 6 परिस्थितियाँ (उपचार या प्रायोगिक परिस्थितियाँ) होंगी, तब सम्बन्धित लेटिन वर्ग अभिकल्प निम्न रूप ले सकता है।

A	B	F	C	E	D
B	C	A	D	F	E
C	D	B	E	A	F
D	E	C	F	B	A
E	F	D	A	C	B
F	A	E	B	D	C

इस तरह जैसा कि ऊपर किया गया है, एक अनुसंधानकर्त्ता द्वारा आगे ले जाने (Carry over) और क्रम (Order) तथा अभ्यास (Practice) को लेकर जो दोष पैदा होते हैं उनसे निपटने के समुचित प्रयत्न किये जा सकते हैं। अगर कुछ सीमा तक प्रति संतुलनीकरण (Counter balancing) सम्बन्धी ऐसे प्रयत्न, क्रम तथा अभ्यास को लेकर पैदा होने वाले दोषों को निर्मूल करने में सफल भी हो जायें तो भी अभी बहुत से ऐसे दोष और समस्यायें रह जाती हैं जिनसे अध्ययन के परिणाम दूषित हो सकते हैं। इसके उदाहरण के रूप में यहाँ हम विघ्नकारी चरों (Confounding variables) तथा सही प्रयोगीकरण के लिये आवश्यक उचित नियन्त्रण की अनुपस्थिति का उल्लेख कर सकते हैं। इस परिस्थिति में अनुसंधानकर्त्ता को किन्हीं अन्य अभिकल्पों जैसे वास्तविक प्रायोगिक या अन्तरा समूह अभिकल्प (True experimental or Between-group Designs) के प्रयोग की बात सोचनी पड़ती है ताकि प्रयोगीकरण का कार्य उचित ढंग से सम्पन्न हो सके।

वास्तविक प्रायोगिक या अन्तरा-समूह अभिकल्प (True Experimental or Between Groups Designs)

इस प्रकार के अभिकल्प, वास्तविक या सही प्रायोगिक अभिकल्प कहे जाते हैं क्योंकि इनमें उन सभी आवश्यक बातों की उपस्थिति रहती है जिनकी व्यावहारिक विज्ञानों में किये जाने वाले प्रायोगिक अध्ययनों में एक सही और वास्तविक प्रयोग करने के लिये जरूरत पड़ती है। वास्तविक प्रायोगिक या अन्तरा–समूह अभिकल्पों से युक्त अध्ययन ही ऐसे अध्ययन माने जाते हैं जिनसे कार्य–कारण सम्बन्धों की स्थापना सही ढंग से हो पाती है।

इन अभिकल्पों को अध्ययन के लिये प्रयुक्त करने की मूल प्रक्रिया में निम्न प्रकार की गतिविधियों का समावेश रहता है।

(i) संयोगीकरण (Randomization) या समेलित (Matching) तकनीक का उपयोग करते हुये प्रयोज्यों को दो समतुल्य समूहों – नियंत्रित तथा प्रायोगिक में विभाजित करना।

(ii) दोनों समूहों के प्रयोज्यों को अलग अलग उपचार परिस्थितियों में से गुजारना और प्रयोज्यों के प्रत्येक समूह से अलग अलग दो प्रकार के परीक्षण प्राप्तांकों की उपलब्ध कराना।

(iii) इन दो प्रकार के प्राप्तांक समूहों के संदर्भ में प्रायोगिक तथा नियंत्रित समूहों की निष्पत्ति या प्रदर्शन क्षमता की तुलना करना।

(iv) दिये गये उपचारों की सापेक्षिक प्रभावशीलता के बारे में निष्कर्ष निकालना।

इन वास्तविक प्रायोगिक अभिकल्पों को अन्तरा–प्रयोज्य अभिकल्प (Between-subjects designs) भी कहा जाता है क्योंकि यहाँ तुलना दो अलग अलग समूहों के प्रयोज्यों के बीच होती है किसी एक समूह के प्रयोज्यों के बीच नहीं।

सामान्यतया एक अन्तरा–समूह प्रायोगिक अनुसंधान अभिकल्प की मुख्य विशेषताओं तथा विलक्षणताओं के बारे में निम्न बातें कही जा सकती हैं :

- दो अलग अलग उपचार परिस्थितियों के प्रभाव की तुलना हेतु यहाँ दो अलग अलग प्रकार के प्राप्तांक समूह प्राप्त करने के लिये प्रयोज्यों के दो अलग–अलग परन्तु समतुल्य समूह बनाने की आवश्यकता रहती है जबकि आपने देखा है कि पूर्व प्रायोगिक या अन्तःसमूह अभिकल्पों में दोनों प्रकार के प्राप्तांक समूह प्रयोज्यों के एक ही समूह से प्राप्त किये जाते हैं।
- यहाँ प्रत्येक प्रयोज्य की पूरे अध्ययन के दौरान केवल एक बार ही परीक्षा ली जाती है जबकि पूर्व प्रायोगिक या अन्तःसमूह अभिकल्पों में हर प्रयोज्य को बार बार या कम से कम दो बार (पूर्व तथा पश्चात्) परीक्षण से गुजरना पड़ता है।
- इसमें नियंत्रित समूह भी होता है तथा दोनों समूहों में आने वाले परिवर्तनों के मापन का साधन भी। इस प्रकार यहाँ एक अनुसंधानकर्त्ता सभी विघ्नकारी चरों (Confounding variables) को नियंत्रित करने या कम से कम उनके प्रभाव को ध्यान में रखने का प्रयत्न करता है ताकि वास्तविक प्रयोग की भाँति यहाँ यह निश्चित हो जाये कि उपचार ही एक मात्र ऐसा कारण है जिससे परिवर्तन आये हैं।

यहाँ यह भी देखा जाना चाहिये कि व्यावहारिक विज्ञानों में किये जाने वाले कुछ अध्ययनों (जैसे सह सम्बन्ध अध्ययन तथा प्रतिखंडात्मक (Cross sectional) अध्ययन जिनका उद्देश्य प्रयोज्यों के अलग अलग समूहों की तुलना करना होता है) में भी हम अन्तःप्रयोज्य अन्तरों के अध्ययन हेतु दो भिन्न समूहों का प्रयोग करते हैं। इन अध्ययनों को अप्रायोगिक अध्ययन कहा जाता है और ऐसा कहने के पीछे मुख्य कारण यही होता है कि इन अध्ययनों में जो समूह प्रयुक्त किये जाते हैं उनका समतुल्य (Equivalent) होना आवश्यक नहीं होता।

अन्तरा-समूहों अभिकल्पों के लाभ (Advantages of Between-groups Desings)

1. प्रत्येक प्रयोज्य का केवल एक ही बार मापन करने की अपनी अपूर्व विशेषता के कारण इनमें किये गये व्यक्तिगत मापन एक दूसरे पर आश्रित न होकर पूरी तरह स्वतन्त्र रहते हैं। क्योंकि प्रत्येक प्रयोज्य का एक ही बार मापन होता है इसलिये अनुसंधानकर्त्ता पूरी तरह आश्वस्त रहता है कि किये जाने वाले मापन पर दूसरे उपचार कारकों/प्रयोग परिस्थितियों का कोई दुष्प्रभाव नहीं पड़ा है। इसके अतिरिक्त क्योंकि हर प्रयोज्य यहाँ उपचार परिस्थिति तथा मापन दोनों से एक बार ही गुजरता है इसलिये उसके प्राप्तांकों को कुछ निम्न कारणों/कारकों से प्रभावित/दूषित होने से बचने में सहायता मिलती है।
   - दूसरे उपचारों (Treatment) से मिलने वाला अनुभव या अभ्यास।
   - लगातार प्राप्त विभिन्न उपचारों से होने वाली थकान या ऊब।
   - एक उपचार की दूसरे से तुलना करने के फलस्वरूप उत्पन्न विरोधी प्रभाव (Contrast effect)। जैसे 40 डिग्री तापक्रम के कमरे में बैठने के बाद 30 डिग्री तापक्रम के कमरे का ठंडा लगना, जबकि वह 30 डिग्री तापक्रम का कमरा 20 डिग्री तापक्रम के कमरे से गर्म लगेगा।
2. अन्तरा प्रयोज्य अभिकल्प की एक दूसरी अपूर्व विशेषता "नियंत्रित तथा प्रायोगिक समूहों के रूप में दो अलग अलग समतुल्य समूहों के निर्माण पर जोर" उन अनुसंधान अध्ययनों के लिये बहुत ही उपयोगी और कई बार एकमात्र ऐसा विकल्प सिद्ध हो सकती है जिनमें दो या दो से अधिक उपचार या प्रायोगिक परिस्थितियों के मध्य तुलनात्मक अध्ययन करने की आवश्यकता हो। फलस्वरूप इस प्रकार के अभिकल्पों का उपयोग निम्न प्रकार की परिस्थितियों में सम्बन्धित अनुसंधान प्रश्नों का उत्तर देने में काफी उपयुक्त

और आवश्यक माना जाता है।

(i) जब काई अनुसंधानकर्त्ता दो या दो से अधिक उपचार तरीकों की तुलना करना चाहता है तब अलग अलग समूहों पर अलग अलग उपचार तरीके प्रयोग में लाये जा सकते हैं। अतः इस स्थिति में सदैव ही अन्तरा समूह अभिकल्प ही कार्य कर सकता है और नहीं।

(ii) जब स्वतन्त्र चर कोई प्रयोज्य चर (Subject variable) हो तब प्रायः अन्तरा–समूह अभिकल्प प्रयोग में लाने के अतिरिक्त कोई दूसरा विकल्प नहीं मिलता। उदाहरण के लिये अन्तर्मुखी और बहिर्मुखी व्यक्तित्वों की तुलना सम्बन्धी अध्ययन में दो अलग अलग प्रकार के प्रयोज्य समूहों की जरूरत होती है। जब तक कि अनुसंधानकर्त्ता का सामना बहु–व्यक्तित्व प्रयोज्यों – एक व्यक्तित्व में अन्तर्मुखी तथा दूसरे में बहिर्मुखी – से न हो जाये, दो भिन्न समूहों (अन्तर्मुखी और बहिर्मुखी) की तुलना करने के अतिरिक्त और कोई विकल्प नहीं होता। यही बात तब होती है जब हम लड़के और लड़कियों, ग्रामीण एवं शहरी व्यक्तियों की उनके किसी एक या अन्य विशेषताओं के संदर्भ में तुलना करना चाहते हैं। (Goodwin, 2008:197)

3. अन्तरा–समूह अभिकल्पों से सम्बन्धित अध्ययनों में संयोगीकरण (Randomization) अच्छी तरह से संभव और व्यावहारिक इस वजह से रहता है कि इन अध्ययनों में प्रयुक्त प्रयोज्यों की संख्या अपेक्षाकृत सदैव ज्यादा ही रहती है। संयोगीकरण, स्वतन्त्र चर द्वारा आश्रित चर पर डालने वाले प्रभाव का अध्ययन करने वाले परिणामों में विघ्न डालने वाले विघ्नकारी चरों (Confounding variables) पर अंकुश लगाने में काफी उपयोगी सिद्ध होता है।

अन्तरा–समूह अभिकल्पों के दोष एवं सीमायें
(Disadvantages and Limitations of Between-groups Designs)

1. इन अभिकल्पों में आवश्यक तुलना करने हेतु दो अलग अलग समतुल्य (Equivalent) समूहों के निर्माण की शर्त अनुसंधानकर्त्ताओं से यह अपेक्षा करती है कि वे अपने अनुसंधान अध्ययन हेतु काफी बड़ी संख्या में लोगों से सम्पर्क करके एक बड़ी संख्या प्रयोज्यों के रूप में अपने अध्ययन प्रतिदर्श में रखें। यह कार्य आसान नहीं। इस अभिकल्प की इस जरूरत को पूरा करने में अनुसंधानकर्त्ता को बहुत अधिक श्रम और साधनों का व्यय करना काफी मुश्किलें खड़ी कर देता है। इनसे ये मुश्किलें उन समष्टि विशेषों (Special populations) को लेकर और भी बढ़ जाती है जब संभावित प्रयोज्यों की संख्या काफी कम हो (जैसे अन्तर्राष्ट्रीय ख्याति के खिलाड़ी, उच्च राष्ट्रीय पुरस्कार प्राप्त करने वाले व्यक्ति, विविध प्रकार की अक्षमताओं से युक्त व्यक्ति आदि।
2. अन्तरा–प्रयोज्य अभिकल्पों में प्रयोग के लिये प्रयुक्त समूहों में केवल स्वतन्त्र चर को लेकर ही भिन्नता नहीं होती बल्कि वे अनेक अनियन्त्रित चरों को लेकर भी भिन्न होते हैं और यही बात त्रुटि प्रसरण में बढ़ोतरी का कारण बनती है। इस सम्बन्ध में जैसा कि शीवर्ट (Schweigert, 2006:97) का भी मत है, "जैसे जैसे त्रुटि–प्रसरण में वृद्धि होती जाती है स्वतन्त्र चर द्वारा डाले गये महत्त्वपूर्ण प्रभाव का पता लगाना उतना ही कठिन होता जाता है।"
3. एक अन्य दोष अन्तरा–समूह अभिकल्पों का गुडविन (Goodwin, 2008:198) के अनुसार यह है कि "प्रयोग परिस्थितियों में पाये जाने वाले अंतर स्वतन्त्र चरों की वजह से भी हो सकते हैं और समूहों में विद्यमान अंतरों की वजह से भी।" इस कमी को दूर करने के लिये अनुसंधानकर्त्ता को यह परामर्श दिया जाता है कि वह नियंत्रित तथा प्रायोगिक समूहों में अच्छी तरह से समतुल्यता स्थापित करने का प्रयत्न करे। यह कहना आसान है परन्तु व्यावहारिक दृष्टि से तुलना हेतु पूरी तरह से समतुल्य समूह

(जो स्वतन्त्र चर के स्तरों के अलावा और सभी महत्त्वपूर्ण बातों को लेकर बराबर हों) मिलना कठिन ही नहीं असंभव भी होता है।

वास्तविक प्रायोगिक या अन्तरा-समूह अभिकल्पों के प्रकार (Types of True-experimental or Between-groups Designs)

वास्तविक प्रायोगिक या अन्तरा–समूह अभिकल्पों को मुख्य रूप से निम्न प्रकार वर्गीकृत किया जा सकता है।

1. केवल पश्चात् परीक्षण समतुल्य समूह अभिकल्प
   (The Post-test only Equivalent Groups Design)
2. पूर्व–परीक्षण – पश्चात्–परीक्षण समतुल्य समूह अभिकल्प
   (The Pre-test—Post-test Equivalent Groups Design)
3. सोलोमन – तीन या चार समतुल्य समूह अभिकल्प
   (The Solomon Three or Four Equivalent Groups Design)

आइये अब इन उपरोक्त तीनों अभिकल्पों को लेकर किये जाने वाले अनुसंधान अध्ययनों की प्रकृति और प्रक्रियाओं को समझने का प्रयत्न किया जाये।

1. केवल पश्चात् समतुल्य समूह अभिकल्प (The Post-test only Equivalent Groups Design)

इस अभिकल्प की प्रकृति एवं प्रक्रिया को निम्न तालिका प्रस्तुति से समझा जा सकता है :

संयोगीकृत समूह	पूर्व–परीक्षण प्राप्तांक	उपचार	पश्चात्–परीक्षण प्राप्तांक
प्रायोगिक समूह R	—	X_1	O_1
नियन्त्रित समूह R	—	X_2	O_2

आइये एक अध्ययन जिसमें विज्ञान शिक्षण के लिये प्रयुक्त प्रदर्शन विधि को व्याख्यान विधि से अधिक प्रभावशाली ठहराने की बात कही गई है, को आधार बनाते हुए हम उपरोक्त अभिकल्प के उपयोग सम्बन्धी सोपानों तथा प्रक्रियाओं की संक्षेप में चर्चा की जाये।

- अनुसंधानकर्त्ता संयोगिक चयन (Random selection) पद्धति का प्रयोग करते हुये नवीं कक्षा के 330 विद्यार्थियों में से 100 विद्यार्थियों का चयन करेगा।
- इन 100 विद्यार्थियों को 50–50 विद्यार्थियों के दो समूहों में बाँटने के लिये फिर संयोगिकीकरण (Randomization) पद्धति का प्रयोग किया जायेगा। वह इन समूहों में से एक को नियंत्रित तथा दूसरे को प्रयोगात्मक समूह का नाम देगा।
- प्रयोगात्मक समूह तथा नियन्त्रित समूह को अलग अलग प्रयोग परिस्थिति या उपचार प्रक्रियाओं X_1 तथा X_2 से गुजारा जायेगा यानी एक ही अध्यापक द्वारा प्रयोगात्मक समूह को प्रदर्शन विधि तथा नियन्त्रित समूह को व्याख्यान विधि से पढ़ायेगा।
- प्रयोगात्मक तथा नियन्त्रित समूह को अलग अलग उपचार परिस्थितियों से गुजारने यानी अलग अलग विधियों से पढ़ाने से पहले किसी भी प्रकार का पूर्व परीक्षण नहीं किया जायेगा।
- दो अलग अलग विधियों से एक ही संप्रत्यय विशेष को पढ़ाने के पश्चात् इन दोनों समूहों को एक ही समय में एक ही उपलब्धि परीक्षण दिया जायेगा और परिणामस्वरूप दो प्रकार के पश्चात्–परीक्षण प्राप्तांक प्राप्त किये जायेंगे।

- दो समूहों के पश्चात् परीक्षण प्राप्तांकों O_1 तथा O_2 की समुचित रूप से तुलना और विश्लेषण करते हुये प्रदर्शन विधि को व्याख्यान विधि से अधिक प्रभावशाली बताने वाली परिकल्पना को स्वीकार या अस्वीकार करने की बात की जायेगी।

इस अभिकल्प की सबसे बड़ी कमजोरी इस बात को लेकर है कि एक अनुसंधानकर्त्ता को विद्यार्थियों को उपचार परिस्थितियों में डालने से पहले उनके प्रारम्भिक व्यवहार (Entry behaviour) की जानकारी नहीं होती क्योंकि इसके लिये इस अभिकल्प में पूर्व–परीक्षण का कोई प्रावधान नहीं होता। एक ही समष्टि से दो संयोगीकृत समूह (Randomized groups) होने के बावजूद प्रायोगिक तथा नियन्त्रित समूह बहुत सी बातों को लेकर अलग अलग हो सकते हैं। जो संप्रत्यय विशेष उन्हें अलग अलग विधियों से पढ़ाया जाता है उसके सम्बन्ध में उनकी पूर्व क्षमता या पूर्व ज्ञान अलग अलग हो सकता है। अतः इस परिस्थिति में यह विश्लेषण करना कठिन हो जाता है कि समूहों के पश्चात्–परीक्षण प्राप्तांकों में पाये जाने वाले महत्त्वपूर्ण/सार्थक अन्तर उनमें पहले से ही विद्यमान व्यक्तिगत भेदों के फलस्वरूप हैं अथवा किसी एक शिक्षण विधि के दूसरे से अधिक प्रभावशाली होने की बजह से हैं।

2. पूर्व–परीक्षण–पश्चात्–परीक्षण समतुल्य समूह अभिकल्प (The Pre-test — Post-test Equivalent Groups Design)

इस अभिकल्प की प्रतीकात्मक प्रस्तुति निम्न रूप में हो सकती है।

	पूर्व–परीक्षण प्राप्तांक	उपचार	पश्चात्–परीक्षण प्राप्तांक
प्रायोगिक समूह R	O_1	X_1	O_2
नियन्त्रित समूह R	O_3	X_2	O_4

यह अभिकल्प पूर्व वर्णित केवल पश्चात्–परीक्षण समतुल्य समूह अभिकल्प से इस बात में अलग है कि यहाँ पश्चात्–परीक्षण के अलावा पूर्व–परीक्षण का भी प्रावधान होता है। इस अतिरिक्त प्रावधान के कारण यह अभिकल्प केवल पश्चात्–परीक्षण समतुल्य रागूह अभिकल्प से अधिक बेहतर और उन्नत माना जाता है। समूहों को उपचार प्रदान करने से पहले उनमें विद्यमान प्रारम्भिक अंतरों के कारण अध्ययन के परिणामों को दूषित होने से बचाने में इसका काफी महत्त्वपूर्ण योगदान रहता है। फलस्वरूप इस अभिकल्प के उपयोग द्वारा एक अनुसंधानकर्त्ता अपने अध्ययन की आंतरिक वैधता को चुनौती देने वाले सभी संभावित खतरों को नियंत्रित करने का प्रयत्न कर सकता है। परन्तु एक बड़ी समस्या जो इस अभिकल्प का उपयोग करने में सामने आ सकती है वह परीक्षण के अन्तःक्रिया प्रभाव (Interaction effect of testing) को लेकर है। अर्थात् प्राप्तांकों में पाये जाने वाले अंतर ($O_2 — O_1$) तथा ($O_4 — O_3$) कुछ बाह्य कारकों जैसे आगे ले जाने सम्बन्धी प्रभाव (Carry over effects), अभ्यास, थकान और परिस्थितिजन्य चरों से प्रभावित होते हुये पाये जा सकते हैं।

इस प्रकार के अन्तःक्रिया प्रभावों को बहुत कुछ सीमा तक पूर्व–परीक्षण – पश्चात्–परीक्षण समतुल्य समूह अभिकल्प में एक या दो अतिरिक्त समूह, (जिनमें पूर्व–परीक्षण का प्रावधान नहीं रहता) जोड़कर नियंत्रित किया जा सकता है। ऐसा करने से जो अभिकल्प सामने आते हैं वे तीन या चार समूह अभिकल्प कहलाते हैं। सोलोमन द्वारा विकसित अभिकल्प इसी तरह का एक प्रयास है। यह अभिकल्प प्रायोगिक अनुसंधानों के क्षेत्र में सोलोमन का तीन या चार समतुल्य समूह अभिकल्प के नाम से प्रसिद्ध है। आगे हम इसी की चर्चा करने जा रहे हैं।

3. सोलोमन का तीन या चार समतुल्य समूह अभिकल्प
(The Soloman Three or Four Equivalent Groups Design)

इस अभिकल्प की प्रतीकात्मक प्रस्तुति निम्न रूप में हो सकती है।

संयोगीकृत समूह	पूर्व–परीक्षण प्राप्तांक	उपचार	पश्चात्–परीक्षण प्राप्तांक
प्रायोगिक समूह R	O_1	X_1	O_2
नियन्त्रित समूह R	O_3	X_2	O_4
प्रायोगिक समूह R		X_1	O_5
नियन्त्रित समूह R		X_2	O_6

आइये इस अभिकल्प की प्रकृति और कार्यप्रणाली को एक कल्पित उदाहरण "विज्ञान शिक्षण में प्रयुक्त प्रदर्शन तथा व्याख्यान विधि की सापेक्षिक प्रभावशीलता का अध्ययन" के माध्यम से समझने का प्रयत्न किया जाये।

- यहाँ एक अनुसंधानकर्त्ता के पास अध्ययन हेतु संयोगीकरण विधि (Method of randomization) का प्रयोग करके बनाये गये 50–50 विद्यार्थियों के चार समूह हैं। इनमें से दो समूहों को प्रायोगिक तथा दो को नियंत्रित समूहों की संज्ञा दी गई है।
- इन चार समूहों में से पहले दो (इनमें से एक प्रायोगिक है और दूसरा नियंत्रित) को उसी प्रक्रिया से गुजारा जाता है जो पूर्व–परीक्षण – पश्चात्–परीक्षण समतुल्य समूह अभिकल्प में की गई थी। अर्थात् उन्हें दो अलग अलग विधियों X_1 तथा X_2 (प्रदर्शन तथा व्याख्यान) से पढ़ाया गया, उन पर पूर्व–परीक्षण तथा पश्चात्–परीक्षण (O_1 तथा O_2) और पश्चात्–परीक्षण (O_3 तथा O_4) प्राप्त किये गये।
- यहाँ अन्य दो समूहों (एक प्रायोगिक तथा दूसरे नियंत्रित) का कोई पूर्व–परीक्षण नहीं लिया गया है और इस तरह से इन समूहों के साथ वैसा ही किया गया है जैसा केवल पश्चात्–परीक्षण समतुल्य समूह अभिकल्प (Post-test only equivalent groups design) में केवल पश्चात्–परीक्षण लेकर किया जाता है। यहाँ भी पश्चात्–परीक्षण प्राप्तांकों के रूप में प्रायोगिक समूह के O_5 तथा नियंत्रित समूह के O_6 प्राप्तांक प्राप्त किये गये।
- सारांश रूप में इस तरह सोलोमन का तीन या चार समतुल्य समूह अभिकल्प और कुछ नहीं बल्कि पूर्व वर्णित दोनों अभिकल्पों – केवल पश्चात्–परीक्षण समतुल्य अभिकल्प तथा पूर्व–परीक्षण–पश्चात्–परीक्षण समतुल्य अभिकल्प का सुन्दर समिश्रण है। व्यावहारिक रूप से इस तरह सोलोमन के अभिकल्प में एक ही समय में दो प्रयोग किये जाते हैं।
- सोलोमन के संयोगीकृत चार समूह अभिकल्प को प्रयोग में लाने का एक बड़ा लाभ यह है कि हम एक ओर तो पहले दो समूहों की तुलना करके यह ज्ञात कर सकते हैं कि प्रायोगिक परिस्थिति (Treatment) से क्या लाभ हुआ तो दूसरी ओर हम आखिरी दो समूहों की तुलना करके यह भी जान सकते हैं कि पूर्व परीक्षण की अनुपस्थिति में (जिसमें प्रयोज्यों को कोई पूर्व परीक्षण संवेदनशीलता नहीं होती और अभ्यास, थकान आदि के प्रभाव से बचा जा सकता है) उपचार (Treatment) नियंत्रित परिस्थिति से अधिक प्रभावशाली है या नहीं।

नोट : उपरोक्त वर्णित तीनों अभिकल्प (केवल पश्चात्–परीक्षण समतुल्य अभिकल्प, पूर्व–परीक्षण – पश्चात परीक्षण समतुल्य समूह अभिकल्प और सोलोमन या तीन या चार समतुल्य समूह अभिकल्प) वास्तविक प्रायोगिक अभिकल्प कहलाते हैं। इस प्रकार के वास्तविक प्रायोगिक अभिकल्पों की पहचान इस आधार पर होती है कि उनमें अनिवार्य रूप से समतुल्य समूहों के निर्माण हेतु संयोगीकरण (Randomization) तकनीक का प्रयोग किया जाता है।

कारकीय अभिकल्प (Factorial Designs)

प्रायोगिक अनुसंधान अध्ययनों में कार्य–कारण सम्बन्ध स्थापना हेतु जिन दो चरों पर पूरा ध्यान केन्द्रित रहता है उनमें से एक स्वतन्त्र चर (जिसे व्यवहार को प्रभावित करने का कारण/कारक माना गया है) तथा दूसरा आश्रित चर (जिसे प्रभावित व्यवहार के मापन के लिये प्रयुक्त किया जाता है) कहलाता है। वास्तविक जिन्दगी में परन्तु दो चरों में इस प्रकार का सीधा कार्य–कारण सम्बन्ध कम ही नजर आता है। अधिकतर मानव व्यवहार को विविध प्रकार के चरों/कारकों का क्रियाओं तथा अन्तःक्रियाओं का संयुक्त परिणाम माना जाता है। इसलिए वास्तविक जिन्दगी से जुड़ी जटिल परिस्थितियों को जानने और समझने हेतु जो अध्ययन, अनुसंधानकर्त्ताओं द्वारा हाथ में लिये जाते हैं उनमें सरल और सामान्य अनुसंधान अभिकत्पों के स्थान पर कुछ जटिल और विशिष्ट अभिकल्पों का उपयोग किया जाता है। अनुसंधान अध्ययनों के लिये प्रयुक्त इन्हीं विशिष्ट तथा जटिल अभिकल्पों को अनुसंधान की दुनियाँ में कारकीय अभिकल्पों (Factorial designs) का नाम दिया जाता है। ये अभिकल्प अपने आप में क्या होते हैं इनकी प्रकृति और प्रक्रिया से परिचित होने के लिये हम यहाँ कुछ प्रसिद्ध विद्वानों द्वारा दी गई परिभाषाओं पर विचार करना चाहेंगे।

1. **गुडविन** : परिभाषीय दृष्टि से एक कारकीय अभिकल्प से तात्पर्य एक ऐसे अध्ययन से है जिसमें एक से अधिक स्वतन्त्र चरों (स्वतन्त्र चर और कारक दोनों का एक ही अर्थ होता है) का समावेश रहता है। सिद्धान्त रूप में, एक कारक अभिकल्प में दर्जनों स्वतन्त्र चर हो सकते हैं, परन्तु व्यावहारिक रूप में इन अभिकल्पों में प्रायः दो या तीन कारकों या कभी–कभी चार की ही समाविष्टि रहती है।

   (By definition a factorial design involves any study with more than one independent variable, the term "independent variable" and "factor" mean the something). In principle, factional design could involve dozens of independent variables, but in practice these designs usually involve two or three variables, or sometimes four. —Goodwin, 2008:270)

2. **शीवर्ट** : ऐसा अभिकल्प जिसमें एक आश्रित चर पर दो या दो से अधिक स्वतन्त्र चरों (जिन्हें कारक भी कहा जाता है) के पड़ने वाले प्रभाव का अध्ययन किया जाता है, कारकीय अभिकल्प कहलाता है। एक कारकीय अभिकल्प में कई परिकल्पनाओं की एक साथ जाँच की जाती है। प्रत्येक स्वतन्त्र चर (या कारक) के आश्रित चर मापन पर पड़ने वाले प्रभाव का दूसरे कारक या कारकों को अलग रखकर निर्धारण किया जाता है इसे मुख्य प्रभाव कहा जाता है। इसके अतिरिक्त अनुसंधानकर्त्ता प्रायः यह भी जानना चाहता है कि प्रत्येक स्वतन्त्र चर का प्रभाव दूसरे स्वतन्त्र चरों के प्रत्येक स्तर पर किस प्रकार अलग अलग होता है। इसे दो कारकों के मध्य निहित अन्तःक्रिया प्रभाव कहा जाता है।

   (The type of design, in which the effect of two or more independent variables, also called factors, on a dependent variable is assessed, is called a factorial design. In a factorial design, several hypotheses are tested simultaneously. The effect of each independent variable or factor on the dependent measure is determined while disregarding the other factor or factors; this is called the main effect. In addition, the researcher often wishes to determine how the effect of each level of the other independent variables. This is referred to as the interaction effect between the two factors.—Schweigert, 2006:116)

3. **शोगनेसी एवं अन्य** : जटिल अनुसंधानात्मक अभिकल्प वे अभिकल्प होते हैं जिनमें दो या दो से अधिक स्वतन्त्र चरों का एक साथ एक ही प्रयोग में अध्ययन किया जाता है। जटिल अनुसंधानों को कारकीय अनुसंधान भी कहते हैं क्योंकि उनमें स्वतन्त्र चरों के कारकीय संयोजकों का उपयोग होता है यानी इनमें एक स्वतन्त्र चर के प्रत्येक स्तर का दूसरे स्वतन्त्र चर के प्रत्येक स्तर से जोड़ा बनाया जाता है।

(Complex research designs are those designs in which two or more independent variables are studied simultaneously in one experiment. Complex designs are also called factorial designs because they involve factorial combination of independent variables i.e. providing each level of one independent variable with each level of a second independent variable. — Shaughnessy et al., 2009:270–71).

प्रकृति एवं विशेषतायें (The Nature and Characteristics)

उपरोक्त परिभाषाओं का अगर अच्छी तरह विश्लेषण किया जाये तो हमें कारकीय अभिकल्पों के अर्थ, प्रकृति एवं विशेषताओं के बारे में निम्न जानकारी प्राप्त हो सकती है।

- कारकीय अभिकल्पों में आवश्यक रूप से दो या दो से अधिक स्वतन्त्र चरों का उपयोग एक साथ ही आश्रित चर पर इनके पड़ने वाले प्रभाव का अध्ययन करने के लिये किया जाता है।
- स्वतन्त्र चर और कारक ये दोनों पद समानार्थी होते हैं।
- कोई भी अनुसंधानात्मक अध्ययन (चाहे वह प्रायोगिक हो या अप्रायोगिक, वास्तविक प्रायोगिक हो या अर्ध–प्रायोगिक, अन्तःप्रयोज्यीय हो या अन्तरा–प्रयोज्यीय) जिसमें दो या दो से अधिक स्वतन्त्र चरों की उपस्थिति हो, आवश्यक रूप से किसी एक या अन्य कारकीय अभिकल्प की माँग करता है।
- कारकीय अभिकल्पों में स्वतन्त्र चरों के कारकीय संयोजनों (Factorial combination) की जरूरत पड़ती है यानी इनमें एक स्वतन्त्र चर का प्रत्येक स्तर दूसरे स्वतन्त्र चर के प्रत्येक स्तर के साथ जोड़ा बनाता है।
- कारकीय अभिकल्पों से स्वतन्त्र चरों और आश्रित चर के बीच कार्य–कारण सम्बन्ध स्थापित करने सम्बन्धी अनेक उपकल्पनाओं की एक साथ ही जाँच करने में मदद मिलती है।
- यद्यपि सैद्धान्तिक रूप से व्यावहारिक विज्ञानों के एक अनुसंधानात्मक अध्ययन में प्रयुक्त कारकीय अभिकल्प में कितने स्वतन्त्र चर हों इस पर कोई पाबन्दी नहीं है परन्तु फिर भी व्यावहारिक रूप में प्रायः एक कारकीय अभिकल्प में दो, तीन या चार स्वतन्त्र चरों के प्रयोग का ही चलन है।
- कारकीय अभिकल्पों को प्रयोग में लाने वाला एक अध्ययन निर्धारित परिकल्पनाओं को स्वीकार या अस्वीकार करने के संदर्भ में बहुत सारी सूचनायें प्रदान करने की क्षमता रखता है जैसे :
  (i) प्रत्येक स्वतन्त्र चर या कारक स्वतन्त्र रूप से व्यवहार को कैसे प्रभावित करता है ? (मुख्य प्रभाव — Main effects)
  (ii) स्वतन्त्र चरों या कारकों का अनुपम संयोजन एक साथ कार्य करता हुआ व्यवहार को कैसे प्रभावित करता है। (अन्तःक्रिया प्रभाव – The interaction effects)
- किसी कारकीय अध्ययन में दो या दो से अधिक स्वतन्त्र चरों की अनिवार्यता की शर्त पूरा करने के लिये उस अध्ययन में या तो आवश्यक रूप से दो या दो से अधिक स्वतन्त्र चरों की उपस्थिति होनी चाहिये अथवा अध्ययन में विद्यमान किसी एक चर को दो या दो से अधिक उन उपचार स्तरों (Levels of treatment) में विभाजित किया जाना चाहिये जिनके प्रभाव को अपने अकेले या इकट्ठे रूप में अध्ययनकर्त्ता अध्ययन करना चाहता है।

कारकीय अभिकल्प की प्रकृति और प्रक्रिया जानने हेतु एक उदाहरण (Illustration of the Nature and Working of a Factorial Design)

उदाहरण : एक अनुसंधान अध्ययन में अलकोहल (Alcohol) तथा कैफीन (Caffiene) का सेवन दो स्वतन्त्र चर थे। अनुसंधानकर्त्ता ने अपने प्रयोग में यह जानने का प्रयत्न किया कि अध्ययन में प्रयुक्त प्रयोज्यों का, जो

अलकोहल के विभिन्न स्तरों (दो स्तर – अलकोहल का सेवन और अलकोहल का सेवन नहीं) तथा कैफीन के विभिन्न स्तरों (तीन स्तर – कैफीन का सेवन नहीं, 200 मिलीग्राम कैफीन तथा 400 मिलीग्राम कैफीन का सेवन) से सम्बन्धित थे, एक अनुरूपित ड्राइविंग परीक्षण में समय पर ब्रेक लगाने के संदर्भ में किस प्रकार का प्रदर्शन रहा ?

इस अध्ययन के लिये प्रयुक्त यह कारकीय अभिकल्प निम्न बातों को प्रकाश में ला रहा है :

- इस अध्ययन में दो स्वतन्त्र चर या कारक हैं जिनमें अलकोहल सेवन को कारक–A तथा कैफीन सेवन को कारक–B कहा जा सकता है।
- इस प्रायोगिक अध्ययन का उद्देश्य यह पता लगाना है कि अलकोहल तथा कैफीन के किस प्रकार के संयोजन, अनुरूपित आपातकालीन ड्राइविंग परिस्थितियों में प्रतिक्रिया समय (Reaction time) को किस प्रकार प्रभावित करते हैं।

तालिका 6.3 अध्ययन के लिये प्रयुक्त 2×3 कारकीय अभिकल्प की संरचना
(Structure of 2×3 Factorial Design Employed for the Study)

	कैफीन का सेवन नहीं करना	**200 मिलीग्राम कैफीन का सेवन**	**400 मिलीग्राम कैफीन का सेवन**
अलकोहल का सेवन	एक प्रयोज्य समूह के परीक्षण प्राप्तांक जिसने अलकोहल का सेवन किया है परंतु कैफीन का नहीं।	एक प्रयोज्य समूह के परीक्षण प्राप्तांक जिसने अलकोहल का सेवन किया है और 200 मिलीग्राम कैफीन का भी सेवन किया है।	एक प्रयोज्य समूह के परीक्षण प्राप्तांक जिसने अलकोहल का सेवन किया है और 400 मिलीग्राम कैफीन का भी सेवन किया है।
अलकोहल का सेवन नहीं करना	एक प्रयोज्य समूह के परीक्षण प्राप्तांक जिसने न तो अलकोहल का सेवन किया है और न कैफीन का।	एक प्रयोज्य समूह के परीक्षण प्राप्तांक जिसने अलकोहल का सेवन नहीं किया है परंतु 200 मिलीग्राम कैफीन का सेवन किया है।	एक प्रयोज्य समूह के परीक्षण प्राप्तांक जिसने अलकोहल का सेपन नहीं फिया है परंतु 400 मिलीग्राम कैफीन का सेवन किया है।

- इस अनुसंधानात्मक प्रश्न का उत्तर प्राप्त करने हेतु इस प्रयोग में अनुसंधानकर्त्ता को दोनों स्वतन्त्र चरों में किसी न किसी रूप में आवश्यक प्रहस्तन (Manipulation) करते हुये आश्रित चर (ब्रेक लगाने में लिया जाने वाला प्रतिक्रिया समय) में होने वाले सम्बन्धित परिवर्तनों का सावधानी से प्रेक्षण करना होता है।
- अलकोहल सेवन नामक स्वतन्त्र चर (कारक–A) में वांछित प्रहस्तन (Manipulation) करने हेतु इसे दो अलग अलग स्तरों – अलकोहल सेवन स्तर (स्तर–1) तथा कोई अलकोहल सेवन नहीं (स्तर–2) में बाँटा गया है।
- इसी प्रकार दूसरे स्वतन्त्र चर कैफीन सेवन (कारक B) में वांछित प्रहस्तन करने हेतु इसे तीन अलग अलग स्तरों – कोई कैफीन सेवन नहीं (स्तर–1) 200 मिलीग्राम कैफीन का सेवन (स्तर–2) तथा 400 मिलीग्राम कैफीन का सेवन (स्तर–3) में बाँटा गया है।
- इन दोनों स्वतन्त्र चरों के प्रहस्तन (Manipulation) से उत्पन्न प्रभावों को सम्बन्धित प्रतिक्रिया समय (Reaction time) का मापन करके मापा गया है।
- क्योंकि इस अध्ययन में दो स्वतन्त्र चर या कारक हैं जिनमें वांछित प्रहस्तन हेतु उन्हें क्रमशः 2 तथा 3 स्तरों में बाँटा गया है इसलिये इस अध्ययन में प्रयुक्त अभिकल्प को 2×3 कारकीय अभिकल्प का नाम दिया जाना चाहिये।

कारकीय अध्ययन की अन्य विशेषतायें तथा प्रचलित तौर–तरीके (Knowing more about the Characteristics and Customary Practices Employed in Factorial Studies)

1. यह अच्छी तरह से मालूम होना चाहिये कि एक कारकीय अध्ययन में सम्बन्धित स्वतन्त्र चरों (कारकों) को A, B, C आदि अक्षरों से प्रदर्शित करने का प्रचलन है।
2. इसके अतिरिक्त कारकीय अभिकल्पों द्वारा एक ऐसी नामावली पद्धति का अनुसरण किया जाता है जिससे कारकों तथा प्रत्येक कारक के अपने अपने स्तरों (Levels) की संख्याओं की पहचान की जा सके। हमारे उदाहरण के अध्ययन में विद्यमान अलकोहल कारक (कारक–A) के दो स्तरों तथा कैफीन कारक (कारक–B) के तीन स्तरों को 2×3 (जिसे दो गुणा तीन या "two by three") कारकीय अभिकल्प का नाम दिया जा सकता है। इस नामकरण में 2 की संख्या पहले कारक (अलकोहल) के दो स्तरों की सूचक है और 3 की संख्या दूसरे कारक (कैफीन) के तीन स्तरों की।
3. इसी प्रकार अगर किसी अध्ययन में 2×2 कारकीय अभिकल्प का प्रयोग किया जा रहा है तो यहाँ A और B दोनों कारकों में दो–दो स्तरों की उपस्थिति रहती है। आइये इस बात को एक कल्पित उदाहरण के माध्यम से समझने का प्रयत्न किया जाये।

उदारहण : एक अनुसंधान अध्ययन में अनुसंधानकर्त्ता ज्ञानात्मक प्रक्रियाओं (Cognitive processes) तथा दिन के समय का निष्पत्ति (Performance) पर पड़ने वाले प्रभाव का अध्ययन करना चाहता था। प्रत्येक प्रयोज्य पर दो परीक्षण – तर्कशक्ति का परीक्षण तथा पठन योग्यता परीक्षण किये गये। प्रयोज्यों ने इनमें से एक परीक्षण सुबह दिया तथा दूसरा संध्याकाल में। उसके द्वारा संकलित प्रदत्तों को निम्न प्रकार सारिणीबद्ध किया गया।

	तर्कशक्ति परीक्षण	पठन योग्यता परीक्षण
सुबह का समय	78	89
संध्या का समय	64	85

अगर हम अब उपरोक्त उदाहरण से सम्बन्धित बातों का कारकीय अभिकल्प की भाषा में अनुवाद करें तो यह कहना होगा कि यहाँ इस अध्ययन में दो स्वतन्त्र चर या कारक हैं। पहले कारक 'समय' को (कारक–A) दो स्तरों (सुबह तथा संध्या समय) में बाँटा गया है तथा दूसरे कारक 'ज्ञानात्मक प्रक्रिया परीक्षण' (कारक–B) को दो स्तरों (तर्क शक्ति परीक्षण तथा पठन योग्यता परीक्षण) में बाँटा गया है। अपने इस प्रारूप में, अध्ययन में प्रयुक्त इस प्रायोगिक अभिकल्प को 2×2 अभिकल्प नाम देना सर्वथा उचित है।

इस अभिकल्प को अनुसंधान हेतु प्रयोग में लाई जाने वाली कारकीय मैटिक्स को इस प्रकार प्रदर्शित किया जा सकता है।

		कारक B	
		स्तर B_1	स्तर B_2
कारक A	स्तर A_1	उपचार परिस्थिति $A_1 B_1$	उपचार परिस्थिति $A_1 B_2$
	स्तर A_2	उपचार परिस्थिति $A_2 B_1$	उपचार परिस्थिति $A_2 B_2$

4. उपरोक्त परिस्थितियों की संख्या प्रत्येक कारक के स्तरों को गुणा करके ज्ञात की जा सकती है। 2×2 कारक अध्ययन में हमारे पास दो स्वतन्त्र चर होते हैं और प्रत्येक चर में दो स्तर होते हैं। इसमें चार उपचार परिस्थितियाँ होती हैं जिनमें से प्रत्येक, कारक मैटिक्स के एक कोष (Cell) में स्थित रहती हैं। अगर हम अपने उदाहरण 2×3 कारकीय अभिकल्प की बात करें तो यहाँ उपचार परिस्थितियों की संख्या 6 होगी और अगर $2 \times 3 \times 2$ कारकीय अभिकल्प हों तो वहाँ उपचार परिस्थितियों की संख्या 12 हो जायेगी।
5. एक कारकीय अभिकल्प का एक बड़ा फायदा यह है कि यह अनुसंधानकर्त्ताओं को यह पता लगाने में मदद करता है कि कारकों (अध्ययन के स्वतंत्र चरों) का अनुपम संयोजन अकेले या इकट्ठे रूप में व्यवहार को कैसे प्रभावित करता है। दूसरे शब्दों में एक कारक अध्ययन से प्राप्त सूचना निम्न प्रकार की जानकारी ग्रहण करने में मदद करती है।
   (i) प्रत्येक कारक अपने अकेले रूप में व्यवहार को कैसे प्रभावित करता है ? (मुख्य प्रभाव)
   (ii) कारक अपने संयोजित रूप में व्यवहार को कैसे प्रभावित करते हैं ? (अन्तःक्रिया प्रभाव)

इस प्रकार के सूचना प्राप्ति कार्य को अच्छी तरह प्रदर्शित करने के लिये हम पूर्व वर्णित अलकोहल/कैफीन अध्ययन की अभिकल्प संरचना की पुनः प्रस्तुति इस अतिरिक्त प्रावधान से कर रहे हैं कि हमने प्रयोज्यों के मध्यमान प्रतिक्रिया समय (Mean reaction time) को कोषों (Cells) में दिखाया है। (देखिये तालिका 6.4)

तालिका 6.4 एक द्विकारक अध्ययन के उपचार या अभिक्रिया मध्यमानों का प्रदर्शन करते हुये कल्पित प्रदत्त (Hypothetical Data Showing the Treatment Mean for a Two Factor Study)

	कैफीन का सेवन नहीं करना	**200 मि.ग्राम कैफीन का सेवन करना**	**400 ग्राम कैफीन का सेवन करना**	
अलकोहल का सेवन	M = 290	M = 250	M = 210	कुल M = 250
अलकोहल का सेवन नहीं करना	M = 210	M = 200	M = 190	कुल M = 200
कुल	M = 250	M = 225	M = 200	

प्रस्तुत द्विकारक अध्ययन में यह जानने की कोशिश की गई है कि अलकोहल और कैफीन के भिन्न भिन्न संयोजन प्रतिक्रिया समय (मिली सैकन्ड में) को कैसे प्रभावित करते हैं।

(a) मुख्य प्रभाव (Main effects) : किसी एक कारक के स्तरों (Levels) के बीच अंतरों के मध्यमान उस कारक के मुख्य प्रभाव (Main effects) कहलाते हैं। यहाँ तीनों कॉलमों में दिये गये मध्यमान 250, 225 तथा 200 यह संकेत करते हैं कि कैफीन का सेवन (कारक 1) ब्रेक लगाने सम्बन्धी व्यवहार को किस प्रकार प्रभावित करता है। ये तीनों मध्यमान 250, 225 तथा 200 यह दर्शाते हैं कि जैसे–जैसे कैफीन का सेवन बढ़ता है, प्रतिक्रिया की गति तेज हो जाती है यानी प्रतिक्रिया के लिये समय कम लगता है। इसी प्रकार से पंक्ति मध्यमान (Row means) 250 तथा 200 यह बताते हैं कि अलकोहल का सेवन ब्रेक लगाने सम्बन्धी व्यवहार को कैसे प्रभावित करता है। 250 तथा 200 में पाया जाने वाला अन्तर (50) यह दर्शाता है कि अलकोहल सेवन प्रतिक्रिया समय की गति कम कर देता है यानी आपातकालीन ब्रेक लगाने में अब ड्राइवर को समय ज्यादा लगता है।

(b) कारकों के मध्य अन्तःक्रिया (Interaction between factors) : यह अन्तःक्रिया तब होती है जब उपचार परिस्थितियों (Treatment conditions) के मध्य पाये जाने वाले अंतरों के मध्यमान का मान तथा कारकों के कुल मुख्य प्रभाव (Over all main effects) द्वारा प्रस्तुत मान में अंतर रहता है। वास्तव में कारकों के मध्य

अन्तःक्रिया यह बताती है कि कारकों (जैसे कारक 1 तथा कारक 2) के बीच होने वाली अंतःक्रिया प्रयोज्यों के प्रतिक्रिया व्यवहार को कैसे प्रभावित करती है। उदाहरण के लिये प्रस्तुत अध्ययन में अंतःक्रिया यह बताती है कि कैसे अलकोहल और कैफीन सेवन का संयोजन एक अनुरूपित ड्राईविंग परीक्षण में प्रतिक्रिया समय (Reaction time) को उन तरीकों से अलग तरीके से प्रभावित करता हुआ दिखाई देता है जो मात्र अलकोहल या कैफीन के सेवन से हो सकते थे। प्रस्तुत उदाहरण में जब कैफीन का सेवन नहीं किया जाता तो अलकोहल का सेवन, प्रतिक्रिया समय पर काफी अधिक प्रभाव डालता है परन्तु जब 400 मि.ग्राम कैफीन के साथ संयोजित रहता है तब यह प्रभाव कम हो जाता है।

(c) सामान्य रूप से मुख्य प्रभाव से वे परिणाम सामने आते हैं जिन्हें तब प्राप्त किया जाता जब प्रत्येक कारक को उसके अपने अलग प्रयोग के अन्तर्गत अध्ययन किया जाता। मैट्रिक्स के कोषों (Cells) के बीच स्थित अतिरिक्त मध्यमान अन्तरों Extra mean differences (यानी ऐसे अंतरों को जो कुल मुख्य प्रभावों Overall main effects से वर्णित नहीं होते) द्वारा ही अंतःक्रिया की व्याख्या करने तथा उस विशेष जानकारी का प्रतिनिधित्व करने का कार्य किया जाता है जो एक अकेले अध्ययन में दो कारकों का संयोजन करने से प्राप्त होती है।

कारकीय अभिकल्पों के प्रकार (Types of Factorial Designs)

व्यावहारिक विज्ञानों के अनुसंधान अध्ययनों में प्रयुक्त कारकीय अभिकल्पों को मुख्यतया जिन वर्गों या प्रकारों में बाँटा जाता है उन सब पर एक एक करके हम यहाँ आगे चर्चा करना चाहेंगे।

1. अन्तरा समूह-कारकीय अभिकल्प (Between Subjects—Factorial Designs)

इस प्रकार के कारकीय अध्ययनों की मुख्य बात यह है कि इनमें प्रत्येक उपचार या अभिक्रिया परिस्थिति (Treatment condition) के लिये अलग अलग प्रयोज्य समूहों की उपस्थिति रहती है और इस तरह कारकीय अभिकल्प के प्रत्येक कोष (Cell) में अलग–अलग समूहों की उपस्थिति सुनिश्चित रहती है। इस प्रकार का आयोजन अध्ययन हेतु एक समूह के प्रयोज्यों की दूसरे समूह के प्रयोज्यों से तुलना करने की अनुमति तो देता है परन्तु एक ही समूह के प्रयोज्यों की स्वयं अपने से ही तुलना करने की बात नहीं करता। गुडविन (Goodwin, 2008:305) के मतानुसार सामान्य रूप से इस प्रकार के अध्ययन जिन परिस्थितियों में अधिक उपयोगी सिद्ध हो सकते हैं वे हैं (i) जहाँ बहुत सारे प्रयोज्य उपलब्ध हों (ii) जहाँ प्रयोज्यों में निहित व्यक्तिगत भेद अपेक्षाकृत कम हों और (iii) जहाँ क्रम/अभ्यास प्रभावों के विद्यमान रहने की बात की जाती हो।

2. अन्तःसमूह–कारकीय अभिकल्प (Within Group Factional Designs)

अन्तरा समूह कारकीय अभिकल्पों से अलग हटकर इन कारकीय अध्ययनों में सभी उपचार या अभिक्रिया परिस्थितियों में एक ही प्रयोज्य समूह (Single group of participants) की उपस्थिति रहती है और फलस्वरूप कारकीय अभिकल्प के प्रत्येक विभिन्न कोषों (Cells) में प्रयोज्यों के एक ही समूह के प्राप्तांकों की प्रविष्टियाँ देखने को मिलती हैं। इस प्रकार का आयोजन, अध्ययन निष्कर्ष निकालने हेतु अन्तःसमूह या प्रयोज्यीय तुलना करने की अनुमति देता है, अन्तरा समूह या प्रयोज्यीय नहीं। सामान्य रूप से अन्तःसमूह अभिकल्प जिन परिस्थितियों में बेहतर सिद्ध होते हैं, वे हैं (i) जब व्यक्तिगत भेद अपेक्षाकृत ज्यादा बड़े हों तथा (ii) जब क्रम या अभ्यास प्रभावों की उपस्थिति की संभावना कम हो या उससे कोई अधिक प्रभाव पड़ने की आशा न की जाती हो।

3. अन्तः तथा अन्तरा समूह अभिकल्प युक्त मिश्रित अभिकल्प (Mixed Design Involving Within and Between-groups Strategies)

इस प्रकार के अभिकल्प पूर्व वर्णित अन्तः तथा अन्तरा समूह अभिकल्पों के उपयोगी संयोजन को प्रस्तुत करते हैं। इस प्रकार के अभिकल्पों के प्रयोग की आवश्यकता अनुसंधानकर्त्ता को तब पड़ती है जब वह किसी एक कारक

के अध्ययन हेतु अन्तःसमूह अभिकल्प (Within-group design) का और दूसरे कारक के अध्ययन हेतु अन्तरा अभिकल्प (Between-groups design) का प्रयोग अध्ययन परिस्थितियों की अपनी माँग के अनुसार करना चाहता है। आइये इस प्रकार के मिश्रित अभिकल्पों के उपयोग सम्बन्धी आवश्यकता को एक अध्ययन विशेष "मनोस्थिति (Mood) तथा स्मृति (Memory) के बीच सह सम्बन्ध" के द्वारा समझने का प्रयत्न किया जाये। सामान्यतया इस क्षेत्र में होने वाले अनुसंधान और व्यक्तिगत अनुभव यह कहते हैं कि लोगों को वे ही बातें याद रहती हैं जो उनकी वर्तमान मनोस्थिति से मेल खाती हों। फलस्वरूप जब वे प्रसन्न होते हैं तो उन्हें प्रसन्नता देने वाली बातें याद रहती हैं और जब दुःखी होते हैं तो उनकी स्मृति में दुःखदायी बातें भरी रहती हैं।

इस प्रकार के एक अध्ययन के संपादन हेतु टेस्डेल एवं फोगार्टी (Teasdale and Fogarty, 1979) ने मनोस्थिति नामक स्वतन्त्र चर में प्रहस्तन (Manipulation) करने के लिये प्रयोज्यों के एक समूह को उत्तरोत्तर अवसादपूर्ण कथनों (जैसे मैं अपनी जिन्दगी में पीछे मुड़कर देखता हूँ तो याद नहीं कि मैंने कोई प्रशंसनीय कार्य किया हो) तथा दूसरे समूह को उत्तरोत्तर आनन्ददायी कथनों (जैसे जिन्दगी इतनी पूर्ण और खूबसूरत है कि इसे जी भर जीना चाहिये) का उपयोग किया। इस प्रकार अनुसंधानकर्त्ता ने अपने अनुसंधान हेतु दो समूह (आनन्दमय मनोस्थिति वाला समूह तथा दुखी मनोस्थिति वाला समूह) बनाकर अन्तरा समूह कारक (Between-groups Factor) सृजित करने का प्रयत्न किया। नीचे दी हुई तालिका 6.7 में ये दोनों समूहों का सम्बन्ध मैट्रिक्स में प्रदत्त दो पंक्तियों (Rows) से है। सभी प्रयोज्यों को फिर एक शब्द सूची प्रदान की गई जिसमें कुछ शब्द आनन्दमयी स्थितियों से सम्बन्धित थे और कुछ अवसादपूर्ण स्थितियों से। प्रत्येक प्रयोज्य के सम्बन्ध में अनुसंधानकर्त्ता ने यह अभिलेखित किया कि उसके द्वारा कितने आनन्ददायी तथा कितने अवसादपूर्ण शब्दों का पुनः स्मरण किया गया है। इस प्रकार अनुसंधानकर्त्ता ने यहाँ ऐसा करके आनन्ददायी तथा अवसादपूर्ण शब्दों से युक्त एक अन्तःसमूह कारक (Within group facator) सृजित करने का प्रयत्न किया। इस कारक का सम्बन्ध तालिका 6.5 में दिये गये कॉलमों (Columns) से है।

तालिका 6.5 मिश्रित कारकीय अभिकल्प (Mixed Factorial Design)

	आनन्ददायी शब्द (Pleasant words)	**अवसादपूर्ण शब्द (Unpleasant words)**
आनन्दगय गनोस्थिति	मध्यमान पुनःस्मरण प्राप्तांक M = 70	मध्यमान पुनः स्मरण प्राप्तांक M = 23
अवसादपूर्ण मनोस्थिति	मध्यमान पुनःस्मरण प्राप्तांक M = 48	मध्यमान पुनः स्मरण प्राप्तांक M = 35

स्पष्टीकरण : *मिश्रित द्वि–कारकीय अध्ययन में दो कारकों (एक अन्तरा समूह कारक तथा दूसरा अन्तःसमूह कारक) का संयोजन है। अनुसंधानकर्त्ता ने अन्तरा समूह कारक के सृजन हेतु एक प्रयोज्य समूह में आनन्दमयी भाव पैदा करने के प्रयत्न किये तथा दूसरे प्रयोज्य समूह में अवसादपूर्ण। अपने अध्ययन में अन्तःसमूह कारक के सृजन हेतु एक प्रयोज्य समूह की स्मृति के परीक्षण हेतु कुछ आनन्ददायक/सकारात्मक शब्दों को चुना तथा दूसरे प्रयोज्य समूह की स्मृति परीक्षण हेतु कुछ अवसादपूर्ण/नकारात्मक शब्दों को चुना।*

4. प्रायोगिक कारकीय अभिकल्प (Exprerimental Factorial Design)

प्रायोगिक कारकीय अभिकल्पों का उपयोग ऐसे अध्ययनों को करने के लिये किया जाता है जिनकी प्रकृति वास्तविक प्रायोगिक (True experimental) हो अर्थात् जिनमें वास्तविक प्रयोग करने सम्बन्धी सभी औपचारिकतायें निभाने का सामर्थ्य हो। इन प्रायोगिक अभिकल्पों की एक अपूर्व विशेषता यह होती है कि अध्ययन में प्रयुक्त सभी कारक सही अर्थों में स्वतन्त्र चर होते हैं जिनका प्रहस्तन यानी जिनमें हेरा–फेरी करने का कार्य अनुसंधानकर्त्ता द्वारा अपनी अध्ययन की आवश्यकता को ध्यान में रखकर किया जाता है। इस प्रकार के अभिकल्प के उपयोग को अच्छी तरह समझने हेतु हम पूर्व वर्णित अध्ययन "अनुरूपित आपातकालीन ड्राइविंग परिस्थितियों में अलकोहल

तथा कैफीन के सेवन का प्रभाव" का उदाहरण देना चाहेंगे। इस प्रकार के अभिकल्पों में दोनों कारक (अलकोहन तथा कैफीन के सेवन की तरह) सही अर्थों में ऐसे स्वतन्त्र चर होते हैं जिनका प्रहस्तन या जिनमें कोई हेर–फेर अनुसंधानकर्त्ता द्वारा ही किया जाता है।

5. अप्रायोगिक कारकीय अभिकल्प (Non-exprerimental Factorial Design)

इन अभिकल्पों के द्वारा ऐसे अध्ययन सम्पन्न होते हैं जिन्हें व्यावहारिक विज्ञानों में अप्रायोगिक अध्ययनों का नाम दिया जाता है। इन अध्ययनों की परिचयात्मक विशेषता इस तथ्य में निहित है कि अध्ययन से सम्बन्धित सभी स्वतन्त्र चरों की प्रकृति अप्रायोगिक (Non experimental) होती है। (जैसे उनमें कोई हेरा–फेरी या प्रहस्तन का न होना अथवा इनकी प्रकृति अर्ध–प्रायोगिक (Quasi-experimental होना।)

इस प्रकार के कारकीय अभिकल्पों को प्रयोग में लाने सम्बन्धी उदाहरण के रूप में हम बेहरिक तथा हॉल (Bahrick and Hall, 1991) द्वारा किये जाने वाले एक द्वि–कारक अध्ययन का उल्लेख कर सकते हैं। इस अध्ययन में उन्होंने हाई स्कूल बीजगणित तथा ज्यामिती के पुनः स्मरण के परीक्षण द्वारा प्रयोज्यों की स्मृति की जाँच करने का प्रयत्न किया। अध्ययन के दो समूहों में से एक समूह ने गणित का उच्च स्तरीय कोर्स किया था, दूसरे ने इस प्रकार का उच्च स्तरीय कोर्स नहीं किया था। ध्यान रहे कि ये दोनों समूह एक स्वतन्त्र चर के प्रहस्तन या हेर–फेर के माध्यम से नहीं बनाये गये थे बल्कि वे पहले से ही इसी हालत में मौजूद अप्रायोगिक समूह थे और इसलिये उनके द्वारा एक अप्रायोगिक कारक का निर्माण हुआ। दूसरा कारक यहाँ इस अध्ययन में 'समय' था। अनुसंधानकर्त्ता ने प्रयोज्यों की पुनः स्मरण क्षमता का परीक्षण विभिन्न समय अन्तरालों – हाई स्कूल पास करने के 3 वर्ष उपरान्त से लेकर 55 वर्ष उपरान्त की अवस्थाओं पर किया। ध्यान रहे कि 'समय' एक अप्रहस्तित यानी हेर–फेर ना किये जा सकने वाला चर है और इस तरह यह एक दूसरे अप्रायोगिक कारक के रूप में कार्य करता है।

इस प्रकार इस अध्ययन में कोई भी ऐसा चर नहीं है जिसमें प्रहस्तन या हेर–फेर के द्वारा परिवर्तन लाये जा सकते हों और इसलिये इसमें प्रयुक्त अभिकल्प को अप्रायोगिक अभिकल्प का दर्जा दिया जा सकता है। इस अध्ययन के परिणामों में जिस समूह ने गणित में उच्च स्तरीय कोर्स नहीं किया था उसके गणितीय ज्ञान में समय के साथ कमी आती गई और जिसने उच्च स्तरीय कोर्स किया था उसने हाई स्कूल पास करने के 10–20 वर्ष बाद भी गणितीय ज्ञान के पुनः स्मरण में काफी अच्छा प्रदर्शन किया।

6. प्रायोगिक तथा अप्रायोगिक अनुसंधानों से युक्त मिश्रित कारकीय अभिकल्प (Mixed Designs Incorporating Experimental and Non-experimental Researches)

इस प्रकार के अभिकल्प का उपयोग करने की आवश्यकता एक अनुसंधानकर्त्ता को ऐसे अध्ययनों का संपादन करने के लिये होती है जिनमें एक कारक एक ऐसा वास्तविक स्वतन्त्र चर होता है जिसमें विविध रूप में प्रहस्तन या हेरा–फेरी सम्बन्धी उपचार या अभिक्रिया परिस्थितियाँ पाई जाती हैं और दूसरा कारक एक अप्रायोगिक या अर्ध–प्रायोगिक चर होता है। इस दूसरे कारक की पहचान या तो (i) प्रयोज्यों के पहले से ही विद्यमान किसी विशेषता जैसे आयु, लिंग आदि के रूप में या (ii) उपचार प्रभाव समय के गुजरने के साथ कैसे बने रहते हैं, इस प्रश्न का उत्तर के रूप में हो सकती है। व्यावहारिक विज्ञानों के अध्ययनों में प्रयुक्त इस प्रकार के अनुसंधान अभिकल्पों के उदाहरण के रूप में हम श्रेन्गार (Shranger, 1972) द्वारा किये गये एक अध्ययन का उल्लेख कर सकते हैं। इस अध्ययन में उसने उच्च और निम्न आत्म–सम्मान वाले व्यक्तियों की क्षमता प्रदर्शन पर दर्शकों की उपस्थिति या अनुपस्थिति के सापेक्षिक प्रभाव का अध्ययन किया था।

इस अध्ययन की मुख्य विशेषताओं तथा प्रयोग में लाये गये प्रायोगिक अभिकल्प का संक्षेप में निम्न प्रकार उल्लेख किया जा सकता है :

- दर्शकों की उपस्थिति और अनुपस्थिति यहाँ उस स्वतंत्र चर का कार्य करती है जिसके प्रयोज्यों के क्षमता प्रदर्शन पर पड़ने वाले प्रभाव का यहाँ अध्ययन किया जा रहा है।
- स्वतन्त्र चर का वांछित प्रहस्तन (Manipulation) करने के लिये प्रतिदर्श में चयनित आधे प्रयोज्यों को किसी संप्रत्यय निर्माण कार्य पर अकेले ही दर्शकों की अनुपस्थिति में कार्य करने को कहा गया और अन्य आधों को दर्शकों (जिनको प्रयोग देखने में रुचि थी) की उपस्थिति में काम करने को कहा गया।
- क्योंकि दर्शकों की उपस्थिति बनाम दर्शकों की अनुपस्थिति नामक चर का अनुसंधानकर्त्ता द्वारा प्रहस्तन (Manipulation) किया जा रहा था इसलिये इसे अध्ययन का प्रायोगिक कारक कहना उचित होगा।
- इस अध्ययन में दूसरा कारक (स्वतन्त्र चर) आत्म सम्मान (Self esteem) था। दर्शकों की उपस्थिति/अनुपस्थिति की स्थितियों में प्रयोज्यों को दो समूहों – (उच्च आत्मसम्मान वाले तथा निम्न आत्मसम्मान वाले) में बाँटा गया क्योंकि प्रयोज्यों का आत्म सम्मान एक पूर्व विद्यमान प्रयोज्य विशेषता है इसलिये इसे अध्ययन का अप्रायोगिक कारक कहना उचित होगा।
- क्षमता प्रदर्शन में जो त्रुटियाँ प्रयोगों द्वारा की गई उन्हें अध्ययन का आश्रित/मापित चर बनाया गया।

इस प्रकार जो प्रायोगिक अभिकल्प काम में लाया गया तथा जो अध्ययन परिणाम प्राप्त हुये उन्हें एक तालिकाबद्ध प्रारूप में तालिका 6.6 के अनुसार दिखाया जा सकता है।

तालिका 6.6 एक मिश्रित द्वि–कारकीय अध्ययन (जिसमें एक प्रायोगिक कारक तथा एक अर्ध–प्रायोगिक कारक का संयोजन है) के परिणाम

(Results from a mixed two factors-study that combine one experimental factor and one quasi-experimental factor)

	दर्शकों की अनुपस्थिति	**दर्शकों की उपस्थिति**
उच्च आत्मसम्मान	त्रुटि मध्यमान (Mean Errors) M = 2.1	त्रुटि मध्यमान (Mean Errors) M = 2.2
निम्न आत्मसम्मान	त्रुटि मध्यमान (Mean Errors) M = 6.1	त्रुटि मध्यमान (Mean Errors) M = 9.5

7

अर्ध-प्रायोगिक अनुसंधान
[Quasi-Experimental Research]

अर्ध-प्रायोगिक अनुसंधान—अर्थ एवं परिभाषा
(Quasi–Experimental Research—Meaning and Definition)

अपने शाब्दिक अर्थ में अर्ध–प्रायोगिक अनुसंधान ऐसे अनुसंधान होते हैं जिनमें अर्ध–प्रायोगिक अभिकल्पों (Quasi-experimental design) का प्रयोग किया जाता है। अर्ध–प्रायोगिक अभिकल्पों की चर्चा पहली बार हैन्ड *बुक ऑफ रिसर्च ऑन टीचिंग* (Gage, 1963) पुस्तक के एक अध्याय में कैम्पबेल एवं स्टेनले (Campbell and Stanley) ने की थी। इसी अध्याय में वर्णित सामग्री का बाद में एक छोटी परन्तु बहुचर्चित पुस्तक "अनुसंधान हेतु प्रायोगिक एवं अर्ध–प्रायोगिक अभिकल्प" (Experimental and Quasi-experimental Designs for Research, Campbell & Stanley, 1963) के नाम से प्रकाशन हुआ। अपने शब्दकोषीय अर्थ में quasi शब्द "जैसा कि" (as if) तथा 'लगभग' (almost) अर्थों में प्रयुक्त किया जाता है। इस अर्थ में एक अर्ध–प्रयोग (Quasi experiment) से तात्पर्य एक लगभग वास्तविक जैसे दिखाई देने वाले प्रयोग से है, बिल्कुल वास्तविक प्रयोग (True experiment) से नहीं। यही कारण है कि एक वास्तविक प्रायोगिक अध्ययन से बहुत अधिक साम्य होने पर भी एक अर्ध–प्रायोगिक अध्ययन वास्तविक प्रयोग के लिये आवश्यक आधारभूत बातों या शर्तों को पूरा न करने की अपनी कमी के कारण वास्तविक प्रायोगिक अध्ययन बनने बनते रह जाता है। यह बात सही है कि अर्ध–प्रायोगिक अध्ययन पूर्व–प्रायोगिक अध्ययनों (Pre-experimental studies) से इसलिये बेहतर माने जाते हैं क्योंकि इनमें समूहों के बीच तुलना करने का प्रावधान रहता है परन्तु ये वास्तविक प्रायोगिक अध्ययनों से एक काफी महत्त्वपूर्ण बात में पीछे रह जाते हैं और वह बात यह है कि इनमें समूहों के निर्माण हेतु संयोगीकरण (Randomization) का सहारा नहीं लिया जाता। प्रायोगिक अध्ययनों को अनुसंधान में प्रयोग में लाने वाली कड़ी में इस तरह अर्ध–प्रायोगिक अध्ययन, एकल समूह पूर्व प्रायोगिक अध्ययनों तथा समतुल्य समूह वास्तविक प्रायोगिक अध्ययनों के बीच में खड़े दिखाई देते हैं। इनके अर्थ एवं प्रकृति से अच्छी तरह परिचित होने के लिये अब हम यहाँ कुछ प्रसिद्ध लेखकों के विचारों से परिचित होना चाहेंगे।

1. **करलिंगर** : अर्ध–प्रायोगिक अध्ययन या परिस्थितियाँ और कुछ नहीं बल्कि "समझौता अभिकल्प" हैं यह एक ऐसी बात है जिसे ऐसे शैक्षिक अनुसंधानों में होता हुआ देखा जाता है जहाँ विद्यालयों तथा कक्षाकक्षों का संयोगीकरण प्रतिचयन तथा संयोगीकृत विभाजन अव्यावहारिक रहता है।

   (The quasi-experimental studies or situations are nothing but the "compromise designs", an apt description when applied to such educational research when the random selection or random assignment of schools and classrooms is quite impracticable.— Kerlinger, 1973)

2. **बेस्ट एवं काहन** : अर्ध–प्रायोगिक अनुसंधान, अर्ध–प्रायोगिक अभिकल्पों का प्रयोग करके किये जाते हैं। कब और किसका मापन किया जाये ऐसा नियन्त्रण इन अभिकल्पों के द्वारा किया जाता है परन्तु

क्योंकि यहाँ प्रायोगिक तथा नियन्त्रित समूहों के निर्माण हेतु संयोगीकरण तकनीक का प्रयोग नहीं होता इसलिये समूहों की समतुल्यता के बारे में निश्चित रूप से कुछ नहीं कहा जा सकता।

("Quasi-experimental researches are carried out through quasi-experimental designs. These designs provide control of when and to whom the measurement is applied, but because random assignment to experimental and control treatment has not been applied, the equivalence of the groups is not assured." —Best & Kahn, 2006:183)

3. **ग्रेवटर एवं फोरजनो :** बहुत सी अनुसंधान परिस्थितियों में एक अनुसंधानकर्त्ता को प्रहस्तन तथा नियन्त्रण से सम्बन्धित कड़ी शर्तों को पूरी तरह अनुपालना करना कठिन या असंभव हो जाता है। स्वाभाविक परिस्थितियों में किये जाने वाले व्यावहारिक अनुसंधानों जैसे कक्षाकक्ष में किये जाने वाले शैक्षिक अनुसंधान तथा वास्तविक रोगियों के साथ किये जाने वाले उपचारात्मक अनुसंधान के लिये यह बात विशेष रूप से सही है। इन परिस्थितियों में एक अनुसंधानकर्त्ता प्रायः एक ऐसी अनुसंधान व्यूह रचना (प्रदत्त संकलन की एक विधि) का प्रयोग कर सकता है जो वैसे तो एक प्रयोग की तरह ही होती है परन्तु एक वास्तविक प्रयोग की कम से कम एक आवश्यकता या शर्त की अनुपालना नहीं कर पाती। इस प्रकार के अध्ययनों को सामान्यतया अर्ध–प्रायोगिक अनुसंधान अध्ययन कहा जाता है।

   (In many research situations, it may become difficult or impossible for a researcher to satisfy completely the rigorous requirements of an experiment related to manipulation and control. This is particularly true for applied research in natural settings, such as educational research in the classroom and clinical research with real clients. In these situations a researcher can often devise a research strategy (a method of collecting data) that is similar to an experiment but fails to satisfy atleast one of the requirements of a true experiment. Such studies are generally called quasi-experimental research studies." — Gravetter & Forzano, 2003:215).

> **अर्ध-प्रायोगिक अनुसंधान :** एक ऐसा प्रायोगिक अनुसंधान जिसमें एक ऐसे अनुसंधान अभिकल्प का उपयोग होता है जो पूर्व प्रायोगिक तथा वास्तविक प्रायोगिक अभिकल्पों के बीच खड़ा होता है। इसमें एक ऐसी अनुसंधान विधि का प्रयोग किया जाता है जो एक प्रयोग की तरह ही होती है परन्तु वास्तविक प्रयोग की कम से कम एक शर्त (जैसें प्रयोज्यों को संयोगीकृत विधि से समूहों में व्यवस्थित करना) की अनुपालना करने में असफल रहती है।

अर्ध-प्रायोगिक अनुसंधानों की प्रकृति एवं विशेषतायें
(The Nature and Characteristics of Quasi-Experimental Researches)

ऊपर जो कहा जा चुका है और जिस प्रकार के फायदे तथा कमियाँ इस प्रकार के अध्ययनों से जुड़ी हुई हैं, उनके आधार पर अर्ध–प्रायोगिक अनुसंधानों की प्रकृति एवं विशेषताओं को निम्न प्रकार सारांशित किया जा सकता है।

1. अर्ध–प्रायोगिक अनुसंधान अपने क्रियान्वयन में न तो पूर्व–प्रायोगिक अभिकल्पों का उपयोग करते हैं और न वास्तविक प्रायोगिक अभिकल्पों का। यहाँ जिन अभिकल्पों का प्रयोग किया जाता है वे अर्ध–प्रायोगिक अभिकल्प होते हैं। इनका स्तर पूर्व–प्रायोगिक अभिकल्प से तो अधिक होता है परन्तु वास्तविक प्रायोगिक अभिकल्प से बराबरी करने में पिछड़ जाता है।
2. इस प्रकार के अध्ययन वास्तविक प्रायोगिक अध्ययनों से इस बात को लेकर समानता रखते हैं कि यहाँ एक अनुसंधानकर्त्ता दो समूहों का चयन करके उन्हें प्रायोगिक तथा नियन्त्रित समूहों की संज्ञा देता है उन्हें अलग अलग उपचार या अभिक्रिया परिस्थितियों (Treatment conditions) से गुजारता है, उनकी निष्पत्ति/उपलब्धि को किसी आश्रित चर के माध्यम से मापता है और फिर निष्कर्षित परिणामों को

अपने अनुसंधान प्रश्नों के उत्तर देने के लिये काम में लाता है। परन्तु अंतर यहाँ इस बात को लेकर रहता है कि यहाँ वास्तविक प्रायोगिक अध्ययनों की तरह अध्ययन में प्रयुक्त समूहों को समतुल्य समूह बनाने हेतु संयोगीकरण (Randomization) या किसी उचित समेलित प्रक्रिया (Matching process) का उपयोग नहीं किया जाता।

3. वास्तविक प्रायोगिक अध्ययनों की तरह, अर्ध–प्रायोगिक अध्ययनों में तुलना करने हेतु दो या दो से अधिक समूहों के प्राप्तांकों का उपयोग किया जाता है। अंतर इस बात को लेकर रहता है कि यहाँ विभिन्न समूह या प्रयोग परिस्थितियाँ एक स्वतन्त्र चर के प्रहस्तन (Manipulation) से सृजित नहीं होती। इसके स्थान पर समूहों को अक्सर पूर्व विद्यमान प्रयोज्य या वातावरणीय चरों जैसे पुरुष/महिला, उपचार से पहले या पश्चात्, सरकारी या पब्लिक स्कूल में अध्ययन करना, पब्लिक या प्राइवेट संस्थानों में काम करना आदि के रूप में परिभाषित किया जाता है।
4. वास्तविक प्रायोगिक अध्ययनों में अनुसंधानकर्त्ताओं द्वारा दो चरों के मध्य कार्य–कारण सम्बन्ध स्थापित करना आम बात है। परन्तु अर्ध–प्रायोगिक अध्ययनों के संपादन में, अनुसंधानकर्त्ताओं से आवश्यक रूप से यह अपेक्षा नहीं की जाती कि वे ऐसा कार्य–कारण सम्बन्ध स्थापित करने पर केन्द्रित रहें क्योंकि इन अध्ययनों में इस प्रकार के निष्कर्षों पर पहुँचने हेतु वांछित वास्तविक प्रायोगिक परिस्थितियों का आयोजन नहीं होता। कार्य–कारण सम्बन्ध स्थापित न कर पाने सम्बन्धी उनकी इस कमजोरी पर टिप्पणी करते हुये ग्रेवटर एवं फोरजनो (Gravetter and Forzano, 2003:215) ने लिखा है :

   यद्यपि अर्ध–प्रायोगिक अध्ययन अपने विशिष्ट रूप में कार्यकारण सम्बन्ध स्थापित करने की बात सोच सकते हैं। (जैसे एक चिकित्सक की यह प्रदर्शित करने में रुचि हो सकती है कि चिकित्सा से रोगी में सुधार आ रहा है।) परन्तु इनमें प्रायः विघ्नकारी चरों (Confounding variables) तथा आंतरिक वैधता के अन्य खतरों की उपस्थिति पाई जाती है और यह सब कुछ उनके क्रियान्वयन के लिये अपनाये जाने वाले अभिकल्पों का आवश्यक हिस्सा होता है और सचमुच में इनसे मुक्ति नहीं मिल सकती। यहाँ एक विघ्नकारी चर की उपस्थिति से तात्पर्य है कि इन अध्ययनों के द्वारा विशुद्ध रूप से किसी कार्य–कारण सम्बन्ध स्थापित करने की आशा नहीं की जा सकती और इनमें वास्तविक प्रयोग नहीं किये जाते।
5. एक अर्ध–प्रायोगिक अध्ययन एक स्थिति विशेष को प्रयोग की तरह उपयोग में लाने का प्रयत्न करता है। हालांकि इसे सही तौर पर वास्तविक प्रयोग नहीं कहा जा सकता। उदाहरण के लिये यहाँ यह हो सकता है कि अनुसंधानकर्त्ता द्वारा स्वतन्त्र चर का प्रहस्तन (Manipulation) नहीं किया जाये या प्रायोगिक तथा नियंत्रित समूहों के निर्माण में संयोगीकरण या समेलित प्रक्रिया (Matching process) का उपयोग न किया जाये या समूहों में पूर्व विद्यमान कारकों या अन्तरों का संज्ञान न लिया जाये या सही अर्थों में किसी नियन्त्रित समूह का अस्तित्व ही न हो। अनुसंधानकर्त्ता इस तरह यहाँ इसी बात तक अपने आपको सीमित रख सकता है कि वह पूर्व विद्यमान स्वाभाविक समूहों में उपचार के बाद प्रेक्षित अन्तरों के आधार पर (जो आश्रित चर पर लिये जाने वाले प्रमापों के रूप में जाने जाते हैं) अपने निष्कर्षों को सामने रखे।
6. अर्ध–प्रायोगिक अनुसंधानों की एक अनोखी विशेषता इस तथ्य में निहित रहती है कि उपचार से पहले प्रयोज्यों का पूर्व परीक्षण नहीं करना तथा उनके चयन हेतु संयोगीकरण विधि को न अपनाना ये दोनों बातें अपनी अपनी तरह से निम्न प्रकार लाभदायक तथा हानिप्रद दोनों ही सिद्ध हो सकती हैं।
   (i) व्यावहारिक विज्ञान अनुसंधानों में ऐसी बहुत सी परिस्थितियाँ आ सकती हैं जब समूहों के पूर्व चयन तथा संयोगिकीकरण (Randomization) में कठिनाई आती हो। ऐसे समय पर अर्ध–प्रायोगिक अभिकल्पों का प्रयोग काफी सुगम और प्रभावकारी सिद्ध हो सकता है। माना एक अनुसंधानकर्त्ता

यह जानना चाहता है कि गर्भवती माता को उनके अलकोहल के सेवन से क्या प्रभाव पड़ता है। इस अवस्था में शोधकर्त्ता यह जानता है कि यह गर्भ में पल रहे बालक के लिये हानिप्रद है। अगर यहाँ एक वास्तविक प्रायोगिक अभिकल्प अपनाया जाये तो संयोगिकीकरण से चयनित गर्भवती माताओं के प्रतिदर्श को अलकोहल का सेवन कराया जाना चाहिये। परन्तु यह काफी अवैधानिक तथा खतरनाक कदम सिद्ध हो सकता है क्योंकि गर्भ में पल रहे बालकों को इससे काफी क्षति जानबूझ कर पहुँचती है। अब ऐसी स्थिति में शोधकर्त्ता क्या करे ? वह तो यही कर सकता है कि माताओं से यह पूछे कि उन्होंने गर्भकालीन अवधि में कितनी मात्रा में अलकोहल का सेवन किया है और फिर इसी सूचना के आधार पर उनके अध्ययन के लिये समूह बनाये।

(ii) दूसरी ओर संयोगीकरण तथा प्रयोज्यों के पूर्व परीक्षण का न किया जाना काफी समस्यायें (विशेषकर अध्ययन की आंतरिक और बाह्य वैधता सम्बन्धी) खड़ी कर सकता है। उचित संयोगीकरण के अभाव में सांख्यिकीय परीक्षण अर्थहीन हो जाते हैं। उदाहरण के लिये उपरोक्त वर्णित अध्ययन में शोधकर्त्ता द्वारा किसी भी पूर्व–विद्यमान कारक की ओर ध्यान नहीं दिया गया। (जैसे माताओं के सम्बन्ध में : अलकोहल का सेवन करने या न करने के पीछे क्या कारण थे) या इस बात का आभास करना कि प्रयोग के परिणाम प्रयोग के बाहर घट रही बातों से भी प्रभावित हो सकते थे। इस प्रकार की परिस्थिति में शोधकर्त्ता को उचित सांख्यिकीय परीक्षणों का प्रयोग करके यह निष्कर्ष निकालना कठिन होता है कि बालकों में दिखाई देने वाले प्रभावों के लिये माँ का गर्भकालीन अवस्था में अलकोहल सेवन करना ही पूरी तरह से उत्तरदायी है। इसी प्रकार एक अर्ध–प्रायोगिक अभिकल्प जिसकी रचना बालकों के दो समूहों पर दो अलग–अलग शैक्षिक कार्यक्रमों की प्रभावशीलता का अध्ययन करने हेतु की गई है, एक कड़े सांख्यिकीय परीक्षण पर खरा नहीं उतर पायेगा क्योंकि शोधकर्त्ता को उन सभी अन्य कारकों को भी नियन्त्रित करना यहाँ जरूरी होता है जो किसी न किसी रूप में अध्ययन परिणामों को प्रभावित करते हैं। यही नियन्त्रण सम्बन्धी कार्य अर्ध–प्रायोगिक अभिकल्पों में नहीं हो पाता। परिणामस्वरूप अध्ययन में प्रयुक्त बालकों का एक समूह दूसरे से बुद्धि लब्धि और अभिप्रेरणा स्तर के दृष्टिकोण से कुछ अधिक ऊँचे या निम्न स्तर का हो सकता है। बिना पूर्व परीक्षण या संयोगीकृत चयन के इस प्रकार के कारकों के प्रभाव के बारे में निर्णय लेना मुश्किल होता है।

7. एक महत्त्वपूर्ण शर्त – संयोगीकरण को पूरा न कर पाने पर भी एक अर्ध–प्रायोगिक अभिकल्प, काफी कुछ मायने में एक प्रायोगिक अभिकल्प की तरह ही दिखता है। इन अभिकल्पों में प्रयुक्त प्रयोगों को हल्के फुल्के अंदाज में आरामदायक या ढुलमुल प्रयोगों (Queasy experiment) की संज्ञा दी जाती है क्योंकि ये प्रयोगात्मक प्रयासों में कुछ ढील या आराम क़ी सी अनुभूति कराते प्रतीत होते हैं। आंतरिक वैधता की दृष्टि से ये संयोगीकृत प्रयोगों से काफी पीछे रहते हैं। परन्तु फिर भी इन अभिकल्पों में अपना एक आकर्षण है और वह यह है कि संयोगीकृत समूहों की तुलना में इनमें प्रयुक्त समूहों को लेकर अध्ययन कार्य काफी सरलता से हो सकता है और प्राकृतिक रूप से ऐसे ही समूहों में अनुसंधान कार्य बहुत अधिक पैमाने पर किया भी जाता है।

अर्ध–प्रायोगिक अध्ययनों को क्यों प्राथमिकता दी जाती है ? (Rationale for Preferring the Quasi-experimental Designs)

अर्ध–प्रायोगिक अध्ययन और इन अध्ययनों में प्रयुक्त अभिकल्प बहुत सी अनुसंधान परिस्थितियों में बेहतर विकल्प या इच्छित चयन बन कर उभरते हैं। इनको कब और किन परिस्थितियों में मजबूरी में किया गया एक समझौता या एकमात्र विकल्प मान कर प्राथमिकता दी जाती है इसका संक्षिप्त ब्योरा हम नीचे प्रस्तुत कर रहे हैं।

1. प्रदत्तों के संकलन में आने वाली बाधायें किसी अध्ययन विशेष हेतु अर्ध–प्रायोगिक अभिकल्प का उपयोग करने को मजबूर कर सकती हैं। इस प्रकार की एक मजबूरी को हम एक अनुसंधान अध्ययन के द्वारा स्पष्ट करना चाहेंगे। "एक अनुसंधानकर्त्ता एक नयी शिक्षण विधि (जैसे सेमीनार विधि) की परम्परागत शिक्षण विधि (जैसे व्याख्यान विधि) से अधिक प्रभावशील होने या न होने के बारे में जानकारी लेने हेतु एक अध्ययन करना चाहता था। संयोगीकरण विधि से अपने प्रयोज्यों का चुनाव करने हेतु उसने जिला शिक्षा अधिकारी के कार्यालय से उपलब्ध सूची में से संयोगीकरण द्वारा एक माध्यमिक विद्यालय का चयन किया। परन्तु इस विद्यालय के अधिकारियों ने उसे ऐसा अध्ययन करने की अनुमति देने से इन्कार कर दिया। तब उसने एक अन्य विद्यालय से सम्पर्क किया परन्तु यहाँ विद्यालय प्राचार्या ने उसे दसवीं कक्षा के बालकों को विभाजित करके दो समतुल्य समूह बनाने की अनुमति नहीं दी जो वह संयोगीकरण विधि से बनाना चाहता था। इस अवस्था में उसके पास केवल एक ही विकल्प रह गया कि वह दसवीं की A तथा B उप–श्रेणियाँ (Sub-sections) को उसी रूप में अपने अध्ययन के लिये स्वीकार कर ले जिस स्वाभाविक रूप में वे विद्यमान थीं। परन्तु आगे यहाँ एक और समस्या आई। नई विधि (सेमीनार) से पढ़ाने की अनुमति उसे दसवीं A (जिसे अपेक्षाकृत होशियार विद्यार्थियों की कक्षा माना जाता था) में ही मिली और इस तरह फिर उसके पास यही विकल्प बचा कि वह दसवीं B को व्याख्यान विधि से पढ़ाये। इस तरह उसने दसवीं A तथा दसवीं B को उनके उसी विषय के पीरियड में क्रमशः सेमीनार तथा व्याख्यान विधि से पढ़ाया। इस प्रकार से इस परिस्थिति में न तो शोधकर्त्ता को समतुल्य समूह बनाने हेतु संयोगीकरण विधि को अपनाने की छूट मिली और न स्वतन्त्र चर (शिक्षण विधि) का आवश्यकतानुसार प्रहस्तन (Manipulation) करने का अवसर मिला। फलस्वरूप उसने अपने प्रायोगिक अनुसंधान हेतु परिस्थिति अनुसार अर्ध–प्रायोगिक अभिकल्प का ही उपयोग करने का निश्चय किया।
2. बहुत सारे उपयोगी प्रयोज्य तथा वातावरणजन्य चर ऐसे हो सकते हैं जिनका शोधकर्त्ताओं द्वारा प्रयोगात्मक रूप से प्रहस्तन (Manipulation) करना संभव नहीं हो। उदाहरण के लिये हम किसी प्रयोज्य के लिंग, आयु, जाति, धर्म, बुद्धि लब्धि, सामाजिक, आर्थिक स्तर तथा कोई प्रथा, कार्यक्रम, तौर–तरीके जिस ढंग से जहाँ प्रचलित हैं, उनमें एक अनुसंधानकर्त्ता के नाते अपने आप कोई प्रहस्तन (Manipulation) नहीं कर सकते। हम अपने अध्ययन के लिये उन्हें उनके वर्तमान प्राकृतिक रूप में ही स्वीकार करना होगा। इस स्थिति में हमारे सामने वास्तविक प्रायोगिक अभिकल्पों की जगह अर्ध–प्रायोगिक अभिकल्पों का उपयोग करने का ही विकल्प रह जाता है।
3. हमारे सामने कई बार ऐसी परिस्थितियाँ आ सकती हैं जब हमें यह सोचना पड़े कि स्वतन्त्र चर का वांछित प्रहस्तन (Manipulation) या समूहों के प्रतिचयन तथा संयोगीकरण हेतु उपयोग करना असुरक्षित तथा अनैतिक है। उदाहरण के लिये अगर हम "गर्भवती माताओं के द्वारा मद्यपान या ड्रग्स के सेवन का उनके गर्भ में पल रहे बालकों पर पड़ने वाले प्रभाव का अध्ययन" सम्बन्धी शोध की बात करें तो यहाँ हमारे सामने सुरक्षा तथा नैतिकता ये दोनों बातें वास्तविक प्रायोगिक परिस्थितियाँ सृजित करने में समस्या खड़ी करेंगी। हम माताओं के संयोगीकरण विधि से दो समूह बनाकर एक समूह को (प्रायोगिक) मद्यपान या ड्रग्स का सेवन नहीं करा सकते। ऐसे अध्ययनों में हमारे सामने केवल यही विकल्प रहता है कि हम गर्भवती माताओं से यह पूछें कि वे शराब/ड्रग्स का सेवन करती हैं या नहीं? और करती हैं तो उसकी क्या मात्रा रहती है। इस तरह जहाँ सुरक्षा या नैतिक कारणों से वास्तविक प्रयोग करने सम्बन्धी शर्तों की अनुपालना करना कठिन हो जाये वहाँ हमारे सामने अर्ध–प्रायोगिक अभिकल्पों का उपयोग ही एक बेहतर विकल्प सिद्ध होता है।
4. कई बार ऐसा भी होता है जब संयोगीकरण विधि से प्रयोज्यों का चयन करना या समूहों में डालना न्यायोचित (fair) न लगकर ऐसा लगे कि इससे कुछ प्रयोज्यों का नये तौर–तरीके, उपचार या नवाचार

के सम्पर्क में आने का सुनहरा अवसर छिन जाता है। ऐसा संभव भी है। नियन्त्रित समूह में शामिल प्रयोज्य यह समझ सकते हैं कि उनकी कीमत पर प्रायोगिक समूह में शामिल प्रयोज्य अकारण ही नवाचार/नई शिक्षा या प्रशिक्षण विधि/कार्यक्रम के फायदों का लाभ उठा रहे हैं। इस प्रकार की असंतोष जन्य परिस्थितियों से बचने में अनुसंधानकर्त्ताओं की सहायता करने के लिये अर्ध–प्रायोगिक अभिकल्पों का प्रयोग काफी उत्साहजनक सिद्ध हो सकता है।

5. ऐसी परिस्थितियों में जहाँ प्रायोगिक तथा नियन्त्रित समूह बनाने में संयोगीकरण (Randomization) तथा समेलित प्रक्रिया (Matching process) की अनुपालना सम्भव नहीं हो पाती, अर्ध–प्रायोगिक अभिकल्पों का उपयोग ही एक बेहतर विकल्प के रूप में सामने आता है। यह कठिनाई प्रायः वहाँ ज्यादा आ सकती है जहाँ अध्ययन के लिये कम ही प्रयोज्य प्राप्त हो सकते हों जैसे विशिष्ट बालक, अन्तर्राष्ट्रीय ख्याति के खिलाड़ी, वैज्ञानिक तथा राष्ट्रीय सम्मान जैसे भारत रत्न से सम्मानित व्यक्ति आदि।
6. ऐसी परिस्थितियाँ भी आ सकती हैं जबकि संयोगीकरण विधि का प्रयोग करके प्रयोज्यों को प्रायोगिक तथा नियंत्रित समूहों में डालना मुश्किल इसलिये हो जाये कि प्रयोज्य ऐसा करने का विरोध करते नजर आये। उदाहरण के लिये अगर किसी नई औषधि या उपचार के तरीके का परीक्षण करना हो तो यह काफी मुश्किल कार्य है कि हमें ऐसे मरीजों को काफी बड़ी संख्या मिल जाये जो उस उपचार के परीक्षण के लिये उपयुक्त हो, तथा फिर यह भी जरूरी नहीं कि जब हम संयोगीकरण विधि का उपयोग करके उन्हें प्रायोगिक तथा नियंत्रित समूह में डालें तो वे उससे अपनी सहमति व्यक्त करें। इस कठिनाई से बचने हेतु जो रोग विशेष (जिसके अध्ययन में हमारी रुचि है) से प्रभावित रोगी हमें चिकित्सालयों में मिलते हैं उनके ही हम दो समूह – प्रायोगिक तथा नियंत्रित बनाकर नई औषधि की प्रभावशीलता का अध्ययन करने की कोशिश कर सकते हैं और ऐसा कार्य अर्ध–प्रायोगिक अभिकल्पों के उपयोग से ही सम्भव है।

अर्ध-प्रायोगिक अभिकल्पों के प्रकार (Types of Quasi-experimental Designs)

अर्ध–प्रायोगिक अभिकल्पों में विभिन्न समूहों या प्रयोग परिस्थितियों का सृजन किसी स्वतन्त्र चर के प्रहस्तन (Manipulation) रो नहीं होता बल्कि यहाँ अनुसंधानकर्त्ता को उन्हें विद्यमान प्रयोज्य चर (जैसे पुरुष/महिला, शहरी/ग्रामीण, किसी उपचार को ग्रहण करने वाले या न करने वाले व्यक्ति) के रूप में या परिस्थितिजन्य/सामयिक चर (जैसे उपचार से पूर्व और पश्चात्) के रूप में स्वीकार करना होता है। इस रूप में अर्ध–प्रायोगिक अभिकल्पों को मुख्यतया दो बड़ी श्रेणियों – (A) तुल्यता विहीन समूह अभिकल्प तथा (B) समय–शृंखला अभिकल्प में विभाजित किया जा सकता है। आगे हम इन्हीं के बारे में जानना चाहेंगे।

तुल्यता विहीन समूह अभिकल्प (Non-equivalent Groups Designs)

इस प्रकार के अभिकल्पों में यद्यपि प्रायोगिक अभिकल्पों की तरह दो समूहों – प्रायोगिक तथा नियंत्रण का उपयोग किया जाता है परन्तु यहाँ इन्हें उनकी तरह संयोगीकरण या समेलित तकनीक (Randomization or Matching technique) का प्रयोग करके समतुल्य (Equivalent) बनाने का प्रयत्न नहीं किया जाता बल्कि उन समूहों को ही अध्ययन हेतु चुन लिया जाता है जो सामान्य रूप से वर्तमान परिस्थितियों में स्वाभाविक रूप से विद्यमान रहते हैं और जिनमें प्राकृतिक रूप से ही काफी कुछ समानता रहती है। जैसे किसी विद्यालय के दसवीं कक्षा के A तथा B सैक्सन, किसी शहर की शहरी आबादी के 1 तथा 2 सैक्टर, आदि। दूसरी बात यहाँ यह भी स्पष्ट हो जानी चाहिये कि इस प्रकार के अभिकल्पों में इन तुल्यता विहीन समूहों को मात्र तुलना (Comparison) हेतु ही काम में लाया जाता है। प्रायोगिक अभिकल्पों की तरह किसी एक समूह को प्रायोगिक तथा दूसरे को नियंत्रित समूह के रूप में प्रयुक्त नहीं किया जाता। इस प्रकार के अभिकल्पों का जिस प्रकार के अनुसंधान अध्ययनों में प्रयोग किये जाने की आवश्यकता पड़ती है उनके कुछ उदाहरण हम आगे दे रहे हैं।

1. एक अनुसंधानकर्त्ता बाहर के कुछ इलाकों में अभी पुलिस के सहयोग से बनी "रात्रि पहरा स्व–सुरक्षा योजना" की प्रभावशीलता का अध्ययन करना चाहता है। योजना कुछ सैक्टरों में अभी प्रयोग की दृष्टि से शुरु हो गई है कुछ में बाद में की जायेगी। यहाँ अब जिन सैक्टरों में लागू है उनमें से किसी एक को तथा जिनमें नहीं लागू है उनमें से किसी को भी लेकर इन दो समूहों को तुलनात्मक अध्ययन हेतु प्रयुक्त कर सकता है और इस अध्ययन कार्य में अर्ध–प्रायोगिक अभिकल्प का उपयोग कर योजना की प्रभावशीलता के बारे में जान सकता है।
2. दूसरा अनुसंधानकर्त्ता जो विद्यालयों में किसी नयी विधि या प्रशिक्षण तकनीक की प्रभावशीलता का अध्ययन करना चाहता है वह इस कार्य के लिये दो शहर या गाँव के सरकारी/निजी विद्यालयों (जो एक जैसी पढ़ाई–लिखाई तथा हालातों के लिये जाने जाते हैं) को चुन सकता है। एक स्कूल की नवीं कक्षा में वह उस नई विधि से पढ़ा सकता है और दूसरे स्कूल की नवीं कक्षा को पुरानी विधि से। पढ़ाने के परिणामों की तुलना करके वह नई विधि की प्रभावशीलता के बारे में जान सकता है। ऐसा करने में उसके द्वारा जिस अभिकल्प का प्रयोग किया जायेगा वह अर्ध–प्रायोगिक अभिकल्प ही कहलायेगा।
3. 10 वर्ष से कम या अधिक सेवा में लगे अध्यापकों की शिक्षण प्रभावशीलता (Teaching effectiveness) का अध्ययन करने के लिये अध्ययनकर्त्ता को यहाँ बने बनाये समूह आवश्यक तुलनात्मक अध्ययन हेतु प्राप्त हो सकते हैं। यही बात फैक्टरी में कार्यरत अनुभवी या नये मजदूरों/कर्मचारियों की कार्यक्षमता (Work efficiency) सम्बन्धी अध्ययनों के लिये हो सकती है। इस प्रकार की परिस्थितियों में अनुसंधानकर्त्ताओं द्वारा अर्ध–प्रायोगिक अभिकल्पों का उपयोग किया जा सकता है।

इस प्रकार की अनुसंधान परिस्थितियों में अनुसंधानकर्त्ता को संयोगीकरण या समेलित तकनीकों का उपयोग करके दो समतुल्य समूह बनाने की परेशानी नहीं उठानी पड़ती है उसे ये वर्तमान परिस्थितियों में बने बनाये मिल जाते हैं। यह बात जरूर है कि इन पूर्व विद्यमान समूहों में समतुल्यता होगी ऐसी कोई गारन्टी यहाँ नहीं दी जा सकती। समतुल्यता की इसी अनुपस्थिति के कारण ही ये समूह समतुल्यता विहीन समूह कहलाते हैं और इनके अध्ययन के लिये प्रयुक्त अभिकल्प समतुल्यता विहीन समूह अभिकल्प कहे जाते हैं। इन अभिकल्पों को अध्ययन में प्रयुक्त अपनी व्यावहारिकता के संदर्भ में फिर आगे तीन भागों में बाँटा जा सकता है। यहाँ इनके बारे में आगे हम जानना चाहेंगे।

केवल पश्चात परीक्षण समतुल्यता विहीन समूह अभिकल्प (The Post-test only Non-equivalent Groups Design)

पहले से ही लागू कार्यक्रम की प्रभावशीलता का तुलनात्मक अध्ययन करने हेतु यहाँ अध्ययन में शामिल समूहों को केवल एक बार ही परीक्षण से गुजरना होता है। इसकी प्रतीकात्मक प्रस्तुति इस प्रकार की जा सकती है :

तुल्यता विहीन समूह	पूर्व परीक्षण प्राप्तांक	उपचार/अभिक्रिया	पश्चात् परीक्षण प्राप्तांक
प्रायोगिक समूह	—	X	O_1
नियन्त्रित समूह	—	—	O_2

उदाहरण के लिये इस अभिकल्प के उपयोग से दो विद्यालयों के दसवीं कक्षा के विद्यार्थियों से दो समतुल्यता विहीन समूह बनाकर एक समूह को नवीन उपागम से शिक्षण प्रदान किया जाता है और दूसरे को परम्परागत अनुवाद विधि से। इनके पूर्व ज्ञान की जाँच हेतु कोई पूर्व परीक्षण नहीं लिया जाता। पश्चात् परीक्षण दोनों समूहों का लिया जाता है और इनके प्राप्तांकों के अंतर (O_1—O_2) के आधार पर तुलना करके यह निष्कर्ष निकाला जाता है कि नवीन उपागम का प्रयोग प्रभावपूर्ण रहता है या नहीं।

यद्यपि इस अभिकल्प का प्रयोग अध्ययन की आंतरिक वैधता को लेकर काफी कमजोर सिद्ध हो सकता है परन्तु फिर भी यह व्यावहारिक विज्ञानों में किये जाने वाले उन अध्ययनों के संपादन में काफी महत्त्वपूर्ण भूमिका निभाता देखा जा सकता है जिनमें पहले से ही चल रहे कार्यक्रमों/तौर–तरीकों की प्रभावशीलता का अध्ययन करने की बात की जाती है। ऐसे कार्यक्रम/तौर–तरीकों के उदाहरण के रूप में हम परिवार नियोजन कार्यक्रम, दोपहर भोजन कार्यक्रम, तथा बालकों के व्यवहार पर मारधाड़ तथा बिना मारधाड़ वाले कार्टूनों को देखने सम्बन्धी प्रभाव के अध्ययन का उल्लेख कर सकते हैं।

पूर्व परीक्षण–पश्चात परीक्षण समतुल्यता विहीन समूह अभिकल्प (The Pre-test—Post-test Non-equivalent Groups Design)

इस अभिकल्प में दो समतुल्यता विहीन समूहों की अच्छी तरह तुलना करने का प्रयत्न किया जाता है और इसी उद्देश्य से यहाँ दोनों समूहों के लिये दो–दो परीक्षणों – पूर्व–परीक्षण तथा पश्चात् परीक्षण का आयोजन किया जाता है। दोनों समूहों के परीक्षण प्रक्रिया में अन्तर यह रहता है कि जहाँ प्रायोगिक नाम दिये जाने वाले एक समूह को उपचार प्रदान करने से पहले और बाद में (दोनों समय पर) परीक्षणों में गुजारा जाता है। वहाँ नियंत्रित समूह कहे जाने वाले समूह पर यह परीक्षण कार्य, उसको कोई भी उपचार दिये बिना ही सम्पन्न किया जाता है। इस अभिकल्प का प्रतीकात्मक प्रदर्शन निम्न प्रकार किया जा सकता है।

समतुल्यता विहीन समूह	पूर्व परीक्षण प्राप्तांक	उपचार	पश्चात् परीक्षण प्राप्तांक
प्रायोगिक समूह	O_1	X	O_2
नियन्त्रित समूह	O_3	—	O_4

प्रयुक्त अभिकल्प की प्रकृति एवं विशेषतायें (Nature and Characteristics of the Present Design)

1. यह पूर्व वर्णित केवल पश्चात्–परीक्षण अभिकल्प से इस बात को लेकर भिन्नता रखता है कि यहाँ अतिरिक्त रूप से दोनों समूहों के लिये पूर्व–परीक्षण की व्यवस्था की जाती है। इस प्रकार का आयोजन अनुसंधानकर्त्ता को निम्न दो प्रकार से उपयोगी सिद्ध हो सकता है।
   - पहले तो यह समतुल्यता विहीन समूहों में पाये जाने वाले उनके तुल्यता विहीनता सम्बन्धी दोष (दोनों समूहों को समतुल्य न बनाना) को कम करने के लिये दोनों समूहों के लिये पूर्व–परीक्षण की व्यवस्था कर यह निर्धारण करने का प्रयत्न करता है कि दोनों में आश्रित चर को लेकर कितनी समानता या असमानता है। परन्तु यहाँ एक बात ध्यान देने की है कि समूहों को बिना इनकी समतुल्यता स्थापित किये अध्ययन के लिये प्रयुक्त करने सम्बन्धी दोष को पूर्व–परीक्षण की व्यवस्था से पूरी तरह समाप्त नहीं किया जा सकता क्योंकि अध्ययन के परिणामों को प्रभावित करने हेतु अतिरिक्त या विघ्नकारी चर वहाँ अब भी विराजमान रहते हैं।
   - दूसरी तरफ इससे अनुसंधानकर्त्ता को यह फायदा रहता है कि वह पूर्व–परीक्षण तथा पश्चात्–परीक्षण प्राप्तांकों की तुलना कर यह ज्ञात कर सकता है कि परिवर्तन के लिये उपचार व्यवस्था उत्तरदायी है या कोई और कारक। उदाहरण के लिये अगर प्रयोज्य उपचार से पहले एक जैसे हैं और उपचार के बाद अलग–अलग तो अनुसंधानकर्त्ता इस बात को लेकर अधिक आश्वस्त हो सकता है कि उपचार ने अपना प्रभाव दिखाया है। दूसरी ओर पूर्व–परीक्षण से लेकर पश्चात्–परीक्षण तक के सफर में दोनों समूहों में एक जैसे अंतर दिखाई देते हैं तो शोधकर्त्ता यह सोच सकता है कि परिवर्तन के लिये उपचार नहीं कोई और कारक ही उत्तरदायी है। इस प्रकार से यह अभिकल्प दोनों समूहों में पाये जाने वाले समतुल्यता विहीन दोष को काफी कुछ कम करने में मदद करता है और साथ ही

कार्य–कारण सम्बन्ध स्थापित करने की दिशा में कुछ साक्ष्य भी प्रदान करता है। परिणामस्वरूप *इस प्रकार के अर्ध–प्रायोगिक अनुसंधान* जैसा कि ग्रेवटर एवं फोरजनो (Gravetter and Forzano, 2003:22) का मत है *केवल पश्चात्–परीक्षण समतुल्यता विहीन समूह अनुसंधानों (The Post-test only non-equivalent groups studies) से अधिक वैध समझे जाते हैं।*

2. आप इस अभिकल्प को द्वि–कारक मिश्रित कारकीय अभिकल्प (Two factor mixed factorial design) के एक अन्य प्रारूप के रूप में मान्यता दे सकते हैं। यहाँ एक कारक, उपचार/नियंत्रण एक अन्तरा समूह कारक (Between subjects factor) है तथा दूसरा कारक, पूर्व/पश्चात् अन्तःसमूह कारक के रूप में कार्य कर रहा है। (देखिये तालिका 7.1)

तालिका 7.1 द्वि–कारक अनुसंधान अभिकल्प के रूप में संगठित एक पूर्व–परीक्षण – पश्चात्–परीक्षण समतुल्यता विहीन समूह अध्ययन की संरचना

समतुल्यता विहीन समूह	**पूर्व–परीक्षण**	**पश्चात्–परीक्षण**
प्रायोगिक समूह	उपचार प्राप्त करने वाले प्रयोज्यों के पूर्व–परीक्षण प्राप्तांक	उपचार प्राप्त करने वाले प्रयोज्यों के पश्चात् परीक्षण प्राप्तांक
नियंत्रित समूह	कोई उपचार प्राप्त न करने वाले प्रयोज्यों के पूर्व–परीक्षण प्राप्तांक	कोई उपचार प्राप्त न करने वाले प्रयोज्यों के पश्चात् परीक्षण प्राप्तांक

(ध्यान रहे कि यहाँ उपचार/नियंत्रण कारक एक अन्तरा समूह कारक है और पूर्व–पश्चात् कारक एक अन्तः समूह कारक है।)

समतुल्यता विहीन समूह पूर्व–पश्चात् अभिकल्प (Non-equivalent Groups—Before-After Design)

इस अभिकल्प का प्रयोग तब किया जाता है जब हम उन दो समूहों की तुलना करना चाहते हैं जिनमें अध्ययन के प्रारम्भ होने से पूर्व ही भिन्नता पाई जाती है। दूसरे शब्दों में अगर हम यह ज्ञात करना चाहते हैं कि एक नया उपचार कार्यक्रम विभिन्न मनोविज्ञान विकारों से युक्त व्यक्तियों को कैसे प्रभावित करता है तो विकार नामक चर स्वयं में ही दो या दो से अधिक तुल्यता विहीन समूहों के सृजन का कार्य करता हुआ प्रतीत होगा। एक बार फिर पूर्व–परीक्षण और पश्चात्–परीक्षणों की संख्या प्रत्येक के लिये एक से लेकर कई परीक्षणों तक बढ़ सकती है।

इस तरह के अभिकल्प का प्रतीकात्मक चित्रण निम्न प्रकार हो सकता है :

प्रायोगिक समूह	O_1	O_2	X	O_3	O_4
नियंत्रित समूह	O_5	O_6	X	O_7	O_8

समय–शृंखला अभिकल्प (Time Series Designs)

इस प्रकार के अर्ध–प्रायोगिक अनुसंधान अभिकल्पों मे दो समूह – प्रायोगिक तथा नियंत्रित के स्थान पर केवल एक ही समूह – प्रायोगिक का उपयोग होता है। इसी समूह का पूर्व परीक्षण तथा पश्चात् परीक्षण शृंखलाबद्ध तरीके से अलग अलग अन्तराल में किया जाता रहता है। इस प्रकार से समय–शृंखला अभिकल्पों को एक ऐसे अर्ध–प्रायोगिक अभिकल्पों की संज्ञा दी जा सकती है जिन्हें उन अनुसंधान अध्ययनों में प्रयुक्त किया जाता है जहाँ समय के साथ साथ प्रेक्षण का कार्य शृंखलाबद्ध रूप से दोहराया जाता है। एक समय–शृंखला अभिकल्प में इस तरह शुरुआत उस वस्तु/व्यक्ति/घटना/प्रक्रिया का शृंखलाबद्ध रूप में (थोड़े थोड़े समय पश्चात्) प्रेक्षण करने से हो सकती है और इस तरह उसकी पूर्व स्थिति/पूर्व ज्ञान की जाँच की जा सकती है। इसके बाद

उसे कोई उपचार (नई तकनीक से प्रशिक्षण देना, नई तकनीक से उसके व्यवहार में संशोधन करना, उसकी बीमारी के इलाज के लिये कोई नई उपचार पद्धति का औषधि का उपयोग करना आदि) प्रदान किया जाता है तथा फिर इसके पश्चात् उसके उपचार के बाद के व्यवहार का शृंखलाबद्ध रूप में (थोड़े थोड़े समय बाद) फिर प्रेक्षण किया जाता है ताकि उपचार के बाद की उसकी स्थिति का मूल्यांकन किया जा सके। प्रश्न उठता है कि इस प्रकार "प्रेक्षण या आश्रित चर के मापन को बार बार दोहराने की क्या आवश्यकता है ? वास्तव में ऐसे शृंखलाबद्ध दोहराने की आवश्यकता के पीछे निम्न कारण कार्य कर रहे होते हैं।

(i) इस प्रकार का प्रावधान अनुसंधानकर्त्ताओं को किसी कार्यक्रम/उपचार की प्रभावशीलता का मूल्यांकन करने में सहायता करता है। यह मूल्यांकन करने हेतु वे यहाँ उपचार से पहले और पश्चात् किये गये प्रेक्षण परिणामों की तुलना करने का प्रयत्न करते हैं। पूर्व–परीक्षण तथा पश्चात्–परीक्षण के प्राप्तांकों का अन्तर मालूम करने से यह तुलना कार्य किया जा सकता है। अध्ययन की आंतरिक वैधता बनाये रखने तथा अध्ययन परिणामों को संभावित विघ्नकारी चरों के प्रभाव से बचाने में उपचार से पहले तथा बाद में लिये गये शृंखलाबद्ध परीक्षण काफी उपयोगी सिद्ध हो सकते हैं।

(ii) उपचार से पहले लिये गये शृंखलाबद्ध पूर्व–परीक्षण/प्रेक्षण, उपचार से पहले विद्यमान हालातों तथा हालातों में होने वाली स्थिरता या अस्थिरता को अच्छी तरह सामने ला देते हैं। दूसरे शब्दों में अगर उपचार से पहले जितने पूर्व–परीक्षण किये जाते हैं उनके प्राप्तांकों में कोई सार्थक अन्तर नजर नहीं आते तो इसका अर्थ यह है कि अध्ययन की आंतरिक वैधता को संभावित खतरों से कोई खतरा नहीं है। परन्तु अगर सार्थक अन्तर दिखाई देता है तो इसका अर्थ यह है कि प्राप्तांक किन्हीं बाह्य कारणों या खतरों जैसे अभ्यास, थकान, परिपक्वन आदि के प्रभाव से दूषित हो रहे हैं।

(iii) उपचार के पश्चात् किये गये शृंखलाबद्ध प्रेक्षण (पश्चात्–परीक्षण प्राप्तांक) भी यह अच्छी तरह बता सकते हैं कि उपचार के बाद प्रयोज्यों की हालातों में किस तरह का सुधार हुआ है और इस सुधार की प्रवृत्ति (Trend) क्या रही है। व्यावहारिक दृष्टि से अगर शृंखलाबद्ध पश्चात्–परीक्षण प्राप्तांकों में स्थिरता पाई जाती है तो यह समझा जाना चाहिये कि उपचार प्रभावी रहा है परन्तु इनमें अस्थिरता पाई जाये तो यह समझा जाना चाहिये कि उपचार अस्थायी प्रभाव वाला सिद्ध हुआ है।

समय–शृंखला अभिकल्पों के प्रकार (Types of Time-series Designs)

सामान्यतया समय–शृंखला अभिकल्पों के नाम से प्रसिद्ध अभिकल्प वर्ग में निम्न प्रकार के अर्ध–प्रायोगिक अभिकल्पों को शामिल किया जाता है :

(i) साधारण समय–शृंखला अभिकल्प

(ii) बाधित समय–शृंखला अभिकल्प

(iii) तुलना समूह युक्त बाधित समय–शृंखला अभिकल्प

(iv) समतुल्य समय–प्रतिदर्श अभिकल्प

आईये इन चारों प्रकारों के समय–शृंखला अभिकल्पों की जानकारी ली जाये।

साधारण समय-शृंखला अभिकल्प (The Simple Time-series Design)

एक साधारण समय–शृंखला अधिकल्प में उपचार प्रदान करने से पहले और बाद में समान रूप से दो या दो से अधिक प्रेक्षण/मापन क्रियाओं को शृंखलाबद्ध रूप से स्थान दिया जाता है। अपने प्रतीकात्मक रूप में इस प्रकार के अभिकल्प का निम्न प्रकार प्रदर्शन किया जा सकता है।

$$O_1 \quad O_2 \quad O_3 \quad X \quad O_4 \quad O_5 \quad O_6$$

उपचार से पहले तथा पश्चात् शृंखलाबद्ध प्रेक्षण/मापन क्रियाओं के आयोजन का उद्देश्य यह रहता है कि प्रेक्षण/मापन क्रिया की विश्वसनीयता परखी जा सके। इससे यह भी प्रदर्शित करने का अनुसंधानकर्त्ता द्वारा प्रयास किया जाता है कि प्रयोज्यों/घटना विशेष की हालातों में उपचार से ठीक पहले तथा ठीक बाद की स्थिति को छोड़कर और कहीं थोड़ा बहुत या बिल्कुल भी बदलाव नहीं है। इस प्रकार से जैसा कि बेस्ट एवं काहन (Best & Kahn, 2006:187) ने स्पष्ट किया है प्रेक्षण 3 (O_3) से प्रेक्षण 4 (O_4) तक जो भी सार्थक परिवर्तन/फायदा दिखाई देता है उसी के द्वारा यह विदित हो सकता है कि उपचार प्रभावी रहा।

एक बात और है कि यहाँ उपचार से पहले किये गये शृंखलाबद्ध प्रेक्षण जहाँ प्रयोज्यों में निहित प्रारम्भिक क्षमता में आने वाले उतार–चढ़ाव (Fluctuation) को प्रतिबिम्बित करते हुये यह प्रदर्शित करते हैं कि उनकी कोई व्यवहार विशेष सम्बन्धी क्षमता बाह्य कारणों से प्रभावित हो रही है वहीं उपचार के बाद आयोजित शृंखलाबद्ध प्रेक्षण उपचार की प्रभावशीलता सम्बन्धी गुणवत्ता की ओर संकेत करते हैं।

समय–शृंखला अभिकल्पों के नाम से प्रसिद्ध अभिकल्पों के उपयोग में मुख्यतया दो विभिन्न प्रकार की परिस्थितियाँ पैदा हो सकती हैं। एक परिस्थिति में उपचार स्थिति का अनुसंधानकर्त्ता द्वारा प्रहस्तन (Manipulation) किया जा सकता है और दूसरी परिस्थिति में उसका इस पर कोई नियन्त्रण नहीं रहता। जिस अभिकल्प को समय–शृंखला अभिकल्प कहा जाता है उसका सम्बन्ध पहली परिस्थिति से है।

व्यावहारिक तौर पर जब किसी अनुसंधान अभिकल्प में X उपचार बिल्कुल मध्य में ऐसे स्थित होता है (जैसा कि ऊपर के प्रतीकात्मक प्रदर्शन में दिखाई दे सकता है कि आधे प्रेक्षण उपचार से पहली और आधे बाद में हों, तब हम यह कहने की स्थिति में होते हैं कि उपचार का इच्छानुसार शोधकर्त्ता द्वारा प्रहस्तन/प्रशासन (Manipulation or administration) किया गया है। इस परिस्थिति में अनुसंधानकर्त्ता द्वारा प्रयुक्त अध्ययन अभिकल्प सही अर्थों में एक समय–शृंखला अभिकल्प कहलाने का अधिकारी होता है। अपने नाम को सार्थक करने वाले ऐसे एक समय–शृंखला अभिकल्प के उदाहरण के रूप में हम उस अध्ययन को ले सकते हैं जिसमें एक शोधकर्त्ता एक क्रोध प्रबन्धन कार्यक्रम (Anger managaement program) को लागू करने से पहले और बाद में विद्यार्थियों में होने वाले झगड़ों तथा लड़ाइयों का प्रेक्षण करता है।

साधारण समय-शृंखला अभिकल्प एक ऐसा अर्ध–प्रायोगिक अध्ययन अभिकल्प होता है जिसमें उपचार को लागू करने के पहले तथा बाद में शोधकर्त्ता द्वारा समान संख्या में दो या दो से अधिक शृंखलाबद्ध प्रेक्षण या मापन किये जाते हैं।

बाधित समय-शृंखला अभिकल्प (Interrupted Time-Series Design)

यह अभिकल्प पूर्ववर्णित समय–शृंखला अभिकल्प का ही एक विकसित रूप है। अपने क्रियान्वयन में यह पूर्व वर्णित अभिकल्प से इस बात को लेकर अलग दिखाई देता है कि इसे शोधकर्त्ता द्वारा तब काम में लाया जाता है जब उसे इस प्रकार की बाह्य घटनाओं/उपचार आदि के प्रभाव का मूल्यांकन करना होता है जिनका प्रहस्तन तथा नियन्त्रण (Manipulation and control) उसके हाथ में नहीं होता। इसके अतिरिक्त इस अभिकल्प का उपयोग उस अवस्था में भी बेहतर माना जाता है जब (i) स्वतन्त्र चर के रूप में प्रदत्त उपचार, लागू किया हुआ कार्यक्रम या घटित घटना आश्रित चर पर तुरंत ही गहन प्रभाव छोड़ने वाली हो और (ii) सभी उचित परिस्थितियों में उपचार/कार्यक्रम को एक साथ ही लागू किया जाये।

बाधित समय–शृंखला अधिगम को प्रयुक्त किये जाने वाली ऐसी अनुसंधान परिस्थितियों के उदाहरण के रूप में हम निम्न का उल्लेख कर सकते हैं :

- एक अनुसंधानकर्त्ता यह अध्ययन कर रहा है कि एक बड़े शहर की संभ्रान्त बस्तियों में अकेले रहने वाले वृद्ध व्यक्तियों के प्रति बढ़ रहे अपराधों पर रोक लगाने के लिये पुलिस द्वारा लागू कार्यक्रम कितना प्रभावी है।

- दूसरा अनुसंधानकर्त्ता यह अध्ययन कर रहा है कि प्राकृतिक आपदा का (जैसे भूंकप या बाढ़) ऐच्छिक दान प्रदान करने पर क्या प्रभाव पड़ता है। वह इसके लिये आपदा से पहले और बाद के कुछ महीनों में मानव सेवा प्रतिष्ठानों द्वारा प्राप्त उपहारों/नकद राशि आदि के रिकार्ड से अपने प्रदत्त एकत्रित कर सकता है।
- एक अन्य अनुसंधानकर्त्ता यह जानना चाह रहा है कि किसी एक विशेष क्षेत्र में पुलिस द्वारा तीव्र गति से वाहन चलाने के विरुद्ध जारी अभियान ने उस क्षेत्र में बाह्य दुर्घटनाओं को रोकने में कितनी मदद की ? अपने प्रतीकात्मक रूप में बाधित समय–शृंखला अभिकल्प को निम्न प्रकार प्रदर्शित किया जा सकता है।

$$O_1 \quad O_2 \quad O_3 \quad O_4 \quad X \quad O_5 \quad O_6 \quad O_7 \quad O_8$$

इस अभिकल्प के प्रयोग को अब हम उस अध्ययन में प्रयुक्त करके समझना चाहेंगे जिसे एक शोधकर्त्ता ने एक शहरी संभ्रान्त बस्ती में अकेले वृद्ध व्यक्तियों पर बढ़ते हुये अपराधों की रोकथाम हेतु लागू किये गये एक नये कार्यक्रम की प्रभावशीलता जानने हेतु किया है। इस अभिकल्प के नियोजन कार्य को हम निम्न तालिका से समझने का प्रयत्न कर सकते हैं।

O_1	O_2	O_3	O_4	X	O_5	O_6	O_7	O_8
अपराध दर 2 वर्ष पूर्व	अपराध दर 1 वर्ष पूर्व	अपराध दर 6 माह पूर्व	अपराध दर 1 माह पूर्व	अपराध रोकने संबंधी उपाय	अपराध दर 4 माह पश्चात्	अपराध दर 10 माह पश्चात्	अपराध दर 1 वर्ष पश्चात्	अपराध दर 2 वर्ष पश्चात्

इस प्रकार से यहाँ यह देखा जा सकता है कि यहाँ शोधकर्त्ता से पूर्व वर्णित साधारण समय–शृंखला अभिकल्प की तरह ही यह अपेक्षा की जाती है कि वह यह देखे कि (i) उपचार या कार्यक्रम को लागू करने से पहले की समय अवधियों में क्या होता रहा है तथा (ii) उपचार या कार्यक्रम को लागू करने के बाद की समय अवधियों में क्या हुआ। केवल अंतर इसी बात को लेकर रहता है कि बाधित समय शृंखला अभिकल्प में उपचार को लागू करने तथा उसमें प्रहस्तन (Manipulation) करने सम्बन्धी नियन्त्रण कार्य शोधकर्त्ता के हाथ में न होकर अन्य दूसरों के पास होता है और इसी तरह किसी घटना के घटने में भी जो कुछ होता है उन अनुभवों का न तो सृजन और न प्रहस्तन (Manipulation) शोधकर्त्ता द्वारा किया जा सकता है।

एक वांछित समय-शृंखला अभिकल्प में किसी घटना के घटित होने से पहले और बाद में शृंखलाबद्ध प्रेक्षण/मापन सम्बन्धी कार्य किये जाते हैं। यह घटित घटना एक ऐसा उपचार, कार्यक्रम या अनुभव नहीं होती है जिसका सृजन या प्रहस्तन (Manipulation) शोधकर्त्ता द्वारा स्वयं किया जा सकता हो।

यद्यपि साधारण समय–शृंखला तथा बाधित समय–शृंखला अभिकल्पों की सहायता से आन्तरिक वैधता के बहुत से खतरों को कम किया जा सकता है परन्तु अब भी बहुत सी बाह्य बातें रह जाती हैं जो किसी न किसी रूप में परिणामों को प्रभावित कर सकती हैं। उदाहरण के लिये माना एक शोधकर्त्ता बालकों के आक्रामक व्यवहार को नियंत्रित करने सम्बन्धी उपाय की प्रभावशीलता का परीक्षण करना चाहता है और इसके लिये उसने एक समय–शृंखला अभिकल्प का प्रयोग किया है। उपचार शुरु होने से पहले वह समस्यात्मक बालकों के एक समूह के व्यवहार का शृंखलाबद्ध रूप में एक सप्ताह तक प्रेक्षण करता है और उपचार लागू होने के बाद फिर शृंखलाबद्ध रूप में एक सप्ताह प्रेक्षण करता है। बाद में किये गये ये प्रेक्षण व्यवहार में सार्थक सुधार होने की बात कहते हैं। परन्तु मानो अचानक ही संयोगवश वातावरणजन्य परिस्थितियों (आंतरिक या बाह्य) में

काफी परिवर्तन आ जाते हैं जिनके फलस्वरूप बालकों के आक्रामक व्यवहार पर प्रभावपूर्ण असर पड़ता है। अब क्योंकि परिस्थितियों में बदलाव उसी समय आये हैं जब उपचार चल रहा था तब ऐसी अवस्था में यह प्रश्न उठ सकता है कि क्या व्यवहार में परिवर्तन उपचार से आये हैं अथवा यह बदलती परिस्थितियों का परिणाम है। इस प्रकार के संयोगवश सृजित बाह्य कारकों के प्रभाव से निपटने के लिये अब अनुसंधानकर्त्ता को यहाँ कुछ अधिक विकसित समय–शृंखला अभिकल्पों का उपयोग करना आवश्यक हो जाता है। ऐसे ही दो प्रकार के अभिकल्पों की चर्चा हम आगे करने जा रहे हैं।

तुलना समूह युक्त बाधित समय-शृंखला अभिकल्प (Interrupted Time Series Design with Comparison Group)

यह अभिकल्प पूर्व वर्णित समय शृंखला अभिकल्प से इस बात को लेकर भिन्न है कि इसमें एक और दूसरी समय–शृंखला का प्रावधान अतिरिक्त रूप से उस समूह के लिये किया जाता है जिसे मात्र तुलना करने हेतु अध्ययन में स्थान दिया जाता है। इस तरह इस अभिकल्प में दो समूह रहते हैं एक प्रायोगिक या उपचार समूह तथा दूसरा नियन्त्रित या तुलना समूह। उपचार के रूप में प्रयुक्त स्वतन्त्र चर X को लागू करने से पूर्व और पश्चात् शृंखलाबद्ध रूप में कई प्रेक्षणों का आयोजन यहाँ पूर्व वर्णित अभिकल्पों की तरह ही होता है। प्रतीकात्मक रूप में इस अभिकल्प का प्रदर्शन निम्न प्रकार किया जा सकता है :

अवस्था A (प्रायोगिक या उपचार समूह)	O_1	O_2	O_3	X	O_4	O_5	O_6
अवस्था B (नियंत्रित या तुलना समूह)	O_1	O_2	O_3	—	O_4	O_5	O_6

इस अभिकल्प का व्यावहारिक उपयोग समझने हेतु हम उस अध्ययन का उदाहरण देखना चाहेंगे जिसमें अनुसंधानकर्त्ता एक बड़े शहर की किसी संभ्रान्त बस्ती में रहने वाले अकेले वृद्ध व्यक्तियों के विरुद्ध अपराधों में वृद्धि की रोकथाम करने हेतु किये गये उपायों की प्रभावशीलता का अध्ययन करना चाहता था। प्रस्तुत अभिकल्प का उपयोग करने की दृष्टि से उसने तुलना हेतु एक समूह उसी शहर की एक अन्य संभ्रान्त बस्ती में अकेले रहने वाले वृद्ध व्यक्तियों को बनाया जिसमें यह रोकथाम कार्यक्रम लागू नहीं किया था। इस अभिकल्प के उपयोग को दी गई तालिका के माध्यम से भलीभाँति समझा जा सकता है।

अवस्था	पूर्व–परीक्षण O_1	पूर्व–परीक्षण O_2	पूर्व–परीक्षण O_3	X	पश्चात्–परीक्षण O_4	पश्चात्–परीक्षण O_5	पश्चात्–परीक्षण O_6
A	अपराध दर 1 वर्ष पूर्व	अपराध दर 6 माह पूर्व	अपराध दर 1 माह पूर्व	उपचार कार्यक्रम	अपराध दर 1 माह बाद	अपराध दर 6 माह बाद	अपराध दर 1 वर्ष बाद
B	अपराध दर 1 वर्ष पूर्व	अपराध दर 6 माह पूर्व	अपराध दर 1 माह पूर्व	—	अपराध दर 1 माह बाद	अपराध दर 6 माह बाद	अपराध दर 1 वर्ष बाद

समतुल्य समय-प्रतिदर्श अभिकल्प (Equivalent Time-samples Design)

इस अभिकल्प में प्रयोज्यों के एक प्रतिदर्श को जो उपचार प्रदान किया जाता है उसे शृंखलाबद्ध प्रेक्षण के दौरान कभी लागू कर दिया जाता है तो कभी हटा लिया जाता है। प्रतीकात्मक रूप से इसकी अभिव्यक्ति निम्न प्रकार की जा सकती है :

O_1 O_2 X O_3 O_4 O_5 N O_6 O_7 O_8 X O_9 O_{10} O_{11}

O_{12} N O_{13} O_{14} X O_{15} O_{16} O_{17} N O_{18} O_{19} O_{20} X —

(यहाँ O = प्रेक्षण, X = उपचार तथा N = उपचार नहीं दिया गया है।)

व्यावहारिक रूप में इस तरह इस अभिकल्प में शोधकर्त्ता द्वारा किये गये कार्य में निम्न क्रियायें शामिल रहती हैं।

- वह उपचार से पहले अपने अध्ययन की शुरुआत प्रेक्षण श्रृंखला (विभिन्न समय अवधियों में लिये जाने वाले परीक्षण) से कर सकता है।
- इसके बाद उपचार प्रदान किया जाता है और प्रेक्षण का एक क्रमबद्ध श्रृंखला रूप में आयोजन होता है और फिर इसके बाद प्रयोज्यों को कोई भी उपचार प्रदान नहीं करने की बारी आती है।
- इसके बाद क्रम को प्रेक्षण करने, उपचार प्रदान करने फिर प्रेक्षण करने तथा कोई उपचार न दिये जाने के रूप में दोहराया जाता है।
- उपरोक्त घटनाक्रम को तब तक दोहराया जा सकता है जब तक अनुसंधानकर्त्ता का वह प्रयोजन सिद्ध न हो जाये जो परिस्थिति के अनुसार वह चाहता है।

उदाहरण : एक शोधकर्त्ता (बाल मनोवैज्ञानिक) से एक किन्डर गार्टन विद्यालय के चार बालकों के आक्रामक व्यवहार में वांछित परिवर्तन लानें के लिये कहा गया। उपचार/सुधार के नाते उसने सकारात्मक पुनर्बलन (जैसे प्रशंसा, चॉकलेट, कैन्टीन में ले जाने आदि) का प्रयोग आक्रामक रहित (Non-aggressive) व्यवहार के लिये किया और नकारात्मक पुनर्बलन (जैसे मौखिक रूप से ताड़ना, किसी पसंद के खिलौने का वापिस लेना, समूह गतिविधियों में भाग न लेने पर रोक लगाना आदि) का प्रयोग आक्रामक व्यवहार के लिये किया। समतुल्य समय–प्रतिदर्श अभिकल्प का उपयोग करने हेतु उसने शुरुआत इन चार बालकों के आक्रामक व्यवहार का कुछ सप्ताह प्रेक्षण करने से की। इसके पश्चात् उसने अपना पूर्व नियोजित सुधार कार्यक्रम शुरु किया। इसके लागू करने के बाद कुछ सप्ताह सुधार कार्यक्रम से आने वाले प्रभावों के प्रेक्षण में लगाये। इसके बाद कुछ सप्ताह ऐसा किया गया कि बालकों को कोई उपचार (सुधार कार्यक्रम से सम्बन्धित बातों) से वंचित रखा गया। इसके बाद इस क्रम (कुछ सप्ताह/दिन प्रेक्षण करना, उपचार प्रदान करना, फिर प्रेक्षण करना तथा कोई उपचार न देना) को दोहराये जाते रहने का कार्यक्रम तब तक चलता रहा जब तक शोधकर्त्ता को अपने सुधार कार्यक्रम से संतुष्टि प्राप्त नहीं हो गयी या जब तक उसे यह न लगा कि सुधार कार्यक्रम कुछ परिवर्तन चाहता है।

इस प्रकार के अभिकल्प में लागू किये गये सुधार कार्यक्रम/उपचार की प्रभावशीलता का मूल्यांकन करने में शोधकर्त्ता द्वारा किया गया प्रेक्षण काफी महत्त्वपूर्ण भूमिका निभाता है। कार्यक्रम लागू करने से पहले जो श्रृंखलाबद्ध प्रेक्षण किया जाता है उससे समस्यात्मक बालकों के आक्रामक व्यवहार की प्रकृति से परिचित होने का मौका मिलता है। इसी प्रकार सुधार कार्यक्रम लागू करने के बाद का श्रृंखलाबद्ध प्रेक्षण तथा फिर कार्यक्रम से वंचित करने की बात कार्यक्रम की प्रभावशीलता का मूल्यांकन करने में अपेक्षित सहायता कर सकती है। अगर प्रस्तुत उदाहरण में शोधकर्त्ता को यह पता लगे कि सुधार कार्यक्रम से समस्यात्मक बालकों को वंचित करने पर भी इन बालकों के व्यवहार में निरन्तर सुधार हो रहा है तो शोधकर्त्ता को अपने सुधार कार्यक्रम की सफलता पर कोई संदेह नहीं रहेगा। यह अनुसंधान अभिकल्प अर्ध–प्रायोगिक श्रेणी के अनुसंधान अध्ययनों के संपादन हेतु अपेक्षाकृत काफी उचित माने जाते हैं। इस प्रकार के अभिकल्पों की वांछनीयता तथा उपादेयता पर प्रकाश डालते हुये ग्रेवटर एवं फोरजनो (Grevetter and Forzano, 2003:228) ने लिखा है :

यह संभावना अब भी रहती है कि आकस्मिक बाह्य घटनायें/प्रभावक तत्त्व प्रेक्षित परिवर्तनों के लिये उत्तरदायी हों, परन्तु इस संभावना को सत्य सिद्ध नहीं किया जा सकता। कोई आकस्मिक बात एक बार हो सकती है परन्तु यह नहीं हो सकता कि इसकी पुनरावृत्ति लगातार होती रहे। इस प्रकार समतुल्य समय–प्रतिदर्श अभिकल्प का प्रयोग प्रभावपूर्ण ढंग से इतिहास सम्बन्धी आंतरिक वैधता खतरों (जैसे अभ्यास, थकान आदि) के उन्मूलन में सहायक सिद्ध होता है। समतुल्य समय–प्रतिदर्श अभिकल्पों को प्रायः अर्ध–प्रायोगिक अभिकल्पों की श्रेणी में रखा जाता है यद्यपि इनकी आंतरिक वैधता का स्तर लगभग वैसा ही होता है जैसा कि अधिकांश वास्तविक प्रयोगों का।

––– ⚜ –––

8

घटनोत्तर अनुसंधान

[Ex-Post Facto Research]

अर्ध-प्रायोगिक अनुसंधान–अर्थ एवं परिभाषा (Quasi-Experimental Research—Meaning and Definition)

अनुसंधानकर्त्ताओं तथा अन्वेषकों को व्यावहारिक विज्ञानों के अध्ययन में कई बार ऐसे अनुसंधान प्रश्नों का सामना करना पड़ सकता है जिनका सम्बन्ध निम्न प्रकार की घटनाओं के घटने के परिप्रेक्ष्य में संभावित व्याख्या या कार्य–कारण सम्बन्धों की खोज करने से होता है।

- दिल्ली राजधानी क्षेत्र में महिलाओं से बलात्कार होने/या जान लेवा सड़क दुर्घटना होने के मामलों में तेजी से होने वाली वृद्धि के पीछे क्या कारण है ?
- एक विद्यालय विशेष में अनुपस्थिति/दाखिले में आने वाली लगातार गिरावट की पीछे क्या बात है ?
- एक औद्योगिक प्रतिष्ठान, संगठन या व्यक्ति विशेष की प्रगति के पीछे क्या रहस्य है ?
- एक विशेष ब्रांड की वस्तु विशेष की बिक्री के अचानक वृद्धि या कमी होने के पीछे क्या बात है ?
- एक विश्वविद्यालय के किसी एक छात्रावास में रहने वाले विद्यार्थियों में मद्यपान या मादक द्रव्यों के सेवन की आदत में खतरनाक वृद्धि होने के पीछे कौनसी बातें काम कर रही है ?
- फेफड़ों के कैन्सर तथा धूम्रपान/गुटका खाने तथा मुँह के कैन्सर के बीच क्या सम्बन्ध हो सकता है ?

इस प्रकार के सभी प्रश्नों का उत्तर देने हेतु अनुसंधानकर्त्ताओं से यह अपेक्षा की जाती है कि वे अपने आप यह सोचकर देखें कि इस प्रकार की घटनाओं, हालातों तथा होने वाले व्यवहार के पीछे कौन से कारक/कारण काम कर सकते हैं। परन्तु इस प्रकार सोचकर उत्तर प्राप्त करना उतना सरल नहीं जितना ऊपर से दिखाई देता है। सबसे बड़ी समस्या सम्बन्धित कारण की स्थापना हेतु वांछित प्रदत्तों/साक्षियों की प्राप्ति की होती है, क्योंकि घटना पहले ही घट चुकी होती है। अब इससे सम्बन्धित साक्ष्यों से साक्षात्कार करना कहाँ सम्भव है। शोधकर्त्ता यहाँ अब नोर्मेटिव या सर्वेक्षण अनुसंधान करके मामले की खोज नहीं कर सकता। वह इसके लिये प्रेक्षण या प्रयोग सम्बन्धी कार्य भी नहीं कर सकता क्योंकि यहाँ ऐसा करने के लिये इस समय वर्तमान में कुछ उपलब्ध ही नहीं है। उदाहरण के लिये दिल्ली राजधानी क्षेत्र में महिलाओं के प्रति बढ़ते हुये यौन अपराधों के पीछे निहित कारणों के खोज की ही बात करते हैं। स्वाभाविक रूप से यहाँ एक व्यावहारिक विज्ञान अनुसंधानकर्त्ता के सामने पूरी तरह से यह बेबसी रहती है कि उसे कोई ऐसे अवसर नहीं मिलते कि वह अपनी आँखों के सामने उन यौन अपराधों को होते हुए देखे जो पहले हो चुके हैं या अब हो रहे हैं। इस हालात में वह एक अच्छे प्रायोगिक अनुसंधानकर्त्ता की तरह उपलब्ध चरों या परिस्थितियों के प्रहस्तन (Manipulation) से कार्य–कारण सम्बन्धों की स्थापना नहीं कर सकता। उसके पास यहाँ केवल यही विकल्प बचता है कि वह संभावित कारणों की तलाश हेतु घटी हुई घटनाओं पर दृष्टि डाले ताकि उसे इनके बारे में कोई ऐसे सुराग तथा साक्ष्य मिल सकें जिनके आधार पर वह कारणों की व्याख्या कर सके। इस प्रकार से यहाँ एक अनुसंधानकर्त्ता को अपने अनुसंधान प्रश्नों

के उत्तर प्राप्त करने हेतु अतीत में झाँकना होता है यानी उसे घटित घटना को इस प्रकार पीछे मुड़कर देखना होता है कि वह उन पूर्व–स्थित हालातों से परिचित हो सके जिनकी वजह से आज ऐसा होता दिखाई दे रहा है। संभावित कारणों की घटी घटनाओं के अतीत में तलाश करके आज की परिस्थिति की व्याख्या कर सकने की अपनी विशेषता के कारण ही इन अनुसंधानों को घटनोत्तर (घटना घटने के बाद उसके कारणों की खोज) अनुसंधान कहा जाता है। घटनोत्तर अनुसंधानों के अर्थ और प्रकृति के बारे में यह एक सरल और सीधा सा स्पष्टीकरण है इसके बारे में और अच्छी तरह परिचित होने के लिये अब हम कुछ प्रसिद्ध विद्वानों द्वारा इस सम्बन्ध में व्यक्त विचारों की मदद लेना चाहेंगे।

1. **करलिंगर :** घटनोत्तर अनुसंधान वह अनुसंधान है जिसमें स्वतन्त्र चर (चरों) पहले ही घटित हो चुके होते हैं और जिसमें अनुसंधानकर्त्ता अपने अनुसंधान कार्य की शुरुआत एक आश्रित चर (या चरों) के प्रेक्षण से करता है। इसके पश्चात् वह स्वतन्त्र चर या चरों का प्रतिगामी अध्ययन आश्रित चर या चरों से उनका संभावित सम्बन्ध या पड़ने वाले प्रभावों की जानकारी लेने के लिये करता है। अनुसंधानकर्त्ता इस प्रकार एक प्राकृतिक रूप से घटी घटना का बाद के परिणामों पर पड़ने वाले प्रभाव का प्रतिगामी अध्ययन कर उनमें कार्य–कारण सम्बन्ध स्थापित करना चाहता है।

   (Ex-post facto research is that research in which the independent variable or variables have already occurred and in which the researcher starts with the observation of a dependent variable or variables. She then studies the independent variable or variables in retrospect for their possible relationship to, and effects on, the dependent variable or variables. The researcher is thus examining retrospectively the effects of a naturally occuring event on a subsequent outcome with a view to establishing a casual link between them. — Karlinger, 1973)

2. **लैन्डमैन :** घटनोत्तर पद उस परीक्षण के लिये प्रयुक्त होता है जिसमें एक अनुसंधानकर्त्ता उपचार प्रदान करने के स्थान पर, प्राकृतिक रूप से सृजित उस उपचार के प्रभाव का अध्ययन करता है जो पहले ही घट चुका होता है। दूसरे शब्दों में, यह एक ऐसा अध्ययन है जिसमें समूहों के बीच पूर्व विद्यमान कारण–हालातों (कार्य–कारण सम्बन्धों) की खोज का प्रयास किया जाता है।

   (The term ex-post facto is used to refer to an experiment in which the researcher, rather than creating the treatment, examines the effects of a naturally occuring treatment after it has occured. In other words it is a study that attempts to discover the pre-existing casual conditions between groups. — Landman, 1988:62)

3. **कोहेन एवं अन्य :** शाब्दिक अर्थ में घटनोत्तर या ex-post facto से तात्पर्य है "जो बाद में किया जाता है"। सामाजिक एवं शैक्षिक अनुसंधान के संदर्भ में इस पद से तात्पर्य है "तथ्य के बाद या तथ्योत्तर" या "प्रतिगमन करते हुये" और इसका सम्बन्ध उन अध्ययनों से है जिनमें वर्तमान स्थिति या हालातों का प्रेक्षण कर तथा पिछले समय में लौटकर संभावित कारणीय कारकों की खोज कर संभावित कार्य–कारण सम्बन्ध स्थापित करने की कोशिश की जाती है।

   (When translated literally, ex-post facto means 'from what is done afterwards'. In the context of social and educational research the phrase means 'after the fact' or 'retrospectively' and refers to those studies which investigate possible cause and effect relationships by observing an existing condition or state of affairs and searching back in time for plausible causal factors. —Cohen et al., 2007:264)

> **घटनोत्तर अनुसंधान :** एक ऐसा प्रायोगिक अनुसंधान जिसमें वर्तमान हालातों की स्थिति का प्रेक्षण करके तथा संभावित कारणीय कारकों की खोज हेतु अतीत में वापिस लौट कर जो कुछ हुआ था वह क्यों हुआ, ऐसे संभावित कार्य–कारण सम्बन्ध की स्थापना के प्रयत्न किये जाते हैं।

घटनोत्तर अनुसंधान की विशेषतायें एवं आकर्षण
(The Characteristics and Attractions of Ex-post Facto Research)

जो कुछ घटनोत्तर अनुसंधान के अर्थ एवं परिभाषाओं के द्वारा पहले कहा जा चुका है और जिस तरह के लाभ और सीमाओं से ये अनुसंधान जुड़े रहते हैं, उनके आधार पर हम इनकी मुख्य विशेषताओं तथा आकर्षणों को निम्न रूप में अभिव्यक्त कर सकते हैं।

(i) यह एक ऐसा अनुसंधान है जिसमें वर्तमान हालातों/घटनाओं (आश्रित चर) की जानकारी लेते हुये इन हालातों या घटनाओं के लिये उत्तरदायी कारणों की खोज हेतु घटनाओं के अतीत में वापिस लौटते हुये कार्य–कारण सम्बन्धों की स्थापना का प्रयत्न किया जाता है।

(ii) इस प्रकार के अनुसंधानों को अप्रायोगिक वर्णनात्मक या नोर्मेटिव सर्वेक्षण अनुसंधानों (जिनका सम्बन्ध जो कुछ वर्तमान में विद्यमान है उसका प्रेक्षण तथा वर्णन करने से होता है) की श्रेणी में नहीं रखा जा सकता क्योंकि यहाँ अनुसंधानकर्त्ता का प्रयोजन जो घट चुका है वह क्यों और कैसे घटा इसकी जानकारी लेना होता है; जो घट रहा है उसका वर्णन और विश्लेषण करना नहीं।

(iii) ये अनुसंधान अर्ध–प्रायोगिक अनुसंधानों से इस बात में साम्य रखते हैं कि ये भी उनकी तरह न तो वास्तविक प्रायोगिक अनुसंधानों की श्रेणी में आते हैं और न अप्रायोगिक अनुसंधानों की श्रेणी में। अर्ध–प्रायोगिक तथा अन्य पूर्व प्रायोगिक अनुसंधानों की तरह ही यहाँ स्वतन्त्र तथा आश्रित चरों के बीच संभावित कार्य–कारण सम्बन्ध स्थापित करने की कोशिश की जाती है परन्तु उनसे अलग हटते हुये यहाँ अनुसंधानकर्त्ता को इस सम्बन्ध में जो कुछ अलग से करना पड़ता है, वह है :

(a) जो पहले हो चुका है उस प्रभाव (आश्रित चर) का अध्ययन करना तथा

(b) संभावित कारण (स्वतंत्र चर) की तलाश के लिये वापिस अतीत में लौटते हुये प्रतिगामी अध्ययन करना (उपलब्ध प्रदत्तों का वांछित सुराग या साक्षियों के प्राप्ति हेतु प्रतिगामी अध्ययन करना)।

(iv) वास्तविक प्रायोगिक अनुसंधानों से इसकी काफी दूरी रहती है क्योंकि इनमें अनुसंधानकर्त्ताओं के उत्तर देने हेतु संयोगीकरण विधि से प्रयोज्यों को चुनने तथा स्वतन्त्र चर का प्रहस्तन करते हुए आश्रित चर में होने वाले सम्बन्धित परिवर्तनों को मापने आदि वास्तविक प्रयोग सम्बन्धी जरूरतों को पूरा करने का कोई प्रावधान नहीं होता। करलिंगर (1973) द्वारा प्रदत्त निम्न तुलनात्मक विवरण घटनोत्तर तथा वास्तविक प्रायोगिक अनुसंधानों की प्रकृति और कार्यप्रणाली में निहित अन्तर को अच्छी तरह स्पष्ट कर सकता है।

अगर X (स्वतन्त्र चर है) तो Y (आश्रित चर) भी है। अगर हताशा है, तो आक्रामकता भी है।" एक प्रयोगकर्त्ता X के प्रहस्तन (Manipulation) हेतु कोई तरीका प्रयोग में लाता है और फिर Y में होने वाले अंतरों का प्रेक्षण करता है। अगर एक प्रयोग वास्तविक है तो वह संयोगीकरण विधि से भी नियंत्रण स्थापित कर सकता है। इसके लिये वह प्रयोज्यों को दो समूहों में संयोगीकरण से बाँटता है या कम से कम समूहों को उपचार तो संयोगीकृत रूप में प्रदान कर ही सकता है। इस प्रकार से एक प्रायोगिक अनुसंधान में Y में क्या होगा इसका पूर्व कथन अनुसंधानकर्त्ता नियंत्रित X से लगा सकता है। नियन्त्रण पाने में सहायता हेतु वह संयोगीकरण सिद्धान्त तथा सक्रिय प्रहस्तन (Active manipulation) को भी प्रयोग में ला सकता है और यह मानकर चल सकता है कि अन्य चीजें समान हैं यानी Y में जो अन्तर आ रहे हैं वह X के प्रहस्तन का परिणाम है।

दूसरी ओर घटनोत्तर अनुसंधान में, Y का प्रेक्षण किया जाता है। इसके बाद X के लिये एक प्रतिगामी खोज (Restrospective search) की जाती है। एक X खोज लिया जाता है यह ठीक बैठता है और

परिकल्पना से मेल खाता है। X (स्वतन्त्र चर) पर नियन्त्रण न होने तथा अन्य संभावित Xs (अतिरिक्त या विघ्नकारी चरों) की उपस्थिति से प्रायोगिक अनुसंधानकर्त्ता विश्वास के साथ X और Y के बीच परिकल्पित सम्बन्ध की सत्यता सिद्ध नहीं कर सकता। इस प्रकार से घटनोत्तर अनुसंधान की कमजोरी इस बात में निहित रहती है कि यहाँ स्वतन्त्र चर पर नियंत्रण संभव नहीं है और इससे भी महत्त्वपूर्ण यह है कि यहाँ संयोगीकरण भी संभव नहीं है।

अनुसंधानकर्त्ता को चीजें जैसी हैं वैसे ही अपने अनुसंधान हेतु लेने के लिये विवश होना पड़ता है और इन्हीं का उपयोग कर किसी परिकल्पित सम्बन्ध या X और Y के बीच कार्य–कारण सम्बन्ध स्थापित करने की संभावना तलाश करनी होती है।

(v) घटनोत्तर अनुसंधानों में जो अभिकल्प काम में लाये जाते हैं वे न तो वास्तविक प्रायोगिक होते हैं और न पूरी तरह से अप्रायोगिक। स्पेक्टर (Spector, 1993) ने इन्हें ऊपर से प्रायोगिक जैसे लगने वाले अनुसंधान अध्ययनों (Psedo-experimental studies) का नाम देते हुए कहा है कि "इनमें अनुसंधानकर्त्ता का उद्देश्य तो वास्तविक प्रायोगिक अध्ययनों की तरह स्वतन्त्र तथा आश्रित चरों के बीच कार्य–कारण सम्बन्ध स्थापित करने का ही होता है, परन्तु उसे न तो स्वतन्त्र चर के प्रहस्तन (Manipulation) की कोई स्वतन्त्रता मिलती है और न वह इसके प्रभाव का अपने आप स्वतन्त्र रूप से प्रेक्षण ही कर सकता है क्योंकि ये दोनों (स्वतन्त्र तथा आश्रित) पहले ही घटित हुये होते हैं। परन्तु फिर भी अपने अध्ययन में किसी प्रयोगजन्य तत्त्व का समावेश करने हेतु, वह अपने अध्ययन की शुरुआत दो ऐसे समूहों (प्रायोगिक तथा तुलना समूह) से करता है जो पहले से ही किसी न किसी बात में एक–दूसरे से अलग होते हैं और फिर इसके बाद प्रतिगामी अध्ययन (घटी घटनाओं के अतीत में झाँकने) द्वारा उन कारकों की खोज करने का प्रयत्न करता है जो घटने वाली घटनाओं (दो चरों में अंतर पैदा करने) के लिये उत्तरदायी होते हैं।"

(vi) घटनोत्तर अनुसंधान, अप्रायोगिक तथा प्रायोगिक अनुसंधानों से इस बात को लेकर भी भिन्न होते हैं कि इनमें घटित घटनाओं/प्रक्रियाओं/परिणामों के लिये सबसे उत्तम संभावित स्पष्टीकरण प्राप्त करने हेतु आवश्यक प्रदत्तों के संकलन और विश्लेषण करने में जिन अनुसंधान विधियों का प्रयोग किया जाता है उनकी प्रकृति परिमाणात्मक तथा गुणात्मक दोनों ही प्रकार की हो सकती हैं। उदाहरण के लिये महिलाओं के प्रति बढ़ते हुये यौन अपराधों में निहित कारणों की खोज हेतु एक अनुसंधानकर्त्ता को उन सभी संभावित स्त्रोतों तथा सूचना और साक्षियों को एकत्रित करने के सभी साधनों को काम में लाना होता है जो उसे किसी न किसी प्रकार के सुराग तथा साक्ष्यों तक पहुँचा सके। अतः यहाँ उसे कभी प्रश्नावली का उपयोग करना पड़ता है तो कभी यौन अपराधों की शिकार महिलाओं तथा अन्य सम्बन्धित व्यक्तियों के साक्षात्कार लेने होते हैं तो कभी उपलब्ध प्रलेखों (Documents) की छानबीन करनी होती है। इस प्रकार एक अनुसंधानकर्त्ता को यहाँ अपने अनुसंधान कार्य हेतु परिमाणात्मक तथा गुणात्मक कहे जाने वाली विभिन्न विधियों तथा साधनों का इस्तेमाल करते हुये देखा जा सकता है।

व्यावहारिक विज्ञानों में घटनोत्तर अनुसंधान की आवश्यकता एवं महत्त्व
(The Need and Significance of Ex-post Facto Research in Behavioural Sciences)

1. घटनोत्तर अनुसंधान अभिकल्प एक अनुसंधानकर्त्ता को एक मूल्यवान अन्वेषणात्मक साधन के रूप में किसी घटित घटना या फलित परिणामों के पीछे छुपे हुये कारणों की तलाश हेतु ठीक उसी तरह

सहायक सिद्ध होते हैं जैसे कि किसी रहस्य या कारण का पता लगाने में गुप्तचर एजेंसियाँ तथा बीमा कम्पनियाँ अपनी भूमिका निभाती हैं।

2. ऐसी बहुत सी परिस्थितियाँ सामने आ सकती हैं जब अनुसंधानकर्त्ता को अपने अनुसंधान प्रश्नों का उत्तर प्राप्त करने के लिये बेहतर या केवल एक ही विकल्प के रूप में घटनोत्तर अनुसंधान अभिकल्पों का प्रयोग करना पड़े। इस प्रकार की परिस्थितियाँ कुछ निम्न प्रकार की हो सकती हैं।
   - ऐसी परिस्थितियाँ, जहाँ कारण और उनके प्रभाव से सम्बन्धित तथ्य अतीत की बात हो। उदाहरण के लिये महिला पीड़ितों के साथ घटी बलात्कार की घटनायें, अकेले वरिष्ठ नागरिकों के प्रति बढ़ते हुये अपराध, गम्भीर सड़क दुर्घटनायें, धूम्रपान के प्रभाव से होने वाले विकार जैसे – कैन्सर आदि।
   - ऐसी परिस्थितियाँ जिनमें घटना, प्रक्रिया का परिणाम विशेष के घटने की बात मुश्किल से कभी कभी ही होती है इसलिये उन्हें उनके प्राकृतिक स्वरूप में बार बार प्रेक्षित कर अध्ययन करने की बात ही नहीं उठती। जैसे भूकंप, बाढ़ आदि आने वाली आकस्मिक आपदायें, हवाई जहाज या ट्रेन दुर्घटना, आतंकवादियों द्वारा की गई कोई विनाशलीला आदि।
   - ऐसी परिस्थितियाँ जहाँ घटित घटनाओं, प्रक्रिया या परिणामों की नैतिक दृष्टि से पुनरावृत्ति करना ठीक नहीं रहता। जैसे (i) गर्भवती माताओं को अलकोहल या अन्य मादक द्रव्यों का सेवन उनके गर्भ में पल रहे बालकों पर पड़ने वाले दुष्प्रभावों का अध्ययन करने के लिये कराना, (ii) ड्राइवरों को अलग अलग अलकोहल की खुराकें देना ताकि यह जाना जा सके कि तीव्र गति से वाहन चलाते हुये वे आकस्मिक ब्रेक कैसे लगा पाते हैं, (iii) एक प्रयोज्य समूह को बाल अपराधी, पढ़ाई में असफल, आत्महत्या की प्रवृत्ति वाले, मस्तिष्क चोटग्रस्त या भगोड़े बालक बनाना आदि।
   - ऐसी परिस्थितियाँ जहाँ पहले से ही लागू किसी योजना, कार्यक्रम, नीति, नवाचार, प्रशिक्षण विधि से सम्बन्धित प्रयासों की उनकी प्रभावशीलता के अध्ययन हेतु पुनरावृत्ति करना उनके संपादन में आने वाले खर्च, समय, शक्ति तथा दोहराने के लिये जरूरी उचित रुचि तथा अभिप्रेरणा के परिप्रेक्ष्य से तर्कसंगत या सम्भव न हो।
   - ऐसी परिस्थितियाँ जहाँ अध्ययन में प्रयुक्त कोई स्वतन्त्र चर (जैसे प्रयोज्यों का लिंग, आयु आदि) का अनुसंधानकर्त्ता द्वारा प्रहस्तन (Manipulation) नहीं किया जा सके क्योंकि ये ऐसे प्रयोज्य चर हैं जिनमें फेर बदल करना अनुसंधानकर्त्ता के हाथ में नहीं है।

3. घटनोत्तर अनुसंधान व्यावहारिक विज्ञानों में ऐसे अनुसंधान प्रश्नों का उत्तर प्रदान करने में अतिरिक्त रूप से लाभदायक एवं मूल्यवान सिद्ध होते हैं जिन्हें मानव व्यवहार के अध्ययन के लिये प्रयुक्त किया जाता है। इसके पीछे यही कारण कार्य करता है कि मानव व्यवहार के अध्ययन के रूप में यहाँ जिसका अध्ययन किया जाता है उसका अध्ययन कड़ी प्रायोगिक परिस्थितियों में नहीं किया जा सकता। उदाहरण के लिये हम यहाँ हड़ताल करने वाले विद्यार्थियों/मजदूरों/जनता के एक समूह व्यवहार का अध्ययन प्रयोगशाला जैसी परिस्थितियों का नियोजन करके नहीं कर सकते। इसके अतिरिक्त एक हिंसक आंदोलन (पब्लिक एवं निजी सम्पत्ति को नुकसान पहुँचाना) के प्रयोग हेतु पुनरावृत्ति नहीं की जा सकती। अगर किसी तरह कुछ परिस्थितियों में हम व्यवहार अध्ययन हेतु नियंत्रित परिस्थितियाँ आयोजित करके अध्ययन करना भी चाहें तो अध्ययन के लिये प्रयुक्त इस प्रकार का नियंत्रित व्यवहार क्या वास्तव में वैसा ही प्राकृतिक और स्वाभाविक रहेगा जिसका हम अध्ययन करना चाहते थे। इस प्रकार मानव व्यवहार का अध्ययन करने हेतु घटनोत्तर अनुसंधान अभिकल्पों का प्रयोग एक उचित विकल्प सिद्ध होता है। ऐसे अध्ययनों जिनमें इन अभिकल्पों का प्रयोग ठीक रहता है उनके उदाहरण के रूप में हम निम्न का उल्लेख कर सकते हैं।

- अत्यधिक तीव्र गति/अलकोहल सेवन के प्रभाव तथा गंभीर सड़क दुर्घटनाओं, धूम्रपान तथा फेफड़ों का कैन्सर, गुटका खाने तथा मुँह के कैन्सर, माताओं के अलकोहल सेवन तथा नवजात शिशुओं में पाई जाने वाली अक्षमताओं में निहित सम्बन्धों का अध्ययन।
- विद्यालय उपलब्धि (आश्रित चर) तथा पूर्व विद्यमान स्वतन्त्र चर (जैसे सामाजिक, आर्थिक स्थिति, जाति, लिंग, बुद्धि लब्धि, घर तथा परिवार का वातावरण) में निहित सम्बन्ध का अध्ययन।
- अध्यापक समायोजन तथा शिक्षण प्रभावशीलता, संवेगात्मक बुद्धि तथा प्रशासक/मैनेजर के रूप में मिलने वाली सफलता, हताशा तथा आक्रामक व्यवहार, हिंसक व्यवहार एवं टेलीविजन पर हिंसा युक्त फिल्म का कार्टून देखना और दबाव तथा हृदय/त्वचा सम्बन्धी रोगों में निहित सम्बन्धों का अध्ययन।
- प्रभावशील/समायोजित/कुसमायोजित अध्यापक; अध्यापक प्रभावशीलता से जुड़े कारक; प्रतिभावान, सृजनात्मक तथा विशेष आवश्यकताओं से युक्त अन्य बालक; सफल विक्रेता, मैनेजर, खिलाड़ी तथा कलाकार; संगठनों, प्रतिष्ठानों तथा व्यक्तियों की सफलता की कहानी आदि के बारे में अध्ययन।
- भेदक (Differential) अध्ययन जैसे सरकारी तथा पब्लिक स्कूलों में पढ़ने वाले विद्यार्थियों में अन्तर; नौकरी पेशा तथा घरेलू माताओं के बालकों के समायोजन तथा उपलब्धि में अन्तर सम्बन्धी अध्ययन।
- किसी जनसंख्या के लिंग अनुपात में लड़कियों की संख्या में कमी या अधिकता, वरिष्ठ नागरिकों के प्रति बढ़ते हुये अपराध, महिलाओं से बलात्कार तथा छेड़छाड़ की घटनाओं में वृद्धि, वैवाहिक सम्बन्धों के कटुता तथा सम्बन्ध विच्छेद के बढ़ते हुये मामले, घरेलू झगड़े, बालकों में अपराध तथा समस्यात्मक व्यवहार में होने वाली वृद्धि, बालकों के पिछड़ापन तथा अधिगम मंदिता और किशोरों के नैतिक मूल्यों में गिरावट आदि के बारे में अध्ययन।

घटनोत्तर अनुसंधान अभिकल्पों के प्रकार (Types of Ex-post Facto Research Design)

व्यावहारिक विज्ञानों में घटनोत्तर अनुसंधान करने हेतु प्रायः अनुसंधानकर्त्ताओं द्वारा दो प्रकार के अभिकल्पों (i) कारणीय सह–सम्बन्धीय अनुसंधान अभिकल्प तथा (ii) कारणीय – तुलनात्मक अनुसंधान अभिकल्प का प्रयोग किया जाता है। आइये इन दोनों के बारे में कुछ जाना जाये।

कारणीय सह-सम्बन्धीय अनुसंधान अभिकल्प (The Causal Co-relational Research Design)

इस अभिकल्प में सह–सम्बन्ध उपागम (एक समय विशेष में घटित दो घटनाओं, कारकों, प्रक्रियाओं तथा हालातों में साहचर्य तथा सहसम्बन्ध खोजना) का उपयोग घटित घटनाओं, घटनाचक्रों या हालातों के पीछे छिपे कारणों की खोज हेतु किया जाता है। इस प्रकार के उपागम या तकनीक का प्रयोग ठीक वैसा ही होता है जैसा कि जासूसी ऐजेन्सियों, पुलिस तथा जीवन बीमा कम्पनियों द्वारा अपने मामलों से सम्बन्धित छानबीन के लिये अपनाया जाता है। इस कार्य के लिये वे सबसे पहले अपराध या दुर्घटना स्थल पर पहुँचते हैं, और उस स्थान पर जो कुछ भी सूत्र, जानकारी तथा सार्थक प्रदत्त प्राप्त हो सकते हैं, उन्हें प्राप्त करने की कोशिश करते हैं। इस संकलन को आधार बनाकर वे अपने अनुसंधान हेतु सामान्य परिकल्पनाओं का निर्माण करते हैं। इन परिकल्पनाओं के सहारे वे अपराध/दुर्घटना सम्बन्धी घटना तथा घटना स्थल पर प्राप्त साक्ष्यों अथवा अपराध या दुर्घटना के समय साथ साथ घटित होने वाली अन्य बातों में साहचर्य तथा सहसम्बन्ध स्थापित करने की कोशिश करते हैं। इसी प्रकार की कार्यप्रणाली घटनोत्तर अनुसंधानों में इन अनुसंधानकर्त्ताओं द्वारा वर्तमान में घटी घटना (आश्रित चर) के लिये उत्तरदायी कारण (स्वतन्त्र या चरों) की तलाश हेतु अपनाई जाती है। इस प्रकार से ऐसी सह–सम्बन्धीय उपागम/तकनीक का प्रयोग करने में शोधकर्त्ता घटी हुई घटना के साथ साथ चलने वाली उन घटनाओं, चीजों या बातों से परिचित होने का प्रयत्न करता है। जिससे उनके सहारे वह उन बातों का पता लगा सके जो घटी हुई घटना के लिये उत्तरदायी हैं। अपनी इस कार्यप्रणाली में आगे बढ़ते हुये

एक अनुसंधानकर्त्ता के पास दो प्रकार के प्राप्तांक आ जाते हैं जिनकी सहायता से वह परिकल्पित स्वतन्त्र चर (कारण) तथा वर्तमान में विद्यमान आश्रित चर (प्रभाव या कार्य) के बीच सहसम्बन्ध की गणना कर सकता है।

आइये इस बात को नीचे दी गई तालिका में दिखाये गये एक घटनोत्तर अध्ययन सम्बन्धी प्रदत्तों के आधार पर समझा जाये।

वर्ष का माह	अधिक शराब पीकर वाहन चलाने वाले ड्राईवरों की संख्या (स्वतंत्र चर X)	सड़क दुर्घटनाओं की संख्या (आश्रित चर Y)
जनवरी	10	10
फरवरी	18	24
मार्च	20	28
—	—	—
—	—	—
—	—	—

उपरोक्त X प्रदत्तों तथा Y प्रदत्तों में अब सहसम्बन्ध गुणांक की गणना करके अनुसंधानकर्त्ता अपने प्रश्नों का उत्तर प्राप्त कर सकता है।

अगर इस स्थिति में सहसम्बन्ध का मान सार्थक रूप में सकारात्मक (Positive) आता है तो उसके पास यह विश्वास करने के पर्याप्त कारण हो सकते हैं कि किसी क्षेत्र विशेष में गंभीर सड़क दुर्घटनाओं का कारण ड्राईवरों द्वारा अधिक शराब पीकर वाहन चलाना है। परन्तु यहाँ अधिक सार्थक सहसम्बन्ध गुणांक की उपस्थिति में भी इस बात से इन्कार नहीं किया जा सकता कि ड्राईवरों के शराब पीकर गाड़ी चलाने सम्बन्धी कारण के अलावा भी दुर्घटनाओं के पीछे अन्य और भी कारण हो सकते हैं जैसे खराब मौसम, वाहन में आने वाली कोई यांत्रिक कमी, किसी जानवर या अन्य बाधा का अचानक ही गाड़ी के सामने आ जाना और दूसरे वाहन चालक की गलती आदि।

इसके अतिरिक्त एक दूसरी बड़ी कमी इस प्रकार के सहसम्बन्धीय अभिकल्पों की इस बात को लेकर है कि वे अनुसंधान प्रश्नों के उत्तर स्पष्ट रूप से नहीं दे पाते। वे केवल यह बताते हैं कि स्वतन्त्र चर (X) तथा आश्रित चर (Y) में साहचर्य तथा सहसम्बन्ध है, स्पष्ट रूप से यह कहना कि X है तो Y भी है। यानी Y को जन्म देने का कारण X है। ऐसी स्पष्ट बात उनके द्वारा नहीं की जा सकती।

इस प्रकार से सह–सम्बन्धीय अभिकल्प का उपयोग यहाँ एक अनुसंधानकर्त्ता को घटी हुई घटना के कारणों की तलाश में कुछ प्रारम्भिक सहायता करने का दायित्व अच्छी तरह से निभा सकता है वह बता सकता है कि X (कारण) तथा Y (प्रभाव यानी घटने वाली घटना) एक दूसरे के सहचरी तथा सम्बन्धी है परन्तु यह कहना पूरी तरह से सम्भव नहीं है कि Y के जन्म के लिये X ही पूरी तरह से उत्तरदायी है।

कारणीय तुलनात्मक अनुसंधान अभिकल्प (Causal Comparative Research Design)

इस प्रकार के अभिकल्प पूर्व वर्णित कारणीय सह–सम्बन्धीय अभिकल्पों से इस बात में एक कदम आगे दिखाई देते हैं कि इनमें स्वतन्त्र चर (X) तथा आश्रित चर (Y) में कार्य–कारण सम्बन्ध स्थापित करने हेतु वास्तविक प्रायोगिक अनुसंधानों की तरह ही दो समूह – प्रायोगिक तथा नियंत्रित/तुलनात्मक अध्ययन हेतु काम में लाये जाते हैं। इस अभिकल्प की कार्यप्रणाली को प्रतीकात्मक रूप में निम्न प्रकार प्रदर्शित किया जा सकता है।

समूह	स्वतन्त्र चर	आश्रित चर
प्रयोगात्मक	X	Y_1
नियंत्रित या तुलनात्मक	–	Y_2

इस अभिकल्प का प्रयोग करते हुये शोधकर्त्ता एक स्वतन्त्र चर की परिकल्पना करता है। प्रायोगिक समूह को प्रयोगार्थ काम में लाया जाता है यानी स्वतन्त्र चर को इसे प्रभावित करने का अवसर दिया जाता है। नियंत्रित/तुलनात्मक समूह केवल मात्र तुलना करने के लिये ही प्रयुक्त होता है इसको स्वतन्त्र चर से प्रभावित होने का कोई अवसर नहीं प्रदान किया जाता। इस प्रतीकात्मक प्रस्तुति में हमने प्रायोगिक तथा नियन्त्रित समूह के आगे अक्षर (R) का प्रयोग नहीं किया है, इससे स्पष्ट है कि यहाँ दोनों समूहों के निर्माण में संयोगीकरण प्रतिचयन विधि का इस्तेमाल नहीं किया गया है। दोनों समूहों के आश्रित चरों के मापन Y_1 तथा Y_2 के अंतर की सार्थकता का विश्लेषण करके यही निर्णय लिया जाता है कि स्वतन्त्र चर X आश्रित चर में उपस्थित बातों के लिये किस सीमा तक उत्तरदायी हैं।

इस प्रकार से जहाँ कारणीय सहसम्बन्धीय अभिकल्प स्वतन्त्र तथा आश्रित चरों के बीच साहचर्य या सह–सम्बन्ध की प्रकृति का वर्णन एवं व्याख्या करने में अनुसंधानकर्त्ता की मदद करते हुये दिखाई देते हैं वहाँ कारणीय तुलनात्मक अभिकल्प एक कदम आगे बढ़कर उनके इस सम्बन्ध की पुष्टि करने के अतिरिक्त उनमें कार्य कारण सम्बन्ध स्थापित करने हेतु एक अतिरिक्त समूह–नियन्त्रित या तुलनात्मक की सहायता लेते हुये दिखाई देते हैं।

यहाँ ऐसा करने पर भी वे वास्तविक प्रायोगिक, अभिकल्पों की बराबरी में खड़े नहीं हो सकते क्योंकि वे वास्तविक प्रायोगिक अभिकल्पों के संपादन की शर्तों को पूरा करने में नाकामयाब रहते हैं – यानी यहाँ दोनों समूहों तथा उनके प्रयोज्यों के चयन में न तो संयोगीकरण विधि का प्रयोग किया जाता है और न स्वतन्त्र चर के प्रहस्तन (Manipulation) हेतु अनुसंधानकर्त्ता को कोई स्वतन्त्रता ही मिल पाती है। यही कारण है कि सब प्रकार से यही समझना ठीक रहता है कि घटनोत्तर अनुसंधान अपनी प्रकृति तथा कार्य प्रणाली को लेकर वर्णनात्मक (Descriptive) तथा वास्तविक प्रायोगिक अनुसंधानों के बीच की स्थिति को प्रकट करते हैं।

घटनोत्तर अनुसंधान में प्रयुक्त सोपान और अवस्थायें (Steps and Stages Followed in Ex-post Facto Research)

घटनोत्तर अनुसंधान के नियोजन तथा क्रियान्वयन हेतु अपनाये गये सोपान तथा अवस्थाओं को सारांशित रूप में तालिका 8.1 में देखा जा सकता है।

तालिका 8.1 घटनोत्तर अनुसंधान में प्रयुक्त सोपान तथा अवस्थायें

सोपान 1	घटनोत्तर अनुसंधान हेतु एक उचित समस्या का चयन
सोपान 2	चयनित समस्या की पहचान करना
	– समस्या का कथनीकरण एवं परिभाषीकरण
	– समस्या के उद्देश्य एवं प्रयोजन
	– समस्या के समाधान हेतु सार्थक परिकल्पनाओं का निर्माण
	– उन मान्यताओं का उल्लेख जिन पर परिकल्पनायें तथा आगे की प्रक्रिया निर्भर करेगी
सोपान 3	वांछित साहित्य की खोज

(क्रमशः)

तालिका 8.1 घटनोत्तर अनुसंधान में प्रयुक्त सोपान तथा अवस्थायें *(क्रमशः)*

सोपान 4	अनुसंधान हेतु नियोजन करना – अनुसंधान अभिकल्प – सह–सम्बन्धीय या कारणीय–तुलनात्मक के प्रयोग के बारे में निर्णय – अनुसंधान अध्ययन के लिये प्रयोज्यों का चयन – प्रदत्त संकलन हेतु कोई उचित तकनीक/साधन (जैसे प्रश्नावली, साक्षात्कार) का प्रयोग
सोपान 5	वांछित प्रदत्तों का संकलन
सोपान 6	प्रदत्तों का प्रक्रियाकरण एवं विश्लेषण
सोपान 7	अनुसंधान परिणामों का वर्णन, विश्लेषण एवं व्याख्या (घटनोत्तर अध्ययन की सीमाओं एवं कमियों का विशेष रूप से उल्लेख)
सोपान 8	अनुसंधान प्रतिवेदन का लेखन

घटनोत्तर अनुसंधान की कमियाँ एवं सीमायें
(Shortcomings and Limitations of Ex-post Facto Research)

घटनोत्तर अनुसंधान में निहित कमियों एवं सीमाओं को निम्न प्रकार लिपिबद्ध किया जा सकता है :

1. घटनोत्तर अनुसंधान में जिस घटना, प्रक्रिया या हालात के लिये उत्तरदायी कारणों की खोज की जाती है ये पहले ही घट चुकी होती हैं। इसकी पुनरावृत्ति कर इसका प्रेक्षण या इसके साथ कोई प्रयोग करना संभव नहीं है। अनुसंधानकर्त्ता के लिये यहाँ घटना के पीछे छुपे कारण (स्वतन्त्र चर) तथा उसके प्रभाव (आश्रित चर) दोनों का ही प्रत्यक्ष रूप से सामना नहीं हो सकता और इसीलिये उनके बीच कार्य कारण सम्बन्ध स्थापित करने हेतु न तो वास्तविक प्रायोगिक अभिकल्पों का प्रयोग हो सकता है और न घटनाक्रम का प्रत्यक्ष प्रेक्षण तथा सर्वेक्षण करके, सर्वेक्षणात्मक अनुसंधान किया जा सकता है।
2. घटित घटना में निहित कारणों की तलाश हेतु अनुसंधानकर्त्ता को इन घटनाओं के अतीत में झाँकना होता है और इसके लिये उसे दूसरों से अपेक्षित जानकारी और प्रदत्त इकट्‌ठे करने होते हैं, (उनसे जो इस घटना के प्रत्यक्ष या अप्रत्यक्ष गवाह थे, जो उससे प्रभावित हुये हैं और जो प्रलेख तथा अभिलेख इस घटना के सम्बन्ध में उपलब्ध हैं)

   इन संकलित सूचना सामग्री तथा प्रदत्तों में (गौण स्रोतों से उपलब्ध होने के कारण) विश्वसनीयता, वस्तुनिष्ठा तथा वैधता सम्बन्धी कमियाँ होने के कारण इन्हें कार्य कारण सम्बन्ध स्थापित करने सम्बन्धी उचित निष्कर्ष निकालने के लिये उपयुक्त नहीं माना जा सकता। इस तरह घटनोत्तर अनुसंधानों में किये जाने वाले अध्ययनों में घटना क्यों हुई और कैसे इस बात का जवाब देने वाली उचित साक्ष्यों एवं सूचनाओं का सदैव ही अभाव रहता है।
3. यहाँ प्रयोज्यों को संयोगीकरण या समेलित विधि से चयन करने की कोई बात नहीं उठती और न स्वतन्त्र चर का प्रहस्तन कर आश्रित चर पर उसके प्रभाव का ऐसा अध्ययन करने की बात संभव हो सकती है जैसी कि वास्तविक प्रायोगिक अध्ययनों में होती है इसलिये इस प्रकार के अनुसंधानों से जैसे कि प्रायोगिक अनुसंधानों में परिणाम प्राप्त होते हैं वैसी वैधता विश्वसनीयता तथा वस्तुनिष्ठा की आशा नहीं की जा सकती।
4. यहाँ अनुसंधानकर्त्ता को स्वतन्त्र तथा आश्रित चरों में सीधा कार्य–कारण सम्बन्ध स्थापित करने में निम्न बातों के कारण काफी कठिनाइयों का सामना करना पड़ सकता है। (i) वह यह निर्धारित नहीं कर पाता कि घटित घटना के लिये स्वतन्त्र चर उत्तरदायी है या नहीं, (ii) अध्ययनों के लिये प्रयुक्त अभिकल्प में यहाँ कोई ऐसा प्रावधान नहीं है जिससे शोधकर्त्ता यह मानकर चले कि स्वतन्त्र चर के अलावा भी

आश्रित चर को प्रभावित करने वाले अन्य कारक हो सकते हैं, (iii) अध्ययन अभिकल्प में यह कमजोरी रहती है कि वह अनुसंधानकर्त्ता को किसी परिकल्पना विशेष को एकदम स्वीकृत या अस्वीकृत करने के लिये अधिकृत करने की क्षमता नहीं रखता।

5. घटनोत्तर अनुसंधानों मे दो चरों के मध्य निहित कार्य–कारण सम्बन्ध को एक उचित दिशा न प्रदान कर सकने सम्बन्धी कमजोरी रहती है। इसका अर्थ यह है कि जब इन अनुसंधानों द्वारा "सम्बन्ध है" यह मालूम कर लिया जाता है तो यह समस्या आती है कि उनमें से कौनसा कारण है तथा कौनसा कार्य या प्रभाव। आइये इस बात को एक उदाहरण द्वारा स्पष्ट करने का प्रयत्न किया जाये।

   एक अनुसंधानकर्त्ता ने अपने अध्ययन के दो चरों (i) हिंसा और उत्तेजना से भरी कार्टून फिल्मों को देखना तथा (ii) बालकों का आक्रामक व्यवहार के बीच सार्थक सकारात्मक सहसम्बन्ध मालूम किया है। परन्तु यहाँ वह यह निर्णय लेने में परेशानी महसूस करता है कि निम्न कथनों में से किसे वह अध्ययन निष्कर्ष के रूप में स्वीकार करे।

   - हिंसा और उत्तेजनापूर्ण कार्टून फिल्मों के देखने से बालकों में आक्रामकता आती है।
   - आक्रामक व्यवहार से युक्त बालकों में हिंसा और उत्तेजनापूर्ण कार्टून फिल्म देखने की प्रवृत्ति पाई जाती है।
   - दोनों ही बातें (हिंसा और उत्तेजनापूर्ण कार्टून फिल्म देखना तथा आक्रामक व्यवहार) एक दूसरे की परिपूरक हैं।
   - इन दोनों में साहचर्य या सहसम्बन्ध होने का कोई तीसरा कारण है जिसे अध्ययन में स्वतन्त्र चर के रूप में नहीं लिया गया है।
   - ऐसा भी तो हो सकता है कि दोनों में इस प्रकार का सहसम्बन्ध संयोगवश ही दिखाई दे गया हो।

6. घटनोत्तर अनुसंधान के प्रतिपादन में कारणीय–तुलनात्मक अनुसंधान अभिकल्प के प्रयोग हेतु प्रायोगिक समूह के अतिरिक्त एक दूसरे समूह को आवश्यक तुलनात्मक अध्ययन काम में लाने सम्बन्धी निर्णय बहुत सारी समस्याओं तथा कठिनाइयों को जन्म देने वाला सिद्ध हो सकता है, जैसे (i) ऐसे प्रयोज्य मिलने मुश्किल हो सकते हैं जो उसी समष्टि से सम्बन्धित हों तथा समरूप परिस्थितियों से गुजरे हुये हों। (ii) समेलित विधि (Matching method) का उपयोग करके दो समतुल्य समूह बनाने में काफी ज्यादा मुश्किलें आ सकती हैं। (iii) अगर बहुत सी बातों को ध्यान में रखकर समेलित (Matching) करने का प्रयत्न किया जाये तो प्रतिदर्श के आकार में बहुत अधिक छोटे होने की बात भी सामने आ सकती है।

7. क्योंकि वे अध्ययन जिनमें घटनोत्तर अनुसंधान अभिकल्पों का प्रयोग होता है, अनुसंधानकर्त्ता को उन अध्ययन चरों के मध्य सहसम्बन्ध तलाश करना होता है जिनमें से स्वतन्त्र चर (कारण) का कार्य पहले ही हो चुका होता है, इसलिये अनुसंधानकर्त्ता को यहाँ उसके प्रहस्तन (Manipulation) तथा उसके आश्रित चर पर पड़ने वाले प्रभाव का अध्ययन करने हेतु कोई अवसर नहीं मिलता। इस परिस्थिति में उसका कार्य घटी घटना की उत्पत्ति तथा क्रमिक विकास के साथ साथ चलने वाले स्वतन्त्र चर या चरों की उपस्थिति का पुष्टिकरण तथा वर्णन करने तक ही सीमित रह जाता है। फलस्वरूप यह कहना उचित ही लगता है कि घटनोत्तर अनुसंधानों को प्रायोगिक अनुसंधानों के स्थान पर वर्णनात्मक अनुसंधान कहा जाना चाहिये।

   परन्तु जो कुछ ऊपर अभी घटनोत्तर अनुसंधानों की कमजोरियों, कठिनाइयों तथा सीमाओं के बारे में कहा गया है उनसे यह अर्थ लगाना ठीक नहीं होगा कि ये महत्त्वहीन हैं। वास्तव में बात कुछ विपरीत है। घटनोत्तर अनुसंधान व्यावहारिक विज्ञानों में उठाये गये बहुत से ऐसे अनुसंधान प्रश्नों के उत्तर देने

में अपनी समर्थता व्यक्त करने में सफल सिद्ध होते हैं जिन्हें प्रायोगिक तथा अप्रायोगिक अनुसंधानों से प्राप्त करना असंभव ही है। वास्तव में घटनोत्तर अनुसंधान अभिकल्पों का प्रयोग एक अनुसंधानकर्त्ता के लिये प्रायोगिक तथा अप्रायोगिक (वर्णनात्मक तथा सर्वेक्षण) के मध्य एक अच्छे सेतु की तरह कार्य करते हुये काफी मूल्यवान सिद्ध हो सकता है बशर्ते कि उसके द्वारा कुछ निम्न बातों पर ध्यान दिया जाये।

- अनुसंधानकर्त्ता को यह बात ध्यान में रखनी चाहिये कि स्वतन्त्र तथा आश्रित चरों में दिखाई देने वाला साहचर्य तथा सहसम्बन्ध इस बात का उचित प्रमाण नहीं है कि उनमें कार्य–कारण सम्बन्ध भलीभाँति स्थापित है। यह तो केवल उन्हें एक ऐसा संकेत या दिशानिर्देश प्रदान करता है जिससे वह किसी ऐसी उपयोगी परिकल्पना का निर्माण कर सके जिसका आगे जाकर एक उचित प्रायोगिक अनुसंधान अभिकल्प का उपयोग करते हुये परीक्षण किया जा सके।
- किसी घटना के घटित होने या हालातों के पैदा होने के लिये एक से अधिक स्पष्टीकरण या कारणीय कारक (Causative factor) कार्य कर सकते हैं। इसलिये एक अनुसंधानकर्त्ता को ऐसी सभी संभावनाओं को ध्यान में रखते हुये सभी संभव परिकल्पनाओं के निर्माण और एक एक करके उनके उचित परीक्षण की कोशिश करनी चाहिये।
- उन्हें अपने अध्ययन के परिणामों या निष्कर्षों के सामान्यीकरण करने का प्रयत्न नहीं करना चाहिये क्योंकि किसी घटना या हालात विशेष को जन्म देने के कारण परिस्थितिजन्य होते हैं। स्थान, समय, हालात तथा अध्ययन समष्टि में परिवर्तन आने के साथ साथ घटना या हालात विशेष के घटने के कारणों में भी अन्तर आ सकता है।

9

गुणात्मक अनुसंधान
[Qualitative Research]

गुणात्मक अनुसंधान क्या है ?
(What is Qualitative Research ?)

जैसा कि इस पुस्तक के द्वितीय अध्याय में कहा जा चुका है, व्यावहारिक विज्ञानों में किये जाने वाले अनुसंधानों का परिमाणात्मक (या संख्यात्मक) तथा गुणात्मक इन दो श्रेणियों में वर्गीकरण किया जा सकता है। परिमाणात्मक अनुसंधानों के रूप में वर्गीकृत अनुसंधान संख्याओं के रूप में प्रदत्तों का संकलन करते हुये प्रेक्षित व्यवहार तथा अभिलेखित घटनाओं का परिमाणात्मक विवरण प्रस्तुत कर सकते हैं। परिमाणात्मक अनुसंधानों का परिमाणीकरण (Quantification) पर इस प्रकार जोर देना, हमें यह निष्कर्ष निकालने के लिये प्रेरित कर सकता है कि गुणात्मक अनुसंधान वे अनुसंधान हैं जो परिमाणात्मक नहीं होते। गुणात्मक अनुसंधानों को परिभाषित करने का यह तरीका भ्रामक तथा समस्याजन्य है। इस सम्बन्ध में अपने विचार प्रकट करते हुये बेस्ट एवं काह्न (Best and Kahn, 2002:246) ने लिखा है :

गुणात्मक अनुसंधान को ऐसा अनुसंधान कहना कि जो परिमाणात्मक (या संख्यात्मक) नहीं है, दो प्रकार से समस्या खड़ी कर सकता है। पहले तो कुछ गुणात्मक अनुसंधान किसी न किसी प्रकार के परिमाणीकरण (जैसे किसी व्यवहार विशेष के घटित होने की संख्या) को जन्म दे सकते हैं। दूसरे, ऐसा कहना एक नकारात्मक अभिव्यक्ति का द्योतक है यानी सकारात्मक रूप से यह कहने की बजाय कि गुणात्मक अनुसंधान क्या है, यह, यह कहने का प्रयत्न है कि गुणात्मक अनुसंधान वह है जो परिमाणात्मक अनुसंधान नहीं है।

एक गुणात्मक अनुसंधान, अपनी सकारात्मक अभिव्यक्ति तथा नाम के अनुरूप एक ऐसे अनुसंधान के रूप में माना जाना चाहिये जो प्रेक्षित व्यवहार तथा घटनाओं के गुणात्मक वर्णन करने हेतु काम में लाया जाता हो। यहाँ अनुसंधानकर्त्ताओं से अपेक्षा की जाती है कि वे प्रेक्षित वस्तुओं के व्यवहार तथा विशेषताओं की गुणवत्ता को समझने तथा उसके प्रति आवश्यक निष्कर्ष निकालने हेतु व्याख्यात्मक विवरण के रूप में प्रदत्तों का संग्रह करें।

गुणात्मक अनुसंधान : एक ऐसा अनुसंधान जिसमें संकलित गुणात्मक प्रदत्तों (जो अधिकतर वर्णनात्मक कथनों के रूप में होते हैं) तथा इन प्रदत्तों के विश्लेषण और व्याख्या हेतु प्रयुक्त विशेष तरीकों के द्वारा स्वाभाविक परिस्थितियों में प्रेक्षित व्यवहार एवं घटनाओं का गुणात्मक विवरण प्रस्तुत किया जाता है।

गुणात्मक अनुसंधानों के उद्गम एवं उत्पत्ति के सम्बन्ध में यह कहा जाता है कि इसका उद्गम स्थल समाज शास्त्र (Sociology) तथा मानव विज्ञान (Anthropology) में है। उद्गम एवं उत्पत्ति के आधार पर सोचा जाये तो यह जानने में आश्चर्य नहीं होगा कि *गुणात्मक अनुसंधानों में किये जाने वाले अधिकतर कार्यों में* जैसा कि लोडिको एवं अन्य (Lodico, et al., 2006:264) का विचार है :

अधिक से अधिक ध्यान सामाजिक प्रक्रियाओं के अध्ययन और अध्ययन में शामिल प्रयोज्यों के प्रत्यक्षीकरण एवं भावनाओं को अभिव्यक्ति प्रदान करने पर होता है। यह इस विश्वास पर आधारित है कि सामाजिक परिवेश से ही ज्ञान की प्राप्ति होती है और सामाजिक ज्ञान का अवबोध करना एक वैधानिक वैज्ञानिक प्रक्रिया है।

इसी प्रकार से मानव जीवन एवं संस्कृति के अध्ययन के लिये प्रयुक्त मानव विज्ञान (Anthropology) जो एक संस्कृति विशेष के यथार्थ चित्र प्रस्तुत करने हेतु सशक्त विवरण प्रदान करने की क्षमता रखता है व्यावहारिक विज्ञानों के गुणात्मक अनुसंधान अध्ययनों के लिये भी ठोस आधार बनने की क्षमता रखता है।

सबसे जरूरी बात जो एक गुणात्मक अध्ययन के लिये लागू होती है वह यह है कि वह साक्षात्कार रिकार्ड, विषयवस्तु विश्लेषण तथा सर्वेक्षण उत्तरों के रूप में उपलब्ध असंरचित सूचना सामग्री के विश्लेषण से किसी प्रकरण के "क्यों" का उत्तर मालूम करने का प्रयत्न करता है, "कैसे" का नहीं। इसके लिये अनुसंधानकर्त्ता को प्रेक्षित वस्तुओं का गुणात्मक विवरण प्रदान करना होता है, मात्र परिमाणात्मक मापन नहीं। अपने इस सशक्त, गुणात्मक विवरण से गुणात्मक अध्ययन एक समूह विशेष के रहने सहने, व्यवहार करने के तरीके तथा सम्पूर्ण संस्कृति के बारे में गहन सूचनायें प्राप्त करने में सहायता करता है। जो भी अनुसंधान कार्य यहाँ किया जाता है उससे हमें एक समूह विशेष के व्यक्तियों के बारे में यह जानने में मदद मिलती है कि वे कैसा अनुभव करते हैं और वे ऐसा अनुभव क्यों करते हैं ? इस प्रकार के अध्ययनों के परिणामों के आधार पर इस समूह विशेष के व्यक्तियों को समझने तथा उनसे दिन–प्रतिदिन की जिन्दगी या व्यावसायिक क्षेत्र में अच्छी तरह अन्तःक्रिया करने हेतु उचित निर्णय तथा नीति निर्धारण का काम किया जाता है। इस प्रकार अपनी बहुमुखी उपयोगिता के कारण गुणात्मक अनुसंधानों को एक अन्वेषण तकनीक के रूप में परम्परागत सामाजिक विज्ञानों से लेकर आज की दुनिया के वाणिज्य, व्यापार, प्रबन्धन तथा बाजार अनुसंधान तक के विभिन्न क्षेत्रों में प्रमुख स्थान दिया जाने लगा है।

गुणात्मक अनुसंधान की मुख्य विशेषतायें तथा आकर्षण (Main Characteristics and Attraction of Qualitative Research)

गुणात्मक अनुसंधान की मुख्य विशेषताओं तथा आकर्षणों का उनकी प्रकृति, कार्यप्रणाली और बहुमुखी उपयोगिता से जुड़े उपशीर्षकों के अन्तर्गत संक्षेप में निम्न प्रकार वर्णन किया जा सकता है।

1. स्वाभाविक परिस्थितियों तथा सांस्कृतिक परिवेश पर बल (Emphasis on Natural Setting and Cultural Context)

यहाँ इस प्रकार के अनुसंधानों में अनुसंधानकर्त्ताओं से यह अपेक्षा की जाती है कि वे अपना अध्ययन स्वाभाविक परिस्थितियों में ही करें। दूसरे शब्दों में स्वाभाविक परिस्थिति तथा सांस्कृतिक परिवेश जिससे उसका सामना हो रहा है, अनुसंधानकर्त्ता के लिये ये ही प्रदत्त संकलन स्रोत हैं। उसके सामने यह चुनौती रहती है कि वह यह जाने कि अपने विशिष्ट वातावरण तथा स्वाभाविक परिस्थितियों में लोगों का व्यवहार कैसा होता है और वे क्या परिस्थितियाँ (सांस्कृतिक कारक) हैं जो उनकी जिन्दगी को विशेष रूप में ढाल रही है।

2. अध्ययन का मुख्य प्रयोजन (The Main Purpose of the Study)

गुणात्मक विधियों से किये जाने वाले अध्यापन का मुख्य प्रयोजन स्वाभाविक परिस्थितियों में घटित घटनाओं या पाई जाने वाली वस्तुओं का वर्णन करना होता है तथा गौण प्रयोजन उनका विश्लेषण।

3. अनुसंधान प्रश्नों की प्रकृति (The Nature of Research Questions)

यहाँ इस प्रकार के अनुसंधान में अनुसंधानकर्त्ताओं से ऐसे व्यापक प्रश्नों को पूछने की अपेक्षा होती है जिनके उत्तर उन घटनाओं तथा घटित हो रहे व्यवहार को ढूँढ़ निकालने, समझने तथा व्याख्या करने में समर्थ हो सकें

जो एक सामाजिक और सांस्कृतिक परिवेश विशेष में स्वाभाविक रूप से घटित हो रहे हैं। इसके अतिरिक्त यहाँ अनुसंधानकर्त्ता आवश्यक रूप से इस बात पर अपना ध्यान केन्द्रित करता है कि वस्तुओं, चीजों के सही मायने क्या हैं यानी घटनायें क्यों घटती हैं और साथ ही घटनाओं के घटने के रूप में क्या होता है, वह यहाँ जो कुछ उसके परिवेश में घटित हो रहा है उसका केवल मात्र परिमाणात्मक वर्णन नहीं करता। अपने अनुसंधान प्रश्नों को सामने लाकर यहाँ अनुसंधानकर्त्ता यह जानने का प्रयत्न करता है कि कोई जैसा व्यवहार कर रहा है उसके पीछे क्या कारण है और यह व्यवहार किस रूप में घटित हो रहा है।

4. प्रयोज्यों का चयन/प्रतिचयन कार्य (The Selection of the Participants/The Task of Sampling)

गुणात्मक अनुसंधान में प्रयोज्यों का चयन, असंभाव्य (non-random) विधियों का प्रयोग करते हुये इस बात में निहित रहता है कि अनुसंधान प्रश्नों का उत्तर प्राप्त करने हेतु उनसे वांछित जानकारी मिल सकती है या नहीं। गुणात्मक अनुसंधानों में एक अनुसंधानकर्त्ता निर्णय़ लेने सम्बन्धी 'क्यों' तथा 'कैसे' का भी उत्तर प्राप्त करने का प्रयत्न करता है मात्र 'क्या', तथा 'कब' जैसे प्रश्नों का ही नहीं। इसलिये बड़े प्रतिदर्श के स्थान पर छोटे परन्तु अध्ययन समस्या पर केन्द्रित प्रतिदर्श ही गुणात्मक अनुसंधानों में अक्सर काम में लाये जाते हैं।

5. प्रदत्त संकलन (Data Collection)

यहाँ प्रदत्तों के संकलन का स्रोत अध्ययन किये जाने वाले समूह विशेष में उपलब्ध वह स्वाभाविक परिवेश होता है जिसमें समूह के सदस्य अपनी सामाजिक और सांस्कृतिक जिन्दगी जीते हैं। इसके अतिरिक्त यहाँ अनुसंधानकर्त्ता ही इन स्रोतों से प्रदत्तों के संकलन का एक मात्र साधन होता है वह समूह के प्रयोज्यों के सम्पर्क में आकर प्रेक्षण तथा साक्षात्कार तकनीकों का उपयोग कर अपने अनुसंधान प्रश्नों के उत्तर प्राप्त करने के संदर्भ में वांछित जानकारी इकट्ठी करने का प्रयत्न करता रहता है।

6. परिकल्पनाओं की प्रकृति (The Nature of Hypotheses)

यहाँ बहुत सी वर्णनात्मक, सर्वेक्षण तथा प्रायोगिक अनुसंधान की तरह परिकल्पनाओं के निर्माण का कार्य प्रदत्त संकलन से पूर्व नहीं किया जाता। यहाँ परिकल्पाओं के निर्माण का कार्य प्रदत्त संकलन कार्य के साथ साथ प्रारम्भ होता है और जैसे जैसे इनका संकलन होता जाता है, उनसे निकलने वाले अर्थों के सन्दर्भ में परिकल्पनाओं में भी सुधार लाये जाते रहते हैं।

7. प्रदत्त विश्लेषण (Data Analysis)

गुणात्मक अध्ययनों में प्रदत्त विश्लेषण के कार्य में आगमन उपागम (Inductive approach) को अपनाने पर जोर दिया जाता है। यहाँ जो कुछ छोटी छोटी सूचनाओं तथा जानकारी की प्राप्ति प्रयोज्यों तथा वातावरण से होती है उसे ही तिनका–तिनका जोड़ कर वांछित विवरण सामग्री इकट्ठी की जाती है। यह एक प्रकार से किसी पहेली को जानने हेतु उसके भागों को जोड़ना जैसा है। फलस्वरूप प्रदत्तों का विश्लेषण करने में एक गुणात्मक अनुसंधानकर्त्ता प्रेक्षण नोट्स तथा साक्षात्कार विवरणी (Transcripts) को अच्छी तरह से पढ़ने तथा पुनर्वीक्षण कर, उन प्रसंगों तथा प्रतिमानों तक पहुँचने की कोशिश करता है जो यहाँ उभर कर सामने आते हैं।

8. अध्ययन के परिणामों का प्रतिवेदन (Reporting of the Findings of the Study)

गुणात्मक विधियों से केवल उन प्रयोज्यों या मामले विशेषों के बारे में जानकारी उपलब्ध होती है जिनका अध्ययन किया जाता है तथा और जो भी आगे सामान्य निष्कर्ष निकाले जाते हैं वे मात्र परिकल्पनायें (सूचनाप्रद अनुमान) होते हैं। इन परिकल्पनाओं में से कौन सत्य है इसकी पुष्टि हेतु परिमाणात्मक विधियों का उपयोग किया जा सकता है। प्रयोज्य या मामले विशेषों से सम्बन्धी सूचनाओं की व्याख्या के प्रतिवेदन हेतु यहाँ अनुसंधानकर्त्ताओं

से यह अपेक्षा की जाती है कि वे अपने अनुसंधान परिणामों को विवरणात्मक (Narrative) प्रारूप में प्रस्तुत करें। प्रेक्षित साक्षियों और प्रक्रियाओं की व्याख्या करने में अनुसंधानकर्त्ता यह भी कह सकता है कि इस क्षेत्र में किये जाने वाले अनुसंधानों के परिणामों से उनके द्वारा निष्कर्षित परिणाम किस रूप में सम्बन्धित हैं ? इसके अतिरिक्त गुणात्मक अनुसंधानकर्त्ता अपने अनुसंधान परिणामों को जरनल, रिपोर्ट, बेवसाइट तथा औपचारिक एवं अनौपचारिक मुलाकातों के द्वारा दूसरों तक प्रेषित करने का प्रयत्न भी कर सकते हैं।

9. गुणात्मक अनुसंधान एक व्याख्यात्मक अनुसंधान के रूप में (Qualitative Research as an Interpretive Research)

गुणात्मक अनुसंधान को जैसा कि इरिक्सन (Erickson, 1985) का कहना है कि व्याख्यात्मक अनुसंधान के रूप में भी जाना जाता है क्योंकि इस प्रकार के अनुसंधान में अनुसंधानकर्त्ता ही अकेला वह व्यक्ति होता है जिससे अध्ययन प्रयोज्यों को उनके अपने स्वाभाविक सामाजिक तथा सांस्कृतिक परिवेश में प्रेक्षित या साक्षात्कार करते हुये जो जानकारी इकट्‌ठी की जाती है उसे अपनी तरह से समझकर संकलित प्रदत्तों से जो भी उपयुक्त अर्थ निकाला जा सकता है, उसे सामने लाने की अपेक्षा की जाती है।

10. गुणात्मक अनुसंधान एक स्वाभाविक अन्वेषण के रूप में (Qualitative Researsh as a Naturalistic Inquiry)

गुणात्मक अनुसंधान को जैसा कि लिंकन तथा ग्यूबा (Lincoln and Guba, 1985) का कहना है, स्वाभाविक अन्वेषण (Naturalistic Inquiry) की संज्ञा दी जा सकती है क्योंकि यहाँ प्रयोज्यों से जानकारी एकत्रित करने की तकनीकें तथा विधियाँ ठीक वैसी ही होती हैं जैसी कि स्वाभाविक अन्वेषणों में अपनायी जाती हैं। इसके अतिरिक्त गुणात्मक अनुसंधानों में जो प्रक्रिया अपनाई जाती है वह परीक्षणों, सर्वेक्षणों और इसी तरह की अन्य परम्परागत परिमाणात्मक उपागमों की तुलना में काफी कुछ स्वाभाविक उपागम को अपनाती हुई दिखाई देती हैं।

11. गुणात्मक अनुसंधान एक अन्वेषक तथा वर्णनात्मक अनुसंधान के रूप में (Qualitative Research as an Exploratory and Descriptive Research)

गुणात्मक अनुसंधान को जैसा कि मार्शल एवं रोजमेन (1999) का कहना है अन्वेषण तथा वर्णनात्मक अनुसंधान की संज्ञा दी जाती है क्योंकि यहाँ जिस व्यक्ति/व्यक्तियों का अध्ययन किया जाता है उन्हें उनकी अपनी परिस्थितियों और परिवेश के संदर्भ में समझकर अन्वेषण तथा वर्णनात्मक अनुसंधान करने का अवसर अनुसंधानकर्त्ता को मिलता है।

गुणात्मक अनुसंधान के प्रकार एवं प्रारूप (Types and Forms of Qualitative Research)

व्यावहारिक विज्ञानों में किये जाने वाले गुणात्मक अनुसंधान अध्ययनों को सामान्य रूप से चित्र 9.1 द्वारा प्रदर्शित मुख्य प्रकारों या प्रारूपों में विभाजित किया जा सकता है।

आइये अब गुणात्मक अनुसंधान के इन सात प्रकारों या प्रारूपों के बारे में जाना जाये।

1. जातिवृत्यात्मक अनुसंधान (Ethnographic Research)

इस प्रकार के गुणात्मक अनुसंधान विविध प्रकार की संस्कृतियों के विभिन्न पहलुओं के बारे में जानने और अन्वेषण करने के लिए प्रयुक्त होते हैं। इसमें उन संस्कृतियों को जीने वाले व्यक्तियों का स्वाभाविक और उन्हीं के सांस्कृतिक और सामाजिक परिवेश में प्रेक्षण करते हुए तथा उनका साक्षात्कार लेते हुए प्रदत्तों का संकलन कर उनकी इस प्रकार व्याख्या की जाती है कि जिससे उनसे सम्बन्धित किसी सिद्धान्त को विकसित करने में मदद मिले। इस प्रकार के अनुसंधानों का उद्देश्य अन्वेषित समुदायों या संस्कृतियों के बारे में विस्तृत एवं सार्थक

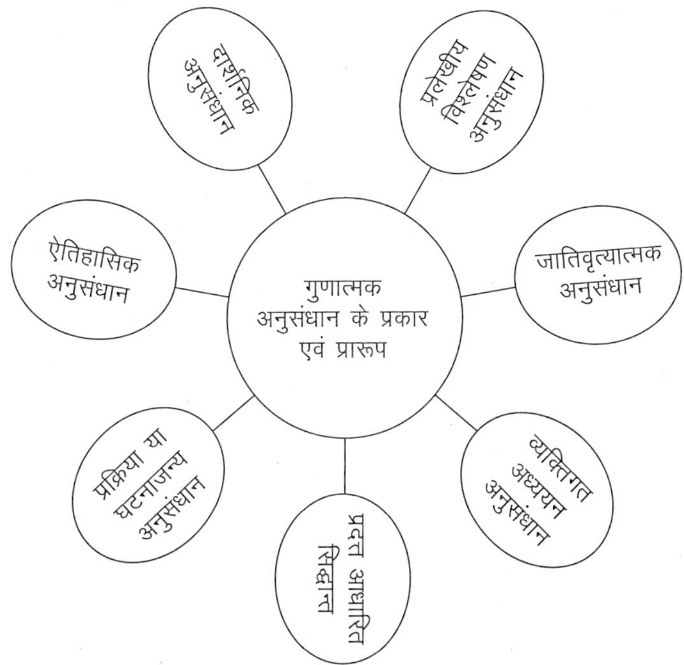

चित्र 9.1 गुणात्मक अनुसंधान के प्रकार एवं प्रारूप।

विवरण प्रस्तुत करना होता है। इस प्रकार का अध्ययन करने वाले अनुसंधानकर्त्ता से यह अपेक्षा की जाती है कि उसे जिस समूह या समुदाय के बारे में अध्ययन करना है उसके सामाजिक और सांस्कृतिक परिवेश के भीतर जाकर वहाँ घटित घटनाओं तथा उपस्थित वस्तुओं (लोगों के विश्वास तथा तौर तरीके भी) के पूरे दृश्य को आत्मसात करते हुए, वहाँ की परिस्थिति विशेष का एक गहन, विस्तृत विवरण (जिसे एन्थ्रोपोलोजिस्टों द्वारा थिक डिस्क्रिपशन "Thick Discription" कहा जाता है) प्रदान करे।

लोडिको एवं अन्य (Lodico, et al., 2006:266) के अनुसार, "जातिवृत्यात्मक अध्ययन अपने प्रतिवेदन (Reporting) में इस प्रकार की गुणवत्ता लाते हैं कि उन्हें पढ़ने वालों को सामान्य रूप से ऐसा लगता है कि वे अध्ययन किए जाने वाले समूह के अनुभवों को वास्तविक रूप में जी रहे हैं और वे दुनिया को अनुसंधानकर्त्ता की नजरों से देखते हुए दिखाई देते हैं।"

इस प्रकार के एक अनुप्रयुक्त जातिवृत्यात्मक अध्ययन के उदाहरण के रूप में हम एक ऐसे अध्ययन का उल्लेख कर सकते हैं जिसमें एक विशेष सांस्कृतिक विरासत से युक्त समुदाय का अध्ययन कर कोई एक विशेष बीमारी जैसे कोढ़ (Leprosy) के प्रति बनी हुई उनकी अभिवृत्तियों की (उनके सांस्कृतिक परिवेश के परिप्रेक्ष्य में) जानकारी लेनी है। इस प्रकार के अनुसंधान के विस्तृत विवरण के लिये पाठकों से अनुरोध किया जाता है कि वे इस पाठ्यपुस्तक के अगले अध्याय का अध्ययन करें।

2. व्यक्तिगत अध्ययन अनुसंधान (Case Study Research)

इस प्रकार के गुणात्मक अनुसंधान में एक अनुसंधानकर्त्ता से यह अपेक्षा की जाती है कि वह किसी मामले विशेष (जो कोई भी एक व्यक्ति, एक छोटा समूह, एक अकेली संस्था या परिस्थिति हो सकती है) का इस प्रकार से एक गहन अध्ययन करे जिसके माध्यम से उससे जुड़े हुए व्यवहार, कार्य प्रणाली तथा अन्तःक्रियाओं इत्यादि के

प्रति विस्तृत एवं पूर्ण जानकारी प्राप्त हो सके। व्यक्तिगत अध्ययन में सहायक जानकारी और प्रदत्तों को कई विविध तरीकों जैसे प्रश्नावली को प्रशासित करना, प्रयोज्य या उसके निकट सम्बन्धियों के साथ साक्षात्कार करना, प्रयोज्य विशेष का सार्थक परिस्थितियों में प्रेक्षण करना, सर्वेक्षण की सहायता लेना और उपलब्ध प्रलेखों तथा अभिलेखों का विश्लेषण करना आदि से एकत्रित करने का प्रयत्न किया जाता है। हम इस प्रकार के अनुसंधान का विस्तृत विवरण इस पुस्तक के 11वें अध्याय में देना चाहेंगे।

3. प्रदत्त आधारित सिद्धान्त (Grounded Theory)

इस प्रकार के गुणात्मक अनुसंधान ऐसे अनुसंधान होते हैं जिनमें आगमन उपागम का प्रयोग किया जाता है और जिनकी आधारभूमि वे प्रेक्षण या प्रदत्त होते हैं जिनका अनुसंधानकर्त्ताओं द्वारा स्वाभाविक/परिस्थितियों में संकलन तथा विश्लेषण कर सिद्धान्त निर्माण का कार्य किया जाता है। प्रदत्तों के इस संकलन में यहाँ विभिन्न प्रकार के प्रदत्त स्रोतों जैसे परिमाणात्मक प्रदत्त अभिलेखों का पुनर्वीक्षण, साक्षात्कार, प्रेक्षण तथा सर्वेक्षण का उपयोग होता है। "इस प्रकार के अनुसंधान" को जैसा कि कोर्बिन (Corbin, 1994:273) का मत है, "औपचारिक रूप में सिद्धान्त निर्माण हेतु प्रयुक्त एक ऐसे सामान्य विधितंत्र (General Methodology) के रूप में परिभाषित किया जा सकता है जिसकी आधारभूमि व्यवस्थित रूप से संकलित एवं विश्लेषित प्रदत्त माने जाते हैं।"

4. प्रक्रिया या घटनाजन्य अनुसंधान (Phenomenological Research)

इस प्रकार के गुणात्मक अनुसंधान का उद्देश्य प्रयोज्यों/प्रतिभागियों के दृष्टिकोण से वर्तमान में स्थित किसी प्रक्रिया या घटना विशेष का उसकी स्वाभाविक तथा वास्तविक परिस्थितियों में अध्ययन करना होता है। यहाँ अनुसंधानकर्त्ता का कार्य किसी घटना या प्रक्रिया विशेष की उस "आत्मनिष्ठ वास्तविकता" (Subjective Reality) का वर्णन करना है जिसे अध्ययन में प्रयुक्त समष्टि (Population) द्वारा अपनी तरह से जाना और समझा जाता है। वास्तव में प्रक्रिया या घटनाजन्य अनुसंधान में व्यक्ति विशेष द्वारा अपने अनुभवों की अपने दृष्टिकोण से व्याख्या की जाती है। इसलिये ऐसे अनुसंधानों में एक अनुसंधानकर्त्ता अध्ययन के प्रतिभागियों के दृष्टिकोण को ध्यान में रखते हुए ही अनुसंधानगत अनुभवों के अर्थ ढूँढ़ने का प्रयास करता है। "अनुसंधानकर्त्ता को यहाँ" जैसा कि लोडिको एवं अन्य (Lodico, et al., 2006:266) का कहना है, "इस बात का आभास रहता है कि किसी अनुभव विशेष की व्याख्या करने के अनेक तरीके होते हैं और यह बात कभी भी उनके द्वारा नहीं सोची जाती कि वे यह जानते हैं कि चीजों का उन व्यक्तियों के लिये क्या अर्थ है जिनका वे अध्ययन कर रहे हैं।"

5. ऐतिहासिक अनुसंधान (Historical Research)

इस प्रकार के अनुसंधानों में अनुसंधानकर्त्ताओं से यह अपेक्षा की जाती है कि वे वर्तमान हालातों के परिप्रेक्ष्य में भूतकालीन तथा वर्तमान घटनाओं की चर्चा करें। इससे लोगों को अतीत का विश्लेषण कर आज की समस्याओं और चुनौतियों का संभावित उत्तर प्रदान करने में सहायता मिलती है। फलस्वरूप ऐतिहासिक अनुसंधानों में किये जाने वाले अध्ययन हमें हमारे ऐसे प्रश्नों का उत्तर तलाश करने में मदद करते हैं जैसे, हम कहाँ से आये हैं (हमारा उद्‌गम स्थल क्या है), हम पहले क्या थे, अब क्या हो गये हैं, तथा हम आगे क्या होने जा रहे हैं? इस प्रकार के अनुसंधानों के बारे में विस्तार से अध्याय तीन में वर्णन किया जा चुका है।

6. दार्शनिक अनुसंधान (Philosophical Research)

इस प्रकार के अनुसंधान क्षेत्र विशेष में विशेषज्ञों द्वारा अपने अपने विशिष्ट विषय क्षेत्रों या व्यवसायों के अन्तर्गत किये जाते हैं। अनुसंधानकर्त्ता के रूप में ये लोग अपने अध्ययन क्षेत्र में सर्वोत्तम गुणी व्यक्ति होने के नाते परिभाषाओं में स्पष्टीकरण, नैतिकता की पहचान तथा अपने अध्ययन क्षेत्र के किसी पहलू या मामले से सम्बन्धित मूल्य निर्णय (Value judgement) लेने में बौद्धिक मंथन या विश्लेषण की सहायता लेते दिखाई देते हैं।

7. प्रलेखीय विश्लेषण अनुसंधान (Documentary Analysis Research)

यह गुणात्मक अनुसंधानों के एक ऐसे अनुसंधान प्रकार का प्रतिनिधित्व करता है जिसमें अनुसंधानकर्त्ता अपने अनुसंधान प्रश्नों के उत्तर प्राप्त करने के लिये सम्बन्धित एवं सार्थक सभी उपलब्ध प्रलेख तथा अभिलेखों का सावधानीपूर्वक व्यवस्थित ढंग से अध्ययन, विश्लेषण एवं व्याख्या कर अपने अध्ययन प्रयोजनों की प्राप्ति का प्रयास करता है। इससे सम्बन्धित आवश्यक बातों का विस्तृत विवरण हम इसी पुस्तक के 12वें अध्याय में देंगे।

गुणात्मक अनुसंधान की आवश्यकता एवं महत्त्व (The Need and Significance of Qualitative Research)

गुणात्मक अनुसंधान द्वारा उस वस्तु, व्यक्ति, समूह, संस्था, संस्कृति, समुदाय या परिस्थिति विशेष का सर्वांग चित्रण या विवरण प्रस्तुत करने का प्रयत्न किया जाता है जिसे अनुसंधानकर्त्ता ने अपने अनुसंधान अध्ययन का उद्देश्य बनाया है। इन्हीं बातों का जो परिमाणात्मक विवरण सांख्यिकी या संख्याओं के रूप में परिमाणात्मक अनुसंधान में दिया जाता है उससे गुणात्मक अनुसंधान द्वारा दिया हुआ विवरण काफी अधिक विस्तृत एवं महत्त्वपूर्ण होता है। अपने गुणों एवं कार्यों की वजह से गुणात्मक अनुसंधानों का उपयोग व्यावहारिक अनुसंधानों सम्बन्धी अध्ययनों में कई बार बहुत अधिक महत्त्वपूर्ण ही नहीं बल्कि आवश्यक भी होता है। ड्रियू, सी.जे. एवं अन्य (Drew, C.J. et al., 2008:185) ने निम्न प्रकार के कार्यों से सम्बन्धी अनुसंधान प्रश्नों के उत्तर प्राप्त करने हेतु गुणात्मक अनुसंधानों को आवश्यक माना है–

- ऐसे अनुसंधान प्रश्न जिनके उत्तर प्राप्त करने के लिये प्राकृतिक एवं स्वाभाविक परिस्थितियों और परिवेश की आवश्यकता होती है।
- घटित होती हुई घटनाओं की जाँच सम्बन्धी प्रश्न।
- सम्पूर्ण प्रक्रिया का विस्तृत विश्लेषण करने पर केन्द्रित प्रश्न।
- घटित होने वाले व्यवहार सम्बन्धी कारणों की खोज करने सम्बन्धी प्रश्न।
- अन्वेषण, स्पष्टीकरण, विवरण तथा उद्धरण करने सम्बन्धी प्रश्न।
- जिसमें प्रतिदर्श का आकार बहुत बड़ा न हो बल्कि छोटा हो उससे सम्बन्धी प्रश्न।

ड्रियू के द्वारा बताई गई उपरोक्त आवश्यकताओं के अतिरिक्त गुणात्मक अनुसंधान की आवश्यकता और महत्त्व के बारे में और भी बहुत सी बातों की तरफ संकेत किया जा सकता है जिनमें से कुछ की हम आगे चर्चा कर रहे हैं।

1. गुणात्मक अनुसंधान की शक्ति उसकी अपनी इस योग्यता में है कि "एक दी गई अनुसंधान समस्या के सम्बन्ध में लोग कैसा अनुभव करते हैं" यह इस बात का विस्तृत विवरण प्रदान करती है। यह समस्या विशेष के मानवीय पक्ष के बारे में सूचनाएँ प्रदान करती है यानी यह बताती है कि लोग कैसा अनुभव करते हैं और इस प्रकार के उनके अनुभव किए जाने के पीछे उनके क्या कारण हैं ? इस प्रकार के अनुसंधान को लोगों की अभिवृत्तियों, व्यवहारों, मूल्य प्रणालियों, सम्बन्धों, अभिप्रेरणाओं, आकांक्षाओं, विश्वासों, मतों, संवेगों, दूसरों के साथ सम्बन्धों, संस्कृति या जीवन शैली के बारे में आवश्यक जानकारी प्राप्त करने के लिए भलीभाँति काम में लाया जा सकता है।
2. गुणात्मक विधियाँ उन कई महत्त्वपूर्ण बातों की जानकारी प्राप्त करने के लिये प्रभावी होती है, जैसे–सामाजिक मानदण्ड, सामाजिक आर्थिक स्तर, लिंग सम्बन्धी भूमिकाएँ, जातीयता और धर्म आदि, जिनकी अनुसंधान समस्या में प्रदत्त भूमिका आसानी से स्पष्ट नहीं रहती है।

3. परिमाणात्मक अनुसंधान की तरह गुणात्मक अनुसंधान केवल मात्र सांख्यिकी या संख्याओं पर ही निर्भर नहीं रहता है परन्तु उससे काफी आगे निकलकर अध्ययनगत वस्तुओं, व्यक्तियों तथा घटनाओं के गुणात्मक पक्ष को सामने लाने की कोशिश करता है। जब इसे परिमाणात्मक विधियों के साथ मिलाकर काम में लाया जाता है तो यह एक परिस्थिति विशेष की जटिल वास्तविकताओं को अच्छी तरह समझने और व्याख्या करने तथा परिमाणात्मक प्रदत्तों का उचित उपयोग करने में समुचित सहायता कर सकता है।
4. यद्यपि गुणात्मक प्रदत्तों से निष्कर्षित परिणाम अध्ययन समष्टि में निहित उन सभी समान विशेषताओं वाले व्यक्तियों पर तो प्रायः लागू होते ही हैं परन्तु जब किसी विशिष्ट सामाजिक सन्दर्भ या प्रक्रिया का काफी समृद्ध, जटिल एवं विस्तृत ज्ञान गुणात्मक अनुसंधान द्वारा प्राप्त किया जाता है तो उससे ऐसी सूचनाओं और प्रदत्तों का संकलन होता है कि उनके सामान्यीकरण को दूसरे भौगोलिक क्षेत्र और समष्टियों से सम्बन्धित वस्तुओं, व्यक्तियों और प्रक्रियाओं का वर्णन करने हेतु भी काम में लाया जा सकता है।
5. अन्वेषण अनुसंधानों में गुणात्मक विधियों के प्रयोग सम्बन्धी एक विशेषता यह भी है कि यहाँ मुक्तोत्तर एवं खोजपूर्ण प्रश्नों का पूछा जाना प्रतिभागियों को यह अवसर प्रदान करता है कि वे परिमाणात्मक विधियों की तरह यहाँ कुछ दिये हुये विकल्पों में से अपना उत्तर चयन करने के लिए मजबूर न होकर अपने शब्दों में अपनी पूर्ण अभिव्यक्ति करे। इन विधियों में प्रदत्त मुक्तोत्तर प्रश्नों में ऐसी योग्यता होती है कि वे ऐसे उत्तरों को देने के लिए प्रेरित करते हैं, जो :
   - अर्थपूर्ण हों।
   - सांस्कृतिक रूप से प्रतिभागियों के लिये महत्त्वपूर्ण हों।
   - अनुसंधानकर्त्ता को उनका पूर्वानुमान न हो।
   - समृद्ध एवं अन्वेषणात्मक प्रकृति के हों।
6. एक अन्य लाभ, गुणात्मक विधियों का यह है कि वे अनुसंधानकर्त्ता को यह अवसर देते हैं कि वह प्रतिभागियों द्वारा दी गई प्रारम्भिक अनुक्रियाओं की पुष्टि करने का प्रयत्न कर सकें यानी वे अनुक्रियाओं के सम्बन्ध में प्रतिभागियों से 'क्यों' और 'कैसे' पूछ सकते हैं ताकि वे अपने उत्तरों को अधिक स्पष्ट रूप से सामने ला सकें।
7. गुणात्मक अनुसंधान को एक अच्छी अन्वेषण विधि के रूप में विविध प्रकार के शैक्षणिक विषयों, जो सामाजिक विज्ञानों तथा बहुत से व्यावहारिक विज्ञानों जिनमें व्यापार, प्रबन्धन और बाजार सम्बन्धी शोध भी शामिल हैं, में उपयुक्त रूप से प्रयोग में लाया जा सकता है। इसका उद्देश्य मानव व्यवहार को अधिक अच्छी तरह गहराई से समझना तथा उस व्यवहार के पीछे काम कर रहे कारणों को जानना है।
8. गुणात्मक विधियों से किया गया अनुसंधान निर्णय लेने सम्बन्धी बातों को प्रकाश में लाने हेतु काफी महत्त्वपूर्ण भूमिका निभाता है। यहाँ वह केवल निर्णय लेने सम्बन्धी 'क्या, कहाँ और कब' ऐसे प्रश्नों के ही उत्तर प्राप्त करने की ही कोशिश नहीं करता बल्कि वह इसके 'क्यों और कैसे' को भी जानना चाहता है। फलस्वरूप गुणात्मक अध्ययनों के परिणाम काम काज की दुनिया में काफी उपयोगी व्यापार सम्बन्धी निर्णय, नीति निर्माण और आवश्यक प्रशासनिक निर्णय लेने में भलीभाँति प्रयुक्त किए जा सकते हैं।

गुणात्मक अनुसंधान में प्रयुक्त अवस्थायें एवं सोपान
(Stages and Steps Involved in a Qualitative Research)

गुणात्मक अनुसंधानों का केन्द्र बिन्दु प्रायः एक छोटा समूह, व्यक्ति विशेष, समुदाय या सांस्कृतिक समूह होता है जिसे वे उनमें निहित प्रयोज्यों की जीवन शैली, सांस्कृतिक तौर तरीके तथा व्यवहार करने के ढंग का

अध्ययन करने के लिये प्रयुक्त करते हैं। इन अनुसंधानों में प्रयुक्त अभिकल्प काफी कुछ लचीले होते हैं ताकि अनुसंधानकर्त्ता अपने अध्ययन कार्य को अधिक से अधिक स्वाभाविक परिस्थितियों तथा उपलब्ध वातावरण में कर सकें। यही कारण है कि इस प्रकार के अध्ययनों के सम्पादन हेतु सार्वभौमिक रूप से कोई निश्चित प्रकार का अनुसंधान अभिकल्प या प्रक्रिया का प्रावधान नहीं है। परन्तु फिर भी व्यावहारिक विज्ञानों में गुणात्मक अनुसंधान करने से सम्बन्धित बहुत से अध्ययनों में निम्न वर्णित अवस्थायें तथा सोपानों का उपयोग किया जाना ठीक रहता है :

1. एक अनुसंधान प्रकरण की पहचान अथवा एक अध्ययन क्षेत्र की खोज (Identifying a Research Topic or Locating a Field of Study)

कोई भी अध्ययन चाहे वह गुणात्मक हो या संख्यात्मक या परिमाणात्मक, उसकी शुरुआत अनुसंधान अध्ययन के लिए एक अनुसंधान क्षेत्र, प्रसंग या प्रकरण की पहचान से होती है। इसीलिये गुणात्मक अनुसंधानों के पहले सोपान या अवस्था का सम्बन्ध अनुसंधान करने हेतु एक अध्ययन क्षेत्र की खोज और उसमें निहित एक प्रकरण की पहचान करने से होता है जिसके लिए वह अपने पूर्व अनुभवों, अपने अनुभवी साथियों तथा प्रकरण से सम्बन्धित साहित्य के अध्ययन का सहारा लेता है। अध्ययन क्षेत्र की खोज और उसमें निहित एक प्रकरण विशेष की पहचान, अध्ययन की इस प्रारम्भिक अवस्था या सोपान में करने के बाद भी यहाँ अध्ययनकर्त्ता इस बात के लिये पूरी तरह स्वतन्त्र रहता है कि वह अपने अध्ययन के इस केन्द्रबिन्दु में यथोचित परिवर्तन उस समय ला सके जब कि वह प्रदत्तों के संकलन के समय यह अनुभव करे कि ऐसा करना उसकी अनुसंधान सम्बन्धी आवश्यकताओं की पूर्ति के लिये जरूरी है।

2. साहित्य का पुनरावलोकन (Reviewing of Literature)

इस सोपान के अन्तर्गत अनुसंधानकर्त्ता से यह अपेक्षा की जाती है कि वह अपने अध्ययन के संपादन में सहायक सार्थक साहित्य का अध्ययन कर अपने अध्ययन से सम्बन्धित महत्त्वपूर्ण जानकारी ग्रहण करे और फिर उसके आधार पर अध्ययन प्रश्नों (Research questions), जिनका उत्तर वह अपने अनुसंधान से प्राप्त करना चाहता है, के निर्माण की पहल करे। सार्थक साहित्य के अध्ययन और पुनरावलोकन का यह कार्य, गुणात्मक अनुसंधानों में इसी सोपान से शुरु और समाप्त नहीं होता बल्कि एक सतत प्रक्रिया के रूप में प्रदत्त संकलन और प्रतिभागियों के साथ अन्तःक्रिया करने के समय भी चलता रहता है ताकि अनुसंधानकर्त्ता को अपने अनुसंधान प्रश्नों में यथोचित परिवर्तन लाने तथा अध्ययन के केन्द्रबिन्दु के पुनः व्यवस्थीकरण में सुविधा रहे।

3. अनुसंधान का प्रयोजन निर्धारित करना या अनुमानित अनुसंधान प्रश्न लिखना (Setting the Research Purpose or Writing Foreshadowed Questions)

अपने उचित क्रियान्वयन तथा सार्थक परिणामों की प्राप्ति हेतु प्रत्येक अनुसंधान अध्ययन का लक्ष्य निर्देशित तथा प्रयोजनपूर्ण होना जरूरी है। अनुसंधानकर्त्ताओं को इसीलिये अपने अध्ययन हेतु प्रतिभागियों/प्रयोज्यों का चयन और प्रदत्त संकलन में संलग्न होने से पूर्व ही कुछ अनुसंधान प्रयोजनों (जिन्हें पूरा करने की बात अभी उसने सोच रखी है) तथा इन प्रयोजनों को पूरा करने में सहायक अनुमानित अनुसंधान प्रश्नों (Foreshadowed Questions) को लिखने का प्रयास करना चाहिये। लिखे जाने वाले ये प्रयोजन तथा अनुसंधान प्रश्न अपने आप में स्थायी नहीं हैं यह बात भी यहाँ एक गुणात्मक अनुसंधानकर्त्ता को पूरी तरह स्पष्ट होनी चाहिये। गुणात्मक अनुसंधान अभिकल्पों में निहित लचीलापन अनुसंधानकर्त्ता को यह अनुमति देता है कि वे इस सोपान पर तय किये गये प्रयोजनों तथा अनुसंधान प्रश्नों में अनुसंधान के आगे के सोपानों–प्रतिभागियों से अन्तःक्रिया तथा प्रदत्तों के संकलन के समय भी यथोचित परिवर्तन कर सकते हैं। इस सोपान में तो अनुसंधान उद्देश्यों (Research Objectives) तथा अनुसंधान प्रश्नों के बारे में निर्णय लेना और लिखना इसलिये जरूरी होता है कि इससे

प्रयोज्यों के चयन तथा प्रदत्त संकलन कार्य को एक उचित दिशा प्राप्त हो जाती है। इस सोपान में लिखे जाने वाले अनुसंधानात्मक प्रश्नों के उदाहरण के रूप में हम भाषा अधिगम कक्षाकक्ष परिस्थितियों में किये जाने वाले एक गुणात्मक अध्ययन में पूर्व निर्धारित निम्न प्रश्नों का उल्लेख कर सकते हैं :

- अध्यापक भाषा, कला (Language art) के पाठों को कैसे व्यवस्थित करता है ?
- भाषा कला के पाठों के दौरान विद्यार्थी क्या कर रहे होते हैं ?
- अध्यापक और विद्यार्थीगण अपनी भाषा तथा अनुदेशन के बारे में कैसा अनुभव करते हैं ?
- अध्यापक विद्यार्थियों के लेखन को कैसे प्रस्तावित एवं उन्नत करता है ?

4. प्रतिभागियों का चयन (Selection of the Participants)

गुणात्मक अनुसंधान किसी एक समूह, व्यक्ति, समुदाय और सांस्कृतिक परिवेश के गहन और विस्तृत अध्ययन पर जोर देते हैं। इसके अतिरिक्त यहाँ अनुसंधानकर्त्ता का मुख्य उद्देश्य स्वाभाविक परिस्थितियों में व्यक्तियों के बारे में अन्वेषण करना होता है, अपने अनुसंधान परिणामों को अध्ययन किये गये प्रतिभागियों/समूह विशेष के परे जाकर सामान्यीकरण करने में उनकी कोई रुचि नहीं होती। इसलिये इन अनुसंधानों के संपादन हेतु अनुसंधानकर्त्ताओं को ऐसे छोटे परन्तु अर्थपूर्ण प्रतिदर्श की आवश्यकता होती है जिससे उनके अनुसंधान उद्देश्यों की पूर्ति हेतु उचित प्रदत्तों का संकलन संभव हो सके। यही कारण है कि यहाँ अनुसंधानकर्त्ता को अपने अध्ययन सम्बन्धी प्रतिभागियों/प्रयोज्यों के चयन हेतु संयोगिक प्रतिचयन विधि की अपेक्षा प्रयोजनपूर्ण प्रतिचयन (Purposeful Sampling) तकनीक का प्रयोग करना उपयुक्त दिखाई देता है। इसके अतिरिक्त किसी गुणात्मक अनुसंधान में किया गया प्रतिचयन अपनी प्रारम्भिक अवस्था में अस्थिर एवं परिवर्तनशील ही होता है स्थायी और अपरिवर्तनशील नहीं। जैसे जैसे अध्ययन आगे बढ़ता जाता है, समय के साथ इसमें परिवर्तन आ सकते हैं। गुणात्मक अनुसंधान अध्ययनों में प्रयोजनपूर्ण प्रतिचयन तकनीक को अपनाने की आवश्यकता पर टिप्पणी करते हुये पैटन (Patton, 1990:169) ने लिखा है– "प्रयोजनपूर्ण प्रतिचयन की शक्ति और उसको अपनाने सम्बन्धी तर्क के पीछे यह बात काम करती है कि इससे गहन अध्ययन हेतु बहुत अच्छी जानकारी से युक्त प्रतिभागियों की प्राप्ति होती है, यानी इस प्रकार के प्रतिभागियों से अनुसंधानकर्त्ता अनुसंधान के प्रयोजन से सम्बन्धित बहुत ही अधिक महत्त्व की बातों से परिचित हो जाता है। इस तरह गुणात्मक अनुसंधानों में प्रयुक्त प्रयोजनपूर्ण प्रतिचयन एक ऐसी प्रक्रिया के रूप में जाना जा सकता है जिससे अनुसंधानकर्त्ता को उन व्यक्तियों तक पहुँचने में मदद मिलती है जिन्हें उस प्रकरण/विषय विशेष की विशेष रूप से जानकारी होती है, जिसका अध्ययन किया जा रहा हो।"

प्रयोजनपूर्ण प्रतिचयन को अपनाने सम्बन्धी निर्णय लेने के बाद अब अनुसंधानकर्त्ता को यह सोचने की आवश्यकता होती है कि वह अपने अध्ययन प्रतिदर्श का आकार क्या रखे। इस सम्बन्ध में अपने विचार व्यक्त करते हुये पैटन (Patton, 1980:184) ने लिखा है, गुणात्मक अन्वेषण में प्रतिदर्श आकार के बारे में कोई निश्चित नियम नहीं है। प्रतिदर्श का आकार यहाँ जिन बातों पर निर्भर करता है, वे हैं : अनुसंधानकर्त्ता क्या जानना चाहता है, अनुसंधान का क्या उद्देश्य है, प्रतिदर्श का किस प्रकार का आकार लाभदायक तथा विश्वसनीय रहेगा, तथा समय, धन, परिश्रम और उपलब्ध सहयोग जैसे प्राप्य संसाधनों के परिप्रेक्ष्य में क्या किया जा सकता है ?

5. भूमिका निर्धारण तथा अध्ययन परिवेश में प्रविष्टि का प्रबन्धन (Defining the Role and Managing Entry into the Context)

इस सोपान के अन्तर्गत अनुसंधानकर्त्ता पहले तो यह निर्णय लेता है कि अपने अनुसंधान प्रश्नों के उत्तर प्राप्त करने हेतु जो सूचनायें एवं प्रदत्तों का संकलन प्रतिभागियों/प्रयोज्यों से किया जायेगा, उसके क्रियान्वयन में उसकी किस प्रकार की भूमिका रहेगी। इसके बाद उसे जहाँ से सूचना की प्राप्ति या प्रदत्तों का संकलन होना है उस जगह उपस्थित रहने के लिये वहाँ उसकी प्रविष्टि कैसे होगी इस पर विचार करना जरूरी होता है। इस

सम्बन्ध में जैसा कि कोहन एवं अन्य (Cohen, et al., 2007:178) का कहना है कि प्रविष्टि सम्बन्धी प्रबन्धन के अपने प्रयास करने में अनुसंधानकर्त्ता को जिन बातों का ध्यान रखना पड़ता है, वे हैं प्रविष्टि एवं संपर्क करने हेतु आवश्यक अनुमति, अपनी उपस्थिति वहाँ बनाये रखने के लिये कोई उपयुक्त कारण, अपने लिये कोई भूमिका तथा पहचान कायम करना, उन व्यक्तियों की तलाश जो समूह तथा उसके सांस्कृतिक परिवेश (जिसका अध्ययन किया जा रहा है) में प्रविष्ट होने तथा संपर्क स्थापित करने में सहायक सिद्ध हो सकते हैं।

6. प्रदत्त संकलन (Data Collection)

इस सोपान के अन्तर्गत अनुसंधानकर्त्ता द्वारा अपने अनुसंधान प्रश्नों के उत्तरों से सम्बन्धित प्रदत्तों के संकलन का कार्य किया जाता है। गुणात्मक अनुसंधानों में प्रदत्तों के संकलन हेतु जिन तकनीकों का उपयोग किया जाता है, वे हैं प्रेक्षण (सहभागी तथा असहभागी प्रेक्षण), साक्षात्कार (संरचित साक्षात्कार, अर्ध–संरचित साक्षात्कार तथा असंरचित साक्षात्कार) तथा प्रलेखों एवं अन्य सामग्री जैसे जरनल सामग्री, समाचार पत्र, डायरी, जीवनी एवं आत्मकथायें, भौतिक अवशेष, आडियो एवं वीडियो रिकोर्डिंग आदि का विश्लेषण। प्रश्न उठता है कि प्रदत्त संकलन हेतु किस तकनीक या स्रोत का प्रयोग यहाँ करना उपयुक्त रहता है। उत्तर में यही कहना ठीक रह सकता है कि इस प्रकार का कोई नियम यहाँ लागू नहीं है। अनुसंधानकर्त्ता को ही समय और परिस्थिति के अनुसार प्रदत्तों की उपलब्धि तथा उन्हें प्राप्त करने सम्बन्धी अपनी सुविधा, सामर्थ्य तथा अपने अध्ययन में उनकी उपयोगिता के संदर्भ में ही यह निर्णय लेना पड़ता है। परन्तु अच्छा यह रहता है कि जहाँ तक संभव हो सभी उपलब्ध स्रोतों से विभिन्न प्रदत्त संकलन तकनीकों/विधियों का प्रयोग कर अधिक से अधिक विश्वसनीय और वैध प्रदत्तों का संकलन किया जाये।

7. प्रदत्त विश्लेषण एवं व्याख्या (Data Analysis and Interpretation)

गुणात्मक अनुसंधानों में प्रदत्तों का विश्लेषण कार्य उन प्रदत्तों का पठन एवं पुनरावलोकन करने के माध्यम से किया जाता है जो सामान्य रूप से प्रेक्षण नोट्स, साक्षात्कार रिकार्ड तथा प्रलेखों के रूप में उपलब्ध रहते हैं। इसका उद्देश्य संकलित प्रदत्तों का ऐसा उचित व्यवस्थितीकरण तथा स्पष्टीकरण प्रदान करना होता है ताकि उनसे कुछ वांछित अर्थ निकाले जायें और उनकी मदद से उन प्रसंगों (Themes) तथा प्रारूपों (Patterns) की खोज की जा सके जो इस विश्लेषण से उभरकर सामने आते हैं।

परिमाणात्मक अनुसंधानों के विपरीत गुणात्मक अनुसंधानों में प्रदत्त विश्लेषण का कार्य, प्रदत्त संकलन के कार्य के साथ ही शुरु हो जाता है। दूसरे शब्दों में यहाँ प्रदत्त संकलन तथा प्रदत्त विश्लेषण प्रायः साथ साथ ही चलते हैं और इस दृष्टि से कई बार हम यह पाते हैं कि प्रदत्त तो कम संकलित होते हैं और अनुसंधान के कार्य के आगे बढ़ने के साथ उनका विश्लेषण अधिक तादाद में किया हुआ पाया जाता है। गुणात्मक अध्ययनों में प्रदत्त संकलन के परिणामस्वरूप अनुसंधानकर्त्ता यह जान सकता है कि उसके पास में बहुत सारी मात्रा में विवरणात्मक सूचनायें इकट्ठी हो गई हैं। उसे अब क्या करना चाहिये ? उसे प्रदत्त विश्लेषण के उचित कार्यक्रम को अपनाते हुये इस बड़े सूचना भंडार को अच्छी तरह व्यवस्थित कर उसके आकार को किसी प्रकार छोटा बनाने की योजना बनानी चाहिये। प्रदत्तों का व्यवस्थितीकरण और प्रदत्तों के आकार में कमी ये दोनों गतिविधियाँ अनुसंधानकर्त्ताओं के द्वारा अपने प्रदत्त विश्लेषण कार्य में प्रयुक्त एक अकेली प्रक्रिया 'कूट संकेतन' (Coding) में समाहित रहती हैं। अनुसंधानकर्त्ताओं के द्वारा गुणात्मक प्रदत्तों के विश्लेषण हेतु काम में लाये जाने वाले "कूट संकेतन पद से" जैसा कि वीरस्मा तथा जर्स (Weirsma & Jurs, 2005:206) ने इसे परिभाषित किया है, "तात्पर्य–प्रदत्त व्यवस्थितीकरण तथा प्रदत्तों के आकार को कम करने सम्बन्धी प्रक्रिया से है। संक्षेप में यह एक ऐसी प्रक्रिया है जिसके माध्यम से गुणात्मक अनुसंधानकर्त्ता यह देख सकते हैं कि उनके प्रदत्तों में क्या कुछ है ?" संकेतीकरण या कूट संकेतन (Coding) की अवधारणा को स्पष्ट करने हेतु वीरस्मा एवं जर्स (Weirsma & Jurs) ने आगे निम्न उदाहरण प्रस्तुत किया है।

कूट संकेतीकरण के संगठनात्मक भाग की तुलना उस तैयारी से की जा सकती है जो किसी बड़े हॉल में रखे गये लोगों से दान में आये हुये कपड़ों को इस तरह चयनित कर संभालने से होती है ताकि इनका वितरण जरूरतमंदों को समय पर किया जा सके। कपड़े ढेर में रखे हुये हैं उन्हें अलग अलग करके यह देखना जरूरी है कि कहाँ क्या है। इन्हें वर्गीकृत या श्रेणियों में विभक्त किया जा सकता है, जिसके लिये कई श्रेणियों का इस्तेमाल किया जाता है और इन श्रेणियों में एक जैसे कपड़े रखे जा सकते हैं। जैसे बच्चों के कपड़े, किशोरों के कपड़े, युवाओं तथा प्रौढ़ों के कपड़े। इन श्रेणियों को फिर उप–श्रेणियों में बाँटा जा सकता है जैसे लड़के तथा लड़कियों के कपड़े, स्त्री और पुरुषों के कपड़े। स्त्रियों के कपड़ों को अन्य उप–श्रेणियों के रूप में औपचारिक ड्रेस, पाजामी, ब्लाउज इत्यादि में विभाजित किया जा सकता है। इसके अतिरिक्त इन कपड़ों को उनकी गुणवत्ता या हालात के आधार पर भी श्रेणीबद्ध किया जा सकता है। इस तरह से यहाँ बहुत सी ऐसी श्रेणियाँ हो सकती हैं जिनका उपयोग दान में आये कपड़ों के ढेरों को व्यवस्थित रूप देते हुये गरीबों में उनके वितरण कार्य को सही अंजाम देने में उचित सहायता कर सकता है।

गुणात्मक प्रदत्त विश्लेषण हेतु संकेतीकरण को एक साधन के रूप में प्रयुक्त करने हेतु बर्ग एवं लेटिन (Berg and Latin, 2008:253) में निम्न त्रि–पदीय (देखिये तालिका 9.1) प्रारूप की चर्चा की है।

तालिका 9.1 गुणात्मक प्रदत्त विश्लेषण के संकेतीकरण के लिये प्रयुक्त सोपान

सोपान 1	**मुक्त संकेतीकरण (Open Coding) :** इस प्रारम्भिक सोपान में अनुसंधानकर्त्ता से यह अपेक्षा की जाती है कि वह उन अस्थायी सम्प्रत्ययात्मक श्रेणियों या संवर्गों के बारे में निर्णय ले जिनमें संकलित प्रदत्तों का संकेतीकरण किया जाना है। इसके लिये शब्दों, वाक्यांशों, पदों, घटनाओं, समय आदि का चयन किया जा सकता है।
सोपान 2	**ऑडिट ट्रेल (Audit Trail) :** इस सोपान में अनुसंधानकर्त्ता से यह अपेक्षा की जाती है कि वह उन बातों या साधनों की तलाश करे जो मुक्त संकेतीकरण द्वारा चिह्नित प्रदत्तों को स्रोत एवं संदर्भों से जोड़े। यह कार्य आसानी से एक नोटबुक में तालिकाबद्ध प्रारूप में या कम्प्यूटर के वर्ड प्रोसेसर अथवा किसी गुणात्मक सोफ्टवेयर की मदद से किया जा सकता है। यहाँ अनुसंधानकर्त्ताओं के लिये यह भी जरूरी है कि उनके द्वारा स्रोतों से उपलब्ध वास्तविक उद्धरणों को स्थान दिया जाये।
सोपान 3	**धुरीय संकेतीकरण (Axial Coding) :** प्रदत्त विश्लेषण संकेतीकरण के इस अन्तिम चरण में जैसा कि वर्ग और लैटिन (Berg & Latin, 2008) ने कहा है, "अनुसंधानकर्त्ता एक ऐसा सम्पूर्ण चित्र प्रस्तुत करना प्रारम्भ करता है जिसमें अनुसंधान प्रकरण, अन्य सम्बन्धित प्रकरण, अनुसंधान के निहितार्थ, एक प्रस्तावित सम्प्रत्ययात्मक प्रतिमान के विवरण को एक साथ जोड़कर प्रस्तुत किया जा सके।

वास्तव में बर्ग एवं लेटिन ने संकेतीकरण के इस तीसरे और अंतिम सोपान में जो कुछ कहा है वह और कुछ नहीं बल्कि एक ऐसा आधार एवं नींव है जिसकी अनुसंधानकर्त्ता को विश्लेषित प्रदत्तों की व्याख्या एवं विवरण प्रस्तुत करने हेतु जरूरत पड़ती है। धुरीय संकेतीकरण (Axial coding) के परिणामों के आधार पर, अनुसंधानकर्त्ता अब व्याख्या करने के कार्य की शुरुआत करता है – दूसरे शब्दों में जैसा कि पैटन (Patton, 1990:375) का कहना है कि यहाँ अब एक अनुसंधानकर्त्ता अपने परिणामों का स्पष्टीकरण करता है, 'क्यों' प्रश्नों के उत्तर देता है, किसी परिणाम विशेष को अधिक महत्व देने का प्रयत्न करता है तथा एक विश्लेषणात्मक प्रारूप में विभिन्न प्रकार के परिणामों का समावेश करता है। फलस्वरूप वह अब यहाँ विवरणात्मक रूप में प्रसंगों तथा परिणामों का सार तथा स्पष्टीकरण करता हुआ दिखाई देता है। इसके अतिरिक्त यहाँ वह इस बात की चर्चा भी कर सकता है कि उसके अध्ययन के परिणाम इस क्षेत्र में होने वाले पहले के अध्ययन परिणामों से किस तरह सम्बन्धित हैं।

8. प्रतिवेदन का लेखन (Writing the Report)

गुणात्मक अध्ययनों में अनुसंधान प्रतिवेदन के लिखने का कार्य परिमाणात्मक अनुसंधानों में किये जाने वाले प्रतिवेदन लेखन कार्य से कम महत्त्वपूर्ण नहीं होता। यहाँ भी अनुसंधानकर्त्ता को अपने अनुसंधान प्रतिवेदन को कुछ सार्थक अध्यायों में विभाजित करना होता है। एक रफ ड्राफ्ट लिखना होता है; उसका पुनरावलोकन तथा संपादन करना होता है और फिर अंत में उसके अंतिम प्रारूप को बहुत सोच–समझकर लिखना होता है। परन्तु एक बात जो अलग है, वह यह है कि यहाँ इन गुणात्मक अध्ययनों में अनुसंधानकर्त्ता को अपनी अनुसंधान प्रक्रिया तथा परिणामों की प्रस्तुति तथा प्रतिवेदन एक वर्णनात्मक, विवरणात्मक तथा असांख्यिकी स्वरूप में प्रदान करना होता है। उसे इस बात का स्पष्टीकरण और विवरण देना होता है कि प्रयोज्य किस आधार पर चुने गये, प्रदत्त संकलन हेतु क्या तकनीकें अपनाई गईं, स्वाभाविक परिस्थितियों में किये जाने वाले अध्ययन के दौरान घटनाओं के घटित होने तथा होने वाली अंतःक्रियाओं के परिणामस्वरूप किस प्रकार के अनुभवों की प्राप्ति हुई तथा अनुसंधान प्रयासों से किस प्रकार के अंतिम परिणाम, निष्कर्ष तथा सीख प्राप्त हुई। अपने अनुसंधान प्रतिवेदन को एक अनुसंधान थीसिस (Thesis) के रूप में सामने रखने के अतिरिक्त एक अनुसंधानकर्त्ता अपने अनुसंधान परिणामों तथा निष्कर्षों को दूसरों के साथ प्रकाशित जरनलों, प्रतिवेदनों, वेब साइट तथा औपचारिक एवं अनौपचारिक मुलाकातों के माध्यम से भी बाँटने का प्रयत्न कर सकता है।

गुणात्मक अनुसंधान की विश्वसनीयता एवं वैधता (Reliability and Validity of Qualitative Research)

गुणात्मक अनुसंधान की विश्वसनीयता (Reliability of a Qualitative Study)

सामान्य रूप से किसी अध्ययन की विश्वसनीयता से तात्पर्य उस विश्वास से है जो उसके परिणामों या अनुसंधान निष्कर्षों में स्थापित किया जा सकता है। परिमाणात्मक अध्ययन में इसे सांख्यिकी तकनीकों या परिणामों की एकरूपता (एक ही अनुसंधानकर्त्ता या अन्य अनुसंधानकर्त्ताओं द्वारा समष्टि के एक जैसे प्रतिदर्शों पर अध्ययन का दुहराया जाना) के आधार पर ज्ञात किया जा सकता है। परन्तु यहाँ गुणात्मक अनुसंधानों में इस तरह की बात नहीं हो सकती। न तो हम एक गुणात्मक अनुसंधान की प्रक्रिया को वैसी ही स्वाभाविक परिस्थितियाँ तथा सांस्कृतिक परिवेश का सृजन कर दोहरा सकते हैं और न इसकी विश्वसनीयता स्थापित करने हेतु सांख्यिकी तकनीकों का उपयोग कर सकते हैं। वास्तव में गुणवत्ता अध्ययनों की विश्वसनीयता परिमाणात्मक अनुसंधानों में स्थापित की जाने वाली विश्वसनीयता से काफी कुछ अलग खड़ी दिखाई देती है। गुणात्मक अनुसंधानों की विश्वसनीयता सम्बन्धी अवधारणा से हमारा काफी परिचय बोगडन एवं बिकलेन द्वारा की गई निम्न टिप्पणी के माध्यम से हो सकता है।

"गुणात्मक अनुसंधानकर्त्ता विश्वसनीयता को, जो वे प्रदत्तों के रूप में अभिलेखित (Record) करते हैं और जो वास्तविक रूप में अध्ययन परिस्थितियों में घटित होता है उसके बीच स्थित सामंजस्य के रूप में, देखने का प्रयत्न करते हैं, विभिन्न प्रेक्षणों के मध्य पाई जाने वाली नितान्त एकरूपता से नहीं।"

(Qualitative researchers tend to view reliability as a fit between what they record as data and what actually occurs in the setting under study, rather than the literal consistency across different observations. — Bogdon and Biklen, 2003:36).

इस प्रकार से, गुणात्मक अध्ययनों में एक जैसी परिस्थितियों में विभिन्न अनुसंधानकर्त्ताओं द्वारा अलग–अलग प्रकार के प्रदत्तों तथा परिणामों पर पहुँचना एक स्वाभाविक सी बात है। जब तक परिणाम एक दूसरे को काटने वाले न हों हम सभी अनुसंधानों के उनके अपने परिणामों को विश्वसनीय ही कहेंगे।

गुणात्मक अनुसंधान की वैधता (Validity of a Qualitative Study)

सामान्यतया वैधता से तात्पर्य किसी अध्ययन या मापन की यथार्थता या उसके सही सही होने से है। एक अनुसंधानकर्त्ता से यह अपेक्षा की जाती है कि वह अपने निर्मित मापन साधन या किये गये अध्ययन की आंतरिक तथा बाह्य दोनों प्रकार की वैधता स्थापित करने का प्रयत्न करें। लेकिन गुणात्मक अध्ययनों में स्थापित की गई वैधता अपनी अवधारणा और प्रयुक्त विधि दोनों को ही लेकर परिमाणात्मक अध्ययनों की वैधता से काफी अन्तर रखती है। आइये इस बारे में जानकारी ली जाये।

1. आंतरिक वैधता की स्थापना (Establishment of Internal Validity) : गुणात्मक अध्ययन की आंतरिक वैधता की जाँच उसके अध्ययन को दोहराने से नहीं होती जैसे कि परिमाणात्मक अध्ययनों में होता है। यह वैधता यहाँ परिणामों के उस तार्किक विश्लेषण के द्वारा स्थापित की जाती है जो अनुसंधानकर्त्ता द्वारा अध्ययन की जा रही बातों के विवरण से सामने आते हैं। क्योंकि यहाँ अनुसंधान स्वाभाविक परिस्थितियों में किया जाता है इसलिये यहाँ प्रायोगिक अनुसंधानों की तरह चरों पर नियन्त्रण करने का कोई प्रावधान नहीं होता है। इसलिये जैसा कि वीर्समा और जर्स (Weirsma & Jurs, 2005:215) ने स्पष्ट किया है, "गुणात्मक अध्ययनों में दो या अधिक स्रोतों या दृष्टिकोणों से परिणामों और निष्कर्षों का पुष्टिकरण आंतरिक वैधता के पुष्टिकरण के लिए एक अच्छा साधन या तरीका प्रदान कर सकता है।"

2. बाह्य वैधता की स्थापना (Establishment of External Validity) : गुणात्मक अनुसंधान के बारे में जैसा कि बोगडन और बिकलिन (Bogdon & Biklen, 2003:32) ने संकेत दिया है, आमतौर पर यह पूछा जाता है –"क्या गुणात्मक अध्ययन के परिणामों का सामान्यीकरण किया जा सकता है ?" यह प्रश्न बाह्य वैधता से सम्बन्ध रखता है। इस पर सोच समझ कर ही निर्णय लिया जाना चाहिये। खासकर जब इसका सम्बन्ध विशिष्ट अनुसंधानात्मक अध्ययनों से हो। यहाँ प्रायः यही बात सामने आती है कि गुणात्मक अनुसंधानों में अनुसंधानकर्त्ताओं का उद्देश्य ज्यादातर अपने परिणामों का व्यापक सामान्यीकरण करना नहीं होता। क्योंकि उन्हें स्वाभाविक परिस्थितियों में ही घटित व्यवहार और वस्तुओं का अध्ययन कर अपने अध्ययन परिणामों को उन्हीं तक सीमित रखना होता है। इसीलिये प्रायः गुणात्मक अनुसंधान की बाह्य वैधता का सम्बन्ध किए गए अनुसंधान की तुलनात्मकता तथा स्थानान्तरणता से ही अधिक होता है जिसका विवरण हम आगे गुणात्मक अध्ययन का मूल्यांकन करने सम्बन्धी प्रक्रिया में प्रस्तुत कर रहे हैं।

गुणात्मक अनुसंधान अध्ययन का मूल्यांकन (Evaluating a Qualitative Research Study)

एक अनुसंधान अध्ययन अपने उद्देश्यों को पूरा करने में कितना सफल रहा है ? प्रदत्तों का संकलन, विश्लेषण तथा व्याख्या के संदर्भ में इस पर कितना विश्वास किया जा सकता है? यही वे कुछ प्रश्न हैं जिनका उत्तर एक अनुसंधान अध्ययन की प्रक्रिया और परिणामों के मूल्यांकन द्वारा प्राप्त करने की बात की जाती है। इस प्रकार के मूल्यांकन के लिये निश्चित रूप से गुणात्मक तथा परिमाणात्मक दोनों प्रकार के अध्ययनों के लिए कोई उचित मानदण्ड होना चाहिए और वास्तव में यह मानदंड मौजूद भी है ? परन्तु मूल्यांकन के जो मानदण्ड गुणात्मक और परिमाणात्मक अनुसंधान अध्ययन के लिए हैं उनमें आपस में काफी अन्तर है। सामान्यतः गुणात्मक अनुसंधान के मूल्यांकन के मानदण्ड परिमाणात्मक अनुसंधानों के मानदण्ड से इस बात में अलग हैं कि उनका केन्द्रबिन्दु इस बात पर ज्यादा रहता है कि अनुसंधानकर्त्ता ने कितनी अच्छी तरह से उन साक्ष्यों को प्रस्तुत किया है जिनके विवरण और विश्लेषण के द्वारा अध्ययन किए गए व्यक्तियों और परिस्थितियों की यथार्थता का सही प्रतिनिधित्व किया जा सके। अध्ययन की महत्ता और सच्चाई के परीक्षण हेतु आवश्यक साक्ष्य प्रस्तुत करने के लिए अनुसंधानकर्त्ता को गुणात्मक अनुसंधान अध्ययन के मूल्यांकन में सहायक कुछ खास विशेषताओं

जैसे – विश्वास या भरोसे लायक (Trust Worthiness), साख या प्रतिष्ठा (Credibility), समेलित्वता (Coherence), स्थानान्तरणता (Transferability), निर्भरता (Dependability) और सुनिश्चितता (Confirmability) का ध्यान रखना चाहिये। आइए इन सबके बारे में जाना जाये।

विश्वास या भरोसे के लायक (Trustworthiness)

यहाँ पर भरोसे के लायक होने से तात्पर्य उस विश्वास से है जो किसी अध्ययन में उसके क्रियान्वयन हेतु प्रक्रिया को लेकर बनाए रखा जा सकता है। इसकी जाँच निम्न प्रकार के प्रश्नों के उत्तर प्राप्त करने के द्वारा की जा सकती है :

(i) अनुसंधानकर्त्ता चयनित विधियों से सम्बन्धित विशिष्ट प्रक्रियाओं पर कहाँ तक टिका रहा है ?

(ii) जाँच पड़ताल या अन्वेषण में वह कितना अनुशासित रहा है ?

(iii) उसने कितना खुलकर प्रक्रियाओं का वर्णन किया है ?

साख या प्रतिष्ठा (Credibility)

लोडिको एवं अन्य (Lodico et al., 2006:273) के अनुसार साख या प्रतिष्ठा से तात्पर्य यह जानने में है कि अनुसंधानकर्त्ता द्वारा परिस्थितियों और घटनाओं का जो वर्णन अनुसंधान प्रतिवेदन में प्रदान किया गया है, वह प्रतिभागियों की उन परिस्थितियों और घटनाओं के प्रत्यक्षीकरण से मेल खाती है या नहीं। दूसरे शब्दों में, क्या अनुसंधानकर्त्ता ने सही सही यह बताया है (i) प्रतिभागियों द्वारा क्या सोचा, अनुभव किया जाता है और (ii) उनके विचार, भावनायें और क्रियाएँ किन प्रक्रियाओं से प्रभावित हो रही हैं।

वास्तव में यहाँ साख या प्रतिष्ठा से तात्पर्य किसी गुणात्मक अध्ययन की विश्वसनीयता या आन्तरिक वैधता की स्थापना से है। इसकी स्थापना हेतु पैटन (Patton, 2002) ने त्रिकोणीय पुष्टिकरण (Triangulation) की प्रक्रिया को काम में लाने की बात कही है। इस त्रिकोणीय पुष्टिकरण को काम में लाने में निम्न बातें समाहित रहती है :

(i) प्रदत्तों को संकलन करने में विभिन्न स्रोतों का उपयोग

(ii) प्रदत्त संकलन हेतु विभिन्न विधियों का प्रयोग

(iii) प्रदत्तों का विश्लेषण करने के लिये विभिन्न तकनीकों या विधियों का प्रयोग या बहुत से अनुसंधानों को समाहित करते हुए एक अभिकल्प का प्रयोग।

इस प्रकार के त्रिकोणीय पुष्टिकरण से प्राप्त परिणामों की आपस में तुलना की जानी चाहिये और काफी ज्यादा अन्तर दिखाई पड़े तो ऐसे अन्तर के संभावित कारणों की खोज पर भी ध्यान दिया जाना चाहिये। इस त्रिकोणीय पुष्टिकरण को प्रयोग में लाने के अतिरिक्त एक अनुसंधानकर्त्ता अपने अध्ययन की साख या प्रतिष्ठा (Credibility) की स्थापना हेतु एक अन्य दूसरी तकनीक को भी प्रयोग में ला सकता है जिसे नकारात्मक व्यक्तिगत विश्लेषण (Negative case analysis) के नाम से जाना जाता है।

इस तकनीक का प्रयोग करने में एक अनुसंधानकर्त्ता को ऐसे प्रदत्तों की जाँच करने की कोशिश करनी पड़ती है जो उसकी परिकल्पनाओं के प्रतिकूल या विरोधी नजर आते हैं। जब इस प्रकार के बहुत से नकारात्मक उदाहरण सामने आ जायें तो इससे अध्ययन की साख या प्रतिष्ठा पर प्रतिकूल प्रभाव पड़ता है और फिर इस सम्बन्ध में अनुसंधानकर्त्ता के लिये यह आवश्यक होता है कि या तो वह अपनी परिकल्पनाओं को बदले अथवा यह स्पष्टीकरण दे कि कोई बात यहाँ पर क्यों ठीक नहीं बैठ रही है।

3. समेलित्वता (Coherence)

गुणात्मक अनुसंधान अध्ययन के मूल्यांकन हेतु इस मानदण्ड का प्रयोग करने हेतु एक अनुसंधानकर्त्ता से यह अपेक्षा की जाती है कि वह अग्रांकित तीन बातों पर ध्यान दें :

(i) अन्तिम रूप में लिखे हुए अनुसंधान प्रतिवेदन किस सीमा तक अर्थपूर्ण हैं ?

(ii) किस सीमा तक निष्कर्षों को प्रदत्तों के द्वारा समर्थन प्रदान किया गया है ?

(iii) त्रिकोणीय पुष्टिकरण का उचित उपयोग।

4. स्थानान्तरणता (Transferability)

गुणात्मक अनुसंधानों के मूल्यांकन हेतु प्रयुक्त यह मानदण्ड परिमाणात्मक अनुसंधानों में इसी काम के लिये प्रयुक्त बाह्य वैधता के संप्रत्यय जैसा ही है। परन्तु गुणात्मक अनुसंधानों में एक अनुसंधानकर्त्ता किसी बाह्य मानदण्ड की सहायता से अपने अध्ययन की वैधता स्थापित नहीं कर सकता यानी वह अपने परिणामों को दूसरे वैसे ही अध्ययनों के परिणामों के आधार पर पुष्टि नहीं कर सकता। अपने अध्ययन के मूल्यांकन हेतु यहाँ उसे स्थानान्तरणता के मानदण्ड का ही उपयोग करना होता है और इसके लिये उसे नहीं बल्कि अध्ययन के पाठकों और उपयोगकर्त्ताओं को यह देखना होता है कि किसी एक परिस्थिति या परिदृश्य में किये गये अध्ययन विशेष के परिणाम दूसरे अध्ययनों (जो उस जैसी परिस्थितियों या परिदृश्यों में किये जायें) को करने में किस सीमा तक लाभप्रद सिद्ध हो सकते हैं ? इस तरह से स्थानान्तरणता (Transferability) से तात्पर्य उस समतुल्यता या समरूपता है जो पाठकों तथा उपयोगकर्त्ताओं को, किये गये अनुसंधान तथा उनके उपयोगों में दिखाई देती है। एक अनुसंधानकर्त्ता को भी स्वयं इसका अनुमान अपने अध्ययन में दिये गये विवरण की समृद्धता और जिस संदर्भ में अध्ययन सम्पन्न हुआ है उसके विस्तृत विवरण के आधार पर अच्छी तरह हो सकता है। परन्तु किसी भी रूप में गुणात्मक अनुसंधानों में प्रयुक्त स्थानान्तरणता के मानदंड के उपयोग को यह मानने की भूल नहीं की जानी चाहिये कि इससे यह जाना जाता है कि अध्ययनकर्त्ता ने प्रतिनिधि प्रतिदर्श का अच्छी तरह चयन किया या नहीं। यहाँ तो इस मानदंड के उपयोग से केवल यही बात जुड़ी रहती है कि पाठकों तथा उपयोगकर्त्ताओं द्वारा यह देखा जाये कि किस सीमा तक प्रस्तुत अध्ययन उन्हें यह तय करने में सहायक है कि इसमें प्रयुक्त विधियों और प्रक्रियाओं का स्वाभाविक परिस्थितियों तथा सांस्कृतिक परिवेश में किये जाने वाले उनके अनुसंधानों में उपयोग किया जा सकता है या नहीं।

5. निर्भरता या आश्रितता (Dependability)

गुणात्मक अनुसंधानों के मूल्यांकन में प्रयुक्त यह मानदंड परिमाणात्मक अनुसंधानों के मूल्यांकन में प्रयुक्त विश्वसनीयता के संप्रत्यय जैसा ही है। परन्तु यहाँ परिमाणात्मक अनुसंधानों की तरह इसकी जाँच सांख्यिकी विधियों से नहीं होती। गुणात्मक अनुसंधानों में निर्भरता या आश्रितता से तात्पर्य इस बात से है कि कोई अध्ययन के परिणामों में किस सीमा तक अपना विश्वास कायम रख कर अपनी आश्रितता या निर्भरता बनाये रख सकता है। फलस्वरूप जिन गुणात्मक अध्ययनों को हम अच्छे अध्ययन मानते हैं कि उनमें आवश्यक रूप से इस बात का पूरी तरह से स्पष्टीकरण रहता है कि प्रदत्तों का संकलन, विश्लेषण तथा व्याख्या कैसे की गई ? इसलिये उन गुणात्मक अनुसंधानों को निर्भरता या आश्रितता के मानदंड पर खरा उतरा समझा जाता है जिनमें अनुसंधानकर्त्ता द्वारा अपने उन अभी अनुभवों का विस्तार से विवरणात्मक शैली में वर्णन किया जाये जो प्रदत्तों के संकलन, विश्लेषण तथा व्याख्या से सम्बन्धित होते हैं। यद्यपि एक और बात की जो करने में कुछ कठिन होती है, अपेक्षा निर्भरता या आश्रितता के मानदंड को लेकर शोधकर्त्ता से की जाती है वह यह है कि उसके द्वारा स्वाभाविक रूप में अपने परिणामों के साथ सम्बन्धित सभी प्रदत्तों का समावेश रहे, तथा जिन परिस्थितियों तथा परिवेश में प्रदत्तों का संकलन किया गया उनका भी उल्लेख हो ताकि अन्य अनुसंधानकर्त्ताओं द्वारा इनका पुनर्वीक्षण करने या इनसे लाभान्वित होने में पूरी पूरी मदद मिले।

6. सुनिश्चितता (Confirmability)

गुणात्मक अनुसंधानों के मूल्यांकन हेतु प्रयुक्त सुनिश्चितता (Confirmability) मानदंड से तात्पर्य अनुसंधानकर्त्ता की उस तटस्थता (Neutrality) से है जो उसके द्वारा अपने अनुसंधान परिणामों की व्याख्या करने में बनाये रखी जाती है। इस मानदंड की प्रकृति को एक और तरह से स्पष्ट करने हेतु टकमैन (Tuckman, 1999:400) ने लिखा है :

सुनिश्चितता से तात्पर्य है कि अगर अन्य अनुसंधानकर्त्ता द्वारा उस जैसी घटना, बात या प्रक्रिया का उस जैसी परिस्थितियों तथा वातावरण में उस जैसी प्रक्रिया का अनुसरण करते हुये अध्ययन किया जाये तो वे उसी प्रकार के निष्कर्षों पर पहुँचेंगे।

प्रदत्त संकलन स्रोतों से प्राप्त सूचनाओं तथा जानकारी के विश्लेषण तथा व्याख्या में तटस्थता/निष्पक्षता बनाये रखना काफी कठिन कार्य है। संकलित प्रदत्तों के विश्लेषण में व्यक्तिनिष्ठा तथा पक्षपात से एकदम परे हट जाना शोधकर्त्ताओं के लिये काफी कठिन होता है। इसलिये जब व्यवहार में प्रयुक्त करने की बात आती है तो सुनिश्चितता मानदंड का प्रयोग गुणात्मक अनुसंधान के मूल्यांकन हेतु किया जाना असंभव सा ही दिखाई देता है क्योंकि यहाँ बात मूल्यों की आती है जो अपने आप में पूरी तरह आत्मनिष्ठ (Subjective) होते हैं।

परन्तु, सौभाग्यवश आजकल अनुसंधानकर्त्ताओं के पास कंप्यूटर तकनीक तथा विकसित सूचना एवं संप्रेषण तकनीकी की सेवायें अच्छी तरह उपलब्ध हैं। इससे उन्हें अपने प्रदत्तों के संकलन, विश्लेषण तथा व्याख्या कार्य को अधिक सुव्यवस्थित, वस्तुनिष्ठ तथा तटस्थ रूप में बिना किसी पूर्वाग्रह, पक्षपात तथा द्वेष के पूरा करने के सुअवसर मिल सकते हैं और फलस्वरूप उन्हें अपने अनुसंधान कार्य सम्बन्धी आवश्यक सुनिश्चितता स्थापित करने में पूरी पूरी सहायता मिल सकती है।

10

जातिवृत्यात्मक अनुसंधान
[Ethnographic Research]

जातिवृत्यात्मक अनुसंधान–अर्थ एवं परिभाषायें
(Ethnographic Research—Meaning and Definitions)

अपने शाब्दिक अर्थ में जातिवृत्यात्मक (Ethnographic) अनुसंधान वे अनुसंधान होते हैं जिनका सम्बन्ध मानव जाति वर्णन (Ethnography) से होता है। शब्द–उत्पत्ति के अनुसार मानव जाति वर्णन के लिये प्रयुक्त आंग्ल भाषा का शब्द इथनोग्राफी (Ethnography) दो ग्रीक शब्दों इथोस (Ethos) जिसका अर्थ होता है जनजाति (Tribe) तथा ग्राफोज (Graphos) जिसका अर्थ होता है वह चीज जो लिखित में होती है (Something that is written) से मिलकर बना है। इस तरह शाब्दिक अर्थों में इथनोग्राफी (Ethnography) का संपूर्ण अर्थ होता है "किसी जनजाति या सांस्कृतिक समूह के बारे में लिखित दस्तावेज या प्रलेख" (A written document about a tribe or cultural group)।

ऐतिहासिक परिप्रेक्ष्य में इथनोग्राफी (Ethnography) पद का उद्‌गम मानव विज्ञान विषय जिसे आंग्ल भाषा में एनथ्रोपोलोजी (Anthropology) कहा जाता है, से है। इस विषय में मानव जाति के उद्‌गम, विकास तथा विशेषताओं का अध्ययन एवं वर्णन किया जाता है। आंग्ल भाषा में उपलब्ध रेन्डम हाउस डिक्सनरी में इथनोग्राफी को एनथ्रोपोलोजी की एक ऐसी शाखा के रूप में परिभाषित किया गया है जिसमें संस्कृति विशेष का वैज्ञानिक विवरण प्रस्तुत किया जाता है।

जातिवृत्यात्मक (Ethnographic) अनुसंधानों से भी यह आशा की जाती है कि वे अनुसंधान किये जाने वाले समुदायों या संस्कृतियों का समृद्ध और विस्तृत विवरण प्रस्तुत करें। इन अर्थों में इथनोग्राफी (मानव जाति वर्णन) तथा इथनोग्राफिक (जातिवृत्यात्मक) अनुसंधान एक दूसरे के पर्यायवाची ठहराये जा सकते हैं और यही कारण है कि अनुसंधान विधियों का वर्णन करने वाली पाठ्‌यपुस्तकों में इन्हें समानार्थी मानकर प्रयोग में लाया जाता है। इस पुस्तक में भी हम यही करना चाहेंगे। आइये अब इनके अर्थ एवं विशेषताओं की तरफ इशारा करने वाली कुछ मुख्य परिभाषाओं पर ध्यान दिया जाये।

1. **स्प्रेडले :** मानव जाति वर्णन (Ethnography) विषय का उद्देश्य किसी संस्कृति विशेष का वर्णन करना होता है। जातिवृत्यात्मक अनुसंधान का उद्देश्य दूसरों की जीवन शैली को उन्हीं के दृष्टिकोण से समझना होता है।

   (Ethnography is the work of describing a culture. The goal of ethnographic research is to understand another way of life from the native point of view. — Spradlay, 1979:3)

2. **जोहन वेन मानेन :** एक विधि के रूप में प्रयुक्त मानव जाति विवरणी से तात्पर्य एक अकेले अन्वेषक के द्वारा प्रतिभागी प्रेक्षक के रूप में किये गये उस क्षेत्र कार्य से है जिसे उसके द्वारा जिनका अध्ययन किया जाना है उनके साथ वर्षों उन्हीं की तरह रहकर किया जाता है।

   (When used as a method, ethnography typically refers to field work—alternately, participant observation, conducted by a single investigator who 'lives with and lives like' those who are studied, usually for a year or more. — John Van Maanen, 1996:263)

3. **ऐगार :** मानव जाति विवरणी की जड़ मानव विज्ञान तथा समाज शास्त्र में है। आजकल उपयोगकर्त्ता सभी तरह के समुदायों एवं संगठनों में इसका (Ethnography) का उपयोग करते हैं। मानव जाति के बारे में अनुसंधान करने वाले विद्यालयी शिक्षा, सार्वजनिक स्वास्थ्य, ग्रामीण एवं शहरी विकास, उपभोक्ता एवं उपभोग सामग्री, तथा कोई अन्य मानव क्षेत्र आदि सभी का अध्ययन करते हैं।

   (Ethnography has its roots planted in the fields of Anthropology and Sociology. Present-day practitioners conduct enthnographies in organisation and communities of all kinds. Ethnographers study schooling, public health, rural and urban development, consumers and consumer goods, any human arena. — Agar, 1996)

4. **डेविड एम. फेटरमेन :** मानव जाति विवरणी (Ethnography) एक समूह या संस्कृति का वर्णन करने की कला एवं विज्ञान है। यह वर्णन किसी अपरिचित जगह में बसे एक छोटे जनजाति समूह का हो सकता है अथवा किसी मध्यमवर्गीय कस्बे के कक्षाकक्ष का।

   (Ethnography is the art and science of describing a group or culture. The description may be of a small tribal group in an exotic land or a classroom in middle-class suburbia. —Fetterman, David M., 1998)

5. **मकनील एवं चेपमैन :** "मानव जाति विवरणी" (Ethnography) का शाब्दिक अर्थ है जीवन शैली, या सामाजिक समूहों की संस्कृति के बारे में लिखना। अपने सरलतम रूप में इसमें अनुसंधानकर्त्ताओं को अध्ययन किये जाने वाले सामाजिक समूह के स्वाभाविक परिवेश में प्रविष्ट होकर उनकी दैनिक गतिविधियों का प्रेक्षण एवं उनमें भागीदारी निभानी होती है। अन्य विधियाँ, विशेषकर अनौपचारिक साक्षात्कार तथा प्रलेखों के रूप में डायरियों का विश्लेषण पूर्ण चित्रांकन हेतु प्रयुक्त किया जा सकता है।

   (Ethnography' literally means writing about the way of life, or culture of social groups. At its simplest, it involves the researcher inserting themsevles into the natural setting of the social group being studied and participating in and observing their daily activities. Other methods, particularly informal interviews and analysis of documents such as diaries may be ued to sketch out a fuller picture. — Mc Neill & Chapman, 2005:89)

6. **एन्डरसन, केन :** मानव जाति विवरणिका (Ethnography), एनथ्रोपोलोजी यानी मानव विज्ञान की एक शाखा है जिसमें यह जानने का प्रयत्न किया जाता है कि लोग अपनी जिन्दगी कैसे जीते हैं। परम्परागत बाजार–अनुसंधानकर्त्ताओं (जो विशिष्ट एवं काफी व्यावहारिक प्रश्न पूछते हैं) से अलग हटकर मानव विज्ञान अनुसंधानकर्त्ता उपभोगकर्त्ताओं से उनके घरों या कार्यालयों में संपर्क करते हैं ताकि एक अनिर्देशित तरीके से उनका प्रेक्षण हो एवं उनकी बात सुनी जा सके। हमारा उद्देश्य लोगों के व्यवहार का उनकी इच्छानुकूल प्रेक्षण करना है अपनी मर्जी मुताबिक नहीं। हालांकि यह प्रेक्षण विधि देखने में अप्रभावी लग सकती है परन्तु यह हमें उस संदर्भ विशेष से अवगत कराती है जिसमें ग्राहकों द्वारा किसी नये उत्पाद का उपयोग किया जाता है और यह बताती है कि वह उत्पाद उनकी जिन्दगी में क्या अर्थ रखता है।

(Ethnography is the branch of anthropology that involves trying to understand how people live their lives. Unlike traditional market researchers, who ask specific, highly practical questions, anthropological researchers visit consumers in their homes or offices to observe and listen in a non-directed way. Our goal is to see people's behaviour on their terms, not ours. While this observational method may appear inefficient, it enlightens us about the context in which customers would use a new product and the meaning that product might hold in their lives. — Anderson Ken, 2009)

जातिवृत्यात्मक अनुसंधान (Ethnographic research) : एक ऐसा गुणात्मक अनुसंधान जिसमें किसी समूह विशेष की जीवन शैली, सामाजिक व्यवहार तथा संस्कृति का स्वाभाविक परिस्थितियों तथा सामाजिक परिवेश में बिना कोई कृत्रिमता या हस्तक्षेप किये हुये इस प्रकार अध्ययन किया जाता है कि अधिक से अधिक अच्छी तरह स्थिति विशेष का समग्र चित्रण और पूर्ण विवरण प्रदान किया जा सके।

जातिवृत्यात्मक अनुसंधान की मुख्य विशेषतायें (Characteristics Features of Ethnographic Research)

जातिवृत्यात्मक अनुसंधान के अर्थ, प्रकृति, प्रयोजन और कार्यप्रणाली को लेकर ऊपर जो बातें कहीं गई हैं उनके आधार पर इसके मुख्य आकर्षण तथा विशेषताओं का संक्षेप में निम्न प्रकार वर्णन किया जा सकता है:

1. जातिवृत्यात्मक अनुसंधानों में किसी जाति या समूह विशेष के सामाजिक एवं सांस्कृतिक जीवन को निकट से देखने और समझने की बात की जाती है। एक शोधकर्त्ता यहाँ एक समूह विशेष की दिन–प्रतिदिन की जिन्दगी का साक्षी तथा प्रतिभागी बनकर उस जाति या प्रजाति विशेष के उद्‌गम, विकास, जीवन शैली, मान्यतायें, मूल्यों, रीति–रिवाजों, परम्पराओं, आपसी व्यवहार, कमजोरियों, अच्छाइयों इत्यादि का गहन एवं विस्तृत अध्ययन करने का प्रयत्न करता है।
2. इन अनुसंधानों में यह प्रयत्न किया जाता है कि प्रत्यक्ष दर्शन से स्वाभाविक परिस्थितियों तथा सामाजिक परिवेश में घटित मानव व्यवहार का यथार्थ चित्रण किया जा सके। इसलिये इस प्रकार के अनुसंधान उन्हीं परिस्थितियों तथा सामाजिक परिवेश तथा सांस्कृतिक पृष्ठभूमि में सम्पन्न किये जाते हैं जिनमें घटित व्यवहार/घटनाओं/प्रक्रियाओं के उनके नितान्त स्वाभाविक रूप में दर्शन किये जा सकें जैसे एक कक्षाकक्ष, एक विद्यालय, एक महाविद्यालय या कोई स्वाभाविक कार्यरत सामाजिक या सांस्कृतिक समूह (जैसे जनजातीय समुदाय, बाजार या औद्योगिक प्रतिष्ठान)। यहाँ अध्ययन परिस्थितियों में कोई बदलाव या कृत्रिमता नहीं लाई जाती। इस तरह जैसा कि वीरस्मा एवं जर्स (Wiersma and Jurs, 2005:244) का कहना है, "जातिवृत्यात्मक अनुसंधानों को क्षेत्र–अनुसंधान (Field research) कहा जाता है, यहाँ क्षेत्र (Field) से तात्पर्य उस स्वाभाविक परिस्थिति से होता है जिसमें अनुसंधान कार्य किया जाता है।"
3. इस प्रकार के अनुसंधानों की एक बड़ी मुख्य विशेषता तथा आकर्षण उनकी इस बात को लेकर है कि यहाँ एक सामाजिक प्रक्रिया या समूह विशेष के अध्ययन हेतु खोज या अन्वेषण आधारित उपागम के उपयोग पर बल दिया जाता है केवल मात्र पूर्व कल्पित परिकल्पनाओं के परीक्षण पर नहीं।
4. अपने परम्परागत रूप में जातिवृत्यात्मक अनुसंधानों में जनजातियों या पुरातन संस्कृतियों से जुड़े समूहों तथा आदिवासियों के सामाजिक और सांस्कृतिक जीवन के अध्ययन पर ही जोर दिया जाता रहा है। परन्तु अब स्थिति बदल गई है, अब इनके द्वारा विभिन्न प्रकार के समूहों, समुदायों, संस्थाओं, संगठनों से सम्बन्धित व्यक्तियों के व्यवहार, अंतःक्रियाओं तथा योगदान का अध्ययन किये जाने लगा है।

5. जातिवृत्यात्मक अनुसंधान पूरी तरह से गुणात्मक अनुसंधानों की श्रेणी में आते हैं और इस दृष्टि से ये परिमाणात्मक अनुसंधानों से अपने प्रयोजन, विधितन्त्र तथा उपयोगों को लेकर काफी भिन्नता रखते हैं, जैसे :
   (i) इन अनुसंधानों का उद्देश्य किसी समूह विशेष की संस्कृति और जीवन शैली का स्वाभाविक परिस्थितियों में अध्ययन कर उसका सही और समग्र चित्र प्रस्तुत करना होता है। कार्य–कारण सम्बन्ध स्थापित करना या किन्हीं देखी या समझी बातों का स्पष्टीकरण देने से यहाँ कोई प्रयोजन नहीं होता, जैसा कि अक्सर सर्वेक्षण तथा प्रायोगिक अनुसंधानों में होता है। यहाँ तो उद्देश्य यही होता है कि "उसके बारे में सिर्फ वही बताओ जैसा वह है।" इस नियम की अनुपालना कर यथार्थ के अपने वास्तविक रूप में दर्शन कराना ही यहाँ अनुसंधान लक्ष्य होता है।
   (ii) जातिवृत्यात्मक अनुसंधानों के परिणामों का उद्देश्य वर्णनात्मक, सर्वेक्षण या प्रायोगिक अनुसंधानों की तरह के सामान्यीकरण तलाशना नहीं होता। इनका मुख्य प्रयोजन तो अध्ययन किये गये समूह/घटना/प्रक्रिया की वास्तविकता की पूरी कहानी या समग्र चित्रण/विवरण स्पष्ट रूप से प्रस्तुत करना होता है। सामान्यीकरण के नाम पर तो यहाँ अधिक से अधिक यही कहा जा सकता है कि व्यक्ति विशेष/विशेषों के इस प्रकार के व्यवहार की झलक इन्हीं जैसी परिस्थितियों तथा संदर्भों में घटित अन्य व्यक्तियों के व्यवहार में भी दिखाई दे सकती है।
   (iii) परिमाणात्मक अनुसंधानकर्त्ताओं की तुलना में जातिवृत्यात्मक अनुसंधानकर्त्ताओं द्वारा (प्रायः अकेले ही) वास्तविक स्वाभाविक परिस्थितियों में प्रेक्षित व्यवहार की व्याख्या एवं विवरण प्रस्तुत करने में काफी महत्त्वपूर्ण एवं सार्थक केन्द्रीय भूमिका निभाई जाती है। यही कारण है कि एक जातिवृत्यात्मक अनुसंधान को "स्वाभाविक अन्वेषण/खोज" की भी संज्ञा दी जाती है क्योंकि इनमें पूर्व मान्यताओं या निर्मित अनुसंधान परिकल्पनाओं को स्थापित करने हेतु प्रयोजनपूर्ण प्रयत्न नहीं किये जाते।
   (iv) जातिवृत्यात्मक अनुसंधानों की कार्यप्रणाली अनुसंधानकर्त्ताओं को यह अवसर प्रदान करती है कि वे सामाजिक समूहों के जीवन्त अनुभवों को स्वयं उनके सदस्यों की तरह अनुभव करके अनुसंधान प्रदत्तों का संकलन करें। इस कार्य को कुशलता से पूरा करने हेतु उन्हें वह कला सीखनी होती है जिससे वे समूह विशेष में समूह के सदस्यों की तरह रहते हुये समूह विशेष की जीवनशैली तथा सामाजिक एवं सांस्कृतिक जीवन में अच्छी तरह झांककर अपने अध्ययन प्रश्नों के उत्तर भलीभाँति प्राप्त कर सकें। इस प्रकार से समूह के सदस्यों के साथ पूरी तरह घुलमिल करके, बहुत ही यथार्थ, वास्तविक एवं विश्वनीय प्रदत्तों का संकलन जितना जातिवृत्यात्मक अनुसंधानकर्त्ताओं के हाथों हो सकता है उतना किसी सामाजिक एवं व्यावहारिक विज्ञानों में प्रयुक्त अनुसंधान विधि से नहीं।
6. जातिवृत्यात्मक अनुसंधानकर्त्ताओं द्वारा अपने अध्ययन में गुणात्मक तथा परिमाणात्मक दोनों ही प्रकार के प्रदत्तों का संकलन एवं उपयोग किया जा सकता है। इसलिये उन्हें अपने अध्ययन सम्बन्धी प्रदत्तों के संकलन तथा विश्लेषण में गुणात्मक तथा परिमाणात्मक विधियों एवं तकनीकों का उपयोग परिस्थितियों तथा संकलित प्रदत्तों की प्रकृति के अनुसार करना होता है।
7. अपने सामान्य स्वरूप में सभी जातिवृत्यात्मक अनुसंधान तीन मुख्य प्रदत्त संकलन तकनीकों का प्रयोग करते हुये पाये जा सकते हैं: (i) गहन मुक्त–उत्तर वाले साक्षात्कार (Indepth open ended interviews) (ii) प्रत्यक्ष प्रेक्षण (Direct observation), और (iii) लिखित प्रलेख या दस्तावेज (Written documents)। इन प्रदत्त संकलन तकनीकों के प्रयोग का एक मात्र प्रयोजन (चाहे वे अलग अलग काम में लाई जायें अथवा मिलजुल कर) यहाँ अनुसंधानकर्त्ता को अनुसंधान अध्ययन के प्रयोज्यों/परिस्थितियों या घटनाओं के बारे में ऐसी काफी समृद्ध जानकारी और सूचनाओं तक ले जाना है जिनके माध्यम से प्रजाति/समूह विशेष की कहानी को अच्छी तरह विवरणात्मक रूप में प्रस्तुत किया जा सके।

जातिवृत्यात्मक अनुसंधानों में किस तरह की अनुसंधान समस्याओं का अध्ययन किया जाता है ? (The Kinds of Research Problems Studied Through Ethnographic Researches)

जातिवृत्यात्मक अनुसंधान सामान्यतया निम्न प्रकार की अनुसंधान समस्याओं के अध्ययन पर केन्द्रित रहते देखे जा सकते हैं।

- मिलीजुली जातियों के बालकों से युक्त एक प्राथमिक विद्यालय में बालकों की जातीय अभिवृत्तियों का अध्ययन।
- विभिन्न जातियों के बालकों से युक्त एक ग्रामीण विद्यालय में सामाजिक अन्तःक्रियाओं का अध्ययन।
- जम्मू कश्मीर सीमा क्षेत्र में आतंकवादी गतिविधियों में सक्रिय एक जिहादी समूह का अध्ययन।
- हरियाणा के गाँवों के लड़के तथा लड़कियों को जन्म देने वाली माताओं की स्थिति का सापेक्षिक अध्ययन।
- दिल्ली राजधानी क्षेत्र में कार्यरत देहली पब्लिक स्कूलों (D.P.S.) का अध्ययन।
- जामिया इस्लामिया विश्वविद्यालय, नई दिल्ली की एक व्यावसायिक कोर्स की कक्षा की सामाजिक अन्तःक्रिया का अध्ययन।
- एक विशेष ब्रान्ड् के उत्पाद के प्रति उपभोक्ता व्यवहार/अभिवृत्ति का अध्ययन।
- किसी जनजातीय क्षेत्र में एक ईसाई मिशनरी या राष्ट्रीय स्वयं सेवक संगठन की कार्यवाहियों का अध्ययन।
- किसी विशेष वस्तु/उत्पाद की गुणवत्ता और मूल्य के बारे में किसी उपभोक्ता समूह की रुचियों तथा आकांक्षाओं का अध्ययन।
- किसी संस्था विशेष (एक विश्वविद्यालय, एक व्यावसायिक संस्था जैसे एम्स, आई.आई.टी आदि) की दिन–प्रतिदिन की गतिविधियों का अध्ययन।
- किसी एक क्षेत्र विशेष में अध्यापक–अभिभावक संघों या विद्यालय–समुदाय के बीच चल रहे सम्बन्धों का अध्ययन।
- किन्हीं उत्पाद विशेषों की बिक्री बढ़ाने तथा उपभोक्ता व्यवहार के संदर्भ में विभिन्न प्रकार के विज्ञापनों का अध्ययन।
- किसी संस्था/संगठन/समुदाय/राज्य/देश में चल रहे किसी कार्यक्रम/तौर–तरीके का अध्ययन।

जातिवृत्यात्मक अनुसंधानों में प्रयुक्त सोपान तथा अवस्थायें (Stages and Steps Involved in Ethnographic Researches)

जातिवृत्यात्मक अनुसंधान से अभिप्रायः अनुसंधानकर्त्ता के द्वारा उसके पास उपलब्ध सभी प्रकार के स्रोतों, विधियों तथा तकनीकों (परिमाणात्मक तथा गुणात्मक) के प्रयोग से स्वाभाविक परिस्थितियों तथा सांस्कृतिक परिवेश में किये जाने वाले उस अध्ययन से है जिसके द्वारा बिना किसी पूर्वाग्रह, मान्यताओं या परिकल्पनाओं का सहारा लिये समूह या जनजाति की विशेषताओं, जीवन शैली तथा संस्कृति सम्बन्धी रहस्यों को सबके सामने लाने में मदद मिलती है। इस उद्देश्य की पूर्ति हेतु जो विधितन्त्र (Methodology) किसी जातिवृत्यात्मक अनुसंधान को पूरा करने के लिये काम में लाया जाता है उसे अपने आप में एकीकृत और समन्वित होना आवश्यक है। फलस्वरूप जातिवृत्यात्मक अनुसंधान में यह बात दिखाई देना अप्रत्याशित नहीं है कि इस अनुसंधान के विभिन्न सोपानों तथा अवस्थाओं में सम्पन्न विभिन्न गतिविधियाँ एक दूसरे में समाहित (Overlap) दिखाई दे सकती हैं। परन्तु फिर भी कोई न कोई शुरुआती बिन्दु अवश्य होता है और अध्ययन तब समाप्त माना जाता है जब अंतिम निष्कर्ष निकाल लिये जाते हैं। इस शुरुआती बिन्दु से समाप्ति चरण तक जो अनुसंधान यात्रा अनुसंधानकर्त्ता द्वारा तय की जाती है उसमें निहित सोपानों तथा अवस्थाओं का निम्न रूप में वर्णन किया जा सकता है।

सोपान 1 : अध्ययन किये जाने वाले प्रकरण/समस्या/प्रक्रिया की पहिचान (Identification of the Topic/Problem or Phenomenon to be Studied)

जातिवृत्यात्मक अनुसंधान में अनुसंधान प्रश्न परिस्थितिजन्य होते हैं और इन्हें परिस्थितियों तथा हालातों के प्रेक्षण के फलस्वरूप ही निर्मित किया जाता है। यानी प्रकरण, समस्या या प्रक्रिया जिसका अध्ययन किया जाना है उसकी पहचान तथा कथनीकरण किये जाने का कार्य उस संक्षिप्त तथा निश्चित पदावली में नहीं किया जाता जैसा कि वर्णनात्मक तथा प्रायोगिक अनुसंधानों में होता है। बहुत सारे मामलों में इसलिये यहाँ यह देखने को मिल सकता है कि अध्ययन किये जाने वाले समूह या जनजाति विशेष में अनुसंधानकर्त्ता की प्रविष्टि किसी पूर्व मान्यता, परिकल्पना या अनुसंधान प्रश्नों को अपने मस्तिष्क में लिये बिना ही हो। परन्तु जैसा पहले कहा जा चुका है, किसी किये जाने वाले प्रयास या यात्रा का कोई न कोई शुरुआती बिन्दु अवश्य होता है। फलस्वरूप एक जातिवृत्यात्मक अनुसंधानकर्त्ता अपने अध्ययन की शुरुआत अपने मस्तिष्क में धारण किये उन विशिष्ट अनुसंधान प्रश्नों से कर सकता है जिनमें उनकी यात्रा के किसी भी पड़ाव पर परिस्थिति अनुसार आवश्यक संशोधन और परिवर्तन किया जा सकता हो। इस प्रकार के संभावित अनुसंधान प्रश्नों के एक उदाहरण के रूप में (जो एक जातिवृत्यात्मक अनुसंधान के शुरुआती बिन्दु सिद्ध हो सकते हैं) निम्न अनुसंधान प्रश्न का उल्लेख किया जा सकता है।

एक मिलीजुली जाति वाले ग्रामीण माध्यमिक विद्यालय के विद्यार्थियों में किस प्रकार की सामाजिक अन्तःक्रिया पाई जा सकती है ?

इस प्रकार का अनुसंधान प्रश्न अनुसंधानकर्त्ता को अपने अध्ययन हेतु एक वांछित केन्द्र बिन्दु उपलब्ध कराने में सहायता कर सकता है। वह इस अनुसंधान प्रश्न का उत्तर प्राप्त करने हेतु वांछित जातिवृत्यात्मक अनुसंधान सम्बन्धी विधियों एवं कार्यप्रणाली की तलाश करना शुरु कर सकता है।

सोपान 2 : सम्बन्धित साहित्य का पुनरावलोकन (Reviewing the Related Literature)

इस अवस्था में अनुसंधानकर्त्ता से यह अपेक्षा की जाती है कि वह अपने अध्ययन के प्रकरण/क्षेत्र से सम्बन्धित किये जाने वाले अनुसंधान अध्ययनों तथा सम्बन्धित सार्थक साहित्य को पढ़ने तथा उसका पुनरावलोकन करने पर अपना ध्यान केन्द्रित करे। इससे उसे किये जाने वाले अध्ययन का अच्छी तरह नियोजन करने, उसके क्रियान्वयन हेतु उचित अभिकल्प (design) तैयार करने, अध्ययन का क्रियान्वयन करने तथा निष्कर्ष निकालने में आवश्यक सहायता मिलती है। उदाहरण के लिये जिस प्रकरण विशेष पर जातिवृत्यात्मक अनुसंधान करने की ऊपर बात कही गई है, सम्बन्धित साहित्य का पुनरावलोकन उसे निम्न बातों से अवगत होने में सहायता कर सकता है।

(i) सामाजिक अन्तःक्रिया का अर्थ एवं प्रकृति (ii) एक जाति बंधनों में जकड़े समाज से सम्बन्धित बुराइयाँ तथा नकारात्मक प्रभाव (iii) एक क्षेत्र विशेष में स्थित ग्रामीण विद्यालयों के नाम और पते (iv) समान प्रकरणों पर किया जाने वाला पूर्व तथा समकालीन शोध कार्य।

सोपान 3 : प्रतिदर्श प्रतिचयन के बारे में निर्णय लेना—प्रयोज्यों का चयन (Decision about the Sampling — Identification of Subjects)

अपने अध्ययन के उद्देश्यों की पूर्ति हेतु आवश्यक सूचना एवं प्रदत्तों के संकलन के लिये हर अनुसंधान अध्ययन में प्रयोज्यों/प्रतिभागियों की आवश्यकता होती है। यह बात जातिवृत्यात्मक अनुसंधानों के लिये भी उतनी ही सही है। यहाँ भी प्रयोज्यों के चयन हेतु उसे प्रतिदर्श प्रतिचयन की पद्धतियों को अपना कर एक आवश्यक अध्ययन प्रतिदर्श का चुनाव करना होता है। परन्तु यहाँ वर्णनात्मक तथा प्रायोगिक अनुसंधानों की तरह वह संभाव्य प्रतिचयन विधियों जैसे संयोगिक प्रतिचयन (Random Selection) विधि का उपयोग नहीं कर सकता। यहाँ उसे अपने प्रयोजन की पूर्ति हेतु उन प्रयोज्यों को अपने अध्ययन में शामिल करना होता है जो उसे समूह/जनजाति की जीवन शैली तथा संस्कृति के अध्ययन हेतु आवश्यक जानकारी प्रदान कर सके। इसलिये

जातिवृत्यात्मक अनुसंधानों में प्रतिदर्श चयन हेतु जिन विशेष प्रतिचयन पद्धतियों का प्रयोग किया जा सकता है, वे हैं – प्रयोजनपूर्ण प्रतिचयन तथा संयोगिक प्रयोजनपूर्ण प्रतिचयन, स्तरीय प्रयोजनपूर्ण प्रतिचयन (Stratified purposeful sampling), अवसरवादी प्रतिचयन, स्नोबाल प्रतिचयन (Snowball sampling), प्रतिष्ठित व्यक्ति प्रतिचयन (Reputational case sampling), सुविधाजन्य प्रतिचयन (Convenience sampling) तथा प्राथमिक एवं द्वितीयक खबरी प्रतिचयन (Primary and secondary informants sampling) आदि।

एक बात और जो इन अनुसंधानों के प्रतिदर्श प्रतिचयन में अच्छी तरह समझी जानी चाहिये कि वह यह है कि यहाँ प्रतिदर्श प्रतिचयन सम्बन्धी कार्य आवश्यक रूप से परिस्थितिजन्य तथा अस्थायी होता है, यह समय के साथ जैसे जैसे अध्ययन कार्य आगे बढ़ता जाता है, इसकी प्रकृति एवं आकार में अंतर आता जाता है।

सोपान 4 : समूह में शामिल होना और अपनी भूमिका परिभाषित करना (Joining the Group and Defining One's Role)

अपने अध्ययन उद्देश्यों के संदर्भ में एक जातिवृत्यात्मक अनुसंधानकर्त्ता को उस समूह, वर्ग, संगठन या प्रजाति विशेष के अंचल में अपनी प्रविष्टि करानी होती है। समूह विशेष के अन्दर घुसने तथा अपने अध्ययन के लिये वांछित प्रदत्तों के संकलन हेतु समूह के सदस्यों से संपर्क स्थापित करने में एक अनुसंधानकर्त्ता को अपने अध्ययन की प्रकृति और समूह में प्रविष्टि सम्बन्धी अड़चनों की प्रकृति के हिसाब से अनेक कठिनाईयों का सामना करना पड़ सकता है। आप इस बात का अनुमान अच्छी तरह लगा सकते हैं कि यदि आपको एक जातिवृत्यात्मक अनुसंधान हेतु किसी (i) जाति बेड़ियों में जकड़े एक ग्रामीण विद्यालय या (ii) जम्मू–कश्मीर के सीमा क्षेत्र में सक्रिय किसी आतंकवादी या बस्तर या उड़ीसा में कार्यरत किसी नक्सलवादी गिरोह में अपनी प्रविष्टि लेनी हो। इस प्रकार के समूहों में समूह के भीतर घुसकर समूह के सदस्यों से वांछित सम्पर्क स्थापित कर प्रदत्त संकलन करना कोई आसान बात नहीं है। इन समूहों में अनुसंधानकर्त्ता को अपनी प्रविष्टि (Entry) हेतु कई बार किसी मध्यस्थ की जरूरत पड़ती है जो एक दरवाजे पर तैनात सुरक्षा कर्मी (Gate keeper) के रूप में उसके लिये समूह में प्रविष्टि का दरवाजा खुल जाने में मदद करे। उसे इसके लिये समूह के सदस्यों को आश्वस्त करना होता है कि वह अनुसंधानकर्त्ता को जानता है और वह समूह के लिये किसी प्रकार का खतरा नहीं है। इसके अतिरिक्त कई बार अनुसंधानकर्त्ता को स्वयं ही (बिना किसी मध्यस्थ) अपनी चतुराई से समूह की प्रविष्टि का मार्ग तलाश करना होता है। समूह में प्रविष्टि कैसे की जाये इस बारे में कोई निश्चित मानदंड या नियम नहीं है। सभी शोधकर्त्ता अपनी अपनी तरह से समूह में प्रविष्टि लेने का प्रयास करते हैं और इसलिये यह कहने में कोई अतिशयोक्ति नहीं कि जितने जातिवृत्यात्मक अनुसंधान अभी तक हुये हैं उतने ही प्रकार के अलग अलग तरीके उनके अनुसंधानकर्त्ताओं द्वारा इस कार्य हेतु अपनाये गये होंगे। शोधकर्त्ता को यहाँ परिस्थिति विशेष को देखते हुये अपने मस्तिष्क का प्रयोग कर यह देखना होता है कि किस प्रकार समूह विशेष में अपनी प्रविष्टि की जाये। अपने प्रयास करने में शोधकर्त्ता को यह बात भी ध्यान में रखनी चाहिये कि समूह में जब प्रविष्टि हो जाये तो वहाँ उसे किस प्रकार की भूमिका, समूहों के सदस्यों से जुड़कर उनसे वांछित जानकारी प्राप्त करने हेतु, निभानी होगी। क्या उसकी यह भूमिका गोपनीय (अपनी पहचान छुपाते हुए समूह का हिस्सा बन जाना) अथवा ज्ञात (सदस्यों को यह पता होना कि वह यहाँ क्यों है) होगी, यह बात उसे अच्छी तरह निर्धारित करके ही अपना प्रवेश लेना चाहिये। परन्तु भूमिका चाहे कैसे भी हो शोधकर्त्ता को दोनों दशाओं में यह बात अवश्य सुनिश्चित करानी चाहिये कि समूह विशेष में उसके विद्यमान रहने की वजह क्या है ?

सोपान 5 : क्षेत्र विशेष में अपने सम्बन्ध बनाना और उन्हें चालू रखना (Developing and Maintaining Relations in the Field)

समूह विशेष में अपनी प्रविष्टि लेने के बाद अब अनुसंधानकर्त्ता को चाहिये कि वह समूह के सदस्यों से आवश्यक संपर्क और सम्बन्ध बनाने के लिये पहल करे क्योंकि जो कुछ जानकारी और प्रदत्तों का संकलन उसे अपने

अनुसंधान उद्देश्यों की प्राप्ति हेतु चाहिये वह इसी संपर्क और सम्बन्धों से मिल सकता है। सम्बन्ध बढ़ाने तथा उन्हें बनाये रखने का कार्य इस प्रकार के अनुसंधान में पूरे अध्ययन के दौरान चलता रहता है और इन सम्बन्धों की डोर बहुत बार अनुसंधान के बाद भी बंधी रहती है। इस कार्य को करने हेतु शोधकर्त्ता को परिस्थिति अनुसार कदम उठाने पड़ते हैं। कई बार तो उसे सर्वमान्य नालायक बने रहने का अभिनय करना पड़ता है जिससे समूह के सदस्यों को यह लगे कि इसे कुछ भी समझ नहीं है और वे उसे उसकी पूछी बातों का उत्तर देकर उस पर अहसान करते रहते हैं। कई बार जैसा कि मकनील एवं चैपमेन (McNeil & Chopman 2005:111) ने स्पष्ट किया है "वह उनके साथ वार्तालाप करता हुआ या उनकी गतिविधियों में भाग लेते हुए उनकी संस्कृति और जीवन शैली की प्रशंसा करने का कोई अवसर नहीं चूकता।" दूसरे समयों में जैसा कि ब्रूअर (Brewer, 2000:85) का कहना है "अनुसंधानकर्त्ता लोगों का विश्वास जीतने के लिये यह प्रदर्शित करता है कि उनकी भाषा और उनके तरीके सीखना चाहता है। इसके लिये वैसे ही खाने का प्रयास करता है जैसे वे खाते हैं, वैसे ही बोलने का अभ्यास करता है जैसे वे बोलते हैं, और वही करता है जैसे वह उन्हें करते हुये देखता है।" परन्तु इस प्रकार समूह के सदस्यों का विश्वास जीतने में समय लगता है और इसलिये शोधकर्त्ता को धीरज रखकर कुछ ज्यादा समय उन लोगों के साथ बिताने का प्रयत्न करना चाहिये ताकि वे उसके धीरे धीरे आदी हो जायें और वह उन्हें पूरी तरह अपरिचित और पराया न लगे।

सोपान 6 : प्रदत्त संकलन (Data Collection)

अध्ययन किये जाने वाले समूह में अपने विश्वसनीय छवि बनाने के बाद अब अनुसंधानकर्त्ता अपने अध्ययन उद्देश्यों की पूर्ति हेतु वांछनीय प्रदत्तों के संकलन की ओर अग्रसर हो सकता है। वांछित जानकारी और सूचना प्राप्ति हेतु यहाँ शोधकर्त्ता द्वारा विविध प्रकार की विधियों/ तकनीकों का प्रयोग किया जा सकता है। जातिवृत्यात्मक अनुसंधानों में किस विधि या तकनीक का उपयोग प्रदत्त संकलन हेतु किया जाये इसके लिये कोई निश्चित विधान नहीं है, बात यहाँ यही सोचने की रहती है कि परिस्थिति विशेष में क्या उचित रहेगा। इसके अतिरिक्त यहाँ परिमाणत्मक विधियों/साधनों से प्रदत्त संकलन करने में कोई भी प्रतिबन्ध नहीं है। परन्तु इस प्रकार के अध्ययनों की प्रकृति पूरी तरह गुणात्मक होने की वजह से मुख्य विधियों या साधनों के रूप में प्रदत्त संकलन हेतु जिन तीन को प्रायः शोधकर्त्ताओं द्वारा प्रयोग में लाया जाता है वे प्रेक्षण, साक्षात्कार तथा प्रलेखीय विश्लेषण ही हैं। आगे हम इन्हीं को बारे में चर्चा करना चाहेंगे।

(a) प्रेक्षण (Observation) : जातिवृत्यात्मक अनुसंधानों में प्रदत्त संकलन हेतु प्रयोग में लाये जाने वाला सबसे महत्त्वपूर्ण और प्रभावी साधन प्रतिभागी प्रेक्षक के रूप में शोधकर्त्ता द्वारा किया गया प्रेक्षण है और प्रदत्तों का इससे जिन रूपों में संकलन होता है वे प्रेक्षक के द्वारा लिये गये फील्ड नोट्स तथा दृश्य–श्रव्य टेप हैं। इस अनुसंधान में प्रेक्षक के रूप में शोधकर्त्ता द्वारा समयानुसार निम्न तीन प्रकार की भूमिकायें निभाकर प्रेक्षण कार्य किया जा सकता है।

(i) वह अपने प्रयोजन को बिना छुपाये समूह में प्रेक्षण रत रह सकता है।

(ii) वह अपने प्रयोजन को छुपाते हुये गुप्त रूप से प्रेक्षण कार्य कर सकता है।

(iii) वह परिस्थिति अनुसार कभी तो अपने प्रयोजन को गुप्त रखकर प्रेक्षण कर सकता है और कभी उनका विश्वास जीतकर अपने प्रयोजन को बिना छुपाये प्रेक्षण कर सकता है।

जातिवृत्यात्मक अनुसंधानों में प्रतिभागी प्रेक्षण (Participant observation) चाहे जिस रूप में किया जाये, वांछित जानकारी और सार्थक प्रदत्तों की प्राप्ति हेतु इसका सावधानीपूर्वक किया जाना बहुत आवश्यक होता है। सामान्यतया इस सम्बन्ध में शोधकर्त्ताओं द्वारा निम्न बातों को ध्यान में रखना लाभप्रद सिद्ध हो सकता है:

- शुरु में शोधकर्त्ता के लिये यह काफी उचित रहता है कि वह कुछ ऐसे व्यक्तियों की सेवा ले जो उसी समूह विशेष के सदस्य होते हैं, जिन तक शोधकर्त्ता अपने प्रयासों से अच्छी पहुँच बनाने में सफल रहता

है तथा वे उसे समूह में जो कुछ चल रहा है उसके नजदीक लाने में विश्वस्त सिद्ध हो सकते हैं। परन्तु इस प्रकार के प्राथमिक और महत्त्वपूर्ण सूचना प्रदानकर्त्ताओं (Key informents) का उसके द्वारा सावधानीपूर्वक चयन तथा बुद्धिमानी से उपयोग किया जाना चाहिये। इन्हें अपने आँख और कान बनाकर प्रेक्षण कार्य उन्हीं पर छोड़ देने के बजाय उनकी भूमिका मात्र सूचना प्रदान करने वालों की ही रखकर उन्हें इस तरह उपयोग में लाना चाहिये कि वे शोधकर्त्ता को स्वयं अपने आप प्रेक्षण करते हुये वास्तविक अनुभव अर्जित कराने के अवसर प्रदान कराने में आवश्यक सहायता कर सकें।

- एक प्रतिभागी प्रेक्षक की भूमिका निभाते हुये शोधकर्त्ता जितना चुस्त, खुले विचारों वाला और सूचनाओं को अच्छी तरह ग्रहण करने वाला सिद्ध हो, उतना ही अच्छा रहता है। उसे अपने अध्ययन के प्रतिभागियों/प्रयोज्यों से अपनी सभी ज्ञानेन्द्रियों तथा क्षमताओं का सर्वोत्तम ढंग से प्रयोग कर आवश्यक जानकारी लेने के प्रयत्न करने चाहियें।
- अनुसंधानकर्त्ता को यह ध्यान रहना चाहिये कि समूह में शामिल होने का उसका एकमात्र प्रयोजन अपने अनुसंधान उद्देश्यों की प्राप्ति है। इसलिये जहाँ वह एक प्रतिभागी प्रेक्षक के रूप में चीजों को उसी रूप में देखने का बहाना कर सकता है जिस रूप में इन्हें समूह सदस्यों के द्वारा देखा जाता है या वही अनुभव करने का प्रयास करता हुआ दिखाई देता है जैसे अनुभव समूह को हो रहे होते हैं, वहीं दूसरी ओर उसे यह नहीं भूलना चाहिये कि आखिर वह एक शोधकर्त्ता है और इसे चीजों का अवलोकन उनमें लिप्त हुए बिना निष्पक्ष भाव से एक सच्चे अन्वेषणकर्त्ता के रूप में करना चाहिये।
- ऐसा करने में शोधकर्त्ता को यह ध्यान रखना चाहिये कि प्रेक्षण के फलस्वरूप अभिलिखित (Recorded) तथ्य समूह की संस्कृति और जीवन शैली का समग्र चित्र उपलब्ध कराने में अच्छी तरह उपयोगी सिद्ध होने चाहियें। प्रेक्षित की गई सभी बातों का स्मृति में बने रहना कठिन होता है और इसलिये इनका नियमित रूप से तत्काल फील्ड नोट्स (Field Notes) के रूप में अभिलेखित किया जाना आवश्यक है। कैमरे का प्रयोग तथा आडियो–वीडियो रिकोर्डिंग भी इस दिशा में काफी वस्तुनिष्ठ एवं प्रभावशाली साधन सिद्ध हो सकते हैं। परन्तु बहुत बार इनका प्रयोग करना वर्जित होता है। जिस समूह का प्रेक्षण किया जा रहा है वह इसको लेकर काफी संवेदनशील और आक्रामक दिखाई दे सकता है, तथा अन्य अवसरों पर शोधकर्त्ता स्वयं इन साधनों का उपयोग इसलिये नहीं करना चाहता कि ऐसा करने से जिस व्यवहार या प्रक्रिया का प्रेक्षण किया जा रहा है वह स्वाभाविक नहीं रह पाती।
- फील्ड नोट्स (Field Notes) को प्रयोग में लाने में यह ध्यान रखा जाना चाहिये कि इनका कुछ अधिक वर्णनात्मक (यानी परिस्थिति और घटनाओं का ऐसा पूरा विवरण देना जैसे कि वे घटित हो रही हैं) होना जरूरी होता है और इनमें प्रयोज्यों द्वारा कही गई बातों को उद्धरण (Quotations) रूप में ज्यों की त्यों शामिल करना भी अच्छा रहता है। यह काम तभी ठीक प्रकार हो सकता है जबकि शोधकर्त्ता अपनी प्रेक्षित बातों को साथ साथ ही रफ ड्राफ्ट, नोट्स तथा स्केचों के रूप में अभिलेखित (Record) करता रहे। परन्तु ऐसा करने से समूह के सदस्यों का व्यवहार वैसा नहीं रह सकता जैसा कि स्वाभाविक रूप में होना चाहिये। इसका उचित समाधान इस बात में है कि शोधकर्त्ता उनसे लुकाछुपी (Hide and seek) का खेल खेलते हुए इस कार्य को अन्जाम देने का प्रयत्न करे। फील्डिंग (Fielding, 2001) ने इस समाधान का एक अच्छा विकल्प प्रस्तुत करते हुये शोचालयों (Labotories) को एक ऐसा स्थान बताया है जहाँ वे गुप्त रूप से नोट्स लेने का कार्य कर सकते हैं और किसी को बार बार वहाँ जाने से कोई शक न हो इसके लिये अपना पेट खराब होने या बार बार पेशाब आने की बीमारी का बहाना बना सकते हैं। परन्तु इस सम्बन्ध में कोई सामान्यीकृत समाधान संभव नहीं है। सब कुछ परिस्थिति विशेष की माँग पर निर्भर करता है। परन्तु शोधकर्त्ताओं के द्वारा एक ऐसी अच्छी आदत डालने का प्रयत्न अवश्य करना चाहिये कि वे रोजमर्रा की प्रेक्षित बातों को सोने से पहले अथवा सुबह उठकर नोट करना न भूलें।

(b) साक्षात्कार (Interview) : जातिवृत्याकार अनुसंधानों में प्रदत्त संकलन कार्य हेतु काम में लाये जाने वाला एक अन्य महत्त्वपूर्ण साधन, जिसमें प्रयोज्यों की जरूरत रहती है, साक्षात्कार है। शोधकर्त्ता इस साक्षात्कार का आयोजन, समूह के कोई महत्त्वपूर्ण सदस्य, प्राथमिक सूचना प्रदान करने वालों तथा अन्य द्वितीयक सूचनादाताओं/प्रयोज्यों के साथ जैसी परिस्थिति हो उसी के अनुरूप प्रेक्षण से प्राप्त जानकारी पर स्वीकृति या अस्वीकृति की मुहर लगाने के लिये करता है। साक्षात्कार के प्रारूप का चयन करने में शोधकर्त्ता यहाँ खुले उत्तर वाले (असंरचित) तथा बन्द उत्तर वाले (संरचित) साक्षात्कार का उपयोग अध्ययन तथा परिस्थिति विशेष की माँग के अनुसार कर सकता है। परन्तु एक जातिवृत्यात्मक अध्ययन में साक्षात्कार लेने का कार्य आसान नहीं है क्योंकि यहाँ इसका उद्देश्य वास्तविकता का विस्तृत विवरण तथा सजीव चित्रण प्रदान करना होता है। इस संदर्भ में, जहाँ यह बात सही है कि जातिवृत्यात्मक अनुसंधानों में शोधकर्त्ता द्वारा प्रयोज्यों/समूह सदस्यों के लिये जाने वाले साक्षात्कारों के लिये कोई निश्चित नियम नहीं बने होते परन्तु वहीं निम्न प्रकार की बातों को ध्यान में रखना इस दृष्टि से काफी लाभदायक सिद्ध हो सकता है।

- जातिवृत्यात्मक अनुसंधानों में वांछित सूचना हेतु साक्षात्कार लेने में शोधकर्त्ता का उचित रूप में कुशल एवं सामर्थ्यवान होना जरूरी है। इसलिये शोधकर्त्ता को प्रतिभागियों से सार्थक सूचनायें उपलब्ध करने हेतु साक्षात्कार लेने का उचित तरीका प्रयोग में लाना सीखना चाहिये।
- शोधकर्त्ता को साक्षात्कार तकनीक की सारी प्रक्रिया को एक उचित दिशा और दशा प्रदान करने हेतु अपने अध्ययन के उद्देश्यों/प्रयोजन को एक अच्छे मार्गदर्शक के रूप में काम में लाने का प्रयत्न करना चाहिये।
- परिस्थिति विशेष में साक्षात्कार का जो तरीका, प्रकार या प्रारूप अधिक उचित जान पड़ता है, उसी का प्रयोग करने का प्रयत्न किया जाना चाहिये।
- प्रतिभागियों/प्रयोज्यों से साक्षात्कार के माध्यम से जो सूचनायें या जानकारी प्राप्त की जा सकती हैं उनके बारे में ठीक तरह से पूर्वानुमान करने का प्रयत्न करना चाहियें।
- प्रतिभागियों के साथ आवश्यक सौहार्द एवं घनिष्ठता बनाने के प्रयत्न शोधकर्त्ता द्वारा किये जाने चाहियें ताकि वे कोई झिझक या डर का अनुभव न कर आसानी से साक्षात्कार में अपनी भागीदारी निभा सकें। साथ ही उन्हें इस बारे में पूरी तरह आश्वस्त किया जाना चाहिये कि उनके द्वारा दी गई जानकारी पूरी तरह गोपनीय रखी जायेगी और उन्हें इसे शोधकर्त्ता को बताने से उनको किसी भी प्रकार की हानि नहीं होगी।
- शोधकर्त्ता को साक्षात्कार के दौरान प्रतिभागियों से पूछे जाने वाले प्रश्नों के उचित निर्माण तथा पूछे जाने के उचित ढंगों पर भी समुचित ध्यान देना चाहिये ताकि अनुसंधान हेतु सार्थक प्रदत्तों का संकलन किया जा सके।
- साक्षात्कार के समय पूछे जाने वाले प्रश्नों का उत्तर देने या सूचनाओं को ठीक प्रकार प्रदान करने हेतु प्रतिभागियों को उचित अवसर एवं समय प्रदान किया जाना चाहिये।
- प्रतिभागियों के द्वारा साक्षात्कार के प्रश्नों के जो उत्तर दिये जायें उन्हें समुचित रूप से सुनने और समझने हेतु शोधकर्त्ता को पूरी तरह सजग, चुस्त और ध्यान केन्द्रित रहना चाहिये।
- प्रतिभागियों/प्रयोज्यों से साक्षात्कार करते समय शोधकर्त्ता को बहुत सी सावधानी से सूक्ष्म प्रेक्षण करने का प्रयत्न करना चाहिये, छोटी से छोटी बात भी न छूटे क्योंकि वह छोटी होती हुई भी काफी महत्त्व की हो सकती है। प्रतिभागियों के उत्तरों में उनके शब्दों पर तो ध्यान दिया ही जाना चाहिये साथ ही वे किस प्रकार की आवाज, भाव–भंगिमा तथा शारीरिक भाषा में यह कह रहे हैं तथा अपनी प्रतिक्रिया व्यक्त कर रहे हैं उसके भी ठीक तरह अर्थ निकालने के प्रयत्न किये जाने चाहियें।

- प्रतिभागियों तथा उनके उत्तरों के प्रति कोई टीका टिप्पणी नहीं की जानी चाहिये। शोधकर्त्ता का प्रयोजन सूचनायें प्राप्त करना होता है, प्रतिभागियों तथा उनके उत्तरों की समीक्षा या आलोचना करना नहीं।
- जैसे जैसे साक्षात्कार कार्य आगे बढ़ता जाता है प्रयोज्यों के उत्तरों को स्मृति में रखना कठिन होता जाता है इसलिये पहले से सोच लिया जाना चाहिये कि उत्तरों को अभिलेखित (Record) कैसे किया जाता रहेगा।
- साक्षात्कार का अनुवर्ती (Follow up) चरण भी होना आवश्यक है ताकि इसमें जो कमियाँ अधूरापन और अस्पष्टता रह जाये उसे इस चरण के कार्य (प्रश्न पूछना) से दूर किया जा सके।
- प्रतिभागियों/प्रयोज्यों से सदैव नम्रता एवं सहृदयता से पेश आना चाहिये। ध्यान रखिये कि वे अपने प्रश्नों का उत्तर देकर आपका कार्य कर रहे हैं, इसलिये कृतज्ञता मापन आपका उत्तरदायित्व है।

(c) प्रलेखों को काम में लाना (Using documents) : प्रतिभागी प्रेक्षण तथा साक्षात्कार के अलावा एक जातिवृत्यात्मक अनुसंधानकर्त्ता जिस एक और महत्त्वपूर्ण साधन का उपयोग प्रदत्त संकलन हेतु करता है वह विभिन्न प्रकार के उपलब्ध प्रलेखों का विश्लेषण है। इस कार्य हेतु वह जिस प्रकार के प्रलेखों (Documents) का उपयोग कर सकता है उनके नामों के रूप में हम निम्न का उल्लेख कर सकते हैं।

हस्तलिखित पाठ्य, पत्र, डायरियाँ, कवितायें, कलात्मक ड्राइंग, सरकारी अभिलेख, बजट, विज्ञापन, प्रशासनिक अभिलेख एवं रजिस्टर्स, वार्षिक रिपोर्ट, मीमो, पत्राचार, अनौपचारिक ब्राउचर, अदालत की कार्यवाहियों का रिकार्ड, पोस्टर्स, मीटिंगों की कार्यवाही, मीनू, शिक्षण सामग्री, वैब पृष्ठ पर मिलने वाली सामग्री, समाचार बुलेटिन, समाचार–पत्र एवं पत्रिकायें, पुस्तकें तथा साहित्य जिसमें समूह/प्रजाति विशेष की संस्कृति और जीवनशैली के दर्शन हो सकते हों।

उपरोक्त प्रकार की प्रलेख सामग्री जातिवृत्यात्मक अनुसंधानकर्त्ताओं को प्रेक्षण तथा साक्षात्कार से उपलब्ध जानकारी और प्रदत्तों को पोषण तथा समर्थन देने के काम में तो आती ही है, साथ ही वह ऐसी जानकारी भी उपलब्ध कराने में उपयोगी सिद्ध हो सकती है जिन्हें प्रयोज्यों से मिलने में कठिनाई हो। अतः जब इस प्रकार की प्रलेखी सामग्री उपलब्ध हो तो उसका अधिक से अधिक लाभ उठाने में यहाँ शोधकर्त्ता को कोई कसर नहीं छोड़नी चाहिये।

ऐसा करने में एक जो बात अच्छी तरह ध्यान में रखनी चाहिये वह यह है कि जिस प्रलेखीय सामग्री की चर्चा अनुसंधान प्रतिवेदन में की जाये उसे इस तरह संदर्भित करने की अनुमति उस व्यक्ति या संगठन विशेष से अवश्य ले लेनी चाहिये जो उसका कानूनी तौर पर उत्तराधिकारी हो।

इस प्रकार से जातिवृत्यात्मक अनुसंधानों में एक शोधकर्त्ता अपने अध्ययन के प्रदत्तों के संकलन हेतु प्रतिभागी प्रेक्षण, साक्षात्कार तथा प्रलेखीय विश्लेषण आदि साधनों का उपयोग करता हुआ देखा जा सकता है। जितने भी साधन और स्त्रोतों का उपयोग प्रदत्त संकलन में किया जाये उतना ही ठीक रहता है, क्योंकि एक साधन या स्त्रोत से एकत्रित प्रदत्तों का दूसरों के द्वारा एकत्रित प्रदत्तों से आपसी तुलना करते हुये उनकी विश्वसनीयता, वैधता तथा वस्तुनिष्ठा स्थापित करने में मदद मिल सकती है। तकनीकी भाषा में प्रदत्तों के इस प्रकार के पारस्परिक चैकिंग करने के कार्य को त्रिकोणात्मक जाँच (Triangulation) का नाम दिया जाता है जिसमें दो या दो से अधिक स्त्रोतों, साधनों तथा शोधकर्त्ताओं से प्राप्त प्रदत्तों की आपस में तुलना, पारस्परिक चैकिंग तथा समीक्षा करते हुये यह देखा जाता है।

अगर ज्यादा समानता दिखाई देती है तो प्रदत्त विशेषों को अध्ययन हेतु उचित ठहराया जाता है और अगर विरोधाभास हो तो फिर से प्रदत्त संकलन क्रियाओं (प्रतिभागी निरीक्षण, साक्षात्कार या प्रलेखीय विश्लेषण) को दोहराने की बात सोची जाती है।

सोपान 7 : प्रदत्त विश्लेषण एवं व्याख्या (Data Analysis and Interpretation)

इस सोपान के प्रथम चरण के अन्तर्गत जो भी प्रदत्त संकलित हुये हैं उनके विश्लेषण करने का कार्य इस उद्देश्य से किया जाता है कि संकलित प्रदत्तों से अध्ययन प्रश्नों के उत्तर प्राप्त करने हेतु कुछ अर्थपूर्ण सामग्री प्राप्त हो सके। यहाँ यह बात शोधकर्त्ता को अच्छी तरह ध्यान में रखनी चाहिये कि जातिवृत्यात्मक अध्ययनों से प्राप्त प्रदत्तों की प्रकृति प्रायोगिक तथा अन्य वर्णनात्मक अनुसंधानों (जिनमें केवल परिमाणात्मक प्रदत्तों का ही संकलन होता है) के प्रदत्तों से काफी भिन्न होती है। इसके अतिरिक्त यहाँ कोई पूर्व स्थापित परिकल्पनायें नहीं होतीं, जिनके सांख्यिकी विश्लेषण का कार्य किया जाये। फिर जो प्रदत्त यहाँ प्रतिभागी प्रेक्षण, साक्षात्कार तथा प्रलेखीय विश्लेषण के आधार पर इकट्ठे होते हैं वे अपने वर्णनात्मक तथा विस्तृत स्वरूप में होने के कारण काफी बड़े आकार वाले होते हैं। इतने सारे फील्ड नोट्स, आडियो वीडियो रिकॉर्डिंग तथा विश्लेषण सामग्री को व्यवस्थित एवं वर्गीकृत करना अब शोधकर्त्ता के लिये काफी चुनौतीपूर्ण कार्य बन जाता है। शुरुआती चरण में यह काफी सिरदर्द सिद्ध होता है परन्तु धीरे धीरे स्थिति बदलती जाती है जब शोधकर्त्ता प्रदत्त विश्लेषण कार्य के क्रमिक सोपानों (जैसे प्रदत्तों का उचित संगठन एवं छटाई — Organization and Sorting, विशिष्ट संवर्गों या श्रेणियों में उनका वर्गीकरण तथा संकेतीकरण — Classification and Coding, तथा निष्कर्ष निकालने तथा घटनाओं का विस्तृत एवं समृद्ध विवरण प्रदान करने हेतु उनका अर्थापन आदि) पर अपने कदम बढ़ाता जाता है। वास्तव में देखा जाये तो प्रदत्तों का संगठन/व्यवस्थीकरण और उन्हें कोई क्रम या श्रेणी प्रदान करने के कार्य को एक ऐसी सतत प्रक्रिया के रूप में देखा जा सकता है जो प्रदत्त संकलन के शुरुआती चरण से ही प्रारम्भ हो जाती है और अनुसंधान अध्ययन की समाप्ति तक चलती रहती है।

अपने पूर्ण अर्थों में इस सातवें सोपान पर किये जाने वाले कार्य को आवश्यक चर्चा हेतु हम तीन भागों में बाँट सकते हैं (i) प्रदत्तों का व्यवस्थीकरण तथा छाँटना (ii) प्रदत्तों का वर्गीकरण एवं संकेतीकरण तथा (iii) व्याख्या करना एवं निष्कर्ष निकालना।

(i) **व्यवस्थीकरण एवं छाँटना (Organization and Sorting) :** इस कार्य के सम्बन्ध में बोगडन एवं बिकलेन (Bogdan and Biklen, 2003) ने दो निम्न प्रकार की यांत्रिकी प्रक्रियायें अपनाने का सुझाव दिया है।

(a) पहला सुझाव यह है कि एकत्रित प्रदत सामग्री के पृष्ठों को कालक्रम अनुसार (Chronologically) संख्यायें प्रदान कर दी जायें। इससे संकलित प्रदत्तों को ढूँढ़ने में मदद मिलती है। इसके अतिरिक्त यहाँ इस बात से भी फायदा हो सकता है कि अलग अलग तरह के प्रदत्तों (जैसे प्रेक्षण प्रदत्त, साक्षात्कार प्रदत्त तथा प्रलेखीय प्रदत्त) का अलग अलग तरीके से संख्याकरण (Numbering) किया जाये।

(b) दूसरा सुझाव यह है कि एक शोधकर्त्ता को अपने प्रदत्तों का कई बार (कम से कम दो बार) एकाग्रचित्त होकर सावधानीपूर्वक अध्ययन एकमात्र इस उद्देश्य को लेकर करना चाहिये कि प्रदत्तों को उनके सर्वांगीण रूप में समझकर कुछ ऐसे उपयोगी विचार सामने आ सकें जिनसे एक उचित संकेतीकरण प्रणाली को विकसित करने हेतु संकेतों की एक अस्थाई सूची प्राप्त हो सके।

(ii) **वर्गीकरण एवं संकेतीकरण (Classification and Coding) :** प्रदत्तों के व्यवस्थीकरण एवं छंटनी के बाद उनके वर्गीकरण एवं संकेतीकरण की बारी आती है। किस प्रकार के प्रदत्तों को किस प्रकार के वर्गों और श्रेणियों में रखा जाये तथा इस प्रकार के रख रखाव के लिये क्या किया जाये, यही बात यहाँ सोची और की जाती है। इसी कार्य को गुणात्मक अनुसंधानों (जातिवृत्यात्मक अध्ययन भी इनमें शामिल है) में संकेतीकरण (Coding) की संज्ञा दी जाती है। संकेतीकरण हेतु कितनी कम या अधिक श्रेणियाँ या वर्गों (Categories or Classes) का उपयोग किया जाये यह एक व्यक्तिगत निर्णय है जिसे शोधकर्त्ता द्वारा अपनी सुविधा तथा संकलित प्रदत्तों की प्रकृति के हिसाब से लिया जाता है। एक बार लिये गये इस निर्णय को आवश्यकतानुसार आगे सुधारने की पूरी स्वतन्त्रता

शोधकर्त्ता को होती है। शुरु में वह कुछ वृहद श्रेणियों (Broad categories), जिन्हें प्रमुख संकेतन (Major codes) कहा जाता है, को लेकर अपना कार्य प्रारम्भ करता है और फिर इन प्रमुख संकेतनों को उप–संकेतनों (Sub codes) में लघु और विस्तृत श्रेणियाँ प्रदान करने हेतु काम में लाया जा सकता है। इन मुख्य उप–संकेतनों के अतिरिक्त वह कुछ ऐसे पूरक संकेतों (Supplemental codes) का भी प्रयोग कर सकता है जिन्हें संकलित सूचनाओं की वैधता स्थापित करने में सहायक कुछ अतिरिक्त एकत्रित सूचनाओं/सकारात्मक तथा नकारात्मक साक्ष्यों के वर्गीकरण हेतु काम में लाया जा सके। इस सम्बन्ध में अपने विचार प्रकट करते हुये वीयरस्मा एवं जर्स (Wiersma and Jurs, 2005:259) ने लिखा है :

संकेतन श्रेणियाँ, जैसे जैसे विश्लेषण कार्य आगे बढ़ता है, संशोधित की जा सकती हैं। संकेतनों को प्रमुख संकेतनों, उप संकेतनों तथा पूरक संकेतनों में विभक्त किया जा सकता है। प्रमुख संकेतन, व्यापक/विशाल श्रेणियाँ होती हैं और उप–संकेतनों द्वारा प्रमुख संकेतनों को अधिक विस्तारयुक्त श्रेणियों में विभक्त किया जाता है। पूरक संकेतन वे श्रेणियाँ होती हैं जिन्हें उन अतिरिक्त सूचनाओं के संकेतन के लिये प्रयुक्त किया जाता है जिनसे संकलित प्रदत्तों की वैधता स्थापित करने में मदद मिलती है।

आइये इस संकेतन कार्य (Coding task) की प्रक्रिया को अच्छी तरह समझने हेतु एक उदाहरण की सहायता ली जाये। यहाँ हम उदाहरणार्थ उस जातिवृत्यात्मक अध्ययन को ले रहे हैं जिसमें जाति बंधन से जकड़े एक मिश्रित ग्रामीण विद्यालय में विद्यार्थियों के बीच चल रही सामाजिक अंतःक्रिया के अध्ययन की बात कही गई है। (देखिये तालिका 10.1)

तालिका 10.1 सामाजिक अन्तःक्रिया में निहित संबंधों के संकेतन।
(Relationship Codes for the Social Interaction)

प्रमुख संकेतन (Major Code)	मित्रतायें (Friendships)
उप संकेतन (Sub-codes)	1. एक जाति तथा एक ही लिंग के विद्यार्थी (a) निम्न जाति की लड़कियाँ (b) निम्न जाति के लड़के (c) उच्च जाति की लड़कियाँ (d) उच्च जाति के लड़के 2. अलग–अलग जाति परन्तु एक ही लिंग के विद्यार्थी (a) लड़कियाँ (b) लड़के 3. एक ही जाति के अलग–अलग लिंग के विद्यार्थी (a) निम्न जाति (b) उच्च जाति 4. अलग–अलग जाति और अलग–अलग लिंग के विद्यार्थी (a) निम्न जाति के लड़के तथा उच्च जाति की लड़कियाँ (b) निम्न जाति की लड़कियाँ तथा उच्च जाति के लड़के

(क्रमशः)

प्रमुख संकेतन (Major code)	छोटे समूह (Cliques)
उप संकेतन (Sub-codes)	1. एक जाति तथा एक ही लिंग के विद्यार्थी (a) निम्न जाति की लड़कियाँ (b) निम्न जाति के लड़के (c) उच्च जाति की लड़कियाँ (d) उच्च जाति के लड़के 2. अलग–अलग जाति परन्तु एक ही लिंग के विद्यार्थी (a) लड़कियाँ (b) लड़के 3. एक ही जाति के अलग–अलग लिंग के विद्यार्थी (a) निम्न जाति (b) उच्च जाति 4. अलग–अलग जाति और अलग–अलग लिंग के विद्यार्थी (a) निम्न जाति के लड़के तथा उच्च जाति की लड़कियाँ (b) निम्न जाति की लड़कियाँ तथा उच्च जाति के लड़के (इसी तरह आगे बढ़ते हुये कुछ अन्य सम्बन्ध संकेतनों – प्रमुख तथा उप संकेतन का भी यहाँ उल्लेख किया जा सकता है।)
पूरक संकेतन (Supplemental code)	विद्यार्थी–शिक्षक सम्बन्ध
उप संकेतन (Sub-codes)	1. एक जाति तथा एक ही लिंग के विद्यार्थी और शिक्षक (a) निम्न जाति की महिला शिक्षक तथा निम्न जाति की विद्यार्थी लड़कियाँ (b) निम्न जाति के पुरुष शिक्षक तथा निम्न जाति के विद्यार्थी लड़के (c) उच्च जाति की महिला शिक्षक तथा उच्च जाति की विद्यार्थी लड़कियाँ (d) उच्च जाति के पुरुष शिक्षक तथा उच्च जाति के विद्यार्थी लड़के
नोट : उपसंकेतनों (Sub codes) को इसी रूप में आगे लिखा जा सकता है। दूसरी पूरक संकेतन श्रेणी (Supplement code category) भी यहाँ लिखी जा सकती है जैसे विद्यार्थी तथा गैर–शिक्षक कर्मचारी सम्बन्ध)	

विश्लेषण हेतु संख्याओं का उपयोग (Using numbers for the analysis) : जातिवृत्यात्मक अनुसंधानकर्त्ताओं द्वारा अक्सर किसी प्रक्रिया, घटना या वस्तु विशेष का वर्णन करने हेतु कुछ गुणात्मक पदों जैसे बड़ा, काफी छोटा, लम्बा समय या बहुत धीमा या तेज आदि का उपयोग करना होता है। अगर संभव हो तो इस प्रकार के वर्णन और विवरण की प्रस्तुति में शोधकर्त्ताओं द्वारा संख्याओं का प्रयोग काफी उचित और वांछनीय सिद्ध हो सकता है। इससे विवरण की प्रस्तुति में अधिक परिशुद्धता (Precision) आ सकती है। उदाहरण के लिये एक शोधकर्त्ता द्वारा यह कहना कि लोग खेतों में रोजाना 8–10 घंटे काम करते हैं यह इस बात को कहने की अपेक्षा अधिक श्रेष्ठ सिद्ध हो सकता है कि उनके कार्य करने के घंटे (Working hours) सुबह से लेकर शाम तक काफी लम्बे और थकाने वाले होते हैं। इस प्रकार वास्तव में संख्याओं का उपयोग या

प्रदत्तों का परिमाणीकरण (Quantification) वर्णनात्मक/विवरणात्मक गुणात्मक पदों की अपेक्षाकृत अधिक विशिष्ट और परिशुद्ध सूचना प्रदत्त करने की क्षमता रखता है। परन्तु संख्याओं या अन्य सांख्यिकी का जातिवृत्यात्मक अध्ययनों में प्रयोग कभी भी इस उद्देश्य से नहीं किया जाता कि उसके द्वारा कथन एवं परिणामों को वैसे ही निष्कर्षित किया जाये जैसा कि परिमाणात्मक अनुसंधानकर्त्ताओं द्वारा किया जाता है। यहाँ तो इनका प्रयोग उसके द्वारा दिये जाने वाले विस्तृत विवरण को कुछ अधिक यथार्थता, वस्तुनिष्ठता एवं वैधता प्रदान करने हेतु ही किया जाता है।

(iii) **व्याख्या करना एवं निष्कर्ष निकालना (Interpreting and Drawing Conclusions) :** इस अवस्था में अनुसंधानकर्त्ता से यह अपेक्षा की जाती है कि वह उचित रूप में व्यवस्थित (जैसे घटनाओं के घटने को कालक्रम अनुसार व्यवस्थित और क्रम संख्या प्रदान करना, श्रेणियों तथा उपश्रेणियों में संकेतीकरण करना) प्रदत्तों के आधार पर यह कोशिश करे कि जो कुछ अभिलेखित (Record) किया गया है, उसका उचित अर्थ निकालते हुये वैध निष्कर्षों की स्थापना की जाये। व्याख्या करने का कार्य अपने प्रयोगात्मक रूप में यह माँग करता है कि विश्लेषण को वांछित अर्थ और महत्त्व प्रदान किया जाये, विवरण सम्बन्धी प्रारूपों को स्पष्ट किया जाये और विवरणात्मक आयामों, सम्बन्धों और कड़ियों को सामने लाया जाये। इससे अनुसंधानकर्त्ता को अपने अनुसंधान प्रतिवेदन को प्रस्तुत करने हेतु कुछ वैध निष्कर्षों (लगभग उनके अंतिम रूप में) पर पहुँचने में मदद मिलती है। परन्तु अपने व्याख्या तथा निष्कर्ष निकालने सम्बन्धी कार्य में एक शोधकर्त्ता को यह प्रयत्न अवश्य करना चाहिये कि वह चीजों को अपने अध्ययन प्रयोज्यों की दृष्टि से देखते हुए व्याख्या करे और किसी भी तरह उन्हें अपनी व्यक्तिनिष्ठा का शिकार बनाकर अपने ही रंग में न रंगे।

क्षेत्र कार्य (Field work) करते हुये जो कुछ प्रयोज्यों द्वारा कहा जाये और किया जाये उसका तब तक कोई अर्थ नहीं होता जब तक कि शोधकर्त्ता उनको कोई निश्चित अर्थ देने की पहल नहीं करता। इस दृष्टि से प्रदत्तों का विश्लेषण एवं व्याख्या कार्य किसी भी जातिवृत्यात्मक अनुसंधान के तहत एक बहुत ही महत्त्वपूर्ण भूमिका निभाता हुआ देखा जा सकता है। इसलिये अनुसंधान प्रक्रिया के किसी और कार्य की अपेक्षा इसमें अनुसंधानकर्त्ता द्वारा अधिक ध्यान, समय, अन्तःदृष्टि, सूझबूझ, परावर्ती चिन्तन तथा विचारशक्ति का उपयोग करने की आवश्यकता रहती है। यहाँ जिस रूप में वह अपनी सृजनात्मक शक्ति, अन्वेषण प्रतिभा तथा समीक्षात्मक विश्लेषण योग्यता का प्रयोग करके प्रदत्तों का विश्लेषण कर सकेगा, उसे विस्तृत और समृद्ध विवरण प्रदान करते हुये अपने अनुसंधान प्रतिवेदन तैयार करने में उतनी ही अच्छी तरह से मदद मिलेगी।

सोपान 8 : अनुसंधान प्रतिवेदन या परिणामों को लिखना (Writing of the Research Report or Findings)

इस अंतिम सोपान में अनुसंधानकर्त्ता का कार्य अपने अनुसंधान प्रक्रिया तथा परिणामों को अनुसंधान प्रतिवेदन के रूप में सबके सामने लाना होता है। अन्य गुणात्मक अध्ययनों की तरह एक जातिवृत्यात्मक अध्ययन का प्रतिवेदन उन प्रक्रियाओं/घटनाओं/जीवन शैली सम्बन्धी बातों का ही उनके वास्तविक रूप में विस्तृत विवरण प्रदान करने का प्रयत्न करता है जिनको अनुसंधानकर्त्ता ने देखा, सुना और अनुभव किया है। जातिवृत्यात्मक अनुसंधानों की एक विशेष विशेषता तथा आकर्षण के बारे में शोधकर्त्ता को हमेशा ध्यान रखना चाहिये कि इनमें अध्ययन के दौरान प्रेक्षित तथा अन्वेषित सभी महत्त्वपूर्ण बातों को स्पष्ट रूप से समृद्ध और विस्तृत रूप में विवरण ात्मक शैली में लिखा जाता है ताकि अध्ययन किये गये समूह की सामाजिक, सांस्कृतिक, विलक्षणता और जीवन शैली का अधिक से अधिक स्पष्ट और समग्र चित्र प्रस्तुत किया जा सके। यहाँ अनुसंधानकर्त्ता समूह विशेष के साथ हुये अनुभवों का विस्तृत, यथार्थ और स्पष्ट विवरण प्रदान करते हुये यह पूरा ध्यान रखता है कि कोई भी महत्त्वपूर्ण तथ्य छूट न जाये तथा वास्तविकता और रोमांचकता बनाये रखने हेतु प्रयोज्यों द्वारा कही गई बातों को ज्यों की त्यों उद्‌धृत करने तथा जो कुछ घटा उसका सजीव चित्रण करने में जो चीज भी मदद कर सकती

हो (जैसे शब्दों का यथोचित उपयोग, ग्राफ, स्केच, ड्राइंग, चित्र, फोटोग्राफ, आडियो, वीडियो फिल्म आदि) उसे प्रयोग में लाने में पूरी तल्लीनता दिखाई जाये।

परन्तु इस प्रकार का विस्तृत और समृद्ध विवरण प्रदान करने में सभी छोटी छोटी बातों को शामिल करना भी श्रेयस्कर नहीं होता क्योंकि इससे प्रतिवेदन के आकार में अस्वाभाविक वृद्धि होने से पाठकों की रुचि को अरुचि में बदल जाने का खतरा बढ़ जाता है। एक बात और जो जातिवृत्यात्मक अनुसंधान के प्रतिवेदनों के सम्बन्ध में अक्सर आलोचना बन कर सामने आती है, वह यह है कि वर्णनात्मक वर्णन प्रदान करने में अक्सर शोधकर्त्ता बहक जाते हैं तथा उन पर आत्मनिष्ठा तथा पक्षपातपूर्ण दृष्टिकोण अधिक हावी हो जाता है। वे अपनी ही तरह से घटनाओं को देखने तथा देखी सुनी बातों को अपनी ही तरह व्याख्या करने का प्रयत्न करते हैं। इस बात को व्यावहारिक विज्ञान जगत के अनुसंधानकर्त्ता अच्छी तरह स्वीकारते हैं क्योंकि इस प्रकार के अनुसंधानों की प्रकृति और कार्यप्रणाली को किसी भी तरह आत्मनिष्ठा शून्य नहीं बनाया जा सकता, यहाँ जो कुछ भी पाठकों को देखने–सुनने को मिलता है वे आँखें और कान केवल एक उसी शोधकर्त्ता के होते हैं जिसके साथ उसकी वैयक्तिकता तथा व्यक्तिगत निष्ठा अध्ययन क्षेत्र से लेकर, रिपोर्टिंग तक जुड़ी रहती है। मकनील एवं चैपमेन (McNeil and Chapman, 2005:116) ने इस पर अपनी टिप्पणी करते हुये कहा है कि "अनुसंधान क्षेत्र में आज यह बात अच्छी तरह अंगीकृत की जाने लगी है कि जातिवृत्यात्मक अध्ययनों से किसी सार्वभौमिक सत्य (सामान्यीकृत तथ्यों) की खोज करने सम्बन्धी प्रयासों की आशा नहीं की जानी चाहिये क्योंकि सामाजिक वास्तविकता से सम्बन्धित सत्य सदैव ही सापेक्षिक, आंशिक, व्यक्तिनिष्ठ तथा चयनात्मक होता है।"

एक दूसरी अन्य बात जो जातिवृत्यात्मक अनुसंधानों के प्रतिवेदनों के सम्बन्ध में अक्सर उठती है वह नैतिकता तथा सुरक्षा को लेकर है। जातिवृत्यात्मक शोधकर्त्ताओं से यह अपेक्षा की जाती है कि वे देखी सुनी तथा अनुभव की कई बातों का समग्र और वास्तविक चित्र प्रस्तुत करें। परन्तु ऐसा करना कई परिस्थितियों में अपने आपको बेहद खतरे में डालना सिद्ध हो सकता है अथवा इससे जिस समूह का अध्ययन किया जा रहा है उसके कल्याण और अस्तित्व को संकट में डालने की बात भी सामने आ सकती है। उदाहरण के लिये मध्यप्रदेश के आदिवासी क्षेत्रों में सक्रिय नक्सलवादियों या जम्मू–कश्मीर सीमा प्रान्त में कार्यरत आतंकवादियों के गिरोहों के बारे में अपने व्यक्तिगत अनुभवों का विवरण देते समय एक शोधकर्त्ता को यह अच्छी तरह सोच लेना चाहिये कि कौन सी बातें ऐसी हैं जिन्हें अपने प्रतिवेदन में प्रस्तुत करना है और कौन से ऐसे संवेदनशील तथा उसके लिये खतरनाक बन जाने वाले मुद्दे हैं जिन्हें नहीं उठाया जाना चाहिये और अगर उनकी चर्चा की जाये तो किस तरह और किस सीमा में की जानी चाहिये। इसी तरह नैतिकता भी यह अनुमति नहीं देती कि जिस विश्वास से उनका अपना बनकर शोधकर्त्ता ने उनके रहस्य जाने हैं उसे उजागर कर समूह के सदस्यों के साथ विश्वासघात किया जाये। अतः इस दिशा में क्या कुछ किस तरह उचित है, इसका ध्यान रख कर ही आवश्यक बातें प्रतिवेदन का अंग बननी चाहियें।

11

व्यक्तिगत अध्ययन और एकल प्रयोज्य अध्ययन अनुसंधान

[Case Study and Single Subject Study Research]

विषय प्रवेश (Introduction)

जब अनुसंधानकर्त्ता किसी अकेले मामले (एक व्यक्ति, एक संस्था या एक बहुत छोटा समूह) का बहुत गहराई से अध्ययन करने के लिये अन्वेषण या अध्ययन करता है तब उसके सामने कई तरह की परिस्थितियाँ होती हैं। इस प्रकार की प्रकृति के अन्वेषण एवं अध्ययन प्रायः दो स्वरूपों में देखने को मिलते हैं, जिनके नाम हैं व्यक्तिगत अध्ययन अनुसंधान (जिसे विवरणात्मक या व्याख्यात्मक अनुसंधान के रूप में संवर्गीकृत किया जाता है) और एकल प्रयोज्य अध्ययन अनुसंधान (प्रायोगिक अनुसंधान के वर्ग में आता है)। इस अध्याय में हमें इन्हीं के बारे में विस्तार में जानना चाहिये।

व्यक्तिगत अध्ययन–अर्थ एवं परिभाषा (Case Study—Meaning and Definition)

व्यक्तिगत अध्ययन पद अपने शाब्दिक अर्थ में एक मामले (व्यक्ति, एक संस्था या एक लघु समूह) के अध्ययन या अन्वेषण के लिये प्रयुक्त किया जाता है। हालांकि हमारे दिन–प्रतिदिन के जीवन में मामला (Case) पद विभिन्न प्रकार से प्रयुक्त किया जाता है। एक चिकित्सक या डॉक्टर अपने क्लीनिक या चिकित्सालय के विभाग में अपने एक मामले (Case) अर्थात् मरीज (Patient) की देखभाल करता है। एक क्लर्क अपने अधिकारी के द्वारा उसे सौंपे गये अनेकों मामलों की फाइलों का रखरखाव करता है। परन्तु व्यावहारिक विज्ञानों के अनुसंधानों के क्षेत्र में मामला (Case) पद और इसका अध्ययन हमारे दिन प्रतिदिन के जीवन में प्रयुक्त इन अर्थों से कुछ अलग अर्थ में प्रयुक्त किया जाता है।

आइये, कुछ सुप्रसिद्ध लेखकों और विद्वानों के द्वारा दी गई परिभाषाओं और अर्थापन के प्रकाश में हम केस (Case) के वास्तविक अर्थ से परिचित होने का प्रयास करते हैं।

1. **स्टोयकर** : "व्यक्तित्व अध्ययन, वे अनुसंधान योजनायें हैं जो एक विशेष सामाजिक इकाई की किसी निश्चित ऐतिहासिक अवधि की गतिशीलता का सम्पूर्णता के साथ व्याख्या करने का प्रयास करती हैं।"

   (Case studies are those research projects, which attempt to explain holistically the dynamics of certain historical period of a particular social unit. — Stoecker, 1991)

2. **लोडिको आदि :** "व्यक्तिगत अध्ययन विधि गुणात्मक अनुसंधान का वह स्वरूप है जिसमें एक व्यक्ति, समूह या परिस्थिति को गहराई से समझने, उसके सम्बन्ध में अन्तःदृष्टि विकसित करने, प्रक्रियाओं का अन्वेषण करने और उसके अर्थों की खोज करने का प्रयास किया जाता है।"

   (Case study research is a form of qualitative research that endeavours to discover meaning, to investigate processes, and to gain insight into and an in-depth understanding of an individual, group, or situation. — Lodico et al., 2006:269)

3. **बेस्ट और काहन :** व्यक्तिगत अध्ययन सामाजिक प्रदत्तों को व्यवस्थित करने का एक ऐसा तरीका है जिसके द्वारा सामाजिक वास्तविकता को देखने का प्रयत्न किया जाता है। यह एक सामाजिक इकाई का उसके सर्वांग रूप में जाँच करता है। यह इकाई कोई एक व्यक्ति, एक परिवार, एक सामाजिक समूह, एक सामाजिक संस्था या एक समुदाय हो सकता है। इसका उद्देश्य इकाई विशेष के जीवन चक्र या उसके जीवन चक्र के किसी महत्त्वपूर्ण भाग का अवबोध करना होता है। व्यक्तिगत अध्ययन गहराई से खोज करता है और उन कारकों के मध्य अन्तःक्रियाओं का विश्लेषण करता है जो वर्तमान स्थिति को स्पष्ट करते हैं या परिवर्तन या वृद्धि को प्रभावित करते हैं। यह एक लम्बवत् उपागम है जो समय गुजरने के साथ साथ होने वाले विकास को दिखाता है।

   (The case study is a way of organising of social data for the purpose of viewing social reality. It examines a social unit as a whole. The unit may be a person, a family, a social group, a social institution, or a community. The purpose is to understand the life cycle of or an important part of the life cycle of the unit. The case study probes deeply and analyze interaction between the factors that explain present status or the influence change or growth. It is a longitudinal approach, showing development over a period of time. — Best & Kahn, 2006:259)

4. **ग्रेवेटर और फोर्जेनो :** व्यक्तिगत अध्ययन अभिकल्पों में किसी एक अकेले व्यक्ति (या एक बहुत छोटा समूह) का गहराई से अध्ययन और विस्तृत विवरण प्रदान किया जाता है। एक व्यक्तिगत अध्ययन में अनुसंधानकर्त्ता के द्वारा कोई हस्तक्षेप या उपचार प्रदान किया जा सकता है। जब किसी व्यक्तिगत अध्ययन में उपचार या हस्तक्षेप का प्रावधान नहीं होता तब इसे प्रायः व्यक्तिगत इतिहास कहा जाता है।

   (The case study design involves the indepth study and detailed description of a single individual (or very small group). A case study may involve an intervention or treatment administered by the researcher. When a case study does not include any treatment or intervention, it often is called a case history. — Gravetter & Forzano, 2003:175)

व्यक्तिगत अध्ययन अनुसंधान : एक प्रकार का ऐसा अनुसंधान है जिसका उद्देश्य विशेष रूप से, अपने वास्तविक जीवन के सन्दर्भ में एक वैयक्तिक इकाई (एक व्यक्ति, संस्था या एक बहुत लघु समूह) से सम्बन्धित घटनाओं का एक विस्तृत गहन अन्वेषण, और काफी यथार्थ तथा विविध प्रकार का विवरण प्राप्त करना होता है।

ऊपर दी गई परिभाषाओं का विश्लेषण और मनन एक "व्यक्तिगत अध्ययन अनुसंधान" पद की अधिक कार्यात्मक परिभाषा के रूप में कुछ निम्न निष्कर्ष पर पहुँचने में हमारी सहायता कर सकता है :

"सामान्यतः गुणात्मक अनुसंधान के रूप में संवर्गीकृत एक व्यक्तिगत अध्ययन अनुसंधान को एक ऐसे विवरणात्मक और व्याख्यात्मक अनुसंधान (समरूप दशाओं के अंतर्गत अध्ययन किए गए समरूप व्यक्तिगत अध्ययनों के लिए सामान्यीकरण किए जाने में सक्षम) का नाम दिया जा सकता है जिसको किसी एक व्यक्तिगत मामले (एक व्यक्ति, समूह, संस्था, समुदाय, घटना या तथ्य) का उसके वास्तविक जीवन संदर्भ में एक गहन अध्ययन और विस्तार से अन्वेषण करने में सहायता करते हुए पाया जाता है तथा साथ ही इस अन्वेषण के

माध्यम से ऐसे उपायों को अपनाने तथा हस्तक्षेप करने में भी इससे सहायता मिलती है जो व्यक्तिगत अध्ययन के लिये प्रयुक्त प्रयोज्यों या अन्यों के लिए कल्याणकारी सिद्ध हो सकें।"

यहाँ पर प्रश्न यह उठता है कि हम उपर्युक्त परिभाषा को एक उपयुक्त कार्यात्मक परिभाषा का पद कैसे प्रदान कर सकते हैं। आइये इसके बारे में कुछ विचार करें।

- जैसा कि हम जानते हैं अनुसंधानकर्त्ताओं के द्वारा, किसी एक या अन्य व्यक्तिगत मामलों (व्यक्तियों, समूहों, संस्थाओं, समुदायों, घटनाओं या प्रक्रियाओं) का एक विस्तृत और गहन अध्ययन करने के लिये व्यक्तिगत अध्ययन अनुसंधान किये जाते हैं। यहाँ अब अनुसंधानकर्त्ता के सामने एक मामले विशेष का चयन करने का प्रश्न उठता है। वे अपने अनुसंधान अध्ययन के लिये किसी विशिष्ट मामले (Case) का चयन कैसे और क्यों करें ?
- सामान्य रूप से अनुसंधानकर्त्ताओं के द्वारा अध्ययन करने के लिए केवल उन व्यक्तिगत मामलों को लिया जाता है जो समीक्षात्मक और विशिष्ट होते हैं तथा जिनमें अपनी असाधारण कार्यप्रणाली, प्रदर्शन, बुद्धि और विकास या अनजान विशेषतायें और इतिहास को लेकर ऐसी बहुत सी बातें होती हैं जिनसे भलीभाँति परिचित होने की आवश्यकता रहती है ताकि उनके कल्याण हेतु आवश्यक कार्यक्रम या उपचार व्यवस्था का नियोजन किया जा सके। अपने अनुसंधान अध्ययन हेतु कोई एक विशेष व्यक्तिगत मामले के चयन के बाद एक अनुसंधानकर्त्ता को उसका (i) गहराई से अध्ययन करना होता है और फिर (ii) इस अध्ययन से जो सूचनाएँ प्राप्त होती हैं उनका समुचित फायदा उठाने का प्रयत्न किया जाता है।
- यह फायदा उठाने वाली दूसरी बात पहली से कम महत्त्वपूर्ण नहीं है। किया जाने वाला अध्ययन, जिसका अध्ययन किया गया है, उसके और दूसरों के हित सम्पादन के लिये काम में लाया जाना चाहिये। उदारहण के लिए यदि हम किसी समस्यात्मक बालक का अध्ययन करते हैं और अध्ययनकर्त्ता ने उसके समस्यात्मक व्यवहार के कारणों के बारे में कुछ निष्कर्ष निकाले हैं तो उसका यह कर्त्तव्य बन जाता है कि वह उस बालक के समस्यात्मक व्यवहार में सुधार लाने हेतु कोई हस्तक्षेप या उपचार के बारे में भी सोचे। प्रदत्तों का विश्लेषण करते समय उसे उन बातों की ओर भी इशारा करना चाहिये जिससे कुछ ऐसी चेतावनी दूसरों को दी जा सके कि व्यवहार की विकृति से कैसे बचा जा सकता है। इसी तरह एक दूसरे वैयक्तिक अध्ययन जिससे बहुआयामी व्यक्तित्व (एक ऐसा मानसिक व्यक्तित्व विकार जिसमें एक व्यक्ति दो या दो से अधिक व्यक्तित्व जीता है) का अध्ययन किया गया है, उससे इस असामान्य व्यवहार की प्रकृति को उसके उपचार के तरीकों के साथ सामने लाया जाना चाहिये। इसी प्रकार एक आदर्श गाँव, एक सफल औद्योगिक घराने, किसी देश की बढ़ती हुई अर्थव्यवस्था के व्यक्तिगत अध्ययन, दूसरों के अपने विकास और वृद्धि हेतु एक प्रतिमान या आदर्श जीवन्त उदाहरण के रूप में कार्य कर सकते हैं। एक निदान या अन्वेषण चाहे वह कितना भी विस्तार में क्यों न हो, उसका कोई लाभ नहीं है अगर वह अध्ययन किए जाने वाले मामले में, उसके सुधार या कल्याण हेतु कोई उपाय या कार्यक्रम न सुझाए। व्यक्तिगत अध्ययन की किसी भी परिभाषा में, इस प्रकार अध्ययन से प्राप्त जानकारी और उसके उपयोग ये दोनों बातें ही कथन के रूप में शामिल होनी चाहिये और हमारे द्वारा ऊपर दी गई परिभाषा इस सम्बन्ध में बिल्कुल सही और खरी बैठती है।

व्यक्तिगत अध्ययन अनुसंधान के मुख्य गुण और विशेषतायें
(Main Features and Characteristics of the Case Study Research)

व्यक्तिगत अध्ययन अनुसंधान के गुणों और विशेषताओं को निम्न प्रकार से अभिव्यक्त किया जा सकता है :

1. व्यक्तिगत अध्ययन अनुसंधान में किसी एक व्यक्ति, समूह, संस्था, समुदाय, एक समकालीन प्रक्रिया या सामाजिक घटना का गहन, सर्वांग, विस्तृत तथा लम्बवत् अध्ययन (लम्बे समय तक चलने वाला) किया जाता है।
2. यहाँ किसी भी एक अकेली इकाई या मामले का एक निश्चित प्रयोजन के साथ अध्ययन किया जाता है। यहाँ अनुसंधानकर्त्ता को किसी एक प्रतिदर्श प्रतिचयन विधि का चयन कर प्रतिभागियों के पीछे नहीं भागना पड़ता।
3. व्यक्तिगत अध्ययन अनुसंधान में किए गए अनुसंधान बहुत बार किसी असामान्य और दुर्लभ तथ्य या प्रक्रियाओं के अध्ययन के लिए काम में लाये जाते हैं, जैसे–विशिष्ट या असामान्य व्यवहार या आश्चर्यजनक प्रगति या अवनति।
4. व्यक्तिगत अध्ययन अनुसंधानों को प्रायः गुणात्मक अनुसंधान के संवर्ग में रखा जाता है। परन्तु ये परिमाणात्मक साक्ष्यों को अपने मामले (Case) के गहन अध्ययन में प्रयुक्त किये जाने के विरुद्ध नहीं है अगर परिस्थिति विशेष में इसकी आवश्यकता हो।
5. व्यक्तिगत अध्ययन अनुसंधान वर्णनात्मक भी हो सकते हैं और व्याख्यात्मक भी। अपने वर्णनात्मक रूप में यह अध्ययन किए हुए मामले का भूत, वर्तमान और भविष्य के बारे में संकेत करने सम्बन्धी विस्तृत विवरण प्रदान करते हैं और व्याख्यात्मक स्पष्टीकरण देने के रूप में ये अध्ययन इकाई की संरचना और कार्यप्रणाली जिसका अन्वेषण किया जा रहा है तथा जिन बातों का प्रेक्षण किया गया है उनके बीच कार्यकारण सम्बन्ध स्थापित करने में सहायता कर सकते हैं।
6. व्यक्तिगत अध्ययन अनुसंधान में सूचनाएँ और प्रदत्तों का संकलन करने के लिए साक्ष्यों के विविध स्रोतों का उपयोग कर विविध तरीके अपनाए जा सकते हैं, जैसे–व्यक्ति विशेष और उसके सम्बन्धियों से साक्षात्कार करना, उनका स्वाभाविक परिस्थितियों में प्रेक्षण करना, सर्वेक्षणों तथा पुरातत्त्व अभिलेखों की सहायता लेना आदि।
7. व्यक्तिगत अध्ययन अनुसंधान परिकल्पनाओं के परीक्षण की जगह इन्हें सृजित करने में अधिक उपयोगी सिद्ध होते हैं। टेलर एवं अन्य (Taylor, et al., 2009:25) के अनुसार – जब अनुसंधानकर्त्ता एक नए क्षेत्र (जिसमें बहुत कम सूचनाओं की उपलब्धि रहती है) में अन्वेषण कार्य शुरु करता है तो इस अवस्था में व्यक्तिगत अध्ययन विशेष रूप से लाभदायक सिद्ध होते हैं और इस प्रकार से व्यक्तिगत अध्ययन इन क्षेत्रों में आगे अनुसंधान करने के लिए उपकल्पनाएँ और उपयुक्त विचार प्रदान करने में महत्त्वपूर्ण स्रोत बन सकते हैं।
8. व्यक्तिगत अध्ययन उन विशिष्ट वैयक्तिक मामलों का अध्ययन है जो अपनी सीमित वास्तविक परिस्थिति या व्यवस्था के भीतर ही किए जाते हैं। उनके परिणाम और निष्कर्षों का उपयोग अध्ययन किये जाने वाले मामले तक ही सीमित रहता है। इन अध्ययनों के परिणामों के सार्वभौमिक सामान्यीकरण की हमें कोई आशा नहीं करनी चाहिये। परन्तु इस प्रकार के अनुसंधानों में विशेष प्रकार के सामान्यीकरण की संभावना रह सकती है। जैसा कि एक विशेष मामले में किये जाने वाले सामान्यीकरण से सम्बन्धित निम्न तार्किक विश्लेषण से स्पष्ट हो सकता है।

   "यदि यह इस मामले के लिये वैध है तो यह उसी प्रकृति के सभी (या अनेकों) मामलों जिनका उस जैसी परिस्थितियों में अध्ययन किया जाता है, के लिए वैध रहेगा। अपने नकारात्मक रूप में सामान्यीकरण यह होगा कि अगर यह इस मामले के लिये वैध नहीं है तो यह समान प्रकृति के समान परिस्थितियों में अध्ययन किये जाने वाले किसी भी (या केवल कुछ) मामलों के लिये वैध नहीं होगा।"

9. व्यक्तिगत अध्ययन अनुसंधान एक अनुसंधानकर्त्ता को बहुत अच्छी तरह से यह जानने में सहायता करते हैं कि एक विशेष प्रकार के व्यवहार तथा संस्था या प्रतिष्ठान विशेष की प्रगति या अवनति जिस रूप में घटित हुई उसके पीछे क्या कारण थे और भविष्य में इस सम्बन्ध में क्या सोचना और क्या करना अपेक्षित है।
10. हिचकोक और ह्यूगस (Hitchcock & Huges, 1995:317) के अनुसार एक व्यक्तिगत अध्ययन अनुसंधान कुछ निम्न अनूठी विशेषताओं से अतिरंजित रहता है :
    - इसमें मामले से सम्बन्धित घटनाओं का समृद्ध और स्पष्ट विवरण प्रदान किया जाता है।
    - इसमें मामले से सम्बन्धित घटनाओं का कालक्रमानुसार (Chronological) विवरण दिया जाता है।
    - इसमें घटनाओं के विवरण को, उनके विश्लेषण के साथ जोड़ा जाता है।
    - यह एक व्यक्ति या छोटे समूह पर केन्द्रित रहता है और उनके द्वारा घटनाओं का किस रूप में प्रत्यक्षीकरण किया जा रहा है, इस बात को समझने की कोशिश करता है।
    - अनुसंधानकर्त्ता मामले की छानबीन में पूरी तरह संलग्न रहता है।
    - अनुसंधान प्रतिवेदन के लेखन में यहाँ मामले का विस्तृत विवरण या समग्र चित्र प्रस्तुत करने का प्रयत्न किया जाता है।

व्यक्तिगत अध्ययन अनुसंधान और व्यक्तिगत अध्ययन विधि/तकनीक में अन्तर
(Distinguishing Case Study Research from the Term Case Study Method/Techniques)

एक अनुसंधान अभिकल्प के रूप में विद्यमान व्यक्तिगत अध्ययन अनुसंधान को एक विधि या तकनीक के रूप में विद्यमान व्यक्तिगत अध्ययन विधि के साथ जोड़ कर नहीं देखा जाना चाहिये। ये दोनों समानार्थी नहीं है, इनका अर्थ कुछ अलग–अलग है। व्यक्तिगत विधि से तात्पर्य उस विधि से है जिसके द्वारा अनुसंधानकर्त्ता एक अकेले व्यक्ति का विस्तार से तथा गहराई के साथ अध्ययन करने में समर्थ होता है। अपने इस रूप में व्यक्तिगत अध्ययन एक ऐसा उपकरण या तकनीक है जिसे व्यक्तिगत अध्ययन अनुसंधान के अलावा अन्य प्रकार के अनुसंधानों (जैसे प्रायोगिक अनुसंधान, विकासात्मक अनुसंधान, नोर्मेटिव सर्वेक्षण अनुसंधान आदि) में भी शोधकर्त्ताओं द्वारा प्रयुक्त किया जा सकता है। इसके विपरीत एक 'व्यक्तिगत अध्ययन अनुसंधान अभिकल्प' (Case Study Research Design) को हम केवल एक ही काम के लिये प्रयुक्त करते हैं और वह है किसी एक व्यक्तिगत मामले (Case) का गहन और विस्तृत अध्ययन कर उसके कल्याण सम्बन्धी सुझाव देना। यहाँ यह किसी विधि/उपकरण के रूप में किसी और काम के लिये प्रयुक्त नहीं किया जा सकता।

व्यक्तिगत अध्ययन अनुसंधान और व्यक्तिगत इतिहास में अन्तर
(Distinguishing Case Study Research from the Term Case History)

'व्यक्तिगत अध्ययन विधियों' का प्रयोग एक अकेले व्यक्तिगत मामले (Case) का गहराई से लम्बवत् परीक्षण या अध्ययन करने हेतु किया जाता है। परन्तु एक 'व्यक्तिगत अध्ययन अनुसंधान' में व्यक्तिगत अध्ययन विधि या तकनीक के प्रयोग के द्वारा अनुसंधानकर्त्ता से यह अपेक्षा की जाती है कि वह अध्ययन किए जाने वाले व्यक्तिगत मामले के गुजरे हुए भूत और वर्तमान के बारे में जब कुछ जानने के लिए विस्तार से और गहनता के साथ अध्ययन कर उसके कल्याण हेतु सुझाव दे। वास्तव में यह उसी प्रकार के व्यक्तिगत अध्ययन का एक निदानात्मक तथा उपचारात्मक पक्ष है जिस प्रकार एक चिकित्सक अपने रोगी के गिरते हुए स्वास्थ्य के स्तर और उसकी बीमारी के सभी संभावित कारणों के निदान के आधार पर अपने मरीज के कल्याण के उद्देश्य से आवश्यक सलाह, मार्गदर्शन और उपचार करने के लिए अग्रसर होता है। व्यक्तिगत अध्ययन अनुसंधान कार्य में संलग्न एक अनुसंधानकर्त्ता की भी बिल्कुल वैसी ही भूमिका होती है जैसी कि एक चिकित्सक के द्वारा अपने

रोगी के साथ निभायी जाती है। वे सर्वप्रथम अध्ययन किए जाने वाले वैयक्तिक मामले का एक पूर्ण और गहन अन्वेषण करने और फिर उसका विवरण देने का प्रयास करते हैं और तत्पश्चात् फिर उसके लिए आवश्यक विकास और उपचार के लिए उपयुक्त सुझाव देने या उचित कदम (हस्तक्षेप और उपचार के उपाय) उठाने के लिये आगे बढ़ते हैं।

इस प्रकार से व्यक्तिगत अध्ययन अनुसंधान, अध्ययन किए गए व्यक्तिगत मामले के, एक विस्तृत और गहन अध्ययन तथा अन्वेषण के आधार पर एक अनुसंधानकर्त्ता द्वारा प्रशासित (किया गया) एक हस्तक्षेप या उपचार प्रदान करने के रूप में जाना जाता है। जब एक व्यक्तिगत अध्ययन में किसी प्रकार का हस्तक्षेप या उपचार शामिल नहीं होता है तब इसे व्यक्तिगत मामले का इतिहास (Case History) कहा जाता है, व्यक्तिगत अध्ययन अनुसंधान नहीं। व्यक्तिगत मामले का इतिहास नाम होने पर यह केवल अन्वेषण किए जाने वाले व्यक्तिगत मामले के ऐतिहासिक स्वरूप और घटित होने वाली घटनाओं को एक क्रम श्रृंखला के रूप में विवरणात्मक प्रस्तुतीकरण को प्रकट करता है।

अब अगला प्रश्न जो इस अवस्था में उठ सकता है वह यह है कि अपने व्यक्तिगत अध्ययन अनुसंधानों में, अनुसंधानकर्त्ता के द्वारा किस प्रकार के अध्ययन, क्षेत्र तथा विशेष प्रकरण सामान्यतः लिए जाते हैं। हम, व्यावहारिक विज्ञानों में व्यक्तिगत अध्ययन अनुसंधानों में किये जाने वाले अध्ययनों और प्रकरणों के प्रकारों के उदाहरण प्रस्तुत करके इस प्रश्न का उत्तर आसानी से दे सकते हैं।

अध्ययनों के प्रकार (Types of Studies)

येन (Yen, 1994) के अनुसार व्यावहारिक विज्ञानों में किए जाने वाले व्यक्तिगत अध्ययन अनुसंधानों को दो वर्गों में संवर्गीकृत किया जा सकता है – व्याख्यात्मक और विवरणात्मक।

व्याख्यात्मक व्यक्तिगत अध्ययनों का उद्देश्य किसी प्रक्रिया या व्यवहार में निहित कारणों का स्पष्टीकरण या व्याख्या करना होता है। यहाँ अनुसंधान प्रश्नों को निर्मित करने तथा परिभाषित करने से पहले प्रदत्त संकलन का क्षेत्रीय कार्य किया जा सकता है। दुर्लभ या असामान्य तथ्यों, प्रक्रिया या समीक्षात्मक मामलों, जैसे–विशिष्ट रूप से सृजनात्मक व्यक्ति, विशिष्ट रूप से असामान्य (बहुमुखी व्यक्तित्व वाले और दिमागी चोट से युक्त व्यक्ति) आदि से सम्बन्धित सूचनाओं को प्रदान करने के लिए प्रयोग में लाये जाने वाले अध्ययनों को, व्यक्तिगत अध्ययन अनुसंधानों की इस श्रेणी में शामिल किया जा सकता है।

विवरणात्मक व्यक्तिगत अध्ययनों का उद्देश्य एक परिस्थिति, घटना या प्रक्रिया का विवरण प्रलेख और वर्गीकरण प्रदान करना होता है। वे किसी कारण और प्रभाव सम्बन्धों को स्थापित करने की परवाह नहीं करते हैं और चीजों या वस्तुओं का, वे अपनी वास्तविक परिस्थिति/अवस्था में जैसी है, उसी रूप में विवरण करने पर अपना ध्यान केन्द्रित रखते हैं।

एक संस्था, समुदाय और एक कार्यक्रम के मूल्यांकन के अध्ययनों से सम्बन्धित व्यक्तिगत अध्ययनों को, व्यक्तिगत अध्ययन अनुसंधानों की इस श्रेणी में शामिल किया जा सकता है। सुखिया, एस. पी. (Sikhia, S.P. et. al., 1966:219) के अनुसार वर्गीकरण के इस दूसरे प्रकार से व्यक्तिगत अध्ययन अनुसंधानों को विस्तार में निम्नलिखित प्रकार से वर्गीकृत किया जा सकता है:

(i) वे व्यक्तिगत अध्ययन अनुसंधान जो कुछ विशेष समीक्षात्मक या असामान्य घटनाओं या प्रक्रियाओं या तथ्यों (जिन्हें समीक्षात्मक या उपचारात्मक अध्ययन कहा जा सकता है) के कारणों को निर्धारित करते हैं।

(ii) वे व्यक्तिगत अध्ययन अनुसंधान जो, उन परिस्थिति विशेषों से सम्बन्धित कुछ हालातों– सामान्य या अन्य की खोज करते हैं (जिन्हें उदाहरणात्मक या विशिष्ट अध्ययन कहा जाता है।)

व्यावहारिक विज्ञानों में किए गए कुछ व्यक्तिगत अध्ययनों के उदाहरण –

- विशेष प्रकार की आवश्यकताओं से युक्त बच्चे या विशिष्ट बालकों, जैसे–समस्यात्मक बच्चे, अपराधी, शारीरिक एवं मानसिक रूप से विकलांग, सामाजिक या संवेगात्मक रूप से कुसमायोजित, अधिगम अपंग, प्रतिभाशाली, सृजनात्मक या पिछड़े बालकों का व्यक्तिगत अध्ययन।
- समस्यात्मक और समाजविरोधी व्यक्तित्व जैसे – शराबी, ड्रग लेने वाले, चोर, आतंकवादी, नक्सली, डाकू, वैश्या आदि का व्यक्तिगत अध्ययन।
- विभिन्न प्रकार के व्यवासायिक जैसे–उद्योगों में कार्य करने वाले कर्मचारी, ट्रक चालक, बंधुआ मजदूर, दूसरे प्रांतों से आए हुए मजदूर आदि से सम्बन्धित व्यक्तिगत अध्ययन।
- एक कक्षा, संस्था में कार्यरत अध्यापक, एक विशेष अध्यापक, प्रधानाचार्य, और शैक्षिक प्रशासक आदि से सम्बन्धित व्यक्तिगत अध्ययन।
- व्यापारिक प्रतिष्ठान की कार्यप्रणाली, प्रबन्धकों (सफल या असफल) की कार्यप्रणाली से सम्बन्धित व्यक्तिगत अध्ययन।
- एक विशेष समुदाय, जनजाति या स्थानीय निवासियों के सामाजिक एवं सांस्कृतिक रहन सहन से सम्बन्धित व्यक्तिगत अध्ययन।
- बच्चों के व्यक्तित्व के शारीरिक, संज्ञानात्मक, नैतिक, कलात्मक, संवेगात्मक और सामाजिक आदि विभिन्न पक्षों में वृद्धि और विकास के सम्बन्ध में व्यक्तिगत अध्ययन।
- भिन्न–भिन्न प्रकार की पर्यावरणीय स्थितियों में पालन पोषण किए गए बच्चों का व्यक्तिगत अध्ययन।
- अलग अलग रुचियों, योग्यताओं और अभिरुचियों के बालकों का व्यक्तिगत अध्ययन।
- असामान्य व्यक्तित्व के व्यक्तियों का व्यक्तिगत अध्ययन।
- लोकप्रिय प्रतिष्ठित व्यक्तियों जैसे–लेखक, कलाकार, खिलाड़ी, राजनीतिज्ञ, दार्शनिक, वैज्ञानिक, गणितज्ञ आदि का व्यक्तिगत अध्ययन।
- बदनाम और कुख्यात हस्तियों का व्यक्तिगत अध्ययन।
- इतिहास, सांस्कृतिक और सामाजिक परिवर्तन, राजनीतिक उत्थान और पतन से सम्बन्धित घटनाओं का व्यक्तिगत अध्ययन।
- एक शुरु किए गए कार्यक्रम, क्रियान्वित की गई नीति और चालू की गई प्रोजेक्ट के अनुगमन कार्य का व्यक्तिगत अध्ययन।
- एक अकेले व्यक्ति, समूह या संस्था की उपलब्धियों या प्रदर्शन/निष्पत्ति के मूल्यांकन से सम्बन्धित व्यक्तिगत अध्ययन।
- किसी विशेष समुदाय या समाज में अपनाई गई किसी विशिष्ट सांस्कृतिक या सामाजिक परम्परा, कोई सामाजिक बुराई या दूषित चलन से सम्बन्धित व्यक्तिगत अध्ययन।

व्यक्तिगत अध्ययन अनुसंधान में शामिल सोपान और अवस्थाएँ (The Steps and Stages Involved in a Case Study Research)

व्यक्तिगत अध्ययन अनुसंधान, वास्तविक परिस्थितियों में एक व्यक्तिगत मामले के गहराई से किया गया विस्तृत अध्ययन है। इस प्रकार के अनुसंधान को हाथ में लेने के लिए एक अनुसंधानकर्त्ता को चित्र 11.1 में दिखाए गए सोपानों और अवस्थाओं का अनुसरण करना जरूरी होता है (देखिये पृष्ठ 201)।

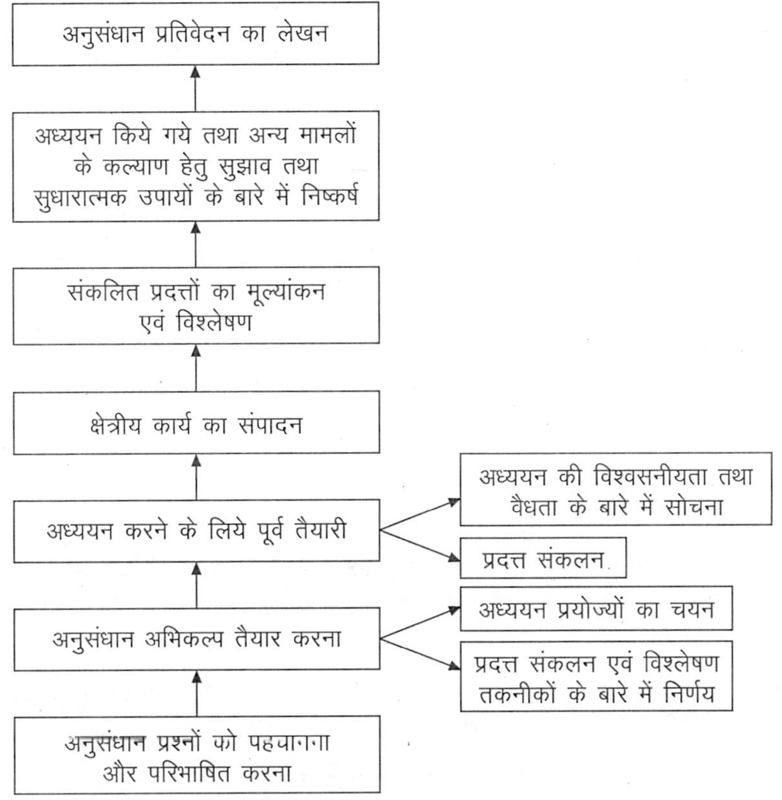

चित्र 11.1 व्यक्तिगत अध्ययन अनुसंधान में शामिल सोपान।

आइये अब इन सातों सोपानों के बारे में विस्तार से जाना जाये :

सोपान 1 : अनुसंधान प्रश्नों को पहचानना और परिभाषित करना (Identifying and Defining the Research Questions)

कोई भी अनुसंधान प्रक्रिया अपने क्रियान्वयन से प्राप्त किए जाने वाले उद्देश्यों के सन्दर्भ से ही शुरु होती है। अनुसंधानकर्त्ता को क्या करना है और क्यों करना है, इसके बारे में एकदम स्पष्ट होना चाहिये। इसलिए व्यक्तिगत अध्ययन अनुसंधान का प्रथम सोपान इस बात से शुरु होता है कि अपने अध्ययन कार्य के दौरान अनुसंधानकर्त्ता का ध्यान उस अनुसंधान उद्देश्य की तरफ केन्द्रित होना चाहिए जिसको उसे अनुसंधान के द्वारा स्थापित करना है। इस प्रकार से इस सोपान पर अनुसंधानकर्त्ता को अध्ययन की जाने वाली परिस्थिति या समस्या के बारे में प्रश्नों का निर्माण करके तथा अपने अध्ययन के लिए उद्देश्य निर्धारित करके अपने अध्ययन पर केन्द्रित होने की आवश्यकता होती है। एक व्यक्तिगत अध्ययन में अनुसंधान उद्देश्य (अध्ययन की जाने वाली परिस्थिति या समस्या) हमेशा ही एक कार्यक्रम, एक घटना, एक व्यक्ति, एक संस्था, समुदाय या व्यक्तियों के एक समूह के रूप में अक्सर एक व्यक्तिगत मामले का गहन अध्ययन करना होता है। इस सोपान पर इसलिये उन अनुसंधान प्रश्नों को अच्छी तरह से पहचानना और परिभाषित किया जाना चाहिये जिनके माध्यम से अनुसंधान अध्ययन का लक्ष्य या उद्देश्य एकदम से स्पष्ट हो सके।

अनुसंधान प्रश्नों का निर्माण करने में यह देखना चाहिये कि व्यक्तिगत अध्ययन अनुसंधान में उत्तर प्राप्त करने के लिए सामान्यतः एक या अधिक ऐसे प्रश्न होते हैं जो 'कैसे' या 'क्यों' से शुरु होते हैं। हालांकि ये प्रश्न घटनाओं और हालातों/परिस्थितियों और उनके अन्तर्सम्बन्धों के एक सीमित संख्या के प्रति ही लक्षित या केन्द्रित होते हैं। अब यहाँ यह प्रश्न उठ सकता है कि एक अनुसंधानकर्त्ता अनुसंधान प्रश्नों को पहचानने और निर्मित करने के कार्य की पहल किस प्रकार करे।

इस दिशा में साहित्य के पुनःअवलोकन से शुरुआत करनी चाहिये। यह अवलोकन बताता है कि इससे पहले इस सम्बन्ध में क्या क्या अनुसंधान किए जा चुके हैं और उन्हीं से किए जाने वाले अध्ययन के सम्बन्ध में अनुसंधान प्रश्न उभर कर सामने आते हैं। एक अनुसंधान प्रश्न को इस प्रकार से परिभाषित किया जाना जरूरी होता है कि उसमें निहित उद्देश्य साफ–साफ दिखाई दे। एक स्पष्ट और संक्षिप्त रूप में पहचाने और परिभाषित अनुसंधान प्रश्न, प्रदत्तों का संकलन करने, प्रदत्त विश्लेषण करने तथा अध्ययन का प्रतिवेदन तैयार करने के स्वरूप के सम्बन्ध में निर्णय लेने के लिए नियमित तौर पर एक प्रकाश स्तम्भ की तरह काम करते हुए दिखाई दे सकते हैं।

सोपान 2 : पहचान किए गए अनुसंधान प्रश्नों का उत्तर प्राप्त करने के लिए अनुसंधान अभिकल्प तैयार करना (Setting the Research Design for Seeking Answer to the Identified Research Questions)

अब इस द्वितीय सोपान पर अनुसंधान प्रश्नों की पहचान और परिभाषीकरण करने के आधार पर अनुसंधानकर्त्ता से यह अपेक्षा की जाती है कि वह अध्ययन के प्रतिभागियों तथा प्रदत्त संकलन और विश्लेषण की तकनीकों का चयन करने के सन्दर्भ में आवश्यक निर्णय ले।

(a) अध्ययन के प्रतिभागियों का चयन करना (Selection of the Participants of the Study) : इस सम्बन्ध में अनुसंधानकर्त्ता को नीचे दी गई बातों के आधार पर आगे बढ़ना चाहिये :

(i) व्यक्तिगत अध्ययन अनुसंधान के बहुत से उदाहरणों में देखा जाता है कि अनुसंधानकर्त्ता को प्रतिभागियों की पहचान करने और चयन करने के लिए संघर्ष करने की कोई जरूरत नहीं होती है क्योंकि यहाँ अनुसंधानकर्त्ता को किसी और का नहीं बल्कि पहले से ही समीक्षात्मक, दुर्लभ और समस्यात्मक मामलों के रूप में पहचान कर किए गए एक विशिष्ट व्यक्तिगत मामले का अध्ययन करना होता है। उदाहरण के लिए, एक अनुसंधानकर्त्ता से एक अपराधी या ड्रग लेने के आदी व्यक्ति का अध्ययन करने के लिए कहा जा सकता है जिससे उसके द्वारा किए जा रहे व्यवहार की प्रकृति, उसके असामान्य व्यवहार को बढ़ाने वाले कारकों और हालातों को जानने तथा सुधार के लिए दिए जाने वाले सुझाव और उपाय तथा इसके साथ अनुवर्ती कार्य के बारे में भी जानकारी प्राप्त करने में मदद मिल सके। इस प्रकार से गहराई से अध्ययन करने तथा इसकी विशेषताओं को समझने के लिए एक वैयक्तिक मामला सहज रूप में अनुसंधानकर्त्ता के सम्मुख उपस्थित हो जाता है।

(ii) कुछ व्यक्तिगत अध्ययन अनुसंधानों में अनुसंधानकर्त्ता से अपेक्षा की जाती है कि वह एक विशिष्ट प्रकार के व्यवहार, शारीरिक या मानसिक स्वास्थ्य, हालातों या किसी कार्यस्थल, संस्था या मोहल्ला आदि में अच्छी तरह से प्रारम्भ किए गए कार्यक्रम की सफलता या असफलता से परिचित होने की कोशिश करे। इस प्रकार की परिस्थितियों में अनुसंधानकर्त्ता को अपने अध्ययन के प्रयोज्य या प्रयोज्यों के रूप में एक या अनेक समुचित मामलों की पहचान और चयन करने की समस्या का सामना करना पड़ता है। इस प्रकार की परिस्थितियों में अनुसंधानकर्त्ता को निम्न बातों पर ध्यान देना चाहिये :

- उसे संयोगिक प्रतिचयन के बजाय सूचना केन्द्रित का उद्देश्यपूर्ण प्रतिचयन का प्रयोग करना चाहिये। क्योंकि एक औसत व्यक्तिगत मामला सूचनाओं की दृष्टि से समृद्ध नहीं होता है। ऐसे मामले जो

बहुत अधिक अलग या विशिष्ट होते हैं उनके द्वारा अधिक सूचनाएँ उपलब्ध हो सकती हैं क्योंकि उनमें सामान्य से हटकर अन्य गतिविधियाँ और कार्यप्रणाली कार्य कर रही होती हैं। अतः एक ही परिस्थिति विशेष के अध्ययन से बहुत सी बातों की जानकारी मिल जाती है।

- सूचना केन्द्रित व्यक्तिगत मामले तीन तरह के हो सकते हैं – (i) गम्भीर मामले (Critical cases) (ii) असाध्य या सीमा से परे या असामान्य मामले (iii) मध्यम स्थिति के मामले (सामान्यता के दायरे में रहने वाले मामले)।
- अनुसंधानकर्त्ता को इस बात का निर्धारण करना चाहिये कि उसे उन मामलों का अध्ययन करना है जो किसी तरह से अनुपम/अपूर्व/विलक्षण या विशिष्ट दिखाई देते हैं और क्या वह उन मामलों (व्यक्तियों या घटनाओं) का चुनाव करे जो भौगोलिक क्षेत्रों या आकार स्वरूप अथवा अन्य प्राचलों (Parameters) का प्रतिनिधित्व करें। चयन प्रक्रिया में एक अच्छी बात यह रहती है कि अनुसंधानकर्त्ता बार–बार मुड़कर अपने अध्ययन के प्रयोजन या उद्देश्य पर ध्यान देता रहे और यह देखे कि किस प्रकार के प्रयोज्यों का चयन उसके अनुसंधान प्रश्नों का उत्तर प्राप्त करने में समर्थ है या नहीं।
- येन (Yen, 2005) ने यह सुझाव दिया है कि अध्ययनकर्त्ता को यहाँ यह निर्णय लेना चाहिये कि उसे एक व्यक्तिगत मामले का अध्ययन करना है या बहुत से मामलों का। जब वह बहुत से मामलों का अध्ययन करने का प्रयत्न करे तो उसे प्रत्येक मामले को एक अलग मामला मान कर अध्ययन करना चाहिये। प्रत्येक मामले के अध्ययन से निकाले गये निष्कर्ष पूरे अध्ययन द्वारा प्राप्त जानकारी के लिए प्रयुक्त किये जाने चाहिये परन्तु ऐसा करने में हर मामले (Cases) को अपने आप में एक एकल मामला (An individual case) ही समझ कर अध्ययन किया जाना चाहिए।

(b) प्रदत्त संकलन और विश्लेषण तकनीकों के बारे में निर्णय (Decision About the Data Collection and Analysis Devices) : व्यक्तिगत अध्ययन अनुसंधान के अभिकल्प बनाने सम्बन्धी अवस्था के दौरान अनुसंधानकर्त्ता से यह भी आशा की जाती है कि वह प्रदत्त संकलन और विश्लेषण तकनीकों के बारे में भी निर्णय ले। इस कार्य के लिये उसे निम्न बातों को ध्यान रखना चाहिये :

- अनुसंधानकर्त्ता को पहले ही यह निर्णय ले लेना चाहिये कि अपने अनुसंधान प्रश्नों का उत्तर प्राप्त करने के लिए किस प्रकार के साक्ष्यों को इकट्ठा करना है और प्रदत्तों के साथ कौन सी विश्लेषण करने वाली तकनीकों का प्रयोग करना है।
- व्यक्तिगत अध्ययन अनुसंधान में अनुसंधानकर्त्ता से यह आशा की जाती है कि प्रदत्त संकलन स्रोत और प्रदत्त संकलन की विधियों में विविधता रखे ताकि अनुसंधान के प्रयोजन को देखते हुए विस्तृत और गहन अध्ययन हेतु वांछित सूचनाएं प्राप्त हो सकें।
- संकलित किए हुए प्रदत्त ज्यादातर गुणात्मक होते हैं परन्तु ये परिमाणात्मक भी होने चाहिए। प्रदत्त संकलन के लिए प्रयोग किए जाने वाले उपकरणों में सर्वेक्षण, साक्षात्कार, प्रतिभागी और सहभागिता रहित दोनों प्रकार का प्रेक्षण, प्रलेखीय पुनर्वीक्षण, पुरातत्त्व अभिलेख, और यहाँ तक कि भौतिक कला और शिल्प रचनाएँ भी शामिल किए जाने चाहियें।
- अनुसंधानकर्त्ताओं को साक्ष्यों तथा पूर्व निश्चित प्रदत्तों का संकलन करने में व्यवस्थित और उचित रूप से प्रयोग में लाए जाने वाले उपकरणों की प्रयोगात्मकता को पहले से ही सुनिश्चित कर लेना चाहिए।

सोपान 3 : अध्ययन करने के लिए पूर्व तैयारी (Pre-preparation for Carrying out the Study)

(a) प्रदत्त संकलन (Data collection) : प्रदत्तों के संकलन का कार्य व्यक्तिगत अध्ययन अनुसंधानों में अनुसंधानकर्त्ताओं से बड़ी उत्तरदायित्वपूर्ण भूमिका की अपेक्षा करता है। ऐसी सूचनाओं और प्रदत्तों का उनकी वास्तविक परिस्थितियों के सन्दर्भ में संकलन करना होता है जो अपने आप में काफी संवेदनशील होते हैं। इसलिये यह कार्य अनुसंधानकर्त्ताओं से विशेषकर कुछ निम्न बातों को लेकर अधिक पूर्व तैयारी की अपेक्षा करता है :

- अनुसंधानकर्त्ताओं को प्रदत्त संकलन की उचित तकनीकों – प्रश्नावली, साक्षात्कार–अनुसूची, अवलोकन चार्ट या प्रपत्र, निर्धारण मापनी, समाजमितीय तकनीकें, परिस्थिति की मांग के अनुसार प्रलेखीय विश्लेषण आदि के चयन, विकास और प्रयोग करने के बारे में न केवल पूरी जानकारी होनी चाहिए, बल्कि उन्हें इस सम्बन्ध में उचित मार्गदर्शन तथा औपचारिक प्रशिक्षण भी प्राप्त कर लेना चाहिए।
- अनुसंधानकर्त्ताओं को अध्ययन के प्रतिभागियों के साथ समुचित तालमेल स्थापित करने तथा एक अच्छा श्रोता होने की कला में भी प्रशिक्षित होना चाहिए और घटनाओं या वस्तुओं का ठीक प्रकार अवलोकन करने के तरीके तथा घटनाओं को अभिलेखित करने के बारे में पूर्ण ज्ञान प्राप्त कर लेना चाहिए। उन्हें अध्ययन में सहयोग देने वाले साक्ष्यों के लिए सम्बन्धित उपलब्ध प्रलेखों और अभिलेखों से आवश्यक तात्पर्य और अर्थ निकालने का तरीका भी सीखना चाहिये और प्रदत्त संकलन की परिस्थितियों में अनायास आने वाली प्रतिकूल परिस्थितियों से डरना नहीं चाहिए।
- अनुसंधानकर्त्ताओं को त्रिकोणात्मक मूल्यांकन (Triangulation) प्रक्रिया का उपयोग करने हेतु आवश्यक सक्षमता ग्रहण कर लेनी चाहिये ताकि विभिन्न स्रोतों और साधनों से संकलित प्रदत्तों की उपयोगिता, यथार्थता और विश्वसनीयता की पुष्टि की जा सके।
- अनुसंधानकर्त्ताओं को संकलित प्रदत्तों के उचित संगठन और व्यवस्थीकरण हेतु भी सभी पूर्व तैयारी कर लेनी चाहिए ताकि उनके संवर्गीकरण करने, उन्हें एक दूसरे से अलग करने, भंडारण करने तथा पुनः सही रूप में पाने में इस प्रकार मदद मिल सके कि आगे प्रदत्त विश्लेषण के कार्य को शुरु करने में कोई कठिनाई न हो।

(b) अध्ययन की विश्वसनीयता और वैधता के सम्बन्ध में सोचना (Caring for the reliability and validity of the study) : व्यक्तिगत अध्ययन अनुसंधान की इस पूर्व तैयारी की अवस्था में अनुसंधानकर्त्ताओं को यह भी सुनिश्चित करने की कोशिश करनी चाहिए कि अध्ययन कार्य इस प्रकार से किया जाये कि निम्न प्रकार की संरचनात्मक (Construct) वैधता, आन्तरिक वैधता, बाह्य वैधता और विश्वसनीयता को स्थापित करने में मदद मिले।

- संरचनात्मक वैधता (Construt validity) अनुसंधानकर्त्ता से अध्ययन की जाने वाली अवधारणाओं के लिए सही मापकों का प्रयोग करने की मांग करती है।
- आन्तरिक वैधता (Internal validity) (खासतौर पर व्याख्यात्मक या कार्यकारण अध्ययनों के लिए महत्त्वपूर्ण) यह प्रदर्शित करती है कि कुछ स्थितियाँ या हालात दूसरे हालातों की ओर ले जाते हैं। इसलिए यह अन्वेषण के लिए एक सीधा रास्ता पकड़ने हेतु विविध स्रोतों से विविध प्रकार की साक्षियों को जुटाने की मांग करती है। अनुसंधानकर्त्ता इस कार्य हेतु आगे पीछे चलने वाले साक्ष्यों की एक शृंखला का निर्माण कर सकता है ताकि पारस्परिक तुलना के सहारे आंतरिक वैधता स्थापित करने में मदद मिले।
- बाह्य वैधता (External validity) यह बताती है कि अनुसंधान के परिणामों का अध्ययन किए जाने वाले मामलों से बाहर निकल कर सामान्यीकरण किया जा सकता है या नहीं? अगर किसी व्यक्तिगत अध्ययन विभिन्न स्थानों, व्यक्तियों तथा प्रक्रियाओं के करने पर भी परिणामों में कोई खास फर्क नहीं पड़ता तो

ऐसे अध्ययन को बाह्य रूप से वैध माना जा सकता है। किसी व्यक्तिगत मामले की ऐसे ही व्यक्तिगत दूसरे मामले से तुलना करना और किसी मामले की आन्तरिक समीक्षा करना और उससे सम्बन्धित साहित्य की समीक्षा करना, ऐसी बातों से बाह्य वैधता स्थापित करने में काफी मदद मिल सकती है।

- विश्वसनीयता से तात्पर्य मापन की स्थिरता, यथार्थता और परिशुद्धता से है। इसलिए उदाहरणात्मक व्यक्तिगत अध्ययन अभिकल्प में इस तथ्य का ध्यान रखना चाहिये कि यहाँ प्रयोग में लायी गई प्रक्रिया अच्छी तरह से प्रलेखबद्ध (Documented) हो और उसे इस प्रकार दोहराया जा सके कि सदैव एक जैसे परिणाम प्राप्त हों।

सोपान 4 : क्षेत्रीय कार्य का सम्पादन (Carrying Out Field Work)

व्यक्तिगत अध्ययन अनुसंधान की इस अवस्था में अनुसंधानकर्त्ता से यह अपेक्षा की जाती है कि वह प्रदत्त संकलन के अनेक स्रोतों तथा तकनीकों के प्रयोग के द्वारा प्रदत्तों का संकलन करने के लिए आवश्यक क्षेत्रीय कार्य में संलग्न हो जाये। इस सम्बन्ध में उसे निम्न बातों का ध्यान रखना चाहिए :

- अध्ययन किए जा रहे व्यक्तिगत मामले के बारे में जो व्यक्ति सूचनाएँ प्रदान करने में सहायता कर रहे हैं, उनके कथनों को नोट करने या रिकार्ड करने का कार्य सावधानीपूर्वक किया जाए।
- अब अनुसंधानकर्त्ता किसी केस का प्रेक्षण कर रहा हो तो वास्तविक जीवन घटनाओं को अलग अलग परिस्थितियों में उसके व्यवहार का अवलोकन करके जो भी कुछ चिह्नित किया जा सकता है उस सबको जानने के लिए काफी सावधान रहना चाहिए और प्रेक्षित किए गए तथ्यों या प्रक्रिया के साथ जुड़े हुए कार्यकारण कारकों को पहचानने की कोशिश भी करनी चाहिए।
- साक्षियों के स्रोतों से सूचनाओं को निकालने के लिए अनुसंधानकर्त्ता को संरचित प्रश्न प्रारूप (Structured Question Format) की सहायता लेने का प्रयास भी करना चाहिए। हालांकि उसे यहाँ पर जरूरी लचीलापन प्रदर्शित करने की भी आवश्यकता पड़ती है। फलस्वरूप वह अध्ययन के उद्देश्यों, प्रश्नों को पूछने तथा उत्तर दिये जानने के प्रारूप तथा प्रश्नों की संरचना में भी परिस्थिति की मांग के अनुसार परिवर्तन ला सकता है।
- बहुत री तकनीकों के प्रयोग के द्वारा साक्ष्यों के अनेकों स्रोतों से जो सूचनाएँ एकत्रित की गई हैं उन्हें एक समग्र रूप में तथा सुव्यवस्थित तरीके से (प्रदत्तों का उचित विश्लेषण करने के लिए) सर्वथा उचित प्रारूप में अच्छी तरह से भंडारित करना चाहिए।
- अनुसंधानकर्त्ता को व्यक्तिगत अध्ययन से सम्बन्धित क्षेत्र कार्य में उपयोगी बातों को उसी समय नोट करते रहना चाहिए क्योंकि ये नोट की गई बातें भावनाओं को रिकार्ड करने, सूझबूझ के साथ अनुमान लगाने, प्रतिभागियों से प्रश्न पूछने और आगे बढ़ते हुए कार्य को लिखने में विशेष रूप से सहायक होती है। उसे साक्ष्यों, कहानियों और दृष्टान्तों को भी रिकार्ड कर लेना चाहिए क्योंकि ये बाद में प्रतिवेदन तैयार करने में प्रयुक्त किए जा सकते हैं। इनसे व्यक्ति विशेष के साथ ज्यादा देर तक सम्पर्क में रहने के कारण उसके प्रति पक्षपात होने से बचा जा सकता है। इनसे ये निर्धारण करने में भी मदद मिलती है कि जो कुछ प्रेक्षण किया गया है उससे अन्वेषण को कुछ और दिशा देने की आवश्यकता है या नहीं।

  फलस्वरूप एक अनुसंधानकर्त्ता को अपने व्यक्तिगत अनुसंधान अध्ययन में क्षेत्र नोट्स को लिखने में समुचित सावधानी बरतनी चाहिए और इनको उचित विश्लेषण हेतु अन्य प्रकार के संकलित और भंडारित प्रदत्तों से अलग रखना चाहिए।
- कार्य क्षेत्र से प्रदत्तों के संकलन के लिए अध्ययन के उद्देश्य और अनुसंधान प्रश्नों को हमेशा ध्यान में रखते हुए अनुसंधानकर्त्ता के लिए यह आवश्यक है कि वह अध्ययन उद्देश्य तथा साक्ष्यों के बीच सम्बन्धों को बनाए रखे।

- अनुसंधानकर्त्ता को कुछ प्रदत्त, प्रदत्तभंडार (Database) में सुरक्षित कर देने चाहिए और कुछ अन्य तथ्य/प्रदत्त दूसरे प्रकार से भौतिक रूप में भंडारित कर लेने चाहिए ताकि तथ्यों को नष्ट या खो जाने के खतरे से बचा जा सके। परन्तु ऐसा करते समय उसे यह ध्यान रखना चाहिए कि सभी प्रकार की संकलित सूचनाओं और साक्ष्यों को अच्छी तरह से लिखा जाए और वर्गीकृत किया जाए ताकि बाद में मूल्यांकन और विश्लेषण के समय इनको प्रयोग में लाने में सुविधा रहे।

सोपान 5: संकलित प्रदत्तों का मूल्यांकन और विश्लेषण (Evaluation and Analysis of the Collected Data)

किए जाने वाले अध्ययन से सम्बन्धित संकलित और भंडारित प्रदत्तों का अनुसंधानकर्त्ता को इस अवस्था में परीक्षण और विश्लेषण किए जाने की आवश्यकता है। इस कार्य को उचित तरीके से करने के लिए उसे निम्न बातों का ध्यान रखने की कोशिश करना चाहिए।

- उठाए गए अनुसंधान प्रश्नों का उत्तर देने में अध्ययन किए जा रहे वैयक्तिक मामले के अन्वेषण परिणाम किस सीमा तक सक्षम और समर्थ है यह जानने के लिए प्रारम्भिक अवस्था के प्रदत्तों का तरह तरह से अर्थापन या व्याख्या करके परीक्षण करने की कोशिश की जानी चाहिये। अनुसंधानकर्त्ता को यहाँ अपनी पूरी ईमानदारी के साथ उपलब्ध साक्ष्यों का परीक्षण एवं विश्लेषण करने की कोशिश करनी चाहिए जिससे उसे अपने अनुसंधान प्रश्नों 'कैसे' और 'क्यों' के उत्तर भलीभाँति प्राप्त हो सकें।
- प्रेक्षण की गई बातों या वस्तुओं तथा इकट्ठे किए गए तथ्यों का पुष्टिकरण करने के लिए अतिरिक्त प्रदत्तों का संग्रह करने हेतु शोधकर्त्ता को अगर आवश्यक जान पड़े तो कुछ लघु साक्षात्कारों की पुनरावृत्ति करने का भी प्रयत्न करना चाहिये।
- वांछित मूल्यांकन तथा विश्लेषण करने हेतु प्रदत्तों का प्रक्रियाकरण करने के लिए प्रदत्तों के इस तरह से संवर्गीकरण, सारणीकरण और पुनः संयोजित करने की ओर ध्यान देना चाहिए ताकि अध्ययन के प्रयोजन और अनुसंधान प्रश्नों के उत्तर देने में आवश्यक सहायता मिले। साथ ही तथ्यों की पारस्परिक जाँच (Cross checking) भी करनी चाहिए ताकि संकलित सूचनाओं से सम्बन्धित लिखी हुई बातों की भूलों और त्रुटियों का निवारण किया जा सके।
- संकलित सूचनाओं के विश्लेषण और मूल्यांकन सम्बन्धी प्रक्रिया से गुजरने में प्रदत्तों के संकलन और विश्लेषण के लिए विविध विधियों को अपना कर जो परिणाम सामने आए हैं उनकी विश्वसनीयता और वैधता की परख के लिए त्रिकोणात्मक जाँच तकनीक को प्रयोग में लाने में सावधानी बरतनी चाहिए। इसका उद्देश्य कोई भ्रान्ति पैदा करना नहीं बल्कि अनुसंधान परिणामों और निष्कर्षों को सही दिशा और दशा प्रदान करना है।
- अनुसंधानकर्त्ता को प्रदत्तों की छंटनी करने के लिए जानबूझ कर अनेक तरीकों का इस्तेमाल करना चाहिए जिससे उन्हें समझने हेतु नई अन्तःदृष्टियों का सृजन हो। इसी प्रकार जिन प्रदत्तों में विरोधाभास हो, उन पर ध्यान देने और उनसे हो रहे विश्लेषण को नकारने की पहल भी करनी चाहिए।
- सूचना और प्रदत्तों का व्यवस्थीकरण एवं संगठन हेतु उसे कुछ विशेष तकनीकों जैसे – सूचनाओं को अलग अलग खानों (Boxes) में रखना, श्रेणियों की मेट्रिक्स (Matrix) बनाना, प्रवाहचार्ट या अन्य प्रदर्शन को काम में लाना और घटनाओं की आवृत्तियों का सारणीयन करना आदि उपायों को काम में लाने के प्रयत्न करने चाहिए।
- अनुसंधानकर्त्ता को यहाँ उन परिमाणात्मक प्रदत्तों, जो गुणात्मक प्रदत्तों की पुष्टि और समर्थन हेतु संकलित किए जाते हैं, को भी प्रदत्त विश्लेषण हेतु उचित रूप से काम में लाना चाहिए। यह बात अध्ययनगत मामले (Case) को स्पष्ट रूप से समझने और उसका वर्णन करने में काफी लाभदायक सिद्ध हो सकती है।

- मामलों की पारस्परिक समीक्षा (Cross case analysis) नाम की एक तकनीक को भी अनुसंधानकर्त्ता द्वारा अपरिपक्व निष्कर्ष निकालने से बचने हेतु काम में लाया जा सकता है। इस तकनीक में संकलित प्रदत्तों को जितने मामलों की खोज की जाती है उनके प्रकारों के हिसाब से अलग अलग विभक्त कर किया जाता है। फिर अनुसंधानकर्त्ता एक प्रकार के प्रदत्तों की पूरी तरह जाँच करता है। अगर किसी एक प्रकार के प्रदत्तों का प्रारूप दूसरे को साक्षियों से मेल खाता है तब यह मान लिया जाता है कि प्राप्त परिणाम विश्वसनीय और वैध है। परन्तु अगर साक्ष्यों में अन्तर्विरोध होता है तो ये अन्तर क्यों हैं, इनके पीछे क्या कारण काम कर रहे हैं वह मालूम करने की बात की जाती है।
- संकलित प्रदत्तों के विश्लेषण और मूल्यांकन में यह बात भी काफी लाभप्रद रहती है कि विभिन्न दृष्टिकोण और अन्तर्दृष्टि प्रदान करने हेतु अलग अलग प्रकार के विश्लेषकों या मूल्यांकनकर्त्ताओं का प्रयोग किया जाये। मूल्यांकन करने वालों में जितनी ज्यादा सहमति होगी अध्ययन के परिणामों में उतनी ही विश्वसनीयता आती हुई दिखाई देगी। परन्तु अगर इस सम्बन्ध में समीक्षकों या मूल्यांकनकर्त्ताओं में गहरा अन्तर या विरोधाभास नजर आए तो यहाँ अनुसंधानकर्त्ता को अपने प्रयासों को नए सिरे से दोहराने में संकोच नहीं करना चाहिए।

सोपान 6 : अध्ययन किए गए तथा अन्य मामलों के कल्याण के लिए सुझाव तथा सुधारात्मक उपायों के बारे में निष्कर्ष निकालना। (Drawing Conclusions About The Remedial Steps/Suggestions for the Welfare of the Case Studied and Others)

व्यक्तिगत अध्ययन अनुसंधान में एक वैयक्तिक मामले का विस्तृत गहन अध्ययन किया जाता है जो कि निश्चय ही उसके लिये काफी लाभदायक रहता है। एक अनुसंधानकर्त्ता को स्वयं भी यह देखना चाहिए कि उसके अध्ययन के विश्लेषण और प्राप्त परिणाम, अध्ययन किए गए मामले (Case) के लिए फायदेमंद हों और ये दूसरे लोगों को एक ऐसे उदाहरण बन सके कि जो नहीं करना चाहिए उसके लिए उन्हें चेतावनी मिले और जो करना चाहिए उसके लिए वे अनुकरणीय आदर्श सिद्ध हों। अनुसंधानकर्त्ता को प्रस्तुत सोपान में इसी अपेक्षा को पूरा करने के लिए निम्न प्रकार से आगे बढ़ने का प्रयत्न करना चाहिये :

- समीक्षात्मक और उपचारात्मक प्रकार के व्यक्तिगत अध्ययन अनुसंधानों के लिए अनुसंधानकर्त्ता को सर्वप्रथम व्यक्तिगत मामले के समीक्षात्मक और असामान्य व्यवहार को प्रतिबिम्बित करने वाले वास्तविक दशाओं या हालातों के बारे में साथ ही इस प्रकार के व्यवहार के विकास में योग देने वाले कारणों/कारकों की चर्चा करना चाहिए और इसके बाद उस मामले के उपचार तथा कल्याण के लिए अपनाए जाने वाले उपायों तथा सुधारात्मक प्रयासों का विवरण भी प्रदान करना चाहिए।
- उदाहरणात्मक प्रकार के व्यक्तिगत अनुसंधान के लिए अनुसंधानकर्त्ता को अध्ययन किए जाने वाले वैयक्तिक मामले के व्यवहार या कार्य करने सम्बन्धित अच्छे और बुरे बिन्दु (बातें) तथा उनकी प्रकृति को प्रकाश में लाना चाहिए। फलस्वरूप इससे आगे वह अध्ययन का निष्कर्ष प्रस्तुत करने के साथ दूसरों के लिए सुझाव तथा निर्देश भी दे सकता है कि इस प्रकार के मामलों में, अपनी कार्यप्रणाली और व्यवहार में किन बातों का अनुकरण करना चाहिए और किन बातों की उपेक्षा करनी चाहिए ताकि उनकी प्रगति और कल्याण को वांछित दिशा प्राप्त होती रहे।

सोपान 7 : अनुसंधान प्रतिवेदन का लेखन (Writing the Research Report)

अपने अनुसंधान अध्ययन का अन्तिम कार्य, एक अनुसंधानकर्त्ता के लिए अनुसंधान प्रतिवेदन का लिखना है। सामान्य रूप से इसका उद्देश्य अपनी अनुसंधान यात्रा का वर्णन इस प्रकार से करना है जिससे यात्रा के दौरान प्राप्त हुए विभिन्न प्रकार के अनुभवों को पाठकों तक पहुँचाया जा सके। व्यक्तिगत अध्ययन अनुसंधान को अपनी

स्वाभाविक प्रकृति से ही, प्रतिवेदन के प्रस्तुतीकरण में अध्ययन की प्रक्रिया (खासतौर से सूचनाओं के संकलन से सम्बन्धित) और उसके प्रतिफल को इस प्रकार से प्रस्तुत करने की जरूरत होती है जिससे उसकी पहुँच सब लोगों तक हो सके। यह प्रतिवेदन इस प्रकार का हो जिससे उसे पढ़ने वाले उसमें बताए गए अनुभवों को अपने वास्तविक जीवन परिस्थितियों में प्रयोग में ला सके। इसमें काफी मात्रा से साक्षियों की उपस्थिति प्रतिबिम्बित होनी चाहिए जिससे पढ़ने वाले यह विश्वास कर सकें कि सभी दृष्टि से अन्वेषण किया जा चुका है, मामले या व्यक्ति विशेष के बारे में सारी बातें प्रकाश में आ चुकी हैं और जहाँ कुछ विरोधाभास है उन पर पूरा ध्यान दिया गया है। दूसरे अन्य अध्ययनों से सम्बन्धित अनुसंधान प्रतिवेदनों की सामान्य बातें भी व्यक्तिगत अध्ययन अनुसंधानों के प्रतिवेदन में उपस्थित रहती ही हैं इसके अलावा जिन बातों पर अतिरिक्त ध्यान दिया जाना चाहिए, उनका निम्न प्रकार उल्लेख किया जा सकता है :

- व्यक्तिगत अध्ययन की रिपोर्ट के संगठन या व्यवस्था से सम्बन्धित अनेक तरीके और प्रारूप हो सकते हैं (जैसे – वर्णनात्मक, व्याख्यात्मक, विवरणात्मक, तुलनात्मक, सैद्धान्तिक और कालक्रमानुसार आदि) जिनके द्वारा अध्ययन की प्रक्रिया और प्रतिफल को उचित ढंग से प्रस्तुत किया जा सके। एक अनुसंधानकर्त्ता को अपने व्यक्तिगत अध्ययन के प्रकार और उसके द्वारा पूरा किए जाने उद्देश्य के आधार पर इन प्रकारों में से किसी एक का बुद्धिमानीपूर्वक चयन करना चाहिए। उदाहरण के लिए यदि वैयक्तिक अध्ययन का उद्देश्य घटनाओं को अच्छी तरह सामने लाना है, तो इसमें घटनाओं के घटित होने के क्रम की सुरक्षा करनी जरूरी है, इसलिये इस अध्ययन का प्रतिवेदन लिखने के प्रारूप में निश्चित तौर पर कालक्रमानुसार तरीके का सहयोग लेना पड़ेगा।
- एक व्यक्तिगत अध्ययन प्रतिवेदन लिखने में व्यक्तिगत अध्ययन अनुसंधान की प्रकृति और उद्देश्य का पूरा ध्यान रखा जाना चाहिए, जैसे – मामले या व्यक्ति के सभी पक्षों का, उसके वास्तविक जीवन परिस्थिति में विस्तार और गहराई के साथ किए गए अध्ययन का विवरण प्रस्तुत करना।
- अनुसंधानकर्त्ता को प्रदत्तों का संकलन करने के स्रोतों के साथ अन्तःक्रिया करते समय जो सफलतापूर्ण या निराशाजनक अनुभव हुए उन विशिष्ट कथानकों या कहानियों का उल्लेख अपने अनुसंधान प्रतिवेदन में अवश्य करना चाहिए और विभिन्न विधियों का प्रयोग करते हुए भिन्न भिन्न स्रोतों से किस प्रकार की सूचनाएँ संकलित की गईं उनकी झलक भी इस प्रतिवेदन में दिखाई देनी चाहिए।
- अनुसंधानकर्त्ता के द्वारा लिखा गया अनुसंधान प्रतिवेदन, इसे पढ़ने वाले एक औसत पाठक और इस अध्ययन का उपयोग करने वाले के लिए एक समुचित अन्तःदृष्टि प्रदान करने में समर्थ होना चाहिए जिससे वह अध्ययन के परिणामों और अनुप्रयोगों का स्वयं प्रयोग कर सके और आवश्यकता पड़ने पर इस अध्ययन में किए गए कार्य की पुनरावृत्ति दूसरे इसी प्रकार के मामले या व्यक्तियों का अध्ययन कर उनका कल्याण करने के लिए कर सके।

व्यक्तिगत अध्ययन अनुसंधानों के गुण एवं दोष (कमियाँ)
(Strengths and Weaknesses of Case Study Researches)

व्यक्तिगत अध्ययन अनुसंधानों के अपने कुछ गुण एवं कमियाँ भी होती हैं जैसा कि आगे बताया गया है :

गुण (Strengths)

1. व्यक्तिगत अध्ययन अनुसंधान एक मामले या व्यक्ति का गहनतापूर्ण एवं सर्वांगता के परिप्रेक्ष्य में अध्ययन करने का अनुपम तरीका है।
2. किसी मामले (एक व्यक्ति, एक समूह, घटना, दृष्टांत या प्रक्रिया) का उसके अपने स्वाभाविक वातावरण और विद्यमान व्यवस्था में अध्ययन करने की एक अनोखी विशेषता इस अध्ययन में पाई जाती है।

3. व्यक्तिगत अध्ययन अनुसंधान वास्तविक परिस्थितियों में, वास्तविक व्यक्तियों के ऐसे अनूठे उदाहरण प्रस्तुत करते हैं, ताकि इन्हें पढ़ने वालों को उनमें लिखी बात स्पष्ट रूप से समझ में आ जाए। यहाँ गूढ़ भाषा में अमूर्त सिद्धान्तों या प्रनियमों के रूप में प्रस्तुत करके पाठकों को उलझाया नहीं जाता।
4. ये अनुसंधान ऐसी परिस्थितियों में अपनी उपस्थिति दर्ज करा सकते हैं जिसे संख्यात्मक विश्लेषण द्वारा उपलब्ध कर पाना बहुत बार सम्भव नहीं होता।
5. हिचकोक और ह्यूग्स (Hitchcock & Hughes, 1995:322) के अनुसार – जब अनुसंधानकर्त्ता का घटनाओं के ऊपर नियंत्रण कम होता है तब ऐसी परिस्थिति में वैयक्तिक अध्ययन उपागम विशेष रूप से बहुमूल्य सिद्ध होता है क्योंकि उसे यहाँ चरों पर नियंत्रण करने के लिए परेशान नहीं होना पड़ता, उसे तो केवल उनके प्राकृतिक/स्वाभाविक स्वरूप में उनका अध्ययन करना होता है।
6. रोब्सन (Robson, 2002:183) के अनुसार व्यक्तिगत अध्ययनों में सामान्यीकरण की बजाय विश्लेषणात्मक सामान्यीकरण की प्रक्रिया प्रयुक्त होती है। यही कारण है कि इनके द्वारा ऐसे सिद्धान्तों का विकास होता है जो अनुसंधानकर्त्ताओं को अन्य एक जैसे मामले, प्रक्रिया तथ्य या परिस्थिति को समझने में सहायता कर सकते हैं।
7. इन अनुसंधानों के प्रतिवेदन ठीक तरह से तुरन्त ही समझ आ जाते हैं क्योंकि इनमें किया गया अध्ययन स्वयं ही अपनी बात को स्पष्ट करने में योग्य होता है। किसी भी सामान्य श्रोता या पाठकों के द्वारा उनके परिणाम आसानी से बोधगम्य हो सकते हैं, क्योंकि वे गैर तकनीकी भाषा में प्रतिदिन उसी समय लिखे जाते हैं। (Nisbert and Watt, 1984:82)
8. ये मामले (व्यक्ति, घटना या संस्था) को सही तरीके से समझने में काफी सहायक सिद्ध हो सकते हैं क्योंकि इनमें घटनाओं को खुलकर स्पष्ट किया जाता है और कालक्रमानुसार वर्णन प्रदान किया जाता है।
9. ये अनुसंधानकर्त्ता को अपने अध्ययन के प्रयोजन और अपनी सुविधा के अनुसार प्रतिभागियों का चयन करने की आजादी प्रदान करते हैं। उसे अपने अनुसंधान प्रतिदर्श के लिए एक बड़ी समष्टि तक नहीं पहुँचना पड़ता है। एक छोटे से उद्देश्यपूर्ण प्रतिदर्श के द्वारा, अनुसंधानकर्त्ता एक विस्तृत लम्बवत् गहन अध्ययन करने में सक्षम हो सकता है जोकि अन्यथा एक बड़े प्रतिदर्श में सम्भव नहीं था।
10. इस प्रकार के अनुसंधान के अन्तर्गत किए गए अध्ययन इतने विस्तृत और गहन होते हैं कि दूसरे अनुसंधानकर्त्ताओं या अन्य प्रयोगकर्त्ता उसकी जैसी परिस्थितियों और मामलों को जानने और समझने में अन्तःदृष्टि प्राप्त करने में समर्थ हो जाते हैं और इस प्रकार से दूसरे लोग भी व्यवहारात्मक, उपचारात्मक, संगठनात्मक और अभिप्रेरणात्मक समस्याओं से युक्त मामलों में एक व्यक्तिगत अनुसंधान की निदानात्मक तथा उपचारात्मक विधियों और रोकथाम एवं सुधारात्मक उपायों का आसानी से प्रयोग कर सकते हैं।
11. यद्यपि इस प्रकार के अनुसंधानों से प्राप्त परिणामों की इस बात में आलोचना की जाती है कि इनमें सार्वभौमिक या ज्यादा विस्तार में अनुप्रयोग करने का अभाव है, फिर भी इनमें अन्य प्रकार के विशिष्ट और सीमित सामान्यीकरण की काफी सम्भावनायें उपस्थित हैं। उदाहरण के लिये, ये परिणाम एक प्रकार के परीक्षण, जिसे कार्ल पोपर (Karl Popper) ने असत्य सिद्ध करने की प्रक्रिया कहा है, का प्रयोग करके सामान्यीकरण करने के लिए प्रभावशाली सिद्ध हो सकते हैं। असत्य सिद्ध करने की प्रक्रिया (Falsification) एक प्रकार का ऐसा कड़ा परीक्षण है जिसमें एक वैज्ञानिक प्रकथन (Proposition) की सत्यता के परीक्षण में यदि केवल एक अवलोकन की भी प्रकथन के साथ ठीक पटरी नहीं बैठती तो सामान्यतः इसे वैध नहीं माना जाता और इसलिये या तो इसके आवश्यक सुधार करने की बात कही

जाती है अथवा इसका परित्याग करने की। पोपर ने इस सम्बन्ध में उदाहरण के लिये एक प्रकथन "सभी हंस सफेद हैं" को उद्धृत करते हुये यह तर्क दियां है कि केवल एक काले हंस का प्रेक्षण/निरीक्षण इस प्रकथन को असत्य सिद्ध करने के लिये पर्याप्त है और इस प्रकार से यह बात अपने आप में काफी महत्त्वपूर्ण सिद्ध होती हुई यह मांग करती है कि प्रकथन में सुधार किया जाये अथवा इसे त्याग दिया जाये। व्यक्तिगत अध्ययन काले हंस की पहचान करने हेतु अपनी गहन अध्ययन उपागम के कारण उपयुक्त सिद्ध होता है : जो देखने में श्वेत दिखाई देता है वह बारीकी से निरीक्षण करने में काला निकलता है और इसीलिये इस उपागम का उपयोग उपयुक्त तथ्यों की खोज और सिद्धान्त निर्माण में काफी महत्त्वपूर्ण सिद्ध हो सकता है।

कमजोरियाँ या दोष (Weaknesses)

1. व्यक्तिगत अध्ययन अनुसंधानों के परिणामों का अपना सीमित अनुप्रयोग होता है। प्रत्येक व्यक्तिगत मामला अपने अध्ययन तथा अनुप्रयोग के सन्दर्भ में अपने आप में अनूठा होता है। इस प्रकार व्यक्तिगत अध्ययन के परिणाम सार्वभौमिक रूप से अनुप्रयुक्त नहीं किए जा सकते हैं और यहाँ तक कि इनको एक प्रतिदर्श की अपनी ही विस्तृत समष्टि के साथ सामान्यीकृत नहीं किया जा सकता।
2. इन अनुसंधानों में, संकलित किए गए प्रदत्तों के प्रकार तथा परिणामों पर पहुँचने के लिए विश्लेषण तथा अर्थापन की विधियों की आधिकारिकता (Authenticity), विश्वसनीयता और वैधता का पुष्टिकरण करने की राह में बहुत सी कठिनाइयाँ आ जाती हैं। इस कारण से इन अनुसंधानों की प्रक्रिया और प्रतिफलों पर बहुत ज्यादा चयनपरक, पक्षपातपूर्ण, व्यक्तिगत और व्यक्तिनिष्ठ होने का आरोप लगाया जाता है।
3. ये अनुसंधान मुख्य रूप से व्याख्यात्मक और विवरणात्मक होते हैं। अध्ययन में शामिल परिस्थितियों तथा चरों पर अध्ययनकर्त्ता का कोई भी नियंत्रण नहीं होता है। इसलिए इन अध्ययनों के परिणामों का न ही प्रयोगात्मक रूप से पुष्टिकरण किया जा सकता है और न समान परिस्थितियों तथा संदर्भों में इनको दोहराया जा सकता है तथा ना ही कारण और प्रभाव सम्बन्धों को उसी प्रकार से स्थापित किया जा सकता है जैसा कि प्रायोगिक और परिमाणात्मक अनुसंधानों के मामलों में होता है।
4. इस प्रकार के अध्ययनों में मामलों (Cases) की स्वाभाविक परिस्थितियों और वास्तविक जीवन व्यवस्था में अध्ययन करने की आवश्यकता होती है। इन अनुसंधानों की यह विशेषता, एक व्यक्तिगत अध्ययन (Case study) से सम्बन्धित घटनाओं और प्रक्रियाओं का उनके घटित होने के समय में तथा उनके घटित होने से स्वाभाविक क्रम में अध्ययन किये जाने की आवश्यकता अन्वेषणकर्त्ता के सामने गम्भीर समस्याएँ प्रस्तुत कर सकती है। इसके अलावा इन अध्ययनों में प्रतिभागियों का चयन करने, प्रदत्त संकलन करने, प्रदत्तों का विश्लेषण करने, उनकी व्याख्या करने की विधियों और तकनीकों का अनुप्रयोग करने तथा प्राप्त परिणामों की विश्वसनीयता तथा वैधता स्थापित करने के तरीकों का प्रयोग करने के लिए अनुसंधानकर्त्ता को इन कार्यों में विशेषज्ञता प्राप्त करना जरूरी होता है। इस प्रकार के कुशल एवं सक्षम अन्वेषणकर्त्ताओं की कमी को वैयक्तिक अध्ययन अनुसंधानों की प्रक्रिया तथा प्रतिफल के साथ उचित न्याय करने में एक बड़ी कठिनाई तथा अड़चन माना जा सकता है।

एकल प्रयोज्य अनुसंधान (Single Subject Research)

अर्थ एवं परिभाषा (Meaning and Definitions)

जैसा कि इस अध्याय के प्रारम्भ में कहा गया है, वैयक्तिक अध्ययन (Case study) अनुसंधान के अलावा एकल प्रयोज्य अनुसंधान भी एक अकेली इकाई – व्यक्ति, समूह, घटना या प्रक्रिया के आवश्यक गहन अध्ययन पर

केन्द्रीयकृत रहता है। यह उपलब्ध स्रोतों से प्राप्त प्रदत्तों की व्याख्या या विवरण देने की बजाय निष्कर्ष पर पहुँचने के लिए पूरी तरह से प्रायोगिक उपागम का प्रयोग करता है। इस प्रकार का अनुसंधान, निश्चय ही वैयक्तिक अध्ययन अनुसंधान की विवरणात्मक और व्याख्यात्मक विशेषता के एकदम विपरीत प्रायोगिक अनुसंधान की श्रेणी में आता है। अपने शाब्दिक अर्थ में, इसे एक ऐसे अनुसंधान के रूप में समझा जा सकता है जो एक अकेले व्यक्ति के अध्ययन से सम्बन्धित रहता है। इसकी प्रकृति, अर्थ और कार्यप्रणाली के बारे में अच्छी तरह से जानने के लिए आइये हम इस क्षेत्र में कार्यरत विद्वानों और सुविज्ञ लेखकों के द्वारा अभिव्यक्त किए गए विचारों की सहायता लें।

1. **शेविगर्ट :** एकल प्रयोज्य अभिकल्प (Single subject design) किसी एक व्यक्ति (या अधिक से अधिक कुछ) पर केन्द्रित रहते हैं परन्तु इनमें कुछ आश्रित चरों पर एक स्वतन्त्र चर के प्रभाव का पता लगाने के लिए वैज्ञानिक विधि का उसकी वस्तुनिष्ठा तथा अन्य औपचारिकताओं सहित अनुपालना करने का भी प्रयत्न किया जाता है।

   (Single subject designs focus on one individual (or, at most, a few) but bring with them the rigors and objectivity of the scientific method, in an effort to determine the effect of an independent variable on some dependent variables. —Schweigert, 2006:189)

2. **गुडविन :** एकल प्रयोज्य अनुसंधान या एकल वैयक्तिक अनुसंधान ऐसे अनुसंधान अध्ययन होते हैं जिनमें एकल प्रतिभागी या प्रयोज्य से प्राप्त परिणामों को विद्यमान कार्यकारण सम्बन्धों की स्थापना हेतु काम में लाया जाता है। अपने सामान्य अनुप्रयोग में यह अनुसंधान यह प्रदर्शित करने का प्रयत्न करता है कि एक उपचार (व्यवहार परिमार्जन कार्यक्रम) जिसका अनुसंधानकर्त्ता द्वारा प्रहस्तन (Manipulation) या कार्यान्वयन हो तो वह प्रतिभागी की अनुक्रिया (जैसे एक अकेले विद्यार्थी का कक्षाकक्ष बाधित व्यवहार) में परिवर्तन लाने का कारण बनता है।

   (Single-subject research or single-case research are research studies that use the results from single participant or subject to establish the existence of cause-and-effect relationships. In its general application, it aims to demonstrate that a treatment (Behaviour Modification Programme) implemented or manipulated by the researcher causes a change in the participant's response (classroom disruption behaviour of a single student)

ऊपर जो कुछ भी कहा गया है उसके मंथन द्वारा एकल प्रयोज्य अनुसंधान अर्थ, प्रकृति और विशेषताओं के बारे में निम्न निष्कर्ष निकाले जा सकते हैं :

- एकल प्रयोज्य अनुसंधान प्रायोगिक अनुसंधान की गिनती और श्रेणी में आता है।
- इसका उद्देश्य एक अकेले प्रयोज्य (या अधिक से अधिक कुछ) का अध्ययन करना है।
- यह एकल प्रयोज्य के अध्ययन से अर्थ निकालने के अपने प्रयास में आवश्यक औपचारिकताओं, शर्तों और वस्तुनिष्ठा के साथ वैज्ञानिक विधि की अनुपालना की बात कहता है।
- यह अनुसंधानकर्त्ता से, समय की एक अवधि के दौरान मानव व्यवहार के कुछ पक्षों का निरन्तर मापन या जाँच करने की आशा करता है।
- प्रायोगिक अध्ययन की तरह यह अनुसंधान भी एक प्रायोगिक अभिकल्प का प्रयोग करता है जिसे स्वतन्त्र एवं परतन्त्र चरों की भूमिका से युक्त एकल प्रयोज्य अनुसंधान अभिकल्प के नाम से जाना जाता है।
- यह आश्रित चरों में लगातार हो रहे परिवर्तनों का अवलोकन करने के लिए स्वतन्त्र चरों का व्यवस्थित प्रहस्तन (Manipulation) करने की स्वीकृति देता है।

- इस अनुसंधान में एक अकेले प्रतिभागी या प्रयोज्य से प्राप्त परिणामों को कारण और प्रभाव सम्बन्धों को स्थापित करने के लिए ठीक प्रकार से प्रयोग में लाया जा सकता है।
- एक प्रयोज्य या प्रतिभागी के प्रस्तावित हस्तक्षेप या उपचार कार्यक्रम के प्रभाव का अध्ययन करने के लिए इसमें उचित प्रावधान रहता है।
- इसमें अध्ययन प्रयोज्य को दिये गये उपचार कार्यक्रम को उसी तरह के प्रयोज्यों/अन्य व्यक्तियों पर दोहराने का प्रावधान रहता है ताकि यह पता लग सके कि उपचार का किस सीमा तक सामान्यीकरण किया जा सकता है (सबको यह कितना ठीक बैठ सकता है)।

एकल प्रयोज्य अनुसंधान : एक विशेष प्रकार का प्रायोगिक अनुसंधान जो एक एकल प्रयोज्य के अध्ययन पर केन्द्रित होने की बात करते हुए अध्ययन के चरों के मध्य "कारण और प्रभाव" सम्बन्ध को स्थापित करने और/या प्रयोज्यों पर लागू किए जाने वाले किसी कार्यक्रम की प्रभावशीलता का मूल्यांकन करने में विशेष रूप से उपयोगी सिद्ध होता है।

एकल विषय अनुसंधान के अर्थ, प्रकृति तथा विशेषताओं के बारे में जो कुछ कहा गया है, उसके सन्दर्भ में हम अपने आपको इस स्थिति में पाते हैं कि निम्न शब्दों में एकल प्रयोज्य अनुसंधान की एक कार्यपरक परिभाषा प्रस्तुत की जा सके।

एकल प्रयोज्य अनुसंधान एक अकेले प्रयोज्य (या अधिकतर कुछ) का अध्ययन करने और प्राप्त परिणामों को उपयोग में लाने जैसे—(i) अध्ययन के स्वतन्त्र और आश्रित चरों के बीच कारण और प्रभाव सम्बन्धों के अस्तित्व को स्थापित करना और/या (ii) अध्ययन के प्रयोज्य के लिए प्रस्तावित हस्तक्षेप या उपचार कार्यक्रम के प्रभाव की जाँच करने के लिए प्रयुक्त प्रायोगिक अनुसंधानों के विशेष प्रकार का प्रतिनिधित्व करते हैं।

एकल प्रयोज्य अनुसंधान और व्यक्तिगत अध्ययन में अन्तर
(Distinguishing Single Subject Research from Case Study)

एकल प्रयोज्य अनुसंधानों और व्यक्तिगत अध्ययन अनुसंधानों में एक अकेली इकाई के अध्ययन पर अपना ध्यान केन्द्रित रखने के संदर्भ में जो समानता दिखाई देती है उसके कारण इन दोनों सम्प्रत्ययों को एक जैसा समझने की भ्रमपूर्ण स्थिति पैदा हो जाती है। परन्तु वास्तव में ये एक जैसे नहीं हैं। इन दोनों में निम्न बातों को लेकर काफी विभिन्नता पाई जाती है।

1. जबकि एकल प्रयोज्य अनुसंधान प्रायोगिक अनुसंधानों की श्रेणी में आता है क्योंकि उसमें प्रायोगिक अनुसंधान के सभी गुण या विशेषतायें (जैसे—परिकल्पना, चरों पर नियंत्रण, हस्तक्षेप) पाई जाती है, तो दूसरी तरफ व्यक्तिगत अध्ययन अनुसंधान अप्रायोगिक गुणात्मक अनुसंधान की श्रेणी में आता है क्योंकि इसमें प्रायोगिक अनुसंधान की एक भी विशिष्ट विशेषता नहीं पाई जाती।
2. एकल प्रयोज्य अनुसंधान और व्यक्तिगत अध्ययन अनुसंधान दोनों ही इस बात में तो समान हैं कि दोनों के अध्ययन का केन्द्र एक अकेला तथ्य या केस होता है। "परन्तु एकल प्रयोज्य अनुसंधान में", जैसा कि बेस्ट और काहन (Best & Kahn, 2006:217) ने कहा है, "हमेशा एक ही प्रयोज्य होता है जबकि व्यक्तिगत अध्ययन विधि में अध्ययन का केन्द्र एक व्यक्ति, विद्यालय की एक कक्षा, एक शहर, एक समाज आदि कुछ भी हो सकता है।"
3. एक एकल प्रयोज्य अनुसंधान में दो चरों – एक आश्रित और एक स्वतन्त्र की उपस्थिति जरूरी होती है। अनुसंधानकर्त्ता का कार्य है कि वह स्वतन्त्र चर के व्यवस्थित प्रहस्तन (Manipulation) को सुनिश्चित करे और आश्रित चर पर इसके पड़ते हुए प्रभाव का निरीक्षण करे। दूसरी तरफ एक व्यक्तिगत अध्ययन

केवल एक व्यक्ति और उसके अनुभवों का विवरण प्रदान करता है। इसमें एक स्वतन्त्र चर के व्यवस्थित प्रहस्तन को शामिल नहीं किया जाता है।

4. प्रतिभागियों का चयन करने, प्रदत्तों का संग्रह करने तथा उनके विश्लेषण और साथ ही अर्थापन करने के सम्बन्ध में व्यक्तिनिष्ठ निर्णन लेने के कार्य में ही अपना अधिकांश समय लगा कर अध्ययन करने वाले व्यक्तिगत अध्ययन अनुसंधानकर्त्ताओं की तुलना में एक एकल प्रयोज्य अनुसंधान करने वाले अनुसंधानकर्त्ता को प्रदत्तों का संकलन तथा विश्लेषण करने के लिए, प्रायोगिक प्रकृति वाले वैज्ञानिक विधियों का प्रयोग करने के कारण अपने अध्ययन में व्यक्तिगत अनुसंधानकर्त्ता की तुलना में अधिक वस्तुनिष्ठता बनाए रखना सम्भव हो सकता है।
5. व्यक्तिगत अध्ययन में बहुत सी विधि तन्त्रीय तकनीकों जैसे–प्राकृतिक अवलोकन, सर्वेक्षण, साक्षात्कार या अन्य उपागमों का प्रयोग किया जा सकता है। परन्तु यहाँ एकल प्रयोज्य अनुसंधानों की तरह प्रायोगिक वैज्ञानिक अभिकल्पों का उपयोग नहीं किया जा सकता।
6. यद्यपि व्यक्तिगत अध्ययनों की तरह एकल प्रयोज्य अनुसंधान अध्ययनों में भी अध्ययन का केन्द्रबिन्दु केवल मात्र एक व्यक्ति या अधिक से अधिक कुछ व्यक्ति ही होते हैं परन्तु जिस बात को लेकर मुख्य अन्तर रहता है वह यह है कि इनमें वैज्ञानिक विधि की वस्तुनिष्ठता और अन्य औपचारिकताओं को निभाने का कार्य किया जाता है जबकि व्यक्तिगत अध्ययनों में ऐसा कुछ नहीं होता।

एकल प्रयोज्य अनुसंधान और अन्य प्रायोगिक अनुसंधानों में अन्तर (Distinguishing Single Subject Research from Other Experimental Researches)

एकल प्रयोज्य अनुसंधान अपने आप में एक प्रायोगिक अनुसंधान हैं अतः यह स्वाभाविक ही है कि इनमें बहुत सी बातें अन्य प्रायोगिक अनुसंधानों के समान ही होती हैं। फिर भी कुछ बातों में किसी एक या अन्य प्रकार से यह प्रायोगिक अनुसंधानों से भिन्नता रखते हैं, आइये उनके बारे में जाना जाये।

1. एकल प्रयोज्य अनुसंधान कुछ बातों में वैयक्तिक अध्ययन अनुसंधान तथा कुछ बातों में प्रायोगिक अनुसंधानों जैसे होते हैं। वैयक्तिक अध्ययन की तरह यहाँ एकल प्रयोज्य अनुसंधान एक अकेले व्यक्ति को अपने अध्ययन का केन्द्रबिन्दु बनाते हैं और उस व्यक्ति से सम्बन्धित अवलोकन और प्राप्त अनुभवों का विस्तृत विवरण भी प्रदान करते हैं। प्रायोगिक अनुसंधान की तरह इनमें स्वतन्त्र चर का व्यवस्थापन करने, परिकल्पनाओं का परीक्षण करने, हस्तक्षेप तथा उपचार को प्रस्तावित करने आदि की वैज्ञानिक औपचारिकताओं की अनुपालना करने के लिए भी उचित प्रावधान किया जाता है। इस प्रकार से एकल प्रयोज्य अनुसंधान के प्रयोजन तथा प्रयुक्त विधियाँ वैयक्तिक अध्ययन अनुसंधान तथा प्रायोगिक अनुसंधानों के लिए प्रयुक्त विधियों एवं प्रयोजनों के बीच में खड़ी दिखाई देती है।
2. एकल प्रयोज्य अनुसंधान प्रायोगिक अनुसंधानों से इस बात में भी अलग ठहराये जाते हैं कि इनके परिणामों के द्वारा हमें प्रयोज्य समूह के प्राप्तांकों के रूप में प्रदत्तों की ऐसी उपलब्धि नहीं हो पाती जिन्हें मध्यमान, विचलन आदि सांख्यिकीय की गणना करने और सांख्यिकीय सार्थकता के परम्परागत परीक्षण करने हेतु इस प्रकार प्रयोग में लाया जा सके जैसा कि प्रायोगिक अनुसंधान अध्ययनों में संभव रहता है। इसके स्थान पर एकल प्रयोज्य अनुसंधान में प्राप्त परिणामों का प्रस्तुतीकरण और व्याख्या ये दोनों कार्य ही सरल रेखाचित्रों (Graphs) के माध्यम से सम्पन्न किये जाते हैं।
3. एकल प्रयोज्य अनुसंधान लगभग उसी प्रकार के अनुसंधान अभिकल्पों का उपयोग करते हुए पाए जा सकते हैं, जो अर्द्धप्रायोगिक अनुसंधान अध्ययनों विशेषकर समय श्रृंखला अभिकल्प, समतुल्य प्रतिदर्श अभिकल्प तथा समतुल्य पूर्वपरीक्षण–पश्चात् परीक्षण अभिकल्प में प्रयुक्त होते हैं। परन्तु एक बड़ा अन्तर

जो इन अभिकल्पों और एकल प्रयोज्य अनुसंधान अभिकल्पों में पाया जाता है, जैसा कि बेस्ट और काहन (Best & Kahn, 2006:218) ने संकेत दिया है, वह यह है कि "जहाँ अर्द्धप्रायोगिक अभिकल्पों का प्रयोग प्रयोज्यों के एक समूह विशेष के लिए होता है और उस पूरे समूह विशेष के संदर्भ में ही प्रदत्तों का विश्लेषण किया जाता है वहाँ एकल प्रयोज्य अनुसंधान अभिकल्प में यह कार्य केवल मात्र उस एकल प्रयोज्य विशेष के संदर्भ में ही होता है जिसका अध्ययन किया जा रहा है।"

4. एकल प्रयोज्य अनुसंधानों में प्रयुक्त एकल प्रयोज्य अभिकल्प, प्रायोगिक अनुसंधानों में प्रयुक्त समूह अभिकल्प से इस बात में अच्छे होते हैं कि इनसे किसी एक विशेष व्यक्ति को प्रदान किए गए उपचार की प्रभावशीलता का पता लगाया जा सकता है और फिर उसी प्रकार के अन्य व्यक्तियों पर उस अध्ययन को दोहरा कर यह जाना जा सकता है कि उपचार किस सीमा तक सामान्यीकृत किया जा सकता है। वैसे तो केवल एक अकेले प्रयोज्य अध्ययन के परिणामों को समस्त समष्टि के बारे में निष्कर्ष निकालने हेतु काम में नहीं लाया जा सकता क्योंकि एक अकेला प्रतिभागी या प्रयोज्य पूरी समष्टि का प्रतिनिधि प्रतिदर्श नहीं माना जा सकता, परन्तु जैसा कि शीवर्ट (Schweigert, 2006:190) का विचार है, "अगर कई बार दोहराने पर वे ही परिणाम निकलते हों तो एकल प्रयोज्य अभिकल्प, व्यवहार के उन सामान्य प्रतिमानों को, अवश्य ही उसी तरह प्रकाश में लाने में समर्थ हो सकते हैं जैसा कि उन्होंने स्किनर तथा इबिन्घोष (Skinner & Ebbinghaus) के अध्ययनों में किया था।"

व्यावहारिक विज्ञानों में एकल प्रयोज्य अनुसंधान कैसे किया जाये ?
(How to Carryout Single Subject Research Study in Behavioural Sciences ?)

एक एकल प्रयोज्य अनुसंधान (वैयक्तिक अध्ययन अनुसंधान और प्रायोगिक अनुसंधानों—दोनों की विशेषताओं को समन्वित करते हुए) किसी एक विशेष प्रयोज्य को दिए हुए उपचार का मूल्यांकन करने हेतु एक प्रयोगात्मक तकनीक प्रदान करने की अपूर्व क्षमता रखते हैं। व्यावहारिक विज्ञानों में किए जाने वाले इस प्रकार के अध्ययनों के रूप में हम निम्न का उल्लेख कर सकते हैं :

- एक अकेले विद्यार्थी के कक्षाकक्ष के अनुशासनहीन व्यवहार पर एक व्यवहार परिमार्जन कार्यक्रम के प्रभाव का अध्ययन।
- किसी रोगी के शारीरिक और मानसिक अवस्था पर किसी चिकिसा या उपचार के प्रभाव का अध्ययन।

यह कहने की आवश्यकता नहीं कि इन अनुसंधानों में अनुसंधानकर्त्ता को कुछ ऐसे आवश्यक प्रयोग करने होते हैं जिनमें कुछ विशिष्ट प्रकार के प्रायोगिक अभिकल्पों का प्रयोग किया जाता है। व्यवहारवादियों (जैसे – इवान पेवलाव, वाट्सन तथा बी.एफ. स्किनर) द्वारा किए हुए अध्ययन, एकल प्रयोज्य अनुसंधान अभिकल्पों का प्रयोग करते हुए किए जाने वाले उन अध्ययनों को सामने लाते हैं जिन्हें उन्होंने बहुत पहले व्यवहार के विविध पक्षों को स्पष्ट करने सम्बन्धी सिद्धान्तों का प्रतिपादन करने के लिये किया था।

प्रायोगिक अनुसंधानों में किए जाने वाले अध्ययनों के सम्बन्ध में सामान्यतः किए जाने वाले इस प्रकार के प्रयोगों के सम्पादन के लिए कोहन आदि (Cohen et al., 2008:287) ने एक से दस सोपानीय प्रतिमान को काम में लाने का सुझाव दिया है। (देखिये तालिका 11.1)

एक एकल प्रयोज्य अनुसंधान में एक अनुसंधानकर्त्ता प्रयोगों का सम्पादन करने में कुछ आवश्यक परिवर्तन के साथ इन सोपानों का प्रयोग कर सकता है। (खासतौर से कुछ विशेष प्रायोगिक अनुसंधान अभिकल्पों को अपनाते समय) आइये, अब व्यावहारिक विज्ञानों में एकल प्रयोज्य अनुसंधान अध्ययन का सम्पादन करने में प्रयुक्त इन प्रायोगिक अनुसंधान अभिकल्पों में से कुछ की विस्तार से चर्चा की जाये।

तालिका 11.1 एकल प्रयोज्य अनुसंधान में शामिल सोपान

सोपान 1	प्रयोग के प्रयोजन को पहचानना
सोपान 2	चरों का चयन
सोपान 3	हस्तक्षेप के स्तर/स्तरों (निम्न, मध्यम, उच्च) का विशिष्टीकरण
सोपान 4	प्रायोगिक हालातों और वातावरण का नियंत्रण
सोपान 5	एक उचित प्रायोगिक अभिकल्प का चयन
सोपान 6	पूर्व परीक्षण (Pre-test) का प्रशासन
सोपान 7	प्रतिभागी या प्रतिभागियों को समूह या समूहों में रखना
सोपान 8	उपचार या हस्तक्षेप का क्रियान्वयन
सोपान 9	उत्तर–परीक्षण (Post-test) का प्रशासन
सोपान 10	परिणामों का विश्लेषण

एकल प्रयोज्य अनुसंधान में प्रयुक्त अनुसंधान अभिकल्पों के प्रकार (Types of Research Designs Used in Single Subject Research)

व्यावहारिक विज्ञानों में एकल प्रयोज्य या एक अकेले मामले (Case) का अध्ययन करने के लिए जो अनुसंधान अभिकल्प प्रयोग में लाये जाते हैं, खास तौर पर उनका उद्देश्य एक व्यक्तिगत प्रयोज्य के लिए हस्तक्षेप या हस्तक्षेपों का मूल्यांकन करने की एक व्यावहारिक तकनीक प्रदान करना होता है। उदाहरण के लिये एक अध्ययन में जिसका शीर्षक है, "एक अकेले विद्यार्थी के कक्षाकक्ष के अनुशासनहीन व्यवहार पर एक हस्तक्षेप (व्यवहार परिवर्तन कार्यक्रम) का प्रभाव" यहाँ अनुसंधानकर्त्ता को एक ऐसे अनुसंधान अभिकल्प का उपयोग करना पड़ेगा जो अकेले विद्यार्थी के कक्षाकक्ष में प्रदर्शित अनुशासनहीन व्यवहार को दूर करने के लिए किसी एक या अन्य हस्तक्षेप (उपचार कार्यक्रम) के प्रभाव का परीक्षण या मूल्यांकन करने में उसकी सहायता कर सके।

प्रश्न उठता है कि इस प्रकार की परिस्थितियों में अनुसंधानकर्त्ताओं को सामान्यतः किस प्रकार के अनुसंधान अभिकल्प उपलब्ध हो सकते हैं ? व्यावहारिक विज्ञानों के क्षेत्र में विद्वानों और अनुसंधानकर्त्ताओं के द्वारा इस प्रकार के बहुत से अभिकल्प खोजे गए हैं। परन्तु उनमें से तीन अभिकल्प ज्यादा प्रयोग में लाये जाते हैं, उनके नाम हैं (i) ए बी ए बी अभिकल्प (A B A B design) (ii) बहु आधार अभिकल्प (Multi base design) और (iii) विकल्पयुक्त उपचार अभिकल्प (Alternating treatment design)। हम आगे इन्हीं के बारे में चर्चा करेंगे लेकिन इससे पहले एक महत्त्वपूर्ण पद "आधार रेखा मापन" (Base line measurement) से परिचित हो जाना चाहेंगे। एक एकल प्रयोज्य अभिकल्प के पीछे प्राथमिक तर्क यह है कि व्यवहार के आधार रेखा मापन का हस्तक्षेप या उपचार देने के बाद व्यवहार से तुलना करना।

यहाँ 'आधार रेखा मापन' पद से अभिप्राय है –"स्वतन्त्र चर का प्रहस्तन (Manipulation) करने से पहले आश्रित चर का मापन।" हमारे प्रस्तुत उदारहण में विद्यार्थी का अनुशासनहीन व्यवहार आश्रित चर है, और हस्तक्षेप या उपचार देना स्वतन्त्र चर है। इसलिए हस्तक्षेप (उपचार) को प्रारम्भ करने से पहले विद्यार्थी विशेष के अनुशासनहीन व्यवहार का मापन यहाँ पर 'आधार रेखा मापन' (Base line measurement) कहलायेगा। सामान्यतः 'आधार रेखा मापन' अध्ययन के शुरु में ही किया जाता है, यद्यपि कोई अध्ययनकर्त्ता, किसी किसी अभिकल्प में, अपने अध्ययन के दौरान अतिरिक्त आधार रेखा मापन का प्रयोग भी कर सकता है। आधार रेखा मापन अलग अलग प्रकार के व्यवहार पर भी किया जा सकता है। इसकी कैसी भी प्रकृति क्यों न हो, व्यवहार का प्रत्येक आधार रेखा मापन अनुसंधानकर्त्ता को प्रयोज्य के व्यवहार में सुधार लाने के लिए प्रारम्भ किये गये

उपचार या हस्तक्षेप के असर या प्रभाव का मूल्यांकन करने के लिए एक आधार प्रदान करता है। इस प्रयोजन की पूर्ति हेतु अनुसंधानकर्त्ता से यह अपेक्षा की जाती है कि वह आधार रेखा मापन (व्यवहार का मापन उस समय जबकि कोई उपचार नहीं दिया जा रहा था) से प्राप्त परिणामों का उपचार के दौरान व्यवहार के मापन परिणामों से तुलना करे। यह बात यह सुनिश्चित करने में, कि 'उपचार का कोई प्रभाव है या नहीं' अनुसंधानकर्त्ता की सहायता करेगी।

अब हम एकल प्रयोज्य अनुसंधान अभिकल्प के तीनों प्रसिद्ध प्रकार या स्वरूपों के आवश्यक विवरण के बारे में चर्चा करते हैं।

1. ए बी ए बी अभिकल्प (A B A B Design)

एकल प्रयोज्य अनुसंधान अध्ययनों में, जैसा कि एक अकेले विद्यार्थी के अनुशासनहीन व्यवहार से सम्बन्धित हमारे दिए गए उदाहरण में उल्लेख किया गया है, ए बी ए बी अभिकल्प में अनुसंधान प्रक्रिया नीचे उल्लेखित चार पक्षों या अवस्थाओं में से होकर गुजरती है।

(i) **प्रथम अवस्था :** इस चरण में किसी हस्तक्षेप या उपचार को लागू करने से पहले प्रयोज्यों का जो अनुशासनहीन व्यवहार होता है, उसका मापन किया जाता है। तकनीकी भाषा में इसे 'आधार रेखा मापन' कहते हैं। यानी इसमें विद्यार्थी के उस प्रारम्भिक या मूल आधार व्यवहार का मापन होता है जिसमें हम कुछ सुधार लाना चाहते हैं। आइये इस मापन से जो माप प्राप्त हुआ है उसे हम 'A' नाम देते हैं।

(ii) **द्वितीय अवस्था :** इस अवस्था या चरण में अनुसंधानकर्त्ता से यह अपेक्षा की जाती है कि विद्यार्थी के अनुशासनहीन व्यवहार को सुधारने हेतु आवश्यक हस्तक्षेप या सुधार कार्यक्रम लागू करे और फिर कुछ समय बाद उसके अनुशासनहीन व्यवहार का मापन ले। हस्तक्षेप या उपचार अवस्था में विद्यार्थी के व्यवहार के मापन को आइये हम 'B' नाम देते हैं।

(iii) **तृतीय अवस्था :** इस अवस्था या चरण में अनुसंधानकर्त्ता से यह अपेक्षा की जाती है कि जो हस्तक्षेप या उपचार प्रयोज्य को दिया गया है, उसे बंद कर दिया जाये। फिर कुछ समय बाद विद्यार्थी के व्यवहार का मापन किया जाये। उपचार बंद करने के बाद व्यवहार का जो माप आता है इसे दोबारा पुनः 'A' कहा जा सकता है।

(इस प्रकार से पुनः 'A' नाम दिया जाना A B A B अभिकल्प में प्रयुक्त इस तर्क पर निर्भर करता है कि हस्तक्षेप या उपचार से प्रभावित सभी मापों को 'B' कहा जायेगा और जो उससे प्रभावित नहीं होंगे उन्हें 'A' कहा जायेगा चाहे यह बात अध्ययन के प्रारम्भ में हो या उसके मध्य।)

(iv) **चौथी अवस्था :** इस अवस्था या चरण में अनुसंधानकर्त्ता से यह अपेक्षा की जाती है कि वह हस्तक्षेप या उपचार को दोबारा लागू करे और फिर कुछ समय बाद प्रयोज्य के व्यवहार का मापन करे। चूँकि यह माप हस्तक्षेप या उपचार के दोबारा लागू करने से प्रतिफलित व्यवहार का मापन है इसीलिये इसे 'B' नाम दिया जा सकता है।

इस प्रकार से हम देखते हैं कि व्यावहारिक विज्ञानों में एकल प्रयोज्य अनुसंधान करने हेतु उस अनुसंधान अभिकल्प को A B A B अभिकल्प कहा जाता है जिसमें चार अवस्थाओं, (i) आधार रेखा (ii) हस्तक्षेप या उपचार (iii) हस्तक्षेप या उपचार को रोकना (आधार रेखा) और (iv) आचार या हस्तक्षेप को दोबारा लागू करना, का उपयोग करके चक्रीय रूप में आवश्यक मापन कार्य किया जाता है।

इस अभिकल्प को अपने वास्तविक रूप में क्रियान्वित करने के लिए एक अनुसंधानकर्त्ता से यह अपेक्षा की जाती है कि वह उपचार को लागू करने और बन्द करने सम्बन्धी प्रारूप को बार–बार दोहराता रहे ताकि यह

सुनिश्चित किया जा सके कि प्रयोज्य के व्यवहार में परिवर्तन उपचार या हस्तक्षेप से आया है, किसी अनियन्त्रित चर के प्रभावस्वरूप नहीं।

इस अभिकल्प की प्रकृति और कार्य प्रणाली को डीट्ज (Dietz, 1977:103–111) के द्वारा अपने एक अध्ययन में इस अभिकल्प के प्रयोग किये जाने के सम्बन्ध में स्पष्ट किया जा सकता है जैसा कि काहेन ने (Mentioned by Cohen, et al., 2008:284–285) इसका उल्लेख किया है। यहाँ पर हम उसके प्रायोगिक अध्ययन को संक्षेप ने प्रस्तुत कर रहे हैं।

अध्ययन का उद्देश्य	एक किशोर बालक के अनुशासनहीन व्यवहार (जिसके लगातार बातें करते रहने से कक्षा के अन्य सहपाठियों को परेशानी रहती थी) को सुधारने हेतु अपनाए गए कार्यक्रम के प्रभाव का अध्ययन करना।
प्रयुक्त प्रक्रिया	विद्यार्थी के अनुशासनहीन व्यवहार में कमी लाने हेतु एक ऐसा सुधार कार्यक्रम लागू करने की बात सोची गई जिसमें उसे अध्यापक के साथ कुछ अधिक समय बिताने (कोचिंग) का अवसर मिल सकता था बशर्ते वह जितनी बार पूर्व में कक्षा से बाहर निकाला जाता था, उस संख्या में कमी होती दिखाई दे। अगर एक कक्षा कालांश अवधि से वह कम से कम तीन बार जोर जोर से बोलने में अपने आपको रोक पाता है तो अध्यापक उसे कोचिंग के रूप में उसके साथ 15 मिनट व्यतीत कर उसके कुछ सुधरे व्यवहार को उचित पुनर्बलन (Reinforcement) प्रदान कर सकता था। इस प्रकार के सुधार कार्यक्रम से वांछित परिणाम प्राप्त करने के लिए AB A B अभिकल्प का प्रयोग किया गया।
प्रयोग के परिणाम	प्रयोग के परिणामों ने यह प्रदर्शित किया कि
	(i) किशोर बालक के व्यवहार में उल्लेखनीय परिवर्तन दिखाई दिये। जब सुधार कार्यक्रम को लागू किया गया। (ii) बालक के अनुशासनहीन व्यवहार में (प्रारम्भिक व्यवहार स्तर पर अग्रसर होते हुए) काफी वृद्धि देखने को मिली जब अध्यापक द्वारा दिए जाने वाली पुनर्बलन तकनीक वापिस ले ली गई। (iii) जब यह पुनर्बलन तकनीक (15 मिनट की कोचिंग) पुनः शुरु कर दी गई तो बालक के व्यवहार में फिर से सुधार होने लगा।
प्राप्त निष्कर्ष	बालक (प्रयोज्य) के अनुशासनहीन व्यवहार को सुधारने के लिए प्रयुक्त कार्यक्रम प्रभावपूर्ण रहा।

2. बहु आधार अभिकल्प (Multiple Base Line Design)

अपने नाम के अनुरूप यह अनुसंधान अभिकल्प दो या दो से अधिक विविध आधार रेखाओं का उपयोग करता है ताकि प्रयोज्य को दिए जाने वाले उपचार के वास्तविक मूल्य की जाँच करने हेतु प्रयोग को कई बार दोहराने के कार्य को अंजाम दिया जा सके। इन अभिकल्पों को A B A B अभिकल्पों से अलग दिखाने हेतु बेस्ट एवं काहन (Best & Kahn, 2006:227–28) ने निम्न टिप्पणी प्रस्तुत की है :

ये अभिकल्प A B A B अभिकल्प से काफी अलग होते हैं। 'A B A B' अभिकल्पों में हस्तक्षेप या उपचार प्रभाव को उसे बन्द कर देने से और फिर प्रायः उसे पुनः शुरु कर देने के द्वारा प्रदर्शित किया जाता है। बहु आधार रेखा अभिकल्पों में उपचार को क्रमिक रूप से समय समय पर एक से अधिक आधार रेखाओं के माध्यम से प्रदर्शित किया जाता है। यहाँ प्रत्येक आधार रेखा (i) एक अलग व्यक्ति, (ii) परिस्थिति या (iii) व्यवहार का प्रतिनिधित्व करती है और ये तीनों, इस प्रकार के अभिकल्पों में जो भी अन्तर लाए जा सकते हैं उनके लिए मुख्य भूमिका अदा करते हैं।

(These designs are quite different from the A B A B designs. In A B A B designs the intervention effect is demonstrated by withdrawal and by, usually, reintroduction of the intervention. In multiple base line designs the intervention effect is demonstrated by having more than one base line with the intervention introduced sequentially on a time-lagged basis. Here each base line represents a different person, setting or behaviour, which are the three principle variations of this type of design. — Best Kahn, 2006:227–28)

इस अभिकल्प की प्रकृति और कार्यप्रणाली को, मॅकगी, कान्ट्ज और मॅकक्लेनेहन (McGee, Krantz and McClannahan, 1986) के द्वारा अपने एक अध्ययन (जिसका उल्लेख बेस्ट एवं काहन, 2006:229, ने किया है) में प्रयोग किए गए एक अभिकल्प के संदर्भ में स्पष्ट किया जा सकता है। यहाँ हम उनके प्रायोगिक अध्ययन को संक्षेप में प्रस्तुत कर रहे हैं।

अध्ययन का उद्देश्य	एक मन्दबुद्धि बालक के दृश्यात्मक शब्दों के अधिगम हेतु एक विशेष शिक्षण उपागम के प्रभाव का अध्ययन करना।
प्रयुक्त प्रक्रिया	अनुसंधानकर्त्ता ने शब्दों के तीन समूह (Set of words) के अधिगम हेतु बहु-आधार रेखा अभिकल्प का प्रयोग किया और फिर दीर्घ अवधि के प्रभाव की जाँच करने के लिए एक अनुवर्ती चरण को भी काम में लाने का प्रयत्न किया।
प्रयोग के परिणाम	प्रत्येक शब्द समूह के प्रति सही अनुक्रिया व्यक्त करने के प्रतिशत में केवल उसी समय सुधार दिखाई दिया जबकि इन शब्द समूहों के अधिगम हेतु इस विशेष शिक्षण उपागम को अपनाया गया।
अनुवर्ती अध्ययन के द्वारा पुष्टि	15 से लेकर 25 दिन तक किए गए अनुवर्ती कार्यक्रम से अधिगम की हुई सामग्री से भी पुष्टि हुई कि सीखी हुई सामग्री स्मृति में धारण की जा चुकी है।
अध्ययन का प्रतिफल या निष्कर्ष	अध्ययन इस निष्कर्ष पर पहुँचने में सफल हो सका कि अपनाया गया शिक्षण उपागम उस मन्दबुद्धि बालक के अधिगम हेतु उचित रूप से प्रभावपूर्ण है।

3. विकल्पयुक्त उपचार या बहु-उपचार अभिकल्प (Alternative — Treatment or Multiple Treatment Designs)

इस प्रकार के अभिकल्पों में, जैसा कि नाम से ही विदित होता है, दो या दो से अधिक हस्तक्षेप कार्यक्रमों या उपचारों का प्रयोज्य विशेष पर इनके पड़ने वाले प्रभावों की तुलना या मूल्यांकन करने का प्रावधान रहता है।

अपने क्रियान्वयन में इस प्रकार के अभिकल्प पूर्ववर्णित A B A B अभिकल्प, से कुछ बातों में भिन्न होते हैं, जैसे –

(i) इनमें आवश्यक रूप से एक आधार रेखा की आवश्यकता नहीं होती यानी इनमें एक आधार रेखा हो भी सकती है और नहीं भी।

(ii) प्रयोज्य को केवल एक उपचार प्रदान करने के स्थान पर दो या दो से अधिक उपचार प्रदान किये जाते हैं।

प्रश्न उठता है कि इन दो या दो से अधिक उपचारों को प्रदान करने का इस अभिकल्प में क्रम क्या रहता है ? उत्तर में यह कहा जा सकता है कि इनका क्रम संयोगिक (Random) या व्यवस्थित, कैसा भी हो सकता है और कुछ समय अवधि तक एक उपचार को प्रदान करने के बाद दूसरा उपचार कार्यक्रम लागू किया जाता है और यह बात आगे चलती रहती है। इस प्रकार के अभिकल्पों की प्रकृति और कार्यप्रणाली को ठीक तरह से समझने में बेस्ट और काहन (Best & Kahn, 2006:229) द्वारा दी गई निम्न टिप्पणी लाभदायक सिद्ध हो सकती है :

इन अभिकल्पों में अनुसंधानकर्त्ता द्वारा प्रत्येक सत्र में दिए गए उपचारों में एक के बाद दूसरा उपचार प्रदान करने का प्रावधान रहता है या प्रत्येक उपचार के लिए प्रत्येक सत्र में प्रयोज्यों का संयोगीकरण विधि से चयन कर अलग अलग उपचार कार्यक्रमों से लाभान्वित होने का अवसर दिया जाता है। पहले तरीके में अगर शोधकर्त्ता को दो उपचार प्रदान करने हैं तो वह उपचार नम्बर एक का पहली आधार रेखा के बाद के सत्र में, उपयोग करता है और उपचार नम्बर दो को दूसरी आधार रेखा के बाद और यह कार्य इसी प्रकार से चलता रहता है। दूसरे तरीके में अनुसंधानकर्त्ता यह निर्णय लेता है कि हस्तक्षेप या उपचार सत्रों की संख्या कितनी होगी और फिर वह प्रत्येक सत्र में प्रदान किए जाने वाले उपचार का संयोगिक विधि से निर्णय लेता है।

इस प्रकार अगर किसी अध्ययन में दो उपचार कार्यक्रम हों और दस उपचार सत्र हों तो उपचारों का क्रम निम्न प्रकार का हो सकता है :

1—1—2—1—2—2—1—2—2—1

इस प्रकार की प्रक्रिया से दो या अधिक उपचारों की प्रभावशीलता के उचित तुलनात्मक अध्ययन में समुचित सहायता मिल सकती है।

12

प्रलेखीय विश्लेषण अनुसंधान
[Documentary Analysis Research]

प्रलेखीय विश्लेषण अनुसंधान–अर्थ एवं परिभाषा
(Documentary Analysis Research—Meaning and Definition)

प्रलेखीय विश्लेषण अनुसंधान, जैसा कि इसके नाम से ही प्रतीत होता है, एक उस प्रकार के अनुसंधान का प्रतिनिधित्व करता है जिसमें एक अनुसंधानकर्त्ता अपने अनुसंधान अध्ययन से सम्बन्धित साक्ष्यों और सूचनाओं को प्रदान करने के लिए उसके पास उपलब्ध प्रलेखों का विश्लेषण करके अपने अनुसंधान कार्य को आगे बढ़ाना चाहता है। इस प्रकार से यहाँ पर यह सार्थक प्रलेखों की उपलब्धता तथा अनुसंधानकर्त्ता के द्वारा उनका समुचित विश्लेषण ही है जो अनुसंधान उद्देश्यों की प्राप्ति के उद्देश्य से हाथ में लिए गए अनुसंधान कार्य को ठीक प्रकार से करने के लिए सबसे ज्यादा महत्त्वपूर्ण सिद्ध होता है। प्रलेख विश्लेषण अनुसंधान के इस सरल अर्थ और सम्प्रत्यय को स्वीकार करते हुए एडमन और शवानेवेल्ट (Adams & Schvaneveldt, 1991:287) ने प्रलेख विश्लेषण अनुसंधान को परिभाषित करते हुए कहा है :

यह एक ऐसी प्रक्रिया है जिसमें विभिन्न स्रोतों (जैसे–समष्टि की जनगणना, विद्यालय अभिलेख, सार्थक एवं सशक्त सांख्यिकी, मृत्यु अभिलेख, डायरी, आत्मकथाएँ, व्यक्तिगत पत्र, आर्थिक अभिलेख, पुस्तकें, पत्रिकाएँ, व्याख्यान, न्यायालय के अभिलेख, सभा–सम्मेलनों के अभिलेख, नियम एवं कानून और विभिन्न समितियों तथा व्यक्तियों के द्वारा संगठित किए गए स्रोतों या अन्य कई प्रकार की सामग्री आदि) से अपेक्षित साक्ष्यों की प्राप्ति की जाती है।

प्रलेखीय विश्लेषण अनुसंधान : गुणात्मक अनुसंधान का एक प्रकार जो अध्ययन के अनुसंधान प्रश्नों का जवाब देने के लिए उपलब्ध सार्थक एवं सम्बन्धित प्रलेखों की खोज, विश्लेषण एवं अर्थापन करने पर ध्यान केन्द्रित करता है।

वास्तव में प्रलेखीय विश्लेषण अनुसंधान पद की व्याख्या करने या परिभाषित करने के लिए हम चाहे किसी भी स्वरूप या भाषा का चयन करें यह स्पष्ट है कि एक प्रलेखीय विश्लेषण अनुसंधान को अपने नीचे दिए गुणों तथा आकर्षण के कारण सभी प्रकार के अनुसंधानों (गुणात्मक तथा परिमाणात्मक) में उचित स्थान दिया जाता है।

- इस अनुसंधान में उपलब्ध प्रलेखों में ही प्रदत्तों या सूचनाओं का स्रोत होता है।
- ये प्रलेख या प्रदत्त स्रोत अनुसंधानकर्त्ता द्वारा निर्मित नहीं किये जाते हैं। वे तो पहले ही उपस्थित होते हैं। अनुसंधानकर्त्ता को तो अपने अनुसंधान अध्ययन की मांग के अनुसार आवश्यक सूचनाओं को प्राप्त करने के लिए उनका उपयोग करना होता है।
- प्रलेख स्वयं अपने आप अनुसंधान प्रश्नों का उत्तर नहीं दे सकते हैं। अनुसंधानकर्त्ता को ही अपने अनुसंधान प्रयोजन को पूरा करने के लिए इन प्रलेखों का अच्छे से अच्छे ढंग से उपयोग करना पड़ता है। उसे ही अपने अध्ययन से सम्बन्धित सार्थक सूचनाएँ (परिमाणात्मक और गुणात्मक) प्राप्त करने के

लिए उपलब्ध प्रलेखों का सावधानीपूर्वक अध्ययन करना और उनका उचित वैज्ञानिक विश्लेषण करना पड़ता है।

- अनुसंधानकर्त्ता के द्वारा प्रलेखीय सामग्री के सावधानीपूर्ण उचित विश्लेषण करने की कला और कौशल पर ही सब कुछ निर्भर करता है। अनुसंधानकर्त्ता के द्वारा बुद्धिमत्तापूर्ण व्याख्या के साथ किए गए ऐसे विश्लेषण के परिणाम ही वास्तव में अध्ययन की सफलता या असफलता के लिए उत्तरदायी होते हैं।

इस तरह सार रूप में प्रलेखीय विश्लेषण अनुसंधान को एक ऐसे अनुसंधान के रूप में परिभाषित किया जा सकता है जो एक अनुसंधानकर्त्ता को अपने अनुसंधानात्मक अध्ययन के लिए उपलब्ध प्रलेखों की खोज, विश्लेषण तथा व्याख्या करते हुए इस प्रकार की सार्थक जानकारी प्रदान करने में सहायता करता है जिससे उसके अनुसंधान प्रश्नों के उत्तर भलीभाँति प्राप्त किए जा सकें।

प्रलेख और उनके प्रकार (Documents and Their Types)

प्रलेख क्या हैं ? (What are Documents ?)

हम अपने दिन प्रतिदिन के जीवन में अक्सर प्रलेख या दस्तावेज पद/शब्द को सुनते ही रहते हैं। जमीन जायदाद खरीदने–बेचने, बैंक से लोन लेने, पानी, बिजली आदि का कनेक्शन लेने के लिए निवेदन करने, अपने नए निर्मित घर के लिए गंदा पानी आदि की निकासी से सम्बन्धित कनेक्शन लेने, बीमा कम्पनी से किसी प्रकार की योजना में निवेश करने तथा अपनी वसीयत या किसी भी प्रकार के समझौते सम्बन्धी कागजों पर हस्ताक्षर करते समय इन सभी संस्थाओं या एजेन्सियों में जो भी लिखित या टाईप किए हुए कागज पत्र आदि जमा करने होते हैं तथा शिक्षा प्राप्ति हेतु किसी संस्था में प्रवेश लेने हेतु जो भी प्रमाण–पत्र आदि जमा करने या दिखाने पड़ते हैं उन सभी के लिए प्रलेख या दस्तावेज शब्द या पद का प्रयोग किया जाता रहता है। जहाँ तक प्रलेखीय विश्लेषण अनुसंधान के क्षेत्र में प्रलेख शब्द के प्रयोग की बात है मेकडोनल्ड (McDonald, 2001:196) के द्वारा इसे निम्न प्रकार परिभाषित किया गया है।

"वे चीजें जिन्हें हम पढ़ सकते हैं और जो सामाजिक जगत के कुछ पक्षों से सम्बन्ध रखती हैं, प्रलेख कहलाते हैं।" (Things that we can read and which relate to some aspect of the Social World.) व्यावहारिक और सामाजिक विज्ञानों में अनुसंधान करने के लिए प्रयुक्त किए जाने वाले प्रलेख (Document) शब्द के अर्थ और प्रकृति को, मेकडोनल्ड द्वारा दी गई उपरोक्त परिभाषा की सहायता से हम निम्न रूप में अच्छी प्रकार जान सकते हैं :

- ये दस्तावेज लिखित स्वरूप में उपलब्ध होते हैं जिससे हम उन्हें पढ़कर और समझ कर उनकी विषय वस्तु के बारे में जानकारी प्राप्त कर सकते हैं।
- ये हमारी सामाजिक दुनिया के किसी एक या दूसरे पक्ष से निश्चित तौर पर सम्बन्धित होते हैं, जैसे–व्यक्तिगत या समूह व्यवहार से, एक व्यक्ति, समूह, संस्था या समुदाय के जीवन की घटनाओं से, या हमारी सामाजिक दुनिया के किसी एक या दूसरे भाग में चल रही सामाजिक प्रक्रियाओं और सामाजिक स्थितियों से।

फिर भी यदि व्यापक रूप में देखा जाए तो ऊपर दी गई परिभाषा और उससे निःसृत अर्थ एक संकुचित दृष्टिकोण से युक्त प्रतीत होता है क्योंकि इसमें बहुत से प्रलेखीय साक्ष्यों को शामिल नहीं किया गया है, जैसे–ऑडियो टेप, वीडियो टेप, फोटोग्राफ्स, ड्राइंग एंड स्केचिंग, कार्टून्स, पोस्टर्स, स्लाइडें, फिल्म, ट्रान्सपेरेन्सी, फ्लोपी, सी डी, इन्टरनेट और वेब पृष्ठों पर उपलब्ध सामग्री तथा अन्य ऑडियो, वीडियो और मौखिक सामग्री के साधन तथा भंडार जो कि व्यावहारिक विज्ञानों में प्रलेखीय विश्लेषण अनुसंधान से सम्बन्धित बहुत सारी उपयोगी सूचनाएँ प्रदान कर सकते हैं।

इस प्रकार से यदि एक व्यापक दृष्टिकोण से देखा जाए तो व्यावहारिक विज्ञानों में प्रलेखीय विश्लेषण अनुसंधान हेतु प्रयुक्त किए जाने के सन्दर्भ में, प्रलेखों से तात्पर्य उन सभी वस्तुओं या भौतिक साक्षियों (मौखिक, लिखित और दृश्य) से है जो हमारी सामाजिक दुनिया में कार्यरत मानव व्यवहार, सामाजिक परिस्थितियों तथा सामाजिक प्रक्रियाओं के बारे में लाभदायक जानकारी प्रदान करने में समर्थ होते हुए पाए जाते हैं।

प्रलेखों के प्रकार या प्रारूप (Types or Forms of Documents)

व्यावहारिक विज्ञानों में प्रलेखीय विश्लेषण अनुसंधान करने के लिए अनुसंधानकर्त्ता अपने सामाजिक संसार से सम्बन्धित अनेकों प्रकार और स्वरूपों में उपलब्ध लिखित प्रलेखों का प्रयोग करते हुए पाए जाते हैं। इस सम्बन्ध में कोहन और अन्य (Cohen, et al., 2007:201) ने प्रलेखीय विश्लेषण अनुसंधान में प्रयुक्त किए जाने वाले प्रलेखों के निम्न प्रकार और स्वरूपों की एक सूची प्रदान की है :

(i) फील्ड नोट्स (Field Notes) (ii) डायरी एवं जरनल्स (Diaries & Journals) (iii) अभिलेख (Records) (iv) जीवनियाँ (Biographies) (v) आत्मकथाएँ (Autobiographies) (vi) औपचारिक अभिलेख (Formal Records) (vii) समय तालिकाएँ (Time Sheets/Time Tables) (viii) तकनीकी प्रलेख (Technical Documents) (ix) मीटिंग की कार्यवाही (Minutes of Meetings) (x) विद्यार्थियों के कार्य के नमूने (Samples of Student's work) (xi) मीमो और ई मेल (Memos & emails) (xii) प्रतिवेदन एवं सांख्यिकी (Reports & Statistics) (xiii) पत्राचार (Correspondence), (xiv) योजनाएँ (Plans) (xv) पैम्फलेट और विज्ञापन (Pamphlets & Advertisements), (xvi) प्रोस्पेक्टस और डायरेक्टरी (Prospectus and Directories), (xvii) अभिलेखागार (Archives), (xviii) कहानियाँ (Stories), (xix) एनल्स और क्रोनिकल्स (Annals and Chronicles), (xx) फोटोग्राफ और आर्टफैक्ट्स (Photographs and Artefacts), (xxi) वार्तालाप एवं वार्ताएँ (Conversations and Speeches), (xxii) नीति प्रलेख (Policy Documents), (xxiii) प्राथमिक एवं गौण स्रोत (Primary and Secondary Sources), (xxiv) समाचार पत्र–लेख (Newspapers Articles), (xxv) पुस्तकें एवं लेख (Books and Articles), (xxvi) सार्वजनिक अभिलेख (Public Records)।

अपनी स्वयं की इस सूची पर विचार करते हुए उन्होंने आगे यह भी कहा है कि प्रस्तुत सूची तो एक प्रारम्भिक सूची है, हम वास्तव में किसी भी लिखित स्रोत की प्रलेखीय विश्लेषण अनुसंधान में एक प्रलेख के रूप में कार्य करने सम्बन्धी क्षमता को नहीं नकार सकते।

हम कोहन एवं अन्य के द्वारा प्रदत्त सूची और इस सम्बन्ध में आगे उनकी टिप्पणी से सहमत होते हुए यह कहना चाहेंगे कि प्रलेखीय विश्लेषण के लिए प्रयुक्त इस प्रकार की कोई भी मौखिक, लिखित और दृश्य रूप में उपलब्ध सामग्री आवश्यक रूप से इस प्रकार की सामग्री होनी चाहिए जो हमारी अपनी सामाजिक दुनिया से सम्बन्धित हो और जिसकी हमारे समाज के किसी भी वर्ग या उसके अंश के द्वारा व्यवस्था या रखरखाव किया जाता है।

ऊपर सभी सम्भावित प्रलेखों के विभिन्न प्रकारों तथा प्रारूपों के बारे में जो कुछ भी सूचीबद्ध किया गया या कहा गया है उनके परिप्रेक्ष्य में हम आगे कुछ ऐसे विशेष प्रलेखों की चर्चा करना चाहते हैं जिनका व्यावहारिक विज्ञानों के अनुसंधानकर्त्ताओं द्वारा ज्यादा से ज्यादा प्रयोग किया जाता है।

1. पत्र, डायरी और व्यक्तिगत कागजात (Letters, Diaries and Private Papers)

इन सभी को व्यक्तिगत प्रलेखों की श्रेणी में शामिल किया जाता है। व्यक्ति अपने व्यक्तिगत मामलों या व्यक्तिगत क्षणों में अपनी स्मृतियों को डायरी में लिखते हैं, अपने मित्रों, बन्धुओं तथा प्रिय व्यक्तियों को अपने समाचार देने तथा उनके बारे में जानने के लिए पत्र लिखते हैं, विभिन्न संस्थाओं तथा पत्र–पत्रिकाओं के सम्पादकों को पत्र लिखते हैं, अपने से छोटे, अधीनस्थ या अपने बच्चों को मीमो (Memo), नोट्स, सुझाव या निर्देश

लिखते हैं, आत्महत्या करने वाला कोई आत्महत्या नोट लिखकर छोड़ देता है, कब्र के पत्थर पर मृतात्माओं की स्मृतियाँ लिखी जाती हैं, अपनी व्यक्तिगत महात्त्वाकांक्षाओं, योजनाओं तथा सपनों को किसी व्यक्तिगत विश्वसनीय पृष्ठों या कागज पर अभिलिखित करते हैं। इनके अतिरिक्त कुछ व्यक्ति अपने व्यक्तिगत कागजों पर, डायरी में या अपने किसी खास को भेजे गए पत्र में अपने द्वारा विशेष व्यक्तियों, समुदाय या संस्कृति के साथ किए गए सम्पर्क के बारे में अपने अनुभव भेजते हैं तथा दृश्यस्वरूप (जैसे–सी डी आदि) में अपने किसी भ्रमण या यात्रा वृत्तान्त या साक्षात्कार के दौरान हुए व्यक्तिगत अनुभवों को रिकार्ड करके या लिखकर सुरक्षित रखते हैं। इस प्रकार के व्यक्तिगत प्रलेख एक अनुसंधानकर्त्ता को अपने अनुसंधान अध्ययन के सम्बन्ध में महत्त्वपूर्ण उपयोगी सूचनाएँ प्राप्त करने में काफी बहुमूल्य सिद्ध होते हैं। लेखक के व्यक्तिगत एवं सामाजिक जीवन के सम्बन्ध में अनेकों व्यक्तिगत सूचनाएँ प्रदान करने के साथ–साथ ये प्रलेख किसी विशेष समाज या संस्कृति की दिन–प्रतिदिन के जीवन की गतिविधियों से सम्बन्धित व्यवहार और सामाजिक घटनाओं का आँखों देखा वर्णन भी प्रदान कर सकते हैं।

2. जीवनियाँ और आत्मकथाएँ (Biographies and Autobiographies)

आत्मकथा में जहाँ लेखक स्वयं अपने जीवन तथा अपने व्यक्तित्व अनुभवों के बारे में लिखता है और अपने जीवन गाथा के चारों ओर सामाजिक स्थितियों, सामाजिक प्रक्रियाओं और मानव व्यवहार के बारे में जानकारी प्रदान करता है वहाँ जीवनी में यही सब बातें स्वयं व्यक्ति के द्वारा नहीं बल्कि किसी अन्य व्यक्ति के द्वारा उस व्यक्ति के सम्बन्ध में लिखी जाती हैं।

जीवनी और आत्मकथा, अगर इनका सावधानीपूर्वक उपयोग किया जाये तो ये अनुसंधानकर्त्ताओं को काफी लाभकारी जानकारी प्रदान करने में सहायक सिद्ध हो सकती हैं। परन्तु यहाँ यह ध्यान रखा जाना चाहिए कि आत्मकथा स्मृति का प्रतिफल है और जीवनी लिखने वाला दूसरी ओर उस सभी वर्तमान में उपलब्ध सामग्री के सहारे अपनी बात कहता है जिनका सम्बन्ध व्यक्ति विशेष के जीवन और उपलब्धियों से हो। यद्यपि ये दोनों संसाधन उनमें निहित आत्मनिष्ठा तथा पक्षपात को लेकर आलोचना का विषय बनते हैं परन्तु फिर भी जैसा कि मकनील, पेट्रिक और चेपमेन, स्टीव (McNeill, Patrick and Chapman, Steve, 2005) का मानना है – व्यावहारिक विज्ञानों के अनुसंधानकर्त्ताओं द्वारा इनकी प्रशंसा की जाती है क्योंकि उनसे बहुत सी ऐसी सामाजिक घटनाओं तथा प्रक्रियाओं की घनिष्ठ एवं व्यक्तिगत दुनिया की खोज सम्भावित रहती है जिन तक प्रश्नावली और साक्षात्कार का प्रयोग कर आसानी से नहीं पहुँचा जा सकता। इस सम्बन्ध में उदाहरण के लिए प्रमुख रूप से हम जिन बातों का उल्लेख कर सकते हैं, वे हैं :

(i) लोगों की पारिवारिक जीवन से सम्बन्धित बातें (विभिन्न समयावधियों तथा सामाजिक सन्दर्भ में अनुभव किए गए बचपन तथा किशोरावस्था के अनुभव, वैधव्य के अनुभवों की जानकारी, गरीबी में रहने सम्बन्धी दुःखदायी अनुभव आदि) (ii) समस्यात्मक व्यवहार और अपराध जगत से सम्बन्धित बातें (विशेषकर समस्यात्मक या अपराधपूर्ण व्यवहार के मूल में छिपे कारण आदि)।

3. सार्वजनिक या आधिकारिक प्रलेख (Public or Official Documents)

इस संवर्ग में हम ऐसे सभी अभिलेखों और प्रलेखों को शामिल कर सकते हैं जो सरकारी, अर्धसरकारी तथा व्यक्तिगत एजेन्सियों या प्रतिष्ठानों के द्वारा रखे जाते हैं या उनके पास उपलब्ध होते हैं। इस प्रकार के प्रलेखों में हम सरकारी प्रकाशनों से सम्बन्धित प्रलेख और अभिलेख जैसे–जनगणना आँकड़े, संविधान में कोई संशोधन, संसदीय कार्यवाही, सरकारी नियम और कानून की पुस्तकें, आर्थिक, औद्योगिक और शैक्षिक नीतियाँ, किसी एक या अन्य प्रयोजन से नियुक्त किए गए आयोगों के प्रतिवेदन (Report), रिपोर्ट और व्यावसायिक प्रकाशन, व्यापार रिपोर्ट एवं अभिलेख, विभिन्न प्रकार की आधिकारिक सांख्यिकी, बजट और खर्चे के बही खाते आदि को शामिल कर सकते हैं।

4. पुस्तकें और साहित्य (Books and Literature)

किसी भी शैक्षिक क्षेत्र, भाषा और सामान्य रुचि से सम्बन्धित पुस्तकें तथा साहित्य, एक अनुसंधानकर्त्ता को अपने अनुसंधान प्रश्नों का उत्तर प्राप्त करने के लिए सभी प्रकार की आवश्यक सूचनाओं और प्रदत्तों की प्राप्ति के द्वारा उसके अनुसंधान कार्य में सहायता करने के लिए एक बहुमूल्य प्रलेखीय स्रोत सिद्ध हो सकते हैं। उदाहरण के लिए उपन्यास और नाटक समाजशास्त्रियों, व्यवहारवादियों और एन्थ्रोपोलोजिस्टों के लिए विशेषकर पूर्णकालीन सांस्कृतिक परम्पराओं आदि के सम्बन्ध में सूचनाएँ प्राप्त करने के उपयोगी स्रोत हो सकते हैं। ये स्रोत दो प्रकार से प्रयोग में लाए जा सकते हैं – एक तो अध्ययन के लिए एक प्रकरण के रूप में और दूसरे उनमें वर्णित सामाजिक जगत के अध्ययन में प्रयोग किए जाने सम्बन्धी प्रदत्तों के रूप में।

5. ऐतिहासिक प्रलेख (Historical Documents)

भूतकालीन घटनाओं, सभ्यता और संस्कृति का इतिहास, एक संस्था की पूर्व प्रथाएँ, व्यापारिक प्रतिष्ठान, समाज और समुदाय, संसद में हुए वादविवाद एवं परिचर्चा के अभिलेख, संस्थाएँ या प्रतिष्ठान, किसी प्रथा, स्थिति, विभाग, विचार और दर्शनों के विकास का इतिहास, नए विचारों और आविष्कारों का इतिहास, गुजरे समय के महापुरुषों और महिलाओं का इतिहास आदि (उनकी प्रकृति चाहे सांख्यिकीय हो या विवरणात्मक) से सम्बन्धित प्रलेख व्यावहारिक विज्ञानों में अनुसंधानकर्त्ताओं के लिए बहुत ही मूल्यवान प्रलेखीय स्रोत सिद्ध हो सकते हैं।

6. मुद्रित सामग्री तथा दृश्य माध्य (Printed and Visual Media)

समाचार पत्र, पत्रिकाएँ, पीरियोडिकल्स, रेडियो, टेलीविजन, वीडियो, चलचित्र, इन्टरनेट और वर्ल्ड वाइड वेब के स्वरूप में उपलब्ध मुद्रित सामग्री तथा दृश्य माध्य हमारी सामाजिक दुनिया से सम्बन्धित स्थानों पर किसी एक या अन्य समय में घटित प्रक्रियाओं और घटनाओं (जिनका सम्बन्ध मानव व्यवहार, सामाजिक और सांस्कृतिक हालातों, तौर–तरीकों तथा गतिविधियों से होता है) के सम्बन्ध में जानकारी प्रदान करने वाले वांछित प्रलेखीय साक्ष्यों को प्रदान करने की अपार क्षमता रखते हैं। व्यावहारिक विज्ञानों में अनुसंधानकर्त्ता अपने अध्ययन कार्य के लिए जिस प्रकार की और गुणवत्तायुक्त सूचनाएँ या जानकारी लेना चाहते हैं, उसे आधार बनाते हुए वे यह निर्णय ले सकते हैं कि इन मुद्रित और दृश्य माध्यों में से किस किस का सहयोग उन्हें अपने प्रलेखीय विश्लेषण अनुसंधान के अध्ययन के लिए उपयुक्त रहेगा।

7. अभिलेखागार (Archives)

अभिलेखागार (Archives) एक ऐसा प्रलेखीय स्रोत है जो अपने शाब्दिक अर्थ में एक ऐसे स्थान की ओर इशारा करता है जहाँ सार्वजनिक अभिलेखों तथा प्रलेखों (जिन्हें लोगों के लिए तथा लोगों के द्वारा सृजित किया जाता है) को रखने और रखरखाव का कार्य किया जाता है। यह कार्य किसी देश विदेश में स्थानीय अधिकारीगण, राज्य सरकारों तथा केन्द्रीय सरकार द्वारा किया जाता है। विश्व स्तर पर यह कार्य यूनेस्को (UNESCO) तथा अन्य सांस्कृतिक एवं विरासत को संभाल कर रखने वाली संस्थाओं, निजी तौर पर यह कार्य कोई एक समिति, व्यावसायिक संगठन, शैक्षिक संस्था, गैर–सरकारी संगठनों (NGO) तथा व्यक्ति विशेष द्वारा अपने अपने क्षेत्रों और स्थानों पर किया जाता है। इस प्रकार के निजी और सार्वजनिक अधिकारियों एवं संस्थाओं द्वारा प्रबन्धित एवं व्यवस्थित अभिलेखागार (Archives) विविध प्रकार के विकास सम्बन्धी क्षेत्रों से सम्बन्धित सामग्री का प्रचुर मात्रा में संग्रह करते हुए पाए जाते हैं। यहाँ हमें व्यावहारिक विज्ञानों के अनुसंधानों के बहुत से महत्त्वपूर्ण विषयों तथा प्रकरणों हेतु अभिलेखीय साक्ष्य प्राप्त करने के लिए बहुत सी आवश्यक सामग्री प्राप्त होती है जिसका सम्बन्ध अर्थशास्त्र, राजनीतिक परिवर्तन, इतिहास, पुरातत्व, विभिन्न प्रकार की चित्रात्मक सामग्री एवं फोटोग्राफ, भाषण तथा प्रवचनों तथा कूटनीतिक विषयों से हो सकता है।

8. प्रदत्त बैंक (Data Banks)

व्यक्तिगत एवं सार्वजनिक एजेन्सियों के द्वारा आजकल उपलब्ध प्रदत्त बैंकों का भी रखरखाव किया जाता है। इन बैंकों में विशेष प्रकार के प्रदत्तों का संग्रह, फिल्म्स, नमूने और अन्य कई प्रकार की ऐसी सामग्रियाँ होती हैं जो कि प्रलेखीय विश्लेषण अनुसंधानों के अनुसंधान प्रयोजनों के संदर्भ में इन बैंकों से उधार ली जा सकती है तथा खरीदी जा सकती है या उनकी फोटोकॉपी कराकर उनका उपयोग किया जा सकता है।

9. भौतिक अवशेष (Physical Traces)

मानव मात्र के संदर्भ में भौतिक अवशेषों से तात्पर्य पीछे छूटी हुई चीजों या उन अवशेषों से है जो मानव सम्बन्धी कोई एक या अन्य क्रियाकलापों के फलस्वरूप बची रह जाती हैं। इन अवशेषों के अध्ययन और विश्लेषण से एक अनुसंधानकर्त्ता को अपने अनुसंधान प्रश्नों का उत्तर पाने के लिए प्रचुर मात्रा में प्रलेखीय साक्ष्य प्राप्त हो सकते हैं। अनुसंधानकर्त्ताओं द्वारा इस प्रकार के भौतिक अवशेषों का निरीक्षण करने से जिस प्रकार के साक्ष्य उपलब्ध हो सकते हैं, उनके उदाहरण के रूप में हम निम्न का उल्लेख कर सकते हैं :

- कूड़ा कर्कट और गंदगी के रूप में प्राप्त भौतिक अवशेष लोगों के इकट्ठा होने के स्थान का संकेत दे सकते हैं।
- किसी दरवाजे के चौखट पर मिलने वाली धूल और धूल पर अंकित विशेष प्रकार के निशानों से उस दरवाजे के अन्दर प्रवेश करने वाले व्यक्तियों की सापेक्षिक आयु और लम्बाई के बारे में सूचना मिल सकती है।
- चिड़ियाघर में जानवरों के अहातों के सामने लगी हुई लोहे की बाड़ (Railings) पर घिसावट के निशान इस प्रश्न का उत्तर दे सकते हैं कि चिड़ियाघर में कौन से पशु को देखने के लिए ज्यादा भीड़ जमा होती है।
- पार्कों के लॉन की घास तथा दूसरे स्थानों में बिछे हुए कालीन पर पड़े हुए निशान या दशा से पता चलता है कि लोगों के आने जाने की दिशा क्या है ?
- जूतों की दशा लोगों के कदमों के संतुलन के बारे में जानकारी दे सकती है।
- विद्युत बल्बों को बदलने की आवृत्तियाँ (Frequencies) यह बता सकती है कि कौन सा कमरा या स्थान अधिक काम में लाया जाता है।
- कूड़े के डिब्बों (Dustbins) की सामग्री यह बता सकती है कि लोगों की खाने पीने की आदतें कैसी हैं ?
- एक पुस्तकालय से विद्यार्थियों को अध्ययन हेतु लिए जाने वाली संख्या यह बताती है कौन सी पुस्तक की कितनी माँग है।

प्रलेखों का मूल्यांकन (Evaluating Documents)

जैसा कि ऊपर कहा गया है प्रलेखीय विश्लेषण अध्ययनों में प्रयुक्त प्रलेखों के कई प्रकार और स्वरूप हो सकते हैं। एक अनुसंधानकर्त्ता अपने अध्ययन की आवश्यकतानुसार उपयोगी सूचनाएँ प्राप्त करने हेतु इनका उपयोग कर सकता है परन्तु सामान्य रूप से ऐसा देखा गया है कि प्रलेखीय साक्ष्यों को लोग अवैज्ञानिक, अविश्वसनीय तथा महत्त्वहीन मान कर उनकी उपेक्षा करने का प्रयत्न करते हैं। यह सर्वथा ठीक नहीं है। दूसरी ओर यह भी सच है कि सभी प्रकार के उपलब्ध प्रलेखों को सभी प्रकार से विश्वसनीय, वस्तुनिष्ठ तथा वैध प्रलेखीय साक्ष्य मानने हेतु तब तक स्वीकार नहीं किया जा सकता जब तक कि उन्हें किसी उचित परीक्षण या मूल्यांकन प्रणाली से न गुजारा जाए। इसलिए यह आवश्यक है कि किसी उपलब्ध प्रलेख का प्रलेखीय विश्लेषण तथा व्याख्या करने से पहले हमें उस प्रलेख की उचित जाँच या मूल्यांकन कर लेना चाहिए। स्कॉट (Scott, 1990) ने व्यावहारिक

विज्ञानों के प्रलेखीय विश्लेषण अनुसंधानों से सम्बन्धित प्रलेखों के मूल्यांकन हेतु चार मुख्य मानदण्डों का प्रयोग करने के लिए कहा है।

आइए इनकी प्रकृति और उपयोग के बारे में जाना जाये।

1. अधिकारिकता (Authenticity)

इस मानदण्ड का पालन करना अनुसंधानकर्त्ता से यह आशा करता है कि वह प्रयोग किए जाने वाले प्रलेख की आधिकारिकता को निश्चित करे। जैसे–यह प्रलेख वास्तविक, पूर्ण, विश्वसनीय और एक आधिकारिक स्रोत से प्राप्त होना चाहिए और जिसको लिखने वाले के बारे में कोई सन्देह नहीं हो और उसके लेखक होने को सिद्ध किया जा सके। इस सम्बन्ध में एक अनुसंधानकर्त्ता को निम्नलिखित प्रश्नों के उत्तर प्राप्त करने के लिए प्रयास करना चाहिये :

- प्रलेख को किसने लिखा है ?
- क्या लेखक का लेखन सन्देह से परे है ?
- क्या प्रलेख वही है जो लेखक की कलम से निकला है या यह कोई नकल है या धोखाधड़ी से तैयार की गई प्रति है ?
- क्या किसी प्रलेख के अनेक प्रतिरूप प्रचलन में हैं ? और यदि प्रचलन में हैं तो क्या उनकी साहित्यिक शैली, हाथ की लिखावट या टाइप किए गए अक्षरों में एकरूपता है ?
- क्या यह प्रलेख विश्वसनीय स्रोत जैसे–एक प्रतिष्ठित प्रकाशक या संगठन से प्राप्त हुआ है?

2. विश्वसनीयता या साख (Credibility)

विश्वसनीयता से तात्पर्य उस विश्वास से है जो उसका औचित्य, गुणवत्ता और सार्थकता के सन्दर्भ में उस प्रलेख विशेष में बनाए रखा जाता है। इस कार्य हेतु एक अनुसंधानकर्त्ता से यह अपेक्षा की जाती है कि वह एक प्रलेख विशेष का इस सन्दर्भ विशेष में मूल्यांकन करे कि वह त्रुटि या विकृति से किस सीमा तक परे है। इस दिशा में विशेषकर उसे निम्न बातों की समीक्षा करनी होती है :

- इस प्रलेख में जिन घटनाओं का वर्णन किया गया है वे कब लिखी गई थी। उदाहरण के लिए–जब ये घटनाएं घटीं तब लेखक वहाँ उपस्थित था और जब ये बातें उसकी स्मृति में तरोताजा थीं तभी उसने इनको लिखा या सप्ताह, महीना, यहाँ तक कि वर्ष बाद लिखा, जब ये उसकी स्मृति में धुंधली हो गई थीं। इस दृष्टिकोण से देखने से एक डायरी में लिखी गई बातें ज्यादा विश्वसनीय ठहराई जा सकती हैं अपेक्षाकृत एक ऐसी घटना को, जिसका आत्मकथा में वर्णन किया गया है।
- इसके अतिरिक्त स्रोत के प्रयोजन से भी अच्छी तरह से परिचित होने की आवश्यकता है। क्या लेखक अपने कार्य के प्रति निष्ठावान था या वह किसी विशेष राजनीतिक दल या नेता, मिशनरी उद्देश्य या अन्य प्रकार की स्वार्थपूर्ति हेतु इस प्रलेख के लेखन के कार्य से जुड़ा था। संक्षेप में एक अनुसंधानकर्त्ता को किसी प्रलेख विशेष का मूल्यांकन करने हेतु सदैव यह जानने का प्रयत्न करना चाहिए कि किसने, कब, क्यों, किसके लिए और किस सन्दर्भ में इस प्रलेख का सृजन एवं लेखन किया ताकि इसके औचित्य, गुणवत्ता और सामर्थ्य के बारे में सुनिश्चित हुआ जा सके।

प्रतिनिधित्वता (Representativeness)

इस मानदण्ड का पालन करते हुए एक अनुसंधानकर्त्ता यह देखने का प्रयत्न करता है कि किस सीमा तक और किस तरह यह निश्चित किया जाये कि कोई प्रलेख विशेष दूसरे उपलब्ध प्रलेखों का (उनमें निहित जानकारी

की समरूपता के सम्बन्ध में) कितना प्रतिनिधित्व करता है ? इस कार्य के लिए उसे निम्न प्रकार के प्रश्नों का उत्तर पाने का प्रयत्न करना चाहिये:

- क्या प्रलेख विशेष भी उन सभी सार्थक प्रलेखों के एक बड़े संग्रह का हिस्सा है जो वर्तमान में मौजूद है या पहले हुआ करता था ?
- क्या प्रलेख उस सामाजिक प्रक्रिया का पूर्ण अथवा एक आंशिक चित्र प्रस्तुत करता है जिसमें अनुसंधानकर्त्ता की रुचि है।
- क्या प्रलेख उसमें वर्णित घटनाओं या दी हुई जानकारी का पूर्ण और समग्र चित्र प्रस्तुत करता है अथवा ऐसा लगता है कि इसका कुछ भाग गायब है या जानबूझ कर अथवा संयोगवश खो गया या नष्ट किया जा चुका है।

अर्थपूर्णता (Meaningfulness) : यह मानदण्ड अनुसंधानकर्त्ता से यह अपेक्षा करता है कि वह प्रलेख विशेष का, उसके पठन और उपयोग से जो सम्भावित अर्थ निकाले जा सकते हैं उनके संदर्भ में मूल्यांकन करे। इस कार्य हेतु उसे दो व्यापक प्रश्नों को पूछने के द्वारा शुरुआत करनी होती है। ये प्रश्न हैं :

(i) यह प्रलेख क्या है ? (ii) इसका क्या अर्थ है ? और यह हमें क्या बताने में समर्थ है ? इस सम्बन्ध में अनुसंधानकर्त्ता को यह ध्यान रखना चाहिए कि अधिकांश प्रलेख तीन प्रकार के अर्थों से जुड़े हुए रहते हैं, जैसे पहला–सतही या शाब्दिक अर्थ, दूसरा–गहन या छुपा हुआ अर्थ और तीसरा–व्यावहारिक या परिस्थितिजन्य अर्थ जो उस सन्दर्भ विशेष पर आधारित होता है जिसमें प्रलेख की रचना की गई है। फलस्वरूप एक अनुसंधानकर्त्ता को प्रलेख का पूर्ण अर्थ या प्रयोजन समझने में सावधानी बरतते हुए इन तीनों प्रकार के अर्थों को ढूँढ़ निकालने का प्रयत्न करना चाहिए। इस कार्य हेतु अगर आवश्यकता हो तो उसे उपलब्ध विश्व शब्दकोशों, शब्दकोशों, प्रामाणिक शब्दावली, पदावली और यहाँ तक कि इस प्रकार के प्रलेखों के अर्थापन से अच्छी तरह परिचित विशेषज्ञों की सलाह और परामर्श लेने में कोई संकोच का अनुभव नहीं करना चाहिये।

प्रलेखीय साक्ष्यों का विश्लेषण (Analysis of the documentary evidences) : जब अनुसंधानकर्त्ता किसी एक या अन्य प्रलेखीय स्रोतों से प्रदत्तों का संकलन कर लेता है तब इस विशाल भंडार की मात्रा को कुछ कम करना जरूरी होता है। इसके पश्चात् अध्ययन के अनुसंधानात्मक प्रश्नों का उत्तर प्राप्त करने के लिए इस कम किए हुए या सीमित प्रदत्तों से अब उनका सही सही अर्थ या तात्पर्य प्राप्त करने की आवश्यकता होती है।

इस प्रकार से एक अनुसंधानकर्त्ता को, इन प्रलेखीय साक्ष्यों का, जो इन प्रलेखों में उपलब्ध सूचनाओं के रूप में उसके पास है, उचित रूप से विश्लेषण करने के लिए, उसे प्रलेखीय विश्लेषण की पूरी प्रक्रिया से गुजरने की आवश्यकता पड़ती है। यहाँ प्रश्न उठता है कि प्रलेखों से इकट्ठे किए गए साक्ष्यों (विषयवस्तु) का विश्लेषण करने का कार्य अनुसंधानकर्त्ता किस प्रकार से करे। इसका उत्तर है– "विषयवस्तु विश्लेषण के द्वारा (Through Content Analysis)"। आइये देखते हैं कि यह विषयवस्तु विश्लेषण क्या है और अनुसंधानकर्त्ता के द्वारा अपने प्रलेखीय अनुसंधान अध्ययन में एकत्रित किए गए प्रलेखीय साक्ष्यों का विश्लेषण करने के लिए इसका प्रयोग किस प्रकार किया जाये ?

विषयवस्तु विश्लेषण क्या है ? (What is Content Analysis ?)

प्रलेखीय अनुसंधान के संदर्भ में विषयवस्तु विश्लेषण पद का साधारण अर्थ है – प्रलेखों में उपस्थित विषयवस्तु (साक्ष्यों) का विश्लेषण। इसका उद्देश्य मुख्य विचार, प्रसंगों, शब्दों और इनमें निहित अन्य सन्देशों को ज्ञात करना होता है। तकनीकी रूप में वस्तु विश्लेषण पद को होलस्टी (Holsti, 1969) ने परिभाषित करते हुए इसे एक ऐसी प्रक्रिया बताया है "जिसमें किसी प्रलेख विशेष में निहित प्रलेखीय साक्ष्यों से अर्थ निकालने हेतु एक वैंज्ञानिक

विधि का उपयोग किया जाता है।" इस प्रक्रिया के परिणाम परिमाणात्मक भी हो सकते हैं और गुणात्मक भी अथवा दोनों के मिले जुले। अपने परिमाणात्मक स्वरूप में विषयवस्तु विश्लेषण का उद्देश्य घटनाओं की आवृत्ति या अवधि को निर्धारित करना होता है जबकि अपने गुणात्मक स्वरूप में इसका उद्देश्य विषय निष्ठ विषयवस्तु जैसे–रुचियों, अभिवृत्तियों, आदतों, स्वभाव और मूल्यों का अवबोध करना या समझना होता है।

एक प्रलेख का विश्लेषण करने हेतु उसे कैसे काम में लाया जाए ? (How to Make Its Use for Analysing a Document ?)

विषयवस्तु विश्लेषण में एक अनुसंधानकर्त्ता से यह अपेक्षा की जाती है कि वह प्रलेखों की विषयवस्तु से सम्बन्धित प्रदत्तों के अभिलेखन में प्रयुक्त एक कोडिंग प्रणाली को विकसित करे। उदाहरण के लिए एक अध्ययन में अनुसंधानकर्त्ता को एक बाल साहित्य में दी गई अलग अलग आयु समूह की कहानियों में हिंसा को कितनी मात्रा में अभिव्यक्त किया गया है, इस बात का मूल्यांकन करना है।" इस अध्ययन से सम्बन्धित विषयवस्तु का विश्लेषण करने के लिए, वह साहित्य के प्रतिदर्श में बताई गई हिंसा के सम्बन्ध में प्रदत्तों का विश्लेषण करने के लिए एक ऐसी कोडिंग प्रणाली का विकास करेगा जिसे प्रत्येक पद (Item) के लिए प्रयोग में लाया जा सकता है। आइये देखें, संवर्गीकरण (Classification) और संकेतीकरण (Coding) का कार्य विषयवस्तु विश्लेषण के दोनों स्वरूपों परिमाणात्मक तथा गुणात्मक के सन्दर्भ में कैसे किया जाता है।

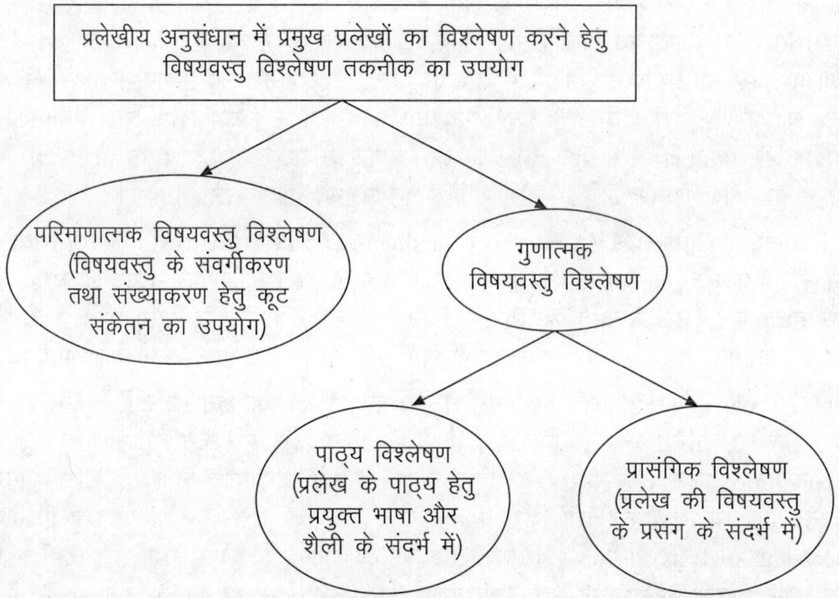

चित्र 12.1 प्रलेखीय अनुसंधान के एक प्रलेख का विश्लेषण करने के लिए विषयवस्तु विश्लेषण का उपयोग।

परिमाणात्मक विषयवस्तु विश्लेषण (Quantitative Content Analysis)

इस प्रकार के विश्लेषण में एक अनुसंधानकर्त्ता से यह अपेक्षा की जाती है कि उसे प्रलेख के जिस अंश या भाग का विश्लेषण करना है, उसे वह विभिन्न संकेतों या संवर्गों में विभक्त कर लें। फिर इन संवर्गों या श्रेणियों की, संकेतों के रूप में एक विषयवस्तु सूची बना लें फिर जैसे जैसे वह प्रलेख के भाग में उस श्रेणी का अवलोकन करें, उस सूची में उसे चिह्नित करता (या टिक लगाता हुआ) हुआ आगे बढ़ता जाए। इस कार्य के स्पष्टीकरण के लिए मकनील, पैट्रिक और चेपमेन स्टीव (McNeill Patrick & Chapman, Steve, 2005) के द्वारा दिए गए एक उदाहरण को उद्धृत करना चाहेंगे।

उदाहरण 1 : एक प्रलेखीय अनुसंधान अध्ययन में एक अनुसंधानकर्त्ता ने भाषा और सामाजिक विज्ञान की विद्यालय पाठ्यपुस्तकों में उपलब्ध प्रलेखीय साक्ष्यों का विश्लेषण करने हेतु विषयवस्तु विश्लेषण तकनीक का प्रयोग किया। इस विषयवस्तु विश्लेषण से वह इस बात को प्रकाश में लाना चाहता था, कि लड़कों को प्रायः किस प्रकार सक्रिय, सृजनात्मक तथा व्यावहारिक भूमिकाओं में दिखाया जाता है और लड़कियों को किस प्रकार निष्क्रिय, घरेलू तथा नेतृत्व की बजाय अनुगामी भूमिकाओं में दिखाया जाता है। अपने इस विश्लेषण हेतु उसने अपने कार्य की शुरुआत श्रेणियों की एक सूची बनाने की कोशिश से की, जैसे–नेतृत्व करना या अनुगमन करना, आज्ञा देना या आज्ञा पालन करना, कार्यक्षेत्र घर से बाहर है या घर के भीतर है, कार (गाड़ी) की मरम्मत करना या घरेलू कार्य करना। इसके पश्चात् उसने यह देखने की कोशिश की कि पुस्तक में वर्णित चरित्र इन श्रेणियों में उल्लेखित बातों को कब कब करते हैं, अर्थात् कितनी बार कर रहे हैं, और फिर उनसे सम्बन्धित बारम्बारता (Frequencies) को वह नोट करता रहा। फिर इन आवृत्तियों के आधार पर लड़के व लड़कियों द्वारा निभाई जाने वाली भूमिका की समीक्षा करने का प्रयत्न किया।

गुणात्मक विषयवस्तु विश्लेषण (Qualitative Content Analysis)

परिमाणात्मक विषयवस्तु विश्लेषण (जिसमें किसी दिए गए प्रलेख में आने वाले विशेष शब्दों, आकृतियों या विशेषता से सम्बन्धित श्रेणियों की आवृति की गणना करने की बात कही जाती है) से अलग हटकर गुणात्मक विषयवस्तु विश्लेषण का उद्देश्य अनुसंधानकर्त्ता की प्रलेख की व्यक्तिपरक विषयवस्तु (व्यक्ति और वस्तुओं के गुण और विशेषता सम्बन्धी बातें) को अच्छी से अच्छी तरह से जानने, समझने और व्याख्या करने में मदद करना है। इस कार्य के लिए जैसा कि मॅकनील, पैट्रिक और चैपमैन, स्टीव (McNeill, Patrick & Chapman, Steve, 2005) ने स्पष्ट किया है – विषयवस्तु का यह गुणात्मक विश्लेषण प्रलेखों और पठनीय सामग्री का (i) पाठ्य एवं (ii) प्रासंगिक विश्लेषण करने के लिए कहता है अर्थात् शब्दों और दृश्य आकृतियों के पीछे जो साहित्यिक और गोपनीय अर्थ छिपे रहते हैं, उन्हें सामने लाता है। आइये इन दोनों प्रकार के गुणात्मक वस्तु विश्लेषण के बारे में जानकारी प्राप्त की जाये।

पाठ्य विश्लेषण (Textual Analysis)

पाठ्य विश्लेषण से तात्पर्य प्रलेख या पाठ्य का सृजनकर्त्ता द्वारा अपनाई गई शैली अथवा भाषा के संदर्भ में विश्लेषण करना है। इसमें प्रलेखों में निहित भाषा सम्बन्धी उन बारीकियों का सूक्ष्म विश्लेषण यह देखने के लिए किया जाता है कि क्या उनसे प्रलेख की पाठ्यवस्तु में प्रस्तुत घटनाओं, सामाजिक प्रक्रियाओं या व्यावहारिक जटिलताओं की किसी एक विशेष प्रकार की व्याख्या करने के लिए प्रोत्साहन तो नहीं दिया गया है। विशेष रूप से एक प्रलेख में दिए गए विशेष शब्दों और दृश्यात्मक सामग्री में निहित छिपे अर्थों को बाहर निकालने में इससे काफी मदद मिलती है।

प्रासंगिक विश्लेषण (Themaic Analysis)

इस प्रकार के विषयवस्तु विश्लेषण का सम्बन्ध उस प्रसंग या प्रसंगों से होता है जिसके इर्द–गिर्द प्रलेखों की विषयवस्तु का ताना बाना बुना जाता है। इस प्रकार के विश्लेषण के द्वारा एक अनुसंधानकर्त्ता उन विचारगत प्रसंगों की पहचान करता है जिनकी अभिव्यक्ति प्रलेखों में निहित शब्दों और आकृतियों से होती है। इससे एक अनुसंधानकर्त्ता को प्रलेखों (पाठ्य या दृश्यात्मक) की विषयवस्तु के अतिरिक्त अर्थ एवं व्याख्या ढूँढ़ने में सहायता मिलती है।

उदाहरण के लिए – प्रासंगिक विश्लेषण का प्रयोग करने वाला एक अनुसंधानकर्त्ता यह तर्क देता हुआ पाया जा सकता है कि पत्रिकाओं के आवरण पृष्ठों पर आकर्षक लड़कियों के चित्रों को प्रस्तुत किये जाने का उद्देश्य यह है कि लोग स्त्रियों को ऐसी वस्तुओं के रूप में देखें जो अपने सौन्दर्य और आकर्षण के कारण प्रशंसा के योग्य होती हैं और इसी से यह अच्छी तरह स्पष्ट हो सकता है कि स्त्रियों का हमारे समाज में क्या स्थान है ?

प्रलेखीय विश्लेषण अनुसंधान के लाभ और सीमाएँ (Advantages and Limitations of Documentary Analysis Research)

लाभ (Advantages)

प्रलेखीय विश्लेषण अनुसंधान द्वारा उपलब्ध मुख्य लाभों को निम्न प्रकार सारांशित किया जा सकता है :

1. प्रलेखीय अनुसंधानों में प्रयुक्त प्रलेखों की सहायता से अनुसंधानकर्त्ता उन भूतकालीन वस्तुओं और सूचनाओं तक पहुँचने में समर्थ हो सकते हैं जिन्हें वह किन्हीं और तरीकों से प्राप्त नहीं कर सकते थे।
2. वास्तव में, एक अनुसंधानकर्त्ता वर्तमान में उपलब्ध प्रलेख या अभिलेखों (जिनका प्रलेखीय अनुसंधान में उपयोग हो रहा है) की मदद से, वह बहुत कुछ उपलब्ध कर सकता है जिसे संकलित प्राथमिक प्रदत्तों से प्राप्त किया जाना असंभव होता है। इसका कारण यह है कि समूह, समितियाँ, जनजातियाँ तथा आन्दोलन स्वतः ही मृत्यु को प्राप्त हो जाते हैं या मिट जाते हैं या आधुनिकीकरण उन्हें निगल लेता है और जब ऐसा हो जाता है तो प्रदत्तों तक पहुँचने का एकमात्र स्रोत वे लिखित अभिलेख या प्रलेख ही होते हैं जिनसे अनुसंधान प्रश्नों का उत्तर मिल सकता है।
3. प्रलेखीय अनुसंधानों में हम इस स्थिति में होते हैं कि उपलब्ध प्रलेखों (द्वितीयक या गौण स्रोत) के माध्यम से हम उस वांछित सूचना की प्राप्ति कर सकें जो हमारे अनुसंधान प्रश्नों का उत्तर दे सकती है। यह एक स्वागत योग्य बात है कि कोई अपनी अनुसंधान समस्या के लिए प्राथमिक प्रदत्तों के संकलन हेतु जगह जगह क्यों भटकता फिरे जबकि उन्हीं की टक्कर के प्रदत्त उसे प्रलेखों के रूप में उपलब्ध हों और जिनका क्षेत्र भ्रमण के द्वारा संकलित प्राथमिक प्रदत्तों की अपेक्षा काफी अधिक शीघ्रता और सुविधा से विश्लेषण किया जा सकता हो। सचमुच में इनसे अनुसंधानकर्त्ता के समय, धन और शक्ति सभी की बचत होती है।
4. प्रलेखीय अनुसंधान में जिन्दगी से जुड़े हुए प्रलेख जैसे–डायरी, पत्र, आत्मकथा की सहायता से सामाजिक जीवन के अन्तरंग तथा ऐसे निजी क्षेत्रों तक पहुँच सम्भव हो सकती है जिन्हें किसी और साधन से पहुँचना अनुसंधानकर्त्ता के लिए संभव नहीं है, जैसे–पारिवारिक जीवन सम्बन्धी बातें, यौनाचार सम्बन्धी तौर–तरीके तथा प्रतिबन्धित विषय, जैसे–एड्स, कैंसर जैसी बीमारियाँ आदि।
5. व्यावहारिक विज्ञानों में प्रलेखीय अनुसंधान का सबसे बड़ा फायदा यह है कि इनसे अनुसंधानकर्त्ताओं के अपने अनुसंधान प्रदत्तों के संकलन हेतु प्रयोज्यों का सहयोग लेने के झमेले में (उपलब्ध प्रलेखों के रूप में) नहीं पड़ना पड़ता है।
6. प्रलेखीय अनुसंधान में एक अनुसंधानकर्त्ता को प्रलेखों का उपयोग करने हेतु समय और स्थान को लेकर पूरी स्वतन्त्रता रहती है। वह अपनी पूरी क्षमता और साधन सम्पन्नता के तहत सम्बन्धित प्रलेखों तक पहुँच कर अपना अनुसंधान कार्य पूरी आत्मनिर्भरता के साथ ठीक प्रकार करता रह सकता है जो वह एक प्रतिदर्श में शामिल प्रयोज्यों के माध्यम से नहीं कर सकता था।
7. प्रलेखीय अनुसंधान में वांछित प्रदत्तों के संकलन के लिए प्रलेखीय साक्ष्य के रूप में उपलब्ध लिखित प्रलेखों, भौतिक अवशेषों तथा अभिलेखागार सूचनाओं (जिन्हें अप्रतिक्रियात्मक या अन्तःक्रिया रहित मापन का नाम दिया जाता है) आदि का प्रयोग किया जाता है। इन अप्रतिक्रियात्मक मापनों (Non reactive measures) में मापन लेने के कार्य पर उस व्यवहार का कोई प्रभाव नहीं पड़ता है जिसका अध्ययन किया जा रहा है (क्योंकि यह व्यवहार पहले ही घटित हो चुका है)। फलस्वरूप, एक प्रलेखीय अनुसंधान में प्रलेखों तथा अन्य अप्रतिक्रियात्मक तरीकों से इकट्ठी की गई सूचनाएँ इस

वजह से अधिक विश्वसनीय और वैध मानी जाती हैं क्योंकि परिवर्तनशील नहीं होतीं, प्रायः बासी या पुरानी नहीं होतीं और अनुसंधानकर्त्ता के द्वारा अपने तरीके से सृजनात्मक रूप में प्रयोग में लायी जा सकती हैं।

8. अन्त में हम कह सकते हैं कि प्रलेखीय अनुसंधान अनुसंधानकर्त्ताओं के लिए इस बात को लेकर अधिक लाभप्रद सिद्ध होते हैं कि यहाँ इस प्रकार की तकनीकों या विधियों का प्रयोग किया जा सकता है जिनमें द्वितीयक या गौण प्रदत्तों के विश्लेषण हेतु परम्परागत तौर तरीके जैसे–सांख्यिकीय विश्लेषण की आवश्यकता नहीं होती।

सीमाएँ (Limitations)

1. अनुसंधानकर्त्ताओं को यहाँ उन स्रोतों की तलाश कर उन तक पहुँचने में काफी समस्याएँ तथा कठिनाइयाँ आ सकती हैं जिनसे वे अपने अनुसंधान प्रश्नों का उत्तर प्राप्त करने के लिए वांछित प्रलेखीय साक्ष्य प्राप्त कर सके।
2. अपने अनुसंधान अध्ययन के लिए प्रदत्तों का संकलन करने के लिए उपलब्ध प्रलेखों की यथार्थता, विश्वसनीयता तथा वैधता को लेकर अनुसंधानकर्त्ताओं के ऊपर सन्देह और शंका की तलवार हर समय लटकी रहती है। इस सम्बन्ध में अपनी टिप्पणी करते हुए गॉम (Gomm, 2004) ने लिखा है–"हमें यह नहीं भूलना चाहिए कि इन प्रलेखों के लेखक समाजशास्त्रीय अनुसंधान को ध्यान में रखकर नहीं लिख रहे हैं। उनके प्रलेखों का प्रयोजन केवल मात्र तथ्यों का प्रस्तुतीकरण नहीं है परन्तु अपनी उपलब्धियों का गुणगान करना, दुनिया के हालातों की शिकायत करना, प्रसन्नता देना और मनोरंजन करना, अपना बचाव करना और यहाँ तक कि दूसरों को भ्रमित करना भी है। ... जो कुछ वास्तव में हुआ, इन्हें उनका प्रतिनिधि नहीं कहा जा सकता। इसके अलावा लेखक हमें वही बताते हैं जो उनकी नजर में महत्त्वपूर्ण और रुचिकर होता है तथा संभवतया जो समाजशास्त्रीय अनुसंधानकर्त्ताओं के लिए काफी आवश्यक होता है, उसकी ये उपेक्षा करते हैं। इनके द्वारा जो लिखा जाता है उसका सम्बन्ध उस राजनीतिक सन्दर्भ से भी होता है जिसमें वे जीते हैं, जैसे–उनके पास सच बोलने की ताकत है या नहीं, क्या वे कुछ लिखने सम्बन्धी परिणामों से डरते हैं, इत्यादि।"
3. प्रलेख प्रायः जो कुछ हो चुका है, उसी के बारे में सूचना प्रदान करने में ज्यादा सक्षम रहते हैं। वह यह नहीं बताते कि किसी की सामाजिक दुनिया में वर्तमान में क्या हो रहा है। फलस्वरूप प्रलेख आधारित अनुसंधानों में यह कमी दिखाई देती है कि उनके द्वारा व्यावहारिक विज्ञान अनुसंधानों से सम्बन्धित समकालीन प्रश्नों के उत्तर प्राप्त नहीं हो सकते।
4. व्यावहारिक विज्ञानों में प्रलेखीय विश्लेषण अनुसंधान करना बहुत से अनुसंधानकर्त्ताओं विशेषकर नयों को काफी उलझन भरा, और अलग सा कार्य दिखाई देता है। उन्हें इस बारे में अधिक सूचना देना और प्रशिक्षित किया जाना आवश्यक है। इस प्रकार के उचित रूप से जानकार तथा तकनीकी रूप से प्रशिक्षित अनुसंधानकर्त्ताओं के अभाव में इस प्रकार के अनुसंधानों के संपादन में वांछित सफलता प्राप्त करना मुश्किल ही है।

13

अनुसंधान समस्या–पहचान एवं अनुसंधान प्रस्ताव लेखन

[Research Problem—Identification and Writing a Research Proposal (Synopsis)]

विषय प्रवेश (Introduction)

जैसा कि अब तक आप जान चुके हैं कि इस पुस्तक के पहले बारह अध्यायों में हमने व्यावहारिक विज्ञानों के क्षेत्र में होने वाले विभिन्न प्रकार के अनुसंधानों–गुणात्मक और परिमाणात्मक, प्रायोगिक और अप्रायोगिक सभी की प्रकृति, पद्धति एवं प्रक्रिया के बारे में चर्चा की है। इससे आप यह भी महसूस कर चुके होंगे कि व्यावहारिक विज्ञानों में एक शोधकर्त्ता के द्वारा किए जाने वाले अनुसंधान का क्षेत्र बहुत ही विस्तृत और बड़ा होता है। यहाँ ऐसे बहुत से क्षेत्र और विषय हैं जिनमें एक शोधकर्त्ता अनेकों ऐसी समस्याओं, जिनका अब तक न तो समाधान किया गया है और न ही अन्वेषण किया गया है, पर काम करने और अन्वेषण करने के अवसर प्राप्त कर सकता है। इसके अलावा इसके मस्तिष्क में ऐसे बहुत से प्रश्न हो सकते हैं जिनका उत्तर देने के लिए वह इस पुस्तक में वर्णित किसी भी प्रकार के अनुसंधान की सहायता ले सकता है। इस प्रकार से एक शोधकर्त्ता चाहे वह इस क्षेत्र में नया हो या अनुभवी हो, अपने मन में उठे हुए लक्ष्य या अपनी रुचि या इच्छा की पूर्ति के लिए एक शोध कार्य में संलग्न हो सकता है।

अपनी इस प्रकार की स्वयं की इच्छा के अलावा एक मजबूरी या दबाव भी शोध के लिये बाध्य करने में एक महत्त्वपूर्ण भूमिका अदा कर सकता है।

व्यावहारिक विज्ञानों के क्षेत्र में अनुसंधान कार्य करने में रुचि प्रदर्शित करने के लिए इच्छा या मजबूरी, चाहे कोई भी कारण हो, अनुसंधानकर्त्ता को अपनी अनुसंधान यात्रा प्रारम्भ करने हेतु एक उचित और सही मार्ग चुनने में काफी परेशानी का सामना करना पड़ता है। व्यावहारिक विज्ञानों में विषयों, प्रकरणों, क्षेत्रों, अन्वेषण के लिए समस्याओं तथा ऐसे प्रश्नों, जिनका उत्तर दिया जाना है, का कोई अन्त या सीमा नहीं है। एक शोधकर्त्ता को अपने शोध अध्ययन के लिए इनमें से किसी एक विषय या क्षेत्र से सम्बन्धित समस्या का चयन अपनी शोध समस्या के रूप में करना होता है।

परन्तु अनुसंधान कार्य को हाथ में लेने के लिए किसी शोध समस्या या प्रकरण की पहचान तथा चुनाव करना इतना आसान नहीं है जितना कि यह प्रतीत होता है। यह एक काफी कठिन एवं चुनौतीपूर्ण कार्य है, विशेषकर उनके लिए जो इस शोध क्षेत्र में नए नए हैं। वास्तव में यह क्या है, और इस कार्य को कैसे करना चाहिए इस अध्याय में हम इसी बात पर विचार कर रहे हैं।

अनुसंधान समस्या की पहचान एवं चयन (Identifying or Selecting a Research Problem)

जैसा कि ऊपर कहा गया है व्यावहारिक विज्ञानों से सम्बन्धित किसी भी क्षेत्र या विषय में उचित शोध अध्ययन हेतु किसी सार्थक और अच्छे प्रकरण या समस्या की पहचान तथा चयन काफी चुनौतीपूर्ण कार्य होता है। यह अपने आप में शोध अध्ययन के वास्तविक क्रियान्वयन से कम नहीं है। वास्तव में शोध समस्या का चयन या उससे अवगत होना शोध अध्ययन के क्रियान्वयन से पहले किया हुआ ऐसा नियोजन है जिससे कोई अपनी यात्रा प्रारम्भ करने से पूर्व इस बात से अवगत होता है कि उसे जाना कहाँ है। अगर कोई अपनी शोध समस्या से ठीक तरह से परिचित हो जाए तो समझ लीजिये कि आधी लड़ाई जीत ली। पर आपको अगर स्पष्ट रूप से नहीं मालूम कि करना क्या है, तो आप किसी तरह से यह नहीं समझ सकते कि क्या और कैसे क्रियान्वित करना है। करलिंगर (Kerlinger, 1986:17) के अनुसार "अगर कोई समस्या का समाधान चाहता है तो उसे सामान्यतः यह जानकारी होनी चाहिए कि समस्या क्या है। फिर यह भी अच्छी तरह कहा जा सकता है कि अधिकांशतः समस्या का निचोड़ इसी बात में निहित रहता है कि कोई क्या करने की कोशिश कर रहा है।"

इसलिए निष्कर्ष रूप में जब कोई किसी शोध कार्य को करने के बारे में सोचता है तो उसे सबसे पहले यह जानना चाहिए कि वह वास्तव में चाहता क्या है ? और इसी चाहत के अनुसार ही फिर उसे किसी अच्छी लाभदायक और कार्यकारी शोध समस्या की पहचान और उसके चयन में जुट जाना चाहिए। प्रश्न उठता है कि शोध समस्या के इस प्रकार की पहचान और चयन हेतु किस प्रकार आगे बढ़ा जाये ? अपने अनुसंधान हेतु किसी उचित प्रकरण या समस्या के चयन हेतु उसे अपनी खोज कहाँ करनी चाहिए ? ऐसी कौन सी बातें हैं जिन पर उसे अपनी शोध समस्या के चयन में पूरी तरह ध्यान रखकर आगे बढ़ना चाहिए। ऐसे प्रश्नों का उत्तर प्राप्त करने के लिए अनुसंधानकर्त्ताओं को कुछ विशिष्ट सोपानों का पालन कर आगे बढ़ना होता है। इनका समुचित अनुसरण उसे अपने शोध अध्ययन के लिए उचित समस्या या प्रकरण की पहचान या चुनाव करने में मदद कर सकता है। आइए देखें कि ये सोपान क्या हैं ?

सोपान 1 : रुचि विशेष के किसी एक बड़े क्षेत्र या विषय की पहचान करना (Identify a Broad Field or Subject Area of Interest)

अनुसंधानकर्त्ता को अपने अनुसंधान कार्य के लिए अनुसंधान समस्या की पहचान और चयन करने की खोज में सबसे पहला कार्य है – अपने अनुसंधान के विषय या एक बड़े क्षेत्र की पहचान करने के लिए अपने आप को पूर्ण रूप से तैयार करना। सामान्यतः यह कार्य निम्न कारकों पर आधारित होता है :

- उसकी अपनी रुचि
- उसके पूर्व अनुभव या अध्ययन
- एक विद्यार्थी या कर्मी/व्यवसायी के रूप में अपने कार्य क्षेत्र में महसूस की गई कठिनाई या समस्या।
- भावी योजनाओं की उद्देश्य पूर्ति जैसे – कोई नौकरी प्राप्त करने या शैक्षणिक या व्यावसायिक क्षेत्र में आगे बढ़ना आदि।

सोपान 2 : चयन किए गए क्षेत्र में शोध समस्या का पता लगाने हेतु संभावित स्रोतों की खोज करना (Exploring the Possible Sources to Look for Research Problems in the Chosen Area)

अपनी रुचि के विस्तृत क्षेत्र और विषय में सम्बन्धित शोध समस्या की पहचान तथा चयन करने के लिए इस दूसरे सोपान पर शोधकर्त्ता को अब विभिन्न शोध समस्याएँ या प्रकरणों के बारे में सभी संभव स्रोतों या तरीकों से कुछ संकेत या सुझाव प्राप्त करने के प्रयास करने पड़ते हैं। इस सम्बन्ध में अनुसंधानकर्त्ताओं को जो स्रोत उपलब्ध होते हैं वे कुछ निम्न प्रकार के हो सकते हैं :

1. पूर्व अनुभव या अध्ययन (Past experiences or study) : किसी विषय या विशिष्ट क्षेत्र में अनुसंधानकर्त्ता के द्वारा स्वयं किया गया अध्ययन या उसके अपने पूर्व अनुभव उसकी किसी समस्या विशेष में रुचि जाग्रत करने या जो कुछ वह अन्वेषण करना चाहता है, उस तक पहुँचने में उचित रूप से सहायक सिद्ध हो सकते हैं।

2. उपलब्ध सिद्धान्तों का परीक्षण (Testing of the available theories) : नियम, प्रनियम और सिद्धान्तों का, जिन परिस्थितियों और जिस संदर्भ में जन्म हुआ था, अपने उद्गम से एकदम अलग परिस्थितियों और संदर्भ में उनका पुनः परीक्षण किया जा सकता है। अनुसंधानकर्त्ता अपने अनुसंधान कार्य के द्वारा ऐसा करने की आवश्यकता महसूस कर सकता है। इस आधार पर समस्या का चयन करते हुए एक शोधकर्त्ता, उदाहरण के लिए, निम्न प्रकार की शोध समस्या या प्रकरण का चयन कर सकता है – "आधिपत्यपूर्ण लालन–पालन शैली" (Parenting style) नामक सिद्धान्त के औचित्य का बालकों के समायोजन, उपलब्धि, ध्यान में कमी के सन्दर्भ में एच.एम.टी. हरिद्वार की मजदूर बस्ती में किया जाने वाला एक अध्ययन"।

3. शोध समस्या के बारे में सुझाव (The Suggestions for needed research) : बहुधा अनुसंधानकर्त्ता, शिक्षाशास्त्री, लेखक और अपने अपने क्षेत्र में कार्यरत विद्वान अपने शोधलेखों, शोधपत्रों, पुस्तकों, जरनल्स तथा अन्य दूसरे प्रकार के शोध प्रकाशनों में कुछ अन्वेषण रहित या शोध से अछूते विषय क्षेत्रों पर अनुसंधान करने के लिए बहुमूल्य सुझाव देने का प्रयास करते हैं। पीएच०डी० के शोध अध्ययनों तथा स्नातकोत्तर कक्षाओं में किये जाने वाले लघु शोध प्रबन्धों में उसी अध्ययन को और आगे बढ़ाने के लिए सुझाव देने का एक रिवाज सा बन गया है। इस प्रकार के स्रोतों में उपलब्ध सुझावों के द्वारा अनुसंधानकर्त्ता अपनी शोध समस्या का चयन करने के लिए आगे बढ़ सकता है।

4. वर्तमान में उपलब्ध शोध कार्य (The research work available at present) : एक शोध करने के इच्छुक शोधकर्त्ता को अपनी रुचि के विषय और क्षेत्र पर किए गए शोध कार्यों को अच्छी तरह पढ़ने की लगन होनी चाहिए क्योंकि इससे उसे उनके समान और सम्बन्धित तथा अब तक के उपेक्षित क्षेत्रों में शोध अध्ययन करने के लिए उचित प्रोत्साहन तथा कुछ बहुमूल्य संकेत मिल सकते हैं। इन सभी शोधों की विषय–वस्तु, शोध का सार तथा सूची प्राप्त करने के लिए शोधकर्त्ता को व्यावहारिक विज्ञानों जैसे–शिक्षा, समाजशास्त्र, मनोविज्ञान और प्रबन्धन के अपने अपने क्षेत्र से सम्बन्धित विश्वकोशों, शोध–सारों, जरनल्स, रिव्यूस और सर्वेक्षणों के रूप में उपलब्ध स्रोतों की सहायता लेना चाहिए। इन सभी अभिलेखों के साथ साथ उनके विश्वविद्यालयों के पुस्तकालयों में उपलब्ध प्रकाशित या अप्रकाशित स्नातकोत्तर लघु शोधों (Dissertations) और पीएच०डी० के शोध ग्रन्थ (Thesis) भी नए शोधकर्त्ताओं को शोध समस्या की पहचान और चयन करने में काफी बहुमूल्य स्रोत सिद्ध हो सकते हैं।

5. तकनीकी प्रगति और सामाजिक विकास (Technological progress and social development) : अनुसंधान मानव विकास के किसी भी क्षेत्र से सम्बन्धित हो, वह हमेशा ही सामाजिक विकास और समाज की तकनीकी प्रगति से जुड़ा होता है। विज्ञानों की शोधों के साथ भी यह बात एकदम सही बैठती है। शोधकर्त्ताओं को इस सम्बन्ध में कुछ न कुछ सकारात्मक योगदान करने के लिए आगे आना चाहिए। उनका अनुसंधान कार्य उन मामलों में, जो व्यावहारिक विज्ञानों के क्षेत्र में सिद्धान्त और प्रयोगों को उन्नत बनाने के लिए नए आविष्कार, नए प्रयोग और नई क्रियाओं से सम्बन्धित हैं, स्थानीय हालातों तथा परिस्थितिजन्य विभिन्नताओं में इनके उपयोग की प्रभावशीलता का परीक्षण करने का एक अच्छा साधन सिद्ध हो सकता है। शिक्षा को सामाजिक परिवर्तन और विकास का एक उपकरण बनाने के उद्देश्य से शोधकर्त्ता को इस प्रकार की शोध समस्याओं का चयन करने में संलग्न होना चाहिए जो समुदाय और राष्ट्र के विकास, कल्याण और तरक्की के लिए बनाई गई नीतियों और कार्यक्रमों का विकास और परीक्षण करने या उनसे सम्बन्धित अनुवर्ती कार्य करने में अपना योगदान कर सकें।

6. वरिष्ठ शोधकर्त्ताओं तथा शोध मार्गदर्शकों से विचार विमर्श करना (Consultation with the seniors and supervisors) : व्यावहारिक विज्ञानों में अनुसंधान कार्य करने के लिए समुचित अनुसंधान क्षेत्र, प्रकरण या समस्या की पहचान तथा चयन करने के लिए, अनुसंधान क्षेत्र में नवागन्तुकों को उचित परामर्श देकर, उनकी सहायता करने के लिए इस क्षेत्र के अनुभवी शिक्षाविदों तथा शोधकर्त्ताओं को आगे आना चाहिए। कई बार ऐसा होता है कि विद्यार्थियों द्वारा किए जाने वाले शोध कार्य के पर्यवेक्षकों की ही किसी विशेष क्षेत्र या विषय में विस्तार से अध्ययन करने के लिए स्वयं अपनी अनुसंधान योजनाएँ होती हैं और वे उनमें दूसरों का साथ चाहते हैं। फलस्वरूप शोध के इच्छुक विद्यार्थियों को अपने पर्यवेक्षकों तथा मार्गदर्शकों से ही उनके द्वारा निर्धारित समस्याएँ, जिनमें वे सहयोग चाहते हैं, शोध समस्याओं के रूप में मिल सकती हैं।

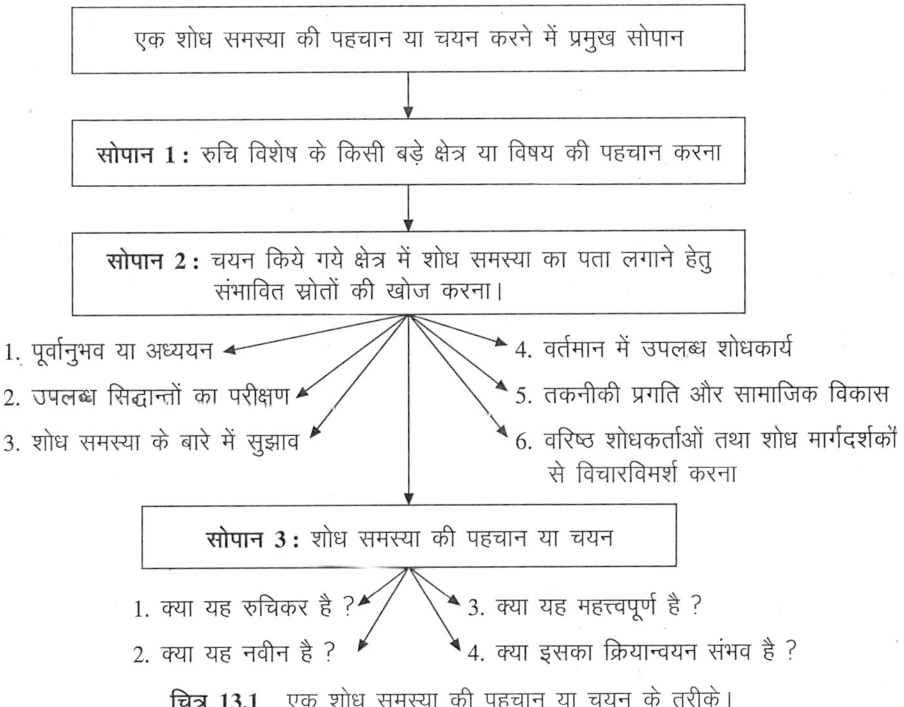

चित्र 13.1 एक शोध समस्या की पहचान या चयन के तरीके।

सोपान 3 : एक शोध समस्या की पहचान या चयन (Identifying or Selecting a Research Problem)
द्वितीय सोपान पर किए गए प्रयास अनुसंधानकर्त्ता को अपने अनुसंधान अध्ययन के लिए एक विशिष्ट समस्या को ढूँढ़ने या प्राप्त करने में काफी सहायता कर सकते हैं। परन्तु एक अनुसंधान समस्या को प्राप्त कर लेने का अर्थ यह नहीं है कि अनुसंधानकर्त्ता द्वारा किए जाने वाले अनुसंधान अध्ययन के लिए यही समस्या या प्रकरण निश्चित हो गया है। अनुसंधान समस्या के मूल्यांकन के लिए सामान्यतः जो कसौटी अपनाई जाती है उस पर खरा उतरने या असफल होने पर ही इस समस्या की स्वीकृति या अस्वीकृति के समान मौके होते हैं। जैसा कि सुखिया एवं अन्य (1966:69–70) ने कहा है "सामान्य रूप में यह कसौटी निम्न प्रश्नों के स्वीकारात्मक उत्तरों से युक्त होती है :

1. **क्या यह रुचिकर है ?** यदि समस्या अनुसंधान कार्य करने वाले के लिए अरुचिकर और उबाऊ है तो इस बात की आशा कम ही है कि वह इस कार्य के साथ न्याय करेगा ?

2. **क्या यह नवीन है ?** यदि इस समस्या या विषय पर पहले ही किसी अनुसंधानकर्त्ता द्वारा कार्य कर लिया गया है तो इसी पर पुनः कार्य करना महज समय नष्ट करना ही सिद्ध होगा।

3. **क्या यह महत्त्वपूर्ण है ?** यदि इसकी कोई उपयोगिता नहीं है, ना तो यह ज्ञान में कुछ नवीन वृद्धि करती है और ना ही यह वर्तमान चालू या कार्य कर रहे तौर–तरीकों में कुछ सुधार लाने या इन्हें उन्नत बनाने का सुझाव देती हैं, तो इस पर कार्य करना व्यर्थ है।

4. **क्या इसका क्रियान्वयन संभव है ?** एक समस्या रुचिकर भी हो, नवीन भी हो, उपयोगी भी हो, परन्तु किसी विशेष योग्यता के अनुसंधान कार्यकर्त्ता के लिये वह एक अच्छी समस्या सिद्ध नहीं भी हो सकती है और वह इसे एक सफल निष्कर्ष तक ले जाने में असफल हो सकता है। इसलिए उसे निम्न बातें अपने आप से पूछनी चाहिये :

- यह समस्या जिस प्रकार का अध्ययन चाहती है क्या मुझमें उसके अनुसार योजना बनाने और उस पर कार्य करने की आवश्यक क्षमता है ? इस समस्या के क्षेत्र के बारे में क्या मुझे पर्याप्त ज्ञान है और क्या इससे सम्बन्धित प्रदत्तों का संकलन करने तथा उनका अर्थापन/व्याख्या करने के लिए वांछित उपकरणों और तकनीकों का प्रयोग करने सम्बन्धी पर्याप्त कौशल मुझ में है ?
- क्या सम्बन्धित प्रदत्त या आंकड़े आसानी से मिल जायेंगे ? क्या प्रदत्त संकलन के विश्वसनीय एवं वैध उपकरण, साधन और प्रक्रिया उपलब्ध हैं ?
- क्या अनुसंधान कार्य की योजना बनाने और कार्य को पूरा करने में मुझे अपने सहयोगियों या विभागीय सदस्यों से समुचित मार्गदर्शन प्राप्त हो सकेगा ? यदि इसके क्रियान्वयन के लिए अपेक्षित सहयोग, या कोई विशेष अनुमति की जरूरत पड़ी तो क्या वह मुझे मिल सकेगी ?
- अनुसंधान अध्ययन करने के लिए क्या मेरे पास आवश्यक आर्थिक साधन एवं स्रोत उपलब्ध हैं ?
- क्या इसके क्रियान्वयन के मार्ग में कठिनाइयों, बाधाओं और अन्य रुकावटों के आने पर भी अध्ययन को जारी रखने के लिए मुझमें साहस और दृढ़ निश्चय भावना है ? अनुसंधान कार्य करने के दौरान किसी भी समय शारीरिक, आर्थिक, व्यक्तिगत, सामाजिक या व्यवसाय सम्बन्धी विशेष प्रकार की रुकावटें, परेशानियाँ या खतरनाक स्थितियाँ आ सकती हैं, क्या मैं उनका साहस के साथ सामना कर सकूँगा ?

अनुसंधान समस्या का परिभाषीकरण और कथनीकरण (Defining and Stating the Research Problem)

ऊपर बताये गये सोपानों और प्रक्रिया का अनुसरण करते हुए अनुसंधान कार्य के लिए समस्या की पहचान और चयन करने के उपरान्त अब शोधकर्त्ता को स्पष्ट रूप से यह जानकारी होनी चाहिए कि समस्या विशेष की प्रकृति और प्रयोजन क्या है ? दूसरे शब्दों में अनुसंधानकर्त्ता को यहाँ यह जरूरत होती है कि वह अपनी अनुसंधान समस्या को बहुत ही संक्षिप्त और स्पष्ट शब्दों में परिभाषित और उसका कथनीकरण करते हुए यह बताए कि सही मायने में उसकी समस्या क्या है, उसकी सीमाएँ और क्षेत्र क्या हैं और इसके किन उद्देश्यों की पूर्ति होनी है। व्यावहारिक अर्थों में अनुसंधान समस्या को परिभाषित करने तथा उसका कथनीकरण करने के लिए क्या किया जाना चाहिए, इस बात को संक्षिप्त रूप में निम्न प्रकार व्यक्त किया जा सकता है।

समस्या का कथन (Statement of the Problem)

समस्या के कथनीकरण से अभिप्राय अनुसंधानकर्त्ता द्वारा अपने अध्ययन की पहचान की गई तथा चयन की गई अनुसंधान समस्या को एक नाम या शीर्षक देना है। गुड और स्केट्स (1954:74) के शब्दों में – "जैसा कि नियम है, एक अनुसंधान समस्या/अध्ययन का शीर्षक, किसी प्रकरण या सम्बन्धित विशिष्ट क्षेत्र में नामकरण के सिवाय और कुछ नहीं करता।"

(As a rule, the title of a research Problem/Study can do no more than name the topic or the particular field represented. —Good and Scates, 1954:74)

इस प्रकार से अपनी अनुसंधान समस्या के कथनीकरण का कार्य करने में अनुसंधानकर्त्ता को, अपने अनुसंधान अध्ययन की प्रकृति, कार्यप्रणाली और उद्देश्यों के साथ जो सर्वथा उचित लगे, वह नाम देना चाहिए।

अपने व्यवहारात्मक क्रियान्वयन में यह कार्य वास्तव में अनुसंधानकर्त्ताओं से बहुत कुछ सावधानी, बौद्धिक चिन्तन और उचित वाक्य निर्माण की अपेक्षा करता है। समस्या का कथन या नामकरण करने हेतु एक अनुसंधानकर्त्ता निम्न दो प्रारूपों में से किसी एक का चुनाव कर सकता है :

- समस्या का प्रश्न के रूप में कथनीकरण, जैसे :
  (i) क्या घरेलू महिलाओं के बच्चे कामकाजी महिलाओं के बच्चों से अधिक समायोजित होते हैं ?
  (ii) क्या वे बच्चे जिन्होंने नर्सरी या किन्डरगार्टन में कुछ वर्ष बिताये हैं, कक्षा एक की दृष्टि से ज्यादा तैयार माने जा सकते हैं ?
- समस्या का घोषणा कथनों के रूप में कथनीकरण, जैसे :
  (i) घरेलू और कामकाजी महिलाओं के बच्चों के समायोजन का एक अध्ययन।
  (ii) हरियाणा प्रान्त के माध्यमिक विद्यालयों के विद्यार्थियों के पिछड़ेपन के कारण एवं लक्षण।
  (iii) दिल्ली प्रान्त के उच्च माध्यमिक विद्यालयों में कार्यरत शिक्षकों के समायोजन का एक अध्ययन।

परन्तु अपनी अनुसंधान समस्या के कथनीकरण में जैसा कि सुखिया एवं अन्य (1966:71) ने चेतावनी दी है – "एक अनुसंधानकर्त्ता चाहे वह नया हो या पुराना, उसे निम्न प्रकार की सामान्य त्रुटियों के जाल में ना फंसने के बारे में चौकस रहना चाहिए :

(i) एक विशिष्ट समस्या की बजाय अध्ययन के एक विशाल क्षेत्र का नाम देना, जैसे–"यू०एस०ए० में विज्ञान शिक्षण की स्थिति"।

(ii) एक प्रकरण को इतना सीमित या छोटा कर देना कि वह अनुसंधान उद्देश्य से बहुत सीमित और बहुत छोटा और महत्त्वहीन बन जाए, जैसे–"एक छोटे से गाँव के विद्यालय का प्रस्तावित इतिहास"।

(iii) अवैज्ञानिक, अलंकारिक, विवादास्पद, संवेगात्मक या पक्षपातपूर्ण प्रकृति की पदावली का समावेश करना, जैसे–"एक महान साहसिक और चुनौतीपूर्ण सेवा के रूप में शिक्षण", "राज्य की धन सम्पत्ति से भावी नागरिकों को शिक्षित किया जाना चाहिए, इस विचार के आधार पर शैक्षणिक अवसरों की समानता पर एक निबन्ध"।

निष्कर्ष रूप में, इस तरह एक अनुसंधानकर्त्ता को अपनी अनुसंधान समस्या का कथनीकरण करते समय इस अतिशयता से बचने की कोशिश करनी चाहिए, जैसे–उसे अपनी समस्या का कथनीकरण ना तो बहुत अधिक विस्तृत रूप में ऐसे शब्दों में करना चाहिए जिनसे अध्ययन की दिशा और दशा का स्पष्ट और संक्षिप्त शब्दों में ज्ञान न हो पाए और ना इतनी संकीर्णता का इस्तेमाल करना चाहिए कि इसका कथन महत्त्वहीन और तुच्छ हो जाये।

समस्या का परिभाषीकरण (Defining the Problem)

समस्या के कथनीकरण या नामकरण से अधिक बड़ा कार्य है उसका परिभाषीकरण करना। इस बात पर प्रकाश डालते हुए मुनरो और इंगेलहार्ट (1928) ने लिखा है :

"समस्या को परिभाषित करने से अभिप्राय है इसका परिशुद्धता सहित विस्तार में विशिष्टीकरण करना। इसके लिये उत्तर दिये जाने वाले प्रत्येक प्रश्न और उपप्रश्नों का स्पष्टीकरण किया जाना चाहिये। अन्वेषण/शोध

की सीमाएँ निर्धारित होनी चाहिए। कभी कभी यह भी जरूरी होता है कि क्या करना है इसे निश्चित करने के लिए पहले के शोध अध्ययनों का पुनर्वीक्षण किया जाये। कभी कभी अनुसंधान सम्बन्धी उन शैक्षिक सिद्धान्तों के दृष्टिकोणों को भी स्पष्ट करना जरूरी होता है जिन पर अन्वेषण कार्य आधारित होगा। यदि कुछ अवधारणाएँ या मान्यताएँ विद्यमान हैं तो उनका स्पष्ट रूप से विवरण भी देना यहाँ आवश्यक हो जाता है।"

(To define a problem means to specify it in detail and with precision, each question and its subordinate questions to be answered are to be specified. The limits of the investigation must be determined, frequently, it is necessary to review previous studies in order to determine just what is required to be done. Sometimes, it is necessary to formulate the point of view of educational theory on which the investigation is to be based. If certain assumptions are made, they must be explicitly noted. — Monroe and Engelhart, 1928)

मुनरो और इंगलहार्ट ने अनुसंधान समस्या को परिभाषित करने के बारे में अपने जो विचार दिए हैं वे वास्तव में ध्यान रखने योग्य हैं। हालांकि सामान्यतः प्रयोगात्मक रूप से यह सिफारिश नहीं की जाती है कि अनुसंधान समस्या का परिभाषीकरण करते समय शैक्षिक सिद्धान्तों के संदर्भ प्रदान किया जाए या पहले के अध्ययनों का पुनर्वीक्षण किया जाये। अनुसंधानकर्त्ता के द्वारा इस प्रकार के कार्य प्रायः अपना अनुसंधान प्रस्ताव तैयार करते समय या अपने अनुसंधान प्रतिवेदन या शोध प्रबन्ध के प्रस्तावना भाग को लिखते समय किए जाते हैं।

इस प्रकार से समस्या के कथनीकरण के साथ साथ (कथन चाहे प्रश्न रूप में हो या घोषणा स्वरूप में) एक शोधकर्त्ता को अपनी अनुसंधान समस्या को परिभाषित करने से सम्बन्धित कार्य को क्रियान्वित करते समय निम्न बातों और क्रियाओं का ध्यान रखना जरूरी होता है :

क्षेत्र का कथन (Statement of Scope)

व्हिट्नी के अनुसार : "समस्या को परिभाषित करने का अर्थ है उसके चारों ओर बाड़ लगा देना ताकि उसे ऐसे प्रश्नों से सावधानीपूर्वक पहचान कर अलग किया जा सके जो उसी तरह की आवश्यकताजन्य परिस्थितियों में प्रश्न बन कर उभरते हैं।"

(To define a problem means to put a fence around it to separate it by careful distinctions from like questions, found in related situations of need. —Whitney, 1980:80)

परिणामस्वरूप अपनी अनुसंधान समस्या को परिभाषित करने के लिए अनुसंधानकर्त्ता को अपने अनुसंधानात्मक अध्ययन की सीमाओं और क्षेत्रों के बारे में बताने की आवश्यकता होती है। अपने अध्ययन के इस विस्तार सीमा को बताने के लिए उसका दिया हुआ कथन इस प्रकार का होना चाहिए कि इससे अध्ययन के बारे में कौन, कहाँ, कब और कितने जैसे प्रश्नों के उत्तर प्राप्त हो सकें।

प्रयुक्त चरों या पदों की संक्रियात्मक परिभाषायें (Operational Definitions of the Variables or Terms Used)

समस्या के कथनीकरण में कुछ विशिष्ट तकनीकी पदों को रखा जाता है। अतः अनुसंधानकर्त्ता के लिए यह जरूरी होता है कि वह इन पदों को परिभाषित करें, अच्छा होगा यदि वह उन पदों को संक्रियात्मक रूप से परिभाषित करे ताकि उनमें आवश्यक स्पष्टता आ जाये और किसी भी प्रकार की अस्पष्टता तथा गलत अर्थापन न हो सके। बिल्कुल इसी तरह अनुसंधान समस्या के कथन में अनुसंधान अध्ययन में प्रयुक्त होने वाले कुछ चरों के बारे में भी उल्लेख किया जाता है। इन चरों को भी संक्रियात्मक शब्दावली में स्पष्ट एवं परिभाषित करना जरूरी होता है। इस प्रकार के प्रयुक्त नवीन पदों और चरों को परिभाषित करने की आवश्यकता पर जोर देते हुए बेस्ट एण्ड काहन (2006:38) ने लिखा है – "सभी अप्रचलित पदों, जिनका गलत अर्थापन हो सकता है, को परिभाषित करना महत्त्वपूर्ण है। ये परिभाषायें एक सन्दर्भ प्रारूप स्थापित करने में मदद करती है, जिनकी सहायता से एक अनुसंधानकर्त्ता समस्या से सामना करता है। विचारणीय चरों को संक्रियात्मक शब्दावली में

परिभाषित किया जाना चाहिए। ऐसी अभिव्यक्तियाँ जैसे शैक्षणिक उपलब्धि तथा बुद्धि निस्संदेह काफी उपयोगी धारणाएँ हैं पर उन्हें कसौटी या मानदण्ड के रूप में प्रयोग में नहीं लाया जा सकता जब तक कि उन्हें व्यवहार के प्रेक्षित नमूनों के रूप में परिभाषित न कर लिया जाये। अध्यापकों के द्वारा दिये जाने वाले, शैक्षणिक ग्रेड, या मानकीकृत उपलब्धि परीक्षणों में प्राप्त प्राप्तांक, उपलब्धि की संक्रियात्मक परिभाषाएँ हैं। एक मानकीकृत बुद्धि परीक्षण पर प्राप्त बुद्धि लब्धि प्राप्तांक बुद्धि की संक्रियात्मक परिभाषा है।"

परिणामस्वरूप किसी एक अध्ययन, जिसका "हरियाणा प्रदेश के माध्यमिक विद्यालयों के अध्यापकों के शिक्षण अभिक्षमता का अध्ययन" के रूप में कथनीकरण किया गया है, यहाँ अनुसंधानकर्त्ता से यह अपेक्षा करता है कि वह यह स्पष्ट करे कि "शिक्षण अभिक्षमता" पद से उसका क्या तात्पर्य है, वह हरियाणा प्रदेश के माध्यमिक विद्यालयों के किसी एक अध्यापक की शिक्षण अभिक्षमता का मापन किस प्रकार करेगा, माध्यमिक विद्यालय के अध्यापकों से उसका क्या तात्पर्य है, आदि आदि।

आधारभूत/मूल मान्यताओं को लिखना (Writing Basic Assumptions)

किसी भी अनुसंधान समस्या की कैसी भी प्रकृति क्यों न हो, इसका अध्ययन और अन्वेषण सामान्य रूप से कुछ आरम्भिक मान्यताओं पर आधारित होता है। इन सभी मान्यताओं में से कुछ ऐसी होती हैं जिन्हें उनके स्वीकारात्मक मूल्यों, दिन प्रतिदिन के जीवन में उनके उपयोग या फिर व्यावहारिक विज्ञानों के क्षेत्र में सर्वमान्य शब्दावली के रूप में मान्यता मिलने की वजह से बिना किसी हिचक या झिझक के स्वीकार कर लिया जाता है, जैसे—विद्यालय का कार्य बच्चों को शिक्षा देना है, मनुष्य प्रकृति से ही सामाजिक है, अच्छे वातावरण में बच्चों का अच्छा विकास होता है, आदि। फिर भी अनुसंधान अध्ययनों में ऐसी बहुत सी मान्यताएँ होती हैं जो अध्ययन विशिष्ट होती हैं और अनुसंधान समस्याओं की परिभाषा में इनका विशिष्ट रूप से स्पष्टतापूर्वक उल्लेख होना चाहिए। उदाहरण के लिये घरेलू महिलाओं और कामकाजी महिलाओं के बच्चों के समस्यात्मक व्यवहार के तुलनात्मक अध्ययन में, अनुसंधानकर्त्ता को यह स्पष्ट करना होगा कि 'उसकी मान्यता है कि कामकाजी महिलाओं के पास अपने बच्चों की देखभाल करने के लिए काफी कम समय होता है' या 'घरेलू महिलायें अपने बच्चों के व्यवहार आदि की देखभाल करने में कामकाजी महिलाओं की तुलना में कम सक्षम होती हैं।'

सीमाओं का उल्लेख करना (Mentioning the Limitations)

अपने अनुसंधानात्मक प्रश्नों की आवश्यकता के अनुसार अपना अनुसंधान करने हेतु एक अनुसंधानकर्त्ता के मार्ग में एक या अन्य प्रकार की ऐसी सीमाएँ आ सकती हैं जिसके परे जाना अनुसंधानकर्त्ता की सामर्थ्य से बाहर होता है। उदाहरण के लिए – उसे अपने अनुसंधान कार्य हेतु अधिक कक्षाओं की आवश्यकता हो सकती है, उसे अपने अध्ययन के प्रयोज्यों के साथ पूर्व निर्धारित समय से ज्यादा समय व्यतीत करने की जरूरत हो सकती है। परन्तु प्रशासनिक नीतियों या समय की उपलब्धता, वित्तीय कमी और पारिवारिक जिम्मेदारियों से युक्त उसकी अपनी सीमाएँ उसे उचित रूप से अनुसंधान करने में बाधा बन सकती है। अध्ययन में प्रयुक्त समष्टि या प्रतिदर्श कुछ ज्यादा होना चाहिए था परन्तु वह किसी एक या अन्य कारण से ऐसा नहीं कर सकता। अपनी अनुसंधानात्मक समस्या को परिभाषित करते समय अनुसंधानकर्त्ता को अपनी इस प्रकार की सीमाओं का अच्छी तरह उल्लेख करना चाहिए। उदाहरण के लिए – उसके द्वारा यह अच्छी तरह कहा जाना चाहिए कि "उसका अध्ययन एक विशेष शहर के सरकारी संस्थानों में काम करने वाली माताओं की नगरीय जनसंख्या या समष्टि तक सीमित है।"

अनुसंधान प्रस्ताव या सिनोप्सिस क्या है ? (What is Research Proposal or Synopsis ?)

व्यावहारिक विज्ञानों में एक अनुसंधानकर्त्ता एक विद्यार्थी, विभागीय सदस्य या व्यावसायिक के रूप में किसी न किसी संस्था या संगठन से जुड़ा हुआ होता है। एक छात्र अनुसंधानकर्त्ता सामान्यतः कोई स्नातकोत्तर पाठ्यक्रम

की जरूरत को पूरा करने के लिए या पीएच०डी० डिग्री प्राप्त करने के लिए अनुसंधान कार्य को हाथ में लेना चाहता है। एक विभागीय सदस्य या कोई व्यवसायी किसी अनुसंधान कार्य को कुछ निम्न कारणों से हाथ में लेता हुआ दिखाई देता है :

(i) अनुसंधान के प्रति उसकी अपनी रुचि और झुकाव

(ii) अपने व्यावसायिक कर्त्तव्यों और उत्तरदायित्वों को पूरा करने सम्बन्धी कुछ मजबूरियाँ।

(iii) पदोन्नति, पारितोषिक, आर्थिक सहायता तथा सामाजिक या व्यावसायिक रूप से मान्यता प्राप्त करने सम्बन्धी उपलब्धि अभिप्रेरणा।

एक विद्यार्थी को अपना अनुसंधान कार्य करने में (डेजर्टेशन या थीसिस सम्बन्धी कार्य करना) जिस विषय पर वह अध्ययन करना चाहता है उसके लिए पूर्व स्वीकृति लेनी होती है। इसी प्रकार महाविद्यालयों, विश्वविद्यालयों या अन्य व्यावसायिक संगठनों के विभागीय सदस्यों को अपनी संस्थाओं/संगठनों, जहाँ वे सेवारत हैं या आर्थिक सहायता तथा अनुदान प्रदान करने वाली तथा शैक्षणिक और व्यावसायिक रूप से उत्कृष्ट शोधकर्त्ताओं को पुरस्कार तथा सम्मान देने वाली संस्थाओं या संगठनों (जैसे–यू.जी.सी, एन.सी.ई.आर.टी.ई, आई.सी.एस.एस.आर. आदि) के उच्च अधिकारियों से अपने अनुसंधान कार्य के लिए स्वीकृति लेने की जरूरत होती है।

अपने शोध कार्य के लिए स्वीकृति लेने के लिए सम्बन्धित अनुसंधानकर्त्ता विद्यार्थी या व्यवसायी को अपना प्रार्थनापत्र एक अच्छी तरह से तैयार लिखित प्रलेख (वर्तमान में ऑन लाइन इलेक्ट्रोनिक प्रलेख के रूप में भी) के प्रारूप में प्रस्तुत करना पड़ता है, इसे ही अनुसंधान कार्य का अनुसंधान प्रस्ताव या सिनोप्सिस कहा जाता है।

इस प्रकार से "एक अनुसंधान प्रस्ताव एक ऐसा लिखित या ऑन लाइन इलेक्ट्रोनिक दस्तावेज/प्रलेख है (जिसमें विस्तार में भावी अनुसंधान अध्ययन की योजना, प्रक्रिया, सम्भावित परिणाम और उसे सम्पादित करने का प्रयोजन का उल्लेख होता है) जिसे अनुसंधान के इच्छुक या अनुसंधानकर्त्ताओं के एक समूह के द्वारा अपने अपने संगठन या संस्था के अधिकारियों के पास प्रस्तावित अनुसंधान अध्ययन करने की स्वीकृति लेने के लिए प्रस्तुत किया जाता है।"

अनुसंधान प्रस्ताव का महत्त्व एवं उपयोगिता
(The Significance or Importance of the Research Proposal)

प्रश्न उठता है कि विद्यार्थियों या व्यवसायियों के लिए यह क्यों जरूरी है कि वे अपने भविष्य में किए जाने वाले अनुसंधान अध्ययन के प्रस्ताव को अपने अधिकारियों के सम्मुख प्रस्तुत करे। इस प्रकार से प्रस्ताव को प्रस्तुत किये जाने की क्या उपयोगिता या महत्त्व है ? आइये इसी बात पर विचार करते हैं।

अनुसंधानकर्त्ताओं से अनुसंधान प्रस्ताव तैयार करने और प्रस्तुत करने के लिए महज औपचारिकता को पूरा करने के लिए ही नहीं कहा जाता है बल्कि इससे वास्तव में कुछ उद्देश्यों की पूर्ति होती है जिन्हें संक्षेप में निम्न प्रकार व्यक्त किया जा सकता है :

1. यह सम्बन्धित संस्था, संगठन तथा अधिकारियों को (जिनको यह प्रस्ताव भेजा जाता है) एक सुनहरा अवसर तथा आसानी से उपलब्ध उचित आधार प्रदान करता है ताकि प्रस्तावित अनुसंधान अध्ययन के मूल्य, महत्त्व तथा क्रियान्वयन की संभावना का उचित मूल्यांकन किया जा सके।
2. यह परामर्शदाता/मार्गदर्शक और निरीक्षकों को प्रस्तावित अनुसंधान कार्य को प्रस्तुत करने वाले शोधकर्त्ताओं की क्षमता, योग्यता और रुचि का मूल्यांकन करने के लिए एक उचित आधार प्रदान कर सकता है। इसके साथ साथ वे अनुसंधान विषय की स्वीकृति होने के बाद इस कार्य को आगे बढ़ाने में अनुसंधानकर्त्ता की सहायता करने में भी अच्छी तरह समर्थ हो सकते हैं।

3. बेस्ट और काहन (2006:37) के विचार में, *"प्रस्ताव की तुलना उस ब्लू प्रिन्ट से की जा सकती है जिसे निविदाएँ (Bids) आमन्त्रित करने तथा भवन निर्माण शुरु करने से पहले नक्शानवीस या भवन निर्माण इंजीनियर (Architect) के द्वारा तैयार किया जाता है।"* परिणामस्वरूप अनुसंधानकर्त्ता द्वारा जो अनुसंधान प्रस्ताव प्रस्तुत किया जाता है वह सुव्यवस्थित रूप से अनुसंधान प्रक्रिया, जिसका उसे अनुसरण करना है, उसी के सम्बन्ध में वांछित मार्गदर्शन प्रदान करने में सक्षम होता है। और फिर यही कहानी का अन्त नहीं है। इस प्रकार के निर्मित और प्रस्तुत प्रारम्भिक प्रस्ताव में अनुसंधानकर्त्ता के स्वयं के पुनर्वीक्षण तथा पर्यवेक्षणकर्त्ता/मार्गदर्शक/अन्य विशेषज्ञों द्वारा दिए गए सुझावों के आधार पर परिवर्तन भी लाये जा सकते हैं।
4. ग्रेवेटर और फोर्जेनो (Gravetter & Forzano, 2003:420) के विचार में एक अच्छा अनुसंधान प्रस्ताव अनुसंधान अध्ययन के बारे में निम्न प्रकार की सूचनाएँ प्रदान करने में सहायता करता हुआ पाया जाता है :
   - क्या किया जाएगा ? (What will be done ?)
   - क्या प्राप्त किया जा सकता है ? (What may be found ?)
   - नियोजित अनुसंधान अध्ययन उसी क्षेत्र के दूसरे ज्ञान से कैसे सम्बन्धित है? (How the planned research study is related to other knowledge in the area ?)

एक अनुसंधान प्रस्ताव का लेखन (Writing a Research Proposal)

अनुसंधान प्रस्ताव का लेखन एक गम्भीर कार्य है। एक अच्छी प्रकार से बनाकर किये गये अनुसंधान प्रस्ताव से ही एक अच्छे अनुसंधानात्मक अध्ययन का जन्म होता है। एक अच्छे अनुसंधान प्रस्ताव के प्रस्तुतीकरण को मुख्यतया तीन मुख्य विभागों में बाँटा जा सकता है, ये है : (A) परिचयात्मक विभाग (B) प्रक्रियात्मक या तकनीकी विभाग और (C) निष्कर्षात्मक विभाग। अब हम इन तीनों विभागों की उनके उपविभागों सहित चर्चा करने जा रहे हैं।

(A) परिचयात्मक विभाग (Introductory Section)

अनुसंधान प्रस्ताव के इस विभाग में निम्न उप–विभाग होते हैं :

1. **शीर्षक पृष्ठ (Title Page) :** इस पृष्ठ की विषयवस्तु में निम्न बातें होती हैं :
   - प्रस्तावित अध्ययन का शीर्षक/इसमें अनुसंधान अध्ययन के नाम के अलावा और कुछ नहीं होना चाहिए।
   - अनुसंधानकर्त्ता का नाम और उसकी सम्बद्धता, जैसे यदि वह विद्यार्थी है तो उसकी कक्षा और विभाग, और यदि अध्यापक या व्यवसायी है तो उसका विभाग और संस्था।
2. **विषय प्रवेश (Introduction) :** अनुसंधान प्रस्ताव के परिचयात्मक विभाग के इस उप–विभाग–विषय प्रवेश का मुख्य उद्देश्य पाठकों को यह बताना होता है कि अनुसंधानकर्त्ता के द्वारा वर्तमान अध्ययन को हाथ में लेने का मुख्य कारण क्या है ? इस उद्देश्य के लिए अनुसंधानकर्त्ता को निम्नलिखित बातों पर लक्ष्य साधकर अर्थात् ध्यान केन्द्रित करके अपनी चर्चा को संगठित और व्यवस्थित करना होता है :
   - **जिस विषय या क्षेत्र से वर्तमान अध्ययन सम्बन्धित है उसके बारे में एक औपचारिक संक्षिप्त चर्चा :** यह वास्तव में वर्तमान अध्ययन के प्रकरण के लिए एक कड़ी प्रदान करता है। उदाहरण के लिए यदि अनुसंधानकर्त्ता माध्यमिक विद्यालय के विद्यार्थियों में पिछड़ेपन के कारणों के बारे में अध्ययन करना चाहता है तो वह अपने अध्ययन को, पिछड़ेपन की अवधारणा और इसके दुष्प्रभाव के बारे में चर्चा करते हुए शुरु करेगा।

- **सम्बन्धित पहले हो चुके अध्ययनों एवं उनके परिणामों का व्यापक परिप्रेक्ष्य :** यहाँ पर अनुसंधानकर्त्ता को अपनी वर्तमान समस्या से सम्बन्धित साहित्य (अवधारणात्मक और अनुसंधान साहित्य) का संक्षिप्त पुनर्वीक्षण प्रस्तुत करना होता है जिसमें वह यह स्पष्ट करता है कि वर्तमान समस्या से सम्बन्धित क्या बातें ज्ञात हैं और क्या ज्ञात नहीं है अतः अब उन्हें जानने की जरूरत है।
- **वर्तमान अनुसंधान करने का कारण :** यहाँ पर अनुसंधानकर्त्ता को काफी तार्किकतापूर्ण और सन्तोषजनक तरीके से तर्क प्रस्तुत करते हुए प्रस्तुत अनुसंधान अध्ययन करने के लिए अपने कारण प्रस्तुत करने पड़ते हैं।
- **अनुसंधान का कथन :** यहाँ पर अनुसंधानकर्त्ता को अपनी अनुसंधान समस्या का कथन तथा परिभाषीकरण एक दम स्पष्ट और संक्षिप्त रूप में करना पड़ता है जिससे दूसरों को यह मालूम पड़ जाये कि समस्या क्या है, इससे किस प्रकार का अन्वेषण अपेक्षित है, इसका क्षेत्र और सीमायें क्या हैं (अर्थात् कौन, क्या, कहाँ, कैसे और कितना के सम्बन्ध में सूचनायें प्रदान करना)।
- **अनुसंधान का उद्देश्य :** यहाँ पर अनुसंधानकर्त्ता को अपने अनुसंधान अध्ययन के उद्देश्य का जहाँ तक संभव हो उतना स्पष्ट एवं संक्षिप्त शब्दावली में कथनीकरण करना होता है, जैसे–"इस अध्ययन का उद्देश्य .... है।" वह इसे इन शब्दों में भी लिख सकता है : "इस अध्ययन का उद्देश्य है (i) .... (ii) .... का अध्ययन करना।"
- **परिकल्पना या पूर्व अनुमानित प्रश्नों का कथन :** यहाँ पर अनुसंधानकर्त्ता को एक परिकल्पना या कुछ समुचित परिकल्पनाओं के समूह को लिखना होता है। परिभाषा की दृष्टि से परिकल्पना एक अच्छी तरह सोचा समझा अनुमान या अंदाजा (जो वर्तमान ज्ञान, पूर्व अध्ययन या अनुभव पर आधारित होता है) है जिसके द्वारा अध्ययन की समस्या का उत्तर प्राप्त करने या खोज करने के लिए कार्य किया जाता है। इस परिकल्पना की प्रकृति, उद्देश्य एवं निर्माण के बारे में इसी पुस्तक के पन्द्रहवें अध्याय में हम विस्तार में चर्चा करेंगे। परिमाणात्मक अनुसंधानों से अलग हटकर सभी प्रकार के गुणात्मक अनुसंधानों में, अनुसंधानकर्त्ता को परिकल्पना या परिकल्पनाओं के समूह के स्थान पर एक अनुसंधानात्मक प्रश्न (या पूर्व अनुमानित प्रश्नों के एक समूह को) प्रस्तुत करना पड़ता है। अध्ययन सम्बन्धी अनुसंधान प्रश्न यहाँ यह बताता है कि अध्ययन पूरी तरह किस पर केन्द्रित रहेगा। इसे फिर कुछ ऐसे पूर्व अनुमानित प्रश्नों में विभक्त कर लिया जाता है जिसका उत्तर अध्ययन के क्रियान्वयन के समय प्राप्त किया जाता है।

(B) विधितन्त्र या प्रक्रियात्मक विभाग (Methodological Or Procedural Section)

इस खंड या विभाग में अनुसंधानकर्त्ता द्वारा अपने अध्ययन की समस्या या उठाए गए प्रश्नों का उत्तर प्राप्त करने हेतु जो पूर्व योजना बनाई जाती है, उसका वर्णन किया जाता है। फलस्वरूप, यहाँ एक अनुसंधानकर्त्ता को वह सब कुछ वर्णन करना पड़ता है जिसकी योजना वह अपने अनुसंधान उद्देश्यों की प्राप्ति के लिए बना रहा है। इस अनुसंधान प्रस्ताव के इस विभाग में जो कार्य किया जाता है उसे निम्न उपभागों में विभक्त करके समझा जा सकता है :

- **अध्ययन के प्रयोज्यों या प्रतिभागियो का चयन :** इस उपभाग में अनुसंधानकर्त्ता को अपने अध्ययन के लिए चुने गए प्रयोज्य/प्रयोज्यों के प्रकार के बारे में चर्चा करनी पड़ती है और लिखना पड़ता है। साथ ही प्रयोज्यों का चयन करने में किस प्रतिचयन विधि का प्रयोग किया गया यह भी लिखा जाता है।
- **प्रदत्त संकलन की विधि या उपकरण के बारे में निर्णय :** यहाँ पर अनुसंधानकर्त्ता उन सभी विधियों, साधनों और उपकरणों के बारे में वर्णन करता है जिनको वह अपने अध्ययन के प्रयोज्यों से आवश्यक

सूचनाएँ एवं प्रदत्तों का संकलन करने के लिए उपयोग में लाएगा। इसके अतिरिक्त वह यहाँ अपने अनुसंधान अध्ययन से सम्बन्धित अन्य उपलब्ध स्रोतों की भी चर्चा कर सकता है।

- **अध्ययन करने के लिए उपयोग में लाये जाने वाले अनुसंधान अभिकल्प के बारे में निर्णय :** यहाँ प्रयोगात्मक अनुसंधान करने के लिए एक अनुसंधानकर्त्ता को उस प्रयोगात्मक अभिकल्प के बारे में चर्चा करनी पड़ती है और लिखना पड़ता है जिसका प्रयोग वह अपनी अनुसंधान समस्या का उत्तर प्राप्त करने के लिए अथवा अनुसंधान परिकल्पना को स्वीकार करने या अस्वीकार करने सम्बन्धी प्रमाण इकट्ठे करने के लिए करना चाहता है।
- **प्रदत्त संकलन के लिए प्रयुक्त प्रक्रिया के बारे में लिखना :** यहाँ पर अनुसंधानकर्त्ता उस प्रक्रिया के बारे में वर्णन करता है और लिखता है, जिसको उसने अपने अध्ययन के प्रयोज्यों से या अन्य उपलब्ध स्रोतों से सूचनाएँ या प्रदत्तों का संकलन करने के लिए प्रयुक्त किया है। इस उद्देश्य के लिए वह यह वर्णन करता है कि वह अपने अध्ययन के लिए सार्थक प्रदत्तों का संकलन करने के लिए, किस प्रकार के उपकरणों, साधनों या विधियों आदि का, किस तरह से उपयोग करेगा। वह अपने अध्ययन के प्रयोज्यों से किस तरह सम्पर्क करेगा या उन तक कैसे पहुँचेगा और उनसे आवश्यक सूचना निकलवाने के लिए उनका सहयोग और समर्थन किस प्रकार से प्राप्त करने की कोशिश करेगा ?

(C) परिणाम एवं निष्कर्षात्मक विभाग (Inferential and Concluding Section)

अनुसंधान प्रस्ताव के इस विभाग में निम्न उपविभाग होते हैं :

- **प्रदत्त विश्लेषण तकनीक बताना :** विभिन्न स्रोतों या प्रयोज्यों से जो प्रदत्त संकलित किए जाते हैं वे तब तक अर्थहीन हैं जब तक कि अनुसंधानकर्त्ता द्वारा अपने अनुसंधान प्रश्नों के उत्तर प्राप्त करने के लिए उनका समुचित रूप से विश्लेषण और व्याख्या न की जाये। परिणामस्वरूप अनुसंधान प्रस्ताव के इस उपविभाग में अनुसंधानकर्त्ता उन प्रस्तावित तरीकों, तकनीकों या प्रक्रिया की चर्चा करता है जिन्हें वह संकलित किए गए प्रदत्तों एवं सूचनाओं का विश्लेषण और व्याख्या करने के लिए प्रयोग में लायेगा। यहाँ पर वह यह भी उल्लेख करता है कि इस प्रकार के विश्लेषण से प्राप्त परिणामों की सहायता से वह अपनी अनुसंधान परिकल्पनाओं को किस प्रकार स्वीकार या अस्वीकार करने में सक्षम हो पाएगा।
- **अध्ययन के सम्भावित निष्कर्ष एवं परिणाम लिखना :** इस उप–विभाग में अनुसंधानकर्त्ता इकट्ठे किये गये प्रदत्तों और सूचनाओं के विश्लेषण एवं व्याख्या करने में उसने जो प्रयत्न किए हैं उनके परिणामस्वरूप वह अध्ययन के जिस सम्भावित निष्कर्ष या परिणाम पर पहुँचा है, उनके बारे में लिखता है।
- **अनुसंधान अध्ययन के सम्भावित लाभ या फायदों का उल्लेख करना :** इस उपविभाग में अनुसंधानकर्त्ता प्रस्तावित अध्ययन के क्रियान्वयन से प्राप्त होने वाले लाभों और फायदों के बारे में लिखता है। इस प्रकार से उपलब्ध लाभ दो प्रकार के होते हैं, पहले तो प्रस्तावित अनुसंधानात्मक अध्ययन अभी तक वर्तमान में अनुसंधान साहित्य के रूप में जो उपलब्ध ज्ञान है, उसमें वृद्धि करने में सहायक हो सकता है और दूसरे इससे, इसको व्यावहारिक उपयोग में लाने सम्बन्धी फायदे भी उठाए जा सकते हैं। विशेषकर एक अनुसंधानकर्त्ता यहाँ यह बताने की कोशिश करता है कि उसके द्वारा किया जाने वाला अध्ययन किस रूप में अनुसंधान प्रकरण या समस्या को समझने में अच्छी तरह सहायक सिद्ध होगा।
- **अध्ययन की सीमाओं का उल्लेख करना :** अनुसंधान प्रस्ताव के इस उपविभाग में अनुसंधानकर्त्ता प्रस्तावित अनुसंधान अध्ययन की सीमाओं के बारे में लिखता है। वह अध्ययन में शामिल प्रतिभागियों से सम्बन्धित समस्याओं, प्रतिचयन के लिए प्रयुक्त विधि की सीमाएँ, प्रदत्त संकलन के लिए प्रयुक्त उपकरण या विधि से सम्बन्धित समस्याएँ, उसकी अपनी मजबूरियाँ तथा अध्ययन के ठीक प्रकार से क्रियान्वयन के लिए जरूरी समय एवं स्रोतों से सम्बन्धित समस्याएँ आदि के बारे में लिख सकता है।

- **अध्ययन में लगने वाले समय एवं खर्च के बारे में उल्लेख करना :** अनुसंधान प्रस्ताव के इस उपविभाग में अनुसंधानकर्त्ता अध्ययन के क्रियान्वयन में लगने वाले उस अनुमानित समय के बारे में लिखता है जो प्रयोज्यों के साथ सम्पर्क स्थापित करने में, प्रयोज्यों से जरूरी सूचना प्राप्त करने में, उसका विश्लेषण करने तथा निष्कर्ष निकालने में लग सकता है। उन स्रोतों और साधनों का भी उल्लेख करता है जिनकी अनुसंधान अध्ययन करने में जरूरत पड़ेगी तथा अध्ययन के क्रियान्वयन के लिए कितना बजट जरूरी होगा, अर्थात् अध्ययन में होने वाले अनुमानित खर्च के बारे में भी उल्लेख करता है।
- **अध्ययन में किसी भी रूप में प्रयुक्त ग्रन्थों एवं पठन सामग्री की सूची (Write down the bibliography) :** अनुसंधान प्रस्ताव के इस उपविभाग में अनुसंधानकर्त्ता से आशा की जाती है कि वह निम्न बातों का उल्लेख करे : (i) तैयार अनुसंधान प्रस्ताव के विभिन्न स्थानों पर उद्धृत किए गए सभी सन्दर्भ (ii) अनुसंधान प्रस्ताव को तैयार करने में अनुसंधानकर्त्ता द्वारा जिन पुस्तकों, जर्नल्स और अन्य साहित्य तथा ऑन लाइन स्रोतों का प्रयोग किया गया है उन सभी का उल्लेख (iii) अध्ययन के क्रियान्वयन के दौरान बाद में जिन पुस्तकों, जरनलों तथा अन्य अध्ययन सामग्री का अनुसंधानकर्त्ता द्वारा उपयोग किया जा सकता है, उसका उल्लेख।
- **परिशिष्ट प्रस्तुत करना :** अनुसंधान प्रस्ताव के इस उपविभाग में अनुसंधानकर्त्ता को उस सामग्री को स्थान देने के लिए परिशिष्ट का प्रावधान रखना चाहिए जिनको जानबूझ कर अनुसंधान अध्ययन के मुख्य भाग में स्थान नहीं दिया गया था परन्तु यहाँ पर वर्णित बातों एवं विचारों की पूर्ण तस्वीर प्रस्तुत करने की दृष्टि से ये काफी महत्त्वपूर्ण प्रतीत होती हैं। जैसे–तालिकाएँ, चित्र, किसी उपकरण का विवरण, ढूँढ़े गए साहित्य का सारांश आदि।

अनुसंधान प्रस्ताव लेखन और अनुसंधान प्रतिवेदन लिखने में अंतर (Distinguishing Research Proposal Writing from Research Report Writing)

अनुसंधान प्रस्ताव लेखन के सम्बन्ध में ऊपर की गई चर्चा से यह भलीभाँति स्पष्ट होता है कि अनुसंधान प्रस्ताव लेखन और अनुसंधान प्रतिवेदन लेखन में बहुत सी बातें सामान्य हैं और इसलिए इन्हें एक दूसरे का पर्यायवाची या समानरूपी भी कहा जा सकता है। परन्तु वास्तव में ऐसा नहीं है। यह सत्य है कि ये दोनों अनेक प्रकार से एक सी हैं परन्तु बहुत सी बातों में दोनों में भिन्नता भी हैं। नीचे दी गई तुलनात्मक तालिका की सहायता से हमें इन दोनों में व्याप्त भिन्नताओं को स्पष्ट रूप से समझने में मदद मिल सकती है।

तालिका 13.1 अनुसंधान प्रस्ताव और अनुसंधान प्रतिवेदन लिखने में अन्तर

अनुसंधान प्रस्ताव लेखन	अनुसंधान प्रतिवेदन लेखन
1. यह एक संभावित अनुसंधान अध्ययन (जिसकी यदि स्वीकृति मिल गई), जो भविष्य में होना है, उससे सम्बन्धित होती है।	1. यह उस अनुसंधान अध्ययन से सम्बन्धित है जिसका कार्य पूर्ण हो चुका है।
2. चूँकि इसमें अभी अध्ययन नहीं किया गया है अतः अनुसंधानकर्त्ता इसे लिखने में भविष्यकाल का प्रयोग करता है, जैसे– (i) प्रतिभागियों से कहा जाएगा...। (ii) यह आशा की जाती है कि व्यवहार में बिगाड़ आने से संबंधित आवृत्तियाँ बढ़ती/घटती जाएंगी।	2. चूँकि अनुसंधान अध्ययन पूरा हो चुका है अतः अनुसंधानकर्त्ता इसे लिखने में भूतकाल का प्रयोग करता है, जैसे– (i) प्रतिभागियों से कहा गया था कि...। (ii) यह सोचा गया था कि व्यवहार में बिगाड़ आने से संबंधित आवृत्तियाँ बढ़ती/घटती जाएंगी।

(क्रमशः)

3. अनुसंधान प्रस्ताव में अनुसंधान सार (Abstract) देना ऐच्छिक है।	3. अनुसंधान प्रतिवेदन में अनुसंधान सार देना आवश्यक है।
4. यहाँ पर साहित्य पुनर्वीक्षण एक अनुसंधान अध्ययन का प्रस्ताव बनाने के लिए एक आधार प्रदान करता है।	4. यहाँ पर साहित्य पुनर्वीक्षण ऐसी तुलना करने के लिए प्रयुक्त होता है कि प्रस्तुत अध्ययन पहले किए गए उस जैसे या लगभग वैसे ही प्रकरणें पर किए गए अध्ययनों से क्रियान्वयन विधि और प्राप्त निष्कर्षों के परिप्रेक्ष्य में किस प्रकार अच्छा है।
5. यहाँ अनुसंधानकर्त्ता को Bibliography के रूप में उन सभी संदर्भ ग्रन्थों तथा अध्ययन सामग्री का उल्लेख करता है जो एक अनुसंधान प्रस्ताव की तैयारी के लिए वह काम में लाता है और अध्ययन सामग्री के उन संदर्भों का भी इसमें उल्लेख करता है जो वह बाद में काम में लायेगा।	5. यहाँ अनुसंधानकर्त्ता को Bibliography के रूप में केवल उन्हीं बातों का उल्लेख करना होता है जो उसने अपने अनुसंधानात्मक अध्ययन के क्रियान्वयन में प्रयुक्त की है। इसलिए यहाँ, अनुसंधान प्रतिवेदन के विभिन्न अध्यायों में उद्धृत किए गए संदर्भों को ही Bibliography के रूप में देना होता है।

——— ⚜ ———

14

सम्बन्धित साहित्य की खोज एवं पुनर्वीक्षण

[Searching and Reviewing the Related Literature]

विषय प्रवेश (Introduction)

अनुसंधान मानव मात्र के लिए सतत रूप से चलता हुआ एक अनवरत प्रयास है जिससे वह ज्ञान और अनुभव के किसी एक या अन्य क्षेत्र में ऊँचाइयों को छूने का प्रयास करता है। प्रत्येक अनुसंधान की नींव पहले किये गये अनुसंधानों पर टिकी रहती है और वर्तमान में किये गये अनुसंधान आगे भविष्य में किये जाने वाले अनुसंधानों की राह प्रशस्त करते हैं। पशुओं की तरह मानव में ज्ञान की शुरुआत हर नई पीढ़ी से नहीं होती, वह भूतकालीन पूर्वार्जित एवं संग्रहीत ज्ञान का लाभ उठाकर आगे बढ़ता है। अपने पूर्वजों के अनुभवों और गलतियों से हम सीख लेते हैं और फिर अपने अनुभवों से भावी पीढ़ी का मार्गदर्शन करते हैं। यही सब कुछ व्यावहारिक विज्ञानों में किये जाने वाले अनुसंधानों तथा अनुसंधानकर्त्ताओं के साथ होता है। यही कारण है कि अनुसंधान अध्ययन का नियोजन एवं क्रियान्वयन करने से पहले सभी अनुसंधानकर्त्ता (नए हों या अनुभवी) अपने अध्ययन से सम्बन्धित सार्थक साहित्य की खोज एवं पुनर्वीक्षण के कार्य में लगे हुए पाये जाते हैं। इसी सच्चाई की वजह से हम देखते हैं कि अनुसंधान अध्ययन को स्वीकृति प्राप्त करने के लिए तैयार किए गए अनुसंधान प्रस्ताव (जैसी कि इस पुस्तक के 13वें अध्याय में बताया जा चुका है) तथा अनुसंधान अध्ययन के उपरान्त लिखे जाने वाले अनुसंधान प्रतिवेदन (इसके बारे में इसी पुस्तक के 34वें अध्याय में बाद में चर्चा की जायेगी) में अनुसंधानकर्त्ताओं को अध्ययन से सम्बन्धित साहित्य की क्रमशः खोज और पुनर्वीक्षण का कार्य करना जरूरी होता है। इसलिये अनुसंधानकर्त्ताओं के लिए यह अत्यन्त आवश्यक है कि वे अनुसंधान अध्ययन को हाथ में लेने के कार्य से पहले अध्ययन से सम्बन्धित साहित्य की खोज तथा पुनर्वीक्षण के कार्य में संलग्न हों। प्रस्तुत अध्याय में अनुसंधानकर्त्ताओं की इसी दिशा में सहायता करने के लिए चर्चा की जा रही है। आइए सर्वप्रथम हम साहित्य की खोज एवं पुनर्वीक्षण पद को परिभाषित करने का प्रयास करते हैं।

साहित्य की खोज करना क्या है ? (What is Searching of Literature ?)

'साहित्य की खोज करना' शब्दावली का शाब्दिक अर्थ यहाँ पर शोधकर्त्ता द्वारा अध्ययन से सम्बन्धित सार्थक साहित्य को ढूँढ़ने या तलाश करने के लिए प्रयास करना है। 'साहित्य' शब्द भी जैसा कि हम जानते हैं यहाँ पर छपी हुई, मौखिक और इलैक्ट्रॉनिक स्वरूप में उपलब्ध सभी प्रकार की रचनाओं के लिए प्रयुक्त किया जाता है। इस प्रकार से एक कार्यकारी परिभाषा के रूप में साहित्य की खोज करना 'पदावली' से अभिप्राय अनुसंधानकर्त्ता द्वारा सभी प्रकार की इलेक्ट्रॉनिक, प्रकाशित या मौखिक स्वरूप में उपलब्ध सभी प्रकार की सूचनाओं और प्रदत्तों के भंडार को प्राप्त करने के लिए जानबूझ कर की गई खोज से है जिससे उसे अपने अनुसंधान अध्ययन के नियोजन और क्रियान्वयन में सहायता मिल सके।

> **साहित्य की खोज करना :** अनुसंधानकर्त्ता द्वारा जानबूझ कर की गई ऐसी खोज है, जिसका उद्देश्य उसके अपने अनुसंधान अध्ययन में सहायता पहुँचाने के लिए किसी भी स्वरूप में उपलब्ध अनुसंधान सम्बन्धी सभी प्रकार की सूचनाओं को प्राप्त करना है।

साहित्य का पुनर्वीक्षण क्या है ? (What is a Review of the Literature ?)

अनुसंधान अध्ययन में दो अलग अलग ऐसे कार्य, जिनका नाम–'सम्बन्धित साहित्य के लिए खोज करना' और 'साहित्य का पुनर्वीक्षण करना' है जो कि एक अनुसंधानकर्त्ता द्वारा अपने अध्ययन के नियोजन एवं क्रियान्वयन के लिए आवश्यक सूचनाएँ एवं प्रतिपुष्टि प्राप्त करने के लिए अपने निर्धारित क्रम में एक एक करके सम्पन्न किये जाते हैं। जब एक अनुसंधानकर्त्ता के पास, अपनी साहित्य की खोज के परिणामस्वरूप अपने अनुसंधान प्रकरण से सम्बन्धित बहुत सारी सूचनाएँ तथा प्रदत्त भंडार (लिखित, मौखिक या इलेक्ट्रोनिक स्वरूप में) प्राप्त हो जाता है, तब वह इसका मूल्यांकन और पुनर्वीक्षण करने का प्रयास करता है ताकि वह अपने अध्ययन का कुशलतापूर्वक तथा अच्छे ढंग से नियोजन करने तथा क्रियान्वयन करने के लिए, उन सूचनाओं (साहित्य) से आवश्यक लाभ प्राप्त कर सके। इस प्रकार से, एक कार्यकारी परिभाषा के रूप में 'साहित्य का पुनर्वीक्षण' पदावली से अभिप्राय अनुसंधानकर्त्ता के लिए, उपलब्ध होने वाली सभी प्रकार की सार्थक और अध्ययन से सम्बन्धित सूचनाओं तथा प्रदत्त भंडार का उनकी विश्वसनीयता, यथार्थता, सशक्तता तथा कमजोरियों का मूल्यांकन और पुनर्वीक्षण करने के लिए, जानबूझकर किया गया प्रयास है। संक्षेप में इसका उद्देश्य अनुसंधान प्रस्ताव या प्रतिवेदन के पाठकों तक यह संदेश पहुँचाना है कि किसी शोधकर्त्ता के अनुसंधान अध्ययन में किन नए विचारों या ज्ञान को स्थापित किया गया है, उसकी क्या कमियाँ हैं और क्या उसकी ताकत है और इस प्रकार इस अनुसंधान अध्ययन के प्रकरण पर अब तक क्या किया गया है और क्या नहीं किया गया है।

> **साहित्य का पुनर्वीक्षण :** अनुसंधानकर्त्ता द्वारा जानबूझ कर किया गया एक प्रयत्न जो उसके अपने अनुसंधान अध्ययन के प्रकरण पर अब तक क्या किया जा चुका है और क्या नहीं किया गया है यह जानकारी प्राप्त करने के लिए अध्ययन से सम्बन्धित सभी प्रकार की उपलब्ध सूचनाओं का मूल्यांकन एवं पुनर्वीक्षण करने के लिए किया जाता है।

साहित्य की खोज एवं पुनर्वीक्षण के उद्देश्य एवं प्रयोजन
(The Purpose and Objectives Served by the Search and Review of Literature)

साहित्य की खोज करने या पुनर्वीक्षण का कार्य एक अनुसंधानकर्त्ता को उसी तरह लाभान्वित करता है जैसे किसी यात्रा करने वाले को सड़क मानचित्र (Road map) तथा यात्रा योजना। इस संदर्भ में सम्बन्धित साहित्य की खोज और पुनर्वीक्षण द्वारा पूरे किये जाने वाले प्रयोजनों और उद्देश्यों को संक्षेप में निम्न प्रकार से अभिव्यक्त किया जा सकता है :

1. प्रकरण विशेष के सन्दर्भ और महत्त्व के सन्दर्भ में जानकारी प्रदान कर एक अनुसंधान समस्या/प्रकरण के चयन एवं विकास में सहायक सिद्ध होना।
2. किसी क्षेत्र में किए गए कार्य स्तर को स्थापित निष्कर्षों तथा निर्मित परिकल्पनाओं के सन्दर्भ में जानने में अनुसंधानकर्त्ता की सहायता करना।
3. शोधकर्त्ता को अनुसंधान प्रकरण से सम्बन्धित अनुसंधान क्षेत्र में क्या हो चुका है और क्या नहीं यह जानकारी प्रदान कर दूसरों के द्वारा किए गए कार्य में कुछ वृद्धि करने और उसे आधार बनाकर कुछ नया सृजन करने में सहायता करना।

4. अनुसंधानकर्त्ता को अब तक हुई मुख्य खोजों, चल रही प्रवृत्तियों, विवादास्पद विषयों, उपेक्षित क्षेत्रों तथा आगे किए जा सकने वाले अध्ययनों के लिए दिए गए सुझावों से परिचित होने में सहायता प्रदान करना।
5. जो खोजा जा चुका है उसे दोबारा खोजने की मेहनत से बचाने में इससे सहायता मिलती है। अनुसंधानकर्त्ता को दूसरों की गलतियों से सीखने तथा अपने अनुसंधान प्रकरण की नैतिकता को सिद्ध करने का भी मौका मिलता है।
6. एक सम्प्रत्यय विशेष के मापन के लिए किस प्रकार के चर अथवा चरों का प्रयोग उचित है, यह जानने में इससे मदद मिलती है।
7. अध्ययन में प्रयुक्त चरों को कैसे मापा जायेगा यह जानकारी प्राप्त करने में इससे सहायता मिलती है और इन चरों को प्रयुक्त करते हुए अध्ययन हेतु एक उचित अनुसंधान अभिकल्प के बारे में सुझाव प्रदान करने में इससे उचित मदद मिलती है।
8. अनुसंधान करने हेतु जो भी अतिरिक्त अन्तःदृष्टि तथा निर्णय क्षमता की जरूरत पड़ती है उसे ग्रहण करने में इससे सहायता मिलती है।
9. पिछले अनुसंधानकर्त्ताओं को मिली सफलता अथवा असफलता के संदर्भ में अपने किए जाने वाले अनुसंधान के लिए उचित मापन साधन एवं तकनीकों के चयन करने में अनुसंधानकर्त्ता को इससे सहायता मिलती है।
10. अनुसंधानकर्त्ता को इससे ऐसी बातों से बचने का मौका मिलता है जिनसे पहले के अनुसंधानकर्त्ताओं को असफलता का मुँह देखना पड़ा है (जैसे–वांछित प्रभाव उत्पन्न करने में किसी उपचार व्यवस्था का असफल हो जाना)।
11. निम्न प्रकार के नियोजन हेतु उचित मार्गदर्शन तथा सहायता प्रदान करना :
    (i) अच्छी अनुसंधान परिकल्पनाओं की रचना।
    (ii) अनुसंधान अध्ययन हेतु प्रयोज्यों का चयन करने के लिए उचित विधियों का प्रयोग।
    (iii) प्रदत्त संकलन तथा विश्लेषण हेतु उचित विधियों का प्रयोग।
    (iv) अनुसंधान अध्ययन की विश्वसनीयता एवं वैधता स्थापित करना।
    (v) अध्ययन के उचित निष्कर्ष एवं सामान्यीकरण स्थापित करना।
    (vi) अनुसंधान अध्ययन का प्रतिवेदन प्रस्तुत करना।

सम्बन्धित साहित्य की खोज हेतु उपलब्ध संसाधन के प्रकार (Types of Resources Available for Searching the Related Literature)

साहित्य खोज के वास्तविक कार्य की ओर कदम बढ़ाने से पहले एक अनुसंधानकर्त्ता को इस बात की जानकारी प्राप्त करने की कोशिश करनी चाहिए कि अपनी खोज को आगे बढ़ाने के लिए उसे सामान्यतः किस प्रकार के संसाधन उपलब्ध हो सकते हैं। सभी प्रकार के इन उपलब्ध संसाधनों को मोटे तौर पर प्राथमिक स्रोत एवं द्वितीयक स्रोत इन दो भागों में बाँटा जाता है :

ग्रेवेटर और फोर्जेनो (Gravetter & Forzano, 2003:39) के विचार में अनुसंधानकर्त्ता के लिए सम्बन्धित साहित्य की खोज के सन्दर्भ में प्राथमिक स्रोत को (जैसे–शोध या लघु शोध (Thesis and Dessertation) जरनलों में अनुसंधान लेख जो कि शोध प्रोजेक्ट के लेखक द्वारा किये गये हैं आदि) व्यक्ति या व्यक्तियों, जिन्होंने स्वयं शोध कार्य किया है या प्रेक्षण किया है, के द्वारा लिखे गए अनुसंधान परिणाम या प्रेक्षण के पहली बार लिखे गए प्रतिवेदन के रूप में परिभाषित किया जा सकता है। दूसरी तरफ किसी व्यक्ति, जिसने शोधकार्य या चर्चा

किए जा रहे प्रेक्षण में स्वयं भाग नहीं लिया है, के द्वारा लिखित किसी अन्य व्यक्ति के कार्य के विवरण या सार (उदाहरण के लिए पाठ्यपुस्तक, शोध सार, शोधों के पुनर्वीक्षण आदि) को द्वितीयक स्रोत कहा जाता है।

जैसा कि सामान्यतः प्रचलन है, एक नए अनुसंधानकर्त्ता के लिए हमेशा ही यह अच्छा होता है कि वह अनुसंधान से सम्बन्धित साहित्य की खोज के लिए पहले द्वितीय स्रोतों से प्रारम्भ करे, क्योंकि इसमें उसे एक ही स्थान पर अपने शोध प्रकरण से सम्बन्धित काफी ज्यादा सामग्री और कार्यों के सार या संदर्भ मिल जाते हैं। हाँ आगे चलकर बाद की अवस्था में अपने अध्ययन से सम्बन्धित पूर्ण और यथार्थ या सटीक सूचनाएँ प्राप्त करने के लिए प्राथमिक स्रोतों की सहायता लेना ज्यादा लाभदायक रहता है। इस प्रकार से प्राथमिक एवं द्वितीयक दोनों ही स्रोतों का उपयोग करने के मामले में नियम यह है कि सम्बन्धित साहित्य का सर्वांग चित्र प्राप्त करने के लिए पहले द्वितीयक स्रोत से शुरु करें और फिर बाद में सूचनाओं को विस्तार में तथा गहराई में प्राप्त करने के लिए कुछ विशिष्ट प्राथमिक स्रोतों की जानकारी प्राप्त कर उनका उपयोग करें।

अब प्रश्न उठता है कि व्यावहारिक विज्ञानों में अनुसंधानकर्त्ता के लिए अपने अनुसंधान प्रकरण या समस्या से सम्बन्धित साहित्य की खोज का कार्य करने के लिए, वर्तमान में किस प्रकार से संसाधन (प्राथमिक या द्वितीयक) उपलब्ध हैं। इन उपलब्ध संसाधनों को सामान्य तौर पर निम्न प्रकार वर्गीकृत किया जा सकता है :

- जरनल्स और पीरियोडिकल्स (Journals and Periodicals)
- सरकारी प्रकाशन और तकनीकी रिपोर्ट्स (Government Publications and Technical Reports)
- पुस्तकें (पाठ्य, सामान्य और सन्दर्भ) (Books—Texts, General and Reference)
- पत्रिकायें और समाचार पत्र (Magazines and News Papers)
- सम्मेलन कार्यवाही और पत्र (Conference Proceedings and Papers)
- गोनोग्राफ्स (Monographs)
- विश्वशब्दकोश (Encyclopedias)
- हैन्ड बुक्स और इयरबुक्स (Hand Books and Year Books)
- इन्डेक्स (Indexes)
- शोध सार (Abstracts)
- पुनर्वीक्षण (Reviews)
- लघु शोध ग्रन्थ (Dissertations)
- पीएच.डी. शोध ग्रन्थ (Doctoral Theses)
- **व्यक्तिगत सम्प्रेषण:** साक्षात्कारदाताओं से प्राप्त सूचनाएँ, प्रस्तुतीकरण, व्याख्यान (Personal Communications, Information from Interviews, Presentations, Lectures)
- **कम्प्यूटर सृजित और ऑन लाइन संसाधन** जैसे–वेबसाइट्स, इलैक्ट्रोनिक, प्रदत्त भंडारण और इण्टरनेट (Computer generated and online researches such as Websites, Electronic Databases and Internet).

शोधकर्त्ताओं के लिए अब हम उपरोक्त संसाधनों में से कुछ प्रसिद्ध प्रकार के संसाधनों की प्रकृति, उपयोग और उपलब्धता के बारे में संक्षेप में चर्चा करने का प्रयास कर रहे हैं।

A. जरनल्स और पीरियोडिकल्स (Journals and Periodicals)

जरनल्स : व्यावहारिक विज्ञानों के अनुसंधान में शोध जरनल एक महत्त्वपूर्ण प्राथमिक स्रोत माने जाते हैं एक तो ये अनुसंधानकर्त्ताओं के अनुसंधान लेखों (Articles) के रूप में मौलिक कार्य का प्रकाशन करने के लिए प्रमुख रूप से प्रयोग में लाये जाते हैं। दूसरे ये द्वितीयक स्रोत जैसे–लेखों के सार (Abstracts), विश्वशब्दकोश तथा

पुनर्वीक्षण के लिए आवश्यक मूल सामग्री (Raw material) प्रदान करने का कार्य भी करते हैं। हालांकि ऐसा करने में वे अनुसंधानकर्त्ताओं से यह आशा करते हैं कि वे उन प्राथमिक स्रोतों (जैसे जर्नल में प्रकाशित मौलिक लेख) की सहायता लें जिनका उल्लेख शोध सारों (Abstracts) और पुनर्वीक्षण (Reviews) अध्ययनों में किया गया है।

पीरियोडिकल्स : पीरियोडिकल्स अनुसंधान जर्नल्स और अन्य पत्रिकाओं के एक ऐसे विशिष्ट वर्ग का प्रतिनिधित्व करते हैं जिन्हें नियमित अन्तराल जैसे वर्ष में दो, तीन या चार बार नियमित रूप से छापा जाता है और इनके द्वारा कोई विशेष विषय या उप–क्षेत्र पर चर्चा की जाती है। इनके लिए यह निश्चित रहता है कि ये आगे भी अनिश्चित समय तक छपते रहेंगे। यहाँ यह प्रश्न उठता है कि वह क्या है जो शोध–जर्नल्स को अन्य जर्नलों तथा पत्रिकाओं से अलग करता है। उत्तर में यह कहा जा सकता है कि जबकि एक शोध जर्नल में मौलिक अनुसंधानकर्त्ताओं के अनुसंधान लेखों को जो मौलिक अनुसंधान अध्ययनों की रिपोर्ट के रूप में होते हैं, छापा जाता है जबकि दूसरे प्रकार के जर्नलों को इस बात की स्वतन्त्रता होती है कि इनमें शोध रिपोर्ट के रूप में लिखे गये लेखों के अतिरिक्त लेखकों के विचारों और मान्यताओं को निबन्धात्मक लेखों के रूप में भी छापा जाता है। शोध जर्नलों में किसी विशेष लेख को छापने के लिए काफी सतर्कता बरती जाती है। ये जर्नल संदर्भित (Referred) होते हैं, जैसे–प्रकाशन से पहले लेखों का, उसी क्षेत्र के दूसरे शोधकर्त्ताओं द्वारा समीक्षा और पुनर्वीक्षण किया जाता है और इनके निर्णय, लेखों को जर्नल में शामिल करने, ना करने अथवा इनमें कुछ सुधार करने के बारे में मार्गदर्शन करते हैं।

इस प्रकार से व्यावहारिक विज्ञानों में शोध करने वाले अनुसंधानकर्त्ताओं को उनके अपने विषय और रुचि के क्षेत्रों में प्रकाशित शोध जर्नलों का अध्ययन करने की सलाह दी जाती है जिससे वे अपने अध्ययन के प्रकरण से सम्बन्धित यथार्थ शोध परिणामों और आवश्यक जानकारी को प्राप्त कर सके। दृष्टान्त रूप में यहाँ हम शैक्षिक क्षेत्रों से सम्बन्धित कुछ जर्नलों का उल्लेख कर रहे हैं :

- *Anthropology and Education Quarterly* (Washington, DC: American Anthropology Association, 1977—)
- *American Educational Research Journal* (Washington, DC: American Educational Research Association, 1964—)
- *Educational Administration Quarterly* (Columbus, Ohio: University Counsel for Educational Administration, 1965—)
- *Journal of Educational Psychology* (Washington, DC: American Psychological Association, 1910—)
- *Journal of Educational Research* (Washington, DC: HELDREF Publications, 1920—)
- *Journal of Experimental Education* (Washington, DC: HELDREF, Publications, 1932—)
- *Sociology of Education* (Albany, N.Y. : (Washington, DC: American Sociological Association, 1927—)
- *Journal of All India Association of Educational Research* (Bhuwaneshwar, Orissa: All India Association of Educational Research, 1987—)
- *Australian Journal of Educational Technology* (An on line Free Journal of Australian Society for Computers in Learning in Tertiary Education, 1985—)

B. शोध सार एवं अनुक्रमणिका (Abstract and Indexes)

शोध जर्नलों और पीरियोडिकल्स में छपे हुए मौलिक लेखों तक पहुँचने के लिए शोध सार (Abstract) और अनुक्रमणिका (Index) दोनों द्वितीयक स्रोत का प्रतिनिधित्व करते हैं।

वास्तव में, किसी एक या दूसरे शोध जर्नल में पाए जाने वाले शोध अध्ययन से सम्बन्धित और सार्थक लेखों के लिए खोज के प्रयास असम्भव ही होते यदि शोध सारों और इण्डेक्स के द्वारा इस दिशा में अपेक्षित सहायता नहीं की जाती। साहित्य की खोज करने के एक साधन के रूप में इनकी सेवाओं की तुलना पुस्तकालय में रखे हुए जर्नलों और पुस्तकों को ढूँढ़ने में प्रयोग में लाए जाने वाले कार्ड केटलॉग की सेवाओं से की जा सकती है।

आइए साहित्य की खोज और पुनर्वीक्षण करने वाले इन स्रोतों या साधनों के बारे में एक–एक करके कुछ जाना जाए।

शोध सार (Abstracts)

अपने शाब्दिक अर्थ में 'सार' से तात्पर्य किसी लेख के मौलिक रूप में जो कुछ विस्तार में कहा गया है, उसके अर्थपूर्ण संक्षिप्त विवरण से है। ये ऐसे प्रकाशित अभिलेख हैं जो छपे हुए शोध जर्नलों और पीरियोडिकल के रूप में उपलब्ध लेखों और उनकी सारगर्भित विषयवस्तु तक पहुँचने में समुचित मदद करते हैं। इनकी कुछ जानी पहचानी विशेषताओं को निम्न प्रकार से लिपिबद्ध किया जा सकता है :

- शोध सार किसी जर्नल में प्रकाशित लेख के सारांश या संक्षिप्त प्रतिवेदन का प्रतिनिधित्व करते हैं।
- एक अध्ययन के शोध सार (Abstract) के रूप में प्रदान किया गया विवरण अपने पढ़ने वाले को यह बताने में सक्षम होता है कि शोधकर्त्ताओं द्वारा उस क्षेत्र में क्या कुछ किया गया है अथवा दूसरे शब्दों में इस समय शोधकर्त्ता के प्रकरण या उसके क्षेत्र में जो भी अध्ययन किए गए हैं उनके परिणामस्वरूप जो कुछ भी ज्ञान एवं सूचनाओं का भंडार उपलब्ध है उससे वह परिचित हो जाता है।
- बहुत से अध्ययनों में शोध सार सभी मूलभूत सूचनाओं को प्रदान करने की क्षमता रखते हैं। उनमें अध्ययन कैसे किया जाए इसके बारे में पूरी सूचना संदर्भ सहित मिल सकती हैं।
- अन्य मामलों में एक शोध सार यह बताने में मदद कर सकता है कि अनुसंधानकर्त्ताओं द्वारा किए गए अध्ययनों में कोई लेख विशेष कितना महत्त्वपूर्ण है और इसलिए उसे पूरी सावधानी से पढ़ा जाना चाहिये।

व्यावहारिक विज्ञानों के अनुसंधान कार्यों में प्रयुक्त शोध सारों के कुछ महत्त्वपूर्ण स्रोत (A Few Important Sources of Abstracts in Behavioural Sciences Research Projects)

1. The Educational Resources Information Centre (ERIC) : शैक्षणिक अनुसंधान क्षेत्र में ERIC एक काफी महत्त्वपूर्ण शोध सार स्रोत है। वर्तमान में संयुक्त राष्ट्र अमेरिका के शिक्षा विभाग का इसे पूरा समर्थन प्राप्त है। शिक्षा से सम्बन्धित प्रलेखों विशेषकर अप्रकाशितों का इसमें काफी बड़ा संकलन रहता है। चुने हुए प्रकरणों या विषयों पर उचित सारांश, संदर्भ सूची तथा अनुसंधान परीक्षण (Reviews) आदि को प्रदान करने के सम्बन्ध में भी यह एक महत्त्वपूर्ण स्रोत है। मांगने पर यहाँ अनुसंधानकर्त्ताओं को शोधसारों तथा शीर्षकों की सूची भी कुछ मूल्य चुका कर मिल जाती है। ERIC में सूचना प्रदान करने का कार्य शिक्षा सम्बन्धी 16 क्षेत्रों में बंटा हुआ है। ERIC से फायदा उठाने के लिए कम्प्यूटर द्वारा की गई खोज सबसे ज्यादा व्यावहारिक है। अधिकतर अनुसंधानकर्त्ता कम्प्यूटरजन्य सेवाओं का लाभ उठाकर ERIC के ज्ञान भंडार में से अपने अनुसंधान सम्बन्धी सामग्री को प्राप्त करने का प्रयास करते हैं।

2. मनोवैज्ञानिक शोध सार (Psychological Abstracts) : इसका प्रकाशन सर्वप्रथम 1927 में हुआ था और अब लगभग 900 जर्नल, तकनीकी रिपोर्ट, मोनोग्राफ और अन्य वैज्ञानिक अभिलेखों के सार इसमें प्रकाशित होते हैं। प्रत्येक सार लगभग 30–50 शब्द लम्बा होता है और इसका प्रकाशन मासिक रूप से होता है। सभी प्रकार के सारों को 16 मुख्य संवर्गों में विभाजित किया गया है और प्रत्येक विभाग में सारों को प्रथम लेखक के नाम के अक्षरों के क्रम में व्यवस्थित किया जाता है। प्रविष्टियों को संख्यात्मक क्रम में प्रतिवर्ष प्रकाशित होने वाले

दो भागों (Volumes) में रखा जाता है। प्रत्येक अंक में एक लेखक अनुक्रमणिका और एक विषय अनुक्रमणिका होती है तथा तीन वर्ष की संचित अनुक्रमणिका भी मिल सकती है। 1967 से मनोवैज्ञानिक एब्सट्रेक्ट में कम्प्यूटर सेवाओं द्वारा स्वखोज का कार्य शुरु हो गया है। इन सेवाओं को Psychological Abstracts Information Services (Psyc. INF) के नाम से जाना जाता है। इनसे जिन 16 क्षेत्रों से सम्बन्धित अनुसंधान जानकारी प्राप्त होती हैं, वे ये हैं :

(i) General Psychology, (ii) Psychometrics (iii) Experimental Psychology (Human) (iv) Experimental Psychology (Animal), (v) Physiological Psychology, (vi) Physiological Intervention, (vii) Communication Systems, (viii) Developmental Psychology, (ix) Social Programs and Social Issues, (x) Experimental Social Psychology, (xi) Personality, (xii) Physical and Psychological Disorders, (xiii) Treatment and Prevention, (xiv) Professional, Personal and Occupational Issues (xv) Educational Psychology, (xvi) Applied Psychology.

3. बाल अनुसंधान शोध सार (Children Research Abstract) : इसका प्रकाशन 'शिक्षा संसाधन सूचना केन्द्र' (Education Reserches Information Centre — ERIC) के हाथों में है। इसका प्रारम्भ 1948 में हुआ था। इसमें निम्न विषयों पर जो शोधकार्य हो रहे हैं या अभी हाल ही में पूरे हो चुके हैं, उन्हें शामिल किया जाता है :

(1) Bibliography (The March 1976–August 1976 Issue no. 37 featured an extensive bibilography on child abuse and neglect), (2) Long-term research, (3) Growth and Development, (4) Special Groups of Children, (5) The Child in the Family, (6) Socio- economic and Cultural Factors, (7) Educational factors and services, (8) Social Services, (9) Health Services.

4. समाजशास्त्रीय शोध सार (Sociological Abstracts) : इन शोध सारों का प्रकाशन 'अमेरिकन समाजशास्त्रीय संघ', 'पूर्वीय समाजशास्त्रीय समिति', 'अन्तर्राष्ट्रीय समाजशास्त्रीय संघ' और 'मध्यपश्चिम समाजशास्त्रीय समिति' के द्वारा किया जाता है। प्रतिवर्ष इसके पाँच अंक प्रकाशित होते हैं और प्रत्येक में एक लेखक अनुक्रमणिका तथा विषय अनुक्रमणिका होती है। 1978 में इसकी एक कुल संचित अनुक्रमणिका प्रकाशित हुई थी। सभी शोध सारों को निम्न 29 संवर्गों में प्रस्तुत किया जाता है :

(1) Methodology and Research Technology (2) Sociology: History and Theory (3) Social Psychology (4) Group Interaction (5) Culture and Social Structure (6) Complex Organization (7) Social Change and Economic Development (8) Mass Phenomena (9) Political Interaction (10) Social Differentiation (11) Rural Sociology and Agricultural Economics (12) Urban Structures and Ecology (13) Sociology of the Arts (14) Sociology of Education (15) Sociology of Religion (16) Social Control (17) Sociology of Science (18) Demography and Human Biology (19) The Family and Socialization (20) Sociology of Health and Medicine (21) Social Problems and Social Welfare (22) Sociology and Knowledge (23) Community Development (24) Policy, Planning, Forecasting and Speculation (25) Radical Sociology (26) Environmental Interactions (27) Studies in Poverty (28) Studies in Violence (29) Feminist Studies.

5. डिजर्टेशन एब्सट्रेक्ट इन्टरनेशनल (Dissertation Abstract International) : शिक्षा सहित व्यावहारिक विज्ञानों में एक महत्त्वपूर्ण अनुसंधान स्रोत पीएच.डी. डिग्री के लिए की गई 'डॉक्टोरल डिजर्टेशन' हैं, जो व्यावहारिक विज्ञानों में किये जाने वाले कुल अनुसंधानों का लगभग एक तिहाई से लेकर आधा भाग होती है।

डिजर्टेशन एब्सट्रेक्ट इन्टरनेशनल (Ann Arbor, MI:University Microfilms, 1938-, University Microfilms is a subsidiary of Xerox) : यह डॉक्टोरल डिजर्टेशनों (Doctoral Dissertations) की तलाश करने का एक प्रमुख स्रोत है।

'डिजर्टेशन एब्सट्रेक्ट इन्टरनेशनल' में सभी क्षेत्रों और विषयों से सम्बन्धित डॉक्टोरल डिजर्टेशन जो पहले पूरे हो चुके हैं, उनका भंडार रहता है। सभी विषयों के लिए अलग अलग विभाग बनाए गए हैं। उदाहरण के लिए, शैक्षिक अनुसंधान अध्ययनों को मानवीय विषयों (Humanistic Subjects) की श्रेणी में रख कर 'Item II A' का नाम दिया गया है। शैक्षिक अध्ययनों के इस विभाग में शैक्षिक शोध प्रबन्धों को 39 विषयगत श्रेणियों, जैसे–माध्यमिक विद्यालय, सामाजिक विज्ञान, शैक्षिक सिद्धान्त और व्यवहार आदि में रखा गया है। इन एब्सट्रेक्ट के अंकों का प्रकाशन प्रतिमाह होता है। कम्प्यूटर तकनीकी की मदद से भी इन 'डिजर्टेशन एब्सट्रेक्ट इन्टरनेशनल' की अध्ययन सामग्री तक पहुँचा जा सकता है।

6. इंडियन एजुकेशन एब्सट्रेक्टस् (Indian Education Abstracts) : यह हर 6 महीने में राष्ट्रीय शैक्षिक अनुसंधान एवं प्रशिक्षण परिषद् (NCERT) से प्रकाशित होता है। यह देश में होने वाले शैक्षिक अनुसंधानों (विशेषकर सरकारी क्षेत्र) से अवगत कराने का प्रयत्न करता है। इसमें शिक्षा के क्षेत्र में किए जाने वाले अनुसंधानों की शोध सार रूप में सूचनाएँ दी जाती हैं। इन सूचनाओं में इन अनुसंधानों से जुड़ी संदर्भ सूची भी शामिल रहती है। सूचना प्रदान करने का यह स्रोत विशद् है और इसमें पीएच०डी० डिग्री के लिए प्रस्तुत शोध ग्रन्थ, अनुसंधान प्रोजेक्ट तथा पुस्तकों में प्रकाशित अनुसंधान और प्रतिष्ठित जर्नलों में छपे लेख आदि से सम्बन्धित सूचनाएँ भी होती हैं। यह अर्द्धवर्षीय प्रकाशन सभी पीएच०डी० शोधकर्त्ताओं से यह अनुरोध करता है कि वह अपने अनुसंधान कार्य का विवरण भेजें ताकि उससे सम्बन्धित सूचना इस प्रकाशन का अंग बन सके।

7. ए सर्वे ऑफ रिसर्च इन एजुकेशन (A Survey of Research in Education) : इस प्रकाशन को प्रस्तुत करने का श्रेय एम०एस० विश्वविद्यालय बड़ौदा के, सेन्टर ऑफ एडवान्स्ड स्टडीज इन एजुकेशन के प्रोफेसर एम०एस० बूच के प्रभावपूर्ण नेतृत्व में किए गए प्रशंसनीय प्रयासों को दिया जाता है। सन् 1973 में निकाले गये इस प्रथम सर्वेक्षण में शिक्षा के क्षेत्र में सभी शोध अध्ययनों (विभिन्न सार्थक क्षेत्रों में विभाजित) को (जो सन् 1972 तक भारतीय विश्वविद्यलयों में पूर्ण हो गए थे) रखा गया। तब से लेकर इसके अलग अलग समय में किए गए अध्ययनों के कई अंक निकाले जा चुके हैं। इस श्रृंखला के पिछले अंक "VI Survey of Research in Education" में सन् 1993 से लेकर 2006 तक के दौरान हुए सभी शोध अध्ययनों का विवरण दिया गया है।

C. अनुक्रमणिकायें (Indexes)

शोध जर्नलों में प्रकाशित शोध लेखों को खोजने और पता लगाने में सहायता करने के लिए 'इन्डेक्स' भी अन्य द्वितीयक गौण स्रोतों के समान एक महत्त्वपूर्ण स्रोत है। इसकी मुख्य विशेषताओं को संक्षेप में निम्न प्रकार लिखा जा सकता है :

- एक अनुसंधान अनुक्रमणिका अनुसंधान अध्ययनों को उनके शीर्षकों के अनुसार अनुसूचित करती है लेकिन यह अध्ययन सार अथवा अभिलेखों का अलग से कोई विवरण प्रस्तुत नहीं करती है।
- एक इन्डेक्स प्रकरणों को उनके मुख्य विचारवस्तु की दृष्टि से श्रेणीबद्ध करता है और इस तरह अनुसंधान सम्बन्धी लेखों की खोज करने हेतु आवश्यक सूचना प्रदान करने के लिए एक मूल्यवान स्रोत सिद्ध हो सकता है।
- अधिकतर इन्डेक्स लेखों को विषय शीर्षक तथा लेखक के नाम के तहत वर्णात्मक क्रम से सूचीबद्ध करते हैं और साथ ही किसी लेख विशेष से सम्बन्धित स्रोत का भी उल्लेख करते हैं।
- अनुक्रमणिकायें (Indexes) इस तरह से अनुसंधान के लिए सभी प्रकार के स्रोतों की जानकारी देने में उपयोगी भूमिका निभाती हैं। इनमें सूचीबद्ध की गई किसी सूचना को कुंजी शब्द (Key words) की तरह प्रयोग में लाकर इन्टरनेट से बहुत कुछ ज्ञात किया जा सकता है।

व्यावहारिक विज्ञान अनुसंधान कार्य में प्रयुक्त कुछ महत्त्वपूर्ण इन्डेक्सों के स्रोत
(A Few Important Sources of Indexes in Behavioural Sciences Research Projects)

1. अमेरिकन डॉक्टोरल डेजरटेशन (American Doctoral Dissertation) : इस इन्डेक्स में अमेरिका तथा कनाडा के विश्वविद्यालयों में स्वीकृत सभी डॉक्टोरल डेजरटेशन्स को सूचीबद्ध किया गया है। यह एक वार्षिक प्रकाशन है और इसे लेखक, विषय तथा संस्थाओं के तहत व्यवस्थित किया गया है। इसकी शुरुआत 1 नवम्बर 1933–34 में हुई थी।

2. एजुकेशन इन्डेक्स (Education Index, New York: H.W. Wilson Co. 1929–) : प्रथम बार 1929 में प्रकाशित यह इन्डेक्स आंग्ल भाषा में शैक्षिक सामग्री को लेखकों तथा विषयवस्तु की दृष्टि से सूचीबद्ध करने वाला एक अच्छा स्रोत है। यह वैसे तो पीरियोडिकल्स पर ज्यादा केन्द्रित है परन्तु साथ ही इसमें कार्यवाही (Proceedings), ईयर बुक्स, बुलेटिन, मोनोग्राफ्स तथा अमेरिकन सरकार के द्वारा मुद्रित सामग्री को भी स्थान दिया जाता है। यह मासिक प्रकाशन है और इसमें अध्ययनों को शीर्षकों (जैसे–कक्षाकक्ष प्रबन्धन), उपशीर्षकों (जैसे–अनुसंधान) तथा कभी कभी उप–उपशीर्षकों तथा सन्दर्भों के तहत भी सूचीबद्ध किया जाता है। सूचना का यह स्रोत लगभग 200 शैक्षिक जर्नल्स तथा मैगजीन्स को स्थान देता है। इस इन्डेक्स में जिन विषय सम्बन्धी क्षेत्र विशेषों को शामिल किया जाता है, वे निम्न हैं :

(i) प्रशासन (ii) पूर्व विद्यालय शिक्षा (iii) प्राथमिक शिक्षा (iv) माध्यमिक शिक्षा (v) उच्चतर एवं प्रौढ़ शिक्षा (vi) अध्यापक शिक्षा (vii) निर्देशन एवं परामर्श (viii) पाठ्यक्रम एवं पाठ्य सामग्री।

इन उपरोक्त श्रेणियों की सामग्री का सम्बन्ध निम्न विषयों से होता है :

(i) कला (ii) अनुप्रयुक्त विज्ञान एवं तकनीकी (iii) दृश्य श्रव्य शिक्षा (iv) व्यावसायिक शिक्षा (v) तुलनात्मक एवं अन्तर्राष्ट्रीय शिक्षा (vi) विशिष्ट बालक तथा विशिष्ट शिक्षा (vii) स्वास्थ्य एवं शारीरिक शिक्षा (viii) भाषा एवं भाषा विज्ञान (ix) गणित (x) मनोविज्ञान एवं मानसिक स्वास्थ्य (xi) धार्मिक शिक्षा (xii) सामाजिक अध्ययन (xiii) अन्य उपयुक्त शैक्षिक अनुसंधान।

3. करेन्ट इन्डेक्स टू जर्नल्स इन एजुकेशन (Current Index to Journals in Education–Phoenix, Az:The Oryx Press, 1969) : विवरणों तथा एकल वाक्य अध्ययन सार से युक्त इस स्रोत में दुनिया भर के शिक्षा और सम्बन्धित विषयों से जुड़े हुए लगभग 800 जर्नल और मैगजीन्स की विषयवस्तु को सूचीबद्ध किया गया है। यह प्रकाशित और अप्रकाशित साहित्य की खोज करने में काफी उपयोगी सिद्ध होता है। यह मासिक प्रकाशन है और 6–6 महीने बाद यानी जून और दिसम्बर में इसके अंक इकट्ठे रूप में भी प्राप्त हो जाते हैं।

4. ब्रिटिश एजुकेशन इन्डेक्स (British Education Index) : यह ब्रिटेन के लीड्स विश्वविद्यालय से प्रकाशित होता है और ब्रिटेन तथा यूरोप के 350 पीरियोडिकल्स के सन्दर्भ प्रदान करता है।

5. ह्यूमेनिटीस इन्डेक्स (Humanities Index) : इसका प्रकाशन 1974–75 में प्रारम्भ हुआ था। यह वर्ष में चार बार प्रकाशित होता है। पीरियोडिकल लेखों के लेखकों तथा विषयों को सूचीबद्ध करना इसका मुख्य कार्य है। जिन विषय क्षेत्रों को इसमें शामिल किया जाता है, वे हैं :

(i) पुरातत्व विज्ञान (ii) शास्त्रीय अध्ययन (iii) क्षेत्र अध्ययन (iv) लोक संस्कृति (v) इतिहास (vi) भाषा एवं साहित्य (vii) साहित्यिक एवं राजनीतिक समालोचना (viii) प्रदर्शन कला (ix) दर्शन (x) धर्म एवं थियोलोजी (xi) सम्बन्धित विषय।

6. सामाजिक विज्ञान इन्डेक्स (Social Science Index) : इसमें निम्न क्षेत्रों से सम्बन्धित पीरियोडिकल्स के लिए लेखकों तथा विषय के हिसाब से प्रविष्टियाँ होती हैं :

(i) एन्थ्रोपोलोजी (ii) कला अध्ययन (iii) अर्थशास्त्र (iv) पर्यावरणीय विज्ञान (v) भूगोल (vi) कानून एवं अपराध विज्ञान (vii) चिकित्सा विज्ञान (viii) राजनीतिक सेवाएँ (ix) मनोविज्ञान (x) लोक प्रशासन (xi) समाज शास्त्र (xii) सम्बन्धित विषय।

D. पुनर्वीक्षण स्रोत (Review Sources)

अनुसंधान विषय या प्रकरण से सम्बन्धित सार्थक साहित्य की खोज करने में सहायक इस श्रेणी में अनुसंधानकर्त्ताओं द्वारा किसी विषय विशेष पर किसी अवधि विशेष में लिखे हुये लेखों के बारे में सटीक सूचना होती है। टकमेन (Tuchman, 1999:58) के अनुसार "पुनर्वीक्षक (Reviews) अपने प्रकरण के लिये उपयुक्त लेखों की जानकारी देते हैं, विषयवस्तु की दृष्टि से उन्हें संगठित करते हैं, वर्णन करते हैं, तुलना करते हैं और प्रायः उनके निष्कर्षों पर टीका टिप्पणी करते हैं, तथा अपने निष्कर्ष तथा सामान्यीकरण भी प्रदान करते हैं। निस्संदेह इस प्रकार के पुनर्वीक्षणों में यहाँ उल्लेखित सभी लेखों के संदर्भ भी पूर्णरूप में शामिल रहते हैं।"

(Reviewers locate articles relevant to their topics; organize them by content, describe, compare and often critique their findings and offer conclusions and generalizations. Of course, such a review includes full references of all articles on which it reports. — Tuckman, 1999:58)

जिन स्रोतों से ऊपर उल्लेखित सभी प्रकार के पुनर्वीक्षण सामान्यतः उपलब्ध होते हैं उनको निम्न प्रकार से श्रेणीबद्ध किया जा सकता है :

1. रिव्यू जर्नल्स एन्ड पीरियोडिकल्स (Review Journals and Periodicals) : व्यावहारिक विज्ञानों के ज्यादातर सभी विषयों के अपने रिव्यू जर्नल्स और पीरियोडिकल्स पाए जाते हैं। इन जर्नलों में एक बड़ी संख्या में पुनर्वीक्षण लेख दिए हुए हैं जो उन अनुसंधानकर्त्ताओं के लिए एक अति उत्तम स्रोत सिद्ध होने के लायक होते हैं, जो अपनी रुचि के क्षेत्र में किए गए कार्यों को अत्यधिक मात्रा में तलाशना चाहते हैं। इस प्रकार के रिव्यू जर्नल के रूप में हम "Review of Educational Research" के नाम को उद्धृत कर सकते हैं, यह शिक्षा में एक तिमाही जर्नल हैं (Washington, D.C.: American Education Research Association, 1931–).

यह जर्नल शैक्षिक प्रकरणों को उनके संश्लेषण एवं नवीनतम स्वरूप पर जोर डालते हुए बहुत प्रकार के पुनर्वीक्षण को सम्पूर्णता के साथ प्रस्तुत करता है। इसके एक उदाहरण के रूप में हम निम्न शीर्षकों से युक्त इसके एक अंक का उल्लेख कर सकते हैं :

- कक्षाकक्ष में प्रश्न करना : एक सामाजिक–भाषीय परिप्रेक्ष्य।
- जनमाध्य के द्वारा सीखना।
- परीक्षण जैसी घटनाओं में प्रतिपुष्टि का अनुदेशनात्मक प्रभाव।
- पठन–बोध अनुदेशन पर अनुसंधान।

इस प्रकार के रिव्यू के अन्य उदाहरणों के रूप में हम निम्न जर्नलों का उल्लेख कर सकते हैं–

(i) *Annual Review of Psychology* (Palo Alto, CA: Annual Reviews, Inc., 1950–)

(ii) *Current Research in Elementary School Science and Current Research in Elementary School Mathematics* (New York: Macmillan, 1971–)

(iii) *Psychological Bulletin* (Washington, DC: American Psychological Association, 1904–)

(iv) *Review of Research in Education* (Itasca, IL:F.E. Peacock Publishers, 1973–)

(v) *Report of the International Clearinghouse on Science and Mathematics Curriculum Developments* (College Park, MD: University of Maryland, 1962–)

2. विश्व शब्दकोश (Encyclopedias) : जैसा कि हम जानते हैं एनसाइक्लोपीडिया अपने अपने क्षेत्र के विशेषज्ञों द्वारा लिखित जीवन इतिहास और सामान्य दोनों ही प्रकार की प्रकृति के लेखों से युक्त सूचनाओं के

एक विशाल भंडार गृह के रूप में कार्य करते हैं। शोधों के प्रत्येक क्षेत्र के लिए विश्व शब्दकोश की विषयवस्तु (अनुसंधानकर्त्ताओं द्वारा किए गए अनुसंधान कार्य के सारांश और समीक्षात्मक मूल्यांकन) को वर्णक्रम में व्यवस्थित किया जाता है। यहाँ क्षेत्र विशेष में किस प्रकार के अनुसंधान की जरूरत है उसे आवश्यक सन्दर्भ सूची सहित यहाँ उल्लेखित किया जाता है। व्यवहार विज्ञानों में उपलब्ध विभिन्न एन्साइक्लोपीडिया के उदाहरण के रूप में हम निम्न नाम प्रस्तुत कर सकते हैं :

(i) *Encyclopaedia of Education* (Lee C. Deighton, New York: Macmillan and Free Press, 1971–)
(ii) *Encyclopaedia of Educational Evaluation* (San Francisco: Jossey-Bass, 1973)
(iii) *Encyclopaedia of Educational Research* (Walter Scott Monroe, Editor, revised, New York: Macmillan, 1950)
(iv) *Encyclopaedia of Modern Education* (Henry D. Rivilin and H. Schueller, Editors, New York: Philosophical Library, 1943)
(v) *Encyclopaedia of Educational Research* (Chester Harris, Editor, 3rd edition, New York: Macmillan, 1960)
(vi) *Encyclopaedia of Educational Research* (Robert L.Ebel, Editor, New York: Macmillan, 1969).
(vii) *Encyclopaedia of Educational Research* (Harold E. Mitzel, Editor, 5th edition, New York: The Free Press, 1982)
(viii) *The International Encyclopaedia of Education* (Torstein Hussen and T. Neville Postlethwaite, editor, New York: Pergamon Press, 1985)
(ix) *The International Encyclopaedia of Social Sciences* (New York: Macmillan Co., 1968)
(x) *Encyclopaedia of Children and Guidance* (Garden City, New York: Doubleday, and Co., 1968)
(xi) *Encyclopaedia of Philosophy* (New York: Macmillan & Free Press, 1967)

3. हेन्डबुक्स (Hand Books) : हेन्डबुक्स एक प्रकार की सन्दर्भ पुस्तकें हैं या अनुदेशन (जिनके द्वारा पूरी तरह तैयार सन्दर्भ प्रदान किये जाते हैं) के अन्य संकलन हैं। वे किसी प्रकरण पर चर्चा कर सकते हैं और सामान्यतः किसी विशेष क्षेत्र में या किसी विशिष्ट तकनीक के बारे में सूचनाओं को तत्काल ही प्रदान करने की क्षमता रखते हैं। उनकी रचना इस प्रकार से की जाती है कि इनमें दिये गये प्रदत्त किसी क्षेत्र से सम्बन्धित विशेष विस्तृत अनुदेशन, विशिष्ट तकनीकों, प्रक्रियाएँ, क्रियाएँ और पद्धति के बारे में स्पष्ट जानकारी उपलब्ध करा सकते हैं। व्यावहारिक विज्ञानों में अध्ययन से सम्बन्धित इस प्रकार की हैन्डबुक के कुछ उदाहरण नीचे दिये जा रहे हैं :

(i) *Handbook of Academic Evaluation* (SanFrancisco: Jossey-Bass 1976)
(ii) *Handbook of Research on Teaching* (Chicago:Rand McNally, 1973)
(iii) *Handbook on Formative and Summative Evaluation of Student Learning* (New York: McGraw-Hill, 1971)
(iv) *Indian Mental Measurement Hand Book : Intelligence and Aptitude Tests* (New Delhi: NCERT, 1991)
(v) *The Student Psychologist's Hand Book* (Cambridge Hass: Schenkman Publishing Co., 1969)

4. वार्षिक पुस्तिका (Year Books) : एक वार्षिक पुस्तिका किसी विशिष्ट संगठन, राष्ट्र या ब्रह्माण्ड के बीते हुए वर्ष की घटनाओं और उपलब्धियों पर प्रकाश डालने और अभिलेख करने की एक पुस्तक है। वार्षिक

पुस्तिका पद वार्षिक रूप से प्रकाशित किए गए सांख्यिकी या तथ्यों की एक पुस्तक के लिए भी किया जाता है। इसके अलावा यह एक विशेष प्रक्रिया या विशेषता जैसे–मानसिक मापन में प्रतिवर्ष हुई प्रगति और विकास का प्रतिवेदन (Report) और लेखा–जोखा भी प्रस्तुत करती हैं। व्यावहारिक विज्ञानों में सम्बन्धित साहित्य की खोज के लिए उपलब्ध कुछ इयर बुक्स के उदाहरण इस प्रकार है :

(i) *Mental Measurement Yearbook* (Lincoln, NE: University of Nebraska Press, 1938)
(ii) *Education Yearbook* (New York: Macmillan Co., 1972-date)
(iii) *World Almanac-Book of Facts* (New York : News Paper Enterprise Association, 1968-date)

5. शब्दकोश (Dictionaries) : हम सभी शब्दकोश पद से पूरी तरह परिचित हैं क्योंकि अक्सर हम उसी भाषा या अन्य भाषा के शब्दों के अर्थ या समानार्थी शब्दों को जानने के लिए शब्दकोश का प्रयोग करते हैं। फिर भी यहाँ व्यावहारिक विज्ञानों में साहित्य की खोज के सन्दर्भ में 'शब्दकोश' से हमारा अभिप्राय व्यावहारिक विज्ञानों से सम्बन्धित किसी विशिष्ट विषय या विशेष क्षेत्र के बारे में एक प्रकार की सन्दर्भ पुस्तक से है, जिसके पद (Items) वर्ण क्रमानुसार व्यवस्थित होते हैं। इनके उदाहरण के रूप में हम निम्न को उद्धृत कर सकते हैं :

(i) *Dictionary of Education* (New York: McGraw-Hill Book Co., 1973)
(ii) *Comprehensive Dictionary of Psychological and Psychoanalytical Terms* (New York: David McKay Co.)
(iii) *Dictionary of Sociology* (Totowa, N.J.: Little Field Adams and Co.)

6. डायरेक्टरीज (Directories) : डायरेक्टरी वह लिखित दस्तावेज है जहाँ एक शोधकर्त्ता अपने अध्ययन के नियोजन एवं क्रियान्वयन अवस्था के दौरान किसी एक या दूसरे उद्देश्य से अध्ययन से सम्बन्धित व्यक्तियों, लेखकों, प्रकाशकों, पीरियोडिकल्स, जर्नल्स या संगठनों के नाम तथा पता के लिए खोज कर सकते हैं। इसके साथ ही अपनी शोध योजना के लिए आर्थिक सहायता प्राप्त करने, अनुसंधान सामग्री एवं उपकरण, परीक्षण विधियों, प्रदत्त संकलन एवं विश्लेषण तथा अपने अनुसंधान प्रतिवेदन के प्रकाशन आदि के लिए सम्बन्धित संस्थाओं के नाम व पता जानने के लिए भी डायरेक्टरी की मदद ले सकते हैं। इनके उदाहरण के रूप में हम निम्न का उल्लेख कर सकते हैं :

(i) *The Education Directory* (Washington: US Office of Education Superintendent of Documents, 1912—date)
(ii) *Directory of Exceptional Children* (Boston: Porter Sargent Publishing Vol. l 1962-date)
(iii) *Mental Health Directory* (Washington DC: National Institute of Mental Health Government Printing Office, 1964–date)

E. इन्टरनेट (The Internet)

अपनी रुचि के क्षेत्रों में साहित्य की खोज करने के लिए इन्टरनेट और वर्ल्ड वाइड वेब काफी महत्त्वपूर्ण उपकरण के रूप में उभर कर आए हैं। अलग अलग प्रकार की रुचियों की वेब साइटों पर सामान्य अध्ययन और अनुसंधान से सम्बन्धित किसी भी प्रकार के विषय और क्षेत्र की सूचनाएँ हम आसानी से प्राप्त कर सकते हैं। यहाँ तक कि इन्टरनेट पर यहाँ कुछ ऐसी विशिष्ट वेब साइट्स भी हैं जो रुचि विशेष के विशिष्ट क्षेत्र में विशेष शोध साहित्य अपने प्रमुख प्रदत्त भंडार के साथ प्रस्तुत करती है। यहाँ अब आपको यह जिज्ञासा हो रही होगी कि यह प्रदत्त भंडार क्या है और इसमें क्या होता है ?

एक प्रदत्त भंडार (Data base) उन लेखों की सूचनाओं और सामग्री का एक संकलन है, जो प्रकाशित किए गए हैं या ज्ञान के विभिन्न क्षेत्रों से सम्बन्धित व्यक्तियों या समूहों द्वारा या विभिन्न संस्थाओं द्वारा जिनकी

रचना की गई है या फिर कॉन्फ्रेंसों में जिन्हें प्रस्तुत किया गया है। इसमें किसी एक लेख के बारे में सूचनाएँ, जैसे–लेखक का नाम, शीर्षक, पृष्ठों की संख्या, इसे कहाँ प्रस्तुत किया गया था कहाँ छापा गया है आदि तथा एक शोध सार या लेख की विषयवस्तु का सारांश शामिल होता है। अपने प्रचलित रूप में प्रदत्त भंडार उन्हीं मूल सूचनाओं (कम्प्यूटर एप्लीकेशन के प्रयोग से) को प्रदान करते हैं जो व्यावहारिक विज्ञानों के विभिन्न विषयों पर विभिन्न शोध सार के सजिल्द संस्करणों में आपको उपलब्ध हो सकते हैं।

सामाजिक एवं व्यावहारिक विज्ञानों में कुछ मुख्य प्रदत्त भण्डार निम्न हैं :

(i) **ERIC :** इसमें 1966 से लेकर अब तक 600 से भी अधिक जर्नलों में पाए गए लेखों के अध्ययन सार (Abstracts) मिलते हैं। इसमें अप्रकाशित अभिलेख जैसे–माइक्रोफिल्म पर मिलने वाले परम्परागत पत्र (Papers) भी होते हैं।

(ii) **सामाजिक अध्ययन सार (Sociological Abstracts) :** 1800 से भी अधिक जर्नलों में प्रकाशित लेखों के संदर्भ में यहाँ सामाजिक अध्ययन सार और सामाजिक नियोजन/नीति एवं विकास पर अध्ययन सार प्राप्त होते हैं। इसमें लघु शोध प्रबन्धों के भी अध्ययन सार होते हैं।

(iii) **Psyc INFO :** 1947 से प्रकाशित विश्व के जर्नलों में लिखे हुये लेखों के अध्ययन सार सहित इसमें मनोवैज्ञानिक अध्ययन सार पाए जाते हैं। जर्नलों के अलावा इसमें पुस्तकों के भी अध्ययन सार मिलते हैं।

(iv) **Psyc Lit :** यह मुद्रित इन्डेक्स "Psychological Abstracts" का कम्प्यूटरीकृत संस्करण है। इसके प्रदत्त भंडार में Psyc INFO के प्रदत्त भंडार में संग्रहीत और 1990 से American Psychological Association से अधिकृत दुनिया भर के मनोवैज्ञानिक और सम्बन्धित विषयों के साहित्य के सारांश होते हैं। सूचना का यह स्रोत लगभग 50 देशों के 27 भाषाओं में लिखे हुए 1300 जर्नलों को स्थान देता है।

कम्प्यूटर तकनीकी की सहायता से इस स्रोत से काफी उपयोगी अनुसंधान सामग्री अनुसंधानकर्त्ताओं को प्राप्त हो सकती है।

सम्बन्धित साहित्य की खोज कैसे की जाये ?
(How to Carryout the Search for the Related Literature?)

प्रश्न उठता है कि एक अनुसंधानकर्त्ता अपने अध्ययन से सम्बन्धित सूचना प्रदान करने वाले उन स्रोतों (प्राथमिक एवं द्वितीयक) तक कैसे पहुँचे जिनका उल्लेख और विवरण इसी अध्याय में ऊपर किया गया है। इस सम्बन्ध में उसके खोज प्रयासों को मोटे तौर पर दो भागों – पुस्तकालय खोज तथा ऑन लाइन खोज में बाँटा जा सकता है। यह दोनों साधन पुस्तकालय तथा कम्प्यूटर आधारित ऑन लाइन सेवाओं के अपने अपने फायदे और सीमाएँ हैं। एक शोध विद्यार्थी को दोनों साधनों का उपयोग करना आना चाहिये क्योंकि किसी एक पर निर्भरता दूसरे के फायदों से वंचित कर सकती है। इसी बात को ध्यान में रखते हुए हम यहाँ दोनों साधनों का उपयोग करने सम्बन्धी जानकारी लेना चाहेंगे।

सम्बन्धित साहित्य की खोज हेतु पुस्तकालय का एक साधन के रूप में उपयोग करना
(Using Library as a Tool for Searching the Related Literature)

पुस्तकालय विभिन्न विषयों और क्षेत्रों से सम्बन्धित सूचनाओं और ज्ञान के भंडारगृह हैं। इसीलिए व्यावहारिक विज्ञानों में अनुसंधान अध्ययन से सम्बन्धित सार्थक और उपयोगी साहित्य के प्राथमिक एवं गौण स्रोतों के रूप में जो कुछ वर्णन एवं चर्चा की गई है, वह सब एक अच्छी तरह से सुसज्जित और व्यवस्थित पुस्तकालय में ठीक तरह से संगठित रूप में उपलब्ध हो जाता है। माना कि वहाँ यह सब कुछ है परन्तु पुस्तकालय तो स्वयं

आपको वह सब कुछ नहीं दे सकता है जिसकी आपको आवश्यकता है। इसका फायदा उठाने के लिए आपको ठीक प्रकार से समुचित प्रयास करने होंगे। आपको इस बात की पूरी जानकारी होनी चाहिए कि अपनी जरूरतों को पूरा करने के लिए इसका प्रयोग कैसे किया जाए। आइए देखते हैं कि इस सम्बन्ध में क्या करना चाहिये–

- सर्वप्रथम यह सोचना चाहिए कि अपने शोध अध्ययन के विषय और प्रकरण से सम्बन्धित किस प्रकार की सूचनाएँ आपको चाहिए। इन सूचनाओं की एक सूची बना लेनी चाहिये।
- यदि आपको सभी पुस्तकों, सन्दर्भ ग्रन्थों, जर्नलों, अध्ययन सारों, अनुक्रमणिकाएँ, विश्वशब्दकोश, डायरेक्टरी आदि के रूप में (संभावित और यथार्थ सूचना देने वाले) प्राथमिक एवं गौण स्रोतों की जानकारी है तो पुस्तकालय में उन्हें तलाश करने के लिए एक सूची बना लें।
- वैसे तो आपके लिए यह काफी आसान और स्वाभाविक है कि आप अपनी संस्था के पुस्तकालय से (उसकी स्थिति, वहाँ कार्यरत कर्मचारी, उसमें उपलब्ध सुविधाएँ एवं सूचना सामग्री, वहाँ से पुस्तकों तथा अन्य सामग्री के लेन देन की विधि एवं तरीके आदि) अच्छी तरह परिचित हैं फिर भी दूसरी संस्थाओं, विश्वविद्यालयों, अन्य संगठनों जैसे–एन.सी.ई.आर.टी., एन.यू.आई.पी.ए., दूसरे देशों के दूतावास आदि के पुस्तकालयों से आवश्यक सेवा प्राप्त करने हेतु किस प्रकार की आवश्यक बातों का ध्यान रखना होता है। आपको उनकी पूर्ण जानकारी होनी चाहिये।
- सामान्यतः पुस्तकालयों में पुस्तकों की व्यवस्था हेतु दो प्रणाली या तरीके अपनाए जाते हैं– कार्ड केटलॉग प्रणाली और कम्प्यूटर खोज प्रणाली जिनकी सहायता से अनुक्रमणिका (Index), अध्ययन सार, शब्दकोश, डायरेक्टरी, हेन्डबुक्स और वार्षिक पुस्तिका (Year Books), माइक्रो फिल्म्स तथा मोनोग्राफ्स आदि के रूप में उपलब्ध स्रोतों से सूचना सामग्री को खोजा जा सकता है। अपने अध्ययन से सम्बन्धित साहित्य की खोज के लिए इस प्रकार की सभी सामग्री और साधनों की उपलब्धि और उस तक पहुँच हेतु आपको जो कुछ चाहिए उससे परिचित होना आवश्यक है। उदाहरण के लिए यदि एक पुस्तकालय अपनी पुस्तकों को अल्मारियों के खानों में रखने और उनके व्यवस्थीकरण हेतु डीवी की दशमलव प्रणाली (Dewey's Decimal System) का उपयोग कर रहा है तो आपको पुस्तकों के इस तरह रखे जाने सम्बन्धी सही ज्ञान होना चाहिए ताकि आप आवश्यकतानुसार इच्छित पुस्तकों तक पहुँच सकें।

सम्बन्धित साहित्य की खोज के लिए एक उपकरण के रूप में कम्प्यूटर तकनीकी का उपयोग करना (Using Computer Applications as a Tool for Search in the Related Literature)

कम्प्यूटर तकनीकी के उपयोग ने आज के अनुसंधाकर्त्ताओं के सामने सम्बन्धित साहित्य की खोज हेतु एक बिल्कुल ही नयी और सुविधाजनक विधि प्रस्तुत की है। पुस्तकालय अध्यक्ष अपने पुस्तकालय में कम्प्यूटर तकनीकी की सेवाओं का लाभ उठाकर पुस्तकालय सामग्री को अच्छी तरह व्यवस्थित एवं संगठित कर पुस्तकालय में स्थान देने में सफल होता है। फिर उसके उपयोगकर्त्ता के रूप में शोध विद्यार्थी कम्प्यूटर माउस को क्लिक करने मात्र से ही अपनी खोज की हुई पुस्तकालय सामग्री को आसानी से ढूँढ़ लेते हैं। पुस्तकालय में इस प्रकार के उपयोग के अलावा कम्प्यूटर तकनीकी के उपयोगों की ऑन लाइन उपलब्धि में भी पूरी मदद मिलती है। शोधकर्त्ताओं को अपने अध्ययन से सम्बन्धित साहित्य, इन्टरनेट के वेब पृष्ठों पर प्रायः निम्न दो रूपों में मिलता है :

(i) व्यक्तिगत वेब साइट पर, जिसे किसी एक विशेष ज्ञान क्षेत्र या विषय में रुचि रखने वाले व्यक्ति विशेष द्वारा प्रबन्धित किया गया हो।

(ii) व्यावहारिक विज्ञान अध्ययनों के विशिष्ट क्षेत्रों, विषयों तथा प्रकरणों से सम्बन्धित बहुमूल्य जानकारी और प्रदत्तों को प्रदान करने वाले ऑन लाइन प्रदत्त भंडार (जैसे–ERIC, Psyc INFO, Psyc LIT and Sociological Abstracts etc.) से युक्त विशिष्ट वेबसाइट्स।

अब प्रश्न उठता है कि इन्टरनेट के वेब पृष्ठों पर व्यक्तिगत या विशिष्ट वेब साइटों पर उपलब्ध सामग्री से हम अपने अध्ययन से सम्बन्धित सामग्री किस प्रकार प्राप्त करें। दोनों मामलों में खोज की प्रक्रिया और प्रतिफल अलग अलग होते हैं। इस विषय पर अपने विचार व्यक्त करते हुए Gravetter & Forzano (2003:44) ने लिखा है–"एक प्रदत्त भंडार (Data base) जैसे Psyc INFO को उपयोग में लाकर साहित्य की खोज करने की प्रक्रिया वेब पर खोज करने की अपेक्षा काफी अलग होती है। यहाँ सभी सन्दर्भ प्रतिष्ठित, विश्वसनीय प्रकाशनों से चयनित होते हैं और उनमें से अधिकांश को जाने माने विद्वानों तथा मनोवैज्ञानिकों द्वारा सम्पादित एवं पुनर्वीक्षित किया जाता है जिससे कि यह सुनिश्चित हो सके कि ये अपने आप में वैधानिक तथा सही सही योगदान हैं। इस प्रकार की व्यावसायिक छानबीन वर्ल्ड वाइड वेब में नहीं होती है। इसलिये उदाहरण स्वरूप अगर आप Psyc INFO में एक कुंजी शब्द Amnesia की प्रविष्टि करते हैं तो आपको एक प्रतिष्ठित विश्वसनीय सन्दर्भों का समूह प्राप्त होगा परन्तु आप इसी कुंजी शब्द का उपयोग WWW खोज में करते हैं तो आपकी पहुँच किसी भी साइट पर हो सकती है परन्तु इनमें सूचना की गुणवत्ता और वैधता के बारे में कोई गारन्टी नहीं होती है।"

नए शोधकर्त्ताओं द्वारा साहित्य खोज हेतु कैसे आगे बढ़ा जाये ?

अपने शोध अध्ययन के क्षेत्र या प्रकरण से सम्बन्धित सार्थक सामग्री के बारे में खोज करने के मामले में यदि आप नवागन्तुक है तब यहाँ दो परिस्थितियाँ आपके सामने आयेंगी :

(i) अगर आपको अपने अनुसंधान प्रकरण का केवल मात्र एक सामान्य सा व्यापक विचार है तो इस मामले में पहले तो आपका प्रयोजन यही होना चाहिए कि आप अपने इस सामान्यीकृत व्यापक और विशद् विचार को सीमित करके एक विशिष्ट अनुसंधान प्रकरण के रूप में परिवर्तित करें और फिर दूसरे चरण में अपने इस विशिष्ट अनुसंधान प्रकरण से सम्बन्धित सार्थक सूचनाएँ एकत्रित करने का कार्य करें। ऐसे मामलों में जैसा कि ग्रेवेटर और फोर्जेनो (Gravetter & Forzeno 2004:43) ने सलाह दी है आपको अपनी शुरुआत अभी हाल ही में प्रकाशित हुई किसी द्वितीयक (गौण) स्रोत (जैसे–आपके प्रकरण की विषयवस्तु से सम्बन्धित कोई पाठ्य पुस्तक) के अध्ययन से करनी चाहिए। पाठ्य पुस्तक के अध्याय शीर्षकों तथा उपशीर्षकों का उपयोग करते हुए यह कोशिश करनी चाहिए कि आपका अनुसंधान एक अधिक संकुचित एवं परिभाषित क्षेत्र में सीमित हो जाए। इस प्रकार से इस सलाह की अनुपालना करते हुए सबसे पहले पुस्तकालय सुविधाओं का उपयोग कर हाल ही में प्रकाशित पुस्तक को प्राप्त करना चाहिए और फिर जब प्रकरण विशेष पर आप आ जाएं तब इससे सम्बन्धित विस्तृत एवं गठन खोज करने हेतु कम्प्यूटर की वेब सेवाओं की सहायता लेनी चाहिए।

(ii) यदि आप अपने अनुसंधान प्रकरण या अनुसंधान प्रश्न पर पहले ही विचार कर चुके हैं तो आप अपने अनुसंधान प्रकरण से सम्बन्धित अध्ययन सामग्री और अनुसंधान लेखों के रूप में उपलब्ध सभी प्राथमिक स्रोतों तक पहुँचने के लिए अपना ध्यान केन्द्रित करें। इस प्रयोजन के लिए :

- आपको अनुसंधान जर्नलों, अध्ययन सारों, अनुक्रमणिकाओं, एनसाइक्लोपीडिया, डायरेक्टरीज, शब्दकोशों, हेन्डबुक्स तथा वार्षिक पुस्तिका आदि तक पहुँचने के लिए अपने पुस्तकालय के सन्दर्भ विभाग में जाना चाहिए।
- अपने अध्ययन की योजना बनाने और क्रियान्वयन करने में उपयोगी सभी प्रकार की सम्बन्धित सामग्री को प्राप्त करने के लिए वेब पृष्ठों (व्यक्तिगत एवं विशिष्ट वेब साइट्स पर) की खोज करने के लिए इन्टरनेट का उपयोग करना चाहिए।

सम्बन्धित साहित्य की खोज के लिए इन्टरनेट का उपयोग कैसे करें ?
(How to Make Use of the Internet for the Search of Related Literature ?)

प्रदत्त भंडार से युक्त वेब पृष्ठों के स्वरूप में इन्टरनेट पर सम्बन्धित साहित्य की खोज करने के लिए निम्न तरीक़े से आगे बढ़ना चाहिये :

1. वेब पृष्ठ पर दी गई सामग्री को ढूँढ़ने के लिए आप चाहें तो लेखक के नाम का उपयोग कर सकते हैं या फिर लेख के शीर्षक का, या फिर दोनों में से आप को जो भी ज्ञात हो। लेकिन यदि आपको उनमें से किसी के बारे में कुछ भी पता नहीं है तो सबसे अच्छा तरीका है कि आप किसी कुंजी शब्द, पद या विवरणकर्त्ता (Descriptors) से प्रारम्भ कर सकते हैं। फिर भी हमेशा ही यह लाभकारी होगा कि अपने प्रकरण से सम्बन्धित अध्ययन सामग्री या सम्बन्धित और सार्थक लेख खोजने के लिए सही कुंजी शब्द, विवरणकर्त्ता या पद का प्रयोग किया जाये। उदाहरण के लिए यदि 'Duration of Memory' पर कोई लेख ढूँढ़ना चाहेंगे तो आपको तब तक परेशानी होगी जब तक कि इसके लिए आप 'Retention Interval" स्वीकृत पद का प्रयोग नहीं करेंगे।
2. अपने अध्ययन से सम्बन्धित पाठ्य सामग्री को सार्थक लेख प्राप्त करने के लिए सामान्यतः अधिकांश प्रदत्त भंडार कई पदों, विवरणकर्त्ता या कुंजी शब्दों को मिलाकर प्रयोग करने की स्वीकृति दे देते हैं। कई विवरणकर्त्ताओं के उपयोग से लेखों को खोजने सम्बन्धी विस्तार कम हो जाता है और इससे खोजने के कार्य को अच्छी तरह से प्रबन्धित करने एवं लाभकारी बनाने में मदद मिलती है। माना कि आपको एक स्वास्थ्य शिक्षा के प्रकरण में रुचि है, जैसे–"विद्यार्थियों के विद्यालय सम्बन्धी तनाव को कम करने में परामर्श का योगदान"। इस प्रकरण के सम्बन्ध में इन्टरनेट पर खोज करना चाहते हैं और उपलब्ध तीन सार्थक विवरणकर्त्ताओं (i) तनाव (ii) परामर्श तथा (iii) स्वास्थ्य इनमें से एक विवरणकर्त्ता का उपयोग शुरु में करते हैं तो आपको इस प्रकरण से सम्बन्धित सामग्री के शीर्षकों के रूप में एक लम्बी सूची और ढेर सारी सामग्री मिलेगी। अब दूसरी बार अगर आप दो विवरणकर्त्ताओं जैसे तनाव और परामर्श को मिलाकर खोज करते हैं तो आपकी खोज के परिणाम कुछ छोटे और लक्ष्य केन्द्रित होंगे। तीसरे दौर में यदि आप तीनों विवरणकर्त्ताओं को एक साथ प्रयोग करेंगे तो आपके परिणाम काफी छोटे हो जायेंगे और इससे आपको अपने प्रकरण से सम्बन्धित अधिक उपयुक्त लेख प्राप्त हो सकेंगे।
3. टकमैन (Tuckman, 1999:61) के अनुसार इन्टरनेट पर की गई एक अच्छी खोज में तीन मुख्य प्रकार के अभिलेखों का समावेश होना चाहिए : (i) प्रकाशित लेख (ii) अप्रकाशित लेख और (iii) लघु शोध प्रबन्ध तथा पीएच०डी० शोध प्रबन्ध। इसके लिए शुरुआत में एक लाभप्रद खोज ERIC, मनोवैज्ञानिक अध्ययन सार, सामाजिक अध्ययन सार तथा ऐसी ही अन्य स्रोतों की सहायता से ली जानी चाहिए। इसके बाद लघु शोध प्रबन्ध (Dissertation) तथा पीएच०डी० के शोध प्रबन्धों (Ph.D. Thesis) की खोज करनी चाहिए। जैसे ही आप DATRIX पर सम्पर्क करेंगे और कुंजी शब्दों के एक समूह का उपयोग करेंगे, (इसके लिए उपयुक्त विवरणकर्त्ताओं Discriptors का एक स्वरूप) तो सार्थक डिजर्टेशन तथा थीसिस के शीर्षकों की एक सूची प्राप्त हो जायेगी।
4. व्यावहारिक विज्ञानों में उपलब्ध प्रदत्त भंडार जैसे ERIC, Psyc INFO, Psyc LIT और Sociological Abstracts आदि का, अपने अध्ययन से सम्बन्धित सार्थक साहित्य की खोज करने के लिए उपयोग करना काफी लाभदायक होता है। इनमें से किसी एक का प्रयोग करने के लिए मूल प्रक्रिया की शुरुआत निम्न क्रम से होती है – (i) कुंजी शब्दों, खोज करने के पदों या विवरणकर्त्ताओं की सूची की पहचान करना (ii) उनको enter करना और (iii) अब कम्प्यूटर को उन पदों या विवरणकर्त्ताओं से सम्बन्धित मामलों पर प्रकाश डालने वाले प्रकाशनों को ढूँढ़ने देना चाहिए। प्रदत्त भंडार का उपयोग करने में आपके लिए अब अगला कार्य अपने अनुसंधान प्रयोजन के लिए वास्तव में जो भी आवश्यकता है उसका उपयुक्त चयन करना और निरर्थक चीजों को हटाना चाहिए। ग्रेवेटर (2003:51) ने Psyc INFO का इस सम्बन्ध में उपयोग करने के लिए कुछ सुझाव दिये हैं जो अग्रांकित हैं :

- छंटनी करने के लिए आपका पहला कार्य है लेख के शीर्षक का प्रयोग करो। आप या तो Psyc INFO में या फिर लेख के शुरु में ही शीर्षक प्राप्त कर सकते हैं। इस शीर्षक के आधार पर ही आप लेखों का 90% जो प्रत्यक्ष रूप से आपके लिए सार्थक नहीं है उसे आप हटा सकते हैं।
- अपनी द्वितीय छंटनी के साधन के रूप में लेख के सार का प्रयोग करो। यदि आपको शीर्षक रुचिकर लगे तो यह निश्चित करने के लिए कि क्या लेख वास्तव में सार्थक है, अध्ययन सार को पढ़ो। बहुत से लेख जो देखने में रुचिकर (शीर्षक से) से लगते हैं इस स्तर पर बाहर फेंक दिए जाते हैं। आप अध्ययन सार को या तो Psyc INFO पर या फिर लेख के स्वयं के प्रारम्भ में ही प्राप्त कर सकते हैं।
- यदि लेख के शीर्षक और सार को देखने के बाद में भी आपको यह रुचिकर लगता है तो लेख को प्राप्त करने के लिए उचित जर्नल को देखें और यदि आपके पुस्तकालय में वह जर्नल नहीं हैं तो दूसरे पुस्तकालय से अन्तर्पुस्तकालय लोन के द्वारा उसे प्राप्त करने की प्रार्थना करें, जैसे ही आपको लेख प्राप्त हो जाए, सबसे पहले उसे अच्छी तरह से पढ़ो और उसके परिचयात्मक गद्यांशों तथा चर्चा वाले भाग को विशेष रूप से देखकर, मंथन करो।

ऑनलाइन प्रदत्त भंडार में कुंजी शब्दों और लेखकों के नाम का प्रयोग करो जब तक आप नई सामग्री या विषयवस्तु प्राप्त नहीं करते हैं तब तक खोज जारी रखें।

अब आपके पास में अभी हाल के कुछ सार्थक लेख बच जायेंगे। अब इन लेखों के संदर्भों का उपयोग नए कुंजी शब्दों तथा लेखकों के नामों के चयन के लिए कीजिये।

जो बातें निरर्थक हैं उन्हें छोड़ दें, इनमें से बहुतों को शीर्षक देखकर ही छोड़ा जा सकता है और शेष बचे हुए बहुतों को शोध सार पढ़ करके छोड़ा जा सकता है। अब बाकी बचे हुए लेखों के परिचयात्मक तथा वर्णनात्मक भागों का मंथन करके उनकी सार्थकता का निर्धारण किया जा सकता है।

प्राथमिक स्रोत सम्बन्धी जर्नलों के लेखों तक पहुँचने के लिए किसी ऑन लाइन प्रदत्त भंडार (जैसे Psyc INFO) के उपयोग हेतु कुंजी शब्दों तथा लेखकों के नाम का उपयोग करें।

अपने प्रकरण सम्बन्धी केन्द्रबिन्दु को संकुचित करने के लिए हाल ही में प्रकाशित द्वितीयक स्रोतों जैसे पाठ्य पुस्तकों का उपयोग करते हुए कुंजी शब्द (Keywords) तथा लेखकों के नामों की सूची प्राप्त करें।

किसी प्रकारण क्षेत्र या व्यवहार के सन्दर्भ में सामान्य विचार जैसे–विकासात्मक मनोविज्ञान या एनोरेक्सिया (Anorexia) को लेकर प्रारम्भ कीजिये।

चित्र 14.1 एक अनुसंधान साहित्य की खोज की प्रक्रिया।

- यदि यह फिर भी आपको सार्थक दिखाई देता है तो लेख को सावधानीपूर्वक पढ़ो और उसकी एक प्रतिलिपि अपने लिए तैयार कर लो। जब आप एक शोध लेख पढ़ते हैं तो यह बात दिमाग में रखें कि लेख के लिए यह प्रचलन है कि उसे उच्च स्तर के, भिन्न भिन्न विभागों में जैसे – प्रस्तावना, विधि, परिणाम, चर्चा और संदर्भ में व्यवस्थित किया जाना चाहिये।

- आपने उस लेख से जो संदर्भ प्राप्त किये हैं उनका अपनी साहित्यिक खोज का शिकार करने में उपयोग करो। यहाँ आपको अपनी अनुसंधान समस्या से सीधे सम्बन्धित पुराने लेख मिल सकते हैं। आप इन लेखों में कुछ नए पद (terms) प्राप्त कर सकते हैं जिनका आप Psyc INFO में कुंजी शब्दों के रूप में इस्तेमाल कर सकेंगे। सन्दर्भों में जिन लेखकों की सूची मिलेगी वह भी आपके लिए उपयोगी होगी। आप इन लेखकों का नाम Psyc INFO में enter कर सकते हैं, इससे हाल ही में इनके द्वारा प्रकाशित अनुसंधान प्रतिवेदनों को आप प्राप्त कर सकेंगे।

निष्कर्ष रूप में ऊपर की गई चर्चा से जो कुछ भी किसी अध्ययन अथवा अनुसंधान प्रकरण हेतु साहित्य की खोज करने की एक कार्यकारी प्रक्रिया के बारे में जाना जा सकता है, उसे हम पिछले पृष्ठ पर दिए हुए चित्र 14.1 से भलीभाँति समझ सकते हैं।

सम्बन्धित साहित्य का पुनर्वीक्षण कैसे किया और लिखा जाये ?
(How to Carry Out and Write a Review of Related Literature ?)

साहित्यिक पुनर्वीक्षण द्वितीयक या गौण स्रोत है और इस प्रकार इसके द्वारा किसी नवीन या मौलिक अनुसंधानात्मक कार्य का अभिलेखन नहीं किया जाता। एक शोधकर्त्ता को अपने अनुसंधान कार्य की रिपोर्ट, लघुशोध प्रबन्ध (Dissertation), पीएच०डी० शोधप्रबन्ध (Thesis) या जीवन इतिहास सम्बन्धी निबन्ध (जो कि एक अनुसंधान जर्नल में अलग से प्रकाशित है) आदि को प्रस्तुत करते समय अपने कार्य या अध्ययन का साहित्यिक पुनर्वीक्षण प्रदान करना जरूरी होता है। इस प्रकार से पुनर्वीक्षण करने और लिखने का कार्य अनुसंधानकर्त्ता के द्वारा सोच समझकर सही ढंग से योजना बनाने और पूरे मन से क्रियान्वयन करने की अपेक्षा रखता है।

सामान्यतः यह ज्यादा अच्छा होगा कि इस कार्य को हम निम्न तीन सोपानों में विभाजित कर लें।

- साहित्यिक पुनर्वीक्षण की वास्तविक प्रकृति और प्रयोजन को जानना।
- एक अच्छा साहित्यिक पुनर्वीक्षण लिखने के लिए आवश्यक बातों को जानना।
- एक अच्छा साहित्यिक पुनर्वीक्षण लिखने के कार्य में संलग्न होना।

आइये अब साहित्यिक पुनर्वीक्षण करने और लिखने के इन्हीं तीनों कार्यों के बारे में चर्चा करते हैं।

A. एक साहित्यिक पुनर्वीक्षण की वास्तविक प्रकृति और प्रयोजन
(True Nature and Purpose of a Literature Review)

- साहित्य का पुनर्वीक्षण किसी प्रकरण पर पहले की गई शोध का विवरण या पूर्ण रूप से संगठित संक्षेपीकृत विचार का प्रतिनिधित्व करता है। मान्य विद्वानों और शोधकर्त्ताओं द्वारा एक प्रकरण पर जो कुछ प्रकाशित किया गया है यह उसका विवरण प्रस्तुत करता है।
- सामान्य रूप से, पुनर्वीक्षण का प्रयोजन पूर्व में किए गए अनुसंधान अध्ययनों के सार का वर्गीकरण तथा तुलना के द्वारा ज्ञान की एक प्रकाशित रचना के एक अंश या भाग का समीक्षात्मक विश्लेषण करना है। इसका अन्तिम लक्ष्य पाठकों को वर्तमान में उपलब्ध नवीनतम साहित्य से परिचित कराना है और उसके आधार पर एक अन्य लक्ष्य (जो इस क्षेत्र में जरूरी है) भविष्य में किए जाने वाले अनुसंधानों का आधार बनना है।
- शोधकर्त्ता को साहित्य के पुनर्वीक्षण के एक संक्षिप्त लेख के द्वारा अपने पाठकों को यह बताना चाहिए कि एक प्रकरण पर क्या ज्ञान और विचार सामने आ चुके हैं और उनकी क्या ताकत तथा कमजोरियाँ हैं।
- एक साहित्य पुनर्वीक्षण का उद्देश्य क्रमबद्ध वर्णन या साहित्य के एक पहलू या एक अंश के बाद दूसरे अंश को सारांशित करना नहीं बल्कि वर्णनात्मक गद्य के रूप में प्रस्तुति देना है। यहाँ शोधकर्त्ता से सभी

प्रकाशित सामग्री की सूची प्रस्तुत करने की अपेक्षा नहीं की जाती बल्कि अपनी थीसिस या अनुसंधान प्रश्न की अवधारणा के संदर्भ में इसे भलीभाँति संश्लेषित और मूल्यांकित करने की बात की जाती है।

- एक अच्छी तरह से संरचित साहित्य पुनर्वीक्षण कुछ विशिष्ट विशेषताओं से युक्त होता है, जैसे विचारों का तार्किक प्रवाह, उचित रूप में दिये जाने वाले नवीनतम और सार्थक संदर्भों की उपस्थिति, पदावली का उचित उपयोग और प्रकरण विशेष पर किए जाने वाले पूर्व अनुसंधानों का बिना किसी पक्षपात के समग्र चित्रण का समावेश।

B. एक अच्छे साहित्य के पुनर्वीक्षण को लिखने हेतु आवश्यक बातों को ध्यान में रखना (The Things to be kept in Mind for Writing a Good Literature Review)

साहित्य पुनर्वीक्षण की यथार्थ प्रकृति और प्रयोजन को जानने के उपरान्त एक शोधकर्त्ता को एक अच्छा साहित्य पुनर्वीक्षण लिखने की कला सीखने के लिए कुछ आवश्यक बातों को ध्यान में रखना चाहिए।

1. यह सोचने की गलती मत करो कि आपको वह सब कुछ लिखना है जो सब आपने पुनर्वीक्षण के लिए पढ़ा है और घटित हुआ है और फिर इस पर अपने विचार व्यक्त करने हैं। यद्यपि यह साहित्य पुनर्वीक्षण लिखने सम्बन्धी प्रक्रिया का हिस्सा है परन्तु यह केवल उसका एक छोटा सा अंश या भाग है।
2. प्रकरण के बारे में अपने ज्ञान में वृद्धि करने के अतिरिक्त साहित्य पुनर्वीक्षण लिखने में दो निम्न क्षेत्रों से सम्बन्धित कौशलों को जानने और प्रदर्शित करने का मौका मिलता है :

   (i) **सूचनाएँ प्राप्त करना :** (a) कुशलतापूर्वक साहित्य को छानबीन करने की योग्यता। (b) अपने हाथ से या कम्प्यूटरीकृत विधियों का प्रयोग करने की योग्यता (c) उपयोगी लेखों और वस्तुओं के समूह को पहचानने की योग्यता।

   (ii) **समीक्षात्मक मूल्यांकन :** निष्पक्ष एवं वैध अध्ययनों को पहचानने के लिए विश्लेषण के सिद्धान्तों का प्रयोग करने की योग्यता।
3. साहित्य पुनर्वीक्षण लेखन किसी एक अवधारणा विशेष (जैसे–आपके अनुसंधान उद्देश्य, आपकी चर्चा का विषय या आपकी तर्कयुक्त थीसिस) के द्वारा मार्गदर्शित होना चाहिये। ध्यान रहे कि यहाँ उपलब्ध सामग्री की या सारांशों के समूह की केवल एक विवरणात्मक सूची प्रदान करने से काम नहीं चलता।
4. इस बात का ध्यान रखें कि अपने पुनर्वीक्षण के अन्तर्गत आपसे यह अपेक्षा की जाती है कि आप अपने विषय का विहंगावलोकन प्रस्तुत करें, उपलब्ध साहित्य को उपयुक्त श्रेणियों में विभक्त करें, उनकी तुलना करें और उनके आपसी अन्तर को दिखाएं और इस प्रकार अन्त में अपने निष्कर्ष सामने रखें।
5. ध्यान रखें कि आपके साहित्य पुनर्वीक्षण में निम्नलिखित चार बातें प्रतिबिम्बित होनी चाहियें :
   - यह पूरी तरह से संगठित होना चाहिए और आपके द्वारा विकसित किये जाते हुए अनुसंधान प्रश्न या थीसिस से सीधे ही सम्बन्धित होना चाहिए।
   - क्या ज्ञात है और क्या ज्ञात नहीं है, इसके सारांश रूप में परिणामों को संश्लिष्ट किया जाना चाहिए।
   - इसके द्वारा साहित्य के विवादास्पद क्षेत्रों की पहचान की जानी चाहिए।
   - इसके द्वारा उन्न प्रश्नों का जिन्हें आगे शोध की आवश्यकता है, निर्माण किया जाना चाहिए।
6. टकमैन (Tuckman, 1999:67–68) का विचार है कि हमें अपना साहित्य पुनर्वीक्षण लिखते समय यह सुनिश्चित करना चाहिए कि इसके द्वारा निम्न महत्त्वपूर्ण कसौटियों की सन्तुष्टि हो रही है–
   - **उपयुक्तता (Adequacy) :** क्या पुनर्वीक्षण पूरी तरह से पर्याप्त है ?
   - **स्पष्टता (Clarity) :** क्या सभी महत्त्वपूर्ण बिन्दुओं को स्पष्ट किया गया है ?
   - **आनुभविक रुझान (Emperical orientation) :** मात्र विचारों के प्रस्तुतीकरण के बजाय क्या इसमें वास्तविक अनुसंधान परिणाम का उल्लेख किया गया है ?

- **नवीनता (Recency) :** क्या संदर्भ नवीनतम है ?
- **सार्थकता (Relevance) :** क्या संदर्भ चरों तथा परिकल्पनाओं से सम्बन्धित है ?
- **संगठन (Organization) :** क्या साहित्य पुनर्वीक्षण का प्रस्तुतीकरण, परिचय, उपशीर्षकों तथा सारांश की स्पष्ट अभिव्यक्ति को लेकर पूरी तरह व्यवस्थित है ?
- **संतोषप्रद तर्क (Convincing arguments) :** क्या साहित्य से प्रस्तुत अध्ययन को हाथ में लेने की जरूरत महसूस होती है ?

C. पुनर्वीक्षण लेखन के वास्तविक कार्य की प्रक्रिया (Processing the Real Task of Review Writing)

पुनर्वीक्षण लेखन का कार्य शुरु करने के लिए आपको निम्न प्रकार से आगे बढ़ना चाहिये :

1. **प्रयोजनपूर्ण पठन (Read with a Purpose) :** आपने जो कुछ पढ़ा है अब आपको उसका संक्षिप्तीकरण करना है परन्तु आपको यह भी ध्यान रखना है कि आपके अध्ययन के लिए कौन से विचार या सूचनायें (जिससे कि आप उस पर अधिक बल दे सकें) महत्त्वपूर्ण है ताकि जो महत्त्वपूर्ण नहीं है उनको या तो संक्षेप में लिखा जाये या बिल्कुल छोड़ दिया जाये)।
2. **आपको अपने कार्य से सम्बन्धित प्रमुख सम्प्रत्यय, निष्कर्ष, सिद्धान्त तथा दलीलों आदि पर अधिक ध्यान देना :** आपके कार्यों से जो बातें काफी नजदीकी रूप से सम्बन्धित हैं उनकी समानताएँ एवं विभिन्नताएँ आदि को भी ध्यान में रखना है। जब आप पढ़ना शुरु करेंगे तब प्रारम्भ में यह कार्य कठिन लगेगा परन्तु जब आप अपने विषय विशेष सम्बन्धी बातों को आगे पढ़ेंगे तब यह रुचिकर और आसान होता जायेगा।
3. **प्रयोजन के साथ लिखें (Write with a purpose) :** आपका पुनर्वीक्षण उद्देश्यपूर्ण होना चाहिए। आपका उद्देश्य निम्न बातों में सम्बन्ध प्रदर्शित करना तथा उनका मूल्यांकन करना होना चाहिए (i) क्या एक अनुसंधानकर्त्ता का कार्य और उससे निकाले गए निष्कर्ष दूसरे अनुसंधानकर्त्ता के कार्य से अधिक संतोषजनक है और (ii) अपने कार्य और इन कार्यों के बीच किस प्रकार के सम्बन्ध हैं ?
4. **प्रस्तावना लिखना (Writing the Introduction) :** इस प्रस्तावना लेखन में आपको:
   - सामान्य प्रकरण, विषय/समस्या या सम्बन्धित क्षेत्र की पहचान करना चाहिए या परिभाषित करना चाहिए और इस प्रकार से साहित्य का पुनर्वीक्षण करने के लिए एक उचित सन्दर्भ प्रदान करना चाहिए।
   - प्रकरण से सम्बन्धित क्या क्या प्रकाशित हो चुका है, सिद्धान्तों, विधितन्त्र, साक्ष्यों तथा निष्कर्षों में क्या विरोधाभास है, तथा अनुसंधान और पांडित्य अथवा एक अकेली समस्या या तत्कालीन रुचियों को लेकर किस प्रकार का रुझान चल रहा है ?
   - साहित्य का पुनर्वीक्षण क्यों किया जा रहा है। इस बात को स्पष्ट किया जाना चाहिये और साहित्य के विश्लेषण तथा पुनर्वीक्षण के संगठन और तुलना हेतु क्या मानदण्ड प्रयोग में लाया जा रहा है, इसे भी बताया जाना चाहिए। इसके अतिरिक्त जब जरूरत हो, यह भी बताया जाना चाहिए कि किसी साहित्य विशेष को क्यों शामिल किया गया है और क्यों नहीं।
5. **पुनर्वीक्षण के मुख्य भाग को लिखना (Writing the body of the review) :** पुनर्वीक्षण के मुख्य भाग में निम्न बातों को स्थान देना चाहिये :
   - समूह अनुसंधान अध्ययन तथा अन्य प्रकार का साहित्य (पुनर्वीक्षण, सैद्धान्तिक लेख तथा व्यक्तिगत अध्ययन का लेखन कुछ सामान्य शीर्षकों) जैसे — गुणात्मक बनाम परिमाणात्मक उपागम, लेखकों के निष्कर्ष, विशिष्ट उद्देश्य या प्रयोजन, सामयिक क्रमबद्धता आदि के रूप में किया जा सकता है।

- किसी एक अध्ययन या लेख को उतना ही कम या विस्तार में संक्षिप्त किया जाना चाहिए जितना कि उसका साहित्य विशेष में सापेक्षिक महत्त्व है। यहाँ इस बात का ध्यान रखा जाना चाहिये कि जितने विस्तार से कोई बात लिखी जायेगी उतनी ही महत्त्वपूर्ण होगी और जितने कम में कही जायेगी वह उतनी ही कम महत्त्वपूर्ण मानी जायेगी।
- अनुच्छेद के प्रारम्भ में एक ऐसा प्रभावपूर्ण वाक्य प्रदान कीजिये जिसके अन्दर बहुत कुछ समाहित है, यह झलकता हो। पूरे विवरण में स्पष्ट सामग्री होनी चाहिए और बीच बीच में संक्षिप्तीकरण वाक्य होने चाहिए ताकि तुलना और विश्लेषणों को अच्छी तरह समझने में मदद मिले।

6. **निष्कर्ष लिखना (Writing the conclusion) :** निष्कर्ष के इस भाग में निम्न बातों को स्थान देना चाहिये :

- प्रस्तावना में जो केन्द्रबिन्दु स्थापित किया गया था, उसी के सन्दर्भ में यहाँ पुनर्वीक्षण के मुख्य भाग में दिए गए महत्त्वपूर्ण अध्ययनों और लेखों के अपूर्व योगदान को सारांशित किया जाना चाहिए।
- पुनर्वीक्षण के मुख्य भाग में, जो वर्तमान में चल रहा है उसके बारे में जो कुछ लिखा गया है, उसकी समीक्षा की जानी चाहिए। इसके लिए अनुसंधान में विधि सम्बन्धी जो कमियाँ रह गई हैं अथवा विधि और प्रक्रिया सम्बन्धी जो दोष दिखाई देते हैं उनकी ओर संकेत किया जाना चाहिये। साथ ही सिद्धान्त और खोजी हुई बातों में क्या विरोधाभास है तथा भविष्य में अनुसंधान के लिए किस प्रकार के क्षेत्रों और समस्या पर ध्यान दिया जाना चाहिए, इन बातों का उल्लेख यहाँ पर किया जाना चाहिए।
- अन्त में, साहित्य पुनर्वीक्षण में जिस बात पर मुख्यतया ध्यान दिया गया है उसका अध्ययन (जैसे अनुशासन, व्यवसाय या एक वैज्ञानिक प्रयास) के वृहद् क्षेत्र से क्या सम्बन्ध है, यानी अध्ययन के किन अंशों को पुनर्वीक्षण में स्थान दिया गया और किन को नहीं इसका उल्लेख किया जाना चाहिए। इस सम्बन्ध में यह ध्यान रखना चाहिए कि साहित्य पुनर्वीक्षण दो निम्न बातों को प्रदर्शित करने का प्रयास है :
  - (i) साहित्य की खोज – आपको क्या प्राप्त हुआ ?
  - (ii) अवबोध एवं विश्लेषण – अपने अध्ययन के सन्दर्भ में आपको जो कुछ प्राप्त हुआ है उसे आपने कैसे व्यक्त किया है ?

सन्दर्भों का उल्लेख (Citing References)

एक सन्दर्भ सूची में दिए सभी संदर्भ लेखकों के अन्तिम नाम के वर्ण क्रम के अनुसार (जैसे नीचे बताया गया है) होने चाहिए। इन दिए हुए संदर्भों में पहले दो संदर्भ जर्नल में दिए गए लेखों के लिए हैं और तीसरा एक पुस्तक के लिए है और अन्तिम वेबसाइट पर प्राप्त सामग्री के लिए है :

- Adams, J.G. (2006), "The Effects of Everything on Everything." *Journal of Behaviour Therapy and Analysis*, **23**, 55–72.
- Brennan, K.P. and Strang, T.S. (2005), "The Reliability of Popular Measures of Depression", *Personality and Social Disorders in Education*, **44**, 145–157.
- Gravetter, F.J. and Forzano, Lori-Ann B. (2003) Research Methods for the Behavioural Sciences, Belmong, C.A.: Thomson.
- Chin, W.D. (2005), "Cognitive Structure of Intelligence", Retrieved February 23, 2006 from www.apa.org/info/st 1445.

––– ⚜ –––

15

अनुसंधान परिकल्पनाएँ
[Research Hypotheses]

विषय प्रवेश (Introduction)

यह हम सभी जानते हैं कि किसी समस्या का समाधान ढूँढ़ने सम्बन्धी खोज उन कुछ विशेष अनुमानों, अन्दाजा लगाने या संभावनाओं के सहारे शुरु होती है जिसे व्यक्ति विशेष द्वारा स्वयं या दूसरों की सहायता से सोचा या कल्पना में धारण किया जाता है। यही कारण है कि किसी भी अनुसंधान अध्ययन के नियोजन एवं क्रियान्वयन में अनुसंधान परिकल्पना अथवा परिकल्पनाओं का निर्माण तथा स्थापना काफी महत्त्वपूर्ण कार्य या सोपान होता है। अनुसंधानकर्त्ता जब एक बार अपनी अनुसंधान समस्या/प्रकरण के चयन और पहचान सम्बन्धी निर्णय ले लेता है तो फिर उसे आवश्यक रूप से विशेष अनुसंधानात्मक प्रश्नों/परिकल्पनाओं (जिनका उत्तर और परीक्षण वह चाहता है) के निर्माण करने के बारे में सोचना जरूरी हो जाता है। यहाँ यह प्रश्न उठ सकता है कि ये परिकल्पनाएँ क्या हैं, इनका निर्माण किस तरह किया जाना चाहिए और अनुसंधान समस्याओं का उचित समाधान ढूँढ़ने हेतु इनका परीक्षण कैसे किया जाना चाहिए ? ऐसे ही प्रश्नों का उत्तर हम प्रस्तुत अध्याय में ढूँढ़ने जा रहे हैं।

परिकल्पनाएँ–अर्थ एवं परिभाषा (Hypotheses—Meaning and Definitions)

परिकल्पना शब्द आंग्ल भाषा के शब्द Hypothesis का हिन्दी रूपान्तर है। आंग्ल भाषा में शब्द व्युत्पत्ति के अनुसार Hypothesis शब्द दो शब्दों से मिलकर बना है। Hypo का अर्थ होता है कोई चीज कम या थोड़ी और Thesis शब्द किसी स्थापित किए गए निष्कर्ष या सिद्धान्त के लिए प्रयुक्त होता है। इस तरह Hypothesis से तात्पर्य किसी निष्कर्ष पर पहुँचने या सिद्धान्त की स्थापना करने से पूर्व किए जाने वाले प्रयासों से है। किसी परिकल्पना की सत्यता का परीक्षण ही निष्कर्ष तक पहुँचने और सिद्धान्त स्थापित करने में आधार भूमि का काम करता है। स्नो (Snow, 1973) ने सिद्धान्त विकास प्रक्रिया का वर्णन करने में जिन छः अवस्थाओं का उल्लेख किया है, उनमें परिकल्पना निर्माण को सिद्धान्त के निर्माण में प्रारम्भिक अवस्था बताया है। उसके अनुसार सिद्धान्त निर्माण की अपनी इस प्रारम्भिक अवस्था में सिद्धान्त निर्माणकर्त्ता के सामने एक पूर्व कल्पना या अनुमान होता है जिसे परिकल्पना कहा जाता है और इसी का परीक्षण करते हुए वह कुछ ऐसे वैध निष्कर्षों तक पहुँचता है जिन्हें सिद्धान्त कहते हैं। इस प्रकार से परिकल्पना किसी व्यक्ति (जो अपनी अनुभूत समस्या के किसी समुचित समाधान के लिए प्रयत्नशील है) की समस्या का एक अनुमानित, अन्तर्दृष्टियुक्त कल्पनात्मक समाधान है।

यहाँ एक बात बिल्कुल स्पष्ट होनी चाहिए कि अनुसंधानकर्त्ता की अपनी स्वयं की अतिरंजित कल्पनाओं, इच्छाओं और धारणाओं के आधार पर परिकल्पना को एक अंधी या काल्पनिक उड़ान (अनुमान) के रूप में परिभाषित करना या व्यवहृत करना काफी त्रुटिपूर्ण होगा। अपने सभी स्वरूपों और आकार में परिकल्पना, एक अध्ययन प्रश्न का उचित उत्तर या समस्या का समाधान प्राप्त करने के लिए, एक बुद्धिमत्तापूर्ण और अनुभवजन्य

अनुमान है क्योंकि एक अनुसंधानकर्त्ता के पास, उसके ज्ञान भंडार, सैद्धान्तिक बोधगम्यता, अनुभवों और उसके स्वयं या दूसरों के द्वारा किए गए अवलोकन से सम्बन्धित जो कुछ भी है सामान्यतः यह उसी का उत्पाद अर्थात् परिणाम है।

इस प्रकार से अपने सरल अर्थ में *एक परिकल्पना से तात्पर्य, किसी समस्या विशेष के समाधान के लिए प्रयुक्त एक ऐसे बुद्धिमत्तापूर्ण अनुमान या काल्पनिक सोच से है जिसे अपनी सत्यता सिद्ध करने के लिए प्रमाणों की कसौटी से गुजरना पड़ता है।* इस सम्बन्ध में इसकी प्रकृति और अनुसंधान कार्य में इसकी भूमिका से अच्छी तरह परिचित होने के लिए हम कुछ प्रसिद्ध विद्वानों तथा लेखकों द्वारा उद्धृत परिभाषाओं की सहायता लेना चाहेंगे।

1. **ब्लैक और चेम्पियन :** "परिकल्पना किसी वस्तु के बारे में अस्थायी या परिवर्तनीय कथन है, जिसकी वैधता सामान्यतः अज्ञात है।"
   (A Hypothesis is a tentative statement about something, the validity of which is usually unknown. — Black and Champion, 1976:126)
2. **करलिंगर :** परिकल्पना दो या दो से अधिक चरों के मध्य एक कल्पनात्मक कथन है। परिकल्पनाएँ हमेशा घोषणात्मक वाक्य के रूप में होती हैं और वे या तो सामान्य रूप से या विशेष रूप से, चरों से चरों तक सम्बन्धित होती हैं।
   (A Hypothesis is a conjectural statement of the relation between two or more variables. Hypotheses are always in declarative sentence form, and they relate, either generally or specifically, variables to variables. — Karlinger, 1986:17)
3. **कुमार रणजीत :** एक परिकल्पना किसी प्रक्रिया, सम्बन्ध या परिस्थिति के बारे में एक अनुमान, मान्यता, काल्पनिक हल, शंका, साधिकार कथन या एक विचार है जिसकी वास्तविकता या सच्चाई आप नहीं जानते हो। अनुसंधानकर्त्ता इन्हीं मान्यताओं, निश्चित घोषणाओं, कथनों, काल्पनिक हल या अनुभवों को परिकल्पनाएँ कहते हैं और वे एक जाँच–पड़ताल का आधार बन जाती हैं।
   (A Hypothesis is a hunch, assumption, suspicion, assertion or an idea about a phenomenon, relationship or situation, the reality or truth of which you do not know. A researcher calls these assmuptions, assertions, statements or hunches, hypotheses and they became the basis of an enquiry. — Kumar, Ranjit, 2005:74).

परिकल्पना : परिकल्पना से तात्पर्य एक ऐसे सुनियोजित अनुमान, काल्पनिक हल या कार्यकारी मान्यता से है जिसे एक शोध प्रश्न का उत्तर देने हेतु घोषणात्मक कथन के रूप में लिखा जाता है और जिसकी सत्यता एक अनुसंधानकर्त्ता को अपने अनुसंधान अध्ययन द्वारा सिद्ध करनी होती है।

परिकल्पना की प्रकृति और विशेषताएँ (Nature and Characteristics of a Hypothesis)

- एक परिकल्पना किसी अनुभव की गई समस्या का एक तर्कपूर्ण एवं बुद्धिमत्तापूर्ण अनुमान, मान्यता, काल्पनिक हल, अधिकारपूर्ण कथ्य या एक माना हुआ समाधान है जिसे सत्य या असत्य कहलाने के लिए प्रमाणों की जरूरत है।
- अपने प्रारम्भिक स्वरूप में परिकल्पना समस्या के एक सम्भावित विचार या समाधान के लिए प्रयुक्त की जाती है। बाद में सब कुछ इसके पुष्टिकरण और परीक्षण के परिणामों (जो कि इसे वैध कथन या समाधान के रूप में स्वीकार करने या अस्वीकार करने दोनों ही तरीकों से लिए जाते हैं) पर निर्भर करता है।

- परिकल्पनाएँ अनुसंधान के लिए कोई अनोखी बात नहीं है। जैसे जैसे हम अपने दिन प्रतिदिन की प्रक्रियाओं को समझने के लिए कर्मरत होते हैं ये परिकल्पनायें स्वतः ही लगातार मानव मस्तिष्क में उत्पन्न होती रहती हैं। लीडी और ओर्मरोड (Leedy & Ormrod, 2001) का विचार है कि "हम अपने चारों तरफ के वातावरण में व्याप्त घटनाओं को समझने एवं खोजने में, कार्यकारण (या कारण और प्रभाव) सम्बन्धी तर्कपूर्ण अनुमानों की शृंखला का निर्माण करके ही, समर्थ होते हैं।"
- एक परिकल्पना पूर्वकथन या भविष्य कथन के लिए प्रयुक्त एक विशेष कथन का प्रतिनिधित्व करती है। आपके अध्ययन में आप आगे क्या घटित होने की आशा करते हैं यह उसका स्थूल/मूर्त पदावली में वर्णन करती है।
- एक परिकल्पना किसी सम्भावित समाधान या कार्यात्मक प्रस्ताव या तर्कपूर्ण वाक्य के रूप में, अनुसंधानकर्त्ता को अपने अध्ययन सम्बन्धी खोज या जाँच पड़ताल की प्रक्रिया को आगे बढ़ाने के लिए एक समुचित आधार प्रदान करती है। दूसरे शब्दों में, एक अनुसंधान अध्ययन को आगे बढ़ाने के लिए अपनाई गई प्रक्रिया, प्रदत्त संकलन के प्रकारों एवं प्रयोग में लाए जाने वाले उपकरण, अपनाया गया अनुसंधान अभिकल्प आदि के सम्बन्ध में निर्णय लेने के लिए परिकल्पना वास्तव में एक प्रारम्भिक प्रेरक तथा आधार बिन्दु के रूप में कार्य करती है।
- परिकल्पना दोतरफा कार्य करती है। पहले तो किसी सिद्धान्त का विकास करने में और दूसरा एक वर्तमान सिद्धान्त को आगे जारी रखने या फिर उसके स्थान पर कोई नया सिद्धान्त लाने के लिए इस सिद्धान्त का परीक्षण करने में।
- परिकल्पना एक ऐसा घोषणात्मक कथन माना जाता है जिसकी सच्चाई अभी अज्ञात है। अनुसंधानकर्त्ता उसी कथन के प्रस्तावित सत्य को जानने और स्थापित करने के लिए संघर्षशील अनुसंधान कार्य में लगा रहता है।
- परिकल्पना को न तो सिद्ध किया जा सकता है और ना ही असिद्ध। लीडी और आर्मरोड (Leedy & Ormrod, 2001) का विचार है कि वास्तव में एक अन्वेषणकर्त्ता जो एक परिकल्पना को सिद्ध करने में जुट जाता है वह ऐसा करने में अनुसंधान खोज की निष्पक्षता को त्यागता हुआ दिखाई पड़ता है। अनुसंधान में इसलिए एक शोधकर्त्ता परिकल्पना को या तो स्वीकार करने में समर्थ होता है अथवा अस्वीकार करने में। अगर एक परिकल्पना अस्वीकार कर दी जाती है तो फिर अनुसंधानकर्त्ता अपने अनुसंधान प्रश्न का उत्तर प्राप्त करने के लिए एक नई परिकल्पना का निर्माण करना है। आगे चलकर यदि एक परिकल्पना को लगातार समर्थन मिलता रहे तो फिर यह एक सिद्धान्त का रूप ले लेती है।
- अपने बुद्धिमत्तापूर्ण अनुमान या मान्यता में एक परिकल्पना निम्न कार्यों में सहायक सिद्ध हो सकती है :
  - दो या दो से अधिक चरों के बीच पूर्वकथन करना और उसे स्थापित करना।
  - किसी प्रक्रिया विशेष के बारे में कार्यकारण सम्बन्ध का पूर्वानुमान लगाना या उसे स्थापित करना।
  - किसी प्रक्रिया विशेष की वास्तविक प्रकृति का पूर्वानुमान लगाना और उसकी व्याख्या करना।
  - किसी समस्या के सुझाये गये समाधान का पूर्वकथन करना और परीक्षण करना।

ऊपर जो कुछ परिकल्पना पद के अर्थ और विशेषताओं के सम्बन्ध में कहा गया है उसके आधार पर परिकल्पना पद के लिए एक कार्यकारी परिभाषा निम्न रूप ले सकती है :

एक परिकल्पना दो या अधिक चरों के बीच स्थित सम्बन्धों से अवगत कराने या वर्तमान परिस्थिति या प्रक्रिया के सम्बन्ध में अन्तःदृष्टि प्रदान करने के लिए प्रयुक्त एक ऐसी बुद्धिमत्तापूर्ण, सुनियोजित, अनुमान, कल्पनात्मक समाधान या कार्यकारी धारणा है जिसे घोषणात्मक कथनों के रूप में लिखा जाता है और जिसकी सत्यता को अनुसंधानकर्त्ता के द्वारा अपने अनुसंधान प्रयासों के द्वारा सिद्ध करने का प्रयास किया जाता है।

परिकल्पना के कार्य या प्रयोजन
(The Functions or Purposes Served by a Hypothesis)

अपने अनुसंधान अध्ययन के नियोजन एवं क्रियान्वयन के कार्य में अनुसंधानकर्त्ता के लिए एक शोध अध्ययन की एक परिकल्पना काफी उपयोगी कार्यों और प्रयोजनों को पूरा कराने में सहायता करती हुई प्रतीत होती है। उनमें से कुछ उल्लेखनीय कार्यों और प्रयोजनों को संक्षिप्त रूप में नीचे दिया जा रहा है :

1. शोधकर्त्ता के लिए परिकल्पना अत्यन्त महत्त्वपूर्ण है क्योंकि यही अनुसंधानकर्त्ता का मार्गदर्शन करती है। अनुसंधानकर्त्ता द्वारा अपने अनुसंधान अध्ययन के लिए एक विशेष रूप से चयन की गई तथा पहचान की गई समस्या का समाधान करने हेतु हाथ में ली गई अनुसंधान योजना की पूर्ण प्रक्रिया की दिशा निर्देशित करने में परिकल्पना एक ध्रुव तारे की तरह कार्य करती है। संक्षेप में, शोध अध्ययन को क्रियान्वित करने के लिए, किस तरह के प्रदत्तों का संकलन करना है, प्रदत्त संकलन के लिए किन उपकरणों का प्रयोग करना है, किन चरों का चयन करना है, अनुसंधान अभिकल्प तथा प्रयोग में लाई जाने वाली प्रक्रिया क्या होगी – इन सभी चीजों के बारे में निर्णय लेने में परिकल्पना अनुसंधानकर्त्ता की बहुत सहायता करती है।
2. परिकल्पना अनुसंधान अध्ययन के प्रदत्तों का विश्लेषण करने, उसके परिणामों की व्याख्या करने तथा निष्कर्ष का अभिलेखन करने के लिए एक रूपरेखा या ढांचा प्रदान करती है।
3. परिकल्पना वर्तमान में विद्यमान सिद्धान्त की सम्पूर्णता या भागों के रूप में उसकी कार्यात्मक योग्यता या वैधता का परीक्षण करने के लिए एक आधारभूमि या समुचित माध्यम के रूप में कार्य करने के साथ साथ व्यावहारिक विज्ञानों में किसी विशेष क्षेत्र या अध्ययन के विषय में एक सिद्धान्त का विकास करने में मदद करती है।
4. परिकल्पना अनुसंधानकर्त्ता पर, अपने अध्ययन की शोध परिकल्पना/परिकल्पनाओं को स्वीकार करे या अस्वीकार करे, इस प्रकार का दबाव बनाए रखने के रूप में उस शोध अध्ययन के प्रदत्तों का विश्लेषण करने और किसी वैध निष्कर्ष पर पहुँचने के लिए उचित विधियों का प्रयोग करने के लिए सार्थक एवं केन्द्रित दिशा निर्देश प्रदान करती है।
5. परिकल्पना निम्न प्रकार की बातों को स्थापित करने तथा वैधता प्रदान करने के लिए एक सही दिशा और केन्द्रबिन्दु प्रदान करती है :
   – शोध अध्ययन में शामिल दो या अधिक चरों के मध्य सम्बन्ध स्थापित करना।
   – किसी वर्तमान में उपलब्ध प्रक्रिया या परिस्थिति विशेष में कारण और प्रभाव सम्बन्ध ढूँढ़ना और स्थापित करना।
   – एक विशिष्ट प्रक्रिया की उपस्थिति को निश्चित करना और उसकी व्याख्या करना।
6. एक अनुसंधान अध्ययन में परिकल्पना का निर्माण करने के पीछे जो तर्क है वह एकदम से स्पष्ट है। अनुसंधान में कुछ शोध प्रश्न होते हैं और अनुसंधानकर्त्ता को अपने शोध अध्ययन के द्वारा उन प्रश्नों का उत्तर जानने की आवश्यकता होती है। इस प्रयोजन से, उसे कुछ आवश्यक सूचनाओं या प्रदत्तों का संकलन करने की जरूरत होती है। परन्तु वह यह नहीं जानता है कि किस प्रकार की सूचनाओं का और किन स्रोतों एवं साधनों से उन सूचनाओं का संग्रह करना है। वह कुछ कार्य शुरु करना चाहता है परन्तु कैसे ? अब प्रदत्त संकलन के उसके कार्य को दिशा दिखाने के लिए परिकल्पना (अनुमान या कल्पनात्मक कथन) का निर्माण यहाँ पर एक ध्रुव तारे का कार्य कर सकता है। परिणामस्वरूप, वह आवश्यक प्रदत्तों का संकलन कर सकता है और अपनी परिकल्पना का परीक्षण करने के लिए इसका

प्रयोग कर सकता है। यह देखने के लिए कि उसका अनुमान या कल्पनात्मक कथन सही थे या नहीं ? इस प्रकार के परीक्षण और पुष्टिकरण के बिना कोई भी अपनी परिकल्पना (अनुमान या कल्पनात्मक कथन) की सच्चाई या वैधता के बारे में किसी निष्कर्ष पर नहीं पहुँच सकता है।

क्या व्यावहारिक विज्ञानों में सभी प्रकार के अनुसंधानों के लिए परिकल्पनाओं का निर्माण आवश्यक है? (Is the Formation of Hypotheses Essential for All Types of Research in Behavioural Sciences ?)

उपरोक्त प्रश्न के उत्तर में हम निम्न बातों का उल्लेख कर सकते हैं :

- व्यावहारिक विज्ञानों में किए जाने वाले सभी प्रकार की अध्ययनों के लिए यह जरूरी नहीं होता है कि उन्हें किसी एक या दूसरे प्रकार की परिकल्पना से आरम्भ किया जाए। उदाहरण के लिए उन अध्ययनों में, जिन्हें अन्वेषणात्मक या खोजी अध्ययन कहा जाता है, अनुसंधानकर्त्ता को किसी औपचारिक परिकल्पना की जरूरत नहीं होती, क्योंकि ये अध्ययन मुख्यतः किसी भी बात को पूरी तरह खोज कर, कुछ ऐसे विशेष परिणामों या पूर्वकथनों पर पहुँचने के लिए किए जाते हैं जिनकी सत्यता का परीक्षण करने के लिए आगे अनुसंधान करने की जरूरत होती है। यहाँ एक औपचारिक अनुसंधान परिकल्पना का निर्माण करने के स्थान पर अनुसंधानकर्त्ता से यह अपेक्षा की जाती है कि वह कोई एक अनुसंधान प्रश्न या समस्या को घोषणा या प्रश्न शैली में (जैसे नीचे दिखाया गया है) प्रस्तुत करने का प्रयत्न करे। "जनजाति ए तथा जनजाति बी में विधवाओं से किए जाने वाले व्यवहार में पाए जाने वाले अन्तरों की खोज" या "जनजाति ए तथा जनजाति बी में विधवाओं से किए जाने वाले व्यवहार में किस प्रकार का अन्तर पाया जाता है ?
- सामान्यतः नोर्मेटिव सर्वेक्षण, विकासात्मक या प्रयोगात्मक अध्ययनों, जहाँ अनुसंधानकर्त्ता को किन्हीं परिणामों के बारे में (जैसे – दो या अधिक चरों के बीच सम्बन्ध या कारण और प्रभाव सम्बन्ध स्थापित करना) पूर्वकथन करना जरूरी होता है, वहाँ परिकल्पना का निर्माण करना जरूरी होता है।
- जैसा कि हिलवे (Hillway, 1964:130) ने कहा है कि उन तथ्यों को प्राप्त करने वाले अध्ययनों में, जहाँ अध्ययन का उद्देश्य केवल तथ्यों को प्राप्त करना है, वहाँ परिकल्पना का निर्माण करना जरूरी नहीं होता है। इस प्रकार के अध्ययनों के उदाहरण के रूप में हम विवरणात्मक तथा ऐतिहासिक अनुसंधानों के क्षेत्र में अनेक अध्ययनों के नाम का उल्लेख कर सकते हैं, जैसे–फतेहपुर सीकरी या श्रीलंका का इतिहास, हिटलर का जीवन, एक महापुरुष के जीवन या इतिहास की विशेष घटना से सम्बन्धित वृत्तान्त आदि।
- गुणात्मक अनुसंधानों में भी अनुसंधानकर्त्ता को परिकल्पना का निर्माण या विकास करने की जरूरत उस तरह से नहीं होती है जिस तरह से परिमाणात्मक अनुसंधानों के अधिकतर अध्ययनों में पड़ती है। परिमाणात्मक अनुसंधान में अध्ययन के शुरु में ही, प्रदत्तों का संकलन करने के पहले परिकल्पनाओं की पहचान कर ली जाती है, और बाद में यदि इनमें किसी परिवर्तन की जरूरत पड़ी भी तो यह परिवर्तन बहुत थोड़ा सा ही होता है। दूसरी तरफ गुणात्मक अनुसंधान में जैसे जैसे अनुसंधान आगे बढ़ता है तो बीच में ही परिकल्पनायें उभर कर सामने आती रहती हैं। अनुसंधान की शुरुआत में कुछ सामान्य परिकल्पनायें बनाकर आगे चला भी जा सका है परन्तु वे स्थिर नहीं रहती, जैसे जैसे प्रदत्तों का संकलन और विश्लेषण होता जाता है उन्हीं के सम्बन्ध में इनमें कुछ जोड़ने घटाने या उनमें कुछ सुधार करने की आवश्यकता पड़ती रहती है। गुणात्मक अनुसंधान में परिकल्पनाएँ कल्पनात्मक ही होती हैं, पर इस बात पर कोई ज्यादा ध्यान नहीं दिया जाता कि वे दिशासूचक (Directional) होंगी या शून्य (Null)। उनका कथन अध्ययनगत प्रक्रिया के सन्दर्भ से मेल खाने वाला होता है।

परिकल्पनाओं के प्रकार या स्वरूप (Types or Forms of Hypotheses)

जैसा कि करलिंगर (Kerlinger, 1973:201) का विचार है कि परिकल्पनाएँ दो व्यापक श्रेणियों में विभाजित की जा सकती हैं – (A) सारगर्भित परिकल्पनाएँ (इन्हें शोध परिकल्पनाओं के रूप में भी जाना जाता है) तथा (B) सांख्यिकीय परिकल्पनाएँ। आइए, व्यावहारिक विज्ञानों में अध्ययनकर्त्ताओं द्वारा अनुसंधान अध्ययनों में प्रयुक्त की जाने वाली इन परिकल्पनाओं के इन दोनों प्रकारों की प्रकृति और प्रयोग के बारे में संक्षेप में जानें।

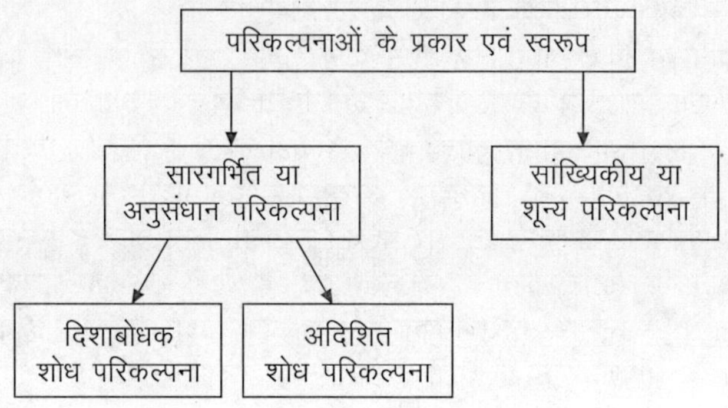

चित्र 15.1 परिकल्पनाओं के प्रकार एवं स्वरूप।

A. सारगर्भित परिकल्पनाएँ (Substantive Hypotheses)

सारगर्भित परिकल्पनाएँ वे परिकल्पनाएँ हैं जिनसे किसी अनुसंधानात्मक अध्ययन में उठाए गए प्रश्नों तथा अनुभव की गई समस्याओं के उत्तर और समाधान बड़े ही सारगर्भित और उपयुक्त ढंग से प्राप्त होते हैं। लेखन प्रारूप और शैली की दृष्टि से इन्हें कुछ तर्कपूर्ण कथनों या औपचारिक घोषणात्मक कथनों के रूप में लिखा जाता है। वैज्ञानिक रीति से आगे बढ़ने वाले प्रत्येक अनुसंधान अध्ययन को किसी एक या दूसरी ऐसी सारगर्भित परिकल्पना के साथ ही अध्ययन की शुरुआत करने की आवश्यकता होती है। यही कारण है कि सारगर्भित परिकल्पना को एक अनुसंधान या वैज्ञानिक परिकल्पना भी कहा जाता है। इसका इस प्रकार से कहा जाना ही अपने आप में, एक वैज्ञानिक या अनुसंधान अध्ययन में इस परिपकल्पना की तीव्र जरूरत को प्रदर्शित करने के लिए काफी है।

सारगर्भित या अनुसंधान परिकल्पना को परिभाषित करना
(Defining the Term Substantive or Research Hypothesis)

बेस्ट और काह्न (Best and Kahn, 2006:11) के विचार में, "एक सारगर्भित या अनुसंधान परिकल्पना, एक अकेले शोध परिणाम के बारे में पूर्व कथन करने वाला औपचारिक सकारात्मक कथन है, यह दो या दो से अधिक चरों के बीच सम्बन्धों की सम्भावित व्याख्या है।"

(A substantive or reasearch hypothesis is a formal affirmative statement predicting a single research outcome, a tentative explanations of the relationship between two or more variables.)

एक शोध परिकल्पना के द्वारा इस प्रकार के सम्बन्धों के पूर्व कथन की प्रकृति पर और ज्यादा प्रकाश डालते हुए स्टेन्गर, चार्ल्स (Stangor, Charles, 2004:36) ने कहा है, "एक सारगर्भित या शोध परिकल्पना दो या दो से अधिक चरों के बीच विद्यमान सम्बन्ध के बारे में एक विशिष्ट और गलत सिद्ध किये जा सकने वाले पूर्व कथन के रूप में परिभाषित की जा सकती है साथ ही एक शोध परिकल्पना अध्ययन चरों के बीच सम्बन्ध और उस सम्बन्ध की कोई विशिष्ट दिशा के अस्तित्व का भी कथन करती है।"

इस प्रकार से, जैसा कि ऊपर अभिव्यक्त किए गए विचारों से प्रतिध्वनित होता है, एक शोध परिकल्पना निम्न बातों का प्रतिनिधित्व करती हुई दिखाई देती है।

- एक औपचारिक और सकारात्मक कथन।
- अध्ययन के चरों के बीच वर्तमान सम्बन्ध (दिशा के साथ) का पूर्व कथन करने के उद्देश्य से विशेष शब्दों में युक्त एक कथन।
- यह पूर्वकथन असत्य या सत्य कुछ भी हो सकता है और इस प्रकार यह अनुसंधान अध्ययन की प्रक्रिया में उचित समय पर उचित प्रकार से पुष्टिकरण चाहता है।

इस प्रकार की परिकल्पना के उदाहरण के रूप में हम निम्न कथन प्रस्तुत कर सकते हैं:

(i) दूरदर्शन पर मारधाड़ वाले कार्यक्रम देखना, आक्रामक व्यवहार में वृद्धि का कारण है।

(ii) मनोचिकित्सा पद्धति का उपयोग व्यक्तियों के चिन्तन स्तर में कमी लाता है।

(iii) प्राथमिक विद्यालय में सजा देने वाली अनुशासनात्मक विधि में यदि वृद्धि की जाती है तो विद्यार्थियों की उपलब्धि कम हो जाती है।

(iv) पुराने इंजीनियरों की तुलना में युवा इंजीनियर कम कुशल होते हैं।

(v) यदि अल्ट्रावायलेट रोशनी का सम्बन्ध त्वचा के केंसर से है तो जो व्यक्ति अल्ट्रावायलेट रोशनी में ज्यादा रहते हैं, उन्हें त्वचा के केन्सर का खतरा बहुत ज्यादा होगा।

सारगर्भित या शोध परिकल्पना के प्रकार या स्वरूप

एक सारगर्भित परिकल्पना को दो प्रकारों – दिशाबोधक या दिशित शोध परिकल्पना और अदिशित शोध परिकल्पना में वर्गीकृत किया जा सकता है।

दिशाबोधक या दिशित शोध परिकल्पना (Directional Research Hypothesis)

दिशाबोधक शोध परिकल्पनाएँ वे परिकल्पनाएँ हैं जो अध्ययन के चरों के मध्य उपस्थित अन्तर की दिशा के बारे में पूर्वकथन करने में समर्थ है। दूसरे शब्दों में, जिन परिकल्पनाओं के कथन दिशाबोधक रूप में दिये जाते हैं उन्हें दिशाबोधक या दिशित शोध परिकल्पनाओं के नाम से जाना जाता है। ऐसी परिकल्पनाओं के उदाहरण के रूप में निम्न को उद्धृत कर सकते हैं :

(i) हरियाणा राज्य के सरकारी विद्यालयों के अध्यापक, गैर–सरकारी विद्यालयों के अध्यापकों की तुलना में ज्यादा अच्छी तरह से समायोजित हैं।

(ii) कामकाजी महिलाओं के बच्चे घरेलू महिलाओं के बच्चों से ज्यादा सामाजिक तथा बहिर्मुखी होते हैं।

(iii) सह पाठ्य गतिविधियों में सहभागिता विद्यार्थियों की उपलब्धियों पर नकारात्मक ढंग से प्रभाव डालती है।

अदिशित शोध परिकल्पना (Non Directional Hypothesis)

अदिशित शोध परिकल्पनाएँ वे परिकल्पनाएँ हैं, जो यद्यपि अध्ययन के चरों के मध्य पाए जाने वाले अन्तर की उपस्थिति के बारे में पूर्वकथन करती है परन्तु वे इन अन्तरों की दिशा के बारे में कुछ भी नहीं कहती। दूसरे शब्दों में, जिन शोध परिकल्पनाओं का कथन किसी दिशा विशेष को इंगित नहीं करता वे अदिशित शोध परिकल्पनाओं के नाम से जानी जाती हैं। इन परिकल्पनाओं के उदाहरणों के रूप में हम निम्न का उल्लेख कर सकते हैं :

(i) सरकारी और गैर–सरकारी विद्यालयों के अध्यापकों के समायोजन में सार्थक अन्तर है।

(ii) कामकाजी एवं घरेलू महिलाओं के बच्चों की विद्यालयी उपलब्धि में सार्थक अन्तर होता है।

(iii) जो विद्यार्थी विद्यालय की सहपाठ्य क्रियाओं में भाग लेते हैं और जो भाग नहीं लेते हैं, उनकी उपलब्धियों में सार्थक अन्तर होता है।

नोट: एक वैकल्पिक (Alternative) परिकल्पना अनुसंधानात्मक परिकल्पना के ठीक विपरीत होती है। परम्परागत रूप से एक शून्य परिकल्पना वैकल्पिक परिकल्पना के रूप में स्थापित की जाती है। यहाँ अपने प्रचलित रूप में हम एक अनुसंधानात्मक परिकल्पना को H_1 चिह्न से प्रदर्शित करते हैं और शून्य परिकल्पना को H_0 चिह्न से)।

B. सांख्यिकीय परिकल्पनाएँ (Statistical Hypotheses)

सांख्यिकीय परिकल्पनाएँ वे कल्पनाएँ हैं जिनकी वैधता का परीक्षण सांख्यिकीय साधनों के द्वारा किया जा सकता है। जैसा कि हम जानते हैं एक सारगर्भित या अनुसंधान परिकल्पना (Research Hypothesis) की सबसे बड़ी कमजोरी इस बात में है कि सांख्यिकीय तकनीकों द्वारा इसका परीक्षण नहीं किया जा सकता है। सारगर्भित या अनुसंधान परिकल्पना के संदर्भ में (परिमाणात्मक अनुसंधान अध्ययनों के मामलों के विशेष रूप से) एक सम्भावित समस्या समाधान की वैधता का परीक्षण करने के लिए सांख्यिकीय तकनीकों का प्रयोग अति आवश्यक है और यह तब तक सम्भव नहीं है जब तक कि अनुसंधानकर्त्ता अपनी अनुसंधान परिकल्पना (Research Hypothesis) को एक दूसरे प्रकार की परिकल्पना, जिसे सांख्यिकी परिकल्पना के नाम से जाना जाता है, में परिवर्तित कर प्रस्तुत नहीं करता।

वास्तव में अपने क्रियात्मक रूप में एक शोधकर्त्ता व्यावहारिक विज्ञानों में शोध अध्ययन करने हेतु (विशेषकर परिमाणात्मक अनुसंधान अध्ययनों में) ऊपर उल्लेखित दोनों प्रकार की परिकल्पनाओं – अनुसंधान परिकल्पना और सांख्यिकीय परिकल्पना का प्रयोग करता है। वह एक स्वीकारात्मक अनुसंधान परिकल्पना के कथन से शुरु करता है। यह सकारात्मक परिकल्पना और कुछ नहीं बल्कि घोषणात्मक रूप में प्रस्तुत किया गया एक सकारात्मक कथन है जो उसके अध्ययन के परिणाम का उसी ढंग से, पूर्व कथन करने में समर्थ होता है, जैसा वह उचित समझता है, जैसे–प्रदर्शन विधि से पढ़ाए गए समूह A के विद्यार्थी व्याख्यान विधि से पढ़ाए गए समूह B के विद्यार्थियों की तुलना में एक विशिष्ट उपलब्धि परीक्षण में ज्यादा अच्छा प्रदर्शन करेंगे। बाद में, अवलोकन किए गए प्रदत्तों के सांख्यिकीय विश्लेषण के स्तर पर वह एक सांख्यिकीय परिकल्पना, जिसे शून्य परिकल्पना के नाम से जाना जाता है, की ओर उन्मुख होता है, जिसकी अभिव्यक्ति एक नकारात्मक या शून्य (Null) रूप में प्रदत्त घोषणात्मक कथन द्वारा होती है। जैसे–"प्रदर्शन विधि से पढ़ाए गए समूह ए के विद्यार्थियों और व्याख्यान विधि से पढ़ाए गए समूह बी के विद्यार्थियों के उपलब्धि प्राप्तांकों में कोई सार्थक अन्तर नहीं होता है।"

इस प्रकार से व्यावहारिक विज्ञानों के अनुसंधान में जिस परिकल्पना को सत्य या असत्य ठहराने हेतु परीक्षण की कसौटी पर कसा जाता है यह परिकल्पना, अनुसंधान परिकल्पना (Research Hypothesis) नहीं बल्कि वह परिकल्पना होती है जिसे सांख्यिकीय या शून्य (Statistical or Null Hypothesis) कहा जाता है। इसी सांख्यिकीय या शून्य परिकल्पना का परीक्षण करने में अनुसंधानकर्त्ता को यह निर्णय लेना होता है कि उपलब्ध साक्ष्यों के आधार पर इसे अस्वीकार किया जाये या नहीं।

सांख्यिकीय परिकल्पनाएँ अक्सर मात्रात्मक शब्दों में प्रदान की जाती हैं। तकनीकी दृष्टि से अनुमानजन्य सांख्यिकी के सन्दर्भ में, एक सांख्यिकीय परिकल्पना एक या दूसरे समष्टि मानों (Parameters) जैसे–मध्यमान, प्रतिशत आदि के सम्बन्ध में दिये गये एक कथन का प्रतिनिधित्व करती हैं। ये समष्टि मान (Parameters) और कुछ नहीं बल्कि अध्ययन में शामिल जनसंख्या के विभिन्न प्रमापों का प्रतिनिधित्व करते हैं। व्यावहारिक विज्ञानों के किसी अध्ययन में इस प्रकार की सांख्यिकीय परिकल्पना के उदाहरण के रूप में हम निम्न का उल्लेख कर सकते हैं।

"विधि 'ए' से पढ़ाए गए तीसरी कक्षा के विद्यार्थियों के पठन प्राप्तांकों का मध्यमान, विधि 'बी' से पढ़ाए गए विद्यार्थियों के पठन प्राप्तांकों के मध्यमान के बराबर है।"

तदनुसार पूर्व वर्णित अनुसंधान परिकल्पना (अदिशित और दिशित) को सम्बन्धित सांख्यिकी या शून्य परिकल्पना में निम्न प्रकार से परिवर्तित किया जा सकता है :

(i) "सरकारी एवं गैर–सरकारी स्कूलों के अध्यापकों के एक समायोजन अनुसूची के द्वारा प्राप्त प्राप्तांकों के मध्यमान में कोई सार्थक अन्तर नहीं है।"

(ii) "कामकाजी महिलाओं और घरेलू महिलाओं के बच्चों के एक उपलब्धि परीक्षण में प्राप्त अंकों के मध्यमान में कोई सार्थक अन्तर नहीं है।"

(iii) "सहपाठ्य क्रियाओं में भाग लेने वाले बच्चों और इन क्रियाओं में भाग न लेने वाले बच्चों के एक उपलब्धि परीक्षण प्राप्तांकों के मध्यमान में कोई सार्थक अन्तर नहीं है।"

सांख्यिकीय परिकल्पना के कथनों के उपरोक्त उदाहरणों की प्रकृति को देखकर हम आसानी से यह निष्कर्ष निकाल सकते हैं कि सांख्यिकीय परिकल्पनाओं का कथन हमेशा सांख्यिकीय पदावली में किया जाता है। इन उदाहरणों को देखने से यह भी स्पष्ट होता है कि सांख्यिकीय परिकल्पना हमेशा शून्य या नकारात्मक स्वरूप में प्रस्तुत की जाती है और यही कारण है कि इसे शून्य परिकल्पना (Null Hypothesis) यानी अन्तररहित और सम्बन्धहीन परिकल्पना (Hypothesis of no difference or no relationship) का नाम दिया जाता है। निष्कर्ष रूप में यह अच्छी तरह से समझा जाना चाहिये कि तकनीकी दृष्टि से "अनुमानजन्य सांख्यिकी (Inferential Statistics) का प्रयोग करते हुए जब सांख्यिकीय परिकल्पना का परीक्षण किया जाता है तो यह शून्य परिकल्पना है जिसका परीक्षण किया जाता है।" — (Weirsma & Jurs, 2005:40)

यहाँ प्रश्न उठता है कि जब अपने अध्ययन के परिणामों के सम्बन्ध में पूर्वकथन करने या अपने अनुसंधान प्रश्नों का उत्तर देने के लिए अनुसंधानकर्त्ता के पास पहले से ही अच्छी तरह से सोची समझी हुई अनुसंधान परिकल्पना (Research Hypothesis) होती है तब उसे सांख्यिकीय या शून्य परिकल्पना (Null Hypothesis) के रूप में एक और परिकल्पना की क्या जरूरत है ? इसके उत्तर में हम निम्न बातें प्रस्तुत कर सकते हैं :

1. अपने वर्तमान प्रारूप में अनुसंधान परिकल्पना, परिमाणात्मक अनुसंधान अध्ययन में प्रयुक्त होने वाली अनुमानजन्य सांख्यिकीय तकनीकों की जरूरत के मुताबिक सांख्यिकीय विश्लेषण और व्याख्या करने में प्रयुक्त नहीं की जा सकती। इसको सांख्यिकीय परिकल्पनाओं के एक उचित रूप में परिवर्तित करने और नकारात्मक एवं शून्य परिकल्पना प्रारूप में अभिव्यक्त करने की आवश्यकता होती है। इस प्रकार से यह सांख्यिकीय परिकल्पना ही है जो अपने शून्य परिकल्पना स्वरूप में एक अनुसंधानात्मक अध्ययन के संकलित प्रदत्तों को अनुमानजन्य सांख्यिकीय तकनीकों से जाँच करने के काम आती है ना कि वह मौलिक (बाद में कुछ संशोधित) अनुसंधान परिकल्पना जिसे अनुसंधानकर्त्ता द्वारा अपने तरीके से अनुसंधान परिणामों का पूर्वकथन करने के लिए, प्रयुक्त किया जाता है।
2. अपने शोध अध्ययन में शोध परिणामों के लिए अनुसंधानकर्त्ता द्वारा किए गए पूर्वकथन के रूप में जो मौलिक अनुसंधान परिकल्पना (H_1) प्रस्तुत की गई है, शून्य परिकल्पना (H_0) इसके वैकल्पिक परिकल्पना रूप का प्रतिनिधित्व करती है। अनुसंधानकर्त्ता द्वारा 'सकारात्मक रूप में सुझाई गई मौलिक अनुसंधान परिकल्पना के विपरीत इसका नकारात्मक रूप में कथन किया जाता है। यह और अनुसंधान परिकल्पना दोनों से मिलकर ही अध्ययन में प्रयुक्त समष्टि की विशेषताओं तथा प्रक्रिया विशेष की सत्यता को स्वीकारने या नकारने सम्बन्धी जाँच कार्य की कहानी पूरी होती है।

3. तर्कशास्त्र में किसी कथन की सत्यता को सिद्ध करने का सरल तरीका यह है कि उस कथन के विपरीत अथवा नकारात्मक रूप को असत्य सिद्ध कर दिया जाये। अगर हम इस बात से आश्वस्त हैं कि एक व्यक्ति बेईमान नहीं है तब हमारे लिये उसे एक ईमानदार व्यक्ति के रूप में स्वीकार करने में कोई संकोच नहीं होगा। इसी रूप में यहाँ मौलिक अनुसंधान परिकल्पना की विपरीत और नकारात्मक स्वरूप में उपस्थित शून्य परिकल्पना (H_0) का सांख्यिकीय परीक्षण किया जाता है। किए गए परीक्षण से अगर यह अस्वीकृत हो जाती है तो इसका विरोधी या विपरीतार्थक कथन, जो अनुसंधान परिकल्पना (H_1) के रूप में उपस्थित रहता है उसे सत्य स्वीकार कर लिया जाता है। उदाहरण के लिए अगर किसी शून्य परिकल्पना जिसे "प्रदर्शन तथा व्याख्यान विधियों से पढ़ाए गए समूह 'ए' तथा समूह 'बी' के विद्यार्थियों के उपलब्धि प्राप्तांकों में कोई अन्तर नहीं है" के रूप में कथन किया गया है, अस्वीकृत हो जाती है तब हमें यह स्वीकार करने में कोई आपत्ति नहीं होनी चाहिए कि विद्यार्थियों के प्राप्तांकों में अन्तर है और इन अन्तरों के लिए अलग अलग विधियों का प्रयोग उत्तरदायी है।
4. अनुसंधानकर्त्ताओं को यह बात काफी उलझन भरी लगती है कि किसी सकारात्मक कथन की सत्यता की जाँच के लिए उसके नकारात्मक स्वरूप की असत्यता को सिद्ध किया जाये। क्या हमारे लिए यह उचित और पर्याप्त नहीं रहता कि हम मौलिक सकारात्मक कथन की सत्यता सिद्ध करने के लिए सीधा रास्ता प्रयोग में लाएं ? इस पहलू पर अपनी टिप्पणी करते हुए बेस्ट और काहन (Best & Kahn, 2006:408) ने लिखा है :

   स्पष्टीकरण (नकारात्मक स्वरूप की असत्यता को सिद्ध करना) ऐसा लगता है एक पक्षीय है, परन्तु तर्क में जान है। एक सकारात्मक परिकल्पना की किसी एक अवसर पर पुष्टि हो जाने से उसकी सत्यता सिद्ध नहीं होती। निरीक्षित परिणाम एक सकारात्मक परिकल्पना से मेल खा सकते हैं परन्तु ऐसा बराबर की अन्य संभावित परन्तु प्रतियोगी परिकल्पनाओं से भी हो सकता है। सकारात्मक परिकल्पना का पुष्टिकरण एक तरह से निष्कर्षहीन परीक्षण प्रदान करता है। एक शून्य या नकारात्मक परिकल्पना की अस्वीकृति, एक सशक्त तार्किक परीक्षण प्रदान करती है। ऐसे साक्ष्य जो एक विशेष नकारात्मक परिकल्पना की लगातार पुष्टि कर रहे होते हैं, उनमें अस्वीकृति हेतु सशक्त आधार मिलता है। एक न्यायालय में एक अपराधी को तब तक अपराधी नहीं माना जाता जब तक कि उसके अपराधी न होने सम्बन्धी धारणा अस्वीकृत या अमान्य न हो जाए। इस अर्थ में अपराधी न होने सम्बन्धी मान्यता शून्य परिकल्पना जैसी ही दिखाई देती है।
5. यहाँ पर अनुसंधान परिकल्पना के सम्बन्ध में एक बहुत ही महत्त्वपूर्ण तथ्य का उल्लेख करना काफी जरूरी हो जाता है कि अनुसंधानकर्त्ता के सामने उसके अनुसंधान अध्ययन से सम्बन्धित एक वैकल्पिक परिकल्पना हमेशा ही शून्य परिकल्पना या इसके विपरीत रूप में उपस्थित रहती है जो कि शेष बचे हुए सम्भावित परिणामों को अभिव्यक्त करती है। उदाहरण के लिए पठन उपलब्धि के उदाहरण के लिए अनुसंधान परिकल्पना और शून्य परिकल्पना के रूप में इसकी वैकल्पिक परिकल्पना निम्न रूप से बनाई जा सकती है :

H_1 : विधि ए तथा विधि बी से पढ़ाए गए तीसरी कक्षा के सेक्शन A तथा B के विद्यार्थियों की पठन उपलब्धि का मध्यमान समान है।

H_0 : विधि ए से पढ़ाए गए तथा विधि बी से पढ़ाए गए तीसरी कक्षा के सेक्शन A तथा सेक्शन B के विद्यार्थियों की पठन उपलब्धि का मध्यमान समान नहीं है।

यह बात ध्यान देने की है कि अनुसंधान परिकल्पना और वैकल्पिक परिकल्पना सभी प्रकार की सम्भावनाओं की पूर्ति करती है। इस उदाहरण में दोनों का मध्यमान या तो समान है या समान नहीं है

इसलिए एक अनुसंधानकर्त्ता को हमेशा केवल एक परिकल्पना ही नहीं बनानी चाहिए बल्कि परिकल्पनाओं को जोड़े के रूप में जिसमें शून्य परिकल्पना (H_0 से प्रदर्शित होने वाली) और वैकल्पिक परिकल्पना (H_1 से प्रदर्शित होने वाली) दोनों की ही उपस्थिति अपने अध्ययन के सम्भावित परिणामों के परीक्षण के लिए अपने सामने रखनी चाहिए।

परिकल्पना निर्माण और अनुसंधान प्रश्नों का उत्तर देने के लिए उनका प्रयोग (Hypotheses Formation and Their Use in Answering Research Questions)

अनुसंधान अध्ययन के लिए परिकल्पना का निर्माण करने या लिखने का कार्य वास्तव में अनुसंधानकर्त्ता के द्वारा हाथ में लिए गए अध्ययन तथा अनुसंधान समस्या के प्रकार सम्बन्धी निर्णय पर आधारित होता है। इसमें यह बात भी शामिल होती है कि एक अनुसंधानकर्त्ता अपने अध्ययन के परिणामों के बारे में निष्कर्ष निकालने में सहायता प्राप्त करने हेतु निर्मित परिकल्पनाओं के परीक्षण और पुष्टिकरण के बारे में किस प्रकार के निर्णय लेना चाहता है। परिणामस्वरूप हम परिकल्पनाओं के निर्माण तथा अनुसंधान प्रश्नों के उत्तर देने में उनके प्रयोग को निम्न तीन प्रक्रियाओं के तहत वर्णन कर सकते हैं :

सोपान 1 : अनुसंधान समस्या और उद्देश्यों के बारे में स्पष्ट सोच का होना (To Have a Clear Idea About the Research Problem and Objectives)

अनुसंधान परिकल्पना निर्माण या लेखन के महत्त्वपूर्ण कार्य के क्रियान्वयन के लिए आगे बढ़ने से पहले एक अनुसंधानकर्त्ता को अपनी अनुसंधान समस्या तथा अपने अनुसंधान अध्ययन के उद्देश्यों या प्रयोजनों का स्पष्ट रूप से पूर्ण ज्ञान प्राप्त करने की कोशिश करनी चाहिए। उदाहरण के लिए "हरियाणा राज्य के माध्यमिक स्कूलों के अध्यापकों के समायोजन का अध्ययन" विषय पर अनुसंधान अध्ययन करने के लिए अनुसंधान परिकल्पना का निर्माण करने के लिए अनुसंधानकर्त्ता को सर्वप्रथम अपने अध्ययन की प्रकृति और प्रयोजनों के बारे में, उसके कथन, परिभाषा, सीमांकन और अध्ययन के उद्देश्यों को जानकर, अपने आपको पूरी तरह स्पष्ट कर लेना चाहिए और फिर उन निश्चित किए गए उद्देश्यों की प्राप्ति में सहायक सम्भावित कल्पनात्मक विचारों या अनुमानों (परिकल्पना) के बारे में विचार करना चाहिए। वास्तव में अध्ययन के उद्देश्य, अध्ययन की अनुसंधान परिकल्पना की रचना या निर्माण करने के लिए नींव का पत्थर या आधारभूमि प्रदान करते हैं। उदाहरण के लिए प्रस्तुत उदाहरण को ही लें तो यहाँ निम्न प्रकार के उद्देश्यों का निर्धारण एवं उनकी समुचित स्पष्टता उचित परिकल्पनाओं के निर्माण में काफी सहयोगी सिद्ध हो सकती है।

1. हरियाणा राज्य के सरकारी माध्यमिक विद्यालयों में कार्यरत पुरुष एवं महिला शिक्षकों के समायोजन की तुलना करना।
2. हरियाणा राज्य के ग्रामीण और शहरी माध्यमिक विद्यालयों में कार्यरत अध्यापकों के समायोजन की तुलना करना।
3. हरियाणा राज्य के सरकारी और गैर–सरकारी विद्यालयों में कार्यरत अध्यापकों के समायोजन की तुलना करना।

सोपान 2: परिकल्पनाओं का लेखन (Writing the Hypotheses)

जैसा कि पहले चर्चा की गई है किसी विशेष अनुसंधान प्रश्न का उत्तर देने या अपने अध्ययन के एक या दूसरे उद्देश्य को प्राप्त करने के लिए अनुसंधानकर्त्ता के पास परिकल्पनाओं का एक समूह (अनुसंधान परिकल्पना और शून्य परिकल्पनाओं के जोड़े के रूप में) होना चाहिए। अपने इस उद्देश्य के लिए उसे निम्न क्रम से आगे बढ़ना चाहिये :

1. प्रारम्भ में उसे अपनी मान्यता या पूर्वधारणा के अनुसार अध्ययन के परिणाम का पूर्वकथन करते हुए अनुसंधान परिकल्पना के निर्माण का कार्य करना चाहिए। इस सम्बन्ध में, उसे अपने अनुभवों, सम्बन्धित साहित्य के अध्ययन, बुद्धिमत्तापूर्ण मान्यता और तर्कपूर्ण विचार तथा यदि जरूरत हो तो विशेषज्ञों और मार्गदर्शकों से सुझाव और मार्गदर्शन लेकर, उनके आधार पर अच्छी से अच्छी अनुसंधान परिकल्पना का निर्माण करना चाहिये।
2. फिर उसे अपनी अनुसंधान परिकल्पना को सांख्यिकीय परिकल्पना में परिवर्तित करना चाहिए। इसके लिए पहले तो उसे इसको परिमाणात्मक तथा मापन योग्य पदों में अभिव्यक्त करना चाहिए और उसके बाद उसे शून्य परिकल्पना का प्रारूप प्रदान करना चाहिए।
3. इस प्रकार से सोच विचार के पश्चात् परिकल्पनाओं (अनुसंधान और शून्य) को लिखते हुए उसे निम्न बातों का ध्यान रखना चाहिए :
   (i) भाषा (सरल, विशिष्ट और सम्प्रत्यात्मक रूप से स्पष्ट)
   (ii) किये जाने वाले अध्ययन का प्रकार (अप्रायोगिक, प्रायोगिक, सहसम्बन्धात्मक या कार्यकारण सम्बन्ध स्थापित करने वाली आदि)
   (iii) परिकल्पना का प्रकार और स्वरूप (दिशासूचक, अदिशित, शून्य या वैकल्पिक आदि)
   (iv) परिकल्पना बनाने के लिए एक अच्छी कार्यात्मक परिकल्पना की विशेषताएँ और विशिष्ट गुण जैसे
   - **भविष्य कथन करने योग्य हो (Predictable) :** विश्वसनीय तरीके से पूर्वकथन करने में सक्षम हो।
   - **परीक्षण योग्य (Testable) :** आनुभाविक साधनों जैसे सांख्यिकीय विश्लेषण के द्वारा परीक्षण और पुष्टिकरण करने के योग्य हो।
   - **असत्य सिद्ध होने की क्षमता (Falsifiable) :** विपरीत प्रमाणों/साक्ष्यों या सांख्यिकीय साधनों के आधार पर जिसे असत्य ठहराया जा सके।
   - **वास्तविक (Realistic) :** वस्तुओं की वास्तविकता के साथ समेलित होने की योग्यता से तात्पर्य है वर्तमान में विद्यमान तथा समय के अनुरूप सिद्ध होना।
   - **संक्रियाकरण क्षमता (Operationalizable) :** अध्ययन के चरों को संक्रियात्मक पदावली में परिभाषित करने की क्षमता।

उपरोक्त बातों को ध्यान में रखते हुए हम व्यावहारिक विज्ञानों के अध्ययन में परिकल्पनाओं को लिखने का कार्य, नीचे दिए गए कुछ उदाहरणों की सहायता से स्पष्ट करने का प्रयास कर रहे हैं।

A. दिशासूचक या दिशित अनुसंधान परिकल्पनाएँ (Directional Research Hypotheses)

उदाहरण 1 : "घरेलू महिलाओं के बच्चों की तुलना में कामकाजी महिलाओं के बच्चे समायोजन की समस्या के अधिक शिकार रहते हैं। इस उदाहरण में अनुसंधानकर्त्ता यह पूर्व कथन कर रहा है कि जो महिलाएँ कामकाजी नहीं है उनके बच्चों की तुलना में जो महिलायें नौकरीपेशा हैं उनके बच्चे समायोजन सम्बन्धी समस्या के ज्यादा शिकार होते हैं।

यह एक दिशासूचक परिकल्पना है, क्योंकि यह 'समायोजन' चर की दिशा (ज्यादा या कम) का पूर्वकथन कर रही है। यहाँ पर इस पूर्वकथन का परीक्षण करने के लिए एक अप्रायोगिक अध्ययन उचित होगा क्योंकि परिकल्पना में उपचार देने जैसी कोई बात नहीं कही गई है।

उदाहरण 2 : वे बच्चे, जिन्हें उचित पुनर्बलन प्रदान किया जाता है, उन बच्चों की तुलना में जिन्हें इस प्रकार का पुनर्बलन नहीं दिया जाता, अपने कार्य में अच्छा प्रदर्शन करते हैं। इस उदाहरण में पुनर्बलन स्वतन्त्र चर है और कार्य प्रदर्शन (निष्पत्ति) आश्रित चर है इसलिए अनुसंधानकर्त्ता को यहाँ प्रयोगात्मक अध्ययन करना चाहिए।

B. अदिशित अनुसंधान परिकल्पनाएँ (Non-directional Research Hypotheses)

उदाहरण 3 : विधि 'ए' के द्वारा प्रशिक्षित किए गए वायुयान चालकों के कुशलता प्राप्तांक मध्यमान, विधि 'बी' से प्रशिक्षित किए गए वायुयान चालकों के मध्यमान से अलग हैं। इस उदाहरण में, अनुसंधानकर्त्ता दो भिन्न भिन्न विधियों के द्वारा प्रशिक्षित किए गए वायुयान चालकों के कुशलता प्राप्तांक मध्यमानों के बीच अन्तर बताने का पूर्वकथन कर रहा है। परन्तु वह इस बारे में मौन है कि इस अन्तर की दिशा क्या है ? इस प्रकार की परिकल्पनाएँ सामान्यतः तब बनाई जाती हैं जब अध्ययन के परिणाम के बारे में एक बुद्धिमत्तापूर्ण अनुमान बनाने के लिए कोई आधार नहीं मिलता।

C. सांख्यिकीय परिकल्पनाएँ (Statistical Hypotheses)

(अनुसंधान कल्पनाएँ जो परिमाणात्मक और सांख्यिकीय पदावली में अभिव्यक्त की जाती हैं।)

उदाहरण 4 : दिशासूचक परिकल्पना

"हरियाणा राज्य के सरकारी विद्यालयों में कार्यरत शिक्षकों के समायोजन प्राप्तांक का मध्यमान गैर–सरकारी विद्यालयों में कार्यरत शिक्षकों के समायोजन प्राप्तांक के मध्यमान से ज्यादा/कम है।"

उदाहरण 5 : अदिशित परिकल्पना

"हरियाणा राज्य के राजकीय विद्यालयों में कार्यरत तथा गैर–सरकारी विद्यालयों में कार्यरत अध्यापकों के समायोजन के प्राप्तांकों के मध्यमानों में सार्थक अन्तर है।"

उदाहरण 6 : शून्य परिकल्पना (Null Hypothesis)

"हरियाणा राज्य के सरकारी और गैर–सरकारी विद्यालयों में कार्यरत अध्यापकों के समायोजन के प्राप्तांकों के मध्यमान के बीच कोई सार्थक अन्तर नहीं है।"

D. अनुसंधान परिकल्पना और शून्य परिकल्पना (H_1 और H_0) के कुछ उदाहरण

उदाहरण 7 : एक अनुसंधानकर्त्ता एक दिशासूचक परिकल्पना को लेकर आगे बढ़ सकता है।

H_1 : गेहूँ की फसल स्थानीय बाजार से बीज खरीदकर प्रयोग में लाने की अपेक्षा हेफेड से खरीदे हुए बीजों का प्रयोग करने में ज्यादा पैदावार देती है।

इससे सम्बन्धित शून्य परिकल्पना अब इस प्रकार से होगी :

H_0 : गेहूँ की फसल स्थानीय बाजार से बीज खरीद कर प्रयोग में लाने की अपेक्षा हेफेड से खरीदे हुए बीजों का प्रयोग करने में ज्यादा पैदावार नहीं देती।

इस शून्य परिकल्पना में एक बड़ी कमी है। अगर व्यावहाहरिक रूप में गेहूँ की फसल स्थानीय बाजार से खरीदे हुए बीजों की बजाय हैफेड से खरीदे हुए बीजों का प्रयोग करने पर भी कम पैदावार देती है तो यहाँ एक संकट खड़ा हो जाएगा। H_1 को स्वीकार नहीं किया जा सकता परन्तु यही बात H_0 के साथ भी होती है क्योंकि यहाँ पैदावार में अन्तर है।

उदाहरण 8 : अगर अनुसंधानकर्त्ता केवल दो गुणों या बातों में केवल मात्र अन्तर देखने में ही रुचि रखता है, उसकी दिशा जानने में नहीं तो वह अपनी अनुसंधान कल्पना का निर्माण निम्न तरीके से कर सकता है :

H_1 : "विधि ए से और विधि बी से पढ़ाए गए विद्यार्थियों के उपलब्धि प्राप्तांकों के मध्य सार्थक अन्तर है।"
इसकी शून्य परिकल्पना निम्न प्रकार से होगी :

H_0 : "विधि ए से पढ़ाए गए और विधि बी से पढ़ाए गए विद्यार्थियों के उपलब्धि प्राप्तांकों के मध्य कोई सार्थक अन्तर नहीं है।"

सोपान 3 : अध्ययन के उद्देश्य या अनुसंधान प्रश्नों का उत्तर देने के लिए परिकल्पनाओं का प्रयोग करना (Using Hypotheses for Answering Research Questions or Objectives of the Study)

परिकल्पना का निर्माण करने के उपरान्त अनुसंधानकर्त्ता के सामने अगला कार्य होता है अपनी परिकल्पना का परीक्षण करने के लिए अपने अनुसंधान अध्ययन का अभिकल्प (Design) तैयार करना और अपने अध्ययन को आगे बढ़ाना। इस प्रयोजन के लिए उसे पहले आवश्यक प्रदत्तों का विश्लेषण करना और फिर सांख्यिकीय उपकरणों का प्रयोग कर संकलित प्रदत्तों का विश्लेषण करना होता है और इसके पश्चात् फिर अपनी अनुसंधान परिकल्पना का परीक्षण करना होता है। परिमाणात्मक अध्ययन में, अपनी परिकल्पनाओं की वैधता का परीक्षण और पुष्टिकरण करने के लिए अनुमानजन्य सांख्यिकी की तकनीकों का प्रयोग करना पड़ता है। आइए, एक उदाहरण की सहायता से अनुसंधान प्रश्नों का उत्तर देने के लिए अनुसंधान परिकल्पना और शून्य परिकल्पना के कार्यों को स्पष्ट करते हैं :

अध्ययन का शीर्षक : "एक सहशिक्षा संस्था के पुरुष एवं महिला विद्यार्थियों के समायोजन का अध्ययन करना।"

अध्ययन के उद्देश्यों में से एक : "सहशिक्षा संस्था के पुरुष एवं महिला विद्यार्थियों के समायोजन की तुलना करना।"

अनुसंधान परिकल्पना (H_1) : "सहशिक्षा संस्था के पुरुष एवं महिला विद्यार्थियों के समायोजन में सार्थक अन्तर है।"

शून्य परिकल्पना (H_0) : "सहशिक्षा संस्था के पुरुष एवं महिला विद्यार्थियों के समायोजन के बीच कोई सार्थक अन्तर नहीं है।"

एक कार्यात्मक सांख्यिकीय परिकल्पना में परिवर्तित अनुसंधान परिकल्पना (H_1) : "सहशिक्षा संस्था के पुरुष और महिला विद्यार्थियों के समायोजन प्राप्तांकों (एक विशेष समायोजन अनुसूची पर प्राप्त) के मध्यमान के बीच सार्थक अन्तर है।"

एक कार्यकारी परिकल्पना के रूप में परिवर्तित शून्य परिकल्पना (H_0) : "सहशिक्षा संस्था के पुरुष एवं महिला विद्यार्थियों के समायोजन प्राप्तांकों (एक विशेष समायोजन अनुसूची पर प्राप्त) के मध्यमान के बीच सार्थक अन्तर नहीं है।"

यहाँ दी गई शून्य परिकल्पना पूरी तरह से अनुसंधान परिकल्पना (अनुसंधानकर्त्ता द्वारा अपने स्वयं के अनुभव अथवा सामान्य विचारों के आधार पर किया गया पूर्व कथन) के दावे को नकार रही है। यह इस बात पर जोर दे रही है कि ऐसा नहीं होता है, अगर होता भी है तो यह संयोगवश हो गया है। अनुसंधानकर्त्ता का काम यहाँ शून्य परिकल्पना को अस्वीकार कराना है। ताकि इसके द्वारा किए हुए दावे को नकारा जा सके और अपनी अनुसंधानात्मक परिकल्पना द्वारा सुझाए गए दृष्टिकोण को स्वीकार किया जा सके।

शून्य परिकल्पना को अस्वीकार करने की प्रक्रिया (The Procedure for Rejecting the Null Hypothesis)

1. एक अनुसंधान विद्यार्थी अपने प्रतिदर्श (एक उचित संयोगिक प्रतिचयन तकनीक के आधार पर चयन किए गए, संस्था के 100 पुरुष एवं 100 महिला विद्यार्थी) के प्रयोज्यों पर एक मानकीकृत समायोजन अनुसूची का प्रशासन करेगा। फिर दोनों समूहों के प्राप्त प्राप्तांकों से प्राप्तांक मध्यमानों की गणना करेगा। माना उनका मध्यमान M_1 और M_2 है।

2. वह पहले M_1 और M_2 मध्यमान में अन्तर की गणना करेगा और तब 't' Test (इसका वर्णन 31वें अध्याय में किया जाएगा) नाम के परीक्षण के द्वारा इस अन्तर की सार्थकता का निर्णय लेगा।
3. इस प्राप्त 't' मान के प्रकाश में वह शून्य परिकल्पना को अस्वीकृत करने के बारे में निर्णय लेगा। अब वह 'सार्थकता के स्तर' (Level of significance) (इसके बारे में इस पुस्तक के 31वें अध्याय में विस्तार से चर्चा की जाएगी) के सम्प्रत्यय का प्रयोग करेगा। आइये इस समय इसके बारे में संक्षेप में जानने का कुछ प्रयत्न किया जाये।

   सार्थकता स्तर (एल्फा alpha स्तर के नाम से प्रसिद्ध) अवधारणा शून्य परिकल्पना की अस्वीकृति हेतु दो मानदण्ड प्रदान करती है।

   (i) 1% सार्थकता स्तर पर शून्य परिकल्पना की अस्वीकृति।

   (ii) 5% सार्थकता स्तर पर शून्य परिकल्पना की अस्वीकृति।

   प्रस्तुत अनुसंधान अध्ययन में 1% सार्थकता स्तर पर शून्य परिकल्पना की अस्वीकृति यह बताती है कि पुरुष और महिला विद्यार्थियों के समायोजन प्राप्तांकों के मध्यमानों के बीच अन्तर इतना बड़ा है जितना कि 100 में से 1 बार इसके घटित होने की संभावना हो। इसी प्रकार 5% सार्थकता स्तर पर परिकल्पना की अस्वीकृति यह बताती है कि पुरुष और महिला विद्यार्थियों के समायोजन प्राप्तांकों के मध्यमानों के बीच अन्तर इतना बड़ा है जितना कि इसके घटने की संभावना 100 में से 5 है। अब यह अनुसंधानकर्त्ता के अपने निर्णय पर निर्भर करता है कि वह अपने अनुसंधानात्मक अध्ययन के क्रियान्वयन हेतु शून्य परिकल्पना की अस्वीकृति के लिए किस प्रकार का विशेष सार्थकता स्तर (1% या 5%) निश्चित करे।
4. **टी का क्रान्तिक/मान (Critical Value of t) :** सार्थकता के दोनों स्तरों (5% और 1%) पर 't' के क्रान्तिक मान (Critical value) की सीमा निश्चित होती है जिसको पार करने पर यह मान लिया जाता है कि प्रायोगिक साक्ष्य यह सिद्ध कर रहे हैं कि शून्य परिकल्पना असत्य है और इसलिए अस्वीकृत की जाती है। 5% और 1% सार्थकता के स्तर पर ये क्रान्तिक मान (स्वतन्त्रता के विभिन्न अंशों पर) एक पक्षीय (One tailed) और द्विपक्षीय (Two tailed) परिकल्पनाओं के प्रत्येक प्रकार के लिए अलग अलग होते हैं। (इस कार्य के लिए इस पुस्तक के परिशिष्ट (Appendix) A को देखें।

एक पक्षीय एवं द्विपक्षीय परिकल्पना की अवधारणा (The Concept of One Tailed and Two Tailed Hypotheses)

A. एक पक्षीय परिकल्पना (One Tailed Hypothesis)

दिशासूचक परिकल्पनाओं (इसी अध्याय में इनका वर्णन किया गया है) को एक पक्षीय परिकल्पना के नाम से भी जाना जाता है। शाब्दिक अर्थ में इसे एक पुच्छीय भी कहा जा सकता है। हमारी बहुत सी अनुसंधान परिस्थितियों में, जहाँ हमारा सम्बन्ध परिकल्पना के परिमाण या तादाद को निरपेक्ष शब्दावली में निर्धारित करने के बजाय इसके अन्तर की दिशा ज्ञात करना होता है वहाँ हमें दिशासूचक या एकपक्षीय परिकल्पना की स्थापना करनी होती है। उदाहरण के लिए 'यदि हम गणित में गणनात्मक कौशलों पर कोचिंग कार्य (Coaching work) के प्रभाव को ज्ञात करने के लिए प्रायोगिक अध्ययन की योजना बनाते हैं, तो हम दो समूहों को लेंगे : (i) प्रायोगिक समूह जिसे एक घंटे के लिए गणित में अतिरिक्त कोचिंग दी जायेगी और (ii) नियंत्रित समूह जिसे इस प्रकार का कोई अभ्यास नहीं कराया जाएगा। यहाँ पर हमारे यह विश्वास करने का कि प्रायोगिक समूह सत्र के अन्त में दिए गए गणितीय योग्यता परीक्षण (Mathematical Ability Test) में ज्यादा अच्छे अंक प्राप्त करेगा, कारण उपस्थित है (अतिरिक्त कोचिंग)। अपने प्रयोग में हम, गणितीय कौशल की प्राप्ति में हुई वृद्धि को जानने के लिए इच्छुक हैं। (हम कौशल की हानि जानने में इच्छुक नहीं हैं क्योंकि शायद ही कभी हुआ हो कि कोचिंग से

गणनात्मक कौशल में गिरावट आई हो)। इस प्रकार के मामलों में हमें अदिशित या द्विपक्षीय परिकल्पनाओं की बजाय दिशासूचक या एक पक्षीय परिकल्पना का प्रयोग करना होगा। इस प्रकार के मामलों में दिशासूचक या एक पक्षीय परिकल्पना के निर्माण को नीचे दिये गये उदाहरणों से स्पष्ट किया जा सकता है :

उदाहरण :

H_1 : "कोचिंग के परिणामस्वरूप एक गणितीय कौशल योग्यता परीक्षण में विद्यार्थियों के प्राप्तांकों में एक सार्थक वृद्धि होगी।"

H_0 : "कोचिंग देने के परिणामस्वरूप एक गणितीय कौशल योग्यता परीक्षण में विद्यार्थियों के प्राप्तांकों में कोई सार्थक वृद्धि नहीं होगी।"

या H_0 : "कोचिंग देने के परिणामस्वरूप एक गणितीय कौशल योग्यता परीक्षण में विद्यार्थियों के प्राप्तांकों में सार्थक गिरावट या कमी आएगी।"

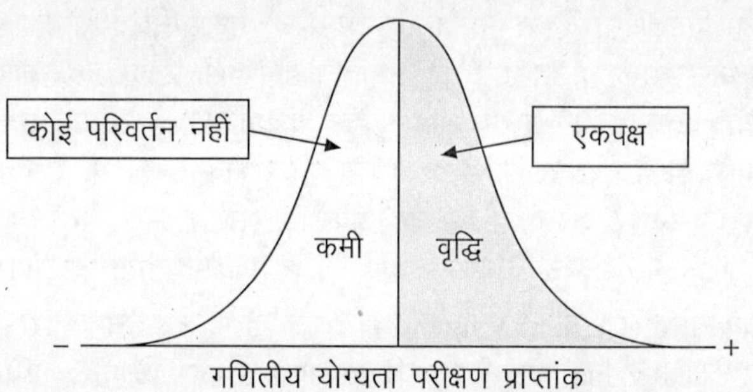

चित्र 15.2 एक पक्षीय परिकल्पना का चित्रात्मक प्रस्तुतीकरण।

आपने चित्र 15.2 में एक पक्षीय परिकल्पना की चित्रात्मक प्रस्तुति देखी है। अपने प्रचलित रूप में सामान्य वक्र (अपने दोनों पक्षों के साथ) गणनात्मक कौशल प्राप्तांकों के कल्पित विवरण को प्रदर्शित कर रहा है परन्तु अनुसंधानकर्त्ता यहाँ केवल विद्यार्थियों के प्राप्तांकों में आने वाले धनात्मक पक्ष (गणितीय गणनात्मक कौशल की वृद्धि) में ही रुचि रखता है। अनुसंधानात्मक परिकल्पना (अनुसंधानकर्त्ता के द्वारा यह पूर्व कथन कि कोचिंग गणितीय गणनात्मक कौशल योग्यता परीक्षण के प्राप्तांकों में वृद्धि कर देगी) को यहाँ वक्र के छायांकित पक्ष द्वारा दिखाया गया है।

अन्य दो संभावित स्थितियाँ : गणितीय गणनात्मक कौशल परीक्षण के प्राप्तांकों में कोई परिवर्तन न होना या उनका घट जाना, इस बात को यहाँ वितरण वक्र के अछायांकित भाग द्वारा दिखाया गया है। क्योंकि यहाँ शोधकर्त्ता विद्यार्थियों के प्राप्तांकों सम्बन्धी परिवर्तन के धनात्मक पक्ष (गणितीय गणनात्मक कौशल में वृद्धि) में रुचि रखता है इसलिए वितरण के एक पक्ष को समाहित करने वाली सम्बन्धित, अनुसंधान परिकल्पना को यहाँ एक पक्षीय परिकल्पना का नाम दिया जाता है।

B. द्विपक्षीय या अदिशित परिकल्पना (Two Tailed or Non-directional Hypothesis)

बहुत सी अनुसंधान परिस्थितियों में किसी उपचार के परिणामस्वरूप आए हुए अन्तरों में हम इस बात में रुचि नहीं रखते कि इन अन्तरों की दिशा क्या है ? हमारी केवल यह जानने में रुचि रहती है कि लागू किए गए कार्यक्रम या दिए गए उपचार से पहले से चली आ रही स्थितियों या व्यवस्था में कुछ अन्तर आया है या नहीं। इस प्रकार से जब शोधकर्त्ता द्वारा किए गए पूर्व कथन में किसी दिशा विशेष का जिक्र नहीं किया जाता तब

उनसे यह अपेक्षा की जाती है कि वे एकपक्षीय परिकल्पना की जगह द्विपक्षीय परिकल्पना का निर्माण करे। उदाहरण के लिए – माना एक अनुसंधानकर्त्ता एक नवाचार या नई प्रशिक्षण तकनीक के विद्यार्थी अध्यापकों की शिक्षण अभिक्षमता पर पड़ने वाले प्रभाव का अध्ययन करना चाहता है। चूँकि यह नई तकनीक है तो निश्चित रूप से यहाँ यह नहीं कहा जा सकता कि यह किसी छात्राध्यापक की शिक्षण अभिक्षमता को सकारात्मक रूप से प्रभावित करेगी या नकारात्मक रूप से। दूसरे शब्दों में यहाँ शोधकर्त्ता अपनी अनुसंधान परिकल्पना की दिशा निर्धारित नहीं कर सकता। इस प्रकार की स्थिति में उसे अपने अनुसंधान अध्ययन हेतु एक द्विपक्षीय परिकल्पना या अदिशित परिकल्पना का निर्माण करके आगे बढ़ना होता है।

उदाहरण के लिए माना अपने इस प्रायोगिक अध्ययन में एक शोधकर्त्ता प्रायोगिक समूह को नई प्रशिक्षण तकनीक से प्रशिक्षण देता है और नियंत्रित समूह को परम्परागत ढंग से। तीन महीने के ऐसे प्रशिक्षण के बाद वह एक शिक्षण अभिक्षमता परीक्षण के माध्यम से दोनों समूहों का परीक्षण लेता है और इनके प्राप्तांकों के मध्यमान की गणना करता है। इस अवस्था में अनुसंधानकर्त्ता के द्वारा निर्मित द्विपक्षीय या अदिशित परिकल्पना का रूप निम्न प्रकार होगाः

अनुसंधान परिकल्पना (H_1) : "प्रायोगिक समूह और नियंत्रित समूह के शिक्षण अभिक्षमता प्राप्तांकों के मध्य सार्थक अन्तर है।"

इस अध्ययन के लिए शून्य परिकल्पना इस प्रकार होगी :

"प्रायोगिक समूह और नियंत्रित समूह की शिक्षण अभिक्षमता प्राप्तांकों के मध्य कोई सार्थक अन्तर नहीं है।"

आगे चित्र 15.3 में आप अभिक्षमता मापनी प्राप्तांकों के दो पक्षीय पूर्वकथन के लिए एक दृष्टान्त देख रहे हैं। यहाँ पर सामान्य वक्र अभिक्षमता प्राप्तांकों के वितरण को दो पक्षों में प्रदर्शित कर रही है। यही कारण है कि इस प्रकार के मामलों में जो परिकल्पना शामिल होती है उसे द्विपक्षीय या अदिशित परिकल्पना का नाम दिया जाता है।

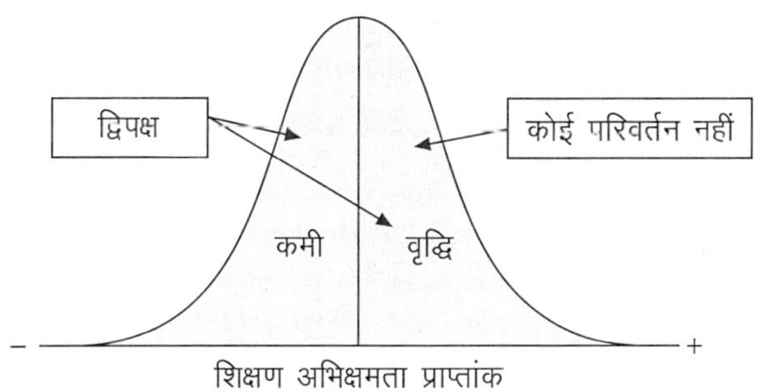

चित्र 15.3 द्विपक्षीय परिकल्पना का रेखाचित्रीय प्रस्तुतीकरण।

परिकल्पना का कथन करने के सम्बन्ध मे याद रखने योग्य महत्त्वपूर्ण बात यह है कि आप एक अनुसंधान परिकल्पना – अपना अनुसंधान पूर्व कथन (दिशासूचक या नहीं) निर्मित करते हैं और तब आप एक शून्य परिकल्पना – 'नकारात्मक परिकल्पना या कोई अन्तर अथवा सम्बन्ध नहीं' की परिकल्पना का निर्माण करते हैं। इसके बाद आप शून्य परिकल्पना की सम्भावित अस्वीकृति के लिए, संकलित प्रदत्तों पर सांख्यिकीय तकनीक का प्रयोग करते हैं और फिर इसके अस्वीकृत या अस्वीकृत न होने के आधार पर अपने अध्ययन के परिणामों के बारे में निष्कर्ष निकालने का प्रयास करते हैं।

––– ❦ –––

16

प्रतिदर्श प्रतिचयन
[Sampling]

विषय प्रवेश (Introduction)

समस्या का चयन एवं पहचान करने, अनुसंधान अध्ययन के उद्देश्य एवं परिकल्पना, तथा अनुसंधान अभिकल्प (प्रायोगिक, सर्वेक्षण, विकासात्मक, विवरणात्मक, वैयक्तिक अध्ययन, जातिवृत्यात्मक अभिकल्प आदि) के सम्बन्ध में निर्णय कर लेने के उपरान्त एक अनुसंधानकर्त्ता को अपने अनुसंधान अध्ययन के उद्देश्यों को प्राप्त करने में सहायता प्राप्त करने के लिए प्रदत्तों का संकलन करने के कार्य में अपने कदम आगे बढ़ाने होते हैं। परन्तु यहाँ पर प्रश्न उठता है कि अपनी अनुसंधान परिकल्पना का परीक्षण करने के लिए आवश्यक सूचनाएँ या प्रदत्तों को वह कहाँ से प्राप्त करने के लिए कोशिश करे ? आवश्यक प्रदत्तों का संकलन करने के लिए वह सूचनादाताओं या प्रयोज्यों के रूप में कार्य करने वाले किन लोगों को अपने शोध अध्ययन में शामिल करे और उन तक कैसे पहुँचे ?

इन प्रश्नों का समुचित उत्तर प्राप्त करने के लिए की जाने वाली तलाश, जैसा कि हम जानते हैं गुणात्मक अनुसंधानों (जैसे—ऐतिहासिक, वैयक्तिक अध्ययन, प्रलेखीय विश्लेषण, जातिवृत्यात्मक (Ethnography आदि) की तुलना में नोर्मेटिव सर्वेक्षण, विवरणात्मक तथा प्रायोगिक अध्ययन जैसे परिमाणात्मक अनुसंधानों के क्षेत्र में बहुत ही कठिनाईपूर्ण एवं कष्टदायक रहती है। गुणात्मक अनुसंधानों में अनुसंधानकर्त्ता को अपने वांछित प्रदत्तों का संकलन करने के लिए ज्यादातर ज्ञात या कुछ विशिष्ट स्रोतों, व्यक्तियों या समूहों पर ध्यान देना पड़ता है। उन्हें वस्तुओं और प्रक्रियाओं का अपने वर्तमान उपस्थित स्वरूप में ही प्रेक्षण करना होता है। इस प्रकार के अध्ययनों में, अनुसंधानकर्त्ता को अपने अध्ययन के प्राप्त परिणामों का सामान्यीकरण करने की वैसी आवश्यकता नहीं होती जैसी कि परिमाणात्मक अनुसंधानों में एक छोटे प्रतिदर्श को लेकर उससे पूरी समष्टि (Population) के बारे में सामान्यीकरण करने की होती है।

परिमाणात्मक अध्ययनों वाली परिस्थितियों (जैसे–हरियाणा राज्य के माध्यमिक विद्यालयों में कार्यरत अध्यापकों के समायोजन का अध्ययन) में जहाँ पर अध्ययनकर्त्ता को जरूरी प्रदत्तों का संकलन करने के लिए एक बड़े समूह या बहुत बड़ी संख्या के प्रतिभागियों में से कुछ कम या निश्चित संख्या में प्रतिभागियों का चयन करना पड़ता है जिससे कि वह मूल रूप से एक बड़े समूह से उसी के छोटे समूह का चयन कर उनके साथ किये जाने वाले अपने अध्ययन से प्राप्त परिणामों का सामान्यीकरण कर सके। इस कार्य के लिए वह जिस प्रक्रिया की सहायता लेता है उसे ही प्रतिचयन (Sampling) के नाम से जाना जाता है। यह प्रतिचयन क्या है और अनुसंधान के उद्देश्यों को उचित ढंग से प्राप्त करने के लिए यह किस प्रकार किया जाना चाहिए, इस अध्याय में हम इसी बात पर चर्चा कर रहे हैं।

प्रतिचयन क्या है ? (What is Sampling ?)

प्रतिचयन क्या है, यह जानने के लिए हम अभी ऊपर बताये गये अध्ययन पर ध्यान केन्द्रित करते हैं, जिसका शीर्षक है– "हरियाणा राज्य के माध्यमिक विद्यालयों में कार्यरत अध्यापकों के समायोजन का अध्ययन"। यहाँ पर अनुसंधानकर्त्ता को पूरे हरियाणा राज्य में चल रहे माध्यमिक विद्यालयों (सरकारी, गैर–सरकारी, ग्रामीण और शहरी) में कार्यरत सभी अध्यापकों (पुरुष एवं महिला) के एक विशाल समूह पर अपने प्रदत्त संकलन के लिए "अध्यापक समायोजन अनुसूची" का प्रशासन करना पड़ेगा। अब एक अकेले अनुसंधानकर्त्ता के लिए यह बहुत मुश्किल एवं कष्टसाध्य कार्य है कि वह पूरे हरियाणा राज्य के पास तथा दूरस्थ (अलग अलग कोनों में स्थित) सभी माध्यमिक विद्यालयों के इतनी बड़ी संख्या में कार्यरत, अध्यापकों तक कैसे पहुँचे। धन, समय तथा प्रयत्नों की दृष्टि से काफी अतिव्ययी/बहुत खर्चीला होने के साथ साथ यह सही सही प्रदत्तों या सूचनाओं की प्राप्ति में बाधायें भी खड़ी कर सकता है क्योंकि इस प्रकार से प्रदत्तों का संकलन एक अकेले अनुसंधानकर्त्ता के लिए लगभग असम्भव ही होता है। इस दिशा में अनुसंधान प्रदत्तों के संकलन सम्बन्धी गुणवत्ता तभी बनी रह सकती है जब अनुसंधानकर्त्ता के हाथ में इसका संकलन उसकी अपनी क्षमता तथा संसाधनों के अन्दर ही रहे पर इस स्थिति में किस प्रकार का विकल्प ढूँढ़ा जाना चाहिये ?

इस परिस्थिति में प्रतिचयन (Sampling) एक ऐसी तकनीक या साधन है जो सही विकल्प प्रदान कर सकती है। इस तकनीक में प्रदत्तों का संकलन करने के लिए पूरे हरियाणा राज्य के माध्यमिक विद्यालयों में कार्यरत अध्यापकों के पूरे समूह (तकनीकी रूप से इसे समष्टि नाम दिया जाता है) के पास अपनी पहुँच बनाने की बजाय अनुसंधानकर्त्ता अध्यापकों के एक छोटे समूह के पास अपनी पहुँच बनायेगा, जिसे अनुसंधानकर्त्ता द्वारा एक विशेष विधि (तकनीकी रूप में इसे प्रतिचयन विधि नाम दिया जाता है) का प्रयोग कर चयनित किया गया है। फिर वह अध्यापकों के इस छोटे समूह (उसके अध्ययन का प्रतिदर्श) पर अध्यापक समायोजन अनुसूची का प्रशासन करेगा, फिर समायोजन प्राप्ताक प्राप्त करेगा, और अपने अध्ययन के परिणागों को प्राप्त करने के लिए उन प्राप्तांकों का विश्लेषण और व्याख्या करेगा। और फिर इन प्राप्त परिणामों का हरियाणा राज्य में माध्यमिक विद्यालयों में कार्यरत अध्यापकों के पूरे समूह पर सामान्यीकरण करेगा। अध्यापकों के पूरे समूह से लिया गया अध्यापकों का प्रतिदर्श (यदि उचित ढंग से चयन किया जाए) यहाँ हरियाणा राज्य के माध्यमिक विद्यालयों में कार्यरत अध्यापकों की समष्टि (Population) का प्रतिनिधित्व करता है और इस प्रतिदर्श पर संकलित प्रदत्त पूरी समष्टि से संकलित प्रदत्तों का प्रतिनिधित्व करते हुए स्वीकार किए जाते हैं।

प्रस्तुत उदाहरण में जो कुछ यहाँ घटित हो रहा है हमारी दिन प्रतिदिन की जिन्दगी में भी होता रहता है। अनाज के ढेर में से थोड़ा सा अनाज का नमूना (प्रतिदर्श), पके हुए खाने में से थोड़ी मात्रा में भोजन (प्रतिदर्श) के स्वाद से पूरे अनाज के ढेर तथा पके हुए खाने की गुणवत्ता की सारी कहानी ज्ञात हो जाती है।

प्रतिचयन : यह एक ऐसी अनुसंधान प्रक्रिया है, जिसमें किसी एक समष्टि विशेष से अनुसंधान अध्ययन हेतु प्रयोज्यों के एक समूह का चयन करने के लिए कुछ विशेष विधियों का प्रयोग किया जाता है। इस प्रकार के प्रतिचयनित छोटे से समूह का अध्ययन अनुसंधानकर्त्ता को उस पूरी समष्टि की विशेषताओं के बारे में आवश्यक निष्कर्ष निकालने में मदद करता है जिससे प्रतिदर्श के रूप में एक छोटे से प्रयोज्य समूह का चयन किया गया है।

इस तरह जैसा कि करलिंगर का विचार है, किसी जनसंख्या या समष्टि से उसके प्रतिनिधि स्वरूप एक अंश चुन लेने को प्रतिचयन कहते हैं। (Sampling is taking any portion of a population or universe, as reprersentative of that population or universe. — Kerlinger, 1973)

इसी संदर्भ में अपने विचार व्यक्त करते हुए बोगार्डस् ने लिखा है– "पूर्व निर्धारित योजना के अनुसार एक समूह में से निश्चित प्रतिशत की इकाइयों का चुनाव ही प्रतिचयन कहलाता है।"

(Sampling is the selection of certain percentage of a group of items according to a predetermined plan. — Bogardus, 1954)

प्रतिचयन अपने उपयोग और प्रयोग के रूप में इस प्रकार अनुसंधानकर्त्ता के लिए एक काफी उपयोगी और आवश्यक कार्य है। विशेषकर परिमाणात्मक अनुसंधान के क्षेत्र में अपने अनुसंधान उद्देश्य को उचित रूप से प्राप्त करने के लिए आवश्यक प्रदत्तों का संग्रह करने में शोधकर्त्ताओं को एक उचित प्रतिचयन का चयन बहुत जरूरी रहता है। इस प्रकार अपने साधारण अर्थ में प्रतिचयन एक शोध अध्ययन के क्रियान्वयन के लिए व्यक्तियों का चयन करने की विशेष विधियों से युक्त एक शोध प्रक्रिया है।

प्रतिचयन में प्रयुक्त पद (Sampling Terminology)

अनुसंधान विधियों की पदावली में, एक अनुसंधानकर्त्ता की रुचि का जो एक बड़ा समूह होता है उसे समष्टि (Population) कहा जाता है और अध्ययन में जो व्यक्तियों का एक छोटा समूह भाग लेता है उसे प्रतिदर्श कहा जाता है। चित्र 16.1 एक समष्टि और प्रतिदर्श के सम्बन्धों को प्रदर्शित कर रहा है।

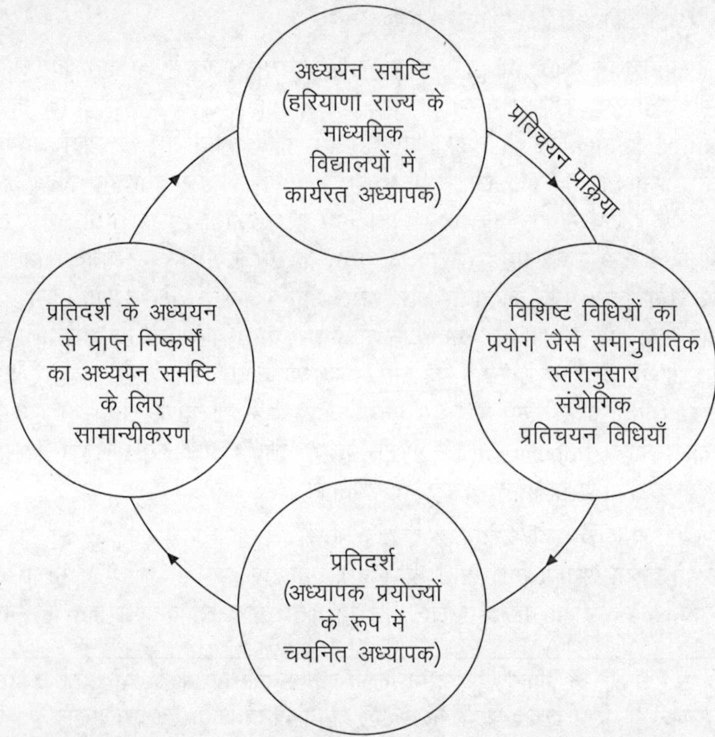

चित्र 16.1 अनुसंधान अध्ययन की समष्टि और प्रतिदर्श के बीच सम्बन्ध।

एक प्रतिदर्श का चयन एक समष्टि में से किया जाता है। अतः यह अपनी समष्टि का प्रतिनिधित्व करता है। अनुसंधान अध्ययन का लक्ष्य प्रतिदर्श का मूल्यांकन करके उसके परिणामों का पूरी समष्टि पर सामान्यीकरण करना होता है। इस पूरी प्रक्रिया में जिन विभिन्न पदों (Terms) का प्रयोग किया जाता है उनकी व्याख्या और परिभाषा संक्षेप में निम्न प्रकार दी जा सकती है।

समष्टि (Population) : समष्टि व्यक्तियों का एक ऐसा समूह है जिसमें एक या अधिक विशेषताएँ सामान्य रूप से विद्यमान होती हैं और वे विशेषतायें भी होती हैं जिनके अध्ययन में शोधकर्त्ता की रुचि होती है। (Best & Kahn, 2006:13)। उदाहरण के लिए यदि एक अनुसंधानकर्त्ता भारत के किशोर युवाओं की व्यक्तित्व की विशेषताओं का अध्ययन करना चाहता है तो भारतवर्ष से सम्बन्ध रखने वाले सभी किशोर युवाओं का समूह उसके अनुसंधान अध्ययन की समष्टि (Population) होगा।

समष्टि तत्त्व (Element of the Population) : समष्टि तत्त्व से तात्पर्य अध्ययन से सम्बन्ध रखने वाले एक अकेली इकाई व्यक्ति, समूह, संस्था, औद्योगिक प्रतिष्ठान या वस्तु से होता है। समष्टि का यह तत्त्व ही वह वास्तविक इकाई होती है जिसे हम मापते हैं और इससे किसी प्रकार का कोई मापन लेने की कोशिश करते हैं। भारतीय किशोरों के अध्ययन में एक व्यक्तिगत रूप से अकेला किशोर जो कि भारत के समस्त किशोरों का एक हिस्सा है, इस अनुसंधान अध्ययन समष्टि का तत्त्व कहलायेगा।

प्रतिदर्श (Sample) : एक प्रतिदर्श अध्ययन की समष्टि का एक छोटा सा भाग है जिसे अनुसंधान उद्देश्यों को प्राप्त करने के लिए अनुसंधान अध्ययन के क्रियान्वयन के एक पक्षीय प्रयोगों को सम्पादित करने या सूचनाओं को प्राप्त करने के लिए चुना जाता है।

फ्रेन्कल और फ्रेन्कल, 1987 के अनुसार : "अच्छी प्रकार से चयनित एक प्रतिदर्श सम्पूर्ण समष्टि के विभिन्न पक्षों का वर्णन करने का एक निष्पक्ष, व्यावहारिक एवं वैध तरीका प्रस्तुत करता है।"

(A sample when properly selected, offers an unbiased, practical and valid method of describing various aspects of the entire population. — Frankel and Frankel, 1987)

अनुमानजन्य या निष्कर्ष सांख्यिकी (Inferential Statistics) : यह एक सांख्यिकीय तकनीक है जिसका प्रयोग प्रतिदर्शों से समष्टि के बारे में निष्कर्ष निकालने के लिए किया जाता है। इसका प्रयोग हमें, समष्टि के केवल एक भाग (या प्रतिदर्श) का ही सीधे अवलोकन करके समष्टि की विशेषताओं का निर्धारण करने में, सक्षम बनाता है।

प्राचल और सांख्यिकी (Parameters and Statistics) : अनुसंधान प्रतिदर्श में समाहित तत्त्वों की विशेषताओं का मापन जब मध्यमान, मध्यांक, बहुलांक, प्रमाणिक विचलन आदि के रूप में अभिव्यक्त किया जाता है तो इसे सांख्यिकी कहा जाता है और जब इन मापनों को अध्ययन समष्टि (Population) से सम्बन्धित कर दिया जाता है तो इन्हें प्राचल (Parameters) कहा जाता है।

अनुसंधान में प्रतिचयन के लाभ (Advantages of Sampling in Research)

शोध करने के लिए आवश्यक सूचनाओं या प्रदत्तों के संकलन हेतु हम सम्पूर्ण समष्टि का प्रयोग करने की बजाय उसके एक प्रतिदर्श का उपयोग करते हैं इसके बहुत से कारण हैं जिनकी चर्चा आगे संक्षेप में की जा रही है :

1. धन की दृष्टि से मितव्ययता (Economy in terms of cost) : पूर्ण समष्टि के स्थान पर उसके एक छोटे भाग 'प्रतिदर्श' का प्रयोग करना, अनुसंधान अध्ययन के क्रियान्वयन में लगने वाले धन या खर्च की दृष्टि से काफी मितव्ययी होता है। आप स्वयं उस खर्च का हिसाब लगाइये जो किशोरों के व्यक्तित्व की विशेषताओं का अध्ययन करने के लिए दिल्ली के सरकारी माध्यमिक विद्यालय में अध्ययन कर रहे प्रत्येक किशोर तक पहुँचने में आपको करना पड़ेगा अथवा किशोरों की समष्टि के केवल 200 या 300 विद्यार्थियों तक पहुँचने में करना पड़ेगा। दोनों अवस्थाओं में होने वाले खर्च में कितना अन्तर है।

2. समय की दृष्टि से मितव्ययता (Economy in terms of time) : सम्पूर्ण समष्टि के बजाय उसके एक प्रतिदर्श पर मापन करने का दूसरा जो बड़ा लाभ है वह है समय की बचत। सम्पूर्ण समष्टि, जिसमें अनुसंधानकर्त्ता

की रुचि है, के सदस्यों से वांछित प्रदत्तों को प्राप्त करने की बजाय एक अनुसंधान प्रतिदर्श के सीमित संख्या में प्रतिभागियों से अन्तःक्रिया करने में तुलनात्मक रूप से काफी कम समय लगेगा। उदाहरण के लिए आप चिकित्सीय क्षेत्र में एक अनुसंधानकर्त्ता है और आपके अधिकार क्षेत्र के अन्दर एक गाँव में एक बीमारी फैलती है, बीमारी संक्रामक है और यह थोड़े ही समय में लोगों की जान ले रही है, कोई नहीं जानता यह क्या है ? आप से यह आशा की जाती है कि इस स्थिति से लोगों की जान बचाने के लिए शीघ्र ही परीक्षण करे। यदि आप बीमारी से प्रभावित सभी व्यक्तियों से सूचनाएँ एकत्रित करने का प्रयास करेंगे तो यह लम्बा समय लेगा और जब तक आप परीक्षण परिणाम पर पहुँचेंगे, तब तक वे सब काल का ग्रास बन चुके होंगे। इस प्रकार के मामले में अनुसंधानकर्त्ता के लिए बुद्धिमत्तापूर्ण प्रयास यह होगा कि वह प्रभावित लोगों की पूर्ण समष्टि के स्थान पर कुछ प्रभावित लोगों (एक प्रतिनिधि प्रतिदर्श) से अन्तःक्रिया करे। इससे कम समय में मापन कार्य हो सकेगा।

3. परिश्रम एवं प्रयासों की दृष्टि से अल्पव्ययी (Economy in terms of labour and efforts) : पूर्ण समष्टि की बजाय प्रतिदर्श का प्रयोग अनुसंधानकर्त्ता के परिश्रम और प्रयासों को कम करने में भी काफी लाभदायक सिद्ध होता है। अपने अनुसंधान कार्य में सहयोग प्रदान करने के लिए प्रयोज्यों को राजी करने के लिए उनके साथ सम्पर्क स्थापित करने और अपने अनुसंधान अध्ययन के लिए विश्वसनीय और वैध प्रदत्तों को प्राप्त करने में किए गए प्रयासों को कम करने और इसका श्रम बचाने में प्रतिदर्श का प्रयोग काफी सहायक सिद्ध होता है।

4. बहुत सी अनुसंधान परिस्थितियों में बेहतर या एकमात्र विकल्प सिद्ध होना (Proving last resort or best alternative in many research situations) : समष्टि की जगह प्रतिचयन का प्रयोग बहुत सी अनुसंधान परिस्थितियों में सर्वश्रेष्ठ सम्भावित विकल्प या जीवन रक्षक पेटी सिद्ध होता है, जैसा कि आगे बताया गया है :

- बहुत सी समष्टियाँ जिनमें अनुसंधानकर्त्ता की अपनी अनुसंधान रुचि होती है, काफी बड़ी और भारी भरकम होती है, जैसे–उत्तर भारत या दक्षिण भारत के किशोर लड़के और लड़कियों की समष्टि, भारतीय विद्यालयों में कार्यरत प्रशिक्षित एवं अप्रशिक्षित अध्यापक। यहाँ समष्टि का बहुत बड़ा आकार, अनुसंधान अध्ययन के लिए आवश्यक अन्तःक्रिया और सहयोग के लिए समष्टि के प्रत्येक तत्त्व तक पहुँचने सम्बन्धी कार्य को भौतिक रूप से असम्भव बना देता है। इस प्रकार के मामलों में अध्ययन के लिए जरूरी सूचनाएँ प्राप्त करने के लिए एकमात्र तरीका प्रतिनिधि प्रतिदर्श का चयन करना है।
- अनुसंधानकर्त्ता जिन बहुत सी समष्टियों के अध्ययन में रुचि रखता है उन तक पहुँचने में इस प्रकार की बहुत सारी समस्यायें सामने आ सकती हैं जिनसे निपटने के अभाव में उनके पास अपने अध्ययन हेतु प्रतिदर्श को प्रयोग में लाने के सिवाय कोई और विकल्प ही न बचे। इस प्रकार की समष्टियों के उदाहरण के रूप में हम आतंकवादियों, ड्रग सेवन करने वाले किशोरों, गहरे समुद्र में डूबने वाले वायुयानों आदि से सम्बन्धित समष्टियों का उल्लेख कर सकते हैं। समष्टियों तक न पहुँचने की यह असमर्थता कई बार आर्थिक और समय सम्बन्धित भी हो सकती है। उदाहरण के लिए एक अध्ययन समष्टि को अध्ययन के लिए प्रयुक्त करना अत्यधिक महंगा हो सकता है जैसे किसी और उपग्रह में बसी जनसंख्या का अध्ययन करना। इसी तरह किसी घटना विशेष से सम्बन्धित समष्टि या जनसंख्या अपने घटित होने में बहुत अधिक समय ले सकती है और इस अवस्था में उससे मिलने वाली एक नमूने के रूप में कुछ सूचनाओं को ही अध्ययन प्रदत्तों के रूप में स्वीकार किया जा सकता है। आकस्मिक विपदा जैसे एक ज्वालामुखी का फूटना जो हर सौ वर्ष के बाद होता है उसके अध्ययन के लिए एक समय पर ही घटित ज्वालामुखी विस्फोट को प्रतिदर्श के रूप में अध्ययन हेतु प्रयुक्त किया जाता है।
- कुछ समष्टियाँ ऐसी होती हैं जिनके तत्त्वों को अनुसंधान के लिए प्रयोग में लाना काफी खतरनाक परिणामों वाला सिद्ध हो सकता है। इसलिए खतरे की मात्रा में जितनी कमी हो उतना अच्छा। इस दृष्टि से पूरी समष्टि के स्थान पर उसके प्रतिदर्श का प्रयोग करना ठीक रहता है। उदाहरण के लिए

एक फ्यूज की गुणवत्ता जाँचनी है यानी यह पता करना है कि क्या यह खराब है ? परन्तु उसकी यह जाँच महँगी है, ऐसा करने पर वह नष्ट हो सकता है। अगर इस प्रकार से कारखाने में बने सारे फ्यूजों (समष्टि) की गुणवत्ता का परीक्षण किया जाना हो तो हमें सभी फ्यूजों से हाथ धोना पड़ेगा। यह गुणवत्ता नियंत्रण के परीक्षण द्वारा पूरे किए गए प्रयोजन के ठीक विपरीत होगा। इसलिए यहाँ फ्यूजों की गुणवत्ता की जाँच के लिए उनमें से कुछ को प्रतिदर्श के रूप में प्रयोग करना ठीक रहेगा।

5. अध्ययन की यथार्थता एवं गुणवत्ता (Accuracy and quality of study) : प्रतिदर्श का उपयोग करने में एक अनुसंधानकर्त्ता को आवश्यक सूचना प्राप्त करने के लिए कुछ ही व्यक्तियों के साथ अन्तःक्रिया करने और उनका सहयोग लेने की आवश्यकता होती है, पूरी समष्टि से सम्बन्धित सभी व्यक्तियों की नहीं। फलस्वरूप यहाँ वह इन थोड़े से व्यक्तियों पर ज्यादा ध्यान दे सकता है और उनसे विश्वसनीय तथा वैध सूचना प्राप्त करने में अधिक सावधानी बरत सकता है। जबकि यहाँ अगर उसको एक बड़ी जनसंख्या (समष्टि) के हर तत्त्व को सम्बोधित करना पड़े तो यही अध्ययन काफी अव्यवस्थित और त्रुटिपूर्ण बन जायेगा। इस तरह से अगर अध्ययन हेतु प्रतिदर्श का प्रयोग किया जाए तो इसमें निहित विशेषताओं के मापन में अधिक गुणवत्ता आ सकती है। अब क्योंकि हर अनुसंधान का लक्ष्य अपने अध्ययन में यथार्थता लाना होता है तो इस दृष्टि से सावधानी से चयनित प्रतिदर्शों की सहायता से अध्ययन के लिए वांछित प्रदत्तों की उनके सही और यथार्थ रूप में प्राप्ति हो सकती है।

इस प्रकार से प्रतिदर्शों का प्रतिचयन अनुसंधान कार्य में काफी महत्त्वपूर्ण भूमिका निभाता है और विशेष रूप से लाभकारी सिद्ध होता है। परन्तु उससे यह नहीं समझा जाना चाहिए कि इससे अध्ययन दोषमुक्त हो जाएगा और सभी अनुसंधान परिस्थितियों में प्रतिदर्श का प्रयोग अनिवार्य रूप से करना चाहिए। अनुसंधान हेतु कब प्रतिदर्श का प्रयोग किया जाये और कब पूरी समष्टि का, यह परिस्थितिजन्य होता है। अगर अनुसन्धान के प्रयोजन यह माँग करते हैं कि पूरी समष्टि एक अध्ययन हेतु प्रयोग में लाई जानी चाहिए तब प्रतिदर्श की जगह पूरी समष्टि के तत्त्वों का मापन होना चाहिए। परन्तु जहाँ पूरी समष्टि तक पहुँच पाना किसी एक या अन्य कारण से व्यावहारिक नहीं है वहाँ एक ऐसे उचित प्रतिदर्श का ही प्रयोग होना चाहिए जिसे परिस्थिति विशेष के लिए उपयुक्त प्रतिदर्श चयन विधियों से चयन किया गया हो।

प्रतिचयन तकनीकों के प्रकार (Types of Sampling Strategy)

व्यावहारिक विज्ञानों में प्रयुक्त विभिन्न प्रतिचयन तकनीकों को निम्न दो श्रेणियों में विभाजित किया जा सकता है :

1. सम्भाव्य प्रतिचयन या संयोगिक प्रतिचयन तकनीक।
2. असम्भाव्य प्रतिचयन या असंयोगिक प्रतिचयन तकनीक।

इन दोनों तकनीकों को पुनः उपश्रेणियों में विभाजित किया जा सकता है जैसा कि चित्र 16.2 में प्रदर्शित किया गया है।

आइये हम विभिन्न प्रकार की प्रतिचयन तकनीकों का एक एक कर वर्णन करते हैं।

A. सम्भाव्य प्रतिचयन या संयोगिक प्रतिचयन तकनीक (Probability or Random Sampling Technique)

सम्भाव्य या संयोगिक प्रतिचयन तकनीकें वे तकनीकें हैं जिनमें हमें अनुसंधान अध्ययन की पूरी समष्टि में से एक ऐसा प्रतिनिधि प्रतिदर्श चयन करने का अवसर मिलता है जिसमें समष्टि के प्रत्येक तत्त्व की प्रतिदर्श में शामिल होने की समान सम्भावना रहती है और चूँकि समष्टि के सभी तत्त्वों की समान सम्भावना सुनिश्चित करने के लिए यहाँ संयोगीकरण का मुख्य रूप से प्रयोग किया जाता है, इसलिए इस प्रकार की प्रतिचयन तकनीकों को संयोगिक प्रतिचयन तकनीक भी कहा जाता है। इन प्रतिचयन तकनीकों के उदाहरण के रूप में सरल संयोगिक

प्रतिचयन, क्रमबद्ध या व्यवस्थित, संयोगिक प्रतिचयन, स्तरानुसार संयोगिक प्रतिचयन, समानुपातिक स्तरानुसार संयोगिक प्रतिचयन, पुंजानुसार संयोगिक प्रतिचयन आदि का नाम लिया जा सकता है।

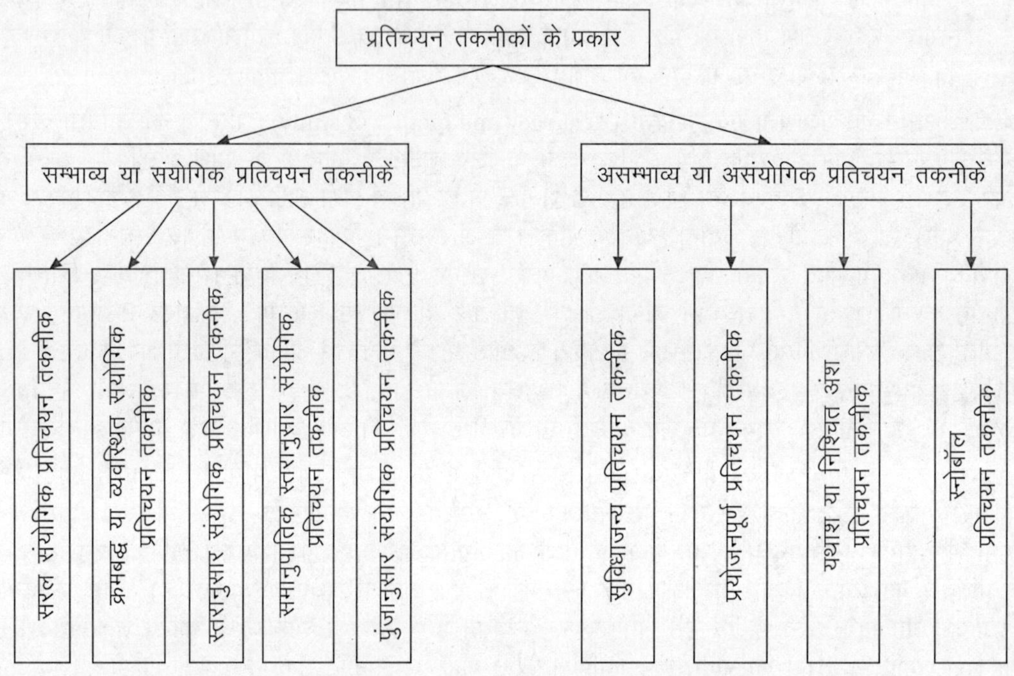

चित्र 16.2 व्यावहारिक विज्ञान अनुसंधानों में प्रयुक्त प्रतिचयन तकनीकों के प्रकार।

B. असम्भाव्यता या असंयोगिक प्रतिचयन तकनीकें (Non-probability or Non-random Sampling Techniques)

सम्भाव्य प्रतिचयन तकनीकों के अलावा जितनी भी दूसरी प्रतिचयन तकनीकें हैं, वे पूर्ण समष्टि (Population) से इस प्रकार के किसी प्रतिनिधि प्रतिदर्श का चयन करने का अवसर प्रदान नहीं करती जिसमें पूर्ण समष्टि के प्रत्येक तत्त्व की प्रतिदर्श में शामिल होने की सम्भावना रहती हो। इन चयन तकनीकों को असम्भाव्यता प्रतिचयन तकनीकों के नाम से जाना जाता है। और चूँकि इनमें समष्टि के सभी तत्त्वों की समान सम्भाव्यता सुनिश्चित करने के लिए संयोगीकरण का प्रयोग करने की कोई आवश्यकता नहीं होती है अतः इन्हें असंयोगिक प्रतिचयन तकनीकों का नाम भी दिया जाता है। इस प्रकार की प्रतिचयन तकनीकों का प्रयोग करने वाली बहुत सी परिस्थितियों में समष्टि के बारे में पूर्ण ज्ञान नहीं होता है और प्रतिचयन तकनीक सामान्य सूझ बूझ के आधार पर इस तरह प्रयोग में लाई जाती है कि प्रतिनिधि प्रतिदर्श अधिक से अधिक उचित और पक्षपातहीन बना रहे। इन प्रतिचयन तकनीकों के उदाहरण रूप में हम सुविधानुसार प्रतिचयन तकनीक, प्रयोजनपूर्ण प्रतिचयन तकनीक, निश्चित भाग या यथांश के अनुसार प्रतिचयन तकनीक, स्नोबॉल प्रतिचयन तकनीक आदि का नाम ले सकते हैं।

ये दोनों प्रकार की प्रतिचयन तकनीक एक दूसरे से क्या भिन्नता रखती हैं, इसे आगे दी गई तालिका 16.1 से अच्छी तरह समझा जा सकता है।

तालिका 16.1 सम्भाव्य या संयोगिक प्रतिचयन व असम्भाव्य या असंयोगिक प्रतिचयन में अंतर

सम्भाव्यता प्रतिचयन (Probability Sampling)	असम्भाव्यता प्रतिचयन (Non-probability Sampling)
1. सम्भाव्य प्रतिचयन में प्रतिदर्श के लिए एक बड़ी जनसंख्या (समष्टि) के सदस्यों के चयन होने के अवसर ज्ञात होते हैं।	1. असम्भाव्य प्रतिचयन में प्रतिदर्श के लिए एक विस्तृत बड़ी जनसंख्या के सदस्यों का चयन होने के अवसर अज्ञात होते हैं।
2. सम्भाव्य प्रतिचयन में एक बड़ी जनसंख्या के प्रत्येक सदस्य को प्रतिदर्श में शामिल होने के लिए समान मौका मिलता है।	2. असम्भाव्य प्रतिचयन में बड़ी जनसंख्या के प्रत्येक सदस्य को प्रतिदर्श में शामिल होने के लिए समान अवसर नहीं मिलता है।
3. इस प्रतिचयन में बड़ी जनसंख्या के किसी सदस्य को शामिल किया जाना या ना किया जाना केवल मौके की बात है और कुछ नहीं।	3. इस प्रकार के प्रतिचयन में यह एकदम निश्चित है कि बड़ी जनसंख्या के कुछ सदस्य निश्चित तौर पर छोड़ दिए जायेंगे और कुछ निश्चित तौर पर शामिल किए जायेंगे।
4. इसमें एक विस्तृत समष्टि के समुचित और यथार्थ प्रतिनिधित्व के लिए जानबूझ कर उचित प्रयास किये जाते हैं बजाय इसके कि इसके किसी विशेष वर्ग या समूह मात्र का ही प्रतिनिधि तलाशने के प्रयत्न किये जायें।	4. यह एक बड़ी जनसंख्या के प्रतिनिधित्व की उपेक्षा करता है। इसके स्थान पर वह उस बड़ी संख्या के किसी एक वर्ग या समूह का ही प्रतिनिधित्व तलाश करने की कोशिश करता है।
5. एक विस्तृत समष्टि का प्रतिनिधि होने के नाते एक सम्भाव्य प्रतिदर्श में पक्षपात होने के अवसर दूसरे प्रतिदर्शों की तुलना में कम होते हैं।	5. एक असम्भाव्य प्रतिदर्श में एक विस्तृत समष्टि का प्रतिनिधित्व न होने के कारण सम्भाव्य प्रतिचयन की तुलना में इसके पक्षपातपूर्ण होने के ज्यादा अवसर होते हैं।
6. असम्भाव्य प्रतिचयन की तुलना में यह नियोजन तथा क्रियान्वयन दोनों में ही अधिक जटिल, पेचीदा तथा खर्चीला सिद्ध होता है।	6. सम्भाव्य प्रतिचयन की तुलना में यह अपने नियोजन एवं क्रियान्वयन में कम जटिल, पेचीदा तथा कम खर्चीला सिद्ध होता है।
7. उन अनुसंधानों में सम्भाव्य प्रतिचयन का उपयोग जरूरी होता है, जिनमें प्रतिदर्श के माध्यम से पूरी जनसंख्या (समष्टि) को लेकर सामान्यीकरण करने की कोशिश की जाए।	7. जिन अनुसंधानों में प्रतिदर्श के माध्यम से प्राप्त परिणामों को पूर्ण जनसंख्या पर सामान्यीकरण करने की जरूरत नहीं होती है, उनमें असम्भाव्य प्रतिचयन पूर्ण रूप से सार्थक सिद्ध होता है।
8. सम्भाव्य प्रतिचयन के लिए प्रयुक्त विधियों में संयोगिकता उनमें स्वयं ही रमी रहती है।	8. असम्भाव्य प्रतिचयन के लिए प्रयुक्त विधियों में संयोगिकता स्वतः ही शामिल नहीं रहती जैसी कि सम्भाव्य प्रतिचयन के लिए प्रयुक्त विधियों में पाई जाती है। इसके स्थान पर इन सभी में एक सामान्य विशेषता इस बात को लेकर होती है कि अध्ययन के प्रयोजन को अधिक से अधिक आसानी से पूरा किया जाए।
9. सम्भाव्य प्रतिचयन के उदाहरणों के रूप में हम निम्न प्रतिचयनों का नाम ले सकते हैं – साधारण संयोगिक प्रतिचयन, क्रमानुसार प्रतिचयन, समानुपातिक स्तरानुसार संयोगिक प्रतिचयन और बहुपक्षीय या संयुक्त व्यूह रचना प्रतिचयन जैसे–स्तरानुकूल पुंजानुसार संयोगिक प्रतिचयन, स्तरानुसार–समानुपातिक–पुंजानुसार संयोगिक प्रतिचयन आदि।	9. असम्भाव्य प्रतिचयन के उदाहरणों के रूप में हम सुविधानुसार प्रतिचयन, प्रयोजनपूर्ण प्रतिचयन, निश्चित भाग या यथांश के अनुसार प्रतिचयन, स्नोबॉल प्रतिचयन आदि का नाम ले सकते हैं।

सम्भाव्यता या संयोगिक प्रतिचयन तकनीकों के प्रमुख प्रकार (Main Types of Probability or Random Sampling Strategies)

सम्भाव्यता या संयोगिक प्रतिचयन तकनीकों के मुख्य प्रकारों का वर्णन निम्न प्रकार से किया जा सकता है :

1. सरल संयोगिक प्रतिचयन तकनीक (Simple Random Sampling Strategy)

यह तकनीक एक बहुत ही सरल तथा प्रयोगकर्त्ताओं के लिए काफी आसान तकनीक का प्रतिनिधित्व करती है जिसे संयोगीकरण की तकनीक का प्रयोग करते हुए अनुसंधान अध्ययन समष्टि (Population) के एक प्रतिनिधि प्रतिदर्श चयन करने के लिए प्रयोग में लाया जाता है। संयोगीकरण की इस तकनीक का प्रयोग करने में निम्न जरूरतों की सन्तुष्टि आवश्यक होती है :

संयोगिक प्रतिचयन की मूलभूत आवश्यकता यह है कि समष्टि के प्रत्येक सदस्य के लिए चयनित किए जाने का समान एवं स्वतन्त्र अवसर होता है। समानता से तात्पर्य है कि चयन करने में कोई भी एक व्यक्ति दूसरे व्यक्ति से ज्यादा पसन्द नहीं किया जा सकता। अर्थात् सभी व्यक्तियों के चयन किए जाने के अवसर समान हैं। यहाँ स्वतन्त्रता का अर्थ यह है कि किसी एक व्यक्ति का चयन पूरी तरह स्वतन्त्र रहता है, उसके चयन से अन्य व्यक्तियों के चयन पर कोई प्रभाव नहीं पड़ता है।

एक अनुसंधान अध्ययन की दी हुई समष्टि में से प्रतिदर्श का चुनाव करने के लिए सरल संयोगिक प्रतिचयन पद्धति का प्रयोग करने में अनुसंधानकर्त्ता निम्न में कोई भी एक युक्ति अपना सकता है।

- लॉटरी प्रणाली या पर्ची निकालने के डिब्बे का प्रयोग करना।
- संयोगिक संख्याओं की एक तालिका का प्रयोग करना।
- कम्प्यूटर सहाय तकनीकी का प्रयोग करना।

संयोगीकरण करने के लिए इन तीनों तकनीकों का प्रयोग करते समय अनुसंधानकर्त्ता को यह ध्यान रखना चाहिए कि अच्छे परिणाम प्राप्त करने के लिए उसके लिए यह अच्छा होगा कि वह निम्न क्रमबद्ध सोपानों का पालन करते हुए आगे बढ़े :

- अध्ययन की जनसंख्या की स्पष्ट रूप से पहचान करे और परिभाषित करे।
- जनसंख्या के सभी सदस्यों की सूची बनाएं।
- प्रतिदर्श के आकार के बारे में निर्णय ले जैसे–प्रतिदर्श में शामिल होने वाले व्यक्तियों की संख्या।
- समष्टि या जनसंख्या के सदस्यों की सूची में से व्यक्तियों की वांछित संख्या का चयन करने के लिए संयोगिक प्रक्रिया का प्रयोग करें।

लॉटरी प्रणाली या पर्चियों के डिब्बे का प्रयोग (Use of the Lottery System or a Container Draw)

शोध अध्ययन की जनसंख्या के बारे में बहुत सारे व्यक्तियों में से प्रतिनिधित्व प्रतिदर्श का चयन करने का यह बहुत ही सरल और सुविधाजनक तरीका है। इसके प्रयोग को हम एक उदाहरण के द्वारा स्पष्ट करते हैं :

मान लीजिए आप एक कोचिंग कार्यक्रम के प्रभाव का मूल्यांकन करने के लिए 500 खिलाड़ियों के समूह में से संयोगिक रूप से 40 खिलाड़ियों का चयन करना चाहते हैं। इस प्रकार के संयोगीकरण के लिए आप लॉटरी निकालने या पर्ची के डिब्बे का प्रयोग करने के बारे में निर्णय लेते हैं। इसके लिए आपको निम्न क्रम से आगे बढ़ना होगा :

- सभी 500 खिलाड़ियों को 1 से 500 तक नम्बर प्रदान करो जिससे प्रत्येक खिलाड़ी की एक विशेष संख्या के रूप में पहचान बने।

- अलग अलग छोटी पर्ची (Slip) पर एक से पाँच सौ तक के अंक लिखो अर्थात् 1 से 500 तक के अलग अलग अंक की अलग अलग पर्ची बनाइये। अब आपके पास पाँच सौ पर्चियाँ हैं, इन्हें एक डिब्बे में रखिए।
- अब आँख पर पट्टी बाँध कर अर्थात् बिना देखे डिब्बे में से एक एक बार में एक एक पर्ची निकालिये (या किसी और से निकलवाइये) और इस प्रकार 40 पर्ची निकालिये।
- प्रत्येक पर्ची खोलकर उस पर लिखी संख्या पढ़ो और एक सूची पर सबको लिख लो। इस प्रकार अब आपके पास 40 खिलाड़ियों का एक प्रतिदर्श तैयार है।

पर्ची निकाल कर प्रतिदर्श के प्रयोज्यों का चयन करने की इस प्रक्रिया पर यह आरोप लगाया जा सकता है कि इस प्रक्रिया से चयन होने के लिए जनसंख्या के प्रत्येक व्यक्ति को समान अवसर और स्वतन्त्रता मिलने के नियम का हनन होता है। इस आलोचना से बचने के लिए यह करना चाहिए कि जो पर्ची निकाली गई है उसकी संख्या लिख लेने के उपरान्त उसे पुनः उसी डिब्बे में डाल देना चाहिए। जिससे प्रत्येक बार जब डिब्बे में से एक पर्ची निकाली जाए तो उस डिब्बे में 500 पर्ची ही होनी चाहिए। यदि कोई संख्या की पर्ची दूसरी बार निकल आए तो उसे सूची में नहीं लिखना चाहिए और उसे डिब्बे में डाल देना चाहिए तथा पर्ची निकालने वाले को दूसरी पर्ची निकालने का पुनः अवसर देना चाहिए।

संयोगिक संख्याओं की एक तालिका का प्रयोग (Use of a Table of Random Numbers)

एक अनुसंधान जनसंख्या में से एक प्रतिनिधि प्रतिदर्श को प्राप्त करने के लिए संयोगिक संख्याओं की तालिका का प्रयोग करना एक तकनीकीजन्य परन्तु सरल और व्यवस्थित तरीका है। बहुत से लेखकों ने अपनी अनुसंधान विधियों की पाठ्यपुस्तक में इस प्रकार की तालिकायें प्रस्तुत की हैं। कम्प्यूटर के द्वारा बनाई गई संयोगिक संख्याओं की कई तालिकायें प्रकाशकों के पास उपलब्ध हैं और इन्टरनेट पर भी उपलब्ध हो जाती हैं।

इस सम्बन्ध में रेन्ड कोर्पोरेशन (Rand Corporation, 1965) की "The million random digits with 100,000 normal deviates" और फिशर तथा येट्स (Fisher and Yates's, 1963) की "Statistical table for biological, agricultural and medical research" का विशेष रूप में उल्लेख किया जा सकता है।

संयोगिक संख्याओं की तालिका का प्रयोग करने की प्रक्रिया (The Procedure for Using a Table of Random Numbers)

संयोगिक संख्याओं की तालिका का प्रयोग करते हुए अध्ययन के प्रयोज्यों का चयन करने में प्रयुक्त प्रक्रिया और सोपानों को निम्न रूप से प्रस्तुत किया जा सकता है। (देखिए तालिका 16.2)

हाथ में लिए गए कार्य का उद्देश्य : "खिलाड़ियों के प्रशिक्षण कार्यक्रम की सफलता के अध्ययन हेतु 805 खिलाड़ियों में से संयोगिक रूप से 20 खिलाड़ियों का चयन करना।"

1. अध्ययन की जनसंख्या (समष्टि) या पुंज के प्रतिभागियों की कुल संख्या की पहचान करना। हमारे प्रस्तुत उदाहरण में 805 खिलाड़ियों का एक पुंज (Cluster) है।
2. सभी प्रतिभागियों को एक अनूठी पहचान प्रदान कीजिये विशेष रूप से संख्याओं में। यहाँ हम उन्हें एक से लेकर आठ सौ पाँच (From 1 to 805) तक की अलग अलग संख्या प्रदान करेंगे।
3. अब किसी पृष्ठ की संयोजिक संख्या की तालिका पर जाएं और इस पृष्ठ पर कोई भी एक पंक्ति या कॉलम चुन लें। संयोगिक संख्याओं की चयन प्रक्रिया को शुरु करने का यह आपका प्रारम्भिक बिन्दु है। अब आप यहाँ किसी भी तरह से दाएं–बाएं, ऊपर–नीचे किसी भी क्रम में आगे बढ़ सकते हैं। परन्तु आपके लिए अच्छा यह रहेगा कि आप एक पूर्व निर्धारित दिशा में आगे बढ़ें (जैसे पंक्ति में बाएं से दाएं तथा कॉलम में ऊपर से नीचे)।

4. संयोगिक संख्याओं की ज्यादातर प्रकाशित तालिकाओं में आप पाँच या छः अंकों की (संक्षिप्त या लघु आकार की 16.2 तालिका को देखें) बड़ी संख्याओं वाली सूची को प्राप्त कर सकते हैं। नियमानुसार आप 99 की संख्या वाली जनसंख्या के लिए दो अंकों (पहला और आखिरी) का, 001 से लेकर 999 संख्या के विस्तार वाली जनसंख्या के लिए तीन अंकों और 0001 से 9999 वाली जनसंख्या के लिए चार अंकों का चयन कर सकते हैं। इसलिए आपके अध्ययन में 805 खिलाड़ियों के चयन के लिए संयोगिक तालिका में दिखाई संख्याओं के प्रथम तीन अंकों (या अंतिम तीन अंक) का चयन करें। यह आपको आपके प्रतिदर्श की प्रथम संख्या प्रदान करेगा। अब आप चाहे पंक्ति से बाएं से दाएं की दिशा में या ऊपर से नीचे की दिशा में उस नम्बर से आगे बढ़ते हुए अपने 20 के प्रतिदर्श की दूसरी, तीसरी, चौथी आदि संख्या प्राप्त कर सकेंगे।
5. अपनी चयन प्रक्रिया में यदि कोई संख्या दोबारा आ जाती है और यदि कोई संख्या, आपकी कुल जनसंख्या (इस उदाहरण में 805) से ज्यादा की आ जाती है तो उसे छोड़ देना चाहिए और तब तक संख्याओं को चुनते रहना चाहिए जब तक कि अपने प्रतिदर्श (यहाँ पर प्रतिदर्श 20 का) की कुल संख्याओं का चयन न हो जाए।

तालिका 16.2 संयोगिक संख्याओं की एक संक्षिप्त तालिका (प्रतिदर्श का चयन प्रदर्शित करते हुए)

संयोगिक संख्याओं की तालिका का एक भाग			
61424	20419	86546	00517
90222	27993	04952	66762
50349	71146	97668	86523
85676	10005	08216	25906
02429	19761	15370	43882
90519	61988	40164	15815
20631	88967	19660	89624
89990	78733	16447	27932

यहाँ हमारे पास एक संयोगिक संख्याओं की तालिका का एक भाग जो हमने 200 तालिका के एक पृष्ठ से संयोगिक रूप से प्राप्त किया है। हमारी जनसंख्या की संख्या 805 (कुल खिलाड़ी) हैं, अतः हमें अपने अध्ययन के प्रतिभागियों का चयन करने के लिए पहले तीन अंकों को एक साधन के रूप में इस्तेमाल कर सकते हैं।

आइए हम दूसरी पंक्ति के तीसरे कॉलम (जहाँ पर 71146 संख्या लिखी है) से शुरु करते हैं। संख्या के पहले तीन अंकों को ध्यान में रखते हुए हम 711 संख्या को अपने प्रतिदर्श के पहले प्रतिभागी (प्रयोज्य) की पहचान संख्या के रूप में प्राप्त कर लेते हैं।

6. हमने यह निश्चित किया कि हम पंक्ति के अनुसार बाएं से दाएं क्रम में आगे बढ़ते हुए (यहाँ पर 71146 संख्या से आगे) प्रतिभागियों की संख्याओं का चयन तब तक करते जायेंगे जब तक 20 प्रतिभागियों का चयन न हो जाए।

इस प्रकार से 20 प्रतिभागियों का चयन करते हुए जो परिणाम प्राप्त हुआ उसे निम्न रूप से तालिकाबद्ध किया गया है :

20 खिलाड़ियों (प्रतिदर्श के प्रयोज्यों) का प्रतिदर्श				
711	976*	865*	856*	100
082	259	024	197	153
438	905*	619	401	158
206	889*	196	896*	899*
787	164	279	614	204
865*	005	902*	279*	049

नोट : इस प्रतिदर्श में बाएं से दाएं क्रम में (20 संख्याओं) का चयन करते हुए जो संख्याएं चयनित की गईं उनमें से 10 संख्याओं पर स्टार * का चिह्न लगाया गया है जिसमें से 9 संख्याएं 976, 865, 856, 905, 889, 896, 899, 865, 902 निकाल दी गई हैं क्योंकि वे हमारी जनसंख्या (805 खिलाड़ियों) की संख्या से बड़ी है और एक संख्या 279 इस चयन में दोबारा आ गई है (प्रतिदर्श की पाँचवीं लाइन के तीसरे कॉलम में 279 पहले ही आ चुका है) अतः उसे भी निकाल दिया गया है। इस प्रकार संयोगिक संख्याओं की तालिका से 20 प्रयोज्यों के प्रतिदर्श का चयन किया गया है।

कम्प्यूटर सहाय तकनीकी का प्रयोग (Use of Computer Assisted Technology)

संयोगिक प्रतिचयन, समानुपातिक या स्तरानुकूल संयोगिक प्रतिचयन में हम कम्प्यूटर सहाय तकनीकी की सहायता ले सकते हैं। इस दिशा में इन्टरनेट और वेब आधारित सेवाएँ काफी महत्त्वपूर्ण भूमिका अदा कर सकती है। इसी पुस्तक के 34वें अध्याय में हम इसका विस्तार से उल्लेख करेंगे।

2. क्रमबद्ध या व्यवस्थित संयोगिक प्रतिचयन तकनीक (Systematic Random Sampling Strategy)

अध्ययन में शामिल प्रत्येक प्रयोज्य के चयन के लिए संयोगिक संख्याओं की तालिका का प्रयोग करना कुछ अध्ययनकर्त्ताओं को कठिन प्रतीत हो सकता है। इसलिए संयोगिक संख्याओं की तालिका में प्रयोग के स्थान पर प्रतिदर्श चयन करने का कार्य इस तरह सरल बनाया जा सकता है कि वे सूचीबद्ध जनसंख्या या समष्टि में से पहले संयोगीकरण विधि से किसी एक प्रयोज्य का चयन कर ले और फिर इस सूची में से प्रत्येक 5वें, 10वें या 100वें प्रयोज्य का चयन करते चले जाएं जब तक कि उनके प्रतिदर्श की वांछित संख्या की प्राप्ति न हो जाए। क्योंकि इस विधि में प्रयोज्यों का चयन एक उपलब्ध समष्टि सूची में से व्यवस्थित या क्रमबद्ध ढंग से भी किया जाता है, और संयोगिक विधि से भी। इसीलिए इसे क्रमबद्ध या व्यवस्थित संयोगिक प्रतिचयन तकनीक का नाम दिया जाता है। इस बात से आपको यह अनुमान हो गया होगा कि एक व्यवस्थित संयोगिक तकनीक में संयोगीकरण के सिद्धान्त के अतिरिक्त व्यवस्थित क्रमांकन के सिद्धान्त का भी उपयोग होता है। इस प्रतिचयन तकनीक में इन दोनों सिद्धान्तों का उपयोग कैसे होता है, आइए इसे एक उदाहरण द्वारा समझने की कोशिश करें।

उदाहरण के लिए : माना एक अनुसंधानकर्त्ता केन्द्रीय विद्यालयों में कार्यरत 100 प्रधानाचार्यों की जनसंख्या पर शोध करना चाहता है। उसे इस 100 की समष्टि में से क्रमबद्ध संयोगिक प्रतिचयन पद्धति का प्रयोग करके 20 प्रधानाचार्यों का प्रतिदर्श के लिए चयन करना है। इस कार्य के लिए जो प्रक्रिया अपनाई जाएगी वह निम्न प्रकार होगी :

- सभी प्रधानाचार्यों की एक सूची बनाकर 1 से 100 तक की संख्या में से प्रत्येक को अलग अलग एक एक संख्या प्रदान कर एक अलग ही पहचान दे दीजिये।
- पहले प्रतिभागी या प्रयोज्य का चयन करने के लिए सरल संयोगीकरण विधि (लाटरी या संयोगिक संख्या तालिका) का प्रयोग करें, जैसे माना प्रतिभागी नं० 6 का चयन हुआ।
- अब अन्य प्रतिभागियों का चयन करने के लिए समान अन्तराल के आधार पर प्रत्येक 'nth' प्रतिभागी का चयन करने का तरीका अपनाएं। 'n' का आकार निश्चित करने के लिए जनसंख्या के आकार (यहाँ पर

100) को वांछित प्रतिदर्श आकार (यहाँ पर 20) से भाग दें। इस उदाहरण में 'n' का आकार 5 (100/20) है। इसलिए प्रथम चयन किए गए प्रतिभागी (यहाँ पर संख्या 6) के बाद हर पाँचवें नम्बर का चयन (जैसे 6 के बाद 11, 16, 21, 26, 31 ... आदि) करते जाएं जब तक आपको अपने अध्ययन के लिए प्रतिदर्श की वांछित संख्या 20 की प्राप्ति न हो जाए। (देखें चित्र 16.3)

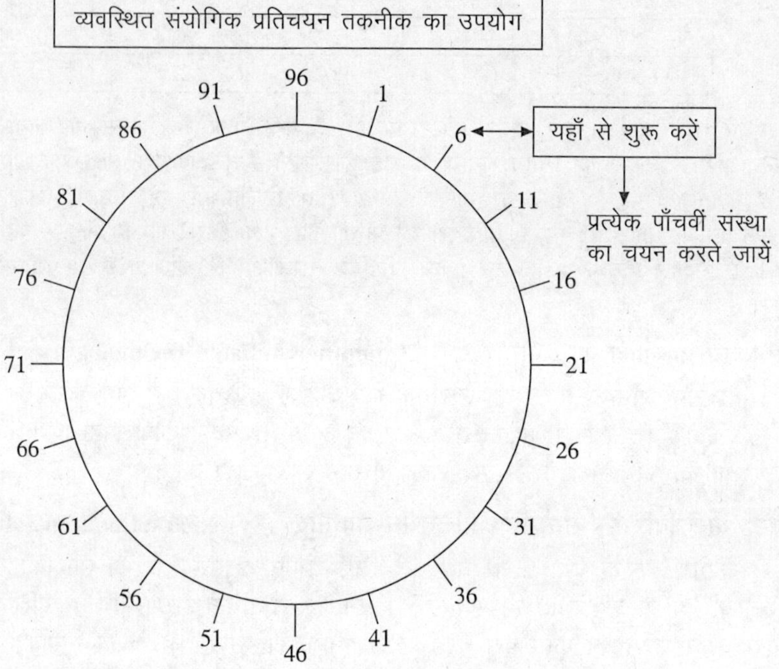

चित्र 16.3 क्रमबद्ध या व्यवस्थित संयोगिक प्रतिचयन तकनीक।

इस प्रकार से व्यवस्थित प्रतिचयन विधि केवल मात्र प्रथम प्रतिभागी के चयन के सम्बन्ध में सरल संयोगिक प्रतिचयन विधि के समान है। प्रथम प्रतिभागी का चयन करने के उपरान्त इसमें व्यवस्थित/क्रमबद्ध प्रतिचयन का तरीका प्रयोग में लाया जाता है।

यह तकनीक सरल संयोगिक प्रतिचयन विधि से कम संयोगिक है क्योंकि इसमें एक दूसरे पर निर्भरता के सिद्धान्त का हनन होता है। विशेष रूप से हम यदि प्रतिभागी संख्या 11 का चयन करते हैं तो प्रतिभागी संख्या 12, 13, 14 और 15 न चुने जाने के कारण उनके साथ अन्याय होगा और यदि प्रतिभागी संख्या 16 को चुन लेते हैं तो उसके प्रति पक्षपात होगा।

3. स्तरानुसार संयोगिक प्रतिचयन तकनीक (Stratified Random Sampling Strategy)

एक जनसंख्या (समष्टि) में अच्छी तरह से चिन्हित विभिन्न समूह और उपसमूहों का समावेश रहता है। उदाहरण के लिए – एक राज्य के माध्यमिक विद्यालयों में कार्यरत अध्यापकों की जनसंख्या को सरकारी और गैर–सरकारी विद्यालय में कार्यरत अध्यापकों, महिला और पुरुष अध्यापकों, ग्रामीण और शहरी विद्यालयों में कार्यरत अध्यापकों और इसी तरह से अन्य उपसमूहों में विभाजित किया जा सकता है। किसी पहाड़ी के ऊपर जैसे चट्टानों की परत दिखाई देती है वैसे ही समष्टि से सम्बन्धित ये विभिन्न उपसमूहों को भी समष्टि की विभिन्न परतों या स्तरों के रूप में देखा जा सकता है।

प्रतिदर्श में प्रत्येक समूह को समान प्रतिनिधित्व प्राप्त हो जाए इसके लिए अब एक विकल्प यह है कि समष्टि विशेष से एक प्रतिनिधि प्रतिदर्श प्राप्त करने के लिए स्तरानुसार संयोगिक प्रतिचयन तकनीक का प्रयोग किया जाए। मेन्डेनहॉल, ओट और शैफर (Mendenhall, Ott and Schaeffer, 1971) ने स्तरानुसार संयोगिक प्रतिचयन का प्रयोग करने के तीन मुख्य लाभ बताए हैं :

- इससे प्रत्येक स्तर पर अधिक सजातीय प्रदत्त (Homogeneous data) की प्राप्ति होती है।
- किसी विशिष्ट स्तर में से ही प्रदत्तों के संकलन किए जाने से प्रतिदर्श सम्बन्धी खर्च कम हो जाता है।
- क्योंकि प्रदत्तों का संकलन अलग अलग स्तरों के रूप में उपलब्ध अलग अलग समूहों में से किया जाता है तो इसके परिणामस्वरूप समष्टि की विशेषताओं का अलग अलग स्तरानुसार अनुमान लगाना अच्छी तरह सम्भव हो जाता है।

विशेष रूप से यहाँ यह जाना जा सकता है कि जब अनुसंधान अध्ययन का केन्द्रबिन्दु एक समष्टि के भीतर विशिष्ट उपसमूहों की विशेषताओं को जानना होता है तब स्तरानुसार संयोगिक प्रतिचयन एक बेहतर विकल्प सिद्ध हो सकता है। यही कारण है कि इस प्रकार का संयोगिक प्रतिचयन उन अवस्थाओं में उचित ठहराया जा सकता है जबकि अनुसंधान अध्ययन का उद्देश्य निम्न प्रकार का हो।

(i) उपसमूहों का परीक्षण करना और उनके मध्य तुलना करना, जैसे–अपने अलग अलग स्तरों (जैसे–सरकारी गैर–सरकारी विद्यालयों, ग्रामीण और शहरी विद्यालयों में कार्यरत पुरुष एवं महिला अध्यापकों का समायोजन) में अध्यापकों के समायोजन के ढंग (Pattern) का अध्ययन करना।

(ii) समष्टि (जनसंख्या) के भिन्न भिन्न स्तरों के मध्य आवश्यक तुलना करना, जैसे सरकारी तथा गैर–सरकारी विद्यालयों, ग्रामीण एवं शहरी विद्यालयों में कार्यरत पुरुष एवं महिला अध्यापकों के समायोजन की तुलना करना।

स्तरानुसार संयोगिक प्रतिचयन तकनीक के लिए अपनाई गई प्रक्रिया

अच्छी तरह से चिन्हित उपसमूहों (उपरोक्त उदाहरण में उल्लेखित) की समष्टि में से एक स्तरानुसार संयोगिक प्रतिदर्श को प्राप्त करने में निम्न सोपानों का समावेश होता है :

- आप अपने अनुसंधान प्रतिदर्श (जैसे–एक राज्य के सरकारी विद्यालय में कार्यरत पुरुष और महिला अध्यापक) में जिन उपसमूहों को शामिल करना चाहते हैं, अच्छी तरह पहचानी गई जनसंख्या के उन विशिष्ट उपसमूहों (या स्तरों) की सर्वप्रथम पहचान करो।
- अब पूर्व पहचान किए गए उपसमूहों (राज्य के माध्यमिक विद्यालयों में कार्यरत पुरुष एवं महिला अध्यापकों को बताने वाली दो अलग अलग सूचियाँ) के प्रत्येक उपसमूह में से प्रत्येक उपसमूह के लिए 200–200 प्रयोज्यों के दो समान संयोगिक प्रतिदर्शों (उन्हीं सोपानों, जिनका सरल संयोगिक प्रतिचयन में पालन किया गया था, का प्रयोग करते हुए) का चयन करो।
- अन्त में, राज्य के विद्यालयों में कार्यरत स्कूल अध्यापकों के समायोजन के स्तर के बारे में सच्चाई बताने के लिए, दोनों उपसमूहों के प्रतिदर्शों को 400 अध्यापकों के एक प्रतिदर्श के रूप में इकट्ठा कर लें या फिर उनके समायोजन के स्तर के सम्बन्ध में तुलना करने के लिए उन दोनों प्रतिदर्शों का अलग अलग प्रयोग करें।

इस प्रकार के प्रतिचयन में समस्या तब खड़ी होती है जब समष्टि के उपसमूह समष्टि में अपने समानुपातिक प्रतिनिधित्व को लेकर भिन्न होते हैं। इस समस्या का निराकरण, हम निम्न वर्णित समानुपातिक स्तरानुसार संयोगिक प्रतिचयन विधि के द्वारा कर सकते हैं।

4. समानुपातिक स्तरानुसार संयोगिक प्रतिचयन तकनीक (Proportionate Stratified Random Sampling Strategy)

इस प्रकार के प्रतिचयन में, जानबूझ कर इस प्रकार के प्रतिदर्श की संरचना करने के प्रयास किये जाते हैं जिससे कि प्रतिदर्श की संरचना, जनसंख्या की रचना से मेल खा जाए। उदाहरण के लिए, एक राज्य के सरकारी विद्यालयों में कार्यरत अध्यापकों की जनसंख्या में 60 प्रतिशत पुरुष अध्यापक और 40 प्रतिशत महिला अध्यापक हैं तो 400 अध्यापकों के अनुसंधान प्रतिदर्श के प्राप्त करने के लिए 200 पुरुष अध्यापक और 200 महिला अध्यापकों को प्रतिदर्श में शामिल करना न्यायपूर्ण नहीं है। हम कैसे कह सकते हैं कि यह एक प्रतिनिधित्व प्रतिदर्श है जबकि कुल जनसंख्या में उनकी संख्या के हिसाब से हम उन्हें उचित प्रतिनिधित्व नहीं दे रहे हैं। उसका उपचार यही है कि अनुसंधान अध्ययन की कुल जनसंख्या में पुरुष और महिलाओं के उचित अनुपात के आधार पर प्रत्येक स्तर की जनसंख्या को उचित प्रतिनिधित्व प्रदान किया जाए।

समानुपातिक स्तरानुसार संयोगिक प्रतिचयन तकनीक के प्रयोग के लिए प्रक्रिया

इस उद्देश्य के लिए निम्न क्रम से आगे बढ़ना चाहिए :

- अनुसंधान अध्ययन की समष्टि में स्थित स्तरों या उपसमूहों के एक सेट की पहचान करने से प्रारम्भ करो। यह पहचान उसी प्रकार करो जैसे स्तरानुसार संयोगिक प्रतिचयन में की थी, जैसे–राज्य के माध्यमिक विद्यालयों में कार्यरत अध्यापकों की कुल जनसंख्या में से पुरुष अध्यापक और महिला अध्यापकों की पहचान।
- इसके बाद प्रथम सोपान पर पहचानी गई या चिह्नित जनसंख्या के स्तरों या प्रत्येक उपसमूह की कुल जनसंख्या के समानुपात का निर्धारण करो, जैसे 60 प्रतिशत पुरुष अध्यापक और 40 प्रतिशत महिला अध्यापकों का अनुपात।
- अन्त में, अच्छी तरह से गणना करके अध्ययन के एक प्रतिदर्श को इस प्रकार प्राप्त करें कि प्रतिदर्श के पुरुष और महिला अध्यापकों का अनुपात अध्ययन की कुल जनसंख्या से मेल खा जाए। राज्य के माध्यमिक स्कूलों में कार्यरत अध्यापकों की कुल जनसंख्या में 60% पुरुष और 40% महिला अध्यापक हैं तो चयन किए गए 400 अध्यापकों के प्रतिदर्श में –

  (i) 400 का 60% = 400 × (60/100) = 240 पुरुष अध्यापक और

  (ii) 400 का 40% = 400 × (40/100) = 160 महिला अध्यापक होंगी।

5. पुंजानुसार संयोगिक प्रतिचयन तकनीक (Cluster Random Sampling Strategy)

किसी पुंज (Cluster) विशेष को एक अध्ययन समष्टि में विद्यमान समूहों या सुपरिभाषित इकाइयों के रूप में परिभाषित किया जा सकता है। किसी राज्य या जिले के गाँव या माध्यमिक विद्यालय, एक कस्बे के मोहल्ले और वार्ड, किसी विद्यालय की कक्षाएँ, श्रेणियाँ और उपश्रेणियाँ आदि सभी पुंजों (Clusters) के उदाहरण हैं। पुंजानुसार संयोगिक प्रतिचयन में जैसा कि नाम से ही प्रतीत होता है एक अनुसंधानकर्त्ता किसी समष्टि विशेष के बिखरे हुए तत्त्वों तक पहुँचने के बजाय उपलब्ध पुंजों में से संयोगीकरण तकनीक के प्रयोग द्वारा अनुसंधान समष्टि का एक प्रतिनिधि प्रतिदर्श प्राप्त करने का प्रयत्न करता है।

यह बात उन अध्ययनों में विशेष रूप से काफी आवश्यक हो जाती है जहाँ अनुसंधान समष्टि के तत्त्व इतने ज्यादा जगह जगह बिखरे हुए होते हैं कि उनमें से प्रत्येक के साथ सम्पर्क स्थापित कर एक सरल संयोगिक प्रतिदर्श प्राप्त करना पैसे और समय की दृष्टि से बहुत खर्चीला सिद्ध होता है। उदाहरण के लिए, एक अनुसंधानात्मक अध्ययन – "हरियाणा प्रान्त के सरकारी माध्यमिक विद्यालयों में कार्यरत अध्यापकों के समायोजन का अध्ययन" में प्रत्येक समष्टि (माध्यमिक विद्यालयों में कार्यरत अध्यापक) के सम्पर्क में आना काफी कठिन

और खर्चीला सिद्ध हो सकता है। पुंजानुसार प्रतिचयन में यहाँ अनुसंधानकर्त्ता बड़ी इकाइयों तथा उपइकाइयों (जिलों के तथा उन जिलों के माध्यमिक विद्यालयों के पुंजों के रूप में स्थित) का चयन करके, पूरे क्षेत्र (हरियाणा राज्य) के सभी समष्टि तत्त्वों (माध्यमिक विद्यालयों में कार्यरत, अध्यापक) तक पहुँचने की बजाय उन सभी छोटी प्रतिनिधि उपइकाइयों (माध्यमिक विद्यालयों) में निहित समष्टि तत्त्वों (माध्यमिक विद्यालयों में कार्यरत शिक्षक) के साथ सम्पर्क स्थापित करने का प्रयत्न करना है।

निष्कर्ष रूप में, हम कह सकते हैं कि पुंजानुसार संयोगिक प्रतिचयन तकनीक का प्रयोग करने में हम जनसंख्या में फैले हुए विभिन्न तत्त्वों तक पहुँच कर संयोगीकरण विधि का प्रयोग कर उन्हें प्रतिदर्श में शामिल नहीं करते हैं बल्कि समष्टि में विद्यमान पुंजों (Clusters) (जैसे– प्रस्तुत उदाहरण में राज्य के जिले तथा जिलों के माध्यमिक विद्यालय) की खोज करते हैं और फिर किस पुंज को प्रतिदर्श में शामिल किया जाए इसके लिए संयोगिक प्रतिचयन तकनीक का इस्तेमाल करते हैं। और इस प्रकार से हमारे अध्ययन प्रतिदर्श में इन चयनित पुंजों में मौजूद समष्टि तत्त्व (जैसे–विद्यालय विशेष में कार्यरत अध्यापक) प्रयोज्यों के रूप में उपलब्ध रहते हैं।

पुंजानुसार संयोगिक प्रतिचयन तकनीक का उपयोग करने की प्रक्रिया

इस तकनीक के अनुसार प्रतिदर्श का चयन करने में निम्न प्रकार से आगे बढ़ा जा सकता है :

- पहले अनुसंधान समष्टि के तत्त्वों से युक्त पुंजों को बड़ी इकाइयों तथा उपइकाइयों के रूप में चिन्हित कीजिए। प्रस्तुत उदाहरण में समष्टि के तत्त्व या सदस्य के रूप में विद्यालय अध्यापक हैं जो हरियाणा राज्य के माध्यमिक विद्यालयों में कार्यरत हैं। बड़ी पुंज इकाई के रूप में हरियाणा राज्य के जिले हैं और पुंजों के रूप में विद्यमान उपइकाइयों के रूप में जिले विशेष में स्थित माध्यमिक विद्यालय हैं। एक विशेष विद्यालय यहाँ एक ऐसे अकेले पुंज के रूप में कार्य कर रहा है जिसमें समष्टि के तत्त्वों के रूप में उस स्कूल में काम करने वाले अध्यापक हैं।
- अब प्रत्येक स्तर पर संयोगीकरण का प्रयोग करते हुए (i) पहले जिले का चयन कीजिये (राज्य में स्थित जिलों की सूची में) (ii) इसके बाद सरकारी माध्यमिक विद्यालयों का चयन कीजिये (जिला शिक्षा अधिकारी के दफ्तर में उपलब्ध माध्यमिक विद्यालयों की सूची से और फिर (iii) अध्ययन के प्रयोज्यों का चुनाव कीजिये (माध्यमिक विद्यालयों में उपलब्ध शिक्षक उपस्थिति पंजिका (Register) से।
- जिलों, विद्यालयों तथा चयनित विद्यालयों में से शिक्षकों का संयोगीकरण विधि से चयन करने में इस बात का ध्यान रखिए कि आप अपने अनुसंधान प्रतिदर्श में प्रयोज्यों की कितनी संख्या करना चाहते हैं। इस प्रतिदर्श में जिलों, विद्यालयों तथा व्यक्तिगत रूप में अध्यापकों को समान और उचित प्रतिनिधित्व मिलना चाहिए।

यह प्रतिचयन तकनीक जैसा कि वीर्समा और जर्स (Weirsma & Jurs, 2005:305) का मत है, दो स्पष्ट लाभों से युक्त रहती है :

(i) एक बड़े प्रतिदर्श की उपलब्धि के हेतु एक कम समय में काम होने का सरल तरीका प्रस्तुत करती है।

(ii) इसमें समूह परीक्षण के द्वारा प्रयोज्यों का व्यक्तिगत मापन किया जा सकता है जिससे एक अनुसंधानकर्त्ता को प्रतिदर्श में चयनित प्रयोज्यों का परीक्षण करने में सुविधा हो जाती है। इसमें व्यक्तिगत रूप से अलग अलग परीक्षण न करके एक साथ ही परीक्षण करने की सुविधा मिल जाती है।

असंभाव्य या असंयोगिक प्रतिचयन तकनीक के मुख्य प्रकार (Main Types of Non-probability or Non-random Sampling Strategies)

असम्भाव्य या असंयोगिक प्रतिचयन तकनीक के प्रमुख प्रकार निम्न प्रकार से हैं :

सुविधाजन्य (Convenience Sampling) प्रतिचयन तकनीक

जैसा कि नाम से ही प्रतीत होता है इस प्रकार के प्रतिचयन में अनुसंधानकर्त्ता अपनी सुविधानुसार उन प्रयोज्यों को अपने अनुसंधान प्रतिदर्श में शामिल करने का प्रयत्न करता है, जो स्वेच्छापूर्वक प्रतिदर्श में शामिल होने के लिए तैयार हों या जिनसे व्यक्तिगत सम्पर्क करने में उसे सुविधा रहती है। जैसे–अपने परिवार के सदस्य, एक कमरे में साथ रहने वाले साथी, पड़ोसी, सहपाठी, रिश्तेदार, सहकर्मी और एक ही जगह पर उपलब्ध (जैसे विद्यालय, मन्दिर, दुकानों, कारखानों आदि में) समष्टि। इस तकनीक के उपयोग में उस प्रकार के प्रतिदर्श का चयन भी शामिल है जहाँ एक अनुसंधानकर्त्ता अपने अनुसंधान हेतु यों ही अचानक मिल जाने वाले प्रयोज्यों का चुनाव कर लेते हैं। पत्रिकाओं में साक्षात्कार और दूरदर्शन के कार्यक्रमों में प्रयोज्यों का चुनाव इसी प्रकार के आकस्मिक तरीके से किया जाता है क्योंकि ऐसा करने में उन्हें सुविधा रहती है।

अपने मुख्य आकर्षण और गुणों जैसे–प्रयोज्यों की उपलब्धि और उनको प्रतिदर्श में शामिल करने की सुविधा इत्यादि से युक्त रहते हुए भी इस प्रकार की प्रतिचयन तकनीक को काफी कमजोर किस्म की तकनीक माना जाता है, क्योंकि :

- यहाँ अनुसंधानकर्त्ता न तो समष्टि से परिचित होने का कोई प्रयास करता है और ना ही उसमें से प्रतिदर्श का चयन करने हेतु संयोगीकरण विधि को अपनाता है।
- चयनित प्रतिदर्श समष्टि का प्रतिनिधित्व करेगा, यह सुनिश्चित करने हेतु यहाँ कोई प्रावधान नहीं होता। इसलिए इस बात की ज्यादा संभावना रहती है कि उपलब्ध प्रतिदर्श पक्षपातपूर्ण या भेदभावपूर्ण होगा।
- यहाँ एक समस्या तब खड़ी होती है जब प्रतिदर्श में शामिल होने के लिए व्यक्ति स्वयं अपने आप आगे आते हैं, जैसा कि आपने पत्रिकाओं, रेडियो तथा टेलीविजन सर्वेक्षणों में देखा होगा। प्रतिदर्श में शामिल अब इन प्रयोज्यों की विषय के पक्ष या विपक्ष सम्बन्धी अपनी निश्चित धारणाएँ होती हैं, अतः इन्हें सामान्य समष्टि का सही प्रतिनिधित्व करने वाला नहीं माना जा सकता।

प्रयोजनपूर्ण प्रतिचयन तकनीक (Purposive Sampling Technique)

प्रयोजनपूर्ण प्रतिचयन तकनीक एक ऐसी तकनीक है जिसे अनुसंधानकर्त्ता द्वारा अपने किसी एक या अन्य उद्देश्य की पूर्ति हेतु काम में लाया जाता है। इसलिए इस तकनीक का प्रयोग करते हुए अनुसंधानकर्त्ता अपने प्रतिदर्श में विशेष रूप से उन व्यक्तियों, समूहों या वस्तुओं को शामिल करता है जिन्हें वह अपने अध्ययन के लिए काफी उचित मानता है। उदाहरण के लिए बाल अपराधियों के बारे में अध्ययन करने के लिए वह बालसुधार गृहों तथा बाल अदालतों से सम्पर्क कर अपने अध्ययन प्रयोज्यों के चयन का प्रयत्न करता है। इसी प्रकार वह अनाथालयों में से भी किसी विशेष आयु के लड़के, लड़कियों का चयन अपने उस अनुसंधानात्मक अध्ययन के लिए करता है जो एक विशेष उम्र के बालकों के अनाथालयों में किए जाने वाले पालन पोषण से सम्बन्धित हों।

जहाँ तक अनुसंधानकर्त्ता को अपनी आवश्यकता और प्रयोजनों को पूरा करने का प्रश्न है, इस प्रकार की तकनीक वहाँ उसके लिए काफी लाभदायक सिद्ध हो सकती है परन्तु अन्य कई बातों को लेकर यह काफी दोषपूर्ण रहती है। यह पूरी समष्टि के प्रतिनिधि प्रतिदर्श का चुनाव नहीं कर सकती है। और मात्र अनुसंधानकर्त्ता के प्रयोजन को पूरा करने की चाहत में यह बहुत अधिक व्यक्तिनिष्ठ और पक्षपातपूर्ण हो जाती है।

यथांश या निश्चित अंश प्रतिचयन तकनीक (Quota Sampling Technique)

जो स्थान सम्भाव्य प्रतिचयन में स्तरानुसार प्रतिचयन का होता है वही स्थान असम्भाव्य प्रतिचयन में निश्चित अंश प्रतिचयन का होता है। इस दृष्टि से इस विधि में संयोगीकरण तकनीक का प्रयोग किए बिना ही पूर्ण जनसंख्या में पूर्व निर्धारित भागों (Quotas) के हिसाब से प्रयोज्यों का चयन किया जाता है। निर्धारित भागों (Quotas) से यहाँ तात्पर्य है कि यहाँ पहले से ही यह निश्चित कर लिया जाता है कि प्रयोज्यों की किसी विशेषता विशेष जैसे–लिंग, धर्म, जाति, आर्थिक स्तर इत्यादि की दृष्टि से पूरी समष्टि में उनका कितना भाग, अंश या हिस्सा (Quota) है उसी के आधार पर उनको प्रतिदर्श में प्रतिनिधित्व दिया जाता है। व्यावहारिक प्रयोगीकरण में इस तकनीक का प्रयोग करते हुए एक अनुसंधानकर्त्ता सबसे पहले उन विशिष्ट उपसमूहों या स्तरों की पहचान करता है जिन्हें उसे अपने प्रतिदर्श में शामिल करना है। फिर इसके बाद प्रत्येक उपसमूह में से जितने व्यक्तियों का चयन किया जाना है, उनका समष्टि में कितना अनुपात है, इस हिसाब से उनका भाग या अंश निर्धारित करता है।

उदाहरण : एक विश्वविद्यालय के विभागों में विद्यार्थियों की कुल संख्या इस प्रकार है।

मानविकी (Humanities)	=	800
विज्ञान (Science)	=	600
वाणिज्य एवं प्रबन्धन (Commerce & Management)	=	1400
कम्प्यूटर अनुप्रयोग (Computer Application)	=	2200
विद्यार्थियों की कुल संख्या	=	5000

यहाँ, विभिन्न विभागों में पढ़ने वाले विद्यार्थियों की संख्या पूर्ण समष्टि (5000) के सन्दर्भ में 8, 6, 14 और 22 के अनुपात में हैं। इस अनुपात को सरल रूप में 4 : 3 : 7 : 11 के रूप में लिखा जा सकता है। इसलिए प्रतिदर्श का चुनाव करने में विभिन्न विभागों के विद्यार्थियों का भाग या (Quota) 4 : 3 : 7 : 11 के अनुपात के रूप में निश्चित किया जा सकता है। इस निर्धारित अंश का प्रयोग कर प्रतिदर्श का चुनाव करने के लिए कम से कम 4 + 3 + 7 + 11 = 25 विद्यार्थियों की जरूरत पड़ेगी। परन्तु अगर एक अनुसंधानकर्त्ता अपने प्रतिदर्श में 200 प्रयोज्य चाहता है तो उसे विद्यालय के उपरोक्त विभागों मे क्रमशः 32, 24, 56 तथा 88 विद्यार्थियों को चुनना होगा।

स्नोबॉल प्रतिचयन तकनीक (Snowball Sampling Technique)

एकहार्ट और इरमान (Eckhardt & Ermann, 1977) के अनुसार "स्नोबॉल प्रतिचयन तकनीक से तात्पर्य उस तकनीक से है जिसमें अनुसंधानकर्त्ता एक प्रतिदर्श में प्रयोज्यों के चयन की शुरुआत कुछ ऐसे प्रयोज्यों के चयन से करता है जो आगे जाकर उसी की तरह की विशेषताओं से युक्त प्रयोज्यों के प्रतिदर्श में शामिल होने का कारण बनता है। इस तकनीक को अनुसंधान अध्ययन में कैसे प्रयोग किया जाता है यह बताने के लिए यहाँ हम एडम्स और शेवानेवेल्ट (Adams & Schvaneveldt, 1991:181) द्वारा दिए गए स्पष्टीकरण को प्रस्तुत कर रहे हैं :

आप अपने अनुसंधान प्रोजेक्ट को पूरा करने के लिए एक समाचार पत्र में एक विज्ञापन देते हैं जिसमें यह कहा गया है कि आप कुछ विशिष्ट विशेषताओं से युक्त लोगों से अपने अनुसंधान में सहयोग चाहते हैं। माना 14 व्यक्ति आपके विज्ञापन को पढ़कर आपसे सम्पर्क करते हैं, फलस्वरूप आप उनसे सफलतापूर्वक साक्षात्कार करते हैं। इसके पश्चात् आप इन 14 व्यक्तियों से यह आग्रह करते हैं कि वे ऐसे ज्यादा से ज्यादा व्यक्तियों से सम्पर्क कराने में आपकी मदद करें, जो परिस्थिति तथा विशेषताओं की दृष्टि से उन जैसे हों। इस तरह से अगर कोई प्रारम्भ में एक छोटे से समूह से सम्पर्क करें आगे उसे एक बड़े प्रतिदर्श के रूप में उभरने दें तो इसकी तुलना उस स्नोबॉल से की जा सकती है जो एक छोटे से बर्फ के अंश से धीरे धीरे बढ़ती हुई बड़े से बड़े बर्फ के गोले (Snowball) का रूप लेती जाती है।

स्नोबॉल प्रतिचयन तकनीक एक अनुसंधानकर्त्ता के लिए अपने अनुसंधान अध्ययन के लिए प्रयोज्यों के चयन में उन परिस्थितियों में काफी लाभदायक सिद्ध होती हैं, जहाँ:

- उसके अध्ययन की समष्टि (जनसंख्या) पूरी तरह अज्ञात हो।
- अध्ययन समष्टि तक पहुँच पाना मुश्किल हो।
- अनुसंधानात्मक अध्ययन का प्रकरण या विषय बहुत अधिक संवेदनशील हो। (जैसे मादक द्रव्यों का सेवन करने वाले किशोरों का अध्ययन, किशोरों द्वारा प्रयुक्त यौन आदतों का अध्ययन आदि)।
- जहाँ अनुसंधानकर्त्ता को जातिवृत्यात्मक (Ethnographic) अध्ययन करना हो।

प्रतिदर्श आकार (Sample Size)

एक प्रतिदर्श को, उचित प्रतिदर्श कहा जा सके इसके लिए यह कितना बड़ा या छोटा हो, इस प्रश्न का उत्तर देना बड़ा कठिन है। प्रत्येक अनुसंधानकर्त्ता को अपने अध्ययन की प्रमुख जनसंख्या में से अपने अध्ययन प्रतिदर्श का चयन करते समय इस प्रश्न का उत्तर प्राप्त करना जरूरी होता है। व्यावहारिक विज्ञानों में एक अनुसंधानकर्त्ता का उद्देश्य होता है अपने रुचि के अनुसंधान की जनसंख्या (समष्टि) में पाई जाने वाली किसी एक या दूसरी विशेषता के बारे में जानना। वह अपने अनुसंधान अध्ययन के प्रदत्तों का संकलन और विश्लेषण करने के लिए आसानी से पहुँच योग्य, सुविधाजनक तथा व्यावहारिक (उपलब्ध संसाधन तथा समय, धन और श्रम के परिप्रेक्ष्य में) प्रतिदर्श के चयन की ओर अग्रसर होता है। जैसा कि हम जानते हैं, नमूने से पूरी वस्तु (अंश से संपूर्ण) का उपयोग सर्वदा श्रेष्ठ होता है। इसलिए जब व्यक्ति के पास थोड़े से लोगों की तुलना में एक विस्तृत और बड़ी संख्या में जनसंख्या के तत्त्वों के साथ अन्तःक्रिया करने का मौका मिलता है तो जनसंख्या की विशेषताओं से परिचित कराने में वह ज्यादा यथार्थ और विश्वसनीय सिद्ध हो सकता है। परन्तु इतनी बड़ी जनसंख्या के साथ अन्तःक्रिया करना और उसे संभालना बहुत असुविधाजनक होने के साथ साथ ही अपने अध्ययन के परिणामों के सम्बन्ध में अनेकों व्यावहारिक और छोटी मोटी समस्याओं से युक्त भी हो सकता है। इसलिए अनुसंधानकर्त्ता, छोटे प्रतिदर्श का चयन किया जाए या बड़े का इस असमंजस में लटकता और झूलता सा प्रतीत होता है। बेस्ट और काह्न (Best & Kahn, 2006:19) ने एक उचित प्रतिदर्श को प्राप्त करने के लिए, बीच का रास्ता सुझाते हुए निम्न विचार व्यक्त किए हैं :

एक बड़े प्रतिदर्श की वांछनीयता तथा एक छोटी की व्यावहारिकता दोनों के बीच में खींचतान रहती है। एक आदर्श प्रतिदर्श जहाँ इतना बड़ा होना चाहिए कि वह उस समष्टि विशेष का अच्छी तरह से प्रतिनिधित्व कर सके जिसके बारे में अनुसंधानकर्त्ता सामान्यीकरण करना चाहता है और साथ ही इतना छोटा भी होना चाहिए कि जिसे प्रयोज्यों की उपलब्धि तथा समय और धन के व्यय के सन्दर्भ में मितव्ययतापूर्ण चयनित किया जा सके।

परन्तु एक प्रतिदर्श कितना बड़ा या छोटा होना चाहिए यह प्रश्न अभी भी सही ढंग से अनुत्तरित ही है। वास्तव में एक प्रतिदर्श को एकदम ठीक या आदर्श प्रतिदर्श बनाने के लिए उसमें प्रयोज्यों की संख्या या प्रतिशत निश्चित नहीं किया जा सकता। प्रतिदर्श के आकार के सम्बन्ध में निर्णय लेना निम्न वर्णित अनेक कारकों पर निर्भरता के कारण भिन्न भिन्न परिस्थितियों में अलग अलग हो सकता है।

1. अनुसंधान समष्टि की प्रकृति (Nature of the Research Population) : अनुसंधान समष्टि की प्रकृति की निम्न बातों पर प्रतिदर्श के आकार के बारे में निर्णय निर्भर करता है :

- **जनसंख्या या समष्टि का आकार (Population Size) :** यदि समष्टि का आकार बड़ा है तो निश्चय ही प्रतिदर्श का आकार भी उसी के अनुसार होता जायेगा।
- **समष्टि की सजातीयता (Homogeneity of the Population) :** यदि अनुसंधान की समष्टि पूरी तरह से सजातीय है तो जरूरी अनुसंधान करने के लिए प्रतिदर्श भी निश्चय ही थोड़ा अपेक्षाकृत छोटा ही होगा।

जैसे चन्द्रमा की सतह की चट्टान का एक टुकड़ा चन्द्रमा पर सभी चट्टानों का प्रतिनिधित्व करता है, रक्त परीक्षण में रक्त की एक बूंद ही रक्त के नमूने के रूप में काफी होती है। एडम्स और शेवानेवेल्ट (Adams & Schvaneveldt, 1991:183) के अनुसार– *नियम यह है कि अध्ययन की समष्टि जितनी अधिक समजातीय होती है, संयोगिक प्रतिचयन प्रक्रिया को ध्यान में रखकर उस समष्टि विशेष की विशेषताओं को प्रतिबिम्बित करने के संदर्भ में उतना ही छोटा प्रतिदर्श काम में लाया जा सकता है।*

2. वांछित स्तरों या उपसमूहों की संख्या (Number of Strata Required) : प्रतिदर्श के आकार के बारे में निर्णय लेना अनुसंधानकर्त्ता के इस निर्णय पर निर्भर करता है कि वह अपनी अनुसंधान समष्टि के कितने स्तरों को प्रतिदर्श में शामिल करना चाहता है। उदाहरण के लिए – अनुसंधान अध्ययन "हरियाणा प्रान्त के माध्यमिक विद्यालयों में कार्यरत अध्यापकों के समायोजन का अध्ययन" में निश्चय ही प्रतिदर्श का आकार बढ़ेगा क्योंकि अध्ययन की समष्टि में स्तरों की संख्या बढ़ जाएगी। जैसे–पुरुष और महिला अध्यापक, शहरी और ग्रामीण विद्यालय, सरकारी और गैरसरकारी विद्यालय, अनुभवी और अनुभवहीन अध्यापक आदि। इन स्तरों के बढ़ने के साथ साथ प्रतिदर्श का आकार भी बढ़ जायेगा।

प्रतिदर्श के आकार के बारे में निर्णय निम्न बातों पर निर्भर करता है :

- अनुसंधान समष्टि की प्रकृति
- वांछित स्तरों या उपसमूहों की संख्या
- अनुसंधान का प्रकार या शैली
- अध्ययन किए जाने वाले कारक की विचलनशीलता
- कम से कम प्रतिचयन त्रुटि सुनिश्चित करते हुए शुद्धता की आवश्यकता
- प्रयुक्त प्रतिदर्श का प्रकार
- प्रदत्त संकलन के लिए प्रयुक्त विधि
- वांछित प्रदत्त विश्लेषण का प्रकार
- वांछित परिशुद्धता की मात्रा
- अध्ययन में शामिल और विश्लेषण किए गए चरों की संख्या
- समय, परिश्रम और धन आदि संसाधनों की उपलब्धता

3. अनुसंधान का प्रकार या शैली (Types or Styles of Research) : अनुसंधान के प्रकार पर भी प्रतिदर्श का आकार निर्भर करता है जैसा कि विवरण नीचे दिया गया है :

- उदाहरण के लिए – सर्वेक्षण शैली के अनुसंधान में बड़े प्रतिदर्श की जरूरत होती है, विशेषकर यदि निष्कर्षजन्य सांख्यिकी की गणना करनी हो।
- जातिवृत्यात्मक या गुणात्मक अनुसंधान में ज्यादातर प्रतिदर्श का आकार छोटा होता है। (Cohen, 2007:102)
- बोर्ग और गॉल (Borg & Gall, 1979:194–95) का सुझाव है कि "सहसम्बन्धीय अनुसंधान में 30 से कम का प्रतिदर्श आकार नहीं होना चाहिए, कारणीय, तुलनात्मक और प्रायोगिक विधियों में प्रतिदर्श का आकार 15 से कम न हो सर्वेक्षण अनुसंधान में बड़े समूहों में 100 से कम तथा छोटे उपसमूहों में 20 से लेकर 50 तक प्रयोज्य हो सकते हैं।"

4. अध्ययन किए जाने वाले कारक की विचलनशीलता (Variability of the factor under study) : प्रतिदर्श का आकार अध्ययन में प्रयुक्त कारक की विचलनशीलता पर भी निर्भर करता है। फलस्वरूप अगर कोई घटना या प्रक्रिया में बहुत अधिक विचलनशीलता पाई जाती है तो इसके लिए प्रतिदर्श का आकार बढ़ाया जा सकता है। उदाहरण के लिए एक चर जैसे बुद्धिलब्धि का सर्वेक्षण करने के लिए जिसका विस्तार 70 से 150 तक हो सकता है, अपनी इस विस्तृत विचलनशीलता की वजह से छोटे प्रतिदर्श की बजाय बड़े प्रतिदर्श की जरूरत हो सकती है।

5. कम से कम प्रतिचयन त्रुटि सुनिश्चित करते हुए शुद्धता की आवश्यकता (Accuracy required through ensuring the smallest sampling error) : प्रतिदर्श की त्रुटियाँ अध्ययन की वैधता को प्रभावित करती है। यह बात विशेष रूप से सम्भाव्य प्रतिदर्श के बारे में सत्य होती है। यह बात भी स्पष्ट होनी चाहिए कि प्रतिदर्श आकार और जनसंख्या के मध्य अन्तर जितना छोटा होगा, पूरी समष्टि के सही स्वरूप का प्रतिनिधित्व करने में प्रतिदर्श त्रुटि उतनी ही कम होगी। फलस्वरूप यदि शोधकर्त्ता अपनी प्रतिदर्श त्रुटि को कम करना और इस तरह से अध्ययन की वैधता में वृद्धि करना चाहता है तो उसके पास अगर पर्याप्त समय, संसाधन और परिस्थितियाँ एक बड़े प्रतिदर्श की उपलब्धि के लिए प्राप्त हो सकती है तो उसे इस दिशा में प्रतिदर्श को बड़ा करने के बारे में जरूर सोचना चाहिए।

6. प्रयुक्त प्रतिदर्श का प्रकार (The kind of the sample used) : प्रतिदर्श के आकार के सम्बन्ध में निर्णय अनुसंधान अध्ययन में प्रयुक्त प्रतिदर्श के विभिन्न प्रकारों (सम्भाव्य एवं असम्भाव्य प्रतिचयन के अन्तर्गत) पर भी निर्भर करता है। उदाहरण के लिए एक स्तरानुकूल प्रतिचयन में स्तरीकरण और समानुपातिक प्रतिचयन के समानुपातिकता की जरूरत को पूरा करने की आवश्यकता अपनी तरह से प्रतिदर्श आकार में परिवर्तन लाने को प्रभावित कर सकती है।

7. प्रदत्त संकलन के लिए प्रयुक्त विधि (The method of data collection used) : प्रतिदर्श के आकार के बारे में निर्णय, प्रदत्त संकलन के लिए विधियों के प्रकार, जैसे – प्रेक्षण, प्रश्नावली, साक्षात्कार, निर्धारण मापनी, समाजमितीय एवं प्रक्षेपण तकनीकों आदि पर भी निर्भर करता है। अलग अलग प्रकार की प्रदत्त संकलन विधियाँ अलग अलग प्रकार के साधनों और प्रयासों की मांग करती है। कुछ विधियों के लिए विस्तृत प्रदत्तों की जरूरत होती है (जैसे–डाक द्वारा प्रेषित प्रश्नावलियाँ या ऑन लाइन साक्षात्कार आदि) और कुछ विधियों के लिए अनुसंधानकर्त्ता को एक बहुत छोटे समूह (जैसे–समाजमिति और निर्धारण मापनी) की जरूरत होती है, यहाँ तक कि एक समय में एक ही प्रदत्त, जैसे प्रक्षेपण तकनीकों में। कुछ प्रदत्त संकलन विधियाँ समय, श्रम और धन की दृष्टि से बहुत खर्चीली और दूसरी कम खर्चीली होती हैं। उदाहरण के लिए यदि साक्षात्कार विधि का प्रयोग किया जा रहा है तो यहाँ डाक प्रश्नावली की तुलना में प्रत्येक इकाई पर किया गया प्रयास, लगाया गया समय और किया गया खर्च बहुत ज्यादा होगा। परिणामस्वरूप साक्षात्कार विधि में प्रयुक्त प्रतिदर्श, डाक प्रश्नावली या ऑन लाइन प्रदत्त संकलन की तुलना में काफी छोटा होगा। इसी प्रकार से डाक द्वारा प्रशासित प्रश्नावली या ऑनलाइन प्रयुक्त प्रतिदर्श का आकार आमने सामने व्यक्तिगत या सामूहिक रूप से प्रशासित साक्षात्कार की तुलना में काफी बड़ा होगा।

8. वांछित प्रदत्त विश्लेषण का प्रकार (Kind of data analysis required) : प्रदत्तों का विश्लेषण करने के लिए जिस प्रकार की जरूरत होती है उस पर भी प्रतिदर्श का आकार निर्भर करता है। जैसे कि कुछ सांख्यिकीय परीक्षण के लिए वह बड़े प्रतिदर्श की और कुछ के लिए छोटे प्रतिदर्श की जरूरत होती है।

9. वांछित परिशुद्धता की मात्रा (Degree of precision required) : प्रतिदर्श के आकार का निर्धारण करने में एक दूसरा कारक है अन्तिम परिणाम में वांछित या आवश्यक परिशुद्धता की मात्रा। अधिक तकनीकी भाषा

में हम कह सकते हैं कि एक प्रतिदर्श से समष्टि विशेष के बारे में बताने में जितनी परिशुद्धता की आशा एक अनुसंधान में की जाती है, समष्टि विशेष में जितनी विचलनता रहने की आशा की जा सकती है और जिस प्रकार का सांख्यिकीय सार्थकता स्तर अपने अध्ययन में प्रयोग करना चाहता है उसी अनुपात में प्रतिदर्श का आकार छोटा या बड़ा हो सकता है।

प्रतिदर्श आकार – N की संगणना के लिए निम्न सूत्र (एक दिए हुए परिशुद्धता स्तर पर समष्टि मध्यमान का अनुमान लगाने हेतु) प्रयुक्त होता है :

$$N = [(1.96) \times S.D./\text{परिशुद्धता}]^2$$

यहाँ S.D. = समष्टि के उस चर का प्रामाणिक विचलन जिसके मध्यमान का अनुमान लगाना है।

परिशुद्धता = अन्तराल का वह विस्तार जिसको सहन किया जा सकता है और 1.96 = विश्वास स्तर (Confidence level)

अब उदाहरण के लिए माना हमें एक समष्टि की मध्यमान आय ₹10,000 प्रतिवर्ष की परिशुद्धता को लेकर अनुमानित करनी है, जबकि समष्टि की आय का प्रामाणिक विचलन ₹1,60,000 है तथा समष्टि की आय के मध्यमान को अनुमानित करने के लिए 95% विश्वास स्तर को प्रयोग में लाया जा रहा है। इस दिशा में अब वांछित प्रतिदर्श आकार की निम्न प्रकार से गणना की जा सकती है – वांछित प्रतिदर्श आकार = $[(1.96)\ (1{,}60{,}000/10000)]^2 = 983$

10. अध्ययन में शामिल और विश्लेषण किए गए चरों की संख्या (Number of variables included and analysed in the study) : परिशुद्धता स्तर की ओर ध्यान देने से सम्बन्धित एक बात और जो प्रतिदर्श आकार के बारे में निर्णय लेने में सोचनी पड़ती है वह यह है कि किस प्रकार के और कितने चरों का प्रदत्तों के अन्तर्गत निश्लेषण किया जाएगा। अगर चरों की संख्या कम हो और अनुसंधानकर्त्ता को चरों में कोई एक या दो सम्बन्ध ही देखने हों तो इसकी तुलना में अगर चरों की संख्या ज्यादा हो और उसे ज्यादा संबंध देखने हों तो प्रतिदर्श का आकार अवश्य ही बड़ा रखना होगा।

11. समय, परिश्रम और धन आदि संसाधनों की उपलब्धता (The availability of resources in terms of time, efforts and funds) : प्रतिदर्श के आकार का छोटा बड़ा होना अनुसंधान करने के लिए उपलब्ध संसाधन सम्बन्धी जरूरतों पर भी निर्भर करता है। किसी के पास अध्ययन हेतु कितना समय है, खर्च करने के लिए कितना धन है, प्रशासनिक तथा अन्य आवश्यक समर्थन किस रूप में प्राप्त हो रहा है, अध्ययन अकेला किया जा रहा है या एक टीम के द्वारा, और अध्ययन के नियोजन और क्रियान्वयन के लिए किस प्रकार के प्रयत्नों की आवश्यकता है, इन सभी बातों पर प्रतिदर्श का आकार सम्बन्धी निर्णय निर्भर करता है।

प्रतिदर्श अनुसंधान में त्रुटियाँ (Errors in Sample Research)

अनुसंधान अध्ययन में हमारा यही उद्देश्य रहता है कि हम अपनी अनुसंधान समष्टि की सभी विशेषताओं के बारे में जानकारी प्राप्त कर सकें। इस कार्य हेतु हम यहाँ कभी कभी अपने अध्ययन सम्बन्धी पूरी समष्टि का सर्वेक्षण करने का प्रयत्न करते हैं परन्तु अधिकतर हमारा प्रयत्न यही रहता है कि हम समष्टि विशेष में से उसका एक प्रतिनिधि प्रतिदर्श चुनकर उसमें निहित प्रयोज्यों का अध्ययन करके पूरी समष्टि की विशेषताओं के बारे में अनुमान लगाने का प्रयत्न करे। दोनों ही रूपों में चाहे हम पूरी समष्टि के सदस्यों को अध्ययन हेतु काम में लाए या समष्टि के प्रतिदर्श को अध्ययन प्रश्नों का उत्तर प्राप्त करने के लिए प्रयोग में लाए, त्रुटियाँ हो ही जाती हैं। इन त्रुटियों को हमारे अनुसंधान अध्ययन की त्रुटियाँ कहा जाता है। इस प्रकार की त्रुटियों को सामान्य रूप से दो श्रेणियों – प्रतिचयन त्रुटियाँ और प्रतिचयन की त्रुटियों से अलग त्रुटियों में बाँटा जाता है। आइए इनके बारे में अच्छी तरह से जाना जाये।

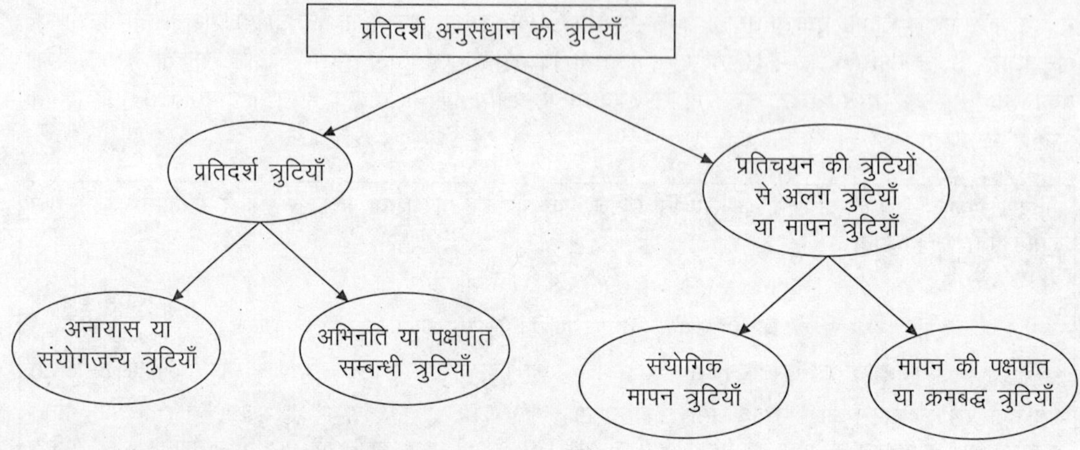

चित्र 16.4 प्रतिदर्श अनुसंधान की त्रुटियाँ।

A. प्रतिचयन त्रुटियाँ (Sampling Errors)

एक अनुसंधान अध्ययन की समष्टि से उसके प्रतिनिधि के रूप में एक प्रतिदर्श का चुनाव इसलिए किया जाता है कि अनुसंधानकर्त्ता अपने साधनों तथा उपलब्ध संसाधनों के अन्तर्गत अपने अनुसंधान कार्य को ठीक प्रकार से पूरा कर सके। अपने सभी रूपों में एक प्रतिदर्श उस समष्टि के प्रतिरूप या उचित प्रतिनिधि के रूप में उत्तरदायित्व निभाने की अपेक्षा की जाती है, जिससे उसका चयन किया गया है। हालांकि यहाँ पर यह वादा नहीं किया जा सकता कि अपने अनुसंधान परिणामों के रूप में कोई प्रतिदर्श अपनी मूल समष्टि का परिशुद्ध और सच्चा प्रतिनिधि होगा। फिर भी, यदि मूल समष्टि से एक समुचित प्रतिनिधि प्रतिदर्श प्राप्त करने के लिए काफी सावधानी बरती जाए तो समष्टि के तत्त्वों में व्याप्त विशेषताओं के वास्तविक मूल्य और स्थिति तथा प्रतिदर्श से प्राप्त समष्टि तत्त्वों की विशेषताओं की तादाद में बहुत कम अन्तर रह जाता है। तो फिर वह क्या बात है जो इस प्रकार से प्रतिदर्श को अपनी समष्टि का प्रतिनिधि नहीं बनने देती है ? इसका अक्सर या ज्यादातर होने वाला कारण है प्रतिचयन त्रुटि, जिसे हम प्रतिदर्श अनुमान (जिसे सांख्यिकी जैसे प्रतिदर्श मध्यमान, प्रतिशत आदि कहा जाए) और समष्टि मान (जिसे प्राचल (Parameter) जैसे समष्टि मध्यमान, प्रतिशत, आदि कहा जाता है) के बीच में अन्तर के रूप में परिभाषित करते हैं।

इस प्रकार से कुल अनुसंधान जनसंख्या (समष्टि) की बजाय केवल प्रतिदर्शों का प्रयोग करने से अनुसंधान अध्ययन के परिणामों में होने वाली त्रुटियों को प्रतिचयन त्रुटियाँ कहा जाता है।

(Thus errors arising in the outcomes of the research studies on account of using samples instead of the total research population, are thus named as the sampling errors.)

प्रतिचयन त्रुटियों के प्रकार (The Types of Sampling Errors) : प्रतिचयन त्रुटियों के मुख्य रूप से दो कारण हैं। पहला है अनायास हो जाना और दूसरा है प्रतिचयन अभिनति या पक्षपात (bias)। इन दोनों बातों के आधार पर प्रतिचयन त्रुटियों को दो अलग अलग श्रेणियों में विभाजित किया जा सकता है :

(i) अनायास या संयोगिक त्रुटियाँ और (ii) प्रतिचयन में अभिनति या पक्षपात की त्रुटियाँ।

(i) **अनायास या संयोगजन्य त्रुटियाँ (Chance errors) :** जो त्रुटियाँ मुख्य समष्टि से प्रतिदर्श का चयन करते हुए अनायास या अनजाने में हो जाती है उन्हें अनायास होने वाली या संयोगजन्य त्रुटियाँ कहा जाता है। इस त्रुटि से सम्बन्धित बहुत से मामलों में अनुसंधानकर्त्ता को मूल समष्टि से एक प्रतिनिधि प्रतिदर्श पाने हेतु

संयोगिक चयन विधि का प्रयोग करते हुए देखा जाता है इसलिए इन त्रुटियों को संयोगिक त्रुटियों का नाम भी दिया जाता है। इस प्रकार की त्रुटियाँ विचित्र या असामान्य चयन का कारण बनती हैं। किसी समष्टि में असामान्य इकाइयों (सदस्यों) की उपस्थिति रहती ही है और यह हो सकता है कि उनमें से एक या दो जो असामान्य रूप से बड़ी हैं, उन्हें चुन लिया जाए। उदाहरण के लिए एक समष्टि के आर्थिक स्तर का अध्ययन करने हेतु एक प्रतिनिधि प्रतिदर्श का संयोगिक चयन तकनीक से चयन करने में यह पाया जा सकता है कि उसमें एक या अन्य परिवार ऐसे शामिल हो जाएं जिनका या तो बहुत समृद्ध आर्थिक स्तर हो या बहुत ही दरिद्रतापूर्ण। इसी प्रकार से पुंजानुसार संयोगिक प्रतिचयन का प्रयोग करने में भी एक अनुसंधानकर्त्ता संयोगवश एक ऐसे विशेष पुंज (Cluster) का चयन कर सकता है जिसमें समष्टि के किसी एक या अन्य गुणों से युक्त बहुत अधिक उच्च स्तर के या निम्न स्तर के पुंज या समूह का चयन कर लिया जाए। जैसे एक वह विद्यालय जिसमें बहुत अधिक समायोजन स्तर या कार्य सन्तुष्टि वाले अध्यापक कार्यरत हों। ऐसे समष्टि तत्त्वों का अनायास चयन प्रतिदर्श चयन की संरचना को दूषित बना सकता है क्योंकि इसमें बहुत अधिक या बहुत कम विशेषता स्तर के सदस्य के शामिल होने से प्रतिदर्श का संतुलन गड़बड़ा जाता है। इस प्रकार की त्रुटि या गड़बड़ी से बचाव का साधन एक बड़े प्रतिदर्श का प्रयोग करना है। नियमानुसार जैसे जैसे प्रतिदर्श का आकार बढ़ता है उसमें आने वाली प्रतिदर्श त्रुटि की मात्रा कम होते होते शून्य तक पहुँच जाती है अगर अनुसंधानकर्त्ता यह निर्णय ले ले कि उसे अपने अनुसंधान प्रतिदर्श में अनुसंधान समष्टि के सभी तत्त्वों (सदस्यों) को शामिल करना है।

(ii) **प्रतिचयन में अभिनति या पक्षपात सम्बन्धी त्रुटियाँ (Errors of bias in sampling) :** विशिष्ट प्रकार की विशेषताओं से युक्त इकाइयों (सदस्यों) के पक्षपातपूर्ण चयन की प्रवृत्ति प्रतिचयन में अभिनति के नाम से जानी जाती है। इस प्रकार की प्रवृत्ति के अपनाए जाने के कारण अध्ययन के परिणामों में ऐसी त्रुटियाँ आ जाती हैं जिन्हें प्रतिदर्श के आकार को मनचाही मात्रा में बढ़ाने से भी ठीक या समाप्त नहीं किया जा सकता है। और इस तरह से यह जीवित रहकर क्रमित रूप से समष्टि मान को घटाने, बढ़ाने की भूमिका निभाती है। अपनी क्रमबद्ध या सतत उपस्थिति के कारण प्रतिचयन पक्षपात की इन त्रुटियों को प्रतिचयन की सतत या क्रमबद्ध त्रुटियाँ भी कहा जाता है। जैसे कि पहले भी कहा जा चुका है इन त्रुटियों की जड़, प्रतिचयन अभिनति या पक्षपात है। प्रतिचयन पक्षपात प्रायः एक कमजोर प्रतिचयन नियोजन का परिणाम होती हैं। इनमें से अधिक उल्लेखनीय त्रुटि तब होती है, जब किसी कारण से कुछ इकाइयाँ (सदस्य) प्रतिदर्श में शामिल नहीं हो पातीं और उनके द्वारा दी जाने वाली अनुक्रियाओं की अनुपस्थिति से अध्ययन के परिणाम पक्षपातपूर्ण हो सकते हैं।

उदाहरण के लिए–हम एक अध्ययन का उल्लेख कर सकते हैं जिसमें अनुसंधानकर्त्ता किसी समुदाय विशेष की औसत आय के बारे में जानना चाहता है और इस कार्य के लिए वह यह निर्णय लेता है कि वह अपने प्रतिदर्श का चुनाव टेलीफोन डायरेक्टरी में दिए गए समुदाय के सदस्यों के पतों (Addresses) से करेगा। आजकल के समय में अधिकतर उच्च वर्ग तथा मध्य वर्ग ही स्थानीय टेलीफोन (Land line) का प्रयोग करते हैं जबकि अन्य लोग Land line कटवा देते हैं। इस तरह अनुसंधान के प्रतिचयन में निश्चय ही उच्च आय स्तर के परिवारों का ही चयन हो पाएगा और उसके अनुसंधान अध्ययन से पूरे समुदाय की आय के बारे में अविश्वसनीय और त्रुटिपूर्ण परिणाम ही निकलेंगे।

B. प्रतिचयन की त्रुटियों से अलग त्रुटियाँ या मापन त्रुटियाँ (Non-sampling Errors or Measurement Errors)

प्रतिचयन त्रुटियों के अलावा कुछ दूसरे प्रकार की त्रुटियाँ भी होती हैं जो अध्ययन के परिणामों को दूषित कर सकती हैं। इस प्रकार की त्रुटियाँ दोनों ही समय यानी चाहे अनुसंधान अध्ययन के प्रतिदर्श का चयन किया गया हो अथवा समष्टि के सारे तत्त्वों (सदस्यों) को अध्ययन में शामिल किया गया हो, हो सकती है। इस प्रकार

की त्रुटियाँ तब प्रकाश में आती हैं जब प्रदत्त संकलन हेतु प्रेक्षण या मापन किया जाता है। इसलिए इन्हें मापन त्रुटियाँ कहते हैं।

यहाँ प्रश्न यह उठ सकता है कि ऐसे कौन से सम्भावित स्रोत हो सकते हैं जिनसे निकल कर ये त्रुटियाँ मापन की प्रक्रिया और परिणामों को दूषित कर दें।

किसी समष्टि या प्रतिदर्श तत्त्व की प्रक्रिया और विशेषताओं का मापन करने में इस प्रकार की त्रुटियों के आने की संभावना तीन विभिन्न स्रोतों से हो सकती है – (i) स्वयं मापन उपकरण (ii) प्रेक्षक या अन्वेषणकर्त्ता, जिसके द्वारा मापन उपकरण का उपयोग किया जाता है (iii) अध्ययन प्रयोज्य, जिसकी विशेषताओं का प्रेक्षण या मापन किया जा रहा है। ये तीनों स्रोत अपने अपने तरीके से त्रुटियों में योगदान देते हुए अनुसंधान के परिणामों को दूषित कर देते हैं।

इन तीनों स्रोतों से विकसित मापन त्रुटियाँ, उनकी अपनी प्रकृति की दृष्टि से आगे मोटे तौर पर दो श्रेणियों में विभक्त की जाती हैं, जिन्हें क्रमशः (i) संयोगिक त्रुटियाँ (ii) पक्षपात या क्रमबद्ध त्रुटियाँ कहा जाता है।

संयोगिक मापन त्रुटियाँ (Random Measurement Errors)

वे मापन त्रुटियाँ, संयोगिक मापन त्रुटियाँ कहलाती हैं जब (i) जानबूझ कर मापन उपकरण, शोधकर्त्ता या प्रयोज्यों के द्वारा इन त्रुटियों का सृजन न किया जाए तथा (ii) एक लम्बे समय तक चलने के बाद आखिर में ये एक दूसरे को समाप्त करती हुई दिखाई है। उदाहरण के लिए, हम एक दोषपूर्ण उपकरण, जैसे एक वजन लेने की मशीन (जो कभी कम तोलती है और कभी ज्यादा) से लिए गए मापनों का उल्लेख करते हैं। यह तो स्पष्ट है कि यह मशीन अनुसंधान अध्ययन के तत्त्वों को उनके अपने वास्तविक वजन से कम या ज्यादा मापेगी। त्रुटियों से भरे होने पर भी इस मशीन से लिए जाने वाले मापन अध्ययन के परिमाणों को ज्यादा कुछ प्रभावित नहीं कर पायेंगे क्योंकि आखिर में ये एक दूसरे के प्रभाव को (कभी कम वजन कभी ज्यादा वजन) समाप्त करते हुए पाए जायेंगे। इसी प्रकार अगर किसी प्रश्नावली में इस प्रकार के प्रश्न हैं जिनकी शैली, विषयवस्तु और भाषा में दोष हैं। परन्तु ये प्रश्न जैसे भी हैं सभी के लिए हैं और अध्ययन के सभी प्रयोज्यों को इनसे एक जैसी समस्याएँ हो सकती हैं। इसलिए प्रश्नों के दोषपूर्ण होने से अध्ययन में जो त्रुटियाँ आयेंगी वे आखिर के परिणामों को कोई अधिक प्रभावित नहीं कर पायेंगी।

पक्षपात या क्रमबद्ध त्रुटियाँ (Errors of Bias or Systematic Errors)

मापन त्रुटियों को पक्षपात त्रुटि या क्रमबद्ध त्रुटि तब कहा जाता है जब :

(i) इन्हें मापन उपकरणों, शोधकर्त्ता और अध्ययन प्रयोज्यों के द्वारा अपने स्वयं के पक्षपातपूर्ण दृष्टिकोण के द्वारा जानबूझ कर किया जाए, तथा

(ii) इन त्रुटियों का प्रभाव बना रहे और लम्बे समय तक भी कभी ये उस तरह समाप्त न हों जैसे कि संयोगिक मापन त्रुटियों में इनकी समाप्ति हो जाती है।

अब आगे हम यह देखते हैं कि मापन उपकरणों, अनुसंधानकर्त्ता तथा प्रयोज्यों के द्वारा रखे जाने वाले पक्षपातपूर्ण दृष्टिकोण से अध्ययन में त्रुटियाँ कैसे आ जाती हैं :

1. मापन उपकरणों के पक्षपात की त्रुटि (Bias on the part of measuring instrument) : एक मापन उपकरण एक अनुसंधान अध्ययन की किसी विशेष समष्टि को लाभ पहुँचाने या हानि पहुँचाने के लिए पक्षपातपूर्ण हो सकता है। हो सकता है कि इसकी रचना किसी विशेष संस्कृति, समाज के किसी वर्ग, किसी विशेष भाषा को बोलने वाले या किसी विशेष सामाजिक आर्थिक स्तर के वर्ग आदि के लिए ठीक बैठती हो। हो सकता है कि उपकरण की प्रक्रिया इस तरह की बनाई गई हो जिससे एक ही प्रकार की अनुक्रियाओं की प्राप्ति

हो और वे अध्ययन के परिणामों को पक्षपातपूर्ण बनवा दे। उदाहरण के लिए, एक प्रश्नावली का स्वरूप तैयार करने में प्रश्नों की रचना इस प्रकार से की गई हो जिससे एक विशेष प्रकार की अनुक्रिया की प्राप्ति होती रहे चाहे वह अनुचित ही क्यों न हो।

2. अनुसंधानकर्त्ता के द्वारा किए गए पक्षपात की त्रुटि (Biases involved on the part of researcher) : अध्ययन के प्रतिभागियों/प्रयोज्यों से प्राप्त की गई सूचनाओं और संकलन किए गए प्रदत्तों का अवलोकन करने, अभिलेखन करने, विश्लेषण करने और व्याख्या करने के लिए अनुसंधानकर्त्ताओं के अपने स्वयं के तरीके हो सकते हैं जो कि उनकी अपनी पसन्द–नापसन्द, उनकी द्वेषभावना या इच्छा आदि पर निर्भर होते हैं और इस प्रकार अपने अध्ययन के परिणामों को अपने रंग में रंगने का प्रयास करते हैं। इस प्रकार प्रदत्तों का संकलन करने, उनका विश्लेषण करने के साथ साथ व्याख्या करने में भी शोधकर्त्ता के द्वारा दिखाया गया पक्षपातपूर्ण दृष्टिकोण पक्षपात की त्रुटि को जन्म देने का कारण बन सकता है।

3. अध्ययन के प्रयोज्यों द्वारा की गई पक्षपात की त्रुटि (Biases involved on the part of the participants of the study) : प्रतिभागियों/प्रयोज्यों द्वारा प्रदर्शित पक्षपात प्रदत्तों के संकलन में, उनकी अनुक्रियाओं को और अध्ययन में प्रयोज्यों के रूप में अनुसंधानकर्त्ता को दिए गए सहयोग की प्रकृति को एक विशेष रंग में रंग दिए जाने के कारण बहुत सी त्रुटियाँ आ सकती हैं। अपने इस प्रकार के पक्षपातपूर्ण दृष्टिकोण के कारण प्रयोज्यों को निम्न प्रकार के प्रतिकूल व्यवहार करते हुए देखा जा सकता है :

- वे किन्हीं विशेष प्रश्नों के गलत उत्तर जानबूझ कर दे सकते हैं। उदाहरण के लिए कई लोग अपने आपको अपनी आयु से अधिक जवान या वृद्ध समझा जाना पसन्द करते हैं। यदि आप उनकी आयु वर्षों में पूछें तो वे अपनी उम्र एक या अधिक वर्ष कम या ज्यादा बताने की कोशिश करते हैं।
- कुछ लोग अपने आपको अधिक सक्षम, अमीर, साधन सम्पन्न और अनुसंधानकर्त्ता की नजर में अच्छा और भला व्यक्ति सिद्ध करने के लिए गलत उत्तर दे देते हैं। इस प्रकार की त्रुटियों को रोका जाना काफी कठिन होता है क्योंकि ये प्रयोज्यों द्वारा जानबूझ कर धोखा देने की नियत से की जाती है।
- यह जानकर कि यह अध्ययन क्यों किया जा रहा है, प्रयोज्य उसी के अनुकूल गलत उत्तर देने का प्रयत्न करते हैं। उदाहरण के लिए, अगर यह प्रश्न पूछा जाए कि आपकी आमदनी क्या है ? अगर यह प्रश्न किसी सरकारी एजेन्सी के द्वारा पूछा जा रहा है तो उत्तरदाता द्वारा बताई गई रकम अलग होगी और जब उससे यह प्रश्न गृह ऋण लेने के लिए पूछा जा रहा हो तो अलग।

प्रतिदर्श अनुसंधान की त्रुटियों पर नियन्त्रण रखना (Exercising Control Over Sample Research)

जैसा कि ऊपर कहा गया है कि हमारे अध्ययन के परिणामों को प्रभावित करने में और समष्टि तत्त्वों की वास्तविक प्रकृति और विशेषताओं का मूल्यांकन करने में बाधाएँ उत्पन्न करने वाली दो प्रकार की त्रुटियों – प्रतिदर्श त्रुटियों तथा मापन त्रुटियों का हाथ रहता है। अगर इन दोनों के प्रभावों को मिला दिया जाये तो ये दोनों प्रकार की त्रुटियाँ अध्ययन के परिणामों को प्रभावित करने की कुल त्रुटियाँ (Total Errors) कहलाती हैं। हम इनके कुल और समग्र प्रभाव का निम्न समीकरण के द्वारा गणना कर सकते हैं :

$$(\text{कुल त्रुटि})^2 = (\text{प्रतिचयन त्रुटि})^2 + (\text{मापन त्रुटि})^2$$

इनकी संरचना कुछ भी हो, ये दोनों ही प्रकार के प्रतिचयन त्रुटि और मापन त्रुटि एक अनुसंधान समष्टि के तत्त्वों (सदस्यों) की वास्तविक प्रकृति और विशेषताओं की सही सही पहचान करने में काफी ज्यादा बाधाएँ उपस्थित करती हैं।

परिणामस्वरूप, सभी प्रकार और तरीकों से, इन दोनों प्रकार की त्रुटियों को दूर/समाप्त करना जरूरी होता है। हालांकि हम चाहे कोई भी विधियाँ या प्रक्रिया को अपनाएँ, इन दोनों प्रकार की त्रुटियों के घटने की संभावना को पूरी तरह जड़ से समाप्त करना असम्भव सा ही है। फिर भी कुछ आशा की किरणें तो हैं ही। हम इन त्रुटियों को नियंत्रित करने और कम करने के लिए एक स्तर तक तो कोशिश कर सकते हैं, जहाँ पर उनकी उपस्थिति अध्ययन करने के विशिष्ट उद्देश्य को पराजित न कर सके। आइए देखें कि इसके लिए क्या किया जा सकता है।

प्रतिचयन त्रुटियों का नियंत्रण (Control of Sampling Errors)

प्रतिचयन त्रुटियाँ तब होती हैं जब हम कुल समष्टि के स्थान पर अपने प्रदत्त संकलन कार्य के लिए प्रतिदर्श का प्रयोग करें। प्रतिदर्श के द्वारा समष्टि प्राचलों (Parameters of Population) के बारे में जो अनुमान लगाया जाता है वह उनके वास्तविक मान से जितना कम रह जाता है उसे हम प्रतिदर्श त्रुटि कहते हैं। उदाहरण के लिए अगर हम किसी समष्टि विशेष के एक प्रतिदर्श के द्वारा, प्रतिदर्श में शामिल सभी सदस्यों की किसी विशेषता विशेष के मापन का मध्यमान मूल्य ज्ञात करें और इसे Ms के द्वारा प्रदर्शित करें। और दूसरी तरफ समष्टि के सारे सदस्यों की उसी विशेषता विशेष का मापन कर उसका मध्यमान मूल्य निकालें और उसे Mpop से सम्बन्धित करें तो Ms और Mpop में जो अन्तर (Ms — Mpop) होगा उसे प्रतिचयन त्रुटि कहा जाएगा। यही नहीं, हम अगर किसी एक समष्टि से एक ही आकार के बहुत सारे प्रतिदर्शों का चयन करें और प्रत्येक प्रतिदर्श के लिए

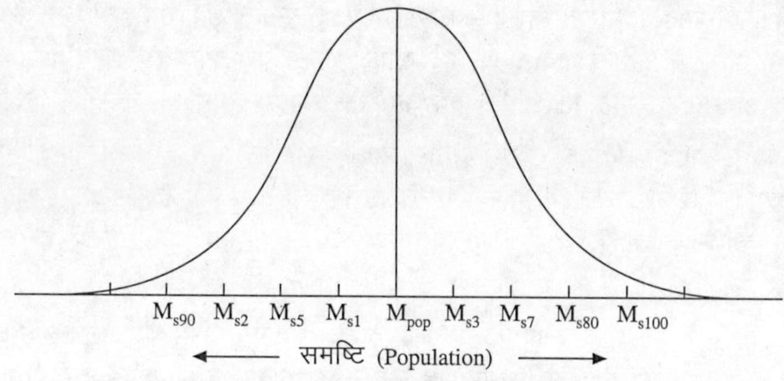

चित्र 16.5 समष्टि मध्यमान के आसपास प्रतिदर्श मध्यमानों का वितरण।

किसी विशेष गुण या विशेषता सम्बन्धी मध्यमान मूल्यों की गणना करें तो इस प्रकार से गणना किए गए सभी प्रतिदर्श मध्यमान पूरी तरह से एक जैसे नहीं होंगे। कुछ (जैसे M_1, M_2, M_3, M_4 ...) अपेक्षाकृत कम मूल्य के होंगे और उनमें से अधिकांश की उपस्थिति प्रतिदर्शों के मध्यमान या औसत मूल्य के आसपास होगी जैसा कि चित्र 16.5 की आकृति में दिखाया गया है।

प्रतिदर्श त्रुटि के संगणन का सूत्र (Formula for Computing Sample Error)

किसी एक समष्टि से समान आकार के बहुत सारे प्रतिदर्शों के प्रतिचयन में हम प्रतिदर्श त्रुटि की गणना हेतु निम्न सूत्र का प्रयोग करते हैं :

$SE_M = SDs/\sqrt{N}$ (जबकि SE_M = मध्यमान का प्रामाणिक विचलन

SDs = प्रतिदर्श का प्रामाणिक विचलन

तथा N = प्रतिदर्श में शामिल प्रयोज्यों की संख्या)

SE_M, अर्थात् मध्यमान का प्रामाणिक विचलन हमें प्रतिदर्श त्रुटि का बेहतर अनुमान लगाने में अच्छी तरह सहायक होता है।

इस सूत्र से आप यह अच्छी तरह जान सकते हैं कि जैसे जैसे N के मान (प्रतिदर्श के आकार) को बढ़ाते जायेंगे, प्रतिदर्श त्रुटि का आकार उसी अनुपात में कम होता जायेगा। इस बात से हम यह निष्कर्ष निकाल सकते हैं कि प्रतिदर्श त्रुटियों को अधिक से अधिक कम करने के लिए हमें – (i) काफी बड़े आकार के प्रतिदर्श का चुनाव करना चाहिए तथा (ii) प्रतिदर्श के चयन के लिए उपयुक्त प्रतिचयन तकनीक विशेष रूप से सम्भाव्य संयोगिक प्रतिचयन तकनीक का प्रयोग करना चाहिए।

मापन त्रुटियों का नियन्त्रण (Control of Measurement Errors)

मापन त्रुटियों को प्रतिदर्श त्रुटियों की तरह प्रतिदर्श का आकार बढ़ाकर नियन्त्रित नहीं किया जा सकता है। यहाँ इसका उल्टा होता है। प्रतिदर्श का आकार जैसे जैसे बढ़ता है वैसे वैसे मापन त्रुटियों में अधिक वृद्धि होती जाती है। इसके अतिरिक्त अगर समय पर इनका नियन्त्रण नहीं किया जाए तो प्रतिदर्श त्रुटियों की तुलना में अध्ययन के परिणामों को दूषित करने में ये ज्यादा प्रभावी भूमिका निभा सकती हैं।

आइये देखें कि इनके ऊपर आवश्यक नियन्त्रण किस प्रकार रखा जाये :

संयोगिक एवं क्रमबद्ध दोनों प्रकार की मापन त्रुटियाँ (अनायास ही संयोगवश अथवा मापन उपकरणों, प्रयोज्यों तथा अनुसंधानकर्त्ताओं के पक्षपात दृष्टिकोण से उत्पन्न त्रुटियाँ) कुछ निम्न प्रकार के उपायों से काफी कुछ सीमा तक नियन्त्रित की जा सकती हैं :

1. प्रदत्त संकलन उपकरणों की विकास (यदि कोई स्वयं इनका विकास कर रहा है तो) प्रक्रिया के समय इनकी शुद्धता, विश्वसनीयता तथा वैधता की तरफ ज्यादा ध्यान देना या अनुसंधानकर्त्ता स्वयं उपलब्ध उपकरणों में से ही किसी एक का चयन कर रहा है तो उस समय उसका सावधानीपूर्वक चयन करना।
2. प्रतिचयन तत्त्वों की विशेषता का अधिक से अधिक सूक्ष्म प्रेक्षण करना और समुचित मापन करना।
3. प्रतिचयन तत्त्वों की एक विशेषता का प्रेक्षण तथा मापन करने के लिए ज्यादा साक्षात्कारकर्त्ताओं/प्रेक्षकों/प्रयोगकर्त्ताओं का उपयोग करना।
4. प्रेक्षण/मापन या प्रयोगीकरण की विधियों की परिशुद्धता में सुधार लाना तथा उसे और भी ज्यादा उन्नत बनाना।
5. निम्न बातों को ध्यान में रखते हुए अधूरी अनुक्रिया या अनुक्रियाहीनता की त्रुटि के ऊपर तर्कपूर्ण नियंत्रण करना :
   - अनुसंधानकर्त्ता को चाहिए कि वह प्रतिभागियों के साथ अपने अच्छे सम्बन्ध बनाए तथा उनका सहयोग प्राप्त करने के लिए उनका विश्वास अर्जित करे जिससे वे उसके अध्ययन के लिए प्रदत्त संकलन या प्रायोगिक कार्य में अपना पूरा पूरा सहयोग प्रदान करें और भलीभाँति अनुक्रिया करें। इसके लिए वह उनको अभिप्रेरित करने का प्रयास करे और निवेदन करें कि वे एक अच्छे कार्य में सहयोग प्रदान कर रहे हैं।
   - प्रश्नावली, अनुसूची या अन्य कोई मापन उपकरण का प्रयोग करते समय उसके प्रश्नों, पदों या कथनों का उत्तर देने के लिए प्रतिभागियों को एकदम स्पष्ट निर्देश या अनुदेशन प्रदान करे जिससे उत्तरदाताओं को उत्तर देने में कोई भी कठिनाई न हो और उन्हें पता हो कि उन्हें क्या करना है ?
   - मापन उपकरण में दिए गए कथनों, पदों या प्रश्नों की भाषा, विषयवस्तु और अभिव्यक्ति उत्तरदाताओं के लिए बोधगम्य होने में किसी प्रकार की कठिनाई को प्रस्तुत करने वाली नहीं होनी चाहिए।

उनकी भाषा और विषयवस्तु ऐसी हो जो उत्तरदाता को आसानी से समझ में आ जाए तथा उनका ठीक प्रकार उत्तर दे सके।

- अनुसंधानकर्त्ता जब व्यक्तिगत रूप से उत्तरदाताओं के साथ साक्षात्कार कर रहा हो या किसी मापन उपकरण का प्रशासन कर रहा हो तो उस समय उसे उत्तरदाताओं से पूरा पूरा उत्तर प्राप्त करने की कोशिश करनी चाहिए। यदि यह कार्य डाक द्वारा प्रेषित प्रश्नावली या इन्टरनेट सेवा के द्वारा किया जा रहा हो तो उसे अपने उपकरण को ठीक प्रकार से पूरा भरा हुआ वापिस प्राप्त करने के लिए उत्तरदाताओं से समय समय पर विनम्र निवेदन करना चाहिए और उन्हें उपकरण पूरा भर कर वापिस भेजने के लिए, याद दिलाने के लिए स्मरण पत्र भी उनके पास भेजना चाहिए।

6. अनुसंधानकर्त्ता से आशा की जाती है कि मापन उपकरण को विकसित करते समय जरूरी वस्तुनिष्ठता और निष्पक्षता का पूरा ध्यान रखे और प्रतिभागियों से प्रदत्त संकलन के लिए इसका प्रयोग करते समय बिना किसी पक्षपात एवं द्वेषभावना के खुली दृष्टि से उनका सहयोग प्राप्त करने का प्रयास करे।
7. अनुसंधान के क्रियान्वयन के दौरान प्रतिभागियों के उत्तरों तथा अन्य प्रकार की सूचनाओं का संकलन अभिलेखन, कूट संकेतन तथा विश्लेषण आदि आवश्यक क्रियाओं के संयोजन हेतु उचित विधियों का प्रयोग किया जाना चाहिए।
8. अनुसंधानकर्त्ता से यह आशा की जाती है कि वह अपने अनुसंधान अध्ययन के परिणामों का निष्कर्ष निकालने तथा उन्हें दूसरों के लिए प्रतिवेदन तैयार करने में वस्तुनिष्ठ और निष्पक्ष रहे तथा तथ्यात्मक बातें करें अर्थात् मुख्य बिन्दु से सम्बन्धित सार्थक बातें करे।

17

प्रदत्त संकलन—उपकरण एवं तकनीकें

[Data Collection—Tools and Techniques]

विषय प्रवेश (Introduction)

अपनी अनुसंधान समस्या का चयन करने एवं परिभाषित करने, अध्ययन के उद्देश्यों एवं परिकल्पना का निर्माण कर लेने तथा अध्ययन के प्रयोज्यों या प्रतिभागियों के बारे में निर्णय ले लेने के उपरान्त एक शोधकर्त्ता को अपना ध्यान, अपनी शोध समस्या का समाधान करने (या शोध प्रश्नों का उत्तर प्राप्त करने) सम्बन्धी अपनी परिकल्पना की पुष्टि करने के लिए प्रमाणों या आवश्यक सूचनाओं का संकलन करने की तरफ केन्द्रित करना चाहिए।

अनुसंधानकर्त्ता के द्वारा सकलित आवश्यक सूचनाओं और प्रमाणों की सहायता के बिना किसी भी शोध प्रश्न का उत्तर देना या शोध समस्या का समाधान प्रस्तुत करना असम्भव है। शोध प्रश्नों का उत्तर देने में सहायक इन संकलित प्रमाणों या सूचनाओं को ही अनुसंधान विधिशास्त्र की भाषा में प्रदत्त या आँकड़ों के नाम से जाना जाता है और प्रदत्त या आँकड़ों का संकलन करने के लिए जिन तकनीकों या उपकरणों का प्रयोग किया जाता है उन्हें प्रदत्त संकलन तकनीक या उपकरण कहा जाता है।

व्यावहारिक विज्ञानों में अनुसंधान करने के लिए प्रदत्तों का संकलन करने के कार्य में सहायता करने के लिए अनेक प्रकार के उपकरण या तकनीकें उपलब्ध हैं जैसे – प्रेक्षण, साक्षात्कार, प्रश्नावली, निर्धारण मापनी, मनोवैज्ञानिक परीक्षण आदि। ये तकनीकें एवं उपकरण अपने परिमाणात्मक या गुणात्मक शोध अध्ययनों के लिए उपलब्ध स्त्रोतों (प्राथमिक एवं द्वितीयक) से प्रदत्तों (सूचनाओं और प्रमाणों) की प्राप्ति में अनुसंधानकर्त्ता की सहायता करते हैं। हालांकि, सूचनाओं के स्त्रोतों से किसी विशेष प्रकार की सूचनाएँ या प्रमाणों की प्राप्ति कराने में इनमें से प्रदत्त संकलन की प्रत्येक तकनीक या उपकरण की अपनी अलग ही विशेषता या तरीका होता है। एक शोधकर्त्ता को अपने आवश्यक प्रदत्तों का संकलन करने के कार्य में इन तकनीकों या उपकरणों की सहायता प्राप्त करने के लिए इनकी उपलब्धता, विकास और इनके उपयोग के बारे में पूर्ण ज्ञान होना जरूरी होता है। इन सभी उपकरणों या तकनीकों के बारे में हम इसी पुस्तक के आने वाले अध्यायों में विस्तार से चर्चा करेंगे।

जब एक शोधकर्त्ता इन उपकरणों में से किसी एक या अन्य प्रदत्त संकलन उपकरण का प्रयोग कर अपने शोध अध्ययन के प्रतिभागियों या उपलब्ध स्त्रोतों से जरूरी सूचनाएँ या प्रमाणों का संग्रह करने का प्रयास करता है तब ये प्रमाण या सूचनाएँ उसे गुणात्मक और परिमाणात्मक दोनों ही स्वरूपों में प्राप्त हो सकते हैं। अपने गुणात्मक शोध अध्ययन के लिए जरूरी प्रदत्तों का संग्रह करने के लिए वह उपलब्ध विवरणात्मक कथनों या सामग्री की सहायता से इनका प्रयोग कर सकता है या किसी प्रकार का परिमाणात्मक अनुंसंधान अध्ययन करने

के लिए किसी भी एक या अन्य मापन मापनी जैसे नामित, क्रमसूचक, अन्तराल या अनुपात मापनी की इकाइयों में अभिव्यक्त परिमाणात्मक मापन प्राप्त कर सकता है। एक अनुसंधानकर्त्ता को अपने प्रदत्तों के संकलन में सहायक इन मापन मापनियों का सही ढंग से उपयोग करने के लिए इनकी प्रकृति एवं प्रक्रिया से पूरी तरह परिचित होना आवश्यक है। इस अध्याय में आगे दिए गए विवरण से हम इनके बारे में विस्तार से जानने का प्रयत्न करेंगे।

मापन मापनियाँ (Measurement Scales)

अपने क्रियान्वयन रूप में किसी वस्तु, घटना और व्यवहार के मापन से तात्पर्य एक ऐसे प्रयास से है जिसमें इसका कुछ निश्चित नियमों के तहत परिमाणीकरण (संख्या या अंक प्रदान करना) किया जाता है। इन नियमों को लागू करने में जो अन्तर आ जाते हैं वास्तव में उन्हीं के परिणामस्वरूप मापन मापनियों–नामित, क्रमसूचक, अन्तराल तथा आनुपातिक मापनियों को जन्म मिला है। गुडविन (Goodwin, 2008:129) के अनुसार ये मापन मापनियाँ हमारे अध्ययन के प्रयोज्यों की व्यावहारिक अनुक्रियाओं या घटनाओं को संख्याओं से अलंकृत करने के चार विभिन्न तरीकों का प्रतिनिधित्व करती हैं। व्यावहारिक विज्ञानों में अनुसंधानकर्त्ता–उपलब्ध स्रोतों से सूचनाएँ या प्रमाणों का संकलन करने में (जरूरी प्रदत्तों के प्रकार, प्रयोग में लाए गए उपकरण तथा एक या दूसरे प्रकार के प्रदत्तों के संकलन के लिए अनुमति देने वाली परिस्थितियों पर निर्भरता के आधार पर) इन चार मापनियों या मापन के चार स्तरों का प्रयोग करते हुए पाए जाते हैं।

ये चार मापनियाँ या स्तर जिन पर अनुसंधानकर्त्ता अपने प्रदत्तों का मापन करते हैं या संकलन करते हैं, अपनी क्रियात्मक अभिव्यक्ति में एक अपूर्व क्रम शृंखला को प्रतिबिम्बित करती है। इनमें निम्नतम स्तर पर नामित मापनी और उच्चतम स्तर पर अनुपात मापनी होती है।

> परिमाणात्मक शोध अध्ययनों में प्रदत्त संकलन के लिए चार प्रकार की मापन मापनियों का प्रयोग किया जाता है। ये मापनियाँ एक अपूर्व क्रम शृंखला में कार्य करती हैं। आनुपातिक मापनी सर्वोच्च शिखर पर, उसके बाद अन्तराल और क्रमसूचक मापनी होती हैं। इस क्रम शृंखला के निम्नतम स्तर पर नामित मापनी होती है।

कौन सी मापनी का कौन सा क्रम है इसके लिए हम NOIR (No Oil In Rivers) नामक शब्द का उपयोग कर सकते हैं। यहाँ इस शब्द का पहला अक्षर 'N' Normal (नामित) Scale का, दूसरा अक्षर 'O' Ordinal Scale (क्रमसूचक मापनी), तीसरा अक्षर 'i' Interval Scale (अन्तराल मापनी का) और चौथा अक्षर 'R' Ratio Scale (आनुपातिक मापनी) का सूचक है। अपने पूर्ण रूप में NOIR शब्द इन मापनियों को निम्नतम स्तर से उच्चतम स्तर के रूप में आँकने की बात भी करता है। जैसा कि चित्र 17.1 में दिखाया गया है।

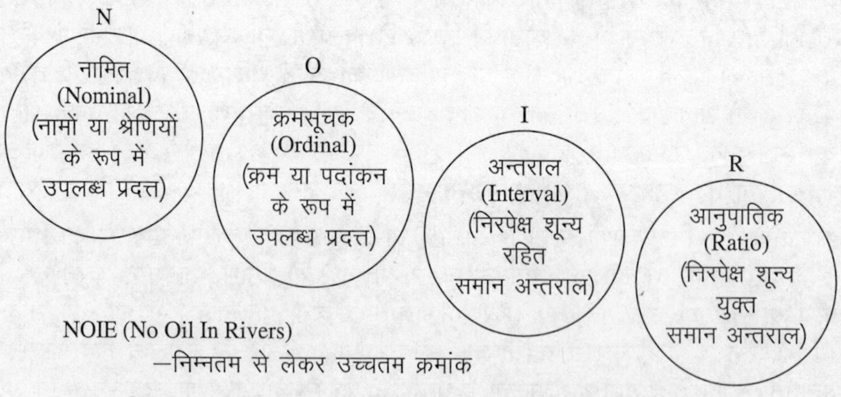

चित्र 17.1 प्रदत्त मापन या संकलन में प्रयुक्त मापनियाँ या स्तर।

आइये इन चार स्तरों या मापन की चार मापनियों के बारे में जानने का प्रयत्न करें।

नामित मापनी (Nominal Scale)

नामित मापनी में व्यवहार, वस्तुओं या घटनाओं का मापन करने की विशेषताओं को निम्न प्रकार स्पष्ट किया जा सकता है :

- मापन के चारों स्तर या मापनियों की क्रम शृंखला में नामित मापनी निम्नतम स्तर का प्रतिनिधित्व करती है। इसलिए इस मापनी के उपयोग से प्राप्त किए गए मापन को अन्य तीनों स्तर – क्रमसूचक, अन्तराल और अनुपात मापनी के द्वारा किए गए मापन की तुलना में सबसे ज्यादा कमजोर माना जाता है।
- इतने निम्न स्तर पर अनुसंधानकर्त्ताओं द्वारा किए गए मापन का केवल एक ही प्रयोजन होता है अपने प्रदत्त संकलन कार्य से सम्बन्धित वस्तुओं, व्यक्तियों या घटनाओं का विभाजन करना/संवर्गीकरण करना और पहचान करना।
- एक सातत्य मापनी पर व्यवस्थीकरण करने की बजाय भेद करने, संवर्गीकरण करने या स्तरीकरण करने की यह सबसे सरल विधि है।
- यह विशुद्ध रूप से नाम देने (Naming) के स्तर पर अर्थात् शब्दों के साथ प्रयोग की जाती है। दूसरे शब्दों में अनुसंधानकर्त्ता यहाँ मापन किए गए तथ्यों को मात्रा या संख्याओं की बजाय नाम (शब्द) के अनुसार वर्गीकरण करके नामित प्रदत्तों को प्राप्त करता है। उदाहरण के लिए जब शोधकर्त्ता प्रतिभागियों से अपना वैवाहिक स्तर बताने के लिए कहता है तो प्रतिभागी संख्याओं या अंकों में नहीं बल्कि शब्दों में–जैसे 'विवाहित', 'अविवाहित', 'तलाकशुदा', 'एकाकी' आदि के रूप में उत्तर देंगे।
- यदि अनुसंधानकर्त्ता किसी मामले में मापन किए गए तथ्यों या घटनाओं को संख्याओं या अंक जैसे 1, 2, 3, 4 (जैसा कि आगे दिए गए उदाहरण 3 में दिखाया गया है) प्रदान करता है तो यह केवल उन्हें एक या दूसरे समूह में वर्गीकृत करने के लिए है। दिए गए अंक मात्रा बताने के लिए नहीं हैं। इस प्रकार नामित प्रदत्त परिमाणात्मक सूचनाएँ प्रदान नहीं करते हैं। कोई भी सांख्यिकीय गणना जैसे मध्यमान, मध्यांक, प्रामाणिक विचलन या सहसम्बन्ध आदि की गणना करने के लिए इन अंकों या संख्याओं का प्रयोग नहीं कर सकता है।
- मापन के इस स्तर पर, मापन प्रक्रिया के द्वारा एक समूह या वर्ग को उसके उपवर्गों में विभाजित किया जाता है। इन विभाजित उपसमूहों में 'तुल्यता' (Equality) का सम्बन्ध होता है यानी उपसमूह के सभी सदस्य उस विशेषता विशेष को लेकर 'समान' होते हैं जिसे मापने का प्रयत्न किया जा रहा है।
- इन मापनियों का प्रयोग करने वाले अध्ययन प्रयोज्यों को उनकी व्यक्तिगत विशेषताओं के आधार पर श्रेणीबद्ध करते हैं और फिर प्रत्येक श्रेणी में शामिल प्रयोज्यों की गिनती कर लेते हैं जिन्हें आवृत्तियों (Frequencies) का नाम दिया जाता है, जैसे :

वैवाहिक स्तर	–	विवाहित	अविवाहित	तलाकशुदा	विधवा/विदुर
आवृत्तियाँ	–	240	120	80	60

- नामित प्रदत्त प्रतिभागियों को किसी विशिष्ट गणितीय क्रम में नहीं रखते हैं। यहाँ पर यह कहने का कोई तार्किक आधार नहीं है कि एक संवर्ग जैसे 'विवाहित' किसी दूसरे संवर्ग जैसे–'अविवाहित', 'तलाकशुदा' या 'विधवा/विदुर' से गणितीय रूप से उच्चतम या निम्नतम हैं।
- नामित प्रदत्तों की एक अपूर्ण विशेषता इस बात में निहित होती है कि उन्हें केवल एक परीक्षण "भिन्न भिन्न संख्याओं से भिन्न भिन्न वस्तुओं का प्रतिनिधित्व होता है" से गुजरना पड़ता है। उदाहरण के लिए अंक 1 स्त्रीलिंग का और अंक 2 पुरुष लिंग का प्रतिनिधित्व कर सकता है परन्तु श्रेणियों के नामकरण

के लिए जो मूल्य प्रदान किए जाते हैं वे स्थिर रहते हैं। अगर किसी श्रेणी को कोई संख्या प्रदान कर दी गई है तो उस श्रेणी से सम्बन्धित विशेषताओं से युक्त चीजों को वही संख्या या नाम प्रदान किया जाता रहता है।

नामित मापनी के प्रयोग में संकलित नामित प्रदत्तों के उदाहरण

1. (i) व्यक्तियों का वर्गीकरण जैसे विवाहित, अविवाहित, तलाकशुदा, विधुर/विधवा आदि।
   (ii) लिंग जैसे स्त्री, पुरुष।
   (iii) विद्यालयों का वर्गीकरण, जैसे–सरकारी, सहायता प्राप्त, स्ववित्तीय, ग्रामीण, शहरी आदि।
   (iv) अभिवृत्तियाँ जैसे–सकारात्मक–नकारात्मक या पक्ष–विपक्ष।
2. हम निम्न प्रकार की परिस्थितियों में नामित मापनी का प्रयोग करते हैं :
   (i) जोगिंग करने वाले उन पुरुष एवं महिलाओं की तुलना करना–जो प्रातःकाल दौड़ना ज्यादा पसन्द करते हैं और जो सायंकाल दौड़ना ज्यादा पसन्द करते हैं।
   यहाँ 60 प्रतिभागियों (30 पुरुष और 30 महिला जोगिंग करने वाले) से प्रदत्तों का संकलन करके निम्न रूप से सारिणीबद्ध किया जा सकता है :

	पुरुष जोगर्स (Male Joggers)	महिला जोगर्स (Female Joggers)
प्रातःकाल	20	16
सायंकाल	10	14

   (ii) किसी सेवा (जैसे सुधारात्मक अनुदेशन) का लाभ उठाने वाले और लाभ ना उठाने वाले प्रयोज्यों को 0 तथा 1 का मूल्य प्रदान किया जा सकता है।
   (iii) किसी भी प्रकार की श्रेणियों जैसे – धूम्रपान करने वाले तथा धूम्रपान ना करने वाले या पंजीकृत मतदाता तथा अपंजीकृत मतदाता को इच्छानुसार 1 और 2 मूल्य प्रदान करना।
   (iv) हम जब निम्न प्रकार के प्रश्न पूछते हैं तो उस अवस्था में भी नामित प्रदत्तों को प्राप्त किया जा सकता है।

प्रश्न	उत्तर प्रदान करने हेतु विकल्प	उत्तर प्रदान करने के लिए प्रयुक्त कोड
आप क्या व्यवसाय अपनाना चाहते हैं ?	डॉक्टर	1 या A
	इंजीनियर	2 या B
	अध्यापक	3 या C
	इसके अलावा कोई अन्य	4 या D

क्रमसूचक मापनी (Ordinal Scales)

क्रमसूचक मापनी के द्वारा किया गया मापन, मापन करने वाले स्केलों की क्रमशृंखला में नामित मापनी से उच्चतम स्तर का और अन्तराल तथा आनुपातिक मापनियों से निम्नतम स्तर का प्रतिनिधित्व करता है। क्रमसूचक मापनी अनुसंधानकर्त्ता को व्यक्तियों, वस्तुओं, घटनाओं या प्रक्रियाओं का उनकी प्रेक्षण की जाने वाली एक या दूसरी

विशेषताओं के सम्बन्ध में पदांक (Rank) प्रदान करने का अवसर प्रदान करती है। परिणामस्वरूप व्यवहार, वस्तुओं या घटनाओं का क्रमसूचक स्तर पर मापन करते समय अनुसंधानकर्त्ता प्रयोज्यों को उच्च से निम्न के क्रम में रखने की कोशिश करता है। परम्परागत रूप से तो ऐसा करने में अनुसंधानकर्त्ता किसी विशिष्ट विशेषता की प्राप्ति में सर्वोच्च रहने वाले प्रतिभागी को पदांक 1 प्रदान करता है, उससे अगले उच्चतम को 2, उससे अगले उच्चतम को 3, इसी प्रकार आगे क्रम में पदांक प्रदान करता है।

1. अनुसंधानकर्त्ताओं द्वारा इन मापनियों का प्रयोग उन परिस्थितियों में किया जाता है जब उनके पास एक विशिष्ट चर से युक्त कई श्रेणियाँ होती हैं और जहाँ (i) समतुल्यता की विशेषताओं से युक्त होने के अतिरिक्त श्रेणियों को एक सार्थक क्रम प्रदान किया जा सकता है और जहाँ (ii) कोई चीज किसी चीज से ज्यादा और किसी चीज से कम हो, इस प्रकार के सम्बन्धों की पहचान करती हो।

   उदाहरण के लिए – "आय की उपश्रेणियों जैसे–औसत से अधिक, औसत तथा औसत से कम के रूप में मापन के परिणाम एक उचित क्रम सूचक पद प्रदान करते हैं। यहाँ हमारे पास कई श्रेणियाँ हैं जो किसी से ज्यादा और किसी से कम इस प्रकार के सम्बन्धों की स्थापना करते हुए एक सार्थक क्रम प्रदान कर सकती हैं।

2. एक क्रम सूचक मापनी नामित मापनी से ज्यादा सूचना प्रदान करती है, इसलिए एक से ज्यादा नियमों की अनुपालना करनी होती है। इस मापनी से सम्बन्धित प्रदत्तों को मॅकनेब (McNabb, 2008:116) के अनुसार नामित मापनी के नियम–"अलग अलग संख्याओं से अलग अलग वस्तुओं का प्रतिनिधित्व होता है।" के अतिरिक्त एक दूसरे परीक्षण – "मापित चीजों को किसी आयाम विशेष में पदांकित या क्रमित किया जा सकता है।" में से भी गुजरना चाहिए।

3. इस प्रकार का पदांकन या क्रमांकन करने से अनुसंधानकर्त्ता यह निष्कर्ष निकाल सकते हैं कि कौन प्रतिभागी अपनी निष्पत्ति प्रदर्शन में दूसरे की तुलना में ज्यादा या कम है।

4. यहाँ पर प्रयोज्यों की सापेक्षिक स्थिति ही एक बात है जिसे हम जानते हैं। इसलिए क्रमसूचक मापनी का जिन अध्ययनों में प्रयोग किया जाता है उनमें निम्न प्रकार के अनुसंधान प्रश्नों को केन्द्रबिन्दु बनाया जाता हुआ पाया जाता है :
   - यदि एक बच्चे को पाँच खिलौने देकर उन्हें पदांक या क्रम देने के लिए कहा जाता है और वह इन खिलौनों में से किसी एक विशेष खिलौने को तीसरा पदांक या क्रम प्रदान करता है। क्या एक सप्ताह तक इस खिलौने से खेलने के पश्चात् इस खिलौने का क्रम या पदांक नीचे चला जाएगा ?
   - जब विद्यार्थियों को विज्ञान एवं मानवीय अध्ययनों की पुस्तकों के लेखकों का लिंग बताया जाता है, तो क्या विद्यार्थी विज्ञान की पाठ्यपुस्तकों के लेखकों और मानवीय अध्ययनों की पाठ्यपुस्तकों के लेखकों को अलग अलग ढंग से पदांक प्रदान करेंगे ?
   - यौन भावना एवं आक्रामकता के दिखाए गए स्तर में अन्तर पाए जाने वाले 10 चलचित्रों का युवक एवं वृद्ध लोग किस प्रकार से पदांकन करेंगे ?

5. यहाँ एक बात यह ध्यान रखने की है कि पदांक या क्रम यह तो बताते हैं कि प्रयोज्यों में अन्तर है परन्तु एक प्रयोज्य का दूसरे प्रयोज्य से जो अन्तर होता है उसकी तादाद या मात्रा को यह नहीं बता पाते। इसलिए क्रमसूचक स्तर पर किये गये मापनों (जो वर्गीकृत तथा पदांकित श्रेणियों के रूप में होते हैं) के मध्य समान अन्तराल की विशेषता नहीं पाई जाती। आइए इसको एक कार्यकारी उदाहरण से स्पष्ट करते हैं।

एक अनुसंधानकर्त्ता अपने अनुसंधान अध्ययन के प्रतिभागियों को उनके सामाजिक आर्थिक स्तर के आधार पर श्रेणियों में बाँटना चाहता हैं जैसे – उच्च श्रेणी, उच्च मध्यम श्रेणी, मध्यम श्रेणी, निम्न मध्यम श्रेणी और निम्न श्रेणी और इस प्रयोजन के लिए वह नीचे दिये गए प्रारूप में एक प्रश्न पूछता है –

प्रश्न	अनुक्रिया प्रदान करने के लिए विकल्प	अनुक्रिया प्रदान करने के लिए कोड
आपके परिवार की वार्षिक आय क्या है ?	10 लाख से अधिक 5 से 10 लाख तक 2 से 5 लाख तक 1 से 2 लाख तक 1 लाख से कम	5 या A 4 या B 3 या C 2 या D 1 या E

यहाँ पर अनुसंधानकर्त्ता, कुछ परिवारों के सामाजिक आर्थिक स्तर के बारे में जानने के लिए यद्यपि अपने सर्वेक्षण अध्ययन में परिवारों की वार्षिक आय में पाए जाने वाले अन्तर का प्रतिनिधित्व करने वाली पाँच श्रेणियों के एक क्रम का प्रयोग कर रहा है फिर भी इस वर्गीकरण से वह यह नहीं बता पा रहा है कि इन पाँचों श्रेणियों के मध्य पाया जाने वाला अन्तर समान है या नहीं ? दूसरे शब्दों में उसका यह अभिप्राय नहीं है कि 5–4 का अन्तर और 4–3 का अन्तर समान है या 4–3 में जो अन्तर है वही 3—2 में है और तो 3—2 में है वही अन्तर 2—1 में है। (5—4 = 4—3 = 3—2 = 2—1) अधिक विशिष्ट रूप में यह कहा जा सकता है कि यहाँ पर नामित मापनी की श्रेणियों की पहचान करने के लिए केवल विकल्प प्रदान करने के लिए अंकों या संख्याओं का प्रयोग किया गया है (कोई व्यक्ति 1, 2, 3, 4 और 5 अंकों के स्थान पर इस कार्य के लिए A, B, C, D, E वर्णो का प्रयोग भी कर सकता है)। इन अंकों को गणितीय संक्रियाओं का विषय नहीं बनाया जा सकता है। जैसे– जोड़ना, घटाना, गुणा करना, भाग करना तथा सांख्यिकीय गणनाएँ जैसे–मध्यमान, मध्यांक, प्रमाणिक विचलन आदि गणना कार्य उस तरह से संभव नहीं हो पाता जिस तरह से अंतराल या अनुपात मापनी से प्राप्त प्रदत्तों के मामले में हो सकता है।

अन्तराल मापनी (Interval Scale)

मापन मापनी की क्रम शृंखला में अन्तराल मापनी, क्रमसूचक मापनी से एक कदम ऊपर होती है, परन्तु आनुपातिक मापनी के रूप से जानी जाने वाली एक अन्य मापन मापनी से यह एक कदम पीछे होती है। परिणामस्वरूप अन्तराल मापनी न केवल नामित और क्रमसूचक मापनी की सभी विशेषताओं एवं गुणों से ही युक्त होती हैं बल्कि उनसे एक कदम और आगे बढ़कर क्रमित घटनाओं के बीच विद्यमान समान अन्तराल की अवधारणा को भी अपने में समाहित करती दिखाई देती है। परिभाषा के रूप में, "अन्तराल मापनियाँ मापन की वे मापनियाँ हैं जिनमें वस्तुओं/घटनाओं के मध्य समान अन्तराल उनके मध्य विद्यमान समान अन्तर का प्रतिनिधित्व करता है।"

मॅकनेब (McNabb, 2008:117) के अनुसार, अन्तराल मापनी की योग्यता को प्रमाणित करने के लिए एक मापन को तीन परीक्षणों में सफलता प्राप्त करनी होती है। पहला, भिन्न भिन्न अंकों से अभिप्राय है कि भिन्न भिन्न वस्तुएँ, दूसरा मापन की गई वस्तुएँ किसी उचित आयाम पर पदांकित या क्रमित की जा सकती हैं, तीसरा, सबसे अधिक महत्त्वपूर्ण नियम है – मापनी पर पास पास के या सटे हुए स्तरों के मध्य अन्तर या तो समान होता है अथवा यह समान मान लिया जाता है।

व्यक्तित्व, अभिवृत्ति, उपलब्धि, योग्यता और समायोजन के मनोवैज्ञानिक परीक्षणों का प्रयोग करने वाले अनुसंधान, उन अध्ययनों के जिनमें विशेष रूप से अन्तराल मापनी का प्रयोग होता है, सामान्य उदाहरण हैं।

गुडविन (Goodwin, 2008:130) के अनुसार, "एक व्यक्ति जिसकी बुद्धिलब्धि I.Q. 120 है वह उस व्यक्ति जिसकी बुद्धिलब्धि 110 है, से ज्यादा बुद्धिमान माना जाएगा इसके आगे (एक अंतराल मापनी की यही मुख्य पहचान है) हम यह भी कह सकते हैं कि 120 और 110 बुद्धि लब्धि वाले व्यक्तियों की बुद्धि में अन्तर उतना ही होगा जितना 110 और 100 बुद्धि लब्धि वाले व्यक्तियों की बुद्धि में होगा।" यही बात दूसरे ठीक प्रकार से मानकीकृत और उचित मनोवैज्ञानिक, शैक्षणिक तथा निष्पत्ति परीक्षणों पर भी लागू होती है। एक मानकीकृत उपलब्धि परीक्षण (वस्तुनिष्ठ प्रकार के प्रश्नों के प्रयोग द्वारा) पर प्राप्त किए गए प्राप्तांकों के मध्य जो अन्तर है वह स्पष्ट रूप से समान रहता है जैसे कि हम यह अच्छी तरह कह सकते हैं कि 70 और 80 प्राप्तांकों के बीच अन्तर उतना ही है जितना 50 और 60 या 20 और 30 प्राप्तांकों के मध्य होता है।

अध्ययन की घटनाओं या प्रयोज्यों की अवलोकन तथा मापन की गई विशेषताओं को संख्यात्मक रूप प्रदान करने का कार्य व्यावहारिक विज्ञानों के अनुसंधान में मापनी के द्वारा आसानी से किया जा सकता है। अन्तराल मापनी से प्राप्त मापन परिणामों पर गणितीय तथा सांख्यिकीय संक्रियाएँ की जा सकती हैं। उन्हें जोड़ने, घटाने, गुणा करने, भाग करने, मध्यमान, प्रमाणिक विचलन, सहसम्बन्ध तथा अन्य सांख्यिकीय गणना करने और अपने शोध अध्ययन के प्रदत्तों का संकलन या विश्लेषण करने के लिए उसे जितने भी गणितीय और सांख्यिकीय संक्रियाओं की जरूरत है, वह सब इस मापनी की सहायता से उपलब्ध हो सकते हैं।

अन्तराल मापनियाँ, अनुपात मापनियों से इस बात में कम होती हैं कि उनमें अनुपात मापनी की तरह निरपेक्ष शून्य (Absolute zero) नहीं होता है। अन्तराल मापनियों में जीरो प्राप्तांक सिर्फ मापनी पर एक अलग बिन्दु होता है। इसका अर्थ यह नहीं होता कि इस बिन्दु पर मापी जा रही मात्रा कुछ भी नहीं है। अन्तराल मापन मापनी का सबसे अच्छा उदाहरण जिसमें कोई निरपेक्ष शून्य नहीं होता, तापक्रम मापन को कहा जा सकता है। इस प्रकार के मापन में जीरो डिग्री सेल्सियस या फारेनहाइट का मतलब ऊष्मा का न होना नहीं है। यह केवल मात्र मापनी पर एक बिन्दु है जो आपको अत्यधिक कड़कड़ाती ठंड है, यह बताता है। इसी तरह से अगर किसी संवेगात्मक बुद्धि परीक्षण में प्रयोज्यों के जीरो (0) से लेकर 20 तक प्राप्तांक है तो किसी प्रयोज्य द्वारा जीरो प्राप्तांक मापनी के निम्नतम बिन्दु का सूचक है और किसी भी तरह उसका यह अर्थ नहीं है कि उस प्रयोज्य विशेष में संवेगात्मक बुद्धि नाम की कोई बात नहीं है। इसी प्रकार से एक बहुविकल्प परीक्षण में किसी विद्यार्थी के जीरो प्राप्तांक से यह अर्थ नहीं लगाया जा सकता कि उसे उस विषय विशेष का किसी भी तरह का ज्ञान नहीं है। वैसे तो उसे इस विषय से सम्बन्धित साधारण तथ्यों, अवधारणाओं और परिभाषाओं का ज्ञान था पर संयोगवश परीक्षण का निर्माण ऐसे किया गया कि उसका उस स्तर पर निर्माण नहीं हुआ जिस स्तर पर विद्यार्थी को ज्ञान की उपलब्धि थी। फलस्वरूप इस परीक्षण में प्राप्त जीरो प्राप्तांक केवल मात्र यह बता सकते हैं कि उस परीक्षण में पूछे गए प्रश्नों के संदर्भ में विद्यार्थी कुछ नहीं जानता। पर इससे यह अर्थ नहीं लगाया जा सकता कि जिस विषय की परीक्षा ली गई है, उसकी विषयवस्तु में उसका ज्ञान शून्य है।

आनुपातिक मापनी (Ratio Scales)

मापन मापनियों की क्रम श्रृंखला में, आनुपातिक मापनी सर्वोच्च स्थान पर स्थित है। इस मापनी पर किया गया मापन न केवल नामित, क्रमसूचक और अन्तराल मापनी पर किए गए मापन की सभी विशेषताओं एवं सभी अच्छे गुणों से युक्त होता है बल्कि इसमें एक अनिश्चित विशिष्ट गुण – निरपेक्ष शून्य बिन्दु का होता है। यानी आनुपातिक प्राप्तांकों के संदर्भ में शून्य प्राप्तांक का मतलब यह होता है कि जिस गुण या विशेषता का मापन किया जा रहा है यहाँ उसकी पूरी तरह अनुपस्थिति है। उदाहरण के लिए "एक चक्करदार पहेली में चूहे द्वारा दौड़ने पर जीरो प्राप्तांक प्राप्त करने का मतलब यह है कि चूहे ने चक्कर लगाने में एक भी त्रुटि नहीं की। प्राकृतिक विज्ञानों में, जहाँ पर एकदम सही अनुपात, गुणकों तथा भिन्नों का मापन करने के लिए अध्ययनकर्त्ता

को वास्तविक जीरो की अवधारणा के प्रयोग की जरूरत होती है, आनुपातिक मापनी का प्रयोग करना आवश्यक होता है। आनुपातिक मापनी पर लिया गया एक माप, उसी मापनी पर लिए गए किसी दूसरे माप के गुणकों, भाजन, प्रतिशत और भिन्न के रूप में अभिव्यक्त किया जा सकता है। यही कारण है कि हम पूर्ण सच्चाई और औचित्य के साथ यह कह सकते हैं कि पाँच किलो भार पाँच बार एक किलो के बराबर है, 10 कि०मी० की दूरी एक यात्रा में की गई 20 कि०मी० की दूरी की आधी है, पढ़ने में लगाया गया 15 मिनट का समय लिखने के लिए जरूरी 5 मिनट के समय का तीन गुना है और दो रुपये का नोट एक रुपये के नोट का दोगुना है आदि आदि।

व्यावहारिक विज्ञानों में आनुपातिक मापनी का प्रयोग उन अध्ययनों तक सीमित होता है जहाँ अध्ययनकर्त्ता को अपने प्रदत्त संकलन के कार्य में भौतिक मापकों जैसे–ऊँचाई, वजन/भार, दूरी, समय, आयु, आमदनी और रुपये आदि को काम में लाना होता है। यह बात ध्यान देने की है कि केवल आनुपातिक मापनी के द्वारा ही हम दो मापकों के जोड़े के अनुपात की गणना कर सकते हैं। उदाहरण के लिए, इस प्रकार के कथन– "किसी व्यक्ति के पास दूसरे व्यक्ति के लिए जो कुछ मापा गया है उससे दुगना है।" यह बात तभी कही जा सकती है कि जिस चीज का मापन किया जा रहा है उसे आनुपातिक मापनी से मापा जा सकता हो।

इस प्रकार, व्यावहारिक विज्ञानों में अनुसंधानकर्त्ताओं की, अपने अध्ययन से सम्बन्धित वस्तुओं, व्यक्तियों या घटनाओं के गुणों का वांछित अवलोकन और मूल्यांकन करने के साथ प्रदत्तों का संकलन करने में सहायता करने के लिए ऊपर बताई गई मापन मापनियों में उनके अपने अनुपम गुण और विशेषताएँ पाई जाती हैं। अपने अपने अनुपम गुणों एवं प्रयोगात्मकता की दृष्टि से उपरोक्त चारों मापनियों में आपस में एक दूसरे से कितनी भिन्नता है इसे नीचे दी गई तालिका 17.1 में दिए गए संक्षिप्त वर्णन से अच्छी तरह समझा जा सकता है।

प्रदत्त संकलन की तकनीकें (Techniques of Data Collection)

एक अनुसंधानकर्त्ता को अपने अनुसंधान अध्ययन में उठाए गए प्रश्नों का उत्तर प्राप्त करने के लिए सूचनाओं और प्रमाणों (प्रदत्तों) का संकलन करने की आवश्यकता होती है। अध्ययन की वस्तुओं (व्यक्ति, वस्तुएँ, घटना या प्रक्रिया) से सम्बन्धित सूचनाएँ या प्रमाण सामान्यतः दो अलग अलग रूपों में पाए जाते हैं :

1. अध्ययन के प्रयोज्यों तथा उनके परिचित व्यक्तियों के साथ व्यक्तिगत साक्षात्कार और दस्तावेजों के विश्लेषण के द्वारा पहले से ज्ञात एवं भंडारित सूचना सामग्री की उपलब्धि।
2. अनुसंधान अध्ययन के प्रश्नों के उत्तर नई सूचनाओं या अज्ञात प्रदत्तों के रूप में।

तालिका 17.1 चार मापन मापनियों की विशेषताएँ और उदाहरण।

मापन मापनी (Measurement Scale)	उदाहरण (Examples)	मापनी की विशेषताएँ (Characteristics of the Scale)
नामित मापनी (Nominal Scale)	A. पेड़, घर, टेक्सी आदि B. लिंग – पुरुष/महिला C. अभिवृत्ति–पक्ष में/विपक्ष में D. राजनीतिक दल–कांग्रेस, भाजपा, समाजवादी पार्टी E. मनोवैज्ञानिक विकार–मनोविदलता, पैरानोइड, अति–अवसाद F. धर्म–हिंदू, मुस्लिम, ईसाई G. विद्यालय के प्रकार–सरकारी, सहायता प्राप्त, प्राइवेट विद्यालय	– प्रत्येक उपसमूह में एक गुण/विशेषता है जिसे उपसमूह के अंदर ही श्रेणीबद्ध किया गया है। – क्रम विहीन मापन सिर्फ इस बात का संकेत कि दो या अधिक वर्गीकरण अलग अलग हैं। – नामित प्रदत्त : सबसे कम शक्तिवान और केवल एक साधारण परीक्षण–"अलग अलग संख्याएँ अलग अलग चीजों का प्रतिनिधित्व करती है" से गुजरना होता है।

मापन मापनी (Measurement Scale)	उदाहरण (Examples)	मापनी की विशेषताएँ (Characteristics of the Scale)
क्रमसूचक या पदांक मापनी (Ordinal or Ranking Scale)	* आमदनी —औसत से ज्यादा —औसत —औसत से कम * सामाजिक आर्थिक स्तर— उच्च, मध्यम, निम्न * अभिवृत्ति— —पूर्णतः सहमत —सहमत —अनिश्चित —असहमत —पूर्णतः असहमत * अभिवृत्यात्मक मापनी (लिकर्ट मापनी)	– इसमें नामित मापनी की सभी विशेषताएँ होती हैं, जैसे उप—समूहों में विभाजित सभी सदस्य एक जैसी विशेषता रखते हैं। – इसके अतिरिक्त उपसमूह एक—दूसरे से सम्बन्धित रहते हैं। उन्हें चढ़ते हुए या उतरते हुए क्रम में व्यवस्थित किया जाता है। – क्रमयुक्त मापन—इससे मालूम पड़ता है कि मापन श्रेणियाँ अलग अलग हैं और उन्हें पदांकित किया जा सकता है। – नामित मापनी से अधिक सूचनाएँ प्रदान करती है इसलिए यहाँ एक से अधिक नियमों की अनुपालना होती है। इसे दो परीक्षणों से गुजरना होता है : (i) भिन्न भिन्न संख्या से अभिप्राय भिन्न भिन्न वस्तुएँ (ii) मापित चीजों को किसी आयाम विशेष में पदांकित या क्रमित किया जा सकता है।
अन्तराल मापनी (Interval scale)	* तापमान —डिग्री सेन्टीग्रेड —डिग्री फोरेनहाइट * एक मानकीकृत मापनी पर उपलब्धि परीक्षण * अभिवृत्यात्मक मापनी (थर्सटन मापनी)	– इसमें नामित मापनी व क्रमसूचक मापनी की विशेषताएँ होती हैं। – इसके अतिरिक्त इसमें मापन की एक ऐसी इकाई होती है जिसका प्रारंभिक और अंतिम बिंदु इच्छानुसार तय किया जा सकता है। – क्रमयुक्त मापन—इसमें क्रमसूचक मापन होता है और मापने में मापनी के ऊपर संख्यात्मक समान दूरी स्थापित की जाती है। – नामित और क्रमसूचक मापनियों की तुलना में अन्तराल मापनी को तीन परीक्षणों से गुजरना पड़ता है : (i) अलग अलग संख्याओं से अलग अलग वस्तुओं का प्रतिनिधित्व होता है। (ii) मापित वस्तुओं का किसी आयाम विशेष में पदांकन किया जा सकता है और (iii) मापनी पर पास पास वाले स्तरों के मध्य समान अंतराल होता है या समान मान लिया जाता है।
आनुपातिक मापनी (Ratio scale)	* ऊँचाई – सेंटीमीटर * आय – रुपये * आयु – वर्ष/महीने * वजन – किलोग्राम अभिवृत्यात्मक मापनी (गटमैन मापनी)	– इसमें नामित मापनी, क्रमसूचक मापनी तथा अंतराल मापनी के सभी गुण होते हैं। – इसमें एक समान इकाई के अतिरिक्त एक निरपेक्ष शून्य बिन्दु (प्रारंभिक बिन्दु) भी होता है।

एक अनुसंधानकर्त्ता को अपने अनुसंधान अध्ययन में उठाए गए प्रश्नों का उत्तर प्राप्त करने के लिए जरूरी सूचनाएँ तथा आवश्यक प्रदत्तों (चाहे वह पहले से ही उपस्थित हो या ज्ञात हो अथवा अज्ञात) को प्राप्त करने और संकलन करने हेतु किसी एक या दूसरे प्रकार की प्रदत्त संकलन तकनीकों या विधि का प्रयोग करना पड़ता है जिससे उसे अपने जरूरी प्रदत्त संकलन के कार्य में आवश्यक सहायता मिल सके। "अनुसंधान विधिशास्त्र की भाषा में, प्रदत्त संकलन की इन तकनीकों और विधियों को जो अनुसंधानकर्त्ता को अपने अनुसंधान प्रश्नों का उत्तर प्राप्त करने के लिए अध्ययन के प्रयोज्यों (व्यक्तियों, वस्तुओं, घटनाओं या प्रक्रियाओं) के बारे में व्यवस्थित रूप से सूचनाएँ तथा प्रमाण एकत्रित करने में सहायता करती हैं, प्रदत्त संकलन तकनीकें या विधियाँ कहा जाता है।"

प्रदत्त संकलन की इन तकनीकों के उदाहरण के रूप में हम निम्न तकनीकों का नाम ले सकते हैं :

- उपलब्ध सूचनाओं का प्रयोग करना (प्राथमिक स्रोत के रूप में)
- अवलोकन या प्रेक्षण करना।
- साक्षात्कार लेना।
- लिखित प्रश्नावली का प्रशासन करना।
- निर्धारण मापनियों का प्रयोग करना।
- उपलब्धि एवं मनोवैज्ञानिक परीक्षणों का प्रशासन करना।
- व्यक्तित्व एवं समायोजन परिसूचियों का प्रशासन करना।
- समाजमिति तकनीकों का प्रयोग करना।
- प्रक्षेपण तकनीकों का प्रयोग करना।

प्रदत्त संकलन के उपकरण (Tools of Data Collection)

ऊपर प्रदत्त संकलन की जिन तकनीकों या विधियों का उल्लेख किया गया है वे अनुसंधानकर्त्ता को अपने अनुसंधान अध्ययन के लिए जरूरी प्रदत्तों के संकलन कार्य में काफी सहायता करती हैं। परन्तु प्रदत्त संकलन की ये तकनीकें या विधियाँ अपने आप तब तक कार्य नहीं कर सकती हैं जब तक कि उन्हें कुछ उपकरणों या साधनों (जिन्हें अनुसंधान विधि तंत्र की भाषा में प्रदत्त संकलन के उपकरण के रूप में जाना जाता है) की सहायता प्रदान कर कार्यात्मक न बना दिया जाये।

प्रदत्त संकलन के लिए प्रयुक्त प्रत्येक तकनीक, युक्ति या विधि इस प्रकार से अपने कार्य को उचित रूप से सम्पन्न करने के लिए, कुछ विशेष उपकरणों या साधनों का प्रयोग करती हुई दिखाई देती हैं। कहने का तात्पर्य यह है कि प्रत्येक प्रदत्त संकलन तकनीक को काम में लाने के लिए किसी विशेष उपकरण या साधन की सहायता लेनी पड़ती है। इन तकनीकों एवं उससे सम्बन्धित साधनों एवं उपकरणों को तालिका 17.2 में दिखाया जा रहा है।

तालिका 17.2 प्रदत्त संकलन तकनीकें एवं उपकरण

प्रदत्त संकलन तकनीकें	प्रदत्त संकलन उपकरण
1. उपलब्ध सूचनाओं का प्रयोग करना	प्रलेखों या दस्तावेजों का विश्लेषण, चैकलिस्ट, प्रदत्त संकलन प्रपत्र।
2. अवलोकन करना	अवलोकन– सहभागी–असहभागी, ज्ञानेन्द्रियाँ, प्रेक्षित बातों को लिखना और नोट करना, घड़ी, मापनी, माइक्रोस्कोप, वीडियो और ऑडियों रिकार्डिंग।
3. साक्षात्कार करना	साक्षात्कार मार्गदर्शिका, चैक लिस्ट, प्रश्नावली, टेपरिकार्डर आदि।
4. लिखित प्रश्नावली का प्रशासन करना	प्रश्नावलियाँ

5. निर्धारण मापनी का प्रयोग करना	विभिन्न प्रकार की मापनियाँ — लिकर्ट मापनी, थर्सटन मापनी, गटमैन मापनी आदि।
6. उपलब्धि एवं मनोवैज्ञानिक परीक्षणों का प्रशासन करना	मानकीकृत उपलब्धि परीक्षण, मनोवैज्ञानिक परीक्षण, जैसे — बुद्धि परीक्षण, रुचि परीक्षण, अभिरुचि परीक्षण, अभिवृत्ति मापनी आदि।
7. व्यक्तित्व एवं समायोजन परिसूची का प्रशासन	व्यक्तित्व एवं समायोजन परीक्षण एवं अनुसूचियाँ।
8. समाजमितीय तकनीकों का प्रयोग	सोशियोग्राम (Sociograms), सामाजिक दूरी मापनी (Social distance scales)
9. प्रक्षेपण तकनीकों का प्रयोग	प्रक्षेपण परीक्षण जैसे — रोर्शा का स्याही का धब्बा परीक्षण, सी ए टी (C A T), टी ए टी (T A T) तथा शब्द साहचर्य परीक्षण आदि।

जैसा कि ऊपर दी गई तालिका से स्पष्ट होता है कि तकनीकों और उपकरणों नामक पदों के बीच जो अन्तर है वह केवल व्याकरण के क्रिया एवं संज्ञा अवधारणा का है या फिर प्रक्रिया और वह वस्तु जिसका प्रक्रियाकरण होता है, उनका है। यह अन्तर आभासीय है व्यावहारिक नहीं। व्यावहारिक रूप में दोनों पर्यायवाची रूप में अनुसंधानकर्त्ता को उसके अध्ययन हेतु उपलब्ध संसाधनों (व्यक्ति, वस्तु, घटना और प्रक्रिया) से सूचनाएँ एवं साक्ष्य प्राप्त करने की एक प्रक्रिया और साधन के रूप में काम में लाए जाते हैं। हमने भी यहाँ इस पाठ्य पुस्तक में उन्हें इकट्ठे और समानार्थी रूप में ही व्यावहारिक विज्ञानों के अध्ययन में प्रदत्त संकलन के कार्य में अपनी भूमिका निभाने के संदर्भ में ही प्रयुक्त किया है।

ऊपर बताए गए प्रदत्त संकलन के प्रत्येक उपकरण या तकनीक की, सूचना स्रोत से कुछ निश्चित प्रकार की सूचनाएँ या साक्ष्यों का संकलन करने में सहायता करने की, अपनी ही विशिष्ट विशेषताएँ होती हैं। एक अनुसंधानकर्त्ता को अपने आवश्यक प्रदत्तों का संकलन करने के कार्य में इन तकनीकों और उपकरणों की सहायता प्राप्त करने के लिए इनकी उपलब्धता, विकास एवं प्रयोग के बारे में पूर्ण जानकारी होना जरूरी है।

उपलब्ध दस्तावेजों और अभिलेखों (पहले से ही ज्ञात सूचनाओं का भंडार/खजाना) से आवश्यक सूचनाओं को प्राप्त करने में अनुसंधानकर्त्ताओं की सहायता करने वाले दस्तावेजों और अभिलेखों के विश्लेषण के योगदान के बारे में हम पहले ही इस पुस्तक के 12वें अध्याय में चर्चा कर चुके हैं। अब आगे के अध्यायों में हम कुछ प्रसिद्ध एवं ज्यादातर प्रयोग में आने वाले प्रदत्त संकलन उपकरणों और तकनीकों जैसे—प्रेक्षण, प्रश्नावली, साक्षात्कार, निर्धारण मापनी अभिवृत्ति मापनी, उपलब्धि परीक्षण, समाजमितीय तकनीकों, व्यक्तित्व एवं समायोजन परिसूचियों, प्रक्षेपण तकनीकों और शब्दार्थ विभेदीकरण तकनीकों के बारे में विस्तार में चर्चा करने जा रहे हैं।

18

प्रदत्त संकलन उपकरण–प्रेक्षण

[Data Collection Tools—Observation]

विषय प्रवेश (Introduction)

एक अनुसंधानकर्त्ता को अपने शोध कार्य से सम्बन्धित प्रश्नों का उत्तर प्राप्त करने के लिए उपलब्ध स्रोतों से आवश्यक सूचनाएँ, अथवा प्रमाण एकत्रित करने होते हैं। इस कार्य हेतु वह विविध प्रकार के ऐसे सभी उपकरणों या तकनीकों को प्रयोग में लाता है जिनकी चर्चा हम पिछले अध्याय में कर चुके हैं। इनमें से प्रेक्षण एक ऐसे उपकरण या तकनीक का प्रतिनिधित्व करता है जिसमें शोधकर्त्ता द्वारा अपनी ज्ञानेन्द्रियों का प्रयोग करते हुए उपलब्ध स्रोतों में निहित काफी उपयुक्त एवं जीवंत सूचनाओं एवं प्रमाणों का संग्रह किया जाता है। अपने प्रेक्षण कार्य में एक शोधकर्त्ता द्वारा विभिन्न प्रकार की तकनीकों एवं उपकरणों की सहायता लेकर हर संभव यह प्रयास किया जाता है कि उसका यह प्रेक्षण कार्य अधिक से अधिक स्वाभाविक एवं वैज्ञानिक बना रहे। शोधकर्त्ता द्वारा प्रयोग में लाई जाने वाली यह तकनीक अपने आप में क्या है ? इसे किसी अनुसंधानात्मक अध्ययन के प्रदत्तों के संकलन हेतु कैसे काम में लाया जाता है तथा प्रदत्तों के संकलन उपकरण के रूप में इसकी क्या अच्छाइयाँ और सीमाएँ हैं ? प्रस्तुत अध्याय में हम इन सभी प्रश्नों के उत्तर प्राप्त करना चाहेंगे।

प्रेक्षण–अर्थ एवं परिभाषायें (Observation—Meaning and Definitions)

प्रेक्षण एक प्रक्रिया और उसके परिणाम के रूप में शोधकर्त्ता को अपने शोध से सम्बन्धित प्रश्नों के उत्तर प्राप्त करने हेतु उपयोगी सूचनाओं एवं प्रदत्तों के संकलन में महत्त्वपूर्ण मदद कर सकता है। दूसरों पर निर्भर रहने की बजाय यहाँ शोधकर्त्ता को जो कुछ भी चाहिए वह उसे स्वयं अपनी ज्ञानेन्द्रियों के द्वारा अपने प्राकृतिक एवं सामाजिक परिवेश में निहित वस्तुओं, क्रियाओं और घटनाओं के स्वाभाविक अथवा नियंत्रित प्रेक्षण द्वारा आसानी से प्राप्त हो सकता है।

अपने स्वयं के प्रेक्षण के द्वारा प्रदत्तों के संकलन की यह तकनीक या प्रविधि क्या है, इसके अर्थ एवं प्रकृति को स्पष्ट करने हेतु विभिन्न विद्वानों ने अपने अपने शब्दों में इसे परिभाषित करने के प्रयत्न किए हैं। इनमें से कुछ प्रमुख की चर्चा हम नीचे कर रहे हैं :

1. **पी०वी० यंग :** "प्रेक्षण नेत्रों के माध्यम से किया गया स्वाभाविक घटनाओं के सम्बन्ध में एक ऐसा क्रमबद्ध तथा विचारपूर्ण अध्ययन है जो कि उनके घटित होने के समय पर किया जाता है। प्रेक्षण का

उद्देश्य जटिल सामाजिक घटनाओं, संस्कृति के प्रतिरूपों अथवा मानव व्यवहार के अन्तर्गत सार्थक अन्तःसम्बन्धित तत्त्वों के स्वरूप तथा विस्तार को ज्ञात करना होता है।"

(Observation is a systematic and deliberate study through the eyes of spontaneous occurences at the time they occure. The purpose of the observation is to perceive the nature and extent of significant interrelated elements within complex social phenomena, cultural patterns or human conduct. — Young P.V., 1956:154)

2. **एस०पी० सुखिया :** अनुसंधान के लिए एक उपकरण के रूप में प्रयुक्त प्रेक्षण का सम्बन्ध नियंत्रित अथवा अनियंत्रित उचित परिस्थितियों में व्यक्तियों के बाह्य व्यवहार के प्रेक्षण से है। नियमानुसार इसका सम्बन्ध ना तो व्यक्ति द्वारा कागज पर जो लिखा जाता है, उससे होता है और ना ही साक्षात्कार के समय वह जो कुछ कहता है उससे होता है बल्कि अपने सम्पूर्ण रूप में उस सब से होता है जो शोधकर्त्ता द्वारा स्वयं देखा, सुना और अंकित किया जाता है।

   (Observation as a tool of research deals with the external behaviour of persons in appropriate situations controlled or uncontrolled. It is concerned, as a rule, with neither what a respondent places on paper, nor what he says in an interview but invariably with what is actually observed and noted by the researcher himself. — Sukhia, S.P. et al., 1968:126)

3. **रॉब्सन :** प्रेक्षण तकनीक अपने आप में एक अनूठी तकनीक है क्योंकि यह हमें वास्तविक रूप से यह परखने का मौका देती है कि व्यक्ति की कथनी और करनी में क्या अन्तर होता है ?

   (Observation technique is unique in the sense that it provides a reality check against what people do from what they say they do? —Robson, 2002:310)

4. **रणजीत कुमार :** "प्रेक्षण प्रदत्त अथवा आँकड़ों के संकलन हेतु काम में लाए जाने वाली एक विधि अथवा तरीका है। किसी भी अंतःक्रिया और घटना विशेष जैसा कि वह अपने आप में वास्तविक रूप से घटित हो रही होती है, उसे देखने और सुनने का यह एक उद्देश्यपूर्ण, व्यवस्थित एवं चयनात्मक तरीका है।"

   (Observation is one way to collect primary data. It is a purposeful, systematic and selective way of watching and listening to an interaction or phenomenon as it takes place. — Kumar, Ranjit. 2005:119)

5. **टेलर :** "प्रेक्षण के द्वारा ऐसी परिस्थितियों में व्यक्तियों के व्यवहार को समझने और निष्कर्ष निकालने के सुअवसर प्राप्त होते हैं, जहाँ वे शोधकर्त्ता द्वारा मांगी गई जानकारी को प्रदान करने में अनिच्छुक हों अथवा ऐसा करने में असमर्थ हों।"

   (Observation provides an opportunity for understanding and for inferences, especially in cases where respondents are unwilling or unable to provide information needed by the researcher. — Taylor, et al., 2006:101)

प्रेक्षण : प्रदत्त संकलन के लिए प्रयुक्त किया जाने वाला एक ऐसा उपकरण – जिससे नियंत्रित अथवा स्वाभाविक परिस्थितियों में देखकर और सुनकर जो कुछ भी घटित हो रहा है उसके बारे में प्राथमिक और जीवन्त आँकड़ों का संग्रह किया जा सके।

प्रेक्षण तकनीक की विशेषताएँ एवं कार्य
(The Features and Functions of the Technique of Observation)

प्रदत्तों का संग्रह करने के एक उपकरण एवं जाँच कार्य की एक विधि के रूप में प्रेक्षण के बारे में विद्वानों ने ऊपर जो विचार व्यक्त किए हैं उनकी सहायता से हम प्रेक्षण के अर्थ, प्रकृति एवं कार्यों के सम्बन्ध में निम्न निष्कर्ष निकाल सकते हैं :

1. शोधकर्त्ता या अन्वेषक के द्वारा की जाने वाली जाँच पड़ताल या अन्वेषण प्रक्रिया में प्रेक्षण सबसे ज्यादा उपयुक्त एवं स्वाभाविक प्रविधि के रूप में कार्य करता है।
2. अन्वेषण से सम्बन्धित वस्तुओं, घटनाओं या व्यक्तियों के बारे में दूसरों के द्वारा देखी गई या कही हुई बातों पर विश्वास करने के बजाय अन्वेषणकर्त्ता या शोधकर्त्ता प्रेक्षण में अन्वेषित वस्तु या घटना आदि को स्वयं देखने, अनुभव करने और उसका अर्थ निकालने के लिए अपनी स्वयं की ज्ञानेन्द्रियों का प्रयोग करता है। दूसरे शब्दों में, प्रेक्षण तकनीक का प्रयोग शोधकर्त्ता को प्रदत्त संकलन स्रोत से प्राथमिक सूचना प्राप्त करने का अनूठा अवसर प्रदान करता है।
3. प्रदत्त संग्रह या अन्वेषण की एक प्रविधि के रूप में प्रेक्षण तकनीक का प्रयोग विभिन्न प्रकार के व्यावहारिक विज्ञान सम्बन्धी शोधों जैसे प्रायोगिक और अर्ध–प्रायोगिक, विवरणात्मक और सर्वेक्षणात्मक, व्यक्तिगत और समूह अध्ययन, गुणात्मक और संख्यात्मक अनुसंधान आदि में किया जाता है।
4. प्रेक्षण तकनीक के द्वारा शोधकर्त्ता वस्तुओं और घटनाओं को प्राकृतिक, सामाजिक एवं सांस्कृतिक वातावरण में घटित होते हुए देखने के अवसर प्राप्त करता है जिससे वह सजीव एवं जीवंत घटित होती हुई सूचनाओं का संकलन कर पाता है।
5. इसके प्रयोग से शोधकर्त्ता अपने अध्ययन की माँग के अनुसार दोनों ही प्रकार की परिस्थितियों में आंकड़ों का संग्रह कर सकता है। वह चाहे तो पूरी तरह से नियंत्रित परिस्थिति में प्रेक्षण कर सकता है या फिर वस्तुओं, घटनाओं या व्यवहार का प्रेक्षण एकदम स्वाभाविक और अनियंत्रित परिस्थितियों में भी कर सकता है।
6. जिस तरह अन्तर्दर्शन विधि का प्रयोग, प्रयोज्य के मस्तिष्क में क्या चल रहा है इस बात की जानकारी प्राप्त करने के लिए किया जाता है उसी तरह प्रेक्षण प्रविधि का प्रयोग उचित रूप से नियंत्रित या अनियंत्रित परिस्थितियों में व्यक्ति के बाह्य व्यवहार की जानकारी प्राप्त करने के लिए किया जाता है।
7. नियमानुसार प्रेक्षण का सम्बन्ध व्यक्ति द्वारा कागज पर जो लिखा जा रहा है, ना तो उससे होता है और ना ही साक्षात्कार के समय वह जो कुछ कहता है, उससे होता है बल्कि अपने सम्पूर्ण रूप में उस सबसे होता है जो शोधकर्त्ता द्वारा स्वयं प्रेक्षण नोट्स, अंकन अनुसूची, निर्धारण प्रपत्र, अभिलेखन प्रविधियों आदि के द्वारा देखा, सुना और अंकित किया गया है।
8. शोधकर्त्ता द्वारा अपने शोध से सम्बन्धित प्रदत्तों के संकलन के लिए नियोजित की गई प्रेक्षणात्मक परिस्थिति में जो भी कुछ प्रेक्षण किया जाता है, यह उस सबका व्यवस्थित अभिलेखन करने की प्रक्रिया है। इसमें प्रयोज्य से किसी प्रकार के विशिष्ट प्रश्न पूछना जरूरी नहीं होता है।
9. प्रदत्तों का संकलन करने की ऐसी परिस्थिति, जबकि प्रयोज्य शोधकर्त्ता के लिए जरूरी सूचनाओं को प्रदान करने में अनिच्छुक या अयोग्य हों, तब भी प्रेक्षण तकनीक बहुत उपयोगी सिद्ध होती है। उदाहरण के लिए, एक ऐसी परिस्थिति – जबकि प्रयोज्य अन्तर्क्रिया में इतने तल्लीन हों कि इसके बारे में वस्तुनिष्ठ सूचनाएँ प्रदान करने में असमर्थ हों। इस प्रकार की परिस्थिति में व्यक्तियों (प्रयोज्य) से वांछित सूचनाएँ संग्रहीत करने के लिए प्रेक्षण एक सर्वोत्तम उपागम है।
10. प्रश्नावली या साक्षात्कार तकनीक के प्रयोग की तुलना में प्रेक्षण तकनीक द्वारा संकलित किए गए आँकड़े ज्यादा विश्वसनीय और वैध होते हैं। व्यक्तियों के व्यवहार और वातावरण में बहुत सी बातें ऐसी होती हैं जिन्हें केवल प्रेक्षण तकनीक द्वारा ही जाना जा सकता है।

इस प्रकार से, प्रेक्षण एक ऐसी अनुसंधान विधि अथवा प्रदत्तों के संकलन उपकरण के रूप में परिभाषित किया जा सकता है जिसके माध्यम से शोधकर्त्ता को ऐसा विशिष्ट अवसर प्राप्त हो सके कि वह अपनी अनुसंधानात्मक समस्या के संदर्भ में अपनी प्रेक्षण इन्द्रियों का प्रयोग करते हुए स्वाभाविक अथवा नियन्त्रित वातावरणीय परिस्थितियों में निहित उपलब्ध स्रोतों से उपयुक्त सूचना एवं प्रदत्तों का संग्रह करने में सक्षम सिद्ध हो सके।

व्यावहारिक विज्ञान अध्ययन में प्रदत्त संकलन उपकरण या प्रविधि के रूप में प्रेक्षण के उपयोग के उदाहरण

- समूह या भीड़ के व्यवहार के रूप में एक प्रयोज्य के व्यवहार बनाम समूह व्यवहार परिस्थिति से अलग उसके व्यक्तिगत व्यवहार का प्रेक्षण करना।
- एक खुदरा दुकान से एक नए उत्पाद को खरीदते समय एक ग्राहक के व्यवहार का प्रेक्षण करना।
- समूह खेल में भाग लेते समय बच्चों के व्यवहार का प्रेक्षण करना।
- संस्था द्वारा आयोजित एक सामाजिक या सांस्कृतिक समारोह में विद्यार्थियों द्वारा प्रदर्शित व्यवहार का प्रेक्षण करना।
- कर्मचारियों या स्टाफ मीटिंग में अधिकारियों द्वारा किसी विशेष नियम या कार्यनीति की घोषणा होने पर कर्मचारियों या अध्यापकों की त्वरित प्रतिक्रिया का प्रेक्षण करना।
- भिन्न भिन्न परिस्थितियों या वातावरणीय दशाओं में एक बच्चे के आक्रामक व्यवहार की घटनाओं का प्रेक्षण करना।
- किसी विशेष सामाजिक या सांस्कृतिक व्यवस्था में बच्चे के पालन पोषण के तरीके का प्रेक्षण करना।
- ग्रामीण/नागरिक व्यवस्था से सम्बन्धित माता पिता का बालिकाओं के प्रति दृष्टिकोण एवं प्रतिक्रिया का प्रेक्षण करना।
- कक्षाकक्ष अन्तःक्रिया के तरीकों का प्रेक्षण करना।
- एक उत्पाद के विज्ञापन या बिक्री के लिए अपनाए गए तरीकों का प्रेक्षण करना।

प्रेक्षण के प्रकार (Types or Kinds of Observation)

शोध योजनाओं को क्रियान्वित करते समय शोधकर्त्ताओं द्वारा प्रदत्तों का संकलन करने के एक उपकरण या प्रविधि के रूप में प्रेक्षण को विभिन्न प्रकार से प्रयोग में लाया जाता है। प्रेक्षण के इन रूपों या प्रकारों को निम्न प्रकार से वर्गीकृत किया जा सकता है :

A. सहभागी और असहभागी प्रेक्षण
B. संरचित और असंरचित प्रेक्षण
C. नियंत्रित और अनियंत्रित प्रेक्षण
D. व्यक्तिगत और सामूहिक प्रेक्षण

आइए, अब हम इन सबके बारे में एक एक कर जानने का प्रयास करते हैं :

A. सहभागी और असहभागी प्रेक्षण (Participant and Non-participant Observation)

प्रेक्षण का यह वर्गीकरण, प्रेक्षण की प्रक्रिया में शोधकर्त्ता या प्रेक्षक द्वारा सहभागी या असहभागी के रूप में निभायी गई भूमिका पर आधारित है। गोल्ड (Gold, 1958) ने प्रेक्षण में शोधकर्त्ता की भूमिका को तीन ऐसी श्रेणियों में विभक्त किया है जिसमें एक छोर पर उसकी भूमिका पूर्ण भागीदार के रूप में होती है और दूसरे छोर पर वह

किसी प्रकार की भागीदारी नहीं निभाता, बीच में उसकी भागीदारी की वह स्थिति होती है जिसमें वह परिस्थिति अनुसार भागीदारी निभाने या न निभाने सम्बन्धी क्रियायें करता हुआ दिखाई देता है।

आइए इन तीनों प्रकार के प्रेक्षणों के बारे में ठीक तरह से सोचा जाए।

1. **पूर्ण सहभागी प्रेक्षण** में शोधकर्त्ता अपने आप को उस समूह विशेष में पूरी तरह ऐसे घुला मिला लेता है जैसे वह उन्हीं में से एक हो। वह ऐसा इसलिए करता है कि वह उनका विश्वास जीत कर उनके द्वारा किए जाने वाले सभी व्यवहारों एवं गतिविधियों का अच्छी तरह प्रेक्षण कर सके। समूह का स्वाभाविक एवं सहज व्यवहार तभी तक घटित रह सकता है जब तक कि उन्हें यह पता न चले कि कोई बाहरी या अजनबी व्यक्ति उनके क्रियाकलापों का प्रेक्षण कर रहा है। इसलिए इस प्रकार के प्रेक्षण में शोधकर्त्ता को बहुत ही सजग रहकर ऐसी दोहरी भूमिका निभानी पड़ती है कि वह एक ओर तो समूह की गतिविधियों में सक्रिय रूप से ऐसी भागीदारी निभाता रहे जैसा कि अपने स्वाभाविक रूप में दूसरे सदस्य निभा रहे हैं और दूसरी ओर अपने मुख्य उद्देश्य यानी प्रेक्षण कार्य को भी ठीक प्रकार संपादित करता रहे। इस प्रकार की आँख मिचौनी का खेल सहज बात नहीं। इसमें एक बड़ा खतरा यही होता है कि कहीं उसकी उपस्थिति का अंदाज समूह के सदस्यों को ना हो जाए। ऐसा होने पर उसे समूह के कोपभाजन का शिकार भी बनना पड़ सकता है और फिर उनके व्यवहार में भी कृत्रिमता आने लग जाती है। जब ऐसा होता है तो परिणामस्वरूप प्रेक्षण का वास्तविक उद्देश्य वहाँ पूरा नहीं हो पाता।
2. **पूर्णरूप से असहभागी प्रेक्षण** में शोधकर्त्ता के द्वारा मात्र प्रेक्षण कार्य किया जाता है और वह किसी भी रूप में यह दिखाने की कोशिश नहीं करता कि वह समूह विशेष का सदस्य है। उसका कार्य तो केवल घटित व्यवहार और क्रियाओं का प्रेक्षण करना ही होता है। हाँ, यह अवश्य है कि वह इस प्रकार के प्रेक्षण के लिए परिस्थिति अनुसार निम्न दो प्रकार की भूमिका निभा सकता है :
   (i) पहले प्रकार की भूमिका में वह अपनी उपस्थिति का उन लोगों को आभास नहीं होने देता जिनके व्यवहार का वह निरीक्षण कर रहा है यह प्रेक्षण पूरी तरह गोपनीय होता है और इसके लिए शोधकर्त्ता अपने आपको ऐसी स्थिति में रखता है जिसमें वह स्वयं तो भलीभाँति प्रेक्षण कर ले परन्तु जिनके व्यवहार का प्रेक्षण किया जा रहा है उन्हें इसका कुछ भी पता न चले। प्रेक्षणकर्त्ता द्वारा इस कार्य हेतु गुप्त कैमरों, टेपरिकार्डर, एक तरफा दिखाई देने वाले शीशे या उपग्रह सेवाओं आदि का उपयोग किया जा सकता है।
   (ii) दूसरे प्रकार की भूमिका में शोधकर्त्ता अपनी उपस्थिति को छिपाता नहीं है। जिनके व्यवहार और गतिविधियों का प्रेक्षण किया जा रहा है और उन्हें यह भलीभाँति मालूम होता है कि प्रेक्षण विशेष के द्वारा उनके व्यवहार का निरीक्षण और निगरानी की जा रही है। इस प्रकार के प्रेक्षण के उदाहरण के रूप में, हम प्रशिक्षकों के द्वारा किसी भी खिलाड़ी दल को उसके मैदान पर खेलते हुए निरीक्षण करते हुये देख सकते हैं। इसी प्रकार शिक्षण अभ्यास के दौरान शिक्षक प्रशिक्षकों द्वारा जब छात्र अध्यापकों के व्यवहार का प्रेक्षण किया जाता है तो ऐसा प्रेक्षण भी इस प्रकार के असहभागी प्रेक्षण में आता है।
3. **अर्द्धसहभागी प्रेक्षण** सहभागी एवं असहभागी प्रेक्षण के बीच की स्थिति को प्रकट करता है। इसमें प्रेक्षक एक ओर तो समूह के सदस्यों के साथ घुलने मिलने का प्रयत्न करता है, उनकी गतिविधियों में भाग लेता है, उन्हीं की तरह व्यवहार करता है और दूसरी ओर वह अपने आपको इस तरह रखता है कि समूह के सदस्य यह जानते हैं कि वह उनके समूह का सदस्य नहीं है तथा वह उनके व्यवहार एवं रहने

के तरीकों को जानने के लिए उनका निरीक्षण करने के लिए ही वहाँ है। इस प्रकार से ना तो समूह के सदस्य अर्थात् प्रयोज्य और ना ही प्रेक्षक एक दूसरे की मर्जी से अपरिचित रहते हैं। दोनों ही अपने अलग अलग क्षेत्रों एवं गतिविधियों में संलग्न रहते हुए, एक दूसरे को पूरी तरह जानते हुए अपने अपने लक्ष्य की प्राप्ति में लगे रहते हैं। निरीक्षण किए जाने वाले समूह की गतिविधियों में भाग लेते हुए प्रेक्षक एक समुचित संतुलन बनाए रखने का प्रयास करता है। सामान्यतः वह उन गतिविधियों में भाग लेता है जो बहुत ज्यादा संवेदनशील, भावात्मक और संस्कृति विशेष से जुड़ी हुई न हों। समूह के व्यवहार एवं गतिविधियों का प्रेक्षण करते हुए वह इस बात का ध्यान रखता है कि उसके प्रेक्षण से समूह को कोई परेशानी न हो या उसके द्वारा उनकी गतिविधियों के संपादन में बाधा न आये।

इस प्रकार से अर्ध सहभागी प्रेक्षण पूर्ण सहभागी और पूर्ण असहभागी प्रेक्षण के बीच की स्थिति प्रस्तुत करता है। जैसे–इस प्रकार का प्रेक्षण करते हुए एक कोच (खेल मार्गदर्शक) खेल की टीम के साथ बीच बीच में खेलते हुए खिलाड़ियों के व्यवहार और क्रियाकलापों का (व्यक्तिगत रूप से तथा टीम के सदस्य के रूप में) निरीक्षण तथा प्रेक्षण करने के अपने उत्तरदायित्व को सावधानी के साथ निभाता रहे।

B. संरचित और असंरचित प्रेक्षण (Structured and Non-structured Observation)

वर्गीकरण के इस द्वितीय प्रारूप के आधार पर प्रेक्षण का वर्गीकरण दो भिन्न श्रेणियों में किया गया है – संरचित एवं असंरचित प्रेक्षण।

1. **संरचित प्रेक्षण** जैसा कि नाम से ही संकेत मिलता है कि यह प्रेक्षण का ऐसा स्वरूप है जो पूरी तरह संरचित होता है, अर्थात् – किसी घटना, वस्तु या व्यवहार का प्रेक्षण करने के लिए इसमें एक निश्चित दिशा या संरचना प्रदान की जाती है। इस प्रेक्षण की मुख्य विशेषताएँ एवं उद्देश्यों को संक्षेप में निम्न प्रकार से व्यक्त किया जा सकता है :
   - इस प्रकार के प्रेक्षण में प्रेक्षणकर्त्ता की सम्पूर्ण प्रेक्षण प्रक्रिया व्यवस्थित एवं क्रमबद्ध होती है। इसमें प्रेक्षण का कार्य तथा प्रदत्तों का अभिलेखन एकदम से संरचित एवं प्रमाणीकृत होता है। दूसरे शब्दों में इस प्रकार के प्रेक्षण में किन बातों का प्रेक्षण करना है, किस प्रकार से प्रेक्षण करना है और क्या क्या रिकार्ड करना है, यह सब पूर्व निर्धारित एवं नियंत्रित होता है।
   - इसमें प्रेक्षणकर्त्ता को प्रेक्षित घटनाओं या वस्तुओं के तथ्यों, अवयवों, व्यवहारों आदि को नोट करने के लिए सुनियोजित एवं सुनिश्चित उपकरणों या साधनों जैसे–प्रेक्षण अनुसूची, चैकलिस्ट, निर्धारण मापनी आदि का प्रयोग करना पड़ता है।
   - इस प्रकार के प्रेक्षण में प्रेक्षक की भूमिका एक निष्क्रिय श्रोता या दर्शक की होती है जो अपनी तरफ से बिना कुछ जोड़े या घटाए, जो कुछ यथार्थ में घटित हो रहा है, उसका यान्त्रिक रूप से प्रेक्षण एवं अभिलेखन करता रहता है।

   आइए देखते हैं कि प्रेक्षक अपने स्वयं के द्वारा प्रेक्षित घटनाओं या वस्तुओं का प्रेक्षण एवं अभिलेखन करने के लिए प्रेक्षण अनुसूची, चैकलिस्ट तथा निर्धारण मापनी का प्रयोग कैसे करता है।

   (a) यहाँ सर्वप्रथम हम प्रेक्षण अनुसूची के प्रयोग को लेते हैं। कोहेन (Cohen, et al., 2007:399) ने 20 मिनट के कालांश में एक कक्षाकक्ष अन्तःक्रिया के निरीक्षण के दृष्टान्त द्वारा इसे स्पष्ट करने का प्रयास किया है। इसमें ऊपर की सात श्रेणियाँ बताती हैं कि कौन किसके साथ बातचीत कर रहा है और नीचे की चार श्रेणियाँ वार्तालाप की प्रकृति की ओर संकेत करती हैं।

तालिका 18.1 कक्षाकक्ष अन्तःक्रिया के प्रेक्षण हेतु उपयोग में लाए जाने वाली एक संरचित प्रेक्षण अनुसूची।

विद्यार्थी का विद्यार्थी के साथ	/	/	/	/																
विद्यार्थी का विद्यार्थियों के साथ					/	/														
विद्यार्थी का अध्यापक के साथ												/	/	/	/					
विद्यार्थियों का अध्यापक के साथ							/	/	/	/	/									
अध्यापक का विद्यार्थी के साथ																/	/			
अध्यापक का विद्यार्थियों के साथ																		/	/	
विद्यार्थी का स्वयं के साथ																				
नवीन कार्य का संपादन					√	√						√	√	√	√	√	√	√	√	√
पुराने अपूर्ण कार्य का संपादन							√	√	√	√	√									
भावी कार्य की तैयारी																				
कोई कार्य न करना	√	√	√	√																

नोट : (i) / = वार्तालाप में संलग्न विद्यार्थी एवं अध्यापक,

(ii) √ = वार्तालाप की प्रकृति।

(b) **चैकलिस्ट** एक ऐसी अच्छी तरह तैयार की गई सूची है जिसमें वस्तु, घटना या प्रक्रिया की विशेषताओं को दर्शाया जाता है। अपने शोध अध्ययन की माँग या जरूरत के अनुसार शोधकर्त्ता इस सूची में दी गई प्रक्रिया, वस्तु या घटना की विशेषताओं की उपस्थिति या अनुपस्थिति को चैक करता है। अपने इस स्वरूप में चैकलिस्ट इस प्रकार से एक ऐसी प्रश्नावली का प्रतिनिधित्व करती है जिसमें प्रश्नों के स्थान पर श्रेणियाँ अथवा विशेषताओं की एक सूची दी हुई होती है जिनमें यथास्थान निशान लगाकर प्रेक्षणकर्त्ता यह बताने की कोशिश करता है कि निरीक्षित की गई वस्तु, व्यक्ति या घटना की क्या विशेषताएँ हैं।

सामान्यतः शोधकर्त्ताओं द्वारा दो प्रकार की चैक लिस्ट (जिनसे अपेक्षाकृत स्थिर अथवा क्रियात्मक व्यवहार का निरीक्षण किया जा सकता है) प्रयोग में लाई जाती हैं। स्थिर व्यवहार के निरीक्षण हेतु प्रयोग में लाई जाने वाली चैकलिस्ट वे होती हैं जिनमें व्यक्ति, वस्तु या घटना विशेष की उन विशेषताओं का अभिलेखन किया जाता है जिनका प्रेक्षण सत्र के दौरान परिवर्तित होने की संभावना नहीं होती है। इस प्रकार की चैकलिस्ट के द्वारा जिन व्यवहारों और गतिविधियों का निरीक्षण किया जाता है उनमें निम्न प्रकार की श्रेणियों में चिह्न लगाने के लिए कहा जा सकता है, जैसे :

(i) प्रयोज्य स्त्री है या पुरुष
(ii) शिक्षित है या अशिक्षित
(iii) ग्रामीण है अथवा शहरी
(iv) दी हुई विभिन्न आय श्रेणियों में से किससे सम्बन्धित है
(v) दी हुई व्यावसायिक योग्यता अथवा अनुभव श्रेणियों में से किससे सम्बन्धित है।

दूसरे प्रकार की चैकलिस्ट उन व्यवहार क्रियाओं के निरीक्षण हेतु काम में लाई जाती हैं जिनमें समय के साथ साथ बदलाव आते रहते हैं। यहाँ प्रेक्षक विशेष से यह अपेक्षा की जाती है कि वह चैकलिस्ट का प्रयोग कर यह रिकार्ड करने का प्रयत्न करे कि किसी विशेष समयावधि में कोई विशेष व्यवहार अथवा घटना कितनी बार घटित हुई है। इस तरह की चैकलिस्ट के प्रयोग से यह जाना जा सकता है कि किसी समस्यात्मक बालक द्वारा किसी कक्षा विशेष के किसी कालांश में कितनी बार शरारती अथवा अनुचित व्यवहार का प्रदर्शन किया गया है। इसी प्रकार एक हॉकी प्रशिक्षक को इस चैकलिस्ट का प्रयोग करके यह जानने में मदद मिल सकती है कि खिलाड़ियों में से किस किस खिलाड़ी ने किस किस प्रकार की गलतियाँ खेलने के दौरान की हैं।

(c) प्रेक्षण कार्य में प्रदत्तों का संग्रह करने और रिकार्ड तैयार करने के लिए तीसरा उपयोगी साधन है निर्धारण मापनी। इसमें प्रेक्षणकर्त्ता वस्तुओं, व्यक्तियों, घटनाओं और प्रक्रियाओं की निरीक्षित की गई विशेषताओं को श्रेणियों में रखता है अथवा तीन, पाँच या सात बिन्दु मापनी पर उनका निर्धारण करता है।

उदाहरण 1 : अध्यापक व्यवहार के विभिन्न पक्षों का निरीक्षण करने और अभिलेखन करने के लिए प्रेक्षक शब्दार्थ विभेदक (Semantic differential) मापनी की सहायता ले सकता है।

	1	2	3	4	5	
सहयोगी	–	–	–	–	–	असहयोगी
पूर्ण रूप से तैयार	–	–	–	–	–	तैयारी रहित
स्नेही	–	–	–	–	–	मात्र व्यवसायी
अन्तः क्रियात्मक	–	–	–	–	–	अन्तःक्रिया शून्य

उदाहरण 2 : शोधकर्त्ता प्रेक्षक एक सामूहिक गतिविधि में विद्यार्थियों के निरीक्षित व्यवहार का निर्धारण करने के लिए पाँच बिन्दु मापनी की सहायता ले सकता है।

1 = बिल्कुल नहीं, 2 = बहुत कम, 3 = कम, 4 = ज्यादा, 5 = बहुत ज्यादा

प्रेक्षण किया जाने वाला व्यवहार	1	2	3	4	5
छात्र क्रियाओं में भाग लेता है					
छात्र नेतृत्व गुणों को प्रदर्शित करता है					
छात्र कक्षा से भाग जाने की कोशिश करता है या क्रिया को करने में अरुचि प्रदर्शित करता है।					

2. **असंरचित प्रेक्षण** जैसा कि नाम से स्पष्ट होता है, वह प्रेक्षण है जो संरचित नहीं है जैसे–यहाँ पर किसी भी प्रकार की पूर्व निर्धारित व्यवस्था या परिस्थिति का निर्माण नहीं किया जाता है और ना ही घटनाओं या वस्तुओं का निरीक्षण करने तथा उनका अभिलेखन करने के लिए किन्हीं नियमों का कठोरता से पालन करना होता है। वास्तव में यहाँ पर शोधकर्त्ता या प्रेक्षक अपनी उपस्थिति या निरीक्षण के कारण किसी प्रकार की बाधा या रुकावट डाले बिना ही घटनाओं, वस्तुओं या प्रक्रिया आदि का उसी स्थिति में प्रेक्षण करता है जिस स्वाभाविक एवं प्रवाहपूर्ण क्रमिक तरीके से वे घटित हो रही हैं या उपस्थित हैं। यही कारण है कि असंरचित प्रेक्षण को नैसर्गिक प्रेक्षण के रूप में भी जाना जाता है।

शोध की एक विधि और प्रदत्तों का संकलन करने की एक तकनीक के रूप में असंरचित प्रेक्षण की विशेषताओं एवं उद्देश्यों को निम्न रूप में स्पष्ट किया जा सकता हैं :

- असंरचित प्रेक्षण ज्यादातर उन शोध अध्ययनों के लिए उचित होता है जिनमें शोधकर्त्ता को वातावरण में उपस्थित उन बातों को जानना या पता लगाना होता है जिस तरह से वे घटनाएँ, प्रक्रियाएँ या व्यवहार क्रियाएँ स्वाभाविक रूप से सम्पन्न होती है। इसलिए इस प्रेक्षण का उपयोग प्रयोगात्मक तथा परिकल्पना का पुष्टिकरण करने वाले अध्ययनों की बजाय अन्वेषणात्मक, वर्णनात्मक तथा प्रतिदर्श आधारित सर्वेक्षण से सम्बन्धित शोध अध्ययनों में ज्यादा किया जाता है।
- शोध की एक विधि के रूप में असंरचित प्रेक्षण का उपयोग करते हुए शोधकर्त्ता का लक्ष्य किसी विशिष्ट परिस्थिति पर कोई कठोर संरचना को लादे बिना, उसकी जटिलताओं को समझना और उनका विश्लेषण करना होता है। वह अपनी प्रेक्षणात्मक प्रक्रिया में पूर्ण रूप से लचीला रहना चाहता है जिससे कि वह अपनी उपस्थिति या बिना किसी प्रकार की दखलन्दाजी के (प्रयोज्यों को अवरोध या बाधा पहुँचाये बिना या उन्हें मानसिक रूप से परेशान किए बिना) स्वाभाविक ढंग से उपलब्ध सूचनाओं और प्रमाणों का संग्रह करने में समर्थ हो सके।
- इस प्रकार के प्रेक्षण में कुछ भी पूर्व संरचित या प्रमाणीकृत नहीं होता और प्रेक्षण करने की प्रक्रिया तथा उपागम पूरी तरह से परिस्थिति विशेष के अनुसार होती है। परन्तु इसका मतलब यहाँ यह नहीं लगाया जाना चाहिए कि प्रेक्षक अपने प्रेक्षण कार्य को सम्पन्न करने के लिए यूँ ही बिना किसी योजना या बिना किसी क्रमिक सोपानों का पालन करते हुए ही आगे बढ़ता रहता है।
- अपने लक्ष्य में सफलता प्राप्त करने के लिए प्रेक्षक को सर्वप्रथम अपने प्रेक्षण के उद्देश्य और लक्ष्य की जानकारी होना जरूरी है। उसे निरीक्षण किए जाने वाले प्रयोज्यों की प्रकृति एवं पृष्ठभूमि से परिचित होना चाहिए तथा प्रेक्षण के समय जिस वातावरण तथा गतिविधियों में प्रयोज्य क्रियाशील होंगे उनकी प्रकृति तथा विशेषताएँ भी ज्ञात होनी चाहिए।
- अच्छा तो यह है कि इस स्वाभाविक एवं असंरचित प्रेक्षण में प्रेक्षक को अपना कार्य छिपकर करना चाहिए। जहाँ तक सम्भव हो प्रेक्षण के समय उसे अपने आपको अनजान या गुप्त रहकर कार्य करना चाहिए, जिससे प्रयोज्यों को यह पता ही न चल पाए कि उनको देखा जा रहा है या उनका अवलोकन किया जा रहा है। हालांकि व्यावहारिक विज्ञान सम्बन्धी अध्ययनों में इस प्रकार छिपकर प्रेक्षण करना बहुत मुश्किल होता है, अतः इस प्रकार की परिस्थिति में वे दूसरे प्रकार के निम्न उपाय प्रयोग में ला सकते हैं :

  (vi) प्रेक्षक पूरी तरह से प्रतिभागी की भूमिका निभा सकता है या प्रयोज्यों के साथ घनिष्ठ तालमेल स्थापित कर सकता है जिससे कि उनको प्रेक्षक की उपस्थिति से परेशानी, संकोच या लज्जा का अनुभव न हो।

(vii) किसी अजनबी या बाहरी व्यक्ति की उपस्थिति में समूह के सदस्यों का व्यवहार स्वाभाविक न रहकर कृत्रिमता का आवरण पहन लेता है। इस दृष्टि से यह अच्छा रहता है कि शोधकर्त्ता को कोई एक अजनबी न समझे इसके लिए उदाहरणस्वरूप एक अनुसंधानकर्त्ता एक नर्सरी कक्षा में अक्सर आता जाता रहे तो इससे उसके सामने उस कक्षा के बालकों को कोई अनावश्यक झिझक या परेशानी नहीं रहेगी और तब ऐसी अवस्था में उनके वास्तविक व्यवहार का निरीक्षण किया जा सकता है।

C. नियंत्रित और अनियंत्रित प्रेक्षण (Controlled and Uncontrolled Observation)

प्रेक्षक के द्वारा निरीक्षण की जाने वाली परिस्थिति और अध्ययन के कारकों/चरों के ऊपर वांछित नियंत्रण रखने के लिए किए जाने वाले प्रयासों की उपस्थिति या अनुपस्थिति के आधार पर प्रेक्षण को नियंत्रित एवं अनियन्त्रित प्रेक्षण की श्रेणी में भी वर्गीकृत किया जा सकता है। जहाँ अनियन्त्रित प्रेक्षण पूर्व वर्णित स्वाभाविक प्रेक्षण का स्वरूप ग्रहण करता हुआ पाया जाता है वहाँ नियन्त्रित प्रेक्षण अपने सिद्धान्तों और प्रक्रिया में संरचित प्रेक्षण के बहुत नजदीक होता है।

व्यावहारिक प्रयोग की दृष्टि से नियंत्रित प्रेक्षण संरचित प्रेक्षण की तुलना में काफी व्यवस्थित, सुनियोजित, नियमों का कड़ाई से पालन करने वाला तथा विधिवत् होता है। इसका प्रयोग ज्यादातर अप्रयोगात्मक और गुणात्मक शोध की बजाय प्रयोगात्मक तथा संख्यात्मक अध्ययनों में किया जाता है। व्यावहारिक विज्ञानों के अधिकांश प्रयोगात्मक एवं वर्णनात्मक अध्ययनों में कारण और प्रभाव के सम्बन्ध को स्थापित करने के मुख्य लक्ष्य की प्राप्ति केवल अध्ययन के चरों/कारकों के सोद्देश्य तालमेल के द्वारा नियंत्रण रखते हुए ही की जा सकती है। वास्तव में, व्यावहारिक विज्ञानों में जिसे हम प्रायोगिक अध्ययन कहते हैं, वह और कुछ नहीं बल्कि सावधानीपूर्वक व्यवस्थित एवं अच्छी तरह से नियंत्रित स्थिति में किया गया प्रेक्षण या अवलोकन ही है। इस प्रकार के व्यवस्थित निरीक्षण या प्रेक्षण में प्रेक्षक से यह आशा की जाती है कि वह अपने शोध अध्ययन में शामिल कारकों/चरों और प्रेक्षणात्मक दशाओं पर आवश्यक नियंत्रण रखने के लिए विशिष्ट उपायों को अपनाए और प्रयोग में लाए।

हम पहले ही भलीभाँति नियन्त्रित प्रेक्षण की प्रकृति और प्रक्रिया के बारे में इस पुस्तक में प्रायोगिक तथा अर्ध–प्रायोगिक अनुसंधान अध्ययनों के तहत चर्चा कर चुके हैं।

D. वैयक्तिक और सामूहिक प्रेक्षण (Individual and Group Observation)

एक समय में प्रेक्षण किए जाने वाले प्रयोज्य/प्रयोज्यों की संख्या के आधार पर प्रेक्षण को वैयक्तिक एवं समूह प्रेक्षण के रूप में भी वर्गीकृत किया जा सकता है। वैयक्तिक अध्ययन, व्यवहार परिवर्तन सम्बन्धी अध्ययन और केवल एक प्रयोज्यी शोध प्रारूप (Single Subject Research Design) में पूर्ण रूप से वैयक्तिक आधार पर प्रेक्षण कार्य किया जाता है। इस प्रकार के वैयक्तिक प्रेक्षण के लिए प्रेक्षक शोध अध्ययन की माँग तथा साधनों की उपलब्धता के आधार पर स्वेच्छानुसार प्रेक्षण के संरचित या असंरचित प्रारूप को अपना सकता है।

समूह व्यवहार का अध्ययन (रहन सहन या व्यवहार करने के ढंग, सामाजिक अन्तःक्रिया, किसी समूह, समुदाय और जनजाति के सामाजिक एवं सांस्कृतिक जीवन के बारे में अध्ययन) केवल सावधानीपूर्वक नियोजित किए गए सामूहिक प्रेक्षण (संरचित या असंरचित) के द्वारा ही किया जा सकता है। कई बार प्रेक्षकों के एक समूह के द्वारा एक ही समय में किसी समूह या व्यक्ति के व्यवहार या घटना, वस्तु या प्रक्रिया के लिए किए गए प्रेक्षण को भी सामूहिक प्रेक्षण का नाम दिया जाता है। इसमें एक व्यवहार, घटना, वस्तु या स्थिति का अवलोकन एक प्रेक्षक की बजाय अनेक प्रेक्षकों के द्वारा अलग अलग सम्पन्न किया जाता है। इससे प्रेक्षण परिणामों में ज्यादा विश्वसनीयता आ जाती है। इसी से कई बार एक प्रेक्षक द्वारा किए गए प्रेक्षण के स्थान पर सामूहिक प्रेक्षण को प्राथमिकता दी जाती है।

ऊपर वर्णित तथा वर्गीकरण किए गए प्रेक्षण के प्रकारों को चित्रात्मक रूप में नीचे दिए गए आरेख द्वारा स्पष्ट किया जा सकता है :

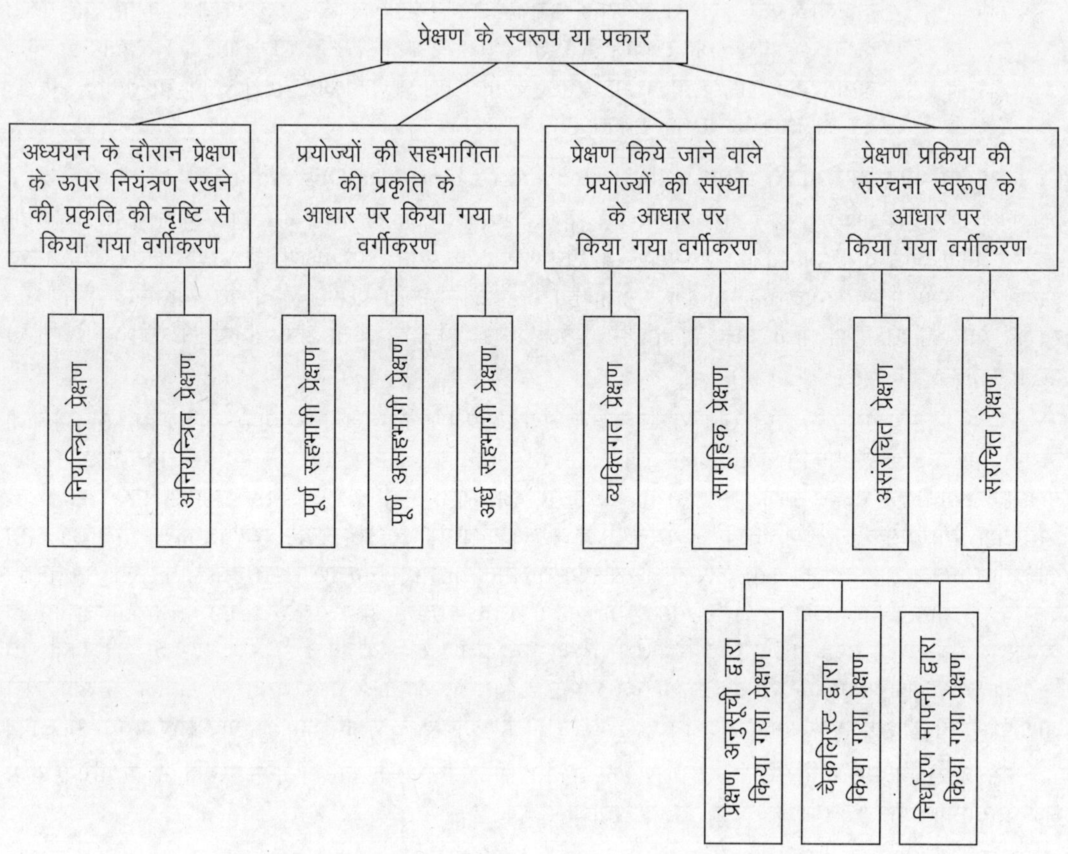

चित्र 18.1 व्यावहारिक विज्ञानों के अनुसंधान में प्रेक्षण के प्रकार।

प्रेक्षण करने की प्रक्रिया (Procedure for Carrying Out Observation)

अपने शोध अध्ययन सम्बन्धी शोधात्मक प्रश्नों का सही सही उत्तर प्राप्त करने के लिए शोधकर्त्ता को यह जरूरी होता है कि शोध की एक तकनीक या प्रदत्तों का संकलन करने के एक उपकरण के रूप में प्रेक्षण का प्रयोग निहायत ही वैज्ञानिक तरीके से किया जाए। सामान्यतः अपने इस उद्देश्य की प्राप्ति के लिए शोधकर्त्ता या प्रेक्षक के द्वारा निम्न सोपानों का अनुसरण किया जाता है।

सोपान 1 : प्रेक्षण की योजना बनाना (Planning for Observation)

प्रेक्षण का कार्य कभी भी यों ही बिना किसी योजना के नहीं करना चाहिए। प्रेक्षक का क्रियान्वयन करने से पहले अच्छी तरह से सोच समझकर इसकी योजना बनानी चाहिए। योजना बनाते समय प्रेक्षक को अपने प्रेक्षण कार्य से सम्बन्धित कुछ प्रश्नों–प्रेक्षण कार्य क्यों, क्या, कब, कहाँ, कौन, किसका तथा कैसे ? का उत्तर प्राप्त करने की कोशिश करनी चाहिए। इन प्रश्नों पर किया गया चिन्तन मनन उसे प्रेक्षण कार्य का क्रियान्वयन करने के लिए एक अच्छी योजना बनाने में सहायता करेगा। इस सम्बन्ध में एस०पी० सुखिया (Sukhia, S.P., et al.,

1966:171) ने शोध तकनीक के रूप में प्रेक्षण का प्रयोग करने के लिए शोधकर्त्ता को निम्न कारकों को ध्यान में रखने की सलाह दी है :

1. प्रेक्षण की जाने वाली व्यवहार इकाइयों या विशिष्ट गतिविधियों को परिभाषित करना।
2. प्रेक्षण करने के लिए प्रयोज्यों का एक उपयुक्त समूह चुनना।
3. प्रेक्षण के क्षेत्र – (वैयक्तिक या सामूहिक) के बारे में निर्णय लेना।
4. प्रत्येक प्रेक्षण अवधि की लम्बाई, अवधियों की संख्या तथा अवधियों के मध्य अन्तराल का निर्णय करना।
5. प्रेक्षक की शारीरिक स्थिति, अभिलेखन का स्वरूप तथा उपकरणों के बारे में निश्चय करना।
6. प्रयोज्यों के लिए आवश्यक विशिष्ट दशाओं को निर्धारित करना।
7. प्रेक्षण परिणामों का अभिलेखन करने के लिए उचित उपकरणों को तैयार करना।
8. एक कुशल प्रेक्षक के रूप में शोधकर्त्ता को अपने आपको प्रशिक्षित करना।

इस प्रकार के प्रेक्षण के वास्तविक कार्य को क्रियान्वित करने के लिए योजना बनाते समय व्यक्ति को निम्न बातों के सम्बन्ध में साधन सम्पन्न होना चाहिए।

(i) अपने शोध की माँग के अनुसार विशेष रूप से क्या अवलोकन करना है, इस बात की जानकारी (ii) किस उपकरण के द्वारा, किस तरह से अवलोकन करना है, (iii) प्रेक्षित बातों का अभिलेखन कैसे करना है और प्रेक्षित सूचनाओं या प्रदत्तों को सुरक्षित कैसे रखना है।

सोपान 2 : प्रेक्षण का क्रियान्वयन और अभिलेखन (Execution and Recording of Observation)

प्रथम सोपान पर जो भी कुछ योजना बनाई गई थी अब समुचित तरीके से उसका क्रियान्वयन किया जाता है। प्रेक्षण कार्य की सफलता इसी क्रियान्वयन और उचित अभिलेखन पर निर्भर करती है। इसके लिए प्रेक्षक को निम्न बातों को ध्यान में रखना चाहिए :

1. सर्वप्रथम प्रेक्षण के मुख्य लक्ष्य से सम्बन्धित स्थितियों तथा कारकों की व्यवस्था पर ध्यान देना चाहिए। जैसे–यदि प्रेक्षण प्राकृतिक/स्वाभाविक परिस्थिति में करना है तो प्रयोज्य की गतिविधियों या व्यवहार के सम्बन्ध में किसी प्रकार का प्रबन्धन या व्यवस्था करने की जरूरत नहीं है, परन्तु यदि प्रेक्षण एक संरचित और नियन्त्रित परिस्थिति में करता है तो फिर इस नियंत्रण से सम्बन्धित सभी बातों जैसे–प्रयोज्यों के बैठने की व्यवस्था, प्रोत्साहनजनक वातावरण की सृष्टि तथा प्रयोज्यों के साथ उचित तालमेल आदि का पूरा पूरा ध्यान रखना होगा।
2. प्रेक्षण के परिदृश्य में जो कुछ भी चल रहा है उसके प्रति प्रेक्षक को काफी सावधान एवं सजग रहना चाहिए। जो कुछ भी अवलोकन किया जा रहा है उसका अभिलेखन करने की पूरी व्यवस्था होनी चाहिए। यदि प्रेक्षक के लिए प्रेक्षण के साथ साथ रिकार्ड करना सम्भव न हो तो उसे सभी बातों को किसी भी तरीके से याद रख कर जितनी जल्दी सम्भव हो रिकार्ड कर लेना चाहिए।
3. अवलोकित घटनाओं, वस्तुओं या व्यवहार को श्रेणीबद्ध करने या रिकार्ड करते समय प्रेक्षक को प्रेक्षण परिणामों पर किसी भी तरह से अपने स्वयं की पसन्द, नापसन्द, दृष्टिकोण या पक्षपात का असर न डालते हुए वस्तुनिष्ठता के साथ अपने कर्त्तव्य का निर्वाह करना चाहिए।
4. शोधकर्त्ता अपने प्रेक्षण परिणामों को रिकार्ड करने के लिए प्रायः निम्न प्रकार के साधनों का प्रयोग करते हुए पाए जाते हैं :
   - प्रेक्षण अनुसूची, चैकलिस्ट, निर्धारण मापनी, स्कोर कार्ड तथा आवृत्तियों को अंकित करने के लिए खाली प्रपत्र।

- वर्णन शैली का प्रयोग – प्रेक्षित बातों को अपने स्वयं के शब्दों में लिखना।
- यांत्रिक या तकनीकी साधनों का प्रयोग, जैसे–स्टॉपवॉच, यांत्रिक गणक (मैकेनिकल काउन्टर), श्रव्य दृश्य अभिलेखन प्रकरण (Audio Video tape recorders), घटना अभिलेखक (Event recorders), एकतरफा दर्पणीय कक्ष (One Way Mirror Room), कैमरा, दूरबीन, ध्वनिमापक, गुप्त माइक्रोफोन एवं वीडियो टेप, उपग्रह निगरानी (Satellite Surveillance), चलचित्र, कम्प्यूटर तकनीकी इत्यादि।

सोपान 3 : प्रेक्षित परिणामों या उपलब्धियों की व्याख्या (Interpretation of the Observed Results or Findings)

इस तृतीय सोपान में अभिलेखित एवं श्रेणीबद्ध किए गए प्रेक्षित सूचना सामग्री या प्रदत्तों का अनुसंधानात्मक प्रश्नों के उत्तर पाने के संदर्भ में समुचित विश्लेषण और व्याख्या की जाती है। प्रेक्षण के परिणामों से फायदा

तालिका 18.2 कक्षाकक्ष अन्तःक्रिया का संरचित प्रेक्षण

<table>
<tr><th>क्रिया–पौधे उगाना</th><th>शिक्षक/विद्यार्थी</th><th colspan="2">विद्यार्थी/शिक्षक</th><th colspan="2">विद्यार्थी/विद्यार्थी</th></tr>
<tr><td>मिट्टी तैयार करना</td><td>√√√√√×××√
××√×××√√×××√</td><td colspan="2">√√×√×√√√√×</td><td colspan="2">√√√√××</td></tr>
<tr><td>बीज तैयार करना</td><td>√√×××√√√×
√√√×××√√××</td><td colspan="2">×√√√×√×√√√××√</td><td colspan="2">√√√√×××√√</td></tr>
<tr><td>बीज लगाना
(व्यवस्थित करना)</td><td>√√××√√××√√√
××√√ ××××√√√</td><td colspan="2">√√√√×√×√√√√×××
√√××</td><td colspan="2">√√√√××××√√√</td></tr>
<tr><td>बीज मिट्टी में दबाना</td><td>√√××√××√√√
××√√××××√</td><td colspan="2">√√×√×√√√√</td><td colspan="2">√√√√××××√√××√</td></tr>
<tr><td rowspan="3">कक्षा : 1B</td><td rowspan="3">पाठ–पौधे उगाना</td><td rowspan="3">समूह–2</td><td>लड़के</td><td>लड़कियाँ</td><td>दिनांक</td></tr>
<tr><td>12</td><td>14</td><td>24/03</td></tr>
<tr><td>√</td><td>×</td><td></td></tr>
</table>

यहाँ संकलित प्रदत्तों को निम्न प्रकार से समझा जा सकता है :

तालिका 18.3 अन्तःक्रिया का सारांश

क्रिया–पौधे उगाना	शिक्षक/विद्यार्थी		विद्यार्थी/शिक्षक		विद्यार्थी/विद्यार्थी	
	लड़के	**लड़कियाँ**	**लड़के**	**लड़कियाँ**	**लड़के**	**लड़कियाँ**
मिट्टी तैयार करना	10	11	7	3	4	2
बीज तैयार करना	10	9	8	5	6	3
बीज व्यवस्थित करना	12	10	11	7	7	4
उगने के लिए बीज मिट्टी में दबाना	9	10	7	2	7	6

कुल अन्तःक्रिया = 170, लड़के 98, लड़कियाँ 72

उठाना इसी स्तर के कार्यों पर निर्भर करता है और इसीलिए शोधकर्त्ता को यहाँ बहुत सोच समझकर चलना चाहिए ताकि सभी दृष्टि से वस्तुनिष्ठ, विश्वसनीय और वैध परिणामों की प्राप्ति हो सके। अपने अभिलेखित एवं संगठित प्रेक्षित सूचना सामग्री अथवा प्रदत्तों को विश्लेषण एवं व्याख्या हेतु किस तरह से अच्छी प्रकार उपयोग में लाया जा सकता है, इस बात को हम एक विशेष उदाहरण से स्पष्ट करना चाहेंगे। इस उदाहरण में 'पौधे उगाना' नामक शिक्षण पाठ की कक्षाकक्ष अन्तःक्रिया से सम्बन्धित एक संरचित प्रेक्षण से प्राप्त प्रदत्तों को लिया गया है और फिर उनके माध्यम से यह समझाया गया है कि शोधकर्त्ता द्वारा किस प्रकार से उनका सही विश्लेषण और व्याख्या की जा सकती है।

तालिका 18.4 अन्तःक्रिया प्रकार के अनुसार अन्तःक्रिया का प्रतिशत

	शिक्षक/विद्यार्थी	**विद्यार्थी/शिक्षक**	**विद्यार्थी/विद्यार्थी**
लड़के	24	19	14
लड़कियाँ	24	12	9

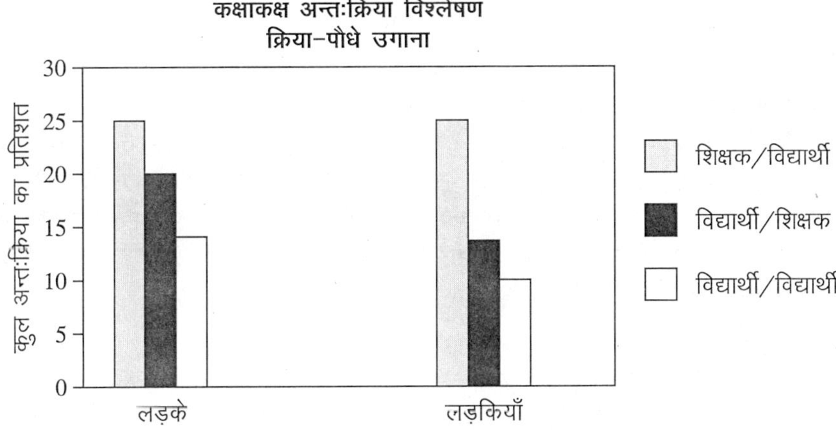

चित्र 18.2 कक्षाकक्ष अन्तःक्रिया विश्लेषण आँकड़ों का सारांश।

परिणामों की परिचर्चा (Discussion of Results)

हम अब ऊपर दिए गए प्रदत्तों या सूचना सामग्री में निहित अन्तःक्रिया प्रवाह दशाओं से परिचित होने का प्रयत्न कर सकते हैं। इस कार्य हेतु हम कक्षाकक्ष में चल रही सभी प्रकार की अन्तःक्रियाओं पर दृष्टि डालकर लड़के और लड़कियों में पाए जाने वाले अन्तर पर निम्न प्रकार टिप्पणी करना चाहेंगे।

1. **शिक्षक/विद्यार्थी अन्तःक्रिया :** इस अन्तःक्रिया में लड़के और लड़कियों में पाया जाने वाला अन्तर काफी कम है। यदि कोई अन्तर दिखाई भी देता है तो वह इस बात को लेकर है कि लड़के और लड़कियों को प्रोत्साहित करने में शिक्षक कुछ अन्तर रख रहा है।
2. **विद्यार्थी/शिक्षक अन्तःक्रिया :** इस अन्तःक्रिया में लड़कियों और शिक्षक के बीच होने वाली अन्तःक्रिया लड़कों और शिक्षक के बीच होने वाली अन्तःक्रिया से लगभग 30% कम है।
3. **विद्यार्थी/विद्यार्थी अन्तःक्रिया :** इस अन्तःक्रिया में लड़कियों में होने वाली पारस्परिक अन्तःक्रिया लड़कों में होने वाली पारस्परिक अन्तःक्रिया से लगभग 30% कम है।

प्रेक्षण की विश्वसनीयता एवं वैधता (Reliability and Validity of Observation)

शोध की एक विधि या प्रदत्तों का संकलन करने के एक उपकरण के रूप में प्रेक्षण की सफलता के लिए यह आवश्यक है कि प्रेक्षक के द्वारा जो भी अवलोकन एवं अभिलेखन किया गया है वह सब पूर्ण रूप से विश्वसनीय एवं वैध हो। इसके लिए शोधकर्त्ता को अपने प्रेक्षण या अवलोकन की वैधता एवं विश्वसनीयता स्थापित करने के सभी वांछित प्रयत्न करने होते हैं।

विश्वसनीयता स्थापित करना : प्रेक्षण की विश्वसनीयता से हमारा अभिप्राय प्रेक्षण के परिणामों या मापन में एकरूपता (Consistency) से है। अपने प्रेक्षण में विश्वसनीयता स्थापित करने के लिए शोधकर्त्ता निम्न उपाय अपना सकता है :

- शोधकर्त्ता को अपने द्वारा किए गए प्रेक्षण के परिणामों की तुलना अन्य प्रेक्षकों के द्वारा उसी घटना या वस्तु के प्रेक्षण से प्राप्त परिणामों एवं अभिलेखों से करनी चाहिए और इस अवस्था में "जितनी अधिक कार्यरत विभिन्न प्रेक्षकों में सहमति होगी, प्रेक्षण के परिणाम उतने ही अधिक विश्वसनीय माने जायेंगे" इस सूत्र के आधार पर परिणामों की विश्वसनीयता स्थापित करनी चाहिए।
- प्रेक्षक को चाहिए कि वह उसी एक घटना या वस्तु का प्रेक्षण एवं परिणामों का अभिलेखन भिन्न भिन्न समय में करे और फिर प्रेक्षित वस्तु या घटना के परिणामों की परीक्षण–पुनःपरीक्षण (Test-retest) द्वारा विश्वसनीयता स्थापित करे।
- इस बात को अच्छी तरह स्वीकार कर लेना चाहिए कि प्रेक्षणात्मक शोधों में समय बहुत लगता है। क्योंकि विश्वसनीयता स्थापित करने की दृष्टि से व्यवहार का प्रेक्षण कई बार तथा विभिन्न परिस्थितियों में करना पड़ता है। साथ ही यह बात भी मान्य है प्रेक्षक की उपस्थिति में प्रेक्षित किए जाने वाला व्यवहार परिवर्तित हो जाता है। परन्तु उसकी यदि काफी समय तक उपस्थिति रहे तो प्रयोज्य प्रेक्षक की उपस्थिति के आदी हो जाते हैं और सामान्य ढंग से व्यवहार करने लगते हैं। इसलिए शोधकर्त्ता के लिए अच्छा यह है कि एक लम्बी अवधि तक व्यवहार का प्रेक्षण किया जाए।

वैधता स्थापित करना (Establishment of Validity)

प्रेक्षण की वैधता से हमारा अभिप्राय प्रेक्षण के परिणामों या मापन में यथार्थता अर्थात् परिणामों की उनके मापन के संदर्भ में एकदम सही सही होना। इसके लिए निम्न उपायों को काम में लाना चाहिए :

- प्रायः यह देखा जाता है कि प्रयोज्य अपनी स्वाभाविक प्रकृति के विरुद्ध कुछ नए तरह से व्यवहार करना शुरु कर देते हैं, इससे प्रेक्षण के परिणामों की वैधता में कमी आने लगती है। इस समस्या को दूर करने के लिए शोधकर्त्ता को चाहिए कि वह प्रेक्षण कार्य दो चरणों में करे। एक बार तब जब प्रयोज्यों को यह पता ना लगे कि उनका प्रेक्षण किया जा रहा है और दूसरी बार तब जब उन्हें इस बात की पूरी जानकारी हो। इन दोनों चरणों के परिणामों की तुलना से प्रेक्षण की वैधता स्थापित करने में सहायता मिल सकती है।
- प्रेक्षण के परिणामों को ज्यादा से ज्यादा यथार्थता देने की दृष्टि से प्रेक्षण प्रेक्षकों के एक समूह के द्वारा किया जाना चाहिए और यदि समूह से न हो सके तो कम से कम दो या दो से अधिक प्रेक्षकों द्वारा किया जाना चाहिए।
- एक प्रेक्षण की वैधता तब ही बढ़ाई जा सकती है जबकि प्रेक्षण की व्यवस्था जहाँ तक सम्भव हो स्वाभाविक रखी जाए। प्रेक्षक की उपस्थिति या उसके द्वारा प्रयोग में लाए जाने वाले अभिलेखन या मापन के साधनों से प्रयोज्यों का व्यवहार अनावश्यक रूप से प्रभावित नहीं होना चाहिए।
- विषयवस्तु की वैधता स्थापित करने के लिए, प्रेक्षण की विषयवस्तु (किन व्यवहारों और कार्यों का प्रेक्षण किया जाना है) प्रेक्षक को पूर्णरूप से स्पष्ट होनी चाहिए। यदि एक से अधिक प्रेक्षक समान घटना, तथ्य

या वस्तु का प्रेक्षण कर रहे हैं तो सभी को प्रेक्षण सम्बन्धी प्रयोज्यों तथा विषय वस्तु को एक जैसे रूप में समझ लेना चाहिए।

- प्रेक्षण की निर्माण वैधता (Construct validity) की स्थापना करने के लिए यह देखना या निर्णय लेना पड़ता है कि प्रयोज्य के स्वभाव या व्यवहार के बारे में निकाले गए विशिष्ट प्रकार के निष्कर्ष, प्रेक्षक के द्वारा किए जाने वाले प्रेक्षण के लिए चयन किए गए व्यवहार के प्रतिदर्श (Sample) के साथ मिलान खाते हैं या नहीं। उदाहरण के लिए अगर कुछ व्यवहार क्रियाओं को शर्मीलेपन की निशानी अथवा साक्ष्य समझा जाए तो व्यक्ति विशेष अगर इस प्रकार के लक्षणों का प्रदर्शन अपने व्यवहार में करता है तो उसे शर्मीलेपन के सम्बन्ध में निर्माण वैधता (Construct validity) को स्थापित करना समझा जाएगा।

प्रेक्षण तकनीक के उपयोग के गुण या लाभ
(Merits or Advantages of Employing Observation Technique)

शोध की एक विधि या प्रदत्तों का संकलन करने की एक तकनीक के रूप में प्रेक्षण बहुत उपयोगी सिद्ध होता है। इसके गुणों एवं लाभों को संक्षेप में निम्न रूप से व्यक्त किया जा सकता है :

1. एक शोधकर्त्ता के रूप में शोध अध्ययन करते हुए आपके सामने ऐसी बहुत सी परिस्थितियाँ आती हैं जब कि आप यह अनुभव करेंगे कि इस परिस्थिति में प्रेक्षण तकनीक के प्रयोग से ही हमारा उद्देश्य पूरा हो सकेगा। ऐसी परिस्थितियाँ निम्न प्रकार की हो सकती हैं :
   - किसी समूह की अन्तःक्रिया का अध्ययन, जैसे–कक्षाकक्ष अन्तःक्रिया, खेल के मैदान में खेलती हुई टीम के सदस्यों में अन्तःक्रिया, किसी कार्यशाला या कान्फ्रेंस की कार्यवाही का निरीक्षण आदि।
   - विद्यार्थियों, कार्यकर्त्ताओं या कर्मचारियों की कार्य योग्यता के प्रदर्शन का मूल्यांकन।
   - एक जनसंख्या की भोजन सम्बन्धी आदतों का अध्ययन।
   - एक समुदाय, समूह या संस्था की कार्यपद्धति, रहन सहन का ढंग, सामाजिक नियम और सांस्कृतिक तरीकों आदि का अध्ययन।
   - एक व्यक्ति के व्यक्तित्व गुणों या व्यवहार का अध्ययन।
2. शोध अध्ययन से सम्बन्धित पूछे गए प्रश्नों का सामुचित उत्तर देने के बारे में कई बार उत्तरदाता में जागरूकता की कमी, अज्ञानता या असहयोग के कारण ऑन लाइन साक्षात्कार, आमने सामने साक्षात्कार या प्रश्नावली के प्रयोग से प्राप्त उत्तरों के द्वारा पूरी या समुचित सूचना नहीं प्राप्त हो पाती। उस अवस्था में प्रेक्षण तकनीक का प्रयोग ही उचित और उपयोगी सिद्ध होता है। बहुधा उत्तरदाता नाजुक मामलों पर अपनी रुचि–अरुचि, द्वेष या पक्षपात अथवा इसके अतिरिक्त कई बार दूसरी जाति, लिंग, धर्म आदि के सदस्यों के साथ अन्तःक्रिया के बारे में अपना मत या दृष्टिकोण व्यक्त करने सम्बन्धी प्रश्नों का उत्तर देने में अपने आपको असहज या अनिच्छुक महसूस करते हैं ऐसे मामलों में प्रेक्षण के द्वारा सही सही और वास्तविक प्रदत्तों का संकलन किया जा सकता है।
3. प्रेक्षण तकनीक का प्रयोग उन परिस्थितियों में बहुत लाभकारी होता है जिनमें उत्तरदाता भाषा सम्बन्धी अवरोधों (शोधकर्त्ता की भाषा ना समझना) के कारण या अन्य किसी कारण से साक्षात्कार अनुसूची या प्रश्नावली के प्रश्नों का समुचित उत्तर नहीं दे पाते हैं।
4. प्रेक्षण तकनीक की सहायता से शोधकर्त्ता के लिए किसी घटना, वृतान्त, वस्तु या व्यवहार की प्रकृति के बारे में, उसके वास्तविक, स्वाभाविक एवं मौलिक परिवेश में अध्ययन करना सम्भव हो पाता है।
5. प्रेक्षण तकनीक शोधकर्त्ता को, प्रदत्तों का संकलन करने से सम्बन्धित सभी प्रकार की व्यवस्था और नियंत्रण को अपने हाथ में रखने में सहायता करती है। वांछित प्रदत्तों का संकलन करने के लिए वह

अपने अध्ययन से सम्बन्धित प्रदत्तों का संकलन करने (यानी अपने प्रश्नों के उत्तर प्राप्त करने के लिए) उत्तरदाताओं की दया पर निर्भर नहीं रहता है। इसके अतिरिक्त प्रेक्षण तकनीक का उपयोग शोधकर्त्ता को, व्यवहार या घटना के घटित होने के समय पूरी सच्चाई के साथ उसके घटकों, तत्त्वों या व्यवहार विशेषताओं को अभिलेखित करने का पूरा अवसर प्रदान करता है।

6. प्रेक्षण तकनीक से प्राप्त प्रदत्तों तथा सूचनाओं का पुष्टिकरण करने तथा उनकी वैधता स्थापित करने की काफी गुंजाइश रहती है। किसी घटना या प्रक्रिया की विशिष्ट व्यवहार विशेषताओं का हम पुनः पुनः प्रेक्षण कर सकते हैं। किसी एक प्रेक्षक के द्वारा अलग अलग समय में या प्रेक्षकों की एक टीम के द्वारा एक बार या अनेक बार प्रेक्षण के कार्य का सम्पादन किया जा सकता है।
7. समय, धन एवं परिश्रम की दृष्टि से यह एक मितव्ययी तकनीक है। हम एक समय में किसी एक प्रयोज्य या प्रयोज्यों के व्यवहार के बारे में काफी सारी सूचनाएँ इकट्ठी कर सकते हैं या सीमित समय और साधनों के द्वारा किसी घटना या प्रक्रिया का अध्ययन कर सकते हैं। इस तकनीक से सूचनाओं का संग्रह करने के लिए ना तो कोई विशिष्ट प्रकार की प्रयोगशाला सुविधाओं या नियन्त्रित वातावरण की जरूरत होती है और ना ही व्यावसायिक रूप से प्रशिक्षित या विशेषज्ञ मनोवैज्ञानिक और शोधकर्त्ता की सेवाओं की।
8. प्रदत्तों का संग्रह करने के एक उपकरण के रूप में यह ना केवल संख्यात्मक प्रदत्तों का संकलन करने में ही सहायक सिद्ध होती है बल्कि यह शोधकर्त्ता द्वारा अध्ययन के प्रयोज्यों के वातावरणीय परिवेश की घटनाओं एवं व्यवहार गतिविधियों का सावधानीपूर्वक प्रेक्षण करते हुए गुणात्मक आंकड़ों/प्रदत्तों का प्रभावपूर्ण ढंग से संकलन करने में भी सहायता कर सकती है।
9. व्यवहार विज्ञान के अध्ययन में प्रदत्तों के संकलन हेतु विशेषकर मानव व्यवहार के अध्ययन के लिए प्रेक्षण तकनीक का उपयोग कुछ निम्न कारणों से अधिक उपयोगी सिद्ध होता है :
   (i) किसी भी वैज्ञानिक एवं व्यवस्थित अध्ययन के लिए प्रेक्षण और प्रायोगीकरण को एकमात्र विश्वसनीय एवं वैध मापक या विधि माना जाता है। परन्तु मानव व्यवहार के अध्ययन के लिए वैध प्रायोगीकरण (Valid experimentation) अर्थात् प्रयोगशाला जैसी नियंत्रित परिस्थितियों में प्रेक्षण ना तो व्यावहारिक ही है और ना ही सम्भव। जानवरों जैसे–चूहे, बिल्ली, कबूतर, चिम्पैन्जी आदि के व्यवहार के अध्ययन के लिए इस प्रकार के प्रयोग किए जा सकते हैं। लेकिन मानव व्यवहार के मामले में केवल प्रेक्षण ही एक ऐसा विश्वसनीय एवं वैध पैमाना है जिसका प्रयोग व्यवहार का पता लगाने के लिए समुचित रूप से किया जा सकता है।
   (ii) प्रेक्षण में व्यक्ति के व्यवहार का अध्ययन व्यवहार की वर्तमान स्थिति या दशा में किया जाता है। प्रेक्षण तकनीक के प्रयोग से शोधकर्त्ता के लिए यह सम्भव हो पाता है कि वह व्यक्ति के वर्तमान व्यवहार के अवलोकन के आधार पर उसके व्यवहार के बारे में निष्कर्ष निकाल सके। शोधकर्त्ता को व्यक्ति के व्यवहार की खोज करने या पता लगाने के लिए उसके पूर्व इतिहास या बीते हुए व्यवहार के बारे में जानने की कोई जरूरत नहीं होती जैसी कि वैयक्तिक मामलों के अध्ययन या मनोविश्लेषणात्मक विधि में होती है। इस प्रकार से शोध की एक विधि या प्रदत्तों का संकलन करने की एक तकनीक के रूप में प्रेक्षण के प्रयोग से व्यक्ति के पूर्व व्यवहार का पता लगाने की थकान तथा व्यर्थ परिश्रम से बचा जा सकता है।
10. शोध की एक विधि और उपकरण के रूप में प्रेक्षण का प्रयोग शोधकर्त्ता को अपने शोध कार्य के सम्पादन हेतु समुचित शोध परिकल्पना का विकास करने के लिए उपयुक्त अवसर तथा आवश्यक प्रदत्तों के संकलन में मदद करता है।

प्रेक्षण तकनीक के प्रयोग में कमियाँ एवं सीमाएँ (Demerits or Limitations of Using Observation Technique)

व्यावहारिक विज्ञानों के अध्ययन में प्रदत्तों का संकलन करने की एक तकनीक या उपकरण के रूप में प्रेक्षण का प्रयोग कुछ निम्न कमियों एवं सीमाओं से ग्रस्त पाया जाता है :

1. समुचित रूप से प्रशिक्षित प्रेक्षकों की कमी (Difficulty in getting properly trained observer) : प्रेक्षण तकनीक के प्रयोग से उपयोगी एवं सार्थक शोध प्रदत्तों के रूप में वांछित परिणाम तभी प्राप्त हो सकते हैं जबकि इसका उपयोग एक शोधकर्त्ता या प्रेक्षक द्वारा ठीक ढंग से किया जाए। इस उद्देश्य के लिए शोधकर्त्ता या प्रेक्षकों का समुचित रूप से प्रशिक्षित और कौशलयुक्त होना जरूरी है। वर्तमान में हमारे देश में शोधकर्त्ता या प्रेक्षकों को (जो प्रदत्त संकलन में संलग्न होते हैं) प्रशिक्षण प्रदान करने का कोई उचित प्रबन्ध या व्यवस्था नहीं है। इस प्रकार के कौशल की कमी शोधकर्त्ता या प्रेक्षकों को शोध उपकरण के रूप में प्रेक्षण का प्रयोग करने में एक बड़ी रुकावट सिद्ध हो सकता है।

2. प्रयोज्यों के वास्तविक व्यवहार में परिवर्तन (Reactivity on the part of the subjects) : प्रेक्षक या शोधकर्त्ता के द्वारा अपने प्रेक्षण कार्य को काफी कुछ गुप्त या छिपाकर रखने के बाद भी प्रयोज्य इतने बुद्धिमान होते हैं कि वे यह समझ जाते हैं कि उनके व्यवहार का प्रेक्षण या अवलोकन किया जा रहा है। दूसरी बात जब प्रयोज्यों को यह पता चल जाता है कि उनका प्रेक्षण किया जा रहा है, तब उनका व्यवहार स्वाभाविक नहीं रह पाता है जैसा कि होना चाहिए था। उनका व्यवहार गम्भीरता और कृत्रिमता के बनावटी आवरण से ढक जाता है और तब इस हालत में अनुसंधानकर्त्ता अपने अनुसंधान हेतु आवश्यक विश्वसनीय और वैध प्रदत्तों को इकट्ठा करने में परेशानी का अनुभव करने लगता है।

3. प्रेक्षक की व्यक्तिनिष्ठता एवं पक्षपात (Biases and subjectivity on the part of observers) : शोधकर्त्ता/प्रेक्षक की व्यक्तिनिष्ठता तथा पक्षपात शोध तकनीक या प्रदत्तों का संकलन करने के उपकरण के रूप में प्रेक्षण के प्रयोग की वैधता एवं विश्वसनीयता के लिए निम्न रूप से एक बड़ा खतरा बन सकता है :

- शोधकर्त्ता/प्रेक्षक की सोच, पसन्द और स्वार्थ से सम्बन्धित व्यक्तिनिष्ठ कारक प्रेक्षण की क्रिया और उसके परिणामों को कुछ अलग ही दिशा और दशा प्रदान कर देते हैं। इनके वशीभूत वह हर चीज को अपने रंग में रंग कर देखता है। परिणामस्वरूप वह प्रयोज्यों और घटनाओं का अपनी तरह से प्रत्यक्षीकरण (Perception) करता है। उदाहरण के लिए वह किसी व्यवहार विशेष या घटना विशेष का प्रेक्षण करते हुए किसी एक बात पर ज्यादा ध्यान दे सकता है जबकि अन्य बातों की बिना किसी कारण के उपेक्षा कर सकता है। प्रेक्षण की हुई बातों में से किसी को अपनी मर्जी से नोट कर सकता है और अन्य को छोड़ सकता है और इस तरह किन्हीं बातों को याद रहने और अन्य को याद न रहने का बहाना कर सकता है। इस तरह प्रेक्षण की प्रक्रिया और परिणामों पर पूरी तरह व्यक्तिनिष्ठा हावी रहती है।
- व्यक्तिनिष्ठा ही नहीं बल्कि प्रेक्षक का प्रयोज्यों के प्रति बनाया गया द्वेषपूर्ण या पक्षपातपूर्ण दृष्टिकोण प्रेक्षण के परिणामों को पूरी तरह अपने रंग में रंगकर दूषित कर सकता है। परिणामस्वरूप प्रिय प्रयोज्यों के व्यवहार को उच्च स्तर पर मापन किया जाता है और अप्रिय एवं जिनमें कोई रुचि न हो ऐसे प्रयोज्यों को निम्न स्तर पर आंका जाता है।
- प्रेक्षण किए जाने वाली घटना या प्रयोज्यों के लिए प्रेक्षक में पाए जाने वाले पक्षपातपूर्ण एवं व्यक्तिनिष्ठ दृष्टिकोण के फलस्वरूप पैदा हुए एकतरफा सोच (Expectancy factor) प्रेक्षण की प्रक्रिया और परिणामों को दूषित कर देते हैं। इसके परिणामस्वरूप प्रेक्षक पहले से ही यह सोच और अनुमान बना लेता है कि इस तरह के व्यवहार और क्रियाएँ घटित होंगी, फिर चाहे ऐसा होता है या नहीं परन्तु प्रेक्षण के परिणाम प्रेक्षक की सोच पर ही टिके रहते हैं। इस प्रकार पहले से ही बना लिये गए इस दृष्टिकोण कि 'ऐसा होगा' के परिणामस्वरूप प्रेक्षण के परिणामों की विश्वसनीयता और वैधता सदैव खतरे में रहती है।

4. बाह्य रूप से प्रेक्षित व्यवहार पर प्रेक्षण की निर्भरता (Over dependance on the observation of externally observed behaviour) : प्रेक्षण पद्धति में विश्वसनीयता एवं वैधता की कमी का प्रमुख कारण प्रेक्षकों का प्रयोज्यों के बाह्य व्यवहार के प्रेक्षण पर पूरी तरह से निर्भर रहता है। प्रेक्षक के लिए यह जानना, कि प्रयोज्यों के मस्तिष्क में क्या चल रहा है, एकदम असम्भव होता है। वह उनके मन की बातों को केवल उनके व्यवहार के बाह्य संकेतों के प्रेक्षण से ही जानने का प्रयास करता है। परन्तु ऐसा करना ठीक तरह से संभव नहीं है। क्योंकि यहाँ इस बात की काफी गुंजाइश रहती है कि जिन प्रयोज्यों का प्रेक्षण किया जा रहा है वे लुका छिपी का खेल खेलते हुए अपनी भावनाओं, संवेगों और व्यक्तित्व के अन्तःस्वरूप को बड़ी कुशलता से छिपा लें। एक चालाक व्यक्ति ओढ़ी गई बनावटी गम्भीरता के द्वारा अपनी दुष्प्रवृत्ति को आसानी से छिपा सकता है। व्यक्ति के कृत्रिम अनुशासित, शांत स्वभाव तथा उदासीन व्यवहार को देखकर हम उसके बारे में कुछ अलग ही धारण ा बना सकते हैं। इस प्रकार से केवल बाह्य व्यवहार के प्रेक्षण पर निर्भरता से व्यक्ति के अध्ययन किए जा रहे व्यवहार की सही सही पहचान करने में प्रेक्षण तकनीक असफल सिद्ध होती है।

5. घटनाओं के घटित और पुनर्घटित होने में कठिनाई (Difficulty in the occurence and reoccurence of the events) : प्रेक्षण तकनीक के प्रयोग की एक अन्य गंभीर समस्या इस बात में है कि व्यवहार का प्रेक्षण घटना विशेष में शामिल व्यक्ति (या व्यक्तियों के समूह) तथा स्थान और समय विशेष पर निर्भर करता है। और वह उस व्यक्ति, समय और स्थान के लिये अपने आप में अद्वितीय होता है क्योंकि कोई भी प्राकृतिक परिस्थिति केवल एक बार ही घटित होती है उसकी आवृत्ति या पुनरावृत्ति नहीं हो सकती।

6. कारण और प्रभाव सम्बन्ध को स्थापित करने में असमर्थ (Can't help in the establishment of cause and effect relationship) : यह विधि कारण और प्रभाव सम्बन्ध को स्थापित करने में सक्षम नहीं है। मान लीजिए हम किसी व्यक्ति में गरीबी और अपराध प्रवृत्ति एक साथ घटित होते हुए देखते हैं तब इस प्रेक्षण से हम यह निष्कर्ष नहीं निकाल सकते कि अपराधी व्यवहार का कारण निश्चित रूप से गरीबी ही है या अपराध प्रवृत्ति, गरीबी के कारण है।

7. व्यक्ति के सम्पूर्ण व्यवहार के अध्ययन में सहायक नहीं है (Not helpful in the study of one's total behaviour) : प्रेक्षण विधि में प्रयोज्य के बाह्य अर्थात् दृश्य व्यवहार का ही ध्यान रखा जाता है। यह बाह्य व्यवहार किसी के व्यक्तित्व का अधूरा चित्र प्रस्तुत करता है। व्यक्ति के व्यवहार के आन्तरिक पक्ष या व्यक्तित्व की अन्तःप्रक्रिया की थाह इस प्रेक्षण तकनीक से नहीं पाई जा सकती है। हम केवल चेतन व्यवहार के निरीक्षण तक ही सीमित रह जाते हैं अचेतन और अर्धचेतन व्यवहार की यहाँ पूरी तरह उपेक्षा रहती है। इस तरह प्रेक्षण तकनीक से व्यक्ति के सम्पूर्ण व्यवहार एवं व्यक्तित्व का आकलन सम्भव नहीं है।

8. प्रेक्षित व्यवहार से निष्कर्ष निकालने में कठिनाई (Difficulty in drawing inferences from the observed phenomenon) : प्रेक्षण तकनीक में एक बड़ा दोष यह भी है कि अगर प्रेक्षणकर्त्ता द्वारा पूरे ध्यान और तत्परता से प्रेक्षण किया भी जाए तो इस प्रेक्षण से उचित और सही निष्कर्ष निकालना उसके लिए काफी चुनौतीपूर्ण कार्य होता है। कई बार यह समझने और निष्कर्ष निकालने में बड़ी परेशानी होती है कि संकलित प्रदत्त क्या कहते हैं ? इस तरह किसी एक विशेष परिणाम पर पहुँचने के लिए उपलब्ध साक्षियों के आधार पर निर्णय लेना काफी पेचीदा हो जाता है। उदाहरण के लिये प्रयोज्य के मुँह पर जो मुस्कान दिखाई दे रही है क्या उसे आनन्द से निकली मुस्कान, चिन्तामुक्त मुस्कान, मित्रता से भरी हुई मुस्कान या विद्रोह अथवा उपेक्षा की मुस्कान इनमें से क्या समझा जाए ? इसी तरह प्रेक्षित भावभंगिमाओं से प्रयोज्य के व्यवहार के बारे में निर्णय लेना मुश्किल हो जाता है। कोई भी गलत निर्णय जो किसी विशेष प्रेक्षण के लिए आधार बना लेने के सम्बन्ध में किया जाता है वह प्रेक्षण की प्रक्रिया और परिणाम को दूषित बनाने में काफी सशक्त भूमिका निभा सकता

है। जैसे मान लिया कि एक बच्चा वास्तव में दोस्त बनने हेतु एक विशेष प्रकार का व्यवहार कर रहा होता है तो उसके व्यवहार को स्वार्थ या चालाकी का नाम देने की प्रेक्षक द्वारा भूल की जा सकती है।

9. प्रेक्षण प्रदत्तों के आलेखन करने सम्बन्धी समस्या (Difficulty in recording the observation data) : प्रेक्षण की एक अन्य कमी या समस्या व्यवहार के घटित होने सम्बन्धी बातों के उचित समय पर उचित रूप से नोट करने की होती है। एक प्रेक्षणकर्त्ता को प्रेक्षण करते समय अपने प्रयोज्य के व्यवहार या आसपास चल रही घटनाओं सम्बन्धी अनेक बातों को गहराई से निरीक्षण करना होता है। उसका सारा ध्यान और शक्ति इसी प्रेक्षण से वांछित सूचनाएं प्राप्त करने में लगी रहती हैं। अब अगर इसी समय प्रेक्षण की गई बातों का अभिलेखन करने की जिम्मेदारी भी आ जाए तो उस पर काफी अतिरिक्त बोझ पड़ जाता है। प्रेक्षण करना और प्रेक्षण की गई बातों को रिकार्ड करना ये दोनों अपने आप में दो ऐसे बड़े काम हैं जिन्हें एक एक करके ही अच्छी तरह से किया जा सकता है। अगर कोई प्रेक्षित बातों को साथ साथ नोट ना करता चले तो इससे कुछ बातें और महत्त्वपूर्ण सुराग बिना नोट किए हुए रह सकते हैं परन्तु यदि वो प्रेक्षण के साथ साथ प्रेक्षित बातों को नोट करने का प्रयत्न करे तो इससे प्रेक्षण की प्रक्रिया अवश्य ही प्रभावित होगी। एक प्रयोज्य जिसके व्यवहार का प्रेक्षण किया जा रहा है, उसके व्यवहार में अवश्य ही किसी न किसी प्रकार से कृत्रिमता या बदलाव आ जाएगा। अगर प्रेक्षक के द्वारा इस स्थिति में रिकॉर्डिंग उपकरण जैसे–कैमरा, वीडियो तथा ऑडियो रिकॉर्डिंग आदि का प्रयोग किया जाए तो उस अवस्था में भी प्रयोज्य का व्यवहार प्राकृतिक एवं स्वाभाविक नहीं रह पाता क्योंकि प्रयोज्य अपने आप में इतना तो समझ ही लेता है कि ये उपकरण जो प्रयोग में लाए जा रहे हैं, वो किसलिए हैं, इस अवस्था में वह कृत्रिमता का आवरण ओढ़ता हुआ दिखाई दे सकता है।

10. समय और श्रम के हिसाब से खर्चीला होना (Costly in terms of time, money and labour) : अनुसंधानकर्त्ता या प्रेक्षक को व्यवहार अथवा घटनाओं से सम्बन्धित बातों के प्रेक्षण के लिए स्वयं ही स्थान विशेष पर उपस्थित होना पड़ता है। इसके अतिरिक्त अनुसंधान समस्या के अध्ययन के लिए जिस प्रकार के प्रदत्तों का संकलन करना होता है वे बातें स्थान विशेष पर तत्काल ही उपलब्ध हो जाए, ऐसा नहीं होता। इसके लिए समय और श्रम दोनों की ही व्यवस्था करनी होती है। जगह जगह पर घूम कर प्रेक्षण करना और विशेष बातों को प्रेक्षण के लिए समय निकालना और सभी आवश्यक प्रबन्ध करना, ये सभी बातें समय, धन और श्रम की दृष्टि से काफी महंगी साबित होती हैं। इसीलिए प्रदत्त संकलन हेतु प्रेक्षण तकनीक का उपयोग शोधकर्त्ता के लिए काफी खर्चीला सिद्ध होता है।

इस प्रकार से हम देखते हैं कि एक शोध तकनीक तथा प्रदत्तों का संकलन करने के उपकरण के रूप में प्रेक्षण में बहुत सी कमियाँ एवं दोष पाए जाते हैं जो इसकी वस्तुनिष्ठता, विश्वसनीयता एवं वैधता को सन्देह के घेरे में डाल देते हैं। फिर भी विभिन्न प्रकार की मात्रात्मक एवं गुणात्मक शोध अध्ययनों में प्रदत्तों का संकलन करने की तकनीक के रूप में प्रेक्षण की उपयोगिता एवं महत्त्व को कम नहीं समझना चाहिए। यहाँ पर प्रेक्षण के उपयोग की दृष्टि से जिन दोषों या कमियों का उल्लेख किया गया है उन्हें आसानी से दूर किया जा सकता है। सारा कुछ शोधकर्त्ता/प्रेक्षक की कुशलता, योग्यता, लगन, परिश्रम एवं ईमानदारी पर निर्भर करता है। यदि वह प्रशिक्षित है और उसमें कार्य के प्रति दृढ़ निश्चय एवं लगन है तो वह प्रेक्षित व्यवहार या घटना से सम्बन्धित सही सही प्रदत्तों का संकलन करने के तरीके और साधन आसानी से ढूँढ़ सकता है। इसलिए शोधकर्त्ता को अपने स्वयं की व्यक्तिनिष्ठा, पक्षपात एवं द्वेषपूर्ण व्यवहार तथा प्रयोज्य के प्रतिक्रियात्मक रुख से सावधान रहते हुए यह प्रयत्न करना चाहिए कि वह प्रेक्षण तकनीक का प्रयोग इस बेहतर ढंग से करे कि जिससे अनुसंधानात्मक उद्देश्यों की उपलब्धि ठीक प्रकार से हो सके।

––– ⚜ –––

19

प्रदत्त संकलन उपकरण–प्रश्नावली
[Data Collection Tools—Questionnaire]

विषय प्रवेश (Introduction)

इससे पहले अध्याय में आपने शोध तकनीक या प्रदत्त संकलन उपकरण के रूप में प्रेक्षण के उपयोग के बारे में अध्ययन किया है। अपनी शोध यात्रा में शोधकर्त्ता जिस घटना के दृश्यों या अपने अध्ययन के प्रयोज्यों से प्रदत्तों का संकलन या सूचनाओं को प्राप्त करना चाहता है, इन सबके लिए प्रेक्षण विधि के प्रयोग में वह स्वयं प्रत्यक्षदर्शी दर्शक के रूप में कार्य करता है। परन्तु यह कार्य वास्तव में काफी मंहगा साबित होता है। वातावरण में घटित होने वाली घटनाओं का अध्ययन करने और व्यक्तियों के क्रियात्मक व्यवहार के प्रेक्षण द्वारा सूचनाओं का संकलन करने के लिए प्रत्येक जगह एक व्यक्ति उपस्थित नहीं हो सकता है। इसलिए शोध अध्ययन के प्रयोज्यों तथा उनके वातावरण के बारे में वांछित सूचनाओं का संग्रह करने के लिए कोई अन्य सुविधाजनक तकनीक या उपकरण का होना जरूरी हो जाता है।

प्रश्नावली एक ऐसे ही आसानी से उपलब्ध साधन या उपकरण का प्रतिनिधित्व करती है जिसमें शोध अध्ययन के प्रयोज्यों से सूचनाओं का संकलन करने के लिए शोधकर्त्ता की उस विशिष्ट स्थान पर उपस्थिति आवश्यक नहीं होती है।

प्रस्तुत अध्याय में हम शोध तकनीक एवं प्रदत्त संकलन उपकरण के रूप में प्रश्नावली के विभिन्न पक्षों – इसका अर्थ, परिभाषा, विशेषताएँ, निर्माण तथा व्यावहारिक विज्ञानों में शोधकर्त्ता द्वारा इसके उपयोग आदि के बारे में चर्चा करना चाहेंगे।

प्रश्नावली–अर्थ एवं परिभाषाएँ (Questionnaire—Meaning and Definitions)

अपने दैनिक जीवन में भी जब कभी हम किसी के बारे में कुछ व्यक्तिगत, सामाजिक या सामान्य बातें जानना चाहते हैं तब हम इस सम्बन्ध में सम्बन्धित व्यक्ति से कुछ प्रश्न पूछते हैं, उसके उत्तर का इन्तजार करते हैं और फिर हम जो कुछ जानना चाहते हैं, वह जानने के लिए उसके उत्तर का अर्थ निकालते हैं। जब ये प्रश्न एक क्रमबद्ध व्यवस्थित ढंग से उद्देश्यपूर्ण प्रश्नों के एक लिखित प्रपत्र के रूप में किसी एक व्यक्ति विशेष या अनेक व्यक्तियों को इस आशा के साथ प्रदान किए जाते हैं कि वे इस प्रपत्र के सभी प्रश्नों का लिखित

रूप में उत्तर देंगे तब शोध एवं प्रदत्त संकलन की भाषा में प्रश्नों के इस व्यवस्थित समूह को प्रश्नावली कहा जाता है।

यहाँ हम कुछ प्रसिद्ध विद्वानों द्वारा दी गई प्रश्नावली की परिभाषाओं और व्याख्या की सहायता से इनके अर्थ और प्रकृति के बारे में जानने का प्रयत्न करेंगे।

1. **गुडे तथा हैट :** सामान्यतः प्रश्नावली शब्द से एक ऐसे उपकरण का बोध होता है जिसमें प्रश्नों का उत्तर प्राप्त करने के लिए एक प्रपत्र का उपयोग किया जाता है जिसे सूचनादाता स्वयं अपने आप भरता है।
   (In general, the word questionnaire refers to a device for securing answers to questions by using a form which the respondent fills in himself. —Goode and Hatt, 1952:133)
2. **बार्र, डेविस और जॉनसन :** एक प्रश्नावली को प्रश्नों का एक व्यवस्थित समूह कहा जा सकता है जिसे किसी जनसंख्या (प्रयोज्यों) के एक प्रतिदर्श के सामने (अनुक्रिया हेतु) रखा जाता है।
   (A Questionnaire may be termed as a systematic compilation of questions that are submitted to a sampling of population. — Barr, Davis and Johnson, 1953:65)
3. **पी०वी० यंग :** "प्रश्नावली को एक ऐसे प्रपत्र की परिभाषा दी जाती है, जिसको उत्तरदाताओं के पास प्रायः डाक द्वारा प्रेषित किया जाता है तथा जिसमें उत्तरदाताओं द्वारा स्वयं अपना मूल्यांकन प्रस्तुत किया जाता है तथा जिसकी सामग्री का उद्देश्य तथ्यों अथवा मतों या फिर दोनों ही की जानकारी प्राप्त करना होता है और जिसमें प्रश्नों की रचना व्यक्ति विशेष, उनके परिवारों, या उनके काम धन्धों से सम्बन्धित रहती है।
   (The questionnaire is defined as a form used in self-enumeration, usually mailed to the respondent … in which the content is aimed at finding out facts of opinions or both and the questions are directed to persons about themselves or their families, at their business. — Young, P.V., 1965:177)
4. **बेस्ट और काहन :** एक प्रश्नावली प्रदत्त संकलन उपकरण के साथ साथ जाँच पड़ताल प्रपत्र का एक सामान्य संवर्ग है जिसके द्वारा उत्तरदाता प्रश्नों का उत्तर देते हैं या कथनों का लिखित में उत्तर देते हैं। जब तथ्यात्मक सूचना की जरूरत होती है तब प्रश्नावली का प्रयोग किया जाता है।
   (A questionnaire represents the general category of inquiry form including data gathering instrument through which respondents answer questions or responds to statement in writing. A questionnaire is used when factual information is desired. — Best and Kahn, 2006:312)

प्रश्नावली : एक प्रपत्र के रूप में उपलब्ध एक ऐसा प्रदत्त संकलन साधन जिसमें कुछ ऐसे उचित प्रश्न दिए हुए होते हैं जिनके उत्तर प्रयोज्यों को स्वयं देने होते हैं और जिनकी सहायता से प्रयोज्यों से अध्ययन विशेष के लिए वांछित प्रदत्तों का संकलन किया जा सकता है।

प्रश्नावली की मुख्य विशेषताएँ
(Main Features and Characteristics of a Questionnaire)

प्रश्नावली के अर्थ और प्रकृति के बारे में विद्वानों द्वारा व्यक्त विचारों के आधार पर हम एक शोध तकनीक एवं प्रदत्त संकलन के उपकरण के रूप में प्रश्नावली की विशेषताओं को निम्न रूप में अभिव्यक्त कर सकते हैं :

- प्रश्नावली लिखित प्रश्नों का एक समूह है जिसे जाँच पड़ताल प्रपत्र के रूप में प्रस्तुत किया जाता है।
- इस प्रपत्र पर लिखे गए सभी प्रश्नों का उत्तर शोध अध्ययन के प्रयोज्यों को अपने ज्ञान, अनुभव और उनके द्वारा लगाये जाने वाले प्रश्नों के अर्थ के आधार पर अपने आप लिखित रूप में देना होता है।

- शोध अध्ययन के प्रयोज्यों द्वारा लिखित रूप में दिए गए ये उत्तर या अनुक्रियाएँ सीधे ही वांछित सूचनाएँ एवं बहुमूल्य प्रदत्त उपलब्ध करने में शोधकर्त्ता की मदद करते हैं।
- प्रश्नावली के उपयोग से यद्यपि प्रयोज्यों के दृष्टिकोण और उनकी राय के बारे में काफी सूचनाएँ एकत्रित की जा सकती हैं परन्तु इनका व्यावहारिक दृष्टि से मुख्य उपयोग प्रयोज्यों से ऐसे तथ्य और वास्तविक सूचनाएँ एकत्रित करना होता है जिनसे अनुसंधानात्मक प्रश्नों के सार्थक रूप में उचित उत्तर प्राप्त करने में सहायता मिले। यही कारण है कि प्रयोज्यों की व्यक्तियों, वस्तुओं, विचारों तथा घटनाओं के बारे में उनकी व्यक्तिगत राय तथा दृष्टिकोण की जानकारी हेतु प्रश्नावली के स्थान पर मतावली (Opinionnaires) एवं अभिवृत्ति मापनी का प्रयोग किया जाता है।
- प्रदत्त संकलन साधन के रूप में प्रश्नावली एक ऐसा सशक्त एवं प्रभावशाली उपकरण सिद्ध होती है जिससे किसी भी प्रकार की ऐसी व्यक्तिगत या सामान्य सूचनाएँ प्रयोज्यों से प्राप्त की जा सकती हैं जो उनके व्यक्तित्व, उनके व्यवहार, विचारधारा, ज्ञान और अनुभव, भावनाओं तथा अन्य व्यवहार क्रियाओं से सम्बन्धित हों।
- प्रेक्षण अनुसूची (Observation schedule) तथा प्रश्नावली दोनों इस बात को लेकर एक समान होते हैं कि इनमें शोधकर्त्ता द्वारा पूछे गए प्रश्नों के प्रति प्रयोज्यों की अनुक्रियाओं का समावेश रहता है। परन्तु दोनों में इस बात को लेकर अन्तर रहता है कि प्रेक्षण अनुसूची में प्रयोज्यों की अनुक्रियाएँ शोधकर्त्ता या प्रेक्षक द्वारा नोट की जाती हैं परन्तु प्रश्नावली में उत्तरों को प्रदान करने या अभिलेखन का कार्य प्रयोज्यों द्वारा स्वयं किया जाता है।

प्रश्नावली के अर्थ, परिभाषाएँ, प्रकृति एवं विशेषताओं के बारे में ऊपर जो कुछ भी कहा गया है उसके आधार पर हम प्रश्नावली की एक कार्यकारी परिभाषा निम्न शब्दों में प्रस्तुत कर सकते हैं :

सामान्य रूप से प्रश्नावली से तात्पर्य ऐसे उपकरण या साधन से है जिसमें पूछताछ प्रपत्र के रूप में भलीभाँति नियोजित और व्यवस्थित कुछ प्रश्न दिए हुए होते हैं, जिसे प्रयोज्य विशेषों को ही दिए हुए प्रश्नों के उत्तर लिखित रूप में प्रदान करते हुए भरना पड़ता है।

व्यावहारिक अनुसंधानों के क्षेत्र में चाहे परिमाणात्मक अध्ययन हो अथवा गुणात्मक, शोधकर्त्ताओं को अपनी शोध के लिए वांछित प्रदत्तों का संग्रह करने के लिए प्रश्नावली का प्रयोग काफी सहज और प्रभावशील सिद्ध होता है। इसकी सहायता से हम व्यक्ति या समूह विशेष से व्यक्तिगत तौर पर सूचना प्राप्त कर सकते हैं और दूर बैठे हुए प्रयोज्यों से डाक या ई–मेल द्वारा भी ऐसा किया जा सकता है। परन्तु इसका प्रयोग करते हुए प्रयोज्यों से विश्वसनीय और वैध सूचना प्राप्त करने का कार्य आसान नहीं है। इसके लिए पहले तो शोधकर्त्ता को काफी सोच समझ कर एक अच्छी प्रश्नावली का निर्माण करना होता है और फिर उस प्रश्नावली को प्रयोज्यों के सामने इस तरह रखकर उचित उत्तर प्राप्त करने होते हैं जिनसे अनुसंधान के लिए विश्वसनीय तौर पर सही प्रदत्तों का संकलन हो सके। यह तभी हो सकता है जब कि शोधकर्त्ता प्रश्नावली के निर्माण और उसके प्रशासन से भलीभाँति परिचित हो। आगे के पृष्ठों में हम इन दोनों ही बातों की चर्चा करेंगे।

प्रश्नावली का निर्माण या विकास
(Construction or Development of a Questionnaire)

शोध के एक उपकरण के रूप में प्रश्नावली के प्रयेाग से शोध अध्ययन से सम्बन्धित उत्तरदाताओं से वांछित सूचनाएँ और प्रदत्तों की प्राप्ति करने में मिलने वाली सफलता प्रश्नावली की गुणवत्ता पर निर्भर करती है। इसलिए शोधकर्त्ता के लिए यह आवश्यक होता है कि वह अपने अध्ययन के लिए एक प्रश्नावली उपकरण के निर्माण

और विकास में पूरी तरह सावधान रहे। अच्छी प्रश्नावली के निर्माण और विकास में शोधकर्त्ता को निम्न क्रमिक सोपानों का पालन करना होता है जैसा कि तालिका 19.1 में दिखाया गया है।

तालिका 19.1 एक प्रश्नावली के निर्माण के सोपान

सोपान 1	: प्रश्नों की अन्तर्वस्तु के बारे में निर्णय लेना
सोपान 2	: प्रश्नों की संरचना या प्रारूप के बारे में निर्णय लेना
सोपान 3	: प्रश्नों की शब्दावली और भाषा पर ध्यान देना
सोपान 4	: प्रश्नों की लम्बाई पर ध्यान देना
सोपान 5	: प्रश्नों की क्रम व्यवस्था करना
सोपान 6	: प्रश्नों का उत्तर देने सम्बन्धी निर्देश लिखना
सोपान 7	: अपने सहकर्मियों एवं विशेषज्ञों से राय लेना
सोपान 8	: प्रश्नावली का प्रारम्भिक परीक्षण
सोपान 9	: प्रश्नावली की विश्वसनीयता एवं वैधता स्थापित करना
सोपान 10	: प्रश्नावली को अन्तिम प्रारूप प्रदान करना

आइए, उपरोक्त सोपानों की अब एक एक कर चर्चा करते हैं :

सोपान 1 : प्रश्नों की अन्तर्वस्तु के बारे में निर्णय लेना

शोधकर्त्ता का प्रमुख उद्देश्य अपने शोध में उपस्थित प्रश्नों का उत्तर प्राप्त करना होता है। अपने इस उद्देश्य की पूर्ति के लिए सार्थक उत्तर प्राप्त करने या प्रदत्तों का संकलन करने के लिए वह एक उपकरण के रूप में प्रश्नावली का विकास करना चाहता है। अतः प्रश्नावली में इसकी अन्तर्वस्तु के रूप में जो कुछ भी हो वह शोधकर्त्ता के शोध अध्ययन के उद्देश्यों से सम्बन्धित होना चाहिए। इसलिए शोधकर्त्ता को अपने शोध अध्ययन के लिए प्रश्नावली का विकास करते समय अपनी प्रश्नावली में ऐसे प्रश्नों को शामिल करना चाहिए जिनसे उसे प्रयोज्यों से ऐसी सार्थक सूचना एवं प्रदत्तों की प्राप्ति हो कि उनकी सहायता से वह अपने शोध प्रश्नों का उत्तर प्राप्त कर सके।

सोपान 2 : प्रश्नों की संरचना या प्रारूप के बारे में निर्णय लेना

प्रश्नों की अन्तर्वस्तु के बारे में निश्चय कर लेने के उपरान्त शोधकर्त्ता को प्रश्नों के प्रारूप या संरचना के बारे में निर्णय लेना चाहिए। प्रश्नावली के प्रश्नों की संरचना या प्रारूप विशेष दो बातों पर निर्भर करता है (i) किसी विशेष परिस्थिति तथा विशेष समय में शोध उद्देश्यों को प्राप्त करने के लिए उत्तरदाताओं से किस प्रकार की सूचनाओं की जरूरत है और (ii) संकलित प्रदत्तों के विश्लेषण का तरीका।

सामान्य रूप से प्रश्नावली में शोधकर्त्ताओं द्वारा दो प्रकार के प्रतिबन्धित या बन्द (Closed end) तथा मुक्त (Open ended) उत्तर वाले प्रश्नों की संरचना की जाती है। मापन के विभिन्न स्तरों पर परिमाणात्मक प्रदत्तों के संकलन के लिए प्रतिबन्धित प्रश्नों का प्रयोग किया जाता है जबकि मुक्त उत्तर वाले प्रश्नों का प्रयोग गुणात्मक प्रदत्तों की उपलब्धि में सहायक होता है क्योंकि प्रयोज्यों द्वारा इनका उत्तर देने हेतु बहुत सारे शब्दों का उपयोग किया जाता है। इन दोनों प्रकार के प्रारूपों को उनके विभिन्न प्रकारों सहित चित्र 19.1 में दिखाया गया है।

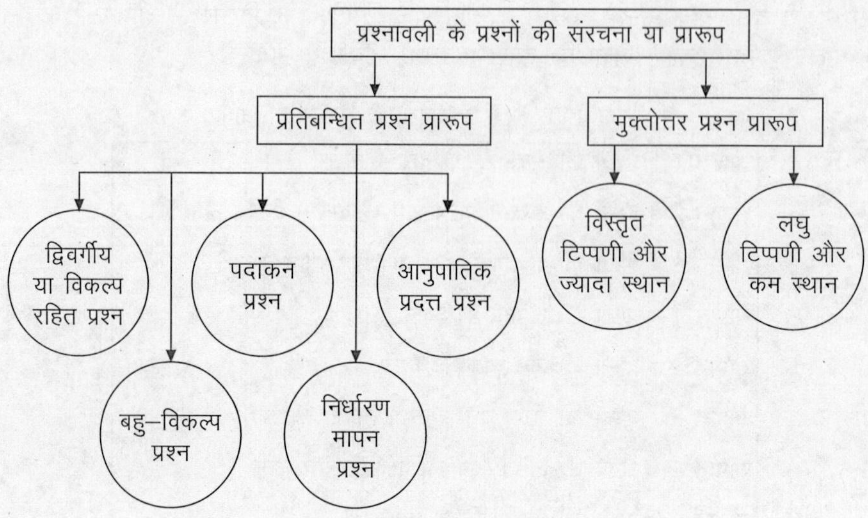

चित्र 19.1 प्रश्नावली के प्रश्नों की संरचना या प्रारूप।

आइए, प्रश्नावली की संरचना में प्रयुक्त प्रश्नों के इन प्रकारों एवं उपप्रकारों के बारे में एक एक कर जानने का प्रयास करते हैं।

A. प्रतिबन्धित प्रश्नों का प्रारूप

इस प्रारूप में इस तरह के प्रश्न होते हैं जिनमें उत्तर देने हेतु कई प्रकार के वैकल्पिक कथन या उत्तर दिये हुए होते हैं और उत्तरदाता को उन्हीं में से किसी विकल्प का अपने उत्तर के लिए चुनाव करना होता है। वह अपनी मर्जी से प्रश्न विशेष का जो चाहे उत्तर दे, ऐसी स्वतन्त्रता यहाँ नहीं होती। इस प्रकार के प्रश्नों से परिमाणात्मक प्रदत्तों की प्राप्ति ठीक प्रकार से हो सकती है। इस तरह के प्रश्नों से किस प्रकार के प्रदत्तों की प्राप्ति हो सकती है, इस सम्बन्ध में कोहन एवं उनके साथियों (Cohen, et al., 2007:322) के द्वारा प्रदत्त (परन्तु यहाँ आंशिक रूप से संशोधित) तालिका नं० 19.2 भलीभाँति प्रकाश डाल सकती हैं।

तालिका 19.2 प्रश्नावली में प्रयुक्त विभिन्न प्रकार के प्रश्नों द्वारा उपलब्ध प्रदत्तों की प्रकृति।

प्रश्नों का प्रकार	प्रदत्तों का स्तर	प्रदत्तों का प्रकार
द्विवर्गीय प्रश्न	नामित (वर्ग या श्रेणियाँ बताना)	परिमाणात्मक
बहुविकल्प प्रश्न	नामित (वर्ग या श्रेणियाँ बताना)	परिमाणात्मक
पदांकन प्रश्न	क्रमात्मक (क्रम बताना)	परिमाणात्मक
निर्धारण मापन प्रश्न	क्रमात्मक (क्रम बताना)	परिमाणात्मक
आनुपातिक प्रदत्त प्रश्न	आनुपातिक (सतत मूल्य तथा वास्तविक शून्य बताना)	परिमाणात्मक
मुक्तोत्तर प्रश्न	शब्दों पर आधारित प्रदत्त	गुणात्मक

इस प्रारूप में जिस प्रकार के प्रश्नों का समावेश होता है अब उन्हें हम एक एक करके लेंगे।

द्विवर्गीय या दो में से एक का चयन चाहने वाले प्रश्न (Dichotomus or Forced Choice Questions)

इन प्रश्नों के उत्तर देने के लिए दो विकल्प प्रदान किए जाते हैं। उत्तरदाताओं को इन्हीं दो विकल्पों में से किसी एक का चयन कर उत्तर देना होता है। इसके लिए वह चयनित वर्ग पर या तो गोला खींच कर या सही (✓) का निशान लगाकर या इस उद्देश्य के लिए प्रदान किए गए स्थान पर हाँ या ना लिख कर अपनी पसन्द व्यक्त करता है जैसे –

(i) लिंग (सही का निशान लगाएँ) स्त्री ☐ पुरुष ☐

(ii) आपकी राय में समाज में दहेज प्रथा की बुराई को प्रोत्साहित करने के लिए ज्यादा जिम्मेदार कौन है ? (पुरुष/स्त्री)

बहुविकल्प प्रश्न (Multiple Choice Questions)

इन प्रश्नों में उत्तरदाता के सम्मुख प्रश्नों का उत्तर देने के लिए कई विकल्प प्रस्तुत किए जाते हैं। इन दिए गए विकल्पों में से उत्तरदाता को अपनी रुचि के किसी एक विकल्प का चयन करना होता है। वह दिए गए विकल्पों में से किसी एक विकल्प पर सही का निशान लगा कर अपना उत्तर देता है, जैसे :

(i) आप किस आयु समूह के अन्तर्गत शामिल हैं ?

16–20 ☐ 21–25 ☐ 26–30 ☐ 31–35 ☐

(ii) कुछ प्रश्नों का उत्तर देने के लिए वे एक से अधिक विकल्प का चयन कर सकते हैं, जैसेः

अपने आगे के अध्ययन के लिए आप इस संस्था में प्रवेश क्यों चाहते हैं ?

निवास स्थान (घर) से नजदीकी ☐
उत्कृष्ट शैक्षिक वातावरण ☐
छात्रावास सुविधाएँ अच्छी हैं ☐
शुल्क ठीक ठीक है ☐
इसे अच्छे अनुशासन के लिए जाना जाता है ☐
खेलों की सुविधाएँ अच्छी हैं ☐

पदांकन प्रश्न (Rank Order Questions)

पहले वर्णित द्विवर्गीय या बहुविकल्प प्रश्नों के विपरीत इस प्रकार के प्रश्नों में उत्तरदाता को दिए गए कथनों को अपनी रुचि के अनुसार उचित क्रम प्रदान करना होता है, जैसे :

(i) निम्न कथनों को सर्वाधिक महत्त्व से लेकर न्यूनतम महत्त्व प्रदान करने के लिए 1 से लेकर 5 तक के क्रम में अंकित करें :

कथन (क) माता पिता को बच्चों के सामने झगड़ना नहीं चाहिए। ☐
(ख) माता पिता को अपने बच्चों के लिए समय देना चाहिए। ☐
(ग) दूसरों के सम्मुख अपने बच्चों की बुराई नहीं करनी चाहिए। ☐
(घ) बच्चे यह अनुभव कर सकें कि माता पिता उन्हें प्यार करते हैं। ☐
(ङ) माता पिता को अपने बच्चों के व्यवहार और कार्यों पर विश्वास होना चाहिए। ☐

निर्धारण मापन प्रश्न (Rating Scale Questions)

इस प्रकार के प्रश्नों में उत्तरदाता प्रश्न में दिए गए कथन के प्रति अपना निर्णय दिए गए स्केल (मापनी) पर किसी एक निश्चित बिन्दु (Point) या उस कथन के लिए दिए गए विभिन्न संवर्गों या श्रेणियों में से किसी एक संवर्ग या श्रेणी में रखकर अभिव्यक्त करता है। जैसे पाँच बिन्दु मापनी पर निर्धारण मापन प्रश्न का स्वरूप निम्न हो सकता है :

(i) भगोड़े विद्यार्थियों को सुधारने का सबसे अच्छा तरीका शारीरिक दंड है।

अत्यधिक असहमत ☐

असहमत ☐

न सहमत न असहमत ☐

सहमत ☐

अत्यधिक सहमत ☐

(ii) किसी कार्यस्थल पर किसी प्रोजेक्ट में कार्यरत एक विशेष कर्मचारी की कुशलता का मापन आप किस स्तर पर निर्धारित करेंगे ?

बहुत अच्छा ☐

अच्छा ☐

औसत ☐

बुरा/कम ☐

बहुत बुरा/बहुत कम ☐

ये प्रश्न ग्यारह बिन्दु, सात बिन्दु और तीन बिन्दु मापनी पर भी मापे जा सकते हैं।

आनुपातिक प्रदत्त प्रश्न (Ratio Data Questions)

इस प्रकार के प्रश्नों द्वारा प्रदत्तों का संकलन सतत चरों और वास्तविक शून्य प्रदान करने वाली आनुपातिक मापनी पर किया जाता है। इन प्रश्नों के निर्माण में पूर्व प्रश्नों के प्रकारों की तरह कोई निश्चित श्रेणी या विकल्प प्रश्नों का उत्तर देने के लिए प्रदान नहीं किए जाते हैं बल्कि प्रयोज्यों को यह कहा जाता है कि दिए हुए प्रश्न का उत्तर देने के लिए सही सही अंक या संख्या का प्रयोग करें, जैसे :

आपकी आयु कितनी है ?

(सही सही वर्ष और माह बताएं) ____________

आप कितनी बार विदेश गए हैं ? ____________

आपके परिवार की कुल वार्षिक आय क्या है ?

(रुपयों में बतायें) ____________

आप सप्ताह में अपने बच्चों के साथ कितना समय व्यतीत करते हैं ? ____________

आप कितनी बार अपने कार्यस्थल पर देर से पहुँचे हैं ? ____________

B. मुक्तोत्तर प्रश्नों का प्रारूप (Open Ended Questions)

प्रश्नावली के इस प्रारूप में जिस प्रकार के प्रश्नों का प्रयोग किया जाता है इनके बारे में उत्तरदाता को किसी प्रकार के संरचित उत्तर या निश्चित उत्तर देने के लिए बाध्य नहीं किया जाता है। यहाँ उत्तर देने के लिए उत्तरदाता को अपने स्वयं के उत्तर की संरचना करने या अपने स्वयं के वाक्य और शब्दावली का प्रयोग करने की पूर्ण स्वतन्त्रता होती है। प्रतिबन्धित प्रश्नों की तरह उत्तरदाता को उत्तर देने के लिए कोई संकेत नहीं दिया जाता है। प्रायः इसी कारण से इन प्रश्नों के उत्तरों का अर्थापन करना, गणना करना और समुचित रूप से संक्षेपीकरण करना थोड़ा मुश्किल होता है। अपने वास्तविक रूप में इस प्रकार के मुक्तोत्तर प्रश्नों की रचना इस प्रकार की जाती है कि उनसे प्रश्न विशेष की आवश्यकता के अनुसार प्रयोज्यों से उत्तर प्राप्त करने के लिए यह कहा जा सके कि वे प्रश्नों के उत्तर कुछ शब्दों में अथवा विस्तृत रूप में अपनी रुचि के अनुसार दें। जैसे :

(i) अपने व्यावसायिक संस्थान में कर्मियों के असंतोष से जुड़ी घटनाओं को कम करने के लिए एक निरीक्षक या कार्यकर्त्ता के रूप में अपने सुझाव प्रस्तुत करें।

(ii) एक अध्यापक के रूप में मेरे दृष्टिकोण से, विद्यार्थियों में भगोड़ेपन के लिए प्रमुख कारण निम्नलिखित हैं :

(a) ____________________

(b) ____________________

(c) ____________________

शोधकर्त्ताओं द्वारा प्रश्नावली का विकास करते हुए, जिन प्रतिबन्धित और मुक्त उत्तर प्रारूप वाले प्रश्नों की संरचना की जाती है उनमें अपने अपने गुण और दोष पाए जाते हैं। इसलिए शोध की अवधारणा एवं परिस्थिति के अनुसार, दोनों के हानि लाभ को देखते हुए उचित प्रारूप का प्रयोग करने के बारे में निर्णय लेना चाहिए। इस सम्बन्ध में अपने विचार व्यक्त करते हुए एडम्स और शबानेवेल्ट (Adams & Schvane Veldt, 1991:202-03) ने लिखा है :

यह बात स्पष्ट ही है कि प्रत्येक प्रश्न प्रारूप में गुण भी होते हैं और अवगुण भी। अन्वेषणात्मक अनुसंधान जिसमें व्यक्ति विशेष की भावनाओं, अभिवृत्तियों और ऐसे व्यवहार के बारे में जानकारी लेनी होती है जो अपरिचित और समझ से परे होते हैं, उस स्थिति में मुक्तोत्तर प्रश्न–प्रतिबन्धित प्रश्नों से अच्छे होते हैं। दूसरी ओर जहाँ तक प्रयोज्यों से ज्यादा से ज्यादा संख्या में उत्तर मिलने, समय और धन की मितव्ययता, वस्तुनिष्ठा तथा प्राप्त उत्तरों के अंकन और विश्लेषण की बात है, उसमें प्रतिबन्धित उत्तर वाले प्रश्न उत्तम सिद्ध होते हैं।

इस तरह किस प्रकार के प्रश्नों से युक्त प्रारूप का उपयोग किया जाए इस सम्बन्ध में प्रयोजन और प्रस्तुति के अनुसार ही निर्णय लिया जाना चाहिए।

सोपान 3 : प्रश्नों की शब्दावली और भाषा पर ध्यान देना (Paying Attention Towards the Language and Wording of the Questions)

शोध प्रश्नों के बारे में उत्तरदाताओं की राय या वास्तविक एव वांछित सूचनाएँ प्राप्त करने के मामले में प्रश्नावली के प्रत्येक प्रश्न का अपना महत्त्व होता है। प्रदत्तों का संकलन करने के एक उपकरण के रूप में प्रश्नावली को प्रयोग में लाने का जो भी उद्देश्य या लक्ष्य होता है उसकी प्राप्ति में प्रश्नों की भाषा एवं बनावट की महत्त्वपूर्ण भूमिका होती है। जहाँ तक सम्भव हो प्रश्नावली में प्रयुक्त प्रश्नों और कथनों की भाषा और शब्दावली काफी सरल और स्पष्ट होनी चाहिए। प्रत्येक प्रश्न या कथन इतना स्पष्ट होना चाहिए कि इससे शोध अध्ययन से सम्बन्धित सूचनाएँ प्रभावशाली तरीके से निकाली जा सकें। अपने इस प्रयास में सफलता प्राप्त करने के लिए प्रश्नावली के प्रश्नों की रचना करते समय शोधकर्त्ता को सरल, स्पष्ट एवं पक्षपात रहित भाषा का प्रयोग करना चाहिए तथा

नकारात्मक भाषा वाले और अनुमान लगाने वाले प्रश्नों का प्रयोग नहीं करना चाहिए। एक सम्प्रत्यय के बारे में एक समय में एक ही प्रश्न पूछना चाहिए। इन सभी नियमों को तालिका 19.3 में संक्षेप मे व्यक्त किया गया है।

तालिका 19.3 प्रश्नावली की भाषा और बनावट

- कठिन भाषा की बजाय सरल भाषा का प्रयोग
- अधूरे वाक्य की बजाय पूर्ण वाक्य का प्रयोग
- प्रयुक्त पदों और भाषा के गलत अर्थापन से बचना
- अनावश्यक मान्यताओं या धारणाओं से बचना
- दोहरी नकारात्मकता से बचना
- एक प्रश्न में दो प्रश्न पूछने से बचना
- स्वयं उत्तर प्रस्तुत करने वाले प्रश्नों से बचना
- शर्मिन्दा करने वाले प्रश्नों से बचना
- सभी प्रयोज्यों के लिए उपयुक्त सिद्ध होना

आइए, अब इन उपरोक्त सभी बातों को प्रश्नावली निर्माण में प्रयुक्त करके देखा जाये :

1. सरल भाषा का प्रयोग (Use of simple language instead of difficult one) : प्रश्नों की भाषा उत्तरदाता की भाषा और शैक्षिक स्तर के अनुरूप होनी चाहिए। प्रश्नों की सरलता और सम्पूर्णता तथा बनावट का निर्णय उत्तरदाता के दृष्टिकोण से किया जाना चाहिए न कि प्रश्नावली निर्माणकर्त्ता के। अतः शोधकर्त्ता को हमेशा ही अपने अध्ययन के प्रयोज्यों की भाषा और शैक्षिक स्तर का ध्यान रखना चाहिए जिससे उन्हें प्रश्नावली के प्रश्नों या कथनों को समझने और उत्तर देने में किसी कठिनाई का सामना न करना पड़े। इसके अतिरिक्त उसे जहाँ तक हो सके लम्बे लम्बे, जटिल शब्दों के प्रयोग से भी बचना चाहिए।

2. अपूर्ण वाक्यों की जगह पूर्ण वाक्यों का प्रयोग (Use of complete sentences instead of fragments) : प्रश्नावली में पूछे जाने वाले प्रश्न या कथन हमेशा पूर्ण वाक्यों में ही होने चाहिए, अपूर्ण वाक्य या शब्द में नहीं, जैसे :

अपूर्ण वाक्य या शब्द	पूर्ण वाक्य
आयु	आपकी आयु क्या है ?
लिंग	आपका लिंग क्या है ?
वार्षिक आय रु० में	आपकी वार्षिक आय क्या है ? (रुपयों में बताएं)

3. गलत अर्थ निकालने वाले शब्दों या भाषा का प्रयोग न करना (Avoid misinterpretation of the terms of language used) : प्रश्नों का निर्माण करते समय ऐसे शब्दों या पदों का प्रयोग करना चाहिए जिनका सीधा सा स्पष्ट अर्थ हो। ऐसे शब्दों का प्रयोग नहीं करना चाहिए जिनका उत्तरदाता गलत अर्थ निकाल ले। इस सम्बन्ध में अपने विचार व्यक्त करते हुए बेस्ट और काहन (Best & Kahn, 2006:316) ने कहा है :

अपने भिन्न भिन्न अर्थों के कारण हजारों शब्द अस्पष्ट होते हैं 'आप इस समय क्या कर रहे हो ?' शोधकर्त्ता द्वारा यह प्रश्न पूछे जाने पर उत्तरदाता चिढ़ कर यह उत्तर भी दे सकता है कि "आपकी मूर्खतापूर्ण प्रश्नावली को ही भर रहा हूँ।

इसलिए प्रश्नावली निर्माता को हमेशा ही सरल, स्पष्ट एवं सीधे साधे अर्थ वाले शब्दों का प्रयोग करना चाहिए तथा अस्पष्ट, भ्रमजन्य, द्विअर्थक, बहुअर्थक, चक्करदार, आपत्तिजनक शब्दों से बचना चाहिए।

4. अनावश्यक मान्यताओं या धारणाओं से बचना (Avoid unwanted Assumptions) : कभी कभी प्रश्नावली में ऐसे प्रश्नों को रख दिया जाता है जो अनचाही धारणा से ग्रस्त होते हैं। जैसे–"औसत रूप से आप कितने घंटे वेब सर्फिंग करते हैं ?" इस प्रश्न से ऐसा प्रतीत होता है मानो सभी उत्तरदाताओं के पास कम्प्यूटर और इन्टरनेट की सुविधा है। प्रश्न निर्माता की यह मान्यता या धारणा अनुचित है। उसे अपने अध्ययन से सम्बन्धित उत्तरदाताओं की स्थिति तथा सुविधाओं के परिप्रेक्ष्य में ही अपनी धारणा बनाकर प्रश्न पूछना चाहिए।

5. दोहरी नकारात्मकता से बचना (Avoid the use of double negatives) : प्रश्नावली में दोहरी नकारात्मकता वाले प्रश्नों के प्रयोग से अक्सर उत्तरदाता भ्रामक स्थिति में पड़ जाते हैं या सही दिशा से भटक जाते हैं। एक प्रश्नावली के निम्न प्रश्न से यह बात स्पष्ट हो जाती है :

प्रश्न – "क्या आप किसी ऐसे नवाचार का प्रयोग <u>नहीं करना</u> चाहते हैं जिससे आपके प्रबन्धन कार्य को प्रभावशाली बनाने में कोई मदद <u>नहीं मिलती</u> है ?"

इस प्रकार की दोहरी नकारात्मकता युक्त प्रश्नों को अच्छी तरह से समझने में प्रयोज्यों को कठिनाई होती है। क्योंकि दो बार नकारात्मक शब्दों के प्रयोग से वाक्य में अस्पष्टता एवं असमंजस की स्थिति पैदा हो जाती है। इसलिए दो बार नकारात्मकता का प्रयोग करने के बजाय ऐसे वाक्य बनाए जाएं जिनमें दो की बजाय एक ही बार नकारात्मक शब्द का प्रयोग हो। इस सन्दर्भ में उदाहरण के लिए ऊपर दिए गए कथन को निम्न प्रकार प्रस्तुत कर सकते हैं।

"क्या आप किसी ऐसे नवाचार का प्रयोग करना चाहेंगे जिससे आपके प्रबन्धन कार्य को प्रभावशाली बनाने में कोई मदद नहीं मिलती है ?"

6. एक प्रश्न में दो प्रश्न पूछने से बचना (Avoid the use of double barrel questions) : प्रश्नावली में प्रयुक्त प्रश्नों और कथनों में स्पष्टता एवं विशिष्टता बनाए रखने के लिए यह जरूरी है कि एक प्रश्न में एक समय में केवल एक सम्प्रत्यय पर ध्यान दिया जाए, यानी एक समय में एक ही प्रश्न पूछा जाए। कई बार एक प्रश्न में "और या तथा या एवं" शब्द का प्रयोग कर, एक ही समय में एक प्रश्न के अन्तर्गत दो या ज्यादा प्रश्न पूछ लिये जाते हैं। ऐसे प्रश्नों को दो गोली दागने वाले अर्थात् double barrel प्रश्न अर्थात् एक प्रश्न में दो प्रश्न पूछने वाले प्रश्न कहा जाता है।

उदाहरण के लिए :

1. ऑफिस जाने के लिए, पैसे की बचत की दृष्टि से क्या आप दूसरों के साथ कार पूल (Car-pool) करना चाहते हो या सार्वजनिक बस सेवा का उपयोग करना चाहते हो ? (हाँ/नहीं)
2. सरकारी कर्मचारियों के वेतन में वृद्धि और रक्षा बजट में वृद्धि हो जाने के कारण क्या आप इस नए बजट में आयकर में वृद्धि का समर्थन करते हैं ? (हाँ/नहीं)

इस प्रकार के दो मुंहे प्रश्नों का प्रयोग व्यर्थ की अस्पष्टता और भ्रान्तियों को जन्म देता है। एक प्रश्न में ही दो अलग अलग प्रश्न होने से उत्तरदाता अब अगर एक प्रश्न को हाँ और दूसरे को ना कहना चाहे तो ऐसा करने के लिए उसे यहाँ कोई रास्ता नजर नहीं आता। अतः यह जरूरी हो जाता है कि एक प्रश्न में दो समस्याएँ न रखकर उन दोनों के लिए अलग अलग प्रश्न बनाए जाएं। जैसे उपरोक्त द्वितीय प्रश्न के लिए हम निम्न दो प्रश्न बना सकते हैं :

(i) सरकारी कर्मचारियों के वेतन में वृद्धि के कारण क्या आप इस नए बजट में आयकर वृद्धि का समर्थन करते हैं ? (हाँ/नहीं)

(ii) रक्षा बजट में वृद्धि हो जाने के कारण क्या आप इस नए बजट में आयकर वृद्धि का समर्थन करते हैं ? (हाँ/नहीं)

7. स्वयं उत्तर प्रस्तुत करने वाले प्रश्नों से बचना (Avoid suggestive or leading questions) : जो प्रश्न स्वयं ही उत्तर देने के लिए सुझाव प्रस्तुत करते हैं या उत्तरदाता को उत्तर देने के लिए स्वयमेव ही एक निश्चित बिन्दु प्रदान करते हैं, वे शोध सम्बन्धी सार्थक सूचनाएँ या उत्तरदाता की स्वतन्त्र राय जानने की दृष्टि से व्यर्थ होते हैं। ऐसे प्रश्नों के लिए हम निम्न उदाहरण प्रस्तुत कर सकते हैं :

(i) क्या यह ठीक है कि आजकल ज्यादातर व्यक्ति दूरदर्शन देखने में अपने खाली समय को व्यतीत करते हैं ? (हाँ/नहीं)

(ii) क्या यह सत्य है कि ज्यादातर विद्यालयों में हम या तो काले या हरे रंग के चॉक बोर्ड का प्रयोग करते हैं ? (हाँ/नहीं)

8. शर्मिन्दा करने वाले प्रश्नों से बचना (Avoid embarrassing questions) : प्रश्नावली के निर्माता को सदैव इस बात का ध्यान रखना चाहिए कि उत्तरदाता के व्यक्तिगत मामलों से सम्बन्धित ऐसे प्रश्न न पूछे जायें जिनके उत्तर उन्हें शर्मिन्दगी का अनुभव कराते हों। संवेदनशील प्रश्न कभी कभी उत्तरदाता को क्षुब्ध या उत्तेजित भी कर देते हैं। अतः प्रश्न ऐसे हों जिनका उत्तर उत्तरदाता पूरे विश्वास एवं भरोसे के साथ दे सकें।

9. सभी प्रयोज्यों के लिए उपयुक्त हों (Try to see appropriateness for all respondents) : प्रश्नावली के प्रश्न एवं उनकी भाषा ऐसी होनी चाहिए जो शोध अध्ययन में शामिल सभी प्रकार के उत्तरदाताओं के लिए उपयुक्त हो। इस सम्बन्ध में हम निम्न दो प्रश्नों को उदाहरण के लिए प्रस्तुत कर सकते हैं :

(i) आपके विद्यालय के समय विभाग चक्र में पाठ्य सहगामी गतिविधियों के संगठन के लिए प्रतिदिन कितने घंटे प्रदान किए गए हैं ?

(ii) आपका वैवाहिक स्तर क्या है ? (विवाहित/अविवाहित)

इन प्रश्नों की अनुपयुक्तता आसानी से जानी जा सकती है। प्रथम प्रश्न अपने आप में त्रुटिपूर्ण है। अब, जिन विद्यालयों में पाठ्य सहगामी गतिविधियों के लिए समय विभाग चक्र में समय दिया ही नहीं गया है, वे इसका उत्तर कैसे दे सकते हैं ? इसी प्रकार द्वितीय प्रश्न भी अस्पष्ट है अर्थात् जो उत्तरदाता तलाकशुदा, विधवा या विधुर हैं उनके लिए यह प्रश्न ठीक नहीं है।

सोपान 4 : प्रश्नावली की लम्बाई पर ध्यान देना (Pay Attention Towards the Length of the Questionnaire)

प्रश्नों की संरचना एवं प्रारूप का निर्णय ले लेने के पश्चात् शोधकर्त्ता को प्रश्नावली की लम्बाई की तरफ ध्यान देना चाहिए। प्रश्नावली में कितने प्रश्न शामिल किए जाएं, इस सम्बन्ध में स्वर्णिम नियम यह है कि प्रश्नावली को जहाँ तक सम्भव हो छोटा रखा जाए, इसकी लम्बाई इतनी हो कि जिससे शोध अध्ययन से सम्बन्धित अनिवार्य प्रदत्तों की प्राप्ति आसानी से हो जाए। प्रश्नावली ज्यादा लम्बी होने से उत्तरदाताओं को समय और प्रयत्नों के लिहाज से इससे अरुचि हो जाती है और वे इसे पूरा करने से कतराने लगते हैं।

सोपान 5 : प्रश्नों को क्रमिक रूप से व्यवस्थित करना (Ordering or Sequencing of the Questions)

उत्तरदाताओं से प्रश्नावली के प्रश्नों का उत्तर ठीक तरह से प्राप्त करने में प्रश्नों का उचित क्रम भी महत्त्वपूर्ण भूमिका अदा करता है। अतः प्रश्नावली का निर्माण करते समय इसका विकास करने वाले को प्रश्नों को उचित क्रम और ठीक रूप से व्यवस्थित करना चाहिए। इसके लिए वह निम्न बातों को ध्यान में रख सकता है :

- प्रश्नावली के शुरु के प्रश्न सरल तथा उत्तर देने में आसान होने चाहिएँ। यदि शुरु में ही उत्तरदाता को डराने वाले कठिन प्रश्न हुए तो इस बात की आशा छोड़ देनी चाहिए कि उत्तरदाता इसको पूरा भरेंगे।
- जो प्रश्न बहुत ज्यादा महत्त्व के हों वे प्रश्नावली के प्रथम अर्धभाग में हों ताकि यदि उत्तरदाता प्रश्नावली को अधूरा छोड़ भी दें तब भी महत्त्वपूर्ण सूचनाओं और प्रदत्तों की प्राप्ति हो जायेगी।

- प्रश्नावली के प्रश्नों को तार्किक क्रम में समूहांकित करना चाहिए। किसी विशेष विचार या मामले से सम्बन्धित प्रश्न यदि साथ साथ एक समूह में प्रस्तुत किए जायेंगे तो उत्तरदाताओं को प्रश्नों का उत्तर देने में आसानी होगी।
- प्रश्नावली के प्रश्नों, कथनों या पदों में तार्किक एवं मनोवैज्ञानिक क्रम व्यवस्था का समन्वयन होना चाहिए। सरल से कठिन एवं रुचिकर से गूढ़ प्रश्नों की ओर बढ़ने के साथ साथ प्रत्येक प्रश्न अपने से पूर्व प्रश्न से जुड़ा हुआ सा होना चाहिए। बिना किसी तारतम्य या कड़ी के एक मामले से दूसरे मामले पर प्रश्नों का कूद जाना या छलांग लगा देना ठीक नहीं होता।
- व्यक्तिगत जानकारी से सम्बन्धित प्रश्न (जैसे–आय, स्वास्थ्य, व्यावसायिक स्तर, आयु, वैवाहिक स्तर आदि) प्रश्नावली के अन्तिम भाग में पूछने चाहिए।

सोपान 6 : प्रश्नों का उत्तर देने सम्बन्धी निर्देश लिखना (Writing the Instructions for Responding to Questions)

प्रश्नावली के पदों का उत्तर प्राप्त करने के लिए प्रश्नावली में उत्तरदाताओं के लिए आवश्यक निर्देश भी लिखे होने चाहिएँ, जो कि निम्न प्रकार से हो सकते हैं :

- शोध अध्ययन के उद्देश्य/प्रयोजन स्पष्ट शब्दों में लिखना चाहिए।
- प्रश्नावली का उत्तर देने के लिए उत्तरदाताओं से विनम्र निवेदन तथा अभिप्रेरणात्मक वाक्य लिखने चाहिएँ।
- अन्त में उत्तरदाताओं को उत्तर देने के लिए धन्यवाद ज्ञापन करना चाहिए।
- उत्तरदाताओं को विश्वास दिलाना चाहिए कि उनके द्वारा दी गई सूचनाएँ गुप्त रखी जायेंगी।
- उत्तरदाताओं की आवश्यकताओं, कठिनाइयों, रुचियों तथा अभिवृत्तियों के प्रति संवेदनशील रहना चाहिए।
- प्रश्नावली भर कर समय पर लौटाने के लिए उत्तरदाताओं से निवेदन करना चाहिए और अन्त में,
- उत्तरदाताओं को आश्वस्त करना चाहिए कि शोध अध्ययन के परिणामों के बारे में उन्हे सूचित किया जायेगा।

सोपान 7 : अपने सहकर्मियों एवं विशेषज्ञों से राय लेना (Seeking Opinion of the Experts and Colleagues)

प्रश्नावली का प्रारम्भिक प्रारूप तैयार कर लेने के पश्चात् उसकी भाषा, प्रारूप, पदों या प्रश्नों का औचित्य तथा उचित निर्माण आदि के बारे में उचित सलाह एवं राय लेने के लिए उसे अपने अनुभवी सहकर्मियों तथा इस क्षेत्र में विशेषज्ञ विद्वानों के पास भेजना चाहिए। इसके लिए वैयक्तिक तौर पर सम्पर्क स्थापित करके प्रश्नावली या पुनरावलोकन करने के लिए निवेदन करना चाहिए और प्राप्त सलाह या मार्गदर्शन के आधार पर आवश्यक परिवर्तन करके उसे अन्तिम स्वरूप प्रदान करना चाहिए।

सोपान 8 : प्रश्नावली का प्रारम्भिक परीक्षण (Preliminary Tryout of the Questionnaire)

विशेषज्ञों की राय प्राप्त कर उसके आधार पर आवश्यक परिवर्तन कर लेने के पश्चात् शोधकर्त्ता को प्रश्नावली का निम्न उद्देश्यों की पूर्ति हेतु अध्ययन से सम्बन्धित उत्तरदाताओं के एक लघु न्यादर्श पर परीक्षण करना चाहिए।

(i) शोध अध्ययन के लिए एक उपकरण के रूप में प्रश्नावली के औचित्य की जाँच करना।

(ii) प्रश्नों की भाषा, प्रश्नों का क्रम, उत्तर दर आदि की कमजोरी जानकर समय रहते उनका सुधार करना।

इस प्रकार प्रारम्भिक परीक्षण के जो परिणाम हों उनसे सबक लेकर आवश्यक सुधार करते हुए प्रश्नावली का सुधारात्मक प्रारूप तैयार कर लेना चाहिए।

सोपान 9 : प्रश्नावली की विश्वसनीयता एवं वैधता स्थापित करना (Establishing Reliability and Validity of the Questionnaire)

मनोवैज्ञानिक परीक्षणों और प्रदत्त संकलन उपकरणों में विश्वसनीयता एवं वैधता स्थापित करने के लिए जिन विधियों का उपयोग किया जाता है, उन्हीं का प्रयोग करके प्रश्नावली की विश्वसनीयता एवं वैधता स्थापित करनी चाहिए। तैयार की गई प्रश्नावली की परीक्षण–पुनर्परीक्षण विश्वसनीयता स्थापित करने के लिए शोधकर्त्ता अपने शोध अध्ययन के एक लघु उप न्यादर्श (Small sub-sample) पर इसका द्वितीय प्रशासन कर सकता है तथा विशेषज्ञों की राय जानकर इसकी अन्तर्वस्तु वैधता स्थापित की जा सकती है।

सोपान 10 : प्रश्नावली को अन्तिम प्रारूप प्रदान करना (Giving the Questionnaire its Final Form)

इस अन्तिम सोपान पर अभी तक विकसित प्रश्नावली का शोधकर्त्ता द्वारा पुनः विधिवत् परीक्षण और स्वमूल्यांकन किया जाता है। यह करने के लिए, वह अच्छी और आदर्श प्रश्नावली की विशेषताओं को वह अपने सामने रखने का प्रयत्न करता है। बेस्ट और काहन (Best & Kahn, 2006:319) द्वारा प्रदत्त इन विशेषताओं को हम तालिका 19. 4 में प्रस्तुत कर रहे हैं।

तालिका 19.4 एक अच्छी प्रश्नावली की विशेषताएँ

1. एक अच्छी प्रश्नावली का सम्बन्ध किसी महत्त्वपूर्ण विषय से होता है जिसे उत्तरदाताओं द्वारा इतना उपयोगी समझा जाए कि वे उसका उत्तर देने में अपने समय की बर्बादी न समझें। प्रश्नावली में उसके महत्त्व के बारे में स्पष्ट रूप से लिखा जाना चाहिए अथवा आवरण पत्र में इसका वर्णन होना चाहिए।
2. प्रश्नावली से उन्हीं सूचनाओं को प्राप्त किया जा सकता है जिनकी प्राप्ति विद्यालय अभिलेख या जनसंख्या आंकड़ों से नहीं हो पाती।
3. प्रश्नावली न अधिक लम्बी और न अधिक छोटी होनी चाहिए। इसका समुचित रूप से आकार ऐसा होना चाहिए जिससे आवश्यक प्रदत्तों की प्राप्ति हो सके। ज्यादा लम्बी होने पर यह रद्दी की टोकरी में स्थान प्राप्त कर लेती है। जहाँ तक हो सके इसके प्रश्न ऐसे हों जिसमें उत्तरदाता को कम से कम लिखना पड़े। उत्तर स्पष्ट भाषा में दे सकें तथा प्रश्नावली को आसानी से पूरा कर सकें।
4. प्रश्नावली देखने में आकर्षक हो। इसका आकार सुन्दर हो, सफाई के साथ व्यवस्थित हो तथा छपाई स्पष्ट हो।
5. एक अच्छी प्रश्नावली में निर्देश स्पष्ट एवं सम्पूर्ण हों। मुख्य मुख्य पदों एवं शब्दों को अच्छी तरह स्पष्ट किया गया हो। प्रत्येक प्रश्न में केवल एक ही विचार पर प्रश्न हो जो जितना संभव हो इसे सरल शब्दों में लिखा गया हो। एक प्रश्न में दो प्रश्न नहीं पूछे गए हों। प्रश्नों के संवर्ग ऐसे हों जिनका स्वरूप सरल, तर्कसंगत एवं नपे तुले उत्तर देने में सहायता करे।
6. प्रश्न वस्तुपरक हों ना कि वांछित उत्तर प्राप्त करने के लिए संकेतात्मक या दिशात्मक। किसी प्रश्नावली में पूछे गए दिशात्मक प्रश्न उसी प्रकार अनुचित होते हैं, जैसे कि न्यायालय में।
7. प्रश्नावली में पूछे गए प्रश्न एक अच्छे मनोवैज्ञानिक क्रम में, जैसे–सरल से कठिन की ओर, सामान्य से विशिष्ट की ओर, अग्रसर होने चाहिए। प्रश्नों का यह क्रम उत्तरदाताओं को अपनी सोच को उचित रूप से व्यवस्थित करने में सहायता करता है जिससे उनके उत्तर वस्तुपरक एवं तर्कपूर्ण होते हैं। इस प्रकार के क्रम में प्रस्तुत प्रश्न बहुत ही नाजुक एवं आन्तरिक स्थिति की तरफ अग्रसर होने से पहले प्रश्नावली के लिए उत्तरदाता का अपना निजी मन या सकारात्मक दृष्टिकोण बनाने में सहायक होते हैं। यदि सम्भव हो तो गुस्सा दिलाने वाले या शर्मिन्दा करने वाले प्रश्न नहीं पूछने चाहिएँ। यदि प्रश्नों की प्रकृति संवेदनशील हो तो उत्तरदाता की स्थिति गुप्त रखी जानी चाहिए। यानी इस बात का पता न लगे कि यह उत्तर किसने दिया है।

प्रश्नावली का प्रशासन (Administration of a Questionnaire)

शोधकर्त्ता द्वारा अपने अध्ययन से सम्बन्धित प्रदत्तों तथा आवश्यक सूचना का संकलन करने के लिए जिस प्रश्नावली को तैयार किया गया है उसके द्वारा इस उद्देश्य की प्राप्ति तब ही हो सकती है जब अध्ययन से सम्बन्धित प्रयोज्यों पर इसका समुचित ढंग से प्रशासन किया जाए। प्रश्नावली के प्रशासन के लिए सामान्यतः दो भिन्न भिन्न प्रक्रियाओं को अपनाया जाता है। (i) आमने सामने के सम्पर्क द्वारा उत्तरदाताओं के एक समूह पर प्रशासन और (ii) डाक द्वारा प्रशासन। आइए, इनको एक एक कर जानते हैं।

(i) समूह प्रशासन (Group adminsitration) : इस प्रकार के प्रशासन में प्रश्नावली उपकरण के प्रश्नों का उत्तर देने के लिए उत्तरदाताओं (अध्ययन के लिए वांछित न्यादर्श) के एक समूह को एकत्रित किया जाता है। इसके लिए शोधकर्त्ता स्वयं प्रशासक का कार्य करता है। शोधकर्त्ता स्वयं प्रश्नावली के प्रशासन का उद्देश्य स्पष्ट करने के लिए स्वयं उत्तरदाताओं को सम्बोधित करता है और प्रश्नावली में दिए गए प्रत्येक प्रश्न या पद का ठीक ठीक उत्तर देने के लिए उन्हें अभिप्रेरित करता है। वह प्रयोज्यों को उत्तर देने का सही तरीका तथा अपने उत्तरों को लिखने का सही ढंग बताता है। यदि उत्तरदाता किसी प्रश्न के अर्थ के बारे में कठिनाई महसूस करते हैं तो वे शोधकर्त्ता से उसका स्पष्टीकरण करने के लिए पूछ सकते हैं। इस प्रकार के आमने सामने के प्रशासन में शोधकर्त्ता को शतप्रतिशत प्रयोज्यों से प्रश्नावली में दिए गए पदों के शतप्रतिशत उत्तर प्रदान करने में सफलता मिलने की संभावना ज्यादा होती है।

(ii) डाक द्वारा प्रशासन (Administration through mail) : इस प्रकार के प्रशासन में उत्तरदाताओं के एक चयनित समूह के पास डाक सेवा के द्वारा प्रश्नावली को भेजा जाता है। फिर उत्तरदाताओं से भी यह आशा की जाती है कि वे प्रश्नावली के साथ दिए गए प्रावरण पत्र में दी गई निश्चित अवधि सीमा के अन्दर ही प्रश्नावली को भरकर डाक द्वारा वापिस भेज दे। इस प्रकार के प्रशासन में इस प्रावरण पत्र (Forwarding letter) की महत्त्वपूर्ण भूमिका होती है। इसमें सूचनादाता से सूचना देने के लिए सकारात्मक रूप से निवेदन किया जाता है ताकि उत्तरदाता पर अनुकूल प्रभाव पड़े और वह प्रश्नावली को भरने के लिए सकारात्मक रूप से अभिप्रेरित हो जायें। इस प्रावरण पत्र को बहुत ही सावधानी के साथ सोच समझ कर तैयार करना चाहिए और प्रश्नावली के साथ भेजना चाहिए। ध्यान रखना चाहिए कि यह प्रावरण पत्र शोधकर्त्ता की अनुपस्थिति में उसका प्रतिनिधित्व कर रहा है। अतः इसको तैयार करने और भेजते समय निम्न बातों का अवश्य ध्यान रखना चाहिए।

- यह जितना सम्भव हो उतना छोटा हो तथा मित्रवत् शैली में हो (Goode & Hatt, 1962)।
- प्रावरण पत्र के प्रारम्भ में शोधकर्त्ता को अपना परिचय देते हुए, अपने संस्थान/संगठन या कार्यस्थल का नाम भी बताना चाहिए।
- अपने शोध अध्ययन के शीर्षक का उल्लेख करते हुए इसकी सार्थकता तथा उद्देश्य का संक्षिप्त विवरण देना चाहिए।
- प्रश्नावली के पदों/प्रश्नों का उत्तर देने के सम्बन्ध में आवश्यक सामान्य निर्देश देने चाहिएँ।
- उत्तरदाताओं को यह विश्वास दिलाना चाहिए कि उनके द्वारा दी गई सूचना को गोपनीय रखा जाएगा।
- प्रावरण पत्र में अपना सम्पर्क नम्बर भी देना चाहिए जिससे उत्तरदाता यदि उत्तर देने में कोई परेशानी महसूस करें या कोई बात उनके मस्तिष्क में आए तो वे शोधकर्त्ता से बात कर सकें।
- इस पत्र के साथ अपना पता लिखा एक लिफाफा भी रख देना चाहिए जिससे उत्तरदाता प्रश्नावली भरने के उपरान्त उसे उसमें रखकर प्रेषित कर सकें।
- प्रश्नावली भर कर वापिस करने के लिए अन्तिम समय सीमा का भी उल्लेख कर देना चाहिए।
- अन्त में अपने शोध अध्ययन में सहयोग देने के लिए उत्तरदाताओं को धन्यवाद ज्ञापन करने वाला एक वाक्य लिखना, अवश्य ही याद रखना चाहिए।

प्रश्नावली के व्यक्तिगत समूह प्रशासन की तुलना में डाक प्रशासन ज्यादा उपयोगी होता है। डाक द्वारा ज्यादा प्रयोज्यों के पास प्रश्नावली को भेजा जा सकता है तथा प्रयोज्य भी अपने समय एवं सुविधा के अनुसार प्रश्नावली को भर कर पूरा कर सकते हैं। इन गुणों के होते हुए भी डाक प्रशासन में कुछ कमियाँ भी पाई जाती हैं। इसमें उत्तर प्राप्त करने की दर (Rate) बहुत कम होती है। बहुत सी प्रश्नावली तो वापिस ही नहीं आती हैं। इससे शोध अध्ययन के लिए संकलित प्रदत्तों की गुणात्मकता में उचित विश्वास बनाए रखने में शोधकर्त्ता को कठिनाई होती है। डाक द्वारा प्रेषित प्रश्नावलियों की अधिक से अधिक वापसी शोधकर्त्ता के सामने एक बड़ी चुनौती होती है। एडम्स और श्वानेवेल्ट (Adams and Schvanveldt, 1991:204) की राय में शोधकर्त्ता निम्न बातों को ध्यान में रखकर इस चुनौती का सामना आसानी से कर सकता है :

- टिकट लगा हुआ तथा पता लिखा हुआ लिफाफा प्रश्नावली के साथ भेजने से पूरी भरी हुई प्रश्नावली की वापिसी की दर ज्यादा हो जाती है।
- अधिक से अधिक भरी हुई प्रश्नावलियों को वापिस प्राप्त करने के लिए सम्बन्धित सूचनादाताओं के पास अनुवर्ती पत्रों को समय समय पर भेजना अति आवश्यक होता है जिसमें सूचनदाता के प्रश्नावली भरकर शीघ्र भेजने का निवेदन किया जाता है।
- सामान्यतः अनुवर्ती पत्र प्रश्नावली के लिए दी गई समय सीमा समाप्त होते ही भेज देना चाहिए और इस पत्र के भेजने के उपरान्त शोधकर्त्ता को दूरभाष द्वारा भी उत्तरदाता से अपने शोध कार्य में सहयोग देने के लिए व्यक्तिगत निवेदन करना चाहिए।
- स्वयं अपने हाथ से लिखा हुआ या टाइप किया हुआ अनुवर्ती पत्र ज्यादा प्रभावपूर्ण होता है। इस पत्र के अन्त में अपने हस्ताक्षर अवश्य करने चाहिएँ।
- विभिन्न रंगों के कम मूल्य वाले डाक टिकटों का प्रयोग प्रश्नावली की वापिसी दर को बढ़ाने में सहायक सिद्ध हो सकता है।
- उत्तरदाताओं पर जितना व्यक्तिगत ध्यान दिया जाए, उनसे उत्तर प्राप्त करने में उतना ही लाभ मिल सकता है। ऊपर बताई गई बहुत सी बातें (टिकट लगा लिफाफा, रंगीन टिकट, टिकटों के प्रकार, स्वयं के हस्ताक्षर तथा व्यक्तिगत रूप से नाम लिखकर सम्बोधन आदि) इसी बिन्दु पर जोर देती हुई दिखाई देती है।
- प्रयोज्यों को शोध का विषय जितना रुचिकर और लाभदायक दिखाई देता है उसी अनुपात में उनकी भागीदारी में वृद्धि हो जाती है।

प्रश्नावली के उत्तरों का विश्लेषण और अर्थापन (Interpretation of the Questionnaire Responses)

उत्तरदाताओं से प्रश्नावली के उत्तर प्राप्त कर लेने के उपरान्त अगला कार्य है संकलित प्रदत्तों एवं सूचना का समुचित विश्लेषण करना। उत्तरों का विश्लेषण करने से पहले यह उचित रहता है कि उनको एक बार अच्छी तरह से पढ़ लिया जाए ताकि उत्तरदाताओं द्वारा प्रश्नों के उत्तर देने सम्बन्धी त्रुटियों को जाना जा सके और दूर किया जा सके। इस प्रकार के छानबीन सम्बन्धी कार्य को सम्पादन (Editing) का नाम दिया जाता है, जैसा कि 'मोसर एवं काल्टन (Moser & Kalton, 1977) ने संकेत दिया है, सम्पादन के इस कार्य में निम्न बातों की ओर ध्यान दिया जाता है :

1. **पूर्णता (Completeness) :** यह देखना कि सभी प्रश्नों के उत्तर दे दिए गए हैं या नहीं।
2. **सही होना (Accuracy) :** यह देखना कि सभी प्रश्नों का उत्तर सही रूप में (बॉक्स Box) में उचित निशान लगाकर दिया गया है।

3. **साम्यता (Uniformity) :** यह देखना कि सभी उत्तरदाताओं ने निर्देशों और प्रश्नों को समान ढंग से समझा है।

अगर उपरोक्त बातों के सम्बन्ध में कोई कमी पाई जाए तो शोधकर्त्ता को या तो प्रश्नावली प्रपत्र को उत्तरदाताओं से पूरी तरह भरवाने/सही करवाने का कार्य करना चाहिए अथवा उस प्रश्नावली प्रपत्र विशेष को निरस्त (Reject) कर देना चाहिए।

अब शोधकर्त्ता द्वारा उत्तरों के अंकन का कार्य किया जाता है। जहाँ तक कि प्रतिबन्धित प्रश्नों से प्राप्त उत्तरों की बात है वहाँ प्रश्नावली निर्माण कर्त्ता द्वारा प्रदत्त अंक कुंजी (Scoring key) की सहायता ली जाती है। यहाँ जैसा निर्देश हो वैसे सही उत्तर के लिए एक और गलत के लिए जीरो अथवा हाँ के लिए दो, अनिश्चित के लिए एक और नहीं के लिए जीरो अंक प्रदान किए जाते हैं। इस प्रकार से प्राप्त संख्यात्मक प्रदत्तों को फिर कुछ विशिष्ट सांख्यिकीय तालिकाओं में व्यवस्थित किया जाता है और फिर जिस तरह अनुसंधान विशेष के लिए जरूरत हो, उसके परिप्रेक्ष्य में कुछ आवश्यक सांख्यिकीय मानों, जैसे–मध्यमान, मध्यांक, बहुलांक, प्रमाणिक विचलन, सहसम्बन्ध, काई वर्ग (Chi-square) आदि के गणन की बात की जाती है। इस प्रकार के परिमाणात्मक या संख्यात्मक विश्लेषण के अतिरिक्त, प्राप्त उत्तरों का गुणात्मक विश्लेषण भी किया जा सकता है। इसके लिए गुणात्मक विश्लेषण में काम आने वाली विशेष तकनीकों का प्रयोग किया जाता है। इनका वर्णन हम इसी पुस्तक के 32वें अध्याय में करेंगे। इस प्रकार एक अनुसंधानकर्त्ता को प्रश्नावली से प्राप्त सभी उत्तरों का समुचित संख्यात्मक तथा गुणात्मक विश्लेषण करना पड़ता है और यह विश्लेषण ही उसे प्राप्त उत्तरों से ऐसे उचित निष्कर्ष निकालने में मदद करता है जिनसे उसके अनुसंधान सम्बन्धी उद्देश्यों की भलीभाँति प्राप्ति हो सके।

शोध उपकरण के रूप में प्रश्नावली के उपयोग के लाभ एवं गुण (Merits and Advantages of Using Questionnaire as a Research Tool)

शोध उपकरण के रूप में प्रश्नावली का प्रयोग करने से शोधकर्त्ता को निम्न फायदे होते हैं :

1. अपने शोध अध्ययन में उठाए गए सवालों और शोध के उद्देश्य से सम्बन्धित वास्तविक तथ्यात्मक सूचनाओं तथा उत्तरदाताओं की राय समुचित रूप से प्राप्त करने में प्रश्नावली शोधकर्त्ता के लिए काफी सहायक सिद्ध होती है।
2. प्रश्नावली के द्वारा सम्बन्धित व्यक्तियों को स्वयं की लिखाई में उनकी राय और प्रथम स्तरीय सूचनाओं की प्राप्ति सीधे ही हो जाती है।
3. किसी विशिष्ट स्थान पर एक समूह के रूप में, एक बड़ी संख्या में उपलब्ध उत्तरदाताओं से आवश्यक सूचनाएँ एवं प्रदत्तों का संकलन करने के लिए प्रश्नावली एक बहुत कम खर्च वाले शोध उपकरण के रूप में कार्य करती है। दूरस्थ रहने वाले उत्तरदाताओं से आवश्यक सूचना प्राप्त करने के लिए डाक सेवा या ई–मेल सेवा का प्रयोग तो प्रश्नावली को और भी कम खर्चीला बना देता है।
4. व्यक्तिगत तौर पर प्रश्नावली के प्रशासन में शोधकर्त्ता और उत्तरदाताओं में आमने सामने अन्तःक्रिया हो सकती है जिससे शोधकर्त्ता को उत्तरदाताओं के साथ एक समुचित तालमेल बैठाने का अवसर प्राप्त होता है। इससे वह उत्तरदाताओं को किसी प्रश्न का अर्थ ठीक से समझ ना आने पर स्पष्ट भी कर सकता है और उन्हें उत्तर देने के लिए अभिप्रेरित भी कर सकता है।
5. डाक सेवा द्वारा प्रश्नावली के प्रशासन में सूचनादाता अपनी सुविधा एवं इच्छानुसार उत्तर देने के लिए स्वतन्त्र रहते हैं। बिना किसी मनोवैज्ञानिक दबाव के अपनी मर्जी से सोच विचार कर उत्तर देते हैं।

6. प्रदत्तों का संकलन करने के अन्य उपकरणों जैसे साक्षात्कार या प्रेक्षण आदि की तुलना में प्रश्नावली ज्यादातर लोगों को सुपरिचित एवं सम्पूर्ण सी लगती है, परिणामस्वरूप वे बिना किसी भय या संकोच के प्रश्नावली के प्रश्नों या पदों का उत्तर दे सकते हैं।
7. प्रश्नावली का एक बड़ा लाभ यह होता है कि इसमें उत्तरदाता द्वारा दी गई सूचनाओं को गुप्त रखा जा सकता है। उन्हें अपनी पहचान गुप्त रखने की पूरी व्यवस्था होती है। इससे वे स्वतन्त्र होकर किसी भी मामले पर अपनी राय खुलकर व्यक्त कर सकते हैं। यह सुविधा अन्य साधनों में नहीं होती है।
8. प्रश्नावली में उत्तरदाताओं को उत्तर देने के लिए आवश्यक निर्देश दिए जाते हैं। इस कारण प्रायः सभी उत्तरदाताओं के उत्तरों का अध्ययन करने पर समरूपता सी रहती है।
9. प्रश्नावली में प्रश्नों का स्वरूप प्रायः वस्तुपरक रहता है अतः इससे प्राप्त प्रदत्तों के व्यवस्थापन, सारणीयन, विश्लेषण तथा निष्कर्ष निकालने में सुविधा रहती है।
10. छपी हुई या लिखित प्रश्नावली के प्रयोग से प्रेक्षण आदि की तरह शोधकर्त्ता के व्यक्तित्व से उत्तरदाताओं के प्रभावित होने की गुंजाइश नहीं रहती है क्योंकि शोधकर्त्ता द्वारा उत्तरदाताओं को उत्तर देने के लिए किसी प्रकार के शाब्दिक या अशाब्दिक संकेत प्रदान करने की यहाँ कोई संभावना नहीं होती।
11. प्रश्नावली का प्रशासन डाक सेवा के द्वारा भी हो सकने के कारण इस विधि में शोधकर्त्ता के समय, धन एवं शक्ति की भी काफी बचत होती है। उसे दूर स्थानों में रहने वाले सभी सम्बन्धित प्रयोज्यों के पास अलग अलग प्रश्नावली लेकर स्वयं नहीं जाना पड़ता है। वह तो डाक द्वारा भेज देता है और उत्तरदाता भी प्रश्नावली भरकर डाक द्वारा लौटा देता है। अब तो ई–मेल द्वारा यह उपकरण और भी ज्यादा सुविधाजनक हो गया है।

शोध उपकरण के रूप में प्रश्नावली की सीमाएँ एवं दोष (Limitations and Disadvantages of Questionnaire as a Research Tool)

इतने अधिक गुण और अच्छाइयों के होने के उपरान्त भी एक शोध उपकरण के रूप में प्रश्नावली किसी न किसी कारण से कई कमियों और दोषों से ग्रस्त पाई जाती है। वास्तव में प्रश्नावली के प्रश्नों द्वारा उठाए गए मामलों के बारे में उत्तरदाताओं के द्वारा स्वतन्त्र एवं निर्भीक राय की अभिव्यक्ति, तथ्यात्मक सूचनाओं को प्रदान करने में सच्चाई एवं उनकी निष्ठा, उत्तर देने के कार्य को पूरा करने के लिए उनके प्रयास एवं समय प्रदान करने में उनकी इच्छा, प्रश्नों में छिपे हुए अर्थ को ठीक प्रकार से समझने और ग्रहण करने आदि से सम्बन्धित क्रियाएँ, उत्तरदाताओं से बहुत अधिक माँग करती हैं। यदि इन उपरोक्त बातों में कोई थोड़ी सी भी कमी रह जाती है तो शोधकर्त्ता को अपने शोध अध्ययन के सम्बन्ध में उत्तरदाताओं से आवश्यक सूचनाएँ प्राप्त करना बहुत कठिन हो जाता है। इन कमियों या सीमाओं को हम निम्न रूप में अभिव्यक्त कर सकते हैं।

1. पढ़ने लिखने में कमजोर, प्रश्नावली में प्रयुक्त भाषा को न जानने वाले (विदेशी या अन्य भाषा भाषी) या अशिक्षित व्यक्तियों से प्रश्नावली के द्वारा प्रदत्त संकलन कठिन होता है।
2. बहुधा प्रश्नावली निर्माता प्रश्नावली के प्रश्नों में ऐसे शब्दों का प्रयोग कर देता है जिनके अलग अलग स्थानीय क्षेत्रों में अलग अलग अर्थ होते हैं। ऐसे प्रश्नों की रचना करना असम्भव सा होता है जिनके समस्त क्षेत्रों के व्यक्ति एक समान ही अर्थ ग्रहण करे।
3. प्रश्नावली के द्वारा क्या ? कहाँ ? कब ? जैसे प्रश्नों के उत्तर प्राप्त किए जा सकते हैं परन्तु क्यों, कैसे प्रश्नों का उत्तर प्राप्त करना कठिन है। यहाँ केवल तथ्यों को जानने पर ही जोर दिया जाता है। कार्य कारण सम्बन्धों को प्रश्नावली के उपयोग से सिद्ध करने की बात नहीं उठती।

4. चूँकि प्रश्नावली भरने में उत्तरदाता स्वतन्त्र होते हैं अतः वे प्रश्नों या पदों का उत्तर देने में दूसरे व्यक्तियों की सलाह ले सकते हैं। इसलिये प्रश्नावली में प्रश्नों का उत्तरदाता से तत्काल एवं स्वाभाविक उत्तर प्राप्त होने की संभावना कम हो जाती है।
5. प्रश्नावली में अधिकतर प्रश्नों का उत्तर लिखित रूप में दिए जाते हैं (जब तक कि साक्षात्कार वार्तालाप में प्रश्न मौखिक रूप में न पूछे जाएं)। बहुत सी बातें ऐसी व्यक्तिगत एवं अधिकारिक होती हैं जिन्हें व्यक्ति दूसरों के सामने प्रकट करना नहीं चाहता है। ऐसे प्रश्नों का उत्तर न देने से शोधकर्त्ता को अपूर्ण भरी हुई प्रश्नावली प्राप्त होती है और तब प्रदत्तों का संकलन विश्वसनीय नहीं हो पाता है।
6. प्रश्नावली के प्रयोग से आवश्यक सूचनाओं की प्राप्ति होने में सफलता पूरी तरह से उत्तरदाताओं द्वारा प्रदर्शित इच्छा एवं सहयोग पर निर्भर करती है। प्रश्नावली के पदों का उत्तर देने में उत्तरदाताओं द्वारा क्या उत्तर दिया गया है क्या नहीं इस पर शोधकर्त्ता का कोई भी नियंत्रण नहीं होता है। उत्तरदाताओं के उत्तरों के बारे में कोई अतिरिक्त प्रश्न पूछने का सुअवसर यहाँ उसे नहीं मिलता। इसलिए जिस तरह के उत्तर वे दे देते हैं, वे ही अनुसंधानकर्त्ता के पास में आगे की कार्यवाही के लिए उपस्थित रहते हैं। और ऐसी स्थिति में इन उत्तरों के द्वारा इस प्रकार की सूचना प्राप्त होने की संभावना बढ़ जाती है जो पर्याप्त रूप से अधूरी एवं गलत हो।
7. प्रश्नावली प्रपत्र को भरवाने के लिए उत्तरदाताओं के साथ व्यक्तिगत या सामूहिक रूप से सम्पर्क स्थापित करने में शोधकर्त्ता को बहुत परेशानी का सामना करना पड़ता है। घर घर जाकर उत्तरदाताओं से सम्पर्क स्थापित करना काफी महंगा एवं थकाने वाला सिद्ध होता है। इसके लिए ना तो कार्यालय से अवकाश एवं स्वीकृति प्राप्त होती है और ना ही अपने शोध अध्ययन के लिए वांछित प्रतिदर्श पर प्रश्नावली का प्रशासन करने की आवश्यक सुविधाएँ ही प्राप्त हो पाती हैं। तब उसके पास डाक सेवा का सहारा लेने के अलावा कोई दूसरा उपाय नहीं बचता है। प्रश्नावली भरवाने के लिए डाक सेवा का प्रयोग करने में भी उसे कई कठिनाइयों का सामना करना पड़ता है, जैसे :
   - डाक द्वारा भेजी गई प्रश्नावली कई बार रास्ते में ही खो जाती है, या फिर उत्तरदाता के पास काफी देर से पहुँचती है और अक्सर भरा हुआ प्रपत्र शोधकर्त्ता तक निश्चित समय में नहीं पहुँच पाता है।
   - बहुत से उत्तरदाता प्रश्नावली को भरने के कार्य को गम्भीरतापूर्वक नहीं लेते हैं। वे इसे रद्दी की टोकरी में फेंक देते हैं और यदि भरते भी हैं तो आधे मन से बिना सोचे समझे कहीं पर भी सही–गलत का निशान लगाकर आधा अधूरा ही भेज देते हैं।
   - उत्तर प्राप्ति की दर काफी कम होने के कारण तथा प्रश्नावली अपूर्ण भरी होने के कारण शोधकर्त्ता वांछित रूप से अपने शोध के उद्देश्य को पूरा करने में अपने आपको असमर्थ पाता है। इस प्रकार से प्राप्त प्रदत्तों को विश्वसनीय तथा वैध नहीं ठहराया जा सकता है।

इस प्रकार शोध उपकरण के रूप में प्रश्नावली के प्रयोग से लाभ भी हैं और इसकी कुछ सीमाएँ भी हैं। फिर भी व्यावहारिक विज्ञानों में आवश्यक संख्या में उत्तरदाताओं से व्यक्तिगत रूप से या सामूहिक रूप से प्रदत्तों का संकलन करने के लिए शोधकर्त्ताओं द्वारा प्रश्नावली का प्रयोग काफी मात्रा में किया जाता है। इसकी सफलता वास्तव में शोधकर्त्ता द्वारा इसके समुचित विकास, ठीक प्रशासन तथा सही ढंग से विश्लेषण एवं अर्थापन/व्याख्या पर निर्भर करती है। यदि शोधकर्त्ता द्वारा सही दिशा में ईमानदारी के साथ प्रयास किए जाएं तो इसमें कोई शक नहीं कि प्रश्नावली शोध अध्ययन में प्रदत्तों का संकलन करने के लिए सर्वाधिक उपयोगी उपकरण के रूप में कार्य करने की अद्‌भुत क्षमता रखती है, जरूरत केवल इसे ठीक तरह से तैयार करने और ईमानदारी से प्रयोग में लाने की है।

––– ⚜ –––

20

प्रदत्त संकलन उपकरण—साक्षात्कार

[Data Collection Tools—Interview]

साक्षात्कार का अर्थ एवं परिभाषाएँ (Meaning and Definitions of Interview)

अपने दिन प्रतिदिन के जीवन में आप साक्षात्कार शब्द के प्रयोग एवं उपयोग से भलीभाँति परिचित हैं। आप दूरदर्शन पर भी प्रायः ऐसे दृश्य और गतिविधियाँ देखते रहते हैं जिनमें व्यक्तियों का साक्षात्कार कर विभिन्न प्रकार की सूचनाएँ और जानकारी इकट्ठी करने की बात की जाती है। आपने अपने विद्यार्थी जीवन में भी अभी तक कई प्रकार के साक्षात्कार किसी अध्ययन कोर्स में प्रवेश लेने, किसी रुचि विशेष से सम्बन्धित क्रिया में भाग लेने या व्यावसायिक क्षेत्र में पदार्पण करने आदि बातों को लेकर दिए होंगे। इस प्रकार से "साक्षात्कार से अभिप्राय जैसा कि आप अनुभव कर चुके हैं, दो या दो से अधिक व्यक्तियों के बीच आमने सामने होकर (चाहे यह आमना सामना पास बैठकर हो या टेलीफोन या कम्प्यूटर के माध्यम से) इस प्रकार का सम्प्रेषण करने से है जिसमें किसी विशेष उद्देश्य को लेकर आवश्यक सूचनाओं या जानकारी का आदान प्रदान हो सके।" अपनी इस उपयोगिता के कारण साक्षात्कार व्यावहारिक विज्ञान से सम्बन्धित किसी भी शोध कार्य हेतु उपयोगी एवं आवश्यक सूचनाओं एवं प्रदत्तों के संकलन में काफी महत्त्वपूर्ण भूमिका निभा सकता है। इसके अर्थ, प्रकृति और प्रयोजन को अच्छी तरह समझने के लिए बहुत से विद्वानों ने अपनी अपनी परिभाषाएँ दी हैं। इनमें से कुछ मुख्य परिभाषाओं को यहाँ उद्धृत किया जा रहा है :

1. **फ्रेय और ओइशी :** साक्षात्कार एक उद्देश्यपूर्ण वार्तालाप है, जिसमें एक व्यक्ति (साक्षात्कारकर्त्ता) तैयार किए हुए प्रश्न पूछता है और दूसरा (साक्षात्कार देने वाला) उनका उत्तर देता है।

   (An Interview is a purposeful conversation in which one person asks prepared questions (Interviewer) and other answers them (Respondent). — Frey and Oishi, 1995:01)

2. **बेस्ट और काहन :** साक्षात्कार एक प्रकार से एक मौखिक प्रश्नावली है। इसमें प्रयोज्य या साक्षात्कार देने वाला उत्तरों को लिखने की बजाय मौखिक रूप से आमने सामने होकर या टेलीफोन पर आवश्यक सूचनाएँ प्रदान करता है।

   (The Interview is in a sense an oral questionnaire. Instead of writing the response, the subject or interviewee gives the needed information orally and face to face (or via the telephone). — Best and Kahn, 2006:335)

3. **कोहेन एवं अन्य :** एक साक्षात्कार को एक अनोखी/विशिष्ट विधि माना जा सकता है जिसमें व्यक्तियों के मध्य प्रत्यक्ष मौखिक अन्तर्क्रिया के द्वारा प्रदत्तों का संकलन किया जाता है। अपने इस अर्थ में यह प्रश्नावली से जिसमें उत्तरदाता को निश्चित प्रश्नों के अपने उत्तर लिखकर देने होते हैं, से अलग होता है।

   (An Interview may be regarded as an unusual method in that it involves the gathering of data through direct verbal interaction between individuals. In this sense it differs from the questionnnaire where the respondent is required to record in some way her responses to set questions. —Cohen et al., 2007:351)

> **साक्षात्कार :** मौखिक संप्रेषण के माध्यम से प्रयोज्यों से प्रत्यक्ष रूप में जानकारी प्राप्त करने का एक ऐसा साधन, जिसमें उन्हें अनुसंधानात्मक अध्ययन के उद्देश्यों की पूर्ति हेतु विशेष रूप से निर्मित प्रश्नों का उत्तर देने के लिए कहा जाता है।

प्रदत्त संकलन एवं शोध प्रविधि के रूप में साक्षात्कार की विशेषताएँ (Features and Characteristics of Interview as a Data Gathering and Research Device)

प्रदत्त संकलन उपकरण एवं शोध प्रविधि के रूप में साक्षात्कार के अर्थ के बारे में प्रकट किए गए उपर्युक्त विचारों का सूक्ष्म विश्लेषण इसकी विशेषताओं के सम्बन्ध में निम्न निष्कर्ष निकालने में हमारी सहायता कर सकता है :

1. प्रदत्तों का संकलन करने के एक उपकरण के रूप में साक्षात्कार एक ऐसी प्रविधि है जिसमें शोध अध्ययन से सम्बन्धित प्रयोज्यों से शोध प्रश्नों के उत्तर मौखिक रूप में प्राप्त होते हैं। यहाँ शोधकर्त्ता द्वारा सामान्यतः मौखिक रूप से प्रयोज्यों से प्रश्न पूछे जाते हैं और वे भी उसे मौखिक रूप से ही प्रश्नों का उत्तर देते हैं।
2. साक्षात्कार दो या दो से अधिक व्यक्तियों के मध्य वार्तालाप का प्रतिनिधित्व करता है। यह दिन प्रतिदिन के वार्तालाप से इस अर्थ में भिन्न होता है कि दिन प्रतिदिन का वार्तालाप तो स्वाभाविक रूप में स्वतः ही होता रहता है परन्तु साक्षात्कार में वार्तालाप के लिए योजना बनाई जाती है तथा पूछे जाने वाले प्रश्नों की रचना की जाती है।
3. साक्षात्कार शोधकर्त्ता को अपने अध्ययन के प्रयोज्यों से अपने शोध प्रश्नों का उत्तर प्राप्त करने के लिए आमने सामने होकर या व्यक्तिगत रूप में व्यक्तियों से अन्तःक्रिया करने की सुविधा प्रदान करता है।
4. साक्षात्कार शोधकर्त्ता को अध्ययन के प्रयोज्यों से, समय, प्रयास या साधनों के अपव्यय के बिना शोध के प्रश्नों के शत प्रतिशत उत्तर प्राप्त करने के अवसर प्रदान करता है।
5. साक्षात्कार शोधकर्त्ता को अपने शोध प्रश्नों का उत्तर प्राप्त करने और प्रयोज्यों से वांछित सूचना निकलवाने के लिए उनके मस्तिष्क को उद्वेलित करने के अवसर प्रदान करता है।
6. प्रश्नावली, प्रेक्षण या निर्धारण मापनी जैसे प्रदत्त संकलन उपकरणों की तुलना में साक्षात्कार द्वारा संग्रहीत प्रदत्तों की विश्वसनीयता एवं वैधता दर ज्यादा होती है।

ऊपर वर्णित अर्थ, प्रकृति तथा विशेषताओं के आधार पर ही हम साक्षात्कार शब्द की कार्यात्मक परिभाषा निम्न प्रकार से दे सकते हैं :

अनुसंधानकर्त्ता के द्वारा लिया जाने वाला साक्षात्कार, साक्षात्कार लेने वाले तथा देने वाले के बीच में ऐसे मौखिक/शाब्दिक अन्तःक्रिया अथवा वार्तालाप का प्रतिनिधित्व करता है जिसे मौखिक प्रश्नों (संरचित अथवा असंरचित) की सहायता से अनुसंधानात्मक प्रश्नों के बारे में वांछित सूचना अथवा प्रदत्त इकट्ठा करने के लिए काम में लाया जाता है।

साक्षात्कार के प्रकार (Types of Interviews)

वर्गीकरण के विभिन्न स्वरूपों के आधार पर साक्षात्कार को अनेक तरीकों से वर्गीकृत किया जा सकता है। वर्गीकरण के इन स्वरूपों को हम चित्रात्मक रूप में निम्न ढंग से प्रस्तुत कर सकते हैं :

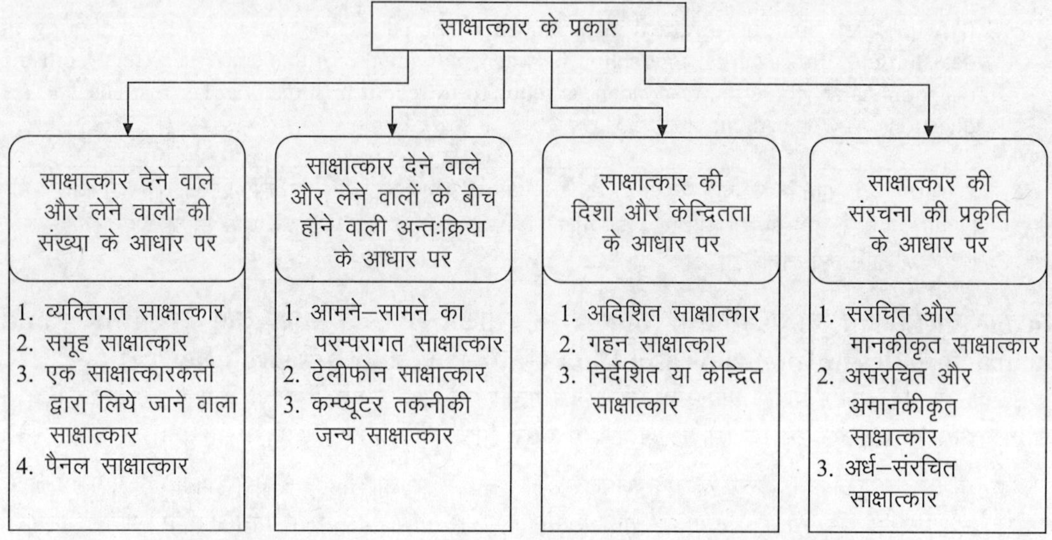

चित्र 20.1 व्यावहारिक विज्ञानों के अनुसंधान में प्रयुक्त साक्षात्कार के प्रकार।

आइए, अब हम साक्षात्कार के उपर्युक्त प्रकारों के बारे में जानने का प्रयास करते हैं।

A. साक्षात्कार देने वाले व्यक्तियों और प्रयोज्यों की संख्या के आधार पर वर्गीकरण

इस वर्गीकरण के आधार पर साक्षात्कार को निम्न श्रेणियों में विभाजित किया जा सकता है :

(i) व्यक्तिगत साक्षात्कार (ii) समूह साक्षात्कार (iii) एक साक्षात्कारकर्त्ता द्वारा लिया गया साक्षात्कार (iv) साक्षात्कारकर्त्ता के एक समूह द्वारा लिया गया साक्षात्कार।

व्यक्तिगत साक्षात्कार (Individual or Personal Interview)

इसमें शोधकर्त्ता अपने शोध अध्ययन के प्रश्नों का उत्तर प्राप्त करने के लिए एक एक व्यक्ति से अलग अलग साक्षात्कार करता है। इसमें साक्षात्कारकर्त्ता और साक्षात्कारदाता दोनों के बीच आमने सामने या व्यक्ति–व्यक्ति अन्तःक्रिया होती है। उत्तरदाता को पूरी तरह विश्वास में लेकर साक्षात्कारकर्त्ता को प्रश्न–अनुगमन प्रश्न पूछने के अवसर प्राप्त होते हैं। उत्तरदाता के साथ सीधे ही व्यक्तिगत एवं नजदीकी सम्पर्क में आकर सूचनाएँ या प्रदत्तों का संकलन करने में यह साक्षात्कार काफी सहायक सिद्ध होता है। इस साक्षात्कार के द्वारा ही प्रयोज्यों के साथ व्यक्तिगत सम्पर्क स्थापित कर गुप्त से गुप्त, विश्वसनीय एवं व्यक्तिगत प्रदत्तों को प्राप्त करना सम्भव हो सकता है। व्यक्तिगत अध्ययन शोध (Case Study Research), एकाकी प्रयोज्य शोध (Single Subject Research), व्यवहार परिवर्तन कार्यक्रम (Behavioural Modification Programme), शैक्षिक सुधारात्मक उपचार (Educational Remedial Treatment), मनोवैज्ञानिक उपचार तथा व्यक्तियों के कल्याण सम्बन्धी उपायों के लिए शोध अध्ययन करने में यह साक्षात्कार काफी मूल्यवान सिद्ध होता है।

समूह साक्षात्कार (Group Interview)

इस प्रकार के साक्षात्कार में शोधकर्त्ता अपने शोध सम्बन्धी प्रयोज्यों से एक एक कर व्यक्तिगत रूप से मिलने की बजाय प्रयोज्यों के एक समूह के साथ वार्तालाप करता है। इसमें उत्तरदाता या प्रयोज्य एक–दूसरे के कथन को सुनते हुए तथा साक्षात्कारकर्त्ता के द्वारा पूछे गए प्रश्नों का उत्तर देते हुए एक समूह के रूप में कार्य करते हैं। इसमें पूछे गए प्रश्न सामान्य रुचि के होते हैं तथा ऐसे समूह से प्राप्त उत्तर भी पूरे समूह की सामान्य या सामूहिक राय, अभिवृत्ति या रुचि का प्रतिनिधित्व करते हैं। परिणामस्वरूप, शोधकर्त्ता को एक ही स्थान पर, एक समय में एक साथ बहुत सारे व्यक्तियों से बहुमूल्य प्रदत्तों का संकलन करने की सुविधा प्राप्त हो जाती है। एक से अधिक उत्तरदाताओं को शामिल करने से यह लाभ होता है कि एक घटना के बारे में दो तरह की प्रतिक्रियाओं का वर्णन मिल जाता है, और इससे एक की कमी दूसरे में पूरी हो जाती है, परिणामस्वरूप किसी घटना विशेष का पूर्ण और विश्वसनीय जानकारी प्राप्त होने में यहाँ सुविधा रहती है। (Arksey and Knight, 1999:76)

एक साक्षात्कारकर्त्ता द्वारा किया जाने वाला और पैनल साक्षात्कार (Single Interviewer and Panel Interview)

एक साक्षात्कारकर्त्ता द्वारा किए जाने वाला साक्षात्कार चाहे एक प्रयोज्य के साथ हो या प्रयोज्यों के समूह के साथ हो, सभी कार्यों के लिए एक अकेला साक्षात्कारकर्त्ता ही उत्तरदायी होता है। व्यावहारिक विज्ञानों में किए जाने वाले शोध में प्रदत्त संकलन इसी साक्षात्कार द्वारा किया जाता है। जबकि पैनल साक्षात्कार साक्षात्कारकर्त्ताओं के एक समूह द्वारा किया जाता है। किसी कार्य या नौकरी के लिए कार्यकर्त्ताओं के चयन, नियुक्ति, तरक्की और उपचार के उद्देश्य से इस प्रकार के विशेषज्ञों के समूह या पैनल के द्वारा साक्षात्कार लिया जाता है।

B. साक्षात्कारकर्त्ता एवं साक्षात्कारदाता के मध्य अन्तःक्रिया की प्रकृति के आधार पर वर्गीकरण

इस आधार पर साक्षात्कार को निम्न श्रेणियों में वर्गीकृत किया जा सकता है :

(i) आमने–सामने का परम्परागत साक्षात्कार

(ii) व्यक्ति से व्यक्ति के मध्य आधुनिक टेलीफोन एवं इलेक्ट्रोनिक साधन से साक्षात्कार।

वास्तव में आमने सामने के परम्परागत साक्षात्कार में वांछित सौहार्द (Desirable Rapport) स्थापित करने तथा काफी नजदीकी अन्तःक्रिया होने की संभावना बहुत ज्यादा होती है। परन्तु कई बार शोधकर्त्ता द्वारा इस प्रकार के आमने सामने के साक्षात्कार की व्यवस्था करना ना तो संभव ही होता है और ना ही वांछित। इस स्थिति में यह आवश्यक हो जाता है कि शोधकर्त्ता तथा अध्ययन प्रयोज्यों द्वारा ऐसे साधन और उपकरणों का उपयोग किया जाये जो उन्हें पारस्परिक अन्तःक्रिया करने में सुविधाजनक और मितव्ययी सिद्ध हो सकें। यही कारण है कि आजकल व्यावहारिक विज्ञानों में शोधकर्त्ता के द्वारा मोबाइल फोन तथा कम्प्यूटर द्वारा सम्पर्क स्थापित कर आमने सामने की अन्तःक्रिया द्वारा शोध अध्ययन के प्रदत्तों का संकलन करने की कोशिश की जाती है। इस प्रकार के साक्षात्कारों में शोधकर्त्ता को अपने अध्ययन सम्बन्धी प्रयोज्यों से टेलीफोन, मोबाइल, ई–मेल चेटिंग, ऑडियो–वीडियो कांफ्रेंसिग आदि के माध्यम से काफी सुगमता और शीघ्रता से वांछित प्रदत्तों के संकलन करने का अमूल्य अवसर मिलता है। जनसाधारण से उनकी राय जानने वाली बहुत सी गतिविधियों में इस प्रकार के साक्षात्कार का बहुत बड़ा हाथ रहता है। व्यापार, वाणिज्य और सामाजिक अनुसंधानों में किए जाने वाले प्रदत्त संकलन कार्य में आज मोबाइल और कम्प्यूटर तकनीकी के माध्यम से आयोजित साक्षात्कार बहुत प्रभावशाली भूमिका निभा रहे हैं।

C. साक्षात्कार की दिशा और केन्द्रितता के आधार पर वर्गीकरण

इस आधार पर साक्षात्कार को निम्न श्रेणियों में वर्गीकृत किया जा सकता है :

1. अदिशित या अनिर्देशित साक्षात्कार
2. निर्देशित या केन्द्रित साक्षात्कार
3. गहराई युक्त साक्षात्कार या गहन साक्षात्कार।

1. अनिर्देशित या अदिशित साक्षात्कार (The non-directive interview) : जैसा कि इसके नाम से विदित होता है यह साक्षात्कार दिशा रहित होता है या साक्षात्कारकर्त्ता के द्वारा उसकी अपनी शोध एवं योजना के अनुसार नियंत्रित होता है, लेकिन यह उत्तरदाताओं को अपनी स्वतन्त्र अभिव्यक्ति के लिए एक मुक्त (बंधन रहित) वातावरण प्रदान करता है। यद्यपि एक अनुसंधान तकनीकी के रूप में इसके उद्गम को मनोविश्लेषणात्मक तथा मनोचिकित्सा सम्बन्धी उन साक्षात्कारों के साथ जोड़ा जा सकता है जो प्रसिद्ध मनोवैज्ञानिक फ्राण्ड, युंग तथा कार्लरोजर्स इत्यादि के द्वारा अपने रोगियों को ठीक करने के लिए किए गए थे। परन्तु उसके लिए शोध में उस तरह के चिकित्सकीय और उपचारात्मक व्यवस्था और आयोजन की जरूरत नहीं पड़ती जैसी कि मनोविश्लेषणात्मक और मनोचिकित्सा सम्बन्धी साक्षात्कारों में पड़ती है। अनिर्देशित साक्षात्कार की मुख्य विशेषता, जैसा कि कोहन एवं अन्य (Cohen et al., 2000:273) ने लिखा है, इस बात को लेकर है कि इस प्रकार के साक्षात्कार में साक्षात्कार लेने वाले के द्वारा कम से कम निर्देशन या नियंत्रण प्रदान करने की कोशिश की जाती है और साक्षात्कार देने वाले को अपनी व्यक्तिगत भावनाओं को उस रूप में प्रदर्शित करने की पूरी स्वतन्त्रता रहती है जितनी कि वह उन्हें उनके स्वाभाविक रूप में अपनी मनमर्जी मुताबिक अभिव्यक्त कर सकता है।

इस प्रकार से व्यावहारिक विज्ञानों में शोधकर्त्ताओं द्वारा काम में लाए जाने वाले अनिर्देशित साक्षात्कार के द्वारा पूरी तरह यह सम्भव हो जाता है कि वह व्यक्ति विशेष को पूरी तरह बिना रोके टोके हुए मुक्त रूप से किसी घटना, या जानकारी विशेष के बारे में अपने व्यक्तिगत अनुभवों को अच्छी तरह खुल कर व्यक्त करने का अवसर दे और वे स्वयं इस तरह अपने अनुसंधान के परिप्रेक्ष्य में बहुमूल्य मौलिक तथ्यों के संकलन में उचित सफलता अर्जित कर सकें।

2. निर्देशित या केन्द्रित साक्षात्कार (The directed or focussed interviews) : अनिर्देशित साक्षात्कार के विपरीत निर्देशित या केन्द्रित साक्षात्कार की योजना एवं प्रक्रिया पूरी तरह निर्देशित एवं केन्द्रित होती है। इसके परिणाम शोधकर्त्ता/साक्षात्कारकर्त्ता के हाथ में होते हैं। वह स्वयं अपने शोध के प्रयोजन के अनुसार इसकी व्यवस्था करने के लिए स्वयं निर्धारित करता है कि साक्षात्कार की पूरी प्रक्रिया क्या होगी। कोहेन (Cohen, 2000:273) के अनुसार इस प्रकार के साक्षात्कार की मुख्य विशेषता हैं : "यह एक जानी पहचानी परिस्थिति (जिसमें प्रयोज्य स्वयं सक्रिय रहता है और जिसका साक्षात्कारकर्त्ता द्वारा साक्षात्कार से पूर्व विश्लेषण किया जा चुका है) के प्रति उत्तरदाता के अपने उत्तरों पर केन्द्रित होता है। इस साक्षात्कार से प्राप्त प्रदत्तों के आधार पर शोधकर्त्ता अपनी पूर्व निर्मित परिकल्पना पर स्थिर रह सकता है या उसे अस्वीकार भी कर सकता है।" मर्टन और कैंडल (Merton and Kendall, 1946) के अनुसार बहुत सी बातों में केन्द्रित अनुसंधान दूसरे प्रकार के अनुसंधानों से भिन्न होता है, जैसे :

1. जिन व्यक्तियों का साक्षात्कार किया जा रहा है वे किसी न किसी विशिष्ट प्रकार की परिस्थिति में संलग्न पाये जाते हैं, उदाहरण के लिए इन्होंने कोई टेलीविजन कार्यक्रम या चलचित्र देखा हो या कोई पुस्तक या लेख पढ़ा हो या किसी सामाजिक परिस्थिति में स्चयं भाग लिया है। इनसे सम्बन्धित बातों की जानकारी उनसे प्राप्त करने की साक्षात्कार में कोशिश की जा सकती है।

2. अन्तर्वस्तु विश्लेषण की तकनीक के द्वारा परिस्थिति के अवयवों का (जिनको शोधकर्त्ता महत्त्वपूर्ण समझता है) पहले ही उसके द्वारा विश्लेषण किया जा चुका हो। इस प्रकार विशिष्ट अवयवों के अर्थ और प्रभाव से सम्बन्धित परिकल्पनाओं को वह पहले ही निर्मित कर चुका होता है और अब वह उसी पर केन्द्रित रहने का प्रयत्न कर सकता है।
3. अपने विषयवस्तु विश्लेषण को आधार बनाते हुए अन्वेषणकर्त्ता एक साक्षात्कार मार्गदर्शिका का निर्माण करता है। उसमें खोज सम्बन्धी मुख्य क्षेत्रों तथा परिकल्पनाओं की पहचान की जाती है जिनसे यह निर्धारित किया जाता है कि साक्षात्कार के दौरान किस प्रकार के प्रदत्तों की प्राप्ति होगी।
4. वास्तविक साक्षात्कार परिस्थिति विशेष से परिचित व्यक्तियों के व्यक्तिनिष्ठ अनुभवों पर केन्द्रित होता है। उनके ये उत्तर शोधकर्त्ता को अपनी परिकल्पना की वैधता का परीक्षण करने में भी सहायता करते हैं तथा परिस्थिति विशेष के सन्दर्भ में अप्रत्याशित उत्तरों की प्राप्ति भी यहाँ उसको हो सकती है ताकि आगे की परिकल्पनाओं का मार्ग प्रशस्त हो सके।

गहन साक्षात्कार (In-depth Interview)

इस प्रकार का साक्षात्कार अनिर्देशित एवं केन्द्रित साक्षात्कार की संरचना एवं प्रकृति की तुलना में ज्यादा निर्देशित एवं केन्द्रित होता है। इसमें साक्षात्कारकर्त्ता, पहले तो अध्ययन सम्बन्धी समस्या सूचना क्षेत्र के एक ही पक्ष पर अपने साक्षात्कार को केन्द्रित रखने का प्रयास करता है और तत्पश्चात् वांछित सूचनाओं (जिनकी प्राप्ति अध्ययन के प्रयोज्यों से सम्भावित हो) सम्बन्धी सूक्ष्म बातों की जानकारी हेतु गहराई में उतरने का प्रयास करता है। गहन साक्षात्कार इस प्रकार से, साक्षात्कार के ऐसे रूप का प्रतिनिधित्व करता है जिसके माध्यम से शोध समस्या सम्बन्धी किसी विशेष क्षेत्र या विषय से जुड़ी हुई अधिक से अधिक और सूक्ष्म से सूक्ष्म गहन जानकारी भलीभाँति प्राप्त हो सके। इस साक्षात्कार के द्वारा अनुसंधानकर्त्ता को यह मालूम करने में आसानी होती है कि कोई प्रयोज्य विशेष, उसका अपनी अभिवृत्तियों, संवेगों, मूल्यों, अन्तःदृष्टि अथवा धारणाओं के आधार पर किसी विशेष क्रिया, अनुभव या सूचना विशेष को प्रदान करने में किस सीमा तक रुचि या अरुचि का प्रदर्शन करता है।

D. साक्षात्कार की संरचना की प्रकृति के आधार पर वर्गीकरण

इस वर्गीकरण के अनुसार साक्षात्कार को निम्न श्रेणियों में वर्गीकृत किया गया है :

(i) संरचित या मानकीकृत साक्षात्कार
(ii) असंरचित या अमानकीकृत साक्षात्कार और
(iii) अर्धसंरचित साक्षात्कार।

आइए, अब हम इनके बारे में जानकारी प्राप्त कर लें :

संरचित और मानकीकृत साक्षात्कार (Structured and Standardized Interview)

इस प्रकार की साक्षात्कार अनुसूची का प्रारूप इतना संरचित और मानकीकृत होता है कि साक्षात्कार कार्य के दौरान साक्षात्कारकर्त्ता या साक्षात्कार देने वाले, किसी को भी किसी प्रकार की छूट या आजादी नहीं होती है। इसमें प्रत्येक प्रश्न के संभावित उत्तरों की जानकारी पहले से ही होती है। अक्सर साक्षात्कार प्रपत्र में सम्भावित उत्तरों को पहले से ही अंकित कर दिया जाता है और साक्षात्कारदाता प्रत्येक मामले में उचित उत्तर पर निशान लगा देता है। इस प्रकार का साक्षात्कार करने के लिए शोधकर्त्ता एक अच्छी तरह से तैयार साक्षात्कार अनुसूची को अपने नियंत्रण में रखने की कोशिश करता है। वह अपने शोध अध्ययन के प्रयोज्यों का साक्षात्कार करने के लिए इसे शोध उपकरण के रूप में प्रयोग में लाने से पहले ही इस अनुसूची को संरचित एवं मानकीकृत (विषयवस्तु एवं प्रक्रिया दोनों की दृष्टि से) कर लेता है। इस कार्य के लिए वह इन बातों का ध्यान रखता है :

- शोध अध्ययन सम्बन्धी उत्तर प्राप्त करने के लिए सार्थक प्रदत्तों का संग्रह करने के उद्देश्य से प्रयोज्यों से पूछे जाने वाले समुचित प्रश्नों का चयन करना।
- प्रश्नों की शब्दावली और प्रारूप (मुक्तोत्तर या प्रतिबन्धित उत्तर वाले प्रश्न) के बारे में निर्णय लेना।
- पूछे जाने वाले प्रश्नों के क्रम एवं व्यवस्था के बारे में निर्णय लेना।
- साक्षात्कार के द्वारा प्राप्त होने वाले जिस प्रकार के प्रदत्तों की आवश्यकता है उनके सम्बन्ध में पूछे गए प्रश्नों के उत्तरों के औचित्य के बारे में निर्णय लेना।
- पूछे गए प्रश्नों का उत्तरदाताओं को जिस विशिष्ट ढंग से उत्तर देना है उसके लिए साफ साफ स्पष्ट निर्देशों का निर्धारण करना।
- साक्षात्कार लेने की प्रक्रिया तथा उत्तरदाताओं के द्वारा दिए गए उत्तरों का अभिलेखन और विश्लेषण करने के तरीके निर्धारित करना।

इस प्रकार से साक्षात्कार के स्वरूप, प्रक्रिया तथा प्रतिफल के बारे में समुचित एवं निश्चित निर्णय ले लेने से साक्षात्कार के सम्पूर्ण प्रक्रम पर प्रभावशाली ढंग से वांछित नियंत्रण रखा जा सकता है। इस प्रकार का नियंत्रण एवं प्रभावपूर्ण संगठन साक्षात्कार को स्वयमेव ही वस्तुनिष्ठ, विश्वसनीय एवं वैध बना देता है। साक्षात्कार के उद्देश्यों को प्राप्त करने के लिए साक्षात्कारकर्त्ता का मार्ग पूरी तरह साफ हो जाता है क्योंकि उसके पास पहले से ही सभी सामग्री (पूर्व नियोजित, संरचित एवं मानकीकृत) होती है। इस प्रकार से संरचित एवं मानकीकृत साक्षात्कार का एक महत्त्वपूर्ण लाभ यह होता है कि इससे एक जैसी सूचनाएँ प्राप्त होती हैं जिनसे प्रदत्तों का तुलनात्मक अध्ययन करना संभव एवं सरल हो जाता है। साथ ही इसमें असंरचित साक्षात्कार की तुलना में साक्षात्कार सम्बन्धी कम कौशलों की जरूरत होती है।

असंरचित और अमानकीकृत साक्षात्कार (Unstructured and Non-Standardized Interviews)

संरचित तथा मानकीकृत साक्षात्कार के एकदम विपरीत असंरचित एवं अमानकीकृत साक्षात्कार साक्षात्कारकर्त्ता तथा साक्षात्कारदाता दोनों को ही, साक्षात्कार के कार्य में अपनी अपनी भूमिका का निर्वाह करने के लिए स्वतन्त्रता युक्त परिस्थितियाँ तथा काफी लचीलापन प्रदान करता है। जैसा कि करलिंगर (Kerlinger, 1973) ने कहा है, "यद्यपि पूछे गए प्रश्न, शोध के उद्देश्यों से नियंत्रित होते हैं परन्तु फिर भी उनकी विषयवस्तु, क्रम व्यवस्था एवं शब्दावली सब कुछ अनुसंधानकर्त्ता के हाथों में होता है।" इस प्रकार के साक्षात्कार की मुख्य विशेषताओं को सारांश में निम्न प्रकार से वर्णित किया जा सकता है :

- इस प्रकार के साक्षात्कार में व्यक्तियों के उत्तर प्राप्त करने के लिए साक्षात्कारकर्त्ता के पास ना तो पहले से तैयार निर्धारित संख्या में प्रश्न ही होते हैं और ना ही साक्षात्कार करने तथा अध्ययन के उद्देश्यों के सम्बन्ध में प्राप्त उत्तरों का मूल्यांकन करने के लिए पूर्व निर्धारित निर्देश या निर्णय।
- यहाँ साक्षात्कारकर्त्ता प्रयोज्यों से किसी भी प्रकार के प्रश्न पूछने के लिए स्वतन्त्र होता है। वह अपने अध्ययन से सम्बन्धित वांछित सूचनाओं या प्रदत्तों की प्राप्ति के लिए किसी भी प्रकार की गहराई में जा सकता है। इस प्रकार इस साक्षात्कार में प्रश्न पूछने और उत्तर देने की शैली तथा प्रश्नों की विषयवस्तु के सम्बन्ध में कुछ ज्यादा ही स्वतन्त्रता रहती है।
- यहाँ साक्षात्कारकर्त्ता प्रयोज्यों के उत्तर देने के तरीके के अनुसार अपने प्रश्नों को व्यवस्थित करता रहता है। उत्तरदाता को उत्तर देने के लिए प्रोत्साहित करने के विचार से वह बीच बीच में अपना मत या राय प्रकट करना भी जरूरी समझता है। इसीलिए असंरचित साक्षात्कार अधिक साक्षात्कार कौशलों की मांग करता है और अधिक जटिल है, परन्तु साथ साथ ही अपने आप में काफी रुचिकर प्रक्रिया भी है।

- दूसरी तरफ असंरचित, योजनाहीन तथा अमानकीकृत होने के कारण यहाँ साक्षात्कारकर्त्ता का साक्षात्कार कार्यक्रम के ऊपर कोई नियंत्रण ही नहीं रहता है। इस नियंत्रण के अभाव में साक्षात्कारकर्त्ता किसी व्यक्ति के ज्ञान या व्यक्तित्व गुण के एक भाग या एक ही पक्ष को कुरेद सकता है या एक ही दिशा में गहराई से जाने के लिए अनावश्यक रूप से प्रश्न पर प्रश्न की झड़ी सी लगा सकता है। प्रयोज्य भी नियंत्रण के अभाव में अपने उत्तर को बहुत विस्तृत रूप दे सकता है और निरर्थक बात को उत्तर का केन्द्र बना सकता है।
- संरचित साक्षात्कार की तुलना में इस प्रकार के साक्षात्कार में वस्तुनिष्ठता, विश्वसनीयता और वैधता की कमी होती है। फिर भी इसे बहुधा संरचित साक्षात्कार से श्रेष्ठ माना जाता है क्योंकि इसमें साक्षात्कारकर्त्ता और साक्षात्कारदाता दोनों को, परिस्थिति तथा परिप्रेक्ष्य के अनुसार, साक्षात्कार की दिशा निर्धारित करने की पूरी स्वतन्त्रता एवं ढील प्रदान की जाती है।
- इस प्रकार के साक्षात्कार में प्रयोज्यों को, साक्षात्कारकर्त्ता द्वारा लगातार पूछे जा रहे प्रश्नों के द्वारा अपने आपको अभिव्यक्त करने के काफी अवसर प्राप्त होते हैं, अतः यहाँ प्रयोज्यों के स्वाभाविक एवं नैसर्गिक व्यवहार की अभिव्यक्ति एवं जाँच करने का भी काफी मौका मिलता है।

अर्ध-संरचित साक्षात्कार (Semi-structured Interview)

अर्धसंरचित साक्षात्कार अपने नाम के अनुरूप ही आधा संरचित और आधा असंरचित होता है। फलस्वरूप इसमें संरचित एवं असंरचित साक्षात्कार दोनों के ही गुणदोष पाए जाते हैं। अपने व्यवहारात्मक उपयोग में इस तरह यह संरचित और असंरचित साक्षात्कारों में अपनाई जाने वाली बातों की बीच की स्थिति का वर्णन करता है। उदाहरण के लिए (i) शोधकर्त्ता उन सभी प्रश्नों का तो निर्माण कर लेता है जो साक्षात्कार में पूछे जाने हैं परन्तु यहाँ वह इस बात की आजादी देता है कि इन प्रश्नों को कहाँ और कैसे पूछा जाए और (ii) इस बात की भी स्वतन्त्रता देता है कि साक्षात्कार के बीच में जिस तरह संवाद प्रणाली आगे बढ़े उसके मुताबिक अतिरिक्त विषयों और प्रश्नों को भी उठाया जा सके। वास्तव में अर्ध–संरचित साक्षात्कार का आयोजन ही इसलिए किया जाता है कि इससे हमें एक ओर तो संरचित एवं असंरचित साक्षात्कारों की खूबियों से फायदा उठाने का मौका मिले और दूसरी ओर उनकी अक्षमताओं और दोषों के गलत परिणाम यहाँ भुगतने ना पड़ें। इसीलिए आवश्यकतानुसार लचीलेपन का प्रावधान बनाए रखते हुए भी यहाँ इस बात का ध्यान रखा जाता है कि साक्षात्कार अपनी सही दिशा और दशा से भटक न जाए। अपनी इन बहुमुखी विशेषताओं के कारण ही व्यावहारिक विज्ञानों के अनुसंधानों में इस प्रकार के साक्षात्कार को ज्यादा प्रयोग में लाने का प्रयत्न किया जाता है।

ऊपर हमने साक्षात्कारों को कुछ निश्चित वर्गों और प्रकारों में बाँटने के लिए जो भी ढंग इस्तेमाल किए हैं, वास्तव में वे सैद्धान्तिक दृष्टि से ही अपना महत्त्व रखते हैं परन्तु यदि व्यवहारिक दृष्टि से देखा जाए तो व्यवहारिक विज्ञानों में प्रयुक्त अनुसंधान कार्य में प्रयुक्त किये जाने वाले साक्षात्कार प्रमुख रूप से केवल तीन प्रकारों में समा सकते हैं और ये प्रकार हैं : (i) संरचित और मानकीकृत साक्षात्कार, (ii) असंरचित और अमानकीकृत साक्षात्कार और (iii) अर्ध–संरचित या अर्धमानकीकृत साक्षात्कार। इस दृष्टि से जिस प्रकार की परिस्थिति और आवश्यकता हो हम इन तीनों प्रकारों में से ही किसी एक प्रकार को साक्षात्कार उपकरण के रूप में प्रयोग कर सकते हैं और इसके द्वारा परिस्थिति अनुसार – (i) हम किसी व्यक्ति विशेष या समूह विशेष का साक्षात्कार कर सकते हैं। (ii) साक्षात्कार करने वाले के रूप में किसी एक साक्षात्कारकर्त्ता या साक्षात्कारकर्त्ताओं के समूह या पैनल की स्थापना कर सकते हैं तथा साक्षात्कार को एक प्रदत्त संकलन उपकरण के रूप में प्रयोज्यों से प्रत्यक्ष, अप्रत्यक्ष, केन्द्रित अथवा गहन सूचना एकत्रित करने के लिए प्रयोग में ला सकते हैं।

साक्षात्कार करने की प्रक्रिया एवं सोपान
(Procedure and Steps Used in Conducting Interview)

व्यावहारिक विज्ञानों में शोध अध्ययन और प्रदत्तों का संकलन करने के लिए साक्षात्कार का प्रयोग करने की प्रक्रिया तीन सोपानों–नियोजन, क्रियान्वयन और समापन में चलाई जाती है। इन तीनों सोपानों में की जाने वाली गतिविधियाँ निम्न प्रकार से हैं :

सोपान 1 : साक्षात्कार की योजना बनाना एवं तैयारी करना (Planning and Preparation for the Interview)

साक्षात्कार के समुचित संचालन के लिए शोधकर्त्ता में इसकी पूर्व योजना बनाने तथा तैयारी करने की पूर्ण योग्यता होनी चाहिए। इसके लिए उसे निम्न बातों का ध्यान रखना चाहिए :

1. सर्वप्रथम, शोधकर्त्ता साक्षात्कार के उद्देश्यों के सम्बन्ध में निश्चित होना चाहिए। साक्षात्कार करने का क्या उद्देश्य है ? शोध समस्या की जानकारी प्राप्त करने के लिए किस प्रकार की विशिष्ट सूचनाओं या प्रदत्तों की आवश्यकता है ? इस तरह के साक्षात्कार के उद्देश्यों के अनुसार ही शोधकर्त्ता को पूछे जाने वाले प्रश्नों की प्रकृति, साक्षात्कार लेने के लिए प्रयोग में लाए जाने वाले प्रारूप एवं विधि के बारे में योजना बनाने की कोशिश करनी चाहिए।
2. साक्षात्कार के प्रकार एवं प्रारूप के बारे में निर्णय लेना चाहिए। वह व्यक्तिगत साक्षात्कार करना चाहता है या समूह साक्षात्कार, अनिर्देशित या केन्द्रित और गहन साक्षात्कार, आमने सामने, टेलीफोन पर या इन्टरनेट पर आधारित साक्षात्कार अथवा संरचित, असंरचित या अर्ध–संरचित साक्षात्कार ? इस बारे में सोच समझ कर ही शोधकर्त्ता द्वारा अपने द्वारा प्रयुक्त साक्षात्कार के किसी एक प्रकार का चयन करना चाहिए।
3. जिस जनसंख्या या प्रतिदर्श का साक्षात्कार किया जाना है उन व्यक्तियों का पता लगा कर उनके साथ सम्पर्क स्थापित करना जिससे ठीक ढंग से साक्षात्कार के संचालन में उनका पूर्ण सहयोग मिल सके।
4. साक्षात्कार लेने से पहले ही उत्तरदाताओं से ठीक प्रकार वार्तालाप या सम्प्रेषण द्वारा अध्ययन के महत्त्व के बारे में बताकर उन्हें साक्षात्कार के लिए राजी करना चाहिए।
5. प्रदत्त संकलन तथा शोध प्रविधि के रूप में साक्षात्कार का प्रयोग करने के लिए समुचित ज्ञान एवं प्रशिक्षण लेना चाहिए। इस प्रशिक्षण में विभिन्न प्रकार के कौशल, जैसे–प्रयोज्यों से मैत्री भाव विकसित करना, साक्षात्कार के लिए तैयार करना, ठीक ढंग से साक्षात्कार लेना, साक्षात्कार की गतिविधियों का अभिलेखन करना तथा साक्षात्कार से आवश्यक लाभ लेना आदि का समावेश हो सकता है।
6. जिन भौतिक एवं मनोवैज्ञानिक दशाओं में साक्षात्कार का संचालन किया जाना है, उनका उचित रूप से निरीक्षण कर लेना चाहिए जिससे उत्तरदाता और साक्षात्कारकर्त्ता साक्षात्कार के समय अपने आपको असहज एवं असुविधाजनक महसूस न करे।
7. इस बात को भी देख लेना चाहिए कि उत्तरदाता एकदम स्वाभाविक एवं सामान्य रूप से वांछित सूचनाएँ प्रदान करे।
8. साक्षात्कार की कार्यवाही का समुचित अभिलेखन करने के बारे में भी निर्णय ले लेना चाहिए कि यह अभिलेखन किन उपलब्ध साधनों, जैसे–वार्तालाप के समय सूचनाएँ लिखना या साक्षात्कार के एकदम बाद में लिखना अथवा दृश्य या गुप्त ऑडियो वीडियो रिकॉर्डिंग आदि का प्रयोग करना आदि।

9. साक्षात्कार के समय पूछे जाने वाले प्रश्नों के बारे में योजना बनानी चाहिए। साक्षात्कार प्रश्नों की उचित अनुसूची का उचित क्रम में निर्माण करना चाहिए तथा साथ में वांछित उत्तर प्राप्त करने की दृष्टि से उत्तरदाता को क्रियान्वित एवं प्रोत्साहित करने वाले कुछ कथन भी डाल देने चाहिए।

प्रश्नों के निर्माण से सम्बन्धित, योजना स्तर पर किया गया यह अन्तिम कार्य साक्षात्कार के उचित क्रियान्वयन एवं परिणामों की दृष्टि से कुछ अधिक व्याख्या और स्पष्टीकरण चाहता है। इस सम्बन्ध में निम्न बातों पर ध्यान देना अच्छा रहता है।

- साक्षात्कार के लिए प्रश्नों का निर्माण करने हेतु साक्षात्कारकर्त्ता को साक्षात्कार को एक तकनीक के रूप में प्रयोग करने सम्बन्धी मूल प्रयोजनों पर ध्यान देना चाहिए। इस साक्षात्कार से वह क्या प्राप्त करना चाहता है ? अपनी अनुसंधानात्मक आवश्यकताओं की पूर्ति हेतु उसे उत्तरदाताओं/प्रयोज्यों से किस प्रकार की सूचनाएँ अथवा अनुक्रियाएँ चाहिएं ? आदि।
- इसके बाद उसे साक्षात्कार के लिए निर्मित किए जाने वाले प्रश्नों/पदों के प्रकार के बारे में चयन करना चाहिए। सामान्यतः साक्षात्कार के प्रयोजन का ध्यान रखते हुए उत्तर देने में साक्षात्कार अनुसूची में दो प्रकार के प्रश्न – मुक्तोत्तर एवं प्रतिबन्धित बनाए जाते हैं। मुक्तोत्तर प्रश्नों का आधार विस्तृत होता है और किसी एक निश्चित रूप में तथा समान रूप में इनका उत्तर दिया जाना जरूरी नहीं होता है जबकि प्रतिबन्धित प्रश्न किसी एक बिन्दु पर केन्द्रित रहते हैं तथा उत्तरदाता से एक निश्चित विशेष प्रकार का उत्तर चाहते हैं। इन दोनों प्रश्नों के उदाहरण के रूप में हम निम्न प्रश्नों को देख सकते हैं :

  मुक्तोत्तर प्रश्न : आप अपने संगठन के लिए किस प्रकार का प्रबन्धन पसन्द करोगे?

  प्रतिबन्धित प्रश्न : क्या आपकी फैक्टरी के प्रबन्धन में कर्मचारियों का एक उचित प्रतिनिधित्व होना चाहिए ? (हाँ/नहीं/अनिश्चित)

  एक उचित विकल्प के रूप में अनुसंधानकर्त्ता के लिए यह काफी अच्छा रहता है कि वह एक बीच का मार्ग अपनाते हुए अपने साक्षात्कार उपकरण में मुक्तोत्तर एवं प्रतिबन्धित प्रश्नों/पदों को एक संतुलित अनुपात में स्थान दें।
- साक्षात्कार अनुसूची में शामिल होने वाले प्रश्नों का वाक्य विन्यास बिल्कुल ठीक होना चाहिए। इसके लिए उसे निम्न बातों को ध्यान में रखना चाहिए : (i) प्रश्नों में प्रयुक्त शब्द एवं भाषा ऐसी हो जो उत्तरदाता को ठीक प्रकार समझ में आ जाए। (ii) प्रश्न इस प्रकार से नहीं बनाए जाने चाहिए कि उनसे उत्तरदाताओं को अपनी बात कहने की बजाय अनुसंधानकर्त्ता के मत और विचारों का समर्थन करने के अलावा कोई चारा न रहे। (iii) इस प्रकार के सुझावात्मक प्रश्न भी नहीं पूछे जाने चाहिएँ जिससे जाने अनजाने एक विशिष्ट प्रकार का उत्तर निकलता हो। (iv) अपने साक्षात्कार उपकरण में अनुसंधानकर्त्ता को विचारशील प्रश्नों को उचित स्थान देना चाहिए। (v) प्रश्नात्मक तथा कथनात्मक दोनों ही शैलियों का प्रयोग करते हुए प्रश्नों का निर्माण करना चाहिए।
- इसके बाद अनुसंधानकर्त्ता को यह ध्यान रखना चाहिए कि प्रयोज्यों द्वारा प्रश्नों का उत्तर किस रूप में दिया जाए। टकमैन (Tuckman, 1999:238-46) ने उत्तर देने के निम्न सात रूपों का वर्णन किया है :

  (i) असंरचित उत्तर रूप – इसमें उत्तरदाता अपनी रुचि के अनुसार उत्तर देता है।

  उदाहरण : अपने पिता के बारे में आप जो सोचते हैं, उन भावनाओं का वर्णन करो।

  (ii) उत्तर भरो रूप (Fill in response mode) इसमें उत्तरदाता उत्तर का चयन करने के बजाय स्वयं अपना उत्तर प्रदान करता है।

  उदाहरण : आपका वर्तमान निवास स्थान का पता क्या है ?

(iii) सारिणीय उत्तर रूप (A tabular response mode) – एक सारिणी के रूप में उत्तर देना, जैसे :

परीक्षा उत्तीर्ण की	विश्वविद्यालय/ परीक्षा परिषद्	उत्तीर्ण होने का वर्ष	श्रेणी एवं अंक प्रतिशत	कोई विशेष योग्यता

(iv) मापनीय उत्तर रूप (Scaled response) : इसमें उत्तरदाता दिए हुए मापक पर निशान लगाकर उत्तर देता है :

उदाहरण : अगले पाँच वर्षों में आपके सर्वोच्च प्रबन्धक पद पर पहुँचने के क्या अवसर हैं?

बहुत ज्यादा ज्यादा ठीक ठीक कम बहुत कम

(v) पदांकन उत्तर (Ranking response)

उदाहरण : नीचे कुछ व्यक्तियों का उल्लेख किया गया है जिन्हें आप अपने कक्षाकक्ष में आने वाली समस्याओं के समाधान हेतु सलाहकार या परामर्शदाता के रूप में चुन सकते हैं। इनको उनकी अधिक उपयुक्तता के आधार पर पदांकित कीजिये।

शैक्षिक मार्गदर्शक विषय विशेषज्ञ कक्षा अध्यापक प्रधानाध्यापक सहपाठी

(vi) चैकलिस्ट उत्तर (Checklist response)

उदाहरण : मुझे कॉलेज में सबसे ज्यादा सन्तुष्टि मिलती है–

- सामाजिक जीवन में
- स्वाध्याय में
- प्रवक्ता को सुनने में
- कॉलेज समितियों/क्लबों में
- सेमीनार में एक पेपर प्रस्तुत करने में

(vii) संवर्गीय उत्तर (Categorial response)

उदाहरण : व्यक्तियों की अत्यधिक खुशी का कारण भौतिक तरक्की है। (सत्य/असत्य)

सोपान 2 : साक्षात्कार का क्रियान्वयन (Execution or Taking the Interview)

साक्षात्कार के लिए योजना बनाने के उपरान्त क्रियान्वयन की अवस्था आती है। साक्षात्कारकर्त्ता ने प्रथम अवस्था में जो योजना बनाई है अब उसे कार्य रूप में परिणित करना होता है। इस कार्य हेतु उसे निम्न बातों पर ध्यान देना काफी उपयोगी सिद्ध हो सकता है।

1. साक्षात्कारदाताओं को, साक्षात्कारकर्त्ता के रूप में अपना जरूरी संक्षिप्त परिचय देना चाहिए।
2. साक्षात्कारदाताओं या उत्तरदाताओं के सम्मुख अपने आप को प्रभावशाली रूप में प्रस्तुत करना चाहिए। इसके लिए साक्षात्कारकर्त्ता की वेषभूषा (प्रयोज्यों की सामाजिक पृष्ठभूमि एवं संस्कृति के अनुसार) ठीक हो, प्रसन्नचित्त मुख मुद्रा हो तथा साक्षात्कार करने के लिए पूर्ण आत्मविश्वास हो।
3. उत्तरदाताओं के साथ वांछित मैत्रीभाव स्थापित करने, उनका विश्वास तथा सहयोग प्राप्त करने का प्रयास करना चाहिए। इसके लिए (i) साक्षात्कारदाताओं के लिए विनम्रता एवं सम्मान की भावना प्रकट

करना (ii) समान रुचि के विषय पर मित्रवत् वार्तालाप करना और (iii) उनके विचारों तथा भावनाओं को गुप्त रखने का आश्वासन देना, आदि कार्य करने चाहिए।

4. अपने शोध अध्ययन के उद्देश्य को जितना सम्भव हो उतना संक्षेप में स्पष्ट करना चाहिए।
5. साक्षात्कारदाताओं को साक्षात्कार देने के लिए तैयार होने के लिए काफी समय देना चाहिए।
6. जिस तरह से शोध अध्ययन में योजना बनाई है उसी क्रम और ढंग से, स्वाभाविक तथा अनौपचारिक तरीके से सावधानीपूर्वक प्रश्न पूछना चाहिए।
7. साक्षात्कार के समय निष्पक्ष रहना चाहिए। वार्तालाप में अपना आधिपत्य जमाने का प्रयास नहीं करना चाहिए तथा साक्षात्कार के दौरान उत्तरदाताओं द्वारा उत्तर देते समय अनावश्यक रूप से स्वयं उत्तर का प्रारम्भ करने की कोशिश नहीं करनी चाहिए।
8. साक्षात्कारदाता के द्वारा कही जाने वाली बात को धैर्यपूर्वक सुनने के साथ ही संवेदनशील, प्रशंसात्मक तथा उनका ध्यान रखने वाली अभिवृत्ति प्रदर्शित करना चाहिए। कभी भी उनकी बात से आश्चर्यचकित होने, झुंझलाने या निराशात्मक प्रवृत्ति को प्रदर्शित करने की कोशिश नहीं करनी चाहिए।
9. उत्तरदाता को यह महसूस कराया जाना चाहिये कि उसकी बात को ध्यानपूर्वक सुना जा रहा है।
10. उत्तरदाताओं के उत्तर के लिए शान्त रहकर प्रतीक्षा की जानी चाहिये जिससे वे यह अनुभव कर सकें कि उनके उत्तर की प्रतीक्षा की जा रही है।
11. उत्तरदाता के उत्तर देने के लिए प्रत्यक्ष रूप से भी प्रोत्साहित करना चाहिए। जैसे : ओ.के. या हुँ हुँ आदि शब्द बोलना।
12. बातचीत के दौरान साक्षात्कारकर्त्ता को चाहिए कि वह इस प्रकार की कुछ उपयोगी तकनीकों का प्रयोग करे जिससे प्रयोज्यों के द्वारा दिए गए उत्तरों में कुछ अधिक गहराई, स्पष्टता और वैधता आ जाए, जैसे :

    (i) प्रयोज्यों के दिए हुए उत्तरों का अधूरेपन, बड़बोलापन, विरोधाभास, असंतुलन, अनिश्चितता आदि पर रोक लगाने का प्रयास किया जा सकता है। और ऐसा करने के लिए साक्षात्कारकर्त्ता कुछ इस प्रकार के प्रश्न पूछ सकता है जैसे : हाँ, परन्तु कुछ देर पहले तो तुमने यह बात नहीं की थी ... ? पर यह कैसे हो सकता है अगर ... ? क्या सचमुच में इसका मतलब है कि ... ? क्यों ? : क्यों नहीं ?

    (ii) राय और मत की जानकारी के लिए प्रश्न किए जा सकते हैं। जैसे : उसके बारे में आप क्या सोचते हों ? क्या तुम इस बात पर विश्वास करते हो ?

    (iii) अधिक स्पष्टीकरण के लिए कहा जा सकता है। जैसे :
    ... से आपका क्या अभिप्राय है ?
    ... के बारे में तुम कुछ और ज्यादा बता सकते हो ?
    क्या तुम ... के कुछ और उदाहरण दे सकते हो ?

    (iv) व्याख्या करने के लिए कहा जा सकता है, जैसे :
    क्या इसके बारे में कोई ... नहीं कह सकता ? क्या इसकी जगह ... बात ठीक नहीं रहेगी ?

    (v) तुलना करने के लिए कहा जा सकता है, जैसे :
    यह ... से किस प्रकार सम्बन्धित है ?

13. साक्षात्कार देने वाला जो कहता है उसके कथन में छिपे हुए अर्थों और भावों को ग्रहण करने की कोशिश करनी चाहिए। किसी प्रश्न या परिस्थिति विशेष में वह किस प्रकार की भाव भंगिमा का प्रदर्शन करता है इस बात को ठीक प्रकार से नोट किया जाना चाहिए। साक्षात्कार के दौरान यह अच्छी तरह नोट किया जाना चाहिए कि साक्षात्कार देने वाला किस तरह बोलता और व्यवहार करता है।
14. साक्षात्कार देने वालों द्वारा जिस प्रकार की प्रतिक्रिया व्यक्त की जाती है और उत्तर दिए जाते हैं, उनको मौलिक रूप में ही जहाँ तक हो सके रिकार्ड किया जाना चाहिए।

साक्षात्कार का समापन और अनुगमन कार्य (Closure and Follow up of the Interview)

इस तृतीय सोपान पर शोधकर्त्ता को निम्न बातों को ध्यान में रखना चाहिए :

1. नियोजन अवस्था में, साक्षात्कार लेने से पहले जो उद्देश्य निर्धारित किए गए थे इनकी प्राप्ति पूरी तरह हो गई है, इस बात को देखना चाहिए।
2. जहाँ तक सम्भव हो, संकलित प्रदत्त एवं सूचनाएँ पूर्ण होनी चाहिएँ।
3. साक्षात्कार देने वाले के कार्यक्रम और समय की सीमा का ध्यान रखना चाहिए। उससे पूछ लेना चाहिए कि क्या इस प्रोजेक्ट के सम्बन्ध में उसे कुछ पूछना है ? उसके मुख्य कथनों का संक्षेपीकरण कर देना चाहिए।
4. साक्षात्कार देने के लिए साक्षात्कारदाता को धन्यवाद देना चाहिए तथा उसे यह भी बताना चाहिए कि यदि उसे जरूरत हो तो वह आपसे किस प्रकार सम्पर्क स्थापित कर सकता है ?
5. साक्षात्कार के समय जो भी वार्तालाप हुआ है उससे साक्षात्कारदाता को सन्तुष्टि का अनुभव हो, इसी तरह के प्रयत्न करने चाहिए।
6. साक्षात्कार के समय साक्षात्कारदाता ने अपनी जो भी राय अभिव्यक्त की है, उसे गुप्त रखने का उसको आश्वासन देना चाहिए तथा यह भी बताना चाहिए कि प्रस्तुत शोध अध्ययन के परिणाम/रिपोर्ट उसके पास भी भेजी जाएगी।
7. साक्षात्कार कार्य एकदम से समाप्त करने की बजाय धीरे धीरे समापन की ओर ले जाना चाहिए। प्रयोज्य को ऐसा न लगे कि आप अपना उद्देश्य पूरा होते ही भाग लिए।
8. साक्षात्कार की कार्यवाही का अभिलेखन सावधानीपूर्वक करना चाहिए। यदि सम्भव हो तो स्वतः होने वाले अभिलेखन कार्य को प्राथमिकता देनी चाहिए। साक्षात्कारदाता की मूल आवाज संवेगात्मक उतार चढ़ाव तथा बोलने की शैली आदि को सुरक्षित रखने तथा जब भी जरूरत हो तो दोहराने आदि में इससे आसानी होती है।
9. यदि कहीं पर साक्षात्कार के समय रिकार्डिंग (नोट करके या टेप के द्वारा) करना संभव नहीं होता है तो साक्षात्कार के एकदम बाद बैठ कर प्रमुख बातों को नोट कर लेना चाहिए। इन नोट्स से साक्षात्कार की बातों को याद करने और साक्षात्कार की प्रक्रिया और परिणामों (Process and Product) का लेखा जोखा रखने में सहायता मिलेगी।
10. अपने अध्ययन के उद्देश्यों को प्राप्त करने के लिए साक्षात्कार के दौरान अभिलेखन की गई सूचनाओं और प्रयोज्यों के उत्तरों का विश्लेषण करने तथा उससे आवश्यक निष्कर्ष निकालने के उचित प्रयास करने चाहिएँ।

साक्षात्कार के गुण एवं लाभ (Merits and Advantages of Interview)

व्यावहारिक विज्ञानों में प्रदत्त संकलन तथा शोध प्रविधि के रूप में साक्षात्कार शोधकर्त्ता के लिए निम्न रूप से उपयोगी सिद्ध हो सकता है :

1. प्रदत्त संकलन तथा शोध प्रविधि के रूप में **साक्षात्कार का क्षेत्र एवं प्रयोग बहुत ही विस्तृत होता है।** सामान्यतः इसका प्रयोग सभी प्रकार के शोध अध्ययनों–परिमाणात्मक और गुणात्मक में किया जाता है। इसके लिए व्यावहारिक विज्ञानों में किसी भी प्रकार की शोध जनसंख्या (प्रयोज्यों) को लिया जा सकता है। प्रदत्त संकलन और शोध उपकरण के रूप में साक्षात्कार का प्रयोग करने के लिए युवा या छोटे बच्चे, शिक्षित या अशिक्षित व्यक्ति भाषा को पढ़ने और समझने में कठिनाई महसूस करने वाले किसी भी प्रकार के व्यक्ति का प्रयोज्य के रूप में उपयोग किया जा सकता है।
2. साक्षात्कार **आमने सामने तथा व्यक्ति-व्यक्ति अन्तःक्रिया** का अनुपम अवसर प्रदान करता है। शोधकर्त्ता अध्ययन के प्रयोज्यों से आमने–सामने का सम्पर्क स्थापित कर सकता है। इस प्रकार का सक्रिय सम्पर्क और अन्तःक्रिया निम्न रूप में लाभकारी सिद्ध होती है :
    - आमने–सामने तथा व्यक्ति–व्यक्ति अन्तःक्रिया साक्षात्कार को उत्तरदाताओं के साथ सौहार्द स्थापित करने में सहायता करती है परिणामस्वरूप प्रयोज्यों से स्वैच्छिक सहयोग प्राप्त होने में सहायता मिलती है।
    - इस प्रकार के सम्पर्क से साक्षात्कार के क्रियान्वयन की पूरी अवधि के दौरान साक्षात्कारकर्त्ता उत्तरदाताओं द्वारा पूछे गए किसी प्रश्न का उत्तर दे सकता है, उसकी शंका का निवारण कर सकता है, वह अपने प्रयोज्यों से वास्तव में जो जानना चाहता है उसे स्पष्ट रूप से संप्रेषित कर सकता है, साक्षात्कार के बारे में चर्चा कर सकता है तथा अपने शोध अध्ययन के उद्देश्य को उनके सम्मुख अच्छी तरह स्पष्ट कर सकता है।
    - इसकी सहायता से शोधकर्त्ता अपने अध्ययन के प्रयोज्यों से उन काफी उपयोगी एवं विश्वस्त सूचनाओं को भी जो कि काफी संवेदनशील एवं वैयक्तिक होती है, निकलवाने में सफलता प्राप्त करता है जिन्हें प्रश्नावली, प्रेक्षण या निर्धारण मापनी आदि प्रदत्त संकलन प्रविधियों के प्रयोग से प्राप्त करना मुश्किल होता है।
    - इससे अध्ययन के प्रयोज्यों से शोधकर्त्ता को अधिक से अधिक सहयोग प्राप्त होने में सफलता प्राप्त होती है। डाक प्रश्नावली से प्राप्त उत्तरों की निम्न वापिसी दर की तुलना में शोधकर्त्ता इससे पूछे गए प्रश्नों को शत प्रतिशत उत्तर प्राप्त कर सकता है।
    - साक्षात्कारकर्त्ता के लिए इससे यह सम्भव हो जाता है कि वह अपने प्रश्न को दोहराकर या उसी जानकारी को किसी और ढंग से प्राप्त कर साक्षात्कार देने वाले की सूझबूझ तथा उत्तर देने में उसकी गम्भीरता की थाह पा सके। इससे साक्षात्कारकर्त्ता को अपने साक्षात्कार प्रश्नों के मौखिक उत्तर प्राप्त करने के साथ साथ उत्तरदाताओं के उत्तर देने के समय के व्यवहार एवं प्रतिक्रिया का निरीक्षण करने का अवसर उपलब्ध होने में भी सहायता मिलती है। उत्तरदाताओं के हावभाव, चेहरे की भंगिमा, मूड, शारीरिक प्रतिक्रिया आदि प्रतिक्रियाओं का अध्ययन शोधकर्त्ताओं को उत्तरदाताओं के शाब्दिक कथनों से सही सही भाव एवं अभिप्राय निकालने में मदद करता है।
3. साक्षात्कार गुणात्मक प्रदत्त तथा गहन उत्तर प्राप्त करने में मदद करता है। इससे जो प्रदत्त प्राप्त होते हैं उनकी विश्वसनीयता एवं वैधता काफी ज्यादा होती है। साक्षात्कार के इस गुण के सम्बन्ध में अपने विचार व्यक्त करते हुए एडम्स और श्वानेवेल्ट (Adams & Schvaneveldt, 1991:212) लिखते हैं :

यदि साक्षात्कार लेने के लिए समुचित व्यवस्था की गई है, उत्तरदाताओं को अभिप्रेरित किया गया है और वे साक्षात्कार देने के लिए इच्छुक हैं, साक्षात्कारकर्त्ता में साक्षात्कार लेने सम्बन्धी सभी कौशल हैं ओर सभी उपकरण अच्छी तरह से तैयार हैं, तो यह अच्छी तरह कहा जा सकता है कि साक्षात्कार में विश्वसनीय एवं वैध प्रदत्तों को उपलब्ध कराने के सन्दर्भ में एक अत्यन्त उपयोगी एवं संवेदनशील प्रविधि होने की पूरी क्षमता है।

वास्तव में, जैसा कि बेस्ट और काहन (Best and Kahn, 2006:337) ने कहा है,

प्रदत्तों का संकलन करने की एक तकनीक के रूप में साक्षात्कार आश्चर्यजनक रूप से उपयोगी होता है। जिन क्षेत्रों में मानवीय अभिप्रेरणा, कार्यों, भावनाओं और अभिवृत्तियों के द्वारा प्रकाश में आ जाती हैं वहाँ साक्षात्कार काफी प्रभावशाली हो सकता है। एक कौशलयुक्त साक्षात्कारकर्त्ता उत्तरों की ऐसी गहराई में पहुँच सकता है जहाँ दूसरे साधनों द्वारा नहीं पहुँचा जा सकता हो।

4. साक्षात्कार एक अच्छी सम्प्रेषण तकनीक के लाभ उठाने में सक्षम है। व्यक्ति सामान्यतः लिखने की बजाय बात करना ज्यादा पसन्द करते हैं (बेस्ट और काहन, 2006:335)। प्रदत्त संकलन तकनीक के रूप में साक्षात्कार का यही वास्तविक लाभ है। यदि एक प्रशिक्षित साक्षात्कारकर्त्ता द्वारा सम्प्रेषण का एक अच्छा प्रवाह बनाए रखा जा सकता है तो साक्षात्कार एक अच्छे सम्प्रेक्षण या वार्तालाप से होने वाले सभी लाभ प्रदान कर सकता है। एक अच्छी सम्प्रेषण तकनीक के रूप में साक्षात्कार के महत्त्व के बारे में अपने विचार प्रस्तुत करते हुए एडम्स (Adms, 1958:6) लिखते हैं :

   साक्षात्कार लेने के दौरान अगर साक्षात्कारकर्त्ता को इस बात का ध्यान रहता है कि वह और जो व्यक्ति साक्षात्कार दे रहे हैं, वे आपसी सम्प्रेषण में रत है, तो इससे उसके साक्षात्कार कार्यों के सम्पादन में बहुत मदद मिल सकती है। इसके पीछे यही बात काम करती है कि साक्षात्कार लेने सम्बन्धी बहुत से प्रनियम अपने वास्तविक रूप में सम्प्रेषण के ही प्रनियम होते हैं।

5. साक्षात्कार एक लचीले उपकरण के रूप में कार्य करता है। साक्षात्कार में साक्षात्कारकर्त्ता तथा उत्तरदाता दोनों को ही परिस्थिति के अनुसार व्याख्या करने, समायोजन या अनुकूलन करने तथा कुछ भिन्न करने की पूरी छूट होती है और इस प्रकार यह एक आवश्यक एवं महत्त्वपूर्ण प्रदत्त संकलन तथा शोध उपकरण सिद्ध होता है।
6. साक्षात्कार में ऐसी बहुत सी खूबियाँ हैं जिनसे यह एक अनुसंधान तकनीक के सारे उत्तरदायित्व और प्रयोजनों को निभा सकता है। विशेष रूप से जैसा कि कोहेन आदि (Cohen et al., 2007:351) ने संकेत दिया है–साक्षात्कार के प्रयोग से तीन निम्न प्रयोजन भलीभाँति सिद्ध हो सकते हैं :
   - प्रथम, अनुसंधानात्मक उद्देश्यों की आवश्यकताओं को पूरा करने से सम्बन्धित समुचित जानकारी साक्षात्कार के द्वारा अच्छी तरह प्राप्त की जा सकती है।
   - द्वितीय, इसका प्रयोग परिकल्पनाओं का परीक्षण करने या नई परिकल्पना के बारे में सुझाव देने हेतु अच्छी तरह किया जा सकता है अथवा इसके द्वारा चरों (Variables) और उनके सम्बन्धों की पहचान करने की एक अच्छी वर्णनात्मक प्रविधि के रूप में कार्य किया जा सकता है।
   - तृतीय, साक्षात्कार को अनुसंधान में प्रयुक्त अन्य विधियों के साथ अप्रत्याशित परिणामों का पुनरावलोकन करने, अन्य विधियों की पुष्टि करने और उत्तरदाताओं की अभिप्रेरणा और उनके उस रूप में उत्तर देने सम्बन्धी कारकों का पता लगाने हेतु काम में लाया जा सकता है।

साक्षात्कार के अवगुण एवं सीमाएँ (Demerits and Limitations of the Interview)

साक्षात्कार प्रदत्त संकलन तथा शोध प्रविधि के रूप में बहुधा अनेक कमियों एवं सीमाओं से ग्रस्त भी पाया जाता हैं, जैसा कि आगे बताया गया है :

1. **स्वाभाविक या प्राकृतिक स्थितियों की अनुपलब्धता** – बहुधा साक्षात्कार वास्तविक जीवन की स्वाभाविक एवं यथार्थ घटनाओं से परे कृत्रिम परिस्थितियों में सम्पन्न किया जाता है। इसलिए साक्षात्कार के द्वारा जो अन्वेषण किया जाता है या जो निष्कर्ष निकाले जाते हैं जरूरी नहीं है कि वे उत्तरदाताओं के सामान्य व्यवहार, प्रतिक्रियाओं या उत्तरों का सही प्रतिनिधित्व कर रहे हों।
2. **साक्षात्कारकर्त्ता, साक्षात्कारदाता तथा उनके मध्य होने वाली अन्तःक्रिया सम्बन्धी कमजोरियाँ** – प्रदत्त संकलन एवं शोध प्रविधि के रूप में साक्षात्कार की सफलता उसके नियोजन एवं संचालन में संलग्न जिन व्यक्तियों/कारकों की गुणवत्ता पर पूरी तरह से निर्भर करती है, वे हैं (i) साक्षात्कारकर्त्ता की गुणवत्ता (ii) साक्षात्कारदाता की योग्यता तथा (iii) साक्षात्कारकर्त्ता तथा साक्षात्कार देने वाले के बीच में चलने वाली अन्तःक्रिया की गुणवत्ता। इन तीनों कारकों में से किसी एक या मिश्रित रूप में सभी में यदि कोई कमजोरी है या किसी की कोई सीमाएँ हैं, तो इससे साक्षात्कार की वैधता, विश्वसनीयता तथा वस्तुपरकता में निम्न रूप से गम्भीर आघात पहुँचता है :
   - साक्षात्कार के कार्य का संचालन करने के लिए साक्षात्कारकर्त्ता का पूर्ण रूप से प्रशिक्षित तथा कुशल होना जरूरी है परन्तु यदि ऐसा नहीं है तो सुयोग्य एवं प्रशिक्षित साक्षात्कारकर्त्ता के अभाव में प्रदत्त संकलन या शोध प्रविधि के रूप में साक्षात्कार का उपयोग करने से कुछ भी सार्थक परिणाम की आशा नहीं की जा सकती है।
   - साक्षात्कारकर्त्ता को साक्षात्कार प्रक्रिया तथा साक्षात्कार देने वालों से सम्बन्धित बातों में पूर्ण रूप से वस्तुपरक, पक्षपात रहित एवं तटस्थ रहना चाहिए परन्तु अक्सर उसकी साक्षात्कार प्रक्रिया व्यक्तिपरक और पक्षपातपूर्ण हो जाती है जिससे साक्षात्कार की प्रक्रिया और परिणामों में उतनी विश्वसनीयता एवं वैधता नहीं आ पाती जितनी आनी चाहिए थी।
   - साक्षात्कार देने वाले/उत्तरदाता भी अपनी पसन्द–नापसन्द, रुचि–अरुचि, अभिवृत्तियों, पक्षपात एवं द्वेष भाव तथा अपने चिन्तन स्तर आदि के अनुसार अपने उत्तरों को अपनी तरह रंगने सम्बन्धी कमजोरी से ग्रस्त रहते हैं यहाँ कोई ऐसी तकनीक या पारदर्शी चोला नहीं है जिसे साक्षात्कार देने वालों को पहनाकर उन्हें अपनी भावनाओं को छिपाने से रोका जा सके। साक्षात्कारदाता का इस प्रकार का व्यवहार, अप्रत्याशित रूप से साक्षात्कार के परिणाम को दूषित कर देता है।
   - बहुत से साक्षात्कारों में साक्षात्कारकर्त्ता एवं साक्षात्कारदाता के बीच चलने वाली अन्तःक्रिया इतनी अच्छी नहीं होती है। अन्तःक्रिया में समायोजन, सहयोग एवं आपसी विश्वास का अभाव सा पाया जाता है। साक्षात्कार के लिए काफी जरूरी तत्त्वों जैसे एक दूसरे पर विश्वास, सौहार्दपूर्ण व्यवहार, एक दूसरे के परिप्रेक्ष्य में आपसी समझ, पूछे गए प्रश्नों की भाषा तथा उद्देश्य आदि में यदि कोई भी कमी होती है तो इससे साक्षात्कार की प्रक्रिया और परिणामों पर एकदम विपरीत प्रभाव पड़ता है। परिणामस्वरूप उत्तरदाता प्रश्नों के सभी एवं पूर्ण उत्तर देने में असमर्थ रह जाता है। अक्सर शर्म या लज्जा के कारण, विषय से सम्बन्धित ज्ञान का अभाव, घबराहट, विस्मृति या सन्देह के कारण उत्तरदाता प्रश्नों का उत्तर देने में झूठ का सहारा लेने लगते हैं। इसके विपरीत कई बार वे अध्ययन के उद्देश्य पूरा करने हेतु काफी लम्बा चौड़ा उत्तर देने लगते हैं। इन सभी बातों से साक्षात्कार के परिणामों में गम्भीर दोष आ जाते हैं।

3. **धन और समय की दृष्टि से अधिक खर्चीली** – प्रदत्त संकलन एवं शोध तकनीक के रूप में साक्षात्कार का प्रयोग काफी पूर्ण तैयारी की मांग करता है। साक्षात्कार अनुसूची का निर्माण, अध्ययन के प्रयोज्यों के साथ वैयक्तिक सम्पर्क स्थापित करना आदि साक्षात्कार कार्यान्वयन एवं व्यवस्था करने सम्बन्धी कार्यों में काफी समय और श्रम लगाना पड़ता है। इतना ही नहीं, साक्षात्कार क्रियान्वयन के समय साक्षात्कारदाताओं से प्रश्न पूछने, उनका निरीक्षण करने, उत्तरों का अभिलेखन करने, उत्तरदाताओं के उत्तरों का विश्लेषण करने तथा उत्तरों से वैध एवं विश्वसनीय निष्कर्ष निकालने का कार्य काफी श्रम साध्य होता है। परिणामस्वरूप शोधकर्त्ता के द्वारा व्यावहारिक विज्ञानों में प्रदत्त संकलन तथा शोध तकनीक दोनों के रूप में साक्षात्कार का प्रयोग समय, धन एवं परिश्रम की दृष्टि से काफी खर्चीला एवं महंगा सिद्ध होता है।

उपरोक्त सभी बातें साक्षात्कार को एक साधन या विधि के रूप में प्रयोग में लाकर इच्छित उद्देश्यों की पूर्ति में बाधा बनकर खड़ी हो जाती हैं। परन्तु इसका अर्थ यह नहीं है कि साक्षात्कार के उपयोग को इन बाधाओं की वजह से तिलांजलि दे दी जाए। उपकरण या प्रविधि के रूप में साक्षात्कार में अपनी ऐसी कमी कोई नहीं जिससे उसे प्रयोग में लाने सम्बन्धी विश्वास पूरी तरह डगमगा जाए। इसके गुणों को देखते हुए इसके दोष नगण्य हैं। अगर थोड़ी अच्छी तरह से उपयुक्त सावधानीपूर्वक साक्षात्कार के नियोजन और क्रियान्वयन हेतु उचित तैयारी की जाये तथा साक्षात्कारकर्त्ता द्वारा पूरी निष्ठा और कुशलता से इसका उपयोग किया जाये तो प्रदत्त संकलन एवं शोधविधि के रूप में साक्षात्कार बहुत ही उपयोगी साधन एवं प्रविधि के रूप में शोधकर्त्ता तथा साक्षात्कारकर्त्ता की उपयुक्त मदद कर सकता है।

21

प्रदत्त संकलन उपकरण–निर्धारण मापनी

[Data Collection Tools—Rating Scales]

निर्धारण मापनी–अर्थ एवं परिभाषा (Rating Scale—Meaning and Nature)

हम में से प्रत्येक 'निर्धारण किया जाना' (Rating) इस पद से भलीभाँति परिचित है क्योंकि हम अपने दैनिक जीव में निर्धारण करने अथवा निर्धारित होने के अवसर किसी एक या अन्य तरीकों से पाते ही रहते हैं। अपने शाब्दिक अर्थ में निर्धारण मापनी से अभिप्राय उस मापनी अथवा मापन तकनीक से है जिसके प्रयोग द्वारा किसी वस्तु, व्यक्ति या घटना विशेष को उसकी एक या अन्य गुणात्मक विशेषताओं के संदर्भ में आँक कर उसे विशेष श्रेणी, वर्ग या गुणात्मक अंश (Degree) प्रदान किया जाता है। ब्रिटेनिका विश्वकोश के अनुसार–"निर्धारण मापनी प्राचीन एवं बहुउपयोगी तकनीकों में से एक गिनी जाती है। निर्धारण मापनियों में उपयोगकर्त्ता के सामने कोई एक कथन या पद (Item) रखा जाता है और उनसे दिए हुए विकल्पों में से किसी एक को चुनने के लिए कहा जाता है। निर्धारण मापनी कुछ मामलों में बहुविकल्पी परीक्षण की तरह ही है परन्तु इसमें दिए जाने वाले विकल्प किसी विशेषता विशेष के अंशों (Degree) का प्रतिनिधित्व करते हैं।"

(The rating scale is one of the oldest and most versatile of assessment techniques. Rating scale presents users with an item and ask them to select from a number of choices. The Rating Scale is similar in some respects to a multiple choice test, but its options represent degrees of a particular characteristic. —Encyclopaedia Britannica)

आइए अब हम आवश्यक सूचनाओं/प्रदत्तों का संकलन करने के लिए व्यवहार विज्ञानों में प्रयोग मे लाए जाने वाली निर्धारण मापनी में सम्मिलित पदों के कुछ उदाहरणों द्वारा इस बात को स्पष्ट करने का प्रयास करते हैं।

1. **कथन :** मैं अपने मोबाइल फोन के बिना नहीं रह सकता हूँ।

   उत्तर विकल्प : (i) पूर्णतः असहमत (ii) असहमत (iii) अनिश्चित या (न सहमत न असहमत) (iv) सहमत (v) पूर्णतः सहमत

2. फुटबाल टीम के कप्तान का चयन करने के लिए 'फुटबाल इलेवन' के प्रत्येक खिलाड़ी को सभी प्रकार की क्षमता या योग्यता निर्धारित करने के लिए नीचे दी गई मापनी पर चिह्नांकित करें।

   खिलाडी A : 1 (सर्वश्रेष्ठ) 2 (श्रेष्ठ) 3 (साधारण) 4 (असंतोषजनक) 5 (अत्यंत असंतोषजनक)

3. निम्न चित्र में से उस आकृति का चयन कीजिये जो तुम्हारी इस समय होने वाली पीड़ा को प्रदर्शित कर रहा है।

पीड़ा नहीं है | थोड़ी सी पीड़ा | थोड़ी ज्यादा पीड़ा | पहले से काफी पीड़ा | काफी ज्यादा पीड़ा | असहनीय/अत्यधिक पीड़ा

चित्र 21.1 चेहरे की मुद्राओं को प्रदर्शित करता हुआ एक रेखाचित्र।

4. नीचे अध्यापक के व्यावसायिक समायोजन के कुछ आयाम दिए गए हैं आप से निवेदन है कि आप विज्ञान संकाय के शिक्षकों को पाँच बिन्दु मापनी पर प्रत्येक आयाम के सम्मुख अपनी प्राथमिकता/राय प्रदर्शित कर निर्धारण करें।

अध्यापक के व्यावसायिक समायोजन के आयाम	उत्कृष्ट (Outstanding)	औसत से ऊपर (Above average)	औसत (Average)	औसत से नीचे (Below average)	निकृष्ट (Poor)
विद्यार्थियों के साथ समायोजन					
सहकर्मियों के साथ समायोजन					
प्राचार्य के साथ समायोजन					
माता पिता के साथ समायोजन					
शिक्षा विभाग की नीतियों के साथ समायोजन					
मूल्यांकन प्रणाली के साथ समायोजन					
भौतिक सुविधाओं/कार्य परिस्थितियों के साथ समायोजन					

प्रदत्त संकलन साधन के रूप में निर्धारण मापनी वह मापन तकनीक है जिसे किसी व्यक्ति, वस्तु या घटना विशेष का उसके गुण और विशेषताओं के सन्दर्भ में उसका मूल्य अथवा श्रेणी निर्धारण के काम में लाया जाता है।

जैसा कि उपरोक्त उदाहरणों से स्पष्ट होता है, हम निर्धारण मापनी के बारे में निम्न निष्कर्ष निकाल सकते हैं :

- एक निर्धारण मापनी कुछ श्रेणियों या संवर्गों (3 से 11 तक के विस्तार में) का समुच्चय है जिसे एक वस्तु, घटना या व्यक्ति के गुणों या गुणात्मक विशेषताओं के बारे में सूचना प्राप्त करने के लिए बनाया जाता है।
- ये संवर्ग या श्रेणियाँ वस्तु, घटना या व्यक्ति के किसी एक विशिष्ट गुण या विशेषता के अंश (Degree) या स्तर का प्रतिनिधित्व करती हैं।
- निर्धारक या निर्णायक को दी हुई श्रेणियों/संवर्गों/मत में से किसी एक का चयन करके वस्तु, व्यक्ति या घटना के सापेक्षिक गुण के बारे में अपनी राय (उसके स्वयं के पूर्व या वर्तमान अनुभवों के आधार पर) व्यक्त करने या मूल्यांकन करने के लिए कहा जाता है।

इस प्रकार जैसा कि थोर्नडाइक एवं थोर्नडाइक (2010:340) का मानना है एक सामान्य निर्धारण प्रक्रिया में निम्न दो बातें शामिल रहती हैं – (i) निर्णायक को गुणों या विशेषताओं का एक समुच्चय तथा संख्याओं, विशेषणों, विवरणों का एक विस्तार (जो गुणों या विशेषताओं के अंश या स्तर का प्रतिनिधित्व करता हो) प्रदान करना (ii) निर्धारक से अंक, अक्षर, विशेषण प्रदान करके व्यक्तित्व गुण/उत्पाद की गुणवत्ता आदि का मूल्यांकन करने के लिए कहना।"

निर्धारण मापनी में प्रयुक्त संवर्ग या श्रेणियाँ (Categories Used in Rating Scale)

निर्धारण या मापन करने के उद्देश्य से निर्धारण मापनी 3 से लेकर 11 श्रेणी तक के विस्तार का प्रयोग करती हुई पाई जाती है। इस विस्तार में दो छोर या सीमाएँ होती हैं जैसे – अत्यन्त उत्कृष्ट से अत्यन्त निकृष्ट तक, अत्यन्त सन्तोषजनक से अत्यन्त असन्तोषजनक तक, पूर्णतः सहमत से पूर्णतः असहमत तक, अत्यधिक पसन्द से अत्यधिक नापसन्द तक, सर्वश्रेष्ठ से निराशाजनक तक या हमेशा से कभी नहीं तक। यहाँ हम इस प्रकार की तीन, पाँच, सात, नौ और ग्यारह बिन्दु वाली विभिन्न श्रेणियों को स्पष्ट करने के लिए, प्रयोग की जाने वाली विभिन्न प्रकार की शब्दावली के कुछ उदाहरण प्रस्तुत कर रहे हैं।

1. किसी विशिष्ट क्षेत्र में विद्यार्थियों/खिलाड़ियों/कार्यकर्त्ताओं के प्रदर्शन या उपलब्धियों का मापन या निर्धारण करने के लिए एक निर्धारक विभिन्न श्रेणियों को (आंकिक संख्याओं के साथ या उनके बिना) निम्न प्रकार से नाम दे सकता है।

3 बिन्दु – अच्छा, औसत, बुरा ***या*** अत्यधिक संतोषजनक, संतोषजनक, अत्यधिक असंतोषजनक

5 बिन्दु – बहुत अच्छा, अच्छा, सामान्य, बुरा, बहुत बुरा

5 बिन्दु – हमेशा, अक्सर, कभी कभी, बहुत कम, कभी नहीं

7 बिन्दु – उत्कृष्ट, बहुत अच्छा, अच्छा, औसत, बुरा, बहुत बुरा, निकृष्ट

9 बिन्दु – उत्कृष्ट, बहुत अच्छा, अच्छा, औसत से अधिक, औसत, औसत से कम, बुरा, बहुत बुरा, निकृष्ट

11 बिन्दु – अत्यधिक उत्कृष्ट, उत्कृष्ट, बहुत अच्छा, अच्छा, औसत से ऊपर, औसत, औसत से कम, बुरा, बहुत बुरा, निकृष्ट, अत्यधिक निकृष्ट

2. प्रयोज्यों को जब कभी उनकी अपनी राय व्यक्त करने का मौका किसी निर्धारण मापनी के द्वारा दिया जाता है तो इस अवस्था में बहुधा निम्न प्रकार की मापनी का उपयोग होता है (निम्न निर्धारण मापनी पर्यटन पर जाने वाले विद्यार्थियों से किसी दर्शनीय स्थान के बारे में उनकी राय जानने के लिए प्रयुक्त की गई है)।

श्रेणी का गुणात्मक विवरण	दिया जाने वाला संख्यात्मक मूल्य
• बहुत अधिक मनोहर/आकर्षक	9
• बहुत मनोहर/आकर्षक	8
• औसतन मनोहर/आकर्षक	7
• कुछ कुछ मनोहर/आकर्षक	6
• न तो आकर्षक न अनाकर्षक	5
• कुछ अनाकर्षक	4
• औसतन अनाकर्षक	3
• बहुत अनाकर्षक	2
• बहुत अधिक अनाकर्षक	1

निर्धारण मापनी के प्रकार (Types of Rating Scales)

निर्धारण मापनी का वर्गीकरण अनेक प्रकार से किया जा सकता है, जैसा कि आगे वर्णन किया गया है।

A. मापन करने सम्बन्धी मापनी के उपयोग के आधार पर वर्गीकरण (Classification Based on the Use of Measurement Scales)

इस आधार पर निर्धारण मापनी को चार श्रेणियों में वर्गीकृत किया जा सकता है :

1. नामित या नामात्मक प्रदत्त प्रदान करने वाली निर्धारण मापनी (Rating scale providing nominal data) : इस प्रकार की निर्धारण मापनी के प्रयोग से शोधकर्त्ता को अपने प्रदत्तों की प्राप्ति नामित या नामात्मक रूप में होती है। इस प्रकार के प्रदत्तों की प्रकृति अपने आप में संख्यात्मक ही होती है जिसमें यह मानकर चला जाता है कि जिस भी संख्या का यहाँ उपयोग किया जाएगा उसका कार्य व्यक्तियों के उनकी किन्हीं विशेषताओं के आधार पर कुछ निश्चित श्रेणियों या वर्गों में विभक्त करना होगा। उदाहरण के लिए इस प्रकार की एक मापनी का प्रयोग करते हुए अनुसंधानकर्त्ता यह जानकारी एकत्रित कर सकता है कि कितने लोग–पुरुष और महिलाएँ किसी समय विशेष में पड़ोस के एक पार्क में किस तरह की क्रियाओं में व्यस्त हैं :

क्रियाएँ	पुरुष	महिलाएँ
• धीमी गति से दौड़ना (Jogging)		
• तीव्र गति से चलना (Brisk walking)		
• शारीरिक व्यायाम करना (Physical Exercise)		
• बॉलीबाल, बैडमिंटन आदि खेलना		
• ताश खेलना		
• गप्पें लगाना		
• योगासन करना		

2. क्रमसूचक या क्रमित प्रदत्त प्रदान करने वाली निर्धारण मापनी (Rating scale providing ordinal data) : इस प्रकार की निर्धारण मापनी के प्रयोग से शोधकर्त्ता को क्रमसूचक प्रदत्त प्राप्त करने में सहायता मिलती है। ये प्रदत्त संख्याओं या अंकों के रूप में किसी एक या अन्य गुण या विशेषता के सन्दर्भ में किसी व्यक्ति, वस्तु या प्रक्रिया की सापेक्षित स्थिति या पदांक प्रदान करने हेतु काम आते हैं। ये मापनियाँ नामित निर्धारण मापनियों से इसलिए अधिक सामर्थ्यवान और उपयोगी मानी जाती हैं क्योंकि प्रदान की हुई संख्याएँ या अंक पद क्रमांकन करने की क्षमता रखते हैं। परन्तु इन संख्याओं या अंकों से किसी व्यक्ति, वस्तु या प्रक्रिया विशेष की समूह विशेष में सापेक्षिक स्थिति का ही बोध होता है। समूह के अन्य सदस्यों से उनमें किसी गुण विशेष को लेकर कितना अंतर है, इस बात का नहीं। इस प्रकार की निर्धारण मापनी का प्रयोग अनुसंधानकर्त्ताओं द्वारा प्रायः निम्न प्रकार के अनुसंधानात्मक प्रश्नों के उत्तर प्राप्त करने हेतु किया जाता है।

(i) ऐसे दस चलचित्र जिनमें कामुकता के चित्रण को लेकर अन्तर है, युवकों एवं वृद्ध लोगों द्वारा इनका पदांकन किस प्रकार किया जा सकता है ?

(ii) टेल्कम पाउडर के पाँच प्रसिद्ध ब्रान्डों का उनकी ताजगी और सुगन्ध के संदर्भ में युवतियों के द्वारा किस प्रकार पदांकन किया जा सकता है ?

क्रमसूचक निर्धारण मापनी के एक अच्छे उदाहरण के रूप में लिकर्ट मापनी (Likert scale) (जो कि राय/मत या अभिवृत्ति मापन के लिए प्रसिद्ध है) का नाम लिया जा सकता है। इस प्रकार की मापनी के निर्माण में सामान्यतः निम्न प्रकार के पदों को शामिल किया जाता है :

कथन : एक विज्ञान अध्यापक के रूप में आप अपने विद्यालय की विज्ञान प्रयोगशाला में रसायनों की उपलब्धता से कितने सन्तुष्ट हैं ? नीचे दी गई पाँच श्रेणियों में से किसी एक पर निशान लगाकर अपना उत्तर प्रदान करें।

काफी सन्तुष्ट	सन्तुष्ट	अनिश्चित	असन्तुष्ट	बहुत असन्तुष्ट
1	2	3	4	5

3. अन्तराल सूचक प्रदत्त प्रदान करने वाली निर्धारण मापनी (Rating scale providing interval data) : इस प्रकार की मापनी जैसा कि नाम से ही स्पष्ट है, शोधकर्त्ता को अन्तराल सूचक प्रदत्त प्राप्त करने में सहायता करती हैं। अन्तराल सूचक प्रदत्तों को नामित तथा क्रमसूचक प्रदत्तों से इस अर्थ में ज्यादा अच्छा माना जाता है कि यहाँ संख्याएँ या अंक पदों/वर्गों की सापेक्षित स्थिति के बारे में बताने के साथ साथ उसके अन्तर की मात्रा को भी अभिव्यक्त करते हैं। इसमें विभिन्न श्रेणियों/संख्याओं के बीच अन्तर या दूरी समान होती है और यही कारण है कि इसे अन्तराल सूचक मापनी कहा जाता है। अन्तराल सूचक मापनी के पद के नमूने के रूप में हम निम्न पद (Item) को प्रस्तुत कर सकते हैं :

निम्न गुणों के लिए आप अपने वर्तमान रेफ्रिजरेटर का निर्धारण (Rating) कैसे करोगे ?

कम्पनी का नाम	कम जाना जाता है 1 2 3 4 5 काफी प्रसिद्ध है
कार्य (Functions)	कुछ 1 2 3 4 5 बहुत
कीमत (Price)	कम 1 2 3 4 5 ज्यादा
डिजाइन (Design)	बुरा 1 2 3 4 5 अच्छा
सभी दृष्टि से संतुष्टि	बहुत असंतुष्ट 1 2 3 4 5 बहुत संतुष्ट

इस मापनी में शोधकर्त्ता, यह कह सकता है कि मापनी पर 5 की स्थिति 4 की स्थिति से ऊपर है और 5 से 4 की दूरी उतनी ही है जितनी कि 4 से 3 की है परन्तु इस मापनी से यह निष्कर्ष नहीं निकाला जा सकता कि चौथी स्थिति दूसरी स्थिति से दुगनी अच्छी अथवा सामर्थ्यवान है क्योंकि इस मापनी में 0 (Zero) की स्थिति को प्रतिष्ठित नहीं किया गया है।

अन्तराल सूचक मापनी के एक अच्छे उदाहरण के रूप में अभिवृत्ति मापन के लिए प्रयुक्त थर्सटन मापनी का नाम लिया जा सकता है। अगले अध्याय में हम इसके बारे में विस्तार में चर्चा करेंगे।

4. आनुपातिक या अनुपात सूचक प्रदत्त प्रदान करने वाली निर्धारण मापनी (Rating scale providing ratio data) : व्यवहार विज्ञानों में शोधकर्त्ताओं द्वारा अनुपातसूचक मापनी का प्रयोग ज्यादा नहीं किया जाता है। फिर भी इसके प्रयोग से शोधकर्त्ता प्रदत्तों को उनके मापन को आनुपातिक स्तर पर प्राप्त कर सकते हैं। मापन के आनुपातिक स्तर में शोधकर्त्ता के पास श्रेणियों में निहित अन्तर की मात्रा बताने हेतु संख्याओं के उपयोग की सुविधा मिलने के अतिरिक्त, तुलना करने के लिए निरपेक्ष शून्य का भी प्रावधान होता है। अन्तराल सूचक मापनी के उपरोक्त उदाहरण में यह जरूरी नहीं है कि एक गुण में 4 अंक पर निशान लगाने वाला उत्तरदाता

इस उत्तरदाता से दोगुना ज्यादा संतुष्ट है जिसने 2 के अंक पर निशान लगाया है। एक आनुपातिक मापनी में स्वाभाविक शून्य (0) बिन्दु होता है और आगे के अंक समान अन्तराल प्रदर्शित करते हुए रखे जाते हैं। जैसे शारीरिक गुणों – लम्बाई, भार आदि की मात्रा का मापन करने के लिए। शारीरिक विशेषताओं के सम्बन्ध में ये आनुपातिक मापनियाँ बहुत ज्यादा प्रयोग में लाई जाती हैं। एक आनुपातिक मापनी को निर्मित करते हुए संख्यात्मक रूप में प्राप्त उत्तर विश्लेषणात्मक रूप में बहुत ज्यादा महत्त्व रखते हैं। इस मापनी में अन्तराल मापनी की सभी विशेषताएँ पाई जाती हैं तथा इन मापनियों पर प्राप्त संख्याएँ या अंकों के अनुपात का अपना सार्थक अर्थापन किया जा सकता है।

व्यवहार विज्ञान सम्बन्धी शोधों में प्रयुक्त इस प्रकार की मापनी के उदाहरण के रूप में गटमेन मापनी (Guttman Scale, जिसे राय और अभिवृत्तियों के मापन के लिए प्रयुक्त किया जाता है) का नाम लिया जा सकता है (चित्र 21.2)।

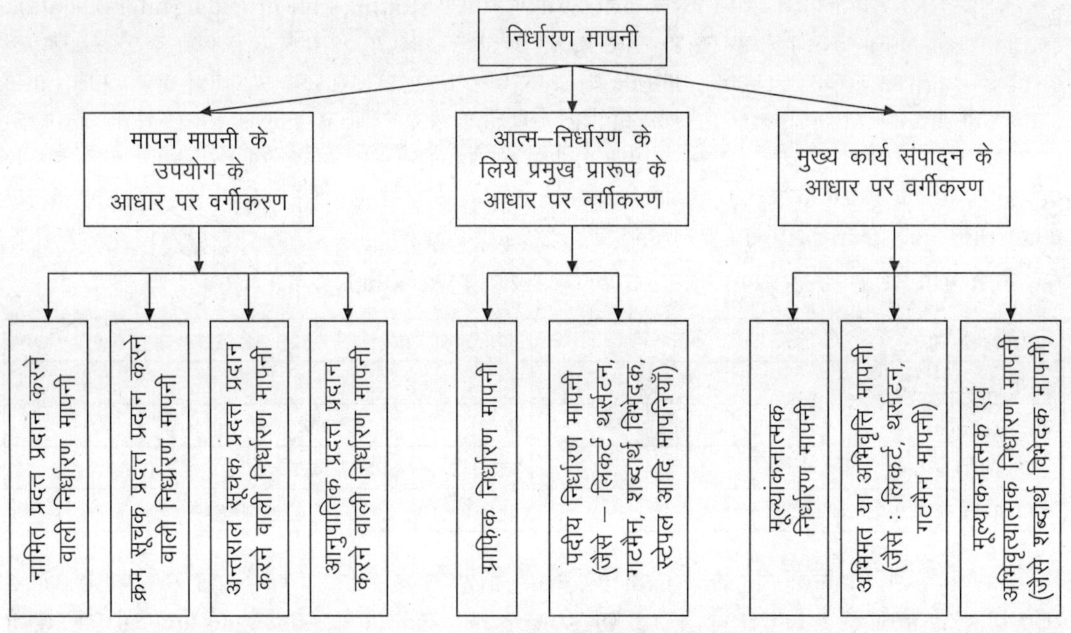

चित्र 21.2 निर्धारण मापनियों का वर्गीकरण और प्रकार।

B. आत्म-निर्धारण के लिए प्रयुक्त प्रारूप के आधार पर वर्गीकरण (Classification Based on the Type of Format for Self-rating)

इस आधार पर निर्धारण मापनियों को दो श्रेणियों में वर्गीकृत किया जा सकता है :

5. ग्राफिक निर्धारण मापनी या रेखाचित्रीय निर्धारण मापनी
6. पदीय (Itemized) निर्धारण मापनी।

ग्राफिक निर्धारण मापनी (Graphic rating scale) : जैसा कि इसके नाम से ही प्रतीत होता है ग्राफिक निर्धारण मापनी एक मापक मापनी पर किसी वस्तु, विचार, व्यक्ति के गुण या विशेषता के गुणात्मक मूल्यांकन के ग्राफीय प्रस्तुतीकरण के लिए जानी जाती है।

निर्धारण मापनी के इस प्रकार के प्रारूप में निर्धारणकर्त्ता से यह आशा की जाती है कि वह किसी गुण या विशेषता के बारे में अपना मूल्यांकन/राय/अभिवृत्ति एक दी गई रेखा, (जो कि एक सातत्य में लम्बवत् या क्षैतिज दिशा में सम्बन्धित चरों के एक ध्रुव या छोर से दूसरे ध्रुव या छोर तक जैसे : बुरा से बहुत अच्छा, अत्यन्त उत्कृष्ट से अत्यन्त निकृष्ट आदि के रूप में रहती है) पर रिकार्ड करे। इन दो छोरों पर स्थित अन्य बिन्दुओं के बीच में समान अन्तराल पर कुछ अन्य बिन्दु भी स्थित होते हैं। ये बिन्दु दी गई रेखा के सातत्य पर निर्धारित किए गए वस्तु/व्यक्ति/घटना के विशेषक (Traits) या अन्य गुणों से सम्बन्धित सकारात्मक या नकारात्मक गुणात्मकता के विभिन्न अंशों (Degrees) या विभिन्न स्तरों का प्रतिनिधित्व करते हैं। निर्धारक द्वारा क्षैतिज रेखा पर लगाए गए बिन्दुओं की दूरी के आधार पर गुणों की मात्रा की जानकारी प्राप्त करने का कार्य किया जाता है। सामान्यतः इस प्रकार की ग्राफीय मापनी निम्न प्रारूप में उपलब्ध होती है :

बहुत बुरा —————————————————— बहुत अच्छा

अन्य निर्धारण मापनियों की तरह इस मापनी में निर्धारणकर्त्ता को निर्धारण करने हेतु संख्याओं (जैसे : 1, 2, 3, 4, 5) या अक्षरों (जैसे : ए, बी, सी, डी) या विशेषणों (जैसे बहुत कमजोर, कमजोर, औसत, अच्छा, बहुत अच्छा) का प्रयोग नहीं करना होता है। इसके स्थान पर उसे उत्तर देने हेतु दी हुई रेखा पर कहीं भी एक निशान लगाना होता है। उसके लिए यह जरूरी नहीं होता कि वह दोनों सिरों (बहुत कमजोर और बहुत अच्छा) अन्तराल बिन्दुओं (जैसे : कमजोर, औसत, अच्छा) पर ही अपना निशान लगाएँ। ये सिरे और अन्तराल से सम्बन्धित बिन्दु मार्गदर्शक का ही कार्य करते हैं। यह कहने के लिए नहीं कि इन बिन्दुओं पर ही निशान लगाकर उत्तरदाता अपने उत्तर दें। प्रश्न उठता है कि ग्राफिक निर्धारण मापनी को मूल्यांकन हेतु कैसे प्रयोग में लाया जा सकता है ? यहाँ हम अब उदाहरण रूप में यह स्पष्ट कर रहे हैं कि (नीचे दिये गये सोपानों के द्वारा) किसी फैक्टरी के कर्मचारियों की कार्यकुशलता के गुणात्मक मूल्यांकन हेतु इस प्रकार की मापनी का प्रयोग कैसे किया जा सकता है।

- प्रथम सोपान पर जिस घटक का निर्धारण (प्रस्तुत उदाहरण में कर्मचारियों के कार्य की गुणात्मकता) किया जाना है उसको ठीक से परिभाषित किया जाना चाहिए तथा उसे कुछ सार्थक अवयवों या आयागों में विभाजित कर लेना चाहिए। फिर इन सभी आयामों या अवयवों को एक एक कर ग्राफिक मापनी के द्वारा मूल्यांकन का विषय बनाया जाना चाहिए। प्रस्तुत उदाहरण में कर्मचारियों की कार्य कुशलता का मूल्यांकन करने के लिए इस प्रकार का एक कारक या मानदंड "कार्य सम्पादित करने में शुद्धता" (Accuracy) हो सकता है।
- इसके बाद इस एक कारक या मानदंड को भलीभाँति परिभाषित व्यवहारात्मक अवयवों में विभाजित कर देना चाहिए। इन अवयवों में ऐसे सकारात्मक एवं नकारात्मक निर्णयात्मक कथन होने चाहिए जो किसी एक या अन्य कर्मचारी विशेष के द्वारा किए गए कार्य में अवलोकन की गई 'शुद्धता' के अंश या स्तर का प्रतिनिधित्व करते हों।
- तत्पश्चात् इन कथनों को एक विशिष्ट क्रम में व्यवस्थित करना चाहिए जिससे कि बहुत असन्तोषजनक से बहुत सन्तोषजनक तक फैले हुए अंशों (Degrees) में मूल्यांकनात्मक निर्णय प्रदान किया जा सके। जैसा कि नीचे दिखाया गया है :

  1. **बहुत असंतोषजनक कार्य क्षमता :** हमेशा ही एक या अन्य प्रकार की गलती करता है।
  2. **असन्तोषजनक कार्य क्षमता :** कभी भी गलती कर देता है, उसके कार्य पर विश्वास नहीं किया जा सकता।

3. **संतोषजनक कार्यक्षमता :** बहुत ही कम त्रुटियाँ लेकिन कार्य पर विश्वास नहीं किया जा सकता।
4. **काफी सन्तोषजनक कार्यक्षमता :** गलती करता नहीं पाया गया, कार्य पर विश्वास किया जा सकता है।
5. **अत्यधिक सन्तोषजनक कार्यक्षमता :** त्रुटिहीन, उच्च स्तरीय, गुणात्मक कार्य क्षमता।

- अब इन मूल्यांकनात्मक बिन्दु/कथनों को नीचे दिए गए ढंग से एक सातत्य रेखा में ग्राफिकल प्रतिनिधित्व प्रदान किया जा सकता है।

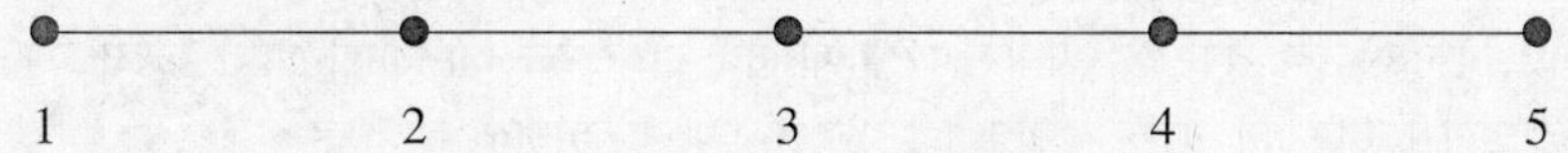

1 2 3 4 5

- यहाँ निर्धारक को अपना निर्णय 1, 2, 3, 4, 5 कहकर व्यक्त नहीं करना होता है जैसा कि अन्य मापनियों में होता है। इस रेखा पर 1, 2, 3, 4, 5 अंकों के रूप में जो स्थान अंकित हैं वे यहाँ किसी कर्मचारी का कार्य पूरी तरह असन्तोषजनक से लेकर पूरी तरह सन्तोषजनक स्केल पर प्रदर्शित करते हैं। बहुत असन्तोषजनक से लेकर अधिक सन्तोषजनक तक के बीच में जहाँ भी कर्मचारी की कार्य क्षमता की स्थिति होती है उसी का मूल्यांकन करते हुए निर्धारक के द्वारा रेखा पर निशान लगाया जा सकता है।
- इस प्रकार ग्राफिक मापनी में प्रत्येक अवयव के लिए अलग अलग रेखा प्रदान की जाती है और उनके मूल्यांकन के आधार पर कर्मचारी के कार्य की गुणात्मकता का निर्धारण किया जाता है।
- इन सातत्य रेखाओं पर लगे हुए निशान वाले प्रपत्र में प्रदान किए गए प्रदत्तों का विश्लेषण करने के लिए निर्धारक को रेखा के प्रारम्भिक सिरे से अंकित बिन्दुओं की दूरी की लम्बाई को ध्यान में रखना पड़ता है। उदाहरण के लिए यदि एक निर्धारित चिह्न 2 और 3 के बीच में दिखाई देता है तो निर्धारक इसका विश्लेषण करने के लिए इसे 2 और 3 के बीच में तय गई दूरी के हिसाब से शुद्ध बिन्दु मूल्य प्रदान करने का प्रयास करेगा।

  इस प्रकार से जैसा कि प्रस्तुत उदाहरण में बताया गया है ग्राफिक निर्धारण मापनी में अनेक कारकों या मानदंडों को परिभाषित किया जाता है। यह निर्धारक से कर्मचारी की कार्यकुशलता को अधिक से अधिक अच्छी तरह से स्पष्ट करने वाले कारक या मानदंड के संदर्भ में यह बताने के लिए कहती है कि कर्मचारी विशेष में कौशल की उपस्थिति कितने अंश में है। यहाँ कारक या अंशों को इस प्रकार परिभाषित किया जाता है जिससे अंश विशेष से सम्बन्धित कथनों को भलीभाँति बिन्दु मूल्य (Point Value) प्रदान करने में आसानी हो। इस प्रकार से प्रत्येक कर्मचारी के मूल्यांकन के लिए कुल प्राप्तांकों की गणना की जाती है।

जैसा कि ऊपर बताया गया है, अपनी कार्यप्रणाली की दृष्टि से "ग्राफिक निर्धारण मापनी को एक ऐसे पैमाने की तरह माना जा सकता है जिसकी सहायता से एक निर्धारक विभिन्न व्यक्तियों/कर्मचारियों की कार्यकुशलता का तुलनात्मक अध्ययन कर सकता है। यहाँ प्रत्येक कारक/मानदंडों का निर्धारण करने के लिए पैमाने को विकसित किया जाता है। फिर इस पैमाने को 'इंच के चिह्न' या अंशों में विभाजित कर लिया जाता है ताकि विशेषता विशेष का विभिन्न अंशों में मापन किया जा सके। परन्तु ग्राफिक मापनी की पैमाने से इस प्रकार की तुलना को अधिक लम्बा खींचना ठीक नहीं है। एक पैमाना जैसा कि हम दैनिक जीवन में इसे प्रयोग में लाते हैं, आनुपातिक मापनी होता है क्योंकि इससे शून्य बिन्दु भी होता है। इसकी तुलना में ग्राफिक मापनी का यदि अच्छी तरह से निर्माण किया जाए तो यह एक निष्पत्ति मूल्यांकन मापनी (Performance appraisal scale) की

भाँति एक अन्तराल मापनी ही होती है। जिसकी इकाइयाँ बराबर होती हैं। ग्राफिक मापनी की मुख्य विशेषताओं को निम्न रूप में लिखा जा सकता है :

1. ग्राफिक सातत्य रेखा क्षैतिज भी हो सकती है और लम्बवत् भी।
2. यहाँ उत्पाद/व्यक्ति के गुण या विशेषकों के विस्तार के द्वारा मार्गदर्शन करने के लिए कुछ मापक बिन्दु प्रदान किए जा सकते हैं।
3. आपको सिंथोल टेल्कम पाउडर कैसा लगता है ? ऐसे प्रश्नों के उत्तर प्राप्त करने के लिए दी हुई रेखा में किसी उचित स्थान पर निशान लगाने के लिए कहा जाता है। इस लाइन पर वह बाएं छोर से चलता हुआ जितनी दूर जाकर निशान लगाता है उस दूरी से यह अनुमान लगाया जा सकता है कि उस पाउडर को उसके द्वारा किस सीमा तक पसन्द किया जाता है।
4. थार्नडाइक और थार्नडाइक (2010:352) के अनुसार ग्राफिक मापनी का प्रयोग देखने में काफी आकर्षक, संक्षिप्त और स्थान की दृष्टि से मितव्ययी होता है और इसके फलस्वरूप मुद्रित प्रारूप की तुलना में उपयोगकर्त्ताओं को यह ज्यादा पसन्द आता है।
5. परन्तु ग्राफिक मापनी के प्रयोग में कुछ विशेष कमियाँ (विशेषकर संकेतन और विश्लेषण के संदर्भ में) भी पाई जाती है। दूसरे इस प्रारूप के प्रयोग में लाने में समय बहुत लगता है क्योंकि पहले हमें पैमाने पर प्रत्येक उत्तरदाता के द्वारा लगाए गए निशान के संदर्भ में दूरी मापनी होती है और वह दूरी कितनी है उसके संदर्भ में मूल्यांकनात्मक निर्णय लेना होता है।

पदीय निर्धारण मापनी (Itemized Rating Scale)

ये मापनियाँ चित्रात्मक या सातत्य निर्धारण मापनी से अलग होती हैं। इसमें प्रत्येक श्रेणी के साथ बहुत से संक्षिप्त विवरण दिए हुए होते हैं। व्यवहार विज्ञानों के शोध में इनका प्रयोग काफी ज्यादा किया जाता है। ये बहुश्रेणीयुक्त प्रश्नों का स्वरूप ले लेते हैं। निर्धारण मापनी के इस संवर्ग के अन्तर्गत जिन विभिन्न प्रकार की मापनियों का नाम लिया जा सकता है, वे हैं– लिकर्ट मापनी (Likert scale), थर्सटन मापनी (Thurstone scale), गटमैन मापनी (Guttman scale), शब्दार्थ विभेदक मापनी (Semantic differential scale), स्टेपल मापनी (Staple scale) और क्यू सोर्ट तकनीक (Q Sort technique)। इन छः मापनियों में से यहाँ हम केवल अन्तिम दो मापनियों स्टेपल मापनी और क्यू सोर्ट तकनीक की प्रकृति के बारे में जानने का प्रयास करेंगे, शेष चारों मापनियों के बारे में इसी पुस्तक के अगले अध्यायों में जानेंगे।

स्टेपल मापनी (Staple's Scale)

इस मापनी का नाम इसके जन्मदाता जेन स्टेपल (Jan Staple) के नाम पर पड़ा है। इसकी मुख्य विशेषताओं का वर्णन संक्षेप में निम्न प्रकार से है :

- इस निर्धारण मापनी में जो भी पद (Item) होते हैं वे एक शब्द/वाक्यांश (जिनसे उस आयाम की ओर संकेत किया जाए जिसका वह प्रतिनिधित्व करता है) के होते हैं।
- इस मापनी के प्रत्येक पद में दस उत्तर श्रेणियाँ होती हैं।
- प्रत्येक पद में सम (Even) संख्याओं से युक्त श्रेणियाँ होती हैं।
- अनुक्रिया श्रेणियों को –5 से लेकर 5 तक की संख्याओं से प्रदर्शित किया जाता है परन्तु इसका कोई शाब्दिक सम्बोधन नहीं होता।
- इस मापनी को अधिकतर शीर्षवत् या लम्बवत् रूप में प्रदर्शित किया जाता है और इसकी प्रकृति एक ध्रुवीय होती है।

- अपने सामान्य प्रारूप में एक स्टेपल मापनी निम्न प्रारूप में देखने को मिलती है :

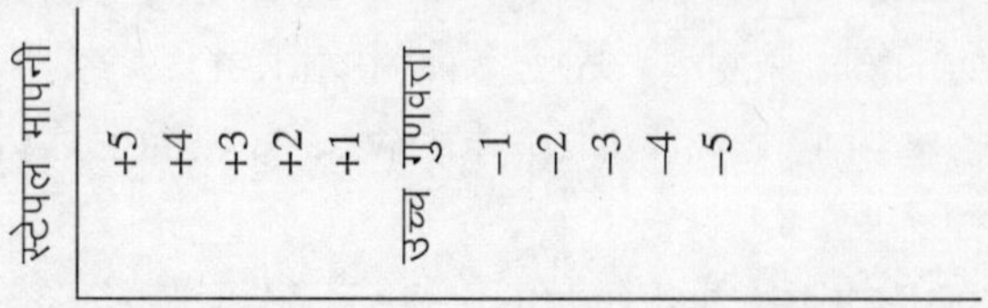

स्टेपल मापनी
+5
+4
+3
+2
+1
उच्च गुणवत्ता
–1
–2
–3
–4
–5

स्टेपल मापनी की प्रकृति और कार्य प्रणाली को निम्न उदाहरण के द्वारा अच्छी तरह से समझा जा सकता है :

उदाहरण : व्यवसाय प्रबन्धन से सम्बन्धित एक शोध अध्ययन में एक शोधकर्त्ता स्टेपल मापनी का प्रयोग कर के, शेविंग क्रीम के किसी विशेष ब्रान्ड के गुणों को बताने वाली विज्ञापन सामग्री के लिए प्रदत्तों का संग्रह करना चाहता था। इस कार्य के लिए उसने शेविंग क्रीम के गुणों को बताने वाले बहुत सारे पद या कथन (शब्द या वाक्यांश) निर्धारकों/उत्तरदाताओं के सामने रखे और तब उनसे इन पदों को +5 से लेकर –5 के क्रम में पदांकन करने के लिए कहा। उसने उत्तरदाताओं को यह भी स्पष्ट कर दिया कि शेविंग क्रीम के गुणों को ठीक तरह से अभिव्यक्त करने वाले शब्दों/वाक्यांशों के लिए धनात्मक अंकों (बढ़ते हुए क्रम में) का चयन करें और जो शब्द या वाक्यांश शेविंग क्रीम के गुणों को ठीक प्रकार से अभिव्यक्त नहीं कर पा रहे हों उन्हें ऋणात्मक अंक (घटते हुए क्रम में) प्रदान करें। इस प्रकार से जो शब्द उन्हें उचित लगें उनके लिए +5 में से कोई अंक और जो उन्हें उचित न लगे उनके लिए –5 में से कोई अंक चुनने की उन्हें पूरी छूट दी।

क्यू सोर्ट तकनीक (The Q Sort Technique)

वस्तुओं, घटकों, कथनों या गुणों का मापन करने के लिए क्यू सोर्ट तकनीक का विकास करने का श्रेय विलियम स्टीफेन्सन (William Stephenson, 1953) को दिया जाता है। इस तकनीक के द्वारा किया गया मापन कार्य वस्तुओं, कथनों या पदों की एक बहुत बड़ी संख्या के बीच एकदम तर्कपूर्ण तथा संक्षिप्त रूप में और तीव्र गति के साथ अन्तर बताने में काफी सहायक सिद्ध होता है। यह तकनीक वस्तुओं, पदों, कथनों, घटकों या गुणों के बारे में अपनी प्राथमिकता, राय, अभिवृत्ति या मूल्यांकनात्मक निर्णय को उचित क्रमानुसार श्रेणी प्रदान करने में निर्धारणकर्त्ता की बहुत सहायता करती है। विशेष रूप से तब जबकि श्रेणी प्रदान किए जाने वाले पदों की संख्या बहुत बड़ी (लगभग 60 से 140 तक) हो। सामान्य रूप से इसका प्रयोग करते समय कार्ड या स्लिप पर लिखे गए पदों या कथनों को श्रेणीबद्ध कर लिया जाता है तथा किसी मानदण्ड से सम्बन्धित समानताओं के आधार पर कुछ संख्यात्मक ढेरों (3 से 11 तक के विस्तार में) की श्रृंखला में छाँट लिया जाता है।

उदाहरण 1 : एक कम्पनी के पास भारतीय चाय के 10 ब्रांड हैं। उनका प्रचार तथा निर्यात करने के उद्देश्य से चाय के गुणों/विशेषताओं जैसे–स्वाद, सुगन्ध, रंग, कीमत, उपलब्धता तथा पैकिंग आदि के आधार पर उपभोक्ताओं की पसन्द और चाय के ब्रान्डों की लोकप्रियता के अनुसार इनको श्रेणी प्रदान करने तथा इनका निर्धारण करने के लिए एक शोध कार्य किया गया। इसके लिए क्यू सोर्ट तकनीक की सामान्य प्रक्रिया और प्रयोग का स्वरूप निम्न प्रकार हो सकता है :

1. कोई एक गुण या विशेषता लें जैसे – चाय का स्वाद।
2. किसी एक ब्रान्ड (जैसे न० एक ब्रान्ड) की चाय के स्वाद का मापन करने के लिए कुछ श्रेणियाँ (आप नौ कह सकते हैं) प्रदान करें। उत्तरदाताओं/निर्धारकों को नौ बिन्दु मापनी पर चाय के स्वाद का निर्धारण करने के लिए कहें और उनको निर्धारण करने के बाद उनके द्वारा दी गई श्रेणी के क्रम या प्राथमिकता की संख्या (एक से नौ तक में से) को एक कागज के टुकड़े या कार्ड पर लिखने के लिए कहें।

3. उत्तरदाताओं या निर्धारकों के उत्तरों को छाँटकर नीचे दिखाए गए क्रम के अनुसार नौ ढेरों में व्यवस्थित करें :

	सर्वाधिक स्वादिष्ट								सबसे कम स्वादिष्ट
ढेर (Piles)	1	2	3	4	5	6	7	8	9

4. प्रत्येक ढेर में रखी गई उत्तरदाताओं द्वारा दी गई प्राथमिकता (1 से 9 के बीच विस्तार वाली) की गणना करें जिससे कुल संख्या N1, N2, N3 — N9 की प्राप्ति हो जाए।
5. अब इन संख्याओं, N1, N2, N3 — N9 का मध्यमान निकाल लो। माना यह मध्यमान मूल्य M_1 है। ध्यान रहे यह अध्ययन के प्रतिदर्श में शामिल उत्तरदाताओं या निर्धारकों के द्वारा चाय के उस विशिष्ट ब्रान्ड के स्वाद के लिए प्रदान की गई श्रेणियों का मध्यमान मूल्य है।
6. अब चाय के अन्य ब्रान्डों के इसी विशिष्ट गुण या श्रेणी क्रमांकन करने के लिए इसी प्रक्रिया को दोहराएं। इससे M_1, M_2, M_3, —M_{10} मध्यमान मूल्य प्राप्त हो जाएंगे।
7. अब इन मध्यमान मूल्यों की तुलना कर लें। जिसका मध्यमान मूल्य सबसे ज्यादा होगा वही ब्रान्ड स्वाद की दृष्टि से सर्वाधिक लोकप्रिय माना जाएगा।
8. वही प्रक्रिया चाय के अन्य गुणों – सुगन्ध, रंग, कीमत, उपलब्धता, पैकिंग आदि की सर्वोच्च गुणात्मकता के सम्बन्ध में निर्णय लेने के लिए अपनाई जा सकती है।

इस प्रकार की शोधों में 7 या 9 बिन्दु मापनी की जगह तीन बिन्दु मापनी का प्रयोग भी किया जा सकता है, जैसे बहुत स्वादिष्ट, ठीक ठीक स्वादिष्ट और अस्वादिष्ट (स्वाद के लिए चाय के ब्रांड का मूल्यांकन करने हेतु) और कम, मध्यम और ज्यादा (मूल्य के सम्बन्ध में चाय के ब्रांड का मूल्यांकन करने के लिए) और इसके आधार पर किसी उत्पाद के विभिन्न गुणों (गुणात्मक नियंत्रण के सम्बन्ध में) के बारे में लोगों की राय जानने या प्राथमिकता जानकर किसी निर्णय पर पहुँचने में सहायता मिलती है।

उदाहरण 2 : एक शोधकर्त्ता, समाज में ही नहीं बल्कि सम्पूर्ण राष्ट्र में व्याप्त भ्रष्टाचार के मामले पर व्यक्तियों की राय और अभिवृत्ति जानने के लिए अध्ययन करना चाहता है। इसके लिए वह 2000 व्यक्तियों के प्रतिनिधित्व प्रतिदर्श का चयन करता है, भ्रष्टाचार के मुद्दे से सम्बन्धित 110 पदों या कथनों की एक सूची बनाता है और अपने प्रतिदर्श के व्यक्तियों से सर्वाधिक मान्य से लेकर सर्वाधिक अमान्य के विस्तार वाली (Ranging From Most Approved to the Most Disapproved) 11 श्रेणियों में इस सूची के प्रत्येक पद या कथन के बारे में अपनी राय अभिव्यक्त करने के लिए कहता है। इस निर्धारण मापनी का प्रारूप निम्न प्रकार से हो सकता है :

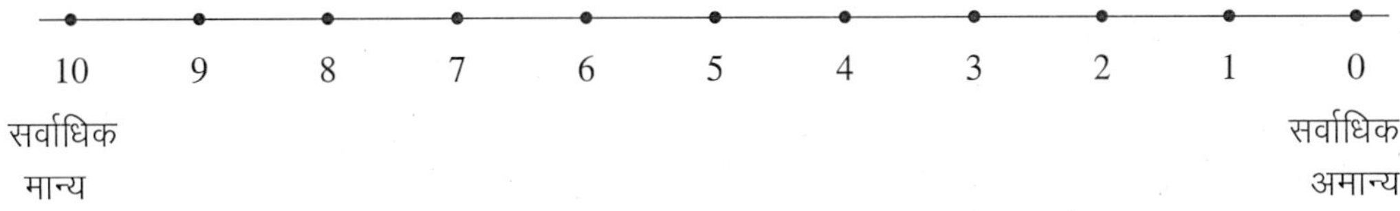

फिर उत्तरदाताओं से प्राप्त उत्तरों को श्रेणी के अनुसार 11 ढेरों में रखा जाएगा। तदुपरान्त उत्तरों के ढेरों के समुचित विश्लेषण के बाद निम्न प्रकार के निष्कर्षों पर पहुँचा जा सकता है:

- समाज में व्याप्त भ्रष्टाचार के प्रति जनता की सामान्य धारणा क्या है ?
- उच्च स्तर पर तथा सामान्य जनता में फैले भ्रष्टाचार को मिटाने के लिए क्या कदम उठाए जा सकते हैं ?
- समाज में फैले भ्रष्टाचार को दूर करने के लिए किसी एक या दूसरे उपाय के बारे में जनता में कितनी स्वीकृति या अस्वीकृति है।

इस प्रकार से क्यू सोर्ट तकनीक हमें एक ऐसी विधि या तकनीक प्रदान कर सकती है जो अध्ययन से सम्बन्धित किसी वस्तु, व्यक्ति, संगठन या प्रक्रिया के किसी गुण या विशेषता के सम्बन्ध में व्यक्त की गई राय या पसन्द की एकरूपता के बारे में शोध प्रतिदर्श में शामिल प्रयोज्यों की राय या पसन्द को वर्गीकृत करने के लिए काम में लाई जाती है।

C. मुख्य कार्य सम्पादन के आधार पर वर्गीकरण (Classification Based on the Main Function Served)

इस कसौटी के आधार पर निर्धारण मापनी का वर्गीकरण निम्न प्रकार किया जा सकता है :

1. मूल्यांकनात्मक निर्धारण मापनी (Evaluative rating scale) : निर्धारण मापनी के इस संवर्ग में हम उन मापनियों या प्रारूपों को शामिल कर सकते हैं जो सामान्यतः व्यक्तियों या वस्तुओं की प्रक्रिया तथा उत्पाद की निष्पत्ति और गुणों का मूल्यांकन करने के लिए काम में लाए जाते हैं। इस उद्देश्य के लिए प्रयोग में लाए जाने वाले एक सामान्य प्रारूप को निम्न उदाहरण के द्वारा अभिव्यक्त किया जा सकता है :

उदाहरण : प्रदर्शन पाठ की प्रस्तुति के समय छात्राध्यापक द्वारा प्रदर्शित की गई शिक्षण कुशलता का पाँच बिन्दु मापनी पर, निष्पत्ति क्षेत्रों में उसके निष्पत्ति की डिग्री या अंश के चारों ओर गोल निशान लगाकर निर्धारण करें।

निर्धारण मापनी का प्रारूप

5	4	3	2	1
बहुत अच्छा	अच्छा	औसत	औसत से कम	बुरा

निष्पत्ति क्षेत्र		5 बिन्दु मापनी पर मूल्यांकन				
(i)	पाठ की प्रस्तावना	5	4	3	2	1
(ii)	दृश्य श्रव्य सामग्री का प्रयोग	5	4	3	2	1
(iii)	संप्रेषण कौशल	5	4	3	2	1
(iv)	श्यामपट्ट लेखन	5	4	3	2	1
(v)	विद्यार्थियों के साथ अंतःक्रिया	5	4	3	2	1
(vi)	....	5	4	3	2	1
(vii)	....	5	4	3	2	1

2. अभिमत या अभिवृत्ति मापनी (Opinionnaire or attitudinal scales) : इस संवर्ग में हम उन मापनियों को शामिल कर सकते हैं जो किसी वस्तु, प्रक्रिया, सम्प्रत्यय, संगठन, संस्था, व्यक्ति या जीवन का ढंग आदि के बारे में प्रयोज्यों की राय और अभिवृत्ति से सम्बन्धित प्रदत्तों का संकलन करने के लिए काम में लाई जाती है। निर्धारण मापनी के इस संवर्ग में सामान्यतः लिकर्ट मापनी, थर्सटन मापनी, गटमैन मापनी आदि अभिवृत्ति मापनियों का नाम लिया जाता है। इनका वर्णन हम अगले अध्याय में करेंगे।

3. मूल्यांकनात्मक एवं अभिवृत्यात्मक निर्धारण मापनी (Evaluating-cum-attitudinal rating scale) : जो निर्धारण मापनी मूल्यांकनात्मक होने के साथ साथ अभिवृत्यात्मक भी होती है वे इस संवर्ग में शामिल की जा सकती है। ऑसगुड सुशी और टेन्ननबोम (Osgood, Suci and Tannenbaum, 1957) द्वारा विकसित अर्थ विभेदक मापनी (The semantic differential scale) इस संवर्ग की एक अच्छी मापनी मानी जाती है। अगले अध्याय में अन्य अभिवृत्यात्मक मापनी के साथ इसके बारे में भी विस्तार से चर्चा की जाएगी। यहाँ पर हम इसके बारे में बहुत ही संक्षेप में वर्णन कर रहे हैं।

अर्थ विभेदक मापनी के सामान्य प्रारूप में 7 बिन्दु मापनी होती है जिसमें मापनी के दोनों छोरों पर दो विशेषण शब्द होते हैं, जैसे : अच्छा–बुरा, मजबूत–कमजोर, अस्वस्थ्य–स्वस्थ्य, सुन्दर–असुन्दर, सभ्य–असभ्य, सुखद–दुखद, स्वच्छ–गंदा आदि जो कि दो अन्तिम पसन्द या नापसन्द को स्पष्ट करते हैं। यहाँ निर्धारक को किसी व्यक्ति, वस्तु, प्रक्रिया, संगठन या समूह के बारे में अपनी पसन्द या मूल्यांकनात्मक निर्णय इस द्विध्रुवीय सात बिन्दु मापनी के किसी एक बिन्दु पर गोला खींचकर व्यक्त करना होता है। यह अर्थ विभेदक मापनी अपने सामान्य प्रारूप में निम्नानुसार दिखाई देती है :

एक अर्थ विभेदक मापनी								
शक्तिशाली	•	•	•	•	•	•	•	शक्तिहीन
अच्छा	•	•	•	•	•	•	•	बुरा
सभ्य	•	•	•	•	•	•	•	असभ्य
मोटा	•	•	•	•	•	•	•	पतला

प्रदत्त संकलन उपकरण के रूप में निर्धारण मापनी की उपयोगिता एवं महत्त्व (The Uses and Significance of Rating Scales as Data Collecltion Tool)

निर्धारण मापनी, व्यवहार विज्ञान शोध कार्य, विशेष रूप से विवरणात्मक तथा क्षेत्र अध्ययन और अनुसंधान से सम्बन्धित प्रतिदर्श में शामिल व्यक्तियों से प्रदत्त संकलन की एक काफी लोकप्रिय तकनीक मानी जाती है। उसके महत्त्व और उपयोगिता का वर्णन संक्षेप में निम्न रूप से किया जा सकता है :

1. निर्धारण मापनी में, निर्धारक या उत्तरदाता से अवलोकन या मूल्यांकन किए जा रहे किसी एक या अन्य गुण या विशेषताओं की गुणपता के बारे में अपनी राय या निर्णय बताने के लिए किसी एक विशिष्ट विकल्प पर एक सरल सा चिह्न लगाकर, अवलोकन/मूल्यांकन कार्य सम्पादित करने के लिए कहा जाता है। अपने उपयोग की इसी सरलता के कारण निर्धारण मापनी को प्रदत्त संकलन के लिए निम्न परिस्थितियों में काफी सुविधाजनक और उपयोगी उपकरण माना जाता है। (i) क्षेत्रीय कार्य के समय अवलोकनकर्त्ता द्वारा सहभागियों का अवलोकन (ii) शैक्षणिक, गैर शैक्षणिक और कार्य निष्पत्ति के विभिन्न क्षेत्रों में व्यक्तियों की निष्पत्ति का मूल्यांकन एवं रिपोर्ट तैयार करना (iii) किसी वस्तु, व्यक्ति या प्रक्रिया के बारे में प्रयोज्यों द्वारा व्यक्तिगत तौर पर अपनी पसन्द नापसन्द, रुचि, स्वभाव, राय और अभिवृत्ति अभिव्यक्त किया जाना आदि।
2. व्यावहारिक विज्ञानों में अनुसंधानकर्त्ताओं को निर्धारण मापनी की सहायता से अपने प्रयोज्यों अथवा प्रक्रिया के व्यवहार से सम्बन्धित सूचनाएँ एकत्रित करने का कार्य निम्न प्रकार के विविध तरीकों से करते हुए देखा जा सकता है :
   (i) प्रेक्षण करते समय निर्धारण मापनी की सहायता से प्रयोज्यों की विशेषताओं का अभिलेखन करना।
   (ii) अप्रत्यक्ष रूप से इसकी सहायता से दूसरे उन व्यक्तियों से सूचनाएँ प्राप्त करना जिन्हें प्रयोज्यों या प्रक्रियाओं को उनके विभिन्न अवयव या विशेषताओं के सन्दर्भ में मापन/निर्धारण करने के लिए कहा गया हो।
   (iii) प्रयोज्यों से यह कहते हुए सीधे ही सूचनाएँ एकत्रित करना कि "आपको अपने आप अपने विभिन्न गुणों और विशेषताओं के सन्दर्भ में अपने आपको/अपने वातावरण को आंकना है।"
3. निर्धारण मापनी अनुसंधानकर्त्ताओं को अपने प्रयोज्यों के व्यवहार सम्बन्धी बहुत से ऐसे आंतरिक एवं व्यक्तिगत पक्षों को उजागर करने में मदद कर सकती है जिनके बारे में वे स्वयं ही बता सकते हैं

जैसे, उनकी पसन्द–नापसन्द, रुचियाँ, राय, अभिवृत्तियाँ, जो उन्होंने किसी व्यक्ति, वस्तु, प्रक्रिया या अवधारणा के बारे में बना रखी है।

4. निर्धारण मापनी शिक्षकों, प्रशिक्षकों, विद्यालय अधिकारियों, प्रशासकों, प्रर्यवेक्षकों, प्रबन्धकों और गुणवत्ता नियन्त्रकों आदि को अपने विद्यार्थियों/कर्मचारियों/उत्पादन इत्यादि का मूल्यांकन करने में न केवल सहायता करती हैं बल्कि इस मूल्यांकन अभिलेख को संचित अभिलेख पत्र के रूप में सुरक्षित रखने तथा दूसरों को उपयोगी सूचनाएँ प्राप्त कराने में मदद करती है।
5. निर्धारण मापनी किसी वस्तु, व्यक्ति, प्रक्रिया की उपलब्धियों और व्यवहारजन्य विशेषताओं का उनके अन्तःवैयक्तिक तथा अन्तरावैयक्तिक भेदों को ध्यान में रखते हुए उनके उचित मूल्यांकन और तुलनात्मक अध्ययन में समुचित रूप से सहायता करती है। उदाहरण के लिए – इनसे किसी समूह विशेष के सदस्यों की उपलब्धियों/विशेषताओं का मूल्यांकन करने में मदद मिल सकती है।
6. निर्धारण मापनी के द्वारा वांछित विश्लेषण एवं व्याख्या हेतु सभी मापक मापनियों–नामित, क्रमसूचक अन्तराल एवं अनुपात के महत्त्वपूर्ण स्तरों पर प्रदत्तों का संकलन किया जा सकता है।
7. निर्धारण मापनी परिमाणात्मक तथा गुणात्मक दोनों ही प्रकार के अनुसंधानों में सूचनाओं तथा प्रदत्तों का समान रूप से संकलन करने में शोधकर्त्ता की सहायता कर सकती है क्योंकि इससे कोई शोधकर्त्ता संख्यात्मक परिमाणों के साथ साथ गुणात्मक विवरणात्मक रूप में भी उपलब्ध सूचनाओं का अभिलेखन करने में सक्षम रहता है।
8. कुछ विशिष्ट परिस्थितियों में जहाँ प्रयोज्य स्वयं अपने व्यवहार के ज्ञानात्मक, भावात्मक और क्रियात्मक पक्ष की कार्यप्रणाली और स्तर के बारे में निर्णय लेने या कुछ कहने में असमर्थ या अक्षम होते हैं (जैसे – छोटे बच्चे या वे व्यक्ति जो अपने आप उत्तर देने में असमर्थ होते हैं) तब उनको जानने वाले परिचित व्यक्तियों के द्वारा भरी गई निर्धारण मापनी शोधकर्त्ता को आवश्यक सूचनाएँ उपलब्ध कराने में प्रभावकारी भूमिका निभाती है।

निर्धारण मापनी की सीमाएँ एवं कमियाँ (Limitations and Fallacies in Rating Scales)

निर्धारण मापनी की उपरोक्त वर्णित उपयोगिता और महत्त्व के अवलोकन करने के बाद हम दूसरी ओर यह भी देखते हैं कि इसे किन्हीं कारणवश कुछ सीमाओं और कमियों से भी युक्त पाया जाता है। इसकी ये कमियाँ या सीमाएँ निश्चित तौर पर या तो स्वयं इस उपकरण में निहित रहती हैं या फिर इनका प्रयोग करने वालों की अक्षमता या कमजोरी में। आइए देखते हैं कि ये दोनों ही कारक किस प्रकार से इसकी प्रभावपूर्णता पर असर डालते हैं।

A. निर्धारणकर्त्ता या मापनकर्त्ता की कमजोरियाँ और अक्षमता (Inadequacies and Weaknesses on the Part of the Raters)

ज्यादातर परिस्थितियों में एक शोध प्रक्रिया में प्रदत्तों की विश्वसनीयता, वैधता तथा सम्पूर्णता की दृष्टि से खराब और निराशाजनक परिणामों के लिए निर्धारणकर्त्ता को ही दोषी माना जाता है। निर्धारणकर्त्ता से सम्बन्धित कुछ बातें या कारक जो निर्धारण मापनी की प्रभावहीनता का कारण बनती है, निम्न प्रकार से हो सकते हैं :

- **निर्धारणकर्त्ताओं में निर्धारण करने के लिए इच्छा तथा उत्तरदायित्वपूर्ण दृष्टिकोण की कमी :** अक्सर देखा जाता है कि जिन निर्धारक/निर्धारकों को निर्धारण करने का कार्य सौंपा गया है उनमें, तथा इनके साथ साथ अध्ययन के प्रयोज्यों (जिन्हें आत्मनिर्धारण करना है) में नीचे दिए गए कुछ कारकों के कारण अपना कार्य ठीक से पूरा करने की न तो इच्छा होती है और न ही उनमें उत्तरदायित्वपूर्ण अभिवृत्ति होती है

– उनमें कार्य करने के लिए न तो रुचि होती है और न ही वे अभिप्रेरित होते हैं।
– किसी न किसी कारण से वे ध्यानपूर्वक तथा विचारपूर्वक निर्धारण करने के लिए अपना समय या शक्ति लगाने के लिए इच्छुक भी नहीं होते हैं।

- **एकदम सही सही निर्धारण करने सम्बन्धी समुचित योग्यता की कमी :** कुछ निर्धारणकर्त्ता निर्धारण करने के कार्य को समुचित तरीके से करने में वांछित कुशलता एवं क्षमता का प्रदर्शन नहीं कर पाते हैं। इसके निम्न कारण हो सकते हैं :
  – ठीक ठीक निर्धारण करने के कार्य को सम्पादित करने के लिए उनके पास न तो अनुभव होता है और ना ही उन्हें इसके लिए प्रशिक्षित ही किया जाता है।
  – निर्धारण कार्य करने के लिए जो निर्देश दिए जाते हैं, वे न तो उन्हें समझ पाते हैं और ना ही उनका अनुकरण कर पाते हैं।
  – जिन गुणों, वस्तुओं या प्रक्रिया का उन्हें मापन या निर्धारण करना है उसके बारे में उन्हें समुचित ज्ञान या समझ न होने के कारण वे न्यायपूर्ण निर्धारण नहीं कर पाते हैं।
- **निर्धारकों में पक्षपात एवं व्यक्तिपरकता का होना :** निर्धारण की जाने वाली वस्तु, व्यक्ति या गुण के अपने स्वयं के पक्षपात, द्वेषभावना, संवेगात्मक प्रतिक्रियाओं आदि के कारण निर्धारणकर्त्ता अपने निर्धारण के कार्य में उत्तरदायित्वपूर्ण, वस्तुपरक तथा एकदम सही सही व्यवहार का प्रदर्शन नहीं कर पाते। इस प्रकार से पक्षपातपूर्ण, द्वेषपूर्ण, संवेगात्मक लगाव और भावनाएँ, दृढ़ पसन्द–नापसन्द, विशिष्ट रुचियों और अभिवृत्तियों, वैयक्तिक योग्यताओं और क्षमताओं के रूप में उसकी अपनी व्यक्तिपरकता और संवेगात्मकता से सम्बन्धित कारक निर्धारक के निर्धारण कार्य का संतुलन बिगाड़ने के लिए असामान्य रूप से उस पर हावी हो जाते हैं जिससे उसकी निर्धारण प्रक्रिया के परिणामों की विश्वसनीयता एवं वैधता अवश्य ही नकारात्मक रूप से प्रभावित हो जाती है। व्यक्ति की व्यक्तिपरकता से सम्बन्धित ये कारक विशेष रूप से कुछ विशिष्ट प्रकार की समस्याओं को जन्म देते हैं जिन्हें उदारता त्रुटि, आलोचनात्मक अभिवृत्ति त्रुटि और अपूर्व प्रभाव की त्रुटि के नाम से जाना जाता है।

उदारता त्रुटि (Generosity error) : उदारता त्रुटि को दो अलग अलग कोणों से देखा जा सकता है– (i) अपने पहले स्वरूप में इसे व्यक्तियों की केन्द्रीय प्रवृत्ति या औसत की तरफ झुकाव की मानवीय प्रवृत्ति के परिणाम के रूप में देखा जा सकता है। परिणामस्वरूप निर्धारणकर्त्ता किसी वस्तु या व्यक्ति को औसत रूप में निर्धारण करता हुआ या उसके पक्ष या विपक्ष में अपनी राय व्यक्त करने में तटस्थ कदम उठाता हुआ पाया जाता है। यह बात निर्धारण के परिणाम को प्रभावित कर सकती है और इन परिणामों से निर्धारण किए जा रहे गुण की वास्तविक और सच्ची प्रकृति का प्रतिनिधित्व नहीं हो पाता। (ii) अपने दूसरे स्वरूप में हम उदारता की त्रुटि का दर्शन उन निर्धारणकर्त्ताओं के निर्धारण में करते हैं जो स्वभाववश कुछ ज्यादा ही उदार होते हैं जो निर्धारण किए जा रहे प्रयोज्य (वस्तु, व्यक्ति, गुण आदि) का न केवल सीमा से उच्च निर्धारण करते हैं बल्कि वस्तु या गुण को बुरा या असन्तोषजनक निर्धारित करने से भी कतराते हैं। इन उदार निर्धारणकर्त्ताओं के एकदम प्रतिकूल हम ऐसे निर्धारणकर्त्ताओं को भी देखते हैं जो अपनी आलोचनात्मक अभिवृत्ति तथा महत्त्वाकांक्षी या उच्च आशावादी प्रकृति के कारण हमेशा ही निर्धारित किए जाने वाले प्रयोज्यों को बहुत कम या उपयुक्त स्तर से बहुत नीचा निर्धारण कर देते हैं। इन सभी परिस्थितियों में निर्धारणी द्वारा निर्धारित परिणाम शोध या प्रेषण की विश्वसनीयता और वैधता पर गहरी चोट पहुँचाते हैं।

परिवेशी प्रभाव या अपूर्व प्रभाव त्रुटि (Hallow effect error) : निर्धारण में एक विशेष प्रकार की त्रुटि, जिसे परिवेशी प्रभाव या अपूर्व प्रभाव त्रुटि कहा जाता है, वह व्यक्तित्व के कुछ विशिष्ट भागों में अन्तर किए बिना, निर्धारणकर्त्ता द्वारा सामान्य दृष्टिकोण या अपने ऊपर छोड़े गये, सर्वांगीण प्रभाव के संदर्भ में मूल्यांकन

किए जाने की प्रवृत्ति का परिणाम है। यहाँ विशिष्ट गुण का मूल्यांकन दब कर रह जाता है और व्यक्ति विशेष के प्रति होने वाली सम्पूर्ण प्रतिक्रिया उभर कर सामने आ जाती है। फलस्वरूप जब किसी व्यक्ति विशेष का किसी गुण विशेष के सन्दर्भ में मूल्यांकन करने के लिए कहा जाता है तो मूल्यांकनकर्त्ता पर व्यक्ति विशेष द्वारा छोड़ा गया समग्र प्रभाव आड़े आ जाता है और वह उस समग्र प्रभाव के संदर्भ में ही व्यक्ति के व्यक्तित्त्व के सभी गुणों का मूल्यांकन करना चाहता है। उदाहरण के लिए यदि किसी हॉकी कोच से किसी एक विशेष हॉकी खिलाड़ी का मूल्यांकन करने के लिए कहा जाए तो वह उसका मूल्यांकन उस खिलाड़ी द्वारा अपने ऊपर छोड़े गए प्रभाव के संदर्भ में ही करने का प्रयत्न करता है। अब चाहे उसके किसी भी तरह के खिलाड़ी कौशल जैसे, गोल करना, बॉल को कुशलता से अपने पास रखना और समयानुसार साथी खिलाड़ियों को पास देना आदि किसी भी कौशल के मूल्यांकन की बात हो, ये सभी बातें दबकर रह जाती हैं और केवल एक ही बात – खिलाड़ी के द्वारा कोच पर छोड़ा गया समग्र प्रभाव ही हावी रहता है और उसी के आधार पर यहाँ निर्धारणकर्त्ता व्यक्ति विशेष का मूल्य निर्धारण करने की त्रुटि करता रहता है।

B. निर्धारण उपकरण में कमियाँ एवं दोष (Inadequacies and Weaknesses in the Instrument of Rating)

निर्धारण के परिणामों में पाई जाने वाली कमियों और गलतियों में बहुत सी कमियाँ या गलतियाँ निर्धारण मापनियों में पाई जाने वाली कमजोरियों और अक्षमताओं की वजह से होती हैं। सामान्यतः देखा जाए तो एक निर्धारण मापनी की क्षमता उसकी उपयुक्त संरचना एवं विकास पर निर्भर करती है। दूसरे अर्थों में जिन तीन बातों की समीक्षा से निर्धारण मापनी की कार्यक्षमता का अन्दाजा लगाया जा सकता है, वे हैं :

(i) निर्धारण के आयाम : निर्धारित किए जाने वाले गुणों या विशेषताओं का उल्लेख करना (ii) निर्धारण के लिए दिए जाने वाले विकल्पों का उल्लेख (iii) निर्धारण कार्य करने हेतु उपयुक्त निर्देशनों का उल्लेख। अब जो भी कमी इन तीनों के संदर्भ में रहती है, वे ही सब मिलकर निर्धारण मापनी उपकरण की कमजोरी और दोष बन जाते हैं। संक्षेप में इन्हें निम्न प्रकार कहा जा सकता है :

- निर्धारणकर्त्ता या उत्तरदाताओं की सहायता करने की दृष्टि से निर्धारण मापनी में जो निर्देश दिए जाते हैं, यदि वे असन्तोषजनक और अस्पष्ट होते हैं तो निर्धारण के कार्य को उचित रूप से सम्पादित करने में निर्धारणकर्त्ता असमर्थ होते हैं।
- निर्धारण के जिन आयामों जैसे निर्धारणकर्त्ता द्वारा जिन विशेषताओं या गुणों का निर्धारण किया जाना है बहुधा वे भी अमूर्त या सूक्ष्म, अस्पष्ट तथा जटिल हो सकते हैं। उदाहरण के लिए – 'जनतांत्रिक अभिवृत्ति', 'अच्छी नागरिकता', 'शिक्षक प्रभावशीलता', 'अनुकूलता' आदि आयामों को लिया जा सकता है। ये आयाम निश्चित रूप से प्रत्येक व्यक्तिगत निर्धारक के सामने एक या दूसरे प्रकार की ऐसी समस्याएँ खड़ी कर सकते हैं जिनका सम्बन्ध इन आयामों या संप्रत्ययों का समुचित बोध तथा अर्थापन करने से हो सकता है।
- निर्धारण करने के लिए संवर्गों या श्रेणियों का जो विस्तार (3 बिन्दु से 11 बिन्दु तक) दिया जाता है वह भी या तो बहुत कम या फिर बहुत ज्यादा होने से निर्धारण के उद्देश्य के अनुकूल नहीं होता है। इसके अलावा जब हम उत्तर श्रेणियों को नाम दे देते हैं जैसे– बहुत अच्छा, अच्छा, औसत, बुरा और बहुत बुरा आदि, इसमें भी निर्धारणकर्त्ता को पूरी तरह यह स्पष्ट नहीं होता है कि किस प्रकार के व्यवहार या प्रदर्शन को किस प्रकार की निर्धारण श्रेणी में रखा जाए। किसी सर्वमान्य समरूप स्तर या मापन मापदंड के अभाव में इस बात में हमेशा सन्देह या अनिश्चितता रहती है कि कितने अच्छे को अच्छा और कितने बुरे को बुरा कहा जाए।

इस प्रकार से हम देखते हैं कि निर्धारण मापनियाँ प्रदत्त संकलन उपकरण के रूप में अपनी स्वयं की कमियों तथा इसके प्रयोग में पाई जाने वाली सीमाओं, इन दोनों दोषों के कारण अनेकों कमियों और सीमाओं से ग्रस्त पाई जाती हैं। परन्तु निर्धारण मापनियों की इन कमियों को देखते हुए भी हमें यह निष्कर्ष नहीं निकालना चाहिए कि किसी शोधकर्त्ता को अपने शोध प्रदत्तों के संकलन के लिए निर्धारण मापनी के प्रयोग से बचना चाहिए। शोधकर्त्ताओं को परिमाणात्मक और गुणात्मक दोनों ही प्रकार के शोध कार्य में जरूरी प्रदत्तों के संकलन करने के लिए निर्धारण मापनी ही एक काफी उपयोगी एवं सुविधाजन्य उपकरण प्रतीत होती है। निर्धारण मापनी के महत्त्व एवं उपयोगिता के बारे में हम इसी अध्याय में पहले ही चर्चा कर चुके हैं। किसी भी वस्तु की कमियों और दोषों को दूर करने के लिए हमेशा ही कोई न कोई गुंजाइश तो होती ही है। इसी बात को ध्यान में रखकर निर्धारण मापनी उपकरण और इसके प्रयोग में वांछित सुधार लाने तथा इसे दोषमुक्त करने के लिए आवश्यक प्रयास अवश्य ही करने चाहिए। निर्धारण मापनी का प्रयोग करते हुए प्रदत्त संकलन के कार्य में यथार्थता, शुद्धता, विश्वसनीयता एवं वैधता प्राप्त करने हेतु शोधकर्त्ताओं को निम्न सुझावों का पालन करना चाहिए।

- निर्धारण मापनी उपकरण का प्रयोग करने हेतु शोधकर्त्ता को सदैव ही उसके एक उचित प्रकार और प्रारूप का चयन निम्न बातों को ध्यान में रखकर करना चाहिए :

  (i) प्रदत्तों का प्रकार – नामित, क्रमसूचक, अन्तराल या आनुपातिक, (ii) अपेक्षित उत्तरों की प्रकृति और प्रकार (iii) उनके प्रशासन से पूरे होने वाले उद्देश्य जैसे – निष्पत्ति का मापन एवं मूल्यांकन, राय या अभिवृत्ति का मापन आदि।
- जिस बात का निर्धारण या मापन किया जाना है उसके बारे में निर्धारणकर्त्ता या उत्तरदाता को पूरा स्पष्टीकरण होना चाहिए। इसके लिए निर्धारणकर्त्ता को जिन सम्प्रत्ययों, गुणों, विशेषताओं को आधार मानकर निर्धारण करना होता है उनमें किसी प्रकार की अस्पष्टता और भ्रान्ति न रहे इस बात का पूरा ध्यान रखा जाना चाहिए।
- उत्तर देने के लिए निर्धारण मापनी में जो श्रेणियाँ या संवर्ग दिये गये हैं वे निर्धारण मापनी की प्रकृति और उद्देश्यों के अनुकूल होने चाहिए।
- निर्धारण कार्य करने के लिए जो निर्देश या कथन दिए गए हैं वे एकदम स्पष्ट एवं बोधगम्य होने चाहिएँ।
- यदि सम्भव हो तो निर्धारणकर्त्ताओं के साथ व्यक्तिगत सम्पर्क स्थापित करना भी काफी लाभकारी सिद्ध होता है क्योंकि इसके द्वारा शोधकर्त्ता उन्हें निर्धारण कार्य की आवश्यकता से भलीभाँति परिचित करा सकता है।
- अध्यापन के प्रयोज्यों का मूल्यांकन या निर्धारण करने के लिए चयन किए गए निर्धारणकर्त्ता प्रयोज्यों के गुणों और विशेषताओं से भलीभाँति परिचित होने चाहिएँ। यदि सम्भव हो तो प्रयोज्यों का निर्धारण करने के लिए कई निर्धारणकर्त्ता या निर्णायकों को यह कार्य सौंपना चाहिए और तब उन सबके द्वारा किए गए निर्धारण के परिणामों को इकट्ठा कर निर्धारण कार्य की वांछित विश्वसनीयता स्थापित करने के प्रयत्न करने चाहिएँ।
- यदि शोधकर्त्ता को स्वयं अपने आप या प्रयोज्यों को अपने आप निर्धारण का कार्य करना हो तो निर्धारण के कार्य में आवश्यक विश्वसनीयता लाने हेतु निर्धारण कार्य को दोहराया जाना चाहिए। ऐसा करने के लिए शोधकर्त्ता प्रयोज्यों का अलग अलग समय पर निरीक्षण करता हुआ अपने निर्धारण कार्य को दोहरा सकता है। इसी प्रकार से प्रयोज्यों को भी अलग अलग समय में अपने व्यवहार का स्वयं निर्धारण करने का मौका दिया जा सकता है। इस प्रकार निर्धारण कार्य को दोहराने से उसकी विश्वसनीयता की उचित परख करने में सहायता मिल सकती है।

––– ⚜ –––

22

प्रदत्त संकलन उपकरण—अभिवृत्ति मापनी
[Data Collection Tools—Attitude Scales]

अभिवृत्तियाँ—अर्थ एवं प्रकृति (Attitudes—Meaning and Nature)

हम अपने दिन–प्रतिदिन के वार्तालाप में अनेक प्रकार से अभिवृत्ति शब्द का प्रयोग अक्सर करते ही रहते हैं, जैसे अपने विद्यालय, समुदाय, राष्ट्र एवं राष्ट्रीय प्रतीक, अध्यापकों, माता–पिता के प्रति हमारी अभिवृत्तियाँ, सम्बन्धियों, नीची जाति, अन्य धर्म, जनजाति एवं संस्कृति विशेष के समूहों के प्रति बनी हमारी अभिवृत्तियाँ, भाँति भाँति के खाद्य पदार्थों, पेय पदार्थों, तरह तरह के फैशन के कपड़ों आदि के प्रति बनी अभिवृत्तियाँ तथा अन्य राज्यों से आये सहपाठियों के प्रति विद्यार्थियों की अभिवृत्ति, और इसी प्रकार अपने संगठन, दफ्तर, प्रबन्धकों एवं सहकर्मियों आदि के प्रति कर्मचारियों की अभिवृत्ति आदि। अपने इन सभी स्वरूपों और आकारों में यहाँ अभिवृत्ति शब्द का प्रयोग किसी व्यक्ति की, किसी विशेष वस्तु, सम्प्रत्यय, प्रक्रिया, संगठन, प्रणाली के लिए या अपने समाज में व्याप्त सामाजिक परिस्थितियाँ एवं व्यवस्थाओं तथा किसी समूह से सम्बन्धित परम्पराएँ और संस्कृति आदि के बारे में, गहन भावना/तीव्र अनुभूति या गहरी पसन्द या नापसन्द को अभिव्यक्त करने के लिए किया जाता है।

अभिवृत्ति शब्द के अर्थ, प्रकृति तथा इसके द्वारा किए जाने वाले कार्यों आदि के सम्बन्ध में अधिक जानकारी प्राप्त करने के लिए हम अभिवृत्ति पद की कुछ प्रसिद्ध परिभाषाओं की सहायता लेना चाहेंगे।

1. **फ्रीमेन :** "अभिवृत्ति किन्हीं परिस्थितियों, व्यक्तियों या वस्तुओं के प्रति सतत या निरन्तर रूप से प्रतिक्रिया करने की वह स्वाभाविक तत्परता है, जिसे सीख लिया गया है और जो व्यक्ति विशेष की प्रतिक्रिया करने का एक विशिष्ट ढंग बन गया है।"

   (An Attitude is a dispositional readiness to respond to certain situations, persons or objects in a consistent manner which has been learned and has become one's typical mode of responses. — Freeman, F.S., 1968:596)

2. **थर्सटन :** "अभिवृत्ति किसी मनोवैज्ञानिक वस्तु या पदार्थ से जुड़े हुए सकारात्मक या नकारात्मक प्रभाव के अंश या मात्रा को व्यक्त करती है।"

   (An Attitude reflects the degree of positive or negative effect associted with some psychological object. — Thrustone, 1946:52)

3. **फिशबीन और अजनेन :** "अभिवृत्ति एक महत्त्वपूर्ण अवधारणा है जिसका प्रयोग अक्सर किसी वस्तु या परिवर्तन के प्रति व्यक्तियों की प्रतिक्रिया को समझने और उसका पूर्वकथन करने तथा उससे व्यवहार किस प्रकार प्रभावित होता है, इस बात को समझने के लिए किया जाता है।"

   (Attitude is an important concept that is often used to understand and predict people's reaction to an object or change and how behaviour can be influenced. — Fishbein and Aznen, 1975)

4. **अनस्तासी :** अभिवृत्ति को एक विशेष प्रकार के उद्दीपकों, जैसे—राष्ट्रीय या प्रजातीय समूह, कोई रीति—रिवाज अथवा किसी संस्था के प्रति समर्थन या विरोध में की जाने वाली प्रतिक्रिया को प्रकाश में लाने वाली प्रवृत्ति के रूप में परिभाषित किया जा सकता है। यथार्थ में अभिवृत्ति पद को प्रायः सामाजिक उद्दीपकों और संवेगों से आच्छादित अनुक्रियाओं से जोड़ा जाता है।"

   (An Attitude is often defined as a tendency to react favourably or unfavourably toward a designated class of stimuli, such as national or racial group, a custom or an institution............. In actual practice, the term, attitude has been most frequently associated with social stimuli and with emotionally toned responses. — Anastasi, Anne, 1970)

अभिवृत्ति की विशेषताएँ (Features and Characteristics of Attitudes)

उपरोक्त परिभाषाओं का सूक्ष्म अध्ययन करने से हमें अभिवृत्ति की निम्न विशेषताओं के बारे में पता चलता है :

1. अभिवृत्ति व्यक्ति के सामाजिक वातावरण से सम्बन्धित परिस्थितियों या वस्तुओं के प्रति समर्थन या विरोध में की जाने वाली प्रतिक्रिया को व्यक्त करने वाली प्रवृत्ति है।
2. अभिवृत्ति पक्ष या विपक्ष में की जाने वाली प्रक्रिया की प्रवृत्ति के अनुसार सकारात्मक और नकारात्मक श्रेणी में वर्गीकृत की जा सकती है।
3. अभिवृत्ति जन्मजात या स्वाभाविक स्वरूप की नहीं होती है बल्कि ये सामाजिक अनुभवों से सीखी और अर्जित की जाती हैं।
4. अभिवृत्तियाँ व्यक्ति की भावात्मक अवस्था से जुड़ी होती हैं। किसी वस्तु के पक्ष या विपक्ष में खड़े हुए संवेग उसके प्रति बनाई गई अभिवृत्ति को स्वरूप प्रदान करते हैं।
5. अभिवृत्तियाँ अपनी प्रकृति और गहनता के अनुसार व्यक्ति के व्यवहार को एक विशिष्ट दिशा प्रदान करने के लिए उत्तरदायी होती है।
6. अपनी गहनता (भावात्मक प्रवाह की ताकत) और दिशा के आधार पर व्यक्तियों की अभिवृत्तियों में अन्तर आता रहता है। जैसे—गर्भपात के लिए व्यक्तियों में सकारात्मक और नकारात्मक अभिवृत्ति पाई जाती है। दो व्यक्तियों में एक ही प्रकार की अभिवृत्ति (सकारात्मक या नकारात्मक) होने पर भी उनमें इस बात में भिन्नता पाई जाती है कि वे इस मामले को कितनी गम्भीरता से लेते हैं। कोई बहुत ज्यादा गम्भीर होता है तो कोई बात को हल्के ढंग से लेता है।
7. यद्यपि अभिवृत्तियाँ परिवर्तित और परिमार्जित होती रहती हैं फिर भी प्रायः स्वाभाविक रूप से इन्हें स्थिर व स्थायी माना जाता है, विशेष तौर पर प्रौढ़ों में।
8. अपनी संरचनात्मक स्वरूप में अभिवृत्ति से जुड़े हुए व्यवहार निम्न तीन विशिष्ट अवयवों से संरचित होते हैं :
   (i) भावात्मक अवयव – अभिवृत्ति की वस्तु के प्रति व्यक्ति की भावनाएँ।
   (ii) ज्ञानात्मक अवयव – अभिवृत्ति की वस्तु के बारे में व्यक्ति का विश्वास एवं ज्ञान।

(iii) व्यवहारात्मक अवयव – वस्तु विशेष के प्रति व्यक्ति द्वारा व्यक्त इस प्रकार का व्यवहार जिसमें एक ही प्रकार की अनुक्रियाओं की झलक देखने को मिले।

> **अभिवृत्ति :** एक ऐसी काल्पनिक अवधारणा अथवा मनोवैज्ञानिक सोच जिसे किसी एक विशेष सामाजिक परिस्थिति में उपस्थित किसी उद्दीपक विशेष के प्रति व्यक्त किए जाने वाली एक जैसी स्थायी अनुक्रियाओं अथवा व्यवहार करने के रूप में परिभाषित किया जा सकता हो।

अभिवृत्तियों का मापन (Measurement of Attitude)

यदि ऊपरलिखित तीनों अवयवों का विश्लेषण करने का प्रयास करें तो हम आसानी से यह निष्कर्ष निकाल सकते हैं कि अभिवृत्ति एक व्यक्ति की सामाजिक एवं मनोवैज्ञानिक वस्तु के प्रति बनाई गई उसकी ऐसी एक विशेष प्रकार की सोच और सीखी हुई संवेगात्मक प्रवृत्ति है जिसके कारण व्यक्ति किसी विशेष परिस्थिति में एक विशेष ढंग की प्रतिक्रिया और व्यवहार का प्रदर्शन करता है। अपनी संरचना में यह पूर्ण रूप से व्यक्ति के आन्तरिक व्यवहार का प्रतिनिधित्व करती है। व्यक्ति क्या महसूस करता है, क्या विश्वास करता है और क्या करने का प्रयास करता है, यही अभिवृत्ति है। परन्तु प्रत्येक परिस्थिति में इस प्रकार की प्रवृत्ति के अनुसार ही कुछ कहना या कार्य करना जरूरी नहीं होता। इस प्रकार से प्रत्यक्ष मापन उपायों, जैसे– (i) किसी सामाजिक परिस्थिति में किसी के व्यवहार का प्रेक्षण/अवलोकन करना या (ii) एक सामाजिक वस्तु के प्रति उसकी अभिवृत्ति के बारे में उससे सीधे ही प्रश्न पूछना या अभिवृत्ति का मापन करने के लिए निर्मित किसी एक कथन या प्रश्न के लिए दिए गए उसके उत्तर से निष्कर्ष निकालना आदि, को अपना कर किसी की अभिवृत्ति का समुचित रूप से मापन या मूल्यांकन करना बहुत ही मुश्किल है। आइये देखें इन दोनों परिस्थितियों में किस प्रकार की मुश्किलें आती हैं।

(i) एक सामाजिक परिस्थिति में किसी के व्यवहार का अवलोकन करने के पहले मामले में परिस्थिति अनुसार व्यक्तियों के व्यवहार करने की इस प्रवृत्ति से हम आसानी से गुमराह किए जा सकते हैं जैसे राजनीतिज्ञ लोग गरीबों या निम्न वर्ग के लोगों की गिरी हुई अवस्था के प्रति मगरमच्छी आँसू बहाते हुए या उनके बच्चों के प्रति प्यार एवं सकारात्मक अभिवृत्ति प्रदर्शित करने के लिए बच्चों को गोद में लेते या चुम्बन लेते हुए दिखाई दे सकते हैं।

(ii) द्वितीय परिस्थिति में जब हम किसी वस्तु या पदार्थ के बारे में सीधे ही प्रश्न (मुक्तोत्तर या प्रतिबन्धित) पूछकर या केवल एक कथन के द्वारा उनकी अभिवृत्ति जानना चाहते हैं तब इससे पूरी विश्वसनीयता के साथ उस व्यक्ति की अभिवृत्ति की प्रकृति के बारे में निष्कर्ष निकालने के लिए कोई ठोस आधार हमें नहीं मिल पाता है। उदाहरण के लिए, जब हम एक विद्यार्थी से उसके गणित अध्यापक के प्रति उसकी अभिवृत्ति के बारे में पूछते हैं तब या तो वह इसका उत्तर देने में असमर्थ ही होगा या फिर अध्यापक के अध्यापन, या वेशभूषा या गृह कार्य देने के तरीके या किसी और आधार पर ध्यान केन्द्रित करते हुए उसे अच्छा या बुरा कह सकता है।

इस प्रकार से किसी सामाजिक या मनोवैज्ञानिक वस्तु के प्रति व्यक्ति की अभिवृत्ति के मापन का कार्य, जैसा कि थोर्नडाइक एवं थोर्नडाइक (Thorndike and Thorndike, 2010) ने कहा है, *अपने प्रदत्त संकलन के समय, शोधकर्त्ता के सम्मुख काफी मुश्किलें खड़ी कर सकता है क्योंकि प्रश्नावली, प्रेक्षण, साक्षात्कार आदि सामान्य उपकरण, ऐसे विश्वसनीय प्राप्तांक/प्रदत्त प्राप्त करने में संतोषजनक रूप से कार्य नहीं कर पाते हैं, जो किसी वस्तु के पक्ष या विपक्ष में एक व्यक्ति के स्थायी भावों (Sentiments) की गहनता का प्रतिनिधित्व कर सके।*

यहाँ अब अभिवृत्ति मापनी ही इस कार्य में हमारी सहायता कर सकती है। आइए देखते हैं यह अभिवृत्ति मापनी क्या है ?

अभिवृत्ति मापनी क्या हैं ? (What are Attitude Scales ?)

अभिवृत्ति मापनियाँ ऐसी मापन तकनीक और निर्धारण मापनियों का प्रतिनिधित्व करती हैं जिन्हें विशेष रूप से निर्मित करके, किसी व्यक्ति के एक सामाजिक और मनोवैज्ञानिक वस्तु और मामले विशेष के प्रति बनी हुई अभिवृत्ति के मापन और मूल्यांकन के लिए काम में लाया जाता है। अपने अर्थ और परिभाषा के रूप में जैसा कि 'गे' (Gay, 1996) का विचार है– "अभिवृत्ति मापनियों को एक ऐसा प्रयोजनपूर्ण प्रयत्न कहा जा सकता है जिनसे यह निश्चित करने में सहायता मिलती है कि कोई एक व्यक्ति किसी बात को किस प्रकार देखता है, अनुभव करता है अथवा उसमें विश्वास रखता है ? इनकी सहायता से हम किसी व्यक्ति विशेष के उसके स्वयं के प्रति, दूसरों के प्रति और विभिन्न प्रकार की प्रक्रियाओं के प्रति, संस्थाओं तथा सामाजिक परिस्थितियों के प्रति बनाई गई अभिवृत्तियों का भलीभाँति मापन कर सकते हैं।

(The attitude scale may be considered as a well purposeful attempt to determine what an individual believes, perceives or feels with their help, we can properly measure one's attitude towards self, others and a variety of other activities, institutions and social situations.)

अपने आम प्रचलित रूप में अभिवृत्ति मापनियों में बहुत सारे कथन दिए हुए होते हैं, उनमें से प्रत्येक किसी न किसी सम्प्रत्यय, और किसी वस्तु या मामले विशेष की विशेषताओं का सकारात्मक या नकारात्मक रूप में प्रतिनिधित्व करता है। प्रयोज्यों से यह कहा जाता है कि वे इन कथनों से किस रूप में सहमत या असहमत हैं, इस बात का उत्तर दिए हुए विकल्पों (पूरी तरह से सहमत से लेकर पूरी तरह असहमत तक) में से किसी एक का चयन करके दें।

> **अभिवृत्ति मापनी** : एक विशेष प्रकार की निर्धारण मापनी जिसे विशेष रूप से इस तरह निर्मित किया जाता है कि उसकी सहायता से अध्ययन से सम्बन्धित प्रयोज्यों की किसी सामाजिक या मनोवैज्ञानिक वस्तु/समस्या के प्रति बनी हुई अभिवृत्ति का मापन किया जा सके।

अभिवृत्ति मापनी के निर्माण एवं उपयोग के पीछे जो धारणा काम करती है उसका परिचय निम्न विवरण द्वारा अच्छी तरह प्राप्त किया जा सकता है :

1. एक सामाजिक या मनोवैज्ञानिक वस्तु के प्रति व्यक्ति की अभिवृत्ति नितान्त रूप से एक वैयक्तिक प्रक्रिया है जिसकी प्रकृति प्रायः आन्तरिक होते हुए भी एक शक्तिशाली भूमिका निभाने में इस कदर सक्षम होती है कि वह वस्तु विशेष के प्रति उसके सोचने और व्यवहार करने के ढंग को अपने रंग में रंग लेती है।
2. एक विशेष सामाजिक वस्तु के बारे में व्यक्ति क्या महसूस करता है और कितना विश्वास करता है या उसे किस प्रकार देखता है, इसे प्रेक्षण, प्रश्नावली, साक्षात्कार आदि सामान्य तरीकों से समुचित रूप में मापन और वर्णन नहीं किया जा सकता।
3. अभिवृत्तियों के विवरण देने या मापन करने की कोई एक निश्चित विधि उपलब्ध न होने की वजह से ही राय या मत व्यक्त करने को ही अभिवृत्ति मापन के लिए एक उपयुक्त आधार इसलिए मान लिया जाता है कि अधिकांश परिस्थितियों में किसी के प्रति नकारात्मक या सकारात्मक राय/मत निश्चित तौर पर उसके प्रति बनायी गई अभिवृत्ति का ही सूचक होता है।
4. परिणामस्वरूप एक सामाजिक वस्तु या समस्या के प्रति व्यक्ति की अभिवृत्ति कैसी है इसका निर्धारण इस बात में निहित है कि व्यक्ति विशेष की उसके प्रति किस प्रकार की राय/मत (सकारात्मक या नकारात्मक) है। इस बात से यह स्पष्ट हो जाता है कि मतावली यानी Oppionnaire (ऐसे कथन जिनसे

प्रयोज्य का किसी के प्रति क्या राय या मत है यह जाना जाता है) और अभिवृत्ति मापनी (Attitude) एक तरह से समानार्थी और पर्यायवाची ही है।

5. इस प्रकार की राय/मत जानने के लिए ऐसे कथनों को प्रदान करना भी लाभदायक होता है जो मापन की जाने वाली अभिवृत्ति के किसी एक या दूसरे पक्ष/गुणों को भी प्रतिबिम्बित करते हों और जिनमें ऐसे विकल्प भी हों जो व्यक्ति की सहमति या असहमति (सीधे सीधे प्रतिबन्धित या मुक्तोत्तर प्रश्न पूछने के बजाय) जानने में मदद करें।
6. अध्ययन से सम्बन्धित सामाजिक या मनोवैज्ञानिक वस्तु या समस्या के प्रति अभिवृत्ति के विभिन्न पक्षों के बारे में प्रयोज्यों की राय/मत जानने के लिए अभिवृत्ति मापनी को सक्षम बनाने के उद्देश्य से उसमें कथन काफी संख्या में होने चाहिए जिससे विश्वसनीय तौर पर पूर्ण गहनता (बहुत निम्न से बहुत उच्च तक) तथा विभिन्न स्वरूपों (सकारात्मक और नकारात्मक) में प्रयोज्यों की अभिवृत्ति की एक पूर्ण तस्वीर सामने आ सके।

अभिवृत्ति मापनी के प्रकार (The Types of Attitude Scales)

व्यवहार विज्ञानों के अनुसंधानों में प्रयुक्त होने वाली अभिवृत्ति मापनियों को निम्न प्रकार से वर्गीकृत किया जा सकता है :

A. योगबद्ध निर्धारण मापनी (The summated rating scale) जैसे–लिकर्ट मापनी।
B. समरूप अन्तराल मापनी (The equal-appearing interval scale) जैसे–थर्सटन मापनी।
C. संचित मापनी (The cumulative scale) जैसे–गटमैन मापनी
D. अवधारणा मापन मापनी (The concept measurement scale) जैसे शब्दार्थ विभेदक मापनी (Semantic differential scale)

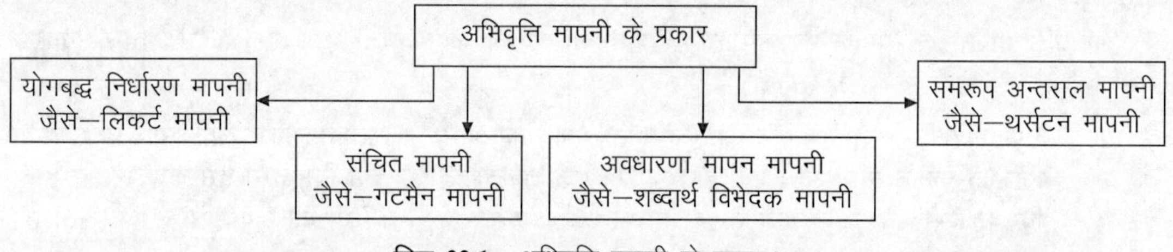

चित्र 22.1 अभिवृत्ति मापनी के प्रकार।

आइए, अब हम इन मापनियों की प्रकृति, विकास एवं प्रयोग के बारे में विस्तार में चर्चा करते हैं।

A. लिकर्ट मापनी (Likert Scale)

व्यावहारिक विज्ञान अध्ययनों, विशेष रूप से सर्वेक्षण और विवरणात्मक अध्ययनों के क्षेत्र में प्रदत्तों का संकलन करने के लिए लिकर्ट मापनी का प्रयोग बहुत ज्यादा किया जाता है। अपनी डॉक्टरेट थीसिस के लिए सन् 1930 में रेनसिस लिकर्ट (Rensis Likert) द्वारा विकसित यह लिकर्ट मापनी सामाजिक वस्तुओं और समस्याओं के प्रति व्यक्तियों की भिन्न भिन्न अभिवृत्तियों का मापन करने के लिए अच्छी तरह प्रयोग में लायी जा सकती है तथा अपने निर्माण एवं विकास की दृष्टि से भी यह काफी आसान, सरलीकृत और कम खर्चीली मापनी है। इस मापनी की मुख्य विशेषताओं को निम्न रूप से स्पष्ट किया जा सकता है :

- अपने परम्परागत उपयोग में यह मापनी अध्ययन प्रतिदर्श में शामिल प्रयोज्यों के सामने कुछ निश्चित संख्या युक्त कथनों को प्रस्तुत करती है जिनकी संख्या प्रायः 20 से 30 होती है।
- इस मापनी में प्रयोज्यों से यह अपेक्षा की जाती है कि वे यह बतायें कि मापनी में शामिल सभी कथनों से वे कितनी सीमा तक सहमत या असहमत हैं। उन्हें पाँच बिन्दुओं (जैसे–अत्यधिक सहमत, सहमत, न सहमत न असहमत, असहमत और अत्यधिक असहमत) में से किसी एक बिन्दु पर निशान लगाना होता है। प्रतिभागियों से, मापनी में दिए गए कथनों के प्रति अपनी सहमति या असहमति बताने के बारे में कहा जाने के कारण लिकर्ट मापनी को कई बार सहमति मापनी भी कहा जाता है।
- उत्तरदाताओं द्वारा दिए गए उत्तरों का विश्लेषण करने के लिए शोधकर्त्ता लिकर्ट मापनी के प्रत्येक पद या कथन के अनुक्रिया स्तर (अत्यधिक सहमत से अत्यधिक असहमत तक विस्तार वाले) को एक संख्यात्मक मूल्य या भार (एक से लेकर पाँच तक) प्रदान करता है, जैसा कि नीचे दिखाया गया है :

5	4	3	2	1
अत्यधिक सहमत	सहमत	न सहमत न असहमत	असहमत	अत्यधिक असहमत

- लिकर्ट मापनी में कभी कभी 1 से 5 तक भार देने के स्थान पर —2 से +2 तक मापन स्तर भी दिया जाता है :

–2	–1	0	+1	+2

- अभिवृत्ति मापनी पर उत्तरदाता के कुल प्राप्तांक की गणना अभिवृत्ति मापनी के प्रत्येक पद या कथन के लिए अलग अलग प्राप्त अंकों को जोड़कर की जाती है। उत्तरदाता का यह कुल प्राप्तांक किसी वस्तु, व्यक्ति या प्रक्रिया के लिए उसकी राय/मत या अभिवृत्ति को प्रदर्शित करता है। इसी कारण लिकर्ट मापनी को योगबद्ध निर्धारण मापनी (Summative rating scale) कहा जाता है।
- लिकर्ट मापनी पर किया गया मापन क्रमसूचक प्रदत्त (Ordinal level data) प्रदान करता है। इससे हम अभिवृत्ति का मापन तो कर सकते हैं परन्तु अभिवृत्तियों के बीच अन्तर का मापन नहीं कर सकते हैं। उदाहरण के लिए – यदि हम उत्तरदाताओं से "गर्भपात को कानूनी मान्यता देने के मामले पर अपनी सहमति या असहमति पाँच बिन्दु मापनी (जिसका विस्तार अत्यधिक सहमत से अत्यधिक असहमत तक है) पर अभिव्यक्त करने के लिए कहते हैं तो हमें क्रमसूचक मापनी (Ordinal scale) पर प्रदत्तों की प्राप्ति होगी क्योंकि उत्तरदाताओं द्वारा दिए गए सभी उत्तरों की उपलब्धि 5 से 1 तक (अत्यधिक सहमत के लिए और 5 और अत्यधिक असहमत के लिए 1 अंक आदि) के विस्तार वाले संख्यात्मक मूल्यों में होगी। फिर अपने शोध प्रतिदर्श के सभी उत्तरदाताओं के कुल प्राप्तांक प्राप्त करने के बाद, हम अध्ययन के विषय 'गर्भपात को कानूनी मान्यता देने' के प्रति उनकी अभिवृत्ति के सम्बन्ध में उत्तरदाताओं का एक उचित पदांकन क्रम (Rating order) प्राप्त कर सकेंगे। यह जरूरी नहीं कि इस मापनी पर 2 और 3 प्राप्तांक वाले उत्तरदाताओं के एक युग्म (जोड़े) के मत/राय के मध्य अभिवृत्ति में अन्तर उतना ही हो जितना कि 3 और 4 प्राप्तांक वाले उत्तरदाताओं के एक जोड़े की राय के बीच में हो।
- लिकर्ट मापनी इस धारणा या अनुमान पर आधारित है कि मापनी पर पूछे गए प्रश्न के विषय के प्रति अभिवृत्ति को स्पष्ट करने के मामले में मापनी के प्रत्येक पद/एकांश या कथन का समान 'अभिवृत्त्यात्मक मूल्य', 'महत्त्व' या 'भार' होता है। यह धारणा इस मापनी की एक कमी भी मानी जाती है क्योंकि मापनी पर दिए गए कथनों का शायद ही कभी समान अभिवृत्यात्मक मूल्य होता हो और इसीलिए किसी वस्तु के प्रति अभिवृत्ति का मूल्यांकन करने में प्रयुक्त इन सभी कथनों को समान महत्त्व या भार देना उचित नहीं है।

लिकर्ट मापनी के निर्माण की प्रक्रिया (Procedure of Constructing a Likert Scale)

लिकर्ट मापनी के निर्माण के लिए जो प्रक्रिया अपनाई जाती है उसमें सामान्यतः निम्न सोपानों का पालन किया जाता है, जैसा कि तालिका 22.1 में दिखाया गया है :

तालिका 22.1 एक लिकर्ट मापनी निर्माण की प्रक्रिया

- अभिवृत्ति मापनी के विषय से सम्बन्धित कुछ कथनों का एकत्रीकरण
- विशेषज्ञों या निर्णायकों की राय लेना
- प्रारम्भिक प्रारूप का परीक्षण करना (Trial test)
- मापनी में शामिल कथनों का विश्लेषण करना (Item analysis)
- अभिवृत्ति मापनी के अन्तिम प्रारूप को तैयार करना।

अब हम इन सभी सोपानों के बारे में एक एक कर चर्चा करते हैं :

सोपान 1 : अभिवृत्ति मापनी के विषय में सम्बन्धित कथनों का एक बड़ी संख्या में एकत्रीकरण करना

इस सोपान पर शोधकर्त्ता अभिवृत्ति मापनी के विषय से सम्बन्धित एवं सार्थक बहुत सारे कथनों का निर्माण करता है या संग्रह करता है। उदाहरण के लिए यदि कोई गर्भपात को कानूनी मान्यता दिलाने या सेवारत डॉक्टरों के द्वारा प्राइवेट तौर पर इलाज करने के प्रति अभिवृत्ति का अध्ययन करना चाहता है तो उसे इसके समर्थन या विरोध में व्यक्तियों की राय अभिव्यक्त करने वाले बहुत से (एक सौ या ज्यादा) कथनों को एकत्र करने का प्रयास करना चाहिए। ऐसा करने के लिए उसे निम्न बातों का ध्यान रखना होगा :

- इन कथनों/प्रश्नों के एकत्रीकरण के लिए कथन से सम्बन्धित प्रत्येक स्रोत और साधन का पता लगाकर उनकी सहायता लेनी चाहिए, जैसे–सम्बन्धित विषय पर किए गए शोध अध्ययनों को गहनता के साथ पढ़कर, पुस्तकों, पत्रिकाओं, जर्नल्स, समाचार पत्र में उपलब्ध सार्थक सामग्री का अध्ययन करके, विशेषज्ञों तथा इस कार्य में सहायक समुदाय के व्यक्तियों आदि के साथ मीटिंग या साक्षात्कार करके आवश्यक सामग्री का संकलन करना चाहिए।
- कथनों का निर्माण इस प्रकार करना चाहिए कि वे विषय के बारे में सकारात्मक एवं नकारात्मक अभिवृत्ति दोनों को संतुलित रूप से अभिव्यक्त करते हों। अर्थात् ये कथन विषय या समस्या विशेष के समर्थन या विरोध में होने चाहिए परन्तु यदि शोधकर्त्ता एकपक्षीय मापनी का निर्माण करना चाहता है तब उसे केवल सकारात्मक अभिवृत्ति वाले कथनों का ही निर्माण करना उचित होता है।
- कथनों के निर्माण या संकलन में कथनों के सही होने की बात पर ज्यादा ध्यान न देकर इस बात पर ज्यादा जोर देना चाहिए कि उनसे अध्ययन समष्टि (Population) के मत की अभिव्यक्ति होती हो। हाँ, इनमें से प्रत्येक कथन ऐसा अवश्य होना चाहिए जिससे किसी विशेष दृष्टिकोण के बारे में समर्थन या विरोध, सहमति या असहमति की झलक आती हो और जैसा कि वेस्ट एवं काहन (2006) ने जोर दिया है कि जहाँ तक हो सके इन सहमति और असहमति जताने वाले कथनों की संख्या बराबर होनी चाहिए।
- इन निर्मित किए गए या एकत्रित किए गए कथनों/प्रश्नों की भलीभाँति इस सम्बन्ध में जाँच की जानी चाहिए कि वे सम्बन्धित अभिवृत्ति के मापन में कितने उचित एवं उपयुक्त हैं तथा भाषा की दृष्टि से वे कितने सरल, सही और सार्थक हैं। इस प्रकार की जाँच से वह अनुचित एवं अनुपयुक्त कथनों को हटाने में समर्थ हो सकता है।

सोपान 2 : विशेषज्ञों या निर्णायकों की राय लेना

अभिवृत्ति मापनी के कथनों या पदों को एकत्रित करने के पश्चात् शोधकर्त्ता अपने शोध परामर्शदाता और कुछ चुने हुए विशेषज्ञों (विद्वानों, शोध विधि के शिक्षकों, अपने अध्ययन के विषय से सम्बन्धित अन्य शोधकर्त्ताओं,

भाषाविदों आदि) से अपने कथनों के औचित्य के बारे में राय लेने की कोशिश करता है जिससे कि अपने अध्ययन से सम्बन्धित अभिवृत्ति के मापन के उद्देश्य को प्राप्त करने में सफल हो सके।

इन विशेषज्ञों और निर्णायकों से प्राप्त राय एवं सुझावों के आधार पर वह कुछ अस्पष्ट, निरर्थक और अनुचित कथनों को निकाल कर, शेष बचे हुए कथनों को उचित रूप में संगठित कर लेता है। इस प्रकार संगठित करने में वह संयोगिक चयन (Random selection) का तरीका अपनाता है। वह अपने अध्ययन के प्रयोज्यों पर अभिवृत्ति मापनी का प्रशासन करने के लिए कुछ आवश्यक निर्देश भी इससे जोड़ देता है और प्रयोज्यों द्वारा दिखाए गए उत्तरों के लिए अंकन योजना (Scoring scheme) के बारे में भी निर्णय लेता है, जैसा कि तालिका 22.2 में दिखाया गया है :

तालिका 22.2 'गर्भपात को कानूनी मान्यता' विषय के प्रति अभिवृत्ति मापने वाली अभिवृत्ति मापनी के लिए अंकन योजना

विषय के पक्ष	भार या संख्यात्मक मूल्य	विषय के विपक्ष में कथन	भार या संख्यात्मक मूल्य
अत्यधिक सहमत	5 या +2	अत्यधिक सहमत	1 या 2
सहमत	4 या +1	सहमत	2 या –1
अनिश्चित	3 या 0	अनिश्चित	3 या 0
असहमत	2 या –1	असहमत	4 या +1
अत्यधिक असहमत	1 या –2	अत्यधिक असहमत	5 या +2

सोपान 3 : जाँच परीक्षण लेना (Holding a Trial Test)

इस सोपान पर शोधकर्त्ता अपनी अभिवृत्ति मापनी के प्रारम्भिक प्रारूप (60 पद या कथनों से युक्त) के जाँच परीक्षण के लिए प्रयोज्यों के (लगभग 30) एक छोटे समूह के सामने प्रस्तुत करता है। फिर इन 30 प्रयोज्यों से प्राप्त उत्तरों को पूर्व निर्धारित अंकन योजना (देखें तालिका 22.2) की सहायता से एक एक करके अंक प्रदान करता है और फिर पूरे 60 कथनों के अलग अलग प्राप्तांकों को जोड़कर कुल प्राप्तांक प्राप्त कर, प्रत्येक प्रयोज्य के अभिवृत्यात्मक प्राप्तांकों को योगबद्ध या संयुक्त रूप प्रदान करता है। फिर इन प्राप्तांकों को अच्छी तरह से क्रमबद्ध करके तालिका में लिखा जाता है। क्रम प्रदान करने के लिए उस प्रयोज्य को, जिसने गर्भपात कानूनी रूप से वैध होना चाहिए यह मानकर सर्वोच्च स्थान प्राप्त किया है, क्रमांक एक प्रदान किया जाता है और इसी तरह से इससे कम प्राप्तांक वाले को क्रमानुसार 2, 3, 4 देकर निम्न तालिका 22.3 के अनुसार तालिकाबद्ध किया जाता है :

तालिका 22.3 'गर्भपात को कानूनी मान्यता प्रदान करने से सम्बन्धित अभिवृत्ति मापनी पर प्रयोज्यों के प्राप्तांक

कथन या पद (Item)	प्रयोज्य 1	प्रयोज्य 2	प्रयोज्य 3	प्रयोज्य 4	—	—	—	प्रयोज्य 29	प्रयोज्य 30	कुल
पहला (1st)										
दूसरा (2nd)										
तीसरा (3rd)										
—										
—										
साठवाँ (60th)										
कुल										

सोपान 4 : कथन या पद विश्लेषण (Carrying out Item Analysis)

इस सोपान में अन्तर बताने या भेद करने में असमर्थ पदों/कथनों से निम्न में से किसी एक विधि का चुनाव करते हुए मुक्ति पाने में सहायता मिलती है :

विधि 1 : इसमें पद या कथनों को एक एक करके लिया जाता है। शुरुआत पहले पद या कथन से होती है। इस पहले पद/कथन पर प्रयोज्यों द्वारा प्राप्त प्राप्तांकों का अब यहाँ तुलनात्मक अध्ययन किया जाता है। तालिका 22.3 को देखिये, इसमें पद सं० 1 के आगे के कालमों में प्रयोज्यों द्वारा प्राप्त प्राप्तांकों की प्रविष्टियाँ हैं। इन कॉलमों की प्रविष्टियों (Entries) को देखकर आप यह भलीभाँति अनुमान लगा सकते हो कि पद या कथन सं० 1 में कितनी विभेदीकरण क्षमता (Discriminating power) है। इस प्रक्रिया को अब अभिवृत्ति मापनी के अन्य पदों/कथनों के लिए भी दुहराओ। इससे आपको अपनी अभिवृत्ति मापनी में उपस्थिति उन पदों/कथनों से मुक्ति पाने में सहायता मिलेगी जो उपयुक्त रूप से भेद या अन्तर करने में समर्थ नहीं है। यहाँ यह बात स्पष्ट रूप से समझ लेनी चाहिए कि भेद या अन्तर करने में असमर्थ पद/कथन प्रयोज्यों में से किसकी कैसी अभिवृत्ति है इस बात का पता लगाने में कोई मदद नहीं करते क्योंकि सभी प्रयोज्य उनके प्रति एक जैसी अनुक्रियायें करते हैं।

विधि 2 : पद विश्लेषण के द्वारा अन्तर रहित और अस्पष्ट पदों को मापनी से निकालने के लिए यह विधि ज्यादा औपचारिक विधि मानी जाती है। इसी पुस्तक के 28वें अध्याय में इसका विस्तार से वर्णन किया गया है। यहाँ पर संक्षेप में हम इसमें निहित सोपानों का निम्न रूप से उल्लेख कर सकते है :

(i) सर्वप्रथम दो समूह बनाइए, पहला अधिकतम प्राप्तांक वाले 25 प्रतिशत प्रयोज्यों का और दूसरा न्यूनतम कुल प्राप्तांक वाले 25 प्रतिशत प्रयोज्यों का (प्रतिभागियों के द्वारा मापनी पर प्राप्त किए गए अंकों के आधार पर) प्रत्येक पद या कथन का अलग अलग मूल्यांकन करने के लिए इन समूहों को क्रमशः 'उच्च समूह' और 'निम्न समूह' नाम देकर इन्हें मानदंड समूह माना जाएगा।

(ii) प्रत्येक अलग अलग कथन के उच्च और निम्न समूह के उत्तरों का मूल्यांकन करने के लिए निम्न सूत्र (formula) का प्रयोग करके 't' अनुपात ('t' ratio) ज्ञात करने की कोशिश करो :

$$t = \frac{X_H - X_L}{\sqrt{\left[\frac{SD_H}{N_H^2} + \frac{SD_L}{N_L^2}\right]}}$$

यहाँ X_H और X_L उच्च और निम्न समूह के प्राप्तांकों के मध्यमान मूल्य हैं।

SD_H और SD_L उच्च और निम्न समूहों के प्रामाणिक विचलन हैं।

N_H और N_L उच्च और निम्न समूहों की आवृत्तियाँ हैं।

(iii) अब मापनी में शामिल करने हेतु केवल उन पदों या कथनों का चयन करें जिनका 't' मूल्य 1.75 के बराबर हो या उससे अधिक।

विधि 3 : औपचारिक विधि के एक विकल्प के रूप में यह विधि मापनी के पदों में आन्तरिक एकरूपता बनाए रखने पर जोर देती है और इसी के अनुसार शोधकर्त्ता से अभिवृत्ति मापनी के अन्तिम प्रारूप में केवल उन्हीं पदों को रखने के बारे में कहा जाता है जो सम्पूर्ण परीक्षण के साथ समुचित रूप से सहसम्बन्धित हों।

इस प्रकार के वांछित माप की गणना हेतु शोधकर्त्ता निम्न प्रकार आगे बढ़ सकता हैं :

- मापनी के कथन या पदों को एक एक कर के लो। मान लिया, यहाँ हमने "गर्भपात को कानूनी मान्यता" नामक अभिवृत्ति मापनी का पहला पद लिया है।
- अब प्रयोज्यों (जिनकी संख्या हमारे प्रयोग में 30 है) के द्वारा पद या कथन सं० एक पर व्यक्तिगत रूप से अर्जित प्राप्तांकों पर ध्यान दो और उन्हें एक कॉलम (X) में लिख दो।
- अब इन सभी प्रयोज्यों (30) के द्वारा व्यक्तिगत रूप से पूरी अभिवृत्ति मापनी (हमारे उदारहण में 60 पदों वाली) पर अर्जित प्राप्तांकों के योग को लो और उसे कॉलम Y में व्यक्तिगत X प्राप्तांक के सामने लिख दो।
- X और Y के कॉलम में इस तरह सारणीबद्ध करने का कार्य तालिका सं० 22.4 जैसा दिखाई दे सकता है :

तालिका 22.4 पद नं० 1 और पूरी अभिवृत्ति मापनी पर अर्जित कुल प्राप्तांकों के मध्य सहसम्बन्ध की गणना

प्रयोज्य की क्रम संख्या	X (उसका पद '1' का प्राप्तांक)	Y (मापनी पर उसके कुल प्राप्तांक)
1	X_1	Y_1
2	X_2	Y_2
3	X_3	Y_3
—	—	—
—	—	—
30	X_{30}	Y_{30}

- ऊपर बताए गए क्रम के अनुसार प्रदत्तों को व्यवस्थित और सारणीबद्ध करने के उपरान्त X और Y के मध्य सहसम्बन्ध (R_1) की गणना करो।
- मापनी के प्रारम्भिक प्रारूप के सभी कथनों/पदों का व्यक्तिगत रूप से R_2, R_3, R_4 ... की गणना करने के लिए उपरोक्त प्रक्रिया को दोहराएं।
- अब एक निश्चित बिन्दु ले लें जिसे 0.50 कह सकते हैं। मापनी में केवल उन्हीं पदों को रखें जिनका सहसम्बन्ध गुणांक (R) 0.50 के बराबर हो या इससे ज्यादा हो।
- आपको अपनी मापनी में एक विशिष्ट संख्या में पदों/कथनों की (20–25) जरूरत होती है अतः अपने निश्चित बिन्दु (0.50) को इस प्रकार समायोजित करने की (थोड़ा सा कम या ज्यादा कर) कोशिश करनी चाहिए जिससे कि आपकी मापनी में आपकी आवश्यकता के अनुसार पदों की संख्या बनी रहे।

सोपान 5 : अभिवृत्ति मापनी का अन्तिम प्रारूप तैयार करना (Preparing the Final Draft of the Attitude Scale)

इस सोपान पर विभेदन क्षमता रहित तथा अस्पष्ट पदों को निकाल कर अभिवृत्ति मापनी के अन्तिम प्रारूप को तैयार किया जाता है जैसा कि सोपान 4 पर बताया जा चुका है जिस कथन का 't' मान 1.75 (या R = 0.50) से कम होता है उसको अभिवृत्ति मापनी से निकाल दिया जाता है। जाँच परीक्षण के समय प्राप्त अनुभवों या प्रतिक्रिया की सहायता से शोधकर्त्ता अपने कथनों या पदों की क्रम व्यवस्था और भाषा में सुधार करने के लिए भी सोच सकता है।

'गर्भपात को कानूनी मान्यता' के लिए अभिवृत्ति मापन सम्बन्धी अभिवृत्ति मापनी का अन्तिम प्रारूप तालिका 22.5 के अनुसार हो सकता है :

तालिका 22.5 'गर्भपात को कानूनी मान्यता' के प्रति अभिवृत्ति मापन के लिए लिकर्ट मापनी का नमूना

यहाँ इस पृष्ठ पर 'गर्भपात को कानूनी मान्यता' विषय से सम्बन्धित 20 कथन दिए गए हैं। आपको प्रत्येक कथन का उत्तर देना है। प्रत्येक कथन को ध्यानपूर्वक पढ़ें और उस विकल्प पर गोला लगाएं जो कथन के प्रति उत्तर देने में आपको ठीक लगे। विकल्प निम्न प्रतीकात्मक रूप में दिए गए हैं :

कथन के साथ पूर्णतः सहमत	=	SA	Strongly Agreed
कथन से सहमत	=	A	Agreed
कथन के बारे में अनिश्चित	=	?	Undecided
कथन से असहमत	=	D	Disagreed
कथन से पूर्णतः असहमत	=	SD	Strongly disagreed

1. गर्भपात के लिए कानूनी मान्यता समाज की भलाई की दृष्टि से नुकसानदायक है।	SA	A	?	D	SD
2. यह बलात्कार की शिकार निर्दोषों के लिए लाभदायक है।	SA	A	?	D	SD
3. यह लड़कियों को स्वतन्त्र यौन सम्बन्धों के लिए आजादी देगी।	SA	A	?	D	SD
4. यह वेश्यावृत्ति की बुराई को बढ़ावा देगा।	SA	A	?	D	SD
5. यह देश में जनसंख्या वृद्धि पर नियंत्रण करने में सहायता करेगा।	SA	A	?	D	SD
6. यह अविवाहित माता को अनचाहे गर्भ से छुटकारा दिलाएगा।	SA	A	?	D	SD
7. यह बलात्कार की शिकार लड़कियों पर दबाव डालने में अपराधियों को बढ़ावा देगा।	SA	A	?	D	SD
8. यह गैरकानूनी विवाहेत्तर सम्बन्धों को प्रोत्साहित करेगा।	SA	A	?	D	SD
9. यह पीड़ित स्त्री को अपना सम्मान और इज्जत बचाने में सहायता करेगा।	SA	A	?	D	SD
10. यह महिलाओं के स्वास्थ्य के लिए हानिकारक है।	SA	A	?	D	SD
11. यह महिला सशक्तीकरण में सहायता करेगा।	SA	A	?	D	SD
12. जब स्त्री का जीवन खतरे में हो उस समय यह जरूरी है।	SA	A	?	D	SD
13. यह बालिका वध की बुराई को बढ़ावा देगा।	SA	A	?	D	SD
14. यह चिकित्सा व्यवसाय में अनैतिक प्रवृत्ति को बढ़ावा देगा।	SA	A	?	D	SD
15. यह स्त्रियों को अधिकार प्रदान करेगा कि वे अपनी गर्भावस्था को आगे बढ़ाए या बीच में ही समाप्त कर दे।	SA	A	?	D	SD
16. यह पूरी तरह प्रकृति के नियम के विपरीत है।	SA	A	?	D	SD
17. महिला के गर्भ में ही एक भावी नागरिक को मारना निर्दयतापूर्ण है।	SA	A	?	D	SD
18. यह बालिकाओं के प्रति एक अभिशाप है।	SA	A	?	D	SD
19. महिलाओं को समाज में सम्मान दिलाने में सहायक होगा।	SA	A	?	D	SD
20. यह हमारी संस्कृति के विरूद्ध है।	SA	A	?	D	SD

लिकर्ट मापनी के गुण एवं लाभ (Merits and Advantages of Likert Scale)

लिकर्ट मापनी अपने निम्नलिखित गुणों एवं उपयोगिता के लिए काफी पसन्द की जाती है :

1. लिकर्ट मापनी का निर्माण करना काफी सरल और आसान है।
2. इस मापनी के पदों को पढ़ना और उनका उत्तर देना बहुत ही आसान है क्योंकि इसमें व्यक्ति को एक सरल और बोधगम्य पाँच बिन्दु मापनी पर तटस्थ रहने सम्बन्धी अभिवृत्ति अभिव्यक्त करने के लिए तटस्थ श्रेणी भी प्रदान की गई है।
3. मापनी के पदों की बजाय उत्तरदाताओं का ही अंकन किया जाए इस उद्देश्य से मापनी में शामिल सभी पदों को समान मूल्य प्रदान किया जाता है।
4. इस मापनी में समस्या के पक्ष और विपक्ष में समान संख्या में कथन प्रदान किए जाते हैं जिससे यह उत्तरदाताओं के एक आयामी और लापरवाही से उत्तर देने की प्रवृत्ति पर तर्कपूर्ण अंकुश लगाती है।
5. दूसरी अभिवृत्यात्मक मापनियों की तुलना में लिकर्ट मापनी की विश्वसनीयता अपेक्षाकृत अधिक ऊँची मानी जाती है।

लिकर्ट मापनी के दोष या सीमाएँ (Demerits and Limitations of the Likert Scale)

1. लिकर्ट मापनी में विषय या समस्या के पक्ष और विपक्ष दोनों से सम्बन्धित कथन दिए जाते हैं। इस प्रकार की मापनी में एक आयामात्मकता (One dimensionality) या समरूपता की अनुपस्थिति के कारण समस्या के बारे में अपनी राय व्यक्त करने में उत्तरदाताओं के सम्मुख असमंजस की स्थिति उत्पन्न हो जाती है।
2. इसमें अधिक से अधिक क्रमसूचक (Ordinal) मापनी पर मापन किया जाता है और इस तरह इससे उच्च स्तरीय मापनियों जैसे : अन्तराल मापनी आदि पर मापन करना सम्भव नहीं है।
3. इस मापनी में सामाजिक या मनोवैज्ञानिक वस्तु के प्रति बनी अभिवृत्ति का मापन करने के लिए जो मापनी बनाई जाती है, उसमें शामिल प्रत्येक कथन को एक जैसा मान, महत्त्व अथवा वजन प्रदान किया जाता है। परन्तु ऐसा करने से मापनी की वैधता के लिए गम्भीर समस्याएँ और अड़चनें सामने आ जाती हैं क्योंकि मापनी में शामिल कथनों/पदों के समान अभिवृत्ति मान होना जरूरी नहीं होता।
4. यहाँ अनुसंधानकर्त्ता को अपने परिणामों या निष्कर्षों की वैधता सिद्ध करना काफी मुश्किल होता है।

थर्सटन मापनी (Thurstone Scale)

अभिवृत्ति के मापन के लिए प्रयोग में लाई जाने वाली दूसरी प्रसिद्ध मापनी थर्सटन मापनी के नाम से जानी जाती है। अभिवृत्ति मापन की यह तकनीक एल.एल. थर्सटन (L.L. Thurstone) ने सन् 1920 में प्रस्तुत की थी। इसे समान अन्तराल मापनी (Equal Appearing Interval Scale) के नाम से भी जाना जाता है। क्योंकि यह लिकर्ट स्केल की तरह क्रमसूचक मापन तकनीक तक ही सीमित न रहकर समान अन्तर वाली समान अन्तराल मापनी पर भी मापन करने में सक्षम है। थर्सटन मापनी की मुख्य विशेषताओं को यहाँ आगे लिकर्ट मापनी की विशेषताओं से तुलना करते हुए दिखलाने की कोशिश की गई है। तालिका 22.6 में दिखाए गए इस तुलनात्मक अध्ययन से न केवल हमें थर्सटन मापनी की विशेषताओं से परिचित होने में सहायता मिलेगी बल्कि हम यह भी जानेंगे कि यह लिकर्ट स्केल से किन बातों में भिन्न है।

तालिका 22.6 लिकर्ट और थर्सटन मापनियों की प्रकृति और विशेषताओं की तुलना

लिकर्ट मापनी	थर्सटन मापनी
1. इसमें 20–25 पद या कथन होते हैं। कथन को इस प्रकार लिखा जाता है कि व्यक्ति उनके उत्तर देते समय उनसे सहमत हो सकता है या असहमत।	1. इसमें भी लिकर्ट स्केल की तरह 20–25 कथन होते हैं और उन्हें इस प्रकार लिखा जाता है कि उनका उत्तर देते समय व्यक्ति सहमत हो सकता है या असहमत।
2. इसमें उत्तरदाता को मापनी के प्रत्येक कथन का उत्तर देने के लिए 5 उत्तर श्रेणियाँ प्रदान की जाती हैं इसके लिए 5 बिन्दुमापनी का प्रयोग किया जाता है।	2. यह ग्यारह बिन्दु मापनी होती है या कभी कभी नौ बिन्दु मापनी भी होती हैं। अतः इसमें उत्तरदाता को मापनी के प्रत्येक कथन का उत्तर देने के लिए 9 या 11 उत्तर श्रेणियाँ प्रदान की जाती हैं।
3. लिकर्ट मापनी की संरचना और विकास का कार्य थर्सटन मापनी की तुलना में समय और श्रम की दृष्टि से कम खर्चीला होता है।	3. थर्सटन मापनी की संरचना और विकास का कार्य लिकर्ट मापनी की तुलना में अधिक समय लेता है और उसमें परिश्रम भी अधिक करना पड़ता है।
4. लिकर्ट स्केल में क्रमसूचक प्रणाली (Ordinal scale) का प्रयोग किया जाता है अतः थर्सटन मापनी, जिसमें प्रदत्त, अन्तराल मापनी पर प्रस्तुत किए जाते हैं, की तुलना में यह मापन स्केल के कुछ निम्न स्तर पर प्रदत्त प्रस्तुत करने में सक्षम होती है।	4. थर्सटन स्केल में समान अन्तराल मापनी का प्रयोग किया जाता है। अतः इसमें लिकर्ट मापनी की तुलना में मापन स्केल के अधिक उच्च स्तर पर प्रदत्तों को प्रस्तुत किया जा सकता है।
5. लिकर्ट स्केल में मापनी के प्रत्येक पद या कथन को समान मान, मूल्य या भार प्रदान किया जाता है।	5. इसमें मापनी के प्रत्येक पद या कथन को अलग अलग अभिवृत्यात्मक मूल्य या भार प्रदान किया जाता है।
6. लिकर्ट स्केल की विकास प्रक्रिया काफी सरल और गैर–तकनीकी है और इसलिए इसमें मापनी के प्रत्येक पद या कथन को व्यक्तिगत रूप से अलग अलग मूल्य या भार प्रदान करने में मूल्यांकनकर्त्ताओं या निर्णायकों के एक समूह की सेवाओं की जरूरत आवश्यक रूप से नहीं होती है।	6. अपने विकास प्रक्रिया के दौरान थर्सटन मापनी के पदों/कथनों को व्यक्तिगत रूप से मूल्य या भार प्रदान करने या चयन करने में मूल्यांकनकर्त्ताओं या निर्णायकों के समूह की सेवायें जरूरी होती है।
7. लिकर्ट मापनी के अन्तिम प्रारूप को तैयार करते समय, विभेदन रहित या समरूप पदों/कथनों से छुटकारा पाने के लिए पद विश्लेषण की औपचारिक विधि के रूप में 't' ratio या 't' अनुपात का प्रयोग किया जाता है जबकि थर्सटन स्केल में इस कार्य के लिए Q Value का प्रयोग होता है।	7. थर्सटन मापनी के अन्तिम प्रारूप को तैयार करते समय अन्तर बताने में असमर्थ पदों/कथनों से मुक्ति प्राप्त करने के लिए पद विश्लेषण की औपचारिक विधि के रूप में 'क्यू वैल्यू' (Q Value) निकाली जाती है जबकि लिकर्ट स्केल में इसी कार्य के लिए t अनुपात का प्रयोग किया जाता है।
8. लिकर्ट स्केल में किसी प्रयोज्य द्वारा प्रदर्शित उसकी सम्पूर्ण अभिवृत्ति का निर्धारण मापनी पर दिए गए सभी कथनों पर अर्जित प्राप्तांकों का योग करने के उपरान्त किया जाता है।	8. थर्सटन मापनी में किसी प्रयोज्य द्वारा प्रदर्शित उसकी सम्पूर्ण अभिवृत्ति के निर्धारण के लिए, मापनी के सभी कथनों में से जिन कथनों में व्यक्ति सहमति जताता है उनके मध्यमान या मध्यांक की गणना की जाती है।

थर्सटन स्केल के निर्माण की प्रक्रिया
(Procedure for the Construction of Thurston Scale)

थर्सटन मापनी के निर्माण की प्रक्रिया में सामान्यतः निम्न सोपानों का अनुसरण किया जाता है :

सोपान 1 : अभिवृत्ति मापनी के विषय से सम्बन्धित कथनों का एक बड़ी संख्या में संकलन एवं सम्पादन

इस सोपान पर शोधकर्त्ता एक बड़ी संख्या (लगभग 100–150) में कथनों का संकलन, एकत्रीकरण या निर्माण करता है जो कि उस सम्प्रत्यय विशेष से सम्बन्धित होते हैं जिसका अभिवृत्ति मापनी द्वारा मापन किया जा रहा हो। इस कार्य के लिए वह उन सब स्त्रोतों और साधनों से कथनों का संकलन या रचना करने की कोशिश करता है जैसा कि एक निर्धारण मापनी की संरचना में अक्सर किया जाता है। इन कथनों के संकलन या निर्माण में उसे इस बात का भी ध्यान रखना चाहिए कि इन कथनों से समुचित मात्रा में सहमति, असहमति तथा निष्पक्ष अभिवृत्ति मापन का समान रूप से प्रतिनिधित्व हो। थर्सटन मापनी में किस तरह के कथन होने चाहिएँ, इसके लिए हम 'युद्ध' के प्रति अभिवृत्ति' से सम्बन्धित निम्न कथनों को उदाहरण के रूप में प्रस्तुत कर रहे हैं :

युद्ध के प्रति अभिवृत्ति

1. राष्ट्र सम्मान के बिना कोई भी देश अच्छी तरह खड़ा नहीं हो सकता और इसे बचाने का एकमात्र उपाय युद्ध ही है।
2. जब युद्ध की घोषणा होती है हमें स्वयंसेवक के रूप में आगे आना चाहिए।
3. युद्ध तभी उचित है जब वह शक्तिहीन राष्ट्रों को बचाने के लिए लड़े जाते हैं।
4. युद्ध और शान्ति दोनों ही प्रगति के लिए आवश्यक हैं।
5. हम अधिक से अधिक यही उम्मीद कर सकते हैं कि युद्ध पर आंशिक रूप से लगाम लगा दी जाए।
6. युद्ध में मानव जीवन और अधिकारों का जो हनन होता है, वही अपराधों में बाढ़ आने का कारण बनता है।
7. सभी राष्ट्रों का तत्काल प्रभाव से निःशस्त्रीकरण होना चाहिए।

कथनों के संकलन के उपरांत उनके संपादन पर भी विशेष ध्यान दिया जाना चाहिए ताकि भाषा की शुद्धि, उनकी तर्कसंगतता, संक्षिप्तता, सरलता एवं स्पष्टता आदि पर पूरा ध्यान देकर उनमें उपयुक्त सुधार लाया जा सके।

सोपान 2 : निर्णायकों के एक समूह के द्वारा कथनों की जाँच एवं निर्धारण करना।

इन एकत्रित एवं संरचित किए गए कथनों को अब अपने इस कार्य में अनुभवी एवं योग्य निर्णायकों के एक पैनल के पास प्रावरण पत्र (Forwarding letter) और आवश्यक निम्न अनुरोध के साथ भेजना चाहिए : (i) दिए गए कथनों को दिए गए 11 बिन्दु मापनी पर मापन करना है। (ii) इन कथनों को 11 ढेरियों (11 Piles) में वितरित करना है, इन 11 ढेरियों को A, B, C, D, E, F, G, H, I, J और K अक्षरों का नाम दिया जा सकता है।

इस प्रकार इन ढेरियों में से प्रत्येक ढेरी में सम्प्रत्यय के प्रति प्रत्येक कथन की अनुकूलता या प्रतिकूलता की मात्रा के आधार पर बहुत प्रकार के कथनों का समावेश रहता है। जहाँ तक पैनल में उपस्थित निर्णायकों का प्रश्न है, पैनल में पहले 100 से भी ज्यादा निर्णायकों को रखने का प्रचलन था। थर्सटन और चावे (Thruston & Chave, 1929) ने अपने अध्ययन में इस कार्य के लिए 300 निर्णायकों को लिया था। परन्तु आज निर्णायकों की अनुपलब्धता, असहयोग, अरुचि तथा लापरवाही की वजह से सीमित संख्या का प्रयोग करने की बात की जाती है और 25 से लेकर 30 तक निर्णायकों की उपस्थिति को ठीक ठहराया जाता है।

सोपान 3 : प्रत्येक कथन का स्केल मान (Scale Value) व क्यू मान (Q Value) की गणना करना

इस सोपान पर मापन किए गए तथा श्रेणीबद्ध किए हुए रूप में निर्णायकों से प्राप्त कथनों को सांख्यिकीय विश्लेषण की प्रक्रिया के लिए प्रस्तुत किया जाता है जिसके द्वारा अभिवृत्ति मापनी के प्रारम्भिक प्रारूप में शामिल प्रत्येक कथन को स्केल मान और क्यू मान की गणना की जाती है। आइए देखते हैं कि ये मान क्या हैं और इनकी गणना क्यों जरूरी है।

निर्णायकों का पैनल (माना उनकी संख्या 40 है) अपने स्वयं के निर्णय के आधार पर ग्यारह बिन्दु अभिवृत्ति मापनी पर प्रत्येक व्यक्तिगत कथन (Individual Item) का मापन करते हैं। मापनी में शामिल कथन विशेष को मान या भार प्रदान करने का कार्य, जो उसके अभिवृत्ति मापन में दिए जाने वाले योगदान के संदर्भ में होता है, वह निर्णायकों के पैनल के द्वारा प्रदान किए गए मापन मानों या वजन के ऊपर निर्भर करता है। यह स्वाभाविक ही है कि उनके इस निर्णय में भिन्नताएँ होंगी।

निर्णायकों के निर्धारण में यथासम्भव सहमति लाने के लिए हम विभिन्न निर्णायकों के निर्धारणों का मध्यमान या मध्यांक निकालते हैं।

यह मध्यमान या मध्यांक मूल्य ही हमारी अभिवृत्ति मापन के प्रारम्भिक प्रारूप में शामिल कथनों के लिए अलग अलग मापन मान या भार प्रस्तुत करता है।

प्रत्येक कथन का 'क्यू मान' निर्णायकों के निर्धारणों में पाए जाने वाले अन्तरों के विचलन (Deviation) या विस्तार (Range) का प्रतिनिधित्व करते हैं। जितना विचलन होगा उतनी ही किसी कथन या पद की मापनी में समाविष्टि हेतु विश्वसनीयता घटती जाएगी। इस तरह से क्यू मानों (Q Value) की गणना अभिवृत्ति निर्माता या अनुसंधानकर्त्ताओं को उन कथनों या पदों से मुक्ति दिलाती है जो निर्णायकों के निर्धारण में बहुत अधिक अन्तर दिखाते हैं।

प्रत्येक कथनों के स्केल मान और क्यू मान की गणना कैसे की जाए ?
(How to Compute Scale Values (S) and Q Values (Q) for Each Statement/Item)

हम यहाँ प्रत्येक कथन के (i) मापन मूल्यों (S) यानी मध्यांक मानों तथा (ii) क्यू मानों (Q_3—Q_1) यानी प्रत्येक कथन का अन्तःचतुर्थांश विस्तार की गणना प्रक्रिया को एक ऐसे कल्पित उदाहरण से प्रदर्शित करना चाहते हैं जिसमें एक निर्धारण मापनी में 20 कथन दिए हुए हैं। ये कथन 50 निर्णायकों के पैनल को भेजे गए। उनके द्वारा मापनी के विभिन्न कथनों या पदों पर प्रदान किए गए निर्धारणों (Ratings) को एकत्रित कर तालिका 22.7 में दिखाए हुए के अनुसार आवृत्तियों के रूप में सारणीबद्ध किया गया। इस तालिका में प्रयुक्त विभिन्न चिह्नों के अर्थ निम्न प्रकार है :

f = आवृत्ति (किसी पद या कथन को निर्धारण करने वाले निर्णायकों की कुल संख्या)

Cf = संचयी आवृत्ति (Cumulative frequency)

Cp = संचयी आवृत्ति प्रतिशत (Cumulative frequency percentage out of 1)

Cf (संचयी आवृत्ति) की गणना करने हेतु हम आवृत्तियों को जोड़ते जाते हैं और Cp (संचयी आवृत्ति प्रतिशत) की गणना करने हेतु हमें सम्बन्धित Cf को आवृत्तियों की कुल संख्या (जो हमारे उदाहरण में 50 हैं) से भाग देना होता है।

तालिका 22.7 मापनी के प्रत्येक कथन के लिए f, Cf तथा Cp की स्थिति

कथनों की क्रम संख्या	मापनी की श्रेणियाँ											
	f Cf&Cp	**A 1**	**B 2**	**C 3**	**D 4**	**E 5**	**F 6**	**G 7**	**H 8**	**I 9**	**J 10**	**K 11**
1	f	3	10	17	14	3	2	1	0	0	0	0
	Cf	3	13	30	44	47	49	50	50	50	50	50
	Cp	.06	.26	0.6	.88	.94	.98	1.00	1.00	1.00	1.00	1.00
2	f	3	6	10	8	7	6	5	3	2	0	0
	Cf	3	9	19	27	34	40	45	48	50	50	50
	Cp	.06	.18	.38	.54	.68	.80	.90	.96	1.00	1.00	1.00
3	f	2	3	3	4	5	2	4	5	8	9	5
	Cf	2	5	8	12	17	19	23	28	36	45	50
	Cp	.04	.10	.16	.24	.34	.38	.46	.56	.72	.90	1.00

प्रत्येक कथन या पद के Cf और Cp की गणना (यहाँ हमने अपनी मापनी के पद 1, 2 और 3 की गणना करके दिखाया है) करने के उपरान्त उनके आधार पर संचयी आवृत्ति वक्र (Cumulative frequecny curve) की रचना (1 से 11 की स्केल मान को X अक्ष पर तथा Cp मान को Y अक्ष पर दिखाकर) की जाती है। यहाँ पर इन वक्रों को मध्यांक मान (Median value) और चतुर्थांश मान (Q value) की गणना करने के लिए प्रस्तुत किया गया है।

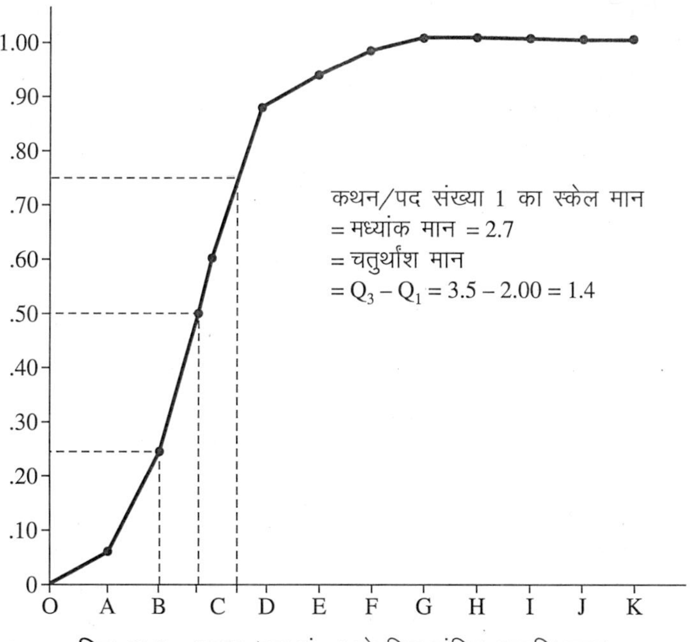

चित्र 22.2 कथन/पद सं० 1 के लिए संचित आवृत्ति वक्र।

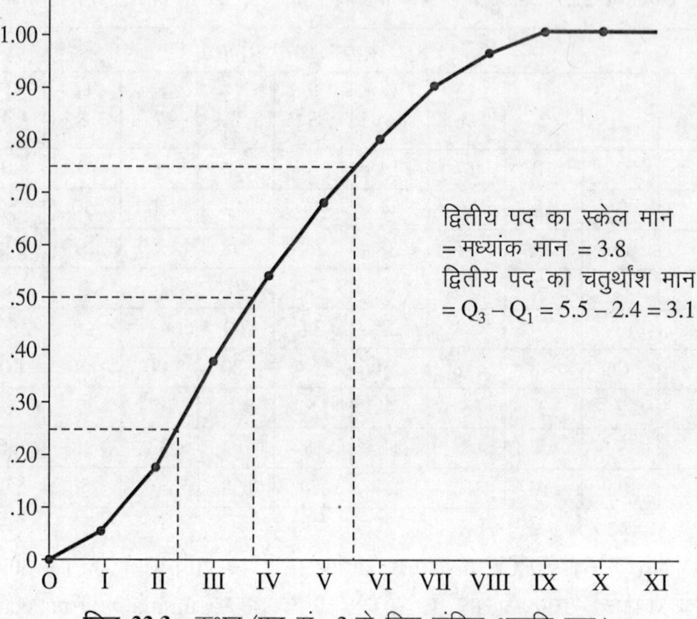

चित्र 22.3 कथन/पद सं० 2 के लिए संचित आवृत्ति वक्र।

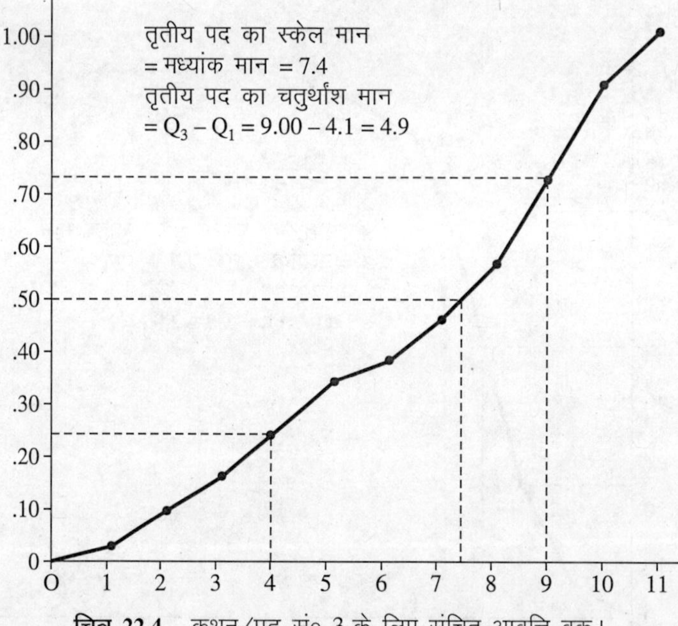

चित्र 22.4 कथन/पद सं० 3 के लिए संचित आवृत्ति वक्र।

कथनों या पदों की गणना किये गये स्केल मान (मध्यमान) और क्यू मान के साथ क्या किया जाये :

1. सर्वप्रथम क्यू मान को लेना चाहिए। किसी कथन के Q मान की मात्रा जितनी अधिक होती है, मापनी के इस कथन के सम्बन्ध में निर्णायकों की असहमति उतनी ही ज्यादा होती है। इसलिए मापनी का विकास या निर्माणकर्त्ता को उच्च Q मान वाले पदों को मापनी से निकाल देना चाहिए। साधारणतया परम्परा यह है कि 2 या 2 से अधिक Q मान वाले पदों को मापनी के अयोग्य घोषित कर दिया जाता है।
2. अब स्केल मान या मध्यांक मान की गणना के आधार पर बचे हुए कथनों/पदों को, पहले कॉलम में कथनों की क्रम संख्या और दूसरे कॉलम में मध्यांक मान लिखकर उचित क्रम प्रदान किया जाता है। अब 20 से 30 पदों का वांछित संख्या में इस प्रकार चयन करे कि अन्तिम रूप से निर्मित मापनी में एक से लेकर ग्यारह तक के मध्यांक मूल्य वाले कथनों या पदों को स्थान दिया जा सके।

सोपान 4 : मापनी के अन्तिम प्रारूप के लिए कथनों का चयन (Selection of Statements for the Final Draft of the Scale)

इस प्रकार से मापनी के अन्तिम प्रारूप में प्रारम्भिक प्रारूप के सभी कथनों का सांख्यिकीय विश्लेषण और जाँच कर लेने के उपरान्त बचे हुए कथनों में से उन 20–25 कथनों का चयन कर लिया जाता है जिनका मापनी मूल्य (Scale value) मध्यांक के समान या समानान्तर होता है तथा चतुर्थांश मूल्य (Q value) 2 से कम होता है।

थर्सटन स्केल में प्रत्येक कथन के लिए उसके विशेष भार या अभिवृत्यात्मक मान ('Weight' or 'Attitudinal value') की गणना की जाती है। प्रत्येक कथन के लिए उसके भार (मध्यांक मान के बराबर) की गणना निर्णायक मंडल द्वारा प्रदान किए गए निर्धारणों के आधार पर की जाती है। उत्तरदाताओं द्वारा जिन कथनों के प्रति सहमति जताई जाती है उन्हें कथन के अभिवृत्यात्मक मान के बराबर अभिवृत्यात्मक अंक प्रदान किए जाते हैं।

थर्सटन मानी के गुण एवं लाभ (The Merits and Advantages of the Thurstone Scale)

थर्सटन मापनी के गुणों एवं उपयोगिता को संक्षेप में निम्न रूप में स्पष्ट किया जा सकता है :

- थर्सटन मापनी में शामिल पदों/कथनों को भार या मूल्य प्रदान किया जाता है जबकि लिकर्ट मापनी में प्रयोज्यों को भार दिया जाता है।
- गटमैन मापनी की तुलना में थर्सटन मापनी की निर्माण प्रक्रिया ज्यादा सरल है।
- थर्सटन स्केल की सहायता से अभिवृत्तियों का मापन अन्तराल मापनी पर किया जाता है, जबकि लिकर्ट मापनी में क्रमसूचक स्तर पर अभिवृत्तियों का मापन किया जाता है।
- इस मापनी में प्रत्येक कथन/पद का अभिवृत्यात्मक मूल्य या महत्त्व पूर्व निर्धारित तथ्य है जिसे योग्य एवं सक्षम निर्णायक मंडल की सहायता से अच्छी तरह स्थापित किया जाता है। इसलिए लिकर्ट मापनी के सापेक्षिक मापन की बजाय पूर्ण वास्तविक अभिवृत्ति का मापन इसके द्वारा किया जाता है।
- इस प्रकार से थर्सटन स्केल लोगों की अभिवृत्ति की तीव्रता को विविध मात्रा में व्यक्त कर सकती है और इस तीव्रता में आने वाले किसी भी बदलाव को भी इसकी सहायता से परखा जा सकता है।

थर्सटन मापनी के दोष एवं सीमाएँ (Demerits and Limitations of the turston Scale)

निम्न कमियों एवं दोषों की वजह से थर्सटन मापनी की आलोचना की जाती है :

- अपने प्रयोज्यों की अभिवृत्ति का मापन करने के लिए थर्सटन मापनी का निर्माण करना लिकर्ट मापनी की तुलना में अनुसंधानकर्त्ता के लिए ज्यादा कठिन होता है।
- मापनी में दिए गए कथनों/पदों के प्रति या तो सहमति या असहमति जताने के रूप में अभिवृत्ति मापन के सम्बन्ध में प्रयोज्यों की भावना का मापन करते हुये थर्सटन स्केल हमें केवल एक आयामी माप (One directional measure) प्रदान करता है।

- मापनी का निर्माण प्रक्रिया को समुचित रूप में चलाने के लिए एक बड़ी संख्या में निर्णायकों की जरूरत पड़ती है। इतने ज्यादा निर्णायकों से मापनी निर्माण के लिए कथनों के बारे में निर्धारण करने के लिए सहायता लेना शोधकर्त्ताओं के लिए बहुत ही मुश्किल होता है। इसमें यह भी संभावना रहती है कि निर्णायक या उत्तरदाता किसी विशेष कथन के महत्त्व को अलग ढंग से जाँचे या मापन करे और इसलिए उत्तरदाताओं की किसी वस्तु के प्रति अभिवृत्ति का सही और विश्वसनीय ढंग से प्रकाश में आना खतरे में पड़ सकता है।

C. गटमैन मापनी (Guttman Scale)

1940 में गटमैन ने सर्वप्रथम इस मापनी का प्रतिपादन किया अतः इसे उन्हीं के नाम से जाना जाता है। इस मापनी का निर्माण करना एक बहुत कठिन कार्य है। इसीलिए व्यावहारिक विज्ञानों के अध्ययन में नए नए शोधकर्त्ताओं द्वारा इसका प्रयोग बहुत कम किया जाता है। इसी कारण से यहाँ हम विस्तार में इसका वर्णन नहीं कर रहे हैं। फिर भी, इसकी प्रकृति और मुख्य विशेषताओं का वर्णन यहाँ संक्षेप में किया जा रहा है। इस कार्य के लिए ज्यादा अच्छा यह होगा कि पहले हम गटमैन अभिवृत्ति मापनी से सम्बन्धित कथनों के एक या दो समूह (Sets) उदाहरण रूप में प्रस्तुत करें।

उदाहरण 1 : निम्न कथनों (साथ दिए गए निर्देशों सहित) जो कि आत्महत्या के प्रति अभिवृत्ति को प्रदर्शित करते हैं, ध्यान दें। (कोहेन एवं स्वेर्डिक – Cohen and Swerdlik, 2005:199)

कृपया बताइये कि आप निम्न कथनों में से प्रत्येक पर सहमत हैं या असहमत हैं। इस उद्देश्य के लिए कोष्ठक में दिए गए – चिह्न या × चिह्न पर निशान लगायें।

1. प्रत्येक व्यक्ति को यह निश्चित करने का अधिकार होना चाहिए कि क्या वह अपना जीवन समाप्त करना चाहता है।
2. जो व्यक्ति जानलेवा बीमारी और दर्द से पीड़ित हैं उनके पास अपना जीवन समाप्त करने के लिए चिकित्सक की सहायता लेने का विकल्प होना चाहिए।
3. गम्भीर रूप से बीमार होने से पहले जीवनदायी कृत्रिम उपकरणों का प्रयोग का विकल्प व्यक्ति के पास होना चाहिए।
4. व्यक्तियों को एक आरामदायक जीवन व्यतीत करने का अधिकार होना चाहिए।

उदाहरण 2 : "गर्भपात को कानूनी मान्यता" के प्रति अभिवृत्ति का मापन करने में गटमैन मापनी निम्न स्वरूप ले सकती है। (थार्नडाइक एवं थार्नडाइक, 2010:368–69)

"गर्भपात को कानूनी मान्यता के बारे में आप क्या सोचते हैं" इस बात को जो आपके मत के अनुकूल हो, स्पष्ट करने के लिए √ या — चिह्न लगा कर कथन की पहचान करें।

1. गर्भपात कराने की इच्छुक महिला को इसकी इजाजत होनी चाहिए। ☐
2. यदि चिकित्सक सलाह देता है तो गर्भपात वैध माना जाना चाहिए। ☐
3. जब गर्भ, बलात्कार या इच्छा विरुद्ध हो तो गर्भपात कानूनी रूप से मान्य होना चाहिए। ☐
4. जब गर्भ के कारण गर्भवती स्त्री के स्वास्थ्य पर प्रतिकूल प्रभाव पड़ रहा हो तो गर्भपात कानूनन से मान्य होना चाहिए। ☐
5. जब गर्भवती स्त्री का जीवन खतरे में हो तब गर्भपात कानूनन मान्य होना चाहिए। ☐

उदाहरण 3 : एक देश में प्रवासियों (Immigrant's) के प्रति अभिवृत्ति मापन के लिए गटमैन मापनी निम्न प्रारूप ले सकती है :

1. क्या आप अपने देश में प्रवासियों को रहने की स्वीकृति देने के इच्छुक हैं ? ☐
2. क्या आप प्रवासियों को अपने समुदाय में रहने की स्वीकृति देना चाहते हैं ? ☐
3. क्या आप प्रवासियों को अपने पड़ोस में रहने की अनुमति देना चाहते हैं ? ☐
4. क्या आप चाहते हैं कि एक प्रवासी आपके घर के साथ वाले घर में रहे ? ☐
5. क्या आप अपने बच्चे को एक प्रवासी के साथ शादी की अनुमति देंगे ? ☐

इन सभी कथनों के शब्दों और उनकी व्यवस्था को यदि (उत्तर देने के लिए निर्देश के साथ) ध्यान से देखा जाए तो इससे गटमैन स्केल की प्रकृति और विशेषताओं के बारे में निम्न प्रकार की जानकारी प्राप्त हो सकती है ?

1. दूसरी अभिवृत्ति मापनियों, जैसे लिकर्ट और थर्सटन मापनी की तुलना में गटमैन मापनी में काफी कम कथन या पद (5 से 7) होते हैं।
2. कथन विषयवस्तु की दृष्टि से समरूप होते हैं परन्तु कुछ विशिष्ट अभिवृत्ति की मात्रा अभिव्यक्त करने में अन्तर रखते हैं।
3. यह इस विचार या धारणा को लेकर चलती है कि मापनी के कथन/पद एक सातत्य पर इस प्रकार से व्यवस्थित किए जा सकते हैं कि एक व्यक्ति जो किसी एक कथन विशेष पर अपनी सहमति प्रकट करता है तो उसे उससे पहले के सभी कथनों पर सहमति प्रकट करना जरूरी होना स्वाभाविक ही है।
4. इस धारणा के आधार पर गटमैन स्केल के कथनों को मापन किए जाने वाली अभिवृत्ति को अधिक शक्तिशाली से कमजोर (या फिर इसके विपरीत कमजोर से शक्तिशाली जैसा कि उदाहरण 3 में प्रवासियों के प्रति अभिवृत्ति का मापन करने के लिए व्यवस्थित किया गया है) के क्रम में व्यवस्थित किया जाता है। परिणामस्वरूप मापनी में, जिसमें अभिवृत्ति की मात्रा को उच्च से निम्न गहनता के क्रम में कथनों की व्यवस्था की गई है, एक उत्तरदाता यदि पहले कथन के प्रति सहमति प्रकट करता है तो वह उसके क्रम के दूसरे, तीसरे और अन्य बचे हुए कथनों के साथ उचित ठहरती है। यदि आप उपरोक्त दोनों उदाहरणों को क्रम व्यवस्था के बारे में ध्यान से सोचें तो आपको यह बात पूरी तरह स्पष्ट हो जाएगी। यहाँ आप देखेंगे कि यदि एक उत्तरदाता पहले कथन को स्वीकार करता है तो वह आगे क्रम के 2, 3, 4, 5 आदि कथन को भी स्वीकार करेगा। इसी प्रकार से यदि एक उत्तरदाता पहले कथन को स्वीकार नहीं करता है परन्तु दूसरे कथन को स्वीकार करता है तो वह उस क्रम के 3, 4, 5 कथन को भी स्वीकार करेगा। यही बात 3, 4, 5 और आगे के कथन को प्राथमिकता देने के बारे में भी सही सिद्ध होती है। इस प्रकार से एक उत्तरदाता (अभिव्यक्त करने की निम्नतम गहनता को प्रदर्शित करने वाले) क्रम में दिए गए अन्य कथनों को बिना स्वीकार किए कथनों के क्रम के अन्तिम कथन पर अपनी स्वीकृति अभिव्यक्त कर सकता है।
5. इस मापनी के कथन संचयी प्रकृति के होते हैं। यदि एक उत्तरदाता (जिससे एक कथन को स्वीकार करने या अस्वीकार करने की आशा की जाती है) उच्च क्रम पर स्थित एक कथन को स्वीकार करता है तो वह उस क्रम में उपस्थित अगले कथनों को भी स्वीकार करता ही है। इस मापनी के कथनों की इस संचयी प्रकृति के कारण गटमैन मापनी को संचयी मापनी भी कहा जाता है।
6. मापनी के कथनों/पदों के प्रति अनुक्रिया करते हुए या उत्तर देते हुए, उत्तरदाता को दो में से कोई एक विकल्प प्रदान किया जाता है। ये विकल्प हैं (i) मापनी में शामिल प्रत्येक कथन के लिए स्वीकृति या

अस्वीकृति अभिव्यक्त करना या (ii) जिस कथन से जिस सम्प्रत्यय विशेष (जैसे आत्महत्या/गर्भपात को कानूनी मान्यता के प्रति अभिवृत्ति) के प्रति उसकी राय/अभिवृत्ति सबसे ज्यादा अच्छी तरह अभिव्यक्त हो सकती है उस कथन/पद का चयन करना।

7. उत्तरदाता अभिवृत्ति विशेष के प्रति किस तरह की भावना रखता है इसका निर्धारण इस बात से होता है कि उसके द्वारा क्रम व्यवस्था में स्थित किस सर्वोच्च कथन पर अपना निशान लगाया गया है।
8. उत्तरदाताओं के उत्तरों का विश्लेषण करने के लिए यहाँ एक विशेष तकनीक जिसे स्केलोग्राम विश्लेषण (Scalogram Analysis) कहते हैं, काम में लाई जाती है। इससे अनुसंधानकर्त्ता को प्रयोज्यों के उत्तरों का उचित विश्लेषण या व्याख्या करने हेतु रेखाचित्रीय प्रस्तुति में सहायता मिलती है। इस स्केलोग्राम विश्लेषण में जिस प्रकार का रेखाचित्रीय मापन होता है उसे हम गटमैन मापनी के पाँच कथनों पर कुछ प्रयोज्यों द्वारा दिए जाने वाले उत्तरों द्वारा प्रस्तुत कर रहे हैं। (देखिए तालिका 22.8)। इस अध्ययन में जैसा कि उदाहरण 2 में पहले कहा गया है प्रयोज्यों की 'गर्भपात को कानूनी मान्यता' के प्रति अभिवृत्ति का अध्ययन किया जा रहा है।

तालिका 22.8 'गर्भपात को कानूनी मान्यता' के प्रति 6 उत्तरदाताओं के उत्तरों की स्केलोग्राम द्वारा रेखाचित्रीय प्रस्तुति

उत्तरदाता	कथन-1	कथन-2	कथन-3	कथन-4	कथन-5
1	+	+	+	+	+
2	—	+	+	+	+
3	—	—	+	+	+
4	—	—	—	+	+
5	—	—	—	—	+
6	—	—	—	—	—

उपरोक्त रेखाचित्रीय प्रस्तुति में जो चीजें दिखाई गई हैं, उनमें निम्न तथ्य प्रकाश में आते हैं :

- पहले उत्तर दाता ने मापनी के पाँचों कथनों के प्रति अपनी स्वीकृति अभिव्यक्त की है। दूसरे ने अगले चार के प्रति, तीसरे ने अगले तीन के प्रति, चौथे ने अगले दो के प्रति, पाँचवें ने अन्तिम कथन के प्रति अपनी स्वीकृति अभिव्यक्त की है और छठे ने किसी के प्रति भी स्वीकृति नहीं दी है।
- इस प्रकार हम कह सकते हैं कि पहले उत्तरदाता में गर्भपात को कानूनी मान्यता के प्रति पूर्ण समर्थन या सकारात्मक अभिवृत्ति है, जबकि इसके एकदम विपरीत अन्तिम उत्तरदाता में इसके प्रति पूर्ण रूप से अस्वीकृति या नकारात्मक अभिवृत्ति है।
- रेखाचित्रीय प्रस्तुति, गर्भपात को कानूनी मान्यता' विषय के समर्थन या विरोध में उत्तरदाताओं द्वारा अभिव्यक्त की गई गहनता की मात्रा की एक स्पष्ट तस्वीर प्रस्तुत करती है और इस प्रकार यह लोगों की गर्भपात के प्रति बनाई गई अभिवृत्ति के सम्बन्ध में पदांकन (Ranking) कर सकती है।
- इसमें व्यक्तियों की गर्भपात के प्रति सकारात्मक अभिवृत्ति की तीव्रता को उच्चतर से लेकर निरन्तर क्रम में प्रदर्शित किया गया है। इसके साथ साथ हम यहाँ यह भी देख सकते हैं कि जिन उत्तरदाताओं ने निम्न स्तरीय कथनों के साथ सहमति नहीं दिखाई है वे उच्च स्तरीय कथनों से भी सहमत नहीं हैं।

गटमैन मापनी का मूल्यांकन (Evaluation of Guttman Scale)

इस प्रकार से गटमैन मापनी किसी एक वस्तु और मामले के प्रति लोगों के द्वारा बनाई गई अभिवृत्ति को उसके सकारात्मक और नकारात्मक पहलू के विविध अंशों में मापन के लिए काफी सहायक सिद्ध हो सकती है। यह

व्यक्तियों के उत्तर का स्केलोग्राम विश्लेषण के माध्यम से, उनकी उत्तर देने सम्बन्धी लापरवाही की आदत पर भी अंकुश लगा सकती हैं क्योंकि एक उत्तरदाता जो एक बार किसी निम्न क्रमित कथन के लिए हाँ कह देता है, वह उच्च क्रमित कथनों के लिए 'ना' नहीं कह सकता। अपनी इन विशेषताओं के बावजूद गटमैन मापनी में कुछ निम्न प्रकार के गम्भीर दोष भी पाए जा सकते हैं :

- गटमैन मापनी की रचना सम्बन्धी कार्य अनुसंधानकर्त्ताओं विशेषकर नयों के लिए काफी चुनौतीपूर्ण सिद्ध हो सकता है, क्योंकि :
  - (i) उन्हें अध्ययन किए जाने वाली अभिवृत्ति विशेष की तीव्रता को विभिन्न अंशों में प्रदर्शित करने वाले कथनों की रचना या संकलन करना होता है।
  - (ii) और फिर उनकी जाँच हेतु एक जाँच परीक्षण तथा पद विश्लेषण का उपयोग करते हुए इस प्रकार के उपयुक्त कथनों को अपनी बनाई गटमैन मापनी में स्थान देना होता है जो एक ओर तो अभिवृत्ति विशेष के मापन योग्य उचित कथनों का प्रतिनिधित्व कर सकें और दूसरी ओर गटमैन मापनी जिस प्रकार के क्रमानुसार कथनों की व्यवस्था चाहती है, ऐसा करने में अनुसंधानकर्त्ता की सहायता कर सकें।
- इस मापनी का प्रयोग करने वाले उपयोगकर्त्ताओं को उत्तरदाताओं के उत्तरों का स्केलोग्राम तकनीक से विश्लेषण करना भी काफी कठिन रहता है। यही कारण है कि अनुसंधानकर्त्ताओं द्वारा अपने अध्ययन में प्रतिदर्श में शामिल प्रयोज्यों की अभिवृत्ति का मापन करने हेतु इस प्रकार की मापनी का प्रयोग बहुत कम देखने को मिलता है।
- इसके अतिरिक्त जैसा कि प्रायः कहा जाता है, यह मापनी व्यक्तियों की वस्तु विशेष के प्रति पाई जाने वाली भावनाओं तथा प्रत्यक्षीकरण की अभिव्यक्ति में बहुत अधिक अन्तर रखने का अवसर नहीं देती है। इस कारण बहुत से विद्वानों का यही विचार है कि गटमैन स्केल के द्वारा व्यावहारिक विज्ञान अनुसंधानों में प्रयोज्यों के मापन के लिए इसका उपयोग करना अधिक उचित नहीं है।

अभिवृत्यात्मक और मापन मापनी में सम्बन्ध
(Relationship Between Attitudinal and Measurement Scales)

विभिन्न अभिवृत्यात्मक मापनियाँ भिन्न भिन्न प्रकार के मापन स्केलों का प्रयोग करती हैं। अतः यह जानना जरूरी है कि कौन सी अभिवृत्यात्मक मापनी किस मापक स्केल का प्रयोग करती है, इससे आपको उत्तरदाताओं के अंकों का अर्थापन (व्याख्या) करने में सहायता मिलेगी। तालिका 22.9 में अभिवृत्यात्मक मापनी और मापक स्केलों के सम्बन्ध को दिखाया गया है :

तालिका 22.9 अभिवृत्यात्मक मापनियों एवं मापक मापनियों में सम्बन्ध

अभिवृत्यात्मक मापनी	मापक मापनी
लिकर्ट स्केल (Likert Scale)	क्रमसूचक मापनी (Ordinal Scale)
थर्सटन स्केल (Thurstone Scale)	अंतराल सूचक मापनी (Interval Scale)
गटमैन स्केल (Guttman Scale)	आनुपातिक मापनी (Ratio Scale)
शब्दार्थ विभेदक स्केल (Semantic Differential Scale)	क्रमसूचक–सहअंतराल मापनी (Ordinal cum Interval Scale)

D. शब्दार्थ विभेदक मापनी (Semantic Differential Scale)

इसी अध्याय में पूर्व वर्णित तीनों अभिवृत्यात्मक मापनियों के अलावा चौथी मापनी जो किसी मनोवैज्ञानिक वस्तु के प्रति प्रयोज्यों की अभिवृत्तियों या रायों से सम्बन्धित प्रदत्तों का संकलन करने के लिए काम में लाई जाती है, उसे शब्दार्थ विभेदक मापनी (Semantic differential scale) के नाम से जाना जाता है। अपने सही रूप में यह लिकर्ट, थर्सटन या गटमैन मापनियों की तरह केवल अभिवृत्ति या मत/राय का मापन करने के लिए ही काम में नहीं आती बल्कि किसी प्रयोज्य विशेष (व्यक्तिगत रूप में अथवा समूह परिस्थितियों में) के निष्पादन या वर्तमान स्तर के मूल्यांकन (स्वमूल्यांकन अथवा दूसरे व्यक्तियों द्वारा किया जाने वाला मूल्यांकन) करने के काम में भी प्रयुक्त होती है। इस प्रकार से इसका दोहरा फायदा होता है। एक तो इससे प्रयोज्य की निष्पत्ति, वर्तमान स्थिति या उपलब्धि का मूल्यांकन हो जाता है और दूसरे इसमें उसकी किसी वस्तु विशेष के प्रति बनी अभिवृत्ति या राय की भी जानकारी मिल जाती है। अपने इन दोहरे प्रयोजनों को पूरा करने के कारण ही शब्दार्थ विभेदक मापनी को एक अलग श्रेणी में जिसे मूल्यांकन एवं अभिवृत्यात्मक मापनी कहा जाता है, रखा जाता है केवल अभिवृत्यात्मक अथवा मूल्यांकनात्मक नामक एकल श्रेणियों में नहीं।

ऐतिहासिक दृष्टि से शब्दार्थ विभेदक मापनी के उद्‌गम का श्रेय ओसगुड, सुशी और टेननबॉम (Osgood, Suci & Tannenbaum, 1957) द्वारा लिखित रचना Measurement of Meaning; The idea or association that individuals attach to some specific words or adjectives को दिया जाता है।

सामान्य अर्थ में शब्दार्थ विभेदक मापनी से तात्पर्य ऐसी मापनी से है जो वस्तुओं में उनकी शब्दार्थ सम्बन्धी विशेषताओं जैसे : अच्छा–बुरा, ताकतवर–कमजोर, सुखद–दुःखद इत्यादि के आधार पर विभेदीकरण करती है। इस मापनी के अर्थ, प्रकृति और उपयोग के बारे में और अच्छी तरह जानने के लिए हम कुछ विद्वानों द्वारा दी गई परिभाषाओं की सहायता ले रहे हैं।

1. **लोडिको एवं अन्य** : "लिकर्ट मापनी जिसमें वाक्य कथनों का प्रयोग होता है उससे अलग हट कर शब्दार्थ विभेदक मापनी में प्रयोज्यों से इन शब्दों या वाक्यांशों के संदर्भ में अपना निर्णय बताने के लिए कहा जाता है जो किसी व्यक्ति, घटना, क्रियाओं या सामग्री के वर्णन के लिए प्रयुक्त होते हैं। दो विपरीत ध्रुवों के बीच में स्थित एक सातत्य रेखा पर कहीं भी निशान लगाने के लिए कहने से यहाँ निर्धारण (Rating) के कार्य का सम्पादन किया ज़ाता है।

   (Unlike the Likert Scale, which uses sentence statements, in a Semantic differential scale, participants are asked to make judgement regarding words or phrases describing persons, events, activities or materials. The ratings here are made by checking a point along a line indicating a continuum between two polar opposites. —Lodico, et al., 2006:108)

2. **करलिंगर एफ०एन० :** "शब्दार्थ भेददर्शी एक ऐसी विधि है जिसके द्वारा विषयों – सामान्यतः सम्प्रत्ययों के प्रति मनोवैज्ञानिक अर्थ का प्रेक्षण व मापन किया जाता है।"

   (The semantic differential is a method of observing and measuring the Psychological meaning of things usually concepts. — Kerlinger T.N., 1964:674)

3. **फ्रीमैन :** "शब्दार्थ भेददर्शी एक ऐसी विधि है जिसके द्वारा व्यक्तियों, संप्रत्ययों, संगठनों, संस्थाओं, घटनाओं व विषयों का प्रतिनिधित्व करने वाले शब्दों के गुणार्थों का मापन किया जाता है। वास्तव में, यहाँ कुछ शब्द, जिन्हें निदानकर्त्ता अथवा प्रयोगकर्त्ता सार्थक समझता है, लिए जा सकते हैं।"

   (The semantic differential is a technique used to measure the connotations of words representing persons, concepts, organizations, institutions, events and objects in fact, anything the experimenter or clinician might regard as relevant. — Freeman F.S., 1962:598)

व्यावहारिक विज्ञानों के अध्ययन में प्रयुक्त किए गए शब्दार्थ विभेदक मापनी के कुछ उदाहरण

(i) प्रयोज्यों के व्यक्तित्व की दब्बूपन और दबंगपन के बारे में जानने के लिए निर्धारण करना :

दब्बूपन (Submissive)	1	2	3	4	5	6	7	दबंगपन (Dominant)

(ii) किसी व्यक्ति की संगति/विचार/वस्तु के बारे में व्यक्ति सुखद या दुःखद कैसा महसूस करता है इसका मापन/निर्धारण करना :

दुःखद	1	2	3	4	5	6	7	सुखद

(iii) व्यक्ति शारीरिक, मानसिक या संवेगात्मक रूप से कितना कमजोर या शक्तिशाली है, इसके बारे में मूल्यांकन या निर्धारण करना :

शक्तिशाली	1	2	3	4	5	6	7	कमजोर

(iv) किसी विशिष्ट विशेषता, निष्पत्ति स्तर या उपलब्धि के बारे में वे कितने अच्छे या बुरे हैं, इस सम्बन्ध में प्रयोज्यों का मूल्यांकन या निर्धारण करना :

अच्छा	—	—	—	—	—	—	—	बुरा
	3	2	1	0	:	2	3	

(v) व्यवसायी/कर्मचारी का मूल्यांकन या निर्धारण करना, जैसे पुलिसमैन की उनके व्यक्तित्व की विशेषताओं और कार्यकुशलता के सम्बन्ध में निर्धारण करना :

प्रत्येक विशेषक के जोड़ों में उस बिन्दु पर X निशान लगाओ जहाँ आप एक पुलिस कर्मचारी का उस विशेषक के संदर्भ में निर्धारण करना चाहते हैं :

साथ सुथरे	:	:	:	:	:	:	:	गंदे
ईमानदार	:	:	:	:	:	:	:	बेईमान
दयालु	:	:	:	:	:	:	:	निर्दयी
सहायता करने वाला	:	:	:	:	:	:	:	सहायता न करने वाला
निष्पक्ष	:	:	:	:	:	:	:	पक्षपातपूर्ण
सशक्त/मजबूत	:	:	:	:	:	:	:	कमजोर/निर्बल
बुद्धिमान	:	:	:	:	:	:	:	मूर्ख
उत्साही	:	:	:	:	:	:	:	आलसी
विश्वसनीय	:	:	:	:	:	:	:	अविश्वनीय

(vi) एक कार्यशाला के शोध मूल्यांकन के लिए प्रयोग में लाने योग्य शब्दार्थ विभेदक मापनी के द्वारा शैक्षिक कार्यशाला के प्रतिभागियों का मूल्यांकन या निर्धारण करना :

कार्यशाला के प्रतिभागी

ज्ञानवान	—	—	—	—	—	—	—	अज्ञानी
	1	2	3	4	5	6	7	
सहायक	—	—	—	—	—	—	—	सहायक नहीं
उत्तरदायित्वपूर्ण	—	—	—	—	—	—	—	उत्तरदायित्वहीन

कार्यशाला सामग्री/प्रस्तुतीकरण

उपयोगी	—	—	—	—	—	—	—	अनुपयोगी
उचित	—	—	—	—	—	—	—	अनुचित
अच्छी तरह संगठित	—	—	—	—	—	—	—	बुरी तरह संगठित

शब्दार्थ विभेदक प्रणाली मापनी की उपरोक्त परिभाषाओं और उदाहरणों पर दृष्टिपात करने से हमें इसके बारे में निम्न बातें जानने में सहायता मिलती है :

- शब्दार्थ विभेदक मापनी एक द्विध्रुवीय मापनी है जो शब्दार्थों जैसे – शब्दों, सम्प्रत्ययों या विशेषणों/विशेषकों का प्रयोग करती है।
- ये दो शब्द या सम्प्रत्यय मापनी के दो छोरों (ध्रुवों) पर प्रस्तुत किए जाते हैं।
- ये दो शब्द किसी वस्तु, व्यक्ति, क्रिया या घटना की विशेषताओं का प्रतिनिधित्व करते हैं जो एक सातत्य पर नकारात्मक से सकारात्मक दिशा में आगे बढ़ रही हैं।
- पाँच बिन्दु या सात बिन्दु मापनी पर बिन्दुओं के मध्य समान दूरी होती है।
- शब्दार्थ विभेदक मापनी भाषात्मक सम्प्रत्ययों और उन सम्प्रत्ययों से प्रदर्शित अर्थ का अध्ययन करके व्यवहार को समझने का प्रयत्न करती है।
- अतः उत्तरदाता या प्रयोज्यों से मापनी के उस बिन्दु पर निशान लगाने और चयन करने के लिए कहा जाता है जो निर्धारण या मूल्यांकन की जाने वाली विशेषताओं के बारे में उनकी राय या निर्णय की मात्रा या अंश को ठीक ठीक बताता हो।

  उदाहरण के लिए यदि एक उत्तरदाता 'गर्भपात' सम्प्रत्यय के प्रति बहुत अच्छी अनुक्रिया व्यक्त करता है तो वह 'अच्छा' बिन्दु के सबसे ज्यादा नजदीक निशान लगाएगा, इसी प्रकार जो गर्भपात को ना अच्छा समझता है और ना बुरा तो वह मापनी के दोनों छोरों के मध्य में (आधे रास्ते पर) निशान लगायेगा।
- इसका एक छोर का ऋणात्मक मूल्य है और दूसरे छोर का धनात्मक मूल्य है अर्थात् एक छोर कथन के पक्ष में है और दूसरा छोर विपक्ष में है तथा मध्य का बिन्दु तटस्थ स्थिति का प्रतिनिधित्व करता है। मापनी की रचना इस प्रकार से की गई है कि प्रत्येक छोर पर सकारात्मक और नकारात्मक उत्तर समान आवृत्ति के साथ अभिव्यक्त होते हैं।
- सामान्यतः शून्य '0' चिह्न ((iv) उदाहरण देखिए) तटस्थ (Neutral) स्थिति, नं० 1, 'बहुत कम' (Slightly), नं० 2 थोड़ा सा (Quite), नं० 3 'अत्यधिक (Extremely) मात्रा या अंश (Degree) का प्रतिनिधित्व करते हैं। इसी प्रकार किसी पद (Status) या निष्पत्ति/प्रदर्शन (Performance) के सम्बन्ध में बिन्दु 1 निम्नतम या निकृष्ट पद या क्रम का तथा बिन्दु 7 उच्चतर या श्रेष्ठ पद या क्रम को अभिव्यक्त करते हैं।

  इस प्रकार से इस तरह की मापनी किसी प्रतिक्रिया की दिशा (जैसे– अच्छे से बुरा या बुरे से अच्छे की तरफ) तथा उसकी तीव्रता की दिशा (जैसे कमजोर से सशक्त) का मापन करती है।
- विशेषक जोड़ों का क्रम इधर उधर कर दिया जाता है ताकि कई बार सातत्य रेखा सकारात्मक गुण से शुरु हो तो कभी नकारात्मक गुण का इससे प्रतिनिधित्व होता हो। इससे उत्तरदाताओं की लापरवाही से एक जैसे निशान लगाने की प्रवृत्ति पर अंकुश लगाने में मदद मिलती है।

शब्दार्थ विभेदक मापनी की रचना में EPA सम्प्रत्यय का उपयोग (The Concept of EPA Used in the Constructiuon of Semantic Differential Scale)

शब्दार्थ विभेदक मापनी की रचना में विभिन्न विद्वानों ने 'ई पी ए' नाम से प्रसिद्ध सम्प्रत्यय का उपयोग किया है। आंग्ल भाषा के यह शब्द 'ई पी ए' तीन मुख्य कारकों Evaluative, Potency and Activity की ओर संकेत करता है। इस शब्द के मूल प्रतिपादक ऑसगुड एवं अन्य (1957) के अनुसार शब्दार्थ विभेदक मापनी में प्रयुक्त विभिन्न विशेषकों की अभिव्यक्ति में मुख्य रूप से जो अन्तर दिखाई पड़ सकते हैं उनका प्रतिनिधित्व तीन मुख्य आयामों : मूल्यांकनात्मक (Evaluative), क्षमता (Potency) और क्रियात्मक (Activity) के तहत किया जा सकता है। यानी एक अनुसंधानकर्त्ता जब अपनी मापनी के लिए विशेषक विशेषों का चुनाव करे तब उसे यह ध्यान रखना चाहिए कि उन विशेषकों में तीन आयामयुक्त शब्दों की समाविष्टि हो।

तीनों आयामयुक्त विशेषक युग्मों का स्वरूप कैसा हो सकता है इसका अनुमान तालिका 22.10 से लगाया जा सकता है :

तालिका 22.10 शब्दार्थ विभेदक मापनी में प्रयुक्त मूल्यांकनात्मक, क्षमता तथा क्रिया आयाम

मूल्यांकनात्मक आयाम (Evaluative aspect)	क्षमता आयाम (Potency aspect)	क्रिया आयाम (Activity aspect)
अच्छा—बुरा	ताकतवर—कमजोर	सक्रिय—निष्क्रिय
सभ्य—असभ्य	शक्तिशाली—शक्तिहीन	फुर्तीला—सुस्त
उत्तम—खराब	सबल—दुर्बल	कर्मठ—आलसी
सुन्दर—असुन्दर	मोटा—पतला	शांत—उद्दीप्त
सही—गलत	भारी—हल्का	तेज—धीमा
व्यावहारिक—अव्यावहारिक	लम्बा—छोटा	द्रुतगामी—मन्दगामी
ईमानदार—बेईमान	समर्थ—असहाय	तीव्र—मन्द
स्वच्छ—मलिन	दबंग—दब्बू	उत्साहित—उदासीन

किसी व्यक्ति, वस्तु, घटना या प्रक्रिया की अलग अलग प्रकार की विशेषताओं के बारे में अपनी राय/मत व्यक्त करने के लिए इस प्रकार के विशेषकों के समूह (Set) का प्रयोग किया जा सकता है। किसी सामान्य राय या धारणा जैसे—गर्भपात, परिवार नियोजन, विधवा पुनर्विवाह या फिर किसी विशिष्ट वस्तु या लक्ष्य जैसे किसी शिक्षक या समुदाय आदि के बारे में राय लेने या निर्धारण करने के बारे में इन विशेषकों का प्रयोग किया जा सकता है।

शब्दार्थ विभेदक मापनी के गुण (Merits of the Semantic Differential Scale)

1. शब्दार्थ विभेदक मापनी का निर्माण करना काफी आसान है। इसके निर्माण में बहुत ज्यादा श्रम साध्य प्रक्रिया तथा बहुत तकनीकी कौशल की आवश्यकता नहीं होती है, जैसी कि अन्य मापनियों के निर्माण में होती है।
2. इस मापनी के कथनों/पदों के प्रति अनुक्रिया करना या उत्तर देना उत्तरदाताओं के लिए बहुत आसान और गैर तकनीकी है।
3. इस विधि में कथनों के उत्तर बहुत शीघ्रता से दिए जा सकते हैं क्योंकि इसमें बहुत कम पढ़ना पड़ता है। हाँ यह अवश्य है कि प्राप्त सूचना असंगत हो सकती है।

4. इस विधि में भाषा सम्प्रत्ययों एवं सम्प्रत्ययों से प्रक्षेपित होने वाले अर्थ के अध्ययन की सहायता से व्यवहार को समझने में सहायता मिलती है। ज्यादातर सामाजिक वैज्ञानिक इस बात को स्वीकार करते हैं कि किसी परिस्थिति विशेष में एक व्यक्ति कैसा व्यवहार करता है यह परिस्थिति विशेष का व्यक्ति द्वारा किए गए प्रत्यक्षीकरण पर निर्भर करता है और शब्दार्थ विभेदक विधि इस प्रकार के अभिप्राय का मापन करने में विशेष रूप से उपयोगी सिद्ध होती है।
5. विभिन्न सम्प्रत्ययों और वस्तुओं के प्रति किस प्रकार की भावनाएँ और विचार व्यक्ति विशेष द्वारा रखे जाते हैं, उनका एक साथ पता लगाने का यह काफी सरलतम और शीघ्रतम तरीका है।
6. यह एक व्यक्ति विशेष के विभिन्न वस्तुओं, अनुभवों, अवधारणाओं इत्यादि के प्रति व्यक्त की गई अनुक्रियाओं तथा समूह में शामिल विभिन्न व्यक्तियों को उसी उद्दीपक के प्रति व्यक्त की गई अनुक्रियाओं की पारस्परिक तुलना करने हेतु प्रयुक्त की जाती है। इसे सभी प्रकार की परिस्थितियों जिसमें बाजार एवं औद्योगिक क्षेत्र सम्बन्धी अनुसंधान एवं औषधि तथा चिकित्सा सम्बन्धी अनुसंधान भी शामिल हैं, के लिए काम में लाया जा सकता है।
7. इस विधि के द्वारा प्रदत्तों का अनेक प्रकार से विश्लेषण किया जा सकता है और इस प्रकार एक अनुसंधानकर्त्ता अपने प्रयोज्यों से अपने प्रदत्तों का संकलन करने में अनेक प्रकार से लाभान्वित हो सकता है।
8. शब्दार्थ विभेदन एक ऐसी मापनी है जिसको अभिवृत्तियों का मापन करने में आजकल बहुत ज्यादा इस्तेमाल किया जाता है। इसका एक कारण कथनों का बहुआयामी स्वरूप (Versality) है। अलग अलग प्रकार के प्रयोज्यों के लिए द्विध्रुवीय विशेषक युग्मों का प्रयोग किया जा सकता है और इसी कारण से इस मापनी को अभिवृत्ति अनुसंधानकर्त्ताओं की "The Ever Ready Battery" उपनाम दिया गया है।
9. इसमें उत्तरदाताओं को दो विरोधी छोरों में एक सातत्य पर अपनी राय या मत अभिव्यक्त करना होता है। इन उत्तरों के आधार पर चित्र 22.5 (पार्श्वचित्र (Profile)) बनाया जा सकता है। हम किन्हीं दो या दो से ज्यादा वस्तुओं, उत्पादों के बारे में उत्तरदाताओं से उनका मत ग्रहण करते हुए (सातत्य रेखा जहाँ निशान लगाए हैं) पार्श्वचित्र बना सकते हैं और इनसे हमें उनकी भावनाओं और अभिवृत्तियों का तुलनात्मक अध्ययन करने में सहायता मिल सकती है। इस तरह की एक प्रोफाइल का स्वरूप निम्न प्रकार का हो सकता है, जिसमें विभिन्न प्रयोज्यों द्वारा अलग अलग जगह पर निशान लगाकर अपनी राय प्रकट की गई है।

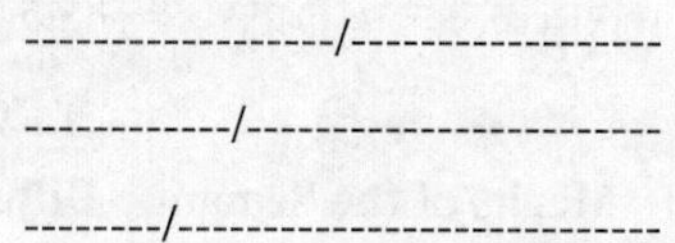

चित्र 22.5 पार्श्वचित्र विश्लेषण (Profile Analysis)।

इस मापनी से वस्तुओं, व्यक्तियों और विचारों में पाई जाने वाली समानताओं और असमानताओं के मूल्यांकन का पता लगाने में काफी सहायता मिलती है।

शब्दार्थ विभेदक मापनी की सीमाएँ (Limitations of the Semantic Differential Scale)

1. इस मापनी में एक सबसे बड़ी कमी यह है कि इसमें उत्तरों का विश्लेषण करने का कार्य कई बार काफी जटिल हो जाता है।

2. विशेषक युग्मों के समूह अक्सर अध्ययन क्रे उद्देश्य के लिए अनुचित से प्रतीत होते हैं और इस कारण उत्तर देने के लिए व्यक्ति की कल्पना कहीं भी उड़ान भरने लगती है। इस प्रकार की परिस्थितियों में उत्तरों के असंगत और निरर्थक हो जाने की संभावना बनी रहती है।
3. इस मापनी की सबसे बड़ी समस्या यह है कि मापन स्तर से जुड़ी हुई विशेषताओं का पता नहीं होता है। सांख्यिकीय अर्थ में तो इसे एक क्रमसूचक मापनी ही माना जाना चाहिए। परन्तु यह भी कहा जा सकता है कि क्योंकि मापनी पर दिया गया मध्यक्रमी विकल्प जीरो '0' बिन्दु की तरह कार्य करता है और मापनी पर दिए गए अन्तराल समान होते हैं इसलिए इसे अन्तराल मापनी भी माना जा सकता है।
4. यद्यपि उत्तरदाताओं के लिए मापनी पर दिए गए सभी कथनों का उत्तर देना तुलनात्मक दृष्टि से आसान होता है परन्तु बहुत से विद्वानों का यह विचार है कि यह 'ऑन लाइन' उत्तरदाताओं की अभिवृत्ति मापन के लिए अधिक उचित नहीं है। क्योंकि इससे उनके ऊपरी विचारों का ही पता चलता है, उनकी भावनाओं की तह में नहीं पहुँचा जा सकता है।

23

प्रदत्त संकलन उपकरण–उपलब्धि परीक्षण

[Data Collection Tools—Achievement Tests]

उपलब्धि परीक्षण क्या है ? (What are Achievement Tests ?)

उपलब्धि परीक्षा एवं उपलब्धि परीक्षण पद मानव जीवन के विभिन्न व्यावसायिक क्षेत्रों की तुलना में शैक्षिक क्षेत्र में ज्यादा लोकप्रिय है। अपने शाब्दिक अर्थ में उपलब्धि परीक्षा से अभिप्राय, किसी अवधि विशेष में किसी एक या अन्य अधिगम क्षेत्र में, अपने अधिगम या प्रशिक्षण प्रयासों के द्वारा एक विद्यार्थी ने जो कुछ भी उपलब्ध या अर्जित किया है उसके मापन और मूल्यांकन के लिए प्रयुक्त परीक्षण से है। इस उपलब्धि परीक्षा के अर्थ, प्रकृति और शैक्षिक क्षेत्र में इसकी उपयोगिता के बारे में अधिक जानकारी प्राप्त करने के लिए हम इस क्षेत्र के सुप्रसिद्ध विद्वानों एवं लेखकों के द्वारा अभिव्यक्त विचारों का अध्ययन करने का प्रयास करना चाहेंगे।

1. **सुखिया एवं अन्य :** हमारे विद्यालयों में प्रयुक्त होने वाले विभिन्न प्रकार के परीक्षणों में सबसे ज्यादा प्रचलन उपलब्धि परीक्षणों का होता है। उनका प्रयोजन यह मापन करना होता है कि औपचारिक और अनौपचारिक अनुदेशन के परिणामस्वरूप, विद्यार्थियों ने क्या और कितना अधिगम किया है। वे शैक्षणिक अधिगम में व्यक्तियों या समूहों की निष्पत्ति के वर्तमान स्तर का मापन करते हैं।
   (Among the various types of tests used in schools achievement tests are the commonest. They propose to measure what and how much pupils have learnt as a result of formal or informal instruction. They measure the present level of performance of individuals or groups in academic learning. — Sukhia, et al., 1966:143-44)

2. **बेस्ट एण्ड काहन :** उपलब्धि परीक्षण यह मापन करने का प्रयास करते हैं कि एक व्यक्ति ने क्या अधिगम किया – उसकी निष्पत्ति का वर्तमान स्तर क्या है ? विद्यालयों में उपयोग किए जाने वाले परीक्षणों में उपलब्धि परीक्षणों का प्रयोग ही ज्यादा किया जाता है। ये परीक्षण व्यक्ति या समूह के शैक्षणिक अधिगम स्तर का निर्धारण करने में विशेष रूप से सहायता करते हैं। विद्यार्थियों को अगली कक्षा में भेजने अर्थात् कक्षोन्नति करने या किसी कक्षा विशेष में रोकने के लिए इन्हीं उपलब्धि परीक्षणें के प्राप्तांकों का उपयोग किया जाता है। ये विद्यार्थियों की योग्यताओं एवं कमजोरियों का निदान करने के लिए प्रयोग में लाए जाते हैं तथा इन्हीं के आधार पर विद्यार्थियों को पुरस्कार, छात्रवृत्ति या उपाधियाँ आदि प्रदान किए जाते हैं।

(Achievement tests attempt to measure what an individual has learned—his or her present level of performance. Most test used in schools are achievement tests. They are particularly helpful in determining individual or group status in academic learning. Achievement tests scores are used in placing, advancing or retaining students at particularly grade levels. They are used in diagnosing strengths and weaknesses and as a basis for awarding prizes, scholarships or degrees. — Best and Kahn, 2006:301)

> **उपलब्धि परीक्षण :** एक विशेष अवधि तक किसी विषय या क्षेत्र विशेष में प्रदान किए गए अनुदेशन के अधिगम परिणाम का मापन करने के लिए प्रयोग में लाया जाने वाला एक मापन उपकरण।

उपलब्धि परीक्षणों की विशेषताएँ एवं कार्य
(Features and Functions of Achievement Tests)

विद्वानों के द्वारा व्यक्त किए गए विचारों एवं अनुभवों के आधार पर हम उपलब्धि परीक्षणों की प्रकृति एवं विशेषताओं तथा शैक्षिक क्षेत्र में उनके योगदान को निम्न रूप में प्रस्तुत कर सकते हैं।

1. विद्यालयों, शैक्षणिक संस्थानों और व्यक्ति विशेषों के अधिगम अथवा प्रशिक्षण से जुड़े हुए अन्य स्थानों में आयोजित उपलब्धि परीक्षण, अधिगम और प्रशिक्षण के फलस्वरूप आए हुए अधिगम परिणामों को किसी वैयक्तिक या समूह परिस्थिति में मापन या मूल्यांकन करने के काम में लाए जाते हैं।
2. इनका सम्बन्ध अतीत से होता है यानी ये उस चीज का मापन या परीक्षण करते हैं जिसे अधिगमकर्त्ताओं ने अपने अधिगम प्रयासों से सीखा अथवा अर्जित किया है।
3. शिक्षा के क्षेत्र में उपलब्धि परीक्षणों का सामान्य रूप से प्रयोग वृहद, दीर्घकालीन, शैक्षिक लक्ष्यों के प्राप्ति के मूल्यांकन हेतु किया जाता है। जैसे बी०एस० ब्लूम द्वारा प्रतिपादित ज्ञान, बोध, अनुप्रयोग, विश्लेषण संश्लेषण और मूल्यांकन स्तर पर आयोजित शैक्षणिक उद्देश्यों की प्राप्ति।
4. उपलब्धि परीक्षण विद्यालय अधिकारियों को यह निर्णय लेने में मदद करते हैं कि किसी विद्यार्थी विशेष को किसी कक्षा विशेष में रखा जाए या नहीं, किसी कार्यक्रम में शामिल किया जाए या नहीं और उसे आगे के ग्रेड (कक्षा) में पदोन्नति दी जाए या नहीं।
5. उपलब्धि परीक्षण प्राप्तांक, जैसा कि बेस्ट एंड काह्न (Best and Kahn, 2006:301) ने कहा है – अध्ययन पाठ्यक्रमों, अध्यापकों, शिक्षण विधियों तथा शैक्षणिक तौर तरीकों से सम्बन्धित अन्य महत्त्वपूर्ण कारकों के प्रभावों का मूल्यांकन करने के लिए अक्सर काम में लाए जाते हैं।
6. उपलब्धि परीक्षण प्रदत्त किसी कक्षा, विद्यालय, जिले या प्रान्त विशेष में प्रदान किए जा रहे अनुदेशनों की गुणवत्ता की जानकारी लेने में सहायक सिद्ध होते हैं।
7. उपलब्धि परीक्षण पाठ्यक्रम, पाठ्यपुस्तकें, पाठ्यक्रम को लागू करने और मूल्यांकन करने सम्बन्धी योजनाओं की समानता पर जोर देते हुए किसी जिले, प्रान्त और देश के विद्यालयों तथा किसी विद्यालय की विभिन्न श्रेणी और उपश्रेणियों के शिक्षा स्तर में एकरूपता बनाए रखने में मदद करते हैं।
8. उपलब्धि परीक्षण अधिगमकर्त्ताओं के लिए निम्न रूप से सहायक सिद्ध होते हैं :
   - किसी विषय विशेष या अधिगम क्षेत्र में अपने अधिगम या निष्पत्ति स्तर से परिचित होने में सहायक।
   - अपनी प्रगति सम्बन्धी परिणामों से परिचित होकर आगामी अधिगम हेतु अभिप्रेरणा प्रदान करने में सहायक।

- किसी अध्ययन क्षेत्र में अपनी ताकत और कमजोरियों से परिचित होकर उचित कदम उठाने तथा उस अधिगम क्षेत्र में आगे अध्ययन करने में सहायक।

9. उपलब्धि परीक्षण अध्यापकों के लिए निम्न रूप से सहायक सिद्ध होते हैं :
   - अपनी शिक्षण पद्धति की ताकत और कमजोरियों के बारे में जानने में सहायक।
   - अपने विद्यार्थियों की ताकत और शक्तियों को जानने, उनकी अधिगम कठिनाइयों का निदान करने तथा उनके लिए आवश्यक उपचारात्मक कार्यक्रमों को क्रियान्वित करने में सहायक।
   - विशेष शैक्षिक अक्षमताओं से युक्त विद्यार्थियों की पहचान करने तथा सुधारात्मक कार्यों का क्रियान्वयन करने के दौरान होने वाली प्रगति का मापन करने में सहायक।
   - अपने विद्यार्थियों की ताकत तथा कमजोरियों के आधार पर उनकी अधिगम आवश्यकताओं के अनुसार अपने शिक्षण कार्य की व्यवस्था करने में सहायक।
   - एक पूरी कक्षा को क्या पढ़ाना है और व्यक्तिगत रूप से विद्यार्थियों की सहायता करने में किस प्रकार के संशोधन और समायोजन करने हैं, इस सबकी योजना बनाने के लिए एक आधार प्रदान करने में सहायक।
   - पूर्व निर्धारित शिक्षण अधिगम उद्देश्यों का मूल्यांकन करने और साथ ही औपचारिक एवं अनौपचारिक शिक्षा सम्बन्धी विषयवस्तु, नियोजन और कार्यक्रमों की समीक्षात्मक जाँच करने में सहायक।

10. उपलब्धि परीक्षण विद्यालय अधिकारियों/प्रशासकों के लिए निम्न रूप में सहायक सिद्ध होते हैं :
    - विद्यालय शिक्षा के विभिन्न स्तरों पर विद्यार्थियों को औपचारिक एवं अनौपचारिक अनुदेशन/शिक्षा से सम्बन्धित कार्यक्रमों और शैक्षिक नीति का परीक्षण करने में सहायक।
    - कक्षा या ग्रेड में विद्यार्थियों को प्रवेश देने, अगली कक्षा में प्रोन्नति करने या किसी कक्षा विशेष में रोकने के लिए एक ठोस आधार या मानदण्ड प्रदान करने में सहायक।
    - योग्य विद्यार्थियों को पुरस्कार प्रदान करने, छात्रवृत्ति देने तथा उपाधियाँ और प्रमाण पत्र प्रदान करने के लिए एक ठोस आधार या मानदण्ड प्रदान करने में सहायक।
    - विद्यालय के शैक्षिक कार्यक्रम से जुड़े हुए किसी विशेष विषय के अध्ययन के लिए इच्छुक विद्यार्थी को स्वीकृति या अस्वीकृति देने, किसी कक्षा विशेष में प्रवेश के लिए स्वीकृति या अस्वीकृति देने या विद्यालय की विशिष्ट गतिविधियों में प्रतिभागिता के लिए सहमति या असहमति व्यक्त करने के लिए एक आधार या मानदण्ड प्रदान करने में सहायक।
    - शिक्षण अधिगम की गुणवत्ता से परिचित होने में सहायक।
    - अध्यापक प्रभावशीलता के मूल्यांकन के लिए एक मानक निर्धारित करने में सहायक।
    - विद्यार्थियों की प्रगति तथा अच्छी शिक्षण अधिगम सुविधाएँ प्रदान करने के लिए उचित कार्यक्रमों का नियोजन करने के लिए एक आधार प्रदान करने में सहायक।

अब तक उपलब्धि परीक्षण के अर्थ, प्रकृति और कार्यों के बारे में जो भी चर्चा की गई है उसकी सहायता से हम उपलब्धि परीक्षण की एक कार्यात्मक परिभाषा निम्न प्रकार से प्रस्तुत कर सकते हैं :

एक विषय विशेष या अधिगम क्षेत्र में प्रयुक्त उपलब्धि परीक्षण, मापन करने का एक ऐसा उपकरण या साधन है जिसके द्वारा विद्यार्थी विशेष की वर्तमान योग्यता का मापन करते हुए किसी विषय या क्षेत्र विशेष में कुछ समय अनुदेशन लेने के पश्चात्, अर्जित अधिगम की गुणात्मक और परिमाणात्मक क्षमता का मूल्यांकन करने हेतु काम में लाया जाता है।

उपलब्धि परीक्षण के प्रकार (Types of Achievement Tests)

उपलब्धि परीक्षणों को, उनके विकास और उनके द्वारा पूरे किए जाने वाले प्रयोजनों के आधार पर विभिन्न प्रकार से श्रेणीबद्ध किया जा सकता है :

A. वर्गीकरण के एक स्वरूप में उपलब्धि परीक्षणों को दो संवर्गों में विभाजित किया जा सकता है – मानकीकृत परीक्षण और अमानकीकृत या शिक्षक निर्मित उपलब्धि परीक्षण।

B. वर्गीकरण के दूसरे स्वरूप के आधार पर इन्हें दो संवर्गों में विभाजित किया जाता है – मानदंड संदर्भित परीक्षण और न्यादर्श संदर्भित परीक्षण।

C. वर्गीकरण के तृतीय स्वरूप के आधार पर उपलब्धि परीक्षणों को निम्न तीन श्रेणियों में वर्गीकृत किया जा सकता है – निदानात्मक, निर्माणात्मक और संकलनात्मक उपलब्धि परीक्षण।

A. मानकीकृत और अमानकीकृत–अध्यापक निर्मित–उपलब्धि परीक्षण (Standardized and Non-standardized—Teacher Made—Achievement Tests)

अपने सरल और सुप्रसिद्ध प्रयोग की दृष्टि से उपलब्धि परीक्षणों को सामान्यतः (i) मानकीकृत (राष्ट्रीय, प्रान्तीय या स्थानीय आधार पर) और (ii) अमानकीकृत (शिक्षक द्वारा निर्मित) उपलब्धि परीक्षण के रूप में संवर्गीकृत किया जाता है।

ये दोनों ही परीक्षण अपने अपने ढंग से एक उपलब्धि परीक्षण के प्रयोजनों को पूरा करते हैं। यही कारण है कि एक उच्च विद्यालय के जीव विज्ञान के अध्यापक द्वारा "एक मेढक की शारीरिक रचना के बारे में की गयी एक लघु प्रश्न पहेली (Quiz) को भी उन्हीं अर्थों में एक उपलब्धि परीक्षण" माना जाता है जैसे कि जीव विज्ञान में कोई प्रान्तीय स्तर पर ली गई एक उपलब्धि परीक्षा। (Cohen & Swerdlik, 2005:305)

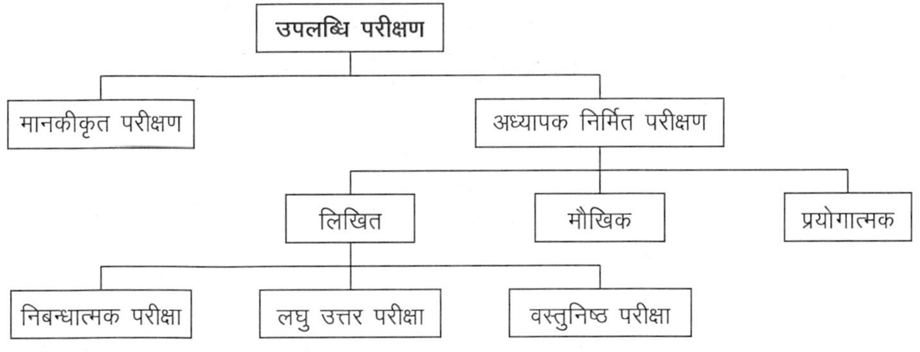

चित्र 23.1 मानकीकृत और अमानकीकृत या अध्यापक निर्मित परीक्षण।

मानकीकृत उपलब्धि परीक्षण (Standardized Achievement Tests)

अपने सरल अर्थ में मानकीकृत उपलब्धि परीक्षण उन उपलब्धि परीक्षणों को कहा जाता है जो मानकीकृत होते हैं, अर्थात् अपनी रचना एवं विकास में जो मानकीकरण की प्रक्रिया से गुजरते हैं। मानकीकरण पद से अभिप्राय जैसा कि रोबर्टसन (Robertson, 1990:75) का विचार है "परीक्षण के प्रशासन, अंकन और व्याख्या में वस्तुनिष्ठता तथा समरूपता बनाए रखने की प्रक्रिया से है।" तदनुसार मानकीकृत परीक्षण को अग्रांकित विशेषताओं और गुणों से युक्त पाया जाता है :

1. रचना/निर्माण में एक मानक प्रक्रिया का प्रयोग (Using a standard process for their construction) : इन परीक्षणों का निर्माण और विकास करने में एक मानक प्रक्रिया का प्रयोग किया जाता है। इसकी हम इसी अध्याय में बाद में चर्चा करेंगे।

2. वस्तुनिष्ठता और एकरूपता प्रदान करना (Allowing objectivity and uniformity) : मानकीकृत उपलब्धि परीक्षण अपने उपयोगकर्त्ताओं के एक विस्तृत दायरे में मानकों की एकरूपता बनाए रखने में मदद करते हैं। इन परीक्षणों के प्रशासन, अंकन तथा व्याख्या में एक तर्कपूर्ण या संतोषजनक मात्रा में वस्तुनिष्ठता और एकरूपता पाई जाती है।

3. उद्देश्यों की विस्तृतता/व्यापकता (Breadth of objectives) : क्योंकि इन परीक्षणों का निर्माण इस उद्देश्य से किया जाता है कि इनसे जिले, प्रान्त और सम्पूर्ण राष्ट्र के अधिक से अधिक उपयोगकर्त्ताओं के द्वारा इनका प्रयोग किया जा सके, अतः इनमें इस प्रकार की सामग्री रखनी आवश्यक होती है कि सभी विद्यार्थियों के द्वारा उस स्तर पर जिस तरह के अधिगम की अपेक्षा की जाती है उसका उचित रूप से मूल्यांकन किया जा सके। परीक्षण निर्माताओं को इस वजह से उस विस्तृत पाठ्यसामग्री तथा विषय शिक्षण के उद्देश्यों को ध्यान में रखकर अपने परीक्षण का निर्माण करना होता है ताकि इसके द्वारा एक विस्तृत क्षेत्र, राज्यों या पूरे देश के विद्यार्थियों के हितों का ध्यान रखा जा सके।

4. मानक या नोर्म्स प्रदान करना (Inclusion of norms) : अध्यापक निर्मित परीक्षणों की तुलना में मानकीकृत परीक्षणों की एक प्रमुख विशेषता है – इसमें नोर्म्स की उपलब्धता। इन परीक्षणों को लिखने वाले तथा प्रकाशक मानक (Norms) सम्बन्धी विस्तृत सूचनाएँ प्रदान करते हैं जिससे एक उपलब्धि परीक्षण में किसी एक विद्यार्थी द्वारा प्राप्त किए गए प्राप्तांकों को समुचित अर्थ प्रदान करने में सहायता मिलती है। इन नोर्म्स की सहायता से विद्यार्थी अपने स्वयं के द्वारा प्राप्त किए गए अंकों की उसी स्तर के अन्य अधिकांश विद्यार्थियों के द्वारा प्राप्त अंकों के साथ तुलना करके अपने अंकों का सही तात्पर्य या अर्थ निकाल सकता है। इससे यह भी पता चलता है कि एक विद्यालय विशेष अपनी ही तरह के विद्यालयों या कुछ अन्य प्रकार के विद्यालयों (प्रान्त या पूरे देश में स्थित) की तुलना में कहाँ ठहरता है।

इन उपर्युक्त गुणों और विशेषताओं के साथ साथ मानकीकृत उपलब्धि परीक्षणों में कुछ निम्न प्रकार की कमियाँ भी पाई जाती हैं :

- ये परीक्षण, संकलनात्मक (Summative) या एक सामान्य निदानात्मक मूल्यांकन की जरूरतों को ही पूरा करने के लिए प्रयोग में लाए जाते हैं।
- चूँकि इन परीक्षणों का केन्द्र बिन्दु वे सभी उद्देश्य होते हैं जो एक विस्तृत क्षेत्र – जिला, राज्य और पूरे राष्ट्र में स्थापित सभी विद्यालयों के लिए एक जैसे होते हैं अतः वे सामान्य कौशलों के परीक्षण पर कोई जोर नहीं देते। इसलिए किसी एक विद्यालय की एक कक्षा विशेष की विशिष्ट विषयवस्तु से सम्बन्धित उद्देश्यों का मापन करने के लिए इन्हें प्रयोग में नहीं लाया जा सकता है।
- समय, शक्ति और धन की दृष्टि से भी मानकीकृत उपलब्धि परीक्षणों का निर्माण और विकास कार्य काफी कठिन, तकनीकी एवं खर्चीला है। विद्यार्थियों, अध्यापकों या विद्यालयों के द्वारा इन परीक्षणों का उपयोग (एक स्व–मूल्यांकन साधन के रूप में) उनके लिए काफी खर्चीला सिद्ध होता है। एक उपलब्धि परीक्षण का प्रशासन करने में कई घंटों की जरूरत होती है। उनका अंकन तथा व्याख्या या अर्थापन करना भी काफी तकनीकी कार्य है। इन सभी कारकों के कारण किसी भी समय इनका प्रयोग करना अव्यावहारिक सा होता है। इसके अलावा कुछ उद्देश्यों जैसे – कक्षाकक्ष अध्यापकों के द्वारा दिन प्रतिदिन के अनुदेशनात्मक निर्णय लेने के लिए सूचनाएँ प्राप्त करना आदि के सम्बन्ध में इनका प्रयोग करना अव्यावहारिक ही प्रतीत होता है।

कुछ उपलब्ध मानकीकृत उपलब्धि परीक्षणों के उदाहरण

समूह मानकीकृत उपलब्धि परीक्षण बैटरी (Group Standardized Achievement Tests Batteries)

1. मकग्राहिल द्वारा प्रकाशित California Achievement Test (CAT), इसमें 1–2, 3–4, 4–6, 7–9, 9–11 — ग्रेड़ों के लिए, वाचन शब्दावली, वाचन अवबोध, अंकगणितीय मौलिक बातें, अंकगणितीय तर्कशक्ति, आंग्ल भाषा की वर्तनी सम्बन्धी परीक्षण सामग्री निहित है।
2. मकग्राहिल द्वारा प्रकाशित The Comprehensive Tasks of Basic Skills (CTBS).
3. रिबरसाइड पब्लिशिंग कम्पनी द्वारा प्रकाशित The Iowa Tests of Basic Skills (ITBS) – शब्दावली, वाचन बोधगम्यता, भाषा, अंकगणितीय कौशल, कार्य अध्ययन, कौशल परीक्षण।
4. साइकोलोजिकल कारपोरेशन द्वारा प्रकाशित "The Metropolitan Achievement Test" (MAT) : 1, 2, 4–5, 5–6, 7–9 ग्रेड के लिए प्रपत्र, शब्दभंडार, वाचन, अंकगणित, विज्ञान, सामाजिक अध्ययन, अध्ययन कौशल के परीक्षण में सहायक।
5. साइकोलोजिकल कारपोरेशन द्वारा प्रकाशित The Stanford Achievement Test (SAT) श्रृंखला।

व्यक्तिगत प्रशासित उपलब्धि परीक्षण (Individually Administered Achievement Tests)

1. पियर्सन असेसमेंट द्वारा प्रकाशित Peabody Individual Achievement Test (PIAT) : R/NU (NU से अभिप्राय है नए नोर्म्स)। इसका प्रयोग किंडरगार्टन के 2 से 11 वर्ष की आयु के बच्चों तक किया जा सकता है और इसके प्रशासन में लगभग 60 मिनट का समय लगता है।
2. अमेरिकन गाइडेन्स सर्विस द्वारा प्रकाशित Kaufman Test of Educational Achievement (K—TEA) 11, इसके नॉर्म्स 4–6 वर्ष से लेकर 25 वर्ष की आयु तक के लिए बने हैं। यह दो समानान्तर प्रपत्रों में और प्रत्येक प्रपत्र के दो तरह के प्रतिरूपों में उपलब्ध है। संक्षिप्त प्रतिरूप के प्रशासन में 30 मिनट और पूर्ण प्रतिरूप में 60 से 75 मिनट लगते हैं।
3. रिबर साइड पब्लिशिंग कम्पनी द्वारा प्रकाशित Woodcock Johnson-III Tests of Achievement (WJ-III), औसत विद्यालय आयु से नीचे या ऊपर दोनों स्तर के बच्चों के लिए इसका प्रयोग किया जा सकता है।
4. सन् 2003 में प्रकाशित The Stanford Diagnostic Mathematics Test, चौथा संस्करण। इसे 1.5 से 13 ग्रेड तक के प्रयोग के लिए बनाया गया है।
5. "The Stanford Diagnostic Reading Test" यह परीक्षण भाषा योग्यता की परीक्षा के लिए प्रयोग में लाया जाता है और इसमें उसी तरह की प्राप्तांक मापनी का प्रयोग किया जाता है जैसा कि ऊपर वर्णित निदानात्मक गणित परीक्षण में किया गया है।

अमानकीकृत अध्यापक निर्मित उपलब्धि परीक्षण (Non-Standardized, Teacher Made Achievement Tests)

विद्यालयों और कक्षाकक्ष में दिन प्रतिदिन के अनुदेशनात्मक तथा आवश्यक प्रशासकीय निर्णय तुरन्त लेने के लिए अध्यापकों को किसी एक या दूसरे प्रकार के अमानकीकृत परीक्षण या मूल्यांकन विधियों का प्रयोग करना पड़ता है। क्योंकि ये परीक्षण या विधियाँ अध्यापकों के द्वारा स्वयं, अपनी कक्षाकक्ष शिक्षण अधिगम आवश्यकताओं को पूरा करने के लिए, अपनी स्वयं की स्थानीय व्यवस्था के अनुसार, नियोजित और विकसित किए जाते हैं तथा प्रयोग में लाए जाते हैं। अतः इनको शिक्षक निर्मित परीक्षण या मूल्यांकन की विधियाँ कहा जाता है। विद्यालयों में प्रशासित किए जाने वाले कक्षाकक्ष परीक्षण, इकाई परीक्षण, मासिक–परीक्षण और तिमाही, अर्द्धवार्षिक एवं वार्षिक परीक्षाएँ इन्हीं अध्यापक निर्मित परीक्षण या मूल्यांकन प्रक्रियाओं के उदाहरण के रूप में उद्धृत किए जा सकते हैं। ये परीक्षण और मूल्यांकन प्रक्रियाएँ निम्न रूप में हमारी सहायता करते हुए पाए जाते हैं :

- ये परीक्षण अध्यापकों को विद्यालय के दिन प्रतिदिन के अनुदेशात्मक निर्णय लेने के लिए सूचनाएँ प्रदान करते हैं।
- कक्षा अनुदेशन में प्रभाविकता लाने के लिए यह जरूरी होता है कि थोड़े थोड़े समय के पश्चात् विद्यार्थियों का परीक्षण किया जाता रहे, जैसे – जितनी जल्दी और समय पर सम्भव हो उतनी शीघ्रता से विद्यार्थियों के अधिगम परिणामों की प्रगति की जानकारी प्राप्त करना। अध्यापक निर्मित परीक्षण एवं मूल्यांकन विधियाँ इस कार्य को काफी प्रभावशाली रूप में और सुविधाजनक ढंग से सम्भव कर देती है।
- अपने अधिगम और निष्पत्ति के परिणाम तथा प्रगति की जानकारी तथा किसी भी अधिगम क्षेत्र में अपनी ताकत तथा कमजोरियों की समय पर प्राप्त जानकारी विद्यार्थियों को आगे अधिक परिश्रम करने के लिए अभिप्रेरित करने में सहायता करती है। वास्तव में यदि विद्यार्थियों का अक्सर समय पर न्यायपूर्ण ढंग से परीक्षण होता रहता है तो वे ज्यादा अच्छी तरह अधिगम करते हैं।
- परीक्षण के परिणाम विद्यार्थियों का मूल्यांकन करने और उन्हें अभिप्रेरित करने तक ही सीमित नहीं रहते हैं बल्कि वे अध्यापकों, विद्यालय प्रशासकों तथा अभिभावकों (माता पिता) आदि को यह भी सूचित करते हैं कि विद्यालय के कौन कौन से उद्देश्य विशेष को किस सीमा तक प्राप्त किया गया है। फलस्वरूप इससे विद्यालय की शिक्षण विधियाँ, पाठ्यक्रम, योजनाएँ एवं अनुदेशन कार्यक्रम तथा शिक्षण अधिगम प्रक्रिया से सम्बन्धित पर्यावरणीय परिवेश आदि की प्रभावशीलता या प्रभावहीनता को जानने में भी सहायता मिलती रहती है।

तालिका 23.1 मानकीकृत एवं अध्यापक निर्मित उपलब्धि परीक्षणों में अन्तर

अध्यापक निर्मित परीक्षण	मानकीकृत परीक्षण
1. एक अध्यापक समय समय पर अपने विद्यार्थियों की उपलब्धियों का मापन करने के लिए इन परीक्षणों का निर्माण करता है।	1. अध्यापक कृत अनौपचारिक परीक्षणों की तरह इनका निर्माण करना इतना सरल नहीं है।
2. ये परीक्षण मौखिक, प्रायोगिक एवं लिखित (निबंधात्मक, लघु उत्तर और वस्तुनिष्ठ) परीक्षण होते हैं।	2. ये परीक्षण सामान्यतः वस्तुनिष्ठ होते हैं।
3. इन परीक्षणों के अनुप्रयोग का दायरा सीमित होता है।	3. इस प्रकार के परीक्षण में विषयवस्तु, प्रशासन, अंकन कार्य और व्याख्या सब पूर्व निश्चित या मानकीकृत होते हैं। जिससे कि पूर्ण परिशुद्धता के साथ एक ही परीक्षण, अलग अलग स्थान पर अलग अलग समय में एक समान आयु समूह या ग्रेड स्तर के विद्यार्थियों के लिए प्रयोग में लाया जा सके।
4. ये परीक्षण विद्यालयों के अध्यापकों के द्वारा अपनी अपनी कक्षाओं की उपलब्ध शिक्षण अधिगम परिस्थितियों तथा कक्षाकक्ष के विशिष्ट उद्देश्यों से संबंधित परिणामों को सीधे ही मापन करने के लिए उनकी अपनी जरूरतों के अनुसार तैयार किए जाते हैं।	4. ये परीक्षण अनुसंधानकर्त्ताओं तथा अनुभवी व्यवसायियों के द्वारा तैयार किये जाते हैं।
5. ये परीक्षण प्रत्येक अध्यापक के अपने संसाधनों के अनुरूप ही होते हैं तथा कक्षाकक्ष शिक्षण अधिगम व्यवस्था के अनुसार मितव्ययी भी होते हैं।	5. कक्षाकक्ष शिक्षण अधिगम व्यवस्था के लिहाज से ये काफी खर्चीले होते हैं।

- ये परीक्षण विद्यालय के विद्यार्थियों की कठिनाइयों और कमजोरियों का सही समय पर निदान करने, सुधारात्मक कार्यक्रमों का नियोजन करने और इन कार्यक्रमों की वैधता का परीक्षण करने में भी सहायक सिद्ध हो सकते हैं।
- जैसा कि थार्नडाइक एवं थार्नडाइक (Thorndike and Thorndike, 2010:424) का कहना है : विद्यालय पाठ्यक्रम तथा शिक्षण विधियों की प्रभावशीलता की परख करने सम्बन्धी उपयुक्त सूचनाओं या प्रदत्तों को प्राप्त करने के अपने उचित योगदान के कारण इन परीक्षण प्राप्तांकों से वैयक्तिक रूप में अनुदेशन योजनाएँ तैयार करने में ही सहायता नहीं मिलती बल्कि एक राज्य अथवा देश के सभी विद्यालयों में चलाई जा रही कक्षाओं के लिए अनुदेशन का समुचित नियोजन करने में भी पूरी सहायता मिल सकती है।

अध्यापक कृत परीक्षण बनाम मानकीकृत उपलब्धि परीक्षण का उपयोग
(The Use of Teacher Made Vs Standardized Achievement Tests)

अध्यापक कृत उपलब्धि परीक्षणों को निम्न कार्यों के सम्बन्ध में प्राथमिकता दी जाती है :

- दिन प्रतिदिन के अनुदेशनात्मक निर्णय लेने में।
- विद्यार्थियों के अधिगम परिणामों का निर्माणात्मक मूल्यांकन करने के लिए।
- जितनी जल्दी हो सके उतनी शीघ्रता से विद्यार्थियों को उनके अधिगम परिणामों से परिचित करा कर उन्हें अभिप्रेरणा प्रदान करने के लिए।
- किसी विशेष अधिगम क्षेत्र में विद्यार्थियों की कठिनाईयों एवं कमजोरियों का निदान करने तथा उनमें समय पर सुधार लाने के लिए।
- विद्यार्थियों को ग्रेडिंग करने के सम्बन्ध में निर्णय लेने के लिए।

मानकीकृत उपलब्धि परीक्षणों को निम्न कार्यों के लिए प्राथमिकता दी जाती है :

- विद्यार्थियों के बारे में उनका आगे की कक्षाओं या व्यावसायिक पाठ्यक्रमों में दाखिला देने सम्बन्धी निर्णय लेने के कार्य में इनसे विश्वसनीय, वैध एवं वस्तुनिष्ठ रूप में मदद मिलती है।
- क्योंकि इनमें अधिगम परिणामों की शक्ति और कमजोरियों को अच्छी तरह पहचानने की सामर्थ्य पाई जाती है इसलिए इन परीक्षणों से निर्देशन और परामर्श निर्णय लेने में पर्याप्त सहायता मिलती है।
- क्योंकि इनमें एक प्रयोज्य की दूसरे प्रयोज्यों से भलीभाँति तुलना करने की क्षमता होती है, इसलिए समूह में से किसका चयन किया जाए, यह निर्णय लेने में इनसे पर्याप्त सहायता मिलती है।
- इनसे किसी विस्तृत क्षेत्र या प्रदेश में लागू किए जाने वाले पाठ्यक्रम या नीतिगत निर्णयों को लेने में उचित मदद मिलती है।
- किसी विशेष क्षेत्र, राज्य या देश के विद्यालयों तथा इनमें विद्यमान अध्यापकों तथा विद्यार्थियों की कार्यक्षमता की तुलना और मूल्यांकन हेतु इन्हें भलीभाँति उपयोग में लाया जा सकता है।

एक उपलब्धि परीक्षण (अध्यापक कृत) के निर्माण के सोपान
(Steps for the Construction of an Achievement Test (Teacher Made)

उपलब्धि परीक्षण का निर्माण एक गहन विचारपूर्ण कार्य है। इसके लिए एक सुनिश्चित योजना की आवश्यकता होती है। सामान्यतः इसके लिए निम्न सोपानों का पालन करने से यह कार्य सफलतापूर्वक सम्पन्न किया जा सकता है :

1. लक्ष्य निर्धारित करना (Setting objectives)
2. पूर्ण पाठ्यक्रम या इकाई विशेष का ध्यान रखना (Coverage of the whole syllabus or contents of unit)

3. प्रश्नों के प्रकार का निर्णय (Decision about the types of questions or items)
4. समय का निर्णय (Decision about the total time)
5. ब्लू प्रिंट तैयार करना (Preparation of Blue Print)
6. परीक्षण के प्रारूप का निर्णय (Decision about the format of the test)
7. पद विश्लेषण (Item analysis)
8. परीक्षण के अन्तिम प्रारूप को तैयार करना (Preparing the final format of the test)
9. अंकन तालिका तैयार करना (Preparation of a scoring key)

आइए, अब हम इन सोपानों के बारे में एक एक कर चर्चा करते हैं :

सोपान 1 : लक्ष्य निर्धारित करना

कक्षा में अध्यापक विषय के जिस भाग या इकाई विशेष को पढ़ा रहा है उसके शिक्षण अधिगम उद्देश्य क्या है, सर्वप्रथम उनकी ओर ध्यान देना चाहिए। अध्यापक को उस विषय, प्रकरण या इकाई विशेष के उद्देश्यों का ज्ञान, अवबोध, अनुप्रयोग, कौशल, रुचि, अभिवृत्ति आदि प्राप्य उद्देश्यों के रूप में स्पष्टतापूर्वक उल्लेख करना चाहिए।

सोपान 2 : पूर्ण पाठ्यक्रम या इकाई विशेष का ध्यान रखना

अध्यापक को यह देखना चाहिए कि उसने कक्षा में अपने विद्यार्थियों के साथ पाठ्यक्रम या विषयवस्तु के कितने भाग के बारे में शिक्षण कार्य किया है। उसी को ध्यान में रखते हुए, उसे उपलब्धि परीक्षण का निर्माण करते समय, पढ़ाई गई सम्पूर्ण विषयवस्तु पर प्रश्नों या पदों का निर्माण करना चाहिए। यद्यपि किसी बड़ी इकाई या पढ़ाए गए प्रकरण को नहीं छोड़ा जाना चाहिए परन्तु इसका यह अर्थ नहीं कि कक्षा में अध्यापक के द्वारा जिन बातों पर चर्चा की गई है उन सभी को परीक्षण में शामिल किया जाए। इसलिए उद्देश्य यह रहना चाहिए कि जो अधिगम अनुभव विद्यार्थियो को दिए जाएँ उनसे सम्बन्धित विभिन्न पक्षों को अच्छी तरह सोच समझकर परीक्षण में प्रतिनिधित्व प्रदान किया जाए।

सोपान 3 : प्रश्नों के प्रकार का निर्णय

परीक्षण प्रपत्र में किस प्रकार के प्रश्नों को शामिल किया जाए, इस बारे में निर्णय लेना, उपलब्धि परीक्षण निर्माण का एक आवश्यक पक्ष है। एक संतुलित लिखित उपलब्धि परीक्षण में तीनों प्रकार के प्रश्न निबन्धात्मक, लघु उत्तर और वस्तुनिष्ठ शामिल होने चाहिएँ। अध्यापक, परीक्षण का निर्माण करते समय यह ध्यान रखें कि उसके उपलब्धि परीक्षण में तीनों प्रकार के प्रश्नों का संतुलित प्रतिनिधित्व हो।

सोपान 4 : समय का निर्णय

उपलब्धि परीक्षण के प्रश्नों का उत्तर देने के लिए विद्यार्थियों को कितना समय दिया जाएगा, इसके सम्बन्ध में भी निर्णय कर लेना चाहिए और निर्मित किए गए उपलब्धि परीक्षण में उस समय का उल्लेख करना चाहिए।

सोपान 5 : ब्लू प्रिंट तैयार करना (Preparation of the Blue Print)

उपलब्धि परीक्षण के नियोजन और निर्माण प्रक्रिया का यह काफी चुनौतीपूर्ण सोपान है। ब्लू प्रिंट से तात्पर्य एक प्रश्न पत्र निर्माण हेतु किए जाने वाले ऐसे निर्णय से है जिसमें विशिष्ट उद्देश्यों, प्रकरणों तथा प्रश्नों के प्रकार का ध्यान रखते हुए, निर्मित प्रश्नों के लिए अंकों के वितरण को प्रस्तुत करने का प्रयत्न किया जाता है। इसीलिए किसी ब्लू प्रिंट को तैयार करने के लिए निम्न चार बातों का ध्यान रखना चाहिए – परीक्षण किए जाने वाले उद्देश्य, विषयवस्तु जिस पर प्रश्नों की रचना की जानी है, पूछे जाने वाले प्रश्नों का प्रकार और प्रश्न पत्र हल करने के लिए दिया जाने वाला समय।

उपलब्धि परीक्षण के निर्माण हेतु ब्लू प्रिंट कैसे तैयार किया जाए, इसे निम्न दृष्टांत से समझा जा सकता है :

उपलब्धि परीक्षण के लिए ब्लू प्रिंट

कक्षा/श्रेणी–IX — समय – 40 मिनट

प्रकरण या इकाई – नदी के कार्य — कुल अंक – 25

उद्देश्य	ज्ञान (Knowledge)			अवबोध/समझ (Understanding)			अनुप्रयोग (Applications)			कुल अंक (Total Marks)
प्रश्नों का प्रकार / उप इकाई	E	S	O	E	S	O	E	S	O	
भूमि कटाव (Erosion)	—	2(1)	2(2)	—	—	2(2)	—	2(1)	1(1)	9
परिवहन (Transportation)	—	2(1)	1(1)	5(1)	—	—	—	—	2(2)	10
निक्षेपण (Deposition)	—	2(1)	1(1)	—	2(1)	—	—	—	1(1)	6
उप–योगफल	—	6(3)	4(4)	5(1)	2(1)	2(2)	—	2(1)	4(4)	
योगफल	10			9			6			25

टिप्पणी : कोष्ठकों में दिए गए अंक प्रश्नों की संख्या बताते हैं। कोष्ठकों के बाहर दी गई संख्याएं प्रश्नों को प्रदान किए जाने वाले अंक दर्शाती हैं।

ब्लू प्रिंट का सार

(i) प्रश्नों के प्रकार	प्रश्नों की संख्या	प्रश्नों के अंक
निबंधात्मक (E)	1	5
लघु उत्तर (S)	5	10
वस्तुनिष्ठ (O)	10	10
	कुल प्रश्न = 16	कुल अंक = 25
(ii) प्रश्न चुनाव योजना : कोई नहीं		
(iii) प्रश्नों को विभागों में बाँटने की योजना	भाग (क) : वस्तुपरक प्रकार के भाग (ख) : निबंधात्मक तथा लघु उत्तर प्रकार के	

सोपान 6 : परीक्षण के प्रारूप का निर्माण अर्थात् प्रश्नों को व्यवस्थित करना

उपलब्धि परीक्षण को उचित प्रारूप प्रदान करने के लिए उसमें शामिल किए जाने वाले प्रश्नों को समुचित रूप से गठित एवं व्यवस्थित करने की आवश्यकता होती है। इस कार्य के लिए निम्न बातों से सहायता मिल सकती है :

(i) निबन्धात्मक और वस्तुपरक प्रश्न अलग अलग भागों में रखे जाने चाहिएँ, लघु उत्तर प्रश्नों को उनकी प्रकृति के आधार पर इन दोनों भागों में से किसी भी एक भाग में रखा जा सकता है या उसके लिए अलग एक भाग बनाया जा सकता है। प्रत्येक भाग के प्रश्नों का उत्तर देने के लिए अलग अलग समय निर्धारित होना चाहिए और उसे परीक्षण प्रपत्र में भी लिखा जाना चाहिए।

(ii) प्रत्येक भाग के लिए अलग अलग निर्देश होने चाहिएँ या दोनों भागों के लिए सामान्य निर्देश भी दिए जा सकते हैं।

(iii) परीक्षण प्रपत्र में प्रश्नों को सरल से कठिन क्रम में व्यवस्थित करना चाहिए।

(iv) वस्तुपरक प्रश्नों में सभी प्रकार के प्रश्नों का समावेश करना ठीक नहीं होता क्योंकि अलग अलग प्रकार के प्रश्नों के लिए अलग अलग प्रकार के निर्देश पढ़ने पड़ते हैं इसमें विद्यार्थियों का बहुत सा समय नष्ट हो जाता है। यदि संभव हो तो केवल बहुविकल्प प्रश्नों को प्राथमिकता देनी चाहिए क्योंकि ये अन्य प्रश्नों की तुलना में अपेक्षाकृत अधिक विश्वसनीय, वैध तथा वस्तुपरक होते हैं।

(v) अच्छा होगा यदि परीक्षण में 20% से 30% तक अधिक प्रश्न बनाए जाएं जिससे कि प्रश्न पत्र को अन्तिम रूप देते समय निरर्थक प्रश्नों को हटाया जा सके।

सोपान 7 : परीक्षण लेना तथा पद विश्लेषण करना

जैसा कि ऊपर सुझाव दिया गया है, इस प्रकार से निर्मित परीक्षण को उसकी उपयुक्त जाँच तथा पद विश्लेषण करने हेतु विद्यार्थियों के उचित प्रतिदर्श पर प्रशासित किया जाना चाहिए। पद विश्लेषण के कार्य को यहाँ मुख्य रूप से निम्न बातों के सन्दर्भ में सम्पादित करने का प्रयत्न किया जाता है :

- गलतियों, अस्पष्टताओं या भ्रान्तियों के निवारण हेतु प्रत्येक पद या कठिनाई मूल्य निर्धारित करने के लिए।
- प्रत्येक पद का विभेदीकरण मूल्य निर्धारित करने के लिए।

इस प्रकार से हमें अपने निर्मित परीक्षण से सभी प्रकार के दोषपूर्ण पदों से मुक्ति पाने में मदद मिल जाती है।

सोपान 8 : परीक्षण के अन्तिम प्रारूप को तैयार करना

निर्मित किए गए उपलब्धि परीक्षण के प्रारम्भिक प्रारूप का परीक्षण करने तथा पद विश्लेषण करने के उपरान्त जो प्रश्न अनुचित प्रतीत होते हैं, उन्हें परीक्षण में से निकाल देना चाहिए, और जिन प्रश्नों के शब्दों या भाषा में कुछ सुधार की जरूरत है उन्हें ठीक कर लेना चाहिए। यदि जरूरत हो तो परीक्षण को और अधिक कार्यपरक बनाने के लिए कुछ नए पद भी जोड़े जा सकते हैं। फिर परीक्षण के इस अन्तिम प्रारूप को छपवा लेना या फोटोकॉपी करा लेना या साइक्लोस्टाइल, जैसी भी जरूरत या सुविधा हो विद्यार्थियों की उपलब्धि का आवश्यक मूल्यांकन करने के लिए, उसी रूप में तैयार करा लेना चाहिए।

सोपान 9 : अंकन तालिका तैयार करना

अंकन कार्य में वस्तुपरकता लाने के लिए अंकन विधि को पहले से ही निश्चित कर लेना चाहिए। केवल वस्तुपरक प्रश्नों के लिए ही नहीं बल्कि निबन्धात्मक प्रश्नों तथा लघु उत्तर प्रश्नों के लिए भी अंक योजना पहले से निर्धारित की जानी चाहिए। इसके लिए निम्न बातों को ध्यान में रखना चाहिए :

(i) विभागों और उपविभागों के अनुसार अंकों का विभाजन।

(ii) प्रश्न के उत्तर में सभी सोपानों या बिन्दुओं के लिए अंकों का विभाजन।

(iii) लघु उत्तर या अत्यन्त लघु उत्तर वाले प्रश्नों के उत्तर देने के लिए पंक्तियों या निर्धारित शब्दों की संख्या का निर्धारण।

(iv) निबन्धात्मक प्रश्न के लिए अंकों का निर्धारण।

(v) विद्यार्थियों द्वारा दिए गए उत्तर में प्रत्येक सोपान या बिन्दु के लिए दिए गए भार (Weightage) का निर्धारण।

(vi) प्रश्न के उत्तर में दिए गए रेखाचित्र, चित्र, आरेख, तालिका और दृष्टान्त आदि के लिए दिए गए 'भार' का निर्धारण।

इस प्रकार से बताए गए सभी सोपानों का अनुकरण करते हुए एक शिक्षक अपने पाठ के प्रस्तुतीकरण के उपरान्त या एक इकाई विशेष का शिक्षण करने के उपरान्त या शिक्षण सत्र के दौरान पाठ्यक्रम को पूरा करने के उपरान्त अपने विद्यार्थियों की अधिगम प्रगति या मूल्यांकन करने के लिए शिक्षक निर्मित उपलब्धि परीक्षण का निर्माण और विकास करने में सक्षम हो सकता है।

B. मानदण्ड संदर्भित और न्यादर्श संदर्भित उपलब्धि परीक्षण (Criterion Referenced and Norm Referenced Achievement Tests)

1. मानदण्ड संदर्भित उपलब्धि परीक्षण (Criterion referenced achievement tests) : मानदण्ड संदर्भित उपलब्धि परीक्षण में परीक्षण सामग्री को इस प्रकार व्यवस्थित किया जाता है जिससे उपलब्धि या निष्पत्ति के पूर्व निर्धारित मानदण्ड के अनुसार विद्यार्थियों के अधिगम का मापन किया जा सके। दूसरे शब्दों में एक 'मानदण्ड' के संदर्भ "जैसे – पहले से ही निश्चित किए गए विशिष्ट शैक्षिक उद्देश्य या व्यावसायिक उद्देश्य" पर आधारित उपलब्धि परीक्षण को मानदण्ड संदर्भित उपलब्धि परीक्षण कहा जा सकता है। यह एक ऐसी मूल्यांकन प्रक्रिया है जिससे विद्यार्थियों की निष्पत्ति का मूल्यांकन करने हेतु किसी पूर्व निर्धारित मानदण्ड, को आधार बनाया जाता है। इसका उद्देश्य यह बताना है कि किसी मानदण्ड जैसे – पूर्व निर्धारित निष्पत्ति स्तर' के सम्बन्ध में एक परीक्षार्थी कहाँ पर ठहरता है अर्थात् उस मानदण्ड के अनुसार उसकी क्या स्थिति है ? यहाँ पहले से ही यह अनुदेशनात्मक उद्देश्यों के रूप में यह निश्चित कर लिया जाता है कि विद्यार्थियों को किस सीमा तक निश्चित रूप में क्या सीखना है ? फिर सीखने–सिखाने की क्रिया के उपरान्त मानदण्ड संदर्भित परीक्षण के माध्यम से यह जानने की कोशिश की जाती है कि विद्यार्थी के लिए निष्पत्ति का जो मानदण्ड निर्धारित किया गया था वह उस पर कितना खरा उतरा है।

मानदण्ड संदर्भित उपलब्धि परीक्षण किसी मानदण्ड, जैसे 'स्वामित्व स्तर पर पहले से निर्धारित निष्पत्ति का स्तर' के सम्बन्ध में एक परीक्षार्थी कहाँ खड़ा है, इस बात का संकेत प्रदान करने वाला एक उपलब्धि परीक्षण।

इस प्रकार मानदंड संदर्भित उपलब्धि परीक्षण का उद्देश्य विद्यार्थियों की किसी अन्य विद्यार्थी या एक समूह के विद्यार्थियों के साथ तुलना करना नहीं (जैसा कि न्यादर्श संदर्भित उपलब्धि परीक्षण या संकलनात्मक उपलब्धि परीक्षण में होता है) बल्कि किसी विद्यार्थी के लिए यह निश्चित करना है कि अधिगम उद्देश्यों के रूप में उसे जो प्राप्त करना चाहिए था उसे वह किस सीमा तक प्राप्त कर पाया है। अन्य विद्यार्थियों ने उसे प्राप्त किया है या नहीं इस बात से इसका कोई सम्बन्ध नहीं होता है।

इस प्रकार के परीक्षण का उद्देश्य अनुदेशन की प्रभावशीलता को मापना है। विद्यार्थियों को किन उद्देश्यों की, किस सीमा तक प्राप्ति करनी है इससे सम्बन्धित निश्चित मानदण्ड को शिक्षण अधिगम प्रक्रिया को शुरु करने से पहले ही व्यावहारिक शब्दावली (Behavioural terms) में निर्धारित और स्पष्ट कर दिया जाता है। इस प्रकार के एक मानदण्ड का उदाहरण निम्न प्रकार से हो सकता है :

दिए हुए 10 खनिज पदार्थों (Minerals) धातु एवं अधातु (Metallic and non-metallic) में से विद्यार्थी कम से कम 8 खनिज पदार्थों को धातु एवं अधातु खनिजों में वर्गीकृत करते हैं।

वास्तव में, मानदण्ड संदर्भित उपलब्धि परीक्षण को विकसित करने का कार्य, अधिगमकर्त्ताओं या प्रशिक्षणार्थियों से किस प्रकार के ज्ञान और कौशल का स्वामित्व प्रदान करने की अपेक्षा की जाती है, इस बात

पर विचार करने के साथ ही शुरु हो जाता है। फिर इसके बाद इस प्रकार के अधिगम के स्वामित्व के मापन के लिए जो बात सबसे ठीक रह सकती है उसके बारे में विभिन्न प्रकार के पदों, परीक्षणों, प्रारूपों या मापन प्रक्रियाओं को लेकर विभिन्न प्रकार के प्रयोग किए जाते हैं। फिर इस प्रकार के विकसित मानदण्ड संदर्भित उपलब्धि परीक्षण को प्रयोग में लाने हेतु एक अध्यापक इसका उपयोग अपने अनुदेशन के दौरान या उसके पश्चात् यह जानने के लिए कर सकता है कि विद्यार्थी द्वारा व्यक्तिगत रूप से पूर्व निर्धारित निष्पत्ति या स्वामित्व स्तर की किस रूप में उपलब्धि की गई है।

2. न्यादर्श संदर्भित उपलब्धि परीक्षण (Norm referenced achievement tests) : जैसा कि नाम से ही प्रतीत होता है न्यादर्श संदर्भित परीक्षण, न्यादर्श या नोर्म (Norm) से सम्बन्धित या उस पर आधारित होता है। यहाँ न्यादर्श या नोर्म से तात्पर्य यह है कि अगर किसी परीक्षण में शामिल हुए सभी विद्यार्थियों के प्राप्तांकों के वितरण से एक सामान्य वक्र की प्राप्ति हो तो उसी की आधारभूत विशेषताओं के आधार पर उस परीक्षण से प्राप्त परिणामों की व्याख्या की जाती है। यही कारण है कि इस प्रकार के परीक्षण का उद्देश्य एक विद्यार्थी के प्राप्तांकों या निष्पत्ति की दूसरे विद्यार्थी या विद्यार्थियों के समूह के साथ तुलना करने पर ध्यान केन्द्रित करना है।

न्यादर्श संदर्भित उपलब्धि परीक्षण : एक उपलब्धि परीक्षण, जिसका उद्देश्य एक विद्यार्थी की निष्पत्ति की अन्य साथी विद्यार्थियों के साथ (बिना इस बात की ओर ध्यान दिए कि उसने एक अधिगम कार्य पर स्वामित्व यानी निष्पत्ति का एक विशिष्ट स्तर प्राप्त किया है या नहीं) तुलना करने से सम्बन्धित सूचना प्रदान करना है।

वास्तव में यह एक प्रतिस्पर्धात्मक परीक्षण कार्यक्रम है, जिससे यह मालूम पड़ता है किसी विद्यार्थी की निष्पत्ति या उपलब्धि दूसरे विद्यार्थियों की तुलना में कैसी है बजाय इस बात का ध्यान रखते हुए उसने उस उपलब्धि क्षेत्र में एक पूर्व निर्धारित स्तर पर स्वामित्व अर्जित किया है या नहीं। इस प्रकार के परीक्षण के परिणामों के आधार पर विद्यार्थियों को अपने समूह विशेष में पहला, पाँचवाँ या पन्द्रहवाँ स्थान देने का प्रयत्न किया जाता है या उन्हें कोई ग्रेड स्तर प्रदान किया जाता है या यह प्रदर्शित करने का प्रयत्न किया जाता है कि क्षेत्रीय और राष्ट्रीय स्तर पर बनाए गए समूह न्यादर्शों या मानकों (Norms) के संदर्भ में उसकी निष्पत्ति का स्तर कम है या अधिक। किसी विशेष शैक्षणिक या व्यावसायिक पाठ्यक्रम या व्यवसाय में प्रवेश देने या पदोन्नति देने के लिए जो प्रवेश परीक्षाएँ आयोजित की जाती हैं उनमें इस प्रकार के न्यादर्श संदर्भित परीक्षणों का उपयोग किया जाता है। क्योंकि ये इस प्रतिस्पर्धा में भाग लेने वाले व्यक्तियों की निष्पत्ति और क्षमता के बारे में उचित विभेदीकरण करने की सामर्थ्य रखते हैं।

मानदण्ड संदर्भित उपलब्धि परीक्षणों तथा न्यादर्श संदर्भित परीक्षण में अन्तर

1. विद्यार्थियों की निष्पत्ति के बारे में जानकारी देने के लिए जो विधियाँ काम में लाई जाती हैं, उन्हीं को लेकर इन दोनों प्रकार के परीक्षणों में अन्तर रहता है।
2. मानदण्ड संदर्भित परीक्षण में विद्यार्थियों को स्वयं अपने से प्रतिस्पर्धा रहती है, समूह के सभी विद्यार्थियों से नहीं। यहाँ केवल यह देखा जाता है कि किसी विषय विशेष या क्षेत्र में उन्हें कितनी उपलब्धि प्राप्त करनी है, इस प्रकार के पूर्व निश्चित स्तर पर स्वामित्व अर्जित किया है या नहीं। जबकि न्यादर्श संदर्भित परीक्षण में शामिल सभी विद्यार्थियों के बीच प्रतिस्पर्धा रहती है। यहाँ यह देखा जाता है कि विद्यार्थी विशेष की उपलब्धि का स्तर उसके समूह से सम्बन्धित अन्य विद्यार्थियों से कितना कम या अधिक है ?

इन दोनों में निहित विविध प्रकार के अन्तरों को समझने में हमें निम्न तुलनात्मक तालिका ठीक प्रकार से मदद कर सकती है (तालिका 23.2) :

तालिका 23.2 मानदण्ड संदर्भित और न्यादर्श संदर्भित उपलब्धि परीक्षण की तुलना

न्यादर्श संदर्भित उपलब्धि परीक्षण	मानदंड संदर्भित उपलब्धि परीक्षण
1. यहाँ एक विद्यार्थी की निष्पत्ति की व्याख्या किसी ज्ञात समूह जैसे – कक्षा, विद्यालय, राज्य (जैसे अपनी कक्षा के 80 प्रतिशत विद्यार्थियों से उच्च स्तर) में उसके सापेक्षिक स्तर पर आधारित होती है।	1. यहाँ विद्यार्थी की निष्पत्ति की व्याख्या निष्पत्ति के पूर्व निर्धारित मानक या मानदंड (जैसे– 10 खजिन पदार्थों में से 8 को धातु एवं अधातु खनिजों में वर्गीकृत करना) पर आधारित होती है।
2. यह एक विद्यार्थी की निष्पत्ति की तुलना अपने समूह या कक्षा के दूसरे विद्यार्थियों की निष्पत्ति से करने में काफी सहायक है।	2. इसका उद्देश्य एक व्यक्तिगत विद्यार्थी की निष्पत्ति या उपलब्धि की तुलना निष्पत्ति के निर्धारित मानदण्ड या मानक के साथ करना है। दूसरों की निष्पत्ति के साथ तुलना करने की कोशिश करना नहीं।
3. यह परीक्षण विद्यार्थियों की उनके समूह में सापेक्षिक स्थिति के संबंध में अन्तर करने में सहायता करता है।	3. यह परीक्षण अच्छी निष्पत्ति के पूर्व निर्धारित मानदण्ड या मानक को प्राप्त करने की विद्यार्थी की योग्यता और अयोग्यताओं का वर्णन करने तथा अंतर करने में सहायता करता है।
4. अनुदेशन की समाप्ति पर प्रयुक्त किया जाने वाला परीक्षण (संकलनात्मक उपलब्धि परीक्षण) सामान्यतः न्यादर्श संदर्भित मूल्यांकन को महत्त्व देता है।	4. अनुदेशन के दौरान प्रयुक्त परीक्षण (निर्माणात्मक उपलब्धि परीक्षण) सामान्यतः मानदण्ड संदर्भित मापन का समर्थन करता है।
5. इस प्रकार के परीक्षण मुख्य रूप से, सर्वेक्षण प्रकार के अनुसंधान कार्य में, विद्यार्थियों को श्रेणी और ग्रेड प्रदान करने में तथा विद्यालयों, विभागों, जिलों तथा देश के राज्यों की उपलब्धि की तुलना करने के लिए प्रयुक्त किए जाते हैं।	5. इस प्रकार के परीक्षण मुख्यतः विद्यार्थी विशेष को स्वामित्व स्तर प्राप्त करने या व्यक्तिगत अनुदेशन और सुधारात्मक शिक्षण प्रदान करने में सहायता करने तथा अभिप्रेरित करने के लिए प्रयुक्त किए जाते हैं।
6. यहाँ इच्छित परिणामों को परीक्षण के निर्माण से पहले प्रत्याशित निष्पत्तियों के रूप में निर्धारित नहीं किया जा सकता।	6. यहाँ पर प्रत्याशित निष्पत्ति स्तर, जैसे– व्यवहार परिवर्तन का वांछित स्तर को परीक्षण के निर्माण से पहले ही पूरी तरह स्पष्ट करना जरूरी होता है।
7. न्यादर्श संदर्भित परीक्षण विद्यार्थियों में अस्वस्थ्यकर प्रतिस्पर्धा और दुश्मनी बढ़ाने के लिए उत्तरदायी होते हैं और इसीलिए कम अंक प्राप्त करने वाले विद्यार्थियों के लिए हानिकारक होते हैं और उन्हें बहुत सी बुराइयों की ओर अग्रसर करते हैं।	7. मानदण्ड संदर्भित परीक्षण विद्यार्थियों को किसी और से नहीं बल्कि स्वयं अपने आप से प्रतिस्पर्धा करने के लिए प्रोत्साहित करते हैं और सहायता करते हैं। अधिगम पथ पर आगे बढ़ने और अपनी प्रगति को ऊपर ले जाने के लिए यहाँ विद्यार्थी के सामने एक मानदण्ड और स्वामित्व स्तर होता है।
8. न्यादर्श संदर्भित परीक्षण और कुछ नहीं बल्कि वह पुराना प्रचलित परीक्षण या मूल्यांकन का तरीका है जिसमें किसी विद्यार्थी विशेष की निष्पत्ति या उपलब्धि को समूह में स्थित अन्य विद्यार्थियों से तुलना कर वर्गीकृत और वर्णन करने का प्रयत्न किया जाता है।	8. मानदण्ड संदर्भित परीक्षण मापन और मूल्यांकन के क्षेत्र में एक ऐसे नये दिशा प्रवाह का प्रतिनिधित्व करता है जिसमें अनुदेशन का वैयक्तीकरण, अधिगम का क्रमबद्ध नियोजन, अभिक्रमित अध्ययन सामग्री का विकास तथा स्वामित्व अधिगम की अवधारणा का समावेश रहता है।

C. निदानात्मक, निर्माणात्मक एवं संकलनात्मक उपलब्धि परीक्षण (Diagnostic, Formative and Summative Achievement Tests)

निदानात्मक उपलब्धि परीक्षण (Diagnostic Achievement Test)

निदानात्मक उपलब्धि परीक्षण जैसा कि इनके नाम से ही प्रतीत होता है, वे उपलब्धि या निष्पत्ति परीक्षण हैं, जो निदानात्मक कार्यों, जैसे – किसी विशेष अधिगम क्षेत्र में अधिगमकर्त्ता अर्थात् विद्यार्थियों की विशिष्ट ताकतों तथा कमजोरियों का पता लगाने या निदान करने के लिए बनाए जाते हैं। स्पष्ट है कि इस प्रकार के परीक्षण मानदण्ड संदर्भित होते हैं। यदि इस प्रकार के परीक्षणों का प्रशासन शिक्षण या प्रशिक्षण प्रारम्भ करने से पहले किया जाए तो उससे यह ज्ञात करने में मदद मिलती है कि पढ़ाए जाने वाले प्रकरण, विषयवस्तु या अधिगम क्षेत्र के बारे में विद्यार्थी क्या और कितना पहले से ही जानते हैं। इस प्रकार से ये परीक्षण विद्यार्थियों की आवश्यकताओं, रुचियों और योग्यताओं के आधार पर अपने अनुदेशन कार्यक्रम का नियोजन करने में अध्यापक के लिए काफी मददगार सिद्ध होते हैं। इस प्रकार के परीक्षण के लिए औपचारिक (जैसे–पूर्व परीक्षण, जाँच पड़ताल, प्रश्नावली आदि) और अनौपचारिक (जैसे–प्रेक्षण और परिचर्चा) दोनों ही प्रकार की विधियाँ प्रयोग में लाई जा सकती हैं।

निदानात्मक परीक्षण : एक विशेष अधिगम क्षेत्र में अधिगमकर्त्ताओं की विशिष्ट ताकतों तथा कमजोरियों का पता लगाने या निदान करने के लिए प्रयोग में लाया जाने वाला निदानात्मक प्रकृति का एक उपलब्धि परीक्षण।

निदानात्मक उपलब्धि परीक्षण अनुदेशन की पूर्व अवस्था या केवल प्रारम्भिक स्तर तक ही अपने आपको सीमित नहीं रखते हैं बल्कि एक अध्यापक अपने पूरे प्रकरण, पाठ या इकाई की पूरी शिक्षण प्रक्रिया के दौरान विद्यार्थियों के अवबोध या समझ तथा रुचियों का पता लगाने के लिए कभी भी इसका प्रयोग कर सकता है। इस प्रकार से शिक्षण कार्य के दौरान शिक्षण अधिगम परिणामों का मापन करते रहने के लिए जब निदानात्मक परीक्षणों का प्रयोग किया जाता है तब ये परीक्षण निर्माणात्मक (Formative) शिक्षण या किसी विशेष रूप से अभिकल्पित उपचारात्मक शिक्षण कार्यक्रम का स्वरूप ले लेते हैं जो कि गम्भीर अधिगम समस्याओं से ग्रस्त विद्यार्थियों का पता लगाने या निदान करने के उपाय के रूप में प्रयुक्त किए जाते हैं। किसी विशेष उपलब्धि या निष्पत्ति क्षेत्र में लम्बे समय तक चलने वाली अधिगम समस्याओं की प्रकृति और उसके कारणों का पता लगाना तथा उसके उचित उपचारात्मक कार्यक्रम की योजना बनाना ही निदानात्मक परीक्षण का प्रमुख उद्देश्य है। इस प्रकार से निदानात्मक परीक्षण एक ऐसा परीक्षण या मूल्यांकन कार्यक्रम है जिसे अध्यापक द्वारा किसी विद्यार्थी विशेष या समूह विशेष के विद्यार्थियों की अधिगम सम्बन्धी कठिनाइयों तथा व्यवहारगत समस्याओं की वास्तविक प्रकृति तथा उसके पीछे छिपे हुए कारणों का पता लगाने और फिर उसके जरिए एक ऐसा उपचारात्मक कार्यक्रम तैयार करने के लिए काम में लाया जाता है जिससे उन्हें उन कठिनाइयों या समस्याओं से मुक्त होने में उचित सहायता प्रदान की जा सके।

निर्माणात्मक उपलब्धि परीक्षण (Formative Achievement Tests)

निर्माणात्मक उपलब्धि परीक्षण वे उपलब्धि परीक्षण हैं जिनकी प्रकृति और कार्य निर्माणात्मक या रचनात्मक होते हैं। शिक्षण अधिगम या प्रशिक्षण के क्रियान्वयन के दौरान उस कार्यक्रम में अधिगमकर्त्ताओं की उपलब्धि या निष्पत्ति से सम्बन्धित प्रगति की सतत रूप में निगरानी करने के लिए विशेष रूप से इन परीक्षणों का प्रयोग किया जाता है। एक अनुदेशनात्मक कार्यक्रम में इस प्रकार का परीक्षण प्रायः शिक्षण के अधिगम प्रक्रिया के दौरान ही सम्पादित किया जाता है।

निर्माणात्मक उपलब्धि परीक्षण : "किसी अधिगम कार्यक्रम के दौरान, उस कार्यक्रम में विद्यार्थियों की निष्पत्ति से सम्बन्धित प्रगति की लगातार निगरानी रखने के लिए किया जाने वाला एक निर्माणात्मक प्रकृति का उपलब्धि परीक्षण।"

जब एक अध्यापक के द्वारा अपने विद्यार्थियों को कुछ अधिगम अनुभव प्रदान किये जाते हैं या कोई विषय वस्तु या कोई प्रकरण या प्रकरण इकाई पढ़ायी जाती है तब उसे उस शिक्षण कार्य का प्रतिफल जानने की जरूरत होती है। उसे निर्णय लेना होता है कि शिक्षण के फलस्वरूप विद्यार्थियों को उचित मात्रा में अधिगम हुआ है या नहीं। इसी प्रकार विद्यार्थियों को भी यह जानने की जरूरत होती है कि अपने अधिगम पथ पर उन्होंने कितनी प्रगति की है। निर्माणात्मक उपलब्धि परीक्षण, अध्यापक और विद्यार्थियों दोनों को, उनके शिक्षण और अधिगम की शक्तियों और कमजोरियों के बारे में महत्त्वपूर्ण सूचनाएँ प्रदान कर, इस कार्य में सहायता करते हैं। इस प्रकार से प्राप्त सूचनाओं के आधार पर अध्यापक और विद्यार्थी दोनों ही अध्यापन एवं अधिगम कार्यक्रम के मध्य में ही अनुदेशन की विधियों, विषय वस्तु या शिक्षण गति सम्बन्धी सुधार करने के लिए तदानुसार योजना बना सकते हैं और उसके अनुसार कार्य को आगे बढ़ा सकते हैं। निर्माणात्मक परीक्षण औपचारिक (जैसे–चेकलिस्ट, क्विज, प्रश्नोत्तर, अधिन्यास और परीक्षाएँ) तथा अनौपचारिक (जैसे–प्रेक्षण, विद्यार्थियों के विचार सुनना, वार्तालाप आदि) दोनों ही प्रकार के तरीकों से संपादित किया जा सकता है। इस प्रकार के परीक्षण की जरूरी विशेषताएँ संक्षेप में निम्न प्रकार से स्पष्ट की जा सकती हैं :

- पाठ शिक्षण या जब अनुदेशन प्रदान किया जा रहा है, उसके दौरान ही इसका प्रशासन किया जाता है।
- यह एक प्रकार का मानदण्ड सन्दर्भित परीक्षण है।
- विद्यार्थियों या अध्यापकों के कार्य में गुण दोष निकालने या उनमें आपस में तुलना करने के लिए नहीं बल्कि उनकी कमजोरियों को जानकर उनके कार्य में सुधार लाने के उद्देश्य से इनका प्रयोग किया जाता है।
- यह विद्यार्थियों को उनकी प्रगति के बारे में सूचित करने में सहायता करता है विशेषकर उन्हें यह बताता है कि पूर्व निर्धारित उद्देश्यों को प्राप्त करने के लिए उन्हें अभी कितना अधिगम और करना है।
- इससे उचित समय पर और बीच बीच में अध्यापन किए गए कार्यों से सम्बन्धित सूचनाएँ प्रदान करने की दृष्टि से यह एक सीमा तक काफी उपयोगी होता है।
- अपने अध्यापन में आवश्यक सुधार लाने के लिए गुणात्मक तथा परिमाणात्मक प्रदत्तों को प्रदान कर यह अध्यापक की मदद करता है।
- यह विद्यार्थियों का मार्गदर्शन करने, उपचारात्मक अनुदेशन कार्यक्रम का नियोजन करने तथा उन्हें आवश्यक सहायता के लिए सलाह देने में काफी उपयोगी सिद्ध होता है।

संकलनात्मक उपलब्धि परीक्षण (Summative Achievement Tests)

इस प्रकार के उपलब्धि परीक्षण किसी इकाई या पाठ या अनुदेशन के एक भाग के शिक्षण के अन्त में प्रशासित किए जाते हैं। वास्तव में ऐसा परीक्षण कार्यक्रम विद्यार्थियों की प्रगति या उनकी उपलब्धि को मापने की अन्तिम परीक्षा का प्रतिनिधित्व करता है। संकलनात्मक उपलब्धि परीक्षण में शिक्षण अधिगम प्रक्रिया या पाठ्यक्रम की समाप्ति के बाद यह जानने का प्रयत्न किया जाता है कि शिक्षण अधिगम उद्देश्यों की प्राप्ति में कहाँ तक सफलता मिली और इसके लिए किए गए प्रयत्न किस स्तर के रहे ? इस प्रकार का परीक्षण करने के लिए औपचारिक और अनौपचारिक दोनों प्रकार की तकनीकों का प्रयोग किया जाता है। औपचारिक तकनीकों में (मानकीकृत तथा अध्यापक कृत परीक्षण) प्रश्नावली, साक्षात्कार, निर्धारण मापनी, कार्य अधिन्यास, प्रोजेक्ट आदि परीक्षण शामिल हैं। अनौपचारिक तकनीकों में हम प्रेक्षण, परिचर्चा, विद्यार्थियों द्वारा प्रस्तुत किए गए विचार एवं प्रतिपुष्टि को शामिल कर सकते हैं।

संकलनात्मक उपलब्धि परीक्षण : निश्चित अवधि पर पाठ्यक्रम की समाप्ति के बाद विद्यार्थी की शैक्षिक प्रगति की जाँच करने के लिए सत्र की अन्तिम परीक्षा के रूप में, संकलनात्मक प्रकृति का एक उपलब्धि परीक्षण।

संकलनात्मक उपलब्धि परीक्षण के द्वारा इस प्रकार से लिए गए परीक्षण में निम्नलिखित मुख्य विशेषताएँ पाई जाती हैं :

- एक शिक्षण इकाई या पाठ के अध्ययन के अन्त में विद्यार्थी की जो प्रगति हुई है, उसका यह परीक्षण पूर्ण चित्र प्रस्तुत करता है।
- यह निर्माणात्मक परीक्षण की तुलना में कम बार लिया जाता है, सामान्यतः इकाई के अन्त या अनुदेशन पाठ्यक्रम के अन्त में लिया जाता है।
- इस प्रकार के परीक्षण के परिणामों की विद्यार्थियों की परस्पर तुलना करने, योग्यता के अनुसार उन्हें क्रम प्रदान करने, उनको प्रोन्नत करने के बारे में निर्णय लेने और उन्हें डिग्री या डिप्लोमा प्रदान करने के लिए प्रयोग में लाया जाता है। इस परीक्षण की यही विशेषता उसे इस प्रकार का परीक्षण कहलाने के योग्य बनाती है जो प्रमाण पत्र या उपाधियाँ, डिप्लोमा, डिग्रियाँ प्रदान करने के काम आता है।
- यह संकलनात्मक परीक्षण शैक्षिक कार्यक्रम के अन्त में आयोजित किया जाता है और इसका उद्देश्य उपलब्धि प्रतिफलों या स्वामित्व अर्जन का मापन करना होता है। यह मानदण्ड संदर्भित भी हो सकता है या न्यादर्श संदर्भित भी। यह इस बात पर निर्भर करता है कि इसके परिणामों को किस प्रकार काम में लाया जाएगा (ग्रेड या प्रमाण पत्र प्रदान करना, या किसी विशिष्ट उद्देश्य की उपलब्धि की जानकारी लेना)।

एक अच्छी उपलब्धि परीक्षण की कसौटी (Criteria of a Good Achievement Test)

एक उपलब्धि परीक्षण एक शिक्षण अधिगम प्रणाली का एक आवश्यक और महत्त्वपूर्ण भाग है। पूर्व निर्धारित शिक्षण अधिगम उद्देश्यों को प्राप्त करने के लिए शिक्षकों और विद्यार्थियों के द्वारा जो वैयक्तिक और सामूहिक प्रयास किए जाते हैं यह उनका मापन करने में शिक्षकों और विद्यार्थियों की सहायता करता है। अपने प्रयोजन का अच्छी तरह से निर्वहन करने के लिए, एक अच्छे उपलब्धि परीक्षण को शिक्षा प्रणाली के निर्धारित मानदण्डों या कसौटियों पर खरा उतरना जरूरी होता है। इसके लिए उसमें निम्न विशेषताएँ होनी चाहिएँ :

1. **वैधता/यथार्थता (Validity) :** एक अच्छा उपलब्धि परीक्षण वैध होना चाहिए। इससे उसी बात का मापन होना चाहिए जिसका इसने मापन किया है। अपने सही अर्थ में वैधता से तात्पर्य व्यवहार की यथार्थता से है, इससे यह मालूम पड़ता है कि कोई एक परीक्षण साधन किस सीमा तक उस योग्यता, कौशल या गुण विशेष को मापने में समर्थ है, जिसके मापन के लिए उसकी रचना की गई है। इसलिए एक विषय विशेष में माना गणित में उपलब्धि के मापन के लिए निर्मित किया गया एक उपलब्धि परीक्षण तभी वैध कहा जाएगा जब यह केवल उसी विषय विशेष में विद्यार्थी की योग्यता का मापन करने का प्रयास करता है किसी अन्य विषय जैसे भाषा सम्बन्धी योग्यता या सामान्य बुद्धि का नहीं।
2. **विश्वसनीयता (Reliability) :** विश्वसनीयता का अर्थ हमारे विश्वास से है जो हम किसी वस्तु, व्यक्ति या प्रणाली में रखते हैं। यह विश्वास तभी हो सकता है जब व्यवहार में यथार्थता (Accuracy) और एकरूपता (Consistency) हो। यदि कोई परीक्षण या मूल्यांकन की प्रणाली विद्यार्थी की योग्यताओं के मापन की यथार्थ और एकरूप मात्रा प्रदान करने में सक्षम है तो इसे विश्वसनीय माना जाएगा। व्यावहारिक भाषा में यदि एक अध्यापक द्वारा निर्मित एक उपलब्धि परीक्षण में एक परीक्षक एक विद्यार्थी को B ग्रेड प्रदान करता है तो उसी परीक्षक या अन्य परीक्षकों द्वारा अलग अलग समय में जाँच किए जाने पर भी B ग्रेड प्राप्त हो तो उसे विश्वसनीय कहा जाएगा।

3. **वस्तुनिष्ठता (Objectivity) :** यदि एक परीक्षण या मापन प्रणाली विद्यार्थी या अध्यापक किसी की व्यक्तिगत रुचि–अभिरुचि, पसंद–नापसंद, भावनाओं, व्यक्तिगत दृष्टिकोणों या अभिवृत्तियों से प्रभावित नहीं होती है तो उसे वस्तुनिष्ठ कहा जा सकता है। इस प्रकार के उपलब्धि परीक्षण में प्रश्नों की रचना इस प्रकार से की जाती है जिनका केवल एक उत्तर ऐसा होता है जो स्वीकार करने योग्य होता है और उस पर परीक्षक के व्यक्तिनिष्ठ मत या दृष्टिकोण का कोई प्रभाव नहीं पड़ता है।

4. **समुचितवरण (Comprehensiveness) :** एक अच्छे उपलब्धि परीक्षण में जहाँ तक सम्भव है समुचितवरण के गुण का ध्यान रखा जाना चाहिए। ज्ञान, कौशल, योग्यताओं, रुचियों और अभिवृत्तियों आदि सभी का जहाँ तक संभव हो, परीक्षण में मापन करने की सामर्थ्य होनी चाहिए। विद्यार्थियों को जितने अधिगम अनुभव प्रदान किए जा चुके हैं, जो भी पाठ या प्रकरण पढ़ाए जा चुके हैं, विद्यार्थियों के व्यवहार में जो भी सुधार लाने की योजनाएँ बनाई गई हैं उन सभी को परीक्षण द्वारा पूरी तरह मापन किया जाना चाहिए। इस तरह का उपलब्धि परीक्षण जितना विस्तृत होगा, प्रश्नों की संख्या उसमें जितनी अधिक होगी, उसे उतना ही यथार्थ और श्रेष्ठ समझा जा सकेगा। यह जितना लम्बा होगा, यह मापन की जाने वाली गतिविधियों या ज्ञान के क्षेत्रों का सही रूप में प्रतिनिधित्व कर सकेगा।

5. **निदानात्मकता (Diagnosticity) :** एक अच्छा उपलब्धि परीक्षण जितना सम्भव हो निदानात्मक होना चाहिए। हम जानते हैं कि किसी बीमारी, रोग या दोष का उपचार करने के लिए सही कदम या उपाय तभी अपनाए जा सकते हैं जब उस रोग का सही निदान कर लिया गया हो। उसी प्रकार विद्यार्थियों को सही मार्गदर्शन प्रदान करने के लिए यह जरूरी है कि अध्यापक के पास एक ऐसा मापक या परीक्षण हो जो उसके विद्यार्थियों के शक्तिशाली और कमजोर बातों का ठीक प्रकार से निदान करके उनकी अभिरुचियों, क्षमताओं, अभिवृत्तियों तथा अन्य योग्यताओं और गुणों से उसे परिचित कराए। ताकि विद्यार्थियों की कठिनाइयों का व्यक्तिगत या सामूहिक रूप से निराकरण कर, शिक्षण उद्देश्यों की प्राप्ति में उनकी सहायता की जा सके।

6. **व्यावहारिकता (Practicability) :** एक अच्छा उपलब्धि परीक्षण प्रयोग तथा उपयोग की दृष्टि से जहाँ तक सम्भव हो व्यावहारिक होना चाहिए। इस प्रयोजन के लिए इसमें निम्न विशेषताएँ होनी चाहिएँ :

   (a) **निर्माण में आसानी (Ease of preparation) :** तैयारी या निर्माण की दृष्टि से उपलब्धि परीक्षण अधिक खर्चीला नहीं होना चाहिए।

   (b) **प्रयोग करने में आसानी (Ease of administration) :** यह प्रशासन किए जाने में आसान एवं सुविधाजनक होना चाहिए। इसका प्रशासन करते समय विद्यार्थियों को नकल करने, पूछताछ करने, आपस में बातचीत करने आदि के कम से कम अवसर हों, यह ध्यान रखा जाना चाहिए।

   (c) **अंक लगाने तथा व्याख्या करने में आसानी (Ease of scoring and interpretation) :** परीक्षण में प्रश्नों की रचना इस प्रकार से की जानी चाहिए कि उनकी जाँच करते समय परीक्षकों को विद्यार्थियों के द्वारा दिए गए उत्तरों के लिए अंक प्रदान करने में कोई परेशानी न हो। परीक्षक आसानी से वस्तुनिष्ठता के साथ अंकन कार्य कर सकें, इस बात का पूरा ध्यान रखना चाहिए। परीक्षक इन अंकों के आधार पर विद्यार्थियों की योग्यता और उपलब्धि का सही सही अनुमान लगा सके, अंकों की इस प्रकार की व्याख्या करने के लिए उचित निर्देश भी दिए हुए होने चाहिएँ जिससे अंकों की सही सही व्याख्या के आधार पर विद्यार्थियों को श्रेणियों या ग्रेड प्रदान करने में उनके साथ उचित न्याय किया जा सके।

एक मानकीकृत उपलब्धि परीक्षण का विकास
(The Development of a Standardized Achievement Test)

एक मानकीकृत उपलब्धि परीक्षण के विकास की प्रक्रिया चार अवस्थाओं में से गुजरती है। इन चारों अवस्थाओं और उनकी उप–अवस्थाओं का वर्णन नीचे किया जा रहा है :

प्रथम अवस्था : परीक्षण का नियोजन (Test Planning)

- परीक्षण के उद्देश्यों, प्रयोजनों एवं क्षेत्र की पहचान करना
- जिस क्षेत्र में परीक्षण का प्रयोग किया जाना है उसके वर्तमान पाठ्यक्रम का अवलोकन या पुनर्वीक्षण
- प्रश्नों के प्रकार और प्रारूप, समय, परीक्षण के स्थान और अंकन विधि के बारे में निर्णय लेना।
- विशिष्टताओं की एक तालिका या ब्लू प्रिंट तैयार करना।

द्वितीय अवस्था : परीक्षण का निर्माण (Test Construction)

- परीक्षण के पदों या प्रश्नों को तैयार करना और लिखना
- अनुक्रिया प्रारूप का चयन एवं निर्माण
- पदों या प्रश्नों की व्यवस्था और उनके मापन पर ध्यान देना
- परीक्षण के निर्देशों को तैयार करना

तृतीय अवस्था : पदों का पुनर्वीक्षण, परीक्षण करना और परीक्षण को उचित रूप देना (Reviewing, Try out and Revision of the Test)

- अस्पष्ट या पक्षपातपूर्ण पदों को हटाने के लिए उनका पुनरावलोकन
- परीक्षण समष्टि के एक छोटे प्रतिदर्श पर पदों का परीक्षण करना
- पदों की गुणात्मकता को वस्तुनिष्ठ पुष्टिकरण प्रदान करने के लिए पद विश्लेषण करना
- परीक्षण को उचित रूप देना – पद विश्लेषण के उपरान्त, बचे हुए पदों को उचित रूप से व्यवस्थित करना।

चतुर्थ अवस्था : परीक्षण का मानकीकरण (Standardization of the Test)

- समष्टि के एक बड़े प्रतिदर्श पर परीक्षण का प्रशासन
- नोर्म्स का विकास
- परीक्षण की विश्वसनीयता एवं वैधता स्थापित करना।

आइए, देखते हैं कि ऊपर उल्लेख की गई चारों अवस्थाओं और उनकी उप अवस्थाओं में क्या कार्य किए जाने चाहिए।

प्रथम अवस्था : परीक्षण का नियोजन करना (Test planning) : परीक्षण निर्माण और विकास की इस प्रथम अवस्था में, परीक्षण विकासकर्त्ता परीक्षण के निर्माण का कार्य करने के लिए सर्वप्रथम एक सुव्यवस्थित योजना बनाता है जिसमें वह निम्न बातों पर अपना ध्यान केन्द्रित करता है :

(i) **उद्देश्यों, प्रयोजनों और क्षेत्र की पहचान :** प्रत्येक परीक्षण के कुछ विशिष्ट उद्देश्य होते हैं जिन्हें उसे पूरा करना होता है अथवा कुछ अनुदेशनात्मक उद्देश्यों को प्राप्त करना होता है अतः परीक्षण विकासकर्त्ता को सर्वप्रथम इन उद्देश्यों या प्रयोजनों की पहचान करनी चाहिए। साथ ही उन उपयोगकर्त्ताओं के बारे में भी जानकारी प्राप्त कर लेनी चाहिए जो इस परीक्षण का प्रयोग करेंगे। इसके लिए उसे अग्रांकित प्रश्नों का उत्तर प्राप्त करने की कोशिश करना चाहिए :

- परीक्षण के द्वारा किस बात का मापन किया जाना है ?
- क्या इस विकसित किए जाने वाले परीक्षण का उद्देश्य विद्यार्थियों की शक्तियों और कमजोरियों और कठिनाइयों का निदान करना है या इसके द्वारा उनकी उपलब्धियों का मापन किया जाना है ?
- क्या इस परीक्षण की कोई आवश्यकता है और यदि है तो इस परीक्षण का उपयोग कौन करेगा ?
- किस क्षेत्र में विशेष रूप से इसका प्रयोग किया जाएगा ?

(ii) **जिस क्षेत्र में परीक्षण का उपयोग किया जाना है उसके वर्तमान पाठ्यक्रम का पुनरावलोकन :** एक उपलब्धि परीक्षण का उपयोग किसी विशेष जिले, क्षेत्र, राज्य या देश के किसी खास भाग में रहने वाले विद्यार्थियों का परीक्षण करने के लिए किया जाता है। इसलिए परीक्षण के विकासकर्त्ता को उस क्षेत्र विशेष, जिसके लिए वह अपने उपलब्धि परीक्षण का विकास करने की योजना बना रहा है, के विषयों और ग्रेड के पाठ्यक्रम एवं विषयवस्तु को ध्यान में रखना चाहिए। इस प्रयोजन के लिए उसे एक सार्थक प्रश्न का उत्तर प्राप्त करने का प्रयत्न करना चाहिए कि इस परीक्षण में किस प्रकार की विषयवस्तु को शामिल किया जाय ?

(iii) **प्रश्नों के प्रकार, प्रारूप, समय अवधि, प्रशासन का तरीका और अंकन विधि के बारे में निर्णय लेना :** परीक्षण के उद्देश्य क्षेत्र, विषयवस्तु सम्बन्धी निर्णय लेने के पश्चात् परीक्षण निर्माता को निम्न प्रश्नों का उत्तर प्राप्त करने की तरफ अपना ध्यान केन्द्रित करना चाहिए :

- परीक्षण में किस प्रकार के प्रश्नों (निबन्धात्मक, लघु उत्तर या वस्तुनिष्ठ) को शामिल किया जाएगा ?
- प्रश्न किस प्रारूप (बहुविकल्प, सत्यासत्य, शाब्दिक या अशाब्दिक आदि) में पूछे जायेंगे ?
- क्या परीक्षण के एक से अधिक प्रारूप का विकास करने की जरूरत है ?
- परीक्षण का प्रशासन कब, कहाँ और कैसे किया जाएगा ?
- परीक्षण के किसी विशिष्ट भाग को पूरा करने की समय सीमा क्या होगी, पूरे परीक्षण का पूरा करने के लिए विद्यार्थियों को कितना समय दिया जाएगा ?
- परीक्षण के प्रश्नों के विद्यार्थियों द्वारा दिए गए उत्तरों का अंकन कैसे किया जाएगा? और परीक्षण लेने वालों के द्वारा उन अंकों का अर्थापन कैसे किया जाएगा ?
- क्या परीक्षण के प्रयोगकर्त्ताओं के लिए परीक्षण के प्रशासन, अंकन कार्य और अर्थापन कार्य के सम्बन्ध में कुछ विशेष निर्देश देने की जरूरत है ? और यदि है तो क्या परीक्षण के मैनुअल में विशेष रूप से उनका उल्लेख करना चाहिए ?

(iv) **विशिष्टताओं की एक तालिका या ब्लू प्रिंट तैयार करना :** परीक्षण निर्माता को स्वयं के द्वारा विकसित किए जाते हुए परीक्षण की विशिष्टताओं को पहचानना और उसका एक ब्लू प्रिंट तैयार करना जरूरी होता है। ब्लू प्रिंट उसके परीक्षण के विकास के लिए एक मार्गदर्शक मानचित्र के रूप में उसी तरह परीक्षण विकासकर्त्ता की सहायता करता है जिस तरह एक इमारत का ब्लू प्रिंट एक इंजीनियर या भवन निर्माता ठेकेदार का मार्गदर्शन करता है। इस ब्लू प्रिंट में, जो सामान्यतः एक मेट्रिक्स के रूप में प्रदान किया जाता है, उसे विशेषकर निम्न बातों की समाविष्टि करनी होती है।

- विषयवस्तु के सभी क्षेत्रों का समावेश।
- अनुदेशनात्मक उद्देश्य या विद्यार्थियों के अधिगम परिणामों का समावेश।
- परीक्षण में समाविष्ट पदों का प्रकार और स्वरूप।
- परीक्षण में शामिल किए जाने वाले प्रत्येक प्रकार और स्वरूप के पदों की वास्तविक संख्या जो कि प्रत्येक अनुदेशनात्मक उद्देश्य या विद्यार्थियों के अधिगम परिणामों के अनुरूप हो।

- अनुदेशनात्मक उद्देश्य, विषयवस्तु क्षेत्र और उपक्षेत्र तथा पदों के प्रकार और स्वरूप के संदर्भ में परीक्षण पदों को सापेक्षिक भार (Relative weight) प्रदान करना।
- किसी एक या अन्य अनुदेशनात्मक उद्देश्य या अधिगम परिणामों के मूल्यांकन हेतु अंकों का वितरण।

द्वितीय अवस्था : परीक्षण का निर्माण (Test construction) : नियोजन अवस्था में जो निर्णय लिए गए हैं उनके संदर्भ में अब इस अवस्था में परीक्षण विकासकर्त्ता निम्न बातों पर ध्यान केन्द्रित करते हुए अपने परीक्षण निर्माण के वास्तविक कार्य में संलग्न होता है :

(i) परीक्षण पदों को तैयार करना और लिखना : यहाँ अब परीक्षण विकासकर्त्ता अपने परीक्षण के प्रश्नों या पदों का लेखन कार्य करते हुए अपने परीक्षण निर्माण के कार्य को शुरु करता है। ये प्रश्न या पद निबन्धात्मक, लघु उत्तर और वस्तुनिष्ठ स्वरूप या प्रारूप में लिखे जा सकते हैं। वस्तुनिष्ठ प्रकार के प्रश्नों को आगे निम्न रूपों में वर्गीकृत किया जा सकता है: (a) सरल प्रत्यास्मरण प्रश्न (b) दो विकल्प वाले जैसे – सत्यासत्य, सही गलत, शुद्ध–अशुद्ध, हाँ–नहीं, प्रश्न (c) बहुविकल्प प्रश्न (d) पूरक प्रश्न (e) युगलीकरण प्रश्न (f) चेक लिस्ट प्रश्न (g) सादृश्यता पर आधारित प्रश्न आदि।

प्रश्नों या पदों का निर्माण और चयन करने के लिए परीक्षण निर्माता को निम्न बातों को ध्यान में रखना चाहिए :

- प्रश्नों या पदों को इस प्रकार से संरचित करना चाहिए कि एक तरफ तो वे परीक्षण के अनुदेशनात्मक उद्देश्यों और विद्यार्थियों के अधिगम परिणामों की जाँच करने की आवश्यकताओं को पूरा करते हों और दूसरी तरफ प्रकरण के पाठ्यक्रम की विषयवस्तु को पूरी तरह से उनमें समाविष्ट किया गया हो।
- यदि परीक्षण में प्रश्नों की संरचना करने में एक से अधिक प्रकार या प्रारूपों का प्रयोग किया जा रहा है तो प्रश्नों के प्रकारों और प्रारूपों में एक समुचित संतुलन होना चाहिए।
- यद्यपि परीक्षण विकास की प्रथम अवस्था में तैयार किया गया ब्लू प्रिंट परीक्षण के प्रत्येक विभाग, उपविभाग, इकाई या उपइकाई के लिए संरचित किए जाने वाले पदों या प्रश्नों के प्रकार और प्रारूप और प्रश्नों की संख्या के बारे में निर्णय लेने के लिए मार्गदर्शक तारे की तरह कार्य करता है फिर भी इस प्रारम्भिक अवस्था में बहुत बड़ी संख्या में प्रश्नों या पदों की संरचना करने का प्रयास करना चाहिए (कभी कभी तो यह सिफारिश की जाती है कि परीक्षण के अन्तिम प्रारूप की संख्या से दुगने प्रश्नों की संरचना करनी चाहिए।
- परीक्षण विकासकर्त्ता को अपने परीक्षण के प्रश्नों/पदों की संरचना करते और लिखते समय काफी सावधान रहना चाहिए। इसके लिए उसे निम्न बातों की कोशिश करनी चाहिए :
  (a) उसे अपनी विषयवस्तु सम्बन्धी शैक्षणिक जानकारी और व्यक्तिगत अनुभवों का अच्छे से अच्छे ढंग से उपयोग करना चाहिए।
  (b) विषय विशेषज्ञों और अनुभवी अध्यापकों की सहायता लेनी चाहिए और
  (c) इस सम्बन्ध में अच्छी पाठ्यपुस्तक, प्रश्नबैंक और अन्य उपयोगी उपलब्ध स्रोतों की सहायता लेनी चाहिए।

(ii) अनुक्रिया प्रारूप का चयन एवं निर्माण करना : एक परीक्षण में शामिल प्रश्नों या पदों के उत्तर दो भिन्न भिन्न प्रारूपों में दिए जा सकते हैं : (i) चयनित अनुक्रिया प्रारूप (Selected response format) और (ii) निर्मित अनुक्रिया (Constructed response) प्रारूप। चयनित अनुक्रिया प्रारूप में विद्यार्थियों को परीक्षण में दिए गए प्रश्न के कुछ विकल्पों में से एक सही विकल्प का चयन करना होता है। निर्मित

अनुक्रिया प्रारूप में परीक्षार्थी को स्वयं प्रश्न के सही उत्तर का निर्माण या रचना करनी पड़ती है, चयन नहीं। चयनित अनुक्रिया प्रारूप में सबसे ज्यादा प्रसिद्ध प्रारूप हैं – बहुविकल्प प्रश्न, युगलीकरण और सत्यासत्य प्रश्न। जैसा कि कोहेन और स्वेरडिक (Cohen & Swerdlik, 2005:202) ने कहा है निर्मित या संरचित अनुक्रिया प्रारूप के लिये हम एक प्रचलित प्रारूप के रूप में पूरक पदों/प्रश्नों, लघु उत्तर और निबन्धात्मक प्रश्नों/पदों का उल्लेख कर सकते हैं।

एक परीक्षण विकासकर्त्ता परिस्थिति की जरूरत और औचित्य के आधार पर इन दोनों अनुक्रिया प्रारूपों में से किसी एक प्रारूप का या फिर दोनों ही प्रारूपों का प्रयोग अपने परीक्षण पदों के निर्माण में कर सकता है।

(iii) **पदों की व्यवस्था और उनके अंकन पर ध्यान देना :** परीक्षण निर्माता अब अपने परीक्षण के पदों या प्रश्नों की व्यवस्था तथा उनके अंकन पर ध्यान देने का प्रयास करता है। इसके लिए वह निम्न बातों को ध्यान में रखता है :

- पदों को उनके कठिनाई स्तर के अनुसार, जैसे – सरल से कठिन के क्रम में, व्यवस्थित करना।
- एक समान विषयवस्तु तथा एक समान प्रारूप वाले प्रश्नों को साथ साथ क्रम प्रदान करना।
- परीक्षण के विभाग या भाग के प्रश्नों के उत्तरों के लिए दिए जाने वाले अंकों के बारे में निर्णय लेना और उस विभाग या भाग के सामने उन अंकों को लिखना।
- अंकन कुंजी तैयार करना और अंक देने तथा विद्यार्थियों के उत्तरों की व्याख्या करने के सम्बन्ध में परीक्षकों के लिए दिशा निर्देश तैयार करना।
- यदि कम्प्यूटर द्वारा अंकन कार्य किया जा रहा है तो जैसा कि कोहेन आदि (Cohen et al., 2000:31) का विचार है उत्तर प्रपत्र और उनमें उत्तर देने के स्थानों को इस प्रकार से व्यवस्थित किया जाना चाहिए ताकि उनके प्रदत्तों की कम्प्यूटर में अदा (Input) के रूप में प्रविष्टि की जा सके और उन्हें यांत्रिक रूप में अच्छी तरह से पढ़ा और स्केन (Scan) किया जा सके।

(iv) **परीक्षण के लिए दिशानिर्देश तैयार करना और लिखना** : परीक्षण निर्माता अब परीक्षण के पदों या प्रश्नों का उत्तर देने के सम्बन्ध में विद्यार्थियों के लिए निम्न बातों को ध्यान में रखते हुए निर्देश तैयार करता है :

- दिए गए परीक्षण में भाग लेने के लिए विद्यार्थियों को क्या करना होगा, प्रपत्र को कैसे भरना होगा, प्रश्नों का उत्तर देने के लिए क्या करना होगा आदि से सम्बन्धित निर्देश स्पष्ट शब्दों में देने चाहिएं। जैसे – प्रश्न का उत्तर देने के लिए उत्तर प्रपत्र में दिए गए प्रश्न के सामने के वर्गों में से सही उत्तर वाले वर्ग को भरना होगा या सही का निशान लगाना होगा आदि।
- परीक्षण को कितने भागों में बाँटा गया है और किसी एक विभाग या विभागों में से कितने कितने प्रश्नों का उत्तर देना है ?
- किसी एक विशेष पद या पदों के समूह के लिए विद्यार्थियों को किस प्रकार के प्रारूप में उत्तर देना होगा (जैसे – हाँ/नहीं में से चुनाव करना या निशान लगाना, केवल एक शब्द लिखना या एक वाक्य, अनुच्छेद, एक संख्या या एक कथन आदि)।
- विद्यार्थियों को अपने उत्तर कैसे और किस जगह पर लिखने या प्रविष्ट करने हैं ?
- परीक्षण पदों का उत्तर देने के लिए विद्यार्थियों को कितना समय दिया जाएगा (पूरे प्रपत्र के लिए और इसके किसी विभाग के लिए अलग अलग समय स्पष्ट करना)।

- यदि कियी परीक्षण में ज्यादा निर्देश देने हैं, तो, जैसा कि ग्रोन्लुन्ड और लिन (Gronlund and Linn, 1990) का विचार है, शुरु में ही बहुत ज्यादा निर्देश न देकर, इन निर्देशों को परीक्षण के अलग अलग विभाग में अलग अलग प्रकार के निर्देश देकर दिया जा सकता है।

जब एक परीक्षण में अधिक से अधिक उचित पदों या प्रश्नों का संकलन कर उन्हें व्यवस्थित कर लिया जाता है और इनमें उपयुक्त दिशानिर्देश दे दिए जाते हैं तब इस प्रकार से बने परीक्षण को – परीक्षण का प्रारम्भिक या रफ ड्राफ्ट (Rough draft) कहा जाता है।

तृतीय अवस्था : पदों का पुनर्वीक्षण करना, परीक्षण करना व परीक्षण को उचित रूप देना (Reviewing, Tryout and Revision of the Test)

परीक्षण का रफ ड्राफ्ट पदों या प्रश्नों के ऐसे समूह का प्रतिनिधित्व करता है जिसे विद्यार्थियों के शैक्षिक या अधिगम परिणामों का मूल्यांकन करने के एक उपकरण के रूप में काम में लाया जाता है। परन्तु इस समय यह एक प्राथमिक एवं पूर्ण तैयारी रहित स्वरूप में होता है। इस समय इस रफ़ ड्राफ्ट को, परीक्षण के अन्तिम प्रारूप में शामिल किए जाने के लिए पूरी तरह से पुनर्वीक्षण तथा विश्लेषण करने और उचित रूप देने की जरूरत होती है। इसलिए द्वितीय अवस्था में तैयार किए गए परीक्षण के प्रारम्भिक ड्राफ्ट का आगे बताए गए ढंग से आवश्यक प्रक्रियाकरण करना होता है :

(i) **अस्पष्ट और पक्षपातपूर्ण पदों को परीक्षण में से निकालने के लिए पदों का पुनरावलोकन :** द्वितीय अवस्था में तैयार किए गए परीक्षण के रफ ड्राफ्ट को उन विषय विशेषज्ञों और अनुभवी विद्वानों के पास भेजा जाता है, जो इसमें आवश्यक सुधार करने के लिए बहुमूल्य सुझाव प्रदान करने में सक्षम हों। इससे इस रफ ड्राफ्ट में सुधार लाने में निम्न रूप से सहायता मिलती है :
   - उपयोगकर्त्ताओं के लिए प्रश्नों की भाषा को बोधगम्य एवं सरल बनाना।
   - वर्तनी एवं व्याकरण सम्बन्धी त्रुटियों को ठीक करना।
   - अस्पष्ट, निरर्थक और पक्षपातपूर्ण पदों को हटा देना।
   - एक सा अर्थ रखने वाले पदों की पुनरावृत्ति होने पर उनकी जाँच करना।

(ii) **पदों का परीक्षण करना :** तैयार किए गए परीक्षण के रफ ड्राफ्ट का पुनर्वीक्षण होने के उपरान्त अब उसके पदों का परीक्षण (Tryout) किया जाता है। इस कार्य के लिए परीक्षण निर्माता को निम्न क्रम में आगे बढ़ना चाहिए :
   - जिस कक्षा, ग्रेड तथा विद्यालय के पाठ्यक्रम के लिए परीक्षण बनाया जा रहा है उसी के समान कक्षा या ग्रेड के विद्यार्थियों के एक छोटे समूह (प्रतिदर्श) को लेना चाहिए। इस प्रतिदर्श में शामिल विद्यार्थियों की संख्या न तो बहुत कम हो और न बहुत ज्यादा हो बल्कि यह परीक्षण की जाँच करने के उद्देश्य से संतुलित मात्रा में हो। प्रतिदर्श के बहुत छोटे आकार के प्रयोग के विरोध में चेतावनी देते हुए कोहेन और स्वेरडिक (Cohen & Swerdlik, 2005:211) लिखते हैं :

     कितने व्यक्तियों पर एक परीक्षण को परीक्षित करके देखा जाए, इस प्रकार के प्रश्न भी पर्याप्त महत्त्व रखते हैं। इस सम्बन्ध में एक अनौपचारिक नियम यह हो सकता है कि परीक्षण के प्रत्येक पद या प्रश्न हेतु पाँच से लेकर दस तक प्रयोज्य होने चाहिए। परन्तु सामान्य रूप से इस कार्य के लिए जितने अधिक प्रयोज्य हों उतना अच्छा रहता है। यहाँ यह मान्यता कार्य करती है कि जितने ज्यादा प्रयोज्य होंगे, प्रदत्त विश्लेषण में सम्भावना या अनायास कारक की भूमिका उतनी ही शक्तिहीन होगी। बहुत कम प्रयोज्यों को परीक्षण की जाँच करने हेतु प्रयुक्त किए जाने में निश्चित

रूप से यह खतरा रहता है कि बाद में परिणामों का कारक विश्लेषण करने के दौरान कुछ फालतू कारक व्यर्थ में ही सामने आ सकते हैं (और इससे उचित निष्कर्ष पर पहुँचने में परेशानी रहती है।

- अब परीक्षण की समष्टि के प्रतिनिधित्व प्रतिदर्श के रूप में कार्यरत इस छोटे प्रतिदर्श पर इस परीक्षण का प्रशासन करना चाहिए।
- परीक्षण के प्रशासन के समय उसी तरह की परिस्थितियाँ एवं वातावरण बनाए रखने की कोशिश करनी चाहिए जैसा वातावरण या परिस्थितियाँ मानकीकृत परीक्षण के प्रशासन के समय प्रस्तुत की जायेंगी।
- अब प्रतिदर्श में शामिल उत्तरदाताओं के द्वारा दिए गए परीक्षण के पदों के उत्तरों को अंक प्रदान करके, पद विश्लेषण करने के लिए उनकी ठीक प्रकार से गणना करनी चाहिए।

(iii) पद विश्लेषण : विद्यार्थी समष्टि के एक प्रतिनिधि प्रतिदर्श पर परीक्षण के प्रथम ड्राफ्ट का प्रशासन करने के उपरान्त परीक्षण विकासकर्त्ता पद विश्लेषण का कार्य करता है जिससे परीक्षण के उद्देश्यों को प्राप्त करने में असक्षम और असमर्थ कमजोर पदों को परीक्षण से हटाया जा सके। परीक्षण के प्रथम ड्राफ्ट में शामिल पदों का यह विश्लेषण मुख्य रूप से दो बातों को लेकर किया जाता है – एक तो पद विशेष में विभेदीकरण सम्बन्धी कितनी योग्यता है, और दूसरी उसका कठिनाई स्तर क्या है। हम पद विश्लेषण के इन दोनों पहलुओं की चर्चा इस पुस्तक के अध्याय 27 में विस्तार से करेंगे। परन्तु यहाँ हम उसका एक संक्षिप्त कार्यकारी विवरण प्रदान करने का प्रयत्न कर रहे हैं।

पद विशेष की विभेदीकरण योग्यता : इस योग्यता के मापन से हमें यह जानने में मदद मिलती है कि एक परीक्षण में शामिल एक विशेष पद या प्रश्न परीक्षण में बहुत अच्छे प्राप्तांक पाने वाले या खराब प्राप्तांक प्राप्त करने वाले प्रयोज्यों के बीच में निहित अंतर या भेद को कितनी अच्छी तरह से स्पष्ट करने गें समर्थ हो सकता है। किसी भी पद की विभेदीकरण शक्ति से सम्बन्धित इस प्रकार की क्षमता का निर्धारण करने के लिए परीक्षण निर्माणकर्त्ता से यह अपेक्षा की जाती है कि वह एक विशेष सांख्यिकीय मान, जिसे पद विभेदीकरण सूचकांक (Item Discriminating Index) कहा जाता है, की गणना करे। प्रत्येक पद विभेदीकरण सूचकांक की गणना करने के लिए निम्न सूत्र प्रयोग में लाया जाता है :

पद विभेदीकरण सूचकांक $= \dfrac{(A-B)}{N/2}$ इसमें :

A = उच्च प्राप्तांक वाले समूह से सही प्राप्तांकों (correct scores) की संख्या (माना ऊपर के 25 या 33%)

B = निम्न प्राप्तांक वाले समूह से सही प्राप्तांकों (correct scores) की संख्या (माना नीचे के 25 या 33%)

N = दोनों समूहों के विद्यार्थियों की कुल संख्या।

आइए, एक उदाहरण के द्वारा इस सूत्र को स्पष्ट करते हैं :

एक परीक्षण विकासकर्त्ता ने अपने उपलब्धि परीक्षण के प्रथम ड्राफ्ट को 60 विद्यार्थियों के प्रतिनिधि प्रतिदर्श पर परीक्षित करने का प्रयास किया। यह एक बहुविकल्प परीक्षण था। प्रत्येक शुद्ध उत्तर के लिए 1 अंक निर्धारित था। पूरे परीक्षण में इन विद्यार्थियों द्वारा जो अंक प्राप्त किए गए उनके आधार पर उसने उन विद्यार्थियों को तीन समूहों में विभाजित किया – उच्च अंक प्राप्त करने वाला समूह, औसत प्राप्तांक समूह और निम्न प्राप्तांक समूह (प्रत्येक उपसमूह में 20–20 विद्यार्थी थे)। अब उसमें A तथा B के मान की गणना की, जैसे – उच्च तथा निम्न प्राप्तांक वाले समूह से, एक विशेष पद के लिए, सही प्राप्तांकों की संख्या।

परीक्षण के पहले पद या प्रश्न के लिए उसने पाया कि :

- 20 विद्यार्थियों के उच्च प्राप्तांक वाले समूह के 16 विद्यार्थियों ने प्रथम पद का सही उत्तर दिया।
- 20 विद्यार्थियों के निम्न प्राप्तांक वाले समूह के केवल एक विद्यार्थी ने प्रथम पद का सही उत्तर दिया।

इस प्रकार से A का मान 16 और B का मान 1 प्राप्त कर उसने इन मानों को परीक्षण के प्रथम पद का पद विभेदीकरण सूचकांक प्राप्त करने के लिए, निम्न प्रकार से सूत्र का प्रयोग किया :

$$\text{पद विभेदीकरण सूचकांक} = \frac{(16-1)}{(20+20)/2} = \frac{15}{20} = 0.75$$

हम जानते हैं कि परीक्षण के एक पद का विभेदीकरण सूचकांक मान अधिक से अधिक 1 हो सकता है। हम यह भी जानते हैं कि किसी भी पद को परीक्षण में बनाए रखने या उसका परित्याग करने हेतु विभेदीकरण सूचकांक के जिस मान को इस कार्य हेतु क्रान्तिक मान (Ceritical value) स्वीकार किया जाता है उसका मूल्य या मान 0.67 होता है। हमारे उपरोक्त उदाहरण में परीक्षण के प्रथम पद का मान 0.75 आया है जो कि क्रान्तिक मान 0.67 से काफी ज्यादा है। इसलिए यह अच्छी तरह से जाना जा सकता है कि परीक्षण का प्रथम पद परीक्षण के उच्च एवं निम्न प्राप्तांकों को अर्जित करने वाले प्रयोज्यों में अच्छी तरह विभेदीकरण करने में समर्थ है, फलस्वरूप इसे परीक्षण में रखा जाना चाहिए।

पद की कठिनाई (Item Difficulty)

पद की कठिनाई परीक्षण के किसी पद के कठिनाई स्तर को बताती है, जैसे : एक परीक्षण में भाग लेने वाले विद्यार्थियों के समूह को उस पद का उत्तर देने में वह कितना कठिन लगा या कितना सरल। किसी पद का कठिनाई स्तर जानने के लिए एक विशेष सांख्यिकीय मान, जिसे पद काठिन्य सूचकांक कहा जाता है, की गणना करनी होती है। प्रत्येक पद के इस कठिनाई सूचकांक की गणना करने के लिए निम्न सूत्र का प्रयोग किया जाता है :

$$\text{पद काठिन्य सूचकांक} = A/N \times 100, \text{ यहाँ पर}$$

A = जिन विद्यार्थियों ने पद का सही उत्तर दिया है उनकी संख्या

N = उन विद्यार्थियों की कुल संख्या जिन्होंने पद का उत्तर दिया (सही या गलत)

पद कठिनाई सूचकांक का अधिक से अधिक मान पद विभेदीकरण सूचकांक मान की तरह 1.00 होता है। किसी पद को कठिन मानने के लिए क्रान्तिक सूचकांक मान 0.67 और सरल मानने के लिए क्रान्तिक सूचकांक मान 0.33 होता है इसलिए जो पद 33 प्रतिशत से नीचे आते हैं और जो 67 प्रतिशत से ऊपर क्रान्तिक मान प्राप्त करते हैं उन्हें क्रमशः ज्यादा कठिन और ज्यादा सरल माना जाता है। यहाँ एक बात और भी ध्यान देने की है कि परीक्षण विकासकर्त्ता के लिए यह जरूरी नहीं है कि वह निर्धारित कठिनाई सूचकांक मूल्य या मान से ऊपर या नीचे आने वाले पदों को अपने परीक्षण से निकाल दे। यदि वह यह महसूस करता है कि बहुत अधिक कठिन या सरल स्तर का होने पर भी उस पद को परीक्षण में रखने की जरूरत है तो वह उसे रख सकता है। फिर जैसा कि फ्रिसबी (Frisbie, 1981) का विचार है कि एक क्रान्तिक सूचकांक मान या विभाजन बिन्दु (Cut off point) के रूप में एक विशेष सूचकांक मान का उपयोग करने के सम्बन्ध में निर्णय परिस्थिति अनुसार बदलता रहता है। उदाहरण के लिए एक मानक सन्दर्भित परीक्षण में पद कठिनाई मान 50 प्रतिशत तक हो सकता है।

(iv) परीक्षण को पुनः देखना (Test revision) : पद विश्लेषण के उपरान्त बचे हुए पदों को उचित रूप से व्यवस्थित करने के लिए परीक्षण विकासकर्त्ता, निम्नलिखित गतिविधियों में संलग्न होता है :

- पद विश्लेषण के परीक्षण से बचे हुए अपने प्रथम ड्राफ्ट के पदों को एकत्रित करके व्यवस्थित करना।
- परीक्षण के कमजोर पदों के स्थान पर कुछ उपयोगी और शक्तिशाली पदों को शामिल करना।
- पदों की भाषा, शैली और प्रारूप में सुधार करना।
- परीक्षण के उपयोगकर्त्ताओं के लिए दिए गए निर्देशों में जरूरी परिवर्तन करना।

इस प्रकार पुनः निरीक्षण कर व्यवस्थित और सुधार किया गया परीक्षण अन्तिम स्वरूप प्राप्त कर लेता है।

चतुर्थ अवस्था : परीक्षण का मानकीकरण (Standardization of the Test)

मानकीकृत उपलब्धि परीक्षणों की यह एक अनुपम विशेषता है जो इन्हें अमानकीकृत अध्यापक कृत परीक्षणों से अलग करती है। रोबर्टसन (Robertson, 1990:75) के अनुसार – मानकीकृत को एक ऐसी प्रक्रिया के रूप में जाना जा सकता है जिसके द्वारा परीक्षण के प्रशासन, अंकन तथा व्याख्या में वस्तुनिष्ठा एवं एकरूपता बनाई जा सके।

अपने परीक्षण के इस अन्तिम प्रारूप के मानकीकरण हेतु परीक्षण विकासकर्त्ता द्वारा निम्न प्रकार की गतिविधियों के क्रियान्वयन की अपेक्षा की जा सकती है :

(i) समष्टि के एक बड़े प्रतिदर्श पर परीक्षण का प्रशासन

- सर्वप्रथम परीक्षण निर्माणकर्त्ता परीक्षण समष्टि में से एक बड़े प्रतिदर्श का चुनाव करता है।
- इसके बाद वह प्रशासन के ढंग, वातावरणीय परिस्थितियों, समय अवधि, तथा अंकन कार्य आदि कारकों को ध्यान में रखते हुए जहाँ तक सम्भव हो वस्तुनिष्ठ और एकरूपता के साथ इस प्रतिदर्श पर परीक्षण का प्रशासन करता है।
- इसके बाद वह प्राप्तांकों की गणना करता है और मानक (Norms) विकसित करने के कार्य में प्रयुक्त करने के लिए समुचित रूप से उनका सारिणीकरण करता है।

(ii) मानकों का विकास : एक मानकीकृत उपलब्धि परीक्षण के लिए मानकों का विकास करना काफी जरूरी होता है। ये मानक व्यक्तिगत रूप से विद्यार्थियों की उपलब्धियों में विद्यार्थियों के समूहों में, तथा एक क्षेत्र के विद्यालयों में आपस में तुलना करने के लिए काफी वस्तुनिष्ठ तथा समान मानदण्ड या कसौटी प्रदान करते हैं। एक परीक्षण निर्माणकर्त्ता को इस उद्देश्य के लिए विद्यार्थियों की आयु और ग्रेड के अनुसार आवश्यक मानक गणना करने के लिए निम्न प्रकार के मानक और मानदण्ड अपने परीक्षण के मैनुअल में प्रस्तुत करने चाहिए :

- तुलना करने के लिए आयु और ग्रेड के अनुसार मानक (Norms)
- तुलना करने के लिए शतांश मानक (Percentile norms)
- व्यक्तिगत रूप में विद्यार्थियों को ग्रेड प्रदान करने के लिए प्राप्तांकों की निश्चित श्रेणियाँ।

(मानकों की अवधारणा और उनकी गणना करने के बारे में विस्तार से इसी पुस्तक के 30वें अध्याय में चर्चा की जायेगी।)

(iii) परीक्षण की विश्वसनीयता और वैधता स्थापित करना : एक अच्छा उपलब्धि परीक्षण उन विद्यार्थियों, जिन विद्यार्थियों के लिए यह बनाया जा रहा है, की समष्टि के लिए महत्त्वपूर्ण होने के साथ सुरक्षित अनुप्रयोग की दृष्टि से यथेष्ट रूप से विश्वसनीय एवं वैध भी होना चाहिए। अपने इस प्रयोजन को

सही ढंग से प्राप्त करने के लिए एक मानकीकृत उपलब्धि परीक्षण निर्माणकर्त्ता को अपने परीक्षण की निम्न प्रकार की विश्वसनीयता और वैधता की गणना करने और स्थापित करने के लिए आवश्यक सांख्यिकी तकनीकी का प्रयोग करना चाहिये :

- परीक्षण–पुनर्परीक्षण विश्वसनीयता (Test retest reliability)
- समतुल्य प्रारूप विश्वसनीयता (अगर परीक्षण के दो समतुल्य प्रारूप उपलब्ध हैं)
- उचित विधियों जैसे–खंडित अर्ध (Split-half), KR_{20} सूत्र का या अल्फा गुणांक (Alpha- coefficient) के प्रयोग से आंतरिक एकरूपता (Internal consistency) की स्थापना।
- प्रत्यक्ष रूप से दिखाई देने वाली वैधता (Face validity)
- विषयवस्तु वैधता (Content validity)
- रचना सम्बन्धी वैधता (Construct validity)
- मानदण्ड सम्बन्धी वैधता (Criterion related validity)

(इन सभी प्रकार की विश्वसनीयता और वैधता की प्रकृति एवं उन्हें निर्धारित करने के तरीकों के बारे में हम इसी पुस्तक के 29वें और 30वें अध्याय में चर्चा करेंगे।)

24

प्रदत्त संकलन उपकरण– समाजमिति या समाजमितीय तकनीकें

[Data Collection Tools—Sociometry or Sociometric Techniques]

विषय प्रवेश (Introduction)

शोध अध्ययन के प्रयोज्यों की सामाजिक संरचना और वातावरण में व्यक्तियों की अन्तःक्रियाओं, पारस्परिक सम्बन्धों, अभिवृत्तियों, मूल्यों और व्यवहार से सम्बन्धित ऐसी बहुत सी बातें होती हैं, जिनका व्यावहारिक विज्ञानों में किसी एक या दूसरी शोध सम्बन्धी समस्या का समाधान करने हेतु आवश्यक प्रदत्तों का संकलन करने के लिए, मापन करने की जरूरत पड़ती है। इस कार्य के लिए प्रदत्त संकलन की सामान्य विधियों जैसे – प्रश्नावली, प्रेक्षण, साक्षात्कार, निर्धारण मापनी, अभिवृत्ति मापनी, व्यक्तित्व एवं समायोजन परिसूची आदि का प्रयोग कर सकते हैं, जिनका वर्णन इसी पुस्तक के विभिन्न अध्यायों में किया जा चुका है। परन्तु कुछ विशेष प्रयोजनों, जैसे – एक समूह, संस्था और संगठन के सदस्यों के बीच विद्यमान सम्बन्ध, अन्तःक्रिया के विशेष ढंग, एक समूह की सामाजिक संरचना और गतिशीलता, एक समूह के बीच उपस्थित सामाजिक सुसंगतता, समूह के सदस्यों में पारस्परिक आकर्षण या विकर्षण का प्रकार, समूह के सदस्यों में व्याप्त निकटता या दूरी आदि के बारे में ऊपर उल्लेखित प्रदत्त संकलन तकनीकों के प्रयोग से प्रभावपूर्ण ढंग से जानकारी प्राप्त नहीं की जा सकती है। इसके लिए हमें कुछ विशेष प्रकार की तकनीकों और विधियों की जरूरत होती है जिन्हें सामान्य रूप से समाजमिति या समाजमितीय तकनीक के नाम से जाना जाता है। प्रस्तुत अध्याय में हम इन्हीं कुछ महत्त्वपूर्ण तकनीकों के बारे में जानना चाहेंगे।

समाजमिति या समाजमितीय तकनीकें क्या हैं ? (What are Sociometry or Sociometric Techniques ?)

शाब्दिक व्युत्पत्ति के आधार पर समाजमिति शब्द आंग्लभाषा के Sociometry शब्द का हिन्दी रूपान्तर है और Sociometry शब्द लैटिन भाषा के 'Socius' और 'Metrum' शब्दों से बना है। Socius का अर्थ है 'सामाजिक' और Metrum का अर्थ है 'मापन'। इस प्रकार समाजमिति शब्द का अर्थ है वह सामाजिक मापन जिसे एक सामाजिक समूह के सम्बन्धों और अन्तःक्रियाओं के अंश या मात्रा (Degree) मापने के लिए प्रयुक्त किया जाता है। इस प्रकार समाजमिति पद उन सब उपायों और तकनीकों के लिए प्रयुक्त किया जाता है जो एक समूह में विद्यमान पारस्परिक अन्तःक्रिया, पारस्परिक सम्बन्ध एवं गतिशीलता के मापन के लिए उपयोग में लाए जाते हैं। यह तो इसका सामान्य अर्थ है परन्तु इसके अर्थ और प्रकृति के बारे में और अधिक जानकारी प्राप्त

करने के लिए हम कुछ प्रसिद्ध विद्वानों के द्वारा समाजमिति के सम्बन्ध में अभिव्यक्त किए गए विचारों और दृष्टिकोणों से परिचित होने का प्रयास करना चाहेंगे।

1. **ब्रोनॅफैन ब्रेनर :** समाजमिति एक ऐसी विधि है जिसमें समूह के व्यक्तियों के बीच विद्यमान स्वीकृति या अस्वीकृति की मात्रा के मापन के आधार पर समूह के सदस्यों की सामाजिक स्थिति, संरचना तथा विकास का अन्वेषण, वर्णन तथा मूल्यांकन किया जाता है।

   (Sociometry is a method for discovering, describing and evaluating social status, structure and development through measuring the extent of acceptance or rejection between individuals in groups. —Bronfenbrenner, 1943:373)

2. **जेनिंग्स हेलन हॉल :** संक्षेप में समाजमिति वह साधन है जिसके माध्यम से एक समय विशेष पर एक समूह में विद्यमान पूरी संरचना को सरल एवं चित्रात्मक रूप में प्रस्तुत किया जा सकता है। इस विधि में मात्र एक ही नजर में सम्प्रेषण के मार्ग या आकर्षण–विकर्षण के प्रतिमान पूर्ण रूप से और शीघ्र ही बोधगम्य हो जाते हैं।

   (Stated briefly, Sociometry may be described as a means of presenting simply and graphically the entire structure or relations existing at a given time among members of a given group. The major lines of communications, or the patterns of attraction and rejection in its full scope, are made readily comprehensible at a glance. — Jennings, Helen, Hall, (1952:11)

3. **करलिंगर :** "समाजमिति एक विस्तृत पद है जिससे अनेक विधियों का संकेत मिलता है। इन विधियों के द्वारा व्यक्तियों के चयन, सम्प्रेषण और अन्तःक्रिया प्रतिमानों से सम्बन्धित आंकड़ों का संकलन और विश्लेषण किया जाता है।"

   (Sociometry is a broad term indicating a number of methods of gathering and analysing data on the choice, communication and interaction pattern of people in groups. — Kerlinger, F.N., 1964:564)

4. **बेस्ट और काहन :** समाजमिति किसी समूह विशेष से सम्बन्धित व्यक्तियों में निहित सामाजिक सम्बन्धों के वर्णन के लिए काम में लाई जाने वाली एक तकनीक है। अप्रत्यक्ष रूप में यह व्यक्तियों के बीच में पाए जाने वाले आकर्षणों तथा विकर्षणों का विवरण प्रस्तुत करने का प्रयत्न करती है और ऐसा करने के लिए इसमें उनसे यह पूछा जाता है कि वे विभिन्न परिस्थितियों में किनका चयन और किनको अस्वीकार करना चाहेंगे ?

   (Sociometry is a technique for describing the social relationships among individuals in a group. In an indirect way it attempts to describe attraction or repulsion between individuals by asking them to indicate whom they would choose or reject in various situations. — Best and Kahn, l 2006:339)

> **समाजमिति या समाजमितीय तकनीकें :** यह इस प्रकार की तकनीक या विधियाँ हैं जिनमें एक सामाजिक समूह की संरचना को उन पारस्परिक अन्तःक्रियाओं और सम्बन्धों के सन्दर्भ में वर्णन करने का प्रयत्न किया जाता है जो समूह विशेष में किसी समय और परिस्थिति विशेष में विद्यमान रहते हैं।

समाजमिति या समाजमितीय तकनीकों की प्रकृति और विशेषताएँ
(Nature and Characteristics of Sociometry or Sociometric Techniques)

ऊपर जो विचार व्यक्त किए गए हैं उनकी सहायता से हम समाजमिति एवं समाजमितीय तकनीकों की प्रकृति और विशेषताओं का उल्लेख अग्र प्रकार से कर सकते हैं।

1. समाजमिति या समाजमितीय तकनीकें उन साधनों और उपायों का प्रतिनिधित्व करती हैं जिन्हें एक विशेष समय पर विशेष प्रकार की परिस्थितियों (जिनका नीचे उल्लेख किया गया है) में एक समूह की संरचना और कार्यप्रणाली से सम्बन्धित एक या अन्य प्रकार के गुणों या विशेषताओं को खोजने, वर्णन करने और मापन करने के लिए उपयोग में लाया जाता है।
   (i) समूह के सदस्यों के बीच पाए जाने वाले सामाजिक सम्बन्धों, सुसंगतता, सम्प्रेषण, अन्तःक्रिया आदि का स्वरूप।
   (ii) समूह के सदस्यों के द्वारा पारस्परिक अन्तःक्रिया और सामाजिक सम्बन्धों में स्थापित समीपता और दूरी।
   (iii) समूह के सदस्यों के द्वारा आपस में एक दूसरे से रखी जाने वाली अपेक्षाएँ।
   (iv) समूह के सदस्यों की व्यक्तिगत रूप से क्या स्थिति और स्तर है।
   (v) समूह की सम्पूर्ण संरचना और सर्वांगीण कार्यप्रणाली।
2. यह अन्तःवैयक्तिक सम्बन्धों की दिशा का पता लगाने में मदद करती है कि समूह विशेष में कौन किसको पसन्द करता है। इस बात की जानकारी शोधकर्त्ता को इस प्रकार की व्याख्या करने में मदद करती है कि समूह उद्देश्यों की प्राप्ति में सदस्यगण किस प्रकार एक दूसरे का विरोध या समर्थन करते हैं।
3. एक समूह में निहित पारस्परिक सम्बन्धों, अन्तःक्रियाओं, सम्प्रेषण और सामाजिक दूरी के ढंग आदि के बारे में जानने के लिए इसमें अनेक विधियों और तकनीकों (जैसे – समाजमितीय मैट्रिक्स, सोशियोग्राम, "अनुमान लगाइये कौन" तकनीक और सामाजिक दूरी मापनी) का प्रयोग किया जाता है।
4. समाजमितीय तकनीकों का प्रयोग मुख्य रूप से मानव और समाज, समूह व्यवहार और समूह गतिशीलता से सम्बन्धित विषयों जैसे – समाजशास्त्र, समाज मनोविज्ञान, सामाजिक मानव विज्ञान और व्यापार और प्रबन्धन सहित अनेक व्यावहारिक विज्ञानों का अध्ययन करने में किया जाता है।
5. समाजमिती में जिन तकनीकों और विधियों का प्रयोग किया जाता है उनका प्रयोग बड़े असंगठित तथा स्वाभाविक समूहों की बजाय छोटे संगठित समूह के अध्ययन में विशेष रूप से उपयोगी होता है।
6. समाजमिति में प्रयोग में लाई जाने वाली विधियाँ और तकनीकें एक दिए गए समय में समूह के सदस्यों के मध्य चल रहे सम्बन्धों, अन्तःक्रियाओं और सम्प्रेषण की व्याख्या तथा प्रदर्शन के लिए परिमाणात्मक प्रदत्त और आरेखीय प्रतिनिधित्व प्रदान करती हैं।
7. समाजमिति और समाजमितीय तकनीकों से युक्त अध्ययनों में अक्सर प्रश्नावली विधि के प्रयोग के द्वारा ही प्रदत्तों का संकलन किया जाता है। शोधकर्त्ता प्रयोज्यों से इस प्रकार के प्रश्नों का उत्तर देने के लिए कहता है जिनसे यह पता चले कि उनकी अन्तःसम्बन्धित पसन्द क्या है, यानी विविध परिस्थितियों में वे किन के साथ अन्तःक्रिया करना या साथ साथ काम करना पसन्द या नापसन्द करेंगे।
8. अपने समूह में किसी एक या अन्य मानदण्ड के आधार पर यह बताना कि समूह में स्थित दूसरे सदस्यों के प्रति उनकी किस प्रकार के सकारात्मक या नकारात्मक अभिवृत्ति या विचार हैं। इस प्रकार की अभिव्यक्ति करना ही समाजमिति तकनीक का सबसे महत्त्वपूर्ण पहलू तथा अनुप्रयोग होता है।
9. समाजमिति तकनीक इस तथ्य पर आधारित है कि व्यक्ति अन्तर्वैयक्तिक सम्बन्धों में अपनी पसन्द या नापसन्द अभिव्यक्त करते हैं। जब भी कभी वे कहीं एकत्रित होते हैं, तो कहाँ बैठना है या कहाँ खड़ा होना है, कौन मित्रवत् है, कौन नहीं, समूह का मुख्य केन्द्र बिन्दु कौन है, कौन समूह में उपेक्षित है, कौन समूह से अलग है, इन सबके बारे में वे अपनी पसन्द–नापसन्द का निर्धारण करते हैं। इस बात को और अधिक स्पष्ट करते हुए मोरेनो (Moreno, 1953:720) ने लिखा है :

अपनी पसन्द–नापसन्द अभिव्यक्त करना सभी विद्यमान मानवीय सम्बन्धों में एक जाना माना तथ्य है। इसमें व्यक्तियों और वस्तुओं के प्रति पसन्द–नापसन्द को अभिव्यक्त किया जाता है। यहाँ इसका कोई अर्थ नहीं है कि इस प्रकार की पसन्द–नापसन्द करने वाले व्यक्ति को सम्बन्धित अभिप्रेरणाओं का ज्ञान हो और यह भी कोई मायने नहीं रखता कि वे (Choices), अभिव्यक्ति विहीन होती हैं या उच्च दर्जे की अभिव्यक्तिपूर्ण, विचारपूर्ण होती है या विचारहीन। उन्हें किसी प्रकार के विशेष औचित्य की जरूरत नहीं होती है जब तक कि वे अपने स्वाभाविक रूप में हों और पसन्द नापसन्द व्यक्त करने वाले व्यक्ति के अनुरूप हों।

10. समाजमिति व्यक्तियों के पारस्परिक सम्बन्धों की मात्रा (Degree) मापने का एक तरीका है। सम्बन्धों का मापन, केवल समूहों में निहित व्यवहार का मूल्यांकन करने में ही उपयोगी नहीं होता है बल्कि उनके व्यवहार के सकारात्मक परिवर्तन लाने के सम्बन्ध में मध्यस्थता करने और परिवर्तन किस सीमा तक हो सकता है इसका निर्धारण करने के लिए भी काफी उपयोगी हो सकता है। एक कार्यात्मक समूह में आपसी मतभेद कम करने और पारस्परिक सम्प्रेषण को अच्छा बनाने में भी समाजमिति एक सशक्त उपकरण सिद्ध हो सकती है क्योंकि यह समूह को वस्तुनिष्ठ रूप से अपने आपको देखने तथा अपनी स्वयं की गतिशीलता का विश्लेषण करने के लिए कहती है। यह प्रशिक्षण तथा उपचार में संलग्न समूहों के विकास और गतिशीलता का मापन करने के लिए भी एक सशक्त उपकरण सिद्ध होती है।

समाजमिति या समाजमितीय तकनीकों के अर्थ, प्रकृति और विशेषताओं के बारे में अब तक जो भी चर्चा की गई है वह समाजमिति या समाजमितीय तकनीकों की एक कार्यात्मक परिभाषा निम्न प्रकार से प्रस्तुत करने में सहायता कर सकती है :

समाजमिति या समाजमितीय तकनीक को ऐसी विधि या तकनीक के रूप में परिभाषित किया जा सकता है जिसको एक दिए हुए समय और परिस्थिति में समूह के सदस्यों के मध्य पाई जाने वाली अन्तःक्रिया, पारस्परिक सम्बन्ध, आकर्षण और विकर्षण, समीपता और दूरी, एकता और बिखराव के सन्दर्भ में एक समूह की सम्पूर्ण संरचना को जानने, वर्णन करने और मूल्यांकन करने के लिए प्रयोग में लाया जाता है ताकि समूह–उद्देश्यों के अच्छे से अच्छे प्रभावपूर्ण तरीके से प्राप्त करने हेतु समूह विशेष को एकजुट होकर कार्यरत रहने में समुचित मदद की जा सके।

समाजमिति या समाजमितीय तकनीक का उद्‌गम और इतिहास
(Origin and History of Sociometry or Sociometric Techniques)

समाजमिति और समाजमितीय तकनीकों के विकास का उद्‌गम और इतिहास मुख्य रूप से कई समाजशास्त्री जैसे – ई०एस० बोगार्डस्, ह्यूग हर्टशोर्ने, मार्क० ए० मेय, जैकब लेवी मोरेनो, क्रिसवेल, एच०एच० जेनिंग, जैकब और नोर्मन ग्रोन्लुन्ड आदि के अध्ययनों और कार्यों से सम्बन्धित है। ये सभी विद्वान इस क्षेत्र में अपने स्वयं के ढंग से दिए गए अनूठे और बहुमूल्य योगदान के लिए काफी प्रसिद्ध हैं। आइए इनके बारे में संक्षेप में जानते हैं :

1. सन् 1929 में हर्टशोर्ने और मेय (Hart shorne & May) ने काफी ज्यादा प्रयोग की जाने वाली एक समाजमितीय तकनीक जिसे "अनुमान लगाइये कौन" (Guess–who) तकनीक के नाम से जाना जाता है, का विकास किया।
2. सन् 1920 और 1930 के दौरान दो समाजशास्त्रियों बोगार्डस् और मोरेनो ने सामाजिक सम्बन्धों का मापन करने के लिए दो महत्त्वपूर्ण परिमाणात्मक तकनीकों का विकास करने के प्रयत्न किये। इसके आधार पर बोगार्डस्, ई०एस० (1933) ने एक मापनी का विकास किया जिसे "सामाजिक दूरी मापनी" (भिन्न भिन्न समूहों के मध्य दूरी तथा एक समूह के अन्तर्गत सदस्यों के मध्य दूरी का मापन करने का

साधन) के नाम से जाना जाता है। जे०एल० मोरेनो (1934) ने समूह के सदस्यों के सम्बन्धों का मापन करने के लिए समाजमिति के नाम से अनेक तकनीकों का विकास किया जैसे – सोशियोमैट्रिक्स और समाज आरेख (Sociogram) आदि।

3. एक समूह के सदस्यों के बीच में उपस्थित सम्बन्धों की खोज करने, वर्णन करने और मापन करने के लिए समाजमिति पद का एक तकनीक एवं विधि के रूप में विकास करने का श्रेय प्रसिद्ध समाजशास्त्री एवं मनोचिकित्सक जैकब लेवी मोरेनो, एम०डी० (1889–1974) को जाता है। आइए उनके बारे में थोड़ा विस्तार से जानें।

   वियेना में जन्मे तथा पालन पोषण किए गए मोरेनो 1925 में संयुक्त राष्ट्र अमेरिका में बस गए और वहाँ न्यूयार्क में 1930 तक काम किया। मोरेनो अपने कॉलेज के दिनों से ही सम्बन्धों की गत्यात्मकता के बारे में जानने में रुचि रखते थे और इस दिशा में उन्होंने अपनी स्वयं की विचारशक्ति से यह अनुभव किया कि लोगों को खुशी और अपने आप में स्वाभाविकता का अनुभव तब होता है जब उन्हें उन लोगों से मिलने जुलने का मौका मिलता है, जिनके साथ उनकी खूब पटती है। मोरेनो ने लोगों की दूसरों के लिए पसन्द–नापसन्द को उनके लिए आकर्षण और विकर्षण कहा। इसी आकर्षण और विकर्षण का समाजमिति में मापन किया जाता है। इस मापन के लिए इस प्रकार के प्रश्न किए जाते हैं कि आप किनके साथ साझे अनुभवों जैसे – दोपहर का भोजन लेने, अपने प्रेमी/प्रेमिका के साथ बाहर जाने, टेनिस खेलने, अध्ययन सम्बन्धी किसी प्रोजेक्ट को करने जैसी बातों को बाँटना चाहते हो।

   - मोरेनो ने 1930 में समाजमिति का विकास किया और इस विषय पर एक प्रसिद्ध पुस्तक "Who shall survive" नामक शीर्षक से लिखी। पुस्तक का शीर्षक ही उसके इस विश्वास का सूचक था कि हमारा मानव जाति के रूप में सारा अस्तित्व ही इस प्रकार की उपयुक्त समाजिक विधियों के विकास पर निर्भर करता है जिनके द्वारा हमें सामाजिक संघर्षों को शान्तिपूर्वक सुलझाने में मदद मिले न कि हमें अपनी उस योग्यता की वृद्धि करने में सहायता मिले जिनसे अधिक से अधिक विनाशकारी शस्त्रों का निर्माण होता है।
   - उसने अपना पहला दीर्घकालीन समाजमिति अध्ययन 1932–38 तक हड़सन, न्यूयार्क के छात्रा प्रशिक्षण विद्यालय में किया। इस आवासीय विद्यालय में लड़कियों के रहने की सोलह कोटेज थीं। इन कोटेजों में रहने वाली लड़कियों में आए दिन अन्तःसामूहिक सघर्ष चलते रहते थे और लड़कियाँ वहाँ से भागती रहती थीं। मोरेनो ने इस समस्या का समाधान ढूँढ़ने हेतु समाजमिति तकनीकों को काम में लाने का प्रयास किया। उसने इन कॉटेजों में रहने वाली लडकियों से यह पूछा कि वे एक से लेकर पाँच तक अपनी पसन्द बताते हुए उन पाँच लड़कियों का क्रमानुसार नाम बताएं जिनके साथ वे कॉटेज में रहना पसन्द करेंगी, उनके साथ भोजन करना पसन्द करेंगी, उनके साथ अध्ययन पसन्द करेंगी या एक मित्र के रूप में उनके साथ रहना पसन्द करेंगी। इसके पश्चात् उसने उनसे यह भी पूछा कि इसके अतिरिक्त उन पाँच लड़कियों के भी क्रमशः नाम बताओ जिन्हें वह एक से लेकर पाँच तक अपनी उस नापसन्द का क्रम देना चाहती हैं जिनके साथ एक ही कॉटेज में रहने, भोजन करने, अध्ययन करने या मित्रवत् खुश रहने को वे बिल्कुल भी नहीं चाहेंगी।

     इन लड़कियों के इस समूह में विद्यमान सम्बन्धों तथा अन्तःक्रिया के रुझान का अध्ययन करने के बाद उसने इन लड़कियों को इन कॉटेजों में नए सिरे से स्थान प्रदान किया। यह पाया गया कि समाजमिति अध्ययन के आधार पर की गई स्थानों की इस पुनर्व्यवस्था से उनके बीच आंतरिक झगड़ों की संख्या काफी कम हो गई और कॉटेज से उनका भागना भी बंद हो गया। (Moreno, 1953:527)

अपने अध्ययन के अनुवर्ती कार्यक्रम के रूप में सामाजिक सम्बन्धों की जाँच पड़ताल तकनीक हेतु समाजमिति को एक उपयुक्त तकनीक के रूप में स्थापित करने हेतु मोरेनो ने स्वतन्त्र रूप से तथा दूसरे अन्य सामाजिक मनोविज्ञानिकों (जैसे – हेलन हाल जेनंग्स तथा क्रिसवेल) के साथ मिलकर अन्य परिस्थितियों जैसे दूसरे विद्यालयों, सैन्य और चिकित्सा समूहों आदि में काफी अध्ययन किए।

- 1937 में मोरेनो ने समाजमितीय नामक एक व्यावसायिक जर्नल प्रकाशित करना शुरु किया, जिसमें उसके अपने विद्यार्थियों के द्वारा किये हुये शोधपत्रों का प्रकाशन हुआ। 1956 में समकालीन समाजशास्त्रियों की इस विषय में बढ़ती हुई रुचि को ध्यान में रखकर मोरेनो ने अपने इस जर्नल को अमेरिकन सोशियोलोजिकल एसोसिएशन को सौंप दिया जिसने इसे कुछ दशकों तक आगे प्रकाशित किया।

4. क्रिसवेल (Criswell, 1937) ने समाजमिति तकनीकों का प्रयोग करते हुए पब्लिक स्कूल के विद्यार्थियों के साथ एक सामाजिक सम्बन्धों का अध्ययन करने वाला अनुसंधान कार्य किया। उसने पाया कि ग्रेड II और III के विद्यार्थियों ने मित्रता और बन्धुत्व स्थापित करने के लिए समलिंगी मानदण्ड का प्रयोग किया जबकि ग्रेड IV और उच्च ग्रेड के बच्चों ने अपनी राय व्यक्त करने हेतु समाजीकरण के कारण उनमें विकसित हुई जाति और रंग की भावना के प्रभाव का प्रदर्शन किया।
5. औद्योगिक जगत में प्रथम संगठित समाजमितीय अध्ययन जेकव्स (1945) के द्वारा किया गया। अपने अन्वेषण के आधार पर उसने संगठन में कुशल एवं निष्ठावान कारीगरों, पर्यवेक्षकों तथा प्रबन्धकों की पहचान करने में मदद की और इसके अलावा उनके बीच विद्यमान अवांछित तथा अनुचित गुटों को भी जानने में मदद की ताकि पारस्परिक वैमनस्य, प्रतिद्वन्द्विता और तोड़फोड़ को नियन्त्रित किया जा सके।
6. नोर्मन ग्रोनलुण्ड (1953) ने भी शिक्षा के क्षेत्र में (विशेष कर विद्यालयी कक्षाओं तथा विद्यालयी परिस्थितियों में विद्यमान सामाजिक वातावरण के सन्दर्भ में) सामाजिक सम्बन्धों तथा सामाजिक गतिशीलता के अध्ययन हेतु समाजमिति तकनीकों का प्रयोग करने सम्बन्धी काफी प्रशंसनीय कार्य किया। उसने विद्यालय परिवेश में समाजमिति मापन की महत्ता को उजागर करते हुए एक काफी अच्छा शोध पत्र भी प्रकाशित किया। जिसमें उसने इस बात पर जोर दिया कि उन बालकों का जल्दी ही निदान करना आवश्यक है जो सामाजिक अस्वीकृति या साथियों की अवहेलना का शिकार बन रहे हैं। उन बालकों को उनके अपने साथियों द्वारा स्वीकार नहीं किया जाना इस बात का सूचक है कि उनका सामाजिक और संवेगात्मक समायोजन खतरे की सीमा पर है और इसलिए उनका शीघ्र से शीघ्र निदान करना और उन्हें उनके सामाजिक एवं संवेगात्मक रूप से समायोजित होने में सहायता करना अति आवश्यक है।
7. समकालीन समय में समाजमिति तकनीकों को शिक्षा, चिकित्सा, परामर्श एवं निर्देशन, व्यापार एवं औद्योगिक संस्थानों तथा अन्य व्यावसायिक जगत के क्षेत्रों में विविध तरीकों से काम में लाने के प्रयत्न किए गए हैं। ताकि इन क्षेत्रों से सम्बन्धित औपचारिक तथा अनौपचारिक समूहों में विद्यमान सामाजिक सम्बन्धों, अन्तःक्रियाओं, सम्प्रेषणों, समूह रचनाओं तथा समूह गतिशीलताओं को अच्छी तरह अध्ययन करने और उसमें अपेक्षित सुधार लाने सम्बन्धी कार्यों को उचित अंजाम दिया जा सके।

प्रमुख समाजमितीय तकनीकों का वर्णन
(Description of the Main Sociometric Techniques)

एक समूह या संगठन में अन्तनिर्हित सम्बन्धों, अन्तःक्रियाओं, सम्प्रेषण, चहुंमुखी संरचना और गतिशीलता का अध्ययन करने के लिए कई प्रकार की समाजमितीय तकनीकें प्रचलित हैं। इन सभी उपलब्ध तकनीकों में से हमें यहाँ इस अध्याय में केवल तीन प्रमुख समाजमितीय तकनीकों की चर्चा कर रहे हैं :

A. "अनुमान लगाओ कौन" तकनीक B. सामाजिक दूरी मापनी और C. समाजमिति (सोशियोमेट्रिक्स और सोशियोग्राम तकनीकों के उपयोग के सन्दर्भ में)।

A. "अनुमान लगाओ कौन" तकनीक (The "Guess Who" Technique)

इस तकनीक को विकसित करने का श्रेय सन् 1929 में प्रसिद्ध समाजशास्त्री ह्यूग हर्टशोर्ने और मार्क ए० मेय (Hugh Hartshorne & Mark, A. May) को दिया जाता है। यह तकनीक इस तर्क पर आधारित है कि आपस में जुड़े हुये एक समूह के सदस्य के रूप में हम समूह के अन्य सदस्यों के व्यक्तित्व की किसी एक या अन्य तथा सामाजिक विशेषता के सम्बन्ध में उनकी स्थिति के बारे में यह अनुमान लगाने या बताने की स्थिति में होते हैं कि समूह में कौन सा सदस्य ज्यादा बातूनी है, कौन दूसरों की सहायता करने के लिए तत्पर रहता है, कौन झगड़ालू है या कौन किसी एक या दूसरे उत्तरदायित्व का निर्वहन अच्छी प्रकार से कर सकता है ? इस आधार पर "अनुमान लगाओ कौन" तकनीक समाजमितीय तकनीक के उस एक प्रकार का प्रतिनिधित्व करती है जिसका प्रयोग, समूह के सदस्यों की सामाजिक विशेषताओं और सामाजिक सम्बन्धों का मापन करने के लिए वहाँ किया जाता है, जहाँ पर :

(i) उन्हें बहुत से विवरणात्मक कथन (वैयक्तिक रूप से मौखिक रूप में या सामूहिक रूप से लिखित प्रारूप में) प्रदान किए जाते हैं।

(ii) ये कथन कुछ खास विशेषताओं को दर्शाते हैं, जिनके अध्ययन में मूल रूप से अध्यापक, उपचारकर्त्ता या अनुसंधानकर्त्ता रुचि रखते हैं।

(iii) अध्ययन के प्रयोज्यों से कहा जाता है कि वे इन दिए गए कथनों के विवरण के लिए समूह के जिस सदस्य को सबसे ज्यादा उपुयक्त समझते हैं उनका नाम बतायें, (अर्थात् अनुमान लगाएं)।

(iv) प्रत्येक व्यक्ति (समूह का सदस्य जैसे कक्षा का विद्यार्थी, खेल समूह या गतिविधि समूह का विद्यार्थी) को कुछ अन्य व्यक्तियो (सामान्यतः तीन या कुछ) के नाम लिखने होते हैं।

(v) तब अध्यापक या शोधकर्त्ता साधारण आवृत्ति गणना विधि द्वारा इन कथनों में दी गई विशेषताओं के सन्दर्भ में अध्ययन के प्रयोज्यों के बारे में यह स्पष्ट कर सकते हैं कि समूह के अधिकांश सदस्यों के द्वारा कौन सा सदस्य सबसे ज्यादा उपयुक्त या अनुपयुक्त माना गया है।

तालिका 24.1 'अनुमान लगाओ कौन' तकनीक के घोषणात्मक कथनों के उदाहरण

- अनुमान लगाओ कि कौन हमेशा बात करता है परन्तु काम कम करता है ?
- अनुमान लगाओ कि कौन हमेशा दूसरों की मदद के लिए तत्पर रहता है ?
- अनुमान लगाओ कि कौन हमेशा चिन्तित, परेशान और उद्विग्न रहता है ?
- अनुमान लगाओ कि कौन हमेशा गुस्से में रहता है और दूसरों से झगड़ा करता है ?
- अनुमान लगाओ कि कौन हमेशा दूसरों पर दोषारोपण करता है ?
- अनुमान लगाओ कि कौन शर्मीला है और अजनबियों से भयभीत होता है ?
- अनुमान लगाओ कि कौन काम को टालता है और बहानेबाज है ?
- अनुमान लगाओ कि कौन अधिन्यास और प्रोजेक्ट के काम में सर्वश्रेष्ठ है ?

"अनुमान लगाओ कौन" तकनीक अपने प्रायोगिक रूप में काफी रुचिकर है। यह समूह के भीतर उपस्थित व्यक्तियों की विशेषताओं, सामाजिक सम्बन्धों, परस्पर अन्तःक्रियाओं, पारस्परिक सम्प्रेषण, सामाजिक आयामों, और सामाजिक गतिशीलता के बारे में जानने के लिए काफी सुरुचिपूर्ण, लचीली, प्रशासन करने में आसान तथा अंकन कार्य में सरल समाजमिति तकनीक का प्रतिनिधित्व करती है। यह अध्यापकों को अपने विद्यार्थियों के बारे में

तथा शोधकर्त्ताओं को अपने अध्ययन के प्रयोज्यों के बारे में, जो कुछ भी वे जानना और अन्वेषण करना चाहते हैं, वह सब आसान और काफी रुचिकर ढंग से जानने में सहायता कर सकती है। इस तकनीक से न केवल उनके सरल व्यवहार और सामाजिक विशेषताओं का ही पता आसानी से लगाया जा सकता है बल्कि समाज विरोधी व्यक्तित्व वाले, भगोड़े बच्चे, सामाजिक रूप से समायोजित या कुसमायोजित व्यक्ति, कार्यकर्त्ता या बहानेबाज, काम से जी चुराने वाले व्यक्ति, सृजनात्मक और नेता आदि का निदान करने में भी इससे सहायता मिल सकती है।

B. सामाजिक दूरी मापनी (Social Distance Scale)

सामाजिक दूरी से तात्पर्य उस दूरी से है जो समूह के एक व्यक्तिगत सदस्य के द्वारा उसके अपने समूह या दूसरे समूहों के अन्य सदस्यों के साथ उसकी अपनी पसन्द या नापसन्दगी के कारण, बनाए रखी जाती है। सही मायने में यह दूरी, एक ही समूह के सदस्यों के मध्य या एक समूह के सदस्यों की अन्य समूह के सदस्यों के साथ सामाजिक अन्तरंगता और समझ की मात्रा (Degree) का प्रतिनिधित्व करती है। सामाजिक दूरी का मापन करने के लिए समाजशास्त्रियों ने मापनीय तकनीकों का प्रयोग करते हुए कुछ मापकों का विकास किया, जिन्हें सामाजिक दूरी मापनी के नाम से जाना जाता है। वास्तव में, इस प्रकार से विकसित सामाजिक दूरी मापनी, उसी समूह के सदस्यों के बीच या भिन्न भिन्न समूहों के सदस्यों के बीच अन्तर्निहित सामाजिक सम्बन्धों, अन्तःक्रियाओं और सम्प्रेषणों (एक दूसरे के लिए अन्तरंगता या परित्याग, पसन्द या नापसन्द, सामाजिक दूरी की मात्रा आदि की डिगरी को मापने के लिए एक प्रभावशाली और रुचिकर समाजमितीय तकनीक का प्रतिनिधित्व करती है।

सामाजिक दूरी मापनी : उसी समूह के सदस्यों के बीच या एक समूह के सदस्यों के साथ दूसरे समूह के सदस्यों की सामाजिक अन्तरंगता या समझ की मात्रा का मापन करने के लिए मापनी तकनीक का प्रयोग करने वाली एक समाजमितीय युक्ति।

ई०एस० बोगार्डस् (1933) पहले समाजशास्त्री थे जिसने सर्वप्रथम एक सामाजिक दूरी मापनी का अन्वेषण किया जिसे इन्होंने "बोगार्डस् दूरी मापनी" नाम दिया। अपनी मापनी में उन्होंने संयुक्त राज्य अमेरिका के भिन्न भिन्न सामाजिक समूहों से सम्बन्धित लोगों से यह बताने के लिए पूछा कि निम्न वर्गीकरण में से किसमें भिन्न भिन्न जाति समूहों के सदस्यों को प्रविष्टि देना चाहेंगे या स्वीकार करेंगे ?

1. विवाह द्वारा निकट बन्धुत्व स्वरूप में
2. अपने मित्र समूह में अपने व्यक्तिगत मित्र के रूप में
3. अपनी गली में पड़ोसी के रूप में
4. अपने व्यवसाय में सहयोगी के रूप में
5. अपने देश के नागरिकों के रूप में
6. अपने देश में केवल एक भ्रमणकर्त्ता या दर्शक के रूप में
7. अपने देश से बाहर निकाल देने के रूप में

"बोगार्डस् दूरी मापनी" की उपरोक्त सात श्रेणियों का सूक्ष्म विश्लेषण यह बताता है कि सामाजिक दूरी मापनियों में कथनों का निर्माण इस प्रकार से किया जाता है जिससे विभिन्न समूहों के सदस्यों के मध्य उपस्थित सामाजिक अन्तरंगता या दूरी की अलग अलग मात्रा (डिगरी) का मापन किया जा सके। उत्तरदाताओं को अपनी पसन्द–नापसन्द बताने के लिए काफी बड़े दायरे में अनेक विकल्प प्राप्त हो जाते हैं, जिनका विस्तार दूसरे समूह या सदस्यों के साथ काफी घनिष्ठ प्रकार के सम्बन्ध स्थापित करने से लेकर बहुत अधिक दूर के सम्बन्ध या किसी भी प्रकार के सम्बन्ध न रखने से होता है।

बोगार्डस् के द्वारा सर्वप्रथम बनाई गई इस "सामाजिक दूरी मापनी" के उपरोक्त उदाहरण से यह नहीं समझना चाहिए कि सामाजिक दूरी मापनियों का प्रयोग, केवल विभिन्न समूहों के सदस्यों में समीपता या दूरी की मात्रा का मापन प्रदान करने के लिए ही किया जाता है बल्कि इनका प्रयोग, एक समूह विशेष के सदस्यों के मध्य समीपता और दूरी की मात्रा का मापन करने के लिए भी किया जाता है। इसलिए व्यावहारिक विज्ञानों में कार्यरत विद्वानों और समाजशास्त्रियों ने ऐसे सामाजिक दूरी मापनियों का विकास करने के प्रयास भी किए जो उसी समूह के सदस्यों के मध्य उपस्थित समीपता और दूरी की मात्रा का मापन करने में सहायता कर सकें। ऐसी सामाजिक दूरी मापनियों का प्रयोग अनुसंधानकर्त्ताओं को, स्वीकृति या अस्वीकृति (दूसरे सदस्यों को कौन से सदस्य स्वीकार या अस्वीकार करने योग्य हैं और स्वीकृति या अस्वीकृति की यह मात्रा क्या है) के ढाँचे या शैली का पता लगाने में भी सहायता कर सकती हैं।

इस कार्य को अच्छी तरह से करने के लिए निर्मित की गई सामाजिक दूरी मापनी में अच्छी तरह से संरचित, मापित की गई परिस्थिति (सामान्यतः 5 से 7 के विस्तार में) के दिए गए क्रम में व्यवस्थित अनेक कथन होते हैं और उत्तरदाताओं से मापनी के किसी एक बिन्दु का चयन करके अपनी स्थिति की जाँच करने के लिए कहा जाता है। यह चयन उत्तरदाता की अपनी स्वयं की स्थिति को प्रतिबिम्बित करता है कि वह अपने स्वयं के समूह के किसी विशेष सदस्यं के साथ या दूसरे समूह के सदस्य के साथ कितनी निकटता या दूरी बनाए रखना चाहता है या चाहती है। सामाजिक दूरी मापनी के इस प्रकार के मापित कथनों के उदाहरण के रूप में (एक कक्षाकक्ष परिस्थिति में प्रयोग के योग्य) हम उसे निम्न रूप में प्रस्तुत कर सकते हैं :

- मैं उसे अपना/अपनी सबसे अच्छा/अच्छी मित्र बनाना पसन्द करूंगा/करूंगी।
- मैं उसे अपने पारिवारिक उत्सव/कार्यक्रम में आमन्त्रित करना पसन्द करूंगा/करूंगी।
- मुझे उसके साथ विद्यालय के भ्रमण या पिकनिक पर जाने में कोई आपत्ति नहीं है।
- गुझे उसके साथ कक्षा में बैठने पर कोई आपत्ति नहीं है।
- मैं उसके साथ अपने कक्षा के नोट्स अदला बदली करना और प्रोजेक्ट में पार्टनर के रूप में कार्य करना पसन्द करूंगा/करूंगी।
- जहाँ तक सम्भव होगा मैं उसकी संगति से बचने का प्रयत्न करूंगा/करूंगी।
- मैं चाहता/चाहती हूँ कि काश वह मेरी कक्षा, यहाँ तक कि विद्यालय में भी नहीं होता/होती।

उपरोक्त सामाजिक दूरी मापनी सात बिन्दु मापनी है। एक व्यक्ति के द्वारा अनुभव की गई अपने समूह में सामाजिक स्वीकृति या अस्वीकृति या डिगरी को मापन करने के लिए इसका प्रयोग किया जा सकता है। अगर हम ऊपर दिए गए कथनों को उनके हिसाब से 1 से लेकर 7 तक संख्यात्मक मूल्य प्रदान करते हुए इस मापनी का परिमाणीकरण करने का प्रयत्न करें, तो साथियों के द्वारा की गई रेटिंग का संकलित रूप, समूह में से किसी एक विद्यार्थी विशेष की सामाजिक रूप से अस्वीकृत अथवा नापसन्द विद्यार्थी के रूप में पहचान करने में मदद कर सकता है। यहाँ तक कि उसको एक ऐसा विद्यार्थी माना जा सकता है जिसके सामाजिक रूप से कुसमायोजित होने की आशंका है। परन्तु अगर उसे अपने समूह के अन्य विद्यार्थियों की तुलना में कम या कम से कम प्राप्तांकों की उपलब्धि हो तब इस अवस्था में उसे अधिक से अधिक सामाजिक रूप से समायोजित तथा ऐसा सदस्य माना जा सकता है जिसे समूह के सदस्यों द्वारा ज्यादा से ज्यादा पसन्द किया जाए।

C. समाजमिति (सोशियोमेट्रिक्स और सोशियोग्राम तकनीकों के उपयोग के संदर्भ में) (Sociometry—Incorporating use of Sociomatrix and Sociogram)

जैसा कि पहले बताया जा चुका है कि हम अक्सर समाजमिति और समाजमितीय तकनीकों को परस्पर एक–दूसरे के लिए या समानार्थक रूप से प्रयोग में लाते हैं। फिर भी समाजमितीय तकनीक पद एक विस्तृत पद है जो

कि, किसी विशेष समूह के सदस्यों के बीच में आपस में या दूसरे समूहों के सदस्यों के साथ उनमें पाए जाने वाले सम्बन्धों, अन्तःक्रियाओं और सम्प्रेषण की मात्रा का पता लगाने, उसका वर्णन करने और मापन करने के लिए अध्यापकों, खोजकर्त्ताओं और चिकित्सकों के द्वारा किसी एक या अन्य परिस्थिति में, अनेक तकनीकों के उपयोग के साथ प्रयोग में लाई जाती है। हम इस प्रकार की दो समाजमिति तकनीकों– "अनुमान लगाओ कौन" और "सामाजिक दूरी मापनी" की पहले ही चर्चा कर चुके हैं। तीसरी तकनीक जिसकी अब हम चर्चा करने जा रहे हैं – वह है समाजमिति। इसकी प्रक्रिया में सोशियोमेट्रिक्स और सोशियोग्राम सामाजिक मापकों का प्रयोग किया जाता है। ये सामाजिक मापक (सोशियोमेट्रिक्स और सोशियोग्राम) उस समाजमितीय तकनीक के अभिन्न अंग थे जिसे प्रसिद्ध समाजशास्त्री मोरेनो ने पहली बार समाजमिति का नाम दिया था।

मोरेनो के द्वारा समाजमिति के नाम से प्रयोग में लाई जाने वाली तकनीक, समाजशास्त्री हर्टशोर्ने और मेय (Hart Shorne & May, 1929) तथा बोगार्डस् (Bogardus, 1933) द्वारा विकसित "अनुमान लगाओ कौन" तकनीक और "सामाजिक दूरी मापनी" जैसे पूर्वप्रतिपादित सामाजिक मापकों तथा सामाजिक तकनीकों से काफी अलग और अनोखी मानी जाती है। यह अपनी उपयोगिता को लेकर इतनी प्रभावपूर्ण थी कि यह धीरे धीरे सब तकनीकों की जगह लेते हुए समाजमिति तकनीकों का एक प्रकार से पर्याय ही बन गई और इसीलिए आज भी जब हम अपने अनुसंधान कार्य में किसी समाजमिति तकनीक को उपयोग में लाने की बात सोचते हैं तो हम इसी समाजमिति के झंडे के तले ही सोशियोमेट्रिक्स और सोशियोग्राम को उपयोग में लाकर किसी समूह विशेष में विद्यमान सामाजिक सम्बन्धों, अन्तःक्रिया, सम्प्रेषणों तथा समूह गतिशास्त्र के अन्वेषण, मापन और व्याख्या करने की बात करते हैं।

समाजमिति के उपयोग और अनुप्रयोग में निहित मान्यताएँ (Assumptions Underlying the Use and Applicability of Sociometry)

मोरेनो के द्वारा प्रस्तुत की गई समाजमिति का उपयोग और अनुप्रयोग कुछ मूलभूत धारणाओं पर आधारित है, जिनका उल्लेख निम्न प्रकार किया जा सकता है :

- एक छोटे समूह के सदस्यों को समाज के लक्ष्यों के प्रति एक दूसरे के योगदान, सामाजिक समायोजन की प्रकृति तथा व्यक्तित्व की विशेषताओं के सम्बन्ध में थोड़ी बहुत जानकारी तो होती ही है।
- व्यक्तियों में उपस्थित एक या दूसरी विशेषताओं के लिए पसन्द या नापसन्द के आधार पर समूह के सदस्य एक दूसरे के प्रति आकर्षण या विकर्षण के भाव को प्रदर्शित करते हैं।
- यदि उनसे अपनी पसन्द का चयन करने के लिए कहा जाए (जैसे – किसी विशेष मापदण्ड "अर्द्ध–अवकाश के समय आप किस के साथ खेलना पसन्द करोगे" के आधार पर किसी का चयन करने या अवहेलना करने) तो उनके द्वारा एक दूसरे के लिए बनाई गई इस व्यक्तिगत पसन्द के परिणाम, सामाजिक आदतों, व्यक्तित्व विशेषताओं और समूह के सदस्यों में समूह अन्तःक्रिया से सम्बन्धित बहुत सी बातें स्पष्ट कर देते हैं।
- समूह के सदस्यों के द्वारा एक विशिष्ट कसौटी के आधार पर किए गए चयन (पसन्द नापसन्द) के रूप में प्राप्त प्रदत्तों का, कुछ विशेष तकनीकों जैसे – सोशियोमेट्रिक्स और सोशियोग्राम की सहायता से ठीक प्रकार से अभिलेखन, विश्लेषण और व्याख्या की जा सकती है।

प्रदत्त संकलन और अनुसंधान तकनीक के रूप में समाजमिति के प्रयोग के सोपान (Steps Involved in the Use of Sociometry as Data Gathering and Research Technique)

1. अध्ययन किए जाने वाले समूह की पहचान (Identification of the group to be studied) : इस सोपान पर अनुसंधानकर्त्ता समूह का समाजमितीय अध्ययन करने के लिए एक सामाजिक मापक प्रश्नावली का

प्रशासन करने के लिए एक विशेष समूह जैसे – अपने अनुसंधान अध्ययन की समष्टि या प्रतिदर्श को ढूँढ़ने या पहचान करने का प्रयास करता है।

2. मानदण्ड का विकास (Development of the criteria) : समाजमिति तकनीक का प्रयोग करने में उत्तरदाताओं के द्वारा अपनी पसन्द या नापसन्द को प्राथमिकता अभिव्यक्त करने में सहायता करने के लिए किसी समुचित मापदण्ड का विकास और प्रयोग बहुत जरूरी है। जैसा कि सभी प्रदत्त संकलनीय विधियों में होता है, समाजमिति में भी हम उत्तरदाताओं से जो उत्तर प्राप्त करते हैं। वे हमारे द्वारा पूछे गए प्रश्नों के औचित्य पर निर्भर करते हैं। इसलिए अनुसंधानकर्त्ता को उचित मानदण्ड निर्मित करने की कोशिश करनी चाहिए, जैसे – समुचित प्रश्न पूछकर उत्तरदाताओं को अपनी पसन्द नापसन्द बताने के लिए सार्थक परिस्थिति प्रदान करना – आप किसके साथ खेलना/काम करना/पिकनिक पर जाना पसन्द करोगे ?" या "आप अपने जन्मदिन की पार्टी में किस व्यक्ति/व्यक्तियों को आमंत्रित करना चाहोगे/नहीं चाहोगे?" आदि। एक समुचित मानदण्ड का विकास करने का कार्य, बहुत ही गम्भीरता और आवश्यक निष्ठा के साथ किया जाना चाहिए क्योंकि एक मानदण्ड का अच्छा या गलत चयन, समाजमिति मापक की सफलता या असफलता का कारण बन सकता है। इस सम्बन्ध में अच्छे परिणाम प्राप्त करने के लिए निम्न सिद्धान्तों का पालन करना अच्छा रहेगा :

- मानदण्ड को जितना सम्भव हो, उसका इतने ही सरल तरीके से कथनीकरण किया जाना चाहिए और वह अधिक से अधिक स्पष्ट एवं सटीक होना चाहिए। दूसरे शब्दों में इसके द्वारा उत्तरदाताओं के सामने इस प्रकार की अर्थपूर्ण पसन्द नापसन्द से सम्बन्धित अधिक से अधिक सरल प्रारूप प्रस्तुत किया जाना चाहिए।
- मानदण्ड व्यक्तिनिष्ठ हो सकता है क्योंकि हम पर व्यक्तिविशेष द्वारा जो पहला प्रभाव छोड़ा जाता है, हमारी पसन्द और नापसन्द उस पर आधारित होकर, हमारे चयन को व्यक्तिनिष्ठ बना सकती है। कुछ परिस्थिति विशेष में यह मानदण्ड वस्तुनिष्ठ और विचार पूर्ण भी हो सकता है विशेषकर उन अवस्थाओं में, जैसे – जहाँ हमको यह ज्ञान हो कि समूह कार्य करने हेतु व्यक्ति विशेष में विशेष प्रकार के कौशलों की उपस्थिति है या नहीं?
- मानदण्ड के संदर्भ में उत्तरदाताओं को कुछ वास्तविक अनुभव होने चाहिएँ चाहे वे अतीत से सम्बन्ध रखते हों या वर्तमान से। इनके अभाव में उचित और महत्त्वपूर्ण उत्तरों की प्राप्ति सम्भव नहीं हो पाती।
- मानदण्ड सामान्य या अस्पष्ट होने की बजाय विशिष्ट और स्पष्ट होने चाहिऐं। अस्पष्ट रूप से परिभाषित मानदण्ड, अस्पष्ट अनुक्रियाओं को निमंत्रण देता है।
- सकारात्मक रूप से संरचित पदों/प्रश्नों के साथ नकारात्मक रूप से संरचित पद (जैसे – आप विज्ञान प्रयोगशाला में किसके साथ काम करना पसन्द नहीं करेंगे ?) भी पसन्द नापसन्द अभिव्यक्त करने के लिए एक अच्छे मानदण्ड के रूप में काम कर सकते हैं और यहाँ इनके द्वारा उत्तरदाताओं से उन्हें अस्वीकार करने के संदर्भ में नामित करने के लिए कहा जा सकता है।
- अगर संभव हो तो मानदण्ड परिकल्पित होने की बजाय वास्तविक होना चाहिए। ताकि उत्तरदाताओं को अपनी चयन प्रक्रिया को अर्थपूर्ण, रुचिपूर्ण और जीवन्त बनाने में समुचित सहायता मिले।
- एक मानदण्ड को उस समय ताकतवर या सक्षम जाना जाता है जब उसमें कार्यात्मक व्यवहार को उत्पन्न करने की क्षमता हो। उदाहरण के लिए, अगर महाविद्यालय छात्रावास में प्रवेश लेने वाले किसी नए विद्यार्थी से यह प्रश्न पूछा जाए "कि आप इस वर्ष के लिए किसके साथ अपने कमरे में रहना पसन्द करेंगे ?" इस कथन में अधिक कार्यकारी व्यवहार सम्बन्धी क्षमता पाई जाती है बजाय इसके कि उससे यह प्रश्न पूछा जाए कि "तुम्हें किस पर विश्वास है?"

- मोरेनो ने बताया कि एक आदर्श मानदण्ड वह है जो प्रयोज्य के जीवन लक्ष्य को आगे बढ़ने में सहायता करता है। मोरेनो (Moreno, 1953:105) के अनुसार "अगर कोई परीक्षण प्रक्रिया किसी प्रयोज्य के जीवन उद्देश्यों से मेल खाती है तो वह कभी यह अनुभव नहीं कर सकता कि उसके साथ अन्याय या कुछ बुरा हुआ है। अगर इसी प्रकार के कार्य प्रयोज्य की अपनी मर्जी से सम्पन्न किए जाएं तो यह बात परीक्षणकर्त्ता के लिए भी एक परीक्षण की तरह होगी।"

  किसी कॉलेज छात्रावास में प्रवेश लेने वाले नए विद्यार्थी से कमरे में "रहने के लिए उसके साथी का चयन करने के बारे में पूछना" उस समाजमिति परीक्षण का उदाहरण कहा जा सकता है जो प्रयोज्य के जीवन उद्देश्य से मेल खाता है।

  इस पर आगे जोर देते हुए मोरेनो ने लिखा है :

  व्यक्तियों का सहयोग लेना तब आसान होता है जब वे परीक्षण को एक इस प्रकार के उपकरण के रूप में मान्यता देना प्रारम्भ करें कि इस उपकरण से मात्र समष्टि या जनसंख्या के स्तर की खोज नहीं की जा रही है बल्कि यह एक ऐसा उपकरण है जिसके द्वारा मुख्य रूप से परीक्षण समष्टि को उन आधारभूत क्रियाओं के सन्दर्भ में सामूहिक अभिव्यक्ति करने का अवसर दिया जा रहा है जिनमें वे वर्तमान में भाग ले रहे हैं या भविष्य में भाग ले सकते हैं।

- और अन्त में, एक अच्छे मानदण्ड के लिए यह कहा जा सकता है कि इसमें समूह के द्वारा कोई खतरा उठाने सम्बन्धी स्तर उतना ही रखा जाए जितना कि समूह की एकता और संगठन, शक्ति तथा उसके विकास स्तर के अनुरूप हो।

3. समाजमितीय प्रदत्तों का संकलन (Gathering sociometric data) : इस सोपान में अनुसंधानकर्त्ता अपने प्रश्नों (अपनी पसन्द नापसन्द का चयन करने के लिए निर्धारित मानदण्ड) के उत्तरों के रूप में आवश्यक समाजमितीय प्रदत्तों का संकलन करने का प्रयत्न करता है। अपने इस प्रयोजन को अच्छी तरह से प्राप्त करने के लिए उसे निम्न बातों पर ध्यान देना चाहिए :

(i) उत्तरदाताओं से उनके सामान्य उत्तर प्राप्त करने के लिए, उनके साथ समुचित तालमेल स्थापित करने की कोशिश करनी चाहिए। उत्तरदाताओं को यह विश्वास दिलाना चाहिए कि उनके मौखिक उत्तरों या लिखकर दिए गए उत्तरों को गुप्त रखा जाएगा अर्थात् उनके उत्तरों की विश्वसनीयता के बारे में उन्हें आश्वस्त करना चाहिए।

(ii) उत्तरदाताओं के लिए मानदण्ड का स्पष्टीकरण उचित रूप से कर देना चाहिए जिस पर उन्हें अपनी पसन्द नापसन्द का चयन प्रदान करना है (जैसे – एक सामुदायिक प्रोजेक्ट के लिए आप अपने समूह में किसके साथ काम करना पसन्द करोगे ?)

(iii) पूछे गए प्रश्न (किसी विशेष मानदण्ड पर आधारित) का उत्तर देने की पूरी प्रक्रिया अच्छी तरह स्पष्ट कर देनी चाहिए इसके लिए निम्न बातों पर जोर देना चाहिए :

- अपने चयन या प्राथमिकताओं को 1, 2, 3, 4 आदि के क्रम में सूचीबद्ध करो। आप अपने चयन को कम से कम या अधिक से अधिक संख्याओं में, जैसा भी आप चाहते हैं, प्रदान करने के लिए स्वतंत्र हैं ? फिर भी इसके लिए आपको यह ध्यान रखना चाहिए कि :

  (a) आप समूह के केवल एक सदस्य का चयन कर सकते हैं (अपनी एक पसन्द–नापसन्द का प्रयोग करते हुए) या अपनी प्राथमिकता प्रदान करने के लिए आप ऊपर से नीचे क्रम में समूह के जितने सदस्यों को चाहे चुन सकते हैं।

  (b) आप को किसी एक का चयन करना जरूरी है।

(iv) सुनिश्चित कर लो कि समूह के प्रत्येक सदस्य ने चयन किए हैं।

(v) यदि जरूरी हो तो उत्तरदाताओं से यह बताने के लिए कहा जा सकता है कि उन्होंने कोई एक विशेष चुनाव या कई चुनाव क्यों किए हैं ?

4. समाजमितीय प्रदत्तों का सारिणीकरण, विश्लेषण एवं व्याख्या (Tabulation, analysis and interpretation of the sociometric data) : इस सोपान में उत्तरदाताओं के द्वारा लिखित उत्तरों के द्वारा दिए गए और एक औपचारिक साक्षात्कार (यदि जरूरी हो) के द्वारा निश्चित किए गए चुनावों (पसन्द नापसन्द) का आवश्यक विश्लेषण तथा व्याख्या करने के लिए उचित ढंग से सारणीकरण किया जाता है। वास्तव में, एक प्रदत्त संकलन उपकरण के रूप में समाजमिति का प्रयोग करने में, समूह के सभी सदस्यों से, किसी एक विशिष्ट मापदण्ड के आधार पर समूह के दूसरे सदस्यों का चयन करने के लिए कहा जाता है। परिणामस्वरूप समूह का प्रत्येक सदस्य समूह में से अपनी पसन्द के आधार पर चयन करता है और बताता है कि उसने उस प्रकार का चयन क्यों किया। समूह के सभी सदस्यों द्वारा अभिव्यक्त किए गए इन उत्तरों/चुनावों का अभिलेखन और सारिणीकरण से अनुसंधानकर्त्ता समूह की आन्तरिक संरचना में व्याप्त अन्तर्सम्बन्धों तथा एक विशेष प्रकार की कार्यात्मकता या व्यवस्था का अवलोकन कर सकता है। इस व्यवस्था तथा पारस्परिक सम्बन्धशीलता को प्रकाशित करने तथा इसे ठीक प्रकार से समझने के लिए अनुसंधानकर्त्ता सोशियोमेट्रिक्स और सोशियोग्राम जैसी कुछ विशेष प्रकार की तकनीकों को प्रयोग में लाता है। आइए हम उत्तरदाताओं से इन उत्तरों के रूप में प्राप्त समाजमितीय प्रदत्तों के प्रस्तुतीकरण, विश्लेषण तथा व्याख्या करने में इन तकनीकों की भूमिका की चर्चा करते हैं।

सोशियोमेट्रिक्स-निर्माण एवं भूमिका (Sociomatrix-Construction and Role)

सोशियोमेट्रिक्स क्या है ?

एक सोशियोमेट्रिक्स किसी एक या अन्य पूर्व निर्धारित मानदण्ड के सन्दर्भ में एक समूह के सदस्यों की एक दूसरे के किए पसन्द–नापसन्द से गुक्त समाजमितीय मापक से प्राप्त प्रदत्तों का मेट्रिक्स के रूप में सारिणीय प्रस्तुतीकरण है।

सोशियोमेट्रिक्स : "समाजमिति के प्रयोग से प्राप्त प्रदत्तों का मेट्रिक्स के रूप में प्रस्तुतीकरण।"

एक सोशियोमेट्रिक्स की रचना या निर्माण

एक सोशियोमेट्रिक्स का निर्माण, समूह के सभी सदस्यों के चयन या रेटिंग (यदि आवश्यक हो तो व्यक्तिगत साक्षात्कार के द्वारा उनकी पसन्द–नापसन्द का पुष्टिकरण करके) का सारणीयन या चार्ट बनाकर किया जाता है। यह कैसे किया जाता है, आइए इसे हम एक कार्यात्मक उदाहरण के द्वारा स्पष्ट करते हैं।

कल्पना करिए कि एक अनुसंधानकर्त्ता एक प्रोजेक्ट की टीम के सदस्यों के बीच उपस्थित पारस्परिक सम्बन्धों और अन्तःवैयक्तिक निकटता के स्वरूप का अध्ययन कर रहा है। उस टीम के छः सदस्य हैं जिनके नाम – अरुण, बसन्त, चेतन, देव, ईश्वर और पंकज हैं। इन सभी छः सदस्यों का आपस में एक दूसरे के लिए उनकी पसन्द नापसन्द या प्राथमिकता बताने के बारे में उनसे कहने के लिए वह निम्न मानदण्ड का प्रयोग करता है।

"एक टीम सदस्य के रूप में, प्रभावशाली ढंग से कार्य करने की उनकी योग्यता के आधार पर, आप अपने साथ, एक महत्त्वपूर्ण प्रोजेक्ट की टीम में काम करने के लिए किसका चयन करोगे ?"

निम्न चिह्नों के आधार पर अपने चयन को चिह्नित करें :

+ = मैं इस व्यक्ति को, निश्चित तौर पर अपनी टीम में लेना चाहूँगा।

O = यदि यह व्यक्ति मेरी टीम में होगा तो मुझे कोई ऐतराज नहीं होगा।

— = इस व्यक्ति को मैं किसी भी तरह अपनी टीम में नहीं चाहूँगा।

उत्तर प्राप्त करने के उपरान्त (समूह में एक दूसरे के लिए व्यक्तिगत पसन्द नापसन्द चिह्नित करना) और व्यक्तिगत साक्षात्कार (यदि जरूरी हो) के द्वारा इसे निश्चित कर लेने के उपरान्त सभी अनुक्रियाओं या चयनों को निम्न प्रकार से सोशियोमेट्रिक्स में सारणीबद्ध कर लिया गया :

	अरुण	बसन्त	चेतन	देव	ईश्वर	पंकज
अरुण		+	—	O	+	O
बसन्त	O		—	+	+	O
चेतन	—	O		+	+	+
देव	O	+	—		O	O
ईश्वर	+	+	O	+		O
पंकज	+	+	O	O	+	

सोशियोमेट्रिक्स में की गई प्रविष्टियों की व्याख्या

1. इस मेट्रिक्स में टीम के सदस्यों की व्यक्तिगत पसन्द नापसन्द को उनके नाम के सामने पंक्ति में सारणीबद्ध किया गया है। उदाहरण के लिए (i) अरुण की पसन्द को उसके नाम के सामने पंक्ति में, बसन्त की पसन्द को बसन्त के नाम के सामने पंक्ति में आदि। (ii) अरुण की सर्वोच्च प्राथमिकता या स्वीकृति (+) बसन्त के लिए है जो उस कोष्ठ में है जहाँ अरुण की पंक्ति बसन्त के कॉलम से मिलती है। (iii) अरुण की अस्वीकृति (—) चेतन के लिए है जो उस कोष्ठ में है जहाँ अरुण की पंक्ति चेतन के कॉलम से मिलती है। इसी प्रकार अन्य के लिए भी देख सकते हैं।
2. यह मेट्रिक्स समूह गतिशीलता के बारे में काफी कुछ स्वयं ही बता देती है। थोड़ा सा विश्लेषण करने से ही यह मेट्रिक्स एक ऐसे एक्सरे या CAT Scan के रूप में कार्य करने लगती है जिससे समूह के अन्तःवैयक्तिक सम्बन्ध स्पष्ट रूप से नजर आने लगते हैं, जैसे :
   - स्तम्भों में + की अधिक संख्या यह दिखाती है कि समूह में कितने समाजमिति स्टार (Star) या अनौपचारिक नेतृत्व क्षमता वाले सदस्य हैं।
   - स्तम्भों में — की अधिक संख्या यह दिखाती है कि समूह में कितने व्यक्ति ऐसे हैं जिन्हें समूह के सदस्यों द्वारा नापसन्द, अस्वीकृत या अविश्वसनीय समझा जाता है।
   - यदि पंक्ति में सभी O हों तो इससे उन व्यक्तियों का पता चलता है जिन्हें अपनी पोल खुल जाने का डर रहता है। अपने आपको रहस्यमय रखना चाहते हैं।
   - पंक्ति में यदि सभी + हों तो इससे उन व्यक्तियों की जानकारी मिलती है कि जिनके सामाजिक सम्बन्धों में कोई अन्तर नहीं किया जा सकता है।
   - मेट्रिक्स में हमें शृंखलाबद्ध सम्बन्ध वहाँ दिखाई देते हैं जहाँ व्यक्ति A के द्वारा व्यक्ति B को चुना जाता है, जो आगे C को चुनता हुआ दिखाई देता है और यही C आगे D को और इसी प्रकार शृंखला चलती रहती है।
3. सोशियोमेट्रिक्स में एक और महत्त्वपूर्ण स्वरूप पारस्परिक सम्बन्धों को देखने से सम्बन्धित है। परस्पर सम्बन्ध तब दिखाई पड़ता है जब समूह के दो सदस्य एक दूसरे को समान स्तर पर मापन करते हैं।

एक सकारात्मक परस्पर सम्बन्ध (Mutual) तब होता है जब दोनों एक दूसरे को बराबर की प्राथमिकता (+) देते हैं और एक नकारात्मक परस्पर सम्बन्ध तब होता है जब दो सदस्य एक दूसरे को पूरी तरह नापसन्द (—) करते हैं। सकारात्मक पारस्परिकता समूह में अच्छे सम्बन्धों को दर्शाती है जबकि नकारात्मक पारस्परिकता समूह में विरोध या द्वेष को प्रदर्शित करती है। इस प्रकार की नकारात्मक पारस्परिकता की पहचान मार्गदर्शकों/सलाहकारों या उपचारकर्त्ताओं को यह बताती है कि इस प्रकार के अकार्यात्मक समूह को सुधारने का कार्य कहाँ से शुरु किया जाए।

यहाँ आगे हमारे 6 सदस्यों के छोटे से समूह के लिए स्तम्भों की कुल संख्या एवं पारस्परिकता को निम्न प्रकार प्रदर्शित किया गया है :

	अरुण	बसन्त	चेतन	देव	ईश्वर	पंकज
कुल +	2	4	0	3	4	1
कुल O	2	1	2	2	1	4
कुल —	1	0	3	0	0	0
कुल प्राप्त पसंद नापसंद	5	5	5	5	5	5
कितने नहीं चुने गए	0	0	0	0	0	0
पारस्परिक +	1	2	0	1	2	0
पारस्परिक O	1	0	0	2	0	1
पारस्परिक —	1	0	1	0	0	0

यहाँ हम देखते हैं कि बसन्त और ईश्वर अनौपचारिक नेता हैं क्योंकि इन दोनों को सबसे ज्यादा + (4) मिले हैं और — एक भी नहीं मिला है। ध्यान से देखें तो सोशियोमेट्रिक्स यह बताती है कि अरुण और चेतन दोनों में पारस्परिक अस्वीकृति/द्वेष है। यदि यह एक कार्य समूह है और हम इस समूह की कार्यप्रणाली को सुधारना चाहते हैं तो हमें टीम भावना को विकसित करने के लिए समूह को पास पास लाने का प्रयास करने से पहले अरुण और चेतन के सम्बन्धों में सुधार लाने का प्रयास पहले करना होगा।

सोशियोग्राम—निर्माण एवं भूमिका (Sociogram—Construction and Role)

सोशियोग्राम क्या है ?

सोशियोग्राम या सामाजिक आलेख एक विशेष परिस्थिति में दिए गए समय पर समूह के सदस्यों के बीच में उपलब्ध सामाजिक सम्बन्धों पारस्परिक अन्तःक्रिया, सम्प्रेषण और गतिशीलता का पता लगाने, विवरण देने और मापन करने में समाजमिति के प्रयोग से प्राप्त प्रदत्तों या सूचनाओं का एक रेखाचित्रीय प्रस्तुतीकरण है। अपने निर्मित एवं विकसित किए गए स्वरूप में एक सोशियोग्राम चित्र जैसा दिखाई देता है :

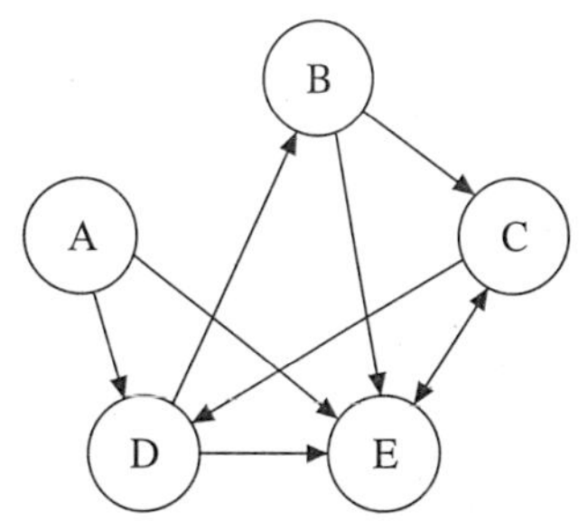

चित्र 24.1 एक सोशियोग्राम।

सोशियोग्राम : समाजमिति के प्रयोग से प्राप्त प्रदत्तों का रेखाचित्रीय प्रस्तुतीकरण।

सोशियोग्राम की प्रमुख विशेषताएँ (The Distinguished Features of the Sociogram)

जैसा कि ऊपर दिखाया गया है सोशियोग्राम के द्वारा समाजमितीय प्रदत्तों के प्रस्तुतीकरण की विभिन्न विशेषताओं को निम्न प्रकार से अभिव्यक्त किया जा सकता है :

- ऊपर दिखाए गए चित्र के अनुसार सोशियोग्राम का प्रयोग सर्वप्रथम समाजमिति (एक पूर्व निर्धारित मानदण्ड के आधार पर समूह के सदस्यों द्वारा आपस में बनाई गई पसन्द या नापसन्द के विश्लेषण पर आधारित समाजमितीय तकनीक) के अन्वेषक एवं विकासकर्त्ता प्रसिद्ध समाजशास्त्री जैकब एल० मोरेनो के द्वारा किया गया था।
- एक सामाजिक आलेख (Sociogram) एक व्यक्ति के सामाजिक सम्बन्धों का चित्रात्मक प्रस्तुतीकरण है। यह समूह की पारस्परिक अन्तःक्रियाओं के स्वरूप और संरचना का आरेख प्रस्तुत कर सकता है। मेरियम वेबस्टर शब्दकोश (Merriam Webster Dictionary) के अनुसार यह एक रेखाचित्र है जो एक समूह परिस्थिति में अन्तर्वैयक्तिक सम्बन्धों की संरचना का चित्रीयकरण कर सकता है।
- सोशियोग्राम समूह का सदस्य होने के नाते एक व्यक्ति विशेष के अपने परिवार के सदस्यों या एक छोटे सामाजिक समूह जैसे – विद्यालय की कक्षा या विभाग (Sections), क्लब या एक व्यावसायिक दल या टीम के सदस्यों के साथ सम्बन्धों का प्रदर्शन और विश्लेषण करता है।
- यह एक परिवार के अन्तर्गत विद्यमान सम्बन्धों को समझने में भी सहायता करता है, या परिवार के कुछ सदस्यों का बाह्य वातावरण सम्बन्धी परिस्थितियों तथा कारकों जैसे – स्वास्थ्य और शिक्षा सेवाएँ, रुचिकर क्रियाओं, कार्यक्षेत्र, मित्रों, और सम्बन्धियों के साथ रहने वाले सम्बन्धों को भी उजागर करता है।
- एक सोशियोग्राम का निर्माण करने में विविध प्रकार के मानदण्ड कार्य कर सकते हैं, जैसे – सामाजिक सम्बन्ध, प्रभाव डालने वाले माध्यम और आपसी सम्प्रेषण का स्वरूप आदि।
- समाजमिति प्रदत्तों के रेखाचित्रीय प्रस्तुतीकरण करने की एक व्यवस्थित विधि के रूप में सोशियोग्राम द्वारा समूह के सदस्यों को छोटे छल्लों (O) से प्रदर्शित किया जाता है और उनके आपसी सम्बन्धों को तीरनुमा रेखाओं से।
- जहाँ एक सदस्य की दूसरे सदस्यों के प्रति की जाने वाली पसन्द को एक नुकीले तीर से प्रदर्शित किया जाता है तो वही पारस्परिक पसन्द या सम्बन्ध को ऐसे तीरों से प्रदर्शित किया जाता है जो दोनों तरफ की दिशाओं में नुकीले होते हैं।
- एक सोशियोग्राम में समूह के वे सदस्य जिन्हें अधिकतर लोगों से पसन्द किया जाता है स्टार (Star) कहलाते हैं। ये सोशियोग्राम के चित्र के केन्द्रबिन्दु के आस पास दिखाई देते हैं। जिन्हें किसी के द्वारा या बहुत कम के द्वारा पसन्द किया जाता है उन्हें अलग थलग या उपेक्षित समझा जाता है। इनकी स्थिति सोशियोग्राम के बाहरी अथवा सबसे बाहरी भाग में रहती है।
- व्यक्ति जो एक दूसरे का चयन करते हैं, उनके लिए कहा जाता है कि उन्होंने पारस्परिक चयन (Mutuals) किया है। एकतरफा चयन (One way choice) का सम्बन्ध उन व्यक्तियों से होता है जो स्वयं तो किसी को चुनते हैं परन्तु जिनका वे चयन करते हैं उनके द्वारा उन्हें नहीं चुना जाता है। जत्था या गिरोह (Clieques) से तात्पर्य पूरे समूह में से उन तीन या अधिक व्यक्तियों के समूह से होता है जिन सभी के द्वारा एक दूसरे का चयन किया जाता है।
- एक सोशियोग्राम (जिसे कभी कभी मित्रता चार्ट भी कहा जाता है) एक प्रकार का ऐसा आरेख है जिससे एक अध्यापक को अपनी कक्षा के विद्यार्थियों के सामाजिक सम्बन्धों का विश्लेषण करने में मदद मिलती है। क्योंकि यह एक कक्षा के विद्यार्थियों से ऐसे प्रश्न पूछने के माध्यम से निर्मित किया जाता है जिनसे

उनके सामाजिक सम्बन्धों, उनके बीच चल रही अन्तःक्रियाओं, उनकी एक दूसरे के प्रति पसन्द–नापसन्द का सर्वांग चित्र प्राप्त होता है।

- सोशियोग्राम कई तरह से लाभदायक सिद्ध हो सकता है, जैसे – किसी विद्यार्थी को उसके पसन्द के साथियों के साथ काम करने के अवसर देना काफी प्रेरणादायक बात हो सकती है। जिन्हें किसी के द्वारा नहीं चुना जाता ऐसे सामाजिक रूप से अलग थलग पड़े हुए व्यक्तियों को उन्हें स्वीकृत करने वाले कुछ साथियों के साथ अन्तःक्रिया करने के अवसर प्रदान किए जा सकते हैं या उन्हें कुछ समय के लिए टीम का नेतृत्व संभालने जैसी स्थिति प्रदान कर आकर्षण का केन्द्र बनाया जा सकता है। जिन्हें दूसरों के द्वारा नकारात्मक स्वरूप में देखा जाता है उन्हें सामाजिक कौशलों सम्बन्धी प्रशिक्षण दिया जा सकता है।
- सामाजिक दूरी प्रतिमान के अन्तर्गत सोशियोग्राम को कई बार कक्षाकक्ष वातावरण में अनुचित व्यवहार को समाप्त करने के लिए भी काम में लाया जाता है। चूँकि एक सोशियोग्राम द्वारा यह मालूम पड़ता है कि कक्षा के अन्तर्गत सहपाठियों में किस प्रकार के सम्बन्ध हैं, अतः इस प्रकार की जानकारी का उपयोग अनुचित व्यवहार करने वाले विद्यार्थियों के लिए यह जानने के लिए हो सकता है कि वे किनके साथ उचित सम्बन्ध रखते हैं या किनके द्वारा सामाजिक रूप से स्वीकृत हैं। उनके कुछ मित्रवत् सम्बन्धों को फिर उन्हें कक्षाकक्ष में समायोजित करने का एक अच्छा साधन बनाने के लिये प्रयुक्त किया जा सकता है, ताकि उनके व्यवहार को अपेक्षित रूप से सामाजिक और स्वीकृत बनाया जा सके।

एक सोशियोग्राम का निर्माण या विकास कैसे करें ?
(How to Construct or Develop Sociogram)

एक सोशियोग्राम का निर्माण करने के लिए अपनाई जाने वाली प्रक्रिया या सोपानों को निम्न रूप में स्पष्ट किया जा सकता है :

1. समाजमिति के प्रयोग के द्वारा जिस समूह का अध्ययन या मापन करना है उस समूह (उदाहरण के लिए जीव विज्ञान की प्रायोगिक कक्षा के 8 विद्यार्थियों का समूह) की पहचान करो।
2. समूह के सदस्यों के द्वारा आवश्यक चयन/पसन्द नापसन्द जानने के लिए एक समुचित सामाजिक मापक या समाजकीय प्रश्नावली का विकास या उपयोग करो। ध्यान रखें कि :
   - समाजकीय प्रश्नावली के प्रश्न (चयन करने के लिए मानदण्ड का प्रतिनिधित्व करने वाले) सरल और आसानी से समझ में आने वाली भाषा में बने होने चाहिएँ।
   - आप जिस तरह की सूचनाएँ प्राप्त करना चाहते हैं उनके अनुरूप प्रश्नों की शब्दावली होनी चाहिए।
   - एक विशेष प्रयोजन को सिद्ध करने के सम्बन्ध में समूह के सदस्यों या टीम के साथियों के द्वारा अपनी प्राथमिकता/चयन बताने के लिए सोशियोग्राम में सकारात्मक एवं नकारात्मक दोनों प्रकार के कथन होने चाहिएँ। उदाहरण के लिए, सकारात्मक कथन के द्वारा विद्यार्थियों से पूछा जा सकता है – "उन दो सहपाठियों के नाम बताओ जिनके साथ आप अपनी प्रयोग मेज पर काम करना सबसे ज्यादा पसन्द करोगे।" "दो विद्यार्थियों का नाम लिखो (प्राथमिकता के क्रम में) जिनके साथ आप दिये गये प्रोजेक्ट पर काम करना पसन्द करोगे।" "उन दो विद्यार्थियों के नाम बताओ जिनके साथ आप अपने कक्षाकक्ष में बैठना पसन्द नहीं करोगे।" आदि।
3. विद्यार्थियों से आपने जो प्रश्न या कथन पूछे हैं उनका उत्तर लिखने के लिए कहो। अपने विद्यार्थियों को व्यक्तिगत रूप से अपना चयन निर्धारित करने के लिए प्रोत्साहित करो और यदि चयन सम्बन्धी कुछ सीमाएँ हैं तो उनकी स्पष्ट रूप से व्याख्या करो (उदाहरण के लिए चयन की संख्याएँ, केवल सहपाठी आदि)।

4. प्रत्येक प्रश्न के उत्तर पर अलग अलग रूप से ध्यान दो। जब आप किसी विशेष प्रश्न का उत्तर प्राप्त करें या दूसरे शब्दों में, समूह के सदस्यों से किसी मानदण्ड विशेष के संदर्भ में उनके चयन (पसन्द–नापसन्द) के बारे में जानें तब इस जानकारी को सारणीबद्ध करें। उदाहरण के लिए माना आठ विद्यार्थियों के एक समूह से पूछे जाने वाला प्रश्न – (चयन के लिए निर्धारित मानदण्ड) यह था कि "दिए हुए प्रोजेक्ट में आप किसके साथ काम करना पसन्द करेंगे ? इस प्रकार का प्रश्न स्पष्ट रूप से दो प्रकार (पसन्द और नापसन्द) के चुनाव की माँग करता है। इस प्रश्न के उत्तर या किए जाने वाले चयनों (जो समूह के आठ सदस्यों A, B, C, D, E, F, G तथा H द्वारा किए गए हैं) को निम्न प्रकार तालिकाबद्ध किया जा सकता है :

तालिका 24.2 जीवविज्ञान की कक्षा के आठ विद्यार्थियों के द्वारा किए गए चयन के प्रदत्तों का सारिणीकरण

चयनित/चयनकर्त्ता	A	B	C	D	E	F	G	H
A		I		II				
B			I	II				
C		I			II			
D		I	II					
E		I						II
F							II	
G		II			I			I
H		II			I			
प्रथम चयन	0	4	1	0	2	0	0	1
द्वितीय चयन	0	2	1	2	1	0	1	1
कुल	**0**	**6**	**2**	**2**	**3**	**0**	**1**	**2**

5. बहुत से छल्लों का एक बड़ा आरेख बनाओ जिसमें प्रत्येक छल्ले द्वारा किसी समूह सदस्य का प्रतिनिधित्व होता है और जाते हुए तथा उससे निकलते हुए तीर भी बनायें। जिस विद्यार्थी को सबसे ज्यादा संख्या में प्राथमिकताएँ (अधिक से अधिक सहपाठियों से चुना गया) प्राप्त हुई हों उसे केन्द्र में या सोशियोग्राम के महत्त्वपूर्ण भाग में स्थान देना चाहिए। उससे कम प्राथमिकता प्राप्त करने वाले विद्यार्थी को केन्द्र से धीरे धीरे बाहर की तरफ चलते हुए स्थान दें और इस तरह से जिन्हें एक भी प्राथमिकता प्राप्त नहीं हुई है अर्थात् जिन्हें उपेक्षित समझा जा सकता है, उन्हें सोशियोग्राम के एकदम बाह्य सीमा या कोने में स्थान प्रदान करें।

इस सिद्धान्त या प्रनियम का अनुकरण करते हुए उपर्युक्त उदाहरण में प्रदर्शित A तथा F, जो उपेक्षित है उन्हें सोशियोग्राम के एकदम कोनों में रखें, B (जिसे सबसे अधिक पसन्द किया गया है) को सोशियोग्राम के मुख्य स्थान अर्थात् केन्द्र में स्थान दें। E, C और H को भी उपयुक्त महत्त्व देते हुए सोशियोग्राम की केन्द्रीय धुरी के आस पास स्थान दें क्योंकि उन्हें B के बाद सर्वाधिक पसन्द किए जाने का गौरव प्राप्त हुआ है। G को उपेक्षित नहीं माना जा सकता है क्योंकि वह भी चयन किया गया है, (हालांकि उसको दी गई प्राथमिकता की संख्या सबसे कम है) अतः उसे केन्द्र और बाहरी परिधि के बीच में स्थान दें D को दो प्राथमिकताएँ प्राप्त हुई हैं अतः उसकी स्थिति G से कुछ अच्छी है इसलिए उसे G की तुलना में B से कम दूरी पर स्थान दिया गया है। (देखिये चित्र 24.2)

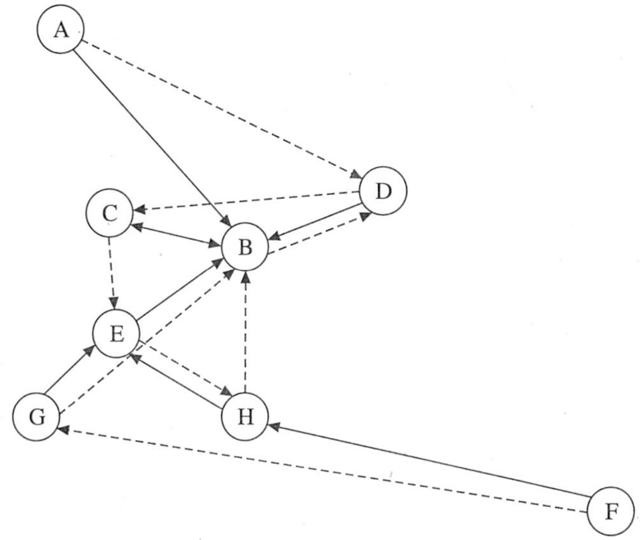

चित्र 24.2 जीव विज्ञान कक्षा के आठ विद्यार्थियों के समूह की सामाजिक संरचना तथा अन्तःसम्बन्धों को प्रदर्शित करने वाला एक सोशियोग्राम।

6. पसन्द या चयन की गई प्राथमिकता को प्रदर्शित करने के लिए चयनकर्त्ता के छल्ले से शुरू होकर, चयन किए गए व्यक्ति के छल्ले की तरफ निशाना साधते हुए तीरों का प्रयोग करो। पारस्परिक पसन्द या चयन को प्रदर्शित करने के लिए दोनों तरफ निशाना लगाते हुए तीर का प्रयोग करो। प्रथम प्राथमिकता के लिए सीधी रेखा वाले तीर और द्वितीय प्राथमिकता के लिए टूटी हुई रेखा या बिन्दु वाली रेखा के तीर का प्रयोग करो।
7. अब उपरोक्त बताई गई बातों का अनुसरण करते हुए तालिका 24.2 में जो तालिकाबद्ध प्रदत्त दिए गए हैं उनका उपयोग करते हुए एक सोशियोग्राम (जैसा कि चित्र 24.2 में दिखाया गया) की रचना करने का प्रयत्न कीजिए।

प्रस्तुत सोशियोग्राम की व्याख्या (Interpretatiaon of the Present Sociogram)

- उपर्युक्त सोशियोग्राम से ज्ञात होता है कि विद्यार्थी B को उसके समूह के अधिकांश व्यक्ति पसन्द करते हैं। इसके बाद पसन्द की दृष्टि से E का नम्बर आता है। इस प्रकार से B और E समूह के स्टार आकर्षण हैं। A और F समूह से एकदम उपेक्षित हैं क्योंकि वे किसी भी सदस्य द्वारा पसन्द नहीं किए गए हैं।
- B और C ने एक दूसरे को पारस्परिक प्राथमिकता दी है, इससे स्पष्ट है कि दोनों एक दूसरे के ज्यादा नजदीक हैं और दोनों एक दूसरे को अच्छी तरह समझते हैं तथा B और D में भी निकटता प्रतीत होती है क्योंकि दोनों ने एक दूसरे को पारस्परिक प्रथम या द्वितीय प्राथमिकता प्रदान की है।

समाजमिति या समाजमितीय तकनीकों के गुण और लाभ (Merits and Advantages of Sociometry or Sociometric Techniques)

समाजमिति और समाजमितीय तकनीकें समूह के सदस्यों में व्याप्त या उपस्थित पारस्परिक अन्तःक्रिया, सम्प्रेषण, आपसी सम्बन्ध और समूह गतिशीलता का पता लगाने, विवरण करने और मापन करने में बहुमूल्य सहायता प्रदान

करती है। इस प्रकार के सम्बन्धों का निदान तथा मापन न केवल समूह के सदस्यों के व्यवहार का मूल्यांकन करने में उपयोगी होता है बल्कि समूह के व्यवहार में सकारात्मक परिवर्तन लाने के बारे में मध्यस्थता करने और प्रयास करने में भी उपयोगी हो सकता है। समाजमिति तथा समाजमितीय तकनीकों के द्वारा प्रदान की गई इस प्रकार की सहायता नीचे बताए गए अनेक रूप में हमारे लिए सहायक सिद्ध हो सकती है :

1. यह तकनीक एक विशेष अधिगम, किसी कार्य में प्रदर्शन या कार्य वातावरण में सर्वश्रेष्ठ निष्पत्ति प्रदर्शित करने वाले नायक/नेता/सितारे (Stars) का पता लगाने में सहायता करती है। हम लोकप्रिय नेताओं, बुद्धिमान मोनीटरों, मॉडल, अभिनेताओं और कार्यकर्त्ताओं का पता लगा सकते हैं जो एक बड़े समूह के लक्ष्यों को प्राप्त करने के लिए विभिन्न प्रकार की समूह गतिविधियों और समूह कार्यों का संगठन करने में हमारी सहायता कर सकते हैं।
2. यह समान पसन्द, पारस्परिक विश्वास और परस्पर एक दूसरे के प्रति आकर्षण वाले छोटे समूहों का पता लगाने में हमारी सहायता कर सकती हैं। हमारे संगठनों में चाहे वे शैक्षिक, व्यावसायिक, सामाजिक, औद्योगिक कैसे भी हों, हमें अक्सर छोटे समूह से युक्त कार्यकारी परिवेश की आवश्यकता होती है ताकि उन समूहों से सम्बन्धित व्यक्तियों को एक पूरी तरह से जुड़ी हुई सामाजिक इकाई के रूप में संगठित होकर कार्य करने का अवसर मिल जाए। इस प्रकार के समूह बनाने में समाजमिति और सोशियोग्राम और सामाजिक दूरी मापनी अच्छी तरह से मदद कर सकती है।
3. प्रदत्तों का संग्रह करने और व्याख्या करने के अपने अनूठे तरीके के कारण समाजमितीय तकनीकें समूह के सदस्यों में व्याप्त पारस्परिक अविश्वास, प्रतिद्वन्द्विता, सम्प्रेषणहीनता, दुश्मनी, नापसन्दी के मामलों का पता लगाने में काफी उपयोगी सिद्ध हो सकती है। इस जानकारी से शैक्षणिक, सामाजिक एवं व्यावसायिक सामाजिक समूहों की संरचना और कार्यप्रणाली में व्याप्त कमजोरियों तथा दूषित कार्यप्रणाली का समय पर निदान करने में सहायता मिलती है।
4. कक्षाकक्ष और खेल के मैदान सहित एक कार्य समूह के लिए समाजमिति आपसी द्वन्द्व/विरोधाभास को कम करने तथा सम्प्रेषण को सुधारने के लिए, एक सशक्त उपकरण सिद्ध हो सकती है क्योंकि यह समूह और उसके नेता को अपने आप को वस्तुनिष्ठ रूप से देखने तथा अपनी स्वयं की गतिशीलता का विश्लेषण करने के बारे में सलाह देती है।
5. व्यापार और औद्योगिक परिस्थितियों में वह सम्बन्धित समस्याओं का निदान करने में समूह विकास को प्रभावित करने और संगठनात्मक विकास के लिए किए गए उपायों के परिणामों को मापने में भलीभाँति सहायक सिद्ध हो सकती है। होफमैन एवं अन्य (Hoffman et al.,1992) ने समाजमिति से प्राप्त जानकारी को कार्यरत समूहों को अपनी समस्याओं से परिचित होने और उन समस्याओं के समाधान सम्बन्धी उपायों की प्रभावशीलता की जाँच हेतु प्रयोग किया। अपने इस अध्ययन में उन्होंने पूर्व तथा पश्चात् समाजमितीय मापों के द्वारा यह प्रदर्शित किया कि उनके द्वारा किए गए उपायों से अविश्वास/विरोध को आधा कर दिया गया और ऊँचे दर्जे की विश्वास भावना में 19 प्रतिशत की वृद्धि हो गई।
6. समाजमितीय तकनीकों के द्वारा किया गया सम्बन्धों का अध्ययन अध्यापकों, प्रशिक्षकों, मार्गदर्शकों, परामर्शदाताओं, चिकित्सकों, चिकित्सकीय मनोवैज्ञानिकों और मनोचिकित्सकों की अपने विद्यार्थियों/मरीजों आदि की समस्याओं का निदान करने के लिए आवश्यक प्रदत्तों का संकलन करने में सहायता कर सकता है और तब वे उनके कल्याण और विकास के लिए आवश्यक प्रयास करने में संलग्न हो सकते हैं। इस प्रकार से, समाजमिति का समुचित उपयोग चिकित्सा, परामर्श देने, अधिगम और प्रशिक्षण के कार्य में लगे हुए समूहों में गतिशीलता और विकास का मूल्यांकन/मापन करने के लिए एक काफी शक्तिशाली उपकरण सिद्ध हो सकता है।

7. समाजमिति तकनीक के अनुप्रयोग से प्राप्त ज्ञान, सामाजिक समूह (परिवार, विद्यालय, कक्षाकक्ष, प्रयोगशाला, कार्यशाला, भ्रमण, यात्रा, क्लब, सामुदायिक केन्द्र, किसी व्यापारिक प्रतिष्ठान या व्यावसायिक संकाय) के सदस्यों के रूप में व्यक्तियों को उनके अपने शान्तिपूर्ण सह अस्तित्व एवं सहयोगपूर्ण ढंग से रहने, अधिगम करने, कार्य करने में समुचित रूप से मददगार साबित हो सकता है क्योंकि समाजमिति से प्राप्त परिणामों तथा उनके आधार पर किए जाने वाले उपायों से आपसी अविश्वास, प्रतिस्पर्धा तथा कुसमायोजन को समाप्त करने में काफी मदद मिलती है।
8. शैक्षिक, सामाजिक, व्यावसायिक और औद्योगिक जगत के कामकाजी वातावरण में समाजमिति द्वारा सुझाए गए उपचारों से काफी प्रभावशाली प्रगति लाई जा सकती है। यहाँ हम सहकारी अधिगम, शिक्षण और प्रशिक्षण, प्रोजेक्ट कार्य, ,खेतीबाड़ी और उत्पादन सामाजिक कार्य तथा कल्याण गतिविधियों आदि में समाजमिति द्वारा प्रदत्त समूह सदस्यों के बीच में विद्यमान आकर्षण और विकर्षण सम्बन्धी सूचनाओं की जानकारी के माध्यम से इन सभी क्षेत्रों में किए जाने वाले समूह या दलगत कार्य के नियोजन एवं क्रियान्वयन में काफी कुछ अच्छा करने का अवसर प्राप्त हो सकता है।

इस प्रकार से समाजमिति और समाजमितीय तकनीकें (सामाजिक दूरी मापनी, सोशियोग्राम आदि) रचनात्मक गतिविधियों जैसे – अधिगम, और प्रशिक्षण प्राप्त करने, किसी कार्यक्षेत्र या कुशलताओं के सम्पादन में कार्यरत समूहों की संरचना और कार्यप्रणाली में अपेक्षित सुधार लाने में काफी महत्त्वपूर्ण भूमिका निभा सकती हैं क्योंकि इसके लिए इन्हें, इन तकनीकों के उपयोग से समूहों के सदस्यों के बीच में विद्यमान विविध प्रकार के अन्तःसम्बन्धों, सम्प्रेषणों, आकर्षणों एवं विकर्षणों के बारे में समुचित रूप से वांछनीय प्रतिपुष्टि प्राप्त हो जाती है।

25

प्रदत्त संकलन उपकरण–व्यक्तित्व एवं समायोजन परिसूचियाँ

[Data Collection Tools—Personality and Adjustment Inventories]

विषय प्रवेश (Introduction)

व्यावहारिक विज्ञानों में अनुसंधानकर्त्ता बहुधा अपने अध्ययन के प्रयोज्यों के व्यक्तित्व और व्यक्तित्व विशेषताओं के बारे में जानने और अध्ययन करने में रुचि रखते हैं। व्यक्तित्व अपनी मनोवैज्ञानिक पदावली में काफी विस्तृत एवं व्यापक है। इसमें वह सभी कुछ शामिल रहता है जो एक व्यक्ति अपने आप में होता है। मेनिंगर (Menninger, 1953:23) ने इसी सन्दर्भ में इसे परिभाषित करते हुए कहा है कि व्यक्ति विशेष के व्यक्तित्व से तात्पर्य – उसके सम्पूर्ण रूप से होता हैं। उसकी ऊँचाई और भार, प्रेम और घृणा, रक्तचाप और सहज क्रियाओं, उसकी मुस्कान तथा आशाओं और झुकी हुई टाँगों और बढ़े हुए टान्सिलों सभी से होता है।" इसका अर्थ यह है कि व्यक्तित्व वह सब कुछ है जो व्यक्ति अपने आप में है या होने की कोशिश कर रहा है। व्यक्ति विशेष की प्रकृति सम्बन्धी इस सम्पूर्णता या व्यापकता के साथ साथ इस तथ्य में भी पूरी सच्चाई है कि हममें से हर एक का व्यक्तित्व अपने आप में अनूठा होता है। कोई भी दो व्यक्ति चाहे वे समरूप जुड़वाँ ही क्यों न हों, व्यक्तित्वजन्य विशेषताओं को लेकर एक जैसे नहीं होते। इसीलिए व्यक्तित्व शब्द को परिभाषित करते हुए कोहेन और स्वेरडिक (Cohen & Swerdlik, 2005:336) ने व्यक्तित्व को व्यक्ति विशेष में निहित विभिन्न मनोवैज्ञानिक विशेषकों (Traits) तथा अवस्थाओं (States) का एक अद्भुत संयोजन बताया है। इस तरह से एक व्यक्ति को दूसरे व्यक्ति से अलग करने में व्यक्तियों में पाई जाने वाली उनके विलक्षण व्यक्तित्व विशेषताओं तथा मनोवैज्ञानिक अवस्थाओं (व्यक्ति के अपने आप से तथा अपने वातावरण से समायोजन की सूचक) का बहुत बड़ा हाथ रहता है। प्रश्न उठता है कि हम व्यक्ति विशेष में निहित इस प्रकार की मनोवैज्ञानिक विशेषताओं और उसकी मनोवैज्ञानिक अवस्थाओं की सूचक समायोजन स्तरों के बारे में किस प्रकार से जानकारी प्राप्त करें ?

इस प्रकार की जानकारी प्राप्त करने हेतु सामान्यतः निम्न तीन प्रकार की विधियाँ या तकनीकें काम में लाई जा सकती हैं :

1. **अवलोकन या प्रेक्षण विधि का प्रयोग :** व्यक्ति की व्यक्तित्व विशेषताओं, मनोवैज्ञानिक अवस्थाओं तथा अपने स्वयं तथा वातावरण के साथ समायोजन के स्तर की ओर संकेत करने वाली बातों को देखकर तथा नोट करके।
2. **आत्म कथ्य या प्रत्यक्ष मापन का प्रयोग :** व्यक्ति से पूछ कर या उसके स्वयं के बारे में उसी से सुनकर के (प्रश्नावली, साक्षात्कार अनुसूची या परिसूचियों का प्रयोग)।

3. **प्रक्षेपी तकनीकों या अप्रत्यक्ष उपायों का प्रयोग :** व्यक्तियों से उनके व्यक्तित्व विशेषकों, मनोवैज्ञानिक अवस्थाओं और समायोजन स्तरों के बारे में तथ्यों को जानने के लिए असंरचित उद्दीपकों के प्रति उनको अनुक्रिया करने के लिए प्रेरित करके।

हम पहले ही इसी पाठ्य पुस्तक के पूर्ववर्णित अध्यायों में कुछ प्रदत्त संकलन तकनीकों जैसे अवलोकन या प्रेक्षण, निर्धारण मापनी तथा कुछ आत्म कथ्य मापकों (प्रयोज्यों से उनके बारे में स्वयं ही सूचनाएँ निकलवाना) जैसे – प्रश्नावली, साक्षात्कार, समाजमिति तकनीकों आदि की चर्चा कर चुके हैं। प्रस्तुत अध्याय में हम एक विशिष्ट प्रत्यक्ष मापक, जिसे व्यक्तियों के समायोजन स्तर तथा व्यक्तित्व विशेषताओं के मापन परिसूचियों के नाम से जाना जाता है, की चर्चा करने जा रहे हैं जबकि प्रक्षेपों तकनीकों की चर्चा अगले अध्याय में की जाएगी।

परिसूचियाँ (Inventories) क्या हैं ?

जाँच पड़ताल के एक उपकरण और प्रदत्त संकलन की एक विधि के रूप में परिसूचियाँ उन आत्मकथ्य मापकों का प्रतिनिधित्व करती हैं जो व्यक्तित्व मापन के क्षेत्र में सफलतापूर्वक प्रयोग में लाई जाती हैं। व्यक्तियों की व्यक्तित्व विशेषताओं और मनोवैज्ञानिक अवस्थाओं से सम्बन्धित अनेक गुणों जैसे – रुचियों, स्वभावों, अभिवृत्तियों, समायोजनों आदि को, इसी कार्य के लिए विकसित परिसूचियों के प्रयोग के द्वारा उचित रूप से मापा जा सकता है। सामान्य अर्थ में, एक परिसूची और कुछ नहीं, केवल एक आत्मकथ्य (स्वयं अपने बारे में बताने वाली) प्रश्नावली है। इस प्रकार से यह एक ऐसी उपयोगी सरल तकनीक मानी जा सकती है जिसके द्वारा उपकरण में दिए गए प्रश्नों के माध्यम से प्रयोज्यों से स्वयं उनके बारे में वांछित सूचनाएँ उपलब्ध की जाएं। एक परिसूची की सहायता से शोधकर्त्ता केवल एक प्रयोज्य विशेष के बाह्य व्यवहार सम्बन्धी जानकारी ही उपलब्ध नहीं करता है बल्कि इससे उसके स्वयं के, दूसरे व्यक्तियों के, अपने वातावरण से सम्बन्धित भावनाओं को भी जानने और समझने में सहायता मिलती है। इस प्रकार से, एक मापन तकनीक के रूप में परिसूचियाँ अध्ययन प्रयोज्यों के बाह्य और आन्तरिक, चेतन और अचेतन, अन्तर्मुखी और बहिर्मुखी, समायोजित और कुसमायोजित तथा सामान्य और असामान्य व्यवहार के मूल्यांकन हेतु सफलतापूर्वक उपयोग में लाई जा सकती हैं।

व्यक्तित्व या समायोजन परिसूची : एक आत्मकथ्य प्रश्नावली जिसमें प्रयोज्यों से उसमें निहित प्रश्नों का उत्तर देने के लिए कहा जाता है ताकि प्रयोज्यों की व्यक्तित्व सम्बन्धी विशेषताओं/समायोजन स्तर के बारे में निष्कर्ष निकालने हेतु वांछित सूचनाओं की प्राप्ति हो सके।

इस अर्थ में, एक परिसूची अध्ययन के प्रयोज्यों के व्यक्तित्व विशेषताओं और समायोजन स्तरों का मापन करने के लिए प्रयोग में लाई जाने वाली अन्य सभी प्रविधियों और मापकों से निम्न बातों के कारण एक कदम आगे समझी जानी चाहिए :

- व्यक्ति के व्यवहार और व्यक्तित्व विशेषकों तथा मनोवैज्ञानिक स्तरों का अध्ययन करने की विधि और तकनीक के रूप में प्रेक्षण केवल व्यक्ति के अवलोकित बाह्य व्यवहार और दिखाई दे रही मनोवैज्ञानिक अवस्था का अध्ययन करने और जानने में ही सफलता प्राप्त करता है। व्यक्ति के आन्तरिक और अचेतन व्यवहार, व्यक्तित्व विशेषकों तथा आन्तरिक अवस्थाओं का अध्ययन करने के लिए इसका प्रयोग नहीं किया जा सकता है।
- निर्धारण मापनी तथा साक्षात्कार का प्रयोग, निर्धारणकर्त्ताओं, निर्णायकों तथा साक्षात्कारकर्त्ताओं द्वारा अध्ययन के प्रयोज्यों की व्यक्तित्व विशेषताओं और समायोजन के संबंध में जो मत व्यक्त किया जाता है उसका संकलन करने तक ही सीमित रहता है।
- समाजमिति तकनीकों का प्रयोग एक सामाजिक समूह के सदस्यों के मध्य व्याप्त सामाजिक अन्तःक्रियाओं, सम्बन्धों, आकर्षण तथा विकर्षण की प्रकृति को जानने और मापन करने के लिए किया जाता है। ये

तकनीकें एक व्यक्ति के सामाजिक व्यवहार तथा समायोजन के बारे में जानने में कुछ मदद कर सकती हैं परन्तु व्यक्ति के व्यक्तित्व के सभी पक्षों और मनोवैज्ञानिक स्तरों का मापन करने में असमर्थ होती हैं। यह कार्य तो केवल व्यक्तित्व और समायोजन परिसूचियों के द्वारा ही किया जा सकता है जिनका विकास इसी कार्य के लिए किया गया है।

- प्रक्षेपित तकनीकों का प्रयोग व्यक्ति के उस व्यवहार, व्यक्तित्व विशेषकों और मनोवैज्ञानिक अवस्थाओं, जिनकी प्रकृति आन्तरिक और अचेतन है, का अध्ययन करने के लिए किया जाता है।
- बहुत सी बातों में प्रश्नावलियाँ यद्यपि परिसूचियों से मिलती जुलती हैं, फिर भी वे इस बात में एक दूसरे से भिन्न हैं कि प्रश्नावलियाँ उस मापन उपकरण का प्रतिनिधित्व करती हैं जिसका प्रयोग प्रयोज्यों से अथवा प्रयोज्यों के जानकार लोगों से, अध्ययन के प्रयोज्यों और उनके वातावरण के बारे में किसी भी प्रकार की सूचनाएँ इकट्ठी करने के लिए किया जाता है, जबकि परिसूचियों, रुचि परिसूची, व्यक्तित्व परिसूची और समायोजन परिसूची के रूप में ऐसे विशेष मापक और प्रविधियाँ हैं जिनका प्रयोग अध्ययन किए जा रहे प्रयोज्यों के व्यक्तित्व, रुचियों और समायोजन का मापन करने के लिए किया जाता है और इसी उद्देश्य से इनका निर्माण और विकास किया जाता है।

व्यक्तित्व और समायोजन परिसूचियों का निर्माण एवं विकास

एक व्यक्तित्व और समायोजन परिसूची का विकास करने और मानकीकरण करने में एक शोधकर्त्ता को उन्हीं सोपानों का अनुसरण करना होता है जिनका पालन वह अपने शोध अध्ययन के किसी भी मनोवैज्ञानिक परीक्षण या उपकरण का विकास तथा मानकीकरण करने में करता है। उनका निर्माण और विकास, उपकरण विशेष में प्रयोग में लाए जाने वाले (i) प्रयुक्त पदों के प्रारूप के प्रकार तथा (ii) ऐसा करने में अनुसरण किए जाने वाले उपागम और सैद्धान्तिक समझ के आधार पर भिन्न भिन्न हो सकता है।

पदों के प्रारूपों में भिन्नता से सम्बन्धित मानदण्ड

पदों के प्रारूप में विभिन्नता को लेकर व्यक्तित्व और समायोजन परिसूचियों में जो अन्तर दिखाई देते हैं उन्हें देखते हुए हमें उपलब्ध परिसूचियों में निम्न प्रकार के पदों के प्रारूप देखने को मिलते हैं :

(i) **द्विविकल्पीय प्रारूप (Forced choice format) :** इस प्रारूप में ऐसे प्रश्न होते हैं जिनमें दिए हुए दो विकल्पों में से एक का चयन करना अनिवार्य होता है। जैसे – ज्यादातर समय मैं अकेला होता हूँ/ मैं ज्यादातर व्यक्तियों से मिलने से बचता हूँ।

(ii) सत्यासत्य या हाँ/नहीं प्रारूप, जैसे :
"मैं नए लोगों से मिलने पर अच्छा अनुभव करता हूँ।" (सत्य/असत्य)

(iii) चयन निर्धारण प्रारूप, जैसे :
"मैं नए लोगों से मिलना पसन्द करता हूँ।
हमेशा ज्यादातर कभी कभी बहुत कम कभी नहीं

(iv) शब्दार्थ विभेदीकरण प्रारूप, जैसे :
जब मैं नए लोगों की संगति में होता हूँ तब मैं कैसा महसूस करता हूँ ?

अच्छा	–	–	–	–	–	–	–	बुरा
असहज	–	–	–	–	–	–	–	सहज
खुश	–	–	–	–	–	–	–	नाखुश
आनन्दित	–	–	–	–	–	–	–	अवसादपूर्ण

सैद्धान्तिक अवबोध या उपागम में विभिन्नताओं से सम्बन्धित मानदण्ड

व्यक्तित्व और समायोजन परिसूचियों के निर्माण और विकास के लिए अपनाई गई उपागमों या शोधकर्त्ताओं द्वारा इस कार्य के लिए किया गया सैद्धान्तिक अवबोध भी व्यक्तित्व और समायोजन परिसूचियों के निर्माण और विकास को बहुत कुछ प्रभावित करता है। मेहरन्स और लेहमन (Mehrens & Lehmann, 1991:403) के अनुसार, "व्यक्तित्व और समायोजन परिसूचियों (जो संज्ञान परिसूचियों से अलग होती हैं) के निर्माण और विकास के लिए अपनाये जाने वाले इन उपागमों और सैद्धान्तिक समझ को निम्न नाम दिए जा सकते हैं।"

A. तार्किक या विषयवस्तु सन्दर्भित उपागम

B. सिद्धान्त केन्द्रित उपागम

C. सजातीय निर्माण या कारक विश्लेषण उपागम

D. आनुभाविक या मानदण्ड संदर्भित उपागम

इस सम्बन्ध में जैसा कि मेहरन्स और लेहमन ने स्पष्ट किया है यह ध्यान रहना चाहिए कि व्यक्तित्व और समायोजन परिसूचियों के विकास के लिए प्रयुक्त उपरोक्त चार उपागम एक दूसरे से बिल्कुल अलग नहीं माने जाने चाहिए। जिस प्रकार की आवश्यकता हो उसी के अनुरूप शोधकर्त्ता द्वारा अपनी व्यक्तित्व या समायोजन परिसूची के निर्माण में इनका मिश्रित रूप से प्रयोग किया जा सकता है।

इन उपागमों को अच्छी तरह समझने हेतु हम यहाँ इनकी विस्तार में एक एक कर चर्चा करना चाहेंगे।

A. तार्किक या विषयवस्तु सन्दर्भित उपागम (Logical or Content Oriented Approach)

इस उपागम में इस बात पर बल दिया जाता है कि प्रदत्तों या कथनों के रूप में जो भी विषयवस्तु परिसूची में शामिल की जाए उसका कोई न कोई तार्किक आधार होना चाहिए। दूसरे शब्दों में यहाँ उन्हीं प्रश्नों को/कथनों को स्थान मिलना चाहिए जो परिसूची के विषय विशेष से सम्बन्धित हों। विषयवस्तु पर इस तरह का जोर दिए जाने के कारण ही इस तार्किक उपागम को विषयवस्तु उपागम का नाम भी दिया जाता है। इस उपागम को काम में लाने के लिए परीक्षण निर्माता पहले उस ज्ञान, कौशलों या विशेषकों (Traits) की पहचान करता है जो परीक्षण निर्माण के उद्देश्यों की पूर्ति से सम्बन्धित रहते हैं। मान लिया, एक परीक्षण निर्माता अध्यापकों के समायोजन का पता लगाने हेतु एक परिसूची का निर्माण करना चाहता है तो उसे यहाँ अवश्य ही अपनी परिसूची में ऐसे प्रश्नों या कथनों को स्थान देना होगा जो अध्यापकों के समायोजन का मापन करने के लिए उपयुक्त बैठते हों। कोहेन और स्वेरडिक (Cohen & Swerdlik, 2005:356) ने इस उपागम का व्यक्तियों में पाई जाने वाली एनोरेक्सिया नर्बोसा (Anorexia Nervosa) (दुबला होने के लिए जानबूझ कर हद से ज्यादा भूखा रहना) नामक मनोविकार के निदान हेतु काम में लाई जाने वाली एक मनोवैज्ञानिक परिसूची के निर्माण का उदाहरण प्रस्तुत करते हुए लिखा है :

"तार्किक रूप से परीक्षण पदों की सामग्री में वे ही बातें शामिल रहेंगी जिनका खाने पीने सम्बन्धी विकार से सम्बन्ध है। इस परीक्षण के पदों/प्रश्नों को लिखने के लिए आप उन्हीं बातों पर निर्भर रहोगे जिन्हें अपने अध्ययन, व्यक्तिगत अनुभवों तथा दूसरों से सुनी गई बातों के आधार पर ऐनोरेक्सिया नर्वोसा (Anorexia Nervosa) नामक विकार के बारे में आप जानते हैं। आपके प्रयत्नों के परिणामस्वरूप हाँ और ना से युक्त प्रश्नों की जो सूची प्राप्त होगी उसका नमूना आपको निम्न प्रश्नों में देखने को मिल सकता है।"

1. क्या इस समय तुम्हारा वजन, उस वजन का 85 प्रतिशत है जो तुम्हारी उम्र और लम्बाई की महिलाओं का होना चाहिए ?
2. क्या तुम्हें वजन बढ़ने का डर सताता रहता है ?

3. क्या आप यह अनुभव करते हैं कि आपके शरीर में कोई असमान्यता है ?

   वर्तमान में उपलब्ध जिन व्यक्तित्व तथा समायोजन परिसूचियों के निर्माण में विषयवस्तु सन्दर्भित उपागम का उपयोग किया है उनके उदाहरण के रूप में हम निम्न मनोवैज्ञानिक परीक्षणों का नाम ले सकते हैं :

   - मूने प्रोब्लम चेक लिस्ट (Mooney Problem Check List)
   - स्कोलेस्टिक टेस्टिंग सर्विस या एस० टी० एस० यूथ इन्वेन्टरी (Scholastic Testing Service or STS Youth Inventory)
   - केलीफोर्निया टेस्ट ऑफ पर्सनेलिटी (California Test of Personality)

B. सिद्धान्त केन्द्रित उपागम (Theory Centred Approach)

इस उपागम में व्यक्तित्व या समायोजन परिसूचियों के निर्माण हेतु किसी ऐसे व्यक्तित्व या समायोजन सिद्धान्त का उपयोग किया जाता है जिसमें परीक्षण निर्माता की उचित रूप से जानकारी हो और उसकी कार्यप्रणाली में विश्वास भी। साथ ही वह उस मापन सम्बन्धी प्रयोजनों को पूरा करने में भी समर्थ हो जिन्हें मापने के लिए परिसूची विशेष का निर्माण किया जा रहा है। उदाहरण के लिए अगर एक शोधकर्त्ता व्यक्तित्व के मनोविश्लेषणात्मक सिद्धान्त के व्यवहारात्मक पहलू में विश्वास रखता है तो स्वाभाविक रूप से वह इस सिद्धान्त से जुड़ी हुई बातों को अपने व्यक्तित्व या समायोजन परिसूची के लिये पदों के चयन तथा उसकी निर्माण प्रक्रिया में समाविष्ट करने हेतु अच्छी तरह अभिप्रेरित रहेगा।

अनुसंधानकर्त्ता इसी प्रकार अपने परीक्षणों के निर्माण हेतु कुछ अन्य प्रकार के व्यक्तित्व एवं समायोजन सिद्धान्तों जैसे – मैसलो का आवश्यकता सिद्धान्त, आलपोर्ट का विशेषक सिद्धान्त, युंग का व्यक्तित्व प्रकार सिद्धान्त तथा रोजर का मानवतावादी सिद्धान्त आदि की अवधारणाओं तथा सारभूत बातों को व्यक्तित्व एवं समायोजन परिसूचियों के निर्माण में प्रयुक्त करने की पहल कर सकते हैं। किसी सिद्धान्त विशेष में शोधकर्त्ता द्वारा दिखाया गया विश्वास और इस सिद्धान्त की उपयोगिता किसी व्यक्तित्व या समायोजन परिसूची के निर्माण के पीछे कैसे कार्य करती है, इस बात को कोहेन और स्वेरडिक (2005:356–357) ने अपनी निम्न टिप्पणी में स्पष्ट करने का प्रयास किया है :

अगर तर्क और कारण विशेष की उपस्थिति के स्थान पर एनोरेक्सिया नर्वोसा (Anorexia Nervosa) नामक विकार के निदान हेतु विकसित परीक्षण के निर्माण में मनोविश्लेषणात्मक सिद्धान्त का प्रयोग किया जाता तो इसमें पदों का चुनाव कुछ अलग तरह से होता। उदाहरण के लिए मनोविश्लेषणात्मक धारणा के अनुसार इस विकार से पीड़ित व्यक्ति अचेतन रूप से अधिक से अधिक दुबला होने की कोशिश में लगे रहते हैं। इस अवधारणा में विश्वास, परीक्षणकर्त्ता को ऐसे प्रश्नों या पदों को परीक्षण में रखने के लिए प्रेरित करेगा जो इस प्रकार की संभावना का निदान कर सकते हो। यह अवधारणा कि लोगों के स्वप्नों के माध्यम से उनकी अवचेतन अभिप्रेरणा सामने आती है, तो एक परीक्षण जो मनोविश्लेषणात्मक सिद्धान्त से अभिप्रेरित है उसमें उदाहरणस्वरूप निम्न प्रकार के प्रश्न का पाया जाना अप्रत्याशित नहीं है – (i) क्या आपको कभी ऐसा स्वप्न आया है कि आप विलुप्त (अत्यधिक क्षीण) होते जा रहे हैं ?

व्यक्तित्व और समायोजन परिसूचियों के विकास में सिद्धान्त केन्द्रित उपागम का उपयोग करने वाले परीक्षणों के उदाहरण के रूप में अनस्तासि (Anastasi, 1968:452) ने दो प्रमुख परीक्षणों (i) एडवार्ड पर्सनल प्रीफ्रेन्स सिड्यूल (Edward Personal Preference Schedule—EPPS) तथा (ii) मायर्स ब्रिग्स टाइप इन्डीकेटर (Myers Briggs Type Indicator) का उल्लेख किया है। हम यहाँ पहले उपकरण को उदाहरण रूप में प्रस्तुत करते हुए यह स्पष्ट करना चाहेंगे कि मनोवैज्ञानिक सिद्धान्त किस प्रकार से किसी परीक्षण विशेष के निर्माण और विकास को प्रभावित करने का कार्य कर सकते हैं।

एडवार्ड पर्सनल प्रीफ्रेन्स सिड्यूल (Edward Personal Preference Schedule—EPPS)

व्यक्तियों की व्यक्तित्व विशेषताओं तथा समायोजन स्तर का मूल्यांकन करने में प्रयुक्त यह परिसूची मुरे के आवश्यकता सिद्धान्त (Murray's Theory of Needs) से अनुप्रेरित है। इस परिसूची में एडवार्ड ने मुरे के सिद्धान्त में प्रतिपादित 15 मूलभूत आवश्यकताओं की क्षमताओं के मूल्यांकन में सहायक पदों को प्रयुक्त किया है। इसलिए आपको इस परिसूची में 15 ऐसे विशेष पैमानों पर आधारित कथन दिखाई देंगे जिनसे पता चलेगा कि मुरे द्वारा प्रतिपादित 15 मूलभूत आवश्यकताओं की प्रयोज्यों में किस सीमा तक पूर्ति हो रही है। उदाहरण के रूप में हम यहाँ इस परिसूची के द्विविकल्पीय रूप में निर्मित दो कथनों को प्रस्तुत कर रहे हैं :

(i) मैं दूसरों के साथ अपने बारे में बातें करना पसन्द करता हूँ/मैं उस उद्देश्य, जिसे मैंने अपने लिए निर्धारित किया है, के बारे में बातें करना पसन्द करता हूँ।

(ii) जब मैं किसी बात में असफल हो जाता हूँ तब मैं निराश हो जाता हूँ/किसी समूह के सामने भाषण देने में मुझे घबराहट होती है।

C. सजातीय निर्माण या कारक विश्लेषण उपागम (Homogeneous Construction or Factor Analysis Approach)

इस उपागम में परीक्षण निर्माता से यह अपेक्षा की जाती है कि वह इस बात का पूरा पूरा ध्यान रखे कि परिसूची/परीक्षण में शामिल सभी उपपरीक्षणों में निहित पदों/कथनों को लेकर समुचित सजातीयता (Homogeneity) पाई जानी चाहिए। इस प्रकार की सजातीयता की उपलब्धि हेतु परीक्षण निर्माता के द्वारा एक विशेष प्रकार की सांख्यिकीय तकनीक जिसे कारक विश्लेषण तकनीक कहा जाता है, प्रयोग में लाई जाती है। इस तकनीक का उपयोग बहुत से शोधकर्त्ताओं में व्यक्तित्व और समायोजन सम्बन्धी विशेषताओं के अध्ययन हेतु परिसूचियाँ बनाने के लिए किया है।

एक तकनीक के रूप में कारक विश्लेषण व्यक्तित्व या समायोजन परिसूची के निर्माता के लिए परिसूची के पदों में निहित सम्बन्धों के प्रतिमान का विश्लेषण करने का एक तरीका प्रस्तुत करती है। ताकि इसके माध्यम से उन पदों से विद्यमान मनोवैज्ञानिक एकता के ज्ञान से सम्प्रत्यय विशेष (व्यक्तित्व या समायोजन) में निहित आयामों या कारकों के एक छोटे से समूह की पहचान की जा सके। परीक्षण निर्माता इस कार्य की शुरुआत बहुत सारी संख्या में ऐसे पदों के संकलन से करता है जो परिसूची के सम्प्रत्यय विशेष के परीक्षण के लिए पूरी तरह तार्किक और सार्थक हो। इन प्रदत्तों का फिर कारक विश्लेषण तकनीक के द्वारा प्रक्रियाकरण किया जाता है ताकि उन पदों में निहित कुछ सजातीय और स्वतन्त्र पुंजों (आयाम अथवा कारक) की पहचान की जा सके। अगले सोपान में परिसूची के पदों को इस प्रकार सुव्यवस्थित किया जाता है कि वे ज्ञान पुंजों या कारकों की प्रकृति और आवश्यकताओं के अनुरूप अपनी भूमिका निभा सके। इस प्रकार से कारक विश्लेषण तकनीक का प्रयोग व्यक्तित्व या समायोजन परिसूची निर्माता के लिए परिसूची पदों को किन्हीं उचित और सापेक्षिक समजातीय और स्वतन्त्र आयामों/कारकों (व्यक्तित्व मूल्यांकन के लिए बर्हिमुखी–अन्तर्मुखी, न्यूरोटिसिज्म–साइकोटिसिज्म में तथा समायोजन मूल्यांकन के लिए घर–परिवार सम्बन्धी समायोजन, स्वास्थ्य समायोजन, विद्यालय समायोजन, सामाजिक और संवेगात्मक समायोजन) में भलीभाँति संगठित करने में वांछित रूप से सहायता करता है।

अपनी परिसूची के पदों की रचना हेतु जिन निर्माणकर्त्ताओं ने कारक विश्लेषण उपागम का उपयोग किया है, उनके उदाहरण के रूप में हम वर्तमान में उपलब्ध कई व्यक्तित्व या समायोजन परिसूचियों का नाम ले सकते हैं जैसे – (i) कैटल की 16 व्यक्तित्व कारक प्रश्नावली (Cattall's 16 Personality Factor Questionnaire—16PF), (ii) गिलफोर्ड जिमरमैन स्वभाव सर्वेक्षण (Guilford Zimmerman Temperament Survey), (iii) निओ पर्सनेलिटी इन्वेन्टरी (NEO Personality Inventory—NEO PI)। यहाँ पर हम उदाहरण के लिए कैटल की 16 व्यक्तित्व कारक प्रश्नावली की चर्चा कर रहे हैं।

कैटल की सोलह व्यक्तित्व कारक प्रश्नावली (16PF)

रेमण्ड कैटल (Raymond Cattell, 1950) द्वारा विकसित यह प्रश्नावली व्यक्तित्व परिसूची के निर्माण और विकास में कारक विश्लेषण विधि के उपयोग को एक अच्छे उदाहरण का प्रतिनिधित्व करती है। व्यक्तित्व का मूल्यांकन करने के लिए एक अच्छी सार्थक परिसूची का विकास करने के प्रयास में कैटल ने शब्दकोश (आलपोर्ट और ऑडबर्ट 1936 द्वारा संकलित) में पाए जाने वाले या मनोचिकित्सक और मनोवैज्ञानिक साहित्य में उपलब्ध व्यक्तित्व के सभी विशेषकों को इकट्ठा किया। इस सूची में शुरु में व्यक्तित्व के 4500 विशेषक थे जो समानार्थी विशेषकों को संयुक्त रूप प्रदान करके बाद में 171 विशेषक रह गए। कैटल ने इनको विशेषक तत्त्व नाम दिया। आगे जाकर कैटल ने कालेज विद्यार्थियों के प्रतिदर्श का उपयोग किया और इस प्रतिदर्श में शामिल प्रयोज्यों से यह कहा कि वे अपने मित्रों का इन 171 विशेषकों के संदर्भ में निर्धारण (Rating) करें। उपलब्ध प्रदत्तों पर फिर उसने कारक विश्लेषण तकनीक का प्रयोग किया जिसके परिणामस्वरूप 171 विशेषक 36 में परिवर्तित हो गए जिन्हें उसने सतही विशेषकों (Surface traits) का नाम दिया। फिर उसने एक काफी बड़ी संख्या के प्रतिदर्श का उपयोग किया और इसमें शामिल व्यक्तियों का इन 36 सतही विशेषकों के सन्दर्भ में उनके स्वनिर्धारण, सहपाठी निर्धारण और व्यवहार मूल्यांकन आदि की सहायता से व्यक्तित्व मूल्यांकन करते हुए वांछित प्रदत्तों का संकलन किया। इन उपलब्ध प्रदत्तों पर उसने फिर कारक विश्लेषण तकनीक का उपयोग किया जिसके परिणामस्वरूप विशेषकों की संख्या 36 से घटकर 16 रह गई। कैटल ने इनको स्रोत विशेषक (Source traits) कहा और बताया कि किसी व्यक्ति के व्यक्तित्व में यह सोलह कारक आधारभूत आयामों की तरह काम करते हैं। इन कारकों को उसने – संवेगात्मक रूप से स्थिर, चिन्तामुक्त, विवेकशील, आत्मविश्वासी, विश्वसनीय, नियंत्रित, अन्तरात्मा से प्रेरित, मित्रतापूर्ण, समूह पर निर्भर, हरफनमौला, साहसी, दबंग, प्रगतिशील, सीधा सादा, कल्पनाशील, सहृदय नाम दिए।

कैटल ने फिर अपने इन 16 कारकों का उपयोग एक व्यक्तित्व परिसूची बनाने के लिए किया जिसे 16 व्यक्तित्व कारक प्रश्नावली (16PF) कहा जाता है। अपनी परिसूची के निर्माण में उसने पदों की रचना और उनके संगठन में इस बात का ध्यान रखा कि जहाँ प्रत्येक पद का उद्देश्य उत्तरदाताओं के सम्पूर्ण व्यक्तित्व का मापन करना था वहाँ किसी विशेष कारक से सम्बन्धित पदों के द्वारा केवल उसी कारक (जैसे–संवेगात्मक स्थिरता) या स्रोत विशेषक का मापन हो सकता था। कैटल ने इस प्रकार अपनी परिसूची में अधिक से अधिक संभावित सजातीय पदों का समावेश किया ताकि 16 व्यक्ति विशेषकों या कारकों का अलग अलग रूप में अच्छी तरह मापन हो सके और प्रत्येक पद का सम्पूर्ण व्यक्तित्व के आकलन में समान रूप से प्रयोग किया जा सके।

बहुत से अनुसंधानकर्त्ताओं ने कारक विश्लेषण उपागम का व्यक्तित्व कारकों की तलाश हेतु प्रयोग किया है। उनके प्रयत्नों से कैटल द्वारा प्रदत्त 16 व्यक्तित्व कारकों को कुछ और सीमित करने के प्रयत्न किए गए हैं। इस सम्बन्ध में जहाँ वॉलर और जावेला (Waller and Zavala, 1993) ने इनकी संख्या सात तक सीमित कर दी है वहाँ कोस्टा और मैक्रे (Costa & McCrae, 1992) ने व्यक्तित्व मापन हेतु पाँच कारकीय प्रतिमान प्रस्तुत किया है। इन पाँचों कारकों जिन्हें प्रायः बिगफाइव (Bigfive) का नाम दिया जाता है, के नाम है : न्यूरोटिसिज्म (Neoroticism), बहिर्मुखी (Extraversion), स्वतन्त्र प्रकृति का (Openness) समझौतावादी प्रकृति का (Agreeableness) और अन्तरात्मा से प्रेरित (Conscientiousness).

D. आनुभाविक या मानदण्ड संदर्भित उपागम (Empirical or Criterion Approach)

व्यक्तित्व या समायोजन परिसूचियों के निर्माण के लिए प्रयुक्त इस उपागम में किसी मानदण्ड का उपयोग करने पर जोर दिया जाता है। मानदंड से अभिप्राय यहाँ उस स्तर या मानक का पूर्ण निर्धारण करना होता है जिससे यह तय किया जा सके कि कौन से पद (प्रश्न) को परिसूची में शामिल किया जायेगा और किस को

नहीं। व्यावहारिक तौर पर इस उपागम का उपयोग करने में परिसूची निर्माणकर्त्ता को प्रयोगों के दो समूहों (जिन्हें मानदंड संदर्भित समूह तथा नियंत्रित समूह कहा जाता है) को काम में लाना होता है। मानदंड संदर्भित समूह (Criterion group) वह समूह होता है जिसके सदस्यों में उस साझे व्यक्तिगत गुण या विशेषक (Trait) की उपस्थिति पाई जाती है जिसके मापन हेतु हम एक व्यक्तित्व या समायोजन परिसूची बनाना चाहते हैं। नियंत्रित समूह सामान्य/आम व्यक्तियों का समूह होता है इसके सदस्यों का चयन सामान्य समष्टि या जनसंख्या में से संयोगिक प्रतिचयन (Random selection) विधि से किया जाता है। उदाहरण के लिए अगर एक परीक्षणकर्त्ता पेरानोइआ (Paranoia) नामक मनोविकार के अध्ययन हेतु एक परिसूची बनाना चाहता है तो उसके मानदंड संदर्भित (या प्रायोगिक) समूह में चिकित्सालय के मानसिक रोग विभाग में पेरानोइआ (Paranoia) बीमारी का इलाज करा रहे सभी रोगी हो सकते हैं तथा इसके नियंत्रित समूह में वे सभी सामान्य या आम व्यक्ति हो सकते हैं जो इन रोगियों को बतौर दोस्त या सम्बन्धी के रूप में देखने आते हैं। (Mehrens & Lehmann, 1991:403)

मानदंड संदर्भित तथा नियंत्रित इन दोनों समूहों में शामिल व्यक्ति अब निर्माणाधीन परिसूची के पदों (प्रश्नों) के उत्तरदाताओं के रूप में कार्य कर सकते हैं। इन दोनों समूहों के प्रयोज्यों को अब परिसूची के प्रथम ड्राफ्ट में एक बड़ी संख्या में शामिल पदों/प्रश्नों पर अपनी अनुक्रिया व्यक्त करने के लिए कहा जा सकता है और उनसे प्राप्त उत्तरों के आधार पर अब पद विश्लेषण (Item analysis) का कार्य करते हुए परिसूची निर्माणकर्त्ता केवल उन्हीं पदों (प्रश्नों या कथनों) को अपनी परिसूची में स्थान दे सकता है जो पेरानोइआ बीमारी से ग्रस्त व्यक्तियों तथा सामान्य व्यक्तियों में अच्छी तरह अंतर करने में समर्थ हों। इस प्रकार से मानदंड संदर्भित उपागम में किसी पद/प्रश्न विशेष को परीक्षण में स्थान पाने के लिए स्थापित मानदंड से गुजरना पड़ता है उसका चयन कोरे विश्वास या ऊपर से ठीक ठीक लगने वाले पदों के रूप में नहीं हो जाता जैसा कि विषयवस्तु या तार्किक उपागम अथवा सिद्धान्त संदर्भित और कारक विश्लेषण उपागमों का प्रयोग करते हुए दिखाई देता है।

परीक्षण पदों के विकास में मानदंड संदर्भित समूह को उपयोग में लाने की प्रक्रिया को आनुभाविक मापदंड संदर्भित उपागम का भी नाम दिया जाता है क्योंकि यहाँ जैसा कि कोहेन एवं स्वेरडिक (Cohen & Swerdlik 2005:359) का कहना है, "पदों के अंकन और कुंजीकरण (Scoring and Keying) को परीक्षणदाताओं के समूहों में अन्तर स्थापित करते हए आनुभाविक (प्रयोगात्मक) रूप से भलीभाँति प्रदर्शित कर दिया जाता है।" एक व्यक्तित्व या समायोजन परिसूची के निर्माण में इस प्रकार के मानदंड संदर्भित उपागम के उपयोग का एक बड़ा फायदा इस बात में है कि यहाँ परिसूचियों में शामिल पदों के प्रति अनुक्रिया करते हुए कोई व्यक्ति जाली या बनावटी उत्तर नहीं दे सकता क्योंकि वह यह नहीं जानता कि मानदंड संदर्भित समूह में शामिल प्रयोज्यों ने उन प्रश्नों के किस प्रकार के उत्तर दिये हैं।

इस आनुभाविक या मानंदड संदर्भित उपागम का प्रयोग करके जो व्यक्तित्व या समायोजन परिसूचियाँ बनाई गई हैं उनके एक अच्छे उदाहरण के रूप में हम हथवे तथा मकनिले (Hathaway and McKinley) द्वारा विकसित मिनीसोटा मल्टीफेजिक पर्सनेल्टी इन्वेन्टरी (MPPI) का उल्लेख कर सकते हैं।

मिनीसोटा मल्टीफेजिक पर्सनेलिटी इन्वेन्टरी (MPPI) का निर्माण एवं विकास

इस परिसूची के निर्माताओं का उद्देश्य एक इस प्रकार के उपकरण का निर्माण करना था जिससे विशिष्ट प्रकार के मनोवैज्ञानिक मनोविकारों से ग्रस्त व्यक्तियों का निदान किया जा सके। इसके लिए उन्होंने आनुभाविक या मानदण्ड संदर्भित उपागम का उपयोग करने हेतु निम्न प्रक्रिया अपनाई :

- उन्होंने बहुत सारे हाँ या ना में उत्तर दिए जाने वाले पदों की रचना और संकलन किया। और इसके लिए उपलब्ध परीक्षणों, अनुसंधान कार्य, और पाठ्यपुस्तकों, जिनमें मनोविज्ञान मनोविकारों से सम्बन्धित विशेषकों का उल्लेख था, का प्रयोग किया।

- उन्होंने फिर छोटे छोटे प्रयोज्य समूहों की पहचान की जो किसी विशेष मनोवैज्ञानिक विकारों से ग्रस्त थे।
- उन्होंने फिर न्यूरोटिक रोगियों (Neurotic patients) के समूह से अपना काम प्रारम्भ किया। उन्होंने इनको मानदण्ड संदर्भित समूह के रूप में और जो इन्हें देखने आते थे उन्हें एक सामान्य नियन्त्रित समूह के रूप में प्रयुक्त किया।
- इन दोनों समूहों में भिन्नता प्रदर्शित करने वाले पदों को रख लिया गया और एम एम पी आई (MMPI) की हाइपोकोन्ड्रियासिस स्केल (Hypochondriasis scale) का निर्माण करने के लिए प्रयुक्त किया गया।
- स्केल को दोबारा हाइपोकोन्ड्रियासिस बीमारी से पीड़ित रोगियों के दूसरे समूह पर प्रशासित किया गया ताकि यह सुनिश्चित किया जा सके कि उनमें और सामान्य व्यक्तियों में अन्तर है। परीक्षण निर्माता ने इसी तरह की प्रक्रिया को अपनाते हुए इस परिसूची में नौ अन्य स्केलों का भी निर्माण किया। इन नौ स्केलों को, उनमें विद्यमान पदों के संदर्भ में नीचे तालिका 25.1 में दिखाया गया है।

तालिका 25.1 मिनीसोटा मल्टीफेसस् पर्सनेलिटी इन्वेन्टरी (MPPI) में प्रयुक्त स्केल और पद

	स्केल का नाम (Name of the Scale)	प्रश्नों की संख्या (Number of Items)
1.	स्वास्थ्यचिन्ता या रोग भ्रम (Hypochondriasis)—Hs	32
2.	अवसाद (Depression) —D	57
3.	कनवर्जन हिस्टीरिया (Conversion Hysteria)—Hy	60
4.	मनोरोगिक विचल (Psychopathic Deviate)—Pd	50
5.	पुरुषोचितता–स्त्रियोचितता (Masculinity-Famininity)—Mf	56
6.	पैरानोय्या (Paranoia)—Pa	48
7.	मनोदौर्बल्य (Psychasthenia)—Pd	48
8.	मनोविदलता (Schizophrenia)—Sc	78
9.	अति उन्माद (Hypomania)—Ha	46
10.	सामाजिक अन्तर्मुखता (Social Introverson)—Si	100

एम एम पी आई का कॉपीराइट मिनीसोटा विश्वविद्यालय के पास में है। उत्तरपुस्तिकाओं का व्यक्तियों द्वारा स्वयं हाथ से अंकन किया जा सकता है परन्तु आजकल कम्प्यूटर से मदद ली जाती है। इसके इस द्वितीय संस्करण का 1989 में प्रकाशन हुआ। इसे संयुक्त राज्य अमेरिका के 18 वर्ष से ऊपर के व्यक्तियों पर मानकीकृत करके "एम एम पी आइ – 2" नाम दिया गया है। जहाँ पहले संस्करण में 370 पद थे, वहाँ अब इस द्वितीय संस्करण में 567 पद हैं। सभी 567 पद सही या गलत प्रारूप (True False Format) में हैं और इसे पूरा भरने में प्रायः एक से दो घंटे का समय (लोगों की वाचन क्षमता के मुताबिक) लग सकता है।

थोर्नडाइक और थोर्नडाइक (Thorndike & Thorndike, 2010:467) के अनुसार यह परिसूची चिकित्सा जगत में सबसे अधिक प्रचलित स्ववर्णित (Self descriptive) उपकरण है और इसका विविध क्षेत्रों में उपयोग किया जाता है, उदाहरण के लिए, जहाँ इसे मनोवैज्ञानिक मनोविकारों से युक्त व्यक्तियों के निदान और उपचार के लिए काम में लाया जाता है, वहीं इसे अधिक ऊँचे दर्जे की जिम्मेदारी या दबाव से सम्बन्धित नौकरी जैसे – पुलिस अफसरों के चयन आदि में भी भलीभाँति काम में लाया जाता है।

इस प्रकार से व्यक्तित्व या समायोजन परिसूची के रूप में एक अनुसंधान उपकरण का निर्माण या विकास करने के लिए अनुसंधानकर्त्ता ऊपर वर्णित इन चारों उपागमों मे से किसी एक या अन्य का प्रयोग कर सकते

हैं। इसका यह तात्पर्य नहीं है कि एक अनुसंधानकर्त्ता को अपनी परिसूची का निर्माण और विकास करने के लिए उपरोक्त चारों उपागमों में से किसी एक का ही प्रयोग करना आवश्यक है बल्कि वह अपने परीक्षण के विकास के विभिन्न स्तरों पर एक से अधिक उपागमों, यहाँ तक कि इनका मिश्रित रूप में भी प्रयोग कर सकता है। इस बात पर प्रकाश डालते हुए कोहेन और स्वेरडिक (Cohen & Swerdlik, 2005:359) ने लिखा है :

कई व्यक्तित्व परीक्षणों में उनके विकास की प्रक्रिया में दो या दो से अधिक उपकरणों (उपागम या विधियों) का प्रयोग किया गया है। आपको यह जानने में रुचि होगी कि यहाँ दो या दो से अधिक उपकरणों का प्रयोग कैसे और क्यों किया गया है ? यहाँ एक वस्तुनिष्ठ व्यक्तित्व मापन के लिए बहुत सारे पदों का प्रयोग किया जाता है जिनके लिए तर्कशास्त्र या सिद्धान्त अथवा दोनों को ही आधार बनाया जा सकता है। इस प्रकार के संग्रहीत पदों को इसके पश्चात् कारक विश्लेषण उपागम का उपयोग करते हुए स्केलों में व्यवस्थित किया जा सकता है। अब इस परीक्षण के ड्राफ्ट या संस्करण को दो समूहों – मानक संदर्भित तथा नियंत्रित पर इस बात को देखने के लिए प्रशासित किया जा सकता है कि परीक्षण के दो पदों पर दिए जाने वाले प्रयोज्यों के उत्तरों में उनके किसी समूह विशेष से सम्बन्धित होने के कारण अन्तर आते हैं या नहीं।

कुछ प्रसिद्ध व्यक्तित्व या समायोजन परिसूचियों का विवरण

व्यावहारिक विज्ञानों में अनुसंधानकर्त्ताओं को अपने विशिष्ट अनुसंधान उद्देश्यों की पूर्ति के लिए व्यक्तित्व और समायोजन परिसूचियों का प्रयोग करना होता है। इसके लिए पहले तो वे इस बात की तलाश करते हैं कि उन्हें पहले से ही निर्मित कोई मानकीकृत परीक्षण प्राप्त हो जाए। वे इनके निर्माण और विकास के लिए तब ही प्रयत्न करते हैं जबकि इस प्रकार के मापन उपलब्ध नहीं होते हैं या वे उनके विशिष्ट अनुसंधान उद्देश्यों या अध्ययन प्रतिदर्श की आवश्यकताओं की पूर्ति नहीं कर सकते। जब उन्हें किसी परिसूची के निर्माण और विकास का कार्य करना होता है तब वे इसके लिए यहाँ इस अध्याय में वर्णित किन्हीं एक या दो उपागमों–विधियों का उपयोग कर आगे बढ़ सकते हैं। एक शोधकर्त्ता द्वारा व्यक्तित्व और समायोजन मापन के लिए परिसूची के रूप में निर्मित उपकरण का विकास कैसे किया जा सकता है, इससे सम्बन्धित प्रक्रिया का वर्णन हम इस पुस्तक के अध्याय 28 में करेंगे। वर्तमान में यहाँ हम आपको कुछ प्रसिद्ध व्यक्तित्व और समायोजन परिसूचियों से परिचित कराना चाहते हैं जिनका निर्माण और मानकीकरण व्यवहारिक विज्ञानों के क्षेत्रों में शोधरत मनीषियों के द्वारा किया गया है। शोधकर्त्ताओं द्वारा अपने विशिष्ट प्रयोजनों की पूर्ति हेतु इन्हें मौलिक या रूपान्तरित स्वरूप में उपयोग में लाया जा सकता है।

व्यक्तित्व परिसूचियाँ (Personality Inventories)

आइजैन्क व्यक्तित्व परिसूची (Eyesenck Personality Inventory)

आइजैन्क व्यक्तित्व परिसूची प्रसिद्ध मनोवैज्ञानिक हंस जुगेन आइजैन्क और उसकी पत्नी सुबिल बी०जी० आइजैन्क (EPI, Eysenck & Eysenck, 1968) द्वारा विकसित अपने आप स्वयं सूचना प्रदान करने वाला व्यक्तित्व मापक है। इस उपकरण से सम्बन्धित आवश्यक बातों को निम्न प्रकार से संक्षेप में व्यक्त किया जा सकता है :

- आइजैन्क व्यक्तित्व परिसूची (EPI) व्यक्तित्व के दो विरोधी स्वतन्त्र आयामों, बहिर्मुखी–अन्तर्मुखी, उन्मादपूर्ण–स्थिर का मापन करती है जो व्यक्तित्व के विभिन्न पक्षों में पाई जाने वाली विभिन्नताओं का बहुत कुछ चित्रण कर देते हैं।
- यह दो स्वरूपों में उपलब्ध है – प्रपत्र B (हाई स्कूल विद्यार्थियों के लिए) और प्रपत्र A-I (कॉलेज के विद्यार्थियों और प्रौढों के लिए)।
- प्रत्येक प्रपत्र में 'हाँ या ना' वाले 57 पद हैं।

- यह दो भाषाओं – अंग्रेजी और स्पेनिश में उपलब्ध है।
- इसमें प्रयुक्त तीन स्केलों में पदों का व्यवस्थीकरण इस प्रकार से है :
  – बहिर्मुखी–अन्तर्मुखी स्केल में 24 प्रश्न
  – उन्मादपूर्ण–स्थिर स्केल में 24 प्रश्न
  – झूठ का पता लगाने वाले स्केल में 9 प्रश्न (यह स्केल इसलिए प्रदान की जाती है कि अनुक्रियाओं में व्यक्त झूठ का निदान हो सके)।
- परिसूची के प्रश्नों का उत्तर देने में 10 से 15 मिनट का समय लगता है।
- जब आप आइजैन्क व्यक्तित्व परिसूची (EPI) भरते हैं तो आपको तीन निम्न प्रकार के प्राप्तांक प्राप्त होते हैं :
  – झूठ पता लगाने वाले प्राप्तांकों का कुल योग 9 होता है। इससे यह पता लगता है कि आप उत्तर देने हेतु कितना सामाजिक रूप से वांछित दिखने का प्रयत्न कर रहे हैं। जो इस स्केल पर पाँच अंक प्राप्त करता है उसके बारे में यह कहा जा सकता है कि वह अपने आपको अच्छा दिखाने का प्रयत्न कर रहा है और उत्तर देने में पूरी ईमानदारी नहीं दिखा रहा है।
- ई–प्राप्तांकों 'E-scores' का कुल योग 24 होता है और इनसे इस बात का मापन किया जाता है कि आप कितने बहिर्मुखी हैं।
- "N-Scores" एन–प्राप्तांकों का कुल योग 24 होता है और इनसे यह पता चलता है कि आप कितने उन्मादग्रस्त हैं ?

आइजैन्क व्यक्तित्व प्रश्नावली (Eyesenck Personality Questionnaire—EPQ)

आइजैन्क व्यक्तित्व प्रश्नावली का निर्माण आइजैन्क और आइजैन्क ने 1975 में किया था। यह उनकी पूर्व प्रचलित व्यक्तित्व परिसूची (EPI) का एक विकसित रूप है। आइए इसके बारे में कुछ जाना जाए :

आइजैन्क और आइजैन्क ने इस परिसूची के निर्माण और विकास हेतु सिद्धान्त सन्दर्भित उपागम का प्रयोग किया। इस मापन से सम्बन्धित उनका सैद्धान्तिक आधार आइजैन्क का व्यक्तित्व सम्बन्धी सिद्धान्त था। उन्होंने पहले मानव स्वभाव की दो जैविक आधारित श्रेणियों – (i) बहिर्मुखी/अन्तर्मुखी तथा (ii) न्यूरोटिसिज्म/स्थिरता को व्यक्तित्व की अवधारणा के लिए प्रयुक्त किया और फिर इस अवधारणा में एक नये आयाम साइकोटिसिज्म/समाजीकरण को जोड़कर अपनी प्रश्नावली का निर्माण करने का प्रयत्न किया। आइए व्यक्तित्व के इन तीन आयामों के बारे में कुछ जानें।

बहिर्मुखी/अन्तर्मुखी : बहिर्मुखी व्यक्तित्व की पहचान उन व्यक्तियों के रूप में होती है जो बहुत ज्यादा मिलने जुलने वाले, बातूनी, अपने आपको सदैव प्रसन्नचित्त महसूस करने वाले और साथ ही ऐसे व्यक्ति होते हैं जिन्हें बाह्य अभिप्रेरणा और प्रोत्साहन की जरूरत होती है। आइजैन्क सिद्धान्त के अनुसार बहिर्मुखी अपने स्वभाव से बहुत जल्दी ऊबने वाले तथा देरी से उत्साहित होने वाले होते हैं, इसलिए उन्हें उनकी पूरी क्षमता का प्रदर्शन करने हेतु बाह्य अभिप्रेरणा या उत्तेजना की आवश्यकता पड़ती है। इनकी तुलना में अन्तर्मुखी भीतर से बहुत अधिक उत्साहित और बेचैन रहते हैं, इसलिए उन्हें अपनी पूर्ण क्षमता के प्रदर्शन हेतु एकान्त और शान्ति की जरूरत पड़ती है।

न्यूरोटिसिज्म/स्थिरता : उन्मादपूर्णता या संवेगात्मकता नकारात्मक प्रभाव जैसे – अवसाद और चिन्ता के उच्च स्तर के रूप में अभिव्यक्त की जा सकती है। उन्मादपूर्ण व्यक्ति अपनी संवेगात्मक प्रतिक्रियाओं पर नियंत्रण पाने में असमर्थ रहते हैं और छोटे छोटे दबाव के प्रतिक्रिया स्वरूप नकारात्मक प्रभावों (जैसे लड़ो या भागो)

की अभिव्यक्ति करने लगते हैं। वे आसानी से घबड़ा जाते हैं या परेशान हो जाते हैं। संवेगात्मक रूप से स्थिर व्यक्ति में संवेगों को नियन्त्रित करने की अच्छी क्षमता पाई जाती है और वे बहुत अधिक दबाव के समय में ही नकारात्मक प्रभावों का अनुभव करते हैं। वे शान्त होते हैं और स्थिर चित्त रहते हैं।

साइकोटिसिज्म/समाजीकरण (Psychoticism/Socialisation)

मनोविदलता का सम्बन्ध, व्यक्ति का सम्बन्ध वास्तविकता से ही टूट जाने से ही नहीं होता बल्कि आक्रामकता से भी होता है। मनोविदलता से युक्त व्यक्तियों के व्यवहार में जिद्दीपन, अक्खड़पन, संवेदनहीनता, आक्रामकता, क्रोध, आत्मनियन्त्रणहीनता आदि बातें पाई जाती हैं। आइजैन्क ने इस प्रकार के व्यवहार का शारीरिक आधार बताते हुए इन व्यक्तियों में टेस्टोस्ट्रोन नामक हार्मोन की स्राविकता का ज्यादा स्तर बताया है। इसके विपरीत समाजीकरण से युक्त व्यक्तियों में वे सभी विशेषताएँ पाई जाती हैं जो उन्हें सामाजिक रूप से समायोजित होने में सहायता करती हैं।

आइजैन्क व्यक्तित्व प्रश्नावली (EPQ) में व्यक्तित्व विशेषकों के मापन में चार स्केलों का प्रयोग किया है जिनके नाम हैं – बहिर्मुखीय स्केल (Extra version scale), न्यूरोटिसिज्म स्केल (Neuroticism scale), साइकोटिसिज्म स्केल (Psychoticism scale) और झूठ पकड़ने वाला स्केल (Lie scale)। सन् 1985 में आइजैन्क और आइजैन्क ने इस प्रश्नावली का परिष्कृत संस्करण निकाला जिसे ई पी क्यू–आर (EPQ–R) के नाम से जाना जाता है। इसका प्रकाशन सर्वप्रथम पर्सनेलिटी एण्ड इन्डीविजुअल डिफरेन्सस जर्नल में हुआ। इस संस्करण में हाँ या ना में उत्तर देने वाले 100 प्रश्न हैं और इसी के लघु स्केल संस्करण (Short scale version) में हाँ या ना उत्तर वाले 48 प्रश्न हैं।

वैधता (Validation) : आइजैन्क व्यक्तित्व प्रश्नावली (EPQ) एक विश्वसनीय उपकरण है मानदण्डीय विश्लेषण द्वारा इसकी वैधता स्थापित की गई है। इस प्रश्नावली की कमी यह है कि इसमें केवल हाँ या ना में उत्तर देने वाले प्रश्न पूछे जाते है जिससे यह कई बार यथार्थता रो परे उत्तर देने के लिए बाध्य कर देती है। अतः यह मनोमितीय रूप से कम स्तर की हो सकती है।

प्रौढ़ व्यक्तियों के व्यक्तित्व का मापन करने के लिए लगभग 50 वर्षों तक आइजैन्क स्केलों का विकास और परिमार्जन किया गया। परिणामस्वरूप इसकी लम्बाई में लगातार वृद्धि होती गई, उदाहरण के लिए :

- द अर्ली मौडस्ले मेडीकल प्रश्नावली (MHQ), इसमें 40 पद हैं (आइजैन्क, 1952)
- द मौडस्ले व्यक्तित्व परिसूची (MPI), इसमे 48 पद हैं (आइजैन्क, 1959)
- द आइजैन्क व्यक्तित्व परिसूची (EPI) इसमें 57 पद हैं (आइजैन्क और आइजैन्क 1964)
- द आइजैन्क व्यक्तित्व प्रश्नावली (EPQ) इसमें 90 पद हैं (आइजैन्क और आइजैन्क, 1975)
- द रिवाइज्ड आइजैन्क व्यक्तित्व प्रश्नावली (EPQ–R) इसमें 100 पद हैं (आइजैन्क, आइजैन्क और बैरट, 1985)

मौड्सले व्यक्तित्व परिसूची (Moudsley Personality Inventory—MPI)

इस परिसूची का विकास एच०जे० आइजैन्क द्वारा 1959 में किया गया। इस परिसूची के निर्माण तथा प्रयोग सम्बन्धी आवश्यक बातें निम्न प्रकार से हैं :

- परिसूची का उद्देश्य – व्यक्तियों के व्यक्तित्व विशेषकों का मापन करने के लिए इस परिसूची (MPI) की रचना की गई है।
- परिसूची में हाँ/ना प्रारूप में 80 पदों को प्रस्तुत किया गया है।

- परीक्षण के चार उप स्केल हैं। परिसूची में इन स्केलों का संगठन निम्न प्रकार से है :
  - (i) बहिर्मुखी (E) : 24 पद
  - (ii) उन्मादपूर्ण (N) : 24 पद
  - (iii) झूठ (पता लगाने वाले) (L) : 20 पद
  - (iv) पूर्तिपद : 12 पद
- मौड्सले व्यक्तित्व परिसूची का एक छोटा प्रतिरूप भी है जिसमें 24 पद हैं और उसके प्रत्येक उपस्केल में 6–6 पद हैं।
- परिसूची में शामिल पदों की प्रकृति का उदाहरण प्रस्तुत करने के लिए कुछ नमूनों के पद नीचे प्रस्तुत किए जा रहे हैं :
  - (i) क्या आप कुछ चयनित लोगों तक ही अपनी जान पहचान सीमित रखना चाहते हो ? (E)
  - (ii) क्या ऐसी बातों के दिवास्वप्न देखते हैं जो कभी सत्य नहीं हो सकते हैं ? (N)
  - (iii) एक बच्चे के रूप में, आप से जैसा कहा जाता है क्या आप बिना किसी विरोध के तुरन्त वैसा ही करते हो ? (L)
  - (iv) क्या आपको नए मित्र बनाने में कठिनाई होती है ? (पूरक Filler)

केलीफोर्निया व्यक्तित्व परिसूची (California Personality Inventory)

केलीफोर्निया व्यक्तित्व परिसूची (CPI) एक प्रमुख गैर–चिकित्सकीय व्यक्तित्व परिसूची है जिसका प्रयोग सामान्य व्यक्तियों के अन्तःवैयक्तिक व्यवहार और सामाजिक अन्तःक्रियाओं का मूल्यांकन करने के लिए किया जाता है। इस परिसूची का विकास मूल रूप में हैरीसन गोफ (Harrison Gough) के द्वारा 1957 में किया गया था। 2002 में केलीफोर्निया व्यक्तित्व परिसूची का नया संस्करण CPI 260 प्रकाशित किया गया जो मौलिक केलीफोर्निया व्यक्तित्व परिसूची का एक लघु संस्करण है। CPI के नवीनतम संस्करण को CPI 434 के नाम से जाना जाता है। कैलीफोर्निया व्यक्तित्व परिसूची (CPI 260 और CPI 434) के लेखक हैरीसन जी० गोफ (Harrison G. Gough) पीएच.डी. हैं और प्रकाशक कन्सल्टिंग साइकोलोजिस्ट प्रेस, पालो आल्टो केलीफोर्निया है।

इस परिसूची की मुख्य विशेषताएँ निम्न प्रकार से हैं :

1. अपने वर्तमान स्वरूप में, परिसूची में हाँ/ना प्रारूप में निर्मित 434 प्रश्न शामिल हैं। इसका प्रशासन 45 से 60 मिनट के बीच में किया जा सकता है और मिनीसोटामल्टीफेसिक पर्सनेलिटी इन्वेन्टरी (MMPI) के समान ही इसकी रचना की गई है। इसका अंकन कार्य हाथों से भी किया जा सकता है और कम्प्यूटर के द्वारा भी। केलीफोर्निया व्यक्तित्व परिसूची के पदों में हमें निम्न 20 स्केलों पर अंक प्राप्त होते हैं।
   स्तर क्षमता, सामाजिकता, सामाजिक उपस्थिति, स्वस्वीकारोक्ति, ठीक होने की अनुभूति, उत्तरदायित्व–पूर्णता, समाजीकरण, आत्मसंयम, सहिष्णुता, अच्छा प्रभाव, सामुदायिकता, स्वतन्त्र रूप से उपलब्धि, अनुगमन करते हुए उपलब्धि, बौद्धिक कुशलता, मनोवैज्ञानिक सोच, स्त्रियोचितता बनाम पुरुषोचितता, स्वतन्त्रता, लचीलापन, सह अनुभूति।
2. व्याख्या करने के उपरान्त इन प्राप्तांकों की मदद से प्रयोज्यों को निम्न चार विभिन्न प्रकारों में वर्गीकृत किया जा सकता है :

व्यक्तित्व प्रकार	व्यक्तित्व विशेषताएँ
अल्फा : बाह्य, नोर्म के अनुसार	शक्तिशाली, अधिकार जताने वाला, महत्त्वाकांक्षी, अपने पक्ष को दृढ़ता से प्रस्तुत करने वाला, बहुर्मुखी, पुरुषार्थी
बीटा : आंतरिक, नोर्म के अनुसार	विनम्र, दूसरों का ध्यान रखने वाला, उत्तरदायित्वपूर्ण, भरोसेमंद, जिसके बारे में पूर्वकथन किया जा सके
गामा : बाह्य, नोर्म के प्रति शंका	अन्वेषणकर्त्ता, चतुर, साहसी
डेल्टा : आंतरिक, नोर्म के प्रति शंका	चिन्तनशील, लगावरहित, पहले से ही कार्य में संलग्न

3. 12 वर्ष और उससे अधिक आयु के छः हजार पुरुषों और सात हजार महिलाओं के एक नार्मेटिव प्रतिदर्श पर परिसूची का मानकीकरण किया गया।
4. केलीफोर्निया व्यक्तित्व परिसूची का उद्देश्य सामान्य व्यक्तियों के मध्य अन्तर्वैयक्तिक और सामाजिक अन्तःक्रिया का मापन एवं मूल्यांकन करना है। हैरीसन गोफ ने परीक्षण के स्केल के उद्देश्य को परिभाषित करते हुए कहा है – परिभाषित परिस्थितियों में कोई व्यक्ति क्या कहेगा और क्या करेगा, इस प्रकार की भविष्यवाणी करना और ऐसे व्यक्तियों की पहचान करना जिनकी विशेषताओं का वर्णन उनके द्वारा किया जाए जो उन्हें जानते हैं या जो विभिन्न परिस्थितियों में उनके व्यवहार का निरीक्षण करते हैं।
5. इस परिसूची का विकास करने में जैसा कि मेगार्गी (Megargee, 1972:12) का कहना है, "हैरीसन गोफ ने सिद्धान्त आधारित परिसूची का प्रयोग करने की बजाय उस परिस्थिति विशेष को ध्यान में रखा जिसमें परीक्षण का उपयोग किया जाता है और उस परिस्थिति में जिस प्रकार के संप्रत्यय विशेषों को व्यक्तित्व परीक्षण हेतु काम में लाने का प्रचलन था उन्हीं का अपने मापन में प्रयोग किया।"
6. केलीफोर्निया व्यक्तित्व परिसूची की विश्वसनीयता का मापन करने के लिए अल्फा और परीक्षण–पुनर्परीक्षण (alpha and test-retest) के माध्यम से आन्तरिक एकरूपता (Internal consistency) स्थापित करने का प्रयास किया गया। 20 स्केलों के लिए अल्फा विश्वसनीयता का विस्तार .62 से .84 तक था। 20 स्केल की परीक्षण–पुनर्परीक्षण विश्वसनीयता प्रारम्भिक मापन के बाद 1 वर्ष, 5 वर्ष और 25 वर्ष के अन्तराल पर मापी गई। एक वर्ष के परीक्षण–पुनर्परीक्षण के मापन के लिए हाई स्कूल स्तर पर विश्वसनीयता के विस्तार .51 से .84 और 5 वर्ष के परीक्षण–पुनर्परीक्षण के मापन के लिए प्रौढ़ स्तर पर विश्वसनीयता का विस्तार .36 से .73 तथा 25 वर्षीय परीक्षण–पुनर्परीक्षण मापन के लिए प्रौढों के स्तर पर विश्वसनीयता विस्तार .37 से .82 था।
7. अपनी परिसूची की वैधता के मापन हेतु गोफ ने दो बुनियादी मानदण्डों का प्रयोग किया। पहला मानदण्ड यह था कि स्केल द्वारा विशिष्ट ढंग से व्यवहार करने वाले व्यक्तियों की पहचान की जा सके और दूसरा जो व्यक्ति इसमें उच्च्च प्राप्तांक अर्जित करते हैं उनसे दूसरों को यह लगना चाहिए कि जिस विशेषता का परीक्षण किया जा रहा है वह उनमें अच्छी तरह से विद्यमान है।
8. इस परिसूची को मुख्यतया औद्योगिक एवं व्यापारिक प्रतिष्ठानों में उचित कर्मचारियों के चयन, नेतृत्व का विकास करने और संगठन में कुशलता पैदा करने के लिए बनाया गया, परन्तु इसका उपयोग अन्य विविध परिस्थितियों जैसे – विद्यालय और महाविद्यालयों में शैक्षणिक मार्गदर्शन प्रदान करने, नेतृत्व क्षमता की पहचान करने, सफलता के बारे में भविष्यवाणी करने तथा चिकित्सालयों और परामर्श देने वाली संस्थाओं में मादक द्रव्यों के सेवन की जाँच करने, शारीरिक बीमारियों का निदान करने, वैवाहिक मतभेद, बाल अपराध और प्रौढ़ अपराधियों तथा सामाजिक अपरिपक्वता आदि से सम्बन्धित अनुसंधान कार्यों में भी भलीभाँति किया जा सकता है।

समायोजन परिसूचियाँ (Adjustment Inventories)

बैल समायोजन परिसूची (Bell Adjustment Inventory)

इस परिसूची के द्वारा व्यक्ति विशेष के विशेष प्रकार के समायोजन का परिस्थिति विशेष के संदर्भ में मूल्यांकन किया जाता है। यह दो प्रारूपों (विद्यार्थियों के तथा प्रौढ़ों के लिये) में उपलब्ध है। अपनी परिसूची के प्रौढ़ प्रारूप में बैल (Bell, 1958) ने समायोजन के पाँच अलग अलग मापन (a) गृह समायोजन (b) स्वास्थ्य समायोजन (c) सामाजिक समायोजन (d) संवेगात्मक समायोजन तथा (e) व्यावसायिक समायोजन के रूप में प्रदान किये हैं। परिसूची के पदों का 'हाँ', 'ना' तथा '?' में से किसी एक की अभिव्यक्ति कर उत्तर देना होता है। इन पदों/कथनों को परीक्षण निर्माता द्वारा उनके विषयवस्तु सामर्थ्य (यानी किसी व्यक्ति के समायोजन या कुसमायोजन के निदान सम्बन्धी क्षमता) के आधार पर परिसूची में स्थान दिया गया है। उदाहरण के लिए गृह समायोजन के लिये प्रयुक्त पद ऐसे हैं जिन्हें देखते ही पता चल सकता है कि घर की जिन्दगी से कौन कितना संतुष्ट या असंतुष्ट है, इसका मापन इनके द्वारा अच्छी तरह संभव है। परिसूची के मैनुअल में समायोजन के पाँचों क्षेत्रों तथा सर्वांग समायोजन से सम्बन्धित नोर्मस (पुरुषों और महिलाओं के लिए अलग अलग) प्रदान किये गये हैं। ये मानक या नोर्मस 194 पुरुषों तथा 274 महिलाओं के प्रतिदर्श को लेकर स्थापित किये हैं। इस परिसूची पर उच्च प्राप्तांकों का अर्जन खराब (Poor) समायोजन का सूचक है और निम्न प्राप्तांकों का अर्जन अच्छे (Good) समायोजन का।

इस परिसूची की विश्वसनीयता स्थापित करने हेतु परीक्षण पुनः परीक्षण तथा विषम–सम खंडित अर्ध (Odd even split half) विधियों का प्रयोग किया गया है। विशिष्ट समायोजन क्षेत्रों तथा सर्वांग समायोजन के संदर्भ में स्थापित विश्वसनीयता परीक्षण–पुनः परीक्षण विधि से .75 से लेकर .95 की विस्तार सीमा में है और विषम–सम (Odd-even) से इसका विस्तार .80 से लेकर .89 है। इस परिसूची की वैधता स्थापित करने में दो अलग अलग प्रकृति के समूहों (सामान्य व्यक्ति तथा न्यूरोटिक व्यक्ति) को लिया गया है। इसके अतिरिक्त इसकी आइजैन्क की व्यक्तित्व परिसूची तथा अन्य व्यक्तित्व चरों के परिप्रेक्ष्य में भी वैधता स्थापित करने के प्रयत्न किये गये हैं और सभी मामलों में वैधता गुणांकों के मानों में ऊँचे दर्जे की सार्थकता पाई गई है।

यह परिसूची प्रौढ़ों के समायोजन की जाँच हेतु प्रयोग में लाने वाले एक अच्छे उपकरण के रूप में जानी जाती है और इसे विविध कार्यों जैसे शैक्षिक, मार्गदर्शन, समस्या निदान आदि में सफलतापूर्वक उपयोग में लाया जाता है। परन्तु इसमें एक बड़ी कमी इस बात को लेकर है कि समायोजन के क्षेत्र और आयामों का चयन यहाँ मनमर्जी से हुआ है इसके लिए कारक विश्लेषण तकनीक का उपयोग करके कोई वस्तुनिष्ठ और वैज्ञानिक ढंग नहीं अपनाया गया है।

हेस्टन व्यक्तिगत समायोजन परिसूची (Heston Personal Adjustment Inventory)

हेस्टन (1949) द्वारा विकसित इस परिसूची में व्यक्ति विशेष के समायोजन के छः मूलभूत अवयवों – विश्लेषणात्मक चिंतन, सामाजिकता, संवेगात्मक स्थिरता, विश्वास, व्यक्तिगत सम्बन्ध तथा गृह–संतुष्टि के मापन का प्रयत्न किया गया है। हाँ/ना अनुक्रियाओं के रूप में उत्तर दिये जाने वाले यहाँ 270 कथन हैं जिनका 450 पदों के भंडार में से आंतरिक एकरूपता को आधार बनाते हुये चयन किया गया है। आंतरिक एकरूपता के अलावा पद विश्लेषण हेतु यहाँ प्रत्यक्षदर्शी वैधता (Face validity) चाहे उसका विभेदीकरण सूचकांक कोई भी हो, का भी प्रयोग किया गया है और परिणामस्वरूप किसी कथन को परिसूची की स्केल विशेष में जब तक स्थान नहीं दिया गया है जब तक कि वह मापन चर हेतु मनोवैज्ञानिक रूप से अर्थपूर्ण प्रतीत नहीं होता।

इस परिसूची में हाई स्कूल तथा महाविद्यालय के विद्यार्थियों के लिए नोर्मस प्रदान किये गये हैं, प्रौढ़ों के लिए नहीं। अर्जित प्राप्तांकों को यहाँ शतांकों (Percentiles) में रूपान्तरित किया जा सकता है। इस परिसूची

की खंडित अर्ध (Split half) विधि से स्थापित विश्वसनीयता की विस्तार सीमा .81 से लेकर .91 तक है। यहाँ वैधता की स्थापना हेतु तीन आधार लिये गये हैं (i) पद विश्लेषण आधारित आंतरिक एकरूपता (ii) मनोवैज्ञानिक अर्थपूर्णता और (iii) स्वतन्त्र मानदंड (जैसे मार्गदर्शकों तथा अन्य मनोवैज्ञानिक प्रशिक्षित व्यक्तियों द्वारा किये जाने वाले निर्धारण/रेटिंग कार्य)।

मूने समस्या चैक लिस्ट (Mooney Problem Check List)

दो प्रारूपों में उपलब्ध यह एक ऐसी परिसूची है जिसमें व्यक्तियों से उनकी अपनी समस्याओं को बताने के लिए कहा जाता है। इसमें 330 कथन हैं जिन्हें ग्यारह विभिन्न क्षेत्रों में बाँटा गया है और प्रत्येक में बराबर कथन हैं। यह एक प्रारम्भिक निदान उपकरण है जिसे परामर्शदाताओं के लिए इस उद्देश्य से बनाया गया है कि जिससे व्यक्ति विशेष अपनी स्वयं की समस्याओं को सामने लाते हुए, उन बातों की ओर संकेत करे जो इन समस्याओं से सम्बन्धित है। इस परिसूची के 330 कथनों के प्रति की जाने वाली अनुक्रियाओं से व्यक्ति विशेष की समायोजन समस्याओं का केवल मात्र एक मौखिक चित्र ही प्राप्त नहीं होता बल्कि श्रेणी अनुसार तथा सम्पूर्ण रूप में ऐसे संख्यात्मक प्राप्तांक भी प्राप्त होते हैं जिनमें यह विदित हो कि व्यक्ति विशेष के द्वारा अपने और अपने वातावरण के साथ समायोजन करने में किस स्तर की कठिनाई महसूस की जा रही है। इसका उपयोग बालकों और प्रौढ़ों दोनों के लिए होता है। इसमें कोई नोर्म्स नहीं दिए गए हैं इसलिए परिसूची निर्माता ने स्थानीय नोर्म्स का प्रयोग करने का परामर्श दिया है। इस उपकरण की प्रकृति पर अपनी टिप्पणी करते हुए थोर्नडाइक और हेगन (Thorndike and Hagen, 1971:669) ने लिखा है :

यह चैकलिस्ट विभिन्न आयु स्तरों पर महत्त्वपूर्ण समझी और बताई जाने वाली समस्याओं को व्यवस्थित ढंग से प्रस्तुत करने का प्रयत्न करती है। यद्यपि कथनों को क्षेत्रों (स्वास्थ्य एवं शारीरिक विकास, मैत्री सम्बन्ध, यौन और विवाह सम्बन्ध, गृह और परिवार इत्यादि) में संगठित किया जाता है और प्रत्येक क्षेत्र से सम्बन्धित कथनों का अंकन किया जाता है। इसके पश्चात् इसमें व्यक्तिगत अनुक्रियाओं को एक संकेत और मार्गदर्शक के रूप में साक्षात्कार हेतु काम में लाने की बात कही गई है। यह उपकरण परीक्षण होने का दावा नहीं करता और इसे जिस रूप में उपयोग करने की बात कही जाती है, वह अपनी तरह से प्रयोज्य के समायोजन सम्बन्धी बातें बताने के लिए समुचित रूप से सार्थक है।

यद्यपि मूने समस्या चैक लिस्ट में कथनों को क्षेत्रानुसार संगठित किया गया है परन्तु इन क्षेत्रों के बारे में निर्णय यों ही बिना किसी आधार के लिया गया है। दूसरे अन्य मापनों की तरह यह भी विभिन्न आयु स्तरों के व्यक्तियों के समायोजन का सामान्य ढंग से ही मापन करता है।

भारतीय मनीषियों द्वारा विकसित कुछ समायोजन परिसूचियाँ (A Few Adjustment Inventories Developed by Indian Scholars)

अस्थाना समायोजन परिसूची (Asthana's Adjustment Inventory)

इस परिसूची का विकास एच०एस० अस्थाना के द्वारा किया गया और यह हिन्दी भाषा में है। इसके दो स्वरूप हैं – एक स्कूल जाने वाले विद्यार्थियों के लिए और दूसरा कॉलेज जाने वाले प्रौढ़ों के लिए। इसके मैनुअल में इसके उपयोग के बारे में विचार व्यक्त करते हुए लेखक ने (अस्थाना, 1968) ने लिखा है – "यह परिसूची किसी भी प्रकार से जीवन के विभिन्न क्षेत्रों में समायोजन की मात्रा (Degree) का निदान नहीं करती है, यह तो केवल अच्छी प्रकार से समायोजित व्यक्तियों से उन व्यक्तियों को जो ठीक प्रकार समायोजित नहीं है, अलग करने का प्रयास करती है और जिन्हें मनो–निदानात्मक अध्ययन और परामर्श की आवश्यकता है उनके बारे में बताती है।"

इस परिसूची में निश्चित चयन पर आधारित 42 पद हैं। समायोजन व्यक्त करने वाली प्रत्येक अनुक्रिया के लिए एक अंक और कुसमायोजन के लिए जीरो प्रदान किया जाता है। लड़के एवं लड़कियों दोनों के लिए

शतांश मान (Percentile Norms) प्रदान किए गए हैं। यह व्याख्या की जाती है कि शतांश मान ज्यादा होगा, उसी के अनुरूप उनका समायोजन स्तर उतना ही अच्छा होगा। विश्वसनीयता स्थापित करने के लिए खंडित अर्ध (Split-half) का प्रयोग किया गया है। पदों की वैधता द्विपंक्तीय सहसम्बन्ध (Bi serial correlation) विधि के द्वारा स्थापित की गई है।

इस परिसूची का निर्माण पूरी तरह से स्कूल जाने वाले विद्यार्थियों और कॉलेज जाने वाले विद्यार्थियों के लिए किया गया है। इसलिए सामान्य प्रौढ़ों के समायोजन का मापन करने के लिए इसका प्रयोग नहीं किया जा सकता है। बेल (Bell) ने अपनी परिसूची (विद्यार्थी प्रारूप) में जिन पाँच समायोजन क्षेत्रों को शामिल किया है, उन्हीं क्षेत्रों से सम्बन्धित कथनों का वर्तमान में उपलब्ध परिसूचियों के माध्यम से संकलन करने का यहाँ प्रयत्न किया गया है। यहाँ समायोजन के क्षेत्रों या अवयवों को कारक विश्लेषण विधि से निश्चित करने का कोई प्रयत्न नहीं किया गया है।

सिन्हा समायोजन परिसूची (Sinha's Adjustment Inventory)

यह परिसूची भी हिन्दी भाषा में बनाई गई है। इसका विकास ए०के०पी० सिन्हा और आर०पी०सिंह (Sinha & Singh, 1971) के द्वारा किया गया। इस परिसूची का उद्देश्य समायोजन के पाँच क्षेत्रों (घर, स्वास्थ्य, सामाजिक, संवेगात्मक और शैक्षिक) में सभी ग्रेडस् के पूर्ण रूप से समायोजित कॉलेज विद्यार्थियों से कम समायोजित विद्यार्थियों को अलग करना है। इसमें 102 पद हैं (घर 16, स्वास्थ्य 15, सामाजिक 19, संवेगात्मकता 31 और शैक्षिक 21)। अंकन कार्य करते समय समायोजन सूचक प्रत्येक उत्तर के लिए जीरो और दूसरे प्रत्येक उत्तर के लिए एक अंक प्रदान किया जाता है।

संयोगीकृत विधि से चयनित, पटना और मगध विश्वविद्यालय के 2280 विद्यार्थी (1550 लड़के और 730 लड़कियाँ) के प्रतिनिधि प्रतिदर्श पर परिसूची का मानकीकरण किया गया है। लड़के और लड़कियों दोनों के लिए पाँचों समायोजन क्षेत्रों में से प्रत्येक के सन्दर्भ में तथा सम्पूर्ण परिसूची के सन्दर्भ में शतांश मानक प्रदान किये गये हैं। परिसूची की विश्वसनीयता का विस्तार .82 से .95 तक है। पद विश्लेषण तथा अन्य वैधता स्थापित की गई हैं और बाह्य मानदण्ड के रूप में छात्रावास निरीक्षकों के निर्धारण को काम में लाया गया है।

सिन्हा की समायोजन परिसूची पूर्णरूप से कॉलेज विद्यार्थियों के लिए बनाई गई है। समायोजन के क्षेत्र बेल (Bell) की समायोजन परिसूची की तरह लिए गए हैं। विश्वसनीयता और वैधता अच्छी तरह स्थापित की गई है और समुचित नोर्म्स भी प्रदान किए गए हैं। परन्तु इसके सीमित अनुप्रयोग के कारण यह प्रौढ़ व्यक्तियों के समायोजन का मापन करने के लिए प्रयोग में नहीं लाई जा सकती है।

मंगल अध्यापक समायोजन परिसूची (Mangal's Teachers Adjustment Inventory)

इस परिसूची का विकास इसी पुस्तक के लेखकों में से एक लेखक प्रो० एस०के० मंगल के द्वारा किया गया है। इसका उद्देश्य विद्यालय अध्यापकों के समायोजन (व्यक्तिगत और व्यावसायिक) का मापन करना है। इसमें 253 कथन हैं, हाँ, ना और ? के रूप में इनके उत्तर देने होते हैं। जो कथन समायोजन के सूचक हैं उन्हें 2 अंक, जो कुसमायोजन के सूचक हैं उन्हें शून्य तथा प्रश्नवाचक उत्तर के लिए एक अंक दिया जाता है। इस परिसूची के विकास और मानकीकरण हेतु समष्टि का जो चयन किया गया है वह हरियाणा प्रान्त के सभी जिलों में स्थित सरकारी और गैर सरकारी माध्यमिक विद्यालयों में कार्यरत अध्यापक थे। इस परिसूची के निर्माण के लिए शोधकर्त्ता ने एकपक्षीय रूप से अध्यापक समायोजन के उन 21 आयामों को चुना जो सामान्य रूप से उनके व्यक्तिगत और व्यावसायिक जिन्दगी में आए दिन आने वाली सामान्य समायोजन परेशानियों, समस्याओं, अन्तःद्वन्द्वित परिस्थितियों से सम्बन्धित थे। इसके बाद शोधकर्त्ता ने इन 21 आयामों से सम्बन्धित ऐसे उचित कथनों के निर्माण और संकलन का प्रयत्न किया जो उस क्षेत्र विशेष से सम्बन्धित समायोजन और कुसमायोजन

का मूल्यांकन करने में सहायक सिद्ध हो सकते थे। इस प्रकार से संकलित 410 कथनों का फिर विषयवस्तु विश्लेषण किया गया जिससे उनकी भाषा सम्बन्धी औचित्य, स्पष्टता और पुनरावृत्ति की जाँच की गई और उसके आधार पर अयोग्य और त्रुटिपूर्ण कथनों को निकाल दिया गया और शेष बचे 387 कथनों को फिर औपचारिक पद विश्लेषण हेतु प्रयुक्त किया गया। पद विश्लेषण ने बहुत से निरर्थक पदों/कथनों को हटाने का काम किया और इस तरह परिसूची के अन्तिम प्रारूप में 253 कथन बचे। इन 253 कथनों से युक्त इस प्रारूप को कारक विश्लेषण हेतु काम में लाया गया जिसके परिणामस्वरूप बिना किसी आधार, मन मर्जी से चुने गए अध्यापक समायोजन के 21 आयामों को निम्न पाँच अर्थपूर्ण आयामों में संगठित किया गया :

(i) संस्था के शैक्षिक और सामान्य वातावरण से समायोजन

(ii) सामाजिक–मनो–शारीरिक समायोजन

(iii) व्यवसाय सम्बन्धी समायोजन

(iv) वैयक्तिक जीवन समायोजन

(v) वित्तीय समायोजन तथा कार्य (Job) समायोजन।

इस अध्यापक परिसूची में शामिल सभी 253 पदों को इस प्रकार संगठित किया गया है कि विद्यालयों में कार्यरत अध्यापकों के समायोजन तथा कुसमायोजन स्तरों के मूल्यांकन हेतु दो प्रकार के प्राप्तांकों (i) आयाम या क्षेत्र सम्बन्धी प्राप्तांक और (ii) सम्पूर्ण समायोजन प्राप्तांक दोनों की उपलब्धि हो। इस परिसूची को हरियाणा राज्य के सरकारी और मान्यता प्राप्त गैर सरकारी माध्यमिक स्कूलों में कार्यरत 1217 अध्यापकों (714 पुरुष तथा 503 महिलायें) पर मानकीकृत किया गया है। जिनका चयन स्तरीय समानुपातीय पुंज संयोगिक प्रतिचयन विधि के द्वारा किया गया है। इसमें परिसूची पर उपलब्ध उत्तरदाताओं के मूल प्राप्तांकों की उचित व्याख्या हेतु शतांशीय मानकों के अलावा पाँच श्रेणियाँ (A-बहुत अच्छा, B-अच्छा, C-औसत, D-बुरा, E-काफी बुरा) भी प्रदान की गई है।

विश्वसनीयता स्थापित करने हेतु परीक्षण–पुनर्परीक्षण तथा खंडित अर्ध (Split half) विधियों का प्रयोग किया गया है। पाँचों समायोजन क्षेत्रों में से प्रत्येक का तथा सम्पूर्ण समायोजन से सम्बन्धित विश्वसनीयता गुणांक परीक्षण–पुनर्परीक्षण विधि से .97 और .99 के बीच में है और खंडित अर्धविधि से इनका मान .940 से लेकर .994 के बीच में है। इस परिसूची की वैधता तीन प्रकार के वैधता रूपों में स्थापित की गई है : (i) विषयवस्तु वैधता (ii) रचनाकृत या कारकीय वैधता और (iii) मानदण्ड संदर्भित वैधता।

जजों के एक पैनल की सहायता से यह स्थापित करने का प्रयत्न किया गया है कि इस परिसूची में प्रदत्त विषयवस्तु (कथनों) के द्वारा परिसूची के उद्देश्य भलीभाँति पूरे हो सकते हैं। परिसूची कारक विश्लेषण द्वारा निर्धारित कारकों पर आधारित है और यह बात इसकी कारकीय वैधता को स्थापित करती है। मानदण्ड संदर्भित वैधता को स्थापित करने के लिए यहाँ दो मानदण्ड काम में लाए गए हैं :– (i) बेल की समायोजन परिसूची का हिन्दी अनुवाद तथा (ii) अध्यापक समायोजन निर्धारण मापनी। पहले मानदण्ड के आधार पर निर्धारित वैधता गुणांक का मान 0.967 है जबकि दूसरे मानदण्ड के आधार पर स्थापित वैधता गुणांक का विस्तार समायोजन के प्रत्येक पाँचों क्षेत्रों तथा सम्पूर्ण समायोजन के सन्दर्भ में .929 से लेकर .986 तक है।

व्यक्तित्व एवं समायोजन परिसूचियों के गुण एवं सीमाएँ (Merits and Limitations of Personality and Adjustment Inventories)

गुण (Merits)

1. प्रश्नावली के प्रारूप में विद्यमान परिसूची के पद/कथनों के उत्तरदाताओं द्वारा सुविधापूर्वक और आसानी से उत्तर दिये जा सकते हैं।

2. परिसूची का प्रशासन काफी सरल है। परिसूची के मेनुअल में दी गई अंकन कुंजी और निर्देशनों के माध्यम से उत्तरदाताओं के उत्तरों को अच्छी तरह अंकन और व्याख्या की जा सकती है।
3. एक परिसूची एक ऐसा मापन है जिसमें प्रयोज्य अपनी समायोजन सम्बन्धी बातों के बारे में अपने आप बताते हैं। इस प्रकार की स्वयं जानकारी देने वाले मापन उपकरण का कोई उपकरण बराबरी नहीं कर सकता। कोई किस तरह एक परिस्थिति विशेष में किस प्रकार अनुभव करता है, व्यवहार करता है और कार्य करता है ? वह क्या है और क्या होना चाहता है ? कोई अपने आप से या अपने वातावरण से कितना सन्तुष्ट या असन्तुष्ट है? इस प्रकार के प्रश्नों का जवाब व्यक्तियों के द्वारा अपने आप ही दिया जा सकता है। व्यक्तित्व और समायोजन परिसूचियों के इस गुण और उपयोगिता पर टिप्पणी करते हुए कोहन और स्वेरडिक (Cohen & Swerdlik, 12005:354) ने लिखा है :

   परिसूची द्वारा उपलब्ध जानकारी का सम्बन्ध वास्तविक स्रोत से होता है, ऐसे स्रोत के रूप में उत्तरदाता वे व्यक्ति होते हैं जो दूसरे व्यक्तियों की अपेक्षा अपने बारे में अच्छी तरह जानते हैं और इसीलिए ये अपने बारे में सही सही जानकारी देने में पर्याप्त रूप से सक्षम सिद्ध होते हैं।

   इस प्रकार से एक अनुसंधानकर्त्ता अपने प्रयोज्यों से एक व्यक्तित्व या समायोजन परिसूची के उपयोग से उनकी व्यक्तित्व सम्बन्धी विशेषताएँ तथा समायोजन से सम्बन्धित वांछित सूचनाएँ उपलब्ध करने में काफी कुछ सीमा तक सफल रह सकता है।

सीमाएँ और दोष (Limitations and Drawbacks)

1. अनुसंधानकर्त्ता परिसूची के पदों पर दिए जाने वाले, उत्तरदाताओं के उत्तरों पर कोई नियन्त्रण नहीं होता। वे जिस तरह से चाहे अपनी मर्जी मुताबिक उत्तर दे सकते हैं और फलस्वरूप उनके द्वारा व्यक्तित्व और समायोजन सम्बन्धी बातों को छुपाने या अपनी तरह से व्यक्त करने का काम किया जा सकता है।
2. इन व्यक्तित्व तथा समायोजन परिसूचियों को उनकी वैधता की दृष्टि से भी काफी कमजोर पाया जाता है। जैसा कि सुखिया एवं अन्य (Sukhiya et al., 1966:148) ने स्पष्ट किया है :

   व्यक्ति बहुत बार अपनी प्रतिक्रियाओं को सही सही वस्तुनिष्ठ तरीके से अभिव्यक्त करने में असमर्थ होते हैं। अपने बारे में अन्तःदृष्टि की कमी, अपनी समस्याओं के प्रति संवेगात्मक लगाव तथा शर्मिन्दगी भरी अनुक्रियाओं से बचने की प्रवृत्ति इत्यादि बातें इस प्रकार के व्यक्तित्व और समायोजन मापनों की प्रभावशीलता पर अंकुश लगा देते हैं।
3. बहुत सारी परिस्थितियों में परिसूची पदों पर उत्तरदाताओं द्वारा व्यक्त की गई अनुक्रियाओं की प्रामाणिकता को सत्य करने का कोई तरीका उपलब्ध नहीं होता। इसलिए एक अनुसंधानकर्त्ता, जैसा कि कोहन और स्वेरडिक (Cohen & Swerdlik, 2005:354) ने दावा किया है, के पास विश्वास के साथ यह कहने का कोई साधन नहीं कि उत्तरदाताओं द्वारा स्वयं प्रदान की गई कौन सी सूचना पूरी तरह सही है, आंशिक रूप से सही है, वास्तविक रूप में सही नहीं है या पूरी तरह असत्य है।
4. प्रयोज्यों से उचित वांछित सहयोग लेते हुए उचित उत्तर पाना भी एक समस्या रहती है और इसीलिए कई बार संतोषजनक रूप से प्रयोज्यों से उचित प्रतिशत में उत्तर प्राप्त नहीं होते हैं। कई बार उत्तरदाता उन्हें पढ़ने पर भी ध्यान नहीं देते, परीक्षण को गंभीरता से नहीं लेते और प्रत्येक पद के उत्तर देने में सही और गलत पर यों ही निशान लगाते रहते हैं।

——— ⚜ ———

26

प्रदत्त संकलन उपकरण—प्रक्षेपी तकनीकें

[Data Collection Tools—Projective Techniques]

विषय प्रवेश (Introduction)

इस पाठ्यपुस्तक के पिछले अध्यायों में आपने अध्ययन प्रयोज्यों के व्यवहार, व्यक्तित्व विशेषताओं तथा समायोजन के स्तर सम्बन्धी जानकारी एकत्रित करने में सहायक विभिन्न प्रकार के उपकरणों और तकनीकों जैसे प्रेक्षण, साक्षात्कार, प्रश्नावली, निर्धारण मापनियों (Rating scales), समाजमिति तथा व्यक्तित्व एवं समायोजन परिसूचियों के बारे में विस्तार से अध्ययन किया है। सूचना और प्रदत्त संकलन हेतु प्रयोग में लाये गये ये सभी उपकरण, विधियाँ और तकनीकें व्यक्ति निष्ठा (Subjectivity) नामक दोष से युक्त पाये जाते हैं। यह व्यक्तिनिष्ठा प्रयोज्यों जिनके व्यवहार, व्यक्तित्व विशेषक तथा समायोजन स्तर का मापन किया जाता है और जो परीक्षक/शोधकर्त्ता इन उपकरणों/विधियों का प्रयोज्यों से प्रदत्त संकलन हेतु इन्हें प्रयोग में लाते हैं, दोनों में ही अच्छी तरह देखने को मिल सकती है। इन उपकरणों/विधियों के द्वारा किये गये मापनों में प्रयोज्यों का मूल्यांकन का स्वरूप ऐसा होता है कि जिनमें उन्हें पूरी तरह से आजादी मिल जाती है कि वे अपनी अनुक्रियाओं तथा व्यवहार को मनचाहे ढंग से प्रस्तुत कर सके। प्रेक्षक/परीक्षक भी यहाँ प्रयोज्यों के व्यवहार और व्यक्तित्व गुणों के बारे में अपने स्वयं की पसन्द–नापसंद को आगे रखकर ही अपनी धारणा बनाता है। इस प्रकार की व्यक्तिनिष्ठा चाहे वह प्रयोज्यों द्वारा प्रदर्शित की जाए अथवा परीक्षकों द्वारा, उसके पीछे जो मूल बात कार्य कर रही होती है वह यही है कि प्रयोज्यों के सामने जिन परिस्थितियों और उद्दीपनों (Stimuli) को अनुक्रिया हेतु सामने रखा जाता है और जो कुछ परीक्षकों को मूल्यांकन हेतु प्राप्त होता है उसकी प्रकृति इतनी अधिक संरचित (Structured) तथा जानी–पहचानी होती है कि वे सरलता से ऐसे मोहजाल में फँस जाते हैं कि उनका सारा ध्यान और प्रयत्न केवल इसी बात में सिमट कर रह जाता है कि अपनी मर्जी मुताबिक अनुक्रियायें तथा मूल्यांकन कैसे किया जाये। ऐसी व्यक्तिनिष्ठा से तभी बचाव हो सकता है जबकि प्रयोज्यों तथा परीक्षकों को अपना अपना कार्य करने हेतु संरचित तथा जानी पहचानी परिस्थितियों के स्थान पर असंरचित तथा अनजानी परिस्थितियों को उद्दीपनों तथा मूल्यांकन हेतु प्रस्तुत किया जाए। यही कारण है कि अब तक वर्णन की गई, व्यक्तिनिष्ठ विधियों/तकनीकों के स्थान पर प्रक्षेपी तकनीकों (Projective Techniques) का उपयोग व्यवहार के उचित प्रेक्षण और मूल्यांकन का एक बेहतर विकल्प प्रस्तुत करने की क्षमता रखता है।

एक बात और भी है जो हमें प्रक्षेपी तकनीकों के उपयोग की ओर खींचती है वह यह है कि अब तक हमने प्रयोज्यों से वांछित प्रदत्तों के संकलन हेतु जिन उपकरणों, विधियों तथा तकनीकों की चर्चा की है वे सभी ऐसी

है जिनसे व्यक्ति विशेष के बाह्य या चेतन (Overt or Conscious) व्यवहार के बारे में जानकारी ली जा सकती है। परन्तु यह व्यवहार तो जैसा कि फ्रायड ने संकेत दिया है मानव व्यवहार का केवल मात्र 1/10 भाग होता है। शेष 9/10 भाग तो वह व्यवहार होता है जिसे आंतरिक (Covert) तथा अचेतन और अर्धचेतन (Unconscious and Semi-conscious) कहा जाता है। इस 9/10 भाग की जानकारी पूर्व वर्णित विधियों तथा तकनीकों से भलीभाँति उपलब्ध नहीं हो सकती। प्रक्षेपी तकनीकों का प्रयोग यहाँ अच्छी तरह यह उत्तरदायित्व निभाने के लिए हमारे सामने आता है। इससे न केवल इस आंतरिक व्यवहार के बारे में वांछित प्रदत्तों का संकलन हो सकता है बल्कि बाह्य व्यवहार सम्बन्धी बातों की भी उचित जानकारी प्राप्त हो सकती है और इस तरह परिणामस्वरूप सम्पूर्ण व्यक्तित्व और व्यवहार सम्बन्धी बातों के उचित आंकलन में इनसे यथेष्ट रूप में पर्याप्त सहायता मिल सकती है। प्रस्तुत अध्याय में हम इन्हीं प्रेक्षण तकनीकों की प्रकृति और उपयोग के बारे में अध्ययन करना चाहेंगे।

प्रक्षेपी तकनीकें क्या हैं ? (What are Projective Techniques)

प्रक्षेपी तकनीकें अपने नाम के वास्तविक अर्थानुसार प्रक्षेपण की प्रक्रिया पर आधारित होती है। एक प्रक्षेपण पर्दे पर जब हम किसी चीज का प्रक्षेपण (Projection) करते हैं तब हमें बदले में इस पर्दे पर किसी समय विशेष पर किसी परिस्थिति विशेष में वही नजर आता है जिसका पर्दे पर प्रक्षेपण किया जा रहा है। इन्हीं अर्थों में प्रक्षेपण के सिद्धान्त की अनुपालना करते हुये प्रक्षेपण तकनीकों में अध्ययन प्रयोज्यों को अपेक्षाकृत कुछ ऐसे अनिश्चित एवं असंरचित उद्दीपक (जैसे अस्पष्ट एवं अधूरे चित्र, स्याही के धब्बे, अधूरे वाक्य आदि) प्रदान किये जाते हैं जिनका अपने आप में कोई स्पष्ट और जाना माना अर्थ नहीं होता। इन्हें प्रदान करते हुए प्रयोज्यों से अब उनके प्रति अपनी अनुक्रियायें व्यक्त करने के लिये कहा जाता है और अपनी ओर से ऐसा करने में प्रयोज्य अपने व्यवहार तथा व्यक्तित्व सम्बन्धी अपनी निजी बातों को ही यहाँ अपनी अनुक्रियाओं के माध्यम से आरोपित करने के प्रयत्न करते हुए दिखाई देते हैं। इस आरोपण अथवा प्रक्षेपण का शोधकर्त्ता द्वारा यदि ठीक प्रकार से विश्लेषण किया जाये तो न केवल प्रयोज्यों के आन्तरिक व गोपनीय मानस पटल की बहुत सी बातों का पता चलता है बल्कि एक प्रकार से आंतरिक और बाह्य व्यक्तित्व पक्षों से सम्बन्धित सभी बातों के मूल्यांकन के लिए उचित प्रदत्तों का संकलन हो सकता है। प्रक्षेपी तकनीकों के अर्थ एवं प्रकृति के बारे में यह एक काफी सरल और सर्वमान्य स्पष्टीकरण है। इसके बारे में कुछ और अधिक जानने हेतु हम यहाँ कुछ प्रसिद्ध लेखकों तथा मनोवैज्ञानिकों के विचारों को उद्धृत करना चाहेंगे।

1. **कोहेन एवं स्वेरडिक** : हम प्रक्षेपी विधि को व्यक्तित्व मूल्यांकन की एक ऐसी तकनीक के रूप में परिभाषित कर सकते हैं जिसमें प्रयोज्य के व्यक्तित्व के बारे में कोई निर्णय लेने हेतु उसके उस कार्य प्रदर्शन को आधार बनाया जाता है जिसे वह एक अपेक्षाकृत असंरचित या अपूर्ण उद्दीपन के प्रति अपनी अनुक्रियायें व्यक्त करने के लिए करता है। इस कार्य हेतु कोई भी अपेक्षाकृत असंरचित उद्दीपक काम में लाया जा सकता है। कोई एक बादल या दीवार पर पड़ने वाली छाया को भी प्रक्षेपी उद्दीपन के रूप में काम में ला सकता है, परन्तु मनोवैज्ञानिकों ने इस कार्य के लिए कुछ अधिक विश्वसनीय, व्यावहारिक तथा वैज्ञानिक मापनों की तलाश में अनेक असंरचित, अस्पष्ट, अपूर्ण और अभिव्यक्तिजन्य सामग्री का विकास किया है जो हमें स्याही के धब्बों, चित्र, शब्दों, वाक्यों, रेखाचित्रों तथा प्रक्षेपी उद्दीपकों के रूप में उपलब्ध अन्य वस्तुओं के रूप में प्राप्त होती है।

   (We may define Projective method as a technique of personality assessment in which some judgement of the assessee's personality is made on the basis of performance on a task that involves supplying some sort of structure to relatively unstructured or incomplete stimuli. Almost any relatively unstructured stimulus will do for this purpose. One can use a cloud or shadow on the wall as a projective stimulus but psychologist in pursuit of seeking more reliable, practicable and scientific measure have developed a number of unstructured, vaguer, incomplete and expressive material in the form of inkblots, pictures, words, sentences, drawings and other things suitable as projective stimuli. — Cohen & Swerdlik, 2005:378)

2. **डोनोह्यु :** एक प्रक्षेपी परीक्षण, एक ऐसा व्यक्तित्व परीक्षण है जिसे इस रूप में निर्मित किया जाता है कि उसके द्वारा एक व्यक्ति को अस्पष्ट उद्दीपकों के प्रति प्रतिक्रिया करके, छुपे हुये संवेगों तथा आन्तरिक संघर्षों को व्यक्त करने का अवसर प्राप्त हो सके। यह उन वस्तुनिष्ठ परीक्षणो से भिन्न होता है जिनमें अनुक्रियाओं को एक सार्वभौमिक स्तर से विश्लेषित किया जाता है (जैसे कि एक बहुविकल्पीय परीक्षण)। प्रक्षेपी परीक्षणों में अनुक्रियाओं में व्यक्त उनकी विषयवस्तु से अर्थ निकालने का प्रयत्न किया जाता है ना कि पहले से ही स्थापित अर्थों (जैसा कि वस्तुनिष्ठ परीक्षणों में होता है) के आधार पर यह काम किया जाता है।

   (A Projective test is a personality test designed to let a person respond to ambiguous stimuli, presumably revealing hidden emotions and internal conflicts. This is different from an "Objective Tests" in which responses are analyzed according to a universal standard (for example, a multiple choice exam). The responses to Projective Tests are content analysed for meaning rather than being based on presuppositions about meaning as is the case with objective tests. —Donoghue, 2000)

3. **चर्चिल :** प्रक्षेपी तकनीक, अन्वेषण हेतु प्रयोग में लाई जाने वाली ऐसी अप्रत्यक्ष एवं असंरचित विधियाँ हैं जिन्हें मनोवैज्ञानिकों द्वारा विकसित किया गया है और जिनमें उत्तरदाताओं के प्रक्षेपण से उनके उन अन्तर्निहित अभिप्रेरकों, उत्तेजनाओं या इरादों के बारे में निष्कर्ष निकालने का प्रयत्न किया जाता है जिनकी प्राप्ति प्रत्यक्ष रूप से प्रश्न पूछने के द्वारा नहीं हो पाती क्योंकि यहाँ या तो उत्तरदाता उन्हें बताना नहीं चाहते अथवा वे बताने में समर्थ नहीं होते।

   (Projective Techniques are indirect and unstructured methods of investigation which have been developed by the psychologists and use projection of respondents for inferring about underline motives, urges or intentions which cannot be secured through direct questioning as the respondent either resists to reveal them or is unable to figure out himself. — Churchill, 1991)

> **प्रक्षेपी तकनीकें :** प्रयोज्यों की व्यक्तित्व सम्बन्धी विशेषताओं के बारे में सूचनाओं या प्रदत्तों के संकलन हेतु काम में लाई जाने वाली ऐसी तकनीकें जिनमें प्रयोज्यों की (अपने आप को प्रक्षेपित करते हुए) कुछ अपेक्षाकृत असंरचित उद्दीपकों के प्रति की जाने वाली अनुक्रियाओं को आधार बनाकर आवश्यक निष्कर्ष निकाले जाएं।

प्रक्षेपी तकनीकों की प्रकृति एवं विशेषताएँ (Nature and Characteristics of Projective Techniques)

इस अध्याय में अब तक की गई चर्चा और विद्वानों के द्वारा व्यक्त विचार प्रक्षेपी तकनीकों की प्रकृति और विशेषताओं के बारे में निम्न निष्कर्ष निकालने में हमारी सहायता कर सकते हैं :

- प्रक्षेपी तकनीकें सुविदित प्रक्षेपण की प्रक्रिया पर आधारित हैं। इस प्रक्रिया में प्रक्षेपण पर्दे पर वास्तव में कुछ भी मौजूद नहीं होता, इस पर वही प्रतिबिम्बित होता है जो इस पर प्रक्षेपित किया जाता है। इसी सिद्धान्त का अनुसरण करते हुए, प्रक्षेपण तकनीक में अनुक्रिया करने पर प्रयोज्य एक असंरचित उद्दीपक के प्रति अपने व्यक्तित्व की विशेषताओं और अपने समायोजन स्तर के आधार पर ही संरचनायें प्रस्तुत करता है।

- प्रक्षेपण तकनीक में प्रयोज्यों के सम्मुख जो भी उद्दीपक प्रस्तुत किए जाते हैं वे जानबूझकर अस्पष्ट, असंरचित निरर्थक एवं अपूर्ण होते हैं और इसीलिए प्रयोज्य विभिन्न प्रकार से अपने आप को अभिव्यक्त करने के लिए स्वतन्त्र होते हैं।
- एक प्रकार से प्रक्षेपी तकनीकों को अपने आप में छिपी हुई परीक्षण प्रक्रिया का नाम दिया जा सकता है क्योंकि परीक्षार्थी को यह नहीं पता होता है कि उसके द्वारा दी गई अनुक्रिया की किस प्रकार की मनोवैज्ञानिक व्याख्या की जाएगी।
- "प्रक्षेपण तकनीक की एक प्रमुख विशेषता" जैसा कि अनास्तासी (Anastasi, 1968:493) ने कहा है "प्रयोज्यों को सापेक्षिक रूप से असंरचित कार्य प्रदान करने के संदर्भ में की जा सकती है जिसमें प्रयोज्यों को असीमित रूप में विविध ढंगों से अनुक्रिया करने के ऐसे अवसर प्राप्त होते हैं जिनमें परीक्षण सामग्री एक पर्दे की तरह काम करते हुए उन्हें अपनी विशेषताओं को प्रक्रियाओं, आवश्यकताओं, चिन्ताओं तथा अन्तःद्वन्द्वों के रूप में प्रक्षेपित करने की पूरी स्वतन्त्रता प्रदान कर सके।"
- प्रक्षेपण तकनीकें एक व्यक्ति के व्यवहार, व्यक्तित्व विशेषकों और समायोजन के स्तर के सम्पूर्ण एवं व्यापक मूल्यांकन हेतु प्रयोग में लाये जाने वाले सर्वगुण सम्पन्न उपागम का प्रतिनिधित्व करती है क्योंकि इनमें प्रयोज्यों के प्रत्यक्ष एवं अप्रत्यक्ष व्यवहार तथा उनकी आन्तरिक एवं बाह्य दुनिया से सम्बन्धित बातों की जानकारी लेने का प्रयत्न किया जाता है। दूसरे शब्दों में प्रक्षेपण तकनीकों में ही एक अनुसंधानकर्त्ता व्यक्तित्व के अलग अलग गुणों का मापन करने के बजाय सम्पूर्ण व्यक्तित्व के समग्र रूप का अवलोकन और मूल्यांकन करने का प्रयत्न करता है।

प्रक्षेपण तकनीकों के प्रकार (Types of Projective Techniques)

व्यावहारिक विज्ञानों में मनोवैज्ञानिकों एवं अनुसंधानकर्त्ताओं द्वारा अपने अध्ययन प्रयोज्यों के व्यक्तित्व गुणों और समायोजन स्तर का मूल्यांकन एवं मापन करने के लिए अनेक प्रकार की प्रक्षेपण तकनीकों का विकास किया गया है। विल एवं अन्य (Will et al., 1996) के अनुसार हम उन्हें निम्न चार प्रमुख श्रेणियों में वगीकृत कर सकते हैं :

A. साहचर्य कार्यों के संपादन सम्बन्धी तकनीकें।
B. अपूर्ण कार्य को पूरा करने सम्बन्धी तकनीकें।
C. रचनात्मक कार्यों के संपादन सम्बन्धी तकनीकें।
D. अभिव्यक्ति कार्यों के संपादन सम्बन्धी तकनीकें।

A. साहचर्य कार्यों के संपादन सम्बन्धी तकनीकें (Techniques Involving Association Tasks)

इस श्रेणी में हम उन सभी प्रक्षेपण तकनीकों को रख सकते हैं जिनमें प्रयोज्यों से स्वचालित सक्रिय अनुक्रियायें उपलब्ध करते हुए उद्दीपन–अनुक्रिया साहचर्य के प्रनियम का उपयोग किया जाता है। यहाँ शोधकर्त्ता प्रयोज्यों के सामने कुछ उद्दीपकों (जैसे कुछ शब्द या आकृत्तियाँ) को उनके असंरचित रूप में प्रस्तुत करता है और फिर उनसे यह कहता है कि वे इन उद्दीपकों के प्रति अपनी अनुक्रिया व्यक्त करने के लिए उनके मस्तिष्क में जो भी पहला शब्द, आकृति और विचार उन्हें देखकर उमड़ रहा होता है उसे प्रयोग में लायें। इस प्रकार की तकनीकों के उदाहरणों के रूप में हम (i) शब्द साहचर्य परीक्षणों तथा (ii) रोर्शा स्याही धब्बा परीक्षण का नाम ले सकते हैं।

B. अपूर्ण कार्य को पूरा करने सम्बन्धी तकनीकें (Techniques Involving Completion Tasks)

इस श्रेणी में वे सभी प्रक्षेपी तकनीकें आती हैं जिनमें प्रयोज्यों के सामने अपूर्ण कार्यों के रूप में कुछ अधूरे वाक्य, कहानियाँ या वार्तालाप रखे जाते हैं और फिर उनसे इन्हें अपनी तरह से पूरा करने के लिए कहा जाता है। इन

आपूर्ति प्रक्रियाओं के दो विशिष्ट रूप देखने को मिलते हैं : (i) वाक्य पूर्ति तथा (ii) कहानी पूर्ति। इन दो प्रकार की आपूर्ति प्रक्रियाओं पर आधारित अपूर्ण कार्य को पूरा करने सम्बन्धी प्रक्षेपण तकनीकों को सामान्य रूप से दो विशेष उपवर्गों जैसे वाक्य पूर्ति परीक्षण तकनीक तथा कहानी पूर्ति परीक्षण तकनीकों (जैसे प्रासंगिक अन्तर्बोध परीक्षण–TAT और बाल अन्तर्बोध परीक्षण–CAT) में विभक्त किया जा सकता है।

C. रचनात्मक कार्यों के संपादन सम्बन्धी तकनीकें (Techniques Involving Construction Tasks)

इस श्रेणी में उन सभी प्रक्षेपी तकनीकों को रखा जा सकता है जिनमें प्रयोज्यों को कुछ रचनात्मक कार्यों जैसे चित्रकला एवं आरेखन, वस्तुओं के भागों को जोड़ना तथा अन्य निर्माण/रचनात्मक कार्यों के संपादन में लगाया जाता है। प्रयोज्यों को इस अपेक्षा को लेकर इन कार्यों के क्रियान्वयन में व्यस्त किया जाता है कि वे जो क्रियायें करेंगे उनसे शोधकर्त्ता को ऐसी सामग्री प्राप्त हो सकेगी जिसके विश्लेषण के माध्यम से प्रयोज्यों के अचेतन और आंतरिक व्यवहार की परतों को खोलने में समुचित मदद मिलेगी। इन तकनीकों के उदाहरण के रूप में हम जिन प्रक्षेपी तकनीकों का उल्लेख कर सकते हैं, वे हैं (i) बुलबुला आरेखन या कार्टून परीक्षण तथा (ii) दी ड्र–ए–परसन (DAP) या गुडइनेफ–हैरिस ड्रा–ए–परसन टैस्ट। बुलबुला आरेखन या कार्टून परीक्षण (Bubble drawings or cartoon test) इस प्रकार के कार्य हैं जिनमें प्रयोज्यों से कहा जाता है कि वे कार्टून स्ट्रिप में दिखाये गये चरित्रों से सम्बन्धित कथन या विचार बुलबुलों में भरने का कार्य करें। कार्टून–चरित्रों को यहाँ आम जिन्दगी से सम्बन्धित उन अस्पष्ट परिस्थितियों में दिखाया जाता है जिनमें प्रयोज्यों के द्वारा की गई क्रियाओं से उनकी मनोस्थिति, स्वभाव तथा अन्य व्यक्तित्व गुणों की थाह पाई जा सके (जैसे : एक उपभोक्ता को रिलायन्स के स्टोर में किसी वस्तु की तलाश करते हुये, उपभोक्ता को चेक आउट लाइन में खड़े होने के रूप में आदि)।

D. अभिव्यक्ति कार्यों के संपादन सम्बन्धी तकनीकें (Techniques Involving Expressive Tasks)

इस श्रेणी में उन सभी प्रक्षेपी तकनीकों को स्थान दिया जा सकता है जिनमें प्रयोज्यों को ऐसी गतिविधियों या कार्यों में लगाकर अपने आपको खुलकर अभिव्यक्त करने के लिए कहा जाता है, जिन्हें करने में उन्हें अपने विचारों और भावनाओं को बाह्य तथा आंतरिक रूप से व्यक्त करने के समुचित अवसर प्राप्त हों। इन तकनीकों के उदाहरण के रूप में हम जिन प्रक्षेपी तकनीकों का उल्लेख कर सकते हैं, वे हैं (i) भूमिका निर्वाह या मनो अभिनय (Role Playing or Psycho-drama) तथा (ii) किसी विशिष्ट संप्रत्यय या परिस्थिति को आरेखित या चित्रित करना।

ऊपर प्रक्षेपी तकनीकों का जिस प्रकार वर्गीकरण प्रस्तुत किया है उनमें आपने यह देखा होगा कि इस प्रकार का वर्गीकरण इसलिये अच्छी तरह गले नहीं उतरता कि एक वर्ग की तकनीकें दूसरे वर्गों में घुलती मिलती दिखाई देती हैं। इस पुनरावृत्ति से पीछा छुड़ाने हेतु प्रक्षेपी तकनीकों के वर्गीकरण का एक दूसरा तरीका अधिक उपयुक्त सिद्ध हो सकता है जिससे इन्हें चार की जगह तीन श्रेणियों में विभक्त कर समझा और प्रयोग में लाया जा सकता है।

1. आकृतियों या चित्रों को उद्दीपकों के रूप में प्रयुक्त करने वाली तकनीकें (Techniques Using Images or Pictures as Stimuli) : इस वर्ग या श्रेणी में वे सभी प्रक्षेपी तकनीकें रखी जा सकती हैं जिनमें इस प्रकार की वांछित आकृतियों या चित्रों को उद्दीपकों (Stimuli) के रूप में काम में लाया जाता है जिनके प्रति अनुक्रिया करते हुये अध्ययन प्रयोज्य इस प्रकार के मुक्त प्रवाह वाली अनुक्रियाओं को व्यक्त कर सकें जिनके माध्यम से उनके व्यक्तित्व गुणों और समायोजन स्तर की थाह पाने के लिए उपयुक्त आधारभूमि प्राप्त हो सके। इन तकनीकों के उदारहण के रूप में हम जिन बहुचर्चित प्रक्षेपी तकनीकों का उल्लेख कर सकते हैं, वे हैं (i) रोर्शा का स्याही धब्बा परीक्षण (ii) प्रासंगिक अन्तर्बोध परीक्षण (TAT) तथा (iii) बाल अन्तर्बोध परीक्षण (CAT)।

2. शब्दों या वाक्यों को उद्दीपकों के रूप में प्रयुक्त करने वाली तकनीकें (Techniques Using Words or Sentences as Stimuli) : इस श्रेणी में वे सभी प्रक्षेपी तकनीकें आती हैं जिनमें मुक्त अनुक्रियाओं को आमंत्रित करने हेतु शब्द या वाक्यों को उद्दीपकों के रूप में काम में लाया जाता है। इन तकनीकों के उदाहरण रूप में हम जिन प्रक्षेपी तकनीकों का उल्लेख कर सकते हैं, वे हैं (i) शब्द साहचर्य परीक्षण तथा (ii) वाक्य पूर्ति परीक्षण।

3. रचनात्मक या आत्माभिव्यक्ति गतिविधियों से युक्त तकनीकें (Techniques Allowing Constructive or Expressive Activities) : इस श्रेणी में वे सभी प्रक्षेपी तकनीकें रखी जा सकती हैं जिनमें प्रयोज्यों को उनके व्यक्तित्व गुणों तथा समायोजन स्तर के मूल्यांकन हेतु विभिन्न प्रकार की रचनात्मक तथा आत्माभिव्यक्ति करने सम्बन्धी गतिविधियों, जैसे ड्राईंग एवं पेन्टिंग, भूमिका निर्वाह, खिलौने बनाना आदि को संपादित करने के अवसर प्राप्त होते हैं। इन तकनीकों के उदाहरण के रूप में हम जिन प्रक्षेपी तकनीकों का उल्लेख कर सकते हैं, वे हैं (i) बुलबुला या कार्टून परीक्षण (ii) किसी संप्रत्यय या परिस्थिति विशेष की ड्राइंग या पेन्टिंग (iii) ड्रा–ए–मैन परीक्षण (iv) भूमिका निर्वाह (Role Playing) तथा (v) मनोअभिनय (Psychodrama)।

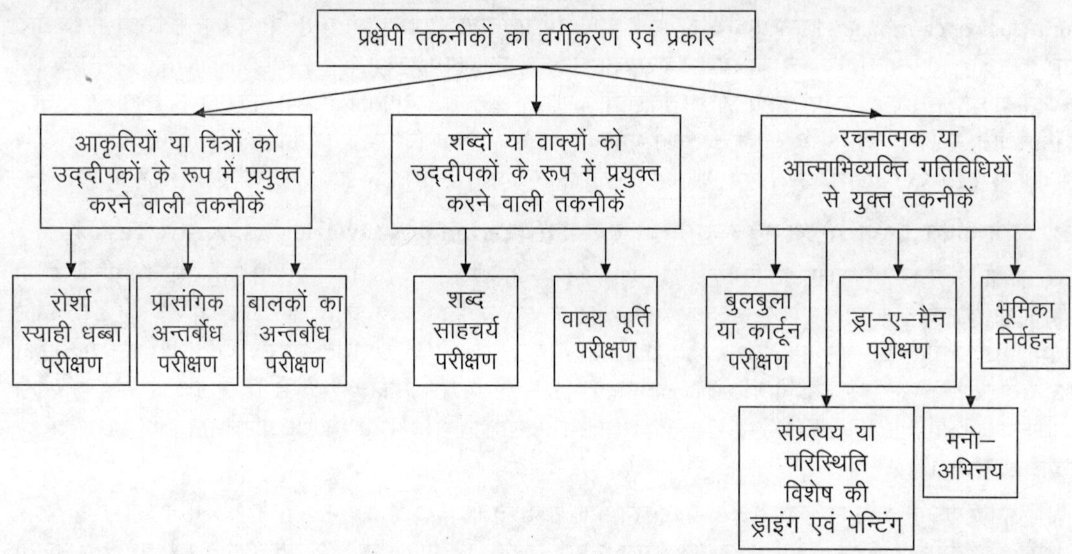

चित्र 26.1 प्रक्षेपी तकनीकों का वर्गीकरण एवं प्रकार।

प्रक्षेपी तकनीकों को उनके किसी भी प्रारूप में वर्गीकृत किया जाये, यह बात पूरी तरह निश्चित रहती है कि इन सभी के द्वारा इनके प्रयोग में लाने सम्बन्धी हालातों तथा परिस्थितियों, उपलब्ध संसाधन, प्राप्त किये जाने वाले उद्देश्यों तथा इन्हें प्रयोग में लाने हेतु आवश्यक कुशलताओं की उपयोगकर्त्ताओं में उपस्थिति आदि के अनुरूप सदैव ही व्यक्तित्व गुणों और समायोजन स्तर सम्बन्धी प्रदत्तों के संकलन में काफी महत्त्वपूर्ण भूमिका निभाई जाती है। इन्हें भलीभाँति काम में लाने हेतु एक बात जो बहुत जरूरी है कि शोधकर्त्ताओं/उपयोगकर्त्ताओं को इन तकनीकों की वास्तविक प्रकृति तथा उसको प्रशासित करने एवं उपलब्ध अनुक्रियाओं को विश्लेषित करके सही निष्कर्ष निकालने की कला भलीभाँति सीख लेनी चाहिए। इस उद्देश्य को लेकर हम यहाँ आगे अब कुछ बहु प्रचलित प्रक्षेपण तकनीकों की समुचित जानकारी देने का प्रयत्न कर रहे हैं।

कुछ बहु-प्रचलित प्रक्षेपण तकनीकों का विवरण (Description of a Few Popular Projective Techniques)

रोर्शा स्याही धब्बा परीक्षण (Rorschach Ink Blot Test)

इस सुविख्यात प्रक्षेपण उपकरण रोर्शा स्याही धब्बा परीक्षण का विकास एक स्विस मनोचिकित्सक हरमन रोर्शा ने किया था। रोर्शा का जन्म सन् 1884 में हुआ था। उसके पिता एक कला अध्यापक थे, शायद इसीलिए कला और चित्रकारी में रोर्शा की रुचि विकसित होने लगी थी। अपने कॉलेज की पढ़ाई के दिनों में रोर्शा का रुझान मनोविश्लेषण, विशेष रूप से व्यक्ति के अचेतन मस्तिष्क की बातों को प्रकाश में लाने के कार्यों से सम्बन्धित मनोविश्लेषण की तरफ बढ़ने लगा। उसकी इन दोनों रुचियों ने ही उन्हें स्याही धब्बा परीक्षण को विकसित करने के कार्य में सफलता प्रदान की।

इन परीक्षणों को कालान्तर में उनके नाम से ही जाना गया। स्याही धब्बा, जैसा कि हम जानते हैं, और कुछ नहीं केवल एक प्रेक्षणीय सतह पर लगाया गया स्याही का एक धब्बा है। स्याही धब्बा अवधारणा को जानने के लिए

(i) सर्वप्रथम सफेद कागज का एक खाली पन्ना लो

(ii) इस पन्ने के बीच या केन्द्र में स्याही की एक बूंद डालो

(iii) इसे केन्द्र से मोड़ दो और

(iv) कुछ देर को सूखने के लिए छोड़ दो। अब आप कागज पर स्याही धब्बे का एक नमूना देखेंगे जिसे हरमन रोर्शा ने मानव व्यक्तित्व का मूल्यांकन करने के लिए प्रयुक्त किया।

प्रसिद्ध रोर्शा स्याही धब्बा परीक्षण, जैसा कि वर्तमान में हमारे लिए उपलब्ध है, 1921 में, "फोर्म इन्टरप्रिटेशन टेस्ट यूसिंग इंक ब्लाट्स" (Form interpretation test using ink blots) नामक एक मोनोग्राफ साइको डाइग्नोस्टिक्स में सर्वप्रथम प्रकाशित किया गया। इस मोनोग्राफ में रोर्शा ने व्यक्तित्व मूल्यांकन के लिए अपने परीक्षण की विधि एवं अनुप्रयोग के बारे में बताया है।

परीक्षण का विवरण

- रोर्शा स्याही धब्बा परीक्षण में 10 औपचारिक स्याही धब्बे हैं जो अलग अलग 18 × 24 से०मी० के आकार के सफेद कार्डों पर छपे हुए हैं।
- इसमें लगभग पूरी तरह से द्विपक्षीय समरूपता (Bilateral-symmetry) विद्यमान रहती है यानी किसी भी स्याही धब्बे की आकृति को बिल्कुल बीच में से मोड़ दिया जाए तो इससे दर्पण में प्रतिबिम्बित आकृतियों की तरह परिसमरूपता दिखाई देगी।

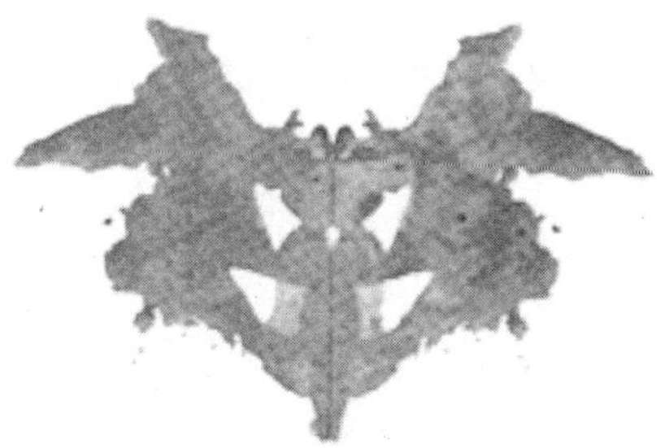

चित्र 26.2 एक रोर्शा स्याही धब्बा (A Rorschach Ink Blot)।

- इन दस स्याही धब्बों में पाँच श्वेत–श्याम (Black and white) और पाँच रंगीन (सफेद पृष्ठभूमि पर छपे हुए) हैं।
- इन पाँच रंगीन कार्डों में दो कार्ड काली और लाल स्याही में छपे हैं और तीन कई रंगों में छपे हैं।
- रोर्शा परीक्षण मूल रूप में एक कार्ड बोर्ड बॉक्स में रखे हुए इन दस कार्डों के साथ मिलता है। इस बॉक्स में कोई परीक्षण मैनुअल या प्रशासन, अंकन कार्य या व्याख्या सम्बन्धी निर्देश आदि नहीं होते हैं। हाँ, बाजार में रोर्शा स्याही धब्बा परीक्षण की अंकन प्रणाली का अपने अपने ढंग से वर्णन करने वाली बहुत सी हस्तपुस्तिकाएँ (Handbooks) हम प्राप्त कर सकते हैं। आजकल पूरी दुनिया में सभी जगह जिस अंकन प्रणाली का ज्यादा प्रयोग किया जाता है वह है एक्सनर (Exner) द्वारा विकसित "कम्प्रीहेन्सिव सिस्टम" (Comprehensive System). — (Handler, L. 1996)

परीक्षण का प्रशासन (Administration of the Test)

एक शोधकर्त्ता के रूप में आप इस परीक्षण का प्रशासन करने के लिए कई तरीके से आगे बढ़ सकते हैं :

प्रारम्भिक अवस्था (Initial Phase)

1. सभी कार्डों को उनकी संख्याओं के क्रम एक से दस तक रखें और अपने अध्ययन के प्रयोज्य के सम्मुख उसी विशिष्ट क्रम में एक समय में एक–एक कर प्रस्तुत करें।
2. निम्न प्रकार से कार्ड के प्रति अनुक्रिया व्यक्त करने के लिए उसे आवश्यक निर्देश दें :
   - आप कार्ड में क्या देख रहे हैं ? / कार्ड में यह क्या हो सकता है / आपको यह किस प्रकार का दिखाई दे रहा है ? इस प्रकार से बताने के लिए उससे कहें।
   - आप कितनी देर तक चाहें कार्ड को देख सकते हैं और जितना लम्बा चाहें उत्तर दे सकते हैं।
   - आप कार्ड को किसी भी प्रकार से पकड़ने और देखने के लिए स्वतन्त्र हैं।
3. इस प्रारम्भिक अवस्था में, प्रयोज्य से कोई प्रश्न नहीं करना चाहिए और ना ही किसी प्रकार की चर्चा करने में व्यस्त होना चाहिए। सभी तरह से ऐसे प्रयास करने चाहिएँ जिससे प्रयोज्य को किसी भी प्रकार के आन्तरिक दबाव या बाह्य बाधाओं के बिना ठीक प्रकार से अपने आपको प्रक्षेपित करने के लिए समुचित अवसर मिल सके।
4. कार्डों के पूरे सेट का प्रशासन करने के दौरान सावधानीपूर्वक प्रयोज्य का प्रेक्षण करें और ठीक प्रकार से निम्न बातें नोट करें :
   (i) मौखिक अनुक्रियाओं की विषयवस्तु
   (ii) अशाब्दिक हावभाव और क्रियायें
   (iii) प्रयोज्य के द्वारा कार्ड को किस स्थिति में पकड़ा गया है
   (iv) प्रत्येक कार्ड के प्रति अनुक्रिया करने में प्रयोज्य के द्वारा लिया गया समय
   (v) प्रयोज्य से सम्बन्धित कोई अन्य विशिष्ट बात अनुसंधानकर्त्ता ने देखी हो तो वह।

द्वितीय अवस्था (Second Phase)

यह अवस्था जिसे अन्वेषण अवस्था कहा जाता है सभी कार्डों का सन्तोषजनक प्रशासन करने के एकदम बाद में आती है। इससे किसी भी प्रकार की भ्रान्ति या गलतफहमी जो कार्य सम्पादन से सम्बन्ध रखती है, उससे अवगत होने, प्रयोज्यों की अनुक्रियाओं की विश्वसनीयता और वैधता के बारे में जानने, उसके प्रत्यक्षीकरण सम्बन्धी बातों का स्पष्टीकरण प्राप्त करने तथा प्रयोज्यों की अनुक्रियाओं के अंकन तथा व्याख्या सम्बन्धी कार्य

में सहायता प्राप्त करने में शोधकर्त्ता को समुचित सहायता मिलती है। इस प्रकार की जाँच पड़ताल करने के लिए यहाँ कुछ निम्न प्रकार की क्रियाएँ की जा सकती हैं :

- प्रयोज्यों से इस प्रकार के ढंग और भाषा में प्रश्न पूछे जाने चाहिएँ जिससे यह समझने में मदद मिले कि स्याही के धब्बों की कौन सी विशेषता ने स्याही के धब्बे के किस अवयव विशेष के प्रत्यक्षीकरण में अपनी प्रमुख भूमिका निभाई; जैसे :
  (i) इस स्याही धब्बे की किस बात से आपको ऐसा लगा कि यह तितली है/एक शैतान का चेहरा है/एक संकरी डरावनी गुफा है।
  (ii) इसके अलावा आपको इस आकृति में और क्या दिखाई देता है।
  (iii) आप इसे इस रूप में क्यों और कैसे देखते हैं ?
- परिस्थिति विशेष का पुनः व्यवस्थीकरण करते हुए इस प्रकार के विशिष्ट प्रश्न पूछिए जिनके द्वारा प्रयोज्यों के व्यवहार करने के ढंग, व्यक्तित्व विशेषताओं तथा समायोजन स्तर के बारे में अतिरिक्त जानकारी प्राप्त हो सके। यह कोशिश करो कि प्रयोज्य द्वारा कार्ड के बारे में और विस्तार से जानकारी प्राप्त हो सके। इसके लिए आप कार्ड के किसी क्षेत्र विशेष को चुनते हुए यह पूछ सकते हो कि यह तुम्हें कैसा दिखाई देता है ?

परीक्षण का अंकन, विश्लेषण एवं व्याख्या (Scoring, Analysis and Interpretation of the Test)

परीक्षण का अंकन कार्य करने के लिए रार्शा स्याही धब्बे परीक्षण में प्रयोज्य के उत्तरों एवं अनुक्रियाओं को विशेष चिह्न प्रदान करके निम्न चार कॉलम में लिखा जाता है :

(i) स्थिति (Location)
(ii) विषयवस्तु (Contents)
(iii) मौलिकता (Originality)
(iv) निर्धारक तत्त्व (Determinants)

(i) स्थिति (Location) (प्रथम कॉलम में) : स्थिति का सम्बन्ध धब्बों के उस भाग से होता है जिसका प्रयोग प्रयोज्य के द्वारा अपने प्रत्यक्षीकरण और अनुक्रिया का निर्माण करने के लिए किया गया है। प्रयोज्य स्याही धब्बे के सम्पूर्ण भाग का, एक बड़े भाग का, एक छोटे भाग का, सूक्ष्म रूप से विस्तार में या सफेद स्थान का प्रयोग करता हुआ पाया जा सकता है। इन अनुक्रियाओं की स्थिति (Location) का अभिलेखन और अंकन करने के लिए W, w, D, d और s चिह्नों का प्रयोग निम्न प्रकार से किया जाता है :

- 'W' लिखा जाता है जब कि प्रयोज्य कार्ड को पूर्णरूप में देखता हुआ पाया जाता है।
- 'w' लिखा जाता है जब प्रयोज्य कार्ड का पूर्णरूप से प्रत्यक्षीकरण में असफल होता है।
- 'D' जब प्रयोज्य कार्ड से सम्बन्धित विवरण को विस्तृत रूप से प्रस्तुत करता हुआ पाया जाता है तब 'D' लिखा जाता है।
- 'd' जब प्रयोज्य कार्ड से सम्बन्धित छोटी से छोटी बात को या कम महत्त्व की बात को प्रस्तुत करता हुआ पाया जाता है तब 'd' लिखा जाता है।
- 's' जब प्रयोज्य कार्ड की मुख्य बाह्य रेखा के अन्दर के सफेद स्थान के बारे में भी अनुक्रिया करता है, तब 's' से प्रदर्शित किया जाता है।

विषयवस्तु (Contents) द्वितीय कॉलम में : विषयवस्तु के इस कॉलम में अनुसंधानकर्त्ता नीचे दिए गए विभिन्न चिह्नों का प्रयोग करके प्रयोज्य द्वारा दिए गए उत्तरों की विषयवस्तु (प्रयोज्य द्वारा किए गए प्रत्यक्षीकरण के द्वारा जो कुछ देखा गया है) की प्रविष्टि करता है :

अंकन चिह्न (Scoring symbols)	उत्तर की विषयवस्तु (Contents of the responses)
H	प्रयोज्य को मानव आकृति दिखाई देती है।
A	प्रयोज्य को पशुओं की आकृति दिखाई देती है।
A_d	प्रयोज्य विस्तार रूप से पशुओं की क्रियाओं को देखता है।
H_d	प्रयोज्य विस्तार में मानव क्रियाओं को देखता है।
N	प्रयोज्य प्राकृतिक पदार्थों जैसे नदियां, पहाड़, हरे–भरे खेत आदि देखता है।
O_b	प्रयोज्य जड़ पदार्थ जैसे लैम्प, बर्तन, छतरी आदि देखता है।

मौलिकता (Originality) (तीसरे कॉलम में) : मौलिकता के कॉलम में इस परीक्षण के 10 कार्डों में से प्रत्येक के लिए कुछ अनुक्रियाओं को अधिक प्रचलित मान कर "P" चिह्न का प्रयोग कर प्रदर्शित किया जाता है क्योंकि ज्यादातर व्यक्ति इसी प्रकार का उत्तर देते हैं। जबकि कुछ उत्तरों में काफी नवीनता तथा मौलिकता की झलक मिलती है उन्हें मौलिक अंकन प्रदान कर 'O' चिह्न द्वारा प्रदर्शित किया जाता है।

निर्धारक तत्त्व (Determinants) चौथे कॉलम में : इस कॉलम में प्रत्यक्षीकरण के ढंग का ध्यान रखा जाता है, जैसे–प्रयोज्य द्वारा धब्बे में किसी तरह का प्रत्यक्षीकरण करने में किस विशिष्ट विशेषता ने सहायता की। मुख्य निर्धारक तत्त्व निम्न है :

(i) "F" स्याही धब्बे की शक्ल या स्वरूप
(ii) "C" इसका रंग
(iii) "M" इसकी गति और
(iv) "K" इसके रंगों का हल्का और गहरापन या शेडिंग (Shading)।

उदाहरण के लिए : प्रयोज्य एक स्याही धब्बे की तितली के रूप में अनुक्रिया करता है तो हम कह सकते है कि उसने शक्ल या स्वरूप (Form) के आधार पर यह अनुक्रिया की है और हम "F" निर्धारक तत्त्व से उसे प्रदर्शित करते हैं। यदि प्रयोज्य धब्बे में आग, रक्त आदि देखता है तो निश्चित रूप से यह रंग निर्धारक तत्त्व है और इसे हम "C" से प्रदर्शित करते हैं। ऊँचा नीचा धरातल, धुआँ, बादल आदि का प्रत्यक्षीकरण 'शेडिंग' निर्धारक तत्त्व के द्वारा होता है अतः इसका "K" चिह्न से अंकन करते हैं। यदि प्रयोज्य गति सम्बन्धी जैसे मनुष्य की गति (जैसे बच्चा दौड़ रहा है, नृत्य कर रहा है आदि) सम्बन्धी अनुक्रियाएँ करता है तो "M" चिह्न से, पशुओं की गति (जैसे कुत्ता भौंक रहा है आदि) को "Fm" चिह्न से और पदार्थों की गति (जैसे पानी बहता है, वस्त्रों का उड़ंना इत्यादि) को "m" चिह्न से चौथे कॉलम में प्रदर्शित किया जाता है। किसी परिस्थिति में प्रयोज्य द्वारा प्रदान की गई मिश्रित अनुक्रियाओं को उनकी प्रकृति अनुसार मिश्रित चिह्नों "CF", "FK" इत्यादि के रूप में भी प्रदर्शित किया जाता है।

विश्लेषण और व्याख्या (Analysis and Interpretation)

अब चारों कॉलमों में अंकित चिह्नों की गणना की जाती है। इससे विभिन्न प्रकार की अनुक्रियाओं की आवृत्तियों का तुलनात्मक अध्ययन किया जा सकता है। भिन्न भिन्न कॉलमों में अंकन (चिह्नों) की प्रविष्टि निम्न प्रकार से की जाती है :

	पहला कॉलम स्थिति (Location)					दूसरा कॉलम विषयवस्तु (Contents)						तीसरा कॉलम मौलिकता (Originality)		चौथा कॉलम निर्धारक तत्त्व (Determinants)						मिश्रित वर्ग	
चिह्न (Symbols)	W	w	D	d	s	H	A	A_d	H_d	N	O_b	P	O	F	C	K	M	Fm	m	CF	FK
आवृत्ति (Frequency)																					

अंकन श्रेणियों में और विभिन्न श्रेणियों के मध्य भिन्न भिन्न चिह्नों की सापेक्षिक आवृत्तियाँ प्रयोज्य के व्यक्तित्व गुणों और समायोजन के स्तर के बारे में निर्णय लेने में व्याख्याकर्त्ता की मदद करती है।

उदाहरण के लिए, यदि

- 'W' चिह्न की संख्या D या d से ज्यादा है तो व्यक्ति को बुद्धिमान और परिपक्व माना जाता है तथा उसमें संश्लेषण करने की योग्यता पाई जाती है।
- 'रंग' अनुक्रियाओं को संवेगात्मक प्रतिक्रियाओं से जोड़ा जाता है। मानवगति (M) से यदि 'C' चिह्न की संख्या अधिक है तो व्यक्ति बहिर्मुखी प्रकृति का और यदि रंग (C) से 'M' की आवृत्ति ज्यादा है तो व्यक्ति अंतर्मुखी प्रवृत्ति का माना जाएगा।
- शेडिंग अनुक्रियाओं (K) की संख्या यदि ज्यादा है तो व्यक्ति में अधिक चिंताग्रस्त होने, निराशावादी तथा हीनता की भावना से ग्रस्त होने की प्रवृत्ति पाई जाती है।
- पूरे स्याही धब्बों को काम में लाते हुए समग्र अनुक्रियाओं की संख्या को रोर्शा परीक्षण विश्लेषण में सम्प्रत्ययात्मक विचार प्रक्रिया से जोड़कर देखा जाता है।

इस प्रकार से, जैसा कि कोहेन और स्वेरडिक (Cohen & Swerdlik, 2005:383) का कहना है अनुक्रियाओं के प्रारूपों, उभरते हुए प्रसंगों और विभिन्न अनुक्रिया श्रेणियों में निहित अन्तःसम्बन्धों इत्यादि सभी बातों का किसी व्यक्ति के बारे में अन्तिम विवरण प्रदान करने हेतु रोर्शा परीक्षण विश्लेषण में भलीभाँति ध्यान रखा जाता है।

परन्तु किन्हीं विशेष अनुक्रियाओं को प्रदान किए जाने अथवा उनको सापेक्षिक रूप से अधिक महत्त्व दिया जाना ही केवल मात्र ऐसी बात नहीं है जो रोर्शा परीक्षण की व्याख्या में मदद करती हो। इसके अतिरिक्त बहुत से अन्य कारक जैसे – प्रयोज्य अनुक्रिया में कितना समय लेते हैं और अनुक्रिया करते हुए उनका किस प्रकार का व्यवहार रहता है, ये बातें अच्छी तरह से महत्त्वपूर्ण अर्थ रखती हैं।

इस तरह से विविध प्रकार के सम्बन्धों, प्रेक्षणों, अभिलेखनों तथा विविध प्रकार से उपलब्ध परिणामों के समन्वय के द्वारा यह सम्भव हो पाता है कि प्रयोज्य के व्यक्तित्व के बारे में एक अन्तिम समग्र चित्र प्राप्त किया जाए।

यह परीक्षण, परीक्षकों से प्रयोज्यों की अनुक्रियाओं के अंकन एवं व्याख्या हेतु वांछित प्रशिक्षण तथा कौशलों की अपेक्षा करता है। यह बात सही है कि रोर्शा परीक्षण को प्रशासित करने सम्बन्धी दक्षता कुछ महीनों के प्रयासों से अर्जित की जा सकती है। परन्तु रोर्शा परीक्षण की व्याख्या करने के लिए जो योग्य और समर्थ हैं वे भी बहुत वर्षों तक अपनी अधिगम अवस्था में ही रहते हुए दिखाई दे सकते हैं। इसलिए रोर्शा परीक्षण से उपलब्ध प्रदत्तों की व्याख्या करने के कार्य को काफी गम्भीरता से लेकर बुद्धिमानी और सावधानीपूर्वक किया जाना चाहिए। आजकल रोर्शा परीक्षण के अंकन और व्याख्या हेतु कुछ विकसित प्रणालियाँ काम में लाई जा रही हैं। इनमें से एक्सनर (Exner) द्वारा प्रतिपादित प्रणाली काफी लोकप्रिय है। यहाँ हम उसका संक्षेप में परिचय दे रहे हैं।

एक्सनर की अंकन प्रणाली (Exner Scoring System)

इसे रोर्शा कॉम्प्रीहेन्सिव सिस्टम (Rorschach Comprehensive System—RCS) का नाम भी दिया जाता है। डॉ० जॉन ई० एक्सनर द्वारा 1960 में विकसित इस अंकन और विश्लेषण प्रणाली को रोर्शा परीक्षण के अंकन और विश्लेषण हेतु एक प्रमाणिक विधि या तकनीक माना जाता है। इस प्रणाली सम्बन्धी बातें निम्न हैं :

- इस प्रणाली में अनुक्रियाओं का जिन सन्दर्भों में अंकन किया जाता है वे हैं :
  - (i) उनकी अस्पष्टता का स्तर या धब्बे में दिखाई देने वाली विविध आकृतियों का संश्लेषण।
  - (ii) अनुक्रिया से सम्बन्धित स्थिति जो एक विशेष प्रकार की अनुक्रिया का निर्धारण करती है (कौन सी बात आकृति में जो दिखाई दे रहा है उसे देखने में उत्तरदायी है)।
  - (iii) अनुक्रियाओं के स्वरूप या शक्ल सम्बन्धी गुणवत्ता (वास्तव में स्याही धब्बे में जो दिखाई दे रहा है, अनुक्रिया किस सीमा तक उसे सही रूप में व्यक्त कर रही है)।
  - (iv) अनुक्रिया की विषयवस्तु (प्रयोज्य को वास्तव में धब्बों में क्या दिखाई देता है)।
  - (v) अनुक्रिया को व्यक्त करने में प्रयुक्त मानसिक संगठन गतिविधि का स्वरूप।
  - (vi) अनुक्रियाओं का कोई भी अतार्किक, असम्बन्धित और निरर्थक पक्ष।
- इन उपरोक्त छः श्रेणियों के अंकनों को प्रयोग में लाते हुए परीक्षक परीक्षण प्रदत्तों का एक संगठित सारांश प्रस्तुत करने हेतु विविध प्रकार की गणनाएँ करता है। इस संगठित सारांश के परिणामों को व्यक्तित्व विशेषताओं के सम्बन्ध में उपलब्ध उस अनुसंधान सामग्री की मदद से व्याख्या की जाती है जिसके बारे में यह भलीभाँति प्रदर्शित किया जा चुका है कि वह किस प्रकार की विविध अनुक्रियाओं से सम्बन्ध रखती है।

प्रासंगिक अन्तर्बोध परीक्षण (The Thematic Apperception Test or TAT)

प्रासंगिक रूप में (कल्पनात्मक प्रसंगों को सामने लाना) कुछ चित्रों के प्रत्यक्षीकरण से सम्बन्धित परीक्षण को प्रासंगिक अन्तर्बोध परीक्षण कहा जाता है। इस परीक्षण में, मानव जीवन से सम्बन्धित चित्र व्यक्ति की व्यक्तित्व विशेषताओं और समायोजन स्तर को जानने के लिए प्रयोग में लाए जाने वाले, प्रयोज्यों के उत्तरों की प्राप्ति हेतु प्रभावशाली उद्दीपकों का कार्य करते हैं। इस परीक्षण का विकास मौलिक रूप से अमेरिकन मनोवैज्ञानिक हेनरी ए० मूरे (Henry A. Murray) और क्रिश्चियन डी० मोर्गन (Christian D. Morgan) ने हार्वर्ड विश्वविद्यालय में मनोवश्लेिषण प्रक्रिया के दौरान रोगियों से उनकी काल्पनिक उड़ान सम्बन्धी जानकारी उपलब्ध करने हेतु किया। मोर्गन और मुरे के एक प्रकाशन के साथ सन् 1935 में यह परीक्षण प्रकाश में आया। इन लेखकों का कहना है कि यह परीक्षण इस आधार पर बनाया गया है कि जब एक उत्तरदाता एक अस्पष्ट सामाजिक परिस्थिति के प्रति अपनी प्रतिक्रिया व्यक्त करता है तो वह अपने व्यक्तित्व को उजागर करता है। प्रासंगिक अन्तर्बोध परीक्षण को एक रचनात्मक तकनीक के रूप में जाना जाता है क्योंकि इसमें उत्तरदाता से यह आशा की जाती है कि वह इस परीक्षण के किसी भी एक चित्र के द्वारा उद्दीप्त होकर एक कहानी की रचना करे। (एडम्स और शवानेवेल्ट, 1991:276)

परीक्षण सामग्री और प्रशासन (Test Material and Administration)

परीक्षण सामग्री और प्रशासन से सम्बन्धित बातों को संक्षेप में निम्न प्रकार से अभिव्यक्त किया जा सकता है :

- परीक्षण की रचना चार वर्ष की आयु से बड़े व्यक्तियों के लिए की गई है। इस परीक्षण में 31 कार्ड होते हैं जिनमें से एक कार्ड खाली है।

- काले और सफेद 30 चित्रमय कार्ड, जैसा कि मुरे (Murray, 1943) ने कहा है प्रयोज्यों को कुछ परम्परागत मानवीय परिस्थितियों में चित्रित करने का प्रयत्न करते हैं।

उदाहरण के लिए कार्ड नं० एक में एक युवक वायलिन बजाता हुआ दिखाई दे रहा है, कार्ड नं० 4 में एक स्त्री एक आदमी को पकड़ रही है जो एक दूसरी स्त्री की तरफ आकर्षित होता हुआ दिखाई दे रहा है और कार्ड 20 एक प्रकाशदीप के खम्भे के सहारे खड़ा हुआ एक छायांकित आकृति सा दिखाई दे रहा है।

- प्रारम्भ में तो उत्तरदाताओं को मौखिक रूप से ही टी ए टी दिया जाता है परन्तु इस परीक्षण का प्रशासन लिखित रूप में भी किया जाता है जिसमें स्त्री या पुरुष प्रत्येक कार्ड का उत्तर लिखकर देता है।
- दस कार्ड पुरुषों के लिए और 10 कार्ड स्त्रियों के लिए तथा 11 कार्ड दोनों की परीक्षा के लिए होते हैं। (ऐसा इसलिए है क्योंकि इन कार्डों के चित्रात्मक प्रस्तुतीकरण इन समूहों के सदस्यों से सम्बन्धित बातों को प्रकाश में लाने और उन्हें प्रक्षेपण में अपने ढंग से कामयाब होने में अधिक उपयोगी सिद्ध होते हैं।) इस प्रकार से किसी भी प्रयोज्य पर अधिक से अधिक 21 चित्रों का औपचारिक रूप से प्रयोग किया जाता है।
- सामान्यतः परीक्षण का प्रशासन दो सत्रों में किया जाता है। 10 कार्ड प्रथम सत्र में और 10 कार्ड दूसरे सत्र में। यदि जरूरत होती है तो और अधिक सूचनाएँ प्राप्त करने के लिए रिक्त कार्ड (Blank Card) का प्रयोग किया जाता है।

चित्र 26.3 प्रासंगिक अन्तर्बोध परीक्षण के एक चित्र का नमूना।

- वैसे तो कार्डों का प्रयोग करने में शोधकर्त्ता आवश्यक स्वतन्त्रता का प्रयोग कर सकता है। वह परीक्षण के उद्देश्य को ध्यान में रखते हुए सम्बन्धित उत्तरों को प्राप्त करने के लिए किसी भी क्रम के कार्ड (उनकी प्रकृति और संख्या किसी भी प्रकार की हो) का प्रयोग करने के लिए स्वतन्त्र होता है। उदाहरण के लिए, जैसी भी परिस्थिति हो, उसी के अनुसार वह इतने कम कि एक या दो कार्ड या फिर इतने ज्यादा कि सभी 31 कार्ड या फिर स्त्री या पुरुष के साथ किसी भी कार्ड का प्रयोग कर सकता है।

- प्रयोज्य के सम्मुख कार्ड एक एक करके प्रस्तुत किए जाते हैं। वे अस्पष्ट एवं अनिश्चित होते हैं।
- प्रयोज्यों से स्पष्ट रूप से कह दिया जाता है कि उसका कोई भी उत्तर सही या गलत नहीं है क्योंकि इस परीक्षण के द्वारा केवल यह पता लगाया जा रहा है कि आप क्या क्या कल्पना कर सकते हैं। उसे प्रस्तुत किए गए कार्ड/चित्र पर निश्चित समय में एक कहानी की रचना करनी है। कहानी की रचना करने में उसे निम्न बातों को ध्यान में रखना होगा :
  (i) चित्र में क्या कुछ हो रहा है ?
  (ii) जो कुछ हो रहा है, वह किस कारण से हो रहा है ?
  (iii) चित्र के पात्र क्या सोच रहे हैं या महसूस कर रहे हैं ?
  (iv) आगे इस परिस्थिति में क्या कुछ हो सकता है ?
- रिक्त कार्ड का उत्तर देते समय प्रयोज्य को निर्देश दिया जाता है कि वह कल्पना करे इस कार्ड पर एक चित्र है और वह उस चित्र के आधार पर कहानी की रचना करे।

कहानियों की रचना करते समय प्रयोज्य अनजाने में ही अपने व्यक्तित्व की बहुत सी विशेषताओं को उसमें प्रक्षेपित करता जाता है। कहानी की रचना करने में सोचने विचारने का कोई समय नहीं होता है। इसलिए यह कहानी व्यक्ति के अपने जीवन, उसकी स्वाभाविक इच्छाओं, पसन्द–नापसन्द, अभिलाषाओं, अवसाद, कुंठाओं, अतृप्त संवेगों द्वन्द्व और मानसिक तनाव आदि को अभिव्यक्त करती है।

इस परीक्षण के जन्मदाता मुरे (Murray, 1948:1) का इस सम्बन्ध में पूर्ण विश्वास है कि व्यक्ति जो कहानी कहते हैं वे प्रक्षेपण से इतनी परिपूर्ण होती है कि "परीक्षार्थी ने अपनी कहानी में जिन चरित्रों के बारे में कुछ कहा है वह उसकी अपनी बातें हैं जिन्हें वह प्रत्यक्ष रूप से प्रश्न पूछने की अनुक्रियाओं के रूप में स्वीकार करने में संकोच कर सकता था। नियमानुसार इस तरह प्रयोज्य एक परीक्षण को खुशी खुशी समाप्त करता है और उसे इस बात का पता ही नहीं चलता कि उसने मनोवैज्ञानिक के सामने जो कुछ प्रस्तुत किया है वह उसके स्वयं की आन्तरिक बातों का एक्सरे चित्र ही है।"

परन्तु इस परीक्षण से व्यक्ति विशेष का समग्र चित्र प्राप्त करने में जो सफलता मिलती है वह बहुत कुछ इस बात पर निर्भर करती है कि चित्रों में दिखाई देने वाले प्रसंगों के माध्यम से प्रयोज्यों ने जिन कहानियों की रचना की है उनकी विषयवस्तु का सावधानी से अंकन और व्याख्या की जाए। यह करने के लिए व्याख्या करने वाले से काफी पूर्व तैयारी एवं आवश्यक कौशलों के प्रदर्शन की अपेक्षा की जाती है। आइए देखें कि इस परीक्षण से प्राप्त अनुक्रियाओं का अंकन एवं व्याख्या सम्बन्धी कार्य कैसे किया जाता है।

अंकन एवं व्याख्या कार्य (Scoring and Interpretation)

प्रासंगिक अन्तर्बोध परीक्षण (TAT) एक प्रक्षेपण तकनीक है। रोर्शा परीक्षण की तरह इसमें प्रयोज्य का मूल्यांकन इस बात पर आधारित होता है कि वह अस्पष्ट चित्रों के प्रति क्या प्रक्षेपण करते हैं। इसलिए मूल्यांकन ठीक प्रकार से करने के लिए प्रयोज्य के द्वारा रचित प्रत्येक विवरण में छिपी हुई आवश्यकताओं, अभिवृत्तियों और अनुक्रिया के ढंग को स्पष्ट करने के लिए ठीक प्रकार से रिकार्ड करना और विश्लेषण करना चाहिए। मौलिक रूप से मुरे ने आवश्यकता और अभिप्रेरणा (नायक की आवश्यकता और वातावरणीय शक्तियों जिनके बीच रहकर उसे अपनी आवश्यकता पूरी करनी होती है) के सन्दर्भ में कहानियों की विषयवस्तु का विश्लेषण किया। वर्तमान में, टी ए टी कहानियों का व्यवस्थित एवं पूर्ण विश्लेषण करने के लिए बहुत सारी औपचारिक अंकन प्रणालियाँ विकसित की गई हैं। अनुसंधान कार्य में आजकल प्रयुक्त की जाने वाली दो सामान्य प्रणालियाँ निम्न प्रकार से हैं :

1. डिफेन्स मेकेनिज्म मैनुअल (Defense Mechanisms Manual—DMM) : यह कहानियों में प्रक्षेपित किए गए तीन डिफेन्स मैकेनिज्म का मूल्यांकन करती है : (i) अस्वीकृति (Denial) (ii) प्रक्षेपण (Projection) (iii) स्वीकारोक्ति (Identification).

2. सामाजिक संज्ञान और वस्तु-सम्बन्ध मापनी (Social Cognition and Object Relations (Scale–SCOR) : यह वस्तुओं के सम्बन्ध में चार विभिन्न आयामों का मूल्यांकन करती है : (i) व्यक्तियों के प्रतिनिधित्व से सम्बन्धित जटिलता (ii) सम्बन्ध प्रारूपों की प्रभाव दशा (iii) सम्बन्धों में संवेगात्मक लगाव की क्षमता तथा (iv) नैतिक मापदण्ड और सामाजिक कारणीयता की समझ।

परन्तु व्यावहारिक रूप में चिकित्सकों तथा शोधकर्त्ताओं द्वारा इस प्रकार की अंकन प्रणालियों का उपयोग नहीं किया जाता। अंकन और व्याख्या हेतु प्रायः उन्हें निम्न बातों को ध्यान में रखकर आगे बढ़ता हुआ देखा जा सकता है :

- कहानी का नायक (Hero of the story) – उसका व्यक्तित्व कैसा है ?
- कहानी का कथानक (Theme of the story) – कहानी की रचना में किस कथानक का प्रयोग किया गया या कथानक की प्रकृति कैसी है ?
- कहानी की शैली (Style of the story) – कहानी की लम्बाई, प्रयुक्त भाषा, प्रत्यक्ष या अप्रत्यक्ष अभिव्यक्ति, शक्तिशाली या कमजोर अभिव्यक्ति, विषयवस्तु का संगठन, मौलिकता और रचनात्मकता आदि।
- कहानी की विषयवस्तु (Content of the story) – कहानी किस प्रकार की रुचियों, संवेदनाओं, अभिवृत्तियों को प्रस्तुत करती है ? व्यवहार की अभिव्यक्ति किस ढंग (वास्तविक या काल्पनिक) से की गई है ? कहानी मस्तिष्क की किस अन्तःस्थिति को स्पष्ट करती है ?
- परीक्षण की पूर्ण स्थिति (Test situation as a whole) – कहानी लिखते समय प्रयोज्य की प्रतिक्रिया कैसी रही ?
- किस विशेष बात पर अधिक जोर दिया गया था, किसे छोड़ दिया गया ?
- प्रयोज्य का अधिकारियों के प्रति दृष्टिकोण और उसकी काम (Sex) सम्बन्धी भावनाएँ – अधिकारियों, गाता पिता, अध्यापक, अधिकारी, नियोक्ता आदि के प्रति प्रयोज्य का दृष्टिकोण एवं भावनाएँ तथा उसका काम सम्बन्धी समायोजन स्तर या कुसमायोजन, आकर्षण या विकर्षण आदि।
- कहानी का परिणाम (Outcome) – कहानी का निष्कर्ष सुखद, दुःखद या हास्य आदि।

विश्लेषण करते समय कहानी के अलग अलग अंशों की बजाय उसके समग्र प्रसंग तथा विशेषताओं को महत्त्व दिया जाना चाहिए। व्यक्ति के व्यक्तित्व का सम्पूर्ण चित्र सभी 21 चित्रों में बनी कहानियों द्वारा प्राप्त होता है। एक अयोग्य परीक्षक के द्वारा इन कहानियों के गलत निष्कर्ष निकालने की संभावना बनी रहती है इसलिए इस परीक्षण के परिणाम परीक्षण सामग्री की अपेक्षा परीक्षणकर्त्ता पर बहुत अधिक निर्भर करते हैं। इसलिए व्याख्याकर्त्ता को इस उद्देश्य के लिए आवश्यक ज्ञान और प्रशिक्षण प्राप्त करने के उचित अवसर प्रदान किए जाने चाहिए।

बालकों का अन्तर्बोध परीक्षण (Children's Apperception Test—CAT)

लियोपोल्ड बैलक और सोनया सोरेल बैलक ने सन् 1949 में तीन से दस वर्ष की आयु के बच्चों के लिए एक अन्तर्बोध परीक्षण की आवश्यकता को महसूस करते हुए इस परीक्षण का विकास किया क्योंकि प्रासंगिक अन्तर्बोध परीक्षण किशोर एवं प्रौढ़ वय के लोगों के लिए तो उपयुक्त था परन्तु छोटे बच्चों के लिए नहीं। बालकों के अन्तर्बोध परीक्षण को, इसके आंग्लभाषा के नाम Children's Apperception Test" के कारण सी ए टी (CAT) के नाम से भी जाना जाता है।

सी ए टी का ऐतिहासिक परिप्रेक्ष्य (The Historical Perspective of CAT)

बालकों के अन्तर्बोध परीक्षण (सी ए टी) के मौलिक स्वरूप का विकास बैलक एवं बैलक Leopold Bellak and Sonya Sorel Bellak) ने सन् 1949 में किया था। इसमें हमारे वास्तविक जीवन में दिखाई देने वाले मानवीय – सामाजिक सन्दर्भ में जानवरों के दस चित्र प्रस्तुत किए गए। आज के समय में इसे सी ए टी या सी ए टी–ए (CAT–A) (पशुओं के लिए) के नाम से जाना जाता है। परीक्षण के चित्रों के लिए पशुओं को इसलिए चुना गया क्योंकि ऐसा विश्वास था कि छोटे छोटे बच्चे मनुष्यों की अपेक्षा पशुओं से ज्यादा अच्छी तरह से अपने आपको सम्बन्धित कर लेते हैं। इन 10 कार्डों में दिखाई देने वाले चित्रों का विवरण नीचे दिए गए बॉक्स में प्रदर्शित किया जा रहा है :

कार्ड 1 : पृष्ठभूमि में दिखाई देते हुए एक प्रौढ़ मुर्गी के साथ, एक मेज पर रखे हुए बड़े कटोरे में भोजन के पास तीन मुर्गी के बच्चे चम्मच लिए हुए बैठे हैं।

कार्ड 2 : एक बड़ा भालू और एक बेबी भालू रस्साकशी खेल रहे हैं।

कार्ड 3 : एक सिंहासन पर बैठा हुआ शेर जिसे अपने बिल से एक चूहा देख रहा है।

कार्ड 4 : एक माँ कंगारू अपनी गोद (Pouch) में एक बेबी कंगारू (Joey) को लिए हुए तथा एक बड़ा बेबी कंगारू (Older Joey) उसके पास खड़ा हुआ है।

कार्ड 5 : दो उभरी हुई आकृतियों से युक्त एक बड़े पलंग के सामने एक छोटे पलंग पर सोते हुए दो बेबी भालू।

कार्ड 6 : एक गुफा जिसमें दो बड़े भालू लेटे हुए हैं और उसके सामने एक बच्चा भालू।

कार्ड 7 : एक पेड़ पर चढ़ने की कोशिश करते हुए बन्दर की तरफ बढ़ता हुआ एक डरावना/आक्रामक चीता।

कार्ड 8 : एक सोफे पर बैठे हुए दो प्रौढ़ बन्दर जबकि एक अन्य प्रौढ़ बन्दर एक बेबी बन्दर से बातचीत करता हुआ।

कार्ड 9 : एक दरवाजे के अन्दर दिखाई देता हुआ एक बच्चे के बिस्तर पर बैठा हुआ सफेद खरगोश।

कार्ड 10 : एक स्नानगृह के सामने एक पिल्ले को पीछे से भौंकता हुआ एक बड़ा कुत्ता।

चित्र 26.4 सी ए टी–A में प्रयुक्त एक चित्र (Sample CAT–A)।

सी ए टी (CAT) का दूसरा प्रतिरूप, जिसे सी ए टी–एच (CAT–H) के नाम से जाना जाता है, बैलक और बैलक द्वारा 1965 में विकसित किया गया था। इसमें 10 चित्र हैं जिसमें मनुष्यों को उसी स्थिति में प्रदर्शित किया गया है जिसमें मौलिक सी ए टी में पशुओं को दिखाया गया था। परीक्षण के मानवीय प्रतिरूप में प्रौढ़ मनुष्यों और बच्चों ने पशुओं का स्थान ले लिया है परन्तु परिस्थितियाँ वैसी ही हैं। सी ए टी के पशुओं के चित्रों में मानवीय चित्रों की तुलना में अधिक स्पष्टता थी। लिंग सम्बन्धी अस्पष्टता बालकों को चित्रों में दिखाए गए सभी शिशु पशुओं से अपना सम्बन्ध जोड़ने में सहायक हो सकती है, न कि अपने लिंग के स्त्री पुरुषों से। सी ए टी–एच को उसी आयु समूह के लिए बनाया गया जैसा कि सी ए टी–ए, परन्तु सीएटी–एच विशेष रूप से 7 से 10 वर्ष के बच्चों के लिए ज्यादा उपयुक्त है क्योंकि इस आयु के बच्चे पशुओं के चित्रों की अपेक्षा मानव चित्रों को ज्यादा प्रमुखता देते हैं। सी ए टी का नवीनतम उपलब्ध स्वरूप 1993 में प्रकाशित हुआ है।

चित्र 26.5 सी ए टी–H में प्रयुक्त किया जा सकने वाला एक चित्र (Sample CAT–H)।

परीक्षण का विवरण (Description of the Test)

- बुनियादी तौर पर सी ए टी में 10 चित्र कार्ड (प्रथम स्वरूप में पशुओं के और द्वितीय स्वरूप में मानवीय चित्र) होते हैं।
- यह परीक्षण हमेशा बच्चों पर व्यक्तिगत रूप से प्रशासित किया जाता है, इसे कभी भी एक समूह पर प्रशासित नहीं करते हैं।
- यह परीक्षण एक शान्त कमरे में किया जाता है जहाँ पर प्रशासनकर्त्ता और बच्चे को कोई भी बाह्य वस्तु, गतिविधि या व्यक्ति बाधा न पहुँचा सके।
- वैसे तो परीक्षण का कोई निश्चित समय नहीं है परन्तु फिर भी सामान्यतः इसमें 20–30 मिनट का समय लगता है।

- इस परीक्षण में एकल सत्र में सभी 10 कार्डों को दोनों ही लिंग : बालक–बालिका पर प्रयुक्त किया जाता है।
- इस परीक्षण में जो चित्र काम में लाए जाते हैं, उन्हें इस प्रकार निर्मित किया गया है कि उनके द्वारा बालकों के अपने अनुभवों, प्रतिक्रियाओं तथा भावनाओं से सम्बन्धित काल्पनिक उड़ानों को सामने लाया जा सके। फलस्वरूप जिस तरह की कहानी एक बालक द्वारा प्रस्तुत की जाती है, उसमें वह अपने आपको ही प्रक्षेपित कर रहा होता है।
- किसी बालक के किसी संस्कृति विशेष से सम्बन्धित होने का इस परीक्षण पर कोई प्रभाव नहीं पड़ता परन्तु यह विभिन्न देशों तथा समुदायों से सम्बन्धित बालकों के लिए प्रयुक्त किए जाने के सन्दर्भ में यह मांग अवश्य करता है कि इसमें स्थानीय परिस्थितियों तथा परिवेशजन्य बातों को लेकर थोड़े बहुत आवश्यक परिवर्तन किए जाएं।

परीक्षण का प्रशासन (Administration of the Test)

- इस परीक्षण का प्रशासन खेल भावना के साथ किया जाना चाहिए जिसके कारण बच्चे इसे खेल की गतिविधि के रूप में लें।
- सभी 10 कार्डों को संख्या के क्रम में व्यवस्थित करके बच्चे के सम्मुख एक–एक करके प्रस्तुत करना चाहिए।
- परीक्षण शुरु करने से पहले बच्चे से कहना चाहिए कि आओ आज हम एक खेल खेलते हैं। मैं तुम्हें कुछ चित्र दिखाऊंगा (एक समय में एक) और आपको इस चित्र को देखकर उस पर एक कहानी की रचना करनी है।
- शोधकर्त्ता को बच्चे को विश्वास में लेकर उसके साथ अन्तर्सम्बन्ध स्थापित करना चाहिए जिससे कि बच्चा कहानी बनाने को एक खेल के रूप में ले और बिना झिझक के कहानी बताए।

अंकन कार्य एवं व्याख्या (Scoring and Interpretation)

- सी ए टी के चित्र कार्ड का उद्देश्य यह है कि बच्चा अपने पारिवारिक जीवन, स्पर्धा, बीमारी, शारीरिक स्वरूप, आघात या चोट और विद्यालय परिस्थितियों से सम्बन्धित कहानी कहने के लिए प्रोत्साहित हो। बालकों के अन्तर्बोध परीक्षण का अंकन कार्य वस्तुनिष्ठ मापनी पर आधारित नहीं है अतः यह कार्य एक प्रशिक्षित परीक्षण प्रशासक या अंकनकर्त्ता द्वारा किया जाना चाहिए।
- सी ए टी के परीक्षण मैनुअल में बताया गया है कि परीक्षण प्रशासक को किसी भी एक विशेष कार्ड के बारे में बच्चे द्वारा कही गई कहानी का विश्लेषण करते समय निम्न चरों का ध्यान रखना चाहिए : कहानी का प्रमुख पात्र अर्थात् नायक, नायक की प्राथमिक आवश्यकताएँ तथा नायक का अपने वैयक्तिक वातावरण के साथ सम्बन्ध। ये चित्र बच्चे की चिन्ताओं, डर और मनोवैज्ञानिक रक्षाकवच को भी प्रदर्शित करते हैं। अतः इन कहानियों की व्याख्या करते समय नीचे दिखाए गए ग्यारह चरों को आधार बनाया जाता है :

  (i) नायक : नायक के व्यक्तित्व सम्बन्धी गुण और समायोजन स्तर जिसे कहानी द्वारा प्रदर्शित करने का प्रयास किया गया है।

  (ii) कहानी का कथानक : कहानी की रचना करने के लिए बालक ने क्या विशेष कथानक चुना है ?

  (iii) कहानी का अंत : कहानी का अंत सुखद या दुःखद, वास्तविक या कृत्रिम (अवास्तविक)।

(iv) **माँ बाप आकृतियों के प्रति अभिवृत्ति :** घृणास्पद, आदरणीय, कृतज्ञतापूर्ण, भक्तिभाव, आश्रित, आक्रामक या भयप्रद।

(v) **परिवार की भूमिका :** परिवार के किस व्यक्ति के साथ बच्चा स्नेहपूर्ण सम्बन्ध रखता है ?

(vi) **अन्य बाह्य वस्तुओं का जिक्र :** बच्चे ने किन बाह्य वस्तुओं या तथ्यों को अपनी कहानी में स्थान दिया है, परन्तु वे चित्र में उपस्थित नहीं हैं।

(vii) **चित्र की वस्तु की उपेक्षा :** चित्र में प्रदर्शित किए गए किन तथ्यों, वस्तुओं या आकृति को बच्चे ने जानबूझ कर छोड़ने का प्रयास किया है।

(viii) **चिन्ता की प्रकृति :** कहानी में बच्चे ने किस प्रकार की परेशानी, प्यार की कमी, अकेले छोड़ जाने का भय, डर, तंग किए जाने आदि को अभिव्यक्त किया है, इसको अवश्य ही नोट करना चाहिए।

(ix) **त्रुटियों और अपराध के लिए सजा या दंड :** कहानी के किसी पात्र द्वारा कोई अपराध या त्रुटि करने पर बच्चा उसे किस स्तर की सजा दे रहा है ?

(x) **आत्मरक्षा एवं आत्मविश्वास :** कहानी के पात्रों ने आत्मरक्षा के लिए क्या उपाय किए हैं, वे पलायनवादी, आक्रामक, भाग जाने वाले, सहनशील, प्रतिकार रहित, पीछे हटने वाले आदि हैं। कहानी के पात्र में आत्मविश्वास कैसा है ? उनका सफलता, उपलब्धि, आनन्द तथा कामभावना के प्रति कैसा दृष्टिकोण है ?

(xi) **अन्य पूरक ज्ञान :** कहानी की भाषा, कहानी की संरचना, विषयवस्तु का संगठन, कहानी रचना में लिया गया समय तथा कहानी की रचना करते समय बच्चे की किस प्रकार की प्रतिक्रिया (व्यवहार) थी ?

इन सभी बातों को आधार बनाकर एक योग्य एव अनुभवी व्याख्याकर्त्ता बच्चे के व्यक्तित्व के सभी पक्षों तथा उसके समायोजन स्तर के बारे में सही–सही मूल्यांकन करने में समर्थ हो सकते हैं। उदाहरण के लिए जिस कार्ड में एक भयंकर चीता एक बन्दर की तरफ धीरे धीरे बढ़ रहा है और बन्दर पेड़ पर चढ़ने की कोशिश कर रहा है। उसमें एक बच्चा आक्रामकता या दंड प्राप्त करने के अपने डर की बात कर सकता है। बन्दर कहानी का नायक है जो कि बुरे चीते के दंड से भयभीत होकर बचने की कोशिश कर रहा है। इस कहानी की रूपरेखा क्रोधित पिता या किसी दादा प्रकार के लड़के से प्राप्त होने वाले दंड से बचने की बच्चे की प्रत्यक्षीकरण की गई आवश्यकता का प्रतिनिधित्व कर सकती है।

दूसरी तरफ एक दूसरा बच्चा एक अपेक्षाकृत नुकसान रहित ढंग से चित्र का प्रत्यक्षीकरण कर सकता है, कि शायद बन्दर और चीता एक खेल खेल रहे हैं।

इस प्रकार से सी ए टी के जैसा एक प्रक्षेपण परीक्षण विभिन्न प्रकार की मान्य अनुक्रियाओं को करने के अवसर प्रदान करता है। यहाँ पर वह बच्चे की अनुक्रियाओं की समन्वित ढंग से व्याख्या करने के लिए उत्तरदायी होता है ताकि परीक्षण को एक निदानात्मक एवं उपचारात्मक मूल्यांकन तकनीक के रूप में उपयोग में लाया जा सके। परीक्षण का प्रशासन करते समय यह उपयुक्त रहता है कि पहले बच्चे के व्यक्तिगत और स्वास्थ्य सम्बन्धी पृष्ठभूमि से अच्छी तरह परिचित हुआ जाए जिससे हमें बच्चे की उन अनुक्रियाओं के बारे में आवश्यक संदर्भ की प्राप्ति हो सके जिससे अनजान रहने की वजह से हमें उसकी सामान्य अनुक्रिया भी असामान्य नजर आ सकती है। उदाहरण के लिए वह बालक जिसका प्यारा पालतू कुत्ता अभी अभी मृत्यु को प्राप्त हुआ है, वह इस प्रकार की कहानियाँ बताने का प्रयत्न करेगा जो दुःख और अवसाद से भरी होंगी, जबकि अधिकांश बालकों द्वारा इन कार्डों के प्रति इस प्रकार की अनुक्रियाएँ नहीं की गई हों।

वर्तमान में प्रचलित कुछ चित्र कहानी परीक्षण (Picture Story Tests)

1. **वरिष्ठ अन्तर्बोध तकनीक (SAT, Bellack and Bellack, 1973)**, एक चित्र कहानी परीक्षण जो कि वरिष्ठ प्रौढ़ों से सम्बन्धित प्रसंगों (Themes) को प्रकट करता है।
2. **चित्र कहानी परीक्षण (Symonds, 1949)** किशोरावस्था में प्रयोग के लिए है। इसमें चित्रों को किशोरों से सम्बन्धित प्रसंगों के आधार पर बनाया गया है, जैसे घर देर से आना या घर छोड़कर चले जाना।
3. **मिशीगन चित्र परीक्षण (Andrew et al., 1953)** यह 8 से 14 वर्ष के बच्चों के लिए है, इसमें चित्रों को इस प्रकार बनाया गया है जो अधिकारी के साथ मतभेद या द्वन्द्व से लेकर वैयक्तिक अक्षमता की भावना तक विभिन्न प्रसंगों को प्रदर्शित करते हैं।
4. **बच्चों के लिए रॉबर्ट का अन्तर्बोध परीक्षण (RATC, Mc Arthur & Roberts, 1982)** विविध प्रकार के विकासात्मक प्रसंगों को उजागर करने वाले चित्र जैसे – पारिवारिक मतभेद, माता पिता में द्वन्द्व, माता–पिता का प्यार, विद्यालय के प्रति अभिवृत्ति और सहपाठियों द्वारा की गई गतिविधियाँ।
5. **बालकों का अन्तर्बोध कहानी कहना परीक्षण (CAST:Schneidor, 1989) :** अल्फ्रेड एडलर (Alfred Adler) के कार्य पर आधारित सिद्धान्त आधारित परीक्षण।
6. **ब्लेकी (Blacky) चित्र परीक्षण (Blum, 1950) :** मनोविश्लेषणात्मकता आधारित कार्टून की तरह के पदार्थों को प्रदर्शित करने वाला ब्लेकी कुत्ता।
7. **चित्र कहानी बनाओ विधि (Shncidman, 1952)** यह 6 वर्ष से ऊपर के बच्चों के लिए है। परीक्षण किट (Test kit) में शामिल कट आउट सामग्री से प्रयोज्य अपना स्वयं के चित्र बनाता है और एक कहानी कहता है।
8. **हैन्ड टेस्ट (Hand Test–Wagner, 1983) :** इसमें नौ कार्डों पर हाथ के चित्र होते हैं और दसवां खाली होता है। प्रयोज्य से पूछा जाता है कि प्रत्येक कार्ड पर बना हुआ हाथ क्या कर रहा है। जब खाली कार्ड प्रयोज्य के सम्मुख प्रस्तुत किया जाता है तब उसे निर्देश दिया जाता है कि वह कल्पना करे कि उस पर हाथों का एक जोड़ा बना हुआ है और फिर वर्णन करे कि हाथ का जोड़ा क्या कर रहा है ? प्रयोज्य प्रत्येक कार्ड के लिए कई अनुक्रियाएँ कर सकता है, इन सभी को रिकार्ड कर दिया जाता है। फिर 24 श्रेणियों जैसे – आकर्षण, आश्रितता, आक्रामकता आदि के आधार पर अनुक्रियाओं की व्याख्या की जाती है।
9. **रोजेनवीग पिक्चर फ्रस्ट्रेशन स्टडी (Rosengweig Picture Frustration Study, 1945, 1978)** – इसमें भग्नाशा की परिस्थितियों को प्रदर्शित करने वाले कार्टून होते हैं। प्रयोज्य का कार्य है निराशा में डूबे कार्टून चरित्रों की अनुक्रिया को सामने लाए। यह इस मान्यता पर आधारित है कि प्रयोज्य अपने आपको कार्टूनों में प्रदर्शित निराशा में डूबे हुए कार्टून चरित्रों के रूप में प्रक्षेपित करेंगे। यह परीक्षण बालकों, किशोरों तथा प्रौढ़ों के लिए प्रयुक्त होने वाले विभिन्न प्रारूपों में उपलब्ध है।

शब्द साहचर्य परीक्षण (Word Association Test)

परिभाषा : कोहेन एवं स्वेरडिक (Cohen & Swerdlik, 2005:391) के शब्दों में, "शब्द साहचर्य परीक्षण से अभिप्राय, व्यक्तित्व मूल्यांकन हेतु काम में लाई जाने वाली उस अर्ध–संरचित, वैयक्तिक रूप में प्रशासित प्रक्षेपी तकनीक से है जिसमें प्रयोज्य के सामने उद्दीपक शब्दों की एक सूची प्रस्तुत की जाती है जिनके प्रति उसके द्वारा, इस शब्द को सुनने पर जो कुछ भी मस्तिष्क में आता है उसे मौखिक या लिखित रूप में अपनी अनुक्रिया हेतु काम में लाया जाता है।

अतः इन उपलब्ध अनुक्रियाओं को फिर परीक्षणकर्त्ता द्वारा उनकी विषयवस्तु तथा अन्य चरों के संदर्भ में विश्लेषित किया जाता है।"

परीक्षण सामग्री एवं प्रशासन (Test Material and Administration)

शब्द साहचर्य परीक्षण की सामग्री एवं प्रशासन के तरीके का संक्षेप में निम्न प्रकार से वर्णन किया जा सकता है :

- शब्द साहचर्य परीक्षण की परीक्षण सामग्री में परीक्षण विकासकर्त्ता द्वारा सुविचारित एवं उचित क्रम में सुसंगठित शब्दों की एक सूची होती है जो प्रयोज्य की अन्तःभावनाओं तथा अभिवृत्तियों को व्यक्त करने वाले त्वरित एवं प्रतिक्रियात्मक शब्दों को बाहर लाने हेतु एक शक्तिशाली उद्दीपक का कार्य करते हैं। इस प्रकार के एक शब्द साहचर्य परीक्षण की सामग्री के रूप में हम कुछ कागजों, पेन या पेन्सिल, शब्दों की एक उपयोगी सूची तथा घड़ी का उल्लेख कर सकते हैं।
- प्रयोज्यों के साथ समुचित सौहार्द स्थापित करने के उपरान्त शोधकर्त्ता प्रयोज्यों को निम्न प्रकार से कुछ आवश्यक निर्देश देता है :
  "मैं शब्दों की एक श्रृंखला बोलूँगा, एक समय में एक शब्द। मुझसे एक शब्द सुनने के उपरान्त आपके मस्तिष्क में सबसे पहले जो शब्द आए उसे जल्दी से जल्दी तुम्हें बताना है। आप कोई भी शब्द बोलो, यहाँ कोई भी ठीक या गलत अनुक्रिया नहीं है इसलिए जितनी जल्दी संभव हो आप निःसंकोच होकर अनुक्रिया करें।"
- इसके बाद शोधकर्त्ता को निम्न बातें रिकार्ड करनी होती हैं – (i) उसके स्वयं के द्वारा बोले गए प्रत्येक शब्द का उत्तर (ii) प्रतिक्रिया व्यक्त करने में लिया गया समय और (iii) उत्तर देते समय प्रयोज्य का व्यवहार, बोलने का ढंग इत्यादि।

व्याख्या (Interpretation)

शोधकर्त्ता के द्वारा रिकार्ड की गई अनुक्रियाओं की विषयवस्तु और अन्य सम्बन्धित बातें, प्रयोज्य के व्यक्तित्व की विशेषताओं और समायोजन स्तर के बारे में मूल्यांकन करने के लिए काफी संकेत प्रदान करने में शोधकर्त्ता की सहायता कर सकते हैं। एक व्यक्ति के व्यक्तित्व का मूल्यांकन करने के लिए शब्द साहचर्य मापकों का प्रयोग काफी शक्तिशाली प्रक्षेपी तकनीक सिद्ध होता है। इनकी उपयोगिता के बारे में अपने विचार व्यक्त करते हुए एडम्स और श्वानेवेल्ट (Adams & Schvaneveldt, 1991:272) ने लिखा है :

शब्द साहचर्य मापन यह मानकर चलते हैं कि उद्दीपक शब्दों के प्रति अनुक्रिया करने के लिए जो शब्द सामने आते हैं वे उत्तरदाता के आन्तरिक भावों और दृष्टिकोणों के सूचक हैं। एक वस्तुनिष्ठ उपकरण में बहुत कम विकल्प होते हैं और बहुत कम ऐसे अवसर उपलब्ध होते हैं जिनसे प्रयोज्यों द्वारा अपने आत्म से सम्बन्धित बातों, अनुभवों या आन्तरिक भावनाओं को व्यक्त किया जा सके। इनमें शामिल पद बिल्कुल सीधे और वस्तुनिष्ठ होते हैं और इसीलिए उनके प्रति व्यक्त की गई अनुक्रियाओं का स्वरूप भी खुला हुआ और वस्तुनिष्ठ होता है, निजी व्याख्या हेतु काम में लाने लायक आत्मनिष्ठ नहीं। इसके विपरीत शब्द साहचर्य तथा अन्य प्रक्षेपी तकनीकों में संरचनाएँ इतनी अधूरी और अपूर्ण होती हैं कि प्रयोज्य को उसकी कमी को पूरा करने तथा उसे कोई ऐसा अर्थ प्रदान करने के लिए प्रेरित किया जा सके जो वास्तविक रूप में परीक्षण से प्रयुक्त प्रश्न शब्दों या उद्दीपनों में विद्यमान नहीं है। प्रयोज्य को अपनी अनुक्रियाओं के माध्यम से अपने स्व को प्रक्षेपित करने के लिए बाध्य किया जाता है। प्रयोज्य से अपने आत्म में निहित गोपनीय और निजी बातों को सामने लाने की आशा की जाती है। और इसी अभिव्यक्त सामग्री की व्याख्या द्वारा यह जानने का प्रयत्न किया जाता है कि प्रयोज्य विशेष द्वारा अपनी दुनिया का किस रूप में प्रत्यक्षीकरण किया जा रहा है और इस दुनिया में उसकी अपनी भूमिका किस प्रकार की है।

शब्द साहचर्य परीक्षण का ऐतिहासिक विकास (Historical Development of the Word Association Test)

शब्द साहचर्य मापकों या परीक्षणों को प्रारम्भ में मनोवैज्ञानिकों तथा मनोचिकित्सकों द्वारा "स्वतन्त्र साहचर्य परीक्षण" के नाम से जाना जाता था। सर्वप्रथम गाल्टन फ्रान्सिस (Galten Francis, 1879) को, शब्द साहचर्य को प्रक्षेपी तकनीक के रूप में प्रयोग करने और व्यवस्थित रूप में वर्णन करने का श्रेय दिया जाता है। आने वाले वर्षों में पहले विलियम बुन्ट (William Wundt) और बाद में जे०एम० कैटल (J. M. Cattell) ने अपनी प्रयोगशालाओं में प्रयोज्यों का मूल्यांकन करने के लिए प्रक्षेपी सामग्री के रूप में उद्दीपक शब्द छपे हुए कार्डों का प्रयोग करने का प्रयास किया। बाद के वर्षों में मनोविश्लेषण स्कूल से सम्बन्ध रखने वाले मनोवैज्ञानिकों विशेषकर कार्ल युंग (Carl Jung, 1910) ने व्यक्तियों के व्यवहार की असमान्यताओं का, उनके अचेतन की गहराई में जाकर निदान करने के लिए शब्द साहचर्य तकनीक का प्रयोग करने में काफी रुचि दिखाई। (Cohen & Swerdlik, 2005:391)। पूर्ववर्ती मनोवैज्ञानिकों और मनोचिकित्सकों के दिखाए हुए रास्ते पर चलते हुए बाद के वर्षों में विद्वानों तथा शोधकर्त्ताओं द्वारा शब्द साहचर्य तकनीक का उपयोग करते हुए विभिन्न प्रक्षेपी परीक्षणों को विकसित करने के प्रयत्न किए गए। इनमें से दो को हम उदाहरणस्वरूप नीचे सारांशित कर रहे हैं :

मेनिन्गार शब्द साहचर्य परीक्षण (Menninger Word Association Test)

इस परीक्षण का विकास मेनिन्गार चिकित्सालय के रेपापोर्ट, गिल और शेफर (Rapaport, Gill and Schafer, 1946) के द्वारा किया गया। इसके लेखकों के विचारानुसार इसका विकास दो प्रयोजनों को पूर्ण करने के लिए किया गया, पहला विचार प्रक्रियाओं की खराबी का पता लगाने और दूसरा महत्त्वपूर्ण आन्तरिक संघर्षों/द्वन्द्वो के क्षेत्रों के बारे में इशारा करने के लिए।

परीक्षण सामग्री

इस परीक्षण में 60 शब्द होते हैं, कुछ को परीक्षण के निर्माताओं के द्वारा तटस्थ समझा जाता है (उदाहरण के लिए – कुर्सी, पुस्तक, पानी, नृत्य, टैक्सी आदि) और कुछ इतने विस्फोटक होते हैं जो संवेदनशील व्यक्तिगत बातों को कुरेदने की क्षमता रखते हैं और इसके अलावा कुछ शब्द ऐसे हैं जो सहचारी मानसिक विकारों को सामने लाते हैं। इस प्रकार के जो शब्द परीक्षण सूची में शामिल किए गए हैं उनके कुछ उदाहरण हैं – प्यार, महिला मित्र, पुरुष मित्र, माता, पिता, आत्महत्या, अग्नि, स्तन तथा हस्तमैथुन।

परीक्षण का प्रशासन

इस परीक्षण का प्रशासन तीन अवस्थाओं में किया जाता है :

- **प्रथम अवस्था :** इस प्रारम्भिक अवस्था में शोधकर्त्ता प्रयोज्य के सम्मुख सूची के प्रत्येक उद्दीपक शब्द को एक–एक कर प्रस्तुत करता है और उससे एकदम से उत्तर देने के लिए कहता है कि जो भी शब्द सबसे पहले उसके मस्तिष्क में आए वह बताए।
- **द्वितीय अवस्था :** इस अवस्था में शोधकर्त्ता पुनः सूची के प्रत्येक उद्दीपक शब्द को एक–एक कर प्रयोज्य के सम्मुख प्रस्तुत करता है और प्रयोज्य से उसका मौलिक शब्द (पहले प्रस्तुत किया गया) पुनः बताने के लिए कहता है। पहले बताए गए मौलिक शब्द और दूसरे उत्तर में कोई अन्तर है तो उसे रिकार्ड किया जाता है तथा उत्तर देने में जो समय लगा वह भी रिकार्ड कर लिया जाता है।
- **तृतीय अवस्था :** इस अवस्था को जाँच पड़ताल (Enquiry) की अवस्था नाम दिया जाता है। इस अवस्था में शोधकर्त्ता उद्दीपक शब्द और अनुक्रिया शब्द के बीच पाए जाने वाले सम्बन्ध को स्पष्ट करने के लिए प्रयोज्य से प्रश्न पूछता है (जैसे – किसी विशेष उद्दीपक शब्द का उत्तर देते समय तुम्हारे मस्तिष्क में क्या चल रहा था या तुम क्या सोच रहे थे)।

परीक्षण की व्याख्या

शोधकर्त्ता विषयवस्तु और प्रयोज्य की अनुक्रियाओं से सम्बन्धित अन्य सभी बातों को रिकार्ड करने के पश्चात् कुछ चरों जैसे – लोकप्रियता, प्रतिक्रिया समय, विषयवस्तु और परीक्षण–पुनःपरीक्षण अनुक्रियाओं के सन्दर्भ में उन सभी बातों का मूल्यांकन करता है। व्याख्या के कार्य में शोधकर्त्ता की सहायता करने के उद्देश्य से परीक्षण विकासकर्त्ताओं ने महाविद्यालय विद्यार्थियों तथा सिजोफ्रेनिया (Sahizophrenic) से पीड़ित व्यक्तियों के समूह के द्वारा कुछ अनुक्रियाओं को व्यक्त करने के प्रतिशत सम्बन्धी मानकीकृत प्रदत्त प्रदान किए हैं।

केन्ट-रोज़ानोफ फ्री एसोसिएशन टेस्ट (Kent-Rosanoff Free Association Test–1910)

इस परीक्षण में सामान्य उपयोग के 100 उद्दीपक शब्दों का एक समूह शामिल है और यह विश्वास है कि सभी शब्द संवेगात्मक प्रभाव के सन्दर्भ में तटस्थ (पक्षपात रहित) है। भिन्न भिन्न भौगोलिक स्थितियों, शैक्षिक स्तर, व्यवसाय, आयु और बौद्धिक क्षमता वाले 1000 सामान्य प्रौढ़ों के प्रतिदर्श पर इस परीक्षण का मानकीकरण किया गया है।

प्रयोज्यों की अनुक्रियाओं और प्रतिक्रियाओं की व्याख्या करने में परीक्षण के प्रशासकों की सहायता करने के लिए परीक्षण विकासकर्त्ताओं ने प्रत्येक उद्दीपक शब्द के लिए अलग अलग आवृत्ति तालिकाएँ अपने परीक्षण मैनुअल में प्रदान की है, जिनमें यह दिखाया गया है कि 1000 प्रौढ़ों के मानकीकृत प्रतिदर्श में एक अनुक्रिया की कितनी आवृत्ति रही है। इन तालिकाओं को प्रयोज्य विशेष की अनुक्रियाओं का मनोविकारों के चिकित्सकीय निर्णय के सन्दर्भ में भी मूल्यांकन करने हेतु प्रयोग में लाया जा सकता है। जैसा कि मानकीकरण प्रक्रिया में बताया गया है मानकीकृत प्रतिदर्श में शामिल सामान्य प्रयोज्यों की तुलना में मनोरोगियों द्वारा सामान्य रूप से की जाने वाली अनुक्रियाओं की आवृत्तियों की संख्या कम रहती है।

वाक्य पूर्ति परीक्षण (Sentence Completion Tests)

वाक्य पूर्ति परीक्षण उन प्रक्षेपी तकनीकों का प्रतिनिधित्व करते हैं, जिनमें प्रयोज्यों के सम्मुख अपूर्ण वाक्यों (उनके शुरुआती स्वरूप में) की एक शृंखला प्रस्तुत की जाती है जो प्रयोज्यों की व्यक्तित्व की अनेक विशेषताओं और मानसिक स्थिति को प्रकाश में लाने के लिए राम्बन्धित अनुक्रियाओं को आमन्त्रित करने हेतु शक्तिशाली उद्दीपक के रूप में कार्य करती है।

वाक्य पूर्ति परीक्षण शब्द साहचर्य परीक्षणों से श्रेष्ठ माने जाते हैं क्योंकि यहाँ प्रयोज्यों को ऐसी अनुक्रियाएँ करने का अवसर मिलता है जिनमें एक से अधिक शब्द हों। इसके अतिरिक्त प्रयोज्यों को अनुक्रियाएँ करने हेतु यहाँ बहुत अधिक लचीलेपन और विविधता की गुंजाइश रहती है और शोधकर्त्ता को भी यहाँ प्रयोज्यों के अनुभवों और व्यक्तित्व से सम्बन्धित अधिक बातों को जानने का अवसर मिलता है।

परीक्षण सामग्री

वाक्य पूर्ति परीक्षण की परीक्षण सामग्री में ऐसे सुनिश्चित अपूर्ण वाक्यों की शृंखला रहती है जो अपने शुरुआती स्वरूप में होते हैं। इन वाक्यों को प्रयोज्य विशेष को एक बुकलेट प्रारूप में प्रदान किया जाता है और इन वाक्यों के सामने दिए हुए एक बड़े खाली स्थान में उनसे अपनी अनुक्रिया लिखित रूप में व्यक्त करने के लिए कहा जाता है। परीक्षण में शामिल, इनमें से प्रत्येक वाक्य को परीक्षण निर्माता द्वारा उनकी इस सामर्थ्य को देखकर शामिल किया जाता है कि जब प्रयोज्य किसी वाक्य विशेष के प्रति अपनी अनुक्रियाएँ व्यक्त करेगा तब प्रयोज्य के व्यक्तित्व व्यवहार और समायोजन के बारे में उपयुक्त सूचनाएँ उपलब्ध हो सकेंगी। इस परीक्षण सामग्री में उदाहरण के लिए निम्न प्रकार के अपूर्ण वाक्यों को शामिल किया जा सकता है :

(i) मैं इस बात पर चिन्तित हूँ कि ____________________

(ii) मैं गौरवान्वित होता हूँ जब ____________________

(iii) मेरी इच्छा/महत्त्वाकांक्षा है कि ____________________

(iv) किसी दिन मैं ____________________

(v) मेरी इच्छा है कि मेरे माता पिता ____________________

(vi) मेरी भावनाओं को चोट पहुँचती है ____________________

(vii) मैं उस समय को हमेशा याद करता हूँ ____________________

(viii) मुझे गुस्सा आता है जब ____________________

(ix) ज्यादातर लड़कियाँ ____________________

(x) मैं गुप्त रूप से ____________________

परीक्षण का प्रशासन

प्रयोज्य के साथ अच्छे सम्बन्ध स्थापित करने के उपरान्त परीक्षण का प्रशासनकर्त्ता उन्हें निम्न तरीके से निर्देश देता है :

- दी गई बुकलेट में आप बहुत से अपूर्ण वाक्य देखोगे। आपको प्रत्येक वाक्य के लिए जो खाली स्थान दिया गया है उसमें जो आपको सार्थक लगे वह लिखकर वाक्य को पूरा करना है।
- आप जिस तरह से चाहे वाक्य को पूरा कर सकते हैं। यहाँ कोई भी उत्तर सही या गलत नहीं हैं।
- ध्यान रखें कि अपूर्ण वाक्य को पढ़कर जो बात आपके मस्तिष्क में एकदम से आती है उससे ही आपको वाक्य पूरा करना है। इसे दोहराने या पहले उत्तर को बदल कर दूसरा उत्तर देने की जरूरत नहीं है।
- देख लें कि बुकलेट परीक्षक को वापिस सौंपने से पहले आपने सभी वाक्यों को पूरा कर लिया है और यह भी याद रखें कि जितना जल्दी हो सके आपको अपना कार्य पूरा करना है।

परीक्षण का अंकन कार्य और व्याख्या

बुकलेट में दिए गए सभी विषयों के वाक्यों को पूरा करके प्रयोज्य ने जो अनुक्रियाएँ प्रदान की हैं उनका समुचित रूप से विश्लेषण तथा मूल्यांकन, परीक्षण विकासकर्त्ता द्वारा अपने परीक्षण मैनुअल में दिए गए मार्गदर्शक सुझावों के आधार पर किया जाता है।

वाक्यपूर्ति परीक्षण के विकास की ऐतिहासिक पृष्ठभूमि

प्रथम वाक्यपूर्ति परीक्षण (यद्यपि बुद्धि परीक्षण के एक भाग के रूप में प्रयुक्त) के विकास का श्रेय वर्ष 1891 में प्रसिद्ध मनोवैज्ञानिक हरमन वॉन ईबिंघॉस (Herman Von Ebbinghaus) को जाता है। हालांकि कार्ल युंग (Carl jung's) ने मनोवैज्ञानिक तथा मनोचिकित्सकीय प्रयोजन के सम्बन्ध में प्रयोग करने के लिए वाक्य पूर्ति परीक्षण का विकास किया था। बाद के वर्षों में मनोविश्लेषण और मनोचिकित्सकों के द्वारा इस क्षेत्र में ज्यादा रुचि दिखाए जाने के कारण वाक्य पूर्ति परीक्षणों का विकास इतनी तेजी से हुआ कि सन् 1980 तक व्यक्तित्व मूल्यांकन में सबसे ज्यादा प्रयोग में लाये जाने वाले उपकरणों में वाक्यपूर्ति का सातवां स्थान था। विद्वानों, शोधकर्त्ताओं तथा उपयोगकर्त्ताओं द्वारा वाक्य पूर्ति परीक्षणों के विकास और उपयोग में दिखाई जाने वाली रुचि के फलस्वरूप आज हमें कई उपयुक्त वाक्यपूर्ति परीक्षण उपलब्ध हैं। उदाहरण रूप में यहाँ हम कुछ निम्न का उल्लेख कर सकते हैं :

- रॉटर इनकम्पलीट सैन्टेन्स ब्लेन्क (Rotter Incomplete Sentence Blank)
- माइनर सैन्टेन्स कम्पलीशन टेस्ट (Minor Sentence Completion Test)
- वाशिंगटन यूनीवर्सिटी सैन्टेन्स कम्पलीशन टेस्ट (Washington University Sentence Completion Test)

दृष्टान्त के लिए हम यहाँ सबसे ज्यादा प्रसिद्ध और प्रयोग में लाए जाने वाले वाक्य पूर्ति परीक्षण रॉटर इनकम्पलीट सैन्टेन्स ब्लेन्क का संक्षिप्त परिचय प्रस्तुत कर रहे हैं :

- इसका विकास और मानकीकरण रॉटर एवं रेफर्टी (Rotter & Rafferty, 1950) ने ग्रेड 9 से प्रौढ़ावस्था तक की समष्टि पर प्रयोग करने के लिए किया और यह तीन स्तरों में उपलब्ध है – हाई स्कूल (ग्रेड 9 से 12 तक स्तर), महाविद्यालय (ग्रेड 13 से 16 तक) स्तर और प्रौढ़ स्तर।
- इसमें 40 अधूरे वाक्य हैं जो उत्तरदाताओं को वास्तविक भावनाओं को उजागर करने की सामर्थ्य रखते हैं।
- परीक्षण मैनुअल 85 महिलाओं तथा 214 पुरुष (महाविद्यालय में अभी अभी प्रविष्ट हुए) विद्यार्थियों के एक प्रतिदर्श से सम्बन्धित मानकीकृत प्रदत्त प्रदान करती है जिसमें बहुत से प्रयोज्यों की अनुक्रियाओं के नमूने भी शामिल रहते हैं और उनकी पृष्ठभूमि से सम्बन्धित जानकारी भी निहित रहती है।
- प्रयोज्यों की अनुक्रियाओं की व्याख्या करने के लिए मैनुअल अनेक श्रेणियाँ – पारिवारिक दृष्टिकोण, सामाजिक एवं काम सम्बन्धी दृष्टिकोण, सामान्य दृष्टिकोण और चारित्रिक गुण प्रदान करता है और प्रत्येक अनुक्रिया का 7 बिन्दु मापनी (उपचार के लिए आवश्यकता से लेकर अत्यधिक अच्छे समायोजन तक) पर मूल्यांकन करने के लिए कहता है।
- इसकी विश्वसनीयता एवं वैधता के सम्बन्ध में परीक्षण मैनुअल में उद्धृत किए गए मनोमितीय अध्ययन यह बताते हैं कि रॉटर एक विश्वसनीय एवं वैध उपकरण है। मैनुअल में अन्तः अंकनीय विश्वसनीयता 0.90 दी गई है।

कहानी पूर्ति परीक्षण (Story Compleltion Test)

कहानी पूर्ति परीक्षण, शब्द साहचर्य और वाक्य पूर्ति तकनीकों के समान ही एक परीक्षण है। अन्तर केवल इस बात में है कि इसमें एक अकेले शब्द या वाक्य की अपेक्षा एक कहानी प्रयोज्यों की आन्तरिक भावनाएँ और मानसिक अवस्था को उजागर करने वाली अनुक्रियाओं को प्रकट करने के लिए उद्दीपक के रूप में कार्य करती है।

परीक्षण सामग्री

कहानी पूर्ति परीक्षण सागग्री एक अधूरी कहानी (एक कहानी की शुरुआत या एक कथानक की रूपरेखा के रूप में) होती है। प्रयोज्य से अपनी उत्कृष्ट कल्पना का प्रयोग कर कहानी को पूरा करने के लिए कहा जाता है, बिना सोचे कि कहानी की विषयवस्तु उचित है या अनुचित।

शोधकर्त्ता द्वारा प्रयोज्य को जो निर्देश दिए जाते हैं उनका दायरा काफी बड़ा होता है। इसलिए एक ओर तो जहाँ प्रयोज्यों से यह कहा जाता है कि वे अपने तरीके से मुक्त रूप में कहानी को पूरा करें तो दूसरी ओर उन्हें ये निर्देश भी दिए जा सकते हैं कि उन्हें कहानी को एक विशेष तरीके से पूरा करना है और यहाँ तक कि उन्हें यह बताना है कि कहानी में वास्तव में क्या हुआ। अपनी कहानी पूर्ति परीक्षणों में परीक्षण निर्माता द्वारा प्रयुक्त की गई कहानियों की प्रकृति को उजागर करने हेतु एक उदाहरण देने के प्रयास में एडम्स और श्वानेवेल्ट (Adams & Schvaneveldt, 1991:274) ने पियाजे (Piaget, 1932) द्वारा बालकों के नैतिक विकास से जुड़ी हुई एक कहानी का उल्लेख किया है। हम पियाजे द्वारा उद्धृत उसी अधूरी कहानी का यहाँ उल्लेख कर रहे हैं जिसे एक प्रक्षेपी तकनीक के रूप में प्रयोग में लाकर बालकों से यह कहा जाता है कि वे उसे अपने ढंग से पूरा करें :

एक बृहस्पतिवार को दोपहर बाद एक माँ ने अपनी छोटी लड़की और लड़के से घर के काम में उसकी सहायता करने को कहा क्योंकि वह बहुत थक गई थी। लड़की को प्लेट साफ करनी थी और लड़के को जलाने के लिए कुछ लकड़ियाँ लानी थीं। परन्तु उनमें से एक घर से बाहर निकलकर गलियों में खेलने लगा। इसलिए माँ ने दूसरे से सभी काम करने को कहा। उस दूसरे बालक ने फिर क्या कहा–(पियाजे, 1932:276)

आप यहाँ देखते हैं कि यह अधूरी कहानी बच्चे को मुक्त रूप से अपनी अनुक्रिया व्यक्त करने के लिए आमंत्रित कर रही है ताकि वह अपने भीतर की बातों को खोलकर सामने रख सके और उसकी इस अभिव्यक्ति से शोधकर्त्ता को बालक के मूल्यांकन हेतु आवश्यक सामग्री प्राप्त हो सकती है।

आकृति चित्रांकन परीक्षण (Figure Drawing Tests)

परिभाषा

सामान्य रूप से प्रेक्षपी तकनीक के रूप में आकृति चित्रांकन परीक्षण से अभिप्राय एक ऐसी व्यक्तित्व मूल्यांकन विधि से है जिसमें एक प्रयोज्य से यह अपेक्षा की जाती है कि उसके द्वारा इस प्रकार का आकृति का चित्रांकन किया जायेगा जिसके माध्यम से शोधकर्त्ता को प्रयोज्य विशेष के व्यक्तित्व तथा मनोस्थितियों का विश्लेषण करने हेतु वांछित सामग्री प्राप्त हो सकेगी। उपरोक्त परिभाषा के संदर्भ में हम व्यक्तियों द्वारा किये गये किसी भी प्रकार के रेखांकन का चित्रांकन कार्य (चाहे उसे करने में किसी भी प्रकार की विषयवस्तु, तकनीक या माध्य का प्रयोग क्यों न किया जाए) को एक ऐसी प्रक्षेपी प्रविधि के रूप में देख सकते हैं जिसके द्वारा उनके व्यक्तित्व की थाह पाई जा सके। परन्तु व्यवहारिक तौर पर यह भलीभाँति देखा जा सकता है कि अधिकांश आकृति चित्रांकन परीक्षणों में ऐसी मानवाकृतियाँ देखने को मिलती हैं जो या तो एकाकी रूप में होती हैं अथवा विभिन्न प्रकार की सामाजिक परिस्थितियों में कार्यरत रहती हैं।

इस प्रकार की प्रक्षेपी तकनीक में जो मूल मान्यता कार्य करती है वह यह है कि जब कोई प्रयोज्य किसी व्यक्ति का चित्र बनाने का प्रयत्न करता है तो वह ऐसा करने में अपने आपको ही चित्रित कर रहा होता है। इस सम्बन्ध में कारेन मेचोवर (Karen Mackover, 1949) ने अपनी पुस्तक में निम्न विचार व्यक्त किये हैं :

प्रयोज्य द्वारा (जिसे एक व्यक्ति का रेखाचित्र बनाने के लिए कहा जाता है) बनाई गई मानव आकृति का प्रयोज्य की प्रवृत्तियों, चिन्ताओं, अन्तःद्वन्द्वों तथा क्षतिपूरक व्यवहार (Compensation behaviour) सम्बन्धी विशेषताओं से अन्तरंग सम्बन्ध होता है। एक तरह से जो आकृति बनाई जाती है वह प्रयोज्य की अपनी होती है और कागज पर जो दृश्य उभरते हैं वह उससे सम्बन्धित परिवेश का ही चित्रण होता है।

व्यावहारिक विज्ञानों में शोधकर्त्ताओं द्वारा प्रक्षेपी तकनीक के रूप में जिन बहुप्रचलित आकृति चित्रांकन परीक्षणों का उपयोग किया जाता है उनका निम्न प्रकार उल्लेख किया जा सकता है :

1. गूडेनफ का ड्रा–ए–मैन परीक्षण या गुडनाफ–'हैरिस ड्राइंग परीक्षण
2. मकहोवर का ड्रा–ए–परसन परीक्षण
3. दी हाउस–ट्री–परसन परीक्षण
4. काइनेटिक फैमिली ड्राइंग परीक्षण (KFD)

आइए इन परीक्षणों के बारे में संक्षिप्त रूप में जानकारी ग्रहण की जाये।

गुडेनफ का ड्रा-ए-मैन परीक्षण या गुडनफ-हैरिस ड्राइंग परीक्षण (Goodenoughs Draw-A-Man Test or Goodenough Haris Drawing Test)

इस परीक्षण को पहली बार 1926 में काम में लाया गया। इसके निर्माता फ्लोरेन्स गुडेनफ थे। डॉ० डेले बी० हैरिस ने इसका संशोधन कर इसका विस्तार किया। अतः आज यह गुडेनफ–हैरिस ड्राइंग परीक्षण कहलाता है। अपने उपयोग के रूप में यह एक मनोवैज्ञानिक प्रक्षेपी व्यक्तित्व या संज्ञानात्मक परीक्षण है जिसे बालकों और किशोरों का विविध प्रयोजनों हेतु मूल्यांकन करने के लिए काम में लाया जाता है।

चित्र 26.6 ड्रा–ए–मैन परीक्षण।

परीक्षण का प्रशासन

- बच्चे के साथ आवश्यक तालमेल स्थापित करके, उसे आराम से बैठने के लिए कहो और ड्राइंग सामग्री जैसे : पैन और पेपर उसे दे दें।
- बच्चे (अध्ययन के प्रयोज्य) से तीनों कागजों पर अलग अलग एक पर पुरुष, एक पर महिला और एक पर अपने आप की ड्राइंग पूरी बनाने के लिए कहें।
- उससे कहें कि (i) इस ड्राइंग में कुछ भी सही या गलत/अच्छा या बुरा नहीं है। फिर भी इसको पूरा करने की कोई समय सीमा नहीं है फिर जितनी जल्दी संभव हो वह कार्य को पूरा करने का प्रयत्न करे।
- इससे आगे कोई निर्देश न दो और इस प्रकार से उसे अपने ड्राइंग कार्य को अपनी तरह से पूरा करने के लिए लगभग स्वतन्त्र छोड़ दो।
- उसके किए गए कार्य को, जैसे ही वह उसे पूरा करता है, उससे ले लो।

परीक्षण का अंकन और व्याख्या

हैरिस की लिखी पुस्तक (1963) में अंकन स्केल दी गई है जिन्हें बालक की ड्राइंग का मूल्याकन तथा अंकन करने हेतु निम्न बातों की जानकारी लेने हेतु काम में लाया जाता है। (i) उसकी बुद्धि तथा (ii) उसकी संवेगात्मक समस्यायें।

प्रयोज्य की बुद्धि के मूल्यांकन हेतु उसकी ड्राइंग की समीक्षा

यह परीक्षण ड्राइंग के रूप में कराये जाने वाले अशाब्दिक तथा भय मुक्त कार्य करने के अवसर प्रदान कर प्रयोज्यों की बुद्धि की थाह पाने का प्रयत्न करता है। इस परीक्षण का एक बड़ा लाभ यह है कि यह पक्षपात या एकांगी दृष्टिकोण सम्बन्धी दोष से जुड़े हुये सभी संभावित कारकों जैसे – भाषा, शाब्दिक कौशल, संप्रेषण अक्षमतायें तथा दबाव में काम करने सम्बन्धी संवेदनशीलता इत्यादि से प्रयोज्यों को परे रखने का प्रयत्न करता है। प्रयोज्य की बुद्धि के मूल्यांकन हेतु उसके द्वारा बनाई गई ड्राइंग/रेखांकन सम्बन्धी कार्य की समीक्षा करने हेतु इस परीक्षण में ड्रा–ए–परसन QSS (Quantitative Scoring System) का प्रयोग किया जाता है। प्रयोज्य के ड्राइंग कार्य का उचित अंकन एवं व्याख्या करने में इस अंकन प्रणाली में निम्न प्रकार से सहायता मिलती है।

- यह व्याख्या करने वाले को प्रयोज्य द्वारा निर्मित उसकी ड्राइंग/रेखाचित्र को उसके 14 विभिन्न पक्षों (जैसे – विशिष्ट शारीरिक अंग तथा वेशभूषा) को विभिन्न मानदंडों – (i) उनकी उपस्थिति या अनुपस्थिति (ii) विस्तार या (iii) अनुपात के सन्दर्भ में विश्लेषित करने में सहायता करता है।

- यह व्याख्या करने वाले को प्रत्येक ड्राइंग हेतु 64 अंकन पद (Scoring items), प्रत्येक ड्राइंग हेतु एक अलग मानक प्राप्तांक (Standard score) तथा सभी तीनों (उपस्थिति/अनुपस्थिति, विस्तार या अनुपात) के संदर्भ में कुल प्राप्तांक प्रदान करता है।

संवेगात्मक समस्याओं के मूल्यांकन हेतु निर्मित ड्राइंग्स की समीक्षा

प्रयोज्य की संवेगात्मक समस्याओं के मूल्यांकन हेतु इस परीक्षण में ड्रा–ए–परसन : SPED (Scoring Procedure for Emotional Disturbance) का उपयोग किया जाता है। इसमें प्रयोज्य द्वारा निर्मित ड्राइंग्स के उचित अंकन एवं व्याख्या करने में समुचित सहायता मिलती है। इस मूल्यांकन प्रणाली में दो तरह के मानदंडों का प्रयोग होता है। पहले मानदंड के रूप में प्रत्येक ड्राइंग में आठ आयामों का बालक के आयु समूह के लिये निर्धारित मानकों (Norms) के संदर्भ में मूल्यांकन किया जाता है और दूसरे मानदंड की अनुपालना हेतु प्रत्येक ड्राइंग के लिये 47 विभिन्न पदों (Items) को ध्यान में रखा जाता है।

मेक्होवर ड्रा-ए-परसन परीक्षण (Machover Draw-A-Person Test)

कारेन मेकहोवर (Karen Machover, 1949) द्वारा विकसित ड्रा–ए–परसन परीक्षण (Draw-A-Person Test) गुडेनफ के ड्रा–ए–मैन परीक्षण से कुछ अधिक विकसित स्तर के परीक्षण का प्रतिनिधित्व करता है।

परीक्षण का प्रशासन (Administration of the Test)

प्रथम चरण : इस चरण में सबसे पहले प्रयोज्य से आवश्यक सोहार्द/तादाम्य स्थापित करने का प्रयत्न किया जाता है और उसके लिए आराम से बैठने की व्यवस्था की जाती है। इसके पश्चात् उसे एक पेपर शीट (8½" × 11") तथा पेन्सिल देकर यह कहा जाता है कि उसे एक व्यक्ति का रेखाचित्र (Drawing) बनाना है, वह अपनी मर्जी से चाहे जिस तरह उसकी आकृति बना सकता है।

द्वितीय चरण : जैसे ही उसके द्वारा बनाया गया पहला रेखाचित्र (Drawing) पूर्ण होता है उसे पुनः एक अन्य पेपर शीट तथा पेन्सिल देकर यह कहा जाता है कि अब वह इस पर दूसरा रेखाचित्र बनाये परन्तु ध्यान रहे कि अब उसे उससे विपरीत लिंग के व्यक्ति (स्त्री या पुरुष) का चित्र बनाना है जो उसके द्वारा पहले बनाया जा चुका है।

तृतीय चरण : दोनों रेखाचित्रों (Drawings) को बनाये जाने के बाद अब शोधकर्त्ता द्वारा, बनाये गये रेखाचित्रों के सम्बन्ध में कुछ अन्वेषणात्मक प्रश्न पूछे जाते हैं। जैसे – "इस आकृति/चित्र के बारे में मुझे एक कहानी सुनाओ", "इस लड़के/लड़की, स्त्री/पुरुष के बारे में मुझे बताओ", "यह व्यक्ति क्या कर रहा है", "यह व्यक्ति कैसा अनुभव कर रहा है", इस व्यक्ति के बारे में क्या ठीक है और क्या ठीक नहीं है, इत्यादि। इन प्रश्नों के प्रति की गई अनुक्रियाओं का भी प्रयोज्य के व्यक्तित्व व्यवहार तथा समायोजन सम्बन्धी बातों के मूल्यांकन में उपयोग किया जाता है।

परीक्षण का अंकन एवं व्याख्या (Scoring and Interpretaion of the Test)

प्रयोज्य द्वारा किये गये चित्र निर्माण कार्य का मूल्यांकन प्रमुख रूप से बनाये गये चित्र की विषयवस्तु (Contents) यानी उसकी विविध विशेषताओं पर केन्द्रित रहता है। इसके अतिरिक्त यहाँ मूल्यांकन हेतु कई अन्य कारकों जैसे चित्र को पूरा करने में लिया जाने वाला समय, आकृतियों का आकार और उनकी स्थिति, पेन्सिल से काम करते समय उस पर बनाया गया दबाव, मिटाने वाली रबड़ का उपयोग, चित्र बनाते समय प्रयोज्य की मुख मुद्रा तथा शारीरिक स्थितियाँ आदि का उचित ध्यान रखा जाता है।

इन सभी उपरोक्त कारकों का मूल्यांकन करने हेतु प्रयोग में लाने के सम्बन्ध में बहुत सारी परिकल्पनायें सामने आई हैं। उदाहरणार्थ हम यहाँ उनमें से कुछ का उल्लेख कर रहे हैं।

1. मेक्होवर (Machover, 1949) के अनुसार बनाई गई आकृति की विशेषतायें प्रयोज्य द्वारा बनाये गये रेखाचित्र (Drawing) का विश्लेषण करने हेतु काफी उपयुक्त आधार/संकेत प्रदान करने की क्षमता रखती है, जैसे :
   - असामान्य रूप से बड़ी बड़ी आँखें या कान प्रयोज्य के शंकालु होने, भयभीत या असुरक्षित रहने तथा दुर्भीति, चिन्ताग्रस्त और अन्य न्यूरोटिक प्रवृत्तियों से ग्रस्त रहने की ओर संकेत करते हैं।
   - किसी पुरुष प्रयोज्य द्वारा चित्रित असामान्य रूप से बड़े/उभरे वक्ष यह संकेते देते हैं कि वह उस अवस्था से आगे नहीं निकल पाया जिसमें बालक अपनी माँ पर आश्रित रहते हैं अथवा उसमें कामुकता की अतिशयता है।
   - लम्बी और उभरी हुई अभिव्यक्तियों से उस लैंगिक आक्रामकता (Sexual aggressiveness) का संकेत मिलता है जिसे नपुंसकता सम्बन्धी भय की अति–क्षतिपूर्ति (Over compensation) की प्रतिक्रिया माना जा सकता है।
   - बटनों पर जोर दिया जाना आश्रित, शैशवकालीन, असहाय व्यक्तित्व का परिचायक है।
2. कागज पर जिस रूप में आकृति को स्थान दिया जाता है उससे यह पता चलता है कि अपने वातावरण विशेष में प्रयोज्य किस तरह समायोजित है। कागज के निचले भाग (Bottom) में खींची गई छोटी सी आकृति इस बात का संकेत देती है कि प्रयोज्य की आत्म–अवधारणा (Self-concept) कमजोर है, वह अपने आपको असुरक्षित अनुभव कर रहा है या अवसादपूर्ण (Depressed) स्थिति में है। वह प्रयोज्य जिसके द्वारा बनाया गया चित्र कागज की एक शीट पर नहीं आता और पृष्ठ से बाहर निकलता हुआ प्रतीत होता है, उसे शीघ्र उत्तेजित होने वाला माना जाता है।
3. एक्सनर (Exner, 1962) के अनुसार चित्रांकन में पैन्सिल के हल्के दबाव से बनाये गये चित्रों से यह अर्थ लगाया जा सकता है कि प्रयोज्य चरित्र सम्बन्धी विकारों से ग्रस्त है।
4. बक (Buck, 1950) के अनुसार पृष्ठ की दाहिनी ओर आकृति को रखना यह सूचित करता है कि प्रयोज्य भविष्योन्मुख (Future Oriented) है जबकि बाँयी ओर इसका रखा जाना प्रयोज्य की अतीतोन्मुख (Past Oriented) प्रवृत्ति का सूचक होता है। पृष्ठ के ऊपर की तरफ दांयी ओर (Upper right) पर आकृति का बनाया जाना एक गुजरे हुये अतीत को भूल कर भविष्य के प्रति अत्यधिक आशावान होने की ओर संकेत करता है जबकि नीचे की तरफ दांयी ओर के हिस्से में इसका बनाया जाना अतीत की यादों में खोकर अवसादग्रस्त होने का सूचक है।

घर-वृक्ष-व्यक्ति परीक्षण (The House - Tree - Person Test—HTP)

आकृति की रचना करने वाला यह प्रक्षेपी परीक्षण जे०एन० बक (J.N. Buck, 1948) के द्वारा विकसित किया गया था।

परीक्षण का प्रशासन

इस परीक्षण में प्रयोज्य को एक के बाद एक तीन लगातार सत्रों में तीन आकृतियाँ या चित्र बनाने के लिए कहा जाता है। प्रथम सत्र में जितनी अच्छी वह बना सकता है उतनी अच्छी एक घर की आकृति बनाने के लिए कहा जाता है। द्वितीय सत्र में अच्छे से अच्छे वृक्ष और तृतीय सत्र में एक व्यक्ति के चित्र की रचना करने के लिए आदेश दिया जाता है। उसको यह स्पष्ट कर दिया जाता है कि इन तीनों चित्रों की रचना करने में कुछ भी गलत या ठीक, अच्छा या बुरा नहीं है इसलिए वह जिस ढंग से चाहे चित्रों की रचना कर सकता है। जिस समय प्रयोज्य चित्रों की रचना करने में संलग्न होते हैं उस समय शोधकर्त्ता को कुछ बातों को नोट कर

लेना चाहिए जैसे – (i) चित्र रचना में लगाया गया समय (ii) चित्र के भागों (अंगों या अवयव) को किस क्रम से बनाया (iii) चित्र रचना करते समय प्रयोज्य के द्वारा लगातार बोले जाने वाले कथन (iv) उसका अशाब्दिक व्यवहार, चेहरे के भाव और हावभाव आदि। चतुर्थ सत्र में शोधकर्त्ता के द्वारा एक मौखिक जाँच पड़ताल की जाती है। इस जाँच पड़ताल के कार्य में, प्रयोज्य के व्यक्तित्व की विशेषताओं और मानसिक अवस्था से सम्बन्धित बहुत सी बातों का पता लगाने में शोधकर्त्ता की सहायता करने के लिए मानकीकृत प्रश्नों का एक निश्चित सैट होता है।

परीक्षण की व्याख्या

परिमाणात्मक एवं गुणात्मक दोनों प्रकार से इन चित्रों का विश्लेषण किया जाता है, विशेषरूप से उनकी औपचारिक या शैलीगत विशेषताओं के आधार पर चित्रांकन करने के लिए पदार्थों की चयन सम्बन्धी आधारभूमि के बारे में चर्चा करते हुए बक (Buck) ने कहा कि "घर" से प्रयोज्य के घर और उसमें प्रयोज्य के साथ रहने वाले व्यक्तियों से साहचर्य स्थापित होता है, "वृक्ष" से उन सम्बन्धों को सामने लाने में मदद मिलती है जो प्रयोज्य की जीवन भूमिकाओं तथा उनसे संतुष्टि प्राप्त करने सम्बन्धी उसकी योग्यता की परिचायक है। अनास्तासी (1968:508) के अनुसार "व्यक्ति तथा उसके वातावरण से सामान्य रूप में अन्तःवैयक्तिक सम्बन्धी साहचर्य को सामने लाने के अवसर प्राप्त होते हैं।"

गति सम्बन्धी परिवार चित्रण परीक्षण (Kinetic Family Drawing Test—KFD)

आकृति रचना के इस प्रक्षेपी परीक्षण का विकास बर्न और कॉफमैन (Burns & Kaufman, 1970) के द्वारा प्रयोज्य का उसके परिवार के सम्बन्ध में अध्ययन करने के लिए किया गया था।

परीक्षण का प्रशासन

इस परीक्षण का प्रशासन करने के लिए प्रयोज्य के पास एक पेपर शीट 8½ × 11 इंच की, एक पेन्सिल तथा एक इरेजर (रबड़) होनी चाहिए। आकृति रचना के कार्य को शुरु करने से पहले प्रयोज्य को कुछ निर्देश दिए जाते हैं, जैसा कि नीचे बर्न और कॉफमैन (Burns & Kaufman, 1972:5) ने कहा है, "स्वयं अपने सहित अपने परिवार के प्रत्येक सदस्य का, कुछ कार्य करते हुए चित्र बनाओ। प्रत्येक का पूरा चित्र बनाने की कोशिश करो, कार्टून या स्टिक चित्र नहीं। याद रखो कि आपको प्रत्येक का कुछ कार्य करते हुए (किसी प्रकार का कोई भी कार्य करते हुए) चित्र बनाना है।"

उपरोक्त निर्देशों के अलावा और कोई निर्देश प्रयोज्य को नहीं दिया जाता है। इस प्रकार से वह जिस तरह से चाहे, उस तरह से चित्र बनाने के लिए स्वतन्त्र छोड़ दिया जाता है। चित्र रचना करते समय प्रयोज्य को पूर्ण रूप से शोधकर्त्ता के द्वारा निरीक्षण किया जाता रहता है। जिस समय प्रयोज्य चित्र बनाने के कार्य में संलग्न होता है उस समय उसके शाब्दिक व्यवहार, संवेगात्मक प्रतिक्रियाएँ, चित्र बनाने में लगने वाला समय और बीच बीच में उठाए गए कोई प्रश्न आदि सभी को शोधकर्त्ता नोट करता रहता है जो कि आगे की अवस्था में आवश्यक विश्लेषण करने में सहायता करते हैं।

जब प्रयोज्य चित्र बनाने का कार्य पूरा कर लेता है तब शोधकर्त्ता उससे काफी विस्तार में जाँच पड़ताल करता है। कोहेन एवं स्वैरडिक (Cohen & Swerdlik, 2005:398) के अनुसार :

इस जाँच पड़ताल के लिए प्रयुक्त प्रश्नों का उद्देश्य प्रयोज्य विशेष को इन सभी निर्मित आकृतियों की पहचान करने में सहायता करना होता है, उनके सम्बन्धों के बारे में बताना होता है और विस्तार से यह कहना होता है कि आकृति में चिन्हित व्यक्तियों द्वारा क्या किया जा रहा है और क्यों किया जा रहा है।

परीक्षण का अंकन कार्य और व्याख्या

प्रयोज्य के द्वारा निर्मित चित्र आकृतियों और शोधकर्त्ता द्वारा प्रेक्षण से नोट की गई बातें परीक्षण के प्रदत्तों का आवश्यक अंकन कार्य और व्याख्या करने के लिए प्रयुक्त की जाती है। इस प्रयोजन के लिए शोधकर्त्ता एवं परीक्षक इस क्षेत्र में कार्यरत विद्वानों के द्वारा विकसित किए गए कई औपचारिक अंकन प्रणालियों का प्रयोग कर सकते हैं।

भूमिका निर्वहन या मनोड्रामा (Role Playing or Psychodrama)

व्यक्तित्व मूल्यांकन की इस प्रक्षेपी तकनीक में प्रयोज्य को विविध प्रकार की भूमिका निर्वहन या नाटकीय गतिविधियों में संलग्न होना पड़ता है। प्रयोज्य के द्वारा प्रदर्शित शाब्दिक या अशाब्दिक व्यवहार के सन्दर्भ में निभायी गई भूमिका से शोधकर्त्ता प्रयोज्य के व्यक्तित्व का मूल्यांकन करने के लिए, विभिन्न संकेत प्राप्त करने की कोशिश करता है।

यह तकनीक इस सिद्धान्त पर कार्य करती है कि प्रयोज्य जब भूमिका निर्वहन या नाटकीकरण का कार्य करने में संलग्न होता है तब वह जिस भूमिका का निर्वाह कर रहा है, उस चरित्र के आत्म के साथ वह अपने स्वयं के 'आत्म' से जोड़ने का प्रयास कर रहा होता है। इस प्रकार से इस तकनीक का प्रयोग करते समय यह अनुमान लगाया जाता है कि प्रयोज्य अपने यथार्थ आत्म को निर्वाहित की जाने वाली भूमिका या नाटक में स्थापित कर देता है और इस प्रकार से वह चेतन या अचेतन रूप में अपने व्यक्तित्व गुणों और मानसिक अवस्था को प्रकट कर देता है।

भूमिका निर्वाह करने या मनोड्रामा खेलने का एक विशेष लाभ यह है कि अन्वेषणकर्त्ता उत्तरदाता या प्रयोज्य को एक विशेष सुनिश्चित परिस्थिति में विशिष्ट प्रकार की भूमिका का निर्वाह करते हुए अवलोकन कर सकता है। जैसा कि एडम्स और श्वानेवेल्ट (Adms & Schvaneveldt, 1991:276) ने कहा है :

क्योंकि बहुधा इस बात की जानकारी होती है कि किसी व्यवहार भूमिका में सामान्य बातें क्या होती हैं। इसी बात का ध्यान रखकर एक शोधकर्त्ता प्रयोज्यों के द्वारा किन्हीं परिस्थिति विशेष में अपने आपको प्रक्षेपित करने सम्बन्धी बातों का मूल्यांकन कर यह जानने में सफल हो सकता है कि कौन सी बातें जोड़ी गई हैं या छोड़ दी गई हैं।

खिलौनो से खेलने तथा वस्तुओं को जोड़ने सम्बन्धी परीक्षण (Toy Playing and Object Assembly Tests)

खिलौनो से खेलना और वस्तुओं के टुकड़ों को जोड़कर कुछ बनाने सम्बन्धी कार्य को भी व्यक्तित्व मूल्यांकन के लिए एक प्रक्षेपी तकनीक के रूप में काम में लाया जाता है। इस प्रकार की तकनीकों की प्रकृति और उपयोग के सम्बन्ध में अनस्तासी (Anastasi, 1968:508) ने लिखा है :

वस्तुएँ या पदार्थ जैसे – कठपुतली, गुड़िया और बड़े पदार्थों के लघुरूपों को प्रक्षेपी परीक्षणों के रूप में काफी काम में लाया जाता है। बालकों के लिए खेल चिकित्सा से उपजी इस प्रकार की सामग्रियाँ अब बालकों और प्रौढ़ों के निदानात्मक परीक्षण हेतु काम में लाई जाने लगी हैं। इस प्रकार की वस्तुओं का इन कामों के लिए चयन उनकी प्रत्याशित साहचर्य उपयोगिता के आधार पर किया जाता है। इन प्रयोजनों हेतु अधिकतर काम में लाई जाने वाली वस्तुओं के उदाहरण के रूप में हम दोनों लिंगों के बालकों और प्रौढ़ों को दिखाते हुए गुड़ियों, फर्नीचर, स्नानगृह और रसोई में काम आने वाली चीजों तथा अन्य घरेलू वस्तुओं का नाम ले सकते हैं। इस प्रकार की वस्तुओं के साथ खेलने से बच्चों से यह आशा की जाती है कि वे अपने परिवार के प्रति अपनी अभिवृत्तियों तथा भाई बहिन सम्बन्धी प्रतिस्पर्धाओं, भय, आक्रामकताओं, अन्तःद्वन्द्वों और इस प्रकार की अन्य बातों

को सामने लाएंगे। निरीक्षण करते हुए परीक्षणकर्त्ता यह नोट करता है कि बालक किस प्रकार की वस्तुओं का चयन करता है और फिर उनके साथ क्या करता है। इसके अतिरिक्त वह हर प्रकार की मौखिक अभिव्यक्ति, संवेगात्मक अभिव्यक्ति तथा अन्य बाह्य व्यवहारों को भी नोट करता है। बच्चों के साथ इस प्रकार की तकनीकों का उपयोग कुछ उन खिलौनों से स्वतन्त्र रूप से खेलने का स्वरूप धारण कर लेता है जिनको परीक्षणकर्त्ता द्व ारा बालकों के लिए उपलब्ध कराया गया है। प्रौढ़ों के साथ यह सामग्री सामान्य अनुदेशनों के साथ प्रस्तुत की जाती है जिनमें उनसे कुछ उच्च स्तरीय असंरचित प्रकृति के कार्यों को करने के लिए कहा जाता है।

इस परीक्षण के उदाहरण के रूप में अनस्तासी (1968) ने एक परीक्षण, जिसे वर्ल्ड परीक्षण (World Test) के नाम से जाना जाता है, का नाम लिया है। लॉवनफील्ड (Lawenfield, 1939) के द्वारा इंग्लैण्ड में इसको सबसे पहले विकसित और मानकीकृत किया गया था। तब से इसे अनेक विद्वानों जैसे – बोल्गर और फिशर (Bolgar and Fischer, 1947), बुहलर और उसके सहयोगी (Buhler and her Associates, 1951) तथा अन्य के द्वारा अपनाया गया, परिमार्जित किया गया और पुनः मानकीकृत किया गया। इस परीक्षण की परीक्षण सामग्री में 150 से लेकर 300 की संख्या में बहुत सारे छोटे छोटे टुकड़ों के रूप में घर, व्यक्ति, पशुओं, पुलों, वृक्षों, कारों, बाड़ों तथा अन्य सांसारिक वस्तुओं की उपस्थिति रहती है। इस परीक्षण का प्रशासन करते समय प्रयोज्यों से यह कहा जाता है कि वे दी गई वस्तुओं की सहायता से किसी मेज, फर्श या रेत के बोरे को सामान रखने के काम में लाते हुए जो कुछ भी बना सकते हैं, बनायें।

प्रक्षेपी तकनीकों का मूल्यांकन (Evaluation of Projective Techniques)

गुण एवं उपयोगिताएँ (Merits and Advantages)

1. भयमुक्त वातावरण प्रदान करना (Providing non-threatening environment) : प्रक्षेपी तकनीकों का उपयोग करने में परीक्षण का प्रशासन करने से पहले अनुसंधानकर्त्ता को अपने अध्ययन के प्रयोज्य के साथ आवश्यक तालमेल स्थापित करना जरूरी होता है। परीक्षण सामग्री और प्रयोज्य के द्वारा की जाने वाली गतिविधियाँ भी रुचिकर तथा आनन्ददायक होती हैं। इसके साथ साथ इस परीक्षण के समय जो भी अनुक्रियाएँ करनी होती हैं उनमें उसे पूरी स्वतन्त्रता मिलती है तथा उसके द्वारा दिए जाने वाले उत्तरों का क्या परिणाम होगा, इस सम्बन्ध में उस पर कोई दबाव नहीं होता है। प्रक्षेपी तकनीकों के उपयोग में इस प्रकार के जो अवसर उपलब्ध होते हैं उनके सम्बन्ध में अपने विचार व्यक्त करते हुए अनस्तासी (Anastasi, 1968:510) ने लिखा है :

अधिकतर प्रक्षेपी तकनीकें प्रयोज्य और परीक्षक के बीच में प्रारम्भिक सम्पर्क के दौरान झिझक को समाप्त करने के लिए एक प्रभावशाली साधन का प्रतिनिधित्व करती है। यह कार्य प्रायः आन्तरिक रूप से रुचिकर होता है और इसीलिए अक्सर मनोरंजक माना जाता है। यह प्रयोज्य के ध्यान को उसके, अपने आप से हटाकर उसकी शर्मिन्दगी और रक्षात्मकता को कम करता है। इसके अतिरिक्त यह उसकी प्रतिष्ठा किसी भी तरह का कोई खतरा पैदा नहीं करता क्योंकि इसमें जो अनुक्रिया की जाती है वह "सही" होती है।

इस प्रकार के भयमुक्त वातावरण की उपस्थिति अध्ययन के प्रयोज्यों से समुचित और स्वाभाविक उत्तर प्राप्त करने में एक बड़ी सहायता करने वाला सिद्ध होता है।

2. अनुक्रियाओं को मनचाहा रूप देने या बिगाड़ने से बचाव : प्रक्षेपी तकनीकों में परीक्षण का उद्देश्य तथा व्यवहार के आंकलन (मूल्यांकन) की प्रकृति सामान्यतः पूरी तरह छिपी हुई होती है। साधारण रूप से प्रयोज्य को परीक्षण के वास्तविक उद्देश्य के सम्बन्ध में कोई जानकारी नहीं होती है और यदि इसका ज्ञान होता भी है तो वह यह नहीं जान सकता है कि उसकी अनुक्रिया की कौन सी बात महत्त्वपूर्ण है या उसकी अनुक्रिया के विभिन्न पक्ष किस प्रकार का महत्त्व रखते हैं ? इसलिए यहाँ पर प्रयोज्य के द्वारा अपनी अनुक्रियाओं को बिगाड़ने

या मनचाहा रूप देने का कोई खतरा नहीं होता है। प्रक्षेपी तकनीकों की इस उपयोगिता के सम्बन्ध में अपने विचार व्यक्त करते हुए अनस्तासी (Anastasi, 1968:510) ने लिखा है :

प्रक्षेपी तकनीकों का उद्देश्य सामान्यतः छिपा हुआ होता है। अगर कोई प्रयोज्य को कुछ मनोवैज्ञानिक बातों की जानकारी भी है और वह किसी उपकरण विशेष, जैसे रोर्शा या टी ए टी की सामान्य प्रकृति से परिचित भी हो तो भी यह नहीं हो सकता कि प्रयोज्य अपनी तरह से यह भविष्यवाणी कर सके कि उसकी अनुक्रियाओं का किस रूप में अंकन और व्याख्या की जाएगी। इसके अतिरिक्त यहाँ प्रयोज्य जल्दी ही अपने काम में संलग्न हो जाता है और फलस्वरूप वह अन्तःवैयक्तिक सम्प्रेक्षण सम्बन्धी बातों को छुपाने या उनको प्रतिबंधित करने से बच जाता है।

इस प्रकार से किसी विशेष प्रक्षेपी तकनीक में शामिल पदार्थों या परिस्थितियों के प्रति अपनी प्रतिक्रिया व्यक्त करने में प्रयोज्यों से सही और ईमानदारीपूर्ण उत्तर एवं उनका दृष्टिकोण प्राप्त करने में ये प्रक्षेपी तकनीकें काफी सहायक सिद्ध होती हैं।

3. अभ्यास और कोचिंग के दूषित प्रभाव से बचाव (Protection from the evil effects of practice and coaching) : प्रक्षेपी तकनीकों में व्यक्तियों के परीक्षण के लिए जो भी कार्य प्रस्तुत किया जाता है वह एकदम नवीन और असंरचित होता है। प्रयोज्य उ़त्तर देने के लिए किसी पूर्व स्थापित, परम्परागत और रूढ़िवादी ढंग पर आश्रित नहीं होता है। उसे एकदम स्वतन्त्र होकर अनुक्रिया करनी होती है। इसलिए प्रक्षेपी तकनीकों की सहायता से हम अभ्यास और कोचिंग के उन सभी खतरों से बच सकते हैं जिनसे प्रायः अन्य अधिकांश परीक्षण प्रभावित होते हैं।

4. अनुप्रयोग का एक विस्तृत क्षेत्र (Wide scope and area of applications) : प्रक्षेपी तकनीकों के अनुप्रयोग का क्षेत्र बहुत विरतृत होता है। इनका प्रगोग करने में यह जरूरी नहीं होता है कि उत्तरदाता साक्षर, पढ़ा लिखा या शैक्षिक कौशलों से काफी सम्पन्न हो अर्थात् ये तकनीकें प्रयोज्यों से कोई संज्ञानात्मक मांग नहीं करती हैं। बहुत सी तकनीकें अपने अनुप्रयोग के लिए उत्तरदाताओं से पढ़ने, समझने तथा निर्देशों को सुनकर प्रतिक्रिया व्यक्त करने की योग्यता की मांग करती है, वहीं इन प्रक्षेपी तकनीकों में इस प्रकार की योग्यता का होना जरूरी नहीं है अतः अनुसंधानकर्त्ताओं को इन तकनीकों के प्रयोग करने में यह अतिरिक्त फायदा रहता है कि वह किसी भी योग्यता के व्यक्ति पर इनका प्रयोग कर सकते हैं। अधिकांश प्रक्षेपी तकनीकें पठनरहित प्रदत्त उच्चस्तरीय शिक्षित समष्टि पर निर्भर नही करते हैं। प्रक्षेपी तकनीकों का उपयोग करने में शोधकर्त्ताओं को इस वजह से स्वयं अपने बारे में बताने सम्बन्धी तकनीक या रेटिंग तकनीकों की तुलना में प्रयोग के लिए प्रयुक्त किए जाने वाले प्रयोज्यों की एक बड़ी तादाद में उपलब्ध होने की संभावना रहती है।

कुछ प्रक्षेपी तकनीकें छोटे बच्चों, अशिक्षित व्यक्तियों भाषात्मक विकलांगता या मौखिक अभिव्यक्ति के दोषों से युक्त व्यक्तियों के लिए विशेष रूप से उपयोगी हो सकती है। इस प्रकार के व्यक्तियों के समूहों के लिए ऐसी परीक्षण सामग्री आसानी से उपलब्ध हो सकती है जिसमें पढ़ने की जरूरत नहीं पड़ती है। छोटे बच्चों और अशिक्षित व्यक्तियों से चित्रात्मक और अन्य भाषारहित उद्दीपकों से मौखिक अनुक्रियाओं की प्राप्ति आसानी से की जा सकती है। इस प्रकार के सभी शाब्दिक योग्यता में पिछड़े हुए समूहों के प्रति परीक्षकों के द्वारा उनके साथ सम्प्रेषण बनाए रखने में प्रक्षेपी तकनीक काफी लाभदायक सिद्ध होती है। इसके अतिरिक्त इन तकनीकों की मदद से प्रयोज्य विशेष को अपने उन व्यवहारों के उचित स्पष्टीकरण में भी मदद मिलती है जिनकी पहले मौखिक रूप से अभिव्यक्ति नहीं हुई हो। इस प्रकार से व्यक्तित्व मूल्यांकन की कोई भी तकनीक, क्षेत्र और अनुप्रयोग की विस्तृतता को लेकर प्रक्षेपी तकनीकों का मुकाबला नहीं कर सकती।

5. सम्पूर्ण व्यक्तित्व का मूल्यांकन (Evaluation of the total personality) : प्रक्षेपी तकनीकें ही ऐसी तकनीकें हैं जो प्रयोज्य के आन्तरिक पक्षों और अचेतन व्यवहार को उजागर करने और स्पष्ट करने के लिए उपलब्ध एकमात्र समुचित उपाय है। व्यक्ति के आन्तरिक मस्तिष्क और अचेतन व्यवहार के अधिकांश ऐसे आवश्यक पक्ष होते हैं जिन तक प्रयोज्य की स्वयं की भी पहुँच नहीं होती है, वे इन तकनीकों के द्वारा ठीक प्रकार से प्रकाश में लाए जा सकते हैं। इस प्रकार से ये तकनीकें प्रयोज्यों की निजी दुनिया से सम्बन्धित बातों को प्रकाश में लाने में काफी महत्त्वपूर्ण भूमिका निभाती है और इसीलिए व्यक्तियों के समग्र व्यक्तित्व के मूल्यांकन हेतु विशेष रूप से लाभदायक सिद्ध होती है।

दोष और सीमाएँ (Demerits and Limitations)

1. अत्यधिक खर्चीली और महंगी (Uneconomical and costly) : प्रक्षेपी तकनीकों का विकास, मानकीकरण एवं उपयोग काफी खर्चीला और महंगा सिद्ध होता है। वैसे भी समुचित रूप से ऐसी मानकीकृत प्रक्षेपी तकनीकों और परीक्षणों की काफी कमी पाई जाती हैं जिनको समाज के विभिन्न स्तरों और आयु वर्ग से सम्बन्ध रखने वाले व्यक्तियों के व्यक्तित्व गुणों और समायोजन स्तर का मूल्यांकन करने के लिए प्रयोग में लाया जा सके।

2. मानकीकरण सम्बन्धी कमियाँ (Weaknesses in relation to standardization) : प्रक्षेपी परीक्षण या तकनीकों में एक बड़ा दोष इस बात को लेकर होता है कि इनके निर्माताओं द्वारा इनका अपर्याप्त रूप में या अनुपयुक्त ढंग से मानकीकरण किया जाता है। अधिक वस्तुनिष्ठ प्रश्नावली प्रकार के व्यक्तित्व मूल्यांकनों की तुलना में प्रक्षेपी परीक्षण अपने प्रशासन तथा अंकन को लेकर अपर्याप्त रूप से मानकीकृत रहते हैं। इसके अतिरिक्त इन परीक्षणों के लिए उचित मानक तथा वस्तुनिष्ठ व्याख्या का उपलब्ध होना बहुत कठिन होता है। साथ ही इनकी इस बात को लेकर भी कड़ी आलोचना की जाती है कि ये पर्याप्त रूप से विश्वनीय और वैध नहीं होते।

3. अधिक समय लेना (Time consuming) : प्रक्षेपी परीक्षण और तकनीकों का एक बड़ा दोष यह भी है कि इनका प्रशासन और अंकन बहुत अधिक समय लेता है।

4. प्रयोज्यों से प्राप्त होने वाले सहयोग सम्बन्धी कमी (Lack of cooperation from the respondents) : प्रक्षेपी तकनीकों का प्रयोग करते समय एक परेशानी यह भी होती है कि बहुत से उत्तरदाता परीक्षण के कार्य में पूरी तरह से अपने आपको संलग्न नहीं कर पाते हैं। जैसे—किसी भूमिका का अभिनय करने में या कल्पनात्मक क्रियाओं में सहभागिता करने में बहुत से उत्तरदाता अपने आपको सामान्य सा महसूस नहीं कर पाते हैं। जबकि कुछ उत्तरदाता इन कार्यों में खुशी के साथ भाग लेते हैं तो कुछ अनमने होकर भाग लेते हैं और कुछ तो भाग लेने से सीधे इन्कार ही कर देते हैं। प्रयोज्यों या उत्तरदाताओं के द्वारा इस प्रकार से प्रदर्शित सहयोग के अभाव में प्रक्षेपी तकनीकों के प्रयोजनों को समुचित रूप से प्राप्त करने की आशा करना असम्भव ही हो जाती है।

5. व्याख्या सम्बन्धी कमियाँ (Limitations in terms of interpretation) : प्रक्षेपी उद्दीपक के प्रति प्रयोज्य की जो भी प्रतिक्रियायें और अनुक्रियायें होती हैं उनकी व्याख्या करने का कार्य भी काफी गम्भीर कमियों और दोषों से प्रभावित रहता है। यह मुख्यतया इसलिए होता है कि यहाँ प्रदत्तों की व्याख्या करने का कार्य काफी तकनीकी जानकारी और आवश्यक कुशलता की अपेक्षा करता है। एक अनुसंधानकर्त्ता को इस सम्बन्ध में पूर्ण रूप से सक्षम होना चाहिए कि वह पहले प्रक्षेपी उद्दीपकों के प्रति प्रयोज्य की अनुक्रियाओं से उपलब्ध प्रदत्तों का विसंकेतीकरण (Decoding) करे और फिर उनका उचित अर्थापन करते हुए प्रयोज्य के व्यक्तित्व के मूल्यांकन हेतु सार्थक रूप में व्याख्या करे। प्रयोज्यों के द्वारा दिए गए उत्तरों का कोई अर्थ नहीं होता जब तक कि उनका विधिवत् विश्लेषण करने के लिए वांछित वस्तुनिष्ठ विश्लेषण और व्याख्या नहीं की जाय। इस प्रकार की योग्यता

के अभाव में शोधकर्त्ताओं द्वारा प्रायः व्यक्तिनिष्ठ व्याख्या ही प्रस्तुत की जाती है और ऐसा करने से व्यक्तित्व मूल्यांकन हेतु प्रक्षेपी तकनीकों का उपयोग बेहद दोषपूर्ण सिद्ध होता है।

परन्तु उपरोक्त वर्णित इन कमियों और दोषों के परिप्रेक्ष्य में यह नहीं समझ लेना चाहिए कि प्रक्षेपी तकनीकों के उपयोग से बचा जाये। वास्तव में देखा जाए तो प्रक्षेपी तकनीकों के प्रयोग, अंकन और व्याख्या सम्बन्धी आवश्यक ज्ञान और प्रशिक्षण लेकर एक कुशल मनोवैज्ञानिक या अनुसंधानकर्त्ता प्रयोज्य के बारे में ऐसी महत्त्वपूर्ण सूचनाओं को प्राप्त करने में सफलता प्राप्त कर सकता है जो कि अन्य किसी तरह से उपलब्ध नहीं हो पातीं। दूसरी तरफ, यह भी सत्य है कि केवल प्रक्षेपी तकनीकें अकेले ही मनुष्य के व्यक्तित्व और समायोजन से सम्बन्धित सभी प्रश्नों का उत्तर नहीं दे सकती हैं, व्यक्तित्व मापन की अन्य तकनीकों से भी इस कार्य में सहायता लेनी चाहिए जिससे कि एक व्यक्ति के पूर्ण व्यक्तित्व की सम्पूर्ण, व्यापक और विस्तृत तस्वीर प्राप्त की जा सके।

27

अनुसंधान उपकरणों का निर्माण एवं मानकीकरण
[Construction and Standardization of Research Tools]

विषय प्रवेश (Introduction)

अपने अनुसंधान कार्य का नियोजन करते समय शोधकर्त्ताओं द्वारा यह अनुभव किया जाना कोई अप्रत्याशित बात नहीं कि उन्हें अपने शोध प्रश्नों का उत्तर पाने के लिए जिन सूचनाओं या प्रदत्तों का संकलन करना जरूरी है उन्हें अध्ययन प्रयोज्यों से उपलब्ध करने हेतु उचित प्रदत्त संकलन उपकरण उपलब्ध नहीं हैं और इनकी रचना तथा उनका आवश्यक मानकीकरण करने का कार्य भी उन्हीं के हाथों होना है। इस परिप्रेक्ष्य में अब उनके लिये यह काफी जरूरी होता है कि वे विभिन्न प्रकार के प्रदत्त संकलन उपकरणों जैसे – प्रश्नावली, साक्षात्कार, प्रेक्षण, रेटिंग स्केल, अभिवृत्ति मापनी तथा विभिन्न प्रकार के परीक्षणों जैसे – उपलब्धि परीक्षण, रुचि प्रश्नावली, अभिरुचि परीक्षण, व्यक्तिगत तथा समायोजन परिसूचियों, बुद्धि परीक्षणों आदि के निर्माण तथा मानकीकरण के बारे में अपेक्षित रूप से कुशलता अर्जन करने का प्रयत्न करें। प्रस्तुत अध्याय में हम अनुसंधान में सहायक इसी प्रकार के प्रदत्त संकलन उपकरणों/साधनों के निर्माण एवं मानकीकरण के बारे में विस्तार से जानना चाहेंगे।

अनुसंधान उपकरणों के निर्माण एवं मानकीकरण में प्रयुक्त सोपान और अवस्थायें (The Steps and Stages for the Construction and Standardization of the Research Tools)

इस पुस्तक के 23वें अध्याय में हम उपलब्धि–परीक्षणों के निर्माण तथा मानकीकरण के बारे में विस्तार से चर्चा कर चुके हैं। इस प्रकार के परीक्षणों के द्वारा किसी ज्ञान और कौशल अर्जन से सम्बन्धित उपलब्धियों का परीक्षण करके अध्ययन प्रयोज्यों द्वारा अर्जित ज्ञान और कौशल सम्बन्धी जानकारी इकट्ठी की जाती है। इनसे यह मालूम पड़ता है कि किसी विषय या क्षेत्र विशेष में प्रयोज्यों के ज्ञान और कौशलों का स्तर कैसा है ? परन्तु एक शोधकर्त्ता को शैक्षिक स्तर के अलावा अन्य गैर शैक्षिक क्षेत्रों और क्षमताओं से सम्बन्धित उन बातों की भी जानकारी अपने प्रयोज्यों के बारे में लेनी पड़ती है जिनका सम्बन्ध सामाजिक और मनोवैज्ञानिक क्षेत्रों से होता है। रुचि, अभिरुचि, बुद्धि, समायोजन तथा अन्य व्यक्तित्व गुणों के बारे में प्रयोज्यों की अभिक्षमताओं की माप इसी प्रकार की बातें हैं जिनके बारे में समुचित रूप से जानने के लिए शोधकर्त्ताओं को उपयुक्त प्रदत्त संकलन साधनों तथा परीक्षणों के निर्माण एवं फिर उसका विधिवत् मानकीकरण करने की आवश्यकता होती है। इन विभिन्न प्रकार के मनोवैज्ञानिक परीक्षणों के निर्माण और मानकीकरण का कार्य ठीक वैसा ही नहीं होता जैसे कि पूर्व चर्चित उपलब्धि परीक्षणों का होता है। प्रक्रिया और परिणामों की दृष्टि से इनमें काफी अन्तर रहता है। सामान्य रूप में इन मनोवैज्ञानिक विशेषकों, व्यक्तित्व निर्धारकों, तथा समायोजन स्तर को मापने वाले साधनों (जो प्रायः परीक्षण, मापनियों तथा परिसूचियों के रूप में उपलब्ध रहते हैं) के निर्माण तथा मानकीकरण सम्बन्धी कार्य में निम्न प्रकार की अवस्थाओं तथा उप–अवस्थाओं का समावेश पाया जाता है (तालिका 27.1)।

तालिका 27.1 एक अनुसंधान उपकरण के निर्माण एवं मानकीकरण में प्रयुक्त अवस्थायें तथा उप–अवस्थायें

अवस्था 1 : नियोजन अवस्था या उपकरण का संप्रत्ययीकरण
(Planning Stage or Conceptualization of the Tool)

उप-अवस्थायें (Sub-stages) :

- उस संप्रत्यय विशेष की पहचान और अवबोध जिसके मापन हेतु हम उपकरण का निर्माण करना चाहते हैं।
- उपकरण के निर्माण के पीछे कार्य कर रहे कारणों, प्रयोजन तथा आवश्यकता को स्पष्ट करना।
- उपकरण से लाभान्वित होने वाली जनसंख्या या समष्टि की पहचान।
- उपकरण के निर्माण में किस प्रकार के उपागम तथा सैद्धान्तिक जानकारी को काम में लाना है, उसके बारे में निर्णय लेना।
- उपकरण में शामिल प्रश्नों के प्रकार तथा प्रारूप, प्रशासन प्रक्रिया तथा अंकन विधि के बारे में निर्णय लेना।

अवस्था 2 : निर्माण अवस्था या उपकरण का विकास (Construction Stage or Development of the Tool)

उप-अवस्थायें (Sub-stages) :

(i) निर्माणाधीन उपकरण के लिए प्रारंभिक ड्राफ्ट तैयार करना

- उपकरण में शामिल किए जाने वाले पदों (प्रश्नों या कथनों) का संकलन, निर्माण तथा लेखन।
- पदों का पुनर्वीक्षण तथा संपादन।
- प्रारंभिक ड्राफ्ट को अंतिम रूप देना (बचे हुए पदों का पुनः व्यवस्थीकरण कर प्रथम ड्राफ्ट का निर्माण)।

(ii) निर्माणाधीन उपकरण का अंतिम ड्राफ्ट विकसित करना

- समष्टि के एक छोटे प्रतिनिधि प्रतिदर्श पर प्रथम ड्राफ्ट को प्रशासित करना।
- प्रयोज्यों द्वारा दिए गए उत्तरों का अंकन तथा पद विश्लेषण करना।
- अंतिम ड्राफ्ट तैयार करना (पद विश्लेषण के उपरांत पदों का उचित व्यवस्थीकरण)

अवस्था 3 : अंतिम अवस्था या निर्मित उपकरण का मानकीकरण
(Final Stage or Standardization of the Developed Tool)

- निर्मित किए गए उपकरण का समष्टि के एक बड़े प्रतिनिधि प्रतिदर्श पर प्रशारान
- प्राप्तांकों की व्याख्या हेतु मानक या नोर्म्स का विकास।
- निर्मित किये गये उपकरण की विश्वसनीयता एवं वैधता की स्थापना।

आइये देखें कि उपरोक्त उल्लेखित अवस्थाओं तथा उप–अवस्थाओं में परीक्षण उपकरण के निर्माण तथा मानकीकरण का कार्य कैसे किया जाता है। प्रक्रिया को अच्छी तरह स्पष्ट करने के लिए हम यहाँ पर एक उपकरण विशेष (अध्यापक समायोजन परिसूची) के निर्माण और मानकीकरण को उदाहरण रूप में प्रस्तुत करना चाहेंगे। इस समायोजन परिसूची के निर्माण और मानकीकरण का कार्य प्रस्तुत पुस्तक के एक लेखक द्वारा ही किया गया है जो नेशनल साइकोलोजीकल कारपोरेशन, आगरा से प्रकाशित है।

अवस्था 1 : नियोजन अवस्था या उपकरण का संप्रत्ययीकरण (Planning Stages or Conceptualization of the Tool)

इस अवस्था में परीक्षण निर्माता को आवश्यक नियोजन हेतु निम्न गतिविधियों का सहारा लेना होता है :

1. उस संप्रत्यय विशेष की पहचान और अवबोध जिसके मापन हेतु हम उपकरण का निर्माण करना चाहते हैं : उपकरण निर्माणकर्त्ता को सबसे पहले तो इस बात से भलीभाँति परिचित होना चाहिए कि वह क्या है जिसके मापन हेतु वह किसी उपकरण विशेष का निर्माण करना चाहता है। प्रस्तुत उदाहरण में वह जिस संप्रत्यय

या अवधारणा विशेष के मापन के लिए एक परिसूची का निर्माण करना चाहता है वह "अध्यापक समायोजन" है। इसलिये यहाँ अब उससे यह अपेक्षा की जाती है इसकी उचित पहचान तथा अवबोध हेतु सभी संभव स्त्रोतों तथा सम्बन्धित साहित्य (जैसे पुस्तकें, जर्नल, ऑन लाइन संसाधनों आदि) का अच्छी तरह अध्ययन और मनन करके निम्न प्रश्नों का उत्तर ढूँढ़ने का प्रयत्न करें।

- समायोजन क्या है और इसके संभावित क्षेत्र या आयाम क्या हैं ?
- अध्यापक समायोजन से क्या तात्पर्य है ? क्या यह मानवमात्र के सामान्य समायोजन से कुछ अलग चीज है ?
- अध्यापक समायोजन के संभावित क्षेत्र या आयाम क्या हो सकते हैं ?
- हम सामान्य रूप से व्यक्तियों के समायोजन का मापन कैसे करते हैं ? इसके मापन हेतु वर्तमान में किस प्रकार के साधन या उपकरण उपलब्ध हैं ?
- हम अध्यापकों के समायोजन का मापन कैसे कर सकते है ? वर्तमान में इसके मापन के लिये किस प्रकार के साधन तथा उपकरण उपलब्ध हैं ?

2. उपकरण के निर्माण के पीछे कार्य कर रहे कारणों, प्रयोजन तथा आवश्यकता को स्पष्ट करना : नियोजन की इस उप–अवस्था में उपकरण निर्माणकर्त्ता से यह जानने और दूसरों को स्पष्ट करने की आवश्यकता होती है कि वह संप्रत्यय विशेष के मापन हेतु जिस उपकरण विशेष का निर्माण करने जा रहा है, उसे निर्मित करने की क्या आवश्यकता है ? इससे उसका क्या प्रयोजन सिद्ध होगा और इसका निर्माण करना उसके लिये क्यों जरूरी है आदि आदि। इस सम्बन्ध में उसे निम्न प्रकार के प्रश्नों का उत्तर प्राप्त करने का प्रयत्न करना चाहिए।

- जिस उपकरण का वह निर्माण करने जा रहा है उससे किस बात का मापन या मूल्यांकन होगा ? इस निर्मित उपकरण के द्वारा किस प्रकार के प्रयोजनों या उद्देश्यों की पूर्ति की जा सकेगी ?
- इस उपकरण के निर्माण या विकास करने की क्या आवश्यकता है ? क्या हमें संप्रत्यय विशेष (जैसे अध्यापक समायोजन) के मापन हेतु कोई उपकरण उपलब्ध नहीं है, और अगर है तो फिर इस नये उपकरण को न्रिर्मित करना क्यों आवश्यक है ?
- हमारे द्वारा निर्मित किये जाने वाला उपकरण संप्रत्यय विशेष के मापन हेतु उपलब्ध अन्य उपकरणों से किन बातों में श्रेष्ठ रहेगा और क्यों ?
- इस समय जो उपकरण उपलब्ध हैं, उनका निर्माण किन विशेष उपागमों तथा सैद्धान्तिक मान्यताओं को आधार बनाकर किया गया है ? क्या शोधकर्त्ता द्वारा अपने बनाये जाने वाले उपकरण में किन्हीं अलग मान्यताओं तथा उपागमों का प्रयोग किया जाएगा? अगर उपकरण उपलब्ध हैं तो वे क्या हैं और उनका प्रयोग वह क्यों नहीं कर रहा है ?

3. उपकरण से लाभ उठाने वाली जनसंख्या या समष्टि की पहचान : इस उप–अवस्था में उपकरण निर्माता द्वारा उस समष्टि या जनसंख्या की पहचान करनी होती है जिसके लाभार्थ इस उपकरण का निर्माण किया जा रहा है। जैसे हमारे उदाहरण "अध्यापक समायोजन परिसूची" के निर्माण में इसका उद्देश्य इसे अध्यापकों के समायोजन परीक्षण हेतु प्रयोग में लाना है। यानी यहाँ अध्यापक वर्ग पर इसे प्रशासित कर उनके समायोजन की माप लेनी होगी। इस दृष्टि से अध्यापकों तथा विशेषकर उन अध्यापकों को जो विद्यालयों में पढ़ाते हैं उन्हें प्रयोज्य बनाते हुए इस उपकरण का निर्माण करना होगा निर्माणकर्त्ता ने जिस स्तर के अध्यापकों – प्राथमिक, माध्यमिक तथा उच्च माध्यमिक के मापन हेतु इसे बनाने के बारे में निर्णय लिया है उन्हीं की समष्टि तथा प्रतिनिधि प्रतिदर्श को यहाँ काम में लाना होगा।

4. उपकरण के निर्माण में किस प्रकार के उपागम तथा सैद्धान्तिक जानकारी को काम में लाना है, उसके बारे में निर्णय लेना : किसी अनुसंधान उपकरण का निर्माण एवं विकास बिना किसी आधार के नहीं होता। उसे इसके लिए कोई सैद्धान्तिक ठोस आधार चाहिये तथा वह अपने निर्माण हेतु किसी न किसी प्रकार के उपागम का जैसे (i) तार्किक या विषयवस्तु केन्द्रित उपागम (ii) सिद्धान्त केन्द्रित उपागम (iii) समजातीय निर्माण या कारक विश्लेषण उपागम तथा (iv) आनुभाविक या मानदण्ड उपागम (इन सब उपागमों की विस्तार में चर्चा इसी पुस्तक के 25वें अध्याय में की गई है) उसके अकेले या मिश्रित रूप में उपयोग करता है। इसके बारे में एक उचित निर्णय उपकरण निर्माता द्वारा यहाँ अवश्य ही लिया जाना चाहिये ताकि यह निर्धारण करने में मदद मिले कि (i) निर्मित उपकरण की क्या प्रकृति होगी (ii) उसके निर्माण द्वारा किन प्रयोजनों और उद्देश्यों की पूर्ति होगी (iii) जिस संप्रत्यय विशेष का मापन करना है उसके बारे में क्या धारणायें तथा मान्यतायें काम करेंगी (iv) उपकरण विशेष के पदों या प्रश्नों में किस प्रकार की वस्तुनिष्ठता तथा समजातीयता (Homogeneity) रहेगी। आइये इन बातों को "अध्यापक समायोजन परिसूची निर्माण" सम्बन्धी उदाहरण के माध्यम से समझने का प्रयत्न किया जाये।

शोधकर्त्ता ने यहाँ अध्यापक समायोजन परिसूची के निर्माण में समायोजन के किसी उपलब्ध सिद्धान्त का सहारा नहीं लिया है। इसलिये यह कहा जा सकता है कि यहाँ सिद्धान्त केन्द्रित उपागम का उपयोग नहीं किया गया है। यहाँ शोधकर्त्ता ने तार्किक या विषयवस्तु केन्द्रित उपागम (Logical or content oriented approach) तथा कारक विश्लेषण उपागम (Factor analytical approach) दोनों का ही समन्वित उपयोग किया है। उसने पहले तार्किक या विषयवस्तु केन्द्रित उपागम का प्रयोग (i) अध्यापक समायोजन के कारकों या आयामों के निर्धारण में किया है और फिर (ii) इसका प्रयोग परिसूची में शामिल पदों/कथनों के चयन हेतु किया है। इसका इस प्रकार प्रयोग करते हुए उसने केवल उसी प्रकार की विषयवस्तु (पदों या कथनों) को ही अपनी परिसूची के प्रारम्भिक प्रारूप में जगह देने की कोशिश की है जिनकी सहायता से विद्यालय अध्यापकों के समायोजन का अध्यापक समायोजन के विभिन्न क्षेत्रों या आयामों के संदर्भ में अच्छी तरह मापन किया जा सकता है। अब क्योंकि इस तार्किक या विषयवस्तु केन्द्रित उपागम को प्रयोग में लाते हुये शोधकर्त्ता ने अध्यापक समायोजन के विभिन्न क्षेत्रों या आयाम कौन कौन से हो सकते हैं इनके बारे में अपनी ही ओर से एक पक्षीय निर्णय ले लिया था इसलिये उसने बाद में इसके लिये आनुभाविक आधार (Empirical base) प्रदान करने हेतु एक अन्य उपागम–कारक विश्लेषण (Factor analytical) का उपयोग किया ताकि यह सुनिश्चित किया जा सके कि परिसूची में शामिल विभिन्न मापनियों (Scales) तथा परिसूची से सम्बन्धित पदों/कथनों में चयन और निर्माण के संदर्भ में अपेक्षित सजातीयता (Homogeneity) की मौजूदगी है।

5. उपकरण में शामिल प्रश्नों के प्रकार तथा प्रारूप, प्रशासन प्रक्रिया तथा अंकन विधि के बारे में निर्णय लेना : इस उप–अवस्था के उपकरण निर्माणकर्त्ता द्वारा निम्न बातों के बारे में निर्णय लेने का कार्य किया जाता है।

(i) उपकरण में शामिल प्रश्नों/कथनों के प्रकार तथा प्रारूप कैसा होगा ? जैसे बहुविकल्पीय, विकल्प रहित, मुक्त या प्रतिबन्धित उत्तर वाले प्रश्न, प्रश्न के रूप में या निर्धारण मापनी के रूप में दिये गये कथन आदि।

(ii) उपकरण को संप्रत्यय विशेष के मापन हेतु चयनित प्रयोज्यों पर किस रूप में प्रशासित किया जायेगा ? जैसे–व्यक्तिगत रूप से या सामूहिक, आमने–सामने बैठकर या डाक अथवा ऑन लाइन प्रक्रिया से।

(iii) जैसी आवश्यकता हो उसी के अनुरूप परीक्षण/उपकरण सम्बन्धी पूरे कार्य को तथा उप–कार्यों/विभागों सम्बन्धी कार्य को समाप्त करने के लिये समय सीमा का उल्लेख करना।

(iv) यह निर्धारित करना कि उपकरण सम्बन्धी प्रश्नों/कथनों के उत्तर किस प्रारूप में प्राप्त किये जाने हैं ? जैसे "हाँ', 'ना' तथा (?) आदि।

(v) प्रयोज्यों के उत्तरों का अंकन कैसे किया जायेगा ? जैसे 'हाँ' के लिये 2 अंक, अनिर्णीत के लिये 1 तथा 'ना' के लिये 0 अंक।

(vi) प्रयोज्यों द्वारा अर्जित अंकों की व्याख्या करके यह कैसे बताया जायेगा कि किसी प्रयोज्य विशेष का संप्रत्यय विशेष में किस प्रकार का स्तर है ?

(vii) उपकरण में उपयोगकर्त्ताओं को उपकरण के प्रशासन, अंकन तथा अर्जित प्राप्तांकों की व्याख्या हेतु किस प्रकार के अनुदेशन प्रदान किये जाने हैं ?

अवस्था 2 : निर्माण अवस्था या उपकरण का विकास (Construction Stage or Development of the Tool)

इस अवस्था में उपकरण निर्माता ने जो भी नियोजन स्तर पर नियोजित किया है उसके क्रियान्वयन की आशा की जाती है। उपकरण निर्माण के इस कार्य को यहाँ जिन दो अलग अलग उप–अवस्थाओं में बाँटकर पूरा किया जाता है, उनका विवरण निम्न प्रकार से है।

उप-अवस्था 1 : निर्माणाधीन उपकरण के लिए प्रारंभिक ड्राफ्ट तैयार करना (Preparing the Preliminary Draft of the Constructed Tool)

इस अवस्था में होने वाली गतिविधियों को निम्न तीन संवर्गों (Categories) में विभक्त करके समझा जा सकता है :

1. उपकरण में शामिल पदों (प्रश्नों या कथनों) का संकलन, निर्माण तथा लेखन : उपकरण के लिये प्रारम्भिक ड्राफ्ट करने का कार्य वास्तव में उपकरण में शामिल किये जाने वाले प्रश्नों/कथनों के संकलन या निर्माण से प्रारम्भ होता है। इस कार्य हेतु उपकरण निर्माता को बहुत सारे प्रश्नों/कथनों को अपने स्वयं के व्यक्तिगत अनुभवों तथा मापन किये जाने वाले संप्रत्यय के ज्ञान और बोध के आधार पर लिखना होता है। इस कार्य में वह क्षेत्र विशेष में प्रख्यात विशेषज्ञों, विद्वानों, अनुभवी शोधकर्त्ताओं तथा अनुसंधान मार्गदर्शकों (Guides) की भी मदद ले सकता है। चिकित्सा और उपचार परिस्थितियों से सम्बन्धित मनोवैज्ञानिक परीक्षण बनाने हेतु चिकित्सक, रोगी, रोगियों के पारिवारिक सदस्य, चिकित्सालय के अन्य स्टाफ तथा अन्य मिलने जुलने वालों के साथ की गई बातचीत से भी प्रश्नों/कथनों की लेखन सामग्री प्राप्त हो सकती है। विद्यालय मनोवैज्ञानिकों के प्रयोग हेतु बनाये जाने वाले मनोवैज्ञानिक परीक्षणों की परीक्षण सामग्री के विकास हेतु अध्यापकों, प्रशासकों, अन्य कर्मचारीगण तथा शिक्षा–मनोवैज्ञानिक आदि से किये साक्षात्कार काफी उपयोगी सिद्ध हो सकते हैं। अगर यहाँ एक उपकरण/परीक्षण निर्माता ने यह सोचा है कि वह संप्रत्यय विशेष के मापने हेतु अपने परीक्षण!/उपकरण में उप–परीक्षण/उप–मापनियों (Sub-tests or sub-scales) का उपयोग करगा तब वांछित प्रश्नों/कथनों के संकलन या निर्माण से पहले इस बात का भी ध्यान रखना पड़ेगा कि वह इन प्रश्नों के चयन/निर्माण में संप्रत्यय विशेष के संभावित आयामों या कारकों (Dimensions or factors) को भी ध्यान में रखें। उदाहरण के लिये जब कोई उपकरण निर्माता विद्यालय जाने वाले बालकों के लिये समायोजन परिसूची का निर्माण करे तो उसे समायोजन के विभिन्न आयामों जैसे घर से सम्बन्धित समायोजन, परिवार से सम्बन्धित समायोजन, स्वास्थ्य से सम्बन्धित समायोजन, विद्यालय से सम्बन्धित समायोजन, सामाजिक तथा संवेगात्मक समायोजन को ध्यान में रखकर प्रश्नों/कथनों का संकलन या निर्माण करना चाहिये।

2. प्रश्नों/कथनों का पुनर्वीक्षण एवं संपादन (Reviewing and editing of the question statements) : अब परीक्षण के लिये संकलित एवं निर्मित किये गये इन सभी प्रश्नों/कथनों को उपकरण निर्माता द्वारा सावधानी से पुनः अध्ययन, पुनर्वीक्षण तथा संपादन किया जाता है। इस कार्य में वह अपने शोध परामर्शदाता, विषय विशेषज्ञों, अनुभवी वरिष्ठ शोधकर्त्ताओं तथा उपकरण निर्माताओं की मदद भी ले सकता है। इस प्रकार के पुनर्वीक्षण तथा संपादन का उद्देश्य भाषा सम्बन्धी अशुद्धियों, असंगतता, औचित्यहीनता, अस्पष्टता, क्लिष्टता, पुनरावृत्ति, द्वेष तथा

पक्षपातपूर्ण दृष्टिकोण तथा अर्थहीनता से सम्बन्धित दोषों का निवारण कर ऐसे सार्थक, उपुयक्त, एक अर्थ वाले एवं वस्तुनिष्ठ प्रश्नों/कथनों को परीक्षण में स्थान देना होता है जिससे परीक्षण उद्देश्यों की प्राप्ति में अधिक से अधिक सहायता मिले।

3. प्रारम्भिक ड्राफ्ट को अंतिम रूप देना (बचे हुये प्रश्नों का व्यवस्थीकरण कर प्रथम ड्राफ्ट का निर्माण (Giving a final shape to the final draft—Assembling the surviving items) : पुनर्वीक्षण तथा संपादन के बाद बचे हुये प्रश्नों/कथनों को दुबारा नये सिरे से व्यवस्थित कर एक उचित संगठनात्मक रूप प्रदान कर निर्मित उपकरण को प्रथम ड्राफ्ट नामक सम्बोधन प्रदान किया जाता है। यहाँ अब उपकरण निर्माता द्वारा वे सभी आवश्यक निर्देशन सम्बन्धी बातें भी संलग्न की जा सकती हैं जिनकी उपकरण/परीक्षण को प्रशासित करने तथा प्रयोज्यों से प्राप्त उत्तरों के अंकन हेतु जरूरत पड़ेगी।

उप-अवस्था 2 : निर्माणाधीन उपकरण का अंतिम ड्राफ्ट विकसित करना (Developing the Final Draft of the Constructed Tool)

इस अवस्था में की जाने वाली गतिविधियों को निम्नांकित शीर्षकों के अन्दर विभाजित करके वर्णन किया जा सकता है।

1. समष्टि के एक छोटे प्रतिनिधि प्रतिदर्श पर प्रथम ड्राफ्ट का प्रशासित करना (Administrating the Preliminary draft on a small sample of the population) : इस उप–अवस्था में उपकरण निर्माता द्वारा अपने निर्माणाधीन उपकरण के प्रथम ड्राफ्ट को समष्टि विशेष (जिसके किसी संप्रत्यय विशेष के मापन के लिये उपकरण का निर्माण किया जा रहा है) के एक छोटे प्रतिनिधि प्रतिदर्श पर प्रशासित करने का कार्य किया जाता है। यह एक तरह से इस प्रकार की जाँच होती है जिसमें यह देखने का प्रयत्न किया जाता है कि निर्मित उपकरण जिस उद्देश्य के लिये बनाया जा रहा है उसकी पूर्ति हेतु इसका उपयोग कितना कार्यकारी रहेगा। इसके उपयोग से अनुसंधान कार्य हेतु उपयुक्त प्रदत्तों का संकलन हो पायेगा या नहीं ? इस दृष्टि से यहाँ उपकरण को प्रशासित करते समय उसी प्रकार की परिस्थितियाँ तथा वातावरण बनाये रखने का प्रयत्न किया जाता है जिनमें आगे चलकर शोधकर्त्ताओं/प्रयोगकर्त्ताओं द्वारा इसका एक उपकरण के रूप में प्रयोग किया जायेगा।

2. प्रयोज्यों द्वारा दिये गये उत्तरों का अंकन तथा पद विश्लेषण करना (Scoring of the responses and carrying out item analysis) : प्रयोज्यों द्वारा दिये गये उत्तरों का अब पूर्व नियोजित तरीके से अंकन (Scoring) किया जाता है और इन प्राप्तांकों को फिर एक तालिका में भलीभाँति व्यवस्थित तरीके से उस रूप में लिखा जाता है जिस तरह पद विश्लेषण करने के लिये आवश्यकता हो। यह पद विश्लेषण क्या होता है और इसे कैसे किया जाता है ? आइये यह जानने का प्रयत्न किया जाये।

पद विश्लेषण—प्रकृति और उपयोग (Item Analysis—Nature and Application)

पद विश्लेषण क्या है ?

पद विश्लेषण से यहाँ तात्पर्य पदों (प्रश्न या कथन) के एक बड़े एकत्रित समूह (जैसे निर्माणाधीन उपकरण के प्रथम ड्राफ्ट में शामिल प्रश्न या कथन) का इस प्रकार से विश्लेषण करना है कि उनकी अच्छाइयों तथा कमजोरियों की पहचान कर निरर्थक तथा अनुपयुक्त पदों को निर्माणाधीन उपकरण से बाहर करने तथा सार्थक एवं उपयुक्त पदों को इसमें बनाये रखने का एक उपयुक्त और औचित्यपूर्ण आधार, उपकरण निर्माता को प्राप्त हो सके। इस स्तर पर अपने निर्माणाधीन उपकरण में किसी संप्रत्यय विशेष के मापन में जिस प्रकार के प्रश्न/कथन अधिक से अधिक उपयुक्त और सार्थक हो सकते हैं और कौन निरर्थक तथा अनुपयुक्त, यह निर्णय लेने में पद विश्लेषण (जो परिमाणात्मक भी हो सकता है और गुणात्मक भी) का किया जाना काफी महत्त्वपूर्ण

भूमिका निभाता है। अनास्तासी (Anastasi, 1968:158) ने एक अनुसंधान उपकरण के निर्माण में पद विश्लेषण की प्रकृति और उपयोग पर प्रकाश डालते हुए लिखा है :

पदों (प्रश्नों या कथनों) को उनकी विषयवस्तु तथा प्रारूप के संदर्भ में गुणात्मक रूप से विश्लेषित किया जा सकता है और इनकी सांख्यिकी विशेषताओं (Statistical properties) के संदर्भ में परिमाणात्मक रूप से भी। गुणात्मक विश्लेषण में पदों की विषयवस्तु के विश्लेषण तथा प्रभावशील पद लेखन प्रक्रियाओं के संदर्भ में पदों के मूल्यांकन पर ध्यान दिया जाता है। परिमाणात्मक विश्लेषण में नियमानुसार पद काठिन्य (Item difficulty) तथा पद वैधता (Item validity) के मापन का समावेश रहता है। किसी भी परीक्षण की विश्वसनीयता तथा वैधता आखिर में उसके पदों की विशेषताओं में ही निहित रहती है। पद विश्लेषण द्वारा अग्रिम रूप में किसी परीक्षण की विश्वसनीयता तथा वैधता सुनिश्चित की जा सकती है। परीक्षणों को पदों के चयन, उनके स्थान पर दूसरे पदों को स्थान देने तथा उनमें आवश्यक सुधार करने से बेहतर बनाया जा सकता है। वह पद विश्लेषण ही है जो किसी परीक्षण को उपयुक्त रूप से छोटा करने और साथ ही उसकी वैधता एवं विश्वसनीयता में वृद्धि करने को संभव बनाने का कार्य कर सकता है।

इस प्रकार से यहाँ एक उपकरण निर्माता से यह अपेक्षा की जाती है कि वह निरर्थक तथा अनुपयुक्त पदों से पीछा छुड़ाने हेतु परिमाणात्मक तथा गुणात्मक दोनों प्रकार के पद विश्लेषणों को काम में लाये। प्रश्न उठता है कि वह इस प्रकार के विश्लेषणों को करने हेतु किस प्रकार की विधियों तथा कार्यप्रणाली का प्रयोग करे। आइये इसकी जानकारी ली जाये।

परिमाणात्मक पद विश्लेषण प्रक्रिया (Quantitative Item Analysis Process)

शोधकर्त्ताओं/उपकरण निर्माताओं द्वारा निम्न तीन प्रकार के मूल्यों/मानों की गणना उनके द्वारा किये जाने वाले परिमाणात्मक पद विश्लेषण का उपयुक्त आधार बन सकती हैं।

(a) पद काठिन्य सूचकांक (An index of the items' difficulty)
(b) पद विभेदीकरण सूचकांक (An index of item discrimination)
(c) पद की विश्वसनीयता तथा वैधता का एक अनुमान (An estimate of the reliability and validity of the item)

आइये इन सूचकांकों के बारे में जाना जाये।

पद काठिन्य सूचकांक (An Index of the Item's Difficulty)

किसी पद (प्रश्न या कथन) विशेष का कठिनाई स्तर क्या है यह जानने के लिये समूह में शामिल प्रयोज्यों जिन पर कोई परीक्षण प्रशासित किया गया है उन्हें किसी पद विशेष का उत्तर देने में कितनी कठिनाई आ रही है उसका निदान करना होता है इस निदान हेतु एक विशेष प्रकार के सांख्यिकी मान जिसे पद काठिन्य सूचकांक कहा जाता है, का प्रयोग किया जाता है। इस सूचकांक की गणना हेतु निम्न सूत्र का प्रयोग होता है।

पद काठिन्य सूचकांक $= A/N \times 100$

यहाँ A = प्रयोज्यों की वह संख्या जिन्होंने पद विशेष का सही उत्तर दिया है।

B = प्रयोज्यों की वह संख्या जिन्होंने इस पद का गलत उत्तर दिया है।

पद काठिन्य सूचकांक का अधिकतम मान 1.00 होता है। परन्तु सामान्य रूप से किसी पद विशेष को कठिन घोषित करने के लिये उसके काठिन्य सूचकांक के रूप में 0.67 के मान को एक क्रान्तिक मान (Critical value) या विभाजन बिन्दु (Cut off point) स्वीकार करने का प्रचलन है। दूसरी ओर अगर इसका पद काठिन्य सूचकांक 0.33 या उससे कम है तब उस पद को एक आसान पद माना जाता है। इस तरह 67 प्रतिशत से ऊपर के पदों

को कठिन तथा 33 प्रतिशत से कम पदों को काफी अधिक सरल पदों का दर्जा दिया जा सकता है। हमने इस पुस्तक के 23वें अध्याय में पद काठिन्य सूचकांक की गणना उपलब्धि परीक्षणों के निर्माण के संदर्भ में स्पष्ट की है। पाठकगण इस अध्याय में दिये गये उस विवरण से इसके बारे में अपेक्षित जानकारी ले सकते हैं।

परन्तु यहाँ इस बात को अच्छी तरह नोट किया जाना चाहिये कि पद विशेषों के कठिनाई स्तर की जानकारी देने वाले सूचकांकों की गणना करने की बात उपलब्धि या निष्पत्ति परीक्षणों के निर्माण के समय ही उठती है। मनोवैज्ञानिक परीक्षण तथा उपकरणों के निर्माण में इनके गणना की आवश्यकता नहीं होती क्योंकि यहाँ पदों (प्रश्नों या कथन) के कठिन या सरल होने की बात पर सोच विचार नहीं किया जाता बल्कि यह देखा जाता है कि वह पद, संप्रत्यय विशेष (जिसका परीक्षण द्वारा मापन किया जा रहा है) के मापन के लिये कितना उपयुक्त है।

पद विभेदीकरण सूचकांक (An Index of Item Discrimination)

किसी पद विशेष की विभेदीकरण सामर्थ्य या योग्यता की जानकारी और मूल्यांकन हेतु जिस सांख्यिकी मान की गणना की जाती है उसे ही पद विभेदीकरण सूचकांक का नाम दिया जाता है। इससे यह विदित होता है कि कोई एक पद विशेष किसी शैक्षिक या मनोवैज्ञानिक परीक्षण में उच्च एवं निम्न प्राप्तांक अर्जित करने वाले प्रयोज्यों के बीच समुचित रूप से विभेदीकरण करने में अच्छी तरह समर्थ है या नहीं ताकि शोधकर्त्ताओं को परीक्षण विशेष में घोषित अच्छे तथा बुरे उपलब्धिकर्त्ताओं, मेधावी तथा मंदबुद्धि, समायोजित एवं कुसमायोजित, रुचि लेने वाले तथा अरुचि रखने वाले प्रयोज्यों के बीच अच्छी तरह अन्तर करने में पूरी पूरी मदद मिले।

एक परीक्षण में प्रथम ड्राफ्ट में शामिल प्रत्येक पद (प्रश्न या कथन) के विभेदीकरण सूचकांक की गणना करने हेतु निम्न दो प्रकार के सूत्रों का प्रयोग किया जा सकता है।

पहले सूत्र का प्रयोग

$$\text{पद विभेदीकरण सूचकांक (Index of item discrimination)} = \frac{A - B}{N/2}$$

यहाँ A = पद विशेष पर उच्च प्राप्तांक अर्जित करने वाले समूह (यानी शीर्ष 25 या 33% प्रयोज्यों) के कुल प्राप्तांक

B = पद विशेष पर निम्न प्राप्तांक अर्जित करने वाले समूह (यानी निम्नतम 25 या 33% प्रयोज्यों) के कुल प्राप्तांक

N = दोनों समूहों के प्रयोज्यों की कुल संख्या

हमने इस सूत्र के उपयोग को अध्याय 23 में वर्णित एक उदाहरण द्वारा एक उपलब्धि परीक्षण के निर्माण के संदर्भ में पहले ही स्पष्ट कर दिया है। परन्तु यहाँ दुबारा इसे पाठकों की सुविधा हेतु कुछ आवश्यक परिवर्तनों के साथ एक मनोवैज्ञानिक परीक्षण/उपकरण जैसे एक समायोजन परिसूची के संदर्भ में प्रस्तुत करने का प्रयत्न कर रहे हैं।

माना पद विश्लेषण करते हुए एक शोधकर्ता ने अपनी अध्यापन समायोजन परिसूची के प्रथम ड्राफ्ट को 150 प्रयोज्यों के एक प्रतिनिधि प्रतिदर्श पर प्रशासित किया है। इस परीक्षण में उपलब्ध प्रयोज्यों के उत्तरों को 1 (समायोजन सूचक) तथा 0 (कुसमायोजन सूचक) के रूप में अंकन किया गया है। पूरे परीक्षण में 150 प्रयोज्यों के द्वारा अर्जित प्राप्तांकों को शोधकर्त्ता ने 50–50 प्रयोज्यों के तीन समूहों – उच्च प्राप्तांक समूह, औसत प्राप्तांक समूह तथा निम्न प्राप्तांक समूह में विभक्त किया। उसने फिर A तथा B (यानी पद विशेष पर उच्च एवं निम्न प्राप्तांक समूहों के द्वारा सही उत्तर देने वाले प्रयोज्यों की कुल संख्या) की गणना करके ड्राफ्ट के पद नं० 1 के बारे में यह पाया कि :

- 50 प्रयोज्यों के उच्च प्राप्तांक समूह (High scoring group) में से कुल 36 प्रयोज्यों ने पद नं० 1 का सकारात्मक रूप में (अपने आपको एक समायोजित अध्यापक कहने वाला) उत्तर दिया।
- 50 प्रयोज्यों के निम्न प्राप्तांक समूह (Low scoring group) में से केवल 1 ही प्रयोज्य ऐसा था जिसने इस प्रकार का उत्तर दिया जिससे उसके कुसमायोजित होने की बात सामने आये।

इस प्रकार से उसने यह पाया कि A का मान 36 तथा B का मान 1 है। उसने A तथा B मानों को तथा N का मान 50 + 50 = 100 रखकर निम्न प्रकार से विभेदीकरण सूचकांक की गणना की।

पद नं० 1 का विभेदीकरण सूचकांक $= \dfrac{36-1}{100/2} = \dfrac{35}{50} = \dfrac{7}{10} = 0.70$

निष्कर्ष एवं व्याख्या

उपरोक्त सूत्र के संदर्भ में यह प्रचलन में है कि वह पद विशेष जिसका विभेदीकरण सूचकांक .67 या उससे ऊपर होता है उवमें विभेदीकरण करने का सामर्थ्य या योग्यता अपेक्षाकृत अधिक होती है। उपरोक्त उदाहरण में पद नं० 1 का विभेदीकरण सूचकांक 0.70 पाया गया है। इसलिये अच्छी तरह यह निष्कर्ष निकाला जा सकता है कि पद नं० 1 समायोजित तथा कुसमायोजित अध्यापकों में अच्छी तरह विभेदीगरण करने में पूरी तरह समर्थ है और इसलिये इसे पद को अवश्य ही अध्यापक समायोजन परिसूची में स्थान दिया जाना चाहिये।

दूसरे सूत्र जिसे उच्चतम तथा निम्नतम तिहाई विधि (Method of upper and lower thirds) कहा जाता है, का प्रयोग

यहाँ जो सूत्र काम में लाया जाता है वह यह है :

पद विशेष विभेदीकरण सूचकांक $= \dfrac{U-L}{N/3}$

यहाँ U = पद विशेष पर उच्चतम समूह (N/3) के कुल प्राप्तांक

L = पद विशेष पर निम्नतम समूह (N/3) के कुल प्राप्तांक

N = कुल प्रयोज्यों की संख्या

यहाँ यह प्रश्न उठ सकता है कि उच्चतम समूह या निम्नतम समूह किन्हें माना जाये ? कैली 1939) के अनुसार एक सामान्य वितरण (Normal distribution) में ऊपर के 27% प्राप्तांकों को उच्चतम समूह तथा नीचे के 27% प्राप्तांकों को निम्नतम समूह के प्राप्तांक माना जा सकता है। परन्तु इबेल (Ebel, 1966:349) ने यहाँ कुछ अधिक व्यावहारिक रहने के सम्बन्ध में निम्न टिप्पणी की है :

जबकि 27% के उच्च तथा निम्न समूह सर्वोत्तम हैं परन्तु ये 25 तथा 33% के समूहों से कोई विशेष अच्छे नहीं होते। अगर कोई 27 प्रतिशत जैसे टेढ़े मेढ़े प्रतिशत को प्रयोग में लाने की अपेक्षा एक चौथाई या एक तिहाई जैसी सरल भिन्नों का उपयोग करना चाहें तो वह 27% के स्थान पर चौथाई या तिहाई उच्च एवं निम्न समूहों को काम में ला सकता है।

उदाहरण के लिये माना एक परीक्षण निर्माणकर्त्ता ने 150 प्रयोज्यों के प्रतिदर्श को अपने परीक्षण के 200 पदों के पद विश्लेषण हेतु काम में लाया है तब उसके द्वारा उपरोक्त सूत्र का प्रयोग करके पद विशेषों के विभेदीकरण सूचकांक ज्ञात करने का कार्य निम्न प्रकार आगे बढ़ेगा।

- प्रथम ड्राफ्ट के इन 200 पदों (प्रश्नों/कथनों) पर 150 प्रयोज्यों ने जो कुल प्राप्तांक अर्जित किये हैं, उन प्राप्तांकों के हिसाब से इन 150 प्रयोज्यों की उत्तरपुस्तिकाओं को घटते हुए क्रम (Descendig order) में व्यवस्थित करो ताकि सबसे ऊपर सबसे अधिक कुल प्राप्तांक की पुस्तिका हो और सबसे नीचे सबसे कम कुल प्राप्तांक की।

- अब उच्च समूह (Upper group) की ऊपर वाली 50 तथा निम्न समूह (Lower group) की नीचे वाली 50 उत्तरपुस्तिकाओं को निकाल कर अलग अलग जगह रख लो। तीसरी मध्य समूह की 50 पुस्तिकायें वहीं छोड़ दो।
- अब पद नं० 1 को लें और देखें कि उच्च समूह से सम्बन्धित 50 प्रयोज्यों ने इस पद पर कितने कुल प्राप्तांक अर्जित किये हैं इसे U का नाम दें। और इसी तरह यह देखें कि निम्न समूह से सम्बन्धित 50 प्रयोज्यों ने पद नं० 1 पर कितने कुल प्राप्तांक अर्जित किये हैं, इसे L नाम दें।
- यहाँ कुल प्रयोज्यों की संख्या 150 है, इसलिये N/3 का मूल्य 50 होगा। अब इसे U तथा L के मूल्यों के साथ सूत्र में प्रयोग करके पद नं० 1 के लिये विभेदीकरण सूचकांक का मान ज्ञात करो।
- अब बाकी के 199 पदों के लिये भी एक एक करके उपरोक्त सोपानों को दोहराते हुये अलग अलग विभेदीकरण सूचकांक ज्ञात करो।
- अब 200 पदों के इन विभेदीकरण सूचकांकों के मानों को घटते हुये क्रम में व्यवस्थित करो और उनके आगे उनका क्रमांक (जैसे पद नं० 1, पद नं० 2 इत्यादि) लिख दें।
- अब उन पदों का परित्याग (Reject) कर दो जिनका मान विभेदीकरण सूचकांक के एक क्रान्तिक मान (Critical value of discriminating index) से कम है। इस क्रान्तिक मान को 0.40 मानकर चलने का प्रचलन है। इसे प्रयोग कर किन परीक्षण पदों को बचाकर परीक्षण में अब जगह दी जाये इस बारे में टिप्पणी करते हुये इबेल (Ebel, 1966:364) ने लिखा है :

  "जिन पदों का विभेदीकरण सूचकांक 0.40 या उससे अधिक हो, उन्हें काफी अच्छे माना जाना चाहिये और इसलिये उनका परीक्षण में बने रहने का हक बनता है।"

पदों की विश्वसनीयता एवं वैधता का अनुमान
(An Estimate of the Reliability and Validity of the Item)

एक अनुसंधान उपकरण/परीक्षण में जिन पदों को शामिल किया जाये वे संप्रत्यय विशेष के मापन के संदर्भ में आवश्यक रूप से विश्वसनीय तथा वैध होने चाहिये। एक पद विशेष की विश्वसनीयता से यहाँ तात्पर्य हमारे उस विश्वास से होता है जिस सीमा तक वह अनुसंधान उपकरण के उद्देश्यों की प्राप्ति में अपना योगदान देने में सफल होता है। दूसरे शब्दों में इससे यह मालूम होता है कि संप्रत्यय विशेष (जिसके मापन हेतु इस उपकरण का निर्माण किया गया है) के मापन के संदर्भ में उस पर किस रूप में विश्वास किया जा सकता है। दूसरी ओर पद विशेष की वैधता से तात्पर्य उसकी परीक्षण सम्बन्धी क्षमता की यथार्थता से होता है यानी इसके द्वारा वही मापा जाता है जिसे मापने के लिये उसे परीक्षण में शामिल किया गया है और जितना सही सही वह यह काम कर सकता है उतना ही वैध उस पद विशेष को माना जाता है।

किसी भी वस्तु विशेष के व्यवहार की यथार्थता (उसका सही सही होना) उसमें स्वयं ही हमारा विश्वास स्थापित कर देती है। इसलिये अगर किसी परीक्षण के पद विशेष की हम आवश्यक रूप में वैधता स्थापित करने में सफल हो जाते हैं तो फिर उसकी विश्वसनीयता स्थापित करने की बात ऐच्छिक हो जाती है, अनिवार्य नहीं। यही कारण है कि प्रायः पद विश्लेषण के समय परीक्षण निर्माताओं द्वारा अपना पूरा ध्यान पदों की वैधता स्थापित करने पर ही रखा जाता है। हम भी यहाँ यही करने जा रहे हैं।

अपने परीक्षण/उपकरण के प्रथम ड्राफ्ट में शामिल पदों (प्रश्नों/कथनों) की वैधता स्थापित करने हेतु परीक्षण निर्माता को एक सांख्यिकी विशेष, जिसे पद वैधता सूचकांक (The item validity index) कहा जाता है, की गणना करनी होती है। इसकी गणना करने हेतु पद विशेष में उपलब्ध प्राप्तांक (Item score) तथा पूरे

परीक्षण में उपलब्ध प्राप्तांकों (Test score) के मध्य सहसम्बन्ध गुणांक ज्ञात करना होता है। प्रायः इस कार्य के लिये यहाँ बिन्दु–द्विपंक्तिक सहसम्बन्ध (Point bi-serial correlation) की गणना की जाती है। व्यावहारिक विज्ञानों के अध्ययनों में पद वैधता स्थापित करने के लिए बिन्दु–द्विपंक्तिक सहसम्बन्ध की गणना की वांछनीयता पर टिप्पणी करते हुये गिलफर्ड (Guilford, 1954:427) ने लिखा है :

परीक्षण सिद्धान्त (Test theory) जो कुल प्राप्तांकों को पद विशेषों के प्राप्तांकों का योगफल मानकर चलता है, इस प्रकार के सहसम्बन्ध को मान्यता प्रदान करता है। अगर हमारी यह जानने में रुचि है कि हम पदों से मानदंड (Criterion) या संप्रत्यय विशेष के मापन की कितनी अच्छी तरह से भविष्यवाणी कर सकते हैं या जब पद विशेष का अंकन 0 तथा 1 तक ही सीमित हो (जैसे कुसमायोजन के लिये 0 तथा समायोजन के लिए 1) तब यह कुल प्राप्तांकों के सम्बन्ध में कितना योगदान दे सकता है ? इस स्थिति में बिन्दु द्विपंक्तिक 'r' ही वह सहसम्बन्ध गुणांक होता है जिसकी गणना की जानी चाहिये।

बिन्दु-द्विपंक्तिक सहसम्बन्ध की गणना कैसे की जाये ?
(How to Compute Point Bi-serial 'r')

किसी सूत्र का प्रयोग करके बिन्दु द्विपंक्तिक सहसम्बन्ध की गणना करने के स्थान पर गिलफर्ड (1954:428) ने इस कार्य के लिये फ्लेंगन के "abac" का प्रयोग करने की सलाह दी है। इसकी प्रकृति एवं कार्य प्रणाली पर प्रकाश डालते हुये उसने लिखा है :

फ्लॅगन abac को उस अवस्था में प्रयुक्त करने के लिये निर्मित किया गया है जब परीक्षण में कुल प्राप्तांकों के संदर्भ में 46% परीक्षार्थी निकल गये हों तथा ऊपर भी 27% तथा नीचे भी 27% बचे हों। इसे काम में लाने हेतु अब जो एकमात्र सूचना/जानकारी चाहिये वह P_U तथा P_L के मान हैं जिनसे तात्पर्य है क्रमशः ऊपर के 27% तथा नीचे के 27% प्राप्तांक अर्जित करने वाले प्रयोज्यों में से पद विशेष के प्रति वांछित अनुक्रिया/सही उत्तर देने वालों की संख्या।

बिन्दु-द्विपंक्तिक सहसम्बन्ध की गणना प्रक्रिया

माना एक परीक्षण में जिसमें शोधकर्त्ता द्वारा एक संवेगात्मक बुद्धि मापनी का निर्माण किया जा रहा है और उत्तरों का 1 तथा 0 अंकन किया जा रहा है तथा शोधकर्त्ता को 150 उत्तरपुस्तिकाओं में प्राप्त प्राप्तांकों के आधार पर बिन्दु–द्विपंक्तिक सहसम्बन्ध की गणना करनी है। वह इस काम हेतु निम्न प्रकार आगे बढ़ सकता है :

1. परीक्षाथियों द्वारा दिये गये वांछित उत्तर के लिये 1 तथा अवांछित उत्तर के लिए 0 अंक प्रदान कर सभी 150 (प्रतिदर्श समूह) परीक्षार्थियों के उत्तरों का मूल्यांकन करो।
2. प्रत्येक परीक्षार्थी के परीक्षण में कुल प्राप्तांकों की गणना करो तथा फिर सभी 150 परीक्षार्थियों द्वारा अर्जित उनके व्यक्तिगत प्राप्तांकों को घटते हुये क्रम (Descending order) में व्यविस्थत करो।
3. अब पद विश्लेषण हेतु काम में लाये जाने वाले प्रतिदर्श (यहाँ कुल 150 परीक्षार्थी) का 27% ज्ञात करो। यहाँ यह संख्या 150 का 27% = पूर्णांक में 40 होगी।
4. अब कुल प्राप्तांकों के हिसाब से जिन परीक्षार्थियों को ऊपर के 40 तथा नीचे के 40 में स्थान मिला है उनकी उत्तर पुस्तिकाओं को दो ढेरियों में अलग अलग रख लो तथा बाकी के 70 (कुल परीक्षार्थियों के 46%) को तीसरी अलग ढेरी में वहीं छोड़ दो। पहली दोनों ढेरियों में जिनकी उत्तरपुस्तिकायें हैं ये वे परीक्षार्थी हैं जो क्रमशः उच्च तथा निम्न प्राप्तांक अर्जित करने वाले समूहों का प्रतिनिधित्व करते हैं।
5. अब P_U या P_L का मान ज्ञात करने के लिए उच्च तथा निम्न समूहों के 40–40 विद्यार्थियों में से यह मालूम करो कि कितने प्रतिशत परीक्षार्थियों ने पद नं० 1 का सही/वांछित उत्तर दिया है। इसके लिए

(पद प्राप्तांक/कुल प्राप्तांक) × 100 सूत्र का प्रयोग करो। उदाहरण के लिये मात्र 40 में उच्च समूह में 30 परीक्षार्थी ऐसे हैं जिन्होंने पद नं० 1 का सही उत्तर दिया है। तब यहाँ $P_U = (30/40) \times 100 = 75\%$ तथा कुल 10 परीक्षार्थी 40 के निम्न समूह में ऐसे हैं जिन्होंने पद नं० 1 का सही उत्तर दिया है, तब यहाँ $P_L = (10/40) \times 100 = 25\%$ । इस तरह P_U तथा P_L के मान क्रमशः 75 और 25 के रूप में गणना कर लिये जायेंगे। P_U तथा P_L गणना कार्य की इस प्रक्रिया को सभी 150 पदों के लिये दोहराओ।

6. अब इन 150 पदों के लिये उनके अलग अलग P_U तथा P_L निकाले गये मानों का उपयोग करके बिन्दु द्वि–पंक्तिय 'r' के मूल्यों का दिये गये फ्लेंगन abac की सहायता से एक एक करके पढ़ने का प्रयत्न करो। (देखिये Guilford 1954:429, चित्र 15.3)
7. बिन्दु द्वि–पंक्तिक 'r' के मान का पद विशेष को परीक्षण में रखने या बाहर कर देने के लिये प्रयोग में लाने हेतु शोधकर्त्ता को इस सहसम्बन्ध के सार्थकता की किसी सार्थकता स्तर (Level of significance) जैसे 5% या 1% की जाँच करनी होती है। अगर माना हमारे उपरोक्त उदाहरण में यह 1% रखा जाता है और पद नं० 1 का बिन्दु–द्विपंक्तिक 'r' का मान 0.40 आता है, तब अगर हम किसी पाठ्यपुस्तक जैसे Garrett, 1966 में पृष्ठ संख्या 201 पर 'r' सार्थकता जाँच के लिए दी गई तालिका 25 को देखें तो हमें मालूम पड़ेगा कि स्वतन्त्रता अंश (Degree Freedom) 38 (यहाँ चूँकि जोड़े जिनमें सहसम्बन्ध ज्ञात करना है, 40 हैं और N-2 सूत्र का उपयोग करने से df = 38 आयेगा) के लिये r = 0.40 का मान सार्थक है। इसलिये निष्कर्ष रूप में अब केवल वही पद परीक्षण में रखे जायेंगे जिनमें बिन्दु द्वि–पंक्तिक 'r' का मान 0.40 या उसके ऊपर होगा तथा 0.40 के मान से कम वाले सभी पदों को छोड़ दिया जायेगा।

गुणात्मक पद विश्लेषण (Qualitative Item Analysis)

कोहेन एवं स्वेरडिक (Cohen & Swerdlik, 2005:222) के अनुसार गुणात्मक पद विश्लेषण का प्रयोग सामान्यतया उन विभिन्न गैर सांख्यिकी तकनीकों के लिये होता है जिन्हें यह मालूम करने के लिये काम में लाया जाता है कि परीक्षण में शामिल कोई पद विशेष किस रूप में अपनी भागीदारी निभाता है। इस प्रकार के गैर सांख्यिकी तकनीकों के प्रयोग से परीक्षण निर्माता परीक्षण के प्रत्येक पद के लिये आवश्यक प्रत्यक्षदर्शी वैधता (Face validity) स्थापित करने का प्रयत्न करता है। इससे पदों की अच्छाई या कमजोरियों का निदान करने में मदद मिलती है। पदों की इस प्रकार की वैधता स्थापित करने में मुख्य रूप से निम्न दो प्रकार के उपागम प्रयोग में लाये जाते हैं :

1. प्रयोज्यों के साथ किये जाने वाले साक्षात्कार तथा समूह चर्चायें।
2. चयनित जजों के पैनल से राय लेना।

पहले उपागम में प्रयोज्यों के साथ आवश्यक साक्षात्कार तथा समूह चर्चाओं का आयोजन कर ऐसी उपयुक्त जानकारी एकत्रित करने का प्रयत्न किया जाता है जिसके आधार पर परीक्षण पदों की अच्छाइयों तथा कमियों से अवगत होने का अवसर मिले। सामान्य तौर पर एक शोधकर्त्ता साक्षात्कार तथा समूह चर्चाओं के माध्यम से निम्न प्रकार की जानकारी एकत्रित करने की बात करता है।

- परीक्षण के कौनसे पद या पदों के बारे में यह कहा जा सकता है कि वे बोधगम्य नहीं हैं और उनमें वह क्या है जो बोधगम्य नहीं है ?
- क्या इस परीक्षण में कोई एक या अन्य ऐसे पद हैं जो समष्टि विशेष के किसी प्रयोज्य समूह से कोई भेदभाव या द्वेष के परिचायक हैं ?
- क्या परीक्षण के पदों में किसी भी प्रकार की पुनरावृत्ति, अस्पष्टता तथा क्लिष्टता नजर आती है, अगर आती है तो कहाँ और कैसी ?

- क्या आप यह सोचते हैं कि परीक्षण के सभी पदों द्वारा उसी संप्रत्यय विशेष का मापन हो रहा है जिसे मापने हेतु इसकी रचना की गई है ? अगर नहीं तो कौन से ऐसे पद या पदों का उल्लेख किया जा सकता है जो इस कार्य में खरे नहीं उतर रहे हैं ?
- क्या इस परीक्षण में कुछ ऐसे अनुदेशन या इसके लिखित स्वरूप से सम्बन्धित ऐसी बातें हैं जिनके समझने में काफी परेशानी होती है ?
- आप इस परीक्षण की लम्बाई (i) पदों की संख्या तथा (ii) उसे पूरा करने में लगने वाला समय, के बारे में क्या अनुभव करते हैं ?

दूसरे प्रकार के उपागम में परीक्षण निर्माता विशेषज्ञों, अनुसंधान मनीषियों, तथा संप्रत्यय विशेष में दक्ष और अनुभवी व्यक्तियों का सहयोग लेने का प्रयत्न करता है। वह अपने प्रयत्नों से इन योग्य व्यक्तियों में से जजों का एक पैनल बनाता है जिनसे परीक्षण पदों की सार्थकता या निरर्थकता के बारे में उचित सलाह ली जा सके। इस सम्बन्ध में परीक्षण निर्माता जजों के पैनल से कुछ निम्न बातों पर प्रकाश डालने का अनुरोध कर सकता है :

- क्या पद स्पष्ट एवं औचित्यपूर्ण हैं ? अगर नहीं तो कौन से पद ऐसे हैं जो अस्पष्ट एवं भ्रान्तिपूर्ण हैं और इनकी कमियों को कैसे दूर किया जा सकता है ?
- उन पदों का उल्लेख करें जिनमें पुनरावृत्ति एवं दोहराने जैसी बातें हों और फिर यह स्पष्ट करें कि इन पुनरावृत्ति होने वाले पदों में से किस एक को रखना उपयुक्त रहेगा ?
- क्या परीक्षण में दी गई अनुदेशन सामग्री उचित है और इससे स्पष्ट रूप से अनुक्रिया करने हेतु दिशा निर्देश प्राप्त हो सकता है ? अगर नहीं तो इसमें किस प्रकार के सुधार आवश्यक हैं ?

अंतिम ड्राफ्ट तैयार करना (पद विश्लेषण के बाद पदों का उचित व्यवस्थीकरण) (Preparing final draft of the constructed tool/test) : परिमाणात्मक तथा गुणात्मक पद विश्लेषण के द्वारा कमजोर निरर्थक, अस्पष्ट एवं भ्रान्तिपूर्ण पदों से मुक्ति पाने में परीक्षण निर्माता को आवश्यक सहायता प्राप्त हो सकती है। प्रथम ड्राफ्ट में इस तरह जो भी अनुपयुक्त पद होते हैं अथवा जो पद विश्लेषण की दृष्टि से कठिनाई स्तर या विभेदीकरण शक्ति को लेकर एक निश्चित मानदंड या क्रान्तिक मान (Critical value) तक नहीं पहुँचते या पद वैधता पर खरे नहीं उतरते उन्हें हटा दिया जाता है और फिर शेष पदों को अच्छी तरह व्यवस्थित करने की प्रक्रिया को अंजाम दिया जाता है। इस प्रकार के व्यवस्थित प्रारूप को अब परीक्षण के अंतिम ड्राफ्ट (Final draft) का नाम दिया जाता है और इसी की सहायता के आगे परीक्षण के मानकीकरण (Standardization) तथा मानक (Norms) स्थापना का कार्य किया जाता है।

अवस्था 3 : अंतिम अवस्था या निर्मित उपकरण/परीक्षण का मानकीकरण (Final Stage or Standardization of the Constructed Tool)

जिस परीक्षण या उपकरण विशेष का परीक्षणकर्त्ता द्वारा निर्माण किया जाता है, उसके लिये यह भी आवश्यक होता है कि इस निर्मित परीक्षण का उस समष्टि विशेष के संदर्भ में मानकीकरण किया जाए जिसमें निहित प्रयोज्यों पर इस परीक्षण को लागू करने की बात कही जाती है। परीक्षण के मानकीकरण से यह अपने आप में काफी समर्थ, विश्वसनीय, वैध तथा उपयोग करने में सुविधाजनक बन जाता है। साथ ही परीक्षण के प्रशासन, अंकन तथा व्याख्या करने के कार्य में भी इससे पर्याप्त वस्तुनिष्ठता तथा एकरूपता आ जाती है। एक मनोवैज्ञानिक उपकरण तथा परीक्षण को मानकीकृत करने की आवश्यकता तथा महत्त्व पर प्रकाश डालते हुए फ्रीमैन (Freeman, 1968:75) ने लिखा है :

अधिकांश मनोवैज्ञानिक परीक्षणों की एक मुख्य विशेषता इस बात में है कि इनमें किसी व्यक्ति विशेष के प्राप्तांक की किसी न्यादर्श समूह (Normative group) से तुलना की जाती है। इससे प्राप्तांक के अर्थ को

ग्रहण करने में मदद मिलती है। उदाहरण के लिये हम यह देखते हैं कि एक व्यक्ति विशेष अन्तःमुखी व्यक्तित्व विशेषताओं के संदर्भ में उच्च प्राप्तांक अर्जित करता है, क्योंकि उसके समूह के अन्य व्यक्तियों ने उन्हीं पदों से अनुक्रिया करते हुए इन विशेषताओं में से बहुत कम को अपने बारे में सही कहा है। इस प्रकार के कार्य को पूरा करने हेतु, परीक्षण, परिसूची, रेटिंग स्केल या अन्य मनोमिति उपकरणों को आवश्यक रूप से मानकीकृत किया जाना चाहिये।

सामान्य रूप से किसी परीक्षण/उपकरण के मानकीकरण की प्रक्रिया में निम्न तीन उप–अवस्थाओं का समावेश रहता है :

1. समष्टि (Population) विशेष के एक बड़े प्रतिदर्श पर निर्मित उपकरण/परीक्षण का प्रशासन।
2. मूल प्राप्तांकों (Raw scores) के अर्थापन और व्याख्या हेतु मानक या रूपान्तरित प्राप्तांक (Standard or derived scores) तथा नोर्म्स (Norms) प्रदान करना।
3. उपकरण/परीक्षण की विश्वसनीयता एवं वैधता स्थापित करना।

आइये देखें इन तीनों उप–अवस्थाओं में किस प्रकार की गतिविधियाँ सम्पन्न होती हैं।

समष्टि के एक बड़े प्रतिदर्श पर परीक्षण का प्रशासन (Administration of the Tool on a Large Sample of the Population)

परीक्षण निर्माता द्वारा इस अवस्था में निम्न प्रकार की गतिविधियाँ सम्पन्न की जाती हैं :

(i) प्रतिदर्श प्रतिचयन (Sample selection) : परीक्षण निर्माता को सबसे पहले परीक्षण समष्टि में से एक बड़े आकार के प्रतिनिधि प्रतिदर्श का चयन करना होता है। इसीलिये उसे संयोगीकरण विधियों (Randomized techniques) का प्रयोग करके (जैसे व्यवस्थित संयोगीकरण, पुंज संयोगिक प्रतिचयन, समानुपातिक पुंज संयोगिक प्रतिचयन आदि) एक बड़े आकार के उचित प्रतिदर्श का चुनाव करना चाहिए।

(ii) परीक्षण को प्रतिदर्श पर प्रशासित करना (Administrating the test on the sample) : चयनित प्रतिदर्श पर निर्मित परीक्षण को अब इस सोपान में प्रशासित करने का प्रयत्न किया जाता है। जिस तरह की परिस्थिति हो उसी के अनुसार अब इसे डाक द्वारा ई–मेल या वेबसाइट पर उपलब्ध कराने अथवा आमने सामने व्यक्तिगत अथवा सामूहिक रूप में प्रशासित करने का प्रयत्न किया जाता है। ध्यान यह रखना पड़ता है कि प्रतिदर्श में शामिल प्रयोज्यों से समुचित उत्तरों की प्राप्ति की जा सके।

(iii) उत्तरों का अंकन एवं सारिणीकरण (Scoring and tabulation of the responses) : प्रतिदर्श प्रयोज्यों से जो उत्तर प्राप्त होते हैं उनके अंकन हेतु परीक्षण के नियोजन स्तर पर निर्धारित अंकन योजना (Scoring scheme) की मदद ली जाती है, और उत्तरों की प्रकृति के हिसाब से उनका अंकन किया जाता है। सभी प्रयोज्यों के अर्जित प्राप्तांकों को फिर व्यवस्थित रूप से एक तालिका में प्रस्तुत करने का प्रयत्न किया जाता है। इसके लिये आवृत्ति वितरण तालिका (Frequency distribution table) बनाना अच्छा रहता है क्योंकि प्रतिदर्श का आकार बड़ा होने से उपलब्ध प्राप्तांकों की संख्या काफी अधिक होती है और उसका उचित व्यवस्थीकरण इसी प्रकार की तालिका से संभव है।

मूल प्राप्तांकों की व्याख्या हेतु रूपान्तरित/मानक प्राप्तांक तथा नोर्म्स प्रदान करना (Providing Standard Scores and Norms for the Interpretation of the Raw Scores)

परीक्षणकर्त्ता द्वारा निर्मित परीक्षण या अनुसंधान उपकरण पर कोई प्रयोज्य जितने प्राप्तांक अर्जित करता है, वे केवल मात्र संख्यायें ही होती हैं उनसे कोई अर्थ तभी निकल सकता है जब या तो अपेक्षित तुलना हेतु उन्हें किसी प्रकार के रूपान्तरित या मानक प्राप्तांकों (Derived or standard score) जैसे z प्राप्तांक T प्राप्तांक तथा

स्टेनाइन आदि में परिवर्तित कर दिया जाये या इन्हें किसी न्यादर्श संदर्भित भाषा जैसे शतांश मान (Percentile values) या प्राप्तांक अंतराल पुंज (Scores bands) में अभिव्यक्त करने का प्रयत्न किया जाये ताकि प्रयोज्य के प्राप्तांकों की समूह के प्राप्तांकों के संदर्भ में व्याख्या की जा सके। यही कारण है कि सभी परीक्षण निर्माता अपने परीक्षण/शोध उपकरण में उपलब्ध प्राप्तांकों की व्याख्या हेतु मानक प्राप्तांकों (Standard scores) तथा नोर्म्स प्रदान करने का प्रयत्न करते हैं। हम रूपान्तरित या मानक प्राप्तांकों (जैसे Z, T तथा स्टेनाइन प्राप्तांक) तथा विविध प्रकार के मानक (Norms) जैसे ग्रेड नोर्म्स, आयु नोर्म्स तथा शतांश नोर्म्स आदि के बारे में अगले अध्याय 28 में विस्तार से चर्चा करेंगे। अभी यहाँ इस अध्याय में हम इस बात पर प्रकाश डालेंगे कि किसी मनोवैज्ञानिक परीक्षण में अर्जित मूल प्राप्तांकों की व्याख्या हेतु प्राप्तांक पुंज या संवर्गों को (Band of scores or categories) किस तरह काम में लाया जाता है।

किसी शोध उपकरण/परीक्षण में अर्जित मूल प्राप्तांकों को किन्हीं विशिष्ट प्राप्तांक पुंजों (Scores bands), ग्रेड्स या संवर्गों में विभाजित करना : किसी भी परीक्षण या शोध उपकरण में परीक्षण निर्माता द्वारा मानक या नोर्म्स इसलिये प्रदान किये जाते हैं कि इनसे हमें व्यक्ति विशेष द्वारा परीक्षण में प्राप्त प्राप्तांकों की समूह विशेष (जिसका व्यक्ति सदस्य होता है) के अन्य सदस्यों द्वारा प्राप्त प्राप्तांकों के सापेक्ष में तुलना करने का अवसर मिल जाता है। हम यह जान पाते हैं कि समूह के अन्य सदस्यों की तुलना में व्यक्ति विशेष की क्या स्थिति है। मनोवैज्ञानिक परीक्षणों में यह कार्य परीक्षण में शतांश नोर्म्स (जिनकी गणना शतांश अनुपस्थिति – Percentile ranks की गणना करके आसानी से हो जाती है) प्रदान करने से अच्छी तरह हो जाता है। माना किसी परीक्षण में किसी प्रयोज्य ने 60 प्राप्तांक अर्जित किये हैं और अगर हम परीक्षणकर्त्ता द्वारा परीक्षण मेनुअल में दी गई शतांश नोर्म्स तालिका को देखें और उसमें इन प्राप्तांकों की शतांश अनुस्थिति (Percentile rank) 75 दी है तो अब हम यह आसानी से कह सकते हैं कि प्रयोज्य अपनी उपलब्धि के हिसाब से अपने समूह के 75% अन्य प्रयोज्यों की तुलना में अधिक अच्छा है।

इस प्रकार से हम शतांश नोर्म्स के माध्यम से किसी विशेषता/गुण के संदर्भ में यह कह सकते हैं कि प्रयोज्य विशेष की अपने समूह विशेष में क्या स्थिति है तथा वह अपने समूह के कितने प्रतिशत सदस्यों से बेहतर है। परन्तु शतांश नोर्म्स की अवधारणा के अवबोध में कई लोगों को कठिनाई आ सकती है क्योंकि इसे ठीक तरह समझने हेतु शतांश मानों तथा शतांश अनुस्थिति (Percentile ranks) के संप्रत्ययों का अवबोध जरूरी होता है। इसलिये सरलता की दृष्टि से ऐसा व्याख्या आधार प्रदान करना ज्यादा उपयुक्त रह सकता है जिसे सामान्य रूप से सभी के द्वारा आसानी से समझा और प्रयोग में लाया जा सके। इस दृष्टि से परीक्षणकर्त्ता द्वारा शतांश नोर्म्स के अतिरिक्त मूल प्राप्तांकों की सरल व्याख्या हेतु प्राप्तांक पुंज (Scores bands) प्रदान करने का भी प्रयत्न किया जाता है। आपने परीक्षण मेनुअलों में इस तरह के प्रावधान के अवश्य ही दर्शन किये होंगे। हम यहाँ प्रसिद्ध मनोवैज्ञानिक और परीक्षण निर्माता टरमन द्वारा अपने बुद्धि परीक्षण में प्रदान किये गये प्राप्तांक पुंजों को (Scores bands) को उदाहरण रूप में प्रस्तुत कर रहे हैं।

बुद्धिलब्धि (I.Q.)	140 तथा ऊपर	120–140	110–120	90–110	75–90	50–70	25–50	25 से नीचे
बुद्धि स्तर (Level of intelli-gence)	प्रतिभाशाली (Gifted or genious)	प्रखर बुद्धि वाला (Very superior)	औसत से अधिक बुद्धि वाला (Superior)	औसत बुद्धिवाला (Normal or average)	सीमा पर व अल्प बुद्धि (Border line and dull)	मूर्ख (Morons)	मूढ़ (Imbecide)	महामूर्ख (Idiot)

परीक्षण निर्माता द्वारा इस प्रकार के संवर्ग तथा श्रेणियाँ प्रदान करने से प्रयोज्य विशेष की क्षमता/निष्पत्ति की सरल व्याख्या करने में काफी मदद मिल सकती है। एक परीक्षण पर उपलब्ध समूह विशेष के सदस्यों के प्राप्तांक जिस श्रेणी विशेष में विद्यमान रहते हुये पाये जाते हैं उन्हीं के हिसाब से उनमें से प्रत्येक को कोई न कोई श्रेणी/संवर्ग प्रदान करके औसत से अच्छा या कम घोषित किया जा सकता है।

प्रश्न उठता है कि एक बड़े प्रतिदर्श में शामिल प्रयोज्यों के प्राप्तांकों को 5, 7 या 9 संवर्गों तथा श्रेणियों में किस प्रकार विभक्त किया जाता है ? ऐसा करने में कुछ विशिष्ट सांख्यिकी अवधारणाओं तथा प्रक्रिया का उपयोग होता है। इसे स्पष्ट करने हेतु यहाँ हम एक उदाहरण की सहायता लेना चाहेंगे।

उदाहरण : एक शोधकर्त्ता अपने यांत्रिक अभिरुचि परीक्षण के मानकीकरण हेतु 1000 प्रयोज्यों के एक प्रतिदर्श को प्रयोग में लाता है। वह उनके द्वारा अर्जित प्राप्तांकों को उनकी व्याख्या हेतु 5 विभिन्न श्रेणियों – बहुत अच्छा (A), अच्छा (B), औसत (C), कमजोर (D), तथा बहुत कमजोर (E) में विभक्त करना चाहता है। बताइये इन 5 श्रेणियों में अलग–अलग कितने प्रयोज्यों को रखा जायेगा और यह भी बताइये कि इन पाँच श्रेणियों में किस अन्तराल विशेष के प्राप्तांकों को रखा जायेगा ?

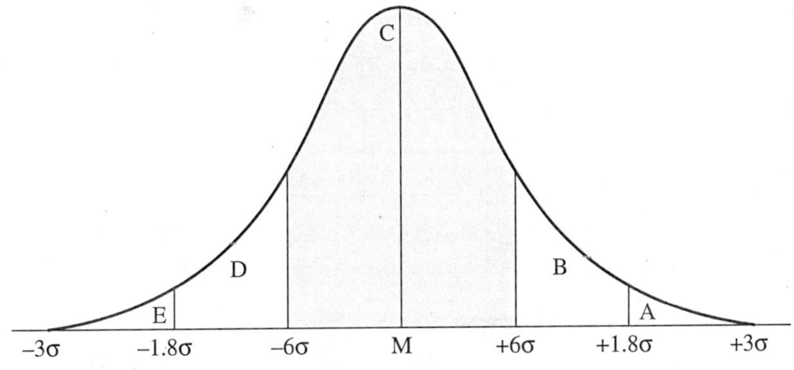

चित्र 27.1 प्राप्तांकों के वितरण वक्र को 5 समान श्रेणियों में विभक्त करना।

हल : यांत्रिक अभिरुचि जैसी व्यक्तित्व विशेषता को एक बड़े प्रतिदर्श के प्रयोज्यों के संदर्भ में सामान्य रूप से वितरित होते हुए देखा जा सकता है, इसलिये यहाँ हमें इस परीक्षण पर उपलब्ध प्राप्तांकों का जो वितरण वक्र प्राप्त होगा वह सामान्य वितरण वक्र (Normal distribution curve) ही होगा। यहाँ पूरे समूह के प्राप्तांकों को 5 समान श्रेणियों (जैसे चित्र 27.1 में दिखाया गया है) में विभक्त किया जा सकता है। इस चित्र में आप देख सकते हैं कि वक्र की आधार रेखा जिसका विस्तार – 3σ से + 3σ तक है, उसके पूरे विस्तार 6σ को 5 समग्र भागों मं बाँटा जा सकता है। यहाँ प्रत्येक श्रेणी/संवर्ग को आधार रेखा का 1.2σ भाग मिला है। जिस श्रेणी को जो भाग मिला है उसे चित्र 27.1 में अच्छी तरह देखा जा सकता है। यहाँ समूह A द्वारा 1.2σ वाले ऊपरी भाग (जो 1.8σ तथा 3σ के बीच में पड़ता है) और समूह B को उससे पहले का 1.2σ भाग प्रदान किया गया हो। समूह C (जिसे छायांकित रूप में दिखाया गया है) को यहाँ मध्यमान के 0.6σ बांयी और तथा 0.6σ दांयी ओर स्थान मिला है। D तथा E समूहों को मध्यमान से बांयी ओर उतना ही स्थान दिया गया है जितना कि B और A समूहों द्वारा दांयी ओर प्राप्त किया गया है।

जब सम्बन्धित श्रेणियों के द्वारा घेरे जाने वाले क्षेत्र का सीमांकन हो जाये तो दूसरी आगे करने वाली बात यह होती है कि सामान्य वक्र तालिका (जो इस पुस्तक के Appendix A में दी गई है) की मदद से इन क्षेत्रों में विद्यमान प्रयोज्यों का प्रतिशत (Cases lying within each of these areas) मालूम किया जाये।

आइये शुरुआत A क्षेत्र से करते हैं। इसका विस्तार 1.8σ से 3σ तक है। इस क्षेत्र से सम्बन्धित प्रयोज्य प्रतिशत ज्ञात करने के लिए हमें तालिका में पहले मध्यमान (M) तथा 3σ के बीच स्थित प्रयोज्य 4641 या 46.41% की संख्या मालूम करनी होगी और फिर मध्यमान (M) से 1.8σ के बीच 4641 या 46.41% की संख्या मालूम करनी होगी। इन दोनों मूल्यों 49.86—46.41=3.45% अब हमें A क्षेत्र से सम्बन्धित प्रयोज्यों की कुल प्रतिशत संख्या का मान देगा। इस तरह से अब हम यह कह सकते हैं कि समूह A में पूरे समूह के 3.5% प्रयोज्य होंगे।

इसी प्रकार से समूह B में 0.6σ से लेकर 1.8σ तक के क्षेत्र में विद्यमान प्रयोज्यों की संख्या आती है। तालिका से देखने पर मालूम पड़ता है कि M तथा 1.8σ तक प्रयोज्यों का प्रतिशत 46.11 तथा M और 0.6σ के बीच के प्रयोज्यों का प्रतिशत 22.57 है। इसलिये समूह में पूरे समूह के 46.91—22.57 = 23.84% प्रयोज्य शामिल हैं।

समूह C का विस्तार क्षेत्र –0.6σ से 0.6σ तक है। सामान्य वक्र तालिका यह बताती है कि M और 0.6σ के बीच 22.57% प्रयोज्य है तथा M और –0.6σ के बीच उतने ही है। अतः समूह C में 22.57+22.57 = 45.14 या 45% प्रयोज्य होंगे।

समूह D तथा E जैसा कि हम चित्र 27.1 में देख रहे हैं, B और A के समरूप है। इसलिये इनमें क्रमशः पूरे समूह के 23.8% तथा 3.5% प्रयोज्यों का समावेश होगा।

सभी श्रेणियों के ऊपर गणना किये गये प्रतिशत मानों को अब हम निम्न प्रकार से तालिकाबद्ध कर सकते हैं :

	A	B	C	D	E
प्रत्येक श्रेणी में कुल समूह का प्रतिशत	3.5	23.8	45.0	23.8	3.5
1000 प्रयोज्यों में से प्रत्येक श्रेणी में शामिल प्रयोज्यों की संख्या	35	238	450	238	35

पाँच श्रेणियों में प्रत्येक से सम्बन्धित प्राप्तांक पुंजों का निर्माण
(Formation of the Scores Band Associated with Each of the Five Categories)

इस कार्य को अब निम्न प्रकार पूरा किया जा सकता है :

- 1000 प्रयोज्यों की उत्तरपुस्तिकाओं को प्रयोज्यों द्वारा अर्जित प्राप्तांकों के संदर्भ में घटते हुए क्रम (Descanding order) में व्यवस्थित करो यानी सबसे अधिक प्राप्तांक वाली सबसे पहले रहनी चाहिये तथा सबसे कम वाली सबसे आखिर में।
- अब चोटी की पहली 35 उत्तरपुस्तिकाओं को लो और इन 35 प्रयोज्यों द्वारा अर्जित प्राप्तांकों की उच्चतम सीमा और निम्नतम सीमा ज्ञात करो। इनके इस सीमा विस्तार (Range) को समूह A के प्राप्तांक पुंज (Scores Band) के रूप में स्वीकार कर यांत्रिकी अभिरुचि में बहुत अच्छे (Grade A) कहकर व्याख्या करने के काम में लाओ।
- इस प्रक्रिया को अगले 238 प्रयोज्यों के साथ दोहराओ और उसके सम्बन्धित प्राप्तांकों के सीमा विस्तारों को ज्ञात करो। प्राप्तांकों का यह सीमा विस्तार समूह B का प्राप्तांक पुंज (Scores band) कहलायेगा। इसे B यानी यांत्रिकी अभिरुचि में अच्छा कहकर सम्बोधित करो।
- अब अगले 450, 238 तथा 35 प्रयोज्यों के साथ भी उपरोक्त क्रिया को बारी बारी से दोहराओ तथा C, D तथा E के प्राप्तांक पुंज (Scores band) स्थापित करके उन्हें C, D तथा E का सम्बोधन देकर क्रमशः औसत, कमजोर तथा बहुत कमजोर रूप में व्याख्या करने के काम में लाओ।

प्राप्तांक पुंज (Scores Bands) विकसित करने का एक दूसरा तरीका (An Alternative Approach for the Development of Score Bands)

इस तकनीक में हम निर्मित उपकरण/परीक्षण के अंतिम ड्राफ्ट को समष्टि के एक बड़े प्रतिदर्श पर प्रशासित करने से जो आवृत्ति वितरण प्राप्त होता है उसके मध्यमान (M) तथा प्रामाणिक विचलन (σ) का मान ज्ञात करते हैं। उदाहरण के लिये अगर इस वितरण के M का मान 100 है और σ का मान 10 है तब हम A, B, C, D तथा E श्रेणियों से सम्बन्धित प्राप्तांक पुंजों (Score bands) की निम्न प्रकार (जैसे तालिका में दिये हुये हैं) से गणना कर सकते हैं।

समूह	सामान्य वक्र पर प्राप्तांक विस्तार	प्राप्तांक पुंज की गणना (Scores Band)	प्राप्तांक पुंज (Scores Band)
A	$M + 1.8\sigma$ to $M + 3\sigma$	$100 + 1.8 \times 10$ to $100 + 3 \times 10 = 100 + 18$ to $100 + 30$	118 – 130
B	$M + 0.6\sigma$ to $M + 1.8\sigma$	$100 + 0.6 \times 10$ to $100 + 1.8 \times 10 = 100 + 6$ to $100 + 18$	106 – 118
C	$M - 0.6\sigma$ to $M + 0.6\sigma$	$100 - 0.6 \times 10$ to $100 + 0.6 \times 10 = 100 - 6$ to $100 + 6$	94 – 106
D	$M - 0.6\sigma$ to $M - 1.8\sigma$	$100 - 0.6 \times 10$ to $100 - 1.8 \times 10 = 100 - 6$ to $100 - 18$	82 – 94
E	$M - 1.8\sigma$ to $M - 3\sigma$	$100 - 1.8 \times 10$ to $100 - 3 \times 10 = 100 - 18$ to $100 - 30$	70 – 82

उपकरण/परीक्षण की विश्वसनीयता तथा वैधता स्थापित करना (Establishment of the Reliability and Validity of the Tool)

किसी उपकरण/परीक्षण के निर्माण का कार्य तब तक अधूरा रहता है जब तक कि परीक्षण निर्माता द्वारा उसकी विश्वसनीयता तथा वैधता भलीभाँति स्थापित न कर दी जाये। इस प्रकार की विश्वसनीयता तथा वैधता के स्थापन से परीक्षण निर्माता और परीक्षण के प्रकाशक दोनों को ही इस परीक्षण को उपयोग में लाने वालों का विश्वास अर्जित करने में पूरी मदद मिलती है तथा साथ ही उपयोगकर्त्ता भी इस बात से आश्वस्त रहता है कि वह जिस कार्य के लिये इस उपकरण को प्रयोग में ला रहा है उसके परिणामों में वांछित शुद्धता और वास्तविकता आ सकेगी क्योंकि उसके द्वारा प्रयुक्त उपकरण आवश्यक रूप से विश्वसनीय और वैध है। इस दृष्टि से उपकरण निर्माता को अपने उपकरण की वैधता तथा विश्वसनीयता स्थापित करने हेतु समुचित प्रयत्न करने चाहियें। इस कार्य को ठीक तरह सम्पन्न करने के लिये उसे सबसे पहले विश्वसनीयता तथा वैधता से सम्बन्धित अवधारणाओं का समुचित ज्ञान प्राप्त करना चाहिये और फिर उन विधियों तथा तकनीकों में दक्षता प्राप्त करने की कोशिश करनी चाहिये जिनके प्रयोग से उपकरण विशेष की विश्वसनीयता तथा वैधता अच्छी तरह स्थापित की जा सकती है। एक परीक्षण/उपकरण की कई प्रकार की विश्वसनीयता हो सकती है, जैसे (i) परीक्षण पुनःपरीक्षण विश्वसनीयता, (ii) समतुल्य प्रारूप विश्वसनीयता (iii) आंतरिक एकरूपता जिसे खंडित अर्ध विधि (Split half method) तथा KR20 और एलफा गुणांक की गणना करके ज्ञात किया जाता है। इन सबकी आवश्यकतानुसार स्थापना करने के प्रयत्न निर्माणकर्त्ता द्वारा होने चाहिए। इसी प्रकार से निर्माणकर्त्ता को अपने उपकरण की वैधता भी कई रूपों में स्थापित करनी होती है जैसे (i) प्रत्यक्षदर्शी वैधता (Face validity) (ii) विषयवस्तु वैधता (iii) रचना सम्बन्धी (Construct) वैधता तथा (iv) मानदंड संदर्भित वैधता आदि। इन सबके बारे में भी उसे पूरा ज्ञान होना चाहिये। विश्वसनीयता तथा वैधता क्या होती है और एक उपकरण/परीक्षण की विभिन्न प्रकार की विश्वसनीयता तथा वैधताओं को किस प्रकार स्थापित किया जाता है, इन बातों की विस्तार में चर्चा हम आगे इसी पुस्तक के 29वें तथा 30वें अध्यायों में करना चाहेंगे।

––– ⚜ –––

28

परीक्षण प्राप्तांकों की व्याख्या–प्राप्तांकों का रूपान्तरण एवं परीक्षण मानकों का विकास

[The Interpretation of Test Scores— Scores Transformation and Development of Test Norms]

विषय प्रवेश (Introduction)

एक शोधकर्त्ता के रूप में जब आप अपने अध्ययन प्रयोज्यों की क्षमताओं, विशेषताओं या गुणवत्ता का परीक्षण या मूल्यांकन कर रहे होते हैं तो आपके सामने परिणाम रूप में संख्यात्मक प्राप्तांक (Numerical scores) होते हैं। इन प्राप्तांकों का अपने आप में कोई अर्थ नहीं होता और इसलिये इन्हें परीक्षण परिणामों की आवश्यक व्याख्या के लिये तब तक प्रयुक्त नहीं किया जा सकता जब तक कि इनके ऊपर उचित ध्यान देकर इनका उचित मानक प्राप्तांकों (Standard scores) में रूपान्तरण न कर दिया जाये अथवा इन्हें किसी न्यादर्श संदर्भित भाषा (जैसे परसेन्टाइल आदि) में अभिव्यक्त न कर दिया जाये। यही कारण है कि एक परीक्षण निर्माता अपने परीक्षण का मानकीकरण करते समय आवश्यक रूप से या तो (i) अपने मूल प्राप्तांकों को किन्हीं उचित मानक प्राप्तांकों या रूपान्तरित प्राप्तांकों (जैसे z प्राप्तांक, T प्राप्तांक या स्टेनाइन) में बदलने का प्रयत्न करता है अथवा (ii) प्रयोज्यों द्वारा अर्जित मूल प्राप्तांकों की उचित व्याख्या करने हेतु कुछ विशेष प्रकार के मानकों (Norms) जैसे ग्रेड नोर्म, आयु नोर्म तथा परसेन्टाइल नोर्म आदि प्रदान करने का प्रयत्न करता है। एक शोधकर्त्ता तथा परीक्षण निर्माता के रूप में आपको इन दोनों प्रकार के कार्यों (प्राप्तांकों का रूपान्तरण तथा परीक्षण मानकों या नोर्म्स) की कार्यप्रणाली और उपयोगों से भलीभाँति परिचित रहना चाहिये। हम प्रस्तुत अध्याय में दोनों की ही विस्तार से चर्चा करना चाहेंगे। परन्तु इससे पहले हमें इस बात पर विचार करना अधिक ठीक रहेगा कि मूल प्राप्तांकों (Raw Scores) को मानक प्राप्तांकों में बदलना तथा इनकी उचित व्याख्या हेतु किसी प्रकार के मानकों (Norms) को दिया जाना क्यों आवश्यक होता है ?

मूल प्राप्तांकों का रूपान्तरण तथा परीक्षण मानकों के विकास की आवश्यकता एवं महत्त्व (Need and Significance of Raw Scores Conversion and Development of Test Norms)

मूल प्राप्तांकों को मानक प्राप्तांकों में बदलने तथा उनकी उचित व्याख्या हेतु विविध प्रकार के परीक्षण नोर्म्स को प्रदान करने के पीछे मूल प्राप्तांकों से उचित निष्कर्ष न निकाल सकने सम्बन्धी कुछ कमियों तथा कमजोरियों का हाथ रहता है। जैसे कि :

1. दोषपूर्ण व्याख्या और भटकनें की आशंका (Susceptibility to misleading and misinterpretation) : मूल प्राप्तांकों से जुड़े संख्यात्मक मानों (Numerical values) का अपने आप में कोई अर्थ नहीं होता। यह पूरी तरह से भ्रान्ति फैलाने वाले और व्याख्या करने में असमर्थ सिद्ध होते हैं। इनकी इस प्रकृति पर प्रकाश डालते हुए क्रोनबेक (Cronback, 1990:102) ने लिखा है :

रीना के रिपोर्ट कार्ड में गणित में 75 तथा भाषा वर्तनी में 90 प्राप्तांक हैं। उसके माता–पिता उसके भाषा वर्तनी की उपलब्धि की प्रशंसा करते हैं और गणित की उपलब्धि के लिये कहते हैं, उसे अधिक मेहनत करनी चाहिये थी। रीना इस पर विरोध जताती हुई कहती है "पर आप यह भी तो देखो कि दूसरों के गणित में कितने नम्बर आये हैं, बहुतों के तो कुल 60 तथा 65 ही हैं।" माता पिता उसकी इस बात से सहमत नहीं हैं। उनका मानना है कि रीना ने गणित में पाठ्यक्रम के 3/4 भाग पर स्वामित्व अर्जित किया है और भाषा वर्तनी के 9/10 पर। रीना इस बात से भी असहमत है और कहती है कि "मैंने तो पाठ्यक्रम के उन अध्यायों का भी ठीक तरह से अधिगम किया था, परीक्षण में जिनके बारे में कुछ नही पूछा गया। परीक्षण शाब्दिक/भाषायुक्त समस्याओं से भरा हुआ था और हमने उनका आंशिक अध्ययन ही किया था।" रीना ने आखिर पूछे गये प्रश्नों के 75% का सही उत्तर दिया था परन्तु प्रश्न चाहे सरल हों या कठिन, प्रतिशत का माता पिता की निगाहों में कोई विशेष अर्थ नहीं है। हम रीना के प्राप्तांकों की उसके भाई राम से तुलना नहीं कर सकते जिसके अध्यापक द्वारा उसे दूसरे सेक्सन में सरल परीक्षण दिया गया। यह भी हो सकता है कि रीना के द्वारा भाषा वर्तनी में प्राप्त इतने अच्छे 90 प्राप्तांक भ्रमित करने वाले हों बशर्ते जब कि यहाँ उन्हीं वर्तनियों के बारे में पूछा गया जिनका प्रतिदिन कक्षा में अभ्यास कराया जाता था।

2. अन्तःवैयक्तिक तथा अन्तरावैयक्तिक तुलना प्रदान करने में अक्षमता (Inability to provide inter-individual and intra-individual comparisons) : विभिन्न परीक्षणों से उपलब्ध मूल प्राप्तांकों को अन्तः वैयक्तिक तथा अन्तरा वैयक्तिक तुलनात्मक अध्ययन हेतु काम में नहीं लाया जा सकता जब तक कि इन्हें किसी उभयनिष्ठ (Common) मानक प्राप्तांकों में परिवर्तित नहीं कर लिया जाये। इस बात के स्पष्टीकरण करने हेतु हम यहाँ एक उदाहरण देना चाहेंगे।

उदाहरण : एक व्यावसायिक अध्ययन प्रवेश परीक्षा में परीक्षार्थियों को बुद्धि परीक्षा के कुछ उप–परीक्षण तथा अभिरुचि परीक्षण प्रदान किये गये। दो विद्यार्थियों – रमेश तथा राकेश के परीक्षा परिणामों को निम्न प्रकार तालिकाबद्ध किया गया।

विद्यार्थी का नाम	शाब्दिक योग्यता प्राप्तांक	सांख्यिकी योग्यता प्राप्तांक	प्रत्यक्षीकरण योग्यता प्राप्तांक	यांत्रिकी अभिरुचि प्राप्तांक	कलात्मक अभिरुचि प्राप्तांक
रमेश	28	26	30	17	35
राकेश	17	32	16	30	40

(i) अन्तःवैयक्तिक तुलना करने सम्बन्धी अक्षमता (Inability in terms of the inter-individual comparisons) : ऊपर तालिका में जो प्राप्तांक दिये गये हैं उनके आधार पर अन्तःवैयक्तिक तुलना नहीं की जा सकती। रमेश जिसने कलात्मक अभिरुचि में 35 अंक लिये हैं और यांत्रिक अभिरुचि में 17, तुलनात्मक रूप में किसी भी तरह कलात्मक अभिरुचि में अच्छा प्रदर्शन करता हुआ नहीं माना जा सकता जब तक कि इन दोनों अभिरुचियों के प्राप्तांकों की तुलना करने हेतु कोई उचित साझा आधार प्राप्त न हो जाये। और यह आधार इन दोनों प्रकार की अभिरुचियों में प्राप्त मूल प्राप्तांकों को किसी उचित प्रकार के मानक प्राप्तांकों में बदलने से ही उपलब्ध हो सकता है। यही बात मानसिक योग्यता के विभिन्न उप–परीक्षणों में उपलब्ध प्राप्तांकों के लिये भी

सही है। हम यह नहीं कह सकते कि रमेश में संख्यात्मक योग्यता की अपेक्षा भाषात्मक योग्यता की मात्रा अधिक है। मापन की मापनियाँ (Scales) तुलना करने योग्य होनी चाहिये तभी काम बन सकता है। यहाँ दोनों अभिरुचि परीक्षणों में उपलब्ध प्राप्तांक तथा मानसिक योग्यता के विभिन्न उप–परीक्षणों में उपलब्ध प्राप्तांक अलग अलग वितरण (Distributions) का प्रतिनिधित्व कर रहे हैं, हमें इन्हें किसी एक साझे वितरण (अधिकतर मामलों में यह एक सामान्य वितरण हो सकता है) में रूपान्तरित करना होगा। इस बात से अब आप अच्छी तरह समझ सकते हैं कि अलग अलग परीक्षण तथा उप–परीक्षणों में उपलब्ध प्राप्तांकों को सामान्य वितरण की अवधारणा पर चलते हुये किसी सांझे मानक या रूपान्तरित प्राप्तांकों में बदलना क्यों आवश्यक होता है।

(ii) अन्तरा वैयक्तिक तुलनात्मक अध्ययन में असमर्थता (Inability in terms of intra-individual comparisons) : ऊपर तालिका में दिये गये मूल प्राप्तांकों की सहायता से हम किसी भी प्रकार का अन्तरा वैयक्तिक तुलनात्मक अध्ययन भी नहीं कर सकते यानी यह नहीं कह सकते कि रमेश और राकेश में कौन किसी प्रकार की अभिरुचि या मानसिक योग्यता में श्रेष्ठ है। मानसिक योग्यता के यहाँ दो उप–परीक्षण हैं। क्या हम इन दोनों उप–परीक्षणों के प्राप्तांकों को जोड़ कर मानसिक योग्यता की पूरी जाँच कर सकते हैं और इस तरह रमेश और राकेश के इन कुल योगों (मानसिक योग्यता सम्बन्धी) के आधार पर यह कह सकते हैं कि इनमें से कौन मानसिक योग्यता की दृष्टि से बेहतर है ? हम ऐसा नहीं कर सकते जब तक हमें मूल प्राप्तांकों को किसी सांझे मानक प्राप्तांकों में रूपान्तरित न कर लें। सांझी मापनी की इकाइयाँ जोड़ी जा सकती हैं अलग अलग मापनियों (Scales) की नहीं। इसीलिये अगर हमें अन्तरा वैयक्तिक तुलनात्मक अध्ययन करना हैं तो परीक्षार्थियों के अलग अलग परीक्षणों या उप–परीक्षणों में उपलब्ध प्राप्तांकों का योग करने हेतु हमें इन्हें किन्हीं सांझे मूल्य के प्राप्तांकों–मानक या रूपान्तरित प्राप्तांकों में बदलना होगा।

3. समूह निष्पत्ति के संदर्भ में किसी प्रयोज्य की निष्पत्ति की व्याख्या करने में असमर्थता (Inability to interpret one's performance on the test in relation to group performance) : किसी शैक्षिक या मनोवैज्ञानिक परीक्षण में अध्ययन प्रयोज्यों के मूल प्राप्तांकों से यह निष्कर्ष निकालने में तब तक मदद नहीं मिलती कि उनमें से किसी एक प्रयोज्य ने समूह में शामिल अन्य प्रयोज्यों की तुलना में किस प्रकार की उपलब्धि प्राप्त की है जब तक वह परीक्षण निर्माता द्वारा इस प्रकार की तुलना हेतु कोई उचित नोर्म्स जैसे आयु नोर्म, ग्रेड नोर्म या परसेन्टाइल नोर्म आदि प्रदान नहीं किये गये हों। उदाहरण के लिये कोई प्रयोज्य विशेष किसी समष्टि विशेष (जैसे–विद्यालय विद्यार्थी, महाविद्यालय विद्यार्थी या कोई सेवाकर्मी जैसे अध्यापक) के लिये निर्मित एक समायोजन परिसूची में कुछ अंक अर्जित करता है तो इन अंकों के संदर्भ में वह किस सीमा तक समायोजित है या कुसमायोजित यह तभी कहा जा सकता है जब कि हम इनकी व्याख्या या अर्थापन परीक्षणकर्त्ता द्वारा निर्मित परीक्षण मेनुअल में दी गई उस तालिका को पढ़ कर नहीं करें जिसमें उसने यह बताया है कि समायोजन परिसूची में उपलब्ध प्राप्तांकों को परसेन्टाइल अंकों में किस प्रकार परिवर्तित किया जाता है। इसी प्रकार बुद्धि–परीक्षणों, उपलब्धि परीक्षणों, रुचि और अभिरुचि, प्रश्नावलियों के मेनुअलों में दिये गये ग्रेड नोर्म्स तथा आयु नोर्म्स से इन परीक्षणों में उपलब्ध मूल प्राप्तांकों का अर्थ निकालने में अपेक्षित रूप से सहायता मिल सकती है।

इस प्रकार से हम यह देखते हैं कि एक परीक्षण निर्माता को अपने परीक्षण में उपलब्ध मूल प्राप्तांकों (Raw scores) को किसी मानक या रूपान्तरित (Standard or derived) प्राप्तांकों में बदलने की जरूरत प्रायः निम्न प्रकार के प्रयोजनों की सिद्धि के लिये पड़ती है।

- किसी प्रयोज्य के प्राप्तांकों को दूसरे प्रयोज्यों द्वारा अर्जित प्राप्तांकों से तुलना करने हेतु (यानी अन्तः वैयक्तिक तुलना के लिये)।
- किसी प्रयोज्य के द्वारा विभिन्न परीक्षणों या उप–परीक्षणों में अर्जित अपने ही प्राप्तांकों की पारस्परिक तुलना हेतु (यानी अन्तरा वैयक्तिक तुलना के लिये)।

- प्रयोज्यों के द्वारा विभिन्न परीक्षण या उप–परीक्षणों में अर्जित विभिन्न प्रकार के प्राप्तांकों का योग करके एक कुल योग प्राप्त करने हेतु।
- यह बताने के लिये कोई प्रयोज्य विशेष निष्पत्ति या उपलब्धि की दृष्टि से अपने समूह के अन्य सदस्यों की तुलना में कहाँ खड़ा है।

परीक्षण मानकीकरण तथा परीक्षण मानकों या नोर्म्स के बीच सम्बन्ध (The Relationship between Test Standardization and Test Norms)

आपने यह भलीभाँति देखा है कि सभी मानकीकृत परीक्षणों में जिनका शैक्षिक उपलब्धियों तथा मनोवैज्ञानिक विशेषताओं के मापन में उपयोग किया जाता है, अनिवार्य रूप से उनके परीक्षण मेनुअल में तालिकाओं के रूप में विभिन्न प्रकार के परीक्षण नोर्म्स (Test norms) तथा परिवर्तन तालिकायें (Conversion tables) दे रखी होती हैं। परिवर्तन तालिकायें परीक्षण में उपलब्ध मूल प्राप्तांकों (Raw scores) को मानक या रूपान्तरित (Standard or Derived) प्राप्तांकों में परिवर्तित करने के लिए होती हैं। इनकी सहायता से अन्तःवैयक्तिक तथा अन्तरा वैयक्तिक तुलनात्मक अध्ययन करने और विभिन्न परीक्षण/उपपरीक्षणों में अर्जित प्राप्तांकों का योग करके, कुल प्राप्तांक मालूम करने में मदद मिलती है। नोर्म तालिकाओं में मूल प्राप्तांकों के संदर्भ में विभिन्न प्रकार के परीक्षण नोर्म्स (Test norms) जैसे आयु नोर्म्स, ग्रेड नोर्म्स तथा परसेन्टाइल नोर्म्स दे रखे होते हैं जिनकी सहायता से हमें यह मालूम पड़ता है कि जिस प्रकार के अंक एक प्रयोज्य ने किसी परीक्षण में प्राप्त किये हैं, उनके संदर्भ में उसकी अपने समूह विशेष में क्या स्थिति है। यहाँ यह बात अच्छी तरह समझी जानी चाहिये कि नोर्म आधारित इस प्रकार की व्याख्या में मेनुअलों में जो परीक्षण नोर्म्स दे रखे होते हैं वे वांछित निष्पत्ति/उपलधि के मानक (Standard) प्रस्तुत नहीं करते बल्कि प्रयोज्य विशेष के प्राप्तांकों की अपने समूह के अन्य सदस्यों के प्राप्तांकों के संदर्भ में एक उचित व्याख्या प्रस्तुत करने का समुचित आधार प्रदान करने का कार्य करते हैं। वे यह बताते हैं कि कोई एक प्रयोज्य परीक्षण में प्राप्त अपने अंकों की दृष्टि से समूह में शामिल अन्य प्रयोज्यों (जो आयु, ग्रेड, लिंग आदि को लेकर समतुल्य हैं) के द्वारा अर्जित प्राप्तांकों के वितरण में तुलनात्मक रूप से कहाँ खड़ा है। इस तरह से वास्तव में पूरे समूह की निष्पत्ति या उपलब्धि को आधार बनाकर ही परीक्षण नोर्म्स (Test norms) की रचना की जाती है। इन नोर्म्स की रचना या विकास करने का कार्य परीक्षण निर्माता द्वारा उस समय किया जाता है जब वह अपने परीक्षण को मानकीकृत (Standardized) करने का कार्य करता है। यहाँ वह इस कार्य के लिए जिस समष्टि के लिये परीक्षण तैयार करता है, उसके एक उचित प्रतिनिधि प्रतिदर्श पर अपने निर्मित परीक्षण को प्रशासित करता है और फिर प्राप्त परिणामों के आधार पर परीक्षण नोर्म्स की स्थापना करता है। इस तरह से जिन्हें हम परीक्षण नोर्म्स का नाम देते हैं, वे एक परीक्षण को मानकीकृत करने की प्रक्रिया का ही प्रतिफल और परिणाम होते हैं।

अब यहाँ यह प्रश्न उठ सकता है कि किसी परीक्षण विशेष का मानकीकरण (Standardization), परीक्षण नोर्म्स को स्थापित करने का मार्ग किस प्रकार प्रशस्त करता है ? आइये इसके बारे में सोचा जाये।

एक मनोवैज्ञानिक या उपलब्धि परीक्षण को जैसा कि इस पुस्तक के पिछले अध्यायों में बताया जा चुका है, एक समष्टि विशेष (जिसके हितार्थ परीक्षण को विकसित किया जा रहा है) के उपयुक्त रूप से बड़े और प्रतिनिधि प्रतिदर्श की सहायता लेकर मानकीकृत करने का प्रयत्न किया जाता है। किसी परीक्षण के मानकीकरण का मुख्य उद्देश्य मानकीकरण में प्रयुक्त प्रतिदर्श (न्यादर्श या नोर्म समूह) में मूल प्राप्तांकों के वितरण (Distribution of raw scores) का निर्धारण करना है। क्योंकि यहाँ प्रतिदर्श का आकार अपेक्षाकृत काफी अधिक रखा जाता है, इसलिये प्राप्तांकों के वितरण से जो वक्र प्राप्त होता है वह सामान्य वितरण (Normal distribution) की विशेषताओं को परिलक्षित करने में पूरी तरह समर्थ रहता है। इस दृष्टि से परीक्षण का मानकीकरण अग्रलिखित रूप में उपयोगी सिद्ध हो सकता है।

1. इससे हमें एक ऐसा वितरण (Distribution) उपलब्ध हो सकता है जो व्यक्तियों का शैक्षिक या मनोवैज्ञानिक उपलब्धियों के मापन हेतु काम में लाये जाने वाले विभिन्न परीक्षणों और उपपरीक्षणों में अर्जित मूल प्राप्तांकों को मानक या रूपान्तरित प्राप्तांकों में परिवर्तित करने के लिए एक उचित सांझा आधार प्रदान कर सके। इस प्रकार के मानक प्राप्तांकों से हमें अन्तःवैयक्तिक तथा अन्तरा वैयक्तिक अध्ययन कार्य में काफी सहायता मिलती है। इसके अतिरिक्त मूल प्राप्तांकों का इस प्रकार का मानक प्राप्तांकों में परिवर्तन हमें विभिन्न परीक्षणों तथा उपपरीक्षणों में अर्जित प्राप्तांकों का योग करके व्यक्ति विशेष की क्षेत्र विशेष में पाई जाने वाली संपूर्ण निष्पत्ति या क्षमता का भी पूरा चित्र प्राप्त करने में मदद करता है।
2. यह मानकीकृत प्रतिदर्श के मध्यमान तथा प्रामाणिक विचलन के माध्यम से व्यक्तियों के प्राप्तांकों की सापेक्षिक रूप से विश्लेषण एवं व्याख्या करने हेतु एक समुचित आधार प्रदान करता है। दूसरे शब्दों में यहाँ प्रयोज्यों को यह सुनहरी मौका मिलता है कि वे यह जानें कि मानकीकृत समूह निष्पत्ति/उपलब्धि की तुलना में उनकी अपनी उपलब्धि/निष्पत्ति की क्या स्थिति है ?
3. परीक्षण समष्टि के एक बड़े प्रतिनिधि प्रतिदर्श पर परीक्षण मानकीकरण के द्वारा परीक्षण प्राप्तांकों के उचित अर्थापन एवं व्याख्या हेतु वांछित परीक्षण नोर्म्स जैसे आयु नोर्म्स, ग्रेड नोर्म्स तथा परसेन्टाइल नोर्म्स आदि की स्थापना में मदद मिलती है। इस प्रकार के नोर्म्स की सहायता से परीक्षार्थी और परीक्षक दोनों को ही यह जानने में मदद मिलती है कि परीक्षार्थी विशेष की समूह के निष्पत्ति/उपलब्धि स्तर की तुलना में क्या स्थिति है ? इसके अतिरिक्त परीक्षण का मानकीकरण (Standardization) परीक्षण में उपलब्ध मूल प्राप्तांकों (Raw scores) को मानक या रूपान्तरित प्राप्तांकों (Standard or Derived scores) में भी परिवर्तित करने की सुविधा भी प्रदान करता है जिसके सहारे अन्तःवैयक्तिक तथा अन्तरावैयक्तिक तुलना करने या दो या दो से अधिक विभिन्न परीक्षणों के प्राप्तांकों का योग करने की सुविधा मिलती है।

अब तक इस तरह जो कुछ भी ऊपर कहा गया है उससे एक बात अच्छी तरह स्पष्ट हो सकती है कि परीक्षण का मानकीकरण तथा परीक्षण नोर्म्स की स्थापना ये दोनों एक दूसरे के लिये काम करते हुए दिखाई पड़ सकते हैं। मानकीकरण का स्पष्ट उद्देश्य है, वांछित परीक्षण नोर्म्स की स्थापना ताकि परीक्षण के उपयोगकर्त्ताओं को परीक्षण प्राप्तांकों की व्याख्या करने में पूरी पूरी मदद मिले तो दूसरी ओर परीक्षण नोर्म्स का उपयोग ही किसी परीक्षण को वह दर्जा दिलाने की क्षमता रखता है जिससे उसे एक मानकीकृत परीक्षण के रूप में जाना और उपयोग किया जा सके। यह परीक्षण नोर्म्स की उपस्थिति और उपयोगिता ही है जो किसी परीक्षण विशेष को मित्रवत् उपयोग में लाने और उसकी एक मानकीकृत परीक्षण के रूप में साख या प्रतिष्ठा स्थापित करने में मदद करती है।

मूल प्राप्तांकों का मानक या रूपान्तरित प्राप्तांकों में परिवर्तन (Converting Raw Scores into Standard or Derived Scores)

कोहेन एवं स्वेरडिक (Cohen and Swerdlik, 2005:86) के अनुसार, "एक मानक प्राप्तांक (या रूपान्तरित प्राप्तांक) से अभिप्राय उस मूल प्राप्तांक से है जिसे एक मापनी से ऐसी दूसरी मापनी में परिवर्तित कर दिया गया हो जिसमें उसके मध्यमान तथा प्रामाणिक विचलन दोनों को ही इच्छानुकूल रूप में निश्चित करने का कार्य किया जाये।"

इस संदर्भ में शैक्षिक और मनोवैज्ञानिक परीक्षणों में मानक प्राप्तांकों या रूपान्तरिक प्राप्तांकों के रूप में जिन प्राप्तांकों का प्रयोग प्रायः होता रहता है वे कुछ निम्न प्रकार के हो सकते हैं :

1. 'z' प्राप्तांक या सिगमा प्राप्तांक
2. 'T' प्राप्तांक
3. स्टेनाइन प्राप्तांक

1. 'z' प्राप्तांक या सिगमा प्राप्तांक (z scores or sigma scores) : किसी एक वितरण में मध्यमान से प्राप्तांकों के विचलन को जिसे σ (सिगमा यानी वितरण के प्रामाणिक विचलन) इकाइयों के रूप में अभिव्यक्त किया जाता है, z प्राप्तांकों या सिगमा प्राप्तांकों का नाम दिया जाता है। z प्राप्तांक या σ प्राप्तांकों को मूलभूत मानक प्राप्तांकों का दर्जा दिया जाता है। किसी मूल प्राप्तांक (Raw scores) का परिवर्तित z प्राप्तांक या σ प्राप्तांक हमें यह बताता है कि उसकी स्थिति वितरण में मध्यमान से कितनी ऊपर या नीचे है। चूँकि शैक्षिक और मनोवैज्ञानिक परीक्षणों से उपलब्ध प्राप्तांकों का वितरण अक्सर सामान्य या सामान्य वितरण जैसा ही होता है और एक परीक्षणकर्त्ता द्वारा अपने परीक्षण का मानकीकरण करने हेतु प्रायः एक काफी बड़े प्रतिदर्श का उपयोग किया जाता है इसलिये मानकीकृत परीक्षणों से उपलब्ध मूल प्राप्तांकों को σ प्राप्तांकों में परिवर्तित करने में हम यह मानकर चल सकते हैं कि मूल प्राप्तांकों से युक्त वितरण एक सामान्य वितरण (Normal distribution) है। मूल प्राप्तांकों को z या σ प्राप्तांकों में परिवर्तित करने हेतु हमें सामान्य वितरण तथा सामान्य वक्र (Normal curve) की अवधारणाओं तथा उपयोग से परिचित होना आवश्यक है, इसी बात को ध्यान में रखते हुये हम इनकी यहाँ संक्षेप में चर्चा करना चाहेंगे।

अगर हम एक मानकीकृत परीक्षण के मूल प्राप्तांकों (Raw scores) को ग्राफ पेपर के X अक्ष पर स्थापित करें और उनकी आवृत्तियों को Y अक्ष पर तो हमें जो घंटी के आकार की वक्र (Curve) प्राप्त होगी वह सामान्य वक्र (Normal curve) होगी। इस वक्र के दो समरूप भाग होंगे और वितरण का मध्यमान इसका केन्द्र या प्रारम्भ बिन्दु होगा। प्रारम्भ (मध्यमान) से ऋणात्मक तथा धनात्मक दूरियों की माप σ (वितरण के प्रामाणिक विचलन) इकाइयों में की जायेगी और मध्यमान से वक्रों के दोनों छोरों की दूरी क्रमशः बराबर बराबर (बांयी और ऋणात्मक दिशा में –3σ तथा दांयी ओर धनात्मक दिशा में + 3σ) होगी जैसा कि चित्र 28.1 में प्रदर्शित किया गया है।

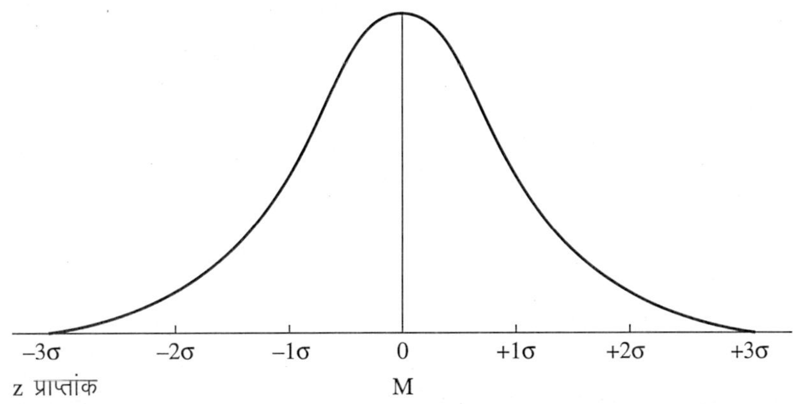

चित्र 28.1 मध्यमान को शून्य दिखाते हुए z प्राप्तांकों की σ इकाइयों में अभिव्यक्ति।

क्योंकि z या σ प्राप्तांक मूल प्राप्तांकों और मध्यमान के बीच के इस अंतर को प्रकट करते हैं जिसे σ इकाइयों में मापा जाता है इसलिए यह स्पष्ट है कि z प्राप्तांकों का मध्यमान आवश्यक रूप से शून्य होना चाहिए और उनका प्रामाणिक विचलन 1 होना चाहिए। यही कारण है कि यहाँ मध्यमान (शून्य के रूप में) एक प्रारम्भिक बिन्दु (Starting point) का कार्य करता है और प्रामाणिक विचलन अपने 1 मूल्य के साथ मापन की इकाई बन

जाता है। यहाँ, प्रत्येक प्राप्तांक की व्याख्या, मध्यमान से उसकी ऋणात्मक या धनात्मक दूरी (जिसे σ इकाइयों में अभिव्यक्त किया जाता है) के रूप में की जाती है। इस प्रकार से z प्राप्तांकों में मूल प्राप्तांकों को मानक प्राप्तांकों में बदलने हेतु जिस मापनी का प्रयोग किया जाता है उसे शून्य +1 और शून्य –1 (शून्य में 1 जोड़ो और 1 घटाओ) मापनी का नाम दिया जाता है। इसीलिये जैसा कि कोहेन एवं स्वेरडिक ने कहा है :

शून्य +1 या –1 मापनी पर मूल प्राप्तांकों का मानक प्राप्तांकों में रूपान्तरण ही सामान्य तौर पर z प्राप्तांकों या σ प्राप्तांकों के नाम से सम्बोधित किया जाता है।

(Raw scores converted into standard scores on the zero plus or minus one scale are more popularly referred to as z scores or σ scores — Cohen and Swerdlik, 2005:86)

मूल प्राप्तांकों का z प्राप्तांकों या σ प्राप्तांकों में रूपान्तरण
How to Convert Raw Scores into z Scores or σ Scores)

किसी आवृत्ति वितरण के मूल प्राप्तांकों को z प्राप्तांकों के बदलने हेतु निम्न प्रकार से आगे बढ़ा सकता है :

(i) पहले इस वितरण के मध्यमान (M) तथा प्रामाणिक विचलन (σ) की गणना कीजिये।

(ii) फिर निम्न सूत्र के M और σ के मानों को रखकर गणना कीजिये।

$z = (X - M)/\sigma$ (यहाँ X से तात्पर्य किसी मूल प्राप्तांक से है)

z प्राप्तांकों के उपयोग (Uses and Applications of z Scores)

मूल प्राप्तांकों के z प्राप्तांकों में रूपान्तरण का उपयोग विभिन्न परीक्षणों से प्राप्त परिणामों के तुलनात्मक अध्ययन हेतु अच्छी तरह से किया जा सकता है। इस बात को हम यहाँ एक विशेष उदाहरण द्वारा स्पष्ट कर रहे हैं।

उदाहरण 28.1 : एक विद्यालय की नवीं कक्षा में दो सैक्शन A और B नाम से हैं। उनकी गणित विषय की उपलब्धियों के परीक्षण हेतु दो अलग अलग प्रश्न पत्र बनाये गये। सैक्शन A के विद्यार्थी रमेश ने 80 नम्बर प्राप्त किये जबकि सैक्शन B के विद्यार्थी सुरेश को 60 नम्बर मिले। क्या आप बता सकते हो कि गणित में अपनी उपलब्धि को लेकर इन दोनों में से किसने बेहतर प्रदर्शन किया? सैक्शन A तथा सैक्शन B के प्राप्तांकों के वितरण का मध्यमान और विचलन निम्न प्रकार अभिलेखित किया गया था।

सैक्शन A	सैक्शन B
मध्यमान = 70	मध्यमान = 50
प्रामाणिक विचलन = 20	प्रामाणिक विचलन = 10

हल : हम यहाँ यह निष्कर्ष नहीं निकाल सकते कि रमेश का (जिसके 80 नम्बर हैं) सुरेश ने (जिसके 60 नम्बर हैं) गणित में उपलब्धि को लेकर बेहतर प्रदर्शन है। ऐसा हो सकता है कि सैक्शन A का प्रश्न पत्र सैक्शन B के प्रश्न पत्र से आसान हो, इसमें वस्तुनिष्ठ प्रश्न ज्यादा हो या अध्यापक ने जिन प्रश्नों का कक्षा में अभ्यास कराया था उन्हीं प्रश्नों को प्रश्न पत्र में दे दिया गया हो। इस तरह इन दोनों विद्यार्थियों के द्वारा अर्जित प्राप्तांक एक ही मापन–मापनी पर आधारित नहीं हैं। इनके प्राप्तांकों को किसी एक सांझे मानक प्राप्तांकों (जैसे z प्राप्तांकों) में रूपान्तरित करने की आवश्यकता है ताकि उचित रूप से तुलनात्मक अध्ययन किया जा सके। आइये हम ऐसा करने का प्रयत्न करें।

मूल प्राप्तांकों को z प्राप्तांकों में बदलने का सूत्र : $z = (X - M)/\sigma$

(यहाँ X = मूल प्राप्तांक, M = मूल प्राप्तांकों के वितरण का मध्यमान तथा σ = मूल प्राप्तांकों के वितरण का प्रामाणिक विचलन मान है।)

इसलिये रमेश के z प्राप्तांक = (80 – 70)/20 = 10/20 = 0.5

सुरेश के z प्राप्तांक = (60 – 50)/10 = 10/10 = 1.0

यहाँ अब हम यह निष्कर्ष निकाल सकते हैं सुरेश (अपने 1 σ प्राप्तांक के साथ) रमेश की अपेक्षा (जिसके 0.5 σ प्राप्तांक हैं) गणित की उपलब्धि को लेकर बेहतर विद्यार्थी है।

z प्राप्तांकों की अच्छाईयाँ तथा कमियाँ (Merits and Limitations of z Scores)

अच्छाईयाँ (Merits)

1. z प्राप्तांक सभी परीक्षणों तथा उप–परीक्षणों के लिये आवश्यक रूप से समान अर्थ रखते हैं। इसलिये इनका व्यक्ति/व्यक्तियों की निष्पत्ति या क्षमता का पूरा आंकलन करने हेतु आसानी से योग (Addition) किया जा सकता है।
2. मूल प्राप्तांकों को z प्राप्तांकों में रूपान्तरण करने से मूल प्राप्तांकों के वितरण की आकृति या विशेषताओं में परिवर्तन नहीं होता।
3. z प्राप्तांकों को अन्तःवैयक्तिक तथा अन्तरा वैयक्तिक तुलनात्मक अध्ययन के लिये भलीभाँति प्रयुक्त किया जा सकता है।

सीमायें और कमियाँ (Limitations and Shortcomings)

1. इन z प्राप्तांकों में + और – चिन्हों का प्रयोग होता है। व्यावहारिक रूप में इन्हें प्रयुक्त करने में असावधानी या इनकी उपेक्षा हो सकती है अथवा इन्हें समझने और प्रयोग में लाने में गलती हो सकती है।
2. इनमें प्रयुक्त दशमलव बिन्दु परीक्षण परिणामों में अर्थापन या व्याख्या में अड़चनें डाल सकते हैं।

मूल प्राप्तांकों को 'T' प्राप्तांकों में रूपान्तरिक करना (Conversion of Raw Scores into 'T' Scores)

z या σ प्राप्तांकों से युक्त मापनी में मूल प्राप्तांकों (Raw scores) से प्राप्त आवृत्ति वितरण का मध्यमान प्रारम्भिक बिन्दु (यानी शून्य) होता है और मापन की इकाई इस वितरण का प्रामाणिक विचलन (σ) होता है। इस मापनी (Scale) पर शून्य से बांयी और दांयी ओर चलने में जो दूरी तय की जाती है उसमें ऋणात्मक तथा धनात्मक चिन्हों (– तथा +) का उपयोग होता है और साथ ही इस दूरी के मापन हेतु जो मापन इकाई σ के रूप में काम में लाई जाती है उसके दशमलव बिन्दुओं का समावेश हो सकता है। परिणामस्वरूप यह देखने को मिल सकता है कि z या σ प्राप्तांकों से युक्त मापनी का उपयोग इसमें – तथा + चिन्हों और दशमलव बिन्दुओं के समावेश को लेकर काफी असुविधाजनक सिद्ध हो। z प्राप्तांकों से युक्त मापनी की इन कमियों तथा अड़चनों सम्बन्धी दोषों को हम एक अन्य मापनी, जिसे T प्राप्तांकों से युक्त मापनी कहा जाता है, के उपयोग से भलीभाँति दूर कर सकते हैं। इसमें दशमलव बिन्दुओं के उपयोग सम्बन्धी अड़चन को दूर करने हेतु z प्राप्तांकों को 10 से गुणा किया जाता है और ऋणात्मक चिन्ह (–) से पीछा छुड़ाने के लिये इस गुणनफल में एक स्थिर संख्या 50 को जोड़ने की बात की जाती है।

इस मापनी के प्रतिपादक और प्रथम प्रयोगकर्त्ता के रूप में विलियम ए. मककॉल (William A. McCall) का नाम लिया जाता है और 'T' मापनी के रूप में इसका नामकरण थोर्नडाइक और टरमन नामक प्रसिद्ध मनोवैज्ञानिकों के प्रति कृतज्ञता मापन हेतु किया गया है। मककॉल ने z या σ प्राप्तांकों की बजाय कुछ अन्य तरह के प्राप्तांकों का अपनी मापनी में प्रयोग किया। उसके द्वारा प्रयुक्त 'T' प्राप्तांकों को ऐसे न्यादर्शित मानक

प्राप्तांकों (Normalized standard scores) के रूप में परिभाषित किया जा सकता है जिनके प्राप्तांक वितरणों का मध्यमान 50 और प्रामाणिक विचलन 10 होता है। T प्राप्तांकों की मापनी में (z या σ प्राप्तांकों की मापनी से अलग हटकर) प्रारम्भिक बिन्दु शून्य को मध्यमान से 5 प्रामाणिक विचलन (5σ) नीचे रखा जाता है और अंतिम बिन्दु 100 को मध्यमान से 5 प्रामाणिक विचलन (5σ) ऊपर रखा जाता है। मापनी को इस तरह 100 इकाइयों में विभक्त किया जाता है। दूसरे शब्दों में 'T' मापनी का विस्तार 0 से लेकर 100 तक रहता है और इसका मध्यमान 50 होता है। इसकी मापन इकाई 'T' होती है जिसका मान 0.1 प्रामाणिक निचला (0.1σ) होता है और प्रामाणिक विचलन का मान यहाँ 10 होता है।

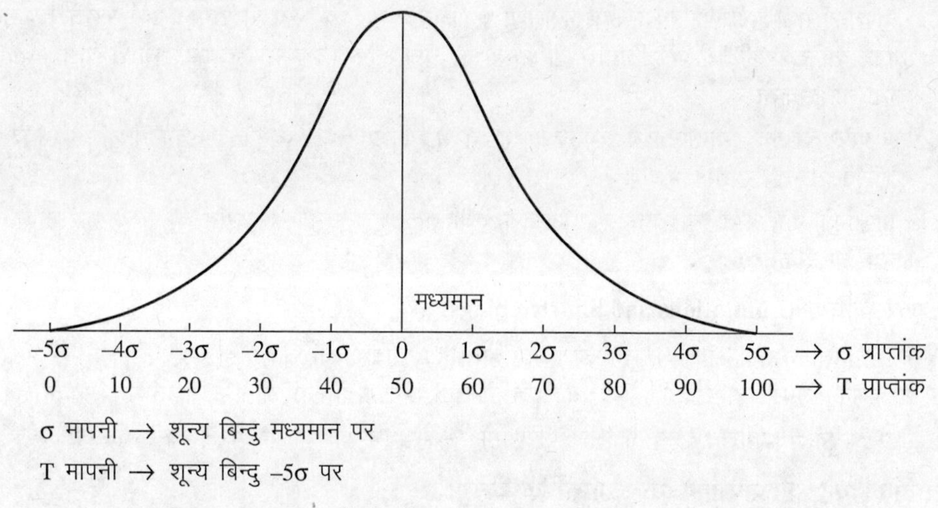

चित्र 28.2 T मापनी (T बिन्दुओं तथा प्रामाणिक विचलन के साथ)।

मूल प्राप्तांकों को 'T' प्राप्तांकों में परिवर्तित कैसे किया जाय ?
(How to Convert Raw Scores into 'T' Scores)

मूल प्राप्तांकों को 'T' प्राप्तांकों में परिवर्तित करने हेतु निम्न सूत्र का उपयोग किया जाता है :

$$T = 10\,z + 50$$

इसका अर्थ यह है कि T का मान ज्ञात करने के लिए पहले हमें z का मान ज्ञात करना होता है। z का मान ज्ञात करने के लिए हमें पहले बताये गये सूत्र $(X - M)/\sigma$ का उपयोग करना होता है। इस तरह 'T' प्राप्तांकों की गणन प्रक्रिया में निम्न सोपानों का अनुसरण किया जा सकता है :

(i) पहले मूल प्राप्तांकों के आवृत्ति विवरण से मध्यमान (M) तथा प्रामाणिक विचलन (σ) की गणना करो।

(ii) इसके बाद $z = (X - M)/\sigma$ सूत्र की सहायता से z का मान ज्ञात करो।

(iii) इसके पश्चात् $T = 10\,z + 50$ सूत्र की सहायता से T का मान ज्ञात करो।

आइये अब T के मान की गणना और उसके उपयोग को एक उदाहरण द्वारा स्पष्ट किया जाये।

उदाहरण 28.2 : एक परीक्षा में दो विद्यार्थियों सुनीता तथा प्रीति ने अलग–अलग विषयों में निम्न प्राप्तांकों का अर्जन किया। 'T' प्राप्तांकों की गणना करके बतायें कि इनमें से किसका प्रदर्शन बेहतर रहा ?

दो विद्यार्थियों के तीन विषयों में प्राप्तांक तथा उनके मध्यमान तथा प्रमाणिक विचलन

विषय	सुनीता के मूल प्राप्तांक	प्रीति के मूल प्राप्तांक	M	SD या σ
भौतिक शास्त्र	70	62	65	10
गणित	80	75	70	5
रसायन शास्त्र	42	55	45	6

हल : सोपान 1 : विभिन्न विषयों में सुनीता तथा प्रीति द्वारा अर्जित T प्राप्तांकों की गणना :

(i) भौतिक शास्त्र में T प्राप्तांकों की गणना

सुनीता के T प्राप्तांक $= 10\,z + 50$

z का मान $= \dfrac{X-M}{\sigma} = \dfrac{70-65}{10} = \dfrac{5}{10} = \dfrac{1}{2}$

भौतिक शास्त्र में सुनीता के T प्राप्तांक $= 10\left(\dfrac{1}{2}\right) + 50 = 5 + 50 = 55$

प्रीति के T प्राप्तांक $= 10z + 50$

z का मान $= \dfrac{X-M}{\sigma} = \dfrac{62-65}{10} = \dfrac{-3}{10}$

भौतिक शास्त्र में प्रीति के T प्राप्तांक $= 10\left(-\dfrac{3}{10}\right) + 50 = -3 + 50 = 47$

(ii) गणित में T प्राप्तांकों की गणना

सुनीता के T प्राप्तांक $= 10\,z + 50$

z का मान $= \dfrac{X-M}{\sigma} = \dfrac{80-70}{5} = \dfrac{10}{5} = 2$

गणित में सुनीता के T प्राप्तांक $= 10\,(2) + 50 = 20 + 50 = 70$

प्रीति के प्राप्तांक $= 10\,z + 50$

z का मान $= \dfrac{X-M}{\sigma} = \dfrac{75-70}{5} = \dfrac{5}{5} = 1$

गणित में प्रीति के T प्राप्तांक $= 10\,(-1) + 50 = 10 + 50 = 60$

(iii) रसायन शास्त्र में T प्राप्तांकों की गणना

सुनीता के T प्राप्तांक $= 10\,z + 50$

z का मान $= \dfrac{X-M}{\sigma} = \dfrac{42-45}{6} = \dfrac{-3}{6} = -\dfrac{1}{2}$

रसायन शास्त्र में सुनीता के T प्राप्तांक $= 10\left(-\dfrac{1}{2}\right) + 50 = -5 + 50 = 45$

प्रीति के प्राप्तांक $= 10\,z + 50$

$$\text{z का मान} = \frac{X - M}{\sigma} = \frac{55 - 45}{6} = \frac{10}{6} = \frac{5}{3}$$

$$\text{रसायन शास्त्र में प्रीति के T प्राप्तांक} = 10\left(\frac{5}{3}\right) + 50 = 16.66 + 50 = 66.66$$

सोपान 2 : दोनों विद्यार्थियों के तीनों विषयों में अर्जित T प्राप्तांकों का जोड़ करना :

सुनीता के कुल प्राप्तांक $= 55 + 70 + 45 = 170$

प्रीति के कुल प्राप्तांक $= 47 + 60 + 66.66 = 173.66$

निष्कर्ष : प्रीति का कुल प्रदर्शन सुनीता से बेहतर रहा।

मूल प्राप्तांकों का स्टेनाइन प्राप्तांकों में रूपान्तरण (Conversion of Raw Scores into Stanine Scores)

स्टेनाइन मापनी एक नौ बिन्दु मापनी होती है। यह मापनी इस तरह 1 से लेकर 9 अंकों तक ऐसी मापन प्रणाली प्रदान करती है जिसका मध्यमान/मध्यांक 5 तथा प्रामाणिक विचलन लगभग 2 के बराबर होता है। स्टेनाइन (Stanine) पद स्टेन्डर्ड नाइन (Standard Nine) पद का लघु रूप है जो यह संकेत करता है कि इस नौ बिन्दु मापनी का सम्बन्ध मूल प्राप्तांकों को किन्हीं मानक प्राप्तांकों में रूपान्तरित करना है। स्टेनाइन मापनी को सर्वप्रथम संयुक्त राज्य अमेरिका में एक आर्मी एयर एवियेशन साइकोलोजी प्रोग्राम में परीक्षण प्राप्तांकों को मानक नौ श्रेणियों में रूपान्तरित करने के लिए काम में लाया गया था।

मूल प्राप्तांकों (Raw scores) को स्टेनाइन प्राप्तांकों में रूपान्तरित करने के लिए स्टेनाइन मापनी को इस तरह व्यवस्थित किया जाता है कि जिससे इसका केन्द्रवर्ती मान (मध्यमान/मध्यांक/5) बिल्कुल मध्य में हो तथा 1 और 9 इस मापनी के दो छोरों के रूप में निम्नतम तथा उच्चतम मापन बिन्दुओं को प्रदर्शित करें। इस प्रकार से एक स्टेनाइन मापनी का विस्तार 1 से लेकर 9 इकाइयों तक होता है और इससे मूल प्राप्तांकों के एक आवृत्ति वितरण को समूह या श्रेणीबद्ध करने हेतु 9 श्रेणियाँ प्राप्त हो सकती हैं।

सामान्य नियमानुसार, इस प्रकार के समूह या श्रेणीबद्ध करने हेतु यह मानकर चला जाता है कि मूल प्राप्तांकों का आवृत्ति वितरण सामान्य (Normal distribution) की विशेषताओं से युक्त है। होता भी ऐसा ही है क्योंकि किसी उपलब्धि का मनोवैज्ञानिक परीक्षण में प्रयुक्त एक मानकीकृत प्रतिदर्श का आकार अपेक्षाकृत काफी बड़ा होता है और उसमें शामिल प्रयोज्यों के प्राप्तांकों का वितरण सामान्य या लगभग सामान्य ही होता है। इस तरह परीक्षण निर्माता बहुत सीमा तक इस बात के लिये आश्वस्त रहता है कि उसके परीक्षण में उपलब्ध मूल प्राप्तांकों का वितरण सामान्य वितरण ही है। अब आगे अपने परीक्षण में प्रयोज्यों द्वारा अर्जित मूल प्राप्तांकों को निश्चित वर्गों/श्रेणियों में विभक्त करने के लिये वह इनके आवृत्ति वितरण से उपलब्ध सामान्य वक्र (Normal Curve) की आधार रेखा को प्रामाणिक विचलन इकाइयों को ध्यान में रखते हुये 9 समान भागों में बाँटने का प्रयत्न कर सकता है।

इस प्रकार के विभक्तीकरण द्वारा स्टेनाइन मापनी की 1 से लेकर 9 श्रेणियों में प्रत्येक ने सामान्य वक्र का कितने प्रतिशत क्षेत्र घेरा हुआ है इसकी जानकारी तालिका 28.1 द्वारा भलीभाँति हो सकती है।

स्टेनाइन मापनी की एक चित्रात्मक प्रस्तुति जिसमें 9 बिन्दु मापनी की प्रत्येक इकाई में समाहित प्रयोज्यों की प्रतिशत को सामान्य वक्र की आधार रेखा पर दी गई σ प्राप्तांक सीमाओं के परिप्रेक्ष्य में दिखाया जा सकता है, चित्र 28.3 से प्रदर्शित की जा रही है।

तालिका 28.1 स्टेनाइन मापनी प्रणाली (The Stanine Scale System)

Stanine scale	**z or σ प्राप्तांक सीमाएं**	**इस सीमा में आने वाले क्षेत्र का प्रतिशत**	**क्षेत्र का प्रतिशत (पूर्णांक में)**	**संचयी प्रतिशत (Cumulative percentage)**
9	1.75σ to 3σ	3.88	4	100
8	1.25σ to 1.75σ	6.6	7	96
7	0.75σ to 1.25σ	12.1	12	89
6	0.25σ to 0.75σ	17.4	17	77
5	–0.25σ to 0.25σ	19.8	20	60
4	–0.75σ to –0.25σ	17.4	17	40
3	–1.25σ to –0.75σ	12.1	12	23
2	–1.75σ to –1.25σ	6.6	7	11
1	–3σ to –1.75σ	3.88	4	4

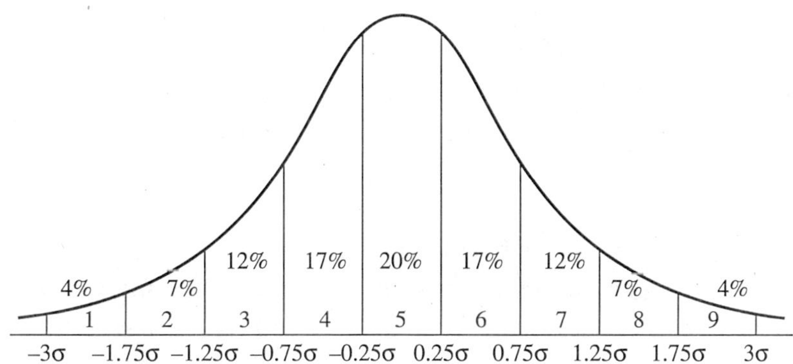

चित्र 28.3 स्टेनाइनो के σ प्राप्तांकों तथा क्षेत्र प्रतिशत में विद्यमान सम्बन्ध (Relationship of stanine with σ scores and area percent)

मूल प्राप्तांकों को स्टेनाइन प्राप्तांकों में रूपान्तरित करने सम्बन्धी सोपान (Steps for Converting Raw Scores into Stanine Scores)

सोपान 1 : परीक्षण में उपलब्ध मूल प्राप्तांकों को बढ़ते हुये क्रम यानी निम्नतम से लेकर उच्चतम के क्रम में व्यवस्थित करो।

सोपान 2 : निम्नतम 4% को स्टेनाइन प्राप्तांक 1 प्रदान करो, उससे आगे के क्रम वाले 7% प्राप्तांकों को स्टेनाइन प्राप्तांक 2 प्रदान करो, चढ़ते हुए क्रम में आगे अब 12% को 3, 17% को 4 आदि प्रदान करते रहो और इस प्रक्रिया को तब तक चलाओ जब तक कि शीर्ष 4% को स्टेनाइन प्राप्तांक 9 प्राप्त न हो जाये।

विशिष्ट परीक्षण मानक या नोर्म्स का निर्माण (Developing Specific Test Norms)

प्रयोज्य विशेष के किसी परीक्षण में उपलब्ध प्राप्तांकों से तब तक कोई प्रयोजन सिद्ध नहीं हो सकता जब तक कि इन्हें या तो किन्हीं मानक प्राप्तांकों (Standard scores) में परिवर्तित न कर दिया जाये अथवा इनकी व्याख्या उस समूह विशेष की निष्पत्ति/उपलब्धि के संदर्भ में नहीं की जाये जिस समूह के एक परीक्षार्थी के रूप में प्रयोज्य ने भी परीक्षा दी थी। पहली बात जहाँ मूल प्राप्तांकों को मानक प्राप्तांकों जैसे z या σ प्राप्तांक, T प्राप्तांक तक

स्टेनाइन प्राप्तांकों में रूपान्तरित करने से सम्बन्ध रखती है तो दूसरी का सम्बन्ध परीक्षण निर्माता द्वारा अपने परीक्षण के लिये परीक्षण मानकों या नोर्म्स जैसे ग्रेड नोर्म, आयु नोर्म्स तथा शतांशीय नोर्म्स आदि के निर्माण से है। हम प्रथम पहलू (मूल प्राप्तांकों का मापन प्राप्तांकों के रूपान्तरण) पर इस अध्याय में चर्चा कर चुके हैं इसलिये यहाँ आगे हम विभिन्न प्रकार के नोर्म्स की स्थापना सम्बन्धी कार्य पर ही अपना ध्यान केन्द्रित करना चाहेंगे।

ग्रेड मानक (Grade Norms)

कोई भी ऐसा गुण या विशेषक (Quality or Traits) जिसमें उत्तरोत्तर उसी रूप में निरन्तर वृद्धि होती चली जाये जिस रूप में एक विद्यार्थी एक से दूसरे ग्रेड या कक्षा में ऊपर चढ़ता हुआ चला जाता है यानी दूसरे शब्दों में आगे की कक्षाओं में या ग्रेड में विद्यार्थियों की प्रोन्नति और उस गुण या विशेषक की मात्रा में होने वाली वृद्धि में धनात्मक सहसम्बन्ध (Positive correlation) पाया जाये तो इस अवस्था में विद्यार्थियों की उपलब्धियों/निष्पत्तियों की उस विशेषक के संदर्भ में सापेक्षित व्याख्या हेतु ग्रेड नोर्म्स या ग्रेड समतुल्यों (Grade equivalents) का निर्माण किया जा सकता है। किसी ग्रेड (या श्रेणी/कक्षा) विशेष के लिये निर्मित नोर्म्स, अपने सरल रूप में और कुछ नहीं होते बल्कि उस ग्रेड/कक्षा विशेष में पढ़ने वाले विद्यार्थियों द्वारा किसी विषय/गुण विशेष के मानकीकृत परीक्षण में उपलब्ध मूल प्राप्तांकों के औसत अथवा मध्यमान होते हैं। ग्रेड नोर्म्स का निर्माण केवल शैक्षणिक और उपलब्धि परीक्षणों में ही नहीं होता, मनोवैज्ञानिक परीक्षणों में भी संज्ञानात्मक विकास, नैतिक, संवेगात्मक तथा सामाजिक विकास सम्बन्धी बहुत सी विशेषताओं के मापन को लेकर ग्रेड नोर्म्स की स्थापना की जाती है। प्रश्न उठता है कि वास्तविक रूप में ग्रेड नोर्म्स या ग्रेड समतुल्यों (Grade equivalents) पदों का प्रयोग किस अर्थ में किया जाता है ? इन पदों से सम्बन्धित अवधारणा पर प्रकाश डालते हुए मेहरेन्स एवं लेहमान (Mehrens & Lehmann, 1991:235) ने लिखा है :

अगर कोई विद्यार्थी किसी उपलब्धि परीक्षण में उतने ही प्राप्तांक अर्जित करता है जिनका मान उसके न्यादर्श समूह से सम्बन्धित छठी ग्रेड के विद्यार्थियों के सत्र के शुरुआती दिनों (जुलाई का प्रारम्भ) में उपलब्धि परीक्षण पर प्राप्त मूल प्राप्तांकों के मध्यांक (या मध्यमान) के बराबर हो तब उस विद्यार्थी की उपलब्धि को 6.0 ग्रेड समतुल्य (Grade equivalent) आँका जाता है। दूसरा विद्यार्थी जो पाँचवीं ग्रेड में कदम रखने वाले विद्यार्थियों के मध्यांक (या मध्यमान) के बराबर अंक लेता है उसे 5.0 ग्रेड समतुल्य श्रेणी में रखा जाता है। अगर किसी विद्यार्थी के प्राप्तांक इन दोनों के बीच में हों तो उसके ग्रेड समतुल्य की गणना हेतु रेखिक मध्यानुमान (Linear interpolation) का सहारा लिया जाता है। क्योंकि अधिकतर विद्यालय सत्र 10 माह का ही होता है, अतः सत्र के महीनों के लिये दशमलव बिन्दुओं का प्रयोग किया जाता है। इस तरह से 5.1 ग्रेड का अर्थ होगा सत्र के पहले महीने (जुलाई) की समाप्ति पर पाँचवीं ग्रेड के विद्यार्थियों की औसत निष्पत्ति/उपलब्धि, 5.2 अगस्त की समाप्ति पर तथा इसी तरह 5.9 ग्रेड का अर्थ होगा मार्च की समाप्ति पर पाँचवीं ग्रेड के विद्यार्थियों की औसत निष्पत्ति या उपलब्धि।

इस प्रकार से यह देखा जा सकता है कि किसी उपलब्धि या मनोवैज्ञानिक परीक्षण में स्थापित ग्रेड नोर्म्स की अभिव्यक्ति में दशमलव बिन्दु (एक स्थान तक) का सहारा लिया जाता है। पूर्णांक (Whole number) सें ग्रेड की अभिव्यक्ति होती है और दशमलव बिन्दु के बाद का अंक उसी ग्रेड के माह की अभिव्यक्ति कराता है। इस तरह से 7.3 ग्रेड समतुल्य (Grade equivalent) का अर्थ होगा किसी विद्यार्थी का वह निष्पत्ति या उपलब्धि स्तर जो सातवीं ग्रेड में पढ़ने वाले विद्यार्थियों का सत्र के तीसरे माह (सितम्बर) में लिये गये परीक्षण प्राप्तांकों के मध्यमान/मध्यांक के बराबर हो।

ग्रेड नोर्म्स को स्थापित करने की प्रक्रिया (Procedure for Establishing Grade Norms)

सोपान 1 : उन सतत ग्रेड़ों (Continuous grades) जैसे 2, 3, 4, 5वें ग्रेड की पहचान करो जिनके लिये ग्रेड नोर्म्स बनाये जाने हैं।

सोपान 2 : प्रत्येक ग्रेड समूहों के प्रतिनिधि प्रतिदर्श प्रयोज्यों पर अपने बनाये गये परीक्षण को प्रशासित करो।

सोपान 3 : एक ग्रेड समूह (जैसे कि दूसरे ग्रेड में पढ़ रहे विद्यार्थी) के सभी विद्यार्थियों के व्यक्तिगत प्राप्तांकों को मदद से समूह औसत या मध्यमान ज्ञात करो। यह बात सभी ग्रेड समूहों 2, 3, 4, 5वें ग्रेड के विद्यार्थियों के साथ दोहराओ।

सोपान 4 : अब अगर आपने परीक्षण जुलाई माह में लिया है तो दूसरी ग्रेड के विद्यार्थियों के मध्यमान मूल्य को यहाँ 2:1 ग्रेड समतुल्य कहा जायेगा और अगर मार्च के माह में लिया है तो यही ग्रेड समतुल्य अब 2.9 होगा।

सोपान 5 : प्रयोज्य विशेष द्वारा ऐसे प्राप्तांक भी उपलब्ध किये जा सकते हैं जो आपके स्थापित ग्रेड समतुल्य अंकों से मेल नहीं खाते हों यानी उनसे उनका मान कम या अधिक हो, ऐसी अवस्था में इन प्राप्तांकों के लिये Linear Interpolation तकनीक का उपयोग करो।

अन्तिम सोपान में जो बात कही गई है वह काफी कुछ पेचीदा सी जान पड़ती है, इसकी कार्यप्रणाली को स्पष्ट करने हेतु हम यहाँ एक उदाहरण की सहायता लेना चाहेंगे।

ग्रेड 2, 3, 4 तथा 5 में पढ़ने वाले विद्यार्थियों को एक मानकीकृत वाचन योग्यता परीक्षण दिया गया। यह परीक्षण उनको अक्टूबर माह में दिया गया। (उनका सत्र जुलाई से प्रारम्भ होकर अप्रेल में समाप्त होता था)। शोधकर्त्ता ने ग्रेड स्तर के परिप्रेक्ष्य में प्रयोज्यों द्वारा अर्जित मध्यमान प्राप्तांकों का निम्न प्रकार सारणीकरण किया।

ग्रेड स्तर (Grade level)	मूल प्राप्तांकों का मध्यमान (Average raw scores)
2.4	13
3.4	22
4.4	31
5.4	37

नोट : यहाँ ग्रेड स्तरों में वर्णित 2, 3, 4, 5 विद्यार्थियों के ग्रेड (कक्षाओं) का उल्लेख करते हैं और दशमलव बिन्दु के बाद आई संख्या 4, यह संकेत करती है कि परीक्षण का आयोजन सत्र के चौथे माह, अक्टूबर में किया गया।

यहाँ एक उपयोगकर्त्ता की तरह आप उपरोक्त परीक्षण के परिणामों तथा परीक्षण निर्माता द्वारा स्थापित ग्रेड स्तरों का प्रयोग कर यह पता लगाने का प्रयत्न कर सकते हैं कि इस परीक्षण में अगर किसी विद्यार्थी ने कोई प्राप्तांक अर्जित किये हैं तो उसका ग्रेड स्तर (Grade level) उस हिसाब से क्या होगा ? उदाहरण के लिये अगर किसी विद्यार्थी ने 13 अंक अर्जित किये हैं तो स्पष्ट है कि उसका ग्रेड 2.4 होगा। (यानी उसका वाचन योग्यता स्तर उस दूसरे ग्रेड में पढ़ने वाले एक बड़े समूह की वाचन योग्यता के बराबर होगा जिनकी इस उपलब्धि का परीक्षण उसी परीक्षण विशेष का प्रयोग करते हुये अक्टूबर माह में किया गया है।) इसी प्रकार से विद्यार्थियों ने 22, 31 तथा 37 अंक अर्जित किये हैं उनके ग्रेड स्तर क्रमशः 3.4, 4.4 तथा 5.4 होंगे।

यहाँ तक तो बात ठीक है परन्तु अगर हमें यह पता करना हो कि जिन विद्यार्थियों ने इस परीक्षण में 15, 24, 33, 35 आदि प्राप्तांक अर्जित किये हैं उनका ग्रेड स्तर क्या होगा, तो यह पता लगाना यहाँ कुछ मुश्किल खड़ी कर सकता है। इसका समाधान मध्यानुमान (Interpolation) तकनीक के सहारे निकल सकता है। इस तकनीक का उपयोग करने में हमें अंकगणितीय संक्रियाओं (Arithmetical operations) का प्रयोग करके बीच के ग्रेड स्तरों की गणना करनी पड़ती है। माना हमें 15 मूल प्राप्तांकों का ग्रेड स्तर स्थापित करना है तो यह काम हम निम्न प्रकार करेंगे।

2.4 तथा 3.4 ग्रेड स्तर के बीच दशमलव के बाद लगाई गई संख्या 10 है।

13 तथा 22 के बीच 9 प्राप्तांक स्थित हैं।

13 तथा 15 के बीच कुल 2 प्राप्तांक स्थित हैं।

∴ 9 प्राप्तांकों (13 से लेकर 22 तक) के लिए दशमलव के 10 की संख्या काम में आती है।

∴ 1 प्राप्तांक के लिये 10/9 संख्या प्रयुक्त होगी।

∴ 2 प्राप्तांकों के लिये $(10/9) \times 2 = 20/9 = 2.2$ यानी लगभग 2 की संख्या इसमें आयेगी।

इस तरह से हम 15 प्राप्तांकों के ग्रेड स्तर को 13 प्राप्तांकों को ग्रेड स्तर से .2 ज्यादा आंक कर उनका ग्रेड स्तर $2.4 + 0.2 = 2.6$ निर्धारित कर सकते हैं।

आयु मानक (Age Norms)

परीक्षण निर्माता अपने परीक्षण के मेनुअल में आयु नोर्म्स भी प्रदान करने का भी प्रयत्न करते हैं। विशेषकर उस समय जब उनके परीक्षण में उन गुणों या विशेषकों (Traits) का परीक्षण किया जा रहा हो जिनमें आयु के साथ साथ वृद्धि होती है जैसे ऊँचाई, बुद्धि लब्धि, सामाजिक और संवेगात्मक परिपक्वता आदि। इस प्रकार के नोर्मस से यह कहना आसान हो जाता है कि 5 वर्षीय अमुक बालक की ऊँचाई 7 वर्ष के बालकों की औसत ऊँचाई के बराबर है या उसकी बोलने सम्बन्धी शब्दावली या मानसिक योग्यता 9 वर्ष के बालकों की औसत शब्दावली या मानसिक योग्यता जैसी है।

आयु नोर्म्स या आयु समतुल्य (Age norms or age equivalent) सही अर्थों में और कुछ नहीं बल्कि किसी योग्यता या निष्पत्ति विशेष (जिसमें आयु के साथ लगातार वृद्धि होती रहती है) के मापन के लिये प्रयुक्त परीक्षण में किसी आयु विशेष के व्यक्तियों के द्वारा उपलब्ध प्राप्तांकों का औसत या मध्यमान होता है। इस प्रकार के आयु नोर्म्स के निर्माण हेतु एक परीक्षण निर्माता द्वारा निम्न प्रकार आगे बढ़ा जा सकता है।

1. उसे पहले सतत रूप (Continuity) में उन आयु समूहों की पहचान करनी चाहिये जिनके लिये वह आयु नोर्म्स बनाना चाहता है जैसे 3, 4, 5, 6 और 7 वर्षीय बालकों के समूह। सुगमता की दृष्टि से यहाँ आयु वर्षों को भिन्नों (जैसे 3¼, 3½ वर्षीय) में प्रयुक्त नहीं किया जाता। फलस्वरूप एक 3 वर्ष 6 माह के बालक को 4 वर्षीय समूह का सदस्य मानकर प्रयोज्य बनाया जाता है और जिनकी आयु 3 वर्ष 5 माह या इससे कम होती है उन्हें 3 वर्षीय समूह का अंग बनाया जाता है।
2. इसके बाद अपने बनाये गये परीक्षण को इन चिन्हित आयु समूहों के उचित प्रतिनिधि प्रतिदर्शों पर प्रशासित करना होता है।
3. अब इन विभिन्न आयु समूहों के प्रयोज्यों ने परीक्षण पर जो प्राप्तांक अर्जित किये हैं उनके मध्यमान प्राप्तांकों की गणना करके प्राप्त परिणामों को निम्न प्रकार से सारणीबद्ध किया जा सकता है।

आयु स्तर	मूल प्राप्तांकों के मध्यमान
3 वर्ष	15
4 वर्ष	24
5 वर्ष	35
6 वर्ष	46
7 वर्ष	58

4. ऊपर दिये गये सभी मध्यमान प्राप्तांकों के अन्तराल (Gap) में जो प्राप्तांक (जैसे 18, 20, 30, 40, 50 आदि) प्रयोज्यों द्वारा अर्जित किये जाते हैं उनके लिये आयु नोर्म्स का निर्धारण करने का कार्य रेखिक मध्यानुमान (Linear interpolation) तकनीक के उपयोग द्वारा किया जाता है।

इस तकनीक के उपयोग सम्बन्धी कार्य के लिए यहाँ कुछ अधिक स्पष्टीकरण आवश्यक है। इस सम्बन्ध में यह कहा जा सकता है कि जहाँ प्रयोज्यों द्वारा अर्जित मूल प्राप्तांक (Raw scores) मानक परीक्षण मेनुअल में दिये गये मध्यमान प्राप्तांकों के बिल्कुल बराबर होते हैं जैसे 15, 24, 25, 46, 50 आदि तो हमें यह कहना आसान होता है कि प्रयोज्यों का उपलब्धि स्तर क्रमशः 3, 4, 5, 6 तथा 7 वर्षीय बालकों के औसत उपलब्धि स्तर का है। अगर कोई बालक जिसकी वास्तविक आयु 3 वर्ष है परन्तु वह परीक्षण में 46 अंक प्राप्त करता है तो हम कहेंगे कि उसकी परीक्षण सम्बन्धी योग्यता 6 वर्ष के औसत बालकों जैसी है। परन्तु अड़चन वहाँ आती है जहाँ हमें उक्त बालकों द्वारा प्राप्त अंकों के बारे में सम्बन्धित आयु नोर्म्स के बारे में सोचना पड़े जिन्होंने 18, 20, 30 आदि प्राप्तांकों का अर्जन किया है। अब हम यहाँ इनके आयु नोर्मस निर्धारित करने हेतु Interpolation (अंकगणित संक्रियाओं की सहायता से अनुमान लगाने) तकनीक की सहायता लेनी पड़ती है। यह कैसे होता है इसे हम उस बालक के प्राप्तांकों को आयु नोर्म्स में अभिव्यक्त करके करना चाहेंगे जिसने उपरोक्त परीक्षण में 18 अंकों की प्राप्ति की है।

यहाँ जिस बालक के 15 अंक हैं उसे 3 वर्ष आयु स्तर का माना गया है तथा जिसके 24 अंक हैं उसे 4 वर्ष आयु स्तर प्रदान किया गया है। हमारे प्रयोज्य के 18 अंक हैं। जो 15 अंक वाले 3 वर्ष आयु स्तर के बालक से 3 अधिक हैं। हमें इसके आयु स्तर निर्धारण हेतु निम्न अंकगणितीय क्रिया करनी होगी।

4 वर्ष आयु स्तर तथा 3 वर्ष आयु स्तर के मूल प्राप्तांकों में $24 - 15 = 9$ अंकों का अंतर है।

$\therefore$ 9 अकों का अंतर (3 वर्ष से लेकर 4 वर्ष) 1 वर्ष के अंतराल में होता है।

$\therefore$ 1 अंक का अंतर 1/9 वर्ष के अंतराल में होगा।

और 3 अंकों का अंतर $(1/9) \times 3 = 1/3$ वर्ष यानी 4 माह में होगा।

इसीलिए 18 अंक प्राप्त करने वाले का आयु स्तर (Age norm) = 3 वर्ष + 4 माह = 3 वर्ष 4 माह।

इसी तरह हम जिन बालकों ने 58 (उच्चतम मध्यमान अंकों) से अधिक अंकों की प्राप्ति की है उनके लिये बाह्य अनुमान (Extrapolation) यानी अंकगणितीय संक्रियाओं से उच्चतम सीमा के बाहर के प्राप्तांकों के लिये आयु नोर्म्स की गणना विधि का प्रयोग करके वांछित आयु नोर्म्स की गणना कर सकते हैं।

शतांशीय मानक (Percentile Norms)

ग्रेड नोर्म्स तथा आयु नोर्म्स जिनकी अभी हमने ऊपर चर्चा की है, उनकी एक बड़ी कमी इस बात को लेकर है कि उन्हें किन्हीं विशेष परिस्थितियों के अन्तर्गत ही काम में लाया जा सकता है सभी परिस्थितियों में समान रूप से नहीं। उदाहरण के लिये ग्रेड नोर्म्स विद्यार्थियों का निष्पत्ति उपलब्धि या विशेषता विशेष का समूह की औसत उपलब्धियों/विशेषताओं के संदर्भ में मूल्यांकन करने के काम में आ सकते हैं और आयु नोर्म्स केवल उन सामान्य बालकों की योग्यता और क्षमताओं के मापन के लिये प्रयुक्त परीक्षणों के लिये काम में लाये जाते हैं जिनके निरन्तर विकास की कुछ निश्चित जीवन अवधियों (जैसे शैशवकाल, बाल्यकाल तथा पूर्व किशोरावस्था) में आशा की जा सकती है।

ऐनास्तासी (Anastasi, 1968:48) के अनुसार "सामान्य और सामान्य से ऊपर व्यक्तियों के लिये (जो विद्यालय जाने की आयु को पार कर चुके हैं तथा जीवन के अन्य क्षेत्रों में कार्यरत हैं), ग्रेड तथा आयु नोर्म्स के अलावा

अन्य प्रकार के नोर्म्स जैसे शतांशीय नोर्म्स तथा मानक प्राप्तांक नोर्म्स के उपयोग का चलन आजकल ज्यादा हैं।" हमने इस अध्याय की शुरुआत में मानक प्राप्तांक नोर्म्स (Standard scores norms) जैसे σ प्राप्तांक T प्राप्तांक तथा स्टेनाइन प्राप्तांकों की विस्तार से चर्चा कर चुके हैं। अतः हम यहाँ शतांशीय नोर्म्स (Percentile Norms) के बारे में चर्चा करना चाहेंगे।

शतांशीय या शतांश मान तथा शतांश अनुस्थिति (Percentiles and Percentile Rank)

परिभाषा के रूप में एक शतांश मान (Percentile value) या शतांश बिन्दु (Percentile point) से तात्पर्य वितरण या प्राप्तांक मापनी पर स्थित उस बिन्दु से होता है जिसके नीचे एक निश्चित प्रतिशत में प्राप्तांकों की उपस्थिति रहती है। इस अर्थ में प्रथम शतांश (जिसे P_1 के रूप में लिखा जाता है) किसी दी हुई शृंखला या वितरण में वह प्राप्तांक बिन्दु होता है जिसके नीचे 1% प्राप्तांकों की उपस्थिति रहती है और 99% प्राप्तांक उससे ऊपर रहते हैं। इसी प्रकार 70 वें शतांश से तात्पर्य शृंखला या वितरण विशेष के उस प्राप्तांक बिन्दु से होता है जिसके नीचे 70% तथा ऊपर 30% समूह सदस्यों के प्राप्तांक विद्यमान रहते हैं।

इसके विपरीत शतांश अनुस्थिति (Percentile rank) पद से तात्पर्य उस संख्या विशेष से होता है जो यह बताती है कि एक वितरण विशेष से सम्बन्धित किसी प्राप्तांक विशेष के नीचे विद्यमान सभी प्राप्तांकों का प्रतिशत क्या है। अपने इस अर्थ में एक शतांश अनुस्थिति व्यक्ति विशेष की समूह विशेष में उस सापेक्षिक स्थिति का बोध कराती है जिससे यह पता चलता है कि समूह के कितने प्रतिशत व्यक्तियों के प्राप्तांक उसके प्राप्तांक से नीचे हैं। उदाहरण के लिये माना कि रमेश ने गणित के एक परीक्षण में 65 अंक अर्जित किये हैं। अगर परीक्षण प्राप्तांकों के आवृत्ति वितरण में 80% प्राप्तांक 65 प्राप्तांक से नीचे हैं तब 65 प्राप्तांक की शतांश अनुस्थिति (Percentile rank) 80 होगी और 80वां शतांश मान (80th Percentile), प्राप्तांक 65 होगा। इस तरह 65, प्राप्तांक स्केल पर स्थिति उस बिन्दु की ओर इशारा करती है जिसके नीचे आवृत्ति वितरण के 80% प्राप्तांक विद्यमान रहते हैं। इससे आप भलीभाँति यह निष्कर्ष निकाल सकते हैं कि शतांश अनुस्थितियाँ (Percentile ranks) और शतांश मान (Percentiles) दोनों एक दूसरे के विपरीत खड़े रहते हैं।

शतांश अनुस्थिति तथा शतांश मान की उपरोक्त अवधारणाओं से परिचित होने के बाद अब हम किसी परीक्षण में उपलब्ध एक प्राप्तांक विशेष को एक शतांश अनुस्थिति (Percentile rank) या नोर्म प्रदान करने के बारे में (निम्न सोपानों का अनुसरण करते हुये) सोच सकते हैं।

सोपान 1 : किसी परीक्षण में प्राप्त उस मूल प्राप्तांक (Raw score) को लीजिये जिसे आप शतांश अनुस्थिति या नोर्म में बदलना चाहते हैं। माना यह 25 है।

सोपान 2 : अब मानकीकृत प्रतिदर्श में शामिल उन प्रयोज्यों का प्रतिशत निकालिये जिनके प्राप्तांक 25 से नीचे हैं। माना ये 30% हैं।

सोपान 3 : तब 30 को मूल प्राप्तांक 25 की शतांश अनुस्थिति या नोर्म कहा जायेगा।

एक दिये हुये आवृत्ति वितरण (Frequency distribution) से शतांश अनुस्थिति या नोर्म की गणना कैसे की जाती है ?

इस प्रकार के गणना कार्य को स्पष्ट करने हेतु हम एक कल्पित आवृत्ति वितरण की सहायता लेना चाहेंगे। (देखिये तालिका 28.2)

तालिका 28.2 एक परीक्षण विशेष में प्रयोज्यों के द्वारा अर्जित प्राप्तांकों का आवृत्ति वितरण

प्राप्तांक (X)	आवृत्ति (f)
70 – 79	3
60 – 69	2
50 – 59	2
40 – 49	3
30 – 39	5
20 – 29	4
10 – 19	3
0 – 9	2
	N = 24

विधि 1 : सूत्र के उपयोग द्वारा शतांश अनुस्थितियाँ (Percentile ranks) या शतांश नोर्म्स (Percentile norms) ज्ञात करना।

सूत्र $PR = \frac{100}{N}\left[F + \left(\frac{X-L}{i}\right) \times f\right]$

यहाँ PR = प्राप्तांक X की शतांश अनुस्थिति

F = प्राप्तांक X के वर्ग अन्तराल (Class interval) के नीचे की संचित आवृत्तियाँ (Cumulative frequencies)

X = प्राप्तांक जिसकी शतांश अनुस्थिति हम निकालना चाहते हैं।

L = प्राप्तांक X के वर्ग अन्तराल की वास्तविक निम्नतम सीमा

i = वर्ग अन्तराल का आकार

f = प्राप्तांक X के वर्ग अन्तराल की आवृत्ति

N = आवृत्ति वितरण में कुल प्राप्तांकों की संख्या

आइये अब इस सूत्र का तालिका 28.2 में दिये गये प्रदत्तों से शतांश अनुस्थिति निकालने हेतु उपयोग किया जाये।

प्राप्तांक 22 की शतांश अनुस्थिति (Percentile rank of score 22)

$$PR = \frac{100}{24}\left[5 + \left(\frac{22-19.5}{10}\right) \times 4\right] = \frac{100}{24}\left[5 + \frac{2.5}{10} \times 4\right]$$

$$= \frac{100}{24}[5+1] = \frac{100}{24} \times 6 = 25$$

विधि 2 : संचित प्रतिशत आवृत्ति वक्र या तोरण (ओगाइव) का उपयोग
(Use of cumulative percentile frequency curve or ogive)

X अक्ष पर स्थित किसी प्राप्तांक की शतांश अनुस्थिति या नोर्म्स को खींचे गये संचित आवृत्ति वक्र (देखिये चित्र 28.4) से पढ़ने के लिये निम्न प्रकार आगे बढ़ा जा सकता है :

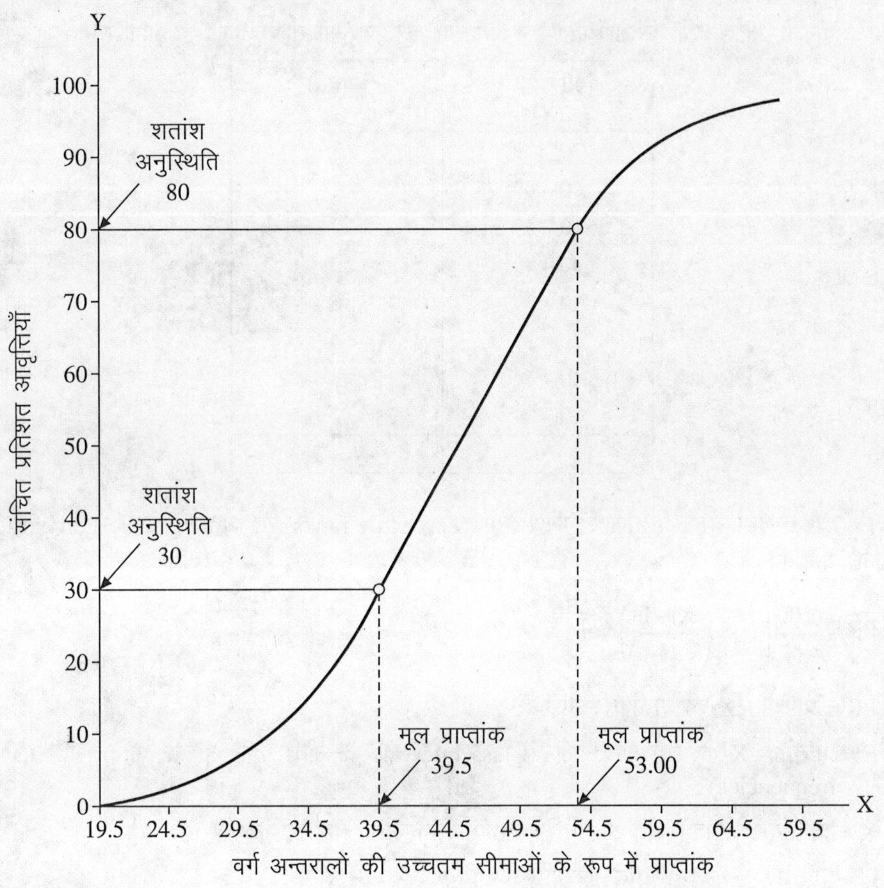

चित्र 28.4 तोरण (ओगाइव) से शतांश अनुस्थितियों या नोर्म्स की गणना।

(i) X अक्ष पर जहाँ दिये गये प्राप्तांक स्थित हैं उन बिन्दुओं से वक्र पर कटान करते हुए लम्ब (Perpendiculars) खींचो। यहाँ चित्र 28.4 में X अक्ष पर स्थित दो प्राप्तांकों 39.5 तथा 53.00 से दो इस प्रकार के लम्ब खींचे गये हैं।

(ii) अब जहाँ ये लम्ब संचित प्रतिशत आवृत्ति वक्र (Ogive) को काटते हैं उनके कटान बिन्दुओं से Y अक्ष पर (जो संचित प्रतिशत आवृत्तियों को प्रदर्शित कर रहा है।) क्षैतिज रेखायें खींचो।

(iii) आपको Y अक्ष पर वे बिन्दु मिल जायेंगे जिनसे दिये हुये प्राप्तांकों 39.5 तथा 53.00 की शतांश अनुस्थितियाँ या नोर्म्स की प्राप्ति हो जायेगी।

(iv) चित्र 28.4 में आप देखते हैं कि 39.5 के मूल प्राप्तांक (Raw score) की शतांश अनुस्थिति या नोर्म 30 है और 53.00 प्राप्तांक का 80.

शतांश अनुस्थितियों/नोर्म्स के लाभ एवं सीमायें

लाभ एवं उपयोग (Merits and Uses)

1. शतांश नोर्मस की गणना और व्याख्या करना अपेक्षाकृत काफी आसान होने के कारण एक अप्रशिक्षित व्यक्ति को भी इनके उपयोग में कोई कठिनाई नहीं आती।

2. शतांश नोर्म्स काफी लोकप्रिय हैं और इनका उपयोग सार्वभौमिक (Universal) है। ये किसी भी आयु, ग्रेड, आर्थिक या सामाजिक स्तर तथा मानसिक हालातों के व्यक्तियों के लिये काम में लाये जा सकते हैं और इन्हें किसी भी प्रकार के परीक्षण से प्राप्त परिणामों की उचित व्याख्या हेतु काम में लाया जा सकता है चाहे इस परीक्षण द्वारा उपलब्धि, रुचि, अभिरुचि, समायोजन तथा अन्य व्यक्तिगत विशेषक किसी की भी जाँच की जा रही हो।
3. ये अध्ययन प्रयोज्यों के अन्तःवैयक्तिक तथा अन्तरा वैयक्तिक किसी भी प्रकार के तुलनात्मक अध्ययन हेतु प्रयुक्त किये जा सकते हैं।

दोष एवं सीमायें (Drawbacks and Limitations)

1. शतांश नोर्म्स का एक बड़ा दोष उनकी इस बात को लेकर है कि शतांश इकाइयों के आकार में (Size of the percentile ranks) मूल प्राप्तांकों (Raw scores) को लेकर काफी उल्लेखनीय अंतर देखने को मिलते हैं। उदाहरण के लिये अगर आवृत्ति वितरण सामान्य है तो 90वीं तथा 99वीं शतांश अनुस्थितियों के मूल प्राप्तांकों के बीच जो अन्तर होगा वह 50वीं तथा 59वीं शतांश अनुस्थितियों के मूल प्राप्तांकों के मध्य स्थित अंतरों से बहुत अधिक होगा।
2. शतांश नोर्म अन्तराल (Interval) या आनुपातिक (Ratio) मापनी के स्थान पर क्रमसूचक मापनी (Ordinal scale) पर सूचनायें प्रदान करते हैं। इसलिये इनके द्वारा केवल हमें यह जानकारी मिल सकती है कि एक सामान्य वितरण युक्त प्रतिदर्श में किसी व्यक्ति की प्रतिदर्श में शामिल अन्य व्यक्तियों की तुलना में क्या सापेक्षिक स्थिति है ? परन्तु इससे यह पता नहीं चल सकता है कि उसके द्वारा अर्जित प्राप्तांकों में किसी अन्य प्रयोज्य के द्वारा अर्जित प्राप्तांकों से कितना अन्तर है।

29

अनुसंधान उपकरणों की विश्वसनीयता
[Reliability of Research Tools]

विषय प्रवेश (Introduction)

इस पुस्तक के पिछले अध्यायों में हमने विभिन्न शैक्षिक और मनोवैज्ञानिक परीक्षणों तथा उपकरणों के निर्माण तथा विकास के बारे में (उनके मानकीकरण तथा व्याख्या हेतु विशेष प्रकार के नोर्म्स की स्थापना सहित) विस्तार से चर्चा की है। परन्तु इन परीक्षणों तथा उपकरणों के निर्माण एवं विकास का कार्य यहीं तक समाप्त नहीं हो जाता, इनके उपयोग के दरवाजे उपयोगर्त्ताओं को खोलने से पहले परीक्षण/उपकरण निर्माता को जो बात यहाँ विशेष रूप से करनी आवश्यक होती है वह यह है कि इन उपकरणों की विश्वसनीयता तथा वैधता भलीभाँति प्रदर्शित कर दी जाये। ये दोनों आवश्यक चीजें, विश्वसनीयता और वैधता क्या होती हैं और किसी उपकरण या परीक्षण के सन्दर्भ में इनकी स्थापना हेतु क्या कुछ, किस तरह किया जाना चाहिये इसकी चर्चा हम अब आगे दो अध्यायों में करना चाहेंगे। इस संदर्भ में हम यहाँ पहले विश्वसनीयता पर चर्चा करेंगे।

विश्वसनीयता–अर्थ एवं परिभाषायें (Reliability—Meaning and Definitions)

1. **रनजीत कुमार :** हम विश्वसनीयता शब्द का प्रयोग अपने जीवन में करते ही रहते हैं। जब हम यह कहते हैं कि अमुक व्यक्ति विश्वसनीय है, तब हमारा क्या अभिप्राय होता है ? हम इससे यह कहना चाहते हैं कि वह भरोसे लायक, एकरूपीय (Consistant), भविष्य–कथनीय, स्थिर एवं ईमानदार है। एक अनुसंधान उपकरण के संदर्भ में भी विश्वसनीयता की अवधारणा ऐसे ही अर्थ रखती है। अगर कोई अनुसंधान उपकरण एकरूपता तथा स्थिरता दिखाता है और इस तरह भविष्य कथनीय एवं यथार्थ है तो उसे विश्वसनीय कहा जाता है।

   (We use the word reliability very often in our lives, when we say that a person is reliable, what do we mean? We infer that he is dependable, consistent, predictable, stable and honest. The concept of reliability in relation to a research instrument has similar meaning. If a research tool is consistent and stable and hence, predictable and accurate. It is said to be reliable. — Kumar, Ranjit, 2005:156)

2. **कोहेन एवं स्वेरडिक :** दिन–प्रतिदिन के वार्तालाप में विश्वसनीयता भरोसा करने लायक या एकरूपता/एक जैसी रहने वाली बात का पर्याय होती है। हम एक रेलगाड़ी की बात करते हैं जो इतनी विश्वसनीय है कि आप उससे अपनी घड़ी का समय निर्धारित कर सकते हो। अगर हम भाग्यशाली हैं तो हमारे पास एक ऐसा विश्वसनीय मित्र है जो जरूरत में सदैव हमारे साथ दिखाई देता है। विस्तृत अर्थ में मनोमिति की भाषा में विश्वसनीयता से अभिप्राय मापन में पाई जाने वाली एकरूपता (Consistency) से होता है। परन्तु जहाँ दिन–प्रतिदिन के वार्तालाप में विश्वसनीयता सदैव किसी चीज की सकारात्मकता

को दर्शाती है, मनोमिति (Psychometry) की भाषा में इससे केवल यही संकेत मिलता है कि किसी बात में कितनी एकरूपता है – उसमें या तो अच्छाई या बुराई इसे लेकर एकरूपता हो यह आवश्यक नहीं – मात्र एकरूपता होना ही जरूरी है।

(In every day conversation, reliability is a synonym for dependability or consistency. We speak of the train that is so reliable you can set your watch by it. If we are lucky, we have a reliable friend who is always there for us in a time of a need. Broadly speaking, in the language of psychometrics reliability refers to a consistency in measurement, and whereas in everyday conversation reliability always connotes something positive, in the psychometric sense it really only refers to something that is consistent - not necessarily consistently good or bad, but simply consistent. — Cohen & Swerdlik, 2005:129)

3. **स्टेनगर चार्ल्स :** किसी मापन को उस सीमा तक विश्वसनीय कहा जा सकता है जिस सीमा तक वह संयोगिक त्रुटियों से मुक्त हो। किसी मापित चर की विश्वसनीयता को निर्धारित करने का एक सीधा तरीका यह है कि उसका एक से अधिक बार मापन किया जाए।

   (The reliability of a measure refers to the extent to which it is free from random error, one direct way to determine the reliability of a measured variable is to measure it more than once. — Stangor Charles, 2004:90)

ऊपर उल्लेखित विद्वानों के द्वारा अभिव्यक्त किए गए विचारों के विश्लेषण के आधार पर एक शैक्षिक या मनोवैज्ञानिक परीक्षण या शोध उपकरण को उसके मापन सम्बन्धी निम्न क्षमताओं को लेकर विश्वसनीय माना जा सकता है।

1. **मापन में स्थान और उसकी पुनरावृत्ति के संदर्भ में एकरूपता तथा स्थिरता दिखाने की क्षमता :** इस अर्थ में अगर हम किसी उपकरण को किसी एक समय में एक प्रतिदर्श पर प्रशासित करें और ऐसी ही परिस्थितियों में उसी तरह के प्रतिदर्श पर किन्हीं अन्य समयों में उसकी पुनरावृत्ति की जाय और दो या दो से अधिक इस प्रकार के मापनों में कोई विशेष अन्तर नजर नहीं आये तो उस उपकरण/परीक्षण को विश्वसनीय कहा जायेगा।
2. **संयोगिक त्रुटि से मुक्त होने की क्षमता :** एक परीक्षण/मापन तभी विश्वसनीय माना जाता है जब वह संयोगजन्य त्रुटियों (Random errors) से जहाँ तक हो सके मुक्त रहे। परीक्षण परिस्थितियों में अनायास या संयोगवश ऐसी बहुत सी त्रुटियों के होने की संभावना रहती है जो एक या अन्य कारकों जैसे उत्तरदाताओं के द्वारा प्रश्नों को ठीक प्रकार न समझने, उनका गलत अर्थ लगा लेने, परीक्षण को अलग अलग दिनों, समय, स्थान तथा भिन्न–भिन्न परिवेश परिस्थितियों में प्रशासित करने, उत्तरपुस्तिका पर उत्तरों के लिए निशान लगाने में की गई लापरवाही आदि से पैदा हो सकती हैं। एक अच्छे विश्वसनीय परीक्षण/उपकरण में इस प्रकार की संयोगजन्य त्रुटियाँ न हों, यह ध्यान रखा जाता है।
3. **मापन के परिणामों में यथार्थता एवं परिशुद्धता लाने की क्षमता :** एक विश्वसनीय उपकरण में ऐसी क्षमता पाई जाती है कि उसके द्वारा मापन की गई किसी चीज के परिणामों में पर्याप्त रूप से ऐसी यथार्थता (सही सही मापन) और परिशुद्धता (Precision) दिखाई दे कि हम पूरे विश्वास के साथ उसके परिणामों के बारे में उचित भविष्यवाणी कर सकें। उदाहरण के लिये अगर हम एक विश्वसनीय समायोजन परिसूची का प्रयोग कर रहे हैं तो हम उसके द्वारा पूर्ण विश्वास के साथ समायोजित तथा कुसमायोजित व्यक्तियों की पहचान कर सकें।
4. **मापन में भरोसा, ईमानदारी तथा विश्वास जमाने की क्षमता :** एक विश्वसनीय उपकरण/परीक्षण की यह साख/प्रतिष्ठा रहती है कि उसके द्वारा किये गये मापन परिणामों पर पूरी तरह भरोसा और विश्वास

किया जा सकता है क्योंकि वह अपने उत्तरदायित्व (मापन कार्य) को सदैव ही अच्छी तरह ईमानदारी से निभाते हुए देखा जाता है।

5. **परीक्षण में शामिल पदों/उप-परीक्षणों में आंतरिक एकरूपता (Internal consistency) तथा सजातीयता (Homogeneity) होने की क्षमता :** एक अच्छे विश्वसनीय परीक्षण/मापन में एक विशेष प्रकार की गुणवत्ता इस बात को लेकर देखने को मिलती है कि उसमें शामिल पदों/उप–परीक्षणों में उपयुक्त रूप से एकरूपता तथा सजातीयता (परीक्षण के उद्देश्यों की प्राप्ति के संदर्भ में) देखने को मिलती है यानी उन सभी का एक ही प्रयोजन होता है कि अपने अपने ढंग से परीक्षण उद्देश्यों की प्राप्ति में कैसे सहायता की जाये।

किसी परीक्षण/उपकरण की विश्वसनीयता से तात्पर्य उसे प्रयोग में लाने सम्बन्धी भरोसे या विश्वास पर है। कौन परीक्षण कितना विश्वसनीय है हमें इसकी जानकारी उसके मापन परिणामों में पाई जाने वाली एकरूपता तथा स्थिरता और उसमें शामिल पदों तथा उप–परीक्षणों की आंतरिक एकरूपता तथा सजातीयता से मिलती है।

विश्वसनीयता का वैधता से सम्बन्ध (Relationship of Reliability with Validity)

एक परीक्षण/उपकरण निर्माता को अपने उपकरण के लिये उसकी विश्वसनीयता तथा वैधता की स्थापना करना आवश्यक होता है। प्रश्न उठता है कि इन दोनों अवधारणाओं में क्या कोई पारस्परिक सम्बन्ध है और अगर है तो कैसे ? किसी परीक्षण/उपकरण की विश्वसनीयता (जैसा कि अभी हमने ऊपर चर्चा की है) से अभिप्राय उसकी मापन सम्बन्धी ऐसी एकरूपता तथा स्थिरता से है जिसे उसके द्वारा भिन्न भिन्न समयों पर एक जैसी परिस्थितियों में एक जैसे प्रतिदर्शों पर प्रशासित करने से प्राप्त परिणामों के संदर्भ में प्रदर्शित किया जाता है। परन्तु किसी परीक्षण/उपकरण की वैधता (जैसा कि हम आगे अध्याय में पढ़ेंगे) से तात्पर्य उसकी मापन क्षमता की ऐसी यथार्थता तथा परिशुद्धता से है जिसे उसके द्वारा भिन्न भिन्न समयों पर एक जैसी परिस्थितियों में एक जैसे प्रतिदर्शों पर प्रशासित करने से प्राप्त परिणामों के संदर्भ में प्रदर्शित किया जाता है।

इस प्रकार से जहाँ विश्वसनीयता का सम्बन्ध उपकरण/परीक्षण द्वारा लिये गये मापन की एकरूपता तथा स्थिरता से है वहीं वैधता का सम्बन्ध इस मापन की यथार्थता (मापन का सही–सही होना) तथा परिशुद्धता (अधिक से अधिक अंशों में शुद्धतम होना) से है। यहाँ यह एक सर्वविदित तथ्य है कि अगर किसी व्यवहार में यथार्थता है यानी अगर कोई मापन पूरी तरह से सही और सत्य है तो उसमें स्वतः ही हमारा विश्वास जम जायेगा। एक तौलने वाली मशीन अगर वैध है तो वह समान परिस्थितियों में एक जैसे ही परिणाम प्रदर्शित करेगी और लोगों की नजर में पूरी तरह विश्वसनीय बनी रहेगी। यही बात आपकी कलाई में बंधी घड़ी के लिये भी है। वह सही सही समय बताती है और उसके परिणामों में ऐसी यथार्थता तथा परिशुद्धता नजर आती है कि उसके बताये गये समय तथा टेलीविजन या मोबाइल पर प्रदर्शित समय में कोई अन्तर नहीं नजर आता अतः अब हम यह दावे से कह सकते हैं कि वह वैध है और ऐसी स्थिति में उसके परिणामों में स्वतः ही हमें एकरूपता और स्थिरता की झलक दिखाई देगी और हम यह भी निश्चित रूप से कह सकेंगे कि वह वैध होने के साथ पूरी तरह विश्वसनीय भी है। अब अगर इसके दूसरे पक्ष की ओर ध्यान दिया जाये यानी वह विश्वसनीय है तो क्या यह उसके वैध होने की भी गारन्टी है ? तो हम यहाँ पायेंगे कि विश्वसनीय होने के साथ उसकी वैधता स्वयं सिद्ध नहीं मानी जा सकती। वह 24 घंटे में नियमित रूप से 2 या 5 मिनट पीछे/आगे हो जाती है, इस अवस्था में अपनी इस एकरूपता/स्थिरता के गुण का प्रदर्शन करने के कारण उसको विश्वसनीय तो माना जा सकता है परन्तु उसे और उसके परिणामों को वैध (सही सही या परिशुद्ध) होने का दावा नहीं किया जा सकता। इसलिये यहाँ यह बात स्पष्ट रूप से समझ लेनी चाहिए कि जहाँ किसी उपकरण/परीक्षण का वैध (Valid) होना उसकी

विश्वसनीयता की भी गारन्टी दे सकता है वहीं उसकी विश्वसनीयता की स्थापना कर हम यह नहीं कह सकते कि वह वैध कहा जा सकता है या नहीं। इसलिये परीक्षण/उपकरण के निर्माता को उपकरण की विश्वसनीयता की तुलना में उसकी वैधता स्थापना को निश्चित तौर पर प्राथमिकता का विषय बनाना चाहिए परन्तु अपने उपकरण की उपयोगिता को और अच्छी तरह प्रकाश में लाने और विश्वसनीय बनाने हेतु दूसरे कार्य यानी परीक्षण के विश्वसनीयता स्थापना कार्य की भी किसी भी दृष्टि से उपेक्षा नहीं करनी चाहिए। विश्वसनीयता तथा वैधता इन दोनों प्रकार की स्थापना से ही किसी परीक्षण/उपकरण के अपने निर्माण कार्य के उद्देश्यों की सही ढंग से पूर्ति होती है।

विश्वसनीयता के विभिन्न प्रकार एवं प्रारूप (Different Types and Forms of Reliability)

एक परीक्षण/उपकरण निर्माता को सामान्य रूप में निम्न प्रकार की विश्वसनीयताओं की स्थापना हेतु प्रयत्नरत होते हुए देखा जा सकता है।

- एकरूपता या स्थिरता के रूप में विश्वसनीयता की स्थापना।
- समतुल्यता के रूप में विश्वसनीयता की स्थापना।
- आंतरिक एकरूपता या सजातीयता के रूप में विश्वसनीयता की स्थापना।

आइये इन तीनों प्रकार की विश्वसनीयता के स्वरूप से परिचित हुआ जाये।

1. एकरूपता या स्थिरता के रूप में विश्वसनीयता (Reliability in the Form of Consistancy or Stability) : इस प्रकार की विश्वसनीयता की स्थापना हेतु परीक्षण निर्माता को यह सुनिश्चित करने की आवश्यकता होती है कि उसके द्वारा निर्मित परीक्षण से उपलब्ध परिणामों (जो विभिन्न समयों पर एक जैसे प्रतिदर्श और परीक्षण परिस्थितियों में परीक्षण के प्रशासन के फलस्वरूप प्राप्त होते हैं) में निश्चित तौर पर एकरूपता या स्थिरता देखने को मिले। इसके लिये परीक्षण निर्माता को अपने परीक्षण को एक से अधिक बार प्रशासित करने की आवश्यकता होती है। इस कार्य के लिये परीक्षण निर्माताओं द्वारा प्रायः एक बहु–प्रचलित विधि–परीक्षण–पुनः परीक्षण (Test retest) का प्रयोग किया जाता है।

2. समतुल्यता के रूप में विश्वसनीयता की स्थापना (Reliability in the Form of Equivalence) : परीक्षण विशेष की इस प्रकार की विश्वसनीयता स्थापित करने हेतु परीक्षणकर्त्ता को अपने परीक्षण के ऐसे दो प्रारूपों का निर्माण करना होता है जो विषयवस्तु, उद्देश्य, कठिनाई स्तर आदि को लेकर समतुल्य (Equivalent) होते हैं। फिर वह उन दोनों को एक ही प्रतिदर्श पर एक जैसी परिस्थितियों में परन्तु दो अलग–अलग समयों (कुछ अन्तराल के साथ) पर प्रशासित करके प्राप्त परिणामों के आधार पर उनकी विश्वसनीयता प्रदर्शित करने का प्रयत्न करता है। दोनों समतुल्य रूपों से प्राप्त परीक्षण परिणामों में जितनी समानता देखने को मिलती है परीक्षण विशेष को उसी रूप में विश्वसनीय माना जाता है।

3. आंतरिक एकरूपता या सजातीयता के रूप में विश्वसनीयता की स्थापना (Reliability in the Form of Internal Consistency or Homogeneity) : इस प्रकार की विश्वसनीयता को परीक्षण/उपकरण विशेष की विश्वसनीयता से सम्बन्धित एक आंतरिक एकरूपता अनुमान (Internal consistancy estimate) या अन्तःपदीय एकरूपता अनुमान (Estimate of inter-item consistency) के रूप में जाना जाता है। इसका प्रयोजन परीक्षण में शामिल पदों या उप–परीक्षणों के बारे में यह बताना होता है कि अवधारणा विशेष के मापन में अपने योगदान या क्षमता को लेकर वह परीक्षण किस सीमा तक अन्तःपदीय एकरूपता और विश्वसनीयता का प्रदर्शन करने में समर्थ है। परीक्षण पदों की आंतरिक एकरूपता या विश्वसनीयता को स्थापित करने के पीछे जो मूल विचार या दार्शनिक धारणा काम करती हुई दिखाई देती है वह यह है कि किसी एक प्रक्रिया/अवधारणा के मापन के लिये प्रयुक्त परीक्षण पदों के द्वारा एक ही

अवधारणा का मापन होना चाहिये किसी और का नहीं। इस प्रकार की बनी धारणा का आधार वास्तविक ही होता है काल्पनिक नहीं क्योंकि परीक्षण में किन पदों/प्रश्नों को शामिल किया जाये यह निर्णय ही इस बात पर आधारित रहता है कि उनके द्वारा अवधारणा विशेष के मापन में उचित योगदान दिया जाये। इस प्रकार की विश्वसनीयता की स्थापना हेतु न तो निर्मित परीक्षण को एक से अधिक बार प्रशासित किया जाता है और न दो समतुल्य रूपों का निर्माण करने के झमेले में फँसना पड़ता है। यहाँ परीक्षण निर्माता को परीक्षण में शामिल सभी पदों की इस प्रकार की विश्वसनीयता स्थापित करनी होती है कि वे अपने अपने ढंग से समन्वित रूप में परीक्षण उद्देश्यों की प्राप्ति में अपना उचित योगदान दे सकें। इस प्रकार की विश्वसनीयता स्थापित करने हेतु कई प्रकार की विधियाँ जैसे खंडित अर्ध–विधि (Split-half method) को अपनाने का प्रयत्न किया जाता है। हम इनकी चर्चा शीघ्र ही इस अध्याय में करेंगे।

अगर हम उपरोक्त वर्णित इन तीनों प्रकार की विश्वसनीयताओं का समीक्षात्मक विश्लेषण करें तो हमें यह समझने में देर नहीं लगेगी कि वास्तव में तीन के स्थान पर दो प्रकार की ऐसी विश्वसनीयतायें हैं जिनकी स्थापना हेतु परीक्षण निर्माताओं द्वारा प्रयत्न किये जाने चाहिये। इन दोनों में से एक का सम्बन्ध परीक्षण द्वारा प्राप्त मापनों में पाई जाने वाली एकरूपता या स्थिरता से होता है और दूसरे का आंतरिक एकरूपता से। समतुल्यता के रूप में स्थापित विश्वसनीयता और कुछ नहीं बल्कि मापने की एकरूपता तथा स्थिरता का प्रदर्शित करने का ही एक अन्य प्रयास होता है। इसलिये हम अब आगे की चर्चा में दो प्रकार की विश्वसनीयताओं – स्थिरता (Stability) तथा आंतरिक एकरूपता (Internal consistency) की स्थापना सम्बन्धी विधियों को ही प्रकाश में लाना चाहेंगे।

एक अनुसंधान उपकरण की विश्वसनीयता स्थापित करने की विधियाँ (The Methods of Establishing Reliability of a Research Tool)

उपरोक्त वर्णित दो मुख्य प्रकार की विश्वसनीयताओं – स्थिरता तथा आंतरिक एकरूपता को स्थापित करने हेतु व्यावहारिक विज्ञानों में जिन विधियों का सामान्य तौर पर प्रयोग किया जाता है उन्हें हम मुख्य तौर पर निम्न तीन श्रेणियों में विभाजित कर सकते हैं।

A. परीक्षण–पुनः परीक्षण विधि B. समानान्तर या समतुल्य रूप विधि तथा C. आंतरिक एकरूपता या समजातीयता परीक्षण विधियाँ।

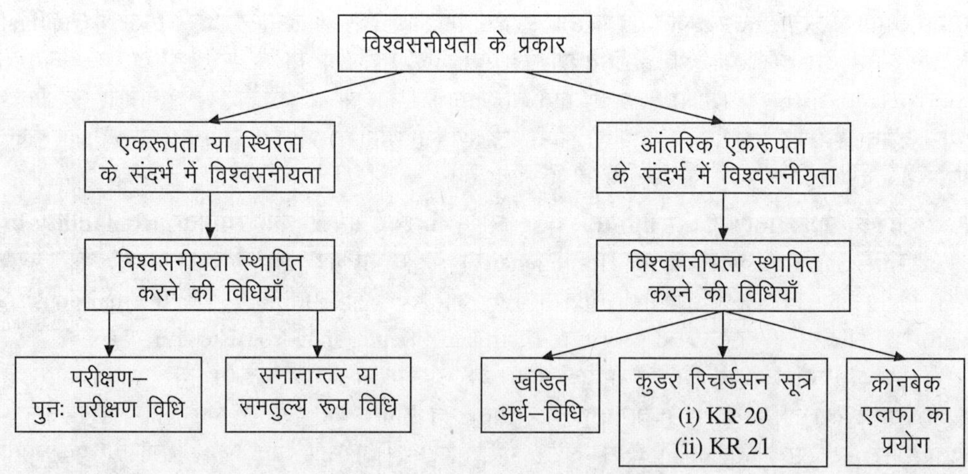

चित्र 29.1 एक अनुसंधान उपकरण की विश्वसनीयता स्थापित करने के प्रकार एवं विधियाँ।

A. परीक्षण-पुनः परीक्षण विधि (Test-Retest Method)

जैसा कि नाम से ही विदित होता है यहाँ एक परीक्षण की विश्वसनीयता स्थापित करने हेतु उसे परीक्षण तथा पुनः परीक्षण के रूप में एक से अधिक बार प्रशासित किया जाता है। इस विधि में प्रयुक्त सोपानों की निम्न प्रकार चर्चा की जा सकती है :

सोपान 1 : समष्टि के एक प्रतिनिधि प्रतिदर्श पर निर्मित परीक्षण को प्रशासित करना।

सोपान 2 : एक उचित अंतराल में (पहले परीक्षण के इतने समय के भीतर जिसमें प्रयोज्यों में मापित चर के संदर्भ में कोई विशेष अंतर न आये अथवा उन्हें पूर्व परीक्षण से प्राप्त अनुभवों की स्मृति से अनुचित सहायता न मिले) पुनः उसी परीक्षण को उसी प्रतिदर्श के प्रयोज्यों पर समान परिस्थितियों में प्रशासित करना।

सोपान 3 : सोपान 1 पर आयोजित परीक्षण तथा सोपान 2 पर आयोजित पुनः परीक्षण से उपलब्ध प्राप्तांकों के बीच सहसम्बन्ध गुणांक (जिसे स्थिरता गुणांक भी कहा जाता है) की गणना करना।

सोपान 4 : निर्मित परीक्षण/उपकरण की विश्वसनीयता की सोपान 3 में प्राप्त सहसम्बन्ध गुणांक मूल्य के संदर्भ में व्याख्या करना। अगर इसका मान/मूल्य सार्थक है तो आप यह कह सकते हैं कि आपके द्वारा निर्मित परीक्षण/उपकरण विश्वसनीय है।

परीक्षण-पुनः परीक्षण विधि के लाभ एवं सीमायें

लाभ एवं उपयोगिता (Merits and Advantages)

1. "इस प्रकार की विश्वसनीयता" जैसा कि कोहेन एवं स्वेरडिक (Cohen & Swerdlik, 2005:129) का मत है "एक ऐसे परीक्षण की विश्वसनीयता की जाँच करने के लिये विशेष रूप से उचित सिद्ध होती है जिससे उस चीज का मापन होता है जो समय के गुजरने के साथ अपेक्षाकृत स्थिर रहती है जैसे (i) एक व्यक्तित्व विशेषक समायोजन जिसे समायोजन परिसूची से मापा जाता है (ii) ऐसे परीक्षणों की विश्वसनीयता की जाँच जिनसे प्रतिक्रिया समय (Reaction time) या प्रत्यक्षीकरण निर्णय (Perceptual judgements) जैसे चमकीलापन, ध्वनि की तीव्रता और स्वाद जैसी बाह्य विशेषताओं का मापन होता है।"
2. यहाँ हम एक ही परीक्षण/उपकरण को परीक्षण तथा पुनः परीक्षण के लिये काम में लाते हैं। "यहाँ हम उस उपकरण का मूल्यांकन" जैसा कि रनजीत कुमार (Kumar, Ranjit, 2005:156) का कहना है "उसी के मापन परिणामों की पारस्परिक तुलना करके करते हैं और इस तरह उन सभी समस्याओं से यहाँ मुक्ति मिल सकती है जो दूसरे उपकरण को प्रयोग में लाने से उभर सकती हैं।"
3. परीक्षण–पुनः परीक्षण विधि को परीक्षण निर्माताओं द्वारा परीक्षण की विश्वसनीयता स्थापित करने की एक काफी सरल तथा सुविधाजन्य विधि माना जाता है। उन्हें यहाँ अपने परीक्षणों के कोई अन्य समानान्तर या समतुल्य परीक्षण प्रारूप तैयार करने की परेशानी में नहीं पड़ना पड़ता और केवल मात्र उसे उसी प्रतिदर्श पर उन्हीं समान परिस्थितियों में एक उचित समयावधि के पश्चात् दुबारा प्रशासित करना होता है। विश्वसनीयता गुणांक की गणना करने और विश्वसनीयता का अनुमान लगाना ये बातें भी उस तरह की जटिल समस्यायें खड़ी नहीं करतीं जैसा कि स्पीयरमैन खंडित अर्ध–विधि, कुडर रिचर्डसन सूत्र तथा क्रोनबेक गुणांक एलफा आदि का प्रयोग करके परीक्षण पदों की आंतरिक विश्वसनीयता या सजातीयता से सम्बन्धित विश्वसनीयता का अनुमान लगाने के दौरान होता है।

दोष एवं सीमायें (Demerits and Limitations)

1. परीक्षण–पुनः परीक्षण विधि का प्रयोग ऐसे परीक्षण या उपकरणों की विश्वसनीयता स्थापित करने के लिये किसी भी प्रकार से उचित सिद्ध नहीं होता जिनका निर्माण ऐसे संप्रत्ययों/विशेषताओं के मापन

हेतु किया जाता है जो अपेक्षाकृत अस्थिर होते हैं और जिनमें समय गुजरने के साथ परिवर्तन आते रहते हैं। उदाहरण के लिये व्यक्तियों के चिन्ता स्तर (Anxiety level) के मापन में स्थिरता नहीं देखी जा सकती, यह थोड़े–थोड़े समय पर घटता बढ़ता हुआ देखा जा सकता है अतः इस प्रकार के अस्थिर प्रकृति के मापन की विश्वसनीयता परीक्षण–पुनः परीक्षण विधि से स्थापित नहीं की जा सकती।

2. यहाँ इस बात की पूरी संभावना रहती है कि परीक्षण के पहले दौर में जो कुछ किया गया था उसके अभ्यास या स्मृति के परिणामस्वरूप पुनः परीक्षण में अर्जित प्राप्तांकों पर यथेष्ट प्रभाव पड़े। स्मृति या अभ्यास प्रभाव के अतिरिक्त थकावट तथा अभिप्रेरणा में कमी आदि कारक (जो दुबारा परीक्षण लेने से प्रकाश में आ सकते हैं) भी विश्वसनीयता की स्थापना में नकारात्मक भूमिका निभा सकते हैं। अगर किसी तरह इस प्रकार के दोषों को परीक्षण तथा पुनः परीक्षण के बीच समय–अवधि बढ़ाकर कम करने का प्रयत्न किया भी जाये तो परीक्षण/उपकरण की विश्वसनीयता को नकारात्मक रूप से प्रभावित करने में प्रयोज्यों की परिपक्वता तथा परीक्षण और पुनः परीक्षण से सम्बन्धित परिस्थितियों में आ जाने वाले परिवर्तन आदि कारक कोई कसर नहीं छोड़ते।
3. यह विधि परीक्षण पदों की आंतरिक एकरूपता या समजातीयता (Homogeneity) से सम्बन्धित विश्वसनीयता का अनुमान लगाने में कोई मदद नहीं करती।

B. समानान्तर या समतुल्य उपकरण/परीक्षण विधि (Parallel or Equivalent Forms Method)

इस विधि को अनुसंधान उपकरण की विश्वसनीयता को स्थापित करने में प्रयुक्त करने हेतु उपकरण निर्माता अपने निर्मित उपकरण के दो समानान्तर या समतुल्य प्रारूप विकसित करता है। इस प्रकार से विकसित इन दोनों परीक्षणों/उपकरणों को फिर एक ही प्रतिदर्श पर कुछ समयावधि के अन्तराल में एक जैसी परिस्थितियों में प्रशासित किया जाता है। एक परीक्षण/उपकरण से प्राप्त परिणामों को फिर उसके समानान्तर विकसित किये गये दूसरे परीक्षण या उपकरण प्रारूप के परिणामों से तुलना की जाती है और अगर इन दोनों प्रकार के परिणामों में समानता पाई जाती है तो फिर परीक्षण/उपकरण विशेष को विश्वसनीय माना जाता है। इस विधि को प्रयोग में लाने में सामान्य रूप से निम्न सोपानों का उपयोग किया जा सकता है :

सोपान 1 : एक ही परीक्षण/उपकरण के दो समानान्तर या समतुल्य प्रारूप (जिनमें एक जैसे पद हों परन्तु एक ही नहीं) तैयार कीजिये। इन्हें तैयार करने में विषयवस्तु तथा पदों के कठिनाई एवं विभेदीकरण स्तर की समानता पर ध्यान दीजिये।

सोपान 2 : समष्टि के एक प्रतिनिधि प्रतिदश पर अपने बनाये गये उपकरण के एक प्रारूप को प्रशासित कीजिये।

सोपान 3 : उसी प्रतिदर्श पर समान परिस्थितियों में कुछ तर्कसंगत समय–अवधि के पश्चात् अब अपने निर्मित उपकरण के दूसरे प्रारूप को प्रशासित कीजिये।

सोपान 4 : उपकरण के दोनों प्रारूपों के प्रशासन के बाद उपलब्ध प्राप्तांकों के मध्य सहसम्बन्ध गुणांक की गणना कीजिये।

सोपान 5 : सोपान 4 में गणना किये गये सहसम्बन्ध गुणांक के मान के संदर्भ में अब अपने निर्मित परीक्षण की विश्वसनीयता की व्याख्या करने का प्रयत्न कीजिये। इस सहसम्बन्ध गुणांक का मान अगर सार्थक (Significant) है तो आप अपने उपकरण की विश्वसनीयता के बारे में आश्वस्त हो सकते हैं।

समानान्तर या समतुल्य प्रारूपों से युक्त अपने निर्मित परीक्षण/उपकरण को एक एक करके एक ही प्रतिदर्श पर एक जैसी परिस्थितियों में थोड़े तर्कसंगत अंतराल में प्रशासित करने से परीक्षण–पुनः परीक्षण विधि के प्रयोग से उपजे हुये दोष तथा कमियों (स्मृति, अभ्यास, थकान तथा अभिप्रेरणा में कमी इत्यादि कारकों से उत्पन्न प्रभाव) को काफी कुछ सीमा तक दूर किया जा सकता है। परन्तु फिर भी यहाँ अभी संयोगजन्य त्रुटियों

के अस्तित्व में आने के अवसर बच जाते हैं जो दो विभिन्न समयों में परीक्षण को प्रशासित करने तथा परीक्षण के दो प्रारूपों में अलग अलग पदों/प्रश्नों की उपस्थिति के कारण पैदा हो सकती हैं। इस प्रकार की संभावना को तिलांजलि देने में परीक्षण के दो समतुल्य प्रारूपों A तथा B के प्रशासन के ढंग में निम्न प्रकार से परिवर्तन लाना उपयोगी सिद्ध हो सकता है।

प्रारूप A को चयनित प्रतिदर्श के आधे प्रयोज्यों से युक्त एक समूह पर प्रशासित किया जाना चाहिये और प्रारूप B को शेष आधे प्रयोज्यों के समूह पर। परीक्षण प्रशासन के दूसरे दौर में पहले समूह को प्रारूप B तथा दूसरे समूह को प्रारूप A प्रदान किया जाना चाहिये।" (Aiken & Marnat, 2006:89)

परन्तु फिर भी अभी जो एक समस्या यहाँ शेष रह जाती है वह यह है कि समानान्तर प्रारूपों के रूप में दो परीक्षणों का निर्माण और उपयोग करना समय, शक्ति और धन की दृष्टि से काफी खर्चीला सिद्ध हो सकता है और फिर ऐसे दो समानान्तर या समतुल्य परीक्षणों का निर्माण (जो कठिनाई तथा विभेदीकरण क्षमता और विषयवस्तु की प्रकृति की दृष्टि से एक जैसे हों) भी कोई सरल बात नहीं होती।

C. आंतरिक एकरूपता या सजातीयता परीक्षण विधि (Internal Consistancy or Homogeneity Testing Method)

एक परीक्षण या शोध उपकरण में जो पद/कथन शामिल किये जाते हैं, उन सभी का उद्देश्य उस संप्रत्यय/प्रक्रिया विशेष का मापन करना होता है जिसे मापने के लिये परीक्षण/उपकरण का विकास किया गया है। अतः यह स्वाभाविक ही है कि उनके पदों में पर्याप्त रूप से एकरूपता या सजातीय होने की विशेषता पाई जाये। उनमें यह है कि नहीं, इस बात का ज्ञान या पहचान निम्न दो प्रकार के सहसम्बन्धों की गणना के आधार पर किया जा सकता है :

(i) प्रत्येक पद/कथन पर उपलब्ध प्राप्तांक तथा अन्य पदों के प्राप्तांकों के बीच सहसम्बन्ध की गणना।

(ii) प्रत्येक पद पर उपलब्ध प्राप्तांक तथा परीक्षण में उपलब्ध कुल प्राप्तांकों के बीच सहसम्बन्ध की गणना।

इस प्रकार के सहसम्बन्धी की गणना करके आंतरिक एकरूपता या सजातीयता के रूप में किसी परीक्षण/उपकरण की विश्वसनीयता स्थापित करने हेतु शोधकर्त्ताओं द्वारा जो विशिष्ट तकनीकें अपनाई जाती हैं, उनका संक्षेप में वर्णन हम आगे कर रहे हैं।

1. अर्ध-विच्छेद विधि का प्रयोग करना (Use of Split-half Method)

अपने परीक्षण की विश्वसनीयता स्थापित करने के लिये अर्ध–विच्छेद विधि का प्रयोग करने हेतु परीक्षण निर्माता को अपने परीक्षण को दो समान या तुल्य अर्धभागों में विभक्त करना होता है। प्रश्न उठता है कि विभाजन या खंडित करने का यह कार्य किस तरह और किस रूप में किया जाये ? इस सम्बन्ध में अपने विचार प्रकट करते हुये कोहेन एवं स्वेरडिक (Cohen and Swerdlik, 2005:135) ने लिखा है :

एक परीक्षण के विभाजन या खंड करने के एक से अधिक तरीके हैं। किसी परीक्षण को विभाजित करने का एक मान्य तरीका यह हो सकता है कि परीक्षण के दोनों अर्ध भागों में पदों को संयोगिक विधि से चुन लिया जाये। दूसरा स्वीकृत तरीका यह हो सकता है कि एक अर्ध भाग में विषम संख्या क्रम वाले पद रहें और दूसरे में समसंख्या क्रम वाले। यह दूसरा तरीका उस अर्ध–विच्छेद विश्वसनीयता को प्रकाश में लाता है जिसे विषम–सम विश्वसनीयता (Odd-even reliability) के नाम से जाना जाता है। एक और अन्य तरीका भी है जिसमें एक परीक्षण को पदों में निहित विषयवस्तु की प्रकृति और कठिनाई स्तर के हिसाब से दो समान अर्धभागों में बाँटने का प्रयत्न किया जाता है। सामान्य रूप से किसी परीक्षण को उसकी अर्ध–विच्छेद विश्वसनीयता का अनुमान लगाने हेतु दो तुल्य अर्ध–भागों में विभाजित करने का उद्देश्य और कुछ नहीं बल्कि उसके दो ऐसे लघु समानान्तर

प्रारूपों (Mini-parallel forms) का सृजन करना होता है जो जहाँ तक संभव हो, प्रारूप शैली, सांख्यिकी तथा अन्य सम्बन्धित बातों को लेकर एक–दूसरे के समान या लगभग समान हों।

जहाँ तक व्यावहारिक उपयोग का प्रश्न है, परीक्षण निर्माणकर्त्ता इस प्रकार की विश्वसनीयता स्थापित करने हेतु विषम–सम संख्या क्रमों का प्रयोग करके ही परीक्षण पदों को दो अर्ध भागों में बाँटने का प्रयत्न करते हैं। हाँ इस प्रक्रिया को कुछ और प्रामाणिकता प्रदान करने हेतु वे विषम–सम विभक्तीकरण से पहले एक काम और कर लेते हैं वह यह है कि परीक्षण के पदों को संयोगिक विधि का उपयोग करके नये सिरे से क्रम प्रदान कर दिया जाये। इस विधि में यद्यपि परीक्षण निर्माता के पास दो प्रारूपों के रूप में परीक्षण के दो अलग अलग अर्ध भाग होते हैं परन्तु वह समानान्तर या समतुल्य प्रारूपों में अपनाई गई विधि (दो अलग अलग समयों में इन्हें प्रशासित करना) के स्थान पर एक ही बार में प्रतिदर्श विशेष पर प्रशासित करता है परन्तु प्राप्त उत्तरों के अंकन के समय विषम क्रम और सम क्रम वाले प्रश्नों के उत्तरों का अंकन अलग अलग करके दो अलग अलग प्राप्तांक समूहों को उपलब्ध करने का प्रयत्न करता है ताकि इन दो समूहों के प्राप्तांकों के बीच सहसम्बन्ध की गणना करके अर्ध–विच्छेद विश्वसनीयता गुणांक ज्ञात किया जा सके। इन सभी प्रकार के कार्यों के संपादन में जिस प्रकार के सोपानों का अनुसरण किया जाता है, वे निम्न हैं :

सोपान 1 : समष्टि विशेष के प्रतिनिधि प्रतिदर्श पर परीक्षण को प्रशासित करें।

सोपान 2 : परीक्षण पदों पर प्राप्त उत्तरों का अंकन करें तथा सभी प्रयोज्यों द्वारा उपलब्ध प्राप्तांकों को (एक बार में एक प्रयोज्य को लेकर) निम्न प्रकार सारिणीबद्ध करें।

प्रयोज्य नं० 1 के प्राप्तांकों का सांख्यिकीकरण

विषम पदों के प्राप्तांक	विषम पदों के प्राप्तांक	सम पदों के प्राप्तांक	सम पदों के प्राप्तांक
पद नं० 1	–	पद नं० 2	–
पद नं० 3	–	पद नं० 4	–
पद नं० 5	–	पद नं० 6	–
–	–	–	–
–	कुल प्राप्तांक X_1 =	–	कुल प्राप्तांक Y_1 =

सोपान 3 : विषम तथा सम क्रम वाले पदों पर सभी प्रयोज्यों ने व्यक्तिगत रूप से जिन कुल प्राप्तांकों X's तथा Y's की उपलब्धि की है अब उन्हें निम्न प्रकार सारिणीबद्ध करें।

विषम क्रम वाले पदों पर कुल प्राप्तांक	सम क्रम वाले पदों पर कुल प्राप्तांक
X_1	Y_1
X_2	Y_2
X_3	Y_3
X_4	Y_4
—	—
—	—
—	—

नोट : यहाँ X_1 तथा Y_1 से तात्पर्य प्रयोज्य नं० 1 द्वारा विषम क्रम तथा सम क्रम वाले पदों पर अर्जित कुल प्राप्तांकों से है)।

सोपान 4 : अब उपरोक्त तालिका में दिये गये X's तथा Y's प्राप्तांक समूहों के बीच सहसम्बन्ध गुणांक की गणना करो। इसे ही खंडित अर्ध विश्वसनीयता गुणांक (Split half Reliability Co-efficient) कहा जाता है। माना यह r_1 है।

सोपान 5 : गणना किया गया उपरोक्त सह सम्बन्ध गुणांक r_1 दोनों अर्ध भागों के बीच सहसम्बन्ध दिखाता है। पूरे परीक्षण की विश्वसनीयता का अनुमान लगाने हेतु अब यहाँ निम्न सूत्र, जिसे ब्राउन का अग्रिम बात बताने वाला सूत्र (Brown prophecy formula) कहा जाता है, प्रयोग किया जाता है।

$$r = 2r_1(1 + r_1)$$

यहाँ r = पूरे परीक्षण का विश्वसनीयता सहसम्बन्ध गुणांक

r_1 = खंडित अर्ध विश्वसनीयता गुणांक (दोनों अर्ध खंडों के बीच सहसंबंध का मापन)

2. कुडर-रिचर्डसन सूत्र का प्रयोग (Use of Kuder-Richardson Formula)

किसी उपकरण/परीक्षण की विश्वसनीयता स्थापित करने हेतु कुडर रिचर्डसन सूत्र का प्रयोग बहु प्रचलित अर्ध विच्छेद विधि के प्रयोग का विकल्प प्रस्तुत करता है। इसके विकास का श्रेय जी० फ्रेडरिक कुडर और एम० डब्ल्यू० रिचर्डसन (G. Fredric Kuder & H.W. Richardson, 1937) को जाता है। इन्होंने किसी परीक्षण या उपकरण विशेष की विश्वसनीयता का अनुमान लगाने के लिए जितने सूत्रों का प्रतिपादन किया उनमें से दो सूत्र जिन्हें, उनके नाम के छोटे रूपों में KR_{20} और KR_{21} के नाम से जाना जाता है, ज्यादा प्रसिद्ध है। उन्हें 20 तथा 21 नाम इसलिये प्रदान किया गया है क्योंकि ये उनके द्वारा विकसित सूत्रों में क्रमांक 20 और 21 पर आते हैं। ये सूत्र विशेष रूप से ऐसे समजातीय परीक्षणों की अन्तःपदीय एकरूपता की जाँच करने के लिए उपयुक्त सिद्ध होते हैं जिनमें पदों के उत्तरों को 'सही–गलत' या 'हाँ–नहीं' आदि के रूप में अंकित किया जाता है। के०आर० सूत्रों को परीक्षण विशेष की अन्तःपदीय एकरूपता तथा सजातीयता स्थापित करने हेतु परीक्षण निर्माता द्वारा परीक्षण के सभी पदों की आपस में तुलना हेतु काम में लाया जाता है। यह बात अर्ध–विच्छेद विधि से काफी कुछ अलग होती है क्योंकि उसमें केवल मात्र परीक्षण के आधे पदों की शेष आधे पदों से तुलना की जाती है। वास्तव में के०आर० 20 और के०आर० 21 सूत्रों का प्रयोग एक परीक्षण निर्माता को सभी सम्भावित खंडित भागों को (वास्तविक रूप में ऐसे कोई खंड किये बिना ही) ध्यान में रखकर उनकी औसत विश्वसनीयता का अनुमान लगाने के उपयुक्त अवसर प्रदान करता है। गणितीय गणना के आधार पर भी यह अच्छी तरह प्रदर्शित किया जा सकता है कि कुडर–रिचर्डसन विश्वसनीयता गुणांक वास्तव में उन सभी अर्ध–विच्छेद गुणांकों (Split half Co-efficient) का मध्यमान होता है जो एक परीक्षण के विभिन्न विच्छिदित भागों (Splits) के मध्य गुणांकों की गणना से प्राप्त हो सकते हैं।

KR_{20} सूत्र के प्रयोग से विश्वसनीयता का अनुमान

KR_{20} सूत्र को निम्न प्रकार लिखा जाता है :

$$KR_{20} = \frac{n}{n-1}\left(\frac{SD^2 - \Sigma pq}{SD^2}\right)$$

यहाँ n = परीक्षण में शामिल पदों (प्रश्नों) की संख्या

SD = परीक्षण में उपलब्ध प्राप्तांकों का प्रामाणिक विचलन

p = प्रत्येक पद का कठिनाई स्तर (समूह के प्रयोज्यों का प्रतिशत जिसने सही अनुक्रिया की है।

q = प्रत्येक पद के संदर्भ में प्रयोज्यों का प्रतिशत जिसने गलत अनुक्रिया की है। (यानी $1 - p$)

KR_{20} का KR_{21} की तुलना में अधिक उपयोग किया जाता है। KR_{21} की तरह यहाँ यह मानकर नहीं चला जाता कि परीक्षण में शामिल सभी पदों/कथनों का कठिनाई स्तर एक जैसा है। KR_{20} सूत्र का प्रयोग करना तब और भी काफी आसान हो जाता है जबकि परीक्षण निर्माता द्वारा पद विश्लेषण (Item analysis) करने के दौरान प्रत्येक पद के कठिनाई स्तर की गणना कर ली गई हो। और यह भी हम अच्छी तरह जानते हैं कि परीक्षण/उपकरण के विकास की प्रक्रिया में पद विश्लेषण का कार्य अवश्य किया जाता है और इसे करने में प्रत्येक पद के कठिनाई स्तर की भी गणना की जाती है। इसलिये परीक्षण निर्माता को KR_{20} में प्रयोग में लाने हेतु 'p' तथा 'q' के मान आसानी से उपलब्ध हो सकते हैं। KR_{20} के द्वारा प्राप्त विश्वसनीयता गुणांक की व्याख्या करने के सम्बन्ध में यह कहा जा सकता है कि लघु परीक्षणों (जिनमें 10 से लेकर 15 पद हों) के संदर्भ में इस गुणांक का 0.5 मूल्य भी संतोषजनक माना जाता है जबकि 50 से अधिक पदों वाले परीक्षणों के लिये यह मूल्य 0.8 तथा उससे भी अधिक होना ठीक माना जाता है।

KR_{21} के द्वारा विश्वसनीयता का अनुमान

KR_{21} का प्रयोग KR_{20} सूत्र की अपेक्षा अधिक शीघ्रता से विश्वसनीयता गुणांक की गणना करने में हमारी मदद कर सकता है। परन्तु इसका प्रयोग इस मान्यता पर आधारित है कि परीक्षण में शामिल सभी पदों का कठिनाई स्तर एक जैसा है। अगर कठिनाई स्तर एक जैसा नहीं होता तो KR_{21} से निकाला गया विश्वसनीयता गुणांक KR_{20} से प्राप्त गुणांक के मान से कम होता है। KR_{21} के प्रयोग हेतु निम्न सूत्र का प्रयोग किया जाता है :

$$KR_{21} = \frac{n}{n-1}\left[1 - \frac{(M - M^2/N)}{SD^2}\right]$$

यहाँ n = परीक्षण में शामिल पदों (प्रश्नों) की संख्या

M = परीक्षण में उपलब्ध प्राप्तांकों का मध्यमान

SD = परीक्षण में उपलब्ध प्राप्तांकों का प्रामाणिक विचलन

यहाँ इस सूत्र का उपयोग करने में 'p' तथा 'q' के मूल्यों को मालूम करने की परेशानी नहीं उठानी पड़ती। हमें केवल M (मध्यमान) तथा SD (प्रामाणिक विचलन) और n (पदों की संख्या) के मूल्य चाहिये जिन्हें सूत्र में रखकर हम आसानी से विश्वसनीयता गुणांक की गणना कर सकते हैं। एक कल्पित उदाहरण के माध्यम से हम यहाँ KR_{21} के उपयोग को स्पष्ट करना चाहेंगे।

उदाहरण 29.1 : प्रयोज्यों की शैक्षिक अभिरुचि के मापन के लिये निर्मित एक मनोवैज्ञानिक परीक्षण में 85 पद (प्रश्न/कथन) हैं। इस परीक्षण में उपलब्ध प्राप्तांकों का मध्यमान 60 है तथा प्रामाणिक विचलन 8 है। इस परीक्षण की विश्वसनीयता KR_{21} के उपयोग द्वारा निर्धारित कीजिये।

हल :
$$KR_{21} = \frac{n}{n-1}\left[1 - \frac{(M - M^2/N)}{SD^2}\right]$$

यहाँ n = 80, M = 60 तथा SD = 8 है।

इसलिये $M^2 = 60 \times 60 = 3600$ तथा $SD^2 = 8 \times 8 = 64$

इन मूल्यों को सूत्र में रखने पर

$$KR_{21} = \frac{80}{79}\left[1 - \frac{(60-45)}{64}\right] = \frac{80}{79}\left[1 - \frac{15}{64}\right] = \frac{80 - 18.75}{79} = \frac{62.45}{79} = 0.79$$

क्रोनबेक गुणांक एलफा का प्रयोग (Use of Cronback's Coefficient Alpha)

KR_{20} तथा KR_{21} सूत्रों का उपयोग करके विश्वसनीयता का अनुमान लगाने में सबसे बड़ा दोष/कमी इस बात को लेकर है कि इनका प्रयोग केवल द्विभाजीय प्रदत्तों यानी उन पदों से युक्त परीक्षणों की विश्वसनीयता ज्ञात करने के लिए किया जा सकता है जिनके उत्तर हाँ/ना, गलत/सही में प्राप्त किये जाते हैं और जिनका अंकन 1 तथा 0 के रूप में किया जाता है। इस कमी को दूर करने हेतु क्रोनबेक (Cronbach, 1951) ने एलफा गुणांक (Coefficient alpha) के रूप में एक अधिक लाभदायक सांख्यिकी को प्रकाश में लाने की कोशिश की। अपने प्रतिपादक को श्रेय देने के उद्देश्य से इसे क्रोनबेक गुणांक एलफा के नाम से भी जाना जाता है।

कुडर रिचर्डसन विश्वसनीयता गुणांकों (KR_{20} तथा KR_{21}) की तरह इसे भी संभावित अर्ध–विच्छेद सहसम्बन्धों (स्पीयरमैन ब्राउन प्रोफेसी सूत्र के द्वारा संशोधन सहित) के मध्यमान के रूप में स्वीकार किया जाता है। यही कारण है कि किसी शैक्षिक या मनोवैज्ञानिक गुण या प्रक्रिया के मापन हेतु प्रयुक्त एक परीक्षण/प्रकरण की विश्वसनीयता स्थापित करने के लिये इसका चलन दिनोंदिन बढ़ता जा रहा है। इससे परीक्षण पदों की आंतरिक एकरूपता तथा सजातीयता का अच्छी तरह अनुमान लगाने में पर्याप्त मदद मिलती है। प्रयोज्यों के एक प्रतिनिधि प्रतिदर्श पर परीक्षण को यहाँ एक बार ही प्रशासित करने की आवश्यकता होती है और यहाँ प्रश्नों/पदों को हाँ/ना या गलत/सही प्रारूप में प्रस्तुत करने की आवश्यकता नहीं पड़ती।

पदांक क्रम (Rank order) तथा प्रोडक्ट मोमेन्ट सहसम्बन्ध गुणांकों की तरह (जिनका मान –1 से +1 तक होता है) क्रोनबेक गुणांक एलफा का मान 0 से 1 के बीच में रहता है। क्रोनबेक गुणांक एलफा की गणना करने हेतु निम्न सूत्र का प्रयोग किया जाता है।

$$r_{\alpha} = \frac{n}{n-1}\left(1 - \frac{\Sigma\sigma_1^2}{\sigma^2}\right)$$

यहाँ σ_1^2 = पदों के प्रसरण (item variances) का योग

σ^2 = परीक्षण पर प्राप्त कुल प्राप्तांकों का प्रसरण (Variance of the total score on the test)

n = पदों की संख्या, r_{α} = क्रोनबेक गुणांक एल्फा।

उपरोक्त सूत्र के विकल्प के रूप में एक अन्य सूत्र का भी प्रयोग किया जाता है जो यह है :

$$r_{\alpha} = \frac{n.r_m}{[1 + (n-1)r_m]}$$

यहाँ n = परीक्षण में शामिल पदों की संख्या

r_m = सभी अन्तःपदीय सहसम्बन्धों का मध्यमान मूल्य

इन सूत्रों का प्रयोग करने के स्थान पर क्रोनबेक गुणांक एलफा की गणना कंप्यूटर प्रोग्रामों जैसे SPSS के उपयोग द्वारा काफी शीघ्रता और सुगमता से की जा सकती है।

विश्वसनीयता स्थापित करने हेतु किसी एक या अन्य विधियों को प्रयोग में लाने के बारे में निर्णय लेना

किसी परीक्षण/उपकरण की विश्वसनीयता स्थापित करने हेतु किसी एक विधि या विधियों के प्रयोग के बारे में निर्णय लेना बहुत सी बातों पर निर्भर करता है जैसे परीक्षण की प्रकृति तथा विश्वसनीयता का अनुमान लगाने का प्रयोजन। कब, कहाँ, किस प्रकार की विश्वसनीयता स्थापित की जानी चाहिए इसके बारे में संक्षेप में निम्न विचार व्यक्त किये जा सकते हैं :

- वे परीक्षण जिन्हें किसी एक विशेषक (Trait) या विशेषता (जैसे लिपिक कार्य करने सम्बन्धी अभिरुचि, किसी प्रक्रिया विशेष के प्रति अभिवृत्ति) के मापन हेतु निर्मित किया जाता है, उनमें निहित पदों/प्रश्नों से यह आशा की जाती है कि उनमें उच्च कोटि की सजातीयता तथा एकरूपता की उपस्थिति रहे। इसलिये इन परीक्षणों की विश्वसनीयता स्थापित करने में अर्ध–विच्छेद विधि, KR_{20} तथा KR_{21} सूत्रों एवं क्रोनबक गुणांक एलफा का प्रयोग परीक्षण पदों की आंतरिक एकरूपता तथा सजातीयता सम्बन्धी विश्वसनीयता का अनुमान लगाने हेतु किया जाना ही युक्तिसंगत रहता है।
- अगर किसी परीक्षण या उपकरण का निर्माण एक ऐसे विशेषक या विशेषता के मापन हेतु किया गया है जिसकी प्रकृति अपेक्षाकृत एकरूपीय या स्थिर है तो यह आवश्यक है कि परीक्षण निर्माता द्वारा एकरूपता और स्थिरता से जुड़ी हुई विश्वसनीयता को लक्ष्य बनाते हुए परीक्षण की विश्वसनीयता की स्थापना हेतु परीक्षण–पुनः परीक्षण विधि तथा समानान्तर या समतुल्य प्रारूप अपनाने वाली विधि का उपयोग किया जाय।
- उस समय जब परीक्षणकर्त्ता को एक ऐसे परीक्षण/उपकरण की विश्वसनीयता को स्थापित करना होता है जिसका निर्माण किसी ऐसी विशेषता या विशेषक के मापन हेतु किया गया है जो समय और परिस्थिति के अनुसार परिवर्तनशील है जैसे चिन्ता स्तर, मनोस्थिति तथा स्वभाव आदि, तब यहाँ परीक्षण पुनः परीक्षण विधि का प्रयोग करना उचित नहीं होता। इस अवस्था में परीक्षणकर्त्ता को पदों की आंतरिक एकरूपता तथा सजातीयता से जुड़ी हुई विश्वसनीयता को स्थापित करने का लक्ष्य बनाते हुए खंडित–अर्ध विधि, KR_{20}, KR_{21} तथा एलफा गुणांक जैसी विधियों का प्रयोग करने का प्रयत्न करना चाहिये। परीक्षण निर्माता द्वारा यहाँ दो समतुल्य समूहों का प्रयोग करते हुए समानान्तर या समतुल्य प्रारूप विधि का प्रयोग भी किया जा सकता है।
- गुणात्मक अनुसंधान अध्ययनों के लिए प्रयुक्त मापनों की विश्वसनीयता स्थापित करने के कार्य में शोधकर्त्ताओं द्वारा काफी कुछ सतर्क रहने की आवश्यकता है। इन अनुसंधान अध्ययनों में मापन कार्य हेतु प्रायः प्रेक्षण, साक्षात्कार तथा प्रलेखीय साक्ष्य आदि का प्रयोग किया जाता है। यहाँ विश्वसनीयता स्थापित करने के लिये मापनों की पुनरावृत्ति का सहारा नहीं लिया जा सकता जैसा कि प्रायः हमारे द्वारा परिमाणात्मक अनुसंधान अध्ययनों में प्रयुक्त मापनों के लिए किया जाता है। गुणात्मक अध्ययनों में जैसा कि बोगडन एवं बिकलेन (Bogden and Biklen, 1992:48) ने स्पष्ट किया है, "विश्वसनीयता से तात्पर्य जो शोधकर्त्ता द्वारा प्रदत्तों/सूचनाओं के रूप में अभिलेखित किया जाता है और जो वास्तविक रूप में परिस्थिति विशेष में स्वाभाविक रूप से विद्यमान रहता है इन दोनों में पाई जाने वाली समानता या एकरूपता से है। जितने अच्छे रूप में (शुद्धता और व्यापकता पूर्ण) शोधकर्त्ता द्वारा वास्तविकता का अभिलेखन किया जायेगा उतनी ही विश्वसनीयता उसके द्वारा एकत्रित प्रदत्तों से विश्लेषित निष्कर्षों में होगी।"

  इस तरह संक्षेप में यहाँ परीक्षण निर्माणकर्त्ता को अपने मापन की एकरूपता या स्थिरता की स्थापना की जगह यह प्रदर्शित करना होता है कि उस पर कितना निर्भर रहा जा सकता है अथवा भरोसा किया जा सकता है। प्रश्न उठता है यह प्रदर्शित करने के लिए क्या किया जाये। इस सम्बन्ध में लिंकन एवं गुबा (Lincoln and Guba, 1985:108-109) द्वारा दिया गया निम्न कथन उचित परामर्श प्रदान कर सकता है।

  गुणात्मक अनुसंधान में प्रदत्तों का संग्रह करने वाले मापनों पर कितना निर्भर रहा जा सकता है, इसे जिन बातों के आधार पर सुनिश्चित किया जा सकता है, वे हैं : (i) उत्तरदाताओं/प्रयोजनों के उत्तर पुष्टिकरण हेतु उनसे पुनः सम्पर्क करना (ii) साथियों से प्रयोज्यों के बारे में पूछना (iii) त्रिकोणात्मक

तकनीक (प्रदत्तों के संग्रह हेतु विभिन्न स्रोत, विधियों तथा प्रेक्षकों का) उपयोग करना, (iv) क्षेत्र या स्थान विशेष में जहाँ से प्रदत्तों का संग्रह करना है, लम्बे समय तक रहना (v) क्षेत्र या स्थान विशेष में ध्यान और एकाग्रता से प्रेक्षण करना (vi) उन सामान्य बातों का ध्यान रखना जिनसे स्पष्ट और वास्तविक जानकारी को शीघ्र से शीघ्र रूप में ग्रहण किया जा सके (vii) नकारात्मक केस विश्लेषण (यानी एक बात जो ठीक समझी गई है उसके नकारात्मक पक्ष को असत्य सिद्ध करके देखना) और (viii) स्वतन्त्र रूप से समीक्षा/मूल्यांकन जिसमें ऐसी अन्वेषण प्रक्रिया का सहारा लिया जा सके कि निष्कर्षित परिणाम तथा संकलित प्रदत्तों में एकरूपता दिखाई दे।

विश्वसनीयता गुणांक की व्याख्या के बारे में निर्णय लेना (The Decision About Interpreting a Coefficient of Reliability)

किसी एक या अन्य विधियों से उपलब्ध विश्वसनीयता गुणांक के मान की व्याख्या करने का कार्य भी परीक्षण निर्माताओं के सामने अच्छी चुनौती खड़ी कर सकता है। उन्हें यह अच्छी तरह विदित होना चाहिए कि उनके द्वारा गणना किये गये विश्वसनीयता गुणांक का मान कितना उच्च होना चाहिये जिससे वे यह कह सकें कि उनके द्वारा निर्मित परीक्षण/उपकरण विश्वसनीय है। कितना उच्च होना चाहिए, इसका उत्तर देना आसान नहीं है। क्योंकि यह बात बहुत सी बातों और कारकों, जैसे—परीक्षण/उपकरण से पूरे होने वाले प्रयोज्यों तथा मापन की जाने वाली विशेषता/विशेषकों की प्रकृति आदि पर निर्भर करती है। परन्तु सामान्य रूप से यहाँ यह नियम अपनाया जा सकता है कि जितना अधिक से अधिक या कम से कम विश्वसनीयता गुणांक का मान होगा उतने ही अच्छा या बुरा (सबल और निर्बल) इसे अनुसंधान उपकरण की विश्वसनीयता स्थापित करने वाला माना जायेगा। इस नियम के अनुसरण में परिस्थिति अनुसार (जिस तरह का प्रयोजन परीक्षण/उपकरण के प्रशासन से पूरा किया जाना है) ढील दी जा सकती है और फलस्वरूप जहाँ कुछ परीक्षणों/उपकरणों के विकास में हमें विश्वसनीयता गुणांक की मात्रा अधिक चाहिये तो किन्हीं में इसकी न्यून मात्रा भी सही ठहराई जा सकती है। विश्वसनीयता गुणांक के किन मूल्यों/मानों को सार्थक रूप से उच्च या निम्न कहा जाये इस बात को लेकर विद्वानों में काफी मतभेद देखने को मिल सकते हैं। उदाहरण के लिये जहाँ कोहेन एवं अन्य (Cohen, et al., 2006:506) ने एक परीक्षण/उपकरण की विश्वसनीयता की स्थापना हेतु विश्वसनीयता गुणांक के 0.7 मान को एक स्वीकृत मूल्य कहने की बात कही है वहीं ब्रेयमान एवं क्रेमर (Bryman and Cramer, 1990:71) ने सुझाव दिया है कि यह मान 0.8 होना चाहिए। इस सम्बन्ध में कितना कुछ लचीलापन रखा जाय, इस बारे में अपना मत प्रकट करते हुए एकेन एवं मार्नेट (Aiken and Marnet, 2006:92) ने लिखा है :

किसी परीक्षण या अन्य मनोमिति उपकरण के लिये एक विश्वसनीयता गुणांक का मान कितना अधिक होना उपयोगी रहता है ? इस प्रश्न का उत्तर इस बात पर निर्भर करता है कि कोई परीक्षण प्राप्तांकों का किस तरह उपयोग करना चाहता है। अगर किसी परीक्षण को यह ज्ञात करने के लिये प्रयोग में लाया जाता है कि व्यक्तियों के दो समूहों के द्वारा अर्जित प्राप्तांकों के मध्यमानों में सार्थक अन्तर है या नहीं तो यहाँ विश्वसनीयता गुणांक के .60 से लेकर .70 तक के मान संतोषप्रद माने जा सकते हैं। दूसरी ओर जब एक परीक्षण को एक व्यक्ति द्वारा अर्जित प्राप्तांकों का दूसरे व्यक्तियों द्वारा अर्जित प्राप्तांकों से तुलना करने हेतु काम में लाया जाता है अथवा एक व्यक्ति विशेष के द्वारा किसी एक परीक्षण में से अर्जित प्राप्तांकों की उसी व्यक्ति द्वारा किसी दूसरे परीक्षण में अर्जित प्राप्तांकों से तुलना करने हेतु प्रयुक्त किया जाता है तो विश्वसनीयता गुणांक का मान कम से कम 0.85 अवश्य होना चाहिए ताकि यह कहने में कोई आपत्ति न हो कि प्राप्तांकों में पाये जाने वाला थोड़ा सा अन्तर भी अपने आप में सार्थक है।

--- ⚜ ---

30

अनुसंधान उपकरणों की वैधता

[Validity of Research Tools]

विषय प्रवेश (Introduction)

सभी परीक्षण/उपकरण निर्माता यही चाहते हैं कि उनके द्वारा निर्मित उपकरण के द्वारा उस प्रयोजन की पूर्ति ठीक तरह से हो जिसे पूरा करने के लिए उसे बनाया गया है और साथ ही वे यह भी चाहते हैं कि इस कार्य के संपादन में उसे आवश्यक रूप से सही, भरोसेमंद तथा विश्वसनीय होना चाहिये। यह करने के लिये वे सभी सम्भावित तरीकों से इस परीक्षण/उपकरण की विश्वसनीयता तथा वैधता की स्थापना करना अति आवश्यक समझते हैं। हमने पहले कार्य – विश्वसनीयता की स्थापना के बारे में पिछले अध्याय में विस्तार से चर्चा की है। परन्तु जहाँ परीक्षण की विश्वसनीयता मापन की केवल मात्र संयोगिक त्रुटियों (Random errors) से प्रभावित होती है वहीं उसकी वैधता को संयोगिक तथा मापन में सदैव उपस्थिति रहने वाली स्थिर त्रुटियाँ (Constant errors) दोनों ही प्रभावित करती हैं। यही कारण है कि विश्वसनीयता की स्थापना का अर्थ यह नहीं होता कि वैधता भी स्थापित हो चुकी है। यह बात अलग है कि विश्वसनीयता के लिये यह बात ठीक हो सकती है कि वैधता की स्थापना में विश्वसनीयता स्वतः ही स्थापित हो जाती है परन्तु इसकी विपरीत स्थिति सत्य नही है यानी वैधता स्थापित करना, चाहे परीक्षण किसी भी रूप में विश्वसनीय क्यों न हो, एक परीक्षणकर्त्ता के लिए अति आवश्यक होता है। इसी उद्देश्य को ध्यान में रखते हुए यहाँ हम प्रस्तुत अध्याय में वैधता के वास्तविक अर्थ, प्रकृति और उसे स्थापित करने के विभिन्न ढंगों से परिचित होना चाहेंगे।

वैधता क्या है ? (What is Validity ?)

1. **करलिंगर** : वैधता की एक सर्वमान्य परिभाषा एक प्रश्न के उत्तर में निहित मानी जा सकती है : हम जो मापन करने की सोच रहे हैं क्या वही हमारे द्वारा मापा जा रहा है।
   (The commonest definition of validity is epitomised by the question: Are we measuring what we think we are measuring — Kerlinger, 1973:457)
2. **बेबई** : वैधता से तात्पर्य उस सीमा विशेष से है जिस तक एक आनुभाविक मापन किसी विचारार्थ संप्रत्यय के वास्तविक अर्थ को उचित रूप में हमारे सामने लाता है।
   (Validity refers to the extent to which an empirical measure adequately reflects the real meaning of the concept under consideration. — Babbie, 1990:133)
3. **पैटन, एम०एल०** : एक उपकरण उस सीमा तक ही वैध कहा जा सकता है जिस सीमा तक यह वही मापन करता है जिसे मापने के लिए उसे बनाया गया है और सही सही ही एक तथा अनेक ऐसे कार्य करता है जिसे करने की उससे आशा की जाती है।
   (An instrument is valid to the extent that it measures what it is designed to measure and accurately performs the function(s) it is purported to perform.— Patten, M.L. 2007)

लेखकों तथा विद्वानों द्वारा व्यक्त उपरोक्त विचार हमें वैधता के अर्थ और उसे स्थापित करने के प्रयोजन के बारे में निम्न निष्कर्ष (जैसा कि बॉक्स में दिया गया है) निकालने में हमारी उचित मदद कर सकते हैं।

> किसी परीक्षण/उपकरण की वैधता स्थापित करने से तात्पर्य उसके बारे में यह सुनिश्चित करना है कि इसके द्वारा वही मापा जा रहा है जिसे मापने के लिये उसका निर्माण किया गया है। अपने इस अर्थ में एक अनुसंधान उपकरण की वैधता इस बात पर पूरा बल देती है कि उस उपकरण द्वारा किया गया मापन सभी समय और परिस्थितियों में सही सही और वास्तविक मापन प्रदान करेगा।

इस प्रकार से यह अच्छी तरह समझा जा सकता है कि किसी शोधकर्त्ता/परीक्षण निर्माता द्वारा निर्मित उपकरण या परीक्षण किस सीमा तक वैध है यह उसकी इस विशेषता पर निर्भर करता है कि जिसे मापने के लिए उसे बनाया गया है उसके सही सही मापन में वह किस सीमा तक अपने सामर्थ्य का प्रदर्शन करता है। वैधता के संप्रत्यय का ऐसा अवबोध हमें यह सोचने के लिए मजबूर कर सकता है कि परीक्षण/उपकरण की केवल एक ही तरह की वैधता होती है जिसे किसी एक अध्ययन के द्वारा स्थापित किया जा सकता है। परन्तु व्यावहारिक रूप में ऐसा नहीं होता।

किसी परीक्षण निर्माता द्वारा निर्मित परीक्षण की जैसा कि एकेने एवं मारनेट (Aiken and Marnet, 2006:79) का कहना है :

विभिन्न प्रकार की वैधतायें होती हैं जिनकी प्रकृति और स्थापना सम्बन्धी कार्य निर्मित परीक्षण से पूरे होने वाले विशिष्ट प्रयोजनों, समष्टि (Population) जिसके लिये इसे प्रयुक्त किया जा सकता है, परिस्थितियाँ जिनमें इसको प्रशासित किया जा सकता है तथा विधियाँ जिन्हें इसकी वैधता स्थापित करने में काम में लाया जा सकता है, आदि पर निर्भर करता है।

आइये शैक्षिक और मनोवैज्ञानिक परीक्षणों/उपकरणों की इन विभिन्न प्रकार की वैधताओं के बारे में समुचित जानकारी प्राप्त की जाये।

वैधता के प्रकार एवं उनकी स्थापना (Types of Validity and Their Establishment)

सामान्य रूप से एक परीक्षण/उपकरण निर्माता को अपने उपकरण को उपयुक्त रूप से वैध ठहराने हेतु निम्न चार प्रकार की वैधताओं की स्थापना हेतु प्रयत्नरत होते हुए देखा जा सकता है।

A. ऊपर से दिखाई देने वाली या स्वरूप वैधता (Face validity)
B. विषयवस्तु–वैधता (Content validity)
C. मानदण्ड संदर्भित वैधता (Criterion related validity)
D. रचनाजन्य वैधता (Construct validity)

इनमें से पहली दो प्रकार की वैधताओं (प्रत्यक्ष तथा विषयवस्तु) को निर्णयजन्य वैधता (Judgement based validity) कहा जाता है क्योंकि इनमें एक निर्मित उपकरण वैध है या नहीं इसके बारे में निर्णय या तो उपकरण निर्माता स्वयं अपनी समझ और सोच विचार के आधार पर लेता है अथवा वह इस प्रकार का निर्णय लेने हेतु नियुक्त किये गये जजों के सुझावों को आधार बनाता है। तीसरे प्रकार की वैधता (मानदंड संदर्भित) आनुभाविक होती है इसे ठोस अनुभवजन्य साक्ष्यों, प्रेक्षणों तथा सांख्यिकी प्रविधियों द्वारा समर्थित परीक्षण प्रक्रिया के जरिये स्थापित किया जाता है। आखिरी जिसे रचनाजन्य (Construct) वैधता कहा जाता है, एक मिश्रित/सम्बन्धित प्रकार की वैधता है यह आत्मनिष्ठ निर्णयों तथा आनुभाविक सूचनाओं (प्रेक्षण तथा अनुभव आधारित) दोनों पर ही आधारित रहती है।

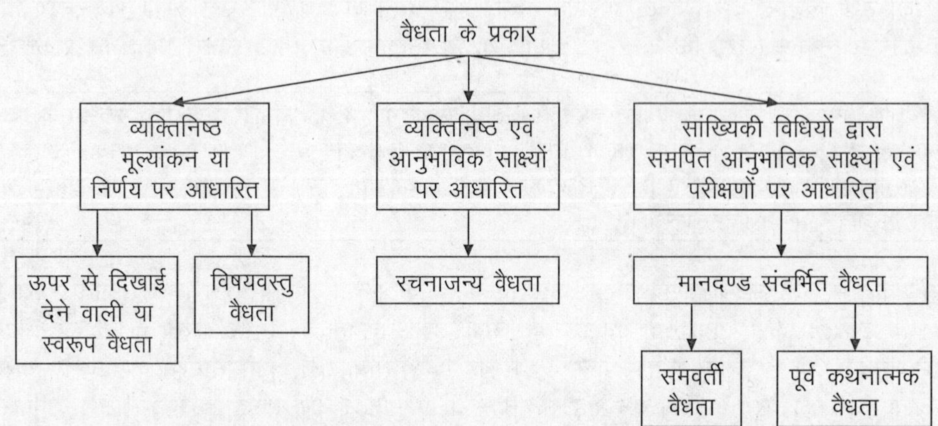

चित्र 30.1 अनुसंधान उपकरणों की वैधता का वर्गीकरण एवं प्रकार।

आइये अब हम इन चारों प्रकार की वैधताओं की प्रकृति तथा स्थापित करने के तरीकों के बारे में जानकारी प्राप्त करें।

A. ऊपर से दिखाई देने वाली या स्वरूप वैधता (Face Validity)

इस प्रकार की वैधता की जाँच परीक्षण में शामिल प्रश्नों तथा दिये गये अनुदेशनों को देखने मात्र से सम्पन्न हो सकती है। यह हम अच्छी तरह जानते हैं कि किसी परीक्षण को वैध ठहराने के लिये उसके कथनों/प्रश्नों को परीक्षण उद्देश्यों के अनुरूप होना काफी आवश्यक है। अगर वैधता की जाँच के लिए नियुक्त जजों के पैनल (जिसमें परीक्षणकर्त्ता के स्वयं का निरीक्षण–परीक्षण भी शामिल रहता है) द्वारा ऊपर से प्रत्यक्ष रूप में अवलोकन करने से यह पता चलता है कि प्रस्तुत परीक्षण में शामिल कथनों/प्रश्नों द्वारा परीक्षण उद्देश्यों को पूरा होने में सहायता मिल रही है तब हम उस परीक्षण को वैध कह सकते हैं।

इस प्रकार से ऊपर से अवलोकित या स्वरूप वैधता और कुछ नहीं बल्कि यह निर्णय लेना है कि ऊपरी तौर पर अवलोकन करने से परीक्षण में शामिल कथन/परीक्षण जिस प्रयोजन हेतु परीक्षण का निर्माण किया गया है उसे पूरा करने लायक दिखाई देते हैं या नहीं। इस प्रकार की वैधता को स्थापित करने हेतु वैधता के बारे में जो भी निर्णय लिया जाता है, उसे प्रयोज्यों/उत्तरदाताओं के दृष्टिकोण/सोच को ध्यान में रखकर लिया जाता है परीक्षण लेने वाले या बनाने वाले के दृष्टिकोण से नहीं। इस बात को स्पष्ट करने हेतु हम निम्न उदाहरणों की सहायता ले सकते हैं।

- एक कागज और पैन आधारित व्यक्तिगत परीक्षण जिसे "अन्तर्मुखी/बहिर्मुखी परीक्षण" नाम दिया गया है और जिसमें इस प्रकार के पदों/प्रश्नों को शामिल किया गया है जिनमें उत्तरदाताओं से यह पूछा जाता है कि किन परिस्थितियों विशेष में वे अन्तर्मुखी बने रहते हैं और किन में बहिर्मुखी। इस प्रकार के परीक्षण को कोहेन एवं स्वेरडिक (Cohen and Swerdlik, 2005:158) के अनुसार उत्तरदाताओं द्वारा ऐसे परीक्षण के रूप में मान्यता दी जा सकती है जिसकी ऊपर से अवलोकन की गई प्रत्यक्ष वैधता उच्च कोटि की है।
- अगर किसी विमान चालक प्रशिक्षण संस्थान में प्रशिक्षणार्थियों के चयन हेतु किसी परीक्षण का उपयोग किया जा रहा है, तो जैसा कि पैटन (Patten 2007:64) का विचार है, तो एक ऐसा परीक्षण जिसमें अन्तरिक्ष में गति करती हुई ज्यामिति आकृतियों की ड्राईंग प्रयोग में लाई गई है उसकी वैधता उस

दूसरे परीक्षण से कम होगी जिसमें अंतरिक्ष में गति करती हुई लघु आकारीय वायुयानों की ड्राईंग को काम में लाया गया है।

- एक उपलब्धि परीक्षण जिसे गणित के एक प्रकरण "चक्रवृद्धि ब्याज" के मूल्यांकन हेतु निर्मित किया गया है उसमें शामिल किये गये प्रश्न ऐसे होने चाहिए जो चक्रवृद्धि ब्याज की अवधारणा, उसकी गणना और दिन–प्रतिदिन की जिन्दगी में उसके उपयोग से सम्बन्धित हों। अगर इसके प्रश्नों को पढ़ने से ऐसा लगता है कि वे इस प्रकार के हैं तो निर्मित उपलब्धि परीक्षण को वैध कहा जा सकता है।
- एक परीक्षण जिसे व्यावसायिक रुचि के मापन हेतु और दूसरा जिसे विद्यार्थियों की सामान्य रुचियों की जानकारी लेने हेतु बनाया गया है। इन दोनों परीक्षणों में शामिल पदों/कथनों/प्रश्नों से यह प्रतिबिम्बित होना चाहिये कि ये अपने अपने उद्देश्यों को पूरा कर रहे हैं। अगर ऊपर से देखने/प्रश्नों को पढ़ने से यह पता चलता है कि वे ऐसा कर रहे हैं तभी इन परीक्षणों को वैध कहा जायेगा।

ऊपर से दिखाई देने वाली या स्वरूप वैधता की स्थापन प्रक्रिया (The Procedure Adopted for Establishing Face Validity)

एक परीक्षण निर्माता अपने परीक्षण को इस प्रकार की वैधता स्थापित करने हेतु निम्न प्रकार आगे बढ़ सकता है :

(i) उसे पहले तो स्वयं ही एक मूल्यांकनकर्त्ता की भूमिका निभाते हुये अपने परीक्षण में शामिल प्रश्नों/कथनों का परीक्षण उद्देश्यों के संदर्भ में अच्छी तरह अवलोकन कर उनकी वैधता की परख करने का प्रयत्न करना चाहिये फिर इसके बाद एक जजों के पैनल की इस कार्य में सहायता लेनी चाहिए। इस पैनल में शामिल करने के लिए उसे ऐसे व्यक्तियों से सम्पर्क करना चाहिये जो परीक्षण सम्बन्धी संप्रत्यय के विशेषज्ञ, शोधकर्त्ता तथा अनुभवी व्यक्ति हों।

(ii) जजों के पैनल की नियुक्ति के बाद उसे उनसे अनुरोध करना चाहिये कि वह उनकी अपने परीक्षण की ऊपर से अवलोकित या स्वरूप वैधता की स्थापना में मदद चाहता है इसलिये उनसे प्रार्थना है कि वे निम्न आधारभूत बातों को ध्यान में रखकर अपेक्षित सहायता प्रदान करें।
   - क्या मेरे द्वारा निर्मित यह उपकरण/परीक्षण से आपको यह लगता है कि जिस चीज के मापन हेतु इसका निर्माण किया गया है उसे मापने में यह अच्छी तरह समर्थ है ?
   - क्या परीक्षण में शामिल प्रत्येक पद/प्रश्न परीक्षण के उद्देश्यों की पूर्ति करता हुआ प्रतीत होता है ?
   - क्या आपको लगता है कि प्रस्तुत परीक्षण/उपकरण से सम्बन्धित विषयवस्तु (जैसे त्रिभुजों की सर्वांगसमता) या संप्रत्यय (जैसे परिवार नियोजन के प्रति अभिवृत्ति) के मापन में समर्थ है ?

ऊपर से दिखाई देने वाली (बाहय अवलोकित) वैधता की स्थापना सम्बन्धी गुण-दोष (Merits and Drawbacks of the Establishment of Face Validity)

गुण (Merits)

बाहय अवलोकित वैधता (Face validity) की स्थापना परीक्षण निर्माता के लिये जिन बातों को लेकर महत्त्वपूर्ण होती है वे निम्न हैं :

- यह ठीक ही कहा जाता है कि किसी चीज के द्वारा हम पर छोड़ा गया पहला प्रभाव बहुत कुछ सीमा तक अंतिम प्रभाव भी होता है। परीक्षण निर्माता द्वारा निर्मित परीक्षण को पहली दृष्टि से देखने/पढ़ने पर जो प्रभाव उपयोगकर्त्ताओं पर पड़ता है वही उस परीक्षण के मूल्य और महत्ता के निर्धारण का बहुत बड़ा कारक सिद्ध होता है क्योंकि वह अपने ऊपर पड़ने वाले प्रभाव के फलस्वरूप ही उसे अपने काम का समझने और ना समझने सम्बन्धी फैसला करता है। यही कारण है कि ऊपर से दिखाई देने वाली

प्रत्यक्ष वैधता से युक्त परीक्षणों को उपयोगकर्त्ताओं द्वारा अधिक पसंद किये जाने से उनके निर्माणकर्त्ताओं तथा प्रशासकों को उचित बाजार उपलब्ध हो जाता है।

- किसी परीक्षण/उपकरण की ऊपर से अवलोकित वैधता (Face validity) के द्वारा प्रतिबिम्बित उसकी प्रभावशीलता परीक्षण के उद्देश्यों की पूर्ति को लेकर उपयोगकर्त्ताओं (जिनमें माता पिता, विद्यालय अधिकारियों तथा सामान्य जनमानस भी शामिल हैं) में आवश्यक आत्मविश्वास पैदा करने में समुचित रूप से समर्थ हो सकती है। इस प्रकार का परीक्षण में दिखाया गया विश्वास, परीक्षण के प्रशासन के समय उत्तरदाताओं/प्रयोज्यों का अपेक्षित सहयोग प्राप्त करने तथा उन्हें अभिप्रेरित रखने में यथेष्ट रूप से प्रभावशाली सिद्ध हो सकता है।

दोष (Drawbacks)

किसी परीक्षण या अनुसंधान उपकरण की ऊपर से अवलोकित वैधता (Face validity) कुछ निम्न गंभीर दोषों से युक्त पाई जाती है :

- किसी परीक्षण/उपकरण के बारे में इस प्रकार की वैधता स्थापित करने में जजों की आम सहमति प्राप्त कर उचित निष्कर्ष पर पहुँचना काफी कठिन बात होती है।
- इस प्रकार की वैधता स्थापित करने का कार्य पूरी तरह आत्मनिष्ठा (Subjectivity) से सराबोर रहता है। परिणामस्वरूप एक परीक्षण की वैधता को समुचित रूप से स्थापित करने के संदर्भ में यहाँ कोई निश्चित निष्कर्ष नहीं निकाले जा सकते क्योंकि इस उपकरण की बाह्य अवलोकित वैधता (Face validity) के सम्बन्ध में अलग अलग व्यक्तियों (परीक्षण निर्माता सहित) की अलग अलग राय हो सकती है।

बाह्य अवलोकित वैधता (Face validity) : परीक्षण विशेष की एक ऐसी वैधता जिसे स्थापित करने हेतु मात्र ऊपरी अवलोकन से पूरी तरह से व्यक्तिनिष्ठ निर्णय लेते हुये यह कहने की कोशिश की जाती है कि परीक्षण में शामिल पद/प्रश्नों में, परीक्षण द्वारा जो मापा जाना है, उसे मापने की पूरी क्षमता है।

B. विषयवस्तु-वैधता (Content Validity)

बाह्य अवलोकित वैधता (Face validity) की तरह ही किसी परीक्षण की विषयवस्तु वैधता की स्थापना में भी आत्मनिष्ठा हावी रहती है। परन्तु इस प्रकार की वैधता स्थापित करने की अवधारणा और प्रक्रिया का क्षेत्र अपेक्षाकृत कुछ अधिक विस्तृत होता है मात्र ऊपरी अवलोकन से वैधता की स्थापना यहाँ नहीं की जा सकती।

विषयवस्तु वैधता : परीक्षण विशेष की एक ऐसी वैधता जिनमें आत्मनिष्ठ निर्णय या मूल्य समीक्षा के माध्यम से परीक्षण की विषयवस्तु (परीक्षण में शामिल परीक्षण स्केल तथा प्रश्नों) को परख कर यह बताने का प्रयत्न किया जाता है कि उसमें परीक्षण उद्देश्यों की पूर्ति हेतु उचित क्षमता है।

यहाँ परीक्षण विशेष की वैधता स्थापना कार्य विषयवस्तु की समीक्षा और मूल्यांकन परीक्षण के लिये निर्धारित उद्देश्यों के संदर्भ में किया जाता है। वास्तव में इस प्रकार की वैधता की स्थापना में परीक्षण में शामिल पदों तथा परीक्षण स्केलों की उस सामर्थ्य का काफी महत्त्व रहता है जिसके माध्यम से परीक्षण द्वारा मापित संप्रत्यय या व्यक्तित्व विशेष के मूल्यांकन में उचित रूप से मदद मिले। यही कारण है कि यहाँ परीक्षण उद्देश्यों की प्राप्ति के संदर्भ में परीक्षण में शामिल पदों/प्रश्नों की औचित्यता की भलीभाँति छानबीन की जाती है। इसके अतिरिक्त अगर किसी परीक्षण में मापन किये जाने वाले संप्रत्यय या व्यवहार (जैसे समायोजन, बुद्धि या विभिन्न संप्रत्ययों से युक्त किसी प्रकरण विशेष की विषय सामग्री) के आयामों के मापन हेतु उपपरीक्षणों/स्केलों का उपयोग किया

गया है तो आयामों के मापन के लिये प्रयुक्त प्रश्नों/कथनों में यथेष्ट रूप से संतुलन पाया जाना चाहिये। इस प्रकार की विषयवस्तु वैधता की स्थापना हेतु क्या किया जाना चाहिये इसे निम्न उदाहरणों द्वारा अच्छी तरह स्पष्ट किया जा सकता है :

(i) "स्कूल विद्यार्थियों के लिये निर्मित एक कागज–पैंसिल समायोजन परीक्षण" एकेन एवं मारनेट (Aiken and Marnet, 2006:97) के अनुसार "विषयवस्तु की दृष्टि से वैध तब कहलायेगा जब उसके द्वारा स्वयं के तथा वातावरण के साथ होने वाले समायोजन के सभी प्रमुख क्षेत्रों तथा पहलुओं को उचित रूप से प्रतिनिधित्व दिया जाय। इस दृष्टि से यहाँ अब यह आशा की जा सकती है कि इस प्रकार के परीक्षण में उनके समायोजन (जैसे स्वास्थ्य समायोजन, घर एवं परिवार सम्बन्धी समायोजन, सामाजिक एवं संवेगात्मक समायोजन तथा विद्यालय समायोजन) से सम्बन्धित परिकल्पित परिस्थितियों से जुड़े हुये प्रश्नों का समावेश रहेगा।

(ii) नियोक्ता द्वारा प्रयोग में लाये जाने वाले एक रोजगार परीक्षण (Employment test) को वैध होने के लिए उसकी विषयवस्तु में रोजगार से जुड़े हुये कार्यों के संपादन सम्बन्धी कौशलों के प्रतिनिधि प्रश्नों/क्रियाओं की समाविष्टि आवश्यक होती है। इसी तरह जैसा कि कोहेन एवं स्वेरडिक (2005:159) का मत है "एक शैक्षिक उपलब्धि परीक्षण को सामान्य रूप से एक विषयवस्तु वैध परीक्षण तभी समझा जाता है जब परीक्षण में शामिल विषयवस्तु का प्रतिशत उस विषय की अध्ययन चर्चा (Course) में निहित पूरी विषय सामग्री के प्रतिशत के करीब–करीब समान हो।"

(iii) "अगर कोई शोधकर्त्ता किसी विशद् संप्रत्यय जैसे आत्म–संप्रत्यय (Self-concept) का किसी प्रश्न श्रृंखला के द्वारा मापन करना चाहे तो जैसा कि पैटन (Patten, 2007:63) का कहना है, "शोधकर्त्ता को उससे जुड़े हुये विभिन्न उप–संप्रत्ययों, जैसे–भौतिक आत्म–संप्रत्यय, शैक्षणिक, आत्म–संप्रत्यय, सामाजिक आत्म–संप्रत्यय आदि के मापन को समान रूप से स्थान देकर वांछित प्रश्नों का इस तरह निर्माण करना चाहिये कि पूरे संप्रत्यय के मापन को सुनिश्चित किया जा सके।"

विषयवस्तु वैधता को कैसे स्थापित किया जाये ?
(Procedure for Establishment of the Content Validity ?)

यहाँ परीक्षण निर्माता द्वारा वैसे ही सोपानों का अनुसरण किया जा सकता है जो उसके द्वारा बाह्य अवलोकित वैधता (Face validity) की स्थापना हेतु किये गये थे। इस सम्बन्ध में अपने परीक्षण पदों को जजों के एक पैनल के समक्ष प्रस्तुत करते हुए उनसे निम्न बातों को ध्यान में रखकर अपना निर्णय व्यक्त करने के लिये कहा जा सकता है :

- क्या परीक्षण में शामिल पद/प्रश्न परीक्षण के सभी उद्देश्यों की पूर्ति हेतु पर्याप्त रूप में सक्षम है (जैसे सम्बन्धित संप्रत्यय का ठीक तरह से मापन, मूल्यांकन किये जाने वाले व्यवहार या उपलब्धियों का भलीभाँति मूल्यांकन आदि) ?
- परीक्षण पदों द्वारा किस सीमा तक उस संप्रत्यय या व्यवहार विशेषता का मापन किया जा रहा है जिसे मापने के लिये परीक्षण का निर्माण किया गया है (परीक्षण की विषयवस्तु की औचित्यता) ?
- क्या परीक्षण/अनुसंधान उपकरण में शामिल पदों तथा प्रयुक्त उप–परीक्षणों (Scales) द्वारा संप्रत्यय या व्यवहार विशेष के प्रमुख आयामों का मापन किया जा रहा है ?
- क्या परीक्षण पदों को लिखने में प्रयुक्त भाषा किसी भी प्रकार की अस्पष्टता या क्लिष्टता से ग्रस्त तो नहीं है ? क्या यह वह संप्रेषण करने में समर्थ है जिसकी प्रयोज्यों से उत्तर पाने हेतु आवश्यकता है ?

गुण एवं दोष (The Merits and Shortcomings)

किसी परीक्षण की विषयवस्तु वैधता परीक्षण निर्माता और उसके उपयोगकर्त्ताओं दोनों को ही पर्याप्त रूप से महत्त्वपूर्ण होती है। इसे स्थापित करना भी आसान है क्योंकि इसे स्थापित करने में उन प्रयोग या अनुभवजन्य परिस्थितियों तथा सांख्यिकी विधियों के उपयोग के झमेले में नहीं पड़ना पड़ता जिनकी आवश्यकता मानदंड संदर्भित (Criterion related) या रचनाजन्य (Construct) वैधता स्थापित करने में पड़ती है।

इस प्रकार की वैधता स्थापना में जो दोष पाये जाते हैं वे वैसे ही हैं जो ऊपर से अवलोकित वैधता (Face validity) में नजर आते हैं। ये मुख्यतया उस आत्मनिष्ठा (Subjectivity) से सम्बन्धित रहते हैं जिसे परीक्षण निर्माता तथा जजों के पैनल द्वारा परीक्षण पदों/परीक्षणों की औचित्यता तथा वांछनीयता के बारे में अपनी राय व्यक्त करने में प्रदर्शित किया जाता है। इसी व्यक्तिनिष्ठा की छाया विषयवस्तु वैधता को परीक्षण के लिये एक सही और विश्वसनीय वैधता का रूप लेने में गंभीर बाधा खड़ी करती हुई पाई जा सकती है।

C. मानदण्ड संदर्भित वैधता (Criterion Related Validity)

ऊपर से दिखाई देने वाली वैधता (Face validity) तथा विषयवस्तु वैधता जो आत्मनिष्ठा से सराबोर रहती है, उनकी तुलना में मानदंड संदर्भित वैधता में आनुभाविकता (Empirical) तथा वस्तुनिष्ठा (Objectivity) का समावेश रहता है क्योंकि इसकी स्थापना हेतु जैसा कि पैटन (Patten, 2007:65) ने स्पष्ट किया है "ऐसा सुनियोजित तुलना कार्य किया जाता है जिससे यह पता चले कि विकसित उपकरण से उपलब्ध प्राप्तांक मानदंड (Criterion) पर उपलब्ध प्राप्तांकों से मेल खाते हों।"

> **मानदंड संदर्भित वैधता :** परीक्षण की ऐसी वैधता जो अपेक्षाकृत आनुभाविक (Empirical) तथा वस्तुनिष्ठ होती है और जिसे निर्मित परीक्षण और किसी मानदंड या मानक (जैसे उपलब्ध मानकीकृत परीक्षण या पूर्व कथनीय व्यवहार) पर उपलब्ध प्राप्तांकों की तुलना (सहसम्बन्ध गुणांक की गणना) करते हुए स्थापित किया जाता है।

मानदंड से अभिप्राय (Meaning of the Term Criterion)

किसी परीक्षण/उपकरण की वैधता स्थापित करने हेतु प्रयोग में लाये जाने वाले मानदंड पद से अभिप्राय उस कसौटी या मानक से है जिसके संदर्भ में निर्मित परीक्षण पर उपलब्ध प्राप्तांकों की समीक्षा या मूल्यांकन किया जाता है। इस कसौटी या मानक के दो स्वरूप हो सकते हैं : (i) भविष्य कथनीय (उस परिणाम का मापन जिसकी निर्मित परीक्षण द्वारा भविष्यवाणी की जा रही है) या (ii) निर्मित परीक्षण के द्वारा मापित किसी संप्रत्यय या व्यवहार विशेष के मापन हेतु वर्तमान में उपलब्ध एक स्वतन्त्र मापन उपकरण/परीक्षण।

इन दोनों प्रकार के मानदंड (पूर्व निर्धारित कसौटी) पर आधारित मानदंड संदर्भित वैधता के दो स्वरूप होते हैं : (i) पूर्व कथनात्मक या भविष्य कथनात्मक वैधता तथा (ii) समवर्ती वैधता। इन दोनों ही प्रकार की वैधताओं की स्थापना में आनुभाविक उपागम (Empirical approach) का अनुसरण किया जाता है यानी यहाँ परीक्षण निर्माता द्वारा सुनियोजित आनुभाविक जानकारी (प्रेक्षण तथा परीक्षण आधारित प्रदत्तों का संकलन) तथा सांख्यिकी विश्लेषण विधियों का प्रयोग करते हुए परीक्षण/उपकरण की वैधता स्थापित करने के प्रयत्न किये जाते हैं। आइये इन दोनों प्रकार की वैधताओं के बारे में अच्छी तरह जानकारी ली जाये।

(a) पूर्व कथनात्मक या भविष्य कथनात्मक वैधता (Predictive Validity) : पूर्व कथनात्मक या भविष्य कथनात्मक वैधता एक ऐसी मानदंड संदर्भित वैधता है जिसमें एक परीक्षण/उपकरण की वैघता स्थापन हेतु एक भविष्य कथनीय मानदंड या कसौटी का उपयोग किया जाता है। इस प्रकार की वैधता स्थापन हेतु एक परीक्षण/उपकरण निर्माता अपने उपकरण की प्रयोगशीलता की जाँच या मूल्यांकन इस आधार या मानदंड पर करने का

प्रयत्न करता है कि उससे संभावित परिणामों के भविष्य कथन का कार्य कितने अच्छे ढंग से किया जाता है। इस बात को स्पष्ट करने हेतु यहाँ हम कुछ उपकरणों की सहायता लेना चाहेंगे।

- अपनी स्व–निर्मित अध्यापक समायोजन परीसूची की भविष्य कथनीय वैधता स्थापन हेतु एक शोधकर्त्ता को निम्न प्रकार के सहसम्बन्ध गुणांकों की गणना करते हुये देखा जा सकता है :
  - (i) विद्यालय अध्यापकों के एक प्रतिदर्श द्वारा निर्मित अध्यापक समायोजन परिसूची पर उपलब्ध समायोजन प्राप्तांकों तथा एक प्रमाणीकृत शिक्षण प्रभावशीलता स्केल पर उपलब्ध शिक्षण प्रभावशीलता प्राप्तांकों के बीच सहसम्बन्ध की गणना।
  - (ii) विद्यालय अध्यापकों के एक प्रतिदर्श के अध्यापक समायोजन परिसूची पर उपलब्ध कुसमायोजन प्राप्तांकों तथा दबाव या चिता के एक प्रमाणीकृत मापन पर अर्जित प्राप्तांकों के बीच सहसम्बन्ध की गणना।
- किसी प्राथमिक या सैकन्डरी अध्यापक प्रशिक्षण पाठ्यक्रम की प्रवेश परीक्षा हेतु काम में लाये जाने वाले एक शिक्षण अभिरुचि परीक्षण की भविष्य कथनीय (Predictive) वैधता की जाँच/स्थापना हेतु काम में लाने वाला एक मानदंड यह हो सकता है कि यह देखा जाये कि इन पाठ्यक्रमों में प्रवेश लेकर प्रशिक्षण लेने के बाद शिष्य अध्यापक के रूप में उन्हें किस तरह की सफलता प्राप्त हुई है।
- व्यावसायिक प्रशासन जैसे व्यवसायों में चयन के लिये प्रयुक्त किसी परीक्षण/मापन की पूर्व–कथनीय वैधता (Predictive validity) की स्थापना/जाँच हेतु इस मापन में उपलब्ध प्राप्तांकों तथा इन चयनित व्यक्तियों की कार्य कुशलता के मापन सम्बन्धी रेटिंग प्राप्तांकों के बीच सहसम्बन्ध की गणना।

उपरोक्त उदाहरणों से यह अच्छी तरह स्पष्ट हो सकता है कि परीक्षण निर्माता को अपने परीक्षण की पूर्व–कथनीय वैधता स्थापित करने हेतु यह देखना होता है कि उसके द्वारा निर्मित परीक्षण के मापन संभावित भविष्य कथनीय व्यवहार से किस सीमा तक सम्बन्धित रहते हैं।

(b) समवर्ती वैधता (Concurrent Validity) : समवर्ती वैधता, पूर्व–कथनीय वैधता से, जैसा कि एड्म्स एवं श्वनेवेल्ट (Adams and Schvaneveldt, 1991:82) का विचार है, "इस बात को लेकर अलग ठहराई जाती है कि पूर्व–कथनीय वैधता का सम्बन्ध उस बाद में घटने वाले व्यवहार से होता है जिसके लिये पूर्व–कथन (भविष्यवाणी) किया जाता है। इस व्यवहार को प्रकाश में आने के लिये इन्तजार करना होता है और इसके घटने के बाद ही वांछित वैधता के स्थापन का कार्य किया जा सकता है। इसके विपरीत समवर्ती वैधता का सम्बन्ध उस व्यवहार से होता है जो निर्मित परीक्षण से मापित व्यवहार के समवर्ती काल ही में घटित होता है।"

परिभाषा की दृष्टि से समवर्ती वैधता को एक ऐसी मानदंड संदर्भित वैधता के रूप में समझा जा सकता है जिसमें परीक्षण/उपकरण की वैधता स्थापित करने हेतु किसी समवर्ती मानदंड या कसौटी को क़ाम में लाया जाता है। कोहेन एवं स्वेरडिक (Cohen and Swerdlik, 2005:163) के अनुसार किसी परीक्षण को उस सीमा तक समवर्ती रूप में वैध कहा जा सकता है जिस सीमा तक निर्मित परीक्षण में उपलब्ध प्राप्तांक उसी समय विशेष (समवर्ती काल) में उपलब्ध मानदंड मापन से मेल खाते हों।

इस तरह अपने उपकरण/परीक्षण को समवर्ती वैधता स्थापित करने हेतु एक उपकरण निर्माता को अपने उपकरण पर उपलब्ध प्राप्तांकों तथा उसी समय विशेष (समवर्ती काल) में उपलब्ध एक प्रमाणीकृत परीक्षण/उपकरण (जिसके द्वारा उसी चर विशेष का मापन किया जाता हो जिसका मापन निर्मित परीक्षण द्वारा किया जा रहा है) पर प्राप्त प्राप्तांकों के बीच सहसम्बन्ध की गणना करने का कार्य करना होता है। इस बात को कुछ अग्रलिखित उदाहरणों द्वारा भलीभाँति स्पष्ट किया जा सकता है।

(i) एक मनो–नैदानिक परीक्षण के निर्माता द्वारा अपने परीक्षण की समवर्ती वैधता स्थापित करने हेतु (a) पहले अपने परीक्षण को मानसिक रोगों से ग्रस्त रोगियों के एक ज्ञात समूह पर प्रशासित किया जा सकता है और फिर (b) सामान्य वार्ड में भरती होने वाले सामान्य रोगियों के एक समूह पर वह इसे प्रशासित कर सकता है। इन दोनों समूहों के प्रयोज्यों द्वारा निर्मित परीक्षण पर अर्जित प्राप्तांकों के अब मध्यमान मूल्य निकाले जा सकते हैं और अगर मानसिक रोगों से ग्रस्त रोगियों के ज्ञात समूह का मध्यमान सामान्य रोगों से ग्रस्त रोगियों के मध्यमान से अधिक है तो इस अवस्था में जैसा कि कोहेन एवं स्वेरडिक (2005:163) ने निष्कर्षित करने का सुझाव दिया है, निस्संदेह यह कहा जा सकता है कि निर्मित परीक्षण/उपकरण उपयुक्त रूप से वैध है। इस उदाहरण में परीक्षण निर्माता दूसरे समूह को एक मानदंड या कसौटी के रूप में प्रयोग में लाकर अपने परीक्षण की समवर्ती वैधता स्थापित कर रहा है।

(ii) एक अन्य परीक्षण निर्माता जो अपनी समायोजन परिसूची की समवर्ती वैधता स्थापित करना चाहता है वह इस कार्य के लिये अपनी निर्मित परिसूची पर उपलब्ध समायोजन प्राप्तांकों तथा किसी पूर्व प्रचलित उपयुक्त रूप से वैध समायोजन परिसूची (जैसे बैल समायोजन परिसूची) पर उपलब्ध प्राप्तांकों के बीच सहसम्बन्ध की गणना कर सकता है।

(iii) वह शोधकर्त्ता जो अपनी अध्यापक समायोजन परिसूची की समवर्ती वैधता स्थापित करना चाहता है वह इस कार्य के लिये अपनी परिसूची पर अर्जित प्राप्तांकों तथा प्रधानाध्यापकों द्वारा अपने यहाँ कार्यरत अध्यापकों की उनमें समायोजन तथा कुसमायोजन के सम्बन्ध में की गई रेटिंग से उपलब्ध प्राप्तांकों के बीच सहसम्बन्ध की गणना कर सकता है।

(iv) वह शोधकर्त्ता जो अपनी व्यक्तित्व परिसूची की समवर्ती वैधता स्थापित करना चाहता है वह इस कार्य के लिये अपनी परिसूची पर अर्जित प्राप्तांकों तथा किसी अच्छी मानकीकृत व्यक्तित्व परिसूची या परीक्षण जैसे कैलीफोर्निया पर्सनल्टी इन्वेन्टरी (CPI), मिनीसोटा मल्टीफैजिक पर्सनल्टी इन्वेन्टरी (NMPI) तथा एडवार्ड पर्सनल प्रीफ्रेन्स सिड्यूल आदि पर उपलब्ध प्राप्तांकों के बीच सहसम्बन्ध की गणना कर सकता है।

D. रचनाजन्य वैधता (Construct Validity)

अभी तक इस अध्याय में हमने परीक्षण या उपकरणों की जितने प्रकार की वैधताओं की चर्चा की है उनमें से पहली दो – स्वरूप वैधता (Face validity) तथा विषयवस्तु वैधता (Content validity) परीक्षण के पदों और स्केलों की वैधता स्थापित करने हेतु ऐसे निर्णयात्मक निष्कर्ष निकालने का प्रयत्न करते हैं जिनमें आत्मनिष्ठा का बोलबाला रहता है। तीसरे प्रकार की वैधता जिसे मानदंड संदर्भित वैधता कहा जाता है, अपने दोनों रूपों – पूर्व कथनीय तथा समवर्ती में परीक्षण विशेष की वैधता स्थापित करने हेतु प्रेक्षण, परीक्षण तथा सांख्यिकी तकनीकों से युक्त आनुभाविक उपागम (Empirical approach) का उपयोग करती हुई पाई जाती है। अगर अब हम वैधता स्थापित करने के इस कार्य में एक ऐसे संतुलित उपागम का उपयोग करना चाहते हैं जिसमें उन्मुक्त आत्मनिष्ठा से युक्त पहले दो उपागमों तथा बंधनयुक्त मानदंड संदर्भित तीसरे उपागम के दोषों को तिलांजलि दी जा सके तो हमें एक चौथे प्रकार की वैधता स्थापित करने पर ध्यान देना होगा जिसे रचनाजन्य वैधता (Construct validity) का नाम दिया जाता है। यह न तो आत्मनिष्ठ विचार प्रक्रिया पर आधारित पूरी तरह से निर्णयात्मक (Judgmental) होती है और न पूरी तरह से वस्तुनिष्ठा आधारित आनुभाविक (Empirical) बल्कि इसमें आत्मनिष्ठा एवं वस्तुनिष्ठा का सुन्दर समन्वय पाया जाता है। आत्मनिष्ठ निर्णय को आनुभाविक जानकारी से नियंत्रित किये जाने के कारण ही इस प्रकार की वैधता को निर्णयात्मक–आनुभाविक (Judgemental-empirical) नाम दिया जाता है। इस बात को अच्छी तरह प्रकाश में लाते हुए पैटन (Patten, 2007:70) ने लिखा है :

रचनाजन्य वैधता में सम्बन्धों की प्रकृति के बारे में निर्णय लेना होता है और साथ ही इस बात के लिये भी आनुभाविक साक्ष्य जुटाने होते हैं कि एक उपकरण इन निर्णयों के अनुरूप प्राप्तांक प्रदान करता है या नहीं। इसलिये रचनाजन्य वैधता को निर्णयात्मक–आनुभाविक श्रेणी में रखा जाता है।

इस प्रकार से निष्कर्ष रूप में हम रचनात्मक वैधता को एक ऐसी वैधता के रूप में परिभाषित कर सकते हैं जो आत्मनिष्ठ निर्णयों तथा नियोजित प्रेक्षण, प्रयोग और सांख्यिकी प्रविधियों से प्राप्त आनुभाविक जानकारी पर आधारित होती है। दूसरी अन्य वैधताओं की तुलना में रचनाजन्य वैधता किसी उपकरण की वैधता स्थापना में काफी अधिक प्रभावपूर्ण और तकनीकी रूप से सशक्त तकनीक मानी जाती है क्योंकि इसमें वैधता स्थापन हेतु जो निर्णय और फैसले लिये जाते हैं उनका वस्तुनिष्ठ–सांख्यिकी प्रविधियों के उपयोग द्वारा समर्थन और पुष्टिकरण किया जाता है। आइये इस प्रकार की वैधता और उसकी स्थापना के बारे में कुछ और अधिक जानकारी ली जाये।

रचनात्मक वैधता : एक ऐसे प्रकार की वैधता जो न तो पूरी तरह से निर्णयात्मक और आत्मनिष्ठ होती है और न सब प्रकार से वस्तुनिष्ठ तथा आनुभाविक और जिसका एकमात्र उद्देश्य यह निर्धारित करना होता है कि निर्मित उपकरण किसी सीमा तक उस मानस रचना (Hypothesized construct) के मापन में समर्थ है जिससे सम्बन्धित व्यवहार/प्रक्रिया का उपकरण द्वारा मापन किया जा रहा है।

सामान्य तौर पर अपने शाब्दिक अर्थों में किसी परीक्षण या उपकरण की रचनाजन्य वैधता का सम्बन्ध प्रत्यक्ष रूप से उस वैधता से होता है जो उस मानस रचना (Hypothesized construct) जिसे मापने के लिये परीक्षण का निर्माण किया है, के मापन के लिये उपयुक्त रूप से वैध (Valid) ठहराई जाती है। यहाँ यह प्रश्न उठ सकता है कि 'मानस रचना' पद से हमारा यहाँ क्या तात्पर्य है ?

इस सम्बन्ध में विस्तार से चर्चा हम इसी पुस्तक के प्रथम अध्याय में कर चुके हैं और इसलिये अब यहाँ हम संक्षेप में यही कहना चाहेंगे कि एक उपकरण निर्माता द्वारा जिस प्रकार के एक विशिष्ट संप्रत्ययात्मक/अवधारणात्मक व्यवहार (जैसे बुद्धि, अभिप्रेरणा, व्यक्तिकरण समायोजन आदि) के मापन के लिये अपने उपकरण का विकास किया जाता है उसे ही तकनीकी भाषा में एक परिकल्पित या मानस रचना (Construct) का नाम दिया जाता है। अब आगे यह प्रश्न उठता है कि इस प्रकार की रचना की रचनाजन्य वैधता (Construct validity) की स्थापना हेतु क्या किया जाये।

एक अनुसंधान उपकरण की रचनाजन्य वैधता स्थापित करना (Establishment of the Construct Validity of a Research Tool)

एक मानस रचना (Hypothesized construct) जैसे "समायोजन" में उस व्यक्तित्व विशेषक से सम्बन्धित बहुत से आयामों (Dimensions) या संप्रत्ययों जैसे गृह–समायोजन, परिवार–समायोजन, विद्यालय समायोजन, संवेगात्मक तथा सामाजिक समायोजन आदि का एक उचित संश्लेषणात्मक रूप देखने को मिलता है। इसलिये एक उपकरण निर्माता को अपने उपकरण की रचनाजन्य वैधता स्थापित करने में यह सुनिश्चित करने की आवश्यकता होती है कि उसके द्वारा निर्मित उपकरण से एक मानस रचना (Construct), (जिसके मापन के लिये उपकरण का निर्माण किया गया है), से जुड़े हुए सभी सम्बन्धित व्यवहारों, संप्रत्ययों या आयामों का समुचित मापन हो सके। यह करने के लिये उसे यह प्रदर्शित करना जरूरी होता है कि सम्बन्धित मानस रचना (Construct) से जुड़े हुये प्रत्येक आयाम, कारक या व्यवहार विशेष को यहाँ समुचित प्रतिनिधित्व दिया गया है।

उदाहरण के लिये एक परीक्षण निर्माता ने एक मानस रचना (Construct) विशेष जैसे "व्यवसाय संतुष्टि" (Job satisfaction) पर एक ऐसा परीक्षण तैयार किया है जिसे व्यावसायिक प्रतिष्ठानों के कर्मचारियों की व्यवसाय संतुष्टि के मापन हेतु काम में लाया जा सकता है। उसने इस मानस रचना (Construct) के तीन मुख्य आयामों

या कारकों – स्तर (Status), व्यवसाय की प्रकृति तथा पारिश्रमिक को अपने परीक्षण पदों तथा आयामी या कारक स्केलों (Scales), के निर्माण हेतु प्रयुक्त किया है। अपने परीक्षण के निर्माण के पश्चात् परीक्षण निर्माता उसे समष्टि विशेष के एक प्रतिनिधि प्रतिदर्श पर प्रशासित करता है। परीक्षण पदों का आयामीय/कारक उप–परीक्षणों या स्केलों तथा सम्पूर्ण परीक्षण के संदर्भ में अंकन कर फिर परीक्षण निर्माणकर्त्ता उपलब्ध प्राप्तांकों की सहायता से एक एक करके तीनों आयामीय स्केल प्राप्तांकों (Dimensional scale scores) तथा पूरे परीक्षण पर उपलब्ध प्राप्तांकों के बीच तीन अलग अलग सहसम्बन्धों की गणना करने का प्रयत्न करता है। जितना अधिक या सार्थक मूल्य इस सहसम्बन्ध गुणांक का पाया जाता है उसी मात्रा में उपकरण की वैधता को श्रेष्ठ ठहराया जाता है।

वस्तुतः इस प्रकार से रचनाजन्य वैधता की स्थापना का उद्देश्य परीक्षण विशेष द्वारा उस मानस रचना (Construct) विशेष की उसके विभिन्न आयामों, कारकों या मापित चर के संदर्भ में किये जाने वाले मापन की वैधता प्रतिष्ठित करना है। ऐसा करने में परीक्षण निर्माता को यह सुनिश्चित करना होता है कि :

- निर्मित परीक्षण/उपकरण द्वारा उसी मानस रचना (Construct) या चर विशेष का मापन किया जाये जिसे मापने के लिये उसका निर्माण किया गया है।
- परीक्षण अपने आप में सजातीय (Homogeneous) है इस बात की पुष्टि आयामीय परीक्षण प्राप्तांकों (Dimensional test scores) तथा पूरे परीक्षण पर उपलब्ध प्राप्तांकों के बीच उच्च या सार्थक सहसम्बन्ध के माध्यम से की जाये।
- परीक्षण में शामिल पद इतने विश्वसनीय हैं कि उनके द्वारा मानस रचना (Hypothesized construct) विशेष के अपने समग्र रूप में तथा उसके विभिन्न आयामों/कारकों के संदर्भ में मानस रचना (Construct) का भलीभाँति मापन किया जा सके।

इस प्रकार की सुनिश्चितता की तलाश करते हुए परीक्षण निर्माता अपने निर्मित परीक्षण की रचनाजन्य वैधता हेतु निम्न तीन प्रकार की सांख्यिकीय गतिविधियों को सम्पन्न करने के लिये आगे बढ़ सकता है।

1. आयामीय या उप–परीक्षण प्राप्तांकों (Dimensional or sub-test scores) तथा पूरे परीक्षण पर उपलब्ध प्राप्तांकों के बीच सहसम्बन्ध गुणांक की गणना करना ताकि परीक्षण की सजातीयता (Homogenity) को स्थापित किया जा सके।
2. निर्मित परीक्षण पर उपलब्ध प्राप्तांकों तथा उसी मानस रचना (Hypothesized construct) के मापन हेतु काम में लाये जाने वाले किसी अन्य मानकीकृत परीक्षण पर उपलब्ध प्राप्तांकों के बीच सहसम्बन्ध गुणांक की गणना करना।
3. कारक विश्लेषण तकनीक का उपयोग कर यह सुनिश्चित करना कि (i) मानस रचना (Construct) विशेष के आयामों/कारकों को मनचाहे तरीकों से चयनित न कर आनुभाविक रूप से (Empirically) स्थापित किया गया है, (ii) आयामों/उप–परीक्षणों (Scales of the test) में शामिल पद इन आयामों का प्रतिनिधित्व कर रहे हैं तथा (iii) परीक्षण में शामिल प्रत्येक पद मानस रचना (Construct) विशेष के मापन में अपना उचित योगदान दे रहा है तथा सभी पदों के बीच एक उचित अन्तःपदीय सहसम्बन्धों की उपस्थिति भलीभाँति प्रदर्शित की जा सकती है।

वैधता स्थापन के संदर्भ में निष्कर्ष (Conclusions about the Establishment of Validity)

जैसा कि आपने ऊपर पढ़ा है एक परीक्षण/उपकरण निर्माता को अपने परीक्षण के लिये परीक्षण द्वारा किये गये मापन के उद्देश्य विशेष की पूर्ति के संदर्भ में एक या अन्य प्रकार की विशेष वैधताओं की स्थापना की आवश्यकता पड़ती है। अपने परीक्षण/उपकरण की वैधता की स्थापना और यह स्थापना वांछित रूप में हुई है या नहीं इसे

सुनिश्चित करने के संदर्भ में एक परीक्षण निर्माता के द्वारा जिन बातों को यहाँ विशेष रूप से याद रखना जरूरी होता है, उन्हें संक्षेप में निम्न प्रकार व्यक्त किया जा सकता है :

1. व्यावहारिक विज्ञानों में व्यवहार या प्रक्रिया विशेष के मापन हेतु प्रयुक्त किये जाने वाले परीक्षणों/उपकरणों की वैधता स्थापित करना अति आवश्यक होता है। इससे एक अनुसंधान की वैधता अच्छी तरह सुनिश्चित की जा सकती है।
2. एक परीक्षण/उपकरण को उस सीमा तक ही वैध कहा जाता है जिस सीमा तक उसके द्वारा वही उचित रूप में मापा जाये जिसे मापने के लिये उसे बनाया गया है। परन्तु यह बहुत ही कठिन कार्य है और अनुसंधान उपकरण के विकास में शत प्रतिशत वैधता स्थापित करने की बात लगभग असंभव ही है। वैधता कुछ सीमा तक ही स्थापित की जा सकती है पूर्णरूपेण नहीं और इसलिये परीक्षण निर्माता तथा परीक्षण का उपयोग करने वालों को यह देखने का प्रयत्न करना चाहिये कि कोई परीक्षण) उपकरण विशेष किस सीमा तक वैध है ?
3. पैटन (Patten, 2007:61) के अनुसार एक अनुसंधान उपकरण की शत प्रतिशत वैधता सुनिश्चित करने के मार्ग में निम्न प्रकार के कारकों और अवरोधों का सामना करना पड़ सकता है।
   - पहली बात तो यह है कि परीक्षण चाहे कैसा भी हो उसके द्वारा मापन किये जाने वाली मानस रचना (Construct) से सम्बन्धित व्यवहार विशेष के एक नमूने का ही मापन किया जाता है उसके समग्र रूप का नहीं इस नमूने से पूरे व्यवहार के मापन की वैधता का मूल्यांकन नहीं किया जा सकता।
   - दूसरा कारण जिसकी वजह से शत प्रतिशत वैधता संभव नहीं है वह यह है कि कुछ व्यक्तित्व विशेषक (Traits) जिन्हें शोधकर्त्ता मापना चाहते हैं, उनका मापन कार्य अपने आप में काफी कठिन होता है। उदाहरण के रूप में हम यहाँ आनन्दित या खुश रहने सम्बन्धी विशेषक का उल्लेख कर सकते हैं।
4. गुणात्मक अनुसंधानों में स्थापित की जाने वाली वैधता तथा गुणात्मक प्रदत्तों के संकलन में प्रयुक्त प्रविधियाँ, परिमाणात्मक अनुसंधानों में स्थापित वैधता तथा प्रदत्त संकलन तकनीकों से कुछ और ही प्रकार की होती हैं। हैमर्सले (Hammersley, 1992:50) ने इस सम्बन्ध में अपने सुझाव देते हुए लिखा है कि गुणात्मक अनुसंधानों में स्थापित वैधता हमें हमारे परिणामों में संभावना को निश्चितता तथा विश्वास में बदलने का कार्य करती है। इसलिये गुणात्मक अनुसंधानों में प्रदत्त संकलन हेतु काम में लाये जाने वाले उपकरणों की वैधता स्थापित करने में संकलित प्रदत्तों की यथार्थता (उनका सही होना) पर जोर देने की अपेक्षा उनकी साख या विश्वसनीय क्षमता (Credibility) पर ध्यान देने की ज्यादा आवश्यकता रहती है।

31

परिमाणात्मक प्रदत्त विश्लेषण
[Quantitative Data Analysis]

विषय प्रवेश (Introduction)

एक शोधकर्त्ता को अपने शोध प्रश्नों के उत्तर ढूँढ़ने हेतु विभिन्न स्रोतों या अपने अध्ययन के एक प्रतिदर्श विशेष से विविध प्रकार की प्रदत्त संकलन प्रविधियों या तकनीकों का उपयोग करके (जिनकी चर्चा इस पुस्तक के पिछले अध्यायों में भलीभाँति की जा चुकी है) वांछित प्रदत्तों का संकलन करना होता है। जैसा कि आप जान चुके हैं यहाँ प्रदत्त (Data) पद से हमारा अभिप्राय उन सभी प्रकार की जानकारी तथा सूचनाओं के संग्रह से है जिसे एक शोधकर्त्ता द्वारा अच्छी तरह विश्लेषित कर अपने शोध प्रश्नों या समस्या विशेष के हल के लिये प्रयुक्त किया जाता है। प्रारम्भ में इस प्रकार के संग्रहीत/संकलित प्रदत्त अपने मौलिक और शुद्ध रूप में एक नितांत, असंगठित, अप्रक्रियाकृत (Unprocessed) तथा असंतुलित ढेर या संग्रह के रूप में विद्यमान रहते हैं। इन प्रदत्तों से कुछ सार्थक अर्थ तभी निकल सकते हैं, जब इनका प्रदत्त विश्लेषण रूप में विधिवत संगठन और प्रक्रियाकरण किया जाये। इस प्रकार से एक प्रक्रिया के रूप में प्रदत्त विश्लेषण, शोधकर्त्ता के लिये संकलित प्रदत्तों तथा उनसे निष्कर्षित अर्थ एवं व्याख्या के बीच एक ऐसी उपयोगी कड़ी का कार्य करता है जिसके जरिये वांछित शोध प्रश्नों के उत्तर प्राप्त हो सकें। यहाँ परिमाणात्मक या संख्यात्मक प्रदत्तों से अर्थ निकालने हेतु काम में लाये जाने वाले विश्लेषण को परिमाणात्मक विश्लेषण कहा जाता है तथा गुणात्मक प्रदत्तों (शब्दों, चित्रों तथा अन्य दृश्य–श्रव्य प्रारूपों में उपलब्ध जानकारी) के अर्थापन और व्याख्या में प्रयुक्त विश्लेषण को गुणात्मक विश्लेषण की संज्ञा दी जाती है। यहाँ इस अध्याय में हम अपना ध्यान परिमाणात्मक प्रदत्त विश्लेषण की ओर ही केन्द्रित रखना चाहेंगे तथा गुणात्मक विश्लेषण की बात अगले अध्याय में करेंगे।

परिमाणात्मक प्रदत्त विश्लेषण–अर्थ एवं प्रकार
(Quantitative Data Analysis — Meaning and Types)

सरल शब्दों में, संख्यात्मक या परिमाणात्मक प्रदत्तों (संख्याओं के रूप में उपलब्ध प्रदत्त) का ऐसा प्रक्रियाकरण जो शोधकर्त्ताओं की इन संकलित प्रदत्तों से आवश्यक अर्थ निकालकर अनुसंधान प्रश्नों के उत्तर उपलब्ध कराने में मदद करे, परिणामात्मक प्रदत्त विश्लेषण कहलाता है। इस कार्य को सम्पन्न करने में जिन विविध प्रकार की विशेष असांख्यिक तथा सांख्यिक विधियों या तकनीकों से सहायता मिलती है उन्हें मोटे तौर पर निम्न प्रकार वर्गीकृत किया जा सकता है :

A. तालिकाओं, वितरणों तथा ग्राफों के रूप में प्रदत्तों का प्रस्तुतीकरण
(Presentation of Data in the Form of Tables, Distributions and Graphs)

B. विवरणात्मक सांख्यिकी (Descriptive Statistics) का उपयोग

C. अनुमानिक सांख्यिकी (Inferential Statistics) का उपयोग

A. तालिकाओं, विवरणों तथा ग्राफों के रूप में प्रदत्तों का प्रस्तुतीकरण (Presentation of Data in the Form of Tables, Distributions and Graphs)

परिमाणात्मक अनुसंधानों में शोधकर्त्ताओं द्वारा प्रदत्त संकलन गतिविधियों से संकलित प्रदत्तों की उपस्थिति इस प्रकार की संख्याओं और अंकों के एक बड़े ढेर या संग्रह के रूप में रहती है जो अपने आप में काफी अव्यवस्थित, असंगठित तथा अप्रयोगीकृत नजर आती हैं। बात भी सही है अंक और संख्यायें अपने आप नहीं बोलतीं और इनके अव्यवस्थित रूप में इनसे कोई अर्थ निकालना संभव नहीं हो पाता। इनकी सार्थकता इसी बात में निहित है कि इन्हें व्यवस्थित कर ऐसा क्रम या संरचना प्रदान की जा सके जिससे इनका वांछित अर्थापन और व्याख्या करने में समुचित मदद मिले। इस कार्य हेतु शुरुआत प्रदत्तों के इस असंगठित संकलन को सांख्यिकी तालिकाओं के रूप में व्यवस्थित करने, आवृत्ति विवरण तालिकाओं द्वारा प्रदर्शित करने एवं कुछ विशेष प्रकार के ग्राफों या रेखाचित्रीय प्रस्तुतीकरण द्वारा अभिव्यक्त करने से की जा सकती है।

सांख्यिकी तालिकाओं के रूप में प्रदत्तों का प्रस्तुतीकरण (Presentation of Data in Statistical Tables)

किसी भी मापन मापनी (जैसे नामित, क्रमसूचक, अन्तराल सूचक या आनुपातिक) पर उपलब्ध प्रदत्तों को उनके उचित संगठन हेतु सांख्यिकी तालिकाओं में व्यवस्थित किया जा सकता है। शोधकर्त्ता द्वारा अपने संकलित प्रदत्तों को अपने शोध उद्देश्यों को पूरा करने के काम में लाने से सम्बन्धित प्रक्रिया की वास्तविक शुरुआत इसी प्रकार के व्यवस्थापन से होती है। उसे अपने प्रदत्तों को छाँटने तथा तालिकाबद्ध करने के इस कार्य को किसी एक या अन्य तकनीक और तार्किक प्रणाली का सहारा लेकर उचित अंजाम देना चाहिये। यह कैसे किया जाये, इसके लिए हम यहाँ कुछ उदाहरण प्रस्तुत कर रहे हैं।

उदाहरण 31.1 : एक मनोमिति परीक्षण में 50 प्रयोज्यों ने निम्न प्राप्तांकों का अर्जन किया। उनके प्राप्तांकों को एक उचित अनुस्थिति क्रम (Rank order) प्रदान करके व्यवस्थित कीजिये।

62, 21, 26, 32, 56, 36, 37, 39, 53, 40, 54, 42, 44, 61, 68, 28, 33, 56, 57, 37, 52, 39, 40, 54, 42, 63, 30, 34, 58, 35, 38, 50, 38, 52, 41, 51, 44, 41, 42, 43, 45, 46, 45, 47, 48, 49, 45, 46, 48, 43

तालिका 31.1 मनोमिती परीक्षण में एक अन्तराल सूचक मापनी (Interval Scale) पर 50 प्रयोज्यों के द्वारा अर्जित प्राप्तांक

S.N.	Score	S.N.	Score	S.N.	Score	S.N.	Score
1	68	14	51	27	43	40	37
2	63	15	50	28	43	41	37
3	62	16	49	29	43	42	36
4	61	17	48	30	42	43	35
5	58	18	48	31	42	44	34
6	57	19	47	32	41	45	33
7	56	20	46	33	41	46	32
8	56	21	46	34	40	47	30
9	54	22	45	35	40	48	28
10	54	23	45	36	39	49	26
11	53	24	45	37	39	50	21
12	52	25	44	38	38		
13	52	26	44	39	38		

एक दूसरे उदाहरण में नामित मापनी (Nominal scale) पर उपलब्ध एक परीक्षण के प्राप्तांकों को सांख्यिकीय तालिका में व्यवस्थित करने सम्बन्धी कार्य को निम्न प्रकार प्रस्तुत किया जा सकता है :

तालिका 31.2 एक अभिवृत्ति मापनी पर 90 अविवाहित तथा 100 विवाहित व्यक्तियों की राय

	सहमत	न सहमत और न असहमत	असहमत	कुल
अविवाहित	14	66	10	90
विवाहित	27	66	7	100
कुल	41	132	17	100

एक आवृत्ति विवरण तालिका में प्रदत्तों का प्रस्तुतीकरण (Presentation of Data in Frequency Distribution Table)

किसी मापनी के द्वारा उपलब्ध मौलिक प्राप्तांक अवर्गीकृत (Ungrouped) प्राप्तांकों के रूप में उपस्थित रहते हैं। इन प्रदत्तों को तालिका 31.1 में प्रदर्शित रूप में उनके पदांकों (Rank) के हिसाब से क्रमबद्ध किया जा सकता है। इन्हें वर्गीकृत प्रदत्तों (Grouped data) में रूपान्तरित करने हेतु हम एक आवृत्ति वितरण तालिका की सहायता ले सकते हैं। इस तालिका में यह प्रदर्शित किया जाता है कि विभिन्न वर्ग अन्तराल या वर्गों (Class intervals or groups) में आवृत्तियों का वितरण किस रूप में है। मौलिक प्राप्तांकों का आवृत्ति वितरण तालिका के रूप में प्रस्तुतीकरण एक शोधकर्त्ता को दो तरह से लाभदायक रहता है।

(i) प्रदत्तों का संक्षिप्त रूप में तालिकाबद्ध प्रस्तुतीकरण तथा (ii) आवश्यक विवरणात्मक सांख्यिकीय मानों जैसे—मध्यमान, मध्यांक, बहुलांक, विचलन के प्रमाप आदि के गणन कार्य में सहायक सिद्ध होना। (देखिये तालिका 31.3)

तालिका 31.3 एक मनोमिति परीक्षण में अर्जित मूल प्राप्तांकों की आवृत्ति वितरण तालिका

वर्ग अंतराल	65–69	60–64	55–59	50–54	45–49	40–44	35–39	30–34	25–29	20–24
आवृत्तियाँ	1	3	4	7	9	11	8	4	2	1

N = 50

प्रदत्तों का रेखाचित्रीय प्रस्तुतीकरण (Graphical Presentation of Data)

यहाँ यह स्पष्ट रहना चाहिये कि मूल या मौलिक प्राप्तांकों (Raw scores) के रूप में जो प्रदत्त प्राप्त होते हैं उन्हें अवर्गीकृत प्रदत्त (Ungrouped data) कहा जाता है और जब हम उन्हें किसी आवृत्ति विवरण के रूप में संगठित/व्यवस्थित कर लेते हैं तब उन्हें वर्गीकृत प्रदत्त (Grouped data) कहा जाता है। इन दोनों अवर्गीकृत तथा वर्गीकृत प्रदत्तों के रेखाचित्रीय प्रस्तुतीकरण हेतु अलग अलग विधियों का उपयोग किया जाता है।

A. अवर्गीकृत प्रदत्तों का रेखाचित्रीय प्रस्तुतीकरण : मूल प्राप्तांकों (Raw scores) का निम्न रूपों में रेखाचित्रीय प्रस्तुतीकरण किया जा सकता है :

(i) दंड ग्राफ या दंड आरेख (Bar graph or Bar diagram)

(ii) वृत्त ग्राफ या पाई आरेख (Circle graph or Pie diagram)

(iii) पिक्टोग्राम या चित्रात्मक ग्राफ (Pictogram or Pictograph)

(iv) रेखीय ग्राफ (Line graph)

मूल प्राप्तांकों का उपरोक्त रेखाचित्रीय प्रस्तुतीकरण पाठकों को किसी परीक्षण विशेष उपलब्ध प्राप्तांकों के बारे में समुचित दृष्टिकोण/नजरिया बनाने में मदद करता है और साथ ही इससे किन्हीं दो या दो से अधिक प्रयोज्य समूहों की किसी व्यक्तित्व विशेषक के संदर्भ में निहित सामर्थ्य का भी तुलनात्मक अध्ययन करने में सहायता मिलती है।

उदाहरण के रूप में एक दंड ग्राफ की प्रकृति को स्पष्ट करने हेतु यहाँ हम कुछ परिकल्पित अनुसंधान प्रदत्तों की सहायता ले रहे हैं।

उदाहरण 31.2 : एक अनुसंधान अध्ययन में 400 प्रयोज्यों को उनके व्यक्तित्व प्रकारों (अन्तर्मुखी एवं बहिर्मुखी) तथा रंगों के प्रति दिखाई गई उनकी विविध पसंदों (लाल, पीला, हरा तथा नीला) के हिसाब से यह जानने के लिये वगीकृत किया गया कि क्या व्यक्तित्व तथा रंगों की पसंद के बीच कोई सम्बन्ध है या नहीं। इस सम्बन्ध में संकलित प्रदत्तों को नीचे 2×2 मैट्रिक्स तालिका में व्यवस्थित किया गया है। इन प्रदत्तों से एक वांछित दंड ग्राफ की रचना कीजिये।

	रंगों की पसन्द (Colour preference)				
व्यक्तित्व प्रकार (Personality Types)	लाल	पीला	हरा	नीला	कुल
अन्तर्मुखी (Introverts)	20	6	30	44	100
बहिर्मुखी (Extroverts)	180	34	50	36	300
कुल	200	40	80	80	400

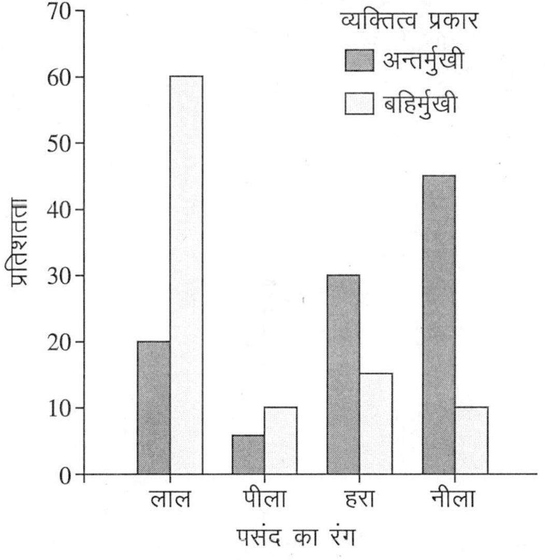

चित्र 31.1 उदाहरण 31.2 में दिये गये नामित प्रदत्तों (Nominal data) का दंड ग्राफ।

आप अवर्गीकृत प्रदत्तों के अन्य चित्रात्मक प्रदर्शन रूपों, जैसे पाई आरेख, पिक्टोग्राम तथा रेखीय ग्राफों के बारे में भी अवश्य ही थोड़ी बहुत जानकारी रखते होंगे। ये क्या हैं, इनकी संक्षिप्त सी जानकारी हम नीचे दे रहे हैं :

• एक पाई आरेख या वृत्त ग्राफ में प्रदत्तों का एक ऐसे वृत्त के रूप में चित्रात्मक प्रदर्शन किया जाता है जिसमें उसके 360 अंशों को कुछ निश्चित भागों में बाँटकर पाठकों की यह जानने में सहायता की जाती

है कि दिये हुये प्रदत्तों में किस प्रकार के प्रदत्तों का कितना अनुपात है। इस कार्य हेतु यहाँ विभिन्न प्रकार की विशेषताओं को व्यक्त करने वाले प्रदत्तों को उनके अपने समानुपातिक योगदान के संदर्भ में कोणों (Angles) में परिवर्तित कर लिया जाता है। इस परिवर्तन हेतु कुल आवृत्तियों के योग को 360 अंश माना जाता है और विभिन्न विशेषताओं की जो आवृत्तियाँ होती हैं उनके हिसाब से उन्हें कोणों में परिवर्तित कर लिया जाता है और फिर इसी परिपेक्ष्य में प्रत्येक विशेषता को 360 अंशों वाले वृत्त में अलग अलग भागों के रूप में चित्रित किया जाता है।

- पिक्टोग्राफ में संख्यात्मक प्रदत्तों को उनके समुचित समानुपात में निर्मित चित्रात्मक आकृतियों द्वारा प्रदर्शित किया जाता है।
- रेखीय ग्राफों से आप भलीभाँति परिचित होंगे इन्हें आपने अपनी प्राइमरी कक्षाओं के गणित विषय का अध्ययन करते हुए जरूर बनाया होगा। यहाँ हम X चर (Valuable) से सम्बन्धित प्रदत्तों को X अक्ष भुजा तथा दूसरे Y चर से सम्बन्धित प्रदत्तों को Y कोटि भुजा पर प्रदर्शित करते हैं।

B. वगीकृत (आवृत्ति वितरण के रूप में व्यवस्थित प्रदत्त) प्रदत्तों का रेखाचित्रीय प्रस्तुतीकरण निम्न रूपों में हो सकता है :

(i) स्तम्भाकृति (The Histogram or Column Diagram)

(ii) आवृत्ति बहुभुज (Frequency Polygon)

(iii) संचयी आवृत्ति वक्र (The Cumulative Frequency Curve)

(iv) संचयी आवृत्ति प्रतिशत वक्र या तोरण (The Cumulative Frequency Percentage Curve or Ogive)

इन चार में से दो – स्तंभाकृति तथा तोरण का उपयोग व्यावहारिक विज्ञानों के शोधार्थियों द्वारा अधिक किया जाता है। आइये इन दोनों के बारे में कुछ जाना जाये।

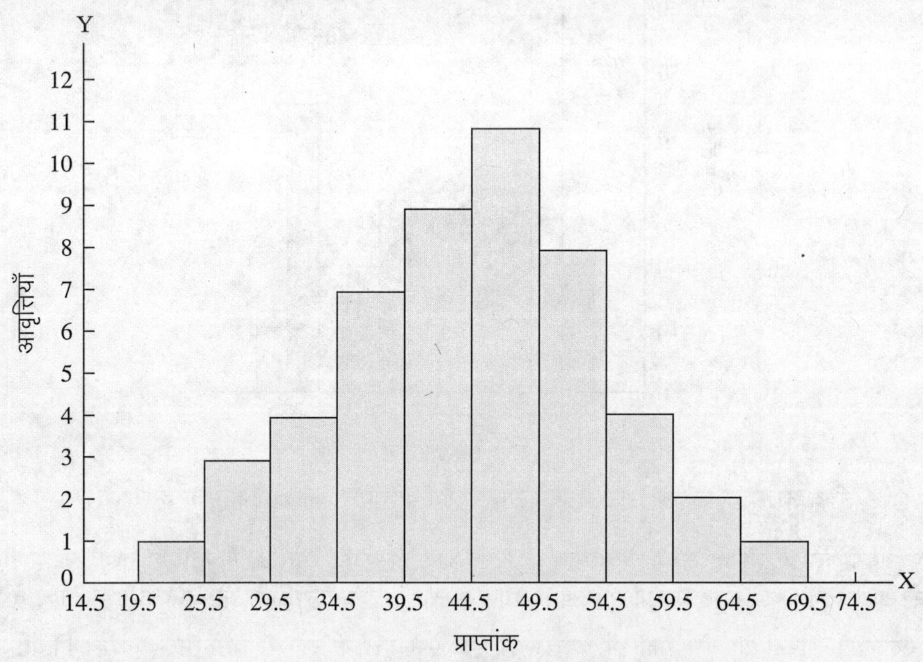

चित्र 31.2 तालिका 31.3 में दिये गये आवृत्ति वितरण की स्तम्भाकृति।

स्तम्भाकृति (The Histogram) : स्तम्भाकृति और कुछ नहीं बल्कि एक आवृत्ति वितरण का दंड ग्राफ (Bar graph) होता है। इस ग्राफ में X-अक्ष पर अंकित वास्तविक वर्ग सीमायें (Actual class limits) विभिन्न दंडों (आयतों) की चौड़ाई से दिखाई जाती है और इन वर्गान्तरों (Class intervals) की आवृत्तियों को इन दंडों (आयतों) की ऊँचाइयों से दिखाया जाता है। इस बात को 50 प्रयोज्यों द्वारा अर्जित परीक्षण प्राप्तांकों के आवृत्ति वितरण (देखिये तालिका 31.3) से बनाई गई स्तम्भाकृति द्वारा अच्छी तरह समझा जा सकता है। (देखिये चित्र 31.2)

नोट : स्तम्भाकृति बनाने हेतु हम सभी वर्ग अन्तरालों की वास्तविक निम्नतम सीमाओं (Actual lower limits) को एक अतिरिक्त वर्ग अन्तराल सहित X-अक्ष पर अंकित करते हैं तथा इन वर्ग–अन्तरालों की सम्बन्धित आवृत्तियों को Y-अक्ष पर। ये वास्तविक निम्नतम तथा उच्चतम सीमायें लिखी हुई वर्ग सीमाओं से 0.5 कम तथा 0.5 अधिक होती हैं।

संचयी आवृत्ति प्रतिशत वक्र या तोरण (The Cumulative Frequency Percentage Curve or Ogive) : अपने अनुसंधान प्रदत्तों के रेखाचित्रीय प्रस्तुतीकरण हेतु एक तोरण (Ogive) का निर्माण करने हेतु एक शोधकर्त्ता को निम्न प्रकार आगे बढ़ना होता है।

सोपान 1 : संचयी आवृत्ति प्रतिशत की (जैसा कि नीचे दी गई तालिका 31.4 में दिखाया गया है) गणना कीजिये।

तालिका 31.4 संचयी आवृत्ति प्रतिशत की गणना

वर्ग अंतराल	आवृत्ति	संचयी आवृत्ति	संचयी आवृत्ति प्रतिशत
65–69	1	50	100.00
60–64	3	49	98.00
55–59	4	46	92.00
50–54	7	42	84.00
45–49	9	35	70.00
40–44	11	26	52.00
35–39	8	15	30.00
30–34	4	7	14.00
25–29	2	3	6.00
20–24	1	1	2.00

सोपान 2 : अब वर्ग अन्तराल की वास्तविक उच्चतम सीमाओं को X-अक्ष पर तथा उनकी सम्बन्धित संचयी आवृत्ति प्रतिशतों को Y अक्ष पर अंकित करके एक रेखीय ग्राफ की रचना कीजिये। (देखिये चित्र 31.3)

प्रदत्तों के रेखाचित्रीय प्रस्तुतीकरण करने की विभिन्न विधियों और तकनीकों में संचयी आवृत्ति प्रतिशत वक्र या तोरण शोधकर्त्ता के लिये काफी उपयोगी सिद्ध होती है। इसकी सहायता से वह बिना किसी गणितीय सूत्र का सहारा लिये हुये निम्न उपयोगी कार्य कर सकता है।

(i) विभिन्न सांख्यिकी मानों जैसे मध्यमान, मध्यांक, बहुलांक, चतुर्थांश विचलन, दशमांश, शतांश तथा शतांशीय पदांकों की गणना करना।

(ii) दिये हुये वितरण का शतांश मानक निर्धारित करना।

(iii) दो या दो से अधिक समूहों या आवृत्ति वितरणों की पारस्परिक तुलना।

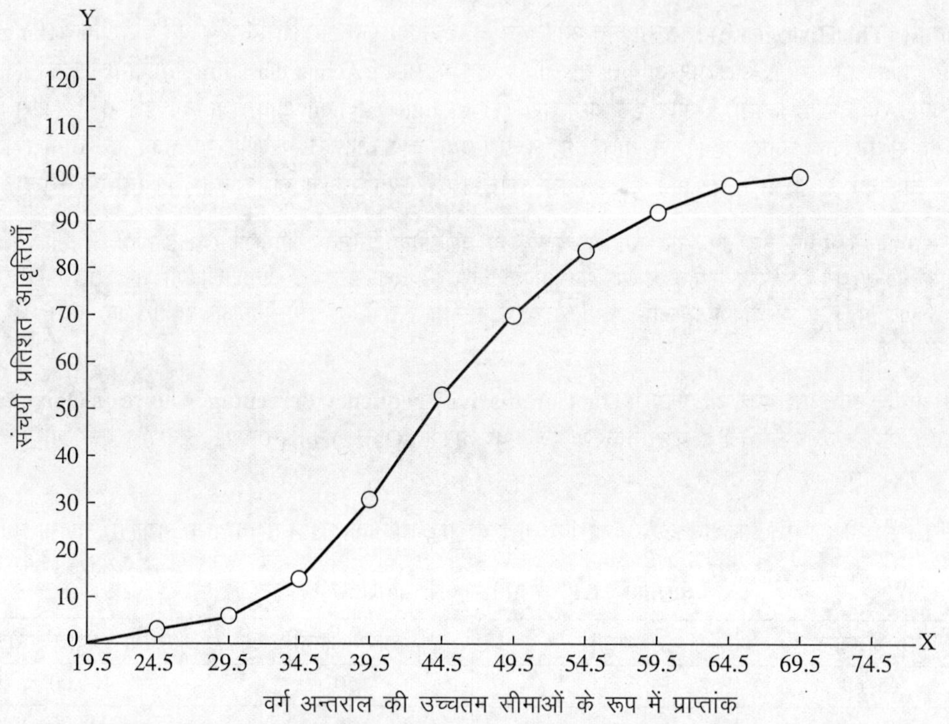

चित्र 31.3 तालिका 31.4 में दिये गये वितरण का संचयी आवृत्ति प्रतिशत वक्र या तोरण।

C. विवरणात्मक सांख्यिकी का उपयोग (Descriptive Statistics)

विवरणात्मक सांख्यिकी का शाब्दिक अर्थ है ऐसी सांख्यिकी जो एक प्रदत्त समूह का विवरण प्रदान करने हेतु काम में लाई जाती है। विवरण देने का यह कार्य शोधकर्त्ता द्वारा कई रूपों में किया जा सकता है, जैसे :

(i) केन्द्रीय प्रवृत्तियों (Central tendencies) के रूप में प्रदत्तों को सारांशित करना।

(ii) संकलित प्रदत्तों में निहित विचलनशीलता का निर्धारण करना।

(iii) वितरण की प्रकृति – सामान्य या सामान्य न होना का पता लगाना।

(iv) एक परीक्षण या मापन पर उपलब्ध प्राप्तांकों की सापेक्षिक स्थिति का वर्णन करना।

(v) विभिन्न प्रदत्त समूहों में विद्यमान साहचर्य या सहसम्बन्ध की मात्रा का प्रदर्शन करना।

(vi) किसी एक चर द्वारा दूसरे चर में साथ–साथ होने वाले क्रमबद्ध परिवर्तन की भविष्यवाणी करना।

विवरणात्मक सांख्यिकी को किसी समूह विशेष की विशेषताओं का विवरण प्रदान करने हेतु काम में लाया जाता है और एक समूह से सम्बन्धित सांख्यिकी का उपयोग उसी समूह तक ही सीमित रहता है। उसे किसी अन्य समूह की विशेषताओं का वर्णन करने हेतु काम में नहीं लाया जा सकता। व्यावहारिक दृष्टि से जब शोधकर्त्ता अपने प्रदत्तों के विश्लेषण हेतु विवरणात्मक सांख्यिकी को काम में लाते हैं तो उनके द्वारा अपने संकलित अवर्गीकृत तथा वर्गीकृत प्रदत्तों से निम्न 6 प्रकार के प्रमापों की गणना करने के प्रयत्न किये जाते हैं।

(i) केन्द्रीय प्रवृत्ति के प्रमाप (Measures of central tendencies) – मध्यमान (प्राप्तांकों का औसत), मध्यांक (पदांकित समूह के बिल्कुल बीचोंबीच स्थित व्यक्ति के द्वारा अर्जित प्राप्तांक) तथा बहुलांक (ऐसा प्राप्तांक जिसे समूह के ज्यादा से ज्यादा सदस्यों द्वारा अर्जित किया जाता है)।

(ii) विचलन के प्रमाप (Measures of variability) : प्रसार क्षेत्र – Range (उच्चतम प्राप्तांक – निम्नतम प्राप्तांक), चतुर्थांश विचलन, औसत विचलन तथा प्रामाणिक विचलन।

(iii) प्राप्तांकों के वितरण की सामान्य अथवा असामान्य नहीं होने सम्बन्धी प्रकृति के निदान सम्बन्धी प्रमाप (विषमता–Skewness तथा ककुदता–Kurtosis के रूप में)।

(iv) मानक प्राप्तांकों (Standard scores) तथा शतांकों (Percentiles) के रूप में सापेक्षिक स्थिति के प्रमाप।

(v) विभिन्न प्रकार के सहसम्बन्ध, गुणांकों (जैसे पीयरसन प्रोडक्ट मोमेन्ट गुणांक, स्पीयरमैन अनुस्थिति सहसम्बन्ध गुणांक, द्वि–पंक्तिक सहसम्बन्ध गुणांक, बिन्दु द्वि–पंक्तिक सहसम्बन्ध गुणांक, आसंग गुणांक, चतुकोष्टिक सहसम्बन्ध गुणांक, पाई गुणांक, आंशिक सहसम्बन्ध गुणांक तथा बहुचरीय सहसम्बन्ध गुणांक) की गणना।

(vi) एक चर में होने वाले परिवर्तनों के साथ साथ दूसरे चर में होने वाले परिवर्तनों के बारे में पूर्व कथन करने हेतु प्रतिगमन समीकरणों की गणना।

उपरोक्त सभी प्रकार के प्रमापों की प्रकृति, महत्ता, उपयोग तथा गणना के बारे में चर्चा करना, प्रस्तुत पाठ्यपुस्तक (जिसका उद्देश्य अपने पाठकों को व्यावहारिक विज्ञान अनुसंधानों में प्रयुक्त अनुसंधान विधियों से परिचित कराना है) के लिये पूरी तरह संभव नहीं है। इस कार्य हेतु बहुत सारी पुस्तकें, जिनका केन्द्रबिन्दु सांख्यिकी विधियों तथा मानों की गणना होता है, उपलब्ध है। पाठक अपने प्रयोजनार्थ उनका उपयोग कर सकते हैं। पाठकों के हितार्थ हम इसी पुस्तक के 28वें अध्याय में मूल प्राप्तांकों (Raw scores) को मानक तथा शतांक अंकों में रूपान्तरित करने के बारे में चर्चा कर चुके हैं। इसी अध्याय में आगे कुछ देर बाद हम जिन बातों के बारे में चर्चा करना चाहेंगे, वे हैं (i) सामान्यता की उपस्थिति तथा अनुपस्थिति के निदान हेतु काम में लाये जाने वाले प्रमाप तथा (ii) साहचर्य, नियन्त्रण तथा पूर्व कथन हेतु काम में लाये जाने वाले कुछ जटिल प्रमाप। फिलहाल यहाँ हम यह देखने का प्रयत्न करेंगे कि सामान्य तथा जो सामान्य नही हैं ऐसे वितरणों (जिन्हें प्राचलिक तथा अप्राचलिक वितरण भी कहा जाता है) से सम्बन्धित विविध मापन स्केलों (मापित, क्रम सूचक, अन्तराल सूचक तथा आनुपातिक) पर मापित प्रदत्तों के केन्द्रीय प्रवृत्तियों तथा विचलन के मापन हेतु किस प्रकार के प्रमापों का उपयोग किया जा सकता है।

तालिका 31.5 विभिन्न प्रकार के प्रदत्तों की केन्द्रीय प्रवृत्तियों तथा विचलन के प्रमाप

प्रदत्तों की प्रकृति	मापन स्केल	केन्द्रीय प्रवृत्ति व विचलन के प्रमाप
प्राचलिक (Parametric) सामान्य वितरण वाले	आनुपातिक तथा अंतराल सूचक (Ratio and Interval)	मध्यमान (केन्द्रीय प्रवृत्ति के मापन के रूप में), प्रामाणिक विचलन (विचलन के मापन के रूप में)
अप्राचलिक (Non-parametric) बिना सामान्य वितरण वाले	क्रमसूचक या पदांकन (Ordinal or Ranking)	मध्यांक (केन्द्रीय प्रवृत्ति के मापन रूप में), चतुर्थांश विचलन के मापन रूप में
अप्राचलिक (Non-parametric) बिना सामान्य वितरण वाले	नामित या श्रेणीकृत (Nominal or Categorical)	बहुलांक (केन्द्रीय प्रवृत्ति के मापन रूप में)

एक वितरण सामान्य है या नहीं, यह कैसे जाना जाये ? (Measures of Diagnosing Normality of the Distribution)

1. एक पूरी तरह से समरूप घंटे के आकार वाले सामान्य वक्र से प्रदर्शित सामान्य वितरण में मध्यमान, मध्यांक तथा बहुलांक केन्द्रीय प्रवृत्तियों के प्रमापों का मान (Value) समान होता है। इनमें जितना

विचलन (Variation) देखने को मिलेगा उसी रूप में एक सामान्य वितरण ऐसे वितरण का रूप ले लेगा जो सामान्य नहीं है।

2. एक सामान्य वितरण में विषमता (Skewness) का मान शून्य होता है। इसकी गणना हेतु निम्न सूत्रों का उपयोग किया जाता है :

   (i) स्क्यूनैस = 3(मध्यमान – मध्यांक)/प्रामाणिक विचलन

   (ii) स्क्यूनैस = $[(P_{90} + P_{10})/2] - P_{50}$

   (यहाँ P_{90}, P_{10} तथा P_{50} क्रमशः वितरण के 90वें, 10वें तथा 50वें शतांक हैं)

3. एक सामान्य वितरण में ककुदता (Kurtosis) का मान 0.263 होता है। अगर यह सार्थक रूप से अधिक या कम होता है तो वितरण को सामान्यता से परे माना जाता है। इस मान की गणना हेतु निम्न सूत्र का उपयोग किया जाता है।

   ककुदता (Kurtosis) = $Q/(P_{90} - P_{10})$

   यहाँ Q = चतुर्थांश विचलन = $(P_{75} - P_{25})/2$

   तथा P_{90}, P_{10}, P_{75} और P_{25} क्रमशः वितरण के 90वें, 10वें, 75वें तथा 25वें शतांक हैं।

साहचर्य या सहसम्बन्ध के मापन (Measures of Association or Correlation)

दो चरों के बीच साहचर्य या सहसम्बन्ध के प्रमाप को सहसम्बन्ध गुणांक कहा जाता है। सामान्य तौर पर इसका मान शून्य को शामिल करते हुये –1.00 से लेकर +1.00 तक जा सकता है। शून्य का अर्थ यहाँ चरों के बीच कोई सम्बन्ध नहीं होना है। विवरणात्मक सांख्यिकी में शोधकर्त्ताओं द्वारा संकलित प्रदत्तों की प्रकृति के हिसाब से विभिन्न प्रकार के सहसम्बन्ध गुणांकों का उपयोग किया जाता है। व्यावहारिक विज्ञानों के अनुसंधान अध्ययनों में एकत्रित प्रदत्तों को मोटे तौर पर दो श्रेणियों में विभक्त किया जाता है – एक तो विछिन्न (Discrete or discontinuous) तथा दूसरे सतत (Continuous)। नामित (Nominal) तथा क्रमसूचक (Ordinal) स्केल पर एकत्रित प्रदत्त श्रेणियों में बँटे (Categorical) होते हैं और इसलिये इनसे विछिन्न (Discrete) संख्याओं का प्रतिनिधित्व होता है। इसके विपरीत अन्तराल सूचक (Interval) तथा आनुपातीय स्केल पर अर्जित प्राप्तांकों को सतत प्रदत्तों के रूप में स्वीकार किया जाता है।

यहाँ तालिका 31.6 में नीचे उन सामान्य रूप से प्रयुक्त सहसम्बन्ध गुणांकों तथा मापन स्केलों (कम से कम मापन स्तर वाली) की सूची दी गई है जो सम्बन्धित चरों के बीच सहसम्बन्ध स्थापित करने हेतु चाहिये।

तालिका 31.6 चरों की प्रकृति के हिसाब से उनके बीच सहसम्बन्ध स्थापित करने सम्बन्धी आवश्यकता

सहसम्बन्ध गुणांक	चरों को प्रकृति के सन्दर्भ में अपेक्षित आवश्यकता
पीयरसन प्रोडक्ट मोमेन्ट (Pearson Product Moment)	दोनों चर सतत (Continuous) तथा अन्तराल सूचक (Interval) स्केल पर मापित
स्पीयरमैन अनुस्थिति क्रमांक (Spearmans' Rank Order)	दोनों चर अविछिन्न (Discrete) तथा क्रमसूचक (Ordinal) स्केल पर मापित
द्वि–पंक्तिक (Bi-serial)	एक चर सतत तथा अन्तराल सूचक स्केल पर मापित तथा दूसरा एक कृत्रिम द्विभाजी (Artificial dichotomons) के रूप में क्रमसूचक स्केल पर मापित
बिन्दु द्वि–पंक्तिक (Point Bi-serial)	एक सतत चर अन्तराल सूचक स्केल पर मापित तथा दूसरा एक वास्तविक द्विभाजी (genuine dichotomy) के रूप में नामित या क्रम सूचक स्केल पर मापित।

(क्रमशः)

सहसम्बन्ध गुणांक	चरों को प्रकृति के सन्दर्भ में अपेक्षित आवश्यकता
आसंग गुणांक (Coefficient of contingency)	दोनों चरों का मापन नामित (Nominal) स्केल पर
चतुकोष्टिक (Tetrachoric)	दोनों चर कृत्रिम द्विभाजी (Artificial dichotomous) तथा नामित या क्रमसूचक स्केल पर मापित (जैसे समायोजित–कुसमायोजित)
फाई गुणांक (Phi coefficient)	दोनों चर वास्तविक रूप में द्विभाजी (genuine dichotomous) तथा नामित या क्रमसूचक स्केल पर मापित

यहाँ हम सभी उपरोक्त उल्लेखित सहसम्बन्ध गुणांकों की गणन विधियों के बारे में चर्चा न कर उनकी सापेक्षिक प्रकृति तथा उन परिस्थिति विशेषों (उपयुक्त उदाहरणों के माध्यम से) का उल्लेख अवश्य करना चाहेंगे जिनमें एक या अन्य प्रकार के सहसम्बन्ध की गणना करने की आवश्यकता एक शोधकर्त्ता को महसूस हो सकती है।

पीयर्सन प्रोडक्ट मोमेन्ट सहसम्बन्ध (Pearson's Product Moment Correlation)

दो चरों के बीच साहचर्य का सम्बन्ध मालूम करने के लिये इसकी गणना तब की जाती है जब (i) ये दोनों चर सतत (Continuous) चर हों (ii) दोनों चरों का मापन एक अन्तराल सूचक स्केल पर हो तथा (iii) दोनों चरों में प्राप्तांकों का वितरण यथेष्ट रूप से सामान्य (Normal) हो अथवा कम से कम बुरी तरह से विषम/विकृत (Badly skewed) न हो।

उदाहरण 31.3 : विद्यार्थियों के एक समूह द्वारा एक बुद्धि परीक्षण पर अर्जित प्राप्तांकों तथा एक उपलब्धि परीक्षण पर उपलब्ध प्राप्तांकों के बीच साहचर्य या सहसम्बन्ध मालूम कीजिये।

यहाँ बुद्धि लब्धि प्राप्तांक तथा उपलब्धि प्राप्तांक दोनों के ही वितरण अन्तराल सूचक स्केल पर मापित हैं। इन दोनों प्राप्तांक समूहों के वितरण भी सामान्य (Normal) या लगभग सामान्य हैं। दोनों चर जिनके बीच सहसम्बन्ध ज्ञात करना है, सतत चर हैं इसलिये यहाँ पीयर्सन प्रोडक्ट मोमेन्ट सहसम्बन्ध की गणना करना ही ठीक रहेगा।

स्पीयरमैन अनुस्थिति सहसम्बन्ध (Spearman's Rank Correlation)

उदाहरण 31.4 : एक हाकी टीम के 10 खिलाड़ियों को दो अलग–अलग निरीक्षकों द्वारा कैप्टेन के रूप में चयन करने के लिए की जाने वाली रेटिंग से प्राप्त दो प्रकार के रेटिंग प्राप्तांकों में सहसम्बन्ध की गणना कीजिये।

खिलाड़ी	A	B	C	D	E	F	G	H	I	J
एक निरीक्षक की रेटिंग	1	4	3	2	6	5	7	8	9	10
दूसरे निरीक्षक की रेटिंग	2	1	3	4	7	6	8	9	5	10

यहाँ प्रदत्तों की उपलब्धि क्रम सूचक (Ordinal) स्केल पर है। दोनों चर विछिन्न (Discrete) हैं और रेटिंग प्राप्तांकों को अनुस्थितियों या पदांकों (Ranks) के रूप में प्रदान किया गया है। दोनों चरों के वितरण को भी सामान्य वितरणों के रूप में मान्यता नहीं दी जा सकती इसलिये दोनों मापनों से प्राप्त प्राप्तांकों के बीच सहसम्बन्ध का परीक्षण यहाँ अप्राचलिक (Non-parametric) अनुक्षेत्र में आता है प्राचलिक में नहीं। फलस्वरूप यहाँ स्पीयरमैन अनुस्थिति सहसम्बन्ध गुणांक की गणना करना ही उपयुक्त रहेगा।

द्वि-पंक्तिक तथा बिन्दु द्वि-पंक्तिक सहसम्बन्ध
(Biserial and Point Biserial Correlations)

व्यावहारिक विज्ञान अध्ययनों में शोधकर्त्ताओं के सामने ऐसी परिस्थितियाँ आ सकती हैं जब सहसम्बन्ध गणना के लिये प्रयुक्त होने वाले दोनों चरों का वितरण सामान्य (Normal) हो और साथ ही सतत रूप से मापित (Continuoulsly measurable) हो परन्तु उनमें से एक चर द्वि–भाजी (कृत्रिम या वास्तविक) हो। इस परिस्थिति में शोधकर्त्ता के पास यही विकल्प शेष रहता है कि वह जब द्विभाजन कृत्रिम हो तो द्वि–पंक्तिक सहसम्बन्ध की गणना करे तथा जब द्वि–भाजन वास्तविक हो तो बिन्दु द्वि–पंक्तिक सहसम्बन्ध की गणना करे। आइये देखें इस द्वि–भाजन (कृत्रिम और वास्तविक) से क्या तात्पर्य होता है।

द्वि–भाजी (Dichotomous) पद किसी चीज को दो भागों या श्रेणियों में विभक्त करने के अर्थ में प्रयुक्त किया जाता है। इस अर्थ में जब एक अनुसंधान चर को कृत्रिम रूप से दो श्रेणियों में विभक्त कर दिया जाता है या वह अपनी इस स्थिति में स्वाभाविक रूप से ही विद्यमान रहता है तब चर के इस प्रकार के विभाजन को क्रमशः कृत्रिम, द्वि–भाजन (Artificial Dichotomy) तथा वास्तविक द्वि–भाजन (Natural dichotomy) कहा जाता है। आइये इस बात को कुछ उदाहरणों द्वारा स्पष्ट किया जाये।

कृत्रिम द्वि-भाजन (Artificial Dichotomy)

उदाहरण के लिये एक ऐसे अध्ययन में जिनमें यह पता लगाना होता है कि प्रयोज्य विशेष द्वारा पास–फेल होने से सम्बन्धित निश्चित प्राप्तांक अर्जित किये हैं या नहीं तो ऐसी अवस्था में इन प्राप्तांकों के स्तर को कहीं भी निश्चित करने के प्रयत्न किये जा सकते हैं (जैसे कहीं 33% पर उत्तीर्ण हो सकते हैं तो कहीं 40% या 50% पर)। यहाँ इस प्रकार से उपलब्धि से जुड़े हुये चर के मापन को दो श्रेणियों–पास तथा फेल में विभक्त कर लिया जाता है परन्तु चर का इस प्रकार का विभाजन स्वाभाविक नहीं होता बल्कि सुविधा के अनुसार कोई भी विभाजीय बिन्दु (Dividing point) इसके लिये निर्धारित किया जा सकता है। इस प्रकार की परिस्थिति तब भी पैदा हो सकती है जबकि किसी चर को दो निम्न प्रकार की कृत्रिम श्रेणियों में विभाजित करने का प्रयत्न किया जाये।

(i) सामाजिक रूप से समायोजित एवं सामाजिक रूप से कुसमायोजित।
(ii) खिलाड़ी विद्यार्थी तथा न खेलने वाले विद्यार्थी।
(iii) गरीब तथा जो गरीब नहीं हैं।
(iv) पुरातन पंथी तथा प्रगतिवादी आदि।

वास्तविक/स्वाभाविक द्वि-भाजन (Natural Dichotomy)

अपने नाम के अनुकूल ही इस प्रकार का द्वि–भाजन (एक चर को दो भागों या श्रेणियों में विभक्त करने की प्रक्रिया) बिल्कुल स्वाभाविक तथा वास्तविक होता है। यहाँ कृत्रिम द्वि–भाजन (Artificial dichotomy) की तरह शोधकर्त्ताओं को अपने अध्ययन चर के विभाजन हेतु एक कृत्रिम/मनचाहे विभाजन बिन्दु (Dividing point) का सहारा नहीं लेना पड़ता। सम्बन्धित चर को इस प्रकार की स्वाभाविक श्रेणियों में विभक्त करने सम्बन्धी उदाहरण निम्न हो सकते हैं।

(i) 1 और 0 के रूप में अंकन (ii) सही और गलत (iii) पुरुष और महिला (iv) बाल अपराधी और जो बाल–अपराधी नहीं हैं (v) पी–एच.डी. डिग्रीधारक और जो पी–एच.डी डिग्रीधारक नहीं हैं (vi) पसंद और ना पसंद इत्यादि।

यहाँ सम्बन्धित चर का दो श्रेणियों में विभाजन बिल्कुल स्पष्ट तथा वास्तविक होता है। किसी प्रयोज्य को हाँ/ना प्रारूप वाले प्रश्नों का उत्तर देने के परिणामस्वरूप 1 तथा 0 प्राप्तांक ही प्राप्त हो सकते हैं। इसी तरह

किसी वस्तु को लोगों द्वारा या तो पसंद किया जा सकता है अथवा ना पसंद। समूह में या तो पीएच.डी. धारक हो सकते हैं अथवा वे जो पीएच.डी. धारक नहीं हैं।

इस प्रकार से निष्कर्ष रूप में जब एक शोधकर्त्ता को दो ऐसे चरों में सहसम्बन्ध ज्ञात करना हो जिनमें एक सतत चर हो और दूसरा द्वि–भाजी (Dichotomous) तो इस अवस्था में उसे पहले यह पता लगाना होता है कि यह द्वि–भाजन कृत्रिम है या वास्तविक। अगर कृत्रिम हो तो उसे द्वि–पंक्तिक सहसम्बन्ध ज्ञात करना होता है और अगर यह स्वाभाविक या वास्तविक हो तो उसे बिन्दु द्वि–पंक्तिक सहसम्बन्ध की गणना करनी होती है।

परन्तु द्वि–पंक्तिक सहसम्बन्ध की तुलना में बिन्दु द्वि–पंक्तिक सहसम्बन्ध को अधिक अच्छी और विश्वसनीय सांख्यिकी (Statistics) की संज्ञा दी जाती है। इसकी गणना भी अपेक्षाकृत आसान होती है। इसके अतिरिक्त जब कभी भी दूसरे चर में निहित द्वि–भाजन (Dichotomy) की प्रकृति के सम्बन्ध में कोई शंका हो तो द्वि–पंक्तिक सहसम्बन्ध की गणना करने की अपेक्षा बिन्दु द्वि–पंक्तिक सहसम्बन्ध की गणना करना अधिक सुरक्षित समझा जाता है।

आसंग गुणांक (Coefficient of Contingency)

जब एक अनुसंधानात्मक अध्ययन में संकलित प्रदत्तों से सम्बन्धित चर विछिन्न या असतत (Discrete or Discontinuous) हों और उन्हें नामित स्केल पर मापित किया जाता हो (यानी वे चर जिनके बीच सहसम्बन्ध मालूम करना है दो या दो से अधिक श्रेणियों में विभाजित हों) तब शोधकर्त्ताओं को जिस सहसम्बन्ध गुणांक की गणना करनी होती है वह आसंग गुणांक (Contingency coefficient) कहलाता है।

आसंग गुणांक की गणना किस प्रकार के प्रदत्तों के विश्लेषण हेतु की जाती है इसे निम्न उदाहरण द्वारा जाना जा सकता है।

उदाहरण 31.5 : एक अनुसंधान अध्ययन में तीन विभिन्न धर्मानुयायियों के समूहों से सम्बन्धित 150 प्रयोज्यों से उनकी अभिवृत्ति से सम्बन्धित एक प्रश्न विशेष के प्रति अपनी अनुक्रिया अभिव्यक्त करने को कहा गया और इसके लिये उन्हें तीन विकल्पों – हाँ, ना तथा अनिश्चित में से किसी एक का चयन करने की बात कही गई। संकलित प्रदत्तों का रूप यहाँ निम्न प्रकार से था :

धार्मिक समूह	हाँ	ना।	अनिश्चित	कुल
हिन्दू	10	25	15	50
मुसलमान	20	20	5	45
ईसाई	30	15	10	55
कुल	60	60	30	150

दिये हुये प्रदत्तों से एक आसंग गुणांक (Contingency coefficient) की गणना कर यह जानने का प्रयत्न करें कि क्या किसी धर्म विशेष का अनुयायी होने का अभिवृत्ति विशेष से कोई सम्बन्ध है या नहीं ?

हल : यहाँ आसंग गुणांक की गणन प्रक्रिया निम्न रूप ले सकती है :

सोपान 1 : पहले काई वर्ग (Chi square) का मान ज्ञात करें (हम काई वर्ग की गणन विधि का इसी अध्याय में आगे वर्णन करेंगे।)

सोपान 2 : आसंग गुणांक (Contingency coefficient) निकालने हेतु अब निम्न सूत्र का प्रयोग करें :

आसंग गुणांक (Contingency coefficient) = $\sqrt{\frac{\chi^2}{N+\chi^2}}$

यहाँ χ^2 से तात्पर्य काई वर्ग के मान से है।

तथा N से तात्पर्य कुल आवृत्तियों (जैसे यहाँ 150) से है।

चतुकोष्टिक सहसम्बन्ध (Tetrachoric Correlation)

अनुसंधान अध्ययनों में ऐसी परिस्थितियाँ भी आ सकती हैं जब दोनों चर (जिनके बीच हम कोई साहचर्य या सहसम्बन्ध तलाशना चाहते हैं) कृत्रिम रूप से द्वि–भाजी (Artificial dichotomous) होकर दो भिन्न श्रेणियों में उपलब्ध हों और फलस्वरूप उनमें से कोई भी एक सतत मापन जैसे प्राप्तांकों के रूप में उपलब्ध न हो सके। उदाहरण के लिये जब हमें समायोजन चर (Adjustment variable) सम्बन्धी प्रदत्तों की उपलब्धि समायोजित–कुसमायोजित के रूप में हो तथा व्यावसायिक सफलता (Job success) की सफलता–असफलता के रूप में, तब इन दो चरों – समायोजन तथा व्यावसायिक सफलता के बीच सहसम्बन्ध ज्ञात करने हेतु हमारे पास "चतुकोष्टिक सहसम्बन्ध" की गणना करने के सिवाय कोई विकल्प नहीं होता। इसकी गणना करने हेतु किस प्रकार के प्रदत्त होने चाहिये और किन परिस्थितियों में इसकी गणना करना जरूरी होता है इस बात को हम एक उदाहरण द्वारा स्पष्ट कर रहे हैं।

उदाहरण 31.6 एक शोधकर्त्ता द्वारा 120 प्रयोज्यों के एक प्रतिदर्श पर समायोजन तथा व्यावसायिक सफलता से सम्बन्धित परीक्षणों को प्रशासित करते हुये नामित स्केल पर प्रदत्तों का संकलन किया और प्राप्त परिणामों को 2×2 तालिका के रूप में निम्न प्रकार व्यवस्थित किया। क्या इनसे आपको यह लगता है कि समायोजन तथा व्यावसायिक सफलता में कोई साहचर्य या सहसम्बन्ध है ?

	सफलता	असफलता	कुल
समायोजित	25	35	60
कुसमायोजित	20	40	60
कुल	45	75	120

फाई गुणांक (Phi Coefficient)

एक शोधकर्त्ता को दो चरों के बीच सहसम्बन्ध ज्ञात करने के लिए फाई गुणांक की गणना करने की आवश्यकता तब पड़ती है जब उन चरों में किसी भी चर का सतत रूप (अन्तराल सूचक या आनुपातिक स्केल पर) में मापन उपलब्ध न हो तथा दोनों की अभिव्यक्ति स्वाभाविक/वास्तविक द्वि–भाजी (Natural dichotomy) स्वरूप (1 तथा 0 के रूप में अंकन, सही–गलत, हाँ–ना इत्यादि) में होती हो। इसे आसानी से निम्न सूत्र का उपयोग करके मालूम किया जा सकता है :

$$\text{फाई गुणांक} = \frac{AD - BC}{\sqrt{(A+B)(C+D)(B+D)(A+C)}}$$

(यहाँ A, B, C तथा D से तात्पर्य 2×2 तालिका के कोषों (Cells) में दी गई आवृत्तियों से है।)

फाई गुणांक की गणना करना पद विश्लेषण में काफी उपयोगी सिद्ध होता है, विशेषकर उस स्थिति में जब हमें एक पद का दूसरे पद से सहसम्बन्ध मालूम करना होता है। इस सम्बन्ध में आगे दिया गया उदाहरण यह

समझने में सहायता कर सकता है कि फाई गुणांक की गणना किस प्रकार के प्रदत्तों तथा शोध परिस्थितियों में की जाती है।

पद X

पद Y		हाँ	ना	कुल
	हाँ	55	45	100
	ना	35	65	100
	कुल	90	110	200

चतुकोष्टिक सहसम्बन्ध गुणांक की तुलना में फाई गुणांक अधिक उपयुक्त तथा विश्वसनीय सांख्यिकी (Statitistics) है। इसके अतिरिक्त चतुकोष्टिक सहसम्बन्ध की अपेक्षा इसकी गणना करना भी आसान है। इसका चतुकोष्टिक सहसम्बन्ध वही सम्बन्ध होता है जैसा कि बिन्दु–द्विपंक्तिक (Point biserial) सहसम्बन्ध द्वारा द्वि–पंक्तिक (Biserial) सहसम्बन्ध से रखा जाता है। इसलिये जब भी द्वि–भाजक चरों (Dichotomized variables) की प्रकृति के बारे में कोई शंका हो (वह वास्तविक या कृत्रिम) तब फाई गुणांक ज्ञात करना ही सर्वथा उपयुक्त रहता है।

आंशिक सहसम्बन्ध (Partial Correlation)

परिभाषा के रूप में आंशिक सहसम्बन्ध से तात्पर्य दो चरों के बीच स्थापित उस सहसम्बन्ध से होता है जिसमें किसी तीसरे या अन्य चर द्वारा किये गये अवांछित हस्तक्षेप या इन पर डाले जाने वाले अनावश्यक प्रभाव का उन्मूलन करते हुये इन दोनों चरों में निहित स्वतन्त्र एवं विश्वसनीय सम्बन्धों का अनुमान लगाने में शोधकर्त्ता को समुचित सहायता मिले। इस सहसम्बन्ध का उपयोग किन परिस्थितियों में किया जाता है, आइये इस बात को एक उदाहरण द्वारा समझा जाये।

माना एक अनुसंधान अध्ययन में हम शैक्षिक उपलब्धि पर पाठ्य सहगामी क्रियाओं में भाग लेने सम्बन्धी प्रभाव का अध्ययन करना चाहते हैं। अगर हम इस बात का समुचित विश्लेषण करना चाहें कि शैक्षिक उपलब्धि या पाठ्य सहगामी क्रियाओं में भाग लेना इन दोनों चरों को कौन कौन से कारक प्रभावित करते हुए देखे जा सकते हैं तो हमें मालूम होगा कि इनमें हम बुद्धि, सामाजिक–आर्थिक स्तर, वातावरणजन्य प्रभाव, आयु, स्वास्थ्य तथा शारीरिक डीलडौल, तथा ऐसे ही अन्य कारकों की गिनती कर सकते हैं। अगर हम वास्तव में शैक्षिक उपलब्धि और पाठ्य सहगामी क्रियाओं में भागीदारी इन दो चरों के बीच एक स्वतन्त्र और विश्वसनीय सहसम्बन्ध गुणांक की गणना करना चाहते हैं तो हमें कोई न कोई ऐसा तरीका प्रयोग में लाना होगा जिससे इन दोनों चरों को एक या अन्य प्रकार से प्रभावित करने वाले कारकों (जिनका अभी हमने उल्लेख किया है) के प्रभाव से अलग रखा जा सके। दो चरों के बीच आने वाले या उन पर प्रभाव डालने वाले कारकों/चरों पर नियन्त्रण स्थापित करने अथवा उनका उन्मूलन करने हेतु दो प्रकार की विधियाँ अपनाई जा सकती हैं। पहली विधि में प्रतिदर्श में प्रयोज्यों का चयन करते समय हमसे ऐसे प्रयोज्यों का चयन करने की अपेक्षा की जाती है जो बुद्धि, सामाजिक–आर्थिक स्तर, स्वास्थ्य तथा शारीरिक डीलडौल, आयु, लिंग आदि चरों को लेकर एक जैसे हों। इस प्रकार की प्रक्रिया को अपना कर प्रयोज्य समूह बनाना व्यावहारिक दृष्टि से पूरी तरह संभव नहीं है और इसमें यह खतरा भी रहता है कि इस प्रकार की समरूपता तलाश करते करते कहीं प्रतिदर्श का आकार ही काफी छोटा न हो जाये। इस परिस्थिति में अब एक दूसरी विधि का उपयोग कर अध्ययन चरों के बीच सहसम्बन्ध स्थापित करना उपयुक्त रहता है उसे आंशिक सहसम्बन्ध गणन विधि का नाम दिया जाता है। यहाँ दो चरों X तथा Y

के बीच आने वाले या इन पर अवांछनीय प्रभाव डालने वाले सभी संभावित कारकों के प्रभाव का उन्मूलन करते हुये इनके मध्य निहित साहचर्य या सहसम्बन्ध का पता लगाने का प्रयत्न किया जाता है।

आंशिक सहसम्बन्ध की गणना (Computation of Partial Correlation)

दो चरों (जैसे शैक्षिक उपलब्धि तथा पाठ्य–सहगामी क्रियाओं में भागीदारी) के बीच साहचर्य या सम्बन्ध की, किसी तीसरे विघ्नकारी चर (Intervening variable) जैसे बुद्धि के प्रभाव का उन्मूलन करते हुये, गणना करने हेतु जो सूत्र प्रयोग में लाया जाता है, वह निम्न है :

$$r_{12.3} = \frac{r_{12} \cdot r_{13} - r_{23}}{\sqrt{(1-r_{13}^2)(1-r_{23}^2)}}$$

यहाँ r_{12} = शैक्षिक उपलब्धि तथा पाठ्य सहगामी क्रियाओं में भागीदारी के बीच सहसम्बन्ध

r_{13} = शैक्षिक उपलब्धि तथा बुद्धि के बीच सहसम्बन्ध।

r_{23} = पाठ्य सहगामी क्रियाओं में भागीदारी तथा बुद्धि के बीच सहसम्बन्ध।

बहुचरीय सहसम्बन्ध (Multiple Correlation)

व्यावहारिक विज्ञानों के अध्ययनों में ऐसी परिस्थितियाँ भी आती हैं जब उनका कोई एक अध्ययन चर बहुत से चरों (जिन्हें स्वतन्त्र चरों की संज्ञा दी जाती है) पर आश्रित रहता हुआ दिखाई दे। अगर उदाहरण के लिये हम 'शैक्षिक उपलब्धि' नामक चर को लें तो इसे बहुत सारे स्वतन्त्र चरों, जैसे बुद्धि, सामाजिक–आर्थिक स्तर, माता पिता का शैक्षिक स्तर, पढ़ाने की विधियाँ, शिक्षकों की गुणवत्ता, विद्यार्थी की रुचि तथा अभिरुचि, वातावरणजन्य परिस्थितियाँ, अध्ययन के लिये किये जाने वाला समय, आदि से प्रभावित होता हुआ देखा जा सकता है। अब अगर हम इन सभी या इनमें से कुछ अति महत्त्वपूर्ण स्वतन्त्र चरों (Independent variables) के द्वारा एक अकेले शैक्षिक उपलब्शि नामक आश्रित चर (Dependent variable) पर डाले गये सम्भावित प्रभाव (Combined effect) का अध्ययन करना चाहते हैं तो हमें एक विशेष प्रकार के सहसम्बन्ध प्रभाव की गणना करनी होगी जिसे हम बहुचरीय सहसम्बन्ध गुणांक (Coefficient of multiple correlation) कहते हैं। इस तरह परिभाषा के रूप में बहुचरीय सहसम्बन्ध से तात्पर्य एक ऐसे सहसम्बन्ध से है जो किसी आश्रित चर तथा दो या दो से अधिक स्वतन्त्र चरों के संयुक्त रूप के बीच पाया जाता है।

आइये इस बात को अब एक उदाहरण द्वारा समझा जाये। माना हम एक आश्रित चर (जैसे शैक्षिक उपलब्धि) जिसे X_1 कहा जा सकता है तथा दो स्वतन्त्र चरों (जैसे सामान्य बुद्धि तथा सामाजिक–आश्रित स्तर) जिन्हें X_2 तथा X_3 का नाम दिया गया है, के बीच सहसम्बन्ध मालूम करना चाहते हैं तो यहाँ हमें बहुचरीय सहसम्बन्ध ज्ञात करना होगा तथा इसकी गणना करने हेतु हमें X_1 आश्रित चर तथा X_2 और X_3 स्वतन्त्र चरों के संयुक्त प्रभाव के बीच सहसम्बन्ध गुणांक की गणना करनी होगी। इस गुणांक को हम $R_{1.23}$ नाम देते हैं। इसका अर्थ होता है हम आश्रित चर 1 तथा स्वतन्त्र चरों 2 तथा 3 के संयुक्त प्रभाव के बीच सहसम्बन्ध स्थापित कर रहे हैं।

बहुचरीय सहसम्बन्ध की गणना (Computation of Multiple Correlation)

बहुचरीय सहसम्बन्ध की गणना हेतु निम्न सूत्र का उपयोग किया जा सकता है :

$$R_{1.23} = \sqrt{\frac{(r_{12}^2 + r_{13}^2 \cdot 2r_{12}r_{13}r_{23})}{1-r_{23}^2}}$$

यहाँ $r_{1.23}$ = आश्रित चर X_1 तथा दो स्वतन्त्र चरों X_2 तथा X_3 के संयुक्त प्रभाव के बीच बहुचरीय सहसम्बन्ध गुणांक

$r_{12} = X_1$ तथा X_2 के बीच सहसम्बन्ध

$r_{13} = X_1$ तथा X_3 के बीच सहसम्बन्ध

$r_{23} = X_2$ तथा X_3 के बीच सहसम्बन्ध

पूर्व कथन हेतु प्रतिगमन समीकरणों का उपयोग (Use of Regression Equation for Prediction)

दो चरों के बीच सहसम्बन्ध गुणांक किसी एक चर में होने वाले परिवर्तनों के फलस्वरूप दूसरे चर में भी साथ साथ होने वाले परिवर्तनों के पूर्व कथन हेतु समुचित रूप में सक्षम नहीं होता। उदाहरण के लिये हम किसी विद्यार्थी के बुद्धि लब्धि सम्बन्धी प्राप्तांकों का उसकी शैक्षणिक उपलब्धि प्राप्तांकों के आधार पर भविष्यवाणी नहीं कर सकते और यही बात इसके विपरीत रूप में सही ठहराई जा सकती है जब तक कि इन दोनों चरों के बीच निहित सहसम्बन्ध एक पूर्ण सहसम्बन्ध न हो यानी जब तक कि इस सहसम्बन्ध गुणांक का मान +1 या –1 के बराबर न हो।

व्यावहारिक विज्ञानों में किये गये अध्ययनों में प्रायः इस प्रकार का पूर्ण सहसम्बन्ध देखने को नहीं मिलता और इसलिये वांछित विश्वसनीय पूर्वकथन हेतु शोधकर्त्ताओं द्वारा प्रतिगमन समीकरणों (Regression equations) का ही प्रयोग करने के प्रयत्न किये जाते हैं। इस कार्य हेतु सामान्य रूप से दो निम्न प्रतिगमन समीकरणों का उपयोग किया जाता है।

(i) $X - Mx = r(\sigma_x - \sigma_y)(Y - My)$

(यह समीकरण Y चर के किसी भी प्राप्तांक मान के सम्बन्ध में X चर के प्राप्तांक चर मान की भविष्यवाणी करने के काम आता है।)

(ii) $Y - My = r(\sigma_y - \sigma_x)(X - Mx)$

(यह समीकरण X चर के किसी भी प्राप्तांक मान के सम्बन्ध में Y चर के प्राप्तांक मान की भविष्यवाणी करने के काम आता है।)

इन समीकरणों में X तथा Y बारी बारी से एक दिये हुये प्राप्तांक तथा पूर्व कथन किये जाने वाले प्राप्तांक का प्रतिनिधित्व करते हैं। Mx तथा My, X तथा Y चरों के मध्यमान हैं, σ_x तथा σ_y, X तथा Y प्राप्तांकों के वितरण के प्रामाणिक विचलन मानों का प्रतिनिधित्व करते हैं तथा r, X तथा Y चरों के पीयरसन प्रोडक्ट मोमेन्ट सहसम्बन्ध गुणांक का प्रतिनिधित्व करता है।

बहुचरीय प्रतिगमन समीकरण का पूर्व कथन हेतु उपयोग (Use of Multiple Regression Equation for Prediction)

बहुत सी परिस्थितियों में व्यावहारिक विज्ञान अध्ययनों में रत शोधकर्त्ताओं के सामने ऐसी स्थितियाँ आ जाती हैं जब अध्ययन के आश्रित तथा स्वतन्त्र चरों के बीच अधिक सहसम्बन्ध नहीं पाया जाता बल्कि दो या दो से अधिक स्वतन्त्र चरों (जैसे बुद्धि, सामाजिक–आर्थिक स्तर, माता पिता की शिक्षा, अध्ययन आदतों इत्यादि) के द्वारा संयुक्त रूप से एक अकेले आश्रित चर (जैसे शैक्षिक उपलब्धि) को प्रभावित करने का प्रयत्न किया जाता है। इस प्रकार की परिस्थिति में, जैसा कि हम पहले देख चुके हैं, हमें एक रेखिक सहसम्बन्ध 'r' की बजाय बहुचरीय सहसम्बन्ध गुणांक 'R' की गणना करनी होती है। फलस्वरूप यहाँ अब पूर्व कथन हेतु बहु–चरीय सहसम्बन्ध से जुड़े हुये एक बहुचरीय प्रतिगमन समीकरण की स्थापना की आवश्यकता होती है। एक अनुसंधान अध्ययन के मूल प्राप्तांकों के रूप में उपलब्ध चरों का प्रयोग करती हुई इस बहुचरीय प्रतिगमन समीकरण को अगले पृष्ठ पर व्यक्त किया गया है।

$$\bar{X}_1 = b_{12.3}X_2 + b_{13.2}X_3 + M_1 - b_{12.3}M_2 + b_{13.2}M_3$$

यहाँ $\bar{X}_1$ = आश्रित चर X_1 का पूर्व कथन मान

$b_{12.3}$ = X_2 के लिये गुणक स्थिरांक (Multiplying constant) या भार (Weight)

$b_{13.2}$ = X_3 के लिये गुणक स्थिरांक (Multiplying constant) या भार

$b_{12.3}$ तथा $b_{13.2}$ को आंशिक प्रतिगमन गुणांक (Partial regression co-efficients) कहा जाता है और इनके मान की गणना हेतु निम्न सूत्र काम में लाये जाते हैं :

$$b_{12.3} = \frac{\sigma_1}{\sigma_2}(r_{12} - r_{13} \cdot r_{23})(1 - r_{23}^2)$$

$$b_{13.2} = \frac{\sigma_1}{\sigma_2}(r_{13} - r_{12} \cdot r_{23})(1 - r_{23}^2)$$

आनुमानिक या निष्कर्षजन्य सांख्यिकी का उपयोग (Making Use of Inferential Statistics)

वर्णनात्मक सांख्यिकी, जिसकी चर्चा अभी तक हमने इस अध्याय में की है का शोधकर्त्ताओं द्वारा उपयोग अपने अनुसंधान प्रदत्तों के संक्षिप्तीकरण तथा वर्णन करने हेतु किया जाता है। परन्तु प्रदत्तों के विश्लेषण का कार्य यहीं समाप्त नहीं हो जाता। यह अपने शोधप्रश्नों का उत्तर प्राप्त करने हेतु प्रदत्त विश्लेषण की दिशा में उठाया गया पहला कदम है। शोधकर्त्ता को अपने प्रदत्तों के विवरणात्मक विश्लेषण से आवश्यक निष्कर्ष निकालने एवं उचित परिणामों पर पहुँचने की आवश्यकता होती है। आनुमानिक सांख्यिकी का उपयोग विवरणात्मक सांख्यिकी प्रमापों से उचित अनुमान लगाने तथा वांछित निष्कर्षों तक पहुँचने में भलीभाँति सहायता कर सकता है। इस तरह "आनुमानिक सांख्यिकी का उपयोग" पद से यहाँ हमारा अभिप्राय ऐसी सांख्यिकी विधियों तथा तकनीकों को उपयोग में लाने से है जिनकी सहायता से हम अनुसंधान समष्टि के एक प्रतिनिधि प्रतिदर्श के सम्बन्ध में संकलित प्रदत्तों के विवरणात्मक सांख्यिकी प्रमापों (जैसे मध्यमान, मध्यांक, बहुलांक, प्रामाणिक विचलन, सहसम्बन्ध गुणांक आदि) से सार्थक अनुमान और निष्कर्ष निकालने में समर्थ हो सकें। आइये देखें शोधकर्त्ताओं को उनके अनुसंधान प्रश्नों के उत्तर ढूँढ़ने में अनुमानित सांख्यिकी का उपयोग किस प्रकार सहायता करता है ?

A. प्रतिदर्श के सांख्यिकी प्रमापों से समष्टि के प्राचलों (Parameters) के बारे में अनुमान लगाना (To Draw Inferences about the Parameters of the Population from the Sample Statistics)

अपने अनुसंधान अध्ययन में एक अनुसंधानकर्त्ता वांछित प्रदत्तों के संकलन हेतु अध्ययन समष्टि (Population) के एक प्रतिनिधि प्रतिदर्श का उपयोग करता है। वह प्रतिदर्श का उपयोग यहाँ केवल मात्र इसलिये करता है कि ऐसा करना पूरी समष्टि या जनसंख्या का अध्ययन हेतु काम में लाने की तुलना में बहुत अधिक सुविधाजनक, व्यावहारिक तथा मितव्ययी सिद्ध होता है। प्रतिदर्श में शामिल प्रयोज्यों के बारे में अध्ययन करते हुए अनुसंधानकर्त्ता द्वारा कुछ आवश्यक सांख्यिकी प्रमापों जैसे मध्यमान, मध्यांक, बहुलांक, प्रामाणिक विचलन तथा सहसम्बन्ध गुणांक आदि की गणना की जाती है। परन्तु असली उद्देश्य/लक्ष्य तो अनुसंधान समष्टिं (Population) की विशेषताओं का अध्ययन करना होता है प्रतिदर्श की विशेषताओं का नहीं। अतः यहाँ यह समस्या बरबस ही सामने आ खड़ी होती है कि मालूम किये गये प्रतिदर्श सम्बन्धी सांख्यिकी प्रमापों (Statistical measures) से प्राचलीय प्रमापों (Parametric measures) के बारे में अनुमान या निष्कर्ष किस प्रकार निकाले जायें ? इस समस्या का हल इसी बात में है कि प्रतिदर्श सांख्यिकी मानों के द्वारा आनुमानिक सांख्यिकी तकनीकों का प्रयोग करते हुए प्राचलीय

प्रमापों के बारे में अनुमान या निष्कर्ष निकाले जायें। इस प्रकार के सांख्यिकी अनुमान का सहारा लेने सम्बन्धी आवश्यकता पर टिप्पणी करते हुए पुंच (Punch, K.F., 2009:280) ने लिखा है :

हम अपने अनुसंधान में एक समष्टि से प्रतिदर्श का चयन करते हैं और हम इसी प्रतिदर्श से प्रदत्तों का संकलन करते हैं। हम यह इसलिये करते हैं क्योंकि हम पूरी समष्टियों का अध्ययन नहीं कर सकते। जब इस प्रतिदर्श पर अनुसंधान सम्पन्न कर लिया जाता है तो हम उस बृहद समष्टि या जनसंख्या के बारे में अपनी बात कहना चाहते हैं जिससे इस प्रतिदर्श का चयन किया गया था। दूसरे शब्दों में यहाँ हमें प्रतिदर्श की मदद से समष्टि के बारे में अनुमान लगाना होता है। ऐसा अनुमान लगाने में जो ज्वलंत प्रश्न सामने आता है वह यह है क्या जो मुझे अपने प्रतिदर्श में मिला है वह समष्टि के लिये भी सत्य है ?

इस प्रकार से शोधकर्त्ताओं से यह अपेक्षा की जाती है कि वे सांख्यिकी अनुमानों का उपयोग यह पता लगाने में करें कि उनके द्वारा विवरणात्मक सांख्यिकी तकनीकों के माध्यम से गणना किये जाने वाले प्रतिदर्श सांख्यिकी मान (मध्यमान, मध्यांक, प्रामाणिक विचलन, सहसम्बन्ध गुणांक आदि) समष्टि के प्राचलों (Parameters) यानी पूरी जनसंख्या के मध्यांक, मध्यमान, प्रामाणिक विचलन, सहसम्बन्ध, गुणांक आदि के बारे में पूर्व कथन/भविष्यवाणी करने में कहाँ तक उपयुक्त सिद्ध होते हैं।

B. परिकल्पना परीक्षण हेतु अनुमान लगाना (To Draw Inferences Regarding Hypothesis Testing)

प्रतिदर्श सांख्यिकी प्रमापों से समष्टि प्राचलों (Parameters) के बारे में अनुमान लगाने में सहायता करने के अतिरिक्त आनुमानिक सांख्यिकी (Inferential statistics) कुछ विशिष्ट सांख्यिकी परीक्षणों जैसे 't' परीक्षण, 'F' परीक्षण का उपयोग करके पूर्व निर्धारित परिकल्पना/परिकल्पनाओं के परीक्षण कार्य में भी पूरी पूरी सहायता करती है। आइये देखें इन दोनों उपरोक्त कार्यों के संपादन में आनुमानिक सांख्यिकी द्वारा किस प्रकार सहायता की जाती है।

प्रतिदर्श सांख्यिकी मानों द्वारा समष्टि प्राचलों के बारे मे अनुमान लगाना (Estimation of population parameters with the help of sample statistics) : जैसा पहले कहा जा चुका है कि आनुमानिक सांख्यिकी का एक मुख्य उद्देश्य शोधकर्त्ता को अध्ययन प्रतिदर्श से गणना किये गये सांख्यिकी मानों (जैसे मध्यमान) के आधार पर समष्टि प्राचलों (जैसे समष्टि मध्यमान) के बारे में अनुमान लगाना होता है। एक आदर्श परिस्थिति में हम यह भलीभाँति आशा कर सकते हैं कि प्रतिदर्श मध्यमान के द्वारा उसकी पूरी समष्टि या जनसंख्या विशेष के मध्यमान के बारे में सही सही अनुमान लगाया जा सकता है। जिस सीमा तक प्रतिदर्श मध्यमान (या अन्य सांख्यिकी मानों) द्वारा उसके प्राचल (Parameter) का प्रतिनिधित्व किया जाता है उसी रूप में गणना किये गये प्रतिदर्श मध्यमान को सही अर्थों में विश्वसनीय एवं सार्थक माना जा सकता है। आनुमानिक सांख्यिकी में गणना किये गये प्रतिदर्श मध्यमान (या अन्य सांख्यिकी मानों) की सार्थकता या विश्वसनीयता का परीक्षण कार्य जिन दो मुख्य अवधारणाओं पर आधारित रहता है वह है (i) विश्वास स्तर या संभाव्यता स्तर (Confidence levels or Probability level) तथा (ii) विश्वास अन्तराल (Confidence intervals)। आइये इन दोनों के बारे में अच्छी तरह जाना जाये।

संभाव्यता स्तर (Probability level) से तात्पर्य गलत सिद्ध होने की संभावना सम्बन्धी स्तर से है यानी एक शोधकर्त्ता द्वारा प्रतिदर्श मध्यमान से समष्टि मध्यमान का अनुमान लगाने में गलती होने की क्या संभावनायें हैं ? इस संभावना को प्रतिशत के रूप में तलाश करने का चलन है, विशिष्ट रूप से 5% स्तर पर वांछित भविष्यवाणी करने में 100 में से 5 बार गलत होने की संभावना रहती है जबकि 1% स्तर पर ऐसा करने में 100 में से केवल 1 बार ही गलत होने की संभावना रहती है। ये दोनों ही स्तर एक अनुसंधानकर्त्ता को अपने अनुसंधान

प्रतिदर्श के मध्यमान (या कोई अन्य सांख्यिकी मान) से समष्टि मध्यमान या अन्य सांख्यिकी का अनुमान लगाने हेतु एक उचित विश्वास स्तर (Level of confidence) प्रदान करते हैं और इसीलिये 5% तथा 1% संभाव्यता स्तरों (जिन्हें $p = .05$ तथा $p = .01$ के रूप में लिखा जाता है) को समष्टि प्राचलों (Parameters) के बारे में अनुमान लगाने या गणना किये गये सांख्यिकी मानों (Statistics) की सार्थकता को परखने के लिये प्रयुक्त विश्वास स्तरों (Confidence levels) या सार्थकता स्तरों (Levels of significance) की भी संज्ञा दी जाती है।

विश्वास अन्तराल (Confidence intervals) : विश्वास अन्तराल से तात्पर्य उस अन्तराल विशेष से है जिसके अन्तर्गत 5% तथा 1% विश्वास स्तरों पर एक प्रतिदर्श मध्यमान (या अन्य सांख्यिकी), समष्टि मध्यमान (या अन्य प्राचलों) से अपने उस रूप में अलग हो सकता है कि जिससे फिर भी उसे समष्टि मध्यमान का एक विश्वसनीय अनुमान माना जा सके।

प्रतिदर्श सांख्यिकी हेतु विश्वास अन्तराल की गणना (Computing Confidence Intervals for a Sample Statistic) : सामान्य वितरण के मामले में हम सामान्य वक्र की तालिका से यह अच्छी तरह जान सकते हैं कि 95% प्राप्तांक $M \pm 1.96\sigma$ की सीमाओं तथा 99% प्राप्तांक $M \pm 2.58\sigma$ की सीमाओं में स्थित रहते हैं। इसलिये प्रतिदर्श मध्यमानों (समष्टि विशेष से चयनित विभिन्न प्रतिदर्शों के मध्यमान) के सामान्य वितरण से यह भलीभाँति निष्कर्ष निकाला जा सकता है कि प्रतिदर्श मध्यमान से अनुमानित समष्टि मध्यमान 100 में से 95 बार या तो प्रतिदर्श मध्यमान से $1.96\sigma_M$ (मध्यमान की प्रामाणिक त्रुटि के 1.96 गुणा) कम होगा या अधिक। यहाँ 100 में से 5 अवसर ही ऐसे होते हैं जब अनुमानित समष्टि मध्यमान $M \pm 1.96\sigma_M$ सीमाओं से परे होगा। यही बात $M \pm 2.58\sigma$ विश्वास अन्तराल के बारे में भी कही जा सकती है।

$M + 1.96\sigma_M$ तथा $M + 2.58\sigma_M$ (जबकि σ_M मध्यमान की प्रामाणिक त्रुटि कहा जाता है) सीमाओं में निहित प्राप्तांकों के मानों को विश्वास सीमाओं (Confidence limits) का नाम दिया जाता है और इन सीमाओं में निहित प्राप्तांक अन्तराल को एक ज्ञात तथा निश्चित विश्वास स्तर पर उपलब्ध विश्वास अन्तराल (Confidence interval) कहा जाता है।

प्रतिदर्श मध्यमान के विश्वास अन्तराल की गणना, समष्टि मध्यमान का सर्वोत्तम अनुमान लगाने के काम में लाये जाने वाले प्रतिदर्श मध्यमान की सार्थकता या विश्वसनीयता के निर्धारण में उचित सहायता करती है। इसकी गणना हेतु हमें σ_M (मध्यमान की प्रामाणिक/मानक त्रुटि) का मान ज्ञात करना होता है जिसको बड़े आकार तथा छोटे आकार के प्रतिदर्शों के लिये अलग अलग प्रकार से मालूम किया जाता है। इस गणना कार्य की हम नीचे चर्चा कर रहे हैं।

बड़े प्रतिदर्शों के लिये σ_M की गणना (Computation of σ_M for Large Samples)

इस गणना हेतु निम्न सूत्र का उपयोग किया जाता है :

$$\sigma_M = \frac{\sigma}{\sqrt{N}}$$

(यहाँ N = प्रतिदर्श में शामिल प्रयोज्यों की संख्या

σ = प्रतिदर्श मध्यमान वितरण का प्रामाणिक विचलन)

आइये अब एक बड़े प्रतिदर्श से युक्त अनुसंधान अध्ययन में संकलित प्रदत्तों के विश्लेषण हेतु काम में लाये जाने वाले विश्वास अन्तरालों (Confidence intervals) को मालूम करने की आवश्यकता तथा गणन कार्य को एक उदाहरण द्वारा स्पष्ट करने का प्रयत्न करें।

उदाहरण 31.7 एक शिक्षण अभिरुचि परीक्षण में शिक्षक प्रशिक्षण कोर्स में दाखिला लेने हेतु 500 परीक्षार्थियों के प्रतिदर्श का मध्यमान प्राप्तांक 95 तथा वितरण का प्रामाणिक विचलन 25 है। इस मध्यमान की सार्थकता की जाँच कीजिये। दूसरे शब्दों में यह बताइये कि प्रतिदर्श का यह मध्यमान शिक्षण प्रशिक्षण परीक्षण में शामिल उत्तरप्रदेश प्रान्त के सभी परीक्षार्थियों की पूरी जनसंख्या के मध्यमान के बारे में अनुमान लगाने में कहाँ तक सक्षम है ?

हल :
$$\sigma_M = \frac{\sigma}{\sqrt{N}} = \frac{25}{\sqrt{500}} = 1.12$$

5% विश्वास स्तर पर मध्यमान की सार्थकता (Significance at 5% level)

$M \pm 1.96\ \sigma_M = 95 \pm 1.96 \times 1.12 = 95 \pm 2.2 = 92.8$ से 97.2 तक

(इसका अर्थ है कि 100 में से केवल 5 अवसर ही ऐसे हो सकते हैं जब समष्टि मध्यमान 92.8 — 97.2 के बीच स्थित न हो।

1% विश्वास स्तर पर मध्यमान की सार्थकता (Significance at 1% level)

$M \pm 2.58\ \sigma_M = 95 \pm 2.58 \times 1.12 = 95 \pm 2.89 = 92.11$ से 97.89 तक

(इसका अर्थ है कि 100 में से केवल एक बार ही ऐसा हो सकता है जब समष्टि मध्यमान 92.11 – 97.89 के बीच स्थित न हो।

छोटे प्रतिदर्शों के लिये σ_M की गणना (Computation of σ_M for small samples) : छोटे प्रतिदर्शों में प्रतिदर्श मध्यमानों का वितरण बड़े प्रतिदर्शों की तरह सामान्य वितरण न रहकर 't' वितरण का रूप ले लेता है। इसलिये छोटे प्रतिदर्शों में विश्वास सीमाओं (Confidence limits) के निर्धारण हेतु बड़े प्रतिदर्शों में प्रयुक्त किये जाने वाले 1.96 σ_M तथा 2.58 σ_M मानों का उपयोग नहीं कर सकते। यहाँ हम इनके स्थान पर 't' के मान का उपयोग करते हैं और इसे ज्ञात करने के लिये हम अनुसंधान विधियों की पाठ्यपुस्तकों में दिये गये 't' वितरण तालिका की सहायता लेते हैं। इस तालिका में 5% तथा 1% विश्वास स्तरों पर विभिन्न स्वतन्त्रता अंशों या स्वातंत्र्य कोटियों (Degree of freedom) (जिनकी मध्यमान, मध्यांक तथा प्रामाणिक विचलन के संदर्भ में df = N – 1 के प्रयोग द्वारा गणना की जाती है) सम्बन्धित 't' मूल्य दिये होते हैं हम इन्हीं को पढ़कर अपने अध्ययन प्रदत्तों से सम्बन्धित 't' मान जानने का प्रयत्न करते हैं।

यहाँ विश्वास अन्तराल सीमाओं (Limits of confidence interval) की गणना हेतु हम $M + t\ \sigma_M$ सूत्र का उपयोग करते हैं। आइये देखें छोटे प्रतिदर्शों (जहाँ N = 30 से कम है) में प्रतिदर्श मध्यमान की सार्थकता के स्थापन हेतु काम में लाये जाने वाले विश्वास स्तर की गणना कैसे की जाती है ?

उदाहरण 31.8 एक परीक्षण में किसी विशेषता से सम्बन्धित दशा/तादात के बारे में 16 स्वतन्त्र प्रेक्षणों का मध्यमान 100 है तथा प्रामाणिक विचलन 24। यहाँ समष्टि मध्यमान के विश्वास अन्तराल सम्बन्धी सीमाओं का (0.05 तथा 0.01) विश्वास स्तरों पर) निर्धारण कीजिये।

हल : प्रतिदर्श में मात्र 16 प्रेक्षण हैं और इसलिये इसे एक छोटा प्रतिदर्श माना जाना चाहिये। इस स्थिति में हमें यहाँ σ_M की गणना हेतु निम्न सूत्र का उपयोग करना होगा।

$$\sigma_M = \frac{s}{\sqrt{N}}$$ (यहाँ N प्रतिदर्श का आकार है और s प्रामाणिक विचलन)

इसलिये
$$\sigma_M = \frac{24}{\sqrt{16}} = \frac{24}{4} = 6$$

यहाँ स्वतन्त्रता के अंश (Degree of freedom) $= N - 1 = 16 - 1 = 15$

अब 't' वितरण तालिका (परिशिष्ट में तालिका A देखें) से हम 0.05 तथा 0.01 बिन्दुओं (5% तथा 1% सार्थकता स्तरों) पर 15 स्वतन्त्रता अंश के लिये इस तालिका से 't' के मूल्य को पढ़कर यह जान सकते हैं कि यह 5% पर 2.13 तथा 1% पर 2.95 है।

इसलिये 5% स्तर पर विश्वास सीमायें $= M \pm t.\sigma_M = 100 \pm 2.13 \times 6 = 100 \pm 12.78$ या 87.22 से 112.78 तक।

1% स्तर पर विश्वास सीमायें $= M \pm t.\sigma_M = 100 \pm 2.95 \times 6 = 100 \pm 17.70$ या 87.30 से 117.70 तक।

परिकल्पना परीक्षण हेतु अनुमान लगाना
(To Draw Inferences Related to Hypothesis Testing)

अनुमानिक सांख्यिकी के उपयोग का एक काफी महत्त्वपूर्ण कार्य शून्य परिकल्पना की उसकी संभावित अस्वीकारोक्ति (Possible rejection) के संदर्भ में जाँच करना होता है। ताकि उसके आधार पर पूर्व स्थापित अनुसंधान परिकल्पना को स्वीकार या अस्वीकार करने सम्बन्धी निर्णय पर पहुँचा जा सके। इस कार्य हेतु शोधकर्त्ता अध्ययन की अनुसंधान परिकल्पना तथा शून्य परिकल्पना को सामने रखकर अपने कार्य की शुरुआत करता है। उदाहरणार्थ यहाँ हम अनुसंधान अध्ययन की निम्न शून्य तथा अनुसंधान परिकल्पनाओं को सामने रख रहे हैं।

H_0 : कोचिंग प्राप्त करने वाले तथा कोचिंग नहीं प्राप्त करने वाले इन दो अध्ययन समूहों के एक मानकीकृत परीक्षण पर उपलब्ध प्राप्तांकों के मध्यमानों में कोई सार्थक अन्तर नहीं है।

H_1 : कोचिंग प्राप्त करने वाले तथा कोचिंग नहीं प्राप्त करने वाले इन दो अध्ययन समूहों के एक मानकीकृत परीक्षण पर उपलब्ध प्राप्तांकों के मध्यमानों में सार्थक अन्तर है।

शून्य परिकल्पना तथा अनुसंधान परिकल्पना की स्थापना के पश्चात् एक शोधकर्त्ता वांछित प्रदत्तों के संकलन में कार्यरत हो जाता है। इनके संकलन के बाद वह इन्हें व्यवस्थित रूप से प्रबंधित, वर्गीकृत तथा सक्षिप्तीकरण करने में जुट जाता है ताकि वह अपने संकलित प्रदत्तों से आवश्यक सांख्यिकी मानों की गणना कर सके। यहाँ वह अपनी परिकल्पनाओं के हिसाब से उपलब्धि प्राप्तांकों के मध्यमानों की गणना करता है, माना ये मध्यमान M_1 तथा M_2 हैं। इस तरह से अब उसका अगला कार्य $M_1 - M_2$ के मान की सार्थकता की जाँच करने पर केन्द्रित हो जाता है।

यहाँ अब सम्बन्धित शून्य परिकल्पना की सत्यता की जाँच करने हेतु निम्न सोपानों का अनुसरण करके आगे बढ़ना ठीक रहता है।

सोपान 1 : शून्य परिकल्पना के परीक्षण हेतु संभाव्यता या सार्थकता स्तर निर्धारित करना (Setting the Probability or Significance Level for Testing the Null Hypothesis)

इस सोपान के अन्तर्गत शोधकर्त्ता से सार्थकता या संभाव्यता स्तर ('p' मान) का निर्धारण करने की अपेक्षा की जाती है। प्रतीकात्मक रूप में इसे ग्रीक अक्षर "α" से प्रदर्शित किया जाता है। यह एक प्रकार का ऐसा मानदंड (Criteria) है जिसे शोधकर्त्ता द्वारा अग्रिम रूप में शून्य परिकल्पना को अस्वीकृत करने तथा यह निष्कर्ष निकालने में प्रयुक्त किया जाता है कि गणना किये गये सांख्यिकी मानों के बीच पाया जाने वाला अन्तर (जैसे प्रस्तुत उदाहरण में $M_1 - M_2$) उपचार (Treatment) के फलस्वरूप है, महज संयोग नहीं। जैसा कि पहले कहा जा चुका है। इस मामले में निर्णय लेने हेतु शोधकर्त्ताओं द्वारा संभाव्यता या सार्थकता स्तर .05 या .01 के रूप में ही निर्धारित किया जाता है और इसे $\alpha = 0.05$ या $\alpha = 0.01$ लिखकर अभिव्यक्त किया जाता है।

सोपान 2 : शून्य परिकल्पना के परीक्षण हेतु सांख्यिकी परीक्षण का चयन (Choosing a Statistical Test for Testing the Null Hypothesis)

इस सोपान के अन्तर्गत शोधकर्त्ता से यह अपेक्षा की जाती है कि वह अपनी शून्य परिकल्पना के परीक्षण हेतु किसी उचित सांख्यिकी परीक्षण का चयन करे। उसका यह चयन बहुत सारे कारकों जैसे प्रदत्तों की प्रकृति, परिकल्पना का प्रकार तथा अध्ययन में प्रयुक्त चरों की प्रकृति तथा संख्या इत्यादि पर निर्भर करता है। आइये देखें किसी एक या अन्य सांख्यिकी परीक्षण/तकनीक के चयन में इन कारकों की कैसी भूमिका रहती है।

(a) उपलब्ध प्रदत्तों की प्रकृति-प्राचलिक (Parametric) या अप्राचलिक (Non-parametric) परीक्षण के चयन को निर्धारित करती है : परीक्षण हेतु किसी प्राचलिक परीक्षण का चयन किया जाये या अप्राचलिक परीक्षण का यह निर्णय प्रदत्त विश्लेषण हेतु उपलब्ध प्रदत्तों की प्रकृति पर निर्भर करता है। जब हमारे पास अन्तराल या आनुपातिक मापनी पर आधारित प्रदत्तों का संकलन होता है तब हम प्राचलिक परीक्षणों जैसे "t" परीक्षण तथा "F" परीक्षण का उपयोग करते हैं। परन्तु जब हमारे पास क्रम सूचक या नामित मापनी पर आधारित प्रदत्तों का संकलन होता है या प्रतिदर्श का आकार काफी छोटा (जैसे N = 5 या 6) होता है, तब हमारे पास किसी एक या अन्य अप्राचलिक परीक्षण जैसे चिन्ह परीक्षण (Sign test), मध्यांक परीक्षण (Median test), मैन व्हिटनी यू परीक्षण (Mann Whitney U test), रन परीक्षण (Run Test) तथा कोलमोगोरोव–स्मिरनोव परीक्षण (Colomogorov-Smirnov - K S Test) के उपयोग के अतिरिक्त और कोई विकल्प नहीं रहता। हम शून्य परिकल्पना परीक्षण हेतु प्राचलिक तथा अप्राचलिक परीक्षणों के उपयोग हेतु बाद में इसी अध्याय में विस्तार से चर्चा करेंगे।

(b) परिकल्पना का प्रकार एक-पक्षीय (One tailed) है या द्वि-पक्षीय (Two tailed) यह बात परीक्षण के चयन को निर्धारित करती है : अनुसंधान प्रश्नों के उत्तर देने के लिए प्रयुक्त अनुसंधान परिकल्पनाएं किस प्रकार की हैं इससे इस बात का निर्धारण होता है कि परीक्षण हेतु एक–पक्षीय परीक्षण का चयन किया जाये अथवा द्वि–पक्षीय परीक्षण का। नियमानुसार एक–पक्षीय परीक्षण का प्रयोग एक–पक्षीय परिकल्पना के परीक्षण हेतु किया जाता है तथा द्वि–पक्षीय परीक्षण का द्वि–पक्षीय परिकल्पना के परीक्षण में। एक–पक्षीय तथा द्वि–पक्षीय परिकल्पनाओं की प्रकृति के बारे में विस्तार से जानकारी हम इस पुस्तक के 15वें अध्याय में दे चुके हैं।

(c) अध्ययन चरों की संख्या तथा प्रकृति एक विशिष्ट प्राचलिक (Parametric) या अप्राचलिक (Non-parametric) परीक्षण के चयन का निर्धारण करती है : किसी प्रदत्त विश्लेषण परिस्थिति में किस प्रकार के एक विशेष प्राचलिक या अप्राचलिक परीक्षण का उपयोग किया जाये यह बहुत कुछ अध्ययन में प्रयुक्त चरों की संख्या तथा प्रकार पर निर्भर करता है। आइये देखें इससे क्या तात्पर्य है।

(i) **"t" परीक्षण का उपयोग :** "t" परीक्षण का उपयोग एक संयोगीकृत प्रतिदर्श से अन्तराल या आनुपातिकी मापनी पर उपलब्ध प्राचलिक प्रदत्तों (Parametric data) का विश्लेषण करने हेतु किया जाता है। "t" परीक्षण के प्रयोग से दो प्रयोज्य समूहों (जिनमें एक समूह को कंप्यूटर प्रशिक्षण प्रदान किया जाता है और दूसरे को नहीं) के द्वारा अर्जित प्राप्तांकों के मध्यमानों के अंतर की सार्थकता मालूम करने हेतु काम में लाये जाने वाली शून्य परिकल्पना का भलीभाँति परीक्षण किया जा सकता है। परन्तु इस संदर्भ में यहाँ दो अलग–अलग ऐसी परिस्थितियाँ पैदा हो सकती हैं जहाँ दो प्रकार के प्राप्तांक समूहों की तुलना करने हेतु दो प्रकार के "t" परीक्षणों का उपयोग किया जाता है।

- पहले प्रकार का "t" परीक्षण, स्वतन्त्र समूहों के लिये प्रयुक्त "t" परीक्षण कहलाता है। अपने नाम के अनुरूप ही इस प्रकार का परीक्षण उन प्रयोज्य समूहों के लिये काम में लाया जाता है जो एक दूसरे पर पूरी तरह से निराश्रित (independent) रहते हैं। इस प्रकार के निराश्रित या स्वतन्त्र समूहों का निर्माण करने में शोधकर्त्ता को अध्ययन समष्टि से दो अलग–अलग समूहों में प्रयोज्यों का चुनाव करने में संयोगिक विधि का प्रयोग किया जाता है।

- दूसरे प्रकार का "t" परीक्षण, आश्रित समूहों (Dependent groups) के लिये प्रयुक्त "t" परीक्षण कहलाता है। इसे कभी कभी सहसम्बन्धित समूहों (Correlated group) के लिये प्रयुक्त "t" परीक्षण भी कहा जाता है। यहाँ प्रयोज्यों के समूह इस तरह बनाये जाते हैं कि उनके बीच साहचर्य/सहसम्बन्ध बना रहे जैसे समूह A में शामिल प्रयोज्य समूह B में शामिल प्रयोज्यों से बुद्धि को लेकर समेलित (Matched) हों।

(ii) "F" परीक्षण का उपयोग : "F" परीक्षण का उपयोग अन्तराल या अनुपातीय मापनी पर उपलब्ध प्रदत्तों के विश्लेषण में प्रसार विश्लेषण (Analysis of variance–ANOVA) तथा सह–प्रसार विश्लेषण (Analysis of Covariance–ANCOVA) तकनीकों को काम में लाने से सम्बन्धित है।

ANOVA का उपयोग जब परिस्थितियों में किया जाता है जहाँ शोधकर्त्ता को केवल दो समूहों के मध्यमानों के मध्य निहित अन्तर की अपेक्षा कई समूहों के मध्यमानों के मध्य निहित अन्तरों की सार्थकता की जाँच करने का कार्य किया जाता है। यहाँ दो मध्यमानों के बीच एक अकेले अन्तर की जाँच करने की अपेक्षा बहुत से मध्यमानों के बीच निहित बहुत से अन्तरों की जाँच करनी होती है। कोई इस कार्य हेतु दो समूह–मध्यमानों को एक–एक करके उनके बीच विद्यमान अन्तर की सार्थकता की जाँच करने के बारे में सोच सकता है परन्तु यह बात उतनी सरल नहीं होती जितनी ऊपरी तौर पर दिखाई देती है। ऐसा करने में दो प्रकार की कठिनाइयाँ आती हैं। एक तो यह कि जोड़ों के रूप में (Pair wise) तुलना करने हेतु शोधकर्त्ता को बहुत सारे 't' परीक्षण करने होंगे। उदाहरण के लिये अगर किसी को चार मध्यमानों के मध्य निहित अन्तरों की, दो–दो को एक बार में लेकर तुलना करनी पड़े तो उसे

$$\frac{4\times3}{2} = 6 \text{ 't' परीक्षण, } \left[\frac{N(N-1)}{2}\right] \text{ सूत्र पर आधारित, करने होंगे।}$$

दूसरी बात यह है कि इतने सारे 't' परीक्षणों की गणना टाइप I त्रुटि (Type I error) को जन्म देने का कारण बनेगी। यानी जितने 't' परीक्षण किये जायेंगे उनसे संयोगिक रूप से सार्थक अन्तरों की त्रुटि संभावना उतनी ही अधिक होती जायेगी।

इस समस्या से मुक्ति पाने के लिये शोधकर्त्ताओं द्वारा प्रसार विश्लेषण नाम से प्रसिद्ध तकनीक का उपयोग किया जाता है। इस तकनीक के उपयोग से हमें एक ऐसा संयोजित परीक्षण (Composite test) प्राप्त होता है जिससे हमें बहुत से समूह मध्यमानों में निहित विविध अन्तरों की एक ही बार में जाँच कर यह पता लगाने में आसानी होती है कि क्या इन अन्तरों में से कोई अन्तर ऐसा है जिसे सार्थक कहा जाये। इस संयोजित परीक्षण को 'F' परीक्षण कहा जाता है। इस परीक्षण को बहुत से मध्यमानों के निहित बहुत से अन्तरों की सार्थकता की जाँच संयुक्त रूप में वैसे ही की जाती है जैसे कि 't' परीक्षण द्वारा दो मध्यमानों में निहित अन्तरों की होती है। अगर यहाँ उत्तर हाँ में आता है तो फिर हम समूहों के मध्यमानों के जोड़ा बनाकर (t परीक्षण की सहायता से) जाँच कर यह देखना प्रारम्भ कर देते हैं कि F परीक्षण द्वारा प्रदर्शित सार्थक अन्तर किन किन जोड़ों में विद्यमान है। परन्तु अगर उत्तर नहीं में आता है तो फिर हमें आगे और भी कोई परीक्षण करने की जरूरत नहीं पड़ती।

सह-प्रसार विश्लेषण (ANCOVA)

ANOVA के स्थान ANCOVA का प्रयोग तब किया जाता है जब किसी व्यावहारिक कठिनाई या अंकुश के कारण अनुसंधान करने से पूर्व अनुसंधान चरों पर वांछित नियन्त्रण स्थापित करना संभव नहीं हो पाता। आइये एक उदाहरण द्वारा यह स्पष्ट करने का प्रयत्न किया जाए कि सह प्रसार विश्लेषण (ANCOVA) तकनीक का उपयोग किन परिस्थितियों में किया जाता है।

एक शोधकर्त्ता प्रशंसा या आलोचना तकनीक की प्रभावशीलता का व्यवहार परिमार्जन की एक तकनीक के रूप में अध्ययन करना चाहता है। इस कार्य हेतु उसने उपलब्ध समष्टि विशेष से तीन समूहों का चयन किया। उसने पहले समूह को नियन्त्रित समूह के रूप में इस्तेमान किया (यानी प्रयोज्यों की न तो प्रशंसा की न आलोचना) दूसरे समूह को प्रायोगिक समूह–1 (प्रयोज्यों की प्रशंसा करना) तथा तीसरे समूह को प्रायोगिक समूह–2 (प्रयोज्यों की आलोचना करना) के रूप में इस्तेमाल किया। यहाँ परीक्षण के उपरान्त मापित अन्तरों को व्यवहार परिमार्जन हेतु काम में लाए जाने वाले प्रशंसा या आलोचना तकनीकों की सापेक्षिक भूमिका के बारे में निर्णय लेने के लिये वैध नहीं माना जा सकता। यह हो सकता है कि इस प्रकार के अन्तर उनके व्यवहार में पूर्व विद्यमान अन्तरों के ही परिणाम हों। शोधकर्त्ता को प्रयोग प्रारम्भ करने से पूर्व इन तीनों समूहों को समतुल्य (Equivalent) बनाना चाहिये था। परन्तु अब क्या किया जाय ? समाधान अब इसी बात में निहित है कि सह–प्रसरण विश्लेषण (ANCOVA) तकनीक का उपयोग करके अनियन्त्रित चरों पर एक सही प्रयोगोपरान्त सांख्यिकी नियन्त्रण (Post experimental statistical control) स्थापित करने के प्रयत्न किये जायें। यह तकनीक प्रारम्भिक व्यवहार प्राप्तांकों में विद्यमान अनियन्त्रित अन्तरों के उन्मूलन हेतु व्यवहार के अन्तिम मापन प्राप्तांकों को वांछित रूप में समायोजित तथा संशोधित करने की भूमिका निभा सकती है। परिणामस्वरूप यहाँ अब उसे ANCOVA का उपयोग कर तीनों समूहों के व्यवहारों में विद्यमान प्रारम्भिक अन्तरों को उसी रूप में उन्मूलन करने में सहायता मिल सकती है जैसी सफलता आंशिक सह–सम्बन्ध तकनीक का उपयोग करके विघ्नकारी चरों (Intervening variables) के प्रभाव का उन्मूलन करने में मिलती है और इसी के परिणामस्वरूप शोधकर्त्ता व्यवहार परिमार्जन के लिये प्रयुक्त प्रशंसा तथा आलोचना तकनीकों की प्रभावशीलता के बारे में वैध निर्णय लेने में सफल हो सकता है।

काई वर्ग परीक्षण का उपयोग (Use of Chi Square Test)

गह एक ऐसा अप्राचलिक (non-parametric) परीक्षण है जिसे उन प्रदत्तों के विश्लेषण हेतु काम में लाया जाता है जो आवृत्तियों (Frequencies) या श्रेणियों के रूप में उपलब्ध रहते हैं। इसमें 't' या सामान्य वितरण से एक अलग प्रकार के वितरण जिसे काई वर्ग (χ^2) वितरण कहा जाता है, का उपयोग होता है। इसका उपयोग जिन दो मुख्य प्रयोजनों को पूरा करने के लिये किया जाता है, वे हैं (i) सुमानकता के एक परीक्षण के रूप में (As a test of goodness of fit) तथा (ii) स्वतन्त्रता या निराश्रितता के एक परीक्षण के रूप में (As a test of independence)।

सुमानकता (Goodness of fit) के परीक्षण के रूप में काई वर्ग (χ^2) परीक्षण को यह निर्धारण हेतु काम में लाया जाता है कि किसी प्रयोग या अध्ययन में प्रेक्षित परिणाम किसी परिकल्पना विशेष जैसे संयोग सम्बन्धी परिकल्पना (Hypothesis of chance), समान संभाव्यता सम्बन्धी परिकल्पना (Hypothesis of equal probability) तथा सामान्य वितरण सम्बन्धी परिकल्पना (Hypothesis of normal distribution) के संदर्भ में सैद्धान्तिक रूप से प्रत्याशित परिणामों से कितना मेल खाते हैं।

स्वतन्त्रता या निराश्रितता (Independence) के परीक्षण के रूप में काई वर्ग (χ^2) परीक्षण को दो चरों के बीच में विद्यमान साहचर्य/सम्बन्ध की जाँच निम्न दो तरीकों से करने हेतु काम में लाया जाता है :

(a) स्वतन्त्रता की शून्य परिकल्पना (Null hypothesis of Independence) का परीक्षण करके यह कहने के लिये कि दिये हुये दोनों चर एक दूसरे पर आश्रित नहीं हैं बल्कि पूरी तरह स्वतन्त्र हैं।

(b) दो चरों के बीच विद्यमान सम्बन्ध के मापन हेतु आसंग गुणांक (Contingency coefficient) की गणना करने के लिये।

अन्य अप्राचलिक परीक्षणों का उपयोग (Use of Other Non-parametric Tests)

काई वर्ग के अतिरिक्त ऐसे प्राचलिक परीक्षण और भी उपलब्ध हैं जिनका उपयोग उन परिस्थितियों में किया जाता है जिनमें 't' तथा 'F' परीक्षणों जैसे प्राचलिक परीक्षणों का उपयोग किसी अध्ययन विशेष की पूर्व निर्धारित परिकल्पना के परीक्षण हेतु नहीं किया जा सकता। आइये इनमें से कुछ प्रमुख परीक्षणों के बारे में आवश्यक जानकारी उपलब्ध की जाये।

1. एक अप्राचलिक परीक्षण के रूप में मैकनेमार परीक्षण (McNemar test) का उपयोग संयोगिक चयनित समूहों को कोई उपचार प्रदान करने के फलस्वरूप आने वाले परिवर्तनों की सार्थकता की जाँच हेतु काम में लाया जाता है। यहाँ सम्बन्धित प्रदत्त "पहले" तथा "पश्चात्" श्रेणियों (नामित या श्रेणीबद्ध प्रदत्त) में व्यवस्थित रहते हैं। इस परीक्षण का समतुल्य प्राचलिक (Parametric) परीक्षण (जिसे अन्तराल या आनुपातिक मापनी पर उपलब्ध प्राप्तांकों के लिये काम में लाया जाता है) सहसम्बन्धित समूहों के लिये प्रयुक्त 't' परीक्षण है।
2. विलकोक्सन परीक्षण (Wilcoxon test) दो सहसम्बन्धित समूहों (ऐसे समेलित जोड़े या दो ऐसे प्राप्तांक समूह जिन्हें उन्हीं प्रयोज्यों तथा सम्बन्धित प्रयोज्यों के प्रेक्षण द्वारा प्राप्त किया जाता है) के बीच विद्यमान अन्तरों की सार्थकता की जाँच हेतु काम में लाया जाता है। यहाँ प्रदत्तों की उपलब्धि क्रम सूचक मापनी (Ordinal scale) पर होती है। यह अप्राचलिक परीक्षण उस प्राचलिक (Parametric) परीक्षण जैसा माना जा सकता है जिसे हम 't' परीक्षण के रूप में दो सहसम्बन्धित समूहों के अन्तराल या आनुपातिक मापनी पर उपलब्ध प्राप्तांकों में निहित अन्तर की सार्थकता परीक्षण हेतु काम में लाते हैं।
3. मन्न ने व्हिटनी यू परीक्षण (Mann Whitney U test) नाम से प्रसिद्ध अप्राचलिक परीक्षण उस प्राचलिक 't' परीक्षण का स्थान लेता है जिसे दो असम्बन्धित स्वतन्त्र समूहों के नामित या क्रमसूचक मापनी पर उपलब्ध प्राप्तांकों में निहित अन्तर की सार्थकता परीक्षण हेतु काम में लाया जाता है।

कौन सा अप्राचलिक परीक्षण कहाँ और कब काम में लाया जाता है इसका संक्षिप्त परिचय आपको नीचे तालिका 31.7 से प्राप्त हो सकता है।

तालिका 31.7 अप्राचलिक परीक्षण और उनका अनुसंधान परिस्थितियों में उपयोग

मापन स्तर	एक समूह के लिये प्रयुक्त	दो संबंधित समूहों में प्रयुक्त	दो असम्बंधित समूहों में प्रयुक्त
नामित (Nominal) तथा क्रम सूचक (Ordinal)	χ^2 एकल समूह परीक्षण	मैकनेमार परीक्षण (McNemar test)	χ^2 द्वि–असम्बन्धित समूह परीक्षण
क्रम सूचक (Ordinal)	–	विलकोवसन परीक्षण (Wilcoxon test)	मैन व्हिटनी यू परीक्षण (Mann-Whitney U test) तथा कोलमोग्रोव स्मिरनोव (KS) द्विसमूह परीक्षण

ऊपर हमने अनुसंधान परिकल्पना परीक्षण हेतु प्राचलिक तथा अप्राचलिक परीक्षणों के उपयोग के बारे में जो चर्चा की है उसके संदर्भ में शोधकर्त्ताओं द्वारा परिस्थिति विशेष में उपयोग किये जाने वाले परीक्षण विशेष से परिचित करने में अगले पृष्ठ पर दिया चित्रात्मक प्रदर्शन भलीभाँति सहायक सिद्ध हो सकता है।

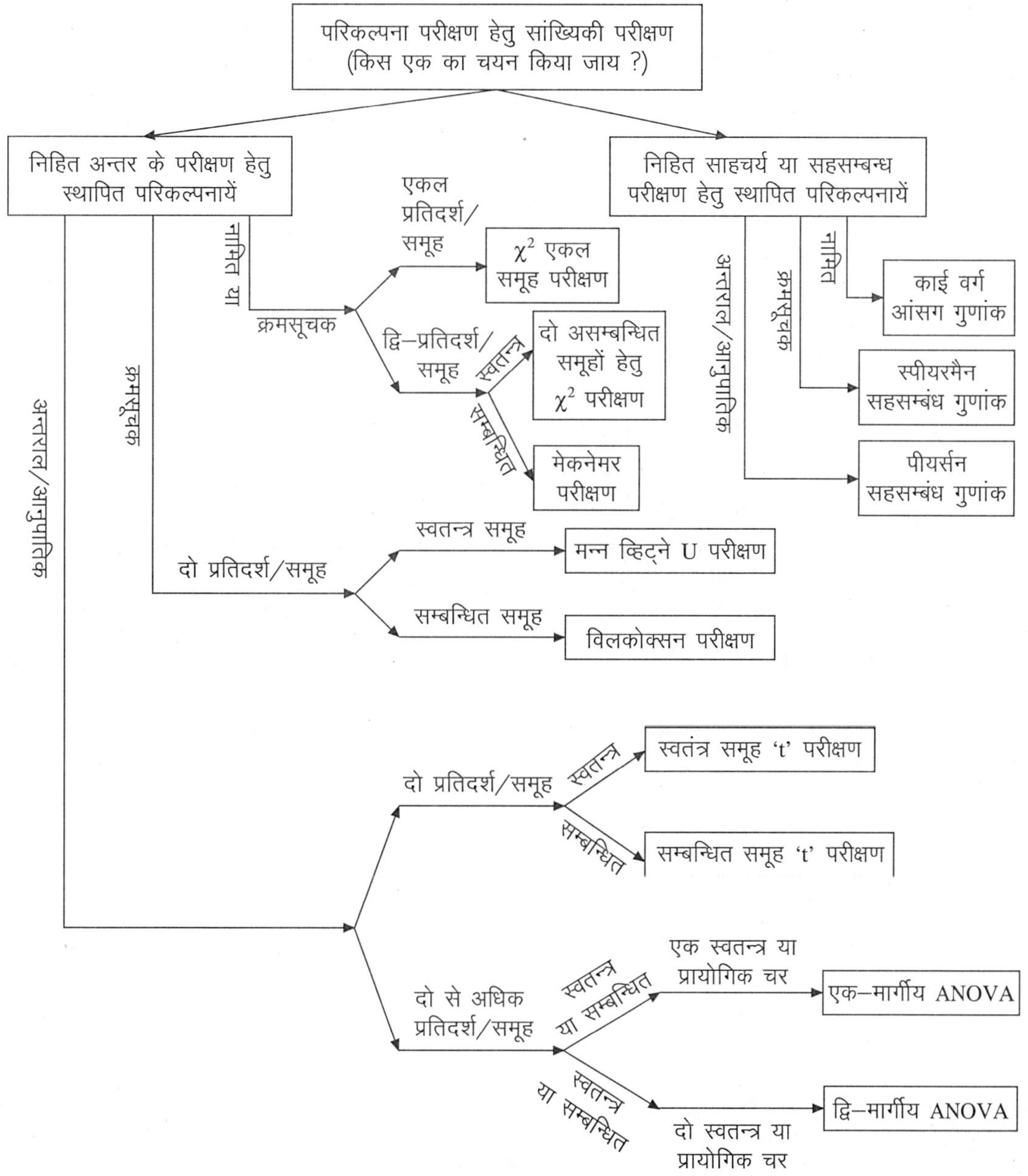

चित्र 31.4 परिकल्पना परीक्षण हेतु एक सांख्यिकी परीक्षण का चयन।

सोपान 3 : शून्य परिकल्पना परीक्षण हेतु सांख्यिकी परीक्षण के परिणाम की गणना एवं उपयोग (Computing and Using the Result of the Statistical Test for Testing the Null Hypothesis)

संकलित एवं साख्यिकी तालिकाओं में व्यवस्थित प्रदत्तों को वांछित प्राचलिक या अप्राचलिक परीक्षण विशेष की सहायता से शून्य परिकल्पना के परीक्षण हेतु काम में लाया जाता है। यहाँ एक सांख्यिकी परीक्षण का उपयोग शोधकर्त्ता को एक ऐसे सांख्यिकी मूल्य जैसे 't', 'F', χ^2 इत्यादि प्रदान करने में सहायक होता है जिसके आधार

पर शून्य परिकल्पना को स्वीकार या अस्वीकार करने का कार्य किया जा सके। यह कार्य, कैसे किया जाता है इस बात को आगे हम इसी अध्याय में कुछ व्यावहारिक उदाहरणों द्वारा स्पष्ट करेंगे। यह काम आजकल कम्प्यूटर तकनीकी के प्रयोग से कुछ विशेष सोफ्टवेयर प्रोग्राम जैसे एक्सेल (Excel) या SSPS से भी अच्छी तरह किया जा सकता है। एक सांख्यिकी परीक्षण के परिणामों के माध्यम से एक शून्य परिकल्पना के परीक्षण हेतु क्या कुछ किया जाना चाहिये यह दर्शाने हेतु हम एक शून्य परिकल्पना को उदाहरण के रूप में प्रयुक्त करना चाहेंगे।

H_0 : कोचिंग तथा कोचिंग नहीं लेने वाले दो समूहों के द्वारा एक मानकीकृत उपलब्धि परीक्षण में अर्जित प्राप्तांकों के मध्यमानों के बीच कोई सार्थक अन्तर नहीं है।

शोधकर्त्ता ने यहाँ संकलित एवं व्यवस्थित प्रदत्तों से सांख्यिकी विधियों का उपयोग करके 't' मूल्य की गणना की। अब इस मूल्य को एक पूर्व निर्धारित सार्थकता स्तर (.05 या .01) पर शून्य परिकल्पना की जाँच हेतु काम में लाने के लिये कुछ निम्न सोपानों का सहारा लिया जा सकता है :

- मालूम किये गये 't' मूल्य को सामने रखें।
- इस 't' मूल्य की अब इसी पुस्तक के परिशिष्ट A में दिये गये 't' के क्रान्तिक मूल्यों से तुलना करो। इस प्रकार के 't' क्रान्तिक मूल्य (Critical values of 't') प्रायः सभी सांख्यिकी पाठ्यपुस्तकों में उपलब्ध रहते हैं। आप इन्टरनेट से भी इन मूल्यों का कंप्यूटर प्रिन्टआउट ले सकते हैं।
- दी हुई तालिका में 't' के क्रान्तिक मूल्य या मान को पढ़ने हेतु स्वतन्त्रता अंश (Degree of freedom) तथा संभाव्यता या सार्थकता स्तर जैसे .05 या .01 का ध्यान रखा जाना चाहिये। हम इन सार्थकता स्तरों के बारे में पहले ही चर्चा कर चुके हैं और स्वतन्त्रता अंशों के बारे में शीघ्र ही चर्चा करेंगे।
- अब स्वतन्त्रता अंश (Degree of freedom) तथा सार्थकता स्तर को ध्यान में रखते हुये तालिका से 't' के क्रान्तिक मान को पढ़ो।
- अगर आपके द्वारा गणना किये गये 't' का मान तालिका से पढ़े गये 't' के क्रान्तिक मान से कम हो तो इसे सार्थक नहीं माना जाना चाहिए यानी दूसरे शब्दों में 't' का यह मान इतना सशक्त नहीं होता कि इसके सहारे शून्य परिकल्पना को अस्वीकार कर दिया जाये। अब क्योंकि यहाँ शून्य परिकल्पना अस्वीकार न किये जाने के कारण बनी रहती है इसलिये हम यह निष्कर्ष निकाल सकते हैं कि समूहों में उपलब्धि या निष्पत्ति को लेकर कोई अन्तर नहीं होता।
- परन्तु अगर आपके द्वारा गणना किये गये 't' का मान तालिका से पढ़े गये 't' के क्रान्तिक मान के बराबर या ज्यादा हो तो यह इतना सार्थक या सशक्त माना जा सकता है जिसके सहारे शून्य परिकल्पना को अस्वीकार किया जा सके। इस स्थिति में हम यह निष्कर्ष निकाल सकते हैं कि समूहों में उपलब्धि की दृष्टि से सार्थक अन्तर है।
- एक पक्षीय परीक्षण (One tailed test) के संदर्भ में इस पुस्तक के परिशिष्ट तालिका C में दिये गये 't' के क्रान्तिक मानों को पढ़ो। इन्हें पढ़ने के लिये जो सार्थकता स्तर (Level of significance) .05 या .01 पहले तय किया गया है उसका दुगुना कर लो। उदाहरण के लिये अगर .01 पहले तय किया गया है तो आप .02 कॉलम में तालिका के 't' मान को पढ़ो और अगर .05 तय किया गया है तो अब .10 कॉलम के तहत 't' के मान को पढ़ो।
- शून्य परिकल्पना के परीक्षण में होने वाली दो प्रकार की त्रुटियों : I प्रकार की तथा II प्रकार की त्रुटियों का ध्यान रखें। आइये देखें ये त्रुटियाँ क्या हैं ?

I प्रकार की त्रुटि (Type I error) तब होती है जब एक शून्य परिकल्पना उस समय अस्वीकृत हो जाती है जबकि यह वास्तव में सही होती है। इसे एक शून्य परिकल्पना को गलत तरीके से अस्वीकृत हो जाना कहा जाता है।

इसके विपरीत **II प्रकार की त्रुटि (Type II error)** तब होती है जब हम एक ऐसी शून्य परिकल्पना को अस्वीकार करने में असफल रहते हैं जबकि अपने वास्तविक रूप में यह गलत होती है।

इस प्रकार से संभावित दो प्रकार की त्रुटियों और परिकल्पना परीक्षण में सही निर्णय लेने के अवसर संबंधी चारों बातों को तालिका 31.8 द्वारा अच्छी तरह प्रदर्शित किया जा सकता है।

तालिका 31.8 शून्य परिकल्पना के परीक्षण में संभावित I तथा II प्रकार की त्रुटियाँ तथा लिये जाने वाले निर्णय

	शून्य परिकल्पना की अस्वीकृति	**शून्य परिकल्पना की अस्वीकृति में असफलता**
शून्य परिकल्पना सही है	I प्रकार की त्रुटि	सही निर्णय
शून्य परिकल्पना गलत है	सही निर्णय	II प्रकार की त्रुटि

I प्रकार की त्रुटि (Type I error) का सम्बन्ध संभाव्यता या सार्थकता स्तर के निर्धारण से होता है। एक शोधकर्त्ता इस प्रकार की त्रुटि होने की संभावना को सार्थकता का कुछ और कड़ा स्तर, जैसे 0.01 निश्चित करके कर सकता है। परन्तु ऐसा करने से II प्रकार की त्रुटि होने का खतरा सामने आ जाता है। वास्तव में इन दोनों प्रकार की त्रुटियों की प्रकृति ऐसी है कि एक में कमी लाने का प्रयास दूसरी में बढ़ोतरी होने की संभावना को जन्म देता है। इस प्रकार की परिस्थिति में शोधकर्त्ता को ही यह निर्णय लेना होता है कि किसी अनुसंधान परिस्थिति में I या II प्रकार की, कौन सी एक त्रुटि ज्यादा खतरनाक नहीं है और यह ध्यान रखते हुए उसके द्वारा किस प्रकार के सार्थकता स्तर का पूर्व निर्धारण करना चाहिए। इस प्रकार के लिए जाने वाले निर्णय पर टिप्पणी करते हुये बेस्ट एवं काहन (Best and Kahn, 2006:410) ने लिखा है :

एक नई औषधि कितनी सुरक्षित है इसके बारे में अनुसंधान करने हेतु जिसमें शून्य परिकल्पना यह है कि अपने वर्तमान स्वरूप में औषधि सुरक्षित है, हम II प्रकार की त्रुटि होने का खतरा नहीं उठा सकते। परन्तु इस औषधि की प्रभावशीलता को जानने हेतु, जिसमें शून्य परिकल्पना यह है कि नई औषधि पुरानी चली आ रही औषधि से कोई ज्यादा अच्छी नहीं है, हमें I प्रकार की त्रुटि से बचकर रहना होगा। इसी तरह शैक्षिक अनुसंधान में भी जब हमें किसी एक नई शिक्षण विधि के बारे में निर्णय लेना हो तो हमें I प्रकार की त्रुटि से बचना होगा। क्योंकि हमें यहाँ कोई ऐसा मौका नहीं देना है जिससे शून्य परिकल्पना (नयी विधि, पुरानी विधि से कोई ज्यादा अच्छी नहीं है) को उस समय अस्वीकृत कर दिया जाये जब कि वास्तव में वह सही हो। इस स्थिति में हमारे लिये यही उपयुक्त रहेगा कि हम सार्थकता का स्तर .05 के स्थान पर .01 ही निर्धारित करें।

स्वतन्त्रता अंश (Degree of Freedom)

स्वतन्त्रता अंशों या स्वातंत्र्य कोटियों की "df" के रूप में प्रतीकात्मक अभिव्यक्ति की जाती है। स्वतन्त्रता अंश पद में स्वतन्त्रता से यहाँ अभिप्राय विचरित होने या बदलने की स्वतन्त्रता (Freedom to vary) से है। इसलिये किसी प्रतिदर्श से सम्बन्धित स्वतन्त्रता अंशों के निर्धारण हेतु हमें यह देखना होता है कि उन प्रेक्षण विशेष (चरों के मानों) की संख्या क्या है जो स्वतन्त्र रूप से विचरित (Vary) हो सकते हैं। प्रेक्षणों या चरों पर जितने अंकुश या प्रतिबंध (Restrictions) लगाये जाते हैं उतने ही स्वतन्त्रता अंशों को हमें खोना पड़ता है। इस सम्बन्ध में सामान्य नियम यह है कि प्रत्येक अंकुश या प्रतिबन्ध के लिये स्वतन्त्रता का एक अंश खोना पड़ता है। इसलिये स्वतन्त्रता अंशों के निर्धारण हेतु निम्न सूत्र काम में लाया जाता है।

स्वतन्त्रता अंशों की संख्या = प्रेक्षणों या चरों की संख्या – अंकुश या प्रतिबन्धों की संख्या

(No. of Degree of Freedom = No. of Observations or Variables – No. of Constraints or Restrictions)

कोहेन एवं होलीडे (Cohen and Holiday, 1996:113) ने स्वतन्त्रता अंश पद के संप्रत्यय को स्पष्ट करने हेतु अपने विचार निम्न रूप में प्रस्तुत किये हैं :

माना हमें किन्हीं पाँच संख्याओं का चयन करना है। हमें यहाँ पूरी स्वतन्त्रता है कि हम कोई भी पाँच संख्यायें चुन सकें। इसलिये यहाँ स्वतन्त्रता अंशों की संख्या पाँच है। परन्तु माना बाद में हम से यह कहा जाये कि इन पाँच संख्याओं का कुल योग 25 होना चाहिये तब इस स्थिति में हमें चार संख्याओं के चयन के लिये पूरी स्वतन्त्रता रहेगी परन्तु पाँचवीं का चयन अन्य चार के चयन पर निर्भर करेगा। माना ये चार संख्यायें 7, 8, 9 तथा 10 हैं जिनका योग 34 बैठता है और अगर हमें यह कहा गया है कि पाँचों संख्याओं का योग 25 होना चाहिये तो यहाँ पाँचवीं संख्या –9 होगी ताकि पाँचों संख्याओं $(7 + 8 + 9 + 10 - 9)$ का योग 25 हो जाये। विचरित/परिवर्तित होने की पूरी स्वतन्त्रता है परन्तु पाँचवीं अपनी स्वतन्त्रता खो चुकी है। इसलिये हमारे इस उदाहरण में $df = 4$ हैं यानी $N - 1 = 5 - 1 = 4$.

फिर माना हमें यह भी कहा जाये कि ऐसी पाँच संख्यायें चुनो जिनमें से पहली दो का योग 9 है और सभी पाँचों संख्याओं का योगफल 25 है। यहाँ हम देखते हैं कि इस शर्त की वजह से कि पहली दो संख्याओं का योग 9 होना चाहिये, एक प्रतिबन्ध और लगा दिया गया है जबकि दूसरा प्रतिबन्ध कुल योगफल 25 होना चाहिये इस रूप में पहले ही विद्यमान था। दूसरे शब्दों में इस तरह यहाँ दो स्वतन्त्रताओं को खोने की बात सामने आती है और हमारे पास केवल तीन स्वतन्त्रतायें शेष रहती हैं। इसलिये अब यहाँ $df = 3$ (यानी $N - 2 = 5 - 2 = 3$) होगा।

इस प्रकार से स्वतन्त्रता अंशों की संख्या अनुसंधान समस्या की प्रकृति और परिस्थिति विशेष में लगाये गये अंकुश या प्रतिबंधों पर निर्भर करता है। उदाहरणार्थ :

(i) दो चरों के बीच सहसम्बन्ध ज्ञात करने के मामले में जहाँ हमें दो मध्यमानों से विचलनों (Deviation from two means) की गणना करनी होती है, प्रतिबन्ध लगाने की संख्या दो हो जाती है और फलस्वरूप स्वतन्त्रता अंशों की संख्याा $N - 2$ हो जाती है। (जबकि N से यहाँ तात्पर्य जोड़ों (Pairs) की संख्या से होता है।

(ii) आसंग तालिका (Contingency table) में स्वतन्त्रता अंशों से तात्पर्य कोषों (Cells) को मूल्य प्रदान किये जाने में प्रयुक्त स्वतंत्रता से होता है। यहाँ स्वतंत्रता अंशों की गणना हेतु निम्न सूत्र काम में लाया जाता है :

df = (पंक्तियों की संख्या – 1) + (कॉलमों की संख्या – 1) = $(r - 1)(c - 1)$

(iii) दो स्वतन्त्र प्रतिदर्शों के मध्यमानों के बीच निहित अन्तर की सार्थकता मालूम करने में स्वतन्त्रता अंशों के निर्धारण का सूत्र निम्न होता है :

$df = N_1 + N_2 = 1$ (यहाँ N_1 तथा N_2 से तात्पर्य समूहों में शामिल प्रयोज्यों से है)।

(iv) दो सह सम्बन्धित प्रतिदर्शों के मध्यमानों के बीच निहित अन्तर की सार्थकता मालूम करने में स्वतन्त्रता अंशों के निर्धारण का सूत्र निम्न होता है :

$df = N - 1$ (यहाँ N से तात्पर्य जोड़ों (Pairs) की संख्या से है।)

(v) प्रसरण विश्लेषण (Analysis of variance) तकनीक को काम में लाने हेतु हमें कई प्रकार के स्वतन्त्रता अंशों की गणना करनी होती है जिन्हें निम्न सूत्रों की सहायता से ज्ञात किया जा सकता है।

वर्गों के कुल योगफल (Total sum of squares) हेतु स्वतंत्रता अंश $= N - 1$

अन्तरा–समूहों के वर्गों के योग हेतु स्वतन्त्रता अंश $= K - 1$

अन्तः समूहों के वर्गों के योग हेतु स्वतन्त्रता अंश $= N - K$

(यहाँ N से तात्पर्य प्रेक्षणों, प्राप्तांकों या आवृत्तियों के कुल योग से तथा K अनुसंधान में प्रयुक्त समूहों की संख्या का प्रतिनिधित्व करता है।)

नोट : सांख्यिकी सोफ्टवेयर पैकेजों जैसे SSPS द्वारा सांख्यिकी परीक्षणों के अनुप्रयोग में स्वतन्त्रता अंशों की गणना और उन्हें काम में लाने का कार्य स्वचालित (Automatic) होता है।

परिकल्पना परीक्षण हेतु विभिन्न सांख्यिकी परीक्षणों के उपयोग एवं गणना कार्य संबंधी उदाहरण (Illustrating the Computation and Use of Various Statistical Tests for Hypothesis Testing)

't' परीक्षण—गणना एवं उपयोग (Computation and Use of 't' Test)

(a) दो स्वतन्त्र या असम्बन्धित प्रतिदर्शों (Two independent and unrelated samples) के मध्यमानों के बीच निहित अन्तर की सार्थकता की जाँच हेतु 't' परीक्षण का उपयोग :

उदाहरण 31.9 एक विज्ञान अध्यापक यह जानना चाहता था कि क्या प्रदर्शन विधि, परम्परागत व्याख्यान विधि से अधिक प्रभावशाली है या नहीं। उसने अपनी कक्षा को दो संयोगिक समूह A तथा B में विभाजित किया तथा समूह A को प्रदर्शन विधि तथा समूह B को व्याख्यान विधि से पढ़ाया। तीन महीने पढ़ाने के बाद उसने इन दोनों समूहों का एक उपलब्धि परीक्षण द्वारा मूल्यांकन किया। संकलित प्रदत्त निम्न प्रकार थे :

	समूह A	समूह B
मध्यमान (M)	43	30
प्रामाणिक विचलन (SD)	8	7
विद्यार्थियों की संख्या	65	65

इन प्रदत्तों से यह मालूम कीजिये कि प्रदर्शन विधि तथा व्याख्यान विधि में कौनसी अधिक प्रभावशाली है ?

हल : इस परिस्थिति में शोधकर्त्ता एक विधि का दूसरी विधि से श्रेष्ठ होने के बारे में जानना चाहता है कौनसी श्रेष्ठ है इस तरह की कोई निश्चित दिशा यहाँ प्रदान नहीं की गई है इसलिये यहाँ हमें द्वि–पक्षीय परीक्षण (Two tailed test) का उपयोग करना होगा।

सोपान 1 : द्वि–पक्षीय परीक्षण हेतु परिकल्पनाओं की स्थापना (Setting of hypothesis)

H_0 : समूह A तथा समूह B के प्राप्तांकों के मध्यमानों के बीच कोई सार्थक अन्तर नहीं है अथवा प्रदर्शन विधि तथा व्याख्यान विधियों में प्रभावशीलता की दृष्टि से कोई अन्तर नहीं है।

H_1 : समूह A तथा समूह B के प्राप्तांकों के मध्यमानों में सार्थक अन्तर है।

सोपान 2 : शून्य परिकल्पना का परीक्षण

(i) दो समूहों के मध्यमानों में अन्तर $= M_1 - M_2 = 43 - 30 = 13$

(ii) मध्यमानों के अन्तर की प्रामाणिक त्रुटि (Standard error of the differecne between means)

$$\sigma_D = \sqrt{(\sigma_{M1}^2 + \sigma_{M2}^2)} = \sqrt{\frac{\sigma_1^2}{N_1} + \frac{\sigma_2^2}{N_2}} = \sqrt{\frac{8^2}{65} + \frac{7^2}{65}} = \sqrt{\frac{64+49}{65}} = \sqrt{\frac{113}{65}} = 1.32$$

(iii) $t = \frac{M_1 - M_2}{\sigma_D} = \frac{13}{1.32} = 9.84$

(iv) असम्बन्धित समूहों के लिये स्वतन्त्रता अंश (Degrees of Freedom)

$$df = N_1 + N_2 - 2 = 65 + 65 - 2 = 128$$

(v) 5% तथा 1% सार्थकता स्तर पर 128 स्वतन्त्रता अंशों के लिये 't' के क्रान्तिक मान (परिशिष्ट में दी गई 't' वितरण की तालिका (देखिये परिशिष्ट A)।

5% स्तर पर 't' का क्रान्तिक मान = 1.98

1% स्तर पर 't' का क्रान्तिक मान = 2.62

(vi) **शून्य परिकल्पा को अस्वीकार करने या बने रहने के बारे में निष्कर्ष :** हमारे द्वारा गणना किया गया 't' मान यहाँ 9.84 है। यह 5% तथा 1% सार्थकता स्तर पढ़े गये क्रान्तिक मानों से बहुत अधिक है। इसलिये इसे पर्याप्त रूप में सार्थक कहा जा सकता है और फलस्वरूप हमारे द्वारा स्थापित शून्य परिकल्पना दोनों ही सार्थक स्तरों पर अस्वीकृत मानी जानी चाहिये। फलस्वरूप हम यह अच्छी तरह कह सकते हैं कि दोनों समूहों के प्राप्तांकों में सार्थक अन्तर है और क्योंकि यहाँ M_1 का मान M_2 से ज्यादा है इसलिये यह कहना भी सही है कि प्रदर्शन विधि, व्याख्यान विधि से अधिक श्रेयस्कर है।

एक-पक्षीय परीक्षण के लिये परिकल्पना परीक्षण (Hypothesis Testing for One-tailed Test)

अगर समस्या इस रूप में कथनीकरण हो कि "क्या उपलब्धि मध्यमानों में निहित अंतर इतना सार्थक है कि इससे यह विदित हो कि प्रदर्शन विधि, व्याख्यान विधि से श्रेष्ठ है ? तब यहाँ प्रक्रिया का निम्न रूप होगा।

हल : यहाँ शोधकर्त्ता मध्यमानों के अन्तर की सार्थकता एक दिशा विशेष के संदर्भ में करने को बाध्य है, वह प्रदर्शन विधि की श्रेष्ठता की पुष्टि करना चाहता है। यहाँ असमंजस की स्थिति नहीं है। वह यह मानकर चल रहा है कि प्रदर्शन विधि, व्याख्यान विधि से बेहतर है वह तो बस उसके बारे में सुनिश्चित होना चाहता है कि यहाँ इस परिस्थिति में ऐसा हो रहा है या नहीं। इसलिये यहाँ उसे शून्य परिकल्पना निर्धारण एवं परीक्षण हेतु एक पक्षीय परीक्षण का उपयोग करना होगा।

सोपान 1 : परिकल्पनाओं का निर्धारण (Settng of hypotheses)

H_0 : प्रदर्शन विधि से पढ़ाये गये विद्यार्थियों की निष्पत्ति में व्याख्यान विधि से पढ़ाये गये विद्यार्थियों की तुलना में कोई सार्थक अन्तर नहीं है।

H_1 : प्रदर्शन विधि से पढ़ाये गये विद्यार्थियों की निष्पत्ति व्याख्यान विधि से पढ़ाये गये विद्यार्थियों की तुलना में श्रेष्ठ है।

सोपान 2 : 't' तथा स्वतन्त्रता अंशों की गणना

हमने यहाँ 't' का मान पहले ही ज्ञात किया हुआ है जो 9.84 है तथा यहाँ स्वतन्त्रता अंशों की संख्या 128 है।

सोपान 3 : शून्य परिकल्पना की अस्वीकृति या उसे बने रहने के बारे में निर्णय

अगर 't' वितरण तालिका (देखिये परिशिष्ट A) के 0.10 तथा 0.02 कॉलमों (शून्य परिकल्पना के 0.05 तथा 0.01 सार्थकता स्तरों पर परीक्षण हेतु) में 128 स्वतन्त्रता अंशों के लिये क्रान्तिक 't' मान पढ़े जायें तो हमें 1.66 तथा 2.36 't' मूल्यों की प्राप्ति होगी। हमारे संगणित 't' का मान 9.84 है। यह मान दोनों सार्थक स्तरों (.05 तथा .01) पर पढ़े गये क्रान्तिक मानों से काफी ज्यादा होने के कारण समुचित रूप से सार्थक है अतः शून्य परिकल्पना अस्वीकृत की जाती है और हम 100 में से 99 बार विश्वास के साथ कह सकते हैं कि व्याख्यान विधि की तुलना में प्रदर्शन विधि से प्रदान किया गया शिक्षण श्रेष्ठ है।

(b) दो सहसम्बन्धित (Correlated) प्रतिदर्शों/समूहों के मध्यमानों के बीच निहित अंतर की सार्थकता जाँच हेतु 't' परीक्षण का उपयोग।

दो सहसम्बन्धित प्रतिदर्शों या समूहों के मध्यमानों के बीच निहित अन्तर की सार्थकता को परखने का तरीका भी लगभग वैसा ही है जैसा कि असंबंधित (Unrelated) समूहों के लिये काम में लाया जाता है। अंतर केवल प्रामाणिक त्रुटि (σ_D) की गणना प्रक्रिया में रहता है। इस परिस्थिति में शून्य परिकल्पना की जाँच प्रक्रिया को हम एक उदाहरण द्वारा स्पष्ट करना चाहेंगे।

उदाहरण 31.10 20–20 प्रयोज्यों के दो समूहों को बुद्धिलब्धि की दृष्टि से समेलित (Matched) करने का प्रयत्न किया गया। अब प्रायोगिक (Experimental) समूह को फिल्म स्ट्रिप की सहायता से प्रशिक्षण दिया गया और नियन्त्रित (Control) समूह को परम्परागत ढंग से। शोधकर्त्ता का उद्देश्य यहाँ इस शून्य परिकल्पना का परीक्षण करना था कि "दोनों समूहों की मध्यमान उपलब्धियों में 0.05 सार्थकता स्तर पर कोई सार्थक अन्तर नहीं है।" अध्ययन में संकलित प्रदत्तों की प्रकृति निम्न प्रकार थी :

प्रायोगिक समूह $\rightarrow N_1 = 20, M_1 = 53.20, \sigma_1 = 7.4$

नियोजित समूह $\rightarrow N_2 = 20, M_2 = 49.80, \sigma_2 = 6.5$ तथा $r = 0.60$

हल : यहाँ दोनों समूह सहसम्बन्धित हैं। इस स्थिति में शून्य परिकल्पना की जाँच सम्बन्धी कार्य निम्न प्रकार सम्पन्न हो सकता है :

शून्य परिकल्पना H_0 : .05 सार्थकता स्तर पर दोनों समूहों के प्राप्तांकों के मध्यमानों के बीच कोई सार्थक अन्तर नहीं है।

प्रक्रिया (Procedure) :

$$M_1 - M_2 = 53.20 - 49.80 - 3.40$$

$$\sigma_D = \sqrt{(\sigma_{M1}^2 + \sigma_{M2}^2 - 2r\,\sigma_{M1}\,\sigma_{M2}}$$

यहाँ

$$\sigma_{M1} = \frac{\sigma_1}{\sqrt{N_1}} = \frac{7.4}{\sqrt{20}} = \frac{7.4}{4.47} = 1.65$$

$$\sigma_{M2} = \frac{\sigma_2}{\sqrt{N_2}} = \frac{6.5}{\sqrt{20}} = \frac{6.5}{4.47} = 1.45$$

इसलिये

$$\sigma_D = \sqrt{(1.65)^2 + (1.45)^2 - 2 \times 0.60 \times 1.65 \times 1.45}$$

$$= \sqrt{2.72 + 2.10 - 2.87} = \sqrt{1.95} = 1.396$$

$$t = \frac{M_1 - M_2}{\sigma_D} = \frac{3.40}{1.396} = 2.43$$

स्वतन्त्रता अंशों की संख्या = जोड़ों (Pairs) की संख्या $- 1 = 20 - 1 = 19$

द्वि–पक्षीय परीक्षण (Two-tailed test) में 19 स्वतंत्रता अंशों के लिये 0.05 सार्थकता स्तर 't' वितरण तालिका से पढ़े गये 't' का क्रान्तिक मूल्य 2.09 आयेगा। परन्तु हमारे द्वारा फलित 't' का मान 2.43 है। यह मान, पढ़े गये क्रान्तिक 't' मूल्य से अधिक है इसलिये यह सार्थक माना जायेगा और इससे यह निष्कर्ष निकलेगा कि मध्यमानों के बीच पाये जाने वाला अंतर सार्थक है और फलस्वरूप यहाँ शून्य परिकल्पना को अस्वीकृत किया जाना चाहिये।

प्रतिदर्शों या समूहों के बहुत से मध्यमानों के बीच विद्यमान अंतरों की जाँच हेतु काम में लाई जाने वाली प्रसरण विश्लेषण (ANOVA) तकनीक में 'F' परीक्षण का प्रयोग

जैसा कि पहले कहा जा चुका है कि जहाँ 't' परीक्षण का उपयोग हमें दो समूहों के मध्यमानों के बीच विद्यमान अंतर की सार्थकता की जाँच करने में सहायता करता है वहीं प्रसरण विश्लेषण (ANOVA) तकनीक से युक्त 'F' परीक्षण के उपयोग से हम सारे समूहों/प्रतिदर्शों के मध्यमानों में विद्यमान अंतर के सार्थकता की एक साथ ही जाँच करने में सफल हो सकते हैं। प्रसरण विश्लेषण तकनीक के उपयोग में मूलरूप से हमसे यह अपेक्षा की जाती है कि हमारे द्वारा समष्टि प्रसरण (Population variance) के दो स्वतन्त्र अनुमान (Independent estimate) लगाये जायें (प्रसरण, प्रामाणिक विचलन का वर्ग होता है?)। इन अपेक्षित अनुमानों में से एक समूह मध्यमानों के प्रसरण पर आधारित हो (इसे अन्तरा समूह प्रसरण नाम दिया जाता है क्योंकि समूह मध्यमानों में एक दूसरे से काफी अन्तर हो सकते हैं) तथा दूसरा समूहों के अन्तर्गत विद्यमान प्रसरण के औसत पर। (इसे अन्तःसमूह प्रसरण नाम दिया जाता है, क्योंकि प्रत्येक समूह में शामिल प्रयोज्यों की उपलब्धियों में भी काफी अंतर देखने को मिल सकते हैं)। इसके पश्चात् इन दोनों अनुमानों – अन्तरा समूह प्रसरण तथा अन्तःसमूह प्रसरण की सापेक्षता को F-अनुपात की संज्ञा दी जाती है। यही वह क्रान्तिक अनुपात (Critical ratio) होता है जिसका उपयोग 'F' परीक्षण के रूप में किसी सार्थकता स्तर पर अनेक समूहों के मध्यमानों के बीच निहित अन्तर की सार्थकता की जाँच हेतु किया जाता है। इस 'F' अनुपात की गणना हेतु निम्न सूत्र का उपयोग किया जाता है :

$$F = \frac{\text{अन्तरा समूह प्रसरण (Between Groups Variance)}}{\text{अन्तः समूह प्रसरण (Within Groups Variance)}}$$

प्रसरण विश्लेषण तकनीक को उपयोग में लाने की प्रक्रिया (Procedure of Utilizing the Technique of Analysis of Variance—ANOVA)

प्रसरण विश्लेषण तकनीक को उपयोग में लाने हेतु अध्ययन में शामिल प्रयोज्यों के प्राप्तांकों के कुल प्रसरण (Total variance) को दो भागों – अन्तरा समूह प्रसरण तथा अन्तः समूह प्रसरण में विभाजित करने की आवश्यकता होती है। प्रसरण (Variance) की गणना हेतु $\sigma^2 = \Sigma x^2/N$ सूत्र का उपयोग किया जाता है। यहाँ x^2 प्राप्तांकों के मध्यमान से विचलन के वर्ग तथा N आवृत्तियों के योग को प्रकट करता है। इस तरह इस भिन्न राशि में N को अगर उभयनिष्ठ हर (Common denominator) के रूप में काम में लाया जाए तो सभी समूहों के प्रयोज्यों के प्राप्तांकों का मध्यमान मूल्य, जिसे बृहद या सामान्य मध्यमान (Grand or General Mean) की संज्ञा दी जा सकती है, तथा प्रयोज्यों के व्यक्तिगत प्राप्तांकों के बीच विद्यमान विचलनों के वर्गों के कुल योग (The total sum of the squared deviation of scores around the general or grand mean for all groups combined) को दो भागों – अन्तरा समूह तथा अन्तःसमूह वर्गों के योग (Between groups and Within groups sum of squares) में विभाजित करने की आवश्यकता होती है। इस विभाजन को गणितीय भाषा में $S_t^2 = S_b^2 + S_w^2$ से प्रदर्शित किया जा सकता है।

इस तरह एक विधि/तकनीक के रूप में प्रसरण विश्लेषण प्रक्रिया में निम्न पाँच सोपानों/ गतिविधियों की समाविष्टि पाई जाती है।

1. S_t^2 यानी समस्त वर्गों के योग की गणना (Computation of total sum of Squares)
2. S_b^2 यानी अन्तर समूह वर्गों के योग की गणना (Computation of Between groups Sum of Squares)
3. S_w^2 यानी अन्तः समूह वर्गों के योग की गणना (Computation of Within groups Sum of Squares)
4. F अनुपात की गणना (Computation of F. ratio)
5. 't' परीक्षण का उपयोग (अगर शून्य परिकल्पना अस्वीकृत हो जाये तथा आगे परीक्षण/जाँच प्रक्रिया चालू रखने की आवश्यकता हो)

ये सभी पाँचों बातें क्रमबद्ध रूप में एक के बाद एक करके क्रियान्वित की जाती हैं। हम इन क्रमबद्ध सोपानों में चलने वाली गणना प्रक्रिया को आगे एक उदाहरण द्वारा स्पष्ट करना चाहेंगे। परन्तु इस गणना प्रक्रिया में जिस तकनीकी शब्दावली का हमारे द्वारा प्रयोग किया जायेगा उसके परिचित कराने का प्रयास हम पहले करना चाहेंगे। जिन प्रतीकात्मक चिन्हों (Symbols) का हम प्रयोग करेंगे उन्हें संक्षिप्त रूप में नीचे प्रस्तुत किया जा रहा है।

X = अध्ययन में शामिल किसी प्रयोज्य द्वारा अर्जित प्राप्तांक

ΣX = बृहद योग (Grand sum), $\Sigma X/N$ = बृहद या सामान्य मध्यमान

$X_1, X_2 X_3 \ldots$ से तात्पर्य पहले, दूसरे तथा तीसरे समूह में शामिल प्रयोज्यों द्वारा अर्जित व्यक्तिगत प्राप्तांकों से है। तथा $n_1, n_2, n_3 \ldots$ इन समूहों में शामिल प्रयोज्यों की कुल संख्या को प्रकट करते हैं।

$\Sigma X_1/n_1, \Sigma X_2/n_2, \Sigma X_3/n_3 \ldots$ क्रमशः पहले दूसरे तथा तीसरे समूह द्वारा अर्जित प्राप्तांकों के मध्यमान मूल्यों को प्रकट करते हैं।

$$N = n_1 + n_2 + n_3 \ldots \text{ (आवृत्तियों का कुल योग)}$$

आइये अब प्रसार विश्लेषण तकनीक तथा 'F' परीक्षण के उपयोग को समझने हेतु एक उदाहरण की सहायता ली जाये।

उदाहरण 31.11 एक प्रायोगिक अध्ययन का उद्देश्य एक कौशल विशेष के अर्जन में प्रयुक्त तीन विभिन्न तकनीकों की प्रभावशीलता का अध्ययन करना था। इस कार्य हेतु शोधकर्त्ता द्वारा प्रशिक्षणार्थियों के तीन समूह संयोगिक विधि का प्रयोग करते हुये बनाये गये। प्रत्येक समूह में 7 प्रशिक्षणार्थी रखे गये जिन्हें तीन विभिन्न तकनीकों के द्वारा प्रशिक्षित किया गया। एक निश्चित अवधि के बाद प्रयोज्यों की निष्पत्ति के मूल्यांकन हेतु रेटिंग विधि का उपयोग किया गया। मूल्यांकन परिणामों को फिर दी हुई निम्न तालिका में व्यवस्थित किया गया। इन समूहों में विद्यमान अंतरों की सार्थकता का प्रसार विश्लेषण तकनीक द्वारा परीक्षण कीजिये।

समूह - I	3	5	3	1	7	3	6
समूह - II	4	5	3	4	9	5	5
समूह - III	5	5	5	1	7	3	7

हल : सोपान 1 : मौलिक तालिका सम्बन्धी गणन कार्य (Original table computation)

दिये हुये प्रदत्तों का गणन तालिका के रूप में व्यवस्थितीकरण (Organization of the given data)

विशेषज्ञों/जजों द्वारा प्रदत्त समन्वित रेटिंग (Pooled rating)

समूह I (X_1)	समूह II (X_2)	समूह III (X_3)	कुल योग (Total)
3	4	5	12
5	5	5	15
3	3	5	11
1	4	1	6
7	9	7	23
3	5	3	11
6	5	7	18
$\Sigma X_1 = 28$	$\Sigma X_2 = 35$	$\Sigma X_3 = 33$	$\Sigma X = 96$

यहाँ $n_1 = n_2 = n_3 = 7$ है तथा $N = 7 + 7 + 7 = 21$ है।

समूह मध्यमान (Group Means) : $\frac{\Sigma X_1}{n_1} = \frac{28}{7} = 4, \frac{\Sigma X_2}{n_2} = \frac{35}{7} = 5, \frac{\Sigma X_3}{n_3} = \frac{33}{7} = 4.71$

संशोधन राशि (Correction term) $C = \frac{(\Sigma X)^2}{N} = \frac{96 \times 96}{21} = \frac{9216}{21} = 438.85$

सोपान 2 : वर्ग तालिका सम्बन्धी गणन कार्य (Table computation)

X_1 की वर्ग राशियाँ	X_2 की वर्ग राशियाँ	X_3 की वर्ग राशियाँ	कुल
9	16	25	50
25	25	25	75
9	9	25	43
1	16	1	18
49	81	49	179
9	25	9	43
36	25	49	110
$\Sigma X_1^2 = 138$	$\Sigma X_2^2 = 197$	$\Sigma X_3^2 = 183$	$\Sigma X^2 = 518$

सोपान 3 : S_t^2 यानी वर्गों के कुल योग की गणना (Computation of total sum of squares)

$$S_t^2 = \Sigma X^2 - (\Sigma X)^2/N = \Sigma X^2 - C = 518 - 438.85 = 79.15$$

सोपान 4 : S_b^2 यानी अन्तरा समूह वर्गों के योग की गणना (Computation of between groups sum of squares)

$$S_b^2 = \frac{(\Sigma X_1)^2}{n_1} + \frac{(\Sigma X_2)^2}{n_2} + \frac{(\Sigma X_3)^2}{n_3} - C = \frac{28^2}{7} + \frac{35^2}{7} + \frac{33^2}{7} - 438.85$$

$$= \frac{784 + 1225 + 1089}{7} - 438.85 = 442.57 - 438.85 = 3.72$$

सोपान 5 : S_w^2 यानी अन्तः समूह वर्गों के योग की गणना (Computation of within-groups sum of squares)

$$S_w^2 = S_t^2 - S_b^2 = 79.15 - 3.72 = 75.43$$

सोपान 6 : स्वतन्त्र अंशों की संख्या (Number of degrees of freedom)

वर्गों के कुल योग हेतु $= N - 1 = 21 - 1 = 20$

अन्तरा समूह वर्गों के योग हेतु $= K - 1 = 3 - 1 = 2$

अन्तः समूह वर्गों के योग हेतु $= N - K = 21 - 3 = 18$

सोपान 7 : मध्यमान वर्ग प्रसरण के मूल्यों की गणना (Computation of values of mean square variance)

प्रसरण/विचलन स्रोत (Source of variation)	वर्गों का योग (Sum of squares)	df	मध्यमान वर्ग प्रसरण (Mean square variance)
अन्तरा समूह (Between groups)	$S_b^2 = 3.72$	2	3.72/2 = 1.86
अन्तः समूह (Within group)	$S_w^2 = 75.43$	18	75.43/18 = 4.19

$$F = \frac{\text{अंतरा समूहों में मध्यमान वर्ग प्रसरण (Mean square variance between groups)}}{\text{अन्तःसमूहों में मध्यमान वर्ग प्रसरण (Mean square variance within groups)}}$$

$$= \frac{1.86}{4.19} = 0.444$$

सोपान 8 : 'F' अनुपात की व्याख्या (Interpretation of 'F' ratio)

इस पुस्तक के परिशिष्ट B में 'F' अनुपात तालिका दी हुई है जिससे विभिन्न स्वतन्त्रता अंशों तथा सार्थकता स्तर (0.5 तथा .01 आदि) से सम्बन्धित 'F' अनुपात के क्रान्तिक मूल्यों (Critical values) को पढ़ा जा सकता है। प्रस्तुत उदाहरण में हमारे पास यहाँ दो प्रकार के स्वतन्त्रता अंश 2 तथा 18 मौजूद हैं। छोटे मध्यमान वर्ग प्रसरण (Small mean square variance) को अब हम 2 स्वतन्त्रता अंश के संदर्भ में तालिका की बायीं ओर तथा बड़े मध्यमान वर्ग प्रसरण (Greater mean square variance) को 18 स्वतन्त्रता अंशों के संदर्भ में तालिका के शीर्ष (Top of the table) पर देखने का प्रयत्न करेंगे। यहाँ इस तालिका में चूंकि बड़े मध्यमान वर्ग प्रसरण हेतु 18 स्वतन्त्रता अंशों की उपस्थिति नहीं है 12 तथा 24 की है, अतः हमें यहाँ बीच की स्थिति का अनुमान लगाने हेतु अंतर्वेशन (Interpolation) तकनीक का उपयोग करना होगा।

फलस्वरूप .05 सार्थकता स्तर पर 'F' का क्रान्तिक मान (Critical value) = 19.43

.01 सार्थकता स्तर पर 'F' का क्रान्तिक मान (Critical value) = 99.44

हमारे द्वारा गणना किये गये 'F' का मान .444 है, ये दोनों ही सार्थकता स्तरों पर सार्थक नहीं है इसलिये शून्य परिकल्पना को अस्वीकार नहीं किया जा सकता और हम विश्वासपूर्वक कह सकते हैं कि मध्यमानों के बीच विद्यमान अन्तर सार्थक नहीं है और इसलिए अब जाँच प्रक्रिया को आगे बढ़ाने तथा 't' परीक्षण को प्रयोग करने की कोई आवश्यकता नहीं है।

नोट : अगर शून्य परिकल्पना अस्वीकृत हो जामी है तब हम अवश्य ही मध्यमानों के बीच विद्यमान अंतरों की सार्थकता एक एक करके जैसे (i) $M_1 — M_2$ (ii) $M_2 — M_3$ तथा (iii) $M_1 — M_3$) के रूप में 't' परीक्षण का उपयोग करते हुए जाँच करने की आवश्यकता पड़ती।

द्वि-मार्गी प्रसरण विश्लेषण (Two-way Analysis of Variance)

अभी तक हमने एक अकेले प्रायोगिक चर (One experimental variable) से युक्त अध्ययन के दो से अधिक मध्यमानों के बीच विद्यमान अंतर की सार्थकता की जाँच हेतु प्रयोग में लाई जाने वाली प्रसार विश्लेषण तकनीक (ANOVA) की आवश्यकता और गणना प्रक्रिया के बारे में चर्चा की है। परन्तु व्यावहारिक विज्ञान अनुसंधानों में हमारे सामने ऐसी परिस्थिति भी आ सकती है जब हमें एक साथ दो प्रायोगिक चरों (Experimental variables) का अध्ययन करना पड़े। इस प्रकार के प्रयोगों में दो प्रायोगिक चरों पर आधारित द्वि–मार्गी वर्गीकरण (Two-way classification) की समाविष्टि रहती है। दो या दो से अधिक मार्गी वर्गीकरणों से युक्त प्रदत्तों के लिए प्रसार विश्लेषण तकनीक का उपयोग तथा F अनुपात की गणना का कार्य काफी पेचीदा तथा लम्बा होता है। इसलिये प्रायः इस कार्य हेतु कंप्यूटर सोफ्टवेयर प्रोग्राम जैसे SSPS की मदद लेना उपयुक्त रहता है। इस सम्बन्ध में सैद्धान्तिक जानकारी किसी भी सांख्यिकी पाठ्यपुस्तक (जैसी कि एक इस पाठ्यपुस्तक के एक लेखक द्वारा "Statistics in Psychology and Education, Mangal, 2002" नाम से लिखी गई है) के माध्यम से प्राप्त की जा सकती है। परन्तु फिर भी यहाँ हम कुछ आवश्यक चर्चा द्वारा यह अवश्य बताना चाहेंगे कि एक मार्गीय तथा द्वि–मार्गीय प्रसार विश्लेषण तकनीकों का उपयोग कहाँ और कब किया जाता है।

1. एक शोधकर्त्ता विभिन्न शिक्षण विधियों की प्रभावशीलता के सम्बन्ध में अध्ययन करना चाहता है। इस कार्य हेतु वह एक कक्षा से संयोगिक विधि द्वारा चार समूहों का निर्माण करता है। इन चारों समूहों को एक ही अध्यापक द्वारा एक ही विद्यालय में अलग अलग चार विधियों से पढ़ाया जाता है। सत्र के अंत में सभी समूहों का एक उपलब्धि परीक्षण द्वारा मूल्यांकन किया जाता है। इन चारों समूहों के मध्यमान प्राप्तांकों की फिर यह जानने हेतु पारस्परिक तुलना की जाती है कि कौन सी विधि दूसरी अन्य विधियों से श्रेष्ठ है। इस अध्ययन में चार मध्यमानों के बीच विद्यमान अंतरों की सार्थकता की जाँच हेतु शोधकर्त्ता एक बार में दो मध्यमानों को लेकर 't' परीक्षण का उपयोग करता हुआ आगे बढ़ सकता है। परन्तु ऐसा करने में उसे $(4 \times 3)/2 = 6$ अलग अलग 't' परीक्षण करने होंगे। इसलिये विकल्प के रूप में अगर कोई एक संयुक्त परीक्षण (Composite test) इसके लिए प्रयोग में लाया जा सके तो यह बात बहुत ही उपयुक्त सिद्ध हो सकती है। यह कार्य प्रसरण विश्लेषण तकनीक (ANOVA) के उपयोग से भलीभाँति किया जा सकता है। इससे हमें 'F' परीक्षण के रूप में एक ऐसा संयुक्त तथा समन्वित परीक्षण प्राप्त होता है जिसकी सहायता से एक साथ चार मध्यमानों के बीच विद्यमान अंतर की सार्थकता को एक बार में ही परखा जा सकता है। परन्तु अब यहाँ एक बात उभरती है कि हमारे द्वारा किस प्रकार के प्रसरण–विश्लेषण (ANOVA) का उपयोग किया जाय ? इस बारे में प्रस्तुत उदाहरण में यह कहा जा सकता है कि क्योंकि इस अध्ययन में एक अकेला प्रायोगिक या स्वतन्त्र चर (Experimental or Independent variable) "शिक्षण विधि" के रूप में है इसलिये हमें यहाँ एक मार्गी प्रसरण विश्लेषण (One-way ANOVA) का उपयोग करना होगा।
2. परन्तु अगर किसी अध्ययन में शोधकर्त्ता के सामने एक से अधिक प्रायोगिक या स्वतन्त्र चर हों, उदाहरण के लिए माना 'शिक्षण विधि' स्वतन्त्र चर के अतिरिक्त (जिसकी चार विधियों की प्रभावशीलता का अध्ययन किया जाना है) विद्यालय प्रणाली/तंत्र एक दूसरा स्वतन्त्र चर है जिसे तीन स्तरों (स्वः वित्तीय विद्यालय, अनुदान प्राप्त करने वाले विद्यालय तथा सरकारी विद्यालय) में विभाजित किया गया है। इस तरह अब इस अध्ययन में 4×3 समूहों की समाविष्टि रहेगी। यानी इस अध्ययन में तीनों प्रकार के विद्यालयों में पढ़ने वाले 4 विद्यार्थी समूहों को 4 अलग अलग विधियों से पढ़ाया जायेगा। क्योंकि यहाँ विद्यार्थियों की उपलब्धि (अग्रिम चर) पर दो स्वतन्त्र चरों (शिक्षण विधि तथा विद्यालय प्रकार) की प्रभावशीलता का अध्ययन किया जाना है अतः यहाँ हमें द्वि–मार्गी प्रसरण विश्लेषण (Two-way ANOVA) का उपयोग करना होगा।
3. द्वि–मार्गी वर्गीकरण प्रयोगों के अभिकल्पों को कुछ और आगे ले जाया जा सकता है। जिनमें विभिन्न स्तरों (Different levels) से युक्त दो से अधिक प्रायोगिक/स्वतन्त्र चरों की समाविष्टि हो। जैसे–जैसे चरों की संख्या बढ़ती जाती है, अन्तःक्रिया की श्रेणी/क्रम (Order of interaction) में उसी रूप में वृद्धि होती जाती है। उदाहरण के लिये अगर प्रस्तुत उदाहरण में 'शिक्षण विधि' तथा 'विद्यालय प्रणाली' के अतिरिक्त एक तीसरा स्वतन्त्र चर 'शिक्षक' (तीन अलग अलग शिक्षक तीन विधियों से शिक्षण करते हैं) भी विद्यमान हो तब इस अध्याय के प्रदत्तों के विश्लेषण हेतु त्रिमार्गीय ANOVA का उपयोग करना होगा।

काई वर्ग परीक्षण का नामित (श्रेणीयुक्त) प्रदत्तों के विश्लेषण हेतु उपयोग
(Use of Chi Squre Test for Nominal or Categorical Data)

काई वर्ग परीक्षण (जिसे संकेतात्मक रूप में χ^2 के द्वारा व्यक्त किया जाता है) व्यावहारिक विज्ञानों के अनुसंधानों में संकलित परिमाणात्मक प्रदत्तों के विश्लेषण हेतु काम में लाये जाने वाला एक बहुत ही महत्त्वपूर्ण अप्राचलिक परीक्षण (Non-parametric test) है। इस परीक्षण हेतु प्रदत्तों को सामान्य (Normal) या 't' वितरण के रूप में

उपलब्ध होने की आवश्यकता नहीं है और इसे नामित या श्रेणीबद्ध प्रदत्तों (Nominal or categorical data) के विश्लेषण हेतु भलीभाँति प्रयोग में लाया जा सकता है। अधिकांश अध्ययनों में इसका उपयोग शून्य परिकल्पना परीक्षण हेतु दो प्रकार की परिस्थितियों में होता है (i) एक जिसमें यह कहा जाता है कि अध्ययन परिणामों तथा किसी परिकल्पित या सैद्धान्तिक आधार (जैसे संयोगवश) पर अनुमानित परिणामों के बीच कोई सार्थक अन्तर नहीं है तथा (ii) दूसरी जिसमें यह प्रदर्शित करने का प्रयत्न किया जाता है कि एक चर का दूसरे चर से कोई सम्बन्ध नहीं है या एक चर का दूसरे चर पर कोई प्रभाव नहीं पड़ता।

χ^2 परीक्षण की प्रक्रिया (Procedure of χ^2 Testing)

सोपान 1 : शून्य परिकल्पना की स्थापना (Setting of null hypothesis)

सोपान 2 : सूत्र $\chi^2 = \Sigma(fo—fe)^2$ का उपयोग करके χ^2 मान की गणना

यहाँ fo = किसी प्रयोग/परीक्षण में प्रेक्षित आवृत्तियाँ (Observed frequencies)

तथा fe = किसी प्रयोग या परीक्षण में प्रत्याशित आवृत्तियाँ (Expected frequencies)

यहाँ r तथा c आसंग तालिका में दिये गये पंक्तियों तथा कॉलमों की संख्या बताते हैं।

सोपान 3 : 5% या 1% सार्थकता स्तर पर मालूम किये गये स्वतन्त्रता अंशों (Degrees of Freedom) के लिये χ^2 के क्रान्तिक मान (Critical value) ज्ञात करना।

सोपान 4 : शून्य परिकल्पना को स्वीकार या अस्वीकार करने के बारे में निर्णय लेना।

आइये अब χ^2 परीक्षण के उपयोग को उदाहरणों के माध्यम से समझने का प्रयास किया जाये।

उदाहरण 31.12 एक अनुसंधान अध्ययन में 90 अविवाहित व्यक्तियों तथा 100 विवाहित व्यक्तियों की राय एक अभिवृत्ति मापनी पर ली गई। उपलब्ध प्रदत्तों को फिर निम्न प्रकार सारिणीबद्ध किया गया।

	सहमत	असहमत	कोई राय नहीं	कुल
अविवाहित	14	66	10	90
विवाहित	27	66	7	100
कुल	41	132	17	190

क्या इन प्रदत्तों से यह संकेत मिलता है कि व्यक्तियों का वैवाहिक स्तर उनकी राय को प्रभावित कर रहा है ?

हल : सोपान 1 : शून्य परिकल्पना : अभिवृत्ति मापनी पर व्यक्त राय वैवाहिक स्तर पर निर्भर नहीं है।

सोपान 2 : दिये हुये अनुसंधान प्रदत्तों की एक आसंग तालिका (Contingency Table) तथा fe (कोष्ठक में)

	सहमत	असहमत	कोई राय नहीं	कुल
अविवाहित	14 (19.4)	66 (62.5)	10 (8)	90
विवाहित	27 (21.6)	66 (69.5)	7 (9)	100
कुल	41	132	17	190

सोपान 3 : प्रेक्षित आवृत्तियों (Observed frequencies) से प्रत्याशित आवृत्तियों (Expected frequencies) की गणना।

प्रत्येक कोष की अप्रत्याशित आवृत्तियों की गणना का सूत्र :

$$\frac{\text{पंक्तियों का योग} \times \text{कॉलमों का योग}}{\text{कुल योग}}$$

कोष (Cell)	प्रेक्षित आवृत्ति	प्रत्याशित आवृत्ति का योग
अविवाहित/सहमत कोष	14	(90 × 41)/190 = 19.4
अविवाहित/असहमत कोष	66	(90 × 132)/190 = 62.5
अविवाहित/कोई राय नहीं कोष	10	(90 × 17)/190 = 8.05 (8.00 rounded)
विवाहित/सहमत कोष	27	(100 × 41)/190 = 21.6
विवाहित/असहमत कोष	66	(100 × 132)/190 = 69.5
विवाहित/कोई राय नहीं कोष	17	(100 × 17)/190 = 9

सोपान 4 : df = (3—1) (2—1) =2

सोपान 5 : प्रेक्षित तथा प्रत्याशित आवृत्तियों से युक्त आसंग तालिका से χ^2 की गणना

fo	fe	fo – fe	$(fo – fe)^2$	$(fo – fe)^2/fe$
14	19.4	–5.4	29.16	1.50
66	62.5	3.5	12.25	0.19
10	8.0	2.0	4.00	0.50
27	21.6	5.4	29.16	1.35
66	69.5	–3.5	12.25	0.18
7	9.0	–2.0	4.00	0.44
कुल 190	190.0			$\chi^2 = 4.16$

सोपान 6 : शून्य परिकल्पना का परीक्षण : df = 2 के लिये (परिशिष्ट में दी गई तालिका C से)

0.05 सार्थकता स्तर पर χ^2 का क्रान्तिक मान = 5.991

0.01 सार्थकता स्तर पर χ^2 का क्रान्तिक मान = 9.210

हमारे द्वारा संगणित χ^2 का मान 4.16 इन दोनों क्रान्तिक मानों से बहुत कम है। इसलिये यह सार्थक नहीं है। फलस्वरूप यहाँ परिकल्पना को अस्वीकार नहीं किया जा सकता। इस तरह इस अनुसंधान से यह स्पष्ट होता है कि व्यक्तियों के वैवाहिक स्तर का उनके द्वारा राय व्यक्त करने की प्रक्रिया पर कोई प्रभाव नहीं पड़ता।

उदाहरण 31.13 एक अनुसंधान अध्ययन में 100 व्यक्तियों से प्रेम विवाह की सफलता के संदर्भ में अपनी अभिवृत्ति को 5 दिये हुये विकल्पों (पूरी तरह सफल, सफल, कुछ नहीं कह सकते, असफल, पूरी तरह असफल) में से किसी एक को चुन कर अभिव्यक्त करने को कहा गया। इन विकल्प श्रेणियों में की जाने वाली उनकी अनुक्रियाओं की आवृत्ति क्रमशः 12, 8, 25, 25 तथा 30 थी। क्या इन परिणामों में उन परिणामों से कोई सार्थक अन्तर दिखाई देता है जो महज संयोगवश (By chance) प्राप्त हो सकते थे ?

हल : सोपान 1 : शून्य परिकल्पना : प्रयोज्यों द्वारा अपनी राय व्यक्त करने से प्राप्त परिणामों तथा महज संयोगवश (समान संभाव्यता के आधार पर) प्राप्त परिणामों के बीच कोई सार्थक अन्तर नहीं है।

सोपान 2 : प्रदत्तों को आसंग तालिका में व्यवस्थित करना तथा χ^2 के मान की गणना।

अनुक्रिया श्रेणी	fo	fe	fo – fe	(fo – fe)²	(fo – fe)²/fe
पूरी तरह सफल	12	20	–8	64	64/20 = 3.20
सफल	8	20	–12	144	144/20 = 7.20
कुछ नहीं कह सकते	25	20	5	25	25/20 = 1.25
असफल	25	20	5	25	25/20 = 1.25
पूरी तरह असफल	30	20	10	100	100/20 = 5.00
कुल	100	100			$\chi^2 = 17.9$

सोपान 3 : स्वतन्त्रता अंशों की संख्या = (r – 1) (c – 1) = (5 – 1) (2 – 1) = 4

सोपान 4 : परिशिष्ट में दी गई तालिका C से df = 4 के लिए χ^2 के क्रान्तिक मान को पढ़ने से प्राप्त χ^2 के क्रान्तिक मान (Critical Values)

0.05 सार्थकता स्तर पर χ^2 का क्रान्तिक मान = 9.488

0.01 सार्थकता स्तर पर χ^2 का क्रान्तिक मान = 13.2770

सोपान 5 : हमारे द्वारा संगणित χ^2 का मान (17.9), दोनों सार्थक स्तरों पर उपलब्ध χ^2 के क्रान्तिक मानों (9.488 तथा 13.277) से बहुत अधिक है। इसलिये इसे पूरी तरह सार्थक माना जाना चाहिये। परिणामस्वरूप यहाँ पूरे विश्वास के साथ पूर्व निर्धारित शून्य परिकल्पना को अस्वीकृत कर यह कह सकते हैं कि अध्ययन के द्वारा प्राप्त परिणाम संयोगवश प्राप्त हो सकने वाले परिणामों से सार्थक रूप में अलग है।

बदलाव या परिवर्तन की सार्थकता से सम्बन्धित मैकनेमर परीक्षण (McNemar Test for the Significance of Change)

मैकनेमर परीक्षण एक अप्राचलिक परीक्षण है जिसे नामित क्रम सूचक प्रदत्तों के विश्लेषण हेतु काम में लाया जाता है। प्राचलिक परीक्षण के रूप में प्रसिद्ध 't' परीक्षण इसका राहकर्गी परीक्षण कहा जा सकता है जिसे हमारे द्वारा अन्तराल या आनुपातिक मापनी पर प्राप्त प्रदत्तों के विश्लेषण हेतु प्रयुक्त किया जाता है। एक संयोगिक समूह (Random group) को किसी प्रकार का उपचार प्रदान करने से आये हुये परिवर्तनों की सार्थकता मैकनेमर परीक्षण से भलीभाँति जाँची जा सकती है, आइये एक उदाहरण द्वारा इसकी प्रकृति और गणना प्रक्रिया की जानकारी ली जाये।

उदाहरण 31.14 संयोगिक विधि से चयनित 60 माता पिताओं के एक समूह से यह पूछा गया कि क्या वे अपने बालकों की पाठ्य सहगामी क्रियाओं में भागीदारी पसंद करेंगे। उनकी अनुक्रियायें अभिलेखित की गईं। इसके पश्चात् उन्हें एक ऐसा चलचित्र दिखाया गया जिसमें पाठ्य सहगामी क्रियाओं की भागीदारी से व्यक्तित्व विकास पर पड़ने वाले प्रभाव को दर्शाया गया था। इसके पश्चात् पुनः उनसे अपनी अनुक्रिया, पसन्द/नापसन्द के रूप में अभिव्यक्त करने को कहा गया। उनकी इन अनुक्रियाओं को भी अभिलेखित कर लिया गया। इस पूरी प्रक्रिया में अभिलेखित प्रदत्तों को फिर नीचे दी गई 2 × 2 आसंग तालिका के रूप में व्यवस्थित कर लिया गया। क्या आप इन प्रदत्तों से यह निष्कर्ष निकाल सकते हो कि चलचित्र देखने के बाद माता–पिता की पाठ्य सहगामी क्रियाओं के प्रति प्रदर्शित अभिवृत्ति में सार्थक अन्तर आये हैं ?

चलचित्र देखने के बाद

		पसंद	नापसंद
चलचित्र देखने से पूर्व	नापसंद	20	24
	पसंद	14	2

हल : सोपान 1 : शून्य परिकल्पना तथा सार्थकता स्तर निर्धारित करना।

H_0 : चलचित्र देख लेने के बाद भी पाठ्य सहगामी क्रियाओं के प्रति माता–पिता की अभिवृत्तियों में कोई सार्थक परिवर्तन नहीं आया है।

सार्थकता स्तर (Level of significance) = 0.05

सोपान 2 : सांख्यिकी परीक्षण के प्रयोग हेतु निर्णय लेना।

यहाँ शून्य परिकल्पना की सत्यता की जाँच हेतु मैकनेमर परीक्षण का प्रयोग करना उचित रहेगा क्योंकि (i) प्रतिदर्श का संयोगिक विधि से चयन किया गया है। (ii) अनुसंधान विधि में पहले और बाद में दो समूहों पर उन्हीं प्रयोज्यों से प्रदत्तों का संकलन हुआ है (iii) प्रयोज्यों का समूह स्वयं में ही तुलना के लिये काम में आ रहा है और (iv) प्रदत्त नामित (Nominal) मापन के रूप में उपलब्ध है।

सोपान 3 : प्रदत्तों का 2×2 तालिका के रूप में संगठन तथा कोष आवृत्तियों के बारे में स्पष्टीकरण (Arrangement of Data in 2×2 table and explanation about cell frequencies)

चलचित्र देखने के बाद

		पसंद	नापसंद
चलचित्र देखने से पूर्व	नापसंद	20 (A)	24 (B)
	पसंद	14 (C)	2 (D)

(i) इस 2×2 तालिका का A कोष उन माता–पिता की संख्या प्रदर्शित करता है जो चलचित्र देखने से पूर्व अपने बालकों की पाठ्य सहगामी क्रियाओं में भाग लेने को नापसन्द करते थे परन्तु चलचित्र देखने के बाद पसन्द करने लगे। (अभिवृत्ति में परिवर्तन)

(ii) कोष B उन माता–पिता की संख्या बताता है जो चलचित्र देखने से पूर्व और बाद में भी पाठ्य सहगामी क्रियाओं में भाग लेना पसंद नहीं करते (यानी उनकी अभिवृत्ति में कोई अन्तर नहीं आया है।)

(iii) कोष C उन माता–पिता की संख्या बताता है जो चलचित्र देखने से पूर्व पाठ्य सहगामी क्रियाओं में भाग लेना पसंद करते थे और देखने के बाद भी पसंद करते हैं। (उनकी अभिवृत्ति में कोई परिवर्तन नहीं है।)

(iv) कोष D उन माता–पिता की संख्या बताता है जो चलचित्र देखने से पूर्व पाठ्य सहगामी क्रियाओं में भागीदारी पसन्द करते थे परन्तु बाद में नापसन्द करने लगे (अभिवृत्ति में परिवर्तन)।

सोपान 4 : χ^2 की गणना (Computation of χ^2)

इस कार्य हेतु निम्न सूत्र का उपयोग किया जाता है :

$$\chi^2 = \frac{(|A - D| - 1)^2}{A + D} \quad \text{यहाँ } A = 20 \text{ तथा } D = 2 \text{ हैं}$$

इसलिये
$$\chi^2 = \frac{(20 - 2 - 1)^2}{20 + 2} = \frac{17 \times 17}{22} = \frac{289}{22} = 13.14$$

सोपान 5 : व्याख्या (Interpretation)

परिशिष्ट में दी गई तालिका C में, df = 1 का उपयोग कर अगर χ^2 के क्रान्तिक मान पढ़े जायें तो 0.05 सार्थकता स्तर पर यह मूल्य 3.84 है। हमारे द्वारा संगणित χ^2 का मान (13.14) क्रान्तिक मान (3.84) से काफी ज्यादा है अतः यह अपने आप में काफी ज्यादा सार्थक है। परिणामस्वरूप यहाँ 0.05 सार्थकता स्तर पर पूर्व निर्धारित शून्य परिकल्पना अस्वीकृत होगी। इसके आधार पर अब हम निश्चित रूप से यह कह सकते हैं कि चलचित्र देखने के फलस्वरूप माता–पिता की पाठ्य सहगामी क्रियाओं में अपने बालकों की भागीदारी सम्बन्धी अभिवृत्ति में सार्थक परिवर्तन आया है।

विल्कोक्सन का समेलित युग्म चिन्ह-श्रेणी परीक्षण (Wilcoxon's Matched Pair Signed Rank Test)

यह अप्राचलिक परीक्षण, प्राचलिक परीक्षण युग्म प्रतिदर्श 't' परीक्षण (Paired samples 't' test) का समतुल्य है। इसे दो सम्बन्धित प्रतिदर्शों/समूहों जिनके युग्मों (Pairs) को किसी आधार विशेष के माध्यम से समेलित (Match) करने का प्रयत्न किया गया हो या किसी एक प्रतिदर्श/समूह के लिये उपलब्ध पूर्व एवं पश्चात् प्रेक्षण से नामित या क्रम सूचक मापनी पर उपलब्ध प्रदत्तों के विश्लेषण हेतु काम में लाया जाता है। इस परीक्षण को प्रयोग में लाने के लिए संकलित प्रदत्तों द्वारा निम्न शर्तों की अनुपालना आवश्यक होती है।

- समेलित समूहों के प्रत्येक युग्म द्वारा अर्जित प्राप्तांकों (या एक ही समूह के पूर्व–पश्चात् प्राप्तांकों) में यह निर्धारण करना संभव होना चाहिये कि इन दो में से कौन सा प्राप्तांक संख्यात्मक मूल्य की दृष्टि से बड़ा है ताकि इन प्राप्तांकों में निहित अन्तर की दिशा को चिन्हित किया जा सके।
- अन्तरों की दिशा को चिन्हित करने के अतिरिक्त, शोधकर्त्ता इन अन्तरों की तादात या परिमाण (Magnitude) का पदांकन (Ranking) करने में भी समर्थ होना चाहिए। दूसरे शब्दों में इन युग्मों (Pairs) द्वारा अर्जित प्राप्तांकों के अंतर को कोटिबद्ध/पदांकित (Ranking) किया जाना भी आवश्यक होता है। आइये इस परीक्षण के उपयोग को एक उदाहरण द्वारा स्पष्ट किया जाये।

उदाहरण 31.15 एक शोधकर्त्ता ने एक प्राथमिक विद्यालय से 8 बालकों का संयोगिक विधि से चयन किया तथा उनकी कुछ व्यक्तित्व गुणों के संदर्भ में सात बिन्दु मापनी पर रेटिंग कराने का निर्णय लिया। रेटिंग कार्य पहले उनके परिवार के तीन सदस्यों द्वारा किया गया और फिर उनके तीन अध्यापकों द्वारा। पूर्व और पश्चात् किये गये ये रेटिंग प्राप्तांक नीचे तालिकाबद्ध किये गये हैं। क्या आप इन प्रदत्तों से यह निष्कर्ष निकाल सकते हैं कि इन दोनों प्रकार के रेटिंग प्राप्तांकों में निहित अन्तर सार्थक हैं ?

बालक	परिवार के सदस्यों के समन्वित रेटिंग प्राप्तांक	अध्यापकों के समन्वित रेटिंग प्राप्तांक
A	6	3
B	18	15
C	14	16
D	10	12
E	20	13
F	17	11
G	12	8
H	8	9

हल : इस उदाहरण में प्रत्येक बालक द्वारा पूर्व और बाद में दो प्रकार के पैनलों से प्राप्त रेटिंग प्राप्तांक अपने आप में समेलित युग्मों के प्राप्तांक कहे जा सकते हैं। यहाँ पर जो प्राप्तांक प्रदत्तों के रूप में उपलब्ध है उनका मापन क्रम सूचक मापनी (Ordinal scale) पर किया गया है। इस उदाहरण में दिये गये प्रदत्त इस तरह वे सभी शर्तें पूरी करते हैं जिनकी अनुपालना विल्कोक्सन परीक्षण द्वारा होनी चाहिये। इसलिये हम यहाँ इस परीक्षण का उपयोग करते हुए शून्य परिकल्पना की जाँच करना चाहेंगे।

सोपान 1 : शून्य परिकल्पना तथा सार्थकता स्तर का निर्धारण।

H_0 : घर के सदस्यों तथा अध्यापकों के द्वारा की गई रेटिंग प्राप्तांकों में कोई सार्थक अन्तर नहीं है।

सार्थकता स्तर : 0.05

सोपान 2 : प्रेक्षित "T" सांख्यिकी की गणना करना (Computation of the Observed 'T' Statistic)

जिस तरह प्राचलिक परीक्षण में शून्य परिकल्पना जाँच हेतु हम 't' मान का प्रयोग करते हैं उसी रूप में विल्कोसन अप्राचलिक परीक्षण में इस कार्य के लिये 'T' सांख्यिकी का उपयोग होता है।

आइये देखें इस 'T' सांख्यिकी की गणना कैसे की जाती है।

बालक (1)	परिवार के द्वारा की गई रेटिंग (2)	अध्यापकों द्वारा की गई रेटिंग (3)	रेटिंग में अंतर (4)	अंतर की निरपेक्ष रेटिंग (5)	R (+) (6)	R(–) (7)
A	6	3	3	4.5	4.5	
B	18	15	3	4.5	4.5	
C	14	16	–2	2.5		2.5
D	10	12	–2	2.5		2.5
E	20	13	7	8	8	
F	17	11	6	7	7	
G	12	8	4	6	6	
H	8	9	–1	1		1
N = 8					$\Sigma R(+) = 30$	$\Sigma R(-) = 6 = T$

स्पष्टीकरण (Explanation)

(i) पहले तीन कॉलमों में दिये हुए प्रदत्तों की पुनरावृत्ति की गई है।

(ii) कॉलम 4 में दो प्रकार के प्रेक्षण कार्य (रेटिंग) से प्राप्त प्राप्तांकों के बीच के अन्तर को परिमाण (Magnitude) तथा दिशा (Direction) सहित प्रदर्शित किया गया है।

(iii) कॉलम 5 में इन अंतरों की पदांकन श्रेणियाँ (Ranks) की ऋणात्मक या धनात्मक चिन्हों को नजरअन्दाज करते हुए गणना की जाती है। जैसे यहाँ –1 को पहली श्रेणी (Rank) प्रदान की जाती है। जहाँ अन्तरों की संख्या में पुनरावृत्ति हो वहाँ रेंकिंग के लिये प्रयुक्त किये जाने वाले नियम के अनुसार कार्य किया जाता है (जिसका परिचय आपको Rank order correlation की गणना करने में मिल चुका होगा)। उदाहरण के लिये यहाँ हम –2 को (जिसकी आवृत्ति दो बार हुई है) अब श्रेणियों का समान बंटवारा करते हुये प्रत्येक को $(2 + 3)/2 = 2.5$ श्रेणी प्रदान करेंगे। इसी तरह 3 को यहाँ $(4 + 5)/2 = 4.5$ श्रेणियों

(Ranks) प्रदान की जायेगी और 4 को 6ठी श्रेणी तथा 6 और 7 को क्रमशः 7वीं तथा 8वीं श्रेणियाँ (Ranks) प्रदान की जायेंगी।

(iv) कॉलम 6 तथा 7 में क्रमशः अन्तरों की उन सभी श्रेणियों (Ranks) की पुनरावृत्ति की जायेगी जो धनात्मक अन्तरों (Positive differences) तथा ऋणात्मक अन्तरों (Negative differences) से सम्बन्धित है।

(v) अंतिम पंक्ति (Last row) में R(+) व R(–) का योग करते हुए $\Sigma R(+)$ तथा $\Sigma R(-)$ का मान ज्ञात किया गया है। इन दोनों मानों में से जिसका संख्यात्मक मान/मूल्य कम होता है उसे ही 'T' का मान कहा जाता है। यहाँ यह 6 है। इस तरह प्रस्तुत उदाहरण में प्रेक्षित 'T' सांख्यिकी (Observed 'T' Statistic) 6 है।

नोट : अगर किसी युग्म (Pair) के प्राप्तांकों के अन्तर शून्य हो तो ऐसे युग्मों (Pairs) को छोड़ दिया जाता है और फलस्वरूप N की संख्या कम होती जाती है।

सोपान 3 : व्याख्या का निष्कर्ष (Interpretation or Decision)

शून्य परिकल्पना को अस्वीकार करने या बनाये रखने के बारे में निर्णय लेने हेतु संगणित 'T' के मान की परिशिष्ट की तालिका D में दिये गये 'T' के क्रान्तिक मानों से तुलना की जाती है। इस सम्बन्ध में यहाँ निम्न नियम का पालन किया जाता है।

अगर हमारे द्वारा संगणित 'T' का मान किसी विशेष सार्थकता स्तर जिसे .05 या .01) और N विशेष के मूल्य के लिये तालिका में पढ़े गये 'T' के मान के बराबर या कम होता है तो हम उस सार्थकता स्तर पर शून्य परिकल्पना को अस्वीकृत (reject) कर देते हैं। (Siegel, Sidney, 1956:83)

यहाँ प्रस्तुत उदाहरण में अगर हम $N = 8$, तथा $\alpha = 0.05$ को लेकर 'T' का क्रान्तिक यानी तालिका में दिया गया मान पढ़ें तो यह 4 है। हमारा संगणित 'T' मान 6 है जो क्रान्तिक मान (4) से अधिक है। परिणामस्वरूप यहाँ शून्य परिकल्पना को अस्वीकृत नहीं किया जा सकता। इस स्थिति में अब हम अच्छी तरह यह कह सकते हैं कि परिवार के सदस्यों तथा अध्यापकों द्वारा की जाने वाली रेटिंग में कोई सार्थक अन्तर नहीं है।

मन्न व्हिटने-यू परीक्षण (Mann Whitney—U Test)

यह अप्राचलिक परीक्षण प्राचलिक परीक्षण के रूप में उपलब्ध उस 't' परीक्षण का समतुल्य है जिसे स्वतन्त्र (असम्बन्धित) प्रतिदर्शों/समूहों के मध्यमानों के बीच विद्यमान अन्तर की सार्थकता की जाँच हेतु काम में लाया जाता है। इस अप्राचलिक परीक्षण की सहायता से हम उन समष्टि वितरणों (Population distribution) की भलीभाँति तुलना कर सकते हैं जिनसे अध्ययन में शामिल प्रतिदर्शों का चयन किया गया है। मान व्हिटने–यू–परीक्षण के प्रयोजन को स्पष्ट करने हेतु हम एक उदाहरण की सहायता लेना चाहेंगे।

माना A दिल्ली के सह–शिक्षा विद्यालयों के बारहवीं कक्षा के लड़कों की समष्टि (Population) है और B उन्हीं विद्यालयों की बारहवीं कक्षा की लड़कियों की समष्टि है। हमें उनकी बुद्धि चर के संदर्भ में तुलना करनी है। यहाँ हम प्रत्येक विद्यार्थी के पास व्यक्तिगत रूप से नहीं पहुँच सकते, इसलिये हमें इन दोनों समष्टियों से उचित प्रतिनिधि प्रतिदर्शों का चयन करना होगा तथा फिर इन प्रतिदर्शों की बुद्धि चर के संदर्भ में तुलना करके यह निष्कर्ष निकालना होगा कि दोनों समष्टियों में बुद्धि की दृष्टि से कोई सार्थक अन्तर है या नहीं। इस प्रकार की सार्थकता के परीक्षण हेतु हमें निम्न प्रकार की परिकल्पनाओं की स्थापना कर आगे बढ़ना होगा।

H_0 : A तथा B दोनों के वितरणों में कोई अन्तर नहीं है। (द्वि–पक्षीय परीक्षण)

H_1 : बुद्धि की वितरण की दृष्टि से A, B से श्रेष्ठ है/B, A से श्रेष्ठ है। (एक पक्षीय परीक्षण)

यहाँ हमें समष्टि के वितरणों के बीच विद्यमान अन्तर की सार्थकता जाँचनी है न कि समष्टि के मध्यमानों के बीच विद्यमान अन्तर की। इसलिये मन्न व्हिटने परीक्षण की सहायता से दो समूहों के बीच विद्यमान अन्तर

सार्थक रूप से तब भी उजागर हो सकते हैं जबकि इनके मध्यमान मूल्य भी समान हों। इस परीक्षण में प्रयुक्त प्रदत्तों की प्रकृति तथा इसके उपयोग की प्रक्रिया को अब हम एक उदाहरण द्वारा स्पष्ट करना चाहेंगे।

उदाहरण 31.16 एक शोधकर्त्ता बालकों की संवेगात्मक बुद्धि के विकास पर वातावरणजन्य परिस्थितियों के प्रभाव का अध्ययन करना चाहता था। इस कार्य हेतु उसने दो प्रतिदर्श समूहों का संयोगिक विधि से चुनाव किया। पहले समूह की समष्टि शहर के पब्लिक स्कूल थे तथा दूसरे समूह की समष्टि सरकारी स्कूल। इन दोनों प्रतिदर्श समूहों के संवेगात्मक बुद्धिलब्धि प्राप्तांक (EQ Scores) नीचे तालिका में दिये गये हैं।

पब्लिक स्कूल (समूह A)	120, 118, 116, 106, 117, 110, 125, 121, 108, 98, 105, 104, 108, 116, 112, 100 $N_1 = 16$
सरकारी स्कूल (समूह B)	119, 94, 90, 110, 97, 118, 112, 99, 110, 116 $N_2 = 10$

इन दोनों प्रकार के प्रदत्तों का विश्लेषण करके यह जानिये कि क्या संवेगात्मक बुद्धि की दृष्टि से दोनों वितरण समान हैं या नहीं।

सोपान 1 : परिकल्पना की स्थापना करना तथा सार्थकता स्तर नियत करना।

H_0 : दोनों समूहों की संवेगात्मक बुद्धि के वितरणों में कोई सार्थक अन्तर नहीं है।

सार्थकता स्तर = 0.05

सोपान 2 : ΣR_1 तथा ΣR_2 की गणना

पब्लिक स्कूल—समूह A		सरकारी स्कूल—समूह B	
प्राप्तांक (Scores)	अनुस्थितियाँ (Ranks) R_1	प्राप्तांक (Scores)	अनुस्थितियाँ (Ranks) R_2
120	24	119	23
118	21.5	94	2
117	19.5	90	1
106	9	110	13.5
117	19.5	97	3
109	12	118	21.5
125	26	112	15.5
121	25	99	5
108	10.5	110	13.5
98	4	116	17.5
105	8		
104	7		
108	10.5		
116	17.5		
112	15.5		
100	6		
	$\Sigma R_1 = 235.5$		$\Sigma R_2 = 115.5$

इस कार्य हेतु दोनों समूहों के प्राप्तांकों को मिला दिया जाता है तथा फिर उन्हें एक समूह के रूप में स्वीकार करके घटते हुए क्रम में पहली अनुस्थिति (Rank) से अंतिम अनुस्थिति (Rank) तक श्रेणीबद्ध किया जाता है। जिन प्राप्तांकों की पुनरावृत्ति होती है उनका औसत निकाल कर उन सबको औसत अनुस्थिति (Average ranking) प्रदान की जाती है। इसके बाद दोनों समूहों की अनुस्थितियों (Ranks) का योग ज्ञात करके योगफलों को ΣR_1 तथा ΣR_2 के रूप में स्वीकार किया जाता है। इस सोपान के अन्तर्गत किये गये गणना कार्य को पिछले पृष्ठ पर तालिका में प्रस्तुत किया गया है।

नोट : हम इन अनुस्थितियों/श्रेणियों (Ranks) के कुल योग $\Sigma R_1 + \Sigma R_2 = 235.5 + 115.5 = 351$ पुष्टिकरण हेतु निम्न सूत्र का उपयोग कर सकते हैं :

$$\frac{N(N+1)}{2} = \frac{26 \times 27}{2} = 351$$

सोपान 3 : U तथा U^1 के मूल्यों की गणना : इस कार्य हेतु निम्न सूत्रों का प्रयोग किया जा सकता है।

$$U = N_1 N_2 + \frac{N_1(N_1+1)}{2} - \Sigma R_1 \quad \text{(सूत्र I)}$$

$$U^1 = N_1 N_2 + \frac{N_2(N_2+1)}{2} - \Sigma R_2 \quad \text{(सूत्र II)}$$

आइये अब दोनों सूत्रों का प्रयोग करें :

$$U = 16 \times 10 + \frac{16(16+1)}{2} - 232.5 = 160 + 136 - 232.5 = 296 - 231.5 = 60.5$$

$$U^1 = 16 \times 10 + \frac{10(10+1)}{2} - 115.5 = 160 + 55 - 115.5 = 215 - 115.5 = 99.5$$

नोट : U तथा U' दोनों के मूल्यों को पृथक रूप से गणना करना जरूरी नही है। अगर हमें किसी एक का मूल्य मालूम है तो दूसरे को $U + U' = N_1 N_2$ सूत्र का उपयोग करके ज्ञात कर सकते हैं। अगर हमने U का मान 60.5 मालूम कर लिया है तो U' इस सूत्र का उपयोग करते हुये $U^1 = 16 \times 10 - U = 160 - 60.5 = 99.5$ होगा।

सोपान 4 : शून्य परिकल्पना को बनाये रखने या अस्वीकार करने के बारे में निर्णय लेना।

अब हमें U के क्रान्तिक मान सम्बन्धी किसी तालिका (जैसे परिशिष्ट की E तालिका) में अपने पूर्व निर्धारित सार्थकता स्तर के लिये U मानों को पढ़ना होगा। तालिका में U का मान पढ़ने हेतु पहले हम दो अध्ययन समूहों में यह देखेंगे कि कौन सा अध्ययन समूह बड़ा है तथा कौन सा छोटा। हमारे इस उदाहरण के N_1 (बड़ा समूह) = 16 है तथा N_2 (छोटा समूह) = 10 है। अब हम .05 सार्थकता स्तर पर द्वि–पक्षीय परीक्षण (Two-tailed test) के संदर्भ में अगर U के क्रान्तिक मान को पढ़ें तो यह ($N_1 = 16$, तथा $N_2 = 10$ के कटान बिन्दु) 42 आता है। अब इसकी सहायता से शून्य परिकल्पना को स्वीकृत/अस्वीकृत करने हेतु निम्न नियम अपनाया जाता है।

अगर संगणित U किसी n_1 (20 या 20 से कम) तथा n_2 (9 से 20 के बीच) के लिये तालिका में दिये गये क्रान्तिक U मान के बराबर या उससे कम हो तब शून्य परिकल्पना को तालिका के शीर्षक पर दिये गये सार्थकता स्तर पर अस्वीकृत कर दिया जाता है। (Seigel, 1956:119)

हमारे द्वारा संगणित U का मान 60.5 है (हम U तथा U^1 में से छोटे मूल्य को ही यहाँ लेते हैं, जो तालिका में दिये गये क्रान्तिक मान (42) से काफी अधिक है। इस अवस्था में शून्य परिकल्पना को 0.05 सार्थकता स्तर पर अस्वीकृत नहीं किया जा सकता और फलस्वरूप हम यह निष्कर्ष निकाल सकते हैं कि समूहों में संवेगात्मक बुद्धि के वितरण को लेकर कोई सार्थक अन्तर नहीं है तथा वातावरण सम्बन्धी कारकों का संवेगात्मक बुद्धि के विकास पर कोई सार्थक प्रभाव नहीं पड़ता।

––– ⚜ –––

32

गुणात्मक प्रदत्त विश्लेषण

[Qualitative Data Analysis]

विषय प्रवेश (Introduction)

एक अनुसंधानात्मक अध्ययन (चाहे वह परिमाणात्मक हो या गुणात्मक) से अनुसंधान प्रश्नों के उत्तर प्राप्त करने हेतु वांछित प्रदत्तों की प्राप्ति हेाती है। इन प्रदत्तों की प्रकृति परिमाणात्मक तथा गुणात्मक दोनों ही प्रकार की हो सकती है। हमने पिछले अध्याय में परिमाणात्मक अनुसंधानों से प्राप्त प्रदत्तों की प्रकृति तथा उन्हें विश्लेषित करने के लिए प्रयुक्त विधि तन्त्र तथा तकनीकों की विस्तार से चर्चा की है। परिमाणात्मक अनुसंधानों से अलग हटते हुये गुणात्मक अनुसंधानों जैसे जातिवृत्यात्मक अनुसंधान, व्यक्तिगत अध्ययन अनुसंधान तथा प्रलेखीय अनुसंधान में अधिकांश रूप में प्रायः इस प्रकार के प्रदत्तों के संकलन का कार्य किया जाता है जिन्हें गुणात्मक प्रदत्त कहा जाता है। इन प्रदत्तों का विश्लेषण कार्य शोधकर्त्ताओं से कुछ अलग ही प्रकार की अभिवृत्ति, सोच, कार्यशैली तथा तकनीकों को अपनाने की अपेक्षा करता है। प्रस्तुत अध्याय में हम गुणात्मक प्रदत्तों की प्रकृति और इनके विश्लेषण हेतु काम में लाई जाने वाली विधि तथा तकनीकों की चर्चा करना चाहेंगे।

गुणात्मक प्रदत्त–प्रकृति एवं प्रकार (Qualitative Data—Nature and Types)

एक अनुसंधान अध्ययन के दौरान एकत्रित किये गये प्रदत्तों की प्रकृति परिमाणात्मक या गुणात्मक कैसी भी हो सकती है। परिमाणात्मक या संख्यात्मक प्रदत्त जैसा कि हम देख चुके हैं, संख्याओं तथा अंकों के रूप में अभिव्यक्त परिमाणात्मक मापों के माध्यम से वस्तुओं, व्यक्तियों, समूहों, घटनाओं तथा प्रक्रियाओं के गुणों एवं विशेषताओं का उनके परिमाणात्मक स्वरूप में ही वर्णन और व्याख्या करने हेतु काम में लाये जा सकते हैं। गुणात्मक प्रदत्त, दूसरी और वस्तुओं, व्यक्तियों, समूहों, घटनाओं तथा प्रक्रियाओं के इन गुणों एवं विशेषताओं का उनके गुणात्मक स्वरूप में वर्णन और व्याख्या करने हेतु काम में लाये जाते हैं। इन गुणात्मक प्रदत्तों के मापन की अभिव्यक्ति संख्याओं तथा शब्दों दोनों से ही हो सकती है। परन्तु प्रायः शब्दों/भाषा का ही यहाँ ज्यादा बोलबाला रहता है। यह भाषा शब्दात्मक, चित्रात्मक, संकेतात्मक तथा प्रतीकात्मक कोई भी रूप ले सकती है। इस तरह जैसा कि माइन्स तथा हयूबरमैन (Miles and Huberman, 1998:182) का कहना है :

इन प्रदत्तों की कोई भी भाषा – शाब्दिक तथा प्रतीकात्मक हो सकती है, उनका कोई भी स्वरूप–श्रव्य, दृश्य या श्रव्य–दृश्य, लिखित या मौखिक हो सकता है और वे व्यक्तियों, वस्तुओं तथा परिस्थितियों के बारे में किसी भी प्रकार के निचोड़ (शोधकर्त्ताओं द्वारा की गई प्रतिक्रियाओं तथा व्याख्याओं) के रूप में उपस्थित रहते हैं।

इस तरह से परिभाषा के रूप में अनुसंधान अध्ययनों के संदर्भ में गुणात्मक प्रदत्तों से अभिप्राय अनुसंधान करने के दौरान एकत्रित किये गये उन प्रदत्तों से होता है जिन्हें अध्ययन से सम्बन्धित वस्तुओं, व्यक्तियों, घटनाओं तथा प्रक्रियाओं का गुणात्मक रूप में वर्णन एवं व्याख्या करने हेतु प्रयुक्त किया जाता है।

इन गुणात्मक प्रदत्तों की उपलब्धि प्रायः जिस स्वरूप या प्रकारों में हो सकती है उन्हें निम्न प्रकार सूचीबद्ध किया जा सकता है :

- उद्देश्यपूर्ण समूहों की परिचर्चा, कानूनी बहस तथा वार्तालाप चिकित्सक या परामर्शजन्य साक्षात्कारों से सम्बन्धित लिखित पाठ्य तथा प्रतिलेख (Written Texts and Transcripts)।
- प्रेक्षण तथा घटनाओं के अभिलेखन के दौरान लिये गये फील्ड नोट्स, लिखी गई डायरी, आडियो तथा वीडियो रिकोर्डिंग, लिये जाने वाले फोटोग्राफ तथा बनायी गई रेखाकृतियाँ।
- ऐतिहासिक तथा साहित्यिक रचनायें, अभिलेख तथा रजिस्टर, मीमो (Memos), ई–मेल, समाचार–पत्र कतरनें, पत्रिकायें, जर्नलों में प्रकाशित लेख, आत्मकथायें तथा जीवनियाँ, फिल्म तथा श्रव्य–दृश्य रिकोर्डिंग, पेन्टिग, मानचित्र तथा सर्वेक्षण, पुरातत्व सामग्री आदि दस्तावेज।

अपने सारांशित रूप में विभिन्न प्रकार एवं प्रकृति के गुणात्मक प्रदत्तों को चित्राकृति 32.1 द्वारा भलीभाँति प्रदर्शित किया जा सकता है।

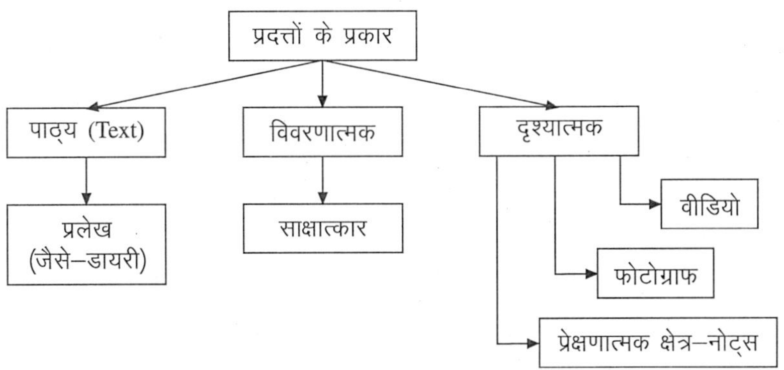

चित्र 32.1 गुणात्मक प्रदत्तों के प्रकार एवं प्रकृति।

गुणात्मक प्रदत्त विश्लेषण क्या है ? (What is Qualitative Data Analysis ?)

सरल शब्दों में गुणात्मक अनुसंधान अध्ययनों में शोधकर्त्ताओं द्वारा अपने अनुसंधान प्रश्नों का उत्तर प्राप्त करने हेतु किसी एक या अन्य प्रदत्त संकलन विधि के द्वारा संकलित गुणात्मक प्रदत्तों के प्रक्रियाकरण को गुणात्मक प्रदत्त विश्लेषण कहा जाता है। अपने प्रक्रियात्मक रूप में इस प्रकार के प्रक्रियाकरण में संकलित गुणात्मक प्रदत्तों के संगठन, प्रस्तुतीकरण, स्पष्टीकरण तथा विश्लेषण सम्बन्धी कार्य किया जाता है।

गुणात्मक प्रदत्त विश्लेषण का कार्य कैसे किया जाये ? (How to Carry Out the Task of Qualitative Data Analysis ?)

एक गुणात्मक अध्ययन के शुरुआती चरण में ही एक शोधकर्त्ता अपने शोध प्रयोजन की पूर्ति हेतु वांछित प्रदत्तों (जिनकी प्रकृति अधिकतर गुणात्मक रहती है) के संकलन में प्रयत्नरत रहता है। अपने प्रयोज्यों से जो सूचना सामग्री या प्रदत्तों का संकलन शोधकर्त्ता द्वारा होता रहता है उसको भलीभाँति अभिलिखत करने (Recording) संगठित करने और उनका अर्थापन करने के प्रयत्न गुणात्मक अनुसंधान अध्ययनों में साथ साथ चलते रहते हैं। परिमाणात्मक अध्ययन की तरह ये सभी कार्य यहाँ अध्ययन की समाप्ति तक नहीं रुके रहते। यही कारण है कि गुणात्मक अनुसंधानों में प्रदत्त विश्लेषण को एक ऐसी सतत प्रक्रिया के रूप में देखा जाता है जो अध्ययन के दौरान तथा अध्ययन के बाद अविछिन्न या सतत रूप में चलती रहती है। गुणात्मक अनुसंधानकर्त्ता को इस तरह अध्ययन के प्रारम्भ में ही इस बात में पूरी सावधानी रखनी होती है कि संकलित प्रदत्तों के उचित संगठन

और विश्लेषण का कार्य अनवरत रूप से चलता रहे। गुणात्मक प्रदत्तों के संगठन तथा विश्लेषण का कार्य परिमाणात्मक प्रदत्तों के संगठन और विश्लेषण की तुलना में काफी कठिन और उलझन भरा होता है। यहाँ प्रदत्तों के अर्थापन और व्याख्या करने से सम्बन्धी कार्य पूरी तरह से विवरणात्मक होने की वजह से शोधकर्त्ता को काफी कठिनाई का अनुभव हो सकता है। उनकी कठिनाई इस बात को लेकर और बढ़ जाती है कि गुणात्मक प्रदत्तों के विश्लेषण हेतु कोई स्पष्ट परम्परायें तथा विश्लेषण विधि (जैसी कि परिमाणात्मक प्रदत्तों के विश्लेषण हेतु सांख्यिकी विधियों के रूप में उपलब्ध हैं) उपलब्ध नहीं है। वास्तव में जैसा कि कोहेन एवं अन्य (Cohen et al., 2007:461) ने भी स्पष्ट किया है "गुणात्मक प्रदत्तों के प्रस्तुतीकरण तथा विश्लेषण हेतु कोई एक अकेली या सही विधि नहीं है; जैसा जिस समय कोई ठीक समझता है, वही रास्ता वह अपना लेता है।" इसका अर्थ यह है कि गुणात्मक अनुसंधानों में प्रदत्त विश्लेषण के कार्य में काफी लचीलापन रहता है और इसलिये यहाँ प्रदत्तों के प्रस्तुतीकरण और विश्लेषण की प्रक्रिया तथा विधितन्त्र में बहुत कुछ विविधतायें देखने को मिल सकती है जिनके पीछे बहुधा निम्न कारकों की भूमिका देखने को मिलती है।

- प्रदत्त विश्लेषण से पूरा होने वाला प्रयोजन जैसे—प्रदत्तों का वर्णन करना, सारांशित करना, नई बातें उठाना, स्पष्ट करना, खोज करना या कार्य—कारण सम्बन्ध स्थापित करना आदि।
- संकलित प्रदत्तों का किस प्रकार का विश्लेषण किया जाता है उसकी प्रकृति जैसे—बहुत अधिक विस्तार में, सारांशित लघु रूप में, खोजी या निदानात्मक रूप में, मूल्यांकन या कारण स्पष्ट करने के संदर्भ में किया जाने वाला विश्लेषण।
- किये जाने वाले गुणात्मक अनुसंधान की प्रकृति जैसे—व्यक्तिगत अध्ययन, जातिवृत्यात्मक अध्ययन या प्रलेखीय विश्लेषण अध्ययन।
- प्रयोज्यों की प्रकृति तथा परिस्थितियाँ जिनमें प्रदत्तों का संकलन हुआ है।
- संकलित प्रदत्तों की प्रकृति जैसे—दृश्य—श्रव्य, विवरणात्मक, चित्रात्मक, प्रलेखीय आदि।

ऊपर बताई गई पाँचों बातों को लेकर अवश्य ही शोधकर्त्ताओं द्वारा किये जाने वाले गुणात्मक अध्ययनों और संदर्भित प्रदत्तों में आवश्यक विभिन्नतायें तथा अन्तर देखने को मिलेंगे और यही कारण है कि प्रदत्त विश्लेषण तकनीक और अपनाये जाने वाले उपागमों में भी यहाँ फिर यथानुकूल अन्तर और विभिन्नतायें भी अवश्य नजर आयेंगी। आइये देखें कि गुणात्मक प्रदत्तों के विश्लेषण हेतु किस प्रकार की विविध तकनीकों या उपागमों का उपयोग शोधकर्त्ताओं द्वारा अक्सर किया जाता रहता है।

गुणात्मक प्रदत्तों के विश्लेषण हेतु प्रयुक्त विविध उपागम (Different Approaches Adopted for Qualitative Data Analysis)

A. विश्लेषणात्मक आगमन उपागम (Analytic Inductive Approach)

आगमन उपागम में विशिष्ट मामलों और उदाहरणों से प्रारम्भ करके प्राप्त परिणामों को उन्हीं जैसे मामलों तथा उदाहरणों में उपयोग करके सामान्यीकरण करने तथा सिद्धान्तों की स्थापना करने का प्रयत्न किया जाता है। इसी संदर्भ में विश्लेषणात्मक आगमन उपागम का उपयोग करने में शोधकर्त्ता से यह अपेक्षा की जाती है कि वह प्रदत्तों का किसी जानी पहचानी मानस रचना (Construct) या संप्रत्यय से तुलना करने की अपेक्षा उन्हीं पर ध्यान देते हुये उनका आगमन विधि से उचित विश्लेषण करके सैद्धान्तिक रूप में उचित प्रारूपों तथा सामान्यीकरणों की स्थापना करे। परन्तु आगमन उपागम का उपयोग करके जो कुछ भी प्राप्त और स्थापित किया जाता है, उसे बाद में निगमन (Deductive) उपागम का उपयोग करते हुए जाँचा, परखा तथा प्रयोग में लाने का प्रयत्न किया जाता है। इस तरह अपने वास्तविक अनुप्रयोग में यह उपागम मात्र आगमन उपागम न रहकर आगमन—निगमन उपागम के रूप में ही प्रयुक्त होता है। इस विश्लेषणात्मक आगमन उपागम को सबसे

पहले ज्नेनीकी (Znanicki, 1934) ने सामाजिक जिन्दगी में "सार्वभौमिकताओं" (Universals) की खोज हेतु प्रयुक्त किया। बाद में लिंडेस्मिथ (Lindesmith, 1947) ने "मादक द्रव्य की लत" तथा क्रेसी (Cressy, 1950) ने "विश्वास भंग करना" (Trust Violation) के अध्ययन हेतु इसे प्रयोग में लाने का प्रयत्न किया। आज के समय में प्रायः इसका उपयोग विशिष्ट मामलों में सादृश्य/समानता को ढूँढ़ते हुये गुणात्मक अनुसंधान से सम्बन्धित प्रदत्तों के विश्लेषण से संप्रत्यय या विचार विशेषों का सामान्यीकरण करने हेतु किया जाता है। प्रश्न उठता है कि गुणात्मक प्रदत्त विश्लेषण हेतु एक शोधकर्त्ता द्वारा विश्लेषणात्मक आगमन उपागम का उपयोग कैसे किया जाये ? हैमरस्ले तथा अटकिन्सन (Hammersley and Atkinson, 1995:234–35) ने इस सम्बन्ध में आगे बढ़ने हेतु कुछ सोपान प्रदान किये हैं, हम पाठकों के हितार्थ उन्हें सारांशित रूप में नीचे दे रहे हैं :

1. उस प्रक्रिया (Phenomenon) को परिभाषित करना जिसके बारे में स्पष्टीकरण या अध्ययन की आवश्यकता है।
2. इस प्रक्रिया से जुड़े हुये कुछ मामलों को उनकी मुख्य विवरणात्मक विशेषताओं का उल्लेख करते हुये खोजबीन या अध्ययन करना।
3. प्रदत्त विश्लेषण के आधार पर अध्ययन किये गये मामलों (Cases) में निहित उभयनिष्ठ कारकों (Common factors) की पहचान करने के उद्देश्य से एक परिकल्पना का निर्माण करना।
4. परिकल्पना परीक्षण हेतु आगे अन्य मामलों की खोजबीन/अध्ययन में रत रहना।
5. इन नये मामलों की खोजबीन/अध्ययन के परिणामों की अगर पूर्व निर्धारित परिकल्पना से पटरी नहीं बैठती तो परिकल्पना का पुनः निर्माण करना या अध्ययनगत प्रक्रिया को पुनः परिभाषित करना।
6. मामलों की जाँच–पड़ताल, परिकल्पना का निर्माण और/या अध्ययनगत प्रक्रिया को तब तक पुनः परिभाषित करते रहना जब तक कि नये अध्ययनगत मामलों से परिकल्पना की वैधता की उचित पुष्टि होते हुये यह निष्कर्ष न निकाला जाये कि परिकल्पना सही है।

B. सर्वातशामी यथार्थवादी उपागम (Transcendental Realism Approach)

गुणात्मक प्रदत्त विश्लेषण हेतु काम में लाये जाने वाले इस उपागम के प्रतिपादन का श्रेय माइल्स एवं ह्यूबरमैन (Miles and Huberman, 1994) को जाता है। उन्होंने अपनी पुस्तक "गुणात्मक प्रदत्त विश्लेषण" में अपने विचार व्यक्त करते हुये कहा है कि गुणात्मक प्रदत्त विश्लेषण कार्य में जिन तीन मुख्य अवयवों का अंतःक्रियात्मक रूप में समावेश रहता है, वे हैं :

(a) प्रदत्तों के आकार में कमी (Data reduction)

(b) प्रदत्त प्रदर्शन (Data display) तथा

(c) निष्कर्ष निकालना एवं उनकी पुष्टि करना (Drawing and verifying conclusions)

(a) प्रदत्तों के आकार में कमी लाना (Data reduction) : गुणात्मक विश्लेषण में प्रदत्तों के आकार में कमी लाने से तात्पर्य संकलित प्रदत्त जो बहुत बड़ी तादात में रहते हैं उनके आकार में इस तरह अधिक से अधिक कमी लाना होता है कि ऐसा करने से कोई महत्त्वपूर्ण सूचना छूट न जाये और जो उद्देश्य या प्रयोजन प्रदत्तों के संकलन से पूरा होना है उसमें कोई बाधा न आये। प्रदत्त विश्लेषण में प्रदत्तों में कमी या न्यूनता लाने का कार्य पूरे विश्लेषण प्रक्रिया के दौरान चलता रहता है जैसे (i) शुरु में यह कार्य प्रदत्तों के संपादन (editing), उन्हें वर्गों या उपभागों में बाँटने तथा सारांशित करने के रूप में संपन्न होता है (ii) बीच में यह कार्य प्रदत्तों का कूट संकेतन (Coding) तथा कूट संकेतन से जुड़े विचार (Memoing) और अन्य सम्बन्धित गतिविधियों जैसे प्रसंगों (Themes), पुंजों (Clusters) तथा प्रतिमानों (Patterns) की तलाश करने के रूप में होता है और (iii) अंत में इसे संप्रत्यीकरण (Concepualization) या सूक्ष्म संप्रत्यय विकास के रूप में किया जाता है।

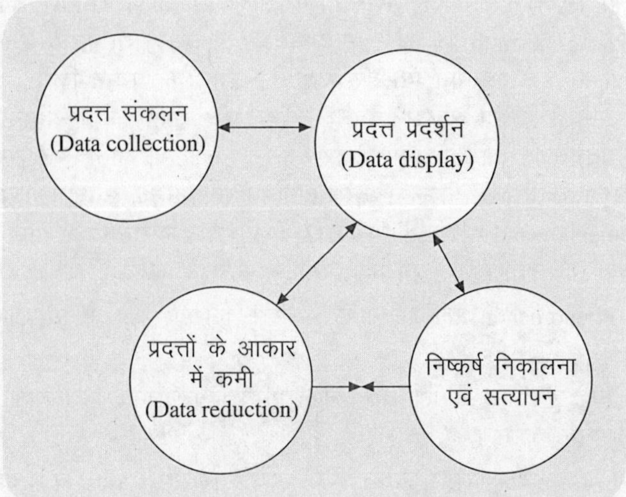

चित्र 32.2 गुणात्मक प्रदत्त विश्लेषण के तीन अन्तःक्रियात्मक अवयव।

प्रदत्तों के आकार में कमी लाने में कूट संकेतन (Coding) तथा कूट संकेतन से जुड़े सैद्धान्तिक विचार (Memoing) काफी महत्त्वपूर्ण भूमिका निभाते हैं। आइये देखें इनसे क्या तात्पर्य है ? कूट संकेतन से तात्पर्य साक्षात्कार, प्रेक्षण या अभिलेखों के अध्ययन से उपलब्ध पाठ्य (Texts) या प्रतिलेख (Transcript) से सम्बन्धित प्रदत्त अंशों (जैसे शब्द विशेष और प्रदत्तों का एक छोटा या बडा सा समूह) को कोई विशेष नाम, टैग (Tags) तथा लेबल (Labels) प्रदान करने से होता है। माइल्स एवं ह्यूबरमैन (Miles and Huberman, 1994) ने अपने प्रदत्त विश्लेषण उपागम में दो प्रकार के कूट संकेतों – विवरणात्मक तथा अनुमान या प्रतिमानजन्य का उल्लेख किया है। विवरणात्मक कूट संकेतन (Descriptive coding) प्रथम स्तरीय कूट संकेतन के रूप में प्रदत्त विश्लेषण की प्रारम्भिक अवस्था में प्रयुक्त होता है। यह प्रदत्तों के एक वर्ग या भाग का वर्णन या उसे सारांशित करते हुये अनुमानजन्य कूट संकेतन (Inferential coding) का रास्ता खोलता है। आगे द्वितीय स्तर का अनुमानजन्य कूट संकेतन उस प्रतिमाजन्य कूट संकेतन पर केन्द्रित रहता है जिससे प्रदत्त अंशों/सामग्री को छोटी छोटी अधिक सार्थक इकाइयों में बाँटा जा सके। इस कार्य की तुलना पुंच (Punch, 2009) ने परिमाणात्मक अनुसंधानों में प्रयुक्त कारक विश्लेषण (Factor analysis) अवधारणा से की है। कारक विश्लेषण तकनीक की तरह ही यहाँ विवरणात्मक कूट संकेतों को जिनकी प्रकृति अपेक्षाकृत कम सूक्ष्म (Abstract) होती है प्रतिमानजन्य (जिनकी प्रकृति अधिक सूक्ष्म होती है) में परिवर्तित करने का कार्य किया जाता है।

कूट संकेतन से जुड़े हुये विचारों को प्रकाश में लाना (Memoing) गुणात्मक प्रदत्त विश्लेषण की ऐसी अन्य गतिविधि है जो अध्ययन के शुरुआती चरण से ही कूट संकेतन की प्रक्रिया के साथ साथ यात्रा करती है। इस अवधारणा पर प्रकाश डालते हुये माइल्स एवं ह्यूबरमैन (Miles and Huberman, 1994:72) ने लिखा है :

एक मीमो (Memo) कूट संकेतों और उनके सम्बन्धों से सम्बन्धित उन विचारों का सैद्धान्तिक लेखकीय विवरण है जो विश्लेषणकर्त्ता (शोधकर्त्ता) के मस्तिष्क में कूट संकेतन करने के दौरान उभरते हैं ...। यह एक वाक्य, एक अनुच्छेद या कुछ पृष्ठों के रूप में हो सकता है।

(b) प्रदत्त प्रदर्शन (Data Display) : माइल्स एवं ह्यूबरमैन (Miles and Huberman, 1994) ने प्रदत्तों के प्रदर्शन सम्बन्धी गतिविधि को एक वैध गुणात्मक विश्लेषण हेतु काफी उपयोगी बात मानते हुये उसे प्रदत्त विश्लेषण सम्बन्धी सभी अवस्थाओं में अनिवार्य रूप से प्रयोग में लाने पर जोर दिया है। इस गतिविधि से उन गुणात्मक

प्रदत्तों के उचित संगठन, संक्षिप्तीकरण तथा प्रदर्शन में सहायता मिलती है जो अपने वर्तमान संकलित रूप में काफी लम्बी चौड़ी तादात में पूरी तरह असंगठित और बिखरे हुये होते हैं। इन गुणात्मक प्रदत्तों को भलीभाँति चित्रात्मक रूप में प्रदर्शित करने हेतु एक शोधकर्त्ता विभिन्न प्रकार के तरीकों एवं साधनों जैसे तालिका, मैट्रिक्स, ग्राफ, आलेख, रेखांकन तथा नेटवर्क आदि का उपयोग कर सकता है।

(c) निष्कर्ष निकालना एवं पुष्टिकरण (Drawing and verifying conclusions) : प्रदत्तों के आकार में कमी लाना और इनका प्रदर्शन करना संकलित प्रदत्तों से प्रकथनों एवं सूक्ष्म संप्रत्ययों के रूप में अर्थ एवं निष्कर्ष निकालने हेतु काफी वैध आधार प्रदान करने की भूमिका निभाता है। प्रदत्तों से अर्थ एवं निष्कर्ष निकालने का कार्य भी एक सतत प्रक्रिया के रूप में सम्पन्न होता है। शुरुआती चरण में यहाँ हम कुछ परिकल्पनाओं (अनुमानित निष्कर्षों) को लेकर चलते हैं जिनकी पुष्टि या जिनमें संशोधन जैसे जैसे प्रदत्त विश्लेषण कार्य आगे बढ़ता है, वैसे वैसे होती जाती है और इनके बारे में आखिरी बात पूरे प्रदत्तों के विश्लेषण के बाद ही सामने आती है।

C. आधारजन्य सिद्धान्त उपागम (Grounded Theory Approach)

आधारजन्य सिद्धान्त एक सिद्धान्त नहीं है बल्कि एक ऐसी अनुसंधान विधि या प्रविधि है जिसे प्रदत्तों से सिद्धान्तों के विकास हेतु काम में लाया जाता है। यहाँ आधारजन्य या आधारित (Grounded) पद इस बात का सूचक है कि सिद्धान्तों को जन्म देने का कार्य प्रदत्तों के विश्लेषण में समाहित रहता है यानी प्रदत्तों का विश्लेषण ही वह ठोस आधार प्रदान करता है जिससे शोधकर्त्ता को अपने अनुसंधान कार्य से किसी सिद्धान्त विशेष की स्थापना में मदद मिलती है। स्ट्रोस एवं कोर्बिन (Strauss and Corben, 1994:273) के अनुसार:

आधारजन्य सिद्धान्त से तात्पर्य सिद्धान्त विकास हेतु प्रयोग में लाये जाने वाले उस सामान्य विधितन्त्र से है जो व्यवस्थित रूप से संकलित एवं विश्लेषित प्रदत्तों में समाहित रहता है।

इस प्रदत्त विश्लेषण उपागम को काम में लाने के पीछे जो मुख्य बात सामने आती है वह यह है, इसके द्व ारा प्रदत्तों के स्पष्टीकरण हेतु आगमन विधि का उपयोग करते हुये आवश्यक सिद्धान्त निर्माण कार्य में उचित सहायता मिलती है।

प्रदत्त विश्लेषण हेतु प्रयोग में लाये जाने वाले आधारजन्य सिद्धान्त (Grounded theory) उपागम का मूल उद्देश्य प्रदत्तों पर आधारित उस मुख्य श्रेणी/संवर्ग (Core category) की तलाश करना होता है जिसका स्तर बहुत अधिक सूक्ष्म होता है और जो प्रदत्तों की सारभूत बातों का प्रतिनिधित्व करने की क्षमता रखती है। अपने व्यावहारिक प्रयोग में इस प्रदत्त विश्लेषण उपागम द्वारा कूट संकेतन (Coding) तकनीक का उसके तीन प्रारूपों – मुक्त कूट संकेतन, धुरीय कूट संकेतन तथा चयनित कूट संकेतन के रूप में उपयोग किया जाता है। आइये इनके बारे में जाना जाये।

मुक्त कूट संकेतन (Open coding) : वह प्रथम स्तरीय कूट संकेतन होता है जो प्रदत्तों के संप्रत्ययीकरण या उनकी सैद्धान्तिक संभावनाओं को तलाश करने का मार्ग प्रशस्त करता है। यहाँ शोधकर्त्ता से यह अपेक्षा की जाती है कि वह प्रदत्तों की उनके समग्र या आंशिक रूप से बारीकी से जाँच करते हुये प्रदत्तों में अन्तर्निहित या बाहर से दिखाई देने वाले संप्रत्यात्मक संवर्गों/श्रेणियों को पहचाने तथा उन सैद्धान्तिक संभावनाओं की तलाश करे जिनकी प्रदत्त विशेषों में क्षमता है। मुक्त कूट संकेतन इस तरह से हमें दिये हुये प्रदत्तों में निहित अर्थों, भावनाओं, क्रियाओं तथा घटनाओं इत्यादि के संकेतीकरण हेतु मूलभूत इकाइयों या संप्रत्ययात्मक संवर्गों/श्रेणियों के रूप में कुछ सारयुक्त कूट संकेत (Substantive codes) प्रदान करता है। मुक्त संकेतन में पहचानने या लेबल लगाने के कार्य में जिन दो मुख्य प्रकार की गतिविधियों का हाथ रहता है वह है (i) प्रदत्त के विभिन्न अंशों को कोई सूक्ष्म संवर्ग/श्रेणी प्रदान करने हेतु उनकी लगातार पारस्परिक तुलना करते रहना तथा (ii) यह प्रश्न पूछते रहना कि प्रदत्तों का यह अमुक अंश किसलिये है, इससे अनुसंधान प्रश्नों के उत्तर प्राप्त करने में किस प्रकार की सहायता मिल सकती है ?

धुरीय कूट संकेतन (Axial coding) : यह संकेतन आधारजन्य सिद्धान्त उपागम (Grounded Theory Approach) में द्वितीय स्तर के कूट संकेतन का प्रतिनिधित्व करता है। यहाँ धुरीय शब्द से तात्पर्य प्रदत्तों में निहित ऐसी धुरी (Axis) के अस्तित्व की कल्पना करने से है जिसके इर्द–गिर्द मुक्त कूट संकेतन से उपलब्ध संवर्गों/श्रेणियों को अन्तःसंबन्धित किया जा सके।

चयनित कूट संकेतन (Selective coding) : इस प्रकार के कूट संकेतन में चयनित पद से यह संकेत मिलता है कि प्रदत्त विश्लेषण के इस स्तर पर शोधकर्त्ता द्वारा प्रदत्तों के किसी एक केन्द्रीय या मुख्य अवयव का जानबूझ कर एक महत्त्वपूर्ण/प्रमुख संवर्ग/श्रेणी के रूप में चयन करके उसके ऊपर समुचित ध्यान देने का प्रयत्न किया जाता है। आगे का प्रदत्त विश्लेषण कार्य अब इस चयनित प्रमुख संवर्ग/श्रेणी को केन्द्र बनाकर सम्पन्न किया जाता है। आधारजन्य सिद्धान्त (Grounded Theory) विश्लेषण में चयनित कूट संकेतन सूक्ष्मीकरण (Abstraction) के उच्चतम स्तर का प्रतिनिधित्व करता है। ग्लेजर (Glaer, 1992) के अनुसार :

एक सही आधारजन्य सिद्धान्त विश्लेषण में प्रमुख संवर्ग/श्रेणी, पहले किये जाने वाले कूट संकेतनों के लगातार किये जाने वाले तुलनात्मक अध्ययनों से उभरकर सामने आती है। एक बार जब यह प्रमुख श्रेणी/संवर्ग पूरी तरह शोधकर्त्ता के सामने होता है तो इसका इसकी विशेषताओं के संदर्भ में विस्तारीकरण किया जाता है और इसे सुव्यवस्थित रूप से प्रदत्तों में निहित अन्य श्रेणियों से सम्बन्धित कर लिया जाता है।

D. प्रक्रिया या घटनाजन्य विश्लेषणात्मक उपागम (Phenomenological Analytical Approach)

गुणात्मक विश्लेषण हेतु काम में लाया जाने वाला यह उपागम उच्चतर गुणवत्ता की प्रक्रिया या घटनाजन्य जाँच–पड़ताल/अन्वेषण पर आधारित है। यह उपागम अभी तक चर्चित उपागमों से कुछ भिन्न है। ऊपर वर्णित सभी प्रदत्त विश्लेषण उपागमों में सामाजिक विज्ञानों के प्रचलित परम्पराओं का अनुगमन किया जाता है, दार्शनिक, कलात्मक तथा साहित्यिक परम्पराओं पर आधारित उच्च स्तरीय गुणवत्ता युक्त घटना या प्रक्रियाजन्य अन्वेषण पर नहीं। गुणात्मक प्रदत्त विश्लेषण के लिये प्रयुक्त इन उच्च स्तरीय विश्लेषणात्मक उपागम की दो प्रमुख तकनीकों – गहन विवरण (Thick description) तथा समालोचना (Criticism) (जिनका शिक्षा और सामाजिक विज्ञान अनुसंधानों में उपयोग किया जाता है), की हम आगे चर्चा करना चाहेंगे।

गहन विवरण (Thick description) : ऐसा विवरण जो यथार्थता एवं स्पष्टता दोनों मानदंडों पर खरा उतरे, गहन विवरण कहलाता है। इस सम्बन्ध में अपने विचार प्रकट करते हुए ड्रयू एवं अन्य (Drew, et al., 2008:349-49)) ने लिखा है :

गद्य (Prose) के उपयोग से यह गुणात्मक अनुसंधान के उपयोगकर्त्ता को व्यक्तिगत एवं स्पष्ट रूप से अनुसंधानकर्त्ताओं की अनुसंधान परिस्थितियों में रखने का प्रयत्न करती है। एक दृश्य का वर्णन करने वाले एक प्रतिभावान उपन्यासकार की तरह गुणात्मक अनुसंधानकर्त्ता गद्य में अपने विचार ऐसे प्रकट करता है जिससे जिन परिस्थितियों में जिस प्रकार के व्यवहार का उसके द्वारा प्रेक्षण किया गया है उसकी दृश्यानुभूति स्पष्ट रूप से हो सके। सामाजिक जिन्दगी के दृश्य, गंध एवं अनुभूतियाँ पाठकों के सामने जीवन्त रूप में सामने आ सकें। साथ साथ एक गुणात्मक अनुसंधानकर्त्ता के विवरण में बारीकी तथा यथार्थता का भी समावेश होना चाहिये यानी उसे गद्य की अतिरंजता (चीजों को बढ़ा–चढ़ा कर प्रस्तुत करना) से भी बचना चाहिये।

समालोचना (Criticism) : गुणात्मक प्रदत्त विश्लेषण की इस तकनीक में शोधकर्त्ता द्वारा प्रेक्षित घटनाओं और अध्ययन किये गये प्रलेखीय सामग्री को एक समालोचक की दृष्टि से विश्लेषित करने का प्रयत्न किया जाता है। जैसे क्या कुछ उचित था और क्या अनुचित, क्या कुछ नहीं होना चाहिये था तथा जो वास्तव में होना था वह क्यों नहीं हुआ, आदि आदि। इस तरह शोधकर्त्ता एक समालोचक तथा प्रेक्षक के रूप में अपने पाठकों को अपने अध्ययन में सम्बन्धित बातों का विवरण प्रस्तुत करने का प्रयत्न करता हुआ अपनी पसन्द–नापसन्द तथा यहाँ

तक कि अपने निष्कर्ष और निर्णयों को भी सामने रखता है। इस तरह यह उपागम सामाजिक जाँच–पड़ताल/अन्वेषण में कला और विज्ञान का सुन्दर समन्वय प्रस्तुत करता है।

गुणात्मक प्रदत्त विश्लेषण के प्रकार एवं स्वरूप (Types and Forms of Qualitative Data Analysis)

गुणात्मक अध्ययनों में प्रदत्त संकलन तथा प्रदत्त विश्लेषण का कार्य परिमाणात्मक अध्ययनों की तरह दो बिल्कुल अलग अलग गतिविधियों के रूप में सम्पन्न नहीं होता। यहाँ एक शोधकर्त्ता को प्रदत्त विश्लेषण करते समय कई बार प्रदत्त संकलन कार्य की ओर मुँह करना होता है और प्रदत्त संकलन करते समय प्रदत्त विश्लेषण की प्रक्रिया से गुजरना होता है। यहाँ शोधकर्त्ता प्रदत्तों के विश्लेषण हेतु तब तक इन्तजार नहीं कर सकता जब तक कि प्रदत्तों के संकलन सम्बन्धी सारा कार्य पूरा न हो जाये। गुणात्मक अनुसंधानों में प्रदत्त विश्लेषण कार्य तथा प्रदत्त संकलन कार्य दोनों ही एक दूसरे से गुंथे (Integrated) रहते हैं। यही कारण है कि अपने गुणात्मक अनुसंधान अध्ययन में प्रदत्तों का संकलन करते हुये एक शोधकर्त्ता अपने संकलित प्रदत्तों को विश्लेषित एवं उनकी समीक्षा करते हुए पाया जा सकता है और इसी के फलस्वरूप वह अपने प्रदत्त संकलन कार्यक्रम या साधनों में परिस्थिति अनुसार परिवर्तन लाने का भी प्रयत्न करता है। परन्तु एक बात अवश्य है कि गुणात्मक अध्ययनों में प्रदत्त संकलन हेतु चाहे कोई भी तरीका और साधन क्यों न अपनाया जाये, संकलित प्रदत्त कुछ निश्चित प्रारूपों में ही विद्यमान पाये जाते हैं, जैसे साक्षात्कारों के प्रतिलेख (Transcripts), मुक्त प्रश्नों के लिखित उत्तर, डायरियाँ, फील्ड नोट्स एवं स्मृति पत्र (Memos), फोटोग्राफ, रेखाचित्र तथा दृश्य–श्रव्य टेप आदि। इस तरह के प्रदत्तों में शब्दों और भाषा (प्रेक्षित प्रक्रियाओं का गुणात्मक विवरण) का बोलबाला रहता है परन्तु इस विवरण को प्रदान करने में सहायक अंकों और संख्याओं के प्रयोग पर कोई अंकुश नहीं होता। प्रश्न उठता है कि इन विविध प्रकारों और स्वरूपों में उपलब्ध प्रदत्तों का शोधकर्त्ताओं द्वारा किस प्रकार विश्लेषण किया जाये ? विश्लेषण के इस कार्य को करने हेतु जिस प्रकार की विविध विधियों, शैली तथा विश्लेषण प्रारूपों का उपयोग किया जाता है उन्हें निम्न प्रकार वर्गीकृत करके अच्छी तरह समझा जा सकता है।

1. प्रसंगात्मक विश्लेषण (Thematic analysis) : जैसा कि नाम से ही विदित होता है, इस प्रकार के गुणात्मक प्रदत्त विश्लेषण में प्रदत्तों का विश्लेषण एक उभरते हुये प्रसंग का वर्णन/स्पष्टीकरण करने हेतु किया जाता है। यहाँ एक शोधकर्त्ता संकलित सूचनाओं तथा साक्षियों के छोटे छोटे टुकड़ों को जानता हुआ ऐसे सामान्यीकरणों पर पहुँचने का प्रयत्न करता है जिनसे सम्बन्धित प्रसंग के बारे में उचित अन्तःदृष्टि प्राप्त करने में सहायता मिले।

इस प्रकार, इस तरह का विश्लेषण आगमन तर्क प्रणाली का उपयोग करता है यानी यहाँ प्रसंग का उद्भव प्रदत्तों से होता है न कि इसे शोधकर्त्ताओं द्वारा स्वयं ही प्रकाश में लाया जाये। वास्तव में इस प्रकार के विश्लेषण में प्रदत्त संकलन एवं विश्लेषण दोनों ही प्रक्रियायें साथ साथ चलती हैं। इसके अतिरिक्त इस प्रकार के विश्लेषण में शोधकर्त्ता पृष्ठभौमिक अध्ययन (Background reading) से भी आवश्यक शुरुआत कर सकता है अगर इससे उभरते या प्रकाश में आते हुये प्रसंग के स्पष्टीकरण हेतु कोई उचित आधार या संकेत की प्राप्ति होती हो।

2. तुलनात्मक विश्लेषण (Compartive analysis) : इस प्रकार का विश्लेषण विभिन्न स्रोतों से उपलब्ध जानकारी के तुलनात्मक अध्ययन पर आधारित होता है। यहाँ शोधकर्त्ता द्वारा पहले तो किसी प्रसंग विशेष के सम्बन्ध में विभिन्न स्रोतों से उपलब्ध जानकारी को एक स्थान पर एकत्रित करके उसे स्रोतानुसार संगठित/व्यवस्थित किया जाता है और फिर उन व्यवस्थित सूचना–भंडारों की आपस में तुलना तथा एक दूसरे में अन्तर करते हुये किसी सार्थक और वैध जानकारी युक्त निष्कर्षों पर पहुँचने का प्रयत्न किया जाता है। उदाहरण के लिये विभिन्न प्रदत्त संकलन तकनीकों जैसे साक्षात्कार, प्रश्नावली एवं प्रलेखीय विश्लेषण का

उपयोग करते हुये किसी समस्या से सम्बन्धित विभिन्न प्रकार की सूचनायें विभिन्न व्यक्तियों से एकत्रित की जा सकती है। फिर विभिन्न प्रकार से इन अलग अलग सूचनाओं का जब तुलनात्मक विश्लेषण किया जाता है तब शोधकर्त्ता को विभिन्न स्रोतों तथा तकनीकों से उपलब्ध इन विभिन्न प्रकार की सूचनाओं को कई तरह से परखने का अवसर मिलता है। किसी एक तरह की किसी एक स्रोत तथा तकनीक से उपलब्ध सूचना, दूसरे स्रोतों तथा तकनीकों से एकत्रित सूचनाओं से किस तरह और किस रूप में मेल खाती है या अलग है, इन सब बातों पर आगे पीछे विचार करते हुये ही शोधकर्त्ता को कोई निश्चित वैध निष्कर्ष निकालने का कार्य यहाँ करना होता है।

3. विषयवस्तु विश्लेषण (Content analysis) : गुणात्मक अनुसंधानों में विषयवस्तु विश्लेषण के रूप में प्रयुक्त प्रदत्त विश्लेषण विधि का एकमात्र उद्देश्य गुणात्मक प्रदत्तों की विषयवस्तु का विश्लेषण करना होता है। इस प्रकार की विषयवस्तु यहाँ प्रायः प्रतिलेख (Transcripts), फोटोग्राफ, रेखाचित्र, संवाद/वार्तालाप और वातावरणजन्य बातों की दृश्य–श्रव्य रिकोर्डिंग, डायरी, स्मृतिपत्र (Memos) तथा अन्य लिखित सामग्री और प्रलेखीय साक्ष्यों के रूप में विद्यमान रहती है। इस प्रकार की विषयवस्तु का विश्लेषण करने के दौरान शोधकर्त्ता को उपलब्ध विषयवस्तु (चाहे वह लिखित; चित्रित, दृश्य–श्रव्य किसी भी प्रारूप में उपलब्ध हो) को सावधानीपूर्वक बार–बार पढ़ने/सुनने/देखने की आवश्यकता रहती है ताकि वह गहराई में जाकर उसके अर्थ एवं प्रकृति से भलीभाँति परिचित हो सके। यही बात उसे आगे जाकर विषयवस्तु को कुछ सार्थक संवर्गों/श्रेणियों में विभक्त कर उन्हें शब्दों या संख्याओं के रूप में इस प्रकार के संकेतीकरण (Codes) देने में सहायता कर सकती है जिनके माध्यम से उपलब्ध गुणात्मक प्रदत्तों का परिमाणीकरण (Qualify) करने में सहायता मिले।

4. संभाषण/वार्तालाप विश्लेषण (Discourse analysis) : विषयवस्तु विश्लेषण को जहाँ गुणात्मक प्रदत्तों की ऐसी विषयवस्तु के विश्लेषण के लिये प्रयोग में लाया जाता है जो अधिकांश रूप में पाठ्य तथा अन्य लिखित सामग्री के रूप में उपलब्ध रहती है, वहीं संभाषण/वार्तालाप विश्लेषण तकनीक को उस सामग्री के विश्लेषण के लिये प्रयोग में लाया जाता है जिनकी उपस्थिति अध्ययन प्रयोज्यों के द्वारा किये जाने वाली अन्तःक्रियाओं संभाषणों तथा वार्तालापों की रिकोर्डिंग या उनकी जीवन्त गतिविधियों के रूप में होती है। इस प्रकार के संभाषण/वार्तालाप विश्लेषण के कार्य के संपादन हेतु शोधकर्त्ताओं से यह अपेक्षा की जाती है कि वे इन वार्तालापों/संभाषणों की प्रकृति, प्रारूप, विशेषताओं तथा विषयवस्तु पर पूरी तरह ध्यान दें। इस प्रकार के विश्लेषण में मुख्यतया उन्हें इस बात को भलीभाँति नोट करना होता है कि प्रयोज्य किसी मामले/समस्या विशेष पर अपने किस प्रकार के विचार प्रस्तुत कर रहे हैं, वार्तालाप के दौरान वे एक दूसरे को अपनी बात कहने का कैसा मौका देते हैं, उनकी अशाब्दिक अभिव्यक्ति (Non-verbal expression) तथा शारीरिक भाषा (Body language) की किस प्रकार की प्रकृति है, वे अपने संभाषण में किस प्रकार की भाषा, बोली का अन्दाज, शैली और भाव–भंगिमा का उपयोग करते हैं, किस प्रकार की अभिव्यंजना तथा वाकचातुर्य को अपनाते हैं तथा वार्तालाप के दौरान किस तरह से दृष्टिकोण एवं रुचि का प्रदर्शन करते हैं, आदि आदि। इस प्रकार के विश्लेषण में रिकोर्ड किये गये या जीवन्त वार्तालापों से सार्थक अर्थ एवं उचित निष्कर्ष निकालने हेतु शोधकर्त्ताओं के द्वारा बहुधा अपनी अन्तःदृष्टि, सूझबूझ तथा परावर्ती चिन्तन (Reflective thinking) का ही उपयोग करना होता है। परन्तु यहाँ इस कार्य हेतु यांत्रिक विधियों/साधनों (जैसे रूपकों—Metaphors या विशेषणों—Adjective के उपयोग की गिनती करना, किसी एक प्रकार के शाब्दिक/अशाब्दिक व्यवहार की पुनरावृत्ति की गिनती करना, वार्तालाप के दौरान कितनी बार भूमिकायें परिवर्तित हुईं तथा अन्तःक्रिया करने के ढंग और वार्तालाप के ढंगों में परिवर्तन आये इस प्रकार की बातों की गिनती करना) की भी सहायता लेने पर कोई प्रतिबन्ध नहीं है।

5. विवरणात्मक विश्लेषण (Narrative analysis) : इस प्रकार के विश्लेषण में शोधकर्त्ता द्वारा किसी वृतान्त (Narrative) के विश्लेषण का कार्य किया जाता है। वृतान्त (Narrative) से तात्पर्य यहाँ उस मौखिक या लिखित अभिव्यक्ति से है जिसे विवरणकर्त्ता (अध्ययन प्रयोज्य) द्वारा अपने श्रोता (प्रदत्त संकलन कार्य में रत व्यक्ति या

अनुसंधानकर्त्ता) को किसी घटना का विवरण/वर्णन करने के लिए काम में लाया जाता है। इस प्रकार विश्लेषण करते हुए शोधकर्त्ता यह प्रयत्न करता है कि वृतान्त की विषयवस्तु के विश्लेषण से कोई सार्थक और प्रयोजन पूर्ण अर्थ निकालने हेतु उसके समग्र रूप को ध्यान में रखा जाये, विषयवस्तु विश्लेषण (Content analysis) की तरह विषयवस्तु का छोटे–छोटे टुकड़ों में बाँटकर विश्लेषण नहीं किया जाये। उदाहरण के लिये घर परिवार की घटनायें तथा बालकों एवं माता पिता के बीच होने वाली अन्तःक्रियाओं से सम्बन्धित विवरण सामग्री का विश्लेषण एक शोधकर्त्ता को परिवार के सदस्यों के अन्तःसम्बन्धों तथा घर के वातावरण से सम्बन्धित बातों के बारे में बहुमूल्य निष्कर्ष निकालने में पर्याप्त रूप से सहयोगी सिद्ध हो सकते हैं।

6. सार-विश्लेषण (Summary analysis) : इस प्रकार के विश्लेषण का सम्बन्ध किसी विशिष्ट विश्लेषण तकनीक (जैसे प्रसंगात्मक, विषयवस्तु, संभाषण या विवरणात्मक जिनकी चर्चा ऊपर की गई है) का उपयोग किये बिना ही संकलित सूचनाओं या प्रदत्तों को सारांशित करने से होता है। इस प्रकार के विश्लेषण में संकलित प्रदत्तों को अपने समूचे रूप से सारांशित करने के प्रयत्न किये जाते हैं। सारांशित करने के इस कार्य की तब तक पुनरावृत्ति होती रहती है जब तक कि शोधकर्त्ताओं को गुणात्मक अनुसंधान अध्ययन के दौरान सम्पन्न प्रदत्त संकलन गतिविधियों के माध्यम से संकलित सूचना सामग्री या प्रदत्तों के पूरे संग्रह से आवश्यक अर्थ निकालने एवं समग्र चित्रावलोकन करने में वांछित सफलता प्राप्त न हो जाये।

7. यांत्रिक विश्लेषण (Mechanical analysis) : यांत्रिक विश्लेषण में संकलित प्रदत्तों के विश्लेषण हेतु यांत्रिक साधनों का उपयोग किया जाता है। इस प्रकार की यांत्रिक प्रविधियों या साधनों का उपयोग करते हुये शोधकर्त्ता द्वारा यहाँ पूर्व प्रचलित विश्लेषण तकनीकों के माध्यम से प्रदत्त समूह के विषयवस्तु विश्लेषण (शब्दों, विशेषणों, रूपकों तथा किसी प्रसंग विशेष पर जोर देने का कार्य आदि) का कार्य कुछ अधिक वस्तुनिष्ठ तरीके से किया जाता है। आजकल इस कार्य हेतु व्यावहारिक विज्ञानों के अनुसंधानकर्त्ताओं द्वारा कम्प्यूटर तकनीकी का उपयोग अच्छी तरह किया जाने लगा है। गुणात्मक प्रदत्तों के विश्लेषण हेतु आज शोधकर्त्ताओं को बहुत ही उपयोगी सोफ्टवेयर की सेवायें उपलब्ध हैं। हम इसके बारे में इस पुस्तक के 34वें अध्याय में विस्तार से चर्चा करेंगे।

गुणात्मक प्रदत्त विश्लेषण हेतु प्रयुक्त सोपान (Steps for Carrying out Qualitative Data Analysis)

परिमाणात्मक अनुसंधान अध्ययनों की तरह गुणात्मक प्रदत्तों के विश्लेषण का कार्य किसी एक पूर्व निर्धारित मार्ग का अनुसरण नहीं कर सकता। वांछित विश्लेषण हेतु काम में लाये जाने वाले उपागमों एवं अनुसंधान प्रयोजनों को पूरा करने से इन दोनों बातों को देखते हुये गुणात्मक प्रदत्त विश्लेषण के कार्य में काफी विविधतायें एवं विभिन्नतायें देखने को मिल सकती हैं। परन्तु शोधकर्त्ता द्वारा अपने गुणात्मक प्रदत्तों के विश्लेषण हेतु चाहे जो भी विधि या उपागम काम में क्यों ना लाया जाये व्यावहारिक विज्ञानों में किये जाने वाले गुणात्मक प्रदत्त विश्लेषण कार्य में सामान्य तौर पर जिन सोपानों का अनुसरण किया जाता है उनका आवश्यक विवरण नीचे दिया जा रहा है।

परन्तु इन सोपानों का उल्लेख करने का उद्देश्य यह कदापि नहीं है कि इनका इसी क्रम में पृथक पृथक रूप से अनुसरण किया जाता है। वास्तव में ये सोपान पूरी तरह से अलग नहीं रहते जब जैसी जरूरत हो एक शोधकर्त्ता पहले या बाद के सोपानों पर निर्बाध रूप से नीचे ऊपर आ जा सकता है। जैसे प्रदत्तों के व्यवस्थीकरण से पहले उनकी समीक्षा करना, संकेतीकरण के बाद प्रदत्तों का पुनर्संगठन आदि। हम यहाँ सामान्य रूप में इन सोपानों में की जाने वाली गतिविधियों का आवश्यक परिचय प्रस्तुत कर रहे हैं।

सोपान 1 : संकलित प्रदत्तों के विश्लेषण हेतु आवश्यक तैयारी (Data Preparation)

गुणात्मक प्रदत्तों को संगठित एवं विश्लेषित करने से पहले उनका इस कार्य हेतु तैयारी की अवस्था (State of Readiness) में विद्यमान होना आवश्यक होता है। संकलित प्रदत्तों को उनकी इस तैयारी की अवस्था में लाने हेतु जिस प्रकार की गतिविधियाँ की जानी चाहियें, वे निम्न प्रकार की हो सकती हैं :

(i) प्रेक्षण, साक्षात्कार या प्रलेखीय साक्ष्यों के आधार पर लिये गये नोट्स तथा टेप (Tape) की जाने वाली सामग्री को लिखित प्रतिलेख (Transcripts) में बदलना : इस प्रकार के बदलाव में पर्याप्त सावधानी बरती जानी चाहिये। जहाँ तक हो सके शोधकर्त्ता को प्रयोज्यों द्वारा प्रयोग में लाई गई उसी भाषा तथा शब्दों को यहाँ अपने प्रतिलेख में स्थान दिया जाना चाहिये जो उनके अपने मुँह से कहे गये हों। साथ ही उसे उनकी अशाब्दिक अभिव्यक्ति, शारीरिक भाषा, संवेगात्मक उतार चढ़ाव (जैसे क्रोधित होना, शर्माना आदि को कोष्ठकों में विशेष रूप से नोट करना) आदि व्यावहारिक पक्षों को अपने प्रतिलेख (Transcript) में पूरी तरह उचित स्थान देना चाहिये।

(ii) प्रयोज्यों के व्यवहार तथा घटनाओं के प्रेक्षण के दौरान शोधकर्त्ताओं द्वारा खींची गई रेखाकृतियों तथा चित्रों और लिये जाने वाले फोटोग्राफ तथा वीडियोग्राफी में रहने वाले रिक्त स्थान की पूर्ति करने के प्रयत्न किये जाने चाहियें।

(iii) फोटोग्राफ, वीडियो आकृतियों तथा रेखाकृतियों को इस तरह का आकार प्रदान करने के प्रयत्न करने चाहियें जिनसे उनके द्वारा प्रदर्शित वस्तुओं का स्पष्ट विवरण प्राप्त किया जा सके।

(iv) सूचना सामग्री, प्रतिलेख, दृश्य–श्रव्य सामग्री की आवश्यक पहचान हेतु उन पर परिचयात्मक विवरण युक्त (दिनांक, परिस्थिति और विषयवस्तु आदि) लेबल चिपका देना चाहिए। इसके साथ ही इस सूचना सामग्री की प्रतिलिपियाँ भी रखी जानी चाहिएँ ताकि प्रदत्तों के खोने सम्बन्धी त्रासदी का सामना किया जा सके।

सोपान 2 : प्रदत्तों का संगठन या व्यवस्थीकरण (Data Organization)

इस सोपान के अन्तर्गत लम्बी चौड़ी तादात और बिखरे रूप में उपलब्ध प्रदत्तों को शोधकर्त्ता द्वारा उचित रूप में संगठित/व्यवस्थित करने का प्रयत्न किया जाता है ताकि उनके विश्लेषण का कार्य अच्छी तरह आगे बढ़ सके। गुणात्मक अनुसंधान प्रश्नों की प्रकृति तथा प्रयुक्त विधियों को ध्यान में रखते हुये संकलित प्रदत्तों को संगठित एवं व्यवस्थित करने हेतु कई तरीके अपनाये जा सकते हैं। लोडिको एवं अन्य (Lodico, et al., 2006:304) ने इस सम्बन्ध में विचार व्यक्त करते हुए प्रदत्तों के संगठन हेतु जिन आधारों का उल्लेख किया है, वे निम्न हैं :

(i) स्थिति या स्थान जिससे प्रदत्तों का संकलन हुआ है।

(ii) अध्ययन किये जाने वाले व्यक्ति या समूह।

(iii) कालक्रम

(iv) प्रदत्तों के प्रकार

(v) समस्या की प्रकृति/प्रकार जिसका समाधान होना है।

सोपान 3 : प्रदत्तों का पुनर्वीक्षण तथा खोज कार्य (Data Review and Exploration)

इस सोपान के अन्तर्गत शोधकर्त्ता द्वारा संगठित प्रदत्तों का सभी संभावित तरीकों एवं विधियों से आवश्यक पुनर्वीक्षण तथा खोज सम्बन्धी कार्य किया जाता है। उससे यहाँ यह अपेक्षा की जाती है कि वह इन संगठित प्रदत्तों को उनके विविध पक्षों, रूपों तथा आयामों के संदर्भ में भलीभाँति पुनर्वीक्षण करे तथा उनके बारे में सभी प्रकार का अन्वेषण तथा खोज सम्बन्धी कार्य कर उन्हें आगे के सोपान पर किये जाने वाले कूट संकेतीकरण तथा संवर्गीकरण के लिये तैयार करे।

सोपान 4 : प्रदत्तों का कूट संकेतन (Data Coding)

गुणात्मक प्रदत्तों के विश्लेषण में इस सोपान की बहुत बड़ी भूमिका रहती है। सही अर्थों में प्रदत्तों के विश्लेषण का वास्तविक कार्य शब्दों को कुछ अमूर्त संवर्गों/श्रेणियों में श्रेणीबद्ध (जिसे तकनीकी भाषा में कूट संकेतन कहा जाता है) करने से ही प्रारम्भ होता है। इस सोपान में इस प्रकार की कूट संकेतन प्रक्रिया को कार्यरूप देने हेतु शोधकर्त्ता द्वारा पहले तो किसी पहलू या प्रक्रिया विशेष का विवरण प्रस्तुत करने वाले प्रदत्तों के विभिन्न अंशों या भागों की पहचान करने का प्रयत्न किया जाता है और इसके पश्चात् उन अंशों या भागों को कोई बड़ी श्रेणियाँ, नाम या लेबल प्रदान किया जाता है। इस प्रकार से संकलित एवं संगठित प्रदत्तों के विभिन्न अंशों या भागों को कुछ निश्चित नाम या कूट संकेत (Codes) प्रदान करके समूचे संकलित प्रदत्त भंडार को कुछ निश्चित एवं प्रबन्धित लघु समूहों (Chunks) में बाँट लिया जाता है। प्रदत्त अंशों या प्रदत्त भंडार के छोटे छोटे लघु समूहों को जो कूट संकेतन प्रदान करते हैं उस कार्य का संपादन हाथ से भी हो सकता है और कंप्यूटर सोफ्टवेयर प्रोग्रामों के उपयोग द्वारा भी। इनमें से कोई भी तरीका प्रयोग में लाया जाये, कूट संकेतन में प्रदत्तों के अमूर्तीकरण (Abstraction) तथा सुधारने का कार्य लगातार चलता रहता है। प्रारम्भ में जो 30–40 कूट संकेतन प्रयोग में लाये जाते हैं फिर वे एक दूसरे को ढ़कते (Overlap) हुये, प्रदत्तों में निहित प्रारूपों का एक समन्वित चित्र प्रस्तुत करने की चेष्टा में शनैः शनैः 15–20 की संख्या में रह जाते हैं। जब शोधकर्त्ता इस बात को लेकर आवश्स्त हो जाता है कि कूट संकेतों (Codes) के द्वारा प्रदत्तों में निहित सभी प्रमुख बातों तथा विचारों की पहचान की जा चुकी है तब उसका अगला कदम इन कूट संकेतों का प्रदत्तों के उचित संगठन तथा उनका यथानुकूल विवरण प्रदान करने हेतु प्रयोग में लाना होता है। कूट संकेतन का कार्य कैसे किया जाता है इस बात को स्पष्ट करने हेतु हम जिन प्रकार के प्रदत्तों का उदाहरणार्थ उपयोग करना चाहेंगे, वे हैं (A) मुक्त उत्तर वाले प्रश्नों से प्राप्त अन्तःक्रियायें तथा (B) अर्ध संरचित साक्षात्कारों से उपलब्ध वृतान्त (Narratives)।

A. मुक्त उत्तर वाले प्रश्नों की अनुक्रियाओं के रूप में उपलब्ध प्रदत्तों का कूट संकेतन कार्य

बहुधा गुणात्मक अनुसंधानों में शोधकर्त्ताओं द्वारा प्रयोज्यों से प्रदत्त संकलन हेतु मुक्त उत्तर वाले प्रश्न पूछे जाते हैं। इन अनुक्रियाओं के रूप में उपलब्ध प्रदत्तों का विश्लेषण करने के उद्देश्य से जो कूटसंकेतन कार्य किया जाता है उसमें व्यवस्थित रूप से कुछ विशिष्ट सोपानों का अनुसरण करके ही आगे बढ़ने के प्रयास किये जाते हैं। विलियम एवं जोहन्सन (William and Johnson, 1966) ने अपने गुणात्मक अनुसंधान अध्ययनों में प्रयुक्त इन सोपानों का अच्छी तरह स्पष्टीकरण किया है। हम उन्हीं के विचारों को आधार बनाकर यहाँ एक गुणात्मक अध्ययन (जिसका उद्देश्य किसी एक माध्यमिक विद्यालय के विद्यार्थियों के भगोड़ापन व्यवहार (Truancy) के पीछे छुपे हुये कारणों की तलाश करना है) को उदाहरणार्थ काम में लाते हुये सम्बन्धित कूट संकेतन प्रक्रिया पर प्रकाश डालना चाहेंगे। हम यहाँ यह भी मानकर चलेंगे कि इस अध्ययन में शामिल 20 भगोड़ा विद्यार्थियों से जो प्रदत्त एकत्रित किये गये हैं वे एक मुक्त उत्तर वाले प्रश्न "आपको कौन सी बात विद्यालय में भाग जाने को प्रेरित या मजबूर करती है?" का उनके द्वारा दिये जाने वाले उत्तरों के ही प्रतिफल हैं। इन उपलब्ध प्रदत्तों के कूट संकेतन का कार्य अब निम्न सोपानों का अनुसरण कर आगे बढ़ सकता है।

1. उत्तरों की प्रारम्भिक जाँच और सूचीकरण (Preliminary screening and listing of the answers) : प्रयोज्यों द्वारा जो भी उत्तर दिये जाते हैं उनकी शोधकर्त्ता द्वारा पूरी तरह प्रारम्भिक जाँच की जाती है। इससे उनके द्वारा दिये जाने वाले उत्तरों की पुनरावृत्ति से बचने में सहायता मिलती है तथा भाषा सम्बन्धी गलतियों एवं अस्पष्टता भी यहाँ निवारण किया जाना संभव रहता है। अपने आप में अलग और अनूठे इन सभी उपलब्ध उत्तरों को फिर अच्छी तरह व्यवस्थित कर अलग अलग क्रम प्रदान कर सूचीबद्ध कर लिया जाता है। हमारे उपरोक्त उदाहरण में 20 विद्यार्थियों से प्राप्त उत्तरों की समुचित जाँच कर उन्हें अग्रलिखित क्रम में सूचीबद्ध किया गया था।

1. विद्यालय प्रांगण तथा भौतिक परिवेश से मुझे काफी ऊबाऊपन तथा खीझ (Irritation) पैदा होती है।
2. कक्षाकक्षों में बैठने की उचित व्यवस्था नहीं है।

3. कक्षा की भीड़भाड़ से मुझे खीझ (Irritation) होती है।
4. अध्यापकों का व्यवहार मेरे साथ अच्छा नहीं है।
5. शिक्षण विधियाँ अरुचिकर तथा उबाने वाली है।
6. विद्यालय की पढ़ाई में मेरी कोई रुचि नहीं है।
7. विद्यालय के कार्य–कलापों में कुछ भी रुचिकर नहीं है।
8. कक्षा के विद्यार्थी मुझे चिढ़ाते हैं।
9. मुझे कक्षा में घुटन सी होती है।
10. मेरी कक्षा में कोई मेरा मित्र नहीं है।
11. घर में झगड़ों की वजह से मेरा कक्षा में मन नहीं लगता।
12. मुझे घर में गृहकार्य करने के लिए समय नहीं मिलता।
13. मुझे कक्षा में पढ़ाई गई बातों, विशेषकर गणित और अंग्रेजी को समझने में परेशानी होती है।
14. मैं कक्षा में अपने आपको तिरस्कृत और अपमानित महसूस करता हूँ।
15. मुझे अपनी बीमार माँ की देखभाल करनी पड़ती है।
16. मुझे विद्यालय समय में ही अपने परिवार के लिये काम करने पड़ता है।
17. मेरे घर के हालात ऐसे हैं कि पूरे समय तक विद्यालय में नहीं रह सकता।
18. मुझे विद्यालय में पढ़ाये जाने वाले बहुत से विषय पसन्द नहीं हैं।
19. मुझे विद्यालय के कई कार्यकलापों में भाग लेने में डर या झिझक लगती है।
20. मुझे विद्यालय से बाहर का वातावरण ज्यादा अच्छा लगता है।
21. मुझे विद्यालय के बाहर दोस्तों तथा बड़ों का साथ पसन्द है।
22. जो मेरे दोस्त विद्यालय नहीं आते उनके साथ खेलना मुझे अच्छा लगता है।
23. मुझे विद्यालय के नियम तोड़ने में शान/गौरव का अनुभव होता है।
24. मैं विद्यालय के लम्बे समय में शारीरिक और मानसिक रूप से बेहद थक जाता हूँ।
25. मुझे कक्षा के कुछ विद्यार्थियों की दादागिरी के कारण कक्षा में जाने से डर लगता है।
26. मेरे कुछ अध्यापक मुझसे बेहद ईर्ष्या और द्वेष रखते हैं।
27. मुझे लगता है कि विद्यालय में अपना समय बर्बाद न करके परिवार का व्यापार/काम–धंधा संभालूँ।
28. मेरा भगोड़ापना मुझे मेरे सहपाठियों के बीच प्रसिद्धि दे रहा है और मुझे वे अपना नेता मानने लगे हैं।
29. मैं किसी से नहीं डरता, कोई मुझे मेरी इच्छा के विरुद्ध कार्य नहीं करा सकता।
30. अपने स्वास्थ्य के खराब होने की वजह से मुझे कक्षा में शर्मिन्दगी उठानी पड़ती है।

2. प्रारम्भिक संवर्गीकरण तथा सूचीबद्ध उत्तरों का कूट संकेतन (Preliminary categorization and coding of the listed answers) : इस सोपान के अन्तर्गत शोधकर्त्ताओं द्वारा निम्न गतिविधियों के संपादन की अपेक्षा की जाती है :

- जो प्रश्न पूछा गया है उसके संदर्भ में प्रयोज्यों द्वारा दिये जाने वाले उत्तरों को सावधानी से बार–बार पढ़ना।
- उत्तरों में पाई जाने वाली समानताओं के आधार पर उनका संवर्गीकरण (पहले बड़ी श्रेणियों तथा फिर उप–श्रेणियों में विभाजित करना)।
- श्रेणियों तथा उप–श्रेणियों को उनकी विशिष्ट प्रकृति और उनके द्वारा व्यक्त अर्थ में समानता के आधार पर कुछ विशिष्ट कुंजी शब्द (Key words) या कूट संकेत (Codes) प्रदान करना। उदाहरण के लिये

यहाँ हम उत्तर नं० 23 (मुझे विद्यालय के नियम तोड़ने में शान/गौरव का अनुभव होता है। उत्तर नं० 28 (मेरा भगोड़ापना मुझे मेरे सहपाठियों के बीच प्रसिद्धि दे रहा है और मुझे वे अपना नेता मानने लगे हैं।) तथा उत्तर नं० 29 (मैं किसी से नहीं डरता, कोई मुझे मेरी इच्छा के विरुद्ध कार्य नहीं करा सकता।) को एक बड़ी श्रेणी "व्यक्तिगत कारक" (Personal factor) में रखकर उसे "P" के रूप में संकेतीकृत कर सकते हैं और फिर उसे उपश्रेणियों में विभाजित कर इसकी एक उपश्रेणी अवज्ञा या आज्ञा न मानने में संतुष्टि पाना" (Feeling satisfaction in defiance) को P_d कूट संकेत प्रदान कर सकते हैं।

3. प्रदान किये गये कूट संकेतों के आधार पर उत्तरों को सूचीबद्ध करना (Listing of all the answers as per assigned codes) : इस सोपान के अन्तर्गत सोपान 2, के अन्तर्गत उत्तरों को बड़ी श्रेणियों तथा उनकी उपश्रेणियों में बाँटकर जो कूट संकेत प्रदान किये गये हैं, उन्हें निम्न प्रकार तालिकाबद्ध करने का कार्य किया जाता है।

श्रेणी एवं उपश्रेणियाँ (Category and sub-categories)	कूट संकेत (Codes)	प्रयोज्यों के द्वारा दिये जाने वाले उत्तर (Answers provided by the subjects)
विद्यालय वातावरण–S (School Environment) (i) विद्यालय वातावरण–भौतिक (School Environment—Physical)	Sp	1. विद्यालय प्रांगण तथा भौतिक परिवेश से मुझे काफी ऊबाऊपन तथा खीझ पैदा होती है। 2. कक्षाकक्षों में बैठने की उचित व्यवस्था नहीं है। 3. कक्षा की भीड़भाड़ से मुझे खीझ होती है।
(ii) विद्यालय वातावरण– कार्यकलाप (School Environment—Activities)	Sa	7. विद्यालय के कार्यकलापों में कुछ भी रुचिकर नहीं है। 18. मुझे विद्यालय में पढ़ाये जाने वाले बहुत से विषय पसन्द नहीं हैं।
(iii) विद्यालय वातावरण–कक्षाकक्ष (School Environment–Classroom)	Sc	8. कक्षाकक्ष के विद्यार्थी मुझे चिढ़ाते हैं। 9. मुझे कक्षा में घुटन सी होती है। 10. मेरी कक्षा में कोई मेरा मित्र नहीं है। 25. मुझे कक्षा के कुछ विद्यार्थियों की दादागिरी के कारण कक्षा में जाने से डर लगता है।
शिक्षक-अध्यापक एवं शिक्षण–T (Teacher and Teaching) (i) शिक्षक व्यवहार (Teacher Behaviour) (ii) शिक्षक शिक्षण (Teacher Teaching)	Tb Tt	4. अध्यापकों का व्यवहार मेरे साथ अच्छा नहीं है। 26. मेरे कुछ अध्यापक मुझसे बेहद ईर्ष्या और द्वेष रखते हैं। 5. शिक्षण विधियाँ अरुचिकर तथा उबाने वाली हैं। 13. मुझे कक्षा में पढ़ाई गई बातों, विशेषकर गणित और अंग्रेजी को समझने में परेशानी होती है।
गृह वातावरण–H (Home Environment) (i) गृह वातावरण–झगड़े (Home Environment—Conflicts)	Hc	11. घर में झगड़ों की वजह से मेरा कक्षा में मन नहीं लगता। 12. मुझे घर में गृहकार्य करने के लिए समय नहीं मिलता।
(ii) गृह वातावरण–जिम्मेदारियाँ (Home Environment—Responsibilities)	Hr	15. मुझे अपनी बीमार माँ की देखभाल करनी पड़ती है। 16. मुझे विद्यालय समय में ही अपने परिवार के लिये काम करने पड़ते हैं। 17. मेरे घर के हालात ऐसे हैं कि पूरे समय तक विद्यालय में नहीं रह सकता।

(क्रमशः)

श्रेणी एवं उपश्रेणियाँ (Category and sub-categories)	कूट संकेत (Codes)	प्रयोज्यों के द्वारा दिये जाने वाले उत्तर (Answers provided by the subjects)
व्यक्तिगत कारक-P (Personal Factor) (i) व्यक्तिगत कारक–रुचि (Personal Factor—Interest)	P_i	6. विद्यालय की पढ़ाई में मेरी कोई रुचि नहीं है। 20. मुझे विद्यालय से बाहर का वातावरण ज्यादा अच्छा लगता है। 21. मुझे विद्यालय के बाहर दोस्तों तथा बड़ों का साथ पसन्द है। 22. जो मेरे दोस्त विद्यालय नहीं आते उनके साथ खेलना मुझे अच्छा लगता है। 27. मुझे लगता है कि विद्यालय में अपना समय बर्बाद न करके परिवार का व्यापार/काम–धंधा संभालूँ।
(ii) व्यक्तिगत कारक–संवेगात्मक (Personal Factor—Emotional)	P_e	19. मुझे विद्यालय के कई कार्यकलापों में भाग लेने में डर या झिझक लगती है। 14. मैं कक्षा में अपने आपको तिरस्कृत और अपमानित महसूस करता हूँ।
(iii) व्यक्तिगत कारक–स्वास्थ्य (Personal Factor—Health)	P_h	24. मैं विद्यालय के लम्बे समय में शारीरिक और मानसिक रूप से बेहद थक जाता हूँ। 30. अपने स्वास्थ्य के खराब होने की वजह से मुझे कक्षा में शर्मिन्दगी उठानी पड़ती है।
(iv) व्यक्तिगत कारक–अवज्ञा (Personal Factor—Defiance)	P_d	23. मुझे विद्यालय के नियम तोड़ने में शान/गौरव का अनुभव होता है। 28. मेरा भगोड़ापना मुझे मेरे सहपाठियों के बीच प्रसिद्धि दे रहा है और मुझे वे अपना नेता मानने लगे हैं। 29. मैं किसी से नहीं डरता, कोई मुझे मेरी इच्छा के विरुद्ध कार्य नहीं करा सकता।

4. उत्तरों का अंतिम संवर्गीकरण एवं कूट संकेतन (Final categorization and coding of the answers) : इस सोपान के अन्तर्गत उत्तरों के रूप में उपलब्ध गुणात्मक प्रदत्तों के संवर्गीकरण तथा कूट संकेतन के बारे में अंतिम निर्णय लेने का कार्य किया जाता है। इस कार्य हेतु कुछ निम्न बातों का ध्यान देना उपयुक्त रहता है।

- उत्तरों को जो श्रेणियाँ, उपश्रेणियाँ तथा कूट संकेतन प्रदान किये गये हैं उनके बारे में एक बार पुनः और अच्छी तरह से विचार कर लेना चाहिए ताकि पूछे जाने वाले प्रश्न के संदर्भ में दिये जाने वाले उत्तरों से और अधिक सार्थक अर्थ ग्रहण करने में मदद मिल सके।
- एक अन्य प्रतिदर्श के प्रयोज्यों से प्राप्त 20–30 उत्तरों के आधार पर शोधकर्त्ता यह निर्णय ले सकता है कि क्या उत्तरों के कूट संकेतन हेतु किन्हीं अन्य श्रेणियों अथवा उपश्रेणियों की अतिरिक्त रूप से आवश्यकता है या नहीं। उदाहरण के लिये यहाँ शोधकर्त्ता को कुछ ऐसे उत्तरों की प्राप्ति भी हो सकती है जो यह दर्शाये कि भगोड़ापन (Truancy) का कारण विद्यालय में व्याप्त घोर अनुशासनहीनता है, विद्यार्थियों के बीच आपसी संघर्ष एवं मनमुटाव है, छोटी छोटी बातों पर विद्यार्थियों को दिया जाने वाला भारी जुर्माना है, विद्यालय अधिकारियों का नकारात्मक दृष्टिकोण तथा छोटी मानसिकता है, भगोड़े बालक का सामाजिक एवं संवेगात्मक कुसमायोजन है तथा माता पिता द्वारा अपने बच्चों की अवहेलना है, आदि आदि। इसके आधार पर अब शोधकर्त्ता यह सोचने को मजबूर हो सकता है कि कई संकेतनों हेतु उसे कुछ नई श्रेणियाँ/उपश्रेणियों तथा कूट संकेतों की आवश्यकता है।

B. लम्बे वृतान्तों के रूप में उपलब्ध प्रदत्तों का कूट संकेतन कार्य (Coding Task for the Data Available in the Form of Elaborate Narratives)

मुक्त उत्तरों वाले प्रश्नों की अनुक्रियाओं के रूप में उपलब्ध प्रदत्तों के अतिरिक्त गुणात्मक अध्ययनों में प्रदत्तों की उपलब्धि साक्षात्कार तथा केन्द्रित समूह चर्चाओं के माध्यमों से भी होती है। इस प्रकार के प्रदत्त लम्बे लम्बे प्रतिलेखों (Transcripts), फील्ड नोट्स, टेप तथा वृतान्त और घटनाओं का विस्तार से वर्णन करने वाले पाठ्य के रूप में उपलब्ध रहते हैं। इन प्रदत्तों का आकार इतना बड़ा और विशाल हो सकता है कि इसे व्यवस्थित कर इसको समुचित रूप से कूट–संकेतन प्रदान करना एक बड़ी चुनौती बन जाये। शोधकर्त्ता द्वारा इस दिशा में उठाये गये कदमों का निम्न बिन्दुओं के अन्तर्गत वर्णन किया जा सकता है।

1. प्रदत्तों के कूट संकेतन हेतु उनका प्रारम्भिक प्रक्रियाकरण (Initial processing of the data for its coding) : लम्बे चौड़े प्रदत्त भंडार को उसका कूट संकेतन करने से पहले उचित रूप से प्रारम्भिक प्रक्रियाकरण (सावधानीपूर्वक जाँच तथा व्यवस्थित एवं क्रमबद्ध रूप में उचित संगठन) की आवश्यकता रहती है। इस कार्य हेतु शोधकर्त्ता द्वारा निम्न प्रकार आगे बढ़ा जा सकता है :

- जिन प्रदत्तों का विश्लेषण हेतु प्रक्रियाकरण किया जाता है, उस पूरी सामग्री को सामने रखकर पहले वृतान्त/घटना वर्णन का विषय क्या है और उससे क्या प्रयोजन सिद्ध हो रहा है इन दो बातों को लेकर मुख्य श्रेणियों (Broad categories) में विभक्त किया जाना चाहिये। इस विभक्तीकरण को फिर क्रम संख्या प्रदान कर देनी चाहिये।
- क्रम संख्या युक्त सामग्री को अब एक एक करके लिया जाना चाहिये। इसकी विषयवस्तु को गंभीरता से पढ़ा जाना चाहिये ताकि (i) सार युक्त विवरण को ग्रहण करने तथा असार विषयवस्तु को छोड़ने का कार्य किया जा सके तथा (ii) महत्त्वपूर्ण प्रसंगों के संदर्भ में प्रदत्तों का क्रमिक संगठन किया जा सके।

2. प्रदत्तों का कूट संकेतन (Coding of the data) : प्रारम्भिक प्रक्रियाकरण तथा जाँच के बाद अब प्रदत्तों के कूट संकेतन का कार्य शोधकर्त्ता द्वारा हाथ में लिया जा सकता है। यहाँ वह पहले उन कुछ बड़ी श्रेणियों/संप्रत्ययों को कूट संकेतन हेतु प्रयोग में लाने के बारे में सोच सकता है जो लम्बे वृतान्तों (Narratives) की विषयवस्तु को सावधानीपूर्वक पढ़ने और उस पर चिन्तन के फलस्वरूप स्वाभाविक रूप में उसके सामने आ जाते हैं। इन बड़ी श्रेणियों को फिर प्रदत्तों को कुछ अधिक बारीकी तथा विशिष्ट रूप से कूट संकेतन करने के उद्देश्य से छोटी छोटी उप–श्रेणियों में विभक्त किया जाता है। हम इस प्रकार की कूट संकेतन प्रक्रिया को अब एक गुणात्मक अनुसंधान अध्ययन को उदाहरण के रूप में प्रस्तुत कर स्पष्ट करना चाहेंगे। इस अध्ययन को एक महानगरी में चल रहे कॉल गर्ल व्यवसाय की स्थिति और इसके पीछे निहित कारणों के बारे में पता लगाने हेतु हाथ में लिया गया था। इस अध्ययन में शोधकर्त्ता द्वारा 25 कॉल गर्ल्स (Call Girls) को प्रतिदर्श के रूप में लिया गया जिसमें विद्यार्थी, नौकरीपेशा तथा बिना नौकरी वाली महिलायें शामिल थीं। इन प्रयोज्यों से व्यक्तिगत साक्षात्कार के माध्यम से फील्ड नोट्स तथा लम्बे वृतान्त/कहानियों के रूप में प्रदत्तों का संकलन किया गया। उपलब्ध प्रदत्तों को फिर ध्यान से पढ़ते हुये भलीभाँति संगठित किया गया और उन पर भलीभाँति विचार करते हुये बड़ी श्रेणियों/प्रसंगों में विभक्त किया गया। इस अध्ययन के प्रदत्तों की कूट संकेतन प्रक्रिया निम्न रूप में आगे बढ़ी।

- प्रारम्भ में शोधकर्त्ता ने उपलब्ध प्रतिलेखों (Transcripts) तथा पाठ्य (Texts) की विषयवस्तु को मार्कर्स (Markers) की सहायता से जिन पाँच विशिष्ट संप्रत्ययों/श्रेणियों में बाँटने का प्रयत्न किया, वे थीं (i) कॉल गर्ल व्यवसाय में आने सम्बन्धी कारण (ii) सेवा दिये जाने वाले ग्राहकों का प्रकार (iii) व्यवसाय चलाने का ढंग (iv) व्यवसाय में बने रहने सम्बन्धी मजबूरी या आकर्षण (v) व्यवसाय से मुक्ति पाने या

उसमें बने रहने की इच्छा। इन बड़ी श्रेणियों को फिर सार्थक कूट संकेत प्रदान किये गये। उदाहरण के लिये "कॉल गर्ल व्यवसाय में आने सम्बन्धी कारणों" नामक श्रेणी के लिसे 'C' कूट संकेत प्रदान किया गया।

- "कॉल गर्ल व्यवसाय में आने सम्बन्धी कारणों" नामक बड़ी श्रेणी को फिर छोटी–छोटी उप–श्रेणियों में बाँटा गया जैसे (i) आर्थिक जरूरतों और परेशानियों से निपटने हेतु (ii) यौन आवश्यकताओं या काम पिपासा शान्त करने हेतु (iii) समाज में अपना स्तर तथा शान बढ़ाने हेतु (iv) ऐशो आराम की जिन्दगी जीने हेतु (v) मद्यमान या नशीले पदार्थों के सेवन की लत की वजह से (vi) सहपाठी, मित्रों, सम्बन्धियों या पड़ोसियों से प्रेरित होने या उनके द्वारा बहकाने से (vii) कॉल गर्ल धंधा चलाने वाले के जाल में फँसने से। इन सभी सात उप–श्रेणियों को फिर C_1 से C_7 तक कूट संकेत प्रदान किये गये।
- इन उप–श्रेणियों को फिर और ज्यादा छोटी श्रेणियों में बाँटने का प्रयत्न किया गया। जैसे आर्थिक कारणों सम्बन्धी उप–श्रेणी को आगे विशिष्ट आर्थिक हालातों/परेशानियों जैसे (a) बीमार माता पिता, (b) परिवार का कर्जा चुकाना, (c) परिवार का पेट पालना, (d) छोटे भाई बहिन की शादी कराना या उनके पढ़ाई का खर्चा देना, (e) जुआरी या शराबी पिता/पति की जरूरतों को पूरा करना आदि। इन उप–श्रेणियों को अब आगे क्रमशः C_1(a), C_1(b), C_1(c), C_1(d), तथा C_1(d) कोड प्रदान किये गये।
- उपरोक्त कूट संकेतन प्रक्रिया को पहले अध्ययन के किसी एक प्रयोज्य से प्राप्त प्रदत्तों (साक्षात्कार से प्राप्त प्रतिलेखों) के लिये काम में लाया गया और फिर इसकी पुनरावृत्ति बाकी के 24 प्रयोज्यों से प्राप्त प्रदत्तों के कूट संकेतन हेतु की गई। इसके अतिरिक्त प्रयोज्यों के साक्षात्कार लेने के समय जो विशेष प्रतिक्रियायें उनके द्वारा व्यक्त की गईं और जो विशेष बातें उनके अशाब्दिक व्यवहार तथा शारीरिक भाषा द्वारा संप्रेषित हुईं, जो मुख्य बातें (मौखिक रूप में) उनके द्वारा कही गई उनके उन उद्धरणों को मार्कर से अच्छी तरह चिन्हित कर लिया गया ताकि निष्कर्ष निकालने एवं प्रतिवेदन में उन्हें प्रस्तुत करने में सुविधा रहे।

सोपान 5 : संकलन शीटों पर कूट संकेतीकरण प्रदत्तों को सारांशित करना (Summarizing Coded Data in Compilation Sheets)

संकलित प्रदत्तों (चाहे वे गुणात्मक हों या परिमाणात्मक) को कूट संकेतन उपरान्त उनके सारांशित रूप में संकलन शीटों (Compilation sheets) पर व्यवस्थित किया जाता है। इन शीटों में बहुत सारे कॉलम (Columns) बने होते हैं जिनमें अलग अलग भिन्न भिन्न शीर्षकों में विभिन्न श्रेणियों तथा उप–श्रेणियों से सम्बन्धित कूट संकेतीकृत प्रदत्तों की प्रविष्टि की जा सकती है। अनुसंधान अध्ययन के प्रत्येक अध्ययन इकाई या प्रसंग (Theme) हेतु अलग अलग शीटों का प्रयोग करना सर्वदा उपयुक्त रहता है। उदाहरण के लिये हमारे प्रस्तुत उदाहरणीय अध्ययन में पाँच प्रसंगों/श्रेणियों (कॉल गर्ल व्यवसाय में आने के कारण, सेवा दिये जाने वाले ग्राहकों के प्रकार, व्यवसाय चलाने का ढंग, व्यवसाय में बने रहने सम्बन्धी मजबूरी या आकर्षण, व्यवसाय से मुक्ति पाने या उसमें बने रहने की इच्छा) में संवर्गीकृत एवं संकेतीकरण प्रदत्तों की व्यवस्था एवं संगठन हेतु हम 5 अलग अलग संकलन शीटों का उपयोग कर सकते हैं। इस प्रकार से सभी 25 कॉल गर्ल्स के साक्षात्कारों से वृत्तान्तों के रूप में प्राप्त ऐसी जानकारी जिससे यह मालूम हो सके कि इस व्यवसाय में आने के पीछे कौन से कारण कार्य कर रहे हैं, को एक ही संकलन शीट पर इस तरह व्यवस्थित किया जा सकता है कि उसके विभिन्न कॉलमों में "कारण" श्रेणी की सभी उप–श्रेणियों तथा उप–उप–श्रेणियों को उनके कूट संकेतों सहित उचित स्थान प्राप्त हो सकें। यहाँ C_1 से लेकर C_7 तक की श्रेणियों और उनकी उप–श्रेणियों से सम्बन्धित प्रदत्तों को उनके सारांशित तथा संकेतीकृत रूप में स्थान देने हेतु विभिन्न कॉलमों का उपयोग किया जा सकता है। इसके अतिरिक्त यहाँ शोधकर्त्ता को अब 25 पंक्तियों (Rows) की जरूरत पड़ेगी ताकि प्रत्येक प्रयोज्य से सम्बन्धित प्रदत्त सामग्री को उसके आगे के कॉलमों में जगह दी जा सके।

इस प्रकार प्रदत्तों को उनके सारांशित तथा संकेतीकृत रूप में अच्छी तरह किसी एक का एक से अधिक शीटों पर अच्छी तरह व्यवस्थित कर एक शोधकर्त्ता अपने द्वारा एकत्रित प्रदत्तों की एक सम्पूर्ण झाँकी प्राप्त कर सकता है। जब वह कॉलमों में लिखी गई बातों को पढ़ता है तो उसके सामने सभी प्रयोज्यों द्वारा किसी प्रसंग या अध्ययन प्रकरण विशेष से सम्बन्धित दिये गये उत्तरों का पूरा विवरण सार रूप में सामने आ जाता है और जब पंक्तियों में पढ़ता है तो उसे प्रयोज्यों के विचारों का तुलनात्मक अध्ययन करने में पूरी सुविधा रहती है।

सोपान 6 : संकलन शीटों पर व्यवस्थित प्रदत्तों का वर्णन एवं प्रदर्शन (Describing and Displaying the Compiled Data)

गुणात्मक प्रदत्त विश्लेषण के इस चरण में एक अनुसंधानकर्त्ता को संकलन शीटों पर व्यवस्थित संकेतीकृत प्रदत्तों का भलीभाँति वर्णन और प्रदर्शन करने सम्बन्धी कार्य किया जाता है। जहाँ तक शब्दों में वर्णन करने का प्रश्न है तो इस सम्बन्ध में शोधकर्त्ता द्वारा निम्न बातों को ध्यान में रखा जाना चाहिये :

(i) अध्ययन किये जाने वाले व्यक्तियों, स्थानों, घटनाओं और परिस्थिति विशेष के बारे में कूट संकेतीकृत प्रदत्तों के माध्यम से जो भी संप्रेषित किया जा रहा है उसका शोधकर्त्ता द्वारा बहुत ही समृद्ध तथा सूक्ष्म विवरण (जिसे प्रायः गहन विवरण–thick description) की संज्ञा दी जाती है। प्रदान किया जाना चाहिये।

(ii) शोधकर्त्ता द्वारा किया गया वर्णन या दिया जाने वाला विवरण इतना अधिक स्पष्ट एवं प्रभावपूर्ण होना चाहिये कि पढ़ने वाले यह महसूस करने लगें कि जो कुछ वे पढ़ रहे हैं वह सामने दिखाई दे रहा है।

तालिका 32.1 भगोड़ेपन से सम्बन्धित कारणों को प्रदर्शित करने वाले सारांशित प्रदत्तों का सारणीबद्ध प्रस्तुतीकरण

विद्यालय वातावरण	गृह वातावरण संबंधी कारक	शिक्षक व्यवहार तथा शिक्षण संबंधी कारक	व्यक्तिगत कारक
(i) विद्यालय प्रांगण तथा परिवेश से कुसमायोजन (ii) विद्यालय में व्याप्त अनुशासनहीनता तथा अशांति (iii) सहपाठियों तथा उपलब्ध भौतिक सुविधाओं से असंतुष्टि एवं कुसमायोजन (iv) विद्यालय में पढ़ाये जाने वाले विषयों तथा होने वाले कार्यकलापों से असंतुष्टि	(i) परिवार के मनमुटाव एवं कलह (ii) गृहकार्य करने के लिए समय न मिलना (iii) विद्यालय समय में परिवार का हाथ बँटाने संबंधी मजबूरी (iv) खराब आर्थिक हालात	(i) शिक्षकों के व्यवहार से असंतुष्टि एवं निराशा (ii) शिक्षण विधियों से असंतुष्टि एवं पटरी न बैठना (iii) अध्यापक और विद्यार्थी के बीच आपसी विश्वास एवं समझ का अभाव	(i) खराब शारीरिक एवं मानसिक स्वास्थ्य (ii) आवश्यक पूर्व ज्ञान एवं अनुभवों की कमी (iii) विद्यालय के बाहर होने वाली गतिविधियों में आनन्द पाना (iv) विद्यालय शिक्षा के प्रति लगाव और रुचि में कमी। (v) संवेगात्मक एवं सामाजिक कुसमायोजन (vi) अवज्ञा तथा नियम भंग करने में गौरवान्वित होना।

चीजों का शब्दों में वर्णन करने के अतिरिक्त एक शोधकर्त्ता अपने अध्ययन के दौरान प्रेक्षित तथा प्रयोज्यों के साथ चर्चित विषयवस्तु से सम्बन्धित कूट संकेतीकृत सामग्री के उचित अवबोध हेतु कई उपयोगी चित्रात्मक प्रदर्शन साधनों जैसे तालिकाओं, चार्टों, ग्राफों तथा आरेखों आदि की उचित सहायता ले सकता है। उदाहरण

के लिये हम यहाँ समझना चाहेंगे कि सारांशित गुणात्मक प्रदत्तों के प्रदर्शन हेतु तालिकाओं तथा आरेखों का उपयोग कैसे किया जा सकता है। इस कार्य हेतु यहाँ हम पूर्व वर्णित उन श्रेणियों तथा उपश्रेणियों में विभाजित उस प्रदत्त सामग्री को ही उपयोग में लाना चाहेंगे जिन्हें हमने विद्यार्थियों के भगोड़े व्यवहार (Truancy) से जुड़े हुये कारणों को प्रकाश में लाने हेतु किया था।

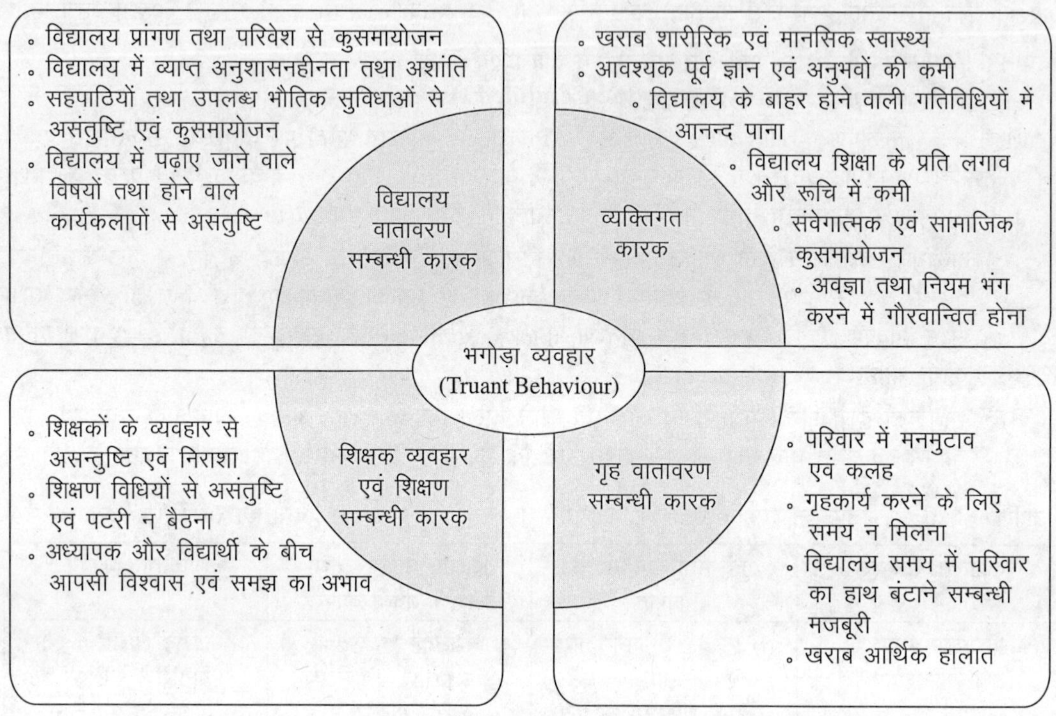

चित्र 32.3 विद्यार्थियों के भगोड़ेपन में निहित कारणों का चित्रात्मक प्रस्तुतीकरण।

सोपान 7 : प्रसंगों का संप्रत्यीकरण एवं निष्कर्ष निकालना (Conceptualizing Themes and Drawing of Conclusions)

प्रदत्तों का कूट संकेतन तथा उनका वर्णन/विवरण प्रदान करना (चाहे वह लिखित रूप में हो या प्रदर्शनात्मक रूप में) गुणात्मक प्रदत्त विश्लेषण के दो प्रमुख स्तरों या अवस्थाओं का प्रतिनिधित्व करने हैं। अपने तीसरे स्तर पर गुणात्मक विश्लेषण की यह प्रक्रिया शोधकर्त्ता से यह अपेक्षा करती है कि वह कूट संकलन तथा दिये जाने वाले विवरण के आधार पर जो मोटी सार रूप बातें (Broad themes) तथा निष्कर्ष निकल कर सामने आते हों उन्हें प्रकाश में लाने की चेष्टा करें ताकि वह सम्बन्धित अध्ययन प्रश्नों जैसे कॉल गर्ल व्यवसाय को अपनाने के पीछे क्या मजबूरियाँ तथा आकर्षण काम करते हैं ? इस व्यवसाय में किस प्रकार के व्यक्ति किस प्रकार से अपना जाल बिछाकर इस धंधे को बढ़ावा दे रहे हैं ? व्यवसाय को छोड़ने में क्या परेशानियाँ और समस्यायें सामने आ रही हैं ? आदि के उचित उत्तर प्राप्त करने में समुचित सहायता मिल सके।

सोपान 8 : प्रदत्तों की व्याख्या एवं उसका प्रस्तुतीकरण (Reporting and Interpreting Data)

शोधकर्त्ता द्वारा इस सोपान के अन्तर्गत प्रदत्त विश्लेषण से प्राप्त निष्कर्षों का अपनी ही तरह से अर्थापन कर उन्हें सबके सामने लिखित रूप में प्रस्तुत करने का प्रयत्न किया जाता है। बहुधा यह कार्य विवरणात्मक वृत्तान्त

(Narrative) के रूप में किया जाता है। वृत्तान्त या विवरणात्मक रूप में की जाने वाले इस प्रकार की प्रस्तुति सामान्य रूप से निम्न प्रकार की विशेषताओं से युक्त पाई जाती है।

- इसमें सरल और रोचक भाषा प्रयोग में लाई जाती है ताकि जो कुछ प्रस्तुत किया जा रहा है वह पाठकों को अच्छी तरह समझ में आ सके और उनकी जिज्ञासा तथा रुचि उसे पढ़ने में बराबर बनी रहे।
- अपने अध्ययन परिणामों को प्रदर्शनीय रूप में सामने लाने हेतु इसमें वे सभी आवश्यक दृश्यात्मक आरेखों तथा रेखाचित्रों का समावेश कर सकते हैं जिनके द्वारा प्रदत्त विश्लेषण से उभरती हुई घटनाओं, मामले या प्रसंगों की जटिलता के सरलीकरण एवं बोधगम्यता में आसानी हो।
- इसमें प्रयोज्यों के द्वारा मूल रूप से कहे गये महत्वपूर्ण कथनों को भी नमूने के तौर पर जहाँ तहाँ प्रस्तुत किया जाता रहना चाहिये ताकि पाठकों को यह विश्वास हो सके कि जो कुछ भी शोधकर्त्ता द्वारा अपने प्रतिवेदन (Report) में प्रस्तुत किया गया है वह वास्तविक घटनाओं तथा वृत्तान्तों का वास्तविक वर्णन और चित्रण है।

33

अनुसंधान प्रतिवेदन का लेखन

[Writing Research Report]

विषय प्रवेश (Introduction)

एक शोधकर्त्ता की शोधयात्रा का अन्तिम पड़ाव अनुसंधान प्रतिवेदन का लेखन कार्य है। अब तक जो भी कुछ अध्ययन किया गया है और जो लक्ष्य निर्धारित किया गया था उसको प्राप्त करने के लिए यह अध्ययन किस प्रकार किया गया उसे यहाँ पर अच्छी तरह सुसंगठित लिखित विवरण के रूप में प्रस्तुत किया जाता है, अनुसंधानकर्त्ता द्वारा तैयार किया गया यह लिखित स्वरूप ही अनुसंधान प्रतिवेदन के नाम से जाना जाता है। ग्रेवेटर एवं फोरजेनो (Gravetter and Forzano, 2003:400) के अनुसार :

अपने व्यावहारिक कार्यात्मक रूप में सामान्यतया अनुसंधान प्रतिवेदन से तात्पर्य अनुसंधान अध्ययन के उस लिखित विवरण से है जिसमें अनुसंधान के प्रयोजन का स्पष्ट कथन, वर्तमान अनुसंधान अध्ययन से सम्बन्धित पूर्व अनुसंधानों की समीक्षा, अनुसंधान के संपादन हेतु प्रयोग में लाई जाने वाली विधियों, अनुसंधान परिणामों का सारांश तथा इन परिणामों के बारे में आवश्यक चर्चा एवं उसकी व्याख्या का समावेश रहता है। अपने अनुसंधान प्रतिवेदन के लेखन द्वारा एक शोधकर्त्ता का उद्देश्य दूसरे लोगों को अपने अनुसंधान अध्ययन की प्रक्रियाओं और परिणामों से परिचित कराना होता है।

एक अनुसंधान अध्ययन द्वारा वास्तव में अपने प्रयोजन को तभी उचित रूप में पूरा किया जाता है जब उसे उन सभी के साथ बाँटा जाये जो उसके द्वारा किये गये अनुसंधान कार्य में अपनाई गई विधियों तथा परिणामों से परिचित होने में रुचि रखते हों। इसलिये यह कहा जाता है कि एक अनुसंधान कार्य, प्रोजेक्ट या अध्ययन तब तक पूर्णता को प्राप्त नहीं करता जब तक कि अनुसंधानकर्त्ता अनुसंधान प्रतिवेदन के रूप में इसका लिखित विवरण प्रस्तुत नहीं कर देता है। अनुसंधानकर्त्ता ने अपने अध्ययन में जो भी कुछ कार्य किया है उसके परिणामों की जानकारी मूल्यांकनकर्त्ताओं या अनुसंधान का उपयोग करने वालों को अनुसंधान प्रतिवेदन को पढ़ कर ही होती है। अनुसंधान प्रतिवेदन की गुणात्मकता निश्चित तौर पर एक अच्छे स्तर की होनी चाहिए जिससे कि अनुसंधानकर्त्ता अपने अनुसंधान प्रतिवेदन द्वारा जो कुछ भी सम्प्रेषित करना चाहता है, पाठक उसे अच्छी प्रकार से बोधगम्य कर सकें। इसलिए यह जरूरी है कि अनुसंधानकर्त्ता को एक अच्छे अनुसंधान प्रतिवेदन के लेखन के बारे में आवश्यक बातों की जानकारी ठीक प्रकार से होनी चाहिए। प्रस्तुत अध्याय में शोधकर्त्ता को अपने अनुसंधान प्रतिवेदन का अच्छे प्रभावपूर्ण प्रस्तुतीकरण में सहायता करने से सम्बन्धित ऐसी ही आवश्यक बातों की जानकारी कराई जा रही है।

एक अनुसंधान प्रतिवेदन का उद्देश्य (The Purposes Served by a Research Report)

एक अच्छे अनुसंधान प्रतिवेदन से अनुसंधान अध्ययन सम्बन्धी निम्न प्रकार की सूचनाएँ प्रदान करने की आशा की जाती है :

- **अनुसंधान अध्ययन क्यों किया गया ? (Why the study was undertaken?) :** अनुसंधान प्रतिवेदन बताता है कि अनुसंधानकर्त्ता ने यह अध्ययन क्यों किया है, इसकी पृष्ठभूमि क्या है, इसका कारण और प्रयोजन क्या है ?
- **अध्ययन का उद्देश्य क्या था ? (What was aimed?) :** अनुसंधान प्रतिवेदन अध्ययन के उद्देश्यों को स्पष्ट करता है और बताता है अध्ययन को क्रियान्वित करके किन परिकल्पनाओं का परीक्षण किया गया।
- **क्या योजना बनाई गई ? (What was planned?) :** अध्ययन की परिकल्पना का परीक्षण करने या उद्देश्यों को प्राप्त करने के लिए क्या योजना बनाई गई या क्या अभिरूप तैयार किया गया, उसके बारे में यह बताता है।
- **क्या किया गया ? (What was done?) :** अनुसंधान प्रतिवेदन अपने पाठकों को बताता है कि अनुसंधानकर्त्ता ने अध्ययन के उद्देश्य को प्राप्त करने और अध्ययन की योजना के बारे में क्या प्रक्रिया अपनाई तथा किन विधियों का प्रयोग किया गया ? एक अच्छे प्रतिवेदन में अनुसंधानकर्त्ता ने अपने अध्ययन कार्य के लिए जो प्रक्रिया अपनाई है उसके प्रत्येक सोपान या पक्ष का आवश्यक विस्तार में वर्णन करने का यहाँ प्रयास किया जाता है।
- **क्या प्राप्त किया गया ? (What has been found?) :** एक प्रतिवेदन पाठकों को इस बात से परिचित कराने का प्रयास करता है कि अनुसंधान अध्ययन के क्रियान्वयन से क्या प्राप्त किया गया है ? यह अनुसंधान परिकल्पना की स्वीकृति या अस्वीकृति के बारे में बताता है और अध्ययन के परिणामों तथा निष्कर्ष से पाठकों को परिचित कराता है।
- **वर्तमान अनुसंधान अध्ययन दूसरों के लिए किस प्रकार सहायक हो सकता है ? (How the present study will be proving helpful to others?) :** अनुसंधान प्रतिवेदन में इस बात की भी चर्चा की जाती है और संकेत दिया जाता है कि अध्ययन के परिणाम अध्ययन के परिणामों के उपभोक्ताओं के लिए किस प्रकार सहायक होंगे और वर्तमान अध्ययन से सम्बन्धित क्षेत्र में और आगे अध्ययन करने के लिए भावी शोधकर्त्ताओं की सहायता किस प्रकार से कर सकेंगे। प्रत्यक्ष या अप्रत्यक्ष रूप से यह दूसरों से अपने अध्ययन के अभिकल्प, विधितंत्र, क्रियान्वयन और परिणामों से आवश्यक जानकारी प्राप्त करने के लिए कहता है।
- **वर्तमान अध्ययन, अध्ययन क्षेत्र से जुड़े अन्य ज्ञान भंडार से किस रूप में सम्बन्धित है? (How the present study is related to other knowledge in the area?) :** ग्रेवेटर और फोर्जेनो (Gravetter and Forzano, 2003:399) के अनुसार, "क्योंकि एक अच्छा अनुसंधान अध्ययन अपने आप में अलग नहीं रहता बल्कि वर्तमान ज्ञान भंडार से ही उसकी आगामी वृद्धि होती है और फिर वह स्वयं इस ज्ञान भंडार में वृद्धि का कारण बनता है इसलिए एक अनुसंधान प्रतिवेदन के द्वारा प्रस्तुत अध्ययन तथा विगत या भूतकालीन ज्ञान के मध्य निहित संयोजन अथवा सम्बन्ध को अवश्य ही प्रदर्शित किया जाना चाहिए।"

अनुसंधान प्रतिवेदन की संरचना (Structuring the Research Report)

किसी अनुसंधान अध्ययन के प्रतिवेदन को लिखने में एक बुनियादी प्रश्न जो हमेशा उठता है, वह है अनुसंधान प्रतिवेदन की संरचना के बारे में निर्णय लेना, जैसे – क्या लिखा जाए और इस उद्देश्य के लिए उसे विभिन्न विभागों या उपविभागों में किस प्रकार व्यवस्थित किया जाए। विशेष तौर पर एक अनुसंधान प्रतिवेदन की संरचना अक्सर अनुसंधान प्रतिवेदन लेखन के प्रयोजन पर निर्भर करती है, जैसे (i) एक स्नातकोत्तर पाठ्यक्रम की आवश्यकता पूर्ति हेतु एक लघुशोध प्रबन्ध (Dissertation) तथा पीएच.डी. उपाधि हेतु शोध प्रबन्ध का लेखन (ii) एक अनुसंधान प्रपत्र के रूप में प्रतिवेदन लेखन। हम इस अध्याय में अनुसंधान प्रतिवेदन के इन दोनों प्रकार के लेखन की चर्चा करेंगे। परन्तु पहले हम पीएच.डी. के शोधकार्य एवं लघुशोध प्रबन्ध से सम्बन्धित अध्ययन के अनुसंधान प्रतिवेदन के लेखन पर अपना ध्यान केन्द्रित करना चाहेंगे।

लघुशोध प्रबन्ध एवं पीएच.डी. के शोध प्रबन्ध के लिए अनुसंधान प्रतिवेदन लेखन (Research Report Writing for the Dissertation and Thesis Work)

कुछ विश्वविद्यालयों एवं संस्थाओं में स्नातकोत्तर डिग्री के लिए लघु शोध प्रबन्ध तथा पीएच.डी. के शोध प्रबन्ध (Thesis) के लिए किए जाने वाले अध्ययनों के लिए शोध प्रतिवेदन लिखने की प्रक्रिया मानकीकृत होती है। शोधकर्त्ताओं को अपना शोध प्रतिवेदन प्रस्तुत करने के लिए उसका दृढ़तापूर्वक पालन करना होता है। कुछ अन्य विश्वविद्यालयों तथा संस्थाओं में इस कार्य हेतु केवल मात्र कुछ आवश्यक मार्गदर्शक बिन्दु ही प्रदान किये जाते हैं ताकि शोधकर्त्ताओं को अपने अनुसंधान प्रतिवेदन को उनके अपने अनुसंधान अध्ययन तथा पाठकों को ध्यान में रख कर प्रस्तुत करने हेतु समुचित लचीलेपन की उपलब्धि हो सके। परन्तु सामान्य रूप से एक ऐसा प्रारूप जिसे तालिका 33.1 में प्रदर्शित किया गया है लघु शोध एवं पी.एच.डी. शोध प्रबन्ध सम्बन्धी अनुसंधान प्रतिवेदन के लेखन में उचित रूप से सहायक सिद्ध हो सकता है।

तालिका 33.1 लघुशोध प्रबंध या शोधप्रबंध के प्रतिवेदन का सामान्य प्रारूप व इसकी विषय सूची।

शीर्षक पृष्ठ
आभाराभिव्यक्ति
विषयसूची तालिका (सारिणियों, चित्रों तथा परिशिष्ट की सूची सहित)
अध्याय 1 प्रस्तावना
अध्याय 2 समस्या
अध्याय 3 सम्बन्धित साहित्य का पुनरावलोकन
अध्याय 4 अध्ययन का विधितंत्र या प्रक्रिया
अध्याय 5 प्रदत्त विश्लेषण
अध्याय 6 परिणामों का प्रस्तुतीकरण एवं व्याख्या
अध्याय 7 अध्ययन के निष्कर्ष एवं सिफारिशें
सारांश
संदर्भ
परिशिष्ट

शीर्षक पृष्ठ (Title Page)

अनुसंधान प्रतिवेदन का प्रथम पृष्ठ आवरण पृष्ठ या शीर्षक पृष्ठ होता है। इस पर कोई पृष्ठ संख्या नहीं होती है। साधारणतया इसमें निम्न प्रकार की परिचयात्मक सूचनाएँ होती हैं :

- अध्ययन का शीर्षक
- शोधकर्त्ता का नाम
- शोधकर्त्ता की संस्था या विश्वविद्यालय से सम्बद्धता
- विश्वविद्यालय का नाम जिसको शोध प्रतिवेदन प्रेषित किया जा रहा है और डिग्री जिसके लिए प्रतिवेदन प्रस्तुत किया जा रहा है।

शोधकर्त्ता को अपने शोध अध्ययन के लिए एक उचित शीर्षक प्रदान करने में काफी सावधान रहना चाहिये। समस्या का कथनीकरण करने या उसका नाम देने से यह कार्य कुछ भिन्न होता है। शोध प्रतिवेदन के आवरण पृष्ठ पर दिए जाने वाला यह शीर्षक काफी संक्षिप्त (10 से 15 शब्द, जिनमें संज्ञा शब्द प्रमुख रूप से काम आएं) परन्तु अर्थपूर्ण होना चाहिए जिससे यह पता चले कि यह अध्ययन किस बात से सम्बन्ध रखता है।

आभार-अभिव्यक्ति (Acknowledgements)

अनुसंधान प्रतिवेदन में एक सामान्य चलन यह भी है कि उन लोगों के प्रति आभार व्यक्त किया जाए जिन्होंने अनुसंधान अध्ययन करने और अनुसंधान प्रतिवेदन प्रस्तुत करने में अपना विशेष योगदान किया है या सहयोग दिया है। परन्तु आभार व्यक्त करते हुए व्यर्थ की अनावश्यक चापलूसी नहीं करनी चाहिए। यह संक्षिप्त और सार्थक हो, जिससे व्यक्तियों तथा संस्थाओं द्वारा अमूल्य मार्गदर्शन, प्रशासनिक सुविधायें तथा आर्थिक सहायता देने के लिए उनको उचित श्रेय दिया जा सके तथा उनके प्रति कृतज्ञता व्यक्त की जा सके। इन पृष्ठों पर कोई पृष्ठ संख्या नहीं डाली जाती।

विषय सूची तालिका (तालिकाओं, चित्रों और परिशिष्ट की सूची) (Table of Contents—Including List of Tables, Figures and Appendices)

प्रतिवेदन की विभिन्न प्रकार की विषय सामग्री की सही सही स्थिति (पृष्ठ संख्या के रूप में) के सम्बन्ध में सूचना प्रदान करने के लिए शोध प्रतिवेदन की विषय सूची तालिका एक प्रमुख स्रोत का कार्य करती है। सामान्यतः इसमें निम्न प्रकार की बातों का समावेश रहता है।

- अध्यायों का शीर्षक और उनके उपविभाग (पृष्ठ संख्या सहित)
- तालिकाओं की सूची (पृष्ठ संख्या सहित)
- चित्रों की सूची (पृष्ठ संख्या सहित)
- परिशिष्ट की सूची (पृष्ठ संख्या सहित)
- संदर्भ सूची (जिसे परिशिष्ट से ठीक पहले प्रदान किया जाता है – उसका शीर्षक तथा पृष्ठ संख्या)

अध्याय I : विषय प्रवेश/प्रस्तावना (Introduction)

यह शोध प्रतिवेदन का प्रारम्भिक अध्याय है। यह बताता है कि किस बात ने शोधकर्त्ता को वर्तमान शोध करने के लिए प्रेरित किया और फलस्वरूप इस अध्याय में जो कुछ भी लिखा जाता है उससे शोध अध्ययन की क्या आवश्यकता थी, इसे प्रकाश में लाया जाता है। आइये देखते हैं कि इस अध्याय में शोधकर्त्ता को क्या लिखना चाहिये :

यहाँ शोधकर्त्ता को अध्ययन से सम्बन्धित अवधारणा के बारे में आवश्यक बातें लिखकर अध्याय की शुरुआत करनी चाहिए। उदाहरण के लिए, अध्यापकों की संवेगात्मक बुद्धि और उनकी शिक्षण प्रभावशीलता के मध्य सहसम्बन्ध से सम्बन्धित अध्ययन में शोधकर्त्ता से यह आशा की जाती है कि वह संवेगात्मक बुद्धि और शिक्षण प्रभावशीलता की अवधारणा के बारे में आवश्यक प्रारम्भिक विवरण प्रदान करें।

इसके बाद में वह इस सम्बन्ध में पूर्व शोधकर्त्ताओं एवं लेखकों द्वारा किए गए महत्त्वपूर्ण अध्ययनों का उल्लेख करके अध्यापकों की संवेगात्मक बुद्धि और शिक्षण प्रभावशीलता के मध्य सम्भावित सहसम्बन्ध के बारे में कुछ संकेत प्रदान कर सकता है। फिर उसे यह स्पष्ट करना चाहिये कि उसके द्वारा किया गया प्रस्तुत अध्ययन, पहले किए गए अध्ययनों से कितना अलग है। एक तरीका यह भी है कि वह मानवीय प्रयासों में सफलता प्राप्त करने के लिए संवेगात्मक बुद्धि के योगदान की चर्चा करे और फिर यह बताए कि प्रस्तुत शोधकर्त्ता ने यह अध्ययन इस बात को देखने के लिए किया है कि व्यक्ति की संवेगात्मक बुद्धि उसकी शिक्षण प्रभावशीलता को किस सीमा तक प्रभावित करती है।

इस प्रकार इस प्रारम्भिक अध्याय में लिखी जाने वाली विषयवस्तु, अध्ययन से सम्बन्धित मुख्य अवधारणा से पाठकों को परिचित कराने के साथ साथ शोध अध्ययन करने का एक उचित आधार प्रदान करती हुई यह बताती है कि प्रस्तुत अध्ययन करने के बारे में किन परिस्थितियों और आवश्यकताओं ने शोधकर्त्ता को चिन्तन मनन करने के लिए प्रेरित किया।

शोधकर्त्ता को अपने शोध प्रतिवेदन के इस परिचयात्मक भाग में अध्ययन की अवधारणा को स्पष्ट करने के साथ यह भी ध्यान रखना चाहिए कि यह परिचयात्मक सूचनाएँ भूतकाल में लिखी जाती हैं क्योंकि यह भाग पहले की गई शोधों या अध्ययनों के परिणामों का उल्लेख और वर्णन करता है। अन्त में जहाँ पर शोधकर्त्ता को अपने अध्ययन के उद्देश्य का उल्लेख करना होता है, उसे भविष्यकाल का प्रयोग करना चाहिए, जैसे – "अध्ययन का उद्देश्य है ......।"

अध्याय II : समस्या (The Problem)

परिचयात्मक अध्याय में अध्ययन की पृष्ठभूमि से परिचित कराने और अध्ययन की आवश्यकता और उचित आधार स्पष्ट करने के उपरान्त शोधकर्त्ता इस द्वितीय अध्याय में अध्ययन समस्या के वास्तविक स्वरूप से पाठकों को परिचित कराता है। अपने इस प्रयोजन की पूर्ति हेतु इस अध्याय में निम्न बातों को स्थान देने का प्रयत्न किया जाता है : (i) समस्या का कथन (ii) परिकल्पना/परिकल्पनाओं का कथन (iii) अध्ययन का उद्देश्य (iv) अध्ययन में शामिल पदों की कार्यात्मक परिभाषा और (v) अध्ययन का सीमांकन। आइये देखते हैं इन सभी उप–शीर्षकों के अन्तर्गत क्या लिखा जाता है।

समस्या का कथन (Statement of the problem) : यहाँ पर एकदम स्पष्ट और संक्षिप्त पदावली में शोध समस्या का कथन किया जाता है। समस्या का कथनीकरण करते समय शोधकर्त्ता को अपने अध्ययन में शामिल चरों को स्पष्ट करने का प्रयास करना चाहिए। परन्तु इस समय यहाँ अध्ययन में शामिल चरों की कार्यात्मक परिभाषाएँ प्रदान करने की कोई आवश्यकता नहीं होती है। इसलिए यहाँ पर समस्या कथन के माध्यम से चरों का परिचय उनके सम्प्रत्ययात्मक स्वरूप में ही देना चाहिए ना कि उनके संक्रियात्मक स्वरूप में। चरों का केवल नाम बताना चाहिए, इस समय उनके मापन तकनीकों के वर्णन की कोई आवश्यकता नहीं है, जैसे – "अध्ययन का उद्देश्य.................. और .... के मध्य सम्बन्धों का परीक्षण करना था।"

परिकल्पना का कथन (Statement of the hypotheses) : इस उपविभाग में शोधकर्त्ता को अपने अध्ययन की परिकल्पना या परिकल्पनाओं के बारे में कथन करना होता है। शोध अध्ययन के वास्तविक केन्द्रबिन्दु तथा दिशा को प्रतिबिम्बित करने सम्बन्धी एकमात्र उद्देश्य को दृष्टि में रखकर जितना सम्भव हो यह कथनीकरण उतना ही स्पष्ट और संक्षिप्त होना चाहिए। एक शोधकर्त्ता द्वारा अपनी इन परिकल्पनाओं को ऐसी शून्य तथा अनुसंधान परिकल्पनाओं के प्रारूप में प्रस्तुत करना चाहिए जिससे अध्ययन के दौरान संकलित साक्ष्यों के आधार पर उनकी जाँच करने हेतु स्पष्ट मार्ग सामने आ सके। शोधकर्त्ता ने इस प्रकार की परिकल्पनाएँ क्यों स्थापित कीं, इसके बारे में भी यहाँ आवश्यक औचित्य प्रदान किया जा सकता है।

अध्ययन के उद्देश्य (Objectives of the study) : अपने शोध प्रतिवेदन के इस उप–विभाग में शोधकर्त्ता एक स्पष्ट और संक्षिप्त ढंग से अपने अध्ययन के उद्देश्यों को प्रस्तुत करता है, जैसे – प्रस्तुत अध्ययन का उद्देश्य था ...

(i) विद्यालय अध्यापकों की संवेगात्मक बुद्धि और शिक्षण प्रभावशीलता के मध्य सम्बन्ध का पता लगाना।

(ii) संवेगात्मक बुद्धि के संदर्भ में पुरुष और महिला अध्यापकों (या ग्रामीण और शहरी क्षेत्र में कार्यरत अध्यापकों, सरकारी और गैर सरकारी विद्यालयों में कार्यरत अध्यापकों) की तुलना करना।

(iii) शिक्षण प्रभावशीलता के सन्दर्भ में पुरुष और महिला शिक्षकों या ग्रामीण और शहरी विद्यालयों में कार्यरत/सरकारी और गैर सरकारी विद्यालयों में कार्यरत) की तुलना करना।

अध्ययन में शामिल पदों की संक्रियात्मक परिभाषायें (Operational Definitions of the Terms Involved in the Study)

इस उप–विभाग में शोधकर्त्ता अध्ययन में सम्मिलित पदों की आवश्यक संक्रियात्मक परिभाषाएँ प्रदान करने का प्रयास करता है। "अध्यापकों की शिक्षण प्रभावशीलता के साथ उनकी संवेगात्मक बुद्धि के सम्बन्ध का परीक्षण करने वाले शोध अध्ययन के सन्दर्भ में" यहाँ हम इसको स्पष्ट करना चाहेंगे।

- **अध्यापक :** प्रस्तुत अध्ययन में 'अध्यापक' पद से शोधकर्त्ता का अभिप्राय माध्यमिक विद्यालयों (सरकारी/गैर सरकारी और ग्रामीण/शहरी) में कार्यरत अध्यापकों (पुरुष एवं महिला) से है।
- **संवेगात्मक बुद्धि :** संवेगात्मक बुद्धि पद से अभिप्राय विद्यालय अध्यापकों की संवेगात्मक बुद्धि का मापन करने के लिए प्रयुक्त मानकीकृत परीक्षण से प्राप्त प्राप्तांकों से है।
- **शिक्षण प्रभावशीलता** पद का प्रयोग, विद्यालय अध्यापकों की शिक्षण प्रभावशीलता का मापन करने के लिए प्रयुक्त एक मानकीकृत परीक्षण से प्राप्त प्राप्तांकों के लिए किया गया है।

अध्ययन का सीमांकन (Delimitation of the study) : द्वितीय अध्याय के इस उपविभाग में शोधकर्त्ता अपने अध्ययन की उन सीमाओं का उल्लेख करता है जिन्हें वह अपने अध्ययन के किसी एक या अन्य पहलू (जैसे – अध्ययन का क्षेत्र, प्रदत्त संकलन के लिए प्रयुक्त उपकरण या साधन, लिए जाने वाले प्रतिदर्श, काम में लाई जाने वाली विधियाँ, अध्ययन में प्रयुक्त चर, विघ्नकारी या अतिरिक्त चरों पर उचित नियन्त्रण स्थापित करने में आने वाली कमियाँ, अध्ययन के क्रियान्वयन हेतु मिलने वाले सहयोग की गुणवत्ता आदि) के सम्बन्ध में अनुभव करता है या उनका सामना करता है।

अध्याय III : सम्बन्धित साहित्य का पुनर्वीक्षण (Review of the Related Literature)

किसी भी एक नवीन शोध या अन्वेषण का आधार, उसकी समस्या या विचार से सम्बन्धित, पूर्व समय में की गई शोध या अनुसंधान होते हैं। यह न केवल पहले से ही निष्कर्षित परिणामों पर पुनः कार्य करने से शोधकर्त्ता को रोकने में सहायता करते हैं बल्कि ये शोधकर्त्ताओं का शोध कार्य में होने वाली त्रुटियों से बचाव करने तथा उसके वर्तमान में किए जाने वाले अध्ययन के लिए सही दिशा का चुनाव करने में भी आवश्यक मार्गदर्शन प्रदान करते हैं। साहित्य का पुनर्वीक्षण हमेशा भूतकाल में लिखा जाता है क्योंकि इसका सम्बन्ध किसी व्यक्ति के द्वारा पहले से ही किए गए प्रकाशित या अप्रकाशित कार्य से होता है। पुनर्वीक्षण की लम्बाई, उपलब्ध होने वाले सार्थक अध्ययनों की संख्या तथा शोध प्रतिवेदन के प्रयोजन पर निर्भर होने के कारण अलग अलग शोधों में भिन्न भिन्न हो सकती है। डॉक्टरेट शोध प्रबन्ध (Ph.D. Thesis) तथा स्नातकोत्तर लघुशोध प्रबन्धों (Post graduation dissertations) में निश्चित तौर पर जर्नलों के लेखों की तुलना में साहित्य पुनर्वीक्षण काफी ज्यादा मात्रा में प्रदान किया जाता है। इसके अतिरिक्त जर्नलों के लेखों में साहित्य पुनर्वीक्षण एक विभागीय शीर्षक के रूप में अलग से नहीं होता बल्कि यह विषय प्रवेश या परिचर्चा विभागों में ही समाहित रहता है। इन दोनों प्रकार के अनुसंधान प्रतिवेदनों में एक शोधकर्त्ता से यह अपेक्षा अवश्य की जाती है कि वह इस पुनर्वीक्षण कार्य को समस्या कथन तथा निर्धारित परिकल्पनाओं के संदर्भ में सार्थक बनाए रखे। साहित्य पुनर्वीक्षण के इस अध्याय को लिखते हुए शोधकर्त्ता को इसे निम्न उपविभागों में बाँटकर प्रस्तुत करने का प्रयत्न करना चाहिये :

1. प्रस्तावना विभाग (The Introductory section) : शोध प्रतिवेदन का यह अध्याय एक संक्षिप्त परिचय से प्रारम्भ होना चाहिए। इसका उद्देश्य पाठकों को सम्बन्धित साहित्य की उपलब्धता की प्रकृति से सम्बन्धित सूचनाओं को संक्षेप में प्रदान करना है और यह भी बताना है कि साहित्य का विश्लेषण किस ढंग से संगठित किया गया है। उदाहरण के लिए "विद्यालय अध्यापकों की संवेगात्मक बुद्धि और अध्यापन प्रभावशीलता के मध्य सम्बन्ध" के सन्दर्भ में अध्ययन के लिए पुनर्वीक्षण लेखन करते समय शोधकर्त्ता बता सकता है कि प्रस्तुत

अध्याय में प्रदान किया गया अध्ययनों का पुनर्वीक्षण निम्न उपविभागों में विभाजित किया गया है : (i) विद्यालय अध्यापकों की संवेगात्मक बुद्धि का मापन करने वाले अध्ययनों का पुनर्वीक्षण (ii) विद्यालय अध्यापकों की अध्यापन प्रभावशीलता का मापन करने वाले अध्ययनों का पुनर्वीक्षण (iii) अध्यापकों के व्यक्तित्व या व्यवसाय के किसी एक या दूसरे गुणों, जैसे : समायोजन, कार्य सन्तुष्टि, व्यावसायिक सफलता और वैयक्तिक जीवन में सफलता आदि पर संवेगात्मक बुद्धि के प्रभाव को प्रदर्शित करने वाले अध्ययनों का पुनर्वीक्षण और (iv) विद्यालय अध्यापकों की संवेगात्मक बुद्धि और अध्यापन प्रभावशीलता के बीच सम्बन्ध से सम्बन्धित अध्ययनों का पुनर्वीक्षण।

2. मुख्य भाग से सम्बन्धित विभाग (The main body section) : पुनर्वीक्षण लेखन के इस मुख्य विभाग में शोधकर्त्ता को अध्याय के सभी उपविभागों से सम्बन्धित अध्ययनों के विवरण पर ध्यान केन्द्रित करना चाहिए। किसी विशेष शोध अध्ययन के विवरण में निम्न बातें बतानी चाहियें : (i) अध्ययन का शीर्षक (ii) शोधकर्त्ता का नाम, अप्रकाशित शोध प्रबन्ध (Thesis) या लघुशोध प्रबन्ध (Dissertation) प्रस्तुत करने का वर्ष और यदि प्रकाशित हो तो प्रकाशन का वर्ष (iii) अध्ययन के प्रयोजन या उद्देश्य, अध्ययन की समष्टि, प्रतिदर्श प्रक्रिया, प्रदत्त संकलन प्रक्रिया, उपकरण या प्रयोग किए गए परीक्षण, प्रदत्त विश्लेषण की विधि तथा अध्ययन के प्रमुख परिणाम या निष्कर्ष आदि का उल्लेख करते हुए अध्ययन का संक्षिप्त विवरण।

3. समीक्षात्मक विश्लेषण और संक्षेप विभाग (The critical analysis and summary section) : इस समापन विभाग में शोधकर्त्ता को सर्वप्रथम अध्याय के विभिन्न उपविभागों से सम्बन्धित अध्ययनों का संक्षिप्त सारांश तथा समीक्षात्मक विश्लेषण प्रदान करने की तरफ ध्यान देना चाहिए और फिर अपने द्वारा किए जाने वाले प्रस्तुत अध्ययन में उठाए गए शोध प्रश्नों का उत्तर देने के लिए पहले किए गए अध्ययनों की कमियों और सीमाओं की ओर ध्यान दिलाने का प्रयत्न करना चाहिए। शोधकर्त्ता को यहाँ यह स्पष्ट कर देना चाहिए कि उसका अध्ययन उठाए गए प्रश्नों के सन्दर्भ में पहले किए गए अध्ययनों से किस प्रकार भिन्न है और यह पहले किए गए अध्ययनों से किस प्रकार ज्यादा प्रभावशाली सिद्ध होगा। परन्तु ऐसा करने में उसे अपने आपको इस गलतफहमी से मुक्त रखना चाहिए कि समीक्षा लेखन से तात्पर्य उन श्रेणीबद्ध अनुच्छेदों का लेखन है जिनमें प्रत्येक के द्वारा किसी अध्ययन विशेष को सारांशित किया जाता है। इस प्रकार आगे बढ़ने में साहित्य पुनर्वीक्षण के वास्तविक प्रयोजन को पूरा नहीं किया जा सकता। क्योंकि इससे विषय विशेष से सम्बन्धित साहित्य की मुख्यधारा से जुड़ना और उसमें बने रहना मुश्किल हो जाता है। वास्तव में जैसा कि वर्ग और लेटिन (Berg & Latin, 2008:43) ने जोर दिया है, *साहित्य पुनर्वीक्षण के द्वारा किसी एक प्रकरण विशेष पर किए गए विविध अध्ययनों से प्राप्त परिणामों का उचित रूप से विश्लेषण और समीक्षा करने की कोशिश की जानी चाहिए। इसके द्वारा केवल मात्र अध्ययनों को सारांशित करने और उसके परिणामों का उल्लेख करने के अतिरिक्त कुछ और अधिक उपयुक्त बातें प्रदान की जानी चाहिये।*

अध्याय IV : अध्ययन की विधि या प्रक्रिया (Methodology or Procedure of the Study)

शोध अध्ययन की विधि या प्रक्रिया के विवरण से सम्बन्धित यह अध्याय वास्तव में शोध प्रतिवेदन का हृदय या मुख्य भाग है। इसमें आधारभूत शोध योजना का वर्णन किया जाता है। उपयोगिता की दृष्टि से यह एक व्यंजन पुस्तिका के सदृश्य है जो संक्षेप में वे सभी बातें प्रदान करती है कि एक शोधकर्त्ता के द्वारा शोध अध्ययन वास्तव में किस प्रकार किया गया। इस प्रकार से इन सभी विधियों का विस्तार में वर्णन करने का प्रयोजन दूसरे लोगों को इस अध्ययन की पुनरावृत्ति करने या दोहराने में सहायता करना है ताकि प्रस्तुत अध्ययन के परिणामों की विश्वसनीयता और व्यावहारिकता को उचित रूप से परखा जा सके और साथ ही दूसरे लोगों को यह जानने में भी मदद करना है कि प्रस्तुत अध्ययन में प्रयुक्त विधियों या प्रक्रिया (प्रतिदर्श प्रतिचयन, प्रयुक्त उपकरण, चरों के नियन्त्रण, प्रदत्त संकलन और उनका विश्लेषण आदि के संदर्भ में) ने अध्ययन के परिणामों को प्रभावित करने में

किस प्रकार की भूमिका निभायी है। यह भूतकाल में लिखा जाता है तथा इसके द्वारा अध्ययन के विभिन्न चरणों या प्रक्रियात्मक बातों का विवरण देने हेतु निम्न प्रकार के उपविभागों या शीर्षकों का उपयोग किया जाता है।

1. अध्ययन की समष्टि (Population of the study) : यहाँ पर शोधकर्त्ता को अपनी अध्ययन समष्टि का सही सही विवरण प्रस्तुत करना होता है। जितना संभव हो यह उतना संक्षिप्त होना चाहिए। उदाहरण के लिए उपभोक्ता व्यवहार सम्बन्धी एक अध्ययन या बाजार सम्बन्धी शोध में समष्टि को परिभाषित करने के लिए नीचे दिए गए कथन के अनुसार केवल एक वाक्य ही काफी होगा :

"वर्तमान अध्ययन के समष्टि में वे सभी प्रौढ़ उपभोक्ता शामिल हैं जिन्होंने प्रतिचयन के समय के दौरान हमारे शहर के रिलायंस स्टोर से खरीदारी की।"

2. प्रतिचयन प्रक्रिया (Sampling procedure) : यहाँ पर शोधकर्त्ता से यह अपेक्षा की जाती है कि वह अपने अध्ययन की समष्टि में से प्रयोज्यों का चयन करने के लिए प्रयोग में लाए गए सोपानों और विधियों का उल्लेख करते हुए प्रतिचयन प्रक्रिया का विस्तृत विवरण प्रदान करे। यह बहुत जरूरी है क्योंकि शोध प्रतिवेदन को पढ़ने वाले इस बात से आश्वस्त होने चाहिएँ कि अध्ययन का प्रतिदर्श वास्तव में समष्टि का प्रतिनिधित्व करता है।

3. प्रदत्त संकलन के लिए प्रयुक्त उपकरण (Instruments used for data collection) : अध्ययन के शोध प्रश्नों का उत्तर प्राप्त करने के लिए प्रदत्तों का संकलन करने के लिए प्रयोग में लाए गए उपकरण या साधनों जैसे – प्रश्नावली, मानकीकृत परीक्षण, निर्धारण मापनी, साक्षात्कार अनुसूची आदि का इस उपविभाग में वर्णन किया जाता है। यहाँ पर शोधकर्त्ता प्रयुक्त उपकरण की प्रकृति के सम्बन्ध में जरूरी विस्तृत विवरण दे सकता है, उपकरण के चयन के बारे में अपना तर्कपूर्ण आधार प्रस्तुत कर सकता है, उपकरण के निर्माण से सम्बन्धित विवरण दे सकता है (यदि यह उसके स्वयं के द्वारा बनाया गया है) और उसके मानकीकरण, विश्वसनीयता तथा वैधता (यदि वह किसी मान्य प्रकाशक या लेखक से सम्बन्धित है) की प्रकृति के बारे में विस्तृत विवरण प्रस्तुत कर सकता है।

4. कार्य एवं सामग्री (Tasks and materials) : इस उपविभाग में प्रयोग या क्षेत्रीय अध्ययन से सम्बन्धित कुछ गतिविधियों में भाग लेने के लिए प्रयोज्यों द्वारा उपयोग में लाई गई सामग्री और क्रियाओं की प्रकृति के बारे में उल्लेख किया जाता है।

5. स्वतन्त्र और परतन्त्र चर (Independent and dependent variables) : इस उपविभाग में शोधकर्त्ता से यह अपेक्षा की जाती है कि वह अध्ययन में शामिल चरों का उल्लेख करे। उसे अपने अध्ययन के स्वतन्त्र चरों, परतन्त्र चरों और विघ्नकारी चरों का स्पष्ट रूप से उल्लेख करना चाहिए। साथ ही परतन्त्र चरों के मापन के लिए प्रयुक्त विधियों तथा विघ्नकारी चरों पर आवश्यक नियन्त्रण रखने के लिए प्रयुक्त उपायों का भी विशेष रूप से उल्लेख करना चाहिए।

6. कार्य प्रणाली (Procedure) : इस उपविभाग में अध्ययन के क्रियान्वयन के लिए प्रत्येक सोपान में प्रयुक्त प्रक्रिया का उल्लेख किया जाता है। टकमैन (Tuckna, 1999:355) के अनुसार इस विभाग में निम्न बातें शामिल हो सकती हैं :

(i) प्रयुक्त सोपानों का विशिष्ट क्रम

(ii) अध्ययन में लगा समय (उदाहरण के लिए विभिन्न प्रक्रियाओं के लिए कितना समय स्वीकृत किया गया और प्रक्रियाओं में कितना समय लगा)

(iii) प्रयोज्यों को दिए गए निर्देश

(iv) संक्षिप्त रूप में समझाना, संक्षिप्तीकरण को स्पष्ट करना तथा अध्ययन में रखी जाने वाली सावधानियों की ओर इशारा करना।

उपरोक्त बातों के अतिरिक्त इस उपविभाग में प्रयोज्यों या अनुसंधान प्रश्नों के उत्तर प्राप्त करने हेतु प्रदत्तों के संकलन सम्बन्धी स्रोतों तक पहुँचने के लिए क्या प्रक्रिया अपनाई गई, प्रदत्तों का संकलन करने के लिए सम्बन्धित अधिकारियों से अनुमति लेने तथा प्रदत्तों के संग्रह हेतु क्या तरीका अपनाया गया आदि बातों का भी यहाँ उल्लेख किया जाता है।

अध्याय V : प्रदत्त विश्लेषण (Data Analysis)

पिछले अध्याय में प्रदत्तों के संकलन के बारे में चर्चा करने के उपरान्त इस अध्याय में अध्ययन में उठाए गए प्रत्येक शोध प्रश्न के सम्बन्ध में प्रदत्त विश्लेषण के कार्य का पूरी तरह वर्णन किया जाता है। यह शोध अध्ययन की प्रकृति – परिमाणात्मक या गुणात्मक के संदर्भ में अलग अलग प्रकार से हो सकता है। परन्तु दोनों ही मामलों में, शोधकर्त्ता को संकलित प्रदत्तों के विश्लेषण के संदर्भ में पूर्ण आवश्यक जानकारी प्रस्तुत करनी होती है। उदाहरण के लिए, यदि अध्ययन परिमाणात्मक है तो शोधकर्त्ता को अपने सभी शोध प्रश्नों के उत्तर प्राप्त करने हेतु एक एक करके उनके बारे में यह बताने का प्रयत्न करना चाहिए कि शोध प्रश्न के उत्तर हेतु किस प्रकार के सांख्यिकीय परीक्षण का किस रूप में प्रयोग किया गया है। उसे इस सन्दर्भ में स्पष्ट रूप से यह बताना चाहिये कि प्रदत्त विश्लेषण में कौन से चर शामिल थे और उनमें से आश्रित और स्वतन्त्र चर कौन से थे। उसे आवश्यक रूप से शून्य परिकल्पना परीक्षण हेतु काम में लाये जाने वाले मानदण्ड (क्रान्तिक सार्थकता स्तर जैसे 5% या 1%) का भी उल्लेख करना चाहिए और अगर प्रदत्त विश्लेषण हेतु किसी कम्प्यूटर सॉफ्टवेयर का प्रयोग किया है तो उसका भी नाम बताना चाहिए।

अध्याय VI : परिणामों और उनकी व्याख्या का उल्लेख करना (Reporting of the Results and Interpretation)

प्रस्तुत अध्याय में शोधकर्त्ता से अपेक्षा की जाती है कि वह अध्याय के प्रथम उपविभाग में प्रदत्त विश्लेषण (शोध प्रतिवेदन के पाँचवें अध्याय में किए गए) के परिणाम प्रदान करें और बाद वाले उपविभाग में परिणामों की परिचर्चा या जरूरी व्याख्या प्रस्तुत करें। परिणाम उपविभाग में शोधकर्त्ता को व्याख्या के बिना ही अध्ययन के सार्थक परिणामों (प्रतिफलों) का संक्षिप्त कथन प्रस्तुत करना चाहिए। इस पर अपने विचार प्रस्तुत करते हुए वर्ग और लेटिन (Berg & Latin, 2008:49) ने लिखा है–*परिणाम विभाग संक्षिप्त होना चाहिए क्योंकि जब प्रमुख प्रतिफल या परिणाम दिये जाते हैं तो उनकी व्याख्या नहीं की जाती है। यह व्याख्या बाद में परिचर्चा (व्याख्या) विभाग में की जाती है।* इस उद्देश्य हेतु विवरणात्मक सांख्यिकी और निष्कर्षात्मक सांख्यिकी के परिणामों की प्रस्तुति से शुरुआत करनी चाहिए। शोधकर्त्ता को शून्य परिकल्पना को स्वीकार करने या अस्वीकार करने हेतु सांख्यिकी सार्थकता का उल्लेख इस प्रकार के उचित कथन के माध्यम से करना चाहिए जिससे (i) प्रयोग किए गए परीक्षण का प्रकार (ii) स्वतन्त्रता का अंश या डिग्री (iii) परीक्षण के परिणाम और (iv) सार्थकता का स्तर आदि के बारे में समुचित जानकारी प्राप्त हो सके। सार्थकता स्तर का उल्लेख करने के लिए एकदम सही संभाव्यता मूल्य (जैसा कि अधिकांश कम्प्यूटर प्रोग्रामों के द्वारा किया जाता है) या एक परम्परागत एल्फा स्तर (Alpha Level) जैसे – .05 या .01 इत्यादि का उपयोग किया जा सकता है। बिल्कुल सही सही संभाव्यता मूल्य का उल्लेख करने में एक शोध प्रतिवेदन में उदाहरण के लिए यह कहा जा सकता है कि "परिणामों ने समूहों में सार्थक अन्तर का संकेत दिया, $F(2,36) = 4.37, P = .006$। परम्परागत एल्फा स्तर की सहायता से इसी परिणाम की प्रस्तुति निम्न रूप में होगी–

परिणामों ने समूहों में सार्थक अन्तर का संकेत दिया, $F(2,36) = 4.37, P < .01$

अन्य दूसरा आवश्यक प्रतिवेदन कार्य अब यहाँ तालिका और ग्राफों की सहायता से किया जाता है। तालिकाओं और ग्राफों के द्वारा अध्ययन के परिणामों को प्रस्तुत करने के लिए शोधकर्त्ता को इस बात पर स्पष्ट

रूप से ध्यान देकर चलना चाहिए कि संख्याएँ या तालिकाएँ अपने आप नहीं बोलती। अगर वह तालिकाओं या ग्राफ का अपने प्रतिवेदन में प्रयोग करता है तो उससे यह अपेक्षा की जाती है कि वह उनका उल्लेख प्रतिवेदन के पाठ्य में करते हुए यह भी स्पष्ट करे कि वे क्या कहती हैं। उदाहरण के लिए, यह कहा जाना चाहिए, "तालिका 4 वस्तु देने का समय तथा ग्राहक संतुष्टि के बीच तीव्र नकारात्मक सम्बन्ध दर्शाती है ($r = .72$, $P = .05$)।" इसके अतिरिक्त इस उपविभाग में दी गई सभी तालिकाओं और ग्राफों को विशिष्ट क्रम संख्या तथा वर्णनात्मक शीर्षक प्रदान किये जाने चाहिए। जैसे – *तालिका 4 : वस्तु देने का समय और ग्राहक सन्तुष्टि के बीच सम्बन्ध*।

इस अध्याय के बाद के उपखंड या उपविभाग में परिणामों की व्याख्या एवं चर्चा करने का कार्य किया जाता है। यहाँ शोधकर्त्ता से यह अपेक्षा की जाती है कि वह पहले उपखंड में दिए गए परिणामों के बारे में आवश्यक स्पष्टीकरण एवं व्याख्या प्रस्तुत करे। इससे निम्न प्रकार के परिणामों की प्रस्तुति होती है :

- अध्ययन के प्रमुख परिणाम।
- अध्ययन के परिणामों की अन्य अध्ययनों के परिणामों से तुलना।
- कुछ वैध निष्कर्ष निकालने तथा सिद्धान्त निर्माण करने में ये परिणाम किस प्रकार सहायक हैं ?
- अध्ययन की सीमाएँ
- अध्ययन के निहितार्थ या अनुप्रयोग

अध्याय VII : अध्ययन का निष्कर्ष और सिफारिशें (Conclusions and Recommendations of the Study)

अध्ययन के निष्कर्ष से अभिप्राय अध्ययन के परिणामों से अच्छी तरह से निकाले गए और सत्यसिद्ध किए गए किसी वैध कथन से है। एक शोध प्रतिवेदन में अध्ययन में परीक्षण की गई परिकल्पनाओं की संख्या के आधार पर प्राप्त किए गए अनेक निष्कर्ष हो सकते हैं। निष्कर्ष कथन करने का एक अपना विशेष तरीका निम्न हो सकता है :

"सूक्ष्म शिक्षण तकनीक से प्राप्त प्रशिक्षण अध्यापक प्रशिक्षणार्थियों के शिक्षण कौशल में चहुँमुखी सुधार लाने में सहायता करता है।"

"प्रतिस्पर्धा से पहले खेल से सम्बन्धित बातों का दृश्यीकरण क्रिकेट खिलाड़ियों के खेल कौशल में वृद्धि करता है।"

इस अध्याय के पहले उपखंड में जहाँ शोधकर्त्ता अपने अध्ययन के निष्कर्ष को लिखता है, वहीं इसके बाद वाले दूसरे उपखंड या उपविभाग में पाठकों, भावी शोधकर्त्ताओं तथा अध्ययन से लाभ उठाने वाले अन्य व्यक्तियों को किसी एक या दूसरे तरीके से अध्ययन के परिणामों का उपयोग करने के लिए सिफारिशें प्रदान करता है। यहाँ पर शोधकर्त्ता उन कठिनाइयों का उल्लेख भी कर सकता है जिनका शोध अध्ययन करते समय उसे सामना करना पड़ा। वह उन अध्ययन पक्षों पर शोध करने की आवश्यकता का उल्लेख भी कर सकता है जो उसके वर्तमान अध्ययन में अछूते रह गए हैं। यह कार्य भावी शोधकर्त्ताओं तथा अध्ययन के उपयोगकर्त्ताओं को, वर्तमान शोधकर्त्ता के अनुभवों और कार्य से बहुत सी बातें सीखने में भी उचित सहायता कर सकता है। सामान्य रूप से और अधिक विशिष्ट रूप से भावी शोध के लिए प्रदान किये गये सुझाव, वर्तमान शोध की पुनरावृत्ति करने, उसमें सुधार लाने तथा प्रस्तुत अध्ययन को विस्तृत रूप प्रदान करने सम्बन्धी बातों में भावी शोधकर्त्ताओं के लिए पर्याप्त रूप से मूल्यवान सिद्ध हो सकते हैं।

अध्ययन का सार (Summary of the Study)

अपने शोध अध्ययन को क्रियान्वित करने में शोधकर्त्ता का क्या उद्देश्य था, उसका नियोजन कैसे किया गया, क्या कार्य किया गया एवं शोध के द्वारा क्या प्राप्त किया गया, इन सब बातों की एक पूर्ण झलक प्रदान करने के लिए शोध प्रतिवेदन का एक समुचित सार, शोध प्रतिवेदन में अवश्य ही दिया जाना चाहिए। अपने व्यावहारिक

रूप में इसके अन्तर्गत प्रतिवेदन में शामिल सभी अध्यायों का इस प्रकार का सार प्रस्तुत करने का प्रयत्न किया जाता है जिससे अध्ययन के सभी महत्त्वपूर्ण पहलुओं पर अच्छी तरह प्रकाश पड़े, जैसे – अध्ययन को हाथ में लेने सम्बन्धी आवश्यकता और उद्देश्य, समस्या और परिकल्पना सम्बन्धी कथनीकरण, अध्ययन अभिकल्प, प्रदत्त संकलन हेतु काम में लाए जाने वाले उपकरण, अध्ययन की समष्टि और प्रतिदर्श, प्रदत्त संकलन विश्लेषण प्रक्रिया, परिणाम और अध्ययन के प्रतिफल, दिए हुए मुख्य सुझाव और सिफारिशें इत्यादि का यहाँ संक्षिप्त रूप में उल्लेख किया जा सकता है।

सन्दर्भ प्रदान करना (Providing References)

शोध प्रतिवेदन में सन्दर्भ खंड सारांश खंड के बाद आता है। इस खंड या विभाग में शोधकर्त्ता उन सभी सन्दर्भों के बारे में पूर्ण सूचनाएँ प्रदान करता है जिनको शोध प्रतिवेदन की लिखित प्रति के विभिन्न अध्यायों में उद्‌धृत किया गया है। यहाँ पर शोधकर्त्ता से यह अपेक्षा की जाती है कि अध्ययन के सन्दर्भों का आवश्यक उल्लेख करने के लिए वह निम्न बातों का ध्यान रखे :

- शोध अध्ययन की सन्दर्भ सूची (References) और ग्रन्थ सूची (Bibliography) में क्या अन्तर होता है, इस सम्बन्ध में शोधकर्त्ता को स्पष्ट जानकारी होनी चाहिए। सन्दर्भ ग्रन्थ शोध अध्ययन की तैयारी में प्रयुक्त एवं वास्तव में उद्‌धृत स्रोतों के बारे में बताते हैं जबकि ग्रन्थ सूची में वे सभी संसाधन (प्रकाशित, अप्रकाशित और ऑन लाइन) शामिल होते हैं जो शोध क्रियान्वयन तथा शोध प्रतिवेदन की विषयवस्तु को समझने तथा उसके बारे में अतिरिक्त जानकारी प्राप्त करने के लिए उपयोगी होते हैं।
- शोधकर्त्ता को यह अच्छी तरह से समझ लेना चाहिए कि सन्दर्भ विभाग में जिन पुस्तकों या अध्ययन सामग्री की सूची प्रदान की जाती है, उन सभी का उल्लेख शोध प्रतिवेदन के अध्ययन में कहीं न कहीं होना ही चाहिए। और इसी तरह जिन ग्रन्थों या अध्ययन सामग्री को प्रतिवेदन के अध्यायों में कहीं भी उद्‌धृत किया गया है, उन सभी को सन्दर्भ सूची में स्थान मिलना ही चाहिए। ऐसा न होना प्रतिवेदन लेखन की एक गम्भीर त्रुटि माना जाता है।
- शोध प्रतिवेदन के सन्दर्भ विभाग में दिए गए सभी सन्दर्भों को लेखक के अन्तिम नाम के प्रथम अक्षर को ध्यान में रखते हुए वर्णमाला क्रम में प्रस्तुत किया जाना चाहिए। किसी लेखक या लेखकों द्वारा लिखित बहुत सी पुस्तकों/लेखों को उद्‌धृत करने के लिये जो आधुनिकतम है उसे पहले और पूर्व की रचनाओं को कालक्रम के हिसाब से स्थान प्रदान किया जाना चाहिए।
- प्रतिवेदन के अध्यायों में उद्‌धृत किए गए प्रकाशित एवं अप्रकाशित रचनाओं तथा प्रतिवेदन के संदर्भ विभाग में संदर्भों को लिखने हेतु विशेष प्रकार की प्रक्रिया और नियमों को अपनाया जाता है। हम इस बात की विस्तार में चर्चा इसी अध्याय में आगे करेंगे।

परिशिष्ट (Appendices)

शोध प्रतिवेदन के सन्दर्भ विभाग के बाद में परिशिष्ट विभाग आता है। इसमें उन जरूरी सूचनाओं को प्रस्तुत किया जाता है जो वैसे महत्त्वपूर्ण तो है परन्तु प्रतिवेदन के मुख्य भाग में शामिल नहीं होती है और हो सकता है कि उनका मुख्य भाग में समावेश पाठ्य के प्राकृतिक प्रवाह में बाधा उत्पन्न करे क्योंकि प्रतिवेदन को समझने के लिए ये जरूरी नहीं होते। इसमें विभिन्न प्रकार की जरूरी सूचनाओं को अलग अलग प्रस्तुत किया जाता है। प्रत्येक प्रकार की सूचना जैसे – अतिरिक्त तालिकाएँ या आकृतियाँ, प्रश्नावली या सर्वेक्षण प्रपत्र, प्रयुक्त मापन प्रणाली सम्बन्धी सूचनाएँ, प्रदत्त विश्लेषण सम्बन्धी सूचनाएँ, साक्षात्कार प्रपत्र, प्रेषक पत्रों की प्रतियाँ आदि अलग अलग परिशिष्ट में प्रस्तुत की जाती हैं।

शोध प्रतिवेदन लेखन में ध्यान देने योग्य आवश्यक बातें
(Essential Consideration in Writing a Research Report)

शोध प्रतिवेदन लेखन का कार्य काफी चुनौतीपूर्ण होता है, विशेषकर उन लोगों के लिए जो इस क्षेत्र में एकदम नए हैं। प्रतिवेदन लेखक को कुछ जरूरी औपचारिकताओं की अनुपालना करते हुए एक सामान्य और मानक शैली का अनुसरण करना होता है। इसके लिए निम्न बातों को ध्यान में रखना पड़ता है :

1. शोध प्रतिवेदन लिखते समय किस प्रकार की भाषा का प्रयोग करना चाहिए ?

शोधकर्त्ता ने जिस शोध कार्य को हाथ में लिया है और उसका क्रियान्वयन किया है, उसके बारे में पाठकों तक अपने विचारों का सम्प्रेषण करने के लिए उसी भाषा का प्रयोग करना चाहिए जो सर्वमान्य हो। इस सम्बन्ध में निम्न बातों को ध्यान में रखना चाहिए :

- शोधकर्त्ता को प्रथम पुरुष सर्वनाम जैसे – मैं, मुझे, मेरा या हम, हमारा आदि का प्रयोग नहीं करना चाहिए क्योंकि इनका प्रयोग शोध प्रतिवेदन को व्यक्तिनिष्ठ और वैयक्तिक कहानी में परिणित कर सकता है, जैसे मैंने बच्चों का अवलोकन किया" लिखने की बजाय "बच्चों का अवलोकन किया गया" लिखना चाहिए।
- शोध प्रतिवेदन लिखते समय शोधकर्त्ता को क्रियाकाल का प्रयोग करते समय भी बहुत सावधान रहना चाहिए। शोध प्रतिवेदन लिखते समय विभिन्न बिन्दुओं पर इस सम्बन्ध में शोधकर्त्ता द्वारा क्या किया जाए, इस बात को स्पष्ट करते हुए ग्रेवेटर और फोर्जेनो (Gravetter and Forzano, 1003:402) ने लिखा है– *"भूतकालीन घटनाओं का वर्णन या चर्चा करते समय भूतकाल क्रिया का प्रयोग करो (उदाहरण के लिए "उन्होंने प्रदर्शित किया.........") या वर्तमान निश्चित काल (Present Perfect Tense) का प्रयोग (जैसे – "यह प्रदर्शित किया गया............") करो। जब आप अपने अध्ययन को प्रस्तावित करने के लिए पृष्ठभूमि सामग्री प्रस्तुत करते हैं, जब आप अध्ययन करने में प्रयुक्त प्रक्रिया का वर्णन करते हैं, और जब आप अपने परिणाम प्रस्तुत करते हैं तो हगेशा गूतकाल का प्रयोग करो ("प्राप्तांकों में वृद्धि हुई.......")। अध्ययन का वर्णन करने और परिणामों का प्रस्तुतीकरण करने के बाद आप परिणामों की चर्चा करने और अपना निष्कर्ष प्रस्तुत करने के लिए वर्तमान काल का प्रयोग करें ("प्रदत्त बतलाते हैं कि ....")।*
- आचार संहिता और उससे सम्बन्धित बातें यह मांग करती हैं कि शोधकर्त्ता अपने अध्ययन की समष्टि के समुदाय या प्रतिभागियों के लिए पक्षपातपूर्ण भाषा के प्रयोग से बचें। उनके बारे में तर्णन गा चर्चा करते समय जिस भाषा का प्रयोग किया जाए वह किसी भी प्रकार से लिंग, जाति, प्रजाति, अक्षमता या आयु इत्यादि को लेकर किसी तरह का भेदभाव प्रतिबिम्बित न करे।

2. प्रतिवेदन के पाठ्य में सन्दर्भों को किस प्रकार उद्धृत किया जाए ?

एक शोधकर्त्ता को अपने शोध प्रतिवेदन के विभिन्न अध्यायों में विभिन्न अनुसंधानकर्त्ताओं तथा लेखकों के कथन, कार्य तथा अनुसंधान परिणामों को कुछ विशेष प्रयोजनार्थ उद्धृत करना पड़ता है, जैसे – अध्ययन की पृष्ठभूमि से परिचित कराने, अध्ययन के सम्पादन की आवश्यकता और औचित्य पर प्रकाश डालने, सम्बन्धित अध्ययनों को उद्धृत करने तथा विविध विद्वानों तथा उनके कथनों का उपयोग प्रतिचयन की किसी एक विधि, अध्ययन का कोई एक अभिकल्प, प्रदत्त विश्लेषण और व्याख्या का कोई एक तरीका, पद विश्लेषण मापन तकनीक तथा अध्ययन से निष्कर्ष निकालने का ढंग इत्यादि को अपनाने सम्बन्धी औचित्य को सामने लाने हेतु किया जाता है। शोध प्रतिवेदन के पाठ्य के साथ दिये गये उद्धरणों को संदर्भित करने हेतु एक शोधकर्त्ता कुछ निम्न प्रकार के निश्चित ढंग अपना सकता है :

- किसी विद्वान के कार्य को सीधे ही उद्धृत करने के लिए, शोधकर्त्ता को (i) लेखक/लेखकों का नाम (ii) प्रकाशन का वर्ष और (iii) पृष्ठ संख्या लिखनी पड़ती है, जैसा कि आगे प्रदर्शित किया गया है :

जोन्स (1998:199) के अनुसार, "विद्यार्थियों को अक्सर ए पी ए शैली का प्रयोग करने में कठिनाई होती है, विशेषकर तब जब यह उनका प्रथम मौका हो।

- किसी दूसरे लेखक के कार्य की सामग्री को सीधे ही उद्धृत करने की बजाय केवल उसके विचार का सन्दर्भ देने के लिए या एक पूरी पुस्तक, लेख या अन्य कार्य का सन्दर्भ देने के लिए, शोधकर्त्ता को केवल लेखक का नाम और प्रकाशन के वर्ष का सन्दर्भ देना होता है, सन्दर्भित पाठ्य की पृष्ठ संख्या नहीं।
- एक लम्बे उद्धरण (40 शब्द या इससे भी ज्यादा) को उद्धृत करने के लिए शोधकर्त्ता को इस कथन को टाइप की लाइनों के स्वतन्त्र ब्लॉक में (बांयी तरफ से 1/2 इंच अन्दर की तरफ लेते हुए) लिखना होता है और इसमें उद्धरण चिह्न का प्रयोग नहीं किया जाता है। इस प्रकार के उद्धरण लेखन को उदाहरण रूप में हम नीचे प्रस्तुत कर रहे हैं :

  हैरीसन (1939:204) के अनुसार :

  सामाजिक सर्वेक्षण एक ऐसा सहकारी उपक्रम है जो कि विशेष भौगोलिक अभिसीमाओं व दशाओं के अन्तर्गत प्रचलित तथा सम्बन्धित सामाजिक समस्याओं व स्थितियों के अध्ययन तथा विश्लेषण में वैज्ञानिक पद्धति की प्रस्तुति करता है।
- एक ऐसे स्रोत को उद्धृत करने के लिए जिसे किसी अन्य स्रोत में पहले ही उद्धृत किया जा चुका है, उसके लिए शोधकर्त्ता से अपेक्षा की जाती है कि वह (i) मौलिक स्रोत को एक अकेले वाक्यांश में उल्लेख करे (ii) द्वितीयक स्रोत को सन्दर्भ सूची के रूप में उल्लेख करे और (iii) इस द्वितीयक स्रोत को कोष्ठक के भीतर रखे। जैसे :

  जॉन्सन ने तर्क देते हुए कहा............... (जैसा कि स्मिथ, 2003:102 में उद्धृत है)।
- किसी पूर्व अनुसंधान परिणाम को सन्दर्भित करने वाले स्रोत को उद्धृत करने हेतु ग्रेवेटर और फोर्जेनो (2003:403) के अनुसार शोधकर्त्ताओं द्वारा निम्न दो प्रकार के प्रारूपों का उपयोग किया जा सकता है :

  (i) पाठ्य में एक तथ्य का कथनीकरण कीजिए या उसके बारे में दावा कीजिए फिर इसके पश्चात् उसी वाक्य के अन्तर्गत अपने स्रोत को कोष्ठक के भीतर लिखिये :

  उदाहरण के लिये :

  यह देखा गया है कि तत्काल प्रत्यास्मरण पाँच वर्ष तक के बच्चों तक ही सीमित रहता है (जॉन्स, 1998)

  (ii) यदि आप किसी स्रोत को अपने वाक्य का कर्त्ता (Subject) बनाना चाहते हो तो इस स्थिति में केवल प्रकाशन वर्ष ही लिखा जाता है :

  एक इसी प्रकार के अध्ययन में जोन्स (1998) ने यह निष्कर्ष निकाला कि .... ।

3. टंकण और शब्द प्रक्रियाकरण कार्य किस प्रकार किया जाना चाहिये ? (How should the Typing and Word Processing Work be Carried Out?)

इस कार्य के लिए शोधकर्त्ता को अमेरिकन साइकोलोजिकल एसोसिएशन (APA) द्वारा प्रदान की गई मार्गदर्शिका का अनुसरण करना चाहिए या फिर वह जिस संस्थान या विश्वविद्यालय का शोध छात्र है उसके द्वारा प्रदान की गई मार्गदर्शिका का। हम यहाँ ए पी ए (APA) द्वारा प्रस्तावित मार्गदर्शिका का सार प्रस्तुत कर रहे हैं।

शीर्षक पाठ (Title Page)

शीर्षक पृष्ठ की सभी बातें अधिकतर पृष्ठ के केन्द्रीय भाग में रहती हैं। शीर्षक पृष्ठ पर कोई पृष्ठ संख्या नहीं होती है और पृष्ठ संख्या में इसकी गणना भी नहीं की जाती है।

पृष्ठ नियोजन (Page Layout)

बायां हाशिया 1½"; दायां हाशिया 1½";

ऊपर हाशिया 1"; नीचे हाशिया 1" छोड़ा जाता है।

पृष्ठ संख्या देना (Page Numbering)

प्रतिवेदन के पृष्ठों पर ऊपर दाईं ओर नम्बर डाले जाते हैं। पृष्ठ के ऊपर 1 इंच का सफेद खाली स्थान छोड़ना चाहिए। प्रथम अध्याय के प्रथम पृष्ठ से पृष्ठ संख्या शुरु होती है (हालांकि प्रथम पृष्ठ पर पृष्ठ संख्या नहीं डाली जाती है)। प्रत्येक अध्याय के प्रथम पृष्ठ का नम्बर पृष्ठ के सबसे नीचे बीच में डाला जाता है।

पाठ्य का पृष्ठ पर उचित रूप से स्थान निर्धारण (Spacing and Justification)

प्रतिवेदन के सभी पृष्ठ यहाँ एक ओर ही लिखे जाते हैं। पाठ्य में दो लाइनों के बीच में उचित स्थान – दोहरा स्थान (Double Space) देना ठीक रहता है परन्तु लम्बे उद्धरण (Long quotations) तथा ग्रंथ सूची (Bibliography) में कम स्थान – एकल स्थान (Single space) दिया जाना चाहिए। विभागीय शीर्षक और पाठ्य के बीच एक खाली पंक्ति छोड़नी चाहिए। पाठ्य सामग्री का झुकाव दाहिनी तरफ न होकर बांयी तरफ होना चाहिए।

अक्षरों की आकृति एवं आकार (Font Face and Size)

पाठ्य अक्षरों का आकार सामान्य रूप से 11 या 12 प्वाइंट का होना चाहिए। अधिकतर पूरे प्रतिवेदन में एक ही प्रकार के आकार के अक्षरों का प्रयोग होना चाहिए परन्तु जहाँ तक तालिकाओं, ग्राफों, अध्याय शीर्षकों और विभागीय शीर्षकों का प्रश्न है, इनके लिए यथानुकूल अक्षर आकारों (Font size) का उपयोग करना चाहिए।

4. अनुसंधान प्रतिवेदन में तालिकाओं और आकृतियों को कैसे प्रस्तुत किया जाए ? (How should the Tables and Figures be Reported in the Research Report?)

तालिकाएँ एवं आकृतियाँ, प्रदत्त संकलन, उनका विश्लेषण, व्याख्या तथा अध्ययन के परिणामों से सम्बन्धित तथ्यों का दृश्यात्मक विवरण प्रदान करती है। वे अध्ययन की प्रक्रिया और प्रतिफलों से सम्बन्धित अनेक बातों को काफी संक्षिप्त परन्तु सम्पूर्ण स्वरूप में स्पष्ट करती है। कभी कभी तो एक दृश्य आरेख या तालिकाबद्ध प्रदत्तों की एक झलक ही इतना कुछ कह देती है जो एक लम्बे विस्तृत विवरण से समझना संभव नहीं हो पाता है।

जैसा कि हम जानते हैं जहाँ तालिकाएँ पंक्तियों और स्तम्भों के वर्गों में रखी हुई आवश्यक सूचना (शब्दों और संख्याओं के रूप में) प्रदान करती हैं वहीं लाइन ग्राफ, बार ग्राफ, पाई ग्राफ, चित्रात्मक ग्राफ, हिस्टोग्राम, ओगाइव आदि के रूप में आकृतियाँ प्राप्त सूचनाओं को चित्रात्मक प्रतिनिधित्व प्रदान करती है। शोधकर्त्ता को तालिका तथा आकृतियों का प्रयोग करने में निम्न बातों का ध्यान रखना चाहिये :

- जैसा कि एक सामान्य नियम है तालिकाएँ और आकृतियाँ शोध के पाठ्य की पूरक होती हैं और उसके प्रभाव में वृद्धि करती हैं। इसलिए इनमें वे सूचनाएँ नहीं दी जानी चाहिएँ जो कि पाठ्य में पहले ही प्रस्तुत की जा चुकी हों और ना ही इनकी सूचनाएँ पाठ्य से पूर्ण रूप में स्वतन्त्र होनी चाहिएँ।
- शोध प्रतिवेदन में शामिल सभी तालिकाओं और आकृतियों को नाम ठीक से दिया जाना चाहिए और जिस क्रम से शोध प्रतिलिपि (Manuscript) में उनकी संख्या दी गई है वही संख्या यहाँ पर भी दी जानी चाहिए। शोध प्रतिलिपि (Manuscript) के प्रारम्भिक पृष्ठों में भी अलग से तालिका सूची और आकृति सूची शीर्षक के अन्तर्गत उचित रूप से इनका उल्लेख होना चाहिए।
- तालिका के शीर्षक और आकृति के नाम (Caption) तालिका और आकृति में दी गई सूचना के प्रकार को संक्षेप में स्पष्ट करने में सक्षम होने चाहिएँ।

- तालिका में प्रस्तुत की गई बातें और आकृति में प्रदर्शित बातें पूर्ण रूप से पाठकों के लिए बोधगम्य होनी चाहिएँ अर्थात् वे जो कुछ सम्प्रेषित करना चाहती हैं पाठकों को वह पूरी तरह समझ आना चाहिए।
- प्रत्येक तालिका का एक अलग व्यक्तिगत शीर्षक होना चाहिए, जो आड़ा तिरछे (Italics) वर्णों में छपा हो और शीर्षक के प्रत्येक शब्द का पहला वर्ण थोड़ा बड़ा (Capital in English) हो, (and, in, of, with आदि को छोड़कर)। हिन्दी में कैपिटल वर्ण का प्रश्न ही नहीं उठता। आकृतियों में शीर्षक के प्रथम शब्द का प्रथम वर्ण केवल कैपिटल (अंग्रेजी के सम्बन्ध में) होना चाहिए।

5. प्रतिवेदन के प्रमुख भाग में उद्धृत किए गए सन्दर्भ प्रतिवेदन के सन्दर्भ खंड या विभाग में किस प्रकार प्रस्तुत किए जाएँ (How the references cited in the body of the report should appear in the references section of the report?)

शोध प्रतिवेदन के विभिन्न अध्यायों में जिन सन्दर्भों को उद्धृत किया गया है, उनका जरूरी विस्तार के साथ प्रतिवेदन के सन्दर्भ विभाग में भी उल्लेख किया जाना आवश्यक होता है। जैसा कि पहले बताया जा चुका है। ये सन्दर्भ उद्धृत किए गए कार्य के लेखक के अन्तिम नाम के प्रथम वर्ण के अनुसार वर्णमाला के क्रम में संगठित किए जाते हैं और लिखे जाते हैं। सन्दर्भों को लिखने के लिए शोध प्रतिवेदनों में भिन्न भिन्न प्रकार के प्रारूपों का प्रयोग होता हुआ पाया जाता है। व्यावहारिक विज्ञानों के अनुसंधानकर्त्ताओं में एक शैली जिसे ए पी ए शैली (American Psychological Association के मैनुअल में प्रदान की गई) के नाम से जाना जाता है, सर्वाधिक लोकप्रिय है। हम भी यहाँ पर शोध प्रतिवेदन के अध्यायों में दिए गए उद्धरणों/स्रोतों के सन्दर्भ प्रस्तुत करने के लिए इसी शैली का थोड़े से परिवर्तन के साथ प्रयोग कर रहे हैं। हम यहाँ सन्दर्भों में शामिल सूचनाओं के विभिन्न प्रकारों की कड़ी प्रस्तुत करने के लिए अर्धविराम यानी कोमा (Coma) का और सन्दर्भ के अन्त में केवल एक बार ही पूर्णविराम (Full stop) का प्रयोग कर रहे हैं। प्रतिवेदन के संदर्भित विभाग में संदर्भों को कैसे प्रस्तुत किया जाता है इस बात को हम एक–एक करके विभिन्न प्रकार से उद्धृत संदर्भों के परिप्रेक्ष्य में समझना चाहिए।

A. पुस्तकों के लिए सन्दर्भ लिखना (Writing References for Books)

(i) अकेले एक लेखक द्वारा लिखी गई पुस्तकें (Books written by a single author) : मूल प्रारूप निम्न प्रकार से हैं :

लेखक, प्रकाशन वर्ष, कार्य का शीर्षक, संस्करण का नम्बर (यदि एक से अधिक हों), प्रकाशन का स्थान, प्रकाशक का नाम।

इस प्रकार से एक अकेले लेखक द्वारा लिखी गई पुस्तक का सन्दर्भ लिखने के लिए निम्न क्रम व्यवस्था से आगे बढ़ना चाहिये :

- लेखक के अन्तिम नाम (उपनाम) और फिर संक्षिप्त नाम (वास्तविक नाम) से शुरु करें।
- प्रकाशन वर्ष को कोष्ठक में लिखें
- इटेलिक्स में पुस्तक का शीर्षक लिखें
- फिर अल्पविराम (,) लगाकर पुस्तक संस्करण संख्या (यदि एक से अधिक हों तो) कोष्ठक में लिखें
- अल्पविराम लगाकर प्रकाशन का स्थान लिखें
- फिर चिन्ह : लगाकर प्रकाशक का नाम लिखें और पूर्णविराम लगाएं।

उदाहरण

(a) मंगल, एस०के० (2002), *एडवान्स्ड एजुकेशनल साइकोलॉजी*, (द्वितीय संस्करण), नई दिल्ली : पी एच आई लर्निंग।

(b) मंगल, एस०के० (2008), *शिक्षा मनोविज्ञान*, नई दिल्ली : पी एच आई लर्निंग।

(ii) एक से अधिक लेखकों द्वारा लिखी गई पुस्तक (Book written by Multiple Authors) : कई लेखकों द्वारा मिलकर लिखी गई पुस्तक का सन्दर्भ लिखने का कार्य प्रायः वैसा ही होता है जैसा एक अकेले लेखक द्वारा लिखी गई पुस्तक का। इसमें पुस्तक के राभी लेखकों के नाम के बारे में आवश्यक उल्लेख निम्न प्रकार से किया जाता है :

उदाहरण

(a) मंगल, एस०के० एवं मंगल, उमा (2009), *शिक्षा तकनीकी*, नई दिल्ली : पी एच आई लर्निंग।
(b) ग्रेवेटर, एफ०जे० एवं फोर्जेनो, एल०बी० (2003), *रिसर्च मेथड्स फार द बिहेवियरल साइन्सेस*, बअेलमोन्ट, सीए : वड्सवर्थ।

(iii) सम्पादित पुस्तक (कोई लेखक नहीं) (Edited Book, No Author) : डंकन, जी०जे० एवं ब्रुक्स–गन्न० जे० (सम्पादक) (1997), *कोन्सीक्वेन्सस ऑफ ग्रोइंग अप पुअर*, न्यूयार्क, एन०वाई० : रसेल सेज फाउन्डेशन।

(iv) एक लेखक या लेखकों के साथ सम्पादित पुस्तक (Edited Book with a Author or Authors) : प्लाथ, एस० (2000), द अनेब्रिज्ड जर्नल, के०वी० कुकिल (Ed.), न्यूयार्क एन०वाई० : एंकर।

(v) एक अनुवादित पुस्तक (A Translated Book) : Laplace, P.S. (1951), *A Philosophical Essay on Probabilities*, (F.W. Truscott & F.L. Emory, Trans.), New York, NY : Dover (Original work published 1814).

नोट : यदि पुनः प्रकाशित पुस्तक (उपरोक्त की तरह) का सन्दर्भ देना हो तो प्रकाशन की दोनों तिथियाँ देनी चाहिए, लेपलेस (1814–1951)।

(vi) एक सम्पादित पुस्तक का लेख या अध्याय (Chapter or Article in an Edited Book) : एक सम्पादित पुस्तक के किसी लेख या अध्याय के उद्धरण का सन्दर्भ लिखने का कार्य दो अलग अलग भागों में किया जाता है : (a) अध्याय या लेख का सन्दर्भ और (b) सम्पादित पुस्तक का सन्दर्भ।

अध्याय या लेखक के लिए सन्दर्भ में लेखक या लेखकों के साथ उसी प्रकार दिए जाते हैं, जैसे कि किसी एक या अनेक लेखकों द्वारा लिखी गई पुस्तक में इनका उल्लेख होता है।

सम्पादित पुस्तक के लिए सन्दर्भ लिखने का कार्य निम्न उल्लेखित क्रमबद्ध व्यवस्थित सोपानों में किया जाता है :

- सबसे पहले शब्द 'In' लिखें अगर अंग्रेजी में संदर्भ देना है और अगर हिन्दी में देना हो तो पहले 'अन्तर्गत' लिखें।
- सम्पादक या सम्पादकों के नाम लिखें (वास्तविक नाम फिर उपनाम)
- फिर कोष्ठक में सम्पादक लिखें। अंग्रेजी में एक सम्पादक के लिए (Ed.) और कई सम्पादकों के लिए (Eds.) लिखें।
- पुस्तक का नाम इटेलिक्स वर्णों में लिखें, अध्याय या लेख का पृष्ठ नम्बर लिखें।
- इसके बाद प्रकाशक के शहर और राज्य का नाम लिखें फिर चिह्न : लगाएं और प्रकाशक का नाम लिखें।

उदाहरण

Brennan, K.A., Clark, C.L. & Shaver, P.R. (1998), Self-report measurement of adult romantic attachment: An integrative overview. In J.A. Simpson & W.S. Roles (Eds.), *Attachment Theory and Close Relationships* (pp. 46–47), New York: Guilford.

B. जर्नलों में लेख के लिए सन्दर्भ लेखन (Writing References for Articles in Journals)

(i) एक लेखक के जर्नल लेख (Journal articles with one author) : इसके लिए निम्न क्रम में अग्रसर होना चाहिए :

- लेखक के उपनाम से शुरु करे फिर वास्तविक संक्षिप्त नाम (Initials)
- कोष्ठक में प्रकाशन का वर्ष लिखें
- फिर जर्नल के लेख का शीर्षक लिखें, फिर जर्नल का नाम (इटेलिक्स में), खण्ड (Volume) की संख्या (इटेलिक्स में) और फिर लेख पृष्ठों की संख्या।

उदाहरण

एडम्स, जे०जी० (2006), इफेक्ट्स ऑफ एवरीथिंग ऑन एवरीथिंग, *जर्नल ऑफ बिहेवियर थरेपी एण्ड एनेलिसिस,* 23, 5–72।

(ii) कई लेखकों द्वारा लिखित जर्नल लेख (Journal articles with multiple authors) : इस प्रकार के सन्दर्भों के लिए निम्न क्रम से आगे बढ़ना होता है :

- प्रत्येक लेखक का उपनाम फिर वास्तविक नाम (Initials) अन्तिम लेखक के पहले and की जगह & का प्रयोग करें।
- प्रकाशन का वर्ष कोष्ठक में
- जर्नल के लेख का शीर्षक फिर जर्नल का नाम (इटेलिक्स में) फिर खण्ड (Volume) संख्या (इटेलिक्स में) इसके बाद लेख के पृष्ठों की संख्या।

उदाहरण

ब्रेनन, के०पी० & (एवं) स्ट्रेना, टी०एस० (2005), द रिलायेबिलिटी ऑफ पोप्यूलर मेजर्स ऑफ डिप्रेशन, *पर्सनेलिटी एण्ड सोशयल डिसआर्डर्स इन एजुकेशन,* 44, 145–157।

ब्रेडबर्न, एन०एम० & (एवं) मेसन, डब्ल्यू०एम० (1964), द इफेक्ट ऑफ क्वेश्चन ओर्डर ऑन रेस्पोन्स, *जर्नल ऑफ मार्केटिंग रिसर्च,* 1(4), 57–61।

C. पत्रिकाओं, समाचार पत्र के लेखों या विश्वकोश में प्रविष्टि को सन्दर्भित करना (References for Articles in Magazines, News Papers or Entries in Encyclopedia)

(i) पत्रिकाओं में छपे लेख : पत्रिकाओं में छपे लेख का संदर्भ निम्न क्रम में दिया जायेगा :

लेखक का उपनाम, वास्तविक नाम, पाठ, दिन, वर्ष, लेख का शीर्षक, पत्रिका का नाम, खण्ड संख्या, पृष्ठ संख्या।

उदाहरण

हेनरी, डब्ल्यू०ए० III (1990, अप्रेल 9), मेकिंग द ग्रेड इन टूडे स्कूल, *टाइम,* 135, 28–31।

(ii) समाचार पत्र में छपे लेख का संदर्भ विवरण निम्न प्रकार दिया जाता है : लेखक का उपनाम, वास्तविक नाम, वर्ष, माह, दिन, लेख का शीर्षक, समाचार पत्र का नाम, पृष्ठ संख्या।

उदाहरण

सुब्रमनियन, टी०एस०आर० (2013, नवम्बर 12), प्रशासनिक सुधारों की दिशा में कदम, दैनिक भास्कर, रोहतक, पृ० सं० 4।

(iii) किसी विश्वकोश में कोई एक प्रविष्टि (An entry in an Encyclopedia) : बर्गमेन, पी०जी० (1993), रिलेटिविटी, इन द न्यू एन्साइक्लोपीडिया ब्रिटेनिका, (Vol. 26, pp. 501–508), शिकागो, IL : *एन्साइक्लोपीडिया ब्रिटेनिका*।

D. ऑन लाइन स्त्रोतों के लिए संदर्भ लेखन (Writing References for Online Sources)

(ii) ऑन लाइन पत्रिका के लेख को संदर्भित करना

मूल प्रारूप – लेखक का नाम, प्रकाशन तिथि, लेख का शीर्षक, ऑन लाइन पत्रिका का शीर्षक, खण्ड संख्या, (इश्यू संख्या यदि उपलब्ध हो) जिस वेब साइट से लिया गया है उसका उल्लेख।

उदाहरण

केनथ, आई०ए० (2000), ए बुद्धिस्ट रिस्पोन्स टू द नेचर ऑफ ह्यूमन राइट्स, *जर्नल ऑफ बुद्धिस्ट ईथिक्स*, http://www.cac.psu.edu/jbc/twocont.html.

(ii) एक लेखक की वेबसाइट से लिया गया लेख

चिन, डब्ल्यू०डी० (2005), "कोग्नीटिव स्ट्रक्चर ऑफ इन्टेलीजेन्स", फरवरी 23, 2006. www.apa.org/info/st1445.

शोध जर्नल में प्रकाशन के लिए शोध प्रतिवेदन का लिखना (Research Report Writing for the Publication in the Research Journals)

शोध जर्नल के लिए शोध प्रतिवेदन लिखने के लिए मुख्य अवयव निम्न प्रकार से है :

1. शीर्षक
2. शोधकर्त्ता का परिचय
3. सार
4. अध्ययन की प्रस्तावना
5. समस्या
6. अध्ययन का उद्देश्य
7. परिकल्पना
8. प्रक्रिया या विधि
9. परिणाम एवं चर्चा
10. सन्दर्भ

शीर्षक : यहाँ पर शोधकर्त्ता द्वारा अपने शोध लेख के शीर्षक का संक्षिप्त रूप में उल्लेख किया जाता है।

शोधकर्त्ता का परिचय : शोध लेख के लेखक का परिचय देने के लिए शोधकर्त्ता को अपना नाम दाहिनी तरफ कोने में, लेख के शीर्षक के एकदम नीचे लिखना चाहिए। अपना पूर्ण परिचय (जिस संस्थान या संगठन से सम्बद्धता है उसका उल्लेख करना) देने के लिए, इसी पृष्ठ पर फुटनोट में यह प्रस्तुत किया जाना चाहिए।

सत्त्व या सारांश (Abstract) : सारांश एक शोध अध्ययन का पूर्ण सार होता है। लघु शोध प्रबन्ध या पीएच०डी० के शोध प्रबन्ध से सम्बन्धित शोध प्रतिवेदन के साथ यह नहीं होता है परन्तु जर्नल के लेख या शोध लेख के लिए इसका होना काफी आवश्यक होता है। इसकी लम्बाई सामान्यतः 100 से 150 शब्दों के बीच होनी चाहिए। शोध लेख या जर्नल के लेख में सारांश (Abstract) शोधलेख के ऊपर शीर्षक और शोधकर्त्ता के परिचय

के बाद में दिया जाता है। जर्नल को पढ़ने वालों के लिए इसकी एक अनुपम महत्ता होती है क्योंकि यह शोध पत्र का सारांश ही है जो यह निर्धारित करता है कि सम्पूर्ण शोध पत्र को पढ़ना चाहिए या नहीं, इसको पढ़ने का कोई लाभ है भी या नहीं ? इसलिए शोधकर्त्ता के लिए यह जरूरी होता है कि वह वांछित ढंग से अपने शोध पत्र का सारांश लिखते समय काफी सावधानी के साथ यह कार्य करे। शोधकर्त्ता को ध्यान रखना चाहिए कि शोध प्रतिवेदन का सारांश एक ब्लॉक (Block) के अन्तर्गत लिखा जाए, पूर्ण वाक्य और पूरी पूरी लाइन में लिखा जाए, आगे पीछे जगह छोड़ना जरूरी नहीं। सारांश लिखते समय शोध कर्त्ता से यह अपेक्षा की जाती है कि वह संक्षेप में यह विवरण दे कि उसने अध्ययन के लिए क्या योजना बनाई थी, क्या किया और क्या प्राप्त हुआ ? इसलिए आवश्यक होने के साथ साथ यह वांछित भी है कि सारांश में शोध अध्ययन के सभी आवश्यक अवयवों जैसे – (i) समस्या (ii) विधि और प्रक्रिया (iii) परिणाम और (iv) निष्कर्ष के बारे में संक्षिप्त कथन प्रस्तुत किए जाएं।

अध्ययन का परिचय या औचित्य (Introduction or Rational of the Study)

शोध लेख के इस प्रारम्भिक खंड में किये जाने वाले अध्ययन की पृष्ठभूमि के बारे में संक्षिप्त विवरण प्रदान किया जाता है। अध्ययन समस्या को लेकर पहले क्या अनुसंधान अध्ययन हुए हैं और उन अध्ययनों में क्या कमी रह गई थी या वे आगे और किस बात के अनुसंधान की अपेक्षा करते हैं जिनके आधार पर या परिप्रेक्ष्य में प्रस्तुत अध्ययन को क्रियान्वयन किया गया। इस तरह मुख्य रूप से इस खंड में वर्तमान किए जा रहे अध्ययन का आधार या औचित्य स्पष्ट करना होता हैं और इसके लिए वर्तमान संदर्भ में अध्ययन के पाठकों एवं उपयोगकर्त्ताओं के लिए प्रस्तुत अध्ययन की आवश्यकता एवं महत्त्व पर प्रकाश डालना होता है।

समस्या (The Problem)

इस सोपान पर शोध समस्या का एक स्पष्ट एवं संक्षिप्त तरीके से कथन करना होता है। अध्ययन में प्रयुक्त किए गए चरों और अवधारणाओं को संक्रियात्मक पदावली में परिभाषित करना होता है तथा यहाँ अध्ययन के क्षेत्र और सीमाओं का भी उल्लेख किया जाता है।

अध्ययन का उद्देश्य (The Objective of the Study)

इस सोपान पर शोधकर्त्ता अपने अध्ययन के उद्देश्यों या प्रयोजनों को लिखता है, जैसे (i) माध्यमिक विद्यालयों में कार्यरत स्त्री एवं पुरुष अध्यापकों की संवेगात्मक बुद्धि के स्तर की तुलना करना (ii) माध्यमिक विद्यालयों में कार्यरत पुरुष एवं महिला शिक्षकों की शिक्षण प्रभावशीलता की तुलना करना (iii) माध्यमिक विद्यालयों में कार्यरत अध्यापकों की संवेगात्मक बुद्धि और अध्यापन प्रभावशीलता के बीच सम्बन्ध का पता लगाना, आदि।

परिकल्पना (Hypotheses)

यहाँ पर शोधकर्त्ता अपने अध्ययन की शून्य परिकल्पना और शोध परिकल्पना का कथन करता है। जैसे :

H_0 : "विद्यालय अध्यापकों की संवेगात्मक बुद्धि और अध्यापन प्रभावशीलता के मध्य कोई सम्बन्ध नहीं है।"

H_1 : "विद्यालय अध्यापकों की संवेगात्मक बुद्धि और अध्यापन प्रभावशीलता के मध्य सम्बन्ध है।"

प्रक्रिया या विधि (Procedure or Method)

इस खंड में शोधकर्त्ता संक्षेप में यह बताता है कि अपनी शोध समस्या का उत्तर प्राप्त करने के लिए उसने क्या क्या किया ? किये जाने वाले अध्ययन के प्रकार, जैसे सर्वेक्षण, तुलनात्मक, प्रयोगात्मक, ऐतिहासिक, प्रलेखीय विश्लेषण, व्यक्तिगत अध्ययन या किसी विशेष परिस्थिति में किए गए जातिवृत्यात्मक शोध के आधार पर शोध

विधि या प्रक्रिया भिन्न भिन्न हो सकती हैं। परन्तु फिर भी सामान्यतया जर्नलों में दिए जाने वाले अधिकांश शोध अध्ययनों में और शोधपत्रों में शोधकर्त्ता से निम्न बातों का विवरण भूतकाल में देने की अपेक्षा की जाती है – (i) समष्टि और अध्ययन का प्रतिदर्श (ii) अध्ययन में शामिल चरों के प्रकार (iii) अध्ययन के लिए प्रयुक्त अभिकल्प (iv) संकलित किए गए प्रदत्तों का प्रकार (v) प्रदत्त संकलन के लिए उपयोग में लाए गए उपकरण (vi) प्रदत्त संकलन की विधि एवं प्रकार और (vii) प्रदत्त विश्लेषण और व्याख्या की विधि आदि।

परिणाम और चर्चा (Results and Discussion)

इस खंड में शोधकर्त्ता अपने अध्ययन के प्रतिफल के रूप में प्रदत्त विश्लेषण का सार प्रस्तुत करता है। इस कार्य के लिए वह संगणना की गई विवरणात्मक सांख्यिकी और अध्ययन के प्रारम्भ में निर्धारित परिकल्पनाओं को स्वीकार या अस्वीकार करने से सम्बन्धित निष्कर्षों को प्रस्तुत कर सकता है। वह अपने प्रदत्तों तथा परिणामों को सारांशित रूप में प्रस्तुत करने हेतु तालिकाओं और कभी कभी आकृतियों की भी सहायता ले सकता है। साथ–साथ वह अपने अध्ययन के प्रतिफल तथा निष्कर्षों के प्रतिवेदन हेतु इन परिणामों की संक्षेप में चर्चा भी कर सकता है। उसकी इस चर्चा में आगामी अध्ययन हेतु सुझावों का भी समावेश हो सकता है।

सन्दर्भ (References)

प्रतिवेदन के अन्त के इस खंड में शोधकर्त्ता से अपेक्षा की जाती है कि वह शोध अध्ययन में उद्धृत प्रत्येक सूचना या उद्धरण के लिए पूर्ण प्रकाशन सूचनाएँ वर्णमाला के क्रम में वरिष्ठ लेखक के उपनाम के प्रथम वर्ण के अनुसार सन्दर्भ सूची में शामिल करे। इसी प्रकार सन्दर्भ सूची में प्रस्तुत किया गया प्रत्येक सन्दर्भ पाठ्य में भी विशेष रूप से शामिल होना चाहिए।

34

अनुसंधान में कंप्यूटर तकनीकी का उपयोग

[Using Computer Technology in Research]

विषय प्रवेश (Introduction)

कंप्यूटर तकनीकी एवं उसके उपयोग से आज हमारी जिन्दगी का कोई भी अंश और क्षेत्र अछूता नहीं है। हमारे चारों ओर जो कुछ भी चल रहा है उन सभी प्रकार की गतिविधियों को नई दिशा और पंख प्रदान करने में इसकी आज कोई सानी नहीं है। चाहे यह बात गणना करने तथा हिसाब–किताब रखने से सम्बन्धित हो, रेलगाड़ियों को चलाने तथा वायुयानों को उड़ाने में इसका उपयोग हो या आणविक शक्ति, उपग्रहों को स्थापित करने तथा मंगल और चाँद पर बस्तियाँ बसाने की, सब में कंप्यूटर तकनीकी के योगदान की छाप अलग से दिखाई दे रही है। व्यावहारिक विज्ञानों में किये जाने वाले अनुसंधान और खोजों में भी कंप्यूटर तकनीक के उपयोग ने अच्छी तरह पैर जमा लिये हैं और इसलिये समस्या के चयन से लेकर उसके समाधान तथा निष्कर्षों को दूसरों तक प्रेषित करने सम्बन्धी सभी कार्यों में आज कंप्यूटर तकनीकी का अच्छी तरह उपयोग किये जाने लगा है। प्रस्तुत अध्याय में हम पाठकों को यही बताने जा रहे हैं कि वे अपने अनुसंधान अध्ययन से सम्बन्धित सभी गतिविधियों में कंप्यूटर तकनीकी की सेवाओं से किस रूप में और किस प्रकार पूरी तरह लाभान्वित हो सकते हैं।

कंप्यूटर तकनीकी द्वारा प्रदत्त साधन एवं सुविधायें
(The Tools and Facilities Available with Computer Technology)

व्यावहारिक विज्ञानों के अनुसंधानकर्त्ताओं को उनके अनुसंधान अध्ययनों से सम्बन्धित विभिन्न प्रकार की गतिविधियों के संपादन में जिस प्रकार के साधन एवं सुविधायें आज कंप्यूटर तकनीकी के उपयोग से उपलब्ध हो सकती है, उनका निम्न प्रकार उल्लेख किया जा सकता है :

- पाठ्य को पढ़ने एवं लिखने हेतु वर्ड प्रोसेसिंग प्रोग्राम (Word Processing Program)
- संख्याओं के प्रक्रियाकरण तथा गणना कार्य हेतु एक्सेल प्रोग्राम (Excel Program)
- प्रदत्त भंडार के प्रबन्धीकरण हेतु डेटा बेस मैनेजमैन्ट प्रोग्राम
- चित्र, आरेख एवं आकृतियाँ बनाने हेतु पेन्ट एवं ड्राइंग प्रोग्राम
- इन्टरनेट तथा वर्ल्ड वाइड वेब सेवायें जिनके द्वारा निम्न सुविधायें उपलब्ध हो सकती हैं :
  - वेव पृष्ठों के माध्यम से वांछित अध्ययन सामग्री एवं सम्बन्धित साहित्य की उपलब्धि
  - ई–मेल संदेश संप्रेषण एवं फाइलों के आदान प्रदान की सुविधायें
  - कंप्यूटर तकनीकी की मदद से टेलीफोन संप्रेषण सुविधायें
  - कंप्यूटर तकनीकी की मदद से आडियो–वीडियो कान्फ्रेन्सिंग की सुविधायें।

- विशिष्ट अनुसंधानात्मक गतिविधियों, जैसे प्रतिदर्श चयन, परिमाणात्मक एवं गुणात्मक विश्लेषण आदि में विशिष्ट प्रकार के सोफ्टवेयरों (जैसे SPSS) द्वारा प्रदत्त सुविधायें।

विशिष्ट अनुसंधान गतिविधियों के सम्पन्न हेतु कंप्यूटर तकनीकी का उपयोग (Use of Computer Teachnology in carrying out Specific Research Functions)

A. अनुसंधान समस्या के चयन में कंप्यूटर तकनीकी का उपयोग

आज अनुसंधानकर्त्ता अपने कंप्यूटर और लैपटॉप पर अपने अपने स्थानों तथा समय की सुविधा को ध्यान में रखते हुए इन्टरनेट तथा वर्ल्ड वाइड वेब सुविधाओं का अपनी अनुसंधान समस्या के चयन कार्य में निम्न प्रकार उपयोग कर सकते हैं :

(i) वे उस विशाल प्रदत्त भंडारों (Data basis) का लाभ उठा सकते हैं जहाँ उन्हें अपने अनुसंधान क्षेत्र से सम्बन्धित पूर्व में किये जाने वाले अनुसंधान अध्ययनों का विवरण, किये जा सकने वाले अध्ययनों के लिए सुझाव, मार्गदर्शन और प्रेरणा प्राप्त हो सकती है। यहाँ शोधकर्त्ताओं को इन्टरनेशनल डेजर्टेशन जर्नल्स (International dissertation Journals), शोध सार (Abstracts), अनुक्रमणिकायें (Indexes) व्यावहारिक विज्ञान अनुसंधानों के सर्वेक्षण (Survey of Researches), अनुसंधानात्मक जर्नल (Research Journals) आदि को पढ़ने तथा सम्बन्धित सामग्री को डाउनलोड कर उसका मनन करने से क्षेत्र तथा समस्या विशेष के चयन में मदद मिल सकती है।

(ii) वे अपने शोध पर्यवेक्षकों (Research Guides), विषय विशेषज्ञों, वरिष्ठ साथी शोधकर्त्ताओं तथा विद्वानों से एक उचित समस्या के चुनाव हेतु आवश्यक सलाह मशवरा करने हेतु इन्टरनेट सेवाओं, फाइल ट्रान्सफर सेवाओं तथा टेलीफोन एवं आडियो–वीडियो कान्फ्रेन्सिंग सेवाओं की सहायता ले सकते हैं।

B. सम्बन्धित साहित्य की खोज हेतु कंप्यूटर तकनीकी का उपयोग

कंप्यूटर तकनीकी के आगमन से पूर्व अनुसंधानकर्त्ताओं के पास एकमात्र विकल्प यही था कि वे व्यक्तिगत रूप से उन पुस्तकालयों की सेवायें प्राप्त करें जहाँ उन्हें अपने अनुसंधान अध्ययन से सम्बन्धित साहित्य की उपलब्धि संभव थी। कंप्यूटर तकनीकी के प्रादुर्भाव ने आज उनके लिये यह संभव कर दिया है कि वे अपने तरीके से अपने कंप्यूटर/लैपटॉप पर बैठे हुये इन्टरनेट तथा वेव सेवाओं का लाभ उठाते हुए वांछित साहित्य की खोज कर सकें। इस प्रकार की आधुनिक सुविधा उन्हें निम्न दो प्रकार की सूचनायें/जानकारी उपलब्ध कराने में सहायक सिद्ध हो सकती है।

(i) अपने अध्ययन क्षेत्र एवं विषय से सम्बन्धित वह सामान्य जानकारी जो विभिन्न रुचियों से जुड़ी सामान्य वेवसाइटों पर उपलब्ध है।

(ii) अपने अध्ययन क्षेत्र एवं विषय से सम्बन्धित वह विशिष्ट जानकारी जो उन विशिष्ट वेबसाइटों पर उपलब्ध है जिनके द्वारा इस प्रकार के प्रदत्त भंडार का प्रबन्धन होता है जिसका सीधा सम्बन्ध शोधकर्त्ता के अध्ययन क्षेत्र एवं विषयों से है। इस प्रकार की विशिष्ट वेबसाइटों के उदाहरण रूप में हम व्यावहारिक विज्ञानों के विशिष्ट क्षेत्रों तथा विषयों से जुड़ी हुई साइटों, जैसे ERIC, Psych INFO, Psyc LIT तथा सोसिओलोजीकल एबस्ट्रेक्ट आदि का उल्लेख कर सकते हैं। इनके बारे में आवश्यक चर्चा हम इस पुस्तक के 14वें अध्याय में कर चुके हैं। इन उपरोक्त वेबसाइटों के अतिरिक्त ऐसी और भी वेबसाइट उपलब्ध हैं जिन्हें विभिन्न एसोसियेसन्स, पुस्तकालयों, जर्नल प्रकाशकों, संस्थानों तथा इन्टरनेट कारपोरेट हाउसों द्वारा प्रबन्धित किया जाता है। पाठकों के हितार्थ हम इन सबका उल्लेख यहाँ कर रहे हैं ताकि सम्पादित साहित्य की खोज हेतु शोधकर्त्ता उनका उचित उपयोग कर सकें।

(a) अनुसंधान परिषदों (Research Associations) द्वारा प्रबन्धित साइटें

1. American Educational Research Association : http://www.aera.net
2. British Educational Research Association: http//www.Bera.ac.uk
3. European Educational Research Association: http://www.eera.ac.uk/index.html
4. National Foundation for Educational Research (UK): http://www.nfer/ac.uk
5. Washington Educational Research Association (USA): http://www.wera.web.org/index.html

(b) विभिन्न पुस्तकालयों द्वारा प्रबन्धित साइटें

1. The United States Library of Congress: http://www.loc.gov
2. Links to U.S. Libraries: http://www.leweb.loc.gov./z3950
3. Link for searching major U.K. Libraries: http://www.copac.ac.uk.copac
4. The British library online catalogue: http://www.bl.uk.

इसके अतिरिक्त एक ऐसी भी साइट है जो पुस्तकालय और उसकी जगह के हिसाब से संगठित लाइब्रेरी केटालोगों तक पहुँचने में सहायता कर सकती है। इसका पता यह है : Lights.com/webcats

(c) ऑन लाइन जर्नल, अनुक्रमणिकाओं (Indexes) तथा संदर्भों की उपलब्धि में सहायक साइटें

1. British Education Index: http://www.leeds.ac.uk/bei
2. The European Educational Research Association Journals: http:// www.eera.ac.uk/ links5.html
3. The website of Routledge, an international publisher: http://www.routledge.com: 9996/routledg/journal/er/html
4. Sage Publications Journals: http://www.sagepub.co.uk
5. Educational Research Abstracts Online - a service available from Taylor & Francies Publisher: http://www.tandf.co.uk./era/
6. Digital Library of Theses and Dissertations: http://www.theses.org

(d) महत्त्वपूर्ण सर्च इंजिनों की वेबसाइटें

1. Google: http://www.goggle.com
2. MSN Search: http://www.msn.com
3. Netscape Navigator: http://www.netscape.com
4. Internet Explorer: http://www/microsoft.com
5. Alta Vista: http://www.altavista.com
6. Yahoo: http://www.yahoo.com

C. अध्ययन के लिए प्रतिदर्शों का चयन करने हेतु कंप्यूटर तकनीकी का उपयोग

उपलब्ध कंप्यूटर तकनीकी का उपयेाग अनुसंधान अध्ययनों के लिए अनुसंधान समष्टियों से वांछित प्रतिदर्शों का चयन करने हेतु भी भलीभाँति किया जा सकता है। सामान्यतया इस कार्य हेतु यहाँ निम्न तरीके काम में लाये जा सकते हैं।

1. इन्टरनेट पर सम्बन्धित वेबपृष्ठों की खोज (Searching Web on the internet) : इन्टरनेट पर आज ऐसी अनेक व्यक्तिगत वेब साइट्स उपलब्ध हैं जो अनुसंधानकर्त्ताओं को अपने अध्ययन हेतु वांछित प्रतिदर्श का चयन करने में निम्न प्रकार सहायता कर सकती हैं।

(i) उनके द्वारा विभिन्न प्रकार की संयोगिक संख्या तालिकायें (Random Number Tables) अनुसंधान समष्टि से प्रतिनिधि प्रतिदर्श के चयन करने हेतु प्रस्तुत की जाती है। उदाहरण के लिये यहाँ हम एक वेबसाइट पर उपलब्ध संयोगिक संख्या तालिका को प्रस्तुत कर रहे हैं।

100 संयोगिक संख्याओं की तालिका (A Table of 100 random numbers)

77116	54280	49344	37595	72843	67098	10891	52953	00210	11555	04078	26509	32658
61094	02346	05146	23304	42272	32254	88865	19032	55089	93801	30781	19841	99546
60430	77779	78847	75643	85256	56417	42935	56821	15164	40135	38663	69639	76711
82052	66030	14096	43340	29050	98478	63634	68166	07687	62566	71370	98074	17964
58294	84188	59621	33322	85661	28645	26250	80320	44667	78184	51076	58957	08755
59362	80984	69234	04483	98737	42531	84592	31849	16636	09160	31590	64298	92700
33986	10228	28386	73911	63893	20505	24113	86729	25441	35863	51480	31186	92069
09419	10487	07282	16896	61498	74575	88461	46803	71775				

(सौजन्य से *http://stattrek.com/statistics/random-number-generator.aspx)*

(ii) विकल्प के रूप में आप अपने कंप्यूटर (जो इंटरनेट तथा वेब सेवाओं से युक्त है) से यह माँग कर सकते हैं कि वह संयोजिक संस्थाओं की तालिका को प्रयोग में लाने के झंझट से मुक्ति दिलाते हुए सीधे ही आपको अपना वांछित प्रतिदर्श वह भी बिना मूल्य का उपलब्ध कराने में मदद करे। जिन वेबसाइट्स पर ये सुविधायें उपलब्ध हैं उनमें से कुछ प्रमुख निम्नलिखित हैं :

http://www.randomizer.org/.

http://www.assumption.edu/html/academic/users/avadum/applets.html.

http://www.teorica.fis.ucm.es/ft8 tablern2.pdf

http://www.stat.auckland.ac.nz/~wild/ChanceEnc/Ch01.random.pdf

www.unc.edu/~nielsen/soci708/statistical.../ips6e/ips6e_table-b.pdf

2. माइक्रोसोफ्ट एक्सेल प्रोग्राम का उपयोग (Use of MS Excel Program) : इन्टरनेट पर संयोजिक संख्या तालिकाओं की उपलब्धि सम्बन्धी सुविधा का लाभ उठाने के अतिरिक्त शोधकर्त्ता द्वारा संयोगिक संख्या तालिकाओं की प्राप्ति हेतु माइक्रोसोफ्ट एक्सेल प्रोग्राम का भी उपयोग किया जा सकता है।

माइक्रोसोफ्ट एक्सेल प्रोग्राम में एक ऐसी सुविधा (Function) है जिसके द्वारा संयोजिक संख्याओं का उत्पादन हो सकता है। यह Function है = RAND इसे एक्सेल एक शीट के खाने (Cell) में टाइप करने से उस खाने (Cell) में एक संयोगिक संख्या आयेगी। अब इसकी पुनरावृत्ति आप जिन जिन खानों (Cells) में करेंगे इससे 0 से लेकर 1 के बीच संयोजिक संख्याओं का उत्पादन होता रहेगा। अगर आप इस सूत्र में कुछ संशोधन करें तो आपको जिस विस्तार (Range) में संयोगिक संख्यायें चाहियें वे प्राप्त हो जायेंगी। उदाहरण के लिए अगर आप 1 से लेकर 250 तक के विस्तार में संयोगिक संख्यायें चाहते हों तो आपको निम्न सूत्र का उपयोग करना होगा :

सूत्र = INT(250*RAND) + 1

यहाँ INT का प्रयोग दशमलव के आगे के अंकों को समाप्त करता है, 250 से जो विस्तार (Range) चाहिये वह मिलता है तथा +1 विस्तार सीमा में सबसे कम संख्या प्रदान करने का कार्य करता है।

3. कंप्यूटर सोफ्टवेयर पैकेजों का उपयोग (Making Use of Computer Software Packages) : आज ऐसे कई कंप्यूटर सोफ्टवेयर पैकेज उपलब्ध हैं जो संयोगिक संख्याओं की उपलब्धि में सहायक हो सकते हैं।

एक ऐसे पैकेज के रूप में हम सामाजिक विज्ञानों में प्रयुक्त एक सांख्यिकी पैकेज SPSS का उल्लेख कर सकते हैं जो www.SPSS.com वेबसाइट पर उपलब्ध है।

SPSS प्रोग्राम में एक data select case डायलॉग बॉक्स होता है जिसकी सहायता से एक शोधकर्त्ता अपनी यह इच्छा व्यक्त कर सकता है कि वह जिस प्रकार से एक संयोजित प्रतिदर्श का चयन करना चाहता है। उदाहरण के लिए वह यह बता सकता है कि उसकी समष्टि जिसमें से प्रतिदर्श का चयन करना है दिल्ली प्रान्त के सी.बी.एस.ई. की बारहवीं कक्षा की परीक्षा देने वाले सभी विद्यार्थी हैं। इस अवस्था में SPSS द्वारा संयोगिक प्रतिदर्श के आकार के सम्बन्ध में दो विकल्प प्रस्तुत किये जायेंगे।

(i) अनुमानित : उपयोगकर्त्ता के द्वारा बताई गई प्रतिशत के हिसाब से जैसे दिल्ली प्रान्त के सी.बी.एस.ई. की 12वीं कक्षा के परीक्षार्थियों में से 20% का चयन।

(ii) निश्चित : उपयोगकर्त्ता के द्वारा बताई गई निश्चित संख्या के हिसाब से जैसे कुल 8540 बारहवीं कक्षा के सी.बी.एस.ई. परीक्षार्थियों में से 500 का संयोगिक चयन।

इस दूसरे प्रकार के विकल्प में यह भी प्रावधान रहता है कि शोधकर्त्ता उपसमष्टियों जैसे लड़कियों के विद्यालयों, लड़कों के विद्यालयों या सहशिक्षा विद्यालयों से सम्बन्धित 12वीं कक्षा के सी.बी.एस.ई परीक्षार्थियों की समष्टियों से वांछित प्रतिनिधि प्रतिदर्शों को चयन कर सके।

प्रतिदर्श आकार के बारे में अपनी इच्छा व्यक्त करने के बाद शोधकर्त्ता को जहाँ Continue लिखा रहता है उस पर मात्र माउस क्लिक करने की जरूरत रहती है और परिणामस्वरूप वांछित प्रतिदर्श का चयन हो जाता है। समष्टि में से जिनको प्रतिदर्श में शामिल नहीं किया गया है उनके बारे में जानकारी अब यहाँ दो रूपों में प्राप्त हो सकती है। आड़ी रेखा (/) बनी होती है तथा दूसरा deleted कहलाता है जिसमें जिनका चयन नहीं होता उन्हें मिटा दिया जाता है।

प्रदत्त संकलन में कंप्यूटर तकनीकी का उपयोग (Use in Data Collection)

कंप्यूटर सहाय तकनीकी प्रदत्त संकलन के कार्य में शोधकर्त्ताओं के लिए काफी सहायक सिद्ध होती है। शोध अध्ययनों में शोधकर्त्ता को अपने अध्ययन के प्रयोज्यों से प्रदत्तों का संकलन करना पड़ता है। इस प्रकार के प्रदत्त संकलन में जो तरीका प्रयोग में लाया जाता है उसमें प्रायः प्रश्नावली या निर्धारण मापनी का प्रशासन करना, साक्षात्कार लेना, अवलोकन या प्रेक्षण और प्रयोगीकरण आदि उपकरणों का प्रयोग किया जाता है। एक अनुसंधानकर्त्ता को अपने अनुसंधान प्रश्नों का उत्तर प्राप्त करने के लिए उपयोगी प्रदत्तों का संकलन करने के इन सभी साधनों और स्वरूपों का प्रयोग करने में कंप्यूटर तकनीकी का उपयोग बहुत सहायता कर सकता है। आइए देखते हैं, कंप्यूटर तकनीकी यह सहायता कैसे करती है ?

1. प्रदत्त संकलन उपकरण का प्रशासन (Administration of a data collection tool) : प्रचलित रूप में, शोधकर्त्ता प्रदत्त संकलन उपकरण, जैसे – अनुसूची, प्रश्नावली और निर्धारण मापनी का प्रशासन अपने अध्ययन के प्रयोज्यों (व्यक्तिगत रूप में या सामूहिक रूप में) के साथ या तो आमने सामने उपस्थित होकर या फिर डाक सेवा की सहायता से करता है। कंप्यूटर तकनीकी के प्रयोग ने विशेषकर इन्टरनेट सेवा से जुड़कर, इन प्रदत्त संकलन के उपकरणों का प्रयोज्यों के एक समूह के साथ, व्यक्तिगत रूप में या सामूहिक रूप में, प्रशासन करने के कार्य को निम्न प्रकार से बहुत ही आसान कर दिया है :

- शोधकर्त्ता अध्ययन के प्रयोज्यों के साथ मोबाइल सेवा या कंप्यूटर पर प्रदान की गई ई–मेल, वॉइस मेल की सुविधा आदि के द्वारा आसानी से सम्पर्क स्थापित कर सकता है। वह प्रदत्त संकलन उपकरण

(स्वयं प्रशासित प्रश्नावली, निर्धारण मापनी या अनुसूची) की फाइल कंप्यूटर के द्वारा चयनित प्रयोज्यों को ई–मेल करके भेज सकता है, साथ ही प्रयोज्यों से इस उपकरण को पूरा भरकर उसके पास वापिस भेजने (इन्टरनेट सेवा के द्वारा) के लिए विनम्र निवेदन भी कर सकता है।

- शोधकर्त्ता अपने प्रदत्त संकलन उपकरण (स्वनिर्मित प्रश्नावली, निर्धारण प्रणाली या अनुसूची) को एक वेबसाइट के वेब पृष्ठों (web pages) पर भी डाल सकता है और फिर सामान्य रूप में लोगों से इस उपकरण के पदों का उत्तर देने के लिए निवेदन कर सकता है या उन्हें निमंत्रित कर सकता है। प्रदत्त संकलन के इस तरीके को अपनाने से शोधकर्त्ता, जनसामान्य के लिए कल्याणकारी और उपयोगी योजनाओं और प्रोजेक्ट का नियोजन एवं मूल्यांकन करने में जनता की राय और दृष्टिकोण जानने के लिए प्रयुक्त प्रतिदर्श के द्वारा अपने प्रदत्तों का संकलन आसानी से कर सकता है।

2. साक्षात्कार लेना (Conducting interviews) : कंप्यूटर तकनीकी की मदद से उसके द्वारा प्रदत्त विभिन्न प्रकार की सुविधाओं जैसे – ई–मेल, चैटिंग (Chatting), आडियो वीडियो सम्प्रेषण और कांफ्रेसिंग इत्यादि के द्वारा दूरस्थ स्थानों में स्थित प्रयोज्यों के साथ साक्षात्कार की कार्यवाही भी कंप्यूटर तकनीक की मदद से दृश्य श्रव्य प्रारूप में स्वतः ही रिकार्ड हो सकती है।

3. प्रेक्षण और प्रयोग करना (Making observations and performing experiments) : कंप्यूटर तकनीकी की मदद से वांछित प्रदत्तों के संकलन में प्रेक्षण और प्रायोगिक साधनों का उपयोग करने सम्बन्धी कार्य भी काफी प्रभावपूर्ण ढंग, आसानी तथा शुद्धता से सम्पन्न किए जा सकते हैं। कंप्यूटर से जुड़े हुए ऐसे गुप्त वीडियो कैमरे लगाए जा सकते हैं जिनसे इन्टरनेट सेवाओं के द्वारा सुदूर बैठे हुए प्रेक्षकों के द्वारा अपने अध्ययन से सम्बन्धित प्रयोज्यों की गतिविधियों का भलीभाँति प्रेक्षण किया जा सके। कंप्यूटर तकनीकी द्वारा प्रदत्त इन सुविधाओं से शोध प्रश्नों के उत्तर प्राप्त करने से सम्बन्धित आवश्यक बातों का प्रेक्षण तब भी सम्भव हो सकता है जबकि प्रेक्षक के रूप में शोधकर्त्ता इन घटनाओं के घटित होने की जगह स्वयं उपस्थित न हो। दूसरी ओर प्रयोग कार्य करते समय कंप्यूटर तकनीकी की मदद से ऐसी कृत्रिम परिस्थितियाँ सृजित की जा सकती हैं जिनमें एक चर का दूसरे चर पर पड़ने वाले प्रभाव का भलीभाँति अध्ययन किया जा सके। आज व्यावहारिक विज्ञानों के क्षेत्र में होने वाले अनुसंधानों में आवश्यक प्रयोगात्मक कार्य करने हेतु इन्टरनेट सेवाओं का चयन बढ़ता जा रहा है। इस प्रयोजन हेतु पाठकगण एक वेबसाइट (http://www.psych.unich.ch/genpsy/418/lab/webexpsylab.html) का प्रयोग कर सकते हैं।

ह्यूसन एवं अन्य (Hewson, et al., 2003:48) ने व्यावहारिक विज्ञानों में किए जाने वाले इन प्रायोगिक कार्यों को चार मुख्य वर्गों में विभाजित करने की बात कही गई है।

पहले तो वे जिनमें मुद्रित सामग्री (जैसे मुद्रित पाठ्य या आलेख) काम में आती है, दूसरे वे जिनमें अमुद्रित सामग्री (जैसे वीडियो या आडियो सामग्री) का प्रयोग होता है, तीसरे प्रतिक्रिया–समय सम्बन्धी प्रयोग होते हैं तथा चौथे वे प्रायोगिक गतिविधियाँ होती हैं जिनमें किसी न किसी प्रकार की अन्तःवैयक्तिक अन्तःक्रियाओं का समावेश रहता है।

इसके अतिरिक्त कंप्यूटर तकनीकी से प्रदत्त सेवाओं के माध्यम से एक शोधकर्त्ता अपने अनुसंधान अध्ययन में किसी एक या अन्य प्रकार के प्रायोगिक कार्यों के संपादन में अनुरूपण (Simulation) का भी पूरा लाभ उठा सकता है। फलस्वरूप यहाँ कंप्यूटर तकनीकी का उपयोग कर वह मानव व्यवहार का अनुरूपित परिस्थितियों में प्रेक्षण कर अपनी अनुसंधान सम्बन्धी परिकल्पनाओं के परीक्षण का सहज और वैध मार्ग तलाश कर सकता है।

प्रदत्त विश्लेषण में कंप्यूटर तकनीकी का उपयोग
(Use of Computer Technology in Data Analysis)

चाहे अनुसंधानात्मक अध्ययन गुणात्मक हो या परिमाणात्मक, उसमें संकलित प्रदत्तों के विश्लेषण का कार्य जैसे जैसे इस संकलित भंडार में वृद्धि होती जाती है कठिन से कठिनतर बनता जाता है। इस कठिनाई में आगे अध्ययन में प्रयुक्त अनुसंधान अभिकल्पों की जटिलता, अध्ययन चरों की संख्या में वृद्धि तथा विवरणात्मक एवं अनुमानिक सांख्यिकी के गणना कार्य की पेचीदगी को लेकर और भी वृद्धि होती जाती है। इस प्रकार की कठिनाइयों का आसानी से मुकाबला करके प्रदत्त विश्लेषण कार्य में गति, शुद्धता और वस्तुनिष्ठा लाने का कार्य आज जितनी अच्छी तरह से कंप्यूटर तकनीकी के प्रयोग ने सुलभ कर दिया है, उसका कोई सानी नहीं है। आइये देखें इस तकनीकी का परिमाणात्मक एवं गुणात्मक प्रदत्त विश्लेषण में किस प्रकार भलीभाँति उपयोग किया जा सकता है।

प्रदत्त विश्लेषण के कार्य में (चाहे वह परिमाणात्मक अनुसंधान अध्ययन से सम्बन्धित हो या गुणात्मक से) सबसे पहली और आवश्यक शुरुआत प्रदत्तों का भलीभाँति आलेखन (Recording) तथा कूट संकेतन (Coding) से ही होती है। इस कार्य हेतु निम्न प्रकार आगे बढ़ना ठीक रहता है।

(i) संकलित मूल प्रदत्तों को निश्चित कूट संकेत (Codes) प्रदान कीजिये। ऐसा करने से यहाँ तात्पर्य यह है कि प्रयोज्यों द्वारा दिये गये उत्तरों को किसी नियम विशेष के आधार पर संख्यात्मक मूल्य प्रदान किये जायें। उदाहरण के लिये आप पुरुष हैं या महिला ? इस प्रश्न का उत्तर अगर पुरुष है तो उसे 1 संकेत प्रदान किया जा सकता है और अगर उत्तर महिला है तो इस उत्तर को 2 कूट संकेत प्रदान किये जा सकते हैं। इसी तरह आप किस आयु समूह 20–25, 15–20 तथा 10–15 से सम्बन्धित हैं ? इस प्रश्न के उत्तर में चयनित विकल्प अगर 20–25 है तो उसे 1, 15–20 है तो 2 तथा 10–15 है तो 3, इस प्रकार के विभिन्न कूट संकेत प्रदान किये जा सकते हैं।

(ii) इस प्रकार से विभिन्न प्रकार और प्रकृति के प्रदत्तों को भिन्न भिन्न कूट–संकेत (Codes) प्रदान कीजिये और एक कोड बुक में यह लिख कर रखिये कि किस प्रकार के प्रदत्तों को किस तरह कूट संकेत (Code) प्रदान किये गये हैं ताकि विसंकेतन (Decoding) करते समय सुविधा रहे।

(iii) जैसे ही आपका कोड बुक सम्बन्धी कार्य समाप्त हो जाये अपने कंप्यूटर या लेपटॉप में सम्बन्धित सोफ्टवेयर प्रोग्राम (जैसे माइक्रोसॉफ्ट एक्सेल या SPSS) का उपयोग करते हुए मौलिक अनुक्रियाओं/उत्तरों के स्थान पर सीधे ही कूट संकेतों (Codes) की प्रविष्टि प्रारम्भ कर दें।

परिमाणात्मक प्रदत्त विश्लेषण में कंप्यूटर तकनीकी का उपयोग
(Use of Computer Technology in Quantitative Analysis)

कंप्यूटर तकनीकी परिमाणात्मक प्रदत्त विश्लेषण हेतु शोधकर्त्ताओं के सामने कुछ निम्न प्रकार के विशिष्ट सोफ्टवेयर प्रोग्रामों को प्रस्तुत करने का प्रयास करती है।

- माइक्रोसॉफ्ट कारपोरेशन, अमेरिका द्वारा निर्मित MS Office पैकेज में शामिल एक्सेल प्रोग्राम।
- स्टेटिस्टीकल पैकेज फोर दा सोसल साइन्सेज (Statistical Package for the Social Sciences—SPSS) जो बाजार से भी खरीदा जा सकता है तथा जिसे इन्टरनेट सेवाओं के माध्यम से www.spss.com वेबसाइट से भी डाउनलोड किया जा सकता है।
- स्टेटिस्टीकल एनेलीसिस सिस्टम (Statistical Analysis System—SAS) जो बाजार में भी उपलब्ध है और जिसे www.sas.com वेबसाइट से भी डाउनलोड किया जा सकता है।
- मिनीटेब (Minitab) के नाम से प्रसिद्ध स्टेटिस्टीकल पैकेज।

इन उपरोक्त सॉफ्टवेयर प्रोग्रामों को परिमाणात्मक प्रदत्तों के विश्लेषण हेतु काम में लाने के लिए शोधकर्त्ता उपलब्ध मेनुअलों, उपयोगकर्त्ता मार्गदर्शिकाओं तथा ऑन लाइन हैल्प लाइन्स को उपयोग में ला सकते हैं। इन चारों सॉफ्टवेयर प्रोग्रामों में पहले दो SSPS तथा Excel ही व्यावहारिक विज्ञानों के अनुसंधानकर्त्ताओं द्वारा अपने अध्ययन सम्बन्धी परिमाणात्मक प्रदत्तों का विश्लेषण करने हेतु ज्यादा प्रयोग में लाये जाते हैं। हम आगे के पृष्ठों में इन्हीं के उपयोग की विस्तार से चर्चा करना चाहेंगे। परन्तु इससे पहले हम इन प्रोग्रामों के प्रकार एवं प्रकृति से आपको परिचित कराना जरूरी समझते हैं।

SPSS प्रोग्राम एवं प्रदत्त विश्लेषण (SPSS and Data Analysis)

इस प्रोग्राम में स्प्रेडशीट (Spread sheet) प्रारूप का उपयोग होता है तथा आदेशों के लिए इसमें विन्डो आधारित ड्रोप डाउन मीनू प्रोग्राम (Windows based drop down menus) का प्रयोग होता है। SPSS, सामान्य प्रारूपों जैसे एक्सेल (Excel) तथा एक्सेस (Access) से भी डेटा फाइलों को पढ़ सकता है। मूल पैकेज शोधकर्त्ताओं को तालिकाओं तथा ग्राफों के रूप में प्रदत्तों को सारांशित करने, वर्णनात्मक सांख्यिकी तथ्यों (जैसे प्रतिशत, योगफल, मध्यमान, प्रामाणिक विचलन आदि) तथा सहसम्बन्ध और परिकल्पना परीक्षण में सहायक सांख्यिकी मानो जैसे पीयर्सन सहसम्बन्ध, एनोवा (ANOVA), एनकोवा (ANCOVA), 't' परीक्षण आदि की गणना करने में सहायता करता है। इसकी प्रकृति और अनुप्रयोगों से सम्बन्धित अधिक जानकारी हेतु पाठकगण www.spss.com वेबवाइट पर अध्ययन कर सकते हैं।

एक्सेल प्रोग्राम एवं प्रदत्त विश्लेषण (Excel and Data Analysis)

एक्सेल जिसे MS-Excel के नाम से जाना जाता है, MS Window का एक सॉफ्टवेयर पैकेज है। यद्यपि इसे मुख्य रूप से एक स्प्रेडशीट प्रोग्राम के रूप में जाना जाता है परन्तु इसका किसी अनुसंधान अध्ययन में उपलब्ध परिमाणात्मक प्रदत्तों के विश्लेषण हेतु भी उचित उपयोग किया जा सकता है। इस कार्य हेतु एक शोधकर्त्ता को शुरुआत एक्सेल के टूल्स मीनू (Tools menu) पर अंकित डेटा एनेलिसिस (Data analysis) विकल्प को क्लिक करके करनी होती है। ऐसा करने से डेटा एनेलेसिस विंडो (Data Analysis Window) खुल जाती है। (देखिये चित्र 34.1)

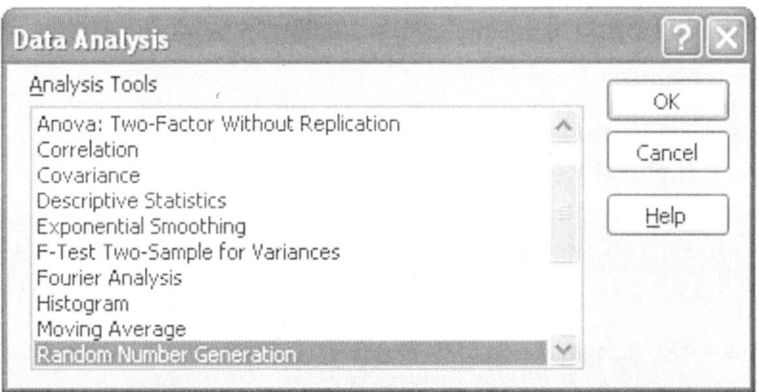

चित्र 34.1 डेटा एनेलिसिस पैक में टूल्स (Tools in Data Analysis Pak)।

जैसा कि ऊपर चित्र में दिखाया गया है, एक्सेल के डेटा एनेलिसिस पैक में इस प्रकार के साधनों (Tools) का प्रावधान रहता है जिनके माध्यम से परिमाणात्मक प्रदत्तों के विश्लेषण में सहायक विभिन्न प्रकार के

विवरणात्मक सांख्यिकी तथ्यों (जैसे मध्यमान, मध्यांक, विचलन मान आदि) सहसम्बन्ध गुणांकों, प्रसरण तथा सहप्रसरण सम्बन्धी विश्लेषण (ANOVA and ANCOVA), आदि के गणन तथा प्रदत्तों के चित्रात्मक प्रस्तुतीकरण (दंड ग्राफ, रेखा ग्राफ हिस्टोग्राफ आदि के रूप में) तथा संयोगिक संख्याओं की तालिका की प्रस्तुति में सहायता मिलती है।

शोधकर्त्ताओं के लिए इस प्रोग्राम को परिमाणात्मक प्रदत्त विश्लेषण हेतु काम में लाना (विशेषकर जब उन्हें विवरणात्मक सांख्यिकी तथ्यों की गणना तथा प्रदत्तों की चित्रात्मक प्रस्तुति की आवश्यकता होती है) काफी आसान और मितव्ययी सिद्ध होता है। इसकी एक विशेष वजह यह भी है कि यह MS Office का अभिन्न अंग है, इसे अलग से खरीदना नहीं पड़ता और Excel को उपयोग भी सभी को जाना पहचाना लगता है। यहाँ उन्हें SPSS को उपयोग में लाने की तरह अलग से कोई विशेष बातें सीखने की जरूरत नहीं होती। इस प्रोग्राम की प्रकृति और उपयोग के बारे में अधिक जानकारी प्राप्त करने हेतु पाठकगण http://office.microsoft.com/home/office.aspex?assetid = FX01085800 वेबसाइट पर जा सकते हैं।

इन दो बहु प्रचलित सोफ्टवेयर प्रोग्रामों का प्रारंभिक परिचय प्राप्त करने के बाद अब हम एक एक करके परिमाणात्मक प्रदत्तों के विश्लेषण में इनके द्वारा निभाई जाने वाली भूमिकाओं पर दृष्टि डालना चाहेंगे।

चार्टों एवं ग्राफों के रूप में प्रदत्तों को सारांशित करना (Summarizing Data in the Form of Charts and Graphs)

अनुसंधान प्रदत्तों का उपयोगी चार्टों एवं ग्राफों, जैसे वृत्त ग्राफ (Circle graph or pie graph) दंड ग्राफ (Bar graph), रेखा ग्राफ तथा हिस्टोग्राम (Histogram) इत्यादि के रूप में प्रस्तुतीकरण उनके वर्णन एवं विश्लेषण हेतु एक बहुत ही संक्षिप्त एवं प्रभावपूर्ण तरीके का काम करता है। इस प्रस्तुतीकरण में एक्सेल या SPSS प्रोग्राम का उपयोग शोधकर्त्ताओं के लिए एक बहुत ही आसान और प्रभावपूर्ण तरीका सिद्ध हो सकता है। इन प्रोग्रामों का उपयोग करने हेतु शोधकर्त्ता को सबसे पहला काम यह करना होता है कि वह उपलब्ध प्रदत्तों की एक्सेल की वर्कशीट में प्रविष्टि (Entry) करे। ऐसा करने में उसे इस बात का भी ध्यान रखना चाहिये कि जहाँ जैसी आवश्यकता हो उसके अनुरूप प्रदत्तों का कूट संकेतन (Coding) कर उनके कूट संकेतकों की ही प्रविष्टि वर्कशीट में की जाये। SSPS प्रोग्राम की यह विशेषता होती है कि वह एक्सेल की वर्कशीटों पर प्रविष्ट प्रदत्तों को ही अपने कार्य हेतु स्वीकार कर सकता है।आइये देखें कि एक्सेल व SSPS प्रोग्रामों के उपयोग से वांछित प्रदत्त विश्लेषण कार्य कैसे किये जा सकते हैं।

चित्रात्मक प्रस्तुतीकरण में एक्सेल का उपयोग (Use of Excel in Graphical Representation)

एक शोधकर्त्ता अपने अध्ययन प्रदत्तों के चित्रात्मक प्रस्तुतीकरण हेतु एक्सेल प्रोग्राम का उपयोग दंड रेखाचित्रों, वृत्त रेखाचित्रों, रेखाग्राफों, हिस्टोग्राम आदि के निर्माण हेतु कर सकता है। हम यहाँ उदाहरण रूप में दंड तथा वृत्त रेखाचित्रों और हिस्टोग्राम आदि के निर्माण के बारे में चर्चा करना चाहेंगे।

दंड रेखाचित्रों की रचना (Construction of Bargraphs)

एक्सेल के उपयोग से दंड रेखाचित्रों की निर्माण प्रक्रिया को स्पष्ट करने हेतु हम निम्न सारिणीबद्ध प्रदत्तों की सहायता लेना चाहेंगे।

वर्ष	2006–2007	2007–2008	2008–2009	2009–2010	2010–2011
विद्यार्थियों की संख्या	1200	1040	960	1000	1400

उपरोक्त प्रदत्तों की एक्सेल (MS Excel) की सहायता से दंड रेखाचित्र के रूप में प्रस्तुति करने हेतु शोधकर्त्ताओं द्वारा निम्न प्रकार आगे बढ़ा जा सकता है :

- वर्कशीट में प्रदत्तों की प्रविष्टि कीजिये। (यहाँ दिये गये प्रदत्तों की आसानी से वर्कशीट की दो पंक्तियों (Rows) में प्रविष्टि की जा सकती है तथा शीर्षकों (Headings) – वर्ष तथा विद्यार्थियों की संख्या इन दोनों की प्रविष्टि पहले कॉलम में की जा सकती है।
- अब प्रदत्तों से युक्त वर्कशीट के सभी कोष्ठों (Cells), जिसमें शीर्षकों के कोष्ठ भी शामिल हैं, को चयनित (Select) कीजिये।
- फिर एक्सेल के चार्ट विकल्प मीनू (Chart Options Menu) पर सबसे नीचे दायें कोने (Right corner) में स्थित इनसर्ट (Insert) विकल्प पर क्लिक करें। फलस्वरूप इनसर्ट चार्ट विन्डो (Insert Chart Window) खुल जायेगी जिसमें विभिन्न प्रकार के चार्टों/ग्राफों के नाम दिये गये होंगे।
- अब विकल्प कॉलम (Column) पर क्लिक करें और फिर कॉलम चार्ट के प्रथम आइकोन (Icon) पर।
- आपको एक कॉलम चार्ट (एक शीर्ष रेखाचित्र Vertical Bar Graph) प्राप्त होगा जैसा कि चित्र 34.2 में दिखाया गया है।

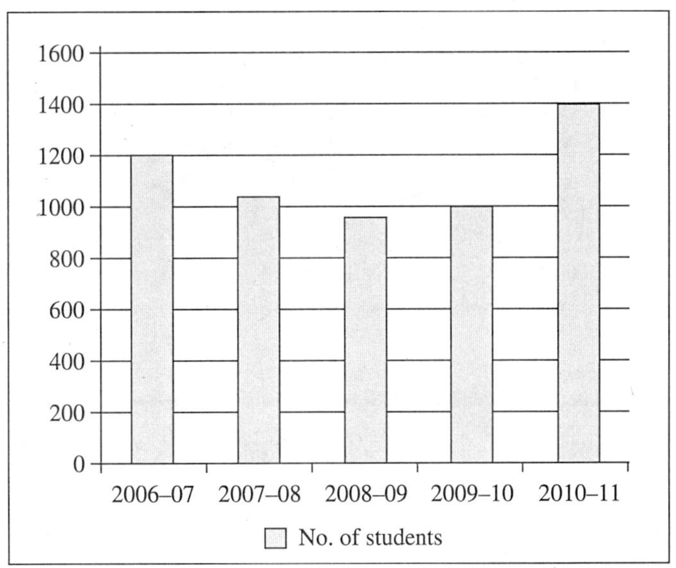

चित्र 34.2 दंड रेखाचित्र (Bar Graph) ।

पाई ग्राफ या वृत्त आरेख की रचना (Construction of a Pie Graph or Circle Diagram)

पाई ग्राफ की रचना प्रक्रिया के स्पष्टीकरण हेतु हम निम्न कल्पित प्रदत्तों की सहायता लेना चाहेंगे।

कार्य इकाई	निर्माण विभाग	क्रय विभाग	विक्रेता विभाग	लिपिक विभाग	रखरखाव विभाग
कर्मचारियों की संख्या	480	60	300	120	240

इन प्रदत्तों का पाई ग्राफ के रूप में प्रस्तुतीकरण करने हेतु निम्न प्रकार आगे बढ़ा जा सकता है :

- प्रदत्तों की एक एक्सेल वर्कशीट में कार्य इकाई तथा कर्मचारियों की संख्या सहित दो पंक्तियों में प्रविष्टि करें।

- कार्य इकाई तथा कर्मचारियों की संख्या शीर्षकों को छोड़कर बाकी सभी प्रदत्त कोष्ठों (Cells) को चयनित (Select) कीजिये।
- इनसर्ट (Insert) को क्लिक करें और फिर एक्सेल बार (Excel bar) पर पाई (Pai) विकल्प पर क्लिक करें।
- आपको द्वि तथा त्रिआयामी पाई ग्राफों के विभिन्न प्रतिमान (Models) प्राप्त होंगे।
- द्विआयामी किसी प्रतिमान को चयनित (Select) कीजिये।
- आपको चित्र 34.3 में दिखाई गई पाई ग्राफ की आकृति प्राप्त होगी। अब इस ग्राफ को शीर्षक प्रदान कीजिये, जैसे "फैक्टरी की कार्य इकाइयों में रत कर्मचारी"।

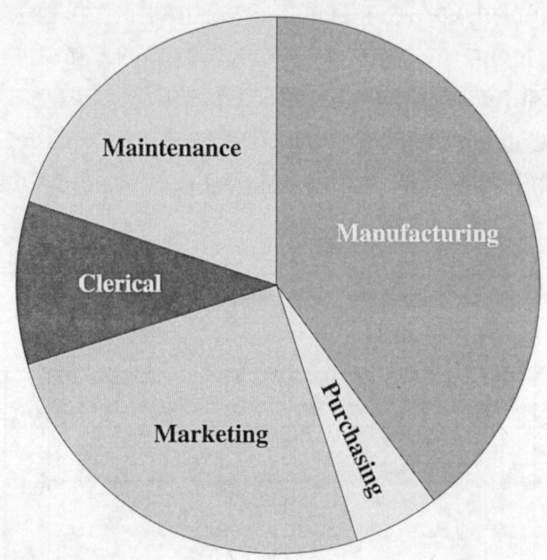

चित्र 34.3 फैक्टरी की विभिन्न कार्य इकाइयों में कार्यरत कर्मचारियों की संख्या दिखाता हुआ एक पाई ग्राफ।

हिस्टोग्रामों की रचना (Construction of Histograms)

आवृत्ति वितरण तालिका में उपलब्ध प्रदत्तों की एक्सेल प्रोग्राम की मदद से हिस्टोग्राम के रूप में चित्रात्मक प्रस्तुति करने सम्बन्धी प्रक्रिया के स्पष्टीकरण हेतु हम उदाहरण रूप में निम्न आवृत्ति वितरण की सहायता लेना चाहेंगे।

प्राप्तांक	65–69	60–64	55–59	50–54	45–49	40–44	35–39	30–34	25–29	20–24
आवृत्ति	1	3	4	7	9	11	8	4	2	1

उपरोक्त प्रदत्तों की हिस्टोग्राम के रूप में चित्रात्मक प्रस्तुति करने हेतु निम्न प्रकार आगे बढ़ा जा सकता है:

- एक्सेल वर्कशीट की दो पंक्तियों (या कॉलमों) में प्रदत्तों की प्रविष्टि कीजिये।
- इनसर्ट (Insert) को क्लिक करें और फिर कॉलम चार्ट को चयनित (Select) कीजिये।
- अब किसी भी कॉलम को राइट क्लिक (Right click) करें और विकल्प फोर्मेट सीरीज (Format Series) को चुनिये।
- फिर सीरीज ऑप्सन (Series option) पर क्लिक करें और स्थान चौड़ाई (Gap width) को शून्य % तक कम कीजिये।
- अगर आप कॉलमों के रंग में बदलाव चाहते हो तो फिल विकल्प (Fill option) को काम में लाइये।

- निर्मित ग्राफ को एक शीर्षक (हिस्टोग्राम लिखकर) प्रदान कीजिये तथा क्षैतिज एवं लम्बवत् अक्षों को भी उपयुक्त शीर्षक प्रदान करें।
- आप चित्र 34.4 में प्रदर्शित चित्र के जैसी हिस्टोग्राम आकृति पायेंगे। आप यह देखेंगे कि यह बिल्कुल ऐसी ही है जिसे एक पुस्तक के 31वें अध्याय में आपने अपने हाथों से बिना किसी कंप्यूटर प्रोग्राम की मदद से बनाया था।

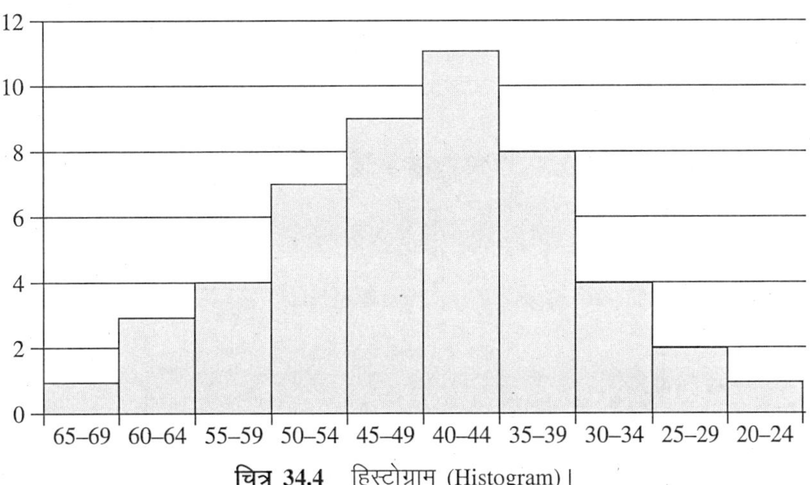

चित्र 34.4 हिस्टोग्राम (Histogram)।

SSPS का उपयोग (Use of SSPS)

जैसे ही आप SSPS प्रोग्राम खोलते हैं आपके कंप्यूटर स्क्रीन पर एक डॉयलॉग बॉक्स आता है जिसके द्वारा आपके सामने दो विकल्प रखे जाते हैं – प्रदत्तों की प्रविष्टि करो या जो प्रदत्तों की प्रविष्टि आपके पास है, उन्हें काम में लाओ। इस दूसरे विकल्प के जरिये आप एक्सेल वर्कशीट पर पहले से उपलब्ध प्रदत्तों को काम में ला सकते हो। ऐसा करने के लिये आपको Open an existing data source विकल्प पर क्लिक करना होता है। पहले विकल्प में आपके सामने SSPS डेटा एडीटर (Data Editor) की खाली शीट आती है इस विकल्प के लिए आपको Type in data पर क्लिक करना होता है। इस SSPS डेटा एडीटर शीट में प्रदत्तों की प्रविष्टि वैसे ही होती है जैसे कि एक्सेल की वर्कशीट में होती है। SSPS के मीनू में बहुत सारे विकल्प (Options) जैसे फाइल, एडिट व्यू, ट्रांसफोर्म, एनेलाइज (Analyze), ग्राफ यूटीलिटीज एवं हेल्प आदि दिये होते हैं। हम अपने अनुसंधान प्रदत्तों के रेखाचित्रीय (Graphical) प्रस्तुतीकरण हेतु अब यहाँ Graph Option पर क्लिक करके वांछित दंड ग्राफ, रेखीय ग्राफ, पाई ग्राफ तथा हिस्टोग्राम आदि का निर्माण उसी रूप में कर सकते हैं जैसा कि एक्सेल के उपयोग द्वारा करते हैं।

विवरणात्मक सांख्यिकी की गणना (Computation of Descriptive Statistics)

अनुसंधानात्मक अध्ययनों के प्रदत्तों का मुख्यतया दो तरह से विवरण/वर्णन प्रस्तुत किया जा सकता है (i) उनके रेखाचित्रीय प्रस्तुतीकरण जैसे दंड रेखाचित्र, पाई ग्राफ, रेखीय ग्राफ तथा हिस्टोग्राम इत्यादि के द्वारा तथा (ii) उनके सारांशित सांख्यिकी मानों, जैसे मध्यमान, मध्यांक, बहुलांक तथा प्रामाणिक विचलन आदि के माध्यम से। रेखाचित्रीय प्रस्तुतीकरण के माध्यम से प्रदत्तों का विवरण प्रदान करने हेतु कंप्यूटर तकनीकी के उपयोग के बारे में हम ऊपर चर्चा कर कर चुके हैं अब आगे हम सारांशित सांख्यिकी मानों की गणना में एक्सेल तथा SSPS प्रोग्रामों के उपयोग की चर्चा करना चाहेंगे।

एक्सेल का उपयोग (Use of Excel)

जैसा कि हम पहले बता चुके हैं कि एक्सेल के डेटा एनेलिसिस पैक (Data Analysis Pak) में उपलब्ध टूल्स (Tools) का परिमाणात्मक प्रदत्तों के विश्लेषण हेतु विविध ढंगों से उपयोग कर सकते हैं। इनका विवरणात्मक सांख्यिकी मानों की गणना करने हेतु प्रयोग करने के लिए हमें निम्न ढंग अपनाने की जरूरत होती है :

- प्रदत्त मूल्यों की एक्सेल वर्कशीट में प्रविष्टि कीजिये (यह प्रदत्त मूल प्राप्तांकों या आवृत्ति वितरण कियी भी रूप में हो सकते हैं)। इनके शीर्षकों को Columns में लिखिये।
- अब डेटा एनेलिसिस पैक की विन्डो खोलिये और Descriptive Statistics विकल्प पर क्लिक कीजिये। चित्र 34.5 में दिखाई गई विन्डो खुल जायेगी।

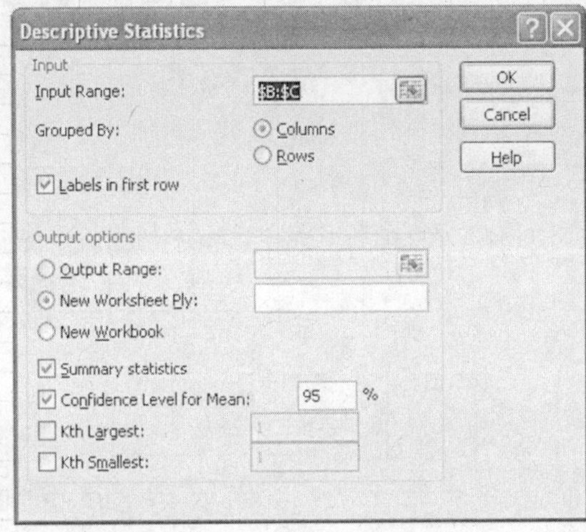

चित्र 34.5 विवरणात्मक सांख्यिकी के विकल्प (Options)।

- अब कार्य विस्तार सीमा (Input range) प्रदान कीजिये इसके लिये वर्कशीट पर प्रविष्ट किये हुये प्रदत्तों (शीर्षक सहित) को चयनित (Select) करना होगा।
- अब Grouped by Columns विकल्प को Select कीजिये और फिर Levels in First Row को।
- अब आपके सामने जो विकल्पों की सूची आये उसमें से (Summary Statistics) का चयन कीजिये।
- अब OK पर क्लिक करें। ऐसा करने से तालिका 34.1 में उल्लेखित विविध प्रकार के विवरणात्मक सांख्यिकी मूल्य आपके सामने आ जायेंगे।

तालिका 34.1 एक्सेल के आउट पुट में उपलब्ध विविध विवरणात्मक सांख्यिकी मान

Mean	Range
Standard error (of the mean)	Minimum
Median	Maximum
Mode	Sum
Standard deviation	Count
Sample variance	Largest value
Kurtosis	Smallest value
Skewness	Confidence level

SSPS का उपयोग (Use of SSPS)

SSPS की सहायता से विभिन्न प्रकार के विवरणात्मक सांख्यिकी मूल्यों की गणना हेतु निम्न प्रकार आगे बढ़ा जा सकता है।

- अपने कंप्यूटर/लैपटॉप में मौजूद SSPS प्रोग्राम को खोलिये।
- खुलते ही जो डायलॉग बॉक्स सामने आये उसमें इस विकल्प को चुनिये कि आपको SSPS डेटा एडीटर शीट पर प्रदत्तों की प्रविष्टि अब करनी है या फिर आप एक्सेल वर्कशीट पर उपलब्ध प्रदत्तों (Existing data) को काम में लाना चाहते हैं।
- SSPS फाइल में सीधे ही अपने प्रदत्तों को टाइप करने हेतु आपको SSPS डेटा एडीटर की एक खाली शीट मिल जायेगी ठीक वैसी ही जैसी कि एक्सेल स्प्रेड शीट में होती है।
- SSPS की शीटों पर अपने प्रदत्तों को टाइप करने हेतु आपको यह देखना होगा कि जहाँ अब लिये गए भार के असतत मूल्यों (Discrete values) जैसे 5, 7, 9 इत्यादि को वजन किलोग्राम में नामक शीर्षक के कॉलमों में सीधे ही प्रविष्टि कर सकते हैं परन्तु जब आपको सतत मूल्यों (Continuous values) या विस्तार सीमाओं जैसे 3–5, 5–7, 7–9 की प्रविष्टि करनी हो तो आपको इनके लिए कूट संकेतन प्रदान करके ही जैसे 3–5 के लिये 1, 5–7 के लिये 2, 7–9 के लिए 3 प्रदान करके 1, 2, 3 के रूप में इनकी प्रविष्टि करनी होगी। इसी तरह गुणात्मक विवरण, जैसे स्त्री और पुरुष के रूप में उपलब्ध प्रदत्तों को भी कूट संकेत (जैसे पुरुष के लिये 1 तथा स्त्री के लिये 2) प्रदान करके इन कूट संकेतों की ही शीट पर प्रविष्टि करनी होगी।
- जैसे ही आपके प्रदत्तों की प्रविष्टि (टाइप कार्य) हो जाये आप फाइल में Save As Options पर जाकर अपने प्रविष्ट किये गये प्रदत्त भंडार को किसी फाइल में Save कर लें।
- इसके बाद अब Save की गई फाइल को खोलें। SSPS के मीनू में बहुत सारे विकल्प फाइल, एडिट, व्यू, ट्रान्सफोर्म, एनेलाइज, ग्राफ, यूटीलिटीज तथा हैल्प आदि के रूप में दिये होते हैं। आप एनेलाइज (Analyse) पर क्लिक करें।
- इससे आपके सामने विभिन्न सांख्यिकी मानों की गणना से सम्बन्धित विन्डो खुल जायेगी। जैसे प्रतिशत, विवरणात्मक सांख्यिकी, मध्यमानों की तुलना, सहसम्बन्ध, प्रतिगमन, वर्गीकरण, अप्राचलिक परीक्षण, समय शृंखला, सरवाइवल विश्लेषण आदि।
- आपको अब अगर यहाँ जैसे अपने प्रदत्तों से सम्बन्धित विवरणात्मक सांख्यिकी मानों की गणना करनी है तो विकल्प Descriptive Statistics पर क्लिक करना होगा।
- फलस्वरूप आपको विविध प्रकार की विवरणात्मक सांख्यिकी मानों जैसे मध्यमान, मध्यांक, बहुलांक, प्रामाणिक विचलन आदि की प्राप्ति हो जायेगी।

अनुमानिक सांख्यिकी में कंप्यूटर तकनीकी का उपयोग (Use of Computer Technology in Inferential Statistics)

अनुमानिक सांख्यिकी (Inferential Statistics)

अनुमानिक सांख्यिकी शोधकर्त्ताओं को प्रतिदर्श के माध्यम से समष्टि के बारे में अनुमान लगाने में सहायता करती है। प्रतिनिधि प्रतिदर्श के चयन में सभी संभावित सावधानियाँ बरतने के बावजूद यह अनिश्चितता फिर भी बनी रहती है कि प्रतिदर्श के द्वारा समष्टि विशेष का उचित प्रतिनिधित्व होगा भी या नहीं। इस अनिश्चितता की समाप्ति और उसकी गणना हेतु बहुत सी सांख्यिकी विधियाँ विकसित की गई हैं। ये विधियाँ दो प्रमुख

गतिविधियों के इर्द–गिर्द घूमती हैं – (i) प्रतिदर्श सांख्यिकी (Sample Statistics) के माध्यम से समष्टि प्राचल (Population Parameters) का अनुमान लगाना (जैसे यह देखना कि प्रतिदर्श मध्यमान, समष्टि मध्यमान का किस सीमा तक प्रतिनिधित्व कर रहा है) और (ii) समष्टि प्राचलों से सम्बन्धित परिकल्पनाओं का प्रतिदर्श प्रदत्तों के जरिये सांख्यिकी परीक्षणों का उपयोग करते हुये परीक्षण करना।

अनुमान लगाना (Estimation)

एक प्रतिदर्श सांख्यिकी, जैसे प्रतिदर्श मध्यमान के द्वारा कितनी अच्छी तरह से समष्टि मध्यमान का अनुमान लगाया जा रहा है इसका मापन अनुमान की प्रामाणिक त्रुटि या विश्वास अन्तराल (Confidence interval) जो प्रायः 95% या 99% नियत किया जाता है, के आधार पर किया जाता है। इसके लिये शोधकर्त्ता को अपने अध्ययन के प्रतिदर्श का मध्यमान और प्रामाणिक विकल्प मूल्यों की गणना करनी होती है। विवरणात्मक सांख्यिकी से सम्बन्धित दोनों मूल्यों की गणना, जैसा कि हम पहले जान चुके हैं एक्सेल तथा SPSS की मदद से अच्छी तरह की जा सकती है।

परिकल्पना परीक्षण (Hypothesis Testing)

एक अनुसंधानकर्त्ता को अपने अनुसंधान अध्ययन के दौरान संकलित प्रदत्तों से कुछ वैध निष्कर्ष निकालने हेतु अध्ययन से पूर्व स्थापित अपनी अनुसंधान परिकल्पनाओं, विशेषकर शून्य परिकल्पना के परीक्षण हेतु विशेष प्रयत्न करने पड़ते हैं। इसके लिये उन्हें परिस्थिति अनुसार निम्न प्रकार के विभिन्न सांख्यिकी परीक्षणों का उपयोग करना होता है।

1. प्राचलिक परीक्षण (Parametric tests), जैसे (i) दो प्रतिदर्शों – स्वतन्त्र एवं सहसम्बन्धित के मध्यमानों के बीच निहित अन्तर की सार्थकता की जाँच हेतु 't' परीक्षण का उपयोग तथा (ii) दो से अधिक मध्यमानों के बीच निहित अन्तरों की सार्थकता की जाँच हेतु एनोवा (ANOVA) के नाम से प्रसिद्ध 'F' परीक्षण का उपयोग।
2. अप्राचलिक परीक्षण (Non-parametric tests), जैसे (i) काई वर्ग परीक्षण (ii) विल्काक्सन परीक्षण तथा (iii) मन्न ह्विटने परीक्षण (Mann Whitney test)।

सम्बन्धित परिकल्पनाओं के परीक्षण हेतु सांख्यिकी मानों की गणना करने हेतु एक्सेल (Excel), SSPS तथा मिनीटेब (Minitab) सॉफ्टवेयर प्रोग्रामों का उपयोग किया जा सकता है। परन्तु व्यावहारिक दृष्टि से SSPS के प्रयोग का ही अधिक चलन है। इसलिये हम आगे के पृष्ठों में परिकल्पनाओं के परीक्षण हेतु SSPS के उपयोग की ही विशिष्ट उदाहरणों की सहायता से चर्चा करना चाहेंगे।

(a) स्वतन्त्र प्रतिदर्शों के 't' परीक्षण हेतु SSPS का उपयोग (Use of SSPS for Independent Samples 't' Test)

जब हम एक ही समष्टि से संयोगिक विधि का उपयोग करते हुये दो प्रतिदर्शों का चयन करके अध्ययन प्रदत्तों का संकलन करते हैं और हमारे इन दोनों प्रतिदर्शों को हम किसी अन्य उचित ढंग से समेलित (Matching) नहीं करते तब हम इन्हें स्वतन्त्र प्रतिदर्शों की संज्ञा देते हैं। अब अगर इन दोनों प्रतिदर्शों के मध्यमानों के बीच निहित अन्तर की सार्थकता का हमें अनुमान लगाना हो तो स्वतन्त्र प्रतिदर्शों के लिये प्रयोग में लाये जाने वाले 't' परीक्षण हेतु SSPS के उपयोग को निम्न कार्यकारी उदाहरण द्वारा स्पष्ट किया जा सकता है।

कार्यकारी उदाहरण (Worked Example) : एक शोधकर्त्ता मांसपेशियों की चयापचय (Metabolism) प्रक्रिया पर कैफीन के प्रभाव का अध्ययन करना चाहता था। अध्ययन हेतु उसने 18 पुरुष स्वयंसेवियों की सेवायें लीं तथा उन्हें एक मांसपेशीय व्यायाम परीक्षण से गुजरने के लिए कहा। इन 18 स्वयंसेवियों को उसने संयोगिक

विधि से दो समूहों – प्रायोगिक तथा नियन्त्रित में बाँटा। उसने प्रायोगिक समूह के प्रयोज्यों को परीक्षण से 1 घंटे पूर्व कैफीन युक्त कैप्सूल खिलाये और दूसरे नियन्त्रित समूह के प्रयोज्यों को बिना कैफीन युक्त शक्कर (Sugar) कैप्सूल खिलाये। माँसपेशीय व्यायाम परीक्षण में उसने प्रयोज्यों के श्वास लेने–छोड़ने सम्बन्धी अनुपात (RER) का मापन किया और फिर प्राप्त प्रदत्तों को निम्न प्रकार सारिणीबद्ध किया।

प्रयोगात्मक समूह का RER (%) : 105, 109, 100, 97, 96, 101, 94, 95, 98

नियंत्रित समूह का RER (%) : 96, 99, 94, 89, 96, 93, 88, 105, 88

क्या इन प्रदत्तों से आप यह कह सकते हैं कि कैफीन का सेवन R E R में सार्थक अन्तर लाने के लिये उत्तरदायी है ?

हल : यहाँ मुख्य बात अब दोनों समूहों के प्राप्तांकों के मध्यमान मूल्य मालूम करना, इन मध्यमानों में अन्तर ज्ञात करना तथा फिर 't' परीक्षण द्वारा यह मालूम करना है कि यह अन्तर सार्थक है या नहीं। अब चूँकि ये दोनों समूह एक ही समष्टि से संयोगिक विधि द्वारा चयनित हैं तथा एक दूसरे से असम्बन्धित हैं इसलिये अब हमें यहाँ उस 't' परीक्षण का उपयोग करना है जो असम्बन्धित/स्वतन्त्र समूहों/प्रतिदर्शों के लिये काम में लाया जाता है। इस सम्बन्ध में उचित निष्कर्ष पर पहुँचने हेतु अब शोधकर्त्ता द्वारा निम्न परिकल्पनाओं की स्थापना की जा सकती है :

H_0 : दोनों समूहों के RER मध्यमानों के बीच कोई अन्तर नहीं है। (यानी दोनों समूहों के मध्यमान बराबर हैं)।

H_1 : दोनों समूहों के RER मध्यमानों के बीच कोई अन्तर है। (यानी दोनों समूहों के मध्यमान बराबर नहीं हैं)।

't' परीक्षण की (दो स्वतन्त्र प्रतिदर्शों/समूहों हेतु) SPSS प्रक्रिया

(i) दोनों समूहों/प्रतिदर्शों से प्राप्त प्रदत्तों की एक ही कॉलम में प्रविष्टि कीजिये तथा समूहों के नामों (Group identity) को दूसरे कॉलम में दिखाइये।

(ii) इसके बाद निम्न क्रम से क्लिक करते जायें Analyze > Compare means > Independent Sampels 't' Test..........

(iii) फलस्वरूप कंप्यूटर आउटपुट आपको निम्न दो तालिकाओं के रूप में प्राप्त होगा।
यहाँ अब पहले दोनों तालिकायें प्रस्तुत करनी होंगी और फिर,

(iv) **परिणामों की व्याख्या :** यहाँ 0.05 सार्थकता स्तर पर और df = 16 के लिये p = 0.63 है, यानी 't' का क्रान्तिक मान Critical Value) 0.063 है। जबकि संगणित 't' का मान 1.995 है। यह मान क्रान्तिक मान से काफी ज्यादा होने के कारण सार्थक (Significant) है। अतः शून्य परिकल्पना को अस्वीकृत किया जाता है जिसका अर्थ यह है कि दोनों समूहों के मध्यमानों में अन्तर है यानी कैफीन के उपयोग से RER में परिवर्तन लाने का कार्य किया जाता है।

Group Statistics

	Group	N	Mean	Std. Deviation	Std. Error mean
RER	Sugar	9	100.5556	7.6992	2.5664
	Caffeine	9	94.2222	5.6075	1.8692

Independent Samples Test

	Levene's test for quality of variances		't'-test for equality of means					95 per cent confidence interval of the difference	
	F	Sig.	t	df	Sig. (2-tailed)	Mean difference	Std. Error difference	Lower	Upper
RER Equal variance assumed	.197	.663	1.995	16	.063	6.3333	3.1749	–.3972	13.0639
Equal variance not assumed			1.995	14.624	.066	6.3333	3.1749	–.1191	13.1158

(b) युग्म या सम्बन्धित प्रतिदर्शों/समूहों के 't' परीक्षण हेतु SSPS का उपयोग (Use of SSPS for Paired or Related Samples 't' Test)

जब दो प्रतिदर्श/समूह समेलित (Matched) हों या किसी एक समूह के प्रयोज्यों का दो बार 'पूर्व' तथा 'पश्चात्' परीक्षण किये जायें तो ऐसी अवस्था में समूहों को युग्म या सम्बन्धित (Paired or related) समूहों की संज्ञा दी जाती है। ऐसे सम्बन्धित समूहों के मध्यमानों के बीच निहित अन्तर की सार्थकता की जाँच हेतु प्रयोग में लाये जाने वाले 't' परीक्षण में SPSS की उपयोग प्रक्रिया को स्पष्ट करने हेतु हम एक कार्यकारी उदाहरण की सहायता लेना चाहेंगे।

कार्यकारी उदाहरण (Worked Example) : एक अनुसंधान अध्ययन में 12 प्रयोज्यों से पहले खड़े होने की स्थिति में और बाद में लेटण्ने वाली स्थिति में लिये गये दो रक्तचापों की माप से सम्बन्धित प्रदत्तों को निम्न प्रकार सारिणीबद्ध किया गया। क्या दोनों स्थितियों में लिये जाने वाले मापों के मध्यमानों में कोई सार्थक अन्तर है ?

रक्तचाप की माप (mm Hg में)

प्रयोज्य	खड़े होने की स्थिति में	लेटने की स्थिति में	अंतर
1	132	136	4
2	146	145	–1
3	135	140	5
4	141	147	6
5	139	142	3
6	162	160	–2
7	128	137	9
8	137	136	–1
9	145	149	4
10	151	158	7
11	131	120	–11
12	143	150	7
मध्यमान	140.83	143.33	2.50
प्रामाणिक विचलन	9.49	10.83	5.50

हल : यहाँ एक ही समूह के पूर्व (खड़े होने) तथा 'पश्चात्' (लेटने) की स्थिति में परीक्षण माप ही प्रदत्तों के रूप में है। इसलिये यहाँ किये जाने वाले 't' परीक्षण में सम्बन्धित समूहों की 't' परीक्षण विधि का प्रयोग किया जायेगा। आवश्यक परिकल्पनाओं की यहाँ निम्न रूप में स्थापना की जा सकती है।

H_0 : दोनों स्थितियों के मध्यमान रक्तचापों में कोई अन्तर नहीं है।

H_1 : दोनों स्थितियों के मध्यमान रक्तचापों में अन्तर है।

SSPS की प्रयोग में लाने हेतु यहाँ निम्न प्रकार आगे बढ़ा जा सकता है :

(i) 'पूर्व' परीक्षण (अथवा प्रयोगात्मक समूह) के मापों से सम्बन्धित प्रदत्तों को पहले कॉलम में प्रविष्टि कीजिये तथा 'पश्चात्' परीक्षण (अथवा नियन्त्रित समूह) के मापों से सम्बन्धित प्रदत्तों की दूसरे कॉलम में प्रविष्टि करें।

(ii) इसके पश्चात् निम्न क्रम में क्लिक करते जायें
(Analyze>Compare means>Paired Samples 't' Test....

(iii) परिणामस्वरूप निम्न Output की प्राप्ति हो सकती है।

	N	Correlation	Sig.
पूर्व एवं पश्चात्	12	.862	.000

	Mean	N	Std. Deviation	Std. Error Mean
पूर्व एवं पश्चात्	140.8333	12	9.4948	2.7409
	143.3333	12	0.8321	3.1269

	पूर्व पश्चात् अंतर							
	Mean	Std. deviation	Std. error mean	95 per cent confidence interval of the difference				
				Lower	Uppr	t	df	Stg. (2-tailed)
पूर्व एवं पश्चात्	2.5000	5.6021	1.5883	–5.9958	.9958	–1.574	11	0.144

(iv) **परिणामों की व्याख्या :** यहाँ 0.05 सार्थकता स्तर और df = 11 के लिये p = 0.144 है। या 't' का क्रान्तिक मान (Critical Value) 0.144 है। संगणित 't' का मूल्य –1.574 है। यह क्रान्तिक मान 0.144 से काफी कम है अतः इसे सार्थक (Significant) नहीं कहा जा सकता है। फलस्वरूप इसमें इतनी सामर्थ्य नहीं है कि शून्य परिकल्पना को अस्वीकार किया जा सके। इसलिये हमें यह निष्कर्ष निकालने में कोई आपत्ति नहीं है कि खड़े होकर लिये जाने वाले पहले तथा लेट कर लिये जाने वाले बाद के रक्तचाप मापों में कोई सार्थक अन्तर नहीं है।

(c) दो से अधिक मध्यमानों के बीच निहित अक्षरों के सार्थकता की जाँच हेतु 'F' परीक्षण (ANOVA) का उपयोग

दो से अधिक मध्यमानों के बीच निहित अन्तरों की सार्थकता की जाँच हेतु 'F' परीक्षण के प्रयोग से सम्बन्धित प्रसार विश्लेषण (ANOVA) तकनीक के उपयोग का कार्य भी SPSS की मदद से जिस तरह सम्पन्न किया जा सकता है उसे हम एक कार्यकारी उदाहरण द्वारा स्पष्ट करना चाहेंगे।

कार्यकारी उदाहरण (Working Example) : 20 प्रत्याशियों को जिन्होंने एक प्रशिक्षण कोर्स में प्रवेश के लिये अपने आवेदन पत्र भेजे थे उनकी क्षमता का साहित्यिक, कलात्मक तथा सांख्यिकी अभिरुचि के संदर्भ में परीक्षण लिया गया। इन प्रत्याशियों के सामाजिक–आर्थिक स्तर के बारे में भी जानकारी ली गई और यह पाया गया कि इनमें से 4 का सम्बन्ध उच्च सामाजिक–आर्थिक High) स्तर, 4 का मध्यम सामाजिक–आर्थिक स्तर (Medium), 5 का निम्न सामाजिक–आर्थिक स्तर (Low) तथा शेष 7 का काफी कमजोर सामाजिक–आर्थिक स्तर (Poor) से है। इस प्रकार के संकलित प्रदत्तों को फिर निम्न रूप में सारिणीबद्ध किया गया।

प्रत्याशी	सामाजिक–आर्थिक स्तर	साहित्यिक अभिरुचि	कलात्मक अभिरुचि	यांत्रिक अभिरुचि
1	उच्च	60	27	45
2	उच्च	55	44	36
3	मध्यम	45	54	65
4	निम्न	35	47	28
5	निम्न	20	46	35
6	निम्न	54	50	45
7	कमजोर	63	46	64
8	कमजोर	54	52	65
9	कमजोर	35	40	54
10	निम्न	25	36	45
11	निम्न	28	40	38
12	कमजोर	64	56	37
13	कमजोर	37	45	54
14	उच्च	63	44	36
15	मध्यम	56	52	63
16	कमजोर	45	48	54
17	मध्यम	50	46	68
18	मध्यम	35	38	65
19	कमजोर	52	50	54
20	उच्च	41	55	58

सामाजिक आर्थिक स्तर पर आधारित इन चारों समूहों में (i) कलात्मक अभिरुचि तथा (ii) यांत्रिक अभिरुचि को लेकर क्या कोई सार्थक अन्तर है ?

हल : यहाँ इस परिस्थिति में हमें एक मार्गीय प्रसार विश्लेषण (One way ANOVA) का उपयोग करना है। यहाँ सामाजिक–आर्थिक स्तर एक स्वतन्त्र चर के रूप में विद्यमान है और इसी के प्रभाव का अध्ययन हम कलात्मक तथा यांत्रिक अभिरुचि नामक आश्रित चरों पर करना चाहते हैं।

SPSS को उपयोग में लाने की प्रक्रिया एवं सोपान

(i) SPSS एडीटर में प्रदत्तों की प्रविष्टि करें या फिर एक्सेल में पहले से ही प्रविष्टि किये गये प्रदत्तों को SPSS फाइल में स्थानान्तरित करें। ऐसा करने में गुणात्मक प्रदत्तों (उच्च, मध्यम, निम्न, कमजोर) को संख्यात्मक प्रदत्तों में बदलने हेतु इन्हें क्रमशः 1, 2, 3, तथा 4 कूट संकेत (Codes) प्रदान करना न भूलें। अब प्रदत्तों की इस प्रकार प्रविष्टि कर एक SPSS फाइल में Save कर लें।

(ii) शून्य परिकल्पना की स्थापना करें, जैसे :

H_0 : कलात्मक तथा यांत्रिक अभिरुचि परीक्षणों पर अर्जित प्राप्तांकों के मध्यमान को लेकर चारों समूहों में कोई सार्थक अन्तर नहीं है।

(iii) अब SSPS प्रदत्त फाइल खोलें और निम्न क्रम में क्लिक करते हुए आगे बढ़ें।

Analyze – Compare Means – One Way ANOVA

(iv) अब Dependent Options में कलात्मक अभिरुचि (Artific Aptitude) तथा यांत्रिक अभिरुचि (Mechanical Aptitude) को चयनित (Select) करें।

(v) Factor में सामाजिक आर्थिक स्तर (Socio-economic Status) को चयनित (Select) करें।

(vi) अब Options पर क्लिक करें तथा Descriptive को चयनित (Select) करें।

(vii) Continue करते हुये OK बटन को दबायें।

परिणामस्वरूप हमें निम्न दो तालिकाओं (i) विवरणात्मक सांख्यिकी तालिका तथा (ii) प्रसरण विश्लेषण तालिका की प्राप्ति होगी।

तालिका 34.2 विवरणात्मक सांख्यिकी तालिका (Table of Descriptive Statistics)

						95% confidence interval for mean			
		N	**Mean**	**Std. deviation**	**Std. error**	**Lower bound**	**Upper bound**	**Minimum**	**Maximum**
Artistic aptitude	Low	5	43.80	5.675	2.538	36.75	50.85	36	50
	Poor	7	48.14	5.178	1.957	43.35	52.93	40	56
	High	4	42.50	11.561	5.781	24.10	60.90	27	55
	Medium	4	47.50	7.188	3.594	36.06	58.94	38	54
	Total	20	45.80	7.105	1.589	42.47	49.13	27	56
Mechanical aptitude	Low	5	38.20	7.190	3.216	29.27	47.13	28	45
	Poor	7	54.57	9.199	3.477	46.06	63.08	37	65
	High	4	43.75	10.404	5.202	27.19	60.31	36	58
	Medium	4	65.25	2.062	1.031	61.97	68.53	63	68
	Total	20	50.45	12.517	2.799	44.59	56.31	28	68

तालिका 34.3 प्रसरण विश्लेषण तालिका (Table of Analysis of Variance)

ANOVA		Sum of squares	df	Mean square	F	Sig.
Artistic aptitude	Betwen Groups	113.543	3	37.848	.716	.557
	Within Groups	845.657	16	52.854		
	Total	959.200	19			
Mechanical aptitude	Between Groups	1924.936	3	641.645	9.759	.001
	Within groups	1052.014	16	65.751		
	Total	2976.950	19			

परिणामों की व्याख्या : हम यह जानते हैं कि जब F-test का सार्थकता स्तर (Probability level) जिसे p मूल्य कहा जाता है .05 से कम होता है तब एक शून्य परिकल्पना अस्वीकृत हो जाती है और यह निष्कर्ष निकाला जाता है कि अंतर महत्त्वपूर्ण/सार्थक है। यहाँ जैसा कि हम उपरोक्त ANOVA तालिका 34.3 में देख सकते हैं p का Significance level .001 है जो .05 से काफी कम है इसलिये हम यह निष्कर्ष निकाल सकते हैं कि सामाजिक–आर्थिक स्तर, यांत्रिक अभिरुचि पर सार्थक प्रभाव डालता है परन्तु ऐसा कलात्मक अभिरुचि के साथ नहीं होता (क्योंकि यहाँ p का मान .557 है जो .05 से काफी अधिक है और इस अवस्था में शून्य परिकल्पना को अस्वीकार नहीं किया जा सकता)। इस तरह निष्कर्ष रूप में हम यह कह सकते हैं कि चारों समूहों में यांत्रिक अभिरुचि को लेकर सार्थक अन्तर है परन्तु कलात्मक अभिरुचि को लेकर ऐसे अंतर नहीं हैं।

(d) नामित/संवर्गीकृत प्रदत्तों हेतु काई-वर्ग परीक्षण (Chi Square Test for Nominal/Categorical Data)

χ^2 परीक्षण का प्रयोग यह पता लगाने के लिये किया जाता है क्या एक प्रतिदर्श के दो संवर्गीकृत चरों (Categorical variables) में निहित अंतर पूरी समष्टि में भी इन दो चरों में पाये जाने वाले वास्तविक अंतर का प्रतिनिधित्व करता है।

नोट : अगर दो चरों की तुलना की जाती है तो उस स्थिति में इस परीक्षण से यह भी जाना जा सकता है कि क्या इन चरों में कोई साहचर्य/सहसम्बन्ध है या नहीं ?

कार्यकारी उदाहरण (Worked Example) : दो चिकित्सालयों के मातृत्व विभागों (Maternity wards) में बालकों के जन्म के समय माताओं की देखभाल हेतु अलग अलग दो प्रकार की योजनायें हैं। मातायें किस योजना से अधिक संतुष्ट हैं यह जानने के लिए एक अध्ययन किया गया। इस अध्ययन में प्राप्त अनुक्रिया विशेषों की संख्या को निम्न प्रकार संगठित किया गया।

अनुक्रिया श्रेणी	चिकित्सालय		
	A	B	C
बहुत संतुष्ट	38	72	110
संतुष्ट	33	57	90
न संतुष्ट और न असंतुष्ट	42	38	80
थोड़ा असंतुष्ट	26	44	70
बहुत असंतुष्ट	11	29	40
कुल	200	240	440

क्या इन प्रदत्तों से आप यह निष्कर्ष निकाल सकते हैं कि दोनों चिकित्सालयों में लागू अलग–अलग योजनाओं से माताओं के संतुष्ट रहने में कोई सार्थक अन्तर है ?

हल : इस प्रकार की परिस्थितियों में काईवर्ग परीक्षण का उपयोग उपयुक्त रहता है। यहाँ उपयुक्त परिकल्पनाओं का निम्न रूप होगा।

H_0 : दोनों योजनाओं से संतुष्ट माताओं की संख्या में कोई अन्तर नहीं है।

H_1 : दोनों योजनाओं से संतुष्ट माताओं की संख्या में अन्तर है।

SSPS को उपयोग में लाने सम्बन्धी प्रक्रिया

(i) प्रदत्तों की दो कॉलमों (Columns) में प्रविष्टि करें। यहाँ यह बात जानना जरूरी है कि SSPS को केवल मूल प्रदत्तों (Raw data) के लिये काम में लाया जा सकता है। आवृत्ति वितरण तालिकाओं में दिये गये प्रदत्तों के लिये नहीं।

(ii) अब निम्न क्रमानुसार क्लिक कीजिये :

Analyze > Descriptive Statistics > Crosstabs

(iii) अब खुलने वाले डॉयलोग बॉक्स में Statistics तथा Cells बटनों में से प्रत्याशित आवृत्तियों (Expected frequencies) तथा काई वर्ग परीक्षण परिणामों की प्राप्ति हेतु कुछ विकल्पों को चुनिये। आपको निम्न प्रकार के दो Output प्राप्त होंगे।

			Hospital		Total
			A	B	
Preparation for childbirth	Very satisfied	Count Expected count	38 50.0	72 60.0	110 110.0
	Satisfied	Count Expected count	83 63.6	57 76.4	140 140.0
	Neutral	Count Expected count	42 36.4	38 43.6	80 80.0
	Dissatisfied a little	Count Expected count	26 31.8	44 38.2	70 70.0
	Dissatisfied a lot	Count Expected count	11 18.2	29 21.8	40 40.0
Total		Count Expected count	200 200.0	240 240.0	440 440.0

Chi-Square Tests

	Value	df	Asymp. Sig. (2-sided)
Pearson Chi square	24.835*	4	.000
Likelihood ratio	25.178	4	.000
Linear-by-linear association	1.370	1	.242
No. of valid cases	440		

* 0 cells (0 per cent) have expected count less than 5. The minimum expected count is 18.18.

नोट : यहाँ ध्यान रहे कि इस काई वर्ग परीक्षण परिणामों (जो दूसरे Output में है) में आपकी रुचि का विषय केवल मात्र पीयर्सन काईवर्ग (Pearson Chi Square) का मान है। यहाँ सम्बन्धित p value, .000 मुद्रित है। इसे $p < 0.001$ समझा जाना चाहिये न कि पूरी तरह शून्य।

परिणामों की संख्या : यहाँ काई वर्ग परीक्षण $\chi^2 = 24.835$ यानी 24.84 है तथा 'p' का मान 0.001 से कम है। इसलिये शून्य परिकल्पना अस्वीकृत की जाती है और यह निष्कर्ष निकाला जाता है कि दोनों चिकित्सालयों में अलग अलग चल रही दोनों योजनाओं से संतुष्ट होने वाली माताओं की संख्या में अंतर है। ध्यान से इनकी संख्याओं की ओर अगर दृष्टि डाली जाये तो यह मालूम होगा कि चिकित्सालय A में संतुष्ट माताओं की संख्या चिकित्सालय B की संतुष्ट माताओं की अपेक्षा अधिक है।

अनुक्रियाओं के प्रारूपों को अधिक प्रभावशील ढंग से दिखाने हेतु शोधकर्त्ता दंड ग्राफों (Bar graph) की सहायता से इनका निम्न रूप में चित्रात्मक प्रदर्शन कर सकता है। इस कार्य को एक्सेल या SSPS किसी प्रोग्राम द्वारा अंजाम दिया जा सकता है।

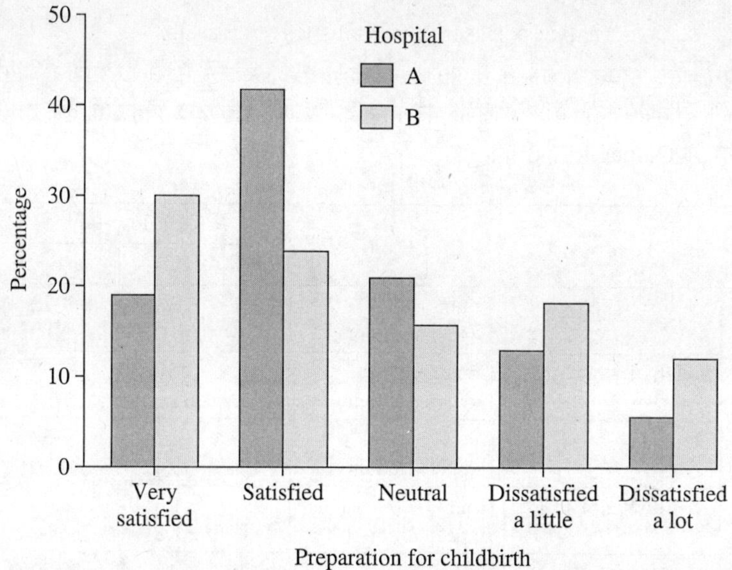

चित्र 34.6 दोनों चिकित्सालयों में माताओं की संतुष्टि अनुक्रियाओं की तुलना का दंड ग्राफ (Biograph)।

(e) मन्न-व्हिटने परीक्षण हेतु SSPS का उपयोग (Use of SSPS for Mann-Whitney Test)

प्राचलिक प्रदत्तों (Paramatric data) के विश्लेषण हेतु स्वतन्त्र प्रतिदर्शों/समूहों से सम्बन्धित जो 't' परीक्षण प्रयोग में लाया जाता है अप्राचलिक प्रदत्तों के विश्लेषण हेतु उसका समतुल्य परीक्षण मन्न–व्हिटने परीक्षण है। इसे मुख्य रूप से उन समष्टि वितरणों की तुलना हेतु काम में लाया जाता है जिनसे अध्ययन प्रतिदर्शों का चयन किया जाता है। इसलिये इस परीक्षण में प्रयुक्त परिकल्पनाओं का निम्न स्वरूप हो सकता है :

H_0 : समष्टि के मध्यांक बराबर हैं।

H_1 : समष्टि के मध्यांक बराबर नहीं हैं।

कार्यकारी उदाहरण (Worked Examples) के रूप में यहाँ उसी उदाहरण को प्रस्तुत करना चाहेंगे जिसे हमने अभी इसी अध्याय में स्वतन्त्र प्रतिदर्शों के 't' परीक्षण (Independent Samples 't' test) हेतु काम में लिया है। प्रयोगात्मक तथा नियंत्रित समूह के 9–9 प्रयोज्यों का व्यायाम परीक्षण द्वारा जो श्वास लेने–छोड़ने सम्बन्धी अनुपात (REQ) माप यहाँ निम्न रूप में संगठित किये गये थे।

प्रयोगात्मक समूह का RER (%) : 105, 109, 100, 97, 96, 101, 94, 95, 98

नियन्त्रित समूह का RER (%) : 96, 99, 94, 89, 96, 93, 88, 105, 88

प्रयोगात्मक समूह का मध्यांक = 98

नियंत्रित समूह का मध्यांक = 94

प्रयोगात्मक समूह का प्रामाणिक विचलन = 7.70

नियंत्रित समूह का प्रामाणिक विचलन = 5.61

हल :

H_0 : कैफीन के सेवन से व्यक्तियों के मध्यांक RER में कोई अंतर नहीं आता है।

H_1 : कैफीन के सेवन से व्यक्तियों के मध्यांक RER में अंतर आता है।

मन्न व्हिट्ने परीक्षण SSPS का उपयोग करने सम्बन्धी प्रक्रिया

- SPSS के पहले कॉलम में प्रयोगात्मक समूह के लिये कूट संकेतन 1 तथा नियंत्रित समूह के लिए 2 टाइप करें। दूसरे कॉलम में RER प्रतिशत मूल्यों को टाइप करें।
- अब निम्न क्रम से क्लिक करें :

  Analyze > Non parametric tests > 2 Independent samples

  ऐसा करने पर निम्न प्रकार का आउटपुट प्राप्त होगा।

Ranks

GROUP	N	Mean rank	Sum of ranks
Control	9	12.00	108.00
Experimental	9	7.00	63.00
Total	18		

Test Statistics

	RER
Mann–Whitney U	18.000
Wilcoxon W	63.000
z	–1.994
Asymp. Sig. (2-tailed)	.046
Exact Sig. [2*(1-tailed Sig.)]	.050

परिणामों की व्याख्या : यहाँ p = 0.46 है। यह मूल्य .05 से कम है अतः यहाँ शून्य परिकल्पना अस्वीकृत हो जायेगी और निष्कर्ष रूप में फिर यह कहा जा सकता है कि कैफीन के सेवन से व्यक्तियों में RER % में अन्तर आता है।

(f) विलकॉक्सन परीक्षण हेतु SSPS का उपयोग (Use of SSPS for the Wilcoxon Test)

यह परीक्षण प्राचलिक प्रदत्तों के विश्लेषण से सम्बन्धित प्रतिदर्श 't' परीक्षण का अप्राचलिक समतुल्य (Non-parametric equivalent) है। यहाँ जो परिकल्पनायें काम में लाई जाती हैं वे सम्बन्धित प्रतिदर्श (Related samples) 't' परीक्षण में प्रयुक्त परिकल्पनायें जैसी ही होती हैं, बस अन्तर यह होता है कि यहाँ वे मध्यमानों के बजाय मध्यांकों के रूप में व्यक्त की जाती हैं, जैसे :

H_0 : समष्टियों के मध्यमानों में कोई अन्तर नहीं है।

H_1 : समष्टियों के मध्यमानों में अन्तर है।

परन्तु इस परीक्षण में एक मान्यता यह भी निहित होती है कि समष्टियों का वितरण समरूपीय (Symmetrical) है और इस तरह यहाँ मध्यमान और मध्यांक समरूप यानी एक जैसे ही होते हैं।

कार्यकारी उदाहरण (Worked Example) : उदाहरण रूप में हम यहाँ उसी अध्ययन समस्या को लेना चाहेंगे जिसे हमने सम्बन्धित प्रतिदर्शों/समूहों के 't' परीक्षण हेतु इसी अध्याय में प्रयुक्त किया है। इसमें 12 प्रयोज्यों के दो प्रकार के खड़े होने तथा लेटने की स्थिति में लिये जाने वाले रक्तचापों की मापों को प्रदत्तों के रूप में सामने लाया गया है।

विलकॉक्सन परीक्षण के लिए SPSS के उपयोग सम्बन्धी प्रक्रिया

- प्रदत्तों की प्रविष्टि कीजिये जैसी कि सम्बन्धित समूहों में 't' परीक्षण में SPSS के उपयोग हेतु की गई थी।
- इसके बाद निम्न क्रम में क्लिक करें :
  Analyze > Non parametric tests > 2 related samples
- परिणामस्वरूप आपको कंप्यूटर आउट पुट के रूप में एक द्वि–पक्षीय परीक्षण (Two-tailed test) के लिए p यानी सार्थकता स्तर का 0.099 मूल्य प्राप्त होगा।

परिणामों की व्याख्या : यहाँ $p = 0.099$ यह मान .05 से अधिक है इसलिये शून्य परिकल्पना को अस्वीकृत नहीं किया जा सकता। परिणामस्वरूप अब यह कहा जायेगा कि खड़े होने तथा लेटने की अवस्थाओं में लिये जाने वाले रक्तचापों के मापों में कोई अन्तर नहीं है।

(g) अध्ययन के चरों में साहचर्य या सहसम्बन्ध के परीक्षण हेतु SSPS का उपयोग (Use of SSPS for Examining Relationship among Variables of the Study)

स्पीयरमैन सहसम्बन्ध गुणांक की गणना (Computation of Spearman's Coefficient of Correlation)

कार्यकारी उदाहरण (Worked Example) : दो डॉक्टरों ने आठ रोगियों (जो एक विशेष प्रकार के लक्षणों से युक्त थे, की जाँच की। इस निदान में उन्होंने रोगियों का उनकी हालत की दृष्टि से 1 (सबसे ठीक) से लेकर 8 (सबसे खराब) तक की श्रेणियों में निर्धारण (Rating) किया। क्या इन प्रदत्तों से आप यह कह सकते हैं कि दोनों डॉक्टरों के द्वारा किये गये निर्धारण प्राप्तांकों (Rating scores) में कोई सार्थक सम्बन्ध है या नहीं ?

रोगी	1	2	3	4	5	6	7	8
डॉक्टर A का रेटिंग स्कोर	4	1	3	2	6	5	8	7
डॉक्टर B का रेटिंग स्कोर	5	3	1	2	6	4	7	8

हल : यहाँ जिन दो प्रदत्त समूहों के बीच सहसम्बन्ध ज्ञात करना है उन्हें क्रम सूचक मापनी (Ordinal Scale) पर मापा गया है। अतः यहाँ हमें जिस सहसम्बन्ध गुणांक की गणना करनी है वह स्पीयरमैन सहसम्बन्ध गुणांक है।

स्पीयरमैन सहसम्बन्ध गुणांक की गणना हेतु SSPS की उपयोग प्रक्रिया

सहसम्बन्ध (Correlations)

Spearman's rho	DOCTOR A	Correlation coefficient	1.000	0.857**
		Sig. (2-tailed)		0.007
		N	8	8
	DOCTOR B	Correlation coefficient	.857**	1.000
		Sig. (2-tailed)	.007	
		N	8	8

** Correlation is significant at the .01 level (2-tailed).

परिणामों की व्याख्या : यहाँ स्पीयरमैन सहसम्बन्ध गुणांक का मूल्य 0.857 आँका गया है। स्पीयरमैन गुणांक की विस्तार सीमा –1 से लेकर + 1 होती है। इस दृष्टि से यह 0.857 या 0.86 का मान काफी अच्छा है। दूसरे यहाँ सार्थकता स्तर (N = 8) को लेकर P = 0.007 दिखाया गया है। इस दृष्टि से भी सहसम्बन्ध की सार्थकता की पुष्टि की जा सकती है। निष्कर्ष रूप में इस तरह यह कहा जा सकता है कि दोनों डॉक्टरों द्वारा की गई रेटिंग में सार्थक सहसम्बन्ध देखने को मिल रहा है।

पियर्सन सहसम्बन्ध गुणांक 'r' (Pearson's Correlation Coefficient, 'r')

स्पीयरमैन सहसम्बन्ध गुणांक की गणना उन दो चरों के बीच स्थित सहसम्बन्ध ज्ञात करने के लिये की जाती है, जिन्हें क्रम सूचक मापनी (Ordinal scale) पर मापा जाता है। इसकी तुलना में पीयर्सन सहसम्बन्ध गुणांक की गणना उन दो चरों के बीच स्थित सहसम्बन्ध ज्ञात करने हेतु की जाती है जब चरों का मापन अन्तराल मापनी (Interval scale) पर किया गया हो।

कार्यकारी उदाहरण (Worked Example) : एक अध्ययन में 9 प्रयोज्यों से जब वे सामान्य रूप से साँस ले रहे थे तब अपनी साँस रोकने के लिए कहा गया। उन्होंने जितनी देर साँस रोकी उस समय को सैकेन्डों में नोट कर लिया गया। उसके बाद उन्हें योगाभ्यास कराया गया और फिर उनके द्वारा साँस रोकने की क्रिया की पुनरावृत्ति कराई गई और साँस रोके जाने के समय को पुनः नोट कर लिया गया। नीचे तालिका में यह दिखाया गया है कि दोनों स्थितियों में उन्होंने साँस कितने सैकेन्ड तक रोके रखी। क्या आप इन दोनों समय के मापों के बीच यह बता सकते हैं कि उनमें कोई सहसम्बन्ध है या नहीं और अगर है तो कैसा ?

प्रयोज्य	A	B	C	D	E	F	G	H	I
सामान्य अवस्था	56	56	65	65	50	25	87	44	35
योगाभ्यास के बाद की अवस्था	87	91	85	91	75	28	122	66	58

SSPS को उपयोग करने की प्रक्रिया (Procedure for Using SSPS)

(i) SSPS एडीटर शीट के दो कॉलमों में प्रदत्तों की प्रविष्टि करो।

(ii) फिर निम्न क्रम से क्लिक करें :
Analyze < Correlation < BC- Variate

(iii) परिणामस्वरूप आपको एक प्रकार का कंप्यूटर आउटपुट उपलब्ध होगा (अगले पृष्ठ पद देखें)।

सहसम्बन्ध (Correlations)

		NORMAL	HYPER
NORMAL	Pearson correlation Sig. (2-tailed)	1	.966* .000
	N	9	9
HYPER	Pearson correlation Sig. (2-tailed)	.966** .000	1
	N	9	9

**Correlation is significant at the 0.01 level (2-tailed)

परिणामों की व्याख्या : सामान्य अवस्था में साँस रोकने का समय तथा योगाभ्यास करने के बाद साँस रोकने का समय इन दोनों मापों के बीच यहाँ पीयर्सन सहसम्बन्ध गुणांक का मान 0.966 है। जैसा कि हम जानते हैं कि इस गुणांक की विस्तार सीमा –1 से +1 होती है। इस दृष्टि से 0.966 मूल्य काफी अधिक मात्रा में है जिससे यह भलीभाँति कहा जा सकता है कि दोनों मापों के बीच काफी अधिक सहसम्बन्ध है। यहाँ सार्थकता स्तर $p = 0.000$ (जिसका अर्थ होता है $p < 0.001$) दिखाया गया है। इससे यह अनुमान लगाया जा सकता है कि 0.966 युक्त हमारा सहसम्बन्ध गुणांक अपने आप में काफी सार्थक (Significant) है जिसके आधार पर हम इससे सम्बन्धित शून्य परिकल्पना (दोनों मापों के बीच कोई सम्बन्ध नहीं है) को अस्वीकृत कर यह कह सकते हैं कि दोनों मापों में विद्यमान साहचर्य/सहसम्बन्ध काफी सार्थक (Significant) हैं।

कंप्यूटर तकनीकों का गुणात्मक प्रदत्त विश्लेषण हेतु उपयोग (Use of Computer Technology in Qualitative Data Analysis)

गुणात्मक अनुसंधान अध्ययनों से प्राप्त प्रदत्तों का आकार और मात्रा इतनी अधिक होती है कि विश्लेषण से पहले उनका उचित संगठन एवं भंडारण ही अपने आप में एक काफी बड़ा कार्य बन जाता है। इस कार्य को अच्छी तरह अंजाम देने में कंप्यूटर तकनीकी का कोई सानी नहीं है। प्रदत्तों के संकलन से लेकर उनके उचित संगठन एवं भण्डारण सम्बन्धी सभी कार्य कंप्यूटर तकनीकी के उपयोग से काफी सुविधा एवं प्रभावशील ढंग से किये जा सकते हैं। परन्तु सामान्य रूप से उपलब्ध कंप्यूटर हार्डवेयर उपकरण तथा उनके साथ आने वाले सॉफ्टवेयर प्रोग्रामों (माइक्रोसोफ्ट पैकेज में उपलब्ध) से गुणात्मक प्रदत्तों के विश्लेषण का कार्य नहीं किया जा सकता। इनके लिये विशेष रूप से निर्मित एवं उपलब्ध सॉफ्टवेयर प्रोग्रामों की आवश्यकता होती है। गुणात्मक प्रदत्त विश्लेषण हेतु काम में लाये जाने वाले इन विशिष्ट सॉफ्टवेयर प्रोग्रामों को उनकी अपनी निम्न प्रकार की सेवाओं की वजह से ही काफी आवश्यक और महत्त्वपूर्ण ठहराया जाता है।

(i) एक बड़े संकलित पाठ्य–आधारित प्रदत्त भंडार को कुछ उपयोगी क्रियाओं जैसे छाँटना (Sorting) उनको व्यवस्थित रूप से संगठित एवं संरचित करना तथा विश्लेषण कार्य, आदि के संपादन में उचित रूप से सहायता करते हुये इन सॉफ्टवेयर प्रोग्रामों से प्रदत्तों के संगठन एवं व्यवस्थितिकरण का कार्य बहुत अच्छी तरह से किया जा सकता है।

(ii) इन्हें केवल मात्र शब्दों एवं विचारों के विश्लेषण हेतु ही काम में नहीं लाया जा जाता परन्तु जो प्रदत्त सामग्री दृश्यात्मक एवं श्रव्यात्मक स्वरूप में एकत्रित किये जाते हैं उनका संगठन एवं विश्लेषण भी इनके द्वारा अच्छी तरह किया जा सकता है।

(iii) इन सॉफ्टवेयर प्रोग्रामों की सहायता से शोधकर्त्ता प्रदत्त विश्लेषण में सहायक बहुत से प्रयोजनपूर्ण कार्य करने में सफल रहते हैं, जैसे विषयवस्तु की ओर इंगित तथा क्लिक करते हुये कूट

संकेतन करना (Point and click coding), कूट संकेतों की कुंजी शब्दों के माध्यम से खोज करना (Searches by Keyword or code), चयनित अनुच्छेदों का आसानी से पुनरुद्धार (Easy retrieval of selected passages) तथा छंटे हुये प्रदत्तों से वांछित वस्तुनिष्ठ अर्थ ग्रहण करना (Deriving the needed objective meaning out of sorted data) आदि।

(iv) इसके अतिरिक्त सॉफ्टवेयर प्रोग्रामों द्वारा निहित सम्बन्धों पर दृष्टिपात तथा निहंगावलोकन करते हुये सम्पूर्ण विश्लेषणात्मक प्रक्रिया को आवश्यक समर्थन प्रदान करने का भी कार्य किया जाता है। इनके द्वारा इससे सम्बन्धित नोट्स (जिन्हें मीमो कहा जाता है) प्रदान करने का कार्य भी किया जा सकता है ताकि दूसरों को इस विश्लेषण प्रक्रिया की विभिन्न सोपानों/गतिविधियों को समझने में आसानी हो।

उपरोक्त उपयोगों के अतिरिक्त सॉफ्टवेयर प्रोग्रामों में स्वभाववश ऐसी स्वकार्य करने वाली विशेषता पाई जाती है जिसके सहारे उन सभी प्रदत्त विश्लेषण सोपानों से सम्बन्धित गतिविधियों का संपादन आसान और प्रभावशाली हो जाये जिनसे गुणात्मक अनुसंधानों से उपलब्ध प्रदत्तों से वांछित अर्थ निकालने हेतु आवश्यक अन्तःदृष्टि उपलब्ध हो सके।

वर्तमान उपलब्ध सॉफ्टवेयर प्रोग्राम परम्परागत ढंग से काम में लाये जाने वाले गुणात्मक प्रदत्त विश्लेषण साधनों से किस तरह अधिक प्रभावी एवं लाभदायक सिद्ध हो सकते हैं, इसके बारे में अपने विचार प्रस्तुत करते हुये वीटमैन एवं माइल्स (Weitzmain and Miles, 1995) ने लिखा है :

गुणात्मक प्रदत्त विश्लेषण के लिये प्रयुक्त नई पीढ़ी की कंप्यूटर तकनीकी कैचियों, टेप, मुद्रित/लिखी सामग्री को उभारने वाले पेन (Highlighting pens) तथा अनुक्रमणिका कार्ड (Index cards) पर आधारित पुरानी "काटो और चिपकाओ" विधियों से काफी ज्यादा उन्नत हैं। कल्पना कीजिये माना आप एक गुणात्मक अनुसंधान प्रोजेक्ट पर कार्य कर रहे हैं आपके पास पूरे फाइल केबीनेट (File cabinet) को भंडारित करने हेतु बहुत बड़ा प्रदत्त भंडार है। आप एक विशेष संगठनात्मक व्यूह रचना को अपनाते हुये अपने व्यक्तिगत प्रलेखों/दस्तावेजों को प्लास्टिक फोल्डरों में रखते हैं, इन प्लास्टिक फोल्डरों को लटकते हुये बड़े फोल्डरों (Hanging folders) में रखते हैं और इन बड़े फोल्डरों को फाइल कैबीनेट ड्राअर (Cabinet drawers) में रखते हैं। आपके प्रदत्त आपकी पहुँच में है परन्तु जब प्रदत्त विश्लेषण का समय आता है, तब आपको यह जरूरत रहती है कि आपको एक विशेष अनुसंधान प्रश्न से सम्बन्धित सभी प्रदत्त/सूचना सामग्री का स्मरण रहे, यह जानकारी रहे कि आपने सम्बन्धित प्रलेखों को कहाँ रखा है, ताकि उन फाइलों की फोटोस्टेट प्रतिलिपियाँ की जा सकें, वांछित अनुच्छेदों या विषयवस्तु की हाइलाइटर्स (Highlighters) द्वारा कूट संकेतीकरण (Coding) की जा सके तथा कूट संकेतक प्रलेखों (Coded documents) को क्रम दिया जा सके और फिर उस सभी का वांछित अर्थ निकाला जा सके जो एक प्रदत्त भंडार के रूप में आपके चारों ओर विराजमान है।

एक दूसरा तरीका भी है, पूरे प्रदत्त भंडार को एक तर्कपूर्ण पाठ्य कंप्यूटर डाटाबेस (Database) में परिवर्तित कर लें। फिर गुणात्मक प्रदत्त विश्लेषण के लिये प्रयुक्त एक विशिष्ट अनुप्रयोग (कंप्यूटर सॉफ्टवेयर) की सेवायें लेकर आप अपने कंप्यूटर का उपयोग किसी भी प्रलेख/दस्तावेज के किसी भी पृष्ठ पर किसी वाक्य/वाक्यांश का पुनरुद्धार (Retrieval), खोज, संकेतीकरण या छाँटने जैसी गतिविधियों के संपादन हेतु कर सकते हैं और फिर सम्पूर्ण डाटाबेस (Database) को एक ऐसी छोटी सी डिस्क/पेन ड्राइव में सेव (Save) किया जा सकता है जिसे आप अपने कोट की जेब में रख सकें।

गुणात्मक अनुसंधानकर्त्ताओं को आज बहुत से सॉफ्टवेयरों की सेवायें उपलब्ध हो सकती हैं जिनसे संकलित प्रदत्तों के विश्लेषण का कार्य सहज एवं प्रभावी ढंग से पूरा किया जा सके। ऐसे ही कुछ उपलब्ध महत्त्वपूर्ण सॉफ्टवेयरों का संक्षिप्त में उल्लेख हम तालिका 34.4 द्वारा कर रहे हैं।

तालिका 34.4 कुछ महत्त्वपूर्ण उपलब्ध गुणात्मक प्रदत्त विश्लेषण सॉफ्टवेयर

क्रम संख्या	सॉफ्टवेयर का नाम	निर्माता का नाम (Developer)	निर्माता का वेव पता (Web Add.)	गुणात्मक विश्लेषण उपयोग क्षेत्र (Scope)	मुफ्तः ट्राइल डाउनलोडिंग साइट
1.	इथनोग्राफ 5.0 (Ethnograph Version 5.0)	क्यिलिस रिसर्च एसोसिएटस् (Qualis Research Associates.USA)	http.//www.qualisresearch. com	मुख्य रूप से पाठ्य विश्लेषण (Text analysis)	http://www.qualisresearch.com/ demo.htm.
2.	इथोविजन 2.3 (Ethovision 2.3)	नोल्डस इनफोर्मेशन (Noldus Information) टेकनोलोजी अमेरिका	http://www.noldus.com./site/ doc 200403002	डिजिटल आडियो एवं वीडियो विश्लेषण	http://www.noldus:com./site/ demo.htm.
3.	एन वीवो 8 (N Vivo 8)	क्यू एस आर इन्टरनेशनल (QSR International Pvt. Ltd., USA)	http://www.qsr international. com	पाठ्य विश्लेषण, आडियो, वीडियो, पीडीएफ एवं फोटो	http://www.qsrinternational. com.products free trial-software.aspex
4.	एटलस टी. आई (ATLAS-ti)	थोमस म्यूर यू.एस.ए. (Thomas Muhr, USA)	http://www.atlasti.com/index. php	पाठ्य डिजिटल आडियो एवं वीडियो विश्लेषण	http://www.http://www/ download.php
5.	हाइपर रिसर्च (Hyper Research)	रिसर्च वेयर इन्क, यू.एस.ए. (Researchware.Inc. USA)	http://www.researchware. com.	पाठ्य, चित्रात्मक आडियो एवं वीडियो सामग्री, संकेतन मानचित्र एवं कूट संकेतन आदि)	http://www.researchware.com hr/download. html.

6.	क्वालीटन 5.0 (Kwalitan 5.0)	अनुसंधान विधि विभाग यूनिवर्सिटी आफ निज्मीगेन यू.एस.ए. (Dept. of Research Methodology, University of Nijmegen, USA)	http://www. Kwalitan.net/ engles/index/html.	पाठ्य डिजिटल आडियो एवं वीडियो विश्लेषण	http://www.Kwalitan.net/engels/ download en.html.
7.	क्यू डी ए माइनर (QDA Miner)	प्रोवेलिस रिसर्च सू.एस.ए. (Provalis Research USA)	http://provalis research/Com/ products/qualitative-data-analysis-Software)	पाठ्य विश्लेषण (Text analysis)	http://www.research.com./ downloads/trial-versions/
8.	क्आलरस (Quarlrus)	आइडिया वर्क्स, यू.एस.ए. (Idea Works USA)	http://www. ideaworks.com/ qualrus/index/html.	पाठ्य, डिजिटल आडियो एवं वीडियो विश्लेषण	http://www.ideaworks.com/ qualrus/down loads/
9.	ट्रान्साना (Transana)	डेविड वूड्स विंसकोन्सिन सेंटर फोर एजुकेशन रिसर्च, यू.एस.ए. (David Woods Wisconsin Centre for Education Research, USA)	http://www.transana.org	ट्रांसक्रिप्सन तथा आडियो एवं वीडियो	http://www.transana.org.
10.	मैक्स क्यू डीए-II (MXQDA-II)	वीईआरबीआई–जी.एम. बी.एच., (VERBI-GmbH USA)	http://www.maxqda.com	चित्रात्मक सामग्री आडियो एवं वीडियो विश्लेषण	http://www.maxqda.com/ downloads

अनुसंधान प्रतिवेदन लेखन में कंप्यूटर तकनीकी का उपयोग
(Use of Computer Technology in Research Report Writing)

कंप्यूटर तकनीकी अनुसंधानकर्त्ताओं को उनके सभी प्रकार के अनुसंधान प्रतिवेदनों (चाहे उनका सम्बन्ध लघु शोध प्रबन्ध या पीएच.डी. शोध प्रबन्धों से हो अथवा अनुसंधान जर्नलों में छपने को भेजे जाने वाले अनुसंधान लेखों से हो या किसी रिसर्च प्रोजेक्ट की रिपोर्ट प्रस्तुत करने से हो) के लेखन में समुचित रूप से सहायता कर सकती है। इस कार्य हेतु इसके द्वारा प्रदत्त महत्त्वपूर्ण सेवाओं का उल्लेख संक्षेप में निम्न प्रकार किया जा सकता है।

(i) अपने वर्ड प्रोसेसिंग प्रोग्रामों जैसे माइक्रोसॉफ्ट वड्र्स (MS Words) के माध्यम से कंप्यूटर तकनीकी सभी तरह के टंकण (Typing) कार्य के संपादन में उचित रूप से सहायता कर सकती है। फलस्वरूप अनुसंधान प्रतिवेदनों का सभी प्रकार का पाठ्य इसकी मदद से भलीभाँति प्रस्तुत किया जा सकता है। वास्तव में देखा जाये तो कंप्यूटर तकनीकी द्वारा किये गये टंकण कार्य और उपलब्ध मुद्रित सामग्री की तुलना में परम्परागत टाइप राइटिंग मशीनों के द्वारा किया जाने वाला उत्पादन कहीं भी नहीं ठहरता। यहाँ एक शोधकर्त्ता अपने शोध प्रबन्ध/लेख की पांडुलिपि में अपनी इच्छा या आवश्यकतानुसार चाहे जैसे कितने भी सुधार या परिवर्तन (कागज, पैन्सिल, स्याही, समय और शक्ति के व्यय के बारे में चिन्तामुक्त होकर) निर्विघ्न रूप से कर सकता है। इसके अतिरिक्त वर्ड प्रोसेसिंग प्रोग्रामों में उपलब्ध उनकी विशिष्ट विशेषताओं (Features) के योगदान के फलस्वरूप शोधकर्त्ताओं को अपने अनुसंधान प्रतिवेदन के लेखन में रह गई तमाम वर्तनी (Spelling) तथा व्याकरण (Grammar) सम्बन्धी अशुद्धियों के निवारण में भी लगातार सहायता मिलती रहती है। पाठ्य को अच्छी तरह संगठित करने, उसे उचित रूप में पढ़े जाने और उसे आकर्षक बनाने में भी तरह तरह के फोन्ट साइज (Font size) एटालिक्स (Italics), बोल्ड (Bold), लिपि प्रारूपों का उपयोग काफी सहयोगी सिद्ध हो सकता है।

(ii) संकलित प्रदत्तों के प्रस्तुतीकरण एवं प्रदर्शन तथा प्रदत्त विश्लेषण एवं अध्ययन निष्कर्षों की प्रस्तुति हेतु जो भी आवश्यक तालिकायें तथा चित्र (जैसे चार्ट, पाई ग्राफ, दंड ग्राफ, हिस्टोग्राम आदि) एक अनुसंधानकर्त्ता द्वारा प्रस्तुत किये जाते हैं, उन सभी के निर्माण तथा प्रस्तुतीकरण का कार्य कंप्यूटर तकनीकी की मदद से भलीभाँति सम्पन्न किया जा सकता है।

(iii) एक शोधकर्त्ता को अपने द्वारा लिखे गये अनुसंधान प्रतिवेदन की पूरी पांडुलिपि या उसके कुछ अंशों को फाइल ट्रांसफर प्रोटोकोल/इन्टरनैट सुविधाओं की मदद से सम्बन्धित रिसर्च गाइड, अनुभवी शोधकर्त्ताओं तथा विशेषज्ञों के पास भेजकर उनके सुझाव तथा मार्गदर्शन प्राप्त करने में काफी आसानी हो सकती है।

(iv) कंप्यूटर तकनीकी एवं शोधकर्त्ता को अपने तैयार प्रतिवेदन को मुद्रित या ऑनलाइन जर्नलों में छपने के लिये तथा पुस्तकालयों एवं प्रलेखीय संग्रहालयों में रिकॉर्ड (Record) के लिए भेजने में भी काफी महत्त्वपूर्ण सहायता कर सकती है।

(v) कंप्यूटर तकनीकी अपनी इंटरनेट वेब तथा आडियो–वीडियो कान्फ्रेन्सिंग सुविधाओं के माध्यम से बड़ी सरलता, शीघ्रता एवं प्रभावपूर्ण ढंग से किसी भी अनुसंधान अध्ययन विशेष की प्रक्रिया और परिणामों को एक साथ तथा एक ही समय में बिना कोई विशेष खर्च किये हुये अनेक पाठकों/उपयोगकर्त्ताओं के सामने लाने में बहुमूल्य भूमिका निभा सकती है।

——— ⚜ ———

परिशिष्ट
[Appendix]

Table A Critical Values of t

Degrees of freedom	Probability P			
	0.10	**0.05**	**0.02**	**0.01**
1	t = 6.34	t = 12.71	t = 31.82	t = 63.66
2	2.92	4.30	6.96	9.92
3	2.35	3.18	4.54	5.84
4	2.13	2.78	3.75	4.60
5	2.02	2.57	3.36	4.03
6	1.94	2.45	3.14	3.71
7	1.90	2.36	3.00	3.50
8	1.86	2.31	2.90	3.36
9	1.83	2.26	2.82	3.25
10	1.81	2.23	2.76	3.17
11	1.80	2.20	2.72	3.11
12	1.78	2.18	2.68	3.06
13	1.77	2.16	2.65	3.01
14	1.76	2.14	2.62	2.98
15	1.75	2.13	2.60	2.95
16	1.75	2.12	2.58	2.92
17	1.74	2.11	2.57	2.90
18	1.73	2.10	2.55	2.88
19	1.73	2.09	2.54	2.86
20	1.72	2.09	2.53	2.84
21	1.72	2.08	2.52	2.83
22	1.72	2.07	2.51	2.82
23	1.71	2.07	2.50	2.81
24	1.71	2.06	2.49	2.80

(Contd.)

Table A Critical Values of *t* (Contd.)

Degrees of freedom	Probability P			
	0.10	**0.05**	**0.02**	**0.01**
25	1.71	2.06	2.48	2.79
26	1.71	2.06	2.48	2.78
27	1.70	2.05	2.47	2.77
28	1.70	2.05	2.47	2.76
29	1.70	2.04	2.46	2.76
30	1.70	2.04	2.46	2.75
35	1.69	2.03	2.44	2.72
40	1.68	2.02	2.42	2.71
45	1.68	2.02	2.41	2.69
50	1.68	2.01	2.40	2.68
60	1.67	2.00	2.39	2.66
70	1.67	2.00	2.38	2.65
80	1.66	1.99	2.38	2.64
90	1.66	1.99	2.37	2.63
100	1.66	1.98	2.36	2.63
125	1.66	1.98	2.36	2.62
150	1.66	1.98	2.35	2.61
200	1.65	1.97	2.35	2.60
300	1.65	1.97	2.34	2.59
400	1.65	1.97	2.34	2.59
500	1.65	1.96	2.33	2.59
1000	1.65	1.96	2.33	2.58
∞	1.65	1.96	2.33	2.58

Table B Critical Values of *F* at 5% (Values Written above) and 1% (Lower Values) Levels of Significance

Degrees of freedom for smaller mean square	Degrees of freedom for greater mean square									
	1	**2**	**3**	**4**	**5**	**6**	**8**	**12**	**24**	**∞**
1	161.45	199.50	215.72	224.57	230.17	233.97	238.89	243.91	249.04	254.32
	4052.10	4999.03	5403.49	5625.14	5764.08	5859.39	5981.39	6105.83	6234.16	6366.48
2	18.51	19.00	19.16	19.25	19.30	19.33	19.37	19.41	19.45	19.50
	98.49	99.01	99.17	99.25	99.30	99.33	99.36	99.42	99.46	99.50
3	10.13	9.55	9.28	9.12	9.01	8.94	8.84	8.74	8.64	8.53
	34.12	30.81	29.46	28.71	28.24	27.91	27.49	27.05	26.60	26.12
4	7.71	6.94	6.59	6.39	6.26	6.16	6.04	5.91	5.77	5.63
	21.20	18.00	16.69	15.98	15.52	15.21	14.80	14.37	13.93	13.46
5	6.61	5.79	5.41	5.19	5.05	5.95	4.82	4.68	4.53	4.36
	16.26	13.27	12.06	11.39	10.97	10.67	10.27	9.89	9.47	9.02

(Contd.)

Degrees of freedom for smaller mean square	Degrees of freedom for greater mean square									
	1	2	3	4	5	6	8	12	24	∞
6	5.99	5.14	4.76	4.53	4.39	4.28	4.15	4.00	3.84	3.67
	13.74	10.92	9.78	9.15	8.75	8,47	8.10	7.72	7.31	6.88
7	5.59	4.74	4.35	4.12	3.97	3.87	3.73	3.57	3.41	3.23
	12.25	9.55	8.45	7.85	7,46	7.19	6.84	6,47	6.07	5.65
8	5.32	4.46	4.07	3.84	3.69	3.58	3.44	3.28	3.12	2.93
	11.26	8.65	7.59	7.01	6.63	6.37	6.03	5.67	5.28	4.86
9	5.12	4.26	3.86	3.63	3,48	3.37	3.23	3.07	2.90	2.71
	10.56	8.02	6.99	6.42	6.06	5.80	5.47	5.11	4.73	4.31
10	4.96	4.10	3.71	3.48	3.33	3.22	3.07	2.91	2.74	2.54
	10.04	7.56	6.45	5.99	5.64	5.39	5.06	4.71	4.33	3.91
11	4.84	3.98	3.59	3.36	3.20	3.09	2.95	2.79	2.61	2.40
	9.65	7.20	6.22	5.67	5.32	5.07	4.74	4.40	4.02	3.60
12	4.75	3.88	3.49	3.26	3.11	3.00	2.85	2.69	2.50	2.30
	9.33	6.93	5.95	5.41	5.06	4.82	4.50	4.16	3.78	3.36
13	4.67	3.80	341	3.18	3.02	2.92	1.77	2.60	2.42	2.21
	9.07	6.70	5.74	5.20	4.86	4.62	1.30	3.96	3.59	3.16
14	4.60	3.74	3.34	3.11	2.96	2.85	2.70	2.53	2.35	2.13
	8.86	6.51	5.56	5.03	4.69	4.46	4.14	3.80	3.43	3.00
15	4.54	3.68	3.29	3.06	2.90	2.79	2.64	2.48	2.29	2.07
	8.68	6.36	5.42	4.89	4.56	4.32	4.00	3.67	3.29	2.87
16	4.49	3.63	3.24	3.01	2.85	2.74	2.59	2.42	2.24	2.01
	8.53	6.23	5.29	4.77	4.44	4.20	3.89	3.55	3.18	2.75
17	4.45	3.59	3.20	2.96	2.81	2.70	2.55	2.38	2.19	1.96
	8.40	6.11	5.18	4.67	4.34	4.10	3.79	3.45	3.08	2.65
18	4.41	3.55	3.16	2.93	2.77	2.66	2.51	2.34	2.15	1.92
	8.28	6.01	5.09	4.58	4.25	4.01	3.71	3.37	3.01	2.57
19	4.38	3.52	3.13	2.90	2.74	2.63	2.48	2.31	2.11	1.88
	8.18	5.93	5.01	4.50	4.17	3.94	3.63	3.30	2.92	2.49
20	4.35	3.49	3.10	2.87	2.71	2.60	2.45	2.28	2.08	1.84
	8.10	5.85	4.94	4.43	4.10	3.87	3.56	3.23	2.86	2.42
21	4.32	3,47	3.07	2.84	2.68	2.57	2.42	2.25	2.05	1.81
	8.02	5.78	4.87	4.37	4.04	3.81	3.51	3.17	2.80	2.36
22	4.30	3.44	3.05	2.82	2.66	2.55	2.40	2.23	2.03	1.78
	7.94	5.72	4.82	4.31	3.99	3.75	3.45	3.12	2.75	2.30
23	4.28	3.42	3.03	2.80	2.64	2.53	2.38	2.20	2.00	1.76
	7.88	5.66	4.76	4.26	3.94	3.71	3.41	3.07	2.70	2.26

(Contd.)

Degrees of freedom for smaller mean square	Degrees of freedom for greater mean square									
	1	2	3	4	5	6	8	12	24	∞
24	4.26	3.40	3.01	278	2.62	2.51	2.36	2.18	1.98	1.73
	7.82	5.61	4.72	4.22	3.90	3.67	3.36	3.03	2.66	2.21
25	4.24	3.38	2.99	2.76	2.60	2.49	2.34	2.16	1.96	1.71
	7.77	5.57	4.68	4.18	3.86	3.63	3.32	2.99	2.62	2.17
26	4.22	3.37	2.98	2.74	2.59	2.47	2.32	2.15	1.95	1.69
	7.72	5.53	4.64	4.14	3.82	3.59	3.29	2.96	2.58	2.13
27	4.21	3.35	2.96	2.73	2.57	2.46	2.30	2.13	1.93	1.67
	7.68	5.49	4.60	4.11	3.78	3.56	3.26	2.93	2.55	2.10
28	4.20	3.34	2.95	2.71	2.56	2.44	2.29	2.12	1.91	1.65
	7.64	5.45	4.57	4.07	3.75	3.53	3.23	2.90	2.52	2.06
29	4.18	3.33	2.93	2.70	2.54	2.43	2.28	2.10	1.90	1.64
	7.60	5.42	4.54	4.04	3.73	3.50	3.20	2.87	2.49	2.03
30	4.17	3.32	2.92	2.69	2.53	2.42	2.27	2.09	1.89	1.62
	7.56	5.39	4.51	4.02	3.70	3.47	3.17	2.84	2.47	2.01
35	4.12	3.26	2.87	2.64	2.48	2.37	2.22	2.04	1.83	1.57
	7.42	5.27	4.40	3.91	3.59	3.37	3.07	2.74	2.37	1.90
40	4.08	3.23	2.84	2.61	2.45	2.34	2.18	2.00	1.79	1.52
	7.31	5.18	4.31	3.83	3.51	3.29	2.99	2.66	2.29	1.82
45	4.06	3.21	2.81	2.58	2.42	2.31	2.15	1.97	1.76	1.48
	7.23	5.11	4.25	3.77	3.45	3.23	2.94	2.61	2.23	1.75
50	403	3.18	2.79	2.56	2.40	2.29	2.13	1.95	1.74	1.44
	7.17	5.06	4.20	3.72	3.41	3.19	2.89	2.56	2.18	1.68
60	4.00	3.15	2.76	2.52	2.37	2.25	2.10	1.92	1.70	1.39
	7.08	4.98	4.13	3.65	3.34	3.12	2.82	2.50	2.12	1.60
70	3.98	3.13	2.74	2.50	2.35	2.23	2.07	1.89	1.67	1.35
	7.01	4.92	4.07	3.60	3.29	3.07	2.78	2.45	2.07	1.53
80	3.96	3.11	2.72	2.49	2.33	2.21	2.06	1.88	1.65	1.31
	6.96	4.88	4.04	3.56	3.26	3.04	2.74	2.42	2.03	1.47
90	3.95	3.10	2.71	2.47	2.32	2.20	2.04	1.86	1.64	1.28
	6.92	4.85	4.01	3.53	3.23	3.01	2.72	2.39	2.00	1.43
100	3.94	3.09	2.70	2.46	2.30	2.19	2.03	1.85	1.63	1.26
	6.90	4.82	3.98	3.51	3.21	2.99	2.69	2.37	1.98	1.39
125	3.92	3.07	2.68	2.44	2.29	2.17	2.01	1.83	1.60	1.21
	6.84	4.78	3.94	3,47	3.17	2.95	2.66	2.33	1.94	1.32
150	3.90	3.06	2.66	2.43	2.27	2.16	2.00	1.82	1.59	1.18
	6.81	4.75	3.91	3,45	3.14	2.92	2.63	2.31	1.92	1.27

(Contd.)

Degrees of freedom for smaller mean square	Degrees of freedom for greater mean square									
	1	2	3	4	5	6	8	12	24	∞
200	3.89	3.04	2.65	2.42	2.26	2.14	1.98	1.80	1.57	1.14
	6.76	4.71	3.88	3.41	3.11	2.89	2.60	2.28	1.88	1.21
300	3.87	3.03	2.64	2.41	2.25	2.13	1.97	1:79	1.55	1.10
	6.72	4.68	3.85	3.38	3.08	2.86	257	2.24	1.85	1.14
400	3.86	3.02	2.63	2.40	2.24	2.12	1.96	1.78	1.54	1.07
	6.70	4.66	3.83	3.37	3.06	2.85	2.56	2.23	1.84	1.11
500	3.86	3.01	2.62	2.39	2.23	2.11	1.96	1.77	1.54	1.06
	6.69	4.65	3.82	3.36	3.05	2.84	2.55	2.22	1.83	1.08
1000	3.85	3.00	2.61	2.38	2.22	2.10	1.95	1.76	1.53	1.03
	6.66	4.63	3.80	3.34	3.04	2.82	2.53	2.20	1.81	1.04
∞	3.84	2.99	2.60	2.37	2.21	2.09	1.94	1.75	1.52	
	6.64	4.60	3.78	3.32	3.02	2.80	2.51	2.18	1.79	

Table C Critical Values of χ^2

	Levels of significance			
df	**0.10**	**0.05**	**0.02**	**0.01**
1	2.706	3.841	5.412	6.635
2	4.605	5.991	7.824	9.210
3	6.251	7.815	9.837	11.345
4	7.779	9.488	11.668	13.277
5	9.236	11.070	13.388	15.086
6	10.645	12.592	15.033	16.812
7	12.017	14.067	16.622	18.475
8	13.362	15.507	18.168	20.090
9	14.684	16.919	19.679	21.666
10	15.987	18.307	21.161	23.209
11	17.275	19.675	22.618	24.725
12	18.549	21.026	24.054	26.217
13	19.812	22.362	25.472	27.688
14	21.064	23.685	26.873	29.141
15	22.307	24.996	28.259	30.578
16	23.542	26.296	29.633	32.000
17	24.569	27.587	30.995	33.409
18	25.989	28.869	32.346	34.805
19	27.204	30.144	33.687	36.191

(Contd.)

	Levels of significance			
df	**0.10**	**0.05**	**0.02**	**0.01**
20	28.412	31.410	35.020	37.566
21	29.615	32.671	36.343	38.932
22	30.813	33.924	37.659	40.289
23	32.007	35.172	38.968	41.638
24	33.196	36.415	40.270	42.980
25	34.382	37.652	41.566	44.314
26	35.563	38.885	42.856	45.642
27	36.741	40.113	44.140	46.963
28	37.916	41.337	45.419	48.278
29	39.087	42.557	46.693	49.588
30	40.256	43.773	47.962	50.892

Table D Critical Values of T in the Wilcoxon Matched-Pairs Signed-Ranks Test*

	Level of significance for one-tailed test		
N	**.025**	**.01**	**.005**
	Level of significance for two-tailed test		
	.05	**.02**	**.01**
6	0	—	—
7	2	0	—
8	4	2	0
9	6	3	2
10	8	5	3
11	11	7	5
12	14	10	7
13	17	13	10
14	21	16	13
15	25	20	16
16	30	24	20
17	35	28	23
18	40	33	28
19	46	38	32
20	52	43	38
21	59	49	43
22	66	56	49
23	73	62	55
24	81	69	61
25	89	77	68

*Adapted from Table I of Wilcoxon, E 1949. *Some Rapid Approximate Statistical Procedures.* New York: American Cyanamid Company, p. 13.

Table E Probabilities Associated with Values as Small as Observed Values of *U* in the Mann–Whitney Test

	(a) $N_L = 3$		
N_s/U	1	2	3
0	.250	.100	.050
I	.500	.200	.100
2	.750	.100	.200
3		.600	.350
4			.500
5			.650

	(b) $N_L = 4$			
N_s/U	1	2	3	4
0	.200	.067	.028	.014
1	.400	.133	.057	.029
2	.600	.267	.114	.057
3		.400	.200	.100
4		.600	.314	.171
5			.429	.243
6			.571	.343
7				.443
8				.557

	(c) $N_L = 5$				
N_s/U	1	2	3	4	5
0	.167	.047	.018	.008	.004
1	.333	.095	.036	.016	.008
2	.500	.190	.071	.032	.016
3	.667	.286	.125	.056	.028
4		.429	.196	.095	.048
5		.571	.286	.143	.075
6			.393	.206	.111
7			.500	.278	.155
8			.607	.365	.210
9				.452	.274
10				.548	.345
11					.421
12					.500
13					.579

	(d) $N_L = 6$					
N_s/U	1	2	3	4	5	6
0	.143	.036	.012	.005	.002	.001
1	.286	.071	.024	.010	.004	.002
2	.428	.143	.048	.019	.009	.004
3	.571	.214	.083	.033	.015	.008
4		.321	.131	.057	.026	.013
5		.429	.190	.086	.041	.02]
6		.571	.274	.129	.063	.032
7			.357	.176	.089	.047
8			.452	.238	.123	.066
9			.548	.305	.165	.090
10				.381	.214	.120
11				.457	.268	.155
12				.545	.331	.197
13					.396	.242
14					.465	.294
15					.535	.350
16						.409
17						.469
18						.531

(Contd.)

Table E Probabilities Associated with Values as Small as Observed Values of *U* in the Mann-Whitney Test (Contd.)

(e) $N_L = 7$							
N_s/U	1	2	3	4	5	6	7
0	.125	.028	.008	.003	.001	.001	.000
1	.250	.056	.017	.006	.003	.001	.001
2	.375	.111	.033	.012	.005	.002	.001
3	.500	.167	.058	.021	.009	.004	.002
4	.625	.250	.092	.036	.015	.007	.003
5		.333	.133	.055	.024	.011	.006
6		.444	.192	.082	.037	.017	.009
7		.556	.258	.115	.053	.026	.013
8			.333	.158	.074	.037	.019
9			.417	.206	.101	.051	.027
10			.500	.264	.134	.069	.036
11			.583	.324	.172	.090	.049
12				.394	.216	.117	.064
13				.464	.265	.147	.082
14				.538	.319	.183	.104
15					.378	.223	.130
16					.438	.267	.159
17					.500	.314	.191
18					.562	.365	.228
19						.418	.267
20						.473	.310
21						.527	.355
22							.402
23							.451
24							.500
25							.549

Table F Critical Values of *r*

Example: Where N is 72 and df is 70, an r must be 0.232 to be significant at 0.05 level, and 0.302 to be significant at 0.01 level

Degrees of freedom (N-2)			Degrees of freedom (N-2)		
	0.05	**0.01**		**0.05**	**0.01**
1	0.997	1.000	24	0.388	0.496
2	0.950	0.990	25	0.381	0,4,87
3	0.878	0.959	26	0.374	0.478
4	0.811	0.917	27	0.367	0.470
5	0.754	0.874	28	0.361	0.463
6	0.707	0.834	29	0.355	0.456
7	0.666	0.798	30	0.349	0.449
8	0.632	0.765	35	0.325	0.418
9	0.602	0.735	40	0.304	0.393
10	0.576	0.708	45	0.288	0.372
11	0.553	0.684	50	0.273	0.354
12	0.532	0.661	60	0.250	0.325
13	0.514	0.641	70	0.232	0.302
14	0.497	0.623	80	0.217	0.283
15	0.482	0.606	90	0.205	0.267
16	0,468	0.590	100	0.195	0.254
17	0.456	0.575	125	0.174	0.228
18	0.444	0.561	150	0.159	0.208
19	0.433	0.549	200	0.138	0.181
20	0,423	0.537	300	0.113	0.148
21	0.413	0.526	400	0.098	0.128
22	0.404	0.515	500	0.088	0.115
23	0.396	0.505	1000	0.062	0.081

Adapted from: H.E. Garrett, *Statistics in Psychology and Education*, Vakils, Feffer and Simon, Bombay, 1971, p. 201.

संदर्भ ग्रंथ
[Bibliography]

Adams, J.S. (1958), *Interviewing Procedures: A Manual for Survey Interviewers*, Chapel Hill, N.C.: The University of North Carolina Press.

Adams, Gerald R. and J.D. Schvaneveldt (1991), *Understanding Research Methods* (2nd ed.), New York: Longman.

Agar, M. (1996), *Professional Stranger: An Informal Introduction to Ethnography* (2nd ed.), Academic Press.

Aiken, Lewis R. and Gary Groth Marnat (2006), *Psychological Testing and Assessment* (12th ed.), Boston: Pearson.

Allport (1935), cited by R. Gross (2001), *Psychology: The Science of Mind and Behaviour*, London: Hodder and Stoughton.

Allport, G.W. and H.S. Odbert (1936), Trait-names, a psycholexical study, *Psychological Monograph*, 47 (Whole No. 211).

American Psychological Association (2009), *Publication Manual of the American Psychological Association* (5th ed.), 2nd printing, Washington D.C.: AP A.

Anderson, Ken (2009), *Ethnographic Research: A Key to Strategy,* California: Harvard Business School Publishing Corporation.

Anastasi, Anne (1968), *Psychological Testing* (3rd ed.), London: Macmillan.

Andrew. G., S.W. Hartwell, M.L. Hutt, and R.E. Walton (1953), *The Michigan Picture Test,* Chicago: Science Research Associates.

Anglin, G.J., S.M. Ross and G.R. Morrison (1995), Inquiry in instructional design and technology: Getting starrted. In: G. Anglin (Ed.), *Instructional technology: Past, present, and future* (pp. 340–347), Englewood, CO: Libraries Unlimited.

Anthony Brundage (2002), *Going to the Sources: A Guide to Historical Research and Writing*, Harlan Davidson, from http://en.wikipedia.org/wiki/Historical_method.

Arksey, H. and P. Knight (1999), *Interviewing for Social Scientists*, London: Sage.

Ary, D., C. Lucy and Asghar Razavieh (1972), *Introduction to Research in Education*, New York: Holt, Rinehart and Winston, Inc.

Asthana, H.S. (1968), *Manual of Direction and Norms for Adjustment Inventory in Hindi*, Varanasi: Rupa Psychological Corporation.

Babbie, Earl (1990), *Survey Research Methods* (2nd ed.), Belmont, California: Wadesworth Publishing Company.

Bahrick, H.P. and L.K. Hall (1991), Lifetime maintenance of high school mathematics content, *Journal of Experimental Psychology: General*, 120, 20–23.

Bailey, Kenneth D. (1978), *Methods of Social Researh* (3rd ed.), New York: The Free Press.

Barnhart, C.L, Jess Stein and L.W. Singer (1967), *American College Dictionary*, London: Random House.

Barr, A.S., Robert A. Davis and Palmer O. Johnson (1953), *Educational Research and Appraisal*, Chicago: J.B. Lippincot Co.

Barzun, J. and H. Graff (1992), *The Modern Researcher* (5th ed.), San Diego: Harcourt Brace.

Beck, S.J. (1944), Rorschach's test (Vol. 1), *Basis Processes*, New York: Grune & Stratton.

Beck, S.J. (1945), Rorschach's test (Vol. 2), *A Variety of Personality Pictures*, New York: Grune & Stratton.

Beck, S.J. (1952), Rorschach's test (Vol. 3), *Advances in Interpretation*, New York: Grune & Stratton.

Bell, J. (1999), *Doing Your Research Project* (3rd ed.), Milton Keyness: Open University Press.

Bell, H.M. (1958), The Adjustment Inventory (Adult form), Pal Alto: California Consulting Psychologists Press.

Bellak, L. and S.S. Bellack (1973), *Senior Apperception Technique*, New York: C.P.S.

Berg, K.E. and R.W. Latin (2008), *Essentials of Research Methods in Health, Physical Education, Exercise Science, and Recreation* (3rd ed.), Baltimore: Lippincott Williams & Wilkins.

Best, John W. and James V. Kahn (2002), *Research in Education* (7th ed.), New Delhi: Prentice Hall of India.

Best, John W. and James V. Kahn (2006), *Research in Education* (10th ed.), New Delhi: Prentice Hall of India.

Bickman, L. and D.J. Rog (Eds.), *Handbook of Applied Social Research Methods*, Thousand Oaks, CA: Sage.

Black, James A. and D.J. Champion (1976), *Methods and Issues in Social Research*, New York: John Wiley & Sons, Inc.

Blum, G.S. (1950), *The Blacky Pictures: A technique for the exploration of personality dynamics*, New York: Psychological Corporation.

Bogdan, R.C. and S.K. Biklen (2003), *Qualitative Research for Education: An Introduction to Theory and Methods* (4th ed.), Boston: Allyn and Bacon.

Bogardus, E.S. (1933), "A Social Distance Scale", *Sociology and Social Research*, 17, 265–71.

Bolgar, H. and L.K. Fischner (1947), Personality Projection in the World Test, *American Journal of Orthopsychiatry*, 17, 117–128.

Bootzin, Richard R. and Patrick E. McKnight (Eds.) (2006), *Strengthening Research Methodology: Psychological Measurement and Evaluation*, Washington, DC: American Psychological Association.

Borg, W.R. (1963), *Educational Research: An Introduction*, London: Longman.

Borg, W.R. and M.D. Gall (1983), *Educational Research: An Introduction* (4th ed.), New York: Longman.

Borko, H. (1962), *Computer Applications in the Behavioral Sciences*, Englewood Cliffs, N.J., Prentice Hall.

Bouma, G.D. (1994), *The Research Process*, London: Oxford University Press.

Bronfenbrenner, U. (1943), "A Constant Frame of Reference for Sociometric Research", *Sociometry*, VI Nov.

Brewer, J.D. (2000), *Ethnography*, Buckingham: Open University Press.

Bryman A. and D. Cramer (1990), *Quantitative Data Analysis for Social Scientists*, London: Routledge.

Buck, J.N. (1948), The H-T-P technique: A qualitative and quantitative scoring manual, *Journal of Clinical Psychology*, 4, 317–396.

Buck, J.N. (1950), Administration and interpretation of the H-T-P test, Proceedings of the H.T.P. Workshop at Veterans Administrative Hospital, Richmond, Virginia, Beverly Hills, CA: Western Psychological Services.

Buhler, C., G.K. Lumary and H.S. Carrol (1951), World test standardization studies, *Journal of Child Psychiatry*, 2, 2–81.

Burns, R.C. and S.H. Kaufman (1970), *Kinetic Family Drawings: An introduction to understanding through kinetic drawings*, New York: Brunner/Mazel.

Burns, R.C. and S.H. Kaufman (1972), *Actions, Styles and Symbols in Kinetic Family Drawings*, New York: Brunner/Mazel.

Burns, Robert B. (1994), *Introduction to Research Method* (2nd ed.), Melbourne: Longman Cheshire.

Butcher, J.N., W.G. Dahlstrom, J.R. Graham, A. Tellegen, and B. Kaemmer, *MMPI-2: Manual for Administration, Scoring and Interpretation*, Revised, Minneapolis: University of Minnesota Press, 1989.

Campbell, D.T. and J.C. Stanley (1963), *Experimental and Quasi-experimental Designs for Research*, Chicago: Rand McNally.

Cannel, C.F. and R.L. Kahn (1968), *Interviewing,* In: G. Lindzey and A. Aronson (Eds.), *The Handbook of Social Psychology*, Vol. 2: *Research Methods*, New York: Addison-Wesley, 526–95.

Cattell, R.B. (1950), *Personality: A Systematic, Theoretical and Factual Study*, New York: McGraw-Hill.

Cattell, H.E.P. (1996), The original big five: A historical perspective, *European Review of Applied Psychology*, 46, 5–14.

Chase, S. (1948), *The Proper Study Of Mankind: An Inquiry into the Human Relations,* New York: Harper and Brothers.

Churchill, G.A. (1991), *Marketing Research: Methodological Foundations* (5th ed.), Chicago: Dryden.

Cochran, W.G. (1977), *Sampling Techniques* (3rd ed.), New York: John Wiley.

Coffey, A., B. Holbrook and P. Atkinson (1996), 'Qualitative Data Analysis: Technologies and Representations', *Sociological Research Online*, Vol. 1, No. 1. Available online at: http:/www.Socresoline.org.uk/1/1/html.

Cohen, Louis, Lawrence Manion and Keith Morrison (2007), *Research Methods in Education* (6th ed.), London: Routledge.

Cohen, Ronald Jay and Mark E. Swerdlik (2005), *Psychological Testing and Assessment* (6th ed.), Boston: McGraw-Hill.

Cohen, L. and M. Holiday (1996), *Practical Statistics for Students*, London: Paul Chapman.

Collins *English Dictionary* (10th ed.), (2009), HarperCollins Publisher.

Cooper, D.C. and P.S. Schindler (2001), *Business Research Methods* (7th ed), New York: McGraw-Hill.

Corbin (1994:273), quoted in Cohen Louis et al. (2007), *Research Methods in Education* (6th ed.), London: Routledge.

Costa, P.T. Jr. and R.R. McCrae (1985), *The NEO Personality Inventory Manual,* Odessa, FL: Psychological Assessment Resources.

Costa, P.T. Jr. and R.R. McCrae (1992), Four ways five factors are basic, *Personality and Individual Differences*, 13, 653–665.

Cressey, D.R. (1950), The criminal violation of financial trust, *American Sociological Review*, 15: 748–43.

Cronbach, L.J. (1951), Coefficient alpha and the internal structure of the test, *Psychometrica*, 16, 297–334.

Cronbach, Lee J. (1990), *Essential of Psychological Testing* (5th ed.), New York: Harper Collins Publishers.

Criswell in J.L. Moreno (1960), *The Sociometry Reader*, Glencoe, Illinois: The Free Press.

Davitz, J.R. and L.L. Davitz (1995), *Evaluating Research Proposals: A Guide for the Behavioral Sciences*, Upper Saddle River, NJ: Prentice Hall.

Dellow, E.L. (1970), *Methods of Science*, New York: Universe Books.

Denscombe, Martyn (2002), *Ground Rules for Good Research*, Bukingham, UK: Open University Press.

Dietz, S.M. (1977), An analysis of programming DRL schedules in educational settings, *Behavioural Research and Therapy*, 15, 103–11.

Donoghue, S. (2000), Projective techniques in consumer research, *Journal of Family Ecology and Consumer Sciences*, 28, 47–53.

Drew, C.J., M.L. Hardman and J.L. Hosp (2008), *Designing and Conducting Research in Education*, Los Angeles: Sage Publications.

Driscoll, M. (1995), Paradigms for research in instructional systems. In: G. Anglin (Ed.), *Instructional Technology: Past, Present, and Future* (pp. 322–327), Englewood, CO: Libraries Unlimited.

Dyer, C. (1995), *Beginning Research in Psychology*, Oxford: Blackwell.

Ebel, R.L. (1966), *Measuring Educational Achievement*, New Delhi: Prentice Hall of India.

Eckdardt, K.W. and M.D. Ermann (1977), *Social Research Methods*, New York: Random House.

Edson, C.H. (1986), Our past and present: Historical inquiry in education, *Journal of Thought*, 21(3), 13–27.

Edwards, A.L. (1957), *Techniques of Attitude Scale Construction*, New York: Appelton Century Crofts, Inc.

Edward, A.L. (1959), *Edward Personal Preference Schedule* (Manual), New York: Psychological Corporation.

Elmes, David G., Barry H. Kantowitz and Henry L. Roediger (2011), *Research Methods in Psychology* (9th ed.), New York: Cengage Learning.

Encyclopaedia Britainnica Erickson, F. (1985), Qualitative methods in research on teaching, In: M.C. Wittrock (Ed.), *Handbook of Research on Teaching* (3rd ed.), New York: Macmillan, 119–161.

Excel's Functions, available at http://office.microsoft.com/home/office.aspx?assetid=FX01085800

Exner, J.E. (1986), The Rorschach: A comprehensive system: Vol. 1. *Basic Foundations* (2nd ed.), New York: Wiley.

Exner, J.E. (1993), The Rorschach: A comprehensive system: Vol. 2. *Interpretations*, New York: Wiley.

Exner, J.E. and I.B. Weiner (1995), The Rorschach: A comprehensive system: Vol. 3. *Assessment of Children and Adolescents*, New York: Wiley.

Eysenck, H.J. (1959), *Manual of the Maudsley Personality Inventory*, London: University of London Press.

Eysenck, H.J. and S.B.J. Eysenck (1964a), *Manual of the Eysenck Personality Inventory*, London: University of London Press.

Eysenck, H.J. and S.B.J. Eysenck (1968), *Manual of the Eysenck Personality Inventory* (*EPI*), London: Hodder and Stoughton.

Eysenck, H.J. and S.B.J. Eysenck (1975), *Manual of the Eysenck Personality Questionnaire,* London: Hodder and Stoughton.

Eysenck, H.J., S.B.J. Eysenck and P.A. Barrett (1985), *Manual of the Revised Eysenck Personality Questionaire* (*EPQ-R*), London: Hodder and Stoughton.

Festinger, Leon and Daniel Katz (Eds.) (1976), *Research Methods in Behavioural Sciences* (Fourth Indian Print), New York: Amerind Publishing.

Fetterman, David M. (1998), *Ethnography* (2nd ed.), Thousand Oaks, CA: Sage Publications.

Fielding, N. (2001), "Ethnography", In: N. Gilbert (Ed.), *Researching Social Life* (2nd ed.), London: Sage.

Frisbie, D. (1981), The relative difficulty ratio—a test and item index, *Educational and Psychological Measurement,* 41(2), 333–39.

Fishbein, M. and I. Ajzen (1975), *Belief, Attitude, Intention and Behaviour: An Introduction to Theory and Research.* London: Addison-Wesley.

Fisher, R.A. and F. Yates (1963), *Statistical Tables for Biological, Agricultural and Medical Research*, Edinburgh: Oliver & Boyd.

Frankel and Frankel (1987), Quoted in Gerald R. Adams and J.D. Schvaneveldt (1991), *Understanding Research Methods* (2nd ed.), New York: Longman.

Frankel, Jack R. and Norman E. Wallen (2009), *How to Design and Evaluate Research in Education* (7th ed.), New York: McGraw-Hill.

Freeman, F.S. (1968), *Theory and Practice of Psychological Testing* (Indian Edition), New Delhi: Oxford and IBH Publishing Co.

Frey, J.H. and S.M. Oishi (1995), *How to Conduct Interviews by Telephone and in Person*, London: Sage.

Gay, L.R. and Peter Airasian (2000), *Educational Research: Competencies for Analysis and Application* (6th ed.), Upper Saddle River, New Jersey: Merrill.

Garrett, H.E. (1966), *Statistics in Psychology and Education*, Bombay: Vakils, Feffer and Simons.

Galton, F. (1879), Psychometric experiments, *Brain*, 2, 149–162.

Gilbert J. Garraghan (1946), *A Guide to Historical Method*, Fordham University Press: New York.

Glaser, B.G. (1978), *Theoretical Sensitivity: Advances in the Methodology of Grounded Theory*, Mill Valley, CA: Sociological Press.

Glaser, B.G. (1992), *Basics of Grounded Theory Analysis: Emergence v/s Forcing*, Mill Valley, CA: Sociology Press.

Goodenough, F.L. and D.B. Harris (1950), Studies in the Psychology of Children's Drawings, II, 1928–1949, *Psychological Bulletin*, 47, 369–433.

Gomm (2004), Cited in Patrick McNeill and Steve Chapman (2005), *Research Methods* (3rd ed.), London: Routledge.

Good, C.V. and D.E. Scates (1954), *Methods of Research*, New York: Appleton Century Crofts, Inc.

Goode, W.J. and P.K. Hatt (1952), *Methods in Social Research*, Tokyo: McGraw-Hill.

Goodwin, C.J. (2008), *Research in Psychology: Methods and Design* (5th ed.), New York: John Wiley & Sons.

Gottschalk, Louis (1950), *Understanding History: A Primer of Historical Method*, Alfred A. Knopf: New York.

Gravetter, F.J. and Lori-Ann B. Forzano (2003), *Research Methods for the Behavioural Sciences*, Belmont, CA: Thomson.

Greener, Ian (2011), *Designing Social Research: A Guide for the Bewildered*, Los Angeles, London: Sage.

Grinnell, Richard Jr. (Ed.) (1988), *Social Work Research and Evaluation* (4th ed.), Itaska, Illinois: F.E. Peacock Publishers.

Gronlund, N.E. and R.L. Linn (1990), *Measurement and Evaluation in Teaching* (6th ed.), New York: Macmillan.

Groot, Adrianus Dingeman de (1969), *Methodology; foundations of inference and research in the behavioural sciences*, The Hague: Mouton.

Guilford, J.P. and W.S. Zimmerman (1956), Fourteen Dimensions of Temperament, *Psychological Monographs*, 70, No. 10.

Guilford, J.P. (1954), *Psychometric Methods*, Bombay: Tata McGraw-Hill.

Hamblin, H. (1966), What is research? *American Vocational Journal*, 41(6), 14–16.

Hammersley, M. (1990)., *Reading Ethnographic Research: A Critical Guide*, London: Longman.

Hammersley, M. and P. Atkinson (1995), *Ethnography: Principles in Practice* (2nd ed.), London: Routledge.

Handler, L. (1996), John Exner and the book that started it all: A review of The Rorschach Systems, *Journal of Personality Assessment*, 76, 558–578.

Harris, D.B. (1963), *Children's Drawings as Measures of Intellectual Maturity*, New York: Harcourt, Brace & World, Inc.

Harris, M. and O. Johnson (2000), *Cultural Anthropology* (5th ed.), Needham Heights, MA: Allyn and Bacon.

Hartley, S. et al. (1997), *Evaluating Educational Materials on the Web*, University of Washington, http://staff.washington.edu/rells/pod97.evaluate.htm. retrieved on 1 May 2003.

Hartshorne, H. and M.A. May (1929), *Studies in Deceit*, New York: Macmillan.

Heise, David R. (1970: 235–53), The Semantic Differential and Attitude Research, In: Gene F. Summers (Ed.), *Attitude Measurement*, Chicago: Rand McNally.

Hathaway, S.R. and J.C. McKinley (1940), A multiphasic personality schedule (Minnesota): construction of the schedule, *Jounal of Psychology*, 10, 249–254.

Hathaway, S.R. and J.C. McKinley (1989), *The Minnesota Multiphasic Personality Inventory*, Minneapolis, IL: University of Minnesota Press.

Heston, Joseph C. (1949), *Heston Personal Adjustment Inventory*, Hudson: World Work Company.

Hewson, C., P. Yule, D. Laurent and C. Vogel (2003), *Internet Research Methods*, London: Sage.

Hill, J.E. and A. Kerber (1967), *Models, Methods and Analytical Procedures in Educational Research*, Detroit: Wayne State University Press.

Hillway, Tyrus (1964), *Introduction to Research*, Boston: Houghton Mifflin.

Hitchcock, G. and D. Hughes (1995), *Research and the Teacher* (2nd ed.), London: Routledge.

Hockett, Homar C. (1955), *The Critical Method in Historical Research and Writing*, New York: Macmillan.

Hoffman, Chris, L. Wilcox, E. Gomez, and C. Hollander (1992), Sociometric Applications in a Corporate Environment, *Journal of Group Psychotherapy, Psychodrama & Sociometry*, 45, 3–16.

Holsti (1969), Cited in Gerald R. Adams and J.D. Schvaneveldt (1991), *Understanding Research Methods* (2nd ed.), New York: Longman.

Honzik, M.P., J.W. Macfarland and L. Allen (1949), The Stability of Mental Test Performance between Two and Eighteen Years, *Journal of Experimental Education*, 17, 309–324.

Howell, C. and Walter Prevenier (2001), *From Reliable Sources: An Introduction to Historical Methods,* Cornell University Press.

Homans, G.C. (1967), *The Nature of Social Science*, New York: Harcourt, Brace and World.

Howe, R. and R. Lewis (1994), *A Student Guide to Research in Social Science*, New York: Cambridge University Press.

Jacobs, C.D., J.B. Haasbroek and S.W. Theron (1992), Effektiewe Navorsing, Navorsingshandleiding vir tersiêre opleidingsinrigtings. Geesteswetenskaplike komponent. Pretoria: Universiteit van Pretoria.

Jenning, H.H. (1948), *Sociometry in Group Relations*, Washington D.C.: American Council on American Education.

Jung, C.G. (1923), *Psychological Types*, London: Routledge and Kegan Paul.

Jung, C.G. (1910), The association method, *American Journal of Psychology*, 21, 219–269.

Kazdin, A.E. (1982), *Single-case Research Designs*, New York: Oxford University Press.

Kelley, T.L. (1939), The selection of upper and lower groups for the validation of test items, *Journal of educational psychology*, 30, 17–24.

Kent, G.H. and A.J. Rosanoff (1910), A study of association in insanity, *American Journal of Insanity*, 67, 37–96; 317–390.

Kerlinger, F.N. (1964), *Foundations of Behavioural Research*, New York: Holt, Rinehart and Winston.

Kerlinger, F.N. (1973), *Foundations of Behavioural Research* (2nd ed.), New York: Holt, Rinehart and Winston,

Kerlinger, F.N. (1986), *Foundations of Behavioural Research* (3rd ed.), New York: Holt, Rinehart and Winston.

Kerlinger, F.N. and H.B. Lee (1999), *Foundations of Behavioural Research* (4th ed.), New York: Holt, Rinehart and Winston.

Klemke, E.D., R. Hollinger and A.D. Kline (Eds.) (1980), *Introductory Readings in the Philosophy of Science*, New York: Prometheus Books.

Klopper, C.H. (1990), Referaat gelewer tydens 'n vergadering van lede van die vereniging van SA Bourekenaars: Komitee van hoofde van bourekenaarsdepartemente by universiteite gehou op 29 September 1989. *UP-dosent*, 11(2): 43–72. (retrieved from nmmu.ac.za/Robert/resmeth.html)

Klopfer, B. and H. Davidson (1962), *The Rorschach Technique: An Introductory Manual*, New York: Harcourt.

Kothari, C.R. (1990), *Research Methodology: Methods and Techniques* (2nd ed.), New Delhi: Wishwa Prakashan.

Krippendorff, K. (1980), *Content Analysis*, Beverly Hills, Calif.: Sage.

Kuder, G.F. and M.W. Richardson (1937), The theory of the estimation of reliability, *Psychometrica*, 2, 151–160.

Kumar, Ranjit (2005), *Research Methodology—A Step-by-step Guide for Beginners* (2nd ed.), London: Sage Publications.

Kvale, S. (1996), *Interviews*, London: Sage Publications.

Landman, W.A. (1988), Navorsingsmethodologiese Gondhegreippe, Pretoria: Serva. (retrieved from nmmu.ac.za/Robert/resmeth.html).

Lastracci, Carles L. (1967), *The Scientific Approach: Basic Principles of the Scientific Method*, Cambridge, Mass: Schenkman Publishing Co. Inc.

Le Compte, M. and J. Preissle (1993), *Ethnography and Qualitative Design in Educational Research* (2nd ed.), London: Academic Press.

Leedy, Paul D. and Jeanne Ellis Ormrod (2008), *Practical Research: Planning and Design* (8th ed.), New York: Pearson Education Inc.

Likert, R. (1932), A *Technique for the Measurement of Attitudes*, New York: Columbia University Press.

Lincoln, Y.S. and E.G. Guba (1985), *Naturalistic Inquiry*, Beverly Hills, CA: Sage.

Lincoln and Guba (1985), quoted in Best and Kahn (2006), *Research in Education* (10th ed.), New Delhi: Prentice-Hall of India.

Lindeman, H.H. (2005), Chapter 7, Sex Offender Tests-SAI and SAI-Juvenile. Schwartz, B.A. (Ed.), The Sex Offender: Issues in Assessment, Chapter 7, Volume V (pp. 7-1-7-32), Civic Research Institute.

Lindesmith, A. (1947), Opiate Addiction, Bloomington, In: *Principia.*

Lodico, M.G., D.T. Spaulding and K.H. Voegtle (2006), *Methods in Educational Research: From Theory to Practice*, San Francisco: Jossey-Bass, A Wiley Imprint.

Lowenfeld, M. (1939), The world pictures of children, *British Journal of Medical Psychology*, 18, 65–101.

Lundberg, George Andrew (1968), *Social Research: A Study in Methods of Gathering Data* (2nd ed.), New York: Greenwood Press.

Machover, Karen (1949), *Personality Projection in the Drawing of the Human Figure: A method of personality investigation*, Springfield, IL: Charles C. Thomas.

Mangal, S.K. (1971), *Manual for Teacher Adjustment Inventory*, Agra: National Psychological Corporation.

Mangal, S.K. (2002), *Statistics in Psychology and Education* (2nd ed.), New Delhi: Prentice-Hall of India.

Mangal, S.K. (2009), *Dimensions of Teacher Adjustment*, Hyderabad: Neel Kamal Publications.

Marshall, C. and C.B. Rossman (1989), *Designing Qualitative Research*, Newbury Park, CA: Sage.

Martha Howell and Walter Prevenier (2001), *From Reliable Sources: An Introduction to Historical Methods,* Ithaca: Cornell University Press.

Mary L. (1967), *A Primer of Sociometry*, Toronto: University of Toronto Press.

Mason, Emanuel J. and William J. Bramble (1997), *Research in Education and the Behavioural Sciences: Concepts and methods*, Madison, Chicago: Brown & Bench Mark Publishers.

McArthur, D.S. and Roberts, G.E. (1982), *Roberts Apperception Test for Children Manual*, Los Angeles: Western Psychological Services.

McCall, W.A. (1922), *How to Measure in Education*, New York: Macmillan.

McDonald, K. (2001), "Social documents", In: N. Gilbert, *Researching Social Life* (2nd ed.), London: Sage.

McGrath, J.H. (1970), *Research Methods and Designs for Education*, Scranton, Pennsylvania: International Textbook Company.

McGuigan, F.J. (1969), *Experimental Psychology*, New York: Prentice Hall.

McGee, Krantz and McClannahan (1986), quoted in Cohen, Louis, Lawrence Manion & Keith Morrison (2007), *Research Methods in Education* (6th ed.), London: Routledge.

McNabb, David E. (2008), *Research Methods for Political Science*, London: Barnes & Noble.

McNeill, Patrick and Steve Chapman (2005), *Research Methods* (3rd ed.), London: Routledge.

Megargee, Edwin I. (1972), *The California Psychological Inventory Handbook*, San Francisco: Jossey-Bass, Inc. Publishers, pp. 2, 5–6, 12, 25–27.

Mehrens, William A. and Lehmann, Irvin J. (1991), *Measurement and Evaluation in Education and Psychology* (4th ed.), Chicago: Holt, Rinehart and Winston, Inc.

Mendenhall, W., L. Ott, and R.L. Schaeffer (1971), *Elementary Survey Sampling,* Belmont, Calif.: Wardsworth.

Menninger, K.A. (1953), *The Human Mind* (3rd ed.), New York: Knopf.

Merriam, S.B. (1998), *Qualitative Research and Case Study Application in Education,* San Francisco: Jossey-Bass.

Merton, R.K. and P.L. Kendall (1946), *The Focused Interview*, *American Journal of Sociology*, 51, 541–57.

Miles, M.B. and A.M. Huberman (1994), *Qualitative Data Analysis: An Expanded Source Book* (2nd ed.), Thousand Oaks, CA: Sage.

Miles, M.B. and A.M. Huberman (1998), *Qualitative Data Analysis* (3rd ed.), Thousand Oaks, CA: Sage.

Millon, T. (1990), *Toward a New Personology*, New York: Wiley.

Millon, T., C. Millon and R. Davis (1994), *Millon Clinical Multiaxial Inventory-III Manual.* Minnepolis, MN: National Computer Systems.

Moreno, Jacob Levy (1934), Revised edition (1953), *Who Shall Survive*? Beacon, NY: Beacon House.

Moreno, Jacob Levy (1960), *The Sociometry Reader*, Glencoe, Illinois: The Free Press.

Monroe, W.S. and M.D. Engelhart (1928), The Techniques of Educational Research, Urbana, Illinois: Bureau of Educational Research, University of Illinois, *Bulletin* No. 38, p. 14.

Morgan, C.D. and H.A. Murray (1935), A method for investigating fantasies: The thematic apperception test, *Archives of Neurology and Psychiatry*, 34, 289–306.

Moser, C. and G. Kalton (1977), *Survey Methods in Social Investigation*, Boston: Allyn & Bacon.

Moser, C.A. and G. Kalton (1989), *Social Investigation* (2nd ed.), Eldershot, England: Gower.

Murchison, Julian M. (2010), *Ethnography Essentials: Designing, Conducting and Presenting Your Research*, San Francisco: Jossey-Bass.

Murray, H.A., *Thematic Apperception Test Manual*, Cambridge, MA: Harvard University.

Murray, H.A., et al. (1938), *Exploration in Personality*, New York: Oxford University Press.

Naglieri, J.A. and T.J. McNeish and A.N. Bardos (1991), *Draw a Person: Screening Procedure for Emotional Disturbance-Examiner's Manual*, Austin, TX: PRO-ED.

Neil, J. Smelser and Paul B. Baltes (Eds.) (2001), *International Encyclopaedia of the Social and Behavioural Sciences*, V. 26 Oxford: Elsevier.

Nevins, A. (1938), *The Gateway to History*, New York: Appleton-Century.

Nisbet, J. and J. Watt (1984), Case study, In: J. Well, T. Bush, A. Fox, J. Goodey and S. Gouldimg (Eds.), *Conducting Small-Scale Investigations in Educational Management*, London: Harper & Row, 79–92.

Northway, Mary L. (1967), *A Primer of Sociometry*. Toronto: University of Toronto Press.

NUD*IST 3.0 (computer software), Thousand Oaks, CA: Scolari

Osgood, C.E., G.S. Suci and P.H. Tannenbaum, (1957), *The Measurement of Meaning*, Urbana, IL: University of Illinois.

Patton, M.Q. (1987), *How to Use Qualitative Methods in Evaluation*, Newberry Park, CA: Sage Publications.

Patton, M.Q. (1990), *Qualitative Evaluation and Research Methods* (2nd ed.), Thousand Oaks, CA: Sage.

Patton, M.Q. (2002), *Qualitative Research and Evaluation Methods* (3rd ed.), Thousand Oaks, CA: Sage.

Patten, Mildred, L. (2007), *Understanding Research Methods: An Overview of the Essentials*, (6th ed.), Glendale, CA: Pyrczak Publishing.

Piaget, Jean (1932), *The Moral Judgement of the Child*, New York: Harcourt and Brace.

Piaget, Jean (1974), *The Place of the Sciences of Man in the System of Sciences*, New York: Harper Torch Books.

Pitt, D.C. (1972), *Using Historical Resources in Anthropology and Sociology*, New York: Holt, Rinehart and Winston.

Plummer, K. (1983), *Documents of Life*, London: Allen & Unwin.

Punch, Keith F. (2009), *Introduction to Research Methods in Education*, London: Sage.

Rand Corporation (1965), *A Million Random Digits with 100,000 Normal Deviates*, New York: Free Press.

Random House Dictionary (2010) Dictionary.com Unabridged Based on the Random House Dictionary, © Random House, Inc.

Rapaport, D. M.M. Gill and R. Shaffer (1945–46), *Diagnostic Psychological Testing* (vol. 2), Chicago: Year Book.

Redman, L.V. and A.V.H. Mory (1933), *The Romance of Research*, Baltimore: The Williams & Wilkins Co.

Richards, L. (1994), *Handling Qualitative Data: A Practical Guide,* London: Sage.

Riesman, C.K. (1993), *Narrative Analysis,* Newbury Park, CA: Sage.

Robertson, G.J. (1990), A practical model for test development, Quoted by Cohen, Ronald Jay and Swerdlik, Mark E. (2005), *Psychological Testing and Assessment* (6th ed.), Boston: McGraw-Hill.

Robbins, Donijo (2009), *Understanding Research Methods*, New York: CRC Press, Taylor & Francis Group.

Robson, C. (2005), *Real World Research* (3rd ed.), Oxford: Blackwell.

Rokeach (1968), cited by Gross, R. (2001), *Psychology: The Science of Mind and Behaviour*, London: Hodder and Stoughton.

Rosenzweig, S. (1945), The picture association method and its application in a study of reactions to frustration, *Journal of Personality*, 14, 3–23.

Rosenzweig, S. (1978), The Rosenzweig Picture Frustration (P.F.), *Study: Basic Manual,* St. Louis, MO: Rana House.

Sapsford, R. and V. Jupp (1996), *Data Collection and Analysis*, London: Sage.

Schneider, M.F. (1989), *Children's Apperceptive Story Telling Test*, Austin TX: PRO-ED.

Scott, J. (1990), *A Matter of Record*, Cambridge: Polity Press.

Senn, P.R. (1971), *Social Science and Its Methods*, Boston: Holbrook Press.

Shaughnessy, John J. (2009), *Research Methods in Psychology* (8th ed.), New York: McGraw-Hill.

Shneidman, E.S. (1952), *Manual for the Make a Picture Story Method*, Projective Techniques Monograph, 2.

Slosinger, D. and M. Stephenson (1930), *The Encyclopaedia of Social Sciences*, Vol. IX, New York: Macmillan.

Schweigert, W.A. (2006), *Research Methods in Psychology*: *A Handbook*, (2nd ed.), Long Grove, Illinois: Waveland Press, Inc.

Senn, P.R. (1971), *Social Science and Its Methods*, Boston: Holbrook Press.

Simsek, Z and J.F. Veiga (2001), A primer on internet organizational surveys, *Organizational Research Methods*, 4, 218–235.

Sinha, A.K.P. and R.P. Singh (1971), *Manual for Adjustment Inventory for College Students*, Agra: National Psychological Corporation.

Smith, H.W. (1975), *Strategies of Social Research*, Englewood Cliffs, New Jersey: Prentice-Hall.

Smith, H.W. (1991), *Strategies of Social Research* (3rd ed.) Orlando, FL: Holt, Rinehart and Winston.

Snider, J.G. and C.E. Osgood (1969) *Semantic Differential Technique*: *A Sourcebook.* Chicago: Aldine.

Snow, R.E. (1973), Theory Construction for Research on Teaching, In: R.M.W. Travers (Ed.), *Second Handbook of Research on Teaching*, Chicago: Rand McNally.

Spector, P.E. (1963), Research Designs, In: M.L. Lewis-Beck (Ed.), *Experimental Design and Methods: International Handbook of Quantitative Applications in the Social Sciences*, Vol. 3, London: Sage Publications, 1–74.

Spradley, J. (1979), *The Ethnographic Interview*, New York: Holt, Rinehart and Winston.

Spradley, J. (1980), *Participant Observation*, New York: Holt, Rinehart and Winston.

Stake, R.E. (1995), *The Art of Case Study Research*, Thousand Oaks, CA: Sage.

Stangor, Charles (2004), *Research Methods for the Behavioural Sciences* (2nd ed.), Boston: Houghton Mifflin.

Stephenson, W. (I953), *The Study of Behaviour*, Chicago: University of Chicago Press.

Strauss, A. and J. Corbin (1990), Grounded Theory Methodology: An Overview, In: N.K. Denzin and Y.S. Lincoln (Eds.), *Handbook of Qualitative Research*, Thousand Oaks, CA: Sage.

Sundberg, N. (1977), *The Assessment of Persons,* Englewood Cliffs, NJ: Prentice-Hall.

Swain, A.K.P.C. (2007), *A Textbook of Research Methodology*, Ludhiana: Kalyani Publishers.

Stoecker, R. (1991), Evaluating and Rethinking the Case Study, *Sociological Review*, 39(1) : 88–112.

Sukhia, S.P., et al. (1966), *Elements of Educational Research* (2nd ed.), New Delhi: Allied Publishers.

Szuchman, Lenore T. (2010), *Writing with Style: APA Style Made Easy* (5th ed), New York: Cengage Learning.

Table of 100 random numbers, retrieved from http://stattrek.com/statistics/random-number-generator.aspx on 17.6.2012.

Taylor, Bill, Gautam Sinha and Taposh Ghoshal (2006), *Research Methodology*, New Delhi: Prentice-Hall of India.

Teachers College Columbia Universtiy (1950), *How to Construct a Sociogram.*

Terman, Lewis, M. and M.H. Oden (1947), *The Gifted Child Grows up: Twenty-five Years* Follow-up Studies of a Superior Group, Vol. IV, Stanford Clif: Stanford University Press.

The *American Heritage® Science Dictionary* Copyright © 2005 by Houghton Mifflin Company, Updated in 2009.

The Advanced Learner's Dictionary of Current English (1952), London: Oxford.

Thomas, Garry (2011), *How To Do Your Case Study: A Guide for Students and Researchers*, Los Angeles, CA: London: Sage.

Thurstone, L.L. (1959), *The Measurement of Values*, Chicago: University of Chicago Press.

Thorndike, Robert M. and Thorndike, Tracy Christ (2010), *Measurement and Evaluation in Psychology and Education* (8th ed.), Boston: Pearson.

Thrustone, L.L. and E.J. Chave (1929), *The Measurement of Attitudes*, Chicago, IL: University of Chicago Press.

Townsend, J.C. (1953), *Introduction to Experimental Method*, New York: McGraw-Hill.

Travers, R.M.W. (1969), *An Introduction to Educational Research,* London: Collier-Macmillan.

Tuckman, B.W. (1972), *Conducting Educational Research*, New York: Harcourt Brace Jovanovich.

Tuckman, Bruce W. (1999), *Conducting Educational Research* (5th ed.), New York: Harcourt Brace College Publishers.

VanderStoep, Scott W. and Deirdre D. Johnston (2009), *Research Methods for Everyday Life: Blending Qualitative and Quantitative Approaches*, San Francisco, CA: Jossey-Bass.

Van Maanen, J. (1996), Ethnography. In: A. Kuper and J. Kuper (Eds.), *The Social Science Encyclopedia* (2nd ed.), pp. 263–265. London: Routledge.

Wagner, E.E. (1983), *The Hand Test*, Los Angeles: Western Psychological Services.

Wagner, E.E. (1995), A logical analysis of projective techniques based on independence of items and latitude or response, *Perceptual and Motor Skills*, 81, 868–870.

Waller, N.G. and J.D. Zavala (1993), Evaluating the big five, *Psychological Inquiry*, 4, 131–135.

Weathington, Bart L., J.L. Christopher Cunnigham and David J. Pittenger (2012), *Understanding Business Research*, New York: John Wiley.

Weathington, Bart L., J.L. Christopher Cunnigham and David J. Pittenger (2010), *Research Methods for the Behavioral and Social Sciences*, New York: John Wiley.

Webb, E.J., D.T. Campbell, R.D. Schwartz and L. Sechrest (1966), *Unobtrusive Measures,* Chicago: Rand McNally.

Webb, E.J., D.T. Campbell, R.D. Schwartz, L. Sechrest and J.B. Grove (1981), *Nonreactive Measures in the Social Sciences*, Boston: Houghton Mifflin.

Webster's Seventh New Collegiate Dictionary (1966), Springfield, Massachusetts: G&C Merriam Company, Publishers.

Weitzman, Eben A. and Matthew B. Miles (1995), *Computer Programs for Qualitative Data Analysis*, Thousand Oaks, CA: Sage.

Wiersma, William and Stephen G. Jurs (2005), *Research Methods in Education: An Introduction* (8th ed.), Boston: Allyn and Bacon, Inc.

Will, V., D. Eadie and S. MacAskill (1996), Projective and enabling techniques explored, *Marketing Intelligence and Planning*, 14, 38–43.

Willims D.G. and N.A. Johnson (1996), *Essentials in Qualitative Research: A Notebook for the Field*, Hamilton, Canada: McMaster University.

Whitney, Frederick L. (1964), *The Elements of Research*, Englewoods Cliffs, New Jersey: Prentice-Hall, Inc.

Yin, R.K. (1994), *Case Study Research: Design and Methods*, Beverly Hills, CA: Sage.

Yin, R.K. (1998), The abridged version of case study research: Design and Method, In: L. Bickman and D.J. Rog (Eds.), *Handbook of Applied Social Research Methods*, Thousand Oaks, CA: Sage.

Yin, R.K. (2005), *Case Study Research: Design and Methods* (3rd ed.), CA: Sage Publications.

Young, P.V. (1966), *Scientific Social Surveys and Research*, New Jersey: Prentice Hall.

Znaniecki, F. (1934), *The Method of Sociology*, New York: Farrar and Rinehart.

अनुक्रमणिका
[Index]

अतिरिक्त स्वतन्त्र चर, 106
अदिशित शोध परिकल्पना, 271–272, 277
अध्यापक निर्मित उपलब्धि–परीक्षण, 427–433
    अर्थ एवं प्रकृति, 427–429
    निर्माण के सोपान, 429–433
    मानकीकृत उपलब्धि परीक्षण से तुलना, 428
    लाभ एवं उपयोग, 429
अर्ध–प्रायोगिक अनुसंधान, 52–53, 134–147
    अर्थ एवं परिभाषायें, 134–135
    प्रकृति एवं विशेषतायें, 135–137
    प्राथमिकता दिये जाने के कारण, 137–139
    अभिकल्पों के प्रकार, 139–147
        तुल्यता विहीन समूह अभिकल्प, 139–142
        समय–शृंखला अभिकल्प, 142–147
अर्ध–विच्छेद विधि, 569–571
अन्तराल मापनी, 316–17, 381
अन्तरा समूह–कारकीय अभिकल्प, 130
अन्तः तथा अन्तरा समूह अभिकल्प, 130–31
अन्तः समूह–कारकीय अभिकल्प, 130
अनुक्रमणिकायें (व्यावहारिक अनुसंधान सम्बन्धी), 251–253
    अर्थ एवं प्रकृति, 251
    महत्वपूर्ण स्रोत, 251–253
अनुप्रयोगात्मक अनुसंधान, 48
अनुवर्ती अध्ययन, 95–96
अनुमानजन्य या निष्कर्ष सांख्यिकी, 285
अनुसंधान,
    अर्थ एवं परिभाषायें, 2–4
    प्रकृति एवं विशेषतायें, 4–5
अनुसंधान उपकरणों का निर्माण एवं मानकीकरण, 524–541
    सोपान एवं अवस्थायें, 524–541
    विश्वसनीयता एवं वैधता स्थापन, 541
अनुसंधान उपकरणों की विश्वसनीयता, 562–575
    अर्थ एवं परिभाषायें, 562–563
    की क्षमतायें, 563–564
    विभिन्न प्रकार एवं प्रारूप, 565–566
    विश्वसनीयता गुणांक की व्याख्या, 575
    वैधता से संबंध, 564–565
    स्थापित करने की विधियाँ, 566–573
        अर्ध विच्छेद विधि, 569–570
        कुडर रिचर्डसन सूत्रों का प्रयोग, 571–572
        क्रोनबेक गुणांक एलफा का प्रयोग, 573
        परीक्षण–पुनः परीक्षण विधि, 567–568
        समान्तर या समतुल्य उपकरण विधि, 569–570
अनुसंधान उपकरणों की वैधता, 576–585
    अर्थ एवं परिभाषायें, 576–577
    के प्रकार, 578–585
        बाह्य अवलोकित या स्वरूप वैधता, 578–580
        मानदंड संदर्भित वैधता, 582–584
            पूर्व या भविष्य कथनात्मक वैधता, 582–583
            समवर्ती वैधता, 583–584
        रचनाजन्य वैधता, 584–585
        विषयवस्तु वैधता, 581
अनुसंधान प्रतिवेदन लेखन
    ऐतिहासिक अनुसंधानों में, 71–73
    गुणात्मक अनुसंधानों में, 171

- जातिवृत्यात्मक अनुसंधानों में, 190–191
- परिमाणात्मक अनुसंधानों में, 654–671
- व्यक्तिगत अध्ययन अनुसंधानों में, 205–206
- शोध जरनलों में प्रकाशन हेतु, 671–673

अनुसंधान प्रस्ताव या सिनोप्सिस, 237–243
- अर्थ एवं प्रकृति, 237–238
- और अनुसंधान प्रतिवेदन, 242–243
- का लेखन, 239–242
- महत्व एवं उपयोगिता, 238–239

अनुसंधान परिकल्पना, 270–272, 277–278

अनुसंधान में कम्प्यूटर तकनीकी का उपयोग, 675–704
- अध्ययन प्रतिदर्श का चयन, 676–678
- अनुसंधान समस्या का चयन, 675
- प्रतिवेदन लेखन, 704
- प्रदत्त विश्लेषण, 680–703
  - गुणात्मक प्रदत्त विश्लेषण, 700–703
  - परिमाणात्मक प्रदत्त विश्लेषण, 680–700
- प्रदत्त संकलन, 678–679

अनुसंधान समस्या, 230–237
- कथन, 234–235
- परिभाषीकरण, 235–237
- पहचान एवं चयन, 231–234

अप्राचलिक परीक्षण
- काई वर्ग परीक्षण, 611, 625–627
- मन्न व्हिटने यू परीक्षण, 612, 631–633
- मैकनेमार परीक्षण, 612, 627–629
- विल्कोक्सन परीक्षण, 612, 629–631

अप्रायोगिक कारकीय अभिकल्प, 132

अपूर्व प्रभाव त्रुटि, 391–392

अभिगृहीत, 28

अभिमत या अभिवृत्ति मापनी, 388

अभिलेखागार, 222

अभिवृत्तियाँ, 394–396
- अर्थ एवं प्रकृति, 394–395
- मापन, 396
- विशेषतायें, 395–396

अभिवृत्ति मापनी, 397–421
- अर्थ एवं निर्माण प्रयोजन, 397–398
- प्रकार, 398–421
  - गटमैन मापनी, 412–415
  - थर्सटन मापनी, 405–412
  - लिकर्ट मापनी, 398–405
  - शब्दार्थ विभेदक मापनी, 416–421

अवधारणायें, 18–19

अवरोधक चर, 102–103

अविछिन्न चर, 22–23

असतत चर, 23

असंयोगिक प्रतिचयन विधि, 288, 298–300
- अर्थ एवं प्रकृति, 288
- मुख्य प्रकार, 298–300
  - निश्चित अंश प्रतिचयन, 299
  - प्रयोजनपूर्ण प्रतिचयन, 298
  - स्नोबाल प्रतिचयन, 299–300
  - सुविधाजन्य प्रतिचयन, 298

आगमन तर्क प्रणाली, 7–8

आइजैन्क व्यक्तित्व प्रश्नावली (EPQ), 480–481

आइजैन्क व्यक्तित्व परिसूची (EPS), 479–480

आकृति चित्रांकन परीक्षण, 514–519

आनुपातिक प्रदत्त प्रश्न, 348

आनुपातिक मापनी, 317–318, 381–382

आडिट ट्रेल, 170

आयु नोर्म्स या मानक, 556–557
- अर्थ एवं प्रकृति, 556
- उपयोग, 556
- स्थापन प्रक्रिया, 556–557

आवृत्ति वितरण तालिका, 590

आसंग गुणांक, 599

आंशिक सहसंबंध, 601–602

आश्रित चर, 24–25, 102

इन्टरनेट
- और सम्बन्धित साहित्य की खोज, 258–261
- तथा वेब आधारित सर्वेक्षण, 86
- पर उपलब्ध प्रदत्त भंडार, 255–256

ई.पी.ए. संप्रत्यय, 419

उदारता त्रुटि, 391

उपलब्धि परीक्षण, 422–448
- अच्छे परीक्षण की कसौटी, 438–439
- अर्थ एवं परिभाषायें, 422–423
- अध्यापक निर्मित परीक्षण का निर्माण, 429–433

निदानात्मक, निर्माणात्मक और संकलनात्मक, 436–438
मानकीकृत और अध्यापक निर्मित परीक्षण, 425–433
मानकीकृत परीक्षण का निर्माण, 440–448
मानदन्ड संदर्भित और न्यायदर्श संदर्भित, 433–435
विशेषतायें एवं कार्य, 423–425

एक्सर अंकन प्रणाली, 500
एक्सेल प्रोग्राम द्वारा प्रदत्त विश्लेषण
चार्ट एवं ग्राफ बनाना, 682–685
विवरणात्मक सांख्यिकी की गणना, 685–686
एक पक्षीय परिकल्पना, 279–280
एकल प्रयोज्य अनुसंधान, 208–217
अर्थ एवं परिभाषा, 208–210
एवं व्यक्तिगत अध्ययन, 210–11
में प्रयुक्त अनुसंधान अभिकल्प, 213–217
ए बी ए बी अभिकल्प, 214–215
बहु आधार अभिकल्प, 215–216
बहु उपचार अभिकल्प, 216–217
में प्रयुक्त सोपान, 212–213
एफ परीक्षण
अर्थ एवं उपयोग, 610
गणना प्रक्रिया, 620–623
एस.एस.पी.एस. (SSPS) एवं प्रदत्त विश्लेषण
अप्राचलिक, परिकल्पना परीक्षणों में उपयोग, 694–699
प्राचलिक परिकल्पना परीक्षणों में उपयोग, 688–694
विवरणात्मक सांख्यिकी की गणना, 687
सहसम्बन्ध गुणांक की गणना, 699–700
ऐतिहासिक अनुसंधान, 55, 58–74, 164
अर्थ एवं परिभाषा, 58–59
कलात्मक या वैज्ञानिक, 61
गुणात्मक या परिमाणात्मक, 60
प्रदत्त संकलन, 66–69
प्राथमिक स्रोत, 67
गौण स्रोत, 68–69
प्रदत्त मूल्यांकन, 69–71
आंतरिक समीक्षा, 70–71
ऐतिहासिक विश्वसनीयता, 70–71
स्थूल समीक्षा, 70
सूक्ष्म समीक्षा, 69
प्रयुक्त समस्यायें या विषय, 63
परिकल्पनाओं का निर्माण, 65–66
महत्व एवं उपयोगिता, 61–62
सीमायें तथा कठिनाइयाँ, 73–74
सोपान या अवस्थायें, 64–73

क्रमबद्ध संयोगिक प्रतिचयन तकनीक, 293–294
क्रमसूचक मापनी, 314–316, 380–381
क्रियात्मक अनुसंधान, 49
क्यू मान, 408–411
क्यू सोर्ट तकनीक, 386–388
ककुदता, 596
कहानी पूर्ति परीक्षण, 513–514
काई वर्ग परीक्षण
अर्थ एवं महत्व, 611
उपयोग प्रक्रिया, 625–627, 694–696
कारकीय अभिकल्प, 125–133
अर्थ एवं परिभाषायें, 125–126
प्रकृति एवं विशेषतायें, 126–127
प्रकार, 130–133
अन्तरा समूह–कारकीय अभिकल्प, 130
अन्तः समूह–कारकीय अभिकल्प, 130
अन्तः तथा अन्तरा समूह कारकीय अभिकल्प, 130–131
अप्रायोगिक कारकीय अभिकल्प, 132
प्रायोगिक कारकीय अभिकल्प, 131–132
प्रायोगिक तथा अप्रायोगिक कारकीय अभिकल्प, 132–133
में प्रचलित तौर तरीके, 128–130
कारणजन्य तुलनात्मक अध्ययन, 82
कुडर रिचर्डसन सूत्र, 571–572
के.आर-20, 571–572
के.आर.-21, 572
कूट संकेतन, 169–170, 638–645, 648–650
अर्थ एवं परिभाषा, 169–170
प्रयुक्त सोपान, 170
आडिट ट्रेल, 170
धुरीय संकेतीकरण, 170
मुक्त संकेतीकरण, 170
सामान्य प्रक्रिया, 187–189
प्रदत्तों का व्यवस्थीकरण एवं संवर्गीकरण, 187
श्रेणियों को कूट संकेतन प्रदान करना, 187–189

केन्ट–रोजानाफ फ्री एसोसिएशन टेस्ट, 511
केलीफोर्निया व्यक्तित्व परिसूची, 482–483
केवल पश्चात् परीक्षण समतुल्यता विहीन समूह अभिकल्प, 140–141

खिलौने से खेलने सम्बन्धी परीक्षण, 519–520

ग्राफिक निर्धारण मापनी, 382–385
ग्रेड नोर्म्स या मानक, 554–555
  अर्थ एवं महत्व, 554
  प्रक्रिया, 554–555
गति सम्बन्धी परिवार चित्रण परीक्षण, 518–519
गटमैन मापनी, 412–415
  अर्थ, 412–413
  प्रकृति एवं विशेषतायें, 413–414
  मूल्यांकन, 414–415
गहन विवरण, 640
गुडेनफ का ड्रा–ए–मैन परीक्षण, 514–516
गुणात्मक अनुसंधान, 50, 159–175
  अर्थ एवं प्रकृति, 159–160
  अवस्थायें एवं सोपान, 166–171
  आवश्यकता एवं महत्व, 165–166
  का मूल्यांकन, 172–175
  की विश्वसनीयता, 171
  की वैधता, 172
  के प्रकार एवं प्रारूप, 162–165
    ऐतिहासिक अनुसंधान, 164
    जातिवृत्यात्मक अनुसंधान, 162–163
    दार्शनिक अनुसंधान, 164
    प्रक्रिया या घटनाजन्य अनुसंधान, 164
    प्रदत्त आधारित सिद्धान्त, 164
    प्रलेखीय विश्लेषण अनुसंधान, 165
    व्यक्तिगत अध्ययन अनुसंधान, 163–164
  मुख्य विशेषतायें तथा आकर्षण, 160–162
गुणात्मक प्रदत्त
  प्रकृति एवं प्रकार, 634–635
गुणात्मक प्रदत्त विश्लेषण, 635–653
  अर्थ, 635
  के प्रकार एवं स्वरूप, 641–643
    तुलनात्मक विश्लेषण, 641
    प्रसंगात्मक विश्लेषण, 641
    यांत्रिक विश्लेषण, 643
    विवरणात्मक विश्लेषण, 642–643
    विषयवस्तु विश्लेषण, 642
    सार विश्लेषण, 643
  में प्रयुक्त विविध उपागम, 636–641
    आधारजन्य सिद्धान्त उपागम, 639–640
    घटनाजन्य विश्लेषणात्मक उपागम, 640–641
    विश्लेषणात्मक आगमन उपागम, 636–637
    सर्वातशामी यथार्थवादी उपागम, 637–638
  में प्रयुक्त सोपान, 643–653

घटनोत्तर अनुसंधान, 53–54, 148–158
  अर्थ एवं परिभाषायें, 148–149
  आवश्यकता एवं महत्व, 151–153
  कमियाँ एवं सीमायें, 156–158
  प्रकार, 153–155
    कारणीय तुलनात्मक अनुसंधान अभिकल्प, 154–155
    कारणीय सहसम्बन्धीय अनुसंधान अभिकल्प, 153–154
  विशेषतायें एवं आकर्षण, 150–151
  सोपान और अवस्थायें, 155–156
घर–वृक्ष–व्यक्ति परीक्षण, 517–518

चर, 21–27
  अर्थ एवं परिभाषा, 21–22
  प्रकार, 22–27
    अविछिन्न तथा विछिन्न चर, 22–23
    नामित चर तथा मात्रात्मक चर, 23–24
    स्वतन्त्र चर, आश्रित चर एवं मध्यस्थ चर, 24–25, 102–103
    सतत चर तथा असतत चर, 22–23
    संप्रत्यात्मक और मापित चर, 25
  व्यावहारिक रूप में परिभाषित करना, 25–27
चतुकोष्टिक सहसम्बन्ध, 600
चरों पर नियन्त्रण, 103–107
चयनित कूट संकेतन, 640
चित्र कहानी परीक्षण, 508
चित्र कहानी बनाओ विधि, 508
चित्रात्मक ग्राफ, 592

जाति वृत्यात्मक अनुसंधान, 56, 162–163, 176–191
  अर्थ एवं परिभाषायें, 177–178
  अध्ययन समस्याओं की प्रकृति, 180
  प्रयुक्त सोपान एवं अवस्थायें, 180–191
  मुख्य विशेषतायें, 178–179
जैड या सिगमा प्राप्तांक, 547–549
  अर्थ एवं प्रकृति, 547
  अच्छाईयाँ तथा कमियाँ, 549
  उपयोग, 548
  मूल प्राप्तांकों का जैड प्राप्तांकों में रूपान्तरण, 548–549
जरनल्स, 247

टाइप I त्रुटि, 614–615
टाइप II त्रुटि, 615
टी (T) प्राप्तांक, 549–552
  अर्थ एवं प्रकृति, 549–550
  उपयोग, 549
  मूल प्राप्तांकों से परिवर्तित होने की प्रक्रिया, 550–552
टी (t) परीक्षण
  अर्थ एवं उपयोग, 609–610
  गणना, 617–619
टेलीफोन सर्वेक्षण, 85

डाक सर्वेक्षण, 84–85
डायरेक्टरीज, 255

तुलनात्मक विश्लेषण, 641
तोरण, 593–594

थर्सटन मापनी, 405–412
  गुण एवं लाभ, 411
  निर्माण प्रक्रिया, 407–411
  दोष एवं सीमायें, 411–412
  लिकर्ट मापनी से तुलना, 405–406

द्वि–पक्षीय परिकल्पना, 280–281
द्वि–पंक्तिक सह–सम्बन्ध, 598–599
दार्शनिक अनुसंधान, 164
दिशित शोध परिकल्पना, 271, 276–277
दंड ग्राफ या आरेख, 591

धुरीय संकेतीकरण, 170, 640

न्यादर्श संदर्भित उपलब्धि परीक्षण और मानदंड संदर्भित परीक्षण, 433–435
नामित चर, 23–24
नामित मापनी, 313–314, 380
निगमन तर्क प्रणाली, 8–9
निदानात्मक उपलब्धि परीक्षण, 436
निर्धारण मापन प्रश्न, 348
निर्धारण मापनी, 377–393
  अर्थ एवं प्रकृति, 377–379
  उपयोगिता एवं महत्व, 389–390
  प्रकार, 380–390
    अन्तराल सूचक निर्धारण मापनी, 381
    अभिमत या अभिवृत्ति मापनी, 388
    आनुपातिक निर्धारण मापनी, 381–382
    क्यू सोर्ट तकनीक, 386–388
    क्रम सूचक निर्धारण मापनी, 380–381
    ग्राफिक निर्धारण मापनी, 382–385
    नामित निर्धारण मापनी, 380
    पदीय निर्धारण मापनी, 385
    मूल्यांकन निर्धारण मापनी, 388
    मूल्यांकनात्मक एवं अभिवृत्यात्मक निर्धारण मापनी, 388–389
    स्टेपल मापनी, 385–386
  सीमायें एवं कमियाँ, 390–393
निर्माणात्मक उपलब्धि परीक्षण, 436–437
नियम, 35–36
नियंत्रित समूह, 107
निश्चित अंश प्रतिचयन तकनीक, 299
नोर्मेटिव सर्वेक्षण अनुसंधान, 54, 75–88
  अर्थ एवं परिभाषा, 75–76
  प्रकृति एवं विशेषतायें, 77–78
  प्रकार, 80–86
    कारणजन्य तुलनात्मक अनुसंधान, 82
    व्यक्तिगत अध्ययन अनुसंधान, 83
    विकासात्मक अनुसंधान, 82–83

सर्वेक्षण अध्ययन अनुसंधान, 83–86
सहसम्बन्ध अनुसंधान, 80–82
प्रयुक्त सोपान या अवस्थायें, 86–88
महत्व एवं उपयोगिता, 78–79
नोर्म्स या मानक, 554–561
आयु नोर्म्स या मानक, 554–556
ग्रेड नोर्म्स या मानक, 554–556
शतांशीय नोर्म्स या मानक, 557–561

पद काठिन्य सूचकांक, 446, 530–531
पद विभेदीकरण सूचकांक, 445–446, 531–533
पद वैधता सूचकांक, 533–535
पदीय निर्धारण मापनी, 385
पद विश्लेषण
उपलब्धि परीक्षण निर्माण में, 432, 445–446
गुणात्मक, 535–536
पद काठिन्य सूचकांक, 446, 530–531
पद विभेदीकरण सूचकांक, 445–446, 531–533
पद वैधता सूचकांक, 533–535
परिमाणात्मक, 530–535
प्रकृति और उपयोग, 529–530
लिकर्ट मापनी निर्माण में, 402–403
पदांकन प्रश्न, 347
परिकल्पनायें, 30–32, 265–281
अर्थ एवं परिभाषा, 30–31, 265–266
एवं सिद्धान्त, 31–32
कार्य या प्रयोजन, 268–269
निर्माण की आवश्यकता, 269
प्रकार या स्वरूप, 270–281
अदिशित शोध परिकल्पना, 271–272, 277
एक पक्षीय परिकल्पना, 279–280
दिशित शोध परिकल्पना, 271, 276–277
द्वि–पक्षीय परिकल्पना, 280–281
सांख्यिकी परिकल्पना या शून्य परिकल्पना, 272–275, 277
सारगर्भित या अनुसंधान परिकल्पना, 270–272, 277–278
प्रकृति और विशेषतायें, 266–267
लेखन कार्य, 275–281
परिकल्पना परीक्षण, 608–633
परिमाणात्मक अनुसंधान, 50–51
परिमाणात्मक चर, 24
परिमाणात्मक पद विश्लेषण प्रक्रिया, 530–535
परिमाणात्मक प्रदत्त विश्लेषण, 588–633
अर्थ, 588
प्रकार, 588–633
तालिकाओं, वितरणों तथा ग्राफों में प्रदत्त प्रस्तुतीकरण, 589–594
विवरणात्मक सांख्यिकी, 594–604
अनुमानिक सांख्यिकी, 604–633
में एक्सेल प्रोग्राम का उपयोग, 681–686
में एस.पी.एस.एस. का उपयोग, 681, 685, 687–700
परिवेशी प्रभाव, 391–392
परीक्षण एवं पुनः परीक्षण विधि, 567–568
में प्रयुक्त सोपान, 567
लाभ एवं उपयोगिता, 567
सीमायें एवं दोष, 567–568
परीक्षण मानक या नोर्म्स
अर्थ एवं महत्व, 545
और परीक्षण मानकीकरण, 545–546
पाई आरेख, 591–592
पिक्टोग्राम, 592
पीरियोडिकल्स, 248
पीयर्सन प्रोडक्ट मोमेन्ट सहसम्बंध, 597
पुंजानुसार संयोगिक प्रतिचयन तकनीक, 297–298
पुनर्वीक्षण स्त्रोत (व्यावहारिक अनुसंधानों में), 253–255
अर्थ एवं प्रकृति, 253
महत्वपूर्ण स्त्रोत, 253–255
पूर्व कथनात्मक वैधता, 582–583
पूर्व परीक्षण–पश्चात् परीक्षण समतुल्यता विहीन समूह अभिकल्प, 141–142
पूर्व प्रायोगिक या अन्तः समूह अभिकल्प, 111–119
अर्थ एवं प्रकृति, 111–112
प्रकार, 112–115
एकल प्रयास वैयक्तिक अभिकल्प, 112–113
पूर्व परीक्षण–पश्चात् परीक्षण अभिकल्प, 113–114
मापन पुनरावृत्ति अभिकल्प, 114–115
स्थिर समूह तुलना अभिकल्प, 115
लाभ, 115–116
सीमायें तथा हानियाँ, 116–119
प्रकथन, 30
प्रक्रिया या घटनाजन्य अनुसंधान, 164
प्रतिगमन समीकण, 603

प्रतिचयन, 283–300
    अर्थ एवं आवश्यकता, 283–284
    के लाभ, 285–287
    में प्रयुक्त पद, 284–285
    विधियाँ, 287–300
प्रतिदर्श, 285
प्रतिदर्श अनुसंधान त्रुटियाँ, 303–310
    प्रतिचयन त्रुटियाँ, 304–305
    मापन त्रुटियाँ, 305–307
    त्रुटियों पर नियन्त्रण, 307–310
प्रतिदर्श आकार, 300–303
    अर्थ एवं प्रकृति, 300
    निहित कारक, 300–303
प्रतिदर्श प्रतिचयन
    गुणात्मक अनुसंधानों में, 168
    जाति वृत्यात्मक अनुसंधानों में, 181–182
    व्यक्तिगत अनुसंधानों में, 200–201
    विधियों/तकनीकों के प्रकार, 287–300
        असंभाव्यता/असंयोगिक विधियाँ, 288, 298–300
        संभाव्यता/संयोगिक विधियाँ, 278–288, 290–297
प्रतिबन्धित प्रश्न, 346–347, 369
प्रतिमान, 32–34
प्रदत्त संकलन, 66–69, 169, 183–186, 202, 318–321
    उपकरण, 320–321
    ऐतिहासिक अनुसंधानों में, 66–69
        गौण स्रोत, 68–69
        प्राथमिक स्रोत, 67
    गुणात्मक अनुसंधानों में, 169
    जातिवृत्यात्मक अनुसंधानों में, 183–186
    तकनीकें, 318–320
    व्यक्तिगत अनुसंधानों में, 202
प्रदत्त विश्लेषण
    गुणात्मक अनुसंधानों में, 169–170
    जातिवृत्यात्मक अनुसंधानों में, 187–190
    परिमाणात्मक अनुसंधानों में, 588–633
    व्यक्तिगत अनुसंधानों में, 204–205
प्रयोजनपूर्ण प्रतिचयन तकनीक, 298
प्रलेख, 219–225
    अर्थ एवं प्रकृति, 219–220
    ऐतिहासिक, 222
    प्रकार या प्रारूप, 220–223
    मूल्यांकन, 223–225
प्रलेखीय प्रदत्त विश्लेषण
    जातिवृत्यात्मक अनुसंधानों में, 186
प्रलेखीय विश्लेषण अनुसंधान, 56–57, 218–229
    अर्थ एवं परिभाषा, 218–219
    प्रलेखीय साक्ष्यों का विश्लेषण, 225–227
    लाभ और सीमायें, 228–229
प्रवृत्ति या दिशा प्रवाह अध्ययन, 96
प्रसंगात्मक विश्लेषण, 641
प्रसार विश्लेषण तकनीक
    अर्थ एवं महत्व, 610
    उपयोग प्रक्रिया, 620–623
    द्विमार्गी प्रसार विधि, 623–624
प्रश्नावली (शोध उपकरण के रूप में), 342–359
    अर्थ एवं परिभाषायें, 342–343
    उत्तरों का विश्लेषण और अर्थापन, 356–357
    निर्माण या विकास, 344–354
    प्रशासन, 355–356
    मुख्य विशेषतायें, 343–344
    लाभ एवं गुण, 357–358
    सीमायें एवं दोष, 358–359
प्रक्षेपी तकनीकें, 490–523
    अर्थ एवं परिभाषायें, 490–491
    प्रकृति एवं विशेषतायें, 491–492
    प्रकार, 492–493
        अपूर्ण कार्य संपादन तकनीकें, 492–493
        अभिव्यक्ति कार्य संपादन तकनीकें, 493
        रचनात्मक कार्य संपादन तकनीकें, 493
        साहचर्य कार्य संपादन तकनीकें, 492
    प्रक्षेपी तकनीकों का मूल्यांकन, 520–523
    बहु प्रचलित तकनीकें, 495–520
        आकृति चित्रांकन परीक्षण, 514–519
        कहानी पूर्ति परीक्षण, 513–514
        खिलौने से खेलने सम्बन्धी परीक्षण, 519–520
        प्रासंगिक अन्तर्बोध परीक्षण, 500–503
        भूमिका निर्वाह या मनोड्रामा, 519
        बालकों का अन्तर्बोध परीक्षण, 503–507
        रोर्शा स्याही धब्बा परीक्षण, 495–500
        वस्तुओं को जोड़ने सम्बन्धी परीक्षण, 519–520
        वाक्य पूर्ति परीक्षण, 511–513
        शब्द साहचर्य परीक्षण, 508–511
प्राचल, 285
प्राथमिक स्रोत, 67
प्राप्तांक पुंज, 538–241

प्रायोगिक अनुसंधान, 52, 99–110
    अर्थ एवं प्रकृति, 99–100
    प्रयुक्त सोपान एवं अवस्थायें, 109–110
    प्रायोगिक वैधता, 108–109
        आन्तरिक, 108–109
        बाह्य, 109
    मूल अवधारणायें, 101–109
प्रायोगिक अभिकल्प, 110–124
    अर्थ, 110
    प्रकार, 111–120
        अर्ध–प्रायोगिक, 111
        घटनोत्तर, 111
        पूर्व प्रायोगिक या अन्तः समूह, 111–119
        वास्तविक प्रायोगिक या अन्तरा समूह, 119–120
    प्रयोजन, 110–111
प्रायोगिक कारकीय अभिकल्प, 131–132
प्रायोगिक वैधता, 108–109
प्रायोगिक समूह, 107
प्रासंगिक अन्तर्बोध परीक्षण, 500–503
प्रेक्षण–प्रदत्त संकलन उपकरण, 322–337
    अर्थ एवं परिभाषायें, 322–323
    कमियाँ एवं सीमायें, 339–341
    गुण या लाभ, 337–338
    जातिगत अनुसंधानों में, 183–184
    प्रकार, 325–332
        नियंत्रित और अनियंत्रित, 331
        व्यक्तिगत और सामूहिक, 331–332
        संरचित और असंरचित, 327–331
        सहभागी और असहभागी, 325–327
    प्रक्रिया, 332–337
    विश्वसनीयता एवं वैधता, 336–337
    विशेषतायें एव कार्य, 323–325

फाई गुणांक, 600–601

ब्लू प्रिन्ट, 441
ब्लैकी चित्र परीक्षण, 508
वृद्धि अध्ययन, 90–95
बहु–चरीय प्रतिगमन समीकरण, 603–604
बहु–चरीय सहसम्बन्ध, 602–603
बच्चों के लिये रॉबर्ट का अन्तर्बोध परीक्षण, 508
बहु–विकल्प प्रश्न, 347
बालकों का अन्तर्बोध परीक्षण, 503–507
बालकों का अन्तर्बोध कहानी कहना परीक्षण, 508
बाह्य अवलोकित वैधता, 579–580
बाह्य चर, 102–103
बिन्दु द्विपंक्तिक सहसम्बन्ध, 534–535, 598–599
बोगार्डस् दूरी मापनी, 456–457

भविष्य कथनात्मक वैधता, 582–583
भूमिका निर्वहन या मनोड्रामा, 519
भौतिक अवशेष, 223

मध्यस्थ चर, 25
मन्न व्हिटने यू परीक्षण, 612, 631–633, 696–697
मान्यतायें, 27–28
मानक प्राप्तांक, 537–538
मानकीकृत उपलब्धि परीक्षण, 425–428, 440–448
    अर्थ, 425
    एवं अध्यापक निर्मित परीक्षण, 428
    उदाहरण, 427
    कमियाँ या दोष, 426
    निर्माण एवं विकास, 440–448
    मानकीकरण, 447–448
    विशेषतायें एवं गुण, 426
    विश्वसनीयता एवं वैधता, 447–448
मानदंड संदर्भित उपलब्धि परीक्षण
    एवं न्यादर्श संदर्भित उपलब्धि परीक्षण, 433–435
मानदंड संदर्भित वैधता, 582–584
मानस रचनाकृति, 19–21
मापन मापनियाँ, 312–318
    अर्थ, 312
    प्रकार, 313–318
        अन्तराल मापनी, 316–317
        आनुपातिक मापनी, 317–318
        क्रमसूचक मापनी, 314–316
        नामित मापनी, 313–314
मापित चर, 25
मात्रात्मक चर, 24
मिनीसोटा मल्टीफेजिक पर्सनल्टी इन्वेन्टरी, 477–479
मिशीगन चित्र परीक्षण, 508

मीमोइंग, 638
मुक्तोत्तर प्रश्न, 349, 369, 645
मुक्त संकेतीकरण, 170, 639
मूल प्राप्तांकों का रूपान्तरण
आवश्यकता एवं महत्व, 542–545
रूपान्तरण प्रकार, 547–553
जैड प्राप्तांक या सिगमा प्राप्तांक, 547–549
टी प्राप्तांक, 549–552
स्टेनाइन प्राप्तांक, 552–553
मूलभूत अनुसंधान, 48
मूल्यांकनात्मक निर्धारण मापनी, 388
मूल्यांकनात्मक एवं अभिवृत्यात्मक मापनी, 388–389
मेनिन्गर शब्द साहचर्य परीक्षण, 510–511
मेक्होवर ड्रा–ए–परसन परीक्षण, 516–517
मैकनेमर परीक्षण, 612, 627–629
मोड्सले व्यक्तित्व परिसूची, 481–482

यथार्थता, 438
यथांश प्रतिचयन तकनीक, 299
यांत्रिक विश्लेषण, 643

रचनाजन्य वैधता, 584–586
रूपावली, 34–35
रेखीय ग्राफ, 592
रोजेनवीग पिक्चर फ्रस्ट्रेशन स्टडी, 508

लाटरी प्रणाली, 290–291
लिकर्ट मापनी, 398–405
अर्थ एवं विशेषतायें, 398–399
गुण एवं लाभ, 405
दोष तथा सीमायें, 405
निर्माण प्रक्रिया, 400–404

वर्णनात्मक अनुसंधान, 54, 75–88
अर्थ एवं परिभाषा, 75–76
प्रकृति एवं विशेषतायें, 77–78
प्रकार, 80–86
कारणजन्य तुलनात्मक अध्ययन, 82
विकासात्मक अनुसंधान, 82–83
व्यक्तिगत अध्ययन अनुसंधान, 83
सर्वेक्षण अध्ययन अनुसंधान, 83–86
सहसम्बन्ध अनुसंधान, 80–82
प्रयुक्त सोपान या अवस्थायें, 86–88
महत्व एवं उपयोगिता, 78–79
वस्तुओं को जोड़ने सम्बन्धी परीक्षण, 519–520
वस्तुनिष्ठता, 439
वरिष्ठ अन्तर्बोध तकनीक, 508
वृत्त ग्राफ, 591–592
वाक्य पूर्ति परीक्षण, 511–513
वार्तालाप विश्लेषण, 642
वास्तविक प्रायोगिक अभिकल्प, 119–124
अर्थ एवं प्रकृति, 119–120
दोष तथा सीमायें, 121–122
प्रकार, 122–124
केवल पश्चात् परीक्षण समतुल्य समूह, 122–123
पूर्व परीक्षण–पश्चात् परीक्षण समतुल्य समूह, 123
सोलोमन–तीन या चार समतुल्य समूह, 124
लाभ, 120–121
वार्षिक पुस्तिका, 254–255
विकासात्मक अनुसंधान, 55, 89–97
अर्थ एवं प्रकृति, 89–90
अवस्थायें तथा सोपान, 98
प्रकार एवं प्रारूप, 90–96
अनुवर्ती अध्ययन, 95–96
प्रवृत्ति या दिशा प्रवाह अध्ययन, 96
वृद्धि अध्ययन, 55, 90–95
प्रतिखंडात्मक, 55, 90–93
लम्बवत्, 55, 93–95
महत्ता एवं योगदान, 97
विछिन्न चर, 23
विघ्नकारी चरों पर नियन्त्रण, 103–107
अतिरिक्त चर का उपयोग, 106
निरस्तीकरण या निर्मूलन, 104–105
सादृश्यीकरण या समेलन, 105–106
संयोगीकरण, 105
सांख्यिकी नियन्त्रण, 107
विल्कोक्सन अप्राचलिक परीक्षण, 612, 629–631, 698
विषयवस्तु विश्लेषण, 225–227, 642
अर्थ, 225–226
गुणात्मक, 227, 642
परिमाणात्मक, 226–227

विषयवस्तु वैधता, 581–583
विश्वसनीयता, 438
विश्वास अन्तराल, 606–608
विशुद्ध अनुसंधान, 48
विश्व शब्दकोष, 253–254
विवरणात्मक विश्लेषण, 642–643
वैधता, 438
वैज्ञानिक तथ्य, 17–18
वैज्ञानिक विधि, 11–17
    अर्थ एवं परिभाषायें, 11–13
    प्रयुक्त सोपान, 15–17
    विशेषतायें एवं विलक्षणतायें, 14–15
व्यक्तिगत अध्ययन अनुसंधान, 56, 163–164, 192–194
    अर्थ एवं परिभाषायें, 192
    और व्यक्तिगत अध्ययन विधि, 196
    और व्यक्तित्व इतिहास, 196–197
    कमजोरियाँ या दोष, 208
    गुण या उपयोगिता, 206–208
    प्रकार, 197–198
    प्रयुक्त सोपान और अवस्थायें, 198–206
    मुख्य गुण और विशेषतायें, 194–196
व्यक्तिगत साक्षात्कार, 85–86
व्यक्तिगत या समायोजन परिसूची, 471–479
    अर्थ एवं प्रकृति, 471–472
    निर्माण एवं विकास, 472–479
    निर्माण में प्रयुक्त उपागम, 473–479
        आनुभाविक या मानदंड संदर्भित, 476–479
        तार्किक या विषयवस्तु संदर्भित, 473–474
        सजातीय निर्माण या कारक विश्लेषण, 475–476
        सिद्धान्त केन्द्रित, 474–475
व्यवस्थित संयोगिक प्रतिचयन तकनीक, 293–294
व्यवहारात्मक अनुसंधान, 48
व्यावहारिक विज्ञान, 40–41
    अर्थ एवं परिभाषायें, 40–41
    तथा सामाजिक विज्ञान, 41
व्यावहारिकता, 439
व्यावहारिक विज्ञान अनुसंधान, 42–57
    अर्थ एवं परिभाषायें, 42
    आने वाली समस्यायें तथा कठिनाइयाँ, 43–47
    प्रकृति एवं प्रयोजन, 42–43
    प्रकार
        अर्धप्रायोगिक अनुसंधान, 52–53, 134–147
        अनुप्रयोगात्मक अनुसंधान, 48
        ऐतिहासिक अनुसंधान, 55, 58–74, 164
        क्रियात्मक अनुसंधान, 49
        गुणात्मक अनुसंधान, 50, 159–175
        घटनोत्तर अनुसंधान, 53–54, 148–158
        जातिवृत्यात्मक अनुसंधान, 56, 162–163, 176–191
        नोर्मेटिव सर्वेक्षण अनुसंधान, 54, 75–88
        प्रलेखीय विश्लेषण अनुसंधान, 56–57, 218–229
        परिमाणात्मक या संख्यात्मक अनुसंधान, 50–51
        प्रायोगिक अनुसंधान, 52, 99–110
        वर्णनात्मक अनुसंधान, 54, 75–88
        विकासात्मक अनुसंधान, 55, 89–96
        विशुद्ध या मूलभूत अनुसंधान, 48
        व्यक्तिगत अध्ययन अनुसंधान, 56, 163–164, 192–194
        सहसम्बन्धात्मक अनुसंधान, 54, 80–82

सतत चर, 22, 23
समतुल्यता विहीन समूह अभिकल्प, 139–142
समतुल्यता विहीन समूह पूर्व–पश्चात् अभिकल्प, 142
समवर्ती वैधता, 583–584
समय–शृंखला अभिकल्प, 142–147
    अर्थ एवं प्रकृति, 142–143
    प्रकार, 143–147
        तुलना समूहयुक्त बाधित समय शृंखला, 146
        . बाधित समय शृंखला, 144–146
        समतुल्य समय प्रतिदर्श, 146–147
        साधारण समय शृंखला, 143–144
सम्बन्धित साहित्य की खोज एवं पुनर्वीक्षण, 244–264
    अर्थ एवं प्रकृति, 244–245
    उद्देश्य एवं प्रयोजन, 245–246
    उपलब्ध संसाधनों के प्रकार, 246–256
    का प्रतिवेदन में लेखन, 261–264
    की प्रक्रिया, 256–261
    हेतु इन्टरनेट का उपयोग, 258–261
समाजमिति तकनीकें, 449–469
    अर्थ एवं परिभाषायें, 449–450

उद्गम और इतिहास, 452–454
गुण और लाभ, 467–469
प्रकृति एवं विशेषतायें, 450–452
प्रमुख तकनीकें, 454–458
"अनुमान लगाओ कौन" तकनीक, 455–456
सामाजिक दूरी मापनी, 456–457
समाजमिति, 457–467
अर्थ प्रकृति एवं प्रक्रिया, 457–461
सोशियोग्राम, 463–467
सोशियोमैट्रिक्स, 461–463
समानुपातिक स्तरानुसार संयोगिक प्रतिचयन तकनीक, 296–297
समायोजन परिसूचियाँ
अस्थाना समायोजन परिसूची, 485–486
बैल समायोजन परिसूची, 484
मूने समस्या चैकलिस्ट, 485
मंगल अध्यापक समायोजन परिसूची, 486–487
सिन्हा समायोजन परिसूची, 486
हेस्टन व्यक्तिगत समायोजन परिसूची, 484–485
समालोचना, 640–641
समष्टि, 285
समष्टि तत्व, 285
समुचित चरण, 439
सर्वमान्य धारणायें, 29
सर्वेक्षण, 83–86
इन्टरनेट तथा बेव आधारित सर्वेक्षण, 86
टेलीफोन सर्वेक्षण, 85
डाक सर्वेक्षण, 84–85
साक्षात्कार सर्वेक्षण, 85–86
सह प्रसार विश्लेषण, 610–611
सहसम्बन्धात्मक अनुसंधान, 54, 80–82
सहसम्बन्ध मापन, 596
आसंग गुणांक, 599
आंशिक सहसम्बन्ध, 601–602
चतुकोष्टिक सहसम्बन्ध, 600
द्वि–पंक्तिक तथा बिन्दु द्वि–पंक्तिक सह सम्बन्ध, 598–599
पीयर्सन प्रोडक्ट मोमेन्ट सहसम्बन्ध, 597, 699–700
फाई गुणांक, 600–601
बहु चरीय सहसम्बन्ध, 602–603
स्पीयरमैन अनुपस्थिति सहसम्बन्ध, 597, 698–699
स्केलमान, 408–411
स्क्यूनैस, 596
स्तम्भाकृति, 592–593
स्तरानुसार संयोगिक प्रतिचयन तकनीक, 294
स्नोबाल प्रतिचयन, 299–300
स्टेनाइन प्राप्तांक, 552–554
स्टेपल मापनी, 385–386
स्पीयरमैन अनुस्थिति सहसम्बन्ध, 597, 698–699
स्वतन्त्र चर, 24–25, 102
स्वतन्त्रता अंश, 615–617
स्वरूप वैधता, 579
स्वयंसिद्ध, 29
सादृश्यीकरण या समेलन, 105
संयोगीकरण, 105
सांख्यिकी नियन्त्रण, 107
सामाजिक दूरी मापनी, 456–457
सारगर्भित परिकल्पना, 270–272, 277
सार विश्लेषण, 643
साहित्य पुनरावलोकन
ऐतिहासिक अनुसंधानों में, 66
गुणात्मक अनुसंधानों मे, 167
जातिवृत्यात्मक अनुसंधानों में, 181
साक्षात्कार (प्रदत्त संकलन उपकरण के रूप में)
अर्थ एवं परिभाषायें, 360–361
अवगुण एवं सीमायें, 375–376
गुण एवं लाभ, 373–374
जातिवृत्यात्मक अनुसंधानों में, 185–186
प्रक्रिया एवं सोपान, 368–372
प्रकार, 362–367
असंरचित साक्षात्कार, 366–367
अर्धसंरचित साक्षात्कार, 367
अनिर्देशित साक्षात्कार, 364
गहन साक्षात्कार, 365
निर्देशित साक्षात्कार, 364–365
पैनल साक्षात्कार, 363
समूह साक्षात्कार, 363
संरचित साक्षात्कार, 365–366
व्यक्तिगत साक्षात्कार, 362
विशेषतायें, 361
सिद्धान्त, 36–39
परिभाषा, 37
प्रकृति एवं प्रयोजन, 38–39
सुविधाजन्य प्रतिचयन तकनीक, 298

सोलोमन–तीन या चार समतुल्य समूह अभिकल्प, 124
सोशियोग्राम, 463–467
    अर्थ, 463
    निर्माण या विकास प्रक्रिया, 465–467
    प्रमुख विशेषतायें, 464–465
सोशियोमैट्रिक्स, 461–463
    अर्थ, 461
    रचना या निर्माण, 461–463
संकलनात्मक उपलब्धि परीक्षण, 437–438
संचयी आवृत्ति प्रतिशत वक्र, 593–594
संप्रत्यय, 18–19
संप्रत्ययात्मक चर, 25
संभाव्यता स्तर, 605–606
संयोगिक प्रतिचयन तकनीकें, 287–297
    अर्थ एवं प्रकृति, 287–288
    प्रमुख प्रकार, 290–297
        क्रमबद्ध या व्यवस्थित संयोगिक, 293–294
        पुंजानुसार संयोगिक, 296–297
        स्तरानुसार संयोगिक, 294–295
        सरल संयोगिक, 290–293
        समानुपातिक स्तरानुसार संयोगिक, 296
संयोगिक संख्या तालिका, 291–293
संख्यात्मक अनुसंधान, 50–51
सांख्यिकी परिकल्पना, 272–275, 277

शतांशीय मानक या नोर्म्स, 557–561
    अर्थ एवं महत्व, 557–558
    गणना प्रक्रिया, 558–560
    तथा शतांश अनुस्थिति, 558
    लाभ एवं सीमायें, 560–561
शब्दकोष, 255
शब्दार्थ विभेदक मापनी, 416–421
    अर्थ एवं परिभाषा, 416–418
    गुण, 419
    रचना, 419–420
    सीमायें, 420–421
शब्द साहचर्य परीक्षण, 508–511

हैन्ड बुक्स, 254
हैन्ड टेस्ट, 508

ज्ञान प्राप्ति की विधियाँ, 5–17
    तर्क को प्रयोग में लाना, 7–10
        आगमन विधि, 7–8
        आगमन–निगमन विधि, 9–10
        निगमन विधि, 8–9
    परम्परा अनुगमन विधि, 5–6
    विशेषज्ञ या जानकार पर निर्भरता, 6
    वैज्ञानिक पूछताछ और अन्वेषण, 10–17
    ज्ञानेन्द्रियों तथा व्यक्तिगत अनुभव आधारित, 6–7